百衲本

新唐書

1

宋·歐陽修　宋祁等撰

國家圖書館出版社

圖書在版編目（CIP）數據

百衲本新唐書：全2冊／（宋）歐陽修，宋祁等撰．—北京：國家圖書館出版社，2014.9（2017.6月重印）

（百衲本二十四史）

ISBN 978－7－5013－5411－5

Ⅰ.①百…　Ⅱ.①歐…②宋…　Ⅲ.①中國歷史—唐代—紀傳體　Ⅳ.①K242.042

中國版本圖書館CIP數據核字（2014）第148350號

書　　名	百衲本新唐書（全二册）
著　　者	［宋］歐陽修　宋祁等撰
叢 書 名	百衲本二十四史
責任編輯	陳　卓
重印編輯	張慧霞
封面設計	邢　毅
出　　版	國家圖書館出版社（100034 北京市西城區文津街7號） （原書目文獻出版社　北京圖書館出版社）
發　　行	010－66114536　66126153　66151313　66175620 66121706（傳真）　66126156（門市部）
E－mail	nlcpress@ nlc. cn（郵購）
Website	www. nlcpress. com→投稿中心
經　　銷	新華書店
印　　裝	北京華藝齋古籍印務有限責任公司
版　　次	2014年9月第1版　2017年6月第2次印刷
開　　本	710×1000毫米　1/16
印　　張	102
書　　號	ISBN 978－7－5013－5411－5
定　　價	310.00圓

百衲本二十四史影印出版説明

『二十四史』是中國古代各朝被政府納爲正統的二十四部史書的總稱，其上起《史記》，下迄《明史》，記載了從傳説中的五帝時代到清朝初年約四千餘年中政治、經濟、文化等諸多方面的歷史，是我國古代最權威、最詳細的史學著作。

清代最通行的『二十四史』，是乾隆年間刊行的『欽定武英殿本二十四史』，即『殿本』。殿本版式疏朗，刻印精良，但是校勘不夠審慎，存在誤字、衍字、缺字甚至整段文字脱失的情况。而且，由於殿本的編纂官皆屬御用史官，不得不爲帝王所左右，史實記録上存在竄改等原因造成的缺憾。晚清時，又出現了由各省官書局刊刻的局本，廣爲流傳，但仍以殿本爲依據，存在不少問題。

二十世紀二十年代起，張元濟先生耗費巨資搜訪宋元善本，通過採用當時最先進的攝影製版技術，歷經多年努力，至一九三六年，終於出齊了整套影印版的『二十四史』。因各書底本多殘缺不全，不得不通過許多版本相互參校、補綴而成，猶如僧侣之『百衲衣』，故名之曰『百衲本二十四史』。其中除《舊五代史》《元史》《明史》以明清時的版本作爲底本外，均以宋元版爲主要底本。百衲本對殿本、局本中的謬誤多有匡正，其對歷史研究的功績有目共睹，影響深巨，被史學界一致公認爲『中國最佳全本正史』，是中國史學史上的一座豐碑，具有極高的版本價值、研究價值和收藏價值。

百衲本二十四史自問世以來，曾數次被影印出版，其中的宣紙綫裝本，因價格不菲，不便學者購藏利用。而縮印本則多存在質量問題，其中質量較好的，當數二十世紀五十年代北京商務印書館的精裝二十四冊本。但年代既久，流傳亦少，已屬罕見。爲滿足文史工作者的研究需求，也讓更多的文史愛好者接觸到百衲本二十四史，我社決定將之再度影印出版。

本次影印，將每部正史單獨製作，採取每頁分上下雙欄的形式印製，並爲每部正史編製了分卷目録。需要説明的是，此次我社在編製目録時，爲更好地反映百衲本原貌，充分體現其與殿本、局本等其他系統傳本的差異，原則上均依原書卷端著録，部分保留了原書中使用的簡體字、俗體字及異體字等。對原書中有目無傳或有傳無目等情況，不予變動，僅對極個別處出現的明顯衍、漏、誤字等情況進行了修改。不當之處，請讀者批評指正。

國家圖書館出版社

二〇一四年七月

百衲本新唐書目録

臣公亮言竊惟唐有天下幾三百年其君臣行事之始終所
以治亂興衰之蹟與其典章制度之英宜其粲然著在簡冊
而紀次無法詳略失中文采不明事實零落蓋又百有五十
年然後得以發揮幽沬補緝闕亡黜正僞繆克備一家之史
以爲萬世之傳成之至難理若有待臣公亮誠惶誠恐頓首頓
首伏惟
體天法道欽文聰武聖神孝德皇帝陛下有虞舜之智而
好問
躬大禹之聖而克勤天下和平民物安樂而猶
垂心積精以求治要日與鴻生舊學
講誦六經
考覽前古以謂商周以來爲國長久惟漢與唐而不幸接乎
五代衰世之士氣力卑弱言淺意陋不足以起其文而使明
君賢臣儁功偉烈與夫昏虐賊亂禍根罪首皆不得暴其善

惡以動人耳目誠不可以垂勸戒示久遠甚可歎也乃因邇
臣之有言適契
上心之所閔於是刊脩官翰林學士兼龍圖閣學士給事中
知制誥臣歐陽脩端明殿學士兼翰林侍讀學士龍圖閣學
士尚書吏部侍郎臣宋祁與編脩官禮部郎中知制誥臣范
鎮刑部郎中知制誥臣王疇太常博士集賢校理臣宋敏求
祕書丞臣呂夏卿著作佐郎臣劉義叟等竝膺儒學之選悉
發祕府之藏俾之討論共加刪定凡十有七年成二百二十
五卷其事則增於前其文則省於舊至於名篇著目有革有
因立傳紀實或增或損義類凡例皆有據依纖悉綱條具載
別錄臣公亮典司事領徒費日月誠不足以成大典稱
明詔無任慙懼戰汗屏營之至臣公亮誠惶誠恐頓首頓
首謹言
嘉祐五年六月 日提舉編脩推忠佐理功臣正奉大夫尚書禮部侍郎參知政事臣曾公亮上表

唐書録卷上

推忠佐理功臣正奉大夫尚書禮部侍郎參知政事臣曾公亮等奉
勑提舉編脩

志

宰相世系五下

列傳

第一　后妃上

太穆竇皇后　文德長孫皇后

徐賢妃　王皇后

則天武皇后　和思趙皇后

韋皇后 上官昭容　肅明劉皇后

昭成竇皇后　王皇后

貞順武皇后　元獻楊皇后

楊貴妃

第二　后妃下

張皇后　章敬吳太后

貞懿獨孤皇后　睿真沈太后

昭德王皇后 韋賢妃　莊憲王皇后

懿安郭太后　孝明鄭太后

恭僖王太后　貞獻蕭太后

宣懿韋太后 尚宮宋若昭　郭貴妃

王賢妃　元昭晁太后

惠安王太后　郭淑妃

恭憲王太后　何皇后

第三　宗室

江夏王道宗 廣寧縣公道興　永安王孝基 涵

淮陽王道玄 璿

長平王叔良 鄅國公孝協 彭國公思訓 新興郡王晉

長樂王幼良　襄武王琛

河間王孝恭 晦　濮陽王瓌

廬江王瑗

淮安王神通 膠東王道彥 梁郡公孝逸 國貞 暠 說 齊物 復

襄邑王神符 從晦　隴西公博乂

渤海王奉慈 戡

第四　高祖二十二子

隱太子建成　衛王玄霸

巢王元吉　楚王智雲

荊王元景　漢王元昌

酆王元亨　周王元方

徐王元禮　韓王元嘉 黃公譔

彭王元則　鄭王元懿

霍王元軌　虢王鳳

道王元慶　鄧王元裕

舒王元名　魯王靈夔

江王元祥　密王元曉

滕王元嬰

第五　太宗九王

常山王承乾

鬱林王恪 成王千里 吳王琨 信安王禕 趙國公峘 嗣吳王祗 嗣吳王獻

濮王泰　庶人祐

蜀王愔　蔣王惲 之芳

越王貞 琅邪王沖　紀王慎 義陽王琮

曹王明 嗣曹王皐 象古 道古

第六　三宗諸子

燕王忠　澤王上金

許王素節 東信王璆　孝敬皇帝弘 裴居道

章懷太子賢 邠王守禮 廣武王承宏 敦煌王承寀

懿德太子重潤　譙王重福

節愍太子重俊　讓皇帝憲 汝陽王璡 漢中王瑀 景儉

惠莊太子撝　惠文太子範 嗣岐王珍

惠宣太子業 嗣薛王知柔

第七 十一宗諸子

奉天皇帝琮　太子瑛
棣王琰　鄂王瑤
靖恭太子琬　光王琚
潁王璬　永王璘
壽王瑁　延王玢
盛王琦　豐王珙
汴王璥　越王係
承天皇帝倓　彭王僅
襄王僙 嗣王熅　恭懿太子佋
昭靖太子邈　睦王述
舒王誼　通王諶
虔王諒　肅王詳

文敬太子謜　郯王經
惠昭太子寧　澧王惲
絳王悟　建王恪
懷懿太子湊　安王溶
悼懷太子普　陳王成美
莊恪太子永　通王滋
吉王保　德王裕

第八 諸帝公主

世祖一女　高祖十九女
太宗二十一女　高宗三女
中宗八女　睿宗十一女
玄宗二十九女　肅宗七女
代宗十八女　德宗十一女
順宗十一女　憲宗十八女
穆宗八女　敬宗三女
文宗四女　武宗七女
宣宗十一女　懿宗八女
僖宗二女　昭宗十一女

第九

李密 單雄信 祖君彥

第十

王世充　竇建德

第十一

薛舉 仁杲　李軌
劉武周　高開道
劉黑闥 徐圓朗

第十二

蕭銑　輔公祏

沈法興　李子通 朱粲 林士弘 張善安
梁師都 劉季真

第十三

劉文靜
裴寂 趙文恪 李思行 李高遷 姜寶誼 許世緒 劉師立 劉義節 錢九隴 樊興 公孫武達 龐卿惲 張長遜 張平高 李安遠 馬三寶 李孟嘗 元仲文 秦行師

第十四

屈突通　尉遲敬德
張公謹 大安　秦瓊
唐儉 憲 次 扶 持 彥謙　段志玄 文昌 成式

第十五

劉弘基　殷開山
劉政會 奇 崇望 崇龜 崇魯　許紹 圉師 欽寂 欽明
程知節　柴紹

任瓌　丘和 行恭
第十六
溫大雅 彥博 挺 筠 延 聰 大有 佶 造 璋　皇甫無逸
李襲志 襲譽　姜謩 行本 晈 慶初 確
崔善爲　李嗣眞
第十七
杜伏威 闞稜 王雄誕　張士貴
李子和　苑君璋
羅藝　王君廓
第十八
李靖 客師 令問 彥芳　李勣 敬業 思文
第十九
侯君集　張亮
薛萬均 萬徹 萬備 盛彥師 盧祖尚 劉世讓 劉蘭 李君羨

第二十
高儉 履行 眞行 重　竇威 軌 琮 抗 靜 誕 璡 德玄
第二十一
房玄齡 遺愛　杜如晦 楚客 淹 元穎 審權 讓能
第二十二
魏徵 謩
第二十三
王珪 燾　薛收 元超 元敬 稷 伯陽
馬周 載　韋挺 待價 武 萬石
第二十四
李綱 安仁 安靜　李大亮 道裕 迥秀
戴胄 至德　劉洎 樂彥瑋
崔仁師 湜 液 涖
第二十五

陳叔達　楊恭仁 思訓 師道 執柔
封倫　裴矩
宇文士及　鄭善果 元璹
權萬紀 懷恩　閻立德 立本
蔣儼　韋弘機 岳子
姜師度 強循　張知謇
第二十六
蕭瑀 鈞 嗣業 嵩 華 復 俛 倣 廩 遘 定
第二十七
岑文本 羲 長倩 格輔元　虞世南
李百藥 安期　褚亮 劉孝孫 李玄道 李守素
姚思廉 璹 弈　令狐德棻 峘 鄧世隆 顧胤 李延壽
第二十八
蘇世長 良嗣 弁　韋雲起 方質
孫伏伽　張玄素

第二十九
于志寧 休烈 敖 琮 處巖　高季輔
張行成 易之 昌宗
第三十
長孫无忌 敞 操 詮 順德　褚遂良 璆
韓瑗　來濟 恒
李義琰 巢 義琛　上官儀
第三十一
杜正倫 求仁 咸　崔知溫 知悌
高智周 石仲覽　郭正一
趙弘智 來章　崔敦禮
楊弘禮 弘武 元禧 纂　盧承慶 齊卿
劉祥道 齊賢 從一　李敬玄 元素

劉德威 審禮 延景 昇 延嗣　孫處約 佺
第三十二
邢文偉 高子貢
傅弈　呂才 方叡
第三十三
陳子昂 王無兢 趙元
劉仁軌　裴行儉 光廷 稹 倩 均
婁師德
第三十四
崔義玄 神基 神慶 琳　楊再思 季昭
竇懷貞 兢　宗楚客 晉卿 紀處訥
祝欽明 郭山惲　王璵
第三十五 諸夷蕃將
史大柰　馮盎 智戴 子猷

阿史那社尒 忠　執失思力
契苾何力 明　黑齒常之
李謹行　泉男生 獻誠
李多祚 李湛　論弓仁 惟貞
尉遲勝　尚可孤
裴玢
第三十六
郭孝恪　張儉 延師
王方翼 珣　蘇定方
薛仁貴 訥 嵩 平 從　程務挺
王孝傑　唐休璟
張仁愿 張敬忠　王晙
第三十七
王義方　員半千 石抱忠

韓思彥 琬　蘇安恒
薛登　王求禮
柳澤 範 奭　馮元常 元淑
蔣欽緒 沇 清
第三十八
唐臨 暎 紹　張文瓘 文琮 錫 文收
徐有功 商 彥若
第三十九
崔融 禹錫 能 慎由 安潛 彥曾　徐彥伯
蘇味道　豆盧欽望 史務滋 崔元綜 周允元
第四十
狄仁傑 光嗣 兼謨　郝處俊 象賢
朱敬則 仁軌
第四十一

王綝 倘 遂 摶　韋思謙 承慶 嗣立 恒 濟 弘景
陸元方 象先 景倩 景融 希聲 餘慶 璪　王及善
李日知　杜景佺
第四十二
李懷遠 景伯 彭年
裴炎 伷先　劉禕之 郭翰
魏玄同 恬　李昭德
吉頊
第四十三
張廷珪　韋湊 見素 諤 頊 益 維 縚 虛心
韓思復 朝宗 佽　宋務光 呂元泰
辛替否　李渤
裴漼 張阜　李中敏 李款 李甘
第四十四

武平一　李乂
賈曾 至　白居易 行簡 敏中
第四十五
桓彦範 崔暉 袁恕己 杜崑秀 薛季昶 楊元琰　敬暉
崔玄暐 渙 縱 碣　張柬之
袁恕己 高
第四十六
劉幽求　鍾紹京
崔日用 日知　王琚 張暐
王毛仲 李守德 陳玄禮
第四十七
魏元忠　韋安石 陟 斌 叔夏 縚 抗
郭元振
第四十八
李嶠　蕭至忠
盧藏用　韋巨源
趙彦昭 和逢堯
第四十九
姚崇 弈 合 勗　宋璟 渾
第五十
蘇瓌 頲 詵 晉 幹　張說 均 垍

唐書錄上　十六

唐書錄卷上

唐書錄卷下

推[illegible]正奉大夫尚書禮部侍郎參知政事上柱國[illegible]開國公食邑三千一百戶食實封[illegible]
勑撰纂編修

列傳
第五十一
魏知古　盧懷慎 奐
李元紘　杜暹 鴻漸
張九齡 拯 仲方　韓休 洪 滉 皐 洄
第五十二
張嘉貞 延賞 弘靖 文規 次宗 嘉祐　源乾曜 光裕 洧
裴耀卿 佶
第五十三
蘇珦 晉　尹思貞
畢構 栩　李傑
鄭惟忠　王志愔
許景先　潘好禮
倪若水　席豫
齊澣 杭
第五十四
裴守真 子餘 行立　崔沔
盧從愿　李朝隱
王丘　嚴挺之 武 峻 濬
第五十五
裴漼 寬 稹 胄　陽嶠
宋慶禮　楊瑒
崔隱甫　李尚隱
解琬
第五十六　宗室宰相

唐書錄下

李適之　李峴
李勉　李夷簡
李程 廓　李石 福
李回
第五十七
劉子玄 貺 滋 彙 餗 贊 迥 秩 迅
吳兢　韋述
蔣乂 係 曙 伸 偕　柳芳 登 璟 冕
沈既濟 傳師 詢
第五十八
郭虔瓘　郭知運 英傑 英乂
王君㚟　張守珪 獻誠 獻恭 煦 獻甫
王忠嗣　牛仙客
第五十九
宇文融　韋堅
楊慎矜　王鉷 盧鉉

第六十
哥舒翰 曜　高仙芝
封常清
第六十一
李光弼 彙 白元光 光進 陳利貞 荔非元禮 侯仲莊 郝廷玉 柏良器 李國臣 烏承玼 白孝德 張伯儀
第六十二
郭子儀 曜 晞 承嘏 曖 釗 鏦 銛 曙 幼明 昕
第六十三
李嗣業　馬璘
李抱玉 抱真 緘　路嗣恭 應 恕
第六十四
房琯 孺復 啓 式　張鎬

李泌 繁
第六十五
崔圓　苗晉卿
裴冕　裴遵慶 向 樞
呂諲
第六十六
崔光遠　鄧景山 崔瓘
魏少游　衞伯玉
李澄 克寧　韓全義
盧從史　高霞寓
第六十七
李麟　楊綰
崔祐甫 植 倰　柳渾 識
韋處厚　路隋

第六十八
高適　元結
李承　韋倫
薛珏 存慶　崔漢衡
戴叔倫　王翃 正雅 翊 鍔
徐申　郗士美
辛祕
第六十九
來瑱 裴茙　田神功 神玉
侯希逸　崔寧 寬 蕘 黯
嚴礪
第七十
元載 卓英璘 李少良　王縉 紘 紓
楊炎 庾準　嚴郢

竇參 申 吳通玄
第七十一
李栖筠 吉甫 德脩 李鄘 磎
第七十二
王思禮 魯炅
王難得 用 辛雲京 京杲 旻
馮河清 姚況 李芃
李叔明 昇 曲環
王虔休 盧羣
李元素 盧士玫
第七十三
令狐彰 建 運 通 張孝忠 茂宗 茂昭 裴惠直 陳楚
康日知 志睦 承訓 李洧
劉澭 田弘正 布 牟

王承元 牛元翼 傅良弼 李寰
史孝章 憲忠
第七十四
劉晏 執 遵 濬 元琇 包佶 盧徵 李若初 于頎 第五琦
班宏 王紹
李巽
第七十五
李揆 常袞
趙憬 崔造
齊映 盧邁
第七十六
關播 李元平 董晉 溪 陸長源 劉全諒
袁滋 趙宗儒
竇易直

第七十七
張鎰 姜公輔
武元衡 儒衡 李絳 璋
宋申錫
第七十八
段秀實 伯倫 嶷 文楚 珂 劉海賓 顏真卿
第七十九
李晟 愿 憲 愬 聽 緣 王佖
第八十
馬燧 暢 彙 渾瑊 鎬 鐬
第八十一
楊朝晟 戴休顏
陽惠元 旻 李元諒
李觀 韓游瓌

杜希全 邢君牙
第八十二
陸贄
第八十三
韋皋 聿 正貫 劉闢 張建封 愔
嚴震 礪 韓弘 公武 充
第八十四
鮑防 李自良
蕭昕 薛播
樊澤 宗師 王緯
吳湊 士矩 鄭權
陸亘 盧坦 關濟美
柳晟 崔戎 雍
第八十五

徐浩　呂渭 溫 恭
孟簡　劉伯芻 寬夫 允章
楊憑 凝 敬之　潘孟陽
崔元略 鉉 沆 元式 崔龜從　韋綬
第八十六
張薦 讀　趙涓 博宣
李紓　鄭雲逵
徐岱　王仲舒
馮伉　庾敬休
第八十七
姚南仲　獨孤及 朗 郁 庠
顧少連　韋夏卿 瓘
段平仲　呂元膺
許孟容 季同　薛存誠 廷老

李遜 方玄 建 訥
第八十八
孔巢父 戣 緯 戡 戢 溫業　穆寧 贊 質 員
崔邠 酆 郾 鄲　柳公綽 仲郢 璞 璧 珪 玭 公權 子華
楊於陵　馬總
第八十九
歸崇敬 登 融　奚陟
崔衍　盧景亮 王源中
薛苹 齊　衛次公 洙
薛戎 放　胡証
丁公著　崔弘禮
崔玄亮　王質
殷侑 盈孫　王彥威
第九十

鄭餘慶 澣 處誨 從讜　鄭珣瑜 覃 裔綽 顥
高郢 定　鄭絪 顥
權德輿 璩　崔羣
第九十一
賈耽　杜佑 式方 悰 孺休 [illegible] 牧 顗
令狐楚 緒 綯 滈 定
第九十二
白志貞　裴延齡
崔損　韋渠牟
李齊運　李實
皇甫鎛 鏞　王播 起 龜 式
第九十三
韋執誼　王叔文 王伾 韓曄 陳諫 凌準 韓泰
陸質　劉禹錫

柳宗元　程异
第九十四
杜黃裳 勝　裴垍
李藩　韋貫之 澳 綬 溫 蕭祐
第九十五
高崇文 承簡　伊慎
朱忠亮　劉昌裔
范希朝　王鍔 稷
孟元陽　王栖曜 茂元
劉昌 士涇　趙昌
李景略　任迪簡
張萬福　高固 郝玭 史敬奉 野詩良輔
第九十六
李光進 光顏　烏重胤 石洪 李珙

王沔 逵　楊元卿 延宗
曹華　高瑀
劉沔　石雄

第九十七
于頔 季友　王智興 晏平 宰
杜兼 羔 中立　杜亞
范傳正

第九十八
裴度 識 諗

第九十九
李逢吉　元稹
牛僧孺 蔚 徽 叢　李宗閔
楊嗣復 授 玗 損

第一百

竇羣 常 牟 鞏　劉栖楚
張又新　楊虞卿 漢公 汝士
張宿　熊望
柏耆

第一百一
韓愈 孟郊 張籍 皇甫湜 盧仝 賈島 劉乂

第一百二
錢徽 珝　崔咸
韋表微　高釴 湜 銖 鍇 湘
馮宿 定 審　李虞仲
李翱　盧簡辭 知猷 弘止 簡求 汝弼
高元裕 少逸 璩　封敖
鄭薰　敬晦
韋博　李景讓 景溫

第一百三
劉蕡

第一百四
李訓　鄭注
王涯　賈餗
舒元輿　王璠 郭行餘 李孝本 韓約 顧師邕 羅立言 李貞素

第一百五
李德裕 燁 延古 崔嘏 丁柔立

第一百六
陳夷行　李紳
李讓夷　曹確
劉瞻 助　李蔚

第一百七
李固言　李珏

崔珙 涓 琯 瓘 遠　蕭鄴
鄭肅 仁表 盧商　盧鈞 盧簡方
韋琮　周墀
裴休　劉瑑 夏侯孜
趙隱　裴坦 贄
鄭延昌　王溥
盧光啓 韋貽範

第一百八
畢誠　崔彥昭
劉鄴 豆盧瑑　陸扆
鄭綮　朱朴 孫偓
韓偓 儀

第一百九
馬植　楊收 發 嚴 涉

路巖 韋保衡　盧携
第一百十
鄭畋　王鐸 鐐
王徽
張濬　韋昭度

第一百十一
周寶　王處存 郜
鄧處訥 雷滿　陳儒
劉巨容 馮行襲　趙德諲 匡凝
楊守亮　楊晟
顧彥朗 彥暉
第一百十二
王重榮 珙 珂　諸葛爽
李罕之　王敬武 師範
孟方立 遷

唐書糾謬下　十

第一百十三
楊行密　時溥
朱宣　孫儒
第一百十四
高仁厚　趙犨 昶 珝
田頵　朱延壽
第一百十五
劉建鋒　成汭
杜洪　鍾傳
劉漢宏　張雄
王潮 審邽　劉知謙 盧光稠
第一百十六　忠義上
夏侯端　劉感

常達　敬君弘 謝叔方
呂子臧 馬元規　王行敏 盧士叡 李玄通
羅士信　張道源 楚金
李育德 李公逸 張善相　高叡 仲舒
安金藏　王同皎 瞻 周憬
吳保安　李憕 源 彭
盧弈 元輔　張介然 崔無詖
第一百十七　忠義中
顏杲卿 春卿　賈循 隱林
張巡　許遠 南霽雲 雷萬春 姚誾
第一百十八　忠義下
程千里 袁光廷　龐堅 薛愿
張興　蔡廷玉
符令奇 璘　劉迺

唐書糾謬下　十一

孟華　張伾
周曾　張名振
石演芬　吳溆
高沐　賈直言
辛讜　黃碣 孫揆
第一百十九　卓行
元德秀 李萼　權皐
甄濟　陽城 何蕃
司空圖
第一百二十　孝友
李知本　張志寬
劉君良　王少玄
任敬臣　支叔才
程袁師　武弘度

宋思禮　鄭潛曜
元讓　裴敬彝
梁文貞　沈季詮
許伯會　陳集原
陸南金　張琇
侯知道 程俱羅　許法慎
林攢　陳饒奴
王博武　萬敬儒
章全益

第一百二十一　隱逸

王績　朱桃椎
孫思邈　田游巖 史德義
孟詵　王友貞
王希夷　李元愷

衛大經　武攸緒
白履忠　盧鴻
吳筠 潘師正 劉道合 司馬承禎　賀知章
秦系　張志和
孔述睿 敬行　陸羽
崔覲　陸龜蒙

第一百二十二　循吏

韋仁壽　陳君賓
張允濟 李桐客　李素立 至遠 畬 巖
薛大鼎 克構　賈敦頤 敦實 楊德幹
田仁會 歸道　裴懷古
韋景駿　李惠登
羅珦 讓　韋丹 宙 岫
盧弘宣　薛元賞

何易于

第一百二十三　儒學上

徐文遠　陸德明
曹憲　顏師古 相時 游秦
孔穎達 王恭 馬嘉運　歐陽詢 通
朱子奢　張士衡 賈大隱
張後胤　蓋文達 文懿
谷那律 從政　蕭德言 許叔牙 子儒
敬播 劉伯莊 秦景通 劉訥言　羅道琮

第一百二十四　儒學中

郎餘令 餘慶　徐齊聃 堅 嶠
沈伯儀　路敬淳 敬潛
王元感　王紹宗
彭景直　盧粲
尹知章　張齊賢

柳冲　馬懷素 殷踐猷
孔若思 季詡 至

第一百二十五　儒學下

褚无量 徐安貞　元行冲
陳貞節　施敬本
盧履冰　王仲丘
康子元 侯行果　趙冬曦 尹愔 陸堅 鄭欽說 盧僎
啖助　韋彤
陳京　暢當
林蘊　韋公肅
許康佐

第一百二十六　文藝上

袁朗 誼 承序 利貞　賀德仁 庚抱

蔡允恭 謝偃
崔信明 鄭世翼 劉延祐 藏器 知柔
張昌齡 崔行功 銑
杜審言 易簡 甫 王勃 勔 勮 楊炯 盧照鄰 駱賓王
元萬頃 王 義方 季方 范履冰 周思茂 胡楚賓

第一百二十七 文藝中

李適 韋元旦 劉允濟 沈佺期 宋之問 閻朝隱
尹元凱 富嘉謨 劉憲
李邕 呂向
王翰 孫逖 成 宿
李白 張旭 王維
鄭虔 蕭穎士 存 陸據 柳并 皇甫冉
蘇源明 梁肅

第一百二十八 文藝下

李華 翰 觀 孟浩然 王昌齡 崔顥
劉太真 邵說
于邵 崔元翰
于公異 李益
盧綸 歐陽詹 秬
李賀 吳武陵
李商隱 薛逢
李頻 吳融

第一百二十九 方技

李淳風 甄權 許胤宗 張文仲
袁天綱 客師 金梁鳳 張憬藏 王遠知 乙弗弘禮 薛頤 葉法善
明崇儼 尚獻甫
嚴善思 杜生
張果 邢和璞 師夜光 羅思遠 姜撫

桑道茂

第一百三十 烈女

李德武妻裴淑英 楊慶妻王
房玄齡妻盧 獨孤師仁姆王蘭英
楊三安妻李 樊會仁母敬
衛孝女無忌 鄭義宗妻盧
劉寂妻夏侯碎金 于敏直妻張
楚王靈龜妃上官 楊紹宗妻王
賈孝女 李氏妻王阿足
樊彥琛妻魏 李畬母
汴女李 崔繪妻盧
堅貞節婦李 符鳳妻玉英
高叡妻秦 王琳妻韋
盧惟清妻徐 饒娥

竇伯女仲女 盧甫妻李
鄒待徵妻薄 金節婦
高愍女 楊烈婦
賈直言妻董 李孝女妙法
李湍妻 董昌齡母楊
王孝女和子 段居貞妻謝
楊含妻蕭 韋雍妻蕭
衛方厚妻程 鄭孝女
李廷節妻崔 殷保晦妻封絇
竇烈婦 李拯妻盧
山陽女趙 周迪妻
朱延壽妻王

第一百三十一 外戚

獨孤懷恩 武士彠 士稜 士逸 懿宗 攸暨 承嗣 三思

唐書錄卷下

李盛

本紀第一

翰林學士兼龍圖閣學士朝散大夫給事中知制誥充史館修撰臣歐陽修奉敕撰

高祖神堯大聖大光孝皇帝諱淵字叔德姓李氏隴西成紀人也其七世祖暠當晉末據秦涼以自王是爲涼武昭王暠生歆歆爲沮渠蒙遜所滅歆生重耳魏弘農太守重耳生熙金門鎮將戍于武川因留家焉熙生天賜爲幢主天賜生虎西魏時賜姓大野氏官至太尉與李弼等八人佐周代魏有功皆爲柱國號八柱國家周閔帝受魏禪虎已卒乃追錄其功封唐國公謚曰襄襄公生昞襲封唐公隋安州總管柱國大將軍卒謚曰仁仁公生高祖於長安體有三乳性寬仁襲封唐公隋文帝獨孤皇后高祖之從母也以故文帝與高祖相親愛文帝相周復高祖姓李氏以爲千牛備身事隋譙隴二州刺史大業中歷岐州刺史滎陽樓煩二郡太守召爲殿內少監衛尉少卿煬帝征遼東遣高祖督運糧於懷遠鎮楊玄感將反其兄弟從征遼者皆逃歸高祖先覺以聞煬帝遽班師以高祖爲弘化留守以禦玄感詔關右諸郡兵皆受高祖節度是時隋政荒天下大亂煬帝多以猜忌殺戮大臣嘗以事召高祖高祖遇疾不時謁高祖有甥王氏在後宮煬帝問之王氏對以疾煬帝曰可得死否高祖聞之益懼因縱酒納賂以自晦十一年拜山西河東慰撫大使擊龍門賊母端兒射七十發皆中賊敗去而斂其尸以築京觀盡得其箭於其尸又擊絳州賊柴保昌降其衆數萬人突厥犯塞高祖與馬邑太守王仁恭擊之隋兵少不敵高祖選精騎二千爲游軍居處飲食隨水草如突厥而射獵馳騁示以閒暇別選善射者伏爲奇兵虜見高祖疑不敢戰高祖乘而擊之突厥敗走十三年拜太原留守擊高陽歷山飛賊甄翟兒于西河破之是時煬帝南遊江都天下盜起高祖子世民知隋必亡陰結豪傑招納亡命與晉陽令劉文靜謀舉大事計已決而高祖未之知欲以情告懼不見聽高祖留守太原領晉陽宮監而所善客裴寂爲副監世民陰與寂謀寂因選晉陽宮人私侍高祖高祖過寂飲酒酒酣從容寂具以大事告之高祖大驚寂曰正爲宮人奉公事發當誅爲此爾世民因亦入白其事高祖初陽不許欲執世民送官已而許之曰吾愛汝豈忍告汝邪然未有以發而所在盜賊益多突厥數犯邊高祖兵出無功煬帝遣使者執高祖詣江都高祖大懼世民曰事急矣可舉事已而煬帝復馳使者赦止高祖其事遂已是時劉武周起馬邑林士弘起豫章劉元進起晉安皆稱皇帝朱粲起南陽號楚帝李子通起海陵號楚王邵江海據岐州號新平王薛舉起金城號西秦霸王郭子和起榆林號永樂王竇建德起河間號長樂王王須拔起恒定號漫天王汪華起新安杜伏威起淮南皆號吳王李密起鞏號魏公王德仁起鄴號太公左才相起齊郡號博山公羅藝據幽州左難當據涇馮盎據高羅皆號總管梁師都據朔方號大丞相孟海公據曹州號錄事周文舉據淮陽號柳葉軍高開道據北平張長遜據五原周洮據上洛楊士林據山南徐圓朗據兗州楊仲達據豫州張善相據伊汝王要漢據汴州時德叡據尉氏李義滿據平陵綦公順據青萊淳于難據文登徐師順據任城蔣弘度據東海王薄據齊郡蔣善合據鄆州田留安據章丘張青特據濟北臧君相據海州殷恭邃據舒州周法明據永安苗海潮據永嘉梅知巖據宣城鄧文進據廣州俚酋楊世略據循潮冉安昌據巴東甯長真據鬱林其別號諸盜往往屯聚山澤而劉武周攻汾陽宮高祖乃集將吏告曰今吾爲留守而賊據離宮縱賊不誅罪當死然出兵必待報今江都隔遠後期奈何將吏皆曰國家之利可專者公也高祖曰善乃募兵旬日間得衆一萬副留守虎賁郎將王威虎牙郎將高君雅見兵大集疑有變謀因禱雨晉祠以圖高祖高祖覺之乃陰爲備五月甲子高祖及威君雅視事開陽府司馬劉政會告威君雅反即坐上執之丙寅突厥犯邊高祖令軍中曰人告威君雅召突厥今其果然遂殺之以起兵遣劉文靜使突厥約連和六月己卯傳檄諸郡稱

義兵開大將軍府置三軍以子建成爲隴西公左領軍大都督左
軍隸焉世民爲燉煌公右領軍大都督右軍隸焉元吉爲姑臧公
中軍隸焉裴寂爲長史劉文靜爲司馬石艾縣長殷開山爲掾劉
政會爲屬長孫順德王長諧劉弘基竇琮爲統軍開倉庫賑窮乏
七月壬子高祖杖白旗誓衆於野有兵三萬以元吉爲太原留守
癸丑發太原甲寅遣將張綸徇下離石龍泉文城三郡丙辰次靈
石營於賈胡堡隋虎牙郎將宋老生屯于霍邑以拒義師丙寅隋
鷹揚府司馬李軌起武威號大涼王八月辛巳敗宋老生于霍邑
丙戌下臨汾郡辛卯克絳郡癸巳次龍門突厥來助隋驍衛大將
軍屈突通守河東絕津梁壬寅馮翊賊孫華土門賊白玄度皆具
舟以來逆九月戊午高祖領太尉加置僚佐以少牢祀河乃濟甲
子次長春宮丙寅隴西公建成劉文靜屯永豐倉守潼關燉煌公
世民自渭北徇三輔從父弟神通起兵于鄠柴氏婦高祖女也亦
起兵于司竹皆與世民會鄠賊丘師利李仲文盩厔賊何潘仁向

善思宜君賊劉旻等皆來降因略定鄠杜壬申高祖次馮翊乙亥
燉煌公世民屯阿城隴西公建成自新豐趨霸上丙子高祖自下
邽以西所經隋行宮苑籞悉罷之出宮女還其家十月辛巳次長
樂宮有衆二十萬隋留守衛文昇等奉代王侑守京城高祖遣使
諭之不報乃圍城下令曰犯隋七廟及宗室者罪三族丙申隋羅
山令蕭銑自號梁公十一月丙辰克京城命主符郎宋公弼收圖
籍約法十二條殺人劫盜背軍叛者死癸亥遙尊隋帝爲太上皇
立代王爲皇帝大赦改元義寧甲子高祖入京師至朝堂望闕而
拜隋帝授高祖假黃鉞使持節大都督內外諸軍事大丞相錄尚
書事進封唐王以武德殿爲丞相府下教曰令視事于虔化門十
二月癸未隋帝贈唐襄公爲景王仁公爲元王夫人竇氏爲唐國妃
謚曰穆以建成爲唐國世子世民爲唐國內史徙封秦國公元吉
爲齊國公丞相府置長史司錄以下官趙郡公孝恭徇山南甲辰
雲陽令詹俊徇巴蜀二年正月丁未隋帝詔唐王劍履上殿入朝

不趨贊拜不名加前後羽葆鼓吹戊午周洮降戊辰世子建成爲
左元帥秦國公世民爲右元帥徇地東都二月己卯太常卿鄭元
璹定樊鄧使者馬元規徇荆襄三月己酉齊國公元吉爲太原道
行軍元帥乙卯世民徙封趙國公丙辰隋右屯衛將軍宇文化及
弒太上皇于江都立秦王浩爲皇帝吳興郡守沈法興據丹陽自
稱江南道總管樂安人盧祖尚據光州自稱刺史戊辰隋帝進唐
王位相國總百揆備九錫唐國置丞相等官立四廟四月己卯張
長遜降辛巳停竹使符班銀菟符五月乙巳隋帝命唐王冕十有
二旒建天子旌旗出警入蹕甲寅王德仁降戊午隋帝遜于位以
刑部尚書蕭造司農少卿裴之隱奉皇帝璽紱於唐王三讓乃受
武德元年五月甲子即皇帝位于太極殿命蕭造兼太尉告于南
郊大赦改元賜百官庶人爵一級義師所過給復三年其餘給復
一年改郡爲州太守爲刺史庚午太白晝見隋東都留守元文都
及左武衛大將軍王世充立越王侗爲皇帝六月甲戌趙國公世

民爲尚書令裴寂爲尚書右僕射知政事劉文靜爲納言隋民部
尚書蕭瑀丞相府司錄參軍竇威爲內史令丙子太白晝見己卯
追謚皇高祖曰宣簡公皇曾祖曰懿王皇祖曰景皇帝廟號太祖
祖妣梁氏曰景烈皇后皇考曰元皇帝廟號世祖妣獨孤氏曰元
貞皇后妃竇氏曰穆皇后庚辰立世子建成爲皇太子封世民爲
秦王元吉齊王癸未薛舉寇涇州秦王世民爲西討元帥劉文靜
爲司馬太僕卿宇文明達招慰山東乙酉奉隋帝爲酅國公詔曰
近世時運遷革前代親族莫不夷絕歷數有歸實惟天命興亡
之效豈伊人力前隋蔡王智積等子孫皆選用之癸巳禁言符瑞
者辛丑竇威薨黃門侍郎陳叔達判納言將作大匠竇抗兼納言
七月壬子劉文靜及薛舉戰于涇州敗績乙卯郭子和降庚申廢
隋離宮八月壬申劉文靜除名戊寅約功臣恕死罪辛巳薛舉卒
壬午李軌降甲申嵐州刺史王德仁殺招慰使宇文明達以反己
丑秦王世民爲西討元帥以討薛仁杲庚子贈隋太常卿高熲上

柱國鄖國公上柱國賀若弼杞國公司隷大夫薛道衡上開府臨
河縣公刑部尚書宇文𢮦上開府平昌縣公左翊衛將軍董純柱
國狄道公右驍衛將軍李金才上柱國申國公左光祿大夫李敏
柱國觀國公諸遭隋枉殺而子孫被流者皆還之九月乙巳慮囚
始置軍府癸丑改銀菟符爲銅魚符甲寅秦州揔管竇軌及薛仁
杲戰敗績辛未宇文化及殺秦王浩自稱皇帝十月壬申朔日有
食之己卯李密降壬午朱粲陷鄧州刺史呂子臧死之乙酉邵江
海降己亥盜殺商州刺史泉彥宗辛丑大閱是月竇抗罷十一月
竇建德敗王須拔于幽州須拔亡入于突厥乙巳涼王李軌反戊
申禁獻侏儒短節小馬庳牛異獸奇禽者己酉秦王世民敗薛仁
杲執之癸丑行軍揔管趙慈景攻蒲州隋刺史堯君素拒戰執慈
景癸亥秦王世民俘薛仁杲以獻十二月壬申世民爲太尉丙子
蒲州人殺堯君素立其將王行本辛巳鄭元璹及朱粲戰于商州
敗之乙酉如周氏陂丁亥至自周氏陂庚子光祿卿李密反伏誅

是歲高開道陷漁陽號燕王
二年正月甲子陳叔達兼納言詔自今正月五月九月不行死刑
禁屠殺丙寅張善相降己巳楊士林降二月乙酉初定租庸調法
令文武官終喪丙戌州置宗師一人甲午赦并浩介石四州賈胡堡
以北繫囚閏月竇建德陷邢州執揔管陳君賓辛丑竇建德殺宇
文化及于聊城朱粲降壬寅皇太子及秦王世民裴寂巡于畿縣
乙巳御史大夫段確勞朱粲于菊潭庚戌微行察風俗乙卯以穀
貴禁關內屠酤左屯衛將軍何潘仁及山賊張子惠戰于司竹死
之丁巳慮囚庚申驍騎將軍趙欽王娑羅及山賊戰于盩厔死之
丁卯王世充陷殷州陟州刺史李育德死之三月甲戌王薄降庚
辰蔣弘度徐師順降丁亥竇建德陷趙州丁酉李義滿降四月綦
公順降庚子并州揔管齊王元吉及劉武周戰于榆次敗績辛丑
朱粲殺段確以反乙巳王世充廢越王侗自稱皇帝癸亥陷伊州
執揔管張善相五月庚辰涼州將安脩仁執李軌以降癸未曲赦

涼甘瓜鄯肅會蘭河廓九州六月王世充殺越王侗戊戌立周公
孔子廟于國子監庚子竇建德陷滄州丁未劉武周陷介州癸亥
裴寂爲晉州道行軍揔管離石胡劉季眞叛陷石州刺史王儉死
之七月壬申徐圓朗降八月丁酉酅國公薨甲子竇建德陷洺州
執揔管袁子幹九月辛未殺戶部尚書劉文靜李子通自稱皇帝
沈法興自稱梁王丁丑杜伏威降裴寂及劉武周戰于介州敗績
右武衛大將軍姜寶誼死之庚辰竇建德陷相州揔管呂珉死之
辛巳劉武周陷并州庚寅太白晝見竇建德陷趙州執揔管張志
昂乙未京師地震梁師都寇延州鄜州刺史梁禮死之十月己亥
羅藝降乙卯如華陰赦募士背軍者壬戌劉武周寇晉州永安王
孝基及工部尚書獨孤懷恩陝州揔管于筠內史侍郎唐儉討之
甲子祠華山是月夏縣人呂崇茂反秦王世民討劉武周十一月
丙子竇建德陷黎州執淮安王神通揔管李世勣十二月丙申獵
于華山永安王孝基及劉武周戰于下邽敗績壬子大風拔木

三年正月己巳獵于渭濱戊寅王行本降辛巳如蒲州癸巳至自
蒲州二月丁酉京師西南地有聲庚子如華陰甲寅獨孤懷恩謀
反伏誅辛酉檢校隰州揔管劉師善謀反伏誅三月庚午改納言
爲侍中內史令爲中書令甲戌中書侍郎封德彝兼中書令乙酉
劉季眞降四月丙申祠華山壬寅至自華陰癸卯禁關內諸州屠
甲寅秦王世民及宋金剛戰于雀鼠谷敗之辛酉王世充陷鄧州
揔管雷四郎死之壬戌秦王世民及劉武周戰于洺州敗之武周
亡入于突厥克并州五月壬午秦王世民屠夏縣六月丙申赦晉隰
潞并四州癸卯詔隋帝及其宗室柩在江都者爲營窆置陵廟以
故宮人守之丙午慮囚封子元景爲趙王元昌魯王元亨酆王己酉
出宮女五百人賜東征將士有功者甲寅顯州長史田瓚殺行臺
尚書令楊士林叛附于王世充乙卯瘞州縣暴骨七月壬戌秦王
世民討王世充甲戌皇太子屯于蒲州以備突厥丙戌梁師都導
突厥稽胡寇邊行軍揔管段德操敗之八月庚子慮囚甲辰時德

歙降九月癸酉田瓚降己丑給復陝鼎熊穀四州二年十月戊申高開道降己酉楊仲達降己未有星隕于東都十二月己酉瓜州刺史賀拔行威反

四年正月辛巳皇太子伐稽胡二月竇建德陷曹州執孟海公己丑車騎將軍董阿興反于隴州伏誅乙巳太常少卿李仲文謀反伏誅丙午慮囚丁巳赦代州總管府石嶺之北三月進封宜都郡王泰為衛王庚申慮囚乙酉竇建德陷管州刺史郭志安死之四月壬寅齊王元吉及王世充戰于東都敗績行軍總管盧君諤死之戊申突厥寇并州執漢陽郡王瓌太常卿鄭元璹左驍騎衛大將軍長孫順德甲寅封子元方為周王元禮鄭王元嘉宋王元則荊王元茂越王丁巳左武衛將軍王君廓敗張青特執之五月壬戌秦王世民敗竇建德于虎牢執之乙丑赦山東為建德所詿誤者戊辰王世充降庚午周法明降六月庚寅赦河南為王世充所詿誤者戊戌將善合降庚子營州人石世則執其總管晉文衍叛

附于靺鞨乙卯臧君相降七月甲子秦王世民俘王世充以獻丙寅竇建德伏誅丁卯大赦給復天下一年陝鼎函虢虞芮豳七州二年甲戌劉黑闥反于貝州辛巳戴州刺史孟啖鬼反伏誅八月丙戌朔日有食之丁亥皇太子安撫北境丁酉劉黑闥陷鄃縣魏州刺史權威貝州刺史戴元祥死之癸卯突厥寇代州執行軍總管王孝基丁未劉黑闥陷歷亭屯衛將軍王行敏死之辛亥深州人崔元遜殺其刺史裴晞叛附于劉黑闥兗州總管徐圓朗反九月盧祖尚降乙卯淳于難降甲子汪華降是秋夔州總管趙郡王孝恭率十二總管兵以討蕭銑十月己丑秦王世民為天策上將領司徒齊王元吉為司空庚寅劉黑闥陷瀛州執刺史盧士叡又陷觀州癸卯毛州人董燈明殺其刺史趙元愷乙巳趙郡王孝恭敗蕭銑于荊州執之閏月乙卯如稷州己未幸舊墅壬戌獵于好畤乙丑獵于九嵕丁卯獵于仲山戊辰獵于清水谷遂幸三原辛未如周氏陂壬申至自周氏陂十一月甲申有事于南郊庚寅李子通降丙申子通謀反伏誅壬寅劉黑闥陷定州總管李玄通死之庚戌杞州人周文舉殺其刺史王孝矩叛附于黑闥十二月乙卯黑闥陷冀州總管麴稜死之甲子左武候將軍李世勣及黑闥戰于宋州敗績丁卯秦王世民齊王元吉討黑闥己巳黑闥陷邢州庚午陷魏州總管潘道毅死之辛未陷莘州壬申徙封元嘉為徐王

五年正月乙酉劉黑闥陷相州刺史房晃死之丙戌殷恭邃降丁亥濟州別駕劉伯通執其刺史竇務本叛附于徐圓朗庚寅東鹽州治中王才藝殺其刺史田華叛附于劉黑闥丙申相州人殺其刺史獨孤徹以其州叛附于黑闥己酉楊世略劉元進降二月王要漢降己巳秦王世民克邢州丁丑劉黑闥陷洺水總管羅士信死之戊寅汴州總管王要漢敗徐圓朗于杞州執周文舉三月戊戌譚州刺史李義滿殺齊州都督王薄丁未秦王世民及劉黑闥戰于洺水敗之黑闥亡入于突厥蔚州總管高開道反寇易州刺史

慕容孝幹死之四月梁州野蠶成繭冉安昌降己未寧長眞降戊辰釋流罪以下穫麥壬申代州總管李大恩及突厥戰死之戊寅鄧文進降五月田留安降庚寅瓜州人王幹殺賀拔行威以降乙巳賜荊州今歲田租六月辛亥劉黑闥與突厥寇山東車騎將軍元韶為瓜州道行軍總管以備突厥癸丑吐谷渾寇洮旭疊三州岷州總管李長卿敗之乙卯淮安郡王神通討徐圓朗七月甲申作弘義宮甲午淮陽郡王道玄為河北道行軍總管討劉黑闥貝州人董該以定州叛附于黑闥丙申突厥殺劉武周于白道遷州人鄧士政反執其刺史李敬昂丁酉馮盎降八月辛亥葬隋煬帝甲寅吐谷渾寇岷州益州道行臺左僕射竇軌敗之乙卯突厥寇邊庚申皇太子出豳州道秦王世民出秦州道以禦突厥己巳吐谷渾陷洮州并州總管襄邑郡王神符及突厥戰于汾東敗之戊寅突厥陷大震關九月癸巳靈州總管楊師道敗之于三觀山丙申洪州總管宇文歆又敗之于崇岡壬寅定州總管雙士洛驃騎將

軍魏道仁又敗之于恒山之陽丙午領軍將軍安興貴又敗之于甘州劉黑闥陷瀛州刺史馬匡武死之東鹽州人馬君德以其州叛附于黑闥十月己酉齊王元吉討黑闥癸丑貝州刺史許善護及黑闥戰于鄃縣死之甲寅觀州刺史劉君會叛附于黑闥乙丑淮陽郡王道玄及黑闥戰于下博死之己巳林士弘降十一月庚辰劉黑闥陷滄州甲申皇太子討黑闥丙申如宜州癸卯獵于富平北原十二月丙辰獵于萬壽原戊午劉黑闥陷恒州刺史王公政死之庚申至自萬壽原壬申皇太子及劉黑闥戰于魏州敗之甲戌又敗之于毛州

六年正月己卯黑闥將葛德威執黑闥以降壬午巂州人王摩娑反驃騎將軍衞彥討之庚寅徐圓朗陷泗州二月劉黑闥伏誅庚戌幸温湯壬子獵于驪山甲寅至自温湯丙寅行軍總管李世勣敗徐圓朗執之三月苗海潮梅知巖左難當降乙巳洪州總管張善安反四月己酉吐蕃陷芳州己未以故第爲通義宮祭元皇帝

元貞皇后于舊寢赦京城賜從官帛辛酉張善安陷孫州執總管王戎丁卯南州刺史龐孝泰反陷南越州壬申封子元璹爲蜀王元慶漢王癸酉裴寂爲尚書左僕射蕭瑀爲右僕射封德彝爲中書令吏部尚書楊恭仁兼中書令檢校涼州諸軍事五月庚寅吐谷渾党項寇河州刺史盧士良敗之癸卯高開道以奚寇幽州長史王詵敗之六月丁卯突厥寇朔州總管高滿政敗之曲赦朔州七月丙子沙州別駕竇伏明反殺其總管賀若懷廓己亥皇太子屯于北邊秦王世民屯于并州以備突厥八月壬子淮南道行臺左僕射輔公祏反乙丑趙郡王孝恭討之九月壬辰秦王世民爲江州道行軍元帥丙申渝州人張大智反十月丙午殺廣州都督劉世讓戊申降死罪流以下原之己未如華陰張大智降庚申獵于白鹿原壬戌右虞候率杜士遠殺高滿政以朔州反丁卯突厥請和十一月壬午張善安襲殺黃州總管周法明丁亥如華陰辛卯獵于沙苑丁酉獵于伏龍原十二月壬寅朔日有食之癸卯張善安降庚戌以奉義監爲龍躍宮武功宅爲慶善宮甲寅至自華陰

七年正月庚寅鄜州人鄧同穎殺其刺史李士衡二月丁巳釋奠于國學己未漁陽部將張金樹殺高開道以降三月戊戌趙郡王孝恭敗輔公祏執之己亥孝恭殺越州都督闞稜四月庚子大赦班新律令給復江州道二年揚越一年五月丙戌作仁智宮六月辛丑如仁智宮壬戌慶州都督楊文幹反七月己巳突厥寇朔州總管秦武通敗之癸酉慶州人殺楊文幹以降甲午至自仁智宮巂州地震山崩遏江水閏月己未秦王世民齊王元吉屯于豳州以備突厥八月己巳吐谷渾寇鄯州驃騎將軍彭武傑死之戊寅突厥寇綏州刺史劉大俱敗之壬辰突厥請和丁酉裴寂使于突厥十月丁卯如慶善宮辛未獵于鄠南癸酉幸終南山丙子謁樓觀老子祠庚寅獵于圍川十二月丁卯如龍躍宮戊辰獵于高陵庚午至自高陵太子詹事裴矩檢校侍中

八年二月癸未慮囚四月甲申如鄠獵于甘谷作太和宮丙戌至自鄠六月甲子如太和宮七月丙午至自太和宮丁巳秦王世民屯于蒲州以備突厥八月壬申并州行軍總管張瑾及突厥戰于太谷敗績鄆州都督張德政死之執行軍長史温彥博甲申任城郡王道宗及突厥戰于靈州敗之丁亥突厥請和十月辛巳如周氏陂獵于北原壬午如龍躍宮十一月辛卯如宜州獵于西原裴矩罷庚子講武于同官天策府司馬宇文士及權檢校侍中辛丑徙封元璹爲吳王元慶陳王癸卯秦王世民爲中書令齊王元吉爲侍中癸丑獵于華池北原十二月辛酉至自華池庚辰獵于鳴犢泉辛巳至自鳴犢泉

九年正月甲寅裴寂爲司空二月庚申齊王元吉爲司徒壬午有星孛于胃昴丁亥孛于卷舌三月庚寅幸昆明池習水戰壬辰至自昆明池丙午如周氏陂乙卯至自周氏陂丁巳突厥寇涼州都督長樂郡王幼良敗之四月辛巳廢浮屠老子法六月丁巳太白經天

庚申秦王世民殺皇太子建成齊王元吉大赦復浮屠老子法癸亥立秦王世民爲皇太子聽政賜爲父後者爵一級勳官爵赤牒官得爲真免民逋租宿賦己卯太白晝見庚辰幽州都督廬江郡王瑗反伏誅癸未赦幽州管內爲瑗所詿誤者七月辛卯楊恭仁罷太子右庶子高士廉爲侍中左庶子房玄齡爲中書令蕭瑀爲尚書左僕射癸巳宇文士及爲中書令封德彝爲尚書左僕射辛亥太白晝見甲寅太白晝見八月丙辰突厥請和丁巳太白晝見壬戌吐谷渾請和甲子皇太子即皇帝位貞觀三年太上皇徙居大安宮九年五月崩于垂拱前殿年七十一謚曰太武廟號高祖上元元年改謚神堯皇帝天寶八載謚神堯大聖皇帝十三載增謚神堯大聖大光孝皇帝

贊曰自古受命之君非有德不王自夏后氏以來始傳以世而有賢有不肖故其爲世數亦或短或長論者乃謂周自后稷至於文武積功累仁其來也遠故其爲世尤長然考於世本夏商周皆出

於黃帝夏自鯀以前商自契至於成湯其間寂寥無聞與周之興異矣而漢亦起於亭長叛亡之徒及其興也有天下皆數百年而後已由是言之天命豈易知哉然考其終始治亂顧其功德有厚薄與其制度紀綱所以維持者如何而其後世或浸以隆昌或遽以壞亂或漸以陵遲或能振而復起或遂至於不可支持雖各因其勢然有德則興無德則絕豈非所謂天命者常不顯其符而俾有國者兢兢以自勉耶唐在周隋之際世雖貴矣然烏有所謂積功累仁之漸而高祖之興亦何異因時而特起者歟雖其有治有亂或絕或微然其有天下年幾三百可謂盛哉豈非人厭隋亂而蒙德澤繼以太宗之治制度紀綱之法後世有以憑藉扶持而能永其天命歟

本紀第一

本紀第二　唐書二

翰林學士兼龍圖閣學士朝散大夫給事中知制誥充史館修撰臣歐陽脩奉

敕撰

太宗文武大聖大廣孝皇帝諱世民高祖次子也母曰太穆皇后竇氏生而不驚方四歲有書生謁高祖曰公在相法貴人也然必有貴子及見太宗曰龍鳳之姿天日之表其年幾冠必能濟世安民書生已辭去高祖懼其語泄使人追殺之而不知其所往因以爲神乃採其語名之曰世民大業中突厥圍煬帝鴈門煬帝從圍中以木繫詔書投汾水而下募兵赴援太宗時年十六往應募隸將軍雲定興謂定興曰虜敢圍吾天子者以爲無援故也今宜先後吾軍爲數十里使其晝見旌旗夜聞鉦鼓以爲大至則可不擊而走之不然知我虛實則勝敗未可知也定興從之軍至崞縣突厥候騎見其軍來不絕果馳告始畢可汗曰救兵大至矣遂引去高祖擊歷山飛陷其圍中太宗馳輕騎取之而出遂奮擊大破之

太宗爲人聰明英武有大志而能屈節下士時天下已亂盜賊起知隋必亡乃推財養士結納豪傑長孫順德劉弘基等皆因事亡命匿之又與晉陽令劉文靜尤善文靜坐李密事繫獄太宗夜就獄中見之與圖大事時百姓避賊多入城城中幾萬人文靜爲令久知其豪傑因共部署計已定乃因裴寂告高祖高祖初不許已而許之高祖已起兵建大將軍府太宗率兵徇西河斬其郡丞高德儒拜右領軍大都督封燉煌郡公唐兵西將至霍邑會天久雨糧且盡高祖謀欲還兵太原太宗諫曰義師爲天下起也宜直入咸陽號令天下今還守一城是爲賊爾高祖不納太宗哭于軍門高祖驚召問之對曰還則衆散於前而敵乘於後死亡須臾所以悲爾高祖寤曰起事者汝也成敗惟汝時左軍已先返即與隴西公建成分追之夜半太宗失道入山谷棄其馬步而及其兵與俱還高祖乃將而前遲明至霍邑宋老生不出太宗從數騎傳其城舉鞭指麾若將圍之者老生怒出背城陣高祖率建成居其東太

宗及柴紹居其南老生兵薄東陣建成隊馬老生乘之高祖軍却太宗自南原馳下坂分兵斷其軍為二而出其陣後老生兵敗走遂斬之進次涇陽擊胡賊劉鷂子破之唐兵攻長安太宗屯金城坊攻其西北遂克之義寧元年為光祿大夫唐國內史徙封秦國公食邑萬戶薛舉攻扶風太宗擊敗之斬首萬餘級遂略地至隴右二年為右元帥徙封趙國公率兵十萬攻東都不克而還設三伏于三王陵敗隋將段達兵萬人武德元年為尚書令右翊衛大將軍進封秦王薛舉寇涇州太宗為西討元帥進位雍州牧七月太宗有疾諸將為舉所敗八月太宗疾間復屯于高墌城相持六十餘日已而舉死其子仁杲率其衆求戰太宗按軍不動久之仁杲糧盡衆稍離叛太宗曰可矣乃遣行軍總管梁實柵淺水原仁杲將宗羅睺擊實太宗遣將軍龐玉救實玉軍幾敗太宗率兵出其後羅睺敗走太宗追之至其城下仁杲乃出降師還高祖遣李密馳傳勞之于豳州密見太宗不敢仰視退而歎曰真英主也獻

捷太廟拜右武候大將軍太尉使持節陝東道大行臺尚書令詔蒲陝河北諸總管兵皆受其節度二年正月鎮長春宮進拜左武候大將軍涼州總管是時劉武周據并州宋金剛陷澮州王行本據蒲州而夏縣人呂崇茂殺縣令以應武周高祖懼詔諸將棄河東以守關中太宗以為不可棄願得兵三萬可以破賊高祖於是悉發關中兵益之十一月出龍門關屯于柏壁三年四月擊敗宋金剛于柏壁金剛走介州太宗追之一日夜馳二百里宿于雀鼠谷之西原軍士皆饑太宗不食者二日行至浩州乃得食而金剛將尉遲敬德尋相等皆來降劉武周懼奔于突厥其將楊伏念舉并州降高祖遣蕭瑀即軍中拜太宗益州道行臺尚書令七月討王世充敗之于北邙四年二月竇建德率兵十萬以援世充太宗敗建德于虎牢執之世充乃降六月凱旋太宗被金甲陳鐵騎一萬介士三萬前後鼓吹獻俘于太廟高祖以謂太宗功高古官號不足以稱乃加號天策上將領司徒陝東道大行臺尚書令位

在王公上增邑戶至三萬賜袞冕金輅雙璧黃金六千斤前後鼓吹九部之樂班劍四十人五年正月討劉黑闥於洺州敗之黑闥既降已而復反高祖怒命太子建成取山東男子十五以上悉阬之毆其小弱婦女以實關中太宗切諫以為不可遂已加拜左右十二衛大將軍七年突厥寇邊太宗與遇于豳州從百騎與其可汗語乃盟而去八年進位中書令初高祖起太原非其本意而事出太宗及取天下破宋金剛王世充竇建德等太宗功益高而高祖屢許以為太子太子建成懼廢與齊王元吉謀害太宗未發九年六月太宗以兵入玄武門殺太子建成及齊王元吉高祖大驚乃以太宗為皇太子八月甲子即皇帝位于東宮顯德殿遣裴寂告于南郊大赦武德流人還之賜文武官勳爵免關內及蒲芮虞泰陝鼎六州二歲租給復天下一年民八十以上賜粟帛百歲加版授廢潼關以東瀕河諸關癸酉放宮女三千餘人丙子立妃長孫氏為皇后癸未突厥寇便橋乙酉又及突厥頡利盟于便橋九月壬

子禁私家妖神淫祀占卜非龜易五兆者十月丙辰朔日有食之癸亥立中山郡王承乾為皇太子庚辰蕭瑀陳叔達罷十一月庚寅降宗室郡王非有功者爵為縣公十二月癸酉慮囚是歲進封子長沙郡王恪為漢王宜陽郡王祐為楚王

貞觀元年正月乙酉改元辛丑燕郡王李藝反于涇州伏誅二月丁巳詔民男二十女十五以上無夫家者州縣以禮聘娶貧不能自行者鄉里富人及親戚資送之鰥夫六十寡婦五十婦人有子若守節者勿彊三月癸巳皇后親蠶丙午詔齊僕射崔季舒黃門侍郎郭遵尚書右丞封孝琰以極言蒙難季舒子剛遵子雲孝琰子君遵並及淫刑宜免內侍褒敘以官閏月癸丑朔日有食之四月癸巳涼州都督長樂郡王幼良有罪伏誅五月癸丑敕中書令侍中朝堂受訟辭有陳事者悉上封六月辛丑封德彝薨甲辰太子少師蕭瑀為尚書左僕射是夏山東旱免今歲租七月壬子吏部尚書長孫无忌為尚書右僕射八月河南隴右邊州霜宇文士

及檢校涼州都督戊戌貶高士廉爲安州大都督九月庚戌朔日
有食之辛酉遣使諸州行損田賑問下戶御史大夫杜淹檢校吏
部尚書參議朝政宇文士及罷辛未幽州都督王君廓奔于突厥
十月丁酉以歲饑減膳十一月己未許子弟年十九以下隨父兄
之官所十二月壬午蕭瑀罷戊申利州都督李孝常右武衛將
軍劉德裕謀反伏誅
二年正月辛亥長孫无忌罷兵部尚書杜如晦檢校侍中摠監東
宮兵馬事癸丑吐谷渾寇岷州都督李道彥敗之丁巳徙封恪爲
蜀王泰越王祐燕王庚午刑部尚書李靖檢校中書令二月戊戌
外官上考者給祿三月戊申朔日有食之壬子命中書門下五品
以上及尚書議決死罪壬戌李靖爲關內道行軍大摠管以備薛
延陀己巳遣使巡關內出金寶贖饑民鬻子者還之庚午以旱蝗
責躬大赦癸酉雨四月己卯瘞隋人暴骸壬寅朔方人梁洛仁殺
梁師都以降六月甲申詔出使官稟其家庚寅以子治生賜是

日生子者粟辛卯辰州刺史裴虔通以弒隋煬帝削爵流驩州七
月戊申萊州刺史牛方裕絳州刺史薛世良廣州長史唐奉義虎
牙郎將高元禮以宇文化及之黨皆除名徙于邊八月甲戌省冗
獄于朝堂辛丑立三王後廟置國官九月壬子以有年賜酺三日
十月庚辰杜淹薨戊子殺瀛州刺史盧祖尚十一月辛酉有事于
南郊十二月壬辰黃門侍郎王珪守侍中癸巳禁五品以上過市
三年正月丙午以旱避正殿癸丑官得上下考者給祿一年戊午
享于太廟癸亥耕藉田辛未裴寂罷二月戊寅房玄齡爲尚書左
僕射杜如晦爲右僕射尚書右丞魏徵爲祕書監參預朝政三月
己酉慮囚四月乙亥太上皇徙居于大安宮甲午始御太極殿戊戌
賜孝義之家粟五斛八十以上二斛九十以上三斛百歲加絹二匹
婦人正月以來產子者粟一斛五月乙丑周王元方薨六月戊寅
以旱慮囚己卯大風拔木壬午詔文武官言事八月己巳朔日有
食之丁亥李靖爲定襄道行軍大摠管以伐突厥九月丁巳華州

刺史柴紹爲勝州道行軍摠管以伐突厥十一月庚申并州都督
李世勣爲通漠道行軍摠管華州刺史柴紹爲金河道行軍摠
管任城郡王道宗爲大同道行軍摠管幽州都督衛孝節爲恒安
道行軍摠管營州都督薛萬淑爲暢武道行軍摠管以伐突厥十
二月癸未杜如晦罷閏月癸丑爲死兵者立浮屠祠辛酉慮囚是
歲中國人歸自塞外及開四夷爲州縣者百二十餘萬人
四年正月丁卯朔日有食之癸巳武德殿北院火二月己亥幸溫
湯甲辰李靖及突厥戰于陰山敗之丙午至自溫湯甲寅大赦賜
酺五日御史大夫溫彥博爲中書令王珪爲侍中民部尚書戴胄
檢校吏部尚書參豫朝政太常卿蕭瑀爲御史大夫與宰臣參議
朝政丁巳以旱詔公卿言事三月甲午李靖俘突厥頡利可汗以
獻四月戊戌西北君長請上號爲天可汗六月乙卯發卒治洛陽
宮七月甲子朔日有食之癸酉蕭瑀罷甲戌太上皇不豫廢朝辛
卯疾愈賜都督刺史文武官及民年八十以上孝子表門閭者有

差八月甲寅李靖爲尚書右僕射九月庚午瘞長城南隋人暴骨
己卯如隴州壬午禁芻牧于古明君賢臣烈士之墓者十月壬辰
赦岐隴二州免今歲租賦降咸陽始平武功死罪以下辛丑獵于
貴泉谷甲辰獵于魚龍川獻獲于大安宮乙卯免武功今歲租賦
十一月壬戌右衛大將軍侯君集爲兵部尚書參議朝政甲子至
自隴州戊寅除鞭背刑十二月甲辰獵于鹿苑乙巳至自鹿苑是
歲天下斷死罪者二十九人
五年正月癸酉獵于昆明池丙子至自昆明池獻獲于大安宮二
月己酉封弟元裕爲鄶王元名譙王靈夔魏王元祥許王元曉密
王庚戌封子愔爲梁王貞漢王惲郯王治晉王愼申王囂江王簡
代王四月壬辰代王簡薨五月乙丑以金帛贖隋人沒于突厥者
以還其家八月甲辰遣使高麗祭隋人戰亡者戊申殺大理丞張
蘊古十一月丙子有事于南郊十二月丁亥詔決死刑京師五覆
奏諸州三覆奏其日尚食毋進酒肉壬寅幸溫湯癸卯獵于驪山

賜新豐高年帛戊申至自温湯癸丑赦關內
六年正月乙卯朔日有食之癸酉靜州山獠反右武衛將軍李子
和敗之三月侯君集罷戊辰如九成宮丁丑降雍岐豳三州死罪
以下賜民八十以上粟帛五月魏徵檢校侍中六月己亥酆王元
亨薨辛亥江王囂薨七月己巳詔天下行鄉飲酒九月己酉幸慶
善宮十月侯君集起復乙卯至自慶善宮十二月辛未慮囚縱死
罪者歸其家是歲諸羌內屬者三十萬人
七年正月戊子斥宇文化及黨人之子孫勿齒辛丑賜京城酺三
日二月丁卯雨土三月戊子王珪罷庚寅魏徵爲侍中五月癸
未如九成宮六月辛亥戴胄薨八月辛未東西洞獠寇邊右屯衛
大將軍張士貴爲龔州道行軍總管以討之九月縱囚來歸皆赦
之十月庚申至自九成宮乙丑京師地震十一月壬辰開府儀同
三司長孫无忌爲司空十二月甲寅幸芙蓉園丙辰獵于少陵原
戊午至自少陵原

八年正月辛丑張士貴及獠戰敗之壬寅遣使循省天下二月乙
巳皇太子加元服丙午降死罪以下賜五品以上子爲父後者爵
一級民酺三日三月庚辰如九成宮五月辛未朔日有食之是夏吐
谷渾寇涼州左驍衛大將軍段志玄爲西海道行軍總管左驍衛
將軍樊興爲赤水道行軍總管以伐之七月隴右山崩八月甲子
有星孛于虛危十月作永安宮甲子至自九成宮十一月辛未李
靖罷己丑吐谷渾寇涼州執行人鴻臚丞趙德楷十二月辛丑特
進李靖爲西海道行軍大總管侯君集爲積石道行軍總管任城
郡王道宗爲鄯善道行軍總管膠東郡公道彥爲赤水道行軍總
管涼州都督李大亮爲且末道行軍總管利州刺史高甑生爲鹽
澤道行軍總管以伐吐谷渾丁卯從太上皇閱武于城西
九年正月党項羌叛三月長孫无忌罷三月庚辰洮州羌殺刺史
孔長秀附于吐谷渾壬午大赦乙酉高甑生及羌人戰敗之閏四
月丙寅朔日有食之五月長孫无忌起復庚子太上皇崩皇太子

聽政壬子李靖及吐谷渾戰敗之七月庚子鹽澤道行軍副總管
劉德敏及羌人戰敗之十月庚寅葬太武皇帝于獻陵十一月壬
戌特進蕭瑀參豫朝政
十年正月甲午復聽政癸丑徙封元景爲荊王元昌漢王元禮徐
王元嘉韓王元則彭王元懿鄭王元軌霍王元鳳虢王元慶道王
靈夔燕王恪吳王泰魏王祐齊王愔蜀王惲蔣王貞越王慎紀王
三月癸丑出諸王爲都督六月壬申溫彥博爲尚書右僕射太常
卿楊師道爲侍中魏徵罷爲特進知門下省事參議朝章國典
己卯皇后崩十一月庚寅葬文德皇后于昭陵十二月蕭瑀罷庚
辰慮囚
十一年正月丁亥徙封元裕爲鄧王元名舒王庚子作飛山宮乙
卯免雍州今歲租賦二月丁巳營九嵕山爲陵賜功臣密戚陪塋
地及祕器甲子如洛陽宮乙丑給民百歲以上侍五人壬午獵于
鹿臺嶺三月丙戌朔日有食之癸卯降洛州囚見徒免一歲租調

辛亥獵于廣成澤癸丑如洛陽宮六月甲寅溫彥博薨丁巳幸明
德宮己未以諸王爲世封刺史戊辰以功臣爲世封刺史己巳徙
封元祥爲江王七月癸未大雨水穀洛溢乙未詔百官言事壬寅
廢明德宮之玄圃院賜遭水家丙午給亳州老子廟兗州孔子廟
戶各二十以奉享復涼武昭王近墓戶二十以守衛九月丁亥河
溢壞陝州河北縣毀河陽中潬幸白司馬坂觀之賜瀕河遭水家
粟帛十月癸丑賜先朝謀臣武將及親戚亡者塋陪獻陵十一月
辛卯如懷州乙未獵于濟源麥山丙午如洛陽宮
十二年正月乙未叢州地震癸卯松州地震二月癸亥如河北縣
觀厎柱甲子巫州獠反夔州都督齊善行敗之乙丑如陝州丁卯
觀鹽池庚午如蒲州甲戌如長春宮免朝邑今歲租賦降囚罪乙
亥獵于河濱閏月庚辰朔日有食之丙戌至自長春宮七月癸酉
吏部尚書高士廉爲尚書右僕射八月壬寅吐蕃寇松州侯君集
爲當彌道行軍大總管率三總管兵以伐之九月辛亥闊水道行

軍總管牛進達及吐蕃戰于松州敗之十月己卯獵于始平賜高
年粟帛乙未至自始平鈞州山獠反桂州都督張寶德敗之十一
月己巳明州山獠反交州都督李道彥敗之十二月辛巳壁州山
獠反右武候將軍上官懷仁討之是歲滁豪二州野蠶成繭
十三年正月乙巳拜獻陵赦三原及行從免縣人今歲租賦賜宿
衞陵邑郎將三原令爵一級丁未至自獻陵二月庚子停世封刺
史三月乙丑有星孛于畢昴四月戊寅如九成宮甲申中郎將阿
史那結社率反伏誅壬寅雲陽石然五月甲寅以旱避正殿詔五
品以上言事減膳罷役理囚賑乏乃雨六月丙申封弟元嬰爲滕
王八月辛未朔日有食之十月甲申至自九成宮十一月辛亥楊
師道爲中書令戊辰尚書左丞劉洎爲黃門侍郎參知政事十
二月壬申侯君集爲交河道行軍大總管以伐高昌乙亥封子福
爲趙王壬辰獵于咸陽癸巳至自咸陽是歲滁州野蠶成繭
十四年正月庚子有司讀時令甲寅幸魏王泰第赦雍州長安縣

免延康里今歲租賦二月丁丑觀釋奠于國學赦大理萬年縣賜
學官高第生帛壬午幸溫湯辛卯至自溫湯乙未求梁皇侃褚仲
都周熊安生沈重陳沈文阿周弘正張譏隋何妥劉焯劉炫之後
三月羅竇二州獠反廣州總管党仁弘敗之五月壬寅徙封靈夔
爲魯王六月滁州野蠶成繭乙酉大風拔木八月庚午作襄城宮
癸酉侯君集克高昌九月癸卯赦高昌部及士卒父子犯死朞犯
流大功犯徒小功緦麻犯杖皆原之閏十月乙未如同州甲辰獵
于堯山庚戌至自同州十一月甲子有事于南郊十二月丁酉侯
君集俘高昌王以獻賜酺三日癸卯獵于樊川乙巳至自樊川
十五年正月辛巳如洛陽宮次溫湯衞士崔卿刁文懿謀反伏誅
三月戊辰如襄城宮四月辛卯詔以來歲二月有事于泰山乙未免
洛州今歲租遷戶故給復者加給一年賜民八十以上物惸獨鰥
寡疾病不能自存者米二斛慮囚六月己酉有星孛于太微丙辰
停封泰山避正殿減膳七月丙寅宥周隋名臣及忠烈子孫貞觀

以後流配者十月辛卯獵于伊闕壬辰如洛陽宮十一月癸酉薛
延陀寇邊兵部尚書李世勣爲朔州道行軍總管右衞大將軍
李大亮爲靈州道行軍總管涼州都督李襲譽爲涼州道行軍
總管以伐之十二月戊子至自洛陽宮庚子命三品以上嫡子事
東宮辛丑慮囚甲辰李世勣及薛延陀戰于諾真水敗之乙巳贈
戰亡將士官三轉
十六年正月乙丑遣使安撫西州戊辰募戍西州者前犯流死亡
匿聽自首以應募辛未徙天下死罪囚實西州中書舍人岑文本
爲中書侍郎專典機密六月戊戌太白晝見七月戊午長孫无忌
爲司徒房玄齡爲司空十一月丙辰獵于武功壬戌獵于岐山之
陽甲子賜所過六縣高年孤疾氈衾粟帛遂幸慶善宮庚午至
自慶善宮十二月癸卯幸溫湯甲辰獵于驪山乙巳至自溫湯
十七年正月戊辰魏徵薨代州都督劉蘭謀反伏誅二月己亥慮
囚戊申圖功臣于凌煙閣三月壬子禁送終違令式者丙辰齊王

祐反李世勣討之甲子以旱遣使覆囚決獄乙丑齊王祐伏誅給
復齊州一年四月乙酉廢皇太子爲庶人漢王元昌侯君集等伏
誅丙戌立晉王治爲皇太子大赦賜文武官及五品以上子爲父
後者爵一級民八十以上粟帛酺三日丁亥楊師道罷己丑特進
蕭瑀爲太子太保李世勣爲太子詹事同中書門下三品庚寅謝
承乾之過于太廟癸巳降封魏王泰爲東萊郡王六月己卯朔日
有食之壬辰葬隋恭帝甲午以旱避正殿減膳詔京官五品以上
言事丁酉高士廉同中書門下三品平章政事閏月丁巳詔皇太
子典左右屯營兵丙子徙封泰爲順陽郡王七月丁酉房玄齡罷
八月庚戌工部尚書張亮爲刑部尚書參豫朝政十月丁未建諸
州邸于京城丁巳房玄齡起復十一月己卯有事于南郊壬午賜
酺三日以涼州獲瑞石赦涼州十二月庚申幸溫湯庚午至自
溫湯
十八年正月乙未如鍾官城庚子如鄠壬寅幸溫湯二月己酉如

零口乙卯至自零口丁巳給復突厥高昌部人隸諸州者二年四月辛亥如九成宮七月甲午營州都督張儉率幽營兵及契丹奚以伐高麗八月壬子安西都護郭孝恪爲西州道行軍總管以伐焉耆甲子至自九成宮丁卯劉洎爲侍中岑文本爲中書令中書侍郎馬周守中書令九月黃門侍郎褚遂良參豫朝政辛卯郭孝恪及焉耆戰敗之十月辛丑朔日有食之癸卯宴雍州父老于上林苑賜粟帛甲寅如洛陽宮己巳獵于天池十一月戊寅慮囚庚辰遣使巡問鄭汝懷澤四州高年宴賜之甲午張亮爲平壤道行軍大總管李世勣馬周爲遼東道行軍大總管率十六總管兵以伐高麗十二月壬寅庶人承乾卒戊午李思摩部落叛

十九年二月庚戌如洛陽宮以伐高麗癸丑射虎于武德北山乙卯皇太子監國于定州丁巳賜所過高年鰥寡粟帛贈比干太師謚忠烈三月壬辰長孫无忌攝侍中吏部尚書楊師道攝中書令四月癸卯誓師于幽州大饗軍丁未岑文本薨癸亥李世勣克蓋

牟城五月己巳平壤道行軍總管程名振克沙卑城庚午次遼澤瘞隋人戰亡者乙亥遼東道行軍總管張君乂有罪伏誅丁丑軍于馬首山甲申克遼東城六月丁酉克白巖城己未大敗高麗于安市城東南山左武衛將軍王君愕死之辛酉賜酺三日七月壬申葬死事官加爵四級以一子襲九月癸未班師十月丙午次營州以太牢祭死事者丙辰皇太子迎謁于臨渝關戊午次漢武臺刻石紀功十一月癸酉大饗軍于幽州庚辰次易州癸未平壤道行軍總管張文幹有罪伏誅丙戌次定州丁亥貶楊師道爲工部尚書十二月戊申次并州己未薛延陀寇夏州左領軍大將軍執失思力敗之庚申殺劉洎

二十年正月辛未夏州都督喬師望及薛延陀戰敗之丁丑遣使二十二人以六條黜陟于天下庚辰赦并州起義時編戶給復三年後附者一年二月甲午從伐高麗無功者皆賜勳一轉庚申賜所過高年鰥寡粟三月己巳至自高麗庚午不豫皇太子聽政己丑張亮謀反伏誅閏月癸巳朔日有食之六月乙亥江夏郡王道宗李世勣伐薛延陀七月辛亥疾愈李世勣及薛延陀戰敗之八月甲子封孫忠爲陳王己巳如靈州庚辰次涇州賜高年鰥寡粟帛丙戌踰隴山關次瓦亭觀馬牧丁亥許陪陵者子孫從葬九月辛卯遣使巡察嶺南甲辰鐵勒諸部請上號爲可汗辛亥靈州地震十月貶蕭瑀爲商州刺史丙戌至自靈州十一月己丑詔祭祀表疏藩客兵馬宿衛行魚契給驛授五品以上官及除解決死罪皆以聞餘委皇太子

二十一年正月壬辰高士廉薨丁酉詔以來歲二月有事于泰山甲寅以鐵勒諸部爲州縣賜京師酺三日慮囚降死罪以下二月丁丑皇太子釋菜于太學三月戊子左武衛大將軍牛進達爲青丘道行軍大總管李世勣爲遼東道行軍大總管率三總管兵以伐高麗四月乙丑作翠微宮五月戊子幸翠微宮壬辰命百司決事于皇太子庚戌李世勣克南蘇木底城六月丁丑遣使鐵勒諸

部贖中國人陷沒者七月乙未牛進達克石城丙申作玉華宮庚戌至自翠微宮八月泉州海溢壬戌停封泰山九月丁酉封子明爲曹王十月癸丑褚遂良罷十一月癸卯進封泰爲濮王十二月戊寅左驍衛大將軍契苾何力爲崑丘道行軍大總管率三總管兵以伐龜茲

二十二年正月庚寅馬周薨戊戌幸溫湯己亥中書舍人崔仁師爲中書侍郎參知機務丙午左武衛大將軍薛萬徹爲青丘道行軍大總管以伐高麗長孫无忌檢校中書令知尚書門下省事戊申至自溫湯二月褚遂良起復乙卯見京城父老勞之蠲今歲半租畿縣三之一丁卯詔度遼水有功未酬勳而犯罪者與成官同乙亥幸玉華宮己卯獵于華原流崔仁師于連州三月丁亥赦宜君給復縣人自玉華宮苑中遷者三年四月丁巳松州蠻叛右武候將軍梁建方敗之六月丙寅張行成存問河北從軍者家令州縣爲營農丙子薛萬徹及高麗戰于泊灼城敗之七月甲申太白

晝見壬辰殺華州刺史李君羨癸卯房玄齡薨八月己酉朔日有
食之辛未執失思力伐薛延陀敗其部于金山九月庚辰崑丘道行
軍總管阿史那社尒及薛延陀餘衆戰敗之己亥褚遂
良為中書令壬寅眉邛雅三州獠反茂州都督張士貴討之十月
癸丑至自玉華宮己巳阿史那社尒及龜茲戰敗之十二月辛未
降長安萬年徒罪以下閏月癸巳慮囚
二十三年正月辛亥阿史那社尒俘龜茲王以獻三月己未自冬
旱至是雨辛酉大赦丁卯不豫命皇太子聽政于金液門四月己
亥幸翠微宮五月戊午貶李世勣為疊州都督己巳皇帝崩于含
風殿年五十三庚午奉大行御馬輿還京師禮部尚書于志寧為
侍中太子少詹事張行成兼侍中高季輔兼中書令壬申發喪謚
日文上元元年改謚文武聖皇帝天寶八載謚文武大聖皇帝十
三載增謚文武大聖大廣孝皇帝
贊曰甚矣至治之君不世出也禹有天下傳十有六王而少康有
中興之業湯有天下傳二十八王而其甚盛者號稱三宗武王有
天下傳三十六王而成康之治與宣之功其餘無所稱焉雖詩書
所載時有闕略然三代千有七百餘年傳七十餘君其卓然著見
於後世者此六七君而已嗚呼可謂難得也唐有天下傳世二十
其可稱者三君玄宗憲宗皆不克其終盛哉太宗之烈也其除隋
之亂比迹湯武致治之美庶幾成康自古功德兼隆由漢以來未
之有也至其牽於多愛復立浮圖好大喜功勤兵於遠此中材庸
主之所常為然春秋之法常責備於賢者是以後世君子之欲成
人之美者莫不歎息於斯焉

本紀第二

本紀第三　唐書三

翰林學士兼龍圖閣學士朝散大夫給事中知制誥充史館修撰臣歐陽脩奉
敕撰

高宗天皇大聖大弘孝皇帝諱治字為善太宗第九子也母曰文
德皇后長孫氏始封晉王貞觀七年遙領并州都督十七年太子
承乾廢而魏王泰次當立亦以罪黜乃立子治為皇太子太宗嘗
命皇太子遊觀習射太子辭以非所好願得奉至尊居膝下太宗
大喜乃營寢殿側為別院使太子居之太宗每視朝皇太子常侍
觀決庶政二十三年太宗有疾詔皇太子聽政於金液門四月從
幸翠微宮太宗崩以羽檄發六府甲士四千衛皇太子入于京師
六月甲戌即皇帝位于柩前大赦賜文武官勳一轉民八十以上
粟帛給復雍州及比歲供軍所一年癸未長孫無忌為太尉癸巳
檢校洛州刺史李勣為開府儀同三司參掌機密八月癸酉河東
地震乙亥又震庚辰遣使存問河東給復二年賜壓死者人絹三
匹庚寅葬文皇帝于昭陵九月甲寅荊王元景為司徒吳王恪為
司空乙卯李勣為尚書左僕射同中書門下三品十一月乙丑晉
州地震左詡衛郎將高偘伐突厥是冬無雪
永徽元年正月辛丑改元丙午立妃王氏為皇后張行成為侍中
二月辛卯封子孝為許王上金杞王素節雍王四月己巳晉州地
震五月己未太白晝見六月高偘及突厥戰于金山敗之庚辰晉
州地震詔五品以上言事七月辛酉以旱慮囚八月戊辰給五品
以上解官充侍者半祿加賜帛庚午降死罪以下九月癸卯高偘
俘突厥車鼻可汗以獻十月戊辰李勣罷左僕射十一月己未貶
褚遂良為同州刺史十二月庚午琰州獠寇邊梓州都督謝萬
歲死之
二年正月戊戌開義倉以賑民乙巳黃門侍郎宇文節中書侍
郎柳奭同中書門下三品乙卯瑤池都督阿史那賀魯叛四月乙
丑命有司毋進肉食訖于五月七月丁未賀魯寇庭州左武衛大將

軍梁建方右驍衛大將軍契苾何力爲弓月道行軍揔管以伐之
八月己巳高季輔爲侍中于志寧爲尚書左僕射張行成爲右僕
射同中書門下三品己卯白水蠻寇邊左領軍將軍趙孝祖爲郎
州道行軍揔管以伐之九月癸卯以同州苦泉牧地賜貧民十月
辛卯晉州地震十一月辛酉有事于南郊癸酉禁進犬馬鷹鶻戊
寅忻州地震甲申雨木冰是月竇州義州蠻寇邊桂州都督劉
伯英敗之趙孝祖及白水蠻戰于羅仵候山敗之十二月乙未太白
晝見壬子處月朱邪孤注殺招慰使單道惠叛附于賀魯是冬無雪
三年正月癸亥梁建方及處月戰于牢山敗之甲子以旱避正殿
減膳降囚罪徒以下原之己巳褚遂良爲吏部尚書同中書門下
三品丙子享于太廟丁亥耕藉田三月辛巳雨土宇文節爲侍中
柳奭守中書令四月庚寅趙孝祖及白水蠻戰敗之甲午彭王元
則薨是月兵部侍郎韓瑗爲黃門侍郎同中書門下三品五月庚
申求齊侍中崔季舒給事黃門侍郎裴澤隋儀同三司豆盧毓

御史中丞游楚客子孫官之七月丁巳立陳王忠爲皇太子大赦
賜五品以上子爲父後者勳一轉民酺三日九月丙辰求周司沐大
夫裴融尚書左丞封孝琰子孫官之是月中書侍郎來濟同中
書門下三品十二月癸巳濮王泰薨
四年二月甲申駙馬都尉房遺愛薛萬徹柴令武高陽巴陵公
主謀反伏誅殺荊王元景吳王恪乙酉流宇文節于桂州戊子廢
蜀王愔爲庶人己亥徐王元禮爲司徒李勣爲司空四月壬寅以
旱慮囚遣使決天下獄減殿中太僕馬粟詔文武官言事甲辰避
正殿減膳六月己丑太白晝見八月己亥隕石于馮翊十有八九
月壬戌張行成薨甲戌褚遂良爲尚書右僕射十月庚子幸溫
湯甲辰赦新豐乙巳至自溫湯戊申睦州女子陳碩眞反婺州刺
史崔義玄討之十一月庚戌陳碩眞伏誅癸丑兵部尚書崔敦禮
爲侍中丁巳柳奭爲中書令十二月庚子高季輔薨
五年正月丙寅以旱詔文武官朝集使言事三月戊午如萬年宮

乙丑次鳳泉湯辛未赦岐州及所過徒罪以下六月癸亥柳奭罷
丙寅河北大水遣使慮囚八月己未詔免麟游岐陽今歲課役岐
州及供頓縣半歲九月丁酉至自萬年宮十月癸卯築京師羅
郭起觀于九門
六年正月壬申拜昭陵赦醴泉及行從免縣今歲租調陵所宿衛
進爵一級令丞加一階癸酉以少牢祭陪葬者甲戌至自昭陵庚
寅封子弘爲代王賢潞王二月乙巳皇太子加元服降死罪以下
賜酺三日五品以上爲父後者勳一轉乙丑營州都督程名振左
衛中郎將蘇定方伐高麗五月壬午及高麗戰于貴端水敗之
癸未左屯衛大將軍程知節爲葱山道行軍大揔管以伐賀魯
壬辰韓瑗爲侍中來濟爲中書令七月乙酉崔敦禮爲中書令是
月中書舍人李義府爲中書侍郎參知政事九月庚午貶褚遂
良爲潭州都督乙酉洛水溢十月齊州黃河溢己酉廢皇后爲庶
人乙卯立宸妃武氏爲皇后丁巳大赦賜民八十以上粟帛十一

月己巳皇后見于太廟戊子停諸州貢珠癸巳詔禁吏酷法及爲
隱名書者是冬皇后殺王庶人
顯慶元年正月辛未廢皇太子爲梁王立代王弘爲皇太子壬申
大赦改元賜五品以上子爲父後者勳一轉民酺三日八十以上粟
帛丙戌禁胡人爲幻戲者甲午放宮人三月辛巳皇后親蠶丙
戌戶部侍郎杜正倫爲黃門侍郎同中書門下三品四月壬寅詔
五品以上老疾不以罪者同致仕壬子矩州人謝無零反伏誅七
月癸未崔敦禮爲太子少師同中書門下三品八月丙申崔敦禮
薨辛丑程知節及賀魯部歌邏祿處月戰于榆慕谷敗之九月
庚辰括州海溢癸未程知節及賀魯戰于怛篤城敗之十一月乙
丑以子顯生賜京官朝集使勳一轉自八月霖且雨至於是月
是歲龜茲大將羯獵顚附于賀魯左屯衛大將軍楊胄伐之
二年閏正月壬寅如洛陽宮庚戌右屯衛將軍蘇定方爲伊麗道
行軍揔管以伐賀魯二月癸亥降洛州囚罪徒以下原之免民一

歲租調賜百歲以上氈衾粟帛庚午封子顯爲周王壬申徙封素
節爲鄅王三月戊申禁舅姑拜公主父母拜王妃癸丑李義府兼
中書令五月丙申幸明德宮七月丁亥如洛陽宮八月丁卯貶韓
瑗爲振州刺史來濟爲台州刺史辛未衛尉卿許敬宗爲侍中九
月庚寅杜正倫兼中書令十一月戊戌如許州甲辰遣使慮所過
州縣囚乙巳獵于滍南壬子講武于新鄭赦鄭州免一歲租賦賜
八十以上粟帛其嘗事高祖任佐史者以名聞十二月乙卯如洛陽
宮丁巳蘇定方敗賀魯于金牙山執之丁卯以洛陽宮爲東都
三年正月戊申揚冑及龜茲羯獵顛戰于泥師城敗之二月甲
戌至自東都戊寅慮囚六月壬子程名振及高麗戰于赤烽鎮敗
之十一月乙酉貶杜正倫爲橫州刺史李義府普州刺史戊子許敬
宗權檢校中書令甲午蘇定方俘賀魯以獻戊戌許敬宗爲中
書令大理卿辛茂將兼侍中
四年三月壬午崐陵都護阿史那彌射及西突厥眞珠葉護戰于

雙河敗之四月丙辰于志寧爲太子太師同中書門下三品乙丑
黃門侍郎許圉師同中書門下三品戊辰流長孫无忌于黔州于
志寧罷五月己卯許圉師爲中書侍郎同中書門下三品丙申
兵部尚書任雅相度支尚書盧承慶參知政事戊戌殺凉州都督
長史趙持滿七月己丑以旱避正殿壬辰慮囚八月壬子李義府
爲吏部尚書同中書門下三品十月丙午皇太子加元服大赦賜
五品以上子孫爲父祖後者勳一轉民酺三日閏月戊寅如東都
皇太子監國辛巳詔所過供頓免今歲租賦之半賜民八十以上
氈衾粟帛十一月丙午許圉師爲左散騎常侍檢校侍中戊午辛
茂將薨癸亥賀魯部悉結闕俟斤都曼寇邊左驍衛大將軍蘇
定方爲安撫大使以伐之盧承慶同中書門下三品
五年正月癸卯蘇定方俘都曼以獻甲子如并州己巳次長平
賜父老布帛二月丙戌赦并州及所過州縣義旗初嘗任五品以
上葬并州者祭之加佐命功臣食別封者子孫二階大將軍府僚佐

存者一階民年八十以上版授刺史縣令賜酺三日甲午祠舊宅
三月丙午皇后宴親族鄰里于朝堂會命婦于內殿賜從官五
品以上并州長史司馬勳一轉婦人八十以上版授郡君賜氈衾粟
帛己酉講武于城西辛亥左武衛大將軍蘇定方爲神兵道行軍
大總管新羅王金春秋爲嵎夷道行軍總管率三將軍及新羅兵
以伐百濟四月癸巳如東都五月辛丑作八關宮戊辰定襄都督
阿史德樞賓爲沙磚道行軍總管以伐契丹六月庚午朔日有
食之七月乙巳廢梁王忠爲庶人丁卯盧承慶罷八月庚辰蘇定
方及百濟戰敗之壬午左武衛大將軍鄭仁泰及悉結拔也固僕
骨同羅戰敗之癸未敕神兵道大總管以下軍士及其家賜民
酺三日十一月戊戌蘇定方俘百濟王以獻甲寅如許州十二月辛
未獵于安樂川己卯如東都壬午左驍衛大將軍契苾何力爲浿
江道行軍大總管蘇定方爲遼東道行軍大總管左驍衛將軍
劉伯英爲平壤道行軍大總管以伐高麗阿史德樞賓及奚契丹

戰敗之
龍朔元年正月戊午鴻臚卿蕭嗣業爲扶餘道行軍總管以伐
高麗二月乙未改元赦洛州四月庚辰任雅相爲浿江道行軍總
管契苾何力爲遼東道行軍總管蘇定方爲平壤道行軍總管
蕭嗣業爲扶餘道行軍總管右驍衛將軍程名振爲鏤方道行
軍總管左驍衛將軍龐孝泰爲沃沮道行軍總管率三十五軍
以伐高麗甲午晦日有食之六月辛巳太白經天八月甲戌蘇定方
及高麗戰于浿江敗之九月癸卯及皇后幸李勣許圉師第壬子
徙封賢爲沛王十月丁卯獵于陸渾戊辰獵于非山癸酉如東都
鄭仁泰爲鐵勒道行軍大總管蕭嗣業爲仙萼道行軍大總管左
驍衛大將軍阿史那忠爲長岑道行軍大總管以伐鐵勒
二年二月甲子大易官名甲戌任雅相薨戊寅龐孝泰及高麗戰
于蛇水死之三月庚寅鄭仁泰及鐵勒戰于天山敗之乙巳如河
北縣辛亥如蒲州癸丑如同州四月庚申至自同州辛巳作蓬萊宮

六月癸亥禁宗戚獻纂組雕鏤七月戊子以子旭輪生滿月大赦
賜酺三日右威衛將軍孫仁師為熊津道行軍揔管以伐百濟戊
戌李義府罷八月壬寅許敬宗為太子少師同東西臺三品九月
丁丑李義府起復十月丁酉幸溫湯皇太子監國丁未至自溫湯
庚戌西臺侍郎上官儀同東西臺三品十一月辛未貶許圉師為
虔州刺史癸酉封子旭輪為殷王是歲右衛將軍蘇海政為𨽻海
道行軍揔管以伐龜茲海政殺崑陵都督阿史那彌射
三年正月乙丑李義府為右相二月減百官一月俸賦雍同等十
五州民錢以作蓬萊宮己亥殺駙馬都尉韋正矩庚戌慮囚四月
戊子流李義府于巂州五月壬午柳州蠻叛冀州都督長史劉伯
英以嶺南兵伐之六月吐蕃攻吐谷渾涼州都督鄭仁泰為青海
道行軍大揔管以救之八月癸卯有彗星出于左攝提戊申詔百
寮言事遣按察大使于十道九月戊午孫仁師及百濟戰于白江
敗之十月辛巳詔皇太子五日一至光順門監諸司奏事小事決

之十一月甲戌雨木冰十二月庚子改明年為麟德元年降京師
雍州諸縣死罪以下壬寅安西都護高賢為行軍揔管以伐弓月
麟德元年二月戊子如福昌宮癸卯如萬年宮四月壬午道王元
慶薨五月戊申許王孝薨丙寅以旱避正殿七月丁未詔以三年
正月有事于泰山八月己卯幸舊第降萬年縣死罪以下壬午
至自萬年宮丁亥司列太常伯劉祥道兼右相大司憲竇德玄為
司元太常伯檢校左相十二月丙戌殺上官儀戊子殺庶人忠劉祥
道罷太子右中護樂彥瑋西臺侍郎孫處約同知軍國政事是冬
無雪
二年二月壬午如東都三月甲寅司戎太常伯姜恪同東西臺三
品戊午遣使慮京都諸司及雍洛二州囚閏月癸酉日有食之是
春疏勒弓月吐蕃攻于闐西州都督崔智辯左武衛將軍曹繼
叔救之四月丙午赦桂廣黔三都督府丙寅講武于邙山之陽戊
辰左侍極陸敦信檢校右相孫處約樂彥瑋罷七月己丑鄧王元

裕薨十月壬戌帶方州刺史劉仁軌為大司憲兼知政事丁卯如
泰山大有年
乾封元年正月戊辰封于泰山庚午禪于社首以皇后為亞獻壬
申大赦改元賜文武官階勳爵民年八十以上版授下州刺史司
馬縣令婦人郡縣君二十以上至八十賜古爵一級民酺七日女
子百戶牛酒免所過今年租賦給復齊州一年半兗州二年辛卯
幸曲阜祠孔子贈太師二月己未如亳州祠老子追號太上玄元
皇帝縣人宗姓給復一年四月甲辰至自亳州庚戌陸敦信罷六
月壬寅高麗泉男生請內附右驍衛大將軍契苾何力為遼東安
撫大使率兵援之左金吾衛將軍龐同善營州都督高侃為遼東
道行軍揔管左武衛將軍薛仁貴左監門衛將軍李謹行為後援
七月乙丑徙封旭輪為豫王庚午劉仁軌兼右相八月辛丑竇德
玄薨丁未殺始州刺史武惟良淄州刺史武懷運九月龐同善及
高麗戰敗之十二月己酉李勣為遼東道行臺大揔管率六揔

管兵以伐高麗
二年正月丁丑以旱避正殿減膳慮囚二月丁酉涪陵郡王愔薨
辛丑禁工商乘馬六月乙卯西臺侍郎楊武戴至德東臺侍郎李
安期司列少常伯趙仁本同東西臺三品東臺舍人張文瓘參知
政事七月己卯以旱避正殿減膳遣使慮囚八月己丑朔日有食
之辛亥李安期罷九月庚申以餌藥皇太子監國辛未李勣及
高麗戰于新城敗之是歲嶺南洞獠陷瓊州
總章元年正月壬子劉仁軌為遼東道副大揔管兼安撫大使浿
江道行軍揔管二月丁巳皇太子釋奠于國學戊寅如九成宮壬
午李勣敗高麗克扶餘南蘇木底蒼巖城三月庚寅大赦改元
四月乙卯贈顏回太子少師曾參太子少保丙辰有彗星出于五
車避正殿減膳撤樂詔內外官言事庚申以太原元從西府功臣
為二等第一功後官無五品者授其子若孫一人有至四品五品
者加二階有三品以上加爵三等第二功後官無五品者授其子若

孫從六品一人有至五品者加一階六品者二階三品以上爵一等辛巳楊武薨八月癸酉至自九成宮九月癸巳李勣敗高麗王高藏執之十二月丁巳俘高藏以獻丁卯有事于南郊甲戌姜恪檢校左相司平太常伯閻立本守右相

二年二月辛酉右肅機李敬玄爲西臺侍郎張文瓘爲東臺侍郎同東西臺三品三月丙戌東臺侍郎郝處俊同東西臺三品癸巳皇后親蠶四月己酉如九成宮六月戊申朔日有食之七月癸巳左衛大將軍契苾何力爲烏海道行軍大總管以援吐谷渾九月庚寅括州海溢壬寅如岐州乙巳赦岐州賜高年粟帛十月丁巳至自岐州十一月丁亥徙封旭輪爲冀王改名輪十二月戊申李勣薨是冬無雪

咸亨元年正月丁丑劉仁軌罷二月戊申慮囚丁巳東南有聲若雷三月甲戌大赦改元壬辰許敬宗罷四月癸卯吐蕃陷龜兹撥換城廢安西四鎮己酉李敬玄罷辛亥右威衛大將軍薛仁貴爲

邏娑道行軍大總管以伐吐蕃庚午如九成宮雍州大雨雹高麗酋長鉗牟岑叛寇邊左監門衛大將軍高侃爲東州道行軍總管右領軍衛大將軍李謹行爲燕山道行軍總管以伐之六月壬寅朔日有食之七月甲戌以雍華蒲同四州旱遣使慮囚減中御諸廄馬戊子李敬玄起復薛仁貴及吐蕃戰于大非川敗績八月庚戌以穀貴禁酒丁巳至自九成宮甲子趙王福薨丙寅以旱避正殿減膳九月丁丑給復雍華同岐邠隴六州一年閏月癸卯皇后以旱請避位甲寅姜恪爲涼州道行軍大總管以伐吐蕃十月庚辰詔文武官言事乙未趙仁本罷十二月庚寅復官名是歲大饑

二年正月乙巳如東都皇太子監國二月辛未遣使存問諸州四月戊子大風雨雹六月癸巳以旱慮囚九月地震丙申徐王元禮薨十月丙子求明禮樂之士十一月甲午朔日有食之庚戌如許州遣使存問所過疾老鰥寡慮囚十二月癸酉獵于昆陽丙戌如東都是歲姜恪爲侍中閻立本爲中書令

三年正月辛丑姚州蠻寇邊太子右衛副率梁積壽爲姚州道行軍總管以伐之二月己卯姜恪薨四月壬申校旗于洛水之陰九月癸卯徙封賢爲雍王十月己未皇太子監國十一月戊子朔日有食之甲辰至自東都十二月金紫光祿大夫致仕劉仁軌爲太子左庶子同中書門下三品

四年正月丙辰鄭王元懿薨四月丙子如九成宮閏五月丁卯禁作簺捕魚營圈取獸者八月辛丑以不豫詔皇太子聽諸司啓事己酉大風落太廟鴟尾十月壬午閻立本薨乙未以皇太子納妃赦岐州賜酺三日乙巳至自九成宮

上元元年二月壬午劉仁軌爲雞林道行軍大總管以伐新羅三月辛亥朔日有食之己巳皇后親蠶八月壬辰皇帝稱天皇皇后稱天后追尊六代祖宣簡公爲宣皇帝妣張氏曰宣莊皇后五代祖懿王爲光皇帝妣賈氏曰光懿皇后增高祖太宗及后謚大赦

改元賜酺三日十一月丙午如東都己酉獵于華山曲武原十二月癸未蔣王惲自殺

二年正月己未給復雍同華岐隴五州一年辛未吐蕃請和二月劉仁軌及新羅戰于七重城敗之三月丁巳天后親蠶四月辛巳天后殺周王顯妃趙氏丙戌以旱避正殿減膳撤樂詔百官言事己亥天后殺皇太子五月戊申追號皇太子爲孝敬皇帝六月戊寅立雍王賢爲皇太子大赦七月辛亥杞王上金免官削封邑八月庚寅葬孝敬皇帝于恭陵丁酉詔婦人爲宮官者歲一見其親庚子張文瓘爲侍中郝處俊爲中書令劉仁軌爲尚書左僕射戴至德爲右僕射十月庚辰兗州雨雹壬午有彗星出于角亢

儀鳳元年正月壬戌徙封輪爲相王丁卯納州獠寇邊二月丁亥如汝州溫湯遣使慮免汝州輕繫三月癸卯黃門侍郎來恒中書侍郎薛元超同中書門下三品甲辰如東都免汝州今歲半租賜民八十以上帛閏月己巳吐蕃寇鄯廓河芳四州左監門衛中

郎將令狐智通伐之乙酉周王顯爲洮河道行軍元帥領左衛大將軍劉審禮等十二摠管相王輪爲涼州道行軍元帥領契苾何力等軍以伐吐蕃四月戊申至自東都甲寅中書侍郎李義琰同中書門下三品戊午如九成宮六月癸亥黃門侍郎高智周同中書門下三品七月丁亥有彗星出于東井乙未吐蕃寇疊州八月庚子避正殿減膳撤樂損食粟馬慮囚詔文武官言事甲子停南北中尚梨園作坊減少府雜匠是月青州海溢十月乙未至自九成宮丙午降封鄅王素節鄱陽郡王十一月壬申大赦改元庚寅李敬玄爲中書令十二月戊午來恒薛元超爲河南河北道大使

二年正月乙亥耕藉田庚辰京師地震四月太子左庶子張大安同中書門下三品五月吐蕃寇扶州八月辛亥劉仁軌爲洮河軍鎭守使十月壬辰徙封顯爲英王更名哲十二月乙卯募關內河東猛士以伐吐蕃是歲西突厥及吐蕃寇安西冬無雪

三年正月丙子李敬玄爲洮河道行軍大摠管以伐吐蕃癸未遣使募河南河北猛士以伐吐蕃四月丁亥以旱避正殿慮囚戊申大赦改明年爲通乾元年癸丑涇州民生子異體連心五月壬戌如九成宮大雨霖九月辛酉至自九成宮癸亥張文瓘薨丙寅李敬玄劉審禮及吐蕃戰于青海敗績審禮死之十月丙申停劍南隴右歲貢丙午密王元曉薨閏十一月丙申雨木冰壬子來恒薨十二月癸丑罷通乾號

調露元年正月戊子如東都庚戌戴至德薨四月辛酉郝處俊爲侍中五月丙戌皇太子監國戊戌作紫桂宮六月辛亥大赦改元吏部侍郎裴行儉伐西突厥九月壬午行儉敗西突厥執其可汗都支十月突厥溫傅奉職二部寇邊單于大都護府長史蕭嗣業伐之十一月戊寅高智周罷甲辰禮部尚書裴行儉爲定襄道行軍大摠管以伐突厥

永隆元年二月癸丑如汝州溫湯丁巳如少室山乙丑如東都三月裴行儉及突厥戰于黑山敗之四月乙丑如紫桂宮戊辰黃門侍郎裴炎崔知溫中書侍郎王德眞同中書門下三品五月丁酉太白經天七月己卯吐蕃寇河源辛巳李敬玄及吐蕃戰于湟川敗績左武衛將軍黑齒常之爲河源軍經略大使丙申江王元祥薨突厥寇雲州都督竇懷哲敗之八月丁未如東都丁巳貶李敬玄爲衡州刺史甲子廢皇太子爲庶人乙丑立英王哲爲皇太子大赦改元賜酺三日己巳貶張大安爲普州刺史九月甲申王德眞罷十月壬寅降封曹王明爲零陵郡王戊辰至自東都十一月壬申朔日有食之

開耀元年正月乙亥突厥寇原慶二州辛巳賜京官九品以上酺三日癸巳裴行儉爲定襄道行軍大摠管以伐突厥己亥減殿中太僕馬省諸方貢獻免雍岐華同四州二歲稅河南河北一年調二月丙午皇太子釋奠于國學三月辛卯郝處俊罷五月乙酉常州人劉龍子謀反伏誅丙戌定襄道副摠管曹懷舜及突厥戰于橫水敗績己丑黑齒常之及吐蕃戰于良非川敗之六月壬子永嘉

郡王晫有罪伏誅七月己丑以太平公主下嫁赦京師甲午劉仁軌罷左僕射閏月丁未裴炎爲侍中崔知溫薛元超守中書令庚戌以餌藥皇太子監國庚申裴行儉及突厥戰敗之八月丁卯以河南河北大水遣使賑乏絶室廬壞者給復一年溺死者贈物人三段九月丙申有彗星出于天市壬戌裴行儉俘突厥溫傅可汗阿史那伏念以獻乙丑改元赦定襄軍及諸道緣征官吏兵募十月丙寅朔日有食之十一月癸卯徙庶人賢于巴州

永淳元年二月癸未以孫重照生滿月大赦改元賜酺三日是月突厥車薄咽麪寇邊三月戊午立重照爲皇太孫四月甲子朔日有食之丙寅如東都皇太子監國辛未裴行儉爲金牙道行軍大摠管率三摠管兵以伐突厥安西副都護王方翼及車薄咽麪戰于熱海敗之丁亥黃門侍郎郭待舉兵部侍郎岑長倩秘書員外少監郭正一吏部侍郎魏玄同與中書門下同承受進止平章事五月乙卯洛水溢六月甲子突厥骨咄祿寇邊嵐州刺史王德

蔑死之是月大蝗人相食七月作萬泉宮己亥作奉天宮庚申零陵郡王明自殺九月吐蕃寇柘州驍衛郎將李孝逸伐之十月甲子京師地震丙寅黃門侍郎劉齊賢同中書門下平章事

弘道元年正月甲午幸奉天宮二月庚午突厥寇定州刺史霍王元軌敗之三月庚寅突厥寇單于都護府司馬張行師死之庚子李義琰罷丙午有彗星出于五車癸丑崔知溫薨四月己未如東都壬申郭待舉郭正一同中書門下平章事甲申綏州部落稽白鐵余寇邊右武衛將軍程務挺敗之五月乙巳突厥寇蔚州刺史李思儉死之七月甲辰徙封輪為豫王改名旦薛元超罷八月乙丑皇太子朝于東都皇太孫留守京師丁卯滹沱溢己巳河溢壞河陽城九月己丑以太平公主子生赦東都十月癸亥幸奉天宮十一月戊戌右武衛將軍程務挺為單于道安撫大使以伐突厥辛丑皇太子監國丁未如東都戊申裴炎劉齊賢郭正一兼於東宮平章事十二月丁巳改元大赦是夕皇帝崩于貞觀殿年五十六

論曰天皇大帝天寶八載改諡天皇大聖皇帝十三載增諡天皇大聖大弘孝皇帝

贊曰小雅曰赫赫宗周褒姒威之此周幽王之詩也是時幽王雖亡而太子宜臼立是為平王而詩人乃言威之者以為文武之業於是蕩盡東周雖在不能復興矣其曰威者甚疾之之辭也武氏之亂唐之宗室戕殺殆盡其賢士大夫不免者十八九以太宗之治其遺德餘烈在人者未遠而幾於遂絕其為惡豈一褒姒之比邪以太宗之明昧於知子廢立之際不能自決卒用昏童高宗溺愛衽席不戒履霜之漸而毒流天下貽禍邦家嗚呼父子夫婦之間可謂難哉可不慎哉

本紀第三

本紀第四　　唐書四

翰林學士兼龍圖閣學士朝散大夫給事中知制誥充史館修撰臣歐陽脩奉

敕撰

則天順聖皇后武氏諱曌并州文水人也父士彠官至工部尚書荊州都督封應國公后年十四太宗聞其有色選為才人太宗崩后削髮為比丘尼居于感業寺高宗幸感業寺見而悅之復召入宮久之立為昭儀進號宸妃永徽六年高宗廢皇后王氏立宸妃為皇后高宗自顯慶後多苦風疾百司奏事時時令后決之常稱旨由是參豫國政后既專寵與政乃數上書言天下利害務收人心而高宗春秋高苦疾后益用事遂不能制高宗悔陰欲廢之而謀泄不果上元元年高宗號天皇皇后亦號天后天下之人謂之二聖弘道元年十二月高宗崩遺詔皇太子即皇帝位軍國大務不決者兼取天后進止甲子皇太子即皇帝位尊后為皇太后臨朝稱制大赦賜九品以下勳官一級庚午韓王元嘉為太尉霍王元軌為司徒舒王元名為司空甲戌劉仁軌為尚書左僕射裴炎為中書令劉齊賢為侍中同中書門下三品戊寅郭待舉魏玄同岑長倩同中書門下三品癸未郭正一罷

光宅元年正月癸未改元嗣聖癸巳左散騎常侍韋弘敏為太府卿同中書門下三品二月戊午廢皇帝為廬陵王幽之己未立豫王旦為皇帝妃劉氏為皇后立永平郡王成器為皇太子大赦改元為文明賜文武官五品以上爵一等九品以上勳兩轉老人版授官賜粟帛職官五品以上舉所知一人皇太后仍臨朝稱制庚申廢皇太孫重照為庶人殺庶人賢于巴州甲子皇帝率羣臣上尊號于武成殿丁卯冊皇帝丁丑太常卿王德真為侍中中書侍郎劉禕之同中書門下三品庚辰贈玉淸觀道士太中大夫王遠知金紫光祿大夫三月丁亥徙封上金為畢王素節葛王四月丁巳滕王元嬰薨辛酉徙封上金為澤王素節許王癸酉遷廬陵王于房州丁丑又遷于均州五月癸巳以大喪禁射獵閏月甲子禮部

尚書武承嗣爲太常卿同中書門下三品七月戊午廣州崑崙殺其都督路元叡乙丑突厥寇朔州左武衛大將軍程務挺敗之辛未有彗星出于西方八月庚寅葬天皇大帝于乾陵丙午武承嗣罷九月甲寅大赦改元旗幟尚白易内外官服青者以碧大易官名改東都爲神都追尊老子母爲先天太后丙辰左威衛大將軍程務挺爲單于道安撫大使以備突厥己巳追尊武氏五代祖克己爲魯國公妣裴氏爲魯國夫人高祖居常爲太尉北平郡王妣劉氏爲王妃曽祖儉爲太尉金城郡王妣宋氏爲王妃祖華爲太尉太原郡王妣趙氏爲王妃考士彠爲太師魏王妣楊氏爲王妃丁丑柳州司馬李敬業舉兵于揚州以討亂貶韋弘敏爲汾州刺史十月癸未楚州司馬李崇福以山陽安宜鹽城三縣歸于敬業甲申左玉鈐衛大將軍梁郡公李孝逸爲揚州道行軍大總管左金吾衛大將軍李知十爲副率兵三十萬以拒李敬業丁亥左肅政臺御史大夫騫味道檢校内史同鳳閣鸞臺三品鳳閣舍人李

景諶同鳳閣鸞臺平章事壬辰李敬業克潤州丙申殺裴炎追謚五代祖魯國公曰靖高祖北平郡王曰恭肅曽祖金城郡王曰義康祖太原郡王曰安成考魏王曰忠孝丁酉曲赦揚楚二州復敬業姓徐氏貶劉齊賢爲辰州刺史李景諶罷右史沈君諒著作郎崔詧爲正諫大夫同鳳閣鸞臺平章事十一月辛亥左鷹揚衛大將軍黑齒常之爲江南道行軍大總管庚申右監門衛將軍蘇孝祥及徐敬業戰于阿谿死之乙丑徐敬業將王那相殺敬業降丁卯郭待舉罷鸞臺侍郎韋方質爲鳳閣侍郎同鳳閣鸞臺平章事十二月戊子遣御史案風俗癸卯殺程務挺

垂拱元年正月丁未大赦改元庚戌騫味道守内史戊辰劉仁軌薨二月乙巳春官尚書武承嗣秋官尚書裴居道右肅政臺御史大夫韋思謙同鳳閣鸞臺三品突厥寇邊左玉鈐衛中郎將淳于處平爲陽曲道行軍總管以擊之沈君諒罷三月崔詧罷丙辰遷廬陵王于房州辛酉武承嗣罷辛未頒垂拱格四月丙子貶騫味道爲青州刺史癸未淳于處平及突厥戰于忻州敗績五月丙午裴居道爲納言丁未流王德眞于象州己酉冬官尚書蘇良嗣守納言封皇帝子成義爲恒王壬戌以旱慮囚壬申韋方質同鳳閣鸞臺三品六月天官尚書韋待價同鳳閣鸞臺三品九月丁卯揚州地生毛十一月癸卯韋待價爲燕然道行軍大總管以擊突厥

二年正月辛酉大赦賜酺三日内外官勳一轉二月辛未朔日有蝕之三月戊申作銅匭四月庚辰岑長倩爲内史五月丙午裴居道爲内史六月辛未蘇良嗣同鳳閣鸞臺三品己卯韋思謙守納言十月己巳有山出于新豐縣改新豐爲慶山赦囚給復一年賜酺三日十二月免并州百姓庸調終其身是冬無雪

三年閏正月丁卯封皇帝子隆基爲楚王隆範衛王隆業趙王二月己亥以旱避正殿減膳丙辰突厥寇昌平黑齒常之擊之三月乙丑韋思謙罷四月辛丑追號孝敬皇帝妃裴氏曰哀皇后葬于

恭陵癸丑以旱慮囚命京官九品以上言事壬戌裴居道爲納言五月丙寅夏官侍郎張光輔爲鳳閣侍郎同鳳閣鸞臺平章事庚午殺劉禕之七月丁卯冀州雌雞化爲雄乙亥京師地震雨金于廣州八月壬子魏玄同兼檢校納言交趾人李嗣仙殺安南都護劉延祐據交州桂州司馬曹玄靜敗之是月突厥寇朔州燕然道行軍大總管黑齒常之敗之九月己卯虢州人楊初成自稱郎將募州人迎廬陵王于房州不果見殺十月庚子右監門衛中郎將爨寶璧及突厥戰敗績十二月壬辰韋待價爲安息道行軍大總管安西大都護閻温古副之以擊吐蕃是歲大饑

四年正月甲子增七廟立高祖太宗高宗廟于神都庚午毁乾元殿作明堂三月壬戌殺麟臺少監周思茂四月戊戌殺太子通事舍人郝象賢五月庚申得寳圖于洛水乙亥加尊號爲聖母神皇六月丁亥朔日有食之得瑞石于汜水七月丁巳大赦改寳圖爲天授聖圖洛水爲永昌洛水封其神爲顯聖侯加特進禁

漁釣改嵩山爲神岳封其神爲天中王太師使持節大都督賜酺
五日戊午京師地震八月戊戌神都地震丙午博州刺史琅邪郡
王沖舉兵以討亂遣左金吾衛大將軍丘神勣拒之戊申沖死之
庚戌越王貞舉兵于豫州以討亂辛亥曲赦博州九月丙辰左豹
韜衛大將軍麴崇裕爲中軍大總管岑長倩爲後軍大總管以
拒越王貞張光輔爲諸軍節度削越王貞及琅邪郡王沖屬籍改
其姓爲虺氏貞死之丙寅赦豫州殺韓王元嘉魯王靈夔范陽郡
王靄黃國公譔東莞郡公融及常樂公主皆改其姓爲虺氏丁卯
左肅政臺御史大夫騫味道夏官侍郎王本立同鳳閣鸞臺平章
事十月辛亥大風拔木十一月辛酉殺濟州刺史薛顗及其弟駙
馬都尉紹十二月乙酉殺霍王元軌江都郡王緒及殿中監裴承
光大殺唐宗室流其幼者于嶺南己亥殺騫味道己酉拜洛受圖
辛亥改明堂爲萬象神宮大赦
永昌元年正月乙卯享于萬象神宮大赦改元賜酺七日丁巳舒

唐書本紀四　四

王元名爲司徒戊午布政于萬象神宮頒九條以訓百官己未即
州雌雞化爲雄二月丁酉尊考太師魏忠孝王曰周忠孝太皇置
崇先府官戊戌追諡妣楊氏曰周忠孝太后太原郡王曰周安成
王妃趙氏爲王妃金城郡王曰魏義康王妃宋氏爲王妃北平郡
王曰趙肅恭王妃劉氏爲王妃五代祖魯國公曰太原靖王夫人
裴氏爲王妃三月甲子張光輔守納言癸酉天官尚書武承嗣爲
納言張光輔守內史四月甲辰殺汝南郡王瑋鄱陽郡公諲廣漢郡
公謐汶山郡公蓁零陵郡王俊廣都郡公璹徙其家于巂州己酉
殺天官侍郎鄧玄挺五月丙辰韋待價及吐蕃戰于寅識迦河敗
績己巳白馬寺僧薛懷義爲新平道行軍大總管以擊突厥七
月丁巳流紀王慎于巴州改其姓爲虺氏丙子流韋待價于繡州
殺閻溫古戊寅王本立同鳳閣鸞臺三品八月癸未薛懷義爲新
平道中軍大總管以擊突厥甲申殺張光輔洛州司馬弓嗣業洛
陽令弓嗣明陝州參軍弓嗣古流人徐敬眞乙未松州雌雞化爲

雄辛丑殺陝州刺史郭正一丁未殺相州刺史弓志元蒲州刺
史弓彭祖尚方監王令基九月庚戌殺恒山郡王承乾之子厥閏
月甲午殺魏玄同夏官侍郎崔詧戊申殺彭州長史劉易從十月
癸丑殺涼州都督李光誼丁巳殺陝州刺史劉延景戊午殺右武
威衛大將軍黑齒常之右鷹揚衛將軍趙懷節己未殺嗣鄭王
璥丁卯春官尚書范履冰鳳閣侍郎邢文偉同鳳閣鸞臺平章事
天授元年正月庚辰大赦改元曰載初以十一月爲正月十二月
爲臘月來歲正月爲一月以周漢之後爲二王後封舜禹湯之裔
爲三恪周隋同列國封其嗣乙未除唐宗室屬籍臘月丙寅殺劉齊
賢一月戊子王本立罷邢文偉爲內史岑長倩武承嗣同鳳閣鸞
臺三品鳳閣侍郎武攸寧爲納言甲午流韋方質于儋州二月丁
卯殺地官尚書王本立三月乙酉以旱減膳丁亥蘇良嗣薨五月
戊子殺范履冰己亥殺梁郡公孝逸六月戊申殺汴州刺史柳明
肅七月辛巳流舒王元名于和州頒大雲經于天下壬午殺豫章

唐書本紀四　五

郡王亶丁亥殺澤王上金許王素節甲午赦永昌縣癸卯殺太常
丞蘇踐言八月辛亥殺許王素節之子璟曾江縣令白令言甲寅
殺裴居道壬戌殺將軍阿史那惠右司郎中喬知之癸亥殺尚書
右丞張行廉太州刺史杜儒童甲子殺流人張楚金戊辰殺流人元
萬頃苗神客辛未殺南安郡王穎鄅國公昭及諸宗室李直李敞
李然李勳李策李越李黯李玄李英李志業李知言李玄貞九月
乙亥殺鉅鹿郡公晃麟臺郎裴望及其弟司膳丞璉壬午改國號
周大赦改元賜酺七日乙酉加尊號曰聖神皇帝降皇帝爲皇嗣
賜姓武氏皇太子爲皇孫丙戌立武氏七廟于神都追尊周文王
曰始祖文皇帝妣姒氏曰文定皇后四十代祖平王少子武曰睿
祖康皇帝妣姜氏曰康惠皇后太原靖王曰嚴祖成皇帝妣曰成
莊皇后趙肅恭王曰肅祖章敬皇帝妣曰章敬皇后魏義康王
曰烈祖昭安皇帝妣曰昭安皇后周安成王曰顯祖文穆皇帝妣
曰文穆皇后忠孝太皇曰太祖孝明高皇帝妣曰孝明高皇后追

封伯父及兄弟之子爲王堂兄爲郡王諸姑姊爲長公主堂姊妹爲郡主司賓卿史務滋守納言鳳閣侍郎宗秦客檢校內史給事中傅游藝爲鸞臺侍郎同鳳閣鸞臺平章事十月丁巳給復并州武興縣百姓子孫相承如漢豐沛甲子貶宗秦客爲遵化尉丁卯殺流人韋方質己巳殺許王素節之子瑛琪琬瓚瑒瑗琛唐臣辛未貶邢文偉爲珍州刺史置大雲寺封周公爲褒德王孔子爲隆道公改唐太廟爲享德廟以武氏七廟爲太廟

二年正月甲戌改置社稷旗幟尚赤戊寅殺雅州刺史劉行實及其弟渠州刺史行瑜尚衣奉御行感兄子左鷹揚衛將軍虔通戊子武承嗣爲文昌左相庚寅賜酺乙未殺丘神勣左豹韜衛將軍衛蒲山庚子殺史務滋臘月己未始用周臘四月壬寅朔日有蝕之丙午大赦五月丁亥大風折木岑長倩爲武威道行軍大總管以擊吐蕃六月庚戌左肅政臺御史大夫格輔元爲地官尚書鸞臺侍郎樂思晦鳳閣侍郎任知古同鳳閣鸞臺平章事七月庚午徙

關內七州戶以實神都八月戊申武攸寧罷夏官尚書歐陽通爲司禮卿兼判納言事庚申殺右玉鈐衛大將軍張虔勗九月乙亥殺岐州刺史雲弘嗣壬辰殺傅游藝癸巳左羽林衛大將軍武攸寧守納言冬官侍郎裴行本洛州司馬狄仁傑爲地官侍郎同鳳閣鸞臺平章事十月己酉殺岑長倩歐陽通格輔元壬戌殺樂思晦左衛將軍李安靜

長壽元年一月戊辰夏官尚書楊執柔同鳳閣鸞臺平章事庚午貶任知古爲江夏令狄仁傑彭澤令流裴行本于嶺南乙亥殺右衛大將軍泉獻誠庚辰司刑卿李遊道爲冬官尚書同鳳閣鸞臺平章事二月戊午秋官尚書袁智弘同鳳閣鸞臺平章事四月丙申朔日有食之大赦改元如意五月洛水溢七月又溢八月甲戌河溢壞河陽縣戊寅武承嗣武攸寧楊執柔罷秋官侍郎崔元綜爲鸞臺侍郎夏官侍郎李昭德爲鳳閣侍郎權檢校天官侍郎姚璹爲文昌左丞檢校地官侍郎李元素爲文昌右丞營繕大匠王璿爲夏官尚書司賓卿崔神基同鳳閣鸞臺平章事九月戊戌大霧庚子大赦改元改用九月社賜酺七日癸卯以并州爲北都癸丑流李遊道袁智弘王璿崔神基李元素于嶺南十月丙戌武威道行軍總管王孝傑敗吐蕃克四鎮

二年臘月癸亥殺皇嗣妃劉氏德妃竇氏丁卯降封皇孫成器爲壽春郡王恒王成義衡陽郡王楚王隆基臨淄郡王衛王隆範巴陵郡王趙王隆業彭城郡王一月庚子夏官侍郎婁師德同鳳閣鸞臺平章事甲寅殺尚方監裴匪躬內常侍范雲仙三月己卯殺左衛員外大將軍阿史那元慶白澗府果毅薛大信五月乙未殺冬官尚書蘇幹相州刺史來同敏癸丑河溢棣州九月丁亥朔日有蝕之乙未加號金輪聖神皇帝大赦賜酺七日作七寶庚子追尊烈祖昭安皇帝曰渾元昭安皇帝顯祖文穆皇帝曰立極文穆皇帝太祖孝明高皇帝曰無上孝明高皇帝辛丑姚璹罷文昌右丞韋巨源同鳳閣鸞臺平章事秋官侍郎陸元方爲鸞臺侍郎

同鳳閣鸞臺平章事司賓卿豆盧欽望守內史

延載元年臘月甲戌突厥默啜寇靈州右鷹揚衛大將軍李多祚敗之一月甲午婁師德爲河源積石懷遠等軍營田大使二月庚午薛懷義爲代北道行軍大總管領十八將軍以擊默啜乙亥以旱慮囚己卯武威道大總管王孝傑及吐蕃戰于冷泉敗之三月甲申鳳閣舍人蘇味道爲鳳閣侍郎同鳳閣鸞臺平章事李昭德檢校內史薛懷義爲朔方道行軍大總管擊默啜昭德爲朔方道行軍長史味道爲司馬四月壬戌常州地震五月甲午加號越古金輪聖神皇帝大赦改元賜酺七日七月癸未嵩嶽山人武什方爲正諫大夫同鳳閣鸞臺平章事八月什方罷戊辰王孝傑爲瀚海道行軍總管己巳司賓少卿姚璹守納言左肅政臺御史大夫楊再思爲鸞臺侍郎洛州司馬杜景佺檢校鳳閣侍郎同鳳閣鸞臺平章事戊寅流崔元綜于振州九月壬午朔日有蝕之壬寅貶李昭德爲南賓尉十月壬申文昌右丞李元素爲鳳閣侍郎右

肅政臺御史中丞周允元檢校鳳閣侍郎同鳳閣鸞臺平章事嶺
南獠寇邊容州都督張玄遇爲桂永等州經略大使癸酉雨木冰
天冊萬歲元年正月辛巳加號慈氏越古金輪聖神皇帝改元證
聖大赦賜酺三日戊子貶豆盧欽望爲趙州刺史韋巨源鄜州刺
史杜景佺溱州刺史蘇味道集州刺史陸元方綏州刺史丙申萬
象神宮火丙午王孝傑爲朔方行軍總管以擊突厥二月己酉朔
日有蝕之壬子殺薛懷義甲子罷慈氏越古號三月丙辰周允元
薨四月戊寅建大周萬國頌德天樞七月辛酉吐蕃寇臨洮王孝
傑爲肅邊道行軍大總管以擊之九月甲寅祀南郊加號天冊金
輪大聖皇帝大赦改元賜酺九日以崇先廟爲崇尊廟
萬歲通天元年臘月甲戌如神岳甲申封于神岳改元曰萬歲登
封大赦免今歲租稅賜酺十日丁亥禪于少室山己丑給復洛州
二年登封告成縣三年癸巳復于神都一月甲寅婁師德爲肅邊
道行軍副總管以擊吐蕃己巳改崇尊廟爲太廟二月辛巳尊神

岳天中王爲神岳天中黃帝天靈妃爲天中黃后三月壬寅王
孝傑婁師德及吐蕃戰于素羅汗山敗績丁巳復作明堂改曰通
天宮大赦改元賜酺七日四月癸酉檢校夏官侍郎孫元亨同鳳
閣鸞臺平章事庚子貶婁師德爲原州都督府司馬五月壬子契
丹首領松漠都督李盡忠歸誠州刺史孫萬榮陷營州殺都督
趙文翽乙丑左鷹揚衛將軍曹仁師右金吾衛大將軍張玄遇左
威衛大將軍李多祚司農少卿麻仁節等擊之七月辛亥春官尚
書武三思爲榆關道安撫大使納言姚璹爲副以備契丹八月丁酉
張玄遇曹仁師麻仁節等及契丹戰于黃麞谷敗績執玄遇仁節
九月庚子同州刺史武攸宜爲清邊道行軍大總管以擊契丹丁
巳吐蕃寇涼州都督許欽明死之庚申并州長史王方慶爲鸞臺
侍郎殿中監李道廣同鳳閣鸞臺平章事十月辛卯契丹寇冀
州刺史陸寶積死之甲午慮囚
神功元年正月壬戌殺李元素孫元亨洛州錄事參軍綦連耀
箕州刺史劉思禮知天官侍郎事石抱忠劉奇給事中周譒鳳
閣舍人王勮前涇州刺史王勔太子司議郎路敬淳司門員外郎
劉順之右司員外郎宇文全志來庭縣主簿柳璆癸亥突厥默啜
寇勝州平狄軍副使安道買敗之甲子婁師德守鳳閣侍郎同
鳳閣鸞臺平章事一月乙巳慮囚三月庚子王孝傑及孫萬斬戰
于東硤石谷敗績孝傑死之戊申赦河南北四月戊辰置九鼎于通
天宮癸酉前益州大都督府長史王及善爲內史癸未右金吾衛
大將軍武懿宗爲神兵道行軍大總管及右豹韜衛將軍何迦密
以擊契丹五月癸卯婁師德爲清邊道行軍副大總管右武衛將
軍沙吒忠義爲清邊中道前軍總管以擊契丹六月丁卯殺監察
御史李昭德司僕少卿來俊臣己卯尚方少監宗楚客同鳳閣鸞
臺平章事戊子特進武承嗣春官尚書武三思同鳳閣鸞臺三
品辛卯婁師德安撫河北七月丁酉武承嗣武三思罷八月丙戌
姚璹罷九月壬寅大赦改元賜酺七日庚戌婁師德守納言十月

甲子給復徇忠立節二縣一年閏月甲寅檢校司刑卿幽州都
督狄仁傑爲鸞臺侍郎司刑卿杜景佺爲鳳閣侍郎同鳳閣鸞
臺平章事
聖曆元年正月甲子大赦改元賜酺九日丙寅宗楚客罷丁亥李
道廣罷三月己巳召廬陵王于房州戊子廬陵王至自房州四月
庚寅赦神都及河北辛丑婁師德爲隴右諸軍大使檢校河西營
田事五月庚午禁屠六月乙卯大風拔木七月辛未杜景佺罷八
月突厥寇邊戊子左豹韜衛將軍閻知微降于突厥寇邊甲午
王方慶罷庚子春官尚書武三思檢校內史狄仁傑兼納言司屬卿
武重規爲天兵中道大總管沙吒忠義爲天兵西道前軍總管幽
州都督張仁亶爲天兵東道總管左羽林衛大將軍李多祚右羽
林衛大將軍閻敬容爲天兵西道後軍總管以擊突厥癸丑突厥
寇蔚州乙卯寇定州刺史孫彥高死之九月甲子夏官尚書武攸
寧同鳳閣鸞臺三品戊辰突厥寇趙州長史唐波若降于突厥刺

史高叡死之突厥寇相州沙吒忠義爲河北道前軍摠管將軍陽基副之李多祚爲後軍摠管大將軍富福信爲奇兵摠管以禦之壬申立廬陵王顯爲皇太子大赦賜酺五日甲戌皇太子爲河北道行軍元帥以擊突厥戊寅狄仁傑爲河北道行軍副元帥檢校納言辛巳試天官侍郎蘇味道爲鳳閣侍郎同鳳閣鸞臺平章事十月癸卯狄仁傑爲河北道安撫大使夏官侍郎姚元崇鱗臺少監李嶠同鳳閣鸞臺平章事族閻知微

二年正月壬戌封皇嗣旦爲相王臘月戊子左肅政臺御史中丞吉頊爲天官侍郎檢校右肅政臺御史中丞魏元忠爲鳳閣侍郎同鳳閣鸞臺平章事辛亥賜皇太子姓武氏大赦一月庚申武攸寧罷二月己丑如緱氏辛卯如嵩陽丁酉復于神都三月甲戌以隋唐爲二王後婁師德爲納言四月壬辰魏元忠檢校并州大都督府長史天兵軍大摠管婁師德副之以備突厥辛丑婁師德爲隴右諸軍大使甲辰慮囚七月丙辰神都大雨洛水溢八月庚子

王及善爲文昌左相同鳳閣鸞臺平章事太子宮尹豆盧欽望爲文昌右相同鳳閣鸞臺三品楊再思罷丁未試天官侍郎陸元方爲鸞臺侍郎同鳳閣鸞臺平章事婁師德薨戊申武三思爲內史九月乙亥如福昌縣曲赦戊寅復于神都庚辰王及善薨是秋黃河溢十月丁亥吐蕃首領贊婆來

久視元年正月戊午貶吉頊爲琰川尉壬申武三思罷臘月辛巳封皇太子之子重潤爲邵王庚寅陸元方罷司禮卿阿史那斛瑟羅爲平西軍大摠管丁酉狄仁傑爲內史庚子文昌左相韋巨源爲納言乙巳如嵩山一月丁卯如汝州溫湯戊寅復于神都作三陽宮二月乙未豆盧欽望罷三月癸丑夏官尚書唐奉一爲天兵中軍大摠管以備突厥四月戊申如三陽宮五月己酉朔日有蝕之癸丑大赦改元罷天冊金輪大聖號賜酺五日給復告成縣一年閏七月戊寅復于神都己丑天官侍郎張錫爲鳳閣侍郎同鳳閣鸞臺平章事李嶠罷丁酉吐蕃寇涼州隴右諸軍州大使唐休璟敗之于洪源谷八月庚戌魏元忠爲隴右諸軍州大摠管以擊吐蕃庚申斂天下僧錢作大像九月辛丑狄仁傑薨十月辛亥魏元忠爲蕭關道行軍大摠管以備突厥甲寅復唐正月大赦丁巳韋巨源罷文昌右丞韋安石爲鸞臺侍郎同鳳閣鸞臺平章事丁卯如新安隴澗山曲赦壬申復于神都十二月甲寅突厥寇隴右

長安元年正月丁丑改元大足二月己酉鸞臺侍郎李懷遠同鳳閣鸞臺平章事三月丙申流張錫于循州四月丙午大赦癸丑姚元崇檢校并州以北諸軍州兵馬五月乙亥如三陽宮丁丑魏元忠爲靈武道行軍大摠管以備突厥丙申天官侍郎顧琮同鳳閣鸞臺平章事六月庚申夏官侍郎李迥秀同鳳閣鸞臺平章事辛未赦告成縣七月甲戌復于神都乙亥楊楚常潤蘇五州地震壬午蘇味道按察幽平等州兵馬甲申李懷遠罷九月壬申殺邵王重潤及永泰郡主主壻武延基十月壬寅如京師辛酉大赦改元給復關內三年賜酺三日丙寅魏元忠同鳳閣鸞臺三品十一

月壬申武三思罷戊寅改含元宮爲大明宮

二年正月突厥寇鹽州三月丙戌李迥秀安置山東軍馬檢校武騎兵庚寅突厥寇并州雍州長史薛季昶持節山東防禦大使以備之七月甲午突厥寇代州八月辛亥劍南六州地震九月乙丑朔日有蝕之壬申突厥寇忻州己卯吐蕃請和十月甲辰顧琮薨戊申吐蕃寇悉州茂州都督陳大慈敗之甲寅姚元崇同鳳閣鸞臺平章事蘇味道韋安石李迥秀同鳳閣鸞臺三品十一月甲子相王旦爲司徒戊子祀南郊大赦賜酺三日十二月甲午魏元忠爲安東道安撫使

三年三月壬戌朔日有蝕之四月庚子相王旦罷吐蕃來求婚乙巳以旱避正殿閏月庚午成均祭酒李嶠同鳳閣鸞臺平章事己卯李嶠知納言事七月壬寅正諫大夫朱敬則同鳳閣鸞臺平章事庚戌檢校涼州都督唐休璟爲夏官尚書同鳳閣鸞臺平章事八月乙酉京師大雨雹九月庚寅朔日有蝕之丁酉貶魏元忠爲

高要尉十月丙寅如神都十二月丙戌天下置關三十
四年正月丁未作興泰宮壬子天官侍郎韋嗣立爲鳳閣侍郎同
鳳閣鸞臺三品二月癸亥貶李迥秀爲廬州刺史壬申朱敬則罷
三月丁亥進封皇孫平恩郡王重福爲譙王己亥夏官侍郎宗楚
客同鳳閣鸞臺平章事貶蘇味道爲坊州刺史四月壬戌韋安石
知納言事李嶠知內史事丙子如興泰宮赦壽安縣給復一年五
月丁亥大風拔木六月辛酉姚元之罷乙丑天官侍郎崔玄暐爲
鸞臺侍郎同鳳閣鸞臺平章事丁丑李嶠同鳳閣鸞臺三品壬
午相王府長史姚元之兼知夏官尚書同鳳閣鸞臺三品七月丙
戌左肅政臺御史大夫楊再思守內史甲午復于神都貶宗楚客
爲原州都督八月庚申唐休璟兼幽營二州都督安東都護九月
壬子姚元之爲靈武道行軍大總管十月辛酉元之爲靈武道安撫
大使甲戌判秋官侍郎張柬之同鳳閣鸞臺平章事壬午懷州長
史房融爲正諫大夫同鳳閣鸞臺平章事十一月丁亥天官侍郎韋承

慶行鳳閣侍郎同鳳閣鸞臺平章事李嶠罷十二月丙辰韋嗣立罷
五年正月壬午大赦庚寅禁屠癸卯張柬之崔玄暐及左羽林衛
將軍敬暉檢校左羽林衛將軍桓彥範司刑少卿袁恕己左羽林
衛將軍李湛薛思行趙承恩右羽林衛將軍楊元琰左羽林衛大
將軍李多祚職方郎中崔泰之庫部員外郎朱敬則司刑評事冀
仲甫檢校司農少卿兼知總監翟世言內直郎王同皎率左右羽林
兵以討亂麟臺監張易之春官侍郎張昌宗汴州刺史張昌期司
禮少卿張同休通事舍人張景雄伏誅丙午皇帝復于位丁未徙
后于上陽宮戊申上后號曰則天大聖皇帝十一月崩諡曰大聖
則天皇后唐隆元年改爲天后景雲元年改爲大聖天后延和
元年改爲天后聖帝未幾改爲聖后開元四年改爲則天皇后
天寶八載加諡則天順聖皇后
中宗大和大聖大昭孝皇帝諱顯高宗第七子也母曰則天順
聖皇后武氏高宗崩以皇太子即皇帝位而皇太后臨朝稱制嗣

聖元年正月廢居于均州又遷于房州聖曆二年復爲皇太子太
后老且病神龍元年正月張柬之等以羽林兵討亂甲辰皇太子
監國大赦改元丙午復于位大赦賜文武官階爵民酺五日免今
歲租賦給復房州三年放宮女三千人相王旦爲安國相王太尉
同鳳閣鸞臺三品庚戌張柬之袁恕己同鳳閣鸞臺三品崔玄暐
守內史敬暉爲納言桓彥範守納言二月甲寅復國號唐貶韋承
慶爲高要尉流房融于高州楊再思同中書門下三品姚元之罷
甲子皇后韋氏復于位大赦賜酺三日復宗室死于周者官爵丙
寅太子賓客武三思爲司空同中書門下三品貶譙王重福爲濮
州刺史丁卯右散騎常侍駙馬都尉武攸暨爲司徒辛未安國相
王旦罷甲戌太子少詹事祝欽明同中書門下三品韋安石罷進
封子義興郡王重俊爲衛王北海郡王重茂溫王丁丑武三思武
攸暨罷三月甲申詔文明後破家者昭洗之還其子孫蔭己丑袁
恕己守中書令四月辛亥桓彥範爲侍中袁恕己爲中書令丁

卯高要尉魏元忠爲衛尉卿同中書門下平章事辛未敬暉爲
侍中甲戌魏元忠崔玄暐刑部尚書韋安石爲吏部尚書太子
右庶子李懷遠爲左散騎常侍涼州都督唐休璟爲輔國大將軍
同中書門下三品乙亥張柬之爲中書令五月壬午遷武氏神主于
崇恩廟乙酉立太廟社稷于東都戊子復周隋二王後壬辰進封
兄成紀郡王千里爲成王甲午敬暉桓彥範張柬之袁恕己崔玄
暐罷韋安石兼檢校中書令魏元忠兼侍中甲辰唐休璟爲尚
書左僕射特進豆盧欽望爲尚書右僕射同中書門下三品六月
壬子左驍衛大將軍裴思諒爲靈武道行軍大總管以備突厥癸
亥韋安石爲中書令魏元忠爲侍中楊再思檢校中書令豆盧欽
望平章軍國重事七月辛巳太子賓客韋巨源同中書門下三
品甲辰洛水溢八月戊申給復河南洛陽二縣一年壬戌追冊妃
趙氏爲皇后乙亥祔孝敬皇帝于東都太廟皇后見于廟丁丑
幸洛城南門觀鬭象九月壬午祀天地于明堂大赦賜文武官勳

爵民爲父後者古爵一級酺三日癸巳韋巨源罷十月癸亥幸龍門乙丑獵于新安辛未魏元忠爲中書令楊再思爲侍中十一月戊寅上尊號曰應天皇帝皇后曰順天皇后壬午及皇后享于太廟大赦賜文武官階勳爵民酺三日己丑幸洛城南門觀潑寒胡戲壬寅皇太后崩廢崇恩廟

二年正月戊戌吏部尚書李嶠同中書門下三品中書侍郎于惟謙同中書門下平章事閏月丙午公主開府置官屬二月乙未禮部尚書韋巨源爲刑部尚書同中書門下三品丙申遣十道巡察使三月甲辰韋安石罷戶部尚書蘇瓌守侍中戊申唐休璟罷庚戌殺光祿卿駙馬都尉王同皎是月置員外官四月己丑李懷遠罷己亥雨毛于鄭縣辛丑洛水溢五月庚申葬則天大聖皇后六月戊寅貶敬暉爲崖州司馬桓彥範瀧州司馬袁恕己竇州司馬崔玄暐白州司馬張柬之新州司馬七月戊申立衛王重俊爲皇太子丙寅魏元忠爲尚書右僕射兼中書令李嶠守中書令辛

未左散騎常侍致仕李懷遠同中書門下三品流敬暉于瓊州桓彥範于瀼州袁恕己于環州崔玄暐于古州張柬之于瀧州八月丙子貶祝欽明爲申州刺史九月戊午李懷遠薨十月癸巳蘇瓌爲侍中戊戌至自東都十一月乙巳大赦賜行從官勳一轉十二月己卯靈武軍大總管沙吒忠義及突厥戰于鳴沙敗績丙戌以突厥寇邊京師旱河北水減膳罷土木工蘇瓌存撫河北丙申魏元忠爲尚書左僕射

景龍元年正月丙辰以旱慮囚二月丙戌復武氏廟陵置令丞守戶如昭陵甲午褒德廟榮先陵置令丞四月庚寅赦雍州五月戊戌右屯衛大將軍張仁亶爲朔方道行軍大總管以備突厥丙午假鴻臚卿臧思言使于突厥死之以旱避正殿減膳六月丁卯朔日有食之庚午雨土于陝州戊子吐蕃及姚州蠻寇邊姚巂道討擊使唐九徵敗之七月辛丑皇太子以羽林千騎兵誅武三思不克死之癸卯大赦壬戌李嶠爲中書令八月丙戌上尊號曰應天神龍皇帝皇后曰順天翊聖皇后魏元忠罷九月丁酉吏部侍郎蕭至忠爲黃門侍郎兵部尚書宗楚客左衛將軍兼太府卿紀處訥同中書門下三品于惟謙罷庚子大赦改元賜文武官階勳爵辛亥楊再思爲中書令韋巨源紀處訥爲侍中蘇瓌罷十月戊寅殺習藝館內教蘇安恆壬午有彗星出于西方十二月乙丑朔日有食之丁丑雨土

二年二月癸未有星隕于西南庚寅大赦進五品以上母妻封號一等無妻者授其女婦人八十以上版授郡縣鄉君七月癸巳朔方道行軍大總管張仁亶同中書門下三品丁酉有星孛于胃昴十一月庚申西突厥寇邊御史中丞馮嘉賓使于突厥死之己卯大赦賜酺三日癸未安西都護牛師獎及西突厥戰于火燒城死之是歲皇后妃主昭容賣官行墨敕斜封

三年二月己丑及皇后幸玄武門觀宮女拔河爲宮市以嬉壬寅韋巨源爲尚書左僕射楊再思爲右僕射同中書門下三品壬子及

皇后幸太常寺三月戊午宗楚客爲中書令蕭至忠守侍中太府卿韋嗣立守兵部尚書同中書門下三品中書侍郎兼檢校吏部侍郎崔湜守兵部侍郎趙彥昭爲中書侍郎同中書門下平章事戊寅禮部尚書韋溫爲太子少保同中書門下三品太常少卿鄭愔守吏部侍郎同中書門下平章事五月丙戌貶崔湜爲襄州刺史鄭愔江州司馬六月癸巳太白晝見庚子以旱避正殿減膳撤樂詔括天下圖籍壬寅慮囚癸卯楊再思薨七月丙辰西突厥娑葛降辛酉許婦人非緣夫子封者蔭其子孫癸亥慮囚庚辰澧水溢八月乙酉李嶠同中書門下三品特進韋安石爲侍中壬辰有星孛于紫宮九月戊辰吏部尚書蘇瓌爲尚書左僕射同中書門下三品十一月乙丑有事于南郊以皇后爲亞獻大赦賜文武官階爵入品者減考免關內今歲賦賜酺三日甲戌豆盧欽望薨十二月壬辰前宋國公致仕唐休璟爲太子少師同中書門下三品甲午如新豐溫湯甲辰赦新豐給復一年賜從官勳一轉

乙巳至自新豐
四年正月丙寅及皇后微行以觀燈遂幸蕭至忠第丁卯微行以觀燈幸韋安石長寧公主第己卯如始平二月壬午赦咸陽始平給復一年癸未至自始平庚戌及后如公主觀三品以上抜河三月以河源九曲予吐蕃庚申雨木冰井溢五月辛酉封嗣虢王邕爲汴王丁卯殺許州司兵參軍燕欽融丁丑鄭縣地震六月皇后及安樂公主散騎常侍馬秦客反壬午皇帝崩年五十五謚曰孝和皇帝天寶十三載加謚大和大聖大昭孝皇帝

贊曰昔者孔子作春秋而亂臣賊子懼其於弒君篡國之主皆不黜絕之豈以其盜而有之者莫大之罪也不没其實所以著其大惡而不隱歟自司馬遷班固皆作高后紀吕氏雖非篡漢而盜執其國政遂不敢没其實豈其得聖人之意歟抑亦偶合於春秋之法也唐之舊史因之列武后于本紀蓋其所從來遠矣夫吉凶之於人猶影響也而爲善者得吉常多其不幸而罹於凶者有矣爲

惡者未始不及於凶其幸而免者亦時有焉而小人之慮遂以爲天道難知爲善未必福而爲惡未必禍也武后之惡不及於大戮所謂幸免者也至中宗韋氏則禍不旋踵矣然其親遭母后之難而躬自蹈之所謂下愚之不移者歟

本紀第四

本紀第五

翰林學士兼龍圖閣學士[illegible]史館修撰[illegible]歐陽脩奉

勅撰

睿宗玄眞大聖大興孝皇帝諱旦高宗第八子也始封殷王領冀州大都督單于大都護長而温恭好學通詁訓工草隷書徙封豫王又封冀王畟遷右金吾衞大將軍洛州牧徙封相王復封豫王武后廢中宗立爲皇帝其改國號周以爲皇嗣居于東宮中宗自房州還復爲皇太子武后封皇嗣爲相王授太子右衞率畟遷右羽林衞大將軍并州牧安北大都護諸道元帥中宗復位進號安國相王景雲元年六月壬午韋皇后弒中宗矯詔立温王重茂爲皇太子以刑部尚書裴談工部尚書張錫同中書門下三品吏部尚書張嘉福中書侍郎岑羲吏部侍郎崔湜同中書門下平章事發諸府兵五萬屯京師以韋温揔知内外兵馬甲申乃發喪又矯遺詔自立爲皇太后皇太子即皇帝位以睿宗參謀政事大赦

改元曰唐隆太后臨朝攝政罷睿宗參謀政事以爲太尉封嗣雍王守禮爲邠王壽春郡王成器宋王丁亥温王妃陸氏爲皇后壬辰紀處訥張嘉福岑羲持節巡撫關内河南北庚子臨淄郡王隆基率萬騎兵入北軍討亂誅韋氏安樂公主及韋巨源馬秦客駙馬都尉武延秀光禄少卿楊均辛丑睿宗奉皇帝御安福門大赦賜文武官階勳爵免天下歲租之半進封隆基爲平王朝邑尉劉幽求爲中書舍人苑揔監鍾紹京爲中書侍郎參知機務壬寅紹京及黄門侍郎李日知同中書門下三品紀處訥韋温宗楚客將作大匠宗晉卿司農卿趙履温伏誅貶汴王邕爲沁州刺史蕭至忠許州刺史韋嗣立宋州刺史趙彦昭絳州刺史崔湜華州刺史癸卯太白晝見平王隆基同中書門下三品鍾紹京行中書令張嘉福伏誅甲辰安國相王即皇帝位于承天門大赦長流長任及流人未達者還之賜内外官階爵復重茂爲温王乙巳鍾紹京罷丙午太常少卿薛稷爲黄門侍郎參豫機務丁未立平王隆基爲皇

太子復則天大聖皇后號曰天后戊申許州刺史姚元之爲兵部
尚書同中書門下三品韋嗣立蕭至忠爲中書令趙彦昭爲中書
侍郎崔湜爲吏部侍郎同中書門下平章事七月庚戌進封衡陽
郡王成義爲申王巴陵郡王隆範岐王彭城郡王隆業薛王癸丑
兵部尚書崔日用爲黄門侍郎參豫機務丁巳洛州長史宋璟檢
校吏部尚書同中書門下三品岑羲罷壬戌貶蕭至忠爲晉州刺
史韋嗣立許州刺史趙彦昭宋州刺史張錫絳州刺史崔湜罷丙
寅貶李嶠爲懷州刺史姚元之兼中書令蘇瓌爲尚書左僕射丁
卯唐休璟張仁亶罷己巳大赦改元賜内外官及子爲父後者勲
一轉崔日用薛稷罷乙亥廢崇恩廟昊陵順陵追廢皇后韋氏爲
庶人安樂公主爲勃逆庶人八月庚寅譙王重福及汴州刺史鄭
愔反伏誅癸巳罷墨敕斜封官貶裴談爲蒲州刺史九月辛未太
子少師致仕唐休璟爲朔方道行軍大摠管以備突厥十月乙未
追號天后曰大聖天后癸卯出義宗于太廟十一月戊申姚元之

爲中書令己酉葬孝和皇帝于定陵壬子蘇瓌韋安石罷宋王成
器爲尚書左僕射丁卯赦靈駕所過己巳宋王成器爲司徒
二年正月己未太僕卿郭元振中書侍郎張説同中書門下平章
事甲子徙封重茂爲襄王乙丑追册妃劉氏竇氏爲皇后二月丁
丑皇太子監國甲申貶姚元之爲申州刺史宋璟楚州刺史丙戌
太子少保韋安石爲侍中劉幽求罷復墨敕斜封官辛卯禁屠三
月癸丑作金仙玉眞觀四月甲申韋安石爲中書令宋王成器罷
辛卯李日知爲侍中壬寅大赦賜文武官階勲爵民酺三日甲辰
作玄元皇帝廟五月庚戌復昊陵順陵置官屬壬戌殿中監竇懷
貞爲左御史臺大夫同中書門下平章事八月乙卯大赦賜酺三日
丁巳皇太子釋奠于國學庚午韋安石爲尚書左僕射同中書
門下三品九月乙亥竇懷貞爲侍中十月甲辰吏部尚書劉幽求
爲侍中右散騎常侍魏知古太子詹事崔湜爲中書侍郎同中書
門下三品中書侍郎陸象先同中書門下平章事韋安石李日知

郭元振竇懷貞張説罷十二月丁未作潑寒胡戲
先天元年正月辛未享于太廟甲戌并汾絳三州地震辛巳有
事于南郊戊子耕籍田己丑大赦改元曰太極賜内外官階爵
民酺五日版授九十以上下州刺史八十以上上州司馬辛卯幸安
福門觀酺三日夜壬辰陸象先同中書門下三品乙未戸部尚書岑
羲爲左御史臺大夫竇懷貞同中書門下三品二月丁巳皇太子釋
奠于國學是春旱五月戊寅有事于北郊辛巳大赦改元曰延
和賜内外官陪禮者勲一轉民酺五日六月癸丑岑羲爲侍中乙
卯追號大聖天后爲天后聖帝辛酉刑部尚書郭元振爲朔方
道行軍大摠管以伐突厥甲子幽州都督孫佺左驍衛將軍李楷
洛左威衛將軍周以悌及奚戰于冷陘山敗績七月辛未有彗星
入于太微兵部尚書李迥秀爲朔方道後軍大摠管乙亥竇懷貞
爲尚書右僕射平章軍國重事己卯幸安福門觀樂三日而止丙
戌以旱減膳八月庚子立皇太子爲皇帝以聽小事自尊爲太上

皇以聽大事壬寅追號天后聖帝爲聖后甲辰大赦改元賜内外
官及五品以上子爲父後者勲爵民酺五日丁未立皇太子妃王氏
爲皇后戊申封皇帝子嗣直爲郯王嗣謙郢王己酉宋王成器爲
司徒庚戌竇懷貞爲尚書左僕射劉幽求守尚書右僕射同中書
門下三品魏知古爲侍中崔湜檢校中書令戊午流劉幽求于封
州九月丁卯朔日有食之甲午封皇帝子嗣昇爲陝王十月辛卯
獵于驪山十一月丁亥誥遣皇帝巡邊甲午幽州都督宋璟爲左
軍大摠管并州長史薛訥爲中軍大摠管兵部尚書郭元振爲右
軍大摠管
二年正月乙亥吏部尚書蕭至忠爲中書令二月追作先天元年
酺六月辛丑以雨霖避正殿減膳丙辰郭元振同中書門下三品
七月甲子大赦乙丑誥歸政于皇帝開元四年六月崩于百福殿
年五十五謚曰大聖眞皇帝天寶十三載增謚玄眞大聖大興
孝皇帝

玄宗至道大聖大明孝皇帝諱隆基睿宗第三子也母曰昭成皇后竇氏性英武善騎射通音律曆象之學始封楚王後爲臨淄郡王累遷衛尉少卿潞州別駕景龍四年朝于京師遂留不遣庶人韋氏已弒中宗矯詔稱制玄宗乃與太平公主子薛崇簡尚衣奉御王崇曄公主府典籤王師虔朝邑尉劉幽求苑摠監鍾紹京長上折衝麻嗣宗押萬騎果毅葛福順李仙鳧道士馮處澄僧普潤定策討亂或請先啓相王玄宗曰請而從是王與危事不從則吾計失矣乃夜率幽求等入苑中福順仙鳧以萬騎兵攻玄武門斬左羽林將軍韋播中郎將高嵩以徇左萬騎由左入右萬騎由右入玄宗率摠監羽林兵會兩儀殿梓宮宿衛兵皆起應之遂誅韋氏黎明馳謁相王謝不先啓相王泣曰賴汝以免不然吾且及難乃拜玄宗殿中監兼知內外閑廄檢校隴右羣牧大使押左右萬騎進封平王同中書門下三品睿宗即位立爲皇太子景雲二年監國聽除六品以下官延和元年星官言帝坐前星有變睿宗曰傳德避災吾意決矣七月壬辰制皇太子宜即皇帝位太子惶懼入請睿宗曰此吾所以答天戒也皇太子乃御武德殿除三品以下官八月庚子即皇帝位先天元年十月庚子享于太廟大赦

開元元年正月辛巳皇后親蠶七月甲子太平公主及岑羲蕭至忠竇懷貞謀反伏誅乙丑始聽政丁卯大赦賜文武官階爵庚午流崔湜于竇州甲戌毀天樞乙亥尚書右丞張說檢校中書令庚辰陸象先罷八月癸巳劉幽求爲尚書右僕射知軍國大事壬寅宋王成器爲太尉申王成義爲司徒邠王守禮爲司空九月丙寅宋王成器罷庚午劉幽求同中書門下三品張說爲中書令十月姚嶲蠻寇姚州都督李蒙死之己亥幸溫湯癸卯講武于驪山流郭元振于新州給事中唐紹伏誅免新豐來歲稅賜從官帛甲辰獵于渭川同州刺史姚元之爲兵部尚書同中書門下三品乙巳至自渭川十一月乙丑劉幽求兼侍中戊子羣臣上尊號曰開元神武皇帝十二月庚寅大赦改元賜內外官勳改中書省爲紫微省門下省爲黃門省侍中爲監甲午吐蕃請和己亥禁潑寒胡戲壬寅姚崇兼紫微令癸丑劉幽求罷貶張說爲相州刺史甲寅黃門侍郎盧懷慎同紫微黃門平章事

二年正月壬午以關內旱求直諫停不急之務寬繫囚祠名山大川葬暴骸甲申并州節度大使薛訥同紫微黃門三品以伐契丹二月壬辰避正殿減膳徹樂突厥寇北庭都護郭虔瓘敗之己酉慮囚三月己亥磧西節度使阿史那獻執西突厥都擔四月辛未停諸陵供奉鷹犬五月辛亥魏知古罷六月京師大風拔木甲子以太上皇避暑徙御大明宮七月乙未焚錦繡珠玉于前殿戊戌禁采珠玉及爲刻鏤器玩珠繩帖縚服者廢織錦坊庚子薛訥及奚契丹戰于灤河敗績丁未襄王重茂薨追冊爲皇帝八月壬戌禁女樂乙亥吐蕃寇邊薛訥攝左羽林軍將軍爲隴右防禦大使右驍衛將軍郭知運爲副以伐之九月庚寅作興慶宮丁酉宴京師侍老于含元殿庭賜九十以上几杖八十以上鳩杖婦人亦如之賜於其家戊申幸溫湯十月戊午至自溫湯甲子薛訥及吐蕃戰于武階敗之十二月乙丑封子嗣真爲鄫王嗣初鄂王嗣玄鄄王

三年正月丁亥立郢王嗣謙爲皇太子降死罪流以下原之賜酺三日癸卯盧懷慎檢校黃門監二月辛酉赦囚非惡逆造僞者四月庚申突厥部三姓葛邏祿來附右羽林軍大將軍薛訥爲涼川鎮軍大總管涼州都督楊執一副之右衛大將軍郭虔瓘爲朔州鎮軍大總管并州長史王晙副之以備突厥五月丁未以旱錄京師囚戊申避正殿減膳七月庚辰朔日有食之十月辛酉嶲州蠻寇邊右驍衛將軍李玄道伐之壬戌薛訥爲朔方道行軍大總管太僕卿呂延祚靈州刺史杜賓客副之癸亥如鄠赦所過徒罪以下賜侍老九十以上及篤疾者物甲子如鳳泉湯戊辰降大理繫囚罪十一月己卯至自鳳泉湯乙酉幸溫湯丁亥相州人崔子嵒反伏誅甲午至自溫湯乙未禁白衣長髮會十二月乙丑降鳳泉湯所過死罪以下

四年正月戊寅朝太上皇于西宮二月丙辰幸温湯辛酉吐蕃寇
松州廓州刺史蓋思貴伐之丁卯至自温湯癸酉松州都督孫仁
獻及吐蕃戰敗之六月甲子太上皇崩辛未京師華陜二州大風
拔木癸酉大武軍子將郝靈佺殺突厥默啜七月丁丑吐蕃請和
丁酉洛水溢八月辛未奚契丹降十月庚午葬大聖眞皇帝于橋
陵十一月己卯盧懷慎罷丁亥遷中宗于西廟丙申尚書左丞源乾
曜爲黃門侍郎同紫微黃門平章事十二月乙卯定陵寢殿火丙
辰幸温湯乙丑至自温湯閏月己亥姚崇源乾曜罷刑部尚書宋
璟爲吏部尚書兼黃門監紫微侍郎蘇頲同紫微黃門平章事
五年正月癸卯太廟四室壞遷神主于太極殿素服避正殿輟視
朝五日己酉享于太極殿辛亥如東都戊辰大霧二月甲戌大赦
賜從官帛給復河南一年免河南北蝗水州今歲租三月丙寅吐
蕃請和四月甲申毀拜洛受圖壇己丑子嗣一卒五月丙辰詔公
侯子孫襲封七月壬寅隴右節度使郭知運及吐蕃戰敗之九月

壬寅復紫微省爲中書省黃門省爲門下省監爲侍中十月戊
寅祔神主于太廟甲申命史官月奏所行事
六年正月辛丑突厥請和二月壬辰朔方道行軍大摠管王晙伐
突厥六月甲申瀍水溢八月庚辰以旱慮囚十月癸亥賜河南府
懷汝鄭三州父老帛十一月辛卯至自東都丙申享于太廟元皇
帝以上三祖枝孫失官者授五品京官皇祖妣家子孫在選者甄
擇之免知頓及蒲州供承者一歲租稅乙巳改傳國璽曰寶是月
突厥執單于副都護張知運
七年五月己丑朔日有食之素服徹樂減膳中書門下慮囚六月
戊辰吐蕃請和閏七月辛巳以旱避正殿徹樂減膳甲申慮囚八
月丙戌慮囚九月甲戌徙封宋王憲爲寧王十月作義宗廟于東
都辛卯幸温湯癸卯至自温湯十一月乙亥皇太子入學齒胄賜
陪位官及學生帛
八年正月辛巳宋璟蘇頲罷京兆尹源乾曜爲黃門侍郎幷州大都
督府長史張嘉貞爲中書侍郎同中書門下平章事二月戊戌子
敏卒三月甲子免水旱州逋負給復四鎮行人家一年五月丁卯
源乾曜爲侍中張嘉貞爲中書令六月庚寅洛瀍穀水溢九月
突厥寇甘涼涼州都督楊敬述及突厥戰敗績丙寅降京城囚罪
杖以下原之壬申契丹寇邊王晙檢校幽州都督節度河北諸軍大
使黃門侍郎韋抗爲朔方道行軍大摠管以伐之甲戌中書門下慮
囚十月辛巳如長春宮壬午獵于下邽庚寅幸温湯十一月乙卯
至自温湯
九年正月括田丙寅幸温湯乙亥至自温湯二月丙戌突厥請和
丁亥免天下七年以前逋負四月庚寅蘭池胡康待賓寇邊五月
庚午原見囚死流罪隨軍効力徒以下未發者七月己酉王晙執
康待賓八月蘭池胡康願子寇邊九月乙巳朔日有食之癸亥天
兵軍節度大使張說爲兵部尚書同中書門下三品十一月庚午
大赦賜文武官階爵唐隆先天實封功臣坐事免若死者加贈賜

民酺三日十二月乙酉幸温湯壬辰至自温湯是冬無雪
十年正月丁巳如東都二月丁丑次望春頓賜從官帛四月己亥
張說持節朔方軍節度大使五月戊午突厥請和辛酉伊汝水
溢閏月壬申張說巡邊六月丁巳河決博棣二州七月庚辰給復
遭水州丙戌安南人梅叔鸞反伏誅九月張說敗康願子于木盤
山執之己卯京兆人權梁山反伏誅癸未吐蕃攻小勃律北庭節
度使張孝嵩敗之十月甲寅如興泰宮獵于上宜川庚申如東都
十二月突厥請和
十一年正月丁卯降東都囚罪杖以下原之己巳如并州降囚罪
徒以下原之賜侍老物庚辰次潞州赦囚給復五年以故第爲飛
龍宮辛卯次并州改并州爲北都癸巳赦太原府給復一年下戶
三年元從家五年版授侍老八十以上上縣令婦人縣君九十以
上上州長史婦人郡君百歲以上上州刺史婦人郡夫人二月己
酉貶張嘉貞爲幽州刺史壬子如汾陰祠后土賜文武官階勳爵

帛癸亥張說兼中書令三月辛未至自汾陰免所過今歲稅赦京城四月甲子張說爲中書令吏部尚書王晙爲兵部尚書同中書門下三品五月乙丑復中宗于太廟己丑王晙持節朔方軍節度大使辛卯遣使分巡天下六月王晙巡邊八月戊申追號宣皇帝曰獻祖光皇帝曰懿祖十月丁酉幸溫湯作溫泉宮甲寅至自溫湯十一月戊寅有事于南郊大赦賜奉祠官階勳爵親王公主一子官高年粟帛孝子順孫終身勿事天下酺三日京城五日十二月甲午如鳳泉湯戊申至自鳳泉湯庚申貶王晙爲蘄州刺史

十二年四月壬寅詔傍繼國王禮當廢而屬近者封郡王七月己卯廢皇后王氏爲庶人十月庶人王氏卒十一月庚午如東都庚辰溪州首領覃行章反伏誅辛巳申王撝薨閏十二月丙辰朔日有食之

十三年正月戊子降死罪流以下原之遣使宣慰天下壬子葬朔方隴右河西戰亡者三月甲午徙封郯王潭爲慶王陝王浚忠王鄫王洽棣王鄄王滉榮王封子涺爲光王濰儀王澐潁王澤永王清壽王洄延王沭盛王溢濟王九月丙戌罷奏祥瑞十月辛酉如兖州庚午次濮州賜河南北五百里內父老帛十一月庚寅封于泰山辛卯禪于社首壬辰大赦賜文武官階勳爵致仕官一季祿公主嗣王郡縣主一子官諸蕃酋長來會者一官免所過一歲兖州二歲租賜天下酺七日丙申幸孔子宅遣使以太牢祭其墓給復近墓五戶丁酉賜徐曹亳許仙豫六州父老帛十二月己巳如東都

十四年二月邕州獠梁大海反伏誅四月丁巳戶部侍郎李元紘爲中書侍郎同中書門下平章事庚申張說罷丁卯岐王範薨六月戊午東都大風拔木壬戌詔州縣長官言事七月癸未瀍水溢八月丙午河決魏州九月己丑磧西節度使杜暹檢校黃門侍郎同中書門下平章事十月甲寅太白晝見庚申如廣成湯己巳如東都十二月丁巳獵于方秀川

十五年正月辛丑河西隴右節度使王君㚟及吐蕃戰于青海敗之七月甲戌震興教門觀災庚寅洛水溢己亥降都城囚罪徒以下原之八月澗穀溢毀澠池縣己巳降天下死罪嶺南邊州流人徒以下原之九月丙子吐蕃寇瓜州執刺史田元獻閏月庚子寇安西副大都護趙頤貞敗之庚申回紇殺甘州王君㚟死之十月己卯至自東都十一月丁卯獵于城南十二月乙亥幸溫泉宮丙戌至自溫泉宮

十六年正月壬寅趙頤貞及吐蕃戰于曲子城敗之乙卯瀧州首領陳行範反伏誅庚申許徒以下囚保任營農三月辛丑免囚罪七月吐蕃寇瓜州刺史張守珪敗之乙巳隴右節度使張志亮河西節度使蕭嵩克吐蕃大莫門城八月辛卯及吐蕃戰于祁連城敗之九月丙午以久雨降囚罪徒以下原之十月己卯幸溫泉宮己丑至自溫泉宮十一月癸巳蕭嵩爲兵部尚書同中書門下平章事甲辰弛陂澤禁戊申幸寧王憲第庚戌至自寧王憲第十二月丁卯幸溫泉宮丁丑至自溫泉宮

十七年二月丁卯巂州都督張審素克雲南昆明城鹽城三月戊戌張守珪及吐蕃戰于大同軍敗之四月癸亥降死罪流以下原之乙亥大風震藍田山崩六月甲戌源乾曜杜暹李元紘罷蕭嵩兼中書令戶部侍郎宇文融爲黃門侍郎兵部侍郎裴光庭爲中書侍郎同中書門下平章事九月壬子貶宇文融爲汝州刺史十月戊午朔日有食之十一月庚寅見于太廟丙申拜橋陵赦奉先縣戊戌拜定陵己亥拜獻陵壬寅拜昭陵乙巳拜乾陵戊申至自乾陵大赦免今歲稅之半賜文武官階爵侍老帛旌表孝子順孫義夫節婦終身勿事唐隆兩營立功三品以上予一子官免供頓縣今歲稅賜諸軍行人勳兩轉十二月辛酉幸溫泉宮壬申至自溫泉宮是冬無雪

十八年正月辛卯裴光庭爲侍中二月丙寅大雨雷震左飛龍廄災辛未免囚罪杖以下四月乙卯築京師外郭五月己酉奚契丹

附于突厥六月甲子有彗星出于五車癸酉有星孛于畢昴乙亥
瀍水溢丙子忠王浚爲河北道行軍元帥壬午洛水溢九月丁巳
忠王浚兼河東道諸軍元帥十月戊子吐蕃請和庚寅如鳳泉湯
癸卯至自鳳泉湯十一月丁卯幸温泉宮丁丑至自温泉宮
十九年正月殺瀼州別駕王毛仲丙子耕于興慶宮己卯禁捕鯉
魚四月壬午降死罪以下丙申立太公廟六月乙酉大風拔木七
月癸丑吐蕃請和八月辛巳以千秋節降死罪流以下原之十月
丙申如東都十一月乙卯次洛城南賜從官帛是歲揚州穭稻生
二十年正月乙卯信安郡王禕爲河東河北道行軍副元帥以伐
奚契丹二月甲戌朔日有食之壬午降囚罪徒以下原之三月己
巳信安郡王禕及奚契丹戰于薊州敗之五月戊申忠王浚俘奚
契丹以獻六月丁丑浚爲司徒八月辛未朔日有食之九月乙巳渤
海靺鞨寇登州刺史韋俊死之左領軍衛將軍蓋福慎伐之戊辰
以宋滑兗鄆四州水免今歲稅十月壬午如潞州丙戌中書門

下慮巡幸所過囚辛卯赦潞州給復三年賜高年粟帛十一月辛
丑如北都癸丑赦北都給復三年庚申如汾陰祠后土大赦免供
頓州今歲稅賜文武官階勳爵諸州侍老帛武德以來功臣後及
唐隆功臣三品以上一子官民酺三日十二月辛未至自汾陰
二十一年正月丁巳幸温泉宮二月丁亥至自温泉宮三月乙巳
裴光庭薨甲寅尚書右丞韓休爲黃門侍郎同中書門下平章
事閏月癸酉幽州副總管郭英傑及契丹戰于都山英傑死之四
月乙卯遣宣慰使黜陟官吏決繫囚丁巳寧王憲爲太尉薛王業
爲司徒五月戊子以皇太子納妃降死罪流以下原之七月乙丑
朔日有食之九月壬午封子沔爲信王泚義王漼陳王澄豐王潓
恒王漩涼王滔深王十月庚戌幸温泉宮己未至自温泉宮十二
月丁巳蕭嵩韓休罷京兆尹裴耀卿爲黃門侍郎中書侍郎張
九齡同中書門下平章事
二十二年正月己巳如東都二月壬寅秦州地震給復壓死者家

一年三人者三年四月甲辰降死罪以下甲寅北庭都護劉渙謀
反伏誅五月戊子裴耀卿爲侍中張九齡爲中書令黃門侍郎李
林甫爲禮部尚書同中書門下三品是日大風拔木六月壬辰幽
州節度使張守珪俘奚契丹以獻七月己巳薛王業薨十二月甲
戌免關內河南八等以下戶田不百畝者今歲租十二月戊子朔
日有食之乙巳張守珪及契丹戰敗之殺其王屈烈
二十三年正月乙亥耕藉田大赦侍老百歲以上版授上州刺史
九十以上中州刺史八十以上上州司馬賜陪位官勳爵征防兵
父母年七十者遣還民酺三日八月戊子免鰥寡惸獨今歲稅
米十月戊申突騎施寇邊閏十一月壬午朔日有食之是冬東都
人劉普會反伏誅
二十四年正月丙午北庭都護蓋嘉運及突騎施戰敗之四月丁
丑降死罪以下五月丙午醴泉人劉志誠反伏誅八月甲寅突騎
施請和乙亥汴王璥薨十月戊申京師地震甲子次華州免供頓

州今歲稅賜刺史縣令中上考降兩京死罪流以下原之丁卯至
自東都十一月辛丑東都地震壬寅裴耀卿張九齡罷李林甫兼
中書令朔方軍節度副大使牛仙客爲工部尚書同中書門下三
品十二月戊申慶王琮爲司徒
二十五年三月乙酉張守珪及契丹戰于捺祿山敗之辛卯河西
節度副大使崔希逸及吐蕃戰于青海敗之四月辛酉殺監察御
史周子諒乙丑廢皇太子瑛及鄂王瑤光王琚爲庶人皆殺之十
一月壬申幸温泉宮乙酉至自温泉宮十二月丙午惠妃武氏薨
丁巳追冊爲皇后
二十六年正月甲戌潮州刺史陳思挺謀反伏誅乙亥牛仙客爲
侍中丁丑迎氣于東郊降死罪流以下原之以京兆稻田給貧民
禁王公獻珍物賜文武官帛壬辰李林甫兼隴右節度副大使二
月乙卯牛仙客兼河東節度副大使三月丙子有星孛于紫微癸
巳京師地震吐蕃寇河西崔希逸敗之鄯州都督杜希望克其新

城四月己亥有司讀時令降死罪流以下原之五月乙酉李林甫
兼河西節度副大使六月庚子立忠王璵爲皇太子七月己巳大
赦賜文武九品以上及五品以上子爲父後者勳一轉侍老粟帛
加版授免京畿下戶今歲租之半賜民酺三日九月丙申朔日有
食之庚子益州長史王昱及吐蕃戰于安戎城敗績十月戊寅幸
溫泉宮壬辰至自溫泉宮
二十七年正月壬寅榮王琬巡按隴右二月己巳羣臣上尊號曰
開元聖文神武皇帝大赦免今歲稅賜文武官階爵版授侍老百
歲以上下州刺史婦人郡君九十以上上州司馬婦人縣君八十以
上縣令婦人鄉君賜民酺五日八月乙亥磧西節度使蓋嘉運
敗突騎施于賀邏嶺執其可汗吐火仙壬午吐蕃寇邊河西隴
右節度使蕭炅敗之十月丙戌幸溫泉宮十一月辛丑至自溫泉宮
二十八年正月癸巳幸溫泉宮庚子至自溫泉宮三月丁亥朔日
有食之壬子益州司馬章仇兼瓊敗吐蕃克安戎城五月癸卯吐

唐書本紀五　十二　章容

蕃寇安戎城兼瓊又敗之十月甲子幸溫泉宮以壽王妃楊氏爲
道士號太眞戊辰以徐泗二州無蠶免今歲稅辛巳至自溫泉宮
十一月牛仙客罷朔方河東節度副大使
二十九年正月癸巳幸溫泉宮丁酉立玄元皇帝廟禁厚葬庚子
至自溫泉宮五月庚戌求明道德經及莊列文子者降死罪流以
下原之七月乙亥伊洛溢九月丁卯大雨雪十月丙申幸溫泉宮戊
戌遣使黜陟官吏十一月庚戌邠王守禮薨辛酉至自溫泉宮己
巳雨木冰辛未寧王憲薨追冊爲皇帝及其妃元氏爲皇后十二
月癸未吐蕃陷石堡城
天寶元年正月丁未大赦改元詔京文武官材堪刺史者自舉賜
侍老八十以上粟帛九品以上勳兩轉甲寅陳王府參軍田同秀
言玄元皇帝降于丹鳳門通衢二月丁亥羣臣上尊號曰開元
天寶聖文神武皇帝辛卯享玄元皇帝于新廟甲午享于太廟
丙申合祭天地于南郊大赦侍老加版授賜文武官階爵改侍中爲

左相中書令爲右相東都爲東京北都爲北京州爲郡刺史爲太
守七月癸卯朔日有食之辛未牛仙客薨八月丁丑刑部尚書李
適之爲左相十月丁酉幸溫泉宮十一月己巳至自溫泉宮十二
月戊戌隴右節度使皇甫惟明及吐蕃戰于青海敗之庚子河西
節度使王倕克吐蕃漁海遊弈軍朔方軍節度使王忠嗣及奚戰
于紫乾河敗之遂伐突厥是冬無冰
二年正月乙卯作昇仙宮丙辰加號玄元皇帝曰大聖祖三月壬
子享于玄元宮追號大聖祖父周上御大夫敬曰先天太皇咎繇
曰德明皇帝涼武昭王曰興聖皇帝改西京玄元宮曰太清宮東
京曰太微宮四月己卯皇甫惟明克吐蕃洪濟城六月甲戌震東
京應天門觀災十月戊寅幸溫泉宮十一月乙卯至自溫泉宮十
二月壬午海賊吳令光寇永嘉郡是冬無雪
三載正月丙申改年爲載降死罪流以下原之辛丑幸溫泉宮辛
亥有星隕于東南二月庚午至自溫泉宮丁丑河南尹裴敦復晉

唐書本紀五　十三　史郁

陵郡太守劉同昇南海郡太守劉巨鱗討吳令光閏月令光伏誅
三月壬申降死罪流以下原之八月丙午拔悉蜜攻突厥殺烏蘇
米施可汗來獻其首十月甲午幸溫泉宮十一月丁卯至自溫泉
宮十二月癸丑祠九宮貴神于東郊大赦詔天下家藏孝經賜文
武官階爵侍老粟帛民酺三日
四載正月丙戌王忠嗣及突厥戰于薩河內山敗之三月壬申以外
孫獨孤氏女爲靜樂公主嫁于契丹松漠都督李懷節楊氏女爲
宜芳公主嫁于奚饒樂都督李延寵八月壬寅立太眞爲貴妃九
月契丹奚皆殺其公主以叛甲申皇甫惟明及吐蕃戰于石堡
城副將褚誗死之十月戊戌幸溫泉宮十二月戊戌至自溫泉宮
五載正月乙亥停六品以下員外官三月丙子遣使黜陟官吏四
月庚寅李適之罷丁酉門下侍郎陳希烈同中書門下平章事五
月壬子朔日有食之七月殺括蒼郡太守韋堅播川郡太守皇甫
惟明十月戊戌幸溫泉宮十一月乙巳至自溫泉宮十二月甲戌

殺贊善大夫杜有鄰著作郎王曾左驍衛兵曹參軍柳勣左司禦率府倉曹參軍王脩已右武衛司戈盧寧左威衛參軍徐徵

六載正月辛巳殺北海郡太守李邕淄川郡太守裴敦復丁亥享于太廟戊子有事于南郊大赦流人老者許致仕停立仗鋌賜文武官階爵侍老粟帛民酺三日三月甲辰陳希烈爲左相七月乙酉以旱降死罪流以下原之十月戊申幸華清宮十一月丁酉殺戶部侍郎楊慎矜及其弟少府少監慎餘洛陽令慎名十二月癸丑至自華清宮是歲安西副都護高仙芝及小勃律國戰敗之

七載五月壬午羣臣上尊號曰開元天寶聖文神武應道皇帝大赦免來載租庸以魏周隋爲三恪賜京城父老物人十段七十以上版授本縣令婦人縣君六十以上縣丞天下侍老百歲以上上郡太守婦人郡君九十以上上郡司馬婦人縣君八十以上縣令婦人鄉君賜文武官勳兩轉民酺三日十月庚戌幸華清宮十二月辛酉至自華清宮

八載四月殺咸寧郡太守趙奉璋六月乙卯隴右節度使哥舒翰及吐蕃戰于石堡城敗之閏月丙寅謁太清宮加上玄元皇帝號曰聖祖大道玄元皇帝增祖宗帝后謚羣臣上尊號曰開元天地大寶聖文神武應道皇帝大赦男子七十婦人七十五以上皆給一子侍賜文武官階爵民爲戶者古爵酺三日十月乙丑幸華清宮是月特進何履光率十道兵以伐雲南十一月丁巳幸御史中丞楊釗莊

九載正月己亥至自華清宮丁巳詔以十一月封華嶽三月辛亥華嶽廟災關內旱乃停封五月庚寅慮囚九月辛卯以商周漢爲三恪十月庚申幸華清宮太白山人王玄翼言玄元皇帝降于寶仙洞十二月乙亥至自華清宮是歲雲南蠻陷雲南郡都督張虔陀死之

十載正月壬辰朝獻于太清宮癸巳朝享于太廟甲午有事于南郊大赦賜侍老粟帛酺三日丁酉李林甫兼朔方軍節度副大使安北副大都護己亥改傳國寶爲承天大寶戊申安西四鎮節度使高仙芝執突騎施可汗及石國王四月壬午劍南節度使鮮于仲通及雲南蠻戰于西洱河大敗績大將王天運死之陷雲南都護府七月高仙芝及大食戰于怛邏斯城敗績八月范陽節度副大使安祿山及契丹戰于吐護眞河敗績乙卯廣陵海溢丙辰武庫災十月壬子幸華清宮十一月乙未幸楊國忠第

十一載正月丁亥至自華清宮三月庚午突厥部落阿布思寇邊三月乙巳改尚書省八部名四月乙酉戶部郎中王銲京兆人邢縡謀反伏誅丙戌殺御史大夫王鉷李林甫罷安北副大都護五月戊申慶王琮薨甲子東京大風拔木六月壬午御史大夫兼劍南節度使楊國忠敗吐蕃于雲南克故洪城十月戊寅幸華清宮十一月乙卯李林甫薨庚申楊國忠爲右相十二月丁亥至自華清宮

十二載五月己酉復魏周隋爲三恪六月阿布思部落降八月中書門下慮囚九月甲寅葛邏祿葉護執阿布思十月戊寅幸華清宮

十三載正月丙午至自華清宮二月壬申朝獻于太清宮加上玄元皇帝號曰大聖祖高上大道金闕玄元天皇大帝癸酉朝享于太廟增祖宗謚甲戌羣臣上尊號曰開元天地大寶聖文神武證道孝德皇帝大赦左降官遭父母喪者聽歸賜孝義旌表者勳兩轉侍老百歲以上版授本郡太守婦人郡夫人九十以上郡長史婦人郡君八十以上縣令婦人縣君太守加賜爵一級縣令勳兩轉民酺三日丁丑楊國忠爲司空是日雨土三月隴右河西節度使哥舒翰敗吐蕃復河源九曲辛酉大風拔木五月壬戌觀酺于勤政樓北庭都護程千里俘阿布思以獻六月乙丑朔日有食之劍南節度留後李宓及雲南蠻戰于西洱河死之八月丙戌陳希烈罷文部侍郎韋見素爲武部尚書同中書門下平章事是秋霪洛水溢十月乙酉幸華清宮十二月戊午至自華清宮

十四載三月壬午安祿山及契丹戰于潢水敗之五月天有聲于浙西八月辛卯降死罪流以下原之免今載租庸半賜侍老米十月

庚寅幸華清宮十一月安祿山反陷河北諸郡范陽將何千年
殺河東節度使楊光翽壬申伊西節度使封常清爲范陽平盧
節度使以討安祿山丙子至自華清宮九原郡太守郭子儀爲朔
方軍節度副大使右羽林軍大將軍王承業爲太原尹衛尉卿張
介然爲河南節度採訪使右金吾大將軍程千里爲上黨郡長史
以討安祿山丁丑榮王琬爲東討元帥高仙芝副之十二月丁亥安
祿山陷靈昌郡辛卯陷陳留郡執太守郭納張介然死之癸巳安
祿山陷滎陽郡太守崔無詖死之丙申封常清及安祿山戰于甖
子谷敗績丁酉陷東京留守李憕御史中丞盧奕判官蔣清死
之河南尹達奚珣叛降于安祿山己亥恒山郡太守顏杲卿敗何
千年執之克趙鉅鹿廣平清河河間景城樂安博平博陵上谷文
安信都魏鄴十四郡癸卯封常清高仙芝伏誅哥舒翰持節統領
處置太子先鋒兵馬副元帥守潼關甲辰郭子儀及安祿山將高
秀巖戰于河曲敗之戊申榮王琬薨壬子濟南郡太守李隨單父

尉賈賁濮陽人尚衡以兵討安祿山是月平原郡太守顏眞卿饒
陽郡太守盧全誠司馬李正以兵討安祿山
十五載正月乙卯東平郡太守嗣吳王祇以兵討安祿山丙辰李
隨爲河南節度使以討祿山壬戌祿山陷恒山郡執顏杲卿袁履
謙陷鄴廣平鉅鹿趙上谷博陵文安魏信都九郡癸亥朔方軍節
度副使李光弼爲河東節度副大使以討祿山甲子南陽郡太守
魯炅爲南陽節度使率嶺南黔中山南東道兵屯于葉縣乙丑
安慶緒寇潼關哥舒翰敗之丁丑眞源令張巡以兵討安祿山二
月己亥嗣吳王祇及祿山將謝元同戰于陳留敗之李光弼克恒
山郡郭子儀出井陘會光弼及安祿山將史思明戰敗之庚子賈
賁戰于雍丘死之三月顏眞卿克魏郡史思明寇饒陽平原乙卯
張巡及安祿山將令狐潮戰于雍丘敗之丙辰殺戶部尚書安思
順太僕卿安元貞乙丑李光弼克趙郡四月乙酉北海郡太守賀
蘭進明以兵救平原丙午太子左贊善大夫來瑱爲穎川郡太守

兼招討使五月丁巳魯炅及安祿山戰于滍水敗績奔于南陽戊
辰嗣虢王巨爲河南節度使六月癸未顏眞卿及安祿山將袁知
泰戰于堂邑敗之賀蘭進明克信都丙戌哥舒翰及安祿山戰
于靈寶西原敗績是日郭子儀李光弼及史思明戰于嘉山敗之
辛卯蕃將火拔歸仁執哥舒翰叛降于安祿山遂陷潼關上洛郡甲
午詔親征京兆尹崔光遠爲西京留守招討處置使丙申行在望賢
宮丁酉次馬嵬左龍武大將軍陳玄禮殺楊國忠及御史大夫魏
方進太常卿楊暄賜貴妃楊氏死是日張巡及安祿山將翟伯玉戰
于白沙堝敗之己亥祿山陷京師辛丑次陳倉閑廏使任沙門叛
降于祿山丙午次河池郡劍南節度使崔圓爲中書侍郎同中書
門下平章事七月甲子次普安郡憲部侍郎房琯爲文部尚書同
中書門下平章事丁卯皇太子爲天下兵馬元帥都統朔方河東
河北平盧節度使御史中丞裴冕隴西郡司馬劉秩副之江陵大
都督永王璘爲山南東路黔中江南西路節度使盛王琦爲廣陵

郡都督江南東路淮南道節度使豐王珙爲武威郡都督河西隴
右安西北庭節度使庚午次巴西郡以太守崔渙爲門下侍郎同
中書門下平章事韋見素爲左相庚辰次蜀郡八月壬午大赦賜
文武官階爵爲安祿山脅從能自歸者原之癸巳皇太子即皇帝
位于靈武以聞庚子上皇天帝誥遣韋見素房琯崔渙奉皇帝冊
于靈武十一月甲寅憲部尚書李麟同中書門下平章事十二月
甲辰永王璘反廢爲庶人至德二載正月庚戌誥求天下孝悌可
旌者甲子劍南健兒賈秀反伏誅三月庚午通化郡言玄元皇帝
降五月庚申誥追冊貴嬪楊氏爲皇后七月庚戌行營健兒李季
反伏誅庚午劍南健兒郭千仞反伏誅十月丁巳皇帝復京師以
聞誥降劍南囚罪流以下原之十二月丁未至自蜀郡居于興慶
宮三載上號曰太上至道聖皇天帝上元元年徙居于西內甘露
殿元年建巳月崩于神龍殿年七十八
贊曰睿宗因其子之功而在位不久固無可稱者嗚呼女子之禍於

人者甚矣自高祖至于中宗數十年間再罹女禍唐祚既絕而復續中宗不免其身韋氏遂以滅族玄宗親平其亂可以鑒矣而又敗以女子方其勵精政事開元之際幾致太平何其盛也及侈心一動窮天下之欲不足爲其樂而溺其所甚愛忘其所可戒至於竄身失國而不悔考其始終之異其性習之相遠也至於如此可不慎哉可不慎哉

本紀第五

本紀第六　唐書六

翰林學士兼龍圖閣學士朝散大夫給事中知制誥充史館修撰臣歐陽脩奉敕撰

肅宗文明武德大聖大宣孝皇帝諱亨玄宗第三子也母曰元獻皇后楊氏初名嗣昇封陝王開元四年爲安西大都護性仁孝好學玄宗尤愛之遣賀知章潘肅呂向皇甫彬邢璹等侍讀左右十五年更名浚徙封忠王爲朔方節度大使單于大都護十八年奚契丹寇邊乃以肅宗爲河北道行軍元帥遣御史大夫李朝隱等八總管兵十萬以伐之居二歲朝隱等敗奚契丹於范陽北肅宗以統帥功遷司徒二十三年又更名璵二十五年皇太子瑛廢死明年立爲皇太子有司行冊禮其儀有中嚴外辦其服絳紗太子曰此天子禮也乃下公卿議太師蕭嵩左丞相裴耀卿請改外辦爲外備絳紗衣爲朱明服乃從之二十八年又更名紹天寶三載又更名亨安祿山來朝太子識其有反相請以罪誅之玄宗不聽祿山反十五載玄宗避賊行至馬嵬父老遮道請留太子討賊玄宗許之遣壽王瑁及內侍高力士諭太子太子乃還六月丁酉至渭北便橋橋絕募水濱居民得三千餘人涉而濟遇潼關散卒以爲賊與戰多傷既而覺之收其餘以涉後軍多沒者夕次永壽縣吏民稍持牛酒來獻新平郡太守薛羽保定郡太守徐㲄聞賊且至皆棄城走己亥太子次保定捕得羽㲄斬之辛丑次平涼郡得牧馬牛羊兵始振朔方留後支度副使杜鴻漸六城水陸運使魏少游節度判官崔漪支度判官崔簡金關內鹽池判官李涵河西行軍司馬裴冕迎太子治兵于朔方庚戌次靈武壬子裴冕等請皇太子即皇帝位甲子即皇帝位于靈武尊皇帝曰上皇天帝大赦改元至德賜文武官階勳爵版授侍老太守縣令裴冕爲中書侍郎同中書門下平章事甲戌安祿山寇扶風太守薛景仙敗之八月辛卯張巡及安祿山將李廷望戰于雍丘敗之十月辛巳朔日

有食之癸未次彭原郡詔御史諫官論事勿先白大夫及宰相始鬻爵度僧尼房琯爲招討西京防禦蒲潼兩關兵馬元帥兵部尚書王思禮副之南軍入于宜壽中軍入于武功北軍入于奉天辛卯河南節度副使張巡及令狐潮戰于雍丘敗之辛丑房琯以中軍北軍及安祿山之衆戰于陳濤斜敗績癸卯琯又以南軍戰敗績是月遣永王璘朝上皇天帝于蜀郡璘反丹徒郡太守閻敬之及璘戰于伊婁埭死之十一月辛亥河西地震戊午崔渙爲江南宣慰使郭子儀率回紇及安祿山戰于河上敗之史思明寇太原十二月安祿山陷魯東平濟陰三郡戊子給復彭原郡二載安祿山陷潁川執太守薛愿及長史龐堅是歲吐蕃陷嶲州嶺南溪獠梁崇牽陷容州

二載正月永王璘陷鄱陽郡乙卯安慶緒弒其父祿山丙寅河西兵馬使孟庭倫殺其節度使周佖以武威郡反乙亥安慶緒將尹子奇寇睢陽郡張巡敗之二月戊子次于鳳翔李光弼及安慶緒

之衆戰于太原敗之丁酉關西節度兵馬使郭英乂及安慶緒戰于武功敗績慶緒陷馮翊郡太守蕭賁死之慶緒將蔡希德寇太原戊戌庶人璘伏誅庚子郭子儀及安慶緒戰于潼關敗之壬寅河西判官崔偁克武威郡孟庭倫伏誅甲辰郭子儀及安慶緒戰于永豐倉敗之大將李韶光王祚死之三月辛酉韋見素裴冕罷憲部尚書致仕苗晉卿爲左相四月戊寅郭子儀爲關內河東副元帥壬午瘞陣亡者庚寅郭子儀及安慶緒將李歸仁戰于劉運橋敗之五月癸丑子儀及慶緒將安守忠戰于清渠敗績丁巳房琯罷諫議大夫張鎬爲中書侍郎同中書門下平章事六月癸未尹子奇寇睢陽丁酉南充郡民何滔執其太守楊齊魯以反劍南節度使盧元裕敗之七月己酉太白經天丁巳安慶緒將安武臣陷陝郡八月丁丑焚長春宮甲申崔渙罷張鎬兼河南節度使都統淮南諸軍事靈昌郡太守許叔冀奔于彭城癸巳大閱閏月甲寅安慶緒寇好畤渭北節度使李光進敗之丁卯廣平郡王俶爲天下兵馬元帥郭子儀副之以朔方安西回紇南蠻大食兵討安慶緒辛未京畿採訪宣慰使崔光遠及慶緒戰于駱谷敗之行軍司馬王伯倫戰于苑北死之九月丁丑慶緒陷上黨郡執節度使程千里壬寅廣平郡王俶及慶緒戰于灃水敗之癸卯復京師慶緒奔于陝郡尚書左僕射裴冕告太清宮郊廟社稷五陵宣慰百姓十月戊申廣平郡王俶及安慶緒戰于新店敗之克陝郡壬子復東京慶緒奔于河北興平軍兵馬使李奐及慶緒之衆戰于武關敗之克上洛郡吐蕃陷西平郡癸丑安慶緒陷睢陽太守許遠及張巡鄆州刺史姚誾左金吾衛將軍南霽雲皆死之癸亥給復鳳翔五載版授父老官遣太子太師韋見素迎上皇天帝于蜀郡丁卯至自靈武饗于太廟哭三日己巳關內節度使王思禮及安慶緒戰于絳郡敗之十一月丙子張鎬率四鎮伊西北庭行營兵馬使李嗣業陝西節度使來瑱河南都知兵馬使嗣吳王祗克河南郡縣庚子作九廟神主告享于長樂殿十二月丙午上皇

天帝至自蜀郡甲寅苗晉卿爲中書侍郎同中書門下平章事戊午大赦靈武元從蜀郡扈從官三品以上子一子官四品以下一子出身瘞陣亡者致祭之給復其家二載免天下租庸來歲三之一禁珠玉寶鈿平脫金泥刺繡復諸州及官名以蜀郡爲南京鳳翔郡爲西京西京爲中京給復潞州五載并鄧許滑宋五州雍丘好畤奉先縣二載益州三載賜文武官階勳爵父老八十以上版授加緋衣銀魚民酺五日廣平郡王俶爲太尉進封楚王苗晉卿爲侍中崔圓爲中書令李麟同中書門下三品進封子南陽郡王係爲趙王新城郡王僅彭王潁川郡王僩兗王東陽郡王侹涇王封子僙爲襄王倕杞王偲召王佋興王侗定王乙丑史思明降壬申達奚珣等伏誅

乾元元年正月戊寅上皇天帝御宣政殿授皇帝傳國受命寶符冊號曰光天文武大聖孝感皇帝乙酉出宮女三千人庚寅大閱二月癸卯安慶緒將能元皓以淄青降以元皓爲河北招討使乙

巳上上皇天帝冊號曰聖皇天帝丁未大赦改元贈死事及拒僞
命者官成都靈州扈從三品以上子一子官五品以上一子出身
六品以下敘進之免陷賊州三歲稅賜文武官階爵三月甲戌徙
封俶爲成王戊寅立淑妃張氏爲皇后四月辛亥祔神主于太廟
甲寅朝享于太廟有事于南郊乙卯大赦賜文武官階勳爵天下
非租庸毋輒役使有能賑貧窮寵以官爵京官九品以上言事二
王三恪予一子官史思明殺范陽節度副使烏承恩以反五月戊
子張鎬罷乙未崔圓李麟罷太常少卿王璵爲中書侍郎同中書
門下平章事七月党項羌寇邊九月丙子招討党項使王仲昇殺
拓拔戎德庚寅郭子儀率李光弼李嗣業王思禮淮西節度使魯
炅興平軍節度使李奐滑濮節度使許叔冀平盧兵馬使董秦鄭
蔡節度使季廣琛以討安慶緒癸巳大食波斯寇廣州十月甲辰
立成王俶爲皇太子大赦賜文武官階爵五品以上子爲父後者
勳兩轉舉忠正孝友堪東宮官者十一月壬申王思禮及安慶緒

唐書本紀六 四 王昇

戰于相州敗之十二月庚戌戶部尚書李峘都統淮南江東江西
節度使丁卯史思明陷魏州
二年正月己巳群臣上尊號曰乾元大聖光天文武孝感皇帝郭
子儀及安慶緒戰于愁思岡敗之丁丑祠九宮貴神戊寅耕藉田
二月壬戌中書門下慮囚三月己巳皇后親蠶壬申九節度之師
潰于滏水史思明殺安慶緒東京留守崔圓河南尹蘇震汝州刺
史賈至奔于襄鄧郭子儀屯于東京丁亥以旱降死罪流以下原
之流民還者給復三年甲午兵部侍郎呂諲同中書門下平章事
乙未苗晉卿王璵罷京兆尹李峴爲吏部尚書中書舍人李揆爲中
書侍郎戶部侍郎第五琦同中書門下平章事丙申郭子儀爲東
畿山南東河南等道諸節度防禦兵馬元帥四月庚子王思禮及
史思明戰于直千嶺敗之壬寅詔減常膳服御武德中尚作坊非
賜蕃客戎祀所須者皆罷之五月辛巳貶李峴爲蜀州刺史七月
辛巳趙王係爲天下兵馬元帥李光弼副之辛卯呂諲罷八月乙

巳襄州防禦將康楚元張嘉延反逐其刺史王政九月甲子張嘉
延陷荊州丁亥太子少保崔光遠爲荊襄招討山南東道處置兵
馬使庚寅史思明陷東京及齊汝鄭滑四州十月乙巳李光弼及
史思明戰于河陽敗之壬戌呂諲起復十一月庚午貶第五琦爲
忠州刺史十二月乙巳康楚元伏誅史思明寇陝州神策軍將衛
伯玉敗之
上元元年三月丙子降死罪流以下原之四月戊申山南東道將
張維瑾反殺其節度使史翽丁巳有彗星出于婁胃己未來瑱爲
山南東道節度使以討張維瑾閏月辛酉有彗星出于西方甲戌
徙封係爲越王己卯大赦改元賜文武官爵追封太公望爲武成
王復死刑三覆奏是月大饑張維瑾降五月丙午太子太傅苗晉
卿爲侍中壬子呂諲罷六月乙丑鳳翔節度使崔光遠及羌渾党
項戰于涇隴敗之乙酉又敗之于普潤李光弼及史思明戰于懷州
敗之七月丁未聖皇天帝遷于西內十一月甲午揚州長史劉展

唐書本紀六 五

反陷潤州丙申陷昇州壬子李峘淮南節度使鄧景山及劉展戰
于淮上敗績是歲吐蕃陷廓州西原蠻寇邊桂州經略使邢濟敗之
二年正月甲寅降死罪流以下原之乙卯劉展伏誅二月己未奴剌
党項羌寇寶雞焚大散關寇鳳州刺史蕭愧死之鳳翔尹李鼎敗
之戊寅李光弼及史思明戰于北邙敗績思明陷河陽癸未貶李
揆爲袁州長史河中節度使蕭華爲中書侍郎同中書門下平
章事乙酉來瑱及史思明戰于魯山敗之三月甲午史朝義寇陝
州神策軍節度使衛伯玉敗之戊戌史朝義弒其父思明李光弼
罷副元帥四月己未吏部侍郎裴遵慶爲黃門侍郎同中書門下
平章事乙亥青密節度使尚衡及史朝義戰敗之丁丑兗鄆節度
使能元皓又敗之壬午劍南東川節度兵馬使段子璋反陷綿州
遂州刺史嗣虢王巨死之節度使李奐奔于成都五月甲午史朝
義將令狐彰以滑州降戊戌平盧軍節度使侯希逸及史朝義戰
于幽州敗之庚子李光弼爲河南道副元帥劍南節度使崔光遠

克東川段子璋伏誅七月癸未朔日有食之八月辛巳殿中監李
國貞都統朔方鎮西北庭興平陳鄭河中節度使九月壬寅大赦
去乾元大聖光天文武孝感號去上元號稱元年以十一月爲歲
首月以斗所建辰爲名賜文武官階勳爵版授侍老官先授者叙
進之停四京號元年建子月癸巳曹州刺史常休明及史朝義將
薛岌戰敗之己亥朝聖皇天帝于西內丙午衞伯玉及史朝義
戰于永寧敗之己酉朝獻于太清宮庚戌朝享于太廟及元獻皇
后廟建丑月辛亥有事于南郊己未來瑱及史朝義戰于汝州敗
之乙亥侯希逸及朝義將李懷仙戰于范陽敗之
寶應元年建寅月甲申追冊靖德太子琮爲皇帝妃竇氏爲皇
后乙酉葬王公妃主遇害者丙戌盜發敬陵惠陵甲辰李光弼克
許州吐蕃請和戊申史朝義陷營州建卯月辛亥大赦賜文武官
階爵五品以上清望及郎官御史薦流人有行業情可矜者停貢
鷹鷂狗豹以京兆府爲上都河南府爲東都鳳翔府爲西都江陵

唐書本紀六　六　吳浦

府爲南都太原府爲北都壬子羌渾奴剌寇梁州癸丑河東軍亂
殺其節度使鄧景山都知兵馬使辛雲京自稱節度使乙丑河中
軍亂殺李國貞及其節度使荔非元禮戊辰淮西節度使王仲昇
及史朝義將謝欽讓戰于申州敗績庚午郭子儀知朔方河中北
庭潞儀澤沁節度行營興平定國軍兵馬副元帥壬申鄜州刺史
成公意及党項戰敗之建辰月壬午大赦官吏聽納贓免罪左降
官及流人罰鎮効力者還之甲午奴剌寇梁州戊申蕭華罷戶部
侍郎元載同中書門下平章事建巳月庚戌史朝義寇澤州刺史
李抱玉敗之壬子楚州獻定國寶十有三甲寅聖皇天帝崩乙
丑皇太子監國大赦改元年爲寶應元年復以正月爲歲首建巳
月爲四月丙寅閑廄使李輔國飛龍廄副使程元振遷皇后于別
殿殺越王係兗王僩是夜皇帝崩于長生殿年五十二
代宗睿文孝武皇帝諱豫肅宗長子也母曰章敬皇后吳氏玄宗
諸孫百餘人代宗最長爲嫡皇孫聰明寬厚喜慍不形於色而好

學強記通易象初名俶封廣平郡王安祿山反玄宗幸蜀肅宗留
討賊代宗常從於兵間肅宗已即位郭子儀等兵討安慶緒未克
肅宗在岐至德二載九月以廣平郡王爲天下兵馬元帥率朔方
安西回紇南蠻大食等兵二十萬以進討百官送于朝堂過闕而
下步出木馬門然後復騎以安西北庭行營節度使李嗣業爲前
軍朔方河西隴右節度使郭子儀爲中軍關內行營節度使王思
禮爲後軍屯于香積寺敗賊將安守忠斬首六萬級賊將張通儒
守長安聞守忠敗棄城走遂克京城乃留思禮屯于苑中代宗率大
軍以東安慶緒遣其將嚴莊拒于陝州代宗及子儀嗣業戰陝西
大敗之慶緒奔于河北遂克東都肅宗還京師十二月進封楚王
乾元元年三月徙封成王四月立爲皇太子初太子生之歲豫州
獻嘉禾於是以爲祥乃更名豫肅宗去上元三年號止稱元年月
以斗所建辰爲名元年建巳月肅宗寢疾乃詔皇太子監國而楚
州獻定國寶十有三因曰楚者太子之所封今天降寶於楚宜以

唐書本紀六　七　董昕

建元乃以元年爲寶應元年肅宗張皇后惡李輔國欲圖之召問
太子太子不許乃與越王係謀之肅宗疾革四月丁卯皇后與係將
召太子入宮飛龍副使程元振得其謀以告輔國輔國止太子無
入率兵入殺係及兗王僩幽皇后于別殿是夕肅宗崩乃迎太子
見羣臣於九仙門明日發喪己巳即皇帝位于柩前癸酉始聽政
甲戌奉節郡王适爲天下兵馬元帥郭子儀罷副元帥乙亥進封
适爲魯王五月壬午李輔國爲司空庚寅追尊母爲皇太后丙申
李光弼及史朝義戰于宋州敗之丁酉大赦刺史予一子官賜文
武官階爵子爲父後者勳一轉免民逋租宿負進封子益昌郡王
邈爲鄭王延慶郡王迥韓王追復庶人王氏爲皇后瑛瑤琚皆復
其封號六月辛亥追廢皇后張氏越王係兗王僩皆爲庶人七月
乙酉殺山南東道節度使裴茙癸巳劍南西川兵馬使徐知道反
八月己未知道伏誅辛未台州人袁鼂反乙亥徙封适爲雍王九
月戊子鳳州刺史呂日將及党項羌戰于三嵯谷敗之丙申回紇

請助戰壬寅大閱癸卯袁鼂陷信州十月乙卯陷溫明二州詔浙江水旱百姓重困州縣勿輒科率民疫死不能葬者爲瘞之辛酉雍王适討史朝義壬戌盜殺李輔國癸酉雍王适克懷州甲戌敗史朝義于橫水克河陽東都史朝義將張獻誠以汴州降十一月丁亥朝義將薛嵩以相衛洺邢四州降丁酉朝義將張忠志以趙定深恒易五州降己亥朔方行營節度使僕固懷恩爲朔方河北副元帥十二月己酉太府左藏庫火戊辰瘞京城內外暴骨甲戌李光弼及袁鼂戰于衢州敗之是歲舒州人楊昭反殺其刺史劉秋子西原蠻叛吐蕃寇秦成渭三州

廣德元年正月癸未京兆尹劉晏爲吏部尚書同中書門下平章事甲申史朝義自殺其將李懷仙以幽州降田承嗣以魏州降壬寅山陵使山南東道節度使來瑱有罪伏誅三月甲辰山南東道兵馬使梁崇義自南陽入于襄州丁未李光弼及袁鼂戰敗之辛酉葬至道大聖大明孝皇帝于泰陵甲子党項羌寇同州郭子儀

敗之于黃堆山庚午葬文明武德大聖大宣孝皇帝于建陵六月同華節度使李懷讓自殺七月壬寅羣臣上尊號曰寶應元聖文武孝皇帝壬子大赦改元免民逋負戶三丁免其一庸調給復河北三年回紇行營所經免今歲租賜內外官階勳爵給功臣鐵券藏名于太廟圖形于凌煙閣吐蕃陷隴右諸州八月僕固懷恩反九月壬寅裴遵慶宣慰僕固懷恩于汾州乙丑涇州刺史高暉叛附于吐蕃十月庚午吐蕃陷邠州辛未寇奉天武功京師戒嚴壬申雍王适爲關內兵馬元帥郭子儀副之癸酉渭北行營兵馬使呂日將及吐蕃戰于盩厔敗之乙亥又戰于盩厔敗績丙子如陝州丁丑次華陰豐王珙有罪伏誅戊寅吐蕃陷京師立廣武郡王承宏爲皇帝辛巳次陝州癸巳吐蕃潰郭子儀復京師南山五谷人高玉反十一月壬寅廣州市舶使呂太一反逐其節度使張休十二月辛未劉晏宣慰上都甲午至自陝州乙未苗晉卿裴遵慶罷檢校禮部尚書李峴爲黃門侍郎同中書門下平章事丙申放承宏于華州吐蕃陷松維二州西原蠻陷道州

二年正月丙午詔舉堪御史諫官刺史縣令者乙卯立雍王适爲皇太子癸亥劉晏李峴罷右散騎常侍王縉爲黃門侍郎太常卿杜鴻漸爲兵部侍郎同中書門下平章事郭子儀兼河東副元帥二月辛未僕固懷恩殺朔方寧節度留後渾釋之癸酉朝獻于太清宮甲戌朝享于太廟乙亥有事于南郊己丑大赦賜內外官階爵武德功臣子孫子一人官成都靈武元從三品以上加賜爵一級餘加一階寶應功臣三品以上官一子仍賜爵一級餘加階勳兩轉五品以上爲父後者勳兩轉三月辛丑給復河南府二年甲子盛王琦薨四月甲午禁鈿作珠翠五月洛水溢六月丁卯有星隕于汾州七月庚子初稅青苗己酉李光弼薨八月丙寅王縉爲侍中都統河南淮南山南東道節度行營事壬申王縉罷侍中癸巳吐蕃寇邠州邠寧節度使白孝德敗之于宜祿九月己未劒南節度使嚴武及吐蕃戰于當狗城敗之是秋有蝗十月丙寅吐蕃

寇邠州丁卯寇奉天京師戒嚴庚午嚴武克吐蕃鹽川城辛未朔方兵馬使郭晞及吐蕃戰于邠西敗之是月突厥寇豐州守將馬望死之十一月乙未吐蕃軍潰京師解嚴河西節度使楊志烈及僕固懷恩戰于靈州敗績癸丑袁鼂伏誅免越州今歲田租之半給復溫台明三州一年十二月乙丑高玉伏誅丙寅衆星隕是歲西原蠻陷邵州

永泰元年正月癸巳大赦改元是月歙州人殺其刺史龐濬二月戊寅党項羌寇富平庚辰儀王璲薨三月庚子雨木冰庚戌吐蕃請和辛亥大風拔木四月己巳自春不雨至于是而雨是夏盩厔穭麥生七月辛卯平盧淄青兵馬使李懷玉逐其節度使侯希逸八月庚辰王縉爲河南副元帥僕固懷恩及吐蕃回紇党項羌渾奴剌寇邊九月庚寅命百官觀浮屠象于光順門辛卯太白經天甲辰吐蕃寇醴泉奉天党項羌寇同州渾奴剌寇盩厔京師戒嚴己酉屯于苑郭子儀屯于涇陽丁巳同華節度使周智光及吐

蕃戰于澄城敗之智光入于鄜州殺其刺史張麟遂焚坊州十月
沙陀殺楊志烈己未吐蕃至邠州與回紇寇邊辛酉寇奉天癸亥
寇同州乙丑寇興平丁卯回紇党項羌請降癸酉郭子儀及吐蕃
戰于靈臺敗之京師解嚴閏月辛卯朔方副將李懷光克靈州
辛亥劒南西山兵馬使崔旰反寇成都節度使郭英乂奔于靈池
普州刺史韓澄殺之癸丑斂民貲作浮屠供
大曆元年二月吐蕃遣使來朝壬子杜鴻漸爲山南西道劒南東
西川邛南西山等道副元帥三月癸未劒南東川節度使張獻誠
及崔旰戰于梓州敗績七月癸酉洛水溢九月辛巳吐蕃陷原州
十一月甲子大赦改元給復流民歸業者三年十二月己亥有彗
星出于瓠瓜癸卯周智光反殺虢州刺史龐充是冬無雪鄭王
邈爲天下兵馬元帥
二年正月丁巳郭子儀討周智光己未同華將李漢惠以同州降
甲子周智光伏誅淮西節度使李忠臣入于華州戊寅給復同華

二州二年八月壬寅殺駙馬都尉姜慶初九月甲寅吐蕃寇靈州
乙卯寇邠州郭子儀屯于涇陽京師戒嚴乙丑晝有星流于南方
是秋桂州山獠反十月戊寅朔方軍節度使路嗣恭及吐蕃戰于
靈州敗之京師解嚴十一月辛未雨木冰壬申京師地震
三年二月癸巳商州兵馬使劉洽殺其刺史殷仲卿三月乙巳朔
日有食之五月乙卯追號齊王倓爲皇帝興信公主女張氏爲皇
后癸亥地震六月壬寅幽州兵馬使朱希彩殺其節度使李懷仙
自稱留後閏月庚午王縉兼幽州盧龍軍節度使七月壬申瀘
州刺史楊子琳反陷成都劒南節度留後崔寬敗之克成都子琳
殺夔州別駕張忠戊寅吐蕃遣使來朝八月己酉吐蕃寇靈州丁
卯寇邠州京師戒嚴戊辰邠寧節度使馬璘及吐蕃戰敗之庚
午王縉兼河東節度使九月丁丑濟王環薨壬午吐蕃寇靈州朔
方將白元光敗之壬辰又敗之于靈武戊戌京師解嚴十二月辛
酉涇原兵馬使王童之謀反伏誅

四年正月甲戌殺潁州刺史李岵二月乙卯杜鴻漸罷副元帥丙
辰京師地震三月遣御史稅商錢甲戌免京兆今歲稅五月丙戌
京師地震六月戊申王縉罷副元帥都統七月癸未降死罪流以
下原之十月丁巳大霧十一月辛未禁畿內弋獵壬申杜鴻漸罷
癸酉元載權知門下省事甲戌吐蕃寇靈州朔方軍節度留後
常謙光敗之丙子左僕射裴冕同中書門下平章事癸巳裴冕兼
河南淮西山南東道副元帥十二月戊戌裴冕薨是歲廣州人馮崇
道桂州人朱濟時反容管經略使王翃敗之
五年正月辛卯鳳翔節度使李抱玉爲河西隴右山南西道副元
帥三月癸酉內侍監魚朝恩有罪自殺丙戌以昭陵皇堂有光赦
京兆關輔四月庚子湖南兵馬使臧玠殺其團練使崔瓘己未有
彗星出于五車五月己卯有彗星出于北方六月己未以彗星滅
降死罪流以下原之録魏徵王珪李靖李勣房玄齡杜如晦之後
是歲湖南將王國良反及西原蠻寇州縣

六年二月壬寅李抱玉罷山南西道副元帥三月王翃敗梁崇牽
克容州四月戊寅藍田西原地陷禁大繝竭鑿六破錦及文紗吳
綾爲龍鳳麒麟天馬辟邪者五月戊申殺殿中侍御史陸珽成
都府司録參軍事李少良大理評事韋頌
七年二月庚午江州江溢五月乙酉大雨雹大風拔木乙未以旱
大赦減膳徹樂是秋幽州盧龍將李懷瑗殺其節度使朱希彩
經略軍副使朱泚自稱留後十月乙亥以淮南旱免租庸三之二十
一月庚辰免巴蓬渠集壁充通開八州二歲租庸十二月丙寅雨
土有長星出于參
八年正月甲辰詔京官三品以上及郎官御史歲舉刺史縣令一
人五月辛卯鄭王邈薨壬辰赦京師癸卯降死罪流以下原之八
月己未吐蕃寇靈州郭子儀敗之于七級渠甲子廢華州屯田
給貧民九月壬午循州刺史哥舒晃反殺嶺南節度使呂崇賁戊
子詔京官五品以上兩省供奉官郎官御史言事十月庚申吐蕃

寇涇邠丙寅朔方兵馬使渾瑊及吐蕃戰于宜禄敗績涇原節度使馬璘及吐蕃戰于潘原敗之

九年二月辛未徐州兵亂逐其刺史梁乘四月壬辰大赦十月壬申信王珵薨乙亥涼王璿薨壬辰降京師死罪流以下原之

十年正月丁酉昭義軍兵馬使裴志清逐其節度使薛崿叛附于田承嗣壬寅壽王瑁薨戊申田承嗣反癸丑承嗣陷洺州乙卯劍南西川節度使崔寧及吐蕃戰于西山敗之二月乙丑田承嗣陷衛州刺史薛雄死之辛未封子述爲睦王逾郴王連恩王遘鄜王造忻王暹韶王運嘉王遇端王遹循王通恭王逵原王逸雅王丙子河陽軍亂逐三城使常休明三月甲午陝州軍亂逐其觀察使李國清四月癸未河東節度使薛兼訓等討田承嗣給復昭義五州二年甲申大雨雹大風拔木五月乙未魏博將霍榮國以磁州降甲寅大雨雹大風拔木震闕門六月甲戌成德軍節度使李寶臣及田承嗣戰于冀州敗之七月己未杭州海溢八月己丑田承嗣

寇磁州九月壬寅降京師死罪流以下原之壬子吐蕃寇臨涇癸丑寇隴州丙辰李抱玉敗之于義寧丁巳馬璘又敗之于百里城十月辛酉朔日有食之甲子昭義軍節度使李承昭及田承嗣戰于清水敗之丙寅貴妃獨孤氏薨丁卯追冊爲皇后十一月丁酉魏博將吳希光以瀛州降丁未嶺南節度使路嗣恭克廣州哥舒晃伏誅

十一年正月庚寅田承嗣降辛亥崔寧及吐蕃戰敗之五月汴宋都虞候李靈耀反殺濮州刺史孟鑒七月庚寅田承嗣寇滑州永平軍節度使李勉敗績八月甲申淮西節度使李忠臣河陽三城使馬燧及李勉討李靈耀閏月丁酉太白晝見九月乙丑李忠臣馬燧及李靈耀戰于鄭州敗績十月乙酉戰于中牟敗之壬辰忠臣又敗之于西梁固壬寅淮南節度使陳少遊及李靈耀戰于汴州敗之丙午田承嗣以兵援靈耀李忠臣敗之于臣城甲寅靈耀伏誅

十二年三月庚午赦田承嗣辛巳元載有罪伏誅貶王縉爲括州刺史四月壬午太常卿楊綰爲中書侍郎禮部侍郎常袞爲門下侍郎同中書門下平章事癸巳詔諫官獻封事勿限時側門論事者隨狀面奏六品以上官言事投匭者無勒副章丁酉吐蕃寇黎雅二州崔寧敗之是月金州人卓英璘反六月乙巳英璘伏誅給復金州二年丁未以旱降京師死罪流以下原之七月己巳楊綰薨丙子詔尚書御史大夫左右丞侍郎舉任刺史者九月庚午吐蕃寇坊州是秋河溢十一月壬子山南西道節度使張獻恭及吐蕃戰于岷州敗之十二月丁亥崔寧及吐蕃戰于西山敗之是歲恒定趙三州地震冬無雪

十三年正月戊辰回紇寇并州癸酉河東節度留後鮑防及回紇戰于陽曲敗績二月庚辰代州刺史張光晟及回紇戰于羊虎谷敗之四月甲辰吐蕃寇靈州常謙光敗之十月己丑禁京畿持兵器捕獵是歲郴州黃芩山崩

十四年二月癸未魏博節度使田承嗣卒其兄子悦自稱留後三月丁未汴宋將李希烈逐其節度使李忠臣自稱留後五月辛酉不豫詔皇太子監國是夕皇帝崩于紫宸内殿年五十三

贊曰天寶之亂大盜遽起天子出奔方是時肅宗以皇太子治兵討賊眞得其職矣然以僖宗之時唐之威德在人紀綱未壞孰與天寶之際而僖宗在蜀諸鎭之兵糾合勠力遂破黃巢而復京師由是言之肅宗雖不即尊位亦可以破賊矣蓋自高祖以來三遜于位以授其子而獨肅宗以畏天戒發於誠心若高祖玄宗豈其志哉代宗之時餘孽猶在平亂守成蓋亦中材之主也

本紀第六

本紀第七　唐書七

翰林學士兼龍圖閣學士朝散大夫給事中知制誥充史館修撰臣歐陽脩奉
敕撰

德宗神武聖文皇帝諱适代宗長子也母曰睿眞皇太后沈氏初
沈氏以開元末選入代宗宮安祿山之亂玄宗避賊于蜀諸王妃
妾不及從者皆爲賊所得拘之東都之掖廷代宗克東都得沈氏
留之宮中史思明再陷東都遂失所在肅宗元年建丑月封德宗
奉節郡王代宗即位史朝義據東都乃以德宗爲天下兵馬元帥
進封魯王八月徙封雍王寶應元年十月屯于陝州諸將進擊史
朝義敗之朝義走河北遂克東都十一月史朝義死幽州守將李
懷仙斬其首來獻河北平以功兼尚書令與功臣郭子儀李光弼
等皆賜鐵券圖形凌煙閣廣德二年二月立爲皇太子大曆十四
年五月辛酉代宗崩癸亥即皇帝位于太極殿閏月甲戌貶常衮
爲河南少尹以河南少尹崔祐甫爲門下侍郎同中書門下平章

唐書本紀七　一

事丙子罷諸州府及新羅渤海貢鷹鷂戊寅罷山南貢枇杷江南
甘橘非供宗廟者辛巳罷邕府歲貢奴婢癸未罷梨園樂工三百
人劍南貢生春酒甲申郭子儀爲尚父兼太尉中書令丙戌罷獻
祥瑞貢器以金銀飾者還之丁亥出宮人放舞象三十有二于荊
山之陽六月己亥大赦賜文武官階爵民爲戶者古爵一級減乘
輿服御士庶田宅車服踰制者有司爲立法度禁百官置邸販鬻
武德至德將相有功者子孫予官庚子進封子宣城郡王誦爲宣
王封子謨爲舒王諶通王諒虔王詳肅王謙資王乙巳封弟迺爲
益王迅隋王遂蜀王丙午詔六品以上清望官日二人待制癸丑
命皇族五等以上居四方者家一人赴山陵己未罷揚州貢鏡幽
州貢麝癸亥舉可刺史京令者七月戊辰朔日有食之庚午弛邕
州金坑禁辛卯罷榷酤八月甲辰道州司馬楊炎爲門下侍郎懷
州刺史喬琳爲御史大夫同中書門下平章事乙巳還吐蕃俘十
月丁酉吐蕃雲南蠻寇黎茂文扶四州鳳翔節度使朱泚金吾衛

大將軍曲環敗之于七盤城己酉葬睿文孝武皇帝于元陵戊午
罷九成宮貢立獸炭襄州蕉翦工辛酉以沙苑豢豕三千給貧民
十一月壬午喬琳罷十二月乙卯立宣王誦爲皇太子丙寅晦日
有食之
建中元年正月丁卯改元羣臣上尊號曰聖神文武皇帝己巳朝
獻于太清宮庚午朝享于太廟辛未有事于南郊大赦賜文武
官階勳爵遣黜陟使于天下賜子爲父後者勳兩轉二月丙申初
定兩稅四月乙未四鎮北庭行軍別駕劉文喜反于涇州伏誅己
亥地震六月甲午崔祐甫薨七月丙寅王國良降己丑殺忠州刺
史劉晏八月丁巳遙尊母沈氏爲皇太后九月己卯雷庚寅睦王
述爲奉迎皇太后使是冬無雪黃河滹沱易水溢
二年正月戊辰成德軍節度使李寶臣卒其子惟岳自稱留後幽
州盧龍軍節度使朱滔討之魏博節度使田悅反神策都虞候李
晟河東節度使馬燧昭義軍節度使李抱眞河陽節度副使李艽

唐書本紀七　二

討之永平軍節度使李勉爲汴滑陳懷鄭汝陝河陽三城宋亳潁
節度都統二月乙巳御史大夫盧杞爲門下侍郎同中書門下平
章事乙卯振武軍亂殺其使彭令芳及監軍劉惠光丁巳發兵屯
關東誓師于望春樓山南東道節度使梁崇義反五月京師雨雹
庚申置待詔官三十人六月熒惑太白鬬于東井癸巳淮寧軍節
度使李希烈爲漢南漢北兵馬招討使以討梁崇義辛丑郭子儀
薨七月庚申楊炎罷檢校尚書右僕射侯希逸爲司空前永平軍
節度使張鎰爲中書侍郎同中書門下平章事侯希逸薨癸未馬
燧李抱眞及田悅戰于臨洺敗之八月劍南西川節度使張延賞
東川節度使王叔邕山南東道節度使賈耽荊南節度使李昌巙
陳少游討梁崇義以李希烈爲諸軍都統辛卯平盧軍節度使李
正己卒其子納自稱留後壬子梁崇義伏誅九月李納陷宋州李
惟岳將張孝忠以易定二州降壬戌賜立功士卒帛梟死事家三
歲十月戊申李納將李洧以徐州降十一月辛酉納寇徐州宣武

軍節度使劉洽敗之于七里溝丁丑馬燧及田悅戰于雙岡敗之
甲申李納將王涉以海州降十二月丁酉馬萬通以密州降馬燧
爲魏博招討使是歲殺崖州司馬楊炎
三年正月丙寅朱滔成德軍節度使張孝忠及李惟岳戰于束
鹿敗之辛未減常膳及太子諸王食物復榷酤癸未李納陷海密
二州閏月乙未李惟岳將康日知以趙州降甲辰惟岳伏誅其將
楊榮國以深州降庚戌馬燧及田悅戰于洹水敗之是月悅將李
再春以博州降田昂以洺州降二月戊午李惟岳將楊政義以定
州降甲戌給復易定深趙恒冀六州三年赦吏民爲李惟岳迫脅
者己卯震通化門四月戊午李納將李士眞以德棣二州降甲子
借商錢甲戌昭義軍節度副使盧玄卿爲魏博澶相招討使戊寅
張鎰罷壬午殺殿中侍御史鄭詹是月朱滔反陷德棣二州五月
辛卯朔方軍節度使李懷光討田悅六月甲子京師地震恒冀觀
察使王武俊反辛巳李懷光馬燧李芃李抱眞及朱滔王武俊田

悅戰于連篋山敗績七月壬辰殿中丞李雲端謀反伏誅癸巳停
借商錢令八月癸丑演州司馬李孟秋峯州刺史皮岸反伏誅九
月丁亥初稅商錢茶漆竹木十月丙辰吏部侍郎關播爲中書侍
郎同中書門下平章事李希烈反丙子肅王詳薨
四年正月丁亥鳳翔節度使張鎰及吐蕃尚結贊盟于清水庚寅
李希烈陷汝州執刺史李元平戊戌東都汝州行營節度使哥舒曜
討李希烈二月丁卯克汝州三月辛卯李希烈寇鄂州刺史李兼
敗之丁酉荆南節度使張伯儀及李希烈戰于安州敗績四月庚
申李勉爲淮西招討使哥舒曜副之張伯儀爲淮西應援招
討使賈耽江南西道節度使嗣曹王皐副之甲子京師地震生毛
丙子哥舒曜及李希烈戰于潁橋敗之五月辛巳京師地震乙酉
潁王璬薨乙未劉洽爲淄青兖鄆招討制置使六月庚戌稅屋
間架筭除陌錢丁卯徙封逾爲丹王遘簡王七月馬燧爲魏博澶
相節度招討使壬辰盧杞關播李忠臣及吐蕃區頰贊盟于京師

八月丁未李希烈寇襄城乙卯希烈將曹季昌以隋州降庚申有
星隕于京師九月丙戌神策軍行營兵馬使劉德信及李希烈戰
于扈澗敗績庚子舒王誼爲荆襄江西沔鄂節度諸軍行營兵馬
都元帥徙封普王十月涇原節度使姚令言反犯京師戊申如奉
天朱泚反庚戌泚殺司農卿段秀實及左驍衞將軍劉海賓鳳翔
後營將李楚琳殺其節度使張鎰自稱留後癸丑李希烈陷襄城
宣武軍兵馬使高翼死之甲寅朱泚殺涇原節度都虞候何明禮
乙卯殺尚書右僕射崔寧丁巳戶部尚書蕭復爲吏部尚書吏部
郎中劉從一爲刑部侍郎京兆府戶曹參軍翰林學士姜公輔爲
諫議大夫同中書門下平章事朱泚犯奉天禁軍敗績于城東辛
酉靈鹽節度留後杜希全鄜坊節度使李建徽及朱泚戰于漠谷
敗績癸亥劉德信及泚戰于思子陵敗之甲子行在都虞候渾瑊
及泚戰于城下敗之左龍武軍大將軍呂希倩死之乙丑將軍高
重傑死之是月商州軍亂殺其刺史謝良輔十一月劒南西山兵

馬使張朏逐其節度使張延賞朏伏誅癸巳李懷光及朱泚戰于
魯店敗之懷光爲中書令朔方邠寧同華陝虢河中晉絳慈隰行
營兵馬副元帥十二月朱泚陷華州壬戌貶盧杞爲新州司馬庚
午李希烈陷汴鄭二州
興元元年正月癸酉大赦改元去聖神文武號復李希烈田悅王
武俊李納官爵赴奉天收京城將士有罪減三等子孫減二等在
行營者賜勳五轉賜文武官階勳爵罷間架竹木茶漆稅及除陌
錢給復奉天五年城中十年關播罷丙戌吏部侍郎盧翰爲兵部
侍郎同中書門下平章事戊子蕭復爲山南東西荆湖淮南江西
鄂岳浙江東西福建嶺南宣慰安撫使戊戌劉洽爲汴滑宋亳都
統副使二月甲子李懷光爲太尉懷光反丁卯如梁州懷光將孟
庭保以兵來追左衞大將軍侯仲莊敗之于驛店三月李懷光奪
鄜坊京畿金商節度使李建徽神策軍兵馬使陽惠元兵惠元死
之癸酉魏博兵馬使田緒殺其節度使田悅自稱留後甲戌李懷

光殺左廂兵馬使張名振右武鋒兵馬使石演芬丁亥李晟爲京
畿渭北鄜坊丹延節度招討使神策行營兵馬使尚可孤爲神策
京畿渭南商州節度招討使壬辰大梁州丁酉劉洽權知汴滑宋
亳都統兵馬事己亥渾瑊爲朔方邠寧振武永平奉天行營兵馬
副元帥四月李懷光陷坊州甲辰李晟爲京畿渭北商華兵馬副
元帥甲寅姜公輔罷涇原兵馬使田希鑒殺其節度使馮河清自
稱留後乙丑渾瑊及朱泚戰于武亭川敗之丁卯義王玭薨是月
坊州刺史竇覦克坊州五月癸酉涇王侹薨丙子李抱眞王武俊
及朱滔戰于經城敗之壬辰尚可孤及朱泚戰于藍田之西敗之乙
未李晟又敗之于苑北戊戌又敗之于白華復京師六月癸卯姚令
言伏誅甲辰朱泚伏誅己酉李晟爲司徒中書令癸丑以梁州爲
興元府給復一年耆老加版授甲寅渾瑊爲侍中己巳給復洋州
一年加給興元一年免鳳州今歲稅父老加版授七月丙子大鳳
翔免今歲秋稅八十以上版授刺史餘授上佐丁丑葬宗室遇害

者壬午至自興元丁亥李懷光殺宣慰使孔巢父辛卯大赦賜百
官將士階勳爵收京城者外八資給復京兆府一年是月嗣曹王
皐及李希烈戰于應山敗之八月癸卯李晟爲鳳翔隴右諸軍涇
原四鎮北庭行營兵馬副元帥馬燧爲晉慈隰諸軍行營兵馬副
元帥渾瑊爲河中同絳陝虢諸軍行營兵馬副元帥丙午渾瑊兼
朔方行營兵馬副元帥己酉延王玢隋王迅薨十月辛丑李勉檢
校司徒同中書門下平章事閏月戊子李希烈將李澄以滑州降
十一月癸卯劉洽邠隴行營節度使曲環及李希烈戰于陳州敗
之戊午克汴州乙丑蕭復罷十二月乙酉渾瑊及李懷光戰于乾
坑敗績是歲陳王珪薨

貞元元年正月丁酉大赦改元罷權稅三月李懷光殺步軍兵馬
使田仙浩都虞候呂鳴岳丁未李希烈陷鄧州殺唐鄧隋招討使
黃金岳是春旱四月乙丑徙封誼爲舒王壬午渾瑊及李懷光戰
于長春宮敗之丙戌馬燧渾瑊爲河中招撫使六月己丑幽州盧
龍軍節度使朱滔卒涿州刺史劉怦自稱留後辛卯劍南西川節
度使張延賞爲中書侍郎同中書門下平章事戊子馬燧及李懷
光戰于陶城敗之七月灞滻竭庚子大風拔木八月襲封配饗功
臣子孫甲子以旱避正殿減膳甲戌李懷光伏誅己卯給復河中
同絳二州一年馬燧爲侍中張延賞罷丙戌李希烈殺宣慰使顏眞
卿九月辛亥劉從一罷庚申幽州盧龍軍節度使劉怦卒其子濟
自稱留後是秋雨木冰十一月癸卯有事于南郊大赦賜奉天興元
扈從百官收京將士階勳爵

二年正月丙申詔減御膳之半賙貧乏者授以官壬寅盧翰罷吏
部侍郎劉滋爲左散騎常侍給事中崔造中書舍人齊映同中書
門下平章事二月癸亥山南東道節度使樊澤及李希烈戰于泌
河敗之四月丙寅希烈伏誅甲戌雨土甲申給復淮西二年五月
李希烈將李惠登以隋州降己酉地震六月癸未滄州刺史程日
華卒其子懷直自稱觀察留後是月淮西兵馬使吳少誠殺其節

度使陳仙奇自稱留後七月李希烈將薛翼以唐州降侯召以光
州降八月丙子大雨雹丙戌吐蕃寇邠寧涇隴四州九月乙巳寇好
時李晟敗之于汧陽十月癸酉邠寧節度使韓游瓌又敗之于平
川十一月甲午立淑妃王氏爲皇后丁酉皇后崩辛丑吐蕃陷鹽
州十二月丁巳陷夏州馬燧爲綏銀麟勝招討使庚申崔造罷
甲戌以吐蕃寇邊避正殿

三年正月壬寅尚書左僕射張延賞同中書門下平章事壬子劉
滋罷貶齊映爲夔州刺史兵部侍郎柳渾同中書門下平章事二
月己卯華州潼關節度使駱元光克鹽夏二州甲申葬昭德皇后
于靖陵三月丁未李晟爲太尉辛亥馬燧罷副元帥五月揚州江
盜吳少誠殺申州刺史張伯元殿中侍御史鄭常閏月辛未渾瑊
及吐蕃盟于平涼吐蕃執會盟副使兵部尚書崔漢衡殺判官殿
中侍御史韓弇戊寅太白晝見六月吐蕃寇鹽夏二州丙戌馬燧
爲司徒前陝虢觀察使李泌爲中書侍郎同中書門下平章事七

月甲子朔方節度使杜希全爲朔方靈鹽豐夏綏銀節度都統壬申張延賞薨八月辛巳朔日有食之己丑柳渾罷戊申吐蕃寇青石嶺隴州刺史蘇清沔敗之庚戌禁大馬出蒲潼武關九月丁巳吐蕃寇汧陽丙寅陷華亭及連雲堡十月甲申寇豐義韓游瓌敗之乙酉寇長武城城使韓全義敗之壬辰射生將韓欽緒謀反伏誅十一月己卯京師東都河中地震十二月庚辰獵于新店

四年正月庚戌朔京師地震大赦刺史予一子官增戶墾田者加階縣令減選九品以上官言事壬申劉玄佐爲四鎮北庭行營涇原節度副元帥是月金房二州地震江溢山裂雨木冰陳留四月河南淮海地生毛己亥福建軍亂逐其觀察使吳詵大將郝誠溢自稱留後五月吐蕃寇涇邠寧慶鄜五州六月己亥封子諒爲邕王七月庚戌渾瑊爲邠寧慶副元帥癸丑寧州軍亂邠寧都虞候楊朝晟敗之己未奚室韋寇振武是月河水黑八月灞水溢九月庚申吐蕃寇寧州邠寧節度使張獻甫敗之冬築夾城是歲京師

地震二十

五年正月甲辰朔日有食之二月庚子大理卿董晉爲門下侍郎御史大夫竇參爲中書侍郎同中書門下平章事三月甲辰李泌薨夏吐蕃寇長武城韓全義敗之于佛堂原九月丙午劍南西川節度使韋臯敗吐蕃于臺登北谷克巂州十月嶺南節度使李復克瓊州

六年春旱閏四月乙卯詔常參官畿縣令言事免京兆府夏稅八月辛丑殺皇太子妃蕭氏十一月戊辰朝獻于太清宮己巳朝享于太廟庚午有事于南郊賜文武官階爵降囚罪徒以下原之葬戰亡暴骨者是歲吐蕃陷北庭都護府節度使楊襲古奔于西州

七年正月己巳襄王僙薨四月安南首領杜英翰反伏誅五月甲申端王遇薨九月回鶻殺楊襲古十二月戊戌睦王述薨是冬無雪

八年二月庚子雨土三月甲申宣武軍節度使劉玄佐卒其子士寧自稱留後四月吐蕃寇靈州丁亥殺左諫議大夫知制誥吳通玄乙未貶竇參爲郴州別駕尚書左丞趙憬兵部侍郎陸贄爲中書侍郎同中書門下平章事五月己未大風發太廟屋瓦癸酉平盧軍節度使李納卒其子師古自稱留後六月淮水溢吐蕃寇連雲堡大將王進用死之九月丁巳韋臯及吐蕃戰于維州敗之十一月壬子朔日有食之庚午山南西道節度使嚴震及吐蕃戰于黑水堡敗之是月幽州盧龍軍節度使劉濟及其弟瀛州刺史澭戰于瀛州澭敗奔于京師十二月甲辰獵于城東

九年正月癸卯復稅茶四月辛酉關輔河中地震五月甲辰義成軍節度使賈耽爲尚書右僕射尚書右丞盧邁同中書門下平章事丙午董晉罷八月庚戌李晟薨十一月癸未朝獻于太清宮甲申朝享于太廟乙酉有事于南郊大赦十二月丙辰宣武軍將李萬榮逐其節度使劉士寧自稱留後

十年正月壬辰南詔蠻敗吐蕃于神川來獻捷四月癸卯朔赦京

城戊申地震癸丑又震是月太白晝見六月丙寅韋臯敗吐蕃克峨和城自春不雨至于是月辛未雨大風拔木七月西原蠻叛八月陷欽橫潯貴四州十月昭義軍節度留後王虔休及攝洺州刺史元誼戰于雞澤敗之十二月丙辰獵于城南壬戌貶陸贄爲太子賓客

十一年四月丙寅奚寇平州劉濟敗之于青都山五月庚午中書門下慮囚八月辛亥馬燧薨九月橫海軍兵馬使程懷信逐其兄節度使懷直自稱留後十月朗蜀二州江溢十二月戊辰獵于苑中

十二年二月己卯吐蕃寇巂州刺史曹高仕敗之三月丙辰郇王遲薨四月庚午魏博節度使田緒卒其子季安自稱留後六月己丑宣武軍節度使李萬榮卒其子廼自稱兵馬使伏誅七月戊戌韓王迥薨八月己未朔日有食之丙戌趙憬薨九月吐蕃寇慶州十月甲戌右諫議大夫崔損給事中趙宗儒同中書門下平章事

十三年正月壬寅吐蕃請和四月辛酉以旱慮囚壬戌雩于興慶宮五月壬寅吐蕃寇巂州曹高仕敗之庚戌義寧軍亂殺其將常楚客七月乙未京師地震九月己丑盧邁罷

十四年三月丙申鳳翔監軍使西門去奢殺其將夏侯衍五月己酉始雷閏月辛亥有星隕于西北辛酉長武城軍亂逐其使韓全義六月丙申歸化堡軍亂逐其將張國誠涇原節度使劉昌敗之七月壬申趙宗儒罷工部侍郎鄭餘慶爲中書侍郎同中書門下平章事九月丁卯杞王倕薨十二月壬寅明州將栗鍠殺其刺史盧雲以反是冬無雪京師饑

十五年正月甲寅雅王逸薨壬戌郴州藍山崩二月乙酉宣武軍亂殺節度行軍司馬陸長源宋州刺史劉逸淮自稱留後三月甲寅彰義軍節度使吳少誠反陷唐州守將張嘉瑜死之四月乙未栗鍠伏誅九月乙巳陳許節度留後上官涚及吳少誠戰于臨潁敗績丙午少誠寇許州庚戌宣武軍節度使劉全諒卒都知兵馬使韓弘自稱留後丙辰宣武河陽鄭滑東都汝成德幽州淄青魏博易定澤潞河東淮南徐泗山南東西鄂岳軍討吳少誠十月己丑邕王源薨十一月丁未山南東道節度使于頔及吳少誠戰于吳房敗之陳許節度使上官涚又敗之于柴籬辛亥安黃節度使伊慎又敗之于鍾山十二月庚午壽州刺史王宗又敗之于秋柵辛未渾瑊薨乙未諸道兵潰于小溵河

十六年正月乙巳易定兵及吳少誠戰敗績二月乙酉鹽夏綏銀節度使韓全義爲蔡州行營招討處置使上官涚副之四月丁亥黔中宴設將傅近逐其觀察使吳士宗五月庚戌韓全義及吳少誠戰于廣利城敗績壬子徐泗濠節度使張建封卒其子愔自稱知軍事七月丁巳伊慎及吳少誠戰于申州敗之己未韋皋克吐蕃末恭城丙寅韓全義及吳少誠戰于五樓敗績八月劉濟及其弟涿州刺史源戰于涿州源敗執之己丑殺遂州別駕崔位韋皋克吐蕃顯城九月庚戌貶鄭餘慶爲郴州司馬庚申太常卿齊抗爲中書侍郎同中書門下平章事十月辛未殺通州別駕崔河圖是歲京師饑

十七年二月丁酉大雨雹己亥霜乙巳韋皋及吐蕃戰于鹿危山敗之戊申大雨雹震電庚戌大雪雨雹五月壬戌朔日有食之六月丙申寧州軍亂殺其刺史劉南金己亥浙西觀察使李錡殺上封事人崔善貞丁巳成德軍節度使王武俊卒其子士眞自稱留後七月隕霜殺菽戊寅吐蕃寇鹽州己丑陷麟州刺史郭鋒死之九月乙亥韋皋敗吐蕃于雅州克末波城是歲嘉王運薨

十八年七月乙亥罷正衙奏事十二月環王陷驩愛二州

十九年二月己亥安南將王季元逐其經略使裴泰兵馬使趙均敗之三月壬子淮南節度使杜佑檢校司空同中書門下平章事七月己未齊抗罷自正月不雨至于是月甲戌雨閏十月庚戌鹽州將李庭俊反伏誅丁巳崔損薨十二月庚申太常卿高郢爲中書侍郎吏部侍郎鄭珣瑜爲門下侍郎同中書門下平章事

二十年二月庚戌大雨雹七月癸酉大雨雹冬雨木冰

二十一年正月癸巳皇帝崩于會寧殿年六十四

順宗至德弘道大聖大安孝皇帝諱誦德宗長子也母曰昭德皇后王氏始封宣城郡王大曆十四年六月進封宣王十二月乙卯立爲皇太子爲人寬仁喜學藝善隸書禮重師傅見輒先拜從德宗幸奉天常執弓矢居左右郜國公主以蠱事得罪太子妃其女也德宗疑之幾廢者屢矣賴李泌保護乃免後侍宴魚藻宮張水嬉綵艦宮人爲櫂歌衆樂間發德宗驩甚顧太子曰今日何如太子誦詩好樂無荒以爲對及裴延齡韋渠牟用事世皆畏其爲相太子毋候顏色陳其不可故二人者卒不得用貞元二十年太子病風且瘖二十一年正月不能朝是時德宗不豫諸王皆侍左右惟太子臥病不能見德宗悲傷涕泣疾有加癸巳德宗崩丙申即皇帝位于太極殿二月癸卯朝羣臣于紫宸門辛亥吏部侍郎韋執誼爲尚書左丞同中書門下平章事甲子大赦罷宮市民百歲

版授下州刺史婦人郡君九十以上上佐婦人縣君乙丑罷鹽鐵使
月進三月庚午放後宮三百人癸酉放後宮及敎坊女妓六百人
癸巳立廣陵郡王純爲皇太子四月壬寅封弟諤爲欽王諴珍王
進封子建康郡王經郯王洋川郡王緯均王臨淮郡王縱溆王弘
農郡王紓莒王漢東郡王綢密王晉陵郡王總郇王高平郡王約
邵王雲安郡王結宋王宣城郡王緗集王德陽郡王緀冀王河東
郡王綺和王封子絢爲衡王纁會王綰福王紘撫王緄岳王紳袁
王綸桂王纁翼王戊申以冊皇太子降死罪以下賜文武官子爲
父後者勳兩轉七月辛卯橫海軍節度使程懷信卒其子執恭
自稱留後乙未皇太子權句當軍國政事太常卿杜黃裳爲門下
侍郎左金吾衛大將軍袁滋爲中書侍郎同中書門下平章事鄭
珣瑜高郢罷
永貞元年八月庚子立皇太子爲皇帝自稱曰太上皇辛丑改元
降死罪以下立良娣王氏爲太上皇后元和元年正月皇帝率羣

臣上尊號曰應乾聖壽太上皇是月崩于咸寧殿年四十六謚曰
至德大聖大安孝皇帝大中三年增謚至德弘道大聖大安孝
皇帝

憲宗昭文章武大聖至神孝皇帝諱純順宗長子也母曰莊憲皇
太后王氏貞元四年六月己亥封廣陵郡王二十一年三月立爲
皇太子永貞元年八月順宗詔立爲皇帝乙巳即皇帝位于太極
殿丁未始聽政庚戌罷獻祥瑞癸丑劍南西川節度使韋皋卒行
軍司馬劉闢自稱留後戊午天有聲于西北己未袁滋爲劍南西
川山南西道安撫大使癸亥尚書左丞鄭餘慶同中書門下平章
事九月己巳罷敎坊樂工正員官十月丁酉爲曾太皇太后舉哀
賈耽薨戊戌舒王誼薨袁滋罷己酉葬神武聖文皇帝于崇陵十
一月己巳祔睿眞皇后于元陵寢宮壬申貶韋執誼爲崖州司馬
夏綏銀節度留後楊惠琳反十二月壬戌中書舍人鄭絪爲中書
侍郎同中書門下平章事

元和元年正月丁卯大赦改元賜文武官階勳爵民高年者米帛
羊酒癸未長武城使高崇文爲左神策行營節度使率左右神策
京西行營兵馬使李元奕山南西道節度使嚴礪劍南東川節度
使李康以討劉闢甲申太上皇崩劉闢陷梓州執李康三月丙子
高崇文克梓州辛巳楊惠琳伏誅四月丁未杜佑爲司徒壬戌邵
王約薨初令尚書省六品諸司四品以上職事官太子師傅賓客
詹事王府傅日二人待制五月辛卯尊母爲皇太后六月癸巳降
死罪以下賜百姓有父母祖父母八十以上者粟二斛物二段九十
以上粟三斛物三段丙申大風拔木丁酉高崇文及劉闢戰于鹿
頭柵敗之癸卯嚴礪又敗之于石碑谷閏月壬戌平盧軍節度使
李師古卒其弟師道自稱留後七月壬寅葬至德大聖大安孝皇
帝于豐陵癸丑高崇文及劉闢戰于玄武敗之八月丁卯進封子
平原郡王寧爲鄧王同安郡王寬澧王延安郡王宥遂王彭城郡
王察深王高密郡王寰洋王文安郡王寮絳王封子審爲建王九

月丙午嚴礪及劉闢戰于神泉敗之辛亥高崇文克成都十月甲
子減劍南東西川山南西道今歲賦釋脅從將吏葬陣亡者稟其
家五歲戊子劉闢伏誅十一月庚戌鄭餘慶罷是歲召王偲薨
二年正月己丑朝獻于太淸宮庚寅朝享于太廟辛卯有事于南
郊大赦賜文武官勳爵文宣公二王後三恪公主諸王一子官高
年米帛羊酒加版授乙巳杜黃裳罷己酉御史中丞武元衡爲門
下侍郎中書舍人李吉甫爲中書侍郎同中書門下平章事二月
己巳罷兩省官次對癸酉邕管經略使路恕敗黃洞蠻執其首領
黃承慶九月乙酉密王綢薨十月鎭海軍節度使李錡反殺留後
王澹乙丑淮南節度使王鍔爲諸道行營兵馬招討使以討之丁
卯武元衡罷癸酉鎭海軍兵馬使張子良執李錡己卯免潤州今
歲稅十一月甲申李錡伏誅十二月丙寅劍南西川節度使高崇
文爲邠寧節度京西諸軍都統
三年正月癸巳羣臣上尊號曰睿聖文武皇帝大赦罷諸道受代

進奉錢三月癸巳鄜王總薨四月壬申大風壞含元殿西闕欄檻六月西原蠻首領黃少卿降七月辛巳朔日有食之九月庚寅山南東道節度使于頔爲司空同中書門下平章事丙申戶部侍郎裴垍爲中書侍郎同中書門下平章事戊戌李吉甫罷

四年正月壬午免山南東道淮南江西浙東湖南荆南今歲稅戊子簡王遘薨二月丁卯鄭絪罷給事中李藩爲門下侍郎同中書門下平章事三月乙酉成德軍節度使王士眞卒其子承宗自稱留後閏月己酉以旱降京師死罪非殺人者禁刺史境內榷率諸道旨條外進獻嶺南黔中福建掠良民爲奴婢者省飛龍廏馬己未雨丁卯立鄧王寧爲皇太子七月癸亥吐蕃請和八月丙申環王寇安南都護張舟敗之十月辛巳成德軍節度使王承宗反執保信軍節度使薛昌朝癸未左神策軍護軍中尉吐突承璀爲左右神策河陽浙西宣歙鎮州行營兵馬招討處置使以討之戊子承璀爲鎮州招討宣慰使癸巳降死罪以下賜文武官子爲父後

者勳兩轉十一月己巳彰義軍節度使吳少誠卒其弟少陽自稱留後

五年正月己巳左神策軍大將軍酈定進及王承宗戰死之三月甲子大風拔木四月丁亥河東節度使范希朝義武軍節度使張茂昭及王承宗戰于木刀溝敗之七月丁未赦王承宗乙卯幽州盧龍軍節度使劉濟卒其子總自稱留後九月丙寅太常卿權德輿爲禮部尚書同中書門下平章事十月張茂昭以易定二州歸于有司辛巳義武軍都虞候楊伯玉反伏誅是月義武軍兵馬使張佐元反伏誅十一月甲辰會王纁薨庚申裴垍罷

六年正月庚申淮南節度使李吉甫爲中書侍郎同中書門下平章事二月壬申李藩罷己丑忻王造薨三月戊戌有星隕于鄆州十二月己丑戶部侍郎李絳爲中書侍郎同中書門下平章事閏月辛卯辰溆州首領張伯靖反寇播費二州辛亥皇太子薨

七年正月癸酉振武河溢毀東受降城四月癸巳詔民田畮樹桑二六月癸巳杜佑罷七月乙亥立遂王宥爲皇太子八月戊戌魏博節度使田季安卒其子懷諫自稱知軍府事九月京師地震十月乙未魏博軍以田季安之將田興知軍事庚戌降死罪以下賜文武官子爲父後者勳兩轉是月魏博節度使田興以六州歸于有司十一月辛酉赦魏博貝衞澶相六州給復一年賜高年孤獨廢疾粟帛賞軍士

八年正月辛未權德輿罷二月丁酉貶于頔爲恩王傅三月甲子劍南西川節度使武元衡爲門下侍郎同中書門下平章事四月己亥黔中經略使崔能討張伯靖五月癸亥荆南節度使嚴綬討伯靖丁丑大隗山崩六月辛卯渭水溢辛丑出宮人七月己巳朔南東川節度使潘孟陽討張伯靖八月辛巳湖南觀察使柳公綽討伯靖丁未伯靖降十二月庚寅振武將楊遵憲反逐其節度使李進賢

九年二月癸卯李絳罷三月丙辰嶲州地震丁卯隕霜殺桑五月

乙丑桂王綸薨癸酉以旱免京畿夏稅六月壬寅河中節度使張弘靖爲刑部尚書同中書門下平章事閏八月丙辰彰義軍節度使吳少陽卒其子元濟自稱知軍事九月丁亥山南東道節度使嚴綬忠武軍都知兵馬使李光顔壽州團練使李文通河陽節度使烏重胤討之十月太白晝見丙午李吉甫薨甲子嚴綬爲申光蔡招撫使十一月戊子罷京兆府臘獻狐兔十二月詔刑部大理官朔望入對戊辰尚書右丞韋貫之同中書門下平章事

十年正月乙酉宣武軍節度使韓弘爲司徒二月甲辰嚴綬及吳元濟戰于磁丘敗績自冬不雨至于是月丙午雪壬戌河東戍將劉輔殺豐州刺史燕重盱伏誅三月庚子忠武軍節度使李光顔及吳元濟戰于臨潁敗之四月甲辰又敗之于南頓五月丙申又敗之于時曲六月癸卯盜殺武元衡戊申京師大索乙丑御史中丞裴度爲中書侍郎同中書門下平章事七月甲戌王承宗有罪絕其朝貢八月己亥朔日有食之丁未李師道將訾嘉珍反于東

都留守呂元膺敗之乙丑李光顔及吳元濟戰于時曲敗績九月癸酉韓弘爲淮西行營兵馬都統十月地震十一月壬申李光顔烏重胤及吳元濟戰于小㶏河敗之丁丑李文通又敗之于固始戊寅盜焚獻陵寢宫十二月甲辰武寧軍都押衙王智興及李師道戰于平陰敗之是歲丹王逾薨

十一年正月己巳張弘靖罷乙亥幽州盧龍軍節度使劉總及王承宗戰于武强敗之癸未免鄰賊州二歲稅甲申盜斷建陵門戟二月庚子王承宗焚蔚州乙巳中書舍人李逢吉爲門下侍郎同中書門下平章事乙丑地震三月庚午皇太后崩四月庚子李光顔烏重胤及吳元濟戰于凌雲柵敗之乙卯劉總及王承宗戰于深州敗之己未免京畿二歲逋稅五月丁卯宥州軍亂逐其刺史駱怡夏綏銀節度使田縉敗之丁亥雲南蠻寇安南六月密州海溢甲辰唐鄧節度使高霞寓及吳元濟戰于鐵城敗績七月壬午韓弘及元濟戰于郾城敗之丙戌免淮西鄰賊州夏稅八月甲午

渭水溢壬寅韋貫之罷戊申西原蠻陷賓巒二州己未昭義軍節度使郗士美及王承宗戰于栢鄉敗之庚申葬莊憲皇太后于豐陵十一月乙丑邕管經略使韋悅克賓巒二州甲戌元陵火十二月丁未翰林學士工部侍郎王涯爲中書侍郎同中書門下平章事己未西原蠻陷巖州是冬桃李華

十二年正月丁丑地震戊子有彗星出于畢四月辛卯唐鄧隋節度使李愬及吳元濟戰于嵖岈山敗之乙未李光顔又敗之于郾城五月辛酉李愬又敗之于張柴七月丙辰裴度爲淮西宣慰處置使戶部侍郎崔羣爲中書侍郎同中書門下平章事八月癸亥烏重胤及吳元濟戰于賈店敗績九月丁未李逢吉罷甲寅李愬及吳元濟戰于吳房敗之十月癸酉克蔡州甲戌淮南節度使李鄘爲門下侍郎同中書門下平章事甲申給復淮西二年免旁州來歲夏稅葬戰士稟其家五年十一月丙戌吳元濟伏誅甲午恩王連薨是歲容管經略使陽旻克欽橫潯貴四州

十三年正月乙酉大赦免元和二年以前逋負賜高年米帛羊酒三月戊戌御史大夫李夷簡爲門下侍郎同中書門下平章事李鄘罷己酉橫海軍節度使程權以滄景二州歸于有司權朝于京師四月甲寅王承宗獻德棣二州庚辰赦承宗六月癸丑朔日有食之癸亥給復德棣滄景四州一年辛未淮水溢七月乙酉宣武魏博義成橫海軍討李師道辛丑李夷簡罷八月壬子王涯罷九月甲辰戶部侍郎皇甫鎛諸道鹽鐵轉運使程异爲工部侍郎同中書門下平章事十月壬戌吐蕃寇宥州靈武節度使杜叔良敗之于定遠城十一月丁亥命山人柳泌爲台州刺史以求藥十二月庚戌迎佛骨于鳳翔

十四年正月丙午田弘正及李師道戰于陽穀敗之二月戊午師道伏誅四月辛未程异薨丙子裴度罷七月戊寅韓弘以汴宋亳潁四州歸于有司弘朝于京師己丑羣臣上尊號曰元和聖文神武法天應道皇帝大赦賜文武官階勳爵遣黜陟使于天下辛卯

沂海將王弁殺其觀察使王遂自稱留後丁酉河陽節度使令狐楚爲中書侍郎同中書門下平章事八月己酉韓弘爲中書令九月戊寅王弁伏誅十月壬戌安南將楊清殺其都護李象古以反癸酉吐蕃寇鹽州十一月辛卯朔方將史敬奉及吐蕃戰于瓠蘆河敗之十二月乙卯崔羣罷

十五年正月宦者陳弘志等反庚子皇帝崩年四十三謚曰聖神章武孝皇帝大中三年加謚昭文章武大聖至神孝皇帝

贊曰德宗猜忌刻薄以彊明自任恥見屈於正論而忘受欺於姦諛故其疑蕭復之輕己謂姜公輔爲賣直而不能容用盧杞趙贊則至於敗亂而終不悔及奉天之難深自懲艾遂行姑息之政由是朝廷益弱而方鎮愈彊至於唐亡其患以此憲宗剛明果斷自初即位慨然發憤志平僭叛能用忠謀不惑群議卒收成功自吳元濟誅彊藩悍將皆欲悔過而效順當此之時唐之威令幾於復振則其爲優劣不待較而可知也及其晚節信用非人不終其業

而身罹不測之禍則尤甚於德宗嗚呼小人之能敗國也不必愚
君暗主雖聰明聖智苟有惑焉未有不爲患者也昔韓愈言順
宗在東宮二十年天下陰受其賜然享國日淺不幸疾病莫克有
爲亦可以悲夫

本紀第七

唐書

本紀第八

翰林學士兼龍圖閣學士朝散大夫給事中知制誥充史館脩撰臣歐陽脩奉
敕撰

穆宗睿聖文惠孝皇帝諱恒憲宗第三子也母曰懿安皇太后郭
氏始封建安郡王進封遂王遥領彰義軍節度使元和七年惠昭
太子薨左神策軍中尉吐突承璀欲立澧王惲而惲母賤不當立
乃立遂王爲皇太子十五年正月庚子憲宗崩陳弘志殺吐突承
璀及澧王辛丑遺詔皇太子即皇帝位于柩前司空兼中書令韓
弘攝冢宰閏月丙午皇太子即皇帝位于太極殿丁未貶皇甫鎛
爲崖州司戶參軍戊申始聽政辛亥御史中丞蕭俛中書舍人翰
林學士段文昌爲中書侍郎同中書門下平章事乙卯尊母爲皇
太后戊辰京師地震二月丁丑大赦賜文武官階爵高年粟帛二
王後三恪文宣公嗣王公主縣主武德配饗及第一等功臣家予
一子官放沒掖庭者幸丹鳳門觀俳優丁亥幸左神策軍觀角觝
倡戲乙未吐蕃寇靈州丙申丹王逾薨三月乙巳杜叔良及吐蕃
戰敗之戊辰大風雨雹辛未楊清伏誅五月庚申葬聖神章武孝
皇帝于景陵六月丁丑韓弘罷七月丁卯令狐楚罷八月乙酉容
管經略留後嚴公素及黄洞蠻戰于神步敗之戊戌御史中丞崔
植爲中書侍郎同中書門下平章事九月辛丑觀競渡角觝于魚
藻宫用樂十月庚辰王承宗卒辛巳成德軍觀察支使王承元以
鎮趙深冀四州歸于有司癸未吐蕃寇涇州右神策軍中尉梁守
謙爲左右神策京西京北行營都監以禦之丙戌吐蕃遁十一月
癸卯赦鎮趙深冀四州死罪以下賜成德軍將士錢十二月庚辰
獵于城南壬午擊鞠于右神策軍遂獵于城西甲申獵于苑北
長慶元年正月己亥朝獻于太清宫庚子朝享于太廟辛丑有事
于南郊大赦改元賜文武官階勳爵己未有星孛于翼壬戌蕭俛
罷丁卯有星孛于太微二月乙亥觀樂于麟德殿丙子觀神策諸
軍雜伎己卯劉總以盧龍軍八州歸于有司壬午段文昌罷翰林

學士戶部侍郎杜元穎同中書門下平章事辛卯擊鞠于麟德殿
三月庚戌太白晝見丁巳赦幽涿檀順瀛莫營平八州死罪以下給
復一年賜盧龍軍士錢戊午封弟憬爲鄜王悅瓊王恂沔王懌婺
王愔茂王怡光王協淄王憺衢王忱澶王子湛爲鄂王涵江王湊
漳王溶安王瀍潁王是月徙封湛爲景王五月丙辰建王審薨六
月有彗星出于昴辛未吐蕃寇青塞烽鹽州刺史李文悅敗之七
月甲辰幽州盧龍軍都知兵馬使朱克融囚其節度使張弘靖以
反壬子羣臣上尊號曰文武孝德皇帝大赦賜文武官階勳爵壬
戌成德軍大將王廷湊殺其節度使田弘正以反八月壬申朱克
融陷莫州癸酉王廷湊陷冀州刺史王進岌死之丙子瀛州軍亂
執其觀察使盧士玫叛附于朱克融王廷湊寇深州丁丑魏博橫
海昭義河東義武兵討王廷湊己丑裴度爲幽鎮招撫使九月乙
巳相州軍亂殺其刺史邢濋十月丙寅諸道鹽鐵轉運使刑部尚
書王播爲中書侍郎同中書門下平章事裴度爲鎮州西面行營

都招討使左領軍衛大將軍杜叔良爲深州諸道行營節度使戊
寅王廷湊陷貝州己卯易州刺史柳公濟及朱克融戰于白石敗
之庚辰橫海軍節度使烏重胤及王廷湊戰于饒陽敗之辛卯靈
武節度使李進誠及吐蕃戰于大石山敗之十一月甲午裴度及
王庭湊戰于會星敗之丙申朱克融寇定州義武軍節度使陳
楚敗之十二月庚午杜叔良及王庭湊戰于博野敗績丁丑陳楚
及朱克融戰于望都敗之乙酉赦朱克融己丑陳楚及克融戰于
清源敗之

二年正月庚子魏博軍潰于南宮癸卯魏博節度使田布自殺兵
馬使史憲誠自稱留後海州海冰二月甲子赦王庭湊辛巳崔植
罷工部侍郎元稹同中書門下平章事戊子昭義軍節度使劉
悟囚其監軍使劉承偕三月乙巳武寧軍節度副使王智興逐其
節度使崔羣戊午守司徒淮南節度使裴度同中書門下平章事
王播罷四月辛酉朔日有食之壬戌成德軍節度使牛元翼奔于
京師王庭湊陷深州五月壬寅邕州刺史李元宗叛奔于黃洞蠻
六月癸亥宣武軍宿直將李臣則逐其節度使李愿衙門都將李
介反甲子裴度元稹罷兵部尚書李逢吉爲門下侍郎同中書門
下平章事乙丑大風落太廟鴟尾癸酉吐蕃寇靈州鹽州刺史趙
旰敗之七月丙申宋王結薨戊申李介陷宋州丙辰兗鄆節度使
曹華及李介戰于宋州敗之丁巳忠武軍節度使李光顏又敗之
于尉氏八月壬申宣武軍節度使韓充又敗之于郭橋丙子李介
伏誅癸未詔汴宋鄭三州戰亡者復其家三歲九月戊子鎮海
軍將王國清謀反伏誅丙申德州軍亂殺其刺史王稷十月己卯
獵于咸陽十一月庚午皇太后幸華清宮癸酉迎皇太后遂獵于
驪山丙子集王緗薨十二月丁亥不豫放五坊鷹隼及供獵狐兔
癸巳立景王湛爲皇太子癸丑降死罪以下賜文武常參及州府
長官子爲父後者勳兩轉宗子諸親一轉是冬無冰草木萌

三年三月壬戌御史中丞牛僧孺爲戶部侍郎同中書門下平章

事癸亥淮南浙東西江南宣歙旱遣使宣撫理繫囚察官吏四月
甲午陸州獠反五月壬申京師雨雹七月丙寅黃洞蠻陷欽州九
月壬子朔日有食之十月己丑杜元穎罷辛卯黃洞蠻寇安南

四年正月辛亥降死罪以下減流人一歲賜文武官及宗子賀正
使階勳爵詔百官言事辛未以皇太子權句當軍國政事壬申
皇帝崩于清思殿年三十

敬宗睿武昭愍孝皇帝諱湛穆宗長子也母曰恭僖皇太后王氏
始封鄂王徙封景王長慶二年十二月穆宗因擊毬暴得疾不見
羣臣者三日左僕射裴度三上疏請立皇太子而翰林學士兩省
官相次皆以爲言居數日穆宗疾少閒宰相李逢吉請立景王爲
皇太子四年正月穆宗崩癸酉門下侍郎平章事李逢吉攝冢宰
丙子皇太子即皇帝位于太極殿二月辛巳始聽政癸未尊母爲
皇太后皇太后爲太皇太后辛卯放掖庭內園役入者丁未擊鞠
于中和殿戊申擊鞠于飛龍院黃洞蠻降己酉擊鞠用樂三月壬

子大赦免京畿河南青苗稅減宮禁經費乘輿服膳罷貢鷹犬元
和以來兩河藩鎮歸地者予一子官庚午太白經天四月丙申擊
鞠于清思殿染坊匠張韶反幸左神策軍韶伏誅丁酉還宮五月
乙卯吏部侍郎李程戶部侍郎判度支竇易直同中書門下平章
事六月庚辰大風壞延喜景風門是夏漢水溢八月丁亥太白晝
見丁酉中官季文德謀反伏誅黃洞蠻寇安南十一月戊午環王
及黃洞蠻陷陸州刺史葛維死之庚申葬睿聖文惠孝皇帝于
光陵
寶曆元年正月己酉朝獻于太清宮庚戌朝享于太廟辛亥有事
于南郊大赦改元乙卯牛僧孺罷四月癸巳羣臣上尊號曰文武
大聖廣孝皇帝大赦賜文武官階爵五月庚戌觀競渡于魚藻宮
九月壬午昭義軍節度使劉悟卒其子從諫自稱留後十一月丙
申封子普為晉王
二年正月甲戌發神策六軍穿池于禁中二月丁未山南西道節

度使裴度守司空同中書門下平章事三月戊寅觀競渡于魚藻
宮四月戊戌橫海軍節度使李全略卒其子同捷反五月戊寅觀
競渡于魚藻宮庚辰幽州盧龍軍亂殺其節度使朱克融其子延
嗣自稱節度使六月辛酉觀漁于臨碧池甲子觀驢鞠角觝于三
殿七月癸未衡王絢薨以漢陂隸尚食禁民漁八月丙午觀競渡
于新池九月甲戌觀百戲于宣和殿三日而罷戊寅幽州盧龍軍
兵馬使李載義殺朱延嗣自稱留後壬午李程罷十一月甲申李
逢吉罷己丑禁朝官方鎮貿私白身十二月中官劉克明反辛丑
皇帝崩年十八
文宗元聖昭獻孝皇帝諱昂穆宗第二子也母曰貞獻皇太后蕭
氏始封江王寶曆二年十二月敬宗崩劉克明等矯詔以絳王悟
句當軍國事壬寅內樞密使王守澄楊承和神策護軍中尉魏從
簡梁守謙奉江王而立之率神策六軍飛龍兵誅克明殺絳王乙
巳江王即皇帝位于宣政殿戊申始聽政尊母為皇太后庚戌兵

部侍郎翰林學士韋處厚為中書侍郎同中書門下平章事庚申
出宮人三千省教坊樂工翰林伎術冗員千二百七十人縱五坊鷹
犬停貢纂組雕鏤金筐寶飾牀榻
大和元年二月乙巳大赦改元免京兆今歲夏稅半賜九廟陪位
者子孫二階立功將士階爵始封諸王後子一子出身五月戊辰
罷宰臣奏事監搜丙子橫海軍節度使烏重胤討李同捷六月
癸巳淮南節度副大使王播為尚書左僕射同中書門下平章事
乙卯以旱降京畿死罪以下七月癸酉葬睿武昭愍孝皇帝于莊
陵十一月庚辰橫海軍節度使李寰討李同捷十二月庚戌王智
興為滄州行營招撫使
二年正月壬申地震六月乙卯晉王普薨己巳大風拔木乙亥舉
州刺史王昇朝反伏誅是夏河溢壞棣州城越州海溢七月辛丑
魏博節度使史憲誠及同捷戰于平原敗之甲辰有彗星出于右
攝提八月己巳王庭湊反壬申義武軍節度使柳公濟及庭湊戰

于新樂敗之己卯劉從諫又敗之于臨城辛巳史憲誠及李同捷
戰于平原敗之癸未劉從諫及王庭湊戰于昭慶敗之九月癸卯
柳公濟又敗之于博野丁未岳王緄薨庚戌安南軍亂逐其都護
韓約十月庚申史憲誠及李同捷戰于平原敗之丁卯洋王忻薨
癸酉竇易直罷戊寅史憲誠及李同捷戰于平原敗之壬午幽州
盧龍軍節度使李載義又敗之于長蘆十一月壬辰給復棣州一
年稟戰士創廢者終身甲辰昭德寺火十二月乙丑魏博行營兵
馬使丌志沼反壬申韋處厚薨戊寅兵部侍郎翰林學士路隋為
中書侍郎同中書門下平章事
三年正月丁亥宣武河陽兵討丌志沼庚子志沼奔于鎮州三月
乙酉罷教坊日直樂工乙巳以太原兵馬使傅毅為義武軍節度
使義武軍不受命都知兵馬使張璠自稱節度使戊申以璠為義
武軍節度使四月戊辰滄景節度使李祐克德州李同捷降乙亥
滄德宣慰使柏耆以同捷歸于京師殺之于將陵五月辛卯給復

滄景德棣四州一年六月甲戌魏博軍亂殺其節度使史憲誠都
知兵馬使何進滔自稱留後八月辛亥以相衞澶三州隸相衞節
度使進滔不受命辛酉以旱免京畿九縣今歲租壬申赦王庭湊
甲戌吏部侍郎李宗閔同中書門下平章事十月癸丑伎內火十
一月壬辰朝獻于太清宮癸巳朝享于太廟甲午有事于南郊大
赦詔毋獻難成非常之物焚絲布撩綾機杼是月雲南蠻陷嶲邛
二州十二月丁未鄂岳襄鄧忠武軍伐雲南蠻庚戌雲南蠻寇成
都右領軍衞大將軍董重質爲左右神策及諸道行營西川都知
兵馬使以伐之己未雲南蠻寇梓州壬戌寇蜀州
四年正月戊子封子永爲魯王辛卯武昌軍節度使牛僧孺爲兵
部尚書同中書門下平章事甲午王播薨二月乙卯興元軍亂殺
其節度使李絳三月癸卯禁京畿弋獵四月丁未奚寇邊李載義
敗之六月丁未裴度平章軍國重事是夏舒州江溢七月癸未尚
書右丞宋申錫同中書門下平章事九月壬午裴度罷

五年正月庚申幽州盧龍軍亂逐其節度使李載義殺莫州刺史
張慶初兵馬使楊志誠自稱留後三月庚子貶宋申錫爲太子右
庶子癸卯降封漳王湊爲巢縣公六月甲午梓州玄武江溢
六年正月壬子降死罪以下二月蘇州地震生白毛五月庚申給
民疫死者棺十歲以下不能自存者二月糧七月戊申原王逵薨
十一月甲子立魯王永爲皇太子十二月乙丑牛僧孺罷己巳珍
王諴薨
七年正月壬辰罷吳蜀冬貢茶二月丙戌兵部尚書李德裕同中
書門下平章事三月辛卯幽州盧龍軍節度使楊志誠執春衣使
邊奉鸞送奚契丹使尹士恭辛丑和王綺薨六月甲戌地震乙亥
李宗閔罷七月壬寅尚書右僕射諸道鹽鐵轉運使王涯同中書
門下平章事閏月乙卯以旱避正殿減膳徹樂出宮女千人縱五
坊鷹犬八月庚寅降死罪以下賜文武及州府長官子爲父後者
勳兩轉十二月庚子不豫

八年二月壬午朔日有食之庚寅以疾愈降死罪以下四月丙戌
詔笞罪毋鞭背五月己巳飛龍神駒中廏火六月丙戌莒王紓薨
七月辛酉震定陵寢宮癸亥鄆王經薨九月辛亥有彗星出于太
微十月辛巳幽州盧龍軍大將史元忠逐其節度使楊志誠自稱
權句當節度兵馬庚寅山南西道節度使李宗閔爲中書侍郎同
中書門下平章事甲午李德裕罷十一月癸丑成德軍節度使王
庭湊卒其子元逵自稱權句當節度事丙子莫州軍亂逐其刺史
張惟汎十二月己卯降京畿死罪以下
九年正月癸亥巢縣公湊薨二月辛亥冀王絿薨乙卯京師地震
四月丙申路隋罷戊戌浙江東道觀察使賈餗爲中書侍郎同中
書門下平章事辛丑大風拔木落含元殿鴟尾壞門觀五月辛未
王涯爲司空六月壬寅貶李宗閔爲明州刺史七月辛亥御史大
夫李固言爲門下侍郎同中書門下平章事九月癸亥殺陳弘志
丁卯李固言罷己巳御史中丞舒元輿爲刑部侍郎翰林學士兵

部郎中李訓爲禮部侍郎同中書門下平章事十月辛巳殺觀軍
容使王守澄十一月乙巳殺武寧軍監軍使王守涓壬戌李訓及
河東節度使王璠邠寧節度使郭行餘御史中丞李孝本京兆少
尹羅立言謀誅中官不克訓奔于鳳翔甲子尚書右僕射鄭覃同
中書門下平章事乙丑權知戶部侍郎李石同中書門下平章事
左神策軍中尉仇士良殺王涯賈餗舒元輿李孝本羅立言王璠
郭行餘鳳翔少尹魏逢戊辰晝晦鳳翔監軍使張仲清殺其節度
使鄭注己巳仇士良殺右金吾衞大將軍韓約十二月壬申殺左金
吾衞將軍李貞素翰林學士顧師邕丁亥降京師死罪以下
開成元年正月辛丑朔日有食之大赦改元免大和五年以前逋
負京畿今歲稅賜文武官階爵二月乙亥停獻鷙鳥畋犬三年京
師地震四月辛卯淄王協薨甲午山南西道節度使李固言爲門
下侍郎同中書門下平章事七月滹沱溢乙亥雨土十二月己未
激王縱薨

二年二月丙午有彗星出于東方己未均王緯薨三月丙寅以彗見減膳壬申素服避正殿徹樂降死罪流以下原之縱五坊鷹隼禁京畿採捕四月戊戌工部侍郎陳夷行同中書門下平章事乙卯以旱避正殿六月丙午河陽軍亂逐其節度使李泳己未綿州獠反七月癸亥党項羌寇振武八月庚戌封兄子休復爲梁王執中襄王言揚杞王成美陳王癸丑封子宗儉爲蔣王十月戊申李固言罷十一月乙丑京師地震丁丑有星隕于興元

三年正月甲子盜傷李石戊申大風拔木諸道鹽鐵轉運使戶部尚書楊嗣復戶部侍郎李珏同中書門下平章事丙子李石罷夏漢水溢八月己亥嘉王運薨十月乙酉義武軍節度使張璠卒其子元益自稱留後庚子皇太子薨乙巳有彗星出于軫十一月壬戌降死罪以下

四年正月癸酉有彗星出于羽林閏月丙午出于卷舌五月丙申鄭覃陳夷行罷七月甲辰太常卿崔鄲同中書門下平章事八月辛亥鄜王憬薨十月丙寅立陳王成美爲皇太子甲戌地震十一月己亥降京畿死罪以下十二月乙卯乾陵寢宮火

五年正月戊寅不豫己卯左右神策軍護軍中尉魚弘志仇士良立潁王瀍爲皇太弟權句當軍國事廢皇太子成美爲陳王庚辰仇士良殺仙韶院副使尉遲璋辛巳皇帝崩于太和殿年三十三

武宗至道昭肅孝皇帝諱炎穆宗第五子也母曰宣懿皇太后韋氏始封潁王累加開府儀同三司檢校吏部尚書開成五年正月文宗疾大漸神策軍護軍中尉仇士良魚弘志矯詔廢皇太子成美復爲陳王立潁王爲皇太弟辛巳即皇帝位于柩前辛卯殺陳王成美及安王溶賢妃楊氏甲午始聽政追尊母爲皇太后二月乙卯大赦庚申有彗星出于室壁四月甲子大風拔木五月己卯楊嗣復罷諸道鹽鐵轉運使刑部尚書崔珙同中書門下平章事壬寅大風拔木六月丙寅以旱避正殿理囚河北河南淮南浙東福建蝗疫州除其徭七月戊寅大風拔木八月甲寅雨壬戌葬元聖昭獻孝皇帝于章陵內樞密使劉弘逸薛季稜以兵殺仇士良不克伏誅庚午李珏罷九月丁丑淮南節度副大使李德裕爲門下侍郎同中書門下平章事十月癸卯回鶻寇天德軍十一月戊寅有彗星出于東方魏博節度使何進滔卒其子重霸自稱留後十二月封子峻爲杞王

會昌元年正月己卯朝獻于太清宮庚辰朝享于太廟辛巳有事于南郊大赦改元三月御史大夫陳夷行爲門下侍郎同中書門下平章事七月有彗星出于羽林壬辰漢水溢九月癸巳幽州盧龍軍將陳行泰殺其節度使史元忠自稱知留務閏月幽州盧龍軍將張絳殺行泰自稱主軍務十月幽州盧龍軍逐絳雄武軍使張仲武入于幽州十一月壬寅有彗星出于營室辛亥避正殿減膳理囚罷興作癸亥崔鄲罷

二年正月宋亳二州地震己亥李德裕爲司空回鶻寇橫水柵略天德振武軍二月丁丑淮南節度副大使李紳爲中書侍郎同中書門下平章事三月回鶻寇雲朔四月丁亥羣臣上尊號曰仁聖文武至神大孝皇帝大赦賜文武官階勳爵五月丙申回鶻嗢沒斯降六月陳夷行罷河東節度使劉沔及回鶻戰于雲州敗績七月辛丑神策軍閱武尚書右丞兼御史中丞李讓夷爲中書侍郎同中書門下平章事嵐州民田滿川反伏誅回鶻可汗寇大同川九月劉沔爲回鶻南面招撫使幽州盧龍軍節度使張仲武爲東面招撫使右金吾衛大將軍李思忠爲河西党項都將西南面招討使十月丁卯封子峴爲益王岐爲兗王十一月獵于白鹿原十二月封子嶧爲德王嵯爲昌王癸未京師地震

三年正月庚子天德軍行營副使石雄及回鶻戰于殺胡山敗之二月庚申朔日有食之辛未崔珙罷是春大雨雪四月乙丑昭義軍節度使劉從諫卒其子稹自稱留後五月甲午震東都廣運樓災辛丑成德軍節度使王元逵爲北面招討澤潞使魏博節度使何弘敬爲東面招討澤潞使及河中節度使陳夷行河陽節度

使王彧元劉沔以討劉稹戊申翰林學士承旨中書舍人崔鉉爲
中書侍郎同中書門下平章事武寧軍節度使李彥佐爲晉絳
行營諸軍節度招討使六月丙申神龍寺火辛酉李德裕爲司徒
是夏作望仙觀于禁中七月庚子免河東今歲秋稅九月辛卯忠
武軍節度使王宰兼河陽行營攻討使丁未以雨霖理囚免京兆府
秋稅十月己巳晉絳行營節度使石雄及劉稹戰于烏嶺敗之壬
午日中月食太白是月党項羌寇鹽州十一月寇邠寧兗王岐爲
靈夏六道元帥安撫党項大使御史中丞李回副之安南軍亂逐
其經略使武渾十二月丁巳王宰克天井關
四年正月乙酉河東將楊弁逐其節度使李石二月甲寅朔日有
食之辛酉楊弁伏誅三月石雄兼冀氏行營攻討使晉州刺史李
丕副之六月己未中書門下御史臺慮囚閏七月壬戌李紳罷淮
南節度副大使杜悰爲尚書右僕射兼中書侍郎同中書門下平
章事丙子昭義軍將裴問及邢州刺史崔嘏以城降是月洺州刺

史王釗磁州刺史安玉以城降八月乙未昭義軍將郭誼殺劉稹以降
戊戌給復澤潞邢洺磁五州一歲免太原河陽及懷陝晉絳四州
秋稅戊申李德裕爲太尉十月獵于鄠縣十二月獵于雲陽
五年正月己酉羣臣上尊號曰仁聖文武章天成功神德明道大
孝皇帝是日朝獻于太清宮庚戌朝享于太廟辛亥有事于南郊
大赦賜文武官階勳爵文宣公二王三恪子一子出身作仙臺于
南郊庚申皇太后崩三月旱五月壬子葬恭僖皇太后于光陵壬
戌杜悰崔鉉罷乙丑戶部侍郎李回爲中書侍郎同中書門下平
章事六月甲申作望仙樓于神策軍七月丙午朔日有食之是月
山南東道節度使鄭肅檢校尚書右僕射同中書門下平章事八
月壬午大毀佛寺復僧尼爲民十月作昭武廟于虎牢關
六年二月癸酉以旱降死罪以下免今歲夏稅庚辰夏綏銀節度
使米暨爲東北道招討党項使三月壬戌不豫左神策軍護軍中
尉馬元贄立光王怡爲皇太叔權句當軍國政事甲子皇帝崩于

大明宮年三十三
宣宗元聖至明成武獻文睿智章仁神聰懿道大孝皇帝諱忱憲
宗第十三子也母曰孝明皇太后鄭氏始封光王性嚴重寡言宮中
或以爲不慧會昌六年武宗疾大漸左神策軍護軍中尉馬元贄
立光王爲皇太叔三月甲子即皇帝位于柩前四月乙亥始聽政
尊母爲皇太后丙子李德裕罷辛卯李讓夷爲司空五月乙巳大
赦翰林學士承旨兵部侍郎白敏中同中書門下平章事辛酉封
子溫爲鄆王渼雍王涇雅王滋夔王沂慶王七月李讓夷罷八月
辛未大行宮火壬申葬至道昭肅孝皇帝于端陵九月鄭肅罷兵
部侍郎判度支盧商爲中書侍郎同中書門下平章事壬寅南蠻寇
安南經略使裴元裕敗之十二月戊辰朔日有食之
大中元年正月壬子朝獻于太清宮癸丑朝享于太廟甲寅有事
于南郊大赦改元復左降官死者官爵賜文武官階勳父老帛文
宣王後及二王後三恪子一子官二月癸未以旱避正殿減膳理京

師囚罷太常教坊習樂損百官食出宮女五百人放五坊鷹犬停
飛龍馬 盧商罷刑部尚書判度支崔元式爲門下侍郎翰林
學士承旨戶部侍郎韋琮爲中書侍郎同中書門下平章事閏月
大復佛寺四月己酉皇太后崩五月張仲武及奚北部落戰敗之
吐蕃回鶻寇河西河東節度使王宰伐之八月丙申李回罷庚子
葬貞獻皇太后于光陵十二月戊午貶太子少保李德裕爲潮州
司馬
二年正月甲子羣臣上尊號曰聖敬文思和武光孝皇帝大赦宗
子房未仕者予一人出身賜文武官階勳爵三月封子澤爲濮王
五月己未朔日有食之崔元式罷兵部侍郎判度支周墀刑部侍
郎諸道鹽鐵轉運使馬植同中書門下平章事己卯太皇太后崩
七月己巳續圖功臣于凌煙閣十一月壬午葬懿安太皇太后于
景陵貶韋琮爲太子賓客分司東都
三年二月吐蕃以秦原安樂三州石門驛藏木峽制勝六盤石峽

蕭七關歸于有司三月詔待制官與刑法官諫官次對馬植罷是
春隕霜殺桑四月乙酉周墀罷御史大夫崔鉉爲中書侍郎兵部
侍郎判戶部事魏扶同中書門下平章事癸巳幽州盧龍軍節度
使張仲武卒其子直方自稱留後五月武寧軍亂逐其節度使李
廓十月辛巳京師地震是月振武及天德靈武鹽夏二州地震吐
蕃以維州歸于有司十一月己卯封弟惕爲彭王十二月吐蕃以
扶州歸于有司
四年正月庚辰大赦四月壬申以雨霖詔京師關輔理囚蠲度支
鹽鐵戶部逋負六月戊申魏扶薨戶部尚書判度支崔龜從同中
書門下平章事八月幽州盧龍軍亂逐其節度使張直方衙將張
允伸自稱留後十月辛未翰林學士承旨兵部侍郎令狐綯同中
書門下平章事十一月党項羌寇邠寧十二月鳳翔節度使李安
業河東節度使李拭爲招討党項使
五年三月白敏中爲司空招討南山平夏党項行營兵馬都統四

月赦平夏党項羌辛未給復靈鹽夏三州邠寧鄜坊等道三歲六
月封子潤爲鄂王八月乙巳赦南山党項羌十月沙州人張義潮
以瓜沙伊肅鄯甘河西蘭岷廓十一州歸于有司白敏中罷戊辰
戶部侍郎判戶部魏謩同中書門下平章事十一月崔龜從罷十
二月盜斫景陵門戟是歲湖南饑
六年三月有彗星出于觜參七月雍王渼薨八月禮部尚書諸道
鹽鐵轉運使裴休同中書門下平章事九月獠寇昌資二州十一
月封弟惴爲棣王是歲淮南饑
七年正月丙午朝獻于太清宮丁未朝享于太廟戊申有事于南
郊大赦
八年正月丙戌朔日有食之三月以旱理囚九月封子洽爲懷王
汭昭王汶康王
九年正月甲申成德軍節度使王元逵卒其子紹鼎自稱留後閏
四月辛丑禁嶺外民鬻男女者七月以旱遣使巡撫淮南減上供

饋運錢逋租發粟賑民丙辰崔鉉罷庚申罷淮南宣歙浙西冬至
元日常貢以代下戶租稅是月浙江東道軍亂逐其觀察使李訥
十年正月丁巳御史大夫鄭朗爲工部尚書同中書門下平章事
九月封子灌爲衛王十月戊子裴休罷十二月壬辰戶部侍郎判
戶部崔慎由爲工部尚書同中書門下平章事
十一年二月辛巳魏謩罷五月容管軍亂逐其經略使王球七月
庚子兵部侍郎判度支蕭鄴同中書門下平章事成德軍節度副
大使王紹鼎卒其弟紹懿自稱留後八月封子澭爲廣王九月乙
未有彗星出于房十月壬申鄭朗罷
十二年正月戊戌戶部侍郎判度支劉瑑同中書門下平章事二
月廢穆宗忌日停光陵朝拜及守陵宮人壬申崔慎由罷閏月自
十月不雨至于是月雨三月鹽州監軍使楊玄价殺其刺史劉皋
四月庚子嶺南軍亂逐其節度使楊發戊申兵部侍郎諸道鹽鐵
轉運使夏侯孜同中書門下平章事五月丙寅劉瑑薨庚辰湖南

軍亂逐其觀察使韓琮六月丙申江西都將毛鶴逐其觀察使鄭
憲辛亥南蠻寇邊七月容州將來正反伏誅八月宣歙將康全泰
逐其觀察使鄭薰淮南節度使崔鉉兼宣歙池觀察處置使以
討之丁巳太原地震十月康全泰伏誅十二月毛鶴伏誅甲寅兵
部侍郎判戶部蔣伸同中書門下平章事
十三年正月戊午大赦蠲度支戶部逋負放宮人八月壬辰左神
策軍護軍中尉王宗實立鄆王溫爲皇太子權句當軍國政事癸
巳皇帝崩于咸寧殿年五十謚曰聖武獻文孝皇帝咸通十三年
加謚元聖至明成武獻文睿智章仁神聰懿道大孝皇帝
贊曰春秋之法君弒而賊不討則深責其國以爲無臣子也憲宗
之弒歷三世而賊猶在至於文宗不能明弘志等罪惡以正國之
典刑僅能殺之而已是可歎也穆敬昏童失德以其在位不久故
天下未至於敗亂而敬宗卒及其身是豈有討賊之志哉文宗恭
儉儒雅出於天性嘗讀太宗政要慨然慕之及即位銳意於治每

延英對宰臣率漏下十一刻唐制天子以隻日視朝乃命輟朝放朝皆用雙日凡除吏必召見訪問親察其能否故大和之初政事脩飭號爲清明然其仁而少斷承父兄之弊宦官棙權制之不得其術故其終困以此甘露之事禍及忠良不勝寃憤飲恨而已由是言之其能殺弘志亦足伸其志也昔武丁得一傅說爲商高宗武宗用一李德裕遂成其功烈然其奮然除去浮圖之法甚銳而躬受道家之籙服藥以求長年以此見其非明智之不惑者特好惡有不同爾宣宗精於聽斷而以察爲明無復仁恩之意嗚呼自是而後唐衰矣

本紀第八

本紀第九　唐書九

翰林學士兼龍圖閣學士朝散大夫給事中知制誥充史館脩撰臣歐陽脩奉
敕撰

懿宗昭聖恭惠孝皇帝諱漼宣宗長子也母曰元昭皇太后晁氏始封鄆王宣宗愛夔王滋欲立爲皇太子而鄆王長故久不決大中十三年八月宣宗疾大漸以夔王屬內樞密使王歸長馬公儒宣徽南院使王居方等而左神策護軍中尉王宗實副使亓元實矯詔立鄆王爲皇太子癸巳即皇帝位于柩前王宗實殺王歸長馬公儒王居方庚子始聽政癸卯令狐綯爲司空尊皇太后曰太皇太后九月庚申追尊母爲皇太后十月辛卯大赦賜文武官階勳爵耆老粟帛十一月戊午蕭鄴罷十二月甲申翰林學士承旨兵部侍郎杜審權同中書門下平章事丁酉令狐綯罷荆南節度使白敏中爲司徒兼門下侍郎同中書門下平章事是歲雲南蠻陷播州咸通元年正月浙東人仇甫反安南經略使王式爲浙江東道觀察使以討之二月丙申葬聖武獻文孝皇帝于貞陵五月京師地震袁王紳薨七月封叔惴爲信王八月衛王灌薨己卯仇甫伏誅九月戊申白敏中爲中書令十月安南都護李鄠克播州己亥夏侯孜罷戶部尚書判度支畢諴爲禮部尚書同中書門下平章事閏月乙亥朝獻于太清宮十一月丙子朝享于太廟丁丑有事于南郊大赦改元是月慶王沂薨十二月戊申雲南蠻寇安南癸亥福王綰爲司空二年二月白敏中罷尚書左僕射判度支杜悰兼門下侍郎同中書門下平章事福王綰薨六月鹽州刺史王寬爲安南經略招討使八月雲南蠻寇邕州九月寇嶲州三年正月庚午羣臣上尊號曰睿文明聖孝德皇帝大赦是月蔣伸罷二月庚子杜悰爲司空是月棣王惴薨湖南觀察使蔡襲爲安南經略招討使三月戊寅歸義軍節度使張義潮克涼州七月武寧軍亂逐其節度使溫璋劍南西川節度使夏侯孜爲尚書左僕射兼門下侍郎同中書門下平章事九月嶺南西道軍亂逐其

節度使蔡京十月丙申封子佾爲魏王侹涼王佶蜀王杜悰爲司徒
十一月封叔祖緝爲蘄王叔憤榮王雲南蠻寇安南丙寅降囚罪
免徐州秋稅十二月翼王纁薨
四年正月戊辰朝獻于太清宮己巳朝享于太廟庚午有事于南
郊大赦雲南蠻陷安南蔡襲死之庚辰撫王紘爲司空二月拜十
六陵秦州經略使高駢爲安南經略招討使四月畢諴罷五月己
巳翰林學士承旨兵部侍郎楊收同中書門下平章事戊子杜審
權罷閏六月杜悰罷兵部侍郎判度支曹確同中書門下平章事
七月辛卯朔日有食之免安南戶稅丁錢二歲弛廉州珠池禁八
月蘷王滋薨十二月乙酉昭義軍亂殺其節度使沈詢
五年正月丙午雲南蠻寇巂州三月寇邕州四月兵部侍郎判戶
部蕭寘同中書門下平章事五月丁酉麼邕巂州死事者己亥有
彗星出于婁八月丁卯夏侯孜爲司空十月貞陵隧陷十一月戊戌
夏侯孜罷壬寅翰林學士承旨兵部侍郎路巖同中書門下平

章事
六年三月蕭寘薨四月劍南東川節度使高璩爲兵部侍郎同中
書門下平章事五月高駢及雲南蠻戰于邕州敗之六月高璩薨
御史大夫徐商爲兵部侍郎同中書門下平章事七月封子侃爲
郢王十二月晉絳二州地震壬子太皇太后崩
七年二月戊申免河南府同華陝虢四州一歲稅湖南及桂邕容
三管岳州夏秋稅之半三月成德軍節度使王紹懿卒其兄子景
崇自稱留後閏月吐蕃寇邠寧五月甲辰葬孝明太皇太后于景
陵之園六月魏博節度使何弘敬卒其子全皞自稱留後八月辛
卯晝晦十月壬申楊收罷是月高駢克安南十一月辛亥大赦免
咸通三年以前逋負賜文武官階勳爵
八年正月丁未河中府晉絳二州地震五月丙辰以不豫降囚罪
出宮人五百縱神策五坊飛龍鷹鷂禁延慶端午節獻女口七月
雨暘于下邳壬寅蘄王緝薨乙巳懷州民亂逐其刺史劉仁規甲

子兵部侍郎諸道鹽鐵轉運使于琮同中書門下平章事十一月
辛丑疾愈避正殿賜民年七十而痼疾及軍士戰傷者帛十二月
信王憬薨
九年正月有彗星出于婁胃七月武寧軍節度糧料判官龐勛反
于桂州十月庚午陷宿州丁丑陷徐州觀察使崔彥曾死之十一
月陷濠州刺史盧望回死之右金吾衛大將軍康承訓爲徐泗行
營兵馬都招討使神武大將軍王晏權爲北面招討使羽林將軍
戴可師爲南面招討使十二月龐勛陷和滁二州滁州刺史高錫
望死之壬申戴可師及龐勛戰于都梁山死之是月前天雄軍節
度使馬舉爲南面招討使泰寧軍節度使曹翔爲北面招討使
十年二月殺驩州流人楊收三月徙封保爲威王四月殺鎭南軍
節度使嚴譔康承訓及龐勛戰于柳子敗之六月神策軍將軍宋
威爲西北面招討使戊戌以蝗旱理囚癸卯徐商罷翰林學士承
旨戶部侍郎劉瞻同中書門下平章事八月有彗星出于大陵九

月癸酉龐勛伏誅十月戊戌免徐宿濠泗四州三歲稅役十二月
壬子雲南蠻寇嘉州
十一年正月甲寅群臣上尊號曰睿文英武明德至仁大聖廣孝
皇帝大赦雲南蠻寇黎雅二州及成都二月甲申劍南西川節度
副使王建立及雲南蠻戰于城北死之甲午劍南東川節度使顏
慶復及雲南蠻戰于新都敗之三月曹確罷四月丙午翰林學士
承旨兵部侍郎韋保衡同中書門下平章事八月殺醫待詔韓宗
紹魏博軍亂殺其節度使何全皞其將韓君雄自稱留後九月丙
辰劉瞻罷十一月辛亥禮部尚書判度支王鐸同中書門下平章事
十二年四月癸卯路巖罷五月庚申理囚十月兵部侍郎諸道鹽
鐵轉運使劉鄴爲禮部尚書同中書門下平章事
十三年二月丁巳于琮罷刑部侍郎判戶部趙隱爲戶部侍郎同
中書門下平章事幽州盧龍軍節度使張允伸卒其子簡會自稱
留後三月癸酉平州刺史張公素逐簡會自稱留後四月庚子浙

江東西道地震封子保爲吉王傑壽王倚睦王五月乙亥殺國子
司業韋殷裕十一月王鐸爲司徒韋保衡爲司空
十四年正月沙陀寇代北三月迎佛骨于鳳翔癸巳雨土四月幷
州民産子二頭四手壬寅大赦六月不豫王鐸罷七月辛巳皇帝
崩于咸寧殿年四十一
僖宗惠聖恭定孝皇帝諱儇懿宗第五子也母曰惠安皇太后王
氏始封普王名儼咸通十四年七月懿宗疾大漸左右神策護軍
中尉劉行深韓文約立普王爲皇太子辛巳即皇帝位于柩前八
月癸巳始聽政丁未追尊母爲皇太后乙卯韋保衡爲司徒九月
貶保衡爲賀州刺史十月乙未尚書左僕射蕭倣爲中書侍郎同
中書門下平章事十二月震電癸卯大赦免水旱州縣租賦罷貢
鷹鶻雲南蠻寇黎州
乾符元年二月甲午葬昭聖恭惠孝皇帝于簡陵癸丑降死罪以
下趙隱罷華州刺史裴坦爲中書侍郎同中書門下平章事四月

辛卯以旱理囚五月乙未裴坦薨刑部尚書劉瞻爲中書侍郎同
中書門下平章事八月辛未瞻薨兵部侍郎判度支崔彥昭爲中
書侍郎同中書門下平章事十月劉鄴罷吏部侍郎鄭畋爲兵部
侍郎翰林學士承旨戶部侍郎盧攜同中書門下平章事十一月
庚寅改元羣臣上尊號曰聖神聰睿仁哲明孝皇帝是月蕭倣爲
司空魏博節度使韓允中卒其子簡自稱留後十二月党項回鶻
寇天德軍雲南蠻寇黎雅二州河西河東山南東道東川兵伐雲南
二年正月己丑朝獻于太清宮庚寅朝享于太廟辛卯有事于南
郊大赦賜文武官階勳爵文宣王及二王後三恪一子官雲南蠻
請和四月庚辰太白晝見浙西突陣將王郢反五月右龍武軍大
將軍宋皓討之蕭倣薨六月濮州賊王仙芝尚君長陷曹濮二州
河南諸鎮兵討之吏部尚書李蔚爲中書侍郎同中書門下平章
事幽州將李茂勳逐其節度使張公素自稱留後七月以蝗避正
殿減膳十一月震電

三年二月丙子以旱降死罪以下三月葬暴骸平盧軍節度使宋
威爲指揮諸道招討草賊使檢校左散騎常侍曾元裕副之募能
捕賊三百人者官以將軍幽州盧龍軍節度使李茂勳立其子可
舉爲留後五月庚子以旱理囚免浙東西一歲稅昭王汭薨六月
乙丑雄州地震撫王紘爲太尉七月辛巳雄州地震鎮海軍節度
使裴璩及王郢戰敗之鄆王潤薨九月乙亥朔日有食之避正殿
丙子王仙芝陷汝州執刺史王鐐十一月陷郢復二州十二月京
師地震王仙芝陷申光廬壽通舒六州忠武軍節度使崔安潛爲
諸道行營都統宮苑使李琢爲諸軍行營招討草賊使右威衛上
將軍張自勉副之是冬無雪
四年正月丁丑降死罪以下二等流人死者聽收葬崔彥昭爲司
空二月王仙芝陷鄂州閏月崔彥昭罷昭義軍亂逐其節度使高
湜宣武軍節度使王鐸檢校司徒兼門下侍郎同中書門下平章
事三月宛句賊黃巢陷鄆沂二州天平軍節度使薛崇死之四月

壬申朔日有食之是月陝州軍亂逐其觀察使崔碣江西賊柳彥
璋陷江州執其刺史陶祥高安制置使鍾傳陷撫州五月有彗星
避正殿減膳六月王鐸爲司徒庚寅雄州地震八月黃巢陷隋州
執刺史崔休徵九月沙陀寇雲朔二州鹽州軍亂逐其刺史王承
顏十月河中軍亂逐其節度使劉侔十一月尚君長降宋威殺之
十二月安南戍兵亂逐桂管觀察使李瓚江州刺史劉秉仁及柳
彥璋戰敗之
五年正月丁酉王仙芝陷江陵外郭壬寅曾元裕及王仙芝戰于
申州敗之元裕爲諸道行營招討草賊使張自勉副之宋威罷招
討使二月癸酉雲中守捉使李克用殺大同軍防禦使段文楚己
卯克用寇遮虜軍是月王仙芝伏誅其將王重隱陷饒州刺史顏
標死之江西賊徐唐莒陷洪州三月黃巢陷濮州寇河南崔安潛
罷都統張自勉爲東西面行營招討使湖南軍亂逐其觀察使崔
瑾四月饒州將彭令璋克饒州自稱刺史徐唐莒伏誅五月丁酉

鄭畋盧攜罷翰林學士承旨戶部侍郎豆盧瑑爲兵部侍郎吏部侍郎崔沆爲戶部侍郎同中書門下平章事是日雨雹大風拔木八月大同軍節度使李國昌陷岢嵐軍黃巢陷杭州九月李蔚罷吏部尚書鄭從讜爲中書侍郎同中書門下平章事黃巢陷越州執觀察使崔璆鎮海軍將張潾克越州十月昭義軍節度使李鈞幽州盧龍軍節度使李可舉討李國昌十一月丁未河東宣慰使崔季康爲河東節度代北行營招討使十二月甲戌黃巢陷福州庚辰崔季康李鈞及李克用戰于洪谷敗績是歲天平軍節度使張裼卒衙將崔君裕自知州事

六年正月鎮海軍節度使高駢爲諸道行營兵馬都統魏王佾薨二月京師地震藍田山裂出水河東軍亂殺其節度使崔季康四月庚申朔日有食之涼王侹薨王鐸爲荊南節度使南面行營招討都統五月泰寧軍節度使李係爲湖南觀察使副之黃巢陷廣州執嶺南東道節度使李迢陷安南八月甲子東都留守李蔚爲河東節度代北行營招討使閏十月黃巢陷潭澧二州澧州刺史李絢死之十一月丙辰兩日並出而鬬戊午河東節度使康傳圭爲代北行營招討使辛酉黃巢陷江陵殺李迢丁丑山南東道節度使劉巨容及黃巢戰于荊門敗之十二月壬辰克江陵是月貶王鐸爲太子賓客分司東都兵部尚書盧攜爲門下侍郎同中書門下平章事是歲淄州刺史曹全晸克鄆州殺崔君裕黃巢陷鄂宣歙池四州朗州賊周岳陷衡州逐其刺史徐顥荊南將雷滿陷朗州刺史崔翥死之石門蠻向瓌陷澧州權知州事呂自牧死之桂陽賊陳彥謙陷郴州刺史董岳死之

廣明元年正月乙卯改元免嶺南荊湖河中河東稅賦十之四戊寅荊南監軍楊復光泰寧軍將段彥謨殺其守將宋浩以常滋爲節度留後淮南將張潾及黃巢戰于大雲倉敗之二月丙戌李國昌寇忻代二州戊戌河東軍亂殺其節度使康傳圭壬子鄭從讜罷爲河東節度使代北行營招討使三月辛未以旱避正殿減膳

四月甲申京師東都汝州雨雹大風拔木丁酉太府卿李琢爲蔚朔招討都統壬寅張潾克饒州五月汝州防禦使諸葛爽爲蔚朔招討副使泰寧軍將劉漢宏反張潾及黃巢戰于信州死之六月巢陷睦婺宣三州江華賊蔡結陷道州宿州賊魯景仁陷連州七月黃巢陷滁和二州辛酉天平軍節度使曹全晸爲東面副都統辛未劉漢宏降李可舉及李國昌戰于藥兒嶺敗之八月辛卯昭義軍亂殺其節度使李鈞癸卯榮王憒爲司空是月憒薨九月忠武軍將周岌殺其節度使薛能牙將秦宗權自稱權知蔡州事十月黃巢陷申州十一月河中都虞候王重榮逐其節度使李都黃巢陷汝州壬戌幸左神策軍閱武護軍中尉田令孜爲諸道兵馬都指揮制置招討使忠武軍監軍楊復光副之丁卯東都留守劉允章叛附于黃巢壬申巢陷虢州田令孜爲汝洛晉絳同華都統十二月壬午黃巢陷潼關甲申貶盧攜爲太子賓客分司東都翰林學士承旨尚書左丞王徽爲戶部侍郎翰林學士戶部侍郎裴澈爲工部侍郎同中書門下平章事行在咸陽丙戌左金吾衛大將軍張直方率武官叛附于黃巢巢陷京師辛卯次鳳翔丙申河陽節度使諸葛爽叛附于黃巢丁酉次興元庚子廣德公主豆盧瑑崔沆尚書左僕射劉鄴右僕射于琮太子少師裴諗御史中丞趙濛刑部侍郎李溥京兆尹李湯死于黃巢是歲雨血于靖陵

中和元年正月壬子如成都壬申兵部侍郎判度支蕭遘爲工部侍郎同中書門下平章事丁丑次成都二月己卯赦劍南三川太子少師王鐸爲司徒兼門下侍郎同中書門下平章事淮南節度使高駢爲京城四面都統邠寧節度使李存禮討黃巢鳳翔節度使鄭畋及巢戰于龍尾坡敗之邠寧將王玫陷邠州戊戌靖平鎮使陳晟執睦州刺史韋諸自稱刺史三月辛亥黃巢陷鄧州執刺史趙戎辛酉鄭畋爲京城西面行營都統甲子畋及涇原節度使程宗楚天雄軍經略使仇公遇盟于鳳翔是月王徽罷諸葛爽以河陽降四月戊寅王玫伏誅程宗楚朔方軍節度使唐弘夫及黃

巢戰于咸陽敗之壬午巢遯于灞上丁亥復入于京師弘夫宗楚
死之是月赦李國昌及其子克用以討黃巢五月丙辰克用寇太
原振武軍節度使契苾璋敗之辛酉大風雨土是月劉巨容爲南
面行營招討使楊復光克鄧州六月鄭賊鍾季文陷明州辛卯邠
寧節度副使朱玫及黃巢戰于興平敗績戊戌鄭畋爲司空兼門
下侍郎同中書門下平章事京城四面行營都統丙午李克用陷
忻代二州七月丁巳大赦改元庚申翰林學士承旨兵部侍郎韋
昭度同中書門下平章事丙寅神策軍將郭琪反伏誅辛未田令
孜殺左拾遺孟昭圖義武軍節度使王處存爲東南面行營招討
使八月感化軍將時溥逐其節度使支詳自稱留後昭義軍節度
使高潯及黃巢戰于石橋敗績十將成麟殺潯入于潞州己丑衆
星隕于成都九月丙午鄜延節度使李孝章夏綏銀節度使拓拔
思恭及黃巢戰于東渭橋敗績臨海賊杜雄陷台州辛酉封子震
爲建王己巳昭義軍戍將孟方立殺成麟自稱留後永嘉賊朱褒

陷溫州是秋河東霜殺禾十月鳳翔行軍司馬李昌言逐其節度
使鄭畋十一月李昌言爲鳳翔節度行營招討使鄭畋裴澈罷遂
昌賊盧約陷處州十二月安南戍將閔頊逐湖南觀察使李裕自
稱留後是歲霍丘鎮使王緒陷壽光二州
二年正月辛亥王鐸爲諸道行營都都統承制封拜太子少師崔
安潛副之高駢罷都統辛未王處存爲京城東面都統李孝章爲
北面都統拓拔思恭爲南面都統二月甲戌黃巢陷同州己卯太
子少傅分司東都鄭畋爲司空兼門下侍郎同中書門下平章事
丙戌李昌言爲京城西面都統邠寧節度使朱玫爲河南都統諸
谷防遏使三月邛州蠻阡能叛西川部將楊行遷討之李克用陷
蔚州六月朱玫爲京城西北面行營都統楊行遷及阡能戰于乾
溪敗績己亥荊南監軍朱敬玫殺其節度使段彥謩少尹李燧自
稱留後七月保大軍節度留後東方逵爲京城東面行營招討使
撫州刺史鍾傳陷洪州江西觀察使高茂卿奔于江州八月丁巳

東方逵爲京城東北面行營都統拓拔思恭爲京城四面都統魏
博節度使韓簡陷孟州九月丙戌黃巢將朱溫以同州降己亥溫
爲右金吾衛大將軍河中行營招討副使是月太原桃李實嶺南
西道軍亂逐其節度使張從訓平盧軍將王敬武逐其節度使安
師儒自稱留後十月嵐州刺史湯羣以沙陀反韓簡寇鄆州天平
軍節度使曹全晸死之部將崔用自稱留後諸葛爽陷孟州十一
月荊南軍亂衙將陳儒自稱留後丙子湯羣伏誅是歲關中大饑
南城賊危全諷陷撫州危仔倡陷信州廬州將楊行密逐其刺史
郎幼復和州刺史秦彥逐宣歙觀察使竇潏
三年正月鴈門節度使李克用爲京城東北面行營都統乙亥王
鐸罷二月魏博軍亂殺其節度使韓簡其將樂彥禎自稱留後己
未建王震爲太保三月天有聲于浙西壬申李克用及黃巢戰于
零口敗之四月甲辰又敗之于渭橋丙午復京師五月鄭畋爲司
徒東都留守檢校司空鄭從讜爲司空同中書門下平章事淮南

將張瓌陷復州奉國軍節度使秦宗權叛附于黃巢七月宣武軍
節度副大使朱全忠爲東北面都招討使鄭畋罷兵部尚書判度
支裴澈同中書門下平章事八月黃巢秦宗權寇陳州淮南將韓
師德陷岳州九月武寧軍節度使時溥爲東面兵馬都統是秋晉
州地震十月全椒賊許勍陷滁州李克用陷潞州刺史李殷銳死
之十一月壬申劍南西川行軍司馬高仁厚及阡能戰于邛州敗
之十二月忠武軍將鹿晏弘逐興元節度使牛勗自稱留後是歲
天平軍將曹存實克鄆州石鏡鎮將董昌逐杭州刺史路審中
四年正月婺州將王鎮執其刺史黃碣叛附于董昌二月鎮伏誅
浦陽將蔣瓌陷婺州舒州賊吳迥逐其刺史高澞三月甲子劍南
東川節度副大使楊師立反西川節度使陳敬瑄爲西川東川山
南西道都指揮招討使前杭州刺史路審中陷鄂州五月辛酉朱
全忠及黃巢戰敗之辛未河東節度使李克用及巢戰于宛句敗
之癸酉高仁厚爲劍南東川節度使以討楊師立壬午福建團練

副使陳巖逐其觀察使鄭鎰自稱觀察使六月乙卯赦劒南三川瘞京畿骸骨七月辛酉楊師立伏誅壬午黃巢伏誅九月山南西道節度使鹿晏弘反十月蕭遘為司空十一月鹿晏弘陷許州殺節度使周岌自稱留後十二月甲午荊南行軍司馬張瓌逐其節度使陳儒自稱留後監殺義昌軍節度使王鐸是歲關中大饑濮州刺史朱宣逐天平軍節度使曹存實自稱留後武昌軍將杜洪陷岳州

光啓元年正月庚辰荊南軍將成汭陷歸州是月王緒陷汀漳二州南康賊盧光稠陷虔州三月丁卯至自成都己巳大赦改元時溥為蔡州四面行營兵馬都統蕭遘為司徒韋昭度為司空四月吳迥伏誅秦宗權陷襄州山南東道節度使劉巨容奔于成都武當賊馮行襲陷均州逐其刺史呂燁五月羣臣上尊號曰至德光烈皇帝六月幽州盧龍軍亂殺其節度使李可舉其將李全忠自稱留後壬戌秦宗權陷東都七月義昌軍亂逐其節度使楊全玫

唐書本紀九　十

裿將盧彥威自稱留後八月光州賊王潮執王緒甲寅殺右補闕常濬樂彥禎殺洺州刺史馬爽九月河中節度使王重榮反邠寧節度使朱玫討之十月癸丑朱全忠及秦宗權戰于雙丘敗績十一月河東節度使李克用叛附于王重榮重榮及克用寇同州刺史郭璋死之十二月癸酉朱玫及王重榮李克用戰于沙苑敗績乙亥克用犯京師丙子如鳳翔

二年正月辛巳鎮海軍將張郁陷常州戊子如興元癸巳朱玫叛寇鳳翔二月鄭從讜為太傅三月壬午山南西道節度使石君涉奔于鳳翔遂州刺史鄭君雄陷漢州丙申次興元戊戌御史大夫孔緯翰林學士承旨兵部尚書杜讓能為兵部侍郎同中書門下平章事是春成都地震鳳翔女子化為丈夫四月乙卯朱玫以嗣襄王煴入于京師五月丙戌有星孛于箕尾武寧軍將丁從實陷常州逐其刺史張郁六月淮西將黃皓殺欽化軍節度使閔頊衡州刺史周岳陷潭州自稱節度使七月秦宗權陷許州忠武軍節度使鹿晏弘死之八月王潮陷泉州刺史廖彥若死之幽州盧龍軍節度使李全忠卒其子匡威自稱留後九月有星隕于揚州戊寅靜難軍將王行瑜陷興鳳二州十月丙午嗣襄王煴自立為皇帝尊皇帝為太上元皇聖帝朱全忠陷滑州執義成軍節度使安師儒丙辰杭州刺史董昌攻越州浙東觀察使劉漢宏奔于台州是月河陽節度使諸葛爽卒其子仲方自稱留後神策行營先鋒使滿存克興鳳二州感義軍節度使楊晟陷文州武寧軍將張雄陷蘇州十一月庚子秦宗權陷鄭州十二月魏州地震丙午台州刺史杜雄執劉漢宏降于董昌昌自稱浙東觀察使丙辰朱玫伏誅丁巳煴伏誅秦宗權陷孟州諸葛仲方奔于汴州是歲天平軍將朱瑾逐泰寧軍節度使齊克讓自稱留後湘陰賊鄧進思陷岳州杜洪陷鄂州自稱武昌軍節度留後

三年三月癸未蕭遘裴澈兵部侍郎鄭昌圖有罪伏誅壬辰如鳳翔鄭從讜罷韋昭度為司徒癸巳鎮海軍將劉浩逐其節度使周

唐書本紀九　十一

寶度支催勘使薛朗自稱知府事四月甲辰六合鎮遏使徐約陷蘇州逐其刺史張雄甲子淮南兵馬使畢師鐸陷揚州執其節度使高駢是月維州山崩五月甲戌宣歙觀察使秦彥入于揚州癸未秦宗權陷鄭州六月陷孟州河陽將李罕之入于孟州張全義入于東都己酉鳳翔節度使李昌符反庚戌犯大安門不克奔于隴州壬子武定軍節度使李茂貞為隴州招討使丁巳護國軍將常行儒殺其節度使王重榮其兄重盈自稱留後壬戌亳州將謝殷逐其刺史宋袞七月丁亥降死罪以下貞觀開元建中興元功臣後予一子九品正員官減常膳三之一賜民九十以上粟帛七月李昌符伏誅八月韋昭度為太保壬寅謝殷伏誅朱全忠陷亳州壬子陷曹州刺史丘弘禮死之九月戶部侍郎判度支張濬為兵部侍郎同中書門下平章事秦彥殺高駢十月丁未朱全忠陷濮州甲寅封子陞為益王杭州刺史錢鏐陷常州丁卯鏐殺周寶是月秦宗權將孫儒寇揚州十一月壬申廬州刺史楊行密陷揚

州秦彥畢師鐸奔于孫儒十二月癸巳淮西將趙德諲陷江陵荆南節度使張瓌死之朱全忠爲東南面招討使饒州刺史陳儒陷衢州上蔡賊馮敬章陷蘄州

文德元年正月甲寅孫儒殺秦彥畢師鐸癸亥朱全忠爲蔡州四面行營都統丙寅薛朗伏誅錢鏐陷潤州二月乙亥不豫己丑至自鳳翔庚寅謁于太廟大赦改元是月魏博軍亂殺其節度使樂彥禎其將羅弘信自稱權知留後三月戊戌朔日有食之既壬寅疾大漸立壽王傑爲皇太弟知軍國事癸卯皇帝崩于武德殿年二十七

贊曰唐自穆宗以來八世而爲宦官所立者七君然則唐之衰亡豈止方鎮之患蓋朝廷天下之本也人君者朝廷之本也始即位者人君之本也其本始不正欲以正天下其可得乎懿僖當唐政之始衰而以昏庸相繼乾符之際歲大旱蝗民愁盜起其亂遂不可復支蓋亦天人之會歟

本紀第九

本紀第十　唐書十

翰林學士兼龍圖閣學士朝散大夫給事中知制誥充史館修撰臣歐陽脩奉
敕撰

昭宗聖穆景文孝皇帝諱曄懿宗第七子也母曰恭憲皇太后王氏始封壽王乾符三年領幽州盧龍軍節度使僖宗遇亂再出奔壽王握兵侍左右尤見倚信文德元年三月僖宗疾大漸羣臣以吉王長且欲立之觀軍容使楊復恭率兵迎壽王立爲皇太弟改名敏乙巳即皇帝位于柩前四月戊辰孫儒陷揚州自稱淮南節度使楊行密奔于廬州庚午追尊母爲皇太后韋昭度爲中書令孔緯爲司空乙亥張全義陷孟州李罕之奔于河東成汭陷江陵自稱留後辛卯朱全忠及秦宗權戰于蔡州敗之五月壬寅趙德諲以襄州降以德諲爲忠義軍節度使蔡州四面行營副都統六月閬州防禦使王建陷漢州執刺史張頊遂寇成都韋昭度罷爲劍南西川節度副大使兼兩川招撫制置使十月陳敬瑄反辛卯葬惠聖恭定孝皇帝于靖陵十一月丙申秦宗權陷許州執忠武軍節度使王緼辛酉奉國軍將申叢執秦宗權十二月丁亥韋昭度爲行營招討使及永平軍節度使王建討陳敬瑄山南西道節度使楊守厚陷夔州

龍紀元年正月癸巳大赦改元翰林學士承旨兵部侍郎劉崇望同中書門下平章事壬子宣武軍將郭璠殺奉國軍留後申叢自稱留後二月戊辰朱全忠俘秦宗權以獻己丑宗權伏誅三月孔緯爲司徒杜讓能爲司空丙申錢鏐陷蘇州逐刺史徐約六月李克用寇邢州昭義軍節度使孟方立卒其弟遷自稱留後楊行密陷宣州宣歙觀察使趙鍠死之廬州刺史蔡儔叛附于孫儒八月甲戌孟遷叛附于李克用十月平盧軍節度使王敬武卒其子師範自稱留後陷棣州刺史張蟾死之宣歙觀察使楊行密陷常州刺史杜陵死之錢鏐陷潤州十一月丁未朝獻于太清宮戊申朝享于太廟己酉有事于南郊大赦十二月孫儒陷常潤二州戊午

孔緯爲太保杜讓能爲司徒壬申眉州刺史山行章叛附于王建
大順元年正月戊子羣臣上尊號曰聖文睿德光武弘孝皇帝大
赦改元壬寅簡州將杜有遷執其刺史員虔嵩叛附于王建二月
己未資州將侯元綽執其刺史楊戡叛附于王建三月戊申昭義軍
節度使李克脩卒其弟克恭自稱留後四月丙辰宿州將張筠逐
其刺史張紹光丙寅嘉州刺史朱實叛附于王建丙子戎州將文
武堅執其刺史謝承恩叛附于王建五月張濬爲河東行營都招討
宣慰使京兆尹孫揆副之幽州盧龍軍節度使李匡威爲北面招
討使雲州防禦使赫連鐸副之朱全忠爲南面招討使王鎔爲東
面招討使以討李克用壬寅昭義軍將安居受殺其節度使李克恭
叛附于朱全忠癸丑劍南東川節度使顧彥朗卒其弟彥暉自
稱留後六月辛酉雅州將謝從本殺其刺史張承簡叛附于王建
辛未朱全忠爲河東東面行營招討使是月河東將安知建以邢
洺磁三州叛附于朱全忠七月楊行密陷潤州戊申李克用執昭義

軍節度使孫揆八月錢鏐殺蘇州刺史杜孺休楊行密陷蘇州淮
南節度使孫儒陷潤州庚午朱全忠爲中書令九月李克用陷潞
州楊行密陷潤常二州閏月孫儒陷常州壬戌邛州將任可知殺
其刺史毛湘十月癸未蜀州刺史李行周叛附于王建李克用陷
邢洺磁三州十一月丁卯李匡威陷蔚州是月張濬及李克用戰
于陰地敗績孫儒陷蘇州十二月李克用陷晉州
二年正月庚申孔緯張濬罷翰林學士承旨兵部侍郎崔昭緯御
史中丞徐彥若爲戶部侍郎同中書門下平章事甘露鎮使陳可
言陷常州錢鏐陷蘇州二月乙巳赦陳敬瑄丁未詔王建罷兵不
受命是春淮南大饑四月庚辰有彗星入于太微甲申大赦避正
殿減膳徹樂賜兩軍金帛贖所略男女還其家民年八十以上及
疾不能自存者長吏存卹訪武德功臣子孫癸卯王建寇成都五
月孫儒陷和滁二州六月楊行密陷和滁二州丙午封子祐爲德
王七月李克用陷雲州防禦使赫連鐸奔于退渾孫儒焚揚州以

逃八月庚子王建陷成都執劍南西川節度使陳敬瑄自稱留後
十月壬午朱全忠陷宿州十一月己未曹州將郭銖殺其刺史郭
詞叛附于全忠辛未全忠陷壽州
景福元年正月己未朱全忠陷孟州逐河陽節度使趙克裕丙寅
大赦改元二月劉崇望罷錢鏐陷蘇州甲申朱全忠寇鄆州天平
軍節度使朱宣敗之三月戶部尚書鄭延昌爲中書侍郎同中書門
下平章事乙巳楊行密陷楚州執刺史劉瓚又陷常州刺史陳可
言死之丙辰武定軍節度使楊守忠龍劍節度使楊守貞會楊守
厚兵寇梓州丙寅福建觀察使陳巖卒護閩都將范暉自稱留後
庚午泉州刺史王潮寇福州四月辛巳杜讓能爲太尉六月戊寅
楊行密陷揚州己巳鳳翔隴右節度使李茂貞陷鳳州感義軍節
度使滿存奔于興元遂陷興洋二州八月壬申寇興元楊守亮滿
存奔于閬州丙戌降京畿關輔囚罪免淮南浙西宣州逋負十月
蔡儔以廬州叛附于朱全忠河東將李存孝以邢州叛附于全忠

十一月有星孛于斗牛辛丑武寧軍將張璲張諫以濠泗二州叛
附于朱全忠乙巳朱友裕陷濮州執刺史邵儒孫儒將王壇陷婺
州刺史蔣瓌奔于越州是歲明州刺史鍾文季卒其將黃晟自稱
刺史
二年正月徐彥若罷爲鳳翔隴右節度使李茂貞爲山南西道節
度使茂貞不受命二月楊行密陷常州三月辛酉幽州盧龍軍兵
馬留後李匡籌逐其兄匡威自稱節度留後四月乙亥王建殺陳
敬瑄及劍南西川監軍田令孜乙酉有彗星入于太微丁亥王鎔
殺李匡威戊子朱全忠陷徐州武寧軍節度使時溥死之五月庚
子王潮陷福州范暉死之潮自稱留後七月楊行密陷廬州蔡儔
死之八月丙申嗣覃王嗣周爲京西面招討使神策大將軍李鐬
副之以討李茂貞庚子昇州刺史張雄卒其將馮弘鐸自稱刺史
是月楊行密陷歙州九月壬午嗣覃王嗣周及李茂貞戰于興平
敗績甲申茂貞犯京師乙酉茂貞殺觀軍容使西門重遂內樞密

使李周諲段詡貶杜讓能爲梧州刺史壬辰東都留守檢校司徒韋昭度爲司徒御史中丞崔胤爲戶部侍郎同中書門下平章事是月昇州刺史馮弘鐸叛附于楊行密十月乙未殺杜讓能及戶部侍郎杜弘徽楊行密陷舒州十二月韋昭度爲太傅邵州刺史鄧處訥陷潭州欽化軍節度使周岳死之處訥自稱留後是歲建州刺史徐歸範汀州刺史鍾全慕叛附于王潮

乾寧元年正月有星孛于鶉首乙丑大赦改元李茂貞以兵來朝二月右散騎常侍鄭綮爲禮部侍郎同中書門下平章事彰義軍節度使張鈞卒其兄鐇自稱留後三月甲申李克用寇邢州執李存孝殺之五月丙子王建陷彭州威戎軍節度使楊晟死之是月鄭延昌罷孫儒將劉建峯馬殷陷潭州武安軍節度使鄧處訥死之建峯自稱留後武岡指揮使蔣勛陷邵州六月大同軍防禦使赫連鐸及李克用戰于雲州死之戊午翰林學士承旨禮部尚書李谿同中書門下平章事庚申谿罷御史大夫徐彥若爲中書侍

郎同中書門下平章事七月以雨霖避正殿減膳鄭綮罷李茂貞陷閬州八月楊守亮伏誅癸巳減京畿興元洋金商州賦役九月庚申李克用陷潞州昭義軍節度使康君立死之十月丁酉封子祤爲棣王禊虔王禋沂王禕遂王十一月李克用陷武州十二月陷新州甲寅幽州盧龍軍節度使李匡籌奔于滄州義昌軍節度使盧彥威殺之丙辰李克用陷幽州是冬楊行密陷黃州執刺史吳討

二年正月己巳給事中陸希聲爲戶部侍郎同中書門下平章事壬申護國軍節度使王重盈卒其子珂自稱留後二月乙未太子太傅李谿爲戶部侍郎同中書門下平章事三月崔胤李谿罷戶部侍郎判戶部王摶爲中書侍郎同中書門下平章事楊行密陷濠州執刺史張璲庚午河東地震四月蘇州大雨雹陸希聲韋昭度罷泰寧軍節度使朱瑾及朱全忠戰于高梧敗績其將安福慶死之楊行密陷壽州執刺史江從勗五月甲子靜難軍節度使王行瑜鎮國軍節度使韓建及李茂貞犯京師殺太保致仕韋昭度太子少師李谿是月李克用陷絳州刺史王瑤死之六月庚寅鎮海軍節度使錢鏐爲浙江東道招討使癸巳吏部尚書孔緯爲司空兼門下侍郎同中書門下平章事七月丙辰李克用以兵屯于河中戊午匡國軍節度使王行約奔于京師庚申左右神策軍護軍中尉駱全瓘劉景宣指揮使王行實李繼鵬反行在莎城嗣薛王知柔權知中書事壬戌李克用陷同州甲子次石門前護國軍節度使崔胤爲中書侍郎同中書門下平章事八月戊戌李克用爲邠寧四面行營招討使保大軍節度使李思孝爲北面招討使定難軍節度使李思諫爲東北面招討使彰義軍節度使張鐇爲西面招討使辛丑李克用爲邠寧四面行營都統李繼鵬伏誅赦李茂貞辛亥至自石門壬子崔昭緯罷九月丙辰徐彥若爲司空癸亥孔緯薨前昭義軍節度使李罕之爲邠寧四面行營副都統十月京兆尹孫偓爲戶部侍郎同中書門下平章事丙戌李克用

及王行瑜戰于梨園敗之庚寅王行約焚寧州以逃義武軍節度使王處存卒其子郜自稱留後十一月丁巳李克用及王行瑜戰于龍泉敗之辛酉衢州刺史陳儒卒其弟岌自稱刺史丁卯王行瑜伏誅壬申齊州刺史朱瓊叛附于朱全忠丁丑王建陷利州刺史李繼顒死之十二月癸未赦京師復大順以來削奪官爵非其罪者甲申閬州防禦使李繼雍蓬州刺史費存渠州刺史陳璠叛附于王建丙申建寇梓州戊戌通州刺史李彥昭叛附于建是歲安州防禦使宣晟陷桂州靜江軍節度使周元靜部將劉士政死之晟自稱知軍府事

三年正月癸丑王建陷龍州刺史田昉死之閏月丁亥果州刺史周雄叛附于建四月壬子武安軍亂殺其節度使劉建峯其將馬殷自稱留後五月癸未楊行密陷蘇州執刺史成及陷光州刺史劉存死之庚寅成汭陷黔州武泰軍節度使王建肇奔于成都乙未董昌伏誅是月蘄州刺史馮行章叛附于楊行密六月庚戌李

茂貞犯京師嗣延王戒丕禦之丙寅及茂貞戰于婁館敗績七月
癸巳行在渭北甲午韓建來朝次華州乙巳崔胤罷丙午翰林學
士承旨尚書左丞陸扆爲戶部侍郎同中書門下平章事八月甲
寅王摶罷乙丑國子毛詩博士朱朴爲左諫議大夫同中書門下
平章事九月乙未武安軍節度使崔胤爲中書侍郎翰林學士承
旨兵部侍郎崔遠同中書門下平章事丁酉貶陸扆爲峽州刺史
十月李克用及羅弘信戰于白龍潭敗之壬子孫偓持節鳳翔四
面行營節度諸軍都統招討處置使戊午威勝軍節度使王摶爲
吏部尚書同中書門下平章事十一月戊子忠國軍節度使李師
悅卒其子繼徽自稱留後

四年正月乙酉韓建以兵圍行宮殺扈蹕都將李筠丙申朱全忠
陷鄆州天平軍節度使朱宣死之己亥孫偓罷都統二月朱全忠
寇兗州泰寧軍節度使朱瑾奔于淮南其子用貞以兗州叛附于
全忠全忠陷沂海密三州保義軍節度使王珙寇河中韓建殺太

子詹事馬道殷將作監許巖士楊行密爲江南諸道行營都統癸
丑王建陷瀘州刺史馬敬儒死之己未立德王裕爲皇太子大赦
饗于行廟辛未王建陷渝州乙亥孫偓朱朴罷五月壬午朱全忠
陷黃州刺史瞿璋死之六月貶王建爲南州刺史以李茂貞爲劒
南西川節度使嗣覃王嗣周爲鳳翔隴右節度使茂貞不受命嗣
周及茂貞戰于奉天敗績八月韓建殺通王滋沂王禋韶王彭王
嗣韓王嗣陳王嗣覃王嗣周嗣延王戒丕嗣丹王允九月錢鏐陷
湖州忠國軍節度使李繼徽奔于淮南彰義軍節度使張璉爲鳳
翔西北行營招討使靜難軍節度使李思諫爲鳳翔四面行營副
都統以討李茂貞十月壬子遂州刺史侯紹叛附于王建乙卯合
州刺史王仁威叛附于建庚申建陷梓州劒南東川節度使顧彥
暉死之甲子封子祕爲景王祚輝王祺祁王十一月癸酉楊行密
及朱全忠戰于清口敗之丙子錢鏐陷台州十二月丁未威武軍
節度使王潮卒其弟審知自稱留後

光化元年正月徐彥若爲司徒二月赦李茂貞三月幽州盧龍軍
節度使劉仁恭之子守文陷滄州義昌軍節度使盧彥威奔于汴
州四月丙寅立淑妃何氏爲皇后五月己巳大赦辛未朱全忠陷
洺州刺史邢善益死之又陷邢州壬午陷磁州刺史袁奉韜死之
是月馬殷陷邵衡永三州刺史蔣勛楊師遠唐旻死之七月丙申
朱全忠陷唐州又陷隋州執刺史趙匡璘八月戊午陷鄧州執刺
史國湘壬戌至自華州甲子大赦改元九月丙子有星隕于北方
甲申錢鏐陷蘇州十月魏博節度使羅弘信卒其子紹威自稱留
後己亥朱全忠陷安州刺史武瑜死之十一月衢州刺史陳岌叛
附于楊行密甲寅封子禛爲雅王祥瓊王十二月癸未李罕之陷
潞州自稱節度留後李克用陷澤州

二年正月乙未給復綿劒二州二年丁未崔胤罷兵部尚書陸扆
同中書門下平章事是月李罕之陷沁州劉仁恭陷貝州二月甲
子朱全忠陷蔡州奉國軍節度使崔洪奔于淮南三月丁巳全忠

陷澤州六月丁丑保義軍亂殺其節度使王珙其將李璠叛附于
全忠七月壬辰海州戍將陳漢賓以其州叛附于楊行密馬殷陷
道州刺史蔡結死之八月李克用陷澤潞懷三州十一月徐彥若
爲太保王摶爲司空馬殷陷郴連二州刺史陳彥謙魯景仁死之
辛丑保義軍將朱簡殺其節度使李璠叛附于朱全忠

三年四月辛未皇后及皇太子享于太廟六月丁卯清海軍節度
使崔胤爲尚書左僕射兼門下侍郎同中書門下平章事王摶罷
己巳殺之七月浙江溢八月庚辰李克用陷洺州執刺史朱紹宗
九月朱全忠陷洺州錢鏐陷婺州刺史王壇奔于宣州衢州刺史
陳岌叛附于錢鏐乙巳徐彥若罷丙午崔遠罷戊申刑部尚書裴
贄爲中書侍郎同中書門下平章事甲寅朱全忠陷瀛州十月丙
辰陷景州執刺史劉仁霸辛酉陷莫州辛巳陷祁州刺史楊約死
之甲申陷定州義武軍節度使王郜奔于太原十一月己丑左右
神策軍中尉劉季述王仲先內樞密使王彥範薛齊偓作亂皇帝

居于少陽院辛卯季述以皇太子裕爲皇帝丁未太白晝見十二
月劉季述殺睦王倚是歲馬殷陷桂宜嚴柳象五州睦州刺史陳
巖卒其弟詢自稱刺史
天復元年正月乙酉左神策軍將孫德昭董彥弼周承誨以兵討
亂皇帝復于位劉季述薛齊偓伏誅降封皇太子裕爲德王戊申
朱全忠陷絳州壬子崔胤爲司空朱全忠陷晉州二月甲寅以旱
避正殿減膳戊辰朱全忠陷河中執護國軍節度使王珂辛未封
全忠爲梁王是月翰林學士戶部侍郎王溥爲中書侍郎吏部侍
郎裴樞爲戶部侍郎同中書門下平章事三月辛亥昭義軍節度
使孟遷叛附于朱全忠四月壬子全忠陷沁澤二州丁巳儀州刺
史張鄂叛附于全忠甲戌享于太廟丙子大赦改元武德貞觀配
饗功臣主祭子孫敘進之介公酅公後予一子九品正員官免光
化以來畿內逋負五月李茂貞來朝六月李克用陷隰慈二州十
月戊戌朱全忠犯京師十一月己酉陷同州壬子如鳳翔丁巳朱

全忠陷華州鎮國軍節度使韓建叛附于全忠辛酉兵部侍郎盧
光啓權勾當中書事癸亥李茂貞及朱全忠戰于武功敗績丁卯
盧光啓爲右諫議大夫參知機務戊辰朱全忠犯鳳翔辛未陷邠
州靜難軍節度使李繼徽叛附于全忠甲戌崔胤裴樞罷十二月
鍾傳陷吉州是歲清海軍節度使徐彥若卒行軍司馬劉隱自稱
留後武貞軍節度使雷滿卒其子彥威自稱留後
二年正月丁卯給事中韋貽範爲工部侍郎同中書門下平章事
丙子給事中嚴龜爲汴岐和協使二月己亥盜發簡陵王建陷利
州昭武軍節度使李繼忠奔于鳳翔三月庚戌晝晦癸丑朱全忠
陷汾州乙卯浙西大雨雪戊午朱全忠陷慈隰二州丁卯李克用
陷汾慈隰三州四月盧光啓罷丙申溫州刺史朱褒卒其兄敖自
稱刺史楊行密陷昇州五月丙午李茂貞及朱全忠戰于武功敗
績庚午韋貽範罷六月丙子中書舍人蘇檢爲工部侍郎同中書
門下平章事丙戌朱全忠陷鳳州七月甲辰陷成州乙巳陷隴州

八月己亥韋貽範起復辛丑王建陷興元山南西道節度使王萬弘
叛附于建九月戊申李茂貞及朱全忠戰于槐林敗績武定軍節度
使拓拔思恭叛附于王建十月癸酉楊行密爲東面諸道行營都
統及湖南節度使馬殷討朱全忠王建陷興州十一月癸卯保大
軍節度使李茂勳以兵援鳳翔丙辰韋貽範薨十二月癸巳溫
州將丁章逐其刺史朱敖己亥朱全忠陷鄜州保大軍節度使李
茂勳叛附于全忠是歲盧光稠陷韶州岳州刺史鄧進思卒其弟
進忠自稱刺史
三年正月丙午平盧軍節度使王師範取兗州戊申殺左右神策
軍護軍中尉韓全誨張彥弘內樞密使袁易簡周敬容辛亥翰林
學士姚洎爲汴岐和協使壬子工部尚書崔胤爲司空兼門下侍
郎同中書門下平章事甲子幸朱全忠軍己巳至自鳳翔哭于太
廟大赦庚午崔胤及朱全忠殺中官七百餘人辛未胤判六軍十
二衞事丁章伏誅二月雨土甲戌貶陸扆爲沂王傅分司東都丙

子王溥罷朱全忠殺蘇檢吏部侍郎盧光啓戊寅降京畿河中鳳
翔興德府同邠鄜三州死罪以下己卯輝王祚爲諸道兵馬都元
帥庚辰朱全忠爲太尉中書令副之崔胤爲司徒乙未清海軍節
度使裴樞爲門下侍郎同中書門下平章事三月朱全忠陷青州
楊行密陷密州刺史劉康乂死之四月己卯朱全忠判元帥府事
五月壬子荊南節度使成汭及楊行密戰于君山死之武貞軍節
度使雷彥威之弟彥恭陷江陵六月乙亥朱全忠陷登州九月楊
行密殺奉國軍節度使朱延壽辛亥朱全忠陷棣州刺史邵播死
之陷密州戊午平盧軍節度使王師範叛附于全忠十月忠義軍
將趙匡明陷江陵自稱留後王建陷忠萬施三州甲戌陷夔州丁
丑平盧軍將劉鄩以兗州叛附于朱全忠十二月裴贄罷楊行密
陷宣州寧國軍節度使田頵死之辛巳禮部尚書獨孤損爲兵部
侍郎同中書門下平章事丙申朱全忠殺尚書左僕射致仕張濬
天祐元年正月乙巳崔胤罷裴樞判左三軍事獨孤損判右三軍

事兵部尚書崔遠爲中書侍郎翰林學士右拾遺柳璨爲右諫議
大夫同中書門下平章事己酉朱全忠殺太子少傅崔胤及京兆
尹鄭元規威遠軍使陳班戊午全忠遷唐都于洛陽二月丙寅日
中見北斗戊寅次陝州朱全忠來朝甲申封子禎爲端王祁豐王
福和王禧登王祐嘉王三月丁未朱全忠兼判左右神策及六軍
諸衛事閏四月壬寅次穀水朱全忠來朝甲辰至自西都享于太
廟大風雨土乙巳大赦改元六月靜難軍節度使楊崇本會李克
用王建兵以討朱全忠七月乙丑全忠以兵屯于河中八月壬寅
全忠以左右龍武統軍朱友恭氏叔琮樞密使蔣玄暉兵犯宮門
是夕皇帝崩年三十八明年起居郎蘇楷請更謚恭靈莊閔廟號
襄宗至後唐同光初復故號謚云昭宣光烈孝皇帝諱柷昭宗第
九子也母曰皇太后何氏始封輝王朱全忠已弒昭宗矯詔立爲
皇太子監軍國事天祐元年八月丙午即皇帝位于柩前衢州刺
史陳璋睦州刺史陳詢叛附于楊行密九月庚午尊皇后爲皇太

后十月辛卯朔日有食之癸巳朱全忠來朝甲午全忠殺朱友恭
氏叔琮十一月全忠陷光州是歲虔州刺史盧光稠卒衙將李圖
自稱知州事
二年正月盧約陷溫州楊行密殺平盧軍節度使安仁義丁丑盜
焚乾陵下宮二月楊行密陷鄂州武昌軍節度使杜洪死之戊戌
朱全忠殺德王裕及棣王祤虔王禊遂王禕景王祕祁王祺瓊王
祥己酉葬聖穆景文孝皇帝于和陵三月甲子裴樞罷戊寅獨孤
損罷禮部侍郎張文蔚同中書門下平章事甲申崔遠罷吏部侍
郎楊涉同中書門下平章事四月乙未以旱避正殿減膳庚子有
彗星出于西北甲辰出于北河辛亥降京畿死罪以下給復山陵
役者一年五月王建陷金州戎昭軍節度使馮行襲奔于均州六
月行襲克金州楊行密陷婺州執刺史沈夏戊子朱全忠殺裴樞
及靜海軍節度使獨孤損左僕射崔遠吏部尚書陸扆工部尚書
王溥司空致仕裴贄檢校司空兼太子太保致仕趙崇兵部侍

郎王贊七月卜郊岳州刺史鄧進忠叛附于馬殷九月甲子朱全
忠陷襄州忠義軍節度使趙匡凝奔于淮南丙寅封弟禔爲潁王
祐蔡王朱全忠陷江陵留後趙匡明奔于成都乙酉改卜郊十月
丙戌朱全忠爲諸道兵馬元帥十一月庚午三卜郊庚辰淮南節
度使楊行密卒以其子渥爲淮南節度副大使東面諸道行營都
統辛巳朱全忠爲相國總百揆封魏王十二月乙未全忠爲天下
兵馬元帥殺蔣玄暉及豐德庫使應頊尚食使朱建武癸卯柳璨
爲司空戊申朱全忠弒皇太后辛亥罷郊癸丑貶柳璨爲登州刺
史甲寅殺璨及太常卿張廷範
三年正月壬戌淮南將王茂章以宣歙二州叛附于錢鏐二月楊
渥陷岳州癸巳王建陷歸州四月癸未朔日有食之鎮南軍節度
使鍾傳卒其子匡時自稱留後六月錢鏐陷衢睦二州刺史陳璋
陳詢奔于淮南七月楊渥陷饒州八月癸未朱全忠陷相州九月
楊渥陷洪州執鍾匡時乙亥匡國軍節度使劉知俊陷坊州執刺

史劉彥暉十月辛巳楊崇本會鳳翔涇原鄜延秦隴兵以討朱全
忠戰于美原敗績十一月忠國軍節度使高彥卒其子澧自稱留
後閏十二月戊辰李克用陷潞州昭義軍節度使丁會叛附于克
用乙亥震電雨雪
四年三月劉守光囚其父仁恭自稱幽州盧龍軍節度使四月戊午錢
鏐陷溫州甲子皇帝遜于位徙于曹州號濟陰王梁開平二年二月遇
弒年十七謚曰哀帝後唐明宗追謚昭宣光烈孝皇帝陵曰溫陵
贊曰自古亡國未必皆愚庸暴虐之君也其禍亂之來有漸積及
其大勢已去適丁斯時故雖有智勇有不能爲者矣可謂眞不幸
也昭宗是已昭宗爲人明雋初亦有志於興復而外患已成內無
賢佐頗亦慨然思得非常之材而用匪其人徒以益亂自唐之亡
也其遺毒餘酷更五代五十餘年至於天下分裂大壞極亂而後
止跡其禍亂其漸積豈一朝一夕哉
本紀第十

禮樂志第一　　唐書十一

翰林學士兼龍圖閣學士朝散大夫給事中知制誥充史館修撰臣歐陽脩奉

敕撰

由三代而上治出於一而禮樂達于天下由三代而下治出於二而禮樂爲虛名古者宮室車輿以爲居衣裳冕弁以爲服尊爵俎豆以爲器金石絲竹以爲樂以適郊廟以臨朝廷以事神而治民其歲時聚會以爲朝覲聘問懽欣交接以爲射鄉食饗合衆興事以爲師田學校下至里閭田畝吉凶哀樂凡民之事莫不一出於禮由之以教其民爲孝慈友悌忠信仁義者常不出於居處動作衣服飲食之間蓋其朝夕從事者無非乎此也此所謂治出於一而禮樂達天下使天下安習而行之不知所以遷善遠罪而成俗也及三代已亡遭秦變古後之有天下者自天子百官名號位序國家制度宮車服器一切用秦其間雖有欲治之主思所改作不能超然遠復三代之上而牽其時俗稍卽以損益大抵安於苟簡而已其朝夕從事則以簿書獄訟兵食爲急曰此爲政也所以治民至於三代禮樂具其名物而藏於有司時出而用之郊廟朝廷曰此爲禮也所以敎民此所謂治出於二而禮樂爲虛名故自漢以來史官所記事物名數降登揖讓拜俛伏興之節皆有司之事爾所謂禮之末節也然用之郊廟朝廷自搢紳大夫從事其間者皆莫能曉習而天下之人至於老死未嘗見也況欲識禮樂之盛曉然諭其意而被其敎化以成俗乎嗚呼習其器而不知其意忘其本而存其末又不能備具所謂朝覲聘問射鄉食饗師田學校冠婚喪葬之禮在者幾何自梁以來始以其當時所行傅於周官五禮之名各立一家之學唐初卽用隋禮至太宗時中書令房玄齡祕書監魏徵與禮官學士等因隋之禮增以天子上陵朝廟養老大射講武讀時令納皇后皇太子入學太常行陵合朔陳兵太社等爲吉禮六十一篇賓禮四篇軍禮二十篇嘉禮四十二篇凶禮十一篇是爲貞觀禮高宗又詔太尉長孫无忌中書令杜正倫李義府中書侍郎李友益黃門侍郎劉祥道許圉師太子賓客許敬宗太常卿韋琨等增之爲一百三十卷是爲顯慶禮其文雜以式令而義府敬宗方得幸多希旨傅會事既施行議者皆以爲非上元三年詔復用貞觀禮由是終高宗世貞觀顯慶二禮兼行而有司臨事遠引古義與二禮參考增損之無復定制武氏中宗繼以亂敗無可言者博士掌禮備官而已玄宗開元十年以國子司業韋縚爲禮儀使以掌五禮十四年通事舍人王嵒上疏請刪去禮記舊文而益以今事詔付集賢院議學士張說以爲禮記不刊之書去聖久遠不可改易而唐貞觀顯慶禮儀注前後不同宜加折衷以爲唐禮乃詔集賢院學士右散騎常侍徐堅左拾遺李銳及太常博士施敬本撰述歷年未就而銳卒蕭嵩代銳爲學士奏起居舍人王仲丘撰定爲一百五十卷是爲大唐開元禮由是唐之五禮之文始備而後世用之雖時小有損益不能過也貞元中太常禮院脩撰王涇考次歷代郊廟沿革之制及其工歌祝號而圖其壇屋陟降之序爲郊祀錄十卷元和十一年祕書郎脩撰韋公肅又錄開元已後禮文損益爲禮閣新儀三十卷十三年太常博士王彥威爲曲臺新禮三十卷又採元和以來王公士民昏祭喪葬之禮爲續曲臺禮三十卷嗚呼考其文記可謂備矣以之施于貞觀開元之閒亦可謂盛矣而不能至三代之隆者具其文而意不在焉此所謂禮樂爲虛名也哉五禮一曰吉禮大祀天地宗廟五帝及追尊之帝后中祀社稷日月星辰岳鎭海瀆帝社先蠶七祀文宣武成王及古帝王贈太子小祀司中司命司人司祿風伯雨師靈星山林川澤司寒馬祖先牧馬社馬步州縣之社稷釋奠而天子親祠者二十有四三歲一祫五歲一禘當其歲則舉其餘二十有二一歲之閒不能徧舉則有司攝事其非常祀者有時而行之而皇后皇太子歲行事者各一其餘皆有司行事凡歲之常祀二十有二冬至正月上辛祈穀孟夏雩祀昊天上帝于圜丘季秋大享于明堂臘蜡百神于南郊春分朝日于東郊秋分夕

月于西郊夏至祭地祇于方丘孟冬祭神州地祇于北郊仲春仲
秋上戊祭于太社立春立夏季夏之土王立秋立冬祀■帝于四
郊孟春孟夏孟秋孟冬臘享于太廟孟春吉亥享先農遂以耕籍
凡祭祀之節有六一曰卜日二曰齋戒三曰陳設四曰省牲器五
曰奠玉帛宗廟之晨祼六曰進熟饋食一曰卜日凡大祀中祀無
常日者卜小祀則筮皆于太廟卜日前祀四十有五日卜于廟南
門之外布卜席闑西閾外太常卿立門東太卜正占者立門西卜
正奠龜於席西首灼龜之具在龜北乃執龜立席東北向太卜令
進受龜詣卿示高卿受視已令受龜少退俟命卿曰皇帝以某日
祗祀於某令曰諾遂還席西向坐命龜曰假爾太龜有常興授卜
正龜卜正負東扉坐作龜興令進受龜示卿卿受反之令復位東
向占之不釋龜進告於卿曰某日從乃以龜退卜正凡卜日必舉
初旬不吉即筮中及下如初儀若筮日則卜正莅韇出策兼執之
受命還席以韇擊策述命曰假爾太筮有常乃釋韇坐筮執卦以
示如卜儀小祀筮日則太卜令莅之日吉乃用遇慶務皆勿避二
曰齋戒其別有三曰散齋曰致齋曰清齋大祀散齋四日致齋三
日中祀散齋三日致齋二日小祀散齋二日致齋一日大祀前期
七日太尉誓百官於尚書省曰某日祀某神祇于某所各揚其職
不供其事國有常刑於是乃齋皇帝散齋于別殿致齋其二日于
太極殿一日于行宮前致齋一日尚舍奉御設御幄於太極殿西
序及室內皆東向尚舍直長張帷於前楹下致齋之日質明諸衛
勒所部屯門列仗晝漏上水一刻侍中版奏請中嚴諸衛之屬各
督其隊入陳於殿庭通事舍人引文武五品已上袴褶陪位諸侍
衛之官服其器服諸侍臣齋者結佩詣閤奉迎二刻侍中版奏外
辦三刻皇帝服袞冕結佩乘輿出自西房曲直華蓋警蹕侍衛即
御座東向侍臣夾侍一刻頃侍中前跪奏稱侍中臣某言請就齋
室皇帝降座入室文武侍臣還本司陪位者以次出凡豫祀之官
散齋理事如舊唯不弔喪問疾不作樂不判署刑殺文書不行刑

罰不預穢惡致齋唯行祀事其祀官已齋而闕者攝其餘清齋一
日三曰陳設其別有五有待事之次有即事之位有門外之位有
牲器之位有席神之位前祀三日尚舍直長施大次於外壝東門
之內道北南向衛尉設文武侍臣之次於其前左右相向設祀官
次於東壝之外道南從祀文官九品於其東東方南方朝集使又
於其東蕃客又於其東重行異位北向西上介公酅公於西壝之
外道南武官九品於其西西方北方朝集使又於其西蕃客又於
其西東上（其褒聖侯若在朝位於文武三品下）設陳饌幔於內壝東西門之外道北
南向北門之外道東西向明日奉禮郎設御位於壇之東南西向
望燎位當柴壇之北南向祀官公卿位於內壝東門之內道南分
獻之官於公卿之南執事者又於其後異位重行西向北上御史
位於壇下一在東南西向一在西南東向奉禮郎位於樂縣東北
贊者在南差退皆西向又設奉禮郎贊者位於燎壇東北西向皆
北上協律郎位於壇上南陛之西東向太樂令位於北縣之間當
壇北向從祀文官九品位於執事之南東方南方朝集使又於其
南蕃客又於其南西向北上介公酅公位於中壝西門之內道南
武官九品又於其南西方北方朝集使又於其南蕃客又於其南
東向北上所以即而行事也又設祀官及從祀羣官位於東西壝
門之外如設次所以省牲及祀之日將入而序立也設牲牓於東
壝之外當門西向蒼牲一居前又蒼牲一又青牲一在北少退南
上次赤牲一次黃牲一白牲一玄牲一又赤牲一白牲一在南少
退北上廩犧令位於牲西南祝史陪其後皆北向諸太祝位於牲
東各當牲後祝史陪其後西向太常卿位於牲前少北御史位於
其西皆南向又設酒尊之位上帝太尊著尊犧尊山罍各二在壇
上東南隅北向象尊壺尊山罍各二在壇下南陛之東北向俱西
上配帝著尊犧尊象尊山罍各二在壇上於上帝酒尊之東北向
西上五帝日月各太尊二在第一等內官每陛間各象尊二在第
二等中官每陛間各壺尊二在第三等外官每道間各概尊二於

下壇下衆星毎道間各設尊二於内壝之外凡尊設於神座之左
而右向（尊皆加勺羃五帝日月以上皆有坫以置爵也）設御洗於午陛東南亞獻終獻同洗於
卯陛之南皆北向罍水在洗東篚在洗西南肆（篚實以巾爵也）分獻罍洗
篚羃各於其方陛道之左内向執尊罍篚羃者各立於其後玉幣
之篚於壇上下尊坫之所前祀一日晡後太史令郊社令各常服
帥其屬升設昊天上帝神座於壇上北方南向席以槀秸高祖神
堯皇帝神座於東方西向席以莞五方帝日月於壇第一等青帝
於東陛之北赤帝於南陛之東黄帝於南陛之西白帝於西陛之
南黒帝於北陛之西大明於東陛之南夜明於西陛之北席皆以
槀秸五星十二辰河漢及内官五十有五於第二等十有二陛之
間各依其方席皆内向其内官有北辰座於東陛之北曜魄寶於
北陛之西北斗於南陛之東天一太一皆在北斗之東五帝内座
於曜魄寶之東皆差在前二十八宿及中官一百五十有九於第
三等其二十八宿及帝座七公日星帝席大角攝提太微太子明

堂軒轅三台五車諸王月星織女建星天紀等十有七皆差在
前外官一百有五於内壝之内衆星三百六十於内壝之外各依
方次十有二道之間席皆以莞若在宗廟則前享三日尚舍直長
施大次於廟東門之外道北南向守宫設文武侍臣次於其後文
左武右俱南向設諸享官九廟子孫於齋坊内道東近南西向北
上文官九品又於其南東方南方蕃客又於其南西向北上介公
酅公於廟西門之外近南武官九品於其南西方北方蕃客又於
其南東向北上前享一日奉禮郎設御位於廟東南西向設享官
公卿位於東門之内道南執事者位於其後西向北上御史位於
廟堂之下一在東南西向一在西南東向令史各陪其後奉禮郎
位於樂縣東北贊者二人在南差退俱西向協律郎位於廟堂上
前楹之間近西東向太樂令位於北縣之間北向設從享之官位
九廟子孫於享官公卿之南昭穆異位文官九品以上又於其南
東方南方蕃客又於其南西向北上介公酅公位於西門之内道

南武官九品於其南少西西方北方蕃客又於其南東向北上
設牲牓於東門之外如郊之位設尊彝之位於廟堂之上下每座
斝彝一黄彝一犧尊象尊著尊山罍各二在堂上皆於神座之左
獻祖太祖高祖高宗尊彝在前楹間北向懿祖代祖太宗中宗睿
宗尊彝在戶外南向各有坫焉其壺尊二太尊二山罍四皆在堂
下階間北向西上簠簋鉶籩豆在堂上俱東側階之北每座四簋居
前四簠次之六登次之六鉶次之籩豆為後皆以南為上屈陳而下
御洗在東階東南亞獻又於東南俱北向罍水在洗東篚在洗西
南肆享日未明五刻太廟令服其服布昭穆之座於戶外自西序
以東獻祖太祖高祖高宗皆北廂南向懿祖代祖太宗中宗睿宗
南廂北向每座黼扆莞席紛純藻席畫純次席黼純左右几四曰
省牲器省牲之日午後十刻去壇二百步所禁行人晡後二刻郊
社令丞帥府史三人及齋郎以尊坫罍洗篚冪入設於位三刻謁
者贊引各引祀官公卿及牲皆就位謁者引司空贊引引御史入

詣壇東陛升行掃除於上降行樂縣於下初司空將升謁者引太
常卿贊引引御史入詣壇東陛升視滌濯降就省牲位南向立廩
犧令少前曰請省牲太常卿省牲廩犧令北面舉手曰腯諸太祝
各循牲一匝西向舉手曰充諸太祝與廩犧令以次牽牲詣廚授
太官謁者引光祿卿詣廚省鼎鑊申視濯溉祀官御史省饌具乃
還齋所祀日未明十五刻太官令帥宰人以鸞刀割牲祝史以豆取
毛血各置於饌所遂烹牲其于廟亦如之五曰奠玉帛祀日未明
三刻郊社令良醖令各帥其屬入實尊罍太祝以玉幣置於篚太
官令帥進饌者實諸籩豆簠簋於饌幔未明二刻奉禮郎帥贊者
先入就位贊者引御史博士諸太祝及令史祝史與執事者入自
東門壇南北向西上奉禮郎曰再拜贊者承傳御史以下皆再拜
執尊罍篚冪者各就位贊者引御史諸太祝升壇東陛御史一
人太祝二人行掃除於上及第一等御史一人太祝七人行掃除於
下未明一刻謁者贊引各引羣臣就門外位太樂令帥工人二舞

以次入文舞陳於縣內武舞立於縣南謁者引司空入奉禮郎曰再拜司空再拜升自東陛行掃除於上降行樂縣於下謁者贊引各引羣臣入就位初未明三刻諸衛列大駕仗衛侍中版奏請中嚴乘黄令進玉輅於行宫南門外南向未明一刻侍中版奏外辦皇帝服衮冕乘輿以出皇帝升輅如初黄門侍郎奏請進發至大次門外南向侍中請降輅皇帝降輅乘輿之次半刻頃太常博士引太常卿立於大次外當門北向侍中版奏外辦質明皇帝服大裘而冕博士引太常卿太常卿引皇帝至中壝門外殿中監進大珪尚衣奉御又以鎮珪授殿中監以進皇帝搢大珪執鎮珪禮部尚書與近侍者從皇帝至版位西向立太常卿前奏請再拜皇帝再拜奉禮郎曰衆官再拜在位者皆再拜太常卿前曰有司謹具請行事協律郎跪俛伏舉麾樂舞六成偃麾戛敔樂止太常卿前奏請再拜皇帝再拜奉禮郎曰衆官再拜在位者皆再拜諸太祝跪取玉幣於篚各立於尊所皇帝升壇自南陛北向立太祝以玉

幣授侍中東向以進皇帝搢鎮珪受之跪奠於昊天上帝俛伏興少退再拜立於西方東向太祝以幣授侍中以進皇帝受幣跪奠於高祖神堯皇帝俛伏興拜降自南陛復于位皇帝將奠配帝之幣謁者七人分引獻官奉玉幣俱進跪奠於諸神之位祝史齋郎助奠初衆官再拜祝史各奉毛血之豆入各由其陛升諸太祝迎取於壇上進奠之退立於尊所若宗廟曰晨祼享日未明四刻太廟令良醞令各帥其屬入實尊罍太官令帥進饌者實諸籩豆簠簋未明三刻奉禮郎帥贊者先入就位贊者引御史博士宫闈令太祝及令史祝史與執事者入自東門當階間北向西上奉禮郎曰再拜御史以下皆再拜執尊罍篚冪者各就位贊者引御史諸太祝升自東階行掃除於堂上令史祝史行掃除於下太廟令帥其屬陳瑞物太階之西上瑞爲前列次瑞次之下瑞爲後又陳伐國寶器亦如之皆北向西上藉以席未明二刻陳腰輿於東階之東每室各二皆西向北上贊者引太廟令太祝宫闈令帥内外執事者

以腰輿升自東階入獻祖室開埳室太祝宫闈令奉神主各置於輿出置於座次出懿祖以下神主如獻祖鑾駕將至謁者贊者各引享官通事舍人分引從享羣官九廟子孫諸方客使皆就門外位鑾駕至大次門外回輅南向將軍降立於輅右侍中請降輅皇帝降輅乘輿之大次通事舍人引文武五品以上從享之官皆就門外位太樂令帥工人二舞入謁者引司空入就位奉禮郎曰再拜司空再拜升自東階行掃除於堂上降行樂縣於下初司空行樂縣謁者贊引各引享官通事舍人分引九廟子孫從享羣官諸方客使入就位皇帝停大次半刻頃侍中版奏外辦皇帝出太常卿引皇帝至廟門外殿中監進鎮珪皇帝執鎮珪近侍者從入皇帝至版位西向立太常卿前曰再拜皇帝再拜奉禮郎曰衆官再拜在位者皆再拜太常卿前曰有司謹具請行事協律郎舉麾鼓柷樂舞九成偃麾戛敔樂止太常卿曰再拜皇帝再拜奉禮郎曰衆官再拜在位者皆再拜皇帝詣罍洗侍中跪取匜興沃水又跪

取盤興承水皇帝搢珪盥手黄門侍郎跪取巾於篚興以帨受巾跪奠於篚又取瓚於篚興以進皇帝受瓚侍中酌水奉盤皇帝洗瓚黄門侍郎授巾如初皇帝拭瓚升自阼階就獻祖尊彝所執尊者舉冪侍中贊酌鬱酒進獻祖神座前北向跪以鬯祼地奠之俛伏興少退北向再拜又就懿祖尊彝所執尊者舉冪侍中取瓚於坫以進皇帝受瓚侍中贊酌鬱酒進懿祖神座前南向跪以鬯祼地奠之次祼太祖以下皆如懿祖皇帝降自阼階復于版位初羣官已再拜祝史各奉毛血及肝膋之豆立於東門外齋郎奉爐炭蕭稷黍各立於其後以次入自正門升自太階諸太祝各迎取毛血肝膋於階上進奠於神座前祝史退立於尊所齋郎奉爐炭置於神座之左其蕭稷黍各置於其下降自阼階以出諸太祝取肝膋燔於爐還尊所

禮樂志第一

禮樂志第二　唐書十二

翰林學士兼龍圖閣學士朝散大夫給事中知制誥充史館修撰臣歐陽脩奉
敕撰

六曰進熟皇帝既升奠玉幣太官令帥進饌者奉饌各陳於內壝門外謁者引司徒出詣饌所司徒奉昊天上帝之俎太官令引饌入門各至其陛祝史俱進跪徹毛血之豆降自東陛以出諸太祝迎饌於壇上司徒太官令俱降自東陛以出又進設外官衆星之饌皇帝詣罍洗盥手洗爵升壇自南陛司徒升自東陛立於尊所齋郎奉俎從升立於司徒後皇帝詣上帝尊所執尊者舉冪侍中贊酌汎齊進昊天上帝前北向跪奠爵興少退立太祝持版進於神右東向跪讀祝文曰維某年歲次月朔日嗣天子臣某敢昭告于昊天上帝皇帝再拜詣配帝酒尊所執尊者舉冪侍中取爵於坫以進皇帝受爵侍中贊酌泛齊進高祖神堯皇帝前東向跪奠興少退立太祝持版進於左北向跪讀祝文曰維某年歲次月朔

日曾孫開元神武皇帝臣某敢昭告于高祖神堯皇帝皇帝再拜進昊天上帝前北向立太祝各以爵酌上尊福酒合置一爵太祝持爵授侍中以進皇帝再拜受爵跪祭酒啐酒奠爵俛伏興太祝各帥齋郎進俎太祝減神前胙肉共置一俎授司徒以進皇帝受以授左右皇帝跪取爵遂飲卒爵侍中進受虛爵復於坫皇帝俛伏興再拜降自南陛復于位文舞出武舞入初皇帝將復位謁者引太尉詣罍洗盥手洗匏爵自東陛升壇詣昊天上帝著尊所執尊者舉冪太尉酌醴齊進昊天上帝前北向跪奠爵興再拜詣配帝犧尊所取爵於坫酌醴齊進高祖神堯皇帝前東向跪奠爵興再拜進昊天上帝前北向立諸太祝各以爵酌福酒合置一爵進于右西向立太尉再拜受爵跪祭酒遂飲卒爵太祝進受虛爵復於坫太尉再拜降復位初太尉獻將畢謁者引光祿卿詣罍洗盥手洗匏爵升酌盎齊終獻如亞獻太尉將升獻謁者七人分引五方帝及大明夜明等獻官詣罍洗盥手洗匏爵各由其陛升酌汎

齊進跪奠於神前初第一等獻官將升謁者五人次引獻官各詣罍洗盥洗各由其陛升壇詣第二等內官酒尊所酌汎齊以獻贊者四人次引獻官詣罍洗盥洗詣外官酒尊所酌清酒以獻贊者四人次引獻官詣罍洗盥洗詣衆星酒尊所酌昔酒以獻其祝史齋郎酌酒助奠皆如內官上下諸祝各進跪徹豆還尊所奉禮郎曰賜胙贊者曰衆官再拜在位者皆再拜太常卿前奏請再拜皇帝再拜奉禮郎曰衆官再拜在位者皆再拜樂作一成太常卿前奏請就望燎位皇帝就位南向立上下諸祝各執篚取玉幣祝版禮物以上齋郎以俎載牲體稷黍飯及爵酒各由其陛降壇詣柴壇自南陛登以幣祝版饌物置於柴上戶內諸祝又以內官以下禮幣皆從燎奉禮郎曰可燎東西面各六人以炬燎火半柴太常卿前曰禮畢皇帝還大次出中壝門殿中監前受鎮珪以授尚衣奉御殿中監又前受大珪皇帝入次謁者贊引各引祀官通事舍人分引從祀羣官諸方客使以次出贊者引御史太祝以下俱復

執事位奉禮郎曰再拜御史以下皆再拜出工人二舞以次出若宗廟曰饋食皇帝既升祼太官令出帥進饌者奉饌陳於東門之外西向南上謁者引司徒出詣饌所司徒奉獻祖之俎太官引饌入自正門至於[illegible]階祝史俱進徹毛血之豆降自阼階以出諸太祝迎饌於階上設之乃取蕭稷黍擩於脂燔於爐太常卿引皇帝詣罍洗盥手洗爵升自阼階詣獻祖尊彝所執尊者舉冪侍中贊酌汎齊進獻祖前北向跪奠爵又詣尊所侍中取爵於坫以進酌汎齊進神前北向跪奠爵退立太祝持版進於神右東面跪讀祝文曰維某年歲次月朔日孝曾孫開元神武皇帝某敢昭告于獻祖宣皇帝祖妣宣莊皇后張氏皇帝再拜又再拜興詣懿祖尊彝酌汎齊進神前南向跪奠爵少西俛伏興又酌汎齊進神前南向跪爵少東退立祝史西面跪讀祝文皇帝再拜又再拜次奠太祖代祖高祖太宗高宗中宗睿宗皆如懿祖乃詣東序西向立司徒升自阼階立於前楹間北面東上諸太祝各以爵酌上尊福酒合置

一爵太祝持爵授侍中以進皇帝再拜受爵跪祭酒啐酒奠爵俛
伏興諸太祝各帥齋郎進俎太祝減神前三牲胙肉共置一俎上
以黍稷飯共置一籩授司徒以進太祝又以胙肉授司徒以進皇
帝每受以授左右乃跪取爵飲卒爵侍中進受虛爵以授太祝復
於坫皇帝降自阼階復于版位文舞出武舞入初皇帝將復位太
尉詣罍洗盥手洗爵升自阼階詣獻祖尊彝所酌醴齊進神前北
向跪奠爵少東興再拜又取爵於坫酌醴齊進神前北向跪奠爵
少西北向再拜次奠懿祖太祖代祖高祖太宗高宗中宗睿宗如
獻祖乃詣東序西向立諸太祝各以爵酌福酒合置一爵太祝持
爵進於左北向立太尉再拜受爵跪祭酒遂飲卒爵太祝進受爵
復於坫太尉興再拜復于位初太尉獻將畢謁者引光祿卿詣罍
洗盥洗升酌盎齊終獻如亞獻諸太祝各進徹豆還尊所奉禮郎
曰賜胙贊者曰衆官再拜在位者皆再拜太常卿前奏請再拜皇
帝再拜奉禮郎曰衆官再拜在位者皆再拜樂一成止太常卿前

曰禮畢皇帝出門殿中監前受鎮珪通事舍人謁者贊引各引享
官九廟子孫及從享群官諸方客使以次出贊引引御史太祝以
下俱復執事位奉禮郎曰再拜御史以下皆再拜以出工人二舞
以次出太廟令與太祝宮闈令帥腰輿升納神主其祝版燔於齋
坊七祀各因其時享司命戶以春竈以夏中霤以季夏土王之日
門厲以秋行以冬時享之日太廟令布神席于廟庭西門之內道
南東向北上設酒尊于東南罍洗又於東南太廟令良醞令實尊
篚太官丞引饌光祿卿升終獻獻官乃即事一獻而止其配享功
臣各位於其廟室太階之東少南西向以北爲上壷尊二於座左
設洗於終獻洗東南北向以太官令奉饌廟享已亞獻然後獻官
即事而助奠者分奠一獻而止此冬至祀昊天上帝于圓丘孟冬
祫于太廟之禮在乎壇壝宗廟之間禮盛而物備者莫過乎此也
其壇堂之上下壝門之內外次位之尊卑與其向立之方出入降
登之節大抵可推而見其盛且備者如此則其小且略者又可推

而知也至於壇埳神位尊爵玉幣籩豆簠簋牲牢冊祝之數皆略
依古四成而成高八尺一寸下成廣二十丈而五減之至于五丈
而十有二陛者圓丘也八觚三成成高四尺上廣十有六步設八
陛上陛廣八尺中陛一丈下陛丈有二尺者方丘也高廣皆四丈
者神州之壇也其廣皆四丈而高八尺者青帝七尺者赤帝五尺
者黃帝九尺者白帝六尺者黑帝之壇也廣四丈高八尺者朝日
之壇也爲坎深三尺縱廣四丈壇於其中高一尺方廣四丈者夕
月之壇也廣五丈以五土爲之者社稷之壇也高尺廣丈蜡壇也
高五尺周四十步者先農先蠶之壇也其高皆三尺廣皆丈者小
祀之壇也嶽鎮海瀆祭於其廟無廟則爲之壇於坎廣一丈四向
爲陛者海瀆之壇也廣二丈五尺高三尺四出陛者古帝王之壇
也廣一丈高一丈二尺戶方六尺者大祀之燎壇也廣八尺高一
丈戶方三尺者中祀之燎壇也廣五尺戶方二尺者小祀之燎壇
也皆開上南出瘞坎皆在內壝之外壬地南出陛方深足容物此

壇埳之制也冬至祀昊天上帝於圓丘以高祖神堯皇帝配東方
青帝靈威仰南方赤帝赤熛怒中央黃帝含樞紐西方白帝白招
拒北方黑帝汁光紀及大明夜明在壇之第一等天皇大帝北辰
北斗天一太一紫微五帝座並差在行位前餘內官諸坐及五星
十二辰河漢四十九坐在第二等十有二陛之間中官市垣帝座
七公日星帝席大角攝提太微五帝太子明堂軒轅三台五車諸
王月星織女建星天紀十七座及二十八宿差在前列其餘中官
一百四十二座皆在第三等十二陛之間外官一百五在內壝之
內衆星三百六十在內壝之外正月上辛祈穀祀昊天上帝以高
祖神堯皇帝配五帝在四方之陛孟夏雩祀昊天上帝以太宗文
武聖皇帝配五方帝在第一等五帝在第二等五官在壇下之東
南季秋祀昊天上帝以睿宗大聖真皇帝配五方帝在五室五帝
各在其左五官在庭各依其方立春祀青帝以太皞氏配歲星三
辰在壇下之東北七宿在西北句芒在東南立夏祀赤帝以神農

氏配熒惑三辰七宿祝融氏之位如青帝季夏土王之日祀黃帝以軒轅氏配鎮星后土氏之位如赤帝立秋祀白帝以少昊氏配太白三辰七宿蓐收之位如赤帝立冬祀黑帝以顓頊氏配辰星三辰七宿玄冥氏之位如白帝蜡祭百神大明夜明在壇上神農伊耆各在其壇上后稷在壇東五官田畯各在其方五星十二次二十八宿五方之岳鎮海瀆山林川澤丘陵墳衍原隰井泉各在其方之壝龍麟朱鳥騶虞玄武鱗羽蠃毛介水墉坊郵表畷於菟貓各在其方壇之後夏至祭皇地祇以高祖配五方之岳鎮海瀆原隰丘陵墳衍在內壝之內各居其方而中岳以下在西南孟冬祭神州地祇以太宗配社以后土稷以后稷配吉亥祭神農以后稷配而朝日夕月無配席尊者以槀秸卑者以莞此神位之序也以太尊實汎齊著尊實醴齊犧尊實盎齊山罍實酒皆二以象尊實醍齊壺尊實沈齊皆二山罍實酒四以祀昊天上帝皇地祇神州地祇以著尊實汎齊犧尊實醴齊象尊實盎齊山罍實酒皆二

以祀配帝以著尊二實醴齊以祀內官以犧尊二實盎齊以祀中官以象尊二實醍齊以祀外官以壺尊二實昔酒以祀衆星日月以上皆有坫迎氣五方帝五人帝以六尊惟山罍皆減上帝之半五方帝大享於明堂太尊著尊犧尊山罍各二五方帝從祀於圓丘以太尊實汎齊皆二五人帝從享於明堂以著尊實醴齊皆二日月以太尊實醴齊著尊實盎齊皆二以山罍實酒一從祀於圓丘以太尊二實汎齊神州地祇從祀於方丘以太尊二實汎齊五官五星三辰后稷以象尊實醍齊七宿以壺尊實沈齊皆二蜡祭神農伊耆氏以著尊皆二實盎齊田畯龍麟朱鳥騶虞玄武以壺尊實沈齊鱗羽蠃毛介丘陵墳衍原隰井泉水墉坊郵表畷虎貓昆蟲以散尊實清酒皆二嶽鎮海瀆以山尊實醍齊山川林澤以蜃尊實沈齊皆二伊耆氏以上皆有坫太社以太罍實醍齊著尊實盎齊皆二山罍一太稷后稷氏亦如之其餘中祀皆以犧尊實醍齊象尊實盎齊山罍實酒皆二小祀皆以象尊二實醍齊宗廟

祫享室以斝彝實明水黃彝實鬯皆一犧尊實汎齊象尊實醴齊著尊實盎齊山罍實酒皆二設堂上壺尊實醍齊大尊實沈齊山罍實酒皆二設堂下禘享雞彝鳥彝一時享春夏室以雞彝鳥彝一秋冬以斝彝黃彝一皆有坫七祀及功臣配享以壺尊二實醍齊別廟之享春夏以雞彝實明水鳥彝實鬯皆一犧尊實醴齊象尊實盎齊山罍實酒皆二秋冬以斝彝黃彝皆一著尊壺尊山罍皆二太子之廟以犧尊實醴齊象尊實盎齊山罍實酒皆二凡祀五齊之上尊必皆實明水山罍之上尊必皆實明酒小祀之上尊亦實明水此尊爵之數也冬至祀昊天上帝以蒼璧上辛明堂以四圭有邸與配帝之幣皆以蒼內官以下幣如方色皇地祇以黃琮與配帝之幣皆以黃青帝以青圭赤帝以赤璋黃帝以黃琮白帝以白琥黑帝以黑璜幣如其玉日以圭璧幣以青月以圭璧幣以白神州社稷以兩圭有邸幣以黑嶽鎮海瀆以兩圭有邸幣如其方色神農之幣以赤伊耆以黑五星以方色先農之幣以青先

蠶之幣以黑配坐皆如之它祀幣皆以白其長丈八尺此玉幣之制也冬至祀圓丘昊天上帝配帝籩十二豆十二簋一簠一㽅一俎一五方上帝大明夜明籩八豆八簋一簠一㽅一俎一五星十二辰河漢及內官中官籩二豆二簋一簠一俎一外官衆星籩豆簋簠俎各一正月上辛祈穀圓丘昊天配帝五方帝如冬至孟夏雩祀圓丘昊天配帝五方帝如冬至五人帝籩四豆四簋一簠一俎一五官籩二豆二簋一簠一俎一季秋大享明堂如雩祀立春祀青帝及太昊氏籩豆皆十二簋一簠一㽅一俎一歲星三辰句芒七宿籩二豆二簋一簠一俎一其赤帝黃帝白帝黑帝皆如之蜡祭百神大明夜明籩十豆十簋一簠一㽅一俎一神農伊耆籩豆各四簋簠㽅俎各一五星十二辰后稷五方田畯岳鎮海瀆二十八宿五方山林川澤籩豆各二簋簠俎各一丘陵墳衍原隰龍麟朱鳥白虎玄武鱗羽毛介於菟等籩豆各一簋簠俎各一又井泉籩豆各一簋簠俎各一春分朝日秋分夕月籩十豆十簋一簠一㽅

一俎一四時祭風師雨師靈星司中司命司人司祿籩八豆八簋一簠一俎一夏至祭方丘皇地祇及配帝籩豆皆十二簋一簠一㽅一俎一神州籩四豆四簋一簠一㽅一俎一其五岳四鎮四海四瀆及五方山川林澤籩二豆二簋簠簠俎各一孟冬祭神州及配帝籩豆皆十二簋一簠一㽅一俎一春秋祭太社太稷及配坐籩豆皆十簋二簠二鉶三俎三四時祭馬祖馬社先牧馬步籩豆皆八簋一簠一俎一時享太廟每室籩豆皆十二簋二簠二㽅三鉶三俎三七祀籩二豆二簋二簠二俎一祫享功臣配享如七祀孟春祭帝社及配坐籩豆皆十簋二簠二㽅三鉶三俎三季春祭先蠶籩豆皆十簋二簠二㽅三鉶三俎三孟冬祭司寒籩豆皆八簋一簠一俎一春秋釋奠於孔宣父先聖先師籩十豆十簋二簠二㽅三鉶三俎三若從祀籩豆皆二簋一簠一俎一春秋釋奠於齊太公留侯籩豆皆十簋二簠二㽅三鉶三俎三仲春祭五龍籩豆皆八簋一簠一俎一四時祭五岳四鎮四海四瀆各籩豆十簋二簠二俎三三年一祭先代

帝王及配坐籩豆皆十簋二簠二俎三州縣祭社稷先聖釋奠於先師籩豆皆八簋二簠二俎三籩以石鹽槀魚棗栗榛菱芡之實鹿脯白餅黑餅糗餌粉餈豆以韭葅醓醢菁葅鹿醢芹葅兔醢筍葅魚醢脾析葅豚胉䬪食糝食中祀之籩無糗餌粉餈豆無䬪食糝食小祀之籩無白餅黑餅豆無脾析葅豚胉凡用皆四者籩以石鹽棗實栗黃鹿脯豆以芹葅兔醢菁葅鹿醢用皆二者籩以栗黃牛脯豆以葵葅鹿醢用皆一者籩以牛脯豆以鹿醢用牛脯者通以羊凡簠簋皆一者簋以稷簠以黍用皆二者簋以黍稷簠以稻粱實㽅以大羹鉶以肉羹此籩豆簠簋㽅鉶之實也昊天上帝蒼犢五方帝方色犢大明青犢夜明白犢神州地祇黑犢配帝之犢天以蒼地以黃神州以黑皆一宗廟太社太稷帝社先蠶古帝王嶽鎮海瀆皆太牢社稷之牲以黑五官五星三辰七宿皆少牢蜡祭神農氏伊耆氏少牢后稷及五方十二次五官五田畯五嶽四鎮海瀆日月方以犢二星辰以降方皆少牢五井泉皆羊一非順成之方則闕風師雨師靈星司中司命司人司祿馬祖先牧馬社馬步皆羊一司寒黑牲一凡牲在滌大祀九旬中祀三旬小祀一旬養而不卜無方色則用純必有副焉省牲而犢鳴則免之而用副禁其棰桁死則瘞之創病者請代犢皆折之牲不養凡祀皆以其日未明十五刻太官令帥宰人以鑾刀割牲祝史以豆斂毛血置饌所祭則奉之以入遂亨之肉載以俎皆升右胖體十一前節三肩臂臑後節二肫胳正脊一脡脊一橫脊一正脅一短脅一代脅一皆並骨別祭用太牢者酒二斗脯一段醢四合用少牢者酒減半此牲牢之別也祝版其長一尺一分廣八寸厚二分其木梓楸凡大祀中祀署版必拜皇帝親祠至大次郊社令以祝版進署受以出奠於坫宗廟則太廟令進之若有司攝事則進而御署皇帝北向再拜侍臣奉版郊社令受以出皇后親祠則郊社令預送內侍享前一日進署后北向再拜近侍奉以出授內侍送享所享日之平明女祝奠於坫此册祝之制也

禮樂志第二

禮樂志第三　　唐書十三

翰林學士兼龍圖閣學士朝散大夫給事中知制誥充史館修撰臣歐陽　脩奉

敕撰

自周衰禮樂壞于戰國而廢絶于秦漢興六經在者皆錯亂散亡
雜僞而諸儒方共補緝以意解詁未得其眞而讖緯之書出以亂
經矣自鄭玄之徒號稱大儒皆主其說學者由此牽惑没溺而時
君不能斷決以爲有其舉之莫可廢也由是郊丘明堂之論至於
紛然而莫知所止禮曰以禋祀祀昊天上帝此天也玄以爲天皇
大帝者北辰耀魄寶也又曰兆五帝於四郊此五行精氣之神也
玄以爲青帝靈威仰赤帝赤熛怒黃帝含樞紐白帝白招拒黑帝
汁光紀者五天也由是有六天之說後世莫能廢焉唐初貞觀禮
冬至祀昊天上帝于圜丘正月辛日祀感生帝靈威仰于南郊以
祈穀而孟夏雩于南郊季秋大享于明堂皆祀五天帝至高宗時
禮官以謂太史圜丘圖昊天上帝在壇上而耀魄寶在壇第一等

則昊天上帝非耀魄寶可知而祠令及顯慶禮猶著六天之說顯
慶二年禮部尚書許敬宗與禮官等議曰六天出於緯書而南郊
圜丘一也玄以爲二物郊及明堂本以祭天而玄皆以爲祭太微
五帝傳曰凡祀啓蟄而郊郊而後耕故郊祀后稷以祈農事而玄
謂周祭感帝靈威仰配以后稷因而祈穀皆繆論也由是盡黜玄
說而南郊祈穀孟夏雩明堂大享皆祭昊天上帝乾封元年詔祈
穀復祀感帝二年又詔明堂兼祀昊天上帝及五帝開元中起居
舍人王仲丘議曰按貞觀禮祈穀祀感帝而顯慶禮祀昊天上帝
傳曰郊而後耕詩曰噫嘻春夏祈穀于上帝禮記亦曰上辛祈穀
于上帝而鄭玄乃云天之五帝迭王王者之興必感其一因別祭
尊之故夏正之月祭其所生之帝於南郊以其祖配之故周祭靈
威仰以后稷配因以祈穀然則祈穀非祭之本意乃因后稷爲配
爾此非祈穀之本義也夫祈穀本以祭天也然五帝者五行之精
所以生九穀也宜於祈穀祭昊天而兼祭五帝又曰月令大雩大

享帝皆盛祭也而孟夏雩季秋大享貞觀禮皆祭五方帝而顯慶
禮皆祭昊天上帝宜兼用之以合大雩大享之義旣而蕭嵩等撰
定開元禮雖未能合古而天神之位別矣其配神之主武德中冬
至及孟夏雩祭皇地祇于方丘神州地祇於北郊以景帝配而上
辛祈穀祀感帝于南郊季秋祀五方天帝於明堂以元帝配貞觀
初圜丘明堂北郊以高祖配而元帝惟配感帝高宗永徽二年以
太宗配祀明堂而有司乃以高祖配五天帝太宗配五人帝太尉
長孫无忌等與禮官議以謂自三代以來歷漢魏晉宋無父子同
配於明堂者祭法曰周人禘嚳而郊稷祖文王而宗武王鄭玄以
祖宗合爲一祭謂祭五帝五神于明堂以文武共配而王肅駁曰
古者祖功宗德自是不毁之名非謂配食於明堂春秋傳曰禘郊
祖宗報五者國之典祀也以此知祖宗非一祭於是以高祖配于
圜丘太宗配于明堂乾封二年詔圜丘五方明堂感帝神州皆以
高祖太宗並配則天垂拱元年詔有司議而成均助教孔玄義太

子右諭德沈伯儀鳳閣舍人元萬頃范履冰議皆不同而卒用萬
頃履冰之說由是郊丘諸祠常以高祖太宗高宗並配開元十一
年親享圜丘中書令張說衛尉少卿韋縚爲禮儀使乃以高祖配
而罷三祖並配至二十年蕭嵩等定禮而祖宗之配定矣寶應元
年太常卿杜鴻漸禮儀使判官薛頎歸崇敬等言禘者冬至祭天
於圜丘周人配以遠祖唐高祖非始封之君不得爲太祖以配天
地而太祖景皇帝受封于唐即殷之契周之后稷也請以太祖郊
配天地諫議大夫黎幹以謂禘者宗廟之事非祭天而太祖非受
命之君不宜作配爲十詰十難以非之書奏不報乃罷高祖以景
皇帝配明年旱言事者以爲高祖不得配之過也代宗疑之詔羣
臣議太常博士獨孤及議曰受命於神宗禹也而夏后氏祖顓頊
而郊鯀纘禹黜夏湯也而殷人郊冥而祖契革命作周武王也而
周人郊稷而祖文王太祖景皇帝始封于唐天所命也由是配享
不易嗚呼禮之失也豈獨緯書之罪哉在於學者好爲曲說而人

君一切臨時申其私意以增多爲盡禮而不知煩數之爲黷也古者祭天於圓丘在國之南祭地於澤中之方丘在國之北所以順陰陽因高下而事天地以其類也其方位既別而其燎壇瘞坎樂舞變數亦皆不同而後世有合祭之文則天天冊萬歲元年親享南郊始合祭天地睿宗即位將有事於南郊諫議大夫賈曾議曰祭法有虞氏禘黄帝而郊嚳夏后氏禘黄帝而郊鯀郊之與廟皆有禘也禘於廟則祖宗合食於太祖禘於郊則地祇羣望皆合於圓丘以始祖配享蓋有事之大祭非常祀也三輔故事祭于圓丘上帝后土位皆南面則漢嘗合祭矣國子祭酒褚無量司業郭山惲等皆以曾言爲然是時睿宗將祭地於北郊故曾之議寢玄宗既已定開元禮天寶元年遂合祭天地于南郊是時神仙道家之說興陳王府參軍田同秀言玄元皇帝降丹鳳門乃建玄元廟二月辛卯親享玄元皇帝廟甲午親享太廟丙申有事于南郊其後遂以爲故事終唐之世莫能改也爲禮可不慎哉夫男女之不相

褻於内外也況郊廟乎中宗時將享南郊國子祭酒祝欽明言皇后當助祭太常博士唐紹蔣欽緒以爲不可左僕射韋巨源獨以欽明說爲是於是以皇后爲亞獻補大臣李嶠等女爲齋娘以執籩豆焉至德宗貞元六年又以皇太子爲亞獻親王爲終獻孝經曰宗祀文王於明堂以配上帝而三代有其名而無其制度故自漢以來諸儒之論不一至於莫知所從則一切臨時增損而不能合古然推其本旨要於布政交神於王者尊嚴之居而已其制作何必與古同然爲之者至無所據依乃引天地四時風氣乾坤五行數象之類以爲倣像而衆說亦不克成隋無明堂而季秋大享常寓雩壇唐高祖太宗時寓於圓丘貞觀中禮部尚書豆盧寬國子助教劉伯莊議從崑崙道上層以祭天下層以布政而太子中允孔穎達以爲非侍中魏徵以謂五室重屋上圓下方上以祭天下以布政自前世儒者所言雖異而以爲如此者多同至於高下廣狹丈尺之制可以因事制宜也祕書監顔師古曰周書敍明堂

有應門雉門之制以此知爲王者之常居爾其青陽總章玄堂太廟左右个皆路寢之名也文王居明堂之篇帶弓韣禮高禖九門磔禳國有酒以合三族推其事皆與月令合則皆在路寢也大戴禮曰在近郊又曰文王之廟也此奚足以取信哉且門有臯庫豈得施於郊野謂宜近在宮中徵及師古等皆當世名儒其論止於如此高宗時改元總章分萬年置明堂縣示欲必立之而議者益紛然或以爲五室或以爲九室而高宗依兩議以帟幕爲之與公卿臨觀而議益不一乃下詔率意班其制度至取象黄琮上設鴟尾其言益不經而明堂亦不能立至則天始毀東都乾元殿以其地立明堂其制淫侈無復可觀皆不足記其後火焚之既而又復立開元五年復以爲乾元殿而不毀初則天以木爲瓦夾紵漆之二十五年玄宗遣將作大匠康𧦬素毀之𧦬素以爲勞人乃去其上層易以真瓦而迄唐之世季秋大享皆寓圜丘書曰七世之廟可以觀德而禮家之說世數不同然自禮記王制祭法禮器大儒

荀卿劉歆班固王肅之徒以爲七廟者多蓋自漢魏以來創業之君特起其上世微又無功德以備祖宗故其初皆不能立七廟唐武德元年始立四廟曰宣簡公懿王景皇帝元皇帝貞觀九年高祖崩太宗詔有司定議諫議大夫朱子奢請立七廟虚太祖之室以待於是尚書八座議禮曰天子三昭三穆與太祖之廟而七晉宋齊梁皆立親廟六此故事也制曰可於是祔弘農府君及高祖爲六室二十三年太宗崩弘農府君以世遠毀藏夾室遂祔太宗及高宗崩宣皇帝遷于夾室而祔高宗皆爲六室武氏亂敗中宗神龍元年已復京太廟又立太廟于東都議立始祖爲七廟而議者欲以涼武昭王爲始祖太常博士張齊賢議以爲不可因曰古者有天下者事七世而始封之君謂之太祖太祖之廟百世不遷至祫祭則毀廟皆以昭穆合食于太祖商祖玄王周祖后稷其世數遠而遷廟之主皆出太祖後故合食之序尊卑不差漢以高皇帝爲太祖而太上皇不在合食之列爲其尊於太祖也魏以武帝

爲太祖晉以宣帝爲太祖武宣而上廟室皆不合食于祫至隋亦然唐受天命景皇帝始封之君太祖也以其世近而在三昭三穆之内而光皇帝以上皆以屬尊不列合食今宜以景皇帝爲太祖復祔宣皇帝爲七室而太祖以上四室皆不合食于祫博士劉承慶尹知章議曰三昭三穆與太祖爲七廟者禮也而王迹有淺深太祖有遠近太祖以功建昭穆以親崇有功者不遷親盡者則毀今以太祖近而廟數不備乃欲於昭穆之外遠立當遷之主以足七廟而乖迭毀之義不可天子下其議太臣禮部尚書祝欽明兩用其言於是以景皇帝爲始祖而不祔宣皇帝已而以孝敬皇帝爲義宗祔于廟由是爲七室而京太廟亦七室中宗崩中書令姚元之吏部尚書宋璟以爲義宗追尊之帝不宜列昭穆而其葬在洛州請立別廟于東都而有司時享其京廟神主藏于夾室由是祔中宗而光皇帝不遷遂爲七室矣睿宗崩博士陳貞節蘇獻等議曰古者兄弟不相爲後殷之盤庚不序於陽甲漢之光武不嗣

於孝成而晉懷帝亦繼世祖而不繼惠帝蓋兄弟相代昭穆位同至其當遷不可兼毀二廟荀卿子曰有天下者事七世謂從禰以上也若傍容兄弟上毀祖考則天子有不得事七世者矣孝和皇帝有中興之功而無後宜如殷之陽甲出爲別廟祔睿宗以繼高宗於是立中宗廟于太廟之西開元十年詔宣皇帝復祔于正室謚爲獻祖并謚光皇帝爲懿祖又以中宗還祔太廟於是太廟爲九室將親祔之而遇雨不克行乃命有司行事寶應二年祧獻祖懿祖祔玄宗肅宗自是之後常爲九室矣代宗崩禮儀使顏真卿議太祖高祖太宗皆不毀而代祖元皇帝當遷於是遷元皇帝而祔代宗德宗崩禮儀使杜黃裳議高宗在三昭三穆外當遷於是遷高宗而祔德宗蓋以中睿爲昭穆矣順宗崩當遷中宗而有司疑之以謂則天革命中宗中興之主也博士王涇史官蔣武皆以爲中宗得失在已非漢光武晉元帝之比不得爲中興不遷之君由是遷中宗而祔順宗自憲宗穆宗敬宗文宗四世祔廟睿玄肅代

以次遷至武宗崩德宗以次當遷而於世次爲高祖禮官始覺其非以謂兄弟不相爲後不得爲昭穆乃議復祔代宗而議者言已祧之主不得復入太廟禮官曰昔晉元明之世已遷豫章潁川後皆復祔此故事也議者又言廟室有定數而無後之主當置別廟禮官曰晉武帝時景文同廟廟雖六代其實七主至元帝明帝廟皆十室故賀循曰廟以容主爲限而無常數也於是復祔代宗而以敬宗文宗武宗同爲一代初玄宗之復祔獻祖也詔曰使親而不盡遠而不祧蓋其率意而言爾非本於禮也而後之爲說者乃遷就其事以謂三昭三穆與太祖祖功宗德三廟不遷爲九廟者周制也及敬文武三宗爲一代故終唐之世常爲九代十一室焉開元五年太廟四室壞奉其神主于太極殿天子素服避正殿輟朝三日時將行幸東都遂謁神主于太極殿而後行安祿山之亂宗廟爲賊所焚肅宗復京師設次光順門外嚮廟而哭輟朝三日其後黃巢陷京師焚毀宗廟而僖宗出奔神主法物從行皆爲賊

所掠巢敗復京師素服哭于廟而後入初唐建東西二都而東都無廟則天皇后僭號稱周立周七廟于東都以祀武氏改西京唐太廟爲享德廟神龍元年中宗復位遷武氏廟主于西京爲崇尊廟而以東都武氏故廟爲唐太廟祔光皇帝以下七室而親享焉由是東西二都皆有廟歲時並享其後安祿山陷兩京宗廟皆焚毀肅宗即位西都建廟作主而東都太廟毀爲軍營九室神主亡失至大曆中始於人間得之寓于太微宮不復祔享自建中至于會昌議者不一或以爲東西二京宜皆有廟而舊主當瘞虛其廟以俟巡幸則載主而行或謂宜藏其神主于夾室或曰周豐洛有廟者因遷都乃立廟爾今東都不因遷而立廟非也又曰古者載主以行者惟新遷一室之主爾未有載羣廟之主者也至武宗時悉廢羣議詔有司擇日修東都廟已而武宗崩宣宗竟以太微神主祔東都廟焉其追贈皇后追尊皇太后贈皇太子往往皆立別廟其近於禮者後世當求諸禮其不合於禮而出其私意者蓋其

制作與其論議皆不足取焉故不著也宣宗已復河湟三州七關
歸其功順宗憲宗而加謚號博士李稠請改作神主易書新謚右
司郎中楊發等議以謂古者已祔之主無改作加謚追尊非禮也
始於則天然猶不改主易書宜以新謚寶册告于陵廟可也是時
宰相以謂士族之廟皆就易書乃就舊主易書新謚焉禘祫大祭
也祫以昭穆合食于太祖而禘以審諦其尊卑此祫禘之義而為
禮者失之至於年數不同祖宗失位而議者莫知所從禮曰三年
一祫五年一禘傳曰五年再殷祭高宗上元三年十月當祫而有
司疑其年數太學博士史玄璨等議以為新君喪畢而祫明年而
禘自是之後五年而再祭蓋後禘去前禘五年而祫常在禘後三
年禘常在祫後二年魯宣公八年禘僖公蓋二年喪畢而祫明年
而禘至八年而再禘昭公二十年禘至二十五年又禘此可知也
議者以玄璨等言有經據遂從之睿宗崩開元六年喪畢而祫明
年而禘自是之後祫禘各自以年不相通數凡七祫五禘至二十

七年禘祫並在一歲有司覺其非乃議以為一禘一祫五年再殷
宜通數而禘後置祫歲數遠近二說不同鄭玄用高堂隆先三而
後二徐邈先二後三而邈以謂二禘相去為月六十中分三十置
一祫焉此最為得遂用其說由是一禘一祫在五年之間合於再
殷之義而置祫先後則不同焉禮禘祫太祖位于西而東向其子
孫列為昭穆昭南向而穆北向雖已毀廟之主皆出而序于昭穆
殷周之興太祖世遠而羣廟之主皆出其後故其禮易明漢魏以
來其興也暴又其上世微故創國之君為太祖而世近毀廟之主
皆在太祖之上於是禘祫不得如古而漢魏之制太祖而上毀廟
之主皆不合食唐興以景皇帝為太祖而世近在三昭三穆之內
至祫禘乃虛東向之位而太祖與羣廟列於昭穆代宗即位祔玄
宗肅宗而遷獻祖懿祖于夾室於是太祖居第一室禘祫得正其
位而東向而獻懿不合食建中二年太學博士陳京請為獻祖懿
祖立別廟至禘祫則享禮儀使顏真卿議曰太祖景皇帝居百代不

遷之尊而禘祫之時暫居昭穆屈己以奉祖宗可也乃引晉蔡謨
議以獻祖居東向而懿祖太祖以下左右為昭穆由是議者紛然
貞元十七年太常卿裴郁議以太祖百代不遷獻懿二祖親盡廟
遷而居東向非是請下百官議工部郎中張薦等議與真卿同太
子左庶子李嶸等七人曰真卿所用晉蔡謨之議也謨為禹不先
鯀之說雖有其言當時不用獻懿二祖宜藏夾室以合祭法遠廟
為祧而壇墠有禱則祭無禱則止之義吏部郎中柳冕等十二人
曰周禮有先公之祧遷祖藏於后稷之廟其周未受命之祧乎又有
先王之祧其遷主藏於文武之廟其周已受命之祧乎今獻祖懿
祖猶周先公也請築別廟以居之司勳員外郎裴樞曰建石室於
寢園以藏神主至禘祫之歲則祭之考功員外郎陳京同官縣尉仲
子陵皆曰遷神主於德明興聖廟京兆少尹韋武曰祫則獻祖東
向禘則太祖東向十一年左司郎中陸淳曰議者多矣不過三而已
一曰復太祖之正位二曰並列昭穆而虛東向三曰祫則獻祖禘

則太祖遂居東向而復正太祖之位為是然太祖復位則獻懿之
主宜有所歸一曰藏諸夾室二曰置之別廟三曰遷于園寢四曰
祔於興聖然而藏諸夾室則無饗獻之期置之別廟則非禮經
之文遷于寢園則亂宗廟之儀唯祔于興聖為是至十九年左僕射
姚南仲等獻議五十七封付都省集議戶部尚書王紹等五十五
人請遷懿祖祔興聖廟議遂定由是太祖始復東向之位若諸臣
之享其親廟室服器之數視其品開元十二年著令一品二品四
廟三品三廟五品二廟嫡士一廟庶人祭於寢及定禮二品以上
四廟三品三廟三品以上不須爵者亦四廟四廟有始封為五廟
四品五品有兼爵亦三廟六品以下達于庶人祭於寢天寶十載
京官正員四品清望及四品五品清官聽立廟勿限兼爵雖品
及而建廟未逮亦聽寢祭廟之制三品以上九架廈兩旁三廟者
五間中為三室左右廈一間前後虛之無重栱藻井室皆為石
室一於西墉三之一近南距地四尺容二十廟垣周之為南門東門

門屋三室而上間以廟增建神廚於廟東之少南齋院於東門之外少北制勿逾於廟三品以上有神主五品以上有几筵牲以少牢羊豕一六品以下特豚不以祖禰貴賤皆子孫之牲牲闕代以野獸五品以上室異牲六品以下共牲二品以上室以籩豆十三品以八四品五品以六五品以上室皆簠二簋二甑二鉶二俎三尊二罍二勺二爵六盤一坫一篚一牙盤胙俎一祭服三品以上玄冕五品以上爵弁六品以下進賢冠各以其服凡祔皆給休五日時享皆四日散齋二日於正寢致齋一日於廟子孫陪者齋一宿於家始廟則署主而祔後喪闋乃祔喪二十八月上旬卜而祔始神事之矣王公之主載以輅夫人之主以翟車其餘皆以輿天子以四孟臘享太廟諸臣避之祭仲而不臘三歲一祫五歲一禘若祔若常享若禘祫卜日齋戒省牲視滌濯鼎鑊亨牲實饌三獻飲福受胙進退之數大抵如宗廟之祀以國官亞終獻無則以親賓以子弟其後不卜日而筮用亥祭寢者春秋以分冬夏以至

日若祭春分則廢元日然元正歲之始冬至陽之復二節最重祭不欲數乃廢春分通為四祠器以烏漆差小常制祭服以進賢冠主婦花釵禮衣後或改衣冠從公服無則常服凡祭之在廟在寢既畢皆親賓子孫慰主人以常服見若宗子有故庶子攝祭則祝曰孝子某使介子某執其常事通祭三代而宗子卑則以上牲祭宗子家祝曰孝子某為其介子某薦其常事庶子官尊而立廟其主祭則以支庶封官依大宗主祭兄陪於位以廟由弟立己不得延神也或兄弟分官則各祭考妣於正寢古殤及無後皆祔食於祖無祝而不拜設坐祖左而西向亞獻者奠祝乃奠之一獻而止其後廟制設幄當中南向祔坐無所施皆祭室戶外之東而西向親伯叔之無後者祔曾祖親昆弟及從父昆弟祔於祖親子姪祔於禰寢祭之位西上祖東向而昭穆南北則伯叔之祔者居禰下之穆位北向昆弟從父昆弟居祖下之昭位南向子姪居伯叔之下穆位北向以序尊卑凡殤無後以周親及大功為斷古者廟於大門內秦出寢於陵側故王公亦建廟於墓既廟與居異則宮中有喪而祭三年之喪齊衰大功皆廢祭外喪齊衰以下行之

禮樂志第三

禮樂志第四　唐書十四

翰林學士兼龍圖閣學士朝散大夫給事中知制誥充史館脩撰臣歐陽脩奉

敕撰

其非常祀天子有時而行之者曰封禪巡守視學耕藉拜陵文中
子曰封禪非古也其秦漢之侈心乎蓋其曠世不常行而於禮無
所本故自漢以來儒生學官論議不同而至於不能決則出於時
君率意而行之爾隋文帝嘗令牛弘辛彥之等撰定儀注爲壇泰
山下設祭如南郊而已未嘗升山也唐太宗已平突厥而年穀屢
豐羣臣請封泰山太宗初頗非之已而遣中書侍郎杜正倫行太
山上七十二君壇迹以是歲兩河大水而止其後羣臣言封禪者
多乃命秘書少監顏師古諫議大夫朱子奢等集當時名儒博士
雜議不能決於是左僕射房玄齡特進魏徵中書令楊師道博採
衆議奏上之其議曰爲壇於泰山下祀昊天上帝壇之廣十二丈
高丈二尺玉牒長一尺三寸廣厚五寸玉檢如之厚減三寸其印

齒如璽纏以金繩五周玉策四皆長一尺三寸廣寸五分厚五分
每策皆五簡聯以金昊天上帝配以太祖皇地祇配以高祖已祀
而歸格于廟盛以金匱匱高六寸廣足容之制如表函纏以金繩
封以金泥印以受命之璽而玉牒藏于山上以方石三枚爲再累
纏以金繩封以石泥印以受命之璽其山上之圓壇土以五色高
九尺廣五丈四面爲一階天子升自南階而封玉牒已封而加以
土築爲封高一丈二尺廣二丈其禪社首亦如之其石檢封以受
命璽而玉檢別製璽方一寸二分文如受命璽以石距非經不用
又爲告至壇方八十一尺高三尺四出陛以燔柴告至望秩羣神
遂著于禮其他降禪朝覲皆不著至十五年將東幸行至洛陽而
彗星見乃止高宗乾封元年封泰山爲圓壇山南四里如圓丘三
壝壇上飾以青四方如其色號封祀壇玉策三以玉爲簡長一尺
二寸廣一寸二分厚三分刻而金文玉匱一長一尺三寸以藏上
帝之冊金匱二以藏配帝之冊纏以金繩五周金泥玉璽璽方一

寸二分文如受命璽石䃔以方石再累皆方五尺厚一尺刻方其
中以容玉匱䃔旁施檢刻深三寸三分闊一尺當繩刻深三分闊
一寸五分石檢十枚以檢石䃔皆長三尺闊一尺厚七寸印齒三
道皆深四寸當璽方五寸當繩闊一寸五分檢立於䃔旁南方北
方皆三東方西方皆二去䃔隅皆一尺䃔纏以金繩五周封以石
泥距石十二分距䃔隅皆再累皆闊二尺長一丈斜刻其首令與
䃔隅相應又爲壇於山上廣五丈高九尺四出陛一壝號登封壇
玉牒玉檢石䃔石距玉匱石檢皆如之爲降禪壇於社首山上八
隅一成八陛如方丘三壝上飾以黃四方如其色其餘皆如登封
其議略定而天子詔曰古今之制文質不同今封禪以玉牒金繩
而瓦尊匏爵秸席宜改從文於是昊天上帝褥以蒼地祇褥以黃
配褥皆以紫而尊爵亦更焉是歲正月天子祀昊天上帝于山下
之封祀壇以高祖太宗配如圓丘之禮親封玉冊置石䃔聚五色
土封之徑一丈二尺高九尺已事升山明日又封玉冊于登封壇又

明日祀皇地祇于社首山之降禪壇如方丘之禮以太穆皇后文
德皇后配而以皇后武氏爲亞獻越國太妃燕氏爲終獻率六宮
以登其帷帟皆錦繡羣臣瞻望多竊笑之又明日御朝覲壇以朝
羣臣如元日之禮乃詔立登封降禪朝覲之碑名封祀壇曰舞鶴
臺登封壇曰萬歲臺降禪壇曰景雲臺以紀瑞焉其後將封嵩嶽
以吐蕃突厥寇邊而止永淳元年又作奉天宮於嵩山南遂幸焉
將以明年十一月封禪詔諸儒國子司業李行偉考功員外郎賈
大隱等草具其儀已而遇疾不克封至武后遂登封焉玄宗開元
十二年四方治定歲屢豐稔羣臣多言封禪中書令張說又固請
乃下制以十三年有事泰山於是說與右散騎常侍徐堅太常少
卿韋縚秘書少監康子元國子博士侯行果刊定儀注立圓臺於
山上廣五丈高九尺土色各依其方又於圓臺上起方壇廣一丈
二尺高九尺其壇臺四面爲一階又積柴爲燎壇於圓臺之東南
量地之宜柴高一丈二尺方一丈開上南出戶六尺又爲圓壝於

山下三成十二階如圓丘之制又積柴於壇南爲燎壇如山上又爲玉冊玉匱石䃩皆如高宗之制玄宗初以謂升中於崇山精享也不可讙譁欲使亞獻已下皆行禮山下壇召禮官講議學士賀知章等言昊天上帝君也五方精帝臣也陛下享君於上羣臣祀臣於下可謂變禮之中然禮成於三亞終之獻不可異也於是三獻皆升山而五方帝及諸神皆祭山下壇玄宗問前世何爲秘玉牒知章曰玉牒以通意於天前代或祈長年希神仙旨尚微密故外莫知帝曰朕今爲民祈福無一秘請即出玉牒以示百寮乃祀昊天上帝於山上壇以高祖配祀五帝以下諸神於山下其祀禮皆如圓丘而卜日告天及廟社大駕所經及告至問百年朝覲皆如巡狩之禮其登山也爲大次於中道止休三刻而後升其已祭燔燎侍中前跪稱具官臣某言請封玉冊皇帝升自南陛北向立太尉進昊天上帝神座前跪取玉冊置於案以進皇帝受玉冊跪內之玉匱纏以金繩封以金泥侍中取受命寶跪以進皇帝取寶

以印玉匱侍中受寶以授符寶郎太尉進皇帝跪捧玉匱授太尉太尉退復位太常卿前奏請再拜皇帝再拜退入于次太尉奉玉匱之案於石䃩南北向立執事者發石蓋太尉奉玉匱跪藏於石䃩內執事者覆石蓋檢以石檢纏以金繩封以石泥以玉寶遍印引降復位帥執事者以石距封固又以五色土圜封其配座玉牒封於金匱皆如封玉匱太尉奉金匱從降俱復位以金匱內太廟藏於高祖神堯皇帝之石室其禪于社首皆如方丘之禮天子將巡狩告於其方之州曰皇帝以某月于某巡狩各脩乃守考乃職事敢不敬戒國有常刑將發告于圓丘前一日皇帝齊如郊祀告昊天上帝又告于太廟社稷具大駕鹵簿所過州縣刺史令候於境通事舍人承制問高年祭古帝王名臣烈士既至刺史令皆先奉見將作築告至圓壇於嶽下四出陛設昊天上帝配帝位天子至執事皆齋一日明日望於嶽鎮海瀆山川林澤丘陵墳衍原隰所司爲壇設祭官次於東壝門外道南北向設饌幔內壝東門外道北

南向設宮縣登歌爲瘞埳祭官執事皆齋一日祭嶽鎮海瀆山川林澤丘陵墳衍原隰之尊在壇上南陛之東北向設玉篚及洗設神坐壇上北方獻官奠玉幣及爵於嶽神祝史助奠鎮海以下明日乃肆覲將作於行宮南爲壇三分壝間之二在南爲壇於北廣九丈六尺高九尺四出陛設宮縣壇南御坐壇上之北解劒席南陛之西文武官次門外東西刺史令次文官南蕃客次武官南列輦路壇南文官九品位壇東南武官西南相向刺史令位壇南三分庭一蕃客位於西又設門外位建牙旗於壝外黃麾大仗屯門鈒戟陳壝中吏部主客戶部贊羣官客使就門外位刺史令贄其土之實錦綺繒布葛越皆五兩爲束錦以黃帊常貢之物皆篚其屬執列令後文武九品先入就位皇帝乘輿入北壝門繇北陛升壇即坐南向刺史蕃客皆入壝門至位再拜奠贄興執贄侍中降于刺史東北皆拜宣已又拜蕃客以舍人稱制如之戶部導貢物入刺史前龜首之金次之丹漆絲纊四海九州之美物重行陳執者

退就東西文武前側立通事舍人導刺史一人解劒脫舄執贄升前北向跪奏官封臣姓名等敢獻壤奠遂奠贄興舍人跪舉以東授所司刺史劒舄復位初刺史外貢贄在庭者以次奠於位前皆再拜戶部尚書壇間北向跪請以貢物付所司侍中承制曰可所司受贄出東門中書侍郎以州鎮表方一按俟于西門外給事中以瑞按俟于東門外乃就侍臣位初刺史將入乃各引按分進東西陛下刺史將升中書令黃門侍郎降立既升乃取表升尚書既請受贄中書令乃前跪讀黃門侍郎給事中進跪奏瑞侍郎給事中導按退文武刺史國客皆再拜北向位者出就門外位皇帝降北陛以入東西位者出設會如正至刺史蕃客入門皆奏樂如上公會之明日考制度太常卿採詩陳之以觀風俗命市納賈以觀民之好惡典禮者考時定日同律禮樂制度衣服正之山川神祇有不舉爲不恭宗廟有不順爲不孝皆黜爵革制度衣服者爲叛有討有功德於百姓者爵賞之皇帝視學設大次于學堂後皇太

子次于大次東設御座堂上講榻北向皇太子座御座東南西向
文臣三品以上座太子南少退武臣三品以上於講榻西南執讀
座於前楹北向侍講座執讀者西北武官之前論義座於講榻前
北向執如意立於侍講之東北向三館學官座武官後設堂下版
位脫屨席西階下皇太子位於東階東南執經於西階西南文武
三品以上分位於南執如意者一人在執經者後學生位于文武
後其日皇帝乘馬祭酒帥監官學生迎于道左皇帝入次執經侍
講執如意者與文武學生皆就位堂下皇太子立于學堂門外西
向侍中奏外辦皇帝升北階即坐皇太子乃入就位在位皆再拜
侍中敕皇太子王公升皆再拜乃坐執讀執經釋義執如意者以
授侍講衆詣論義坐問所疑退以如意授執者還坐乃皆降若賜
會則侍中宣制皇帝返次羣官既會皇帝還監官學生辭於道左
皇帝孟春吉亥享先農遂以耕籍前享一日奉禮設御坐於壇東
西向望瘞位於壇西南北向從官位於內壝東門之內道南執事

者居後奉禮位於樂縣東北贊者在南又設御耕籍位於外壝南
門之外十步所南向從耕三公諸王尚書卿位於御坐東南重行
西向以其推數爲列其三公諸王尚書卿等非耕者位於耕者之
東重行西向北上介公酅公於御位西南東向北上尚舍設御耒
席於三公之北少西南向奉禮又設司農卿之位於南少退諸執
耒耜者位於公卿耕者之後非耕者之前西向御耒耜一具三公諸王尚
書卿各三人合耒耜九具以下耒耜太常各令藉田農人執之皇帝已享乃以耕根車載耒耜於
御者間皇帝乘車自行宮降大次乘黃令以耒耜授廩犧令橫執
之左耜寘於席遂守之皇帝將望瘞謁者引三公及從耕侍耕者
司農卿與執耒耜者皆就位皇帝出就耕位南向立廩犧令進耒
席南北向解韜出耒執以興少退北向立司農卿進受之以授侍
中奉以進皇帝受之耕三推侍中前受耒耜反之司農卿卿反之
廩犧令令復耒於韜執以興復位皇帝初耕執耒者皆以耒耜授
侍耕者皇帝耕止三公諸王耕五推尚書卿九推執耒者前受之

皇帝還入自南門出內壝東門入大次享官從享者出太常卿帥
其屬耕于千畝皇帝還宮明日班勞酒於太極殿如元會不賀不
爲壽藉田之穀斂而鍾之神倉以擬粢盛及五齊三酒穰藁以食
牲藉田祭先農唐初爲帝社亦曰藉田壇貞觀三年太宗將親耕
給事中孔穎達議曰禮天子藉田南郊諸侯東郊晉武帝猶東南
今帝社乃東壇未合於古太宗曰書稱平秩東作而青輅黛耜順
春氣也吾方位少陽田宜于東郊乃耕于東郊垂拱中武后藉田
壇曰先農壇神龍元年禮部尚書祝欽明議曰周頌載芟春藉田
而祈社稷禮天子爲藉千畝諸侯百畝則緣田爲社曰王社侯社
今曰先農失王社之義宜正名爲帝社太常少卿韋叔夏博士張
齊賢等議曰祭法王者立太社然後立王社所置之地則無傳也
漢興已有官社未立官稷乃立于官社之後以夏禹配官社以后
稷配官稷臣瓚曰高紀立漢社稷所謂太社也官社配以禹所謂
王社也至光武乃不立官稷相承至今魏以官社爲帝社故摯虞

謂魏氏故事立太社是也晉或廢或置皆無處所或曰二社並處
而王社居西崔氏皇甫氏皆曰王社在藉田按衞宏漢儀春始東
耕於藉田引詩先農則神農也又五經要義曰壇於田以祀先農
如社魏秦靜議風伯雨師靈星先農社稷爲國六神晉太始四年
耕於東郊以太牢祀先農周隋舊儀及國朝先農皆祭神農于帝
社配以后稷則王社先農不可一也今宜於藉田立帝社帝稷配
以禹棄則先農帝社並祠叶於周之載芟之義欽明又議曰藉田
之祭本王社古之祀先農句龍后稷也烈山之子亦謂之農而周
棄繼之皆祀爲稷共工之子曰后土湯勝夏欲遷而不可故二神
社稷主也黃帝以降不以羲農列常祀豈社稷而祭神農乎社稷
之祭不取神農耒耜大功而專於共工烈山蓋以三皇洪荒之迹
無取爲教彼秦靜何人而知社稷先農爲二而藉田有二壇乎先
農王社一也皆后稷句龍異名而分祭牲以四牢欽明又言漢祀
禹謬也今欲正王社先農之號而未決乃更加二祀不可叔夏齊

賢等乃奏言經無先農禮曰王自爲立社曰王社先儒以爲在藉田也永徽中猶曰藉田垂拱後乃爲先農然則先農與社一神今先農壇請改曰帝社壇以合古王社之義其祭準令以孟春吉亥祠后土以句龍氏配於是爲帝社壇又立帝稷壇於西如太社太稷而壇不設方色以異於太社開元十九年停帝稷而祀神農氏於壇上以后稷配二十三年親祀神農於東郊配以句芒遂躬耕盡壠止肅宗乾元二年詔去耒耜雕刻命有司改造之天子出通化門釋軷而入壇遂祭神農氏以后稷配冕而朱紘躬九推焉憲宗元和五年詔以來歲正月藉田太常脩撰韋公肅言藉田禮廢久矣有司無可考乃據禮經參采開元乾元故事爲先農壇於藉田皇帝夾侍二人正衣二人侍中一人奉耒耜中書令一人禮部尚書一人侍從司農卿一人授耒耜於侍中太僕卿一人執牛左右衛將軍各一人侍衛三公以宰相攝九卿以左右僕射尚書御史大夫攝三諸侯以正員一品官及嗣王攝推數一用古制禮儀

使一人太常卿一人贊禮三公九卿諸侯執牛三十人用六品以下官皆服袴褶御耒耜二并韜皆以青其制度取合農用不雕飾畢日收之藉耒耜丈席二先農壇高五尺廣五丈四出陛其色青三公九卿諸侯耒十有五御耒之牛四其二副也并牛衣每牛各一人絳衣介幘取閑農務者禮司以人贊導之執耒持耜以高品中官二人不袴褶皇帝詣望耕位通事舍人分導文武就耕所太常帥其屬用庶人二十八以郊社令一人押之太常少卿一人率庶人趨耕所博士六人分贊耕禮司農少卿一人督視庶人終千畮廩犧令二人間一人奉耒耜授司農卿以五品六品清官攝一人掌耒耜太常寺用本官三公九卿諸侯耕牛四十其十副也牛各一人庶人耕牛四十各二牛一人庶人耒耜二十具鍤二具木爲刃主藉田縣令一人具朝服當耕時立田側畢乃退畿甸諸縣令先期集以常服陪耕所耆艾二十人陪於庶人耕位南三公從者各三人九卿諸侯從者各一人以助耕皆絳服介幘用其本司

隸是時雖草具其儀如此以水旱用兵而止皇帝謁陵行宮距陵十里設坐於齋室設小次於陵所道西南大次於寢西南侍臣次於大次西南陪位者次又於西南皆東向文官於北武官於南朝集使又於其南皆相地之宜前行二日遣太尉告於廟皇帝至行宮郎齋室陵令以玉册進署設御位於陵東南隅西向有岡麓之閡則隨地之宜又設位於寢宮之殿東陛之東南西向尊坫陳于堂户東南百官行從宗室客使位神道左右寢宮則分方序立大次前其日未明五刻陳黃麾大仗於陵寢三刻行事官及宗室親五等諸親三等以上并客使之當陪者就位皇帝素服乘馬華蓋繖扇侍臣騎從詣小次步出次至位再拜又再拜在位皆再拜又再拜少選太常卿請辭皇帝再拜又再拜奉禮曰奉辭在位者再拜皇帝還小次乘馬詣大次仗衛列立以俟行百官宗室諸親客使序立次前皇帝步至寢宮南門仗衛止乃入繇東序進殿陛東南位再拜升自東階北向再拜又再拜入省服玩抆拭帳簀進太

牢之饌加珍羞皇帝出尊所酌酒入三奠爵北向立太祝二人持玉册于户外東向跪讀皇帝再拜又再拜乃出户當前北向立太常卿請辭皇帝再拜出東門還大次宿行宮若太子諸王公主陪葬柏城者皆祭寢殿東廡功臣陪葬者祭東序爲位奠饌以有司行事或皇后從謁則設大次寢宮東先朝妃嬪次於大次南大長公主諸親命婦之次又於其南皆東向以行帷具障謁所內謁者設皇后位於寢宮東大次前少東先朝妃嬪位西南各於次東司贊位妃嬪東北皆東向皇帝既發行宮皇后乘四望車之大次改服假髻白練單衣內典引導妃嬪以下就位皇后再拜陪者皆拜少選遂辭又拜陪者皆拜皇后還寢東大次陪者退皇后盥欽禮衣乘輿詣寢宮先朝妃嬪大長公主以下從至北門降輿入大次詣寢殿前西階之西妃嬪公主位於西司贊位妃嬪東北皆東向皇后再拜在位者皆拜皇后繇西階入室詣先帝前再拜復詣先后前再拜進省先后服玩退西廂東向立進食皇帝出乃降西階

位辭再拜妃嬪皆拜詣大次更衣皇帝過乃出寢宮北門乘車還
天子不躬謁則以太常卿行陵所司撰日車府令具軺車一馬清
道青衣團扇曲蓋繖列俟于太常寺門設次陵南百步道東西向
右校令具雜器以備汛埽太常卿公服乘車奉禮郎以下從至次
設卿位兆門外之左陵官位卿東南執事又於其南皆西向奉礼
郎位陵官之西贊引二人居南太常卿以下再拜在位皆拜謁者
導卿贊引導衆官入奉行復位皆拜出乘車之它陵有芟治則命
之凡園陵之制皇祖以上至太祖陵皆朔望上食元日冬至寒食
伏臘社各一祭皇考陵朔望及節祭而日進食又薦新於諸陵其
物五十有六品始將進御所司必先以送太常與尚食滋味薦之
如宗廟貞觀十三年太宗謁獻陵帝至小次降輿納履入闕門西
向再拜慟哭俯伏殆不能興禮畢改服入寢宮執饌以薦閱高祖
及太穆后服御悲感左右步出司馬北門泥行二百步永徽二年
有司言先帝時獻陵既三年惟朔望冬至夏伏臘清明社上食今

昭陵喪期畢請上食如獻陵從之六年正月朔高宗謁昭陵行哭
就位再拜擗踊畢易服謁寢宮入寢哭踴進東階西向拜號久乃
薦太牢之饌加珍羞拜哭奠饌閱服御而後辭行哭出寢北門御
小輦還顯慶五年詔歲春秋季一巡宜以三公行陵太常少卿貳
之太常給鹵簿仍著於令始貞觀禮歲以春秋仲月巡陵至武后
時乃以四季月生日忌日遣使詣陵起居景龍二年右臺侍御史
唐紹上書曰禮不祭墓唐家之制春秋仲月以使具鹵簿衣冠巡
陵天授之後乃有起居遂爲故事夫起居者參候動止事生之道
非陵寢法請停四季及生日忌日節日起居準式二時巡陵手敕
曰乾陵歲冬至寒食以外使二忌以內使朝奉它陵如紹奏至是
又獻昭乾陵皆日祭太常博士彭景直上疏曰禮無日祭陵惟宗
廟月有祭故王設廟祧壇墠爲親疏多少之數立七廟一壇一墠
曰考廟曰王考廟曰皇考廟曰顯考廟皆月祭之遠廟爲祧享嘗
乃止去祧爲壇去壇爲墠有禱焉祭之無禱乃止又譙周祭志天

子始祖高祖曾祖祖考之廟皆月朔加薦以象平生朔食謂之月
祭二祧之廟無月祭則古皆無日祭者今諸陵朔望食則近於古
之殷事諸節日食近於古之薦新鄭注禮記殷事月朔半薦新之
奠也又既大祥即四時焉此其祭皆在廟近代始以朔望諸節祭
陵寢唯四時及臘五享廟考經據禮固無日祭於陵唯漢七廟議
京師自高祖下至宣帝與太上皇悼皇考陵旁立廟園各有寢便
殿故日祭於寢月祭於便殿元帝時貢禹以禮節煩數願罷郡國
廟丞相韋玄成等又議七廟外寢園皆無復議者亦以祭不欲數
宜復古四時祭於廟後劉歆引春秋傳日祭月祀時享歲貢祖禰
則日祭曾高則月祀二祧則時享壇墠則歲貢後漢陵寢之祭無
傳焉魏晉以降皆不祭墓國家諸陵日祭請停如禮疏奏天子以
語侍臣曰禮官言諸陵不當日進食夫禮以人情沿革何專古爲
乾陵宜朝晡進奠如故昭獻二陵日一進或所司苦於費可減朕
常膳爲之開元十五年敕宣皇帝光皇帝陵以縣令檢校州長官

歲一巡又敕歲春秋巡陵公卿具仗出城至陵十里復十七年玄
宗謁橋陵至壖垣西闕下馬望陵涕泗行及神午門號慟再拜且
以三府兵馬供衛遂謁定陵獻陵昭陵乾陵乃還二十三年詔獻
昭乾定橋五陵朔望上食歲冬至寒食各日設一祭若節與朔望
忌日合即準節祭料橋陵日進半羊食二十七年敕公卿巡陵乘
輅其令太僕寺陵給輅二乘及仗明年制以宣皇帝光皇帝景皇
帝元皇帝追尊號謚有制而陵寢所奉未稱建初啓運陵如興寧
永康陵置署官陵户春秋仲月分命公卿巡謁二十年詔建初啓
運興寧永康陵歲四時八節所司與陵署具食進天寶二年始以
九月朔薦衣於諸陵又常以寒食薦餳粥雞毬雷車五月薦衣扇
陵司舊曰署十三載改獻昭乾定橋五陵署爲臺令爲臺令陞舊
一階是後諸陵署皆稱臺大曆十四年禮儀使顏真卿奏今元陵
請朔望節祭日薦如故事泰陵惟朔望歲冬至寒食伏臘社一祭而
罷日食制曰可貞元四年國子祭酒包佶言歲二月八月公卿朝拜

諸陵陵臺所由道至陵下禮略無以盡恭於是太常約舊禮草定日所司先撰吉日公卿輅車鹵簿就太常寺發抵陵南道東設次西向北上公卿既至次奉禮郎設位北門外之左陵官位其東南執事官又於其南謁者導公卿典引導衆官就位皆拜公卿衆官以次奉行拜而還故事朝陵公卿發天子視事不廢十六年拜陵官發會董晉卒廢朝是後公卿發乃因之不視事元和元年禮儀使杜黃裳請如故事豐陵日祭崇陵唯祭朔望節日伏臘二年宰臣建言禮有著定後世徇一時之慕過於煩并故陵廟有薦新而節有遺使請歲太廟以時享朔望上食諸陵以朔望奠親陵以朝晡奠其餘享及忌日告陵皆停

禮樂志第四

禮樂志第五　唐書十五

翰林學士兼龍圖閣學士朝散大夫給事中知制誥充史館修撰臣歐陽修奉

敕撰

皇后歲祀一季春吉巳享先蠶遂以親桑散齋三日於後殿致齋一日於正寢一日於正殿前一日尚舍設御幄於正殿西序及室中俱東向致齋之日晝漏上水一刻尚儀版奏請中嚴尚服帥司仗布侍衛司賓引內命婦陪位六尚以下各服其服詣後殿奉迎尚儀版奏外辦上水二刻皇后服鈿釵禮衣結珮乘輿出自西房華蓋警蹕皇后即御座六尚以下侍衛一刻頃尚儀前跪奏稱尚儀妾姓言請降就齋室皇后降座乘輿入室散齋之日內侍帥內命婦之吉者使蠶於蠶室諸預享者皆齋前享三日尚舍直長設大次於外壝東門之內道北南向內命婦及六尚以下次於其後俱南向守宮設外命婦次大長公主長公主公主以下於南壝之外道西三公夫人以下在其南重行異位東向北上陳饌幔於內壝東門之外道南北向前享二日太樂令設宮縣之樂於壇南內壝之內諸女工各位於縣後右校爲采桑壇於壇南二十步所方三丈高五尺四出陛尚舍量施帷障於外壝之外四面開門其東門足容厭翟車前享一日內謁者設御位於壇之東南西向望瘞位於西南當瘞埳西向亞獻終獻位於內壝東門之內道南執事者位於其後重行異位西向北上典正位於壇下一位於東南西向一位於西南東向女史各陪其後司贊位於樂縣東北掌贊二人在南差退西面又設司贊掌贊位於埋埳西南東面南上典樂舉麾位於壇上南陛之西東向司樂位於北縣之間當壇北向內命婦位於終獻之南絕位重行異位西向北上外命婦位於中壝南門之外大長公主以下於道東東西當內命婦差退太夫人以下於道西去道遠近如公主重行異位相向北上又設御采桑位於壇上東向內命婦采桑位於壇下當御位東南北向西上執御鉤筐者位於內命婦之西少南西上內外命婦執鉤筐者位各於其

采桑位之後設門外位享官於東壝之外道南從享內命婦於享官之東北面西上從享外命婦於南壝之外道西如設次設酒尊之位於壇上東南隅北向西上御洗於壇南陛東南亞獻之洗又於東南俱北向幣篚於壇上尊坫之所晡後內謁者帥其屬以尊坫罍洗篚冪入設於位升壇者自東陛享日未明十五刻太官令帥宰人以鸞刀割牲祝史以豆取毛血置於饌所遂烹牲五刻司設升設先蠶氏神座於壇上北方南向前享一日金吾奏請外命婦等應集壇所者聽夜行其應采桑者四人各有女侍者進筐鉤載之而行其日未明四刻搥一鼓為一嚴二刻搥二鼓為再嚴尚儀版奏請中嚴一刻搥三鼓為三嚴司賓引內命婦入立於庭重行西面北上六尚以下詣室奉迎尚服負寶內僕進厭翟車於閤外尚儀版奏外辦馭者執轡皇后服鞠衣乘輿以出華蓋侍衛警蹕內命婦從出門皇后升車尚功進鉤司製進筐載之內命婦及六尚等乘車從諸翊駕之官皆乘馬駕動警蹕不鳴鼓角內命婦宮人以次從其日三刻尚儀及司醞帥其屬入實尊罍及幣太官令實諸籩豆簠簋俎等內謁者帥其屬詣廚奉饌入設於饌幔內駕將至女相者引享官內典引引外命婦俱就門外位駕至大次門外迴車南向尚儀進車前跪奏稱尚儀妾姓言請降車皇后降車乘輿之大次華蓋繖扇尚儀以祝版進御署若出奠於坫尚功司製進受鉤筐以退典贊引亞獻及從享內命婦俱就門外位司贊帥掌贊先入就位女相者引尚儀典正及女史祝史與女執尊罍篚冪者入自東門當壇南北向西上司贊曰再拜掌贊承傳尚儀以下皆再拜就位司樂帥女工人入典贊引亞獻終獻女相者引執事者司賓引內命婦內典引引外命婦入就位皇后停大次半刻頃司言引尚宮立於大次門外當門北向尚儀版奏外辦皇后出次入自東門至版位西向立尚宮曰再拜皇后再拜司贊曰眾官再拜在位者皆再拜尚宮曰有司謹具請行事樂三成尚宮曰再拜皇后再拜司贊曰眾官再拜在位者皆再拜壇上尚儀跪取

幣於篚興立於尊所皇后自壇南陛升北面立尚儀奉幣東向進皇后受幣進北向跪奠於神座少退再拜降自南陛復于位初內外命婦拜訖女祝史奉毛血之豆立於內壝東門之外皇后已奠幣乃奉毛血入升自南陛尚儀迎引於壇上進跪奠於神座前皇后既升奠幣司膳出帥女進饌者奉饌陳於內壝東門之外皇后既降復位司膳引饌入至階女祝史跪徹毛血之豆降自東陛以出饌升自南陛尚儀迎引於壇上設於神座前皇后詣罍洗尚儀跪取匜興沃水司言跪取盤興承水皇后盥司言跪取巾於篚進以帨受巾跪奠於篚乃取爵於篚興進受爵尚儀酌罍水司言奉盤皇后洗爵司言授巾皆如初皇后升自壇南陛詣酒尊尚儀贊酌醴齊進先蠶氏神座前北向跪奠爵興少退立尚儀持版進於神座之右東面跪讀祝文皇后再拜尚儀以爵酌上尊福酒西向進皇后再拜受爵跪祭酒啐酒奠爵興尚儀帥女進饌者持籩俎進神前三牲胙肉各置一俎又以籩取稷黍飯共置一籩尚儀以飯籩胙俎西向以次進皇后每受以授左右乃跪取爵遂飲卒爵興再拜降自南陛復于位初皇后獻將畢典贊引貴妃詣罍洗盥手洗爵自東陛升壇酌盎齊于象尊進神座前北向跪奠爵興少退再拜尚儀以爵酌福酒進貴妃再拜受爵跪祭遂飲卒爵再拜降自東陛復位昭儀終獻如亞獻尚儀進神座前跪徹豆司贊曰賜胙掌唱曰眾官再拜在位者皆再拜尚宮曰再拜皇后再拜司贊曰眾官再拜在位者皆再拜尚宮請就望瘞位司贊帥掌贊就瘞埳西南位皇后至望瘞位西向立尚儀執篚進神座前取幣自北陛降壇西行詣瘞埳以幣置於埳司贊曰可瘞埳東西各四人實土半埳尚宮曰禮畢請就采桑位尚宮引皇后詣采桑壇升自西陛東向立初皇后將詣望瘞位司賓引內外命婦采桑者執鉤筐者皆就位（內外命婦一品各二人二品三品各一人）皇后既至尚功奉金鉤自北陛升進典製奉筐從升皇后受鉤采桑典製以筐受之皇后采三條止尚功前受鉤典製以筐俱退皇后初采桑典製等各以鉤授內

外命婦皇后采桑訖內外命婦以次采女史執筐者受之內外命婦一品采五條二品采九條止典製等受鉤與執筐者退復位司賓各引內外命婦采桑者以從至蠶室尚功以桑授蠶母蠶母切之以授婕好食蠶灑一簿止尚儀曰禮畢尚宮引皇后還大次內外命婦各還其次尚儀典正以下俱復執事位司賛曰再拜尚儀以下皆再拜出女工人以次出其祝版燔於齋所車駕還宮之明日內外命婦設會於正殿如元會之儀命曰勞酒其有司歲所常祀者十有三立春後丑日祀風師立夏後申日祀雨師立秋後辰日祀靈星立冬後亥日祀司中司命司人司祿季夏土王之日祭中霤孟冬祭司寒皆一獻祝稱天子謹遣某中春中秋釋奠于文宣王武成王皆以上丁上戊國學以祭酒司業博士三獻樂以軒縣前享一日奉禮郎設三獻位于東門之內道北執事位於道南皆西向北上學官館官位於縣東當執事西南西向學生位於館官之後皆重行北上觀者位於南門之內道之左右重行北面相

對爲首設三獻門外位於東門之外道南執事位於其後每等異位北向西上館官學官位於三獻東南北向西上設先聖神座於廟室內西楹間東向先師於先聖東北南向其餘弟子及二十一賢以次東陳南向西上其餘皆如常祀皇子束脩束帛一篚五匹酒一壺二斗脩一案五脡其日平明皇子服學生之服（其服青衿）至學門外博士公服執事者引立學堂東階上西面相者引皇子立於門東西面陳束帛篚壺酒脯案於皇子西南當門北向重行西上將命者出立門西東面曰敢請就事皇子少進曰某方受業於先生敢請見將命者入告博士曰某也不德請皇子無辱（若已封王則云請王無辱）將命者出告皇子固請博士曰某也不德請皇子就位某敢見將命者出告皇子曰某不敢以視賓客請終賜見將命者入告博士曰某辭不得命敢不從將命者出告執篚者以篚東面授皇子皇子執篚博士降俟于東階下西面相者引皇子執事者奉壺酒脩案以從皇子入門而左詣西階之南東面奉酒脩者立

於皇子西南東面北上皇子跪奠篚再拜博士荅再拜皇子還避遂進跪取篚相者引皇子進博士前東面授幣奉壺酒案者從奠於博士前博士受幣執事者取酒脩幣以東相者引皇子立於階間近南北面奉酒脩者出皇子拜訖相者引皇子出其學生束帛酒脩以見如皇子武德二年始詔國子學立周公孔子廟七年高祖釋奠焉以周公爲先聖孔子配九年封孔子之後爲褒聖侯貞觀二年左僕射房元齡博士朱子奢建言周公尼父俱聖人然釋奠於學以夫子也大業以前皆孔丘爲先聖顏回爲先師乃罷周公升孔子爲先聖以顏回配四年詔州縣學皆作孔子廟十一年詔尊孔子爲宣父作廟於兖州給户二十以奉之十四年太宗觀釋奠於國子學詔祭酒孔穎達講孝經二十一年詔左丘明卜子夏公羊高穀梁赤伏勝高堂生戴聖毛萇孔安國劉向鄭衆賈逵杜子春馬融盧植鄭康成服虔何休王肅王弼杜預范甯二十二人皆以配享而尼父廟學官自祭之祝曰博士某昭告于先聖州

縣之釋奠亦以博士祭中書侍郎許敬宗等奏禮學官釋奠于其先師鄭氏謂詩書禮樂之官也四時之學將習其道故釋奠各以其師而不及先聖惟春秋合樂則天子視學有司摠祭先聖先師秦漢釋奠無文魏則以太常行事晉宋以學官主祭且國學樂以軒縣尊俎須於官非臣下所可專也請國學釋奠以祭酒司業博士爲三獻辭稱皇帝謹遣州學以刺史上佐博士三獻縣學以令丞主簿若尉三獻如社祭給明衣會皇太子釋奠自爲初獻以祭酒張後胤亞獻光州刺史攝司業趙弘智終獻永徽中復以周公爲先聖孔子爲先師顏回左丘明以降皆從祀顯慶二年太尉長孫无忌等言禮釋奠于其先師若禮有高堂生樂有制氏詩有毛公書有伏生又禮始立學釋奠于先聖鄭氏注若周公孔子也故貞觀以夫子爲聖衆儒爲先師且周公作禮樂當同王者之祀乃以周公配武王而孔子爲先聖總章元年太子弘釋奠于學贈顏回爲太子少師曾參少保咸亨元年詔州縣皆營孔子廟武

后天授元年封周公爲褒德王孔子爲隆道公神龍元年以鄒魯
百戶爲隆道公采邑以奉歲祀子孫世襲褒聖侯睿宗太極元年
以兗州隆道公近祠戶三十供灑掃加贈顏回太子太師曾參太
子太保皆配享玄宗開元七年皇太子齒胄於學謁先聖詔宋璟
亞獻蘇頲終獻臨享夫子愚齒胄義乃詔二獻皆用胄子祀先聖
如釋奠右散騎常侍褚无量講孝經禮記文王世子篇明年司業
李元瓘奏先聖廟爲十哲象以先師顏子配則配象當坐今乃立
侍餘弟子列象廟堂不預享而范甯等皆從祀請釋奠十哲享於
上而圖七十子於壁曾參以孝受經於夫子請享之如二十二賢
乃詔十哲爲坐象悉預祀曾參特爲之象坐亞之圖七十子及二
十二賢於廟壁二十七年詔夫子旣稱先聖可謚曰文宣王遣三
公持節冊命以其嗣爲文宣公任州長史代代勿絕先時孔廟以
周公南面而夫子坐西墉下貞觀中廢周公祭而夫子位未改至
是二京國子監天下州縣夫子始皆南向以顏淵配贈諸弟子爵

公侯子淵兗公子騫費侯伯牛鄆侯仲弓薛侯子有徐侯子路衛
侯子我齊侯子貢黎侯子游吳侯子夏魏侯又贈曾參以降六十
七人參成伯顓孫師陳伯澹臺滅明江伯密子賤單伯原憲原伯
公冶長莒伯南宮适郯伯公晳哀郳伯曾點宿伯顏路杞伯商瞿
蒙伯高柴共伯漆雕開滕伯公伯寮任伯司馬牛向伯樊遲樊伯
有若卞伯公西赤邵伯巫馬期鄫伯梁鱣梁伯顏柳蕭伯冉孺郜
伯曹卹豐伯伯虔鄒伯公孫龍黃伯冉季產東平伯秦子南少梁
伯漆雕斂武城伯顏子驕琅邪伯漆雕徒父須句伯壤駟赤北徵
伯商澤睢陽伯石作蜀郈邑伯任不齊任城伯公夏首亢父伯公
良孺東牟伯后處營丘伯秦開彭衙伯奚容箴下邳伯公肩定新
田伯顏襄臨沂伯鄡單銅鞮伯句井彊淇陽伯罕父黑乘丘伯秦
商上洛伯申黨召陵伯公祖子之期思伯榮子旗雩婁伯縣成鉅
野伯左人郢臨淄伯燕伋漁陽伯鄭子徒滎陽伯秦非汧陽伯施
常乘氏伯顏噲朱虛伯步叔乘淳于伯顏之僕東武伯原亢籍萊

蕪伯樂欬昌平伯廉絜莒父伯顏何開陽伯叔仲會瑕丘伯狄黑
臨濟伯邽巽平陸伯孔忠汶陽伯公西輿如重丘伯公西蒧祝阿
伯於是二京之祭牲太牢樂宮縣舞六佾矣州縣之牲以少牢而
無樂二十八年詔春秋二仲上丁以三公攝事若會大祀則用中丁
州縣之祭上丁上元元年肅宗以歲旱罷中小祀而文宣之祭至
仲秋猶祠之於太學永泰二年八月脩國學祠堂成祭酒蕭昕
始奏釋奠宰相元載杜鴻漸李抱玉及常參官六軍將軍就觀焉
自復二京惟正會之樂用宮縣郊廟之享登歌而已文武二舞亦
不能具至是魚朝恩典監事乃奏宮縣於論堂而雜以教坊工伎
貞元九年季冬貢舉人謁先師日與親享廟同有司言上丁釋奠
與大祠同即用中丁乃更用日謁於學元和九年禮部奏貢舉人
謁先師自是不復行矣開元十九年始置太公尚父廟以留侯張
良配中春中秋上戊祭之牲樂之制如文宣出師命將發日引辭
于廟仍以古名將十人爲十哲配享天寶六載詔諸州武舉人上

省先謁太公廟乾元元年太常少卿于休烈奏秋享漢祖廟旁無
侍臣而太公乃以張良配子房生漢初佐高祖定天下時不與太
公接古配食廟庭皆其佐命太公人臣也誼無配享請以張良配
漢祖廟上元元年尊太公爲武成王祭典與文宣王比以歷代良將
爲十哲象坐侍秦武安君白起漢淮陰侯韓信蜀丞相諸葛亮唐
尚書右僕射衛國公李靖司空英國公李勣列於左漢太子少傅
張良齊大司馬田穰苴吳將軍孫武魏西河守吳起燕昌國君樂
毅列於右以良爲配後罷中祀遂不祭建中三年禮儀使顏真卿
奏治武成廟請如月令春秋釋奠其追封以王宜用諸侯之數樂
奏軒縣詔史館考定可配享者列古今名將凡六十四人圖形焉
越相國范蠡齊將孫臏趙信平君廉頗秦將王翦漢相國平陽侯
曹參左丞相絳侯周勃前將軍北平太守李廣大司馬冠軍侯霍
去病後漢太傅高密侯鄧禹左將軍膠東侯賈復執金吾雍奴侯
寇恂伏波將軍新息侯馬援太尉槐里侯皇甫嵩魏征東將軍晉

陽侯張遼，蜀前將軍漢壽亭侯關羽，吳偏將軍南郡太守周瑜，丞相婁侯陸遜，晉征南大將軍南城侯羊祜，撫軍大將軍襄陽侯王濬，東晉車騎將軍康樂公謝玄，前燕太宰、錄尚書、太原王慕容恪，宋司空武陵公檀道濟，梁太尉永寧郡公王僧辯，北齊尚書右僕射燕郡公慕容紹宗，周大冢宰齊王宇文憲，隋上柱國新義公韓擒虎，柱國太平公史萬歲，唐右武候大將軍鄂國公尉遲敬德，右武衞大將軍邢國公蘇定方，右武衞大將軍同中書門下平章事韓國公張仁亶，兵部尚書同中書門下三品中山公王晙，夏官尚書同中書門下三品朔方大摠管王孝傑，齊相管仲，安平君田單，趙馬服君趙奢，大將軍武安君李牧，漢梁王彭越，太尉條侯周亞夫，大將軍長平侯衞青，後將軍營平侯趙充國，後漢大司馬廣平侯吳漢，征西大將軍夏陽侯馮異，建威大將軍好畤侯耿弇，太尉新豐侯段熲，魏太尉鄧艾，蜀車騎將軍西鄉侯張飛，吳武威將軍南郡太守孱陵侯呂蒙，大司馬荊州牧陸抗，晉鎮南大將軍當陽侯杜預，太尉長沙公陶侃，前秦丞相王猛，後魏太尉北平王長孫嵩，宋征虜將軍王鎮惡，陳司空南平公吳明徹，北齊右丞相咸陽王斛律光，周太傅大宗伯燕國公于謹，右僕射鄖國公韋孝寬，隋司空尚書令越國公楊素，右武候大將軍宋國公賀若弼，唐司空河間郡王孝恭，禮部尚書聞喜公裴行儉，兵部尚書同中書門下三品代國公郭元振，朔方節度使兼御史大夫張齊丘，太尉中書令尚父汾陽郡王郭子儀。貞元二年，刑部尚書關播奏：「太公古稱大賢，下乃置亞聖，義有未安。而仲尼十哲，皆當時弟子，今以異時名將列之弟子，非類也。請但用古今名將配享，去亞聖十哲之名。」自是，唯享武成王及留侯，而諸將不復祭矣。四年，兵部侍郎李紓言：「開元中，太公廟以張良配，以太常卿、少卿三獻，祝文曰『皇帝遣某敢昭告』。至上元元年，贈太公以王爵，祭典同文宣，有司遂以太尉獻，祝版親署。夫太公，周之太師；張良，漢之少傅。今至尊屈禮於臣佐，神何敢歆。且文宣百世所宗，故樂以宮縣，獻以太尉，尊師崇

道也。太公述作止六韜，勳業著一代，請祝辭不進署，改『昭告』為『敬祭』，留侯為『致祭』，獻官用太常卿以下。」百官議之，多請如紓言。左司郎中嚴涗等議曰：「按紓援典訓，尊卑之節當矣，抑猶有未盡。夫大名徽號，不容虛美，而太公兵權奇計之人耳，當殷之失德，諸侯歸周，遂為佐命，祀典不云乎？法施於人則祀之，如仲尼祖述堯、舜，憲章文武，刪詩書，定禮樂，使君君臣臣、父父子子，皆宗之法施於人矣。貞觀中，以太公兵家者流，始令磻溪立廟。開元漸著上戊釋奠禮，其進不薄矣。上元之際，執事者苟意於兵，遂封王爵，擬文宣，彼於聖人非倫也。謂宜去武成王號，復為太公廟，奠享之制如紓請。」刑部員外郎陸淳等議曰：「武成王，殷臣也，紂暴不諫，而佐周傾之。夫尊道者師其人，使天下之人入是廟，登是堂，稽其人，思其道，則立節死義之士安所奮乎？聖人宗堯、舜，賢夷、齊，不法桓、文，不贊伊尹，殆謂此也。武成之名與文宣偶，非不刊之典也。臣愚謂罷上元追封立廟，復磻溪祠，有司以時享，斯得矣。」左領軍大將軍令狐建等二十四人議曰：「兵革未靖，宜右武以起忠烈。今特貶損，非勸也。且追王爵以時祠，為武教主，文武並宗，典禮已久，改之非也。」乃詔以將軍為獻官，餘用紓奏。自是以上將軍、大將軍、將軍為三獻。

其五岳、四鎮歲一祭，各以五郊迎氣日祭之。東岳岱山於兗州，東鎮沂山於沂州，南岳衡山於衡州，南鎮會稽於越州，中岳嵩高於河南，西岳華山於華州，西鎮吳山於隴州，北岳常山於定州，北鎮醫無閭於營州，東海於萊州，淮於唐州，南海於廣州，江於益州，西海及河於同州，北海及濟於河南。

禮樂志第五

翰林學士兼龍圖閣學士朝散大夫給事中知制誥充史館脩撰臣歐陽脩奉敕撰

二曰賓禮以待四夷之君長與其使者蕃國主來朝遣使者迎勞前一日守宮設次於館門之外道右南向其日使者就次蕃主服其國服立於東階下西面使者朝服出次立於門西東面從者執束帛立於其南有司出門西面曰敢請事使者曰奉制勞某主有司入告蕃主迎於門外之東西面再拜俱入使者先升立於西階上執束帛者從升立於其北俱東向蕃主乃升立於東階上西面使者執幣曰有制蕃主將下拜使者曰有後制無下拜蕃主旋北面再拜稽首使者宣制蕃主進受命退復位以幣授左右又再拜稽首使者降出立於門外之西東面蕃主送於門之外西止使者揖以俱入讓升蕃主先升東階上西面使者升西階上東面蕃主以土物儐使者使者再拜受蕃主再拜送物使者降出蕃主從出門外皆如初蕃主再拜送使者還蕃主入鴻臚迎引詣朝堂依方北面立所司奏聞舍人承敕出稱有敕蕃主再拜宣勞又再拜乃就館皇帝遣使者戒蕃主見日如勞禮宣制曰某日某主見蕃主拜稽首使者降出蕃主送蕃主奉見前一日尚舍奉御設御幄於太極殿北壁下南向蕃主坐於西南東向守宮設次太樂令展宮縣設舉麾位於上下鼓吹令設十二案乘黃令陳車輅尚輦奉御陳輿輦典儀設蕃主立位於縣南道西北面蕃國諸官之位於其後重行北面西上典儀位於縣之東北贊者二人在南差退俱西面諸衛各勒部屯門列黃麾仗所司迎引蕃主至承天門外就次本司入奏鈒戟近仗皆入典儀帥贊者先入就位侍中版奏請中嚴諸侍衛之官及符寶郎詣閤奉迎蕃主及其屬各立於閤外西廂東面侍中版奏外辦皇帝服通天冠絳紗袍乘輿以出舍人引蕃主入門舒和之樂作典儀曰再拜蕃主再拜稽首侍中承制降詣蕃主西北東面曰有制蕃主再拜稽首乃宣制又再拜稽首侍中還

奏承制降勞敕升座蕃主再拜稽首升座侍中承制勞問蕃主俛伏避席將下拜侍中承制曰無下拜蕃主復位拜而對侍中還奏承制勞還館蕃主降復縣南位再拜稽首其官屬勞以舍人與其主俱出侍中奏禮畢皇帝興若蕃國遣使奉表幣其勞及戒見皆如蕃國主庭實陳於客前中書侍郎受表置於案至西階以表升有司各率其屬受其幣焉其宴蕃國主及其使皆如見禮皇帝已即御坐蕃主入其有獻物陳於其前侍中承制降敕蕃主升座蕃主再拜奉贄曰某國蕃臣某敢獻壤奠侍中升奏承旨曰朕其受之侍中降於蕃主東北西面稱有制蕃主再拜乃宣制又再拜以贄授侍中以授有司有司受其餘幣俱以東舍人承旨降敕就座蕃國諸官俱再拜應升殿者自西階其不升殿者分別立於廊下席後典儀曰就坐階下贊者承傳皆就座太樂令引歌者及琴瑟至階脫履升坐其笙管者就階間北面立尚食奉御進酒至階典儀曰酒至興階下贊者承傳皆俛伏興立殿中監及階省酒尚食奉御進酒皇帝舉酒良醞令行酒典儀曰再拜階下贊者承傳皆再拜受觶皇帝初舉酒登歌作昭和三終尚食奉御受虛觶奠于坫酒三行尚食奉御進食典儀曰食至興階下贊者承傳皆興立殿中監及階省案尚食奉御品嘗食以次進太官令行蕃主以下食案典儀曰就坐階下贊者承傳皆就坐皇帝乃飯蕃主以下皆飯徹案又行酒遂設庶羞二舞以次入作食畢蕃主以下復位于縣南皆再拜若有筐篚舍人前承旨降宣敕蕃主以下又再拜乃出其三曰軍禮皇帝親征纂嚴前期一日有司設御幄於太極殿南向文武群官次於殿庭東西每等異位重行北向乘黃令陳革輅以下車旗于庭其日未明諸衛勒所部列黃麾仗平明侍臣將帥從行之官皆平巾幘袴褶留守之官公服就次上水五刻侍中版奏請中嚴鈒戟近仗列于庭三刻群官就位諸侍臣詣閤奉迎侍中版奏外辦皇帝服武弁御輿以出即御座典儀曰再拜在位者皆再拜中書令承旨敕百寮群官出侍中跪奏禮畢皇帝入自

東房侍臣從至閤乃類于昊天上帝前一日皇帝清齋於太極殿諸豫告之官侍臣軍將與在位者皆清齋一日其日皇帝服武弁乘革輅備大駕至于壇所其牲二及玉幣皆以蒼尊以太尊山罍各二其獻一皇帝已飲福諸軍將升自東階立于神座前北向西上飲福受胙將軍之次在外壝南門之外道東西向北上其即事之位在縣南北面每等異位重行西上其奠玉帛進熟飲福望燎皆如南郊其宜于社造于廟皆各如其禮而一獻軍將飲福于太稷廟則皇考之室其凱旋則陳俘馘於廟南門之外軍實陳于其後其解嚴皇帝服通天冠絳紗袍羣臣再拜以退而無所詔其餘皆如纂嚴若禡于所征之地則為壝再重以熊席祀軒轅氏兵部建兩旗于外壝南門之外陳甲冑弓矢于神位之側植稍于其後尊以犧象山罍各二饌以特牲皇帝服武弁羣臣戎服三獻其接於神者皆如常祀瘞而不燎其軍將之位如類其軷于國門右校委土於國門外為軷又為瘞埳於神位西北太祝布神位於軷前南

向太官令帥宰人刳羊郊社之屬設尊罍篚冪於神左俱右向置幣於尊所皇帝將至太祝立於罍洗東南西向再拜取幣進跪奠於神進饌者薦脯醢加羊於軷西首太祝盥手洗爵酌酒進跪奠於神興少退北向立讀祝太祝再拜少頃帥齋郎奉幣爵酒饌宰人舉羊肆解之太祝并載埋於埳執尊者徹罍篚席駕至權停太祝以爵酌酒授太僕卿左并轡右受酒祭兩軹及軌前乃飲授爵駕轢軷而行其所過山川遣官告以一獻若遣將出征則皆有司行事賊平而宣露布其日守宮量設羣官次露布至兵部侍郎奉以奏聞承制集文武羣官客使於東朝堂各服其服奉禮設版位於其前近南文東武西重行北向又設客使之位設中書令位於羣官之北南面吏部兵部贊羣官客使謁者引就位中書令受露布置於案令史二人絳公服對舉之以從中書令出就南面位持案者立於西南東面中書令取露布稱有制羣官客使皆再拜遂宣之又再拜舞蹈又再拜兵部尚書進受露布退復位兵部侍郎

前受之中書令入羣官客使各還次仲冬之月講武於都外前期十有一日所司奏請講武兵部承詔遂命將帥簡軍士除地為場方一千二百步四出為和門又為步騎六軍營域左右廂各為三軍北上中間相去三百步立五表表間五十步為二軍進止之節別墠地於北廂南向前三日尚舍奉御設大次於墠前一日講武將帥及士卒集於墠所建旗為和門如方色都墠之中及四角皆建五采牙旗旗鼓甲仗大將以下各有統帥大將被甲乘馬教習士衆少者在前長者在後其還則反之長者持弓矢短者持戈矛力者持旌勇者持鉦鼓刀楯為前行持矟者次之弓箭者為後使其習見旌旗金鼓之節旗卧則跪旗舉則起講武之日未明十刻而嚴五刻而甲步軍為直陣以俟大將立旗鼓之下六軍各鼓十二鉦一大角四未明七刻鼓一嚴侍中奏開宮殿門及城門五刻再嚴侍中版奏請中嚴文武官應從者俱先置文武官皆公服所司為小駕二刻三嚴諸衛各督其隊與鈒戟以次入陳於殿庭皇

帝乘革輅至墠所兵部尚書介冑乘馬奉引入自北門至兩步軍之北南向黃門侍郎請降輅乃入大次兵部尚書停於東廂西向領軍減小駕騎士立於都墠之四周侍臣左右立於大次之前北上九品以上皆公服東西在侍臣之外十步所重行北上諸州使人及蕃客先集於北門外東方南方立於道東西方北方立於道西北上駕將至奉禮曰再拜在位者皆再拜皇帝入次謁者引諸州使人鴻臚引蕃客東方南方立於大次東北西方北方立於西北觀者立於都墠騎士仗外四周然後講武吹大角三通中軍將各以鞞令鼓二軍俱擊鼓三鼓有司偃旗步士皆跪諸帥果毅以上各集於其中軍左廂中軍大將立於旗鼓之東西面諸軍將立於其南右廂中軍大將立於旗鼓之西東面諸軍將立於其南北面以聽大將誓左右三軍各長史二人振鐸分循諸果毅各以誓詞告其所部遂聲鼓有司舉旗士衆皆起行及表擊鉦乃止又擊三鼓有司偃旗士衆皆跪又擊鼓有司舉旗士衆皆起驟及表乃止

東軍一鼓舉青旗爲直陣西軍亦鼓舉白旗爲方陣以應次西軍鼓舉赤旗爲銳陣東軍亦鼓舉黑旗爲曲陣以應次東軍鼓舉黃旗爲圜陣西軍亦鼓舉青旗爲直陣以應次西軍鼓舉白旗爲方陣東軍亦鼓舉赤旗爲銳陣以應次東軍鼓舉黑旗爲曲陣西軍亦鼓舉黃旗爲圜陣以應凡陣先舉者爲客後舉者爲主每變陣二軍各選刀楯五十人挑戰第一第二挑戰迭爲勇怯之狀第三挑戰爲敵均之勢第四第五挑戰爲勝敗之形每將變陣先鼓而直陣然後變從餘陣之法既已兩軍俱爲直陣又擊三鼓有司偃旗士衆皆跪又聲鼓舉旗士衆皆起騎馳徒走左右軍俱至中表相擬擊而還每退至一行表跪起如前遂復其初侍中跪奏請觀騎軍承制曰可二軍騎軍皆如步軍之法每陣各八騎挑戰五陣畢大擊鼓而前盤馬相擬擊而罷遂振旅侍中跪奏稱侍中臣某言禮畢乃還皇帝狩田之禮亦以仲冬前期兵部集衆庶脩田法虞部表所田之野建旗於其後前一日諸將帥士集於旗下質明弊

旗後至者罰兵部申田令遂圍田其兩翼之將皆建旗及夜布圍闕其南面駕至田所皇帝鼓行入圍鼓吹令以鼓六十陳於皇帝東南西向六十陳於西南東向皆乘馬各備簫角諸將皆鼓行圍乃設驅逆之騎皇帝乘馬南向有司斂大綏以從諸公王以下皆乘馬帶弓矢陳於前後所司之屬又斂小綏以從乃驅獸出前初一驅過有司整飭弓矢以前再驅過有司奉進弓矢三驅過皇帝乃從禽左而射之每驅必三獸以上皇帝發抗大綏然後公王發抗小綏驅逆之騎止然後百姓獵凡射獸自左而射之達於右腢爲上射達右耳本爲次射左髀達於右䯚爲下射羣獸相從不盡殺已被射者不重射不射其面不翦其毛凡出表者不逐之田將止虞部建旗於田內乃雷擊駕鼓及諸將之鼓士從譟呼諸得禽獻旗下致其左耳大獸公之小獸私之其上者供宗廟次者供賓客下者充庖廚乃命有司饁獸於四郊以獸告至於廟社射前一日太樂令設宮縣之樂鼓吹令設十二桉於射殿之庭東面縣

在東階東西面縣在西階西南北二縣及登歌廣開中央避射位張熊侯去殿九十步設乏於侯西十步北十步設五福庭前少西布侍射者位於西階前東面北上布司馬位於侍射位之南東面布獲者位乏東東面布侍射者射位於殿階下當前少西橫布南面侍射者弓矢俟於西門外陳賞物於東階下少東置罰豐於西階下少西設罰尊於西階南北以殿深設篚於尊西南肆實爵加冪其日質明皇帝服武弁文武官俱公服典謁引入見樂作如元會之儀酒二徧侍中一人奏稱有司謹具請射侍中一人前承制退稱制曰可王公以下皆降文官立於東階下西面北上武官立於西階下於射乏後東面北上持鈒隊羣立於兩邊千牛備身二人奉御弓及矢立於東階上西面執弓者在北又設坫於執弓者之前又置御決拾笥於其上獲者持旌自乏南行當侯東行至侯負侯北面立侍射者出西門外取弓矢兩手奉弓搢乘矢帶入立於殿下射位西東面司馬奉弓自西階升當西楹前南面揮弓命

獲者以旌去侯西行十步北行至乏止司馬降自西階復位千牛中郎一人奉決拾以笥千牛將軍奉弓千牛郎將奉矢進立於御榻東少南西向郎將跪奠笥於御榻前少東遂拂以巾取決興贊設決又跪取拾興贊設拾以笥退奠於坫千牛將軍北面張弓以袂順左右隈上再下一（弓左右隈謂弓面上下以衣袂摩拭上面再下面一）西面左執弣右執簫以進千牛郎將以巾拂矢進一一供御欲射協律郎舉麾先奏鼓吹及奏樂騶虞五節御及射第一矢與第六節相應第二矢與第七節相應以至九節協律郎偃麾樂止千牛將軍以矢行奏中曰獲下曰留上曰揚左曰左方右曰右方（留謂矢短不及侯揚謂矢過侯左右謂矢偏不正）千牛將軍於御座東西面受弓退付千牛於東階上千牛郎將以笥受決拾奠於坫侍射者進升射席北面立左旋東面張弓南面挾矢協律郎舉麾乃作樂不作鼓吹樂奏貍首三節然後發矢若侍射者多則齊發第一發與第四節相應第二發與第五節相應以至七節協律郎偃麾樂止弓右旋東西弛弓如面立乃退復西階下立司馬

外自西階自西楹前南面揮弓命取矢取矢者以御矢付千牛於東階下侍射者釋弓於位庭前北面東上有司奏請賞罰侍中稱制曰可有司立福之西東面監唱射矢取矢者各唱中者姓名中者立於東階下西面北上不中者立於西階下東面北上俱再拜有司於東階下以付賞物酌者於罰尊西東面跪奠爵於豐上不中者進豐南北面跪取爵立飲卒爵奠豐下酌者北面跪取虛爵酌奠不中者以次繼飲皆如初典謁引王公以下及侍射者皆庭前北面相對爲首再拜訖引出持鈒隊復位皇帝入奏樂蹕有司以弓矢出中門外侍射者出若特射無侍射之人則不設福不陳賞罰若燕遊小射則常服不陳樂縣不行會禮不合朔伐鼓其日前二刻郊社令及門僕赤幘絳衣守四門令巡門監察鼓吹令平巾幘袴褶帥工人以方色執麾旒分置四門屋下設龍蛇鼓於右東門者立於北塾南面南門者立於東塾西面西門者立於南塾北面北門者立於西塾東面隊正一人平巾幘袴褶執刀帥衛士五人執五兵立於鼓外矛在東戟在南斧鉞在西矟在北郊社令立櫕於社壇四隅以朱絲繩縈之太史一人赤幘赤衣立於社壇北向日觀變黃麾次之龍鼓一次之在北弓一矢四次之諸兵鼓立候變日有變史官曰祥有變工人舉麾龍鼓發聲如雷史官曰止乃止其日皇帝素服避正殿百官廢務自府史以上皆素服各於其廳事之前重行每等異位向日立明復而止貞元三年八月日有食之有司將伐鼓德宗不許太常卿董晉言伐鼓所以責陰而助陽也請聽有司依經伐鼓不報由是其禮遂廢大儺之禮選人年十二以上十六以下爲侲子假面赤布袴褶二十四人爲一隊六人爲列執事十二人赤幘赤衣麻鞭工人二十二人其一人方相氏假面黃金四目蒙熊皮黑衣朱裳右執楯其一人爲唱帥假面皮衣執棒鼓角各十合爲一隊隊別鼓吹令一人太卜令一人各監所部巫師二人以逐惡鬼于禁中有司預備每門雄雞及酒擬於宮城正門皇城諸門磔攘設祭太祝一人齋郎三人右

校爲瘞埳各於皇城中門外之右前一日之夕儺者赴集所具其器服以待事其日未明諸衛依時刻勒所部屯門列仗近仗入陳於階鼓吹令帥儺者各集於宮門外內侍詣皇帝所御殿前奏侲子備請逐疫出命寺伯六人分引儺者於長樂門永安門以入至左右上閤鼓譟以進方相氏執戈揚楯唱侲子和曰甲作食殃胇胃食虎雄伯食魅騰簡食不祥攬諸食咎伯奇食夢強梁祖明共食磔死寄生委隨食觀錯斷食巨窮奇騰根共食蠱凡使一十二神追惡凶赫汝軀拉汝幹節解汝肉抽汝肺腸汝不急去後者爲糧周呼訖前後鼓譟而出諸隊各趨順天門以出分詣諸城門出郭而止儺者將出祝布神席當中門南向出訖宰手齋郎疈牲匈磔之神席之西藉以席北首齋郎酌清酒太祝受奠之祝史持版於座右跪讀祝文曰維某年歲次月朔日天子遣太祝臣姓名昭告于太陰之神興奠版于席乃舉牲并酒瘞於埳

禮樂志第六

翰林學士兼龍圖閣學士朝散大夫給事中知制誥充史館修撰臣歐陽脩奉
敕撰

四曰嘉禮皇帝加元服有司卜日告于天地宗廟前一日尚舍設
席於太極殿中楹之間莞筵紛純加藻席緇純加次席黼純有司
設次展縣設案陳車輦設文官五品以上位於縣東武官於縣西
六品以下皆於橫街之南北上朝集使分方於文武官當品之下
諸親位於四品五品之下皇宗親在東異姓親在西蕃客分方各
於朝集使六品之南諸州使人於朝集使九品之後又設太師太
尉位於橫街之南道東北面西上典儀於縣東北贊者二人在南
少退俱西向又設門外位於東西朝堂如元日其日侍中版奏請
中嚴太樂令鼓吹令帥工人入就位有司設罍洗於阼階東南設
席於東房內近西張帷於東序外殿中監陳袞服於內席東領緇
纚玉簪及櫛三物同箱在服南又設莞筵一紛純加藻席緇純加

次席黼純在南尚食實醴尊於東序外帷內坫在尊北實角觶柶
各一饌陳於尊西籩豆各十二俎三在籩豆之北設罍洗於尊東
衮冕玉導置於箱太常博士一人立於西階下東面諸侍衛之官
俱詣閤奉迎典儀帥贊者及羣官以次入就位太常博士引太常
卿升西階立於西房外當戶北向侍中版奏外辦皇帝服空頂黑
介幘絳紗袍出自西房即御座立太師太尉入就位典儀曰再拜
贊者承傳在位者皆再拜太師升自西階立於東階上東面太尉
詣阼階下盥洗盥手升自東階詣東房取纚櫛箱進跪奠於御座
西端太師詣御座前跪奏曰坐皇帝坐太尉當前少左跪脫幘置
於箱櫛畢設纚興少西東面立太師降盥受冕右執項左執前升
自西階當前少左祝曰令月吉日始加元服壽考惟祺以介景福
乃跪冠興復西階上位太尉前少左跪設簪結纓興復位皇帝興
適東房殿中監徹櫛纚箱以退皇帝袞服出即席南向坐太尉詣
序外帷內盥手洗觶酌醴加柶覆之面葉立於序內南面太師進

受醴面柄前北向祝曰甘醴唯厚嘉薦令芳承天之休壽考不忘
退降立於西階下東面將祝殿中監率進饌者奉饌設於前皇帝
左執觶右取脯擩於醢祭於籩豆之間太尉取胏一以進皇帝奠
觶於薦西受胏跪左執本右絕末以祭上左手嚌之授太尉太尉
加於俎降立於太師之南皇帝帨手取觶以柶祭醴啐醴建柶奠
觶於薦東太師太尉復橫街南位典儀曰再拜贊者承傳在位者
皆再拜太師太尉出侍中前跪奏禮畢皇帝興入自東房在位者
以次出皇太子加元服有司豫奏司徒一人爲賓卿一人爲贊冠
吏部承以戒之前一日尚舍設御幄於太極殿有司設群官之次
位展縣設按陳車輿皆如皇帝之冠設賓受命位於橫街南道東
贊冠位於其後少東皆北面又設文武官門外位於順天門外道
東西其日侍中奏請中嚴羣官有司皆就位賓贊入立於太極門
外道東西面黃門侍郎引主節持幡節中書侍郎引制書按立於
樂縣東南西面北上侍中奏外辦皇帝服通天冠絳紗袍乘輿出

自西房即御坐賓贊入就位典儀曰再拜在位皆再拜侍中及舍
人前承制侍中降至賓前稱有制公再拜侍中曰將加冠於某之
首公其將事公少進北面再拜稽首辭曰臣不敢恐不能供事敢
辭侍中外奏又承制降稱制旨公其將事無辭公再拜侍中舍人
至御前稱敕旨卿再拜侍中曰將加冠於某之首卿宜贊冠卿再
拜黃門侍郎執節立於賓東北西面賓再拜受節付于主節又再
拜中書侍郎取制書立賓東北西面賓再拜受制書又再拜典儀
曰再拜贊者承傳在位皆再拜賓贊出皇帝降坐入自東房在位
者以次出初賓贊出門以制書置於按引以幡節威儀鐃吹及九
品以上皆詣東宮朝堂冠前一日衛尉設賓次於重明門外道西
南向贊冠於其西南又設次於門內道西以待賓贊又設皇太子
位於閤外道東西向三師位於道西三少位於其南少退俱東向
又設軒縣於庭皇太子受制位於縣北解劍席於東北皆北面冠
日平明宮臣皆朝服其餘公服集於重明門外朝堂宗正卿乘車

侍從詣左春坊勸停左右二率各勒所部屯門列仗左庶子版奏
請中嚴羣官有司入就位設罍洗於東階東南設冠席於殿上東
壁下少南西向賓席於西階上東向主人席於皇太子席西南西
向三師席於冠席南張帷於東序內設褥席於帷中又張帷於序
外具饌內直郎陳服於帷內東領北上袞冕金飾象笏遠游冠緇
布冠服玄衣素裳素韠白紗中單青領褾襈裾履襪革帶大帶笏
緇纚犀簪二物同箱在服南櫛實於箱又在南莞筵四藻席四又
在南良醞令實側尊甒醴於序外帷內設罍洗於尊東實巾一角
觶柶各一太官令實饌豆九籩九於尊西俎三在豆北袞冕遠游
三梁冠黑介幘緇布冠青組纓屬於冠冠冕各一箱奉禮郎三人
各執立於西階之西東面北上主人贊冠者宗正卿主人贊冠者升詣
東序帷內少北戶東西立典謁引羣官以次入就位初賓贊入次
左庶子版奏外辦通事舍人引三師等入就閤外道西位東面立
皇太子空頂黑介幘雙童髻綵衣紫袴褶織成褾領緑紳烏皮履

七〇六六　禮樂志七　三　元亨

乘輿以出洗馬迎於閤門外左庶子請降輿洗馬引之道東位西向
立左庶子請再拜三師三少荅拜乃就階東南位三師在前三少在
後千牛二人夾左右其餘伏衛列於師保之外皇太子乃出迎賓至
阼階東西面立宗正卿立於門東西面賓立於西東面宗正卿再拜賓
不荅拜賓入主人從入立於縣東北西面賓入贊冠者從賓詣殿階
間南面贊冠者立於賓西南東面節在賓東少南西面制桉在贊冠
西南東面賓執制皇太子詣受制位北面立主節脫節衣賓稱有制
皇太子再拜宣詔曰有制皇太子某吉日元服率由舊章命太尉某
就宮展禮皇太子再拜少傅進詣賓前受制書以授皇太子付于庶
子皇太子升東階入于東序帷內近北南面立賓升西階及宗正卿
各立席後初賓升贊冠者詣罍洗盥手升自東階帷內於主人冠贊
之南俱西面主人贊冠者引皇太子出立於席東西面賓贊冠者取
纚櫛二箱坐奠於筵皇太子進升筵西面坐賓之贊冠者東面坐脫
幘置於箱櫛畢設纚興少北南面立冠緇布冠升賓降一等受之右執

項左執前進東向立祝曰令月吉日始加元服棄爾幼志慎其成
德壽考惟祺以介景福乃跪冠興復位皇太子東面立賓揖皇太
子贊冠者引適東序帷內服玄衣素裳之服以出立於席東西面
賓揖皇太子升筵西向坐賓之贊冠者進跪脫緇布冠置於箱興
復位賓降二等受遠游冠右執項左執前進祝曰吉月令辰乃申
嘉服克敬威儀式昭厥德眉壽萬歲永壽胡福乃跪冠興復位皇
太子興賓揖皇太子贊冠者引適東序帷內朝服以出立於席東
西面賓揖皇太子升筵坐賓之贊冠者跪脫遠游冠興復位賓降
三等受冕右執頂左執前進祝曰以歲之正以月之令咸加其服以
成厥德萬壽無疆承天之慶乃跪冠興復位每冠皆贊冠者跪設
簪結纓皇太子興賓揖皇太子適東序服袞冕之服以出立於席
東西面贊冠者徹纚櫛箱以入又取筵入於帷內主人贊冠者又
設醴皇太子席於室戶西南向下莞上藻賓之贊冠者於東序外
帷內盥手洗觶典膳郎酌醴加柶覆之面柄授贊冠立於序內南

禮樂志七　四

面賓揖皇太子就筵西南面立賓進受醴加柶面柄進北向立祝
曰甘醴惟厚嘉薦令芳拜受祭之以定爾祥承天之休壽考不忘
皇太子拜受觶賓復位東面荅拜贊冠者與進饌者奉饌設於筵
前皇太子升筵坐左執觶右取脯擩於醢祭於籩豆之間贊冠者
取韭菹遍擩於豆以授皇太子又祭於籩豆之間贊冠者取胏一
以授皇太子皇太子奠觶於薦西興受胏卻左手執本坐繚右手
絕末以祭止左手嚌之興以授贊冠者加於俎皇太子坐挩手取
觶以柶祭醴三始扱一祭又扱再祭加柶於觶面葉興筵末坐啐
醴建柶興降筵西南面坐奠觶再拜執觶興賓荅拜皇太子降立
於西階之東南面賓降立於西階之西少南贊冠隨降立於賓西
南皆東面賓少進字之祝曰禮儀既備令月吉日昭告爾字君子
攸宜宜之於嘏永受保之奉敕字某皇太子再拜曰某雖不敏敢
不祗奉又再拜洗馬引太子降阼階位三師在南北面三少在北
南面立皇太子西面再拜三師等各再拜以出典儀曰再拜贊者

承傳在位者皆再拜左庶子前稱禮畢皇太子乘輿以入侍臣從
至閤賓贊及宗正卿出就會皇子冠前三日本司帥其屬筮日筮
賓於聽事前二日主人至賓之門外次東面賓立於阼階下西面
儐者進於左北面受命出立於門東西面曰敢請事主人曰皇子
某王將加冠請某公教之儐者入告賓出立於門左西面再拜主
人荅拜主人曰皇子某王將加冠願某公教之賓曰某不敏恐不
能恭事敢辭主人曰某猶願某公教之賓曰王重有命某敢不從
主人再拜而還賓拜送命贊冠者亦如之冠之日夙興設洗於阼
階東南席於東房內西墉下陳衣於席東領北上袞冕遠游冠緇
布冠緇纚犀簪櫛實於箱在服南莞筵藻席各三在南設尊於房
戶外之西兩甒玄酒在西加勺冪設坫於尊東置三爵於坫加冪
豆十籩十在服北俎三在籩豆之北質明賓贊至於主人大門外
之次遠游三梁緇布冠各一箱各一人執之侍於西階之西東面
北上設主人之席於阼階上西面賓席於西階上東面皇子席於

室戶東房戶西南面俱下莞上藻主人立於阼階下當東房西面
諸親立於罍洗東南西面北上儐者立於門內道東北面皇子雙
童髻空頂幘綵褲褶錦紳烏皮履立於房內南面主人贊冠者立
於房內戶東西面賓及贊冠者出立於門西贊冠者少退俱東面
北上儐者受命於主人出立於門東西面曰敢請事賓曰皇子某
王將加冠某謹應命儐者入告主人出迎賓西面再拜賓荅拜主
人揖贊冠者贊冠者報揖主人又揖賓賓報主人入賓贊冠者以
次入及內門主人揖賓賓入贊冠者從之至內霤將曲揖賓報揖
至階主人立於階東西面賓立於階西東面主人曰請公升賓曰
某備將事敢辭主人曰固請公升賓曰某敢固辭主人曰終請公
升賓曰某敢終辭主人升自阼階立於席東西向賓升自西階立
於席西東向贊冠者及庭盥於洗升自西階入於東房立於主人
贊冠者之南俱西面主人贊冠者引皇子出立於房戶外西南面
賓之贊冠者取纚櫛簪箱跪奠於皇子筵東端興席東少北南面

立賓揖皇子賓主俱即座皇子進升席南面坐賓之贊冠者進筵
前北面跪脫雙童髻置於箱櫛畢設纚賓降盥主從降賓東面辭
曰願王不降主人曰公降辱敢不從降賓既盥詣西階賓主一揖
一讓升主人立於席後西面賓立於西階上東執緇布冠者升賓
降一等受之右執項左執前北面跪冠興復西階上席後東面立
皇子興賓揖皇子適房賓主俱坐皇子服青衣素裳之服出房戶
西南面立賓揖皇子皇子進立於席後南面賓降盥主人從降辭
對如初賓跪取爵於篚興洗詣西階賓主一揖一讓升坐主人立於
席後西面賓詣酒尊所酌酒進皇子筵前北向立祝曰旨酒既清
嘉薦亶時始加元服兄弟具來孝友時格永乃保之皇子筵西拜
爵賓復西階上東面荅拜執饌者薦籩豆於皇子筵前皇子升座
左執爵右取脯擩於醢祭於籩豆之間祭酒興筵末坐啐酒執爵
興降筵奠爵再拜執爵興賓荅拜冠者升筵跪奠爵於薦東興立
於筵西南面執饌者徹薦爵賓揖皇子皇子進升筵南向坐賓之

贊冠者跪脫緇布冠置於箱賓降二等受遠游冠冠之皇子興賓
揖皇子適房賓主俱坐皇子服朝服出房戶西南面立賓主俱興
賓揖皇子皇子進立於席後南面賓詣尊所取爵酌酒進皇子筵
前北向立祝曰旨酒既湑嘉薦伊脯乃申其服禮儀有序祭此嘉
爵承天之祜皇子筵西拜受爵祭饌如初禮賓揖皇子進升席南
面坐賓之贊冠者跪脫進賢冠賓降三等受袞冕冠之每冠皆贊冠
者設簪結纓皇子興賓揖皇子適房服袞冕以出房戶西南面賓
揖皇子進立於席後南面賓詣酒尊所取爵酌酒進皇子祝曰旨
酒令芳籩豆有楚咸加其服肴升折俎承天之慶受福無疆皇子
筵西拜受爵執饌者薦籩豆設俎於其南皇子升筵坐執爵祭脯
醢贊冠者取胏一以授皇子奠爵於薦西興受坐祭左手嚌之興
加於俎皇子坐涚手執爵祭酒興筵末坐啐酒降筵西南面坐奠
爵再拜執爵興賓荅拜皇子升筵坐奠爵於薦東興贊冠者引皇
子降立於西階之東南面初皇子降賓降自西階直西序東面立

主人降自東階直東序西面立賓少進字之曰禮儀既備令月吉日昭告其字爰字孔嘉君子攸宜宜之于嘏永受保之曰孟某甫仲叔季惟其所當皇子曰某雖不敏夙夜祗奉賓出主人送於內門外主人西面請賓曰公辱執事請禮從者賓曰某既得將事敢辭主人曰敢固以請賓曰某辭不得命敢不從賓就次主人入初賓出皇子東面見諸親拜之皇子荅拜皇子入見內外諸尊於別所賓主既釋服改設席訖賓贊俱出次立於門西主人出揖賓賓報揖主人先入賓贊從之至階一揖一讓升坐俱坐會訖賓立於西階上贊冠者在北少退俱東面主人立於東階上西面掌事者奉束帛之篚升授主人於序端主人執篚少進西面立又掌事者奉幣篚升立於主人後幣篚升牽馬者牽兩馬入陳於門內三分庭一在南北首西上賓還西階上北面再拜主人進立於楹間贊冠者立於賓左少退俱北面再拜主人南面賓贊進立於主人之右俱南面東上主人授幣賓受之退復位於主人授幣掌事者又以幣篚授贊冠者主人還阼階上北面拜送賓贊降自西階從者訝受幣賓當庭實東面揖出牽馬者從出從者訝受馬於門外賓降主人降送賓於大門西面再拜若諸臣之嫡子三加皆祝而冠又祝而酌又祝而字庶子三加既加然後酌而祝之又祝而字其始冠皆緇布再加皆進賢其三加一品之子以衮冕二品之子以鷩冕三品之子以毳冕四品之子以絺冕五品之子以玄冕六品至於九品之子以爵弁其服從之其即席而冠也嫡子西面庶子南面其筮日筮賓贊遂戒之及其所以冠之禮皆如親王

禮樂志卷七

禮樂志第八　唐書十八

翰林學士兼龍圖閣學士朝散大夫給事中知制誥充史館脩撰臣歐陽脩奉
敕撰

皇帝納皇后制命太尉爲使宗正卿爲副吏部承以戒之前一日有司展縣設桉陳車輿于太極殿廷如元日文武九品朝集蕃客之位皆如冠禮設使者受命位於大横街南道東西上副少退北面侍中請中嚴羣臣入就位使副入立於門外道東西面黄門侍郎引幡節中書侍郎引制書桉立於左延明門内道北西面北上乃奏外辦皇帝衮冕御輿出自西房即御座使副入就位典儀曰再拜在位者皆再拜侍中前承制降詣使者東北西面曰有制使副再拜侍中宣制曰納某官某氏女爲皇后命公等持節行納采等禮使副又拜主節立於使者東北西面以節授黄門侍郎侍郎以授使者付于主節立於後中書侍郎引制書桉立於使者東北以制書授使者置於桉典儀曰再拜在位者皆再拜使副出持節者前導持桉者次之侍中奏禮畢皇帝入在位者以次出初使副乘輅鼓吹備而不作從者乘車以從其制書以油絡網犢車載之其日大昕使副至于次主人受於廟若寢布神席於室戶外之西莞筵紛純加藻席畫純南向右彫几使副立於門西北上持幡節者立於北少退制桉立於南執鴈者又在其南皆東面主人立於大門内西面儐者北面受命於左出立於門東西面曰敢請事使者曰某奉制納采儐者入告主人曰臣某之女若如人既蒙制訪臣某不敢辭儐者出告入引主人出迎使者於大門外之南北面再拜使者不荅主人揖使副先入至於階使副入道以幡節桉鴈從之幡節立西階之西東面使者由階升立於兩楹間南面副在西南持桉及執鴈者又在西南皆東面主人升阼階當使者前北面立持桉者以桉進授使者以制書節脱衣使者曰有制主人再拜宣制主人降詣階間北面再拜稽首升進北面受制書以授左右使者授鴈主人再拜進受鴈以授左右儐者引荅表桉進立於

主人後少西以表授主人主人進授使者退復位再拜節加衣謁
者引使副降自西階以出制文以版長一尺二寸博四寸厚八分后
家荅版亦如之問名使者既出遂立於内門外之西東面主人立
於内門内東廂西面儐者出請事使者曰將加卜筮奉制問名儐
者入告主人曰臣某之子若如人既蒙制訪臣某不敢辭儐者出
告入引主人出迎使者以入授主人以制書荅表皆如納采使副
降自西階以出立於内門外之西東面主人立於東階下西向儐
者出請事使者曰禮畢儐者入告主人曰某公奉制至於某之室
某有先人之禮請禮從者儐者出告使者曰某既得將事敢辭儐
者入告主人曰先人之禮敢固以請儐者出告使者曰某辭不得
命敢不從儐者入告遂引主人升立於序端掌事者徹几設二筵
東上設甒醴於東房西牖下加勺冪坫在尊北實觶二角柶二籩
豆各一實以脯醢在坫北又設洗於東南主人降迎使者西面揖
先入使副入門而左主人入門而右至階主人曰請某位升使者

曰某敢辭主人又曰固請某位升使者曰某敢固辭主人又曰終
請某位升使者曰敢終辭主人升自阼階使副升自西階北面立
主人阼階上北面再拜受几於序端掌事者内拂几三奉兩端西
北向以進主人東南向外拂几三振袂内執之掌事者一人又執
几以從主人進西北向使者序進迎受於筵前東南向以俟主人
還東階上北面再拜送使者以几跪進北面跪各設於坐左退於
西階上北面東上荅拜立於階西東面南上贊者二人俱升取觶
降盥手洗觶升實醴加柶於觶覆之面葉出房南面主人受醴面
柄進使者筵前西北面立又贊者執觶以從使者西階上北面各
一拜序進筵前東南面主人又以次授醴使者受俱復西階上位
主人退復東階上北面一拜送掌事者以次薦脯醢於筵前使者
各進升筵皆坐左執觶右取脯擩於醢祭於籩豆之間各以柶祭
醴三始扱一祭又扱再祭興各以柶兼諸觶上跳降筵於西階上
俱北面坐啐醴建柶各奠觶於薦遂拜執觶興主人荅拜使者進

升筵坐各奠觶於薦東降筵序立於西階上東面南上掌事者
牽馬入陳於門内三分庭一在南北首西上又掌事者奉幣篚升
自東階以授主人受於序端進西面位掌事者一人又奉幣篚立
於主人之後使者西階上俱北面再拜主人進詣楹間南面立使
者序進立於主人之西俱南面主人以幣篚授使者使者受退立
於西階上東面執幣者又以授主人主人受以授使副使副受之
退立於使者之北俱東面主人還東階上北面再拜送使者降自
西階從者訝受幣篚使者當庭實揖馬以出牽馬者從出使者出
大門外之西東面立從者訝受馬主人出門東西面再拜送使者
退主人入立於東階下西面儐者告於主人曰賓不顧矣主人反
於寢使者奉荅表詣闕納吉使者之辭曰加諸卜筮占曰日從制
使某也入告主人之辭曰臣某之女若如人龜筮云吉臣預在焉臣
某謹奉典制其餘皆如納采納徵其日使者至于主人之門外執
事者入布幕於内門之外玄纁束陳於幕上六馬陳於幕南北首

西上執事者奉穀珪以匱俟於幕東西面謁者引使者及主人立
於大門之内外儐者進受命出請事使者曰某奉制納徵儐者入
告主人曰奉制賜臣以重禮臣某祗奉典制儐者出告入引主人
出迎使者入執事者坐啓匱取珪加於玄纁牽馬者從入三分庭
一在南北首西上執珪者在馬西俱北面其餘皆如納采冊后前
一日守宮設使者次於后氏大門外之西尚舍設尚宮以下次於
后氏閤外道西東向障以行帷其日臨軒命使如納采奉禮設使
者位於大門外之西東向使副及内侍位於使者之南舉冊按及
寶綬者在南差退持節者在使者之北少退俱東向設主人位於
大門外之南北面使者以下及主人位於内門外亦如之設内謁
者監位於内門外主人之南西面司賛位於東階東南掌賛二人
在南差退俱西向又置一桉於閤外使副乘輅持節備儀仗鼓吹
備而不作内僕進重翟以下於大門之外道西東向以北爲上諸
衞令其屬布后儀仗使者出次就位主人朝服立於東階下西面

儐者受命出請事使者曰某奉制授皇后備物典冊儐者入告主人出迎於大門外北面再拜使者不答拜使者入門而左持節者前導持案者次之主人入門而右至內門外位奉冊寶案者進授使副冊寶內侍進使者前西面受冊寶東面授內謁者監持入立於閤外之西東面跪置於案尚宮以下入閤奉后首飾褘衣傅姆贊出尚宮引降立於庭中北面尚宮跪取冊尚服跪取寶綬立於后之右西向司言司寶各一人立於后左東向尚宮曰有制尚儀曰再拜皇后再拜宣冊尚儀曰再拜皇后又再拜尚宮授皇后以冊受以授司言尚服又授以寶綬受以授司寶皇后升坐內官以下俱降立於庭重行相向西上司贊曰再拜掌贊承傳皆再拜諸應侍衛者各升立於侍位尚儀前跪奏曰禮畢皇后降坐以入使者復命其遣使者奉迎其日侍中版奏請中嚴皇帝服冕出升所御殿文武之官五品已上立於東西朝堂奉迎前一日守宮設使者次於大門之外道右設使副及內侍次於使者次西俱南向尚

舍設宮人次於閤外道西奉禮設使副持案執鴈者持節者及奉禮贊者位如冊后又設內侍位於大門外道左西面又設宮人以下位於堂前使副朝服乘輅持節至大門外次宮人等各之次奉迎尚儀奏請皇后中嚴傅姆導皇后尚宮前引出升堂皇后將出主婦出於房外之西南向文武奉迎者皆陪立於大門之外文官在東武官在西皆北上謁者引使者詣大門外位主人立於內門外堂前東階下西面儐者受命出請事使者曰某奉制以今吉辰率職奉迎儐者入告主人曰臣謹奉典制儐者出告入引主人出門南北面再拜謁者引入至內門外堂西階使者先升位於兩楹間南面副在西持案執鴈者在西南俱東面主人升東階詣使者前北面立使副授以制書曰有制主人再拜使者宣制主人降詣階間北面再拜稽首升進北面受制書主人再拜北面立使副授以鴈主人再拜進受仍北面立儐者引二人對舉答表案進主人以表授使副再拜降自西階以出復門外位奉禮曰再拜贊者承

傳使副俱再拜使者曰令月吉日臣某等承制率職奉迎內侍受以入傳於司言司言受以奏閤尚儀奏請皇后再拜主人入升自東階進西面誡之曰戒之敬之夙夜無違命主人退立於東階上西面毋誡於西階上施衿結帨曰勉之敬之夙夜無違命皇后升輿以降升重翟以几姆加景內宮侍從及內侍導引應乘車從者如鹵簿皇后車出大門外以次乘車馬引從同牢之日內侍之屬設皇后大次於皇帝所御殿門外之東南向將夕尚寢設皇帝御幄於室內之奧東向鋪地席重茵施屏障初昏尚食設洗於東階東西當東霤南北以堂深后洗於東房近北設饌於東房西墉下豆各二十四簠簋各二㽅各三俎三尊於室內北牖下玄酒在西又尊於房戶外之東無玄酒坫在南加四爵合巹器皆烏漆巹以匏皇后入大門鳴鍾鼓從永巷至大次前回車南向施步障尚儀進當車前跪請降車皇后降入次尚宮引詣殿門之外西向立尚儀跪奏外辦請降坐禮迎皇帝降坐尚宮前引詣門內之西東面

揖后以入尚食酌玄酒三注於尊尚寢設席於室內之西東向皇帝道后升自西階入室即席東向立皇后入立於尊西南面皇帝盥於西洗后盥於北洗饌入設醬於席前葅醢在其北俎三設於豆東豕俎特在北尚食設黍于醬東稷稻粱又在東設湆于醬南設后對醬于東當特俎葅醢在其南北上設黍于豕俎北其西稷稻粱設湆于醬北尚食啓會郤于簠簋之南對簠簋于北加匕箸尚寢設對席於饌東尚食跪奏饌具皇帝揖皇后升對席西面皆坐尚食跪取韭葅擩醢授皇帝取葅擩醢授皇后俱受祭於豆閒尚食又取黍實於左手遍取稷稻粱反於左手授皇帝又取黍稷稻粱授皇后俱受祭於豆閒又各取肺絕末授帝后俱祭於豆閒尚食各以肺加於俎司飾二人以巾授皇帝及皇后俱涚手尚食各跪品嘗饌移黍置於席上以次授肺脊帝后皆食三飯卒食尚食二人俱盥手洗爵於房入室酌于尊以授帝后俱受祭尚食各以肝從皆奠爵振祭嚌之尚食皆受實於俎豆各取爵皆飯尚儀

受虛爵奠於坫再酳如初三酳用卺如再酳尚食俱降東階洗爵
升酌於戶外進北面奠爵興再拜跪取爵祭酒遂飲卒爵奠遂拜
執爵興降奠於篚尚儀北面跪奏稱禮畢興帝后俱興尚宮引皇
帝入東房釋冕服御常服尚宮引皇后入幄脫服尚宮引皇帝入
尚食徹饌設於東房如初皇后從者餕皇帝之饌皇帝侍者餕皇
后之饌皇太子納妃皇帝遣使者至于主人之家不持節無制書
其納采問名納吉納徵告期皆如后禮其冊妃前一日主人設使
者次大門之外道右南向又設宮人次於使者西南俱東向障以
行帷奉禮設使者位於大門外之西副及內侍又於其南舉冊案
及璽綬命服者又南差退俱東向設主人位於門南北面又設位
於內門外如之設典內位於內門外主人之南西面宮人位於門
外使者之後重行東向以北為上障以行帷設贊者二人位於東
階東南西向典內預置一案於閤外使副朝服乘輅持節鼓吹備
而不作至妃氏大門外次掌嚴奉褕翟衣及首飾內廄尉進厭翟

七、五 舊唐書禮樂志八 六 王元寿

於大門之外道西東向以北為上諸衛帥其屬布儀仗使者出次
持節前導及宮人典內皆就位主人朝服出迎於大門之外北面
再拜使者入門而左持案從之主人入門而右至內門外位奉冊
寶案者進授使副冊寶內侍西面受之東面授典內典內持入跪
置於閤內之案奉衣服及侍衛者從入皆立於典內之南俱東面
傅姆贊妃出立於庭中北面掌書跪取玉寶南向掌嚴奉首飾褕
翟與諸宮官侍衛者以次入司則前贊妃再拜北面授冊寶於掌
書南向授妃妃以授司閨司則又贊再拜乃請妃升坐宮官以下
皆降立於庭重行北面西上贊者曰再拜皆再拜司則前啓禮畢
妃降座入於室主人儐使者如禮賓之儀臨軒醮戒前一日衛尉
設次於東朝堂之北西向又設宮官次於重明門外其日皇太子
服袞冕出升金輅至承天門降輅就次前一日有司設御座於太
極殿阼階上西向設羣官次於朝堂展縣陳車輅其日尚
舍設皇太子席位於戶牖間南向莞席藻席尚食設酒尊於東

序下又陳籩脯一豆醢一在尊西脯前三刻設羣官版位於內奉
禮設版位於外如朝禮侍中版奏請中嚴前三刻諸侍衛之官侍
中中書令以下俱詣閤奉迎典儀帥贊者先入就位吏部兵部贊
羣官出次就門外位侍中版奏外辦皇帝服通天冠絳紗袍乘輿
出自西房即御座西向羣官入就位典儀曰再拜贊者承傳在位
者皆再拜皇太子入縣南典儀曰再拜贊者承傳皇太子再拜詣
階脫舄升席西南面立尚食酌酒於序進詣皇太子西東面立皇
太子再拜受爵尚食又薦脯醢於席前皇太子升席坐左執爵右
取脯擩於醢祭於籩豆之間右祭酒興降席西南面坐啐酒奠爵
興再拜執爵興奉御受虛爵直長徹薦還於房皇太子進當御座
前東面立皇帝命之曰往迎爾相承我宗事勗帥以敬皇太子曰
臣謹奉制旨遂再拜降自西階納舄出門典儀曰再拜贊者承傳
在位者皆再拜以次出侍中前跪奏禮畢皇帝入皇太子既受命
執燭前馬鼓吹至于妃氏大門外道西之次回輅南向左庶子跪

舊唐書禮樂志八 七 章容

奏降輅之次主人設几筵妃服褕翟花釵立於東房主婦立於房
戶外之西南向主人公服出立於大門之內西向在廟則祭服左
庶子跪奏請就位皇太子立於門西東面儐者受命出請事左
庶子承傳跪奏皇太子曰以茲初昏某奉制承命左庶子俛伏興
傳於儐者入告主人曰某謹具以須儐者出傳於左庶子以奏
儐者入引主人迎於門外之東西面再拜皇太子荅再拜主人揖
皇太子先入掌畜者以鴈授左庶子以授皇太子執鴈入及內門
主人讓曰請皇太子入皇太子曰某弗敢先主人又固請皇太子
又曰某固弗敢先主人揖皇太子入門而左主人入門而右及內
門主人揖入及內霤當曲揖當階揖皇太子皆報揖至於階主人
曰請皇太子升皇太子曰某敢辭主人固請皇太子又曰某敢固
辭主人終請皇太子又曰某終辭主人揖皇太子報揖主人升立
於阼階上西面皇太子升進當房戶前北面跪奠鴈再拜降出主
人不降送內廄尉進厭翟於內外傅姆導妃司則前引出於母左

師姆在右保姆在左父少進西面戒之曰必有正焉若衣花命之曰戒之勑之夙夜無違命母戒之西階上施衿結帨命之曰勉之勑之夙夜無違命庶母及門内施鞶申之以父母之命命之曰敬恭聽宗父母之言夙夜無愆視諸衿鞶妃既出内門至輅後皇太子授綏姆辭不受曰未教不足與爲禮妃升輅乘以几姆加景皇太子馭輪三周馭者代之皇太子出大門乘輅還宮妃次於後主人使其屬送妃以族從同牢之日司閨設妃次於閤内道東南向設皇太子御幄於内殿室内西廂東向設席重茵施屏障設同牢之席於室内皇太子之席西廂東向妃席東廂西向席間量容牢饌設洗於東階東南設妃洗於東房近北饌於東房西墉下豆各二十簋簠各二鉶各三瓦登一俎三尊在室内北墉下玄酒在西又設尊於房戶外之東無玄酒篚在南實四爵合巹皇太子車至左閤回輅南向左庶子跪奏請降輅入俟於内殿門外之東西面妃至左閤外回輅南向司則請妃降輅前後扇燭就次立於内殿

門西東面皇太子揖以入升自西階妃從升執扇燭者陳於東西階内皇太子即席東向立妃西向立司饌進詣階間跪奏具牢饌司則承令曰諾遂設饌如皇后同牢之禮司饌跪奏饌具皇太子及妃俱坐司饌跪取脯取韭菹皆擩於醢授皇太子又取授妃俱受祭於籩豆之間司饌跪取黍實於左手遍取稷反於右手授皇太子又授妃各受祭於葅醢之間司饌各立取肺皆絶末跪授皇太子及妃俱受又祭於葅醢之間司饌俱以肺加於俎掌嚴授皇太子妃巾涗手以柶扱上鉶遍擩之祭於上豆之間司饌品嘗妃饌移黍置於席上以次跪授肺脊皇太子及妃皆食以湆醬三飯卒食司饌北面請進酒司則承令曰諾司饌二人俱盥手洗爵於房入室酌于尊北面立皇太子及妃俱興再拜一人進授皇太子一人授妃皇太子及妃俱坐祭酒舉酒司饌各以肝從司則進受虚爵奠於篚司饌又俱洗爵酌酒再酳皇太子及妃俱受爵飲三酳用巹如再酳皇太子及妃立於席後司則俱降東階洗爵升酌

於戶外北面俱奠爵興再拜皇太子及妃俱答拜司則坐取爵祭酒遂飲啐爵奠遂拜執爵興降奠爵於篚司饌奏徹饌司則前跪奏稱司則妾姓言請殿下入皇太子入於東房釋冕服著袴褶司則啓妃入幃幄皇太子乃入室媵餕皇太子之饌御餕妃之饌親王納妃其納采問名納吉納徵請期使者公服乘犢車至於妃氏之家主人受於廟若寢其賓主相見儐贊出入升降與其禮賓者大抵皆如皇太子之使而無副其聘以玄纁束乘馬玉以璋冊命之日使者持節有副親迎王袞冕輅車至于妃氏之門外主人布席於室戶外之西西上右几又席於戶内南向設甒醴於東房東北隅篚在尊南實觶一角柶一脯醢又在其南妃於房内即席南向立姆立於右主人立於戶之東西面内贊者以觶酌醴加柶覆之面柄進筵前北面妃降席西南面再拜受觶内贊者薦脯醢妃升席跪左執觶右取脯擩於醢祭於籩豆之間遂以柶祭醴三始扱一祭又扱再祭興筵末跪啐醴建柶奠觶降筵西南面再拜就

席立主人乃迎賓其餘皆如皇太子之迎初昏設洗於東階東南又設妃洗於東房近北饌於東房障以帷豆十六簋簠各二登各二俎三牛豕腊羊豕節折尊坫於室内北墉下玄酒在西又設尊於房戶外之東無玄酒坫在南實以四爵合巹王至降車以俟妃至降車北面立王南面揖妃以入及寢門又揖以入贊者酌玄酒三注於尊妃從者設席於奥東向王導妃升自西階入於室即席東面立妃入立於尊西南面王盥於南洗妃從者沃之妃盥於北洗王從者沃之俱復位立贊者設饌入西面告饌具王揖妃即對席西面皆坐其先祭而後飯乃酳祭至于燭入皆如太子納妃之禮公主出降禮皆如王妃而納采問名納吉納徵請期主人皆受於寢其賓之辭曰國恩貺室於某公之子某公有先人之禮使某也請主人命賓曰寡人有先皇之禮云其諸臣之子一品至于三品爲一等玄纁束乘馬玉以璋四品至于五品爲一等玄纁束兩馬無璋六品至于九品爲一等玄纁束儷皮二而無馬纚皮二納之毛

内左首於軾輔立其餘納采問名納吉納徵請期大抵皆如親王納妃其親迎之日大昕壻之父女之父告於禰廟若寢將行布席於東序西向又席於户牖之間南向父公服坐於東序西向子服其上服一品袞冕二品鷩冕三品毳冕四品絺冕五品玄冕六品爵弁庶人絳公服升自西階進立於席西南向贊者酌酒進北面以授子子再拜受爵贊者薦脯醢於席前子升席跪左執爵右取脯擩於醢祭於籩豆之間右祭酒執爵興降席西南面跪卒爵再拜執爵興贊者受虛爵還尊所子進立於父席前東面父命之曰往迎爾相承我宗事勗率以敬先妣之嗣若則有常庶子則云往迎爾相勗率以敬子再拜曰不敢忘命又再拜降出乃迎初昏設洗陳饌皆如親王牲用少牢及腊三俎二簋二簠其豆數一品十六二品十四三品十二壻及婦共牢婦之簋簠及豆𥮉之數各視其夫尊於室中北墉下設尊於房户外之東加冪勺無玄酒夫婦酌於內尊四爵兩巹凡六夫婦各三酳主人乘革輅至於婦氏大門外女準其夫服花釵翟衣入於房以觶酌醴姑王妃主人迎賓以入遂同牢皆如親王納妃之禮質明布舅席於東序西向布姑席於房户外之西南向舅姑即席婦執笲棗栗入升自西階東面再拜進跪奠於舅席前舅撫之婦退復位又再拜降自西階受笲腶脩升進北面再拜進跪奠於姑席前姑舉之婦退復位又再拜婦席於姑西少北南向側尊甒醴於房內東壁下籩豆一實以脯醢在尊北設洗於東房近北婦立於席西南面內贊者盥手洗觶酌醴加柶面柄北面立于婦前婦進東面拜受復位內贊者西階上北面拜送乃薦脯醢婦升席坐左執觶右取脯擩於醢祭於籩豆之間以柶祭醴三始扱一祭又扱再祭加柶於觶面葉興降席西東面坐啐醴建柶興拜內贊者荅拜婦進升席跪奠觶於豆東取脯降自西階以出授氏從入於寢門外盥饋舅姑入於室婦盥饋布席於室之奥舅姑共席坐俱東面南上贊者設尊於室內北墉下饌於房內西墉下如同牢牲體皆節折右載之於舅俎左載之於姑俎婦入升

自西階入房以醬進其他饌從者設之皆加匕箸俎入設於豆東贊者各授箸舅姑各以菹擩於醬祭於籩豆之間又祭飯乾乃食三飯卒食婦入於房盥手洗爵入室酌酒酳舅進奠爵舅席前少東西面再拜舅取爵祭酒飲之婦受爵出户入房奠於右盥手洗爵酌酒酳姑設婦席於室內北墉下尊東面婦徹饌設於席前如初西上婦進西面再拜退升席南向坐將餕舅命易醬內贊者易之婦及餕姑饌婦祭內贊者助之既祭乃食三飯卒食內贊者洗爵酌酒酳婦降席西面再拜受爵升席坐祭酒飲執爵興降席東南面立內贊者受爵奠於坫婦進西面再拜受爵升席坐祭酒飲訖執爵興降席東南面立內贊者受奠於篚婦進西面再拜舅姑先降自西階婦降自阼階凡庶子婦舅不降而婦降自西階以出

禮樂志第八

禮樂志第九　　唐書十九

翰林學士兼龍圖閣學士朝散大夫給事中知制誥充史館修撰臣歐陽脩奉

敕撰

皇帝元正冬至受羣臣朝賀而會前一日尚舍設御幄於太極殿有司設羣官客使等次於東西朝堂展縣置按陳車輿又設解劒席於縣西北横街之南文官三品以上位於横街之南道東褒聖侯位於三品之下介公酅公位於道西武官三品以上位於介公之西少南文官四品五品位於縣東六品以下位於横街之南又設諸州朝集使位都督刺史三品以上位於文武官三品之東西四品以下分方位於文武官當品之下諸州使人又於朝集使之下諸親於四品五品之南設諸蕃方客位三等以上東方南方在東方朝集使之東西方北方在西方朝集使之西每國異位重行北面四等以下分方位於朝集使六品之下又設門外位文官於東朝堂介公酅公在西朝堂之前武官在介公之南少退每等異位

重行諸親位於文武官四品五品之南諸州朝集使東方南方在宗親之南使人分方於朝集使之下諸方客東方南方在東方朝集使之南西方北方在西方朝集使之南每國異位重行其日將士填諸街勒所部列黄麾大仗屯門及陳於殿庭羣官就次侍中版奏請中嚴諸侍衛之官詣閤奉迎吏部兵部主客户部贊羣官客使俱出次通事舍人各引就朝堂前位引四品以下及諸親客等應先置者入就位侍中版奏外辦皇帝服袞冕冬至則服通天冠絳紗袍御輿出自西房即御座南向坐符寶郎奉寶置於前公王以下及諸客使等以次入就位典儀曰再拜贊者承傳在位者皆再拜上公一人詣西階席脫舄跪解劒置於席升當御座前北面跪賀稱某官臣某言元正首祚景福惟新伏惟開元神武皇帝陛下與天同休（冬至云天正長至伏惟陛下如日之昇）乃降階詣席跪佩劒俛伏興納舄復位在位者皆再拜侍中前承詔降詣羣官東北西面稱有制在位者皆再拜宣制曰履新之慶與公等同之（冬至云履長）在位者皆再拜舞蹈三稱萬歲又再拜初羣官將朝中書侍郎以諸州鎮表別爲一按俟於右延明門外給事中以祥瑞按俟於左延明門外侍郎給事中俱就侍臣班初入户部以諸州貢物陳於太極門東東西廂禮部以諸蕃貢物可執者蕃客執入就位其餘陳於朝堂前上公將入門中書侍郎給事中皆降各引其按入詣東西階下立上公將升賀中書令黄門侍郎俱降各立取所奏之文以次升上公已賀中書令前跪奏諸方表黄門侍郎又進跪奏祥瑞俱降置所奏之文於按侍郎與給事中引按退至東西階前按出初侍中已宣制朝集使及蕃客皆再拜户部尚書進詣階間跪奏稱户部尚書臣某言諸州貢物請付所司侍中前承制退稱制曰可禮部尚書以次進詣階間跪奏稱禮部尚書臣某言諸蕃貢物請付所司侍中前承制退稱制曰可太府帥其屬受諸州及諸蕃貢物出歸仁納義門執物者隨之典儀曰再拜通事舍人以次引北面位者出侍中前跪奏稱侍中臣某言禮畢皇帝降座御輿入自

東房侍臣從至閤引東西面位者以次出蕃客先出冬至不奏祥瑞無諸方表其會則太樂令設登歌於殿上二舞入立於縣南尚舍設羣官升殿者座文官三品以上於御座東南西向介公酅公在御座西南東向武官三品以上於其後朝集使都督刺史蕃客三等以上座如立位設不升殿者座各於其位又設羣官解劒席於縣之西北横街之南尚食設壽尊於殿上東序之端西向設坫於尊南加爵一太官令設升殿者酒尊於東西廂近北設在庭羣官酒尊各於其座之南皆有坫羃俱障以帷吏部兵部户部主客贊羣官客使俱出次通事舍人引就朝堂前位又引非升殿者次入就位侍中版奏外辦皇帝改服通天冠絳紗袍御輿出自西房即御座典儀一人升就東階上通事舍人引公王以下及諸客使以次入就位侍中進當御座前北面跪奏稱侍中臣某言請延諸公王等升又侍中稱制曰可侍中詣東階上西面稱制延公王等升殿上典儀承傳階下贊者又承傳在位者皆再拜

應升殿者詣東西階至解劒席脫舄解劒升上公一人升階少東西面立於座後光禄卿進詣階間跪奏稱臣某言請賜群臣上壽侍中稱制曰可光禄卿退升詣酒尊所西向立上公詣酒尊所北面尚食酌酒一爵授上公上公受爵進前北面授殿中監殿中監受爵進置御前上公退北面跪稱某官臣某等稽首言元正首祚（冬至云天正長至）臣某等不勝大慶謹上千秋萬歲壽再拜在位者皆再拜立於席後侍中前承制退稱敬舉公等之觴在位者又再拜殿中監取爵奉進皇帝舉酒在位者皆舞蹈三稱萬歲皇帝舉酒訖殿中監進受虛爵以授尚食尚食受爵於坫初殿中監受虛爵殿中典儀唱再拜階下贊者承傳在位者皆再拜上公就座後立殿上典儀唱就座階下贊者承傳俱就座歌者琴瑟升坐笙管立階間尚食進酒至階殿上典儀唱酒至興階下贊者承傳坐者皆俛伏起立於席後殿中監到階省酒尚食奉酒進皇帝舉酒太官令又行群官酒酒至殿上典儀唱再拜階下贊者承傳在位者皆再

拜搢笏受觶殿上典儀唱就座階下贊者承傳皆就座皇帝舉酒尚食進受虛爵復于坫觴行三周尚食進御食食至階殿上典儀唱食至興階下贊者承傳坐者皆起立座後殿中監到階省桉尚食品嘗食訖以次進置御前太官令又行群官桉設食訖殿上典儀唱就座階下贊者承傳皆就座皇帝乃飯上下俱飯御食畢仍行酒遂設庶羞二舞作若賜酒侍中承詔詣東階上西面稱賜酒殿上典儀承傳階下贊者又承傳坐者皆起再拜立受觶就席坐飲立授虛爵又再拜就座酒行十二遍會畢殿上典儀唱可起階下贊者承傳上下皆起降階佩劒納舄復位位於殿庭者仍立於席後典儀曰再拜贊者承傳在位者皆再拜若有賜物侍中前承制降詣群官東北西面稱有制在位者皆再拜侍中宣制又再拜以次出侍中前跪奏稱侍中臣某言禮畢皇帝興御輿入自東房東西面位者以次出皇帝若服翼善冠袴褶則京官袴褶朝集使公服設九部樂則去樂縣無警蹕太樂令帥九部伎立於左右延

明門外群官初唱萬歲太樂令即引九部伎聲作而入各就座以次作臨軒冊皇太子有司卜日告于天地宗廟前一日尚舍設御幄于太極殿有司設太子次于東朝堂之北西向又設版位於大橫街之南展縣設桉陳車輿及文武群官朝集蕃客之次位皆如加元服之日其日前二刻宮官服其器服諸衛率各勒所部陳于庭左庶子奏請中嚴侍衛之官奉迎僕進金路內率一人執刀贊善奏發引令侍臣上馬庶子承令其餘略如皇帝出宮之禮皇太子遠遊冠絳紗袍三師道三少從鳴鐃而行降路入次亦如鑾駕其日列黃麾大仗侍中請中嚴有司與群官皆入就位三師三少導從皇太子立於殿門外之東西向黃門侍郎以冊寶綬桉立於殿內道北西面中書侍郎立桉後侍中乃奏外辦皇帝服袞冕出自西房即御座皇太子入就位典儀曰再拜皇太子再拜又曰再拜在位者皆再拜中書令降立於皇太子東北西向中書侍郎一人引冊一人引寶綬桉立於其東西面以冊授之中書令曰

有制皇太子再拜中書令跪讀冊皇太子再拜受冊左庶子受之侍郎以璽綬授中書令皇太子進受以授左庶子皇太子再拜在位者皆再拜侍中奏禮畢皇帝入自東房在位者以次出皇帝御明堂讀時令孟春禮部尚書先讀令三日奏讀月令承以宣告前三日尚舍設大次於東門外道北南向守宮設文武侍臣次於其後之左右設群官次於璧水東之門外文官在北武官在南俱西上前一日設御座於青陽左个東向三品以上及諸司長官座於堂上文官座於御座東北南向武官座於御座之東北向俱重行西上設刑部郎中讀令座於御座東南北向有桉設文官解劒席於丑陛之左武官於卯陛之右皆內向太樂令展宮縣於青陽左个之庭設舉麾位於堂上寅陛之南北向其一位於樂縣東北南向典儀設三品以上及應升坐者位於縣東文左武右俱重行西向非升坐者文官四品五品位於縣北六品以下於其東絕位俱南向武官四品五品於縣南六品以下於其東俱北向皆重行西

上設典儀位於縣之西北贊者二人在東差退俱南向奉禮設門外位各於次前俱每等異位重行相向西上其日陳小駕皇帝服青紗袍佩蒼玉乘金路出宮至于大次文武五品以上從駕之官皆就門外位太樂令工人協律郎典儀師贊者皆先入羣官非升坐者次入就位刑部郎中以月令置於案覆以帊立於武官五品東南郎中立於案後北面侍中版奏外辦皇帝御輿入自青龍門升自寅階即座符寶郎置寶於前典儀升立於左个東北南向公王以下入就西面位典儀曰再拜贊者承傳在位者皆再拜侍中前跪奏稱侍中臣某言請延公王等升又侍中稱制曰可侍中詣左个東北南向稱詔延公王等升典儀傳贊者承傳在位者皆再拜西面位者各詣其階解劍脫舄升立於座後刑部郎中引案進立於卯階下侍中跪奏請讀月令又侍中稱制曰可刑部郎中再拜解劍俛脫舄取令升自卯階詣席南北向跪置令於案立於席後堂上典儀唱就座公王以下及刑部郎中並就座刑部郎中讀

令每句一絕使言聲可了讀訖堂上典儀唱可起王公以下皆起刑部郎中以令置於案與羣官佩劍納舄復于位典儀曰再拜在位者皆再拜西面位者出侍中跪奏稱侍中臣某言禮畢皇帝降座御輿出之便次南北面位者以次出自仲春以後每月各居其位皆冠通天服玉之色如其時若四時之孟月及季夏土王讀五時令於明堂亦如之皇帝親養三老五更於太學所司先奏三師三公致仕者用其德行及年高者一人為三老次一人為五更五品以上致仕者為國老六品以下致仕者為庶老尚食具牢饌前三日尚舍設大次於學堂之後隨地之宜設三老五更次於南門外之西羣老又於其後皆東向文官於門外之東武官在羣老之西重行東西向皆北上前一日設御座於堂上東序西向莞筵藻席三老座於西楹之東近北南向五更座於西階上東向國老三人座於三老西階不屬焉皆莞筵藻席衆國老座於堂下西階之西東面北上皆蒲筵緇布純加莞席太樂令展宮縣於庭設登

歌於堂上如元會典儀設文武官五品以上位於縣東西六品以下在其南皆重行西向北上蕃客位於其南諸州使人位於九品之後學生分位於文武官之後設門外位如設次又設尊於東楹之西北向左玄酒右坫以置爵其日鑾駕將至先置之官就門外位學生俱青衿服入就位鑾駕至太學門回輅南向侍中跪奏請降輅降入大次文武五品以上從駕之官皆就門外位太樂令工人二舞入羣官客使以次入初鑾駕出宮量時刻遣使迎三老五更於其第三老五更俱服進賢冠乘安車前後導從其國老庶老則有司預戒之鑾駕既至太學三老五更及群老等俱赴集群老各服其服太常少卿贊三老五更俱出次引立於學堂南門外之西東面北上奉禮贊羣老出次立於三老五更之後太常博士引太常卿升立於學堂北戶之內當戶北面侍中版奏外辦皇帝出戶殿中監進大珪皇帝執大珪降迎三老於門內之東西面立侍臣從立於皇帝之後太常卿與博士退立於左三老五更皆杖各

二人夾扶左右太常少卿引導敦史執筆以從三老五更於門西東面北上奉禮引羣老隨入立於其後太常卿前奏請再拜皇帝再拜三老五更去杖攝齊荅拜皇帝揖進三老在前五更從仍杖夾扶至階皇帝揖升俱就座後立皇帝西面再拜三老三老南面荅拜皇帝又西向肅拜五更五更荅肅拜俱坐三公授几九卿正履殿中監尚食奉御進珍羞及黍稷等皇帝省之遂設於三老前皇帝詣三老座前執爵而饋乃詣酒尊所取爵侍中贊酌酒皇帝進執爵而酳尚食奉御以次進珍羞酒食於五更前國老庶老等皆坐又設酒食於前皆食皇帝即座三老乃論五孝六順典訓大綱格言宣於上惠音被于下皇帝乃虛躬請受敦史執筆錄善言善行禮畢三老以下降筵太常卿引皇帝從以降階逡巡立於階前三老五更出皇帝升立於階上三老五更出門侍中前奏禮畢皇帝降還大次三老五更升安車導從而還羣官及學生等以次出明日三老詣闕表謝州貢明經秀才進士身孝悌旌表門閭

者行鄉飲酒之禮皆刺史爲主人先召鄉致仕有德者謀之賢者
爲賓其次爲介又其次爲衆賓與之行禮而賓舉之主人戒賓立
於大門外之西東面賓立於東階下西面將命者立於賓之左北
面受命出立於門外之東西面曰敢請事主人曰某日行鄉飲酒
之禮請吾子臨之將命者入告賓出立於門東西面拜辱主人荅
拜主人曰吾子學優行高應茲觀國某日展禮請吾子臨之賓曰
某固陋恐辱命敢辭主人曰某謀於父師莫若吾子賢敢固以請
賓曰夫子申命之某敢不敬須主人再拜賓荅拜主人退賓拜送
其戒介亦如之辭曰某日行鄉飲酒之禮請吾子貳之其日質明
設賓席於楹間近北南向主人席於阼階上西向介席於西階上
東向衆賓席三於賓席之西南向皆不屬又設堂下衆賓席於西
階西南東面北上設兩壺於賓席之東少北玄酒在西加勺冪置
篚於壺南東肆實以爵觶設贊者位於東階東西向北上賓介及
衆賓至位於大門外之右東面北上主人迎賓於門外之左西面

拜賓賓荅拜又西南面拜介介荅拜又西南面揖衆賓衆賓報揖
主人又揖賓賓報揖主人先入門而右西面賓入門而左東面介
及衆賓序入立於賓西南東面北上衆賓非三賓者皆北面東上
主人將進揖當階揖賓皆報揖及階主人曰請吾子升賓曰某敢
辭主人曰固請吾子升賓曰某敢固辭主人曰終請吾子升賓曰
某敢終辭主人升自阼階賓升自西階當楣北面立執尊者徹冪
主人適篚跪取爵興適尊實之進賓席前西北面獻賓賓西階上
北面拜主人少退賓進於席前受爵退復西階上北面立主人退
於阼階上北面拜送爵賓少退贊者薦脯醢於賓席前賓自西方
升席南面立贊者設折俎賓跪左執爵右取脯擩於醢祭於籩豆
之間遂祭酒啐酒興降席東適西階上北面跪卒爵執爵興適尊
實之進主人席前東面酢主人主人於阼階上北面拜賓少退主
人進受爵退阼階上北面立賓退復西階上北面拜送爵贊者薦
脯醢於主人席前主人由席東自北方升席贊者設折俎主人跪

左執爵右祭脯擩於醢祭於籩豆之間遂祭酒啐酒興自南方降
席復阼階上北面跪卒爵執爵興跪奠爵於東序端興適篚跪取
觶實之以酬復阼階上北面跪奠觶遂拜執觶興賓西階上荅拜
主人跪祭遂飲卒觶執觶興適尊實之進賓席前北面賓拜
主人少退賓既拜主人跪奠觶於薦西興復阼階上位賓遂進席
前北面跪取觶興復西階上位主人北面拜送賓進席前北面跪
奠觶於薦東興復西階上位主人北面揖降立阼階下西面賓降
立於階西東面主人進延介揖之介報揖至階一讓升主人升阼
階介升西階當楣北面立主人詣東序端跪取爵興適尊實之進
於介席前西南面獻介介西階上北面拜主人少退介進北面受
爵退復位主人於介右北面拜送爵介少退主人立於西階之東
贊者薦脯醢於介席前介進自北方升席贊者設折俎介跪左執
爵右祭脯醢遂祭酒執爵興自南方降席北面跪卒爵執爵興介
授主人爵主人適尊實之酢於西階上立於介右北面跪奠爵遂

拜執爵興介荅拜主人跪祭遂飲卒爵執爵興進跪奠爵於西楹
南還阼階上揖降介降立於賓南主人於阼階前西南揖衆賓遂
升適西楹南跪取爵興適尊實之進於西階上南面獻衆賓之長
升西階上北面拜受爵主人於衆賓長之右北面拜送贊者薦脯
醢於其席前衆賓之長升席跪左執爵右祭脯醢祭酒執爵興退
於西階上立飲訖授主人爵降復位主人又適尊實之進於西階
上南面獻衆賓之次者如獻衆賓之長又次一人升飲亦如之主
人適尊實酒進於西階上南面獻堂下衆賓每一人升受爵跪祭
立飲贊者遍薦脯醢於其位主人受爵尊於篚主人與賓一揖一
讓升賓介衆賓序升即席設工人席於堂廉西之東北面東上工
四人先二瑟後二歌工持瑟升自階就位坐工鼓鹿鳴卒歌笙入
立於堂下北面奏南陔乃間歌歌南有嘉魚笙崇丘乃合樂周南
關雎召南鵲巢司正升自西階（司正謂主人贊禮者禮樂之正既成將留賓爲有懈惰立司正以監之）
跪取觶於篚興適尊實之降自西階詣階間左還北面跪奠觶拱

手少跪取觶遂飲卒觶奠再拜賓降席跪取觶於篚適尊實之
詣阼階上北面酬主人主人降席進立於賓東賓跪奠觶遂拜執
觶興主人荅拜賓立飲卒觶適尊實之阼階上東南授主人主人
再拜賓少退主人受觶賓於主人之西北面拜送賓揖復席主人
進西階上北面酬介介降席自南方進立於主人之西北面主人
跪奠觶遂拜執觶興介荅拜主人立飲卒觶適尊實之進西階上
西面立介拜主人少退介受觶主人於介東北面拜送主人揖復
席司正升自西階近西北面立相旅曰某子受酬受酬者降席自
西方進北面立於介右司正退立於序端東面避受酬者介跪奠
觶遂拜執觶興某子荅拜介立飲卒觶適尊實之進西階上西南
面授某子某子受觶介立於某子之左北面揖復席司正曰某子
受酬受酬者降席自西方立於某子之左北面某子跪奠觶遂拜
執觶興受酬者荅拜某子立飲卒觶適尊實之進西階上西南面
授之受酬者受觶某子立於酬者之右揖復席次一人及堂下衆
賓受酬亦如之卒受酬者以觶跪奠於篚興復階下位司正適阼
階上東面請命於主人主人曰請坐於賓司正回北面告於賓曰
請賓坐賓曰唯命賓主各就席坐若賓主公服者則降脫履主
人先左賓先右司正降復位乃羞肉胾醢賓主燕飲行無筭爵無
筭樂主人之贊者皆興焉已燕賓主俱興賓以下降自西階主人
降自東階賓以下出立於門外之西東面北上主人送於門外之
東西面再拜賓介逡巡而退季冬之月正齒位則縣令爲主人鄉
之老人年六十以上有德望者一人爲賓次一人爲介又其次爲三賓
又其次爲衆賓年六十者三豆七十者四豆八十者五豆九十者及
主人皆六豆賓主燕飲則司正北面請賓坐賓主各就席立司正適
篚跪取觶興實之進立于楹間北面乃揚觶而戒之以忠孝之本賓
主以下皆再拜司正跪奠觶再拜跪取觶飲卒觶興賓主以下皆坐
司正適篚跪奠觶興降復位乃行無筭爵其大[illegible]

禮樂志第九

禮樂志第十　唐書二十

翰林學士兼龍圖閣學士朝散大夫給事中知制誥充史館修撰臣歐陽脩奉
勅撰

五曰凶禮周禮五禮二曰凶禮唐初徙其次第五而李義府許
敬宗以爲凶事非臣子所宜言遂去其國卹一篇由是天子凶禮
闕焉至國有大故則皆臨時采掇附比以從事事已則諱而不傳
故後世無考焉至開元制禮惟著天子賑卹水旱遣使問疾弔死
舉哀除服臨喪冊贈之類若五服與諸臣之喪葬衰麻哭泣則頗
詳焉凡四方之水旱蝗天子遣使者持節至其州位于庭使者南
面持節在其東南長官北面寮佐正長老人在其後再拜以授制
書其問疾亦如之其主人迎使者於門外使者東面主人西面再
拜而入其問婦人之疾則受勞問者北面若舉哀之日爲位於別
殿文武三品以上入哭于庭四品以下哭于門外有司版奏中嚴
外辦皇帝已變服而哭然後百官內外在位者皆哭十五舉音哭
止而奉慰其除服如之皇帝服一品錫衰三品以上緦衰四品以下
疑衰服朞者三朝晡止大功朝晡止小功以下一哀止晡百官不
集若爲蕃國君長之喪則設次于城外向其國而哭五舉音止若
臨喪則設大次於其門西設素裀榻於堂上皇帝小駕鹵簿乘四
望車警蹕鼓吹備而不作皇帝至大次易素服從官皆易服侍臣
則不皇帝出次喪主人免經釋杖哭門外望見乘輿止哭而再拜
先入門右西向皇帝至堂升自阼階即哭位巫祝各一人先升巫
執桃立于東南祝執茢立于西南戈者四人先後隨升喪主人入
廷再拜敕引乃升立戶內之東西向皇帝出喪主人門外拜送皇
帝變服于次乃還盧文武常服皇帝升車鼓吹不作而入其以敕
使冊贈則受冊于朝堂載以犢車備鹵簿至第妃主以內侍爲使
贈者以蠟印畫綬冊贈必因其啓葬既葬則受於靈寢既除則受
於廟主人公服而不哭或單衣而介幘受必有祭未廟受之寢五服
之制斬衰三年正服子爲父女子子在室與已嫁而反室爲父加

服嫡孫爲後者爲祖父爲長子義服爲人後者爲所後父妻爲夫
妾爲君國官爲君王公以下三月而葬葬而虞三虞而卒哭十三
月小祥二十五月大祥二十七月禫祭齊衰三年正服子父在爲
母加服爲祖後者祖卒則爲祖母母爲長子義服爲繼母慈母繼
母爲長子妻爲君之長子齊衰杖周降服父卒母嫁及出妻之子
爲母報服亦如之正服爲祖後者祖在爲祖母義服父卒繼母嫁
從爲之服報夫爲妻齊衰不杖周正服爲祖父母爲伯叔父爲兄
弟爲衆子爲兄弟之子及女子子在室與適人者爲嫡孫爲姑姊
妹與無夫子報女子子與適人爲祖父母妾爲其子加服女子子
適人者爲兄弟之爲父後者降服妾爲其父母爲人後者爲其父
母報女子子適人者爲其父母義服爲伯叔母爲繼父同居者妾
爲嫡妻妾爲君之庶子婦爲舅姑爲夫之兄弟之子舅姑爲嫡婦
齊衰五月正服爲曾祖父母女子子在室及嫁者亦如之齊衰三
月正服爲高祖父母女子子在室及嫁者亦如之義服爲繼父不

同居者其父卒母嫁出妻之子爲母及爲祖後祖在爲祖母雖周
除仍心喪三年大功長殤九月中殤七月正服爲子女子子之長
殤中殤爲叔父之長殤中殤爲姑姊妹之長殤中殤爲兄弟之長
殤中殤爲嫡孫之長殤中殤爲兄弟之子女子子之長殤中殤義服
爲夫之兄弟之子女子子之長殤中殤成人九月正服爲從兄弟
爲庶孫降服爲女子子適人者爲姑姊妹適人者報出母爲女子
子適人者爲兄弟之女適人者報爲人後者爲其兄弟與姑姊妹
在室者報義服爲夫之祖父母與伯叔父母報爲夫之兄弟女適人
者報夫爲人後者其妻爲本生舅姑爲衆子之婦小功五月殤正
服爲子女子子之下殤爲叔父之下殤爲姑姊妹之下殤爲兄弟
之下殤爲嫡孫之下殤爲兄弟之子女子子之下殤爲從兄弟姊
妹之長殤爲庶孫之長殤降服爲人後者爲其兄弟之長殤出嫁
姑爲姪之長殤爲人後者爲其姑姊妹之長殤義服爲夫之兄弟
之子女子子之下殤爲夫之叔父之長殤成人正服爲從祖祖父

報爲從祖父報爲從祖姑姊妹在室者報爲從祖兄弟報爲從祖
祖姑在室者報爲外祖父母爲舅及從母報降服爲從父姊妹適
人者報爲孫女適人者爲人後者爲其姑姊妹適人者報義服爲
從祖祖母報爲從祖母報爲夫之姑姊妹在室及適人者報娣姒
婦報爲同母異父兄弟姊妹報爲嫡母之父母兄弟從母爲庶母
慈已者爲嫡孫之婦母出爲繼母之父母兄弟從母嫂叔報緦麻
三月殤正服爲從父兄弟姊妹之中殤下殤爲庶孫之中殤下殤
爲從祖叔父之長殤爲從祖兄弟之長殤爲舅及從母之長殤爲
從父兄弟之子之長殤爲兄弟之孫長殤爲從祖姑姊妹之長殤
降服爲人後者爲其兄弟之中殤下殤爲姪之中殤下殤出嫁姑
爲之報爲人後者爲其姑姊妹之中殤下殤義服爲人後者爲從
父兄弟之長殤爲夫之叔父之中殤下殤爲夫之姑姊妹之長殤
成人正服爲族兄弟爲族曾祖父報爲族祖父報爲族父報爲外
孫爲曾孫玄孫爲從母兄弟姊妹爲姑之子爲舅之子爲族曾祖

姑在室者報爲族祖姑在室者報爲族姑在室者報降服爲從祖
姑姊妹適人者報女子子適人者爲從祖父報庶子爲父後者爲
其母爲從祖姑適人者報爲人後者爲外祖父母爲兄弟之孫女
適人者報義服爲族曾祖母報爲族祖母報爲族母報爲庶孫之
婦女子子適人者爲從祖伯叔母爲庶母爲乳母爲壻爲妻之父
母爲夫之曾祖高祖父母爲夫之從祖祖父母報爲夫之從祖父
母報爲夫之外祖父母報爲從祖兄弟之子爲夫之從父兄弟之
妻爲夫之從父姊妹在室及適人者爲夫之舅及從母報改葬子
爲父母妻妾爲其夫其冠服杖屨皆依儀禮皇家所絕傍親無服
者皇弟皇子爲之皆降一等初太宗嘗以同爨緦而嫂叔乃無服
舅與從母親等而異服詔侍中魏徵禮部侍郎令孤德棻等議舅
爲母族姨乃外戚它姓舅固爲重而服止一時姨喪乃五月古人
未達者也於是服曾祖父母齊衰三月者增以齊衰五月適子婦
大功增以朞衆子婦小功增以大功嫂叔服以小功五月報其弟

妻及夫兄亦以小功舅服緦請與從母增以小功然律疏舅報甥
服猶緦顯慶中長孫无忌以爲甥爲舅服同從母則舅宜進同從
母報又古庶母緦今無服且庶母之子昆弟也爲之杖齊[illegible]氣
而吉凶異自是亦改服緦上元元年武后請父在服母三年開元
五年右補闕盧履冰言禮父在爲母朞而服三年非也請如舊章
乃詔并議舅及嫂叔服久而不能決二十年中書令蕭嵩等改脩
五禮於是父在爲母齊衰三年諸臣之喪有疾齊於正寢卧東首
北牖下疾困去衣加新衣徹樂清掃内外四人坐而持手足遺言
則書之屬纊氣絶寢於地男子白布衣被髮徒跣婦人女子青縑
衣去首飾齊衰以下丈夫素冠主人坐於牀東啼踊無數衆主人
在其後兄弟之子以下又在其後皆西面南上哭妻坐於牀西妾
及女子在其後哭踊無數兄弟之女以下又在其後皆東面南上
藉藁坐哭内外之際隔以行帷祖父以下爲帷東北壁下南面西
上祖母以下爲帷西北壁南面東上外姻丈夫於户外東北面西

上婦人於主婦西北南面東上諸内喪則尊行丈夫及外親丈夫
席位於前堂若户外之左右俱南面宗親户東西上外親户西東
上凡喪皆以服精麤爲序國官位於門内之東重行北面西上俱
衰巾帕頭舒薦坐參佐位於門内之西重行北面東上素服皆舒
席坐哭斬衰三日不食齊衰二日不食大功三不食小功緦麻再
不食復於正寢復者三人以死者之上服左荷之升自前東霤當
屋履危北面西上左執領右執要招以左每招長聲呼某復三呼
止投衣於前承以篋升自阼階入以覆尸乃設牀於室户内之西
去腳簟枕施幄去裙遷尸於牀南首覆用斂衾去死衣楔齒以角
柶綴足以燕几校在南其内外哭位如始死之儀乃奠以脯醢酒
用吉器升自阼階奠於尸東當腢内喪則贊者皆受於户外而設
之沐浴掘坎於階間近西南順廣尺長二尺深三尺南其壤爲垼
竈於西牆下東向以俟煮沐新盆瓶六鬲皆濯之陳於西階下沐
巾一浴巾二用絺若綌實於笲櫛實於箱若簞浴衣實於篋皆具

於西序下南上水淅稷米取汁煮之又汲爲湯以俟浴以盆盛潘
及沐盤升自西階授沐者沐者執潘及盤入主人皆出於户東北
面西上主婦以下户西北面東上俱立哭其尊行者丈夫於主人
之東北面西上婦人於主婦之西北面東上俱坐哭婦人以帳乃
沐櫛束髮用組抯用巾浴則四人抗衾二人浴拭用巾抯用浴衣
設牀於尸東衽下莞上簟浴者舉尸易牀設枕翦鬚斷爪如生盛
以小囊大斂内於棺中楔齒之柶浴巾皆埋於坎寘之衣以明衣
裳以方巾覆面仍以大斂之衾覆之内外入就位哭乃襲襲衣三
稱西領南上明衣裳爲一帛巾一方尺八寸充耳白纊面衣玄方
尺纁裏組繫握手玄纁裏長尺二寸廣五寸削約於内旁寸著以
綿組繫庶襚繼陳不用將襲具牀席於西階西内外皆出哭如浴
襲者以牀升入設於尸東布枕席陳襲於席祝去巾加面衣設充
耳握手納舄若履既襲覆以大斂之衾内外入哭乃含贊者奉盤
水及笲一品至于三品飯用粱含用璧四品至于五品飯用稷含

用碧六品至于九品飯用粱含用貝升堂含者盥手於户外洗粱
璧實於笲執以入祝從入北面徹枕去衾受笲奠於尸東含者坐
於牀東西面鑿巾納飯含於尸口既含主人復位乃爲明旌以絳
廣充幅一品至于三品長九尺韜杠銘曰某官封之柩置於西階
上四品至于五品長八尺六品至于九品長六尺鑿木爲重一品
至于三品長八尺横者半之三分庭一在南四品至于五品長七
尺六品至于九品長六尺以沐之米爲粥實於鬲蓋以疏布繫以
竹䈴縣於重木覆用葦席北面屈兩端交後西端在上綴以竹䈴
祝取銘置於重殯堂前楹下夾以葦席小斂衣一十九稱朝服一
笏一陳於東序西領北上設奠於東堂下甒二實以醴酒觶二角柶
一少牢腊三籩豆俎各八設盆盥於饌東布巾楷者辟脯醢之奠
於尸牀西南乃徹具牀席於堂西設盆盥西階之西如東方斂者
盥與襲服者以斂衣入喪者東西皆少退内外哭巳斂覆以夷衾
設牀於堂上兩楹間衽下莞上簟有枕卒斂開帷主人巳下西面

憑哭主婦以下東面憑哭退乃斂髮而奠贊者盥手奉饌至階升設於尸東醴酒奠於饌南西上其俎祝受巾巾之奠者徹襲奠自西階降出下帷內外俱坐哭有國官僚佐者以官代哭無者以親踈為之夜則為燎於庭厥明滅燎乃大斂衣三十稱上服一稱冕具簪導纓內喪則有花釵衾一西領南上設奠如小斂甒加勺篚在東南籩豆俎皆有冪用功布棺入內外皆止哭升棺於殯所乃哭熬八篚黍稷粱稻各二皆加魚腊燭俟於饌東設盆盥於東階東南祝盥訖升自阼階徹巾執巾者以待於阼階下祝盥贊者徹小斂之饌降自西階設於序西南當西霤如設於堂上乃適於東階下新饌所帷堂內外皆少退立哭御者斂加冠若花釵覆以衾開帷喪者東西憑哭如小斂諸親憑哭斂者四人舉牀男女從奉尸斂於棺乃加蓋覆以夷衾內外皆復位如初設熬穀首足各一篚傍各三篚以木覆棺上乃塗之設帟於殯上祝取銘置于殯乃奠執巾几席者升自阼階入設於室之西南隅東面又几巾已加

贊者以饌升入室西面設於席前祝加巾於俎奠者降自西階以出下帷內外皆就位哭既殯設靈座於下室西間東向施牀几案屏帳服飾以時上膳羞及湯沐如平生殷奠之日下饋於下室廬在殯堂東廊下近南設苫由齊衰於其南為堊室俱北戶翦蒲為席不緣大功又於其南張帷席以蒲小功緦麻又於其南設牀席以蒲婦人次於西房三日成服內外皆哭盡哀乃降就次服其服無服者仍素服相者引主人以下俱杖升立於殯內外皆哭諸子孫跪哭尊者之前祖父撫之女子子對立而哭唯諸父不撫尊者出主人以下降立阼階朔望殷奠饌於東堂下瓦甒二實醴及酒角觶二木柶一少牢及腊三俎二簋二簠二鉶六籩六豆其日不饋於下室葬有期前一日之夕除葦障設賓次於大門外之右南向啓殯之日主人及諸子皆去冠以衰巾帕頭就位哭祝衰服執功布升自東階詣殯南北向內外止哭三聲噫嘻乃曰謹以吉辰啓殯既告內外哭祝取銘置於重掌車者升徹殯塗設席於柩東

席又設席柩東祝以功布升拂柩覆用夷衾周設帷開戶東向主人以下升哭於帷東西向俱南上諸祖父以下哭於帷東北壁下諸祖母以下哭於帷西北壁下外姻丈夫帷東上婦人帷西祝與進饌者各以奠升設於柩東席上祝酌醴奠之陳器用啓之夕發引前五刻搥一鼓為一嚴陳布吉凶儀仗方相誌石大棺車及明器以下陳於柩車之前一品引四披六鐸左右各八黼翣二黻翣二畫翣二二品三品引二披四鐸左右各六黼翣二畫翣二四品五品引二披二鐸左右各四黼翣二畫翣二六品至于九品披二鐸二畫翣二二刻頃搥二鼓為二嚴掌饌者徹啓奠以出內外俱立哭執紼者皆入掌事者徹帷持翣者升以翣障柩執紼者升執鐸者夾西階立執纛者入當西階南北面立掌事者取重出倚於門外之東執旌者立於纛南北面搥三鼓為三嚴靈車進於內門外南向祝以腰輿詣靈座前西向跪告腰輿降自西階以詣靈車腰輿退執鐸者振鐸降就階間南向持翣者障以翣執纛者却行

而引輴止則北面立執旌者亦漸而南輴止北面主人以下以次從輴在庭輴至庭主人及諸子以下立哭於輴東北西向南上祖父以下立哭於輴東北南向西上異姓之丈夫立哭於主人東南西面北上婦人以次從降妻妾女子子以下立哭於輴西東面南上祖母以下立哭於輴西北南向東上異姓之婦人立哭於主婦西南東面北上內外之際障以行帷國官立哭於執紼者東北面西上僚佐立哭於執紼者西南北面東上祝帥執饌者設祖奠於輴東如大斂祝酌奠進饌北面跪曰永遷之禮靈辰不留謹奉旋車式遵祖道尚饗輴出升車執披者執前後披紼者引輴出旌先纛次主人以下從哭於輴後輴出到輀車執紼者解屬於輀車設帷障於輴後遂升柩祝與執饌者設遣奠於柩東如祖奠既奠掌事者以蒲葦苞牲體下節五以繩束之盛以盤載於輿前方相大棺車輴車明器輿下帳輿米輿酒脯醢輿苞牲輿食輿為六輿銘旌纛鐸輀車以次行賓有贈者既祖奠賓立於大門外西廂東面從者

以篚奉玄纁立於西南以馬陳於賓東南北首西上相者入受命
出西面曰敢請事賓曰某敢賵相者入告出曰孤某須矣執篚者
奠取幣以授賓牽馬者先入陳於轜車南北首西上賓入由馬西
當轜車南北面立內外止哭賓曰某謚封若某位將歸幽宅敢致
賵乃哭內外皆哭主人拜稽顙賓進轜東西面奠幣於車上西出
主人拜稽顙送之喪至于墓所下柩進轜車於柩車之後張帷下
柩於轜丈夫在西憑以哭卑者拜辭主人以下婦人皆障以行帷
哭於羨道西東面北上入墓施行席於壙戶內之西執紼者屬紼
於轜遂下柩於壙戶內席上北首覆以夷衾轜出持翣入倚翣於
壙內兩廂遂以帳張於柩東南向米酒脯於東北食盤設於前醯
醢設於盤南苞牲置於四隅明器設於右在壙掌事者以玄纁授
主人主人授祝奉以入奠於靈座主人拜稽顙施銘旌誌石於壙
門之內掩戶設關鑰遂復土三主人以下稽顙哭退俱就靈所哭
掌儀者祭后土於墓左反哭既下柩於壙撾一鼓為一嚴掩戶撾

二鼓為再嚴內外就靈所撾三鼓為三嚴徹酒脯之奠追靈車於
帷外陳布儀仗如來儀轝輿入少頃出詣靈車後靈車發引內外
從哭如來儀出墓門尊者乘去墓百步卑者乘以哭靈車至第西
階下南向祝以轝輿詣靈車後少頃升入詣靈座前主人以下從
升立於靈座東西面南上內外俱升諸祖父以下哭於帷東北壁
下南面妻及女子子以下婦人哭於靈西東面諸祖母以下哭於
帷西北壁下南面外姻哭於南廂丈夫帷東婦人帷西皆北面弔
者哭於堂上西面主人以下出就次沐浴以俟虞斬衰者沐而不
櫛虞主用桑長尺方四寸孔徑九分烏漆匱置於靈坐在寢室內
戶西東向素几在右設洗於西階西南瓦甒二設於北墉下醴酒
在東喪者既沐升靈所主人及諸子倚杖於戶外入哭于位如初
饌入如殷奠升自東階主人盥手洗爵酌醴西面跪奠哭止祝跪
讀祝主人哭拜內外應拜者皆哭拜乃出杖降西階還次間日再
虞後日三虞禮如初小祥毀廬為堊室設蒲席堊室者除之席地

主人及諸子沐浴櫛翦去首絰練冠妻妾女子去腰絰主用栗祭
如虞禮大祥之祭如小祥間月而禫釋祥服而禫祭如大祥既祥
而還外寢妻妾女子還於寢食有醯醬既禫而飲醴酒食乾肉祔
廟筮日將祔掌事者為坮室於始祖廟室西壁主人及亞獻以下
散齋三日致齋一日前一日主人以酒脯告遷遷之主乃遷置於
幄坐又奠酒脯以安神掌饌者徹膳以出掌廟者以次匱神主納
於坮室又設考之祔坐於曾祖室內東壁下西向右几設主人位
於東南西面設子孫位於南門內道東北面西上設亞獻終獻位
於主人東南設掌事以下位於終獻東南俱西面北上設贊唱者
位於主人西南西面設酒尊於堂上室戶之東南北向西上設洗
於階阼東南北向實爵三巾二加冪其日具少牢之饌二座各俎
三簠二簋二鉶二酒尊二其一實玄酒為上其一實清酒次之其
籩豆一品者各十二二品三品者各八主人及行事者祭服掌事
者具轝輿掌廟者闢寺人立於廟庭北面再拜升自東階入開坮

屋出曾祖曾祖妣神主置於座降出執尊罍篚者入就位祝進座
前西面告曰以今吉神奉遷神主于廟執輿者以輿升入進輿於
座前祝納神主於匱升輿祝仍扶於左降自西階子孫內外陪從
於後至廟門諸婦人停於門外周以行帷俟祭訖而還神主入自
南門升自西階入於室諸子孫從升立於室戶西重行東面以北
為上行事者從入各就位輿詣室前迴輿西向祝啓匱出神主置
於坐輿降立於西階下東向相者引主人以下降自東階各就位
祝立定贊唱者曰再拜在位者皆再拜掌饌者引饌入升自東階
入於室各設於神座前主人盥手洗爵升自東階酌醴酒入室進
北面跪奠爵於曾祖神座前主人出取爵酌酒入室進東面跪奠
於祖座前出戶北面立祝持版進於室戶外之右東向跪讀祝文
主人再拜祝進入奠版於曾祖座主人出降還本位初主人出亞
獻盥手洗爵升酌酒入進北面跪奠於曾祖又酌酒入進東面跪
奠於祖神座出戶北面再拜訖又入室立於西壁下東面再拜出

降復位亞獻將畢終獻入如亞獻祝入徹豆贊者皆再拜主人及在位子孫以下出掌饌者入徹饌以出掌廟者納曾祖神主於埳室出又以舁輿升諸考神座前納主於匵置於輿詣考廟出神主置於座進酒脯之奠少頃徹之祝納神主於埳室六品以下祔祭于正寢禮略如之

禮樂志第十

禮樂志第十一　唐書二十一

翰林學士兼龍圖閣學士朝散大夫給事中知制誥充史館修撰臣歐陽脩奉敕撰

聲無形而樂有器古之作樂者知夫器之必有弊而聲不可以言傳懼夫器失而聲遂亡也乃多爲之法以著之故始求聲者以律而造律者以黍自一黍之廣積而爲分寸一黍之多積而爲龠合一黍之重積而爲銖兩此造律之本也故爲之長短之法而著之於度爲之多少之法而著之於量爲之輕重之法而著之於權衡是三物者亦必有時而弊則又總其法而著之於數使其分寸龠合銖兩皆起於黃鍾然後律度量衡相用爲表裏使得律者可以制度量衡因度量衡亦可以制律不幸而皆亡則推其法數而制之用其長短多少輕重以相參考四者既同而聲必至聲至而後樂可作矣夫物用於有形而必弊聲藏於無形而不竭以有數之法求無形之聲其法具存無作則已苟有作者雖去聖人於千萬

歲後無不得焉此古之君子知物之終始而憂世之慮深其多爲之法而丁寧纖悉可謂至矣三代既亡禮樂失其本至其聲器有司之守亦以散亡自漢以來歷代莫不有樂作者各因其所學雖清濁高下時有不同然不能出於法數至其所以用於郊廟朝廷以接人神之歡其金石之響歌舞之容則各因其功業治亂之所起而本其風俗之所由自漢魏之亂晉遷江南中國遂沒於夷狄至隋滅陳始得其樂器稍欲因而有作而時君褊迫不足以堪其事也是時鄭譯牛弘辛彥之何妥蔡子元于普明之徒皆名知樂相與撰定依京房六十律因而六之爲三百六十律以當一歲之日又以一律爲七音音爲一調凡十二律爲八十四調其說甚詳而終隋之世所用者黃鍾一宮五夏二舞登歌房中等十四調而已記曰功成作樂蓋王者未作樂之時必因其舊而用之唐興即用隋樂武德九年始詔太常少卿祖孝孫協律郎竇璡等定樂初隋用黃鍾一宮惟擊七鍾其五鍾設而不擊謂之啞鍾唐協

律郎張文收乃依古斷竹爲十二律高祖命與孝孫吹調五鍾叩之而應由是十二鍾皆用孝孫又以十二月旋相爲六十聲八十四調其法因五音生二變因變徵爲正徵因變宮爲清宮七音起黃鍾終南呂迭爲綱紀黃鍾之律管長九寸王於中宮土半之四寸五分與清宮合五音之首也加以二變循環無間故一宮二商三角四變徵五徵六羽七變宮其聲繇濁至清爲一均凡十二宮調皆正宮也正宮聲之下無復濁音故五音以宮爲尊十二商調調有下聲一謂宮也十二角調調有下聲二宮商也十二徵調調有下聲三宮商角也十二羽調調有下聲四宮商角徵也十二變徵調居角音之後正徵之前十二變宮調在羽音之後清宮之前雅樂成調無出七聲本宮遞相用唯樂章則隨律定均合以笙磬節以鍾鼓樂既成奏之太宗謂侍臣曰古者聖人沿情以作樂國之興衰未必由此御史大夫杜淹曰陳將亡也有玉樹後庭花齊將亡也有伴侶曲聞者悲泣所謂亡國之音哀以思以是觀之亦樂

之所起帝曰夫聲之所感各因人之哀樂將亡之政其民苦故聞以悲今玉樹伴侶之曲尚存爲公奏之知必不悲尚書右丞魏徵進曰孔子稱樂云樂云鍾鼓云乎哉樂在人和不在音也十一年張文收復請重正餘樂帝不許曰朕聞人和則樂和隋末喪亂雖改音律而樂不和若百姓安樂金石自諧矣文收既定樂復鑄銅律三百六十銅斛二銅秤二銅甌十四秤尺一斛左右耳與臀皆方積十而登以至於斛與古玉尺玉斗同皆藏於太樂署武后時太常卿武延秀以爲奇玩乃獻之及將考中宗廟樂有司奏請出之而秤尺已亡其跡猶存以常用度量校之尺當六之五量衡皆三之一至肅宗時山東人魏延陵得律一因中官李輔國獻之云太常諸樂調皆下不合黃鍾請悉更制諸鍾磬帝以爲然乃悉取太常諸樂器入于禁中更加磨刻凡二十五日而成御三殿觀之以還太常然以漢律考之黃鍾乃太蔟也當時議者以爲非是其後黃巢之亂樂工逃散金奏皆亡昭宗即位將謁郊廟有司不知樂

縣制度太常博士殷盈孫按周法以算數除鎛鍾輕重高卬黃鍾九寸五分倍應鍾三寸三分半凡四十八等圖上口項之量及徑衡之圖乃命鑄鎛鍾十二編鍾二百四十宰相張濬爲脩奉樂縣使求知聲者得處士蕭承訓等校石磬合而擊拊之音遂諧唐爲國而作樂之制尤簡高祖太宗即用隋樂與孝孫文收所定而已其後世所更者樂章舞曲至于昭宗始得盈孫焉故其議論罕所發明若其樂歌廟舞用於當世者可以考也樂縣之制宮縣四面天子用之若祭祀則前祀二日太樂令設縣於壇南內壝之外北嚮東方西方磬虡起北鍾虡次之南方北方磬虡起西鍾虡次之鎛鍾十有二在十二辰之位樹雷鼓於北縣之內道之左右植建鼓於四隅置柷敔於縣內柷在右敔在左設歌鍾歌磬於壇上南方北向磬虡在西鍾虡在東琴瑟箏筑皆一當磬虡之次匏竹在下凡天神之類皆以雷鼓地祇之類皆以靈鼓人鬼之類皆以路鼓其設於庭則在南而登歌者在堂若朝會則加鍾磬十二虡設

鼓吹十二案於建鼓之外案設羽葆鼓一大鼓一金錞一歌簫笳皆二登歌鍾磬各一虡節鼓一歌者四人琴瑟箏筑皆一在堂上笙和簫篪塤皆一在堂下若皇后享先蠶則設十二大磬以當辰位而無路鼓軒縣三面皇太子用之若釋奠于文宣王武成王亦用之其制去宮縣之南面判縣二面唐之舊禮祭風伯雨師五嶽四瀆用之其制去軒縣之北面皆植建鼓於東北西北二隅特縣去判縣之西面或陳於階間有其制而無所用凡植者爲簨橫者爲虡虡以縣鍾磬皆十有六周人謂之一堵而唐人謂之一虡自隋以前宮縣二十虡及隋平陳得梁故事用三十六虡遂用之唐初因隋舊用三十六虡高宗蓬萊宮成增用七十二虡至武后時省之開元定禮始依古著爲二十虡至昭宗時宰相張濬已脩樂縣乃言舊制太清宮南北郊社稷及諸殿廷用二十虡而太廟含元殿用三十六虡濬以爲非古而廟廷狹隘不能容三十六乃復用二十虡而鍾虡四以當甲丙庚壬磬虡四以當乙丁辛癸與開

元禮異而不知其改制之時或說以鍾磬應陰陽之位此禮經所不著凡樂八音自漢以來惟金以鍾定律呂故其制度最詳其餘七者史官不記至唐獨宮縣與登歌鼓吹十二案樂器有數其餘皆略而不著而其物名具在八音一曰金爲鎛鍾爲編鍾爲歌鍾爲錞爲鐃爲鐲爲鐸二曰石爲大磬爲編磬爲歌磬三曰土爲壎爲嘂嘂大壎也四曰革爲雷鼓爲靈鼓爲路鼓皆有鞀爲建鼓爲鞀鼓爲縣鼓爲節鼓爲拊爲相五曰絲爲琴爲瑟爲頌瑟頌瑟箏也爲阮咸爲筑六曰木爲柷爲敔爲雅爲應七曰匏爲笙爲竽爲巢巢大笙也爲和和小笙也八曰竹爲簫爲管爲篪爲笛爲舂牘此其樂器也初祖孝孫已定樂乃曰大樂與天地同和者也製十二和以法天之成數號大唐雅樂一曰豫和二曰順和三曰永和四曰肅和五曰雍和六曰壽和七曰太和八曰舒和九曰昭和十曰休和十一曰正和十二曰承和用於郊廟朝廷以和人神孝孫已卒張文收以爲十二和之制未備乃詔有司釐定而文收考正

律呂起居郎呂才叶其聲音樂曲遂備自高宗以後稍更其曲名開元定禮始復遵用孝孫十二和其著于禮者一曰豫和以降天神冬至祀圜丘上辛祈穀孟夏雩季秋享明堂朝日夕月巡守告于圜丘燔柴告至封祀太山類于上帝皆以圜鍾爲宮三奏黃鍾爲角太簇爲徵姑洗爲羽各一奏文舞六成五郊迎氣黃帝以黃鍾爲宮赤帝以函鍾爲徵白帝以太簇爲商黑帝以南呂爲羽青帝以姑洗爲角皆文舞六成二曰順和以降地祇夏至祭方丘孟冬祭神州地祇春秋社巡狩告社宜于社禪社首皆以函鍾爲宮太簇爲角姑洗爲徵南呂爲羽各三奏文舞八成望于山川以蕤賓爲宮三奏三曰永和以降人鬼時享禘祫有事而告謁于廟皆以黃鍾爲宮三奏大呂爲角太簇爲徵應鍾爲羽各二奏文舞九成祀先農皇太子釋奠皆以姑洗爲宮文舞三成送神各以其曲一成蜡兼天地人以黃鍾奏豫和蕤賓姑洗太簇奏順和無射夷則奏永和六均皆一成以降神而送神以豫和四曰肅和登歌以奠玉帛

于天神以大呂爲宮于地祇以應鍾爲宮于宗廟以圜鍾爲宮祀先農釋奠以南呂爲宮望于山川以函鍾爲宮五曰雍和凡祭祀以入俎天神之俎以黃鍾爲宮地祇之俎以太簇爲宮人鬼之俎以無射爲宮又以徹豆凡祭祀俎入之後接神之曲亦如之六曰壽和以酌獻飲福以黃鍾爲宮七曰太和以爲行節亦以黃鍾爲宮凡祭祀天子入門而即位與其升降至于還次行則作止則止其在朝廷天子將自內出撞黃鍾之鍾右五鍾應乃奏之其禮畢興而入撞蕤賓之鍾左五鍾應乃奏之皆以黃鍾爲宮八曰舒和以出入二舞及皇太子王公羣后國老若皇后之妾御皇太子之宮臣出入門則奏之皆以太簇之商九曰昭和皇帝皇太子以舉酒十曰休和皇帝以飯以肅拜三老皇太子亦以飯皆以其月之律均十一曰正和皇后受冊以行十二曰承和皇太子在其宮有會以行若駕出則撞黃鍾奏太和出太極門而奏采茨至于嘉德門而止其還也亦然初隋有文舞武舞至祖孝孫定樂更文舞曰治康

武舞曰凱安舞者各六十四人文舞左籥右翟與執纛而引者二人皆委貌冠黑素絳領廣袖白絝革帶烏皮履武舞左干右戚執旌居前者二人執鞀執鐸皆二人金錞二輿者四人奏者二人執鐃二人執相在左執雅在右皆二人夾導服平冕餘同文舞朝會則武弁平巾幘廣袖金甲豹文絝烏皮靴執干戚夾導皆同郊廟凡初獻作文舞之舞亞獻終獻作武舞之舞太廟降神以文舞每室酌獻各用其廟之舞禘祫遷廟之主合食則舞亦如之儀鳳二年太常卿韋萬石定凱安舞六變一變象龍興參墟二變象克定關中三變象東夏賓服四變象江淮平五變象獫狁伏從六變復位以崇象兵還振旅初太宗時詔祕書監顏師古等撰定弘農府君至高祖太武皇帝六廟樂曲舞名其後變更不一而自獻祖而下廟舞略可見也獻祖曰光大之舞懿祖曰長發之舞太祖曰大政之舞世祖曰大成之舞高祖曰大明之舞太宗曰崇德之舞高宗曰鈞天之舞中宗曰太和之舞睿宗曰景雲之舞玄宗曰大運

之舞肅宗曰惟新之舞代宗曰保大之舞德宗曰文明之舞順宗曰大順之舞憲宗曰象德之舞穆宗曰和寧之舞敬宗曰大鈞之舞文宗曰文成之舞武宗曰大定之舞昭宗曰咸寧之舞其餘闕而不著唐之自製樂凡三一曰七德舞二曰九功舞三曰上元舞七德舞者本名秦王破陣樂太宗爲秦王破劉武周軍中相與作秦王破陣樂曲及即位宴會必奏之謂侍臣曰雖發揚蹈厲異乎文容然功業由之被於樂章示不忘本也右僕射封德彝曰陛下以聖武戡難陳樂象德文容豈足道也帝矍然曰朕雖以武功興終以文德綏海內謂文容不如蹈厲斯過矣乃製舞圖左圓右方先偏後伍交錯屈伸以象魚麗鵝鸛命呂才以圖教樂工百二十八人被銀甲執戟而舞凡三變每變爲四陣象擊刺往來歌者和曰秦王破陣樂後令魏徵與員外散騎常侍褚亮員外散騎常侍虞世南太子右庶子李百藥更製歌辭名曰七德舞舞初成觀者皆扼腕踴躍諸將上壽羣臣稱萬歲蠻夷在庭者請相率以舞

太常卿蕭瑀曰樂所以美盛德形容而有所未盡陛下破劉武周薛舉竇建德王世充願圖其狀以識帝曰方四海未定攻伐以平禍亂製樂陳其梗槩而已若備寫禽獲今將相有嘗爲其臣者觀之有所不忍我不爲也自是元日冬至朝會慶賀與九功舞同奏舞人更以進賢冠虎文袴螣蛇帶烏皮鞾二人執旌居前其後更號神功破陣樂九功舞者本名功成慶善樂太宗生於慶善宮貞觀六年幸之宴從臣賞賜閭里同漢沛宛帝歡甚賦詩起居郎呂才被之管絃名曰功成慶善樂以童兒六十四人冠進德冠紫袴褶長袖漆髻屣履而舞號九功舞進蹈安徐以象文德麟德二年詔郊廟享宴奏文舞用功成慶善樂曳履執紼服袴褶童子冠如故武舞用神功破陣樂衣甲持戟執纛者被金甲八佾加簫笛歌鼓列坐縣南若舞即與宮縣合奏其宴樂二舞仍別設焉上元舞者高宗所作也舞者百八十人衣畫雲五色衣以象元氣其樂有上元二儀三才四時五行六律七政八風九宮十洲得一慶雲之

曲大祠享皆用之至上元三年詔惟圜丘方澤太廟乃用餘皆罷又曰神功破陣樂不入雅樂功成慶善樂不可降神亦皆罷而郊廟用治康凱安如故儀鳳二年太常卿韋萬石奏請作上元舞兼奏破陣慶善二舞而破陣樂五十二徧著于雅樂者二徧慶善樂五十徧著于雅樂者一徧上元舞二十九徧皆著于雅樂又曰雲門大咸大磬大夏古文舞也大濩大武古武舞也爲國家者揖讓得天下則先奏文舞征伐得天下則先奏武舞神功破陣樂有武事之象功成慶善樂有文事之象用二舞請先奏神功破陣樂初朝會常奏破陣舞高宗即位不忍觀之乃不設後幸九成宮置酒韋萬石曰破陣樂舞所以宣揚祖宗盛烈以示後世自陛下即位寢而不作者久矣禮天子親總干戚以舞先祖之樂今破陣樂久廢羣下無所稱述非所以發孝思也帝復令奏之舞畢歎曰不見此樂垂三十年追思王業勤勞若此朕安可忘武功邪羣臣皆稱萬歲然遇饗燕奏二樂天子必避位坐者皆興太常博士裴守眞

以謂奏二舞時天子不宜起立詔從之及高宗崩改治康舞曰化康以避諱武后毀唐太廟七德九功之舞皆亡唯其名存自後復用隋文舞武舞而已燕樂高祖即位仍隋制設九部樂燕樂伎樂工舞人無變者清商伎者隋清樂也有編鐘編磬獨絃琴擊琴瑟秦琵琶臥箜篌筑箏節鼓皆一笙笛簫篪方響跋膝皆二歌二人吹葉一人舞者四人并習巴渝舞西涼伎有編鐘編磬皆一彈箏搊箏臥箜篌豎箜篌琵琶五絃笙簫觱篥小觱篥笛橫笛腰鼓齊鼓檐鼓皆一銅鈸二貝一白舞一人方舞四人天竺伎有銅鼓羯鼓都曇鼓毛員鼓觱篥橫笛鳳首箜篌琵琶五絃貝皆一銅鈸二舞者二人高麗伎有彈箏搊箏鳳首箜篌臥箜篌豎箜篌琵琶以蛇皮爲槽厚寸餘有鱗甲楸木爲面象牙爲捍撥畫國王形又有五絃義觜笛笙葫蘆笙簫小觱篥桃皮觱篥腰鼓齊鼓檐鼓龜頭鼓鐵版貝大觱篥胡旋舞舞者立毬上旋轉如風龜茲伎有彈箏豎箜篌琵琶五絃橫笛笙簫觱篥荅臘鼓毛員鼓都曇鼓

侯提鼓雞婁鼓腰鼓齊鼓檐鼓貝皆一銅鈸二舞者四人設五方師子高丈餘飾以方色每師子有十二人畫衣執紅拂首加紅袜謂之師子郎安國伎有豎箜篌琵琶五絃橫笛簫觱篥正鼓和鼓銅鈸皆一舞者二人疏勒伎有豎箜篌琵琶五絃簫橫笛觱篥答臘鼓羯鼓侯提鼓腰鼓雞婁鼓皆一舞者二人康國伎有正鼓和鼓皆一笛銅鈸皆二舞者二人工人之服皆從其國隋樂每奏九部樂終輒奏文康樂一曰禮畢太宗時命削去之其後遂亡及平高昌收其樂有豎箜篌銅角一琵琶五絃橫笛簫觱篥答臘鼓腰鼓雞婁鼓羯鼓皆二人工人布巾袷袍錦襟金銅帶畫絝舞者二人黃袍袖練襦五色絛帶金銅耳璫赤鞾自是初有十部樂其後因內宴詔長孫无忌製傾盃曲魏徵製樂社樂曲虞世南製英雄樂曲帝之破竇建德也乘馬名黃驄驃及征高麗死於道頗哀惜之命樂工製黃驄疊曲四曲皆宮調也五絃如琵琶而小北國所出舊以木撥彈樂工裴神符初以手彈太宗悅甚後人習為搊琵

琶高宗即位景雲見河水清張文收采古誼為景雲河清歌亦名燕樂有玉磬方響搊箏筑臥箜篌大小箜篌大小琵琶大小五絃吹葉大小笙大小觱篥簫銅鈸長笛尺八短笛皆一毛員鼓連鞉鼓桴鼓貝皆二每器工一人歌二人工人絳袍金帶烏鞾舞者二十人分四部一景雲舞二慶善舞三破陣舞四承天舞景雲樂舞八人五色雲冠錦袍五色絝金銅帶慶善樂舞四人紫袍白絝破陣樂舞四人綾袍絳絝承天樂舞四人進德冠紫袍白絝景雲舞元會第一奏之高宗以琴曲寖絕雖有傳者復失宮商令有司脩習太常丞呂才上言舜彈五絃之琴歌南風之詩是知琴操曲弄皆合於歌今以御雪詩為白雪歌古今奏正曲復有送聲君唱臣和之義以群臣所和詩十六韻為送聲十六節帝善之乃命太常著于樂府才復撰琴歌白雪等曲帝亦製歌詞十六皆著樂府帝將伐高麗燕洛陽城門觀屯營教舞按新征用武之勢名曰一戎大定樂舞者百四十人被五采甲持槊而舞歌者和之曰八紘同軌樂象高麗平而天下大定也及遼東平行軍大摠管李勣作夷美賓之曲以獻調露二年幸洛陽城南樓宴群臣太常奏六合還淳之舞其容制不傳高宗自以李氏老子之後也於是命樂工製道調

禮樂志第十一

禮樂志第十二　　唐書二十二

端明殿學士兼翰林侍讀學士龍圖閣學士朝散大夫尚書吏部侍郎充集賢殿脩撰臣宋祁奉

敕撰

自周陳以上雅鄭淆雜而無別隋文帝始分雅俗二部至唐更曰部當凡所謂俗樂者二十有八調正宮高宮中呂宮道調宮南呂宮仙呂宮黃鍾宮為七宮越調大食調高大食調雙調小食調歇指調林鍾商為七商大食角高大食角雙角小食角歇指角林鍾角越角為七角中呂調正平調高平調仙呂調黃鍾羽般涉調高般涉為七羽皆從濁至清迭更其聲下則益濁上則益清慢者過節急者流蕩其後聲器寖殊或有宮調之名或以倍四為度有與律呂同名而聲不近雅者其宮調乃應夾鍾之律燕設用之絲有琵琶五絃箜篌箏竹有觱篥簫笛匏有笙革有杖鼓第二鼓第三鼓腰鼓大鼓土則附革而為鞚木有拍板方響以體金應石而備八音倍四本屬清樂形類雅音而曲出於胡部復有銀字之名中管之格皆前代應律之器也後人失其傳而更以異名故俗部諸曲悉源於雅樂周隋管絃雜曲數百皆西涼樂也鼓舞曲皆龜茲樂也唯琴工猶傳楚漢舊聲及清調蔡邕五弄楚調四弄謂之九弄隋亡清樂散缺存者纔六十三曲其後傳者平調清調周房中樂遺聲也白雪楚曲也公莫舞漢舞也巴渝漢高帝命工人作也明君漢元帝時作也明之君漢鞞舞曲也鐸舞漢曲也白鳩吳拂舞曲也白紵吳舞也子夜晉曲也前溪晉車騎將軍沈玩作也團扇晉王珉歌也懊儂晉隆安初謠也長史變晉司徒左長史王廞作也丁督護晉宋間曲也讀曲宋人為彭城王義康作也烏夜啼宋臨川王義慶作也石城宋臧質作也莫愁石城樂所出也襄陽宋隨王誕作也烏夜飛宋沈攸之作也估客樂齊武帝作也楊叛北齊歌也驍壺投壺樂也常林歡宋梁間曲也三洲商人歌也採桑三洲曲所出也玉樹後庭花堂堂陳後主作也泛龍舟隋煬帝作也又有吳聲四時歌雅歌上林鳳雛平折命嘯等曲其

聲與其辭皆訛失十不傳其一二蓋唐自太宗高宗作三大舞雜用於燕樂其他諸曲出於一時之作雖非純雅尚不至於淫放武后之禍繼以中宗昏亂固無足言者玄宗為平王有散樂一部定韋后之難頗有預謀者及即位命寧王主藩邸樂以亢太常分兩朋以角優劣置內教坊於蓬萊宮側居新聲散樂倡優之伎有諧謔而賜金帛朱紫者酸棗縣尉袁楚客上疏極諫初帝賜第隆慶坊坊南之地變為池中宗常泛舟以厭其祥帝即位作龍池樂舞者十有二人冠芙蓉冠躡履備用雅樂唯無磬又作聖壽樂以女子衣五色繡襟而舞之又作小破陣樂舞者被甲冑又作光聖樂舞者鳥冠畫衣以歌王迹所興又分樂為二部堂下立奏謂之立部伎堂上坐奏謂之坐部伎太常閱坐部不可教者隸立部又不可教者乃習雅樂立部八一安舞二太平樂三破陣樂四慶善樂五大定樂六上元樂七聖壽樂八光聖樂安舞太平樂周隋遺音也破陣樂以下皆用大鼓雜以龜茲樂其聲震厲大定樂又加金鉦慶善舞顓用西涼樂聲頗閑雅每享郊廟則破陣上元慶善三舞皆用之坐部伎六一燕樂二長壽樂三天授樂四鳥歌萬歲樂五龍池樂六小破陣樂天授鳥歌皆武后作也天授年名鳥歌者有鳥能人言萬歲因以制樂自長壽樂以下用龜茲舞唯龍池樂則否是時民間以帝自潞州還京師舉兵夜半誅韋皇后制夜半樂還京樂二曲帝又作文成曲與小破陣樂更奏之其後河西節度使楊敬忠獻霓裳羽衣曲十二遍凡曲終必遽唯霓裳羽衣曲將畢引聲益緩帝方寖喜神仙之事詔道士司馬承禎製玄真道曲茅山道士李會元製大羅天曲工部侍郎賀知章製紫清上聖道曲太清宮成太常卿韋縚製景雲九真紫極小長壽承天順天樂六曲又製商調君臣相遇樂曲初隋有法曲其音清而近雅其器有鐃鈸鍾磬幢簫琵琶琵琶圓體修頸而小號曰秦漢子蓋絃鼗之遺製出於胡中傳為秦漢所作其聲金石絲竹以次作隋煬帝厭其聲澹曲終復加解音玄宗既知音律又酷愛法曲選坐部伎子弟三百教於梨園聲有誤者帝必覺

而正之號皇帝梨園弟子宮女數百亦爲梨園弟子居宜春北院梨園法部更置小部音聲三十餘人帝幸驪山楊貴妃生日命小部張樂長生殿因奏新曲未有名會南方進荔枝因名曰荔枝香帝又好羯鼓而寧王善吹橫笛達官大臣慕之皆喜言音律帝常稱羯鼓八音之領袖諸樂不可方也蓋本戎羯之樂其音太蔟一均龜茲高昌疏勒天竺部皆用之其聲焦殺特異衆樂開元二十四年升胡部於堂上而天寶樂曲皆以邊地名若涼州伊州甘州之類後又詔道調法曲與胡部新聲合作明年安祿山反涼州伊州甘州皆陷吐蕃唐之盛時凡樂人音聲人太常雜戶子弟隸太常及鼓吹署皆番上總號音聲人至數萬人玄宗又嘗以馬百匹盛飾分左右施三重榻舞傾盃數十曲壯士舉榻馬不動樂工少年姿秀者十數人衣黃衫文玉帶立左右每千秋節舞於勤政樓下後賜宴設酺亦會勤政樓其日未明金吾引駕騎北衙四軍陳仗列旗幟被金甲短後繡袍太常卿引雅樂每部數十人間以

胡夷之技內閑廄使引戲馬五坊使引象犀入場拜舞宮人數百衣錦繡衣出帷中擊雷鼓奏小破陣樂歲以爲常千秋節者玄宗以八月五日生因以其日名節而君臣共爲荒樂當時流俗多傳其事以爲盛其後巨盜起陷兩京自此天下用兵不息而離宮苑囿遂以荒堙獨其餘聲遺曲傳人間聞者爲之悲涼感動蓋其事適足爲戒而不足考法故不復著其詳自肅宗以後皆以生日爲節而德宗不立節然止於羣臣稱觴上壽而已代宗繇廣平王復二京梨園供奉官劉日進製寶應長寧樂十八曲以獻皆宮調也大曆元年又有廣平太一樂涼州曲本西涼所獻也其聲本宮調有大遍小遍貞元初樂工康崑崙寓其聲於琵琶奏於玉宸殿因號玉宸宮調合諸樂則用黃鍾宮其後方鎮多製樂舞以獻河東節度使馬燧獻定難曲昭義軍節度使王虔休以德宗誕辰未有大樂乃作繼天誕聖樂以宮爲調帝因作中和樂舞山南節度使于頔又獻順聖樂曲將半而行綴皆伏一人舞於中又令女伎爲佾

舞雄健壯妙號孫武順聖樂文宗好雅樂詔太常卿馮定采開元雅樂製雲韶法曲及霓裳羽衣舞曲雲韶樂有玉磬四虡琴瑟筑簫篪籥跋膝笙竽皆一登歌四人分立堂上下童子五人繡衣執金蓮花以導舞者三百人階下設錦筵遇內宴乃奏謂大臣曰笙磬同音沈吟忘味不圖爲樂至於斯也自是臣下功高者輒賜之樂成改法曲爲仙韶曲會昌初宰相李德裕命樂工製萬斯年曲以獻大中初太常樂工五千餘人俗樂一千五百餘人宣宗每宴羣臣備百戲帝製新曲教女伶數十百人衣珠翠緹繡連袂而歌其樂有播皇猷之曲舞者高冠方履褒衣博帶趨走俯仰中於規矩又有葱嶺西曲士女踏歌爲隊其詞言葱嶺之民樂河湟故地歸唐也咸通間諸王多習音聲倡優雜戲天子幸其院則迎駕奏樂是時藩鎮稍復舞破陣樂然舞者衣畫甲執旗旆纔十人而已蓋唐之盛時樂曲所傳至其末年往往亡缺周隋與北齊陳接壤故歌舞雜有四方之樂至唐東夷樂有高麗百濟北狄有鮮卑吐谷

渾部落稽南蠻有扶南天竺南詔驃國西戎有高昌龜茲疏勒康國安國凡十四國之樂而八國之伎列于十部樂中宗時百濟樂工人亡散岐王爲太常卿復奏置之然音伎多闕舞者二人紫大袖裙襦章甫冠衣履樂有箏笛桃皮觱篥箜篌歌而已北狄樂皆馬上之聲自漢後以爲鼓吹亦軍中樂馬上奏之故隸鼓吹署後魏樂府初有北歌亦曰眞人歌都代時命宮人朝夕歌之周隋始與西涼樂雜奏至唐存者五十三章而名可解者六章而已一曰慕容可汗二曰吐谷渾三曰部落稽四曰鉅鹿公主五曰白淨王六曰太子企喻也其餘辭多可汗之稱蓋燕魏之際鮮卑歌也隋鼓吹有其曲而不同貞觀中將軍侯貴昌并州人世傳北歌詔隸太樂然譯者不能通歲久不可辨矣金吾所掌有大角即魏之簸邏回工人謂之角手以備鼓吹南蠻北狄俗斷髮故舞者以繩圍首約髮有新聲自河西至者號胡音龜茲散樂皆爲之少息扶南樂舞者二人以朝霞爲衣赤皮鞋天竺伎能自斷手足刺腸胃高宗

惡其驚俗詔不令入中國睿宗時婆羅門國獻人倒行以足舞仰植銛刀俯身就鋒歷臉下復植於背觱篥者立腹上終曲而不傷又伏伸其手二人躡之周旋百轉開元初其樂猶與四夷樂同列貞元中南詔異牟尋遣使詣劒南西川節度使韋皐言欲獻夷中歌曲且令驃國進樂皐乃作南詔奉聖樂用黃鍾之均舞六成工六十四人贊引二人序曲二十八疊執羽而舞南詔奉聖樂字曲將終雷鼓作於四隅舞者皆拜金聲作而起執羽稽首以象朝覲每拜跪節以鉦鼓又爲五均一曰黃鍾宮之宮二曰太蔟商之宮三曰沽洗角之宮四曰林鍾徵之宮五曰南呂羽之宮其文義繁雜不足復紀德宗閱於麟德殿以授太常工人自是殿庭宴則立奏宮中則坐奏十七年驃國王雍羌遣弟悉利移城主舒難陀獻其國樂至成都韋皐復譜次其聲又圖其舞容樂器以獻凡工器二十有二其音八金貝絲竹匏革牙角大抵皆夷狄之器其聲曲不隸於有司故無足采云

禮樂志第十二

儀衛志第十三上　唐書二十三上

翰林學士兼龍圖閣學士朝散大夫給事中知制誥充史館脩撰臣歐陽　脩奉
勅撰

唐制天子居曰衙行曰駕皆有衛有嚴羽葆華蓋旌旗罕畢車馬之衆盛矣皆安徐而不譁其人君舉動必以扇出入則撞鍾庭設樂宮道路有鹵簿鼓吹禮官百司必備物而後動蓋所以爲慎重也故慎重則尊嚴尊嚴則肅恭夫儀衛所以尊君而肅臣其聲容文采雖非三代之制至其盛也有足取焉衙凡朝會之仗三衛番上分爲五仗號衙內五衛一曰供奉仗以左右衛爲之二曰親仗以親衛爲之三曰勳仗以勳衛爲之四曰翊仗以翊衛爲之皆服鶡冠緋衫裌五曰散手仗以親勳翊衛爲之服緋絁裲襠繡野馬皆帶刀捉仗列坐于東西廊下每月以四十六人立內廊閤外號曰內仗以左右金吾將軍當上中郎將一人押之有押官有知隊仗官朝堂置左右引駕三衛六十人以左右衛三衛年長彊直能

糾劾者爲之分五番有引駕佽飛六十六人以佽飛越騎步射爲之分六番每番皆有主帥一人坐日引駕外殿金吾大將軍各一人押之號曰押引駕官中郎將郎將各一人檢校引駕事又有千牛仗以千牛備身備身左右爲之千牛備身冠進德冠服袴褶備身左右服如三衛皆執御刀弓箭升殿列御座左右內外諸門以排道人帶刀捉仗而立號曰立門仗宣政左右門仗內仗皆分三番而立號曰交番仗諸衛有挾門隊長槍隊承天門內則左右衛挾門隊列東西廊下門外則左右驍衛挾門隊列東西廊下長樂永安門內則左右威衛挾門隊列東西廊下門外則左右領軍衛挾門隊列東西廊下嘉德門內則左右武衛挾門隊列東西廊下車駕出皇城則挾門隊皆從長槍隊有漆槍木槍白幹槍樸頭槍每夜第一鼕鼕諸隊仗佩弓箭胡祿出鋪立廊下按矟張弓捻箭彀弩第二鼕鼕後擊鍾訖持更者舉矟鍾聲絕則解仗一點持更人按矟持弓者穩箭唱號諸衛仗隊皆分更行探宿衛門閤仗隊

鍪甲纛矟左襟餘仗隊唯持更人纛一具供奉散手仗亦持更纛甲每朝第一鼕鼕訖持更矟皆舉張弓者攝箭收弩立門隊及諸隊仗皆立於廊下第二鼕鼕聲絶按矟弛弓收鋪諸門挾門隊立於階下復一刻立門仗皆復舊内外仗隊立於階下元日冬至大朝會宴見蕃國王則供奉仗散手仗立於殿上黄麾仗樂縣五路五副路屬車輿輦繖二翰一陳于庭扇一百五十有六三衛三百人執之陳于兩箱黄麾仗左右厢各十二部十二行第一行長戟六色氅領軍衛赤氅威衛青氅黑氅武衛鶩氅驍衛白氅左右衛黄氅黄地雲花襖冒第二行儀鍠五色幡赤地雲花襖冒第三行大矟小孔雀氅黑地雲花襖冒第四行小戟刀楯白地雲花襖冒第五行短戟大五色鸚鵡毛氅青地雲花襖冒第六行細射弓箭赤地四色雲花襖冒第七行小矟小五色鸚鵡毛氅黄地雲花襖冒第八行金花朱縢格楯刀赤地雲花襖冒第九行戎鷄毛氅黑地雲花襖冒第十行細射弓箭白地雲花襖冒第十一行大鋋白

毦青地雲花襖冒第十二行金花緑縢格楯刀赤地四色雲花襖冒十二行皆有行縢鞋韈前黄麾仗首左右厢各二部部十二行行十人左右領軍衛折衝都尉各一人領主帥各十人師子袍冒次左右厢皆一部部十二行行十人左右威衛果毅都尉各一人領主帥各十人豹文袍冒次厢各一部部十二行行十人左右武衛折衝都尉各一人主帥各十人次厢各一部部十二行行十人左右衛折衝都尉各一人主帥各十人次當御厢各一部部十二行行十人左右衛果毅都尉各一人主帥各十人次後厢各一部部十二行行十人左右驍衛折衝都尉各一人主帥各十人次後厢各二部部十二行行十人左右武衛果毅都尉各一人主帥各十人次後左右厢各一部部十二行行十人左右威衛折衝都尉各一人主帥各十人次後左右厢各一部部十二行行十人左右威衛果毅都尉各一人主帥各十人次後左右厢各一部部十二行行十人左右領軍衛果毅都尉各一人主帥各十人次盡後

左右厢軍衛主帥各十人護後被師子文袍冒左右領軍衛黄麾仗首尾厢皆絳引旛二十引前十掩後十厢各獨揭鼓十二重重二人赤地雲花襖冒行縢鞋韈居黄麾仗外每黄麾仗一部鼓一左右衛左右驍衛左右武衛左右威衛將軍各一人大將軍各一人左右領軍衛大將軍各一人檢校被繡袍次左右衛黄旗仗立于兩階之次鍪甲弓箭刀楯皆黄隊有主帥以下四十人皆戎服被大袍二人引旗一人執二人夾二十人執矟餘佩弩弓箭第一麟旗隊第二角端旗隊第三赤熊旗隊折衝都尉各一人檢校戎服被大袍佩弓箭横刀又有夾轂隊厢各六隊隊三十人胡木鍪毦蜀鎧懸鈴覆膊錦臂韝白行縢紫帯鞋韈持矟楯刀厢各折衝都尉一人果毅都尉二人檢校冠進德冠被紫絁連甲緋繡葵花文袍第一隊第四隊朱質鍪鎧緋綺第二隊第五隊白質鍪鎧紫綺第三隊第六隊黒質鍪鎧阜綺次左右驍衛赤旗仗坐于東西廊下鍪甲弓箭刀楯皆赤主帥以下如左右衛第一鳳旗隊第二

飛黄旗隊折衝都尉各一人檢校第三吉利旗隊第四兕旗隊第五太平旗隊果毅都尉各一人檢校又有親勳翊衛仗厢各三隊壓角隊皆有旗一人執二人引二人夾校尉以下翊衛以上三十五人皆平巾幘緋裲襠大口綺帯横刀執矟二十人帯弩四人帯弓箭十一人第一隊鳳旗大將軍各一人主之第二隊飛黄旗將軍各一人主之第三隊吉利旗郎將一人主之次左右武衛白旗仗居驍衛之次鍪甲弓箭刀楯皆白主帥以下如左右衛第一五牛旗隊黄旗居内赤青居左白黒居右各八人執第二飛麟旗隊第三駃騠旗隊第四鸞旗隊果毅都尉各一人檢校第五犀牛旗隊第六鵔鸃旗隊第七騏驎旗隊第八騼騮旗隊折衝都尉各一人檢校持鈒隊果毅都尉各一人校尉二人檢校前隊執銀裝長刀紫黄綬紛絳引旛一金節十二分左右次罕畢朱雀幢叉青龍白虎幢道蓋叉各一自絳引旛以下執者服如黄麾執罕畢及幢者平陵冠朱衣革帯左罕右畢左青龍右白虎稱長一人出則告

讐服如黃麾鈒戟隊各一百四十四人分左右三行應蹕服如黃麾果毅執青龍等旗將軍各二人檢校旅帥二人執銀裝長刀紫黃綬紛檢校後隊次左右威衛黑旗仗立于階下鍪甲弓箭楯矟皆黑主帥以下如左右衛第一黃龍負圖旗隊第二黃鹿旗隊第三騶牙旗隊第四蒼烏旗隊果毅都尉各一人檢校次左右領軍衛青旗仗居威衛之次鍪甲弓箭楯矟皆青主帥以下如左右衛第一應龍旗隊第二玉馬旗隊第三三角獸旗隊果毅都尉各一人檢校第四白狼旗隊第五龍馬旗隊第六金牛旗隊折衝都尉各一人檢校又有殳仗步甲隊將軍各一人檢校殳仗左右廂千人廂別二百五十人執殳二百五十人執叉皆赤地雲花襖冒行縢鞋韈殳叉以次相間左右領軍衛各一百六十人左右武衛各一百人左右威衛左右驍衛左右衛各八十人左右廂有主帥三十八人平巾幘緋裲襠大口絝執儀刀廂有左右衛各三人左右驍衛左右武衛左右威衛左右領軍衛各四人以主殳仗被豹文

袍冒領軍衛師子文袍步甲隊從左右廂各四十八前後皆二十四每隊折衝都尉一人主之被繡袍每隊一人戎服大袍帶橫刀執旗二人引二人夾皆戎服大袍帶弓箭橫刀隊別三十人被甲臂鞲行縢鞋韈毎一隊鍪甲覆膊執弓箭一隊胡木鍪及毦蜀鎧覆膊執刀楯矟相間第一隊赤質鍪甲赤弓箭折衝都尉各一人主之執鶡雞旗第二隊赤質鍪鎧赤刀楯矟果毅都尉各一人主之執豹旗第三隊青質鍪甲青弓箭折衝都尉各一人主之第四隊青質鍪鎧青刀楯矟果毅都尉各一人主之第五隊黑質鍪甲黑弓箭左右威衛折衝都尉各一人主之第六隊黑質鍪鎧黑刀楯矟果毅都尉各一人主之第七隊白質鍪甲白弓箭左右武衛折衝都尉各一人主之第八隊白質鍪鎧白刀楯矟果毅都尉各一人主之第九隊黃質鍪甲黃弓箭左右驍衛折衝都尉各一人主之第十隊黃質鍪鎧黃刀楯矟果毅都尉各一人主之第十一隊黃質鍪甲黃弓箭左右衛折衝都尉各一人主之第十二隊黃質

鍪鎧黃刀楯矟果毅都尉各一人主之次後第一隊黃質鍪鎧黃刀楯矟左右衛折衝都尉各一人主之至第十二隊與前同次左右金吾衛辟邪旗隊折衝都尉各一人檢校又有清游隊朱雀隊玄武隊清游隊建白澤旗二各一人執帶橫刀二人引二人夾皆帶弓箭橫刀左右金吾衛折衝都尉各一人帶弓箭橫刀各領四十人皆帶橫刀二十人持矟四人持弩十六人帶弓箭朱雀隊建朱雀旗一人執引夾皆二人金吾衛折衝都尉一人主之領四十人二十人持矟四人持弩十六人帶弓箭又二人持䂍矟皆佩橫刀䂍矟以黃金塗末龍旗十二執者戎服大袍副竿二各一人執戎服大袍分左右果毅都尉各一人主之大將軍各一人檢校二隊玄武隊建玄武旗一人執二人引二人夾平巾幘黑裲襠黑袴大口絝左右金吾衛折衝都尉各一人主之各領五十人持矟二十五人持弩五人帶弓箭二十人又二人持䂍矟諸衛挾門隊長槍隊與諸隊相間朝日殿上設黼扆躡席熏爐香案御史大夫領

屬官至殿西廡從官朱衣傳呼促百官就班文武列于兩觀監察御史二人立於東西朝堂甎道以涖之平明傳點畢內門開監察御史領百官入夾階監門校尉二人執門籍曰唱籍既視籍曰在入畢而止次門亦如之序班于通乾觀象門南武班居文班之次入宣政門文班自東門而入武班自西門而入至閤門亦如之夾階校尉十人同唱入畢而止宰相兩省官對班于香案前百官班于殿庭左右巡使二人分涖于鐘鼓樓下先一品班次二品班次三品班次四品班次五品班每班尚書省官爲首武班供奉者立于橫街之北次千牛中郎將次千牛將軍次過狀中郎將一人次接狀中郎將一人次押柱中郎將一人次押柱中郎一人次排階中郎將一人次押散手仗中郎將一人次左右金吾衛大將軍凡殿中省監少監尚衣尚舍尚輦奉御分左右隨繖扇而立東宮官居上臺官之次王府官又次之唯三太三少賓客庶子王傅隨本品侍中奏外辦皇帝步出西序門索扇扇合皇帝升御座扇開左右留扇各

三左右金吾將軍一人奏左右廂內外平安通事舍人贊宰相兩省官再拜升殿內謁者承旨喚仗左右羽林軍勘以木契自東西閤而入內侍省五品以上一人引之左右衛大將軍將軍各一人押之二十人以下入則不帶仗三十人入則左右廂監門各二人千牛備身各四人三衛各八人金吾一人百人入則左右廂監門各六人千牛備身各四人三衛三十三人金吾七人二百人則增以左右武衛威衛領軍衛金吾衛翊衛等凡仗入則左右廂加一人監捉永巷御刀弓箭及三衛帶刀入則曰仗入三衛不帶刀而入則曰監引入朝罷皇帝步入東序門然後放仗內外仗隊七刻乃下常參輟朝日六刻即下宴蕃客日隊下復立半仗于兩廊朔望受朝及蕃客辭見加纛槊隊儀仗減半凡千牛仗立則全仗立太陽虧昏霾大霧雨則內外諸門皆立仗泥雨則延三刻傳點駕大駕鹵簿天子將出前二日太樂令設宮縣之樂于庭晝漏上五刻駕發前發七刻擊一鼓爲一嚴前五刻擊二鼓爲再嚴侍中版奏

請中嚴有司陳鹵簿前二刻擊三鼓爲三嚴諸衛各督其隊與鈒戟以次入陳殿庭通事舍人引羣官立朝堂侍中中書令以下奉迎於西階侍中負寶乘黃令進路於太極殿西階南向千牛將軍一人執長刀立路前北向黃門侍郎一人立侍臣之前贊者二人既外辦太僕卿攝衣而升正立執轡天子乘輿以出降自西階曲直華蓋警蹕侍衛千牛將軍前執轡天子升路太僕卿授綏侍中中書令以下夾侍黃門侍郎前奏請發鑾駕動警蹕鼓傳音黃門侍郎與贊者夾引而出千牛將軍夾路而趨駕出承天門侍郎乘馬奏駕少留敕侍臣乘馬侍中前承制退稱制曰可黃門侍郎退稱侍臣乘馬贊者承傳侍臣皆乘侍衛之官各督其屬左右翊駕在黃麾內符寶郎奉六寶與殿中後部從在黃鉞內侍中中書令以下夾侍路前贊者在供奉官內侍臣乘車侍郎奏請車右升侍中前承制退稱制曰可侍郎復位千牛將軍升侍郎奏請發萬年縣令先導次京兆牧

太常卿司徒御史大夫兵部尚書皆乘路鹵簿如本品次清游隊次左右金吾衛大將軍各一人帶弓箭橫刀檢校龍旗以前朱雀等隊各二人持䂍矟騎夾次左右金吾衛果毅都尉各一人帶弓箭橫刀領夾道鐵甲佽飛次虞候佽飛四十八騎平巾幘緋裲襠大口絝帶弓箭橫刀夾道分左右以屬黃麾仗次外鐵甲佽飛二十四人帶弓箭橫刀甲騎具裝分左右廂皆六重以屬步甲隊之朱雀隊次指南車記里鼓車白鷺車鸞旗車辟惡車皮軒車皆四馬有正道匠一人駕士十四人皆平巾幘大口絝緋衫太卜令一人居辟惡車服如佽飛執弓箭左金吾衛隊正一人居皮軒車服平巾幘緋裲襠銀裝儀刀紫黃綬紛執弩次引駕十二重重二人皆騎帶橫刀自皮軒車後屬于細仗前矟弓箭相間左右金吾衛果毅都尉各一人主之次鼓吹次黃麾仗一執者武弁朱衣革帶二人夾次殿中侍御史二人導次太史監一人書令史一人騎引相風行漏轝次相風轝正道匠一人轝士八人服如正道匠次掆

鼓金鉦司辰典事匠各一人刻漏生四人分左右次行漏轝正道匠一人轝士十四人次持鈒前隊次御馬二十四分左右各二人馭次尚乘奉御二人書令史二人騎從次左青龍右白虎旗執者一人服如正道匠引夾各二人皆騎次左右衛果毅都尉各一人各領二十五騎二十人執矟四人持弩一人帶弓箭行儀刀仗前次通事舍人四人在左四人在右侍御史一人在左一人在右御史中丞一人在左一人在右左拾遺一人在左右拾遺一人在右左補闕一人在左右補闕一人在右起居郎一人在左起居舍人一人在右諫議大夫一人在左一人在右給事中二人在左中書舍人二人在右黃門侍郎二人在左中書侍郎二人在右左散騎常侍一人在左右散騎常侍一人在右侍中二人在左中書令二人在右通事舍人以下皆一人從次香蹬一有衣繡以黃龍執者四人服如折衝都尉次左右衛將軍二人分左右領班劍儀刀各一人從次班劍儀刀左右廂各十二行第一左右衛親衛各五十

三人第二左右衛親衛各五十五人第三左右衛勳衛各五十七人第四左右衛勳衛各五十九人各執金銅裝班劒纁朱綬紛第五左右衛翊衛各六十一人第六左右衛翊衛各六十三人第七左右衛翊衛各六十五人第八左右驍衛各六十七人各執金銅裝儀刀綠綟綬紛第九左右武衛翊衛各六十九人第十左右威衛翊衛各七十一人第十一左右領軍衛翊衛各七十三人第十二左右金吾衛翊衛各七十五人各執銀裝儀刀紫黃綬紛自第一行有曲折三人陪後門每行加一人至第十二行曲折十四人次左右廂諸衛中郎將主之執班劒儀刀領親勳翊衛次左右衛郎將各一人皆領散手翊衛三十人佩橫刀騎居副仗矟翊衛內次左右驍衛郎將各一人各領翊衛二十八人甲騎具裝執副仗矟居散手衛外次左右衛供奉中郎將郎將四人各領親勳翊衛四十八人帶橫刀騎分左右居三衛仗內次玉輅駕六馬太僕卿馭之駕士三十二人凡五路皆有副駕士皆平巾幘大口絝衫從

路色玉路服青衫千牛衛將軍一人陪乘執金裝長刀左右衛大將軍各一人騎夾皆一人從居供奉官後次千牛衛將軍一人中郎將二人皆一人從次千牛備身備身左右二人騎居玉路後帶橫刀執御刀弓箭次御馬二各一人馭次左右監門校尉二人騎執銀裝儀刀居後門內次衙門旗二人執四人夾皆騎赤綦襖黃冒黃袍次左右監門校尉各十二人騎執銀裝儀刀督後門十二行仗頭皆一人次左右驍衛翊衛各三隊居副仗矟外次左右衛夾轂廂各六隊次大繖二執者騎橫行居衙門後次雉尾障扇四執者騎夾繖次腰輿輿士八人次小團雉尾扇四方雉尾扇十二花蓋二皆執者一人夾腰輿自大繖以下執者服皆如折衝都尉次掌輦四人引輦次大輦一主輦二百人平巾幘黃絲布衫大口絝紫誕帶紫行縢鞋韈尚輦奉御二人主腰輿各書令史二人騎從次殿中少監一人督諸局供奉事一人從次諸司供奉官次御馬二十四各二人馭分左右次尚乘直長二人平巾幘緋裲襠書令

史二人騎從居御馬後次後持鈒隊次大繖二雉尾扇八夾繖左右橫行次小雉尾扇朱畫團扇皆十二左右橫行次花蓋二叉二次俾倪十二左右橫行次玄武幢一叉一居絳麾內次絳麾二左右夾玄武幢次細矟十二孔雀為毦左右橫行居絳麾後自鈒戟以下執者服如黃麾仗唯玄武幢執者服如罕畢次後黃麾執者一人夾二人皆騎次殿中侍御史二人分左右各令史二人騎從居黃麾後次大角次方輦一主輦二百人次小輦一主輦六十人次小輿一奉輿十二人服如主輦次尚輦直長二人分左右檢校輦輿皆書令史二人騎從次左右武衛五牛旗輿五赤青居左黃居中白黑居右皆八人執之平巾幘大口絝衫從旗色左右威衛隊正各一人主之騎執銀裝長刀次乘黃令一人丞一人分左右檢校玉路皆府史二人騎從次金路象路革路木路皆駕六馬駕士三十二人次五副路皆駕四馬駕士二十八人次耕根車駕六馬駕士三十二人次安車四望車皆駕四馬駕士二十四人次

羊車駕果下馬一小史十四人次屬車十二乘駕牛駕士各八人次門下中書秘書殿中四省局官各一人騎分左右夾屬車各五人從唯符寶以十二人從次黃鉞車上建黃鉞駕二馬左武衛隊正一人在車駕士十二人次豹尾車駕二馬右武衛隊正一人在車駕士十二人次左右威衛折衝都尉各一人各領掩後二百人步從五十人為行大戟五十人刀楯穳五十人弓箭五十人弩五十人皆黑鍪甲覆膊臂韝橫行次左右領軍衛將軍二人領步甲隊及殳仗各二人執䂍矟從次前後左右廂步甲隊次左右廂黃麾仗次左右廂殳仗次諸衛馬隊左右廂各二十四自十二旗後屬于玄武隊前後有主帥以下四十人皆戎服大袍二人引旗一人執二人夾二十人執矟餘佩弩弓箭第一辟邪旗左右金吾衛折衝都尉各一人主之皆戎服大袍佩弓箭橫刀騎第二應龍旗第三玉馬旗第四三角獸旗左右領軍衛果毅都尉各一人主之第五黃龍負圖旗第六黃鹿旗左右威衛折衝都尉各一人主之

第七飛麟旗第八駃騠旗第九鸞旗左右武衛果毅都尉各一人主之第十鳳旗第十一飛黃旗左右驍衛折衝都尉各一人主之第十二麟旗第十三角端旗以當御第十四赤熊旗左右衛折衝都尉各一人主之第十五兕旗第十六太平旗左右驍衛果毅都尉各一人主之第十七犀牛旗第十八鵕鸃旗第十九騼騳旗左右武衛折衝都尉各一人主之第二十騶牙旗第二十一蒼烏旗左右威衛果毅都尉各一人主之第二十二白狼旗第二十三龍馬旗第二十四金牛旗左右領軍衛折衝都尉各一人主之其服皆如第一次玄武隊次衙門一居玄武隊前大戟隊後執者二人夾四人皆騎分左右赤綦襖黃袍黃冒次衙門左右廂廂有五門執夾人同上第一門居左右威衛黒質步甲隊之後白質步甲隊之前第二門居左右衛步甲隊之後左右領軍衛黃麾仗之前第三門居左右武衛黃麾仗之後左右驍衛黃麾仗之前第四門居左右領軍衛黃麾仗之後左右衛步甲隊之前第五門居左右

武衛白質步甲隊之後黒質步甲隊之前五門別當步甲隊黃麾仗前馬隊後各六人分左右戎服大袍帶弓箭横刀凡衙門皆監門校尉六人分左右執銀裝長刀騎左右監門衛大將軍將軍中郎將廂各巡行校尉二人往來檢校諸門中郎將各一人騎從左右金吾衛將軍循仗檢校各二人執𥎞矟騎從左右金吾衛果毅都尉二人糾察仗內不法各一人騎從駕所至路南向將軍降立于路右侍中前奏請降路天子降乘輿而入繖扇華蓋侍衛駕還一刻擊一鼓為一嚴仗衛還於塗三刻擊二鼓為再嚴將士布隊仗侍中奏請中嚴五刻擊三鼓為三嚴黃門侍郎奏請駕發鼓傳音駕發鼓吹振作入門太樂令命擊蕤賓之鍾左五鍾皆應鼓柷奏采茨之樂至太極門戛敔樂止既入鼓柷奏太和之樂回路南向侍中請降路乘輿乃入繖扇侍衛警蹕如初至門戛敔樂止皇帝入侍中版奏請解嚴叩鉦將士皆休

儀衛志第十三上

儀衛志第十三下　唐書二十三下

翰林學士兼龍圖閣學士朝散大夫給事中知制誥充史館修撰臣歐陽脩奉敕撰

太皇太后皇太后皇后出尚儀版奏請中嚴尚服率司仗布侍衛司賓列內命婦於庭西嚮北上六尚以下詣室奉迎尚服負寶內僕進車于閤外尚儀版奏外辦馭者執轡太皇太后乘輿以出華蓋侍衛警蹕內命婦從出門太皇太后升車從官皆乘馬內命婦宮人以次從𤨏游隊旗一執者一人佩横刀引夾皆二人佩弓箭横刀騎次金吾衛折衝都尉一人佩横刀弓箭領騎四十亦佩横刀夾折衝執矟二十人持弩四人佩弓箭十六人持𥎞矟刀二人次虞候佽飛二十八人騎佩弓箭横刀夾道分左右以屬黃麾仗次內僕令一人在左丞一人在右各書令史二人騎從次黃麾一執者一人夾道二人皆騎次左右廂黃麾仗廂皆三行行百人第一短戟五色氅執者黃地白花綦襖冒第二戈五色氅執者赤地

黃花綦襖冒第三鍠五色幡執者青地赤花綦襖冒左右衛左右威衛左右武衛左右驍衛左右領軍衛各三行行二十人每衛以主帥六人主之皆豹文袍冒執鍮石裝長刀騎唯左右領軍衛減三人每衛果毅都尉一人被繡袍各一人從左右領軍衛有絳引幡引前者三掩後者三次內謁者監四人給事二人內常侍二人內侍少監二人騎分左右皆有內給使一人從次內給使百二十人平巾幘大口絝緋裲襠分左右屬于宮人車次偏扇團扇方扇皆二十四宮人執之衣緋大袖裙襦緋衣革帶履分左右次香蹬一內給使四人轝之居重翟車前次重翟車駕四馬駕士二十四人次行障六次坐障三皆左右夾車宮人執之服同執扇次內寺伯二人領寺人六人執御刀服如內給使夾重翟車次香轝一執者八人團雉尾扇二夾轝次大繖四次雉尾扇八左右横行為二重次錦花蓋二單行次小雉尾扇朱畫團扇皆十二横行次錦曲蓋二十横行為二重次錦六柱八分左右自香轝以下皆內給使

執之次宮人車次絳麾二分左右次後黃麾一執者一人夾二人皆騎次供奉宮人在黃麾後次厭翟車翟車安車皆駕四馬駕士各二十四人四望車駕士二十二人金根車駕牛駕士十二人次左右廂衙門各二每門二人執四人夾皆赤綦襖黃袍冒騎次左右領軍衛廂皆一百五十人執殳赤地黃花綦襖冒前屬于黃麾仗後盡鹵簿廂各主帥四人主之皆黃袍冒執鍮石裝長刀騎折衝都尉二人檢校殳仗皆一人騎從次衙門一盡鹵簿後殳仗內正道每門監門校尉二人主之執銀裝長刀廂各有校尉一人騎佩銀橫刀往來檢校御馬減大駕之半太皇太后將還三嚴內典引引外命婦出次就位司賓引內命婦出次序立大次之前既外辦馭者執轡太皇太后乘輿出次華蓋警蹕侍衛如初內命婦以下乘車以從車駕入內典引引外命婦退駕至正殿門外車駕南嚮尚儀前奏請降車將士還皇太子出則鹵簿陳于重明門外其日三刻宮臣皆集於次左庶子版奏請中嚴典謁引宮臣就位侍

衛官服其器服左庶子負璽詣閤奉迎僕進車若輦于西閤外南嚮內率一人執刀立車前北嚮中允一人立侍臣之前贊者二人立中允之前前二刻諸衛之官詣閤奉迎宮臣應從者各出次立於門外文東武西重行北嚮北上左庶子版奏外辦僕升正位執轡皇太子乘輿而出內率前執轡皇太子升車僕立授綏左庶子以下夾侍中允奏請發車動贊者夾引而出內率夾車而趨出重明門中允奏請停車侍臣上馬左庶子前承令退稱令曰諾中允退稱侍臣上馬贊者承傳侍臣皆騎中允奏請車右升左庶子前承令退稱令曰諾內率升訖中允奏請發車動鼓吹振作太傅乘車訓道少傅乘車訓從出延喜門家令先道次率更令詹事太保太傅太師皆軺車備鹵簿次清游隊旗一執者一人佩橫刀引夾皆二人亦佩弓箭橫刀騎次清道率府折衝都尉一人佩弓箭橫刀領騎三十亦佩橫刀十八人執矟九人挾弓箭三人持弩各二人騎從次左右清道率府率各一人騎佩橫刀弓箭領清道直盪及

檢校清游隊各二人執䂍矟騎從次外清道直盪二十四人騎佩弓箭橫刀夾道次龍旗六各一人騎執佩橫刀戎服大袍橫行正道每旗前後二人騎為二重前引後護皆佩弓箭橫刀戎服大袍次副竿二分左右各一人騎執次細引六重皆騎佩橫刀每重二人自龍旗後屬于細仗矟弓箭相間廂各果毅都尉一人主之次率更丞二人府史二人騎從領鼓吹次誕馬十分左右執者各二人次廄牧令一人居左丞一人居右各府史二人騎從次左右翊府郎將二人主班劍次左右翊衛二十四人執班劍分左右次通事舍人四人司直二人文學四人洗馬二人司議郎二人居左太子舍人二人居右中允二人居左中舍人二人居右左右諭德二人左右庶子四人騎分左右皆一人從次左右衛率府副率二人步從次親勳翊衛廂各中郎將郎將一人皆領儀刀六行第一親衛二十三人第二親衛二十五人皆執金銅裝儀刀纁朱綬紛第三勳衛二十七人第四勳衛二十九人皆執銀裝儀刀綠綟紛第五

翊衛三十一人第六翊衛三十三人皆執鍮石裝儀刀紫黃綬紛自第一行有曲折三人陪後門每行加一人至第六行八人次三衛十八人騎分左右夾路次金路駕四馬駕士二十三人僕寺僕馭左右率府率二人執儀刀陪乘次左右衛率府率二人夾路各一人從居供奉官後次左右內率府率二人副率二人領細刀弓箭皆一人從次千牛騎執細刀弓箭次三衛儀刀仗後開衙門次左右監門率府直長各六人執鍮石儀刀騎監後門次左右衛率府廂各翊衛二隊皆騎在執儀刀行外壓角隊各三十人騎佩橫刀一人執旗二人引二人夾十五人執矟七人佩弓箭三人佩弩隊各郎將一人主之次繖二人執雉尾扇四夾繖次署轝一執者八人團雉尾扇二小方雉尾扇八以夾署轝內直郎二人主之各令史二人騎從次誕馬十分左右馭者各二人次典乘二人各府史二人騎從次左右司禦率府校尉二人騎從佩鍮石裝儀刀領團扇曲蓋次朱漆團扇六紫曲蓋六各橫行次諸司供奉次左右

清道率府校尉二人騎佩鍮石裝儀刀主大角次副路駕駕四馬
駕士二十二人軺車駕一馬駕士十四人四望車駕一馬駕士十
人次左右廂步隊十六每隊果毅都尉一人領騎三十人戎服大
袍佩橫刀一人執旗二人引二人夾二十五人佩弓箭前隊持䂍
與佩弓箭前隊以次相間次左右司禦率府副率各一人騎檢校步
隊二人執𥎞䂍騎從次儀仗左右廂各六色每色九行行六人赤
綦襖冒行縢鞋韈第一戟赤氅六人第二弓箭六人第三儀鋋毦
六人第四刀楯六人第五儀鍠五色幡六人第六油戟六人次前
仗首左右廂各六色每色三行行六人左右司禦率府二人果毅
都尉各一人主帥各六人主之次左右廂各六色每色三行行六
人左右衞率府副率二人果毅都尉各一人主帥各六人主之左
右司禦率府主帥各六人騎護後率及副率各一人步從廂有絳
引幡十二引前者六引後者六廂各有獨揭鼓六重重二人居儀
仗外女仗內皆赤綦襖冒行縢鞋韈左右司禦率府四重左右衞

率府二重次左右廂皆百五十人左右司禦率府各八十六人左右
衞率府各六十四人赤綦襖冒主女分前後居步隊外馬隊內各
司禦率府果毅都尉一人主之各一人騎從廂各主帥七人左右
司禦率府各四人左右衞率府各三人騎分前後次左右廂馬隊
廂各十隊隊有主帥以下三十一人戎服大袍佩橫刀騎隊有旗
一執者一人引夾各二人皆佩弓箭十六人持䂍七人佩弓箭三
人佩弩第一左右清道率府果毅都尉二人主之第二第三第四
左右司禦率府果毅都尉二人主之第五第六第七左右衞率府
果毅都尉主之第八第九第十左右司禦率府果毅都尉二人主
之皆戎服大袍佩弓箭橫刀次後拒隊旗一執者佩橫刀引夾路
各二人佩弓箭橫刀次清道率府果毅都尉一人領四十騎佩橫
刀凡執䂍二十人佩弓箭十六人佩弩四人騎從次後拒隊前當
正道女仗內有儞門次左右廂各有儞門三第一當左右司禦率
府步隊後左右衞率府步隊前第二當左右衞率府步隊後左右

司禦率府儀仗前第三當左右司禦率府儀仗後左右衞率府步
隊前每門二人執四人夾皆騎赤綦襖黃袍冒門有監門率府直
長二人檢校左右監門率府副率各二人檢校諸門各一人騎從
次左右清道率府副率各二人檢校仗內不法各一人騎從次少
師少傅少保正道乘路備鹵簿文武以次從皇太子所至回車南
嚮左庶子跪奏請降路還宮一嚴轉仗衞于還途再嚴左庶子版
奏請中嚴三嚴僕進車左庶子版奏外辦皇太子乘輿出門外降
輿乘車左庶子請車右升侍臣皆騎車動至重明門宮官下馬皇
太子乘車而入太傅少傅還皇太子至殿前車南嚮左庶子奏請
降皇太子乘輿而入侍臣從至閤左庶子版奏解嚴若常行常朝
無馬隊鼓吹金路四望車家令率更令詹事太保太師少保少師
又減隊仗三之一清道儀刀誕馬皆減半乘軺車而已二傅乘犢
車導從十人太傅加清道二人皇太子妃鹵簿清道率府校尉六
人騎分左右爲三重佩橫刀弓箭次青衣十人分左右次導客舍

人四人內給使六十人皆分左右後屬內人車次偏扇團扇方扇
各十八分左右宮人執者間綵衣革帶次行障四坐障二宮人執
以夾車次典內二人騎分左右次厭翟車駕三馬駕士十四人次
閤帥二人領內給使十八人夾車次六柱二內給使執之次供奉內
人乘犢車次繖一雉尾扇二團扇四曲蓋二皆分左右各內給使
執之次戟九十執者絳綦襖冒分左右親王鹵簿有清道六人爲
三重武弁朱衣革帶次幰弩一執者平巾幘緋裲襠騎次青衣十
二人平巾青幘青布袴褶執青布仗袋分左右次車輻十二分左
右車輻棒也夾車而行故曰車輻執者服如幰弩次戟九十執者
絳綦襖冒分左右次絳引幡六分左右橫行以引刀楯弓箭䂍次
內第一行廂執刀楯絳綦襖冒第二行廂執弓矢戎服第三行廂
執䂍戎服大袍廂各四十人次節一夾䂍二各一人騎執平巾幘
大口袴緋衫次告止幡四傳教幡四信幡八凡旛皆絳爲之署官
號篆以黃飾以鳥翅取其疾也金塗鉤竿長一丈一尺執者服如

夾矟分左右次儀鍠二儀鍠六油戟十八儀矟十細矟十執者皆
絳綦襖冒次儀刀十八執者服如夾矟分左右次誕馬八馭者服
如夾矟分左右次府佐六人平巾幘大口絝緋裲襠騎持刀夾引
次象路一駕四馬佐二人立侍一人武弁朱衣革帶居左一人緋
裲襠大口絝持刀居右駕士十八人服如夾矟次繖一雉尾扇二
次朱漆團扇四曲蓋二執者皆絳綦襖冒分左右次僚佐本服陪
從次麾幢各一左麾右幢次大角鼓吹一品鹵簿有清道四人爲
二重幰弩一騎青衣十人車輻十人戟九十絳引幡六刀楯弓箭
矟皆八十節一大矟一告止幡傳教幡皆二信幡六誕馬六儀刀
十六府佐四人夾行革路一駕四馬駕士十六人繖一朱漆團扇
四曲蓋二僚佐本服陪從麾幢大角鐃吹皆備自二品至四品青
衣車輻每品減二人二品刀楯弓箭戟矟各減二十三品以下每
品減十而已二品信幡四誕馬四儀刀十四革路駕士十四人三
品亦如之儀刀十革路駕士十二人四品五品信幡二誕馬二儀

刀八木路駕士十人自二品至四品皆有清道二人朱漆團扇二
曲蓋一幰弩一騎幡竿長丈繖一節一夾矟二萬年縣令亦有清
道二人幰弩一騎青衣車輻皆二人戟三十告止幡傳教幡信幡
皆二竿長九尺誕馬二軺車一馬駕士六人繖朱漆團扇曲蓋皆
一非導駕及餘四等縣初上者減幰弩車輻曲蓋其戟亦減十內
命婦夫人鹵簿青衣六人偏扇團扇皆十六執者閒綵裙襦綵衣
革帶行障三坐障二厭翟車駕二馬馭人十內給使十六人夾車
從車六乘繖雉尾扇皆一團扇二內給使執之戟六十外命婦一
品亦如之厭翟車馭人減二有從人十六人非公主王妃則乘白
銅飾犢車駕牛馭人四無雉尾扇嬪青衣四人偏扇團扇方扇十
四行障二坐障一翟車馭人八內給使十四人夾車四乘戟四十
外命婦二品亦如之乘白銅飾犢車青通幰朱裏從人十四人婕
妤美人才人青衣二人偏扇團扇方扇十行障二坐障一安車駕
二馬馭人八內給使十人從車二乘戟二十太子良娣良媛承徽

外命婦三品亦如之白銅飾犢車從人十人外命婦四品青衣二
人偏扇團扇方扇皆八行障坐障皆一白銅飾犢車馭人四從人
八餘同三品唯無戟自夫人以下皆清道二人繖一又有團扇二
大駕鹵簿鼓吹分前後二部鼓吹令二人府史二人騎從分左右
前部掆鼓十二夾金鉦十二大鼓長鳴皆百二十鐃鼓十二歌簫
笳次之大橫吹百二十節鼓二笛簫觱篥笳桃皮觱篥次之掆鼓
夾金鉦皆十二小鼓中鳴皆百二十羽葆鼓十二歌簫笳次之至
相風轝有掆鼓一金鉦一鼓左鉦右至黃麾有左右金吾衛果毅
都尉二人主大角百二十橫行十重鼓吹丞二人典事二人騎從
次後部鼓吹羽葆鼓十二歌簫笳次之鐃鼓十二歌簫笳次之小
橫吹百二十笛簫觱篥笳桃皮觱篥次之凡歌簫笳工各二十四
人主帥四人笛簫觱篥笳桃皮觱篥工各二十四人法駕減太常
卿司徒兵部尚書白鷺車辟惡車大輦五副路安車四望車又減
屬車四清游隊持鈒隊玄武隊皆減四之一鼓吹減三之一小駕

又減御史大夫指南車記里鼓車鸞旗車皮軒車象革木三路耕
根車羊車黃鉞車豹尾車屬車小輦小輿諸隊及鼓吹減大駕之
半凡鼓吹五部一鼓吹二羽葆三鐃吹四大橫吹五小橫吹揔七
十五曲鼓吹部有掆鼓大鼓金鉦小鼓長鳴中鳴掆鼓十曲一警
雷震二猛獸駭三鷙鳥擊四龍媒蹀五靈夔吼六鵰鶚爭七壯士
怒八熊羆吼九石墜崖十波蕩壑大鼓十五曲嚴用三曲一元驎
合邏二元驎他固夜三元驎跋至慮警用十二曲一元咳大至遊
二阿列乾三破達析利純四賀羽真五鳴都路跋六他勃鳴路跋
七相雷析追八元咳赤賴九赤咳赤賴十吐咳乞物真十一貪大
訏十二賀粟胡真小鼓九曲一漁陽二雞子三警鼓四三鳴五合
節六覆參七步鼓八南陽會星九單摇皆以爲嚴警其一上馬用
之長鳴一曲三聲一龍吟聲二彪吼聲三河聲中鳴一曲三聲一
盪聲二牙聲三送聲羽葆部十八曲一太和二休和三七德四騶
虞五基王化六纂唐風七厭炎精八肇皇運九躍龍飛十殄馬邑十

一興晉陽十二濟渭險十三應聖期十四御宸極十五寧兆庶十六服遐荒十七龍池十八破陣樂鐃吹部七曲一破陣樂二上車三行車四向城五平安六歡樂七太平大橫吹部有節鼓二十四曲一悲風二遊絃三閒絃明君四吳明君五古明君六長樂聲七五調聲八烏夜啼九望鄉十跨鞍十一閒君十二瑟調十三上息十四天女怨十五楚客十六楚妃歎十七霜鴻引十八楚歌十九胡笳聲二十辭漢二十一對月二十二胡笳明君二十三湘妃怨二十四沈湘小橫吹部有角笛簫笳篳篥桃皮篳篥六種曲名失傳伶工謂夜警爲嚴凡大駕嚴夜警十二曲中警三曲五更嚴三遍天子謁郊廟夜五鼓過半奏四嚴車駕至橋復奏一嚴元和初禮儀使高郢建議罷之歷代獻捷必有凱歌太宗平東都破宋金剛執賀魯克高麗皆備軍容凱歌入京都然其禮儀不傳太和初有司奏命將征討有大功獻俘馘則神策兵衞於門外如獻俘儀凱樂用鐃吹二部笛篳篥簫笳鐃鼓皆工二人歌工二十四人

乘馬執樂陳列如鹵簿鼓吹令丞前導分行俘馘之前將入都門鼓吹振作奏破陣樂應聖期賀朝歡君臣同慶樂等四曲至太社太廟門外陳而不作告獻禮畢樂作至御樓前陳兵仗于旌門外二十步樂工步行兵部尚書介胄執鉞于旌門中路前導協律郎二人執麾門外分導太常卿跪請奏凱樂樂闋太常卿跪奏樂畢兵部尚書太常卿退樂工立于旌門外引俘馘入獻及稱賀俘囚出乃退

儀衞志第十三下

車服志第十四　唐書二十四

翰林學士兼龍圖閣學士朝散大夫給事中知制誥充史館修撰臣歐陽脩奉敕撰

唐初受命車服皆因隋舊武德四年始著車輿衣服之令上得兼下下不得僭上凡天子之車曰玉路者祭祀納后所乘也青質玉飾末金路者饗射祀還飲至所乘也赤質金飾末象路者行道所乘也黃質象飾末革路者臨兵巡守所乘也白質鞔以革木路者蒐田所乘也黑質漆之五路皆重輿左青龍右白虎金鳳翅畫苣文鳥獸黃屋左纛金鳳一鈴二在軾前鸞十二在衡龍輈前設鄣塵青蓋三層繡飾上設博山方鏡下圓鏡樹羽輪金根朱班重牙左建旂十有二旒畫升龍其長曳地青繡綢杠右載闟戟長四尺廣三尺黻文旂首金龍銜錦結綬及綏帶垂鈴金鍐方釳插翟尾五焦鏤錫鞶纓十二就旌旗蓋鞶纓皆從路質蓋裏皆用黃五路皆有副耕根車者耕藉所乘也青質三重蓋餘如玉路安車者

臨幸所乘也金飾重輿曲壁紫油纁朱裏通幰朱絲絡網朱鞶纓朱覆髮具絡駕赤駠副路耕根車安車皆八鸞四望車者拜陵臨弔所乘也制如安車青油纁朱裏通幰朱絲絡網又有屬車十乘一曰指南車二曰記里鼓車三曰白鷺車四曰鸞旗車五曰辟惡車六曰皮軒車七曰羊車與耕根車四望車安車爲十乘行幸陳于鹵簿則分前後大朝會則分左右皇后之車六重翟車者受冊從祀饗廟所乘也青質青油纁朱裏通幰繡紫絡帶及帷八鸞鏤錫鞶纓十二就金鍐方釳樹翟羽朱總厭翟車者親桑所乘也赤質紫油纁朱裏通幰紅錦絡帶及帷翟車者歸寧所乘也黃油纁黃裏通幰白紅錦絡帶及帷三車皆金飾末輪畫朱牙箱飾翟羽朱絲絡網鞶纓色皆從車質安車者臨幸所乘也制如金路紫油纁朱裏通幰四望車者拜陵弔喪所乘也青油纁朱裏通幰金根車者常行所乘也紫油纁朱裏通幰夫人乘厭翟車九嬪乘翟車婕妤以下乘安車外命婦公主王妃乘厭翟車一品乘白銅飾犢

車青油纁朱裏通幰朱絲絡網二品以下去油纁絡網四品有青
偏幰皇太子之車三金路者從祀朝賀納妃所乘也赤質金飾末
重較箱畫苣文鳥獸黃屋伏鹿軾龍輈金鳳一在軾前設鄣塵朱
黃蓋裏輪畫朱牙左建旂九旒右載闟戟旂首金龍頭銜結綬及鈴
綏八鸞二鈴金鍐方釳插翟尾五焦鏤錫鞶纓九就軺車者五日
常服朝饗宮臣出入行道所乘也四望車者臨弔所乘也二車皆
金飾末紫油纁朱裏通幰親王及武職一品有象路青油纁朱裏
通幰朱絲絡網二品三品有革路朱裏青通幰四品有木路五品
有軺車皆碧裏青偏幰象飾末班輪八鸞左建旂畫升龍右載闟
戟革路木路左建旜軺車曲壁碧裏青通幰諸路朱質朱蓋朱旂
朱班輪一品之旜九旒二品八旒三品七旒四品六旒鞶纓就亦
如之三品以上珂九子四品七子五品五子六品以下去通幰及
珂王公車路藏于太僕受制行冊命巡陵昏葬則給之餘皆以騎
代車凡天子之服十四大裘冕者祀天地之服也廣八寸長一尺

二寸以板為之黑表纁裏無旒金飾玉簪導組帶為纓色如其綬
黈纊充耳大裘繒表黑羔表為緣纁裏黑領褾襟緣朱裳白紗中
單皁領青褾襈裾朱韈赤舄鹿盧玉具劍火珠鏢首白玉雙佩黑
組大雙綬黑質黑黃赤白縹綠為純以備天地四方之色廣一尺長
二丈四尺五百首紛廣二寸四分長六尺四寸色如綬又有小雙
綬長二尺六寸色如大綬而首半之間施三玉環革帶以白皮為
之以屬佩綬印章鞶囊亦曰鞶帶博三寸半加金鏤玉鉤鰈大帶
以素為之以朱為裏在腰及垂皆有裨上以朱錦貴正色也下以
綠錦賤間色也博四寸紐約貴賤皆用青組博三寸黻以繒為之
隨裳色上廣一尺以象天數下廣二尺以象地數長三尺朱質畫
龍火山三章以象三才其頸五寸兩角有肩廣二寸以屬革帶朝
服謂之韠冕服謂之黻袞冕者踐祚饗廟征還遣將飲至加元服
納后元日受朝賀臨軒冊拜王公之服也廣一尺二寸長二尺四
寸金飾玉簪導垂白珠十二旒朱絲組帶為纓色如綬深青衣纁

裳十二章日月星辰山龍華蟲火宗彝八章在衣藻粉米黼黻四
章在裳衣畫裳繡以象天地之色也自山龍以下每章一行為等
每行十二衣褾領畫以升龍白紗中單黼領青褾襈裾韍繡龍山
火三章舄加金飾鷩冕者有事遠主之服也八旒七章華蟲火宗
彝三章在衣藻粉米黼黻四章在裳毳冕者祭海嶽之服也七旒
五章宗彝藻粉米在衣黼黻在裳絺冕者祭社稷饗先農之服也
六旒三章絺粉米在衣黼黻在裳玄冕者蜡祭百神朝日夕月之
服也五旒裳刺黼一章自袞冕以下其制一也簪導劍佩綬皆同
通天冠者冬至受朝賀祭還燕群臣養老之服也二十四梁附蟬
十二首施珠翠金博山黑介幘組纓翠緌玉犀簪導絳紗袍朱
裏紅羅裳白紗中單朱領褾襈裾白裙襦絳紗蔽膝白羅方心曲
領白韈黑舄白假帶其制垂二條帛以變祭服之大帶天子未加
元服以空頂黑介幘雙童髻雙玉導加寶飾三品以上亦加寶飾
五品以上雙玉導金飾六品以下無飾緇布冠者始冠之服也天

子五梁三品以上三梁五品以上二梁九品以上一梁武弁者講
武出征蒐狩大射禡類宜社賞祖罰社纂嚴之服也有金附蟬平
巾幘弁服者朔日受朝之服也以鹿皮為之有攀以持髮十有二
琪玉簪導絳紗衣素裳白玉雙佩革帶之後有鞶囊以盛小雙
綬白韈烏皮履黑介幘者拜陵之服也無飾白紗單衣白裙襦革
帶素韈烏皮履白紗帽者視朝聽訟宴見賓客之服也以烏紗為
之白裙襦白韈烏皮履平巾幘者乘馬之服也金飾玉簪導冠支
以玉紫褶白袴玉具裝珠寶鈿帶有鞾白帢者臨喪之服也白紗
單衣烏皮履皇后之服三褘衣者受冊助祭朝會大事之服也深
青織成為之畫翬赤質五色十二等素紗中單黼領朱羅縠褾襈
蔽膝隨裳色以緅領為緣用翟為章三等青衣革帶大帶隨衣色
裨紐約佩綬如天子青韈舄加金飾鞠衣者親蠶之服也黃羅為
之不畫蔽膝大帶革帶舄隨衣色餘同褘衣鈿釵禮衣者燕見賓
客之服也十二鈿服用雜色而不畫加雙佩小綬去舄加履首飾

大小華十二樹以象袞冕之旒又有兩博鬢皇太子之服六袞冕者從祀謁廟加元服納妃之服也白珠九旒紅絲組為纓犀簪導青纊充耳黑衣纁裳凡九章龍山華蟲火宗彝在衣藻粉米黼黻在裳白紗中單黼領青褾襈裾革帶金鉤鰈大帶瑜玉雙佩朱組雙大綬朱質赤白縹紺為純長一丈八尺廣九寸三百二十首黻隨裳色有火山二章白韈赤舄朱履加金塗銀釦飾鹿盧玉具劍如天子遠遊冠者謁廟還宮元日朔日入朝釋奠之服也以具服遠遊冠三梁加金博山附蟬九首施珠翠黑介幘髮纓翠緌犀簪導絳紗袍紅裳白紗中單黑領褾襈裾白裙襦白假帶方心曲領絳紗蔽膝白韈黑舄朔日入朝通服絝褶公服者五日常朝元日冬至受朝之服也遠遊冠絳紗單衣白裙襦革帶金鉤鰈假帶瑜玉隻佩方心紛金縷鞶囊純長六尺四寸廣二寸四分色如大綬烏紗冒者視事及燕見賓客之服也白裙襦烏皮履弁服者朔望視事之服也鹿皮為之犀簪導組纓九璂絳紗衣素裳革帶鞶囊

小綬雙佩自具服以下皆白韈烏皮履平巾幘者乘馬之服也金飾犀簪導紫裙白袴起梁珠寶鈿帶鞾進德冠者亦乘馬之服也九璂加金飾有袴褶常服則有白裙襦皇太子妃之服有三褕翟者受冊助祭朝會大事之服也青織成文為搖翟青質五色九等素紗中單黼領朱羅縠褾襈蔽膝隨裳色用緅為領緣以翟為章二等青衣革帶大帶隨衣色不朱裏青韈舄加金飾佩綬如皇太子鞠衣者從蠶之服也以黃羅為之制如褕翟無雉蔽膝大帶隨衣色鈿釵禮衣者燕見賓客之服也九鈿其服用雜色制如鞠衣加雙佩小綬去舄加履首飾花九樹有兩博鬢羣臣之服二十有一袞冕者一品之服也九旒青璂為珠貫三采玉以組為纓色如其綬青纊充耳寶飾角簪導青衣纁裳九章龍山華蟲火宗彝在衣藻粉米黼黻在裳皆絳為繡遍衣白紗中單黼領青褾襈裾朱韈赤舄革帶鉤鰈大帶黻隨裳色金寶玉飾劍鏢首山玄玉佩綠綟綬綠質綠紫黃赤為純長一丈八尺廣九寸二百四十首郊祀

太尉攝事亦服之鷩冕者二品之服也八旒青衣纁裳七章華蟲火宗彝在衣藻粉米黼黻在裳銀裝劍佩水蒼玉紫綬紫質紫黃赤為純長一丈六尺廣八寸一百八十首革帶之後有金鐍鞶囊金飾劍水蒼玉佩朱韈赤舄毳冕者三品之服也七旒寶飾角簪導五章宗彝藻粉米在衣黼黻在裳紱二章山火紫綬如二品金銀鏤鞶囊金飾劍水蒼玉佩朱韈赤舄絺冕者四品之服也六旒三章粉米在衣黼黻在裳中單青領黻山一章銀鏤鞶囊自三品以下皆青綬青質青白紅為純長一丈四尺廣七寸一百四十首金飾劍水蒼玉佩朱韈赤舄玄冕者五品之服也以羅為之五旒衣紱無章裳刺黻一章角簪導青衣纁裳其服用紬大帶及裨外黑內黃黑綬紺質青紺為純長一丈二尺廣六寸一百二十首象笏上圓下方六品以竹木上挫下方金飾劍水蒼玉佩朱韈赤舄三品以下私祭皆服之平冕者郊廟武舞郎之服也黑衣絳裳革帶烏皮履爵弁者六品以下九品以上從祀之服也以紬為之無旒黑

纓角簪導青衣纁裳白紗中單青領褾襈裾革帶鉤鰈大帶及裨內外皆緇爵韠白韈赤履五品以上私祭皆服之武弁者武官朝參殿庭武舞郎堂下鼓人鼓吹按工之服也有平巾幘武舞緋絲布大袖白練褴襠螣蛇起梁帶豹文大口絝烏皮鞾鼓人朱褠衣革帶烏皮履鼓吹按工加白練褴襠弁服者文官九品公事之服也以鹿皮為之通用烏紗牙簪導纓一品九璂二品八璂三品七璂四品六璂五品五璂犀簪導皆朱衣素裳革帶鞶囊小綬雙佩白韈烏皮履六品以下去璂及鞶囊綬佩六品七品綠衣八品九品青衣進賢冠者文官朝參三老五更之服也黑介幘青緌紛長六尺四寸廣四寸色如其綬三品以上三梁五品以上兩梁九品以上及國官一梁六品以下私祭皆服之侍中中書令左右散騎常侍有黃金璫附蟬貂尾侍左者左珥侍右者右珥諸州大中正一梁絳紗公服殿庭文舞郎黃紗袍黑領襈白練褴襠白布大口絝革帶烏皮履遠遊冠者親王之服也黑介幘三梁青緌金鈿

䌿大帶金寶飾劍玉鏢首纁朱綬朱質赤黃縹紺為純長一丈八
尺廣九寸二百四十首黃金璫附蟬諸王則否法冠者御史大夫
中丞御史之服也一名解廌冠高山冠者內侍省內謁者親王司閤
謁者之服也委貌冠者郊廟文舞郎之服也有黑絲布大袖白練
領褾絳布大口袴革帶烏皮履却非冠者亭長門僕之服也平巾
幘者武官衛官公事之服也金飾五品以上兼用玉大口袴烏皮
韡白練裙襦起梁帶陪大仗有裲襠螣蛇朝集從事州縣佐史岳
瀆祝史外州品子庶民任掌事者服之有緋褶大口袴紫附褠文
武官騎馬服之則去裲襠螣蛇袴褶之制五品以上細綾及羅為
之六品以下小綾為之三品以上紫五品以上緋七品以上綠九
品以上碧裲襠之制一當胷一當背短袖覆膊螣蛇之制以錦為
表長八尺中實以綿象蛇形起梁帶之制三品以上玉梁寶鈿五
品以上金梁寶鈿六品以下金飾隱起而已黑介幘者國官視品
府佐謁府國子大學四門生俊士參見之服也簪導白紗單衣青

褾襈領革帶烏皮履未冠者冠則空頂黑介幘雙童髻去革帶書
算律學生州縣學生朝參則服烏紗帽白裙襦青領未冠者童子
髻介幘者流外官行署三品以下登歌工人之服也絳公服以縵
緋為之制如絳紗單衣方心曲領革帶鉤䚢假帶韈烏皮履九品
以上則絳褠衣制如絳公服而狹袖形直如褠不垂緋褶大口袴
紫附褠去方心曲領假帶登歌工人朱連裳革帶烏皮履殿庭加
白練褴襠平巾綠幘者尚食局主膳典膳局典食太官署食官署
供膳奉觶之服也青絲布袴褶羊車小史五辮髻紫碧腰襻青耳
屩漏刻生漏童總角髻皆青絲布袴褶具服者五品以上陪祭朝
饗拜表大事之服也亦曰朝服冠幘簪導絳紗單衣白紗中單黑
領袖黑褾襈裾白裙襦革帶金鉤䚢假帶曲領方心絳紗蔽膝白
韈烏皮舄劍紛鞶囊雙佩雙綬六品以下去劍佩綬七品以上以白
筆代簪八品九品去白筆白紗中單以履代舄從省服者五品以
上公事朔望朝謁見東宮之服也亦曰公服冠幘纓簪導絳紗單

衣白裙襦革帶鉤䚢假帶方心韈履紛鞶囊雙佩烏皮履六品以
下去紛鞶囊雙佩三品以上有公爵者嫡子之婚假絺冕五品以
上子孫九品以上子爵弁庶人婚假絳公服命婦之服六翟衣者
內命婦受冊從蠶朝會外命婦嫁及受冊從蠶大朝會之服也青
質繡翟編次於衣及裳重為九等青紗中單黼領朱縠褾襈裾蔽
膝隨裳色以緅為領緣加文繡重雉為章二等大帶隨衣色以青
衣革帶青韈舄佩綬兩博鬢飾以寶鈿一品翟九等花釵九樹二
品翟八等花釵八樹三品翟七等花釵七樹四品翟六等花釵六
樹五品翟五等花釵五樹寶鈿視花樹之數鈿釵禮衣者內命婦
常參外命婦朝參辭見禮會之服也制同翟衣加雙佩小綬去舄
加履一品九鈿二品八鈿三品七鈿四品六鈿五品五鈿禮衣者六
尚寶林御女采女女官七品以上大事之服也通用雜色制如鈿
釵禮衣唯無首飾佩綬公服者常供奉之服也去中單蔽膝大帶
九品以上大事常供奉亦如之半袖裙襦者東宮女史常供奉之

服也公主王妃佩綬同諸王花釵禮衣者親王納妃所給之服也
大袖連裳者六品以下妻九品以上女嫁服也青質素紗中單蔽
膝大帶革帶韈履同裳色花釵覆笄兩博鬢以金銀雜寶飾之庶
人女嫁有花釵以金銀琉璃塗飾之連裳青質青衣革帶韈履同
裳色婦人燕服視夫百官女嫁廟見攝母服五品以上媵降妻一
等妾降媵一等六品以下妾降妻一等天子有傳國璽及八璽皆
玉為之神璽以鎮中國藏而不用受命璽以封禪禮神皇帝行璽
以報王公書皇帝之璽以勞王公皇帝信璽以召王公天子行璽
以報四夷書天子之璽以勞四夷天子信璽以召兵四夷皆泥封
大朝會則符璽郎進神璽受命璽于御座行幸則合八璽為五轝
函封從于黃鉞之內太皇太后皇太后皇后皇太子及妃璽皆金
為之藏而不用太皇太后皇太后封令書以宮官印皇后以內侍
省印皇太子以左春坊印妃以內坊印初太宗刻受命玄璽以白
玉為螭首文曰皇天景命有德者昌至武后改諸璽皆為寶中宗

即位復爲璽開元六年復爲寶天寶初改璽書爲寶書十載改傳國寶爲承天大寶初高祖入長安罷隋竹使符班銀菟符其後改爲銅魚符以起軍旅易守長京都留守折衝府捉兵鎮守之所及左右金吾宮苑總監牧監皆給之畿內則左三右一畿外則左五右一左者進內右者在外用始第一周而復始宮殿門城門給交魚符巡魚符左廂右廂給開門符閉門符亦左符進內右符監門掌之蕃國亦給之雄雌各十二銘以國名雄者進內雌者付其國朝貢使各齎其月魚而至不合者劾奏傳信符者以給郵驛通制命皇太子監國給雙龍符左右皆十兩京北都留守給麟符左二十右十九東方諸州給青龍符南方諸州朱雀符西方諸州騶虞符北方諸州玄武符皆左四右三左者進內右者付外行軍所亦給之隨身魚符者以明貴賤應召命左二右一左者進內右者隨身皇太子以玉契召勘合乃赴親王以金庶官以銅皆題某位姓名官有貳者加左右皆盛以魚袋三品以上飾以金五品以上飾

以銀刻姓名者去官納之不刻者傳佩相付有傳符銅魚符者給封符印發驛封符及封魚函用之有銅魚而無傳符者給封函還符封函用之天子巡幸則京師東都留守給留守印諸司從行者給行從印木契符者以重鎮守愼出納畿內左右皆三畿外左右皆五皇帝巡幸太子監國有軍旅之事則用之王公征討皆給焉左右各十九太極殿前刻漏所亦以左契給之右以授承天門監門晝夜勘合然後鳴鼓玄武門苑內諸門有喚人木契左以進內右以授監門有勑召者用之魚契所降皆有勑書尚書省符魚左同乃用大將出賜旌以顓賞節以顓殺旌以絳帛五丈粉畫虎有銅龍一首纏緋幡紫縑爲袋油囊爲表節懸畫木盤三相去數寸隅垂赤麻餘與旌同高宗給五品以上隨身魚銀袋以防召命之詐出內必合之三品以上金飾袋垂拱中都督刺史始賜魚天授二年改佩魚皆爲龜其後三品以上龜袋飾以金四品以銀五品以銅中宗初罷龜袋復給以魚郡王嗣王亦佩金魚袋景龍中令特進佩魚散官佩魚自此始也然員外試檢校官猶不佩魚景雲中詔衣紫者魚袋以金飾之衣緋者以銀飾之開元初駙馬都尉從五品者假紫金魚袋都督刺史品卑者假緋魚袋五品以上檢校試判官皆佩魚中書令張嘉貞奏致仕者佩魚終身自是百官賞緋紫必兼魚袋謂之章服當時服朱紫佩魚者衆矣初隋文帝聽朝之服以赭黃文綾袍烏紗冒折上巾六合鞾與貴臣通服唯天子之帶有十三環文官又有平頭小樣巾百官常服同於庶人至唐高祖以赭黃袍巾帶爲常服腰帶者搢垂頭於下名曰鉈尾取順下之義一品二品銙以金六品以上以犀九品以上以銀庶人以鐵既而天子袍衫稍用赤黃遂禁臣民服親王及三品二王後服大科綾羅色用紫飾以玉五品以上服小科綾羅色用朱飾以金六品以上服絲布交梭雙紃綾色用黃六品七品服用綠飾以銀八品九品服用青飾以鍮石勳官之服隨其品而加佩刀礪紛帨流外官庶人部曲奴婢則服紬絁布色用黃白飾以鐵銅

太宗時又命七品服龜甲雙巨十花綾色用綠九品服絲布雜綾色用青是時士人以棠苧襴衫爲上服貴女功之始也一命以黃再命以黑三命以纁四命以綠五命以紫士服短褐庶人以白中書令馬周上議禮無服衫之文三代之制有深衣請加襴袖褾襈爲士人上服開骻者名曰䙆骻衫庶人服之又請裹頭者左右各三襵以象三才重繫前脚以象二儀詔皆從之太尉長孫无忌又議服袍者下加襴緋紫綠皆視其品庶人以白太宗嘗以幞頭起於後周便武事者也方天下偃兵採古制爲翼善冠自服之又製進德冠以賜貴臣玉璂制如弁服以金飾梁花趺三品以上加金絡五品以上附山雲自是元日冬至朔望視朝服翼善冠衣白練裠襦常服則有袴褶與平巾幘通用翼善冠進德冠制如幞頭皇太子乘馬則服進德冠九璂加金飾犀簪導亦有袴褶燕服用紫其後朔望視朝仍用弁服顯慶元年長孫无忌等曰武德初撰衣服令天子祀天地服大裘冕按周郊被衮以象天戴冕藻十有二旒與

大裘冕月令孟冬天子始裘以禦寒若啟蟄祈穀冬至報天服裘可也季夏迎氣龍見而雩如之何可服故歷代唯服袞章漢明帝始采周官禮記制祀天地之服天子備十二章後魏周隋皆如之伏請郊祀天地服袞冕罷大裘又新禮皇帝祭社稷服絺冕四旒三章祭日月服玄冕三旒衣無章按令文四品五品之服也三公亞獻皆服袞孤卿服毳鷩是天子同於大夫君少臣多非禮之中且天子十二為節以法天烏有四旒三章之服若諸臣助祭冕與王同是貴賤無分也若降王一等則王服玄冕群臣服爵弁既屈天子又貶公卿周禮此文久不用矣猶祭祀之有尸侑以君親而拜臣子硩蔟蟈氏之職不通行者蓋多故漢魏承用袞冕今新禮親祭日月服五品之服請循歷代故事諸祭皆用袞冕制曰可无忌等又曰禮皇帝為諸臣及五服親舉哀素服今服白袷禮令乖舛且白袷出近代不可用乃改以素服自是鷩冕以下天子不復用而白袷廢矣其後以紫為三品之服金玉帶銙十三緋為四品之

服金帶銙十一淺緋為五品之服金帶銙十深綠為六品之服淺綠為七品之服皆銀帶銙九深青為八品之服淺青為九品之服皆鍮石帶銙八黃為流外官及庶人之服銅鐵帶銙七武后擅政多賜群臣巾子繡袍勒以回文之銘皆無法度不足紀至中宗又賜百官英王踣樣巾其製高而踣帝在藩時冠也其後文官以紫黑絁為巾賜供奉官及諸司長官則有羅巾圓頭巾子後遂不改初職事官三品以上賜金裝刀礪石一品以下則有手巾筭袋佩刀礪石至睿宗時罷佩刀礪石而武官五品以上佩鞊韘七事佩刀刀子礪石契苾真噦厥針筒火石是也時皇太子將釋奠有司草儀注從臣皆乘馬著衣冠左庶子劉子玄議曰古大夫乘車以馬為騑服魏晉朝士駕牛車如李廣北征解鞍憩息馬援南伐據鞍顧眄則鞍馬行於軍旅戎服所便江左尚書郎乘馬則御史治之頃延年罷官騎馬出入世稱放誕近古專車則衣朝服單馬則衣褻服皇家巡謁陵廟冊命王公則盛服冠履乘路車士庶有以

衣冠親迎者亦時服箱其餘貴賤皆以騎代車比者法駕所幸侍臣朝服乘馬今既舍車而冠履不易何者褒衣博帶革履高冠車中之服也韈而鐙跣而乘非唯數古亦自取蹶議者以祕閣梁南郊圖有衣冠乘馬者此圖後人所為也古今圖畫多矣如畫群公祖二疏而有曳芒屩者畫昭君入匈奴而婦人有施帷冒者夫芒屩出於水鄉非京華所有帷冒創於隋代非漢宮所用豈可因二畫以為故實乎謂乘馬衣冠宜省太子從之編于令開元初將有事南郊中書令張說請遵古制用大裘乃命有司製二冕玄宗以大裘樸略不可通寒暑廢而不服自是元正朝會用袞冕通天冠百官朔望朝參外官衙日則佩筭袋餘日則否玄宗謁五陵初用素服朔望朝類用常服弁服翼善冠皆廢唐初賞朱紫者服於軍中其後軍將亦賞以假緋紫有從戎缺骻之服不在軍者服長袍或無官而冒衣綠有詔殿中侍御史糾察諸衛大將軍中郎將以下給袍者皆易其繡文千牛衛以瑞牛左右衛以瑞馬驍衛以

虎武衛以鷹威衛以豹領軍衛以白澤金吾衛以辟邪行六品者冠去蕤珠五品去鞶囊雙佩幞頭用羅縠婦人服從夫子五等以上親及五品以上母妻服紫衣腰襻褾緣用錦繡九品以上母妻服朱衣流外及庶人不服綾羅縠五色線靴履凡襴色衣不過十二破渾色衣不過六破二十五年御史大夫李適之建議冬至元日大禮朝參官及六品清官服朱衣六品以下通服袴褶天寶中御史中丞吉溫建議京官朔望朝參衣朱袴褶五品以上有珂傘德宗嘗賜節度使時服以鶻銜綬帶謂其行列有序牧人有威儀也元和十二年太子少師鄭餘慶言百官服朝服者多誤自今唯職事官五品兼六品以上散官者則有佩劍綬其餘皆省初婦人施冪䍦以蔽身永徽中始用帷冒施裙及頸坐檐以代乘車命婦朝謁則以駝駕車數下詔禁而不止武后時帷冒益盛中宗後乃無復冪䍦矣宮人從駕皆胡冒乘馬海內傚之至露髻馳騁而帷冒亦廢有衣男子衣而鞾如奚契丹之服武德間婦人曳履及線

韡開元中初有線鞵侍兒則著履奴婢服襴衫而士女衣胡服其後安祿山反當時以為服妖之應巴蜀婦人出入有兜籠乾元初蕃將又以兜籠易負遂以代車文宗即位以四方車服僭奢下詔準儀制令品秩勳勞為等級職事官服綠青碧勳官諸司則佩刀礪紛帨諸親朝賀宴會之服一品二品服玉及通犀三品服花犀斑犀車馬無飾金銀衣曳地不過二寸袖不過一尺三寸婦人裙不過五幅曳地不過三寸襦袖不過一尺五寸袍襖之制三品以上服綾以鶻銜瑞草鴈銜綬帶及雙孔雀四品五品服綾以地黃交枝六品以下服綾小窠無文及隔織獨織一品導從以七騎二品三品以五騎四品以三騎五品以二騎六品以一騎五品以上及節度使冊拜婚會則車有幰外命婦一品二品三品乘金銅飾犢車檐舁以八人二品舁以六人四品五品乘白銅飾犢車檐舁以四人胥吏商賈之妻老者乘葦輦車兜籠舁以二人度支戶部鹽鐵門官等服細葛布無紋綾綠閣銀藍鐵帶鞍轡銜鐙以鍮石

未有官者服麤葛布官絁綠銅鐵帶乘蜀馬鐵鐙行官服紫麤布絁藍鐵帶中官不衣紗縠綾羅諸司小兒不服大巾商賈庶人僧道士不乘馬婦人衣青碧纈平頭小花草履彩帛縵成履而禁高髻險糚去眉開額及吳越高頭草履王公之居不施重栱藻井三品堂五間九架門三間五架五品堂五間七架門三間兩架六品七品堂三間五架庶人四架而門皆一間兩架常參官施懸魚對鳳瓦獸通栿乳梁詔下人多怨者京兆尹杜悰條易行者為寬限而事遂不行唯淮南觀察使李德裕令管內婦人衣袖四尺者闊一尺五寸裙曳地四五寸者減三寸開成末定制宰相三公師保尚書令僕射諸司長官及致仕官疾病許乘檐如漢魏載輿步輿之制三品以上官及刺史有疾暫乘不得舍驛

車服志第十四

曆志第十五　　唐書二十五

翰林學士兼龍圖閣學士朝散大夫給事中知[illegible]
敕撰

曆法尚矣自堯命羲和曆象日月星辰以閏月定四時成歲其事略見于書而夏商周以三統改正朔為曆固已不同而其法不傳至漢造曆始以八十一分為統母其數起於黃鍾之龠蓋其法一本於律矣其後劉歆又以春秋易象推合其數蓋傅會之說也至唐一行始專用大衍之策則曆術又本於易矣蓋曆起於數數者自然之用也其用無窮而無所不通以之於律於易皆可以合也然其要在於候天地之氣以知四時寒暑而仰察天日月星之行運以相參合而已然四時寒暑無形而運於下天日月星有象而見于上二者常動而不息一有一無出入升降或遲或疾不相為謀其久而不能無差忒者勢使之然也故為曆者其始未嘗不精密而其後多疏而不合亦理之然也不合則屢變其法以求之自堯

舜三代以來曆未嘗同也唐終始二百九十餘年而曆八改初曰戊寅元曆曰麟德甲子元曆曰開元大衍曆曰寶應五紀曆曰建中正元曆曰元和觀象曆曰長慶宣明曆曰景福崇玄曆而止矣高祖受禪將治新曆東都道士傅仁均善推步之學太史令庾儉丞傅弈薦之詔仁均與儉等參議合受命歲名為戊寅元曆乃列其大要所可考驗者有七曰唐以戊寅歲甲子日登極曆元戊寅日起甲子如漢太初一也冬至五十餘年輒差一度日短星昴合于堯典二也周幽王六年十月辛卯朔入蝕限合于詩三也魯僖公五年壬子冬至合春秋命曆序四也月有三大三小則日蝕常在朔月蝕常在望五也命辰起子半命度起虛六符陰陽之始六也立遲疾定朔則月行晦不東見朔不西朓七也高祖詔司曆起二年用之擢仁均員外散騎侍郎三年正月望及二月八月朔當蝕比不效六年詔吏部郎中祖孝孫考其得失孝孫使筭曆博士王孝通以甲辰曆法詰之曰日短星昴以正仲冬七宿畢見舉中

宿言耳舉中宿則餘星可知仁均專守昴中執文害意不亦謬乎又月令仲冬昏東壁中明昴中非爲常准若堯時星昴昏中差至東壁然則堯前七千餘載冬至昏翼中日應在東井井極北去人最近故暑斗極南去人最遠故寒寒暑易位必不然矣又平朔定朔舊有二家三大三小爲定朔望一大一小爲平朔望日月行有遲速相及謂之合會晦朔無定由時消息若定大小皆在朔者合會雖定而蔀元紀首三端並失若上合履端之始下得歸餘於終合會有時則甲辰元曆爲通術矣仁均對曰宋祖沖之立歲差隋張胄玄等因而脩之雖差數不同各明其意孝通未曉乃執南斗爲冬至常星夫日躔宿度如郵傳之過宿度既差黃道隨而變矣書云季秋月朔辰弗集于房孔氏云集合也不合則日蝕可知又云先時者殺無赦不及時者殺無赦既有先後之差是知定朔矣詩云十月之交朔月辛卯又春秋傳曰不書朔官失之也自後曆差莫能詳正故秦漢以來多非朔蝕宋御史中丞何承天微欲見意不能詳究乃爲散騎侍郎皮延宗等所抑孝通之語乃延宗舊說治曆之本必推上元日月如合璧五星如連珠夜半甲子朔旦冬至自此七曜散行不復餘分普盡總會如初唯朔分氣分有可盡之理因其可盡即有三端此乃紀其日數之元爾或以爲即夜半甲子朔冬至者非也冬至自有常數朔名由於月起月行遲疾匪常三端安得即合故必須日月相合與至同日者乃爲合朔冬至耳孝孫以爲然但略去尤疎闊者九年復詔大理卿崔善爲與孝通等較定善爲所改凡數十條初仁均以武德元年爲曆始而氣朔遲疾交會及五星皆有加減至是復用上元積算其周天度即古赤道也貞觀初直太史李淳風又上疏論十有八事復詔善爲課二家得失其七條改從淳風十四年太宗將親祀南郊以十一月癸亥朔甲子冬至而淳風新術以甲子合朔冬至乃上言古曆分日起於子半十一月當甲子合朔冬至故太史令傅仁均以減餘稍多子初爲朔遂差三刻司曆南宮子明太史令薛頤等言子初及半日月未離淳風之法較春秋已來晷度薄蝕事皆符合國子祭酒孔穎達等及尚書八座參議請從淳風又以平朔推之則二曆皆以朔日冬至於事彌合且平朔行之自古故春秋傳或失之前謂晦日也雖癸亥日月相及明日甲子爲朔可也從之十八年淳風又上言仁均曆有三大三小云日月之蝕必在朔望十九年九月後四朔頻大詔集諸解曆者詳之不能定庚子詔用仁均平朔訖麟德元年仁均曆法祖述胄玄稍以劉孝孫舊議參之其大最疎於淳風然更相出入其有所中淳風亦不能逾之今所記者善爲所較也戊寅曆上元戊寅歲至武德九年丙戌積十六萬四千三百四十八算外

章歲六百七十六亦名行分法

章閏二百四十九

章月八千三百六十一

月法三十八萬四千七十五

日法萬三千六

時法六千五百三

度法氣法九千四百六十四

氣時法千一百八十三

歲分三百四十五萬六千六百七十五

歲餘二千三百一十五

周分三百四十五萬六千八百四十五半

斗分二千四百八十五半

沒分七萬六千八百一十五

沒法千一百三

曆日二十七曆餘萬六千六十四

曆周七十九萬八千二百

曆法二萬八千九百六十八

餘數四萬九千六百三十五

章月乘年如章歲得一爲積月以月法乘積月如日法得一爲朔積日餘爲小餘日滿六十去之餘爲大餘命甲子筭外得天正平朔加大餘二十九小餘六千九百一得次朔加平朔大餘七小餘四千九百七十六小分四之三爲上弦又加得望又加得下弦餘數乘年如氣法得一爲氣積日命日如前得冬至加大餘十五小餘二千六十八小分八之一得次氣日加四季之節大餘十二小餘千六百五十四小分四得土王凡節氣小餘三之以氣時法而一命子半筭外各其加時置冬至小餘八之滅没分餘滿没法爲日加冬至去朔日筭依月大小去之日不滿月筭得没日餘分盡爲滅加日六十九餘七百八得次没

二十四氣	損益率	盈縮數
冬至	益八百九十六	盈空
小寒	益三百九十八	盈八百九十六
大寒	益四百	盈千二百九十四
立春	益二百二十八	盈千六百九十四
啓蟄	益三百四十一	盈千九百二十二
雨水	益四百五十	盈二千二百六十三
春分	損五百	盈二千七百一十三
清明	損四百五十五	盈二千二百一十三
穀雨	損三百五十五	盈千七百五十八
立夏	損五百五十五	盈千四百三
小滿	損八百四十八	盈八百四十八
芒種	益七百三十九	縮初
夏至	益六百二十六	縮七百三十九
小暑	益四百五十六	縮千三百六十五
大暑	益二百八十八	縮千八百二十一
立秋	益四十	縮二千一百九
處暑	益三百四十二	縮二千一百四十九
白露	益四百五十五	縮二千四百九十一
秋分	損六百八十二	縮二千九百四十六
寒露	損六百二十五	縮二千二百六十四
霜降	損五百七十	縮千六百三十九
立冬	損五百一十三	縮千六十九
小雪	損四百五十六	縮五百五十六
大雪	損百	縮百

以平朔弦望入氣日筭乘損益率如十五得一以損益盈縮數爲定盈縮分凡不盡半法已上亦從一以曆法乘朔積日滿曆周去之餘如曆法得一爲日命日筭外得天正平朔夜半入曆日及餘次日加一累而裁之若以萬四千四百八十四乘平朔小餘如六千五百三而一不盡爲小分以加夜半入曆日加之滿曆日及餘去之得平朔加時所入加曆日七餘萬一千八十四小分三千九百九十五命如前得上弦又加得望下弦及後朔

曆日	行分	損益率	盈縮積分
一日	九千九百九	益三百九十二	盈初
二日	九千八百一十	益三百四十七	盈二千一百四十四萬一千二百二十六
三日	九千六百九十五	益二百九十五	盈二千一百三十九萬四千八百五十八
四日	九千五百六十三	益二百三十六	盈二千九百九十五萬二千八百四
五日	九千四百一十四	益百六十九	盈三千六百七十九萬三千九百五十
六日	九千二百六十六	益百三	盈四千一百六十九萬七千二百七
七日	九千一百一十八	益三十六	盈四千四百六十七萬三千五百七十五
八日	八千九百五十三	損三十八	盈四千五百七十二萬九千五十五
九日	八千七百八十八	損百一十二	盈四千四百六十三萬六千五百五十七
十日	八千六百四十	損百七十八	盈四千一百三十九萬八千六十八
十一日	八千五百八	損二百三十八	盈三千六百三十二萬四千六百九十二
十二日	八千三百九十二	損二百九十	盈二千九百三十五萬四千五百二十八
十三日	八千二百七十七	損三百四十一	盈二千九十六萬五千六百六十

日	行分	損益	積
十四日	八千一百七十八	損三百八十六	盈一千一百八萬一千一百六
十五日	八千二百一十一	益三百七十一	縮九萬一千四十三
十六日	八千三百一十	益三百二十六	縮千八十三萬四千四
十七日	八千四百二十五	益二百一十五	縮二千二十八萬九千三百七十二
十八日	八千五百五十五	益二百一十六	縮二千八百二十三萬九千五十
十九日	八千六百八十九	益百五十六	縮三千四百四十九萬一千九百三十六
二十日	八千八百三十七	益九十	縮三千九百一萬八千三十
二十一日	八千九百八十六	益二十三	縮四千一百六十一萬九千二百三十五
二十二日	九千一百五十一	損五十一	縮四千二百二十八萬二千五百四十七
二十三日	九千二百九十九	損百一十八	縮四千七百九萬九千八百五十七
二十四日	九千四百四十七	損百八十四	縮三千七百三十九萬二千二百七十九
二十五日	九千五百七十八	損二百四十三	縮三千二百五十萬九千八百一十四
二十六日	九千七百一十	損三百二	縮二千五百二萬三千五百六十二
二十七日	九千八百九	損三百四十七	縮千六百二十九萬五百一十八
二十八日	九千八百九十一	損三百八十三	縮六百二十二萬九千八百八十

曆行分與次日相減爲行差後多爲進後少爲退減去行分六百七十六爲差法各置平朔弦望加時入曆日餘乘所入日損益率以損益其下積分差法除爲定盈縮積分置平朔弦望小餘各以入氣積分盈加縮減之以入曆積分盈減縮加之滿若不足進退日法皆爲定大小餘命日甲子筭外以歲分乘年爲積分滿周分去之餘如度法得一爲度命以虛六經斗去分得冬至日度及分以冬至去朔日筭及分減之得天正平朔前夜半日度及分（以小分法十四約度分爲行分凡小分滿法成行分行分滿法成度若注曆又以二十六約行分月星準此斗分百七十七小分七半）累加一度得次日以行分法乘朔望定小餘以九百二十九除爲度分又以十四約爲行分以加夜半度爲朔望加時日度定朔加時日月同度望則因加日度百八十二行分四百二十六小分十太以夜半入曆日餘乘行差滿曆法得一以進加退減曆行分爲行定分以朔定小餘乘之滿日法得一爲行分以減加時月度爲朔望夜半月度

求次日加月行定分累之

歲星率三百七十七萬五千二十三

終日三百九十八行分五百九十六小分七

平見入冬至初日減行分五千四百一十一自後日損所減百二十分立春初日增所加六十分春分均加四日清明畢穀雨均加五日立夏畢大暑均加六日立秋初日加四千八十分乃日損所加六十七分入寒露日增所減百一十七分入小雪畢大雪均減八日初見順日行百七十一分日益遲一分百一十四日行十九度二百九分而留二十六日乃退日九十七分八十四日退十二度三十六分又留二十五日五百九十六分小分七（凡五星留日有分者以初定見日分加之若滿行分法去之又增一日）乃順初日行六十分日益疾一分百一十四日行十九度四百三十七分而伏

熒惑率七百三十八萬一千二百二十三

終日七百七十九行分六百二十六小分三

平見入冬至初日減萬六千三百五十四分乃日損所減五百四十五分入大寒日增所加四百二十六分入雨水後均加二十九日立夏初日加萬九千三百九十二分乃日損所加二百一十三分入立秋依平入處暑日增所減百八十四分入小雪後均減二十五日初見入冬至初率二百四十一日行百六十三度自後二日損日度各一自百二十八日率百七十七日行九十九度畢百六十一日又三日損一畫百八十二日率百七十日行九十二度畢百八十八日乃三日益一畫二百二十七日率百八十三日行百五度又二日益一畫二百四十九日率百九十四日行百一十六度又每日益一畫三百一十日率二百五十五日行百七十七度畢三百三十七日乃二日損一畫大雪復初見入小雪後三日去日率一入雨水畢立夏均去日率二十自後三日減所去一日畢小暑依平爲定日率若入處暑畢秋分皆去度率六各依冬至後日數而損益之又依所入之氣以減之爲前疾日度率若初行入

大寒畢大暑皆差行日益遲一分其餘皆平行若入白露畢秋分
初遲日行半度四十日行二十度（即去日率四十度率二十別爲半度之行訖然後求平行分續之以行分法乘
度定率如日定率而一爲平行分不盡爲小分求差行者減日率一又半之加平行分爲初日行分）各盡其日度而遲初日行
三百二十六分日益遲一分半六十日行二十五度五分（其前疾去度六者行三十一
度五分此遲初日加六十七分小分六十分之三十）而留十三日（前疾去日者分日於二留奇從後留）乃退日百九十
二分六十日退十七度二十八分又留十二日六百二十六分小分
三又順後遲初日行二百三十八分日益疾一分半六十日行二
十五度三十五分（此遲在立秋至秋分者加六度行三十一度三十五分此遲初日加行分六十七小分六十分之三十六）而後疾
入冬至初率二百一十四日行百三十六度乃每日損一盡三十七
日率百七十七日行九十九度又二日損一盡五十七日率百六
十七日行八十九度畢七十九日又三日益一盡百三十日率百
八十四日行百六度又二日益一盡百四十四日率百九十一日行百
一十三度又每日益一盡百九十日率二百三十七日行百五十九
度又每日益二盡二百日率二百五十七日行百七十九度又

每日益一盡二百一十日率二百六十七日行百八十九度畢二
百五十九日乃二日損一畢大雪復初後遲加六度者此後疾去
度率六爲定各依冬至後日數而損益之爲後疾日度率若入立
夏畢夏至日行半度盡六十日行三十度若入小暑畢大暑盡四
十日行二十度（皆去日度率別爲半度之行訖然後求平行分續之）各盡其日度而伏

鎮星率三百五十七萬八千二百四十六

終日三百七十八行分六十一

平見入冬至初日減四千八百一十四分乃日增所減七十九分入
小寒均減九日乃每氣損所減一日入夏至初日均減二日自後
十日損所減一日小暑五日外依平入大暑日增所加百八十一
分入處暑均加九日入白露初日加六千二分乃日損所加百三
十三分入霜降日增所減七十九分初見順日行六十分八十三
日行七度二百四十八分而留三十八日乃退日四十一分百日
退六度四十四分又留三十七日六十一分乃順日行六十分八十
三日行七度二百四十八分而伏

太白率五百五十二萬六千二百

終日五百八十三行分六百二十小分八

晨見伏三百二十七日行分六百二十小分八

夕見伏二百五十六日

晨平見入冬至依平入小寒日增所加六十六分入立春畢立夏
均加三日小滿初日加千九百六十四分乃日損所加六十分入夏
至依平入小暑日增所減六十分入立秋畢立冬均減三日小雪
初日減千九百六十四分乃日損所減六十六分初見乃退日半
度十日退五度而留九日乃順遲差行日益疾八分四十日行三十
度入大雪畢小滿者依此入芒種十日減一度入小暑畢霜降均
減三度入立冬十日損所減一度畢小雪皆爲定度（以行分法乘定度四十除
爲平行分又以四乘三十九以減平行爲初日行分）平行日一度十五日行十五度入小寒十日
益日度各一入雨水後皆二十一日行二十一度入春分後十日減

一畢立夏依平入小滿後六日減一畢立秋日度皆盡無平行入
霜降後四日加一畢大雪依平疾百七十日行二百四度（前順遲減度者計所
減之數以益此度爲定）而晨伏夕平見入冬至日增所減百分入啓蟄畢春
分均減九日清明初日減五千九百八十六分乃日損所減百分
入芒種依平入夏至日增所加百分入處暑畢秋分均加九日寒
露初日加五千九百八十六分乃日損所減百分入大雪依平初
見順疾百七十日行二百四度入冬至畢立夏者依此入小滿六
日加一度入夏至畢小暑均加五度入大暑三日減一度入立秋
畢大雪依平從白露畢春分皆差行日益疾一分半以一分半乘
百六十九而半之以加平行爲初日行分入清明畢於處暑皆平
行乃平行日一度十五日行十五度入冬至後十日減日度各一
入啓蟄畢芒種皆九日行九度入夏至後五日益一入大暑依平
入立秋後六日加一畢秋分二十五日行二十五度入寒露六日
減一入大雪依平順遲日益遲八分四十日行三十度（前加度者此依數減之）

又留九日乃退日半度十日退五度而夕伏

辰星率百九萬六千六百八十三

終日百一十五行分五百九十四小分七

晨見伏六十三日行分五百九十四小分七

夕見伏五十二日

晨平見入冬至均減四日入小寒依平入立春後均減三日入雨水畢立夏應見不見（其在啓蟄立夏之間內去日十八度外三十六度內晨有木火土金一星者亦見）入小滿依平入霜降畢立冬均加一日入小雪至大雪十二日依平若在大雪十三日後日增所減一日初見留六日順遲日行百六十九分入大寒畢啓蟄無此遲行乃平行日一度十日行十度入大寒後二日去日度各一畢於二十日日度俱盡無此平行疾日行一度六百九分十日行十九度六分（前無遲行者此疾日減二百三分十日行十六度四分）而晨伏夕平見入冬至後依平入穀雨畢芒種均減二日入夏至依平入立秋畢霜降應見不見（其在立秋霜降之間外內夕有星去日如前者亦見）入立冬畢大雪依平初見順

疾日行一度六百九分十日行十九度六分若入小暑畢處暑者日減二百三分乃平行日一度十日行十度入大暑後二日去日及度各一畢於二十日日度俱盡無此平行遲日行百六十九分（若疾減二百三分者不須此遲行）又留六日七分而夕伏

各以星率去歲積分餘反以減其率餘如度法得一為日得冬至後晨平見日及分以冬至去朔日筭及分加之起天正依月大小計之命日筭外得所在日月金水各以晨見伏日及分加之得夕平見各以其星初日所加減之分計後日損益之數以損益之訖乃以加減平見為定見其加減分皆滿行分法為日以定見去朔日及分加其朔前夜半日度又以星初見去日度歲星十四太白十一熒惑鎮星辰星皆十七晨減夕加之得初見宿度求次日各加一日所行度及分熒惑太白有小分者各以日率為母（其行有益疾遲者副置一日行分各以其差疾益遲損乃加之）留者因前退則依減伏不注度順行出斗去其分退行入斗先加分訖皆以二十六約行分為度分

交會法千二百七十四萬一千二百五八分

交分法六百三十七萬六百二九分

朔差百八萬五千四百九十四二分

望分六百九十一萬三千三百五十

交限五百八十二萬七千八百五十五八分

望差五十四萬二千七百四十七一分

外限六百七十六萬七百八十二九分

中限千二百三十五萬一千二十五八分

内限千二百一十九萬一千四百五十八七分

以朔差乘積月滿交會法去之餘得天正月朔入平交分求望以望分加之求次月以朔差加之其朔望入大雪畢冬至依平入小寒日加氣差千六百五十分入啓蟄畢清明均加七萬六千一百分自後日損所加千六百五十分入芒種畢夏至依平加之滿法去之（若朔交入小寒畢雨水及立夏畢小滿值盈二時巳下皆半氣差加之二時巳上則否如望差巳下外限巳上有星伏木土去見十日外火去見四十日外金晨

伏去見二十二日外有二星者不加氣差）入小暑後日增所減千二百分入白露畢霜降均減九萬五千八百二十五分立冬初日減六萬三千三百分自後日損所減二千一百一十分減若不足加法乃減之餘為定交分（朔入交分如交限內限巳上交分中限巳下有星伏如前者不減）不滿交分法者為在外道滿去之餘為在內道如望差巳下為去先交分交限巳上以減交分餘為去後交分皆三日法約為時數望則月蝕朔在內道則日蝕（雖在外道去交近亦蝕在內道去交遠亦不蝕）置蝕望定小餘入曆一日減二百八十若十五日即加之十四日加五百五十若二十八日即減之餘日皆盈加縮減二百八十為月蝕定餘十二乘之時法而一命子半筭外不盡得月蝕加時約定小餘如夜漏半巳下者退日筭上置蝕朔定小餘入曆一日即減二百八十若十五日即加之十四日加五百五十若二十八日即減之為定後不入四時加減之限其內道春去交四時巳上入曆盈加縮減二百八十夏盈加縮減二百八十秋去交十一時巳下惟盈加二百八十巳上者盈加五百五十縮加二百八

十冬去交五時巳下惟盈加二百八十皆為定餘十二乘之時法而一命子半筭外不盡為時餘副之仲辰半前以副減法為差率半後退半辰以法加餘以副為差率季辰半前以法加副為差率半後退半辰以法加餘倍法加副為差率孟辰半前三因其法以副減之餘為差率半後退半辰以法加餘又以法加副乃三因其法以副減之為差率又置去交時數三巳下加三六巳下加二九巳下加一九巳上依數十二巳上從十二（若季辰半後孟辰半前去交六時巳上者皆從其六六時）巳下依數不加皆乘差率十四除為時差子午半後以加時餘卯酉半後以減時餘加之滿若不足進退時法（孟謂寅巳申仲謂午卯酉季謂辰未戌）得日蝕加時望去交分冬先後交皆去二時春先交秋後交去半時春後交秋先交去二時夏則依定不足去者既乃以三萬六千一百八十三為法而一以減十五餘為月蝕分朔去交在內道五月朔加時在南方先交十三時外六月朔後交十三時外者不蝕啓蟄畢清明先交十三時外值縮加時在未西處暑畢寒露後交十三時外

值盈加時在巳東皆不蝕交在外道先後去交一時內者皆蝕若二時內及先交值盈後交值縮二時外者亦蝕夏去交二時內加時在南方者亦蝕若去分至十二時內去交六時內者亦蝕若去春分三日內後交二時秋分三日內先交二時內者亦蝕諸去交三時內有星伏土木去見十日外火去見四十日外金晨伏去見二十二日外有一星者不蝕各置去交分秋分後畢立春均減二十二萬八百分啓蟄初日畢芒種日損所減千八百一十分夏至後畢白露日增所減二千四百分以減去交分餘為不蝕分不足減反相減為不蝕分亦以減望差為定法後交值縮者直以望差為定法其不蝕分大寒畢立春後交五時外皆去一時時差值減者先交減之後交加之時差值加者先交加之後交減之不足減者皆既十五乘之定法而一以減十五餘為日蝕分置日月蝕分四巳下因增二五巳下因增三六巳上因增五各為刻率副之以乘所入曆損益率四千五十七為法而一值盈反其損益值縮依其損益皆損益其副為定用刻乃六乘之十而一以減蝕甚辰刻為虧初又四乘之十而一以加食甚辰刻為復滿

曆志第十五

曆志第十六　　唐書二十六

翰林學士兼龍圖閣學士朝散大夫給事中知制誥充史館修撰臣歐陽脩奉

敕撰

高宗時戊寅曆益疏淳風作甲子元曆以獻詔太史起麟德二年頒用謂之麟德曆古曆有章蔀有元紀有日分度分參差不齊淳風爲總法千三百四十以一之損益中晷術以考日至爲木渾圖以測黃道餘因劉焯皇極曆法增損所宜當時以爲密與太史令瞿曇羅所上經緯曆參行弘道元年十二月甲寅朔壬午晦八月詔二年元日用甲申故進以癸未晦焉永昌元年十一月改元載初用周正以十二月爲臘月建寅月爲一月神功二年司曆以臘爲閏而前歲之晦月見東方太后詔以正月爲閏十月是歲甲子南至改元聖曆命瞿曇羅作光宅曆將用之三年罷作光宅曆復行夏時終開元十六年麟德曆麟德元年甲子距上元積二十六萬九千八百八十筭

總法千三百四十

朞實四十八萬九千四百二十八

常朔實三萬九千五百七十一（加三百六十二日盈朔實　減三百五十一日朒朔實）

辰率三百三十五

以朞實乘積筭爲朞總如總法得一爲日六十去之命甲子筭外得冬至累加日十五小餘二百九十二小分六之五得次氣六乘小餘辰率而一命子半筭外各其加時以常朔實去朞總不滿爲閏餘以閏餘減朞總爲總實如總法得一爲日以減冬至得天正常朔又以常朔小餘并閏餘以減朞總爲總實因常朔加日二十九小餘七百一十一得次朔因朔加日七小餘五百一十二太得上弦又加得望及下弦

進綱十六 秋分後

退紀十七 春分後

中節	躔差率	消息總	先後率	盈朒積
冬至	益七百二十二	息初	先五十四	盈初
小寒	益六百一十八	息七百二十二	先四十六	盈五十四
大寒	益五百一十四	息千三百四十	先三十八	盈百
立春	益五百一十四	息千八百五十四	先三十八	盈百三十八
啓蟄	益六百一十八	息二千三百六十八	先四十六	盈百七十六
雨水	益七百二十二	息二千九百八十六	先五十四	盈二百二十二
春分	損七百二十二	息三千七百八	後五十四	盈二百七十六
清明	損六百一十八	息二千九百八十六	後四十六	盈二百二十二
穀雨	損五百一十四	息二千三百六十八	後三十八	盈百七十六
立夏	損五百一十四	息千八百五十四	後三十八	盈百三十八
小滿	損六百一十八	息千三百四十	後四十六	盈百
芒種	損七百二十二	息七百二十二	後五十四	盈五十四
夏至	益七百二十二	消初	先五十四	朒初
小暑	益六百一十八	消七百二十二	先四十六	朒五十四
大暑	益五百一十四	消千三百四十	先三十八	朒百
立秋	益五百一十四	消千八百五十四	先三十八	朒百三十八
處暑	益六百一十八	消二千三百六十八	先四十六	朒百七十六
白露	益七百二十二	消二千九百八十六	先五十四	朒二百二十二
秋分	損七百二十二	消三千七百八	後五十四	朒二百七十六
寒露	損六百一十八	消二千九百八十六	後四十六	朒二百二十二
霜降	損五百一十四	消二千三百六十八	後三十八	朒百七十六
立冬	損五百一十四	消千八百五十四	後三十八	朒百三十八
小雪	損六百一十八	消千三百四十	後四十六	朒百
大雪	損七百二十二	消七百二十二	後五十四	朒五十四

各以其氣率并後氣率而半之十二乘之綱紀除之爲末率二率相減餘以十二乘之綱紀除爲總差又以十二乘總差綱紀除之爲別差以總差前少以減末率前多以加末率爲初率累以別差前少以加初率前多以減初率爲每日躔差及先後率乃循積而

損益之各得其日定氣消息與盈朒積其後無同率因前末爲初率前少者加揔差前多者以揔差減之爲末率餘依術入之各以氣下消息積息減消加常氣爲定氣各以定氣大小餘減所近朔望大小餘十二通其日以辰率約其餘相從爲辰揔其氣前多以乘末率前少以乘初率十二而一爲揔率前多者以辰揔減綱紀以乘十二綱紀而一以加揔率辰揔乘之二十四除之前少者辰揔再乘別差二百八十八除之皆加揔率乃以先加後減其氣盈朒積爲定以定積盈加朒減常朔弦望得盈朒大小餘

變周四十四萬三千七十七

變日二十七餘七百四十三變奇一

變奇法十二

月程法六十七

以奇法乘揔實滿變周去之不滿者奇法而一爲變分盈揔法從日得天正常朔夜半入變加常朔小餘爲經辰所入因朔加七日餘五百一十二奇九得上弦轉加得望下弦及次朔加之滿變日及餘去之又以所入盈朒定積盈加朒減之得朔弦望盈朒經辰所入

變日	離程	增減率	遲速積
一日	九百八十五	增百三十四	速初
二日	九百七十四	增百一十七	速百三十四
三日	九百六十二	增九十九	速二百五十一
四日	九百四十八	增七十八	速三百五十
五日	九百三十三	增五十六	速四百二十八
六日	九百一十八	增三十三	速四百八十四
七日	九百二	增九(初增九末減[illegible])	速五百一十七
八日	八百八十六	減十四	速五百二十六
九日	八百七十	減三十八	速五百一十二
十日	八百五十四	減十四	速四百七十四
十一日	八百三十九	減八十五	速四百一十二
十二日	八百二十六	減百四	速三百二十七
十三日	八百一十五	減百二十一	速二百二十三
十四日	八百八	增(初減百二十九末)	速百二
十五日	八百十	增百二十八	遲二十九
十六日	八百一十九	增百一十五	遲百五十七
十七日	八百三十二	增九十五	遲二百七十二
十八日	八百四十六	增七十四	遲三百六十七
十九日	八百六十一	增五十二	遲四百四十一
二十日	八百七十七	增二十八	遲四百九十三
二十一日	八百九十三	增四(初增四末減[illegible])	遲五百二十一
二十二日	九百九	減二十	遲五百二十五
二十三日	九百二十五	減四十四	遲五百五
二十四日	九百四十一	減六十八	遲四百六十一
二十五日	九百五十五	減八十九	遲三百九十三
二十六日	九百六十八	減百八	遲三百四
二十七日	九百七十九	減百二十五	遲百九十六
二十八日	九百八十五	減百四十四(初減十一末增入後)	遲七十一

以離程與次相減得進退差後多爲進後少爲退等爲平各列朔弦望盈朒經辰所入日增減率并後率而半之爲通率又二率相減爲率差增者以入變曆日餘減揔法餘乘率差揔法而一并率差而半之減者半入餘乘率差亦揔法而一皆加通率以乘入餘揔法除爲經辰變率半之以速減遲加入餘爲轉餘增者以減揔法減者因餘皆乘率差揔法而一以加通率變率乘之揔法除之以速減遲加變率爲定率乃以定率增減遲速積爲定其後無同率亦因前率應增者以通率爲初數半率差而減之應損者即爲通率其曆率損益入餘進退日者分爲二日隨餘初末如法求之所得并以加減變率爲定七日初千二百九十一末百四十

九十四日初千四十二末二百九十八二十一日初八百九十二末四百四十八二十八日初七百四十三末五百九十七各視入餘初數已下為初已上以初數減之餘為末各以入變遲速定數速減遲加朔弦望盈朒小餘滿若不足進退其日加其常日者為盈減其常日者為朒各為定大小餘命日如前乃前朔後朔迭相推校盈朒之課據實為準損不侵朒益不過盈定朔日名與次朔同者大不同者小無中氣者為閏月其元日有交加時應見者消息前後一兩月以定大小令虧在晦二弦望亦隨消息月朔盈朒之極不過頻三其或過者觀定小餘近夜半者量之

黃道南斗二十四度三百二十八分牛七度婺女十一度虛十度危十六度營室十八度東壁十度奎十七度婁十三度胃十五度昴十一度畢十六度觜觿二度參九度東井三十度輿鬼四度柳十四度七星七度張十七度翼十九度軫十八度角十三度亢十度氐十六度房五度心五度尾十八度箕十度

冬至之初日躔定在南斗十二度每加十五度二百九十二分小

分五依宿度去之各得定氣加時日度各以初日躔差乘定氣小餘揔法而一進加退減小餘為分以減加時度為氣初夜半度乃日加一度以躔差進加退減之得次日以定朔弦望小餘副之以乘躔差揔法而一進加退減其副各加夜半日躔為加時宿度合朔度即月離也上弦加度九十一度分四百一十七望加度一百八十二度分八百三十四下弦加度二百七十三度分千二百五十一訖半其分降一等以同程法得加時月離因天正常朔夜半所入變日及餘定朔有進退日者亦進退一日為定朔夜半所入累加一日得次日各以夜半入變餘乘進退差揔法而一進加退減離程為定程以定朔弦望小餘乘之揔法而一以減加時月離為夜半月離求次日程法約定程累加之若以定程乘夜刻二百除為晨分以減定程為昏分其夜半月離朔後加昏為昏度望後加晨為晨度其注曆五乘弦望小餘程法而一為刻不滿晨前刻者退命算上

辰刻八分二十四

刻分法七十二

定氣	晨前刻	黃道去極度	屈伸率	發斂差
冬至	三十刻	百一十五度三分	伸一三分	益十六
小寒	二十九刻五十四分	百一十三度一分	伸三七分	益十六
大寒	二十九刻十八分	百一十度七分	伸六一分	益二十二
立春	二十八刻三十三分	百七度九分	伸九四分	益九
啓蟄	二十七刻三十分	百二度九分	伸十七分半	益七
雨水	二十六刻十八分	九十七度三分	伸十一八分	益三
春分	二十五刻	九十一度三分	伸十二二分半	損三
清明	二十三刻五十四分	八十五度三分	伸十一八分	損七
穀雨	二十二刻四十二分	七十九度七分	伸十七分半	損九
立夏	二十一刻三十九分	七十四度七分	伸九四分	損二十二
小滿	二十刻五十四分	七十度九分	伸六一分	損十六
芒種	二十刻十八分	六十八度五分	伸三七分	損十六
夏至	二十刻	六十七度三分	屈一三分	益十六
小暑	二十刻十八分	六十八度五分	屈三七分	益十六
大暑	二十刻五十四分	七十度九分	屈六一分	益二十二
立秋	二十一刻三十九分	七十四度七分	屈九四分	益九
處暑	二十二刻四十二分	七十九度七分	屈十七分半	益七
白露	二十三刻五十四分	八十五度三分	屈十一八分	益三
秋分	二十五刻	九十一度三分	屈十二二分半	損三
寒露	二十六刻十八分	九十七度三分	屈十一八分	損七
霜降	二十七刻三十分	百二度九分	屈十七分半	損九
立冬	二十八刻三十三分	百七度九分	屈九四分	損二十二
小雪	二十九刻十八分	百一十度七分	屈六一分	損十六
大雪	二十九刻五十四分	百一十三度一分	屈三七分	損十六

置其氣屈伸率各以發斂差損益之為每日屈伸率差滿十從分

分滿十爲率各累計其率爲刻分百八十乘之十一乘綱紀除之爲刻差各半之以伸減屈加晨前刻分爲每日晨前定刻倍之爲夜刻以減一百爲晝刻以三十四約刻差爲分分滿十爲度以伸減屈加氣初黃道去極得每日以晝刻乘朞實二百乘揔法除爲昏中度以減三百六十五度三百二十八分餘爲旦中度各以加日躔得昏旦中星赤道計之其赤道同太初星距

遊交終率千九十三萬九千三百一十三

奇率三百

約終三萬六千四百六十四奇百一十三

交中萬八千二百三十二奇五十六半

交終日二十七餘二百八十四奇百一十三

交中日十三餘八百一十二奇五十六半

虧朔三千一百六奇百八十七

實望萬九千七百八十五奇百五十

後準千五百五十三奇九十三半

前準萬六千六百七十八奇二百六十三

置揔實以奇率乘之滿終率去之不滿以奇率約爲入交分加天正常朔小餘得朔汎交分求次朔以虧朔加之因朔求望以實望加之各以朔望入氣盈朒定積盈加朒減之又六十乘遲速定數七百七十七除爲限數以速減遲加爲定交分(其朔月在日道裏者以所入限數減遲速定數餘以速減遲加其定交分而出日道表者爲變交分不出者依定交分其變交分三時半內者依術消息以定蝕不)交中已下者爲月在外道已上者去之餘爲月在內道其分如後準已下爲交後分前準已上者反減交中餘爲交前分望則月蝕朔在內道則日蝕百一十二約前後分爲去交時置定朔小餘副之辰率約之以艮巽坤乾爲次命筭外其餘半法已下爲初已上者去之爲末初則因餘末則減法各爲差率月在內道者益去交時十而三除之以乘差率十四而一爲差其朔在二分前後一氣內即以差爲定近冬至以去寒露雨水近夏至以去清明白露氣數倍之又三除去交時增之近冬至艮巽以加坤乾以減近夏至艮巽以減坤乾以加其差爲定差艮巽加副坤乾減副月在外道者三除去交時數以乘差率十四而一爲差艮坤以減副巽乾以加副爲食定小餘望即因定望小餘即所在辰近朝夕者以日出沒刻校前後十二刻半內候之月在外道朔不應蝕夏至初日以二百四十八爲初準去交前後分如初準已下加時在午正前後七刻內者蝕朔去夏至前後每一日損初準二分皆畢於九十四日爲每日變準交分如變準已下加時如前者亦蝕又以末準六十減初準及變準餘以十八約之爲刻準以并午正前後七刻內數爲時準加時準內交分如末準已下亦蝕又置末準每一刻加十八爲差準加時刻去午前後如刻準已上交分如差準已下者亦蝕自秋分至春分去交如末準已下加時巳午未者亦蝕月在內道朔應蝕若在夏至初日以千三百七十三爲初準去交如初準已上加時在午正前後十八刻內者或不蝕夏至前後每日益初準一分半皆

畢於九十四日爲每日變準以初準減變準餘十而一爲刻準以減午正前後十八刻餘爲時準其去交在變準已上加時在準內或不蝕望去交前後定分冬至減二百二十四夏減五十四春交後減百交前減二百秋交後減二百交前減百不足減者蝕既有餘者以減後準百四而一得月蝕分朔交月在內道入冬至畢定雨水及秋分畢大雪皆以五百五十八爲蝕差入春分日損六分畢芒種以蝕差減去交分不足減者反減蝕差爲不蝕分其不蝕分自小滿畢小暑加時在午正前後七刻外者皆減一時三刻內者加一時大寒畢立春交前五時外大暑畢立冬交後五時外者皆減一時五時內者加一時諸加時蝕差應減者交後減之交前加之應加者交後加之交前減之不足減者皆既加減入不蝕限者或不蝕月在外道冬至初日無蝕差自後日益六分畢於雨水入春分畢白露皆以五百二十二爲差入秋分日損六分畢大雪以差加去交分爲蝕分以減後準餘爲不蝕分十五約蝕差以

百四爲定法其不蝕分如定法得一以減十五餘得日蝕分
歲星揔率五十三萬四千四百八十三奇四十五
伏分二萬四千三十一奇七十二半
終日三百九十八餘千一百六十三奇四十五平見入冬至畢小
寒均減六日入大寒日損六十七分入春分依平乃日加八十九
分入立夏畢小滿均加六日入芒種日損八十九分入夏至畢立
秋均加四日入處暑日損百七十八分入白露依平自後日減五
十二分入小雪畢大雪均減六日初順百一十四日行十八度五
百九分日益遲一分前留二十六日旋退四十二日退六度十二
分日益疾二分又退四十二日退六度十二分日益遲二分後留
二十五日後順百一十四日行十八度五百九分日益疾一分日
盡而夕伏
熒惑揔率百四萬五千八十奇六十
伏分九萬七千九十奇三十

終日七百七十九餘千二百二十奇六十
平見入冬至減二十七日自後日損六百三分入大寒日加四百
二分入雨水畢穀雨均加二十七日入立夏日損百九十八分入
立秋依平入處暑日減百九十八分入小雪畢大雪均減二十七
日初順入冬至率二百四十三日行百六十五度乃三日損日度
各二小寒初日率二百三十三日行百五十五度乃二日損一入
穀雨四日平畢小滿九日率百七十八日行百度乃三日損一夏
至初日平畢六日率百七十一日行九十三度乃三日益一入立
秋初日百八十四日行百六度乃每日益一入白露初日率二百
一十四日行百三十六度乃五日益六入秋分初日率二百三十
二日行百五十四度又每日益一入寒露初日率二百四十七日
行百六十九度乃五日益三入霜降五日平畢立冬十三日率二
百五十九日行百八十一度乃二日損日一入冬至復初各依所
入常氣平者依率餘皆計日損益爲前疾日度定率其前遲及留

退入氣有損益日度者計日損益皆準此法疾行日率入大寒六
日損一入春分畢立夏均減十日入小滿三日損所減一畢芒種
依平入立秋三日益一入白露畢秋分均加十日入寒露一日半
損所加一畢氣盡依平爲變日率疾行度率入大寒畢啓蟄立夏
畢夏至大暑畢氣盡霜降畢小雪皆加四度清明畢穀雨加二度
爲變度率初行入處暑減日率六十度率三十入白露畢秋分減
日率四十四度率二十二皆爲初遲半度之行盡此日度乃求所
減之餘日度率續之爲疾初行入大寒畢大暑差行日益遲一分
其前遲後遲日率既有增損而益遲益疾差分皆檃括前疾末日行分爲前遲初日行分以前遲平行分減之餘爲前遲揔差後疾初日行分爲後遲末日行分
以後遲初日行分減之餘爲後遲揔差相減爲前後別日差分其不滿者皆調爲小分遲疾之際行分衰殺不倫者依此前遲入冬至率六
十日行二十五度先疾日益遲二分入小寒三日損一大寒初日
率五十五日行二十度乃三日益一立春初日平畢清明率六十
日行二十五度入穀雨每氣別減一度立夏初日平畢小滿率六
十日行二十二度入芒種每氣別益一度夏至初日平畢處暑率

六十日行二十五度入白露三日損一秋分初日率六十日行二
十五度乃每日益日一三日益度二寒露初日率七十五日行三
十度乃每日損日一三日損度一霜降初日率六十日行二十五
度乃二日損一度入立冬一日平畢氣盡率六十日行十七度入
小雪五日益一度大雪初日率六十日行二十度乃三日益一度
入冬至復初前留十三日前疾減日率一者以其數分益此留及後遲日率前疾加日率者以其數分減此留及後遲日率
旋退西行入冬至初日率六十三日退二十一度乃四日益度一小
寒一日率六十三日退二十六度乃三日半損度一立春三日平
畢啓蟄率六十三日退十七度乃二日益日度各一雨水八日平
畢氣盡率六十七日退二十一度入春分每氣損日度各一大暑初
日平畢氣盡率五十八日退十二度立秋初日平畢氣盡率五十
七日退十一度乃二日益日一寒露九日平畢氣盡率六十六日
退二十度乃二日損一霜降六日平畢氣盡率六十三日退十七
度乃三日益一立冬十一日平畢氣盡率六十七日退二十一度

乃二日損一入冬至復初後留冬至初留十三日乃二日半益一大寒初日平畢氣盡留二十五日乃二日半損一雨水初日留十三日乃三日益一清明初日留二十三日乃日損一清明十日平畢處暑留十三日乃二日損一秋分十一日無留乃每日益一霜降初日留十九日乃三日損一立冬畢大雪留十三日後遲順六十日行二十五度日益疾二分前疾加度者此遲依數減之爲定度前疾無加度者此遲入秋分至立冬減三度入冬至減五度後留定日滿十三日者以所朒日數加此遲日率後疾冬至初日率二百一十日行百三十二度乃每日損一大寒八日率百七十二日行九十四度乃二日損一啓蟄平畢氣盡率百六十一日行八十三度乃二日益一芒種十四日平畢夏至率二百三十三日行百五十五度乃每日益一大暑初日平畢處暑率二百六十三日行百八十五度乃二日損一秋分一日率二百五十五日行百七十七度乃一日半損一大雪初日率二百五日行百二十七度乃三日益一入冬至復初其入常氣日度之率有損益者計日損益爲後疾

定日度率疾行日率其前遲定日朒六十及退行定日朒六十三者皆以所朒日數加疾行定日率前遲定日盈六十退行定日盈六十三後留定日盈十三者皆以所盈日數減此疾定日率各爲變日率疾行度率其前遲定度朒二十五退行定度盈十七後遲入秋分到冬至減度者皆以所盈朒度數如此疾定率前遲定度盈二十五及退行定度朒十七者皆以所盈朒度數減此疾定度率各爲變度率初行入春分畢穀雨差行日益疾一分初行入立夏畢夏至日行半度六十六日行三十三度小暑畢大暑五十日行二十五度立秋畢氣盡二十日行十度減率續行並同前盡日度而夕伏

鎭星揔率五十萬六千六百二十三奇二十九　伏分二萬一千八百三十一奇六十四半　終日三百七十八餘一百三奇二十九

平見入冬至初減四日乃日益八十九分入大寒畢春分均減八日入清明日損五十九分入小暑初依平自後日加八十九分入白露初加八日自後日損百七十八分入秋分均加四日入寒露日損五十九分入小雪初日依平乃日減八十九分初順八十三日行七度二百九十分日益遲半分前留三十七日旋退五十一日退二度四百九十一分日益疾少半又退五十一日退二度四百九十一分日益遲少半後留三十七日後順八十三日行七度二百九十分日益疾半分日盡而夕伏

太白揔率七十八萬四千四百四十九奇九

伏分五萬六千二百二十四奇五十四半

終日五百八十三餘千二百二十九奇九

夕見伏日二百五十六

晨見伏日三百二十七餘千二百二十九奇九夕平見入冬至初依平乃日減百分入啓蟄畢春分均減九日入清明日損百分入芒種依平入夏至日加百分入處暑畢秋分均加九日入寒露日損百分入大雪依平夕順入冬至畢立夏入立秋畢大雪率百七

十二日行二百六度入小滿後十日益一度爲定度入白露畢春分差行益遲二分自餘平行夏至畢小暑率百七十二日行二百九度入大暑五日損一度畢氣盡平行入冬至大暑畢氣盡率十三日行十三度入冬至十日損一畢立春入立秋十日益一畢秋分啓蟄畢芒種七日行七度入夏至後五日益一畢於小暑寒露初日率二十三日行二十二度乃六日損一畢小雪順遲四十二日行三十度日益遲八分前疾加過二百六度者準數損此度夕留七日夕退十日退五度日盡而夕伏晨平見入冬至依平入小寒日加六十七分入立春畢立夏均加三日入小滿日損六十七分入夏至依平入小暑日減六十七分入立秋畢立冬均減三日入小雪日損六十七分晨退十日退五度晨留七日順遲冬至畢立夏大雪畢氣盡率四十二日行三十度日益疾八分入小滿率十日損一度畢芒種夏至畢寒露率四十二日行二十七度入霜降每氣益一度畢小雪平行冬至畢氣盡立夏畢氣盡十三日行十三度入小寒後六

日益日度各一畢啓蟄小滿後七日損日度各一畢立秋雨水初日率二十三日行二十三度自後六日損日度各一畢穀雨處暑畢寒露無平行入霜降後五日益日度各一畢大雪疾行百七十二日行二百六度前遲行損度不滿三十度者此疾依數益之處暑畢寒露差行日益疾一分自餘平行日盡而晨伏

辰星摠率十五萬五千二百七十八奇六十六

伏分二萬二千六百九十九奇三十三

終日百一十五餘千一百七十八奇六十六

夕見伏日五十二

晨見伏日六十三餘千一百七十八奇六十六夕平見入冬至畢清明依平入穀雨畢芒種均減二日入夏至畢大暑依平入立秋畢霜降應見不見（其在立秋霜降氣內夕去日十八度外三十六度內有木火土金星者亦見）入立冬畢大雪依平順疾十二日行二十一度六分日行一度五百三分大暑畢處暑十二日行十七度二分日行一度二百八十分平行

七日行七度入大暑後二日損日度各一入立秋無此平行順遲六日行二度四分日行二百二十四分前疾行十七度者無此遲行夕留五日日盡而夕伏晨平見入冬至均減四日入小寒畢大寒依平入立春畢啓蟄均減三日（其在啓蟄氣內去日度如前晨無木火土金星者不見）入雨水畢立夏應見不見（其在立夏氣內去日度如前晨有木火土金星者亦見）入小滿畢寒露依平入霜降畢立冬均加一日入小雪畢大雪依平晨見留五日順遲六日行二度四分日行二百二十四分入大寒畢啓蟄無此遲行平行七日行七度入大寒後二日損日度各一入立春無此平行順疾行十二日行二十一度六分日行一度五百三分前無遲行者十二日行十七度一十分日行一度二百八十分日盡而晨伏

各以伏分減摠實以摠率去之不盡反以減摠率如摠法爲日天正定朔與常朔有進退者亦進減退加一日乃隨次月大小去之命日筭外得平見所在各半見餘以同半摠太白辰星以夕見伏日加之得晨平見各依所入常氣加減日及應計日損益者以損益所加減訖餘以加減平見爲常見又以常見日消息定數之半息減消加常見爲定見日及分置定見夜半日躔半其分以其日躔差乘定見餘摠法而一進加退減之乃以其星初見去日度歲星十四太白十一熒惑鎭星辰星十七晨減夕加得初見定辰所在宿度其初見消息定數亦半之以息加消減其星初見行留日率（其歲星鎭星不須加減其加減不滿日者與見通之過半從日乃加行星日度率求初日行分）置定見餘以減半摠各以初日行分乘之半摠而一順加逆減星初見定辰所在度分得星見後夜半宿度以所行度分順加逆減之其差行益疾益遲者副置初日行分各以其差遲損疾加之留者因前逆則依減以程法約行分爲度分得每日所至求行分者皆以半摠乘定度率有分者從之日率除爲平行度分置定日率減一以所差分乘之二而一爲差率以疾減遲加平行爲初日所行度及分

中宗反正太史丞南宮說以麟德曆上元五星有入氣加減非合璧連珠之正以神龍元年歲次乙巳故治乙巳元曆推而上之積四十一萬四千三百六十筭得十一月甲子朔夜半冬至七曜起牽牛之初其術有黃道而無赤道推五星先步定合加伏日以求定見伲與淳風術同所異者惟平合加減差旣成而睿宗即位罷之

曆志第十六

曆志第十七上　　唐書二十七上

翰林學士兼龍圖閣學士朝散大夫給事中知制誥充史館修撰臣歐陽脩奉
敕撰

開元九年麟德曆署日蝕比不效詔僧一行作新曆推大衍數立術以應之較經史所書氣朔日名宿度可考者皆合十五年草成而一行卒詔特進張説與曆官陳玄景等次爲曆術七篇略例一篇曆議十篇玄宗顧訪者則稱制旨明年説表上之起十七年頒于有司時善筭瞿曇譔者怨不得預改曆事二十一年與玄景奏大衍寫九執曆其術未盡太子右司禦率南宮説亦非之詔侍御史李麟太史令桓執圭較靈臺候簿大衍十得七八麟德纔三四九執一二焉乃罪説等而是否決自太初至麟德曆有二十三家與天雖近而未密也至一行密矣其倚數立法固無以易也後世雖有改作者皆依倣而已故詳録之略例所以明述作本旨也曆議所以考古今得失也其説皆足以爲將來折衷略其大要著于篇者十有二

其一曆本議曰易天數五地數五五位相得而各有合所以成變化而行鬼神也天數始於一地數始於二合二始以位剛柔天數終於九地數終於十合二終以紀閏餘天數中於五地數中於六合二中以通律曆天有五音所以司日也地有六律所以司辰也參伍相周究於六十聖人以此見天地之心也自五以降爲五行生數自六以往爲五材成數錯而乘之以生數衍成位一六而退極五十而增極一六爲爻位之統五十爲大衍之母成數乘生數其筭六百爲天中之積生數乘成數其筭亦六百爲地中之積合千有二百以五十約之則四象周六爻也二十四約之則太極包四十九用也綜成數約中積皆十五綜生數約中積皆四十兼而爲天地之數以五位取之復得二中之合矣蓍數之變九六各一乾坤之象也七八各三六子之象也故爻數通乎六十策數行乎二百四十是以大衍爲天地之樞如環之無端蓋律曆之大紀也夫數象微於三四而章於七八卦有三微策有四象故二微之合在始中之際焉蓍以七備卦以八周故二章之合而在中終之際焉中極居五六閒由闢闔之交而在章微之際者人神之極也天地中積千有二百揲之以四爲爻率三百以十位乘之而二章之積三千以五材乘八象爲二微之積四十兼章微之積則氣朔之分母也以三極參之倍六位除之凡七百六十是謂辰法而齊於代軌以十位乘之倍大衍除之凡三百四是謂刻法而齊于德運半氣朔之母千五百二十得天地出符之數因而三之凡四千五百六十當七精返初之會也易始于三微而生一象四象成而後八卦章三變皆剛太陽之象三變皆柔太陰之象一剛二柔少陽之象一柔二剛少陰之象少陽之剛有始有壯有究少陰之柔有始有壯有究兼三才而兩之神明動乎其中故四十九象而大業之用周矣數之德圓故紀之以三而變於七象之德方故紀之以四而變于八人在天地中以閱盈虛之變則閏餘之初而氣朔所虛也以終合通大衍之母虧其地十凡九百四十爲

通數終合除之得中率四十九餘十九分之九終歲之弦而斗分復初之朔也地於終極之際虧十而從天所以遠疑陽之戰也夫十九分之九盈九而虛十也乾盈九隱乎龍戰之中故不見其首坤虛十以導潛龍之氣故不見其成周日之朔分周歲之閏分與一章之弦一蔀之月皆合於九百四十蓋取諸中率也一策之分十九而章法生一揲之分七十六而蔀法生一蔀之日二萬七千七百五十七以通數約之凡二十九日餘四百九十九而日月相及於朔此六爻之紀也以卦當歲以爻當月以策當日凡三十二歲而小終二百八十五小終而與卦運大終二百八十五則參伍二終之合也數象既合而遯行之變在乎其間矣所謂遯行者以爻率乘朔餘爲十四萬九千七百以四十九用二十四象虛之復以爻率約之爲四百九十八微分七十五太半則章微之中率也二十四象象有四十九蓍凡千一百七十六故虛遯之數七十三半氣朔之母以三極乘參伍以兩儀乘二十四變因而并之得千

六百一十三爲朔餘四揲氣朔之母以八氣九精遯其十七得七
百四十三爲氣餘歲八萬九千七百七十三而氣朔會是謂章率
歲二億七千二百九十萬九百二十而無小餘合于夜半是謂蔀
率歲百六十三億七千四百五十九萬五千二百而大餘與歲建
俱終是謂元率此不易之道也策以紀日象以紀月故乾坤之策
三百六十爲日度之進乾坤之用四十九象爲月弦之檢日之一
度不盈全策月之一弦不盈全用故策餘萬五千九百四十三則
十有二中所盈也用差萬七千一百二十四則十有二朔所虛也
綜盈虛之數五歲而再閏中節相距皆當三五弦望相距皆當二
七升降之應發斂之候皆紀之以策而從日者也表裏之行朓朒
之變皆紀之以用而從月者也積算曰演紀日法曰通法月氣曰
中朔朔實曰揲法歲分曰策實周天曰乾實餘分曰虛分氣策曰
三元一元之策則天一遯行也月策曰四象一象之策則朔弦望
相距也五行用事曰發斂候策曰天中卦策曰地中半卦曰貞悔

旬周曰爻數小分母曰象統日行曰躔其差曰盈縮積盈縮曰先
後古者平朔月朝見曰朏夕見曰朓今以日之所盈縮月之所遲
疾損益之或進退其日以爲定朔舒亟之度乃數使然躔離相錯
偕以損益故同謂之朓朒月行曰離遲疾曰轉度母曰轉法遲疾有
衰其變者勢也月逶迤馴屈行不中道進退遲速不率其常過中
則爲速不及中則爲遲積遲謂之屈積速謂之伸陽執中以出令
故曰先後陰含章以聽命故曰屈伸日不及中則損之過則益之
月不及中則益之過則損之尊卑之用睽而及中之志同觀晷景
之進退知軌道之升降軌與晷名舛而義合其差則水漏之所從
也總名曰軌漏中晷長短謂之陟降景長則夜短景短則夜長積
其陟降謂之消息游交曰交會交而周曰交終交終不及朔謂之
朔差交中不及望謂之望差日道表曰陽曆其裏曰陰曆五星見
伏周謂之終率以分從日謂之終日其差爲進退其二中氣議曰
曆氣始于冬至稽其實蓋取諸晷景春秋傳僖公五年正月辛亥

朔日南至以周曆推之入壬子蔀第四章以辛亥一分合朔冬至
殷曆則壬子蔀首也昭公二十年二月己丑朔日南至魯史失閏
至不在正左氏記之以懲司曆之罪周曆得己丑二分殷曆得庚
寅一分殷曆南至常在十月晦則中氣後天也周曆蝕朔差經或
二日則合朔先天也傳所據者周曆也緯所據者殷曆也氣合于
傳朔合于緯斯得之矣戊寅曆月氣專合于緯麟德曆專合于傳
偏取之故兩失之又命曆序以爲孔子脩春秋用殷曆使其數可
傳於後考其蝕朔不與殷曆合及開元十二年朔差五日矣氣差
八日矣上不合於經下不足以傳於後代蓋哀平間治甲寅元曆
者託之非古也又漢太史令張壽王說黃帝調曆以非太初有司
劾官有黃帝調曆不與壽王同壽王所治乃殷曆也漢自中興以
來圖讖漏泄而考靈曜命曆序皆有甲寅元其所起在四分曆庚
申元後百一十四歲延光初中謁者亶誦靈帝時五官郎中馮光等
皆請用之卒不施行緯所載壬子冬至則其遺術也魯曆南至又

先周曆四分日之三而朔後九百四十分日之五十一故僖公五
年辛亥爲十二月晦壬子爲正月朔又推日蝕密於殷曆其以閏
餘一爲章首亦取合於當時也開元十二年十一月陽城測景以
癸未極長較其前後所差則夜半前尚有餘分新曆大餘十九加
時九十九刻而皇極戊寅麟德曆皆得甲申以玄始曆氣分二千
四百四十三爲率推而上之則失春秋辛亥是減分太多也以皇
極曆氣分二千四百四十五爲率推而上之雖合春秋而失元嘉
十九年乙巳冬至及開皇五年甲戌冬至七年癸未夏至若用
麟德曆率二千四百四十七又失春秋己丑是減分太少也故新
曆以二千四百四十四爲率而舊曆所失者皆中矣漢會稽東部尉
劉洪以四分疏闊由斗分多更以五百八十九爲紀法百四十五爲
斗分減餘太甚是以不及四十年而加時漸覺先天韓翊楊偉劉
智等皆稍損益更造新術而皆依讖緯三百歲改憲之文考經之
合朔多中較傳之南至則否玄始曆以爲十九年七閏皆有餘分

是以中氣漸差據渾天二分爲東西之中而晷景不等二至爲南
北之極而進退不齊此古人所未達也更因劉洪紀法增十一年
以爲章歲而減閏餘十九分之一春秋後五十四年歲在甲寅直
應鍾章首與景初曆閏餘皆盡雖減章閏然中氣加時尚差故未
合于春秋其斗分幾得中矣後代曆家皆因循玄始而損益或過
差大抵古曆未減斗分其率自二千五百以上乾象至于元嘉曆
未減閏餘其率自二千四百六十以上玄始大明至麟德曆皆減
分破章其率自二千四百二十九以上較前代史官注記惟元嘉
十三年十一月甲戌景長皇極麟德開元曆皆得癸酉蓋日度變
常爾祖沖之既失甲戌冬至以爲加時太早增小餘以附會之而
十二年戊辰景長得己巳十七年甲午景長得乙未十八年己亥
景長得庚子合一失三其失愈多劉孝孫張冑玄因之小餘益彊
又以十六年己丑景長爲庚寅矣治曆者糾合衆同以稽其所異
苟獨異焉則失行可知今曲就其一而少者失三多者失五是捨

常數而從失行也周建德六年以壬辰景長而麟德開元曆皆得
癸巳開皇七年以癸未景短而麟德開元曆皆得壬午先後相戾
不可叶也皆日行盈縮使然凡曆術在於常數而不在於變行既
叶中行之率則可以兩齊先後之變矣麟德已前實錄所記乃依
時曆書之非候景所得又比年候景長短不均由加時有早晏
行度有盈縮也自春秋以來至開元十二年冬夏至凡三十一事
戊寅曆得十六麟德曆得二十三開元曆得二十四其三合朔議
曰日月合度謂之朔無所取之取之蝕也春秋日蝕有甲乙者三
十四殷曆魯曆先一日者十三後一日者三周曆先一日者二十
二先二日者九其僞可知矣莊公三十年九月庚午朔襄公二十
一年九月庚戌朔定公五年三月辛亥朔當以盈縮遲速爲定朔
殷曆雖合適然耳非正也僖公五年正月辛亥朔十二月丙子朔
十四年三月己丑朔文公元年五月辛酉朔十一年三月甲申晦
襄公十九年五月壬辰晦昭公元年十二月甲辰朔二十年二月

己丑朔二十三年正月壬寅朔七月戊辰晦皆與周曆合其所記
多周齊晉事蓋周王所頒齊晉用之僖公十五年九月己卯晦十
六年正月戊申朔成公十六年六月甲午晦襄公十八年十月丙
寅晦十一月丁卯朔二十六年三月甲寅朔二十七年六月丁未
朔與殷曆魯曆合此非合蝕故仲尼因循時史而所記多宋魯事
與齊晉不同可知矣昭公十二年十月壬申朔原輿人逐原伯絞
與魯曆周曆皆差一日此丘明即其所聞書之也僖公二十二年
十一月己巳朔宋楚戰于泓周殷魯曆皆先一日楚人所赴也昭
公二十年六月丁巳晦衞侯與北宮喜盟七月戊午朔遂盟國人
三曆皆先二日衞人所赴也此則列國之曆不可以一術齊矣而
長曆日子不在其月則改易閏餘欲以求合故閏月相距近則十
餘月遠或七十餘月此杜預所甚繆也夫合朔先天則經書日蝕
以糾之中氣後天則傳書南至以明之其在晦二日則原乎定朔
以得之列國之曆或殊則稽於六家之術以知之此四者皆治曆

之大端而預所未曉故也新曆本春秋日蝕古史交會加時及史
官候簿所詳稽其進退之中以立常率然後以日躔月離先後屈
伸之變偕損益之故經朔雖得其中而躔離或失其正若躔離各
得其度而經朔或失其中則參求累代必有差矣三者迭相爲經
若權衡相持使千有五百年間朔必在晝望必在夜其加時又合
則三術之交自然各當其正此最微者也若乾度盈虛與時消息
告譴於經數之表變常於潛遯之中則聖人且猶不質非籌曆之
所能及矣昔人考天事多不知定朔假蝕在二日而常朔之晨月
見東方食在晦日則常朔之夕月見西方理數然也而或以爲朓
朒變行或以爲曆術疏闊遇常朔朝見則增朔餘夕見則減朔餘
此紀曆所以屢遷也漢編訢李梵等又以晦猶月見欲令蔀首先
大賈逵曰春秋書朔晦者朔必有朔晦必有晦晦朔必在其月前
也先大則一月再朔後月無朔是朔不可必也訢梵等欲諧偶十
六日月朓昏晦當滅而已又晦與合朔同時不得異日考逵等所

言蓋知之矣晦朔之交始終相際則光盡明生之限度數宜均故合於子正則晦日之朝猶朔日之夕也是以月皆不見若合於午正則晦日之晨猶二日之昏也是以月或皆見若陰陽遲速軌漏加時不同舉其中數率去日十三度以上而月見乃其常也且晦日之光未盡也如二日之明已生也一以爲是一以爲非又常朔進退則定朔之晦二也或以爲變或以爲常是未通於四三交質之論也綜近代諸曆以百萬爲率齊之其所差少或一分多至十數失一分考春秋纔差一刻而百數年間不足成朓朒之異施行未幾旋復踈闊由未知躔離經朔相求耳李業興甄鸞等欲求天驗輒加減月分遷革不已朓朒相戾又未知昏明之限與定朔故也楊偉採乾象爲遲疾陰陽曆雖知加時後天蝕不在朔而未能有以更之也何承天欲以盈縮定朔望小餘錢樂之以爲推交會時刻雖審而月頻三大二小日蝕不唯在朔亦有在晦二者皮延宗又以爲紀首合朔大小餘當盡若每月定之則紀首位盈當退

唐書曆志十七上　七　王回

一日便應以故歲之晦爲新紀之首立法之制如爲不便承天乃止虞劇曰所謂朔在會合苟躔次既同何患於頻大也日月相離何患於頻小也春秋日蝕不書朔者八公羊曰二日也穀梁曰晦也左氏曰官失之也劉孝孫推俱得朔日以丘明爲是乃與劉焯皆議定朔爲有司所抑不得行傅仁均始爲定朔而曰晦不東見朔不西朓以爲昏晦當滅亦訢梵之論淳風因循皇極皇極密於麟德以朔餘乘三千四十乃一萬除之就全數得千六百一十三又以九百四十乘之以三千四十而一得四百九十八秒七十五太彊是爲四分餘率劉洪以古曆斗分太彊久當後天乃先正斗分而後求朔法故朔餘之母煩矣韓翊以乾象朔分太弱久當先天乃先考朔分而後覆求度法故度餘之母煩矣何承天反覆相求使氣朔之母合簡易之率而星數不得同元矣李業興宋景業甄鸞張賓欲使六甲之首衆術同元而氣朔餘分其細甚矣麟德曆有總法開元曆有通法故積歲如月分之數而後閏餘偕盡考

漢元光已來史官注記日蝕有加時者凡三十七事麟德曆得五開元曆得二十二其四沒滅略例曰古者以中氣所盈之日爲沒沒分偕盡者爲滅開元曆以中分所盈爲沒朔分所虛爲滅綜終歲沒分謂之策餘終歲滅分謂之用差皆歸于揲易再扐而後掛也其五卦候議曰七十二候原于周公時訓月令雖頗有增益然先後之次則同自後魏始載于曆乃依易軌所傳不合經義今改從古其六卦議曰十二月卦出於孟氏章句其說易本於氣而後以人事明之京氏又以卦爻配朞之日坎離震兌其用事自分至之首皆得八十分日之七十三頤晉井大畜皆五日十四分餘皆六日七分止於占災眚與吉凶善敗之事至於觀陰陽之變則錯亂而不明自乾象曆以降皆因京氏惟天保曆依易通統軌圖自入十有二節五卦初爻相次用事及上爻而與中氣偕終非京氏本旨及七略所傳按郎顗所傳卦皆六日七分不以初爻相次用事齊曆謬矣又京氏減七十三分爲四正之候其說不經欲附會緯

唐書曆志十七上　八　王回

文七日來復而已夫陽精道消靜而無迹不過極其正數至七而通矣七者陽之正也安在益其小餘令七日而後雷動地中乎當據孟氏自冬至初中孚用事一月之策九六七八是爲三十而卦以地六候以天五五六相乘消息一變十有二變而歲復初坎震離兌二十四氣次主一爻其初則二至二分也坎以陰包陽故自北正微陽動於下升而未達極於二月凝涸之氣消坎運終焉春分出於震始據萬物之元爲主於內則羣陰化而從之極于南正而豐大之變窮震功究焉離以陽包陰故自南正微陰生於地下積而未章至于八月文明之質衰離運終焉仲秋陰形于兌始循萬物之末爲主於內羣陽降而承之極於北正而天澤之施窮兌功究焉故陽七之靜始於坎陽九之動始于震陰八之靜始于離陰六之動始于兌故四象之變皆兼六爻而中節之應備矣易爻當日十有二中直全卦之初十有二節直全卦之中齊曆又以節在貞氣在悔非是其七日度議曰古曆日有常度天周爲歲終故係

星度于節氣其說似是而非故久而益差虞喜覺之使天爲天歲
爲歲乃立差以追其變使五十年退一度何承天以爲太過乃倍
其年而反不及皇極取二家中數爲七十五年蓋近之矣考古史
及日官候簿以通法之三十九分太爲一歲之差自帝堯演紀之
端在虛一度及今開元甲子却三十六度而乾策復初矣日在虛
一則鳥火昴虛皆以仲月昏中合于堯典劉焯依大明曆四十五
年差一度則冬至在虛危而夏至火已過中矣梁武帝據虞劇曆
百八十六年差一度則唐虞之際日在斗牛閒而冬至昴尚未中
以爲皆承閏後節前月却使然而此經終始一歲之事不容頓有
四閏故淳風因爲之說曰若冬至昴中則夏至秋分星火星虛皆
在未正之西若以夏至火中秋分虛中則冬至昴在巳正之東互
有盈縮不足以爲歲差證是又不然今以四象分天北正玄枵中
虛九度東正大火中房二度南正鶉火中七星七度西正大梁中
昴七度總晝夜刻以約周天命距中星則春分南正中天秋分北

正中天冬至之昏西正在午東十八度夏至之昏東正在午西十八
度軌漏使然也冬至日在虛一度則春分昏張一度中秋分虛九
度中冬至胃二度中昴距星直午正之東十二度夏至尾十一度
中心後星直午正之西十二度四序進退不逾午正閒而淳風以爲
不叶非也又王孝通云如歲差自昴至壁則堯前七千餘載冬至
日應在東井井極北故暑斗極南故寒寒暑易位必不然矣所謂
歲差者日與黃道俱差也假冬至日躔大火之中則春分黃道交
於虛九而南至之軌更出房心外距赤道亦二十四度設在東井差
亦如之若日在東井猶去極最近表景最短則是分至常居其所
黃道不遷日行不退又安得謂之歲差乎孝通及淳風以爲冬至
日在斗十三度昏東壁中昴在巽維之左向明之位非無星也水
星昏正可以爲仲冬之候何必援昴於始覿之際以惑民之視聽
哉夏后氏四百三十二年日却差五度太康十二年戊子歲冬至
應在女十一度書曰乃季秋月朔辰弗集于房劉炫曰房所舍

之次也集會也會合也不合則日蝕可知或以房爲房星知不然
者且日之所在正可推而知之君子慎疑寧當以日在之宿爲文
近代善曆者推仲康時九月合朔已在房星北矣按古文集與輯
義同日月嘉會而陰陽輯睦則陽不疚乎位以常其明陰亦含章
示沖以隱其形若變而相傷則不輯矣房者辰之所次星者所次
之名其揆一也又春秋傳辰在斗柄天策焞焞降婁之初辰尾之
末君子言之不以爲繆何獨慎疑於房星哉新曆仲康五年癸巳
歲九月庚戌朔日蝕在房二度炫以五子之歌仲康當是其一肇
位四海復脩大禹之典其五年羲和失職則王命徂征虞劇以爲
仲康元年非也國語單子曰辰角見而雨畢天根見而水涸本見
而草木節解駟見而隕霜火見而清風戒寒韋昭以爲夏后氏之
令周人所因推夏后氏之初秋分後五日日在氐十三度龍角盡
見時雨可以畢矣又先寒露三日天根朝覿時訓爰始收潦而月
令亦云水涸後寒露十日日在尾八度而本見又五日而駟見故

隕霜則蟄蟲墐戶鄭康成據當時所見謂天根朝見在季秋之末
以月令爲謬韋昭以仲秋水始涸天根見乃竭皆非是霜降六日
日在尾末火星初見營室昏中於是始脩城郭宮室故時儆曰營
室之中土功其始火之初見期于司理麟德曆霜降後五日火伏
小雪後十日晨見至大雪而後定星中日且南至冰壯地坼又非
土功之始也夏曆十二次立春日在東壁三度於太初星距壁一
度太也顓頊曆上元甲寅歲正月甲寅晨初合朔立春七曜皆直
艮維之首蓋重黎受職於顓頊九黎亂德二官咸廢帝堯復其子
孫命掌天地四時以及虞夏故本其所由生命曰顓頊其實夏曆
也湯作殷曆更以十一月甲子合朔冬至爲上元周人因之距羲
和千祀昏明中星率差半次夏時直月節者皆當十有二中故因
循夏令其後呂不韋得之以爲秦法更考中星斷取近距以乙卯
歲正月己巳合朔立春爲上元洪範傳曰曆記始於顓頊上元太
始閼蒙攝提格之歲畢陬之月朔日己巳立春七曜俱在營室五

度是也秦顓頊曆元起乙卯漢太初曆元起丁丑推而上之皆不值甲寅猶以日月五緯復得上元本星度故命曰閼蒙攝提格之歲而實非甲寅夏曆章蔀紀首皆在立春故其課中星揆斗建與閏餘之所盈縮皆以十有二節為損益之中而殷周漢曆章蔀紀首皆直冬至故其名察發斂亦以中氣為主此其異也夏小正雖頗疎簡失傳乃羲和遺迹何承天循大戴之說復用夏時更以正月甲子夜半合朔雨水為上元進乖夏曆退非周正故近代推月令小正者皆不與古合開元曆推夏時立春日在營室之末昏東井二度中古曆以參右肩為距方當南正故小正曰正月初昏斗杓縣在下魁枕參首所以著參中也季春在昴十一度半去參距星十八度故曰三月參則伏立夏日在井四度昏角中南門右星入角距西五度其左星入角距東六度故曰四月初昏南門正昴則見五月節日在輿鬼一度半參去日道最遠以渾儀度之參體始見其肩股猶在濁中房星正中故曰五月參則見初昏大火中

八月參中則曙失傳也辰伏則參見非中也十月初昏南門見亦失傳也定星方中則南門伏非昏見也商六百二十八年日卻差八度太甲二年壬午歲冬至應在女六度國語曰武王伐商歲在鶉火月在天駟日在析木之津辰在斗柄星在天黿舊說歲在己卯推其朏魄乃文王崩武王成君之歲也其明年武王即位新曆孟春定朔丙辰於商為二月故周書曰維王元祀二月丙辰朔武王訪于周公竹書十一年庚寅周始伐商而管子及家語以為十二年蓋通成君之歲也先儒以文王受命九年而崩至十年武王觀兵盟津十三年復伐商推元祀二月丙辰朔距伐商日月不為相距四年所說非是武王十年夏正十月戊子周師始起於歲差日在箕十度則析木津也晨初月在房四度於易雷乘乾曰大壯房心象焉心為乾精而房升陽之駟也房與歲星實相經緯以屬靈威仰之神后稷感之以生故國語曰月之所在辰馬農祥我祖后稷之所經緯也又三日得周正月庚寅朔日月會南斗一度故

日辰在斗柄壬辰辰星夕見在南斗二十度其明日武王自宗周次于師所凡月朔而未見曰死魄夕而成光則謂之朏朏或以二日或以三日故武成曰維一月壬辰旁死魄翌日癸巳王朝步自周于征伐商是時辰星與周師俱進由建星之末歷牽牛須女涉顓頊之虛戊午師度盟津而辰星伏于天黿辰星汁光紀之精所以告顓頊而終水行之運且木帝之所繇生也故國語曰星與日辰之位皆在北維顓頊之所建也帝嚳受之我周氏出自天黿及析木有建星牽牛焉則我皇妣太姜之姪伯陵之後逄公之所憑神也是歲歲星始及鶉火其明年周始革命歲又退行旅於鶉首而後進及鳥帑所以返復其道經綸周室鶉火直軒轅之虛以爰稼穡稷星繫焉而成周之大萃也鶉首當山河之右太王以興后稷封焉而宗周之所宅也歲星與房實相經緯而相距七舍木與水代終而相及七月故國語曰歲之所在則我有周之分也自鶉及駟七列南北之揆七同其二月戊子朔哉生明王自克商還至

于豐於周為四月新曆推定望甲辰而乙巳旁之故武成曰維四月鮑旁生魄粵六日庚戌武王燎于周廟麟德曆周師始起歲在降婁月宿天根日躔心而合辰在尾水星伏於星紀不及天黿又周書革命六年而武王崩管子家語以為七年蓋通克商之歲也周公攝政七年二月甲戌朔己丑望後六日乙未三月定朔甲辰三日丙午故召誥曰惟二月既望越六日乙未王朝步自周至于豐三月惟丙午朏越三日戊申太保朝至于洛其明年成王正位三十年四月己酉朔甲子哉生魄故書曰惟四月才生魄甲子作顧命康王十二年歲在乙酉六月戊辰朔三日庚午故畢命曰惟十有二年六月庚午朏越三日壬申王以成周之衆命畢公自伐紂及此五十六年朏魄日名上下無不合而三統曆以己卯為克商之歲非也夫有効於古者宜合於今三統曆自太初至開元朔後天三日推而上之以至周初先天失之蓋益甚焉是以知合於歆者必非克商之歲自宗周訖春秋之季日卻差八度康王十一

年甲申歲冬至應在牽牛六度周曆十二次星紀初南斗十四度
於太初星距斗十七度少也古曆分率簡易歲久輒差達曆數者
隨時遷革以合其變故三代之興皆揆測天行考正星次爲一代
之制正朔既革而服色從之及繼體守文疇人代嗣則謹循先王
舊制焉國語曰農祥晨正日月底于天廟土乃脉發先時九日太
史告稷曰自今至于初吉陽氣俱蒸土膏其動弗震不渝脉其滿
眚穀乃不殖周初先立春九日日至營室古曆距中九十一度是
日晨初大火正中故曰農祥晨正日月底于天廟也於易象升氣
究而臨受之自冬至後七日乾精始復及大寒地統之中陽洽於
萬物根柢而與萌芽俱升木在地中之象升氣已達則當推而大
之故受之以臨於消息龍德在田得地道之和澤而動於地中升
陽憤盈土氣震發故曰自今至於初吉陽氣俱蒸土膏其動又先
立春三日而小過用事陽好節止於内動作于外矯而過正然後
返求中焉是以及于艮維則山澤通氣陽精闢户甲坼之萌見而
莩穀之際離故曰不震不渝脉其滿眚穀乃不殖君子之道必擬
之而後言豈億度而已哉韋昭以爲日及天廟在立春之初非也
於麟德曆則又後立春十五日矣春秋桓公五年秋大雩傳曰書
不時也凡祀啓蟄而郊龍見而雩周曆立夏日在觜觿二度於軌
漏昏角一度中蒼龍畢見然則當在建巳之初周禮也至春秋時
日已潛退五度節前月却猶在建辰月令以爲五月者吕氏以顓
頊曆芒種亢中則龍以立夏昏見不知有歲差故雩祭失時然則
唐禮當以建巳之初農祥始見而雩若據麟德曆以小滿後十三
日則龍角過中爲不時矣傳曰凡土功龍見而畢務戒事火見而
致用水昏正而栽日至而畢十六年冬城向十有一月衛侯朔出
奔齊冬城向書時也以歲差推之周初霜降日在心五度角亢晨
見立冬火見營室中後七日水星昏正可以興板榦故祖沖之以
爲定之方中直營室八度是歲九月六日霜降二十一日立冬十月
之前水星昏正故傳以爲得時杜氏據晉曆小雪後定星乃中季

秋城向似爲大早因曰功役之事皆揔指天象不與言曆數同引
詩云定之方中乃未正中之辭非是麟德曆立冬後二十五日火
見至大雪後營室乃中而春秋九月書時不已早乎大雪周之孟
春陽氣靜復以繕城隍治宫室是謂發天地之房方於立春斷獄
所失多矣然則唐制宜以玄枵中天興土功僖公五年晉侯伐虢
卜偃曰克之童謡云丙之辰龍尾伏辰袀服振振取虢之旂鶉之
賁賁天策焞焞火中成軍其九月十月之交乎丙子旦日在尾月
在策鶉火中必是時策入尾十二度新曆是歲十月丙子定朔日
月合尾十四度於黄道日在古曆尾而月在策故曰龍尾伏辰於
古距張中而曙直鶉火之末始將西降故曰賁賁昭公七年四月
甲辰朔日蝕士文伯曰去衛地如魯地於是有災魯實受之新曆
是歲二月甲辰朔入常雨水後七日在奎十度周度爲降婁之始
則魯衛之交也自周初至是已退七度故入雨水七日方及降婁
雖日度潛移而周禮未改其配神主祭之宿宜書於建國之初淳
風駁戊寅曆曰漢志降婁初在奎五度今曆日蝕在降婁之中依
無歲差法食於兩次之交是又不然議者曉十有二次之所由生
然後可以明其得失且劉歆等所定辰次非能有以覩陰陽之賾
而得於鬼神各據當時中節星度耳歆以太初曆冬至日在牽牛
前五度故降婁直東壁八度李業興正光曆冬至在牽牛前十二
度故降婁退至東壁三度及祖沖之後以爲日度漸差則當據列
宿四正之中以定辰次不復係於中節淳風以冬至常在斗十三
度則當以東壁二度爲降婁之初安得守漢曆以駁仁均耶又三
統曆昭公二十年己丑日南至與麟德及開元曆同然則入雨水
後七日亦入降婁七度非魯衛之交也三十一年十二月辛亥朔
日蝕史墨曰日月在辰尾庚午之日日始有謫開元曆是歲十月
辛亥朔入常立冬五日日在尾十三度於古距辰尾之初麟德曆
日在心三度於黄道退直于房矣哀公十二年冬十有二月螽開
元曆推置閏當在十一年春至十二年冬失閏已久是歲九月己

亥朔先寒露三日於定氣日在尾五度去心近一次火星明大尚未當伏至霜降五日始潛日下乃月令蟄蟲咸俯則火辰未伏當在霜降前雖節氣極晚不得十月昏見故仲尼曰丘聞之火伏而後蟄者畢今火猶西流司曆過也方夏后氏之初八月辰伏九月內火及霜降之後火已朝覿東方距春秋之季千五百餘年乃云火伏而後蟄者畢向使冬至常居其所則仲尼不得以西流未伏明是九月之初也自春秋至今又千五百歲麟德曆以霜降後五日日在氐八度房心初伏定增二日以月蝕衝校之猶差三度閏餘稍多則建亥之始火猶見西方向使宿度不移則仲尼不得以西流未伏明非十月之候也自羲和已來火辰見伏三覩厥變然則丘明之記欲令後之作者參求微象以探仲尼之旨是歲失閏寖久季秋中氣後天三日比及明年仲冬又得一閏寤仲尼之言補正時曆而十二月猶可以螽至哀公十四年五月庚申朔日蝕以開元曆考之則日蝕前又增一閏魯曆正矣長曆自哀公十年

六月迄十四年二月纔置一閏非是戰國及秦日卻退三度始皇十七年辛未歲冬至應在斗二十二度秦曆上元正月己巳朔晨初立春日月五星俱起營室五度蔀首日名皆直四孟假朔退十五日則閏在正月前朔進十五日則閏在正月後是以十有二節皆在盈縮之中而晨昏宿度隨之以顓頊曆依月令自十有二節推之與不韋所記合而潁子嚴之倫謂月令晨昏距宿當在中氣致雩祭太晚自乖左氏之文而杜預又據春秋以月令爲否皆非是梁大同曆夏后氏之初冬至日在牽牛初以爲明堂月令乃夏時之記據中氣推之不合更以中節之間爲正迺稍相符不知進在節初自然契合自秦初及今又且千歲節初之宿皆當中氣淳風因爲說曰今孟春中氣日在營室昏明中星與月令不殊按秦曆立春日在營室五度麟德曆以啓蟄之日迺至營室其昏明中宿十有二建以爲不差妄矣古曆冬至昏明中星去日九十二度春分秋分百度夏至百一十八度率一氣差三度九日差一刻秦

曆十二次立春在營室五度於太初星距危十六度少也昏畢八度中月令參中謂肩股也晨心八度中月令尾中於太初星距尾也仲春昏東井十四度中月令弧中弧星入東井十八度晨南斗二度中月令建星中於太初星距西建也甄耀度及魯曆南方有狼弧無東井鬼北方有建星無南斗井斗度長弧建度短故以正昏明云古曆星度及漢落下閎等所測其星距遠近不同然二十八宿之體不異古以牽牛上星爲距太初改用中星入古曆牽牛太半度於氣法當三十二分日之二十一故洪範傳冬至日在牽牛一度減太初星距二十一分直南斗二十六度十九分也顓頊曆立春起營室五度冬至在牽牛一度少洪範傳冬至所起無餘分故立春在營室四度太祖沖之自營室五度以太初星距命之因云秦曆冬至日在牽牛六度虞劇等襲沖之之誤爲之說云夏時冬至日在斗末以歲差考之牽牛六度乃顓頊之代漢時雖覺其差頓移五度故冬至還在牛初按洪範古今星距僅差四分之

三皆起牽牛一度劇等所說亦非是魯宣公十五年丁卯歲顓頊曆第十三蔀首與麟德曆俱以丁巳平旦立春至始皇三十三年丁亥凡三百八十歲得顓頊曆壬申蔀首是歲秦曆以壬申寅初立春而開元曆與麟德曆俱以庚午平旦差二日日當在南斗二十二度古曆後天二日又增二度然則秦曆冬至定在牛前二度氣後天二日日不及天二度微而難覺故呂氏循用之及漢興張蒼等亦以爲顓頊曆比五家疏闊中最近密今考月蝕衝則開元冬至上及牛初正差一次淳風以爲古術疏舛雖弦望昏明差天十五度而猶不知又引呂氏春秋黃帝以仲春乙卯日在奎始奏十二鍾命之曰咸池至今三千餘年而春分亦在奎反謂秦曆與今不異按不韋所記以其月令孟春在奎謂黃帝之時亦在奎猶淳風曆冬至斗十三度因謂黃帝時亦在建星耳經籍所載合於歲差者淳風皆不取而專取於呂氏春秋若謂十二紀可以爲正則立春在營室五度固當不易安得頓移使當啓蟄之節此又其

所不思也漢四百二十六年日却差五度景帝中元三年甲午歲冬至應在斗二十一度太初元年三統曆及周曆皆以十一月夜半合朔冬至日月俱起牽牛一度古曆與近代密率相較二百年氣差一日三百年朔差一日推而上之久益先天引而下之久益後天僖公五年周曆正月辛亥朔餘四分之一南至以歲差推之日在牽牛初至宣公十一年癸亥周曆與麟德曆俱以庚戌日中冬至而月朔尚先麟德曆十五辰至昭公二十年己卯周曆以正月己丑朔日中南至麟德曆以己丑平旦冬至哀公十一年丁巳周曆入己酉蔀首麟德曆以戊申禺中冬至惠王四十三年己丑周曆入丁卯蔀首麟德曆以乙丑日昳冬至呂后八年辛酉周曆入乙酉蔀首麟德曆以壬午黃昏冬至其十二月甲申人定合朔太初元年周曆以甲子夜半合朔冬至麟德曆以辛酉禺中冬至十二月癸亥晡時合朔氣差三十二辰朔差四辰此疏密之大較也僖公五年周曆漢曆唐曆皆以辛亥南至後五百五十餘歲至

太初元年周曆漢曆皆得甲子夜半冬至唐曆皆以辛酉則漢曆後天三日矣祖沖之張胄玄促上章歲至太初元年沖之以癸亥雞鳴冬至而胄玄以癸亥日出欲令合於甲子而適與魯曆相會自此推僖公五年魯曆以庚戌冬至而二家皆以甲寅且僖公登觀臺以望而書雲物出於表晷天驗非時史億度乖丘明正時之意以就劉歆之失今考麟德元年甲子唐曆皆以甲子冬至而周曆漢曆皆以庚午然則自太初下至麟德差四日自太初上及僖公差三日不足疑也以歲差考太初元年辛酉冬至加時日在斗二十三度漢曆氣後天三日而日先天三度所差尚少故落下閎等雖候昏明中星步日所在猶未覺其差然洪範太初所揆冬至昏奎八度中夏至昏氐十三度中依漢曆冬至日在牽牛初太半度以昏距中命之奎十一度中夏至房一度中此皆閎等所測自差三度則劉向等殆已知太初冬至不及天三度矣及永平中治曆者考行事史官注日常不及太初曆五度然諸儒守讖緯以為

當在牛初故賈逵等議石氏星距黃道規牽牛初直斗二十度於赤道二十一度也尚書考靈曜斗二十二度無餘分冬至日在牽牛初無牽牛所起文編訢等據今日所去牽牛中星五度於斗二十一度四分一與考靈曜相近遂更曆從斗二十一度起然古曆以斗魁首為距至牽牛為二十二度未聞移牽牛六度以就太初星距也逵等以末學僻於所傳而昧天象故以權誣之而後聽從他術以為日在牛初者由此遂黜今以歲差引而退之則辛酉冬至日在斗二十度合於密率而有驗於今推而進之則甲子冬至日在斗二十四度昏奎八度中而有證於古其虛退之度又適及牽牛之初而沖之驟促減氣分其符漢曆猶差六度未及於天而麟德曆冬至不移則昏中向差半次淳風以為太初元年得本星度日月合璧俱起建星賈逵考曆亦云古曆冬至皆起建星兩漢冬至日皆後天故其宿度多在斗末今以儀測建星在斗十三四度間自古冬至無差審矣按古之六術並同四分四分之法久則後

天推古曆之作皆在漢初却較春秋朔並先天則非三代之前明矣古曆南斗至牽牛上星二十一度入太初星距四度上直西建之初故六家或以南斗命度或以建星命度方周漢之交日已潛退其襲春秋舊曆者則以為在牽牛之首其考當時之驗者則以為入建星度中然氣朔前後不逾一日故漢曆冬至當在斗末以為建星上得太初本星度此其明據也四分法雖疏而先賢謹於天事其遷革之意俱有效於當時故太史公等觀二十八宿疏密立晷儀下漏刻以稽晦朔分至躔離弦望其赤道遺法後世無以非之故雜候清臺太初最密若當時日在建星已直斗十三度則壽王調曆宜先得其中豈容頓差一氣而未知其謬不能觀乎時變而欲厚誣古人也後百餘歲至永平十一年以麟德曆較之氣當後天二日半朔當後天半日是歲四分曆得辛酉蔀首已減太初曆四分日之三定後天二日太半開元曆以戊午禺中冬至日在斗十八度半弱潛退至牛前八度進至辛酉夜半日在斗二十

一度半弱續漢志云元和二年冬至日在斗二十一度四分之一是也祖沖之曰四分曆立冬景長一丈立春九尺六寸冬至南極日晷最長二氣去至日數既同則中景應等而相差四寸此冬至後天之驗也二氣中景日差九分半弱進退調均略無盈縮各退二日十二刻則景皆九尺八寸以此推冬至後天亦二日十二刻矣東漢晷漏定於永元十四年則四分法施行後十五歲也二十四氣加時進退不等其去午正極遠者四十九刻有餘日中之晷頗有盈縮故治曆者皆就其中率以午正言之而開元曆所推氣及日度皆直子半之始其未及日中尚五十刻因加二日十二刻正得二日太半與沖之所筭及破章二百年間輒差一日之數皆合自漢時辛酉冬至以後天之數減之則合於今曆歲差斗十八度自今曆戊午冬至以後天之數加之則合於賈逵所測斗二十一度反復僉同而淳風冬至常在斗十三度豈當時知不及牽牛五度而不知過建星八度耶晉武帝太始三年丁亥歲冬至日當

在斗十六度晉用魏景初曆其冬至亦在斗二十一度少太元九年姜岌更造三紀術退在斗十七度曰古曆斗分彊故不可施於今乾象斗分細故不可通於古景初雖得其中而日之所在乃差四度合朔虧盈皆不及其次假月在東井一度蝕以日檢之乃在參六度岌以月蝕衝知日度由是躔次遂正為後代治曆者宗宋文帝時何承天上元嘉曆曰四分景初曆冬至同在斗二十一度臣以月蝕檢之則今應在斗十七度又土圭測二至晷差三日有餘則天之南至日在斗十三四度矣事下太史考驗如承天所上以開元曆考元嘉十年冬至日在斗十四度與承天所測合大明八年祖沖之上大明曆冬至在斗十一度開元曆應在斗十三度梁天監八年沖之子員外散騎侍郎暅之上其家術詔太史令將作大匠道秀等較之上距大明又五十年日度益差其明年閏月十六日月蝕在虛十度日應在張四度承天曆在張六度沖之曆在張二度大同九年虞𠠎等議姜岌何承天俱以月蝕衝步日所

在承天雖移岌三度然其冬至亦上岌三日承天在斗十三四度而岌在斗十七度其實非移祖沖之謂為實差以推今冬至日在斗九度用求中星不合自岌至今將二百年而冬至在斗十二度然日之所在難知驗以中星則漏刻不定漢世課昏明中星為法已淺今候夜半中星以求日衝近於得密而水有清濁壺有增減或積塵所擁故漏有遲疾臣等頻夜候中星而前後相差或至三度大略冬至遠不過斗十四度近不出十度又以九年三月十五日夜半月在房四度蝕九月十五日夜半月在昴三度蝕以其衝計冬至皆在斗十二度自姜岌何承天所測下及大同日已却差二度而淳風以為晉宋以來三百餘歲以月蝕衝考之固在斗十三四度間非矣劉孝孫甲子元曆推太初冬至在牽牛初下及晉太元宋元嘉皆在斗十七度開皇十四年在斗十三度而劉焯曆仁壽四年冬至日在黃道斗十度於赤道斗十一度也其後孝孫改從焯法而仁壽四年冬至日亦在斗十度焯卒後冑玄以其前

曆上元起虛五度推漢太初猶不及牽牛乃更起虛七度故太初在斗二十三度永平在斗二十一度並與今曆合而仁壽四年冬至在斗十三度以驗近事又不逮其前曆矣戊寅曆太初元年辛酉冬至進及甲子日在牽牛三度永平十一年得戊午冬至進及辛酉在斗二十六度至元嘉中氣上景初三日而冬至猶在斗十七度欲以求合反更失之又曲循孝孫之論而不知孝孫已變從皇極故為淳風等所駁歲差之術由此不行以太史注記月蝕衝考日度麟德元年九月庚申月蝕在婁十度至開元四年六月庚申月蝕在牛六度較麟德曆率差三度則今冬至定在赤道斗十度又皇極曆歲差皆自黃道命之其每歲周分常當南至之軌與赤道相較所減尤多計黃道差三十六度赤道差四十餘度雖每歲遯之不足為過然立法之體宜盡其原是以開元曆皆自赤道推之乃以今有術從變黃道

曆志第十七上

翰林學士兼龍圖閣學士朝散大夫給事中知制誥充史館修撰臣歐陽脩奉
敕撰
其八日躔盈縮略例曰北齊張子信積候合蝕加時覺日行有入
氣差然損益未得其正至劉焯立盈縮躔衰術與四象升降麟德
曆因之更名躔差凡陰陽往來皆馴積而變日南至其行最急急
而漸損至春分及中而後遲迨日北至其行最舒而漸益之以至
秋分又及中而後益急急極而寒若舒極而燠若及中而雨暘之
氣交自然之數也焯術於春分前一日最急後一日最舒秋分前
一日最舒後一日最急舒急同于二至而中間一日平行其說非
是當以二十四氣晷景考日躔盈縮而密於加時其九九道議曰
洪範傳云日有中道月有九行中道謂黃道也九行者青道二出
黃道東朱道二出黃道南白道二出黃道西黑道二出黃道北立
春春分月東從青道立夏夏至月南從朱道立秋秋分月西從白

道立冬冬至月北從黑道漢史官舊事九道術廢久劉洪頗採以
著遲疾陰陽曆然本以消息爲奇而術不傳推陰陽曆交在冬至
夏至則月行青道白道所交則同而出入之行異故青道至春分
之宿及其所衝皆在黃道正東白道至秋分之宿及其所衝皆在
黃道正西若陰陽曆交在立春立秋則月循朱道黑道所交則同
而出入之行異故朱道至立夏之宿及其所衝皆在黃道西南黑
道至立冬之宿及其所衝皆在黃道東北若陰陽曆交在春分秋
分之宿則月行朱道黑道所交則同而出入之行異故朱道至夏
至之宿及其所衝皆在黃道正南黑道至冬至之宿及其所衝皆
在黃道正北若陰陽曆交在立夏立冬則月循青道白道所交則
同而出入之行異故青道至立春之宿及其所衝皆在黃道東南
白道至立秋之宿及其所衝皆在黃道西北其大紀皆兼二道而
實分主八節合于四正四維按陰陽曆中終之所交則月行正當
黃道去交七日其行九十一度齊於一象之率而得八行之中八

行與中道而九是謂九道凡八行正於春秋其去黃道六度則交
在冬夏正於冬夏其去黃道六度則交在春秋易九六七八迭爲
終始之象也乾坤定位則八行各當其正及其寒暑相推晦朔相
易則在南者變而居北在東者徙而爲西屈伸消息之象也黃道
之差始自春分秋分赤道所交前後各五度爲限初黃道增多赤
道二十四分之十二每限損一極九限數終于四率赤道四十五
度而黃道四十八度至四立之際一度少彊依平復從四起初限
五度赤道增多黃道二十四分之四每限益一極九限而止終于
十二率赤道四十五度而黃道四十二度復得冬夏至之中矣月
道之差始自交初交中黃道所交亦距交前後五度爲限初限月
道增多黃道四十八分之十二每限損一極九限而止數終于四
率黃道四十五度而月道四十六度半乃一度彊依平復從四起
初限五度月道差少黃道四十八分之四每限益一極九限而止
終于十二率黃道四十五度而月道四十三度半至陰陽曆二交

之半矣凡近交初限增十二分者至半交末限減十二分去交四
十六度得損益之平率夫日行與歲差偕遷月行隨交限而變遁
伏相消朓朒相補則九道之數可知矣其月道所交與二分同度
則赤道黑道近交初限黃道增二十四分之十二月道增四十八
分之十二至半交之末其減亦如之故於九限之際黃道差三度
月道差一度半蓋損益之數齊也若所交與四立同度則黃道在
損益之中月道差四十八分之十二月道至損益之中黃道差二
十四分之十二於九限之際黃道差三度月道差四分度之三皆
朓朒相補也若所交與二至同度則青道白道近交初限黃道減
二十四分之十二月道增四十八分之十二至半交之末黃道增
二十四分之十二月道減四十八分之十二於九限之際黃道與
月道差同蓋遯伏相消也日出入赤道二十四度月出入黃道六
度相距則四分之一故於九道之變以四立爲中交在二分增四
分之一而與黃道度相半在二至減四分之一而與黃道度正均

故推極其數引而伸之每氣移一候月道所差增損九分之一七十二候而九道究矣凡月交一終退前所交一度及餘八萬九千七百七十三分度之四萬二千五百三少半積二百二十一月及分七千七百五十三而交道周天矣因而半之將九年而九道終以四象考之各據合朔所交入七十二候則其八道之行也以朔交爲交初望交爲交中若交初在冬至初候而入陰曆則行青道又十三日七十六分日之四十六至交中得所衝之宿變入陽曆亦行青道若交初入陽曆則白道也故考交初所入而周天之度可知若望交在冬至初候則減十三日四十六分視大雪初候陰陽曆而正其行也其十晷漏中星略例曰日行有南北晷漏有長短然二十四氣晷差徐疾不同者句股使然也直規中則差遲與句股數齊則差急隨辰極高下所遇不同如黃道刻漏此乃數之淺者近代且猶未曉今推黃道去極與晷景漏刻昏距中星四術返覆相求消息同率旋相爲中以合九服之變其十一日蝕議曰

小雅十月之交朔日辛卯虞劆以曆推之在幽王六年開元曆定交分四萬三千四百二十九入蝕限加時在晝交會而蝕數之常也詩云彼月而食則維其常此日而食于何不臧日君道也無朏魄之變月臣道也遠日益明近日益虧望與日軌相會則徙而浸遠遠極又徙而近交所以著臣人之象也望而正於黃道是謂臣干君明則陽斯蝕之矣朔而正於黃道是謂臣壅君明則陽爲之蝕矣且十月之交於曆當蝕君子猶以爲變詩人悼之然則古之太平日不蝕星不孛蓋有之矣若過至未分月或變行而避之或五星潛在日下禦侮而救之或涉交數淺或在陽曆陽盛陰微則不蝕或德之休明而有小眚焉則天爲之隱雖交而不蝕此四者皆德教之所由生也四序之中分同道至相過交而有蝕則天道之常如劉歆賈逵皆近古大儒豈不知軌道所交朔望同術哉以日蝕非常故闕而不論黃初已來治曆者始課日蝕疏密及張子信而益詳劉焯張胄玄之徒自負其術謂日月皆可以密率求是

專於曆紀者也以戊寅麟德曆推春秋日蝕大最皆入蝕限於曆應蝕而春秋不書者尚多則日蝕必在交限其入限者不必盡蝕開元十二年七月戊午朔於曆當蝕半彊自交趾至于朔方候之不蝕十三年十二月庚戌朔於曆當蝕太半時東封泰山還次梁宋閒皇帝徹膳不舉樂不蓋素服日亦不蝕時羣臣與八荒君長之來助祭者降物以需不可勝數皆奉壽稱慶肅然神服雖算術乖舛不宜如此然後知德之動天不俟終日矣若因開元二蝕曲變交限而從之則差者益多自開元治曆史官每歲較節氣中晷因檢加時小餘雖大數有常然亦與時推移每歲不等晷變而長則日行黃道南晷變而短則日行黃道北行而南則陰曆之交也或失行而北則陽曆之交也或失日在黃道之中且猶有變況月行九道乎杜預云日月動物雖行度有大量不能不小有盈縮故有雖交會而不蝕者或有頻交而蝕者是也故較曆必稽古史虧蝕深淺加時朓朒陰陽其數相叶者反覆相求由曆數之中以合

辰象之變觀辰象之變反求曆數之中類其所同而中可知矣辨其所異而變可知矣其循度則合于曆失行則合于占占道順成常執中以追變曆道逆數常執中以俟變知此之說者天道如視諸掌略例曰舊曆考日蝕淺深皆自張子信所傳云積候所得而未曉其然也以圓儀度日月之徑乃以月徑之半減入交初限一度半餘爲闇虛半徑以月去黃道每度差數令二徑相掩以驗蝕分以所入日遲疾乘徑爲泛所用刻數大率去交不及三度即月行沒在闇虛皆入既限又半日月之徑減春分入交初限相去度數餘爲斜射所差乃考差數以立既限而優游進退於二度中閒亦令二徑相掩以知日蝕分數月徑踰既限之南則雖在陰曆而所虧類同外道斜望使然也既限之外應向外蝕外道交分準用此例以較古今日蝕四十三事月蝕九十九事課皆第一使日蝕皆不可以常數求則無以稽曆數之疏密若皆可以常數求則無以知政教之休咎今更設考日蝕或限術得常則合于數又日月

交會大小相若而月在日下自京師斜射而望之假中國食既則南方戴日之下所虧纔半月外反觀則交而不蝕步九服日晷以定蝕分晨昏漏刻與地偕變則宇宙雖廣可以一術齊之矣其十二五星議曰歲星自商周迄春秋之季率百二十餘年而超一次戰國後其行寖急至漢尚微差及哀平閒餘勢乃盡更八十四年而超一次因以爲常此其與餘星異也姬氏出自靈威仰之精受木行正氣歲星主農祥后稷憑焉故周人常閱其禨祥而觀善敗其始王也次于鶉火以達天黿及其衰也淫于玄枵以害鳥帑其後羣雄力爭禮樂隳壞而從衡攻守之術興故歲星常贏行於上而侯王不寧於下則木緯失行之勢宜極於火運之中理數然也開元十二年正月庚午歲星在進賢東北尺三寸直軫十二度於麟德曆在軫十五度推而上之至漢河平二年其十月下旬歲星在軒轅南耑大星西北尺所麟德曆在張二度直軒轅大星上下相距七百五十年考其行度猶未其盈縮則哀平後不復每歲漸

差也又上百二十年至孝景中元三年五月星在東井鉞麟德曆在參三度又上六十年得漢元年十月五星聚于東井從歲星也於秦正歲在乙未夏正當在甲午麟德曆白露八日歲星留觜觿一度明年立夏伏于參由差行未盡而以常數求之使然也又上二百七十一年至哀公十七年歲在鶉火麟德曆初見在輿鬼二度立冬九日留星三度明年啓蟄十日退至柳五度猶不及鶉火又上百七十八年至僖公五年歲星當在大火麟德曆初見在張八度明年伏于翼十六度定在鶉火差三次矣哀公以後差行漸遲相去猶近哀公以前率常行遲而舊曆猶用急率不知合變故所差彌多武王革命歲星亦在大火而麟德曆在東壁三度則唐虞已上所差周天矣太初三統曆歲星十二周天超一次推商周閒事大抵皆合驗開元注記差九十餘度蓋不知歲星後率故也皇極麟德曆七周天超一次以推漢魏閒事尚未差上驗春秋所載亦差九十餘度蓋不知歲星前率故也天保天和曆得二率之

中故上合於春秋下猶密於記注以推永平黃初閒事遠者或差三十餘度蓋不知戰國後歲星變行故也自漢元始四年距開元十二年凡十二甲子上距隱公六年亦十二甲子而二曆相合於其中或差三次於古或差三次於今其兩合於古今者中閒亦乖欲一術以求之則不可得也開元曆歲星前率三百九十八日餘二千二百一十九秒九十三自哀公二十年丙寅後每加度餘一分盡四百三十九合次合乃加秒十三而止凡三百九十八日餘二千六百五十九秒六而與日合是爲歲星後率自此因以爲常入漢元始六年也歲星差合術曰置哀公二十年冬至合餘加入差已來中積分以前率約之爲入差合數不盡者如曆術入之反求冬至後合日乃副列入差合數增下位一筭乘而半之盈大衍通法爲日不盡爲日餘以加合日即差合所在也求歲星差行徑術以後終率約上元以來中積分亦得所求若稽其實行當從元始六年置差步之則前後相距閒不容髮而上元之首無忽微空

積矣成湯伐桀歲在壬戌開元曆星與日合于角次于氐十度而後退行其明年湯始建國爲元祀順行與日合于房所以紀商人之命也後六百一筭至紂六祀周文王初禴于畢十三祀歲在己卯星在鶉火武王嗣位克商之年進及輿鬼而退守東井明年周始革命順行與日合于柳進留于張考其分野則分陝之閒與三監封域之際也成王三年歲在丙午星在大火唐叔始封故國語曰晉之始封歲在大火春秋傳僖公五年歲在大火晉公子重耳自蒲奔狄十六年歲在壽星適齊過衛野人與之塊子犯曰天賜也天事必象歲及鶉火必有此乎復于壽星必獲諸侯二十三年歲星在胃昴秦伯納晉文公董因曰歲在大梁將集天行元年實沈之星晉人是居君之行也歲在大火閼伯之星也是謂大辰辰以善成后稷是相唐叔以封且以辰出而以參入皆晉祥也二十七年歲在鶉火晉侯伐衞取五鹿敗楚師于城濮始獲諸侯歲適及壽星皆與開元曆合襄公十八年歲星在陬訾之口開元曆大

寒三日星與日合在危三度遂順行至營室八度其明年鄭子蟜卒將葬公孫子羽與裨竈晨會事焉過伯有氏其門上生莠子羽曰其莠猶在乎於是歲在降婁中而曙裨竈指之曰猶可以終歲歲不及此次也開元曆歲星在奎奎降婁也麟德曆在危危玄枵也二十八年春無冰梓慎曰歲在星紀而淫於玄枵裨竈曰歲弃其次而旅於明年之次以害鳥帑周楚惡之開元曆歲星至南斗十七度而退守西建閒復順行與日合于牛初應在星紀而盈行進及虛宿故曰淫留玄枵二年至三十年開元曆歲星順行至營室十度留距子蟜之卒一終矣其年八月鄭人殺良霄故曰及其亡也歲在陬訾之口其明年乃及降婁昭公八年十一月楚滅陳史趙曰未也陳顓頊之族也歲在鶉火是以卒滅今在析木之津猶將復由開元曆在箕八度析木津也十年春進及婺女初在玄枵之維首傳曰正月有星出于婺女裨竈曰今茲歲在顓頊之墟是歲與日合于危其明年進及營室復得豕韋之次景王問萇弘

曰今茲諸侯何實吉何實凶對曰蔡凶此蔡侯般弒其君之歲歲在豕韋弗過此矣楚將有之歲及大梁蔡復楚凶至十三年歲星在昴畢而楚弒靈王陳蔡復封初昭公九年陳災裨竈曰後五年陳將復封歲五及鶉火而後陳卒亡自陳災五年而歲在大梁陳復建國哀公十七年五及鶉火而楚滅陳是年歲星與日合在張六度昭公三十一年夏吳伐越始用師於越也史墨曰越得歲而吳伐之必受其凶是歲星與日合于南斗三度昔僖公六年歲陰在卯星在析木昭公三十二年亦歲陰在卯而星在星紀故三統曆因以爲超次之率考其實猶百二十餘年近代諸曆欲以八十四年齊之此其所惑也後三十八年而越滅吳星三及斗牛已入差合已二年矣夫五事感於中而五行之祥應于下五緯之變彰于上若聲發而響和形動而影隨故王者失典刑之正則星辰爲之亂行汨彝倫之叙則天事爲之無象當其亂行無象又可以曆紀齊乎故襄公二十八年歲在星紀淫于玄枵至三十年八月始及

陬訾之口超次而前二年守之漢元鼎中太白入于天苑失行在黃道南三十餘度閒歲武帝北巡守登單于臺勒兵十八萬騎又誅大宛馬大死軍中晉咸寧四年九月太白當見不見占曰是謂失舍不有破軍必有亡國時將伐吳明年三月兵出太白始夕見西方而吳亡永寧元年正月至閏月五星經天縱橫無常永興二年四月丙子太白犯狼星失行在黃道南四十餘度永嘉三年正月庚子熒惑犯紫微皆天變所未有也終以二帝蒙塵天下大亂後魏神瑞二年十二月熒惑在瓠瓜星中一夕忽亡不知所在崔浩以日辰推之曰庚午之夕辛未之朝天有陰雲熒惑之亡在此二日庚午辛未皆主秦辛爲西夷今姚興據咸陽是熒惑入秦矣其後熒惑果出東井留守盤旋秦中大旱赤地昆明水竭明年姚興死二子交兵三年國滅齊永明九年八月十四日火星應退在昴三度先曆在畢二十一日始逆行北轉垂及立冬形色彌盛魏永平四年八月癸未熒惑在氐夕伏西方亦先期五十餘日雖時曆

疎闊不宜若此隋大業九年五月丁丑熒惑逆行入南斗色赤如血大如三斗器光芒震耀長七八尺於斗中句已而行亦天變所未有也後楊玄感反天下大亂故五星留逆伏見之効表裏盈縮之行皆係之於時而象之於政政小失則小變事微而象微事章而象章已示吉凶之象則又變行襲其常度不然則皇天何以陰騭下民警悟人主哉近代筭者昧於象占者迷於數覩五星失行皆謂之曆舛雖七曜循軌猶或謂之天災終以數象相蒙兩喪其實故較曆必稽古今注記入氣均而行度齊上下相距反復相求苟獨異於常則失行可知矣凡二星相近多爲之失行三星以上失度彌甚天竺曆以九執之情皆有所好惡遇其所好之星則趣之行疾捨之行遲張子信曆辰星應見不見術晨夕去日前後四十六度內十八度外有木火土金一星者見無則不見張冑玄曆朔望在交限有星伏在日下木土去見十日外火去見四十日外金去見二十二日外者並不加減差皆精氣相感使然夫日月所

以著尊卑不易之象五星所以示政教從時之義故日月之失行
也微而少五星之失行也著而多今略考常數以課疏密略例曰
其入氣加減亦自張子信始後人莫不遵用之原始要終多有不
叶今較麟德曆熒惑太白見伏行度過與不及熒惑凡四十八事
太白二十一事餘星所差蓋細不足考且盈縮之行宜與四象潛
合而二十四氣加減不均更推易數而正之又各立歲差以究五
精運周二十八舍之變較史官所記歲星二十七事熒惑二十八
事鎮星二十一事太白二十二事辰星二十四事開元曆課皆第
一云至肅宗時山人韓穎上言大衍曆或誤帝疑之以穎爲太子
宮門郎直司天臺又損益其術每節增二日更名至德曆起乾元
元年用之訖上元三年

曆志第十七下

曆志第十八上　　唐書二十八上

翰林學士兼龍圖閣學士朝散大夫給事中知制誥充史館修撰臣歐陽脩奉
敕撰

開元大衍曆演紀上元閼逢困敦之歲距開元十二年甲子積
九千六百九十六萬一千七百四十算

一日步中朔術

通法三千四十

策實百一十一萬三百四十三

揲法八萬九千七百七十三

減法九萬一千二百

策餘萬五千九百四十三

用差萬七千一百二十四

掛限八萬七千一百一十八

三元之策十五餘六百六十四秒七

四象之策二十九餘千六百一十三

中盈分千三百二十八秒十四

朔虛分千四百二十七

象統二十四

以策實乘積算曰中積分盈通法得一爲積日文數去之餘起甲
子算外得天正中氣凡分爲小餘日爲大餘加三元之策得次氣
（凡率相因加者下有餘秒皆以類相從而滿法從進用加上位日盈文數去之）以揲法去中積分不盡曰歸餘之
掛以減中積分爲朔積分如通法爲日去命如前得天正經朔加
一象之日七餘千一百六十三少得上弦倍之得望參之得下弦
四之是謂一揲得後月朔（凡四分一爲少三爲太）綜中盈朔虛分累益歸餘之
掛每其月閏衰（凡歸餘之掛五萬六千七百六十以上其歲有閏因考其閏衰滿掛限以上其月合置閏或以進退皆以定朔無中氣者爲正）
凡常氣小餘不滿通法如中盈分之半已下者以象統乘之內秒
分參而伍之以減策實不盡如策餘爲日命常氣初日算外得
沒日凡經朔小餘不滿朔虛分者以小餘減通法餘倍參伍乘之

用減減法不盡，如朔虛分為日，命經朔初日，算外得滅日。

二日發斂術

天中之策五，餘二百二十一，秒三十一，秒法七十二。

地中之策六，餘二百六十五，秒八十六，秒法百二十。

貞悔之策三，餘百三十二，秒百三。

辰法七百六十。

刻法三百四。

各因中節命之，得初候；加天中之策，得次候；又加，得末候。因中氣命之，得公卦用事；以地中之策累加之，得次卦；若以貞悔之策加候卦，得十有二節之初外卦用事。因四立命之，得春木、夏火、秋金、冬水用事；以貞悔之策減季月中氣，得土王用事。凡相加減而秒母不齊，當令母互乘子，乃加減之，母相乘為法。

常氣 月中節 四正卦	初候	次候	末候
	始卦	中卦	終卦
冬至 十一月中 坎初六	丘蚓結	麋角解	水泉動
	公中孚	辟復	侯屯内
小寒 十二月節 坎九二	鴈北鄉	鵲始巢	野雞始雊
	侯屯外	大夫謙	卿睽
大寒 十二月中 坎六三	雞始乳	鷙鳥厲疾	水澤腹堅
	公升	辟臨	侯小過内
立春 正月節 坎六四	東風解凍	蟄蟲始振	魚上冰
	侯小過外	大夫蒙	卿益
雨水 正月中 坎九五	獺祭魚	鴻鴈來	草木萌動
	公漸	辟泰	侯需内
驚蟄 二月節 坎上六	桃始華	倉庚鳴	鷹化為鳩
	侯需外	大夫隨	卿晉
春分 二月中 震初九	玄鳥至	雷乃發聲	始電
	公解	辟大壯	侯豫内
清明 三月節 震六二	桐始華	田鼠化為鴽	虹始見
	侯豫外	大夫訟	卿蠱
穀雨 三月中 震六三	萍始生	鳴鳩拂其羽	戴勝降于桑
	公革	辟夬	侯旅内
立夏 四月節 震九四	螻蟈鳴	丘蚓出	王瓜生
	侯旅外	大夫師	卿比
小滿 四月中 震六五	苦菜秀	靡草死	小暑至
	公小畜	辟乾	侯大有内
芒種 五月節 震上六	螳螂生	鵙始鳴	反舌無聲
	侯大有外	大夫家人	卿井
夏至 五月中 離初九	鹿角解	蜩始鳴	半夏生
	公咸	辟姤	侯鼎内
小暑 六月節 離六二	溫風至	蟋蟀居壁	鷹乃學習
	侯鼎外	大夫豐	卿渙
大暑 六月中 離九三	腐草為螢	土潤溽暑	大雨時行
	公履	辟遯	侯恒内
立秋 七月節 離九四	涼風至	白露降	寒蟬鳴
	侯恒外	大夫節	卿同人
處暑 七月中 離六五	鷹祭鳥	天地始肅	禾乃登
	公損	辟否	侯巽内
白露 八月節 離上九	鴻鴈來	玄鳥歸	羣鳥養羞
	侯巽外	大夫萃	卿大畜
秋分 八月中 兌初九	雷乃收聲	蟄蟲培戶	水始涸
	公賁	辟觀	侯歸妹内
寒露 九月節 兌九二	鴻鴈來賓	雀入大水為蛤	菊有黃華
	侯歸妹外	大夫无妄	卿明夷
霜降 九月中 兌六三	豺乃祭獸	草木黃落	蟄蟲咸俯
	公困	辟剝	侯艮内

立冬（十月節 兌九四）	水始冰	地始凍	野雞入水爲蜃
	侯艮外	大夫既濟	卿噬嗑
小雪（十月中 兌九五）	虹藏不見	天氣上騰地氣下降	閉塞而成冬
	公大過	辟坤	侯未濟內
大雪（十一月節 兌上六）	鶡鳥不鳴	虎始交	荔挺生
	侯未濟外	大夫蹇	卿頤

各以通法約其月閏衰爲日得中氣去經朔日筭求卦候者各以天地之策累加減之凡發斂加時各置其小餘以六爻乘之如辰法而一爲半辰之數不盡者三約爲分（分滿刻法爲刻若令滿象積爲刻者即置不盡之數十之十九而一爲分）命辰起子半筭外

三日步日躔術

乾實百一十一萬三百七十九太

周天度三百六十五虛分七百七十九太

歲差三十六太

定氣	盈縮分	先後數	損益率	朓朒積
冬至	盈二千三百五十三	先端	益百七十六	朒初
小寒	盈千八百四十五	先二千三百五十三	益百三十八	朒百七十六
大寒	盈千三百九十	先四千一百九十八	益百四	朒三百一十四
立春	盈九百七十六	先五千五百八十八	益七十三	朒四百一十八
雨水	盈五百八十八	先六千五百六十四	益四十四	朒四百九十一
驚蟄	盈二百一十四	先七千一百五十二	益十六	朒五百三十五
春分	縮二百一十四	先七千三百六十六	損十六	朒五百五十一
清明	縮五百八十八	先七千一百五十二	損四十四	朒五百三十五
穀雨	縮九百七十六	先六千五百六十四	損七十三	朒四百九十一
立夏	縮千三百九十	先五千五百八十八	損百四	朒四百一十八
小滿	縮千八百四十五	先四千一百九十八	損百三十八	朒三百一十四
芒種	縮二千三百五十三	先二千三百五十三	損百七十六	朒百七十六
夏至	縮二千三百五十三	後端	益百七十六	朓初
小暑	縮千八百四十五	後二千三百五十三	益百三十八	朓百七十六
大暑	縮千三百九十	後四千一百九十八	益百四	朓三百一十四
立秋	縮九百七十六	後五千五百八十八	益七十三	朓四百一十八
處暑	縮五百八十八	後六千五百六十四	益四十四	朓四百九十一
白露	縮二百一十四	後七千一百五十二	益十六	朓五百三十五
秋分	盈二百一十四	後七千三百六十六	損十六	朓五百五十一
寒露	盈五百八十八	後七千一百五十二	損四十四	朓五百三十五
霜降	盈九百七十六	後六千五百六十四	損七十三	朓四百九十一
立冬	盈千三百九十	後五千五百八十八	損百四	朓四百一十八
小雪	盈千八百四十五	後四千一百九十八	損百三十八	朓三百一十四
大雪	盈二千三百五十三	後二千三百五十三	損百七十六	朓百七十六

以盈縮分盈減縮加三元之策爲定氣所有日及餘乃十二乘日又三其小餘辰法約而一從之爲定氣辰數不盡十之又約爲分以所入氣并後氣盈縮分倍六爻乘之綜兩氣辰數除之爲末率又列二氣盈縮分皆倍六爻乘之各如辰數而一以少減多餘爲氣差至後以差加末率分後以差減末率爲初率倍氣差亦倍六爻乘之復綜兩氣辰數除爲日差半之以加減初末各爲定率以日差至後以減分後以加氣初定率爲每日盈縮分乃馴積之隨所入氣日加減氣下先後數各其日定數其求朓朒倣此（冬至後爲陽復在盈加之在縮減之夏至後爲陰復在縮加之在盈減之距四正前一氣在陰陽變革之際不可相并皆因前末爲初率以氣差至前加之分前減之爲末率餘依前術各得所求其分不滿全數母又每氣不同當退法除之以百爲母半已上收成一）冬至夏至偕得天地之中無有盈縮餘各以氣下先後數先減後加常氣小餘滿若不足進退其日得定大小餘（凡推日月度及蝕差漏交以定氣注曆依常氣）以減經朔弦望各其所入日筭若大餘不足減加爻數乃減之減所入定氣日筭一各以日差乘而半之前少以加前多以減氣初定率以乘其所入定氣日筭及餘秒（凡除者先以母通全內子乃相乘母相乘除之）所得以損益朓朒積及其入朓朒定數（若非朔望有交者以十二乘所入日筭三其小餘辰法除而從之以乘損益率如定氣辰數而一所得以損益朓朒積各爲定數）

南斗二十六牛八婺女十二虛十（虛分七百七十九太）危十七營室十六東壁

九奎十六婁十二胃十四昴十一畢十七觜觿一參十東井三十三輿鬼三柳十五七星七張十八翼十八軫十七角十二亢九氐十五房五心五尾十八箕十一爲赤道度其畢觜觿參輿鬼四宿度數與古不同依天以儀測定用爲常數紘帶天中儀極攸憑以格黃道推冬至歲差所在每距冬至前後各五度爲限初數十二每限減一盡九限數終於四當二立之際一度少彊依平乃距春分前秋分後初限起四每限增一盡九限終於十二而黃道交復計春分後秋分前亦五度爲限初數十二盡九限數終於四當二立之際一度少彊依平乃距夏至前後初限起四盡九限終於十二皆累裁之以數乘限度百二十而一得度不滿者十二除爲分若以十除則大分十二爲母命太半少及彊弱命曰黃赤道差數二至前後各九限以差減赤道度二分前後各九限以差加赤道度各爲黃道度開元十二年南斗二十三半牛七半婺女十一少虛十（六虛之差十九太）危十七太營室十七少東壁九太奎十七半婁十二太胃十四太昴十一畢十六少觜觿一參九少東井三十輿鬼二太柳十四少七星六太張十八太翼十九少軫十八太角十三亢九半氐十五太房五心四太尾十七箕十少爲黃道度以步日行月與五星出入循此（求此宿度皆有餘分前後輩之成少半太準爲全度若上考往古下驗將來當據歲差每移一度各依術算使得當時度分然後可以步三辰矣）以乾實去中積分不盡者盈通法爲度命起赤道虛九宿次去之經虛去分至不滿宿筭外得冬至加時日度（以三元之策累加之得次氣加時日度）以度餘減通法餘以冬至日躔距度所入限數乘之爲距前分置距度下黃赤道差以通法乘之減去距前分餘滿百二十除爲定差不滿者以象統乘之復除爲秒分乃以定差減赤道宿度得冬至加時黃道日度又置歲差以限數乘之滿百二十除爲秒分不盡爲小分以加三元之策因累裁之命以黃道宿次各得定氣加時日度置其氣定小餘副之以乘其日盈縮分滿通法而一盈加縮減其副用減其日加時度餘得其夜半日度因累加一策以其日盈縮分盈加縮減度餘得每日夜半日度

四曰步月離術

轉終六百七十萬一千二百七十九

轉終日二十七餘千六百八十五秒七十九

轉法七十六

轉秒法八十

以秒法乘朔積分盈轉終去之餘復以秒法約爲入轉分滿通法爲日命日筭外得天正經朔加時所入因加轉差日一餘二千九百六十七秒一得次朔以一象之策循變相加得弦望盈轉終日及餘秒者去之各以經朔弦望小餘減之得其日夜半所入

轉日	轉分	列衰	轉積度	損益率	朓朒積
一日	九百一十七	進十三	度初	益二百九十七	朒初
二日	九百三十	進十三	十二度五分	益二百五十九	朒二百九十七
三日	九百四十三	進十三	二十四度二十三分	益二百二十	朒五百五十六
四日	九百五十六	進十四	三十六度五十四分	益百八十	朒七百七十六
五日	九百七十	進十四	四十九度二十二分	益百三十九	朒九百五十六
六日	九百八十四	進十六	六十二度四分	益九十七	朒千九十五
七日	千	進十八	七十五度空	初益四十八 末損六	朒千一百九十二
八日	千一十八	進十九	八十八度十二分	損六十四	朒千二百三十四
九日	千三十七	進十四	百一度四十二分	損百六	朒千一百七十
十日	千五十一	進十四	百一十五度十五分	損百四十八	朒千六十四
十一日	千六十五	進十四	百二十九度二分	損百八十九	朒九百一十六
十二日	千七十九	進十三	百四十三度三分	損二百二十九	朒七百二十七
十三日	千九十二	進十三	百五十七度十八分	損二百六十七	朒四百九十八
十四日	千一百五	進十 退三	百七十一度四十六分	初損二百三十一 末益六十六	朒二百三十一
十五日	千一百一十二	退十三	百八十六度十一分	益二百八十九	朓六十六
十六日	千九十九	退十三	二百度五十九分	益二百五十	朓三百五十五
十七日	千八十六	退十三	二百一十五度十八分	益二百一十一	朓六百五
十八日	千七十三	退十四	二百二十九度四十分	益百七十一	朓八百一十六

十九日	千五十九	退十四	二百四十三度四十九分	益百三十	朓九百八十七
二十日	千四十五	退十七	二百五十七度四十四分	益八十七	朓千百一十七
二十一日	千二十八	退十八	二百七十一度二十五分	初益三十六 末損十八	朓千二百四
二十二日	千一十	退十八	二百八十四度六十五分	損七十三	朓千二百二十二
二十三日	九百九十二	退十四	二百九十七度十一分	損百一十六	朓千一百四十九
二十四日	九百七十八	退十四	三百十度十三分	損百五十七	朓千三十三
二十五日	九百六十四	退十四	三百二十四度五分	損百九十八	朓八百七十六
二十六日	九百五十	退十三	三百三十六度七十五分	損二百三十七	朓六百七十八
二十七日	九百三十七	退十三	三百四十九度六十九分	損二百七十六	朓四百四十一
二十八日	九百二十四	退七 進六	三百六十一度四十四分	初損百六十五 末益入後	朓百六十五

各置朔弦望所入轉日損益率并後率而半之爲通率又二率相減爲率差前多者以入餘減通法餘乘率差盈通法得一并率差而半之前少者半入餘乘率差亦以通法除之爲加時轉率乃半之以損益加時所入餘爲轉餘其轉餘應益者減法應損者因餘皆以乘率差盈通法得一加於通率轉率乘之通法約之以朓減朒加轉率爲定率乃以定率損益朓朒積爲定數（其後無同率者亦因前率應益者以通率爲初數半率差而減之應損者即爲通率其損益入餘進退日分爲二日隨餘初末如法求之所得並以損益轉率此術本出皇極曆以究算術之微變若非朔望有交者直以入餘乘損益率如通法而一以損益朓朒爲定數）七日（初數二千七百一 末數三百三十九）十四日（初數二千三百六十三 末數六百七十七）二十一日（初數二千二十四 末數千一十六）二十八日（初數千六百八十六 末數千三百五十四）以四象約轉終均得六日二千七百一分就全數約爲九分日之八各以減法餘爲末數乃四象馴變相加各其所當之日初末數也視入轉餘如初數已下者加減損益因循前率如初數以上則反其衰歸于後率云各置朔弦望大小餘以入氣入轉朓朒定數朓減朒加之爲定朔弦望大小餘定朔日名與後朔同者月大不同者小無中氣者爲閏月（凡言夜半皆起晨前子正之中若注曆觀弦望定小餘不盈晨初餘數者退一日其望有交起虧在晨初已前者亦如之又月行九道遲疾則有三大二小以日行盈縮累增損之則容有四大三小理數然也若俯循常儀當察加時早晚隨其所近而進退之使不過三大二小其正月朔有交加時正見者消息前後一兩月以定大小令虧在晦二）定朔弦望夜半日度各隨所直日度及餘分命之乃列定朔望小餘副之以乘其日盈縮分如通法而一盈加縮減其副以

加夜半日度各得加時日度凡合朔所交冬在陰曆夏在陽曆月行青道（冬至夏至後青道半交在春分之宿當黃道東立冬立夏後青道半交在立春之宿當黃道東南至所衝之宿亦如之）冬在陽曆夏在陰曆月行白道（冬至夏至後白道半交在秋分之宿當黃道西立冬立夏後白道半交在立秋之宿當黃道西北至所衝之宿亦如之）春在陽曆秋在陰曆月行朱道（春分秋分後朱道半交在夏至之宿當黃道南立春立秋後朱道半交在立夏之宿當黃道西南至所衝之宿亦如之）春在陰曆秋在陽曆月行黑道（春分秋分後黑道半交在冬至之宿當黃道北立春立秋後黑道半交在立冬之宿當黃道東北至所衝之宿亦如之）四序離爲八節至陰陽之所交皆與黃道相會故月有九行各視月交所入七十二候距交初中黃道日度每五度爲限亦初數十二每限減一數終於四乃一度彊依平更從四起每限增一終於十二而至半交其去黃道六度又自十二每限減一數終於四亦一度彊依平更從四起每限增一終於十二復與日軌相會各累計其數以乘限度二百四十而一得度不滿者二十四除爲分（若以二十除之則大分以十二爲母）爲月行與黃道差數距半交前後各九限以差數爲減距正交前後各九限以差數爲加（此加減出入六度單與黃道相較之數若較之赤道則隨氣遷變不常）計去冬至夏至以來候數乘黃道所差十八而一爲月行與赤道差數凡日以赤道內爲陰外爲陽月以黃道內爲陰外爲陽故月行宿度入春分交後行陰曆秋分交後行陽曆皆爲同名若入春分交後行陽曆秋分交後行陰曆皆爲異名其在同名以差數爲加者加之減者減之若在異名以差數爲加者減之減者加之皆以增損黃道度爲九道定度各以中氣去經朔日算加其入交汎乃以減交終得平交入中氣日算滿三元之策去之餘得入後節日算（因求次交者以交終加之滿三元之策去之得後平交入氣日算）各以氣初先後數先加後減之得平交入定氣日算倍六爻乘之三其小餘辰法除而從之以乘其氣損益率如定氣辰數而一所得以損益其氣朓朒積爲定數又置平交所入定氣餘加其日夜半入轉餘以乘其日損益率滿通法而一以損益其日朓朒積交率乘之交數而一爲定數乃以入氣入轉朓朒定數朓減朒加平交入氣餘滿若不足進退日算爲正交入定氣日算其入定氣餘副之乘其日盈縮分滿通法而一以盈加縮減其副以加其日

夜半日度得正交加時黃道日度以正交加時度餘減通法餘以正交之宿距度所入限數乘之為距前分置距度下月道與黃道差以通法乘之減去距前分餘滿二百四十除為定差不滿者一退為秒以定差及秒加黃道度餘仍計去冬至夏至已來候數乘定差十八而一所得依名同異而加減之滿若不足進退其度得正交加時月離九道宿度各置定朔弦望加時日度從九道循次相加凡合朔加時月行潛在日下與太陽同度是謂離象先置朔弦望加時黃道日度以正交加時所在黃道宿度減之餘以加其正交加道宿度命起正交宿度算外即朔弦望加時所當九道宿度也其合朔加時若非正交則日在黃道月在九道各入宿度雖多少不同考其去極若應繩準故云月行潛在日下與太陽同度以一象之度九十一餘九百五十四秒二十二半為上弦兌象倍之而與日衝得望坎象參之得下弦震象各以加其所當九道宿度秒盈象統從餘餘滿通法從度得其日加時月度綜五位成數四十以約度餘為分不盡者因為小分視經朔夜半入轉若定朔大餘有進退者亦加減轉日否則因經朔為定累加一日得次日各以夜半入轉餘乘列衰如通法而一所得以進加退減其日轉分為月轉定分滿轉法為度視定朔弦望夜半入轉各半列衰以減轉分退者定餘乘衰以通法除幷衰而半之進者半餘乘衰亦以通法除皆加所減乃以定餘乘之盈通法得一以減加時月度為夜半月度各以每日轉定分累加之得次日若以入轉定分乘其日夜漏倍百刻除為晨分以減轉定分餘為昏分望前以昏望後以晨加夜半度各得晨昏月

交日	屈伸率	屈伸積
一日	屈二十七	積初
二日	屈十九	積二十七
三日	屈十三	積四十六
四日	屈八	積五十九
五日	屈十三	積六十七
六日	屈十九	積一度四
七日	初屈二十 末伸十	積一度二十三
八日	伸十九	積一度三十六
九日	伸十三	積一度十七
十日	伸八	積一度四
十一日	伸十三	積七十二
十二日	伸十九	積五十九
十三日	伸二十七	積四十
十四日	初伸十三 末屈八後	積十三

各視每日夜半入陰陽曆交日數以其下屈伸積月道與黃道同名者加之異名者減之各以加減每日晨昏黃道月度為入宿定度及分

五曰步軌漏術

爻統千五百二十

象積四百八十

辰八刻百六十分

昏明二刻二百四十分

定氣	陟降率 / 漏刻	消息衰 / 黃道去極度	陽城日晷 / 距中星度
冬至	降七十八	息空 六十四	丈二尺七寸一分 五十
	二十七刻 二百二十分	百一十七度 二十分	八十二度 二十六分
小寒	降七十二	息十一 九十一	丈二尺二寸二分 七十七
	二十七刻 百三十五分	百一十四度 三十五分	八十二度 九十一分
大寒	降五十三	息二十二 四十二	丈一尺二寸一分 八十二
	二十六刻 三百八十分	百一十一度 九十分	八十四度 七十七分
立春	降三十四	息三十 二十五	九尺七寸三分 五十
	二十五刻 四百七十五分	百八度 五分	八十七度 七十分
雨水	降 初限七十八	息三十五 七十八	八尺二寸一分 六
	二十四刻 四百七十分	百三度 二十分	九十一度 三十九分
驚蟄	降一	息三十九 五十	六尺七寸三分 八十四

二十三刻三百六十分	九十七度三十分	九十五度八十八分
春分陟五	息三十九六十五	五尺四寸三分十九
二十二刻二百三十分	九十一度三十分	百度四十四分五十
清明陟初限一	息三十八八十九	四尺三寸二分十一
二十一刻百二十分	八十五度三十分	百五度一分
穀雨陟三十二	息三十三五十六	三尺三寸四十七
二十刻十分	七十九度三十分	百九度五十分
立夏陟五十二	息二十八三十八	二尺五寸三分三十一
十九刻五分	七十四度五十五分	百十三度十九分
小滿陟六十三	息二十十二	尺九寸五分七十六
十八刻百分	七十度七十分	百一十六度十二分
芒種陟六十四	息十十二	尺六寸三
十七刻三百三十五分	六十八度二十五分	百一十七度九十八分
夏至降六十四	消空五十二	尺四寸七分七十九
十七刻二百五十分	六十七度四十分	百一十八度六十三分
小暑降六十三	消十七十六	尺六寸三
十七刻三百三十五分	六十八度二十五分	百一十七度九十八分
大暑降五十二	消二十七十五	尺九寸五分七十六
十八刻百分	七十度七十分	百一十六度十二分
立秋降三十二	消二十八九十	二尺五寸三分三十一
十九刻五分	七十四度五十五分	百一十三度十九分
處暑降初限九十九	消三十四五十五分	三尺三寸四十七
二十刻十分	七十九度三十分	百九度五十分
白露降五	消三十八九十	四尺三寸二分十一
二十一刻百二十分	八十五度三十分	百五度一分
秋分陟一	消三十九六十六	五尺四寸三分十九
二十二刻二百三十分	九十一度三十分	百度四十四分五十
寒露陟初限一	消三十九五十	六尺七寸三分八十四

二十三刻三百六十分	九十七度三十分	九十五度八十八分
霜降陟三十四	消二十四九十八	八尺二寸一分六
二十四刻四百七十分	百三度二十分	九十一度三十九分
立冬陟五十三	消二十九七十三	九尺七寸三分五十一
二十五刻四百七十五分	百八度五分	八十七度七十分
小雪陟七十二	消二十一七十	丈一尺二寸一分八十二
二十六刻三百八十分	百十一度九十分	八十四度七十七分
大雪陟七十八	消十一十三	丈二尺二寸二分七十七
二十七刻百三十五分	百一十四度三十五分	八十二度九十一分

各置其氣消息衰依定氣所有日每以陟降率陟減降加其分滿百從衰各得每日消息定衰其距二分前後各一氣之外陟降不等皆以三日爲限雨水初日降七十八初限日損十二次限日損八次限日損三次限日損二次限日損一清明初日陟一初限日益一次限日益二次限日益三次限日益八末限日益十九處暑初日降九十九初限日損十九次限日損八次限日損三次限日損二末限日損一寒露初日陟一初限日益一次限日益二次限日益三次限日益八末限日益十二各置初日陟降率依限次損益之爲每日率乃遞以陟減降加氣初消息衰各得每日定衰南方戴日之下正中無晷自戴日之北一度乃初數千三百七十九自此起差每度增一終於二十五度計增二十六分又每度增二終於四十度又每度增六終於四十四度增六十八又每度增二終於五十度又每度增七終於五十五度又每度增十九終於六十度增百六十又每度增三十三終於六十五度又每度增三十六終於七十度又每度增三十九終於七十二度增二百六十又度增四百四十又度增千六十又度增千八百六十又度增二千八百四十又度增四千又度增五千三百四十各爲每度差因累其差以遞加初數滿百爲分分十爲寸各爲每度晷差又累其晷差得戴日之北每度晷數各置其氣去極度以極去戴日度五十

六及分八十二半減之得戴日之北度數各以其消息定衰所直度之晷差滿百爲分分十爲寸得每日晷差乃遞以息減消加其氣初晷數得每日中晷常數以其日所在氣定小餘爻統減之餘爲中後分不足減反相減爲中前分以其晷差乘之如通法而一爲變差以加減中晷常數（冬至後中前以差減中後以差加夏至後中前以差加中後以差減冬至一日有減無加夏至一日有加無減）得每日中晷定數又置消息定衰滿象積爲刻不滿爲分各遞以息減消加其氣初夜半漏得每日夜半漏定數其全刻以九千一百二十乘之十九乘刻分從之如三百而一爲晨初餘數各倍夜半漏爲夜刻以減百刻餘爲晝刻減晝五刻以加夜即晝爲見刻夜爲沒刻半沒刻加半辰起子初筭外得日出辰刻以見刻加而命之得日入（置夜刻五而一得每更差刻又五除之得每籌差刻以昏刻加日入辰得甲夜初刻又以更籌差加之得五夜更籌所當辰其夜半定漏亦名晨初夜刻）又置消息定衰滿百爲度不滿爲分各遞以息減消加氣初去極度各得每日去極定數又置消息定衰以萬二千三百八十六乘之如萬六千二百七十七而一爲度差差滿百爲度各遞以息加消減其氣初距中度得每日距中度定數倍之以減周天爲距子度置其日赤道日度加距中度得昏中星倍距子度以加昏中星得曉中星命昏中星爲甲夜中星加每更差度得五夜中星凡九服所在每氣初日中晷常數不齊使每氣去極度數相減各爲其氣消息定數因測其地二至日晷（測一至可矣不必兼要冬夏）於其戴日之北每度晷數中較取長短同者以爲其地戴日北度數及分每氣各以消息定數加減之（因冬至後者每氣以減因夏至後者每氣以加）得每氣戴日北度數各因所直度分之晷數爲其地每定氣初日中晷常數（其測晷有在表南者亦據其晷尺寸長短與戴日北每度晷數同者因取其所直之度去戴日北度數反之爲去戴日南度然後以消息定數加減之）二至各於其地下水漏以定當處晝夜刻數乃相減爲冬夏至差刻半之以加減二至晝夜刻數爲定春秋分初日晝夜刻數乃置每氣消息定數以當處差刻數乘之如二至去極差度四十七分八十而一所得依分前後加減初日晝夜漏刻各得餘定氣初日晝夜漏刻置每日消息定衰亦以差刻乘之差度而一所得以息減消加其

氣初漏刻得次日（其求距中度及昏明中星日出入皆依陽城法求之仍以差刻乘之差度而一爲今有之數）若置其地春秋定日中晷常數與陽城每日晷數較其同者因其日夜半漏亦爲其地定春秋分初日夜半漏求餘定氣初日亦以消息定數依分前後加減刻分（春分後以減秋分後以加）滿象積爲刻求次日亦以消息定衰依陽城術求之（此術究理大體合通然高山平川視日不等較其日晷長短乃同考其水漏多少殊別以此參課庶協密審）

曆志第十八上

翰林學士兼龍圖閣學士朝散大夫給事中知制誥充史館修撰臣歐陽脩奉敕撰

六曰步交會術

終數八億二千七百二十五萬一千三百二十二

交終日二十七餘六百四十五秒千三百二十二

中日十三餘千八百四十二秒五千六百六十一

朔差日二餘九百六十七秒八千六百七十八

望差日一餘四百八十三秒九千三百三十九

望數日十四餘二千三百二十六秒五十

交限日十二餘千三百五十八秒六千三百二十二

交率三百四十三

交數四千三百六十九

交秒法一萬

以交數去朔積分不盡以秒法乘之盈交數又去之餘如秒法而一爲入交分滿通法爲日命日筭外得天正經朔加時入交汎日及餘因加朔差得次朔以望數加朔得望若以經朔望小餘減之各得夜半所入累加一日得次日加之滿交終去之各以其日入氣朓朒定數朓減朒加交汎爲入交常日及餘又以交率乘其日入轉朓朒定數如交數而一以朓減朒加入交常爲入交定日及餘各如中日巳下者爲月入陽曆巳上者去之餘爲月入陰曆

陰陽曆

爻目加減率	陰陽積	月去黃道度
少陽少陰初加百八十七	陽陰初	空
少陽少陰二加百七十一	陽陰百八十七	一度六十七分
少陽少陰三加百四十七	陽陰三百五十八	二度百一十八分
少陽少陰四加百一十五	陽陰五百五	四度二十五分
少陽少陰五加七十五	陽陰六百二十	五度二十分
少陽少陰上加二十七	陽陰六百九十五	五度九十五分
老陽老陰初減二十七	陽陰七百二十二	六度二分
老陽老陰二減七十五	陽陰六百九十五	五度九十五分
老陽老陰三減百一十五	陽陰六百二十	五度二十分
老陽老陰四減百四十七	陽陰五百五	四度二十五分
老陽老陰五減百七十一	陽陰三百五十八	二度百一十八分
老陽老陰上減百八十七	陽陰百八十七	一度六十七分

以其爻加減率與後爻加減率相減爲前差又以後爻率與次後爻率相減爲後差二差相減爲中差置所在爻幷後爻加減率半中差以加而半之十五而一爲爻末率因爲後爻初率每以本爻初末率相減爲爻差十五而一爲度差半之以加減初率（少象減之老象加之）爲定初率每以度差累加減之（少象以差減老象以差加）各得每歲加減定分適循積其分滿百二十爲度各爲月去黃道數及分（其四象初爻無初率上爻無末率皆倍本爻加減率十五而一所得各以初末率減之皆互得其率）各置夜半入轉以夜半入交定日及餘減之（不足減加轉終）餘爲定交初日夜半入轉乃以定交初日與其日夜半入轉餘各乘其日轉定分如通法而一爲分滿轉法爲度各以加其日轉積度分乃相減所餘爲其日夜半月行入陰陽度數（轉求次日以轉定分加之）以一象之度九十除之（若以少象除之則兼除差度一度分百六大分十三小分十四訖然後以次象除之）所得以少陽老陽少陰老陰爲次起少陽筭外得所入象度數及分（先以三十乘陰陽度分十九而一爲度分不盡以十五乘十九除爲大分不盡者又乘又除爲小分然後以象度及分除之）乃以一爻之度十五除之得所入爻度數及分（其月行入少象初爻之內及老象上爻之中皆去黃道當朔望則有虧蝕）凡入交定如望差巳下交限巳上爲入蝕限望入蝕限則月蝕朔入蝕限月在陰曆則日蝕如望差巳下爲交後交限巳上以減交中餘爲交前置交前後定日及餘通之爲去交前後定分十一乘之二千六百四十三除爲去交度數不盡以通法乘之復除爲餘（大抵去交十三度巳上雖入蝕限爲涉交數微光景相掩或不見蝕）望去交分七百七十九巳下者皆既巳上者以定交分減望差餘以百八十三約之命以十五爲限得月蝕之大分月在陰曆初起東南甚於正南復於西南月在陽曆初起東北甚

於正北復於西北其蝕十二分已上者起於正東復於正西（此據午正而論之偏方各隨方面所在以此爲正）凡月蝕之大分五已下因增三十已下因增四十已上因增五其去交定分五百二十已下又增半二百六十已下又增半各爲汎用刻率

定氣	增損差	差積
冬至	增十	積初
小寒	增十五	積十
大寒	增二十	積二十五
立春	增二十五	積四十五
雨水	增三十	積七十
驚蟄	增三十五	積百
春分	增四十	積百三十五
清明	增四十五	積百七十五
穀雨	增五十	積二百二十
立夏	增五十五	積二百七十
小滿	增六十	積三百二十五
芒種	增六十五	積三百八十五
夏至	損六十五	積四百五十
小暑	損六十	積三百八十五
大暑	損五十五	積三百二十五
立秋	損五十	積二百七十
處暑	損四十五	積二百二十
白露	損四十	積百七十五
秋分	損三十五	積百三十五
寒露	損三十	積百
霜降	損二十五	積七十
立冬	損二十	積四十五
小雪	損十五	積二十五
大雪	損十	積十

以所入氣并後氣增損差倍六爻乘之綜兩氣辰數除之爲氣末率又列二氣增損差皆倍六爻乘之各如辰數而一少減多餘爲氣差加減末率（冬至後以差減夏至後以差加）爲初率倍氣差綜兩氣辰數除爲日差半之加減初末爲定率以差累加減氣初定率（冬至後以差加夏至後以差減）爲每日增損差乃循積之隨所入氣日增損氣下差積各其日定數（其二至之前一氣皆後無同差不可相并各因前末爲初率以氣差冬至前減夏至前加爲末率）陰曆蝕差千二百七十五蝕限三千五百二十四或限三千六百五十九陽曆蝕限百三十五或限九百七十四以蝕朔所入氣日下差積陰曆減之陽曆加之各爲朔定差及定限朔在陰曆去交定分滿蝕定差已上者爲陰曆蝕不滿者雖在陰曆皆類同陽曆蝕其去交定分滿定限已下者的蝕或限已下者或蝕陰曆蝕者置去交定分以蝕定差減之餘百四已下者皆蝕既已上者以百四減之餘以百四十三約之其入或限者以百五十二約之半已下爲半弱半已上爲半強以減十五餘爲日蝕之大分其同陽曆蝕者其去交定分少於蝕定差六十已下者皆蝕既已上者以陽曆蝕定限加去交分以九十約之其陽曆蝕者置去交定分亦以九十約之入或限者以百四十三約之皆半已下爲半弱半已上爲半彊命之以十五爲限得日蝕之大分月在陰曆初起西北甚於正北復於東北月在陽曆初起西南甚於正南復於東南其蝕十二分已上皆起於正西復於正東凡日蝕之大分皆因增二其陰曆去交定分多於蝕定差七十已下者又增三十五已下者又增半其同陽曆去交定分少於蝕定差二十已下者又增半四已下者又增少各爲汎用刻率置去交定分以交率乘之二十乘交數除之其月道與黃道同名者以加朔望定小餘異名者以減朔望定小餘爲蝕定餘如求發斂加時術入之得蝕甚辰刻各置汎用刻率副之以乘其日入轉損益率如通法而一所得應朒者依其損益應朓者損加益減其副爲定用刻數半之以減蝕甚辰刻爲虧初以加蝕甚辰刻爲復末

其月蝕置定用刻數以其日每更差刻除爲更數不盡以每籌差刻除爲籌數餘之爲定用更籌乃累計日入後至蝕甚辰刻置之以昏刻加日入辰刻減之餘以更差刻除之所得命以初更爲更籌外得蝕甚更籌半定用更籌減之爲虧初加之爲復末天竺俱摩羅所傳斷日蝕法其蝕甚在鬱車宮者的蝕其餘據日所在宮火星在前三及後五之宮并伏在日下雖不蝕若五星皆見又水在陰曆及三星已上同聚一宿則亦不蝕凡星與日別宮或別宿則易斷若同宿則難天竺所云十二宮即中國之十二次鬱車宮者降婁之次也九服之地蝕差不同先測其地二至及定春秋中晷長短與陽城每日中晷常數較取同者各因其日蝕差爲其地二至及定春秋分蝕差以夏至差減春分差以春分差減冬至各爲率并二率半之六而一爲夏率二率相減六而一爲總差置總差六而一爲氣差半氣差以加夏率又以總差減之爲冬率冬率以冬至率每以氣差加之各爲每氣定率乃循積其率以減冬至蝕差各得每氣初日蝕差求每日如陽城法求之若戴日之南當計所在地皆反用之

七日步五星術

歲星終率百二十一萬二千五百七十九秒六

終日三百九十八餘二千六百五十九秒六

變差三十四秒十四

象筭九十一餘二百三十八秒五十七微分十二

爻筭十五餘百六十六秒四十二微分八十二

熒惑終率二百三十七萬一千三秒八十六

終日七百七十九餘二千八百四十三秒八十六

變差三十二秒二

象筭九十一餘二百三十八秒四十三微分八十四

爻筭十五餘百六十六秒四十微分六十二

鎮星終率百一十四萬九千三百九十九秒九十八

終日三百七十八餘二百七十九秒九十八

變差二十二秒九十二

象筭九十一餘二百三十七秒八十七

爻筭十五餘百六十六秒三十一微分十六

太白終率百七十七萬五千三十秒十二

終日五百八十三餘二千七百一十一秒十二

中合日二百九十一餘二千八百七十五秒六

變差三十秒五十三

象筭九十一餘二百三十八秒三十四微五十四

爻筭十五餘百六十六秒三十九微分九

辰星終率三十五萬二千二百七十九秒七十二

終日百一十五餘二千六百七十九秒七十二

中合日五十七餘二千八百五十九秒八十六

變差百三十六秒七十八

象筭九十一餘二百四十四秒九十八微分六十

爻筭十五餘百六十七秒四十九微分七十四

辰法七百六十

秒法一百

微分法九十六

置中積分以冬至小餘減之各以其星終率去之不盡者返以減終率餘滿通法爲日得冬至夜半後平合日筭各以其星變差乘積筭滿乾實去之餘滿通法爲日以減平合日筭得入曆筭數皆四約其餘同於辰法乃以一象之筭除之以少陽老陽少陰老陰爲次起少陽筭外餘以一爻之筭除之所得命起其象初爻筭外得所入爻筭數

五星爻象曆

歲星

爻	損益	進退積
少陽少陰初	益七百七十三	進退積空
少陽少陰二	益七百二十一	進退七百七十三
少陽少陰三	益六百三十	進退千四百九十四
少陽少陰四	益五百	進退二千一百二十四
少陽少陰五	益三百三十一	進退二千六百二十四
少陽少陰上	益百二十三	進退二千九百五十五
老陽老陰初	損百二十三	進退三千七十八
老陽老陰二	損三百三十一	進退二千九百五十五

老陽老陰三	損五百	進退二千六百二十四
老陽老陰四	損六百三十	進退二千一百二十四
老陽老陰五	損七百二十一	進退千四百九十四
老陽老陰上	損七百七十三	進退七百七十三

熒惑

少陽少陰初	益千二百三十七	進退積空
少陽少陰二	益千一百四十三	進退千二百三十七
少陽少陰三	益九百九十一	進退二千三百八十
少陽少陰四	益七百八十一	進退三千三百七十一
少陽少陰五	益五百一十三	進退四千一百五十二
少陽少陰上	益百八十七	進退四千六百六十五
老陽老陰初	損百八十七	進退四千八百五十二
老陽老陰二	損五百一十三	進退四千六百六十五
老陽老陰三	損七百八十一	進退四千一百五十二
老陽老陰四	損九百九十一	進退三千三百七十一
老陽老陰五	損千一百四十三	進退二千三百八十
老陽老陰上	損千二百三十七	進退千二百三十七

鎮星

少陽少陰初	益千六百八十四	進退積空
少陽少陰二	益千五百四十四	進退千六百八十四
少陽少陰三	益千三百三十	進退三千二百二十八
少陽少陰四	益千四十二	進退四千五百五十八
少陽少陰五	益六百八十	進退五千六百
少陽少陰上	益二百四十四	進退六千二百八十
老陽老陰初	損二百四十四	進退六千五百二十四
老陽老陰二	損六百八十	進退六千二百八十
老陽老陰三	損千四十二	進退五千六百
老陽老陰四	損千三百三十	進退四千五百五十八
老陽老陰五	損千五百四十四	進退三千二百二十八
老陽老陰上	損千六百八十四	進退千六百八十四

太白

少陽少陰初	益二百五十五	進退積空
少陽少陰二	益二百三十一	進退二百五十五
少陽少陰三	益百九十八	進退四百八十六
少陽少陰四	益百五十六	進退六百八十四
少陽少陰五	益百五	進退八百四十
少陽少陰上	益四十五	進退九百四十五
老陽老陰初	損四十五	進退九百九十
老陽老陰二	損百五	進退九百四十五
老陽老陰三	損百五十六	進退八百四十
老陽老陰四	損百九十八	進退六百八十四
老陽老陰五	損二百三十一	進退四百八十六
老陽老陰上	損二百五十五	進退二百五十五

辰星

少陽少陰初	益六百四十三	進退積空
少陽少陰二	益五百八十五	進退六百四十三
少陽少陰三	益五百一	進退千二百二十八
少陽少陰四	益三百九十一	進退千七百二十九
少陽少陰五	益二百五十五	進退二千一百二十
少陽少陰上	益九十三	進退二千三百七十五
老陽老陰初	損九十三	進退二千四百六十八
老陽老陰二	損二百五十五	進退二千三百七十五
老陽老陰三	損三百九十一	進退二千一百二十
老陽老陰四	損五百一	進退千七百二十九
老陽老陰五	損五百八十五	進退千二百二十八
老陽老陰上	損六百四十三	進退六百四十三

以所入爻與後爻損益率相減爲前差又以後爻與次後爻損益率相減爲後差二差相減爲中差置所入爻并後爻損益率半中差以加之九之二百七十四而一爲爻末率因爲後爻初率（皆爻因末率以爲後爻初率）初末之率相減爲爻差倍爻差九之二百七十四而一爲

筭差半之加減初末各爲定率以筭差累加減爻初定率（少象以差減老象以差加）爲每筭損益率循累其率隨所入爻損益其下進退積各得其筭定數（其四象初爻無初率上爻無末率皆置本爻損益率四而九之二百七十四得一各以初率末率減之皆互得其率）各置其星平合所入爻之筭差半之以減其入筭損益率損者以所入餘乘差辰法除并差而半之益者半入餘乘差亦辰法除皆加所減之率乃以入餘乘之辰法而一所得以損益其筭下進退各爲平合所入定數置進退定數（金星則倍置之）各以合下乘數乘之除數除之所得滿辰法爲日以進加退減平合日筭（先以四約平合餘數各加減）爲常合日筭置常合日先後定數四而一以先減後加常合日筭得定合日筭又四約盈縮分以定合餘乘之滿辰法而一所得以盈加縮減其定餘加其日夜半日度爲定合加時星度又置定合日筭以冬至大小餘加之天正經朔大小餘減之（其至朔小餘皆先以四約之若大餘不足減又以爻數加之乃減之）餘滿四象之策除爲月數不盡者爲入朔日筭命月起天正日起經朔筭外得定合月日（視定朔與經朔有進退者亦進減退加一日爲定）置常合及定合應加減定數同名相從異名相消乃以加減其平合入爻筭滿若不足進退爻筭得定合所入乃以合後諸變曆度累加之去命如前得次變初日所入如平合求進退定數乃以乘數乘之除數除之各爲進退變率

五星變行日中率度中率差行損益率曆度（乘數除數）

歲星合後伏十七日三百三十二分行三度三百三十二分先遲二日益疾九分曆一度三百五十七分（乘數三百五十九除數二百八十一）

前順百一十二日行十八度六百五十六分先疾五日益遲六分曆九度三百三十七分（乘數三百五十除數二百八十一）

前留二十七日曆二度二百二十分（乘數二百六十七除數二百二十一）

前退四十三日退五度三百六十九分先遲六日益疾十一分曆三度四百七十五分（乘數四百七十除數四百三）

後退四十三日退五度三百六十九分先遲六日益遲十一分曆三度四百七十五分（乘數五百一十除數四百六十七）

後留二十七日曆三度二百一十分（乘數二百七十除數二百二十二）

後順百一十二日行十八度六十五分先遲五日益疾六分曆九度三百三十七分（乘數三百六十七除數二百二十七）

合前伏十七日三百三十二分行三度三百三十二分先疾二日益遲九分曆一度三百五十八分（乘數三百五十除數二百八十一）

熒惑合後伏七十一日七百三十五分行五十四度七百三十五分先疾五日益遲七分曆三十八度二百一分（乘數百二十七除數三十）

前疾二百一十四日行百三十六度先疾九日益遲四分曆百一十三度五百九十六分（乘數百二十七除數三十）

前遲六十日行二十五度先疾日益遲四分曆三十一度六百八十五分（乘數二百三除數五十四）

前留十三日曆六度六百九十三分（乘數二百三除數五十四）

前退三十一日退八度四百七十三分先遲六日益疾五分曆十六度三百六十七分（乘數二百三除數四十八）

後退三十一日退八度四百七十三分先疾六日益遲五分曆十六度三百六十七分（乘數二百三除數四十八）

後留十三日曆六度六百九十三度（乘數二百三除數四十八）

後遲六十日行二十五度先遲日益疾四分曆三十一度六百八十五分（乘數二百三除數五十四）

後疾二百一十四日行百三十六度先遲九日益疾四分曆百一十三度五百九十六分（乘數二百三除數五十四）

合前伏七十一日七百三十六分行五十四度七百三十六分先遲五日益疾七分曆三十八度二百一分（乘數百二十七除數三十）

鎭星合後伏十八日四百一十五分行一度四百一十五分先遲二日益疾九分曆四百八十分（乘數十二除數十一）

前順八十三日行七度二百四十一分先疾六日益遲五分曆二度六百二十三分（乘數十二除數十一）

前留三十七日三百八十分曆一度二百八分（乘數十除數九）

前退五十日退二度三百三十四分先遲七日益疾一分曆一度
五百三十一分乘數除數五百二十
後退五十日退二度三百三十四分先疾七日益遲一分曆一度
五百三十一分乘數五除數四
後留三十七日三百八十分曆一度二百八分乘數二十除數一十七
後順八十三日行七度二百四十一分先遲六日益疾五分曆二
度六百二十三分乘數十除數九
合前伏十八日四百一十五分行一度四百一十五分先疾二日
益遲九分曆四百八十分乘數十二除數十一
太白晨合後伏四十一日七百一十九分行五十二度七百一十
九分先遲三日益疾十六分曆四十一度七百一十九分乘數
七百九十七除數二百九
夕疾行百七十一日行二百六度先疾五日益遲九分曆百七十
一度乘數七百九十二除數二百九

夕平行十二日行十二度曆十二度乘數五百一十五除數百五十六
夕遲行四十二日行三十一度先疾日益遲十分曆四十二度乘數
五百一十五除數百三十七
夕留八日曆八度乘數五百一十五除數九十二
夕退十日退五度先遲日益疾九分曆十度乘數五百一十五除數八十六
夕合前伏六日退五度先疾日益遲十五分曆六度乘數五百一十五除數八十四
夕合後伏六日退五度先遲日益疾十五分曆六度乘數五百一十五除數八十三
晨退十日退五度先疾日益遲九分曆十度乘數五百一十五除數八十四
晨留八日曆八度乘數五百一十五除數八十六
晨遲行四十二日行三十一度先遲日益疾十分曆四十二度乘數
五百一十五除數九十二
晨平行十二日行十二度曆十二度乘數五百一十五除數百三十七
晨疾行百七十一日行二百六度先遲五日益疾九分曆百七十
一度乘數五百一十五除數百五十六

晨合前伏四十一日七百一十九分行五十二度七百一十九分
先疾三日益遲十六分曆四十一度七百一十九分乘數七百九十七除數二百九
辰星晨合後伏十六日七百一十五分行三十三度七百一十五
分先遲日益疾二十二分曆十六度七百一十五分乘數二百八十六除數二百八十七
夕疾行十二日行十七度先疾日益遲五十分曆十二度乘數二百八十六除數二百八十七
夕平行九日行九度曆九度乘數四百九十五除數百九十四
夕遲行六日行四度先疾日益遲七十六分曆六度乘數四百九十六除數百九十五
夕留三日曆三度乘數四百九十七除數百九十六
夕合前伏十一日退六度先遲日益疾三十一分曆十一度乘數四百
九十八除數百九十七
夕合後伏十一日退六度先疾日益遲三十一分曆十一度乘數五百
除數百九十八
晨留三日曆三度乘數四百九十八除數百九十八

晨遲行六日行四度先遲日益疾七十六分曆六度乘數四百九十七除數百九十六
晨平行九日行九度曆九度乘數四百九十六除數百九十五
晨疾行十二日行十七度先遲日益疾五十分曆十二度乘數四百九十三除數百九十四
晨合前伏十六日七百一十五分行三十三度七百一十五分先
疾日益遲二十二分曆十六度七百一十五分乘數二百八十六除數二百八十七
各置其本進退變率與後變率同名者相消爲差在進前少在
退前多各以差爲加在進前多在退前少各以差爲減異名者相
從爲并前退後進各以并爲加前進後退各以并爲減逆行度率
則反之皆以差及并加減日度中率各爲日度變率其水星疾行直以差并加減度
中率爲變率其日直因中率爲變率勿加減也以定合日與前疾初日後疾初日與合前伏初
日先後定數各以同名者相消爲差異名者相從爲并皆四而一
所得滿辰法各爲日度乃以前日度盈加縮減其合後伏度之變
率及合前伏前疾日之變率亦以後日度盈減縮加其後疾日之
變率及合前伏前疾度之變率金水夕合反其加減留退亦然其二留日之變率若
差於中率者即以所差之數爲度各加減本遲度之變率謂以所多於中率之

(數加之少於中率之數減之已下加減準此)退行度之變率若差於中率者即倍所差之數各加減本疾度之變率(其木土二星既無遲疾即加減前後順行度之變率)其水星疾行度之變率若差於中率者即以所差之數爲日各加減留日變率(其留日變率若少不足減者即侵減遲日變率若多於十率者亦以所多之數爲日以加留日變率)各加減變率訖皆爲日度定率其日定率有分者前後輩之(輩謂配也以少分配多分滿全爲日有餘轉配其諸變率不加減者皆依變率爲定率)置其星定合餘以減辰法餘以其星初日行分乘之辰法而一以加定合加時度得定合後夜半星度及餘(自此各依其星計日行度所至皆從夜半爲始)各以一日所行度分順加退減之其行有小分者各滿其法從行分伏不注度留者因前退則依減順行出虛去六虛之差退行入虛先加此差(六虛之差亦四而一乃用加減)訖皆以轉法約行分爲度分得每日所至(日度定率)(或加減益疾益遲每日漸差不可預定今且略據日度中率商量置之其定率既有盈縮即差數合隨而增損當先檢括諸變定率與中率相較近者因用其差求其初末之日行分爲主自餘諸變因此消息加減其差各求初末行分循環比較使際會參合衰殺相循其金水皆以平行爲主前後諸變準此求之其合前伏雖有日度定率因加至合而與後等不叶者皆從後筭爲定其初見伏之度去日不等各以日度與星辰相較木去日十四度金十一度火土水各十七度皆見各減一度皆伏其木火土三星前順之初後順之末及金水疾行留退初末皆是見伏之初日注曆消息定之金水及日月度皆不注分)置日定率減一以

所差分乘之爲實以所差日乘定日率爲法實如法而一爲行分得每日差以辰法通度定率從其分如日定率而一爲平行度分減日定率一以所差分乘之二而一爲差率以加減平行分(益疾者以差率減平行爲初日加平行爲末日益遲者以差率加平行爲初日減平行爲末日)得初末日所行度及分(其差不全而與日相合者先置日定率減一以所差分乘之爲實倍所差日爲法實如法而一爲行分不盡者因爲小分然後爲差率)置初日行分益遲者以每日差累減之益疾者以每日差累加之得大日所行度分(其每日差及初日行皆有小分母既不同當令同之乃用加減)其先定日數而求度者減所求日一以每日差乘之二而一所得以加減初日行分(益遲減之益疾加之)以所求日乘之如辰法而一爲度不盡者爲行分得從初日至所求日積度及分若先定度數而返求日者以辰法乘所求行度有分者從之八之如每日差而一爲積倍初日行分以每日差加減之(益遲者加之益疾者減之)如每日差而一爲率令自乘以積加減之(益遲者以積減之益疾者以積加之)開方除之所得以率加減之(益遲者以率加之益疾者以率減之)乃半之得所求日數(開方除者置所開之數爲實借一筭於實之下名曰下法步之超一位置商於上方副商於下法之上名曰方法命上商以除實畢倍方法一折下法再折乃置後商於下法之上名曰隅法副隅并方命後商以除實畢隅從方法折下就除如前開之)五星前變入陽爻爲黃道北入陰爻爲黃道南後變入陽爻爲黃道南入陰爻爲黃道北(其金水二星以夕爲前變晨爲後變各計其變行起初日入爻之筭盡老少象上爻未筭之數不滿變行度常率者因置其數以變行日定率乘之如變行度常率而一爲日其入變日數與此日數已下者星在道南北依本所入陰陽爻爲定過此日數之外者南北返之)

九執曆者出於西域開元六年詔太史監瞿曇悉達譯之斷取近距以開元二年二月朔爲曆首度法六十月有二十九日餘七百三分日之三百七十三曆首有朔虛分百二十六周天三百六十度無餘分日去没分九百分度之十三二月爲時六時爲歲三十度爲相十二相而周天望前曰白博义望後曰黑博义其筭皆以字書不用籌策其術繁碎或幸而中不可以爲法名數詭異初莫之辨也陳玄景等持以惑當時謂一行寫其術未盡妄矣

曆志第十八下

翰林學士兼龍圖閣學士朝散大夫給事中知制誥充史館修撰臣歐陽修奉敕撰

寶應元年六月望戊夜，月蝕三之一，官曆加時在日出後，有交不署蝕。代宗以至德曆不與天合，詔司天臺官屬郭獻之等復用麟德元紀，更立歲差，增損遲疾、交會及五星差數，以寫大衍舊術。上元七曜起赤道虛四度。帝爲製序，題曰五紀曆。其與大衍小異者九事：日仲夏之朔，若月行極疾，合于亥正，朔不進，則朔之晨，月見東方矣；依大衍弍初進初朔，則朔之夕，月見西方矣。當視定朔小餘，不滿五紀通法，如晨初餘數減十刻已下者，進以明日爲朔，一也。以三萬二千一百六十乘夜半定漏刻，六十七乘刻分從之，二千四百而一，爲晨初餘數，二也。陽曆去交分交前加一辰，交後減一辰，餘百八十三已下者，日亦蝕，三也。月蝕有差，以望日所入定數，視月道同名者，交前爲加，交後爲減；異名者，交前爲減，交後爲加。各以加減去交分，又交前減一辰，交後加一辰，餘如三百二十八已下者既，已上以減望差八十，約之，得蝕分，四也。日蝕有差，以朔日所入定數，十五而一，以減百四，餘爲定法，以蝕差減去交分，又交前減兩辰，餘爲陰曆蝕；其不足減者，反減蝕差，在交後減兩辰，交前加三辰，餘爲類同陽曆蝕。又自小滿畢小暑，加時距午正八刻外者，皆減一辰；三刻內者，皆加一辰。自大寒畢立春，交前五辰外；自大暑畢立冬，交後五辰外，又減一辰；不足減者，既。加減訖，各如定法而一，以減十五，餘爲蝕分。其陽曆蝕者，置去交分，以蝕差加之，交前加一辰，交後減一辰，所得以減望差，餘如百四約之，得爲蝕分，五也。所蝕分，日以十八乘之，月以二十乘之，皆十五而一，爲虧初刻；六爲復末刻；以十分之四爲汎用刻，不復因加，六也。日蝕定用刻在辰正前者，以十分之四爲虧初刻，六爲復末刻；未正後者，六爲虧初刻，四爲復末刻，不復相半，七也。五星乘數除數，諸變皆通用之，不復變行異數，入進退曆皆用度中率，八也。以定合初日與前疾初日、後疾初日與合前伏初日先後定數，各同名者相消爲差，異名者相從爲并，皆四而一，所得滿辰法，各爲日，乃以前日盈減縮加其合後伏日變率，亦以後日盈加縮減合前伏日變率。太白辰星夕則返加減留遲二退度變率。若差於中率者，倍所差之數，曰伏差，以加減前疾日度變率。歲熒惑均加減前疾順日度變率。歲星、熒惑、鎮星前留日變率若差於中率者，以所差之爲度，加減前遲日變率。皆多於中率之數者加之，少於中率者減之。後留日變率若差於中率者，以所差之數爲日，以加減後遲日變率及加減二退度變率，又以伏差加減後疾日度變率。多於中率之數者減之，少於中率者加之，其數內加減前變。日度變率，歲星鎮星無遲，即加減前後順行日度變率。太白晨夕退行度變率若差於中率者，亦倍所差之數爲度，加減本疾變度率。夕合前後伏，退行不取加減變率者。二留日變率若差於中率者，以所差之數爲度，加減本遲度變率，皆多於中率之數加之，少於中率減之。其辰星二留日變率若差於中率者，以所差之數爲度，各加減本遲度變率；疾行度變率若差於中率者，以所差之數爲日，各加減留日變率。亦多於中率者加之，少於中率者減之，其留日變率若少不足減者，優減遲日變率。加減訖，皆爲日度定率，九也。大衍以四象考五星進退，或時弗叶，獻之加減頗異，而偶與天合，於是頒用，訖建中四年。寶應五紀曆演紀上元甲子距寶應元年壬寅，積二十六萬九千九百七十八筭。

五紀通法千三百四十

策實四十八萬九千四百二十八

揲法三萬九千五百七十一

策餘七千二十八

用差七千五百四十八

掛限三萬八千三百五十七

三元之策十五，餘二百九十二，秒五，秒母六。以象統爲母者，又四因之。

四象之策二十九，餘七百一十一

一象之策七，餘五百一十二太

天中之策五，餘九十七，秒十一，秒母十八

地中之策六餘百一十七秒四秒母三十
貞悔之策三餘五十八秒十七
辰法三百三十五
刻法百三十四
乾實四十八萬九千四百四十二秒七十
周天度三百六十五虛分三百四十二秒七十
歲差十四秒七十
秒法百

定氣	盈縮分	先後數	損益率	朓朒積
冬至	盈千三十七	先端	益七十八	朒初
小寒	盈八百一十三	先千三十七	益六十一	朒七十八
大寒	盈六百一十三	先千八百五十	益四十六	朒百三十九
立春	盈四百三十	先二千四百六十三	益三十二	朒百八十五
雨水	盈二百五十九	先二千八百九十三	益十九	朒二百一十七
驚蟄	盈九十四	先三千一百五十二	益七	朒二百三十六
春分	縮九十四	先三千二百四十六	損七	朒二百四十三
清明	縮二百五十九	先三千一百五十二	損十九	朒二百三十六
穀雨	縮四百三十	先二千八百九十三	損三十二	朒二百一十七
立夏	縮六百一十三	先二千四百六十三	損四十六	朒百八十五
小滿	縮八百一十三	先千八百五十	損六十一	朒百三十九
芒種	縮千三十七	先千三十七	損七十八	朒七十八
夏至	縮千三十七	後端	益七十八	朓初
小暑	縮八百一十三	後千三十七	益六十一	朓七十八
大暑	縮六百一十三	後千八百五十	益四十六	朓百三十九
立秋	縮四百三十	後二千四百六十三	益三十三	朓百八十五
處暑	縮二百五十九	後二千八百九十三	益十九	朓二百一十七
白露	縮九十四	後三千一百五十二	益七	朓二百三十六
秋分	盈九十四	後三千二百四十六	損七	朓二百四十三
寒露	盈二百五十九	後三千一百五十二	損十九	朓二百三十六
霜降	盈四百三十	後二千八百九十三	損三十二	朓二百一十七
立冬	盈六百一十三	後二千四百六十三	損四十六	朓百八十五
小雪	盈八百一十三	後千八百五十	損六十一	朓百三十九
大雪	盈千三十七	後千三十七	損七十八	朓七十八

定氣所有日及餘以辰計之曰辰數與大衍同
六虛之差七秒七十
轉終分百三十六萬六千一百五十六
轉終日二十七餘七百四十三秒五
秒法三十七
轉法六十七 約轉分爲度曰速程積速程曰轉積度

轉終日	轉分 列衰	損益率	朓朒積
一日	九百八十六 退十二	益百三十五	朓初
二日	九百七十四 退十二	益百一十七	朓百三十五
三日	九百六十二 退十四	益九十九	朓二百五十二
四日	九百四十八 退十五	益七十八	朓三百五十一
五日	九百三十三 退十五	益五十六	朓四百二十九
六日	九百一十八 退十六	益三十三	朓四百八十五
七日	九百二 退十六	初益八 末損一	朓五百一十八
八日	八百八十六 退十六	損十四	朓五百二十五
九日	八百七十 退十五	損三十八	朓五百一十一
十日	八百五十五 退十四	損六十二	朓四百七十三
十一日	八百四十一 退十三	損八十五	朓四百一十一
十二日	八百二十八 退十一	損百三	朓三百二十六
十三日	八百一十七 退七	損百一十八	朓二百二十三
十四日	八百一十 退三 進一	初損百五 末益三十	朓百五
十五日	八百八 進十一	益百二十八	朒三十
十六日	八百一十九 進十三	益百一十五	朒百五十八

十七日	八百三十二 進十四	益九十五	朒二百七十三
十八日	八百四十六 進十五	益七十四	朒三百六十八
十九日	八百六十一 進十六	益五十二	朒四百四十二
二十日	八百七十七 進十六	益二十八	朒四百九十四
二十一日	八百九十三 進十六	初益六 末損三	朒五百二十二
二十二日	九百九 進十五	損二十	朒五百二十五
二十三日	九百二十四 進十五	損四十二	朒五百五
二十四日	九百三十九 進十五	損六十五	朒四百六十三
二十五日	九百五十四 進十四	損八十九	朒三百九十八
二十六日	九百六十八 進十一	損百九	朒三百九
二十七日	九百七十九 進六	損百二十五	朒二百
二十八日	九百八十五 進五 退四	初損七十五 末益入後	朒七十五

七日 初千一百九十一 末百四十九　十四日 初千四十二 末二百九十八

二十一日 初八百九十二 末四百四十八　二十八日 初七百四十三 末五百九十七

入交陰陽	屈伸率	屈伸積
一日	屈二十四	積初
二日	屈十七	積二十四
三日	屈十一	積四十一
四日	屈八	積五十二
五日	屈十一	積六十
六日	屈十七	積一度四
七日	初屈十八 末伸六	積一度二十一
八日	伸十七	積一度三十三
九日	伸十一	積一度十六
十日	伸八	積一度五
十一日	伸十一	積六十四
十二日	伸十七	積五十三
十三日	伸二十四	積三十六
十四日	初伸十二 末屈入後	積十二

半紀六百七十

象積四百八十

辰刻八刻分百六十

昏明刻各二刻分二百四十

交終三億六千四百六十四萬三千七百六十七

交終日二十七餘二百八十四秒三千七百六十七

交中日十三餘八百一十二秒千八百八十三半

朔差日二餘四百二十六秒六千二百三十三

望差日一餘二百一十三秒三千一百一十六半

望數日十四餘千二十五秒五千

交限日十二餘五百九十八秒八千七百六十七

交率六十一

交數七百七十七　凡春分後陰曆交後秋分後陽曆交後為月道同名餘皆為異名

辰分百一十三

秒法一萬

去交度乘數十一除數千一百六十五

太陰損益差冬至夏至益十九積七十六小寒小暑益十七積九十五大寒大暑益十四積百一十一立春立秋益十二積百二十五雨水處暑益十積百三十七驚蟄白露益七積百四十七春分秋分損七積百五十四清明寒露損十積百四十七穀雨霜降損十二積百三十七立夏立冬損十四積百二十五小滿小雪損十七積百一十一芒種大雪損十九積九十五依定氣求朓朒術入之各得其望日所入定數

太陽每日蝕差月在陰曆自秋分後春分前皆以四百五十七為蝕差入春分後日損五分入夏至初日損不盡者七乃自後日益五分月在陽曆自春分後秋分前亦以四百五十七為蝕差入秋分後日損五分入冬至初日損不盡者七乃自後日益五分各得

朔日所入定數

歲星終率五十三萬四千四百八十二秒三十六

終日三百九十八餘千一百六十二秒三十六

變差十四秒八十八

象筭九十一餘百五秒十八

爻筭十五餘七十三秒四十六微分三十二

乘數五

除數四

熒惑終率百四萬三千八十八秒八十三

終日七百七十九餘千二百二十八秒八十三

變差三十二秒五十七

象筭九十一餘百六秒二十八微分五十四

爻筭十五餘七十三秒五十四微分七十三

乘數二十七

除數三十

鎮星終率五十萬六千六百二十三秒二十九

終日三百七十八餘百三秒二十九

變差九秒八十七

象筭九十一餘百四秒八十六微分六十六

爻筭十五餘七十三秒三十一微分十一

乘數十二

除數十一

太白終率七十八萬二千四百四十九秒九

終日五百八十三餘千二百二十九秒九

中合二百九十二餘千二百八十四秒五十九微分七十二

變差四十九秒七十二

象筭九十一餘百七秒三十五微分七十二

爻筭十五餘七十三秒七十二微分六十

乘數十五

除數二

辰星終率十五萬五千二百七十八秒六十六

終日百一十五餘千一百七十八秒六十六

中合五十七餘千二百五十九秒三十三

變差五十秒八十五

象筭九十一餘百七秒四十二微分七十八

爻筭十五餘七十三秒七十三微分七十七

秒法百

微分法九十六

星名	爻目損益率	進退積	爻目損益率	進退積
歲星	少陽少陰初益三百四十二	進退空	老陽老陰初損五十四	進退千三百五十七
	少陽少陰二益三百一十八	進退三百四十一	老陽老陰二損百四十六	進退千三百三
	少陽少陰三益二百七十七	進退六百五十九	老陽老陰三損二百二十	進退千一百五十七
	少陽少陰四益二百二十一	進退九百三十六	老陽老陰四損二百七十七	進退九百三十六
	少陽少陰五益百四十六	進退千一百五十七	老陽老陰五損三百一十八	進退六百五十九
	少陽少陰上益五十四	進退千三百三	老陽老陰上損三百四十二	進退三百四十一
熒惑	少陽少陰初益五百四十五	進退空	老陽老陰初損八十二	進退二千二百三十九
	少陽少陰二益五百四	進退五百四十五	老陽老陰二損二百二十七	進退二千五十七
	少陽少陰三益四百三十七	進退千四十九	老陽老陰三損三百四十四	進退千八百三十
	少陽少陰四益三百四十四	進退千四百八十六	老陽老陰四損四百三十七	進退千四百八十六
	少陽少陰五益二百二十七	進退千八百三十	老陽老陰五損五百四	進退千四十九
	少陽少陰上益八十二	進退二千五十七	老陽老陰上損五百四十五	進退五百四十五
鎮星	少陽少陰初益七百四十二	進退空	老陽老陰初損百八	進退二千八百七十七
	少陽少陰二益六百八十一	進退七百四十二	老陽老陰二損三百	進退二千七百六十八
	少陽少陰三益五百八十六	進退千四百二十三	老陽老陰三損四百五十九	進退二千四百六十八
	少陽少陰四益四百五十九	進退二千九	老陽老陰四損五百八十六	進退二千九
	少陽少陰五益三百	進退二千四百六十八	老陽老陰五損六百八十一	進退千四百二十三

星目	少陽／少陰	進／退	老陽／老陰	進／退
	上益百八	二千七百六十八	上損七百四十二	七百四十二
太白	初益百一十二	空	初損十九	四百三十六
	二益百二	百一十二	二損四十七	四百一十七
	三益八十八	二百一十四	三損六十八	三百七十
	四益六十八	三百二	四損八十八	三百二
	五益四十七	三百七十	五損百二	二百一十四
	上益十九	四百一十七	上損百一十二	百一十二
辰星	初益二百八十三	空	初損四十一	千八十八
	二益二百五十八	二百八十三	二損百一十三	千四十七
	三益二百二十一	五百四十一	三損百七十二	九百三十四
	四益百七十二	七百六十二	四損二百二十一	七百六十二
	五益百一十三	九百三十四	五損二百五十八	五百四十一
	上益四十一	千四十七	上損二百八十三	二百八十三

星目	變行目	變行日中率	變行度中率	差行損益率
歲星	合後伏	十七日百四十五分	行三度二百四十五分	先遲日益疾二分
	前順	百一十四日	行十八度二百八十九分	先疾二日益遲一分
	前留	二十七日		
	前退	四十一日	退五度百六十二分	先遲四日益疾三分
	後退	四十一日	退五度百六十三分	先遲四日益疾三分
	後留	二十七日		
	後順	百一十四日	行十八度二百八十九分	先遲二日益疾一分
	合前伏	十七日百四十六分	行三度二百四十六分	先疾日益遲二分
熒惑	合後伏	七十一日三百二十二分	行五十四度三百二十二分	先疾五日益遲七分
	前疾	百八日	行七十度	先疾三日益遲一分
	前次疾	百六日	行六十六度	先疾九日益遲四分
	前遲	六十日	行二十五度	先疾日益遲四分
	前留	十三日		
	前退	三十一日	退八度二百一十分	先遲六日益疾五分
	後退	三十一日	退八度二百一十分	先疾六日益遲五分
	後留	十三日		
	後遲	六十日	行二十五度	先遲日益疾四分
	後次疾	百六日	行六十六度	先遲九日益疾二分
	後疾	百八日	行七十度	先遲三日益疾一分
	合前伏	七十一日三百二十三分	行五十四度三百二十二分	先遲五日益疾七分
鎮星	合後伏	十八日百八十四分	行一度百八十四分	先遲日益疾二分
	前順	八十三日	行七度百二分	先疾三日益遲一分
	前留	三十七日百六十四分		
	前退	五十日	退三度百四十七分	先遲十四日益疾一分
	後退	五十日	退三度百四十七分	先疾十四日益遲一分
	後留	三十七日百六十四分		
	後順	八十三日	行七度百二分	先遲三日益疾一分
	合前伏	十八日百八十四分	行一度百八十四分	先疾日益遲二分
太白	晨合後伏	四十一日二百八十分	行五十二度二百八十分	先疾五日益遲八分
	夕疾行	百七十一日	行二百六度	先疾五日益遲四分
	夕平行	十二日	行十二度	
	夕遲行	四十三日	行三十一度	先疾日益遲五分
	夕留	八日		
	夕退	十日	退五度	先遲日益疾四分
	夕合前伏	六日	退五度	先遲日益疾四十六分
	夕合後伏	六日	退五度	先疾日益遲四十六分
	晨退	十日	退五度	先疾日益遲四分
	晨留	八日		
	晨遲行	四十三日	行三十一度	先遲日益疾五分
	晨平行	十二日	行十二分	
	晨疾行	百七十一日	行二百六度	先遲五日益疾四分
	晨合前伏	四十一日二百八十分	行五十二度二百八十分	先遲三日益疾八分

辰星

晨合後伏	十六日三百十五分	行三十三度三百十五分	先遲日益疾十一分
夕疾行	十二日	行十七度	先疾日益遲二十五分
夕平行	九日	行九度	
夕遲行	六日	行四度	先疾日益遲三十八分
夕留	三日		
夕合前伏	十一日	退六度	先遲三日益疾十五分
夕合後伏	十一日	退六度	先疾日益遲十五分
晨留	三日		
夕合前伏	十一日	退六度	先遲日益疾十五分
夕合後伏	十一日	退六度	先疾日益遲十五分
晨留	三日		
晨遲行	六日	行四度	先遲日益疾三十八分
晨平行	九日	行九度	
晨疾行	十二日	行十七度	先遲日益疾二十五分
晨合前伏	十六日	行三十三度三百十五分	先疾日益遲十一分

德宗時五紀曆氣朔加時稍後天推測星度與大衍差率頗異詔司天徐承嗣與夏官正楊景風等雜麟德大衍之旨治新曆上元七曜起赤道虛四度建中四年曆成名曰正元其氣朔發斂日躔月離軌漏交會悉如五紀法惟發斂加時繫辰法皆以象統乘小餘通法而一爲半辰數餘五因之六刻法除之得刻不盡六而一爲刻分其軌漏夜半刻分以刻法準象積取其數用之以刻法通夜半定漏刻內分二十而一爲晨初餘數月蝕去交分如二百七十九巳下者既巳上以減望差六十六約之爲蝕分日蝕差亦十五約之以減八十五餘爲定法又加減去交分訖以減望差八十五約之得蝕分日法不同也其五星寫麟德曆舊術因冬至後夜半平合日筭加合後伏日及餘即平見日筭金水先得夕見其滿晨見伏日及餘秒去之餘爲晨平見求入常氣以取定見而推之麟德曆之啓蟄正元曆之雨水麟德曆之雨水正元曆之驚蟄也

麟德曆熒惑前後疾變度率初行入氣差行日益遲疾一分正元曆則二分亦度母不同也詔起五年正月行新曆會朱泚之亂改元興元自是頒用訖元和元年建中正元曆演紀上元甲子距建中五年甲子歲積四十萬二千九百筭外

正元通法千九十五

策實三十九萬九千九百四十三

揲法三萬三千三百三十六

章閏萬一千九百一十一

策餘五千七百四十三

用差六千一百六十八

掛限三萬一千三百四十三

三元之策十五餘二百三十九秒七

四象之策二十九餘五百八十一

一象之策七餘四百一十九

中盈分四百七十八秒一十四

朔虛分五百一十四

象統二十四

象位六

天中之策五餘七十九秒五十五秒母七十二

地中之策六餘九十五秒四十三秒母六十

貞悔之策三餘四十七秒五十一半

刻法二百一十九 六刻法千三百一十四

乾實三十九萬九千九百五十五秒二

周天度三百六十五虛分二百八十秒二

歲差十二秒二

秒母百

定氣盈縮分	先後數	損益率	朓朒積
冬至 盈八百四十八	先端	益六十三	朒初

定氣	盈縮分	先後數	損益率	朓朒積
小寒	盈六百六十四	先八百四十八	益五十	朒六十三
大寒	盈五百一	先千五百一十二	益三十七	朒百一十三
立春	盈三百五十一	先二千一十三	益二十六	朒百五十
雨水	盈二百一十二	先二千三百六十四	益十六	朒百七十六
驚蟄	盈七十七	先二千五百七十六	益六	朒百九十二
春分	縮七十七	先二千六百五十三	損六	朒百九十八
清明	縮二百一十二	先二千五百七十六	損十六	朒百九十二
穀雨	縮三百五十一	先二千三百六十四	損二十六	朒百七十六
立夏	縮五百一	先二千一十三	損三十七	朒百五十
小滿	縮六百六十四	先千五百一十二	損五十	朒百一十三
芒種	縮八百四十八	先八百四十八	損六十三	朒六十三
夏至	縮八百四十八	後端	益六十三	朓初
小暑	縮六百六十四	後八百四十八	益五十	朓六十三
大暑	縮五百一	後千五百一十二	益三十七	朓百一十三
立秋	縮三百五十一	後二千一十三	益二十六	朓百五十
處暑	縮二百一十二	後二千三百六十四	益十六	朓百七十六
白露	縮七十七	後二千五百七十六	益六	朓百九十二
秋分	盈七十七	後二千六百五十三	損六	朓百九十八
寒露	盈二百一十二	後二千五百七十六	損十六	朓百九十二
霜降	盈三百五十一	後二千三百六十四	損二十六	朓百七十六
立冬	盈五百一	後二千一十三	損三十七	朓百五十
小雪	盈六百六十四	後千五百一十二	損五十	朓百一十三
大雪	盈八百四十八	後八百四十八	損六十三	朓六十三

定氣朓朒數同大衍

六曆之差六秒二十

轉終分三億一百七十二萬一百三十二

轉終日二十七餘六百七秒百三十二

入轉秒法一萬

轉法二百一十九　約轉分為度曰逡程，積逡程曰轉積度

終日	轉分　列衰	損益率	朓朒積
一日	三千二百二十二　退三十八	益百一十	朓初
二日	三千一百八十四　退四十	益九十六	朓百一十
三日	三千一百四十四　退四十五	益八十一	朓二百六
四日	三千九十九　退四十九	益六十四	朓二百八十七
五日	三千五十　退四十九	益四十六	朓三百五十一
六日	三千一　退五十三	益二十七	朓三百九十七
七日	二千九百四十八　退五十二	初益七　末損一	朓四百二十四
八日	二千八百九十六　退五十二	損十二	朓四百三十
九日	二千八百四十四　退四十九	損三十一	朓四百一十八
十日	二千七百九十五　退四十九	損五十一	朓三百八十七
十一日	二千七百四十六　退四十六	損六十八	朓三百三十六
十二日	二千七百　退三十	損八十五	朓二百六十八
十三日	二千六百七十　退二十二	損九十六	朓百八十三
十四日	二千六百四十八　退十　進三	初損八十七　末益二十五	朓八十七
十五日	二千六百四十一　進三十六	益百七	朒二十五
十六日	二千六百七十七　進四十三	益九十四	朒百三十二
十七日	二千七百二十　進四十五	益七十八	朒二百二十六
十八日	二千七百六十五　進四十九	益六十一	朒三百四
十九日	二千八百一十四　進五十三	益四十二	朒三百六十五
二十日	二千八百六十七　進五十二	益二十三	朒四百七
二十一日	二千九百一十九　進五十二	初益五　末損二	朒四百三十
二十二日	二千九百七十一　進四十九	損十六	朒四百三十三
二十三日	三千二十　進四十九	損三十五	朒四百一十七
二十四日	三千六十九　進四十九	損五十三	朒三百八十二
二十五日	三千一百一十八　進四十六	損七十一	朒三百二十九
二十六日	三千一百六十四　進三十六	損八十八	朒二百五十八

二十七日	三千二百 遲二十	損百一	朒百七十
二十八日	三千二百二十 遲十一	初損六十八 末益百十二	朒六十八

七日初九百七十三末百二十二

十四日初八百五十一末二百四十四

二十一日初七百二十九末三百六十六

二十八日初六百七末四百八十八

入交陰陽	屈伸率	屈伸積
一日	屈七十八	積初
二日	屈五十六	積七十八
三日	屈三十六	積百三十四
四日	屈二十六	積百七十
五日	屈三十六	積百九十六
六日	屈五十六	積一度十三
七日	初屈五十九 末伸二十	積一度六十九
八日	伸五十六	積一度百八
九日	伸三十六	積一度五十二
十日	伸二十六	積一度十六
十一日	伸三十六	積二百九
十二日	伸五十六	積百七十三
十三日	伸七十八	積百一十七
十四日	初伸三十九 末屈八微	積三十九

辰刻八刻分七十三

刻法二百一十九

昏明刻各二刻分百九半

交終分二億九千七百九十七萬三千八百一十五

交終日二十七餘二百三十二秒三千八百一十五

交中日十三餘六百六十三秒六千九百七半

朔差日二餘三百四十八秒六千一百八十五

望差日一餘百七十四秒三千九十二半

望數日十四餘八百三十八

交限日十二餘四百八十九秒三千八百一十五

交率六十一

交數七百七十七

交辰法九十一少

秒法一萬

去交度乘數十一除數九百四十五

太陰損益差冬至夏至益十六積六十二小寒小暑益十三積七十八大寒大暑益十一積九十一立春立秋益十積百二雨水處暑益八積百一十二驚蟄白露益六積百二十春分秋分損六積百二十六清明寒露損八積百二十穀雨霜降損十積百一十二立夏立冬損十一積百二小滿小雪損十三積九十一芒種大雪損十六積七十八以損益依入定氣求朓朒術入之各得其望日所入定數

太陽毎日蝕差月在陰曆自秋分後春分前皆以三百七十三爲蝕差入春分後日損四分入夏至初日損不盡者六乃自後日益四分月在陽曆自春分後秋分前亦以三百七十三爲蝕差入秋分後日損四分入冬至初日損不盡者六乃自後日益四分各得朔日所入定數

歲星終率四十三萬六千七百六十秒四

終日三百九十八餘九百五十秒四

合後伏日十七餘千二十三

熒惑終率八十五萬四千七秒七十九

終日七百七十九餘千二秒七十九

合後伏日七十一餘千四十九

鎮星終率四十一萬三千九百九十四秒六十三

終日三百七十八餘八十四秒六十三

合後伏日十八餘五百九十

太白終率六十三萬九千三百八十九秒二十八

晨合後伏日四十一餘九百一十五

夕見伏日二百五十六餘五百二秒一十四

晨見伏日三百二十七餘五百二秒一十四

辰星終率十二萬六千八百八十八秒四半

終日百一十五餘九百六十三秒四半

晨合後伏日十六餘千四十

夕見伏日五十二餘四百八十一秒五十二少

晨見伏日六十三餘四百八十一秒五十二少

秒法一百

五星平見加減差

歲星初見去日十四度見入冬至畢小寒均減六日自入大寒後日損百九分半入春分初日依平自後日加百四十五分半入立夏畢小滿均加六日自入芒種後日損百四十五分入夏至畢立秋均加四日自入處暑後日損二百九十一分半入白露初日依平自後日減八十七分入小雪畢大雪均減六日

熒惑初見去日十七度見入冬至初日減二十七日自後日損九百八十五分半入大寒初日依平自後日加六百五十七分入驚蟄畢穀雨均加二十七日自入立夏後日損三百二十三分入立秋依平自入處暑後日減三百二十三分入小雪畢大雪均減二十七日

鎮星初見去日十七度見入冬至初日減四日自後日益百四十五分半入大寒畢春分均減八日自入清明後日損九十六分入小暑初日依平自後日加百四十五分半入白露初日加八日自後日損二百九十一分入秋分均加四日自入寒露後日損九十六分入小雪初日依平自後日減百四十五分半

太白初見去日十一度夕見入冬至初日依平自後日減百六十三分入雨水畢春分均減九日自入清明後日減百六十三分入芒種依平自入夏至日加百六十三分入處暑畢秋分均加九日自入寒露後日損百六十三分入大雪依平晨見入冬至依平入小寒後日加百九分半入立春畢立夏均加三日入小滿後日損百九分半入夏至依平入小暑後日減百九分半入立秋畢立冬均減三日入小雪後日損百九分半

辰星初見去日十七度夕見入冬至畢清明依平入穀雨畢芒種均減二日入夏至畢大暑依平入立秋畢霜降應見不見其在立秋及霜降二氣之內者去日十八度外三十六度內有水火土金一星已上者見入立冬畢大雪依平晨見入冬至均減四日入小寒畢雨水均減三日其在雨水氣內去日度如前晨無木火土金一星已上者亦不見入驚蟄畢立夏應見不見其在立夏氣內去日度如前晨有水火土金一星已上者亦見入小滿寒露依平入霜降畢立冬均加一日入小雪畢大雪依平

五星變行加減差日度率

歲星前順差行百一十四日行十八度九百七十一分先疾二日益遲三分

前留二十六日

前退差行四十二日退六度先遲日益疾二分

後退差行四十二日退六度先疾日益遲二分

後留二十五日

後順差行百一十四日行十八度九百七十一分先遲二日益疾三分日盡而夕伏

熒惑前疾入冬至初日二百四十三日行百六十五度自後三日損日度各一小寒初日二百三十三日行百五十五度自後二日損日度各一穀雨四日依平畢小滿九日百七十八日行百度自九日後三日損日度各一夏至初日依平畢六日百七十一日行九十三度自六日後每三日益日度各一立秋初日百八十四日行百六度自後每日益日度各一白露初日二百一十四日行百三十六度自後五日益日度各六秋分初日二百三十二日行百

五十四度自後每日益日度各一寒露初日二百四十七日行百
六十九度自後五日益日度各三霜降五日依平畢立冬十三日
二百五十九日行百八十一度自入十三日後二日損日度各一
前遲差行入冬至六十日行二十五度先疾日益遲三分自入小
寒後三日損日度各一大寒初日五十五日行二十度自後三日
益日度各一立春初日畢清明平六十日行二十五度自入穀雨
後每氣損度一立夏初日畢小滿平六十日行二十三度自入芒種
後每氣益一度夏至初日平畢處暑六十日行二十五度自入白
露後三日損度一秋分初日六十日行二十度自後每日益日一
三日益度二寒露初日七十五日行三十度自後每日損日一
三日損度一霜降初日六十日行二十五度自後二日損度一立
冬一日平畢氣末六十日行十七度自小雪後五日益度一大雪
初日六十日行二十度自後三日益度一
前留十三日（前疾減一日率者以其差分益此留及遲日率前疾加日率者以其差分減此留及後遲日率）退行入冬至

初日六十三日行二十二度自後四日益度一小寒一日六十三
日行二十六度自入小寒一日後三日半損度一立春三日平畢
雨水六十三日退十七度自入驚蟄後二日益日度各一驚蟄八
日平畢氣末六十七日退二十一度自入春分後一日損日度各
一春分四日平畢芒種六十三日退十七度自入夏至後每六日
損日度各一大暑初日平畢氣末五十八日退十二度立秋初日
平畢氣末五十七日退十一度自入白露後二日益日度各一白
露十二日平畢秋分六十三日退十七度自入寒露後三日益日
度各一寒露九日平畢氣末六十六日退二十度自入霜降後二
日損日度各一霜降六日平畢氣末六十三日退十七度自入立
冬後三日益日度各一立冬十二日平畢氣末六十七日退二
十一度自入小雪後二日損日度各一小雪八日平畢氣末六
十三日退十七度自入大雪後三日益度一
後留冬至初日十三日大寒初日平畢氣末二十五日自入立春

後二日半損一日驚蟄初日十三日自後三日益日一清明初日
三十三日自後每日損日一清明十日平畢處暑十三日自入白
露後二日損日一秋分十一日無留自入秋分十一日後日益日
一霜降初日十九日立冬畢大雪十三日
後遲差行六十日行二十五度（先遲日益疾三分前疾加度者此遲依數減之爲定若不加度者此遲入秋分至立冬減三度入立冬到冬至減五度後留定日十三日者以所朒數加此遲日率）
後疾冬至初日二百一十日行百三十二度自後每日損日度各
一大寒八日百七十二日行九十四度自入大寒八日後二日損
日度各一雨水平畢氣末百六十一日行八十三度自入驚蟄後
三日益日度各一穀雨三日百七十七日行九十九度自三日後每
日益日度各一芒種十四日平畢夏至十日二百三十三日行百
五十五度自十日後每日益日度各一小暑五日二百五十三日
行百七十五度自後每日益日度各一大暑初日平畢處暑二百
六十三日行百八十五度自入白露後二日損日度各一秋分一日

二百五十五日行百七十七度自一日後每三日損日度各一大
雪初日二百五日行百二十七度自後三日益日度各一
鎮星前順差行八十三日行七度四百七十四分先疾三日益遲
二分
前留三十七日
前退差行五十一日退三度先遲二日益疾一分
後退差行五十一日退三度先疾二日益遲一分
後留三十六日
後順差行八十三日行七度四百七十四分先遲三日益遲二分
太白夕見入冬至畢立夏立秋畢大雪百七十二日行二百六度
自入小滿後十日益度一爲定初入白露畢春分差行先疾日
益遲二分自餘平行夏至畢小暑百七十二日行二百九度自入
大暑後五日損一度畢氣末
夕平行冬至及大暑大雪各畢氣末十三日行十三度自入冬至

後十日損一畢立春入立秋六日益一畢秋分雨水畢芒種七日行七度自入夏至後五日益一畢小暑寒露初日二十三日行二十三度自後六日損一畢小雪

夕遲差行四十二日行三十度先疾日益遲十三分前加度過二百六度者準數損此度

夕留七日

夕退十日退五度日盡而夕伏

晨退十日退五度

晨留七日

晨遲差行冬至畢立夏大雪畢氣末四十二日行三十度先遲日益疾十三分自小滿後率十日損一度畢芒種夏至畢寒露四十二日行二十七度差依前自入霜降後每氣益一度畢小雪

晨平行冬至畢氣末立夏畢氣末十三日行十三度自小寒後六日益日度各一畢雨水入小滿後七日損日度各一畢立秋驚蟄

初日二十三日行二十三度自後六日損日度各一畢穀雨處暑畢寒露無此平行自入霜降後五日益日度各一畢大雪

晨疾百七十二日行二百六度（前遲行損度不滿三十者此疾依數益之）

處暑畢寒露差行先遲日益疾二分自餘平行日盡而晨伏

辰星夕見疾十二日行二十一度十分大暑畢處暑十二日行十七度十六分

夕平七日行七度自入大暑後二日損度各一入立秋無此平行

夕遲六日行二度七分前疾行十七度者無此遲行

夕伏留五日日盡而夕伏

晨見留五日

晨遲六日行二度七分自入大寒畢雨水無此遲行

晨平行七日行七度入大寒後二日損日度各一入立春無此平行

晨疾十二日行二十一度十分前無遲行者十二日行十七度十六分日盡而晨伏

曆志第十九

曆志第二十上　　唐書三十上

翰林學士兼龍圖閣學士朝散大夫給事中知制誥充……

敕撰

憲宗即位司天徐昂上新曆名曰觀象起元和二年用之然無蔀
章之數至於察斂啟閉之候循用舊法測驗不合至穆宗立以為
累世纘緒必更曆紀乃詔日官改撰曆術名曰宣明上元七曜起
赤道虛九度其氣朔發斂日躔月離皆因大衍舊術晷漏交會
則稍增損之更立新數以步五星其大略謂通法曰統法策實曰
章歲揲法曰章月掛限曰閏限三元之策曰中節四象之策曰合
策一象之策曰象準策餘曰通餘爻數曰紀法通紀法為分曰
旬周章歲乘年曰通積分地中之策曰候策天中之策曰卦策以
貞悔之策減中節曰辰數以加季月之節即土用事日凡小餘滿
辰法為辰數滿刻法為刻乾實曰象數秒法三百以乘統法曰分
統凡步七曜入宿度皆以刻法為度母凡刻法乘盈縮分如定氣

而一曰氣中率與後氣中率相減為合差以定氣乘合差併後定
氣以除為中差加減氣率為初末率倍中差百乘之以定氣除
為日差半之以加減初末各為定率以日差累加減之為每日盈
縮分凡百乘氣下先後數先減後加常氣為定氣限數乘歲差
千四百四十為秒分以加中節因冬至黃道日度累而裁之得每
定氣初日度入轉曰曆凡入曆如曆中已下為進已上去之為退
凡定朔小餘秋分後四分之三已上進一日春分後晝明小餘差春
分初日者五而一以減四分之三定朔小餘如此數已上者進一
日或有交應見虧初則否定弦望小餘不滿晝明小餘者退一日
或有交應見虧初者亦如之凡正交以平交入曆朓朒定數朓減
朒加平交入定氣餘滿若不足進退日算為正交入定氣不復以
交率乘交數除又不加減平交入氣朓朒也凡推月度以曆分乘
夜半定全漏如刻法而一為晨分以減曆分為昏分又以定朔弦
望小餘乘曆分統法除之以減晨分餘為前不足反相減餘為後

乃前加後減加時月度為晨昏月度以所入加時日度減
後曆加時日度餘加上弦之度及餘以所入日前減後加又以後
曆前加後減各為定程乃累計距後曆每日曆度及分以減定
程為盈不足反相減為縮以距後曆日數均其差盈減縮加每日
曆分為曆定分累以加朔弦望晨昏月度為每日晨昏月度不
復加減屈伸也交統曰中統象積曰刻法消息曰屈伸以屈伸準
盈縮分求每日所入日定衰五乘之二十四除之曰漏差屈加伸
減氣初夜半漏得每日夜半定漏刻法通為分曰晝明小餘二
十一乘屈伸定數二十五而一為黃道屈伸差乃屈減伸加氣初
去極度分得每日去極度分以萬二千三百八十六乘黃道屈伸
差萬六千二百七十七而一為每日度差屈減伸加氣初距中度
分得每日距中度數凡屈伸準消息於中晷曰定數於漏刻曰
漏差於去極曰屈伸差於距中度曰度差交終曰終率朔差曰交
朔望數曰交望交限曰前準望差曰後準凡月行入四象陰陽度

有分者十乘之七而一為度分不盡十五乘之七除為大分不盡
又除為小分乃以一象之度九十除之兼除度差分百一十三大分
七小分一少然後以次象除之凡日蝕以定朔日出入辰刻距午
正刻數約百四十七為時差視定朔小餘如半法已下以減半法
為初率已上減去半法餘為末率以乘時差如刻法而一初率以
減末率倍之以加定朔小餘為蝕定餘月蝕以定望小餘為蝕定
餘凡日蝕有氣差有刻差有加差二至之初氣差二千三百五十
距二至前後每日損二十六至二分而空以日出沒辰刻距午正
刻數約其朔日氣差以乘食甚距午正刻數所得以減氣差為
定數春分後陰曆加之陽曆減之秋分後陰曆減之陽曆加之二
至初日無刻差自後每日益差分二小分十起立春至立夏起立
秋至立冬皆以九十四分有半為刻差自後日損差分二小分十
至二至之初損盡以朔日刻差乘食甚距午正刻數為刻差定數
冬至後食甚在午正前夏至後食甚在午正後陰曆以減陽曆以

加冬至後食甚在午正後夏至後食甚在午正前陰曆以加陽曆以
減又立冬初日後每氣增差十七至冬至初日得五十一自後每氣損十
七終于大寒損盡若蝕甚在午正後則每刻累益其差陰曆以減陽
曆以加應加減差同名相從異名相銷各爲蝕差以加減去交分爲
定分月在陰曆不足減反減蝕差交前減之餘爲陽曆交後定分交
後減之餘爲陽曆交前定分皆不蝕陽曆不足減亦反減蝕差交前
減之餘爲陰曆交後定分交後減之餘爲陰曆交前定分皆蝕凡去交
定分如陽曆蝕限已下爲陽曆蝕以陽曆定法約爲蝕分已上者以陽
曆蝕限減之餘爲陰曆蝕以陰曆定法約之以減十五餘爲蝕分凡月
蝕去交分二千一百四十七已下皆既已上者以減後準餘如定法五百
六約爲蝕分凡月蝕既汎用刻二十如去交分千四百三十五已下因增半
刻七百一十二已下又增半刻凡日月帶蝕出沒各以定法通蝕
分半定用刻約之以乘見刻多於半定用刻出爲進沒爲退少於
半定用刻出爲退沒爲進各如定法而一爲見蝕之大分朔晝望

夜皆爲見刻其九服蝕差則不復考　諸五星終率曰周率因平
合加中伏得平見金水加夕得晨加晨得夕又以變差乘年滿變
數去之不盡爲變交三百約爲分統法而一以減平見（見三十六乘平見秒十二乘）
（變交秒同以三千六百約爲母）餘如交率已下星在陽曆已上去之爲入陰曆各以
變策除爲變數命初變算外不盡爲入其變度數及餘自此
百約餘分母同刻法以所入變下數加減平見爲常見金星晨見
先計自夕見盡夕退應加減先後差同名相從異名相銷與晨常
見加減差異名相銷同名相從依加減晨平見爲常見凡常見計
入定氣求先後定數各以差率乘之差數而一爲定差晨見先減
後加夕見先加後減常見爲定見以常見與定見加減數加減平
見入變度數及餘秒爲定見初變所入以所行度順加退減之即
次變所入各以所入變下差數於減日度變率（其水星常見與定見加減數同名相從異
名相銷反其加減夕見差加疾行日率者倍其差加度率又分其差以加遲留日率晨見亦分其差以加遲留日率以所差之數加疾行日率亦倍其差加疾行度率夕見
差減疾行日率皆倍其差減度率又以其差減留日不足減侵減遲日晨見差減遲日不足減者侵減遲日亦以其差減疾行日率倍其差以減度率）前變初

日與後變末日先後數同名相從異名相從爲先後定數各以差
率乘之差數而一爲日差（金星用後變差率差數）以先後定數減之爲度差
（金星夕伏以日差減先後定數爲度差晨伏以先後定數加日差爲度差水星夕伏以先後定數爲日差倍之爲度差）乃以日度差
積盈者以減積縮者以加末變日度率（金水晨伏反用其差）又倍退行差差
率乘之差數而一爲日差以退差減之爲度差（金星夕伏以日差減退差爲度差晨伏加
退差加日差爲度差）以退行日度差應加者減末變日度率（晨伏反用其差）各加減
變訖爲日度定率佗亦皆準大衍曆法其分秒不同則各據本
曆母法云起長慶二年用宣明曆自敬宗至于僖宗皆遵用之
雖朝廷多故不暇討論然大衍曆後法制簡易合望密近無能
出其右者訖景福元年觀象曆今有司無傳者長慶宣明曆
演紀上元甲子至長慶二年壬寅積七百七萬一百三十八算外
宣明統法八千四百
章歲三百六萬八千五十五
章月二十四萬八千五十七

通餘四萬四千五十五
章閏九萬一千三百七十一
閏限二十四萬四百四十三秒六
中節十五餘千八百三十五秒五
合策二十九餘四千四百五十七
象準七餘三千二百一十四少中盈分三千六百七十一秒二
朔虛分三千九百四十三
旬周五十萬四千
紀法六十
秒法八
候數五餘六百一十一秒七
卦位六餘七百三十四秒二
辰數十二餘千四百六十八秒四
刻法八十四

象數九億二千四十四萬六千二百九十九

周天三百六十五度

虛分二千一百五十三秒二百九十九

歲差二萬九千六百九十九

分統二百五十二萬　秒母三百

氣節	盈縮分	先後數	損益率	朓朒數
冬至	盈六十	先初	益四百四十九	朒初
小寒	盈五十	先六十	益三百七十四	朒四百四十九
大寒	盈四十	先百一十	益二百九十九	朒八百二十三
立春	盈三十	先百五十	益二百二十四	朒千一百二十二
雨水	盈十八	先百八十	益百三十五	朒千三百四十六
驚蟄	盈六	先百九十八	益四十五	朒千四百八十一
春分	縮六	先二百四	損四十五	朒千五百二十六
清明	縮十八	先百九十八	損百三十五	朒千四百八十一
穀雨	縮三十	先百八十	損二百二十四	朒千三百四十六
立夏	縮四十	先百五十	損二百九十九	朒千一百二十二
小滿	縮五十	先百一十	損三百七十四	朒八百二十三
芒種	縮六十	先六十	損四百四十九	朒四百四十九
夏至	縮六十	後初	益四百四十九	朓初
小暑	縮五十	後六十	益三百七十四	朓四百四十九
大暑	縮四十	後百一十	益二百九十九	朓八百二十三
立秋	縮三十	後百五十	益二百二十四	朓千一百二十二
處暑	縮十八	後百八十	益百三十五	朓千三百四十六
白露	縮六	後百九十八	益四十五	朓千四百八十一
秋分	盈六	後二百四	損四十五	朓千五百二十六
寒露	盈十八	後百九十八	損百三十五	朓千四百八十一
霜降	盈三十	後百八十	損二百二十四	朓千三百四十六
立冬	盈四十	後百五十	損二百九十九	朓千一百二十二
小雪	盈五十	後百一十	損三百七十四	朓八百二十三
大雪	盈六十	後六十	損四百四十九	朓四百四十九

二十四定氣皆百乘其氣盈縮分盈減縮加中節爲定氣所有日及餘秒

六虛之差五十三秒二百九十九

曆周二十三萬一千四百五十八秒十九

曆周日二十七餘四千六百五十八秒十九

曆中日十三餘六千五百二十九秒九半

周差日一餘八千一百九十八秒八十一

秒母一百

七日初數七千四百六十五末數九百三十五

十四日初數六千五百二十九末數千八百七十一

上弦九十一度餘二千六百三十八秒百四十九太

望百八十二度餘五千二百七十六秒二百九十九半

下弦二百七十三度餘七千九百一十五秒百四十九半

秒母三百以刻法約曆分爲度積之爲積度

曆日	曆分　進退衰	積度	損益率	朓朒積
一日	千一十二　進十四	初度	益八百三十	朒初
二日	千二十六　進十六	十二度四分	益七百二十六	朒八百三十
三日	千四十二　進十八	二十四度二十二分	益六百六	朒千五百五十六
四日	千六十　進十八	三十六度五十六分	益四百七十一	朒二千一百六十二
五日	千七十八　進十八	四十九度二十四分	益三百三十七	朒二千六百三十三
六日	千九十六　進十九	六十二度一十分	益二百二	朒二千九百七十
七日	千一百一十五　進十九	七十五度十四分	初益五十三　末損七	朒三千一百七十二
八日	千一百三十四　進十九	八十八度三十七分	損八十二	朒三千二百一十八
九日	千一百五十三　進十九	百一度七十九分	損二百二十四	朒三千一百三十六
十日	千一百七十二　進十九	百一十五度五十六分	損三百六十六	朒二千九百一十二
十一日	千一百九十一　進十八	百二十九度五十二分	損五百九	朒二千五百四十六

十二日	千二百九 進十四	百四十三度六十七分	損六百四十三	朒二千三十七
十三日	千二百二十三 進十一	百五十八度十六分	損七百四十八	朒千三百九十四
十四日	千二百三十四 進退空	百七十二度六十二分	初損六百四十六	朒六百四十六
一日	千二百三十四 退十四	百八十七度三十七分	益八百三十	朓初
二日	千二百二十 退十七	二百二度十一分	益七百二十六	朓八百三十
三日	千二百三 退十八	二百十六度五十五分	益五百九十八	朓千五百五十六
四日	千一百八十五 退十六	二百三十度八十二分	益四百六十四	朓二千一百五十四
五日	千一百六十七 退十八	二百四十五度七分	益三百二十九	朓二千六百一十八
六日	千一百四十九 退十八	二百五十八度八十二分	益百九十五	朓二千九百四十七
七日	千一百三十一 退十九	二百七十二度五十五分	初益五十三 末損七	朓三千一百四十二
八日	千一百一十二 退十九	二百八十六度十分	損八十二	朓三千一百八十八
九日	千九十三 退十九	二百九十九度三十六分	損二百二十五	朓三千一百六
十日	千七十四 退十八	三百一十二度三十六分	損三百六十六	朓二千八百八十一
十一日	千五十六 退十七	三百二十五度十三分	損五百一	朓二千五百一十五
十二日	千三十九 退十五	三百三十七度五十二分	損六百二十八	朓二千一十四
十三日	千二十四 退十二	三百五十度八分	損七百四十	朓千三百八十六
十四日	千一十二 進退空	三百六十二度三十四分	初損六百四十六	朓六百四十六

中統四千二百

辰刻八刻分二十八

昏明刻各二刻分四十二

刻法八十四度母同刻法距極度五十六餘八十二分半

北極出地三十四度餘四十七分半

定氣	屈伸數	黃道去極度	陽城日晷	夜半定漏	距中星度
冬至	屈六十五	百一十五度十七分	丈二尺七寸三十二分	二十七刻四十分	八十二度三十二分
小寒	屈二百二十五	百一十四度三十六分	丈二尺三寸九分十一	二十七刻二十九分	八十二度六十四分
大寒	屈三百六十五	百一十二度二十五分	丈一尺三寸八分三十	二十六刻十四分	八十四度四十分
立春	屈四百八十五	百八度五十五分	九尺九寸四分七十八	二十六刻十分	八十七度三十二分
雨水	屈五百八十五	百三度六十七分	八尺三寸七分八十一	二十五刻九分	九十度七十分
驚蟄	屈六百六十五	九十七度八十分	六尺八寸八分七十四	二十三刻七十四分	九十五度三十三分
春分	屈六百六十五	九十一度二十五分	五尺四寸四分七十	二十二刻四十六分	百度三十八分
清明	屈五百八十五	八十四度五十五分	四尺一寸九分五十九	二十一刻十分	百五度四十三分
穀雨	屈四百八十五	七十八度六十七分	三尺二寸六十九	十九刻七十五分	百九度八十一分
立夏	屈三百六十五	七十三度八十分	二尺四寸四分五十一	十八刻七十四分	百一十三度五十五分
小滿	屈二百二十五	七十度二十五分	尺八寸九分八十七	十八刻十分	百一十六度三十五分
芒種	屈六十五	六十八度四分	尺五寸七分十四	十七刻五十五分	百一十八度十二分
夏至	伸六十五	六十七度三十四分	尺四寸七分八十	十七刻四十四分	百一十八度五十五分
小暑	伸二百二十五	六十八度四分	尺五寸七分十四	十七刻五十五分	百一十八度十二分
大暑	伸三百六十五	七十度二十五分	尺八寸九分八十九	十八刻十分	百一十六度三十五分
立秋	伸四百八十五	七十三度八十分	二尺四寸四分五十一	十八刻七十四分	百一十二度五十五分
處暑	伸五百八十五	七十八度六十七分	三尺二寸六十九	十九刻七十五分	百九度八十一分
白露	伸六百六十五	八十四度五十五分	四尺一寸九分五十九	二十一刻十分	百五度四十三分
秋分	伸六百六十五	九十一度二十五分	五尺四寸五分七十	二十二刻四十二分	百度三十八分
寒露	伸五百八十五	九十七度八十分	六尺八寸八分七十四	二十三刻七十四分	九十五度三十三分
霜降	伸四百八十五	百三度六十七分	八尺三寸七分八十一	二十五刻九分	九十度七十九分
立冬	伸三百六十五	百八度五十五分	九尺九寸四分七十八	二十六刻十分	八十七度三十二分
小雪	伸二百二十五	百一十二度二十五分	丈一尺三寸八分三十	二十六刻十四分	八十四度四十分
大雪	伸六十五	百一十四度三十六分	丈二尺三寸九分十一	二十七刻三十九分	八十二度六十四分

終率二十二萬八千五百八十二秒六千五百一十二

終日二十七餘千七百八十二秒六千五百一十二

中日十三餘五千九十一秒三千二百五十六

交朔日二餘二千六百七十四秒三千四百八十八

交望日十四餘六千四百二十八秒五千

前準日十二餘三千七百五十四秒千五百一十二

後準日一餘千三百三十七秒千七百四十四

陰曆蝕限六千六十

陽曆蝕限二千六百四十

陰曆定法四百四
陽曆定法百七十六
交率二百一
交數二千五百七十三
秒法一萬
去交度乘數十一除數七千三百三
歲星周率三百三十五萬五百四十秒八十三
周策三百九十八餘七千三百四十秒八十三
中伏日十六餘七千八百七十秒四十一半
變差九十八秒三十二
交率百八十二餘五十二秒二十七
變策十五餘十八秒三十五
差率五
差數四
熒惑周率六百五十五萬一千三百九十五秒二十六
周策七百七十九餘七千七百九十五秒二十六
中伏日七十餘八千九十七秒六十三
變差三千五秒
交率百八十二餘五十二秒三十二
變策十五餘十八秒三十六
差率三十九
差數十
鎮星周率三百一十七萬五千八百七十九秒七十九
周策三百七十八餘六百七十九秒七十九
中伏日十八餘四千五百三十九秒八十九半
變差二百七十七秒九十二
交率百八十二餘五十二秒二十七
變策十五餘十八秒三十五

差率十
差數九
太白周率四百九十萬四千八百四十五秒八十五
周策五百八十三餘七千六百四十五秒八十五
夕見伏日二百五十六
夕見伏行二百四十四度
晨見伏日三百二十七餘七千六百四十五秒八十五
晨見伏行三百四十九餘七千六百四十五秒八十五
中伏日四十一餘八千二十二秒九十二半
變差千二百三十六秒十二
交率百八十二餘五十二秒二十九
變策十五餘十八秒三十五
夕見差率三十一
差數十
晨見差率二
差數三
辰星周率九十七萬三千三百九十秒二十五
周策百一十五餘七千三百九十秒二十五
夕見伏日五十二
夕見伏行十八度
晨見伏日六十三餘七千三百九十秒二十五
晨見伏行九十七度餘七千三百九十秒二十五
中伏日十八餘七千八百九十五秒十二半
變差三千二百一餘十秒六十七
交率百八十二餘五十二秒三十二
變策十五餘十八秒三十六
差率差數空秒法百
小分法三千六百

五星平見加減曆

爻數	歲星	熒惑	鎮星	太白夕	太白晨	辰星夕	辰星晨
陽初	減空	加空	五百八十	加空	七十六	加空	二百七十七
二	百二十六	九百七十	六百五	百二十六	百三十九	百五十一	三百七十八
三	二百三十九	千七百六十四	六百五	二百五十二	百八十九	二百七十七	四百五十四
四	三百四十	二千一百六十七	六百五	三百七十八	二百二十七	三百七十八	五百四
五	四百二十八	二千一百三十	五百八十	五百四	二百五十二	四百五十四	四百七十九
六	四百九十一	二千二百五十五	五百四	六百三十	二百六十五	五百四	四百五十四
七	五百一十七	二千二百六十八	三百七十八	七百五十六	二百五十二	四百七十九	四百三
八	四百九十一	二千一百九十二	二百二十七	六百三十	二百二十七	四百五十四	三百二十八
九	四百二十八	千九百六十六	七十六	五百四	百八十九	四百三	二百二十七
十	三百四十	千五百一十二	加七十六	三百七十八	百三十九	三百二十八	百二十六
十一	二百三十九	千二十一	百八十九	二百五十二	七十六	二百二十七	加空
十二	百二十六	五百一十七	三百一十五	百二十六	加空	百二十六	百五十一
陰初	加空	減空	四百五十四	減空	七十六	減空	二百七十七
二	百二十六	百二十六	六百五	百二十六	百三十九	百五十一	三百七十八
三	二百三十九	二百一十四	五百二十九	二百五十二	百八十九	二百七十七	四百五十四
四	三百四十	五百一十七	四百五十四	三百七十八	二百二十七	三百七十八	五百四
五	四百二十八	九百三十二	三百七十八	五百四	二百五十二	四百五十四	四百七十九
六	四百九十一	千四百二十四	三百二	六百三十	二百六十五	五百四	四百五十四
七	五百一十七	二千二百六十八	二百一十八	七百五十六	二百五十二	四百七十九	四百三
八	四百九十一	二千二百六十八	百一十三	六百三十	二百二十七	四百五十四	三百二十八
九	四百二十八	二千二百五十五	減空	五百四	百八十九	四百三	二百二十七
十	三百四十	二千一百六十一	二百二十七	三百七十八	百三十九	三百二十八	百二十六
十一	二百三十九	二千七十九	四百三	二百五十二	七十六	二百二十七	減空
十二	百二十六	千九十六	五百四	百二十六	減空	百二十六	百五十一
歲星	前順百一十五日行十九度三十三分	前留二十五日	退行八十五日行十度八十二分	後留二十五日		後順百一十五日行十九度三十三分	
初見去日十四度	先疾日益遲十三秒		益疾益遲二十一秒			先遲日益疾十三秒	

爻數	前疾	前遲	前留	退行	後留	後遲	後疾
陽初	七十六			三十四			六十三
二	六十三			四十			七十六
三	五十			三十四			六十三
四	三十八			二十七			五十
五	二十五			二十			三十八
六	十三			十三			二十五
七	加空			七			十三
八	十三			減空			加空
九	二十五			七			十三
十	三十八			十三			二十五
十一	五十			二十			三十八
十二	六十三			二十七			五十
陰初	七十六			三十四			六十三
二	六十三			四十			七十六
三	五十			三十四			六十三
四	三十八			二十七			五十
五	二十五			二十			三十八
六	十三			十三			二十五
七	減空			七			十三
八	十三			加空			減空
九	二十五			七			十三
十	三十八			十三			二十五
十一	五十			二十			三十八
十二	六十三			二十七			五十

熒惑	初見去日十七度	陽初	二
前疾二百二十日行百四十度	先疾日益遲五秒	七百五十六	減空
前遲六十日行二十五度	先疾日益遲四十二秒	百一	百二十六
前留	十三日		
退行六十三日行十七度	益疾益遲九秒	五十	六十三
後留	十三日		
後遲六十日行二十五度	先遲日益疾四十二秒	百一	百二十六
後疾二百七日行百三十四度	先遲日益疾五秒	三千五百二十	千六百二十六

三	二百三十九	百五十一		七十六		百五十一	八百三十二
四	五百四	百二十六		百五十二		百二十六	減空
五	千八	百一		二百七十七		百一	六百三十
六	千八百三十八	七十六		二百五十二		七十六	七百六
七	二千五百十	五十		二百二十七		五十	千六百七十六
八	三千二十四	二十五		百四十三		二十五	二千九百三十六
九	三千二百七十六	減空		三十八		加空	三千九百六
十	三千四百四十	二十五		加空		二十五	四千五百三十六
十一	三千六百七十六	五十		七十六		五十	四千四百六十
十二	三千四百四十	七十六		八十八		七十六	四千一百八
陰初	三千二百七十六	百一		百十三		百一	三千六百七十六
二	二千五百十	百二十六		百三十九		百二十六	三千二百十
三	千三百三十八	百五十一		二百五十二		百五十一	二千二百六十八
四	加空	百二十六		二百七十七		百二十六	千八
五	千三百三十八	百一		百七十六		百一	加三百四十
六	二千六百九十六	七十六		百一		七十六	三千五百十二
七	三千一百七十六	五十		七十六		五十	三千二百五十六
八	三千六百七十六	二十五		五十		二十五	四千三十二
九	三千五百三十二	加空		二十五		減空	四千三十一
十	二千九百三十八	二十五		減空		二十五	三千三百五十二
十一	二千二百六十八	五十		十三		五十	三千一百五十四
十二	千五百十三	七十六		二十五		七十六	二千五百六十三
鎮星	前順八十三日行七度三十六分		前留三十六日	退行百三日行六度	後留三十六日	後順八十三日行七度三十六分	
初見去日十七度	先疾日益遲八秒			益疾益遲二秒		先遲日益疾八秒	
陽初	二十六			二十		二十六	
二	三十二			二十五		三十二	
三	三十八			三十		三十八	
四	三十二			二十五		三十二	

五	二十六		二十		二十六
六	二十		十五		二十
七	十三		十		十三
八	七		五		七
九	加空		減空		加空
十	七		五		七
十一	十三		十		十三
十二	二十		十五		二十
陰初	二十六		二十		二十六
二	三十二		二十五		三十二
三	三十八		三十		三十八
四	三十二		二十五		三十二
五	二十六		二十		二十六
六	二十		十五		二十
七	十三		十		十三
八	七		五		七
九	減空		加空		減空
十	七		五		七
十一	十三		十		十三
十二	二十		十五		二十
太白	夕疾百七十二日行二百六度	夕平十三日行十三度	夕遲四十二日行三十度	夕留	夕退十日行五度
初見去日十一度	先疾日益遲八十四秒		先疾日益遲一分二十八秒	七月	先遲日益疾八十四秒
陽初	二百二十七	六	減空		四
二	百一十二	十二	十三		空
三	減空	十八	二十五		減空
四	百一十三	二十四	三十八		空
五	二百二十七	三十一	五十		四
六	三百四十	三十八	六十三		八

七	四百五十四	三十一	七十六		十三
八	五百六十七	二十四	六十三		十三
九	六百八十	十八	五十		十三
十	五百六十七	十二	三十八		十三
十一	四百五十四	六	二十五		十三
十二	三百四十	加空	十三		八
陰初	二百二十七	六	加空		四
二	百一十三	十三	十二		空
三	加空	十八	二十五		加空
四	百一十三	二十四	三十八		空
五	二百二十七	三十一	五十		四
六	三百四十	三十八	六十三		八
七	四百五十四	三十一	七十六		十三
八	五百六十七	二十四	六十三		十三

九	六百八十	十八	五十		十三
十	五百六十七	十二	三十八		十三
十一	四百五十四	六	二十五		十三
十二	三百四十	減空	十三		八
太白	晨見遲行十日行五度 先疾日益遲八十四秒	晨留七日	晨遲四十二日三十度 先遲日益疾一分二十八秒	晨平十三日行十三度	晨疾百七十二日行二百六度 先遲日益疾十九秒
陽初	十三		百六十四	七十六	四百五十四
二	八		百三十九	八十八	五百六十七
三	四		百一十三	七十六	六百八十
四	空		七十六	六十三	五百六十七
五	空		三十八	五十	四百五十四
六	減空		加空	三十八	三百四十
七	空		三十八	十九	二百二十七
八	空		七十六	加空	百一十三

九	四	百一十三	十八	加空
十	八	百三十九	三十八	百一十三
十一	十三	百六十四	五十	二百二十七
十二	十三	百七十六	六十三	三百四十
陰初	十三	百六十四	七十六	四百五十四
二	八	百三十九	八十八	五百六十七
三	四	百一十三	七十六	六百八十
四	空	七十六	六十三	五百六十七
五	空	三十八	五十	四百五十四
六	加空	減空	三十八	三百四十
七	空	三十八	十九	二百二十七
八	空	七十六	減空	百一十三
九	四	百一十三	十八	減空
十	八	百三十九	三十八	百一十三

十一	十三	百六十四	五十	二百二十七
十二	十三	百七十六	六十三	三百四十

辰星

夕疾十二日行十七度	夕遲十一日日行九度	夕留三日	晨留三日	晨遲十一日日行九度	晨疾十二日行十七度
初見晝十七度 先疾日益遲三分	先疾日益遲六分			先遲日益疾六分	先遲日益疾三分

曆志第二十上

曆志第二十下

翰林學士兼龍圖閣學士朝散大夫給事中知制誥充史館修撰臣歐陽修奉 敕撰

昭宗時宣明曆施行已久數亦漸差詔太子少詹事邊岡與司天少監胡秀林均州司馬王墀改治新曆然術一出於岡岡用筭巧能馳騁反覆于乘除間由是簡捷超徑等接之術興而經制遠大衰序之法廢矣雖籌策便易然皆冥於本原其上元七曜起赤道虛四度景福元年曆成賜名崇玄氣朔發斂盈縮朓朒定朔弦望九道月度交會入蝕限去交前後皆大衍之舊餘雖不同亦殊塗而至者大略謂策實曰歲實揲法曰朔實三元之策曰氣策四象之策曰平會一象之策曰弦策掛限曰閏限爻數曰紀法策餘曰歲餘天中之策曰候策地中之策曰卦策貞悔之策曰土王策辰法半辰法也乾實曰周天分盈縮朓朒皆用常氣盈縮分曰升降先後曰盈縮凡升降損益皆進一等倍象統乘之除法而一爲平

行率與後率相減爲差半之以加減平行率爲初末率倍差進一等以象統乘之除法而一爲日差以加減初末爲定以日差累加減爲每日分凡小餘皆萬乘之通法除爲約餘則以萬爲法又以百約之爲大分則以百爲法凡冬至赤道日度及約餘以減其宿全度乃累加次宿皆爲距後積度滿限九十一度三十一分三十七小分去之餘半已下爲初已上以減限爲末皆百四十四乘之退一等以減千三百一十五所得以乘初末度分爲差又通初末度分與四千五百六十六先相減後相乘千六百九十除之以減差爲定差再退爲分至後以減分後以加距後積度爲黃道積度宿次相減即其度也以冬至赤道日度及約餘依前求定差以減之爲黃道日度凡歲差十一乘之又以所求氣數乘之三千八百八十八而一以加前氣中積又以盈縮分盈加縮減之命以冬至宿度即其氣初加時宿度其定朔小餘如日法四十分之二十九已上以定朔小餘減日法餘如晨初餘數已下進一日岡又作徑術

求黃道月度以蔀率去積年爲蔀周不盡爲蔀餘以歲餘乘蔀餘副之二因蔀周三十七除之以減副百一十九約蔀餘以加副滿周天去之餘四因之爲分度母而一爲度即冬至加時平行月又以冬至約餘距午前後分二百五十四乘之萬約爲分度母爲度午前以加午後以減加時月爲午中月自此計日平行十三度十九分度之七自冬至距定朔累以平行減之爲定朔午中月求次朔及弦望各計日以平行加之其分以度母除爲約分又四十七除蔀餘爲率差不盡以乘七日三分半副之九因率差退一等爲分以減副又百約冬至加時距午分午前加之午後減之滿轉周去之即冬至午中入轉以冬至距朔日減之即定朔午中入轉求次朔及弦望計日加之各以所入日下損益率乘轉餘百而一以損益盈縮積爲定差以盈加縮減午中月爲定月以月行定分乘其日晨昏距午分萬約爲分滿百爲度以減午中定月爲晨月加之爲昏月以朔昏月減上弦昏月以上弦昏月減望昏月以望晨

月減下弦晨月以下弦晨月減後朔晨月各爲定程以相距日均爲平行度分與次程相減爲差以加減平行爲初末日定行（[illegible]爲末後多減爲初加爲末）減相距日一均差爲日差累損益初日爲每日定行（[illegible]累益之後少累減之）因朔弦望晨昏月累加之得每日晨昏月晷漏各計其日中入二至加時已來日數及餘如初限已下爲後已上以減二至限餘爲前副之各以乘數乘之用減初末差所得再乘其副滿百萬爲尺不滿爲寸爲分夏至後則退一等皆命曰晷差冬至前後以減冬至中晷夏至前後以加夏至中晷爲每日陽城中晷與次日相減後多曰息後少曰消以冬夏至午前後約分乘之萬而一午前息減消加午後息加消減中晷爲定數也凡冬至初日有減無加夏至初日有加無減又計二至加時已來至其日昏後夜半日數及餘冬至後爲息夏至後爲消如一象已下爲初已上反減二至限餘爲末令自相乘進二位以消息法除爲分副之與五百分先相減後相乘千八百而一以加副爲消息數以象積乘

之百約爲分再冣爲度春分後以加六十七度四十分秋後以減百一十五度二十分即各其日黃道去極與一象相減則赤道內外也以消息數春分後加千七百五十二秋分後以減二千七百四十八即各其日晷漏毋也以減五千爲晨昏距午分置晷漏毋千四百六十一乘而再半之百約爲距子度以減半周天餘爲距中度百三十五乘晷漏毋百約爲分得晨初餘數凡晷漏百爲刻不滿以象積乘之百約爲分得夜半定漏九服中晷各於其地立表候之在陽城北冬至前候晷景與陽城冬至同者爲差日之始在陽城南夏至前候晷景與陽城夏至同者爲差日之始自差日之始至二至日爲距差日數也在至前者計距前已來日數至後者計入至後已來日數反減距差日餘爲距後日準求初末限晷差各冬至前後以加夏至前後以減冬夏至陽城中晷得其地其日中晷若不足減減去夏至陽城中晷即其日南倒中晷也自餘之日各計冬夏至後所求日數減去距冬夏至差日餘準初末

限入之又九服所在各於其地置水漏以定二至夜刻爲漏率以漏率乘毋日晷漏毋各以陽城二至晷漏毋除之得其地毋日晷漏毋交會以四百一乘朔望加時入交常日及約餘三十除爲度不滿退除爲分得定朔望入交定積度分以減周天命起朔望加時黃道日躔即交所在宿次凡入交定積度如半交已上爲在陽曆已上減去半交餘爲入陰曆以定朔望約餘乘轉分萬約爲分滿百爲度以減入陰陽曆積度爲定朔望夜半所入如一象已下爲在少象已上者反減半交餘爲入老象皆七十三乘之退一等用減千三百二十四餘以乘老少象度及餘再退爲分副之在少象三十度已下老象六十一度已上皆與九十一度先相減後相乘五十六除爲差若少象三十度已上反減九十一度及老象六十度已下皆自相乘百五除爲差皆以減副百約爲度即朔望夜半月去黃道度分凡定朔約餘距午前後分與五千先相減後相乘三萬除之午前以減午後倍之以加約餘爲日蝕定餘定望

約餘即爲月蝕定餘晨初餘數已下者皆四百乘之以晨初餘數除之所得以加定望約餘爲或蝕小餘各以象統乘之萬約爲半辰之數餘滿二千四百爲刻不盡退除爲刻分即其辰刻日蝕有差置其朔距天正中氣積度以減三百六十五度半餘以千乘滿三百六十五度半除爲分日限心加二百五十分爲限首減二百五十分爲限尾滿若不足加減一千退蝕定餘一等與限首尾相近者相減餘爲限內外分其蝕定餘多於限首少於限尾者爲外少於限首多限尾者爲內在限內者令限內分自乘百七十九而一以減六百三十餘爲陰曆蝕差限外者置限外分與五百先相減後相乘四百四十六而一爲陰曆蝕差又限內分亦與五百先相減後相乘三百一十三半而一爲陽曆蝕差在限內者以陽曆蝕差加陰曆蝕差爲既前法以減千四百八十餘爲既後法在限外者以六百一十分爲既前法八百八十分爲既後法其去交度分在限外陰曆者以陰曆差減之不足減者不蝕又限外無陽曆

交在限內陰曆者以陽曆蝕差加之若在限內陽曆者以去交度分反減陽曆蝕差若不足反減者不蝕皆爲去交定分如既前法已下者爲既前分已上者以減千四百八十餘爲既後分皆進一位各以既前後法除爲蝕分在既後者其虧復陰曆也既前者陽曆也凡朔望月行定分日以九百乘月以千乘如千三百三十七而一日以減千八百月以減二千餘爲汎用刻分凡月蝕汎用刻在陽曆以三十四乘在陰曆以四十一乘百約爲月蝕既限以減千四百八十餘爲月蝕定法其去交度分如既限已下者既已上者以減千四百八十餘進一位以定法約爲蝕分其蝕五分已下者爲或食已上爲的蝕凡日月食分汎用刻乘之千而一爲定用刻不盡退除爲刻分既者以汎爲定各以減蝕甚約餘爲虧初加之爲復滿凡蝕甚與晨昏分相近如定用刻已下者因相減餘以乘蝕分滿定用刻而一所得以減蝕分得帶蝕分五星變差曰歲差陰陽進退差曰盈縮交筭曰晝度晝有十二亦交數也推冬至後加時平合日筭曰

平合中積副之曰平合中星歲差減中星曰入曆有餘者皆約之因平合以諸變常積日加中積常積度加中星入曆各其變中積中星入曆也凡入曆盈限已下爲盈已上去之爲縮各如畫度分而一命畫數筭外不滿以畫下損益乘之畫度分除之以損益盈縮積爲定差盈加縮減中積爲定積準求所入氣及月日加冬至大餘及約餘爲其變大小餘以命日辰則變行所在也亦以盈加縮減中星應用躔差視定積如半交已下爲在盈已上去之爲在縮所得令半交度先相減後相乘三千四百三十五除爲度不盡退除爲分者亦盈加縮減之其變異術者從其術各爲定星命起冬至黃道日躔得其變行加時所在宿度也凡辰星依曆變置筭乃視晨見晨順在冬至後夕見夕順在夏至後計中積去二至九十一日半已下令自乘已上以減百八十一日半亦自乘五百而一爲日以加晨夕見中積中星減晨夕順中積中星各爲應見不見中積中星也凡盈縮定差熒惑晨見變六十一乘之五十四除

之乃爲定差太白辰星再合則半其差其在夕見晨疾二變則盈減縮加凡歲鎮熒惑留退皆用前遲入曆定差又各視前遲定星以變下減度減之餘半交已下爲盈已上去之爲縮又視之七十三已下三因之已上減半交餘二因之爲差歲鎮二星退一等熒惑全用之在後退又倍其差後留三之皆滿百爲度以盈加縮減中積又以前遲定差盈加縮減乃爲留退定積其前後退中星則以差縮加盈減又以前遲定差盈加縮減乃爲退行定星凡諸變定星迭相減爲日度率熒惑遲日盈六十度盈二十四者所盈日度加疾變日度爲定率太白退日率百乘之二百一十二除之爲留日以減退日率爲定率辰星退順日率一等爲留日以減順日率爲定率以日均度爲平行又與後變平行相減爲差半之視後多少以加減平行爲初末日行分以初日行分乘其變小餘萬而一順減退加其變加時宿度爲夜半宿度又減日率一均差爲日差視後多少累損益初日爲每日行分因夜半宿度累加減之得

每日所至五星差行衰殺不倫皆以諸變類會消息署之起二年頒用至唐終景福崇玄曆演紀上元甲子距景福元年壬子歲積五千三百九十四萬七千三百八筭外

崇玄通法萬三千五百

歲實四百九十三萬八百一

氣策十五餘二千九百五十秒一

朔實三十九萬八千六百六十三

平會二十九餘七千一百六十三

望策十四餘萬三百三十一半

弦策七餘五千一百六十五太

朔虛分六千三百三十七

中盈分五千九百秒二

歲餘七萬八百一

閏限三十八萬六千四百二十五秒二十三

象位六

象統二十四

候策五餘九百八十三秒二十五秒母七十二

卦策六餘千一百八十秒一秒母六十

土王策三餘五百九十秒一秒母百二十

辰數五百六十二半

刻法百三十五

周天分四百九十三萬九百六十一秒二十四

歲差百六十秒二十四

周天三百六十五度虛分三千四百六十一秒二十四

約虛分二千五百六十三秒八十八

除法七千三百五

秒母一百

二十四氣

中積自冬至每氣以氣策及約餘累之

氣節	升降差	盈縮分	損益數	朓朒積
冬至	升七千七百四十	盈初	益七百八十二	朒初
小寒	升六千六十九	盈七千七百四十	益六百一十三	朒七百八十二
大寒	升四千五百七十二	盈萬三千八百九	益四百六十二	朒千三百九十五
立春	升二千二百五十	盈萬八千三百八十一	益三百二十八	朒千八百五十七
雨水	升千九百七十七	盈二萬六百三十一	益二百	朒二千一百八十五
驚蟄	升六百六十	盈二萬二千六百八	益六十七	朒二千三百八十五
春分	降六百六十	盈二萬三千二百六十八	損六十七	朒二千四百五十二
清明	降千九百七十七	盈二萬二千六百八	損二百	朒二千三百八十五
穀雨	降二千二百五十	盈二萬六百三十一	損三百二十八	朒二千一百八十五
立夏	降四千五百七十二	盈萬八千三百八十一	損四百六十二	朒千八百五十七
小滿	降六千六十九	盈萬三千八百九	損六百一十三	朒千三百九十五
芒種	降七千七百四十	盈七千七百四十	損七百八十二	朒七百八十二
夏至	降七千七百四十	縮初	益七百八十二	朓初
小暑	降六千六十九	縮七千七百四十	益六百一十三	朓七百八十二
大暑	降四千五百七十二	縮萬三千八百九	益四百六十二	朓千三百九十五
立秋	降二千二百五十	縮萬八千三百八十一	益三百二十八	朓千八百五十七
處暑	降千九百七十七	縮二萬六百三十一	益二百	朓二千一百八十五
白露	降六百六十	縮二萬二千六百八	益六十七	朓二千三百八十五
秋分	升六百六十	縮二萬三千二百六十八	損六十七	朓二千四百五十二
寒露	升千九百七十七	縮二萬二千六百八	損二百	朓二千三百八十五
霜降	升二千二百五十	縮二萬六百三十一	損三百二十八	朓二千一百八十五
立冬	升四千五百七十二	縮萬八千三百八十一	損四百六十二	朓千八百五十七
小雪	升六千六十九	縮萬三千八百九	損六百一十三	朓千三百九十五
大雪	升七千七百四十	縮七千七百四十	損七百八十二	朓七百八十二

轉周分三十七萬一千九百八十六秒九十七

轉終日二十七餘七千四百八十六秒九十七

朔差日一餘萬三千一百七十六秒三

度母一百 每日累轉分為轉積度

秒母一百

轉終日	轉分 列差	損益率	朓朒積
一日	千二百七 進十六	益千三百一十九	朒初
二日	千二百二十三 進十七	益千一百五十	朒千三百一十九
三日	千二百四十 進十八	益九百七十八	朒二千四百六十九
四日	千二百五十八 進十八	益七百九十九	朒三千四百四十七
五日	千二百七十六 進十九	益六百一十七	朒四千二百四十六
六日	千二百九十五 進二十一	益四百三十一	朒四千八百六十三
七日	千三百一十六 進二十三	初益二百一十三 末損二十七	朒五千二百九十四
八日	千三百三十九 進二十六	損二百八十五	朒五千四百八十
九日	千三百六十五 進十八	損四百七十一	朒五千一百九十五
十日	千三百八十三 進十八	損六百五十	朒四千七百二十四
十一日	千四百一 進十九	損八百四十	朒四千七十四
十二日	千四百二十 進十七	損千一十七	朒三千二百三十四
十三日	千四百三十七 進十六	損千一百八十五	朒二千二百一十七
十四日	千四百五十三 進十一	初損千三十二 末益二百九十二	朒千三十二
十五日	千四百六十四 退十七	益千二百八十四	朓二百九十二
十六日	千四百四十七 退十八	益千一百一十	朓千五百七十六
十七日	千四百二十九 退十八	益九百四十一	朓二千六百八十七
十八日	千四百一十一 退十八	益七百五十七	朓三千六百二十八
十九日	千三百九十四 退十八	益五百七十八	朓四千三百八十五
二十日	千三百七十五 退二十二	益三百八十六	朓四千九百六十三
二十一日	千三百五十三 退二十五	初益百六十 末損八十	朓五千三百四十九
二十二日	千三百二十八 退二十五	損三百二十四	朓五千四百二十九
二十三日	千三百六 退十九	損五百一十六	朓五千一百五
二十四日	千二百八十七 退十九	損六百九十七	朓四千五百八十九

二十五日	千二百六十八 退十八	損八百七十九	朒三千八百九十二
二十六日	千二百五十 退十七	損千五十三	朒三千一十三
二十七日	千二百三十三 退十七	損千二百二十三	朒千九百六十
二十八日	千二百一十六 退九	初損七百三十七 末益入後	朒七百三十七

七日初數萬一千九百九十六太末數千五百三

十四日初數萬四百九十三半末數三千六半

二十一日初數八千九百九十少末數四千五百九太

二十八日初數七千四百八十七

蔀率九千三十六

歲餘六百三十九

周天分千七百三十五

周天三百六十五度五分

度母十九

月行定分同轉分

平行積度日累十三度七分

入轉日	損益數	盈縮積度
一日	益百三十一	縮初空
二日	益百一十四	縮一度三十一分
三日	益九十七	縮二度四十五分
四日	益七十九	縮三度四十二分
五日	益六十一	縮四度二十一分
六日	益四十三	縮四度八十二分
七日	初益二十一 末損三	縮五度二十五分
八日	損二十八	縮五度四十三分
九日	損四十七	縮五度一十五分
十日	損六十五	縮四度六十八分
十一日	損八十三	縮四度三分
十二日	損百一	縮三度二十分
十三日	損百一十七	縮二度十九分
十四日	初損百二 末益二十九	縮一度二分
十五日	益百二十七	盈二十九分
十六日	益百一十	盈一度五十六分
十七日	益九十四	盈二度六十六分
十八日	益七十五	盈三度六十分
十九日	益五十七	盈四度三十五分
二十日	益三十八	盈四度九十二分
二十一日	初益十六 末損八	盈五度三十分
二十二日	損三十二	盈五度三十八分
二十三日	損五十一	盈五度六分
二十四日	損六十九	盈四度五十五分
二十五日	損八十七	盈三度八十六分
二十六日	損百四	盈二度九十九分
二十七日	損百二十一	盈一度九十五分
二十八日	初損七十四 末益入後	盈七十四分

轉周二十七日五十五分半

七日初八日十八分小分八十七半末十一分小分十二半

十四日初七十七分太末二十二分少

二十一日初六十六分小分六十二半末三十三分小分三十七半

二十八日初五十五分半

入轉日母一百

二至限百八十二日六十二分小分二十二分半

消息法千六百六十七半

一象九十一度三千一百三十一分

辰法八刻百六十分

昏明二刻二百四十分

象積四百八十

冬至前後限五十九日

差二千一百九十五分乘數十五

夏至前後限百二十三日六十二分小分二十二半差四千八百八十分乘數四

陽城冬至晷丈二尺七寸一分半

夏至晷尺四寸七分小分八十

交終分三十六萬七千三百六十四秒九千六百七十三

交終日二十七餘二千八百六十四秒九千六百七十三約餘二千一百二十二

交中日十三餘八千一百八十二秒四千八百三十六半約餘六千六十一

朔差日二餘四千二百九十八秒三百二十七約餘三千一百八十四

望策日十四餘萬三百三十一秒五千約餘七千六百五十三

交限日十二餘六千三百三十三秒四千六百七十三約餘四千四百六十九

望差日一餘二千一百四十九秒百六十三半約餘千五百九十二

交率二百六十二

交數三千三百五十

交終三百六十三度七十三分小分六十四

轉終三百七十四度二十八分

半交百八十一度八十六分小分八十二

一象九十度九十三分小分四十一

去交度乘數十一除數八千六百三十二

秒母一萬

歲星終率五百三十八萬四千九百六十二秒十一

平合日三百九十八餘萬一千九百六十二秒十一約餘八千八百六十一

盈限二百五度

盈畫十七度八分秒三十三

縮限百六十度二十五分秒六十三太

縮畫十三度三十五分秒四十七

歲差百三十三秒九十二半

畫數	損益	盈差積	損益	縮差積
初	益百九十	盈初	益九十	縮初
二	益百八十	盈一度九十	益百七十	縮九十
三	益百五十	盈三度七十	益二百一十	縮二度六十
四	益百四十	盈五度二十	益百六十	縮四度七十
五	益七十	盈六度六十	益八十	縮七度三十
六	益四十五	盈七度三十	益四十	縮七度十
七	損四十五	盈七度七十五	益十五	縮七度五十
八	損百四十五	盈七度三十	益十	縮七度六十五
九	損八十五	盈五度八十五	損十	縮七度七十五
十	損二百	盈五度	損二百六十五	縮七度六十五
十一	損百六十	盈三度	損二百六十	縮五度
十二	損百四十	盈一度四十	損二百四十	縮二度四十

熒惑終率千五十二萬八千九百一十六秒九十一

平合日七百七十九餘萬二千四百一十六秒九十一約餘九千一百九十八

盈限百九十六度八十分

盈畫十六度四十分

縮限百六十八度四十五分秒六十三太

縮畫十四度三分秒八十

歲差百三十三秒四十六

畫數	損益	盈差積	損益	縮差積

初	益千二百一十	盈初	益三百九十六	縮初
二	益八百一十二	盈十二度一十三	益四百四十一	縮三度九十六
三	益四百七十三	盈二十度二十五	益四百五十七	縮八度三十七
四	益二百二	盈二十四度九十八	益四百四十八	縮十二度九十四
五	損十六	盈二十七度	益四百五	縮十七度四十二
六	損二百一十四	盈二十六度八十四	益三百二十三	縮二十一度四十七
七	損三百二十三	盈二十四度七十	益二百一十四	縮二十四度七十
八	損四百五	盈二十一度四十七	益十六	縮二十六度八十四
九	損四百四十八	盈十七度四十二	損二百二	縮二十七度
十	損四百五十七	盈十二度九十四	損四百七十三	縮二十四度九十八
十一	損四百四十一	盈八度三十七	損八百一十二	縮二十度二十五
十二	損三百九十六	盈三度九十六	損千二百一十三	縮十二度十三

鎮星終率五百一十萬四千八十四秒五十四

平合日三百七十八餘千八十四秒五十四約餘八百三

盈限百八十二度六十二分秒六十三太

盈晝十五度二十二分

縮限百八十二度六十三分

縮晝十五度二十二分

歲差百三十二秒九十四

晝數	損益	盈差積	損益	縮差積
初	益百	盈初	益三百	縮初
二	益百三十	盈一度	益二百二十五	縮三度
三	益百七十	盈二度三十	益二百	縮五度二十五
四	益二百二十	盈四度	益五十	縮七度二十五
五	益百二十	盈六度二十	損三十五	縮七度七十五
六	益三十五	盈七度四十	損二十	縮七度四十
七	損三十五	盈七度七十五	損十五	縮七度二十
八	損百二十	盈七度四十	損五	縮七度五
九	損二百二十	盈六度二十	損百六十	縮七度
十	損百七十	盈四度	損百七十	縮五度四十
十一	損百三十	盈二度三十	損百八十	縮三度七十
十二	損百	盈一度	損百九十	縮一度九十

太白終率七百八十八萬二千六百四十八秒七十六

平合日五百八十三餘萬二千一百四十八秒七十六約餘八千九百九十九

再合日二百九十一餘萬二千八百二十四秒三十八約餘九千五百

盈限百九十七度十六分

盈晝十六度四十三分

縮限百六十八度九分秒六十三太

縮晝十四度秒八十

歲差百三十四秒三十六

晝數	損益	盈差積	損益	縮差積
初	益百八十三	盈初	益六十四	縮初
二	益百五十	盈一度八十三	益百一十九	縮六十四
三	益百一十七	盈三度三十三	益百二	縮一度八十三
四	益八十三	盈四度五十	益百	縮二度八十五
五	益五十	盈五度三十三	益九十	縮三度八十五
六	益七十	盈五度八十三	益七十三	縮四度七十五
七	損七十	盈六度	益四十五	縮五度四十八
八	損五十	盈五度八十三	益十五	縮五度九十三
九	損八十三	盈五度三十三	益五十一	縮六度八
十	損百一十七	盈四度五十	損百五	縮五度五十七
十一	損百五十	盈三度三十三	損百八十	縮四度五十二
十二	損百八十三	盈一度八十三	損二百七十二	縮二度七十二

辰星終率百五十六萬四千三百七十八秒九十七

平合日百一十五餘萬一千八百七十八秒九十七約餘八千八百
再合日五十七餘萬二千六百八十九秒四十八半約餘九千四百
盈限百八十二度六十三分
盈晝十五度二十二分
縮限百八十二度六十二分秒六十三太
縮晝十五度二十一分秒八十九
歲差百三十三秒六十四

晝數	損益	盈差積	損益	縮差積
初	益九十二	盈初	益九十二	縮初
二	益七十五	盈九十二	益七十五	縮九十二
三	益五十八	盈一度六十七	益五十八	縮一度六十七
四	益四十一	盈二度二十五	益四十一	縮二度二十五
五	益二十五	盈二度六十六	益二十五	縮二度六十六
六	益九	盈二度九十一	益九	縮二度九十一
七	損九	盈三度	損九	縮三度
八	損二十五	盈二度九十一	損二十五	縮二度九十一
九	損四十一	盈二度六十六	損四十一	縮二度六十六
十	損五十八	盈二度二十五	損五十八	縮二度二十五
十一	損七十五	盈一度六十七	損七十五	縮一度六十七
十二	損九十二	盈九十二	損九十二	縮九十二

五星入變曆

星名	變目	常積日	常積度	加減
歲星	晨見	十七日五十分	三度五十分	用日躔差
	前疾	九十八日	十八度五十分	
	前遲	百三十一日五十分	二十二度五十分	
	前留	百五十八日		減六十五度
	前退	百九十九日七十五分	十六度七十五分	減七十一度
	後退	二百四十日	十一度	減八十二度五十分
	後留	二百六十七日五十分		減八十七度
	後遲	三百一日	十五度	
	後疾	三百八十日三十八分	三十度十二分半	用日躔差
	夕合	三百九十八日八十七分	三十三度六十二分半	用日躔差
熒惑	晨見	七十二日	五十五度	用日躔差
	前疾	百九十三日	百三十五度	
	前次疾	二百八十七日	百九十二度五十分	
	前遲	三百四十七日	二百十六度七十五分	
	前留	三百六十日		減百二十度
	前退	三百九十日	二百七度二十五分	減百二十五度五十分
	後退	四百二十日	百九十七度七十五分	減百三十度
	後留	四百三十三日		減百三十五度
	後遲	四百九十三日	二百二十二度	
	後次疾	五百八十七日	二百七十九度五十分	
	後疾	七百七日九十二分	三百五十九度六十二分	用日躔差
	夕合	七百七十九日九十二分	四百十四度六十二分	用日躔差
鎮星	晨見	十九日	二度	用日躔差
	前疾	七十九日	八度	
	前遲	百三日	九度六十分	
	前留	百四十日		減百七十二度
	前退	百八十九日	六度四十二分	減百七十度
	後退	二百三十八日	三度二十四分	減百七十六度
	後留	二百七十五日		減百八十二度
	後遲	二百九十九日	四度八十四分	
	後疾	三百五十九日八分	十度八十三分	用日躔差
	夕合	三百七十八日八分	十二度八十三分	用日躔差
太白	夕見	四十二日	五十三度	用日躔差
	夕疾	百四十二日	百八十度五十分	

夕次疾	二百一十九日	二百六十五度	
夕遲	二百六十八日	三百一度五十分	
夕留退	二百八十五日	二百九十六度	用日躔差
再合	二百九十二日	二百九十二度	用日躔差
晨見	二百九十九日	二百八十八度	用日躔差
晨退留	三百一十六日	二百八十二度五十分	
晨遲	三百六十五日	三百一十九度五十分	
晨次疾	四百四十二日	四百三度五十分	
晨疾	五百四十一日九十分	五百三十度九十分	用日躔差
晨伏合	五百八十三日九十分	三百八十三度九十分	用日躔差
辰星　夕見	十七日	三十四度	用日躔差
夕順留	四十七日	六十四度	用日躔差
再合	五十八日	五十八度	用日躔差
晨見	六十九日	五十二度	用日躔差
晨留順	九十八日八十八分	八十一度八十八分	用日躔差
晨伏合	百一十五日八十八分	百一十五度八十八分	用日躔差

曆志第二十下

天文志第二十一　　唐書三十一

翰林學士兼龍圖閣學士朝散大夫給事中知制誥充史館修撰臣歐陽脩奉
敕撰

昔者堯命羲和出納日月考星中以正四時至舜則曰在璿璣玉衡以齊七政而已雖二典質略存其大法亦由古者天人之際推候占測爲術猶簡至於後世其法漸密者必積衆人之智然後能極其精微哉蓋自三代以來詳矣詩人所記婚禮土功必候天星而春秋書日食星變傳載諸國所占次舍伏見逆順至於周禮測景求中分星辨國妖祥察候皆可推考而獨無所謂璿璣玉衡者豈其不用於三代耶抑其法制遂亡而不可復得耶不然二物者莫知其爲何器也至漢以後表測景晷以正地中分列境界上當星次皆略依古而又作儀以候天地而渾天周髀宣夜之說至於星經曆法皆出於數術之學唐興太史李淳風浮圖一行尤稱精博後世未能過也故採其要說以著于篇至於天象變見所

以譴告人君者皆有司所宜謹記也貞觀初淳風上言舜在璿璣玉衡以齊七政則渾天儀也周禮土圭正日景以求地中有以見日行黃道之驗也暨于周末此器乃亡漢落下閎作渾儀其後賈逵張衡等亦各有之而推驗七曜並循赤道按冬至極南夏至極北而赤道常定於中國無南北之異蓋渾儀無黃道久矣太宗異其說因詔爲之至七年儀成表裏三重下據準基狀如十字末樹鼇足以張四表一曰六合儀有天經雙規金渾緯規金常規相結於四極之內列二十八宿十日十二辰經緯三百六十五度二曰三辰儀圓徑八尺有璿璣規月遊規列宿距度七曜所行轉於六合之內三曰四遊儀玄樞爲軸以連結玉衡游筩而貫約矩規又玄極北樹北辰南矩地軸傍轉於內玉衡在玄樞之間而南北游仰以觀天之辰宿下以識器之晷度皆用銅帝稱善置於凝暉閣用之測候閣在禁中其後遂亡開元九年一行受詔改治新曆欲知黃道進退而太史無黃道儀率府兵曹參軍梁令瓚以

木爲游儀一行是之乃奏黃道游儀古有其術而無其器昔人潛思皆未能得今令瓚所爲日道月交皆自然契合於推步尤要請更鑄以銅鐵十一年儀成一行又曰靈臺鐵儀後魏斛蘭所作規制朴略度刻不均赤道不動乃如膠柱以考月行遲速多差多或至十七度少不減十度不足以稽天象授人時李淳風黃道儀以玉衡旋規別帶日道傍列二百四十九交以攜月游法頗難術遂寢廢臣更造游儀使黃道運行以追列舍之變因二分之中以立黃道交於奎軫之間二至陟降各二十四度黃道內施白道月環用究陰陽朓朒動合天運簡而易從可以制器垂象永傳不朽於是玄宗嘉之自爲之銘又詔一行與令瓚等更鑄渾天銅儀圓天之象具列宿赤道及周天度數注水激輪令其自轉一晝夜而天運周外絡二輪綴以日月令得運行每天西旋一周日東行一度月行十三度十九分度之七二十九轉有餘而日月會三百六十五轉而日周天以木櫃爲地平令儀半在地下晦明朔望遲速有準立木人二於地平上其一前置鼓以候刻至一刻則自擊之其一前置鐘以候辰至一辰亦自撞之皆於櫃中各施輪軸鉤鍵關鏁交錯相持置於武成殿前以示百官無幾而銅鐵漸澀不能自轉遂藏於集賢院其黃道游儀以古尺四分爲度旋樞雙環其表一丈四尺六寸一分縱八分厚三分直徑四尺五寸九分古所謂旋儀也南北科兩極上下循規各三十四度表裏畫周天度其一面加之銀釘使東西運轉如渾天游旋中旋樞軸至兩極首內孔徑大兩度半長與旋環徑齊玉衡望筩長四尺五寸八分廣一寸二分厚一寸孔徑六分衡旋於軸中旋運持正用窺七曜及列星之闊狹外方內圓孔徑一度半周日輪也陽經雙環表一丈七尺三寸裏一丈四尺六寸四分廣四寸厚四分直徑五尺四寸四分置於子午左右用八柱八柱相固亦表裏畫周天度其一面加之銀釘半出地上半入地下雙間使樞軸及玉衡望筩旋環於中也陰緯單環外內廣厚周徑皆準陽經與陽經相銜各半內外

俱齊面平上爲天下爲地橫周陽環謂之陰渾也平上爲兩界內外爲周天百刻天頂單環表一丈七尺三寸縱廣八尺厚三分直徑五尺四寸四分直中國人頂之上東西當卯酉之中稍南使見日出入令與陽經陰緯相固如鳥殼之裹黃南去赤道三十六度去黃道十二度去北極五十五度去南北平各九十一度強赤道單環表一丈四尺五寸九分橫八分厚三分直徑四尺五寸八分赤道者當天之中二十八宿之位也雙規運動度穿一穴古者秋分日在角五度今在軫十三度冬至日在牽牛初今在斗十度隨穴退交不復差繆傍在卯酉之南上去天頂三十六度而橫置之黃道單環表一丈五尺四寸一分橫八分厚四分直徑四尺八寸四分日之所行故名黃道太陽陟降積歲有差月及五星亦隨日度出入古無其器規制不知準的斟酌爲率疏闊尤甚今設此環置於赤道環內仍開合使運轉出入四十八度而極晝兩方東西列周天度數南北列百刻可使見日知時上列三百六十策與用卦相準度穿一穴與赤道相交白道月環表一丈五尺一寸五分橫八分厚三分直徑四尺七寸六分月行有迂曲遲速與日行緩急相反古亦無其器今設於黃道環內使就黃道爲交合出入六度以測每夜月離上畫周天度數度穿一穴擬移交會皆用鋼鐵游儀四柱爲龍其崇四尺七寸水槽及山崇一尺七寸半槽長六尺九寸高廣皆四寸池深一寸廣一寸半龍能興雲雨故以飾柱柱在四維龍下有山雲俱在水平槽上皆用銅其所測宿度與古異者舊經角距星去極九十一度亢八十九度氐九十四度房百八度心百八度尾百二十度箕百一十八度南斗百一十六度牽牛百六度虛百四度危九十七度營室八十五度東壁八十六度奎七十六度婁八十度胃昴七十四度畢七十八度觜觿八十四度參九十四度東井七十度輿鬼六十八度柳七十七度七星九十一度張九十七度翼九十七度軫九十八度今測角九十三度半亢九十一度半氐九十八度房百一十度半心百一十

度尾百二十四度箕百二十度南斗百一十九度牽牛百四度須女百一度虛百一度危九十七度營室八十三度東壁八十四度奎七十三度婁七十七度胃七十二度畢七十六度觜觿八十二度參九十三度東井六十八度輿鬼六十八度柳八十度半七星九十三度半張百度翼百三度軫百度又舊經角距星正當赤道黃道在其南今測角在赤道南二度半則黃道復經角中與天象合虛北星舊圖入虛今測在須女九度危北星舊圖入危今測在虛六度半又奎誤距以西大星故壁損二度奎增二度今復距西南大星即奎壁各得本度畢赤道十六度黃道亦十六度觜觿赤道二度黃道三度二宿俱當黃道斜虛畢尚與赤道度同觜觿總二度黃道損加一度蓋其誤也今測畢十七度半觜觿半度又柳誤距以第四星今復用第三星張中央四星爲朱鳥嗉外二星爲翼比距以翼而不距以膺故張增二度半七星減二度半今復以膺爲距則七星張各得本度其他星舊經文

昌二星在輿鬼四星在東井北斗樞在七星一度璇在張二度機在翼二度權在翼八度衡在軫八度開陽在角七度杓在亢四度天關在黃道南四度天尊天樽在黃道北天江天高狗國外屏雲雨虛梁在黃道外天國土公吏在赤道外上台在東井中台在七星建星在黃道北半度天苑在昴畢王良在壁外屏在觜觿雷電在赤道外五度霹靂在赤道外四度八魁在營室長垣羅堰當黃道今測文昌四星在柳一星在輿鬼一星在東井北斗樞在張十三度璇在張十二度半機在翼十三度權在翼十七度太衡在軫十度半開陽在角四度少杓在角十二度少天關天尊天樽天江天高狗國外屏皆當黃道雲雨在黃道內七度虛梁在黃道內四度天囷當赤道土公吏在赤道內六度上台在柳中台在張建星在黃道北四度半天苑在胃昴王良四星在奎一星在壁外屏在畢雷電在赤道內二度霹靂四星在赤道內一星在外八魁五星在壁四星在營室長垣在黃道北五度羅堰在黃道北黃

道春分與赤道交於奎五度太秋分交於軫十四度少冬至在斗十度去赤道南二十四度夏至在井十三度少去赤道北二十四度其赤道帶天之中以分列宿之度黃道斜運以明日月之行乃立八節九限校二道差數著之曆經蓋天之說李淳風以爲天地中高而四隤日月相隱蔽以爲晝夜遶北極常見者謂之上規南極常隱者謂之下規赤道橫絡者謂之中規及一行考月行出入黃道爲圖三十六究九道之增損而蓋天之狀見矣則篾爲度徑一分其厚半之長與圖等穴其正中植鍼爲樞令可環運自中樞之外均刻百四十七度全度之末旋爲外規規外太半度再旋爲重規以均賦周天度分又距極樞九十一度少半旋爲赤道帶天之紘距極三十五度旋爲內規乃步冬至日躔所在以正辰次之中以立宿距按渾儀所測甘石巫咸衆星明者皆以篾橫考入宿距縱考去極度而後圖之其赤道外衆星疏密之狀與仰視小殊者由渾儀去南極漸近其度益狹而蓋圖漸遠其度益廣使然

若考其去極入宿度數移之於渾天則一也又赤道內外其廣狹不均若就二至出入赤道二十四度以規度之則二分所交不得其正自二分黃赤道交以規度之則二至距極度數不得其正當求赤道分至之中均刻爲七十二限據每黃道差數以篾度量而識之然後規爲黃道則周天咸得其正矣又考黃道二分二至之中均刻爲七十二候定陰陽曆二交所在依月去黃道度率差一候亦以篾度量而識之然後規爲月道則周天咸得其正矣中晷之法初淳風造曆定二十四氣中晷與祖沖之短長頗異然未知其孰是及一行作大衍曆詔太史測天下之晷求其土中以爲定數其議曰周禮大司徒以土圭之法測土深日至之景尺有五寸謂之地中鄭氏以爲日景於地千里而差一寸尺有五寸者南戴日下萬五千里地與星辰四游升降於三萬里內是以半之得地中今潁川陽城是也宋元嘉中南征林邑五月立表望之日在表北交州影在表南三寸林邑九寸一分交州去洛水陸之路九千

里蓋山川回折使之然以表考其弦當五千乎開元十二年測交州夏至在表南三寸三分與元嘉所測略同使者大相元太言交州望極纔高二十餘度八月海中望老人星下列星粲然明大者甚衆古所未識迺渾天家以爲常没地中者也大率去南極二十度已上之星則見又鐵勒回紇在薛延陀之北去京師六千九百里其北又有骨利幹居瀚海之北北距大海晝長而夜短既夜天如曛不瞑夕胹羊髀纔熟而曙蓋近日出没之所太史監南宮説擇河南平地設水準繩墨植表而以引度之自滑臺始白馬夏至之晷尺五寸七分又南百九十八里百七十九步得浚儀岳臺晷尺五寸三分又南百六十七里二百八十一步得扶溝晷尺四寸四分又南百六十里百一十步至上蔡武津晷尺三寸六分半大率五百二十六里二百七十步晷差二寸餘而舊説王畿千里影差一寸妄矣今以句股校陽城中晷夏至尺四寸七分八氂冬至丈二尺七寸一分半定春秋分五尺四寸三分以覆矩斜視極出地

三十四度十分度之四自滑臺表視之極高三十五度三分冬至丈三尺定春秋分五尺五寸六分自浚儀表視之極高三十四度八分冬至丈二尺八寸五分定春秋分五尺五寸自扶溝表視之極高三十四度三分冬至丈二尺五寸五分定春秋分五尺三寸七分上蔡武津表視之極高三十三度八分冬至丈二尺三寸八分定春秋分五尺二寸八分其北極去地雖秒分微有盈縮難以目校大率三百五十一里八十步而極差一度極之遠近異則黄道軌景固隨而變矣自此爲率推之比歲武陵晷夏至七寸七分冬至丈五寸三分春秋分四尺三寸七分半以圖測之定氣四尺四寸七分按圖斜視極高二十九度半差陽城五度三分蔚州橫野軍夏至二尺二寸九分冬至丈五尺八寸九分春秋分六尺四寸四分半以圖測之定氣六尺六寸二分半按圖斜視極高四十度差陽城五度三分凡南北之差十度半其徑三千六百八十八里九十步自陽城至武陵千八百二十六里七十六步自陽城至

橫野千八百六十一里二百十四步夏至晷差尺五寸三分自陽城至武陵差七寸三分自陽城至橫野差八寸冬至晷差五尺三寸六分自陽城至武陵差二尺一寸八分自陽城至橫野差三尺一寸八分率夏至與南方差少冬至與北方差多又以圖校安南日在天頂北二度四分極高二十度四分冬至晷七尺九寸四分定春秋分二尺九寸三分夏至在表南三寸三分差陽城十四度三分其徑五千二十三里至林邑日在天頂北六度六分強極高十七度四分周圓三十五度常見不隱冬至晷六尺九寸定春秋分二尺八寸五分夏至在表南五十七分其徑六千一百一十二里若令距陽城而北至鐵勒之地亦差十七度四分與林邑正等則五月日在天頂南二十七度四分極高五十二度周圓百四度常見不隱北至晷四尺一寸三分南至晷二丈九尺二寸六分定春秋分晷五尺八寸七分其没地纔十五餘度夕没亥西晨出丑東校其里數已在回紇之北又南距洛陽九千八百一十五里則極長

之晝其夕常明然則骨利幹猶在其南矣吴中常侍王蕃考先儒所傳以戴日下萬五千里爲句股斜射陽城考周徑之率以揆天度當千四百六里二十四步有餘今測日晷距陽城五千里已在戴日之南則一度之廣皆三分減二南北極相去八萬里其徑五萬里宇宙之廣豈若是乎然則蕃之術以蠡測海者也古人所以恃句股術謂其有證於近事顧未知目視不能及遠遠則微差其差不已遂與術錯譬游於大湖廣袤不盈百里見日月朝夕出入湖中及其浮于巨海不知幾千萬里猶見日月朝夕出入其中矣若於朝夕之際俱設重差而望之必將大小同術無以分矣橫既有之縱亦宜然又若樹兩表南北相距十里其崇皆數十里置大炬於南表之端而植八尺之木於其下則當無影試從南表之下仰望北表之端必將積微分之差漸與南表參合表首參合則置炬於其上亦當無影矣又置大炬於北表之端而植八尺之木於其下則當無影試從北表之下仰望南表之端又將積微

分之差漸與北表參合表首參合則置炬於其上亦當無影矣
復於二表間更植八尺之木仰而望之則表首環屈相合若置火
炬於兩表之端皆當無影矣夫數十里之高與十里之廣然猶斜
射之影與仰望不殊今欲憑晷差以推遠近高下尚不可知而況
稽周天里步於不測之中又可必乎十三年南至岱宗禮畢自上傳
呼萬歲聲聞於下時山下夜漏未盡自日觀東望日已漸高據
曆法晨初迨日出差二刻半然則山上所差凡三刻餘其冬至夜刻
同立春之後春分夜刻同立夏之後自岳趾升泰壇僅二十里而
晝夜之差一節設使因二十里之崇以立句股術固不知其所以
然況八尺之表乎原古人所以步圭影之意將以節宣和氣輔相
物宜不在於辰次之周徑其所以重曆數之意將欲恭授人時欽
若乾象不在於渾蓋之是非若乃述無稽之法於視聽之所不及
則君子當闕疑而不議也而或者各封所傳之器以術天體謂渾
元可任數而測大象可運算而闗終以六家之說迭爲矛楯誠以

爲蓋天邪則南方之度漸狹果以爲渾天邪則北方之極寖高此
二者又渾蓋之家盡智畢議未能有以通其說也則王仲任葛稚
川之徒區區於異同之辨何益人倫之化哉凡晷差冬夏不同南北
亦異先儒一以里數齊之遂失其實今更爲覆矩圖南自丹穴北
暨幽都每極移一度輒累其差可以稽日食之多少定晝夜之長
短而天下之晷皆協其數矣昭宗時太子少詹事邊岡脩曆術
服其精粹以爲不刊之數也初貞觀中淳風撰法象志因漢書十
二次度數始以唐之州縣配焉而一行以爲天下山河之象存乎
兩戒北戒自三危積石負終南地絡之陰東及太華逾河並雷首
底柱王屋太行北抵常山之右乃東循塞垣至濊貊朝鮮是謂北
紀所以限戎狄也南戒自岷山嶓冢負地絡之陽東及太華連商
山熊耳外方桐柏自上洛南逾江漢攜武當荊山至于衡陽乃東
循嶺徼達東甌閩中是謂南紀所以限蠻夷也故星傳謂北戒爲
胡門南戒爲越門河源自北紀之首循雍州北徼達華陰而與地

絡相會並行而東至太行之曲分而東流與涇渭濟瀆相爲表裏
謂之北河江源自南紀之首循梁州南徼達華陽而與地絡相會
並行而東及荊山之陽分而東流與漢水淮瀆相爲表裏謂之南
河故於天象則弘農分陝爲兩河之會五服諸侯在焉自陝而西
爲秦涼北紀山河之曲爲晉代南紀山河之曲爲巴蜀皆負險用
武之國也自陝而東三川中岳爲成周西距外方大伾北至于濟
南至于淮東達鉅野爲宋鄭陳蔡河內及濟水之陽爲邶鄘衛漢
東濱淮水之陰爲申隨皆四戰用文之國也北紀之東至北河之北
爲邢趙南紀之東至南河之南爲荊楚自北河下流南距岱山爲
三齊夾右碣石爲北燕自南河下流北距岱山爲鄒魯南涉江淮
爲吳越皆負海之國貨殖之所阜也自河源循塞垣北東及海爲
戎狄自江源循嶺徼南東及海爲蠻越觀兩河之象與雲漢之
所始終而分野可知矣於易五月一陰生而雲漢潛萌于天稷之
下進及井鉞間得坤維之氣陰始達於地上而雲漢上升始交於

列宿七緯之氣通矣東井據百川上流故鶉首爲秦蜀墟得兩戒
山河之首雲漢達坤維右而漸升始居列宿上觜觿參伐皆直天
關表而在河陰故實沈下流得大梁距河稍遠涉陰亦深故其分
野自漳濱卻負恒山居北紀衆山之東南外接髦頭地皆河外陰
國也十月陰氣進踰乾維始上達于天雲漢至營室東壁間升氣
悉究與內規相接故自南正達於西正得雲漢升氣爲山河上流
自北正達于東正得雲漢降氣爲山河下流陬訾在雲漢升降中
居水行正位故其分野當中州河濟間且王良閣道由紫垣絕漢
抵營室上帝離宮也內接成周河內皆豕韋分十一月一陽生而雲
漢漸降退及艮維始下接于地至斗建間復與列舍氣通於易天
地始交泰象也踰析木津陰氣益降進及大辰升陽之氣究而雲
漢沈潛於東正之中故易雷出地曰豫龍出泉爲解皆房心象也
星紀得雲漢下流百川歸焉析木爲雲漢末派山河極焉故其分
野自南河下流窮南紀之曲東南負海爲星紀自北河末派窮北

紀之曲東北負海爲析木負海者以其雲漢之陰也唯陬訾內接紫宮在王畿河濟間降婁玄枵與山河首尾相遠鄰顓頊之墟故爲中州負海之國也其地當南河之北北河之南界以岱宗至于東海自鶉首踰河戒東曰鶉火得重離正位軒轅之祇在焉其分野自河華之交東接祝融之墟北負河南及漢蓋寒燠之所均也自析木紀天漢而南曰大火得明堂升氣天市之都在焉其分野自鉅野岱宗西至陳留北負河濟南及淮皆和氣之所布也陽氣自明堂漸升達于龍角曰壽星龍角謂之天關於易氣以陽決陰夬象也升陽進踰天關得純乾之位故鶉尾直建巳之月內列太微爲天廷其分野自南河以負海亦純陽地也壽星在天關內故其分野在商亳西南淮水之陰北連太室之東自陽城際之亦巽維地也夫雲漢自坤抵艮爲地紀北斗自乾攜巽爲天綱其分野與帝車相直皆五帝墟也究咸池之政而在乾維內者降婁也故爲少昊之墟叶北宮之政而在乾維外者陬訾也故爲顓頊

之墟成攝提之政而在巽維內者壽星也故爲太昊之墟布太微之政而在巽維外者鶉尾也故爲列山氏之墟得四海中承太階之政者軒轅也故爲有熊氏之墟木金得天地之微氣其神治於季月水火得天地之章氣其神治於孟月故章道存乎至微道存乎終皆陰陽變化之際也若微者沈潛而不及章者高明而過亢皆非上帝之居也斗杓謂之外廷陽精之所布也斗魁謂之會府陽精之所復也杓以治外故鶉尾爲南方負海之國魁以治內故陬訾爲中州四戰之國其餘列舍在雲漢之陰者八爲負海之國在雲漢之陽者四爲四戰之國降婁玄枵以負東海其神主於岱宗歲星位焉星紀鶉尾以負南海其神主於衡山熒惑位焉鶉首實沈以負西海其神主於華山太白位焉大梁析木以負北海其神主於恒山辰星位焉鶉火大火壽星豕韋爲中州其神主於嵩丘鎮星位焉近代諸儒言星土者或以州或以國虞夏秦漢郡國廢置不同周之興也王畿千里及其衰也僅得河南七縣今又

天下一統而直以鶉火爲周分則疆埸舛矣七國之初天下地形雌韓而雄魏魏地西距高陵盡河東河內北固漳鄴東分梁宋至於汝南韓據全鄭之地南盡潁川南陽西達虢略距函谷固宜陽北連上地皆綿亘數州相錯如繡考雲漢山河之象多者或至十餘宿其後魏徙大梁則西河合於東井秦拔宜陽而上黨入於輿鬼方戰國未滅時星家之言屢有明效今則同在畿甸之中矣而或者猶據漢書地理志推之是守甘石遺術而不知變通之數也又古之辰次與節氣相係各據當時曆數與歲差遷徙不同今更以七宿之中分四象中位自上元之首以度數紀之而著其分野其州縣雖改隸不同但據山河以分爾須女虛危玄枵也初須女五度餘二千三百七十四秒四少中虛九度終危十二度其分野自濟北東踰濟水涉平陰至于山茌循岱岳衆山之陰東南及高密又東盡萊夷之地得漢北海千乘淄川濟南齊郡及平原渤海九河故道之南濱于碣石古齊紀祝淳于萊譚寒及斟尋有過有

鬲蒲姑氏之國其地得陬訾之下流自濟東達于河外故其象著爲天津絕雲漢之陽凡司人之星與羣臣之錄皆主虛危故岱宗爲十二諸侯受命府又下流得婺女當九河末派比于星紀與吳越同占營室東壁陬訾也初危十三度餘二千九百二十六秒一太中營室十二度終奎一度自王屋太行而東得漢河內至北紀之東隅北負漳鄴東及館陶聊城又自河濟之交涉滎波濱濟水而東得東郡之地古邶鄘衛凡胙邘雍共微觀南燕昆吾豕韋之國自閣道王良至東壁在豕韋爲上流當河內及漳鄴之南得山河之會爲離宮又循河濟而東接玄枵爲營室之分奎婁降婁也初奎二度餘千二百一十七秒十七少中婁一度終胃三度自蛇丘肥成南屆鉅野東達梁父循岱岳衆山之陽以負東海又濱泗水經方輿沛留彭城東至于呂梁乃東南抵淮並淮水而東盡徐夷之地得漢東平魯國琅邪東海泗水城陽古魯薛邾莒小邾徐郯鄫鄅邳邿任宿須句顓臾牟遂鑄夷介根牟及大庭氏之國奎

爲大澤在陬訾下流當鉅野之東陽至于淮泗婁胃之墟東北負山蓋中國膏腴地百穀之所阜也胃得馬牧之氣與冀之北土同占胃昴畢大梁也初胃四度餘二千五百四十九秒八太中昴六度終畢九度自魏郡濁漳之北得漢趙國廣平鉅鹿常山東及清河信都北據中山眞定全趙之分又北逾衆山盡代郡鴈門雲中定襄之地與北方羣狄之國北紀之東陽表裏山河以蕃屏中國爲畢分循北河之表西盡塞垣皆髦頭故地爲昴分冀之北土馬牧之所蕃庶故天苑之象存焉觜觿參伐實沈也初畢十度餘八百四十一秒四之一中參七度終東井十一度自漢之河東及上黨太原盡西河之地古晉魏虞唐耿楊霍冀黎郇與西河戎狄之國西河之濱所以設險限秦晉故其地上應天闕其南曲之陰在晉地衆山之陽南曲之陽在秦地衆山之陰陰陽之氣并故與東井通河東永樂芮城河北縣及河曲豐勝夏州皆東井之分參伐爲戎索爲武政當河東盡大夏之墟上黨次居下流與趙魏接爲

觜觿之分東井輿鬼鶉首也初東井十二度餘二千一百七十二秒十五太中東井二十七度終柳六度自漢三輔及北地上郡安定西自隴坻至河右西南盡巴蜀漢中之地及西南夷犍爲越巂益州郡極南河之表東至牂柯古秦梁豳芮豐畢駘杠有扈密須庸蜀羌髳之國東井居兩河之陰自山河上流當地絡之西北輿鬼居兩河之陽自漢中東盡華陽與鶉火相接當地絡之東南鶉首之外雲漢潛流而未達故狼星在江河上源之西弧矢犬雞皆徼外之備也西羌吐蕃吐谷渾及西南徼外夷人皆占狼星柳七星張鶉火也初柳七度餘四百六十四秒七少中七星七度終張十四度北自滎澤滎陽并京索暨山南得新鄭密縣至外方東隅斜至方城抵桐柏北自宛葉南暨漢東盡漢南陽之地又自雒邑負北河之南西及函谷逾南紀達武當漢水之陰盡弘農郡以淮源桐柏東陽爲限而申州屬壽星古成周虢鄭管鄶東虢密滑焦唐隨申鄧及祝融氏之都新鄭爲軒轅祝融之墟其東鄙則入

壽星柳在輿鬼東又接漢源當商洛之陽接南河上流七星係軒轅得土行正位中岳象也河南之分張直南陽漢東與鶉尾同占翼軫鶉尾也初張十五度餘千七百九十五秒二十二太中翼十二度終軫九度自房陵白帝而東盡漢之南郡江夏東達廬江南部濱彭蠡之西得長沙武陵又逾南紀盡鬱林合浦之地自沅湘上流西達黔安之左皆全楚之分自富昭象龔繡容白廉州已西亦鶉尾之墟古荊楚鄖鄀羅權巴夔與南方蠻貊之國翼與咮張同象當南河之北軫在天關之外當南河之南其中一星主長沙逾嶺徼而南爲東甌青丘之分安南諸州在雲漢上源之東陽宜屬鶉火而柳七星張皆當中州不得連負海之地故麗于鶉尾角亢壽星也初軫十度餘八十七秒十四少中角八度終氐一度自原武管城濱河濟之南東至封丘陳留盡陳蔡汝南之地逾淮源至于弋陽西涉南陽郡至于桐柏又東北抵嵩高之東陽中國地絡在南北河之閒首自西傾極于陪尾故隨申光皆豫州之分宜屬

鶉火古陳蔡許息江黃道栢沈賴蓼須頓胡防弦厲之國氐涉壽星當洛邑衆山之東與亳土相接次南直潁水之閒曰太昊之墟爲亢分又南涉淮氣連鶉尾在成周之東陽爲角分氐房心大火也初氐二度餘千四百一十九秒五太中房二度終尾六度自雍丘襄邑小黃而東循濟陰界于齊魯右泗水達于吕梁乃東南接太昊之墟盡漢濟陰山陽楚國豐沛之地古宋曹郕滕茅郜蕭葛向城偪陽申父之國商亳負北河陽氣之所升也爲心分豐沛負南河陽氣之所布也爲房分其下流與尾同占西接陳鄭爲氐分尾箕析木津也初尾七度餘二千七百五十秒二十一少中箕五度終南斗八度自渤海九河之北得漢河閒涿郡廣陽及上谷漁陽右北平遼西遼東樂浪玄菟古北燕孤竹無終九夷之國尾得雲漢之末派龜魚麗焉當九河之下流濱于渤碣皆北紀之所窮也箕與南斗相近爲遼水之陽盡朝鮮三韓之地在吳越東南斗牽牛星紀也初南斗九度餘千四十二秒十二太中南斗二十四度終

女四度自廬江九江負淮水南盡臨淮廣陵至于東海又逾南河得漢丹楊會稽豫章西濱彭蠡南涉越門迄蒼梧南海逾嶺表自韶廣以西珠崖以東為星紀之分也古吴越羣舒廬桐六蓼及東南百越之國南斗在雲漢下流當淮海間為吴分牽牛去南河寖遠自豫章迄會稽南逾嶺徼為越分島夷蠻貊之人聲教所不曁皆係于狗國云

天文志第二十一

天文志第二十二　唐書三十二

翰林學士兼龍圖閣學士朝散大夫給事中知制誥充史館修撰臣歐陽脩奉
勑撰

日食武德元年十月壬申朔日有食之在氐五度占曰諸侯專權則其應在所宿國諸侯附從則為王者事四年八月丙戌朔日有食之在翼四度楚分也六年十二月壬寅朔日有食之在南斗十九度吴分也九年十月丙辰朔日有食之在氐七度貞觀元年閏三月癸丑朔日有食之在胃九度九月庚戌朔日有食之在亢五度胃為天倉亢為疏廟二年三月戊申朔日有食之在婁十一度占為大臣憂三年八月己巳朔日有食之在翼五度占曰旱四年閏正月丁卯朔日有食之在營室四度七月甲子朔日有食之在張十四度占為禮失六年正月乙卯朔日有食之在虛九度虛耗祥也八年五月辛未朔日有食之在参七度九年閏四月丙寅朔日有食之在畢十三度占為邊兵十一年三月丙戌朔日有食之在婁二度占為大臣憂十二年閏二月庚辰朔日有食之在奎九度奎武庫也十三年八月辛未朔日有食之在翼十四度翼為遠夷十七年六月己卯朔日有食之在東井十六度京師分也十八年十月辛丑朔日有食之在房三度房將相位二十年閏三月癸巳朔日有食之在胃九度占曰主有疾二十二年八月己酉朔日有食之在翼五度占曰旱顯慶五年六月庚午朔日有食之在柳五度龍朔元年五月甲子晦日有食之在東井二十七度皆京師分也麟德二年閏三月癸酉日有食之在胃九度占曰主有疾乾封二年八月己丑朔日有食之在翼六度總章二年六月戊申朔日有食之在東井二十九度咸亨元年六月壬寅朔日有食之在東井十八度二年十一月甲午朔日有食之在箕九度三年十一月戊子朔日有食之在尾十度東井京師分箕為后妃之府尾為後宮五年三月辛亥朔日有食之在婁十三度占為大臣憂永隆元年十一月壬申朔日有食之在尾十六度開耀元年十月丙寅

朔日有食之在尾四度永淳元年四月甲子朔日有食之在畢五度十月庚申朔日有食之在房三度垂拱二年二月辛未朔日有食之在營室十五度四年六月丁亥朔日有食之在東井二十七度京師分也天授二年四月壬寅朔日有食之在昴七度如意元年四月丙申朔日有食之在胃十一度皆正陽之月長壽二年九月丁亥朔日有食之在角十度角內爲天廷延載元年九月壬午朔日有食之在軫十八度軫爲車騎證聖元年二月己酉朔日有食之在營室五度聖曆三年五月己酉朔日有食之在畢十五度長安二年九月乙丑朔日有食之幾既在角初度三年三月壬戌朔日有食之在奎十度占曰君不安九月庚寅朔日有食之在亢七度神龍三年六月丁卯朔日有食之在東井二十八度京師分也景龍元年十二月乙丑朔日有食之在南斗二十一度斗爲丞相位先天元年九月丁卯朔日有食之在角十度開元三年七月庚辰朔日有食之在張四度七年五月己丑朔日有食之在畢十五度九年九月乙巳朔日有食之在軫十八度十二年閏十二月丙辰朔日有食之在虛初度十七年十月戊午朔日有食之不盡如鉤在氐九度二十年二月甲戌朔日有食之在營室十度八月辛未朔日有食之在翼七度二十一年七月乙丑朔日有食之在張十五度二十二年十二月戊子朔日有食之在南斗二十三度二十三年閏十一月壬午朔日有食之在南斗十一度二十六年九月丙申朔日有食之在亢九度二十八年三月丁亥朔日有食之在婁三度天寶元年七月癸卯朔日有食之在張五度五載五月壬子朔日有食之在畢十六度十三載六月乙丑朔日有食之幾既在東井十九度京師分也至德元載十月辛巳朔日有食之既在氐十度上元二年七月癸未朔日有食之既大星皆見在張四度大曆三年三月乙巳朔日有食之在奎十一度十年十月辛酉朔日有食之在氐十一度宋分也十四年七月戊辰朔日有食之在張四度十二月丙寅晦日有食之在危十二度貞元三年八月辛

巳朔日有食之在軫八度五年正月甲辰朔日有食之在營室六度八年十一月壬子朔日有食之在尾六度宋分也十二年八月己未朔日有食之在翼十八度占曰旱十七年五月壬戌朔日有食之在東井十度元和三年七月辛巳朔日有食之在七星三度十年八月己亥朔日有食之在翼十八度十三年六月癸丑朔日有食之在輿鬼一度京師分也長慶二年四月辛酉朔日有食之在胃十三度三年九月壬子朔日有食之在角十二度大和八年二月壬午朔日有食之在奎一度開成元年正月辛丑朔日有食之在虛三度會昌三年二月庚申朔日有食之在東壁一度并州分也四年二月甲寅朔日有食之在營室七度五年七月丙午朔日有食之在張七度六年十二月戊辰朔日有食之在南斗十四度大中二年五月己未朔日有食之在參九度八年正月丙戌朔日有食之在危二度危爲玄枵亦耗祥也咸通四年七月辛卯朔日有食之在張十七度乾符三年九月乙亥朔日有食之在軫十四度四年四月壬申朔日有食之在畢三度六年四月庚申朔日有食之既在胃八度文德元年三月戊戌朔日有食之在胃一度天祐元年十月辛卯朔日有食之在心二度三年四月癸未朔日有食之在胃十二度凡唐著紀二百八十九年日食九十三朔九十一晦一二日一日變貞觀初突厥有五日並照二十三年三月日赤無光李淳風曰日變色有軍急又曰其君無德其臣亂國濮陽復曰日無光主病咸亨元年二月壬子日赤無光癸丑四方濛濛日有濁氣色赤如赭上元二年三月丁未日赤如赭永淳元年三月日赤如赭文明元年二月辛巳日赤如赭長安四年正月壬子日赤如赭景龍三年二月庚申日色紫赤無光開元十四年十二月己未日赤如赭二十九年三月丙午風霾日無光近晝昏也占爲上刑急人不樂生天寶三載正月庚戌日暈五重占曰是謂棄光天下有兵肅宗上元二年二月乙酉白虹貫日大曆二年七月丙寅日旁有青赤氣長四丈餘壬申日上有赤氣長二丈九月

乙亥至于辛丑日旁有青赤氣三年正月丁巳日有黃冠青赤
珥辛丑赤如之凡氣長而立者爲直橫者爲格立于日上者爲冠
直爲有自立者格爲戰鬬又曰赤氣在日上君有佞臣黃爲土功
青赤爲憂貞元二年閏五月壬戌日有黑暈六年正月甲子日赤
如血十年三月乙亥黃霧四塞日無光元和二年十月壬午日傍
有黑氣如人形跪手捧盤向日盤中氣如人頭四年閏三月日傍
有物如日五年四月辛未白虹貫日十年正月辛卯日外有物如
烏十一年正月己卯日紫赤無光長慶元年六月己丑白虹貫日
三年二月庚戌白虹貫日寶曆元年六月甲戌赤虹貫日九月甲
申日赤無光二年三月甲午日中有黑氣如杯辛亥日中有黑子
四月甲寅白虹貫日大和二年二月癸亥日無光白霧晝昏十二
月癸亥有黑祲與日如鬬五年二月辛丑白虹貫日六年三月有
黑祲與日如鬬庚戌日中有黑子四月乙丑黑氣磨日七年正月
庚戌白虹貫日八年七月甲戌白虹貫日日有交暈十月壬寅白

虹貫日東西際天上有背玦九年二月辛卯日月赤如血壬辰赤
如之開成元年正月辛丑朔白虹貫日二月己丑赤如之二年十
一月辛巳日中有黑子大如雞卵日赤如赭晝昏至于癸未五年
正月己丑日暈白虹在東如玉環貫珥二月丙辰日有重暈有
赤氣夾日十二月癸卯晦日旁有黑氣來觸會昌元年十一月庚
戌日中有黑子四年正月戊申日無光二月己巳白虹貫日如玉
環大中十三年四月甲午日暗無光咸通六年正月白虹貫日中
有黑氣如雞卵七年十二月癸酉白氣貫日日有重暈甲戌赤如
之白氣兵象也十四年二月癸卯白虹貫日乾符元年日中有黑
子二年日中有若飛鸞者六年十一月丙辰朔有兩日並出而鬬
三日乃不見鬬者離而復合也廣明元年日暈如虹黃氣蔽日無
光日不可以二虹百殃之本也中和三年三月丙午日有青黃暈
四月丙辰亦如之丁巳戊午又如之光啓三年十一月己亥下晡
日上有黑氣四年二月己丑日赤如血庚寅改元文德是日風日

赤無光景福元年五月日色散如黃金光化三年冬日有虹蜺背
璚彌旬日有赤氣自東北至于東南天復元年十月日色散如黃
金十一月又如之三年二月丁丑日有赤氣自東北至于東南天
祐元年二月丙寅日中見北斗其占重十一月癸酉日中日有黃
暈旁有青赤氣二三年正月甲申日有黃白暈暈上有青赤背乙
酉亦如之暈中生白虹漸東長百餘丈二月乙巳日有黃白暈如
半環有蒼黑雲夾日長各六尺餘既而雲變狀如人如馬乃消舊
占背者叛背之象日暈有虹者爲大戰半暈者相有謀蒼黑祲祥
也夾日者賊臣制君之象變而如人者爲叛臣如馬者爲兵三年
正月辛未日有黃白暈上有青赤背二月癸巳日有黃白暈如半
環有青赤背庚戌日有黃白暈青赤背月變貞觀初突厥有三月
並見儀鳳二年正月甲子朔月見西方是謂朓朓則侯王其舒武
太后時月過望不虧者二天寶三載正月庚戌日有紅氣如垂帶
肅宗元年建子月癸巳乙夜月掩昴而暈色白有白氣自北貫之

昴胡也白氣兵喪建辰月丙戌月有黃白冠連暈圍東井五諸侯
兩河及輿鬼東井京師分也大曆十年九月戊申月暈熒惑畢昴
參東及五車暈中有黑氣乍合乍散十二月丙子月出東方上有
白氣十餘道如匹練貫五車及畢觜觿參東井輿鬼柳軒轅中夜
散去占曰女主凶白氣爲兵喪五車主庫兵軒轅爲後宮其宿則
晉分及京師也元和十一年己未旦日巳出有虹貫月于營室開
成四年閏正月甲申晦乙酉月在營室正偃魄質成早也占爲臣
下專恣之象五年正月戊寅朔甲申月昏而中未弦而中早也占
同上景福二年十一月有白氣如環貫月穿北斗連太微天復二
年十二月甲申夜月有三暈裏白中赤黃外綠天祐二年二月丙
申月暈熒惑孛彗武德九年二月壬午有星孛于胃昴閒丁亥
孛于卷舌孛與彗皆非常惡氣所生而災甚于彗貞觀八年八月
甲子有星孛于虛危歷玄枵乙亥不見十三年三月乙丑有星孛
于畢昴十五年六月己酉有星孛于太微犯郎位七月甲戌不見

龍朔三年八月癸卯有彗星于左攝提長二尺餘乙巳不見攝提
建時節大臣象乾封二年四月丙辰有彗星于東北在五車畢昴
間乙亥不見上元二年十二月壬午有彗星于角亢南長五尺三
年七月丁亥有彗星于東井指北河長三尺餘東北行光芒益盛
長三丈掃中台指文昌九月乙酉不見東井京師分中台文昌將
相位兩河天關也開耀元年九月丙申有彗星于天市中長五丈
漸小東行至河鼓癸丑不見市者貨食之所聚以衣食生民者一
曰帝將遷都河鼓將軍象永淳二年三月丙午有彗星于五車北
四月辛未不見光宅元年九月丁丑有星如半月見于西方月衆
陰之長星如月者陰盛之極文明元年七月辛未夕有彗星于西
方長丈餘八月甲辰不見是謂天攙景龍元年十月壬午有彗星
于西方十一月甲寅不見二年二月丁酉有星孛于胃昴間胡分
也八月壬辰有星孛于紫宮延和元年六月有彗星自軒轅入太
微至大角滅開元十八年六月甲子有彗星于五車癸酉有星孛

于畢昴二十六年三月丙子有星孛于紫宮垣歷北斗魁旬餘因
雲陰不見乾元三年四月丁巳有彗星于東方在婁胃間色白長
四尺東北疾行歷昴畢觜觿參東井輿鬼柳軒轅至右執法西
凡五旬餘不見閏月辛酉朔有彗星于西方長數丈至五月乃滅
婁爲魯胃昴畢爲趙觜觿參爲唐東井輿鬼爲京師分柳其半
爲周分二彗仍見者荐禍也又婁胃間天倉大曆元年十二月己
亥有彗星于匏瓜長尺餘經二旬不見犯宦者星五年四月己未
有彗星于五車光芒蓬勃長三丈五月己卯彗星見于北方色白
癸未東行近八穀中星六月癸卯近三公己未不見占曰色白者
太白所生也七年十二月丙寅有長星于參下其長亘天長星彗
屬參唐星也元和十年三月有長星于太微尾至軒轅十二年正
月戊子有彗星于畢長慶元年正月己未有星孛于翼二月丁卯
孛于太微西上將六月有彗星于昴長一丈凡十日不見大和二
年七月甲辰有彗星于右攝提南長二尺三年十月客星見于水

位八年九月辛亥有彗星于太微長丈餘西北行越郎位庚申不
見開成二年二月丙午有彗星于危長七尺餘西指南斗戊申在
危西南芒耀愈盛癸丑在虛辛酉長丈餘西行稍南指壬戌在婺
女長二丈餘廣三尺癸亥愈長且闊三月甲子在南斗乙丑長五
丈其末兩岐一指氐一掩房丙寅長六丈無岐北指在亢七度丁
卯西北行東指己巳長八丈餘在張癸未長三尺在軒轅右不見
凡彗星晨出則西指夕出則東指乃常也未有遍指四方凌犯如
此之甚者甲申客星出于東井下戊子客星別出于端門內近屛
星四月丙午東井下客星沒五月癸酉端門內客星沒壬午客星
如孛在南斗天籥旁八月丁酉有彗星于虛危虛危爲玄枵枵耗
名也三年十月乙巳有彗星于軫兜長二丈餘漸長西指十一月
乙卯有彗星于東方在尾箕東西亘天十二月壬辰不見四年正
月癸酉有彗星于羽林衞分也閏月丙午有彗星于卷舌西北二
月己卯不見五年二月庚申有彗星于營室東壁間二十日滅十

一月戊寅有彗星于東方燕分也會昌元年七月有彗星于羽林
營室東壁間也十一月壬寅有彗星于北落師門在營室入紫宮
十二月辛卯不見并州分也大中六年三月有彗星于觜參參唐
星也十一年九月乙未有彗星于房長三尺咸通五年五月己亥
夜漏未盡一刻有彗星出于東北色黃白長三尺在婁徐州分也
九年正月有彗星于婁胃十年八月有彗星于大陵東北指占爲
外夷兵及水災乾符四年五月有彗星光啓元年有彗星于積水
積薪之間二年五月丙戌有星孛于尾箕歷北斗攝提占曰貴臣
誅大順二年四月庚辰有彗星于三台東行入太微掃大角天市
長十丈餘五月甲戌不見宦者陳匡知星奏曰當有亂臣入宮三
台太一三階也太微大角帝廷也天市都市也景福元年五月蚩
尤旗見初出有白彗形如髮長二尺許經數日乃從中天下如匹
布至地如蛇六月孫儒攻楊行密于宣州有黑雲如山漸下隊于
儒營上狀如破屋占曰營頭星也十一月有星孛于斗牛占曰越

有自立者十二月丙子天攙出于西南已卯化爲雲而没二年三
月天久陰至四月乙酉夜雲稍開有彗星于上台長十餘丈東行
入太微掃大角入天市經三旬有七日益長至二十餘丈因雲陰
不見乾寧元年正月有星孛于鶉首秦分也又星隕于西南有聲
如雷七月妖星見非彗非孛不知其名時人謂之妖星或曰惡星
三年十月有客星三一大二小在虚危閒乍合乍離相隨東行狀
如鬬經三日而二小星没其大星後没虚危齊分也光化三年正
月客星出于中垣宦者旁大如桃光炎射宦者宦者不見天復元
年五月有三赤星各有鋒芒在南方既而西方北方東方亦如之
頃之又各增一星凡十六星少時先從北滅占曰濛星也見則諸
侯兵相攻二年正月客星如桃在紫宫華蓋下漸行至御女丁卯
有流星起文昌抵客星客星不動己巳客星在杠守之至明年猶
不去占曰將相出兵五月夕有星當箕下如炬火炎炎上衝人初
以爲燒火也高丈餘乃隕占曰機星也下有亂天祐元年四月有

星狀如人首赤身黑在北斗下紫微中占曰天衝也天衝抱極泣
帝前血濁霧下天下寃後三日而黑風晦暝二年四月庚子夕西
北隅有星類太白上有光似彗長三四丈色如赭辛丑夕色如縞
或曰五車之水星也一曰昭明星也甲辰有彗星于北河貫文昌
長三丈餘陵中台下台五月乙丑夜自軒轅左角及天市西垣光
芒猛怒其長亘天丙寅雲陰至辛未少霽不見兩河爲天關在東
井閒而北河中國所經也文昌天之六司天市都市也星變武德
三年十月己未有星隕于東都中隱隱有聲貞觀二年天狗隕于
夏州城中十四年八月有星隕于高昌城中十六年六月甲辰西
方有流星如月西南行三丈乃滅占曰星甚大者爲人主十八年
五月流星出東壁有聲如雷占曰聲如雷者怒象十九年四月己
酉有流星向北斗杓而滅永徽三年十月有流星貫北極四年十
月睦州女子陳碩真反婺州刺史崔義玄討之有星隕于賊營乾
封元年正月癸酉有星出太微東流有聲如雷咸亨元年十一月

西方有流星聲如雷調露元年十一月戊寅流星入北斗魁中乙
巳流星燭地有光使星也神龍三年三月丙辰有流星聲如頽墻
光燭天地景龍二年二月癸未有大星隕于西南聲如雷野雉皆
雊景雲元年八月己未有流星出五車至上台滅九月甲申有流
星出中台至相滅太極元年正月辛卯有流星出太微至相滅延
和元年六月幽州都督孫佺討奚契丹出師之夕有大星隕于營
中開元二年五月乙卯晦有星西北流或如甕或如斗貫北極小
者不可勝數天星盡揺至曙乃止占曰星民象流者失其所也漢
書曰星揺者民勞十二年十月壬辰流星大如桃色赤黄有光燭
地占曰色赤爲將軍使天寶三載閏二月辛亥有星如月墜于東
南墜後有聲至德二載賊將武令珣圍南陽四月甲辰夜中有大
星赤黄色長數十丈光燭地墜賊營中十一月壬戌有流星大如
斗東北流長數丈蛇行屈曲有碎光迸出占曰是謂枉矢廣德二
年六月丁卯有妖星隕于汾州十二月丙寅自乙夜至曙星流如

雨大曆二年九月乙丑晝有星如一斗器色黄有尾長六丈餘出
南方没于東北東北于中國則幽州分也三年九月乙亥有星大
如斗北流有光燭地占爲貴使六年九月甲辰有星西流大如一
升器光燭地有尾迸光如珠長五丈出婺女入天市南垣滅八年
六月戊辰有流星大如一升器有尾長三丈餘入太微十二月壬
申有流星大如一升器有尾長二丈餘出紫微入濁十年三月戊
戌有流星出于西方如二升器有尾長二丈入濁十二年二月辛
亥有流星如桃尾長十丈出匏瓜入太微建中四年八月庚申有
星隕于京師興元元年六月戊午星或什或伍而隕貞元三年閏
五月戊寅枉矢墜于虚危十四年閏五月辛亥有星墜于東北光
燭如晝聲如雷元和二年十二月己巳西北有流星亘天尾散如
珠占曰有貴使四年八月丁丑西北有大星東南流聲如雷鼓六
年三月戊戌日晡天陰寒有流星大如一斛器墜于兗鄆閒聲震
數百里野雉皆雊所墜之上有赤氣如立蛇長丈餘至夕乃滅時

占者以爲日在戌魯分也不及十年其野主殺而地分九年正月有大星如半席自下而升有光燭地羣小星隨之四月辛巳有大流星尾迹長五丈餘光燭地至右攝提西滅十二年九月己亥甲夜有流星起中天首如甕尾如二百斛舡長十餘丈聲如羣鴨飛明若火炬過月下西流須臾有聲龍若龍若墜地有大聲如壞屋者三在陳蔡間十四年五月己亥有大流星出北斗魁長二丈餘南抵軒轅而滅占曰有赦赦視星之大小十五年七月癸亥有大星出鈎陳南流至婁滅長慶元年正月丙辰有大星出狼星北色赤有尾迹長三丈餘光燭地東北流至七星南滅四月有大星墜于吳聲如飛羽七月乙巳有大流星出參西北色黃有尾迹長六七丈光燭地至羽林滅八月辛巳東北方有大星自雲中出色白光燭地前銳後大長二丈餘西北流入雲中滅二年四月辛亥有流星出天市光燭地隱隱有聲至郎位滅市者小人所聚郎在天廷中主宿衞六月丁酉有小星隕于房心間戊戌亦如之己亥亦如

之閏十月丙申有流星大如斗抵中台上星三年八月丁酉夜有大流星如數斗器起西北經奎婁東南流去月甚近迸光散落墜地有聲四年四月紫微中星隕者衆七月乙卯有大流星出天船犯斗魁樞星而滅占曰有舟檝事丙子有大流星出天將軍東北入濁寶曆元年正月乙卯有流星出北斗樞星光燭地入濁占曰有赦二年五月癸巳西北有流星長三丈餘光燭地入天市中滅占爲有誅七月丙戌日初入東南有流星向南滅以晷度推之在箕斗間八月丙申有大流星出王良長四丈餘至北斗杓滅王良奉車御官也大和四年六月辛未自昏至戊夜流星或大或小觀者不能數占曰民失其所王者失道綱紀廢則然又曰星在野象物在朝象官七年六月戊子自昏及曙四方流星大小縱横百餘八年六月辛巳夜中有流星出河鼓赤色有尾迹光燭地迸如散珠北行近天棓滅有聲如雷河鼓爲將軍天棓者帝之武備九年六月丁酉自昏至丁夜流星二十餘縱横出没多近天漢開成二

年九月丁酉有星大如斗長五丈自室壁西北流入大角下没行類枉矢中天有聲小星數百隨之十一月丁丑有大星隕于興元府署寢室之上光燭庭宇三年五月乙丑有大星出于柳張尾長五丈餘再出再没四年二月己亥丁夜至戊夜四方中天流星小大凡二百餘並西流有尾迹長二丈至五丈八月辛未流星出羽林有尾迹長八丈餘有聲如雷羽林天軍也十二月壬申蚩尤旗見會昌元年六月戊辰自昏至戊夜小星數十縱横流散占曰小星民象七月庚午北方有星光燭地東北流經王良有聲如雷十一月壬寅有大星東北流光燭地有聲如雷四年八月丙午有大星如炬火光燭天地自奎婁掃西方七宿而隕六年二月辛丑夜中有流星赤色如桃光燭地有尾迹貫紫微入濁咸通六年七月乙酉甲夜有大流星長數丈光爍如電羣小星隨之自南徂北其象南方有以衆叛而之北也九年十一月丁酉有星出如匹練亘空化爲雲而没在楚分是謂長庚見則兵起十三年春有二星從

天際而上相從至中天狀如旌旗乃隕九月蚩尤旗見乾符二年冬有二星一赤一白大如斗相隨東南流燭地如月漸大光芒猛怒三年晝有星如炬火大如五升器出東北徐行隕于西北四年七月有大流星如盂自虛危歷天市入羽林滅占爲外兵中和元年有異星出于輿鬼占者以爲惡星八月己丑夜星隕如雨或如杯椀者交流如織庚寅夜亦如之至丁酉止三年十一月夜星隕于西北如雨光啓二年九月有大星隕于揚州府署延和閣前聲如雷光炎燭地十月壬戌有星出于西方色白長一丈五尺屈曲而隕占曰長庚也下則流血三年五月秦宗權擁兵于汴州北郊晝有大星隕于其營聲如雷是謂營頭其下破軍殺將乾寧元年夏有星隕于越州後有光長丈餘狀如虵或曰枉矢也三年六月天暴雨雷電有星大如椀起西南墜于東北色如鶴練聲如羣鴨飛占爲姦謀光化元年九月丙子有大星墜于北方三年三月丙午有星如二十斛船色黃前銳後大西南行十一月中天有大

星自東緩流如帶屈曲光凝著天食頃乃滅是謂枉矢天復三年二月帝至自鳳翔其明日有大星如月自東濁際西流有聲如雷尾跡橫貫中天三夕乃滅天祐元年五月戊寅乙夜雨晦暝有星長二十丈出東方西南向首黑尾赤中白枉矢也一曰長星二年三月乙丑夜中有大星出中天如五斗器流至西北去地十丈許而止上有星芒炎如火赤而黃長丈五許而蛇行小星皆動而東南其隕如雨少頃没後有蒼白氣如竹叢上衝天中色瞢瞢占曰亦枉矢也三年十二月昏東方有星如太白自地徐上行極緩至中天如上弦月乃曲行頃之分爲二占曰有大孽

天文志第二十二

天文志第二十三　唐書三十三

翰林學士兼龍圖閣學士朝散大夫給事中知制誥充史館修撰臣歐陽脩奉敕撰

月五星凌犯及星變隋大業十三年六月鎭星蠃而旅于參參唐星也李淳風曰鎭星主福未當居而居所宿國吉義寧二年三月丙午熒惑入東井占曰大人憂武德元年五月庚午太白晝見占曰兵起臣彊六月丙子熒惑犯右執法占曰執法大臣象二年七月戊寅月犯牽牛凡月與列宿相犯其宿地憂牽牛吳越分九月庚寅太白晝見冬熒惑守五諸侯六年七月癸卯熒惑犯輿鬼西南星占曰大臣有誅七年六月熒惑犯右執法七月戊寅歲星犯畢占曰邊有兵八年九月癸丑熒惑入太微太微天廷也冬太白入南斗斗主爵祿九年五月太白晝見六月丁巳經天己未又經天在秦分丙寅月犯氐氐爲天子宿宮己卯太白晝見七月辛亥晝見甲寅晝見八月丁巳晝見太白上公經天者陰乘陽也貞觀三年三月丁丑歲星逆行入氐占曰人君治宮室過度一曰饑五年五月庚申鎭星犯鍵閉占爲腹心喉舌臣九年四月丙午熒惑犯軒轅十年四月癸酉復犯之占曰熒惑主禮禮失而後罰出焉軒轅爲後宮十一年二月癸未熒惑入輿鬼占曰賊在大人側十二年六月辛卯熒惑入東井占曰旱十三年五月乙巳犯右執法六月太白犯東井北轅井京師分也十四年十一月壬午月入太微占曰君不安十五年二月熒惑逆行犯太微東上相十六年五月太白犯畢左股畢爲邊將六月戊戌晝見九月己未熒惑犯太微西上將十月丙戌入太微犯左執法十七年二月犯鍵閉三月丁巳守心前星癸酉逆行犯鉤鈐熒惑常以十月入太微受制而出伺其所守犯天子所誅也鍵閉爲腹心喉舌臣鉤鈐以開闔天心皆貴臣象十八年十一月乙未月掩鉤鈐十九年七月壬午太白入太微是夜月掩南斗太白遂犯左執法光芒相及箕斗間漢津高麗地也太白爲兵亦罰星也二十年七月丁未歲星守東壁占

曰五穀以水傷二十一年四月戊寅月犯熒惑占曰貴臣死十二月丁丑月食昴占曰天子破匈奴二十二年五月丁亥犯右執法七月太白晝見乙巳鎭星守東井占曰旱閏十二月辛巳太白犯建星占曰大臣相譖永徽元年二月己丑熒惑犯東井占曰旱四月己巳月犯五諸侯熒惑犯輿鬼占曰諸侯凶五月己未太白晝見二年六月己丑太白入太微犯右執法九月甲午犯心前星十二月乙未太白晝見三年正月壬戌犯牽牛牽牛爲將軍又吳越分也丁亥歲星掩太微上將二月己丑熒惑犯五諸侯五月戊子掩右執法四年六月己丑太白晝見六年七月乙亥歲星守尾占曰人主以嬪爲后己丑熒惑入輿鬼八月丁卯入軒轅顯慶元年四月丁酉太白犯東井北轅占曰秦有兵五年二月甲午熒惑入南斗六月戊申復犯之南斗天廟去復來者其事大且久也龍朔元年六月辛巳太白晝見經天九月癸卯犯左執法二年七月己丑熒惑守羽林羽林禁兵也三年正月己卯犯天街占曰政塞姦出六

月乙酉太白入東井占曰君失政大臣有誅麟德二年三月戊午熒惑犯東井四月壬寅入輿鬼犯質星乾封元年八月乙巳熒惑入東井二年五月庚申入軒轅三年正月乙巳月犯軒轅大星咸亨元年四月癸卯月犯東井占曰人主憂七月壬申熒惑入東井占曰旱丙申月犯熒惑占曰貴人死十二月丙子熒惑入太微二年四月戊辰復犯太微垣將相位也五年六月壬寅太白入東井上元二年正月甲寅熒惑犯房占曰君有憂一曰有喪三年正月丁卯太白犯牽牛占曰將軍凶儀鳳二年八月辛亥太白犯軒轅左角左角貴相也三年十月戊寅熒惑犯鉤鈐四年四月戊午入羽林占曰軍憂調露元年七月辛巳入天囷永隆元年五月癸未犯輿鬼丁酉太白晝見經天是謂陰乘陽陽君道也永淳元年五月丁巳辰星犯軒轅九月庚戌熒惑入輿鬼犯質星十一月乙未復犯輿鬼去而復來是謂句已垂拱元年四月癸未辰星犯東井北轅辰星爲廷尉東井爲法令失道則相犯也十二月戊子月掩

軒轅大星二年三月丙辰復犯之萬歲通天元年十一月乙丑歲星犯司怪占曰水旱不時聖曆元年五月庚午太白犯天關天關主邊事二年熒惑入輿鬼三年三月辛亥歲星犯左執法久視元年十二月甲戌晦熒惑犯軒轅自乾封二年後月及熒惑太白辰星凌犯軒轅者六長安二年熒惑犯五諸侯渾儀監尚獻甫奏臣命在金五諸侯太史之位火克金臣將死矣武后曰朕爲卿禳之以獻甫爲水衡都尉水生金又去太史之位卿無憂矣是秋獻甫卒四年熒惑入月鎭星犯天關神龍元年三月癸巳熒惑犯天田占曰旱七月辛巳掩氐西南星占曰賊臣在內二年閏正月丁卯月掩軒轅后星九月壬子熒惑犯左執法己巳月犯軒轅后星十一月辛亥犯昴占曰胡王死戊午熒惑入氐十二月丁酉犯天江占曰旱三年五月戊戌太白入輿鬼中占曰大臣有誅景龍三年六月癸巳太白晝見在東井京師分也四年二月癸未熒惑犯天街五月甲子月犯五諸侯景雲二年三月壬申太白入羽林八月

己未歲星犯執法三月壬申熒惑入東井先天元年八月甲子太白襲月占曰太白兵象月大臣體二年十一月丙子熒惑犯司怪開元二年七月己丑太白犯輿鬼東南星七年六月甲戌太白犯東井鉞星占曰斧鉞用八年三月庚午犯東井北轅五月甲子犯軒轅十一年十一月丁卯歲星犯進賢十四年十月甲寅太白晝見二十五年六月壬戌熒惑犯房二十七年七月辛丑犯南斗占曰貴相凶天寶十三載五月熒惑守心五旬餘占曰主去其宮十四載十二月月食歲星在東井占曰其國亡東井京師分也至德二載七月己酉太白晝見經天至于十一月戊午不見歷秦周楚鄭宋燕之分十二月歲星犯軒轅大星占曰女主謀君乾元元年五月癸未月掩心前星占曰太子憂六月癸丑入南斗魁中占曰大人憂二年正月癸未歲星蝕月在翼楚分也一曰饑二月丙辰月犯心中星占曰主命惡之上元元年五月癸丑月掩昴占曰胡王死八月己酉太白犯進賢十二月癸未歲星掩房占曰將相憂三

年建子月癸巳月掩昴出昴北八月丁卯又掩昴寶應二年四月己丑月掩歲星占曰饑永泰元年九月辛卯太白晝見經天大曆二年七月癸亥熒惑入氐其色赤黃乙丑鎮星犯水位占曰有水災乙亥歲星犯司怪八月壬午月入氐丙申犯畢九月戊申歲星守東井占皆爲有兵乙丑熒惑犯南斗在燕分十二月丁丑犯壘壁占曰兵起三年正月壬子月掩畢八月己未復掩畢辛酉入東井九月壬申歲星入輿鬼占曰歲星爲貴臣輿鬼主死喪丁丑熒惑入太微二旬而出己卯太白犯左執法四年二月壬寅熒惑守房上相丙午有星芒角三月壬午逆行入氐中是月鎮星犯輿鬼七月戊辰熒惑犯次相九月丁卯犯建星占曰大臣相譖五年二月乙巳歲星入軒轅六月丁酉月犯進賢庚子犯氐庚戌太白入東井六年七月乙巳月掩畢入畢中壬子月犯太微八月甲戌熒惑犯鄭星庚辰月入太微九月壬辰熒惑犯哭星庚子犯泣星是夜月掩畢丁未入太微十月丁卯掩畢己巳熒惑犯壘壁甲戌月入

軒轅占曰憂在後宮十一月壬寅入太微丙午掩氐十二月己巳入太微七年正月乙未犯軒轅二月戊午掩天關占曰亂臣更天子法令己巳熒惑犯天街四月丁巳入東井辛未歲星犯左角占曰天下之道不通壬申月入羽林五月丙戌入太微八年四月癸丑歲星掩房占曰將相憂又宋分也甲寅熒惑入壘壁五月庚辰入羽林七月己卯太白入東井留七日非常度也占曰秦有兵乙未月入畢中癸未入羽林己丑太白入太微占曰兵入天廷八月晝見十月丁巳月掩畢壬戌入輿鬼掩質星庚午月及太白入氐中占曰君有哭泣事十一月己卯月入羽林癸未太白入房占曰白衣會不曰犯而曰入蓋鉤鈐間癸丑月掩天關甲寅入東井癸酉入羽林九年三月丁未熒惑入東井四月丁丑月入太微五月己未太白入軒轅占曰憂在後宮六月己卯月掩南斗庚辰入太微七月甲辰掩房辛亥入羽林壬戌入輿鬼九月辛丑太白入南斗占曰有反臣又曰有赦甲子熒惑入氐宋分也十月戊子歲星入南

斗占曰大臣有誅十二月戊辰月入羽林十年三月庚戌熒惑入壘壁四月甲子入羽林八月戊辰月入太微十一年閏八月丁酉太白晝見經天十二年正月乙丑月掩軒轅癸酉掩心前星宋分也丙子入南斗魁中二月乙未鎮星入氐中占曰其分兵喪李正己地也三月壬戌月入太微四月乙未掩心前星五月丙辰入太微戊戌入羽林七月庚戌入南斗乙亥熒惑入東井十月壬辰月掩昴庚子入太微十一月乙卯入羽林十二月壬午復入羽林自六年至此月入太微者十有二入羽林者八熒惑三入東井再入羽林三入壘壁月太白歲星皆入南斗魁中十四年春歲星入東井建中元年十一月月食歲星在秦分占曰其國亡是月歲星食天尸天尸輿鬼中星占曰有妖言小人在位君王失樞死者太半三年七月月掩心中星貞元四年五月丁卯月犯歲星在營室六月癸卯熒惑逆行入羽林占曰軍有憂六年五月戊辰月犯太白間容一指占曰大將死十年四月太白晝見十一年七月熒惑太

白相繼犯太微上將十三年二月戊辰太白入昴三月庚寅月犯太白十九年三月熒惑入南斗色如血斗吳越分色如血者旱祥也二十一年正月己酉太白犯昴趙分也永貞元年十二月丙午月犯畢己酉歲星犯太微西垣將相位也元和元年十月太白入南斗十二月復犯之斗吳分也二年正月癸丑月犯太白于女虛二月壬申月掩歲星占曰大臣死四月丙子太白犯東井北轅己卯月犯房上相三年三月乙未鎮星蝕月在氐占曰其地主死四年九月癸亥太白犯南斗七年正月辛未月掩熒惑五月癸亥熒惑犯右執法六月己亥月犯南斗魁八年七月癸酉月犯五諸侯十月己丑熒惑犯太微西上將十二月掩左執法九年二月丁酉月犯心中星七月辛亥掩心中星占曰其宿地凶心豫州分壬辰月掩軒轅是月太白入南斗至十月出乃晝見熒惑入南斗中因留犯之南斗天廟又丞相位也十年八月丙午月入南斗魁中十一年二月丙辰月掩心是月熒惑入氐因逆行三月己丑月犯鎮

星在女齊分也四月丙辰太白犯輿鬼占曰有僇臣六月甲辰月掩心後星是月熒惑復入氐是謂句已十一月戊寅月犯歲星十二月甲午犯鎮星在危亦齊分也十二年三月丁丑月犯心十三年正月乙未歲星逆行犯大微西上將三月熒惑入南斗因逆留至于七月在南斗中大如五升器色赤而怒乃東行非常也八月甲戌太白犯左執法乙巳熒惑犯哭星十月甲子月犯昴趙分也十四年正月癸卯月犯南斗魁占曰相凶五月丙戌月犯心中星七月乙酉掩心中星十五年正月丙申復犯中星四月太白犯昴七月庚申熒惑逆行入羽林八月己卯月掩牽牛吳越分也十一月壬子月犯東井北轅長慶元年正月丙午月掩東井鉞遂犯南轅第一星二月乙亥太白犯昴趙分也丁亥月犯歲星在尾占曰大臣死燕分也三月庚戌太白犯五車因晝見至于七月以歷度推之在唐及趙魏之分占曰兵起七月壬寅月掩房次相九月乙巳太白犯左執法二年九月太白晝見熒惑守天囷六旬餘乃去

占曰天囷上帝之藏耗祥也十月熒惑犯鎮星于昴甲子月掩牽牛中星占曰吳越凶十一月丁丑掩左角十二月復掩之占曰將死甲寅月犯太白于南斗四年三月庚午太白犯東井北轅遂入井中晝見經天七日而出因犯輿鬼京師分也五月乙亥月掩畢大星六月丙戌鎮星依曆在觜觿贏行至參六度當居不居失行而前遂犯井鉞占曰所居宿久國福厚易福薄又曰贏爲王不寧鉞主斬刈而又犯之其占重癸未熒惑犯東井丁亥入井中己丑太白犯軒轅右角因晝見至于九月占曰相凶十月辛巳月入畢口十一月熒惑逆行向參鎮星守天關十二月戊子月掩東井寶曆元年四月壬寅熒惑入輿鬼掩積尸七月癸卯犯執法甲辰鎮星犯東井甲子月掩畢大星癸未太白犯南斗丙戌月犯畢十月辛亥犯天囷十一月庚辰鎮星復犯東井癸未月犯東井二年正月甲申犯左執法戊子入于氐二月丙午犯畢五月甲午熒惑犯昴六月太白犯昴七月壬申月犯畢八月庚戌熒惑犯輿鬼大和

元年正月庚午月掩畢三月癸丑入畢口掩大星月暈于畢者自寶曆元年九月及茲而五五月月掩熒惑在太微西垣丙戌熒惑犯右執法大和二年正月庚午月掩鎮星七月甲辰熒惑掩輿鬼質星十月丁卯月掩東井北轅三年二月乙卯太白犯昴壬申熒惑掩右執法七月入于氐十月入于南斗四年四月庚申月掩南斗杓次星十一月辛未熒惑犯右執法五年二月甲申月掩熒惑三月熒惑犯南斗杓次星六年四月辛未月掩鎮星于端門己丑太白晝見七月戊戌月掩心大星辛丑掩南斗杓次星七年五月甲辰熒惑守心中星六月丙子月掩心中星遂犯熒惑七月甲午月掩心中星丙申掩南斗口第二星九月丁巳入于氐戊辰入于南斗癸酉太白入南斗冬鎮星守角八年二月始去七月戊子月犯昴十月庚子熒惑鎮星合于亢十二月丙戌月掩昴是歲月入南斗者五占曰大人憂九年夏太白晝見自軒轅至于翼軫六月庚寅月掩歲星在危而暈十月庚辰月復掩歲星在危開成元年

正月甲辰太白掩建星占曰大臣相譖六月丁未月掩心前星八月乙巳入南斗二年正月壬申月掩昴二月己亥月掩太白于昴中六月甲寅月掩昴而暈太白亦有暈六月己酉大星晝見庚申太白入于東井七月壬申月入南斗丁亥掩太白于柳八月壬子太白入太微遂犯左右執法九月丙子月掩昴三年二月己酉掩心前星二月戊午熒惑入東井三月乙酉入輿鬼五月辛酉太白犯輿鬼庚午月犯心中星甲寅太白犯右執法七月乙丑月掩心前星十月辛卯太白犯南斗四年二月丁卯月掩歲星于畢三月乙酉掩東井七月乙未月犯熒惑占曰貴臣死八月壬申熒惑犯鉞遂入東井十月戊午辰星入南斗魁中占曰大赦五年春木當王而歲星小闇無光占曰有大喪二月壬申熒惑入輿鬼四月太白歲星入輿鬼五月辰星見于七星色赤如火七月乙酉月掩鎮星會昌元年閏八月丁酉熒惑入輿鬼中占曰有兵喪十二月庚午月犯太白于羽林二年正月壬戌掩太白于羽林六月丙寅太

白犯東井十月丙戌月掩歲星于角三年三月丙申又掩歲星于角七月癸巳熒惑入東井色蒼赤動摇井中八月丁丑犯輿鬼十月壬午晝月食太白于元四年二月歲星守房掩上相熒惑逆行守軒轅四旬乃去庚申月掩畢大星十月癸未太白與熒惑合遂入南斗五年二月壬午太白掩昴五月辛酉入畢口八月壬午犯軒轅大星九月癸巳熒惑犯太微上將六年二月丁丑犯畢大星丁亥月出無光犯熒惑于太微頃之乃稍有光遂犯左執法丙申掩牽牛南星遂犯歲星牽牛揚州分大中十一年八月熒惑犯東井咸通十年春熒惑逆行守心乾符二年四月庚辰太白晝見在昴三年七月常星晝見四年七月月犯房六年冬歲星入南斗魁中占曰有反臣光啓二年四月熒惑犯月角文德元年七月丙午月入南斗八月熒惑守輿鬼占曰多戰死龍紀元年七月甲辰月犯心乾寧二年七月癸亥熒惑犯心光化二年鎮星入南斗三年八月壬申太白應見在氐不見至九月丁亥乃見是謂當出不出

十一月丁未太白犯月因晝見天復元年五月自丁酉至于己亥太白晝見經天在井度十月大角五色散摇煌煌如火占曰王者惡之二年五月甲子太白襲熒惑在軒轅后星上太白遂犯端門又犯長垣中星占曰賊臣謀亂京畿大戰十月甲戌太白夕見在斗去地一丈而墜占曰兵聚其下又曰山摧石裂大水竭庚子辰星見氐中小而不明占曰負海之國大水是歲鎮星守虛三年二月始去虛十一月丙戌太白在南斗去地五尺許色小而黃至明年正月乃高十丈光芒甚大是冬熒惑徘徊于東井閒久而不去京師分也天祐元年二月辛卯太白夕見昴西色赤炎燄如火壬辰有三角如花而動摇占曰有反城有火災胡兵起六月甲午太白在張芒角甚大癸丑旬已犯水位自夏及秋大角五色散摇煌煌然占同天復初三年八月丙午歲星在哭星上生黃白氣如孛狀五星聚合武德元年七月丙午鎮星太白辰星聚于東井關中分也二年三月丙申鎮星太白辰星復聚于東井九年六月己卯

歲星辰星合于東井占曰爲變謀貞觀十八年五月太白辰星合于東井占曰爲兵謀十九年六月丙辰太宗征高麗次安市城太白辰星合于東井史記曰太白爲主辰星爲客爲蠻夷出相從而兵在野爲戰永徽元年七月辛酉歲星太白合于柳在秦分占曰兵起景龍元年十月丙寅太白熒惑合于虛危占曰有喪景雲二年七月鎮星太白合于張占曰內兵太極元年四月熒惑太白合于東井天寶九載八月五星聚于尾箕熒惑先至而又先去尾箕燕分也占曰有德則慶無德則殃十四載二月熒惑太白鬭于畢昴井鬼閒至四月乃伏十五載五月熒惑鎮星同在虛危中天芒角大動摇占者以爲北方之宿子午相衝災在南方至德二載四月壬寅歲星熒惑太白辰星聚于鶉首從歲星也罰星先去而歲星留占曰歲星熒惑爲陽太白辰星爲陰陰主外邦陽主中邦陽與陰合中外相連以兵八月太白芒怒掩歲星于鶉火又晝見經天鶉火周分也乾元元年四月熒惑鎮星太白聚于營室太史南

宮沛奏其地戰不勝衛分也大曆三年七月壬申五星並出東方占曰中國利八年閏十一月壬寅太白辰星合于危齊分也十年正月甲寅歲星熒惑合于南斗占曰饑旱吳越分也一曰不可用兵七月庚辰太白辰星合于柳京師分也建中二年六月熒惑太白鬭于東井四年六月熒惑太白復鬭于東井京師分也金火罰星鬭者戰象也興元元年春熒惑守歲星在角亢占曰有反臣角亢鄭也貞元四年五月乙亥歲星熒惑鎮星聚于營室占曰其國亡地在衛分六年閏三月庚申太白辰星合于東井占爲兵憂戊寅熒惑犯鎮星在奎魯分也元和九年十月辛未熒惑犯鎮星又與太白合于女在齊分十年六月辛未歲星熒惑太白辰星合于東井占曰中外相連以兵十一年五月丁卯歲星辰星合于東井六月己未復合于東井占曰爲變謀而更事十一月戊子鎮星熒惑合于虛危十二月鎮星太白辰星聚于危皆齊分也十四年八月丁丑歲星太白辰星聚于軫占曰兵喪在楚分與南方夷貊之

國十五年三月鎮星太白合于奎占曰內兵徐州分也十二月熒
惑鎮星合于奎占曰主憂長慶二年二月甲戌歲星熒惑合于南
斗占曰饑旱八月丙寅熒惑犯鎮星在昴畢因留相守占曰主憂
四年八月庚辰熒惑犯鎮星于東井鎮星既失行犯鉞而熒惑復
往犯之占曰內亂寶曆二年八月丁未熒惑鎮星復合于東井輿鬼
間大和二年九月歲星熒惑鎮星聚于七星三年四月壬申歲星
犯鎮星占曰饑四年五月丙午歲星太白合于東井六年正月太
白熒惑合于羽林十月太白熒惑鎮星聚于軫八年七月庚寅太
白熒惑合相犯推曆度在翼近太微占曰兵起開成三年六月丁
亥太白犯熒惑于張占曰有喪四年正月丁巳熒惑太白辰星聚
于南斗推曆度在燕分占曰內外兵喪改立王公冬歲星熒惑俱
逆行失色合于東井京師分也會昌二年六月乙丑熒惑犯歲星
于翼占曰旱四年十月癸未太白熒惑合于南斗咸通中熒惑鎮
星太白辰星聚于畢昴在趙魏之分詔鎮州王景崇被袞冕軍府

稱臣以厭之文德元年八月歲星鎮星太白聚于張周分也占曰
內外有兵爲河內河東地光化三年十月太白鎮星合于南斗占
曰吴越有兵

天文志第二十三

五行志第二十四　唐書三十四

翰林學士兼龍圖閣學士朝散大夫給事中知制誥充史館修撰臣歐陽脩奉
敕撰

萬物盈於天地之間而其爲物最大且多者有五一曰水二曰火
三曰木四曰金五曰土其用於人也非此五物不能以爲生而闕
其一不可是以聖王重焉夫所謂五物者其見象於天也爲五星
分位於地也爲五方行於四時也爲五德稟於人也爲五常播於
音律爲五聲發於文章爲五色而總其精氣之用謂之五行自三
代之後數術之士興而爲災異之學者務極其說至舉天地萬物
動植無大小皆推其類而附之於五物曰五行之屬以謂人稟五
行之全氣以生故於物爲最靈其餘動植之類各得其氣之偏者
其發爲英華美實氣臭滋味羽毛鱗介文采剛柔亦皆得其一
氣之盛至其爲變怪非常失其本性則推以事類吉凶影響其說
尤爲委曲繁密蓋王者之有天下也順天地以治人而取材於萬

物以足用若政得其道而取不過度則天地順成萬物茂盛而民
以安樂謂之至治若政失其道用物傷夭民被其害而愁苦則天
地之氣沴三光錯行陰陽寒暑失節以爲水旱蝗螟風雹雷火山
崩水溢泉竭雪霜不時雨非其物或發爲氛霧虹蜺光怪之類此
天地災異之大者皆生於亂政而考其所發驗以人事往往近其
所失而以類至然時有推之不能合者豈非天地之大固有不可
知者邪若其諸物種類不可勝數下至細微家人里巷之占有考
於人事而合者有漠然而無所應者皆不足道語曰迅雷風烈必
變蓋君子之畏天也見物有反常而爲變者失其本性則思其有
以致而爲之戒懼雖微不敢忽而已至爲災異之學者不然莫不
指事以爲應及其難合則旁引曲取而遷就其說蓋自漢儒董仲
舒劉向與其子歆之徒皆以春秋洪範爲學而失聖人之本意至
其不通也父子之言自相戾可勝歎哉昔者箕子爲周武王陳禹
所有洪範之書條其事爲九類別其說爲九章謂之九疇考其說

初不相附屬而向為五行傳乃取其五事皇極庶證附於五行以為八事皆屬五行歟則至於八政五紀三德稽疑福極之類又不能附至俾洪範之書失其倫理有以見所謂旁引曲取而遷就其說也然自漢以來未有非之者又其祥眚禍痾之說自其數術之學故略存之庶幾深識博聞之士有以考而擇焉夫所謂災者被於物而可知者也水旱螟蝗之類是已異者不可知其所以然者也日食星孛五石六鷁之類是已孔子於春秋記災異而不著其事應蓋慎之也以謂天道遠非諄諄以諭人而君子見其變則知天之所以譴告恐懼脩省而已若推其事應則有合有不合有同有不同至於不合不同則將使君子怠焉以為偶然而不懼此其深意也蓋聖人慎而不言如此而後世猶為曲說以妄意天此其不可以傳也故考次武德以來略依洪範五行傳著其災異而削其事應云五行傳曰田獵不宿飲食不享出入不節奪民農時及有姦謀則木不曲直謂生不暢茂多折槁及為變怪而失其性也又

曰貌之不恭是謂不肅厥咎狂厥罰常雨厥極凶時則有服妖時則有龜孽時則有雞禍時則有下體生上之痾時則有青眚青祥鼠妖惟金沴木木不曲直武德四年亳州老子祠枯樹復生枝葉老子唐祖也占曰枯木復生權臣執政眭孟以為有受命者九年三月順天門樓東柱已傾毀而自起占曰木仆而自起國之災永徽二年十一月甲申陰霧凝凍封樹木數日不解劉向以為木少陽貴臣象此人將有害則陰氣脅木先寒故得雨而冰也亦謂之樹介介兵象也顯慶四年八月有毛桃樹生李李國姓也占曰木生異實國主殃麟德元年十二月癸酉氛霧終日不解甲戌雨木冰儀鳳三年十一月乙未昏霧四塞連夜不解丙申雨木冰垂拱四年三月雨桂子于台州旬餘乃止占曰天雨草木人多死長壽二年十月萬象神宮側槿杉皆變為栢栢貫四時不改柯易葉有士君子之操槿杉柔脆小人性也象小人居君子之位延載元年十月癸酉白霧木冰景龍四年三月庚申雨木冰景雲二年高祖

故第有柿樹自天授中枯死至是復生開元二十一年六月蓬州枯楊生李枝有實與顯慶中毛桃生李同二十九年亳州老子祠枯樹復榮是年十一月己巳寒甚雨木冰數日不解永泰元年三月庚子夜霜木有冰大曆二年十一月紛霧如雪草木冰九年晉州神山縣慶唐觀枯檜復生興元元年春亳州真源縣有李樹植已十四年其長尺有八寸至是枝忽上聳高六尺周迴如蓋九尺餘李國姓也占曰木生枝聳國有寇盜是歲中書省枯柳復榮貞元元年十二月雨木冰四年正月雨木于陳留十里許大如指長寸餘中空所下者立如植木生于下而自上隕者上下易位之象碎而中空者小人象如植者自立之象二十年冬雨木冰元和十五年九月己酉大雨樹無風而摧者十五六近木自拔也占曰木自拔國將亂長慶三年十一月丁丑雨木冰成都栗樹結實食之如李寶曆元年十一月丙申雨木冰大和三年成都李樹生木瓜空中不實七年十二月丙戌夜霧木冰開成四年九月辛丑雨雪木

冰十月己巳亦如之會昌元年十二月丁丑雨木冰四年正月己酉雨木冰庚戌亦如之咸通十四年四月成都李實變為木瓜時人以為李國姓也變者國奪於人之象廣明二年春眉州有檀樹已枯倒一夕復生常雨武德六年秋關中久雨少陽曰暘少陰曰雨陽德衰則陰氣勝故常雨貞觀十五年春霖雨永徽六年八月京城大雨顯慶元年八月霖雨更九旬乃止開元二年五月壬子久雨禜京城門十六年九月關中久雨害稼天寶五載秋大雨十二載八月久雨十三載秋大霖雨害稼六旬不止九月閉坊市北門蓋井禁婦人入街市祭玄冥太社禜明德門壞京城垣屋殆盡人亦乏食至德二載三月癸亥大雨至甲戌乃止上元元年四月雨訖閏月乃止二年秋霖雨連月渠竇生魚永泰元年九月丙午大雨至于丙寅大曆四年四月雨至于九月閉坊市北門置土臺臺上置壇立黃幡以祈晴六年八月連雨害秋稼貞元二年正月乙未大雨雪至于庚子平地數尺雪上黃黑如塵五月乙巳雨至

于丙申時大飢至是麥將登復大雨霖衆心恐懼十年春雨至閏
四月間止不過一二日十一年秋大雨十九年八月己未大霖雨元
和四年四月冊皇太子寧以雨霑服罷十月再擇日冊又以雨霑
服罷近常雨也六年七月霖雨害稼十二年五月連雨八月壬申
雨至于九月戊子十五年二月癸未大雨八月久雨閉坊市北門
宋滄景等州大雨自六月癸酉至于丁亥廬舍漂没殆盡寶曆元
年六月雨至于八月大和四年夏鄆曹濮等州雨壞城郭廬舍殆
盡五年正月庚子朔京城陰雪彌旬開成五年七月霖雨葬文宗
龍輴陷不能進大中十年四月雨至于九月咸通九年六月久雨
禜明德門乾符五年秋大霖雨汾澮及河溢流害稼廣明元年秋
八月大霖雨天復元年八月久雨服妖唐初宮人乘馬者依周舊
儀著冪䍦全身障蔽永徽後乃用帷帽施裙及頸頗爲淺露至
神龍末冪䍦始絶皆婦人預事之象太尉長孫无忌以烏羊毛爲
渾脱氈帽人多效之謂之趙公渾脱近服妖也高宗嘗内宴太平

公主紫衫玉帶皂羅折上巾具紛礪七事歌舞于帝前帝與武后
笑曰女子不可爲武官何爲此裝束近服妖也武后時嬖臣張易
之爲母臧作七寶帳有魚龍鸞鳳之形仍爲象牀犀簟安樂公主
使尚方合百鳥毛織二裙正視爲一色傍視爲一色日中爲一色
影中爲一色而百鳥之狀皆見以其一獻韋后公主又以百獸毛
爲韉面韋后則集鳥毛爲之皆具其鳥獸狀工費巨萬公主初出
降益州獻單絲碧羅籠裙縷金爲花鳥細如絲髮大如黍米眼
鼻觜甲皆備瞭視者方見之皆服妖也自作毛裙貴臣富家多效
之江嶺奇禽異獸毛羽採之殆盡韋后妹嘗爲豹頭枕以辟邪白
澤枕以辟魅伏熊枕以宜男亦服妖也景龍三年十一月郊祀韋
后爲亞獻以婦人爲齋娘以祭祀之服執事近服妖也中宗賜宰
臣宗楚客等巾子樣其制高而踣即帝在藩邸時冠也故時人號
英王踣踣顛仆也開元二十五年正月道士尹愔爲諫議大夫衣道
士服視事亦服妖也天寶初貴族及士民好爲胡服胡帽婦人則

簪步摇釵衿袖窄小楊貴妃常以假鬢爲首飾而好服黄裙近服
妖也時人爲之語曰義髻抛河裏黄裙逐水流元和末婦人爲圓
鬟椎髻不設鬢飾不施朱粉惟以烏膏注脣狀似悲啼者圓鬟者
上不自樹也悲啼者憂恤象也文宗時吴越間織高頭草履織如
綾縠前代所無履下物也織草爲之又非正服而被以文飾蓋陰
斜闇昔泰侈之象乾符五年雒陽人爲帽皆冠軍士所冠者又内
臣有刻木象頭以裹幞頭百官效之工門如市度木斫之曰此斫
尚書頭此斫將軍頭此斫軍容頭近服妖也僖宗時内人束髮極
急及在成都蜀婦人效之時謂爲囚髻唐末京都婦人梳髮以兩
鬢抱面狀如椎髻時謂之抛家髻又世俗尚以琉璃爲釵釧近服妖
也抛家流離皆播遷之兆云昭宗時十六宅諸王以華侈相尚巾
幘各自爲制度都人倣之則曰爲我作某王頭識者以爲不祥龜
孽大足初虔州獲龜六眼一夕而失肅宗上元二年有黽聚于揚
州城門上節度使鄧景山以問族弟珽對曰黽介物兵象也貞元

三年閏州魚鼈蔽江而下皆無首大和三年魏博管内有蟲狀如
龜其鳴晝夜不絶近龜孽也秦宗權在蔡州州中地忽裂有石出
高五六尺廣袤丈餘正如大龜雞禍垂拱三年七月冀州雌雞化
爲雄永昌元年正月明州雌雞化爲雄八月松州雌雞化爲雄景
龍二年春滑州匡城縣民家雞有三足京房易妖占曰君用婦言
則雞生妖玄宗好鬬雞貴臣外戚皆尚之貧者或弄木雞識者以
爲雞酉屬帝生之歲也鬬者兵象近雞禍也大中八年九月考城
縣民家雄雞化爲雌伏子而雄鳴化爲雌王室將卑之象反雌伏也
漢宣帝時雌雞化爲雄至元帝而王氏始萌蓋馴致其禍也咸通
六年七月徐州彭城民家雞生角角兵象雞小畜猶賤類也下體
生上之痾咸通十四年七月宋州襄邑有獵者得雉五足三足出
背上足出于背者下干上之象五足者衆也青眚青祥貞觀十七
年四月立晉王爲太子有青氣繞東宮殿始冊命而有祲不祥十
八年六月壬戌有青黑氣廣六尺貫于辰戌其長亘天大和九年

鄭注藥中藥化爲蠅數萬飛去注始以藥術進化爲蠅者敗死之象近青眚也乾元三年六月昏西北有青氣三鼠妖武德元年秋李密王世充隔洛水相拒密營中鼠一夕渡水盡去占曰鼠無故皆夜去邑有兵貞觀十三年建州鼠害稼二十一年渝州鼠害稼顯慶三年長孫无忌第有大鼠見於庭月餘出入無常後忽然死龍朔元年十一月洛州猫鼠同乳鼠隱伏象盜竊猫職捕齧而反與鼠同象司盜者廢職容姦弘道初梁州倉有大鼠長二尺餘爲猫所齧數百鼠反齧猫少選聚萬餘鼠州遣人捕擊殺之餘皆去景雲中有蛇鼠鬬于右威衛營東街槐樹蛇爲鼠所傷鬬者兵象景龍元年基州鼠害稼開元二年韶州鼠害稼千萬爲羣天寶元年十月魏郡猫鼠同乳同乳者甚于同處大曆十三年六月隴右節度使朱泚於兵家得猫鼠同乳以獻大和三年成都猫鼠相乳開成四年江西鼠害稼咸通十二年正月汾州孝義縣民家鼠多銜蒿芻巢樹上鼠穴居去穴登木賤人將貴之象乾符三年秋河

東諸州多鼠穴屋壞衣三月止鼠盜也天戒若曰將有盜矣乾寧末陝州有蛇鼠鬬于南門之內蛇死而鼠亡去金沴木武德元年八月戊戌突厥始畢可汗衙帳無故自壞中宗即位金雞竿折樹雞竿所以肆赦始發大號而雞竿折不祥神龍中有羣狐入御史大夫李承嘉第其堂無故壞又秉筆而管直裂易之又裂開元五年正月癸卯太廟四室壞天寶十四載十二月哥舒翰帥師守潼關前軍啓行牙門旗至坊門觸落槍刃衆以爲不祥永泰二年三月辛酉中書敕庫壞貞元四年正月庚戌朔德宗御含元殿受朝賀質明殿階及欄檻三十餘間自壞衛士死者十餘人含元路寢大朝會之所御也正月朔一歲之元王者之事天所以儆者重矣大和九年鄭注爲鳳翔節度使將之鎮出開遠門旗竿折光啓初揚州府署門屋自壞故隋之行臺門也制度甚宏麗云五行傳曰棄法律逐功臣殺太子以妾爲妻則火不炎上謂火失其性而爲災也京房易傳曰上不儉下不節盛火數起燔宮室蓋火主禮云

又曰視之不明是謂不哲厥咎舒厥罰常燠厥極疾時則有草妖時則有羽蟲之孽時則有羊禍時則有目痾時則有赤眚赤祥惟水沴火火不炎上貞觀四年正月癸巳武德殿北院火十三年三月壬寅雲陽石燃方丈晝則如灰夜則有光投草木則焚歷年乃止火失其性而沴金也二十三年三月甲弩庫火永徽五年十二月乙巳尚書司勳庫火顯慶元年九月戊辰恩州吉州火焚倉廩甲仗民居二百餘家十一月己巳饒州火證聖元年正月丙申夜明堂火武太后欲避正殿徹樂宰相姚璹以爲火因人非天災也不宜貶損后乃御端門觀酺引建章故事復作明堂以厭之是歲內庫災燔二百餘區萬歲登封元年三月壬寅撫州火久視元年八月壬子平州火燔千餘家景龍四年二月東都凌空觀災開元五年十一月乙卯定陵寢殿火是歲洪州潭州災延燒州署州人見有物赤而暾暾飛來旋即火發十五年七月甲戌興教門樓柱災是年衡州災延燒三百餘家州人見有物大如甕色赤如燭籠所至火

即發十八年二月丙寅大雨雪俄而雷震左飛龍廐災占曰天火燒廐兵大起十月乙丑東都宮佛光寺火天寶二年六月東都應天門觀災延燒左右延福門經日不滅京房易傳曰君不思道天火燔其宮室九載三月華岳廟災時帝將封西嶽以廟災乃止十載八月丙辰武庫災燔兵器四十餘萬武庫甲兵之本也寶應元年十二月己酉太府左藏庫火廣德元年十二月辛卯夜鄂州大風火發江中焚舟三千艘延及岸上民居二千餘家死者數千人大曆十年二月莊嚴寺浮圖災初有疾風震電俄而火從浮圖中出貞元元年江陵度支院火焚江東租賦百餘萬十三年正月東都尚書省火十九年四月家令寺火二年七月洪州火燔民舍萬七千家元和七年六月鎮州甲仗庫災主吏坐死者百餘人八年江陵大火十一年十一月甲戌元陵火李師道起宮室於鄆州將謀亂既成而火大和二年十一月甲辰禁中昭德寺火延至宣政東垣及門下省官人死者數百人三年十月癸丑仗內火四年三

月陳州許州火燒萬餘家十月浙西火十一月揚州海陵火八年
三月揚州火皆燔民舍千區五月己巳飛龍神駒中廄火十月揚
州市火燔民舍數千區十二月禁中昭成寺火開成二年六月徐
州火延燒民居三百餘家四年十二月乙卯乾陵火丁丑晦揚州
市火燔民舍數千家會昌元年五月潞州市火三年六月西內神
龍寺火萬年縣東市火焚廬舍甚衆六年八月葬武宗辛未靈駕
次三原縣夜大風行宮幔城火乾符四年十月東都聖善寺火大
順二年六月乙酉幽州市樓災延及數百步七月癸丑甲夜汴州
相國寺佛閣災是日暮微雨震電或見有赤塊轉門譙藤網中周
而火作頃之赤塊北飛轉佛閣藤網中亦周而火作既而大雨暴
至平地水深數尺火益甚延及民居三日不滅常燠天寶元年冬
無冰先儒以爲陰失節也又曰知罪不誅其罰燠夏則暑殺人冬
則物華實蓋當寒反燠象宜刑而賞之也貞元十四年夏大燠元
和九年六月大燠長慶二年冬少雪水不冰凍草木萌芽如正月

廣明元年十一月暖如仲春草妖武德四年益州獻芝草如人狀
占曰王德將衰下人將起則有木生爲人狀草亦木類也景龍二
年岐州郿縣民王上賓家有苦蕒菜高三尺餘上廣尺餘厚二分
近草妖也三年內出蒜條上重生蒜蒜惡草也重生者其類衆也
四年京畿藍田山竹實如麥占曰大饑開元二年終南山竹有華
實如麥嶺南亦然竹並枯死是歲大饑民採食之占曰國中竹栢
枯不出三年有喪十七年睦州竹實天寶初臨川郡人李嘉胤屋
柱生芝草狀如天尊像上元二年七月甲辰延英殿御座上生白
芝一莖三花白喪象也大和九年冬鄭注之金帶有菌生近草妖
也開成四年六月襄州山竹有實成米民採食之光啓元年七月
河中解永樂生草葉自相樛結如旗旗之狀時人以爲旗子草二
年七月鳳翔麟游草生如旗狀占曰其野有兵羽蟲之孽武德初
隋將堯君素守蒲州有鵲巢其砲機貞觀十七年春齊王祐爲齊
州刺史好畜鴨有狸齧鴨頭斷者四十餘是歲四月丙戌立晉王

爲太子雌雉集太極殿前雌雉集東宮顯德殿前太極三朝所會
也永徽四年宋州人蔡道基舍傍有獸高丈餘頭類羊一角鹿形
馬蹄牛尾五色有翅占曰鳥如畜形者有大兵五年七月辛巳萬
年宮有小鳥如雀生子大如鳩鳩調露元年鳴鷄群飛入塞相繼
蔽野至二年正月還復北飛至靈夏北悉墮地而死視之皆無首
文明後天下屢奏雌雉化爲雄或半化者景龍四年六月辛巳朔
烏集太極殿梁驅之不去開元十三年十一月戊子雉雊飛泰山
齋宮內封禪所以告成功祀事無重於此者而野鳥馴飛不忌禁
衞不祥二十五年四月濮州兩烏兩鵲兩鸜鵒同巢隴州鵲哺慈
烏二十八年四月庚辰慈烏巢宣政殿栱辛巳又巢宣政殿栱天
寶十三載葉縣有鵲巢于車轍中不巢木而巢地失其所也至德
二載三月安祿山將武令珣圍南陽有鵲巢于城中砲機者三鶵
成乃去大曆八年九月武功獲大鳥肉翅狐首四足有爪長四尺
餘毛赤如蝙蝠群鳥隨而噪之近羽蟲孽也十三年五月左羽林

軍有鸜鵒乳鵲二貞元四年三月中書省梧桐樹有鵲以泥爲巢
鵲巢知歲次於羽蟲爲有知今以泥露巢遇風雨壞矣是歲夏鄭
汴境內烏皆群飛集魏博田緒淄青李納境內銜木爲城高二三
尺方十里緒納惡而焚之信宿又然烏口皆流血九年春許州鵲
哺烏鶵十年四月有大鳥飛集宮中食雜骨數日獲之不食死六
月辛未晦水鳥集左藏庫十三年十月懷州鸜鵒巢內有黃雀往
來哺食十四年秋有異鳥色青類鳩鵲見於宋州郊外所止之處
群鳥翼衞朝夕嗛稻粱以哺之睢陽人適野聚觀者旬日十八年
六月烏集徐州之滕縣嗛柴爲城中有白烏一碧烏一元和元年
常州鵲巢于平地四年十二月群烏夜集于太行山上十三年春
淄青府署及城中烏鵲互取其雛各以哺子更相搏擊不能禁大
曆元年十一月丙申群烏夜鳴開成元年閏五月丙戌烏集唐安
寺逾月散雀集玄法寺鵲集蕭望之冢二年三月眞興門外鵲巢
於古冢鵲巢知避歲而古占又以高下卜水旱今不巢于木而穴

子家不祥秋突厥鳥自塞北羣飛入塞五年六月有禿鶖羣飛集禁苑鶖水鳥也會昌元年潞州長子有白頸烏與鵲鬬大中十年三月舒州吳塘堰有衆禽成巢闊七尺高一尺水禽山鳥無不馴狎中有如人面綠毛紺爪觜者其聲曰甘人謂之甘蟲占曰有鳥非常來宿于邑中國有兵人相食咸通七年涇州靈臺百里成有雀生鸞至大俱飛去京房易傳曰賊臣在國厥妖鸞生雀雀生鸞同說十一年夏雉集河內縣署咸通中吳越有異鳥極大四目三足鳴山林其聲曰羅平占曰國有兵人相食乾符四年春盧江縣北鵲巢于地六年夏鴟雉集于偃師南樓及縣署劉向說野鳥入處宮室將空廣明元年春絳州翼城縣有鸜鵒鳥羣飛集縣署衆鳥逐而噪之光啓元年二年復如之鸜鵒一名訓狐中和元年三月陳留有烏變爲鵲二年有鵲變爲烏古者以烏卜軍之勝負烏變爲鵲民從賊之象鵲復變爲烏賊復爲民之象三年新安縣吏宋家捕得雉養之與雞馴月餘相與鬬死四年臨淮漣水民家鷹化爲鵝

而弗能游鷹以鷙而擊武臣象也鵝雖毛羽倩潔而飛不能遠無搏擊之用充庖廚而已光啓元年十二月陝州平陸集津山有雉二首向背而連頸者棲集津倉廡後數月羣雉數百來鬬殺之二年正月閿鄉湖城野雉及烏夜鳴七月中條山鵲焚其巢三年七月鵲復焚巢京房易傳曰人君暴虐鳥焚其舍三年十月慈州仵城梟與鵲鬬相殺光化二年幽州節度使劉仁恭屠貝州去夜有鸜鵒鳥十數飛入帳中逐去復來昭宗時有禿鶖鳥巢寢殿隅帝親射殺之天復二年帝在鳳翔十一月丁巳日南至夜驟風有烏數千迄明飛噪數日不止自車駕在岐常有烏數萬棲殿前諸樹岐人謂之神鴉三年宣州有鳥如雉而大尾有火光如散星集于戟門明日大火曹局皆盡惟兵械存羊禍義寧二年三月丙辰麟游縣有羔生而無尾是月乙丑太原獻羖羊無頭而不死開元二年正月原州獻肉角羊三年三月富平縣有肉角羊會昌二年春代州崞縣羊生二首連有兩尾占曰二首上不一也咸通三年夏平陶民家羊生羔如犢乾符二年洛陽建春門外因暴雨有物墮地如羖羊不食頃之入地中其跡月餘不滅或以爲雨土也占曰當旱赤眚赤祥武德七年河間王孝恭征輔公祏宴羣帥于舟中孝恭以金盌酌江水將飲之則化爲血孝恭曰盌中之血公祏授首之祥武德初突厥國中雨血三日光宅初宗室岐州刺史崇眞之子橫杭等夜宴忽有氣如血腥武后時來俊臣家井水變赤如血井中夜有吁嗟歎惋聲俊臣以木棧之木忽自投十步外長安中幷州晉祠水赤如血中宗時成王千里家有血點地及奩箱上有血淋瀝腥聞數步又中郎將東夷人毛婆羅炊飯一夕化爲血景龍二年七月癸巳赤氣際天光燭地三日乃止赤氣血祥也天寶六載少陵原楊愼矜父墓封域内草木皆流血愼矜令浮屠史敬忠禳之退朝裸而桎梏於叢棘間如是數旬而流血不止十二載李林甫第東北隅每夜火光起或有如小兒持火出入者近赤祥也寶應元年八月庚午夜有赤光亘天貫紫微漸移東北

彌漫半天大曆十三年二月太僕寺有泥像左臂上有黑汗滴下以紙承之血也貞元二年十一月壬午日没有赤氣五出于黑雲中亘天十二年九月癸卯夜有赤氣如火見北方上至北斗十七年福州劍池水赤如血二十一年正月甲戌雨赤雪于京師元和十四年二月鄆州從事院門前地有血方尺餘色甚鮮赤不知所從來人以爲自空而墮也長慶元年七月戊午河水赤三日止寶曆元年十二月乙酉夜西北有霧起須臾遍天霧止有赤氣或淺或深久而乃散大和元年四月庚戌北方有赤氣中有數白氣間之六月乙卯夜西北有赤氣八月癸卯京師見赤氣滿天二年閏三月乙卯北方有赤氣如血咸通七年鄭州永福湖水赤如凝血者三日乾符六年中書政事堂忽且有死人血污滿地不知主名又御井水色赤而腥漉之得一死女子腐爛近赤祥也中和二年七月丙午夜西北方赤氣如絳際天光啓元年正月潤州江水赤凡數日水沴火幽州坊谷地常有火長慶三年夏遂積水爲池近水

沴火也

五行志第二十四

五行志第二十五　唐書三十五

翰林學士兼龍圖閣學士朝散大夫給事中知制誥充史館修撰臣歐陽脩奉
敕撰

五行傳曰治宮室飾臺榭內淫亂犯親戚侮父兄則稼穡不成謂土失其性則有水旱之災草木百穀不熟也又曰思心不睿是謂不聖厥咎霿厥罰常風厥極凶短折時則有脂夜之妖時則有華孽時則有臝蟲之孽時則有牛禍時則有心腹之痾時則有黃眚黃祥時則有木火金水沴土稼穡不成貞觀元年關內饑總章二年諸州四十餘饑關中尤甚儀鳳四年春東都饑調露元年秋關中饑永隆元年冬東都饑永淳元年關中及山南州二十六饑京師人相食垂拱三年天下饑大足元年春河南諸州饑景龍二年春饑三年三月饑先天二年冬京師岐隴幽州饑開元十六年河北饑乾元三年春饑米斗錢千五百廣德二年秋關輔饑米斗千錢永泰元年饑京師米斗千錢貞元元年春大饑東都河南河北米斗千

錢死者相枕二年五月麥將登而雨霖米斗千錢十四年京師及河南饑十九年秋關輔饑元和七年春饑八年廣州饑九年春關內饑十一年東都陳許州饑長慶二年江淮饑大和四年河北及太原饑六年春劍南饑九年春饑河北尤甚開成四年溫台明等州饑大中五年冬湖南饑六年夏淮南饑海陵高郵民於官河中漉得異米號聖米九年秋淮南饑咸通三年夏淮南河南饑九年秋江左及關內饑東都尤甚乾符三年春京師饑中和二年關內大饑四年關內大饑人相食光啓二年二月荊襄大饑米斗三千錢人相食三年揚州大饑米斗萬錢大順二年春淮南大饑天祐元年十月京師大饑常風武德二年十二月壬子大風拔木易巽爲風重巽以申命其及物也象人君誥命其鼓動於天地閒有時飛沙揚塵怒也發屋拔木者怒甚也其占大臣專恣而氣盛衆逆同志君行蒙暗施於事則皆傷害故常風又飄風入宮闕一日再三若風聲如雷觸地而起爲兵將興貞觀十四年六月乙酉大風

拔木咸亨四年八月己酉大風落太廟鴟尾永隆二年七月雍州
大風害稼弘道元年十二月壬午晦宋州大風拔木嗣聖元年四
月丁巳寧州大風拔木垂拱四年十月辛亥大風拔木永昌二年
五月丁亥大風拔木神龍元年三月乙酉睦州大風拔木崔玄暐
封博陵郡王也大風折其輅蓋二年六月乙亥滑州大風拔木景
龍元年七月郴州大風發屋拔木八月宋州大風拔木壞廬舍三
年十月辛亥滑州暴風發屋三年三月辛未曹州大風拔木開元
二年六月京師大風發屋大木拔者十七八四年六月辛未京師
陝華大風拔木九年七月丙辰揚州潤州暴風雨發屋拔木十四
年六月戊午大風拔木發屋端門鴟尾盡落端門號令所從出也
十九年六月乙酉大風拔木二十二年五月戊子大風拔木天寶
十一載五月甲子東京大風拔木十三載三月辛酉大風拔木永
泰元年三月辛亥大風拔木大曆七年五月乙酉大風拔木十年
五月甲寅大風拔木貞元元年七月庚子大風拔木六年四月甲

申大風雨八年五月己未暴風發太廟屋瓦毀門闕官署廬舍不
可勝紀十年六月辛未大風拔木十四年八月癸未廣州大風壞
屋覆舟元和元年六月丙申大風拔木三年四月壬申大風毀含
元殿欄檻二十七間占為兵起四年十月壬午天有氣如煙臭如
燔皮日昳大風而止五年三月丙子大風毀崇陵上宮衙殿鴟尾
及神門戟竿六壞行垣四十間八年六月庚寅京師大風雨毀屋
飄瓦人多壓死者丙申富平大風拔棗木千餘株十二年春青州
一夕暴風自西北天地晦冥空中有若旌旗狀屋瓦上如蹂躒聲
有日者占之曰不及五年茲地當大殺戮長慶二年正月己酉大
風霾十月夏州大風飛沙為堆高及城堞三年正月丁巳朔大風
昏霾終日四年六月庚寅大風毀延喜門及景風門大和八年六
月癸未暴風壞長安縣署及經行寺塔九年四月辛丑大風拔木
萬株墮含元殿四鴟尾拔殿廷樹三壞金吾仗舍發城門樓觀內
外三十餘所光化門西城十數雉壞開成三年正月戊辰大風拔

木五年四月甲子大風拔木五月壬寅亦如之七月戊寅亦如之
會昌元年三月黔南大風飄瓦咸通六年正月絳州大風拔木有
十圍者十一月己卯晦潼關夜中大風山如吼雷河噴石鳴羣鳥
亂飛重關傾側十二月大風拔木乾符五年五月丁酉大風拔木
廣明元年四月甲申京師及東都汝州雨雹大風拔木四年六月
乙巳太原大風雨拔木千株害稼百里光化三年七月乙丑洺州
大風拔木發屋天復二年昇州大風發屋飛大木夜妖大和九年
十一月戊辰晝晦咸通七年九月辛卯朔天闇乾符二年二月宣
武境內黑風雨土天祐元年閏四月乙未朔大風雨土華孽延載
元年九月內出梨華一枝示宰相萬木搖落而生華陰陽驕也傳
曰天反時為災又近常燠也神龍二年十月陳州李有華鮮茂如
春元和十一年十二月桃杏華大和二年九月徐州滑州李有華
實可食會昌三年冬沁源桃李華廣明元年冬桃李華山華皆發
中和二年九月太原諸山桃杏華有實景福中滄州城壍中冰有

文如畫大樹華葉芬敷者時人以為其地當有兵難近華孽也羸
蟲之孽貞觀二十一年八月萊州螟開元二十二年八月榆關虸
蚄蟲害稼入平州界有羣雀來食之一日而盡二十六年榆關虸
蚄蟲害稼羣雀來食之三載青州紫蟲食田有鳥食之廣德元年
秋虸蚄蟲害稼關中尤甚米斗千錢貞元十年四月江西溪澗魚
頭皆戴蚯蚓長慶四年絳州虸蚄蟲害稼大和元年秋河東同號
等州虸蚄蟲害稼開成元年京城有蟻聚長五六十步闊五尺至
一丈厚五寸至一尺者四年河南黑蟲食田牛禍調露元年春牛
大疫京房易傳曰牛少者穀不成又占曰金革動長安中有獻牛
無前膊三足而行者又有牛膊上生數足蹄甲皆具者武太后從
姊之子司農卿宗晉卿家牛生三角神龍元年春牛疫二年冬牛
大疫先天初洛陽市有牛左脇有人手長一尺或牽之以乞丐開
元十五年春河北牛大疫大曆八年武功櫟陽民家牛生犢二首
貞元二年牛疫四年二月郊牛生犢六足足多者下不一郊所以

奉天七年關輔牛大疫死者十五六咸通七年荆州民家牛生犢
五足十五年夏渝州江陽有水牛生驢駒死光啓元年河東有
牛人言其家殺而食之二年延州膚施有牛死復生黃眚黃祥貞
觀七年三月丁卯雨土二十年閏三月己酉有黃雲闊一丈東西
際天黃爲土功永徽三年三月辛巳雨土景龍元年六月庚午陝
州雨土十二月丁丑雨土天寶十三載二月丁丑雨黃土大曆七
年十二月丙寅雨土貞元二年四月甲戌雨土八年二月庚子雨
土大和八年十月甲子土霧晝昏至于十一月癸丑開成元年七
月乙亥雨土咸通十四年三月癸巳雨黃土中和二年五月辛酉
大風雨土天復三年二月雨土天地昏霾天祐元年閏四月甲辰
大風雨土木火金水沴土武德二年十月乙未京師地震陰盛而
反常則地震故其占爲臣彊爲后妃專恣爲夷犯華爲小人道長
爲寇至爲叛臣七年七月巂州地震山摧壅江水噎流貞觀七年
十月乙丑京師地震十二年正月壬寅松叢二州地震壞廬舍二

唐書五行志二十五　四　王成

十年九月辛亥靈州地震有聲如雷二十三年八月癸酉朔河東
地震晉州尤甚壓殺五十餘人乙亥又震十一月乙丑又震永徽
元年四月己巳朔晉州地震己卯又震六月庚辰又震有聲如雷
二年十月又震十一月戊寅定襄地震帝始封晉王初即位而地
屢震天下將由帝而動搖象也儀鳳二年正月庚辰京師地震永
淳元年十月甲子京師地震垂拱三年七月乙亥京師地震四年
七月戊午又震八月戊戌神都地震延載元年四月壬戌常州地
震大足元年七月乙亥揚楚常潤蘇五州地震二年八月辛亥劍
南六州地震景龍四年五月丁丑剡縣地震景雲三年正月甲戌
幷汾絳三州地震壞廬舍壓死百餘人開元二十二年二月壬寅
秦州地震西北隱隱有聲坼而復合經時不止壞廬舍殆盡壓死
四千餘人二十六年三月癸巳京師地震至德元載十一月辛亥
朔河西地震裂有聲陷廬舍張掖酒泉尤甚至二載三月癸亥乃
止大曆二年十一月壬申京師地震自東北來其聲如雷者三年

五月丙戌又震十二年恒定二州地大震三日乃止東鹿寧晉地
裂數丈沙石隨水流出平地壞廬舍壓死者數百人建中元年四
月己亥京師地震三年六月甲子又震四年四月甲子又震五月
辛巳又震貞元二年五月己酉又震三年十一月丁丑夜京師東
都蒲陝地震四年正月庚戌朔夜京師地震辛亥壬子丁卯戊辰
庚午癸酉甲戌乙亥皆震金房二州尤甚江溢山裂屋宇多壞人
皆露處二月壬午京師又震甲申乙酉丙申三月甲寅己未庚午
辛未五月丙寅丁卯皆震八月甲午又震有聲如雷甲辰又震九
年四月辛酉又震有聲如雷河中關輔尤甚壞城壁廬舍地裂水
涌十年四月戊申京師地震癸丑又震侍中渾瑊第有樹涌出樹
枝皆戴蚯蚓十三年七月乙未又震元和七年八月京師地震草
樹皆搖九年三月丙辰巂州地震晝夜八十壓死百餘人地陷者
三十里十年十月京師地震十一年二月丁丑又震十五年正月
穆宗即位戊辰始朝羣臣於宣政殿是夜地震大和二年正月壬

唐書五行志二十五　五　周志

申地震七年六月甲戌又震九年三月乙卯京師地震屋瓦皆墜
戶牖間有聲開成元年二月乙亥又震二年十一月乙丑夜又震
四年十一月甲戌又震會昌二年正月癸亥宋亳二州地震十二
月癸未京師地震大中三年十月辛巳上都及振武河西天德靈
武鹽夏等州地震壞廬舍壓死數十人十二年八月丁巳太原地
震咸通元年五月上都地震六年十二月晉絳二州地震壞廬舍
地裂泉湧泥出青色八年正月丁未河中晉絳三州地大震壞廬
舍人有死者十三年四月庚子朔浙東西地震乾符三年六月乙
丑雄州地震至七月辛巳止州城廬舍盡壞地陷水湧傷死甚衆
是月濮州地震十二月京師地震有聲四年六月庚寅雄州地震
六年二月京師地震有聲如雷藍田山裂水湧中和三年秋晉州
地震有聲如雷光啓二年春成都地震月中十數占曰兵饑十二
月魏州地震乾寧二年三月庚午河東地震山摧貞觀八年七月
隴右山摧山者高峻自上而隕之象也垂拱二年九月己巳雍州

新豐縣露臺鄉大風雨震電有山涌出高二十丈有池周三百畝
池中有龍鳳之形禾麥之異武后以爲休應名曰慶山荆州人俞
文俊上言天氣不和而寒暑隔人氣不和而贅疣生地氣不和而
堆阜出今陛下以女主居陽位反易剛柔故地氣隔塞山變爲災
陛下以爲慶山臣以爲非慶也宜側身脩德以荅天譴不然恐災
禍至后怒流于嶺南永昌中華州赤水南岸大山晝日忽風昏有
聲隱隱如雷頃之漸移東數百步擁赤水壓張村民三十餘家山
高二百餘丈水深三十丈坡上草木宛然金縢曰山徙者人君不
用道禄去公室賞罰不由君佞人執政政在女主不出五年有走
王開元十七年四月乙亥大風震電藍田山摧裂百餘步畿內山
也國主山川山摧川竭亡之證也占曰人君德消政易則然大曆
九年十一月戊戌同州夏陽有山徙于河上聲如雷十三年郴州
黄芩山摧壓死者數百人建中二年霍山裂元和八年五月丁丑
大隗山摧十五年七月丁未苑中土山摧壓死二十人光啓三年

四月維州山崩累日不止塵坌亘天壅江水逆流占曰國破山鳴
武德二年三月太行山聖人崖有聲占曰有寇至開元二十八年
六月吐蕃圍安戎城斷水路城東山鳴石坼湧泉二土爲變怪垂
拱元年九月淮南地生毛或白或蒼長者尺餘遍居人牀下揚州
尤甚大如馬騣焚之臭如燎毛占曰兵起民不安長壽中東都天
官寺泥像皆流汗霡霂天寶十一載六月虢州閿鄉黄河中女媧
墓因大雨晦冥失其所在至乾元二年六月乙未夜瀕河人聞有
風雷聲曉見其墓踊出下有巨石上有雙柳各長丈餘時號風陵
堆占曰塚墓自移天下破十三載汝州葉縣南有土塊鬬中有血
出數日不止大曆六年四月戊寅藍田西原地陷建中初魏州魏
縣西四十里地數畝忽長崇數尺四年四月甲子京師地生毛或
黄或白有長尺餘者貞元四年四月淮南及河南地生毛元和十
二年四月吳元濟鄖城守將鄧懷金以城降城自壞五十餘步大
和六年二月蘇州地震生白毛長慶中新都大道觀泥人生須數

寸拔之復生咸通五年十月貞陵隧道摧陷神策軍有浮屠像
懿宗嘗跪禮之像没地四尺五行傳曰好攻戰輕百姓飾城郭侵
邊境則金不從革謂金失其性而爲變怪也又曰言之不從是謂
不乂厥咎僭厥罰常暘厥極憂時則有詩妖訛言時則有毛蟲之
孼時則有犬禍時則有口舌之痾時則有白眚白祥惟木沴金金
不從革竟君素爲隋守蒲州兵器夜皆有光如火鑠金金所畏
也敗亡之象劉武周據并州兵勢甚盛城上矟刃夜每有火光貞
觀十七年八月涼州昌松縣鴻池谷有石五青質白文成字曰高
皇海出多子李元王八十年太平天子李世民千年太子李治書
燕山人士樂太國主尚汪譚獎文仁邁千古大王五王六王七王
十風毛才子七佛八菩薩及上果佛田天子文武貞觀昌大聖延
四方上不治示孝仙戈八爲善太宗遣使祭之曰天有成命表瑞
貞石文字昭然曆數惟永既旌高廟之業又錫眇身之祚逮于皇
太子治亦降貞符具紀姓氏甫惟寡薄彌增寅懼昔魏以土德代

漢涼州石有文石金類以五勝推之故時人謂爲魏氏之妖而晉
室之瑞唐亦土德王石有文事頗相類然其文初不可曉而後人
因推已事以驗之蓋武氏革命自以爲金德王其佛菩薩者慈氏
金輪之號也樂太國主則鎮國太平公主安樂公主皆以女亂國
其五王六王七王者唐世十八之數垂拱三年七月魏州地出鐵
如船數十丈廣州雨金金位正秋爲刑爲兵占曰人君多殺無辜
一年兵災于朝開元二十三年十二月乙巳龍池聖德頌石自鳴
其音清遠如鐘磬石與金同類春秋傳怨讟動于民則有非言之
物言石鳴近石言也天寶十載六月乙亥大同殿前鐘自鳴占曰
庶雄爲亂至德二載昭陵石馬汗出昔周武帝之克晉州也齊有
石像汗流濕地此其類也乾元二年七月乙亥晝渾天儀有液如
汗下流上元二年楚州獻寶玉十三曰玄黄天符形如笏長八寸
有孔云辟兵疫曰玉雞毛白玉也曰穀璧亦白玉也粟粒自然無
雕鐫迹曰西王母白環二曰如意寶珠大如雞卵曰紅靺鞨大如

巨栗白琅玕珠二形如玉環四分缺一曰玉印大如半手理如鹿
陷入印中曰皇后採桑鉤如箸屈其末曰雷公石斧無孔其一闕
凡十三寶之日中白氣連天元和中文水武士護碑失其龜頭翰
林院有鈴夜中文書入則引之以代傳呼長慶中河北用兵夜輒
自鳴與軍中息耗相應聲急則軍事急聲緩則軍事緩資州有
石方丈走行數畝大和三年南蠻圍成都毀玉晨殿爲礌有吼聲
三乃止四年五月己卯通化南北二門鏁不可開鑰入如有持之
者破其管門乃啓又浙西觀察使王璠治潤州城隍中得方石有
刻文曰山有石石有玉玉有瑕瑕即休廣明元年華岳廟玄宗御
製碑隱隱然有聲聞數里間浹旬乃止近石言也光化三年冬武
德殿前鐘聲忽嘶嗄天復元年九月聲又變小常暘武德三年夏
旱至于八月乃雨四年自春不雨至于七月雨少陰之氣其氣毀
則不雨少陰者金也金爲刑爲兵刑不辜兵不戢則金氣毀故常
爲旱火爲盛陽陽氣彊悍故聖人制禮以節之禮失則僭而驕炕

以導盛陽火勝則金衰故亦旱於五行土實制水土功興則水氣
壅閼又常爲旱天官有東井主水事天漢天江亦水祥也水與火
仇而受制于土土火讁見若日蝕過分而未至與七曜循中道之
南皆旱祥也七年秋關內河東旱貞觀元年夏山東大旱二年春
旱三年春夏旱四年春旱自太上皇傳位至此而比年水旱九年
秋劒南關東州二十四旱十二年吳楚巴蜀州二十六旱冬不雨
至于明年五月十七年春夏旱二十一年秋陝絳蒲夔等州旱二
十二年秋開萬等州旱冬不雨至于明年三月永徽元年京畿雍
同絳等州十旱二年九月不雨至于明年二月四年夏秋旱光婺
滁潁等州尤甚顯慶五年春河北州二十二旱總章元年京師及
山東江淮大旱二年七月劒南州十九旱冬無雪咸亨元年春旱
秋復大旱儀鳳二年夏河南河北旱三年四月旱永隆二年關中
旱霜大饑永淳元年關中大旱饑二年夏河南河北旱永昌元年
三月旱神功元年黃隋等州旱久視元年夏關內河東旱長安二

年春不雨至于六月三年冬無雪至于明年二月神龍二年冬不
雨至于明年五月京師山東河北河南旱饑太極元年春旱七月
復旱開元二年春大旱十二年七月河東河北旱帝親禱雨宮中
設壇席暴立三日九月蒲同等州旱十四年秋諸道州十五旱十
五年諸道州十七旱十六年東都河南宋亳等州旱二十四年夏
旱永泰元年春夏旱二年關內大旱自三月不雨至于六月大曆
六年春旱至于八月建中三年自五月不雨至于七月興元元年冬
大旱貞元元年春旱無麥苗至于八月旱甚灞滻將竭井皆無水
六年春關輔大旱無麥苗夏淮南浙西福建等道大旱井泉竭人
暍且疫死者甚衆七年揚楚滁壽澧等州旱十四年春旱無麥十
五年夏旱十八年夏申光蔡州旱十九年正月不雨至七月甲戌
乃雨永貞元年秋江浙淮南荊南湖南鄂岳陳許等州二十六旱
元和三年淮南江南江西湖南廣南山南東西皆旱四年春夏大
旱秋淮南浙西江西江東旱七年夏揚潤等州旱八年夏同華二

州大旱十五年夏旱寶曆元年秋荊南淮南浙西江西湖南及宣
襄鄂等州旱大和元年夏京畿河中同州旱六年河東河南關輔
旱七年秋大旱八年夏江淮及陝華等州旱九年秋京兆河南河
中陝華同等州旱開成二年春夏旱四年夏旱浙東尤甚會昌五
年春旱六年春不雨冬又不雨至明年二月大中四年大旱咸通
二年秋淮南河南不雨至于明年六月九年江淮旱十年夏旱十
一年夏旱廣明元年春夏大旱中和四年江南大旱饑人相食景
福二年秋大旱光化三年冬京師旱至于四年春詩妖竇建德未
敗時有謠曰豆入牛口勢不得久貞觀十四年交河道行軍大總
管侯君集伐高昌先是其國中有童謠曰高昌兵馬如霜雪漢家
兵馬如日月日月照霜雪回首自消滅永徽後民歌武媚娘曲調
露初京城民謠有側堂堂撓堂堂之言太常丞李嗣眞曰側者不
正撓者不安自隋以來樂府有堂堂曲再言堂堂者唐再受命之象
永淳元年七月東都大雨人多殍殕先是童謠曰新禾不入箱新

麥不入場迨及八九月狗吠空垣墻高宗自調露中欲封嵩山屢突厥叛而止後又欲封以吐蕃入寇遂停時童謠曰嵩山凡幾層不畏登不得但恐不得登三度徵兵馬傍道打騰騰永徽末里歌有桑條韋也女時韋也樂龍朔中時人飲酒令曰子母相去離連臺拗倒俗謂盃盤爲子母又名盤爲臺又里歌有突厥鹽永淳後民歌曰楊柳楊柳漫頭駝垂拱後東都有契苾兒歌皆淫艷之詞契苾張易之小字也如意初里歌曰黃麞草黃麞草裏藏彎弓射爾傷其後王孝傑敗於黃麞谷神龍以後民謠曰山南烏鵲窠山北金駱駝鐮柯不鑿孔斧子不施柯山南唐也烏鵲窠者人居寡也山北胡也金駱駝者虜獲而重載也安樂公主於洛州造安樂寺童謠曰可憐安樂寺了了樹頭懸景龍中民謠曰黃牸犢子挽紖斷兩足踏地鞖鞋斷城南黃牸犢子韋又有阿緯娘歌時又謠曰可憐聖善寺身著綠毛衣牽來河裏飲踏殺鯉魚兒玄宗在潞州有童謠曰羊頭山北作朝堂天寶中有術士李遐周於玄都觀

院廡間爲詩曰燕市人皆去函關馬不歸人逢山下鬼環上繫羅衣而人皆不悟近詩妖也又祿山未反時童謠曰燕燕飛上天天上女兒鋪白氈氈上有千錢時幽州又有謠曰舊來誇戴竿今日不堪看但看五月裏清水河邊見契丹德宗時或爲詩曰此水連涇水雙眸血滿川青牛逐朱虎方號太平年近詩妖也朱泚未敗前兩月有童謠曰一隻箭兩頭朱五六月化爲胆元和初童謠曰打麥打麥三三三乃轉身曰舞了也大中末京師小兒疊布漬水紐之向日謂之曰拔暈咸通七年童謠曰草青青被嚴霜鵲始後看顛狂十四年成都童謠曰咸通癸巳出無所之蛇去馬來道路稍開頭無片瓦地有殘灰是歲歲陰在巳明年在午巳蛇也午馬也僖宗時童謠曰金色蝦蟆爭努眼翻却曹州天下反乾符六年童謠曰八月無霜寒草青將軍騎馬出空城漢家天子西巡狩猶向江東更索兵中和初童謠曰黃巢走泰山東死在翁家翁訛言貞觀十七年七月民訛言官遣棖棖殺人以祭天狗云其來也

身衣狗皮鐵爪每於闇中取人心肝而去於是更相震怖每夜驚擾皆引弓劔自防無兵器者剡竹爲之郊外不敢獨行太宗惡之令通夜開諸坊門宣旨慰諭月餘乃止武后時民飲酒謳歌曲終而不盡者謂之族鹽開元二十七年十月改作東都明堂訛言官取小兒埋明堂下以爲厭勝村野兒童藏于山谷都城騷然或言兵至玄宗惡之遣使慰諭久之乃止天寶三載二月辛亥有星如月墜于東南墜後有聲京師訛言官遣棖棖捕人取肝以祭天狗人頗恐懼畿內尤甚遣使安諭之與貞觀十七年占同天寶後詩人多爲憂苦流寓之思及寄興于江湖僧寺而樂曲亦多以邊地爲名有伊州甘州涼州等至其曲遍繁聲皆謂之入破又有胡旋舞本出康居以旋轉便捷爲巧時又尚之破者蓋破碎云建中三年秋江淮訛言有毛人食其心人情大恐朱泚既僭號名其舊第曰潛龍宮移內府珍貨以實之占者以爲易稱潛龍勿用此敗祥也大和九年京師訛言鄭注爲上合金丹生取小兒心肝密旨捕

小兒無算往往陰相告曰某處失幾兒矣方士言金丹可致神仙蓋誕妄不經之語或信而服之則發熱多死如有所戒云小兒無辜者取其心肝將有殺戮象劉從諫未死時潞州有狂人折腰於市曰石雄七千人至矣從諫捕斬之咸通十四年秋成都訛言有猿母鬼夜入人家民皆恐夜則聚坐或曰某家見鬼眼晃然如燈焰民益懼黃巢未入京師時都人以黃米及黑豆屑蒸食之謂之黃賊打黑賊僖宗時里巷鬬者激怒言任見右廂天子毛蟲之孽永徽中河源軍有狼三晝入軍門射之斃永淳中嵐勝州兔害稼千萬爲羣食苗盡兔亦不復見開元三年有熊晝入揚州城乾元二年十月詔百官上勤政樓觀安西兵赴陝州有狐出于樓上獲之大曆四年八月己卯虎入京師長壽坊宰臣元載家廟射殺之虎西方之屬威猛吞噬刑戮之象六年八月丁丑獲白兔于太極殿之內廊占曰國有憂白喪祥也建中三年九月己亥夜虎入宣陽里傷人二詰朝獲之貞元二年二月乙丑有野鹿至于含元殿

前獲之壬申又有鹿至于含元殿前獲之占曰有大喪四年三月癸亥有鹿至京師西市門獲之開成四年四月有麞出于太廟獲之

犬禍武德三年突厥處羅可汗將入寇夜聞犬羣嗥而求不見犬

武后初酷吏丘神勣家狗生子皆無首當項有孔如口晝夜鳴吠俄失所在神功元年安國獻兩首犬首多者上不一也天寶十一載李林甫晨起盥飾將朝取書囊視之中有物如鼠躍于地即變爲狗壯大雄目張牙視林甫林甫射之中殺然有聲隨箭沒貞元七年趙州栢鄉民李崇貞家黃犬乳猿會昌三年定州深澤令家狗生角大中初狗生角京房曰執正失將害之應又曰君子危陷則狗生角咸通中會稽有狗生角而不能吠擊之無聲狗職吠以守禦其不能者象鎮守者不能禦寇之兆成汭爲荊南節度使城中犬皆夜吠日者向隱以爲城郭將丘墟中和二年秋丹徒狗與彘交占曰諸侯有謀害國者

白眚白祥調露元年十一月壬午秦州神亭冶北霧開如日初耀有白鹿白狼見近白祥也神龍二年四月己亥雨毛于越州之鄮縣占曰邪人進賢人遁大曆二年七月甲戌日入時有白氣亘天九月戊午夜白霧起西北亘天五年五月甲申西北有白氣亘天貞元二十年九月庚辰甲夜有白氣入東西際天大和三年八月西方有白氣如柱七年十月己酉西方又有白氣如柱者三光啓二年四月有白氣頭黑如髮自東南入于揚州滅光化二年三月乙巳日中有白氣亘天自西南貫于東北天復元年八月己亥西方有白雲如履底中出白氣如匹練長五丈上衝天分爲三彗頭下垂占曰天下有兵白者戰祥也木沴金神龍中東都白馬寺鐵像頭無故自落於殿門外天寶五載四月宰臣李適之常列鼎具膳羞中夜鼎躍出相鬭不解鼎耳及足皆折

五行志第二十五

五行志第二十六

唐書三十六

翰林學士……敕撰

五行傳曰簡宗廟不禱祠廢祭祀逆天時則水不潤下謂水失其性百川逆溢壞鄉邑溺人民而爲災也又曰聽之不聰是謂不謀厥咎急厥罰常寒厥極貧時則有鼓妖時則有豕禍時則有耳痾時則有雷電霜雪雨雹黑眚黑祥惟火沴水水不潤下貞觀三年秋貝譙鄆泗沂徐豪蘇隴九州水水太陰之氣也若臣道顓女謁行夷狄彊小人道長嚴刑以逞下民不堪其憂則陰類勝其氣摩而水至其謫見于天月及辰星與列星之司水者爲之變若七曜循中道之北皆水祥也四年秋許戴集三州水七年八月山東河南州四十大水八年七月山東江淮大水十年關東及淮海旁州二十八大水十一年七月癸未黃氣際天大雨穀水溢入洛陽宮深四尺壞左掖門毀官寺十九洛水漂六百餘家九月丁亥河溢壞

陝州之河北縣及太原倉毀河陽中潬十六年秋徐戴二州大水十八年秋穀襄豫荊徐梓忠綿宋亳十州大水十九年秋沁易二州水害稼二十一年八月河北大水泉州海溢驩州水二十二年夏瀘越徐交渝等州水永徽元年六月新豐渭南大雨零口山水暴出漂廬舍宣歙饒常等州大雨水溺死者數百人秋齊定等州十六水二年秋汴定濮亳等州水四年杭夔果忠等州水五年五月丁丑夜大雨麟遊縣山水衝萬年宮玄武門入寢殿衛士有溺死者六月河北大水滹沱溢損五千餘家六年六月商州大水秋冀沂密兗滑汴鄭婺等州水害稼洛州大水毀天津橋十月齊州河溢顯慶元年七月宣州涇縣山水暴出平地四丈溺死者二千餘人九月括州暴風雨海水溢壞安固永嘉二縣四年七月連州山水暴出漂七百餘家麟德二年六月鄜州大水壞居人廬舍總章二年六月括州大風雨海溢壞永嘉安固二縣溺死者九千七十人冀州大雨水平地深一丈壞民居萬家咸亨元年五月丙戌

大雨山水溢溺死五千餘人二年八月徐州山水漂百餘家四年七月婺州大雨山水暴漲溺死五千餘人上元三年八月青州大風海溢漂居人五千餘家齊淄等七州大水永隆元年九月河南河北大水溺死者甚衆二年八月河南河北大水壞民居十萬餘家永淳元年五月丙午東都連日澍雨乙卯洛水溢壞天津橋及中橋漂居民千餘家六月乙亥京師大雨水平地深數尺秋山東大雨水大饑二年七月己巳河溢壞河陽橋八月恒州滹沱河及山水暴溢害稼文明元年七月溫州大水漂千餘家括州溪水暴漲溺死百餘人如意元年四月洛水溢壞永昌橋漂居民四百餘家七月洛水溢漂居民五千餘家八月河溢壞河陽縣長壽二年五月棣州河溢壞居民二千餘家是歲河南州十一水萬歲通天元年八月徐州大水害稼神功元年三月括州水壞民居七百餘家是歲河南州十九水聖曆二年七月丙辰神都大雨洛水壞天津橋秋河溢壞懷州漂千餘家三年三月辛亥鴻州水漂千餘家溺

死四百餘人久視元年十月洛州水長安三年六月寧州大雨水漂二千餘家溺死千餘人四年八月瀛州水壞民居數千家神龍元年四月雍州同官縣大雨水漂居民五百餘家六月河北州十七大水七月甲辰洛水溢壞民居二千餘家二年四月辛丑洛水壞天津橋溺死數百人八月魏州水景龍三年七月澧水溢害稼九月密州水壞民居數百家開元三年河南河北水四年七月丁酉洛水溢沈舟數百艘五年六月甲申瀍水溢溺死者千餘人鞏縣大水壞城邑損居民數百家河南水害稼八年夏契丹寇營州發關中卒援之宿澠池之缺門營穀水上夜半山水暴至萬餘人皆溺死六月庚寅夜穀洛溢入西上陽宮宮人死者十七八畿內諸縣田稼廬舍蕩盡掌閑衛兵溺死千餘人京師興道坊一夕陷爲池居民五百餘家皆沒不見是年鄧州三鴉口大水塞谷或見二小兒以水相沃須臾有蛇大十圍張口仰天人或斫射之俄而暴雷雨漂溺數百家十年五月辛酉伊水溢毀東都城東南隅

平地深六尺河南許仙豫陳汝唐鄧等州大水害稼漂沒民居溺死者甚衆六月博州棣州河決十二年六月豫州大水八月兗州大水十四年秋天下州五十水河南河北尤甚河及支川皆溢懷衛鄭滑汴濮人或巢或舟以居死者千計潤州大風自東北海濤沒瓜步十五年五月晉州大水七月鄧州大水溺死數千人洛水溢入鄜城平地丈餘死者無筭壞同州城市及馮翊縣漂居民二千餘家八月澗穀溢毀澠池縣是秋天下州六十三大水害稼及居人廬舍河北尤甚十七年八月丙寅越州大水壞州縣城十八年六月壬午東都瀍水溺揚楚等州租船洛水壞天津永濟二橋及民居千餘家十九年秋河南水害稼二十年秋宋滑兗鄆等州大水二十二年秋關輔河南州十餘水害稼二十七年三月澧袁江等州水二十八年十月河南郡十三水二十九年七月伊洛及支川皆溢害稼毀天津橋及東西漕上陽宮仗舍溺死千餘人是秋河南河北郡二十四水害稼天寶四載九月河南睢陽譙

四郡水十載廣陵大風駕海潮沈江口船數千艘十三載九月東郡瀍洛溢壞十九坊廣德元年九月大雨水平地數尺時吐蕃寇京畿以水自潰去二年五月東都大雨洛水溢漂二十餘坊河南諸州水大曆元年七月洛水溢二年秋湖南及河東河南淮南浙東西福建等道州五十五水災七年二月江州江溢十年七月杭州海溢十一年七月戊子夜澍雨京師平地水尺餘溝渠漲溢壞民居千餘家十二年秋京畿及宋亳滑三州大雨水害稼河南尤甚平地深五尺河溢建中元年幽鎮魏博大雨易水滹沱橫流自山而下轉石折樹水高丈餘苗稼蕩盡貞元二年六月丁酉大風雨京城通衢水深數尺有溺死者東都河南荊南淮南江河溢三年三月東都河南江陵汴揚等州大水四年八月灞水暴溢殺百餘人八年秋自江淮及荊襄陳宋至于河朔州四十餘大水害稼溺死二萬餘人漂沒城郭廬舍幽州平地水深二丈徐鄭涿薊檀平等州皆深丈餘八年六月淮水溢平地七尺沒泗州城十一年十

月朗蜀二州江溢十二年四月福建二州大水嵐州暴雨水深二丈十三年七月淮水溢于亳州十八年春申光蔡等州大水永貞元年夏朗州之熊武五溪溢秋武陵龍陽二縣江水溢漂萬餘家京畿長安等九縣山水害稼元和元年夏荆南及壽幽徐等州大水二年六月蔡州大雨水平地深數尺四年十月丁未渭南暴水漂民居二百餘家六年七月鄜坊黔中水七年正月振武河溢毀東受降城五月饒撫虔吉信五州暴水虔州尤甚平地有深至四丈者八年五月陳州許州大雨大隗山摧水涌出溺死者千餘人六月庚寅大風毀屋揚瓦人多壓死京師大水城南深丈餘入明德門猶漸車輻辛卯渭水漲絶濟時所在百川發溢多不由故道滄州水潦浸鹽山等四縣九年秋淮南及岳安宣江撫袁等州大水害稼十一年五月京畿大雨水昭應尤甚衢州山水害稼深三丈毀州郭溺死百餘人六月密州大風雨海溢毀城郭饒州浮梁樂平二縣暴雨水漂没四千餘戶潤常潮陳許五州及京畿水害

稼八月甲午渭水溢毀中橋十二年六月乙酉京師大雨水含元殿一柱傾市中水深三尺毀民居二千餘家河南河北大水洺邢尤甚平地二丈河中江陵幽澤潞晉隰蘇台越州水害稼十三年六月辛未淮水溢十五年秋洪吉信滄等州水長慶二年七月河南陳許蔡等州大水好時山水漂民居三百餘家虔州大雨水平地深八尺壞城邑桑田太半四年夏蘇湖二州大雨水太湖決溢睦州及壽州之霍山山水暴出鄆曹濮三州雨水壞州城民居田稼略盡襄均復郢四州漢水溢決秋河南及陳許二州水害稼寶曆元年秋鄜坊二州暴水兗海華三州及京畿奉天等六縣水害稼大和二年夏京畿及陳滑二州水害稼河陽水平地五尺河決壞棣州城越州大風海溢河南鄆曹濮淄青齊德兗海等州並大水三年四月同官縣暴水漂没三百餘家宋亳徐等州大水害稼四年夏江水溢没舒州太湖宿松望江三縣民田數百戶鄜坊水漂三百餘家浙西浙東宣歙江西鄜坊山南東道淮南京畿河南

江南荆襄鄂岳湖南大水皆害稼五年六月玄武江漲高二丈溢入梓州羅城淮西浙東浙西荆襄岳鄂東川大水害稼六年二月蘇湖二州大水六月徐州大雨壞民居九百餘家七年秋浙西及揚楚舒廬壽滁和宣等州大水害稼八年秋江西及襄州水害稼蘄州湖水溢滁州大水溺萬餘戶開成元年夏鳳翔麟遊縣暴雨水毀九成宮壞民舍數百家死者百餘人七月鎮州滹沱河溢害稼三年夏河決浸鄭滑外城陳許鄜坊鄂曹濮襄魏博等州大水江漢漲溢壞房均荆襄等州民居及田產殆盡蘇湖處等州水溢入城處州平地八尺四年秋西川滄景淄青大雨水害稼及民廬舍德州尤甚平地水深八尺五年七月鎮州及江南水會昌元年七月江南大水漢水壞襄均等州民居甚衆大中十二年八月魏博幽鎮兗鄆滑汴宋舒壽和潤等州水害稼徐泗等州水深五丈漂没數萬家十三年夏大水咸通元年潁州大水四年閏六月東都暴水自龍門毀定鼎長夏等門漂溺居人七月東都許汝徐泗

等州大水傷稼九月孝義山水深三丈破武牢關金城門汜水橋六年六月東都大水漂壞十二坊溺死者甚衆七年夏江淮大水秋河南大水害稼十四年八月關東河南大水乾符三年關東大水光化三年九月浙江溢壞民居甚衆乾寧三年四月河圮于滑州朱全忠決其堤因爲二河散漫千餘里常寒顯慶四年二月壬子大雨雪方春少陽用事而寒氣脅之古占以爲人君刑法暴濫之象近常寒也咸亨元年十月癸酉大雪平地三尺人多凍死儀鳳三年五月丙寅高宗在九成宮霖雨大寒兵衛有凍死者開耀元年冬大寒久視元年三月大雪神龍元年三月乙酉睦州暴寒且冰開元二十九年九月丁卯大雨雪大木偃折大曆四年六月伏日寒貞元元年正月戊戌大風雪寒丙午又大風雪寒民饑多凍死者十二年十二月大雪甚寒竹柏柿樹多死占曰有德遭險厥災暴寒十九年三月大雪二十年二月庚戌始雷大雨雹震電大雨雪既雷則不當雪陰脅陽也如魯隱公之九年元和六年十

二月大寒。八年十月東都大寒霜厚數寸雀鼠多死十二年九月己丑雨雪人有凍死者十五年八月己卯同州雨雪害稼長慶元年二月海州海水冰南北二百里東望無際大和六年正月雨雪踰月寒甚九年十二月京師苦寒會昌三年春寒大雪江左尤甚民有凍死者咸通五年冬隰石汾等州大雨雪平地深五尺景福二年二月辛巳曹州大雪平地二尺天復三年三月浙西大雪平地三尺餘其氣如煙其味苦十二月又大雪江海冰天祐元年九月壬戌朔大風寒如仲冬是冬浙東浙西大雪吳越地氣常燠而積雪近常寒也鼓妖武德三年二月丁丑京師西南有聲如崩山近鼓妖也說者以為人君不聰為衆所惑則有聲無形不知所從生天授元年九月檢校內史宗秦客拜日無雲而雷震近鼓妖也貞元十三年六月丙寅天晦街鼓不鳴中和二年十月西北方無雲而雷天復三年十月甲午有大聲出于宣武節度使廳事近鼓妖也魚孽如意中濟源路敬淳家水碾柱將壞易之為薪中有鮎

魚長尺餘猶生近魚孽也開元四年安南都護府江中有大蛇首尾橫出兩岸經日而腐寸寸自斷數日江魚盡死蔽江而下十十五五相附著江水臭神龍中渭水有蝦蟇大如鼎里人聚觀數日而失是歲大水元和十四年二月晝有魚長尺餘墜於鄆州市良久乃死魚失水而墜于市敗滅象也開成二年三月壬申有大魚長六丈自海入淮至濠州招義民殺之近魚孽也乾符六年汜水河魚逆流而上至垣曲平陸界魚民象逆流而上民不從君令也光啓二年楊州雨魚占如元和十四年蝗武德六年夏州蝗蝗之殘民若無功而祿者然皆貪撓之所生先儒以為人主失禮煩苛則旱魚螺變為蟲蝗故以屬魚孽貞觀二年六月京畿旱蝗太宗在苑中掇蝗祝之曰人以穀為命百姓有過在予一人但當蝕我無害百姓將吞之侍臣懼帝致疾遽以為諫帝曰所冀移災朕躬何疾之避遂吞之是歲蝗不為災三年五月徐州蝗秋德戴廓等州蝗四年秋觀兗遼等州蝗二十一年秋渠泉二州蝗永徽元年

夔絳雍同等州蝗永淳元年三月京畿蝗無麥苗六月雍岐隴等州蝗長壽二年台建等州蝗開元三年七月河南河北蝗四年夏山東蝗蝕稼聲如風雨二十五年貝州蝗有白鳥數千萬羣飛食之一夕而盡禾稼不傷廣德二年秋蝗關輔尤甚米斗千錢興元元年秋螟蝗自山而東際于海晦天蔽野草木葉皆盡貞元元年夏蝗東自海西盡河隴羣飛蔽天旬日不息所至草木葉及畜毛靡有孑遺餓殣枕道民蒸蝗曝颺去翅足而食之永貞元年秋陳州蝗元和元年夏鎮冀等州蝗長慶三年秋洪州螟蝗害稼八萬頃開成元年夏鎮州河中蝗害稼二年六月魏博昭義淄青滄州兗海河南蝗三年秋河南河北鎮定等州蝗草木葉皆盡五年夏幽魏博鄆曹濮滄齊德淄青兗海河陽淮南虢陳許汝等州螟蝗害稼占曰國多邪人朝無忠臣居位食祿如蟲與民爭食故比年蟲蝗會昌元年七月關東山南鄧唐等州蝗大中八年七月劒南東川蝗咸通三年六月淮南河南蝗六年八月東都同華陝虢

等州蝗七年夏東都同華陝虢及京畿蝗九年江淮關內及東都蝗十年夏陝虢等州蝗不絀無德虐取於民之罰乾符二年蝗自東而西蔽天光啓元年秋蝗自東方來羣飛蔽天二年荊襄蝗米斗錢三千人相食淮南蝗自西來行而不飛浮水緣城入楊州府署竹樹幢節一夕如翦幡幟畫像皆齧去其首撲不能止旬日自相食盡豕禍貞觀十七年六月司農寺豕生子一首八足自頸分為二貞元四年二月京師民家有豕生子兩首四足首多者上不一也是歲宣州大雨震電有物墮地如猪手足各兩指執赤班蛇食之頃之雲合不復見近豕禍也元和八年四月長安西市有豕生子三耳八足自尾分為二足多者下不一也咸通七年徐州蕭縣民家豕出圂舞又牡豕多將隣里羣豕而行復自相噬齧乾符六年越州山陰民家有豕入室內壞器用銜椸缶置於水次廣明元年絳州稷山縣民家豕生如人狀無眉目耳髮占為邑有亂雷電貞觀十一年四月甲子震乾元殿前槐樹震耀天之威怒以象

殺戮槐古者三公所樹也證聖元年正月丁酉雷雷者陽聲出非其時臣竊君柄之象長安四年五月丁亥震雷大風拔木人有震死者延和元年六月河南偃師縣李村有震電入民家地震裂闊丈餘長十五里深不可測所裂處井廁相通或衝冢墓柩出平地無損李國姓也震電威刑之象地陰類也永泰元年二月甲子夜震霆自是無雷至六月甲申乃雷大曆十年四月甲申雷電暴風拔木飄瓦人有震死者京畿害稼者七縣建中元年九月己卯雷四年四月丙子東都畿汝節度使哥舒曜攻李希烈進軍至潁橋大雨震電人不能言者十三四馬驢多死貞元十四年五月己酉夏至始雷元和十一年冬雷長慶二年六月乙丑大風震電落太廟鴟尾破御史臺樹大和八年七月辛酉定陵臺大雨震廡下地裂二十有六步占曰士庶分離大臣專恣不救大敗會昌三年五月甲午始雷咸通四年十二月震雷乾符二年十二月震雷雨雹乾寧四年李茂貞遣將符道昭攻成都至廣漢震雷有石隕于

帳前霜貞觀元年秋霜殺稼京房易傳曰人君刑罰妄行則天應之以隕霜三年北邊霜殺稼永徽二年綏延等州霜殺稼調露元年八月邠涇寧慶原五州霜證聖元年六月睦州隕霜殺草吳越地燠而盛夏隕霜昔所未有四年四月延州霜殺草四月純陽用事象人君當布惠于天下而反隕霜是無陽也開元十二年八月潞綏等州霜殺稼十五年天下州十七霜殺稼元和二年七月邠寧等州霜殺稼九年三月丁卯隕霜殺桑十四年四月淄青隕霜殺惡草及荆棘而不害嘉穀寶曆元年八月邠州霜殺稼大和三年秋京畿奉先等八縣旱霜殺稼大中三年春隕霜殺桑中和元年春霜秋河東旱霜殺稼雹貞觀四年秋丹延北永等州雹顯慶二年五月滄州大雨雹中人有死者咸亨元年四月庚午雍州大雨雹二年四月戊子大雨雹震電大風折木落則天門鴟尾三先儒以為雹者陰脅陽也又曰人君惡聞其過抑賢用邪則雹與雨俱信讒殺無罪則雹下毀瓦破車殺牛馬永淳元年五月壬寅定

州大雨雹害麥禾及桑天授二年六月庚戌許州大雨雹證聖元年二月癸卯滑州大雨雹殺燕雀神功元年嬀綏二州雹聖曆元年六月甲午曹州大雨雹久視元年六月丁亥曹州大雨雹長安三年八月京師大雨雹人畜有凍死者神龍元年四月壬子雍州同官縣大雨雹殺鳥獸景龍元年四月己巳曹州大雨雹二年正月己卯滄州雨雹如雞卵開元八年十二月丁未滑州大雨雹二十二年五月戊辰京畿渭南等六縣大風雹傷麥大曆七年五月乙酉雨雹貞元二年六月丙子大雨雹十七年二月丁酉雨雹己亥霜戊申夜震霆雨雹庚戌大雨雪而雹五月戊寅好時縣風雹害麥十八年七月癸酉大雨雹元和元年鄜坊等州雹十年秋鄜坊等州風雹害稼十二年夏河南雨雹中人有死者十五年三月京畿興平醴泉等縣雹傷麥長慶四年六月庚寅京師雨雹如彈丸大和四年秋鄜坊等州雹五年夏京畿奉先渭南等縣雨雹開成二年秋河南雹害稼四年七月鄭滑等州風雹五年六月濮州

雨雹如拳殺人三十六牛馬甚衆會昌元年秋登州雨雹文登尤甚破瓦害稼四年夏雨雹如彈丸乾符六年五月丁酉宣授宰臣豆盧瑑崔沆制殿庭氛霧四塞及百官班賀于政事堂雨雹如鳧卵大風雷雨拔木廣明元年四月甲申朔汝州大雨風拔街衢樹十二三東都有雲起西北大風隨之長夏門內表道古槐樹自拔者十五六宮殿鴟尾皆落雨雹大如杯鳥獸殪於川澤黑眚黑祥大曆二年十二月戊戌黑氣如塵彌漫于北方黑氣陰沴也貞元四年七月自陝至河陰河水黑流入汴至汴州城下一宿而復近黑祥也占曰法嚴刑酷傷水性也五行變節陰陽相干氣色繆亂皆敗亂之象十四年潤州有黑氣如隄自海門山橫亘江中與北固山相峙又有白氣如虹自金山出與黑氣交將旦而沒大和四年正月壬寅黑氣如帶東西際天咸通十四年七月僖宗即位是日黑氣如盤自天屬含元殿庭火沴水武德九年二月蒲州河清襄楷以為河諸侯象清陽明之效也貞觀十四年二月陝州泰州

河清十六年正月懷州河清十七年十二月鄭州滑州河清二十三年四月靈州河清永徽元年正月濟州河清二年十二月衞州河清五年六月濟州河清十六里調露二年夏豐州河清長安初醴泉坊太平公主第井水溢流又并州文水縣猷水竭武氏井溢神龍二年三月壬子洛陽城東七里地色如水樹木車馬歷歷見影漸移至都月餘乃滅長安街中往往見水影昔苻堅之將死也長安嘗有是景龍四年三月庚申京師井水溢占曰君凶又曰兵將起開元二十二年八月清夷軍黃帝祠古井湧浪二十五年五月淄州棣州河清二十九年亳州老子祠九井涸復湧乾元二年七月嵐州合河關河三十里清如井水四日而變寶應元年九月甲午太州至陝州二百餘里河清澄澈見底大曆末深州東鹿縣中有水影長七八尺遥望見人馬往來如在水中及至前則不見水建中四年五月乙巳滑州濮州河清十四年閏五月乙丑滑州河清貞元二十一年夏越州鏡湖竭是歲朗州熊武五溪水鬬占

曰山崩川竭國必亡又曰方伯力政厥異木鬬開成二年夏旱揚州運河竭大中八年正月陝州河清咸通八年七月泗州下邳雨湯殺鳥雀水沸于火則可以傷物近火沴水也雨者自上而降烏雀民象中和三年秋汴水入于淮水鬬壞船數艘廣明元年夏汝州峴陽峯龍池涸近川竭也五行傳曰皇之不極是謂不建厥咎眊厥罰常陰厥極弱時則有射妖時則有龍蛇之孽時則有馬禍時則有下人伐上之痾時則有日月亂行星辰逆行謂木金火水土沴天也常陰長安四年自九月霖雨陰晦至于神龍元年正月貞元二十一年秋連月陰霪元和十五年正月庚辰至于丙申晝常陰晦微雨雪夜則晴霽占曰晝霧夜晴臣志得申咸通十四年七月靈州陰晦乾符六年秋多雲霧晦冥自旦及禺中乃解光啓元年秋河東大雲霧明年夏晝陰積六十日二年十一月淮南陰晦雨雪至明年二月不解景福二年夏連陰四十餘日霧長壽元年九月戊戌黃霧四塞霧者百邪之氣爲陰冒陽本于地而應于

天黃爲土土爲中宮神龍二年三月乙巳黃霧四塞景龍二年八月甲戌黃霧昏濁不雨二年正月丁卯黃霧四塞十一月甲寅日入後昏霧四塞經二日乃止占曰霧連日不解其國昏亂開元五年正月戊辰昏霧四塞天寶十四載冬三月常霧起昏暗十步外不見人是謂晝昏占曰有破國至德二載四月賊將武令珣圍南陽白霧四塞上元元年閏四月大霧占曰兵起貞元十年三月乙亥黃霧四塞日無光咸通九年十一月龐勛圍徐州甲辰大霧昏塞至于丙午光化四年冬昭宗在東內武德門內煙霧四塞門外日色皎然虹蜺武德初隋將堯君素守蒲州有白虹下城中唐隆元年六月戊子虹蜺亘天蜺者斗之精占曰后妃陰脅王者又曰五色迭至照于宮殿有兵延和元年六月幽州都督孫佺帥兵襲奚將入賊境有白虹垂頭于軍門占曰其下流血至德二載正月丙子南陽夜有白虹四上亘百餘丈元和十三年十二月丙辰有白虹闊五尺東西亘天會昌四年正月己酉西方有白虹咸通元年七

月己酉朔白虹橫亘西方九年七月戊戌白虹橫亘西方光啓二年九月白虹見西方十月壬辰夜又如之天復三年三月庚申有曲虹在日東北龍蛇孽貞觀八年七月隴右大蛇屢見蛇女子之祥大者有所象也又汾州青龍見吐物在空中光明如火墮地地陷掘之得玄金廣尺長七寸顯慶二年五月庚寅有五龍見于岐州之皇后泉先天二年六月京師朝堂塼下有大蛇出長丈餘有大蝦蟆如盤而目赤如火相與鬬俄而蛇入于大樹蝦蟆入于草蛇蝦蟆皆陰類朝堂出非其所也開元四年六月郴州馬嶺山下有白蛇與黑蛇鬬白蛇長六七尺吞黑蛇至腹口眼血流黑蛇長丈餘頭穿白蛇腹出俱死天寶中洛陽有巨蛇高丈餘長百尺出芒山下胡僧無畏見之曰此欲決水豬洛城即以天竺法咒之數日蛇死十四載七月有二龍鬬于南陽城西易坤上六龍戰于野文言曰陰疑于陽必戰至德元載八月朔成都丈人廟有肉角蛇見二載三月有蛇鬬于南陽門之外一蛇死一蛇上城建中二年

夏趙州寧晉縣沙河北有棠樹甚茂民祠之爲神有蛇數百千自東西來趨北岸者聚棠樹下爲二積留南岸者爲一積俄有徑寸龜三繞行積蛇盡死而後各登其積野人以告蛇腹皆有瘡若矢所中刺史康日知圖其事奉三龜來獻四年九月戊寅有龍見于汝州城壕龍大人象其潛也淵其飛也天城壕失其所也貞元末資州得龍丈餘西川節度使韋皐匣而獻之百姓縱觀三日爲煙所薰而死大和二年六月丁丑西北有龍鬬三年成都門外有龍與牛鬬開成元年宫中有衆蛇相與鬬光化三年九月杭州有龍鬬于浙江水溢壞民廬舍占同天寶十四載光啓二年冬鄜州洛交有蛇見于縣署復見于州署蛇冬則蟄易曰龍蛇之蟄以存身也馬禍義寧二年五月戊申有馬生角長二寸末有肉角者兵象武德三年十月王世充僞左僕射韋霽馬生角當項永隆二年監牧馬大死凡十八萬疋馬者國之武備天去其備國將危亡文明初新豐有馬生駒二首同項各有口鼻生而死又咸陽牝馬生石

大如升上微有綠毛皆馬禍也開元十二年五月太原獻異馬駒兩肋各十六肉尾無毛二十五年濮州有馬生駒肉角二十九年三月滑州刺史李邕獻馬肉鬉鱗臆嘶不類馬日行三百里建中四年五月滑州馬生角大和九年八月易定馬飲水因吐珠一以獻開成元年六月揚州民明齊家馬生角長一寸三分會昌元年四月桂州有馬生駒三足能隨羣于牧咸通三年郴州馬生角十一年沁州綿上及和川牡馬生子皆死京房易傳曰方伯分威厥妖牡馬生子乾符二年河北馬生人中和元年九月長安馬生人京房易傳曰諸侯相伐厥妖馬生人一曰人流亡二年二月蘇州嘉興馬生角光啓二年夏四月僖宗在鳳翔馬尾皆咤蓬如彗咤怒象文德元年李克用獻馬二肘膝皆有鬣長五寸許蹄大如七寸甌人痾武德四年太原尼志覺死十日而蘇貞觀十九年衞州人劉道安頭生肉角隱見不常因以惑衆伏誅角兵象肉不可以觸者永徽六年淄州高苑民吳威妻嘉州民辛道護妻皆一産四

男凡物反常則爲妖亦陰氣盛則母道壯也顯慶二年普州有人化爲虎虎猛噬而不仁儀鳳三年四月涇州獻二小兒連心異體初鶉觚縣衞士胡萬年妻吳生一男一女其胷相連餘各異體乃析之則皆死又産復然俱男也遂育之至是四歲以獻于朝永隆元年長安獲女魃長尺有二寸其狀怪異詩曰旱魃爲虐如惔如焚是歲秋不雨至于明年正月永隆二年九月萬年縣女子劉凝靜衣白衣從者數人升太史令廳問比有何災異令執之以聞是夜彗星見太史司天文曆候王者所以奉若天道恭授民時者非女子所當問載初中涪州民范端化爲虎神功元年一月庚子有人走入端門又入則天門至通天宫閽及仗衞不之覺時來俊臣婢産肉塊如二升器剖之有赤蟲須臾化爲蜂螫人而去久視二年正月成州有大人跡見長安中郴州佐史因病化爲虎欲食其嫂擒之乃人也雖未全化而虎毛生矣太極元年狂人段萬謙潛入承天門登太極殿升御牀自稱天子且言我李安國也人相我

年三十二當爲天子開元二十三年四月冀州獻長人李家寵八尺有五寸大曆十年二月昭應婦人張産一男二女貞元八年正月丁亥許州人李狗兒持仗上含元殿擊欄檻伏誅十年四月恒州有巨人跡見十五年正月戊申狂人劉忠詣銀臺稱白起令上表天下有火災十七年十一月翰林待詔戴少平死十有六日而蘇是歲宣州南陵縣丞李嶷死已殯三十日而蘇元和二年商州洪崖冶役夫將化爲虎衆以水沃之不果化長慶四年三月民徐忠信潛入浴堂門寶曆二年十二月延州人賀文妻一産四男大和二年十月狂人劉德廣入含元殿咸通七年渭州有人生角寸許占曰天下有兵十三年四月太原晉陽民家有嬰兒兩頭異頸四手聯足此天下不一之妖是歲民皇甫及年十四暴長七尺餘長嗌大嚼三倍如初歲餘死乾符六年秋蜀郡婦人尹生子首如豕目在腋下占曰君失道光啓元年隰州温泉民家有死者既葬且半月行人聞聲呼地下其家發之則復生歲餘乃死二年春鳳

翔爵縣女子未齓化爲丈夫旬日而死京房易傳曰茲謂陰昌賊人爲王大順元年六月資州兵王全義妻如孕覺物漸下入股至足大拇痛甚坼而生珠如彈丸漸長大如柸天祐二年五月潁州汝陰民彭文妻一產三男疫貞觀十年關內河東大疫十五年三月澤州疫十六年夏穀涇徐戴虢五州疫十七年夏潭濠廬三州疫十八年廬濠巴普郴五州疫二十二年郲州大疫永徽六年三月楚州大疫永淳元年冬大疫兩京死者相枕於路占曰國將有恤則邪亂之氣先被于民故疫景龍元年夏自京師至山東河北疫死者千數寶應元年江東大疫死者過半貞元六年夏淮南浙西福建道疫元和元年夏浙東大疫死者太半大和六年春自劍南至浙西大疫開成五年夏福建台明四州疫咸通十年宣歙兩浙疫大順二年春淮南疫死者十三四天鳴天寶十四載五月天鳴聲若雷占曰人君有憂貞元二十一年八月天鳴在西北中和三年三月浙西天鳴聲如轉磨無雲而雨元和十二年正月乙酉星

見而雨占曰無雲而雨是謂天泣隕石永徽四年八月己亥隕石于同州馮翊十八光耀有聲如雷近星隕而化也庶民惟星自上而隕民去其上之象一曰人君爲詐妄所蔽則然

五行志第二十六

地理志第二十七　　唐書三十七

翰林學士兼龍圖閣學士朝散大夫給事中知制誥充史館修撰臣歐陽　脩奉敕撰

自秦變古王制亡始郡縣天下下更漢晉分裂爲南北至隋滅陳天下始合爲一乃改州爲郡依漢制置太守以司隸刺史相統治爲郡一百九十縣一千二百五十五戶八百九十萬七千五百三十六口四千六百一萬九千九百五十六其地東西九千三百里南北一萬四千八百一十五里東南皆至海西至且末北至五原唐興高祖改郡爲州太守爲刺史又置都督府以治之然天下初定權置州郡頗多太宗元年始命併省又因山川形便分天下爲十道一曰關內二曰河南三曰河東四曰河北五曰山南六曰隴右七曰淮南八曰江南九曰劍南十曰嶺南至十三年定簿凡州府三百五十八縣一千五百五十一明年平高昌又增州二縣六其後北殄突厥頡利西平高昌北踰陰山西抵大漠其地東極海西

至焉耆南盡林州南境北接薛延陀界東西九千五百一十一里南北一萬六千九百一十八里景雲二年分天下郡縣置二十四都督府以統之既而以其權重不便罷之開元二十一年又因十道分山南江南爲東西道增置黔中道及京畿都畿置十五採訪使檢察如漢刺史之職天寶盜起中國用兵而河西隴右不守陷于吐蕃至大中咸通始復隴右乾符以後天下大亂至于唐亡然舉唐之盛時開元天寶之際東至安東西至安西南至日南北至單于府蓋南北如漢之盛東不及而西過之開元二十八年戶部帳凡郡府三百二十有八縣千五百七十三戶八百四十一萬二千八百七十一口四千八百一十四萬三千六百九應受田一千四百四十萬三千八百六十二頃考隋唐地理之廣狹戶口盈耗與其州縣廢置其盛衰治亂興亡可以見矣蓋自古爲天下者務廣德而不務廣地德不足矣地雖廣莫能守也嗚呼盛極必衰雖曰勢使之然而殆忽驕滿常因盛大可不戒哉

關內道蓋古雍州之域漢三輔北地安定上郡及弘農隴西五原西河雲中之境京兆華同鳳翔邠隴涇原渭武寧慶鄜坊丹延靈威雄會鹽綏宥爲鶉首分麟豐勝銀夏單于安北爲實沈分商爲鶉火分爲府二都護府二州二十七縣百三十五其名山太白九嵕吳岐梁華其大川涇渭灞滻厥賦絹綿布麻京兆同華岐調綿餘州布麻開元二十五年以關輔庸調所稅非土所宜者納米粟其河南河北非通漕州皆調絹以便關中厥貢毛羽華角布席弓刀

上都初曰京城天寶元年曰西京至德二載曰中京上元二年復曰西京肅宗元年曰上都皇城長千九百一十五步廣千二百步宮城在北長千四百四十步廣九百六十步周四千八百六十步其崇三丈有半龍朔後皇帝常居大明宮乃謂之西內神龍元年曰太極宮大明宮在禁苑東南西接宮城之東北隅長千八百步廣千八十步曰東內本永安宮貞觀八年置九年曰大明宮以備太上皇清暑百官獻貲以助役高宗以風痹厭西內湫濕龍朔二年始大興葺曰蓬萊宮咸亨元年曰含元宮長安元年復曰大明宮興慶宮在皇城東南距京城之東開元初置至十四年又增廣之謂之南內二十年築夾城入芙蓉園京城前直子午谷後枕龍首山左臨灞岸右抵灃水其長六千六百六十五步廣五千五百七十五步周二萬四千一百二十步其崇丈有八尺

京兆府京兆郡本雍州開元元年爲府厥貢水土稻麥䅯紫稈粟隔紗粲席鞾氈蠟酸棗人地骨皮櫻桃藕粉天寶元年領戶三十六萬二千九百二十一口百九十六萬一百八十八領縣二十有府百三十一曰眞化匡道水衡仲山新城寶泉善信鳳神安業平香太清餘皆逸

萬年赤本大興武德元年更名二年析置芷陽縣七年省總章元年析置明堂縣長安二年省天寶七載曰咸寧至德三載復故名有南望春宮臨滻水西岸有北望春宮宮東有廣運潭福陵在東二十五里獻陵在東南四十里

長安赤總章元年析置乾封縣長安二年省有大安宮本弘義後更名南五十里太和谷有太和宮武德八年置貞觀十年廢二十一年復置曰翠微宮籠山爲苑元和中以爲翠微寺有子午關天寶二年尹韓朝宗引渭水入金光門置潭于西市以貯材木大曆元年尹黎幹自南山開漕渠抵景風延喜門入苑以漕炭薪

咸陽畿武德元年析涇陽始平置有望賢宮有便橋有興寧陵又有順陵在咸陽原

興平畿本始平景龍二年中宗送金城公主降吐蕃至此改曰金城至德二載更名西十八里有隋仙林宮

雲陽赤武德元年析置石門縣三年以石門溫秀置泉州貞觀元年州廢省溫秀更石門曰雲陽雲陽曰池陽八年省雲陽更池陽曰雲陽天授二年以雲陽涇陽醴泉三原置鼎州大足元年州廢有堯山甘泉山風禁樵採者著于志有古鄭白渠崇陵在北十五里嵯峨山貞陵在西北四十里

涇陽畿

三原次赤武德四年曰池陽六年曰華池析置三原隸泉州貞觀元年省復華池曰三原永康陵在北十八里獻陵在東十八里莊陵在西北五里端陵在東十里

渭南畿武德元年隸華州五年還隸雍州天授二年析渭南慶山置鴻門縣以渭南慶山鴻門高陵櫟陽置鴻州尋省鴻門大足元年州廢西十里有遊龍宮開元二十五年更置東十五里有隋崇業宮

昭應次赤本新豐垂拱二年曰慶山神龍元年復故名有宮在驪山下貞觀十八年置咸亨二年始名溫泉宮天寶元年更驪山曰會昌山三載以縣去宮遠析新豐萬年置會昌縣六載更溫泉曰華清宮宮治湯井爲池環山列宮室又築羅城置百司及十宅七載省新豐更會昌縣及山曰昭應東三十五里有慶山垂拱二年湧出有溫泉原本鳳凰原有幽棲谷本鸚鵡谷中宗以韋嗣立所居更名有旌儒鄉有廟故坑儒玄宗更名齊陵在東十六里

高陵畿武德元年析置鹿苑縣貞觀元年省西四十里有龍躍宮武德六年高祖以舊第置德宗以爲修眞觀有古白渠寶曆元年令劉仁師請更水道渠成名曰劉公堰曰彭城

同官畿有女迴山

富平次赤有荊山有鹽池澤定陵在西北十五里龍泉山元陵在西北二十五里檀山豐陵在東三十三里甕金山章陵在西北二十里簡陵在西北四十里

藍田畿武德二年析置白鹿縣三年更曰寧民又析藍田置玉山縣貞觀元年皆省有覆車山有藍田關故嶢關有庫谷有關武德六年寧民令顏昶引南山水入京城永淳元年作萬全宮弘道元年廢

鄠畿有渼陂東南三十里有隋太平宮西南二十二里有隋甘泉宮

奉天次赤文明元年析醴泉始平好畤武功豳州之永壽置以奉乾陵乾陵在北五里梁山靖陵在東北十里乾寧二年以縣置乾州及覃王出鎮又以畿內之好畤武功盩厔醴泉隸之

好畤畿故上宜武德二年析醴泉置好畤貞觀八年省上宜入岐陽二十一年省好畤岐陽復置上宜更上宜曰好畤有大橫關

武功畿武德三年以武功好畤盩厔及邠州之鳳泉置稷州又析始平置扶風縣四年以岐州之圍川隸之七年以稷州州貞觀元年州廢省扶風以圍川鳳泉隸岐州盩厔隸雍州天授二年復以武功始平奉天盩厔好畤置稷州大足元年州廢有太一山南十八里有慶善宮臨渭水武德元年高祖以舊第置宮後廢爲慈德寺西原隋煬帝所葬

醴泉次赤武德元年析置溫秀縣後省醴泉貞觀十年營昭陵析雲陽咸陽復置有芳山有九嵕山昭陵在西北六十里九嵕山建陵在東北十八里武將山一名馮山

華原畿義寧二年以華原宜君同官置宜君郡并置土門縣以隸之武德元年曰宜州貞觀十七年州廢省宜君土門以華原同官隸雍州垂拱二年更華原曰永安天授二年復以永安同官富平美原置宜州大足元年州廢有永安宮長安二年置神龍元年復永安曰華原有蒲萄園官天祐三年李茂貞墨制以縣置耀州

美原畿咸亨二年析富平華原及同州之蒲城以故土門縣置天祐三年李茂貞墨制以縣置鼎州

華州華陰郡上輔義寧元年析京兆郡之鄭華陰置垂拱二年避武氏諱曰大州神龍元年復故名上元二年又更名太州寶應元年復故名乾寧四年曰興德府縣次畿赤光化三年復爲州土貢鷂烏鶻伏苓伏神細辛戶三萬三千一百八十七口二十二萬三千六百一十三縣四有府二十曰昔樂豐原義全清義萬福脩仁神水常興義津定城延壽羅文鄭邑宣義相原孝德溫湯宣化懷德仁有鎮國軍肅宗上元元年置

鄭望有少華山東北三里有神臺宮本隋普德宮咸亨二年更名西南二十三里有利俗渠引喬谷水東南十五里有羅文渠引小敷谷水支分溉田皆開元四年詔陝州刺史姜師度疏故渠又立隄以捍水害

華陰望垂拱元年更名仙掌天授二年析置潼津縣在關口後隸虢州聖曆二年來屬長安中省神龍元年復曰華陰上元二年曰太陰華山曰太山寶應元年復故名有岳祠有潼關有渭津關有漕渠自苑西引渭水因石渠會灞滻經廣運潭至縣入渭天寶三載韋堅開又有永豐倉有臨渭倉西十八里有瓊岳宮故隋華陰宮顯慶三年更名東十三里有隋金城宮武德三年廢顯慶三年復置西二十四里有敷水渠開元二年姜師度鑿以洩水害五年刺史樊忱復鑿之使通渭漕

下邽望本隸同州垂拱元年來屬東南二十里有金氏二陂武德二年引白渠灌之以置監屯

櫟陽本畿故萬年隸雍州武德元年更名又析置平陵縣二年更平陵曰粟邑貞觀八年省有煮鹽澤天祐三年來屬

同州馮翊郡上輔武德元年更諸郡爲州其沒于賊者事平乃更天寶三載以州爲郡乾元元年復以郡爲州凡州郡縣無所更置者皆承隋舊土貢鞾鞹二物皺紋吉莫麝芑茨龍莎凝水石戶六萬九百二十八口四十萬八千七百五縣八有府二十六曰濟北唐安秦城太州大亭河東興德連邑伏龍溫湯安遠

業善南鄉臨高鹽陽襄城崇道淅谷吉安長春華池永大洪泉善福司御效誠馮翊望武德九年析置臨沮縣貞觀九年省有沙苑南三十二里有
興德宮在志武里高祖將趨長安所次朝邑望有長春宮武德三年析置河濱縣貞觀元年省北四里有通靈陂開元七年刺史姜師度引洛堰
河以溉田百餘頃乾元三年曰河西隸河中府大曆五年復曰朝邑還隸同州有河瀆祠西海祠小池有鹽韓城上武德八年徙置西韓州貞觀八年
州廢以韓城河西郃陽來屬天祐二年更名韓原有鐵有梁山有龍門山有關武德七年治中雲得臣自龍門引河溉田六千餘頃郃陽望有陽班
貞元四年暨涔谷水戍夏陽本河西武德三年析郃陽置又以河西郃陽韓城置西韓州乾元三年更河西曰夏陽隸河中後復來屬白
水望澄城望武德三年析置長寧縣貞觀八年省奉先本大赤故蒲城開元四年更名隸京北府橋陵在西北三十里豐山泰陵
在東北二十里金粟山景陵在西北二十里金熾山光陵在北十五里堯山惠陵在西北十里有鹵池二大中二年其一生鹽天祐三年來屬
商州上洛郡望土貢麝香弓材有洛源監錢官貞元七年刺史李
西華自藍田至內鄉開新道七百餘里迴山取塗人不病涉謂之
偏路行旅便之戶八千九百二十六口五萬三千八十縣六有府二曰洵水
玉京有興平軍初在鄠縣東原至德中徙上洛緊有熊耳山豐陽上洛南上有金有銅有鐵商洛望東有武關上
津上義寧二年以上津豐利黃土置上津郡并置長利縣武德元年曰上州貞觀元年省長利八年州廢以黃土隸金州豐利隸均州上津來屬乾元
中下本安業萬歲通天元年析豐陽置景龍三年隸雍州景雲元年來屬乾元元年更名隸京兆尋復還屬
鳳翔府扶風郡赤上輔本岐州至德元載更郡曰鳳翔二載復郡
故名號西京爲府上元二年罷京元年曰西都未幾復罷都土貢
榛實龍鬚席蠟燭戶五萬八千四百八十六口三十八萬四百
六十三縣九有府十三曰岐山雍北道濟洛邑留谷岐陽文城郿邑三交鳳泉望苑邵吉山泉天興次赤本雍至德二載曰鳳
翔析置天興縣寶應元年省鳳翔入天興岐山次畿貞觀七年析扶風岐山及京兆之上宜置岐陽縣八年省上宜入岐山永徽五年復置元
和三年省有岐山扶風次畿本湋川武德三年析岐山置以湋水名之貞觀八年更名麟遊次畿義寧元年置以麟遊及京兆之上宜
扶風郡之普潤置鳳棲郡二年以仁壽宮中得白麟更郡曰麟遊又以安定郡之鶉觚并析置靈臺縣隸之武德元年曰麟州貞觀元年州廢省靈臺入麟遊
以麟遊普潤來屬上宜還隸雍州鶉觚還隸涇州西五里有九成宮本隋仁壽宮義寧元年廢貞觀五年復置更名永徽二年曰萬年宮乾封二年復曰九成
宮周垣千八百步并置禁苑及府庫官寺等又西三十里有永安宮貞觀八年置普潤次畿有隴右軍貞元十年置十一年以縣隸隴右經略使
元和元年更名保義軍寶雞次畿本陳倉至德二載更名東有渠引渭水入昇原渠通長安故城咸通三年開西南有大散關有寶雞山
虢次畿貞觀八年省入岐山天授二年復置東北十里有高泉渠如意元年開引水入縣城又西北有昇原渠引汧水至咸陽垂拱初運岐隴水入京城
郿次畿義寧二年置郿城郡又析置鳳泉縣武德元年曰郿州以鳳泉來屬三年州廢以郿隸稷州七年來屬貞觀八年省鳳泉大曆五年權隸京兆有太
白山有鳳泉湯盩厔本隸雍州武德二年析置終南縣貞觀八年省天寶元年更名宜壽至德二載復故名乾寧中隸乾州天復元年來屬有駱
谷關武德七年置有司竹園東南三十二里有隋宜壽宮有樓觀老子祠
邠州新平郡緊義寧二年析北地郡之新平三水置邠故作豳開

元十三年以字類幽改土貢剪刀火筯華豆澡豆白蜜地膽戶二
萬二千九百七十七口十二萬五千二百五十縣四有府十曰嘉陽宜祿公劉良社
胡陵蜯川萬敵金池舜城宜山新平望有永定壘二太宗討薛舉置三水緊有石門山北二十里有萬壽湫大曆八年因風雷而成永壽
上武德二年析新平置神龍元年隸雍州唐隆元年來屬宜祿中貞觀二年析新平及涇州之保定靈臺置有淺水原有長武城
右京畿採訪使治京城內
隴州汧陽郡上本隴東郡義寧二年析扶風郡之汧源汧陽南由
安定郡之華亭置天寶元年更郡曰汧陽土貢榛實龍鬚席戶
二萬四千六百五十二口十萬一百四十八縣三有府四曰大堆龍盤開川臨汧汧
源上垂拱二年更華亭曰亭川神龍元年復故名元和三年省入汧源西有安戎關在隴山本大震關大中六年防禦使薛逵徙築更名有鐵有五節堰引
隴川水通漕武德八年水部郎中姜行本開後廢華亭有義寧軍大曆八年置貞元十三年築永信城于平戎川汧陽上有臨汧城大和元年築
吳山中本長蛇義寧二年置貞觀元年更名上元二年曰華山尋復曰吳山武德元年以南由縣置含州四年州廢元和三年省入焉有西鎮吳山
祠有岑崛山西有安夷關
涇州保定郡上本安定郡至德元載更名土貢龍鬚席戶三萬一
千三百六十五口十八萬六千八百四十九縣五有府六曰涇陽四門興教純德肅清仁賢
保定上本安定至德元載更名廣德元年沒吐蕃大曆三年復置有折墌故城靈臺上本鶉觚天寶元年更名臨涇中良
原上廣德元年沒吐蕃貞元四年復置潘原中本陰盤天寶元年更名後省爲彰信堡貞元十一年復置
原州平涼郡中都督府望廣德元年沒吐蕃節度使馬璘表置
行原州於靈臺之百里城貞元十九年徙治平涼元和三年又徙
治臨涇大中三年收復關隴歸治平高廣明後復沒吐蕃又僑治
臨涇土貢氈覆鞍氈龍鬚席戶七千三百四十九口三萬三千一
百四十六縣二有府二曰彭陽安善平高望有崆峒山西南有木峽關州境又有石門驛藏制勝石峽木靖等關并木峽六盤
爲七關又南有瓦亭故關百泉上
渭州元和四年以原州之平涼縣置行渭州廣明元年爲吐蕃所
破中和四年涇原節度使張鈞表置凡乾元後所置州皆無郡名
及其季世所置州縣又不列上中下之第縣一平涼上廣德元年沒吐蕃貞元四年
復置又爲行渭州其民皆州自須之西南隴山有六盤關有銀有銅有鐵西北五里有吐蕃會盟壇貞元五年築
武州中大中五年以原州之蕭關置中和四年僑治潘原縣一蕭
關中貞觀六年以突厥降戶置緣州治平高之他樓城高宗置他樓縣隸原州神龍元年省更置蕭關縣白草軍在蔚茹水之西至德後沒吐蕃

寧州彭原郡望本北地郡天寶元年更名土貢五色覆鞍氈龍鬚
席荊芥亭長菴䕡假蘇戶三萬七千一百二十一口二十二萬四
千八百三十七縣五有府十一曰彭池高望靜難蟠寶天固蒲川東原三會大延和泉永寧定安望義寧二年析
置歸義縣十七年省入定平有定安故關眞寧緊本羅川有要冊湫天寶元年獲王眞人像二十七因更名襄樂緊彭原
緊武德元年以縣置彭州二年析置豐義縣貞觀元年州廢以彭原豐義來屬開元八年以豐義隸涇州尋復還屬唐末省定平上武德二年析定安
置隸邠州元和三年復來屬四年隸左神策軍有高摭城唐末以縣置衍州
慶州順化郡中都督府本弘化郡天寶元年曰安化至德元載更
名土貢胡女布牛酥麝燭戶二萬三千九百四十九口十二萬四
千二百三十六縣十有府八曰龍息交水同川永清蟠交永業樂蟠永安順化中本弘化天寶元年曰安化至德元
載更名合水中本合川武德元年置是年又析置蟠交縣貞觀元年省合川入弘化天寶元年更蟠交曰合水樂蟠中義寧元
年析合水置馬嶺中華池下武德四年置以縣置林州貞觀元年州廢同川中下本三泉義寧二年析彭原郡之彭原置武
德三年更名洛源中貞觀三年置四年隸北永州五年徙州來治八年州廢來屬延慶中本白馬武德六年徙故豐州民析合水置天
寶元年更名方渠中下神龍三年析馬嶺置懷安下開元十一年括逃戶及党項蕃落置
鄜州洛交郡上本上郡天寶元年更名土貢龍鬚席戶二萬三千

四百八十四口十五萬三千七百一十四縣五有府十一曰洛昌龍交華川五交大同安光洛安銀
方吉林鄜武安吉有畫戟軍大曆六年置在州城洛交緊洛川上三川中華池水黑水洛水所會直羅中武德三
年析三川洛交因古直羅城置有羅水過城下地平直故名甘泉中本伏陸武德元年析洛交置天寶元年更名
坊州中部郡上武德二年析鄜州之中部鄜城置土貢龍鬚席枲
弦麻戶二萬二千四百五十八口十二萬二百八縣四有府五曰杏城仁里思臣
永平安臺中部上本內部武德二年更名周天和中元皇帝爲敷州刺史置馬坊高祖因以名州有鐵州郭無水東北七里有上善泉開成二年刺
史張怡架水入城以紓遠汲四年刺史崔驛復增修之民獲其利後思之爲立祠宜君上本隸宜州有仁智宮武德七年置貞觀十七年州廢縣
亦省二十年置玉華宮復置縣隸雍州宮在北四里鳳凰谷永徽二年廢宮爲玉華寺縣又省龍朔三年析中部同官復置來屬有鑪昇平上天
寶十二載析宜君置寶應元年省後復置鄜城上唐末以縣置翟州
丹州咸寧郡上本丹陽郡義寧元年析延安郡之義川汾川咸寧
縣置天寶元年更名土貢龍鬚席麝燭戶萬五千一百五口
八萬七千六百二十五縣四有府五曰宜城通天同化丹陽長松義川上雲巖中武德元年析義川
置汾川上有烏仁關咸寧中
延州延安郡中都督府土貢樺皮麝燭戶萬八千九百五十四口

十萬四十縣十有府七曰敷化延川寧戎因城塞門延安金明又儀鳳中吐谷渾部落自涼州內附置二府于金明西境曰羌部落曰閭門
膚施上有牢山鎮城延長中本延安武德二年置以縣置北連州并置義鄉青明二縣以隸之貞觀二年州廢省義鄉青明入延安來屬廣德
二年更名臨眞中武德元年隸東夏州貞觀二年州廢來屬金明中武德二年析膚施置以縣置北武州并置開遠全義崇德永安定義五
縣貞觀二年州廢省開遠全義崇德永安定義入金明來屬豐林中武德四年僑置雲州及雲中榆林龍泉三縣八年州廢省龍泉入臨眞省雲
中榆林入豐林東北有合嶺關延川中武德二年招慰稽胡置基州又安撫使段德操表置義門縣以義門置西平州三年析綏州之城平置魏平
縣四年廢南平州省義門魏平五年更基州曰北基州貞觀八年州廢來屬敷政中下本因城武德二年徙治金城鎮更名金城又東境置永州并置
洛盤新昌土塠三縣貞觀四年徙州治洛源及州廢省洛盤新昌土塠入金城天寶元年曰敷政延昌武德二年置北仁州貞觀三年州廢十年以其
地置羅交縣天寶元年更名其北蘆子關延水中下本安民武德二年析延川置以縣置西和州并置修文義原二縣貞觀二年州廢省修文義原入安
民隸北基州州廢來屬二十三年曰弘風神龍元年更名門山上武德三年析汾川置隸丹州廣德二年來屬
靈州靈武郡大都督府土貢紅藍甘草花蓯蓉代赭白膠青蟲鵰
鶻白羽麝野馬鹿革野猪黃吉莫鞾鞹氈庫利赤檉馬策印鹽
黃牛臆戶萬一千四百五十六口五萬三千一百六十三縣四有府
五曰武略河閏靜城鳴沙萬春有朔方軍經略軍黃河外有豐安定遠新昌等軍豐寧保寧等城迴樂望武德四年析置豐安縣貞觀四年於迴
樂境置迴州以豐安隸之十三年州廢省豐安有溫泉鹽池有特進渠溉田六百頃長慶四年詔開靈武上懷遠緊武德六年廢豐州

省九原永豐二縣入焉隋九原郡也有鹽池三曰紅桃武平河池保靜上本弘靜神龍元年曰安靜至德元載更名
威州闕郡中本安樂州初吐谷渾部落自涼州徙于鄯州不安其居
又徙于靈州之境咸亨三年以靈州之故鳴沙縣地置州以居之
至德後沒吐蕃大中三年收復更名光啓三年徙治涼州鎮爲行
州縣二鳴沙上武德二年置會州貞觀六年州廢更置環州以大河環曲爲名九年州廢還隸靈州神龍中爲默啜所寇移治故豐安
城咸亨三年復得故縣溫池上本隸靈州神龍元年置大中四年來屬有鹽池
雄州在靈州西南百八十里中和元年徙治承天堡爲行州
警州本定遠城在靈州東北二百里先天二年朔方大總管郭元
振置其後爲上縣隸靈州景福元年靈威節度使韓遵表爲州縣一
城幅員十四里信安王禕所築
會州會寧郡上本西會州武德二年以平涼郡之會寧鎮置貞觀
八年以足食故更名粟州是年又更名土貢駝毛褐野馬革覆鞍
氈鹿舌鹿尾戶四千五百九十四口二萬六千六百六十縣二有新
泉軍開元五年廢爲守捉會寧上本涼川武德二年更名開元四年別置涼川縣九年省有黃河堰開元七年刺史安敬忠築以捍河流有河池因雨生

鹽東南有會寧關。烏蘭 上。武德九年置。西南有烏蘭關。

鹽州五原郡，下都督府。本鹽川郡，唐初沒梁師都，武德元年僑治靈州。貞觀元年州省，以縣隸靈州。二年師都平，復置。州天寶元年更郡曰五原。貞元三年沒吐蕃，九年復城之。土貢：鹽山、木瓜、牸牛。戶二千九百二十九，口萬六千六百六十五。縣二。有府一，曰鹽川。有保塞軍，貞元十九年置。五原 上。有烏池、白池、細項池、瓦窯池。白池 上。本興寧，貞觀元年與州同省，二年復置。景龍三年更名。

夏州朔方郡，中都督府。土貢：氈、角弓、酥、拒霜薺。戶九千二百一十三，口五萬三千一十四。縣三。有府二，曰寧朔、順化。朔方 上。本岩綠，貞觀二年更名。貞元七年開延化渠，引烏水入庫狄澤，溉田二百頃。有鹽池二。有天柱軍，天寶十四載置，寶應元年廢。長慶四年節度使李祐築烏延、宥州、臨塞、陰河、陶子等城，于蘆子關北以護塞外。有木瓜嶺。德靜 中下。貞觀七年隸北開州，八年曰化州，十三年州廢。寧朔 中下。武德六年置南夏州，貞觀二年州廢，縣省入朔方，五年復置來屬。長安二年省，開元四年又置，九年省，其後又置。

綏州上郡，下。本雕陰郡，地唐初沒梁師都，武德三年以歸民於延州豐林縣僑置，六年徙治延川，七年徙治魏平，貞觀二年師都平，歸治上縣。天寶元年更郡名。土貢：胡女布、蠟燭。戶萬八百六十七，口八萬九千一百一十二。縣五。有府四，曰伏洛、義合、萬吉、大斌。龍泉 中。本上縣，天寶元年更名。延福 中下。武德六年析置北吉州，并置歸義、洛陽二縣；又析置羅州，并置石羅、關善、萬福三縣；又析置匡州，并置安定、源泉二縣。貞觀二年州縣皆廢。綏德 中下。武德二年置，六年析置雲州，并置信義、淳義二縣；又析置龍州，并置風鄉、義良二縣。貞觀二年州縣皆廢。城平 中下。武德三年置魏州，并置安城、安泉二縣。貞觀二年州廢，省安城、安泉。西南有魏平關。大斌 中下。武德七年徙治魏平城。軍稽胡懷化，文武雜半，以名。

銀州銀川郡，下。貞觀二年析綏州之儒林、真鄉置。土貢：女稽布。戶七千六百二，口四萬五千五百二十七。縣四。儒林 中。東北有無定河。真鄉 中下。西北有蕪蘆水。開光 中。本隸綏州，貞觀二年置，八年隸柘州，十三年州廢來屬。撫寧 中下。本隸綏州，貞觀八年來屬。

宥州寧朔郡，上。調露元年，於靈、夏南境以降突厥置魯州、麗州、含州、塞州、依州、契州，以唐人為刺史，謂之六胡州。長安四年并為匡、長二州。神龍三年置蘭池都督府，分六州為縣。開元十年復置魯州、麗州、契州、塞州。十年平康待賓，遷其人於河南及江淮。十八年復置匡、長二州。二十六年還所遷胡戶，置宥州及延恩等縣，其後僑治經略軍。至德二載更郡曰懷德。乾元元年復故名。寶應後廢。元和九年於經略軍復置，距故州東北三百里。十五年徙治長澤，為吐蕃所破。長慶四年，節度使李祐復奏置。土貢：氈。戶七千八十三，口三萬二千六百五十二。縣二。延恩 中。開元二十六年以故匡州地置。又以故塞門縣地置懷德縣，以故蘭州之長泉縣地置歸仁縣。寶應後皆省。元和九年復置延恩。有經略軍，在榆多勒城，天寶中王忠嗣奏置。長澤 中下。本隸夏州，貞觀七年置長州，十三年州廢，隸夏州。元和十五年來屬。有胡洛鹽池。

麟州新秦郡，下都督府。開元十二年析勝州之連谷、銀城置，十四年廢。天寶元年復置。土貢：青他鹿角。戶二千四百二十八，口萬九百三。縣三。新秦 中。開元二年置，七年又置鐵麟縣，十四年州廢，皆省。天寶元年復置新秦。連谷 中下。貞觀八年以隋連谷戍置。銀城 中下。貞觀二年置，四年隸銀州，八年隸勝州。

勝州榆林郡，下都督府。武德中沒梁師都，師都平，復置。土貢：胡布、青他鹿角、芍藥、徐長卿。戶四千一百八十七，口二萬九百五十二。縣二。有府一，曰榆林。榆林 中下。有隋故榆林宮，東有榆林關，貞觀十三年置。河濱 中下。貞觀三年置，以縣置雲州，四年曰威州，八年州廢來屬。東北有河濱關，貞觀七年置。

豐州九原郡，下都督府。貞觀四年以降突厥戶置，不領縣。十一年州廢，地入靈州。二十三年復置。土貢：白麥、印鹽、野馬胯革、駝毛褐、氈。戶二千八百一十三，口九千六百四十一。縣二。九原 中下。永徽四年置。有陵陽渠，建中三年浚之以溉田，置屯，尋棄之。有咸應、永清二渠，貞元中刺史李景略開，溉田數百頃。永豐 中下。永徽元年置。麟德元年別置豐安縣，天寶末省。東受降城 景雲三年朔方軍總管張仁愿築三受降城。寶曆元年振武節度使張惟清以東城濱河，徙置綏遠烽南。中受降城 有拂雲堆祠。接靈州境有關，元和九年置。又有橫塞軍，本可敦城，天寶八載置，十二載廢。西二百里大同川有天德軍，大同川之西有天安軍，皆天寶十二載置。天德軍乾元後徙屯永濟柵，故大同城也。元和九年宰相李吉甫奏脩復舊城。北有安樂戍。西受降城 開元初為河所圯，十年總管張說於城東別置新城。北三百里有鸊鵜泉。

單于大都護府。本雲中都護府，龍朔三年置。麟德元年更名。土貢：胡女布、野馬胯革。戶二千一百五十五，口六千八百七十七。縣一。金河 中。天寶四年置。本後魏道武所都。有雲伽關，後廢，大和四年復置。

安北大都護府。本燕然都護府，龍朔三年曰瀚海都督府，總章二年更名。開元二年治中受降城，十年徙治豐、勝二州之境，十二年徙治天德軍。土貢：野馬胯革。戶二千六，口七千四百九十八。縣二。陰山 上。天寶元年置。通濟 上。

鎮北大都護府。土貢：犛牛尾。縣二。大同 上。長寧 上。

右關內採訪使以京官領

地理志第二十七

地理志第二十八　　唐書三十八

翰林學士兼龍圖閣學士朝散大夫給事中知制誥充史館脩撰臣歐陽脩奉

敕撰

河南道蓋古豫兗青徐之域漢河南弘農潁川汝南陳留沛泰山濟陰濟南東萊齊山陽東海琅邪北海千乘東郡及梁楚魯東平城陽淮陽菑川高密泗水等國暨平原渤海九江之境洛陝負河而北爲實沈分負河而南號汝許及新鄭之地爲鶉火分鄭汴陳蔡潁爲壽星分宋亳徐宿鄆曹濮爲大火分兗海沂泗爲降婁分青淄密登萊齊棣爲玄枵分滑爲娵訾分濠爲星紀分爲府一州二十九縣百九十六其名山三崤少室砥柱蒙嶧嵩高泰岳其大川伊洛汝潁沂泗淮濟厥賦絹絁緜布厥貢絲布葛席埏埴盎缶

東都隋置武德四年廢貞觀六年號洛陽宮顯慶二年曰東都光宅元年曰神都神龍元年復曰東都天寶元年曰東京上元二年罷京肅宗元年復爲東都皇城長千八百一十七步廣千三百七十八步周四千九百三十一步其崇三丈七尺曲折以象南宮垣名曰太微城宮城在皇城北長千六百二十步廣八百有五步周四千九百二十一步其崇四丈八尺以象北辰藩衛曰紫微城武后號太初宮上陽宮在禁苑之東東接皇城之西南隅上元中置高宗之季常居以聽政都城前直伊闕後據邙山左瀍右澗洛水貫其中以象河漢東西五千六百一十步南北五千四百七十步西連苑北自東城而東二千五百四十步周二萬五千五十步其崇丈有八尺武后號曰金城

河南府河南郡本洛州開元元年爲府土貢文綾繒縠絲葛埏埴盎缶苟杞黃精美果華酸棗戶十九萬四千七百四十六口百一十八萬三千九百二十縣二十有府三十九曰武定復梁康城柏林嵩邑陽樊王陽永嘉郵南慕善政敦業洛伊陽懷音銅城洛汭郟鄩伊川洛泉通谷潁源宜陽金谷王屋成皐夏邑原邑城鎮臺函谷千秋同軌懿德濟溫城臭芙蓉圖鈎臺承雲新驛河南赤垂拱四年析河南洛陽置永昌縣永昌元年更河南曰合宮長安二年省永昌神龍元年復曰河南二年又曰合宮唐隆元年復故名有洛漕新潭大足元年開以置租船門山東抵天津有伊水石堰天寶十載尹裴迥置有瀍水武宗名曰吉水宣宗立復故名洛陽赤天授三年析置來庭縣長安二年省神龍二年省永昌年更洛陽曰永昌唐隆元年復故名偃師畿天寶七載尹韋濟以北城道迂自縣東山下開新道通孝義橋西北有故富平津河陽故關鞏畿有洛口倉緱氏次赤貞觀十八年省上元二年復置有恭陵有和陵在太平山李懊來山天祐元年更名東南有轘轅故關陽城畿武德四年王世充僞令王雄來降以陽城嵩陽置嵩州又析三縣地置康城縣貞觀三年州廢省康城萬歲登封元年將封嵩山改陽城曰告成神龍元年復故名二年復爲告成天祐二年更名陽邑有測景臺開元十一年詔太史監南宮說刻石表焉登封畿本嵩陽貞觀十七年省入陽城永淳元年營奉天宮分陽城緱氏復置二年省光宅元年復置萬歲登封元年更名神龍元年曰嵩陽二年復曰登封嵩高山有中岳祠有少室山有三陽宮聖曆三年置陸

渾（畿有禍阜山有漢故關）伊闕（畿北有伊闕故關有陸渾山一名方山）新安（畿義寧二年以縣置新安郡武德元年曰穀州以熊州之澠池隸之并析置東垣縣四年省東垣貞觀元年來屬有長石山）澠池（畿貞觀元年徙穀州來治西五里有紫桂宮儀鳳二年置調露二年曰避暑宮永淳元年曰芳桂宮弘道元年廢）福昌（畿本宜陽義寧二年以宜陽澠池永寧置宜陽郡武德元年曰熊州二年更宜陽曰福昌因隋宮爲名四年以洛州之壽安隸之貞觀元年州廢以福昌永寧二縣隸穀州六年徙穀州來治八年以穀州之長水隸之顯慶二年州廢以福昌永寧長水來屬西十七里有蘭昌宮有故隋福昌宮顯慶三年復置有女几山）長水（畿本長淵隸弘農郡義寧元年更名武德元年隸虢州貞觀八年隸穀州顯慶二年來屬有錫西有高門關松陽故關驚嶋故關）永寧（畿本熊耳義寧二年更名隸宜陽郡武德三年以永寧崤置函州八年州廢以永寧隸熊州崤隸陝州西五里有崎岫宮西三十三里有蘭峯宮皆顯慶三年置）壽安（畿初隸穀州貞觀七年來屬西二十九里有連昌宮顯慶三年置西南四十里萬安山有興泰宮長安四年置并析置興泰縣神龍元年省有錦屏山武后所名）密（畿武德三年以縣置密州并置零水洧源二縣四年州廢省零水洧源以密隸鄭州龍朔二年來屬有邘山）河清（畿本大基武德二年置隸懷州八年省咸亨四年析河南洛陽新安王屋濟源河陽復置并置栢崖縣尋省栢崖先天元年更名會昌三年隸孟州尋還屬後廢咸通中復置有栢崖倉）潁陽（畿本武林載初元年析河南伊闕嵩陽置開元十五年更名西北有大谷故關倚落山有鍾乳貞觀七年采）伊陽（畿先天元年析陸渾置有太和山有銀銅錫伊水有金）王屋（畿武德元年更名邵伯隸邵州貞觀元年州廢隸懷州顯慶二年復故名來屬有王屋山）

汝州臨汝郡雄本伊州襄城郡貞觀八年更州名天寶元年更郡名土貢絁戶六萬九千三百七十四口二十七萬三千七百五十縣七（有府四曰龍興魯陽梁川郟城）梁（望本承休又有梁縣在西南四十五里貞觀元年省梁更承休曰梁西南五十里有溫湯可以熟米又有黃女湯高宗置溫泉頓有石樓山永仁山）郟城（緊）魯山（上王世充置魯州武德四年廢復以魯山滍陽復置魯州貞觀九年州廢省滍陽以魯山來屬有堯山有鐵有漢故關）葉（緊本隸許州武德四年以縣置葉州五年州廢隸北澧州貞觀八年隸魯州州廢隸許州開元三年以葉襄城及唐州之方城豫州之西平許州之郾陽置仙州二十六年州廢縣還故屬未幾以葉來屬大曆四年復以葉襄城置仙州又析置仙鳧縣以許州之舞陽豫州之西平唐州之方城隸之五年州廢省仙鳧縣皆還故屬有黃城山白石山）襄城（望武德元年以縣置汝州并置汝墳期城二縣貞觀元年州廢省汝墳期城以襄城隸許州開元二十六年來屬二十八年還隸許州天寶七載復來屬）龍興（上本滍陽武德四年置貞觀元年省聖曆元年析郟城魯山復置曰武興神龍元年更名中興尋又更名）臨汝（上先天元年置有清暑宮在鳴皋山南貞觀中置）

右都畿採訪使治東都城內

陝州陝郡大都督府雄本弘農郡義寧元年置武德元年曰陝州三年兼置南韓州四年廢南韓州天寶元年更郡名天祐元年爲興唐府縣次畿赤哀帝初復故土貢𧊂麥栝蔞栢實戶二萬九百五十八口十七萬三百三十八縣六（有府十五曰曹陽崇樂華望安城桃林夏臺萬歲安武河北忠孝上陽底柱夏川）陝（望有大陽故關即茅津一曰陝津貞觀十一年造浮梁有南北利人渠南渠貞觀十一年太宗東幸使武候將軍丘行恭開有陝城宮有廣濟渠武德元年陝東道大行臺金部郎中長孫操所開引水入城以代井汲有太原倉有峴山）峽石（上本崤義寧二年省武德元年復置貞觀十四年移治峽石塢因更名有底柱山山有三門河所經太宗勒銘有繡嶺宮顯慶三年置東有神雀臺天寶二年以赤雀見置）靈寶（望本桃林義寧元年隸虢郡武德元年來屬天寶元年獲寶符于縣南古函谷關因更名有洹津義寧元年置關貞觀元年廢關置津有桃源宮武德元年置）夏（望本隸虞州貞觀十七年隸絳州大足元年來屬尋還隸絳州乾元三年復來屬）芮城（望武德二年以芮城河北永樂置芮州貞觀元年州廢以永樂隸鼎州芮城河北來屬）平陸（望本河北隸蒲州貞觀元年來屬天寶元年太守李齊物開三門以利漕運得古刃有篆文曰平陸因更名三門西有鹽倉東有集津倉有瑟瑟穴有銀穴三十四銅穴四十八在晉安金三谿五岡分雲等山）

虢州弘農郡雄本虢郡治盧氏義寧元年析隋弘農郡三縣置貞觀八年徙治弘農天寶元年更郡名土貢絁瓦硯麝地骨皮梨戶二萬八千二百四十九口八萬八千八百四十五縣六（有府四曰鼎湖全節金明開方）弘農（緊本隋弘農郡義寧元年曰鳳林領弘農閿鄉湖城武德元年曰鼎州因鼎湖爲名貞觀八年州廢縣皆來屬神龍初避孝敬皇帝諱曰恒農開元十六年復故名南七里有渠貞觀元年令元伯武引水北流入城）閿鄉（望貞觀元年來屬有潼關大谷關武德二年廢有鳳陵關貞觀元年廢有軒遊宮故隋別院宮咸亨五年更名）湖城（望義寧元年置乾元三年更名天平大曆四年復舊有故隋上陽宮貞觀初置咸亨元年廢縣東故道濵河不井汲馬多渴死天寶八載館驛使御史中丞宋渾開新路自稠桑西由晉王斜有熊耳山覆釜山一名荊山）朱陽（上龍朔元年隸商州萬歲通天二年隸洛州後來屬有鐵）王城（上義寧元年置）盧氏（上武德元年置南有朱陽關武德八年廢）

滑州靈昌郡望本東郡天寶元年更名土貢方紋綾紗絹藨席酸棗人戶七萬一千九百八十三口四十二萬二千七百九縣七（有宣義軍大曆七年置本永平十四年徙屯燕州興元元年復還貞元元年曰義成軍光啓二年更名）白馬（望）衛南（緊）匡城（望有長垣縣貞觀八年省）韋城（望王世充置燕州僞刺史單宗來降復爲縣）胙城（緊武德二年置胙州并置南燕縣四年州廢省南燕以胙城來屬）酸棗（望本隸東梁州武德三年析酸棗胙城置守節縣四年省貞觀八年州廢來屬）靈昌（緊王世充置興州世充平廢）

鄭州滎陽郡雄武德四年置治虎牢城貞觀七年徙治管城土貢絹龍莎戶七萬六千六百九十四口三十六萬七千八百八十一縣七管城（望武德四年以管城中牟原武陽武新鄭置管州并置須水清池二縣貞觀元年州廢省須水清池以管城原武陽武新鄭來屬有僕射陂後魏孝文帝賜僕射李沖因以爲名天寶六載更名廣仁池禁漁採）滎陽（上天授二年析置武泰縣隸洛州尋省更滎陽曰武泰萬歲通天元年復爲滎陽又別置武泰縣二年省更滎陽曰武泰神龍元年復故名二年來屬）滎澤（望）原武（緊本原陵唐初更名復漢舊）陽武（望本原武故武德四年置）新鄭（望）中牟（緊本圃田武德三年更名以縣置牟州四年州廢隸管州貞觀元年隸汴州龍朔二年來屬）

潁州汝陰郡上本信州武德四年置六年更名土貢絁綿糟白魚戶三萬七百七口二十萬二千八百九十縣四汝陰（緊武德初有永安高唐永樂清丘潁陽等縣六年省永安高唐永樂貞觀元年省清丘潁陽皆入汝陰南三十五里有椒陂塘引潤水溉田二百頃永徽中刺史柳寶積修）潁上（上）下蔡（上武德四年置渦州八年州廢西北百二十里有大崇陂八十里有雞陂六十里有黃陂東北八十里有湄陂皆隋末廢唐復之溉田數百頃）

沈丘中本郟州領沈丘宛丘唐初州廢以宛丘隸陳州沈丘來屬後省沈丘入汝陰神龍二年復置

許州潁川郡望土貢絹薦席柹戶七萬三千三百四十七口四十八萬七千八百六十四縣九長社望本潁川隸汴州武德四年更名來屬州又領黃臺潁陰[illegible]三縣貞觀元年省入焉繞州郭有堤塘百八十里節度使高瑀立以溉田長葛緊有小陘山陽翟本[illegible]初隸嵩州貞觀元年來屬龍朔二年隸洛州會昌三年復來屬有具茨山許昌上鄢陵上扶溝望武德四年以縣置北陳州是年州廢隸洧州臨潁上貞觀元年省繁昌縣入焉有講武臺本尚書臺馬融講書之地顯慶二年高宗大閱于此更名舞陽上本北舞隸道州貞觀元年來屬尋廢開元四年復置更名有鐵郾城望武德四年以郾城郾陵北舞西平置道州貞觀元年州廢省郾陵西平入郾城隸蔡州建中二年以郾城臨潁陳州之溵水置溵州貞元二年州廢縣還故屬元和十二年復以郾城上蔡西平遂平置溵州長慶元年州廢縣還隸蔡州是年以郾城來屬

陳州淮陽郡上土貢絹戶六萬六千四百四十二口四十萬二千四百八十六縣六有忠武軍貞元元年置于許州天復元年徙屯宛丘緊武德元年析置新平縣八年省太康緊貞觀元年省扶樂縣入焉項城上武德四年置以項城鮦陽南頓溵水置沈州并置潁東縣貞觀元年州廢省潁東入項城以溵水來屬溵水上建中二年隸溵州興元二年州廢來屬南頓上武德六年省入項城證聖元年復置曰光武以縣有光武祠名景雲元年復故名西華上武德元年更名箕城貞觀元年省入宛丘長壽元年復置曰武城神龍元年又曰箕城景雲元年復故名有鄧門廢陂神龍中令張餘慶復開引潁水溉田

蔡州汝南郡緊本豫州寶應元年更名土貢珉玉棊子四窠雲花龜甲雙距溪鶒等綾戶八萬七百六十一口四十六萬二百五縣十汝陽緊貞元七年析汝陽朗山上蔡吳房置汝南縣元和十三年省朗山上本隸北朗州貞觀元年隸蔡州遂平上本吳房貞觀元年省八年復置元和十二年更名權隸唐州長慶元年復來屬上蔡緊新蔡中武德四年以新蔡褒信舒城置舒州貞觀元年州廢省舒城入沈丘褒信中天祐中更曰包孚新息上武德四年以縣置息州并置淮川長陵二縣貞觀元年州廢省淮川入真陽長陵入褒信以新息來屬有珉玉坑歲出貢玉西北五十里有隋故玉梁渠開元中令薛務增濬溉田三千餘頃真陽上義寧元年曰淮陽神龍元年復故名平輿中王世充置輿州武德七年州廢貞觀元年省入新蔡天授二年復置西平上武德初置貞觀元年省天授二年分郾城復置尋又廢開元四年復置

汴州陳留郡雄武德四年以鄭州之浚儀開封滑州之封丘置土貢絹戶十萬九千八百七十六口五十七萬七千五百七縣六有宣武軍建中二年置于宋州興元元年徙屯浚儀望故縣陷李密縣民王要漢率豪族置縣自為令高祖因之復置汴州并置小黃新里二縣貞觀元年省二縣開封望貞觀元年省入浚儀延和元年析浚儀尉氏復置有湛渠載初元年引汴注白溝以通曹兗賦租有福源池本蓬池天寶六載更名禁漁採尉氏望本隸潁川郡王世充置尉州武德四年廢以尉氏扶溝鄢陵置洧州并置康陰新汲宛陵歸化四縣貞觀元年州廢省康陰宛陵新汲歸化以扶溝鄢陵隸許州尉氏來屬封丘緊雍丘望本隸梁郡武德四年以雍丘陳留圉城襄邑外黃濟陽置杞州貞觀元年州廢省圉城濟陽外黃以襄邑隸宋州雍丘陳留來屬陳留緊武德四年置有觀省陂貞觀十年令劉雅決水溉田百頃

宋州睢陽郡望本梁郡天寶元年更名土貢絹戶十二萬四千二百六十八口八十九萬七千四十一縣十宋城望本隸杞州貞觀九年來屬寧陵緊下邑上穀熟上隋末縣民劉[illegible]叔據之武德二年置南亳州授以刺史四年州廢楚丘緊柘城緊貞觀元年省入寧陵穀熟永淳元年復置碭山上光化二年朱全忠以碭山虞城單父曹州之成武表置輝州三年置崇德軍單父緊光化三年徙輝州來治虞城上武德四年置東虞州五年州廢

亳州譙郡望本譙州貞觀八年更名土貢絹戶八萬八千九百六十口六十七萬五千一百二十一縣七譙緊酇上本隸沛郡武德四年來屬城父上王世充置成州世充平廢武德三年於谷丘保置文州并置穀城縣四年州廢爲文城縣七年省入城父天祐二年更名焦夷鹿邑上大業十三年縣民田黑社盜據號渦州武德三年來降復爲縣真源望本谷陽乾封元年更名載初元年曰仙源神龍元年復曰真源有老子祠天寶二年曰太清宮又有洞霄宮先天太后祠也永城上蒙城上本山桑天寶元年更名

徐州彭城郡緊土貢雙絲綾絹紬布刀錯紫石戶六萬五千一百七十口四十七萬八千六百七十六縣七彭城望秋丘治有鐵蕭上豐上沛上武德五年置滕上宿遷上本宿預隸泗州寶應元年更名來屬下邳上武德四年以下邳郯良城置邳州貞觀元年州廢省郯良城以下邳隸泗州又省泗州之淮陽入焉元和四年來屬

泗州臨淮郡上本下邳郡治宿預開元二十三年徙治臨淮天寶元年更郡名土貢錦貲布戶三萬七千五百二十六口二十萬五千九百五十九縣四臨淮緊長安四年析徐城置漣水上武德四年以縣置漣州并置金城縣貞觀元年州廢省金城以漣水來屬總章元年隸楚州咸亨五年復故有新漕渠南通淮垂拱四年開以通海沂密等州盱眙緊武德四年以縣置西楚州八年州廢隸楚州光宅初曰建中後復故名建中二年來屬有直河太極元年敕使魏景清引淮水至黃土岡以通揚州徐城中

濠州鍾離郡上濠字初作豪元和三年改從濠土貢絁絲布雲母戶二萬一千八百六十四口十三萬八千三百六十一縣三鍾離緊武德七年省塗山縣入焉南有故千人塘乾封中修以溉田有塗山定遠緊本臨濠武德三年更名招義上本化明武德二年析置睢陵縣三年更化明曰招義四年省睢陵大業末縣民馬薄據號化州後揚益德殺薄自號刺史又置齊陰縣是年來降貞觀元年廢化州省齊陰

宿州上元和四年析徐州之苻離蘄泗州之虹置大和三年州廢七年復置初治虹後徙治苻離土貢絹縣四苻離武德四年置貞觀元年省徐州之諸陽入焉有西句山一曰石城東北九十里有隋故渒湖堤灌田五百餘頃顯慶中復脩虹中本夏丘武德四年以夏丘穀陽置仁州又析夏丘置虹及龍亢二縣六年省夏丘貞觀八年州廢省龍亢以虹隸泗州穀陽隸北譙州有銅有廣濟新渠開元二十七年採訪使齊澣開自虹至淮陰北十八里入淮以便漕運既成湍急不可行遂廢蘄上顯慶元年省穀陽入焉臨渙緊武德四年以臨渙永城山桑蘄置北譙州貞觀八年增領穀陽十七年州廢以臨渙永城山桑隸亳州穀陽蘄隸徐州元和後來屬

鄆州東平郡緊本治鄆城貞觀八年徙治須昌土貢絹防風戶八萬三千四十八口五十萬一千五百九縣九須昌望貞觀八年省宿城縣入焉景龍三年復置宿城縣貞元四年曰東平大和四年曰天平六年省入須昌壽張緊武德四年以縣置壽州并置壽良縣五年州廢省壽良以壽張來屬有梁山鄆城緊天祐二年曰萬安鉅野望武德四年以縣置麟州五年州廢隸鄆州貞觀元年省乘丘縣入焉後隸戴州州廢來屬盧緊本濟州武德四年析東平郡置濟北郡天寶元年更名濟陽郡領盧平陰長清東阿陽穀范六縣又置昌城濟北穀城孝感冀丘美政六縣六年省美政孝感穀城冀丘昌城八年以范隸濮州貞觀元年省濟北天寶十三載郡廢以長清隸齊州以盧平陰東阿陽穀來屬北有碻磝津故關平陰緊大和六年省入盧東阿開成二年復置有龍山東阿緊陽穀上中都上本平陸隸兗州天寶元年更名貞元十四年來屬

齊州濟南郡上本齊郡天寶元年更名臨淄五載又更名土貢絲葛絹綿防風滑石雲母戶六萬二千四百八十五口三十六萬五千九百七十二縣六歷城上有華不注山有鐵章丘上武德二年縣民李義滿以縣來降於平陵置譚州并置平陵縣以章丘亭山營城臨邑隸之八年省營城入平陵又領臨濟鄒平貞觀元年州廢以平陵亭山章丘臨邑臨濟來屬鄒平隸淄州十七年齊王祐反平陵人不從因更名全節元和十五年省全節入歷城省亭山入章丘有大胡山長白山臨邑上元和十三年析德州之安德置歸化縣隸德州大和二年來屬四年省入臨邑北有鹿角故關臨濟上武德元年以臨濟鄒平長山高苑蒲臺置鄒州八年州廢以長山高苑滄州之蒲臺隸淄州長清中本隸濟州貞觀十七年來屬武德元年析置山茌縣天寶元年曰豐齊元和十年省有牛山西南有四口關武德中廢禹城上本祝阿貞觀元年省源陽縣入焉天寶元年更名

曹州濟陰郡上土貢絹綿大蛇粟葶藶戶十萬三百五十二口七十一萬六千八百四十八縣六濟陰緊武德四年析置蒙澤縣貞觀元年及定陶省入焉考城上武德四年以縣置東梁州五年州廢來屬元和十四年權隸宋州尋復故冤句上武德四年析置濟陽縣隸杞州貞觀元年省乘氏上武德四年置陽晉縣尋省南華上本離狐天寶元年更名成武緊武德四年以成武及宋州之單父楚丘置戴州并置高郷鄒城三縣尋省高郷鄒金城入單父貞觀十七年州廢以成武來屬光化二年朱全忠表隸輝州

濮州濮陽郡上武德四年置土貢絹犬戶五萬七千七百八十二口四十萬六百四十八縣五鄄城緊武德四年析置永定縣八年省北有靈津關濮陽緊武德四年析置昆吾縣五年省范上武德二年以縣置范州五年州廢隸濟州貞觀八年來屬雷澤上武德四年析置臨濮縣八年省臨濮緊武德四年析雷澤置并置長城安丘二縣五年省長城安丘

青州北海郡望土貢仙紋綾絲棗紅藍紫草戶七萬三千一百四十八口四十萬二千七百四縣七益都望臨淄緊武德八年省時水縣入焉千乘緊武德二年以千乘博昌壽光置乘州并置新河縣六年省新河八年州廢縣來屬博昌上武德八年省樂安安平二縣入焉有壘山壽光緊武德二年置臨朐上武德五年置八年省般陽縣入焉北海緊唐初營丘民汲嗣李卿人拒賊權置杞州武德二年復為營丘縣是年以北海營丘下密置濰州又置連永平壽華池城都東陽寒水營丘濰水汶陽膠東華宛昌安城平十三縣六年皆省八年州廢省營丘下密入北海來屬長安中令竇琰於故營丘城東北穿渠引白浪水曲折三十里以溉田號竇公渠

淄州淄川郡上武德元年析齊州之淄川置土貢防風理石戶四萬二千七百三十七口二十三萬三千八百二十一縣四淄川上武德元年析置長白縣六年省有鐵長山上高苑上景龍元年析置濟陽縣元和十五年省南有八會津鄒平上武德元年置

登州東牟郡中都督府如意元年以萊州之牟平黃文登置神龍三年徙治蓬萊土貢貲布水葱席石器文蛤牛黃戶二萬二千二百九十八口十萬八千九縣四有平海軍本東牟守捉蓬萊本黃神龍三年更名有銀山龍山牟平中武德四年以牟平黃置牟州六年以登州之觀隸萊州麟德元年析文登復置牟平來屬有之罘山文登上武德四年置登州以東萊郡之觀陽隸之六年析置清陽廓定二縣及州廢省清陽廓定以文登來屬有成山黃中先天元年析蓬萊別置有萊山

萊州東萊郡中土貢貲布水葱席石器文蛤牛黃戶二萬六千九百九十八口十七萬一千五百一十六縣四有東萊守捉亦曰團結營又有蓬萊鎮丘亦曰撿獲營掖上貞觀元年省曲城當利曲臺三縣入焉有東海祠有鹽井二昌陽上貞觀元年省盧鄉縣入焉有鐵東百四十里有黃銀坑貞觀初得之膠水中貞觀元年省膠東縣入焉有鹽即墨中有馬山中祠山女姑山東南有堰貞觀十年令仇源築以防淮涉水有鹽

棣州樂安郡上武德四年析滄州之陽信滴河樂陵厭次置八年州廢縣還隸滄州貞觀十七年復以滄州之厭次德州之滴河陽信置土貢絹戶三萬九千一百五十口二十三萬八千一百五十九縣五厭次上貞觀元年隸德州滴河中貞觀元年隸德州陽信望貞觀元年省八年復置蒲臺緊本隸淄州貞觀六年省入高苑七年復置景龍元年來屬渤海緊垂拱四年析蒲臺厭次置有鹽

兗州魯郡上都督府土貢鏡花綾雙距綾絹雲母防風紫石戶八萬七千九百八十七口五十八萬六百八縣十瑕丘上曲阜緊貞觀元年省八年復置乾封上本博城武德五年以博城梁父嬴置東泰州并置肥城岱山二縣貞觀元年州廢省梁父嬴肥城岱山入博城來屬乾封元年更名乾封總章元年又曰博城神龍元年復曰乾封有泰山有東岳祠有梁父山亭亭山奕奕山云云山社首山肅然山石閭山蒿里山泗水上鄒上有嶧山任城緊龔丘中金鄉望武德四年以金鄉方與置金州五年州廢縣隸戴州徙戴州來治仍析金鄉置昌邑縣八年省昌邑貞觀元年以單父楚丘隸宋州成武隸曹州鉅野隸鄆州魚臺上本方與寶應元年更名元和十四年權隸徐州尋復故萊蕪中本隸淄州武德六年省入博城長安四年以廢嬴縣復置元和十五年省入乾封大和元年復置有鐵冶十三有銅冶十八銅坑四有錫西北十五里有普濟渠開元六年令趙建盛開

海州東海郡上土貢綾楚布紫菜戶二萬八千五百四十九口十

八萬四千九縣四胊山上武德四年析州境置龍沮曲陽利城厚丘新樂五縣六年改新樂曰祝其八年省龍沮曲陽
入朐山利城祝其入懷仁厚丘入沭陽東二十里有永安堤北接山環城長十里以捍海潮開元十四年刺史杜令昭築東海上武德四年以
縣置環州并置青山石城贛榆三縣八年州廢省青山石城贛榆以東海來屬沭陽中總章元年隸泗州咸亨五年復故懷仁中
沂州琅邪郡上土貢紫石鍾乳戶三萬三千五百一十口十九萬
五千七百三十七縣五臨沂上武德四年析置蘭山臨沂昌樂三縣六年皆省費上貞觀元年省顓臾縣入
焉承上本蘭陵武德四年以縣置鄫州更名別置蘭陵鄫城二縣貞觀元年州廢省蘭陵鄫城以承來屬有鐵有陂十三溉田皆貞觀以來築
沂水上武德五年以沂水新泰莒置莒州貞觀八年州廢以莒隸密州沂水新泰來屬有銅有沂山龍山北有穆陵關新泰上有蒙山
密州高密郡上土貢貲布海蛤牛黃戶二萬八千二百九十二口
十四萬六千五百二十四縣四諸城上有鹽輔唐上本安丘武德六年省郚城縣入焉乾元
二年更名高密上武德三年置六年省膠西縣入焉莒上有鹽
右河南採訪使治汴州

地理志第二十八

地理志第二十九　唐書三十九

翰林學士兼龍圖閣學士朝散大夫給事中知制誥充史館脩撰臣歐陽脩奉
敕撰

河東道蓋古冀州之域漢河東太原上黨西河鴈門代郡及鉅鹿
常山趙國廣平國之地河中絳晉慈隰石太原汾忻路澤沁遼為
實沈分代雲朔蔚武新嵐憲為大梁分為府二州十九縣百一十
其名山雷首介霍五臺其大川汾沁丹潞厥賦布繭厥貢布席豹
尾熊鞹鵰羽

河中府河東郡赤本蒲州上輔義寧元年治桑泉武德三年徙治
河東開元八年置中都為府是年罷都復為州乾元三年復為府
土貢氈麴扇龍骨棗鳳棲梨戶七萬八百口四十六萬九千二百
一十三縣十三有府三十三曰興樂德義胡壁龍亭清源永和陶城霍山水首陽壽貴歸仁長渠虞城通化寶鼎臨海濟大陽
秦信永興右威汾陰甘泉平川安保石門綏化壇道安邑宗義六軍又有耀德軍乾元二年置廣德二年廢河東次赤有方戍河以蒲
三年置貞觀十年廢南有風陵關聖曆元年置有歷山河西次赤開元八年析河東置乾元三同州之朝邑曰河西來屬大曆五年復

州析朝邑河東別置有蒲津關一名蒲坂開元十二年鑄八牛牛有一人策之牛下有山皆鐵也夾岸以維浮梁十五年自朝邑徙河瀆祠于此臨晉
次畿本桑泉武德三年析置溫泉縣九年省天寶十三載更名解次畿本虞鄉武德元年更名貞觀十七年省以地入虞鄉二十二年復置有鹽池又有
女鹽池有紫泉監乾元元年置有銅穴十二猗氏次畿有孤山虞鄉次畿武德元年別置貞觀二十省以地入解天授二年復置北
里有涑水渠貞觀十七年刺史薛萬徹自聞喜引涑水下入臨晉永樂次畿武德元年置本隸芮州鼎州貞觀八年來屬後又隸虢州
神龍元年復故有雷首山安邑次畿義寧元年以安邑虞鄉夏置安邑郡武德元年曰又析置桐鄉縣三年析安邑置興樂縣貞觀元年省十
州廢省桐鄉入聞喜以安邑解來屬至德二載更安邑曰虞邑乾元元年州大曆四年復故名元和三年來屬有龍池宮開元八年置有鹽池與解
池大曆十二年生乳鹽賜名寶應慶靈池有銀監寶鼎次畿本汾陰義寧元年以汾陰龍門置郡武德元年曰泰州州廢來屬開元十
寶鼎更名有后土祠襄陵緊本隸晉州元和十四年隸絳州大和元年來屬稷山上本隸絳州唐來屬有稷山萬泉
州武德三年析稷山安邑猗氏汾陰龍門置州廢隸絳州大順二年來屬有介山龍門次畿武德二年徙泰州來年析置萬春縣貞觀十七
廢省萬春入龍門隸絳州元和初來屬有龍門關有高祖廟貞觀中置北里有瓜谷山堰貞觀十年築東南二十三里有十石壚渠二十三年縣令長
恕鑿溉田良沃畝收十石西二十一里有馬鞍塢渠亦恕所鑿有龍門倉開元二年置

晉州平陽郡望本臨汾郡義寧二年更名土貢蠟燭有平陽院
官戶六萬四千八百三十六口四十二萬九千二百二十一縣八
有府十五曰神山平陽豐寧罷城安信萬安益昌英臺岳陽仁壽高陽臨汾晉安白澗高華仁德臨汾望東北十里有高堰武德中引高梁水

溉田八百金泊貞觀十三年為水所壞永徽二年刺史李寬自東二十五里夏柴堰引潏水溉田令陶善鼎復治百金泊亦引潏水溉田乾封二年堰壞乃西引晉水有姑射山 洪洞 望本楊義寧二年更名武德元年析洪洞臨汾置西河縣貞觀十七年省入臨汾 神山 中本浮山武德二年析襄陵置東南有羊角山四年以老子祠更名 岳陽 中東有府城關有鐵 霍邑 上義寧元年以霍邑趙城汾西靈石置霍山郡武德元年曰呂州貞觀十七年州廢以靈石隸汾州霍邑趙城汾西來屬有西北嶺霍山祠 趙城 上義寧元年析霍邑置 汾西 中有鐵 冀氏 中

絳州絳郡雄土貢白穀粱米梨墨蠟燭防風戶八萬二千二百四口五十一萬七千三百三十一縣七 有府三十三曰新田大平正平武城長社大鄉垣城涑川絳川甚柘鳳亭延光平原高涼神泉桐鄉萬泉翼城皮氏董澤零原石池延福永康景山周陽夏壺古亭崇德絳邑長平武陽蒲邑 正平 望西有武平故關 太平 緊有太平關貞觀七年置 曲沃 望東北三十五里有新絳渠永徽元年令崔翳引古堆水溉田百餘頃南十三里山有銅 翼城 望義寧元年以翼城絳置翼城郡并置小鄉縣武德元年曰澮州二年曰北澮州四年州廢縣皆來屬九年省小鄉入翼城天祐二年更曰澮川有銅源鐵坊有澮高山有銅有鐵 絳 望有鐵 聞喜 望武德元年置有銅冶東南三十五里有沙渠儀鳳二年詔引中條山水于南坡下西流經十六里溉涑陰田 垣 上義寧元年以垣王屋置邵原郡又置清廉亳城二縣武德元年曰邵州二年置長泉縣是年以長泉隸懷州後省五年省亳城入垣貞觀元年州廢省清廉入垣來屬龍朔二年隸洛州長安二年復舊貞元三年隸陝州元和三年復舊

慈州文城郡下本汾州武德五年曰南汾州貞觀八年更名土貢白蜜蠟燭戶萬一千六百一十六口六萬二千四百八十六縣五 有府三曰仵城吉昌平昌 吉昌 中有鐵 文城 中天祐中更曰屈邑有孟門山石鼓山 昌寧 中有鐵 呂香 中本平昌義寧元年析仵城置貞觀元年更名 仵城 中有礬山

隰州大寧郡下本龍泉郡天寶元年更名土貢胡女布蜜蠟燭戶萬九千四百五十五口十三萬四千四百二十縣六 有府六曰隰川大義孝敬脩善王城屈產 隰川 中 蒲 中武德二年以縣置昌州并置仵城常安昌原三縣貞觀元年州廢省昌原仵城常安以蒲來屬西南有常安原 大寧 中本仵城武德二年更名是年置中州并置大義白龍二縣貞觀元年州廢省大義白龍以大寧來屬有孔山西有馬鬬關 永和 中武德二年置東和州六年析置樓山縣貞觀二年州廢省樓山以永和來屬西北有永和關 石樓 中武德二年以縣置西德州并置長壽臨河二縣貞觀元年州廢省長壽臨河以石樓隸東和州州廢來屬北有上平津 溫泉 中武德三年置北溫州并置新城高唐二縣貞觀元年州廢省新城高唐以溫泉來屬有鐵

北都天授元年置神龍元年罷開元十一年復置天寶元年曰北京上元二年罷肅宗元年復為北都 晉陽宮在都之西北宮城周二千五百二十步崇四丈八尺都城左汾右晉潛丘在中長四千三百二十一步廣三千一百二十二步周萬五千一百五十三步其崇四丈汾東曰東城貞觀十一年長史李勣築兩城之間有中城武后時築以合東城宮南有大明城故宮城也宮城東有起義堂倉城中有受瑞壇唐初高祖使子元吉留守獲瑞石有文曰李淵萬吉築壇祠以少牢

太原府太原郡本并州開元十一年為府土貢銅鏡鐵鏡馬鞍梨蒲萄酒及煎玉粉屑龍骨柏實人蔘礬石礜石戶十二萬八千九百五口七十七萬八千二百七十八縣十三 有府十八曰興政復化寧靜洞渦五泉昌寧志節汾陽靜智信量晉原聞陽清定豐川竹馬懷胡西胡文谷城中有天兵軍開元十一年發 太原 赤井苦不可飲貞觀中長史李勣架汾引晉水入東城以甘民食謂之晉渠 晉陽 赤有號令堂高祖誓義師於此西北十五里有講武臺飛閣顯慶五年築有龍山 太谷 畿武德三年以太谷祁置太州六年州廢二縣來屬東南八十里馬嶺上有長城自平城至于晉口三百里貞觀元年廢 祁 畿 文水 畿武德三年隸汾州六年來屬七年又隸汾州貞觀元年復舊天授元年更名武興神龍元年復故名西北二十里有柵城渠貞觀三年民相率引文谷水溉田數百頃西十里有常渠武德二年汾州刺史蕭顗引文水南流入汾州東北五十里有甘泉渠二十五里有蕩沙渠二十里有靈長渠有千畝渠俱引文谷水傳溉田數千頃皆開元二年令戴謙所鑿 榆次 畿 盂 畿武德三年以盂受陽置受州貞觀元年省并州之烏河縣入焉有銅有鐵東北有白馬故關 壽陽 畿本受陽武德六年徙受州來治又以遼州之石艾樂平隸之貞觀八年州廢縣皆來屬十一年更名有方山 樂平 畿 廣陽 畿本石艾天寶元年更名東有井陘故關東北有葦澤故關 清源 畿武德元年置 交城 畿先天二年析置靈川縣開元二年省有鐵 陽曲 畿本陽直武德三年析置汾陽縣七年省陽直更汾陽曰陽曲仍析置陽直縣貞觀元年省六年以燕然部落置燕然縣隸順州八年為治陽曲十七年省有赤塘關天門關

汾州西河郡望本浩州武德三年更名土貢絳葦面龍鬚席石膏消石戶五萬九千四百五十口三十二萬二百三十縣五 有府十二曰嘉善六壁宗德華夏靈扶五析京陵介休賈胡寧固開遠清勝 西河 望本隰城肅宗上元元年更名 孝義 望本永安貞觀元年更名有隱泉山 介休 望義寧元年以介休平遙置介休郡武德元年曰介州貞觀元年州廢以二縣來屬有雀鼠谷有介山 平遙 望上有麓臺山 靈石 望有賈胡堡金剛邢唐兵高祖所次西南有陰地關又有長寧關

沁州陽城郡下本義寧郡義寧元年置天寶元年更郡名土貢龍鬚席筮麻戶六千三百八口三萬四千九百六十三縣三 有府二曰延慶安樂 沁源 中武德元年析置招遠縣三年省有棠店關 和川 中義寧元年析沁源置 綿上 中有鐵

遼州樂平郡下武德三年析并州之樂平遼山平城石艾置六年徙治遼山八年曰箕州先天元年避玄宗名曰儀州中和三年復曰遼州土貢人蔘蠟戶九千八百八十二口五萬四千五百八十縣四 有府三曰遼城清谷龍城 遼山 中 榆社 中本隸太原郡義寧元年析上黨之鄉置武德元年隸韓州三年以縣及并州之平城置榆州又析置偃武縣六年州廢省偃武以榆社平城來屬 平城 中 和順 中武德三年析置義興縣六年省

嵐州樓煩郡下本東會州武德六年更名土貢熊鞹麝香戶萬六千七百四十八口八萬四千六縣四 有府一曰嵐山有守捉兵 宜芳 中本嵐城武德四年更名析置豐閏合會二縣五年省豐閏六年省合會 靜樂 中武德四年置管州仍析置汾陽六度二縣五年曰北管州六年州廢省汾陽六度以靜樂

樂來屬有天池祠有管涔山北有樓煩關有隋故汾陽宮合河中本臨泉武德三年曰臨津四年隸東會州九年自太和縣入焉貞觀元年更名三年復
置太和八年又省北有合河關東有蔚汾關嵐谷中長安三年析宜芳置神龍二年省開元十二年復置有岢嵐軍永淳二年以岢嵐鎮爲柵長
安三年爲軍景龍中張仁亶徙其軍於朔方留者號岢嵐守捉隸大同
憲州下本樓煩監牧嵐州刺史領之貞元十五年別置監牧使龍
紀元年李克用表置州領縣三樓煩下玄池下有鐵天池下有[illegible]門關
石州昌化郡下本離石郡天寶元年更名土貢胡女布龍鬚席蜜
蠟燭茲蔞戶萬四千二百九十四口六萬六千九百三十五縣五
有府二曰離石昌化離石中平夷中有孝文山定胡中武德三年置西定州貞觀二年州廢來屬又析置孟門縣七年省西有
孟門關臨泉中本太和武德三年更名置北和州別置太和縣四年以太和隸東會州貞觀三年州廢以臨泉來屬方山中武德二
年以縣置方州三年州廢來屬
忻州定襄郡下本新興郡義寧元年以樓煩郡之秀容置土貢麝
香豹尾戶萬四千八百六口八萬二千三十二縣二有府四曰秀容高城滹源定襄
有守捉兵秀容上貞觀五年以思結部落於縣置俟化州十二年以俟化隸代州後省有繫舟山有鐵定襄上武德四年析
秀容置有石嶺關

代州鴈門郡中都督府土貢麖青碌彩麝香豹尾白鵰羽戶二萬
一千二百八十口十萬三百五十縣五有府三曰五臺東冶鴈門有守捉兵其北有大同軍本大武軍
調露二年曰神武軍天授二年曰平狄軍大足元年復更名其西有天安軍天寶十二載置又有代北軍永泰元年置鴈門上有東陘關西陘關
五臺中栢谷有銀有銅有鐵有五臺山繁畤中亭中有石山門關唐林中本武延證聖元年析五臺崞置唐隆元年更名
雲州雲中郡下都督府貞觀十四年自朔州北定襄城徙治定襄
縣永淳元年爲默啜所破徙其民于朔州開元十八年復置土貢
犛牛尾鵰羽戶三千一百六十九口七千九百三十縣一有雲中守捉
城東有牛皮關雲中中本馬邑郡雲內之恒安鎮武德元年置北恒州七年廢貞觀十四年復置曰定襄縣永淳元年廢開元十八年復置更名有
虜山道青坡道皆出兵路
朔州馬邑郡下本治善陽建中中節度使馬燧徙治馬邑後復故
治土貢白鵰羽豹尾甘草戶五千四百九十三口二萬四千五百
三十三縣二善陽中武德四年省常寧縣入焉馬邑中開元五年析善陽於大同軍城置
蔚州興唐郡下本安邊郡隋鴈門郡之靈丘上谷郡之飛狐縣地
唐初沒突厥武德六年置州并置靈丘飛狐二縣僑治陽曲七年

僑治繁畤八年僑治秀容故北恒州城貞觀五年破突厥復故地
還治靈丘開元初徙治安邊至德二載更郡名復故治土貢熊鞹
豹尾松實戶五千五十二口二萬九百五十八縣三東北有橫野軍乾元元年徙天
成軍合之而廢橫野軍西有清塞軍本清塞守捉城貞元十五年置靈丘中有直谷關其北有孔嶺關有大安鎮飛狐中[illegible]治易州
之遂城還隸蔚州貞觀五年復故地有三河冶有鐵官興唐中本安邊開元十二年置治橫野軍至德二載更名
武州闕領縣一文德
新州闕領縣四永興礬山龍門懷安
潞州上黨郡大都督府土貢貲布人薓石蜜墨戶六萬八千三百
九十一口三十八萬八千六百六十一縣十有府一曰黎[illegible]上黨望有[illegible]宮本飛龍宮
玄宗故第開元十一年置後又更名有瑞閣有五龍山馬駒山壺關上武德四年析上黨置長子緊屯留上有三嵕山潞城上天祐
二年更曰潞子襄垣上武德元年以襄垣黎城涉銅鞮置韓州貞觀十七年州廢縣皆來屬東有井谷故關黎城上天祐二年更
曰黎亭有銅山東有壺口故關涉緊銅鞮上武德三年析置甲水縣隸韓州九年省貞觀十七年隸沁州顯慶四年來屬武鄉中本
鄉武后更名武安神龍元年復故名尋又曰武鄉北有昂車關
澤州高平郡上本長平郡治濩澤武德八年徙治端氏貞觀元年

徙治晉城天寶元年更郡名土貢人薓石英野雞戶二萬七千八
百二十二口十五萬七千九十縣六有府五曰丹川永固安平沁水白澗晉城上本丹川武德
元年置建州三年析丹川置晉城以隸之六年州廢隸蓋州徙蓋州來治九年省丹川蓋城入晉城貞觀元年州廢以晉城高平陵川來屬天祐二年更曰丹
川南有天井關一名太行關端氏中有[illegible]山陵川中陽城中本濩澤天寶元年更名天祐二年更曰濩陽有錫有鐵沁
水中高平上本隋長平郡武德元年曰蓋州領高平丹川陵川三縣并析置蓋城縣以隸之有[illegible]水一曰丹水貞元元年令明[illegible]引入城號甘
泉有省冤谷本殺谷玄宗幸潞州過之因更名北有長平關
右河東採訪使治蒲州
河北道蓋古幽冀二州之境漢河內魏勃海清河平原常山上谷
涿漁陽右北平遼西眞定中山信都河間廣陽等郡國又參有東
郡河東上黨鉅鹿之地孟懷澶衛及魏博相之南境爲娵訾分邢
洺惠貝冀深趙鎮定及魏博相之北境爲大梁分滄景德爲玄枵
分瀛莫幽易涿平嬀檀薊營安東爲析木津分爲州二十九都護
府一縣百七十四其名山林慮白鹿封龍井陘碣石常岳其大川
漳淇呼沱厥賦絲絹綿厥貢羅綾紬紗鳳翮葦席

孟州望建中二年以河南府之河陽河清濟源溫租賦入河陽三城使又以汜水租賦益之會昌三年遂以五縣爲州土貢黃魚鮓縣五有河陽軍建中四年置

河陽望武德四年析懷州之河陽集城溫於河陽宮置盟州八年州廢省集城入河陽隸懷州顯慶二年隸洛州有河陽關有回洛故城有池永徽四年引濟水源之開元中以畜黃魚

汜水望本隸鄭州武德四年析置成皋縣貞觀元年省顯慶二年隸洛州垂拱四年曰廣武神龍元年復故名有虎牢關東南有成皋故關西南有旋門故關有牛口渚西一里伏龜山有昭武廟會昌五年置

河陰望開元二十二年析汜水滎澤武陟置隸河南府領河陰倉會昌三年來屬有梁公堰在河汴間開元二年河南尹李傑因故渠浚之以便漕運

溫望武德四年僞令周仲隱以縣去王世充來降置平州名縣曰李城是年州廢隸懷州顯慶二年隸洛州

濟源望武德二年王世充將丁伯德以縣來降置西濟州又析置漠陽萊川邵原三縣四年州廢省漠陽萊川邵原以濟源隸懷州貞觀元年省懷州之軹縣入焉顯慶二年隸洛州有枋口堰大和五年節度使溫造浚古渠溉濟源河內溫武陟田五千頃有濟瀆祠北海祠西有故軹關

懷州河內郡雄武德二年沒王世充僑治濟源之柏崖城四年世充平還舊治土貢平紗平紬枳殼茶牛膝戶五萬五千三百四十九口三十一萬八千一百二十六縣五有府二曰丹水吳澤

河內望武德三年析置太行忠義紫陵三縣析河陽置穀旦縣四年皆省有太行山有丹水開元十一年更名懷水

武德望本安昌武德二年更名是年置北義州四年州廢來屬北百里有大陘故關在太行山

獲嘉望武德四年以獲嘉武陟脩武新鄉共城置殷州并置博望縣貞觀元年州廢以獲嘉武陟脩武來屬新鄉共城博望隸衛州

武陟望貞觀元年省懷縣入焉

脩武緊武德二年河內民李厚德以獨鹿城來降置陟州并置脩武縣四年徙縣治故脩武更脩武曰武陟別置脩武縣是年州廢隸殷州西北二十里有新河自六眞山下合黃丹泉水南流入吳陂大中年令杜甘闢

魏州魏郡大都督府雄本武陽郡龍朔二年更名冀州咸亨三年復曰魏州天寶元年更郡名土貢花紬綿紬平紬絁絹紫草戶十五萬一千五百九十六口百一十萬九千八百七十三縣十四

貴鄉望有西渠開元二十八年刺史盧暉徙永濟渠自石灰窠引流至城西注魏橋以通江淮之貨

元城望貞觀十七年省入貴鄉聖曆二年復置

魏望武德四年置漳陰縣貞觀元年省入焉

館陶望武德五年以館陶冠氏及博州之堂邑貝州之臨清清水置毛州并析臨清置沙丘縣貞觀元年州廢省清水入冠氏省沙丘入臨清餘縣皆還故屬

冠氏望

莘上武德五年以莘臨黃武陽博州之武水置莘州貞觀元年州廢縣還故屬

朝城緊本武陽貞觀十七年省入臨黃莘永昌元年復置曰武聖開元七年更名元和中隸澶州後復來屬天祐三年更曰武陽又以武陽莘河外地入鄆州

昌樂望武德五年置貞觀十八年省繁水入焉

臨河上武德二年隸黎州貞觀十七年省澶水縣入焉澶水本澶淵避高祖名更州廢隸相州天祐三年來屬

洹水上本隸相州天祐三年來屬

成安上本隸相州天祐二年更名斥丘三年來屬

內黃緊本隸相州武德四年析置繁陽縣隸黎州貞觀元年省天祐三年來屬

宗城望本隸貝州武德四年以宗城經城及冀州之南宮城疆置宗州析經城置府城縣九年州廢省府城入經城省疆入南宮餘縣皆還故屬天祐三年曰廣宗是歲來屬

永濟上本隸貝州大曆七年田承嗣析館陶貝州之臨清置天祐三年來屬

博州博平郡上武德四年以魏州之聊城武水堂邑高唐置土貢綾平紬戶五萬二千六百三十一口四十萬八千二百五十二縣六

聊城緊武德四年析置茌平縣又析魏州之莘置莘亭縣貞觀元年皆省天祐三年更曰聊邑又以聊邑博平高唐武水之河外地入鄆州東南有四口故關

博平上武德三年析置靈泉縣四年省貞觀十七年省博平入聊城天授二年復置

武水上

清平上武德四年置

堂邑上

高唐上長壽二年曰崇武神龍元年復故名

相州鄴郡望本魏郡天寶元年更名土貢紗絹隔布鳳翮席花口瓢知母胡粉戶十萬一千一百四十二口五十九萬一百九十六縣六有昭義軍大曆元年置

安陽緊武德四年省零泉縣五年省相縣入焉西二十里有高平渠刺史李景引安陽水東流溉田入廣潤陂咸亨三年開

鄴緊西五里有金鳳渠引天平渠下流溉田咸亨三年開有鐵

湯陰上本蕩陰武德四年析安陽置并蕩源縣隸衛州六年來屬貞觀元年省更蕩陰曰湯陰

林慮上武德二年以縣置巖州五年州廢來屬有鐵有林慮山

堯城上天祐三年更曰永定北四十五里有萬金渠引漳水入故齊都領渠以溉田咸亨三年開

臨漳上南有菊花渠自鄴引天平渠水溉田屈曲經三十里又北三十里有利物渠自滏陽下入成安并取天平渠水以溉田皆咸亨四年令李仁綽開

衛州汲郡望本治衛貞觀元年徙治汲土貢綾絹綿胡粉戶四萬八千五十六口二十八萬四千六百三十縣五

汲緊武德元年以汲新鄉置義州四年州廢以汲來屬

衛緊貞觀十七年省清淇縣入焉長安三年復置清淇縣神龍元年又省御水有石堰一貞觀十七年築有蘇門山

共城上武德元年以縣置共州并析置凡城縣四年州廢省凡城以共城隸殷州六年省博望縣入焉有白鹿山

新鄉望東北有故鄘城清關東南有故延津關

黎陽上武德二年以縣置黎州尋沒竇建德四年建德平復以黎陽臨河內黃澶水魏州之觀城頓丘相州之蕩陰置是年以頓丘觀城還隸魏州蕩陰還隸相州貞觀十七年州廢省澶水以黎陽來屬內黃臨河隸相州有白馬津一名黎陽關有大伾山一名黎陽山有新河元和八年觀察使田弘正及鄭滑節度使薛平開長十四里闊六十步深丈有七尺決河注故道滑州遂無水患

貝州清河郡望本治清河武德六年徙治歷亭八年復故治土貢絹氈覆鞍氈戶十萬一十五口八十三萬四千七百五十七縣八

清河緊

清陽緊武德四年析置夏津縣九年省

武城上

經城望西南四十里有張甲河神龍三年姜師度因故瀆開

臨清望大曆七年隸瀛州貞元末來屬

漳南上

歷亭上

夏津上本鄃天寶元年更名

澶州上武德四年析黎州之澶水魏州之頓丘觀城置貞觀元年州廢縣還故屬大曆七年田承嗣表以魏州之頓丘臨黃復置土貢角弓鳳翮席胡粉縣四

頓丘望

清豐上大曆七年析頓丘昌樂置以孝子張清豐名

觀城緊貞觀十七年省入昌樂大曆七年復置

臨黃緊東南有盧津關一名高陵津

邢州鉅鹿郡上本襄國郡天寶元年更名土貢絲布磁器刀文石

戶七萬一百八十九口三十八萬二千七百九十八縣八龍岡上武德元年析龍岡內丘置青山縣開成五年省入焉 沙河上武德元年置溫州四年州廢來屬有鐵 南和緊武德元年置和州四年州廢來屬
鉅鹿上武德元年置起州并析置白起縣四年州廢省白起以鉅鹿隸趙州貞觀元年來屬有大陸澤有鹹泉煮而成鹽 平鄉上武德元年置封州四年州廢來屬貞元中刺史元誼徙漳水自州東二十里出至鉅鹿北十里入故河 任中武德四年置 堯山上本柏仁武德元年置東龍州四年州廢隸趙州五年來屬天寶元年更名 內丘上武德四年隸趙州五年來屬有鐵
洺州廣平郡望本武安郡天寶元年更名土貢絁綿紬油衣戶九
萬一千六百六十六口六十八萬三千二百八十縣六永年望平
恩上 臨洺緊武德元年以臨洺武安肥鄉邯鄲置紫州四年州廢縣皆隸洺州六年以臨洺肥鄉來屬有狗山太宗破劉黑闥于此 雞
澤上武德四年置有普樂縣武德初置後陷竇建德遂廢有漳洺南堤二沙河南堤一永徽五年築 肥鄉上州又領清漳池水二縣會昌三年省清漳入肥鄉池水入曲周 曲周上武德四年置
惠州上本磁州武德元年以相州之滏陽臨水成安置貞觀元年
州廢滏陽成安還隸相州永泰元年昭義節度使薛嵩表復以相
州之滏陽洺州之邯鄲武安置天祐三年以磁慈聲一更名土貢
紗磁石縣四滏陽望 邯鄲上貞觀元年隸洺州 武安上武德六年隸洺州有錫 昭義上本臨水武德

六年省永泰元年復置更名有鐵
鎮州常山郡大都督府本恒州恒山郡治石邑義寧元年析隋高
陽郡置武德四年徙治真定天寶元年更郡名十五載曰平山尋
復爲恒山元和十五年避穆宗名更土貢孔雀羅瓜子羅春羅梨
戶五萬四千六百三十三口三十四萬二千一百三十四縣十一有恒陽軍開元中置 真定望武德六年析置恒山縣貞觀元年省載初元年曰中山神龍元年復故名 藁城緊義寧元年置鉅鹿郡并析置柏肆新豐宜安三縣武德元年曰廉州四年以趙州之鼓城定州之毋極冀州之鹿城隸之省柏肆新豐宜安入藁城貞觀元年州廢以鹿城隸深州鼓城毋極隸定州藁城來屬天祐二年更曰藁平 石邑緊 九門上義寧元年置九門郡并析置新市信義二縣武德元年曰觀州五年州廢省信義新市以九門來屬 行唐中武德四年置玉城縣五年省滋陽縣入焉長壽二年曰章武神龍元年復故名大曆三年以縣置恒州又以靈壽及定州之恒陽隸之九年州廢縣還故屬 井陘中義寧元年置井陘郡又析置葦澤縣武德元年曰井州後又領鹿泉及房山蒲吾靈壽貞觀元年省蒲吾入房山鹿泉葦澤入井陘十七年州廢縣皆來屬有鐵有離陽山 平山中本房山義寧元年置房山郡又置蒲吾縣武德元年曰嶽州四年州廢縣皆隸并州天寶十五載更名有鐵有白馬關有房山 獲鹿中本鹿泉天寶十五載更名有故井陘關一名土門關東北十里有大唐渠自平山至石邑引太白渠溉田有禮教渠總章二年自石邑西北引太白渠東流入真定界以溉田天寶二年又自石邑引大唐渠東南流四十三里入太白渠有抱犢山 靈
壽中義寧元年以縣置燕州四年州廢隸并州 鼓城中本隸定州大曆三年來屬 欒城中本隸趙州大曆三年來屬天祐二年更名欒氏

冀州信都郡上本治信都武德六年徙治下博貞觀元年復故治
龍朔二年更名魏州咸亨三年復故名土貢絹綿戶十一萬三千
八百八十五口八十三萬五百二十縣九信都望天祐二年更曰堯都東二里有葛榮陵貞觀十一年刺史李興公開引趙照渠水以注之 南宮望西五十九里有濁漳堤顯慶元年築有通利渠延載元年開 堂陽上西南三十里有渠自鉅鹿入縣境下入南宮景龍元年開西十里有漳水堤開元六年築 棗彊上 武邑上武德四年析置昌亭縣貞觀元年省北三十里有衡漳右堤顯慶元年築 衡水上南一里有羊令渠載初中令羊元珪引漳水北流貫城注隍 阜城望天祐二年更曰漢阜 蓨上本隸德州永泰元年來屬 武彊望貞觀元年隸深州州廢來屬後復隸深州開元二年來屬永泰元年復隸深州唐末來屬
深州饒陽郡上武德四年以定州之安平瀛州之饒陽置尋徙治
饒陽貞觀十七年州廢縣還故屬先天二年以瀛州之饒陽冀州
之鹿城下博武彊定州之安平復置土貢絹戶萬八千八百二十
五口三十四萬六千四百七十二縣七陸澤上先天二年析饒陽鹿城置 饒陽望武德四年析置蕪蔞縣貞觀元年省 束鹿上本鹿城天寶十五載更名 安平上 博野望本隸瀛州武德五年以博野清苑定州之義豐置蠡州八年州廢縣還故屬九年復以博野清苑置貞觀元年州廢以博野清苑隸瀛州永泰中以博野來屬元和十年復隸瀛州後又來屬 樂
壽緊本隸瀛州大曆中來屬元和十年復隸瀛州後又來屬 下博上本隸冀州貞觀元年來屬州廢還隸冀州後又來屬開元二年隸冀州永泰

元年復來屬有永寧軍貞元十年置
趙州趙郡望武德初治柏鄉四年徙治平棘五年更名欒州貞觀
初復故名土貢絹戶六萬三千四百五十四口三十九萬五千二
百三十八縣八平棘上東二里有廣潤陂引太白渠以注之東南二十里有畢泓皆永徽五年令弓志元開以畜洩水利 寧晉緊本廮陶天寶元年更名地旱鹵西南有新渠上元中令程處默引洨水入城以溉田經十餘里地用豐潤民食乃甘 昭慶望本大陸武德四年曰象城天寶元年更名西南二十里有建初陵啓運陵二陵共塋城下有澧水渠儀鳳三年令李玄開以溉田通澧 柏鄉上西有千金渠萬金堰開元中令王佐所浚築以疏積潦 高邑中 臨城中本房子天寶元年更名天祐二年更曰房子 贊皇中 元氏上有靈山封龍山
滄州景城郡上本渤海郡治清池武德元年徙治饒安六年徙治
胡蘇貞觀元年復治清池土貢絲布柳箱葦簟糖蟹鱧鮓戶十二
萬四千二十四口八十二萬五千七百五縣七西南有橫海軍開元十四年置天寶後廢大曆元年復置 清池緊西北五十五里有永濟堤二永徽二年築西四十五里有明溝河堤二西五十里有李彪淀東堤及徙駭河西堤皆三年築西四十里有衡漳堤二顯慶元年築西北六十里有衡漳東堤開元十年築東南二十里有蔡莊毛氏河東南七十里有渠注漳並引浮水皆刺史姜師度開西南五十七里有無棣河東南十五里有陽通河皆開元十六年開南十五里有浮河堤陽通河堤又南三十里有永濟北堤亦是年築有甘井二十年令毛某母老苦水鹹無以養縣令穿地泉湧而甘民謂之毛公井有鹽 鹽山緊武德四年置東鹽州五年以景州之清池并析鹽山置浮水縣以隸之貞觀

元年州廢省浮水以清池鹽山來屬有鹽長蘆上本隸瀛州武德四年以長蘆平舒魯城及滄州之清池置景州貞觀元年州廢以平舒還隸瀛州
長蘆魯城來屬樂陵上本隸棣州武德八年來屬大和二年又隸棣州尋復來屬饒安上武德四年析置鬲津縣貞觀元年省入樂陵
無棣上貞觀元年省入陽信八年復置大和二年隸棣州尋來屬有無棣溝通海隋末廢永徽元年刺史薛大鼎開乾符上本魯城乾符
元年生野稻水穀二千餘頃燕魏飢民就食之因更名
景州上貞元三年析滄州之弓高東光臨津置長慶元年州廢縣
還滄州二年復以弓高東光臨津南皮景城置大和四年州又廢
縣還滄州景福元年復置土貢葦簟縣四弓高上本隸德州武德四年以弓高及胡蘇東
光冀州之阜城蓨安陵觀津置觀州并析東光置安陵縣析蓨置觀津縣六年以胡蘇隸滄州貞觀元年省觀津復以胡蘇隸觀州十七年州廢以弓高東光胡蘇隸
滄州蓨安陵隸德州阜城還隸冀州東光上南二十里有靳河自安陵入浮河開元中開臨津上本胡蘇天寶元年更名南皮上古毛河
自臨津經縣入清池開元十年開有唐昌軍貞元二十一年置
德州平原郡上土貢絹綾戶八萬三千二百一十一口六十五萬九
千八百五十五縣六安德緊長河上東南有張公故關平原上大和二年隸齊州三年來屬平
昌上貞觀十七年省般縣入焉大和二年隸齊州三年來屬有馬頰河久視元年開號新河將陵望安陵望景福元年隸景州尋復來屬
定州博陵郡上本高陽郡天寶元年更名土貢羅紬細綾瑞綾兩

窠綾獨窠綾二包綾熟線綾戶七萬八千九十口四十九萬六千六
百七十六縣十有義武軍建中四年置西有北平軍開元中置安喜緊本鮮虞武德四年更名義豐緊萬歲通天二
年以拒契丹更名立節神龍元年復故名北平上萬歲通天二年以拒契丹更名徇忠神龍元年復故名西北有安陽故關望都上武德四
年置曲陽上本恒陽元和十五年更名是年又更恒岳曰鎮岳有岳祠陘邑中本隋昌武德四年曰唐昌天寶元年更名唐上有
銅有鐵西北有八度故關倒馬故關北有委粟故關新樂中東南二十里有木刀溝有民木刀居溝傍因名之無極上無本作毋萬歲通天二
年更有無極山景福二年節度使王處存以鼓及深澤表置祁州深澤中
易州上谷郡上土貢紬綿墨戶四萬四千二百三十口二十五萬八
千七百七十九縣六有府九日遂城安義脩武德行新安古亭武遂長樂龍水有高陽軍易上容城上本遒武
德五年以容城及幽州之固安歸義置北義州貞觀元年州廢縣還故屬聖曆二年以拒契丹更名全忠神龍二年復故名天寶元年又更名遂城
上淶水上滿城中本永樂天寶元年更名有郎山有永清軍貞元十五年置五回中下開元二十三年析易置并置樓亭板城二
縣天寶後省
幽州范陽郡大都督府本涿郡天寶元年更名土貢綾綿絹角弓
人薓栗戶六萬七千二百四十三口三十七萬一千三百一十二
縣九有府十四日呂平涿城德聞潞城樂上清化洪源良鄉開福政和停驂柘河良杜威寧城內有經略軍又有納降軍本納降守捉城故丁零川也西

南有安塞軍有赫連城有宗王乾澗戍寇三遺城石堆車坊萬歲城河旁四戍薊望天寶元年析置廣寧縣三載省有鐵有故隋臨朔宮幽都
望本薊縣地隋於營州之境汝羅故城置遼西郡以處粟末靺鞨降人武德元年曰燕州領縣三遼西瀘河懷遠土貢豹尾是年省瀘河六年自營州遷于幽州城中
以首領世襲刺史貞觀元年省懷遠開元二十五年徙治幽州北桃谷山天寶元年曰歸德郡戶二千四十五口萬一千六百三建中二年爲朱滔所滅因廢
爲縣廣平上天寶元年析薊置三載省至德後復置潞上武德二年自無終徙漁陽郡於此置玄州領潞漁陽并置臨泃縣貞觀元年州廢省臨
泃無終以漁陽來屬武清上本雍奴天寶元年更名永清緊本武隆如意元年析安次置景雲元年曰會昌天寶元年更名安
次上良鄉望聖曆元年曰固節神龍元年復故名有大防山昌平望北十五里有軍都陘西北三十五里有納款關即居庸故關
亦謂之軍都關其北有防禦軍古夏陽川也有狼山
涿州上大曆四年節度使朱希彩表析幽州之范陽歸義固安置
縣五范陽望本涿武德七年更名歸義上武德五年置貞觀元年省八年復置景雲二年隸鄚州是年還隸幽州固安
上新昌上大曆四年析固安置新城上大和六年以故督亢地置
瀛州河間郡上土貢絹戶九萬八千一十八口六十六萬三千一
百七十一縣五河間望武德五年置武垣縣貞觀元年省入焉西北百里有長豐渠二十一年刺史朱潭開又西南五里有長
豐渠開元二十五年刺史盧暉自束城平舒引滹沱東入淇通漕溉田五百餘頃高陽上武德四年以高陽鄚博野清苑置蒲州五年以博野清
苑隸蠡州貞觀元年州廢以鄚高陽來屬平舒上束城上景城上本隸滄州武德四年來屬貞觀元年隸滄州大曆七年復舊

後隸景州尋又來屬
莫州文安郡上本鄚州景雲二年以瀛州之鄚任丘文安清苑唐
興幽州之歸義置開元十三年以鄚鄭文相類更名土貢絹綿戶
五萬三千四百九十三口三十三萬九千九百七十二縣六有唐興軍開元
十四年置北又有渤海軍莫緊本鄚開元十三年更有九十九淀清苑上文安上貞觀元年省豐利縣入焉任丘上武德五
年分鄚置有通利渠開元四年令魚思賢開以洩陂淀自縣南五里至城西北入滱得地二百餘頃長豐中本利豐開元十年析文安任丘置是年更名
唐興上本武興如意元年析河間置長安四年隸易州是年還隸瀛州神龍元年更名
平州北平郡下初治臨渝武德元年徙治盧龍土貢熊鞹蔓荊實
人薓戶三千一百一十三口二萬五千八十六縣三有府一曰盧龍有盧龍軍天寶
二載置又有柳城軍永泰元年置有溫溝白望西狹石東狹石綠疇米磚長楊黃花紫蒙白狼昌黎遼西等十二戍愛川周夔二鎮城東北有明垤關鵲湖城
牛毛城盧龍中本肥如武德二年更名又置撫寧縣七年省石城中本臨渝武德七年省貞觀十五年復置萬歲通天二年更名有臨
渝關一名臨閭關有大海關有碣石山有溫昌鎮馬城中古海陽城也開元二十八年置以通水運東北有千金冶城東有茂鄉鎮城
嬀州嬀川郡上本北燕州武德七年平高開道以幽州之懷戎置
貞觀八年更名土貢樺皮胡祿甲榆髀天麝香戶二千二百六十

三口萬一千五百八十四縣一有府二曰密雲白檀有清夷軍垂拱中置有淮北白陽度雲治廣邊四鎮兵有橫河
柴城二戍有陽門城有永定塞子二關又有懷柔軍在嬀蔚二州之境懷戎上天寶中析置嬀川縣尋省嬀水貫中北九十里有長城開元中張
說築東南五十里有居庸塞東連盧龍碣石西屬太行常山實天下之險有鐵門關西有寧武軍又北有廣邊軍故白雲城也

檀州密雲郡本安樂郡天寶元年更名土貢人薓麝香戶六千六
十四口三萬二百四十六縣二有威武軍萬歲通天元年置本漁陽開元十九年更名又有鎮遠軍故黑城川也有密雲中有隗山燕樂中東北百八十五里有東軍北
三叉城橫山城米城有大王北來保要廣固赤城邀虜石子嶺七鎮有臨河黃崖二戍
口二守捉北口長城口也又北八百里有吐護真河奚王衙帳也

薊州漁陽郡下開元十八年析幽州置土貢白膠戶五千三百一十
七口萬八千五百二十一縣三有府二曰漁陽臨渠南二百里有靜塞軍本障塞軍開元十九年更名又有雄武軍故廣
漢川也東北九十里有洪水守捉又東北三十里有鹽城守捉又東北渡灤河有古盧龍鎮又有斗陘鎮自古盧龍北經九荊嶺受米城張洪隘度石嶺至奚
王帳六百里又東北行傍吐護真河五百里至奚契丹衙帳又北百里至室韋帳漁陽中神龍元年隸營州開元四年還隸幽州有平虜渠傍海穿漕
以避海難又其北漲水為溝以拒契丹皆神龍中滄州刺史姜師度開三河中開元四年析潞置北十二里有渠河塘西北六十里有孤山陂溉田三千頃
玉田中本無終武德二年置貞觀元年省乾封二年復置萬歲通天元年更名神龍元年隸營州開元四年還隸幽州八年隸營州十一年又隸幽州有
壕門米亭三谷疊石方公白楊等七戍

營州柳城郡上都督府本遼西郡萬歲通天元年為契丹所陷聖
曆二年僑治漁陽開元五年又還治柳城天寶元年更名土貢人
薓麝香豹尾皮骨骷戶九百九十七口三千七百八十九縣一有平盧軍
開元初置東有鎮安軍本燕郡守捉城貞元二年為軍城西四百八十里有渝關守捉城又有汝羅懷遠巫閭襄平四守捉城柳城中西北接奚北接契
丹有東北鎮醫巫閭山祠又東有碣石山

安東上都護府總章元年李勣平高麗國得城百七十六分其地
為都督府九州四十二縣一百置安東都護府於平壤城以統之
用其酋渠為都督刺史縣令上元三年徙遼東郡故城儀鳳二年又
徙新城聖曆元年更名安東都督府神龍元年復故名開元二年
徙于平州天寶二年又徙于遼西故郡城至德後廢土貢人薓有安
東守捉有懷遠軍天寶二載置又有保定軍

右河北採訪使治魏州

地理志第二十九

地理志第三十　唐書四十

翰林學士兼龍圖閣學士朝散大夫給事中知制誥充史館脩撰臣歐陽　脩奉
敕撰

山南道蓋古荊梁二州之域漢南郡武陵巴郡漢中南陽及江夏
弘農廣漢武都郡地江陵峽歸夔澧朗復郢襄房為鶉尾分鄧隋
泌均為鶉火分興元金洋鳳興成文扶利集壁巴蓬通開忠萬涪
閬果渠為鶉首分為府二州三十三縣百六十一其名山嶓冢熊耳
銅梁巫荊峴其大川巴漢沮漳厥賦絹布綿紬厥貢金絲紵練

江陵府江陵郡本荊州南郡天寶元年更郡名肅宗上元元年號
南都為府二年罷都是年又號南都尋罷都土貢方紋綾貲布柑
橙橘椑白魚糖蟹栀子貝母覆盆烏梅石龍芮戶三萬三百九十二口
十四萬八千一百四十九縣八有府一曰羅含有永安軍乾元二年置江陵次赤貞觀十七年省安興
縣入焉貞元八年節度使嗣曹王皋塞古堤廣良田五千頃畝收一鍾又規江南廢洲為廬舍架江為二橋荊俗飲陂澤乃教人鑿井人以為便枝江
次畿上元元年析江陵置長寧縣三年省枝江入長寧大曆六年復置枝江省長寧當陽次畿武德四年置平州并析置臨沮縣六年曰玉州八年

州廢省臨沮以當陽來屬有南紫蓋山北紫蓋山長林次畿武德四年於東境置基州并置章山縣七年州廢以章山隸郢州郢州廢來屬八年
省章山入長林石首次畿武德四年置松滋次畿公安次畿荊門次畿貞元二十一年析長林置

峽州夷陵郡中本治下牢戍貞觀九年徙治步闡壘土貢紵葛箭
竹柑茶蠟芒硝五加杜若鬼臼戶八千九十八口四萬五千六百六
縣四夷陵上西北二十八里有下牢鎮有黃牛山宜都中下本宜昌隸南郡武德二年更名以宜都及峽州之夷道置江州六年曰東
松州貞觀八年州廢省入宜都來屬長陽中下本隸南郡武德四年以縣置睦州并置巴山鹽水二縣八年州廢省鹽水以長陽巴山隸東松州
廢來屬天寶八載省巴山入長陽遠安中下有神馬山本白馬山天寶元年更名

歸州巴東郡下武德二年析夔州之秭歸巴東置土貢紵葛茶蜜
蠟戶四千六百四十五口二萬三千四百一十七縣三秭歸中有鹽東
南八十五里有太清鎮城巴東中下有鹽有鐵興山中下武德三年析秭歸置

夔州雲安郡下都督府本信州巴東郡武德二年更州名天寶元
年更郡名土貢紵錫布熊羆山雞茶柑橘蜜蠟戶萬五千六百二
十口七萬五千縣四有府一曰東陽奉節上本人復貞觀二十三年更名有鐵有永安井鹽官雲安上有鹽官
巫山中有巫山大昌下有鹽官

澧州澧陽郡上土貢紋綾紵練綀布犀角竹簟光粉柑橘恒山蜀漆戶萬九千六百二十口九萬三千三百四十九縣四澧陽緊有崝山安鄉中貞觀元年省孱陵縣入焉石門中有鐵慈利中下武德中置崇義縣麟德元年省入焉本故崇州

朗州武陵郡下土貢葛紵練簟柑犀角戶九千三百六口四萬三千七百六十縣二武陵上北有永泰渠光宅中刺史胡處立開通漕且為火備西北二十七里有北塔堰開元二十七年刺史李璡增修接古專陂由黃土堰注白馬湖分入城隍及故永泰渠溉田千餘頃東北八十九里有考功堰長慶元年刺史李翱因故漢樊陂開溉田千一百頃又有右史堰二年刺史溫造增修開後鄉渠九十七里溉田二千頃又北百一十九里有津石陂本聖曆初令崔嗣業開治廢造亦從而增之溉田九百頃翱以尚書考功員外郎造以起居舍人出為刺史故以官名東北八十里有崔陂東北三十五里有槎陂亦嗣業所修以溉田後廢大曆五年刺史韋夏卿復治槎陂溉田千餘頃十三年以堰壞廢有任山龍陽中上

忠州南賓郡下本臨州義寧二年析巴東郡之臨江置貞觀八年更名土貢生金綿紬蘇薰席文刀戶六千七百二十二口四萬三千二十六縣五臨江中有鹽豐都中下義寧二年析臨江置南賓中下武德二年析浦州之武寧置有鹽墊江中下桂溪中下本清水武德二年析臨江置天寶元年更名

涪州涪陵郡下武德元年以渝州之涪陵鎮置土貢麩金文刀獠布蠟戶九千四百口四萬四千七百二十二縣四涪陵中下武德二年置并置武龍縣又析涪陵巴縣地置永安縣開元二十二年省永安入樂溫賓化下本隆化貞觀十一年置先天元年更名武龍中下樂溫中下武德二年析巴縣地置隸南潾州九年來屬溫山下本隸南潾州後來屬

萬州南浦郡下本南浦州武德二年析信州置八年州廢以南浦梁山隸夔州武寧隸臨州九年復置曰浦州貞觀八年更名土貢麩金藥子戶五千一百七十九口二萬五千七百四十六縣三南浦中有[illegible]監[illegible]鹽官二武寧中梁山下

襄州襄陽郡望土貢綸巾漆器庫路真二品十乘花文五乘碎石文柑蔗芋薑戶四萬七千七百八十口二十五萬二千一縣七有府一曰漢津襄陽望貞觀八年省常平縣入焉有峴山鄧城緊本安養天寶元年曰臨漢貞元二十一年更名穀城上武德四年以穀城陰城置酇州五年州廢二縣來屬貞觀八年省陰城入焉有薤山義清中貞觀八年省南漳入焉南漳本臨沮南漳中下本荊山武德二年析南漳置以縣置重州并置重陽平陽渠陽土門歸義五縣七年省渠陽入荊山省平陽入重陽省土門歸義入房州之永清貞觀元年州廢以荊山來屬重陽隸遷州八年省重陽入荊山開元十八年徙于故南漳因更名有荊山樂鄉中下本隸鄀州武德四年以樂鄉及襄州之率道上洪置鄀州貞觀元年又省長壽省上洪入八年州廢以長壽率道來屬宜城上本率道貞觀八年省漢南縣入焉天寶七載更名有石梁山陰山

泌州淮安郡上本昌州春陵郡治棗陽武德五年以唐城山更名唐州九年徙治比陽天寶元年更郡名天祐三年朱全忠徙治泌陽表更名土貢絹布戶四萬二千六百四十三口十八萬二千三百六十四縣七泌陽中本上馬貞觀元年省入湖陽開元十三年復置天寶元年更名比陽上本淮安郡治武德四年曰顯州領比陽慈丘平氏顯岡桐柏五縣二年省顯岡九年州廢縣皆來屬慈丘上桐柏中武德初置純州貞觀元年州廢來屬有桐柏山有淮瀆祠平氏中有析中山湖陽中武德四年以縣置湖州貞觀元年州廢來屬有蓼山方城上本淯陽郡治武德二年曰北澧州領方城真昌二縣貞觀元年省真昌八年曰魯州九年州廢以方城來屬

隋州漢東郡上土貢合羅綾葛覆盆戶二萬三千九百一十七口十萬五千七百二十二縣四隋上武德四年省安貴縣入焉五年省平林順義縣入焉光化上棗陽上本隸唐州武德五年省唐州之清潭縣入焉貞觀元年又省唐州之春陵縣入焉十年以棗陽來屬有光武山唐城上開元二十六年以客戶析棗陽地置

鄧州南陽郡上土貢絲布茅菊戶四萬三千五十五口十六萬五千二百五十七縣六穰望武德四年析置平晉縣以新野置新州尋廢新州以新野來屬六年省平晉州又領課陽縣貞觀元年省乾元元年省新野皆入焉南陽緊武德三年以南陽及春陵郡之上馬置宛州并置云陽上宛安固三縣八年州廢以上馬隸唐州省云陽上宛以安固入南陽來屬聖曆元年曰武臺神龍初復故名有鍋向城上武德三年以縣置淯州八年州廢隸北澧州州廢來屬聖曆元年曰武清神龍初復故名北八十里有魯陽關臨湍上本新城武德二年以縣置酈州八年州廢來屬貞觀元年省冠軍縣入焉天寶元年更名又有順陽縣武德二年析冠軍置六年省內鄉上本淅陽郡治武德二年曰淅州并置默水縣貞觀八年州廢省默水入內鄉來屬有峵山菊潭中開元二十四年析穰縣置

均州武當郡下義寧二年析淅陽郡之武當均陽置貞觀元年州廢三縣隸淅州八年以武當鄖鄉復置土貢山雞尾麝香戶九千六百九十八口五萬八百九縣三有府一曰至誠武當上義寧二年析置平陵縣武德七年省八年省均陽入焉東南百里有鹽池有武當山鄖鄉上本隸淅陽郡武德元年以鄖鄉安福置南豐州并置堵陽黃沙白沙固城四縣八年省黃沙白沙固城是年州廢以鄖鄉安福堵陽隸淅州貞觀元年省安福堵陽入焉有精舍山本獨山天寶中更名豐利上有伏龍山有錫義山一名天心山

房州房陵郡上武德元年析遷州之竹山上庸置貞觀十年徙治房陵土貢纖蒼礬麝香鍾乳雷丸石膏竹鼴戶萬四千四百二十二口七萬一千七百八縣四房陵上本光遷房陵郡治武德元年曰遷州并析置受陽淅川房陵三縣五年省淅川七年省房陵受陽貞觀十年州廢來屬更光遷曰房陵永清中下本隸遷州州廢來屬有房山竹山中下武德元年析置武陵縣貞觀十年省上庸上

復州竟陵郡上本沔陽郡治竟陵貞觀七年徙治沔陽天寶元年更名寶應二年復故治土貢白紵白蜜戶八千二百一十口四萬

四千八百八十五。縣三：沔陽上。竟陵上。有五花山，有石堰渠，咸通中刺史董元素開。監利中下。

郢州富水郡，上。本竟陵郡治長壽，貞觀元年州廢，以長壽隸郢州，十七年復置，治京山，後還治長壽。土貢：紵布、葛、蕉、春酒麴、棗、節米。戶萬二千四十六，口五萬七千三百七十五。縣三：長壽上。貞觀元年省藍水縣入。京山上。本隸安州，武德四年以京山、富水二縣置溫州，貞觀十七年州廢，縣皆來屬。富水上。有白沙山。

金州漢陰郡，上。本西城郡，天寶元年曰安康郡，至德二載更名。土貢：麩金、茶牙、椒、乾漆、椒實、白膠香、麝香、杜仲、雷丸、枳殼、枳實、黃蘗。有橘官。戶萬四千九十一，口五萬七千九百二十九。縣六：有府一，曰洪義。西城上。本金川，義寧二年更名。有牛山。漢水有金。洵陽中下。武德元年以縣置洵州，并置洵城、驢川二縣，七年州廢，縣皆來屬，貞觀二年省驢川，八年省洵城。東有申口鎮城。淯陽上。本黃土，天寶元年更名，大曆六年省入洵陽，長慶初復置。石泉中下。聖曆元年曰武安，神龍元年復故名，大曆六年省入漢陰，永貞元年復置。漢陰中下。本安康，武德元年以縣置西安州，并置寧都、廣德二縣，二年曰直州，貞觀元年州廢，省寧都，以廣德入安康，來屬，至德二載更名。西有方山關，貞觀十二年置。月川水有金。平利中下。武德元年以故吉安置，大曆六年省入西城，長慶初復置。有女媧山。

右東道採訪使，治襄州。

興元府漢中郡，赤。本梁州漢川郡，開元十三年以梁、涼聲相近，更名褒州，二十年復曰梁州，天寶元年更郡名，興元元年爲府。土貢：穀、蠟、紅藍、燕脂、夏蒜、冬筍、糟瓜、柑、枇杷、茶。戶三萬七千四百七十，口十五萬三千七百一十七。縣五：有府一，曰麗水。南鄭次赤。有旱山、女山、中梁山。褒城次畿。義寧二年更名褒中，貞觀三年復故名。有牛頭山，北有甘亭關。城固次畿。武德二年更名唐固，二年析置白雲縣，九年省，貞觀二年復故名。西次畿。武德三年以縣置褒州，析利州之綿谷置金牛縣，八年州廢，二縣來屬，寶曆元年省金牛縣入焉。西南有百牢關。有錫，有鐵。三泉次畿。武德四年析利州之綿谷置，以縣置南安州，并置嘉牟縣，八年州廢，省嘉牟，以三泉隸利州，天寶元年來屬。

洋州洋川郡，雄。武德元年析梁州之西鄉、黃金、興勢置，天寶十五載徙治興道。土貢：白交梭、火麻布、野苧麻、蠟、白膠香、麝香。戶二萬三千八百四十九，口八萬八千三百二十七。縣四：興道望。本興勢，貞觀二十三年更名。有駱谷路，南口曰儻谷，北口曰駱谷。西鄉上。武德四年析置洋源縣，寶曆元年省。有雲亭山。黃金中。有子午谷路。眞符中。本華陽，開元十八年析興道置，天寶三載省入，八載開清水谷路，復置，因鑿山得玉冊，更名，隸京兆府，十一載來屬。有太白山、金星洞。

利州益昌郡，下都督府。本義城郡，天寶元年更名。土貢：金、絲布、梁米、蠟燭、鮸魚、天門冬、芎藭、麝香。戶萬三千九百一十，口四萬四千六百。縣六：綿谷上。有鐵。葭萌上。益昌中下。嘉川中下。胤山中下。本義城，義寧二年曰義清，武德七年以義清、岐坪、隆州之奉國置西平州，貞觀二年州廢，以義清來屬，岐坪、奉國隸閬州，天寶元年更名。景谷中下。武德四年以景谷及龍州之方維置沙州，貞觀元年州廢，省方維爲鎮，以景谷來屬，寶曆元年省景谷，復置。西有石門關，西北有白壩、魚老二鎮城。

鳳州河池郡，下。土貢：布、蠟燭、麝香。戶五千九百一十八，口二萬七千八百七十七。縣三：有府一，曰歸昌。梁泉中下。武德元年析置黃花縣，寶曆元年省。有銀，有鐵。兩當中下。河池中下。有銀。

興州順政郡，下。土貢：蠟、漆、丹沙、蜜、筍。戶二千二百二十四，口萬一千四十六。縣三：順政中。有鐵。南有興城關。長舉中下。元和中，節度使嚴礪自縣而西疏嘉陵江二百里，焚巨石，沃醯以碎之，通漕以饋成州戍兵。州又領鳴水縣，長慶元年省入焉。有鐵。

成州同谷郡，下。本漢陽郡，治上祿，天寶元年更名。寶應元年沒吐蕃，貞元五年於同谷之西境泥公山權置行州，咸通七年復置，徙治寶井堡，後徙治同谷。土貢：蠟燭、麝香、鹿茸、防葵、狼毒。戶四千七百二十七，口二萬一千五百八。縣三：有府一，曰平陰。有靜戎軍，寶應元年徙馬邑州于鹽井城置。同谷中下。武德元年以縣置西康州，貞觀元年州廢，來屬，咸通十三年復置。上祿中。沒蕃後廢。有仇池山，有鹽。漢源中下。沒蕃後廢。

文州陰平郡，下。義寧二年析武都郡之曲水、正西、長松置。土貢：麩金、細綿、麝香、白蜜、蠟燭、柑。戶千九百八，口九千二百五。縣一：曲水中下。貞觀元年省正西縣，貞元六年省長松縣，皆來屬。

扶州同昌郡，下。乾元後沒吐蕃，大中二年節度使鄭涯收復。土貢：麝香、當歸、芎藭。戶二千四百一十八，口萬四千二百八十五。縣四：有府二，曰安川、會川。同昌中下。帖夷中下。萬歲通天二年曰武進，神龍元年復故名。萬全中下。本尚安，至德二年更名。鉗川下。

集州符陽郡，下。武德元年析梁州之難江、巴州之符陽、長池、白石置。土貢：蠟燭、藥子。戶四千三百五十三，口二萬五千七百二十六。縣三：難江上。武德元年析置平桑縣，貞觀元年省，二年復置，六年省，又省長池縣入焉。大牟下。武德二年徙靜州治狄平，更狄平曰地平，十七年廢靜州，以大牟、清化隸巴州，地平來屬，永泰元年以大牟隸集州，更地平曰通平，寶曆元年省。嘉川下。本隸利州，貞觀二年隸靜州，州廢還隸利州，永泰元年來屬。

壁州始寧郡，下。武德八年析巴州之始寧縣地置。土貢：紬、綿、馬策。戶萬三千三百六十八，口五萬四千七百五十七。縣五：通江上。本諾水，武德中省，八年又析巴州之始寧復置，天寶元年更名。廣納中。武德三年析始寧、歸仁置，寶曆元年省，大中初復置。符陽中。本隸清化郡，武德元年隸集州，八年來屬，貞觀八年復隸集州，長安三年來屬，景雲二年又隸集州，永泰元年來屬。白石中。本隸清化郡，武德元年隸集州，八年來

屬東巴中本太平開元二十三年置天寶元年更名

巴州清化郡中土貢綟金綿紬貲布花油橙石蜜戶三萬二百一十口九萬一千五十七縣九化城上盤道中下寶曆元年省入清化上武德元年置靜州又析置大牟狄平二縣曾口中歸仁中始寧中其章中寶曆元年省大中元年復置恩陽中貞觀十七年省萬歲通天元年復置七盤上久視元年置

蓬州蓬山郡下本咸安郡武德元年以巴州之安固伏虞隆州之儀隴大寅渠州之宕渠咸安置開元二十九年徙治大寅至德二載更郡名土貢綿紬戶萬五千五百七十六口五萬三千三百五十三縣七蓬池中本大寅廣德元年更名後省開成元年復置良山中本安固天寶元年更名寶曆元年省入蓬池大中中復置儀隴中武德三年以縣置方州八年州廢還隸蓬州伏虞中宕渠中下寶曆元年省入蓬山大中中復置蓬山上本咸安至德二載更名朗池中武德四年析果州之相如縣置隸果州寶應元年來屬寶曆元年省開成二年復置

通州通川郡上土貢紬綿蜜蠟麝香楓香白藥實戶四萬七百四十三口十一萬八百四縣九通川上武德二年置思來縣貞觀元年省入焉永穆上本隸巴州武德二年以永穆及歸仁置萬州又置諸水廣納太平恒豐四縣七年省諸水貞觀元年州廢以歸仁還隸巴州廣納隸壁州省太平恒豐入永穆來屬三岡

中寶曆元年省大中五年復置石鼓中寶曆元年省大中元年復置東鄉中武德三年置南石州又置下蒲昌樂二縣八年州廢省昌樂入石鼓下蒲入東鄉來屬宣漢中下武德元年置南井州并析置東關縣貞觀元年州廢省東關以宣漢來屬有鹽有金新寧中下武德二年析通川置大和三年隸開州四年來屬巴渠中永泰元年析石鼓置大和三年隸開州四年來屬閬英中天寶九載置

開州盛山郡下本萬世郡義寧二年析巴東郡之盛山新浦通川郡之萬世西流置天寶元年更名土貢白紵布柑茶苣實戶五千六百六十口三萬四百二十一縣三開江上本盛山貞觀元年省西流縣入焉廣德元年更名新浦中下萬歲中下本萬世貞觀二十三年更名寶曆元年省尋復置有鹽東南五里有靈洞貞元九年雷雨震開

閬州閬中郡上本隆州巴西郡先天二年避玄宗名更州名天寶元年更郡名土貢蓮綾綿絹紬穀戶二萬九千五百八十八口十三萬二千一百九十二縣九閬中緊本閬內武德元年更名是年析置思恭縣七年省有靈山有鹽晉安中本晉城武德中避隱太子名更南部上有鹽蒼溪中下有雲臺山紫陽山西水中下奉國上武德七年隸西平州貞觀元年州廢還隸隆州新井中武德元年析南部晉安置有鹽新政中本新城武德四年析南部相如置避隱太子名更有鹽岐坪中本隸利州開元二十三年來屬寶曆元年省入奉國蒼溪天復中王建表置

果州南充郡中武德四年析隆州之南充相如置大曆六年更名充州十年復故名土貢絹絲布戶三萬三千六百四口八萬九千二百二十五縣五南充上有鹽相如中有鹽流溪中開耀元年析南充置西充上武德四年析南充置有鹽岳池中萬歲通天二年析南充相如置有龍扶山

渠州潾山郡下本宕渠郡天寶元年更名土貢紬綿藥實買子本實戶九千九百五十七口二萬六千五百二十四縣三流江上武德元年析置義興縣別置賨城縣八年皆省渠江中本賨城武德元年曰始安又析置豐樂縣八年省天寶元年更名潾山中下武德元年析潾水置以縣置潾州并置鹽泉縣及渠州之潾水墊江以隸之三年以鹽泉潾水來屬八年州廢以墊江隸忠州潾山來屬久視元年分蓬州之宕渠置大竹縣隸蓬州至德二載來屬寶曆元年省潾水大竹入潾山有鐵

右西道採訪使治梁州

隴右道蓋古雍梁二州之境漢天水武都隴西金城武威張掖酒泉敦煌等郡揔爲鶉首分爲州十九都護府二縣六十其名山秦嶺隴坻鳥鼠同穴朱圉西傾積石合黎崆峒三危其大川河洮弱羌休屠之澤厥賦布麻厥貢金屑礪石鳥獸革角自祿山之亂河右暨西平武都合川懷道等郡皆沒于吐蕃寶應元年又陷秦渭

洮臨廣德元年復陷河蘭岷廓貞元三年陷安西北廷隴右州縣盡矣大中後吐蕃微弱秦武二州漸復故地置官守五年張義潮以瓜沙伊肅鄯甘河西蘭岷廓十一州來歸而宣懿德微不暇疆理惟名存有司而已

秦州天水郡中都督府本治上邽開元二十二年以地震徙治成紀之敬親川天寶元年還治上邽大中三年復徙治成紀土貢龍鬚席芎藭戶二萬四千八百二十七口十萬九千七百四十縣六有府六曰成紀脩德清德清水三度長川成紀上有銅有鐵上邽上有嶓冢山伏羌中本冀城武德二年更名是年以伏羌及渭州之隴西置伏州八年州廢縣還故屬九年析置鹽泉縣貞觀元年更名夷賓三年省有石白山朱圉山隴城下武德二年以縣置文州八年州廢來屬貞觀三年置長川縣六年省入焉有銀清水下武德四年以縣置邽州六年州廢來屬又有秦嶺縣貞觀十七年省大中二年先收復權隸鳳翔府三年來屬東五十里有大震關有銀長道中下本隸成州天寶末廢咸通十三年復置來屬有鹽

河州安昌郡下本枹罕郡天寶元年更名土貢麝香戶五千七百八十二口三萬六千八十六縣三西百八十里有鎮西軍開元二十六年置西八十里索恭川有天成軍西百餘里鵰窠城有振威軍皆天寶十三載置西南四十里有平夷守捉城枹罕中下有鳳林關大夏中下貞觀元年省入枹罕五年復置鳳

林中下本烏州貞觀七年置十一年州廢更置安昌縣來屬天寶元年更名北有鳳林關有積石山

渭州隴西郡中都督府土貢龍鬚席麝香秦艽戶六千四百二十五口二萬四千五百二十縣四有府四曰渭源平樂臨源萬年襄武上隴西上鄣下天授二年曰武陽神龍元年復故名南二里有鹽井渭源上高宗上元二年更名首陽於渭源故縣別置渭源縣儀鳳三年省首陽入渭源有鳥鼠同穴山一名青雀山

鄯州西平郡下都督府土貢牸犛牛尾角戶五千三百八十九口二萬七千一十九縣三星宿川西有安人軍西出三百五十里有威戎軍西南二百五十里有綏和守捉城南百八十里有合川守捉城湟水中龍支中肅宗上元二年州沒吐蕃以龍支鄯城隸河州鄯城中儀鳳三年置有土樓山有河源軍西六十里有臨蕃城又西六十里有白水軍綏戎城又西南六十里有定戎城又南隔澗七里有天威軍軍故石堡城開元十七年置初曰振武軍二十九年沒吐蕃天寶八載克之更名又西二十里至赤嶺其西吐蕃有開元中分界碑自振武經尉遲川苦拔海王孝傑米柵九十里至莫離驛又經公主佛堂大非川二百八十里至那錄驛吐渾界也又經暖泉烈謨海四百四十里渡黃河又四百七十里至眾龍驛又渡西月河二百一十里至多彌國西界又經犛牛河度藤橋百里至列驛又經食堂吐蕃村截支橋兩石南北相當又經截支川四百四十里至婆驛乃度大月河羅橋經潭池魚池五百三十里至悉諾羅驛又經乞量寧水橋又經大速水橋三百二十里至鶻莽驛唐使入蕃公主每使人迎勞於此又經鶻莽峽十餘里兩山相嶔上有小橋三瀑水注如瀉缶其下如煙霧百里至野馬驛經吐蕃墾田又經樂橋湯四百里至閣川驛又經恕諶海百三十里至蛤不爛驛旁有三羅骨山積雪不消又六十里至突錄濟驛唐使至贊普每遣使慰勞于此又經柳谷莽布支莊有溫湯湧高二丈氣如煙雲可以熟米又經湯羅葉遺山及贊普祭神所二百五十里至農歌驛邏些在東南距農歌二百里唐使至吐蕃宰相每遣使迎候於此又經鹽池暖泉江布靈河百一十里渡姜濟河經吐蕃墾田二百六十里至卒歌驛乃渡臧河經佛堂百八十里至勃令驛鴻臚館至贊普牙帳其西南拔布海

蘭州金城郡下以皋蘭山名州土貢麩金麝香鼢鼠戶二千八百八十九口萬四千二百二十六縣二有府二曰金城廣武又有榆林軍五泉下咸亨二年更名金城天寶元年復故名北有金城關金城下本廣武縣乾元二年更名

臨州狄道郡下都督府天寶三載析金城郡之狄道縣置縣二有臨洮軍久視元年置寶應元年沒吐蕃狄道下長樂下本安樂天寶後置乾元後更名

階州武都郡下本武州因沒吐蕃廢大曆二年復置為行州咸通中始得故地龍紀初遣使招葺之景福元年更名治皋蘭鎮土貢麝香蜜蠟燭山鷄尾羚羊角戶二千九百二十三口萬五千三百一十三縣三將利中下州又領建威縣貞觀元年省入焉福津中下本覆津景福元年更名盤隄中下沒蕃後不復置

洮州臨洮郡下本治美相貞觀八年徙治臨潭開元十七年州廢以縣隸岷州二十年復置更名臨州二十七年復故名土貢甘草麝香戶二千七百口萬五千六十縣一有府一曰安西有莫門軍儀鳳二年置西八十里磨禪川有神策軍天寶十三載置臨潭中本美相貞觀四年徙治洪和城以故地置旭州五年又置臨潭縣八年州廢以臨潭來屬徙州來治還于洮陽城十二年省博陵縣天寶中省美相縣皆入臨潭西百六十里有廣恩鎮有西傾山

岷州和政郡下義寧二年析臨洮郡之臨洮和政置土貢龍鬚席甘草戶四千三百二十五口二萬三千四百四十一縣三有府三曰祐川臨洮和政溢樂中下本臨洮義寧二年更名貞觀二年析置當夷縣神龍元年省有岷山西有崆峒山祐川中下本基城義寧二年置先天元年更名和政中有闕博山

廓州寧塞郡下本澆河郡天寶元年更名土貢麩金酥大黃戎鹽麝香戶四千二百六十一口二萬四千四百縣三西有寧邊軍本寧塞軍西八十里宛秀城有威勝軍西南百四十里洪濟橋有金天軍其東南八十里百谷城有武寧軍南二百里黑峽川有曜武軍皆天寶十三載置廣威下本化隆先天元年曰化成天寶元年又更名達化下西有積石軍本靜邊鎮儀鳳二年為軍東有黃沙戍米川下貞觀五年置又以縣置米州十年州廢隸河州永徽六年來屬

疊州合川郡下武德二年析洮州之合川樂川疊川置土貢麝香戶千二百七十五口七千六百七十四縣二有府一曰長利合川下武德五年以党項戶置安化和同二縣尋省貞觀二年省樂川疊川入焉有渭龍岩山常芬下武德元年以縣置芳州并置丹嶺縣四年以丹嶺隸洮州貞觀二年置恒香縣儀鳳治恒香戍復以丹嶺隸芳州高宗上元二年陷吐蕃神龍元年州廢省丹嶺恒香以常芬來屬

宕州懷道郡下本宕昌郡天寶元年更名土貢麩金散金麝香戶千一百九十口七千一百九十九縣二有府二曰同歸常吉懷道下貞觀三年省和下縣入焉西百八十三里有蘇董戎有同均山良恭下貞觀元年以成州之潭水來屬後省入焉

涼州武威郡中都督府土貢白麥龍鬚席毯野馬革芎藭戶二萬二千四百六十二口十二萬二百八十一縣五有府六曰明威洪池番禾武安麗水姑臧又有赤水軍本赤烏鎮有赤泉因名之幅員五千一百八十里軍之最大也西二百里有大斗軍本赤水守捉開元十六年為軍因大斗拔谷為名東南二百里有烏城守捉南二百里有張掖守捉西二百里有交城守捉西北五百里有白亭軍本白亭守捉天寶十四載為軍姑臧中下北百八十里有明威戍西北百六十里有武安戍有武興鹽池黛眉鹽池神烏下武德三年置貞觀元年省總章元年復置曰武威神龍元年復故名昌松中東北百五十里有白山戍天寶中下本番禾咸亨元年以縣置雄州調露元年州廢來屬天寶三載以山出醴泉更名有通化鎮有焉支山嘉麟中神龍二年於故漢鸞鳥縣城置景龍元年省先天二年復置

沙州敦煌郡下都督府本瓜州武德五年曰西沙州貞觀七年曰沙州土貢碁子黃礬石膏戶四千二百六十五口萬六千二百五十

十縣二有府三曰龍勒效穀懸泉有豆盧軍神龍元年置燉煌下東四十七里有鹽池有三危山壽昌下武德二年析燉煌
置永徽元年省乾封二年復置開元二十六年又省後復置治漢龍勒城西有陽關西北有玉門關有雲雨山
瓜州晉昌郡下都督府武德五年析沙州之常樂置土貢野馬革
緊鞋草豉黃礬絳礬胡桐律戶四百七十七口四千九百八十七
縣二有府一曰大黃西北千里有墨離軍晉昌中下本常樂武德四年更名東北有合河鎮又百二十里有百帳守捉又東百五十里有豹文
山守捉又七里至寧寇軍與甘州路合常樂中下武德五年別置有牧狗帝山
甘州張掖郡下土貢麝香野馬革冬柰苟杞實葉戶六千二百八
十四口二萬二千九十二縣二西北百九十里祁連山北有建康軍證聖元年王孝傑以甘肅二州相距回遠置軍
西百二十里有蓼泉守捉城張掖上有祁連山合黎山北九百里有鹽池西有鞏笔驛刪丹中下北渡張掖河西北行出合黎山峽口傍河
東岸屈曲東北行千里有寧寇軍故同城守捉也天寶二載爲軍軍東北有居延海又北三百里有花門山堡又東北千里至迴鶻衙帳
肅州酒泉郡下武德二年析甘州之福祿瓜州之玉門置土貢麩
金野馬革蓯蓉柏脉根戶二千二百三十口八千四百七十六縣
三有酒泉威遠二守捉酒泉中下本福祿唐初更名西十五里有興聖皇帝陵七十里有洞庭山出金有崑崙山福祿下武德二年別
置東南百二十里有祁連戍東北八十里有鹽池玉門中下貞觀元年省後復置開元中沒吐蕃因其地置玉門軍天寶十四載廢軍爲縣北有獨登

山出[illegible]以充貢有神雨山
伊州伊吾郡下本西伊州貞觀六年更名土貢香棗陰牙角胡桐
律戶二千四百六十七口萬一百五十七縣三西北三百里甘露川有伊吾軍景龍四年置
伊吾下貞觀四年置并置柔遠縣神功元年省入焉在大磧外南去玉門關八百里東去陽關二千七百三十里有折羅漫山亦曰天山南二里有鹹池
納職下貞觀四年以鄯善故城置開元六年省十五年復置南六十里有陸鹽池自縣西經獨泉東華西華駝泉渡茨萁水過神泉三百九十里有
羅護守捉又西南經達匪草堆百九十里至赤亭守捉與伊西路合別自羅護守捉西北上乏驢嶺百二十里至赤谷又出谷口經長泉龍泉百八十里有獨山守
捉又經蒲類百六十里至北庭都護府柔遠下
西州交河郡中都督府貞觀十四年平高昌以其地置開元中曰
金山都督府天寶元年爲郡土貢絲氎布氈刺蜜蒲萄五物酒漿
煎皺乾戶萬九千一十六口四萬九千四百七十六縣五有天山軍開元二年
置自州西南有南平安昌兩城百二十里至天山西南入谷經礌石磧二百二十里至銀山磧又四十里至焉耆界呂光館又經盤石百里有張三城守捉又
西南百四十五里經新城館渡淡河至焉耆鎮城前庭下本高昌寶應元年更名柳中下交河中下自縣北八十里有龍泉館
又北入谷百三十里經柳谷渡金沙嶺百六十里經石會漢戍至北庭都護府城蒲昌中本隸庭州後來屬西有七屯城弩支城有石城鎮播仙
鎮天山下有天山

北庭大都護府本庭州貞觀十四年平高昌以西突厥泥伏沙鉢
羅葉護阿史那賀魯部落置并置蒲昌縣尋廢顯慶三年復置
長安二年爲北庭都護府土貢陰牙角速霍角阿魏截根戶二千
二百二十六口九千九百六十四縣四有瀚海軍本燭龍軍長安二年置三年更名開元中蓋嘉運增
築西七百里有清海軍本清海鎮天寶中爲軍南有神山鎮自庭州西延城西六十里有沙鉢城守捉又有馮洛守捉又八十里有耶勒城守捉又八十里有
俱六城守捉又百里至輪臺縣又百五十里有張堡城守捉又渡里移得建河七十里有烏宰守捉又渡白楊河七十里有清鎮軍城又渡葉葉河七十里有
葉河守捉又渡黑水七十里有黑水守捉又七十里有東林守捉又七十里有西林守捉又經黃草泊大漠小磧渡石漆河踰車嶺至弓月城過思渾川蟄失蜜城
渡伊麗河一名帝帝河至碎葉界又西行千里至碎葉城水皆北流入磧及入夷播海金滿下輪臺下有靜塞軍大曆六年置後庭
下本蒲類隸西州後來屬寶應元年更名有蒲類郝遮鹹泉三鎮特羅堡西海下寶應元年置
安西大都護府初治西州顯慶二年平賀魯析其地置濛池崑陵
二都護府分種落列置州縣西盡波斯國皆隸安西又徙治高昌
故地三年徙治龜茲都督府而故府復爲西州咸亨元年吐蕃陷
都護府長壽二年收復安西四鎮至德元載更名鎮西後復爲安
西土貢碙砂緋氈偏桃人吐蕃既侵河隴惟李元忠守北庭郭昕守

安西與沙陀迴紇相依吐蕃攻之久不下建中二年元忠昕遣使
間道入奏詔各以爲大都護並爲節度貞元三年吐蕃攻沙陀迴
紇北庭安西無援遂陷有保大軍屯碎葉城于闐東界有蘭城坎城二守捉城西有葱嶺守捉城有胡弩固城吉良三鎮東
有且末鎮西南有皮山鎮焉耆西有于術榆林龍泉東夷僻西夷僻赤岸六守捉城
右隴右採訪使治鄯州

地理志第三十

地理志第三十一　唐書四十一

翰林學士兼龍圖閣學士朝散大夫給事中知制誥充史館修撰臣歐陽脩奉敕撰

淮南道蓋古揚州之域漢九江廬江江夏等郡廣陵六安國及南陽汝南臨淮之境揚楚滁和廬壽舒爲星紀分安黄申光蘄爲鶉尾分爲州十二縣五十三其名山灊天柱羅塗八公其大川滁肥巢湖厥賦絁絹綿布厥貢絲布紵葛

揚州廣陵郡大都督府本南兖州江都郡武德七年曰邗州以邗溝爲名九年更置揚州天寶元年更郡名土貢金銀銅器青銅鏡綿蕃客袍錦被錦半臂錦獨窠綾殿額莞席水兕甲黄稑米烏節米魚臍魚鰾糖蟹蜜薑藕鐵精空青白芒兔絲蛇粟栝蔞粉有丹楊監廣陵監錢官二戶七萬七千一百五口四十六萬七千八百五十七縣七有府四曰江平新林方山邗江 江都 望東十一里有雷塘貞觀十八年長史李襲譽引渠又築句城塘以溉田八百頃有愛敬陂水門貞元四年節度使杜亞自江都西循蜀岡之右引陂趨城隅以通漕溉夾陂田寶曆二年漕渠淺輸不及期鹽鐵使王播自七里港引渠東注官河以便漕運 江陽 望貞觀十八年析江都置有康令祠咸通中大旱令以身禱雨赴水死天即大雨民爲立祠 六合 緊武德七年析置石梁縣以石梁六合二縣置方州貞觀元年州廢省石梁以六合來屬有銅有鐵 海陵 望武德三年更名吴陵以縣置吴州七年州廢復故名來屬景龍二年析置海安縣開元十年省有鹽官 高郵 上有隄塘溉田數千頃元和中節度使李吉甫築 揚子 望永淳元年析江都置 天長 望本千秋天寶元年析江都六合高郵置七載更名有銅

楚州淮陰郡緊本江都郡之山陽安宜縣地臧君相據之號東楚州武德四年君相降因之八年更名土貢貲布紵布戶二萬六千六十二口十五萬三千縣四山陽 上有常豐堰大曆中黜陟使李承置以溉田 鹽城 上本故漢鹽瀆縣地隋末韋徹據其地置射州及射陽安樂新安三縣武德四年來歸因之七年州廢省射陽安樂新安置鹽城縣有鹽亭百二十三有監 寶應 望本安宜武德四年以縣置倉州七年州廢來屬上元三年以獲定國寶更名西南八十里有白水塘羨塘證聖中開置屯田西南四十里有徐州涇青州涇西南五十里有大府涇長慶中興白水塘屯田發青徐揚州之民以鑿之大府即揚州北四里有竹子涇亦長慶中開 淮陰 中武德七年省乾封二年析山陽復置南九十五里有棠梨涇長慶二年開

滁州永陽郡上武德三年析揚州置土貢貲布絲布紵練麻有銅坑二戶二萬六千四百八十六口十五萬二千三百七十四縣三清流 上 全椒 緊 永陽 上景龍三年析清流置

和州歷陽郡上土貢紵布戶二萬四千七百九十四口十二萬二千一十三縣三有府一曰新川 歷陽 上有黄應山本白石山有棲隱山本梅山皆天寶六載更名 烏江 上東南二里有韋游溝引江至郭十五里溉田五百頃開元中丞韋尹開貞元十六年令游重彦又治之民享其利以姓名溝 含山 上武德六年析歷陽之故龍亢縣地置八年省長安四年復置更名武壽神龍元年復故名

壽州壽春郡中都督府本淮南郡天寶元年更名土貢絲布絁茶生石斛戶三萬五千五百八十一口十八萬七千五百八十七縣五壽春 上有八公山 安豐 緊武德七年省小黄肥陵二縣入焉東北十里有永樂渠溉高原田廣德二年宰相元載置大曆十三年廢 盛唐 上本霍山武德四年以霍山應城潛城三縣置霍州貞觀元年州廢省應城潛城以霍山來屬神功元年曰武昌神龍元年復故名開元二十七年更名有開化縣武德四年置有潛縣五年置貞觀中皆省 霍丘 緊武德四年以松滋霍丘二縣置蓼州七年州廢省松滋以霍丘來屬神功元年曰武昌景雲元年復故名 霍山 上天寶初析盛唐別置有大別山霍山

廬州廬江郡上土貢花紗交梭絲布茶蠟酥鹿脯生石斛戶四萬三千三百二十三口二十萬五千三百九十六縣五合肥 緊 慎 緊 巢 上本襄安武德三年置巢州并析置開城扶陽二縣七年州廢省開城扶陽以巢來屬東南四十里有故東關 廬江 緊有礬山有銅 舒城 上開元二十三年析合肥廬江置

舒州同安郡上至德二載更名盛唐郡後復故名土貢紵布酒器鐵器石斛蠟戶三萬五千三百五十三口十八萬六千三百九十八縣五懷寧 上武德五年析置皖城安樂梅城皖陽四縣是年省安樂七年省皖城梅城皖陽有皖山 宿松 上武德四年以縣置嚴州七年以望江隸之八年州廢縣皆來屬有嚴恭山 望江 中武德四年以縣置高州尋更名智州七年州廢以望江隸嚴州 太湖 上武德四年析置青城荊陽二縣七年省荊陽入太湖 桐城 緊本同安至德二載更名自開元中徙治山城地多猛虎毒虺元和八年令韓震焚薙草木其害遂除

光州弋陽郡上本治光山太極元年徙治定城土貢葛布石斛戶三萬一千四百七十三口十九萬八千五百八十縣五定城 上武德三年置弦州貞觀元年州廢來屬 光山 上南有木陵故關西南八里有雨施陂永徽四年刺史裴大覺積水以溉田百餘頃 仙居 上本樂安武德三年析置宋安縣以宋安置谷州貞觀元年州廢省宋安天寶元年更名 殷城 中武德元年置義州貞觀元年州廢來屬西有定城故關 固始 上

蘄州蘄春郡上土貢白紵簟鹿毛筆茶白花蛇烏蛇脯戶二萬六千八百九口十八萬六千八百四十九縣四蘄春 上武德四年省蘄水縣入焉有鼓吹山 黄梅 上武德四年以縣置南晉州析置義豐長吉塘陽新蔡四縣八年州廢省義豐長吉塘陽新蔡以黄梅來屬 廣濟 中本永寧武德四年析蘄春置天寶元年更名有鐵 蘄水 上本浠水武德四年更名蘭溪省羅田縣入焉天寶元年又更名有鐵

安州安陸郡中都督府土貢青紵布糟筍瓜戶二萬二千二百二十一口十七萬一千二百二縣六有府一曰義安安陸上雲夢中有神山孝昌中武德四年以縣置澴州并置澴陽縣八年州廢省澴陽以孝昌來屬寶應二年隸沔州後復來屬元和三年省入雲夢咸通中復置應城中本應陽武德四年更名元和三年省入雲夢大和二年復置天祐二年復曰應陽吉陽中元和三年省入應山後復置有白兆山應山中武德四年以縣置應州并析置禮山縣八年州廢省禮山以應山來屬有故黃峴武陽百雁平靖四關

黃州齊安郡下本永安郡天寶元年更名土貢白紵布貲布連翹松蘿蝱蟲戶萬五千五百一十二口九萬六千三百六十八縣三黃岡上武德三年省木蘭縣入焉又析置堙城縣七年省有木蘭山黃陂中武德三年以縣置南司州七年州廢來屬北有大活關有白沙關麻城中武德三年以縣置亭州又析置陽城縣八年州廢省陽城以麻城來屬元和三年省入黃岡建中三年復置西北有木陵關在木陵山上東北有陰山關

申州義陽郡中土貢緋葛紵布貲布茶蝱蟲戶二萬五千八百六十四口十四萬七千七百五十六縣三義陽上南有故平靖關鍾山上羅山上武德四年以縣置南羅州八年州廢來屬

右淮南採訪使治揚州

江南道蓋古揚州南境漢丹楊會稽豫章廬江零陵桂陽等郡長沙國及牂柯江夏南郡地潤昇常蘇湖杭睦越明衢處婺溫台宣歙池洪江饒虔吉袁信撫福建泉汀漳爲星紀分岳鄂潭衡永道郴邵黔辰錦施敘獎夷播思費南溪溱爲鶉尾分爲州五十一縣二百四十七其名山衡廬茅蔣天目天台會稽四明括蒼縉雲金華大庾武夷其大川湘灨沅澧浙江洞庭彭蠡太湖厥賦麻紵厥貢金銀紗綾蕉葛綀練鮫革藤紙丹沙

潤州丹楊郡望武德三年以江都郡之延陵縣地置取潤浦爲州名土貢衫羅水紋方紋魚口繡葉花紋等綾火麻布竹根黃粟伏牛山銅器鯽鮓戶十萬二千二十三口六十六萬二千七百六縣四有丹楊軍乾元二年置元和二年廢丹徒望本延陵縣地武德三年置開元二十二年刺史齊澣以州北隔江舟行繞瓜步回遠六十里多風濤乃於京口埭下直趨渡江二十里開伊婁河二十五里渡揚子立埭歲利百億舟不漂溺有句驪山丹楊望本曲阿武德二年以縣置雲州五年曰簡州以縣南有簡瀆取名八年州廢來屬天寶元年更名有練塘周八十里永泰中刺史韋損因廢塘復置以溉丹楊金壇延陵之田民刻石頌之金壇緊本曲阿縣地隋末土人保聚因爲金山縣隋亡沈法興又置琅邪縣李子通以琅邪置茅州以金山隸之賊平因之後隸蔣州武德八年省入延陵垂拱四年復置來屬更名東南三十里有南北謝塘武德二年刺史謝元超因故塘復置以溉田延陵緊故治丹徒武德三年別置隸茅州後隸蔣州九年來屬有茅山

昇州江寧郡至德二載以潤州之江寧縣置上元二年廢光啓三年復以上元句容溧水溧陽四縣置土貢筆甘棠縣四有江寧軍乾元二年置有石頭鎮兵有下蜀淮山二戍上元望本江寧隸潤州武德三年以江寧溧水二縣置揚州析置丹楊溧陽安業三縣更江寧曰歸化七年平輔公祏更名蔣州八年復爲揚州又以延陵句容隸之省安業入歸化更歸化曰金陵九年州廢都督府治江都更名金陵曰白下以白下延陵句容隸潤州丹楊溧水溧陽隸宣州貞觀九年更白下曰江寧肅宗上元二年又更名有銅有鐵有蔣山句容望武德三年以句容延陵二縣置茅州七年州廢隸蔣州九年隸潤州乾元元年來屬西南三十里有絳巖湖麟德中令楊延嘉因梁故堤置後廢大曆十二年令王昕復置周百里爲塘立二斗門以節旱暵開田萬頃號巖故赤山天寶中更名有銅有礬溧水上乾元元年隸昇州州廢還隸宣州有銅溧陽緊上元元年隸昇州州廢還隸宣州有湖山有銅有鐵

常州晉陵郡望本毗陵郡天寶元年更名土貢紬綃布紵紅紫綿巾緊紗兔褐皂布大小香秔龍鳳席紫筍茶署預戶十萬二千六百三十三口六十九萬六百七十三縣五晉陵望武進望武德三年以故蘭陵縣地置貞觀八年省入晉陵垂拱二年復置西四十里有孟瀆引江水南注通漕溉田四千頃元和八年刺史孟簡因故渠開江陰望武德三年以縣置暨州并析置暨陽利城二縣九年州廢省暨陽利城以江陰來屬義興緊武德七年以縣置南興州并析置臨津陽羨二縣八年州廢省陽羨臨津以義興來屬有張公山無錫望南五里有泰伯瀆東連蠡湖亦元和八年孟簡所開

蘇州吳郡雄土貢絲葛絲綿八蠶絲緋綾布白角簟草席鞵大小香秔柑橘藕鯔皮飯鰌鴨胞肚魚魚子白石脂蛇粟戶七萬六千四百二十一口六十三萬二千六百五十縣七有長洲軍乾元二年置大曆十二年廢吳望有包山有銅長洲望萬歲通天元年析吳置嘉興望武德七年置八年省入吳貞觀八年復置有鹽官崑山望常熟緊海鹽緊貞觀元年省景雲二年復置有古涇三百一長慶中令李諤開以禦水旱又西北六十里有漢塘大和七年開有故縣山華亭上天寶十載析嘉興置

湖州吳興郡上武德四年以吳郡之烏程縣置土貢御服鳥眼綾折皂布綿紬布紵糯米黃糙紫筍茶木瓜杬子乳柑蜜金沙泉戶七萬三千三百六口四十七萬七千六百九十八縣五烏程望東百二十三里有官池元和中刺史范傳正開東南二十五里有陵波塘寶曆中刺史崔玄亮開北二里有蒲帆塘刺史楊漢公開開而得蒲帆因名有卞山有太湖占湖宣常蘇四州境武康上李子通置安州又曰武州武德四年平子通因之七年州廢縣隸湖州有封山有銅長城望大業末沈法興置長州武德四年更置綏州因古綏安縣名之又更名雉州并置原鄉縣七年州廢省原鄉以長城來屬有西湖溉田三千頃其後堙廢貞元十三年刺史于頔復之人賴其利顧山有茶以供貢有銅安吉緊義寧二年沈法興置武德四年賊平因之以縣隸桃州七年省入長城麟德元年復置北三十里有邸閣池北十七里有石鼓堰引天目山水溉田百頃皆聖曆初令鉗耳知命置有銅有錫德清上本武源天授二年析武康置景雲二年曰臨溪天寶元年更名

杭州餘杭郡，上。土貢白編綾緋綾藤紙木瓜橘蜜薑乾薑芑牛膝有臨平監新亭監有鹽官戶八萬六千二百五十八口五十八萬五千九百六十三縣八有餘杭軍乾元二年置有鎮海軍建中二年置于潤州元和六年廢大和九年復置景福二年徙屯又有鳥山戍錢塘望南五里有沙河塘咸通二年刺史崔彥曾開有臯亭山鹽官緊武德四年隸東武州七年省入錢塘貞觀四年復置有鹽官有捍海塘隄長百二十四里開元元年重築餘杭望南五里有上湖西二里有下湖因漢令陳渾故迹置北三里有北湖亦渾所開溉田千餘頃北又築甬道通西北大路高廣徑直百餘里行旅無山水之患有銅富陽緊北十四里有陽陂湖貞觀十二年令郝某開南六十步有堤登封元年令李濬時築東自海至于莧浦以捍水患貞元七年令鄭早又增修之王洲有橘以供貢於潛緊武德七年以縣置潛州并置臨水縣八年州廢省臨水以於潛來屬南三十里有紫溪水溉田貞元十八年令杜泳開又鑿渠三十里以通舟檝有天目山臨安緊垂拱四年析餘杭於潛地以故臨水城置有石鏡山新城上武德七年省入富陽永淳元年復置北五里有官塘堰水溉田有九澳永淳元年開唐山中垂拱二年析於潛置紫溪縣萬歲通天元年曰武隆其年復故名紫溪又析紫溪別置武隆縣聖曆三年省武隆入紫溪長安四年復置神龍元年更武隆為唐山大曆二年省長慶初復置唐山

睦州新定郡上本遂安郡治雉山武德七年曰東睦州八年復舊名萬歲通天二年徙治建德天寶元年更郡名土貢文綾簟白石英銀花細茶有銅坑二戶五萬四千九百六十一口三十八萬二千五百六十三縣六有三河戍建德上武德四年置七年省入桐廬埠山永淳二年復置有銅青溪上本雉山文明元年曰新安開元二十年曰還淳永貞元年更名壽昌上永昌元年析雉山置載初元年省神龍元年復置桐廬緊武德四年以桐廬分水建德置嚴州七年州廢以桐廬來屬分水上武德七年省入桐廬如意元年復置更名武盛神龍元年復故名寶應二年析置昭德縣大曆六年省遂安上有英山有白石英以供貢有銅

越州會稽郡中都督府土貢寶花花紋等羅白編交梭十樣花紋等綾輕容生縠花紗吳絹丹沙石蜜橘葛粉瓷器紙筆有蘭亭監鹽官戶九萬二百七十九口五十二萬九千五百八十九縣七有府一曰浦陽有義勝軍寶應元年置大曆二年廢靜海軍元和六年廢義勝軍中和二年復置義勝軍乾寧三年曰鎮東會稽望有南鎮會稽山有祠東北四十里有防海塘自上虞江抵山陰百餘里以蓄水溉田開元十年令李俊之增修大曆十年觀察使皇甫溫大和六年令李左次又增修之有錫山陰緊武德七年析會稽置八年省垂拱二年復置大曆二年省七年復置元和七年省十年復置北三十里有越王山堰貞元元年觀察使皇甫政鑿山以畜洩水利又東北二十里作朱儲斗門北五里有新河西北十里有運道塘皆元和十年觀察使孟簡開西北四十六里有新逕斗門大和七年觀察使陸亘置有鐵諸暨望有銀冶東二里有湖塘天寶中令郭密之築溉田二十餘頃餘姚緊武德四年析故句章縣置以縣置姚州七年州廢來屬剡望武德四年以縣置嵊州并析置剡城縣八年州廢省剡城以剡來屬蕭山緊本永興儀鳳二年置天寶元年更名上虞上貞元中析會稽置西北二十七里有任嶼湖寶曆二年令金堯恭置溉田二百頃北二十里有黎湖亦堯恭所置

明州餘姚郡上開元二十六年採訪使齊澣奏以越州之鄮縣置以境有四明山為名土貢吳綾交梭綾海味署預附子戶四萬二千二百七口二十萬七千三十二縣四有上亭戍鄮上武德四年析故句章縣置鄞州八年州廢更置鄮縣隸越州開元二十六年析置翁山縣大曆六年省有鹽南二里有小江湖溉田八百頃開元中令王元緯置民立祠祀之東二十五里有西湖溉田五百頃天寶二年令陸南金開廣之西十二里有廣德湖溉田四百頃貞元九年刺史任侗因故迹增修西南四十里有仲夏堰溉田數千頃大和六年刺史于季友築奉化上開元二十六年析鄮置有銅慈溪上開元二十六年析鄮置象山中本隸台州神龍元年析寧海及鄮置廣德二年來屬

衢州信安郡上武德四年析婺州之信安縣置六年沒輔公祏因廢州垂拱二年析婺州之信安龍丘常山復置土貢綿紙竹扇戶六萬八千四百七十二口四十四萬四百一十一縣四西安望本信安武德四年析置定陽縣六年省咸通中更信安曰西安東五十五里有神塘開元五年因風雷摧山偃澗成塘溉田二百頃有銀龍丘緊本太末武德四年置以縣置穀州并置白石縣八年州廢省太末白石入信安貞觀八年析信安金華復置更名龍丘隸婺州如意元年析置盈川縣聖曆二年置武安縣後省武安元和七年省盈川入信安有岑山須江上武德四年析信安置八年省永昌元年復置常山上咸亨五年析信安置隸婺州垂拱二年來屬乾元元年隸信州後復故

處州縉雲郡上本括州永嘉郡天寶元年更郡名大曆十四年更州名土貢綿蠟黃連戶四萬二千九百三十六口二十五萬八千二百四十八縣六麗水上本括蒼武德八年省麗水縣入焉大曆十四年更名有銅出豫章孝義二山東十里有惡溪多水怪宣宗時刺史段成式有善政水怪潛去民謂之好溪有括蒼山松陽上武德中以縣置松州八年州廢來屬有銀出馬鞍山縉雲上聖曆元年析括蒼及婺州之永康置有縉雲山青田中景雲二年析括蒼置遂昌上武德八年省入松陽景雲二年復置龍泉中乾元二年析遂昌松陽置

婺州東陽郡上土貢綿葛紵布藤紙漆赤松澗米香秔葛粉黃連戶十四萬四千八十六口七十萬七千一百五十二縣七金華望武德八年省長山縣入焉垂拱四年曰金山神龍元年復故名有百沙山金華山有銅義烏緊本烏傷武德四年以縣置綢州因綢巖為名并析置華川縣七年州廢省華川入烏傷更名來屬永康望本縉雲武德四年置麗州八年州廢更名來屬東陽望垂拱二年析義烏置有歌山蘭溪緊咸亨五年析金華置有望雲山大家山武成上本武義天授二年析永康置更名天祐中復曰武義浦陽上天寶十三載析義烏蘭溪及杭州之富陽置

溫州永嘉郡上高宗上元元年析括州之永嘉安固置土貢布柑橘蕉蛟革有永嘉監鹽官戶四萬二千八百一十四口二十四萬一千六百九十縣四永嘉上武德五年以縣置東嘉州并析置永寧安固橫陽樂成四縣貞觀元年州廢省橫陽永寧以

永嘉安固隸括州安固上有銅橫陽上大足元年析安固復置樂成上武德七年省入永嘉載初元年復置

台州臨海郡上本海州武德四年以永嘉郡之臨海置土貢金漆乳柑乾薑甲香蛟革飛生鳥戶八萬三千八百六十八口四十八萬九千一十五縣五臨海望武德四年析置章安縣八年省有鐵唐興上本始豐武德四年析臨海置八年省貞觀八年復置高宗上元二年更名有土牆山皐山天台山黃巖上本永寧高宗上元二年析臨海置天授元年更名有鐵有鹽樂安上武德四年析臨海置八年省高宗上元二年復置寧海上武德四年析臨海置七年省入章安永昌元年復置有鐵有鹽

福州長樂郡中都督府本泉州建安郡治武德六年別置景雲二年曰閩州開元十三年更州名天寶元年更郡名土貢蕉布海蛤文扇茶橄欖戶三萬四千八十四口七萬五千八百七十六縣十有經略軍有寧海軍至德二載置元和六年廢閩望東五里有海隄大和二年令李茸築先是每六月潮水鹹鹵禾苗多死隄成潴溪水殖稻其地三百戶皆良田侯官緊武德六年置八年省入閩長安二年析閩復置元和三年省五年復置有鹽官西南七里有洪塘浦自石岊江而東經甓瀆至柳橋以通舟楫貞元十一年觀察使王翃開長樂上本新寧武德六年析閩置尋更名元和三年省入福唐五年復置有鹽東十里有海隄大和七年令李茸築立十斗門以禦潮旱則瀦水雨則洩水遂成良田福唐上本萬安聖曆二年析長樂置天寶元年更名有鐵連江上本溫麻武德六年析閩置尋更名有鹽東北十八里有材塘貞觀元年築長溪中下武德六年置尋省入連江長安二年復置有鹽古田中下永泰二年析候官尤溪置梅溪

中貞元元年析候官置永泰中下咸通二年析連江及閩置尤溪中下開元二十九年開山洞置有銀有銅有鐵

建州建安郡上武德四年置土貢蕉花練竹練戶二萬二千七百七十口十四萬二千七百七十四縣五建安上有銀有銅邵武中下本隸撫州武德四年析置綏城縣隸建州七年以邵武來屬貞觀三年省綏城入焉有銅有鐵浦城緊本吳興武德四年更名唐興後廢入建安載初元年復置天授二年曰武寧神龍元年復曰唐興天寶元年更名建陽上武德四年置八年省入建安垂拱四年復置有武夷山將樂中下武德五年析邵武置隸撫州七年省垂拱四年析邵武及故綏城縣地復置元和三年省五年復置金泉有金又有銀有鐵

泉州清源郡上本武榮州聖曆二年析泉州之南安莆田龍溪置治南安後治晉江三年州廢縣還隸泉州久視元年復置景雲二年更名土貢綿絲蕉葛戶二萬三千八百六口十六萬二百九十五縣四自州正東海行二日至高華嶼又二日至鼅鼊嶼又一日至流求國晉江上開元八年析南安置北一里有晉江開元二十九年別駕趙頤貞鑿溝通舟楫至城下東一里有尚書塘溉田三百餘頃貞元五年刺史趙昌置名常稔塘後昌為尚書民思之因更名西南一里有天水淮灌田百八十頃大和三年刺史趙棨開有鹽南安緊武德五年以縣置豐州并析置莆田縣貞觀元年州廢二縣來屬有鹽有鐵莆田上武德五年析南安置西一里有諸泉塘南五里有瀝潯塘西南二里有永豐塘南二十里有横塘東北四十里有頡洋塘東南二十里有國清塘溉田總千二百頃並貞觀中置北七里有延壽陂溉田四百餘頃建中年置仙遊中下本清源聖曆二年析莆田置天寶元年更名

汀州臨汀郡下開元二十四年開福撫二州山洞置治新羅大曆四年徙治白石皆長汀縣地土貢蠟燭戶四千六百八十口萬三千七百二縣三長汀中下有銅有鐵寧化中下本黃連天寶元年更名有銀有鐵沙中下本隸建州武德四年置後省入建安永徽六年復置大曆十二年來屬有銅有鐵

漳州漳浦郡下垂拱二年析福州西南境置以南有漳水為名并置漳浦懷恩二縣初治漳浦開元四年徙治李澳川乾元二年徙治龍溪土貢甲香鮫革戶五千八百四十六口萬七千九百四十縣三龍溪中下本隸泉州後隸武榮州開元二十九年來屬龍巖中下開元二十四年置隸汀州大曆十二年來屬漳浦中下開元二十九年省懷恩縣入焉有梁山

右東道採訪使治蘇州

宣州宣城郡望土貢銀銅器綺白紵絲頭紅毯兔褐簟紙筆署預黃連碌青有鉛坑一戶十二萬一千二百四口八十八萬四千九百八十五縣八有采石軍乾元二年置元和六年廢宣城望武德三年析置懷安縣六年省東十六里有德政陂引渠溉田二百頃大曆二年觀察使陳少遊置有敬亭山當塗緊武德三年以縣置南豫州八年州廢來屬貞觀元年省丹陽縣入焉乾元元年隸昇州上元二年復來

屬有神武山有采石戍有銅有鐵涇緊武德三年以縣置南徐州尋更名猷州并置南陽安吳二縣八年州廢省南陽安吳以涇來屬廣德緊本綏安武德三年以縣置桃州并置桐陳懷德二縣七年州廢省桐陳懷德以綏安來屬至德二載更名有橫山南陵望武德四年隸池州州廢來屬後析置義安縣又廢義安為銅官冶利國山有銅有鐵鳳凰山有銀有大農陂溉田千頃元和四年寧國令范某因廢陂置為石堰三百步水所及者六十里有永豐陂在青弋江中咸通五年置有鵲頭鎮兵有梅根宛陵二監錢官太平上天寶十一載析當塗涇置大曆中省永泰中復置寧國緊武德三年析宣城置六年省天寶三載析宣城當塗復置有銀旌德上寶應二年析太平置

歙州新安郡上土貢白紵簟紙黃連戶三萬八千三百二十口二十六萬九千一百九縣六歙緊東南十二里有呂公灘本車輪灘湍悍善覆舟刺史呂季重以俸募工鑿之遂成安流有主簿山休寧上永泰元年盜方清陷州州民拒賊保于山險二年析置歸德縣大曆四年省黟上績溪中下本北野永徽五年析歙置後更名有銀有鉛婺源上開元二十八年析休寧置祁門中下永泰二年平方清因其壘析黟及饒州之浮梁置西四十里有武陵嶺元和中令路旻鑿石為盤道西南十三里有閶門灘善覆舟旻開斗門以平其隘號路公溪後設斗門廢咸通三年令陳甘節以俸募民沈石積木為橫梁因山派渠餘波入于乾溪舟行乃安

池州上武德四年以宣州之秋浦南陵二縣置貞觀元年州廢縣還隸宣州永泰元年復析宣州之秋浦青陽饒州之至德置土貢紙鐵有鉛坑一縣四秋浦緊有烏石山廣德初盜陳莊方清所據有銀有銅青陽上天寶元年析涇南陵秋

浦置有銅有銀 至德中至德二載析鄱陽秋浦置隸尋陽郡乾元元年隸饒州 石埭中永泰二年析青陽秋浦置

洪州豫章郡上都督府土貢葛絲布梅煎乳柑有銅坑一戶五萬
五千五百三十口三十五萬三千二百三十一縣七有南昌軍乾元二年置元和六年廢
南昌望本豫章武德五年析置鍾陵縣以南昌置孫州八年州廢又省南昌鍾陵寶應元年更豫章曰鍾陵貞元中又更名縣南有東
湖元和三年刺史韋丹開南塘斗門以節江水開陂塘以溉田 豐城上天祐中曰吳皐 高安望本建城武德五年更名以縣置靖州又
置望蔡華陽宜豐陽樂四縣七年曰米州又更名筠州八年州廢省華陽望蔡宜豐陽樂以高安來屬有米山 建昌緊武德五年置南昌州又析置
龍安永脩新吳三縣八年州廢省永脩龍安新吳以建昌來屬南一里有捍水隄會昌六年攝令何易于築西二里又有隄咸通三年令孫永築 新吳
上永淳二年析建昌復置 武寧上長安四年析建昌置景雲元年曰豫寧寶應元年復故名 分寧上貞元十五年析武寧置

江州潯陽郡上本九江郡天寶元年更名土貢葛紙碌生石斛戶
萬九千二十五口十萬五千七百四十四縣三有湖口湓城二戍 潯陽緊本湓城武德
四年更名又別析置湓城縣五年析湓城置楚城縣八年省楚城南有甘棠湖長慶二年刺史李渤築立斗門以蓄洩水勢東有秋水隄大
和三年刺史韋丹築西有斷洪隄會昌二年刺史張又新築以窒水害有銀有銅有廬山有彭蠡湖一名宮亭湖 彭澤上武德五年置浩州又析置都
昌樂城二縣八年州廢省樂城以彭澤都昌隸江州有銅 都昌上南一里有陳令塘咸通元年令陳可夫築以阻潦水

鄂州江夏郡緊土貢銀碌紵布有鳳山監錢官戶萬九千一百九

十口八萬四千五百六十三縣七有武昌軍元和元年置 江夏望有鐵 永興緊有銅有鐵北
有長樂堰貞元十三年築 武昌緊有樊山有銀有銅有鐵 蒲圻上 唐年上天寶二年開山洞置 漢陽中本沔州漢陽郡武
德四年以沔陽郡之漢陽汊川二縣置寶應二年以安州之孝昌隸之建中二年州廢四年復置元和三年省孝昌寶曆二年州又廢二縣來屬 汊川
中武德四年析漢陽置

岳州巴陵郡中本巴州武德六年更名土貢紵布鼈甲戶萬一千
七百四十口五萬二百九十八縣五 巴陵上有鐵有洞庭山在洞庭湖中 華容上垂拱二
年更名容城神龍元年復故名 橋江中本沅江乾寧中更名 湘陰中下武德八年省羅縣入焉 昌江中下神龍三年析湘陰置

饒州鄱陽郡上土貢麩金銀簟茶有永平監錢官有銅坑三戶四
萬八百九十九口二十四萬四千三百五十縣四 鄱陽上武德五年析置廣
晉縣隸浩州八年州廢省縣入焉縣東有邵父堤東北三里有李公堤建中元年刺史李復築以捍江水東北四里有馬塘北六里有土湖皆刺史馬植築
餘干上武德四年置玉亭長城二縣七年省玉亭入長城八年省長城入餘干有神山 樂平上武德四年置九年省後復置有金有銀
有銅有鐵 浮梁上本新平武德四年析鄱陽置八年省開元四年復置曰新昌天寶元年更名

虔州南康郡上土貢絲布紵布竹練石蜜梅桂子斑竹戶三萬七
千六百四十七口二十七萬五千四百一十縣七有猶口鎮兵有百丈戍 贛
上 虔化上有梅嶺山 南康上有錫有大庾山 雩都上有金天祐元年置瑞金監有君山有殷固山 信豐上本南安永淳
元年析南康置天寶元年更名 大庾中神龍元年析南康置有鉛錫有橫浦關 安遠中貞元四年析雩都置有鐵有錫

吉州廬陵郡上土貢絲葛紵布陟釐斑竹戶三萬七千七百五十
二口三十三萬七千三十二縣五 廬陵緊 太和上武德五年置南平州并置永新廣興東
昌三縣八年州廢省永新廣興東昌入太和來屬有玉山 安福上武德五年以縣置潁州七年州廢來屬 新淦上 永新上顯慶二
年析太和置

袁州宜春郡上土貢白紵有銅坑一戶二萬七千九十三口十四
萬四千九十六縣三 宜春上有宜春泉醞酒入貢西南十里有李渠引仰山水入城刺史李將順鑿有鐵 萍鄉
上 新喻上本作渝天寶後相承作喻

信州上乾元元年析饒州之弋陽衢州之常山玉山及建撫之地
置土貢葛粉有玉山監錢官有銅坑一鉛坑一縣四 上饒緊武德四年置饒
州七年省入弋陽乾元元年復置并置永豐縣元和七年省永豐入焉有金有銅有鐵有鉛 弋陽上有銀 貴溪中永泰元年析弋陽
置 玉山上證聖二年析常山須江及弋陽置有銀

撫州臨川郡上土貢金絲布葛竹箭朱橘戶三萬六百五口十七

萬六千三百九十四縣四 臨川上有金有銀 南城上武德五年析置永城東興二縣七年省 崇仁
上武德五年析置宜黃縣八年省 南豐上景雲二年析南城置先天二年省開元八年復置

潭州長沙郡中都督府土貢絲葛絲布木瓜戶三萬二千二百七
十二口十九萬二千六百五十七縣六有府一曰長沙有渌口花石二戍有橋口鎮兵 長沙望有
金 湘潭緊本隸衡州元和後來屬有衡山 湘鄉緊武德四年析衡山置 益陽上武德四年析置新康縣七年省永泰元年
曾嘏灘自空靈浮驛開新道經浮丘至湘鄉 醴陵中武德四年析長沙置有王喬山 瀏陽中景龍二年析長沙置

衡州衡陽郡上本衡山郡天寶元年更名土貢麩金綿紙戶三萬
三千六百八十八口十九萬九千二百二十八縣六有武分洞口平陽三戍 衡
陽緊本臨烝武德四年置七年省重安新城二縣入焉開元二十年更名有西毋山 衡山上本隸潭州神龍三年來屬有南岳衡山祠 常
寧中下本新寧天寶元年更名 攸中武德四年置南雲州又析置茶陵安樂陰山新興建寧五縣貞觀元年州廢省茶陵安樂陰山新興建寧以攸來
屬 茶陵中聖曆元年析攸因故縣復置 耒陽上本耒陰武德四年更名

永州零陵郡中土貢葛筍零陵香石蜜石鷰戶二萬七千四百
九十四口十七萬六千一百六十八縣四有麻田鎮兵有雷石盧洪二戍 零陵上 祁
陽上武德四年析零陵置貞觀元年省四年復置有鐵 湘源上有金有鐵 灌陽中蕭銑析湘源置武德七年省上元二年復置

道州江華郡中本營州武德四年以零陵郡之營道永陽二縣置五年曰南營州貞觀八年更名十七年州廢入永州上元二年復置土貢白紵零陵香犀角戶二萬二千五百五十一口十三萬九千六十三縣五弘道上本營道天寶元年更名延唐上本梁興萬歲[illegible]析營道置[illegible]平更名唐興長壽二年曰武盛神龍元年復曰唐興天寶元年又更名有鐵江華中武德四年析賀州之馮乘縣置文明元年曰雲溪神龍元年更名有錫永明中本永陽貞觀八年省入營道天授二年復置天寶元年更名有銀有鐵大曆中大曆二年析延唐置

郴州桂陽郡上土貢赤錢紵布絲布有桂陽監錢官戶三萬三千一百七十五縣八郴上有馬嶺山義章中下萬歲[illegible]析郴置武德七年省八年復置有銀有銅有鉛平陽上資興上本晉興貞觀八年省咸亨二年復置更名高亭中下本安陵開元十三年析郴置天寶元年更名義昌中下臨武中下如意元年曰隆武神龍元年復故名藍山上本南平咸亨二年置天寶元年更名

邵州邵陽郡下本南梁州武德四年析潭州之邵陽置并置邵陵建興二縣貞觀十年更名土貢銀犀角戶萬七千七十三口七萬一千六百四十四縣二邵陽上武德七年省邵陵縣入焉有文斤山武岡中本武攸武德四年更名七年省建興縣入焉

右西道採訪使治洪州

黔州黔中郡下都督府本黔安郡天寶元年更名土貢犀角光明丹沙蠟戶四千二百七十口二萬四千二百四縣六彭水上武德元年析置都上石城二縣二年又析置盈隆洪杜相永萬資四縣貞觀四年以相永萬資置費州都上置夷州十年以思州之高富來屬十一年以高富隸夷州有鹽黔江中下本石城天寶元年更名洪杜中下洋水中下本盈隆先天元年曰盈川天寶元年更名信寧中下本信安武德二年更名隸義州貞觀十一年州廢來屬都濡中下貞觀二十年析盈隆置

辰州盧溪郡中都督府本沅陵郡天寶元年更名土貢光明丹沙犀角黃連黃牙戶四千二百四十一口二萬八千五百五十四縣五沅陵上盧溪中下武德三年析沅陵置有武山漵浦上武德五年析辰溪置麻陽中下武德三年析沅陵辰溪置辰溪中垂拱四年析置龍門縣尋省有丹穴

錦州盧陽郡下垂拱二年以辰州麻陽縣地及開山洞置土貢光明丹砂犀角戶二千八百七十二口萬四千三百七十四縣五盧陽中下招諭中下渭陽下常豐中下本萬安天寶元年更名洛浦中下本隸溪州天授二年析辰州之大鄉置長安四年來屬

施州清化郡下本清江郡天寶元年更名土貢麩金犀角黃連蠟藥實戶三千七百二口萬六千四百四十四縣二清江中下義寧元年置開夷縣武德元年省入焉建始中下義寧二年置業州貞觀八年州廢來屬

敘州潭陽郡下本巫州貞觀八年以辰州之龍標縣置天授二年曰沅州開元十三年以沅原聲相近復爲巫州大曆五年更名土貢麩金犀角戶五千三百六十八口二萬二千七百三十八縣三龍標上武德七年置貞觀八年析置夜郎朗溪思微三縣九年省思微朗溪下潭陽中下先天二年析龍標置

奬州龍溪郡下本舞州長安四年以沅州之夜郎渭溪二縣置開元十三年以舞武聲相近更名鶴州二十年曰業州大曆五年又更名土貢麩金犀角蠟戶千六百七十二口七千二百八十四縣三峨山中下本夜郎天寶元年更名渭溪中下天授二年析夜郎置梓薑中下本隸充州天寶三載廢爲羈縻州以縣來屬

夷州義泉郡下本隋明陽郡地武德四年以思州之寧夷縣置貞觀元年州廢四年復以黔州之都上縣開南蠻置十一年徙治綏陽土貢犀角蠟燭戶千二百八十四口一千一十三縣五綏陽中下有巖陽山都上中下義泉中下本隸明陽郡武德二年以信安義泉綏陽三縣置義州并置都上洋川二縣五年曰智州貞觀四年省都上五年以廢夷州之樂安宜林芙蓉琊川四縣隸之後又領廢夷州之綏養十一年曰牢州徙治義泉十六年州廢省綏養樂安宜林以綏陽義泉洋川來屬芙蓉琊川隸播州洋川中下寧夷中下武德四年析置夜郎神泉豐樂綏養鄨公羽伏遠明陽高富思義丹川宣慈慈岳十二縣六年省鄨羽及州廢省夜郎神泉豐樂以寧夷伏遠明陽高富思義丹川隸務州宣慈慈岳隸治州綏養隸智州貞觀六年復置綏養鄨羽縣來屬十一年又以高富來屬永徽後省綏養鄨羽高富開元二十五年復以寧夷來屬

播州播川郡下本郎州貞觀九年以隋牂柯郡之牂柯縣置十一年廢十三年復置更名土貢斑竹戶四百九十口二千一百六十八縣三遵義中下本恭水貞觀元年以牂柯地置并置高山貢山柯盈邪施釋燕五縣及郎州州廢縣亦省十三年復置州亦復置縣十四年更恭水曰羅蒙高山曰舍月貢山曰湖江柯盈曰帶水邪施曰羅爲釋燕曰胡刀十六年更羅蒙曰遵義顯慶五年省舍月湖江羅爲芙蓉中下貞觀五年置隸夷州十一年并琊川隸牢州開元二十六年省琊川胡刀入焉帶水中下

思州寧夷郡下本務州武德四年以隋巴東郡之務川扶陽置貞觀四年更名土貢蠟戶千五百九十九口萬二千二十一縣三務川中下武德元年置貞觀元年以廢夷州之寧夷伏遠思義明陽高富丹川又廢思州之丹陽城樂感化思王多田隸務州尋省思義明陽丹川二年省丹陽八年省感化十年以高富隸黔州十一年省伏遠思王中下武德三年置思邛中下開元四年開生獠置

費州涪川郡下貞觀四年析思州之涪川扶陽開南蠻置土貢蠟戶四百二十九口二千六百九縣四涪川中下武德四年析務川置貞觀四年以黔州之相永萬資隸費州十一年省扶陽中下多田中下武德四年置隸思州貞觀元年隸務州八年來屬城樂中下武德四年招慰生獠置隸思州貞觀元年隸務州八年來屬

南州南川郡下武德二年開南蠻置三年更名僰州四年復故名土貢斑布戶四百四十三口二千四十三縣二南川中下本隆陽武德二年置并置扶化隆巫丹溪靈水四縣貞觀十一年省扶化隆巫靈水先天元年更隆陽曰南川三溪中下貞觀五年置七年又置當山嵐山歸德汶溪四縣八年皆省

溪州靈溪郡下天授二年析辰州置土貢丹沙犀角茶牙戶二千一百八十四口萬五千二百八十二縣二大鄉上三亭中下貞觀九年析大鄉置有大酉山

溱州溱溪郡下貞觀十六年開山洞置土貢文龜斑布丹沙戶八百七十九口五千四十五縣五榮懿中下貞觀十六年置并置扶歡樂來二縣咸亨元年省樂來扶歡中下夜郎中下貞觀十六年開山洞置珍州并置夜郎麗皋樂源三縣後為夜郎郡元和三年州廢縣皆來屬麗皋中下樂源中下

右黔中採訪使治黔州

地理志第三十一

地理志第三十二　唐書四十二

翰林學士兼龍圖閣學士朝散大夫給事中知制誥充史館脩撰臣歐陽脩奉

敕撰

劍南道蓋古梁州之域漢蜀郡廣漢犍為越巂益州牂柯巴郡之地總為府一都護府一州三十八縣百八十九其名山岷峨青城鶴鳴其大川江涪雒西漢厥賦絹綿葛紵厥貢金布絲葛羅綾綿紬羚角犛尾

成都府蜀郡赤至德二載曰南京為府上元元年罷京土貢錦單絲羅高杼布麻蔗糖梅煎生春酒戶十六萬九百五十口九十二萬八千一百九十九縣十有府三曰威遠歸德三江有天征軍本天威軍乾元二年置元和三年更名成都次赤有江瀆祠北十八里有萬歲池天寶中長史章仇兼瓊築堤積水溉田南百步有官源渠堤百餘里天寶二載令獨孤戒盈築華陽次赤本蜀貞觀十七年析成都置乾元元年更名新都次畿武德二年置有繁陽山犀浦次畿垂拱二年析成都置新繁次畿雙流次畿廣都次畿龍朔二年析雙流置郫次畿溫江次畿本萬春武德三年置貞觀元年更名有新源水開元二十三年長史章仇兼瓊因蜀王秀故渠開通漕西山竹木靈池次畿本東陽久視元年置天寶元年更名

彭州濛陽郡緊垂拱二年析益州置土貢段羅交梭戶五萬五千九百二十二口三十五萬七千三百八十七縣四有府二曰天水唐興有威戎軍有羊灌田明笮堋橋三守捉城有七盤安遠龍溪三城有當風戍有靜塞關九隴望武德三年以九隴綿竹導江置濛州貞觀二年州廢縣皆來屬武后時長史劉易從決唐昌沲江鑿川派流合堋口埌岐水溉九隴唐昌田民為立祠有葛璝山漢元山陽平山導江望本盤龍武德元年以山置貞觀元年更名中日灌寧開元中復為導江有侍郎堰其東百丈堰引江水以溉彭益田龍朔中築又有小堰長安初築西有蠶崖關有灌口山玉壘山有鎮靜軍開元中置有白沙守捉城有木瓜戍三奇戍唐昌望儀鳳二年析九隴導江郫置長壽二年日周昌神龍元年復故名濛陽緊儀鳳二年析九隴什邡雒置

蜀州唐安郡緊垂拱二年析益州置土貢錦單絲羅花紗紅藍馬策戶五萬六千五百七十七口三十九萬六千九百九十四縣四有府三曰金堤廣遠灌口有鎮靜軍乾符二年節度使高駢置晉原望有天倉山青城望青城故作清開元十八年更有青城山唐安望本唐隆武德元年置長壽二年日武隆神龍元年復為唐隆先天元年更名新津望西南二里有遠濟堰分四筒穿渠溉眉州通義彭山之田開元二十八年採訪使章仇兼瓊開有[illegible]堰山本竹山天社山主簿山有鐵

漢州德陽郡上垂拱二年析益州置土貢交梭雙紃彌牟紵布衫段綾紅藍蜀馬戶六萬九千五口三十萬八千二百三縣五有府一曰玉津有威勝軍雒望貞元末刺史盧士瑝立堤堰溉田四百餘頃德陽緊武德三年析雒置有鹿頭關什邡望武德二年析雒置有李

冰祠山 綿竹緊有庚除山萬安山鹿堂山 金堂上咸亨二年析雒新都置有昌利山

嘉州犍為郡中本眉山郡天寶元年更名土貢麩金紫葛麝香

戶三萬四千二百八十九口九萬九千五百九十一縣八有犍為沐源寺莊牛

徑銅山曲灘陵和平夷依名利雲溶川羅護柘林大池鋒心龍溪頻泥可渴波笑蠻龍馬鞍始犂峨眉等二十二鎮兵 龍遊緊 平羌中下

有鐵有峨山 峨眉上有金有鐵 夾江上有鐵 玉津中 綏山中久視元年析置樂都縣尋省有綏山 羅目中下麟

德二年開生獠置以縣置沐州高宗上元三年州廢縣亦省儀鳳三年復置來屬有峨眉山 犍為上本隸戎州高宗上元元年來屬

眉州通義郡上武德二年析嘉州置土貢麩金柑石蜜葛粉戶四

萬三千五百二十九口十七萬五千二百五十六縣五通義緊彭

山緊本隆山隸陵州貞觀元年省入通義二年復置來屬先天元年更名有通濟大堰一小堰十自新津邛江口引渠南下百二十里至州西南入江溉田

千六百頃開元中益州長史章仇兼瓊開有鹽有彭女山 丹稜上有龍鵠山 洪雅上武德元年以縣置犍州五年省南安入焉貞觀元年州

廢來屬開元七年置義州并以獠戶置南安平鄉二縣八年州廢省二縣以洪雅來屬 青神上大和中榮夷人張武等百餘家請田于青神鑿山

釃渠溉田二百餘頃

邛州臨邛郡上武德元年析雅州置顯慶二年徙治臨邛土貢葛

絲布酒杓戶四萬二千一百七口十九萬三百二十七縣七有府一曰興化

有鎮南軍寶應元年置 臨邛緊有銅有鐵 依政上 安仁上武德三年析臨邛依政置貞觀十七年省咸亨元年復置 大

邑上咸亨二年析益州之晉原置有鳴鶴山 蒲江中下有鹽大和四年以蒲江臨溪隸嶲州後皆復來屬 臨溪中下有鐵 火

井中下有鎮兵有鹽

簡州陽安郡下武德三年析益州置土貢麩金葛綿紬柑戶二萬

三千六十六口十四萬三千一百九縣三陽安上有銅有鹽有柏巔山玉女靈山 金

水上本金淵武德元年更名有銅 平泉中

資州資陽郡上本治盤石咸通六年徙治內江七年復治盤石土

貢麩金柑戶二萬九千六百三十五口十萬四千七百七十五縣

八有安夷軍 盤石中有平岡山崇靈山有鹽北七十里有百枝池周六十里貞觀六年將軍薛萬徹決東使流 資陽上有鹽 清

溪下本牛鞞天寶元年更名 內江中有鹽 月山下義寧二年置 龍水中義寧二年置有鹽 銀山下義寧二年置

丹山中貞觀四年置六年省入內江七年復置

嶲州越嶲郡中都督府本治越嶲至德二載沒吐蕃貞元十三年

收復大和五年為蠻寇所破六年徙治臺登土貢蜀馬絲布花布

麩金麝香刀靴戶四萬七百二十一口十七萬五千二百八十縣九

有清溪關大和中節度使李德裕徙于中城西南有昆明軍其西有寧遠軍有靳安三阜沙野蘇祁保塞羅山西瀘蛇勇邛崍大池九城自清溪關南經大定城百

一十里至達仕城西南經箐口百二十里至永安城城當滇笮要衝又南經水口西南度木瓜嶺二百二十里至臺登城又九十里至蘇祁縣又南八十里至嶲

州又經沙野二百六十里至羌浪驛又經陽蓬嶺百餘里至俄準添館陽蓬嶺北嶲州境其南南詔境又經箐口會川四百三十里至河子鎮城又三十里渡瀘水

又五百四十里至姚州又南九十里至外沴蕩館又百里至佉龍驛與戎州往羊苴咩城路合貞元十四年內侍劉希昂使南詔由此 臺登中武德元年隸

登州貞觀二年來屬有九子山 越嶲中 邛部中 蘇祁中 西瀘中本可天寶元年更名 昆明中武德二年置

有鹽有鐵 和集中貞觀八年置 昌明中貞觀二十二年開松外蠻置牢州及松外尋聲林開三縣永徽三年州廢省三縣入昌明 會

川中本邛都高宗上元二年徙于會川因更名有瀘津關

雅州盧山郡下都督府本臨邛郡天寶元年更名土貢麩金茶石

菖蒲落鴈木戶萬八百九十二口五萬四千一十九縣五有和川始陽靈

關安國四鎮兵又有晏山遏臨統塞集重戍葆制勝龍游尼陽八城 嚴道中唐初以州境析置濛陽長松靈關陽啓嚴良火利六縣武德六年皆省

盧山中儀鳳二年置大渡縣長安二年省有靈關有鹽有銅 名山中下有雞棟關 百丈中貞觀八年置 榮經中下武德三年

置有邛崍山有關有銅有金湯軍乾符二年置并置靖寇軍故延貢地也

黎州洪源郡下都督府大足元年以雅州之漢源飛越嶲州之陽

山置神龍三年州廢縣還故屬開元四年復置土貢升麻椒麝香

牛黃戶千七百三十一口七千六百七十縣三有洪源軍有定蕃飛越和孤三鎮兵又有武侯柵清

銅山肅寧大定要衝潘倉三碉杖義瑠璃和孤十一城 漢源中武德元年以漢源陽山二縣置登州九年州廢二縣來屬貞觀二年隸嶲州永徽三年

復故 飛越中儀鳳二年析漢源置并置大渡縣隸雅州長安二年省神龍中隸雅州開元三年還屬 通望中下本陽山隸登州武德元年

析臺登置州廢隸雅州貞觀二年來屬天寶元年更名

茂州通化郡下都督府本汶山郡武德元年曰會州四年曰南會

州貞觀八年更州名天寶元年更郡名土貢麩金丹砂麝香狐尾

羌活當歸乾酪戶二千五百一十口萬三千二百四十二縣四有威戎軍

汶山中有龍泉山岷山 汶川中下有古桃關 石泉中下貞觀八年置永徽二年省北川縣入焉有石紐山 通化中下

翼州臨翼郡下武德元年析會州之左封翼針置咸亨三年僑治

悉州之悉唐上元二年還治翼針土貢犛牛尾麝香白蜜戶七百

一十一口三千六百一十八縣三有峨和白岸都護乖果四城有合江穀維三谷三守捉城有隴東益登[illegible]

蕃吉超五鎮兵 衛山中下本翼針天寶元年更名 翼水下 峨和下

維州維川郡下武德七年以白狗羌戶於姜維故城置并置金川

定廉二縣貞觀元年以羌叛州廢縣亦省二年復置麟德二年自

羈縻州為正州儀鳳二年以羌叛復降為羈縻州垂拱三年復為
正州廣德元年沒吐蕃大和五年收復尋棄其地大中三年首領
以州內附土貢麝香犛牛尾羌活當歸戶二千一百四十二口三
千一百九十八縣三有通化軍有乾溪白望暗桶赤敲溪石樢達節鴉口賀臺昭宅九守捉城西山南路有通耳爪平乾溪侏儒箭
上谷口大守捉城又有符堅城有寧塞鎮戎二鎮兵薛城中下貞觀二年置又析置鹽溪縣永徽元年省入定廉有鹽通化中下本小封咸
亨二年以生羌戶於故金川縣地置後更名歸化下
戎州南溪郡中都督府本犍為郡治南溪貞觀中徙治僰道天寶
元年更名長慶中復治南溪土貢葛纖荔枝煎戶四千三百五十
九口萬六千三百七十五縣五有石門龍鷹和戎馬湖移風伊禄義寶可封泥溪開邊平寇十一鎮兵有舊戎城乾
符二年置南溪中有平蓋山僰道中義賓中下本郁鄢武德二年省三年復置天寶元年更名又省撫夷縣入焉開
邊中下貞觀四年以石門開邊朱提三縣置南通州五年析置鹽泉縣以隸之八年曰質州是年州廢以石門朱提鹽泉置撫夷縣及開邊隸戎州自縣南
七十里至曲州又四百八十里至石門鎮隋開皇五年率益漢二州兵所開又經鄧枕山馬鞍渡二百二十五里至阿傍部落又經蒙夔山百九十里至阿夔
部落又百八十里至諭官川又經薄寧川百五十里至界江山下又經荆溪谷穀鰕蚾三百二十里至湯麻頓又二百五十里至柘東城又經安寧井三百九
十里至曲水又經石鼓二百二十里至石門至佉龍驛又六十里至雲南城又八十里至白崖城又八十里至龍尾城又四十里至羊苴咩城貞元十年詔祠

部郎中袁滋與內給事劉貞諒使南詔由此歸順中下聖曆二年析郁鄢縣地以生獠戶置
姚州雲南郡下武德四年以漢雲南縣地置土貢麩金麝香戶三
千七百縣三有澄川南江二守捉城自嶲州南至西瀘經陽蓬鹿谷甯口會川四百五十里至瀘州乃南渡瀘水經褒州微州三百五十里
至姚州西距羊苴咩城三百里東南距安南水陸二千里姚城下故漢弄棟縣地瀘南下本長城垂拱元年置天寶初更名有葱山
長明下
松州交川郡下都督府武德元年以扶州之嘉誠會州之交川置
以地產甘松名廣德元年沒吐蕃其後松當悉靜柘恭保真霸乾
維翼等為行州以部落首領世為刺史司馬土貢蠟朴硝麝香狐
尾當歸羌活戶千七十六口五千七百四十二縣四有松當軍武后時置嘉誠
下交川下平康下本隸當州垂拱元年析交川及當州之通軌翼針置天寶元年隸松州鹽泉下
當州江源郡下貞觀二十一年以羌首領董和那蓬固守松州
功析松州之通軌縣置以地產當歸名土貢麩金酥麝香當歸羌
活戶二千一百四十六口六千七百一十三縣三通軌中下貞觀三年置利
和下顯慶二年析通軌置谷和下文明元年開生羌置并置平康縣後省有常舊山

悉州歸誠郡下顯慶元年以當州之左封置并置悉唐識臼二縣
治悉唐咸亨元年徙治左封儀鳳二年羌叛僑治當州俄徙治左
封土貢麩金麝香犛牛尾當歸柑戶八百一十六口三千九百一
十四縣二左封中本隸會州武德元年隸翼州二年省貞觀四年復置二十一年隸當州歸誠下垂拱二年析左封置
靜州靜川郡下本南和州儀鳳元年以悉州之悉唐置天授二年
更名土貢麝香犛牛尾當歸羌活戶千五百七十七口六千六百
六十九縣三悉唐中靜居中清道下
柘州蓬山郡下顯慶三年開置土貢麝香當歸羌活戶四百九十
五口二千一百二十縣二柘下喬珠下
恭州恭化郡下開元二十四年以靜州之廣平置土貢麝香當歸
升麻羌活戶千一百八十九口六千二百二十三縣三西南有平戎軍和集
下本廣平天寶七年更名博恭下開元二十四年析廣平置烈山下開元二十四年析廣平置
保州天保郡下本奉州雲山郡開元二十八年以維州之定廉置
天寶八年徙治天保軍更郡名廣德元年沒吐蕃乾元元年嗣歸

誠王董嘉俊以郡來歸更州名後又更名古州其後復為保州土
貢麩金麝香犛牛尾戶千二百四十五口四千五百三十六縣四
有天保軍定廉下武德七年置永徽元年省維州之鹽溪縣入焉歸順下天寶八載析定廉置雲山下天寶八載析定廉
置安居下
眞州昭德郡下天寶五載析臨翼郡置土貢麝香大黃戶六百七
十六口三千一百四十七縣四眞符中下天寶五載析雞川昭德置雞川中下先天元年析翼
水縣地開生獠置本隸悉州天寶元年隸翼州昭德下本識臼顯慶元年開生獠置隸悉州天寶元年隸翼州昭遠中下
霸州靜戎郡下天寶元年招附生羌置戶五百七十一口千八百
六十一縣四安信下牙利中保寧中歸化中
乾州下大曆三年開西山置縣二招武下寧遠下
梓州梓潼郡下本新城郡天寶元年更名土貢紅綾絲布柑蔗糖
橘皮戶六萬一千八百二十四口二十四萬六千六百五十二縣
九郪望有鹽射洪上通泉緊大曆二年隸遂州後復來屬有鹽有鐵玄武上本隸益州武德三年來屬有鹽鹽
亭上有鹽有負戴山飛烏上有鹽永泰中武德四年析鹽亭及劒州之黃安閬州之西水置有鹽有女徙山銅山中南可象

山西北私鎔山皆有銅貞觀二十三年置鑄錢官調露元年罷析鄭飛烏置縣有會軍堂山涪城緊本隸綿州大曆十三年來屬有鹽

遂州遂寧郡中都督府土貢樗蒲綾絲布天門冬戶三萬五千六百三十二口十萬七千七百一十六縣五有靜戎軍方義望有鹽長江中有鹽有廣山蓬溪中本唐興永淳元年析方義置長壽二年曰武豐神龍元年復故名景龍二年析置唐安縣先天二年省天寶元年更唐興曰蓬溪有化鹽池青石中遂寧中景龍元年以故廣溪縣地置

綿州巴西郡上本金山郡天寶元年更名土貢鏤金銀器麩金輕容雙紃綾錦白藕蔴有橘官戶六萬五千六十六口二十六萬三千三百五十二縣八巴西望南六里有廣濟陂引渠溉田百餘頃垂拱四年長史樊思孝令夏侯奭因故渠開有富樂山有金有銀有鐵有鹽昌明緊本昌隆武德三年析置顯武文義二縣貞觀元年省文義神龍元年更顯武曰興聖先天元年更昌隆曰昌明開元二年省興聖入焉武后又析巴西涪城萬安地復置興聖二十七年省地還故屬有北芒山有鹽有鐵魏城上北五里有洛水堰貞觀六年引安西水入縣民甚利之有鐵有鹽羅江中本萬安天寶元年更名北五里有茫江堰引射水溉田入城永徽五年令白大信置北十四里有揭村堰引折腳堰水溉田貞元二十一年令韋德築有白馬關有鹽神泉上北二十里有折腳堰引水溉田貞觀元年開有鐵鹽泉中武德三年析魏城置有鹽龍安上本金山武德三年更名有松嶺關開元十八年廢東南二十三里有雲門堰決茶川水溉田貞觀元年築西昌中永淳元年以隋益昌縣地置有鐵

劍州普安郡上本始州先天二年更名土貢麩金絲布蘇薰席葛粉戶二萬三千五百一十口十萬四百五十縣八普安上普城緊本黃安貞元末更名永歸中有停船山梓潼上有亮山神山陰平中西北二里有利人渠引馬閣水入縣溉田龍朔三年令劉鳳儀開寶應中廢後復開景福二年又廢有浮滄山臨津上武連中劍門中下聖曆二年析普安永歸陰平置

合州巴川郡中本涪陵郡天寶元年更名土貢麩金葛桃竹箸雙陸子書筒橙牡丹藥實戶六萬六千八百一十四口七萬七千二百二十縣六石鏡上有鐵有銅梁山新明中武德三年析石鏡置漢初中赤水中巴川中開元二十三年析石鏡銅梁置有鐵銅梁中長安三年置

龍州應靈郡中都督府本平武郡西龍州義寧二年曰龍門郡又曰西龍門郡貞觀元年曰龍門州初為羈縻屬茂州垂拱中為正州天寶元年曰江油郡至德二載更郡名乾元元年更州名土貢麩金酥羚羊角葛粉厚朴附子天雄側子烏頭戶二千九百九十二口四千二百二十八縣二江油望貞觀八年省平武縣入焉有涪水關清川中下本烏盤天寶元年更名

普州安岳郡中武德二年析資州置土貢雙紃葛布柑天門冬煎戶二萬五千六百九十三口七萬四千六百九十二縣六安岳上有鹽安居中下大曆二年隸遂州後復來屬有鹽普慈中樂至中武德三年置有鹽普康中下本隆康先天元年更名有鹽崇龕中本隆龕武德三年置先天元年更名

渝州南平郡下本巴郡天寶元年更名土貢葛藥實戶六千九百九十五口二萬七千六百八十五縣五巴中下有鹽江津中下萬壽中下本萬春武德三年析江津置五年更名南平中下貞觀四年析巴縣置南平州并置南平清谷周泉昆川和山白溪瀛山七縣八年曰霸州十三年州廢省清谷周泉昆川和山白溪瀛山以南平來屬璧山中下至德二載析巴江津萬壽置有鹽

陵州仁壽郡本隆山郡天寶元年更名土貢麩金鵝溪絹細葛續隨苦藥戶三萬四千七百二十八口十萬一百二十八縣五仁壽望有鹽有高城山貴平中有鹽井研中有井鑊山始建中下有鐵籍上永徽四年析貴平置東五里有漢陽堰武德初引漢水溉田二百頃後廢文明元年令陳充復置後又廢有鹽

榮州和義郡中武德元年析資州置治公井六年徙治大牢永徽二年徙治旭川土貢紬班布葛利鐵柑戶五千六百三十九口萬

八千二十四縣六旭川中下貞觀元年析大牢置應靈中下本大牢景龍二年省雲州及羅水雲川胡連三縣入焉天寶元年更名有鹽公井中下武德元年置有鹽資官中下本隸嘉州武德六年來屬有鹽有鐵威遠中下貞觀元年析置婆日至如二縣二年以瀘州之隆越來屬八年省婆日至如隆越入焉有鹽和義中下本隸瀘州貞觀八年來屬

昌州下都督府乾元二年析資瀘普合四州之地置治昌元大曆六年州縣廢其地各還故屬十年復置光啓元年徙治大足土貢麩金麝香縣四大足下本合州巴川地靜南中昌元上永川下本渝州璧山縣地有鐵

瀘州瀘川郡下都督府土貢麩金利鐵葛布班布戶萬六千五百九十四口六萬五千七百一十一縣五瀘川中貞觀八年析置涇南縣後省富義中本富世武德九年省來鳳縣入焉貞觀二十三年更名江安中貞觀元年以夷獠戶置思隸思逢施陽三縣八年省施陽十三年省思隸思逢入焉有鹽合江中綿水中

保寧都護府天寶八載以劍南之索磨川置領牂柯

右劍南採訪使治益州

地理志第三十二

翰林學士兼龍圖閣學士朝散大夫給事中知制誥充史館脩撰臣歐陽脩奉

敕撰

嶺南道，蓋古揚州之南境，漢南海鬱林蒼梧珠崖儋耳交趾合浦九真日南等郡。韶廣康端封梧藤羅雷崖以東為星紀分，桂柳鬱林富昭蒙龔繡容白羅而西及安南為鶉尾分。為州七十有三，都護府一，縣三百一十四。其名山黃嶺靈洲。其大川桂鬱。厥賦蕉紵落麻。厥貢金銀孔翠犀象綵藤竹布。

廣州南海郡中都督府土貢銀藤簟竹席荔支鼊皮鼈甲蚺蛇膽石斛沉香甲香詹糖香戶四萬二千二百三十五口二十二萬一千五百縣十三有府二曰綏南番禺有經略軍屯門鎮兵南海上有南海祠山峻水深民不井汲都督劉巨鱗始鑿井四有牛鼻鎮兵有赤岸紫石二戍有靈洲山在鬱水中番禺上增城中四會中武德五年以四會化蒙二縣置南綏州并析置新招化注化穆三縣貞觀元年省新招化注以廢威州之懷集廢齊州之洊安隸之八年更名湞州十三年州廢省化穆以四會化蒙懷集洊安來屬化蒙中有鉛穴一懷集中武德五年置威州并析置興平靈清威成三縣貞觀元年州廢省興平靈清威成入懷集開元二年省永固縣入焉有礬山有鐵洊水中本洊安武德

五年置齊州并析置宣樂宋昌二縣貞觀元年州廢省宣樂宋昌入洊安至德二載更名東莞中本寶安至德二載更名有鹽有黃嶺山清遠中武德六年省政賓縣入焉洽洭中武德五年以洽洭湞陽二縣置洭州并析置翁源縣貞觀元年州廢以翁源隸韶州洽洭湞陽來屬湞陽中本貞陽貞觀元年更名有鐵西南有涯浦故關新會中武德四年以南海郡之新會義寧二縣置岡州新會郡以地有金岡以名州并析置封平封樂二縣貞觀十三年州廢省封平封樂以新會義寧來屬是年復以新會義寧置岡州又析義寧置封樂縣後省封樂開元二十三年州廢以新會義寧復來屬有鹽義寧中

韶州始興郡下本番州武德四年析廣州之曲江始興樂昌翁源置尋更名東衡州貞觀元年又更名土貢竹布鍾乳石斛戶三萬一千口十六萬八千九百四十八縣六曲江上武德四年置臨瀧良化二縣貞觀八年省始興下有大庾嶺新路開元十七年詔張九齡開東北有安遠鎮兵樂昌下翁源下仁化下本隸廣州垂拱四年析曲江置後來屬湞昌下光宅元年析始興置

循州海豐郡下本龍川郡天寶元年更名土貢布五色藤盤鏡匣蚺蛇膽甲煎鮫革荃臺綬草戶九千五百二十五縣六歸善中下貞觀元年省龍川縣入焉博羅中下貞觀元年省羅陽縣入焉河源中下武德五年析置石城縣貞觀元年省海豐中下武德五年析置陸安縣貞觀元年省興寧貞觀元年省齊昌縣入焉雷鄉中下天授二年置

潮州潮陽郡下本義安郡土貢蕉鮫革甲香蚺蛇膽龜石井銀石生馬戶四千四百二十口二萬六千七百四十五縣三海陽中下有鹽潮陽中下永徽初省先天初復置程鄉中下

康州晉康郡下本南康州武德六年析端州之端溪置九年州廢貞觀元年復置十一年又廢十二年復置更名康州土貢金銀戶萬五百一十口萬七千二百一十九縣四端溪下武德五年析端州之博林置撫納縣後省晉康下本遂安至德二載更名悅城下本樂城隸端州武德五年來屬後更名都城下

瀧州開陽郡下本永熙郡天寶元年更名土貢銀石斛戶三千六百二十七口九千四百三十九縣四瀧水下武德四年析置正義縣并領懷德縣後省正義以懷德隸竇州開陽下武德四年析瀧水置鎮南下本安南武德四年置南建州以永熙郡之安遂永熙永業三縣隸之五年析瀧水置安南縣貞觀八年更南建州曰瀧州十八年州廢省安遂永業以永寧安南來屬至德二載更名建水下本永熙武德五年曰永寧天寶元年復更名以建水在西也

端州高要郡下本信安郡天寶元年更名土貢銀柑戶九千五百口二萬一千一百二十縣二高要下貞觀十三年省懷林縣入焉東有青岐鎮平興下武德七年析置清泰縣貞觀十三年省

新州新興郡下本新昌郡武德四年以端州之新興置土貢金銀蕉戶九千五百縣二新興下武德四年析置索盧新昌單牒永順四縣後省新昌單牒乾元後又省索盧永順下

封州臨封郡下本廣信郡天寶元年更名土貢銀鮫革石斛戶三千九百口萬一千八百二十七縣二封川下武德四年析置封興縣後省開建下武德四年置

潘州南潘郡下本南宕州南巴郡武德四年以合浦郡之南昌定川置本治南昌貞觀元年徙治定川八年更名後徙治茂名後廢地入高州永徽元年復以茂名南巴毛山三縣置土貢銀戶四千三百口八千九百六十七縣三茂名下本隸高州以茂名水名貞觀元年來屬潘水下武德五年置以潘水名又析南昌定川置陸川思城溫水宕川四縣貞觀八年省思成後以定川宕川隸牢州陸川溫水隸禺州後省南昌二十三年析潘水置毛山縣以毛山名其後省潘水縣開元二年改毛山曰潘水南有博畔鎮南巴下本隸高州武德五年置永徽元年來屬

春州南陵郡下本陽春郡武德四年以高涼郡之陽春置天寶元年更名土貢銀鍾乳石斛戶萬一千二百一十八縣二陽春下武德四年并置流南縣五年又置西城縣後皆省有鉛羅水下天後置

勤州雲浮郡下本銅陵郡武德四年析春州置五年州廢萬歲通

天二年復置長安中復廢開元十八年平春瀧等州首領陳行範
餘黨保銅陵北山廣州都督耿仁忠奏復置州治富林洞因以爲
縣乾元元年徙治銅陵土貢金銀石斛戶六百八十二口千九百三
十三縣二銅陵下本隸春州後來屬有銅 富林下武德四年析銅陵置州廢隸春州後縣亦廢乾元元年復置
羅州招義郡下本石城郡武德五年以髙涼郡之石龍吳川置六
年徙治石城土貢銀孔雀鸂鶒戶五千四百六十口八千四十一縣
四廉江下本石城以石城水名武德五年析石龍吳川置南河石城招義零綠石龍陵羅龍化羅辯慈廉羅肥十縣後以石龍而下六縣隸南石州天
寶元年更名大曆八年以南河隸順州 吳川下 幹水下本石龍武德五年曰招義天寶元年更名以幹水名 零綠下以零綠水名
辯州陵水郡下本南石州石龍郡武德六年以羅州之石龍陵羅
龍化羅辯慈廉羅肥置貞觀九年更名天祐元年朱全忠以辯許
聲近表更名勳州土貢銀竹鞵戶四千八百五十八口萬六千二百
九縣二石龍下貞觀元年省慈廉羅肥二縣入焉 陵羅下
高州高涼郡下武德六年分廣州之電白連江置本治高涼貞觀
二十三年徙治良德大曆十一年徙治電白土貢銀蚺蛇膽戶萬

二千四百縣三電白下 良德下本隸瀧州武德中來屬 保寧下本連江開元五年曰保安至德二載更名
恩州恩平郡下本齊安郡貞觀二十三年以高州之西平齊安杜
陵置大順二年徙治恩平土貢金銀戶九千縣三有清海軍 恩平下本海安武德
五年曰齊安至德二載更名有西平縣本高涼亦武德五年更名後省 杜陵下本杜原武德五年更名 陽江下有銀
雷州海康郡下本南合州徐聞郡武德四年以合浦郡之海康隋
康鐵杷置貞觀元年更名東合州八年又更名土貢絲電班竹
孔雀戶四千三百二十口二萬五百七十二縣三海康中 遂溪下本
鐵杷椹川二縣後併以省更名 徐聞下本隋康貞觀二年更名
崖州珠崖郡下土貢金銀珠玳瑁高良薑戶八百一十九縣三舍
城下以舍城水名西南有勤連鎭兵有顏城縣本顏盧貞觀元年更名開元後省 澄邁下 文昌下本平昌武德五年置貞觀元年更名
瓊州瓊山郡下都督府貞觀五年以崖州之瓊山置自乾封後沒
山洞蠻貞元五年嶺南節度使李復討復之土貢金戶六百四
十九縣五瓊山下貞觀十三年析置曾口顏羅容瓊三縣貞元七年省容瓊有鹽 臨高下本臨機隸崖州貞觀五年來屬州後隸
崖州開元元年更名 曾口下 樂會下顯慶五年置 顏羅下

振州延德郡下本臨振郡又曰寧遠郡天寶元年更名土貢金五
色藤盤班布食單戶八百一十九口二千八百二十一縣五寧遠下以寧遠
水名有鹽 延德下以延德水名 吉陽下貞觀二年析延德置 臨川下 落屯下天寶後置
儋州昌化郡下本儋耳郡隋珠崖郡治天寶元年更名土貢金糖
香戶三千三百九縣五義倫下有鹽 昌化下貞觀元年析置吉安縣乾元後省 感恩下 洛場
下乾元後置 富羅下本毗善武德五年更名
萬安州萬安郡下龍朔二年以崖州之萬安置開元九年徙治陵
水至德二載更名萬全郡貞元元年復治萬全後復故名土貢金
銀戶二千九百九十七縣四萬安下本隸瓊州貞觀五年析文昌置并置富雲博遼二縣十三年隸崖州後來屬
至德二載曰萬全後復故名 陵水下本隸振州後來屬 富雲下 博遼下
邕州朗寧郡下都督府本南晉州武德四年以隋鬱林郡之宣化
置貞觀八年更名土貢金銀有金坑戶二千八百九十三口七千三
百二縣七有經略軍 宣化中下武德五年析置武緣晉興朗寧橫山四縣乾元後省橫山鬱水自蠻境七源州流出州民常苦之景雲中司馬
呂仁引渠分流以殺水勢自是無沒溺之害民乃奠水而居 武緣中下西有都稜鎭 晉興中下 朗寧中下 思籠中下

乾元後開山洞置 如和中下本隸欽州武德五年析南賓安京置景龍二年來屬 封陵中下乾元後開山洞置
澄州賀水郡下本南方州武德四年以鬱林郡之嶺方地置貞觀
八年更名土貢金銀戶千三百六十八口八千五百八十縣四上林
下武德四年析嶺方縣地置無虞琅邪思干上林止戈五縣 無虞下 止戈下 賀水下本隸柳州武德四年析馬平置八年來屬
賓州嶺方郡下本安城郡貞觀五年析南方州之嶺方思干琅邪
南尹州之安城置至德二載更名土貢藤器戶千九百七十六口
八千五百八十縣三嶺方中下貞觀十二年省思干縣 琅邪中下 保城中下本安城至德二載更名
橫州寧浦郡下本簡州武德四年以鬱林郡之寧浦樂山置六年
曰南簡州貞觀八年更名土貢金銀戶千九百七十八口八千三百
四十二縣三寧浦中下武德四年析置蒙澤縣五年以貴州之嶺山來屬貞觀十二年省蒙澤入焉後又省嶺山 從化中下本淳
風武德四年析寧浦置永貞元年更名 樂山下
潯州潯江郡下貞觀七年以鷰州之桂平大賓置十三年州廢縣
隸龔州後復置土貢金銀戶二千五百口六千八百三十六縣三桂
平下本隸貴州武德五年隸鷰州七年置陵江縣十二年省入焉 皇化下本隸繡州貞觀七年來屬 大賓下

巒州永定郡下本淳州武德四年以故秦桂林郡地置永貞元年更名土貢金銀戶七百七十口三千八百三縣三永定下武羅下靈竹下

欽州寧越郡土貢金銀翠羽高良薑戶二千七百口萬一百四十六縣五欽江下東南有西峩戍保京下本安京至德二載更名內亭下武德五年以內亭遵化二縣置南亭州貞觀二年州廢二縣來屬遵化中下靈山下本南賓貞觀十年更名

貴州懷澤郡下本南定州鬱林郡武德四年曰南尹州貞觀八年曰貴州天寶元年更郡名土貢金銀鉍器紵布戶三千二十六口九千三百縣四有府一曰龍山鬱林中下懷澤下武德四年置潮水下武德四年析鬱林置義山下武德四年更馬嶺縣曰馬度貞觀後省天寶後更置曰義山

龔州臨江郡下貞觀七年以鷰州故治析潯州之武林鷰州之泰川置後徙治南平土貢銀戶九千口二萬一千縣五平南下貞觀七年置又置西平歸政大同三縣十二年省泰川入平南又省歸政西平武林下本隸潯州武德七年來屬隋建下本隸藤州貞觀十三年來屬大同下陽川下本陽建後更名

象州象郡下本桂林郡武德四年以始安郡之陽壽桂林置以象

山爲州名貞觀十三年徙治武化大曆十一年復治陽壽土貢銀藤器戶五千五百口萬八百九十縣三陽壽下武德四年析桂林置武德西寧武仙三縣貞觀十二年省西寧入武德天寶元年省武德入陽壽武仙下乾封元年省桂林縣入焉武化下武德四年析桂州之建陵置本隸封州後隸晏州又析陽壽置長風縣隸晏州州廢縣皆來屬大曆十一年省長風入焉

藤州感義郡下本永平郡天寶元年更名土貢銀戶三千九百八十縣四鐔津中下初州治永平無鐔津又有隋安賀川寧人等縣皆貞觀後省併更置而寧人隸容州永平隸昭州有鉛感義下本淳民武德中更名義昌下本安昌至德二載更名寧風下武德五年以縣置鷰州以貴州之桂平隸之貞觀三年又以藤州之大賓隸之增領長恭泰川池陽龍陽四縣治長恭五年置新樂寧風梁石羅風四縣七年更名泰州徙治寧風更池陽曰承恩復以藤州之安基隸之以梁石羅風隸藤州省長恭縣八年徙治安基復爲鷰州十二年省龍陽承恩二縣十八年州廢以寧風來屬後省新樂安基梁石羅風

巖州常樂郡下調露二年析橫貴二州置以巖岡之北因爲名天寶元年曰安樂郡至德二載更名土貢金戶千一百一十縣四常樂下本安樂[illegible]分興德縣置貞觀元年省乾封元年復置隸鬱林州永隆元年來屬至德二載更名恩封下本伏龍洞當牢白二州之境調露二年與高城石巖同置高城下以高城水名石巖下

宜州龍水郡下唐開置本粵州乾封中更名有銀丹沙戶千二百二十口三千二百三十縣四龍水下崖山下東璽下天河下邕管所領又有顯州武州沈州後皆廢省

瀼州臨潭郡下貞觀十二年清平公李弘節開夷獠置戶千六百六十六縣四瀼江下波零下鵠山下弘遠下貞元後州縣名存而已

籠州扶南郡下貞觀十二年李弘節招慰生蠻置戶三千六百六十七縣七武勤下武禮下羅龍下扶南下龍額下武觀下武江下

田州橫山郡下開元中開蠻洞置貞元二十一年廢後復置戶四千一百六十八縣五都救下惠佳下武龍下橫山下如賴下

環州整平郡下貞觀十二年李弘節開拓生蠻置縣八正平下福零下龍源下饒勉下思恩下武石下歌良下都蒙下

桂州始安郡中都督府至德二載更郡曰建陵後復故名土貢銀銅器麖皮韉簟戶萬七千五百口七萬一千一十八縣十一有經略軍臨桂上本始安武德四年置福祿縣貞觀八年省入焉更名有相思埭長壽元年築分相思水使東西流又東南有回濤堤以捍桂水貞元十四年築有侯山理定中本興安武德四年置宣風縣貞觀十二年省入焉至德二載更名西十里有靈渠引灕水故秦史祿所鑿後廢寶曆初觀察使李渤立斗門十八以通漕俄又廢

咸通九年刺史魚孟威以石爲鏵隄亘四十里植大木爲斗門至十八里乃通巨舟靈川中龍朔二年析始安置陽朔中下武德四年置歸義縣貞觀元年省入焉荔浦中下武德四年以始安郡之荔浦建陵隋化三縣置荔州又析置崇仁純義東區三縣五年以隋化東區隸南恭州貞觀元年以建陵隸晏州十二年州廢以荔浦崇仁來屬崇仁後省純義隸蒙州豐水中下本永豐隸昭州武德四年析陽朔置後來屬長慶三年更名修仁中下本建陵貞觀元年置晏州并置武龍武化長風三縣十二年州廢省武龍以武化長風隸象州建陵來屬長慶三年更名恭化中下本純化武德四年析始安置永貞元年更名永福中下武德四年析始安置全義中下本臨源武德四年析始安置大曆三年更名古乾寧二年析慕化置

梧州蒼梧郡下武德四年以靜州之蒼梧豪靜開江置土貢銀白石英戶千二百九縣三蒼梧下貞觀八年以賀州之綏越來屬十二年省豪靜其後又省綏越而開江復隸富州戎城下本隸藤州永徽中來屬光化四年馬殷表以縣隸桂州孟陵下本猛陵隸藤州蕭銑置貞觀八年來屬更名光化中馬殷表以縣隸桂州

賀州臨賀郡下本綏越郡武德四年以始安郡之富川熙平郡之桂嶺零陵郡之馮乘蒼梧郡之封陽置土貢銀戶四千五百五十二口二萬五百七十縣六臨賀下武德四年置東有銅冶在橋山桂嶺下朝岡程岡皆有鐵馮乘下有荔平關有錫冶三封陽下貞觀元年省九年復置富川下有富水天寶中更名富水後復故名有錫有鍾乳穴三蕩山下天寶後置

連州連山郡下本熙平郡天寶元年更名土貢赤錢竹紵練白紵

細布鍾乳水銀丹沙白鑞戶三萬二千二百一十口十四萬三千五
百三十三縣三桂陽上有桂陽山本盧山天寶八載更名有銀有鐵 陽山中下有鐵有故秦湟溪關 連山中有金有銅有鐵
柳州龍城郡下本昆州武德四年以始安郡之馬平置是年更名
南昆州貞觀八年又以地當柳星更名土貢銀蚺蛇膽戶二千二百
三十二口萬一千五百五十縣五馬平下武德四年析置新平文安賀水歸德四縣尋更名歸德曰循德文安曰樂沙八年以賀水隸燕州貞觀七年省樂沙九年置崖山縣十二年省新平其後又省崖山以循德隸巖州 龍城下武德四年置龍州并置柳嶺縣貞觀七年州廢省柳嶺以龍城來屬 象下本隸桂州後來屬 洛曹下本洛封元和十三年更名 洛容下貞觀中置
富州開江郡下本靜州龍平郡武德四年以始安郡之龍平豪靜
蒼梧郡之蒼梧置貞觀八年更名土貢銀班布戶千四百六十口八
千五百八十六縣三龍平下武德四年析置博勞歸化安樂開江四縣以蒼梧豪靜開江隸梧州九年省安樂歸化博勞
思勤下天寶後置 馬江下本開江隸梧州又復長慶三年更名
昭州平樂郡下本樂州武德四年以始安郡之平樂置貞觀八年
更名土貢銀戶四千九百一十八口萬二千六百九十一縣三平樂下以
平樂水名之有鍾乳穴三武德四年析置沙亭縣貞觀七年省沙亭 恭城下武德四年置有銀有鍾乳穴十二在銀殿山 永平下本隸藤州後來屬
蒙州蒙山郡下本南恭州武德五年析荔州之隋化置貞觀八年
更名土貢麩金銀戶千五十九口五千九百三十三縣三立山下本隋化武德五年更名又析置純義縣貞觀十二年省 東區下武德五年析立山置貞觀六年隸燕州十年來屬 正義下本純義隸燕州十年來屬永貞元年更名
嚴州循德郡下乾封二年招致生獠以秦故桂林郡地置土貢銀
戶千八百五十九口七千五十一縣三來賓下乾封二年置 循德下本隸柳州後來屬 歸
化下乾封二年置
融州融水郡下武德四年析始安郡之義熙置土貢金桂心戶千
二百三十二縣二融水下本義熙武德四年析置臨牂黃水安修三縣六年更名貞觀十三年省安修入臨牂 武陽下天
寶初析黃水臨牂二縣更置
思唐州武郎郡下永隆二年析龔蒙象三州置開元二十四年爲
羈縻州建中元年爲正州土貢銀戶百四十一縣二武郎下 思和下本
平原長慶三年更名
古州樂興郡下貞觀十二年李弘節開夷獠置土貢蠟戶二百八

十五縣三樂山本樂預寶應元年更名 古書下 樂興下
容州普寧郡下都督府本銅州武德四年以合浦郡之北流普寧
置貞觀八年更名元和中徙治普寧土貢銀丹沙水銀戶四千九
百七十口萬七千八十五縣六有經略軍 普寧下 北流下武德四年析置豪石宕昌普寧陵城新安五縣貞觀十一年省新安後又省豪石宕昌州北三十里有鬼門關兩石相對中闊三十步 陵城下 渭龍下武德四年析陵城普寧置 欣道下本寧人隸藤州貞觀二十三年更名來屬 陸川下本隸東峨州唐末來屬
牢州定川郡下本義州武德二年以巴蜀徼外蠻夷地置貞觀十
一年以東北有牢石因更名徙治南流後廢乾封三年將軍王杲
平蠻獠復置土貢布銀戶千六百四十一口萬一千七百五十六
縣三南流下本隸容州武德四年析北流置南流縣以南百步有南流江名之乾封三年皆來屬 定川下本隸潘州定川水名之
宕川下本隸潘州因宕水名之
白州南昌郡下本南州武德四年以合浦郡之合浦地置六年更
名土貢金銀珠戶二千五百七十四口九千四百九十八縣四博白下武德四年置并置朗平周羅龍豪淳良建寧五縣貞觀六年以廉州之大廉隸之十二年省朗平淳良後又省大廉大曆八年以龍豪隸辯州西南百里有北戍灘咸
通中安南都護高駢募人平其險石以通舟楫 建寧下 周羅下 南昌下本隸潘州後來屬
順州順義郡下大曆八年容管經略使王翃析禺羅辯白四州置
土貢銀戶五百九縣四龍化下武德四年置以西有龍化水名之六年隸禺州 溫水下本隸禺州 南河
下武德五年析石龍置隸羅州 龍豪下武德四年析合浦置隸白州
繡州常林郡下本林州武德四年以鬱林郡之阿林縣及鬱平縣
地置六年更名土貢金戶九千七百七十三縣三常林中武德四年置又置羅繡
皇化歸誠三縣貞觀七年以皇化隸潯州省歸誠 阿林中下 羅繡下武德四年析置盧越縣貞觀六年縣廢入焉
鬱林州鬱林郡下本鬱州武德二年析貴州之石南興德鬱平置
乾封元年更名土貢布戶千九百一十八口九千六百九十九縣四
鬱平下本隸貴州後來屬 興業下武德二年析石南置尋廢建中二年省石南入焉 興德下武德四年析鬱平復置
潭栗下
黨州寧仁郡下本鬱林州地永淳元年開古黨洞置土貢金銀戶
千一百四十九口七千四百四縣八撫安下古西甌地 善勞中下 善文下 寧仁下
容山下本安仁永淳二年析黨州置平琴州平琴郡領安仁懷義福陽古符四縣垂拱三年廢神龍三年復置至德中更安仁曰容山建中二年州廢縣

皆來屬 懷義下 福陽下 古符下

竇州懷德郡下本南扶州武德四年以永熙郡之懷德置以獠叛僑治瀧州後徙治信義貞觀元年州廢以縣隸瀧州二年復置五年又廢以縣隸瀧州六年復置八年更名土貢銀戶千一十九口七千三百三十九縣四信義中下武德四年置并析置潭峩縣五年又析置特亮縣 懷德中下 潭峩下 特亮下

禺州溫水郡下本東峩州乾封二年將軍王杲奏析白辯竇容四州置總章二年更名土貢銀戶三千一百八十縣四峩石下總章二年析白州之溫水置以南有峩石名之 羅辯下本陸川隸辯州後更名本羅辯洞地 扶萊下武德五年析信義縣置隸竇州以扶萊水名之貞觀中省後復置 宕昌下本隸容州

廉州合浦郡下本合州武德四年曰越州貞觀八年更名以本大廉洞地土貢銀戶三千三十二口萬三千二十九縣四合浦中下武德五年置安昌高城大廉大都四縣貞觀六年置珠池縣後以大都隸白州十二年省珠池安昌入焉 封山下武德五年置姜州并置東羅蔡龍二縣貞觀十年州廢以封山東羅蔡龍來屬後省東羅 蔡龍下以蔡龍洞名之貞觀十二年省高城縣入焉 大廉下

義州連城郡下本南義州武德五年以永熙郡之永業縣地置貞觀元年州廢以縣隸南建州二年復置五年又廢以縣隸南建州六年復置後第名義州土貢銀戶千一百一十口七千三百三縣三岑溪下本龍城武德五年置并置安義義城二縣至德中更龍城曰岑溪其後又省義城有郡山 永業下本安義至德中更名 連城下武德五年析瀧州之正義置

安南中都護府本交趾郡武德五年曰交州治交趾調露元年曰安南都護府至德二載曰鎮南都護府大曆三年復爲安南寶曆元年徙治宋平土貢蕉檳榔鮫革蚺蛇膽翠羽戶二萬四千二百三十口九萬九千六百五十二縣八有經略軍 宋平上武德四年置宋州并置弘教南定二縣五年析置交趾懷德二縣隸交州六年曰南宋州貞觀元年州廢省弘教懷德徙交趾于故南慈州來屬 南定本隸宋州武德四年析宋平置五年隸交州大曆五年省貞元八年復置 太平中下本隆平武德四年置以縣置隆州并置義廉封溪二縣治義廉六年曰南隆州貞觀元年州廢省義廉以封溪隸峯州隆平來屬先天元年更名 交趾中下武德四年置慈州并置慈廉烏延武立三縣以慈廉水因名之六年曰南慈州貞觀元年州廢省三縣更置 朱鳶上武德四年置鳶州并置高陵定安二縣貞觀元年州廢省高陵定安以朱鳶來屬 龍編中下武德四年置龍州并置武寧平樂二縣貞觀元年州廢省武寧平樂以龍編隸仙州州廢來屬 平道中下武德四年置道州并置昌國縣六年曰南道州是年更名仙州貞觀十年州廢省昌國以平道來屬 武平中下

本隸道州武德五年來屬

陸州玉山郡下本玉山州武德五年以寧越郡之安海玉山置貞觀二年州廢縣隸欽州高宗上元二年復置更名土貢銀玳瑁鼊皮翠羽甲香戶四百九十四口二千六百七十四縣三烏雷下 華清下本玉山天寶中更名 寧海下本安海武德四年又置海平縣貞觀十二年省至德二載更名

峯州承化郡下都督府武德四年以交趾郡之嘉寧置土貢銀藤器白鑞蚺蛇膽豆蔻戶千九百二十縣五嘉寧下武德四年置新昌安仁竹格石堤四縣又領封溪縣貞觀元年省石堤封溪入嘉寧後又省安仁 承化下 新昌下貞觀元年省竹格縣入焉 高山元和後置 珠綠元和後置

愛州九眞郡下土貢紗絁孔雀尾戶萬四千七百縣六九眞下武德五年置松源揚山安預三縣貞觀元年省揚山安預九年省松源有金有石磬 安順下武德五年置順州并析置東河建昌邊河三縣貞觀元年州廢省三縣入安順來屬 崇平下本隆安武德五年置安州并置教山建道都握三縣又置山州并置岡山眞潤古安西安建初五縣貞觀元年廢安州省教山建道都握入隆安來屬又廢山州省岡山眞潤古安西安入建初來屬八年省建初先天元年更隆安曰崇安至德二載又更名 軍寧下本軍安武德五年以縣置永州七年曰都州貞觀元年州廢隸南陵州至德二載更名 日南下武德五年置積州又置積善津梧方載三縣又以移風縣地置前眞州并置九皐建正眞寧三縣又以胥浦縣置胥州并置攀龍如侯博犢鎮星四縣九年更積州曰南陵州貞觀元年曰後眞州是年廢前眞州省九皐建正眞寧以移風隸南陵州又廢胥州省攀龍如侯博犢鎮星以胥浦隸南陵州十年州亦廢以軍安日南移風胥浦來屬天寶中省移風胥浦 長林下本無編

驩州日南郡下都督府本南德州武德八年曰德州貞觀元年又更名土貢金金薄黃屑象齒犀角沈香班竹戶九千六百一十九口五萬八百一十八縣四九德中下武德五年置安遠曇羅光安三縣是年以光安置源州又置水源安銀河龍長江四縣貞觀八年更名阿州十三年州廢省水源河龍長江以光安安銀來屬安遠曇羅光安安銀後皆省 浦陽下 越裳下武德五年置明州并置萬安明弘明定三縣又以日南郡之文谷金寧二縣置智州并置新鎮闍眞二縣貞觀元年更曰南智州省新鎮闍眞十三年廢明州省萬安明弘明定入越裳隸智州後廢智州省文谷金寧入越裳來屬初以隋林邑郡置林州比景郡置景州又更名曰南景州貞觀二年以懷林邑乃僑治驩州之南境領比景朱吾二縣并置由文縣八年第名景州九年置林州亦寄治驩州之南境領林邑金龍海界三縣又置山州領龍池盆山二縣有浦陽戍戶千三百二十口五千二百後爲蠻陷皆貞元末廢 懷驩下本咸驩武德五年置驩州并置安人扶演相景西源四縣治安人貞觀元年更名演州十三年省相景十六年州廢省安人扶演西源以咸驩來屬後更咸驩曰懷驩

長州文揚郡下唐置土貢金戶六百四十八縣四文陽下 銅蔡下 長山下 其常下

福祿州唐林郡下本福祿郡總章二年智州刺史謝法成招慰生獠昆明北樓等七千餘落以故唐林州地置大足元年更名安武

州至德二載更郡曰唐林乾元元年復州故名土貢白鑞紫鉚戶三百一十七縣三柔遠下本安遠至德二載更名唐林下唐初以唐林安遠二縣置唐林州後州縣皆廢更置福祿下

湯州湯泉郡下唐以故秦象郡地置土貢金縣三湯泉下綠水下羅韶下

芝州忻城郡下唐置戶千二百口五千三百縣七忻城下富川下平西下樂光下樂豐下多雲下思龍下

武峩州武峩郡下唐置戶千八百五十口五千三百二十縣七武峩下如馬下武義下武夷下武緣下武勞下梁山下

演州龍池郡下本忠義郡又曰演水郡貞觀中廢廣德二年析驩州復置土貢金戶千四百五十縣七忠義下懷驩下龍池下思農下武郎下武容下武金下

武安州武曲郡下土貢金朝霞布戶四百五十縣二武安下臨江下

開元中安南所領有龐州土貢孔雀尾紫鉚又有南登州後皆廢省

右嶺南採訪使治廣州

地理志第三十三上

地理志第三十三下　唐書四十三下

翰林學士兼龍圖閣學士朝散大夫給事中知制誥充史館修撰臣歐陽脩奉敕撰

羈縻州

唐興初未暇於四夷自太宗平突厥西北諸蕃及蠻夷稍稍內屬即其部落列置州縣其大者為都督府以其首領為都督刺史皆得世襲雖貢賦版籍多不上戶部然聲教所暨皆邊州都督都護所領著于令式今錄招降開置之目以見其盛其後或臣或叛經制不一不能詳見突厥回紇党項吐谷渾隸關內道者為府二十九州九十突厥之別部及奚契丹靺鞨降胡高麗隸河北者為府十四州四十六突厥回紇党項吐谷渾之別部及龜茲于闐焉耆疏勒河西內屬諸胡西域十六國隸隴右者為府五十一州百九十八羌蠻隸劍南者為州二百六十一蠻隸江南者為州五十一隸嶺南者為州九十二又有党項州二十四不知其隸屬大凡府州八百五十六號為羈縻云

關內道

突厥州十九府五

定襄都督府貞觀四年析頡利部為二以左部置僑治寧朔領州四貞觀二十三年分諸部置州三阿德州以阿史德部置執失州以執失部置蘇農州以蘇農部置拔延州

右隸夏州都督府

雲中都督府貞觀四年析頡利右部置僑治朔方境領州五貞觀二十三年分諸部置州三舍利州以舍利吐利部置阿史那州以阿史那部置綽州以綽部置思壁州白登州貞觀末隸燕然都護後復來屬

桑乾都督府龍朔三年分定襄置僑治朔方領州四貞觀二十三年分諸部置州三郁射州以郁射施部置初隸定襄後來屬藝失州以多地藝失部置卑失州以卑失部置初隸定襄後來屬叱略州

呼延都督府貞觀二十年置領州三貞觀二十三年分諸部置州二賀魯州以賀魯部置初隸雲中都督後來屬葛邏州以葛邏挹怛部置初隸雲中都督後來屬跌跌州初為都督府隸北庭後為州來屬

右隸單于都護府

新黎州貞觀二十三年以車鼻可汗之子羯漫陀部置初為都督府後為州渾河州永徽元年以車鼻可汗餘眾歌邏祿之烏德鞬山左

廂部落置 狼山州 永徽元年以歌邏祿右廂部落置為都督府隸雲中都護顯慶三年為州來屬
堅昆都督府 貞觀二十二年以沙鉢羅葉護部落置
右隸安北都護府
回紇州十八府九 貞觀二十一年分回紇諸部置
燕然州 以多濫葛部地置初為都督府及雞鹿雞田燭龍三州隸燕然都護開元元年來屬僑治回樂 雞鹿州 以奚結部置僑治回樂
雞田州 以阿跌部置僑治回樂 東皋蘭州 以渾部置初為都督府并以延陀餘衆置祁連州後罷都督又分東西州永徽三年皆廢
後復置東皋蘭州僑治鳴沙 燭龍州 貞觀二十二年析瀚海都督之掘羅勿部置僑治溫池 燕山州 僑治溫池
右隸靈州都督府
達渾都督府 以延陀部落置僑治寧朔 領州五 姑衍州 步訖若州 嵠彈
州 永徽中收延陀散亡部落置 鶻州 低粟州
安化州都督府 僑治朔方
寧朔州都督府 僑治朔方
僕固州都督府 僑治朔方
右隸夏州都督府
榆溪州 以契苾部置 寘顏州 以白霫部置 居延州 以白霫別部置 稽落州 本高麗州以斛薩部置永徽元年廢
高麗州更置稽落州後又廢三年以阿跌部復置 余吾州 本玄闕州貞觀中以骨利幹部置龍朔中更名 浚稽州 仙萼州

初隸瀚海都護後來屬
瀚海都督府 以回紇部置
金微都督府 以僕固部置
幽陵都督府 以拔野古部置
龜林都督府 貞觀二年以同羅部落置
堅昆都督府 以結骨部置
右隸安北都護府
党項州五十一府十五 貞觀三年酋長細封步賴內附其後諸姓酋長相率亦內附皆列其地置州縣隸松州都督府五年又開其地
置州十六縣四十七又以拓拔赤詞部置州三十二乾封二年以吐蕃入寇廢都流厥調湊般匐器邇鋒率差等十二州咸亨二年又廢蠶黎二州祿山之亂河隴陷吐
蕃乃徙党項州所存者于靈慶銀夏之境 清塞州 歸德州 僑治銀州境
蘭池都督府
芳池都督府

相興都督府
永平都督府
旭定都督府
清寧都督府
忠順都督府
寧保都督府
靜塞都督府
萬吉都督府
樂容州都督府領州一 東夏州
靜邊州都督府 貞觀中置初在隴右後僑治慶州之境 領州二十五 布州 北夏州
思義州 思樂州 昌塞州 吳州 天授三年置吳朝歸等州 朝州 朝一作訖 歸州 歸一作陽 浮州 祐州 貞觀四年置縣
三 鹿川 歸定 畢州 西歸州 嶂州 貞觀四年置縣四 少城 樂平 顯川 桂川 顯平 鐃州 開元州 歸順州 本在山南之西寶應元年詣梁州刺
史內附 淳州 貞觀十二年以降戶置于洮州之境并恭烏族二縣開元中廢後為羈縻 烏籠州 恤州 嵯州
貞觀五年置縣一 相難 本隸西使州貞觀十年來屬 蓋州 本西唐州貞觀四年置八年更名 縣四 湘水 河唐 曲嶺 祐川 悅州 廻

樂州 烏掌州 諾州 貞觀五年置縣三 諾川 諾歸 羅唱
右隸靈州都督府
芳池州都督府 僑治懷安皆野利氏種落 領州九 寧靜州 種州 玉州 貞觀五年置縣
二 玉山 帶河 濮州 林州 尹州 位州 貞觀四年置縣二 位豐 西使 長州 寶州
宜定州都督府 本安定後更名 領州七 党州 橋州 貞觀六年置 烏州 西戎
州 貞觀五年以拓拔赤詞部落置初為都督府後為州來屬 野利州 米州 還州
安化州都督府領州七 永和州 威州 旭州 莫州 西滄
州 貞觀六年置八年更名臺州後復故名 琮州 儒州 本西鹽州貞觀五年以拓拔部置治故後魏洪和郡之藍川縣地八年更名開元中
廢後為羈縻
右隸慶州都督府
吐谷渾州二
寧朔州 初隸樂容都督府代宗時來屬
右隸夏州都督府
渾州 儀鳳中自涼州內附者處於金明西境置

右隸延州都督府

河北道

突厥州二

順州順義郡貞觀四年平突厥以其部落置順祐化長四州都督府于幽靈之境又置北開北寧北撫北安等四州都督府六年順州僑治營州南之五柳戍又分思農部置燕然縣僑治陽曲分思結部置懷化縣僑治秀容隸順州後皆省祐化長及北開等四州亦廢而順州僑治幽州城中歲貢麝香縣一賓義

瑞州本威州貞觀十年以烏突汗達干部落置在營州之境咸亨中更名後僑治良鄉之廣陽城縣一來遠

右初隸營州都督府及李盡忠陷營州以順州隸幽州都督府徙瑞州于宋州之境神龍初北還亦隸幽州都督府

奚州九府一

鮮州武德五年析饒樂都督府置僑治潞之古縣城縣一賓從 崇州武德五年析饒樂都督府之可汗部落置貞觀三年更名北黎州治營州之廢陽師鎮八年復故名後與鮮州同僑治潞之古縣城縣一昌黎 順化州縣一懷遠 歸義州歸德郡總章中以新羅戶置僑治良鄉之廣陽城縣一歸義後廢開元中信安王禕降契丹李詩部落五千帳以其衆復置

奉誠都督府本饒樂都督府唐初置後廢貞觀二十二年以內屬奚可度者部落更置并以別帥五部置弱水等五州開元二十三年更名

領州五 弱水州以阿會部置 祁黎州以處和部置 洛瓌州以奧失部置 太魯州以度稽部置

渴野州以元俟折部置

契丹州十七府一

玄州貞觀二十年以紇主曲據部落置僑治范陽之魯泊村縣一靜蕃 威州本遼州武德二年以內稽部落置初治燕支城後僑治營州城中貞觀元年更名後治良鄉之石窟堡縣一威化 昌州貞觀二年以松漠部落置僑治營州之靜蕃戍七年徙于三合鎮後治安次之故常道城縣一龍山 師州貞觀三年以契丹室韋部落置僑治營州之廢陽師鎮後僑治良鄉之東閭城縣一陽師 帶州貞觀十年以乙失革部落置僑治昌平之清水店縣一孤竹 歸順州歸化郡本彈汗州貞觀二十二年以內屬契丹別帥析紇便部置開元四年更名縣一懷柔 沃州載初中析昌州置萬歲通天元年沒于李盡忠開元二年復置後僑治薊之南回城縣一濱海 信州萬歲通天元年以乙失活部落置僑治范陽境縣一黃龍 青山州景雲元年析玄州置僑治范陽之水門村縣一青山

松漠都督府貞觀二十二年以內屬契丹窟哥部置其別帥七部分置峭落等八州李盡忠叛後廢開元二年復置 領州八

峭落州以達稽部置 無逢州以獨活部置 羽陵州以芬問部置 白連州以突便部置 徒何州以芮奚部置 萬丹州以墜斤部置 疋黎州以伏部置 赤山州以伏部分置

歸誠州

靺鞨州三府三

慎州武德初以涑沫烏素固部落置僑治良鄉之故都鄉城縣一逢龍 夷賓州乾封中以愁思嶺部落置僑治良鄉之古廣陽城縣一來蘇 黎州載初二年析慎州置僑治良鄉之故都鄉城縣一新黎

黑水州都督府開元十四年置

渤海都督府

安靜都督府

右初皆隸營州都督李盡忠陷營州乃遷玄州于徐宋之境威州于幽州之境昌師帶鮮信五州于青州之境崇慎二州于淄青之境夷賓州于徐州之境黎州于宋州之境在河南者十州神龍初乃使北還二年皆隸幽州都督府

降胡州一

稟州天寶初置僑治范陽境

右隸幽州都督府

高麗降戶州十四府九太宗親征得蓋牟城置蓋州得遼東城置遼州得白崖城置巖州及師還拔蓋遼巖三州之人以歸高宗滅高麗置都督府九州四十二後所存州止十四初顯慶五年平百濟以其地置熊津馬韓東明金漣德安五都督府并置帶方州麟德後廢

蓋牟州 代那州 倉巖州 磨米州 積利州 黎山州

延津州 木底州 安市州 諸北州 識利州 拂涅州

拜漢州

新城州都督府

遼城州都督府

哥勿州都督府

衛樂州都督府

舍利州都督府

居素州都督府

越喜州都督府

去旦州都督府

建安州都督府

右隸安東都護府

隴右道

突厥州三府二十七

皋蘭州（貞觀二十二年以阿史德特健部置，初隸燕然都護，後來屬）

興昔都督府

右隸涼州都督府

特伽州　雞洛州（開元中又有火拔州、葛祿州，後不復見）

濛池都護府（貞觀二十三年以阿史那賀魯部落置瑤池都督府，永徽四年廢。顯慶二年禽賀魯，分其地置都護府二、都督府八，其役屬諸胡皆為州）

崑陵都護府

匐延都督府（以處木昆部置）

嗢鹿州都督府（以突騎施索葛莫賀部置）

絜山都督府（以突騎施阿利施部置）

雙河都督府（以攝舍提暾部置）

鷹娑都督府（以鼠尼施處半部置）

鹽泊州都督府（以胡祿屋闕部置）

陰山州都督府（顯慶三年分葛邏祿三部置三府，以謀落部置）

大漠州都督府（以葛邏祿熾俟部置）

玄池州都督府（以葛邏祿踏實部置）

金附州都督府（析大漠州置）

輪臺州都督府

金滿州都督府（永徽五年以處月部落置為州，隸輪臺。龍朔二年為府）

咽麪州都督府（初玄池、咽麪為州，隸燕然。長安二年為都督府，隸北庭）

鹽祿州都督府

哥係州都督府

孤舒州都督府

西鹽州都督府

東鹽州都督府

叱勒州都督府

迦瑟州都督府

憑洛州都督府

沙陀州都督府

苔爛州都督府

右隸北庭都護府

回紇州三，府一

蹛林州（以思結別部置）　金水州　賀蘭州

盧山都督府（以思結部置）

右初隸燕然都護府，總章元年隸涼州都督府

党項州七十三，府一，縣一

馬邑州（開元十七年置，在秦、成二州山谷間。寶應元年徙于成州之鹽井故城）

右隸秦州都督府

保塞州

右隸臨州都督府

密恭縣（高宗上元三年為吐蕃所破，因廢，後復置）

右隸洮州

叢州（貞觀三年置。縣三：宕遠、臨泉、臨河）　嵣州（貞觀元年以降戶置。縣二：江源、落稽）　奉州（本西仁州，貞觀元年置，八年更名。縣三：奉德、思安、永慈）

巖州（本西金州，貞觀五年置，八年更名。縣三：金池、甘松、丹巖）　遠州（本西懷州，貞觀四年置，八年更名。縣二：羅水、小部川）

麟州（本西麟州，貞觀五年置，八年更名。縣七：峽川、和善、鉤具、峽源、三交、利恭、東陵）　可州（本西義州，貞觀四年置，八年更名。縣三：義誠、清化、靜方）

閣州（貞觀五年置。縣二：闊源、落吳）　彭州（本洪州，貞觀三年置，七年更名。縣四：洪川、歸遠、臨津、歸正）　直州（本西集州，貞觀五年置，八年更名。縣二：集川、新川）

肆州（貞觀五年置。縣四：歸唐、芳叢、鹽水、磨山）　序州（貞觀十年置）　靜州（咸亨三年以內附部落置）

執州都督府（貞觀二年以細封步賴部置。縣四：玉城、金原、俄徹、通川）　以上有版

研州　探那州　杞州　毗州　河州　幹州

瓊州　犀州　龕州　陪州　如州　麻州

霸州　欄州　光州　至涼州　嘩州　思帝州

統州　穀卭州　達違州　萬卑州　慈州　融洮州

執州　苔針州　稅河州　吳洛州　齊帝州　苗州

始目州　悉多州　質州　兆州　求易州　託州

志德州　延避州　略州　索京州　柘剛州　明桑州

白豆州　讚州　嶍和州　和昔州　祝州　索川州

拔揭州　鼓州　飛州　索渠州　目州　寶劍州

湋州　柘鍾州　紀州　徽州以上無版
右初隸松州都督府，肅宗時懿、蓋、嵯、諸、嶂、祐、臺、橋、浮、寶、玉、位、儒、歸、
恤及西戎、西滄、樂、容、歸德等州皆內徙，餘皆沒于吐蕃。
乾封州　歸義州　順化州　和寧州　和義州　保善州
寧定州　羅雲州
朝鳳州（以上寶應元年內附）　永定州（永泰元年以永定等十二州部落內附，析置州十五）　宜芳州（餘闕）
右（闕）
吐谷渾州一
閤門州
右隸涼州都督府
四鎮都督府州三十四（咸亨元年吐蕃陷安西，因罷四鎮。長壽二年復置）
龜茲都督府（貞觀二十年平龜茲置）領州九（闕）
毗沙都督府（本于闐國，貞觀二十二年內附。初置州五，高宗上元二年置府，析州爲十）領州十（闕）
焉耆都督府（貞觀十八年滅焉耆置。有碎葉城，調露元年，都護王方翼築，四面十二門，爲屈曲隱出伏沒之狀云）

疏勒都督府（貞觀九年疏勒內附置）領州十五（闕）
河西內屬諸胡州十二府二
烏壘州　和墨州　溫府州　蔚頭州　遍城州　耀建州
寅度州　猪拔州　達滿州　蒲順州　郢及滿州　乞乍州
焉塞都督府
渠黎都督府
西域府十六州七十二（龍朔元年，以隴州南由令王名遠爲吐火羅道置州縣使，自于闐以西，波斯以東，凡十六國，以其王都爲都督府，以其屬部爲州縣。凡州八十八，縣百一十，軍、府百二十六）
月支都督府（以吐火羅葉護阿緩城置）領州二十六　藍氏州（以鉢勃城置）　大夏州（以縛叱城
置）　漢樓州（以俱祿犍城置）　弗敵州（以烏邏氈城置）　沙律州（以咄城置）　嬀水州（以羯城置）　盤越州（以忽
婁城置）　忸密州（以烏羅渾城置）　伽倍州（以摩彥城置）　粟特州（以阿捺臘城置）　鉢羅州（以蘭城置）　雙
泉州（以悉計密悉帝城置）　祀惟州（以昏磨城置）　遲散州（以悉密言城置）　富樓州（以乞施巘城置）　丁零
州（以泥射城置）　薄知州（以析面城置）　桃槐州（以阿臘城置）　大檀州（以頰厥伊具闕達官部落置）　伏盧州
（以播薩城置）　身毒州（以乞澁職城置）　西戎州（以突厥施怛駃城置）　篾頡州（以騎失帝城置）　疊仗州（以發部落城置）

苑湯州（以拔特山城置）
大汗都督府（以嚈噠部落活路城置）領州十五　附墨州（以弩那城置）　奄蔡州（以胡路城
置）　依耐州（以婆多揭薩達健城置）　犁州（以少俱部落置）　榆令州（以烏模言城置）　安屋州（以遏婁多城置）　劉陵
州（以數始城置）　碣石州（以迦沙紛遮城置）　波知州（以鵝勝支城置）　烏丹州（以烏捺斯城置）　諸色州（以迷利城置）
迷蜜州（以順問城置）　盻頓州（以乍城置）　宿利州（以碩菴谷部落置）　賀那州（以汗盤部落置）
條支都督府（以訶達羅支國伏寶瑟顛城置）領州九　細柳州（以護蜀城置）　虞泉州（以贊伽瑟顛城
置）　犁勤州（以據瑟部落置）　崦嵫州（以過忽部落置）　巨雀州（以烏離難城置）　遺州（以遺蘭部落置）　西海
州（以薛薩大城置）　鎮西州（以活根部落置）　乾陀州（以縛狠部落置）
天馬都督府（以解蘇國數瞞城置）領州二　洛那州（以忽論城置）　東離州（以達利薄紇城置）
高附都督府（以骨咄施沃沙城置）領州二　五翖州（以葛邏犍城置）　休蜜州（以烏斯城置）
脩鮮都督府（以罽賓國遏紇城置）領州十　毗舍州（以羅漫城置）　陰米州（以咸那城置）　波
路州（以和藍城置）　龍池州（以遮根城置）　烏弋州（以塞奔你邏斯城置）　羅羅州（以悉犍城置）　檀特州
（以半制城置）　烏利州（以勃逸城置）　漠州（以鶻換城置）　懸度州（以布路犍城置）
寫鳳都督府（以帆延國羅爛城置）領州四　解谷州（以有蘭城置）　冷淪州（以俟麟城置）　悉萬

州（以縛時伏城置）　鉗敦州（以末臘薩旦城置）
悅般州都督府（以石汗那國豔城置）領雙靡州（以俱蘭城置）
奇沙州都督府（以護時犍國遏密城置）領州二　沛隸州（以漫山城置）　大秦州（以叡蜜城置）
姑墨州都督府（以怛沒國怛沒城置）領栗弋州（以弩羯城置）
旅獒州都督府（以烏拉喝國摩竭城置）
崑墟州都督府（以多勒建國低寶那城置）
至拔州都督府（以俱密國褚瑟城置）
鳥飛州都督府（以護蜜多國摸逵城置）領鉢和州（以娑勒色訶城置）
王庭州都督府（以久越得犍國步師城置）
波斯都督府（以波斯國疾陵城置）
右隸安西都護府
劍南道
諸羌州百六十八
西雅州（貞觀五年置。縣三：新城、三泉、石龍）　蛾州（貞觀五年置。縣二：常平、那川）　拱州（顯慶元年以鉢南伏浪恐部置）　劍州（永

（五年以大首領東就部落置）

右隸松州都督府

塗州（武德元年以臨塗羌內附置，領臨塗端源婆覽三縣。貞觀元年州廢，縣亦省。二年析茂州之端源戍復置。縣三：端源，臨塗，悉降）炎州（本西封州，貞觀五年開生羌置，八年更名。縣三：大封，慕仙，義川）徹州（貞觀六年以西羌董洞貴部落置。縣三：文徹，俄耳，文進）向州（貞觀五年以生羌置。縣二：貝左，向貳）冉州（本西冉州，貞觀六年以徼外敕才羌地置，八年更名，九年第爲冉州。縣四：冉山，磨山，玉溪，金水）穹州（本西博州，貞觀五年以生羌置，八年更名。縣五：小川，徹當，壁川，當博，恭耳）笮州（本西恭州，貞觀七年以白狗羌戶置，八年更名。縣三：逆都，亭勸，比思）蓬魯州（永徽二年特浪生羌董悉奉求、恩生羌卜檐莫等種落萬餘戶內附，又析置州三十二）姜州　恕州　葛州

勿州　覲州　占州　達州　浪州　郊州

斂州　補州　賴州　那州　皋州　多州

酉州　射州　鐸州　平瑈州　時州　箭州

嵏州　浩州　質州　居州　可州　宕州

歸化州　柰州　竺州　卓州

右隸茂州都督府

思亮州　杜州　初漢州　季川州　渠川州　丘盧州

祐州　計州　龍施州　月亂州　浪彌州　月邊州

團州　櫃州　威川州　米羌州

右隸嶲州都督府

當馬州（此下二十一州天寶前置）　林波州　中川州　林燒州　鉗矢州

會野州　當仁州　金林州　東嘉梁州　西嘉梁州　東石乳州

西石乳州　涉邛州　汶東州　費林州　徐渠州　彊雞州

長臂州　楊常州　羅巖州（初隸黎州都督，後來屬）　雉州　椎梅州（此下三十六州開元後置）

三井州　東鋒州　名配州　鉗恭州　斜恭州　畫重州

羅林州　籠羊州　龍逢州　敢川州　驚川州　槁眉州

木燭州　當品州　嚴城州　昌磊州　鉗并州　作重州

槁林州　三恭州　布嵐州　欠馬州　羅蓬州　論川州

讓川州　遠南州　卑盧州　夔龍州　耀川州　金川州

鹽井州　涼川州　夏梁州　甫和州　椒查州

右隸雅州都督府

奉上州（此下二十二州開元前置）　輒榮州　劇川州　合欽州　蓬口州

博盧州　明川州　膔胈州　蓬矢州　大渡州　米川州

木屬州　河東州　甫嵐州　昌明州　歸化州（初隸嶲州，後來屬）

象川州　叢夏州　和良州　和都州　附樹州　東川州

上貴州（此下二十八州開元十七年置）　滑川州　比川州　吉川州　甫萼州

比地州　蒼榮州　野川州　邛陳州　貴林州　牒珍州

浪彌州　郎郭州　上欽州　時蓬州　儼馬州　邛川州

護邛州　腳川州　開望州　上蓬州　比蓬州　剝重州

久護州　瑤劍州　明昌州　護川州　索古州（此下三州大和以前置）

諾祚州　柘坡州

右隸黎州都督府

諸蠻州九十二（皆無城邑，椎髻皮服，惟來集于都督府，則衣冠如華人焉）

南寧州（漢夜郎地。武德元年開南中，因故同樂縣置，治味。四年置總管府，五年僑治益州，八年復治味，更名郎州。貞觀元年罷都督。開元五年復故名。天寶末沒于蠻，因廢。唐末復置州于清溪鎮，去黔州二十九日行。縣七：味，同樂，升麻，同起，新豐，隴堤，泉麻）昆州（本隋置，隋亂廢。武德元年開南中，復置。土貢：牛

黃。縣四：益寧，晉寧，安寧，秦臧。有滇池在晉寧，其秦臧則故漢地也）黎州（本西寧州，武寧七年析南寧州二縣置，貞觀八年更名。北接昆州。縣二：梁水，絳）匡州（本南寧州，武德七年置，貞觀八年更名。漢永昌郡地。縣二：勃弄，匡川）髳州（本西濮州，武德四年置，貞觀十一年更名。漢越嶲郡地。南接姚州。縣四：濮水，青蛉，越星，銅山）尹州（武德四年置。北接髳州。縣五：馬邑，天池，鹽泉，百泉，澗泉）曾州（武德四年置。西接匡州。縣五：曾，三部，神泉，龍亭，長和）鉤州（本南龍州，武德七年置，貞觀十一年更名。東北接昆州。縣二：望水，唐封）裒州（武德七年置。本弄棟地，南接姚州。縣二：楊波，樂灣）宗州（本西宗州，武德七年置，貞觀十一年第名。宗州北接姚州。縣三：宗居，石塔，河西）微州（本西利州，武德七年置，貞觀十一年更名。北接黎州。縣二：深利，十部）縻州（本西縻州，武德七年置，貞觀三年更名。南接姚州。初爲都督府，督縻望邏羅三州，後罷都督。縣三：縻豫，七部）望州（貞觀末以諸蠻內附與傍州同置，初隸郎州都督，後來屬）謠羅州　盤州（本西平州，武德四年置，貞觀八年更名。故興古郡地，其南交州。縣三：附唐，平夷，盤水）麻州（貞觀二十三年析郎州置）英州　聲州　勤州　傍州（貞觀二十三年諸蠻末徙莫啓、儉望二種落內附，置傍望求丘覽五州）求州　丘州　覽州　咸州　瀘慈州　歸武州　嚴州　湯望州　武德州　奏龍州　武鎮州（本武恒，避穆宗名改）南唐州　連州（縣六：當爲，郡寧，邏遊，羅龍，加平，清故）南州（析盈州置。縣三：播政，百樂，洪盧）德州（析志州置。縣二：羅連，萬巖）爲州（析扶德州置。縣二：扶，羅僧）洛州（析錡州置。縣四：臨津，賓夷，曾城，慈藥）移州（析悅州置。縣三：移富，臨河，湯陵）悅州（縣六：甘泉，青賓，臨川，悅水，夷鄭，胡瑞）錡州（縣六：夷郎，寳唐，奠琳，琮連，陸臨，野并）筠州（縣八：鹽水，筠山，羅未，臨居，澄瀾，臨堤，磨川，壽源）志州（志一作總。縣四：陽壽，雖惟，夷賓，河西）盈州（縣四：盈川，塗賓，播陵，施燕）武昌州（縣七：洪武，羅虹，琅林

夷郎來賓羅軒猗婆 扶德州縣三宋水扶德阿陰 播郎州析郎州置縣三播郎從頤頓化 信州 居州
炎州 驯州縣五驯肆方陀羅蔽播陽天池 騁州縣二牁木羅相 浪川州貞元十三年節度使韋皋表置縣五郎浪
郎遠何度郎仁因闊 協州復置縣三東安西安胡津 靖州析協州置縣二靖川分協 曲州
本牂州隋置隋亂廢武德元年開南中復置八年更名故朱提郡北接協州縣二朱提唐興朱提本安上武德七年更名 播陵州析盈州置 鉗州
州析開邊縣置 哥靈州 禡州縣三拱平播官羅谷 切騎州縣四柳池秦祿通識康訖 品州縣三八杯松花
牧 從州縣六從花羅林昆池梯山武安南寧 牁連州縣三牁連新戎羅名 磤衛州縣三磤衛麻金洛麻
右隸戎州都督府
于州武德四年以古滇王國民多姚姓因置姚州都督并置州十三 異州 五陵州 袖州
和往州 舍利州 范鄧州 野共州 洪郎州 日南州
眉鄧州 遼備州 洛諾州
右隸姚州都督府
納州都寧郡儀鳳二年開山洞置縣八羅圍播羅施陽都寧羅當羅藍都胡茂先天二年與薩晏皆降爲羈縻 薩州
黃池郡儀鳳二年招生獠置縣二黃池播陽 晏州羅陽郡儀鳳二年招生獠置縣七思峨牁陰新賓扶來思晏多岡
鞏州因忠郡儀鳳二年開山洞置縣五多揚都鄉波婆比求播郎 奉州儀鳳二年開山洞置縣二牁里邏蓬 浙
州儀鳳二年開山洞置縣四浙源越賓洛川鱗山 順州載初二年置縣五曲水順山靈巖來猿龍池 思義州天授二年置縣二多

溪滾洛 清州久視元年置縣四新定滄川固城居牢 能州大足元年置縣四長寧來猿猶池佛山 高州縣三牁巴移南徒西
宋州縣四牁龍宋水盧吾牁支 長寧州縣四婆員居青盧歷波門 定州縣二支江扶德
右隸瀘州都督府
江南道
諸蠻州五十一
牂州武德三年以牂柯首領謝龍羽地置四年更名牁州後復故名初牂琰莊充應矩六州皆爲下州開元中降牂琰莊爲羈縻天寶三載又降充應矩爲羈縻
牁州縣三建安賓化新興武德三年更名新興與州同置 琰州貞觀四年置縣五武侯望江應江始安東南貞觀中又領盤晃琰川二縣
莊州本南壽州貞觀三年以南謝蠻首領謝彊地置四年更名十一年爲都督府景龍二年罷都督故隋牂柯郡地南百里有桂嶺關縣七石牛南陽
輕水多樂樂安石城新安貞觀中又領清蕩縣後省 充州武德三年以牂柯蠻別部置縣七平蠻東陵韶明牂柯厥水思王
應州貞觀三年以東謝首領謝元深地置縣五都尚婆覽應江陁隆羅恭 矩州武德四年置 明州貞觀中以西趙首領趙磨酋地置
蕎州 勞州 義州 福州 犍州 邦州
清州 峩州 鸞州縣一巴江 歙州縣一作歙 濡州 琳州縣三多梅
古陽多奉 鸞州 令州 那州 暉州 都州

總州咸亨三年昆明十四姓率戶二萬內屬分置 敦州咸亨三年析內屬昆明部置縣六武寧騰水古貫昆川舊燕孤雲 殷州
咸亨三年析昆明部置後廢開元十五年分戎州復置後又廢貞元二年節度使韋皋表復置故南漢之地也縣五殷川東公龍原韋川寶川初與敦州皆隸
戎州都督後來屬 候州 晃州 樊州 稜州 添州
普寧州 功州 亮州 茂龍州 延州 訓州
卿州貞觀十五年置 雙城州 整州 懸州 撫水州縣四撫水古勞多蓬京水
思源州 逸州 南平州 勳州 龍家州 寶州縣二萬歲通天
二年以昆明東內附置 姜州 鴿州縣五都鄰樂鳴新庭思翁臨川
右隸黔州都督府
嶺南道
諸蠻州九十二
紆州縣六東區吉陵紆質實安南山都邦 歸思州 思順州縣五羅遵履博都思吉南許水 蕃州
縣三蕃水都伊思家 溫泉州溫泉郡土貢金縣二溫泉洛富 述昆州土貢桂心縣五夷蒙夷水古桂臨山都隴 格州
右隸桂州都督府
棖州縣八正平饒勉武招富平都象龍源歌良思恩 歸順州本歸淳元和初更名 思剛州 侯州

歸誠州 倫州 石西州 思恩州 思同州 思明州縣一羅川
萬形州 萬承州 上思州 談州 思琅州 波州
負州 功饒州 萬德州 左州 思誠州 鴿州
歸樂州 青州 得州 七源州
右隸邕州都督府
德化州永泰二年以林覩符部落置縣二德化歸義 郎茫州永泰二年以林覩符部落分置縣二郎茫古勇 龍武州
大曆中以番歸國部落置縣二龍丘福字 歸化州縣四歸朝洛都落巍落回 郡州土貢白鷴孔雀尾縣二郡口樂安 萬泉
州縣一林西陸水 思農州縣三武郎武容武全 爲州縣三都龍漢會武零 西原州縣三羅和古林羅峻 林西州縣二
甘橘 思廓州縣三都寧昆陽羅方 武靈州縣三文葛甘郎蘇物 新安州縣三歸化寶陽安德 金廓州縣三
羅嘉 提上州縣三長賓祿榮提頭朱緑 甘棠州縣一忠誠 武定州縣三福祿柔遠康林 都金州縣四溫泉
龍嘉陵甘陽 諒州縣二武興古都 武陸州開成三年都護馬植表以武陸縣置 平原州開成四年析都金州之平原縣置
都金 置縣三龍石龍當平林 龍州 武定州 眞州 信州 思陵州
祿州中宗時有單樂縣後省 南平州 西平州 門州 餘州
歸州 金隣州儀鳳元年置 暑州 羅伏州 儋陵州 樊德州

金龍州 哥富州貞元十二年置 尚思州貞元十二年置 安德州貞元十二年置
右隸安南都護府
蜀羇縻蠻州十八貞元七年領州名逸
右隸峯州都督府
唐置羈縻諸州皆傍塞外或寓名於夷落而四夷之與中國通者甚衆若將臣之所征討勑使之所慰賜宜有以記其所從出天寶中玄宗問諸蕃國遠近鴻臚卿王忠嗣以西域圖對纔十數國其後貞元宰相賈耽考方域道里之數最詳從邊州入四夷通譯于鴻臚者莫不畢紀其入四夷之路與關戍走集最要者七一曰營州入安東道二曰登州海行入高麗渤海道三曰夏州塞外通大同雲中道四曰中受降城入回鶻道五曰安西入西域道六曰安南通天竺道七曰廣州通海夷道其山川聚落封略遠近皆槩舉其目州縣有名而前所不錄者或夷狄所自名云
營州西北百里曰松陘嶺其西奚其東契丹距營州北四百里至

湟水營州東百八十里至燕郡城又經汝羅守捉渡遼水至安東都護府五百里府故漢襄平城也東南至平壤城八百里西南至都里海口六百里西至建安城三百里故中郭縣也南至鴨淥江北泊汋城七百里故安平縣也自都護府東北經古蓋牟新城又經渤海長嶺府千五百里至渤海王城城臨忽汗海其西南三十里有古肅愼城其北經德理鎮至南黑水靺鞨千里
登州東北海行過大謝島龜歆島末島烏湖島三百里北渡烏湖海至馬石山東之都里鎮二百里東傍海壖過青泥浦桃花浦杏花浦石人汪橐駝灣烏骨江八百里乃南傍海壖過烏牧島貝江口椒島得新羅西北之長口鎮又過秦王石橋麻田島古寺島得物島千里至鴨淥江唐恩浦口乃東南陸行七百里至新羅王城自鴨淥江口舟行百餘里乃小舫泝流東北三十里至泊汋口得渤海之境又泝流五百里至丸都縣城故高麗王都又東北泝流二百里至神州又陸行四百里至顯州天寶中王所都又正北如東六百里至渤海王城
夏州北渡烏水經賀麟澤拔利干澤過沙次內橫劃沃野泊長澤白城百二十里至可朱渾水源又經故陽城澤橫劃北門突紇利泊石子嶺百餘里至阿頹泉又經大非苦鹽池六十六里至賀蘭驛又經庫也干泊彌鵝泊榆祿渾泊百餘里至地頹澤又經步拙泉故城八十八里渡烏那水經胡洛鹽池紇伏干泉四十八里度庫結沙一曰普納沙二十八里過橫水五十九里至十賁故城又十里至寧遠鎮又涉屯根水五十里至安樂戍戍在河西壖其東壖有古大同城今大同城故永濟柵也北經大泊十七里至金河又經故後魏沃野鎮城傍金河過古長城九十二里至吐俱麟川傍水行經破落汗山賀悅泉百三十一里至步越多山又東北二十里至纈特泉又東六十里至賀人山山西磧口有詰特犍泊吐俱麟川水西有城城東南經拔厥那山二百三十里至帝割達城又東北至諾眞水汊又東南百八十七里經古可汗城至鹹澤又

東南經烏咄谷二百七里至古雲中城又西五十五里有綏遠城皆盡夏以北蕃落所居
中受降城正北如東八十里有呼延谷谷南口有呼延柵谷北口有歸唐柵車道也入回鶻使所經又五百里至鸊鵜泉又十里入磧經麚鹿山鹿耳山錯甲山八百里至山鷰子井又西北經密粟山達旦泊野馬泊可汗泉橫嶺綿泉鏡泊七百里至回鶻衙帳又別道自鸊鵜泉北經公主城眉間城怛羅思山赤崖鹽泊渾義河爐門山木燭嶺千五百里亦至回鶻衙帳東有平野西據烏德鞬山南依嗢昆水北六七百里至仙娥河河北岸有富貴城又正北如東過雪山松樺林及諸泉泊千五百里至骨利幹又西十三日行至都播部落又北六七日至堅昆部落有牢山劒水又自衙帳東北渡仙娥河二千里至室韋骨利幹之東室韋之西有鞠部落亦曰祴部落其東十五日行有俞折國亦室韋部落又正北十日行有大漢國又北有骨師國骨利幹都播二部落北有小海冰堅

時馬行八日可度海北多大山其民狀貌甚偉風俗類骨利幹晝長而夕短回鶻有延姪伽水一曰延特勒泊曰延特勒那海烏德鞬山左右嗢昆河獨邏河皆屈曲東北流至衙帳東北五百里合流泊東北千餘里有俱倫泊泊之四面皆室韋

安西西出柘厥關渡白馬河百八十里西入俱毗羅磧經苦井百二十里至俱毗羅城又六十里至阿悉言城又六十里至撥換城一曰威戎城曰姑墨州南臨思渾河乃西北渡撥換河中河距思渾河百二十里至小石城又二十里至于闐境之胡蘆河又六十里至大石城一曰于祝曰溫肅州又西北三十里至粟樓烽又四十里度拔達嶺又五十里至頓多城烏孫所治赤山城也又三十里渡眞珠河又西北度乏驛嶺五十里渡雪海又三十里至碎卜戍傍碎卜水五十里至熱海又四十里至凍城又百一十里至賀獵城又三十里至葉支城出谷至碎葉川口八十里至裴羅將軍城又西二十里至碎葉城城北有碎葉水水北四十里有羯丹山

十姓可汗每立君長於此自碎葉西十里至米國城又三十里至新城又六十里至頓建城又五十里至阿史不來城又七十里至俱蘭城又十里至稅建城又五十里至怛羅斯城自撥換碎葉西南渡渾河百八十里有濟濁館故和平鋪也又經故達幹城百二十里至謁者館又六十里至據史德城龜茲境也一曰鬱頭州在赤河北岸孤石山渡赤河經岐山三百四十里至葭蘆館又經達漫城百四十里至疏勒鎮南北西三面皆有山城在水中城東又有漢城亦在灘上赤河來自疏勒西葛羅嶺至城西分流合于城東北入據史德界自撥換南而東經昆岡渡赤河又西南經神山睢陽鹹泊又南經疎樹九百三十里至于闐鎮城于闐西五十里有葦關又西經勃野西北渡繫館河六百二十里至郅支滿城一曰磧南州又西北經苦井黃渠三百二十里至雙渠故羯飯館也又西北經半城百六十里至演渡州又北八十里至疏勒鎮自疏勒西南入劍末谷青山嶺青嶺不忍嶺六百里至葱嶺守捉故羯盤陀國開元中置守捉安西極邊之戍有寧彌故城一曰達德力城曰汗彌國曰拘彌城于闐東三百九十里有建德力河東七百里有精絕國于闐西南三百八十里有皮山城北與姑墨接凍凌山在于闐國西南七百里又于闐東三百里有坎城鎮東六百里有蘭城鎮南六百里有胡弩鎮西二百里有固城鎮西三百九十里有吉良鎮于闐東距且末鎮千六百里自焉耆西五十里過鐵門關又二十里至于術守捉城又二百里至榆林守捉又五十里至龍泉守捉又六十里至東夷僻守捉又七十里至西夷僻守捉又六十里至赤岸守捉又百二十里至安西都護府又一路自沙州壽昌縣西十里至陽關故城又西至蒲昌海南岸千里自蒲昌海南岸西經七屯城漢伊脩城也又西八十里至石城鎮漢樓蘭國也亦名鄯善在蒲昌海南三百里康豔典為鎮使以通西域者又西二百里至新城亦謂之弩支城豔典所築又西經特勒井渡且末河五百里至播仙鎮故且末城也高宗上元中更名又西經

悉利支井祆井勿遮水五百里至于闐東蘭城守捉又西經移杜堡彭懷堡坎城守捉三百里至于闐

安南經交趾太平百餘里至峯州又經南田百三十里至恩樓縣乃水行四十里至忠城州又二百里至多利州又三百里至朱貴州又四百里至丹棠州皆生獠也又四百五十里至古湧步水路距安南凡千五百五十里又百八十里經浮動山天井山山上夾道皆天井間不容跬者三十里二日行至湯泉州又五十里至祿索州又十五里至龍武州皆爨蠻安南境也又八十三里至儻遲頓又經八平城八十里至洞澡水又經南亭百六十里至曲江劍南地也又經通海鎮百六十里渡海河利水至絳縣又八十里至晉寧驛戎州地也又八十里至柘東城又八十里至安寧故城又四百八十里至靈南城又八十里至白崖城又七十里至蒙舍城又八十里至龍尾城又十里至大和城又二十五里至羊苴咩城自羊苴咩城西至永昌故郡三百里又西渡怒江至諸葛亮城二

百里又南至樂城二百里又入驃國境經万公等八部落至悉利城七百里又經突旻城至驃國千里又自驃國西度黑山至東天竺迦摩波國千六百里又西北渡迦羅都河至奔那伐檀那國六百里又西南至中天竺國東境恒河南岸羯朱嗢羅國四百里又西至摩羯陀國六百里一路自諸葛亮城西去騰充城二百里又西至彌城百里又西過山二百里至麗水城乃西渡麗水龍泉水二百里至安西城乃西渡彌諾江水千里至大秦婆羅門國又西渡大嶺三百里至東天竺北界箇没盧國又西南千二百里至中天竺國東北境之奔那伐檀那國與驃國往婆羅門路合一路自驩州東二日行至唐林州安遠縣南行經古羅江二日行至環王國之檀洞江又四日至朱崖又經單補鎮二日至環王國城故漢日南郡地也自驩州西南三日行度霧温嶺又二日行至棠州日落縣又經羅倫江及古朗洞之石蜜山三日行至棠州文陽縣又經𥨛𥨛澗四日行至文單國之算臺縣又三日行至文單外城又

一日行至內城一曰陸真臘其南水真臘又南至小海其南羅越國又南至大海

廣州東南海行二百里至屯門山乃帆風西行二日至九州石又南二日至象石又西南三日行至占不勞山山在環王國東二百里海中又南二日行至陵山又一日行至門毒國又一日行至古笪國又半日行至奔陀浪洲又兩日行到軍突弄山又五日行至海硤蕃人謂之質南北百里北岸則羅越國南岸則佛逝國佛逝國東水行四五日至訶陵國南中洲之最大者又西出硤三日至葛葛僧祇國在佛逝西北隅之別島國人多鈔暴乘舶者畏憚之其北岸則箇羅國箇羅西則哥谷羅國又從葛葛僧祇四五日行至勝鄧洲又西五日行至婆露國又六日行至婆國伽藍洲又北四日行至師子國其北海岸距南天竺大岸百里又西四日行經没來國南天竺之最南境又西北經十餘小國至婆羅門西境又西北二日行至拔颶國又十日行經天竺西境小國五至提颶國其國有彌蘭太河一曰新頭河自北渤崑國來西流至提颶國北入于海又自提颶國西二十日行經小國二十餘至提羅盧和國一曰羅和異國國人於海中立華表夜則置炬其上使舶人夜行不迷又西一日行至烏剌國乃大食國之弗利剌河南入于海小舟泝流二日至末羅國大食重鎮也又西北陸行千里至茂門王所都縛達城自婆羅門南境從没來國至烏剌國皆緣海東岸行其西岸之西皆大食國其西最南謂之三蘭國自三蘭國正北二十日行經小國十餘至設國又十日行經小國六七至薩伊瞿和竭國當海西岸又西六七日行經小國六七至没巽國又西北十日行經小國十餘至拔離謌磨難國又一日行至烏剌國與東岸路合西域有陀拔思單國在踈勒西南二萬五千里東距勃達國西至涅滿國皆一月行南至羅刹支國半月行北至海兩月行羅刹支國東至都槃國半月行西至沙蘭國南至大食國皆二十日行都槃國東至大食國半月行南至大食國二十五日行北至勃達國一月行勃達國東至大食國兩月行西北至岐蘭國二十

日行北至大食國一月行河没國東南至陀拔國半月行西北至岐蘭國二十日行南至沙蘭國一月行北至海兩月行岐蘭國西至大食國兩月行南至涅滿國二十日行北至海五日行涅滿國西至大食國兩月行南至大食國一月行北至岐蘭國二十日行沙蘭國南至大食國二十五日行北至涅滿國二十五日行石國東至拔汗那國百里西南至東米國五百里罽賓國在踈勒西南四千里東至俱蘭城國七百里西至大食國千里南至婆羅門國五百里北至吐火羅國二百里東米國在安國西北二千里東至碎葉國五千里西南至石國千五百里南至拔汗那國千五百里史國在踈勒西二千里東至俱蜜國千里西至大食國二千里南至吐火羅國二百里西北至康國七百里

地理志第三十三下

選舉志第三十四　　唐書四十四

翰林學士兼龍圖閣學士朝散大夫給事中知制誥修
敕撰

唐制取士之科多因隋舊然其大要有三由學館者曰生徒由州縣者曰鄉貢皆升于有司而進退之其科之目有秀才有明經有俊士有進士有明法有明字有明筭有一史有三史有開元禮有道舉有童子而明經之別有五經有三經有二經有學究一經有三禮有三傳有史科此歲舉之常選也其天子自詔者曰制舉所以待非常之才焉凡學六皆隸于國子監國子學生三百人以文武三品以上子孫若從二品以上曾孫及勳官二品縣公京官四品帶三品勳封之子爲之太學生五百人以五品以上子孫職事官五品朞親若三品曾孫及勳官三品以上有封之子爲之四門學生千三百人其五百人以勳官三品以上無封四品有封及文武七品以上子爲之八百人以庶人之俊異者爲之律學生五十人書學生三十人筭學生三十人以八品以下子及庶人之通其學者爲之京都學生八十人大都督中都督府上州各六十人下都督府中州各五十人下州四十人京縣五十人上縣四十人中縣中下縣各三十五人下縣二十人國子監生尚書省補祭酒統焉州縣學生州縣長官補長史主焉凡館二門下省有弘文館生三十人東宮有崇文館生二十人以皇緦麻以上親皇太后皇后大功以上親宰相及散官一品功臣身食實封者京官職事從三品中書黃門侍郎之子爲之凡博士助教分經授諸生未終經者無易業凡生限年十四以上十九以下律學十八以上二十五以下凡禮記春秋左氏傳爲大經詩周禮儀禮爲中經易尚書春秋公羊傳穀梁傳爲小經通二經者大經小經各一若中經二通三經者大經中經小經各一通五經者大經皆通餘經各一孝經論語皆兼通之凡治孝經論語共限一歲尚書公羊傳穀梁傳各一歲半易詩周禮儀禮各二歲禮記左氏傳各三歲學書日紙一幅

閒習時務策讀國語說文字林三蒼爾雅凡書學石經三體限三歲說文二歲字林一歲凡筭學孫子五曹共限一歲九章海島共三歲張丘建夏侯陽各一歲周髀五經筭共一歲綴術四歲緝古三歲記遺三等數皆兼習之旬給假一日前假博士考試讀者千言試一帖帖三言講者二千言問大義一條揔三條通二爲第不及者有罰歲終通一年之業口問大義十條通八爲上六爲中五爲下併三下與在學九歲律生六歲不堪貢者罷歸諸學生通二經俊士通三經已及第而願留者四門學生補太學太學生補國子學每歲五月有田假九月有授衣假二百里外給程其不帥教及歲中違程滿三十日事故百日緣親病二百日皆罷歸既罷條其狀下之屬所五品以上子孫送兵部準蔭配色每歲仲冬州縣館監舉其成者送之尚書省而舉選不繇館學者謂之鄉貢皆懷牒自列于州縣試已長吏以鄉飲酒禮會屬僚設賓主陳俎豆備管絃牲用少牢歌鹿鳴之詩因與耆艾敘長少焉既至省皆疏名列到結款通保及所居始由戶部集閱而關于考功員外郎試之凡秀才試方略策五道以文理通粗爲上上上中上下中上凡四等爲及第凡明經先帖文然後口試經問大義十條答時務策三道亦爲四等凡開元禮通大義百條策三道者超資與官義通七十策通二者及第散試官能通者依正員凡三傳科左氏傳問大義五十條公羊穀梁傳三十條策皆三道義通七以上策通二以上爲第白身視五經有出身及前資官視學究一經凡史科每史問大義百條策三道義通七策通二以上爲第能通一史者白身視五經三傳有出身及前資官視學究一經三史皆通者獎擢之凡童子科十歲以下能通一經及孝經論語卷誦文十通者予官通七予出身凡進士試時務策五道帖一大經經策全通爲甲第策通四帖過四以上爲乙第凡明法試律七條令三條全通爲甲第通八爲乙第凡書學先口試通乃墨試說文字林二十條通十八爲第凡筭學錄大義本條爲問答明數造術詳明術理然後爲

通試九章三條海島孫子五曹張丘建夏侯陽周髀五經筭各一
條十通六記遺三等數帖讀十得九爲第試綴術緝古錄大義爲
問荅者明數造術詳明術理無注者合數造術不失義理然後爲
通綴術七條輯古三條十通六記遺三等數帖讀十得九爲第落
經者雖通六不第凡弘文崇文生試一大經一小經或二中經或
史記前後漢書三國志各一或時務策五道經史皆試策十道經
通六史及時務策通三皆帖孝經論語共十條通六爲第凡貢舉
非其人者發舉者校試不以實者皆有罰其教人取士著於令者
大略如此而士之進取之方與上之好惡所以育材養士招來獎
進之意有司選士之法因時增損不同自高祖初入長安開大丞
相府下令置生員自京師至于州縣皆有數既即位又詔秘書外
省別立小學以教宗室子孫及功臣子弟其後又詔諸州明經秀
才俊士進士明於理體爲鄉里稱者縣考試州長重覆歲隨方物
入貢吏民子弟學藝者皆送于京學爲設考課之法州縣鄉皆

置學焉及太宗即位益崇儒術乃於門下別置弘文館又增置書
律學進士加讀經史一部十三年東宮置崇文館自天下初定增
築學舍至千二百區雖七營飛騎亦置生遣博士爲授經四夷若
高麗百濟新羅高昌吐蕃相繼遣子弟入學遂至八千餘人高宗
永徽二年始停秀才科龍朔二年東都置國子監明年以書學隸
蘭臺筭學隸秘閣律學隸詳刑上元二年加試貢士老子策明經
二條進士三條國子監置大成二十人取已及第而聰明者爲之
試書日誦千言并日試策所業十通七然後補其祿俸同直官通
四經業成上於尚書吏部試之登第者加一階放選其不第則習
業如初三歲而又試三試而不中第從常調永隆二年考功員外
郎劉思立建言明經多抄義條進士唯誦舊策皆亡實才而有司
以人數充第乃詔自今明經試帖粗十得六以上進士試雜文二
篇通文律者然後試策武后之亂改易舊制頗多中宗反正詔宗
室三等以下五等以上未出身願宿衞及任國子生聽之其家居

業成而堪貢者宗正寺試送監舉如常法三衞番下日願入學者
聽附國子學太學及律館習業蕃王及可汗子孫願入學者附國
子學讀書玄宗開元五年始令鄉貢明經進士見訖國子監謁先
師學官開講問義有司爲具食淸資五品以上官及朝集使皆往
閱禮焉七年又令弘文崇文國子生季一朝參及注老子道德經
成詔天下家藏其書貢舉人減尚書論語策而加試老子又敕州
縣學生年二十五以下八品子若庶人二十一以下通一經及未通
經而聰悟有文辭史學者入四門學爲俊士即諸州貢舉省試不
第願入學者亦聽二十四年考功員外郎李昂爲舉人詆訶帝以
員外郎望輕遂移貢舉於禮部以侍郎主之禮部選士自此始二
十九年始置崇玄學習老子莊子文子列子亦曰道舉其生京都
各百人諸州無常員官秩蔭第同國子舉送課試如明經天寶九
載置廣文館於國學以領生徒爲進士者舉人舊重兩監後世祿
者以京兆同華爲榮而不入學十二載乃敕天下罷鄉貢舉人不

由國子及郡縣學者勿舉送是歲道舉停老子加周易十四載復
鄉貢代宗廣德二年詔曰古者設太學教胄子雖年穀不登兵革
或動而俎豆之事不廢頃年戎車屢駕諸生輟講宜追學生在館
習業度支給廚米是歲賈至爲侍郎建言歲方艱歉舉人赴省者
兩都試之兩都試人自此始貞元二年詔習開元禮者舉同一經
例明經習律以代爾雅是時弘文崇文生未補者務取員闕以補
速於登第而用蔭乖實至有假市門資變易昭穆及假人試藝者
六年詔宜據式考試假代者論如法初禮部侍郎親故移試考功
謂之別頭十六年中書舍人高郢奏罷識者是之元和二年置東
都監生一百員然自天寶後學校益廢生徒流散永泰中雖置西
監生而館無定員於是始定生員西京國子館生八十人太學七
十人四門三百人廣文六十人律館二十人書筭館各十人東都
國子館十人太學十五人四門五十人廣文十人律館十人書館
三人筭館二人而已明經停口義復試墨義十條五經取通五明

經通六其嘗坐法及爲州縣小吏雖藝文可采勿舉十三年權知
禮部侍郎庾承宣奏復考功別頭試初開元中禮部考試畢送中
書門下詳覆其後中廢是歲侍郎錢徽所舉送覆試多不中選由
是貶官而舉人雜文復送中書門下長慶三年侍郎王起言故事
禮部已放牓而中書門下始詳覆今請先詳覆而後放牓議者以
起雖避嫌然失貢職矣諫議大夫殷侑言三史爲書勸善懲惡亞
於六經比來史學都廢至有身處班列而朝廷舊章莫能知者於
是立史科及三傳科大和三年高鍇爲考功員外郎取士有不當
監察御史姚中立又奏停考功別頭試六年侍郎賈餗又奏復之
八年宰相王涯以爲禮部取士乃先以牓示中書非至公之道自
今一委有司以所試雜文鄉貫三代名諱送中書門下大抵衆科
之目進士尤爲貴其得人亦最爲盛焉方其取以辭章類若浮文
而少實及其臨事設施奮其事業隱然爲國名臣者不可勝數遂
使時君篤意以謂莫此之尚及其後世俗益媮薄上下交疑因以

謂按其聲病可以爲有司之責捨是則汗漫而無所守遂不復能
易嗚呼乃知三代鄉里德行之舉非至治之隆莫能行也太宗時
冀州進士張昌齡王公謹有名於當時考功員外郎王師旦不署
以第太宗問其故對曰二人者皆文采浮華擢之將誘後生而弊
風俗其後二人者卒不能有立寶應二年禮部侍郎楊綰上疏言
進士科起於隋大業中是時猶試策高宗朝劉思立加進士雜文
明經填帖故爲進士者皆誦當代之文而不通經史明經者但記
帖括又投牒自舉非古先哲王仄席待賢之道請依古察孝廉其
鄉閭孝友信義廉恥而通經者縣薦之州州試其所通之學送于
省自縣至省皆勿自投牒其到狀保辨識牒皆停而所習經取大
義聽通諸家之學每問經十條對策三道皆通爲上第吏部官之
經義通八策通二爲中第與出身下第罷歸論語孝經孟子兼爲
一經其明經進士及道舉並停詔給事中李栖筠李廙尚書左丞
賈至京兆尹兼御史大夫嚴武議栖筠等議曰夏之政忠商之政

敬周之政文然則文與忠敬皆統人行且論號述行莫美於文文
興則忠敬存焉故前代以文取士本文行也由辭觀行則及辭焉
宣父稱顏子不遷怒不貳過謂之好學今試學者以帖字爲精通
不窮旨義豈能知遷怒貳過之道乎考文者以聲病爲是非豈能
知移風易俗化天下乎是以上失其源下襲其流先王之道莫能
行也夫先王之道消則小人之道長亂臣賊子由是生焉今取士
試之小道而不以遠大是猶以蝸蚓之餌垂海而望吞舟之魚不
亦難乎所以食垂餌者皆小魚就科目者皆小藝且夏有天下四
百載禹之道喪而商始興商有天下六百祀湯之法棄而周始興
周有天下八百年文武之政廢而秦始并焉三代之選士任賢皆
考實行是以風俗淳一運祚長遠漢興監其然尊儒術尚名節雖
近戚竊位彊臣擅權弱主外立母后專政而亦能終彼四百豈非
學行之效邪魏晉以來專尚浮侈德義不修故子孫速顛享國不
永也今綰所請實爲正論然自晉室之亂南北分裂人多僑處必

欲復古鄉舉里選竊恐未盡請兼廣學校以明訓誘雖京師州縣
皆有小學兵革之後生徒流離儒臣師氏祿廩無向請增博士員
厚其廩稍選通儒碩生閒居其職十道大郡置太學館遣博士出
外兼領郡官以教生徒保桑梓者鄉里舉焉在流寓者庠序推焉
朝而行之夕見其利而大臣以爲舉人循習難於速變請自來歲
始帝以問翰林學士對曰舉進士久矣廢之恐失其業乃詔明經
進士與孝廉兼行先是進士試詩賦及時務策五道明經策三道
建中二年中書舍人趙贊權知貢舉乃以箴論表贊代詩賦而皆
試策三道大和八年禮部復罷進士議論而試詩賦文宗從內出
題以試進士謂侍臣曰吾患文格浮薄昨自出題所試差勝乃詔
禮部歲取登第者三十人苟無其人不必充其數是時文宗好學
嗜古鄭覃以經術位宰相深嫉進士浮薄屢請罷之文宗曰敦厚
浮薄色有之進士科取人二百年矣不可遽廢因得不罷武宗
即位宰相李德裕尤惡進士初舉人既及第綴行通名詣主司第

謝其制序立西階下北上東向主人席東階下西向諸生拜主司荅拜乃敘齒謝恩遂升階與公卿觀者皆坐酒數行乃赴期集又有曲江會題名席至是德裕奏國家設科取士而附黨背公自爲門生自今一見有司而止其期集參謁曲江題名皆罷德裕嘗論公卿子弟艱於科舉武宗曰向聞楊虞卿兄弟朋比貴勢妨平進之路昨黜楊知至鄭朴等抑其太甚耳有司不識朕意不放子弟即過矣但取實藝可也德裕曰鄭肅封敖子弟皆有才不敢應舉臣無名第不當非進士然臣祖天寶末以仕進無他岐勉彊隨計一舉登第自後家不置文選蓋惡其不根藝實然朝廷顯官須公卿子弟爲之何者少習其業自熟朝廷事臺閣之儀不教而自成寒士縱有出人之才固不能閑習也則子弟未易可輕德裕之論偏異蓋如此然進士科當唐之晚節尤爲浮薄世所共患也所謂制舉者其來遠矣自漢以來天子常稱制詔道其所欲問而親策之唐興世崇儒學雖其時君賢愚好惡不同而樂善求賢之意未

始少怠故自京師外至州縣有司常選之士以時而舉而天子又自詔四方德行才能文學之士或高蹈幽隱與其不能自達者下至軍謀將略翹關拔山絕藝奇伎莫不兼取其爲名目隨其人主臨時所欲而列爲定科者如賢良方正直言極諫博通墳典達於教化軍謀宏遠堪任將率詳明政術可以理人之類其名最著而天子巡狩行幸封禪太山梁父往往會見行在其所以待之之禮甚優而宏材偉論非常之人亦時出於其間不爲無得也其外又有武舉蓋其起於武后之時長安二年始置武舉其制有長垛馬射步射平射筒射又有馬槍翹關負重身材之選翹關長丈七尺徑三寸半凡十舉後手持關距出處無過一尺負重者負米五斛行二十步皆爲中第亦以鄉飲酒禮送兵部其選用之法不足道故不復書

選舉志第三十四

選舉志第三十五　唐書四十五

翰林學士兼龍圖閣學士朝散大夫給事中知制誥充史館脩撰臣歐陽脩奉
勅撰

凡選有文武文選吏部主之武選兵部主之皆爲三銓尚書侍郎分主之凡官員有數而署置過者有罰知而聽者有罰規取者有罰每歲五月頒格于州縣選人應格則本屬或故任取選解列其罷免善惡之狀以十月會于省過其時者不敘其以時至者乃考其功過同流者五五爲聯京官五人保之一人識之刑家之子工賈異類及假名承偽隱冒升降者有罰文書乖錯隱倖者駁放之非隱倖則不凡擇人之法有四一曰身體貌豐偉二曰言言辭辯正三曰書楷法遒美四曰判文理優長四事皆可取則先德行德均以才才均以勞得者爲留不得者爲放五品以上不試上其名中書門下六品以下始集而試觀其書判已試而銓察其身言已銓而注詢其便利而擬已注而唱不厭者得反通其辭三唱而不

厭聽冬集厭者爲甲上于僕射乃上門下省給事中讀之黃門侍郎省之侍中審之然後以聞主者受旨而奉行焉謂之奏受視品及流外則判補皆給以符謂之告身凡官已受成皆廷謝凡試判登科謂之入等其拙者謂之藍縷選未滿而試文三篇謂之宏辭試判三條謂之拔萃中者即授官凡出身嗣王郡王從四品下親王諸子封郡公者從五品上國公正六品上郡公正六品下縣公從六品上侯正七品上伯正七品下子從七品上男從七品下皇帝緦麻以上親皇太后期親正六品上皇太后大功皇后期親從六品上皇帝袒免皇太后小功緦麻皇后大功親正七品上皇后小功緦麻皇太子妃期親從七品上外戚皆以服屬降二階敘娶郡主者正六品上娶縣主者正七品上郡主子從七品上縣主子從八品上凡用蔭一品子正七品上二品子正七品下三品子從七品上從三品子從七品下正四品子正八品上從四品子正八品下正五品子從八品上從五品及國公子從八品下凡品子任

雜掌及王公以下親事帳內勞滿而選者七品以上子從九品上敘其任流外而應入流內敘品卑者亦如之九品以上及勳官五品以上子從九品下敘三品以上蔭曾孫五品以上蔭孫孫降子一等曾孫降孫一等贈官降正官一等死事者與正官同郡縣公子視從五品孫縣男以上子降一等勳官二品子又降一等二王後孫視正三品凡秀才上上第正八品上上中第正八品下上下第從八品上中上第從八品下明經上上第從八品下上中第正九品上上下第正九品下中上第從九品下進士明法甲第從九品上乙第從九品下弘文崇文館生及第亦如之應入五品者以聞書筭學生從九品下敘凡弘文崇文生皇緦麻以上親皇太后皇后大功以上親一家聽二人選職事二品以上散官一品中書門下正三品同三品六尚書等子孫并姪功臣身食實封者子孫一蔭聽二人選京官職事正三品同中書門下平章事供奉官三品子孫京官職事從三品中書黃門侍郎并供奉三品官帶四品

五品散官子一蔭一人凡勳官選者上柱國正六品敘六品而下遞降一階驍騎尉武騎尉從九品上敘凡居官必四考四考中中進年勞一階敘每一考中上進一階上下二階上中以上及計考應至五品以上奏而別敘六品以下遷改不更選及守五品以上官年勞歲一敘給記階牒考多者準考累加凡醫術不過尚藥奉御陰陽卜筮圖畫工巧造食音聲及天文不過本色局署令鴻臚譯語不過典客署令凡千牛備身備身左右五考送兵部試有文者送吏部凡齋郎太廟以五品以上子孫及六品職事并清官子為之六考而滿郊社以六品職事官子為之八考而滿皆讀兩經粗通限年十五以上二十以下擇儀狀端正無疾者武選凡納課品子歲取文武六品以下勳官三品以下五品以上子年十八以上每州為解上兵部納課十三歲而試第一等送吏部第二等留本司第三等納資二歲第四等納資三歲納已復試量文武授散官若考滿不試免當年資遭喪免資無故不輸資及有犯者放還

之凡捉錢品子無違負滿二百日本屬以簿附朝集使上于考功兵部滿十歲量文武授散官其視品國官府佐應停者依品子納課十歲而試凡一歲為一選自一選至十二選視官品高下以定其數因其功過而增損之初武德中天下兵革新定士不求祿官不充員有司移符州縣課人赴調遠方或賜衣續食猶辭不行至則授用無所黜退不數年求者寖多亦頗加簡汰貞觀二年侍郎劉林甫言隋制以十一月為選始至春乃畢今選者眾請四時注擬十九年馬周以四時選為勞乃復以十一月選至三月畢太宗嘗謂攝吏部尚書杜如晦曰今專以言辭刀筆取人而不悉其行至後敗職雖刑戮之而民已敝矣乃欲放古令諸州辟召會功臣行世封乃止它日復顧侍臣曰致治之術在於得賢今公等不知人朕又不能徧識日月其逝而人遠矣吾將使人自舉可乎而魏徵以為長澆競又止初銓法簡而任重高宗總章二年司列少常伯裴行儉始設長名牓引銓注法復定州縣升降為八等其三京

五府都護都督府悉有差又量官資授之其後李敬玄為少常伯委事於員外郎張仁禕仁禕又造姓歷改狀樣銓歷等程式而銓總之法密矣然是時仕者眾庸愚咸集有偽主符告而矯為官者有接承它名而參調者有遠人無親而買保者試之日冒名代進或旁坐假手或借人外助多非其實雖繁設等級遞差選限增譴犯之科開糾告之令以遏之然猶不能禁大率十人競一官餘多委積不可遣有司患之謀為黜落之計以僻書隱學為判目無復求人之意而吏求貨賄出入升降至武后時天官侍郎魏玄同深嫉之因請復古辟署之法不報初試選人皆糊名令學士考判武后以為非委任之方罷之而其務收人心士無賢不肖多所進奬長安二年舉人授拾遺補闕御史著作佐郎大理評事衞佐凡百餘人明年引見風俗使舉人悉授試官高者至鳳閣舍人給事中次員外郎御史補闕拾遺校書郎試官之起自此始時李嶠為尚書又置員外郎二千餘員悉用勢家親戚給俸祿使釐務至與正

官爭事相毆者又有檢校勑攝判知之官神龍二年嶠復為中書令始悔之乃停員外官釐務中宗時韋后及太平安樂公主等用事於側門降墨勑斜封授官號斜封官凡數千員内外盈溢無聽事以居當時謂之三無坐處言宰相御史及員外郎也又以鄭愔為侍郎大納貨賂選人留者甚衆至逆用三年員闕而綱紀大潰韋氏敗始以宋璟為吏部尚書李乂盧從愿為侍郎姚元之為兵部尚書陸象先盧懷慎為侍郎悉奏罷斜封官量闕留人雖資高考深非才實者不取初尚書銓掌七品以上選侍郎銓掌八品以下選至是通其品而掌焉未幾璟元之等罷殿中侍御史崔涖太子中允薛昭希太平公主意上言罷斜封官人失其所而怨積於下必有非常之變乃下詔盡復斜封別勑官玄宗即位厲精為治左拾遺内供奉張九齡上疏言縣令刺史陛下所與共理尤親於民者也今京官出外乃反以為斥逐非少重其選不可又曰古者或遥聞辟召或一見任之是以士脩名行而流品不雜今吏部始

造簿書以備遺忘而反求精於案牘不急人才何異遺劒中流而刻舟以記於是下詔擇京官有善政者補刺史歲十月按察使校殿最自第一至第五校考使及戸部長官摠覈之以為升降凡官不歷州縣不擬臺省已而悉集新除縣令宣政殿親臨問以治人之策而擢其高第者又詔員外郎御史諸供奉官皆進名勑授而兵吏部各以員外郎一人判南曹由是銓司之任輕矣其後戸部侍郎宇文融又建議置十銓乃以禮部尚書蘇頲等分主之太子左庶子吳兢諫曰易稱君子思不出其位言不侵官也今以頲等分掌吏部選而天子親臨決之尚書侍郎皆不聞參議者以為萬乘之君下行選事帝悟遂復以三銓還有司開元十八年侍中裴光庭兼吏部尚書始作循資格而賢愚一槩必與格合乃得銓授限年躡級不得踰越於是久淹不收者皆便之謂之聖書及光庭卒中書令蕭嵩以為非求材之方奏罷之乃下詔曰凡人年三十而出身四十乃得從事更造格以分寸為差若循新格則六十未

離一尉自今選人才業優異有操行及遠郡下寮名迹稍著者吏部隨材甄擢之初諸司官兼知政事者至日午後乃還本司視事兵部吏部尚書侍郎知政事者亦還本司分闕注唱開元以來宰相位望漸崇雖尚書知政事亦於中書決本司事以自便而左右相兼兵部吏部尚書者不自銓總又故事必三銓三注三唱而后擬官季春始畢乃過門下省楊國忠以右相兼文部尚書建議選人視官資書判狀迹功優宜對衆定留放乃先遣吏密定員闕一日會左相及諸司長官於都堂注唱以誇神速由是門下過官三銓注官之制皆廢侍郎主試判而已肅代以後兵興天下多故官員益濫而銓法無可道者至德宗時試太常寺協律郎沈既濟極言其敝曰近世爵禄失之者久其失非他四太而已入仕之門太多世胄之家太優禄利之資太厚督責之令太薄臣以為當輕其禄利重其督責夫古今選用之法九流常叙有三科而已曰德也才也勞也而今選曹皆不及焉且吏部甲令雖曰度德居任量才

授職計勞升叙然考校之法皆在書判簿曆言辭俯仰之間侍郎非通神不可得而知則安行徐言非德也空文善書非才也累資積考非勞也苟執不失循乘得人況衆流茫茫耳目有不足者乎蓋非鑒之不明非擇之不精法使然也王者觀變以制法察時而立政按前代選用皆州府察舉至于齊隋署置多由請託故當時議者以為與其率私不若自舉與其外濫不若内收是以罷州府之權而歸於吏部此矯時懲弊之權法非經國不刊之常典今吏部之法蹙矣不可以坐守刓弊臣請五品以上及羣司長官宰臣進叙吏部兵部得參議焉六品以下或僚佐之屬聽州府辟用則銓擇之任委於四方結奏之成歸於二部必先擇牧守然後授其權高者先署而後聞卑者聽版而不命其牧守將帥或選用非公則吏部兵部得察而舉之聖主明目達聰逖聽遐視罪其私冒不慎舉者小加譴黜大正刑典責成授任誰敢不勉夫如是則接名偽命之徒非才薄行之人貪叨賄貨懦弱姦宄下詔之日隨聲而

廢通大數十去八九矣如是人少而員寬事簡而官審賢者不獎而自進不肖者不抑而自退或曰開元天寶中不易吏部之法而天下砥平何必外辟方臻于理臣以為不然夫選舉者經邦之一端雖制之有美惡而行之由法令是以州郡察舉在兩漢則理在魏齊則亂吏部選集在神龍景龍則紊在開元天寶則理當其時久承升平御以法術慶賞不軼威刑必齊由是而理匪用吏部而臻此也向以此時用辟召之法則理不益久乎天子雖嘉其言而重於改作訖不能用初吏部歲常集人其後三數歲一集選人猥至文簿紛雜吏因得以為姦利士至蹉跌或十年不得官而闕員亦累歲不補陸贄為相乃懲其弊命吏部據內外員三分之計闕集人歲以為常是時河西隴右沒于虜河南河北不上計吏員大率減天寶三之一而入流者加一故士人二年居官十年待選而考限遷除之法寖壞憲宗時宰相李吉甫定考遷之格諸州刺史次赤府少尹次赤令諸陵令五府司馬上州以上上佐東宮官詹事

諭德以下王府官四品以上皆五考侍御史十三月殿中侍御史十八月監察御史二十五月三省官諸道勑補檢校五品以上及臺省官皆三考餘官四考文武官四品以下五考凡遷尚書省四品以上文武官三品以上皆先奏唐取人之路蓋多矣方其盛時著於令者納課品子萬人諸館及州縣學六萬三千七十人太史曆生三十六人天文生百五十人太醫藥童針呪諸生二百一十一人太卜卜筮三十人千牛備身八十人備身左右二百五十六人進馬十六人齋郎八百六十二人諸衞三衞監門直長三萬九千四百六十二人諸屯主副千九百八人諸折衝府錄事府史一千七百八十二人校尉三千五百六十四人執仗執乘每府三十二人親事帳內萬人集賢院御書手百人史館典書楷書四十一人尚藥童三十人諸臺省寺監軍衞坊府之胥史六千餘人凡此者皆入官之門戶而諸司主錄已成官及州縣佐史未敘者不在焉至於銓選其制不一凡流外兵部禮部舉人郎官得自主之謂之小選太宗時以歲旱穀貴東人選者集于洛州謂之東選高宗上元二年以嶺南五管黔中都督府得即任土人而官或非其才乃遣郎官御史為選補使謂之南選其後江南淮南福建大抵因歲水旱皆遣選補使即選其人而廢置不常選法又不著故不復詳焉

選舉志第三十五

百官志第三十六

唐書四十六

翰林學士兼龍圖閣學士朝散大夫給事中知制誥充史館修撰臣歐陽脩奉敕撰

唐之官制，其名號祿秩雖因時增損，而大抵皆沿隋故。其官司之別，曰省、曰臺、曰寺、曰監、曰衛、曰府，各統其屬，以分職定位。其辯貴賤、敘勞能，則有品、有爵、有勳、有階，以時考覈而升降之，所以任羣材、治百事。其爲法則精而密，其施於事則簡而易行，所以然者，由職有常守，而位有常員也。方唐之盛時，其制如此。蓋其始未嘗不欲立制度、明紀綱爲萬世法，而常至於交侵紛亂者，由其時君不能愼守，而徇一切之苟且，故其事愈繁而官益冗，至失其職業而卒不能復。初，太宗省內外官，定制爲七百三十員，曰：「吾以此待天下賢材，足矣。」然是時已有員外置，其後又有特置，同正員。至於檢校、兼、守、判、知之類，皆非本制。又有置使之名，或因事而置，事已則罷，或遂置而不廢。其名類繁多，莫能徧舉。自中世已後，盜起兵興，又有軍功之官，遂不勝其濫矣。故採其綱目條理可爲後法，及事雖非正，後世遵用，因仍而不能改者，著于篇。

宰相之職，佐天子總百官、治萬事，其任重矣。然自漢以來，位號不正，而唐世宰相，名尤不正。初，唐因隋制，以三省之長中書令、侍中、尚書令共議國政，此宰相職也。其後以太宗嘗爲尚書令，臣下避不敢居其職，由是僕射爲尚書省長官，與侍中、中書令號爲宰相，其品位既崇，不欲輕以授人，故常以他官居宰相職，而假以他名。自太宗時，杜淹以吏部尚書參議朝政，魏徵以秘書監參預朝政，其後或曰「參議得失」、「參知政事」之類，其名非一，皆宰相職也。貞觀八年，僕射李靖以疾辭位，詔疾小瘳，三兩日一至中書門下平章事，而「平章事」之名蓋起於此。其後李勣以太子詹事同中書門下三品，謂同侍中、中書令也，而「同三品」之名蓋起於此。然二名不專用，而佗官居職者猶假佗名如故。自高宗已後，爲宰相者必加「同中書門下三品」，雖品高者亦然；惟三公、三師、中書令則否。其後改易官名，而張文瓘以東臺侍郎同東西臺三品，「同三品」入銜，自文瓘始。永淳元年，以黃門侍郎郭待舉、兵部侍郎岑長倩等同中書門下平章事，「平章事」入銜，自待舉等始。自是以後，終唐之世不能改。初，三省長官議事于門下省之政事堂，其後裴炎自侍中遷中書令，乃徙政事堂於中書省。開元中，張說爲相，又改政事堂號「中書門下」，列五房于其後：一曰吏房，二曰樞機房，三曰兵房，四曰戶房，五曰刑禮房，分曹以主衆務焉。宰相事無不統，故不以一職名官，自開元以後，常以領他職，實欲重其事，而反輕宰相之體。故時方用兵，則爲節度使；時崇儒學，則爲大學士；時急財用，則爲鹽鐵轉運使，又其甚則爲延資庫使。至於國史、太清宮之類，其名頗多，皆不足取法，故不著其詳。

學士之職，本以文學言語被顧問，出入侍從，因得參謀議、納諫諍，其禮尤寵；而翰林院者，待詔之所也。唐制，乘輿所在，必有文詞、經學之士，下至卜、醫、伎術之流，皆直於別院，以備宴見；而文書詔令，則中書舍人掌之。自太宗時，名儒學士時時召以草制，然猶未有名號；乾封以後，始號「北門學士」。玄宗初，置「翰林待詔」，以張說、陸堅、張九齡等爲之，掌四方表疏批答、應和文章；既而又以中書務劇，文書多壅滯，乃選文學之士，號「翰林供奉」，與集賢院學士分掌制詔書敕。開元二十六年，又改翰林供奉爲學士，別置學士院，專掌內命。凡拜免將相、號令征伐，皆用白麻。其後選用益重，而禮遇益親，至號爲「內相」，又以爲天子私人。凡充其職者無定員，自諸曹尚書下至校書郎，皆得與選。入院一歲，則遷知制誥，未知制誥者不作文書。班次各以其官，內宴則居宰相之下，一品之上。憲宗時，又置「學士承旨」。唐之學士，弘文、集賢分隸中書、門下省，而翰林學士獨無所屬，故附列於此云。

三師三公

太師、太傅、太保各一人，是爲三師；太尉、司徒、司空各一人，是爲三公。皆正一品。三師，天子所師法，無所總職，非其人則闕。三公，佐天子理陰陽、平邦國，無所不統。親王拜者不親事，祭祀闕則攝。

三師貞觀十一年復置與三公皆不設官屬

尚書省尚書令一人正二品掌典領百官其屬有六尚書一曰吏部二曰戶部三曰禮部四曰兵部五曰刑部六曰工部六尚書兵部吏部爲前行刑部戶部爲中行工部禮部爲後行行總四司以本行爲頭司餘爲子司庶務皆會決焉凡上之逮下其制有六一曰制二曰敕三曰冊天子用之四曰令皇太子用之五曰教親王公主用之六曰符省下於州州下於縣縣下於鄉下之達上其制有六一曰表二曰狀三曰牋四曰啓五曰辭六曰牒諸司相質其制有三一曰關二曰刺三曰移凡授內外百司之事皆印其發日爲程一曰受二曰報諸州計奏達京師以事大小多少爲之節凡符移關牒必遣於都省乃下天下大事不決者皆上尚書省凡制敕計奏之數省符宣告之節以歲終爲斷龍朔二年改尚書省曰中臺廢尚書令尚書曰太常伯侍郎曰少常伯光宅元年改尚書省曰文昌臺俄曰文昌都省垂拱元年曰都臺長安三年曰中臺

左右僕射各一人從二品掌統理六官爲令之貳令闕則總省事劾御史糾不當者龍朔二年改左右僕射曰左右匡政光宅元年曰文昌左右相開元元年曰左右丞相天寶元年復

左丞一人正四品上右丞一人正四品下掌辯六官之儀糾正省內劾御史舉不當者吏部戶部禮部左丞總焉兵部刑部工部右丞總焉郎中各一人從五品上員外郎各一人從六品上掌付諸司之務舉稽違署符目知宿直爲丞之貳以都事受事發辰察稽失監印給紙筆以主事令史書令史署覆文案出符目以亭長啓閉傳禁約以掌固守當倉庫及陳設諸司皆如之隋尚書省諸司郎及承務郎各一人而廢左右司武德三年改諸司郎爲郎中承務郎爲員外郎貞觀元年復置左右司郎中龍朔元年改左右丞曰左右肅機郎中曰左右承務諸司郎中曰大夫永昌元年復置員外郎神龍元年省明年復置初有驛驛百人掌乘傳送符後廢都事各六人從七品上主事各六人從八品下吏部考功禮部主書皆如之諸司主事從九品上有令史各十八人書令史各三十六人亭長各六人掌固各十四人

吏部尚書一人正三品侍郎二人正四品上郎中二人正五品上員外郎二人從六品上掌文選勳封考課之政以三銓之法官天下之材以身言書判德行才用勞效較其優劣而定其留放爲之注擬五品以上以名上而聽制授六品以下量資而任之其屬有四一曰吏部二曰司封三曰司勳四曰考功吏部郎中掌文官階品朝集祿賜給其告身假使一人掌選補流外官員外郎二人從六品上一人判南曹皆爲尚書侍郎之貳凡文官九品有正有從自正四品以下有上下爲三十等凡文散階二十九從一品曰開府儀同三司正二品曰特進從二品曰光祿大夫正三品曰金紫光祿大夫從三品曰銀青光祿大夫正四品上曰正議大夫正四品下曰通議大夫從四品上曰太中大夫從四品下曰中大夫正五品上曰中散大夫正五品下曰朝議大夫從五品上曰朝請大夫從五品下曰朝散大夫正六品上曰朝議郎正六品下曰承議郎從六品上曰奉議郎從六品下曰通直郎正七品上曰朝請郎正七品下曰宣德郎從七品上曰朝散郎從七品下曰宣義郎正八品上曰給事郎正八品下曰徵事郎從八品上曰承奉郎從八品下曰承務郎正九品上曰儒林郎正九品下曰登仕郎從九品上曰文林郎從九品下曰將仕郎自四品皆番上於吏部不上者

歲輸資錢三品以上六百六品以下一千水旱蟲霜減半資有文藝樂京上者每州七人六十不樂簡選者罷輸勳官亦如之以征鎮功得護軍以上者納資減三之一凡流外九品取其書計時務其校試銓注與流內略同謂之小選吏部主事四人司封主事二人司勳主事三人考功主事三人武德五年改選部曰吏部七年省侍郎貞觀二年復置龍朔元年改吏部曰司列主爵曰司封考功曰司績武后光宅元年改吏部曰天官垂拱元年改主爵曰司封天寶十一載改吏部曰文部至德二載復舊有吏部令史三十人書令史六十人制書令史十四人甲庫令史十三人亭長八人掌固十二人司封令史四人書令史九人掌固四人司勳令史三十三人書令史六十七人掌固四人考功令史十五人書令史三十人掌固四人

司封郎中一人從五品上員外郎一人從六品上諸郎中員外郎品皆如之掌封命朝會賜予之級凡爵九等一曰王食邑萬戶正一品二曰嗣王郡王食邑五千戶從一品三曰國公食邑三千戶從一品四曰開國郡公食邑二千戶正二品五曰開國縣公食邑千五百戶從二品六曰開國縣侯食邑千戶從三品七曰開國縣伯食邑七百戶正四品上八曰開國縣子食邑五百戶正五品上

九曰開國縣男食邑三百戶從五品上皇兄弟皇子皆封國爲親王皇太子子爲郡王親王之子承嫡者爲嗣王諸子爲郡公以恩進者封郡王襲郡王嗣王者封國公皇姑爲大長公主正一品姊爲長公主女爲公主皆視一品皇太子女爲郡主從一品親王女爲縣主從二品凡王公十五以上預朝集宗親女婦諸王長女月二參內命婦一品母爲正四品郡君二品母爲從四品郡君三品四品母爲正五品縣君凡諸王公主外戚之家卜祝占相不入門王妃公主郡縣主嫠居有子者不再嫁凡外命婦有六王嗣王郡王之母妻爲妃文武官一品國公之母妻爲國夫人三品以上母妻爲郡夫人四品母妻爲郡君五品母妻爲縣君勳官四品有封者母妻爲鄉君凡外命婦朝參視夫子之品諸蕃三品以上母妻授封以制流外技術官不封母妻親王孺人二人視正五品媵十人視從六品二品媵八人視正七品國公及三品媵六人視從七品四品媵四人視正八品五品媵三人視從八品凡置媵上其數

補以告身散官三品以上皆置媵凡封戶三丁以上爲率歲租三之一入于朝廷食實封者得眞戶分食諸州皇后諸王公主食邑皆有課戶名山大川畿內之地皆不以封

司勳郎中一人員外郎二人掌官吏勳級凡十有二轉爲上柱國視正二品十有一轉爲柱國視從二品十轉爲上護軍視正三品九轉爲護軍視從三品八轉爲上輕車都尉視正四品七轉爲輕車都尉視從四品六轉爲上騎都尉視正五品五轉爲騎都尉視從五品四轉爲驍騎尉視正六品三轉爲飛騎尉視從六品二轉爲雲騎尉視正七品一轉爲武騎尉視從七品凡以功授者覆實然後奏擬戰功則計殺獲之數堅城苦戰功第一者三轉出少擊多曰上陣兵數相當曰中陣出多擊少曰下陣矢石未交陷堅突衆敵因而敗者曰跳盪殺獲十之四曰上獲十之二曰中獲十之一曰下獲凡酬功之等見任前資常選曰上資文武散官衛官勳官五品以上曰次資五品以上子孫上柱國柱國子勳官六品以下曰下資白丁衛士曰無資跳盪人上資加二階次資下資無資以次降凡上陣上獲五轉中獲四轉下獲三轉第二第三等遞降焉中陣之上獲眂上陣之中獲中獲眂上陣之下獲下獲兩轉下陣之上獲眂中陣之中獲中獲眂中陣之下獲下獲一轉破蠻獠上陣上獲比兩番降二轉凡勳官九百人無職任者番上於兵部眂遠近爲十二番以彊幹者爲番頭留宿衛者爲番月上外州分五番主城門倉庫執刀上柱國以下番上四年驍騎尉以下番上五年簡於兵部授散官不第者五品以上復番上四年六品以下五年簡如初再不中者十二年則番上六年八年則番上四年勳至上柱國有餘則授周以上親無者賜物太常音聲人得五品以上勳非征討功不除簿諸州授勳人歲第勳之高下三月一報戶部有蠲免必驗

考功郎中員外郎各一人掌文武百官功過善惡之考法及其行狀若死而傳於史官諡于太常則以其行狀質其當不其欲銘于

碑者則會百官議其宜述者以聞報其家其考法凡百司之長歲較其屬功過差以九等大合衆而讀之流內之官敘以四善一曰德義有聞二曰清愼明著三曰公平可稱四曰恪勤匪懈善狀之外有二十七最一曰獻可替否拾遺補闕爲近侍之最二曰銓衡人物擢盡才良爲選司之最三曰揚清激濁褒貶必當爲考校之最四曰禮制儀式動合經典爲禮官之最五曰音律克諧不失節奏爲樂官之最六曰決斷不滯與奪合理爲判事之最七曰部統有方警守無失爲宿衛之最八曰兵士調習戎裝充備爲督領之最九曰推鞫得情處斷平允爲法官之最十曰讎校精審明於刊定爲校正之最十一曰承旨敷奏吐納明敏爲宣納之最十二曰訓導有方生徒充業爲學官之最十三曰賞罰嚴明攻戰必勝爲軍將之最十四曰禮義興行肅清所部爲政教之最十五曰詳錄典正詞理兼舉爲文史之最十六曰訪察精審彈舉必當爲糾正之最十七曰明於勘覆稽失無隱爲句檢之最十八曰職事脩理

供承彊濟爲監掌之最十九曰功課皆充丁匠無怨爲役使之最二十曰耕耨以時收穫成課爲屯官之最二十一曰謹於蓋藏明於出納爲倉庫之最二十二曰推步盈虛究理精密爲曆官之最二十三曰占候醫卜效驗多者爲方術之最二十四曰檢察有方行旅無壅爲關津之最二十五曰市廛弗擾姦濫不行爲市司之最二十六曰牧養肥碩蕃息孳多爲牧官之最二十七曰邊境清肅城隍脩理爲鎮防之最一最四善爲上上一最三善爲上中一最二善爲上下無最而有二善爲中上無最而有一善爲中中職事粗理善最不聞爲中下愛憎任情處斷乖理爲下上背公向私職務廢闕爲下中居官諂詐貪濁有狀爲下下凡定考皆集於尚書省唱第然後奏親王及中書門下京官三品以上都督刺史都護節度觀察使則奏功過狀以覈考行之上下每歲尚書省諸司具州牧刺史縣令殊功異行災蝗祥瑞戶口賦役增減盜賊多少皆上於考司監領之官以能撫養役使者爲功有秏亡者以十分

爲率一分爲一殿博士助教計講授多少爲差親勳翊衛以行能功過爲三等親勳翊衛備身東宮親勳翊衛備身王府執仗親事執乘親事及親勳翊衛主帥校尉直長品子雜任飛騎皆上中下考有二上第者加階番考別爲簿以侍郎顓掌之流外官以行能功過爲四等清謹勤公爲上執事無私爲中不勤其職爲下貪濁有狀爲下下凡考中上以上每進一等加祿一季中中守本祿中下以下每退一等奪祿一季中品以下四考皆中中者進一階一中上考復進一階一上下考進二階計當進而參有下考者以一中上覆一中下以一上下覆二中下上中以上雖有下考從上第有下下考者解任凡制敕不便有執奏者進其考貞觀初歲定京官望高者二人分校京官外官考給事中中書舍人各一人涖之號監中外官考使考功郎中判京官考員外郎判外官考其後屢置監考校考知考使故事考簿朱書吏緣爲姦咸通十四年始以墨

戶部尚書一人正三品侍郎二人正四品下掌天下土地人民錢穀之政貢賦之差其屬有四一曰戶部二曰度支三曰金部四曰倉部戶部郎中員外郎掌戶口土田賦役貢獻蠲免優復婚姻繼嗣之事以男女之黃小中丁老爲之帳籍以永業口分園宅均其土田以租庸調斂其物以九等定天下之戶以爲尚書侍郎之貳其後以諸行郎官判錢穀而戶部度支郎官失其職矣會昌二年著令以本行郎官分判錢穀戶部巡官二人主事四人度支主事二人金部主事三人倉部主事三人高宗即位改民部曰戶部龍朔二年改戶部曰司元度支曰司度金部曰司珍倉部曰司庾光宅元年改戶部曰地官天寶十一載改金部曰司金倉部曰司儲有戶部令史十七人書令史三十四人計史一人亭長六人掌固十人度支令史十六人書令史三十三人計史一人掌固四人金部主事三人令史十人書令史二十一人計史一人掌固四人倉部令史十二人書令史二十三人計史一人掌固四人

度支郎中員外郎各一人掌天下租賦物產豐約之宜水陸道塗之利歲計所出而支調之以近及遠與中書門下議定乃奏

金部郎中員外郎各一人掌天下庫藏出納權衡度量之數兩京市互市和市宮市交易之事百官軍鎮蕃客之賜及給宮人王妃官奴婢衣服

倉部郎中員外郎各一人掌天下庫儲出納租稅祿糧倉廩之事以木契百合諸司出給之數以義倉常平倉備凶年平穀價

禮部尚書一人正三品侍郎一人正四品下掌禮儀祭享貢舉之政其屬有四一曰禮部二曰祠部三曰膳部四曰主客禮部郎中員外郎掌禮樂學校衣冠符印表疏圖書冊命祥瑞鋪設及百官宮人喪葬贈賻之數爲尚書侍郎之貳五禮之儀一曰吉禮二曰賓禮三曰軍禮四曰嘉禮五曰凶禮凡齊衰心喪以上奪情從職及周喪未練大功未葬皆不預宴大功以上喪受冊涖官鼓吹從而不作戎事則否凡朝晚入失儀御史錄名奪俸三奪者奏彈凡出蕃冊授弔贈者給衣冠皇帝巡幸兩京文武官職事五品以上月朔以表參起居近州刺史遣使一參留守月遣使起居北都則四時遣使起居諸司奏大事者前期三日具狀長官躬署對仗伏奏仗下中書門下仳讀河南太原府父老每歲上表願駕幸遣使以聞駕在都則京兆府亦如之凡景雲慶雲爲大瑞其名物六十

有四白狼赤兔爲上瑞其名物三十有八蒼烏朱鴈爲中瑞其名物三十有二嘉禾芝草木連理爲下瑞其名物十四大瑞則百官詣闕奉賀餘瑞歲終員外郎以聞有司告廟凡喪三品以上稱薨五品以上稱卒自六品達于庶人稱死皇親三等以上喪舉哀有司帳具給食諸蕃首領喪則主客鴻臚月奏禮部主事二人祠部主事二人膳部主事二人主客主事二人武德三年改儀曹郎曰禮部郎中司蕃郎曰主客郎中龍朔二年改禮部曰司禮祠部曰司禋膳部曰司膳光宅元年改禮部曰春官有禮部令史五人書令史十一人亭長六人掌固八人祠部令史六人書令史十三人掌固四人主客令史四人書令史九人掌固四人

祠部郎中員外郎各一人掌祠祀享祭天文漏刻國忌廟諱卜筮醫藥僧尼之事珠玉珍寶供祭者不求於市駕部比部歲會牲之死亡輸皮於太府郊祭酒醴脯醢黍稷果實所司長官封署以供兩京及磧西諸州火祆歲再祀而禁民祈祭凡巡幸路次名山大川聖帝明王名臣墓州縣以官告祭二王後享廟則給牲牢祭器而完其帷帟凡案主客以四時省問凡國忌廢務日內教太常停習樂兩京文武五品以上及清官七品以上行香於寺觀凡名醫子弟試療病長官涖覆三年有驗者以名聞

膳部郎中員外郎各一人掌陵廟之牲豆酒膳諸司供奉口味躬鑰其畢乃遣進胙亦如之非大禮大慶不獻食不進口味凡羊至廚而乳者釋之長生大齋日尚食進蔬食釋所殺羊爲長生供奉凡獻食進口味不殺犢尚食有猝須別索必奏覆月終而會之凡尚食進食以種取一而別嘗之殿中省主膳上食於諸陵以番上下四時遣食醫主食各一人涖之

主客郎中員外郎各一人掌二王後諸蕃朝見之事二王後子孫視正三品酅公歲賜絹三百米粟亦如之介公減三之一殊俗入朝者始至之州給牒覆其人數謂之邊牒蕃州都督刺史朝集日視品給以衣冠袴褶乘傳者日四驛乘驛者六驛供客食料以四時輸鴻臚季終句會之客初至及辭設會第一等視三品第二等視四品第三等視五品蕃望非高者視散官而減半參日設食路由大海者給祈羊豕皆一西南蕃使還者給入海程糧西北諸蕃則給度磧程糧蕃客請宿衛者奏狀貌年齒突厥使置市坊有貿易錄奏爲質其輕重太府丞一人涖之蕃王首領死子孫襲初授官兄弟子降一品兄弟子代攝者嫡年十五還以政使絕域者還上聞見及風俗之宜供饋贈貺之數

兵部尚書一人正三品侍郎二人正四品下掌武選地圖車馬甲械之政其屬有四一曰兵部二曰職方三曰駕部四曰庫部凡將出征告廟授斧鉞軍不從令大將專決還日具上其罪凡發兵降敕書於尚書尚書下文符放十人發十馬軍器出十皆不待敕衛士番直發一人以上必覆奏諸蕃首領至則備威儀郊導凡俘馘酬以絹入鈔之俘歸於司農郎中一人判帳及武官階品衛府衆寡校考給告身之事一人判簿及軍戎調遣之名數朝集祿賜假告之常員外郎一人掌貢舉雜請一人判南曹歲選解狀則覈簿書資歷考課皆爲尚書侍郎之貳武散階四十有五從一品曰驃騎大將軍正二品曰輔國大將軍從二品曰鎮軍大將軍正三品上曰冠軍大將軍懷化大將軍正三品下曰懷化將軍從三品上曰雲麾將軍歸德大將軍從三品下曰歸德將軍正四品上曰忠武將軍正四品下曰壯武將軍懷化中郎將從四品上曰宣威將軍從四品下曰明威將軍歸德中郎將正五品上曰定遠將軍正五品下曰寧遠將軍懷化郎將從五品上曰游騎將軍從五品下曰游擊將軍歸德郎將正六品上曰昭武校尉正六品下曰昭武副尉懷化司階從六品上曰振威校尉從六品下曰振威副尉歸德司階正七品上曰致果校尉正七品下曰致果副尉懷化中候從七品上曰翊麾校尉從七品下曰翊麾副尉歸德中候正八品上曰宣節校尉正八品下曰宣節副尉懷化司戈從八品上曰禦侮校尉從八品下曰禦侮副尉歸德司戈正九品上曰仁勇校尉正九品下曰仁勇副尉懷化執戟長上從九品上曰陪戎校尉從九品下曰陪戎副尉歸德執戟長上自四品以下皆番上於兵部

以遠近爲八番三月一上三千里外者免番輸資如文散官唯追集乃上六品以下尚書省送符懷化大將軍歸德大將軍配諸衛上下餘直諸衛爲十二番皆月上忠武將軍以下游擊將軍以上每番閱彊毅者直諸衛番滿有將略者以名聞兵部主事四人職方主事二人駕部主事二人庫部主事二人龍朔二年改兵部曰司戎職方曰司城駕部曰司輿庫部曰司庫光宅元年改兵部曰夏官天寶十一載曰武部駕部曰司駕有兵部令史三十人書令史六十人制書令史十三人甲庫令史十二人亭長八人掌固十二人職方令史四人書令史九人掌固四人駕部令史十人書令史二十四人掌固四人庫部令史七人書令史十五人掌固四人

職方郎中員外郎各一人掌地圖城隍鎮戍烽候防人道路之遠近及四夷歸化之事凡圖經非州縣增廢五年乃脩歲與版籍偕上凡蕃客至鴻臚訊其國山川風土爲圖奏之副上於職方殊俗入朝者圖其容狀衣服以聞

駕部郎中員外郎各一人掌輿輦車乘傳驛廄牧馬牛雜畜之籍凡給馬者一品八匹二品六匹三品五匹四品五品四匹六品三匹七品以下二匹給傳乘者一品十馬二品九馬三品八馬四品五

品四馬六品七品二馬八品九品一馬三品以上敕召者給四馬五品三馬六品以下有差凡驛馬給地四頃蒔以苜蓿凡三十里有驛驛有長舉天下四方之所達爲驛千六百三十九阻險無水草鎮戍者視路要隙置官馬水驛有舟凡傳驛馬驢每歲上其死損肥瘠之數

庫部郎中員外郎各一人掌戎器鹵簿儀仗元日冬至陳設祠祀喪葬辨其名數而供焉凡戎器色別而異處以衛尉幕士暴涼之京衛旗畫蹲獸立禽行幸則給飛走旗凡諸衛儀仗以御史涖其度掌武庫器仗則兵部長官涖其脩完京官五品以上征行者假甲冑鞬旗幡稍諸衛給弓千牛給甲

刑部尚書一人正三品侍郎一人正四品下掌律令刑法徒隸按覆讞禁之政其屬有四一曰刑部二曰都官三曰比部四曰司門

刑部郎中員外郎掌律法按覆大理及天下奏讞爲尚書侍郎之貳凡刑法之書有四一曰律二曰令三曰格四曰式凡鞫大獄以尚書侍郎與御史中丞大理卿爲三司使凡國有大赦集囚徒于闕下以聽刑部主事四人都官主事二人比部主事四人司門主事二人龍朔二年改刑部曰司刑都官曰司僕比部曰司計司門曰司關光宅元年改刑部曰秋官天寶十一載改刑部曰司憲比部曰司計有刑部令史十九人書令史三十八人亭長六人掌固十人都官令史九人書令史十二人掌固四人比部令史十四人書令史二十七人計史一人掌固四人司門令史六人書令史十三人掌固四人

都官郎中員外郎各一人掌俘隸簿錄給衣糧醫藥而理其訴免凡反逆相坐沒其家配官曹長役爲官奴婢一免者一歲三番役再免爲雜戶亦曰官戶二歲五番役每番皆一月三免爲良人六十以上及廢疾者爲官戶七十爲良人每歲孟春上其籍自黃口以上印臂仲冬送於都官條其生息而按比之樂工獸醫騙馬調馬羣頭栽接之人皆取焉附貫州縣者按比如平民不番上歲督丁資爲錢一千五百丁婢中男五輸其一侍丁殘疾半輸凡居作者差以三等四歲以上爲小十一以上爲中二十以上爲丁丁奴三當二役中奴丁婢二當一役中婢三當一役

比部郎中員外郎各一人掌句會內外賦斂經費俸祿公廨勳賜贓贖徒役課程逋欠之物及軍資械器和糴屯收所入京師倉庫三月一比諸司諸使京都四時句會於尚書省以後季句前季諸州則歲終總句焉

司門郎中員外郎各一人掌門關出入之籍及闌遺之物凡著籍月一易之流內記官爵姓名流外記年齒貌狀非遷解不除凡有召者降墨敕勘銅魚木契然後入監門校尉巡日送平安凡奏事遺官送之晝題時刻夜題更籌命婦諸親朝參者內侍監校尉涖索凡著籍車不入宮門闌遺之物揭於門外牓以物色朞年沒官天下關二十六有上中下之差度者本司給過所出塞踰月者給行牒獵手所過給長籍三月一易蕃客往來閱其裝重入一關者餘關不譏

工部尚書一人正三品侍郎一人正四品下掌山澤屯田工匠諸司公廨紙筆墨之事其屬有四一曰工部二曰屯田三曰虞部四曰

水部工部郎中員外郎各一人掌城池土木之工役程式爲尚書侍郎之貳凡京都營繕皆下少府將作共其用役千功者先奏凡工匠以州縣爲團五人爲火五火置長一人四月至七月爲長功二月三月八月九月爲中功十月至正月爲短功雇者日爲絹三尺內中尚巧匠無作則納資凡津梁道路治以九月工部主事三人屯田主事二人虞部主事二人水部主事二人武德三年改起部曰工部龍朔二年曰司平屯田曰司田虞部曰司虞水部曰司川光宅元年改工部曰冬官天寶十一載改虞部曰司虞水部曰司水工部有令史十二人書令史二十一人計史一人亭長六人掌固八人屯田令史七人書令史十二人計史一人掌固四人虞部令史四人書令史九人掌固四人水部令史四人書令史九人掌固四人

屯田郎中員外郎各一人掌天下屯田及京文武職田諸司公廨田以品給焉

虞部郎中員外郎各一人掌京都衢閭苑囿山澤草木及百官蕃客時蔬薪炭供頓畋獵之事每歲春以戶小兒戶婢仗內蒔種漑灌冬則謹其蒙覆凡郊祠神壇五岳名山樵採芻牧皆有禁距壝三十步外得耕種春夏不伐木京兆河南府三百里內正月五月九月禁弋獵山澤有寶可供用者以聞

水部郎中員外郎各一人掌津濟船艫渠梁堤堰溝洫漁捕運漕碾磑之事凡坑陷井穴皆有標京畿有渠長斗門長諸州堤堰刺史縣令以時檢行而涖其決築有埭則以下戶分牽禁爭利者

百官志第三十六

百官志第三十七　唐書四十七

翰林學士兼龍圖閣學士朝散大夫給事中知制誥充史館脩撰臣歐陽脩奉

敕撰

門下省侍中二人正二品掌出納帝命相禮儀凡國家之務與中書令參總而顓判省事下之通上其制有六一曰奏鈔以支度國用授六品以下官斷流以下罪及除免官用之二曰奏彈三曰露布四曰議五曰表六曰狀自露布以上乃審其餘覆奏畫制可而授尚書省行幸則負寶以從版奏中嚴外辦還宮則請降輅解嚴皇帝齋則請就齋室將奠則奉玉幣盥則奉匜取盤酌罍水贊洗酌泛齊受虛爵進福酒皆左右其儀饗宗廟進瓚而贊酌鬱酒既祼贊酌醴齊籍田則奉耒四夷朝見則承詔勞問臨軒命使冊皇后皇太子則承詔降宣命慰問聘召則涖封題發驛遣使則給魚符凡官爵廢置刑政損益授之史官既書復涖其記注職事官六品以下進擬則審其稱否而進退之武德元年改侍內曰納言三年曰侍中龍朔二年改門下省曰東臺

侍中曰左相武后光宅元年曰納言垂拱元年改門下省曰鸞臺開元元年曰黃門省侍中曰監天寶元年曰左相

門下侍郎二人正三品掌貳侍中之職大祭祀則從盥則奉巾既帨奠巾奉匏爵贊獻元日冬至奏天下祥瑞侍中闕則涖封符券給傳驛龍朔二年改黃門侍郎曰東臺侍郎武后垂拱元年曰鸞臺侍郎天寶元年曰門下侍郎乾元元年曰黃門侍郎大曆二年復舊

左散騎常侍二人正三品下掌規諷過失侍從顧問隋廢散騎常侍貞觀元年復置十七年爲職事官顯慶二年分左右隸門下中書省皆金蟬珥貂左散騎與侍中爲左貂右散騎與中書令爲右貂謂之八貂龍朔二年曰侍極

左諫議大夫四人正四品下掌諫諭得失侍從贊相武后垂拱二年有魚保宗者上書請置匭以受四方之書乃鑄銅匭四塗以方色列于朝堂青匭曰延恩在東告養人勸農之事者投之丹匭曰招諫在南論時政得失者投之白匭曰申冤在西陳抑屈者投之黑匭曰通玄在北告天文秘謀者投之以諫議大夫補闕拾遺一人充使知匭事御史中丞侍御史一人爲理匭使其後同爲一匭天寶九載玄宗以匭聲近鬼改理匭使爲獻納使至德元年復舊寶應元年命中書門下擇正直清白官一人知匭以給事中中書

舍人爲理匭使建中二年以御史中丞爲理匭使諫議大夫一人爲知匭使投匭者使先驗副本開成三年知匭使李中敏以爲非所以廣聰明而慮幽枉也乃奏罷驗副封（武德元年置諫議大夫龍朔二年曰正諫大夫貞元四年分左右）

給事中四人正五品上掌侍左右分判省事察弘文館繕寫讎校之課凡百司奏抄侍中既審則駁正違失詔敕不便者塗竄而奏還謂之塗歸季終奏駁正之目凡大事覆奏小事署而頒之三司詳決失中則裁其輕重發驛遣使則與侍郎審其事宜六品以下奏擬則校功狀殿最行藝非其人則白侍中而更焉與御史中書舍人聽天下冤滯而申理之門下省有録事四人從七品上主事四人從八品下（有令史二十二人書令史四十三人甲庫令史十三人能書一人傳制八人亭長六人掌固十四人脩補制敕匠五人裝潢一人起居郎領令史三人贊者六人武德三年改給事郎曰給事中）

左補闕六人從七品上左拾遺六人從八品上掌供奉諷諫大事廷議小則上封事（武后垂拱元年置補闕拾遺左右各二員）

起居郎二人從六品上掌録天子起居法度天子御正殿則郎居左舍人居右有命俯陛以聽退而書之季終以授史官貞觀初以給事中諫議大夫兼知起居注或知起居事每仗下議政事起居郎一人執筆記録于前史官隨之其後復置起居舍人分侍左右秉筆隨宰相入殿若仗在紫宸内閤則夾香案分立殿下直第二螭首和墨濡筆皆即坳處時號螭頭高宗臨朝不決事有司所奏唯辭見而已許敬宗李義府爲相奏請多畏人之知也命起居郎舍人對仗承旨仗下與百官皆出不復聞機務矣長壽中宰相姚璹建議仗下後宰相一人録軍國政要爲時政紀月送史館然率推美讓善事非其實未幾亦罷而起居郎猶因制敕稍稍筆削以廣國史之闕起居舍人本記言之職唯編詔書不及它事開元初復詔脩史官非供奉者皆隨仗而入位於起居郎舍人之次及李林甫專權又廢大和九年詔入閤日起居郎舍人具紙筆立螭頭下復貞觀故事（有令史三人贊者六人貞觀三年置起居郎廢舍人龍朔二年曰左史天授元年亦如之）

典儀二人從九品下掌贊唱及殿中版位之次侍中版奏中嚴外辦示贊焉（隋謁者臺有典儀武德五年復置隸門下省）

城門郎四人從六品上掌京城皇城宮殿諸門開闔之節奉管鑰而出納之開則先外後内闔則先内後外啓閉有時不以時則詣閤覆奏（有令史二人書令史二人武德五年置門僕八百人番上送管鑰）

符寶郎四人從六品上掌天子八寶及國之符節有事則請於内既事則奉而藏之大朝會則奉寶進于御座行幸則奉以從焉大事出符則藏其左而班其右以合中外之契兼以敕書小事則降符函封使合而行之凡命將遣使皆請旌節旌以顓賞節以顓殺（有令史二人書令史三人主寶二人主符四人主節四人武后延載元年改符璽郎曰符寶郎開元元年亦曰符寶郎）

弘文館學士掌詳正圖籍教授生徒朝廷制度沿革禮儀輕重皆參議焉（武德四年置修文館于門下省九年改曰弘文館貞觀元年詔京官職事五品已上子嗜書者二十四人隸館習書出禁中書法以授之其後又置講經博士儀鳳中置詳正學士校理圖籍武德後五品以上曰學士六品已上曰直學士又有文學直館皆它官領之武后垂拱後以宰相兼領館務號館主給事中一人判館事神龍元年改弘文館曰昭文館以避孝敬皇帝之名二年曰脩文館景龍二年置大學士四人以象四時學士八人以象八節直學士十二人以象十二時景雲中減其員數復爲昭文館開元七年曰弘文館置校書郎又有校理讎校錯誤等官長慶三年與詳正學士講經博士皆罷額以五品以上曰學士六品以下曰直學士未登朝爲直館）

校書郎二人從九品上掌校理典籍刊正錯謬凡學生教授考試如國子之制（有學生三十八人令史二人楷書十二人供進筆二人典書二人搨書手三人筆匠三人熟紙裝潢匠八人亭長二人掌固四人）

中書省中書令二人正二品掌佐天子執大政而總判省事凡王言之制有七一曰冊書立皇后皇太子封諸王臨軒冊命則用之二曰制書大賞罰赦宥慮囚大除授則用之三曰慰勞制書褒勉贊勞則用之四曰發敕廢置州縣增減官吏發兵除免官爵授六品以上官則用之五曰敕旨百官奏請施行則用之六曰論事敕書戒約臣下則用之七曰敕牒隨事承制不易於舊則用之皆宣署申覆然後行焉大祭祀則相禮親征纂嚴則戒飭百官臨軒冊命則讀冊若命於朝則宣授而已冊太子則授璽綬凡制詔文章獻納以授記事之官（武德三年改内書省曰中書省内書令曰中書令龍朔元年改中書省曰西臺中書令曰右相光宅元年改中書省曰鳳閣中書令曰内史開元元年改中書省曰紫微省中書令曰紫微令天寶元年曰右相至大曆五年紫微侍郎乃復爲中書侍郎）

侍郎二人正三品掌貳令之職朝廷大政參議焉臨軒冊命爲使則持冊書授之四夷來朝則受其表疏而奏之獻贄幣則受以

付有司

舍人六人正五品上掌侍進奏參議表章凡詔旨制敕璽書册命皆起草進畫既下則署行其禁有四一曰漏洩二曰稽緩三曰違失四曰忘誤制敕既行有誤則奏改之大朝會諸方起居則受其表狀大捷祥瑞百寮表賀亦如之册命大臣則使持節讀册命將帥有功及大賓客則勞問與給事中及御史三司鞫冤滯百司奏議考課皆預裁焉以久次者一人爲閣老判本省雜事又一人知制誥顓進畫給食于政事堂其餘分署制敕以六員分押尚書六曹佐宰相判案同署乃奏唯樞密遷授不預姚崇爲紫微令奏大事舍人爲商量狀與本狀皆下紫微令判二狀之是否然後乃奏開元初以它官掌詔敕策命謂之兼知制誥肅宗即位又以它官知中書舍人事兵興急於權便政去臺閣決遺顓出宰相自是舍人不復押六曹之奏會昌末宰相李德裕建議臺閣常務州縣奏請復以舍人平處可否先是知制誥率用前行正郎宣宗時選尚書郎爲之主書四人從七品上主事四人從八品下有令史二十五人書令史五十人能書四人蕃書譯語十人乘驛二十人傳制十人亭長十八人掌固二十四人裝制敕匠一人修補制敕匠五十人掌函掌案各二十人

右散騎常侍二人右諫議大夫四人右補闕六人右拾遺六人掌如門下省

起居舍人二人從六品上掌脩記言之史錄制誥德音如記事之制季終以授國史有楷書手四人典二人

通事舍人十六人從六品上掌朝見引納殿庭通奏凡近臣入侍文武就列則導其進退而贊其拜起出入之節蠻夷納貢皆受而進之軍出則受命勞遣既行則每月存問將士之家視其疾苦凱還則郊迓有令史十人典謁十人亭長十八人掌固二十四人武德四年改謁者臺改通事謁者曰通事舍人

集賢殿書院學士直學士侍讀學士脩撰官掌刊緝經籍凡圖書遺逸賢才隱滯則承旨以求之謀慮可施於時著述可行於世者考其學術以聞凡承旨撰集文章校理經籍月終則進課於內歲終則考最於外開元五年乾元殿寫四部書置乾元院使有刊正官四人以一人判事押院中使一人掌出入宣奏領中官監守院門知書官八人分掌四庫書六年乾元院更號麗正脩書院置使及檢校官改脩書官爲麗正殿直學士八年加文學直又加脩撰校理刊正校勘官十一年置麗正院脩書學士光順門外亦置書院十二年東都明福門外亦置麗正書院十三年改麗正脩書院爲集賢殿書院五品以上爲學士六品以下爲直學士宰相一人爲學士知院事常侍一人爲副知院事又置判院一人押院中使一人玄宗嘗選耆儒日一人侍讀以質史籍疑義至是置集賢院侍講學士侍讀直學士其後又增脩撰官校理官待制官留院官知檢討官文學直之員募能書者爲書直及寫御書人其後亦以前資常選三衛散官五品以上子孫爲之又置畫直至十九年以書直畫直搨書有官者爲直院至德二年置大學士貞元初置編錄官四年罷大學士八年罷校理置校書四人正字二人元和二年復置集賢校理罷校書正字四年集賢御書院學士直學士皆用五品如開元故事以學士一人年高者判院事非登朝官者爲校理餘皆罷初太宗即位命京官五品以上更宿中書門下兩省以備訪問永徽中命弘文館學士一人日待制于武德殿西門文明元年詔京官五品以上清官日一人待制于章善明福門先天末又命朝集使六品以上二人隨仗待制永泰時勳臣罷節制無職事皆待制于集賢門凡十三人崔祐甫爲相建議文官一品以上更直待制其後著令正衙待制官日二人

校書四人正九品下正字二人從九品上有中使一人孔目官一人專知御書檢討八人知書官八人書直寫御書手九十人畫直六人裝書直十四人造筆直四人搨書六人典四人

史館脩撰四人掌脩國史貞觀三年置史館於門下省以他官兼領或卑位有才者亦以直館稱以宰相涖脩撰又於中書置祕書內省脩五代史開元二十年李林甫以宰相監脩國史建議以爲中書切密之地史官記事隸門下省疏遠於是諫議大夫史館脩撰尹愔奏徙于中書省天寶後它官兼史職者曰史館脩撰初入爲直館元和六年宰相裴垍建議登朝官領史職者爲脩撰以官高一人判館事未登朝官皆爲直館大中八年廢史館直館二員增脩撰四人分掌四季有令史二人楷書十二人寫國史楷書十八人楷書手二十五人典書二人亭長二人掌固四人熟紙匠六人

祕書省監一人從三品少監二人從四品上丞一人從五品上監掌經籍圖書之事領著作局少監爲之貳武德四年改少令曰少監龍朔二年改祕書省曰蘭臺監曰太史少監曰侍郎丞曰大夫祕書郎曰蘭臺郎武后垂拱元年祕書省曰麟臺太極元年曰祕書省有典書四人楷書十人令史四人書令史九人亭長六人掌固八人熟紙匠十人裝潢匠十人筆匠六人

祕書郎三人從六品上掌四部圖籍以甲乙丙丁爲部皆有三本一曰正二曰副三曰貯凡課寫功程皆分判

校書郎十人正九品上正字四人正九品下掌讎校典籍刊正文章

著作局郎二人從五品上著作佐郎二人從六品上校書郎二人正九品上正字二人正九品下著作郎掌撰碑誌祝文祭文與佐郎分判局事武德四年改著作曹曰局龍朔二年曰司文局郎曰郎中佐郎曰司文郎有楷書五人書令史一人書吏二人掌固四人

司天臺監一人正三品少監二人正四品上丞一人正六品上主簿二人正七品上主事一人正八品下監掌察天文稽曆數凡日月星辰風雲氣色之異率其屬而占有通玄院以藝學召至京師者居之凡天文圖書器物非其任不得與焉每季錄祥眚送

門下中書省紀于起居注歲終上送史館歲頒曆于天下武德四年改太史監曰太史局隸秘書省七年廢監候龍朔二年改太史局曰秘書閣局令曰秘書閣郎中武后光宅元年改太史局曰渾天監不隸麟臺俄改曰渾儀監置副監及丞主簿改司辰師曰司辰長安二年渾儀監復曰太史局廢副監及丞隸麟臺如故改天文博士曰靈臺郎曆博士曰保章正景龍二年改太史局曰太史監不隸秘書省復置丞景雲元年又爲局隸秘書省踰月爲監歲中復爲局二年改曰渾儀監開元二年復曰太史監改令爲監置少監十四年太史監復爲局以監爲令而廢少監天寶元年太史局復爲監自是不隸秘書省乾元元年曰司天臺藝術人韓穎劉烜建議改令爲監置通玄院及主簿置五官監候及五官禮生十五人掌布諸壇神位五官楷書手五人掌寫御書有令史五人天文觀生九十人天文生五十人曆生五十五人初有天文博士二人正八品下曆博士一人從八品上司辰師五人正九品下裝書曆生掌候天文掌教習天文氣色掌寫御曆後皆省

春官夏官秋官冬官中官正各一人正五品上副正各一人正六品上掌司四時各司其方之變異冠加一星珠以應五緯衣從其方色元日冬至朔望朝會及大禮各奏方事而服以朝見乾元元年置五官正及副正

五官保章正二人從七品上五官監候三人正八品下五官司曆二人從八品上掌曆法及測景分至表準

五官靈臺郎各一人正七品下掌候天文之變五官挈壺正二人正八品上五官司辰八人正九品上漏刻博士六人從九品下掌知漏刻凡孔壺爲漏浮箭爲刻以考中星昏明更以擊鼓爲節點以擊鐘爲節武后長安二年置挈壺正乾元元年與靈臺郎保章正司曆司辰皆加五官之名有漏刻生四十人典鐘典鼓三百五十人初有刻漏視品刻漏典事掌知刻漏檢校刻漏後皆省

殿中省監一人從三品少監二人從四品上丞二人從五品上監掌天子服御之事其屬有六局曰尚食尚藥尚衣尚乘尚舍尚輦少監爲之貳凡聽朝率屬執繖扇列于左右大朝會祭祀則進爵行幸則侍奉仗內驂乘百司皆納印而藏之大事聽焉有行從百司之印左右仗廄左曰奔星右曰內駒兩仗內又有六廄一曰左飛二曰右飛三曰左萬四曰右萬五曰東南內六曰西南內園苑有官馬坊每歲河隴羣牧進其良者以供御六閑馬以殿中監及尚乘主之武后萬歲通天元年置仗內六閑一曰飛龍二曰祥麟三曰鳳苑四曰鵷鸞五曰吉良六曰六羣亦號六廄以殿中丞檢校仗內閑廄以中官爲內飛龍使聖曆中置閑廄使以殿中監承恩遇者爲之分領殿中太僕之事而專掌輿輦牛馬自是宴游供奉殿中監皆不豫開元初閑廄馬至萬餘匹駱駝巨象皆養焉以駝馬隸閑廄而尚乘局名存而已閑廄使押五坊以供時狩一曰鵰坊二曰鶻坊三曰鷂坊四曰鷹坊五曰狗坊侍御尚醫二人正六品上主事二人從九品上武德元年改殿內監曰殿中省龍朔二年曰中御府監曰大監丞曰大夫有令史四人書令史十二人左右仗千牛各十人掌固亭長各八人舊有天廄府開元二十三年省

進馬五人正七品上掌大陳設戎服執鞭居立仗馬之左視馬進退天寶八載罷南衙立仗馬因省進馬十二載復置乾元後又省大曆十四年復

尚食局奉御二人正五品下直長五人正七品上諸奉御直長品皆如之食醫八人正九品下奉御掌儲供直長爲之貳進御必辨時禁先嘗之饗百官賓客則與光祿視品秩而供凡諸陵月享視膳乃獻龍朔二年改尚食局曰奉膳局諸局奉御皆曰大夫有書令史二人書吏五人主食十六人主膳八百四十人掌固八人

尚藥局奉御二人直長二人掌和御藥診視凡藥供御中書門下長官及諸衛上將軍各一人與監奉御涖之藥成醫佐以上先嘗疏本方具歲月日涖者署奏餌日奉御先嘗殿中監次之皇太子又次之然後進御太常每季閱送上藥而還其朽腐者左

右羽林軍給藥飛騎萬騎病者頒焉龍朔二年改尚藥局曰奉醫局有按摩師四人咒禁師四人書令史二人書吏四人直官十人主藥十二人藥童三十人合口脂匠二人掌固四人

侍御醫四人從六品上掌供奉診候

司醫五人正八品下醫佐十人正九品下掌分療衆疾皆貞觀中置

尚衣局奉御二人直長四人掌供冕服几案祭祀則奉鎮圭於監而進于天子大朝會設案龍朔二年改尚衣局曰奉冕局有書令史三人書吏四人主衣十六人掌固四人

尚舍局奉御二人直長六人掌殿庭祭祀張設湯沐燈燭汛掃行幸則設三部帳幕有古帳大帳次帳小次帳小帳凡五等各三部其外則蔽以排城大朝會設黼扆施蹋席薰爐朝望設幄而已龍朔二年改尚舍局曰奉扆局有書令史三人書吏七人掌固十人幕士八千人舊有給使百二十人掌供御湯沐燈燭辨使貞觀中省

尚乘局奉御二人直長十人掌內外閑廄之馬左右六閑一曰飛黃二曰吉良三曰龍媒四曰騊駼五曰駃騠六曰天苑凡外牧歲進良馬印以三花飛鳳之字飛龍廄日以八馬列宮門之外號南衙立仗馬仗下乃退大陳設則居樂縣之北與象相次龍朔二年改尚乘局

曰奉乘局有書令史六人書吏十四人直官二十人習馭五百人掌閑五千人典事五人獸醫七十人掌固四人習馭掌調六閑之馬掌閑掌飼六閑之馬治其乘具鞍轡典事掌六閑芻粟太宗置司廩司庫高宗置習馭獸醫

司廩司庫各一人正九品下掌六閑芻稭出納奉乘十八人正九品下掌飼習御馬

尚輦局奉御二人直長三人尚輦二人正九品下掌輿輦繖扇大朝會則陳于庭大祭祀則陳于廟皆繖二翰一扇一百五十有六既事而藏之常朝則去扇左右留者三龍朔二年改尚輦局曰奉輿局有書令史二人書吏四人七輦主輦各六人掌扇六十人掌翰三十人掌輦四十二人奉輦十五人掌固六人掌扇掌翰掌執繖扇翰紙筆硯雜供奉之事掌輦掌率主輦以供其事高宗置掌翰

內侍省監二人從三品少監二人內侍四人皆從四品上監掌內侍奉宣制令其屬六局曰掖庭宮闈奚官內僕內府內坊少監內侍爲之貳皇后親蠶則升壇執儀大駕出入爲夾引武德四年改長秋監曰內侍監內承奉曰內常侍內承直曰內給事龍朔二年改監爲省武后垂拱元年曰司宮臺天寶十三年置內侍監改內侍曰少監尋更置內侍有高品一千六百九十六人品官白身二千九百三十二人令史八人書令史十六人

內常侍六人正五品下通判省事

唐書百官志三十七　八　劉祥

內給事十人從五品下掌承旨勞問分判省事凡元日冬至百官賀皇后則出入宣傳宮人衣服費用則具品秩計其多少春秋宣送于中書主事二人從九品下

內謁者監十人正六品下掌儀法宣奏承敕令及外命婦名帳凡諸親命婦朝會者籍其數上內侍省命婦下車則導至朝堂奏聞唐廢內謁者局置內典引十八人掌諸親命婦朝參出入導引有內亭長六人掌固八人

內謁者十二人從八品下掌諸親命婦朝集班位分涖諸門

內寺伯六人正七品下掌糾察宮內不法歲儺則涖出入

寺人六人從七品下掌皇后出入執御刀冗從掖庭局令二人從七品下丞三人從八品下掌宮人簿帳女工凡宮人名籍司其除附公桑養蠶會其課業供奉物皆取焉婦人以罪配沒工縫巧者隸之無技能者隸司農諸司營作須女功者取於戶婢有書令史四人書吏八人計史二人典事十人掌固四人計史掌料功程

宮教博士二人從九品下掌教習宮人書筭衆藝初內文學館隸中書省以儒學者一人爲學士掌教宮人武后如意元年改曰習藝館又改曰萬林內教坊尋復舊有內教博士十八人經學五人史子集綴文三人楷書二人莊老太一篆書律令吟詠飛白書筭碁各一人開元末館廢以內教博士以下隸內侍省中官爲之

監作四人從九品下掌監涖雜作典工役

宮闈局令二人從七品下丞二人從八品下掌侍宮闈出入管鑰凡享太廟皇后神主出入則帥其屬輿之總小給使學生之籍給以糧稟有書令史三人書吏六人內閽史二十人內掌扇十六人內給使無常員小給使學生五十人掌固四人凡無官品者號曰內給使掌諸門進物出納之曆內閽史掌承傳諸門出納管鑰內掌扇掌中宮繖扇

奚官局令二人正八品下丞二人正九品下掌奚隸工役官官之品宮人病則供醫藥死給衣服各視其品陪陵而葬者將作給匠戶衛士營冢三品葬給百人四品八十人五品六十人六品七品十人八品九品七人無品者斂以松棺五釘葬以犢車給三人皆監門校尉直長涖之內命婦五品以上無親戚者以近冢同姓中男一人主祭于墓無同姓者春秋祠以少牢有書令史三人書吏六人典事藥童掌固各四人

內僕局令二人正八品下丞二人正九品下掌中宮車乘皇后出則

唐書百官志三十七　九　王昌

令居左丞居右夾引有書令史二人書吏四人駕士百四十人典事八人掌固八人駕士掌習御車輿雜畜

內府局令二人正八品下丞二人正九品下掌中藏寶貨給納之數及供燈燭湯沐張設凡朝會五品已上及有功將士蕃酋辭還皆賜於庭有書令史二人書吏典史掌固各四人典事六人

太子內坊局令二人從五品下丞二人從七品下掌東宮閤內及宮人糧稟坊事五人從八品下初內坊隸東宮開元二十七年隸內侍省爲局改典內曰令置丞坊事及導客舍人六人掌序導賓客閤帥六人掌帥閤人內給使以供其事內閤人八人掌承諸門出入管鑰內掌扇燈燭內廄尉二人掌車乘有錄事一人令史三人書令史五人典事二人駕士三十人亭長掌固各一人

典直四人正九品下掌宮內儀式導引通傳勞問糾劾非違察出納

內官貴妃惠妃麗妃華妃各一人正一品掌佐皇后論婦禮於內無所不統唐因隋制有貴妃淑妃德妃賢妃各一人爲夫人正一品昭儀昭容昭媛脩儀脩容脩媛充儀充容充媛各一人爲九嬪正二品婕妤九人正三品美人四人正四品才人五人正五品寶林二十七人正六品御女二十七人正七品采女二十七人正八品六尚亦曰諸尚書正三品二十四司亦曰諸司事正四品二十四典亦曰諸典事正六品二十四掌亦曰諸掌事龍朔二年置贊德二人正一品宣儀四人正二品承閨五人正四品承旨五人正五品衛仙六人正六品供奉八人正七品侍櫛二十人正八品侍巾三十人正

（九品咸亨復舊開元中玄宗以后妃四星一爲后有后而復置四妃非典法乃置惠妃麗妃華妃以代三夫人又置六儀美人才人增尚宮尚儀尚服三[illegible]諸司諸典自六品至九品而止其後復置貴妃）

淑儀德儀賢儀順儀婉儀芳儀各一人正二品掌教九御四德率其屬以贊后禮

美人四人正三品掌率女官脩祭祀賓客之事才人七人正四品掌敘燕寢理絲枲以獻歲功宮官尚宮局尚宮二人正五品六尚皆如之掌導引中宮揔司記司言司簿司闈凡六尚事物出納文籍皆涖其印署（有女史六人掌執文書）

司記二人正六品二十四司皆如之掌宮內文簿入出錄爲抄目審付行焉牒狀無違然後加印典記佐之

典記二人正七品二十四典皆如之

掌記二人正八品二十四掌皆如之

司言典言各二人掌承敕宣付別鈔以授司闈傳外掌言二人掌宣傳外司附奏受事者奏聞承敕處分則錄所奏爲案記（有女史四人）

司簿典簿掌簿各二人掌女史以上名簿稟賜則品別條錄爲等（有女史六人）

司闈六人掌諸閤管鑰

典闈掌闈各六人掌分涖啓閉（有女史四人）

尚儀局尚儀二人掌禮儀起居揔司籍司樂司賓司贊

司籍典籍掌籍各二人掌供御經籍分四部部別爲目以時暴涼教學則簿記課業供奉几案紙筆皆預焉（有女史十人）

司樂典樂掌樂各四人掌宮縣及諸樂陳布之儀涖其閱習（有女史二人）

司賓典賓掌賓各二人掌賓客朝見受名以聞宴會則具品數以授尚食有賜物與尚功涖給（有女史二人）

司贊典贊掌贊各二人掌賓客朝見宴食贊相導引會日引客立于殿庭司言宣敕坐然後引即席酒至起再拜食至亦起皆相其儀

彤史二人正六品（有女史二人）

尚服局尚服二人掌供服用采章之數揔司寶司衣司飾司仗

司寶二人掌神寶受命寶六寶及符契皆識其行用記以文簿典寶掌寶各二人凡出付皆旬別案記還則朱書注入（有女史四人）

司衣典衣掌衣各二人掌宮內御服首飾整比以時進奉（有女史四人）

司飾典飾掌飾各二人掌湯沐巾櫛凡供進識其寒溫之節（有女史二人）

司仗典仗掌仗各二人掌仗衛之器凡立儀衛尚服率司仗等供其事（有女史二人）

尚食局尚食二人掌供膳羞品齊揔司膳司醞司藥司饎凡進食先嘗

司膳二人掌烹煎及膳羞米麪薪炭凡供奉口味皆種別封印典膳掌膳各四人掌調和御食溫涼寒熱以時供進則嘗之（有女史四人）

司醞典醞掌醞各二人掌酒醴酏飲以時進御（有女史二人）

司藥典藥掌藥各二人掌醫方凡藥外進者簿案種別（有女史四人）

司饎典饎掌饎各二人掌給宮人廩食薪炭皆有等級受付則旬別案記（有女史四人）

尚寢局尚寢二人掌燕見進御之次敘揔司設司輿司苑司燈

司設典設掌設各二人掌牀帷茵席鋪設久故者以狀聞凡汎掃之事典設以下分視（有女史四人）

司輿典輿掌輿各二人掌輿輦繖扇文物羽旄以時暴涼典輿以下分察（有女史二人）

司苑典苑掌苑各二人掌園苑蒔植蔬果典苑以下分察之果熟進御（有女史二人）

司燈典燈掌燈各二人掌門閤燈燭晝漏盡一刻典燈以下分察（有女史二人）

尚功局尚功二人掌女功之程揔司製司珍司綵司計

司製典製掌製各二人掌供御衣服裁縫（有女史二人）

司珍典珍掌珍各二人掌珠珍錢貨（有女史六人）

司綵典綵掌綵各二人掌錦綵縑帛絲枲有賜用則旬別案記 有女史三人

司計典計掌計各二人給衣服飲食薪炭 有女史二人

宮正一人正五品司正二人正六品典正二人正七品宮正掌戒令糺禁謫罰之事宮人不供職者司正以牒取裁小事決罰大事奏聞 有女史四人阿監副監視七品

太子內官良娣二人正三品良媛六人正四品承徽十人正五品昭訓十六人正七品奉儀二十四人正九品

司閨二人從六品三司皆如之掌導引妃及宮人名簿總掌正掌書掌筵

掌正三人從八品九掌皆如之掌文書出入管鑰糺察推罰 有女史三人

掌書三人掌符契經籍宣傳啓奏教學稟賜紙筆 有女史三人

掌筵三人掌幄帟牀褥几案輿繖汛掃鋪設

司則二人掌禮儀參見總掌嚴掌縫掌藏

掌嚴三人掌首飾衣服巾櫛膏沐服玩仗衛 有女史三人

掌縫三人掌裁紉織績 有女史三人

掌藏三人掌財貨珠寶縑綵

司饌二人掌進食先嘗總掌食掌醫掌園 有女史四人

掌食三人掌膳羞酒醴燈燭薪炭器皿 有女史四人

掌醫三人掌方藥伎樂 有女史二人

掌園三人掌種植蔬果 有女史二人

百官志第三十七

百官志第三十八　唐書四十八

翰林學士兼龍圖閣學士朝散大夫給事中知制誥充史館修撰臣歐陽修奉

敕撰

御史臺大夫一人正三品中丞二人正四品下大夫掌以刑憲典章糾正百官之罪惡中丞爲之貳其屬有三院一曰臺院侍御史隸焉二曰殿院殿中侍御史隸焉三曰察院監察御史隸焉凡寃而無告者三司詰之三司謂御史大夫中書門下也大事奏裁小事專達凡有彈劾御史以白大夫大事以方幅小事署名而已有制覆囚則與刑部尚書平閱行幸乘路車爲導朝會則率其屬正百官之班序遲明列於兩觀監察御史二人押班侍御史顓舉不如法者文武官職事九品以上及二王後朝朔望文官五品以上及兩省供奉官監察御史員外郎太常博士日參號常參官武官三品以上三日一朝號九參官五品以上及折衝當番者五日一朝號六參官弘文崇文館國子監學生四時參凡諸王入朝及以恩追至者日

參九品以上自十月至二月袴褶以朝五品以上有珂蕃官及四品非清官則否凡朝位以官職事同者先爵爵同以齒致仕官居上職事與散官勳官合班則文散官居職事之下武散官次之勳官又次之官同者異姓爲後親王嗣王任文武官者從其班官卑者從王品郡王任三品以下職事者居同階品之上非任文武官者嗣王居太子太保之下郡王次之國公居三品之下郡公居從三品之下縣公居四品之下侯居從四品之下伯居五品之下子居從五品之上男居從五品之下以前官召見者居本品見任之上以理解者居同品之下本司參集者以職事爲上下文武三品非職事官者朝參名簿皆稱曰諸公凡出不踰四面關則不辭見都督刺史都護既辭候旨於側門左右僕射侍中中書令初拜以表讓中書門下五品以上及諸司長官謝於正衙復進狀謝於側門兩班三品以朔望朝就食廊下殿中侍御史二人爲使涖之 高宗改治書侍御史中丞以避帝名龍朔二年改御史臺曰憲臺大夫曰大司憲中丞曰司憲大夫武后文明元年改御史臺曰肅政臺光宅元年分左

右臺左臺知百司監軍旅右臺察州縣省風俗尋命左臺兼察州縣兩臺歲再發使八人春曰風俗秋曰廉察以四十八條察州縣兩臺御史有假有檢校有員外有試至神龍初皆廢景雲三年以兩臺望齊糾舉苛察百僚厭其煩乃廢右臺延和元年復置歲中以尚書省隸左臺月餘而右臺復廢至德後諸道使府參佐皆以御史爲之謂之外臺復有檢校裏行內供奉或兼或攝諸使下官亦如之會昌初升大夫中丞品秩東都留臺有中丞一人侍御史一人殿中侍御史二人監察御史三人元和後不置中丞以侍御史殿中侍御史監察御史主留臺務而三院御史亦不常備

侍御史六人從六品下掌糾舉百寮及入閤承詔知推彈雜事凡三司理事與給事中中書舍人更直朝堂若三司所按而非其長官則與刑部郎中員外郎大理司直評事往訊彈劾則大夫中丞押奏大事法冠朱衣纁裳白紗中單小事常服久次者一人知雜事謂之雜端殿中監察職掌進名遷改及令史考第臺內事頗決亦號臺端次一人知公廨次一人知彈分京城諸司及諸州爲東西次一人知西推贓贖三司受事號副端次一人知東推理匭等有不糺舉者罰之以殿中侍御史第一人同知東推莅太倉出納第二人同知西推莅左藏出納號四推御史隻日臺院受事雙日殿院受事次侍御史一人分司東都臺凡御史以下遇長官

於路去幟下馬長官斂轡止之出入行止殿中以下視以爲法先後有罰入朝則與殿中侍御史隨仗分入東則居侍中黃門侍郎給事中之次西則居中書令侍郎舍人之次各居中丞大夫下每一人東嚮承詔五日有旨召御史不呼名則承詔者出樂彥瑋爲大夫以嘗召兩御史乃加副承詔一人闕則殿中承乏監察御史分日直朝堂入自側門非奏事不至殿庭正門無籍天授中詔側門置籍得至殿庭開元七年又詔隨仗入閤分左右巡糾察違失左巡知京城內右巡知京城外盡雍洛二州之境月一代將晦即巡刑部大理東西徒坊金吾縣獄蒐狩則監圍察斷絕失禽者其後以殿中掌左右巡尋以務劇選用京畿縣尉又置御史裏行使侍御史裏行使殿中裏行使監察裏行使以未爲正官無員數唐法殿中侍御史遷拜及職事與侍御史鈞開元以降權侔侍御史而殿中兼知庫藏宮門內事故事御史臺不受訟有訴可聞者略其姓名託以風聞其後御史嫉惡者少通狀壅絕十四年乃定

授事御史一人知其日劾狀題告事人姓名其後宰相以御史權重建議彈奏先白中丞大夫復通狀中書門下然後得奏自是御史之任輕矣建中元年以侍御史分掌公廨推彈自是雜端之任輕矣元和八年命四推御史受事周而復始罷東西分日之限唐末廢殿內侍御史義寧元年丞相府置察非掾二人武德元年改曰殿中侍御史龍朔元年置監察御史裏行武后文明元年置殿中裏行後亦以裏行名官長安二年置內供奉

主簿一人從七品下掌印受事發辰覈臺務主公廨及戶奴婢勳散官之職錄事二人從九品下有主事二人臺院有令史十八人書令史二十五人亭長六人掌固十二人殿院有令史八人書令史十八人察院有計史三十四人令史十人掌固十二人

殿中侍御史九人從七品下掌殿庭供奉之儀京畿諸州兵皆隸焉正班列於閤門之外糾離班語不肅者元日冬至朝會則乘馬具服戴黑豸升殿巡幸則往來門旗之內檢校文物虧失者一人同知東推監太倉出納一人同知西推監左藏出納二人爲廊下食使二人分知左右巡三人內供奉

監察御史十五人正八品下掌分察百寮巡按州縣獄訟軍戎祭祀

營作太府出納皆莅焉知朝堂左右廂及百司綱目凡十道巡按以判官二人爲佐務繁則有支使其一察官人善惡其二察戶口流散籍帳隱沒賦役不均其三察農桑不勤倉庫減耗其四察妖猾盜賊不事生業爲私蠹害其五察德行孝悌茂才異等藏器晦跡應時用者其六察黠吏豪宗兼并縱暴貧弱冤苦不能自申者凡戰伐大克獲則數俘馘審功賞然後奏之屯田鑄錢嶺南黔府選補亦視功過糾察決囚徒則與中書舍人金吾將軍莅之國忌齋則與殿中侍御史分察寺觀莅宴射習射及大祠中祠視不如儀者以聞初開元中兼巡傳驛至二十五年以監察御史檢校兩京館驛大曆十四年兩京以御史一人知館驛號館驛使監察御史分察尚書省六司縣下第一人爲始出使亦然興元元年以第一人察吏部禮部兼監察使第二人察兵部工部兼館驛使第三人察戶部刑部歲終議殿最元和中以新人不出使無以觀能否乃命顯察尚書省號曰六察官開元十九年以監察御史二人莅太倉左

藏庫三院御史皆初領繫劇外府推事其後以殿中侍御史上一
人爲監太倉使第二人爲監左藏庫使凡諸使下三院御史內供
奉其班居正臺監察御史之上
太常寺卿一人正三品少卿二人正四品上掌禮樂郊廟社稷之
事揔郊社太樂鼓吹太醫太卜廩犧諸祠廟等署少卿爲之
貳凡大禮則贊引有司攝事則爲亞獻三公行園陵則爲副大
祭祀省牲器則謁者爲之導小祀及公卿嘉禮命謁者贊相凡
巡幸出師克獲皆擇日告太廟凡藏大享之器服有四院一曰天
府院藏瑞應及伐國所獲之寶禘祫則陳于廟庭二曰御衣院
藏天子祭服三曰樂縣院藏六樂之器四曰神廚院藏御廩及諸
器官奴婢初有衣冠署令正八品上貞觀元年署廢高宗即位改治禮郎曰奉禮郎以避帝名龍朔二年改太常寺曰奉常寺九寺卿皆曰正卿少卿曰大夫武后
光宅元年復改太常寺曰司禮寺
丞二人從五品下掌判寺事凡享太廟則脩七祀于西門之內主
簿二人從七品上

博士四人從七品上掌辨五禮按王公三品以上功過善惡爲之謚
大禮則贊卿導引
太祝六人正九品上掌出納神主祭祀則跪讀祝文卿省牲則循
牲告充奉以授太官
奉禮郎二人從九品上掌君臣版位以奉朝會祭祀之禮宗廟則
設皇帝位於庭九廟子孫列焉昭穆異位去爵從齒凡樽彝
勺冪篚坫簠簋登鉶籩豆皆辨其位凡祭祀朝會在位拜跪
之節皆贊導之公卿巡行諸陵則主其威儀鼓吹而相其禮
協律郎二人正八品上掌和律吕録事二人從九品上八寺録事品同
有禮院修撰檢討官各一人府十二人史二十三人謁者十人贊引二十人贊者四人祝史六人贊者十六人太常寺禮院禮生各三十五人亭長八人掌固十二人
兩京郊社署令各一人從七品下丞各一人從八品上令掌五郊社
稷明堂之位與奉禮郎設樽罍篚冪而太官令實之立燎壇積
柴合朔有變則巡察四門以俟變過明則罷有府二人史四人典事五人掌固五人門僕八人齋郎百一十
人齋郎掌供郊廟之役太廟九室室有長三人以主樽罍篚冪鎖鑰又有罍洗二人知壇有掌坐二十四人以主神御之物皆禮部奏補凡室長十年掌座十二年皆授官參選

而負少㨿取三館學生皆緋衣絳幘吏一番者戶部下符歲一申考諸署所擇者太常以十月申禮部禮部如貢舉法帖論語及一大經中第者録奏吏部注冬集散官否者番上如初六試而然授散官唐初以郊社太樂鼓吹太醫太官左藏黃典廄典客上林太倉平準常平典牧左尚右尚爲上署鉤盾右藏織染掌冶爲中署珍羞良醞掌醢守宮武器車府司儀崇玄導官甄官河渠督坊甲坊舟楫太卜廩犧中校左校右校爲下署
太樂署令二人從七品下丞一人從八品下樂正八人從九品下令
掌調鍾律以供祭饗凡習樂立師以教而歲考其師之課業爲
三等以上禮部十年大校未成則五年而校以番上下有故及不
任供奉則輸資錢以充伎衣樂器之用散樂閏月人出資錢百
六十長上者復繇役音聲人納資者歲錢二千博士教之功多者
爲上第功少者爲中第不勤者爲下第禮部覆之十五年有五
上考七中考者授散官直本司年滿考少者不敘教長上弟子四
考難色二人次難色二人業成者進考得難曲五十以上任供奉
者爲業成習難色大部伎三年而成次部二年而成易色小部
伎一年而成皆入等第三爲業成業成行脩謹者爲助教博士缺
以次補之長上及別教未得十曲給資三之一不成者隸鼓吹署習

大小橫吹難色四番而成易色三番而成不成者博士有謫內教
博士及弟子長教者給資錢而留之武德後置內教坊于禁中
武后如意元年改曰雲韶府以中官爲使開元二年又置內教坊
于蓬萊宮側有音聲博士第一曹博士第二曹博士京都置左
右教坊掌俳優雜技自是不隸太常以中官爲教坊使唐改太樂爲樂
正有府三人史六人典事八人掌固六人文武二舞郎一百四十人散樂三百八十二人仗內散樂一千人音聲人一萬二十七人有別教院開成三年改法曲所處院曰仙韶院
鼓吹署令二人從七品下丞二人從八品下樂正四人從九品下令
掌鼓吹之節合朔有變則帥工人設五鼓于太社執麾旒于四
門之塾置龍牀有變則舉麾擊鼓變復而止馬射設㧜鼓金
鉦施龍牀大儺帥鼓角以助侲子之唱有府三人史六人典事四人掌固四人唐并清商鼓吹爲一署增令一人
太醫署令二人從七品下丞二人醫監四人並從八品下醫正八人
從九品下令掌醫療之法其屬有四一曰醫師二曰鍼師三曰
按摩師四曰呪禁師皆教以博士考試登用如國子監醫師醫正
醫工療病書其全之多少爲考課歲給藥以防民疾凡陵寢廟

皆儲以藥尚藥太常醫各一人受之宮人患坊有藥庫監門莅出給醫師醫監醫正番別一人莅坊凡課藥之州置採藥師一人京師以良田爲園庶人十六以上爲藥園生業成者爲師凡藥辨其所出擇其良者進焉有府二人史四人主藥八人藥童二十四人藥園師二人藥園生八人掌固四人醫師二十人醫工百人醫生四十人典藥一人針工二十人針生二十人按摩工五十六人按摩生十五人呪禁師二人呪禁工八人呪禁生十人

醫博士一人正八品上助教一人從九品上掌教授諸生以本草甲乙脉經分而爲業一曰體療二曰瘡腫三曰少小四曰耳目口齒五曰角法

針博士一人從八品上助教一人針師十人並從九品下掌教針生以經脉孔穴教如醫生

按摩博士一人按摩師四人並從九品下掌教導引之法以除疾損傷折跌者正之

呪禁博士一人從九品下掌教呪禁祓除爲厲者齋戒以受焉

太卜署令一人從七品下丞二人從八品下卜正博士各二人從九品下掌卜筮之法一曰龜二曰五兆三曰易四曰式祭祀大事率卜正卜日示高於卿退而命龜既灼而占先上旬次中旬次下旬小祀小事者則卜正示高命龜作而太卜令佐莅之季冬帥侲子堂贈大儺天子六隊太子二隊方相氏右執戈左執楯而導之唱十二神名以逐惡鬼儺者出磔雄雞于宮門城門有卜助教二人卜師二十人巫師十五人卜筮生四十五人府一人史二人掌固二人

廩犧署令一人從八品下丞二人正九品下掌犧牲粢盛之事祀用太牢者三牲加酒脯醢與太祝奉牲就牓位卿省牲則北面告腯以授太官籍田則供耒于司農卿卿以授侍中籍田所收以供粢盛五齊三酒之用以餘及槀飼犧牲有府一人史二人典事二人掌固二人

汾祠署令一人從七品下丞一人從八品上掌享祭灑掃之制有府二人史四人廟幹二人開元二十一年置署

三皇五帝以前帝王三皇五帝周文王周武王漢高祖兩京武成王廟令一人從六品下丞一人正八品下掌開闔灑掃釋奠之禮有錄事一人府二人史四人廟幹二人掌固四人門僕八人神龍二年兩京置齊太公廟署其後廢開元十九年復置天寶三載初置周文王廟署六載置三皇五帝廟署七載置三皇五帝以前帝王廟署九載置周武王漢高祖廟署上元元年改齊太公廟署爲武成王廟署朱全忠曰武明

光祿寺卿一人從三品少卿二人從四品上丞二人從六品上主簿二人從七品上掌酒醴膳羞之政總太官珍羞良醞掌醢四署凡祭祀省牲鑊濯溉三公攝祭則爲終獻朝會宴享則節其等差錄事二人龍朔二年改光祿寺曰司宰寺武后光宅元年曰司膳寺有府十一人史二十一人亭長六人掌固六人

太官署令二人從七品下丞四人從八品下掌供祠宴朝會膳食祭日令白卿詣廚省牲鑊取明水明火帥宰人割牲取毛血實豆遂亨以實簠簋設于饌幕之内有府四人史八人監膳十人監膳史十五人供膳二千四百人掌固四人

珍羞署令一人正八品下丞二人正九品下掌供祭祀朝會賓客之庶羞榛栗脯脩魚鹽菱芡之名數武后垂拱元年改肴藏署曰珍羞署神龍元年復舊開元元年又改有府三人史六人典書八人餳匠五人掌固四人

良醞署令二人正八品下丞二人正九品下掌供五齊三酒享太廟則供鬱鬯以實六彝進御則供春暴秋清酴醾桑落之酒有府三人史六人監事二人掌醞二十人酒匠十三人奉觶百二十人掌固四人

掌醢署令一人正八品下丞二人正九品下掌供醢醯之物一曰鹿醢二曰兔醢三曰羊醢四曰魚醢宗廟用菹以實豆賓客百官用醢醬以和羹有府二人史二人主醢十人醬匠二十三人酢匠十二人豉匠十二人菹醢匠八人掌固四人

衛尉寺卿一人從三品少卿二人從四品上丞二人從六品上掌器械文物總武庫武器守宮三署兵器入者皆籍其名數祭祀朝會則供羽儀節鉞金鼓帷帟茵席凡供宮衛者歲再閱有敝則償於少府主簿二人從七品上錄事一人龍朔二年改曰司衛寺武后光宅元年又改有府六人史十一人亭長四人掌固六人

丞掌判寺事辨器械出納之數大事承制敕小事則聽於尚書省

兩京武庫署令各二人從六品下丞各二人從八品下掌藏兵械有赦建金雞置鼓宮城門之右大理及府縣囚徒至則擊之監事各一人正九品上諸署監事品同有府各六人史各六人典事各二人掌固各五人開元二十五年東都亦置署

武器署令一人正八品下丞二人正九品下掌外戎器祭祀巡幸則

納於武庫給六品以上葬鹵簿棨戟凡戟廟社宮殿之門二十有四東宮之門一十八一品之門十六二品及京兆河南太原尹大都督大都護之門十四三品及上都督中都督上都護上州之門十二下都督下都護中州下州之門各十衣幡壞者五歲一易之薨卒者既葬追還監事二人有府二人史六人典事二人掌固四人貞觀中東都亦置署

守宮署令一人正八品下丞二人正九品下掌供帳帟祭祀巡幸則設王公百官之位吏部兵部禮部試貢舉人則供帷幕王公婚禮亦供帳具京諸司長上官以品給其牀罽供蕃客帷帟則題歲月席壽三年氈壽五年褥壽七年不及期而壞有罰監事二人有府二人史四人掌設六人幕士八十人掌固四人

宗正寺卿一人從三品少卿二人從四品上丞二人從六品上掌天子族親屬籍以別昭穆領陵臺崇玄二署凡親有五等先定於司封一曰皇帝周親皇后父母視三品二曰皇帝大功親小功尊屬太皇太后皇太后皇后周親視四品三曰皇帝小功親緦麻尊屬太皇太后皇太后皇后大功親視五品四曰皇帝緦麻親祖免尊屬太皇太后皇太后皇后小功親五曰皇帝祖免親太皇太后小功卑屬皇太后皇后緦麻親視六品皇帝親之夫婦男女降本親二等餘親降三等尊屬進一等降而過五等者不爲親諸王大長公主長公主親本品嗣王郡王非三等親者亦視五品駙馬都尉視諸親祭祀冊命朝會陪位襲封者皆以簿書上司封主簿二人從七品上知圖譜官一人脩玉牒官一人知宗子表疏官一人錄事二人武德二年置宗師一人後省龍朔二年改宗正寺曰司宗寺武后光宅元年曰司屬寺有府五人史五人亭長四人掌固四人京都太廟齋郎各一百三十人門僕各三十三人主簿錄事各二人

諸陵臺令各一人從五品上丞各一人從七品下建初啓運興寧永康陵令各一人從七品下丞各一人從八品下掌守衛山陵凡陪葬以文武分左右子孫從父祖者亦如之宮人陪葬則陵戶成墳諸陵四至有封禁民葬唯故墳不毀開元二十四年以宗廟所奉不可名以署太常少卿韋縚奏廢太廟署以少卿一人知太廟事二十五年濮陽王徹爲宗正卿恩遇甚厚建議以宗正司屬籍乃請以陵寢宗廟隸宗正天寶十二載駙馬都尉張垍爲太常卿得幸又以太廟諸陵署隸太常十載改獻昭乾定橋

五陵署爲臺升令品永康興寧二陵猶署如故至德二年復以陵廟隸宗正永泰元年太常卿姜慶初復奏以陵廟隸太常大曆二年復舊諸陵臺有錄事各一人府各二人史各四人主衣主輦主藥各四人典事各三人掌固各二人陵戶各三百人昭陵乾陵橋陵增百人諸陵有錄事各一人府各一人史各二人典事各二人掌固各二人陵戶各百人

諸太子廟令各一人從八品上丞各一人正九品下錄事各一人令掌灑掃開闔之節四時享祭焉有府各一人史各二人典事各二人掌固各一人

諸太子陵令各一人從八品下丞各一人從九品下錄事各一人有府各一人史各二人典事各二人掌固各一人陵戶各三十人太常舊有太廟署令一人從七品下丞二人從七品下齋郎二十四人

崇玄署令一人正八品下丞一人正九品下掌京都諸觀名數與道士帳籍齋醮之事新羅日本僧入朝學問九年不還者編諸籍道士女官僧尼見天子必拜凡止民家不過三夜出踰宿者立案連署不過七日路遠者州縣給程天下觀一千六百八十七道士七百七十六女官九百八十八寺五千三百五十八僧七萬五千五百二十四尼五萬五百七十六兩京度僧尼道士女官御史一人涖之每三歲州縣爲籍一以留縣一以留州僧尼一以上祠部道士女官一以上宗正一以上司封有府二人史三人典事六人掌固二人崇玄學博士一人學生百人隋以署隸鴻臚又有道場玄壇唐置諸寺觀監隸鴻臚寺每寺觀有監一人貞觀中廢寺觀監上元二年置漆園監尋廢開元二十五年置崇玄學於玄元皇帝廟天寶元年兩京置博士助教各一員學生百人每祠享以學生代齋郎二載改崇玄學曰崇玄館博士曰學士助教曰直學士置大學士一人以宰相爲之領兩京玄元宮及道院改天下崇玄學爲通道學博士曰道德博士未幾而罷寶應永泰間學生存者亡幾大曆三年復增至百人初天下僧尼道士女官皆隸鴻臚寺武后延載元年以僧尼隸祠部開元二十四年道士女官隸宗正寺天寶二載以道士隸司封貞元四年崇玄館罷大學士後復置左右街大功德使東都功德使修功德使總僧尼之籍及功役元和二年以道士女官隸左右街功德使會昌二年以僧尼隸主客太清宮置玄元館亦有學士至六年廢而僧尼復隸兩街功德使

太僕寺卿一人從三品少卿二人從四品上丞四人從六品上主簿二人從七品上錄事二人卿掌廄牧輦輿之政總乘黃典廄典牧車府四署及諸監牧行幸供五路屬車凡監牧籍帳歲受而會之上駕部以議考課永徽中太僕寺曰司馭寺武后光宅元年改曰司僕寺有府十七人史三十四人獸醫六百人獸醫博士四人學生百人亭長四人掌固六人

乘黃署令一人從七品下丞一人從八品下掌供車路及馴馭之法凡有事前期四十日率駕士調習尚乘隨路色供馬前期二十日調習於內侍省有府一人史二人駕士一百四十人羊車小史十四人掌固六人

典廄署令二人從七品下丞四人從八品下掌飼馬牛給養雜畜良馬一丁中馬二丁駑馬三丁乳駒乳犢十給一丁有府四人史八人主乘六人典事八人執馭百人駕士八百人掌固六人

典牧署令三人正八品上丞六人從九品上掌諸牧雜畜給納及酥

醓脯腊之事羣牧所送羊犢以供廩犧尚食監事八人有府四人史八人典事十六人主膳十四人駕士百六十人掌固四人

車府署令一人正八品下丞一人正九品下掌王公以下車路及馴馭之法從官三品以上婚葬給駕士凡路車之馬牛率馭士調習有府一人史二人典事四人駕士百七十五人掌固六人

諸牧監上牧監監各一人從五品下副監各二人正六品下丞各二人正八品上主簿各一人正九品下中牧監監正六品下副監從六品下丞從八品上主簿從九品上下牧監監從六品下副監正七品下丞正九品上主簿從九品下中牧監副監丞減上牧監一員南使西使丞各三人從七品下錄事各一人從九品下北使鹽州使丞各二人從七品下掌羣牧孳課凡馬五千爲上監三千爲中監不及爲下監馬牛之羣有牧長有尉馬之駑良皆著籍良馬稱左駑馬稱右每歲孟秋羣牧使以諸監之籍合爲一以仲秋上於寺送細馬則有牽夫識馬小兒獸醫等凡馬游牝以三月駒犢在牧者三歲別羣孳生過分有賞死耗亦以率除之歲終監牧使巡按以功過相除爲考課上牧監有錄事各一人府各三人史各六人典事各八人掌固各四人中牧監減府一人史典事各減二人下牧監典事掌固減二人南使西使錄事史各一人府各五人史各九人北使鹽州使錄事以下員數及品如南使麟德中置八使分總監坊秦蘭原渭四州及河曲之地凡監四十有八南使有監十五西使有監十六北使有監七鹽州使有監八嵐州使有監二自京師西屬隴右有七馬坊置隴右三使領之又有沙苑樓煩天馬監沙苑監掌畜隴右諸牧牛羊給宴祭及尚食所用每歲與典牧署供焉自監以下品數如下牧監至開元二十三年廢監

東宮九牧監丞二人正八品上錄事一人從九品下掌牧養馬牛以供皇太子之用有錄事史各一人府三人史六人初監有監副監丞主簿錄事各一人府二人史四人典事四人掌固二人自監以下品同下牧監又有馬牧使有丞以下官

大理寺卿一人從三品少卿二人從五品下掌折獄詳刑凡罪抵流死皆上刑部覆於中書門下繫者五日一慮龍朔二年改曰詳刑寺武后光宅元年改曰司刑寺中宗時復舊丞有府二十八人史五十六人司直史十二人評事史二十四人獄史六人亭長四人掌固十八人問事百人

正二人從五品下掌議獄正科條凡丞斷罪不當則以法正之五品以上論者莅決巡幸則留摠持寺事

丞六人從六品上掌分判寺事正刑之輕重徒以上囚則呼與家屬告罪問其服否

主簿二人從七品上掌印省署鈔目句檢稽失凡官吏抵罪及雪免皆立簿私罪贖銅一斤公罪二斤皆爲一負十負爲一殿每歲吏部兵部牒覆選人殿負錄報焉

獄丞二人從九品下掌率獄史知囚徒貴賤男女異獄五品以上月一沐暑則置漿禁紙筆金刃錢物杵梃入者囚病給醫藥重者脫械鎖家人入侍

司直六人從六品上評事八人從八品下掌出使推按凡承制推訊長吏當停務禁錮者請魚書以往錄事二人

鴻臚寺卿一人從三品少卿二人從四品上丞二人從六品上掌賓客及凶儀之事領典客司儀二署凡四夷君長以蕃望高下爲簿朝見辨其等位第三等居武官三品之下第四等居五品之下第五等居六品之下有官者居本班御史察食料二王後夷狄君長襲官爵者辨嫡庶諸蕃封命則受冊而往海外諸蕃朝賀進貢使有下從留其半於境繇海路朝者廣州擇首領一人左右二人入朝所獻之物先上其數於鴻臚凡客還鴻臚籍衣齎賜物多少以報主客給過所蕃客奏事具至日月及所奏之宜方別爲狀月一奏爲簿以副藏鴻臚獻馬則殿中太僕寺涖閱良者入殿中駑病入太僕獻藥者鴻臚寺驗覆少府監定價之高下鷹鶻狗豹無估則鴻臚定所報輕重凡獻物皆客執以見駝馬則陳于朝堂不足進者州縣留之皇帝皇太子爲五服親及大臣發哀臨弔則卿贊相大臣一品葬以卿護二品以少卿三品以丞皆司儀示以禮制主簿一人從七品上錄事二人龍朔二年改鴻臚寺曰同文寺武后光宅元年改曰司賓寺有府五人史十人亭長四人掌固六人

典客署令一人從七品下丞三人從八品下掌二王後介公酅公之版籍及四夷歸化在蕃者朝貢宴享送迎皆預焉酋渠首領朝見者給稟食病則遣醫給湯藥喪則給以所須還蕃賜物則佐其受領教拜謝之節有典客十三人府四人史八人掌固二人

掌客十五人正九品上掌送迎蕃客顓莅館舍司儀署令一人正

八品下丞一人正九品下掌凶禮喪葬之具京官職事三品以上
散官二品以上祖父母父母喪職事散官五品以上都督刺史卒
于京師及五品死王事者將葬祭以少牢率齋郎執俎豆以往
三品以上贈以束帛黑一纁二一品加乘馬既引遣使贈於郭門
之外皆有束帛一品加璧五品以上葬給營墓夫 有司儀六人府二人史四人掌設十八人齋郎三十人掌固四人幕士六十人
司農寺卿一人從三品少卿二人從四品上掌倉儲委積之事揔上
林太倉鉤盾䆃官四署及諸倉司竹諸湯宮苑鹽池諸屯等監
凡京都百司官吏祿稟朝會祭祀所須皆供焉藉田則進耒耜
丞六人從六品上揔判寺事凡租及藁秸至京都者閱而納焉官
戶奴婢有技能者配諸司婦人入掖庭以類相偶行宮監牧及賜
王公公主皆取之凡孳生雞彘以戶奴婢課養俘口則配輕使始
至給廩食主簿二人從七品上錄事二人 龍朔二年改司農寺曰司稼寺有府三十八人史七十六人計史三人亭長九人掌固七人

上林署令二人從七品下丞四人從八品下掌苑囿園池植果蔬
以供朝會祭祀及尚食諸司常料季冬藏冰千段先立春三日
納之冰井以黑牡秬黍祭司寒仲春啓冰亦如之監事十人 有府七人史十四人典事二十四人掌固五人
太倉署令三人從七品下丞五人從八品下監事八人掌廩藏
之事 有府十人史二十人典事二十四人掌固八人
鉤盾署令二人正八品上丞四人正九品上監事十人掌供薪炭鵝
鴨蒲藺陂池藪澤之物以給祭祀朝會饗食燕賓客 有府七人史十四人典事十九人掌固五人
䆃官署令二人正八品下丞四人正九品上監事十人掌䆃擇
米麥凡九穀皆隨精麤差其耗損而供焉 有府八人史十六人典事二十四人掌固五人初有御細倉督鄉貯倉督貞觀中省
太原永豐龍門等倉每倉監一人正七品下丞二人從八品上
掌倉廩儲積凡出納帳籍歲終上寺 有錄事一人府三人史六人典事八人掌固六人龍門等倉減府一人史典事掌固各減二人

司竹監一人從六品下副監一人正七品下丞二人正八品上掌植
竹葦供宮中百司簾籠之屬歲以筍供尚食 有錄事一人府二人史四人典事三十人掌固四人匠一百人
慶善石門溫泉湯等監每監監一人從六品下丞一人正七品下
掌湯池宮禁防堰及蒔粟芻蓨調度以備供奉王公以下湯館
視貴賤為差凡近湯所潤瓜蔬先時而熟者以薦陵廟 有錄事一人府一人史二人掌固四人
京都諸宮苑揔監監各一人從五品下副監各一人從六品下丞各
二人從七品下主簿各二人從九品上掌苑內宮館園池
禽魚果木凡官屬人畜出入皆有籍 有錄事各二人府各八人史各十六人亭長各四人掌固各六人獸醫各五人
京都諸園苑監苑四面監監各一人從六品下副監各一人從七品
下丞各二人正八品下掌完葺苑面宮館園池與種蒔蕃養六
畜之事 顯慶二年改青城宮監曰東都苑北面監明德宮監曰東都苑南面監洛陽宮農圃監曰東都苑東面監食貨監曰東都苑西面監有錄事各一人府各三人史各六人典事各六人掌固各六人

九成宮揔監監一人從五品下副監一人從六品下丞一人從七品
下主簿一人從九品上掌脩宁宮苑供進鍊餌之事 有錄事一人府三人自監以下品同宮揔武德初改隋仁壽宮監曰九成宮監
諸鹽池監監一人正七品下掌鹽功簿帳 有錄事一人史二人
諸屯監一人從七品下丞一人從八品下掌營種屯田句會功課
及畜產簿帳以水旱蝝蝗定課屯主勸率營農督斂地課 有錄事一人府一人史二人典事二人掌固四人每屯主一人屯副一人主簿一人錄事一人府三人史五人
太府寺卿一人從三品少卿二人從四品上掌財貨廩藏貿易
揔京都四市左右藏常平七署凡四方貢賦百官俸秩謹其出
納賦物任土所出定精麤之差祭祀幣帛皆供焉 龍朔二年改太府寺曰外府寺武后光宅元年改曰司府寺中宗即位復曰太府寺有府二十五人史五十人計史四人亭長七人掌固七人
丞四人從六品上掌判寺事凡元日冬至以方物陳于庭者受而

進之會賜及別勅六品以下賜者給於朝堂以一人主左右藏署
帳凡在署爲簿在寺爲帳三月一報金部
主簿二人從七品上掌印省鈔目句檢稽失平權衡度量歲以
八月印署然後用之録事二人兩京諸市署令一人從六品上丞
二人正八品上掌財貨交易度量器物辨其眞僞輕重市肆皆
建標築土爲候禁権固及參市自殖者凡市日中擊鼓三百以
會衆日入前七刻擊鉦三百而散有果毅巡迣平貨物爲三等之
直十日爲簿車駕行幸則立市于頓側互市有衞士五十人以察
非常（有録事一人府三人史七人典事三人掌固一人）
左藏署令三人從七品下丞五人從八品下監事八人掌錢帛雜
綵天下賦調卿及御史監閱（有府九人史十八人典事十二人掌固八人）
右藏署令二人正八品上丞三人正九品上監事四人掌金玉珠寶銅
鐵骨角齒毛綵畫（有府五人史十二人典事七人掌固十人）
常平署令一人從七品上丞二人從八品下監事五人掌平糴倉儲

出納（有府四人史八人典事五人掌固六人顯慶三年置署武后時東都亦置署）
國子監祭酒一人從三品司業二人從四品下掌儒學訓導之政
揔國子太學廣文四門律書筭凡七學天子視學皇太子齒胄
則講義釋奠執經論議奏京文武七品以上觀禮凡授經以周易
尚書周禮儀禮禮記毛詩春秋左氏傳公羊傳穀梁傳各爲一經
兼習孝經論語老子歲終考學官訓導多少爲殿最
丞一人從六品下掌判監事每歲七學生業成與司業祭酒莅試
登第者上於禮部
主簿一人從七品下掌印句督監事七學生不率教者舉而免之
録事一人從九品下（武德初以國子監曰國子學隸太常寺貞觀二年復曰監龍朔二年改國子監曰司成館祭酒曰大司成司業曰少司成咸亨元年復舊光宅元年改國子監曰成均監有府七人史十三人亭長六人掌固八人）
國子學博士五人正五品上掌教三品以上及國公子孫從二品以上
曾孫爲生者五分其經以爲業周禮儀禮禮記毛詩春秋左氏
傳各六十人暇則習隸書國語說文字林三倉爾雅每歲通兩經

求仕者上於監秀才進士亦如之學生以長幼爲序習正業之外
教吉凶二禮公私有事則相儀（龍朔二年改博士曰宣業有大成十人學生八十人典學四人廟幹二人掌固四人東都學生十五人）
助教五人從六品上掌佐博士分經教授
直講四人掌佐博士助教以經術講授
五經博士各二人正五品上掌以其經之學教國子周易尚書毛
詩左氏春秋禮記爲五經論語孝經爾雅不立學官附中經而已
太學博士六人正六品上助教六人從七品上掌教五品以上及郡
縣公子孫從三品曾孫爲生者五分其經以爲業每經百人（有學生七十人典學四人掌固六人東都學生十五人）
廣文館博士四人助教二人掌領國子學生業進士者（有學生六十人東都十人天寶九載置廣文館有知進士助教後罷知進士之名）
四門館博士六人正七品上助教六人從八品上直講四人掌教七
品以上侯伯子男子爲生及庶人子爲俊士生者（有學生三百人典學四人掌固六人東都學生五十人）
律學博士三人從八品下助教一人從九品下掌教八品以下及庶人

子爲生者律令爲顓業兼習格式法例（隋律學隸大理寺博士八人武德初隸國子監尋廢貞觀六年復置顯慶三年又廢以博士以下隸大理寺龍朔二年復置有學生二十人典學二人元和初東都置學生五人）
書學博士二人從九品下助教一人掌教八品以下及庶人子爲生者
石經說文字林爲顓業兼習餘書（武德初廢書學貞觀二年復置顯慶三年又廢以博士以下隸秘書省龍朔二年復有學生十人典學二人東都學生三人）
筭學博士二人從九品下助教一人掌教八品以下及庶人子爲生
者二分其經以爲業九章海島孫子五曹張丘建夏侯陽周髀
五經筭綴術緝古爲顓業兼習記遺三等數凡六學束脩之禮督
課試舉皆如國子學助教以下所掌亦如之（唐廢筭學顯慶元年復置三年又廢以博士以下隸太史局龍朔二年復有學生十人典學二人東都學生二人）
少府監一人從三品少監二人從四品下掌百工技巧之政揔中尚
左尚右尚織染掌冶五署及諸冶鑄錢互市等監供天子器御
后妃服飾及郊廟圭玉百官儀物凡武庫袍襦皆識其輕重乃藏
之冬至元日以給衞士諸州市牛皮角以供用牧畜角筋腦革悉

輸爲鈿鏤之工敎以四年車路樂器之工三年平漫刀矟之工二
年矢鏃竹漆屈柳之工半焉冠冕弁幘之工九月敎作者傳家
技四季以令丞試之歲終以監試之皆物勒工名
丞六人從六品下掌判監事給五署所須金石齒革羽毛竹木所
入之物各以名數州土爲籍工役衆寡難易有等差而均其勞逸
主簿二人從七品下錄事二人從九品上（武德初廢監以諸署隸太府寺貞觀元年復置龍朔二年改曰內府監武后垂拱元年曰尚方監有府二十七人史十七人計史三人亭長八人掌固六人短蕃匠五千二十九人綾錦坊巧兒三百六十五人內作使綾匠八十三人掖庭綾匠百五十人內作巧兒四十二人配京都諸司諸使雜匠百二十五人）
中尚署令一人從七品下丞二人從八品下掌供郊祀圭璧及天子
器玩后妃服飾彫文錯綵之制凡金木齒革羽毛任土以時而供赦日
樹金雞於仗南竿長七丈有雞高四尺黃金飾首銜絳幡長七尺
承以綵盤維以絳繩將作監供焉擊㧁鼓千聲集百官父老囚
徒坊小兒得鷄首者官以錢贖或取絳幡而已歲二月獻牙尺寒
食獻毬五月獻綬帶夏至獻雷車七月獻鈿針臘日獻口脂唯

筆琴瑟絃月獻金銀暨紙非旨不獻製魚袋以給百官蕃客賜
寶鈿帶魚袋則授鴻臚丞主簿監作四人從九品下凡監作皆
同品（有府九人史十八人典事四人掌固四人唐改內尚方署曰中尚方署武后改少府監曰尚方監而中左右尚方織染掌冶方五署皆去方以避監名是不改矣有金銀作坊院）
左尚署令一人從七品下丞五人從八品下掌供翟扇蓋繖五路五
副七輦十二車及皇太后皇太子公主王妃內外命婦王公之車路凡
畫素刻鏤與宮中蠟炬雜作皆領之監作六人（有府七人史二十八人典事十八人掌固十四人）
右尚署令二人從七品下丞四人從八品下掌供十二閑馬之轡每
歲取於京兆河南府加飾乃進凡五品三部之帳刀劍斧鉞甲胄
紙筆茵席履舃皆儲其用皮毛之工亦領焉監作六人（有府七人史二十人典事十三人掌固十人）
織染署令一人正八品上丞二人正九品上掌供冠冕組綬及織紝
色染錦羅紗縠綾紬絁絹布皆廣尺有八寸四丈爲匹布五丈
爲端綿六兩爲屯絲五兩爲約麻三斤爲綟凡綾錦文織禁示
於外高品一人專涖之歲奏用度及所織每掖庭經錦則給酒

羊七月七日祭杼監作六人（有府六人史十四人典事十一人掌固五人）
掌冶署令一人正八品上丞二人正九品上掌范鎔金銀銅鐵及
塗飾琉璃玉作銅鐵人得採而官收以稅唯鑞官市邊州不置
鐵冶器用所須皆官供凡諸冶成器上數于少府監然後給之
監作二人（有府六人史十二人典事二十三人掌固四人）
諸冶監令各一人正七品下丞各一人從八品上掌鑄兵農之器給
軍士屯田居民唯興農冶顆供隴右監牧監作四人（有錄事一人府一人史二人典事二人掌固四人木原冶減監作二人）
諸鑄錢監監各一人副監各二人丞各一人以所在都督刺史判
焉副監上佐丞以判司監事以參軍及縣尉爲之監事各一人（錄事各一人府各三人史各四人典事各五人凡鑄錢有七監會昌中增至八監每道置鑄錢坊一大中初罷）
互市監每監監一人從六品下丞一人正八品下掌蕃國交易之事（隋以監隸四方館唐隸少府貞觀六年改交市監曰互市監副監曰丞武后垂拱元年曰通市監有錄事一人府二人史四人價人四人掌固八人）
將作監監一人從三品少監二人從四品下掌土木工匠之政揔左

校右校中校甄官等署百工等監大明興慶上陽宮中書門下六
軍仗舍閑廄謂之內作郊廟城門省寺臺監十六衛東宮王府
諸廨謂之外作自十月距二月休冶功自冬至距九月休土功凡
治宮廟太常擇日以聞
丞四人從六品下掌判監事凡外營繕大事則聽制敕小事則
須省符功有長短役有輕重自四月距七月爲長功二月三月八
月九月爲中功自十月距正月爲短功長上匠州率資錢以酬雇
軍器則勒歲月與工姓名（武德初改令曰大匠少令曰少匠龍朔二年改將作監曰繕工監大匠曰大監少匠曰少監咸亨元年繕工監曰將作監天寶十一載改大匠曰大監少匠曰少監有府十四人史二十八人計史三人亭長四人掌固六人短蕃匠一萬二千七百四十四人明資匠二百六十人）
主簿二人從七品下掌官吏糧料俸食假使必由之諸司供署監
物有闕舉焉錄事二人從九品上
左校署令二人從八品下丞一人正九品下掌梓匠之事樂縣簨簴
兵械喪葬儀物皆供焉宮室之制自天子至士庶有等差官脩
者左校爲之監作十人（有府六人史十二人監作十人）

右校署令二人正八品下丞三人正九品下掌版築塗泥丹堊匽厠之事有所須則審其多少而市之監作十人有府五人史十人典事二十四人

中校署令一人從八品下丞三人正九品下掌供舟車兵械雜器行幸陳設則供竿柱閑廄繫秣則供行槽禱祀則供棘葛内外營作所須皆取焉監牧車牛有年支芻豆則受之以給車坊監事四人武后時改曰營繕署垂拱元年復舊尋廢開元初復置有府三人史六人典事八人掌固二人

甄官署令一人從八品下丞二人正九品下掌琢石陶土之事供石磬人獸碑柱碾磑瓶缶之器勑葬則供明器監作四人有府五人史十人典事十八人

百工就谷庫谷斜谷太陰伊陽監監各一人正七品下副監一人從七品下丞一人正八品上掌采伐材木監作四人武德初置百工監掌舟車及營造雜作有監少監各一人丞四人主簿一人又置就谷庫谷斜谷太陰伊陽五監貞觀中廢百工監高宗置百工署掌東都土木瓦石之功開元十五年爲監有録事一人府一人史三人典事二十人

軍器監監一人正四品上丞一人正七品上掌繕甲弩以時輸武庫揔署二一曰弩坊二曰甲坊主簿一人正八品下録事一人從九品下武德初有武器監一人正八品下掌兵仗廄牧少監一人丞二人主簿一人七年廢軍器監八年復置九年又廢貞觀六年廢武器監開元以前軍器皆出右尚署三年置軍器監十一年復廢爲甲弩坊隷少府十六年復爲監有府八人史十二人亭長二人掌固四人

弩坊署令一人正八品下丞一人正九品下掌出納矛矟弓矢排弩刃鏃雜作及工匠監作二人有府二人史五人典事二人貞觀六年改弓弩署爲弩坊署甲鎧署爲甲坊署

甲坊署令一人正八品下丞一人正九品下掌出納甲冑綅繩筋角雜作及工匠監作二人有府二人史五人典事二人

都水監使者二人正五品上掌川澤津梁渠堰陂池之政揔河渠諸津監署凡漁捕有禁溉田自遠始先稻後陸渠長斗門長節其多少而均焉府縣以官督察

丞二人從七品上掌判監事凡京畿諸水因灌溉盜費者有禁水入内之餘則均王公百官

主簿一人從八品下掌運漕漁捕程會而糾舉之武德初廢都水監爲署貞觀六年復爲監改令曰使者龍朔二年改都水監曰司津監使者曰監武后垂拱元年改都水監曰水衡監使者曰都尉開元二十五年不隷將作監有録事一人府五人史十人亭長一人掌固四人初貞觀六年置舟楫署有令一人正八品下掌舟楫運漕漕正一人府三人史六人監漕一人漕史二人典事六人掌固八人上元二年置丞二人正九品下掌運漕隄堰開元二十六年署廢

河渠署令一人正八品下丞一人正九品上掌河渠陂池隄堰魚醢之事凡溝渠開塞漁捕時禁皆顓之饗宗廟則供魚鱐祀昊天上帝有司攝事則供腥魚日供尚食及給中書門下歲供諸司及東宮之冬藏渭河三百里内漁釣者五坊捕治之供祠祀則自便橋至東渭橋禁民漁三元日非供祠不採魚唐有河隄使者貞觀初改曰河隄謁者有府三人史六人典事三人亭長及斗門有長一人掌固三人魚師十二人初有監漕十人從九品上大曆後省廢成五門六門龍首涇堰澀隄凡六堰皆有丞一人從九品下府一人史二人典事二人掌固二人貞觀六年皆廢

河隄謁者六人正八品下掌完隄堰利溝瀆漁捕之事涇渭白渠以京兆少尹一人督視

諸津令各一人正九品上丞二人從九品下掌天下津濟舟梁灞橋永濟橋以勳官散官一人莅之天津橋中橋則以衛士掃凡舟渠之備皆先擬其半禦寒竹篾所在供焉唐改津尉曰令有録事一人府一人史二人典事三人津吏五人橋丁各三十人匠各八人京兆河南諸津隷都水監使者渭橋萬年三橋有丞一人從九品下府一人史十人典事三人掌固二人貞觀中廢

百官志第三十八

百官志第三十九上　　唐書四十九上

翰林學士兼龍圖閣學士朝散大夫給事中知制誥充史館脩撰臣歐陽脩奉

敕撰

十六衛

左右衛上將軍各一人從二品大將軍各一人正三品將軍各二人從三品掌宮禁宿衛凡五府及外府皆揔制焉凡五府三衛及折衝府驍騎番上者受其名簿而配以職皇帝御正殿則守諸門及內廂宿衛仗非上日亦將軍一人押仗將軍缺以中郎將代將軍掌貳上將軍之事左右驍衛左右武衛左右威衛左右領軍左右金吾左右監門衛上將軍以下品同（武德五年改左右翊衛曰左右衛府左右驍騎衛曰左右驍騎府左右屯衛曰左右威衛左右禦衛曰左右領軍衛左右備身府曰左右府惟左右武衛府左右監門府左右候衛仍隋不改顯慶五年改左右府曰左右千牛府龍朔二年左右衛府驍衛府武衛府皆省府字左右威衛曰左右武威衛左右領軍衛曰左右戎衛左右候衛曰左右金吾衛左右監門府曰左右監門衛左右千牛府曰左右奉宸衛後又曰左右千牛衛咸亨元年改左右戎衛曰領軍衛武后光宅元年改左右驍衛曰左右武威左右武衛曰左右鷹揚衛左右威衛曰左右豹韜衛左右領軍衛曰左右玉鈐衛貞元二年初置十六衛上將軍左右衛有錄事一人府一人史二人亭長八人掌固四人）

長史各一人從六品上掌判諸曹五府外府稟祿卒伍軍團之名數器械車馬之多少小事得專達每歲秋贊大將軍考課

錄事參軍事各一人正八品上掌受諸曹及五府之外府事句稽抄目印給紙筆

倉曹參軍事各二人正八品下掌五府文官勳考假使祿俸公廨田園食料醫藥過所自倉曹以下同品（有府二人史四人兵曹府四人史七人騎曹府二人史四人冑曹府三人史三人武后長安初改鎧曹曰冑曹中宗即位復舊先天元年又曰冑曹開元初諸衛司倉司兵騎兵參軍改曰倉曹兵曹騎曹冑曹參軍事）

兵曹參軍事各二人掌五府武官宿衛番第受其名數而大將軍配焉

騎曹參軍事各一人掌外府雜畜簿帳牧養凡府馬承直以遠近分七番月一易之以勑出宮城者給馬

冑曹參軍事各一人掌兵械公廨興繕罰謫大朝會行從則受黃質甲鎧弓矢於衛尉

奉車都尉掌馭副車有其名而無其人大陳設則它官攝駙馬都尉無定員與奉車都尉皆從五品下司階各二人正六品上中候各三人正七品下司戈各五人正八品下執戟各五人正九品下長上各二十五人從九品下（武后天授二年置諸衛司階中候司戈執戟謂之四色官）

親衛之府一曰親府勳衛之府二一曰勳一府二曰勳二府翊衛之府二一曰翊一府二曰翊二府凡五府每府中郎將一人正四品下左右郎將一人正五品上親衛正七品上勳衛從七品上翊衛正八品上總四千九百六十三人兵曹參軍事各一人正九品上校尉各五人正六品上每校尉有旅帥二人從六品上每旅帥各有隊正二十人正七品上副隊正二十人正七品下五府中郎將掌領校尉旅帥親衛勳衛之屬宿衛者而總其府事左右郎將貳焉番上者以名簿上于大將軍而配以職武德貞觀世重資蔭二品三品子補親衛二品曾孫三品孫四品子職事官五品子若孫勳官三品以上有封及國公子補勳衛及率府親衛四品孫五品及上柱國子補翊衛及率府勳衛勳官二品及縣男以上散官

五品以上子若孫補諸衛及率府翊衛王府執仗親事執乘親事每月番上者數千人宿衛內廡及城門給稟食執扇三衛三百人擇少壯肩膊齊儀容整美者本衛印臂送殿中省肄習仗下每番三衛一人為太僕寺引駕其後入官路艱三衛非權勢子弟輒退番柱國子有白首不得進者流外雖鄙不數年給祿稟故三衛益賤人罕趨之（有錄事府一人史二人唐初親衛勳衛置驃騎將軍車騎將軍翊衛置車騎將軍武德七年改驃騎將軍為中郎將車騎將軍皆為郎將分左右以親衛曰一府勳衛翊衛曰二府謂之三府諸衛翊府及率府親勳衛亦曰三衛永徽三年避太子諱改中郎將曰旅賁郎將郎將曰翊軍郎將太子廢復舊）

左右驍衛上將軍各一人大將軍各一人將軍各二人掌同左右衛凡翊府之翊衛外府豹騎番上者分配之凡分兵守諸門在皇城四面宮城內外則與左右衛分知助鋪長史各一人錄事參軍事各一人倉曹參軍事各二人兵曹參軍事各二人騎曹參軍事各一人冑曹參軍事各一人左右司階各二人左右中候各三人左右司戈各五人左右執戟各五人左右翊中郎將府中郎將各一人左郎將各一人右郎將各一人兵曹參軍事各一人校尉各五人旅帥各

十人隊正各二十人副隊正各二十人有録事一人史二人亭長二人掌固四人倉曹府二人史二人兵曹府三人史五人騎曹府二人史四人胄曹府三人史三人左右翊中郎將府録事一人府一人史二人

左右武衛上將軍各一人大將軍各一人將軍各二人掌同左右衛凡翊府之翊衛外府熊渠番上者分配之長史各一人録事參軍事各一人倉曹參軍事各二人兵曹參軍事各二人騎曹參軍事各一人胄曹參軍事各一人左右司階各二人左右中候各三人左右司戈各五人左右執戟各五人長上各二十五人左右翊中郎將府官同驍騎有摠長二人録事一人史二人亭長二人掌固四人倉曹府二人史四人兵曹府三人史五人騎曹府二人史四人胄曹府三人史三人摠長掌唱警為應蹕之節

左右威衛上將軍各一人大將軍各一人將軍各二人掌同左右衛凡翊府之翊衛外府羽林番上者分配之凡分兵主守則知皇城東面助鋪長史各一人録事參軍事各一人倉曹參軍事各二人兵曹參軍事各二人騎曹參軍事各一人胄曹參軍事各一人左右司階各二人左右中候各三人左右司戈各五人左右執戟各五人長

上各二十五人左右翊中郎將府官同驍衛有録事一人史二人亭長二人掌固四人倉曹府二人史四人兵曹府三人史五人騎曹府二人史四人胄曹府三人史三人

左右領軍衛上將軍各一人大將軍各一人將軍各二人掌同左右衛凡翊府之翊衛外府射聲番上者分配之凡分兵主守則知皇城西面助鋪及京城苑城諸門長史各一人録事參軍事各一人倉曹參軍事各二人兵曹參軍事各二人騎曹參軍事各一人胄曹參軍事各一人左右司階各二人左右中候各三人左右司戈各五人左右執戟各五人長上各二十五人左右翊中郎將府官同驍衛有録事一人史二人亭長二人掌固四人倉曹府二人史四人兵曹府三人史五人騎曹府二人史四人胄曹府三人史三人

左右金吾衛上將軍各一人大將軍各一人將軍各二人掌宮中京城巡警烽候道路水草之宜凡翊府之翊衛及外府佽飛番上皆屬焉師田則執左右營之禁南衙宿衛官將軍以下及千牛番上者皆配以職大功役則與御史循行凡敝幕故氈以給病坊

兵曹參軍事掌翊府外府武官兼掌獵師

騎曹參軍事掌外府雜畜簿帳牧養之事

胄曹參軍事掌同左右衛大朝會行從給青龍旗穳矟於衛尉長史各一人録事參軍事各一人倉曹參軍事各二人兵曹參軍事各二人騎曹參軍事各一人胄曹參軍事各一人左右司階各二人左右中候各三人左右司戈各五人左右執戟各五人左右街使各一人判官各二人左右翊中郎將府官如驍衛有録事二人史二人倉曹府二人史四人兵曹府三人史五人騎曹府二人史四人胄曹府三人史三人左右街典二人引駕仗三衛六十人引駕佽飛六十六人大角手六百人有察非掾至唐廢

左右翊中郎將府中郎將掌領府屬督京城左右六街鋪巡警以果毅二人助巡探入閤日中郎將一人外殿受狀衛士六百爲大角手六番閲習吹大角爲昏明之節諸營壘候以進退

左右街使掌分察六街徼巡凡城門坊角有武候鋪衛士彍騎分守大城門百人大鋪三十人小城門二十人小鋪五人日暮鼓八百聲而門閉乙夜街使以騎卒循行叫譟武官暗探五更二點鼓自內發諸街鼓承振坊市門皆啓鼓三千撾辨色而止

左右監門衛上將軍各一人大將軍各一人將軍各二人掌諸門禁衛及門籍文武官九品以上每月送籍於引駕仗及監門衛衛以帳報內門凡朝參奏事待詔官及繖扇儀仗出入者閲其數以物貨器用入宮者有籍有傍左監門將軍判入右監門將軍判出月一易其籍行幸則率屬於衙門監守

長史掌判諸曹及禁門巡視出入而司其籍傍餘同左右衛

兵曹參軍事兼掌倉曹胄曹兼掌騎曹

左右翊中郎將府中郎將掌涖宮殿城門皆左入右出中郎將各四人長史各一人録事參軍事各一人兵曹參軍事各一人胄曹參軍事各一人有録事一人史二人亭長二人掌固二人兵曹府三人史五人胄曹府三人史四人監門校尉三百二十人直長六百八十人長入長上二十人直長長上二十人監門校尉掌叙出入唐改監門府郎將爲將軍

左右千牛衛上將軍各一人大將軍各一人將軍各二人掌侍衛及供御兵仗以千牛備身左右執弓箭宿衛以主仗守戎器朝日領備身左右外殿列侍親射則率屬以從

胄曹參軍事掌甲仗凡御仗之物二百一十有九羽儀之物三百自千牛以下分掌之上日執御弓箭者亦自備以入宿主仗每月上則配以職行從則兼騎曹中郎將各二人長史各一人錄事參軍事各一人兵曹參軍事各一人胄曹參軍事各一人唐改備身郎將曰將軍備身郎將曰中郎將千牛左右備身左右曰千牛備身初置備身主仗有錄事一人史二人亭長二人掌固四人兵曹府一人史二人胄曹府一人史一人千牛備身十二人備身左右十二人備身一百人主仗一百五十人千牛備身掌執御刀服花鈿繡衣綠執象笏宿衛侍從備身左右掌執御弓矢宿衛侍從備身掌宿衛侍從主仗掌守供御兵仗

左右翊中郎將府中郎將掌供奉侍衛凡千牛及備身左右以御刀仗升殿供奉者皆上將軍領之中郎將佐其職有口勑通事舍人承傳聲不下聞者中郎將宣告

諸衛折衝都尉府每府折衝都尉一人上府正四品上中府從四品下下府正五品下左右果毅都尉各一人上府從五品下中府正六品上下府正六品下別將各一人上府正七品下中府從七品上下府從七品下長史各一人上府正七品下中府從七品上下府從七品下兵曹參軍事各一人

上府正八品下中府正九品下下府從九品上校尉五人從七品下旅帥十人從八品上隊正二十人正九品下副隊正二十人從九品下折衝都尉掌領屬備宿衛師役則總戎具資糧點習以三百人為團一校尉領之捉鋪持更者晨夜有行人必問不應則彈弓而嚮之復不應則旁射又不應則射之晝以排門人遠望暮夜以持更人遠聽有衆而囂則告主帥

左右果毅都尉掌貳都尉每府有錄事一人府一人史二人兵曹府二人史三人每隊正領兵五十人武德元年改隋鷹揚郎將曰軍頭正四品下鷹擊郎將曰府副正五品上司馬曰長史正八品下校尉正六品下旅帥正七品下廢越騎步兵二校尉又改軍頭曰驃騎將軍府副曰車騎將軍皆為府諸衛府置驃騎將軍五人車騎將軍十人二年以車騎將軍府隸驃騎府置十二軍分關內諸府皆以星為名每軍將軍一人副一人至六年廢七年改驃騎將軍府為統軍府車騎將軍府為別將八年復置十二軍貞觀十年改統軍府曰折衝都尉府別將曰果毅都尉軍坊置坊主一人檢校戶口勸課農桑以本坊五品勳官為之三輔及近畿州都督府皆置府凡六百三十三永徽中廢長史置司馬一人總司兵司騎二局武后垂拱中以千二百人為上府千人為中府八百人為下府赤縣為赤府畿縣為畿府聖曆元年廢司馬置長史兵曹參軍事又有別將一人從六品下居果毅都尉之次其後分左右各一人尋廢久之復置一人降其品開元初衛士為武士諸衛折衝果毅別將擇有行者為展仗押官右羽林軍十五人左羽林軍二十五人衣服同色諸衛有弩手左右驍衛各八十五人餘衛各八十三人

左右羽林軍大將軍各一人正三品將軍各三人從三品掌統北

衙禁兵督攝左右廂飛騎儀仗大朝會則周衛階陛巡幸則夾馳道為內仗凡飛騎番上者配其職有勑上南衙者大將軍承墨勑白移於金吾引駕仗官與監門奏覆降墨勑然後乃得入長史各一人從六品上錄事參軍事各一人正八品上倉曹參軍事各一人兼總騎曹事兵曹參軍事各一人胄曹參軍事各一人自倉曹參軍以下皆正八品下司階各二人正六品上中候各三人正七品下司戈各五人正八品上執戟各五人正九品下長上各十人左右翊衛中郎將府中郎將一人正四品下左右中郎一人左右郎將一人皆正五品上兵曹參軍事一人正九品上校尉五人旅帥十人隊正二十人副隊正二十人有錄事一人史二人亭長二人掌固四人倉曹兵曹各府二人史四人胄曹府史各二人左右翊中郎將府錄事一人府一人史二人倉曹兵曹各府二人史四人胄曹府史各二人

左右龍武軍大將軍各一人正二品統軍各一人正三品將軍三人從三品掌同羽林長史錄事參軍事倉曹參軍事兵曹參軍事胄曹參軍事各一人司階各二人中候各三人司戈執戟各

五人長上各十人景雲元年置龍武將軍興元元年六軍各置統軍貞元三年龍武軍增將軍一員有錄事一人史二人亭長二人掌固四人倉曹府二人史四人兵曹府二人史四人胄曹府史各二人

左右神武軍大將軍各一人正二品統軍各一人正三品將軍三人從三品掌總衙前射生兵長史錄事參軍事倉曹參軍事兵曹參軍事胄曹參軍事各一人司階各二人中候各三人司戈執戟各五人長上各十人有錄事一人史二人倉曹兵曹胄曹府史皆如神武軍開元二十六年分羽林置左右神武軍尋廢至德二年復置

左右神策軍大將軍各一人正二品統軍各二人正三品將軍各四人從三品掌衛兵及內外八鎮兵護軍中尉各一人中護軍各一人判官各三人都勾判官二人勾覆官各一人表奏官各一人支計官各一人孔目官各二人驅使官各二人自長史以下員數如龍武軍左右龍武左右神武左右神策號六軍貞元二年神策軍置大將軍將軍十四年置統軍品秩同六軍始殿前左右神威軍有大將軍二人正二品統軍二人從三品將軍二人從五品元和初為一軍號天威軍八年廢以軍隸神策有馬軍步軍將軍及指揮使等以馬軍大將軍知軍事天復三年廢神策軍四年復置神策軍

東宮官

太子太師太傅太保各一人從一品掌輔道皇太子每見迎拜

殿門三師荅拜每門必讓三師坐太子乃坐與三師書前名惶恐
後名惶恐再拜太子出則乘路備鹵簿以從
少師少傅少保各一人從二品掌曉三師德行以諭皇太子奉太
子以觀三師之道德自太師以下唯其人不必備 先天元年開府置令丞各一人隸詹事府尋廢
太子賓客四人正三品掌侍從規諫贊相禮儀宴會則上齒侍
讀無常員掌講導經學 貞觀十八年以宰相兼賓客開元中定員四人太宗時置王府有侍讀及為太子亦置焉其後或置
或否開元初十王宅引辭學工書者入教亦為侍讀
詹事府太子詹事一人正三品少詹事一人正四品上掌統三寺
十率府之政少詹事為之貳皇太子書稱令庶子以下署名奉
行書案畫日丞二人正六品上掌判府事知文武官簿假使凡敕
令及尚書省二坊符牒下東宮諸司者皆發焉
主簿一人從七品上錄事二人正九品下 唐改詹事府曰宮府武德初復置龍朔二年曰端尹府詹事曰端尹少詹事曰少尹武后光宅元年改曰宮尹府詹事曰宮尹少詹事曰少尹有令史九人書令史十八人
司直二人正七品上掌糾劾宮寮及率府之兵皇太子朝則分知

東西班監國則詹事庶子為三司使司直一人與司議郎舍人分日
受理啟狀太子出則分察鹵簿之內 有令史一人書令史二人亭長四人掌固六人
左春坊左庶子二人正四品上中允二人正五品下掌侍從贊相駁
正啟奏揔司經典膳藥藏內直典設宮門六局皇太子出則版奏
外辦中嚴入則解嚴凡令書下則與中允司議郎等畫諾覆審
留所畫以為案更寫印署注令諾送詹事府
司議郎二人正六品上掌侍從規諫駁正啟奏凡皇太子出入朝
謁從祀釋奠講學監國之命可傳於史冊者錄為記注宮坊祥眚
官長除拜薨卒歲終則錄送史館
左諭德一人正四品下掌諭皇太子以道德隨事諷贊皇太子朝
宮臣則列侍左階出入騎從
左贊善大夫五人正五品上掌傳令諷過失贊禮儀以經教授
諸郡王錄事二人從八品下主事三人從九品下 隋有內允武德三年改曰中舍人隸門下坊貞觀初
曰中允十八年置司議郎永徽三年避皇太子名復改中允曰內允太子廢復舊龍朔二年改門下坊曰左春坊左庶子曰左中護中允曰左贊善大夫司議郎分左右置左右諭德各一人

咸亨元年皆復舊司議郎不分左右其後諭德廢而司議郎復分儀鳳四年置左右贊善大夫各十人以同姓為之景雲二年始兼用庶姓改門下坊曰左春坊復置諭德庶子以比侍
中中允以比門下侍郎司議郎以比給事中贊善大夫以比諫議大夫諭德以比散騎常侍右坊則庶子以比中書令中舍人以比中書侍郎太子監國則庶子比尚書令有令史六人書
令史十二人傳令四人掌儀二人贊者三人亭長三人掌固十人
崇文館學士二人掌經籍圖書教授諸生課試舉送如弘文館
校書郎二人從九品下掌校理書籍 貞觀十三年置崇賢館顯慶元年置學生二十人上元二年避太子名改
曰崇文館有學士直學士及讎校皆無常員無其人則庶子領館事開元七年改讎校曰校書郎乾元初以宰相為學士揔館事貞元八年隸左春坊有館生十五人書直一人令史
二人書令史二人典書二人搨書手二人楷書手十人熟紙匠一人裝潢匠二人筆匠一人
司經局洗馬二人從五品下掌經籍出入侍從圖書上東宮者皆
受而藏之
文學三人正六品下分知經籍侍奉文章
校書四人正九品下正字二人從九品上掌校刊經史 唐改太子正書曰正字龍朔三年改司
經局曰桂坊罷隸左春坊領崇賢館比御史臺以詹事一人為令比御史大夫司直二人比侍御史以洗馬為司經大夫置文學四人錄事一人正九品下三年改司經大夫曰桂坊大夫糾正違失咸
亨元年復隸左春坊省錄事有書令史二人書吏二人典書四人楷書二十五人掌固六人裝潢匠二人熟紙匠筆匠各一人
典膳局典膳郎二人從六品下丞二人正八品上掌進膳嘗食丞

為之貳每夕更直於廚 龍朔二年改典膳局曰典膳郎有書令史二人書吏四人主食六人典食二百人掌固四人
藥藏局藥藏郎二人從六品下丞二人正八品上掌和醫藥丞
為之貳皇太子有疾侍醫診候議方藥將進宮臣涖嘗如尚藥
局之職 有書令史一人書吏二人侍醫四人典藥二人藥童六人掌固四人
內直局內直郎二人從六品下丞二人正八品下掌符璽衣服繖
扇几案筆硯垣牆 龍朔二年改監曰內直郎副監曰丞有令史一人書吏三人典服十二人典扇八人典翰八人掌固六人武德中有典璽四人開元中廢
典設局典設郎四人從六品下丞二人正八品下掌湯沐燈燭汛
掃鋪設凡皇太子散齋別殿致齋正殿前一日設幄坐于東序
及室內張帷前楹 龍朔二年改齋帥局曰典設局齋帥曰郎有書令史二人書吏四人幕士二百四十五人掌固十二人
宮門局宮門郎二人從六品下丞二人正八品下掌宮門管籥凡
夜漏盡擊漏鼓而開夜漏上水一刻擊漏鼓而閉歲終行儺
則先一刻而啟皇太子不在則闔正門還仗如常凡宮中明時不
鼓 龍朔二年改宮門監曰宮門郎有書令史一人書吏二人門僕百人掌固四人
右春坊右庶子二人正四品下中舍人二人正五品下掌侍從獻

納啓奏中舍人為之貳皇太子監國下令書則畫日至春坊則庶子宣傳中舍人奉行

太子舍人四人正六品上掌行令書表啓諸臣上皇太子大事以牋小事以啓其封題皆上右春坊通事舍人以進

通事舍人八人正七品下掌導宮臣辭見承令勞問右諭德一人右贊善大夫五人錄事一人主事二人品皆如左春坊隋內舍人諱典書坊武德初改曰中舍人管記舍人曰太子舍人永徽元年避太子名復改中舍人曰內舍人龍朔二年改典書坊曰右春坊右庶子曰右中護中舍人曰右贊善大夫舍人曰右司議郎有令史九人書令史十八人傳令四人典謁四人亭長六人掌固十八人

家令寺家令一人從四品上掌飲膳倉儲總食官典倉司藏三署皇太子出入則乘軺車為導祭祀賓客則供酒食賜予則奉金玉貨幣凡牀几茵席器物非取於將作少府者皆供焉丞二人從七品下掌判寺事凡三署出納皆刺於詹事莊宅田園畜肥墝為收斂之數宮朝坊府土木營繕則下於司藏主簿一人正九品下隋改司府令曰家令龍朔二年改家令寺曰宮府寺家令曰大夫有錄事一人府十人史二十人亭長四人掌固四人雜匠百人

唐書百官志三十九上 九 衛祥

食官署令一人從八品下丞二人從九品下掌飲膳酒醴凡四時供送設食皆頒焉供六品以下元日寒食冬至食於家令廚者有府二人史四人掌膳四人供膳百四十人奉觶三十人

典倉署令一人從八品下丞二人從九品下掌九穀醯醢庶羞器皿燈燭凡園圃樹蓺皆受令焉每月籍出納上於寺歲終上詹事府給戶奴婢番戶雜戶資糧衣服有府三人史五人園丞二人史二人

司藏署令一人從八品下丞二人從九品下掌庫藏財貨出納營繕有府二人史四人計史一人

率更寺令一人從四品上掌宗族次序禮樂刑罰及漏刻之政太子釋奠講學齒胄則總其儀出入乘軺車為導居家令之次坊寺府有罪者論罰庶人杖以下皆送大理皇太子未立判斷於大理

丞一人從七品上掌貳令事宮臣有犯理於率更者躬問蔽罪而上於詹事

主簿一人正九品下掌印句凡宗族不序禮儀不節音律不諧漏刻不審刑名不法皆舉而正之使因則與丞同治龍朔二年改曰司更寺令曰司更大夫有錄事一人府三人史四人漏刻博士三人掌漏六人漏童二十人典鐘典鼓各十二人亭長四人掌固四人漏刻博士掌教漏刻

僕寺僕一人從四品上掌車輿乘騎儀仗喪葬總廄牧署太子出則率廄牧令進路親馭

丞一人從七品上掌判寺事凡馬畜芻粟歲以季夏上於詹事以時出入而節其數

主簿一人正九品下掌廄牧畜養車騎駕馭儀仗龍朔二年改曰馭僕寺僕曰大夫有進馬十一人錄事一人府三人史五人亭長三人掌固三人

廄牧署令一人從八品下丞二人從九品下掌車馬閑廄牧畜皇太子出則率典乘先期習路馬率駕士馭車乘既出進路式路車於西閤外南向以俟凡羣牧隸東宮者皆受其職事典乘四人從九品下有府三人史六人翼馭十人駕士十五人掌閑六百人獸醫十人主乘三十人翼馭掌調馬執馭

太子左右率府率各一人正四品上副率各二人從四品上掌兵

唐書百官志三十九上 十 衛祥

仗儀衛凡諸曹及三府外府皆隸焉元日冬至皇太子朝宮臣諸方使則率衛府之屬為衛每月三府三衛及五府超乘番上者配以職武德五年改左右侍率曰左右衛率府左右武侍衛率曰左右宗衛率府左右宮門將曰左右監門率府龍朔二年改左右衛率府曰左右典戎衛左右宗衛率府曰左右司禦率府左右虞候率府曰左右清道衛左右內率府曰左右奉裕衛左右監門率府曰左右崇掖衛武后垂拱中改左右監門率府曰左右鶴禁衛神龍元年改左右司禦率府曰左右宗衛府左右清道衛曰左右虞候率府景雲二年左右宗衛府復曰左右司禦率府開元初左右虞候率復曰左右清道率府

長史各一人正七品上掌判諸曹府季秋以屬官功狀上於率而為考課

錄事參軍事各一人從八品上倉曹參軍事兵曹參軍事胄曹參軍事騎曹參軍事各一人從八品下倉曹掌文官簿書兵曹掌武官簿書胄曹掌器械公廨營繕司階各一人從六品上中候各二人從七品下司戈各二人從八品上執戟各三人散長上各十人從九品下左右司禦清道監門內率府自率以下品同有錄事一人府一人史一人倉曹府一人史二人兵曹胄曹各府二人史三人騎曹府五人史七人亭長掌固各二人

親府勳府翊府三府每府中郎將各一人從四品上左右郎將各

一人正五品下中郎將郎將掌其府校尉旅帥及親勳翊衞之屬宿衞而揔其事

兵曹參軍事各一人從九品上掌判句大朝會及皇太子出則從鹵簿而涖其儀親衞從七品上勳衞正八品上翊衞從八品上員皆亡校尉各五人從六品上旅帥各十人正七品下隊正各二十人從八品上（武德元年改功曹曰親衞義曹曰勳衞良曹曰翊衞置三府有錄事一人府史各二人）

太子左右司禦率府率各一人正四品上副率各二人從四品上掌同左右衞凡諸曹及外府旅賁番上者隸焉長史各一人正七品上錄事參軍事各一人從八品上倉曹參軍事兵曹參軍事冑曹參軍事騎曹參軍事各一人從八品下司階各一人中候各二人司戈各二人執戟各三人親衞勳衞翊衞三府中郎將以下如左右衞率府（有錄事一人史二人倉曹府一人史二人兵曹府二人史三人冑曹府史各二人亭長一人掌固二人）

太子左右清道率府率各一人副率各二人掌晝夜巡警凡諸曹及外府直盪番上者隸焉皇太子出入則以清游隊先導後拒

隊爲殿長史各一人錄事參軍事各一人從八品上倉曹參軍事兵曹參軍事冑曹參軍事各一人從八品下左右司階各一人左右中候各二人左右司戈各一人左右執戟各三人親衞勳衞翊衞三府中郎將以下如左右衞率府（有錄事一人史二人亭長二人掌固二人倉曹府一人史二人兵曹府二人史三人冑曹府二人史二人細引押仗五十人）

太子左右監門率府率各一人副率各二人掌諸門禁衞凡財物器用出者有籍長史各一人錄事參軍事各一人正九品上兵曹參軍事各一人正九品下兼領倉曹冑曹參軍事各一人正九品下監門直長七十八人從七品下（唐改宮門將曰監門率直事曰直長有錄事一人史二人亭長一人掌固二人兵曹府二人史二人冑曹府二人史三人）

太子左右內率府率各一人副率各一人掌千牛供奉之事皇太子坐日領千牛升殿射于射宮則千牛奉弓矢立東階西面率奉弓副率奉矢決拾北面張弓左執弣右執簫以進副率以巾拂矢而進各退立於位既射左內率啓其中否長史各一人錄事參軍事各一人正九品上兵曹參軍事各一人正九品下兼領倉曹冑曹參軍事各一人正九品下千牛各四十四人從七品上（唐置兵曹改司仗左右侍曰千牛備身主射左右侍曰備身左右弓箭備身去弓箭之名龍朔二年改千牛備身曰奉裕開元中千牛備身備身左右並爲千牛有備身二十八人主仗四十人錄事一人史二人兵曹府一人史二人冑曹府一人史一人）

百官志第三十九上

翰林學士兼龍圖閣學士朝散大夫給事中知制誥充史館脩撰臣歐陽脩奉
敕撰

王府官

傅一人，從三品；掌輔正過失。諮議參軍事一人，正五品上；掌訏謀議事。友一人，從五品下；掌侍游處，規諷道義。侍讀，無定員。文學一人，從六品上；掌校典籍，侍從文章。東西閤祭酒各一人，從七品上；掌禮賢良、導賓客。自祭酒以下爲王官。武德中，置師一人，侍郎四人，皆掌表啓書疏，贊相禮儀；舍人四人，掌通傳引納；謁者二人，舍人二人。諮議參軍事、友皆正五品下，文學、祭酒皆正六品下。高宗、中宗時，相王府長史以宰相兼之，親王府以尚書兼之。徐、韓二王爲刺史，府官同外官，資望愈下。永淳以前，王未出閤則不關府。天授二年，置皇孫府官。玄宗諸子多不出閤，王官益輕，而員亦減矣。景雲二年，改師曰傅。開元二年，廢孝復置齋常侍、侍郎、謁者、舍人。開成元年，改諸王侍讀曰[illegible]奏諸王講諸大中初復舊。

長史一人，從四品上；司馬一人，從四品下；皆掌統府僚、紀綱職務。掾一人，掌通判功曹、倉曹、戶曹事；屬一人，皆正六品上；掌通判兵曹、騎曹、法曹、士曹事。主簿一人，掌覆省書敎。記室參軍事二人，掌表啓書疏。錄事參軍事一人，皆從六品上；掌付事句稽，省署鈔目。錄事一人，從九品下。功曹參軍事，掌文官簿書、考課、陳設；倉曹參軍事，掌祿廩、廚膳、出內、市易、畋漁、芻藁；戶曹參軍事，掌封戶、僮僕、弋獵、過所；兵曹參軍事，掌武官簿書、考課、儀衛、假使；騎曹參軍事，掌廄牧、騎乘、文物、器械；法曹參軍事，掌按訊、決刑；士曹參軍事，掌土功、公廨。自功曹以下各一人，正七品上。參軍事二人，正八品下。行參軍事四人，從八品上；皆掌出使雜檢校。典籤二人，從八品下；掌宣傳書敎。武德中，改功曹以下書佐、法曹行書佐、士曹佐皆曰參軍事，長兼行書佐曰行參軍事。又有錄曹參軍事二人，掌儀衛、兵仗；田曹參軍事一人，掌公廨、職田、弋獵；水曹參軍事二人，掌舟船、漁捕、芻草，皆正七品下；家吏二人，百司問事謁者一人，正七品下；司閤一人，正九品下。貞觀中，廢錄曹、田曹、水曹。武后時，家吏以下皆廢。主簿、記室有史二人，錄事、功曹、倉曹、兵曹、騎曹、法曹、士曹各府一人，史二人，戶曹府、史各二人。自典籤以上爲府官。郡王不置長史。

親事府：典軍二人，正五品上；副典軍二人，從五品上；皆掌校尉以下守衛陪從，兼知鞍馬。校尉五人，從六品上；旅帥，從七品下；隊正，從八品下；隊副，從九品下；皆掌領事帳內陪從。自旅帥以下視親事多少乃置。帳內府：典軍二人，正五品上；副典軍二人，從五品上；自校尉以下，員品如親事府。初，典軍以武官，又流外爲之，領執仗、帳內等，奉王命。王府置左右六護軍府、左右親事府、左右帳內府。左右一護軍府，護軍各一人，副護軍各二人，長史、錄事參軍事、倉曹兵曹鎧曹參軍事各一人，統軍各五人，別將各一人；左右二護軍府、左右三護軍府，減統軍三人，別將六人。左右親軍府，統軍各一人，長史各一人，錄事參軍事、兵曹鎧曹參軍事各一人，別將各一人。帳內府職員與護軍府同。又有庫直隸親事府，駈咥直隸帳內府，選材勇爲之。貞觀中，庫直以下皆廢。親事府有府一人，史二人，執仗親事十六人，執弓仗執乘親事十六人，掌供騎乘；親事三百三十人。帳內府有府一人，史一人，帳內六百六十七人。

親王國：令一人，從七品下；大農一人，從八品下；掌判國司。尉一人，正九品下；丞一人，從九品下。學官長、丞各一人，掌敎授內人。食官長、丞各一人，掌營膳食。廄牧長、丞各二人，掌畜牧。典府長、丞各二人，掌府內雜事。長皆正九品下，丞皆從九品下。有典衛八人，掌守衛居從；舍人四人，錄事一人，府四人，史八人。

公主邑司：令一人，從七品下；丞一人，從八品下；掌公主財貨、廩積、田園。主簿一人，正九品下；錄事一人，從九品下；督封租、主家財貨出入。有史八人，謁者二人，舍人二人，家史二人。

外官

天下兵馬元帥、副元帥、都統、副都統、行軍長史、行軍司馬、行軍左司馬、行軍右司馬、判官、掌書記、行軍參謀、前軍兵馬使、中軍兵馬使、後軍兵馬使、中軍都虞候各一人。元帥、都統、招討使，掌征伐，兵罷則省。都統掌總諸道兵馬，不賜旌節。高祖起兵，置左右領軍大都督，各總三軍。及定京師，置左右元帥，太原道行軍元帥，西討元帥，皆親王領之。天寶末，置天下兵馬元帥、都統、朔方河東河北平盧節度使、招討都統之名，始於此。大曆八年，罷天下兵馬元帥。建中四年，以李希烈反，置諸軍行營兵馬都元帥。興元元年，置副都統。會昌中，置靈夏六道元帥。黃巢之亂，置諸道行營都都統。天福二年，置諸道兵馬元帥，尋復改曰天下兵馬元帥。行軍司馬，掌弼戎政，居則習蒐狩，有役則申戰守之法，器械、糧備、軍籍、賜予皆專焉。武德元年，改贊治曰治中；高宗即位，曰司馬。下州亦置焉。顯慶二年，置洛州司馬。武后大足元年，東都、北都、荆、揚、益州置左右司馬。神龍二年省。太極元年，雍、洛四大都督府增司馬一人，亦分左右。掌書記，掌朝覲、聘問、慰薦、祭祀、祈祝之文與號令升絀之事。行軍參謀，關豫軍中機密。景龍元年，置掌書記。開元十二年，罷行軍參謀，尋復置。

節度使、副大使知節度事、行軍司馬、副使、判官、支使、掌書記、推官、巡官、衙推各一人，同節度副使十人，館驛巡官四人，府院法直官、要籍、逐要親事各一人，隨軍四人。節度使封郡王，則有奏記一人；兼觀察使，又有判官、支使、推官、巡官、衙推各一人；又兼安撫使則有副使判官各一人兼支度營田招討經略使則有副使判官各一人支度使復有遣運判官巡官各一人節度使掌總軍旅顓誅殺初授具帑抹兵仗詣兵部辭見觀察使亦如之辭日賜雙旌雙節行則建節樹六纛中官祖送次一驛輒上聞入境州縣築節樓迎以鼓角衙仗居前旌幢居中大將鳴珂金鉦鼓角居後州縣齋印迎于道左視事之日設禮案高尺有二寸方八尺判三案節度使判宰相觀察使判節度使團練使判觀察使三日洗印視其刓缺歲以八月考其治否銷兵為上考足食為中考邊功為下考觀察使以豐稔為上考省刑為中考辦稅為下考團練使以安民為上考懲姦為中考得情為下考防禦使以無虞為上考清苦為中考政成為下考經略使以計度為上考集事為中考脩造為下考罷秩則交廳以節度使印自隨留觀察使營田等印以郎官主之鏁節樓節堂以節院使主之祭以時入朝未見不入私第京兆河南牧大都督

大都護皆親王遙領兩府之政以尹主之大都督府之政以長史主之大都護府之政以副大都護主之副大都護則兼王府長史其後有持節為節度副大使知節度事者正節度也諸王拜節度大使者皆留京師

觀察使副使支使判官掌書記推官巡官衙推隨軍要籍進奏官各一人

團練使副使判官推官巡官衙推各一人

防禦使副使判官推官巡官各一人觀察處置使掌察所部善惡舉大綱凡奏請皆屬於州（貞觀初遣大使十三人巡省天下諸州水旱則遣使有巡察安撫存撫之名神龍二年以五品以上二十人為十道巡察使按舉州縣再周而代景雲二年置都督二十四人察刺史以下善惡置司舉從事二人秩比侍御史揚益并荊四州為大都督汴兗魏冀蒲綿秦洪潤越十州為中都督皆正三品當時以為權重罷之唯四大都督府如故置十道按察使道各一人開元二年曰十道按察採訪處置使至四年罷八年復置十道按察使秋冬巡視州縣十年又罷十七年復置十道京畿都畿按察使二十年曰採訪處置使分十五道天寶末又兼黜陟使乾元元年改曰觀察處置使）

西都東都北都牧各一人從二品西都東都北都鳳翔成都河中江陵興元興德府尹各一人從三品掌宣德化歲巡屬縣觀風俗錄囚恤鰥寡親王典州則歲以上佐巡縣（武德元年雍州置牧一人以親王為之然常以別駕領州事永徽中改別駕曰長史初太宗伐高麗置京城留守其後車駕不在京都則置留守以右金吾大將軍為副留守開元元年改京兆河南府長史復為尹通判府務牧缺則行其事十一年太原府亦置尹及少尹以尹為留守少尹為副留守謂之三都留守三都大都督府有典獄十八人問事十二人白直二十四人典獄以防守囚繫問事以行罰中府上州典獄十四人問事八人白直二十人下府中州典獄十二人問事六人白直十六人下州典獄八人問事四人白直十六人自三都以下皆有執刀十五人）

少尹二人從四品下掌貳府州之事歲終則更次入計

司錄參軍事二人正七品上錄事四人從九品上功曹倉曹戶曹田曹兵曹法曹士曹參軍事各二人皆正七品下參軍事六人正八品下六府錄事參軍事以下減一人錄事參軍事掌正違失莅符印（武德初改州主簿曰錄事參軍事開元元年改曰司錄有史十人大都督府有史四人中府有史三人下府都護府上州中州下州各有史二人）

功曹司功參軍事掌考課假使祭祀禮樂學校表疏書啟祿食祥異醫藥卜筮陳設喪葬（武德初司功司倉司戶司兵司法司士書佐皆曰為司功等參軍事有府四人史十人大都督有府三人史六人中府有府二人史三人下府有府一人史三人大都護府有府一人史二人上府有府史各二人上州有佐二人史五人中州減史二人）

倉曹司倉參軍事掌租調公廨庖廚倉庫市肆（有府五人史十三人大都督府有府四人史六人中府下府各有府三人史五人都護府有府史各二人上州有佐二人史五人中州下州減史二人）

戶曹司戶參軍事掌戶籍計帳道路過所蠲符雜傜逋負良賤芻藁逆旅婚姻田訟旌別孝悌（有府八人史十六人帳史二人知籍按帳目捉錢大都督府有府四人史七人帳史二人中府有府三人史五人帳史一人下府有府二人史五人帳史一人上州有佐四人史六人帳史一人中州有佐三人史五人帳史一人下州有佐二人史四人帳史一人都護府有府史各二人帳史一人）

田曹司田參軍事掌園宅口分永業及蔭田（景龍三年初置司田參軍事唐隆元年省上元二年復置有府四人史十人大都督府有府二人史六人中府有府史各二人下府有府一人史二人上州有佐二人史五人中州下州減史二人）

兵曹司兵參軍事掌武官選兵甲器仗門禁管鑰軍防烽候傳驛畋獵（有府六人史十四人大都督府有府四人史八人中府有府三人史六人下府有府二人史五人都護府有府三人史四人上州有佐二人史五人中州減史二人）

法曹司法參軍事掌鞫獄麗法督盜賊知贓賄沒入（有府六人史十四人大都督府有三人史八人中府有府三人史六人下府有府二人史五人上州有佐四人史七人中州有佐一人史四人下州有佐一人史三人）

士曹司士參軍事掌津梁舟車舍宅工藝（有府五人史十一人大都督府有府四人史八人中府下府有府三人史六人上州有佐二人史五人中州有佐一人史四人）

參軍事掌出使贊導（武德初改行書佐曰行參軍尋又改曰參軍事初有執使十五人後省）

文學一人從八品上掌以五經授諸生縣則州補州則授於吏部然無職事衣冠恥之（武德初置經學博士助教學生德宗即位改博士曰文學元和六年廢中州下州文學京兆等三府助教二人學生八十人大都督）

府上州各助教一人中都督府學生五十人下府下州各四十人

醫學博士一人從九品上掌療民疾貞觀三年置醫學有醫藥博士及學生開元元年改醫藥博士爲醫學博士諸州置助教寫本草百一集驗方藏之未幾醫學博士學生皆省僻州少醫藥者如故二十七年復置醫學生掌州境巡療永泰元年復置醫學博士三都都督府上州中州各有助教一人三都學生二十人都督府上州二十人中州下州十人

大都督府都督一人從二品長史一人從三品司馬二人從四品下錄事參軍事一人正七品上錄事二人從九品上功曹參軍事倉曹參軍事戶曹參軍事田曹參軍事兵曹參軍事法曹參軍事士曹參軍事各一人正七品下參軍事五人正八品下市令一人從九品上文學一人正八品下醫學博士一人從八品上中都督府都督一人正三品別駕一人正四品下長史一人正五品上司馬一人正五品下錄事參軍事一人正七品下錄事二人從九品上功曹參軍事倉曹參軍事戶曹參軍事田曹參軍事兵曹參軍事法曹參軍事士曹參軍事各一人從七品上參軍事四人從八品上市令一人從九品上文學一人從八品上醫學

博士一人正九品上下都督府都督一人從三品別駕一人從四品下長史一人從五品上司馬一人從五品下錄事參軍事一人從七品上錄事二人從九品上功曹參軍事倉曹參軍事戶曹參軍事田曹參軍事兵曹參軍事法曹參軍事士曹參軍事各一人從七品下參軍事三人從八品下文學一人從八品下醫學博士一人正九品上都督掌督諸州兵馬甲械城隍鎮戍糧稟總判府事武德初邊要之地置總管以統軍加號使持節蓋漢刺史之任有行臺有大行臺其官有尚書省令一人正二品掌管內兵民總判省事有僕射一人從二品掌貳令事自左右丞以下諸司郎中略如京省又有食貨監一人丞二人掌膳羞財物賓客帳具音樂醫藥有農圃監一人丞四人掌倉廩園圃薪炭漕運有武器監一人丞二人掌兵械廄牧有百工監一人丞四人掌舟車營作監皆正八品下丞正九品下七年改總管曰都督總十州者爲大都督貞觀二年去大字凡都督府有刺史以下如故然大都督又兼刺史而不檢校州事其後都督加使持節則爲節度使諸將亦通以都督稱唯朔方猶稱大總管邊州別置經略使沿邊有屯田之州則置營田使武后聖曆元年以夏州都督領鹽州防禦使及安祿山反諸郡當賊衝者皆置防禦守捉使乾元元年置團練守捉使都團練守捉使大者領州十餘小者二三州代宗即位廢防禦使唯山南西道如故元載秉政思結人心刺史皆得兼團練守捉使楊綰爲相罷團練守捉使惟澧朗峽興鳳如故建中後行營亦置節度使防禦使都團練使大率節度觀察防禦團練使皆兼所治州刺史都督府則領長史都護府則領都護或亦別置都護都督府有掾有屬有記室參軍事有典籤武德中省

市令一人從九品上掌交易禁姦非通判市事貞觀十七年廢市令垂拱元年復置都督府三都諸州各有市丞一人佐一人史二人帥三人分行檢察倉督二人掌出納史二人下州省丞

大都護府大都護一人從二品副大都護二人從三品副都護二人正四品上長史一人正五品上司馬一人正五品下錄事參軍事一人正七品上錄事二人從九品上功曹參軍事倉曹參軍事戶曹參軍事兵曹參軍事法曹參軍事各一人正七品下參軍事三人正八品下上都護府都護一人正三品副都護二人從四品上長史一人正五品上司馬一人正五品下錄事參軍事一人正七品下功曹參軍事倉曹參軍事戶曹參軍事兵曹參軍事各一人從七品上參軍事三人從八品上都護掌統諸蕃撫慰征討敘功罰過總判府事

上州刺史一人從三品職同牧尹別駕一人從四品下武德元年改太守曰刺史加號持節丞曰別駕十年改雍州別駕曰長史高宗即位改別駕皆爲長史上元二年諸州復置別駕以諸王子爲之永隆元年省永淳元年復置景雲二年始參用庶姓天寶元年改刺史曰太守八載諸郡復置別駕下郡置長史一員上元二年諸州復置別駕德宗時復省元和長慶之際兩河用兵裨將有功者補東宮王府官久次當遷及受代居京師者常數十人宰相以聞文宗世宰相韋處厚建議復置兩輔六雄十望十緊州別駕

長史一人從五品上司馬一人從五品下錄事參軍事一人從七品上錄事二人從九品下司功參軍事一人司倉參軍事一人司戶參軍事二人司田參軍事一人司兵參軍事一人司法參軍事二人司士參軍事一人皆從七品下參軍事四人從八品下市令一人從九品上丞一人從九品下文學一人從八品下醫學博士一人從九品下中州刺史一人正四品下錄事參軍事一人正八品上錄事一人從九品上司功參軍事司倉參軍事司戶參軍事司田參軍事司兵參軍事司法參軍事司士參軍事各一人正八品下參軍事三人正九品下醫學博士一人從九品下下州刺史一人正四品下別駕一人從五品上司馬一人從六品上錄事參軍事一人從八品上錄事一人從九品下司倉參軍事司戶參軍事司田參軍事司法參軍事各一人從八品下參軍事二人從九品下醫學博士一人從九品下諸軍各置使一人五千人以上有副使一人萬人以上有營田副使一人軍皆有倉兵冑三曹

參軍事刺史領使則置副使推官衙官州衙推軍衙推

京縣令各一人正五品上丞二人從七品上主簿二人從八品上錄事二人從九品下尉六人從八品下畿縣令各一人正六品上丞一人正八品下主簿一人正九品上尉二人正九品下上縣令一人從六品上丞一人從八品下主簿一人正九品下尉二人從九品上中縣令一人正七品上丞一人從八品下主簿一人從九品上尉一人從九品下中下縣令一人從七品上丞一人正九品上主簿一人從九品上尉一人從九品下下縣令一人從七品下丞一人正九品下主簿一人從九品上尉一人從九品下縣令掌道導風化察寃滯聽獄訟凡民田收授縣令給之毎歲季冬行鄉飲酒禮籍帳傳驛倉庫盜賊隄道雖有專官皆通知縣丞爲之貳縣尉分判衆曹收率課調武德元年改書佐曰縣尉尋改曰正諸縣置主簿以流外爲之京縣上縣丞皆一人畿縣上縣正皆四人七年改縣正復曰尉貞觀初諸縣置錄事開元上縣萬戶中縣四千戶以上增尉一人京兆河南府諸縣戶三千以上置市令一人戶一萬以上置義倉督二人其後畿縣戶不及四千亦置尉二人萬戶增一人凡縣有司功佐司倉佐司戶佐司兵佐司法佐司士佐典獄門事等畿縣省司兵上縣有司戶司法而已凡縣皆有經學博士助教各一人京縣學生五十人畿縣四十人中縣以下各二十五人

上鎮將一人正六品下鎮副二人正七品下倉曹參軍事兵曹參軍事各一人從八品下中鎮將一人正七品上鎮副一人從七品上兵曹參軍事一人正九品下下鎮將一人正七品下鎮副一人從七品下兵曹參軍事一人從九品下毋鎮又有使一人副使一人凡軍鎮二萬人以上置司馬一人正六品上增倉曹兵曹參軍事各一人從七品下不及二萬者司馬從六品上倉曹兵曹參軍事正八品上上戍主一人正八品下戍副一人從八品下中戍主一人從八品下下戍主一人正九品下鎮將鎮副戍主戍副掌捍防守禦凡上鎮二十中鎮九十下鎮一百三十五上戍十一中戍八十六下戍二百四十五倉曹參軍事掌儀式倉庫飲膳醫藥付事句稽省署鈔目監印給紙筆市易公廨中鎮則兵曹兼掌兵曹參軍事掌防人名帳戎器管鑰馬驢土木讁罰之事上鎮有錄事一人史一人倉曹佐一人史二人兵曹佐史各二人倉督一人史二人中鎮錄事一人兵曹佐一人史四人倉督一人史二人下鎮錄事一人兵曹佐一人史二人倉督一人史一人凡軍鎮五百人有押官一人千人有子揔管一人五千人又有府三人史四人上戍佐一人史二人中戍史二人下戍史一人唐廢戍子毎防人五百人爲上鎮三百人爲中鎮不及者爲下鎮五十人爲上戍三十人爲中戍不及者爲下戍開元十五年朔方五城各置田曹參軍事一人品同諸軍判司專莅營田永泰後諸鎮官頗增減開元之舊

五岳四瀆令各一人正九品上掌祭祀有祝史三人齋郎各三十人

上關令一人從八品下丞二人正九品下中關令一人正九品下丞一人從九品下下關令一人亦從九品下掌禁末游察姦慝凡行人車馬出入據過所爲往來之節凡關二十有六京四面關有驛道者爲上關無驛道者爲中關餘爲下關丞掌付事句稽監印省署鈔目通判關事上關錄事一人府二人史四人典事六人中關錄事一人府二人史二人典事四人下關府一人史典事各二人典事掌巡雝及雝當初諸關置都尉亦有它官奉勅監者上津置尉二人掌舟梁之事府一人史二人津長四人下津尉一人府一人史二人津長二人永徽中廢津尉上關置津吏八人永泰元年中關置津吏六人下關四人無津者不置

百官志第三十九下

兵志第四十　　唐書五十

翰林學士兼龍圖閣學士朝散大夫給事中知制誥充史館修撰臣歐陽脩奉

敕撰

古之有天下國家者其興亡治亂未始不以德而自戰國秦漢以來鮮不以兵夫兵豈非重事哉然其因時制變以苟利趨便至於無所不為而考其法制雖可用於一時而不足施於後世者多矣惟唐立府兵之制頗有足稱焉蓋古者兵法起於井田自周衰王制壞而不復至於府兵始一寓之於農其居處教養畜材待事動作休息皆有節目雖不能盡合古法蓋得其大意焉此高祖太宗之所以盛也至其後世子孫驕弱不能謹守屢變其制夫置兵所以止亂及其弊也適足為亂又其甚也至困天下以養亂而遂至於亡焉蓋唐有天下二百餘年而兵之大勢三變其始盛時有府兵府兵後廢而為彍騎彍騎又廢而方鎮之兵盛矣及其末也彊臣悍將兵布天下而天子亦自置兵於京師曰

禁軍其後天子弱方鎮彊而唐遂以亡滅者措置之勢使然也若乃將卒營陣車旗器械征防守衛凡兵之事不可以悉記記其廢置得失終始治亂興滅之迹以為後世戒云府兵之制起自西魏後周而備於隋唐興因之隋制十二衛曰翊衛曰驍騎衛曰武衛曰屯衛曰禦衛曰候衛為左右皆有將軍以分統諸府之兵府有郎將副郎將坊主團主以相統治又有驃騎車騎二府皆有將軍後更驃騎曰鷹揚郎將車騎曰副郎將別置折衝果毅自高祖初起開大將軍府以建成為左領大都督領左三軍燉煌公為右領大都督領右三軍元吉統中軍發自太原有兵三萬人及諸起義以相屬與降羣盜得兵二十萬武德初始置軍府以驃騎車騎兩將軍府領之析關中為十二道曰萬年道長安道富平道醴泉道同州道華州道寧州道岐州道豳州道西麟州道涇州道宜州道皆置府三年更以萬年道為參旗軍長安道為鼓旗軍富平道為玄戈軍醴泉道為井鉞軍同州道為羽林軍華州道為騎官軍寧州道為折威軍岐州道為平道軍豳州道為招搖軍西麟州道為苑游軍涇州道為天紀軍宜州道為天節軍軍置將副各一人以督耕戰以車騎府統之六年以天下既定遂廢十二軍改驃騎曰統軍車騎曰別將居歲餘十二軍復而軍置將軍一人軍有坊置主一人以檢察戶口勸課農桑太宗貞觀十年更號統軍為折衝都尉別將為果毅都尉諸府揔曰折衝府凡天下十道置府六百三十四皆有名號而關內二百六十有一皆以隸諸衛凡府三等兵千二百人為上千人為中八百人為下府置折衝都尉一人左右果毅都尉各一人長史兵曹別將各一人校尉六人士以三百人為團團有校尉五十人為隊隊有正十人為火火有長火備六馱馬凡火具烏布幕鐵馬盂布槽鍤钁鑿碓筐斧鉗鋸皆一甲牀二鎌二隊具火鑽一胷馬繩一首羈足絆皆三人具弓一矢三十胡祿橫刀礪石大觿氊帽氊裝行縢皆一麥飯九斗米二斗皆自備并其介胄戎

具藏於庫有所征行則視其入而出給之其番上宿衛者惟給弓矢橫刀而已凡民年二十為兵六十而免其能騎而射者為越騎其餘為步兵武騎排䂍手步射每歲季冬折衝都尉率五校兵馬之在府者置左右二校尉位相距百步每校為步隊十騎隊一皆卷矟幡展刃旗散立以俟角手吹大角一通諸校皆斂人騎為隊二通偃旗矟解幡三通旗矟舉左右校擊鼓二校之人合譟而進右校擊鉦隊少却左校進逐至右校立所左校擊鉦少却右校進逐至左校立所右校復擊鉦隊還左校復薄戰皆擊鉦隊各還大角復鳴一通皆卷幡攝矢弛弓匣刃二通旗矟舉隊皆進三通左右校皆引還是日也因縱獵獲各入其人其隸於衛也左右衛皆領六十府諸衛領五十至四十其餘以隸東宮六率凡發府兵皆下符契州刺史與折衝勘契乃發若全府發則折衝都尉以下皆行不盡則果毅行少則別將行當給馬者官予其直市之每匹予錢二萬五千刺史折衝果

毅歲閱不任戰事者鬻之以其錢更市不足則一府共足之凡當宿衞者番上兵部以遠近給番五百里爲五番千里七番一千五百里八番二千里十番外爲十二番皆一月上若簡留直衞者五百里爲七番千里八番二千里十番外爲十二番亦月上先天二年誥曰往者分建府衞計戸充兵裁足周事二十一入募六十一出軍多憚勞以規避匿今宜取年二十五以上五十而免屢征鎭者十年免之雖有其言而事不克行玄宗開元六年始詔折衝府兵每六歲一簡自高宗武后時天下久不用兵府兵之法寖壞番役更代多不以時衞士稍稍亡匿至是益耗散宿衞不能給宰相張說乃請一切募士宿衞十一年取京兆蒲同岐華府兵及白丁而益以潞州長從兵共十二萬號長從宿衞歲二番命尚書左丞蕭嵩與州吏共選之明年更號曰彍騎又詔諸州府馬闕官私共補之今兵貧難致乃給以監牧馬然自是諸府士益多不補折衝將又積歲不得遷士人皆恥爲之十三年始以

彍騎分隸十二衞總十二萬爲六番每衞萬人京兆彍騎六萬六千華州六千同州九千蒲州萬二千三百絳州三千六百晉州千五百岐州六千河南府三千陝虢汝鄭懷汴六州各六百內弩手六千其制皆擇下戸白丁宗丁品子彊壯五尺七寸以上不足則兼以戸八等五尺以上皆免征鎭賦役爲四籍兵部及州縣衞分掌之十人爲火五火爲團皆有首長又擇材勇者爲番頭頗習弩射又有羽林軍飛騎亦習弩凡伏遠弩自能施張縱矢三百步四發而二中擘張弩二百三十步四發而二中角弓弩二百步四發而三中單弓弩百六十步四發而二中皆爲及第諸軍皆近營爲堋士有便習者教試之及第者有賞自天寶以後彍騎之法又稍變廢士皆失拊循八載折衝諸府至無兵可交李林甫遂請停上下魚書其後徒有兵額官吏而戎器馱馬鍋幕糗糧並廢矣故時府人目番上宿衞者曰侍官言侍衞天子至是衞佐悉以假人爲童奴京師人恥之

至相罵辱必曰侍官而六軍宿衞皆市人富者販繒綵食粱肉壯者爲角觝拔河翹木扛鐵之戲及祿山反皆不能受甲矣初府兵之置居無事時耕於野其番上者宿衞京師而已若四方有事則命將以出事解輒罷兵散于府將歸于朝故士不失業而將帥無握兵之重所以防微漸絕禍亂之萌也及府兵法壞而方鎭盛武夫悍將雖無事時據要險專方面既有其土地又有其人民又有其甲兵又有其財賦以布列天下然則方鎭不得不彊京師不得不弱故曰措置之勢使然者以此也夫所謂方鎭者節度使之兵也原其始起於邊將之屯防者唐初兵之戍邊者大曰軍小曰守捉曰城曰鎭而總之者曰道若盧龍軍一東軍等守捉十一曰平盧道橫海北平高陽經略安塞納降唐興渤海懷柔威武鎭遠靜塞雄武鎭安懷遠保定軍十六曰范陽道天兵大同天安橫野軍四岢嵐等守捉五曰河東道朔方經略豐安定遠新昌天柱宥州經略橫塞天德天安軍九三受降豐寧保寧烏延等六城新泉守

捉一曰關內道赤水大斗白亭豆盧墨離建康寧寇玉門伊吾天山軍十烏城等守捉十四曰河西道瀚海淸海靜塞軍三沙鉢等守捉十曰北庭道保大軍一鷹娑都督一蘭城等守捉八曰安西道鎭西天成振威安人綏戎河源白水天威榆林臨洮莫門神策寧邊威勝金天武寧曜武積石軍十八平夷綏和合川守捉三曰隴右道威戎安夷昆明寧遠洪源通化松當平戎天保威遠軍十羊灌田等守捉十五新安等城三十二犍爲等鎭三十八曰劍南道嶺南安南桂管邕管容管經略淸海軍六曰嶺南道福州經略軍一曰江南道平海軍一東牟東萊守捉二蓬萊鎭一曰河南道此自武德至天寶以前邊防之制其軍城鎭守捉皆有使而道有大將一人曰大總管已而更曰大都督至太宗時行軍征討曰大總管在其本道曰大都督自高宗永徽以後都督帶使持節者始謂之節度使然猶未以名官景雲二年以賀拔延嗣爲涼州都督河西節度使自此而後接乎開元朔方隴右河東河西諸

鎮皆置節度使及范陽節度使安祿山反犯京師天子之兵弱不能抗遂陷兩京肅宗起靈武而諸鎮之兵共起誅賊其後祿山子慶緒及史思明父子繼起中國大亂肅宗命李光弼等討之號九節度之師久之大盜既滅而武夫戰卒以功起行陣列爲侯王者皆除節度使由是方鎮相望於內地大者連州十餘小者猶兼三四故兵驕則逐帥帥彊則叛上或父死子握其兵而不肯代或取捨由於士卒往往自擇將吏號爲留後以邀命於朝天子顧力不能制則忍恥含垢因而撫之謂之姑息之政蓋姑息起於兵驕兵驕由於方鎮姑息愈甚而兵將愈俱驕由是號令自出以相侵擊虜其將帥并其土地天子熟視不知所爲反爲和解之莫肯聽命始時爲朝廷患者號河朔三鎮及其末朱全忠以梁兵李克用以晉兵更犯京師而李茂貞韓建近據岐華妄一喜怒兵已至於國門天子爲殺大臣罪己悔過然後去及昭宗用崔胤召梁兵以誅宦官劫天子奔岐梁兵圍之逾年當此之時天下之兵無復勤

王者嚮之所謂三鎮者徒能始禍而已其他大鎮南則吳浙荊湖閩廣西則岐蜀北則燕晉而梁盜據其中自國門以外皆分裂於方鎮矣故兵之始重於外也土地民賦非天子有既其盛也號令征伐非其有又其甚也至無尺土而不能庇其妻子宗族遂以亡滅語曰兵猶火也弗戢將自焚夫惡危亂而欲安全者庸君常主之能知至於措置之失則所謂困天下以養亂也唐之置兵既外柄以授人而末大本小方區區自爲捍衛之計可不哀哉夫所謂天子禁軍者南北衙兵也南衙諸衛兵是也北衙者禁軍也初高祖以義兵起太原已定天下悉罷遣歸其願留宿衛者三萬人高祖以渭北白渠旁民棄腴田分給之號元從禁軍後老不任事以其子弟代謂之父子軍及貞觀初太宗擇善射者百人爲二番於北門長上曰百騎以從田獵又置北衙七營選材力驍壯月以一營番上十二年始置左右屯營於玄武門領以諸衛將軍號飛騎其法取戶二等以上長六尺闊壯者試弓馬四次上

翹關舉五負米五斛行三十步者復擇馬射爲百騎衣五色袍乘六閑駁馬虎皮韉爲游幸翊衛高宗龍朔二年始取府兵越騎步射置左右羽林軍大朝會則執仗以衛階陛行幸則夾馳道爲內仗武后改百騎曰千騎睿宗又改千騎曰萬騎分左右營及玄宗以萬騎平韋氏改爲左右龍武軍皆用唐元功臣子弟制若宿衛兵是時良家子避征戍者亦皆納資隸軍分日更上如羽林開元十二年詔左右羽林軍飛騎闕取京旁州府士以戶部印印其臂爲二籍羽林兵部分掌之末年禁兵寖耗及祿山反天子西駕禁軍從者裁千人肅宗赴靈武士不滿百及即位稍復調補北軍至德二載置左右神武軍補元從扈從官子弟不足則取它色帶品者同四軍亦曰神武天騎制如羽林總曰北衙六軍又擇便騎射者置衙前射生手千人亦曰供奉射生官又曰殿前射生分左右廂總號曰左右英武軍乾元元年李輔國用事請選羽林騎士五百人徼巡李揆曰

漢以南北軍相制故周勃以北軍安劉氏朝廷置南北衙文武區列以相察伺今用羽林代金吾警忽有非常何以制之遂罷上元中以北衙軍使衛伯玉爲神策軍節度使鎮陝州中使魚朝恩爲觀軍容使監其軍初哥舒翰破吐蕃臨洮西之磨環川即其地置神策軍以成如璆爲軍使及祿山反如璆以伯玉將兵千人赴難伯玉與朝恩皆屯于陝時邊土陷蹙神策故地淪沒即詔伯玉所部兵號神策軍以伯玉爲節度使與陝州節度使郭英乂皆鎮陝其後伯玉罷以英乂兼神策軍節度英乂入爲僕射軍遂統於觀軍容使代宗即位以射生軍入禁中清難皆賜名寶應功臣故射生軍又號寶應軍廣德元年代宗避吐蕃幸陝朝恩舉在陝兵與神策軍迎扈悉號神策軍天子幸其營及京師平朝恩遂以軍歸禁中自將之然尚未與北軍齒也永泰元年吐蕃復入寇朝恩又以神策軍屯苑中自是寖盛分爲左右廂勢居北軍右遂爲天子禁軍非它軍比朝恩乃以觀軍

容宣慰處置使知神策軍兵馬使大曆四年請以京兆之好畤鳳翔之麟游普潤皆隸神策軍明年復以興平武功扶風天興隸之朝廷不能遏又用愛將劉希暹爲神策虞候主不法遂置北軍獄募坊市不逞誣捕大姓沒産爲賞至有選舉旅寓而挾厚貲多橫死者朝恩得罪死以希暹代爲神策軍使是歲希暹復得罪以朝恩舊校王駕鶴代將十數歲德宗即位以白志貞代之是時神策兵雖處內而多以裨將將兵征伐往往有功及李希烈反河北盜且起數出禁軍征伐神策之士多鬭死者建中四年下詔募兵以志貞爲使寃補峻切郭子儀之婿端王傅吳仲孺殖貲累巨萬以國家有急不自安請以子率奴馬從軍德宗喜甚爲官其子五品志貞乃請節度都團練觀察使與世嘗任者家皆出子弟馬奴裝鎧助征授官如仲孺子於是豪家富者緣爲幸而貧者苦之神策兵既發殆盡志貞陰以市人補之名隸籍而身居市肆及涇卒潰變皆戢伏不出帝遂出奔初段秀實見禁兵寡弱不

足備非常上疏曰天子萬乘諸侯千大夫百蓋以大制小十制一也尊君卑臣彊幹弱支之道今外有不廷之虜內有梗命之臣而禁兵不精其數削少後有猝故何以待之猛虎所以百獸畏者爪牙也爪牙廢則孤豚特犬悉能爲敵願少留意至是方以秀實言爲然及志貞等流貶神策都虞候李晟與其軍之它將皆自飛狐道西兵赴難遂爲神策行營節度屯渭北軍遂振貞元二年改神策左右廂爲左右神策軍特置監句當左右神策軍以寵中官而益置大將軍以下又改殿前射生左右廂曰殿前左右射生軍亦置大將軍以下三年詔射生神策六軍將士府縣以事辦治先奏乃移軍勿輒逮捕京兆尹鄭叔則建言京劇輕猾所聚慝作不常俟奏報將失罪人請非昏田皆以時捕乃可之俄改殿前左右射生軍曰左右神威軍置監左右神威軍使左右神策軍皆加將軍二員左右龍武軍加將軍一員以待諸道大將有功者自肅宗以後北軍增置威武長興等軍名類頗多而廢置不一惟

羽林龍武神武神策神威最盛總曰左右十軍矣其後京畿之西多以神策軍鎮之皆有屯營軍司之人散處甸內皆恃勢凌暴民間苦之自德宗幸梁還以神策兵有勞皆號興元元從奉天定難功臣恕死罪中書御史府兵部乃不能歲比其籍京兆又不敢總舉名實三輔人假比於軍一牒至十數長安姦人多寓占兩軍身不宿衛以錢代行謂之納課戶益肆爲暴吏稍禁之輒先得罪故當時京尹赤令皆爲之斂屈十年京兆尹楊於陵請置挾名敕五丁許二丁居軍餘差以條限繇是豪家彊少畏十二年以監句當左神策軍左監門衛大將軍知內侍省事竇文場爲左神策軍護軍中尉監句當右神策軍右監門衛將軍知內侍省事霍仙鳴爲右神策軍護軍中尉監右神威軍使內侍兼內謁者監張尚進爲右神威軍中護軍監左神威軍使內侍兼內謁者監焦希望爲左神威軍中護軍護軍中尉中護軍皆古官帝既以禁衛假宦官又以此寵之十四年又詔左右神策置統軍

以崇親衛如六軍時邊兵衣饟多不贍而戍卒屯防藥茗蔬醬之給最厚諸將務爲詭辭請遙隸神策軍稟賜遂贏舊三倍繇是塞上往往稱神策行營皆內統於中人矣其軍乃至十五萬故事京城諸司諸使府縣皆季以御史巡囚後以北軍地密未嘗至十九年監察御史崔薳不知近事遂入右神策中尉奏之帝怒杖薳四十流崖州順宗即位王叔文用事欲取神策兵柄乃用故將范希朝爲左右神策京西諸城鎮行營兵馬節度使以奪宦者權而不克元和二年省神武軍明年又廢左右神威軍合爲一曰天威軍八年廢天威軍以其兵騎分隸左右神策軍及僖宗幸蜀田令孜募神策新軍爲五十四都離爲十軍令孜自爲左右神策十軍兼十二衛觀軍容使以左右神策大將軍爲左右神策諸都指揮使諸都又領以都將亦曰都頭景福二年昭宗以藩臣跋扈天子孤弱議以宗室典禁兵及伐李茂貞乃用嗣覃王允爲京西招討使神策諸都指揮使李鐬副之悉發五十四軍屯興平已而兵自潰茂

貞逼京師昭宗爲斬神策中尉西門重遂李周潼乃引去乾寧
元年王行瑜韓建及茂貞連兵犯闕天子又殺宰相韋昭度李磎
乃去太原李克用以其兵伐行瑜等同州節度使王行實入迫神
策中尉駱全瓘劉景宣請天子幸邠州全瓘景宣及子繼晟與行
實縱火東市帝御承天門教諸王率禁軍扞之捧日都頭李筠
以其軍衛樓下茂貞將閻圭攻筠矢及樓扉帝乃與親王公主幸
筠軍扈蹕都頭李君實亦以兵至侍帝出幸莎城石門詔嗣薛
王知柔入長安收禁軍清宮室月餘乃還又詔諸王閱親軍收拾神
策亡散得數萬益置安聖捧宸保寧安化軍曰殿後四軍嗣覃
王允與嗣延王戒丕將之三年茂貞再犯闕嗣覃王戰敗昭宗幸
華州明年韓建畏諸王有兵請皆歸十六宅留殿後兵三十人爲
控鶴排馬官隸飛龍坊餘悉散之且列甲圍行宮於是四軍二
萬餘人皆罷又請誅都頭李筠帝恐爲斬於大雲橋俄遂殺十
一王及還長安左右神策軍復稍置之以六千人爲定是歲左右

神策中尉劉季述王仲先以其兵千人廢帝幽之季述等誅已而
昭宗召朱全忠兵入誅宦官宦官覺劫天子幸鳳翔全忠圍之歲
餘天子乃誅中尉韓全誨張弘彥等二十餘人以解梁兵乃還長安
於是悉誅宦官而神策左右軍繇此廢矣諸司悉歸尚書省郎官
兩軍兵皆隸六軍而以崔胤判六軍十二衛事六軍者左右龍武神
武羽林其名存而已自是軍司以宰相領及全忠歸留步騎萬人
屯故兩軍以子友倫爲左右軍宿衛都指揮使禁衛皆汴卒崔
胤乃奏六軍名存而兵亡非所以壯京師軍皆置步軍四將騎軍
一將步將皆兵二百五十人騎將皆百人總六千六百人番上如故
事乃令六軍諸衛副使京兆尹鄭元規立格募兵於市而全忠陰
以汴人應之胤死以宰相裴樞判左三軍獨孤損判右三軍向所
募士悉散去全忠亦兼判左右六軍十二衛及東遷唯小黃門打
毬供奉十數人內園小兒五百人從至穀水又盡屠之易以汴人
於是天子無一人之衛昭宗遇弒唐乃亡馬者兵之用也監牧所

以蕃馬也其制起於近世唐之初起得突厥馬二千匹又得隋馬
三千於赤岸澤徙之隴右監牧之制始於此其官領以太僕其屬
有牧監副監監有丞有主簿直司團官牧尉排馬牧長群頭有正
有副凡群置長一人十五長置尉一人歲課功進排馬又有掌閑
調馬習上又以尚乘掌天子之御左右六閑一曰飛黃二曰吉良三
曰龍媒四曰騊駼五曰駃騠六曰天苑總十有二閑爲二廄一曰祥
麟二曰鳳苑以繫飼之其後禁中又增置飛龍廄初用太僕少卿
張萬歲領羣牧自貞觀至麟德四十年間馬七十萬六千置八
坊岐豳涇寧間地廣千里一曰保樂二曰甘露三曰南普閏四曰北
普閏五曰岐陽六曰太平七曰宜祿八曰安定八坊之田千二百三
十頃募民耕之以給芻秣八坊之馬爲四十八監而馬多地狹
不能容又析八監列布河西豐曠之野凡馬五千爲上監三千爲
中監餘爲下監監皆有左右因地爲之名方其時天下以一縑
易一馬萬歲掌馬久恩信行於隴右後以太僕少卿鮮于匡

俗檢校隴右牧監儀鳳中以太僕少卿李思文檢校隴右諸牧
監使監牧有使自是始後又有羣牧都使有閑廄使使皆置
副有判官又立四使南使十五西使十六北使七東使九諸坊若
涇川亭川闕水洛赤城南使統之清泉溫泉西使統之烏氏北
使統之木硤萬福東使統之它皆失傳其後益置八監於鹽州
三監於嵐州鹽州使八統白馬等坊嵐州使三統樓煩玄池天
池之監凡征伐而發牧馬先盡彊壯不足則取其次錄色歲膚
第印記主名送軍以帳馱之數上於省自萬歲失職馬政頗廢
永隆中夏州牧馬之死失者十八萬四千九百九十景雲二年詔
羣牧歲出高品御史按察之開元初國馬益耗太常少卿姜晦
乃請以空名告身市馬於六胡州率三十匹讎一游擊將軍命王
毛仲領內外閑廄九年又詔天下之有馬者州縣皆先以郵遞
軍旅之役定戶復緣以升之百姓畏苦乃多不畜馬故騎射之
士減曩時自今諸州民勿限有無蔭能家畜十馬以下免帖驛

郵遞征行定戶無以馬爲貲毛仲既領閑廄馬稍稍復始二十四萬至十三年乃四十三萬其後突厥款塞玄宗厚撫之歲許朔方軍西受降城爲互市以金帛市馬於河東朔方隴右牧之既雜胡種馬乃益壯天寶後諸軍戰馬動以萬計王侯將相外戚牛駝羊馬之牧布諸道百倍於縣官皆以封邑號名爲印自別將校亦備私馬議謂秦漢以來唐馬最盛天子又銳志武事遂弱西北蕃十一載詔二京旁五百里勿置私牧十三載隴右羣牧都使奏馬牛駝羊摠六十萬五千六百而馬三十二萬五千七百安祿山以內外閑廄都使兼知樓煩監陰選勝甲馬歸范陽故其兵力傾天下而卒反肅宗收兵至彭原率官吏馬抵平涼蒐監牧及私羣得馬數萬軍遂振至鳳翔又詔公卿百寮以後乘助軍其後邊無重兵吐蕃乘隙陷隴右苑牧畜馬皆沒矣乾元後回紇恃功歲入馬取繒馬皆病弱不可用永泰元年代宗欲親擊虜魚朝恩乃請大搜城中百官士庶馬輸官曰團練馬下制禁馬出城者已而復罷德宗建中元年市關輔馬三萬實內廄貞元三年吐蕃羌渾犯塞詔禁大馬出潼蒲武關者元和十一年伐蔡命中使以絹二萬市馬河曲其始置四十八監也據隴西金城平涼天水員廣千里繇京度隴置八坊爲會計都領其間善水草腴田皆隸之後監牧使與坊皆廢故地存者一歸閑廄旋以給貧民及軍吏閒又賜佛寺道館幾千頃十二年閑廄使張茂宗舉故事盡收岐陽坊地民失業者甚衆十三年以蔡州牧地爲龍陂監十四年置臨漢監於襄州牧馬三千二百費田四百頃穆宗即位岐人叩闕頌茂宗所奪田事下御史按治悉予民大和七年度支鹽鐵使言銀州水甘草豐請詔刺史劉源市馬三千河西置銀川監以源爲使襄陽節度使裴度奏停臨漢監開成二年劉源奏銀川馬已七千若水草乏則徙牧綏州境今綏南二百里四隅險絕寇路不能通以數十人守要畜牧無它患乃以隸銀川監其後闕不復可紀

兵志第四十

食貨志第四十一　唐書五十一

翰林學士兼龍圖閣學士朝散大夫給事中知制誥充史館修撰臣歐陽脩奉　敕撰

古之善治其國而愛養斯民者必立經常簡易之法使上愛物以養其下下勉力以事其上上足而下不困故量人之力而授之田量地之產而取以給公上量其入而出之以爲用度之數是三者常相須以濟而不可失失其一則不能守其二及暴君庸主縱其佚欲而苟且之吏從之變制合時以取寵於其上故用於上者無節而取於下者無限民竭其力而不能供由是上愈不足而下愈困則財利之說興而聚斂之臣用記曰寧畜盜臣盜臣誠可惡然一人之害爾聚斂之臣用則經常之法壞而下不勝其弊焉唐之始時授人以口分世業田而取之以租庸調之法其用之也有節蓋其畜兵以府衛之制故兵雖多而無所損設官有常員之數故官不濫而易祿雖不及三代之盛時然亦可以爲經常之法也及其弊也兵冗官濫爲之大蠹自天寶以來大盜屢起方鎮數叛兵革之興累世不息而用度之數不能節矣加以驕君昏主姦吏邪臣取濟一時屢更其制而經常之法蕩然盡矣由是財利之說興聚斂之臣進蓋口分世業之田壞而爲兼并租庸調之法壞而爲兩稅至於鹽鐵轉運屯田和糴鑄錢括苗榷利借商進奉獻助無所不爲矣蓋愈煩而愈弊以至於亡焉唐制度田以步其闊一步其長二百四十步爲畝百畝爲頃凡民始生爲黃四歲爲小十六爲中二十一爲丁六十爲老授田之制丁及男年十八以上者人一頃其八十畝爲口分二十畝爲永業老及篤疾廢疾者人四十畝寡妻妾三十畝當戶者增二十畝皆以二十畝爲永業其餘爲口分永業之田樹以榆棗桑及所宜之木皆有數田多可以足其人者爲寬鄉少者爲狹鄉狹鄉授田減寬鄉之半其地有薄厚歲一易者倍授之寬鄉三易者不倍授工商者寬鄉減半狹鄉不給凡庶人徙鄉及貧無以葬者得賣世業田自狹鄉而徙寬鄉者得

并賣口分田已賣者不復授死者收之以授無田者凡收授皆以歲十月授田先貧及有課役者凡田鄉有餘以給比鄉縣有餘以給比縣州有餘以給近州凡授田者丁歲輸粟二斛稻三斛謂之租丁隨鄉所出歲輸絹二匹綾絁二丈布加五之一綿三兩麻三斤非蠶鄉則輸銀十四兩謂之調用人之力歲二十日閏加二日不役者日爲絹三尺謂之庸有事而加役二十五日者免調三十日者租調皆免通正役不過五十日自王公以下皆有永業田太皇太后皇太后皇后緦麻以上親內命婦一品以上親郡王及五品以上祖父兄弟職事勳官三品以上有封者若縣男父子國子太學四門學生俊士孝子順孫義夫節婦同籍者皆免課役凡主戶內有課口者爲課戶若老及男廢疾篤疾寡妻妾部曲客女奴婢及視九品以上官不課凡里有手實歲終具民之年與地之闊陿爲鄉帳鄉成於縣縣成於州州成於戶部又有計帳具來歲課役以報度支國有所須先奏而斂凡稅斂之數書于縣門村坊

與衆知之水旱霜蝗耗十四者免其租桑麻盡者免其調田耗十之六者免租調耗七者諸役皆免凡新附之戶春以三月免役夏以六月免課秋以九月課役皆免徙寬鄉者縣覆於州出境則覆于戶部官以閑月達之自畿內徙畿外自京縣徙餘縣皆有禁四夷降戶附以寬鄉給復十年奴婢縱爲良人給復三年沒外蕃人一年還者給復三年二年者給復四年三年者給復五年浮民部曲客女奴婢縱爲良者附寬鄉貞觀中初稅草以給諸閑而驛馬有牧田太宗方銳意於治官吏考課以鰥寡少者進考如增戶法失勸導者以減戶論配租以斂穫早晚險易遠近爲差庸調輸以八月發以九月同時輸者先遠民皆自概量州府歲市土所出爲貢其價視絹之上下無過五十匹異物滋味口馬鷹犬非有詔不獻有加配則以代租賦其凶荒則有社倉賑給不足則徙民就食諸州尚書左丞戴胄建議自王公以下計墾田秋熟所在爲義倉歲凶以給民太宗善之乃詔畝稅二升粟麥秔稻隨土地所宜

寬鄉斂以所種狹鄉據靑苗簿而督之田耗十四者免其半耗十七者皆免之商賈無田者以其戶爲九等出粟自五石至于五斗爲差下下戶及夷獠不取焉歲不登則以賑民或貸爲種子則至秋而償其後洛相幽徐齊并秦蒲州又置常平倉粟藏九年米藏五年下溼之地粟藏五年米藏三年皆著于令貞觀初戶不及三百萬絹一匹易米一斗至四年米斗四五錢外戶不閉者數月馬牛被野人行數千里不齎糧民物蕃息四夷降附者百二十萬人是歲天下斷獄死罪者二十九人號稱太平此高祖太宗致治之大略及其成效如此高宗承之海內艾安太尉長孫無忌等輔政天下未見失德數引刺史入閤問民疾苦即位之歲增戶十五萬及中書令李義府侍中許敬宗既用事役費並起永淳以後給用益不足加以武后之亂紀綱大壞民不勝其毒玄宗初立求治蠲徭役者給蠲符以流外及九品京官爲蠲使歲再遣之開元八年頒庸調法于天下好不過精惡不至濫闊者一尺八

寸長者四丈然是時天下戶未嘗升降監察御史宇文融獻策括籍外羨田逃戶自占者給復五年每丁稅錢千五百以攝御史分行括實陽翟尉皇甫憬上書言其不可玄宗方任用融乃貶憬爲盈川尉諸道所括得客戶八十餘萬田亦稱是州縣希旨張虛數以正田爲羨編戶爲客歲終籍錢數百萬緡十六年乃詔每三歲以九等定籍而庸調折租所取華好州縣長官勸織中書門下察濫惡以貶官吏精者褒賞之二十二年詔男十五女十三以上得嫁娶州縣歲上戶口登耗採訪使覆實之刺史縣令以爲課最初永徽中禁買賣世業口分田其後豪富兼并貧者失業於是詔買者還地而罰之先是揚州租調以錢嶺南以米安南以絲益州以羅紬綾絹供春綵因詔江南亦以布代租中書令李林甫以租庸丁防和糴春綵稅草無定法歲爲旨符遣使一告費紙五十餘萬條目既多覆問踰年乃與採訪朝集使議革之爲長行旨以授朝集使及送旨符使歲有所

支進畫附驛以達每州不過二紙凡庸調租資課皆任土所宜州縣長官涖定粗良具上中下三物之樣輸京都有濫惡督中物之直二十五年以江淮輸運有河洛之艱而關中蠶桑少菽粟常賤乃命庸調資課皆以米凶年樂輸布絹者亦從之河南北不通運州租皆爲絹代關中庸課詔度支減轉運明年又詔民三歲以下爲黃十五以下爲小二十以下爲中又以民間戶高丁多者率與父母別籍異居以避征戍乃詔十丁以上免二丁五丁以上免一丁侍丁孝者免傜役天寶三載更民十八以上爲中男二十三以上成丁五載詔貧不能自濟者每鄉免三十丁租庸男子七十五以上婦人七十以上中男一人爲侍八十以上以令式從事是時海內富實米斗之價錢十三青齊閒斗纔三錢絹一匹錢二百道路列肆具酒食以待行人店有驛驢行千里不持尺兵天下歲入之物租錢二百餘萬緡粟千九百八十餘萬斛庸調絹七百四十萬匹綿百八十餘萬屯布千三十五萬餘端天子驕於佚樂而用不知節大抵用物之數常過其所入於是錢穀之臣始事朘刻太府卿楊崇禮句剝分銖有欠折漬損者州縣督送歷年不止其子慎矜專知太府次子慎名知京倉亦以苛刻結主恩王鉷爲戶口色役使歲進錢百億萬緡非租庸正額者積百寶大盈庫以供天子燕私及安祿山反司空楊國忠以爲正庫物不可以給士遣侍御史崔衆至太原納錢度僧尼道士旬日得百萬緡而已自兩京陷沒民物耗弊天下蕭然肅宗即位遣御史鄭叔清等籍江淮蜀漢富商右族訾畜十收其二謂之率貸諸道亦稅商賈以贍軍錢一千者有稅於是北海郡錄事參軍第五琦以錢穀得見請於江淮置租庸使吳鹽蜀麻銅冶皆有稅市輕貨繇江陵襄陽上津路轉至鳳翔明年鄭叔清與宰相裴冕建議以天下用度不充諸道得召人納錢給空名告身授官勳邑號度道士僧尼不可勝計納錢百千賜明經出身商賈助軍者給復及兩京平又於關輔諸州納錢度道士僧尼萬人而百姓殘於兵盜米斗至錢七千鬻籺爲糧民行乞食者屬路乃詔能賑貧乏者寵以爵秩故事天下財賦歸左藏而太府以時上其數尚書比部覆其出入是時京師豪將假取不能禁第五琦爲度支鹽鐵使請皆歸大盈庫供天子給賜主以中官自是天下之財爲人君私藏有司不得程其多少廣德元年詔一戶三丁者免一丁凡畝稅二升男子二十五爲成丁五十五爲老以優民而彊寇未夷民耗斂重及吐蕃逼京師近甸屯兵數萬百官進俸錢又率戶以給軍糧至大曆元年詔流民還者給復二年田園盡則授以逃田天下苗一畝稅錢十五市輕貨給百官手力課以國用急不及秋方苗青即征之號青苗錢又有地頭錢每畝二十通名爲青苗錢又詔上都秋稅分二等上等畝稅一斗下等六升荒田畝稅二升五年始定法夏上田畝稅六升下田畝四升秋上田畝稅五升下田畝三升荒田如故青苗錢畝加一倍而地頭錢不在焉初轉運使掌外度支使掌內永泰二年分天下財賦鑄錢常平轉運鹽鐵置二使東都畿內河南淮南江東西湖南荊南山南東道以轉運使劉晏領之京畿關內河南劍南山南西道以京兆尹判度支第五琦領之及琦貶以戶部侍郎判度支韓滉與晏分治時回紇有助收西京功代宗厚遇之與中國婚姻歲送馬十萬匹酬以縑帛百餘萬匹而中國財力屈竭歲負馬價河湟六鎮既陷歲發防秋兵三萬戍京西資糧百五十餘萬緡而中官魚朝恩方恃恩擅權代宗與宰相元載日夜圖之及朝恩誅帝復與載貳君臣猜間不協邊計兵食置而不議者幾十年而諸鎮擅地結爲表裏日治兵繕壘天子不能繩以法顓留意祠禱焚幣玉寫浮屠書度支稟賜僧巫歲以鉅萬計然帝性儉約身所御衣必浣濯至再三欲以先天下然生日端午四方貢獻至數千萬者加以恩澤而諸道尚侈麗以自媚朝多留事經歲不能遣置客省以居上封事不足采者蕃夷貢獻未報及失職未敘者食度支數千百人德宗即位用宰相崔祐甫拘客省者出之食度支者遣之歲省費萬計

食貨志第四十一

食貨志第四十二　唐書五十二

翰林學士兼龍圖閣學士朝散大夫給事中知制誥充史館修撰臣歐陽脩奉
敕撰

租庸調之法以人丁爲本自開元以後天下戶籍久不更造丁口轉死田畝賣易貧富升降不實其後國家侈費無節而大盜起兵興財用益屈而租庸調法弊壞自代宗時始以畝定稅而斂以夏秋至德宗相楊炎遂作兩稅法夏輸無過六月秋輸無過十一月置兩稅使以總之量出制入戶無主客以居者爲簿人無丁中以貧富爲差商賈稅三十之一與居者均役田稅視大曆十四年墾田之數爲定遣黜陟使按比諸道丁產等級免鰥寡惸獨不濟者敢有加斂以枉法論議者以租庸調高祖太宗之法也不可輕改而德宗方信用炎不疑也舊戶三百八十萬五千使者按比得主戶三百八十萬客戶三十萬天下之民不土斷而地著不更版籍而得其虛實歲斂錢二千五十餘萬緡米四百萬斛以供外錢

九百五十餘萬緡米千六百餘萬斛以供京師稅法既行民力未及寬而朱滔王武俊田悅合從而叛用益不給而借商之令出初太常博士韋都賓陳京請借富商錢德宗以問度支杜佑以爲軍費裁支數月幸得商錢五百萬緡可支半歲乃以戶部侍郎趙贊判度支代佑行借錢令約罷兵乃償之京兆少尹韋禎長安丞薛苹搜督甚峻民有不勝其冤自經者家若被盜然總京師豪人田宅奴婢之估裁得八十萬緡又取僦櫃納質錢及粟麥糶於市者四取其一長安爲罷市市民相率遮邀宰相哭訴盧杞疾驅而過韋禎懼乃請錢不及百緡粟麥不及五十斛者免而所獲裁二百萬緡淮南節度使陳少游增其本道稅錢每緡二百因詔天下皆增之自太宗時置義倉及常平倉以備凶荒高宗以後稍假義倉以給他費至神龍中略盡玄宗即位復置之其後第五琦請天下常平倉皆置庫以畜本錢至是趙贊又言自軍興常平倉廢垂三十年凶荒潰散餧死相食不可勝紀陛下即位京城兩市置常平官雖頻年少雨米不騰貴可推而廣之宜兼儲布帛請於兩都江陵成都揚汴蘇洪置常平輕重本錢上至百萬緡下至十萬積米粟布帛絲麻貴則下價而出之賤則加估而收之諸道津會置吏閱商賈錢每緡稅二十竹木茶漆稅十之一以贍常平本錢德宗納其策屬軍用迫蹙亦隨而耗竭不能備常平之積是時諸道討賊兵在外者度支給出界糧每軍以臺省官一人爲糧料使主供億士卒出境則給酒肉一卒出境兼三人之費將士利之踰境而屯趙贊復請稅間架筭除陌其法屋二架爲間上間錢二千中間一千下間五百匿一間杖六十告者賞錢五萬除陌法公私貿易千錢舊筭二十加爲五十物兩相易者約直爲率而民益愁怨及涇原兵反大譟長安市中曰不奪爾商戶僦質不稅爾間架除陌矣於是間架除陌竹木茶漆鐵之稅皆罷朱泚平天下戶口三耗其二貞元四年詔天下兩稅審等第高下三年一定戶自初定兩稅貨重錢輕乃計錢而輸

綾絹既而物價愈下所納愈多絹匹爲錢三千二百其後一匹爲錢一千六百輸一者過二雖賦不增舊而民愈困矣度支以稅物頒諸司皆增本價爲虛估給之而繆以濫惡督州縣剝價謂之折納復有進奉宣索之名改科役曰召雇率配曰和市以巧避微文比大曆之數再倍又癘疫水旱戶口減耗刺史析戶張虛數以寬責逃死闕稅取於居者一室空而四鄰亦盡戶版不緝無浮游之禁州縣行小惠以傾誘鄰境新收者優假之唯安居不遷之民賦役日重帝以問宰相陸贄贄上疏請釐革其甚害者大略有六其一曰國家賦役之法曰租曰調曰庸其取法遠其斂財均其域人固有田則有租有家則有調有身則有庸天下法制均壹雖轉徙莫容其姦故人無搖心天寶之季海內波蕩版圖墮於避地賦法壞於奉軍賦役舊法行之百年人以爲便兵興供億不常誅求隳制此時弊非法弊也時有弊而未理法無弊而已更兩稅新制竭耗編甿日日滋甚陛下初即位宜損上益

下啚用節財而摘郡邑驗簿書州取大曆中一年科率多者爲兩
稅定法此總無名之暴賦而立常規也夫財之所生必因人力兩稅
以資産爲宗不以丁身爲本資産少者稅輕多者稅重不知有
藏於襟懷囊篋物貴而人莫窺者有場圃囷倉直輕而衆以
爲富者有流通蕃息之貨數寡而日收其贏者有廬舍器
用價高而終歲利寡者計估筭緍失平長僞挾輕費轉徙者
脫徭稅敦本業者困斂求此誘之爲姦敺之避役也今徭賦輕
重相百而以舊爲準重處流亡益多輕處歸附益衆有流亡則
攤出已重者愈重有歸附則散出已輕者愈輕人嬰其弊願
詔有司與宰相量年支有不急者罷之廣費者節之軍興加
稅諸道權宜所增皆可停稅物估價宜視月平至京與色樣符
者不得虛稱折估有濫惡罪官吏勿督百姓每道以知兩稅判
官一人與度支參計戶數量土地沃瘠物産多少爲二等州等下
者配錢少高者配錢多不變法而逋逃漸息矣其二曰播殖非

力不成故先王定賦以布麻繒纊百穀勉人功也又懼物失貴賤
之平交易難準乃定貨泉以節輕重蓋爲國之利權守之在官不
以任下然則穀帛人所爲也錢貨官所爲也人所爲者租稅取焉
官所爲者賦斂捨焉國朝著令稅出穀庸出絹調出繒纊布麻
曷嘗禁人鑄錢而以錢爲賦今兩稅効筭緍之末法估資産爲
差以錢穀定稅折供雜物歲目頗殊所供非所業所業非所供增
價以市所無減價以貿所有耕織之力有限而物價貴賤無常初
定兩稅萬錢爲絹三匹價貴而數不多及給軍裝計數不計價此
稅少國用不充也近者萬錢爲絹六匹價賤而數加計口蠶織不
殊而所輸倍此供稅多人力不給也宜令有司覆初定兩稅之歲絹
布定估爲布帛之數復庸調舊制隨土所宜各脩家技物甚賤
所出不加物甚貴所入不減且經費所資在錢者獨月俸資課以
錢數多少給布廣鑄而禁用銅器則錢不乏有糴鹽以入直榷
酒以納資何慮無所給哉其三曰廉使奏吏之能者有四科一曰戶

口增加二曰田野墾闢三曰稅錢長數四曰率辦先期夫貴戶口
增加詭情以誘姦浮苛法以析親族所誘者將議薄征則遽散
所析者不勝重稅而亡有州縣破傷之病貴田野墾闢率民
殖荒田限年免租新畝雖闢舊畬蕪矣人以免租年滿復
爲污萊有稼穡不增之病貴稅錢長數重困疲羸捶骨瀝
髓苟媚聚斂之司有不恤人之病貴率辦先期作威殘人絲不
容織粟不暇舂貧者奔迸有不恕物之病四病繇考覈不切事
情之過驗之以實則租賦所加固有受其損者此州若增客戶
彼郡必減居人增處邀賞而稅數加減處懼罪而稅數不降國
家設考課之法非欲崇聚斂也宜命有司詳考課績州稅有定
徭役有等覆實然後報戶部若人益阜實稅額有餘據戶均
減十三爲上課減二次之減一又次之若流亡多加稅見戶者殿亦
如之民納租以去歲輸數爲常罷據額所率者增闢勿益租
廢耕不降數定戶之際視雜産以校之田既有常租則不宜復

入兩稅如此不督課而人人樂耕矣其四曰明君不厚所資而害所
養故先人事而借其暇力家給然後斂餘財今督收迫促蠶事方興
而輸縑農功未艾而斂穀有者急賣而耗半直無者求假費倍
定兩稅之初期約未詳屬征役多故率先限以收宜定稅期隨風
俗時候務於紓人其五曰頃師旅亟興官司所儲唯給軍食凶荒
不遑賑救人小乏則取息利大乏則鬻田廬斂穫始畢執契行
貸饑歲室家相棄乞爲奴僕猶莫之售或縊死道途天災流行
四方代有稅茶錢積戶部者宜計諸道戶口均之穀麥熟則平糴
亦以義倉爲名主以巡院時稔傷農則優價廣糴穀貴而止小
歉則借貸循環斂散使聚穀幸災者無以牟大利其六曰古者百
畝地號一夫蓋一夫授田不得過百畝欲使人不廢業田無曠耕今
富者萬畝貧者無容足之居依託彊家爲其私屬終歲服勞常患
不充有田之家坐食租稅京畿田畝稅五升而私家收租畝一石官取一
私取十穡者安得足食宜爲占田條限裁租價損有餘優不足此安

富恤窮之善經不可捨也贄言雖切以讒逐事無施行者十二年
河南尹齊抗復論其敝以為軍興國用稍廣隨要而税吏擾人勞
陛下變為兩税督納有時貪暴無容其姦二十年間府庫充牣
但定税之初錢輕貨重故陛下以錢為税今錢重貨輕若更為
税名以就其輕其利有六吏絕其姦一也人用不擾二也靜而獲利
三也用不乏錢四也不勞而易知五也農桑自勸六也百姓本出布
帛而税反配錢至輸時復取布帛更為三估計折州縣升降成
姦若直定布帛無估可折蓋以錢為税則人力竭而有司不之
覺今兩税出於農人農人所有唯布帛而已用布帛處多用錢
處少又有鼓鑄以助國計何必取於農人哉疏入亦不報初德宗
居奉天儲畜空窘嘗遣卒視賊以苦寒乞襦袴帝不能致剔親
王帶金而鬻之朱泚既平於是帝屬意聚斂常賦之外進奉不
息劍南西川節度使韋皐有日進江西觀察使李兼有月進淮南
節度使杜亞宣歙觀察使劉贊鎮海節度使王緯李錡皆徼射恩

澤以常賦入貢名為羨餘至代易又有進奉當是時戶部錢物所
在州府及巡院皆得擅留或矯密旨加斂謫官吏刻祿稟增税通
津死人及蔬果凡代易進奉取於税入十獻二三無敢問者常州刺
史裴肅鬻薪炭案紙為進奉得遷浙東觀察使刺史進奉自
肅始也劉贊卒于宣州其判官嚴綬傾軍府為進奉召為刑部
員外郎判官進奉自綬始也自裴延齡用事益為天子積私財而
生民重困延齡死而人相賀是時宮中取物於市以中官為宮市使
兩市置白望數十百人以鹽估敝衣絹帛尺寸分裂酬其直又索進
奉門戶及腳價錢有齎物入市而空歸者每中官出沽漿賣餅之
家皆徹肆塞門諫官御史數上疏諫不聽人不堪其弊戶部侍郎蘇
弁言京師游手數千萬家無生業者仰宮市以活柰何罷帝悅
以為然京兆尹韋湊奏小人因宮市為姦眞偽難辨宜下府縣
供送帝許之中官言百姓賴宮市以養者也湊反得罪順宗即
位乃罷宮市使及鹽鐵使月進憲宗又罷除官受代進奉及諸

道兩税外榷率分天下之賦以為三一曰上供二曰送使三曰留州
宰相裴垍又令諸道節度觀察調費取於所治州不足則取於
屬州而屬州送使之餘與其上供者皆輸度支是時因德宗府
庫之積頗約費用天子身服澣濯及劉闢李錡既平訾藏皆入
內庫山南東道節度使于頔河東節度使王鍔進獻甚厚翰林
學士李絳嘗諫曰方鎮進獻因緣為姦以侵百姓非聖政所宜
帝喟然曰誠知非至德事然兩河中夏貢賦之地朝覲久廢河湟
陷沒烽候列於郊甸方刷祖宗之恥不忍重斂於人也然獨不知進
獻之取於人者重矣及討淮西判度支楊於陵坐饋餉不繼貶以
司農卿皇甫鎛代之由是益為刻剝司農卿王遂京兆尹李翛號
能聚斂乃以為宣歙浙西觀察使予之富饒之地以辦財賦鹽鐵
使王播言劉晏領使時自按租庸然後知州縣錢穀利病虛實乃
以副使程异巡江淮覈州府上供錢穀异至江淮得錢百八十五
萬貫其年遂代播為鹽鐵使是時河北兵討王承宗於是募人

入粟河北淮西者自千斛以上皆授以官度支鹽鐵與諸道貢獻
尤甚號助軍錢及賊平則有賀禮及助賞設物群臣上尊號又
有獻賀物穆宗即位一切罷之兩税外加率一錢者以枉法贓論
然自在藩邸時習見用兵之弊以謂戎臣武卒法當姑息及即
位自神策諸軍非時賞賜不可勝紀已而幽州兵囚張弘靖鎮州
殺田弘正兩鎮用兵置南北供軍院而行營軍十五萬不能亢兩鎮
萬餘之衆而饋運不能給帛粟未至而諸軍或彊奪於道蓋自
建中定兩税而物輕錢重民以為患至是四十年當時為絹二匹半
者為八匹大率加三倍豪家大商積錢以逐輕重故農人日困末
業日增帝亦以貨輕錢重民困而用不充詔百官議革其弊而議
者多請重挾銅之律戶部尚書楊於陵曰王者制錢以權百貨
貿遷有無通變不倦使物無甚貴甚賤其術非它在上而已何
則上之所重人必從之古者權之於上今索之於下昔散之四方
今藏之公府昔廣鑄以資用今減鑪以廢功昔行之於中原今洩

之於邊裔又有閭井送終之唅商賈貸舉之積江湖壓覆之耗則錢焉得不重貨焉得不輕開元中天下鑄錢七十餘鑪歲盈百萬今纔十數鑪歲入十五萬而已大曆以前淄青太原魏博雜鉛鐵以通時用嶺南雜以金銀丹砂象齒今一用泉貨故錢不足今宜使天下兩稅榷酒鹽利上供及留州送使錢悉輸以布帛穀粟則人寬於所求然後出內府之積收市廛之滯廣山鑄之數限邊裔之出禁私家之積則貨日重而錢日輕矣宰相善其議由是兩稅上供留州皆易以布帛絲纊租庸課調不計錢而納布帛唯鹽酒本以榷率計錢與兩稅異不可去錢文宗大和九年以天下回殘錢置常平義倉本錢歲增市之非遇水旱不增者判官罰俸書下考州縣假借以枉法論文宗嘗召監倉御史崔虞問太倉粟數對曰有粟二百五十萬石帝曰今歲費廣而所畜寡柰何乃詔出使郎官御史督察州縣壅遏錢穀者時豪民侵噬產業不移戶州縣不敢徭役而征稅皆出下貧至於依富室爲奴客

役罰峻於州縣長吏歲輒遣吏巡覆田稅民苦其擾武宗即位廢浮圖法天下毀寺四千六百招提蘭若四萬籍僧尼爲民二十六萬五千人奴婢十五萬人田數千萬頃大秦穆護祆二千餘人上都東都每街留寺二每寺僧三十人諸道留僧以三等不過二十人腴田鬻錢送戶部中下田給寺家奴婢丁壯者爲兩稅戶人十畝以僧尼既盡兩京悲田養病坊給寺田十頃諸州七頃主以耆壽自會昌末置備邊庫收度支戶部鹽鐵錢物宣宗更號延資庫初以度支郎中判之至是以屬宰相其任益重戶部歲送錢帛二十萬度支鹽鐵送者三十萬諸道進奉助軍錢皆輸焉懿宗時雲南蠻數內寇徙兵戍嶺南淮北大水征賦不能辦人人思亂及龐勛反附者六七萬自關東至海大旱冬蔬皆盡貧者以蓬子爲麪槐葉爲韲乾符初大水山東饑中官田令孜爲神策中尉怙權用事督賦益急王仙芝黃巢等起天下遂亂公私困竭昭宗在鳳翔爲梁兵所圍城中人相食父食其子而天子食粥

六宮及宗室多餓死其窮至於如此遂以亡初乾元末天下上計百六十九州戶百九十三萬三千一百二十四不課者百一十七萬四千五百九十二口千六百九十九萬三百八十六不課者千四百六十一萬九千五百八十七減天寶戶五百九十八萬二千五百八十四口三千五百九十二萬八千七百二十三元和中供歲賦者浙西浙東宣歙淮南江西鄂岳福建湖南八道戶百四十四萬比天寶纔四之一兵食於官者八十三萬加天寶三之一通以二戶養一兵京西北河北以屯兵廣無上供至長慶戶三百三十五萬而兵九十九萬率三戶以奉一兵至武宗即位戶二百一十一萬四千九百六十會昌末戶增至四百九十五萬五千一百五十一宣宗既復河湟天下兩稅榷酒茶鹽錢歲入九百二十二萬緡歲之常費率少三百餘萬有司遠取後年乃濟及群盜起諸鎮不復上計云

食貨志第四十二

食貨志第四十三　　唐書五十三

翰林學士兼龍圖閣學士朝散大夫給事中知制誥充史館脩撰臣歐陽脩奉勑撰

唐都長安而關中號稱沃野然其土地狹所出不足以給京師備水旱故常轉漕東南之粟高祖太宗之時用物有節而易贍水陸漕運歲不過二十萬石故漕事簡自高宗已後歲益增多而功利繁興民亦罹其弊矣初江淮漕租米至東都輸含嘉倉以車或馱陸運至陝而水行來遠多風波覆溺之患其失甞十七八故其率一斛得八斗為成勞而陸運至陝纔三百里率兩斛計傭錢千民送租者皆有水陸之直而河有三門底柱之險顯慶元年苑西監褚朗議鑿三門山為梁可通陸運乃發卒六千鑿之功不成其後將作大匠楊務廉又鑿為棧以輓漕舟輓夫繫二鉫於胷而繩多絕輓夫輒墜死則以逃亡報因繫其父母妻子人以為苦開元十八年宣州刺史裴耀卿朝集京師玄宗訪以漕事耀卿條上便宜曰江南戶口多而無征防之役然送租庸調物以歲二月至揚州入斗門四月已後始渡淮入汴常苦水淺六七月乃至河口而河水方漲須八九月水落始得上河入洛而漕路多梗船檣阻隘江南之人不習河事轉雇河師水手重為勞費其得行日少阻滯日多今漢隋漕路瀕河倉廩遺迹可尋可於河口置武牢倉鞏縣置洛口倉使江南之舟不入黃河黃河之舟不入洛口而河陽柏崖太原永豐渭南諸倉節級轉運水通則舟行水淺則寓於倉以待則舟無停留而物不耗失此甚利也玄宗初不省二十一年耀卿為京兆尹京師雨水穀踊貴玄宗將幸東都復問耀卿漕事耀卿因請罷陝陸運而置倉河口使江南漕舟至河口者輸粟於倉而去縣官雇舟以分入河洛置倉三門東西漕舟輸其東倉而陸運以輸西倉復以舟漕以避三門之水險玄宗以為然乃於河陰置河陰倉河西置柏崖倉三門東置集津倉西置鹽倉鑿山十八里以陸運自江淮漕者皆輸河陰倉自河陰西至太原倉謂之北運自太原倉浮渭以

實關中玄宗大悅拜耀卿為黃門侍郎同中書門下平章事兼江淮都轉運使以鄭州刺史崔希逸河南少尹蕭炅為副使益漕晉絳魏濮邢貝濟博之租輸諸倉轉而入渭凡三歲漕七百萬石省陸運傭錢三十萬緡是時民久不罹兵革物力豐富朝廷用度亦廣不計道里之費而民之輸送所出水陸之直增以函脚營窖之名民間傳言用斗錢運斗米其糜耗如此及耀卿罷相北運頗艱米歲至京師纔百萬石二十五年遂罷北運而崔希逸為河南陝運使歲運百八十萬石其後以太倉積粟有餘歲減漕數十萬石二十九年陝郡太守李齊物鑿砥柱為門以通漕開其山巔為輓路燒石沃醯而鑿之然棄石入河激水益湍怒舟不能入新門候其水漲以人輓舟而上天子疑之遣宦者按視齊物厚賂使者還言便齊物入為鴻臚卿以長安令韋堅代之兼水陸運使堅治漢隋運渠起關門抵長安通山東租賦乃絕灞滻並渭而東至永豐倉與渭合又於長樂坡瀕苑墻鑿潭於望春樓下以聚漕舟堅因使諸舟各揭其郡名陳其土地所產寶貨諸奇物於栿上先時民間唱俚歌曰得体紇那邪其後得寶符於桃林於是陝縣尉崔成甫更得体歌為得寶弘農野堅命舟人為吳楚服大笠廣袖芒屩以歌之成甫又廣之為歌辭十闋自衣缺後綠衣錦半臂紅抹額立第一船為號頭以唱集兩縣婦女百餘人鮮服靚粧鳴鼓吹笛以和之衆艘以次輳樓下天子望見大悅賜其潭名曰廣運潭是歲漕山東粟四百萬石自裴耀卿言漕事進用者常兼轉運之職而韋堅為最初耀卿興漕路請罷陸運而不果廢自景雲中陸運北路分八遞雇民車牛以載開元初河南尹李傑為水陸運使運米歲二百五十萬石而八遞用車千八百乘耀卿罷久之河南尹裴迥以八遞傷牛乃為交場兩遞濵水處為宿場分官總之自龍門東山抵天津橋為石堰以遏水其後大盜起而天下匱矣肅宗末年史朝義兵分出宋州淮運於是阻絕租庸鹽鐵泝漢江而上河南尹劉晏為戶部侍郎兼勾當度支轉運鹽鐵鑄錢使江淮粟

帛踰襄漢越商於以輸京師及代宗出陝州關中空窘於是盛轉輸以給用廣德二年廢句當度支使以劉晏顓領東都河南淮西江南東西轉運租庸鑄錢鹽鐵轉輸至上都度支所領諸道租庸觀察使凡漕事亦皆決於晏晏即鹽利顧傭分吏督之隨江汴河渭所宜故時轉運船繇潤州陸運至揚子斗米費錢十九晏命囊米而載以舟減錢十五繇揚州距河陰斗米費錢百二十晏為歇艎支江船二千艘每船受千斛十船為綱每綱三百人篙工五十自揚州遣將部送至河陰上三門號上門填闕船米斗減錢九十調巴蜀襄漢麻枲竹篠為綯挽舟以朽索腐材代薪物無棄者未十年人人習河險江船不入汴汴船不入河河船不入渭江南之運積揚州汴河之運積河陰河船之運積渭口渭船之運入太倉歲轉粟百一十萬石無升斗溺者輕貨自揚子至汴州每馱費錢二千二百減九百歲省十餘萬緡又分官吏主丹楊湖禁引溉自是河漕不涸大曆八年以關內豐穰減漕十萬石度支

和糴以優農晏自天寶末掌出納監歲運知左右藏主財穀三十餘年矣及楊炎為相以舊惡罷晏轉運使復歸度支凡江淮漕米以庫部郎中崔河圖主之及田悅李惟岳李納梁崇義拒命舉天下兵討之諸軍仰給京師而李納田悅兵守渦口梁崇義搤襄鄧南北漕引皆絕京師大恐江淮水陸轉運使杜佑以秦漢運路出浚儀十里入琵琶溝絕蔡河至陳州而合自隋鑿汴河官漕不通若導流培岸功用甚寡疏雞鳴岡首尾可以通舟陸行纔四十里則江湖黔中嶺南蜀漢之粟可方舟而下繇白沙趣東關歷潁蔡涉汴抵東都無濁河泝淮之阻減故道二千餘里會李納將李洧以徐州歸命淮路通而止戶部侍郎趙贊又以錢貨出淮迂緩分置汴州東西水陸運兩稅鹽鐵使以度支總大綱貞元初關輔宿兵米斗千錢太倉供天子六宮之膳不及十日禁中不能釀酒以飛龍駝負永豐倉米給禁軍陸運牛死殆盡德宗以給事中崔造敢言為能立事用為相造以江吳素嫉錢穀諸使顓利罔上乃奏諸道觀察

使刺史選官部送兩稅至京師廢諸道水陸轉運使及度支巡院江淮轉運使以度支鹽鐵歸尚書省宰相分判六尚書事以戶部侍郎元琇判諸道鹽鐵榷酒侍郎吉中孚判度支諸道兩稅增江淮之運浙江東西歲運米七十五萬石復以兩稅易米百萬石江西湖南鄂岳福建嶺南米亦百二十萬石詔浙江東西節度使韓滉淮南節度使杜亞運至東西渭橋倉諸道有鹽鐵處復置巡院歲終宰相計課最崔造厚于元琇而韓滉方領轉運奏國漕不可改帝亦雅器滉復以為江淮轉運使元琇嫉其剛不可共事因有隙琇稱疾罷而滉為度支諸道鹽鐵轉運使於是崔造亦罷滉遂劾琇常餽米淄青河中而李納懷光倚以構叛貶琇雷州司戶參軍尋賜死是時汴宋節度使春夏遣官監汴水察盜灌溉者歲漕經底柱覆者幾半河中有山號米堆運舟入三門雇平陸人為門匠執標指麾一舟百日乃能上諺曰古無門匠墓謂皆溺死也陝虢觀察使李泌益鑿集津倉山西逕為運道屬于三門倉治上路以回空車費錢五萬緡下

路減半又為入渭船方五板輸東渭橋太倉米至凡百三十萬石遂罷南路陸運其後諸道鹽鐵轉運使張滂復置江淮巡院及浙西觀察使李錡領使江淮堰埭隸浙西者增私路小堰之稅以副使潘孟陽主上都留後李巽為諸道轉運鹽鐵使以堰埭歸鹽鐵使罷其增置者自劉晏後江淮米至渭橋寖減矣至巽乃復如晏之多初揚州疏太子港陳登塘凡三十四陂以益漕河輒復堙塞淮南節度使杜亞乃濬渠蜀岡疏句城湖愛敬陂起隄貫城以通大舟河益庳水下走淮夏則舟不得前節度使李吉甫築平津堰以澳有餘防不足漕流遂通然漕益少江淮米至渭橋者纔二十萬斛諸道鹽鐵轉運使盧坦糴以備一歲之費省冗職八十員自江以南補署皆剸屬院監而漕米亡耗於路頗多刑部侍郎王播代坦建議米至渭橋五百石亡五十石者死其後判度支皇甫鎛議萬斛亡三百斛者償之千七百斛者流塞下過者死盜十斛者流三十斛者死而覆船敗輓至者不得十之四五部吏舟人相挾

為姦榜笞號苦之聲聞于道路禁錮連歲赦下而獄死者不可勝數其後貸死刑流天德五城人不畏法運米至者十亡七八鹽鐵轉運使柳公綽請如王播議加重刑大和初歲旱河涸掊沙而進米多耗抵死甚眾不待覆奏秦漢時故漕興成堰東達永豐倉咸陽縣令韓遼請疏之自咸陽抵潼關三百里可以罷車輓之勞宰相李固言以為非時文宗曰苟利於人陰陽拘忌非朕所顧也議遂決堰成罷輓車之牛以供農耕關中賴其利故事州縣官充綱送輕貨四萬書上考開成初為長定綱州擇清彊官送兩稅至十萬遷一官往來十年者授縣令江淮錢積河陰轉輸歲費十七萬餘緡行綱多以盜抵死判度支王彥威置縣遞羣畜萬三千三百乘使路傍民養以取傭日役一驛省費甚博而宰相亦以長定綱命官不以材江淮大州歲授官者十餘人乃罷長定綱送五萬者書上考七萬者減一選五十萬減三選而已及戶部侍郎裴休為使以河瀕縣令董漕事自江達渭運米四十萬石居三歲米至渭橋百二十萬

石凡漕達于京師而足國用者大略如此其他州縣方鎮漕以自資或兵所征行轉運以給一時之用者皆不足紀唐開軍府以扞要衝因隙地置營田天下屯總九百九十二司農寺每屯三頃州鎮諸軍每屯五十頃水陸腴瘠播殖地宜與其功庸煩省收率之多少皆決於尚書省苑內屯以善農者為屯官屯副御史巡行莅輸上地五十畝瘠地二十畝稻田八十畝則給牛一諸屯以地良薄與歲之豐凶為三等具民田歲穫多少取中熟為率有警則以兵若夫千人助收隸司農者歲三月卿少卿循行治不法者凡屯田收多者褒進之歲以仲春籍來歲頃畝州府軍鎮之遠近上兵部度便宜遣之開元二十五年詔屯官敘功以歲豐凶為上下鎮戍地可耕者人給十畝以供糧方春屯官巡行謫作不時者天下屯田收穀百九十餘萬斛初度支歲市糧於北都以贍振武天德靈武鹽夏之軍費錢五六十萬緡泝河舟溺甚眾建中初宰相楊炎請置屯田於豐州發關輔民鑿陵陽渠以增溉京兆尹嚴郢嘗從事朔方知

其利害以為不便疏奏不報郢又奏五城舊屯其數至廣以開渠之糧貸諸城約以冬輸又以開渠功直布帛先給田者據估轉穀如此則關輔免調發五城田闢比之浚渠利十倍也時楊炎方用事郢議不用而陵陽渠亦不成然振武天德良田廣袤千里元和中振武軍饑宰相李絳請開營田可省度支漕運及絕和糴欺隱憲宗稱善乃以韓重華為振武京西營田和糴水運使起代北墾田三百頃出贓罪吏九百餘人給以耒耜耕牛假種糧使償所負粟二歲大熟因募人為十五屯每屯百三十人人耕百頃就高為堡東起振武西逾雲州極於中受降城凡六百餘里列柵二十墾田三千八百餘里歲收粟二十萬石省度支錢二千餘萬緡重華入朝奏請益開田五千頃法用人七千可以盡給五城會李絳已罷後宰相持其議而止憲宗末天下營田皆雇民或借庸以耕又以瘠地易上地民間苦之穆宗即位詔還所易地而耕以官兵耕官地者給三之一以終身靈武邠寧土廣肥而民不知耕大和末王起奏立營

田後党項大擾河西邠寧節度使畢誠亦募士開營田歲收三十萬斛省度支錢數百萬緡貞觀開元後邊土西舉高昌龜茲焉耆小勃律北抵薛延陀故地緣邊數十州戍重兵營田及地租不足以供軍於是初有和糴牛仙客為相有彭果者獻策廣關輔之糴京師糧稟益羨自是玄宗不復幸東都天寶中歲以錢六十萬緡賦諸道和糴斗增三錢每歲短遞輸京倉者百餘萬斛米賤則少府加估而糴貴則賤價而糶貞元初吐蕃劫盟召諸道兵十七萬戍邊關中為吐蕃蹂躪者二十年矣北至河曲人戶無幾諸道戍兵月給粟十七萬斛皆糴於關中宰相陸贄以關中穀賤請和糴可至百餘萬斛計諸縣船車至太倉穀價四十有餘米價七十則一年和糴之數當轉運之二年一斗轉運之資當和糴之五斗減轉運以實邊存轉運以備時要江淮米至河陰者罷八十萬斛河陰米至太原倉者罷五十萬太原米至東渭橋者罷二十萬以所減米糶江淮水菑州縣斗減時五十以救乏京

城東渭橋之糴斗增時三十以利農以江淮糴米及減運直市絹帛送上都帝乃命度支增估糴粟三十三萬斛然不能盡用贊議憲宗即位之初有司以歲豐熟請畿內和糴當時府縣配戶督限有稽違則迫蹙鞭撻甚於稅賦號爲和糴其實害民

食貨志第四十三

食貨志第四十四

翰林學士兼龍圖閣學士朝散大夫給事中知制誥充史館修撰臣歐陽脩奉
敕撰

唐有鹽池十八井六百四十皆隸度支蒲州安邑解縣有池五總曰兩池歲得鹽萬斛以供京師鹽州五原有烏池白池瓦池細項池靈州有溫泉池兩井池長尾池五泉池紅桃池回樂池弘靜池會州有河池三州皆輸米以代鹽安北都護府有胡落池歲得鹽萬四千斛以給振武天德黔州有井四十一成州嶲州井各一果閬開通井百二十三山南西院領之邛眉嘉有井十三劍南東川院領之梓遂綿合昌渝瀘資榮陵簡有井四百六十劍南西川院領之皆隨月督課幽州大同橫野軍有鹽屯每屯有丁有兵歲得鹽二千八百斛下者千五百斛負海州歲免租爲鹽二萬斛以輸司農青楚海滄棣杭蘇等州以鹽價市輕貨亦輸司農天寶至德間鹽每斗十錢乾元元年鹽鐵鑄錢使第五琦初變鹽法就山

海井竈近利之地置監院游民業鹽者爲亭戶免雜徭盜鬻者論以法及琦爲諸州榷鹽鐵使盡榷天下鹽斗加時價百錢而出之爲錢一百一十自兵起流庸未復稅賦不足供費鹽鐵使劉晏以爲因民所急而稅之則國足用於是上鹽法輕重之宜以鹽吏多則州縣擾出鹽鄉因舊監置吏亭戶糶商人縱其所之江嶺去鹽遠者有常平鹽每商人不至則減價以糶民官收厚利而人不知貴晏又以鹽生霖潦則鹵薄暵旱則土溜墳乃隨時爲令遣吏曉導倍於勸農吳越揚楚鹽廩至數千積鹽二萬餘石有漣水湖州越州杭州四場嘉興海陵鹽城新亭臨平蘭亭永嘉大昌侯官富都十監歲得錢百餘萬緡以當百餘州之賦自淮北置巡院十三曰揚州陳許汴州廬壽白沙淮西甬橋浙西宋州泗州嶺南兗鄆鄭滑捕私鹽者姦盜爲之衰息然諸道加榷鹽錢商人舟所過有稅晏奏罷州縣率稅禁堰埭邀以利者晏之始至也鹽利歲纔四十萬緡至大曆末六百餘萬緡天下之賦鹽利居半宮闈服御

軍饟百官祿俸皆仰給焉明年而晏罷貞元四年淮西節度使陳少游奏加民賦自此江淮鹽每斗亦增二百為錢三百一十其後復增六十河中兩池鹽每斗為錢三百七十江淮豪賈射利或時倍之官收不能過半民始怨矣劉晏鹽法既成商人納絹以代鹽利者每緡加錢二百以備將士春服包佶為汴東水陸運兩稅鹽鐵使許以漆器瑇瑁綾綺代鹽價雖不可用者亦高估而售之廣虛數以罔上亭戶冒法私鬻不絕巡捕之卒遍于州縣鹽估益貴商人乘時射利遠鄉貧民困高估至有淡食者巡吏既多官冗傷財當時病之其後軍費日增鹽價寖貴有以穀數斗易鹽一升私糶犯法未嘗少息順宗時始減江淮鹽價每斗為錢二百五十河中兩池鹽斗錢三百增雲安渙陽塗督三監其後鹽鐵使李錡奏江淮鹽斗減錢十以便民未幾復舊方是時錡盛貢獻以固寵朝廷大臣皆餌以厚貨鹽鐵之利積于私室而國用耗屈榷鹽法大壞多為虛估率千錢不滿百三十而已兵部侍郎李巽為使以鹽

利皆歸度支物無虛估天下糶鹽稅茶其贏六百六十五萬緡初歲之利如劉晏之季年其後則三倍晏時矣兩池鹽利歲收百五十餘萬緡四方豪商猾賈雜處解縣主以郎官其佐貳皆御史鹽民田園籍於縣而令不得以縣民治之憲宗之討淮西也度支使皇甫鎛加劍南東西兩川山南西道鹽估以供軍貞元中盜鬻兩池鹽一石者死至元和中減死流天德五城鎛奏論死如初一斗以上杖背沒其車驢能捕斗鹽者賞千錢節度觀察使以判官州以司錄錄事參軍察私鹽漏一石以上罰課料鬻兩池鹽者坊市居邸主人市儈皆論坐盜刮鹻土一斗比鹽一升州縣團保相察比於貞元加酷矣自兵興河北鹽法羈縻而已至皇甫鎛又奏置榷鹽使如江淮榷法犯禁歲多及田弘正舉魏博歸朝廷穆宗命河北罷榷鹽戶部侍郎張平叔議榷鹽法敝請糶鹽可以富國詔公卿議其可否中書舍人韋處厚兵部侍郎韓愈條詰之以為不可平叔屈服是時奉天鹵池生水柏以灰一斛得鹽十二斤利倍鹻鹵

文宗時采灰一斗比鹽一斤論罪開成末詔私鹽月再犯者易縣令罰刺史俸十犯則罰觀察判官課料宣宗即位茶鹽之法益密糶鹽少私盜多者謫觀察判官不計十犯戶部侍郎判度支盧弘止以兩池鹽法敝遣巡院官司空輿更立新法其課倍入遷榷鹽使以壕籬者鹽池之隄禁有盜壞與鬻鹻皆死鹽盜持弓矢者亦皆死刑兵部侍郎判度支周墀又言兩池鹽盜販者迹其居處保社按罪鬻五石市二石亭戶盜糶二石皆死是時江吳羣盜以所剽物易茶鹽不受者焚其室廬吏不敢枝梧鎮戍場鋪堰埭以關通致富宣宗乃擇嘗更兩畿輔望縣令者為監院官戶部侍郎裴休為鹽鐵使上鹽法八事其法皆施行兩池榷課大增其後兵遍天下諸鎮擅利兩池為河中節度使王重榮所有歲貢鹽三千車中官田令孜募新軍五十四都餽轉不足乃倡議兩池復歸鹽鐵使而重榮不奉詔至舉兵反僖宗為再出然而卒不能奪唐初無酒禁乾元元年京師酒貴肅宗以稟食方屈乃禁京城酤酒期以麥

熟如初二年飢復禁酤非光祿祭祀燕蕃客不御酒廣德二年定天下酤戶以月收稅建中元年罷之三年復禁民酤以佐軍費置肆釀酒斛收直三千州縣總領醨薄私釀者論其罪尋以京師四方所湊罷榷貞元二年復禁京城畿縣酒天下置肆以酤者斗錢百五十免其徭役獨淮南忠武宣武河東榷麴而已元和六年罷京師酤肆以榷酒錢隨兩稅青苗斂之大和八年遂罷京師榷酤凡天下榷酒為錢百五十六萬餘緡而釀費居三之一貧戶逃酤不在焉昭宗世以用度不足易京畿近鎮麴法復榷酒以贍軍鳳翔節度使李茂貞方顓其利按兵請入奏利害天子遽罷之初德宗納戶部侍郎趙贊議稅天下茶漆竹木十取一以為常平本錢及出奉天乃悼悔下詔亟罷之及朱泚平佞臣希意興利者益進貞元八年以水災減稅明年諸道鹽鐵使張滂奏出茶州縣若山及商人要路以三等定估十稅其一自是歲得錢四十萬緡然水旱亦未嘗拯之也穆宗即位兩鎮用兵帑藏空虛禁中起百尺樓

費不可勝計鹽鐵使王播圖寵以自幸乃增天下茶稅率百錢增
五十江淮浙東西嶺南福建荆襄茶播自領之兩川以戶部領之
天下茶加斤至二十兩播又奏加取焉右拾遺李玨上疏諫曰榷
率起於養兵今邊境無虞而厚斂傷民不可一也茗飲人之所資
重稅則價必增貧弱益困不可二也山澤之饒其出不訾論稅以
售多爲利價騰踊則市者稀不可三也其後王涯判二使置榷茶
使徙民茶樹於官場焚其舊積者天下大怨令狐楚代爲鹽鐵
使兼榷茶使復令納榷加價而已李石爲相以茶稅皆歸鹽鐵復
貞元之制武宗即位鹽鐵轉運使崔珙又增江淮茶稅是時茶商
所過州縣有重稅或掠奪舟車露積雨中諸道置邸以收稅謂之
搨地錢故私販益起大中初鹽鐵轉運使裴休著條約私鬻三犯
皆三百斤乃論死長行羣旅茶雖少皆死雇載三犯至五百斤居
舍儈保四犯至千斤者皆死園戶私鬻百斤以上杖背三犯加重
徭伐園失業者刺史縣令以縱私鹽論廬壽淮南皆加半稅私商

給自首之帖天下稅茶增倍貞元江淮茶爲大摸一斤至五十兩
諸道鹽鐵使于悰每斤增稅錢五謂之剩茶錢自是斤兩復舊凡
銀銅鐵錫之冶一百六十八陝宣潤饒衢信五州銀冶五十八銅冶
九十六鐵山五錫山二鉛山四汾州礬山七麟德二年廢陝州銅冶
四十八開元十五年初稅伊陽五重山銀錫德宗時戶部侍郎韓
洄建議山澤之利宜歸王者自是皆隸鹽鐵使元和初天下銀冶廢
者四十歲采銀萬二千兩銅二十六萬六千斤鐵二百七萬斤錫
五萬斤鉛無常數開成元年復以山澤之利歸州縣刺史選吏主
之其後諸州牟利以自殖舉天下不過七萬餘緡不能當一縣之
茶稅及宣宗增河湟戍兵衣絹五十二萬餘匹鹽鐵轉運使裴休
請復歸鹽鐵使以供國用增銀冶二鐵山七十一廢銅冶二十七
鉛山一天下歲率銀二萬五千兩銅六十五萬五千斤鉛十一萬
四千斤錫萬七千斤鐵五十三萬二千斤隋末行五銖白錢天下
盜起私鑄錢行千錢初重二斤其後愈輕不及一斤鐵葉皮紙皆

以爲錢高祖入長安民間行綫環錢其製輕小凡八九萬纔滿半
斛武德四年鑄開元通寶徑八分重二銖四絫積十錢重一兩得
輕重大小之中其文以八分篆隸三體洛并幽益桂等州皆置監
賜秦王齊王三鑪右僕射裴寂一鑪以鑄盜鑄者論死沒其家屬
其後盜鑄漸起顯慶五年以惡錢多官爲市之以一善錢售五惡錢
民間藏惡錢以待禁弛乾封元年改鑄乾封泉寶錢徑寸重二銖
六分以一當舊錢之十踰年而舊錢多廢明年以商賈不通米帛
踊貴復行開元通寶錢天下皆鑄之然私錢犯法日蕃有以舟筏
鑄江中者詔所在納惡錢而姦亦不息儀鳳中瀕江民多私鑄錢
爲業詔巡江官督捕載銅錫鑞過百斤者沒官四年命東都糶米
粟斗別納惡錢百少府司農毀之是時鑄多錢賤米粟踊貴乃罷
少府鑄尋復舊永淳元年私鑄者抵死鄰保里坊村正皆從坐武
后時錢非穿穴及鐵錫銅液皆得用之熟銅排斗沙澀之錢皆售
自是盜鑄蜂起江淮游民依大山陂海以鑄吏莫能捕先天之際

兩京錢益濫郴衡錢纔有輪郭鐵錫五銖之屬皆可用之或鎔錫
摸錢須臾百十開元初宰相宋璟請禁惡錢行二銖四絫錢毀舊
錢不可用者江淮有官鑪錢偏鑪錢稜錢時錢遣監察御史蕭隱
之使江淮率戶出惡錢捕責甚峻上靑錢皆輸官小惡者沈江湖
市井不通物價益貴隱之坐貶官宋璟又請出米十萬斛收惡錢
少府毀之十一年詔所在加鑄禁賣銅錫及造銅器者二十年千
錢以重六斤四兩爲率每錢重二銖四絫禁缺頓沙澁蕩染白彊
黑彊之錢首者官爲市之銅一斤爲錢八十二十二年宰相張九齡
建議古者以布帛菽粟不可尺寸抄勺而均乃爲錢以通貿易官
鑄所入無幾而工費多宜縱民鑄議下百官宰相裴耀卿黃門侍
郎李林甫河南少尹蕭炅秘書監崔沔皆以爲嚴斷惡錢則人
知禁稅銅折役則官冶可成計估度庸則私錢以利薄而自息若
許私鑄則下皆棄農而競利矣左監門衛錄事參軍事劉秩曰今
之錢古之下幣也若捨之任人則上無以御下下無以事上不可

一也物賤傷農錢輕傷賈物重則錢輕錢輕由乎物多多則作法收之使少物少則作法布之使輕奈何假人不可二也鑄錢不雜鉛鐵則無利雜則錢惡今塞私鑄之路人猶冒死況設陷穽誘之不可三也鑄錢無利則人不鑄有利則去南畝者衆不可四也人富則不可以賞勸貧則不可以威禁法不行人不理繇貧富不齊若得鑄錢貧者服役於富室富室乘而益恣不可五也夫錢重繇人日滋於前而鑪不加舊公錢與銅價頗等故破重錢爲輕錢銅之不贍在採用者衆也銅之爲兵不如鐵爲器不如漆禁銅則人無所用盜鑄者少公錢不破人不犯死錢又日增是一舉而四美兼也是時公卿皆以縱民鑄爲不便於是下詔禁惡錢而已信安郡王禕復言國用不足請縱私鑄議者皆畏禕帝弟之貴莫敢與抗獨倉部郎中韋伯陽以爲不可禕議亦格二十六年宣潤等州初置錢監兩京用錢稍善米粟價益下其後錢又漸惡詔出銅所在置監鑄開元通寶錢京師庫藏皆滿天下盜鑄益起廣陵丹楊

宣城尤甚京師權豪歲歲取之舟車相屬江淮偏鑪錢數十種雜以鐵錫輕漫無復錢形公鑄者號官鑪錢一以當偏鑪錢七八富商往往藏之以易江淮私鑄者兩京錢有鵝眼古文綫環之別每貫重不過三四斤至翦鐵而緡之宰相李林甫請出絹布三百萬匹平估收錢物價踊貴訴者日萬人兵部侍郎楊國忠欲招權以市恩揚鞭市門曰行當復之明日詔復行舊錢天寶十一載又出錢三十萬緡易兩市惡錢出左藏庫排斗錢許民易之國忠又言錢非鐵錫銅沙穿穴古文皆得用之是時增調農人鑄錢既非所習皆不聊生內作判官韋倫請厚價募工繇是役用減而鼓鑄多天下鑪九十九絳州三十揚潤宣鄂蔚皆十益郴皆五洋州三定州一每鑪歲鑄錢三千三百緡役丁匠三十費銅二萬一千二百斤鑞三千七百斤錫五百斤每千錢費錢七百五十天下歲鑄三十二萬七千緡肅宗乾元元年經費不給鑄錢使第五琦鑄乾元重寶錢徑一寸每緡重十斤與開元通寶參用以一當十亦號乾元十當錢先是諸鑪鑄錢窳薄鎔破錢及佛像謂之盤陀皆鑄爲私錢犯者杖死第五琦爲相復命絳州諸鑪鑄重輪乾元錢徑一寸二分其文亦曰乾元重寶背之外郭爲重輪每緡重十二斤與開元通寶錢並行以一當五十是時民間行三錢大而重稜者亦號重稜錢法既屢易物價騰踊米斗錢至七千餓死者滿道初有虛錢京師人人私鑄并小錢壞鍾像犯禁者愈衆鄭叔清爲京兆尹數月榜死者八百餘人肅宗以新錢不便命百官集議不能改上元元年減重輪錢以一當三十開元舊錢與乾元十當錢皆以一當十碾磑鬻受得爲實錢虛錢交易皆用十當錢由是錢有虛實之名史思明據東都亦鑄得一元寶錢徑一寸四分以一當開元通寶之百既而惡得一非長祚之兆改其文曰順天元寶代宗即位乾元重寶錢以一當二重輪錢以一當三凡三日而大小錢皆以一當一自第五琦更鑄犯法者日數百州縣不能禁止至是人甚便之其後民間乾元重稜二錢鑄爲器不復出矣當時議者

以爲自天寶至今戶九百餘萬王制上農夫食九人中農夫七人以中農夫計之爲六千三百萬人少壯相均人食米二升日費米百二十六萬斛歲費四萬五千三百六十萬斛而衣倍之吉凶之禮再倍餘三年之儲以備水旱凶災當米十三萬六千八十萬斛以貴賤豐儉相當則米之直與錢鈞也田以高下肥瘠豐耗爲率一頃出米五十餘斛當田二千七百二十一萬六千頃而錢亦歲毀於棺瓶埋藏焚溺其間銅貴錢賤有鑄以爲器者不出十年錢幾盡不足周當世之用諸道鹽鐵轉運使劉晏以江嶺諸州任土所出皆重粗賤弱之貨輸京師不足以供道路之直於是積之江淮易銅鉛薪炭廣鑄錢歲得十餘萬緡輸京師及荊揚二州自是錢日增矣大曆七年禁天下鑄銅器建中初戶部侍郎韓洄以商州紅崖冶銅多請復洛源廢監起十鑪歲鑄錢七萬二千緡每千錢費九百德宗從之江淮多鉛錫錢以銅盪外不盈斤兩帛價益貴銷千錢爲銅六斤鑄器則斤得錢六百故銷鑄者多而錢益耗判

度支趙贊採連州白銅鑄大錢一當十以權輕重貞元初駱谷散關禁行人以一錢出者諸道鹽鐵使張滂奏禁江淮鑄銅爲器惟鑄鑑而已十年詔天下鑄銅器每器一斤其直不得過百六十銷錢者以盜鑄論然而民間錢益少繒帛價輕州縣禁錢不出境商賈皆絶浙西觀察使李若初請通錢往來而京師商賈齎錢四方貿易者不可勝計詔復禁之二十年命市井交易以綾羅絹布雜貨與錢兼用憲宗以錢少復禁用銅器時商賈至京師委錢諸道進奏院及諸軍諸使富家以輕裝趨四方合券乃取之號飛錢京兆尹裴武請禁與商賈飛錢者廋索諸坊十人爲保鹽鐵使李巽以郴州平陽銅坑二百八十餘復置桂陽監以兩鑪日鑄錢二十萬天下歲鑄錢十三萬五千緡命商賈蓄錢者皆出以市貨天下有銀之山必有銅唯銀無益於人五嶺以北採銀一兩者流它州官吏論罪元和四年京師用錢緡少二十及有鉛錫錢者捕之非交易而錢行衢路者不問復詔采五嶺銀坑禁錢出嶺六年貿易

錢十緡以上者參用布帛蔚州三河冶距飛狐故監二十里而近河東節度使王鍔置鑪疏拒馬河水鑄錢工費尤省以刺史李聽爲使以五鑪鑄每鑪月鑄錢三十萬自是河東錫錢皆廢自京師禁飛錢家有滯藏物價寖輕判度支盧坦兵部尚書判戶部事王紹鹽鐵使王播請許商人於戶部度支鹽鐵三司飛錢每千錢增給百錢然商人無至者復許與商人敵貫而易之然錢重帛輕如故憲宗爲之出內庫錢五十萬緡市布帛每匹加舊估十之一會吳元濟王承宗連衡拒命以七道兵討之經費屈竭皇甫鎛建議內外用錢每緡墊二十外復抽五十送度支以贍軍十二年復給京兆府錢五十萬緡市布帛而富家錢過五千貫者死王公重貶沒入於官以五之一賞告者京師區肆所積皆方鎮錢少亦五十萬緡乃爭市第宅然富賈倚左右神策軍官錢爲名府縣不敢劾問民間墊陌有至七十者鉛錫錢益多吏捕犯者多屬諸軍諸使譁集市人彊奪毆傷吏卒京兆尹崔元略請犯者本軍本使涖決

帝不能用詔送本軍本使而京兆府遣人涖決穆宗即位京師鬻金銀十兩亦墊一兩糴米鹽百錢墊七八京兆尹柳公綽以嚴法禁止之壽以所在用錢墊陌不一詔從俗所宜內外給用每緡墊八十寶曆初河南尹王起請銷錢爲佛像者以盜鑄錢論大和三年詔佛像以鉛錫土木爲之飾帶以金銀鍮石烏油藍鐵唯鑑磬釘鐶鈕得用銅餘皆禁之盜鑄者死是時峻鉛錫錢之禁告千錢者賞以五千四年詔積錢以七千緡爲率十萬緡者期以一年出之二十萬以二年凡交易百緡以上者匹帛米粟居半河南府揚州江陵府以都會之劇約束如京師未幾皆罷八年河東錫錢復起鹽鐵使王涯置飛狐鑄錢院於蔚州天下歲鑄錢不及十萬緡文宗病幣輕錢重詔方鎮縱錢穀交易時雖禁銅爲器而江淮嶺南列肆鬻之鑄千錢爲器售利數倍宰相李珏請加鑪鑄錢於是禁銅器官一切爲市之天下銅坑五十歲采銅二十六萬六千斤及武宗廢浮屠法永平監官李郁彥請以銅像鍾磬鑪鐸皆歸巡院

州縣銅益多矣鹽鐵使以工有常力不足以加鑄許諸道觀察使皆得置錢坊淮南節度使李紳請天下以州名鑄錢京師爲京錢大小徑寸如開元通寶交易禁用舊錢會宣宗即位盡黜會昌之政新錢以字可辨復鑄爲像昭宗末京師用錢八百五十爲貫每百纔八十五河南府以八十爲百云

食貨志第四十四

食貨志第四十五

翰林學士兼龍圖閣學士朝散大夫給事中知制誥充史館脩撰臣歐陽脩奉
敕撰

武德元年文武官給祿頗減隋制一品七百石從一品六百石二品五百石從二品四百六十石三品四百石從三品三百六十石四品三百石從四品二百六十石五品二百石從五品百六十石六品百石從六品九十石七品八十石從七品七十石八品六十石從八品五十石九品四十石從九品三十石皆以歲給之外官則否一品有職分田十二頃二品十頃三品九頃四品七頃五品六頃六品四頃七品三頃五十畝八品二頃五十畝九品二頃皆給百里內之地諸州都督都護親王府官二品十二頃三品十頃四品八頃五品七頃六品五頃七品四頃八品三頃九品二頃五十畝鎮戍關津岳瀆官五品五頃六品三頃五十畝七品三頃八品二頃九品一頃五十畝三衛中郎將上府折衝都尉六頃中府五頃五十畝下府及郎將五頃上府果毅都尉四頃中府三頃五十畝下府三頃上府長史別將三頃中府下府二頃五十畝親王府典軍五頃五十畝副典軍四頃千牛備身左右太子千牛備身三頃折衝上府兵曹二頃中府下府一頃五十畝外軍校尉一頃二十畝旅帥一頃隊正副八十畝親王以下又有永業田百頃職事官一品六十頃郡王職事官從一品五十頃國公職事官從二品三十五頃縣公職事官三品二十五頃職事官從三品二十頃侯職事官四品十二頃子職事官五品八頃男職事官從五品五頃六品七品二頃五十畝八品九品二頃上柱國三十頃柱國二十五頃上護軍二十頃護軍十五頃上輕車都尉十頃輕車都尉七頃上騎都尉六頃騎都尉四頃驍騎飛騎尉八十畝雲騎武騎尉六十畝散官五品以上給同職事官五品以上受田寬鄉六品以下受於本鄉解免者追田除名者受口分之田襲爵者不別給流內九品以上口分田終其身六十以上停私乃收凡給田而無地者畝給粟二斗京司及州縣皆有公廨田供公私之費其後以用度不足京官有俸賜而已諸司置公廨本錢以番官貿易取息計員多少爲月料貞觀初百官得上考者給祿一季未幾又詔得上下考給祿一年出使者稟其家新至官者計日給糧中書舍人高季輔言外官卑品貧匱宜給祿養親自後以地租春秋給京官歲凡五十萬一千五百餘斛外官降京官一等一品以五十石爲一等二品三品以三十石爲一等四品五品以二十石爲一等六品七品以五石爲一等八品九品以二石五斗爲一等無粟則以鹽爲祿十一年以職田侵漁百姓詔給逃還貧戶視職田多少每畝給粟二斗謂之地子是歲以水旱復罷之十二年罷諸司公廨本錢以天下上戶七千人爲胥士視防閤制而收其課計官多少而給之十五年復置公廨本錢以諸司令史主之號捉錢令史每司九人補於吏部所主纔五萬錢以下市肆販易月納息錢四千歲滿受官諫議大夫褚遂良上疏京七十餘司更一二載捉錢令史六百餘人受職太學高第諸州進士拔十取五猶有犯禁罹法者況廛肆之人苟得無恥不可使其居職太宗乃罷捉錢令史復詔給百官俸十八年以京兆府岐同華邠坊州隙地陂澤可墾者復給京官職田二十二年置京諸司公廨本錢捉以令史府史胥士永徽元年廢之以天下租脚直爲京官俸料其後又薄斂一歲稅以高戶主之月收息給俸尋顓以稅錢給之歲總十五萬二千七百三十緡一品月俸八千食料一千八百雜用一千二百二品月俸六千五百食料一千五百雜用一千三品月俸五千一百雜用九百四品月俸三千五百食料雜用七百五品月俸三千食料雜用六百六品月俸二千食料雜用六百六品月俸二千食料雜用四百七品月俸一千七百五十食料雜用三百五十八品月俸一千三百食料三百雜用二百五十九品月俸一千五十食料二百五十雜用二百行署月俸一百四十食料三十職事官又有防閤庶僕一品防閤九十六人二品七十二人三品四十八人四品

三十二人五品二十四人六品庶僕十五人七品四人八品三人
九品二人公主有邑士八十人郡主六十人縣主四十人外官以
州府縣上下中爲差少尹長史司馬及丞減長官之半參軍博士
減判司三之二主簿縣尉減丞三之二録事市令以參軍職田爲
輕重京縣録事以縣尉職田爲輕重羈縻州官給以土物關監官
給以年支輕貨折衝府官則有仗身上府折衝都尉六人果毅四
人長史別將三人兵曹二人中下府各減一人皆十五日而代開府
儀同三司特進光祿大夫同職事官公廨雜用不給員外官檢校
判試知給祿料食糧之半散官勳官衞官減四之一致仕五品以
上給半祿解官充侍亦如之四夷宿衞同京官天下置公廨本錢
以典史主之收贏十之七以供佐史以下不賦粟者常食餘爲百
官俸料京兆河南府錢三百八十萬太原及四大都督府二百七
十五萬中都督府上州二百四十二萬下都督中州一百五十四萬
下州八十八萬京兆河南府京縣一百四十三萬太原府京縣九

十一萬三千京兆河南府畿縣八十二萬五千太原府畿縣諸州
上縣七十七萬中縣五十五萬中下縣下縣三十八萬五千折衝
上府二十萬中府減四之一下府十萬麟德二年給文官五品以
上仗身以掌閑幕士爲之咸亨元年與職事官皆罷乾封元年京
文武官視職事品給防閤庶僕百官俸出於租調運送之費甚廣
公廨出舉典史有徹垣墉鬻田宅以免責者又以雜職供薪炭納
直倍於正丁儀鳳三年王公以下率口出錢以充百官俸食防閤
庶僕邑士仗身封戶調露元年職事五品以上復給仗身光宅元
年以京官八品九品俸薄詔八品歲給庶僕三人九品二人文武
職事三品以上給親事帳內以六品七品子爲親事以八品九品
子爲帳內歲納錢千五百謂之品子課錢三師三公開府儀同三
司百三十人嗣王郡王百八人上柱國領二品以上職事九十五
人領三品職事六十九人柱國領二品以上職事七十三人領三
品職事五十五人護軍領二品以上職事六十二人領三品職事

三十六人二品以下又有白直執衣二品白直四十人三品三十
二人四品二十四人五品十六人六品十人七品七人八品五人九
品四人二品執衣十八人三品十五人四品十三人五品九人六
品七品各六人八品九品各三人皆中男爲之防閤庶僕皆滿歲
而代外官五品以上亦有執衣都護府不治州事亦有仗身都護
四人副都護長史司馬三人諸曹參軍事二人上鎭將四人中下
鎭將上鎭副三人中下鎭副各二人鎭倉曹關令丞戍主副各一
人皆取於防人衞士十五日而代宿衞官三品以上仗身三人五
品以上二人六品以下及散官五品以上各一人取於番上衞士
役而不收課親王出藩者府佐史典軍副典軍有事力人數如白
直諸司諸使有守當及廳子以兵及勳官爲之白直執衣以下分
三番周歲而代供役不踰境後皆納課仗身錢六百四十防閤庶
僕白直錢二千五百執衣錢一千其後親事帳內亦納課如品子
之數州縣典史捉公廨本錢者收利十之七富戶幸免徭役貧者

破產甚衆祕書少監崔沔請計戶均出每丁加升尺所增蓋少流
亡漸復倉庫充實然後取於正賦罷新加者開元十年中書舍人
張嘉貞又陳其不便遂罷天下公廨本錢復稅戶以給百官籍內
外職田賦逃還戶及貧民罷職事五品以上仗身十八年復給京
官職田州縣籍一歲稅錢爲本以高戶捉之月收贏以給外官復
置天下公廨本錢收贏十之六十九年初置職田頃畝簿租價無
過六斗地不毛者畝給二斗二十四年令百官防閤庶僕俸食雜
用以月給之揔稱月俸一品錢三萬一千二品二萬四千三品萬七千
四品萬一千五百六十七五品九千二百六品五千三百七品四千一
百八品二千四百七十五九品千九百一十七祿米則歲再給之一品
七百斛從一品六百斛二品五百斛從二品四百六十斛三品四百斛
從三品三百六十斛四品三百斛從四品二百五十斛五品二百斛從
五品百六十斛六品百斛自此十斛爲率至從七品七十斛八品六十
七斛自此五斛爲率至從九品五十二斛外官降一等先是州縣無

防人者籍十八以上中男及殘疾以守城門及倉庫門謂之門夫番上不至者聞月督課爲錢百七十忙月二百至是以門夫資課給州縣官二十九年以京畿地狹計丁給田猶不足於是分諸司官在都者給職田於都畿以京師地給貧民是時河南北職田兼稅桑有詔公廨職田有桑者毋督絲課天寶初給員外郎料天下白直歲役丁十萬有詔罷之計數加稅以供用人皆以爲便自開元後置使甚衆每使各給雜錢宰相楊國忠身兼數官堂封外月給錢百萬幽州平盧節度使安祿山隴右節度使哥舒翰兼使所給亦不下百萬十二載國忠以兩京百官職田送租勞民請五十里外輸于縣倉斗納直二錢百里外納直三錢使百官就請于縣然縣吏欺盜蓋多而閑司有不能自直者十四載兩京九品以上月給俸加十之二同正員加十之一兵興權臣增領諸使月給厚俸比開元制祿數倍至德初以用物不足內外官不給料錢郡府縣官給半祿及白直品子課乾元元年亦給外官半料及職田京

官給手力課而已上元元年復令京官職田以時輸送受加耗者以枉法贓論其後籍以爲軍糧矣永泰末取州縣官及折衝府官職田苗子三之一市輕貨以賑京官大曆元年斂天下青苗錢得錢四百九十萬緡輸大盈庫封太府左右藏鑰而不發者累歲二年復給京兆府及畿縣官職田以三之一供軍饟增稅青苗錢一畝至三十權臣月俸有至九十萬者刺史亦至十萬楊綰常衮爲相增京官正員官及諸道觀察使都團練使副使以下料錢初檢校官同中書門下平章事者月給錢十二萬至是戶部侍郎判度支韓滉請同正官從高而給之文官一千八百五十四員武官九百四十二員月俸二十六萬緡而增給者居三之一先是州縣職田公廨田每歲六月以白簿上尚書省覆實至十月輸送則有黃籍歲一易之後不復簿上唯授租清望要官而職卑者稽留不付黃籍亦不復更矣德宗即位詔黃籍與白簿皆上有司建中三年復減百官料錢以助軍李泌爲相又增百官及畿內官月俸復置手

力資課歲給錢六十一萬六千餘緡文官千八百九十二員武官八百九十六員左右衞上將軍以下又有六雜給一曰糧米二曰鹽三曰私馬四曰手力五曰隨身六曰春冬服私馬則有芻豆手力則有資錢隨身則有糧米鹽春冬服則有布絹絁紬綿射生神策軍大將軍以下增以鞋比大曆制祿又厚矣州縣官有手力雜給錢然俸最薄者也李泌以度支有兩稅錢鹽鐵使有筦榷錢可以擬經費中外給用每貫墊二十號戶部除陌錢復有闕官俸料職田錢積戶部號戶部別貯錢御史中丞專掌之皆以給京官歲費不及五十五萬緡京兆和糴度支給諸軍冬衣亦往往取之減王公以下永業田郡王職事官從一品田五十頃國公職事官正二品田四十頃郡公職事官從二品田三十頃縣公職事官正四品田十四頃職事官從四品田十一頃尚郡主檢校四品京官者月給料錢三十萬祿百二十石尚縣主檢校五品京官者料錢二十萬祿百石自李泌增百官俸當時以爲不可朘削矣然有名存而職廢額去而俸在者宰相李

吉甫建議減之遂爲常時祠祭蕃夷賜宴別設皆長安萬年人吏主辦二縣置本錢配納質積戶收息以供費諸使捉錢者給牒免傜役有罪府縣不敢劾治民間有不取本錢立虛契子孫相承爲之嘗有毆人破首詣閑廄使納利錢受牒貸罪御史中丞柳公綽奏諸使捉錢戶府縣得捕役給牒者毀之自是不得錢者不納利矣議者以兩省尚書省御史臺總樞機正百寮而倍稱息利非馭官之體元和九年戶部除陌錢每緡增墊五錢四時給諸司諸使之餐置驅使官督之御史一人覈其侵漁起明年正月收息五之一號元和十年新收置公廨本錢初捉錢者私增公廨本以防耗失而富人乘以爲姦可督者私之外以逋官錢迫蹙閭里民不堪其擾御史中丞崔從奏增錢者不得踰官本其後兩省捉錢官給牒逐利江淮之間鬻茶鹽以橈法十三年以職田多少不均每司收草粟以多少爲差其後宰相李珏楊嗣復奏堂廚食利錢擾民煩碎於是罷堂廚捉錢官置庫量入計費唐世百官俸錢會昌後不復增減

今著其數太師太傅太保錢二百萬太尉司徒司空百六十萬侍中百五十萬中書令門下中書侍郎左右僕射太子太師太保太傅百四十萬尚書御史大夫太子少師少保少傅百萬節度使三十萬都防禦使副使監軍十五萬觀察使十萬左右丞侍郎散騎常侍諫議大夫給事中中書舍人祕書殿中內侍監御史中丞太常宗正大理司農太府鴻臚太僕光祿衛尉卿國子祭酒將作少府監太子賓客詹事諸府尹大都督府長史都團練使副使上州刺史八萬太常宗正少卿太子左右庶子節度副使刺史知軍事七萬六軍統軍諸府少尹少監少卿國子司業少詹事六萬五千左右衛金吾衛上將軍六軍大將軍六萬左右驍衛武衛威衛領軍衛監門衛千牛衛上將軍上州別駕五萬五千郎中司天監太子左右諭德家令寺僕寺率更寺令親王傅別勑判官觀察團練判官掌書記上州長史司馬五萬左右衛金吾衛大將軍懷化大將軍諸府大都督司錄參軍事畿赤縣令四萬五千員外郎起居

郎通事舍人起居舍人著作郎內常侍侍御史殿中侍御史太常宗正殿中祕書丞大理正國子博士京都宮苑總監監都水使者太子中舍中允王府長史歸德將軍節度推官支使防禦判官上州錄事參軍事畿縣上縣令四萬懷化中郎將三萬七千左右驍衛武衛威衛領軍衛監門衛千牛衛殿前左右射生軍神策軍大將軍左右衛金吾衛將軍三萬六千補闕殿中侍御史諸府大都督府判官赤縣丞三萬五千懷化郎將三萬二千拾遺司天少監六局奉御內常侍監察御史御史臺主簿太常博士陵署令大理司直中書主書門下錄事太子贊善典內洗馬司議郎王府司馬驍衛武衛威衛領軍衛監門衛六軍射生神策軍將軍歸德中郎將觀察防禦團練推官巡官畿赤縣丞兩赤縣主簿尉上州功曹參軍以下上縣丞三萬城門郎祕書郎著作佐郎六局直長十六衛六軍諸府十率府長史懷化司階畿縣丞畿赤縣主簿尉二萬五千歸德司階二萬三千五官正太常寺協律郎陵署丞諸

寺監主簿國子太學廣文助教都水監丞詹事府司直太子通事舍人文學三寺丞五局郎王府諮議參軍友畿縣上縣主簿尉二萬懷化中候萬八千十六衛六軍十率府率副率中郎中郎將萬七千三百五十歸德中候萬七千四門助教十六衛佐祕書省崇文弘文館校書郎正字太常寺奉禮郎太祝郊社太樂鼓吹署令四門助教京都宮苑總監副監九成宮總監監主事十六衛六軍衛佐尚書省都事萬六千十六衛六軍中候太子內率府千牛六千二百七十四內寺伯懷化司戈諸府大都督府參軍事文學博士錄事上州參軍事博士萬五千歸德司戈萬四千十六衛六軍十率府左右郎將親王府典軍副典軍萬三千八百司戈內率府備身僕寺進馬三千七百一十二符寶郎內謁者監九寺諸監詹事府丞太醫署令太學廣文四門博士中書門下主事太子文學侍醫諸府都督府醫博士法直兩赤縣錄事上州錄事市令萬三千懷化執戟長上萬一千門下省典儀侍御醫司天臺丞都水監主

簿率府衛佐諸司主事御史臺主事萬二千司醫太醫署丞歸德執戟長上一萬醫佐大理寺評事太常宗正寺詹事府主簿寺監內侍省司天臺左右春坊詹事府錄事主事八千司階千牛備身左右七千九百九十京都園苑四面監監兩京諸市中尚武庫武成王廟署令王府掾屬主簿記室錄事參軍事七千司天臺主簿靈臺郎保章正上局署令七品陵廟令京都宮苑總監丞司竹溫泉監監太子內坊丞王府功曹以下參軍事親王國令公主邑司令六千奚官內僕內府局令司竹溫泉副監五千書筭律學博士內謁者中局署令上局署丞五官挈壺正京都園苑四面監九成宮總監副監醫針博士醫監陵廟令司竹溫泉監丞太子藥藏局丞王府參軍事王國大農公主邑司丞四千獄丞國子監直講掌客司儀中局署丞監膳監作監事食醫尚藥進馬奉乘主乘典乘司庫司廩十六衛十率府錄事親勳翊府兵曹參軍事司天臺司辰司曆監候內坊典直宮教博士樂正醫正卜正按摩呪禁卜博

士針醫卜書筭助教陵廟太樂鼓吹署丞京都園苑四面監九成宮總監丞諸總監主簿太子典膳内直典設宮門局丞三寺主簿親王國尉丞三千十六衞六軍十率府執戟長上左右中郎將二千八百五十

食貨志第四十五

刑法志第四十六　唐書五十六

翰林學士兼龍圖閣學士朝散大夫給事中知制誥充史館修撰臣歐陽脩奉敕撰

古之爲國者議事以制不爲刑辟懼民之知爭端也後世作爲刑書惟恐不備俾民之知所避也其爲法雖殊而用心則一蓋皆欲民之無犯也然未知夫導之以德齊之以禮而可使民遷善遠罪而不自知也唐之刑書有四曰律令格式令者尊卑貴賤之等數國家之制度也格者百官有司之所常行之事也式者其所常守之法也凡邦國之政必從事於此三者其有所違及人之爲惡而入于罪戾者一斷以律律之爲書因隋之舊爲十有二篇一曰名例二曰衞禁三曰職制四曰戶婚五曰廄庫六曰擅興七曰賊盜八曰鬬訟九曰詐僞十曰雜律十一曰捕亡十二曰斷獄其用刑有五一曰笞笞之爲言恥也凡過之小者捶撻以恥之漢用竹後世更以楚書曰扑作教刑是也二曰杖杖者持也可持以擊也書曰鞭作官刑是也三曰徒徒者奴也蓋奴辱之周禮曰其奴男子入于罪隸任之以事寘之圜土而教之量其罪之輕重有年數而捨四曰流書云流宥五刑謂不忍刑殺宥之于遠也五曰死乃古大辟之刑也自隋以前死刑有五曰罄絞斬梟裂而流徒之刑鞭笞兼用數皆踰百至隋始定爲笞刑五自十至于五十杖刑五自六十至于百徒刑五自一年至于三年流刑三自一千里至于二千里死刑二絞斬除其鞭刑及梟首轘裂之酷又有議請減贖當免之法唐皆因之然隋文帝性刻深而煬帝昏亂民不勝其毒唐興高祖入京師約法十二條惟殺人劫盜背軍叛逆者死及受禪命納言劉文靜等損益律令武德二年頒新格五十三條唯吏受賕犯盜詐冒府庫物赦不原凡斷屠日及正月五月九月不行刑四年高祖躬錄囚徒以人因亂冒法者衆盜非劫傷其主及征人逃亡官吏枉法皆原之已而又詔僕射裴寂等十五人更撰律令凡律五百麗以五十三條流罪三皆加千里居作三歲至

二歲半者悉為一歲餘無改焉太宗即位詔長孫无忌房玄齡等復定舊令議絞刑之屬五十皆免死而斷右趾既而又哀其斷毀支體謂侍臣曰肉刑前代除之久矣今復斷人趾吾不忍也王珪蕭瑀陳叔達對曰受刑者當死而獲生豈憚去一趾去趾所以使見者知懼今以死刑為斷趾蓋寬之也帝曰公等更思之其後蜀王法曹參軍裴弘獻駮律令四十餘事乃詔房玄齡與弘獻等重加刪定玄齡等以謂古者五刑刖居其一及肉刑既廢今以笞杖徒流死為五刑而又刖足是六刑也於是除斷趾法為加役流三千里居作二年太宗嘗覽明堂針灸圖見人之五藏皆近背針灸失所則其害致死歎曰夫箠者五刑之輕死者人之所重安得犯至輕之刑而或致死遂詔罪人無得鞭背五年河內人李好德坐妖言下獄大理丞張蘊古以為好德病狂瞀法不當坐治書侍御史權萬紀劾蘊古相州人好德兄厚德方為相州刺史故蘊古奏不以實太宗怒遽斬蘊古既而大悔因詔死刑雖令即決皆三覆

奏乃之謂羣臣曰死者不可復生昔王世充殺鄭頲而猶能悔近有府史取賕不多朕殺之是思之不審也決囚雖三覆奏而頃刻之間何暇思慮自今宜二日五覆奏決日尚食勿進酒肉教坊太常輟教習諸州死罪三覆奏其日亦蔬食務合禮撤樂減膳之意故時律兄弟分居廕不相及而連坐則俱死同州人房彊以弟謀反當從坐帝因錄囚為之動容曰反逆有二興師動衆一也惡言犯法二也輕重固異而鈞謂之反連坐皆死豈定法耶玄齡等議曰禮孫為父尸故祖有廕孫令是祖孫重而兄弟輕於是令反逆者祖孫與兄弟緣坐皆配役惡言犯法者兄弟配流而已玄齡等遂與法司增損隋律降大辟為流者九十二流為徒者七十一以為律定令一千五百四十六條以為令又刪武德以來勑三千餘條為七百條以為格又取尚書省列曹及諸寺監十六衞計帳以為式凡州縣皆有獄而京兆河南獄治京師其諸司有罪及金吾捕者又有大理獄京師之囚刑部月一奏御史巡行之每歲立春至秋及大

祭祀致齊朔望上下弦二十四氣雨及夜未明假日斷屠月皆停死刑京師決死涖以御史金吾在外則上佐餘皆判官涖之五品以上罪論死乘車就刑大理正涖之或賜死于家凡囚已刑無親屬者將作給棺瘞于京城七里外壙有甎銘上揭以榜家人得取以葬諸獄之長官五日一慮囚夏置漿飲月一沐之疾病給醫藥重者釋械其家一人入侍職事散官三品以上婦女子孫二人入侍天下疑獄讞大理寺不能決尚書省衆議之錄可為法者送祕書省奏報不馳驛經覆而決者刑部歲以正月遣使巡覆所至閱獄囚杻校糧餉治不如法者杻校鉗鎖皆有長短廣狹之制量囚輕重用之囚二十日一訊三訊而止數不過二百凡杖皆長三尺五寸削去節目訊杖大頭徑三分二氂小頭二分二氂常行杖大頭二分七氂小頭一分七氂笞杖大頭二分小頭一分有半死罪校而加杻官品勳階第七者鎖禁之輕罪及十歲以下至八十以上者廢疾侏儒懷妊皆頌繫以待斷居作者著鉗若校京師隸將作

女子隸少府縫作旬給假一日臘寒食二日毋出役院病者釋鉗校給假疾差陪役謀反者男女奴婢沒為官奴婢隸司農七十者免之凡役男子入于蔬圃女子入于廚饎流移人在道疾病婦人免乳祖父母父母喪男女奴婢死皆給假授程糧非反逆緣坐六歲縱之特流者三歲縱之有官者得復仕初太宗以古者斷獄訊於三槐九棘乃詔死罪中書門下五品以上及尚書等平議之三品以上犯公罪流私罪徒皆不追身凡所以纖悉條目必本於仁恕然自張蘊古之死也法官以失出為誡有失入者又不加罪自是吏法稍密帝以問大理卿劉德威對曰律失入減三等失出減五等今失入無辜而失出為大罪故吏皆深文帝矍然遂命失出入者皆如律自此吏亦持平十四年詔流罪無遠近皆徙邊要州後犯者寖少十六年又徙死罪以實西州流者戍之以罪輕重為更限廣州都督黨仁弘嘗率鄉兵二千助高祖起封長沙郡公仁弘交通豪酋納金寶沒降獠為奴婢又擅賦夷人既還有舟七十或告

其贓法當死帝哀其老且有功因貸爲庶人乃召五品以上謂曰賞罰所以代天行法今朕寬仁弘死是自弄法以負天也人臣有過請罪於君君有過宜請罪於天其令有司設藁席于南郊三日朕將請罪房玄齡等曰寬仁弘不以私而以功何罪之請百僚頓首三請乃止太宗以英武定天下然其天姿仁恕初即位有勸以威刑肅天下者魏徵以爲不可因爲上言王政本於仁恩所以愛民厚俗之意太宗欣然納之遂以寬仁治天下而於刑法尤愼四年天下斷死罪二十九人六年親錄囚徒閔死罪者三百九十人縱之還家期以明年秋即刑及期囚皆詣朝堂無後者太宗嘉其誠信悉原之然嘗謂羣臣曰吾聞語曰一歲再赦好人喑啞吾有天下未嘗數赦者不欲誘民於幸免也自房玄齡等更定律令格式訖太宗世用之無所變改高宗初即位詔律學之士撰律疏又詔長孫无忌等增損格勑其曹司常務曰留司格頒之天下曰散頒格龍朔儀鳳中司刑太常伯李敬玄左僕射劉仁軌相繼又加刊

正武后時內史裴居道鳳閣侍郎韋方質等又刪武德以後至于垂拱詔勑爲新格藏於有司曰垂拱留司格神龍元年中書令韋安石又續其後至於神龍爲散頒格睿宗即位戶部尚書岑羲等又著太極格玄宗開元三年黃門監盧懷愼等又著開元格至二十五年中書令李林甫又著新格凡所損益數千條明年吏部尚書宋璟又著後格皆以開元名書天寶四載又詔刑部尚書蕭炅稍復增損之肅宗代宗無所改造至德宗時詔中書門下選律學之士取至德以來制勑奏讞掇其可爲法者藏之而不名書憲宗時刑部侍郎許孟容等刪天寶以後勑爲開元格後勑文宗命尚書省郎官各刪本司勑而丞與侍郎覆視中書門下參其可否而奏之爲大和格後勑開成三年刑部侍郎狄兼謩採開元二十六年以後至于開成制勑刪其繁者爲開成詳定格宣宗時左衞率府倉曹參軍張戣以刑律分類爲門而附以格勑爲大中刑律統類詔刑部頒行之此其當世所施行而著見者其餘有其書而不常行者

不足紀也書曰愼乃出令蓋法令在簡簡則明行之在久久則信而中材之主庸愚之吏常莫克守之而喜爲變革至其繁積則雖有精明之士不能徧習而吏得上下以爲姦此刑書之弊也蓋自高宗以來其大節鮮可紀而格令之書不勝其繁也高宗旣昏懦而繼以武氏之亂毒流天下幾至於亡自永徽以後武氏已得志而刑濫矣當時大獄以尚書刑部御史臺大理寺雜按謂之三司而法吏以慘酷爲能至不釋枷而笞棰以死者皆不禁律有杖百凡五十九條犯者或至死而杖未畢乃詔除其四十九條然無益也武后已稱制懼天下不服欲制以威乃修後周告密之法詔官司受訊有言密事者馳驛奏之自徐敬業越王貞琅邪王沖等起兵討亂武氏益恐乃引酷吏周興來俊臣輩典大獄與侯思止王弘義郭弘霸李敬仁康暐衞遂忠等集告事數百人共爲羅織構陷無辜自唐之宗室與朝廷之士日被告捕不可勝數天下之人爲之仄足如狄仁傑魏元忠等皆幾不免左臺御史周矩上疏曰

比姦憸告訐習以爲常推劾之吏以深刻爲功鑿空爭能相矜以虐泥耳囊頭摺脅籤爪懸髮燻耳卧鄰穢溺刻害支體糜爛獄中號曰獄持閉絕食飲晝夜使不得眠號曰宿囚殘賊威暴取決目前被誣者苟求得死何所不至爲國者以仁爲宗以刑爲助周用仁而昌秦用刑而亡願陛下緩刑用仁天下幸甚武后不納麟臺正字陳子昂亦上書切諫不省及周興來俊臣等誅死后亦老其意少衰而狄仁傑姚崇宋璟王及善相與論垂拱以來酷濫之冤太后感寤由是不復殺戮然其毒虐所被自古未之有也大足元年乃詔法司及推事使敢多作辯狀而加語者以故入論中宗韋后繼以亂敗玄宗自初即位勵精政事常自選太守縣令告戒以言而良吏布州縣民獲安樂二十年間號稱治平衣食富足人罕犯法是歲刑部所斷天下死罪五十八人往時大理獄相傳烏雀不栖至是有鵲巢其庭樹羣臣稱賀以爲幾致刑錯然而李林甫用事矣自來俊臣誅後至此始復起大獄以誣陷所殺數十百人

如韋堅李邕等皆一時名臣天下冤之而天子亦自喜邊功遣將分出以擊蠻夷兵數大敗士卒死傷以萬計國用耗乏而轉漕輸送遠近煩費民力既獘盜賊起而獄訟繁矣天子方側然詔曰徒非重刑而役者寒暑不釋械繫杖古以代肉刑也或犯非巨蠹而棰以至死其皆免以配諸軍自效民年八十以上及重疾有罪皆勿坐侍丁犯法原之俾終養以此施德其民然巨盜起天下被其毒民莫蒙其賜也安史之亂僞官陸大鈞等背賊來歸及慶緒奔河北脅從者相率待罪闕下自大臣陳希烈等合數百人以御史大夫李峴中丞崔器等爲三司使而肅宗方喜刑名器亦刻深乃以河南尹達奚珣等三十九人爲重罪斬于獨柳樹者十一人珣及韋恒腰斬陳希烈等賜自盡於獄中者七人其餘決重杖死者二十一人以歲除日行刑集百官臨視家屬流竄初史思明高秀巖等皆自拔歸命聞珣等被誅懼不自安乃復叛而三司用刑連年流貶相繼及王璵爲相請詔三司推覈未已者一切免之然河

北叛人畏誅不降兵連不解朝廷屢起大獄肅宗後亦悔歎曰朕爲三司所誤臨崩詔天下流人皆釋之代宗性仁恕常以至德以來用刑爲戒及河洛平下詔河北河南吏民任僞官者一切不問得史朝義將士妻子四百餘人皆赦之僕固懷恩反免其家不緣坐劇賊高玉聚徒南山啗人數千後擒獲會赦代宗將貸其死公卿議請爲菹醢帝不從卒杖殺之諫者常諷帝政寛故朝廷不肅帝笑曰艱難時無以逮下顧刑法峻急有威無恩朕不忍也即位五年府縣寺獄無重囚故時別勑決人捶無數寶應元年詔曰凡制勑與一頓杖者其數止四十至到與一頓及重杖一頓痛杖一頓者皆止六十德宗性猜忌少恩然用刑無大濫刑部侍郎班宏言謀反大逆及叛惡逆四者十惡之大也犯者宜如律其餘當斬絞刑者決重杖一頓處死以代極法故時死罪皆先決杖其數或百或六十於是悉罷之憲宗英果明斷自即位數誅方鎮欲治僭叛一以法度然於用刑喜寛仁是時李吉甫李絳爲相吉甫言治天

下必任賞罰陛下頻降赦令蠲逋負賑飢民恩德至矣然典刑未舉中外有懈怠心絳曰今天下雖未大治亦未甚亂乃古平國用中典之時自古欲治之君必先德化至暴亂之世始專任刑法吉甫之言過矣憲宗以爲然司空于頔亦諷帝用刑以收威柄帝謂宰相曰頔懷姦謀欲朕失人心也元和八年詔兩京關內河東河北淮南山南東西道死罪十惡殺人鑄錢造印若彊盜持仗劫京兆界中及它盜贓踰三匹者論如故其餘死罪皆流天德五城父祖子孫欲隨者勿禁蓋刑者政之輔也政得其道仁義興行而禮讓成俗然猶不敢廢刑所以爲民防也寛之而已今不隆其本顧風俗謂何而廢常刑是弛民之禁啓其姦由積水而決其防故自玄宗廢徒杖刑至是又廢死刑民未知德而徒以爲幸也穆宗童昏然頗知慎刑法每有司斷大獄令中書舍人一人參酌而輕重之號參酌院大理少卿崔杞奏曰國家法度高祖太宗定制二百餘年矣周禮正月布刑張之門閭及都鄙邦國所以屢丁寧使四

方謹行之大理寺陛下守法之司也今別設參酌之官有司定罪乃議其出入是與奪繫於人情而法官不得守其職昔子路問政孔子曰必也正名乎臣以爲參酌之名不正宜廢乃罷之大和六年興平縣民上官興以醉殺人而逃聞械其父乃自歸京兆尹杜悰御史中丞宇文鼎以其就刑免父請減死詔兩省議以爲殺人者死百王所守若許以生是誘之殺人也諫官亦以爲言文宗以興免父囚近於義杖流靈州君子以爲失刑文宗好治躬自謹畏然閹宦肆孽不能制至誅殺大臣夷滅其族濫及者不可勝數心知其冤爲之飲恨流涕而莫能救止蓋仁者制亂而弱者縱之然則剛彊非不仁而柔弱者仁之賊也武宗用李德裕誅劉稹等大刑舉矣而性嚴刻故時竊盜無死所以原民情迫於飢寒也至是贓滿千錢者死至宣宗乃罷之而宣宗亦自喜刑名常曰犯我法雖子弟不宥也然少仁恩唐德自是衰矣蓋自高祖太宗除隋虐亂治以寛平民樂其安重於犯法致治之美幾乎三代之盛時考

其推心惻物其可謂仁矣自高宗武后以來毒流邦家唐祚絶而
復續玄宗初勵精爲政二十年間刑獄减省歲斷死罪纔五十八
人以此見致治雖難勉之則易未有爲而不至者自此以後兵革
遂興國家多故而人主規規無復太宗之志其雖有心於治者亦
不能講考大法而性有寬猛凡所更革一切臨時苟且或重或輕
徒爲繁文不足以示後世而高祖太宗之法僅守而存故自肅宗
以來所可書者幾希矣懿宗以後無所稱焉

刑法志第四十六

藝文志第四十七　　唐書五十七

翰林學士兼龍圖閣學士朝散大夫給事中知制誥充史館修撰臣歐陽脩奉
敕撰

自六經焚於秦而復出於漢其師傳之道中絶而簡編脫亂訛缺
學者莫得其本眞於是諸儒章句之學興焉其後傳注箋解義疏
之流轉相講述而聖道粗明然其爲說固已不勝其繁矣至於上
古三皇五帝以來世次國家興滅終始僭竊僞亂史官備矣而傳
記小說外暨方言地理職官氏族皆出於史官之流也自孔子在
時方脩明聖經以絀繆異而老子著書論道德接乎周衰戰國遊
談放蕩之士田駢愼到列莊之徒各極其辯而孟軻荀卿始專脩
孔氏以折異端然諸子之論各成一家自前世皆存而不絶也夫
王迹熄而詩亡離騷作而文辭之士興歷代盛衰文章與時高下
然其變態百出不可窮極何其多也自漢以來史官列其名氏篇
第以爲六藝九種七略至唐始分爲四類曰經史子集而藏書之
盛莫盛於開元其著錄者五萬三千九百一十五卷而唐之學者
自爲之書者又二萬八千四百六十九卷嗚呼可謂盛矣六經之
道簡嚴易直而天人備故其愈久而益明其餘作者衆矣質之聖
人或離或合然其精深閎博各盡其術而怪奇偉麗往往震發
於其間此所以使好奇博愛者不能忘也然凋零磨滅亦不可勝
數豈其華文少實不足以行遠歟而俚言俗說猥有存者亦其有
幸不幸者歟今著于篇有其名而亡其書者十蓋五六也可不惜
哉初隋嘉則殿書三十七萬卷至武德初有書八萬卷重複相糅
王世充平得隋舊書八千餘卷太府卿宋遵貴監運東都浮舟泝
河西致京師經砥柱舟覆盡亡其書貞觀中魏徵虞世南顏師古
繼爲祕書監請購天下書選五品以上子孫工書者爲書手繕寫藏
于內庫以宮人掌之玄宗命左散騎常侍昭文館學士馬懷素爲
脩圖書使與右散騎常侍崇文館學士褚无量整比會幸東都乃
就乾元殿東序檢校无量建議御書以宰相宋璟蘇頲同署如貞

觀故事又借民間異本傳錄及還京師遷書東宮麗正殿置修
書院於著作院其後大明宮光順門外東都明福門外皆創集賢
書院學士通籍出入既而太府月給蜀郡麻紙五千番季給上谷
墨三百三十六丸歲給河間景城清河博平四郡兔千五百皮為
筆材兩都各聚書四部以甲乙丙丁為次列經史子集四庫其本
有正有副軸帶帙籤皆異色以別之安祿山之亂尺簡不藏元載
為相奏以千錢購書一卷又命拾遺苗發等使江淮括訪至文宗
時鄭覃侍講進言經籍未備因詔秘閣搜採於是四庫之書復完
分藏于十二庫黃巢之亂存者蓋尠昭宗播遷京城制置使孫
惟晟斂書本軍寓教坊於秘閣有詔還其書命監察御史韋昌範
等諸道求購及徙洛陽蕩然無遺矣

甲部經錄其類十一一曰易類二曰書類三曰詩類四曰禮類五
曰樂類六曰春秋類七曰孝經類八曰論語類九曰讖緯類十曰
經解類十一曰小學類凡著錄四百四十家五百九十七部六千
一百四十五卷不著錄一百一十七家三千三百六十卷

連山十卷司馬膺注歸藏十三卷周易卜商傳二卷孟喜章句十
卷京房章句十卷費直章句四卷馬融章句十卷荀爽章句十卷
鄭玄注周易十卷劉表注五卷董遇注十卷宋忠注十卷王肅注
十卷王弼注七卷又大衍論三卷虞翻注九卷陸績注十三卷姚
信注十卷荀煇注十卷蜀才注十卷王廙注十卷干寶注十卷又
爻義一卷黃穎注十卷崔浩注十卷崔覲注十三卷何胤注十卷
盧氏注十卷傅氏注十四卷王又玄注十卷王凱沖注十卷荀氏九
家集解十卷馬鄭二王集解十卷王弼韓康伯注十卷二王集解
十卷張璠集解十卷又略論一卷謝萬注繫辭二卷桓玄注繫辭
二卷荀諝注繫辭二卷荀柔之注繫辭二卷宋褰注繫辭二卷
宋明帝注義疏二十卷張該等羣臣講易疏二十卷梁武帝大義
二十卷又大義疑問二十卷蕭偉發義一卷又幾義一卷蕭子政
義疏十四卷又繫辭義二卷張譏講疏三十卷何妥講疏十三卷

褚仲都講疏十六卷梁蕃文句義疏二十卷又開題論序疏十卷
釋序義三卷劉瓛繫辭義疏二卷又乾坤義疏一卷鍾會周易論
四卷范氏周易論四卷應吉甫明易論一卷鄒湛統略論三卷阮
長成阮仲容難荅論二卷宋處宗通易論一卷宣聘通易象論
一卷欒肇通易象論一卷袁宏略譜一卷楊乂卦序論一卷沈熊
周易譜一卷雜音三卷任希古注周易十卷周易正義十六卷國子祭酒孔穎達顏師古司馬才章王恭太學博士馬嘉運太學助教趙乾叶王談于志寧等奉詔撰四門博士蘇德融趙弘智覆審陸德明周
易文句義疏二十四卷文外大義二卷陰弘道周易新傳疏十卷潁子臨渙令
薛仁貴周易新注本義十四卷王勃周易發揮五卷玄宗
周易大衍論三卷李鼎祚集注周易十七卷東鄉助周易物象釋
疑一卷僧一行周易論卷亡又大衍玄圖一卷義決一卷大衍論二
十卷崔良佐易忘象卷亡元載集注周易一百卷李吉甫注一行
易卷亡衛元嵩元包十卷蘇源明傳李江注高定周易外傳二十二卷郢子京兆府參軍
裴通易書一百五十卷字又玄士淹子文宗訪以易義令進所撰書盧行超易義五卷字孟起大
中大合丞陸希聲周易傳二卷
右易類七十六家八十八部六百六十五卷失姓名一家李鼎祚以下不著錄十一家三百二十九卷

古文尚書孔安國傳十三卷謝沈注十三卷王肅注十卷又釋駮
五卷范甯注十卷李顒集注十卷又新釋二卷要略二卷姜道盛
集注十卷徐邈注逸篇三卷伏勝注大傳三卷又暢訓一卷劉向
洪範五行傳論十一卷馬融傳十卷王肅孔安國問荅三卷鄭玄
注古文尚書九卷又注釋問四卷王粲問田瓊韓益正呂文優義注三卷伊說
釋義四卷顧歡百問一卷巢猗百釋三卷又義疏十卷費甝義疏
十卷任孝恭古文大義二十卷蔡大寶義疏三十卷劉焯義疏三十
卷顧彪古文音義五卷又文外義一卷劉炫述義二十卷王儉音
義四卷王玄度注尚書十三卷今文尚書十三卷開元十四年玄宗以洪範無偏無頗聲不協詔改為無偏無陂天寶三載又詔集賢學士衛包改古文從今文尚書正義二十卷國子祭酒孔穎達太學博士王德韶四門助教李子雲等奉詔撰四門博士朱長才蘇德融太學助教隋德素四門助教王士雄趙弘智覆審太尉揚州都督長孫无忌司空李勣左僕射于志寧右僕射張行成吏部尚書侍中高季輔吏部尚書褚遂良中書令柳奭弘文館學士谷那律劉伯莊太學博士賈公彥范義頵齊威太常博士柳士宣孔志約四門博士趙君贊右內率

府長史弘文館直學士薛伯珍國子助敎史士弘太學助敎鄭祖玄周玄達四門助敎李玄植王眞儒與王德韶隋德素等刊定王元感尚書
糾謬十卷穆元休洪範外傳十卷陳正卿續尚書纂漢至唐十二代詔策章疏歌頌符
檄論讚策書開元末上之卷亡崔良佐尚書演範卷亡
右書類二十五家三十三部三百六卷王元感以下不著錄四家二十卷
韓詩卜商序韓嬰注二十二卷又外傳十卷卜商集序二卷又翼
要十卷毛萇傳十卷鄭玄箋毛詩詁訓二十卷又譜三卷王肅注
二十卷又雜義駮八卷問難二卷葉遵注二十卷詩譏葉崔靈恩集
注二十四卷義注五卷劉楨義問十卷王基毛詩駮五卷毛詩雜
荅問五卷雜義難十卷孫毓異同評十卷楊乂毛詩辨三卷陳統
難孫氏詩評四卷又表隱二卷元延明誼府三卷張氏義疏五卷
陸璣草木鳥獸魚蟲疏二卷謝沈釋義十卷劉氏序義一卷劉炫
述義三十卷魯世達音義二卷鄭玄等諸家音十五卷王玄度注
毛詩二十卷毛詩正義四十卷孔穎達王德韶齊威等奉詔撰趙乾叶四門助敎賈普曜趙弘智等覆正許
叔牙毛詩纂義十卷成伯璵毛詩指說一卷又斷章二卷毛詩草

木蟲魚圖二十卷開成中文宗命集賢院修撰并繪物象大學士楊嗣復學士張次宗上之
右詩類二十五家三十一部三百二十二卷失姓名三家許叔牙以下不著錄三家三十三卷
大戴德禮記十三卷又喪服變除一卷鄭玄注小戴聖禮記二十
卷又禮議二十卷禮記音三卷曹耽三禮目錄一卷注周官十三卷
音三卷注儀禮十七卷喪服變除一卷注喪服紀一卷盧植注小
戴禮記二十卷馬融周官傳十二卷又注喪服記一卷王肅注小
戴禮記三十卷又注周官十二卷注儀禮十七卷音二卷喪服要
記一卷注喪服紀一卷鄭小同禮記義記四卷袁準注儀禮一卷
孔倫注一卷陳銓注一卷蔡超宗注二卷田僧紹注二卷傅玄周
官論評十二卷陳邵駮杜預喪服要集議三卷賀循喪服譜一卷又
喪服要記五卷謝徽注干寶注周官十二卷又荅周官駮難五卷孫略
問李軌小戴禮記音二卷尹毅音二卷徐邈音三卷徐爰音二卷
司馬伷周官寧朔新書八卷又禮記寧朔新書二十卷並王懋約注戴
顒月令章句十二卷又中庸傳二卷繆氏要鈔六卷王逡之注喪

服五代行要記十卷徐廣禮論問荅九卷范甯禮問九卷又禮
論荅問九卷射慈小戴禮記音二卷又喪服天子諸侯圖一卷崔
游喪服圖一卷蔡謨喪服譜一卷喪服要難一卷趙成問袁祈荅伊說注
周官十卷孫炎注禮記三十卷葉遵注十二卷董勛問禮俗十卷
劉雋禮記評十卷吳商雜禮義十一卷何承天禮論三百七卷顏
延之禮逆降議三卷任預禮論條牒十卷又禮論帖三卷禮論鈔
六十六卷庾蔚之禮記略解十卷又注喪服要記五卷禮論鈔二
十卷王儉禮儀荅問十卷又禮雜荅問十卷喪服古今集記三卷
荀萬秋禮雜鈔略二卷傅隆禮議一卷梁武帝禮大義十卷周捨
禮疑義五十卷何佟之禮記義十卷又禮荅問十卷戚壽雜禮義
問荅四卷賀瑒禮論要鈔一百卷賀述禮統十二卷崔靈恩周官
集注二十卷又三禮義宗三十卷元延明三禮宗略二十卷皇侃
禮記講疏一百卷又義疏五十卷喪服文句義十卷沈重周禮義
疏四十卷又禮記義疏四十卷熊安生義疏四十卷劉芳義證十

卷沈文阿喪服經傳義疏四卷又喪服發題二卷夏侯伏朗三禮
圖十二卷禮記隱二十六卷禮類聚十卷禮儀雜記故事十一卷
禮統郊祀六卷禮論要鈔十三卷區分十卷禮論鈔略十三卷禮
記正義七十卷孔穎達國子司業朱子奢國子助敎李善信賈公彥柳士宣范義頵魏王參軍事張權等奉詔撰與周玄達趙君贊王士
雄趙弘智覆審賈公彥禮記正義八十卷又周禮疏五十卷儀禮疏五十卷
魏徵次禮記二十卷亦曰類禮王玄度周禮義決三卷又注禮記二十卷
元行沖類禮義疏五十卷御刊定禮記月令一卷集賢院學士李林甫陳希烈徐安貞
直學士劉光謙齊光乂陸善經修撰官史玄晏待制官梁令瓚等注解自第五易爲第一成伯璵禮記外傳四卷王元
感禮記繩愆三十卷王方慶禮經正義十卷禮雜問荅十卷李敬
玄禮論六十卷張鎰三禮圖九卷陸質類禮二十卷韋彤五禮精
義十卷丁公著禮志十卷禮記字例異同一卷元和十三年詔定丘敬伯五
禮異同十卷孫玉汝五禮名義十卷杜肅禮略十卷張頻禮粹二
十卷
右禮類六十九家九十六部一千八百二十七卷失姓名七家元行沖以下不著錄十六家二百九十五卷

桓譚樂元起二卷又琴操二卷孔衍琴操二卷荀勗太樂雜歌辭三卷又太樂歌辭二卷樂府歌詩十卷謝靈運新錄樂府集十一卷信都芳删注樂書九卷留進管絃記十二卷凌秀管絃志十卷公孫崇鍾磬志二卷梁武帝樂社大義十卷又樂論三卷沈重鍾律五卷釋智匠古今樂錄十三卷鄭譯樂府歌辭八卷又樂府聲調六卷蘇夔樂府志十卷李玄楚樂經三十卷元殷樂略四卷又聲律指歸一卷翟子樂府歌詩十卷又三調相和歌辭五卷劉氏周氏琴譜四卷陳懷琴譜二十一卷漢魏吳晉鼓吹曲四卷琴集歷頭拍簿一卷外國伎曲三卷又一卷論樂事二卷歷代曲名一卷推七音一卷十二律譜義一卷鼓吹樂章一卷李守眞古今樂記八卷蕭吉樂譜集解二十卷武后樂書要錄十卷趙邪利琴叙譜九卷張文收新樂書十二卷劉貺太樂令壁記三卷徐景安歷代樂儀三十卷崔令欽教坊記一卷吳兢樂府古題要解一卷郗昂樂府古今題解三卷（一作王昌齡）段安節樂府雜錄一卷（文昌孫）竇璡正聲樂調一卷玄宗金風樂一卷蕭祜無射商九調譜一卷趙惟暕琴書三卷陳拙大唐正聲新址琴譜十卷呂渭廣陵止息譜一卷李良輔廣陵止息譜一卷李約東杓引譜一卷（勉子兵部員外郎）齊嵩琴雅略一卷王大力琴聲律圖一卷陳康士琴譜十三卷（字安道僖宗時人）又琴調四卷琴譜一卷離騷譜一卷趙邪利琴手勢譜一卷南卓羯鼓錄一卷

右樂類三十一家，三十八部，二百五十七卷。（失姓名九家，張文收以下不著錄二十家，九十三卷）

左丘明春秋外傳國語二十卷董仲舒春秋繁露十七卷春秋穀梁傳十五卷（尹更始注）春秋公羊傳五卷（嚴彭祖述）賈逵春秋左氏長經章句二十卷又解詁三十卷春秋三家訓詁十二卷董遇左氏經傳章句三十卷王肅注三十卷又國語章句二十二卷王朗注左氏十卷士燮注春秋經十一卷杜預左氏經傳集解三十卷又釋例十五卷音三卷鄭眾牒例章句九卷潁容釋例七卷劉寔條例十卷方範經例六卷何休左氏膏肓十卷（鄭玄箴）又公羊解詁十三卷春秋漢議十卷（糜信注鄭玄駁）公羊墨守一卷（鄭玄發）穀梁廢疾三卷（鄭玄釋張靖箋）服虔左氏解誼三十卷又膏肓釋痾五卷春秋成長說七卷塞難三卷音隱一卷駁何氏春秋漢議十一卷王玢達長義一卷孫毓左氏傳義注三十卷又賈服異同略五卷梁簡文帝左氏傳例苑十八卷干寶春秋義函傳十六卷序論一卷郎興左氏釋滯十卷何始眞春秋左氏區別十二卷張沖春秋左氏義略三十卷嚴彭祖春秋圖七卷吳略春秋經傳詭例疑隱一卷京相璠春秋土地名三卷王延之旨通十卷顧啓期大夫譜十一卷李謐叢林十二卷崔靈恩立義十卷申先儒傳例十卷沈宏經傳解六卷又文苑六卷嘉語六卷沈文阿義略二十七卷劉炫攻昧十二卷又規過三卷述議三十七卷高貴鄉公左氏音三卷曹耽荀訥音四卷李軌音三卷孫邈音三卷王元規音三卷孔氏公羊集解十四卷王愆期注公羊十二卷又難荅論一卷（庾翼難）高龔傳記十二卷荀爽徐欽荅問五卷劉寔左氏牒例二十卷又公羊違義三卷（劉晏注）

王儉音二卷春秋穀梁傳段肅注十三卷唐固注穀梁十二卷又注國語二十一卷糜信注穀梁十二卷又左氏傳說要十卷張靖集解十一卷程闡經傳集注十六卷孔衍訓注十三卷范甯集注十二卷徐乾注十三卷徐邈注十二卷又傳義十卷音一卷沈仲義集解十卷蕭邕問傳義三卷劉兆三家集解十一卷韓益三傳論十卷胡訥集撰三傳經解十一卷又三傳評十卷潘叔度春秋成集十卷又合三傳通論十卷江熙公羊穀梁二傳評三卷李鉉春秋二傳異同十二卷虞翻注國語二十一卷韋昭注二十一卷孔晁解二十一卷春秋辨證明經論六卷左氏音十二卷左氏鈔十卷春秋辭苑五卷雜義難五卷左氏杜預評二卷春秋正義三十六卷（孔穎達楊士勛朱長才奉詔撰馬嘉運王德韶蘇德融與隋德素覆審）楊士勛穀梁疏十二卷王玄度注春秋左氏傳（卷亡）盧藏用春秋後語十卷高重春秋纂要四十卷（字文明士廉五代孫文宗時翰林侍講學士帝好左氏春秋命重分諸國各為書別名經傳要略歷國子祭酒）許康佐等集左氏傳三十卷（一作文宗御集）徐文遠左傳義疏六十卷又左傳音三卷陰弘

道春秋左氏傳序一卷李氏三傳異同例十三卷（開元中右威衛錄事參軍失名）馮伉三傳異同三卷劉軻三傳指要十五卷韋表微春秋三傳總例二十卷王元感春秋振滯二十卷韓滉春秋通一卷陸質集注春秋二十卷又集傳春秋纂例十卷春秋微旨二卷春秋辨疑七卷樊宗師春秋集傳十五卷春秋加減一卷（元和十三年國子監修定）李瑾春秋指掌十五卷張傑春秋圖五卷又春秋指元十卷裴安時左氏釋疑七卷（字適之大中江陵少尹）第五泰左傳事類二十卷（字伯通青州益都人咸通鄂州文學）成玄公穀總例十卷（字又玄咸通山陽令）陸希聲春秋通例三卷陳岳折衷春秋三十卷（唐末鍾傳江西從事）郭翔春秋義鑑三十卷柳宗元非國語二卷

右春秋類六十六家一百部一千一百六十三卷（失姓名五家王玄度以下不著錄二十三家四百三卷）

古文孝經孔安國傳一卷劉邵注一卷孝經王肅注一卷鄭玄注一卷韋昭注一卷孫熙注一卷蘇林注一卷謝万注一卷虞盤佐注一卷孔光注一卷殷仲文注一卷殷叔道注一卷徐整默注二卷車胤講孝經義四卷荀勗講孝經集解一卷皇侃義疏三卷

何約之大明中皇太子講義疏一卷梁武帝疏十八卷太史叔明發題四卷劉炫述義五卷張士儒演孝經十二卷應瑞圖一卷賈公彥孝經疏五卷魏克己注孝經一卷任希古越王孝經新義十卷今上孝經制旨一卷（玄宗）元行沖御注孝經疏二卷尹知章注孝經一卷孔穎達孝經義疏（卷亡）王元感注孝經一卷李嗣眞孝經指要一卷平貞昚孝經議（卷亡）徐浩廣孝經十卷（浩歸四明山人乾元二年上授校書郎）

右孝經類二十七家三十六部八十二卷（失姓名一家尹知章以下不著錄六家一十三卷）

論語鄭玄注十卷又注論語釋義一卷論語篇目弟子一卷王弼釋疑二卷王肅注論語十卷又注孔子家語十卷李充注論語十卷梁覬注十卷孟釐注九卷袁喬注十卷尹毅注十卷張氏注十卷何晏集解十卷孫綽集解十卷盈氏集義十卷江熙集解十卷徐氏古論語義注譜一卷虞喜贊鄭玄論語注十卷暢惠明義注十卷宋明帝補衞瓘論語注十卷欒肇論語釋十卷又駮二卷崔豹大義解十卷繆播旨序二卷郭象體略二卷戴詵述議二十卷劉炫章句二十卷皇侃疏十卷褚仲都講疏十卷義注隱三卷雜義十三卷剔義十卷徐邈音二卷孔叢七卷王勃次論語十卷賈公彥論語疏十五卷韓愈注論語十卷張籍論語注辨二卷

右論語類三十家三十七部三百二十七卷（失姓名三家韓愈以下不著錄二家十二卷）

宋均注易緯九卷注詩緯十卷注禮緯三卷注樂緯三卷注春秋緯三十八卷注論語緯十卷注孝經緯五卷鄭玄注書緯三卷注詩緯三卷

右讖緯類二家九部八十四卷

劉向五經雜義七卷又五經通義九卷五經要義五卷許愼五經異義十卷（鄭玄駮）譙周五經然否論五卷楊方五經鉤沉十卷楊思五經咨疑八卷元延明五經宗略四十卷劉炫五經正名十二卷沈文阿經典玄儒大義序錄十卷班固等白虎通義六卷鄭玄六藝論一卷鄭志九卷鄭記六卷王肅聖證論十一卷梁武帝孔子正言二十卷簡文帝長春義記一百卷樊文深七經義綱略論

三十卷又質疑五卷張譏游玄桂林二十卷謚法三卷（荀顗演劉熙注）沈約謚例十卷賀琛謚法三卷集天名稱三卷陸德明經典釋文三十卷顏師古匡謬正俗八卷趙英五經對訣四卷（英龍朔中城令）劉迅六說五卷劉貺六經外傳三十七卷張鎰五經微旨十四卷韋表微九經師授譜一卷裴僑卿微言注集二卷（開元中鄭縣尉）高重經傳要略十卷王彥威續古今謚法十四卷慕容宗本五經類語十卷（字秦初幽州人大中時）劉氏經典集音三十卷（鎔字正範絳州正平人咸通晉州長史）

右經解類十九家二十六部三百八十一卷（失姓名一家趙英以下不著錄十家一百二十七卷）

爾雅李巡注三卷樊光注六卷孫炎注六卷沈琁集注十卷郭璞注一卷又圖一卷音義一卷江灌圖贊一卷又音六卷李軌解小爾雅一卷楊雄別國方言十三卷劉熙釋名八卷韋昭辨釋名一卷李斯等三蒼三卷（郭璞解）杜林蒼頡訓詁二卷張揖廣雅四卷又埤蒼三卷三蒼訓詁三卷雜字一卷古文字訓二卷樊恭廣蒼一卷史游急就章一卷（曹壽解）顏之推注一卷司馬相如凡將篇一

卷班固在昔篇一卷太甲篇一卷蔡邕聖草章一卷又勸學篇一卷今字石經論語二卷崔瑗飛龍篇篆草勢合三卷許慎說文解字十五卷呂忱字林七卷楊承慶字統二十卷馮幹括字苑十三卷賈魴字屬篇一卷葛洪要用字苑一卷戴規辨字一卷僧寶誌文字釋訓三十卷周成解文字七卷王延雜文字音七卷王氏文字要說一卷阮孝緒文字集略一卷彭立文字辨嫌一卷王愔文字志三卷顧野王玉篇三十卷李登聲類十卷呂靜韻集五卷陽休之韻略一卷又辨嫌音二卷夏侯詠四聲韻略十三卷張諒四聲部三十卷趙氏韻篇十二卷陸慈切韻五卷郭訓字旨篇一卷古文奇字二卷衛宏詔定古文字書一卷虞龢法書目錄六卷衛恒四體書勢一卷蕭子雲五十二體書一卷庾肩吾書品一卷顏之推筆墨法一卷僧正度雜字書八卷何承天纂文三卷顏延之纂要六卷又詁幼文三卷張推證俗音三卷顏愍楚證俗音略一卷李虔續通俗文二卷李少通俗語難字一卷諸葛穎桂苑

珠叢一百卷朱嗣卿幼學篇一卷項峻始學篇十二卷王羲之小學篇一卷楊方少學集十卷顧凱之啓疑三卷蕭子範千字文一卷周興嗣次韻千字文一卷演千字文五卷黃初篇一卷吳章篇一卷音隱四卷難要字三卷覽字知源三卷字書十卷敘同音三卷桂苑珠叢略要二十卷古今八體六文書法一卷古來篆隸詁訓名錄一卷筆墨法一卷麁紙筆墨疏一卷篆書千字文一卷今字石經易篆三卷今字石經尚書本五卷今字石經鄭玄尚書八卷三字石經尚書古篆三卷今字石經毛詩三卷今字石經儀禮四卷三字石經左傳古篆書十二卷今字石經左傳經十卷今字石經公羊傳九卷蔡邕今字石經論語二卷曹憲爾雅音義二卷又博雅十卷文字指歸四卷劉伯莊續爾雅一卷顏師古注急就章一卷武后字海一百卷（凡武后所著書皆元万頃范履冰苗神客周思茂胡楚賓衛業等撰）李嗣眞書後品一卷徐浩書譜一卷古跡記一卷張懷瓘書斷三卷（開元中翰林院供奉）又評書藥石論一卷張敬玄書則一卷（貞元中處士）褚長文書指論一卷張彥遠法書要錄十卷（弘靖孫乾符初大理卿）裴行儉草字雜體（亡）卷荊浩筆法記一卷（浩撰洪谷子）二王張芝張昶等書一千五百一十卷（太宗出御府金帛購天下古本命魏徵虞世南褚遂良定眞僞凡得羲之眞行二百九十紙為八十卷又得獻之張芝等書以貞觀字為印草跡命遂良楷書小字以影之其古本多梁隋官書梁則滿騫徐僧權沈熾文朱异隋則江總姚察署記帝令魏褚卷尾各署名開元五年敕陸元悌魏哲劉懷信檢校分益卷秩玄宗自書開元字為印）王方慶寶章集十卷又王氏八體書範四卷王氏工書狀十五卷玄宗開元文字音義三十卷張參五經文字三卷唐玄度九經字樣一卷（文宗時待詔）顏元孫干祿字書一卷歐陽融經典分毫正字一卷李騰說文字源一卷（陽冰從子）僧慧力像文玉篇三十卷蕭鈞韻音二十卷孫愐唐韻五卷武元之韻銓十五卷玄宗韻英五卷（天寶十四載撰詔集賢院寫付諸道採訪使傳布天下）顏眞卿韻海鏡源三百六十卷李舟切韻十卷僧猷智辨體補脩加字切韻五卷

右小學類六十九家一百三部七百二十一卷（失姓名二十三家徐浩以下不著錄二十三家二千四十五卷）

藝文志第四十七

藝文志第四十八

翰林學士兼龍圖閣學士朝散大夫給事中知制誥充史館修撰臣歐陽脩奉敕撰

乙部史錄其類十三一曰正史類二曰編年類三曰僞史類四曰雜史類五曰起居注類六曰故事類七曰職官類八曰雜傳記類九曰儀注類十曰刑法類十一曰目錄類十二曰譜牒類十三曰地理類凡著錄五百七十一家八百五十七部一萬六千八百七十四卷不著錄三百五十八家一萬二千三百二十七卷

司馬遷史記一百三十卷裴駰集解史記八十卷徐廣史記音義十三卷鄒誕生史記音三卷班固漢書一百一十五卷服虔漢書音訓一卷應劭漢書集解音義二十四卷諸葛亮論前漢事一卷又音一卷孟康漢書音義九卷晉灼漢書集注十四卷又音義十七卷韋昭漢書音義七卷崔浩漢書音義二卷孔氏漢書音義鈔二卷（孔文詳）劉嗣等漢書音義二十六卷夏侯詠漢書音二卷包愷漢書音十二卷蕭該漢書音十二卷陰景倫漢書律曆志音義一卷項岱漢書敘傳八卷劉寶漢書駁義二卷陸澄漢書新注一卷韋稜漢書續訓二卷姚察漢書訓纂三十卷顏游秦漢書決疑十二卷僧務靜漢書正義三十卷李喜漢書辨惑三十卷漢書正名氏義十二卷漢書英華八卷劉珍等東觀漢記一百二十六卷又錄一卷謝承後漢書一百三十卷又錄一卷薛瑩後漢記一百卷司馬彪續漢書八十三卷又錄一卷劉義慶後漢書五十八卷華嶠後漢書三十一卷謝沈後漢書一百二卷又外傳十卷袁山松後漢書一百一卷又錄一卷范曄後漢書九十二卷又論贊五卷劉昭補注後漢書五十八卷張瑩漢南紀五十八卷劉熙注范曄後漢書一百二十二卷蕭該後漢書音三卷劉芳後漢書音一卷臧兢後漢書音三卷王沈魏書四十七卷陳壽魏國志三十卷蜀國志十五卷吳國志二十一卷（並裴松之注）韋昭吳書五十五卷王隱晉書八十九卷虞預晉書五十八卷朱鳳晉書十四卷謝靈運晉書三十五卷又錄一卷臧榮緒晉書一百一十卷干寶晉書二十二卷蕭子雲晉書九卷何法盛晉中興書八十卷徐爰宋書四十二卷孫嚴宋書五十八卷沈約宋書一百卷王智深宋書三十卷魏收後魏書一百三十卷魏澹後魏書一百七卷李德林北齊未修書二十四卷王劭齊志十七卷又隋書八十卷蕭子顯齊書六十卷劉陟齊書十三卷謝炅姚察梁書三十四卷顧野王陳書三卷傅縡陳書三卷許子儒注史記一百三十卷又音三卷（字文舉叔牙子也證聖天官侍郎潁川縣男）劉伯莊史記音義二十卷御銓定漢書八十七卷（高宗與郝處俊等撰）顧胤漢書古今集義二十卷顏師古注漢書一百二十卷章懷太子賢注後漢書一百卷（賢命劉訥言格希玄等注）韋機後漢書音義二十七卷晉書一百三十卷（房玄齡褚遂良許敬宗來濟陸元仕劉子翼令狐德棻李義府薛元超上官儀崔行功李淳風辛丘馭劉引之陽仁卿李延壽張文恭敬播李安期李懷儼趙弘智等脩而名爲御撰）姚思廉梁書五十六卷陳書三十六卷（皆魏徵等同撰）張大素後魏書一百卷又北齊書二十卷隋書三十二卷李百藥北齊書五十卷令狐德棻後周書五十卷隋書八十五卷志三十卷（顏師古孔穎達于志寧李淳風韋安仁李延壽與敬播趙弘智魏徵等撰）王元感注史記一百三十卷徐堅注史記一百三十卷李鎮注史記一百三十卷陳伯宣注史記一百三十卷（貞元中上）韓琬續史記一百三十卷（開元十七年上授門下典儀）又義林二十卷司馬貞史記索隱三十卷（開元潤州別駕）劉伯莊又撰史記地名二十卷漢書音義二十卷張守節史記正義三十卷竇羣史記名臣跡三十四卷敬播注漢書四十卷又漢書音義十二卷元懷景漢書議苑（卷亡開元右庶子武陵縣男謚曰文）姚珽漢書紹訓四十卷沈遵漢書問荅五卷李善漢書辨惑二十卷徐堅晉書一百一十卷高希嶠注晉書一百三十卷（開元二十年上授濟陽主簿）何超晉書音義三卷（[illegible]）武德貞觀兩朝史八十卷（長孫無忌令狐德棻顧胤等撰）吳兢又齊史十卷梁史十卷陳史五卷周史十卷隋史二十卷唐書一百卷又一百三十卷（兢韋述柳芳令狐峘于休烈等撰）國史一百六卷又一百一十三卷裴安時史記纂訓二十卷又元魏書三十卷（字適之大中江陵少尹）

凡集史五家六部一千二百二十二卷（高峻以下不著錄三家四百四十卷）

梁武帝通史六百二卷李延壽南史八十卷又北史一百卷高氏
小史一百二十卷高峻初六十卷其子迥釐益之峻元和中人劉氏洞史二十卷劉權忠州刺史晏曾孫
姚康復統史三百卷大中太子詹事
右正史類七十家九十部四千八十五卷失姓名二家王元感以下不著錄二十三家一千七百九
十卷揔七十三家六十九部
紀年十四卷汲冢書荀悅漢紀三十卷應劭等注荀悅漢紀三十卷
崔浩漢紀音義三卷侯瑾漢皇德紀三十卷張璠後漢紀三十卷
袁宏後漢紀三十卷張緬後漢略二十七卷劉艾漢靈獻二帝紀
六卷袁曄漢獻帝春秋十卷樂資山陽公載記十卷習鑿齒漢
晉春秋五十四卷魏武本紀四卷孫盛魏武春秋二十卷又晉陽
秋二十二卷魏澹魏紀十二卷梁祚魏書國紀十卷環濟吳紀十
卷陸機晉帝紀四卷干寶晉紀二十二卷劉協注干寶晉紀六十
卷劉謙之晉紀二十卷曹嘉之晉紀十卷徐廣晉紀四十五卷鄧
粲晉紀十一卷又晉陽秋三十二卷檀道鸞晉春秋二十卷蕭景

暢晉史草三十卷郭季產晉續紀五卷晉錄五卷王智深宋紀三
十卷裴子野宋略二十卷鮑衡卿宋春秋二十卷王琰宋春秋二
十卷沈約齊紀二十卷吳均齊春秋三十卷謝昊梁典三十九卷
劉璠梁典三十卷何之元梁典三十卷蕭韶梁太清紀十卷皇帝
紀七卷梁末代記一卷臧嚴棲鳳春秋五卷姚最梁昭後略十卷
北齊記二十卷王劭北齊志十七卷趙毅隋大業略記三卷杜延
業晉春秋略二十卷張大素隋後略十卷柳芳唐曆四十卷續唐
曆二十二卷韋澳蔣偕李荀張彥遠崔瑄撰崔龜從監修吳兢唐春秋三十卷韋述唐春秋
三十卷陸長源唐春秋六十卷陳嶽唐統紀一百卷焦璐唐朝年
代記十卷徐州從事龐勛亂遇害李仁實通曆七卷馬揔通曆十卷王氏五位
圖十卷王起廣五運圖卷亡苗台符古今通要四卷宣懿時人賈欽文古今
年代曆一卷大中時人曹圭五運錄十二卷張敦素建元曆二卷劉軻帝
王曆數謌一卷字希仁元和末進士第洺州刺史封演古今年號錄一卷天寶末進士第韋
美嘉號錄一卷中和中進士柳璨正閏位曆三卷李匡文兩漢至唐年紀

一卷昭宗時宗正少卿
右編年類四十一家四十八部九百四十七卷失姓名四家柳芳以下不著錄十九家三百五十五卷
常璩華陽國志十三卷又漢之書十卷蜀李書九卷和包漢趙紀
十四卷田融趙石記二十卷又二石記二十卷荀朝雜記一卷王度
隨翽二石偽事六卷二石書十卷范亨燕書二十卷王景暉南燕
錄六卷張詮南燕書十卷高閭燕志十卷段龜龍涼記十卷西河
記二卷張諮涼記十卷劉昞涼書十卷又燉煌實錄二十卷裴景
仁秦記十一卷杜惠明注拓拔涼錄十卷桓玄偽事二卷鄴洛鼎峙記十
卷守節先生天啓紀十卷崔鴻十六國春秋一百二十卷蕭方三
十國春秋三十卷李槩戰國春秋二十卷蔡允恭後梁春秋十卷
武敏之三十國春秋一百卷
右偽史類一十七家二十七部五百四十二卷失姓名三家
古文鎖語四卷汲冢周書十卷子貢越絕書十六卷孔晁注周書
八卷何承天春秋前傳十卷又春秋前傳雜語十卷樂資春秋後

傳三十卷孟儀注周載三十卷趙曄吳越春秋十二卷楊方吳越
春秋削煩五卷吳越記六卷劉向戰國策三十二卷高誘注戰國
策三十二卷延篤戰國策論一卷陸賈楚漢春秋九卷衛颯史記
要傳十卷張瑩史記正傳九卷譙周古史考二十五卷王粲漢書
英雄記十卷葛洪史記鈔十四卷又漢書鈔三十卷後漢書鈔三
十卷張緬後漢書略二十五卷又晉書鈔三十卷范曄後漢書纘
十三卷孔衍春秋時國語十卷又春秋後國語十卷漢尚書十卷
漢春秋十卷後漢尚書六卷後漢春秋六卷後魏尚書十四卷後
魏春秋九卷王越客後漢文武釋論二十卷袁希之漢表十卷張
溫三史要略三十卷阮孝緒正史削繁十四卷王延秀史要二十八
卷蕭肅合史二十卷又錄一卷王蔑史漢要集二卷司馬彪九州
春秋九卷後漢雜事十卷魚豢魏略五十卷孫壽魏陽秋異同八
卷魏武本紀年曆五卷王隱刪補蜀記七卷張勃吳錄三十卷李
槩左史六卷胡沖吳朝人士品秩狀八卷又吳曆六卷虞溥吳士

人行狀名品二卷虞溥江表傳五卷徐衆三國評三卷王濤三國志序評三卷傅暢晉諸公讚二十二卷晉曆二卷荀綽晉後略五卷賈匪之漢魏晉帝要紀三卷郭頒魏晉代説十卷謝綽宋拾遺録十卷孔思尚宋齊語録十卷陰僧仁梁撮要三十卷宋孝王關東風俗傳六十三卷來奥帝王本紀十卷環濟帝王略要十二卷劉滔先聖本紀十卷楊曄華夷帝王紀三十七卷張愔等帝系譜二卷韋昭洞紀四卷皇甫謐帝王代紀十卷又年曆六卷何茂林續帝王代紀十卷帝王代紀十六卷曆紀十卷姚恭年曆帝紀二十六卷吉文甫十五代略十卷代譜四十八卷周武帝敕撰 諸葛耽帝録十卷庾和之歷代記三十卷熊襄十代記十卷盧元福帝王編年録五十一卷又共和以來甲乙紀年二卷趙弘禮王業曆二卷周樹洞曆記九卷徐整三五曆紀二卷又通曆二卷雜曆五卷孔衍國志曆五卷長曆十四卷千年曆二卷許氏千歲曆三卷陶弘景帝王年曆五卷羊環分王年曆五卷王嘉拾遺録三卷又拾遺記十

卷蕭綺録 周祇崇安記二卷王韶之崇安記十卷鮑衡卿乘輿飛龍記二卷蕭大圜淮海亂離志四卷李仁實通曆七卷裴矩隋開業平陳記十二卷褚无量帝王紀録三卷皇甫遵吳越春秋傳十卷盧彦卿後魏紀三十三卷劉允濟魯後春秋二十卷丘悦三國典略三十卷元行沖魏典三十卷員半千三國春秋二十卷李筌閫外春秋十卷李吉甫六代略三十卷張絢古五代新記二卷許嵩建康實録二十卷柳氏自備三十卷柳仲郢 鄭暐史雋十卷吕才隋記二十卷丘悦期隋記十卷開元管城尉 杜寶大業雜記十卷杜儒童隋季革命記五卷武后時人 劉氏行年記二十卷劉仁軌 崔良佐三國春秋卷亡良佐深州安平人日用從子居共白鹿山門人謚曰貞文孝父 裴遵度王政記楊岑皇王寶運録並卷亡岑憲宗時人 功臣録三十卷唐穎稽典一百三十卷開元中穎罷臨汾尉上之張說奏留史館脩史兼集賢待制 王彦威唐典七十卷吳兢唐書備闕記十卷續皇王寶運録十卷韋昭度楊涉撰 韓祐續古今人表十卷開元十七年上授太常寺太祝 張薦宰輔傳略卷亡 蔣乂大唐宰輔録七十卷又凌煙功臣秦府十八學士史臣等傳四十卷凌

璠唐録政要十二卷昭宗時江都尉 南卓唐朝綱領圖一卷字昭嗣大中黔南觀察使 薛璫唐聖運圖二卷劉肅大唐新語十三卷元和中江都主簿 李肇國史補三卷翰林學士坐薦柏耆自中書舍人左遷將作少監 林恩補國史十卷僖宗時進士 傳載一卷史遺一卷溫大雅今上王業記六卷李延壽太宗政典三十卷吳兢太宗勳史一卷又貞觀政要十卷李康明皇政録十卷鄭處誨明皇雜録二卷鄭棨開天傳信記一卷溫畬天寶亂離西幸記一卷宋巨明皇幸蜀記一卷姚汝能安禄山事迹三卷華陰尉 包諝河洛春秋二卷安禄山史思明事 徐岱奉天記一卷德宗西狩事 崔光庭德宗幸奉天録一卷趙元一奉天録四卷張讀建中西狩録十卷字聖用僖宗時吏部侍郎 袁皓興元聖功録三卷谷況燕南記三卷張孝忠事 路隋平淮西記一卷杜信史略三十卷又開居録三十卷鄭澥涼國公平蔡録一卷字蘊士李愬山南東道掌書記開州刺史 薛圖存河南記一卷李師道事 李潛用乙卯記一卷李訓鄭注事 大和摧兇記一卷野史甘露記二卷開成紀事二卷李石開成承詔録二卷李德裕次柳氏舊聞一卷又文武兩朝獻替記三卷

會昌伐叛記一卷上黨紀叛一卷劉從諫事 韓昱壺關録三卷裴廷裕東觀奏記三卷大順中詔修宣懿僖實録以日曆注記亡缺因撰宣宗政事奏記於監修國史杜讓能廷裕字膺餘昭宗時翰林學士左散騎常侍貶湖南卒 令狐澄貞陵遺事二卷綯子也乾符中書舍人 柳玭續貞陵遺事一卷鄭言平剡録一卷裘甫事言字垂之浙西觀察使王式從事咸通翰林學士戶部侍郎 張雲咸通解圍録一卷字景之一字瑞卿起居舍人 鄭樵彭門紀亂三卷龐勛事 王坤驚聽録一卷黃巢事 郭廷誨廣陵妖亂志三卷高駢事 乾寧會稽録一卷董昌事 韓偓金鑾密記五卷王振汴水滔天録一卷昭宗時拾遺 公沙仲穆大和野史十卷起大和盡龍紀

右雜史類八十八家一百七部一千八百二十八卷失姓名八家元行沖以下不著録六十八家八百六十一卷

郭璞穆天子傳六卷漢獻帝起居注五卷李軌晉泰始起居注二十卷又晉咸寧起居注二十二卷晉太康起居注二十二卷晉永平起居注八卷晉咸和起居注十八卷晉咸康起居注二十二卷劉道薈晉起居注三百二十卷晉建武大興永昌起居注二十二卷晉建元起居注四卷晉永和起居注二十四卷晉升平起居注

十卷晉隆和興寧起居注五卷晉太和起居注六卷晉咸安起居
注三卷晉寧康起居注六卷晉太元起居注五十二卷晉崇寧起
居注十卷晉元興起居注九卷晉義熙起居注三十四卷晉元熙
起居注二卷何始眞晉起居鈔五十一卷晉起居注鈔二十四卷
宋永初起居注六卷宋景平起居注三卷宋元嘉起居注七十一卷
宋孝建起居注十七卷宋大明起居注十五卷後魏起居注二百
七十六卷齊永明起居注二十五卷梁大同七年起居注十卷陳
起居注四十一卷隋開皇元年起居注六卷王逡之三代起居注
鈔十五卷涼別起居注四十七卷溫大雅大唐創業起居注三卷
開元起居注三千六百八十二卷失撰人名姚璹脩時政記四十卷
凡實錄二十八部三百四十五卷劉知幾以下不著錄四百五十七卷
周興嗣梁皇帝實錄二卷謝吳梁皇帝實錄五卷梁太清實錄十
卷高祖實錄二十卷敬播撰房玄齡監脩許敬宗刪改今上實錄二十卷敬播顧胤撰房玄齡監脩長
孫无忌貞觀實錄四十卷許敬宗皇帝實錄三十卷高宗後脩實

錄三十卷初令狐德棻撰止乾封劉知幾吳兢續成韋述高宗實錄三十卷武后高宗實錄
一百卷則天皇后實錄二十卷魏元忠武三思祝欽明徐彥伯柳冲韋承慶崔融岑羲徐堅撰劉知幾吳兢刪正宗秦
客聖母神皇實錄十八卷吳兢中宗實錄二十卷劉知幾太上皇
實錄十卷吳兢睿宗實錄五卷張說今上實錄二十卷說與唐穎撰次玄宗開元
初事開元實錄四十七卷失撰人名玄宗實錄一百卷令狐峘撰元載監脩肅宗實錄
三十卷元載監脩令狐峘代宗實錄四十卷沈既濟建中實錄十卷德宗
實錄五十卷蔣乂樊紳林寶韋處厚獨孤郁撰裴垍監脩順宗實錄五卷韓愈沈傳師宇文籍撰李吉甫監脩
憲宗實錄四十卷沈傳師鄭澣宇文籍蔣係李漢陳夷行蘇景胤撰杜元穎韋處厚路隨監脩景胤弁子也中書舍人穆宗
實錄二十卷蘇景胤王彥威楊漢公蘇滌裴休撰路隨監脩滌字玄獻冕子也荊南節度使吏部尚書敬宗實錄十卷陳商
鄭亞撰李讓夷監脩商字述聖禮部侍郎秘書監文宗實錄四十卷盧耽蔣偕王渢盧告牛叢撰魏謩監脩耽字子嚴一字子重歷西
川節度使同中書門下平章事渢字中德歷東都留守告字子有弘宣子也歷吏部侍郎武宗實錄三十卷韋保衡監脩
凡詔令一家十一部三百五卷失姓名十家溫彥博以下不著錄十一家二百二十二卷
晉雜詔書百卷又二十八卷又六十六卷晉詔書黃素制五卷
晉定品雜制一卷晉太元副詔二十一卷晉崇安元興大亨副詔八

卷晉義熙詔二十二卷宋永初詔六卷宋元嘉詔二十一卷宋幹
詔集區別二十七卷溫彥博古今詔集三十卷李義府古今詔集
一百卷薛克構聖朝詔集三十卷唐德音錄三十卷太平內制五
卷明皇制詔錄一卷元和制集十卷王起寫宣十卷馬文敏王言
會最五卷唐舊制編錄六卷費氏集擬狀注制十卷
右起居注類六家三十八部一千二百七十二卷失姓名二十六家開元起居注以下不著錄三
家三千七百二十五卷揔七家七十七部
秦漢以來舊事八卷漢武帝故事二卷韋氏三輔舊事一卷葛洪
西京雜記二卷建武故事三卷永平故事二卷應劭漢朝駮三十
卷漢諸王奏事十卷漢魏吳蜀舊事八卷魏名臣奏事三十卷魏
臺訪議三卷魏廷尉決事十卷南臺奏事九卷晉太始太康故事
八卷孔愉晉建武咸和咸康故事四卷晉建武以來故事三卷晉
氏故事三卷晉朝雜事二卷晉故事四十三卷晉諸雜故事二十
二卷晉雜議十卷晉要事三卷晉宋舊事一百三十卷車灌晉脩

復山陵故事五卷盧綝晉八王故事十二卷又晉四王起事四卷
張敞晉東宮舊事十卷范汪尚書大事二十一卷華林故事名一
卷劉道薈先朝故事二十卷交州雜故事九卷中興伐逆事二卷
溫子昇魏永安故事三卷蕭大圜梁魏舊事三十卷僧亡名天正
舊事三卷應詹江南故事三卷大司馬陶公故事三卷郗太尉爲
尚書令故事三卷王愆期救襄陽上都府事一卷春坊舊事三卷
武后述聖紀一卷杜正倫春坊要錄四卷王方慶南宮故事十二
卷裴矩鄴都故事十卷馬揔唐年小錄八卷張齊賢孝和中興故
事三卷盧若虛南宮故事三十卷令狐德棻凌煙閣功臣故事四
卷敬播文貞公傳事四卷劉禕之文貞公故事六卷張大業魏文
貞故事八卷王方慶文貞公事錄一卷李仁實衛公平突厥故事
二卷謝偃英公故事四卷劉禕之英國貞武公故事四卷陳諫等
彭城公故事一卷劉晏張九齡事迹一卷李渤事迹一卷杜悰事迹
一卷吳湘事迹一卷丘據相國涼公錄一卷李抱玉事據諫議大夫

右故事類十七家四十三部四百九十六卷（失姓名二十五家，裴矩以下不著録十六家九十卷）
王隆漢官解詁三卷（胡廣注）應劭漢官五卷 漢官儀十卷 蔡質漢官
典儀一卷 丁孚漢官儀式選用一卷 荀攸等魏官儀一卷 傅暢晉
公卿禮秩故事九卷 百官名十四卷 干寶司徒儀注五卷 陸機晉
惠帝百官名三卷 晉官屬名四卷 晉過江人士目一卷 衛禹晉永嘉
流士二卷 登城三戰簿三卷 范曄百官階次一卷 荀欽明宋百官
階次三卷 宋百官春秋六卷 魏官品令一卷 王珪之齊職官儀五
十卷 徐勉梁選簿三卷 沈約梁新定官品十六卷 梁百官人名十五
卷 陳將軍簿一卷 太建十一年百官簿狀二卷 郎楚之隋官序録
十二卷 王道秀百官春秋十三卷 郭演職令古今百官注十卷 陶
彥藻職官要録三十六卷 職員舊事三十卷 王方慶宮卿舊事一
卷 六典三十卷（開元十年，起居舍人陸堅被詔集賢院脩六典，玄宗手寫六條曰理典、教典、禮典、政典、刑典、事典。張說知院，委徐堅，經歲無規制，乃命毋煚、余欽、咸廙業、孫季良、韋述參撰。始以令式象周禮六官為制。蕭嵩知院，加劉鄭蘭、盧若虛。張九齡知院，加陸善經。李林甫代九齡，加苑咸。二十六年書成）王方慶又撰尚書考功簿五卷 又尚書考功狀績簿十卷 尚書
科配簿五卷 五省遷除二十卷 裴行儉選譜十卷 唐循資格一卷（天寶中定）
沈既濟選舉志十卷 梁載言具員故事十卷 又具員事迹十
卷 杜英師職該二卷 任戩官品纂要十卷 温大雅大丞相唐王官
屬記二卷 杜易簡御史臺雜注五卷 韓琬御史臺記十二卷 韋述
御史臺記十卷 又集賢注記三卷 李構御史臺故事三卷 劉貺天
官舊事一卷 柳芳大唐宰相表三卷 馬宇鳳池録五十卷 賀蘭正
元輔佐記十卷 又舉選衡鑑三卷（昭義判官，貞元十三年上）韋琯國相事狀七卷
（憲宗時人）張之緒文昌損益二卷（德宗時人）李肇翰林志一卷 李吉甫元和國
計簿十卷 又元和百司舉要一卷 王涯唐循資格五卷 韋處厚大
和國計二十卷 王彥威占額圖一卷 孫結大唐國照圖一卷（文宗時人）大
唐國要圖五卷（左僕射賈耽纂，監察御史褚珍重脩）翰林內誌一卷 楊鉅翰林學士
院舊規一卷（字文碩，收子也，昭宗時翰林學士、吏部侍郎）
右職官類十九家二十六部二百六十二卷（失姓名十家，六典以下不著録二十九家二百八十卷）
趙岐三輔決録十卷（摯虞注）魏文帝海內士品録三卷 海內先賢傳五

卷（魏明帝時撰）李氏海內先賢行狀三卷 韋氏四海耆舊傳一卷 諸國先
賢傳一卷 圈稱陳留風俗傳三卷 蘇林陳留耆舊傳三卷 劉昞燉
煌實録二十卷 陳英宗陳留先賢傳像讚一卷 江敞陳留人物志
十五卷 周斐汝南先賢傳五卷 陸胤廣州先賢傳七卷 劉芳廣
州先賢傳七卷 徐整豫章舊志八卷 又豫章烈士傳三卷 華隔廣
陵烈士傳一卷 張勝桂陽先賢畫讚五卷 朱育會稽記四卷 虞預
會稽典録二十四卷 謝承會稽先賢傳七卷 賀氏會稽先賢傳像
讚四卷 鍾離岫會稽後賢傳三卷 賀氏會稽太守像讚二卷 陸凱
吳國先賢傳五卷 吳國先賢像讚三卷 陳壽益部耆舊傳十四卷
益州耆舊雜傳記二卷 白褒魯國先賢傳十四卷 張方楚國先賢
傳十二卷 高範荊州先賢傳三卷 仲長統山陽先賢傳一卷 范瑗
交州先賢傳四卷 習鑿齒襄陽耆舊傳五卷 又逸人高士傳八卷
王基東萊耆舊傳一卷 王義慶徐州先賢傳九卷 又一卷 劉義慶
徐州先賢傳讚八卷 劉彧長沙舊邦傳讚四卷 郭緣生武昌先賢傳
三卷 虞溥江表傳三卷 崔蔚祖海岱志十卷 吳均吳郡錢塘先賢
傳五卷 陽休之幽州古今人物志三十卷 留叔先東陽朝堂書讚
一卷 濟北先賢傳一卷 盧江七賢傳一卷 零陵先賢傳一卷 蕭廣
濟孝子傳十五卷 師覺授孝子傳八卷 王韶之孝子傳十五卷 又
讚三卷 宗躬孝子傳二十卷 又止足傳十卷 虞盤佐孝子傳一卷
又高士傳二卷 徐廣孝子傳三卷 梁武帝孝子傳三十卷 雜孝子
傳二卷 鄭緝之孝子傳讚十卷 申秀孝友傳八卷 元懌顯忠録二
十卷 嵇康聖賢高士傳八卷 皇甫謐高士傳十卷 又逸士傳一卷
玄晏春秋二卷 韋氏家傳三卷 周續之上古以來聖賢高士傳讚
三卷 劉晝高才不遇傳四卷 周弘讓續高士傳八卷 張顯逸人傳三
卷 鍾離儒逸人傳七卷 袁宏名士傳三卷 袁淑真隱傳二卷 阮孝
緒高隱傳十卷 劉向列士傳二卷 范晏陰德傳二卷 齊竟陵文宣
王子良止足傳十卷 鍾岏良吏傳十卷 先儒傳五卷 殷系英藩可
録事三卷（一云張萬賢撰）鄭忱文林館記十卷 張騭文士傳五十卷 梁元

帝孝德傳三十卷又忠臣傳三十卷全德志一卷丹楊尹傳十卷
同姓名錄一卷懷舊志九卷裴懷貴兄弟傳三卷悼善列傳四
卷劉昭幼童傳十卷盧思道知己傳一卷孫敏春秋列國名臣傳
九卷孔子弟子傳五卷東方朔傳八卷李固別傳七卷梁冀傳二
卷鄭仲諸葛亮隱沒五事一卷何顒傳一卷曹瞞傳一卷毋丘儉
記三卷管辰管輅傳三卷戴逵竹林七賢論二卷孟仲暉七賢傳
七卷桓玄傳二卷雜傳六十九卷又四十卷又九卷任昉雜傳一百
二十卷荊揚二州遷代記四卷元暉等祕錄二百七十卷王孝恭
集記一百卷漢明帝畫讚五十卷姚澹四科傳讚四卷七國敘讚
十卷益州文翁學堂圖一卷荀伯子荀氏家傳十卷又薛常侍傳
二卷明氏世錄六卷（明粲）漢南庾氏家傳三卷（庾守業）褚氏家傳一卷（褚結）
（殷敬撰注）殷氏家傳三卷（殷敬）崔氏世傳七卷（崔鴻）邵氏家傳十卷王氏家
傳二十一卷江氏家傳七卷（江饒）暨氏家傳一卷虞氏家傳五卷（虞覽）裴
氏家記三卷（裴松之）諸葛傳五卷曹氏家傳一卷（曹毗）諸王傳一卷陸史

唐書藝文志四十八　十二　周富

十五卷（陸煦）王劭尔朱氏家傳二卷何妥家傳二卷裴若弼家傳一卷
令狐德棻令狐家傳一卷張大素敦煌張氏家傳二十卷魏徵自
古諸侯王善惡錄二卷章懷太子列藩正論三十卷鄭世翼交游
傳二卷李襲譽忠孝圖傳讚二十卷許敬宗文館詞林文人傳一
百卷崔玄暐友義傳十卷又義士傳十五卷傅弈高識傳十卷郎
餘令孝子後傳三十卷平貞眘養德傳（卷亡）徐堅大隱傳三卷裴朏
續文士傳十卷（開元中懷州司馬）李襲譽又撰江東記三十卷李義府官游
記七十卷王方慶友悌錄十五卷又王氏訓誡五卷王氏列傳十五
卷王氏尚書傳五卷魏文貞故書十卷唐臨冥報記二卷李荃中
台志十卷盧詵四公記一卷（詵一作誅）梁王璀廣軒轅本紀三卷李渤六
賢圖讚一卷陸龜蒙小名錄五卷張昌宗古文紀年新傳三卷（昌宗）
（冀州南宮人太子舍人）王緒永寧公輔梁記十卷（緒開元人僧辯兄孫也永寧即僧辯所封）賈閏甫李
密傳三卷（閏甫密嘗屬）顏師古安興貴家傳一卷（一云二卷）陸氏英賢傳記三卷（陸師）
李邕狄仁傑傳三卷郭湜高氏外傳一卷（力士湜大曆大理司直）李翰張巡姚

閻傳二卷陳翃郭公家傳八卷（子儀婿官[illegible]又從事渾瑊河中幕）殷亮顏氏家
傳一卷（杲卿）殷仲容顏氏行狀一卷（真卿）馬宇段公別傳二卷（秀實宇元和秘書少監史
館修撰）李繁相國鄴侯家傳十卷王起李趙公行狀一卷（李吉甫）張茂樞
河東張氏家傳三卷（弘靖孫）崔氏唐顯慶登科記五卷（失名）姚康科第
錄十六卷（字汝諧南仲孫也兵部郎中金吾將軍）李弈唐登科記二卷文場盛事一卷張
鷟朝野僉載二十卷（自號浮休子）封氏聞見記五卷（封演）劉餗國朝傳記三
卷國朝舊事四十卷蘇特唐代衣冠盛事錄一卷李綽尚書故實
一卷（張延賞尚書郎）柳氏訓序一卷（柳玭）武平一景龍文館記十卷蕭叔和天祚
永歸記一卷（憲宗時事）韋機西征記（卷亡）韓琬南征記十卷凌準邠志三
卷陸贄遣使錄一卷裴肅平戎記五卷（休父）房千里投荒雜錄一卷
（字鵠舉大和初進士第高州刺史）杜佑賓佐記一卷文宗朝備問一卷黃璞閩川名士
傳一卷（字紹山大順中進士第）魏徵祥瑞錄十卷徐景王璽正錄一卷國寶傳
一卷許康佐九鼎記四卷顏師古王會圖（卷亡）李德裕異域歸忠傳
二卷西蕃會盟記三卷西戎記二卷英雄錄一卷趙琉孝行志二

唐書藝文志四十八　十二　周富

十卷（字盈之晉州岳陽人會昌中）武瑄自古忠臣傳二十卷（字子思楚州盱眙人咸通中州從事）
凡女訓十七家二十四部三百八十三卷（失姓名一家王方慶以下不著錄五家八十三卷）
劉向列女傳十五卷（曹大家注）皇甫謐列女傳六卷綦毋邃列女傳七
卷劉熙列女傳八卷趙毋列女傳七卷項宗列女後傳十卷曹植
列女傳頌一卷孫夫人列女傳序讚一卷杜預列女記十卷虞通
之后妃記四卷又妬記二卷諸葛亮貞絜記一卷曹大家女誡一
卷辛德源王劭等內訓二十卷徐湛之婦人訓解集十卷女訓集
六卷長孫皇后女則要錄十卷魏徵列女傳略七卷武后列女傳
一百卷又孝女傳二十卷古今內範一百卷內範要略十卷保傅乳
母傳七卷鳳樓新誡二十卷王方慶王氏女記十卷又王氏王嬪傳
五卷續妬記五卷尚宮宋氏女論語十篇薛蒙妻韋氏續曹大
家女訓十二章（韋溫女蒙字中明開成中進士第）王摶妻楊氏女誡一卷
右雜傳記類一百二十五家一百四十六部一千六百五十六卷（失姓名十
四家崔玄暐以下不著錄五十一家二千五百七十四卷）揔一百四十七家一百五十一部

衛宏漢舊儀四卷董巴大漢輿服志一卷徐廣車服雜注一卷又
晉尚書儀曹新定儀注四十一卷晉儀注三十九卷傅瑗晉新定
儀注四十卷晉尚書儀曹吉禮儀注三卷晉尚書儀曹事九卷
晉雜儀注二十一卷宋尚書儀注三十六卷宋儀注二卷張鏡宋
東宮儀記二十三卷嚴植之南齊儀注二十八卷又梁皇帝崩凶
儀十一卷梁皇太子喪禮五卷梁王侯以下凶禮九卷士喪禮儀
注十四卷沈約梁儀注十卷又梁祭地祇陰陽儀注二卷鮑泉新
儀三十卷明山賓等梁吉禮十八卷梁吉禮儀注四卷又十卷梁
尚書儀曹儀注十八卷又二十卷梁天子喪禮七卷又五卷梁大
行皇帝皇后崩儀注一卷梁太子妃薨凶儀注九卷梁諸侯世子
卒凶儀注九卷梁陳大行皇帝崩儀注八卷賀瑒等梁賓禮一卷
梁賓禮儀注十三卷陸璉梁軍禮四卷司馬褧梁嘉禮三十五卷又嘉
禮儀注四十五卷陳吉禮儀注五十卷陳雜吉儀注三十卷陳雜
儀注六卷陳諸帝后崩儀注五卷陳雜儀注凶儀十三卷陳皇太

后崩儀注四卷儀曹撰陳皇太子妃薨儀注五卷儀曹撰張彥陳賓禮
儀注六卷常景後魏儀注五十卷趙彥深北齊吉禮七十二卷北
齊皇太后喪禮十卷高熲隋吉禮五十四卷牛弘潘徽隋江都集
禮一百二十卷大駕鹵簿一卷周遷古今輿服雜事十卷蕭子雲
古今輿服雜事二十卷甲辰儀注五卷摯虞決疑要注一卷崔豹
古今注一卷諸王國雜儀注十卷雜儀注一百卷范汪雜府州郡
儀十卷又祭典三卷何胤喪服治禮儀注九卷何點理禮儀注九
卷冠婚儀四卷崔皓婚儀祭儀二卷何晏魏明帝謚議二卷魏氏
郊丘三卷高堂隆魏臺雜訪議三卷晉謚議八卷晉簡文謚議四
卷孔晁等晉明堂郊社議三卷蔡謨晉七廟議三卷干寶雜議五
卷荀顗等晉雜議十卷王景之要典三十九卷王逸齊典四卷丘
仲孚皇典五卷盧諶雜祭法六卷盧辨祀典五卷徐爰家儀一卷
王儉吉儀二卷又弔答書儀十卷皇室書儀七卷鮑衡卿皇室
書儀十三卷謝朏書筆儀二十卷謝允書儀二卷唐瑾婦人書儀

八卷童悟十三卷紀僧真王璽譜一卷姚察傳國璽十卷徐令言
玉璽正錄一卷張大頤明堂儀一卷姚璠等明堂儀注三卷皇太
子方岳亞獻儀二卷蕭子雲東宮雜事二十卷陸開明宇文愷東
官典記七十卷令狐德棻皇帝封禪儀六卷孟利貞封禪錄十卷
裴守真神岳封禪儀注十卷郭山惲大享明堂儀注二卷親享太
廟儀注三卷裴矩虞世南大唐書儀十卷竇維鍌吉凶禮要二十
卷韋叔夏五禮要記三十卷王懸中禮儀注八卷楊炯家禮十卷
大唐儀禮一百卷長孫无忌房玄齡魏徵李百藥顏師古令狐德棻孔穎達于志寧等撰吉禮六十一篇賓禮四篇軍禮二十篇嘉禮四十二篇凶禮六篇國恤五篇總一百三十篇貞觀十一年上永徽五禮一百三十卷長孫无忌侍中許敬宗中書令李義府黃門侍郎劉祥道許圉師太常卿韋琨博士蕭楚材孔志約等撰顯慶三年上以國恤豫凶事非臣子所宜言削國恤武后紫宸
禮要十卷開元禮一百五十卷開元中通事舍人王嵒請改禮記附唐制度張說引嵒就集賢書院詳議說奏禮記漢代舊文不可更請修貞觀永徽五禮為開元禮命賈登張烜施敬本李銳王仲丘陸善經洪孝昌撰輯蕭嵩總之蕭嵩開元禮義
鏡一百卷開元禮京兆義羅十卷開元禮類釋二十卷開元禮百
問二卷顏真卿禮樂集十卷禮儀使所定韋渠牟貞元新集開元後禮

二十卷柳逞唐禮纂要六卷韋公肅禮閣新儀二十卷元和人王彥威
元和曲臺禮三十卷又續曲臺禮三十卷李弘澤直禮一卷林甫孫咸通太常博士
韋述東封記一卷李襲譽明堂序一卷員半千明堂新禮三卷李
嗣真明堂新禮十卷王涇大唐郊祀錄十卷貞元九年上時為太常禮院修撰裴瑾崇
豐二陵集禮卷亡瑾字封叔光庭曾孫元和吉州刺史王方慶三品官祔廟禮二卷又古今
儀集五十卷孟詵家祭禮一卷徐閏家祭儀一卷范傳式寢堂時
饗儀一卷鄭正則祠享儀一卷周元陽祭錄一卷賈頊家薦儀一卷
盧弘宣家祭儀三卷孫氏仲享儀一卷孫日用劉孝孫二儀實錄一卷衷
郊二儀實錄衣服名義圖一卷又服飾變古元錄一卷字之儀曲阜子也昭宗翰林
學士王晉使範一卷戴至德喪服變服一卷張戩喪儀纂要九卷孟
詵喪服正要二卷商价喪禮極議一卷張薦五服圖二卷仲子陵五
服圖十卷貞元九年上裴茝內外親族五服儀二卷又書儀三卷朱儔注茝元和太常少
卿韓王播儀一卷鄭氏書儀二卷鄭餘慶裴度書儀二卷杜有晉書
儀二卷

右儀注類六十一家一百部一千四百六十七卷 失姓名三十二家，實錄以下不著錄四十九家，八百九十三卷

漢建武律令故事三卷 漢名臣奏二十九卷 廷尉決事二十卷 廷尉駮事十一卷 廷尉雜詔書二十六卷 南臺奏事二十二卷 應劭漢朝議駮三十卷 陳壽漢名臣奏事三十卷 晉駮事四卷 晉彈事九卷 賈充杜預刑法律本二十一卷 又晉令四十卷 宗躬齊永明律八卷 蔡法度梁律二十卷 又梁令三十卷 梁科二卷 條鈔晉宋齊梁律二十卷 范泉等陳律九卷 又陳令三十卷 陳科三十卷 趙郡王叡北齊律二十卷 令八卷 麟趾格四卷 文襄帝時撰 趙肅等周律二十五卷 蘇綽大統式三卷 張斐律解二十卷 劉邵律略論五卷 高熲等隋律十二卷 牛弘等隋開皇令三十卷 隋大業律十八卷 武德律十二卷 又式十四卷 令三十一卷 尚書左僕射裴寂、右僕射蕭瑀、大理卿崔善爲、給事中王敬業、中書舍人劉林甫、顏師古、王孝遠、涇州別駕靖延、太常丞丁孝烏、隋大理丞房軸、天策上將府參軍李桐客、太常博士徐上機等奉詔撰定，以五十三條附新律，餘無增改。武德七年上 貞觀律十二卷 又令二十七卷 格十八卷 留司格一卷 式三十三卷 中書令房玄齡、右僕射長孫無忌、蜀王府法曹參軍裴弘獻等奉詔撰定。凡律五百條，令一千五百四十六條，格七百條。以尚書省諸曹爲目，其常務留本司者著爲留司格 永徽律十二卷 又式十四卷 式本四卷 令三十卷 散頒天下格七卷 留本司行格十八卷 太尉長孫無忌、司空李勣、左僕射于志寧、右僕射張行成、侍中高季輔、黃門侍郎宇文節、柳奭、尚書右丞段寶玄、太常少卿令狐德棻、吏部侍郎高敬言、刑部侍郎劉燕客、給事中趙文恪、中書舍人李友益、少府丞張行實、大府丞王文端、大理丞元紹、刑部郎中賈敏行等奉詔撰定。分格爲二部，以曹司常務爲留司格，天下所共爲散頒格。永徽三年上。至龍朔二年，詔司刑太常伯源直心、少常伯李敬玄、司刑大夫李文禮復刪定，唯改官曹局名而已 律疏三十卷 無忌、勣、志寧、遂良、刑部尚書唐臨、大理卿段寶玄、尚書右丞劉燕客、御史中丞賈敏行等奉詔撰。永徽四年上 永徽留本司格後十一卷 左僕射劉仁軌、右僕射戴至德、侍中張文瓘、中書令李敬玄、右庶子郝處俊、黃門侍郎來恒、左庶子高智周、右庶子李義琰、吏部侍郎裴行儉、馬載、兵部侍郎蕭德昭、裴炎、工部侍郎李義琛、刑部侍郎張楚金、金部郎中盧律師等奉詔撰。儀鳳二年上 趙仁本法例二卷 崔知悌法例二卷 垂拱式二十卷 又格十卷 新格二卷 散頒格三卷 留司格六卷 秋官尚書裴居道、夏官尚書同鳳閣鸞臺三品岑長倩、鳳閣侍郎同鳳閣鸞臺平章事韋方質與刪定官袁智弘、咸陽尉王守慎奉詔撰，加計帳、勾帳二式。垂拱元年上 刪垂拱式二十卷 又散頒格七卷 中書令韋安石、禮部尚書祝欽明、尚書右丞蘇瓌、兵部郎中狄光嗣等刪定。神龍元年上 太極格十卷 戶部尚書岑羲、中書侍郎同中書門下三品陸象先、右散騎常侍徐堅、右司郎中唐紹、刑部員外郎邵知新、大理寺丞陳義海、右衛長史張處斌、左衛率府倉曹參軍羅思貞、刑部主事閻義

顓等刪定。太極元年上 開元前格十卷 兵部尚書兼紫微令姚崇、黃門監盧懷慎、紫微侍郎兼刑部尚書李乂、紫微侍郎蘇頲、舍人呂延祚、給事中魏奉古、大理評事高智靜、韓城縣丞侯郢璡、瀛州司法參軍閻義顓等奉詔刪定。開元三年上 開元後格十卷 又令三十卷 式二十卷 吏部尚書兼侍中宋璟、中書侍郎蘇頲、尚書左丞盧從愿、吏部侍郎裴漼、慕容珣、戶部侍郎楊滔、中書舍人劉令植、大理司直高智靜、幽州司功參軍侯郢璡等刪定。開元七年上 格後長行敕六卷 侍中裴光庭、中書令蕭嵩等刪次。開元十九年上 開元新格十卷 格式律令事類四十卷 中書令李林甫、侍中牛仙客、御史中丞王敬從、左武衛胄曹參軍崔冕、衛州司戶參軍直中書陳承信、酸棗尉直刑部俞元杞等刪定。開元二十五年上 度支長行旨五卷 王行先律令手鑑二卷 元泳式苑四卷 裴光庭唐開元格令科要一卷 元和格敕三十卷 權德輿、劉伯芻等集 元和刪定制敕三十卷 許孟容、韋貫之、蔣乂、柳登等集 大和格後敕四十卷 格後敕五十卷 初，前大理丞謝登纂，凡六十卷，詔刑部詳定，去其繁複。大和七年上 狄兼謨開成詳定格十卷 大中刑法總要格後敕六十卷 刑部侍郎劉瑑等纂 張戣大中刑律統類十二卷 盧紓刑法要錄十卷 裴向上之 張伾判格三卷 李崇法鑑八卷

右刑法類二十八家六十一部一千四卷 失姓名九家，自開元新格以下不著錄十三家，三百二十三卷

劉向七略別錄二十卷 劉歆七略七卷 荀勗晉中經簿十四卷 又新撰文章家集敘五卷 丘深之晉義熙以來新集目錄三卷 王儉宋元徽元年四部書目錄四卷 今書七志七十卷 賀縱補注 阮孝緒七錄十二卷 丘賓卿梁天監四年書目四卷 劉遵梁東宮四部書目四卷 陳天嘉四部書目四卷 牛弘隋開皇四年書目四卷 王劭隋開皇二十年書目四卷 殷淳四部書目序錄三十九卷 楊松珍史目三卷 摯虞文章志四卷 宋明帝晉江左文章志二卷 沈約宋世文章志二卷 傅亮續文章志二卷 名手畫錄一卷 虞龢法書目錄六卷 群書四錄二百卷 殷踐猷、王愜、韋述、余欽、毋煚、劉彥直、王灣、王仲丘撰，元行沖上之 毋煚古今書錄四十卷 韋述集賢書目一卷 李肇經史釋題二卷 宗諫注十三代史目十卷 常寶鼎文選著作人名目三卷 尹植文樞祕要目七卷 以文思博要、藝文類聚爲祕要 唐書敘例目錄一卷 孫玉汝唐列聖實錄目二十五卷 吳氏西齋書目一卷 吳兢 河南東齋史目三卷 蔣彧新集書目一卷 杜信東齋籍二十卷 字立言，元和國子司業

右目錄類十九家二十二部四百六卷 失姓名二家，毋煚以下不著錄十二家一百一十四卷

宋衷世本四卷世本別録一卷宋均注帝譜世本七卷王氏注世
本譜二卷漢氏帝王譜二卷齊永元中表簿六卷梁大同四年表
簿三卷齊梁宗簿三卷梁親表譜五卷後魏皇帝宗族譜四卷元
暉業後魏辨宗録二卷後魏譜二卷後魏方司格一卷齊高氏譜
六卷周宇文氏譜一卷賈冠國親皇太子親傳四卷王儉百家集譜
十卷王僧孺百家譜三十卷又十八州譜七百一十二卷徐勉百官譜
二十卷賈執百家譜五卷又姓氏英賢譜一百卷何承天姓苑十卷
賈希鏡氏族要狀十五卷官族傳十五卷冀州姓族譜七卷洪州
諸姓譜九卷袁州諸姓譜七卷司馬氏世家二卷楊氏譜一卷蘇
氏譜一卷孫氏譜記十五卷韋氏譜十卷謝裴氏家牒二十卷（裴守真）
大唐氏族志一百卷（高士廉韋挺岑文本令狐德棻撰）姓氏譜二百卷（許敬宗李義府孔志約楊仁卿史玄
道呂才撰）柳沖大唐姓族系録二百卷路敬淳衣冠譜六十卷又著姓
略記二十卷王元感姓氏實論十卷崔日用姓苑略一卷岑羲氏族
録（三卷）王方慶王氏家牒十五卷又家譜二十卷王氏著録十卷韋述

開元譜二十卷國朝宰相甲族一卷百家類例三卷唐新定諸家
譜録一卷（李林甫等）林寶元和姓纂十卷竇從一系纂七卷陳湘姓林
五卷孔至姓氏雜録一卷李利涉唐官姓氏記五卷（初十卷利涉貶南方亡其半）
又編古命氏三卷柳璨姓氏韻略六卷蕭穎士梁蕭史譜二十卷
柳芳永泰新譜二十卷（一作皇室新譜）柳璟續譜十卷皇唐玉牒一百一十
卷（開成二年李衢林寶撰）唐皇室維城録一卷李匡文天潢源派譜一卷又唐
偕日譜一卷玉牒行樓一卷皇孫郡王譜一卷元和縣主譜一卷
家譜一卷李衢大唐皇室新譜一卷黃恭之孔子系葉傳二卷謝
氏家譜一卷東萊呂氏家譜一卷薛氏家譜一卷顏氏家譜一卷
虞氏家譜一卷孫氏家譜一卷吳郡陸氏宗系譜一卷（陸景獻）劉氏
譜考三卷劉氏家史十五卷（並劉子玄）紀王慎家譜一卷蔣王惲家譜
一卷李用休家譜二卷（紀王慎之後）徐氏譜一卷（徐商）徐義倫家譜一卷劉
晏家譜一卷劉輿家譜一卷周長球家譜一卷施氏家譜二卷萬
氏譜一卷滎陽鄭氏家譜一卷竇氏家譜一卷（懿宗時國子博士竇澄之）鮮于氏

家譜一卷趙郡東祖李氏家譜二卷李氏房從譜一卷韋氏諸房
略一卷韓諱行録一卷
右譜牒類十七家三十九部一千六百一十七卷（王元感以下不著録二十二家三百三十三卷）
三輔黃圖一卷三輔舊事三卷漢宮閣簿三卷洛陽宮殿簿三卷
葛洪西京雜記二卷薛冥西京記三卷潘岳關中記一卷陸機洛
陽記一卷戴延之洛陽記一卷後魏洛陽記五卷楊佺期洛城圖
一卷鄧基陸澄地理志一百五十卷任昉地記二百五十二卷虞茂區
宇圖一百二十八卷郎蔚之隋圖經集記一百卷周地圖一百三十
卷雜記十二卷雜地志五卷地理志書鈔十卷地域方丈圖一卷
地域方尺圖一卷職方記十六卷晉太康土地記十卷太康州郡
縣名五卷後魏諸州記二十卷周處風土記十卷圈稱陳留風俗
傳三卷揚雄蜀王本記一卷譙周三巴記一卷李充益州記三卷
鄭仲產荊州記二卷鮑堅南雍州記三卷阮敘之南兗州記一卷
山謙之南徐州記二卷劉損之京口記二卷孫處玄潤州圖注二十

卷雷次宗豫章記一卷鄭緝之東陽記一卷張僧監潯陽記二卷
李叔布齊州記四卷張勃吳地記一卷晏模齊地記二卷陸翽鄴
中記二卷劉芳徐地録一卷梁元帝職貢圖一卷又荊南地志二
卷王範交廣二州記一卷樊文深中岳潁州志五卷秣陵記二卷
湘州記四卷湘州圖副記一卷京邦記二卷分吳會丹楊三郡記
二卷西河舊事一卷闞駰十三州志十四卷顧野王輿地志三十
卷又十國都城記十卷周明帝國都城記九卷郭璞注山海經二
十三卷又山海經圖讚二卷山海經音二卷桑欽水經三卷（一作郭璞撰）
酈道元注水經四十卷僧道安四海百川水源記一卷又一卷江圖
二卷庾仲雍江記五卷又漢水記五卷尋江源記五卷劉澄之永
初山川古今記二十卷李氏宜都山川記一卷沈瑩臨海水土異
物志一卷楊孚交州異物志一卷陳祈暢異物志一卷萬震南州
異物志一卷朱應扶南異物志一卷京兆郡方物志二十卷諸郡
土俗物產記十九卷涼州異物志二卷廟記一卷薛泰輿駕東幸

記一卷諸葛潁巡撫揚州記七卷戴祚西征記二卷郭緣生述征記二卷姚最述行記二卷沈懷文隨王入沔記十卷魏聘使行記五卷李彤聖賢冢墓記一卷宋雲魏國以西十一國事一卷沈懷遠南越志五卷程士章西域道里記三卷常駿等赤土國記二卷王玄策中天竺國行記十卷僧智猛游行外國傳一卷僧法盛歷國傳二卷日南傳一卷林邑國記一卷眞臘國事一卷交州以來外國傳一卷奉使高麗記一卷西南蠻入朝首領記一卷裴矩高麗風俗一卷鄧行儼東都記三十卷（貞觀著作郎）括地志五百五十卷又序略五卷（魏王泰命著作郎蕭德言秘書郎顧胤記室參軍蔣亞卿功曹參軍謝偃蘇勗撰）長安四年十道圖十三卷開元三年十道圖十卷劒南地圖二卷李播方志圖（二卷）西域國志六十卷（高宗遣使分往康國吐火羅訪其風俗物産畫圖以聞詔史官撰次許敬宗領之顯慶三年上）李吉甫元和郡縣圖誌五十四卷又十道圖十卷古今地名三卷刪水經十卷梁載言十道志十六卷王方慶九嵕山志十卷賈耽地圖十卷又皇華四達記十卷古今郡國縣道四夷述四十卷關中隴右山

南九州別錄六卷貞元十道錄四卷吐蕃黃河錄四卷韋澳諸道山河地名要略九卷（一作處分語）劉之推文括九州要略三卷郡國志十卷馬敬寔諸道行程血脉圖一卷鄧世隆東都記三十卷韋機東都記二十卷韋述兩京新記五卷兩京道里記三卷李仁實戎州記一卷盧鴻嵩山記一卷（天寶人）馬温鄴都故事二卷（肅代時人）劉公銳鄴城新記三卷張周封華陽風俗錄一卷（字子望西川節度使李德裕從事試協律郎）盧求成都記五卷（西川節度使白敏中從事）鄭暐益州理亂記三卷李璋太原事迹記十四卷張文規吳興雜錄七卷房千里南方異物志一卷孟琯嶺南異物志一卷劉恂嶺表錄異三卷余知古渚宮故事十卷（文宗時人）吳從政襄沔記三卷張氏燕吳行役記二卷（宣宗時人失名）韋宙零陵錄一卷張密廬山雜記一卷張容九江新舊錄三卷（咸通人）莫休符桂林風土記三卷段公路北戶雜錄三卷（文昌孫）林諝閩中記十卷裴矩又撰西域圖記三卷顧愔新羅國記一卷（大曆中歸崇敬使新羅愔爲從事）張建章渤海國記三卷戴斗諸蕃記一卷達奚通海南諸蕃行記一卷袁滋雲南記五卷李繁北荒君長錄三卷高少逸四夷朝貢錄十卷呂述黠戛斯朝貢圖傳一卷（字脩業會昌秘書少監商州刺史）樊綽蠻書十卷（咸通嶺南西道節度使蔡襲從事）竇滂雲南別錄一卷雲南行記一卷徐雲虔南詔錄三卷（乾符中人）

右地理類六十三家一百六部一千二百九十二卷（失姓名三十一家李播以下不著錄五十三家九百八十九卷）

藝文志第四十八

藝文志第四十九　　唐書五十九

翰林學士兼龍圖閣學士朝散大夫給事中知制誥充史館修撰臣歐陽脩奉敕撰

丙部子録其類十七一曰儒家類二曰道家類三曰法家類四曰名家類五曰墨家類六曰縱横家類七曰雜家類八曰農家類九曰小說類十曰天文類十一曰曆筭類十二曰兵書類十三曰五行類十四曰雜藝術類十五曰類書類十六曰明堂經脉類十七曰醫術類凡著録六百九家九百六十七部一萬七千一百五十二卷不著録五百七家五千六百一十五卷

晏子春秋七卷晏嬰曾子二卷曾參子思子七卷孔伋公孫尼子一卷趙岐注孟子十四卷孟軻劉熙注孟子七卷鄭玄注孟子七卷綦毋邃注孟子七卷荀卿子十二卷荀況董子一卷董無心魯連子一卷魯仲連陸賈新語二卷賈誼新書十卷桓寬鹽鐵論十卷劉向新序三十卷又說苑三十卷揚子法言六卷揚雄宋衷注法言十卷李軌注法言三卷陸績注揚子太玄經十二卷虞翻注太玄經十四卷范望注太玄經十二卷宋仲子注太玄經十二卷蔡文邵注太玄經十卷桓子新論十七卷桓譚王符潛夫論十卷仲長子昌言十卷仲長統荀悅申鑒五卷魏子三卷魏朗魏文帝典論五卷徐氏中論六卷徐幹王粲去伐論集三卷王肅政論十卷杜氏體論四卷杜恕顧子新論五卷顧譚文禮通語十卷殷興諸葛亮集誡二卷陸景典訓十卷譙子法訓八卷又五教五卷譙周王嬰古今通論三卷周生烈子五卷袁子正論二十卷又正書二十五卷袁準孫氏成敗志三卷孫毓夏侯湛新論十卷楊泉物理論十六卷又太元經十四卷劉緝注華譚新論十卷虞喜志林新書二十卷又後林新書十卷顧子義訓十卷顧夷蔡洪清化經十卷干寶正言十卷又立言十卷蔡韶閼論二卷呂竦要覽五卷周捨正覽六卷劉徽魯史欹器圖一卷綦毋氏誡林三卷顏氏家訓七卷顏之推李穆叔典言四卷王滂百里昌言二卷崔子至言六卷崔靈童盧辯墳典三十卷王劭讀書記三十一卷王通中說五卷辛德源正訓二十卷太宗序志一卷又帝範四卷賈行注高宗天訓四卷武后紫樞要録十卷又臣軌二卷百寮新誡五卷青宫紀要三十卷少陽政範三十卷列藩正論三十卷章懷太子春宫要録十卷又脩身要覽十卷君臣相起發事三卷魏徵諫事五卷又自古諸侯王善惡録二卷張大玄平臺百一寓言三卷楊相如君臣政理論三卷陸善經注孟子七卷張鎰孟子音義三卷楊倞注荀子二十卷倞汝士子大理評事王涯注太玄經六卷貞俶太玄幽贊十卷開元四年京兆府童子進書召試及第授散官文學直弘文館柳宗元注揚子法言十三卷李襲譽五經妙言四十卷鄭澣經史要録二十卷劉眖續說苑十卷杜正倫百行章一卷憲宗前代君臣事跡十四篇武后訓記雜載十卷采青宫紀要維城典訓古今內範內範要略等書雜載之云維城典訓二十卷褚无量翼善記卷亡裴光庭搖山往則一卷又維城前軌一卷丁公著皇太子諸王訓十卷六經法言二十卷韋處厚路隋撰崔郾諸經纂要十卷于志寧諫苑二十卷王方慶諫林二十卷楊浚聖典三卷校書郎開元中上張九齡千秋金鏡録五卷唐次辨謗略三卷元和辨謗略十卷令狐楚沈傳師杜元穎撰裴潾大和新脩辨謗略三卷李仁實格論三卷趙冬曦王政三卷景龍三年上馮中庸政録十卷開元十九年上長汜水尉賈子一卷開元中藍田尉失名儲光羲正論十五卷兗州人開元進士第又詔中書試文章歷監察御史安祿山反陷賊自歸牛希濟理源二卷陸質君臣圖翼二十五卷李吉甫古今說苑十一卷李德裕御臣要略卷亡丘光庭康教論一卷元子十卷又浪說七篇漫說七篇元結杜信元和子二卷林慎思伸蒙子三卷咸通中人黃子五卷黃重字子威定州容城人廣明中武令崔慤儒玄論三卷字勵之後魏白馬侯七世孫中和光祿丞

右儒家類六十九家九十二部七百九十一卷陸善經以下不著録三十九家三百七十一卷

鬻子一卷鬻熊老子道德經二卷李耳又三卷河上公注老子道德經二卷王弼注新記玄言道德二卷又老子指例略二卷蜀才注老子二卷鍾會注二卷羊祜注二卷又解釋四卷孫登注老子二卷王尚注二卷袁眞注二卷張憑注二卷劉仲融注二卷陶弘景注四卷樹鍾山注二卷李允愿注二卷陳嗣古注二卷僧惠琳注二卷惠嚴注二卷鳩摩羅什注二卷義盈注二卷程韶集注二卷任眞子集解四卷張道相集注四卷盧景裕梁曠等注二卷安丘望之老

子章句二卷又道德經指趣三卷王肅玄言新記道德二卷梁曠道德經品四卷嚴遵指歸十四卷何晏講疏四卷又道德問二卷梁武帝講疏四卷又講疏六卷顧歡道德經義疏四卷又義疏治綱一卷孟智周義疏五卷戴詵義疏六卷葛洪老子道德經序訣二卷韓莊玄旨八卷劉遺民玄譜一卷節解二卷章門一卷李軌老子音一卷鶡冠子三卷張湛注列子八卷列禦寇郭象注莊子十卷莊周向秀注二十卷崔譔注十卷司馬彪注二十一卷又注音一卷李頤集解二十卷王玄古集解二十卷李充釋莊子論二卷馮廓老子指歸十三卷又莊子古今正義十卷梁簡文帝講疏三十卷王穆疏十卷又音一卷莊子疏七卷文子十二卷廣成子十二卷商洛公撰張太衡注唐子十卷唐滂蘇子七卷蘇彥宣子二卷宣騁陸子十卷陸雲抱朴子內篇二十卷葛洪孫子十二卷孫綽苻子三十卷苻朗賀子十卷賀道養牟子二卷牟融傅弈注老子二卷楊上善注老子道德經二卷又注莊子十卷老子指略論二卷太子文學辟閭仁諝注老子二卷聖曆司禮博士賈大隱老

子述義十卷陸德明莊子文句義二十卷玄宗注道德經二卷又疏八卷天寶中加號玄通道德經，世不稱之盧藏用注老子二卷又注莊子內外篇十二卷邢南和注老子開元二十一年上馮朝隱注老子白履忠注老子李播注老子尹知章注老子傅弈老子音義並卷亡陸德明老子疏十五卷逢行珪注鬻子一卷鄭縣尉陳庭玉老子疏開元二十年上，授校書郎，卷亡陸希聲道德經傳四卷吳善經注道德經二卷貞元中人楊上善道德經三略論三卷道士成玄英注老子道德經二卷又開題序訣義疏七卷注莊子三十卷疏十二卷玄英字子實，陝州人，隱居東海。貞觀五年，召至京師。永徽中，流郁州。書成，道王元慶遣文學賈鼎就授大義，嵩高山人李利涉爲序，不著錄張游朝南華象罔說十卷又沖虛白馬非馬證八卷張志和父孫思邈注老子卷亡又注莊子柳縱注莊子開元二十年上，授章懷太子廟丞尹知章注莊子並卷亡甘暉魏包注莊子卷亡，開元末奉詔注元載南華通微十卷張志和太易十五卷又玄眞子十二卷韋詣作內解陳庭玉莊子疏卷亡道士李含光老子莊子周易學記三卷又義略三卷含光，揚州江都人，本姓弘，避孝敬皇帝諱改焉。天寶間人張隱居莊子指要三十三篇名九垓，號渾淪子，代德時人帥夜光三玄異義三十卷幽州人，開元二十年上，授

校書郎直國子監徐靈府注文子十二卷李暹訓注文子十二卷王士元亢倉子二卷天寶元年，詔號莊子爲南華眞經，列子爲沖虛眞經，文子爲通玄眞經，亢桑子爲洞靈眞經。然亢桑子求之不獲，襄陽處士王士元謂莊子作庚桑子，太史公、列子作亢倉子，其實一也，取諸子文義類者補其亡无能子三卷不著人名氏，光啓中隱民間

凡神仙三十五家五十部，三百四十一卷。失姓名十三家，自道藏音義以下不著錄六十二家，二百六十五卷。

尹喜高士老君內傳三卷玄景先生老子道德簡要義五卷梁簡文帝老子私記十卷戴詵老子西升經義一卷韋處玄集解老子西升經二卷老子黃庭經一卷老子探眞經一卷老君科律一卷老子宣時誡一卷老子入室經一卷老子華蓋觀天訣一卷老子消水經一卷老子神策百二十條經一卷鬼谷先生關令尹喜傳一卷四皓注清虛眞人王君內傳一卷王萇三天法師張君內傳一卷李遵茅君內傳一卷呂先生太極左仙公葛君內傳一卷華嶠紫陽眞人周君傳一卷趙昇等仙人馬君陰君內傳一卷鄭雲千清虛眞人裴君內傳一卷范邈紫虛元君南岳夫人內傳一卷項宗紫虛元君魏夫人內傳一卷王羲之許先生傳一卷九華眞妃內

記一卷宋都能嵩高少室寇天師傳三卷王喬傳一卷漢武帝傳二卷劉向列仙傳二卷葛洪神仙傳十卷見素子洞仙傳十卷東方朔神異經二卷張華注又十洲記一卷周季通蘇君記一卷梁曠南華仙人莊子論三十卷南華眞人道德論三卷任子道論十卷任嘏顧道士論三卷顧谷姬威渾輿經一卷杜夷幽求子三十卷張譏玄書通義十卷陶弘景登眞隱訣二十五卷又眞誥一卷張湛養生要集十卷養性傳二卷張太衡無名子一卷劉道人老子玄譜一卷劉無待同光子八卷後人僞注靈人辛玄子自序一卷華陽子自序一卷茅處玄無上祕要七十二卷道要三十卷馬樞學道傳二十卷郭憲漢武帝別國洞冥記四卷道藏音義目錄一百一十三卷崔湜、薛稷、沈佺期、道士史崇玄等撰集法陰符經一卷太公、范蠡、鬼谷子、張良、諸葛亮、李淳風、李筌、李洽、李鑒、李銳、楊晟李靖陰符機一卷道士李少卿十異九迷論一卷道士劉進喜老子通諸論一卷又顯正論一卷張果陰符經太無傳一卷又陰符經辨命論一卷氣訣一卷神仙得道靈藥經一卷罔象成名圖一卷丹砂訣一卷開元二十二年上韋

弘陰符經正卷一卷李筌驪山母傳陰符玄義一卷 筌號少室山達觀子於嵩山虎口巖石壁得黃帝陰符本題云魏道士寇謙之傳諸名山筌至驪山老母傳其說
葉靜能太上北帝靈文三卷李淳風注泰
乾祕要三卷楊上器注太上玄元皇帝聖紀十卷崔少元老子心鏡
一卷皇天原太上老君現跡記一卷 文明元年老子降事 呂氏老子昌言二卷
王方慶神仙後傳十卷玄晉蘇元明太清石壁記三卷 乾元中劍州司馬 議
化胡經狀一卷 萬歲通天元年僧惠澄上言乞毀老子化胡經敕秋官侍郎劉如璿等議狀 寧州通眞觀二十七
宿眞形圖贊一卷 記天寶中寧州羅川縣金華洞獲玉像皆列宿之眞像少微宿改縣爲眞寧之事 道士令狐見堯
正一眞人二十四治圖一卷 貞元人 孫思邈馬陰二君內傳一卷又太清
眞人煉雲母訣二卷攝生眞錄一卷養生要錄一卷氣訣一卷燒
煉祕訣一卷龍虎通元訣一卷龍虎亂日篇一卷幽傳福壽論一
卷枕中素書一卷會三教論一卷龍虎篇一卷 青霞子[illegible]彭少室山人[illegible]同注 朱少
陽道引錄三卷 浮山隱士代德時人 張志和玄眞子二卷戴簡眞教元符三
卷楊嗣復九徵心戒一卷裴煜延壽赤書一卷紇干泉序通解錄
一卷 字咸一大中江西觀察使 守眞子秦鑑語一卷道士張仙庭三洞瓊綱三卷殷

世貴演正一炁化圖三卷女子胡愔黃庭內景圖一卷道士司馬
承禎坐忘論一卷又脩生養氣訣一卷洞元靈寶五岳名山朝儀
經一卷賈參寥莊子通眞論三卷 垂拱中隱武陵 白履忠注黃庭內景經
一卷又三玄精辨論一卷吳筠神仙可學論一卷又玄綱論三卷明
眞辨僞論一卷輔正除邪論一卷辨方正惑論一卷道釋優劣論
一卷心目論一卷復淳化論一卷著生論一卷形神可固論一卷
李延章集鄭綽錄中元論一卷 大和人 施肩吾辨疑論一卷 睦州人元和進
士第隱洪州西山 道士令狐見堯玉笥山記一卷道士李沖昭南岳小錄一卷
沈汾續神仙傳三卷道士胡慧超神仙內傳一卷晉洪州西山十
二眞君內傳一卷李渤眞系傳一卷李遵茅三君內傳一卷道
士胡法超許遜脩行傳一卷張說洪崖先生傳一卷 張氳先生唐初人 沖虛
子胡慧超傳一卷 失名慧超高宗時道士 潘尊師傳一卷 師正 蔡尊師傳一卷
名南玉字叔寶宋祠部尚書郎七世孫歷金部員外郎棄官入道大曆中卒 劉谷神葉法善傳二卷正元師譎
仙崔少元傳二卷陰日用傳仙宗行記一卷 仙宗開元賁陽道士 謝良嗣吳天

師內傳一卷 吳筠 溫造瞿童述一卷 大曆辰溪童子瞿柏庭昇仙造為朗州刺史述其事 李堅
東極眞人傳一卷 果州謝自然 江積八仙傳一卷 大中後事 王仲丘攝生纂錄一
卷高福攝生錄三卷郭霽青攝生經一卷上官翼養生經一卷康
仲熊服內元氣訣一卷氣經新舊服法三卷康眞人氣訣一卷
太无先生炁訣一卷 失名大曆中遇羅浮王公傳氣術 善提達磨胎息訣一卷李林
甫唐朝煉大丹感應頌一卷崔元眞靈沙受氣用藥訣一卷又
雲母論二卷 天寶隱嵎山 劉知古日月元樞一卷海蟾子元英還金篇
一卷還陽子太還丹金虎白龍論一卷 隱士失姓名 陳少微大洞鍊眞
寶經脩伏丹砂妙訣一卷嚴靜大丹至論一卷
凡釋氏二十五家四十部三百九十五卷 失姓名一家玄琬以下不著錄七十四家九百四十一卷
蕭子良淨注子二十卷 王融頌 僧僧祐法苑集十五卷又弘明集十四
卷釋迦譜十卷薩婆多師資傳四卷虞孝敬高僧傳六卷又
內典博要三十卷僧賢明眞言要集十卷郭瑜脩多羅法門二
十卷駱子義經論纂要十卷顧歡夷夏論二卷甄鸞笑道論

三卷衛元嵩齊三教論七卷杜乂甄正論三卷李思愼心鏡論十
卷裴子野名僧錄十五卷僧寶唱名僧傳三十卷又比丘尼傳四卷僧惠皎
高僧傳十四卷僧道宣續高僧傳三十二卷陶弘景草堂法師傳一卷蕭回
理草堂法師傳一卷楊衒之洛陽伽藍記五卷費長房歷代三
寶記三卷 長房成都人隋翻經學士 僧彥琮崇正論六卷又集沙門不拜俗議六卷
福田論一卷道宣統略淨住子二卷又通惑決疑錄二卷廣弘明集三
十卷集古今佛道論衡四卷續高僧傳二十卷 起梁初盡貞觀十九年 後集續高
僧傳十卷東夏三寶感通錄三卷大唐貞觀內典錄十卷義淨大唐西域
求法高僧傳二卷法琳辯正論八卷 陳子良注 又破邪論二卷 琳姓陳氏太史令傅奕請
廢佛法琳諍之放死蜀中 復禮十門辯惑論二卷 永隆二年答太子文學權無二釋典稽疑 楊上善六趣論
六卷又三教詮衡十卷僧玄琬佛教後代國王賞罰三寶法一卷又
安養蒼生論一卷三德論一卷 姓楊氏新豐人貞觀十年上 入道方便門二卷衆經
目錄五卷鏡諭論一卷無礙緣起一卷十種讀經儀一卷無盡藏
儀一卷發戒緣起二卷法界僧圖一卷十不論一卷懺悔罪法一卷

禮佛儀式二卷李師政內德論一卷上黨人貞觀門下典儀僧法雲辨量三教
論三卷又十王正業論十卷汾州人道宣又撰注戒本二卷疏記四卷注羯磨
二卷疏記四卷行事刪補律儀三卷或六卷釋門正行懺悔儀三卷釋
門亡物輕重儀二卷釋門章服儀二卷釋門歸敬儀二卷釋門護
法儀二卷釋氏譜略二卷聖迹見在圖贊二卷佛化東漸圖贊二
卷釋迦方志二卷僧彥琮大唐京寺錄傳十卷又沙門不敬錄六卷
龍朔人幷隋有二彥琮 玄應大唐衆經音義二十五卷玄惲敬福論十卷又略
論二卷大小乘觀門十卷法苑珠林集一百卷四分律僧尼討要
略五卷金剛般若經集注三卷百願文一卷玄惲本名道世 玄範注金剛般
若經一卷又注二帝三藏聖教序一卷太宗高宗 慧覺華嚴十地維
摩續義章十三卷姓范氏武德人 行友己知沙門傳一卷序僧海順事 道岳三
藏本疏二十二卷姓孟氏河陽人貞觀中 道基雜心玄章幷鈔八卷又大乘章
鈔八卷姓呂氏東平人貞觀時 智正華嚴疏十卷姓白氏安喜人貞觀中 慧淨雜心玄文三
十卷姓房隋國子博士徽遠從子 又俱舍論文疏三十卷大莊嚴論文疏三十卷法

華經纘述十卷那提大乘集議論四十卷釋疑論一卷注金剛
般若經一卷諸經講序一卷玄會義源文本四卷又時文釋鈔四
卷涅槃義章句四卷字懷默姓席氏安定人貞觀中 慧休雜心玄章鈔疏卷亡姓樂氏瀛州人
靈潤涅槃義疏十三卷又玄章三卷通攝大乘論義鈔十三卷玄
章三卷姓梁氏虞鄉人 辯相攝論疏五卷辯相居淨影寺 玄奘大唐西域記十二卷
姓陳氏緱氏人 辯機西域記十二卷清徹金陵塔寺記三十六卷師哲前代國
王脩行記五卷盡中宗時 大唐內典錄十卷西明寺僧撰 毋煚開元內外經錄十
卷道釋書二千五百餘部九千五百餘卷 智矩寶林傳十卷法常攝論義疏八卷又玄
章五卷姓張氏南陽人貞觀末 慧能金剛般若經口訣正義一卷姓盧氏曲江人 僧灌
頂私記天台智者詞旨一卷又義記一卷字法雲姓吳氏章安人 道綽淨土論
二卷姓衛氏并州文水人 道綽行圖一卷智首五部區分鈔二十一卷姓皇甫氏 法
礪四分疏十卷又羯磨疏三卷捨懺儀一卷輕重儀一卷姓李氏趙郡人
慧滿四分律疏二十卷姓梁氏京兆長安人 慧旻十誦私記十三卷又僧尼
行事三卷尼衆羯磨二卷菩薩戒義疏四卷字玄素河東人 空藏大乘

要句三卷姓王氏新豐人 道宗續高僧傳三十二卷玄宗注金剛般若經
一卷道氤御注金剛般若經疏宣演三卷高僧嬾殘傳一卷天寶人
元偉眞門聖冑集五卷僧法海六祖法寶記一卷辛崇僧伽行
狀一卷神楷維摩經疏六卷靈湍攝山棲霞寺記一卷破胡集一
卷會昌沙汰佛法詔勅 法藏起信論疏二卷法琳別傳二卷大唐京師寺錄
卷亡 玄覺永嘉集十卷慶州刺史魏靖編次 懷海禪門規式一卷希運傳心法
要一卷裴休集 玄嶷甄正論三卷光瑤注僧肇論二卷李繁玄聖蘧
廬一卷白居易八漸通眞議一卷七科義狀一卷雲南國使段立之問僧悟達荅 棲
賢法雋一卷僧惠明與西川節度判官鄭愚漢州刺史趙璘論佛書 樿關八問一卷楊士達問唐宗美對 僧一
行釋氏系錄一卷宗密禪源諸詮集一百一卷又起信論二卷起信
論鈔三卷原人論一卷圓覺經大小疏鈔各一卷楚南般若經品
頌偈一卷又破邪論一卷大順中人 希還參同契一卷良价大乘經要一
卷又激勵道俗頌偈一卷光仁四大頌一卷又略華嚴長者論一卷
無夢垂誡十卷神清參元語錄十卷智月僧美三卷惠可達摩

血脈一卷靖邁古今譯經圖紀四卷智昇續古今譯經圖紀一
卷又續大唐內典錄一卷續古今佛道論衡一卷對寒山子詩七
卷天台隱士台州刺史閭丘胤序僧道翹集寒山子隱唐興縣寒山巖於國清寺與隱者拾得往還 龐蘊詩偈三卷字道玄衡
州衡陽人貞元初人三百餘篇 智閑偈頌一卷二百餘篇 李吉甫一行傳一卷王彥威內典
目錄十二卷

右道家類一百三十七家七十四部一千二百四十卷失姓名三家玄宗以下不著錄一百五十
八家一千二百三十八卷 摠一百三十七家一百七十四部

管子十九卷管仲 商君書五卷商鞅或作商君子 愼子十卷愼到撰滕輔注 申子三卷
申不害 韓子二十卷韓非 晁氏新書七卷晁錯 董仲舒春秋決獄十卷
黃氏正 崔氏政論六卷崔寔 劉氏政論五卷劉廙 阮子政論五卷阮武 劉
氏法論十卷劉卲 桓氏世要論十二卷桓範 陳子要言十四卷陳融 李
文博治道集十卷部鄭緯五經折疑三十卷尹知章注管子三
十卷又注韓子卷亡 杜佑管氏指略二卷李敬玄正論三卷

右法家類十五家十五部一百六十六卷尹知章以下不著錄三家三十五卷

鄧析子一卷尹文子一卷公孫龍子三卷陳嗣古注公孫龍子一卷劉邵人物志三卷劉炳注人物志三卷姚信士緯十卷魏文帝士操一卷盧毓九州人士論一卷范謐辨名苑十卷僧遠年兼名苑二十卷賈大隱注公孫龍子一卷趙武孟河西人物志十卷杜周士廣人物志三卷宋璲吳興人物志十卷字勝之吳興烏程人大中時

右名家類十二家十二部五十五卷趙武孟以下不著錄三家二十三卷

墨子十五卷翟隨巢子一卷胡非子一卷

右墨家類三家三部一十七卷

鬼谷子二卷蘇秦樂臺注鬼谷子三卷梁元帝補闕子十卷尹知章注鬼谷子三卷

右縱橫家類四家四部一十五卷尹知章不著錄

尉繚子六卷尸子二十卷鞅呂氏春秋二十六卷呂不韋撰高誘注許慎注淮南子二十一卷淮南王安高誘注淮南子二十一卷又淮南鴻烈音二卷嚴尤三將軍論一卷王充論衡三十卷應劭風俗通義三十卷蔣

子萬機論十卷濟杜恕篤論四卷鍾會芻蕘論五卷傅子一百二十卷傅玄張儼默記三卷又誓論三十卷裴玄新言五卷蘇道立言十卷劉歆新義十八卷秦子三卷秦菁張明析言論二十卷古訓十卷孔衍説林五卷抱朴子外篇二十卷葛洪楊偉時務論十二卷范泰古今善言三十卷徐益壽記聞三卷何子五卷何楷劉子十卷劉勰梁元帝金樓子十卷朱澹遠語麗十卷又語對十卷張公雜記一卷張華陸士衡要覽三卷郭義恭廣志二卷崔豹古今注三卷伏侯古今注三卷江邃釋文十卷盧辯稱謂五卷謝昊物始十卷任昉文章始一卷張績補姚察續文章始一卷庾肩吾採璧三卷章道孫新略十卷徐陵名數十卷沈約袖中記二卷范謐典墳數集十卷侯亶祥瑞圖八卷孟眾張掖郡玄石圖一卷高堂隆張掖郡玄石圖一卷孫柔之瑞應圖記三卷熊理瑞應圖讚三卷顧野王符瑞圖十卷又祥瑞圖十卷王劭皇隋靈感志十卷許善心皇隋瑞文十四卷何望之諫林十卷虞通之善諫二卷孟儀

子林二十卷沈約子鈔三十卷庾仲容子鈔三十卷務仲堪論集九十六卷崔安帝王集要三十卷陸澄述正論十三卷又缺文十卷徐陵文府七卷宗道韋注劉守敬四部言心十卷新舊傳四卷古今辨作錄三卷博覽十五卷部略十五卷翰墨林十卷魏徵羣書治要五十卷麟閣詞英六十卷高宗時撰朱敬則十代興亡論十卷薛克構子林三十卷虞世南帝王略論五卷劉伯莊羣書治要音五卷張大素説林二十卷王方慶續世説新書十卷韓潭統載三十卷度使貞元十三年上熊執易化統五百卷執易類九經為書三十年乃成未及上卒於西川武元衡將為寫進妻薛氏之不許李文成博雅志十三卷安國公興貴子元懷景屬文要義十卷崔玄暐行己要範十卷盧藏用子書要略一卷馬總意林三卷魏氏手略二十卷魏徵辛之諤叙訓二卷開元十七年上授長社尉博聞奇要二十卷開元武功人周蒙續古今注三卷薛洪古今精義十五卷趙蕤長短要術十卷字太賓梓州人開元召之不赴杜佑理道要訣十卷賀蘭正元用人權衡十卷貞元十三年上樊宗師魁紀公三十卷又樊子三十卷郭昭度治書十卷朱朴致

理書十卷蘇源治亂集三卷唐末人張薦江左寓居錄一卷張楚金紳誡三卷馮伉諭蒙一卷庾敬休諭善錄七卷蕭佚牧宰政術二卷令魯人初公侯政術十卷魯人名初不著姓大中人李知保檢志三卷僖宗時信州刺史王範續蒙求三卷白廷翰唐蒙求三卷廣明人李伉系蒙二卷盧景亮三足記二卷

右雜家類六十四家七十五部一千一百三卷失姓名六家虞世南以下不著錄三十四家八百一十六卷

范子計然十五卷范蠡問計然答尹都尉書三卷氾勝之書二卷崔寔四人月令一卷賈思協齊民要術十卷宗懍荊楚歲時記一卷杜公瞻荊楚歲時記二卷杜臺卿玉燭寶典十二卷王氏四時錄十二卷戴凱之竹譜一卷顧烜錢譜一卷浮丘公相鶴經一卷堯須跋鷙擊錄二十卷相馬經三卷伯樂相馬經一卷徐成等相馬經二卷諸葛穎種植法七十七卷又相馬經六十卷甯戚相牛經一卷范蠡養魚經一卷禁苑實錄一卷龐鳶經一卷蠶經一卷又二卷相貝經一卷武后兆人本業三卷王方慶園庭草木疏二十一卷孫

氏千金月令三卷（孫思邈）李淳風演齊人要術一卷（李邕）金谷園記一
卷薛登四時記二十卷裴澄乘輿月令十二卷（國子司業，貞元十一年上）王涯月
令圖一軸李綽秦中歲時記一卷韋行規保生月錄一卷韓鄂四時
纂要五卷歲華紀麗二卷
右農家類十九家二十六部二百三十五卷（失姓名六家，王方慶以下不著錄十一家，六十六卷）
燕丹子一卷（燕太子）邯鄲淳笑林三卷裴子野類林三卷張華博物志
十卷又列異傳一卷賈泉注郭子三卷（郭澄之）劉義慶世說八卷又
小說十卷劉孝標續世說十卷殷芸小說十卷劉齊釋俗語八卷
蕭賁辨林二十卷劉炫酒孝經一卷庾元威座右方三卷侯白啓顏
錄十卷雜語五卷戴祚甄異傳三卷袁王壽古異傳三卷祖沖之
述異記十卷劉質近異錄二卷干寶搜神記三十卷劉之遴神錄
五卷梁元帝妍神記十卷祖台之志怪四卷孔氏志怪四卷荀氏靈
鬼志三卷謝氏鬼神列傳二卷劉義慶幽明錄三十卷東陽无疑
齊諧記七卷吳均續齊諧記一卷王延秀感應傳八卷陸果繫應
驗記一卷王琰冥祥記一卷王曼穎續冥祥記十一卷劉泳因果
記十卷顏之推冤魂志三卷又集靈記十卷徵應集二卷侯君素
旌異記十五卷唐臨冥報記二卷李恕誡子拾遺四卷開元御集
誡子書一卷王方慶王氏神通記十卷狄仁傑家範一卷盧公家
範一卷（盧僎）蘇瓌中樞龜鏡一卷姚元崇六誡一卷事始三卷（劉孝孫房
德懋）劉睿續事始三卷元結猗玕子一卷趙自勔造化權輿六卷
通微子十物志一卷吳筠兩同書一卷李涪刊誤二卷李匡文資
暇三卷炙轂子雜錄注解五卷（王叡）蘇鶚演義十卷又杜陽雜編
三卷（字德祥，光啓中進士第）柳氏家學要錄二卷（柳珵）盧光啓初舉子一卷（字子忠，相昭宗）
劉訥言俳諧集十五卷陳翱卓異記一卷（憲宗時人）裴紫芝續卓異
記一卷薛用弱集異記三卷（字中勝，長慶光州刺史）李玫纂異記一卷（大中時人）
李亢獨異志十卷谷神子博異志三卷沈如筠異物志三卷古異
記一卷劉餗傳記三卷（一作國史異纂）牛肅紀聞十卷陳鴻開元升平源
一卷（字大亮，貞元主客郎中）張薦靈怪集二卷陸長源辨疑志三卷李繁說

纂四卷戴少平還冤記一卷（貞元待詔）牛僧孺玄怪錄十卷李復言續
玄怪錄五卷陳翰異聞集十卷（唐末屯田員外郎）鄭遂洽聞記一卷鍾輅
前定錄一卷趙自勤定命論十卷（天寶秘書監）呂道生定命錄二卷（大和
中道生增趙自勤之說）溫畬續定命錄一卷胡璩譚賓錄十卷（字子溫，文武時人）韋絢
劉公嘉話錄一卷（絢字文明，執誼子也，咸通義武軍節度使，劉公禹錫也）戎幕閑談一卷趙璘因
話錄六卷（字澤章，大中衢州刺史）袁郊甘澤謠一卷溫庭筠乾𦠆子三卷又採
茶錄一卷段成式酉陽雜俎三十卷盧陵官下記二卷康軿劇談
錄三卷（字駕言，乾符進士第）高彥休闕史三卷盧子史錄二卷又逸史三卷（大中
時人）李隱大唐奇事記十卷（咸通中人）陳劭通幽記一卷范攄雲溪友議三
卷（咸通時自稱五雲溪人）李躍嵐齋集二十五卷尉遲樞南楚新聞三卷（並唐末人）
張固幽閑鼓吹一卷常侍言旨一卷（柳珵）盧氏雜說一卷桂苑叢譚
一卷（馮翊子子休）樹萱錄一卷會昌解頤四卷松窗錄一卷芝田錄一卷
玉泉子見聞眞錄五卷張讀宣室志十卷柳祥瀟湘錄十卷皇甫
松醉鄉日月三卷何自然笑林三卷焦璐窮神祕苑十卷裴鉶傳
奇三卷（高駢從事）劉軻牛羊日曆一卷（牛僧孺、楊虞卿事，檀欒子皇甫松序）補江總白猿傳一
卷郭良輔武孝經一卷陸羽茶經三卷張又新煎茶水記一卷封
演續錢譜一卷
右小說家類三十九家四十一部三百八卷（失姓名二家，李恕以下不著錄七十八家，三百二十七卷）
趙嬰注周髀一卷甄鸞注周髀一卷張衡靈憲圖一卷又渾天儀
一卷王蕃渾天象注一卷姚信昕天論一卷石氏星經簿讚一卷
（石申）虞喜安天論一卷甘氏四七法一卷（甘德）劉表荊州星占二卷劉叡
荊州星占二十卷天文集占三卷祖暅之天文錄三十卷韓楊天
文要集四十卷高文洪天文橫圖一卷吳雲天文雜占一卷陳卓
四方星占一卷又五星占一卷天文集占七卷孫僧化等星占三
十三卷史崇十二次二十八宿星占十二卷庾季才靈臺祕苑
一百二十卷逢行珪玄機內事七卷論二十八宿度數一卷五星
兵法一卷黃道略星占一卷孝經內記星圖一卷周易分野星
圖一卷李淳風釋周髀二卷又乙巳占十二卷天文占一卷大

象元文一卷乾坤秘奧七卷法象志七卷太白會運逆兆通代記
圖一卷淳風與袁天綱集 武密古今通占鏡三十卷大唐開元占經一百一十卷
瞿曇悉達集 董和通乾論十五卷和本名純避憲宗名改善曆算貞元中荊南節度使裴冑表之著是書云 長慶
算五星所在宿度圖一卷司天少監徐昇 黃冠子李播天文大象賦一卷
李台集解 王希明丹元子步天歌一卷
右天文類二十家三十部三百六卷失姓名六家李淳風天文占以下不著錄六家一百七十五卷
劉向九章重差一卷徐岳九章算術九卷又算經要用百法一
卷 數術記遺一卷甄鸞注 張丘建算經一卷甄鸞注 董泉三等數一
卷甄鸞注 夏侯陽算經一卷甄鸞注 甄鸞九章算經九卷又五曹
算經五卷七曜本起曆五卷七曜曆算二卷曆術一卷韓延夏
侯陽算經一卷又五曹算經五卷宋泉之九經術疏九卷劉徽海
島算經一卷又九章重差圖一卷劉祐九章雜算文二卷陰景愉
七經算術通義七卷信都芳器準三卷黃鍾算法四十卷劉歆
三統曆一卷四分曆一卷推漢書律曆志術一卷劉洪乾象曆術三卷

闞澤注 乾象曆三卷楊偉魏景初曆三卷何承天宋元嘉曆二卷
又刻漏經一卷虞劇梁大同曆一卷吳伯善陳七曜曆五卷孫
僧化後魏永安曆一卷李業興後魏甲子曆送後魏武定曆一卷
宋景業北齊天保曆一卷北齊甲子元曆一卷王琛周大象曆三
卷馬顯周甲寅元曆一卷周甲子元曆一卷劉孝孫隋開皇曆一
卷又七曜雜術二卷李德林隋開皇曆一卷張胄玄隋大業曆
一卷又玄曆術一卷七曜曆疏三卷劉焯皇極曆一卷趙𢾊河
西壬辰元曆一卷河西甲寅元曆一卷劉智正曆四卷薛訓 夏姜氏
曆術三卷崔浩律曆術一卷曆日義統一卷曆日吉凶注一卷
朱史刻漏經一卷宋景刻漏經一卷李淳風注周髀算經二卷
又注九章算術九卷注九章算經要略一卷注五經算術二卷注
張丘建算經三卷注海島算經一卷注五曹孫子等算經二十
卷注甄鸞孫子算經三卷釋祖沖之綴術五卷皇極曆一卷傅
仁均大唐戊寅曆一卷唐麟德曆一卷麟德曆出生記十卷王

孝通緝古算術四卷太史丞李淳風注 算經表序一卷南宮說光宅曆草十
卷瞿曇謙大唐甲子元辰曆一卷大唐刻漏經一卷王勃千歲曆亡卷
謝察微算經三卷江本一位算法二卷陳從運得一算經七卷曹
靖新集五曹時要術三卷邢和璞潁陽書三卷隱潁陽石堂山 僧一行開
元大衍曆一卷又曆議十卷曆立成十二卷曆草二十四卷七政
長曆三卷心機算術括一卷黃棲巖注 寶應五紀曆四十卷建中正元
曆二十八卷曹士蔿七曜符天曆一卷建中時人 七曜符天人元曆三
卷龍受算法二卷貞元人 長慶宣明曆三十四卷長慶宣明曆要略
一卷宣明曆超捷例要略一卷邊岡景福崇玄曆四十卷岡術士
大衍通元鑑新曆三卷貞元至大中 大唐長曆一卷都利聿斯經二卷
貞元中都利術士李彌乾傳自西天竺有璩公者譯其文 陳輔聿斯四門經一卷
右曆算類三十六家七十五部二百三十七卷失姓名五家王勃以下不著錄十九家二百二十六卷
黃帝問玄女法三卷黃帝用兵法訣一卷黃帝兵法孤虛推記一
卷黃帝太一兵曆一卷黃帝太公三宮法要訣一卷太公陰謀三

卷又陰謀三十六用一卷金匱二卷六韜六卷當敵一卷周書陰
符九卷周呂書一卷田穰苴司馬法三卷魏武帝注孫子三卷又
續孫子兵法二卷兵書接要七卷孫武 孟氏解孫子二卷沈友注孫
子二卷賈詡注吳子兵法一卷吳起 吳孫子三十二壘經一卷伍子胥
兵法一卷黃石公三略三卷又陰謀乘斗魁剛行軍秘一卷成氏三
略訓三卷張良經一卷張氏七篇七卷張良 魏文帝兵書要略十卷
宋高祖兵法要略一卷司馬彪兵記十二卷孔衍兵林六卷葛洪兵
法孤虛月時秘要法一卷梁武帝兵法一卷梁元帝玉韜十卷劉祐
金韜十卷蕭吉金海四十七卷陶弘景眞人水鏡十卷握鏡三卷
王略武林一卷許子新書軍勝十卷樂産王佐秘書五卷後周齊
王憲兵書要略十卷隋高祖新撰兵書三十卷解忠鯁龍武玄
兵圖二卷新兵法二十四卷用兵要術一卷太一兵法一卷兵法要
訣一卷承神兵書八卷兵機十五卷兵書要略十卷用兵撮要三
卷兵春秋一卷獸闘亭亭一卷玉帳經一卷三陰圖一卷兵法雲

氣推占一卷武德圖五兵八陣法要一卷李靖六軍鏡三卷員半
千臨戎孝經二卷李淳風懸鏡十卷李筌注孫子二卷又太白陰
經十卷青囊括一卷杜牧注孫子三卷陳皞注孫子一卷賈林
注孫子一卷孫鏑注吳子一卷裴行儉安置軍營行陣等四十六
訣一卷李嶠軍謀前鑒十卷郭元振定遠安邊策三卷吳兢兵
家正史九卷李處祐兵法（開元中左衛中郎將奉詔撰卷亡）鄭虔天寶軍防錄（卷亡）劉
秩止戈記七卷至德新議十二卷董承祖至德元寶玉函經十卷
李光弼統軍靈轄秘策一卷（一作武記）裴守一軍誡三卷裴子新令二卷
（裴緒）韓滉天事序議一卷韋皋開復西南夷事狀十七卷范傳正
西陲要略三卷王公亮兵書十八卷（長慶元年上商州刺史）行師類要七卷燕僧利
正長慶人事軍律三卷李渤禦戎新錄二十卷李德裕西南備邊
錄十三卷杜希全新集兵書要訣三卷張道古兵論一卷（字子美景福進士第）
右兵書類二十三家六十部三百一十九卷（失姓名十四家李筌以下不著錄二十五家一百六十三卷）
史蘇沈思經一卷焦氏周易林十六卷（焦贛）京氏周易四時候二卷（京房）

又周易飛候六卷周易混沌四卷周易錯卦八卷逆刺三卷費氏
周易逆刺占災異十二卷（費直）又周易林二卷崔氏周易林十六卷
（崔篆）鄭玄注九宮行棊經三卷管輅周易林四卷又鳥情逆占一卷
張滿周易林七卷許氏周易雜占七卷（許峻）尚廣周易雜占八卷武
氏周易雜占八卷魏伯陽周易參同契二卷又周易五相類一卷徐
氏周易筮占二十四卷（徐苗）伏曼容周易集林十二卷伏氏周易集林一卷
杜氏新易林占三卷梁運周易雜占筮訣文二卷虞翻周易
集林律曆一卷郭璞周易洞林解三卷梁元帝連山三十卷又洞
林三卷郭氏易腦一卷周易立成占六卷易林十四卷周易新林
一卷易律曆一卷周易服藥法一卷易三備三卷又三卷易髓一
卷周易問十卷周易雜圖序一卷周易八卦斗內圖一卷又三卷
周易內卦神筮法二卷周易雜筮占四卷老子神符易一卷孝經
元辰二卷推元辰厄命一卷元辰章三卷元辰一卷雜元辰祿命
二卷逆河祿命二卷孫僧化六甲開天曆一卷翼奉風角要候一

卷王琛風角六情訣一卷又推產婦何時產法一卷九宮行棊立
成一卷祿命書二卷遁甲開山圖一卷劉孝恭風角鳥情二卷又
祿命書二十卷鳥情占一卷風角十卷九宮經解三卷婚嫁書三
卷登壇經一卷太一大游曆二卷大游太一曆一卷曜靈經一卷
七政曆一卷六壬曆一卷六壬擇非經六卷靈寶登圖一卷梁主
榮光明符十二卷推二十四氣曆一卷太一曆一卷曹氏黃帝式
經三十六用一卷玄女式經要訣一卷董氏大龍首式經一卷桓
公式經一卷宋琨式經一卷六壬式經雜占九卷雷公式經一卷
太一式經二卷太一式經雜占十卷黃帝式用常陽經一卷黃帝
龍首經二卷黃帝集靈三卷黃帝降國一卷黃帝斗曆一卷
太史公萬歲曆一卷（司馬談）萬歲曆祠二卷任氏千歲曆祠二卷學
百事要略一卷張衡黃帝飛鳥曆一卷太一飛鳥曆一卷太一九宮
雜占十卷九宮經三卷堪輿曆注二卷廖紹黃帝四序堪輿一卷地節堪
輿二卷伍子胥遁甲文一卷信都芳遁甲經二卷葛洪三元遁甲圖

三卷許昉三元遁甲六卷杜仲三元遁甲一卷榮氏遁甲開山圖
二卷遁甲經十卷遁甲囊中經一卷遁甲推要一卷遁甲祕要一
卷遁甲九星曆一卷遁甲萬一訣三卷三元遁甲立成圖二卷遁
甲立成法三卷遁甲九宮八門圖一卷遁甲三奇三卷陽遁甲九卷
陰遁甲九卷遁甲三元九甲立成一卷白澤圖一卷武王須臾二卷
師曠占書一卷東方朔占書一卷淮南王萬畢術一卷樂產神
樞靈轄十卷柳彥詢龜經三卷柳世隆龜經三卷劉寶真龜經
一卷王弘禮龜經一卷莊道名龜經一卷蕭吉五行記五卷又五
姓宅經二十卷葬經二卷王琛新撰陰陽書三十卷青烏子三卷
葬經八卷又十卷葬書地脈經一卷墓書五陰一卷雜墓圖一卷
墓圖立成一卷六甲冢名雜忌要訣二卷郭氏五姓墓圖要訣
五卷壇中伏尸一卷胡君玄女彈五音法相冢經一卷百怪書一
卷祠竈經一卷解文一卷周宜占夢書三卷又二卷孫思邈龜
經一卷又五兆算經一卷龜上五兆動搖經訣一卷福祿論三卷李

傳風四民福祿論三卷又玄悟經三卷太一元鑑五卷占燈經一卷
注鄭玄九旗飛變一卷三元經一卷太一樞會賦一卷玄宗注崔知悌產
圖一卷呂才陰陽書五十三卷廣濟陰陽百忌曆一卷大唐地理
經十卷貞觀中上袁天綱相書七卷要訣三卷陳恭釗天寶曆一卷天寶
中部定趙同珍壇經一卷黎幹蓬瀛書三卷賈躭唐七聖曆一卷李
遠龍紀聖異曆一卷竇維鍌廣古今五行記三十卷濮陽夏樵子
五行志五卷祿命人元經三卷楊龍光推計祿命厄運詩一卷王
希明太一金鏡式經十卷開元中詔撰僧一行天一太一經一卷又遁甲十八
局一卷太一局遁甲經一卷五音地理經十五卷六壬明鏡連珠歌
一卷六壬髓經三卷馬先天寶太一靈應式記五卷李鼎祚連珠
明鏡式經十卷開元中上之蕭君靖遁甲圖開元僕寺丞舉李詔解卷亡司馬驤遁
甲符寶萬歲經國曆一卷驤與弟裕同撰曹士蔿金匱經三卷馬雄絳囊
經一卷雄稱隱士李靖玉帳經一卷李筌六壬大玉帳歌十卷王叔政推
太歲行年吉凶厄一卷由吾公裕葬經三卷孫季邕葬範三卷盧

重元夢書四卷開元人柳璨夢雋一卷
右五行類六十家一百六十部六百四十七卷失姓名六十五家袁天綱以下不著錄二十五家一百三十二卷
郝沖虞譚法投壺經一卷魏文帝皇博經一卷大小博法二卷大
博經行棊戲法二卷鮑宏小博經一卷博塞經一卷雜博戲五卷隋
煬帝二儀簙經一卷范汪等注棊品五卷梁武帝棊評一卷棊勢
六卷圍棊後九品序錄一卷竹苑仙棊圖一卷周武帝象經一卷何
妥象經一卷王褒象經一卷王裕注象經一卷今古術藝十五卷名
手畫錄一卷李嗣真畫後品一卷禮圖等雜畫五十六卷漢王元
昌畫漢賢王圖閻立德畫文成公主降蕃圖玉華宮圖鬬雞
圖閻立本畫秦府十八學士圖凌煙閣功臣二十四人圖范長壽畫
風俗圖醉道士圖王定畫本草訓誡圖貞觀尚方令檀智敏畫游春戲
藝圖振武校尉郭軟韋无忝畫開元皇朝九聖圖高祖及諸王圖太宗自定
輦上圖開元十八學士圖開元人董萼畫盤車圖開元人字重㓝曹元廓畫
後周北齊梁陳隋武德貞觀永徽等朝臣圖高祖太宗諸子圖
秦府學士圖凌煙圖武后時尚方令楊昇畫望賢宮圖安祿山真張萱畫
少女圖乳母將嬰兒圖按羯鼓圖秋千圖並開元館畫直談皎畫武惠妃
舞圖佳麗寒食圖佳麗伎樂圖韓幹畫龍朔功臣圖姚宋及
安祿山圖相馬圖玄宗試馬圖寧王調馬打毬圖大梁人太府寺丞陳宏畫
安祿山圖玄宗馬射圖上黨十九瑞圖永王府長史王象畫鹵簿圖田琦
畫洪崖子橘木圖德平子汝南太守竇師綸畫內庫瑞錦對雉鬬羊翔
鳳游麟圖字希言太宗秦王府諮議相國錄事參軍封陵陽公韋鶠畫天竺胡僧渡水放牧圖
竇蒙子周昉畫撲蝶按箏楊眞人降眞五星等圖各一卷字景玄張彥
遠歷代名畫記十卷姚最續畫品一卷裴孝源畫品錄一卷中書
舍人記貞觀驗慶年事顧況畫評一卷朱景玄唐畫斷三卷會昌人竇蒙家畫拾
遺一卷亡吳恬畫山水錄一卷恬一名玠字遠廣青州人王琚射經一卷張守忠射記一卷
任權弓箭論一卷上官儀投壺經一卷王積薪金谷園九局圖一卷
開元待詔韋延祐碁圖一卷呂才大博經二卷董叔經博經一卷貞元中上李郃
骰子選格三卷字中玄賀州刺史

右雜藝術類十一家二十部一百四十二卷失姓名八家張彥遠以下不著錄十六家一百一十七卷
何承天并合皇覽一百二十二卷徐爰并合皇覽八十四卷劉孝
標類苑一百二十卷劉杳壽光書苑二百卷徐勉華林遍略六百
卷祖孝徵等脩文殿御覽三百六十卷虞綽等長洲玉鏡二百
三十八卷諸葛穎玄門寶海一百二十卷張氏書圖泉海七十卷
要錄六十卷檢事書一百六十卷帝王要覽二十卷文思博要一
千二百卷目十二卷右僕射高士廉左僕射房玄齡特進魏徵中書令楊師道兼中書侍郎岑文本禮部侍郎顏相時國子司業朱
子奢博士劉伯莊太學博士馬嘉運給事中許敬宗司文郎中崔行功太常博士呂才祕書丞李淳風起居郎褚遂良晉王友□思讓太子舍人司馬宅相等奉詔撰
貞觀十五年上許敬宗搖山玉彩五百卷孝敬皇帝令太子少師許敬宗司議郎孟利貞崇賢館學士郭瑜顧胤右史董
思恭等撰累璧四百卷又目錄四卷許敬宗等撰龍朔元年上東殿新書二百卷許敬宗李義府
奉詔於武德內殿脩撰其書自史記至晉書刪其繁辭龍朔元年上高宗製序歐陽詢藝文類聚一百卷令狐德棻袁朗
趙弘智等同脩虞世南北堂書鈔一百七十三卷張大素策府五百八十二卷
武后玄覽一百卷三教珠英一千三百卷目十三卷張昌宗李嶠崔湜閻朝隱徐彥伯張說沈
佺期宋之問富嘉謨喬侃員半千薛曜等撰開成初改爲海內珠英武后所改字並復舊孟利貞碧玉芳林四百五

十卷王藻瓊林一百卷王義方筆海十卷玄宗事類一百三十卷
又初學記三十卷（張說類集要事以教諸王徐堅韋述余欽施敬本張烜李銳孫季良等分撰）是光乂十九部
書語類十卷（開元末自校書省正字上授集賢院脩撰後賜姓齊）劉秩政典三十五卷杜佑通典二
百卷蘇冕會要四十卷續會要四十卷（楊紹復裴德融崔瑑薛逢鄭言周膚敏薛廷望于珪
于球等撰崔鉉監脩）陸贄備舉文言二十卷劉綺莊集類一百卷高丘詞集
類略三十卷陸羽警年十卷張仲素詞圃十卷（字繪之元和翰林學士中書舍人）元
氏類集三百卷（元稹）白氏經史事類三十卷（白居易一名六帖）王氏千門四十卷
（王洛賓）于立政類林十卷郭道規事鑑五十卷馬幼昌穿楊集四
卷（判目）盛均十三家貼（均字之材泉州南安人終昭州刺史以白氏六帖未備而廣之卷亡）竇蒙青囊書
十卷（國子司業）韋稔瀛類十卷應用類對十卷高測韻對十卷溫庭
筠學海三十卷王博古脩文海十七卷李途記室新書三十卷孫
翰錦繡谷五卷張楚金翰苑七卷皮氏鹿門家鈔九十卷（皮日休字襲美咸通
太常博士）劉揚名戚苑纂要十卷戚苑英華十卷（重脩）
右類書類十七家二十四部七千二百八十八卷（失姓名三家王義方以下不著錄三十二家一千三百三十八卷）

皇甫謐皇帝三部鍼經十二卷張子存赤烏神鍼經一卷黃帝鍼
灸經十二卷黃帝雜注鍼經一卷黃帝鍼經十卷玉匱鍼經十二卷
龍銜素鍼經并孔穴蝦蟇圖三卷徐叔嚮鍼灸要鈔一卷黃帝明
堂經三卷黃帝明堂三卷楊玄注黃帝明堂經三卷黃帝內經
明堂十三卷黃帝十二經脉明堂五藏圖一卷曹氏黃帝十二經
明堂偃側人圖十二卷秦承祖明堂圖三卷明堂孔穴五卷秦越
人黃帝八十一難經二卷全元起注黃帝素問九卷靈寶注黃
帝九靈經十二卷黃帝甲乙經十二卷黃帝流注脉經一卷三部
四時五藏辨候診色脉經一卷脉經十卷又二卷徐氏脉經訣三
卷王子顒脉經二卷岐伯灸經一卷雷氏灸經一卷五藏訣一卷
五藏論一卷賈和光鈴和子十卷王冰注黃帝素問二十四卷釋
文一卷（冰號啓元子）楊上善注黃帝內經明堂類成十三卷又黃帝內
經太素三十卷甄權脉經一卷鍼經鈔三卷鍼方一卷明堂人形
圖一卷米遂明堂論一卷

右明堂經脉類一十六家三十五部二百三十一卷（失姓名十六家甄權以下不著錄二家七卷）
神農本草三卷雷公集撰神農本草四卷吳氏本草因六卷（吳普）李氏本
草三卷原平仲靈秀本草圖六卷郡子巖本草音義二卷本草用藥要
妙九卷本草病源合藥節度五卷本草要術三卷療癰疽耳眼本草
要妙五卷桐君藥錄三卷徐之才雷公藥對二卷僧行智諸藥異名
十卷藥類二卷藥目要用二卷四時採取諸藥及合和四卷名醫別錄
三卷吳景諸病源候論五十卷巢氏諸病源候論五十卷（巢元方）徐嗣伯
雜病論一卷又徐氏落年方三卷彭祖養性經一卷張湛養生要
集十卷延年祕錄十二卷秦承祖藥方四十卷吳普集華氏藥方
十卷（華佗）葛洪肘後救卒方六卷梁武帝坐右方十卷如意方十卷
陶弘景集注神農本草七卷又效驗方十卷補肘後救卒備急
方六卷太清玉石丹藥要集三卷太清諸草木方集要三卷隋
煬帝勑撰四海類聚單方十六卷王叔和張仲景藥方十五卷又
傷寒卒病論十卷阮河南方十六卷（阮炳）尹穆纂范東陽雜藥方一

百七十卷（范汪）胡居士治百病要方三卷（胡洽）徐叔嚮雜療方二十卷又體
療雜病方六卷脚弱方八卷解寒食方十五卷阮河南藥方十七
卷褚澄雜藥方十二卷陳山提雜藥方十卷謝泰黃素方二十五
卷孝思雜湯丸散方五十七卷謝士太刪繁方十二卷徐之才徐
王八代効驗方十卷又家祕方三卷范世英千金方三卷姚僧垣
集驗方十卷陳延之小品方十二卷蘇游玄感傳屍方一卷又太
一鐵胤神丹方三卷俞刪氏治小兒方四卷俞寶小女節療方一卷僧
僧深集方三十卷僧鸞調氣方一卷龍其慶宣劉涓子男方十卷
甘濬之療癰疽金瘡要方十四卷甘伯齊療癰疽金瘡要方十二
卷雜藥方六卷雜丸方一卷名醫集驗方三卷百病膏方十卷雜
湯方八卷療目方五卷寒食散方并消息節度二卷婦人方十卷
又二十卷少女方十卷少女雜方二十卷類聚方二千六百卷種芝
經九卷芝草圖一卷諸葛穎淮南王食經一百三十卷音十三卷
食目十卷盧仁宗食經三卷崔浩食經九卷竺暄食經四卷又

十卷趙武四時食法一卷太官食法一卷太官食方十九卷四時
御食經一卷抱朴子太清神仙服食經五卷沖和子太清璿璣文
七卷太清神丹中經三卷太清神仙服食經五卷太清諸丹藥要
錄四卷京里先生金匱仙藥錄三卷神仙服食經十二卷神仙藥
食經一卷神仙服食方十卷神仙服食藥方十卷服玉法幷禁忌
一卷寒食散論二卷葛仙公錄狐子方金訣二卷狐子雜訣三卷
明月公陵陽子祕訣一卷黃公神臨藥祕經一卷黃白祕法一卷又二
十卷葛氏房中祕術一卷沖和子玉房祕訣十卷張鼎本草二十卷目
錄一卷藥圖二十卷圖經七卷顯慶四年英國公李勣太尉長孫无忌兼侍中辛茂將太子賓客弘文館學士許敬宗禮部郎中兼太子洗馬弘文館大學士孔志約尚藥奉御許孝崇胡子家蔣季璋尚藥局直長藺復珪許弘直侍御醫巢孝儉太子藥藏監蔣季瑜吳嗣宗丞蔣義方太醫令蔣季琬許弘丞蔣茂昌太常丞呂才賈文通太史令李淳風潞王府參軍吳師哲禮部主事顏仁楚右監門府長史蘇敬等撰孔志約本草音
義二十卷蘇敬新脩本草二十一卷又新脩本草圖二十六卷本草
音三卷本草圖經七卷甄立言一作權本草音義七卷又本草藥性三
卷古今錄驗方五十卷孟詵食療本草三卷又補養方三卷必效

方十卷宋俠經心方十卷崔氏纂要方十卷行功崔知悌骨蒸病
灸方一卷王方慶新本草四十一卷又藥性要訣五卷袖中備急要
方三卷嶺南急要方二卷針灸服藥禁忌五卷李含光本草音義
二卷陳藏器本草拾遺十卷開元中人鄭虔胡本草七卷孫思邈千金
方三十卷又千金髓方二十卷千金翼方三十卷神枕方一卷醫
家要妙五卷楊太僕醫方一卷失名天授二年上衛嵩醫門金寶鑑三卷
許詠六十四問一卷段元亮病源手鏡一卷伏氏醫苑一卷失名甘伯
宗名醫傳七卷王超仙人水鏡圖訣一卷貞觀人吳兢五藏論應象
一卷裴璡五藏論一卷劉清海五藏類合賦五卷裴王廷五色傍
通五藏圖一卷張文懿藏府通元賦一卷段元亮五藏鏡源四卷
喻義纂療癰疽要訣一卷瘡腫論一卷沈泰之癰疽論二卷青
溪子萬病拾遺三卷又消渴論一卷腳氣論三卷李暄嶺南腳氣
論一卷又方一卷腳氣論一卷蘇鑒徐玉等編集鄭景岫南中四時攝生論一
卷蘇游鐵粉論一卷陳元北京要術一卷元為太原少尹司空輿發焰錄一卷

圖父大中時商州刺史青羅子道光通元祕要術三卷失姓咸通人乾寧晏先生制
伏草石論六卷[illegible]江承宗刪繁藥詠三卷[illegible]玄宗開元廣濟
方五卷劉貺眞人肘後方三卷王燾外臺祕要方四十卷又外臺
要略十卷德宗貞元集要廣利方五卷陸氏集驗方十五卷陸贄
賈耽備急單方一卷薛弘慶兵部手集方三卷兵部尚書李絳所傳方弘慶大和河中少尹
薛景晦古今集驗方十卷元和刑部郎中貶道州刺史劉禹錫傳信方二卷崔玄
亮海上集驗方十卷楊氏產乳集驗方三卷楊歸厚元和中自左拾遺貶鳳州司馬虢州刺史
方九百一十一鄭注藥方一卷韋氏集驗獨行方十二卷韋宙張文仲隨身備
急方三卷蘇越羣方祕要三卷李繼皐南行方三卷白仁敘唐興
集驗方五卷包會應驗方一卷許孝宗篋中方三卷梅崇獻方
五卷姚和衆童子祕訣三卷又衆童延齡至寶方十卷孫會嬰孺
方十卷邵英俊口齒論一卷又排玉集三卷加齒方李昭明嵩臺集三
卷楊曄膳夫經手錄四卷嚴龜食法十卷震之子也昭宗時西川節度使推官
右醫術類六十四家一百二十部四千四十六卷失姓名三十八家王方慶以下不著錄五十五家四百八卷

藝文志第四十九

藝文志第五十　唐書六十
翰林學士兼龍圖閣學士朝散大夫給事中知制誥充史館脩撰臣歐陽脩奉
敕撰
丁部集録其類三一曰楚辭類二曰別集類三曰摠集類凡著録
八百一十八家八百五十六部一萬一千九百二十三卷不著録四
百八家五千八百二十五卷
王逸注楚辭十六卷郭璞注楚辭十卷楊穆楚辭九悼一卷劉
杳離騷草木蟲魚跡二卷孟奥楚辭音一卷徐邈楚辭音一
卷僧道騫楚辭音一卷
右楚辭類七家七部三十二卷
趙荀況集二卷楚宋玉集二卷漢武帝集二卷淮南王安集二
卷賈誼集二卷枚乘集二卷司馬遷集二卷東方朔集二卷董
仲舒集二卷李陵集二卷司馬相如集二卷孔臧集二卷魏相集
二卷張敞集二卷韋玄成集二卷劉向集五卷王褒集五卷谷永

集五卷杜鄴集五卷師丹集五卷息夫躬集五卷劉歆集五卷
楊雄集五卷崔篆集一卷東平王蒼集二卷桓譚集二卷史岑
集二卷王文山集二卷朱勃集二卷梁鴻集二卷黄香集二卷
馮衍集五卷班彪集二卷杜篤集五卷傅毅集五卷班固集十
卷崔駰集十卷賈逵集二卷劉騊駼集二卷崔瑗集五卷蘇順
集二卷竇章集二卷胡廣集二卷高彪集二卷王逸集二卷桓
驎集二卷邊韶集二卷皇甫規集五卷張奐集二卷朱穆集二
卷趙壹集二卷張升集二卷侯瑾集二卷酈炎集二卷盧植集
二卷劉珍集二卷楊厚集二卷張衡集十卷葛龔集五卷李
固集十卷馬融集五卷崔琦集二卷延篤集二卷劉陶集二卷
荀爽集二卷劉梁集二卷鄭玄集二卷蔡邕集二十卷應劭集
四卷士孫瑞集二卷張邵集五卷禰衡集二卷孔融集十卷潘勗
集二卷阮瑀集五卷陳琳集十卷張紘集一卷繁欽集十卷楊
脩集二卷王粲集十卷魏武帝集三十卷文帝集十卷明帝集

十卷高貴鄉公集二卷陳思王集二十卷又三十卷華歆集三十卷
王朗集三十卷邯鄲淳集二卷袁渙集五卷應瑒集二卷徐幹集
五卷劉楨集二卷路粹集二卷丁儀集二卷丁廙集二卷劉廙集
二卷吴質集五卷孟達集三卷陳羣集三卷毛脩集三卷管寧集
二卷劉邵集二卷麋元集五卷李康集二卷孫該集二卷卞蘭集
二卷傅巽集二卷高堂隆集十卷繆襲集五卷邦褒集二卷韋誕
集三卷曹羲集五卷傅嘏集二卷桓範集二卷夏侯霸集二卷鍾
毓集五卷江奉集二卷夏侯惠集二卷毋丘儉集二卷王弼集五卷
吕安集二卷王昶集五卷王肅集五卷何晏集十卷應璩集十卷
杜摯集二卷夏侯玄集二卷程曉集二卷阮籍集五卷嵇康集十
五卷鍾會集十卷蜀許靖集二卷諸葛亮集二十四卷吴張温集
五卷士燮集五卷虞翻集三卷駱統集十卷暨豔集二卷謝承
集四卷姚信集十卷陸凱集五卷華覈集五卷胡綜集二卷薛瑩
集二卷薛綜集三卷張儼集二卷韋昭集二卷紀隲集二卷晉宣

帝集五卷文帝集二卷明帝集五卷簡文帝集五卷齊王攸集二
卷會稽王道子集八卷彭城王集八卷譙王集三卷王沈集五卷鄭
袤集二卷應貞集五卷嵇喜集二卷傅玄集五十卷成公綏集十
卷裴秀集三卷何積集五卷秦準集二卷山濤集五卷向秀集二
卷阮沖集二卷阮侃集五卷羊祜集二卷賈充集二卷荀勗集三
十卷杜預集二十卷王濬集二卷皇甫謐集二卷程咸集二卷劉毅
集二卷庾峻集三卷郤正集一卷楊泉集二卷陶濬集二卷宣騁集
三卷曹志集二卷鄒湛集四卷孫毓集五卷王渾集五卷王深集四
卷江偉集五卷閔鴻集二卷裴楷集二卷何劭集二卷劉寔集二卷
裴頠集十卷許孟集二卷王祜集三卷王濟集二卷華嶠集三卷劉
嶠集二卷庾儵集三卷謝衡集二卷傅咸集三十卷棗據集二
卷劉寶集三卷孫楚集十卷王讚集二卷夏侯湛集十卷夏侯
淳集十卷張敏集二卷劉許集二卷李重集二卷樂廣集二卷阮
渾集二卷楊乂集三卷張華集十卷李虔集十卷石崇集五卷

潘岳集十卷潘尼集十卷歐陽建集二卷嵇紹集二卷衛展集十四卷盧播集二卷欒肇集五卷應亨集二卷司馬彪集三卷杜育集二卷摯虞集十卷繆徵集二卷左思集五卷夏侯湛集二卷鄭豐集二卷陳略集二卷張翰集二卷陸機集十五卷陸雲集十卷陸沖集二卷孫極集二卷張載集二卷張協集二卷束晳集五卷華譚集二卷曹攄集二卷江統集十卷胡濟集五卷卞粹集二卷閭丘沖集二卷庾敳集二卷阮瞻集二卷阮脩集二卷裴邈集二卷郭象集五卷嵇含集十卷孫惠集十卷蔡洪集二卷牽秀集五卷蔡克集二卷索靖集二卷閻纂集二卷張輔集二卷郄巨集二卷陶佐集五卷仲長敖集二卷虞溥集二卷吳商集五卷劉弘集三卷山簡集二卷宗岱集三卷王曠集五卷王峻集二卷棗腆集二卷棗嵩集二卷劉琨集十卷盧諶集十卷傅暢集五卷顧榮集五卷荀組集二卷周顗集二卷周嵩集三卷王導集十卷荀邃集二卷王敦集五卷謝琨集二卷張抗集二卷賈霖集三卷劉隗集三卷應詹集五卷陶侃集二卷王洽集三卷張闓集三卷卞壺集二卷劉超集二卷楊方集二卷傅純集二卷郗鑒集十卷溫嶠集十卷孔坦集五卷王濤集五卷王箋集五卷甄述集五卷王嶠集二卷戴邈集五卷賀循集二十卷張悛集二卷應碩集二卷陸沈集二卷曾瓌集五卷熊遠集五卷郭璞集十卷王鑒集五卷庾亮集二十卷虞預集十卷顧和集五卷范宣集十卷張虞集五卷庾冰集二十卷庾翼集二十卷何充集五卷諸葛恢集五卷祖台之集十五卷李充集十四卷蔡謨集十卷謝艾集八卷范汪集八卷范甯集十五卷阮放集五卷王廙集十卷王彪之集二十卷謝安集五卷謝万集十卷王羲之集五卷干寶集四卷郗融集十卷劉遐集五卷殷浩集五卷劉惔集二卷王濛集五卷謝尚集五卷張憑集五卷張望集三卷韓康伯集五卷王胡之集五卷江霖集五卷范宣集五卷江惇集五卷王述集五卷郝默集五卷黃整集十卷王淡集二卷王度集五卷劉系之集五卷劉恢集五

卷范起集五卷殷康集五卷孫嗣集三卷王坦之集五卷桓溫集二十卷郗超集十五卷謝朗集五卷謝玄集十卷王珣集十卷許詢集三卷孫統集五卷孫綽集十五卷孔嚴集五卷江逌集五卷車灌集五卷丁纂集二卷曹毗集十五卷蔡系集二卷李顒集十卷顧夷集五卷袁喬集五卷謝沈集五卷庾闡集十卷王隱集十卷殷允集十卷徐邈集八卷殷仲堪集十卷殷叔獻集三卷伏滔集五卷桓嗣集五卷習鑿齒集五卷鈕滔集五卷邵毅集五卷孫盛集十卷袁質集二卷袁宏集二十卷袁邵集三卷羅含集三卷孫放集十五卷辛昞集四卷庾統集二卷郭愔集五卷滕輔集五卷庾龢集二卷庾軌集二卷庾倩集二卷庾肅之集十卷王脩集二卷戴逵集十卷桓玄集二十卷殷仲文集七卷卞湛集五卷蘇彥集十卷袁豹集十卷王謐集十卷周祗集十卷梅陶集十卷湛方生集十卷劉瑾集八卷羊徽集一卷卞裕集十四卷王愆期集十卷孔璠之集二卷王茂略集四卷薄肅之集十卷滕演集三卷宋武帝集二十卷文帝集十卷長沙王義欣集十卷臨川王義慶集八卷衡陽王義季集十卷江夏王義恭集十五卷南平王鑠集五卷建平王宏集十卷又小集六卷新渝侯義宗集十二卷謝瞻集三卷孔琳之集十卷王叔之集十卷徐廣集十五卷孔甯子集十五卷蔡廓集十卷傅亮集十卷孫康集十卷鄭鮮之集二十卷陶潛集二十卷又集五卷范泰集二十卷王弘集二十卷謝惠連集五卷謝靈運集十五卷荀昶集十四卷孔欣集十卷卞伯玉集五卷王曇首集二卷謝弘微集二卷王韶之集二十卷沈林子集七卷姚濤之集二十卷賀道養集十卷衛令元集八卷褚詮之集八卷荀欽明集六卷殷淳集三卷劉瑀集七卷劉緄集五卷雷次宗集三十卷宗炳集十五卷伍緝之集十一卷荀雍集十卷袁淑集十卷顏延之集三十卷王微集十卷王僧達集十卷張暢集十四卷何偃集八卷沈懷文集十三卷江智淵集十卷謝莊集十五卷殷琰集八卷顏竣集十三

卷何承天集二十卷裴松之集三十卷卞瑾集十卷丘淵之集六
卷顏測集十一卷湯惠休集三卷沈勃集十五卷徐爰集十卷鮑
照集十卷庾蔚之集十一卷虞通之集五卷劉愔集十卷孫緬集
十卷袁伯文集十卷袁粲集十卷齊竟陵王集三十卷褚淵集十
五卷王儉集六十卷周顒集二十卷徐孝嗣集十二卷王融集十卷
謝朓集十卷孔稚珪集十卷陸厥集十卷虞羲集十一卷宗躬集
十二卷江奐集十一卷張融玉海集六十卷梁文帝集十八卷武帝
集十卷簡文帝集八十卷元帝集五十卷又小集十卷昭明太子集
二十卷邵陵王綸集四卷武陵王紀集八卷范雲集十二卷江淹前
集十卷後集十卷任昉集三十四卷宗夬集十卷王暕集二十卷魏
道微集三卷司馬褧集九卷沈約集一百卷又集略三十卷傅昭
集十卷袁昂集二十卷徐勉前集三十五卷後集十六卷陶弘景
集三十卷周捨集二十卷何遜集八卷謝琛集五卷謝郁集五卷
王僧孺集三十卷張率集三十卷楊眺集十卷鮑孅集八卷周興

嗣集十卷蕭洽集二卷裴子野集十四卷庾曇隆集十卷陸倕集
二十卷劉之遴前集十一卷後集三十卷虞曒集六卷王冏集三卷
劉孝綽集十二卷劉孝儀集二十卷劉孝威前集十卷後集十卷
丘遲集十卷王錫集七卷蕭子範集三卷蕭子雲集二十卷蕭
子暉集十一卷江革集十卷吳均集二十卷庾肩吾集十卷王筠
洗馬集十卷又中庶子集十卷左右集十卷臨海集十卷中書集
十卷尚書集十一卷鮑泉集一卷謝瑱集十卷任孝恭集十卷張纘
集十卷陸雲公集四卷張綰集十卷甄玄成集十卷蕭欣集十卷
沈君攸集十二卷後梁明帝集一卷後魏文帝集四十卷高允集二
十卷宗欽集二卷李諧集十卷韓宗集五卷袁躍集九卷薛孝通
集六卷溫子昇集三十五卷盧元明集六卷陽固集三卷魏孝景
集一卷北齊陽休之集三十卷邢邵集三十卷魏收集七十卷劉逖
集四十卷後周明帝集五十卷趙平王集十卷滕簡王集十二卷宗
懍集十卷王褒集二十卷蕭撝集十卷庾信集二十卷王衡集三卷

陳後主集五十五卷沈炯前集六卷後集十三卷周弘正集二十卷
周弘讓集十八卷徐陵集三十卷張正見集四卷陸玠集五卷陸瑜
集十卷沈不害集十卷張式集十三卷褚介集十卷顧越集二卷顧
覽集五卷姚察集二十卷隋煬帝集三十卷盧思道集二十卷
李元操集二十二卷辛德源集三十卷李德林集十卷牛弘集十
二卷薛道衡集三十卷何妥集十卷柳顧言集十卷江總集二十卷
魏彥深集三十卷蕭愨集九卷魏澹集四卷尹式集五卷諸葛穎
集十四卷王胄集十卷虞茂世集五卷劉興宗集三卷李播集三
卷道士江旻集三十卷僧曇諦集六卷惠遠集十五卷支遁集十
卷惠琳集五卷曇瑗集六卷靈裕集二卷亡名集十卷曹大家集
二卷鍾夫人集二卷劉臻妻陳氏集五卷左九嬪集一卷臨安公主
集三卷范靖妻沈滿願集三卷徐悱妻劉氏集六卷太宗集四十
卷高宗集八十六卷中宗集四十卷睿宗集十卷武后垂拱集一
百卷又金輪集十卷陳叔達集十五卷竇威集十卷褚亮集二十

卷虞世南集三十卷蕭瑀集一卷沈齊家集十卷薛收集十卷楊
師道集十卷庾抱集十卷孔穎達集五卷王績集五卷郎楚之集
三卷魏徵集二十卷許敬宗集八十卷于志寧集四十卷上官儀集
三十卷李義府集四十卷顏師古集六十卷岑文本集六十卷劉子
翼集二十卷鄧闇禮集一卷陸士季集十卷劉孝孫集三十卷鄭
世翼集八卷崔君實集十卷李百藥集三十卷孔紹安集五十卷
高季輔集二十卷溫彥博集二十卷李玄道集十卷謝偃集十卷
沈叔安集二十卷陸楷集十卷曹憲集三十卷蕭德言集二十卷
潘求仁集三卷鄧芊集三卷蕭鈞集三十卷袁朗集十四卷楊續
集十卷王約集一卷任希古集十卷凌敬集十四卷王德儉集十卷
徐孝德集十卷杜之松集十卷宋令文集十卷陳子良集十卷顏
顗集十卷劉穎集十卷司馬僉集十卷鄭秀集十二卷耿義發集
七卷楊元亨集五卷劉綱集三卷王歸一集十卷馬周集十卷薛
元超集三十卷高智周集五卷褚遂良集二十卷劉禕之集七十

卷郗處俊集十卷崔知悌集五卷李安期集二十卷唐覲集五卷
張大素集十五卷鄧玄挺集十卷劉允濟集二十卷駱賓王集十
卷盧照鄰集二十卷又幽憂子三卷楊炯盈川集三十卷王勃集三十
卷狄仁傑集十卷李懷遠集八卷盧受采集二十卷王適集二十卷喬知之
集二十卷蘇味道集十五卷薛耀集二十卷郎餘慶集十卷盧光容集二
十卷崔融集六十卷閻鏡機集十卷李嶠集五十卷喬備集六卷陳子
昂集十卷元希聲集十卷李適集十卷沈佺期集十卷徐彥伯
前集十卷後集十卷宋之問集十卷杜審言集十卷谷倚集十
卷富嘉謨集十卷吳少微集十卷劉希夷集十卷張柬之集十
卷桓彥範集三卷韋承慶集六十卷閭丘均集二十卷郭元振集
二十卷魏知古集二十卷閻朝隱集五卷蘇環集十卷員半千
集十卷李乂集五卷姚崇集十卷丘悅集十卷劉子玄集三十
卷盧藏用集三十卷玄宗集德宗集卷亡濮王泰集二十卷上官
昭容集二十卷令狐德棻集三十卷褚亮集二十卷許彥伯集十

卷劉洎集十卷來濟集三十卷杜正倫集十卷李敬玄集三十卷
裴行儉集二十卷崔行功集六十卷張文琮集二十卷魏崇裕集
二十卷劉憲集三十卷薛稷集三十卷宋璟集十卷蔣儼集五
卷趙弘智集二十卷賀德仁集二十卷許子儒集十卷蔡允恭集
二十卷張昌齡集二十卷杜易簡集二十卷顏元孫集三十卷姚
璹集七卷杜元志集十卷字道亨開元考功郎中杭州刺史楊仲昌集十五卷崔液集十
卷裴耀卿纂張說集三十卷蘇頲集三十卷徐堅集三十卷元海集十卷字休則開元駙
河李邕集七十卷王翰集十卷張九齡集二十卷康國安集十卷
以明經高第直國子監教授三館進士授右典戎衛錄事參軍太學崇文助教遷博士白獸門內供奉崇文館學士孫逖集二十卷趙
冬曦集卷亡苑咸集卷亡京兆人開元末上書拜司經校書中書舍人貶漢東郡司戶參軍復起為舍人永陽太守毛欽一
集三卷字傑荊州長林人王助雕蟲集一卷王維集十卷康希銑集二十
卷字南金開元台州刺史張均集二十卷權若訥集十卷開元撫州刺史白履忠集十
卷鮮于向集十卷康玄辯集十卷字通理開元廬州刺史嚴從集三卷從卒詔求
其稾呂向集而進焉陶翰集卷亡潤州人開元禮部員外郎崔國輔集卷亡應縣令舉授許昌令集賢直學士禮部員外

郎坐王鉷近親貶竟陵郡司馬高適集二十卷賈至集二十卷別十五卷蘇冕編張孝嵩
集十卷字仲山南陽人開元河東節度使南陽郡公儲光羲集七十卷蘇源明前集三十卷
李白草堂集二十卷李陽冰錄杜甫集六十卷小集六卷潤州刺史樊晃集岑參集
十卷盧象集十二卷字緯卿左拾遺膳部員外郎授安祿山偽官貶永州司戶參軍起為主客員外郎蕭穎士游
梁新集三卷又集十卷李華前集十卷中集二十卷李翰前集三
十卷王昌齡集五卷元結文編十卷邵說集十卷裴倩集五卷又
溢城集五卷均之父劉彙集三卷樊澤集十卷崔良佐集十卷湯賁
集十五卷字文叔潤州丹陽人貞元宋州刺史劉迥集五卷武就集五卷元衡父于休烈集
十卷元載集十卷張薦集三十卷劉長卿集十卷字文房至德監察御史以檢校祠部
員外郎為轉運使判官知淮西鄂岳轉運留後鄂岳觀察使吳仲孺誣奏貶潘州南巴尉會有為辨之者除睦州司馬終隨州刺史戎昱集五卷
衞伯玉鎮荊南從事後為辰州虔州二刺史崔祐甫集三十卷常袞集十卷又詔集六十卷
楊炎集十卷又制集十卷蘇弁編顏真卿吳興集十卷又廬陵集十卷
臨川集十卷歸崇敬集二十卷劉太真集三十卷于邵集四十卷梁
肅集二十卷獨孤及毗陵集二十卷竇叔向集七卷字遺直常袞善袞為相用為左拾

遺內供奉又貶亦出溧水令丘為集卷亡蘇州嘉興人事繼母孝嘗有靈芝生堂下累官太子右庶子時年八十餘而母無恙給俸祿之半及居憂觀察使韓滉以致仕官給祿所以惠養老臣不可在喪為異惟罷春秋羊酒初還鄉令謁之為候門磬折令坐乃拜里胥立庭下既出乃敢坐經縣署降馬而趨卒年九
十六柳渾集十卷李泌集二十卷張建封集二百三十篇顧況集二十
卷鮑溶集五卷齊抗集二十卷鄭餘慶集五十卷崔元翰集三十
卷楊凝集二十卷歐陽詹集十卷李觀集三卷陸希聲纂呂溫集十
卷穆員集十卷竇常集十八卷鄭絪集三十卷符載集十四卷郗
純集六十卷戴叔倫述稾十卷張登集六卷貞元漳州刺史陸迅集十卷
德宗時監察御史裏行柳冕集卷亡姚南仲集十卷李吉甫集二十卷武元衡集
十卷權德輿童蒙集十卷又集五十卷制集五十卷韓愈集四十
卷柳宗元集三十卷韋貫之集三十卷李絳集二十卷令狐楚漆
奩集一百三十卷又梁苑文類三卷表奏集十卷自稱白雲孺子表奏集韋武集
十五卷皇甫鏞集十八卷樊宗師集二百九十一卷武儒衡集二十五
卷又制集二十卷李道古文與三十卷董侹武陵集卷亡侹字庶中元和荊南從事劉
禹錫集四十卷元氏長慶集一百卷又小集十卷元稹白氏長慶集七

十五卷白居易白行簡集二十卷張仲方集三十卷鄭澣集三十卷馮
宿集四十卷劉伯芻集三十卷段文昌集三十卷又詔誥二十卷韋
處厚集七十卷劉栖楚集二十卷李翺集十卷溫造集八十卷滕
珦集卷亡珦東陽人歷茂王傅大和初以右庶子致仕四品給券還鄉自珦始王起集一百二十卷崔咸集二十
卷大和人皇甫湜集三卷舒元輿集一卷李德裕會昌一品集二十卷
又姑臧集五卷窮愁志三卷雜賦二卷杜牧樊川集二十卷沈亞之
集九卷羅讓集三十卷王涯集十卷魏謩集十卷秣陵子集一卷
來擇字元擇寶曆應賢良科柳仲郢集二十卷陳商集十七卷歐陽袞集二卷字希甫閩人
詠人歷侍御史溫庭筠握蘭集三卷又金荃集十卷詩集五卷漢南眞稾
十卷陳陶文錄十卷劉蛻文泉子十卷字復愚咸通中書舍人鄭畋玉堂集五
卷又鳳池稾草三十卷續鳳池稾草三十卷孫樵經緯集三卷
字可之大中進士第周愼辭寧蘇集五卷字君誠咸通進士第皮日休集十卷又胥臺集
七卷文藪十卷詩一卷陸龜蒙笠澤叢書三卷又詩編十卷賦六
卷楊夔集五卷又冗書十卷冗餘集一卷沈栖遠景臺編十卷

字子齊咸通進士第鄭誠集卷亡字中虞福州閩縣人大中國子司業鄂安二州刺史江西節度副使司空圖一鳴集三
十卷陸扆集七卷秦韜玉投知小錄三卷字中明田令孜神策判官工部侍郎鄭賓集十
卷字貢華乾符進士第袁皓碧池書三十卷袁州宜春人龍紀集賢殿圖書使自稱碧池處士鄭氏貽孫
集四卷養素先生遺榮集三卷皆唐末人張玄晏集二卷字寅甫昭宗翰林學士
脊蔓集一卷黃璞霧居子十卷譚正夫集一卷丘光庭集三卷張安
石涪江集一卷張友正雜編一卷沈光集五卷題巨雲夢子程晏集七卷
字晏然乾寧進士第沈顏聲書十卷李善夷江南集十卷劉綺莊集十卷王秉
集五卷孫子文纂四十卷又孫氏小集三卷孫郃字希韓乾寧進士第陳黯集三
卷字希儒泉州南安人昭宗時羅袞集二卷字子制天祐起居郎李嶠雜詠詩十二卷劉希
夷詩集四卷崔顥詩一卷汴州人才俊無行娶妻不愜即去之者三四歷司勳員外郎綦毋潛詩一
卷字孝通開元中由宜壽尉入集賢院待制遷右拾遺終著作郎祖詠詩一卷李頎詩一卷並開元進士第孟浩
然詩集三卷弟洗然宜城王士源所次皆三卷也士源別為七類包融詩一卷潤州延陵人歷大理司直二子何佶齊名世
稱二包何字幼嗣大曆起居舍人融與儲光羲皆延陵人曲阿有餘杭尉丁仙芝緱氏主簿蔡隱丘監察御史蔡希周渭南尉蔡希寂處士張彥雄張潮校書郎張
暈吏部常選周瑀長洲尉談戭句容有忠王府倉曹參軍殷遙硤石主簿樊光橫陽主簿沈如筠江寧有右拾遺孫處玄處士徐延壽丹徒有江都主簿馬挺武進

尉申堂構十八人皆有詩名殷璠彙次其詩為丹楊集者皇甫冉詩集三卷字茂政潤州丹楊人祕書少監集賢院修撰彬姪也天
寶末辟無錫尉避亂居陽羨後為左金吾衛兵曹參軍左補闕與弟曾齊名曾字孝常歷侍御史坐事貶舒州司馬陽翟令嚴維詩一
卷字正文越州人祕書郎張繼詩一卷字懿孫襄州人大曆末檢校祠部員外郎分掌財賦於洪州李嘉祐詩一
卷台州別名從一袁州二刺史郎士元詩一卷字君胄中山人寶應元年選畿縣官詔試中書補渭南尉歷拾遺郢州刺史張
南史詩一卷字季直幽州人以試參軍避亂居揚州揚子再召之未赴卒暢當詩二卷鄭常詩一卷蘇
渙詩一卷渙少喜剽盜善用白弩巴蜀商人苦之號白跖以比莊蹻後折節讀書進士及第湖南崔瓘辟從事瓘遇害渙走交廣與哥舒晃反伏誅朱
灣詩集四卷李勉永平從事吉中孚詩一卷楚州人始為道士後官校書郎登宏辭諫議大夫翰林學士戶部侍郎判度支事
元初卒朱放詩一卷字長通襄州人隱居剡溪嗣曹王皋鎮江西辟節度參謀貞元初召為拾遺不就劉方平詩一
卷河南人與元魯山善不仕常建詩一卷肅代時人麴信陵詩一卷章八元詩一卷睦州人大
曆進士第秦系詩一卷陳詡集十卷字載物福州閩縣人貞元戶部郎中知制誥錢起詩一卷李
端詩集三卷韓翃詩集五卷司空曙詩集二卷盧綸詩集十卷
耿湋詩集二卷崔峒詩一卷韋應物詩集十卷許經邦詩集一卷
建中右武衛胄曹參軍韋渠牟詩集十卷諫議大夫時集劉商詩集十卷貞元比部郎中王建集
十卷大和陝州司馬張碧謌行集二卷貞元人雍裕之詩一卷楊巨源詩一卷

字景山大和河中少尹孟郊詩集十卷張籍詩集七卷李涉詩一卷李賀集五
卷李紳追昔遊詩三卷又批荅一卷章孝標詩一卷殷堯藩詩一卷
元和進士第李敬方詩一卷字中慶大和歙州刺史玉川子詩一卷盧仝裴夷直詩一卷施
肩吾詩集十卷姚合詩集十卷韓琮詩一卷字成封大中湖南觀察使李商隱樊南
甲集二十卷乙集二十卷玉溪生詩三卷又賦一卷文一卷賈島長江集
十卷又小集三卷張祜詩一卷字承吉為處士大中中卒許渾丁卯集二卷字用晦圉師之後大
中睦州郢州二刺史李遠詩集一卷字求古大中建州刺史雍陶詩集十卷字國鈞大中八年自國子毛詩博士出為
簡州刺史朱慶餘詩一卷名可久以字行寶曆進士第喻鳧詩一卷開成進士第烏程令馬戴詩一卷字虞
臣會昌進士第李羣玉詩三卷後集五卷字文山澧州人裴休觀察湖南厚延致之及為相以詩論薦授校書郎崔櫓
無譏集四卷郁渾百篇集一卷渾常應百篇舉壽州刺史李紳命百題試之姚鵠詩一卷字居
雲會昌進士第項斯詩一卷字子遷江東人會昌丹徒尉孟遲詩一卷字遲之會昌進士第顧非熊詩一卷
況之子大中盱眙尉棄官隱茅山章碣詩一卷趙嘏渭南集三卷又編年詩二卷字承祐大中渭南尉
薛逢詩集十卷又別紙十三卷賦集十四卷于武陵詩一卷李頻詩
一卷李郢詩一卷字楚望大中進士第侍御史曹鄴詩三卷字鄴之大中進士第洋州刺史劉滄詩一

卷（字蘊臺）崔珏詩一卷（字夢之，大中進士第）劉得仁詩一卷　高蟾詩一卷（乾符侍御史中丞）高駢詩一卷　薛能詩集十卷　又繁城集一卷　陸希聲頤山詩一卷　鄭嵎津陽門詩一卷　于濆詩一卷（字子漪）許棠詩一卷（字文化）公乘億詩一卷（字壽山，咸通進士第）聶夷中詩二卷（字坦之，咸通華陰尉）于鄴詩一卷　于鵠詩一卷　鄭谷雲臺編三卷　又宜陽集三卷（字守愚，袁州人，爲右拾遺，乾寧中以都官郎中卒）朱朴詩四卷　又雜表一卷　玄英先生詩集十卷（方干）李洞詩一卷　吳融詩集四卷　又制誥一卷　韓偓詩一卷　又香奩集一卷　曹唐詩三卷（字堯賓）周賀詩一卷　劉于詩一卷　崔塗詩一卷（字禮山，光啓進士第）唐彥謙詩集三卷　張喬詩集二卷　王駕詩集六卷（字大用）吳仁璧詩一卷（字廷寶，大順進士第）王貞白詩一卷（字有道）張蠙詩集二卷（字象文）翁承贊詩一卷（字文堯）褚載詩三卷（字厚之，乾寧進士第）王轂詩集三卷（字虛中，乾寧進士，官郎中致仕）曹松詩集三卷（字夢徵，天復進士第，校書郎）羅鄴詩一卷　趙摶歌詩二卷　周朴詩二卷（處士）朱景元詩一卷　崔道融申唐詩三卷　陳光詩一卷　王德輿詩一卷　湯緒潛陽雜題詩三卷　韋靄詩一卷　張爲詩一卷　羅浩源詩一卷　薛瑩洞庭詩集一卷　謝蟠隱雜感詩

二卷　譚藏用詩一卷　劉言史歌詩六卷　黃滔集十五卷（字文江，光化四門博士）鄭良士白巖集十卷（字君夢，昭宗時獻詩五百篇，授補闕）嚴郾詩二卷　劉威詩一卷　鄭雲叟詩集三卷　來鵬詩一卷　陸元皓詠劉子詩三卷　任翻詩一卷　李山甫詩一卷　道士吳筠集十卷　僧惠蹟集八卷（姓李，江陵人）僧玄範集二十卷　僧法琳集三十卷　僧靈徹詩集十卷（姓湯，字源澄，越州人）皎然詩集十卷（字清晝，姓謝，湖州人，靈運十世孫，居杼山，顏真卿爲刺史，集文士撰韻海鏡源，預其論著，貞元中，集賢御書院取其集藏之，刺史于頔爲序）盧獻卿愍征賦一卷　謝觀賦八卷　盧肇海潮賦一卷　又通屈賦一卷　注林絢大統賦二卷（字子發，袁州人，咸通歙州刺史）高邁賦一卷　皇甫松大隱賦一卷　崔葆數賦十卷（乾寧進士，王克昭注）宋言賦一卷（字表文）陳汀賦一卷（字用濟，大中進士第）樂朋龜綸閣集十卷　又德門集五卷　賦一卷（字兆吉，僖宗翰林學士，太子少保致仕）蔣凝賦三卷（字仲山，咸通進士）公乘億賦集十二卷　林嵩賦一卷（字降臣，乾符進士第）王翃賦一卷（字雄飛，大曆進士第）賈嵩賦三卷　李山甫賦二卷　陸贄論議表疏集十二卷　又翰苑集十卷（韋處厚纂）王仲舒制集十卷　李虞仲制集四卷　封敖翰苑集八卷　崔嘏制誥集十卷（字乾錫，邢州刺史，會劉稹反，歸朝，授考功郎中、中書舍人。李德裕之謫，嘏草制不盡書其

過貶端州刺史）獨孤霖玉堂集二十卷　劉崇望中和制集十卷　李磎制集四卷　錢珝舟中錄二十卷　薛廷珪鳳閣書詞十卷　郭元振九諫書一卷　李絳論事集三卷（蔣偕集）李磎表疏一卷　張濬表狀一卷　臨淮尺題二卷（武元衡西川從事撰）李程表狀一卷　劉三復表狀十卷　問遺雜錄三卷　趙璘表狀集一卷　張次宗集六卷　呂述東平小集三卷　段全緯集二十卷　劉鄴甘棠集三卷　王虬集十卷（字希龍，泉州南安人，大順初舉進士第）崔致遠四六一卷　又桂苑筆耕二十卷（高麗人，賓貢及第，高駢淮南從事）顧氏編遺十卷　若川總載十卷　纂新文苑十卷　啓事一卷　賦二卷　集遺具錄十卷（顧雲，字垂象，池州人，高駢淮南從事）鄭準渚宮集一卷（字不欺，乾寧進士第）李巨川四六集二卷（韓建華州從事）胡曾安定集十卷　陳蟠隱集五卷　張澤飲河集十五卷　黃台江西表狀二卷（鍾傳從事）太宗凌煙閣功臣讚一卷　崔融寶圖贊一卷（王起注）盧鍔武成王廟十哲讚一卷　李靖霸國箴一卷　魏徵時務策五卷　郭元振安邦策一卷　劉蕡策一卷　王勃舟中纂序五卷　才命論一卷（張鷟撰，郗昂注，作張說撰，潘詢注）杜元穎五題一卷　李甘

文一卷　南卓文一卷　劉軻文一卷　陸龜蒙文一卷（字魯望，進士第）吳武陵書一卷　夏侯韞大中年與涼州書一卷　駱賓王百道判集一卷　張文成龍筋鳳髓十卷　崔銑判一卷（大曆人）鄭寬百道判一卷（元和拔萃）

右別集類七百三十六家，七百五十部，七千六百六十八卷。（失姓名二家，玄宗以下不著錄四百六家，五千一十二卷）

摯虞文章流別集三十卷　杜預善文四十九卷　謝混名文集四十卷　孔逭文苑一百卷　梁昭明太子文選三十卷　又古今詩苑英華二十卷　蕭該文選音十卷　僧道淹文選音義十卷　小辭林五十三卷　集古今帝王正位文章九十卷　蕭圓文海集三十六卷　康明貞辭苑麗則二十卷　庾自直類文三百七十七卷　宋明帝賦集四十卷　皇帝瑞應頌集十卷　五都賦五卷　卞鑠獻賦集十卷　司馬相如上林賦一卷　曹大家注班固幽通賦一卷　項岱注幽通賦一卷　張衡二京賦二卷　薛綜二京賦音二卷　三都賦三卷　左太沖齊都賦一卷　李軌齊都賦音一卷　褚令之百賦音一卷　郭

徽之賦音二卷綦毋邃三京賦音一卷木連理頌二卷李暠高靖恭堂頌一卷諸郡碑一百六十六卷雜碑文集二十卷郄仲堪雜論九十五卷劉楷設論集三卷謝靈運設論集五卷又連珠集五卷梁武帝制旨連珠四卷陸緬注制旨連珠十一卷謝莊讚集五卷張湛古今箴銘集十三卷衆賢誡集十五卷雜誡箴二十四卷李德林霸朝雜集五卷王履書集八十卷夏赤松書林六卷山濤啓事十卷梁中書表集二百五十卷薦文集七卷宋元嘉策五卷又元嘉宴會游山詩集五卷宋伯宜策集六卷卞氏七林集十二卷顔之推七悟集一卷袁淑俳諧文十五卷顔竣婦人詩集二卷郄淳婦人集三十卷江邃文釋十卷干寶百志詩集五卷崔光百國詩集二十九卷應璩百一詩八卷李夔百一詩集二卷晋元正宴會詩集四卷伏滔袁豹謝靈運集顔延之元嘉西池宴會詩集三卷清溪集三十卷齊武帝勅撰齊釋奠會詩集二十卷徐伯陽文會詩集四卷文林詩府六卷北齊後主作蕭淑西府新文十卷新文要集十卷宋明帝詩集新撰三十卷

詩集二十卷謝靈運詩集五十卷又詩集鈔十卷詩英十卷回文詩集一卷七集十卷劉和詩集二十卷顔竣詩集一百卷詩凌六代詩集鈔四卷詩林英選十一卷虞綽等類集一百一十三卷詩纘十二卷詩録二十卷文苑詞英八卷徐陵六代詩集鈔四卷又玉臺新詠十卷謝混集苑六十卷宋臨川王義慶集林二百卷丘遲集鈔四十卷李善注文選六十卷公孫羅注文選六十卷又音義十卷劉允濟金門待詔集十卷文館詞林一千卷許敬宗劉伯莊等撰麗正文苑二十卷芳林要覽三百卷許敬宗顧胤許圉師上官儀楊思儉孟利貞姚璹竇德玄郭瑜董思恭元思敬集僧惠淨續古今詩苑英華集二十卷劉孝孫古今類聚詩苑三十卷郭瑜古今詩類聚七十九卷歌録集八卷李淳風注顔之推稽聖賦一卷張庭芳注庾信哀江南賦一卷崔令欽注一卷竇嚴東漢文類三十卷李善文選辨惑十卷五臣注文選三十卷衢州常山尉呂延濟都水使者劉承祖男良處士張銑呂向李周翰注開元六年工部侍郎呂延祚上之曹憲文選音義卷亡康國安注駮文選異義二十卷許淹文選音十卷孟利貞續文選十三卷崔玄暐訓注文館詞林策

二十卷康顯辭苑麗則三十卷又海藏連珠三十卷希銑之兄翰書學士卜長福續文選三十卷開元十七年上授富陽尉卜隱之擬文選三十卷開元處士朝英集三卷開元中張孝嵩出塞張九齡韓休崔沔王翰胡皓賀知章所撰送行歌詩張楚金翰苑三十卷王方慶王氏神道銘二十卷徐堅文府二十卷開元中詔張說括文選外文章乃命堅與賀知章趙冬曦分討會詔促之堅乃先集詩賦二韻爲文府上之餘不能就而罷裴潾大和通選三十卷李康玉臺後集十卷元思敬詩人秀句二卷孫季良正聲集三卷珠英學士集五卷崔融集武后時修三教珠英學士李嶠張說等詩搜玉集十卷曹恩起予集五卷大曆人元結篋中集一卷奇章集四卷劉明素麗文集五卷興元中集李吉甫古今文集略二十卷又國朝哀策文四卷梁大同古銘記一卷麗則集五卷類表五十卷亦名表啓集柳宗直西漢文類四十卷柳玄同題集十卷竇常南薰集三卷郄璠丹楊集一卷又河岳英靈集二卷王起文場秀句一卷姚合極玄集一卷高仲武中興間氣集二卷李戡唐詩三卷顧陶唐詩類選二十卷大中校書郎劉餗樂府古題解一卷李氏花萼集二十卷李乂尚一尚貞韋氏兄弟集二十卷韋會弟淵竇氏聯珠集五卷竇常牟庠羣鞏集賢院壁記詩

二卷翰林歌詞一卷大曆年浙東聯唱集二卷斷金集一卷李逢吉令狐楚唱和元白繼和集一卷元稹白居易三州唱和集一卷元稹白居易崔玄亮劉白唱和集三卷劉禹錫白居易汝洛集一卷裴度劉禹錫唱和洛中集七卷彭陽唱和集三卷令狐楚劉禹錫吳蜀集一卷劉禹錫李德裕唱和裴均壽陽唱詠集十卷又渚宮唱和集二十卷峴山唱詠集八卷荆潭唱和集一卷盛山唱和集一卷荆夔唱和集一卷僧廣宣與令狐楚唱和一卷名公唱和集二十二卷漢上題襟集十卷段成式溫庭筠余知古袁皓集道林寺詩二卷松陵集十卷皮日休陸龜蒙唱和廖氏家集一卷廖光圖唐末人盧瓌抒情集二卷孟啓本事詩一卷劉松宜陽集六卷校字梁表州人集其州天寶以後詩四百七十篇蔡省風瑶池新詠二卷集婦人詩僧靈徹洲唱集十卷大曆至元和中名人吳兢唐名臣奏十卷馬揔奏議集三十卷臧嘉猷羽書三卷沈常揔戎集三十卷唐稟貞觀新書三十卷稟萊州莘縣人集貞觀以前文章黃滔泉山秀句集三十卷編閩人詩自武德盡天祐末周仁瞻古今類聚策苑十四卷五子策林十卷集許南容而下五人策問元和制策三卷元稹獨孤郁白居易李太華掌記略十五卷新掌記略九卷林逢續掌記略十卷

凡文史類四家，四部，十八卷（劉子玄以下不著錄二十二家，二十三部，二百七十九卷）

李充翰林論三卷
劉勰文心雕龍十卷
顏竣詩例錄二卷
鍾嶸詩評三卷
劉子玄史通二十卷
柳氏釋史十卷（柳璨，一作史通析微）
劉餗史例三卷
沂公史例十卷（田弘正客撰）
裴傑史漢異義三卷（河南人，開元十七年上，授臨濮尉）
李嗣眞詩品一卷
元兢宋約詩格一卷
王昌齡詩格二卷
晝公詩式五卷
詩評三卷（僧皎然）
王起大中新行詩格一卷
姚合詩例一卷
賈島詩格一卷
炙轂子詩格一卷
元兢古今詩人秀句二卷
李洞集賈島句圖一卷
張仲素賦樞三卷
范傳正賦訣一卷
浩虛舟賦門一卷
倪宥文章龜鑑一卷
劉蘧應求類二卷
孫郃文格二卷

右總集類七十五家，九十九部，四千二百二十三卷（李淳風以下不著錄七十八家，八百一十三卷）

總七十九家，一百七部

藝文志第五十

唐書藝文志五十　十五

宰相表上第一

翰林學士兼龍圖閣學士朝散大夫給事中知制誥充史館修撰臣歐陽修奉

敕撰

唐因隋舊，以三省長官為宰相，已而又以他官參議，而稱號不一，出於臨時，最後乃有同品、平章之名，然其為職業則一也。作宰相表。

唐書宰相表上　一

	宰相	三師	三公
武德元年（戊寅）	六月甲戌，趙國公世民為尚書令，相國長史裴寂拜尚書右僕射、知政事，相國司馬劉文靜為納言，隋民部尚書、宋國公蕭瑀、相國司錄參軍竇威並為內史令。庚辰，世民封秦王。癸未，世民為西討元帥。壬辰，為雍州牧。辛丑，威薨。將作大匠、陳國公竇抗本官兼納言，黃門侍郎陳叔達判納言。八月己丑，世民為西討行軍元帥。戊申，文靜除名。十月，抗罷為左武候大將軍。		十二月壬申，秦王世民為太尉、陝東道行臺尚書令。
二年（己卯）	正月甲子，叔達兼納言。十月己亥，黃門侍郎、涼州總管楊恭仁遙領納言。		

三年庚辰	三月甲戌中書侍郎封德彝兼中書令		四月甲寅世民爲益州道行臺尚書令
四年辛巳	正月德彝判吏部尚書 四月癸酉寂爲左僕射		十月己丑齊王元吉爲司空世民加司徒天策上將
五年壬午			十月甲子世民領左右十二衛大將軍
六年癸未	四月癸酉德彝爲中書令恭仁入爲吏部尚書兼中書令檢校涼州諸軍事瑀爲尚書右僕射寂爲左僕射		

七年甲申	十二月庚午太子詹事裴矩檢校侍中		
八年乙酉	十一月辛卯矩罷判黃門侍郎 庚子天策府司馬宇文士及權檢校侍中兼太子詹事 癸卯世民加中書令元吉加侍中		
九年丙戌	六月癸亥世民爲皇太子 七月辛卯太子右庶子高士廉爲侍中左庶子房玄齡爲中書令蕭瑀爲尚書左僕射恭仁罷 癸巳士及爲中書令德彝爲尚書右僕射 十月庚辰叔達瑀坐事免		正月甲寅裴寂爲司空 二月庚申元吉爲司徒 六月庚申元吉誅

貞觀元年丁亥	六月辛丑德彝薨 壬辰太子少師蕭瑀爲尚書左僕射 七月壬子吏部尚書長孫无忌爲尚書右僕射 八月士及檢校涼州都督戊戌士廉貶爲安州大都督 九月辛酉御史大夫杜淹檢校吏部尚書參豫朝政士及罷爲殿中監 十二月壬午瑀罷		
二年戊子	正月辛亥兵部尚書杜如晦檢校侍中攝吏部尚書仍總監東宮兵馬事无忌罷 庚午刑部尚書李靖檢校中書令 三月壬戌靖爲關內道行軍大總管 七月戊申玄齡兼太子詹事 十月庚辰淹薨 十二月壬辰黃門侍郎王珪守侍中		

三年己丑	二月戊寅房玄齡爲尚書左僕射杜如晦爲右僕射尚書右丞魏徵爲祕書監參豫朝政靖爲兵部尚書 八月靖爲定襄道行軍大總管 十二月癸未如晦罷		正月辛未寂免
四年庚寅	二月甲寅珪爲侍中太常卿蕭瑀爲御史大夫參議朝政御史大夫溫彥博爲中書令民部尚書戴胄檢校吏部尚書參豫朝政 七月癸酉瑀罷爲太子少傅 八月甲寅靖爲尚書右僕射 十一月壬戌右衛大將軍侯君集爲兵部尚書參豫朝政		

年	宰相		
五年 辛卯			
六年 壬辰	三月君集以喪罷 五月徵檢校侍中 十月君集起復		
七年 癸巳	三月戊子珪罷爲同州刺史 庚寅徵爲侍中 六月辛亥胄薨		十一月壬辰開府儀同三司長孫无忌爲司空
八年 甲午	十月丙寅詔靖三兩日一至門下中書平章政事 十一月辛未靖罷爲特進 十二月辛丑君集爲積石道行軍總管		
九年 乙未	七月辛巳恭仁罷爲雍州牧 十一月壬戌特進蕭瑀參豫朝政		二月无忌以母喪罷 五月起復
十年 丙申	六月壬申彥博爲尚書右僕射太常卿楊師道爲侍中參豫朝政魏徵罷爲特進知門下省事朝章國典參議得失 十二月瑀罷爲岐州刺史		
十一年 丁酉	六月甲寅彥博薨		
十二年 戊戌	七月癸酉吏部尚書高士廉爲尚書右僕射 八月戊寅君集爲吏部尚書壬寅爲當彌道行軍大總管		

年	宰相		
十三年 己亥	正月玄齡爲太子少師 十一月辛亥師道爲中書令 戊辰尚書左丞劉洎爲黃門侍郎參知政事 十二月壬申君集爲交河道行軍大總管		
十四年 庚子	十二月君集還		
十五年 辛丑			
十六年 壬寅	正月辛未中書舍人兼侍郎岑文本爲中書侍郎專典機密 九月丁巳徵罷爲太子太師		七月戊午无忌爲司徒玄齡爲司空
十七年 癸卯	四月乙酉君集誅丁亥師道罷爲吏部尚書己丑特進蕭瑀爲太子太保兵部尚書李世勣爲特進太子詹事並同中書門下三品 六月丁酉士廉爲開府儀同三司同中書門下三品平章政事 七月丁酉玄齡以母喪罷 八月庚戌工部尚書張亮爲刑部尚書參豫朝政 十月丁巳玄齡起復		七月丁酉玄齡以母喪罷 十月丁巳起復
十八年 甲辰	八月丁卯洎爲侍中文本爲中書令中書侍郎馬周守中書令 九月黃門侍郎褚遂良參豫朝政 十一月甲子世勣周爲遼東道行軍大總管		

十九年乙巳	二十年丙午	二十一年丁未	二十二年戊申	二十三年己酉	永徽元年庚戌
二月乙卯士廉攝太子太傅劉洎 馬周太子左庶子許敬宗右庶子 高季輔少詹事張行成同掌機務 三月壬辰楊師道攝中書令无忌 攝侍中 四月丁未文本薨 十一月丁亥師道貶爲工部尚書 十二月庚申洎賜死	三月己丑亮誅 四月甲子瑀罷太子太保 十月貶商州刺史	正月壬辰士廉薨 三月戊子世勣爲遼東道行軍大 摠管 十月癸丑遂良以父喪罷	正月庚寅周薨 己亥中書舍人崔仁師爲中書侍 郎參知機務 丙午无忌檢校中書令知尚書門下 三省事 二月遂良起復己卯仁師除名流 于連州 九月己亥遂良爲中書令	五月戊午勣貶疊州都督 庚午行成兼侍中檢校刑部尚書 季輔兼中書令禮部尚書于志 寧爲侍中 癸巳檢校洛州刺史李勣爲開府 儀同三司同中書門下參掌機密 九月乙卯李勣爲尚書左僕射同 中書門下三品	正月丙午行成爲侍中 十月戊辰勣罷僕射 十一月遂良貶同州刺史
			七月癸卯玄齡薨	六月癸未无忌 爲太尉 九月甲寅荆王 元景爲司徒吳 王恪爲司空	

唐書宰相表上一　六　又潛

二年辛亥	三年壬子	四年癸丑	五年甲寅	六年乙卯
正月乙巳黃門侍郎宇文節中書 侍郎柳奭並同中書門下三品 八月己巳張行成爲尚書右僕射同 中書門下三品高季輔爲侍中志 寧爲尚書左僕射同中書門下 三品	正月己巳褚遂良爲吏部尚書同 中書門下三品 三月辛巳節爲侍中奭守中書令 兵部侍郎韓瑗守黃門侍郎同中 書門下三品 七月乙丑行成兼太子少傅季輔 兼太子少保志寧兼太子少師節 兼太子詹事 九月守中書侍郎來濟同中書 門下三品	二月乙酉節流桂州 九月甲戌遂良爲尚書右僕射同中 書門下三品仍知選事壬戌行成薨 十一月癸丑兵部尚書崔敦禮爲 侍中 丁巳奭爲中書令 十二月庚子季輔薨	六月癸亥奭罷爲吏部尚書	五月壬辰瑗爲侍中濟爲中書令 七月乙酉敦禮爲中書令中書舍 人李義府守中書侍郎參知政事 九月庚午遂良貶潭州都督 十月癸丑敦禮檢校太子詹事
		二月甲申荆王元 景吳王恪賜死 己亥開府儀同 三司同中書門 下三品勣爲司 空徐王元禮爲 司徒		

唐書宰相表上一　七　王震

年			
顯慶元年丙辰	正月甲申志寧爲太子太傅瑗濟並罷太子賓客三月丙戌戶部侍郎杜正倫爲黃門侍郎同中書門下三品七月癸未敦禮爲太子少師同中書門下三品八月丙申敦禮薨		
二年丁巳	三月癸丑義府兼中書令兼檢校御史大夫仍太子賓客正倫兼度支尚書八月丁卯瑗貶振州刺史濟貶台州刺史辛未衛尉卿許敬宗爲侍中九月庚寅正倫兼中書令		
三年戊午	十一月乙酉正倫貶橫州刺史義府貶普州刺史戊子敬宗權檢校中書令戊戌敬宗爲中書令大理卿辛茂將兼侍中		
四年己未	四月丙辰志寧爲太子太師同中書門下三品乙丑守黃門侍郎許圉師兼檢校左庶子同中書門下三品戊辰志寧免五月己卯圉師爲中書侍郎同三品丙申兵部尚書任雅相同中書門下三品度支尚書盧承慶參知政事八月壬子義府兼吏部尚書同中書門下三品九月癸卯茂將兼左庶子十月甲辰圉師兼右庶子十一月丙午圉師爲左散騎常侍檢校侍中戊午茂將薨癸亥承慶同中書門下三品		四月戊辰无忌爲揚州都督黔州安置

年			
五年庚申	七月丁卯承慶免		
龍朔元年辛酉	四月庚辰雅相爲浿江道行軍總管		
二年壬戌	二月甲戌雅相薨丙戌敬宗爲右相圉師爲左侍極檢校左相七月戊戌義府以母喪罷八月壬寅敬宗爲太子少師同東西臺三品仍知西臺事九月丁丑義府起復十月庚戌西臺侍郎上官儀同東西臺三品十一月辛未圉師貶爲虔州刺史		
三年癸亥	正月乙丑義府爲右相四月戊子義府流于嶲州		
麟德元年甲子	八月丁亥司列太常伯劉祥道兼右相大司憲竇德玄爲司元太常伯檢校左相十二月丙戌儀被殺戊子祥道罷爲司禮太常伯太子右中護樂彥瑋檢校西臺侍郎西臺侍郎孫處約並同知軍國政事尋同東西臺三品		
二年乙丑	三月甲寅司戎太常伯姜恪同東西臺三品四月戊辰彥瑋處約並罷左侍極陸敦信檢校右相十月壬戌帶方州刺史劉仁軌爲大司憲兼知政事檢校太子左中護		

乾封元年丙寅	四月庚戌敷信罷爲大司成 七月庚午仁軌兼右相檢校右中護 八月辛丑德玄薨 十二月癸酉勣爲遼東道行軍大摠管		
二年丁卯	六月乙卯西臺侍郎楊武戴至德 東臺侍郎李安期司列少常伯趙 仁本並同東西臺三品東臺舍人 張文瓘參知政事 八月辛亥安期罷爲荆州大都督 長史		
總章元年戊辰	正月壬子仁軌爲遼東道行軍副摠 管兼安撫大使浿江道行軍摠管 四月辛巳武薨 十二月甲戌恪檢校左相司平太常 伯閻立本守右相 是歲勣加太子太師		
二年己巳	二月辛酉文瓘爲東臺侍郎右 肅機李敬玄爲西臺侍郎並同東 西臺三品 三月丙戌東臺侍郎郝處俊同東 西臺三品		十二月戊申勣薨
咸亨元年庚午	正月丁丑仁軌以金紫光祿大夫 致仕 三月壬辰敬宗以特進致仕 四月己酉敬玄以喪免 七月戊子敬玄起復 閏九月甲寅恪爲涼州道行軍大摠管 十月乙未仁本罷爲左肅機		
二年辛未	恪爲侍中立本爲中書令	九月丙申徐王 元禮薨	

三年壬申	二月己卯恪薨 十月文瓘爲大理卿 乙亥至德爲戶部尚書敬玄吏部 侍郎處俊中書侍郎 十二月劉仁軌爲太子左庶子同 中書門下三品		
四年癸酉	十月壬午立本薨		
上元元年甲戌	三月壬午仁軌爲雞林道行軍大摠管		
二年乙亥	八月庚子文瓘爲侍中處俊爲中書 令並同中書門下三品仁軌爲尚書 左僕射至德爲右僕射敬玄爲吏 部尚書		
儀鳳元年丙子	三月癸卯黃門侍郎來恒中書侍 郎薛元超並同中書門下三品 四月甲寅中書侍郎李義琰同 中書門下三品 六月癸亥黃門侍郎高智周同 中書門下三品 十一月庚寅敬玄爲中書令 十二月丙午恒爲河南道大使元 超河北道大使		
二年丁丑	三月癸亥處俊智周爲太子左庶子 義琰爲右庶子 四月太子左庶子張大安同中書門 下三品 八月辛亥仁軌爲洮河軍鎮守使		

三年戊寅	調露元年己卯	永隆元年庚辰	開耀元年辛巳
正月丙子敬玄為洮河道行軍大總管兼安撫大使檢校鄯州都督 九月癸亥文瓘薨 十一月壬子恒薨	正月庚戌至德薨 四月辛酉處俊為侍中元超檢校太子左庶子 十一月戊寅智周罷為御史大夫	四月戊辰中書侍郎王德真黃門侍郎裴炎崔知溫並同中書門下三品 八月丁巳敬玄貶衡州刺史 己巳大安貶普州刺史 九月甲申德真罷為相王府長史	三月辛卯仁軌兼太子少傅處俊罷為太子少保 七月甲午仁軌罷左僕射以太子少傅同中書門下三品 閏七月丁未元超知溫並守中書令 炎為侍中

永淳元年壬午	弘道元年癸未	光宅元年甲申
四月丙寅仁軌為京副留守元超炎留輔皇太子 丁亥黃門侍郎郭待舉兵部侍郎岑長倩祕書員外少監郭正一吏部侍郎魏玄同並與中書門下同承受進止平章事 十月丙寅黃門侍郎劉景先同中書門下平章事	三月庚子義琰以銀青光祿大夫致仕 癸丑知溫薨 四月壬申待舉檢校太子右庶子正一為中書侍郎並同中書門下平章事 十月甲辰元超罷 十一月戊申炎正一景先兼於東宮平章事 十二月甲戌仁軌罷為左僕射京師留守炎為中書令 戊寅景先守侍中長倩兵部尚書待舉左散騎常侍玄同黃門侍郎並同中書門下三品 癸未正一罷為國子祭酒	正月癸巳左散騎常侍韋弘敏為太府卿同中書門下三品 二月丁丑檢校豫王府長史太常卿王德真為侍中中書侍郎豫王府司馬劉禕之為中書侍郎同中書門下三品 閏五月甲子禮部尚書武承嗣為太常卿同中書門下三品 八月丙午承嗣罷為禮部尚書 十月丁亥鳳閣舍人李景諶同鳳閣鸞臺平章事左肅政臺御史大夫騫味道檢校內史同鳳閣鸞臺三品 丙申炎被殺 丁酉景先貶辰州刺史弘敏貶汾州刺史景諶罷守司賓少卿守右史沈君諒著作郎崔詧並為正諫大夫同鳳閣鸞臺平章事 十二月丁卯待舉罷為左庶子鸞臺侍郎韋方質守鳳閣侍郎同鳳閣鸞臺平章事
	十二月庚午韓王元嘉為太尉霍王元軌為司徒舒王元名為司空	

垂拱元年 乙酉

正月戊辰仁軌薨
庚戌味道守內史同三品
二月乙巳承嗣同鳳閣鸞臺三品君
諒罷右肅政臺御史大夫韋思謙秋官
尚書裴居道並同鳳閣鸞臺三品
三月辛酉承嗣罷能登使河北罷
四月丙子味道貶青州刺史
五月丙午居道為內史
丁未德真罷為同州刺史其日流象州
己酉冬官尚書蘇良嗣守納言
壬申方質同鳳閣鸞臺三品
六月天官尚書韋待價同鳳閣鸞
臺三品
七月己酉玄同自文昌左丞遷鸞臺
侍郎
十一月癸卯待價為燕然道行軍大
總管

十一月丙辰元嘉
自殺元軌流黔州

二年 丙戌

三月丙辰玄同為地官尚書
四月庚辰長倩為內史
五月丙午居道為納言
六月辛未良嗣守文昌左相同鳳閣
鸞臺三品待價守文昌右相
己卯思謙守納言

三年 丁亥

三月乙丑思謙以太中大夫致仕
四月壬戌居道為納言
五月丙寅夏官侍郎張光輔為鳳
閣侍郎同鳳閣鸞臺平章事
庚午禕之被殺
八月壬子玄同兼檢校納言
十二月壬辰待價為安息道行軍
大總管

唐書宰相表上　十四　李敏

四年 戊子

九月丁卯左肅政臺御史大夫騫
味道夏官侍郎王本立並同鳳閣
鸞臺平章事
丙辰光輔為諸軍節度長倩為後
軍大總管討越王貞
十二月己亥味道被殺

載初元年 己丑

二月甲寅方質守地官尚書
三月甲寅本立守左肅政臺御史大夫
甲子光輔守納言
癸酉天官尚書武承嗣為納言光輔守內史
五月丙辰待價為安息道行軍總管
七月丙子待價流繡州
戊寅本立同鳳閣鸞臺三品
八月甲申光輔被殺
閏九月甲午玄同被殺
十月丁卯春官尚書范履冰鳳閣侍
郎邢文偉並同鳳閣鸞臺平章事

正月丁巳元名
為司徒

天授元年 庚寅

一月戊子承嗣為文昌左相長倩為
文昌右相並同鳳閣鸞臺三品良嗣
為特進本立罷為地官尚書文偉守
內史鳳閣侍郎武攸寧納言居道
為太子少保
甲午方質流于儋州
三月丁亥良嗣薨
四月丁巳履冰被殺
八月甲寅居道下獄死
九月丙戌給事中傅游藝為鸞臺
侍郎同鳳閣鸞臺平章事司賓卿
史務滋守納言鳳閣侍郎宗秦客
檢校納言
十月甲子秦客貶遵化尉
辛未文偉貶珍州刺史

七月辛巳元名
流和州

唐書宰相表上　十五　周曅

二年 辛卯

一月庚子務滋自殺
五月丁亥長倩爲武威道行軍大
總管
六月庚戌鸞臺侍郎樂思晦鳳閣侍
郎任知古左肅政臺御史大夫格輔元爲
地官尚書並同鳳閣鸞臺平章事
癸卯長倩爲輔國大將軍
八月戊申攸寧罷爲左羽林衛大將
軍夏官尚書歐陽通爲司禮卿兼
判納言事
九月壬辰游藝自殺
癸巳攸寧守納言夏官侍郎裴行本
洛州司馬狄仁傑守地官侍郎並同鳳
閣鸞臺平章事
十月己酉長倩輔元通被殺
壬戌思晦被殺

長壽元年 壬辰

一月戊辰夏官尚書楊執柔同鳳
閣鸞臺平章事
庚午知古貶江夏令行本流嶺南
仁傑貶彭澤令
庚辰司刑卿李游道爲冬官尚書
同鳳閣鸞臺平章事
二月戊午秋官尚書袁智弘同鳳閣
鸞臺平章事
八月戊寅承嗣罷爲特進攸寧罷爲
冬官尚書執柔罷守地官尚書司賓
卿崔神基秋官侍郎崔元綜守夏官侍
郎李昭德權檢校天官侍郎姚璹
守容州都督檢校地官侍郎李元素
並同鳳閣鸞臺平章事
辛巳營繕大匠王璿守夏官尚書同
鳳閣鸞臺平章事
九月辛丑璿罷爲司賓少卿
癸丑游道智弘神基元素璿並流
嶺南

二年 癸巳

一月庚子夏官侍郎婁師德同鳳
閣鸞臺平章事
乙卯昭德爲夏官侍郎
九月癸丑文昌右丞韋巨源秋官侍郎
陸元方爲鸞臺侍郎並同鳳閣鸞臺
平章事司賓卿豆盧欽望守內史

延載元年 甲午

二月甲午師德爲秋官尚書充河
源積石懷遠等軍營田大使
三月甲申昭德爲檢校內史鳳閣
舍人蘇味道爲鳳閣侍郎同鳳閣
鸞臺平章事昭德爲朔方道行軍
長史味道爲司馬
四月壬戌夏官尚書武威道大總
管王孝傑同鳳閣鸞臺三品
七月癸未嵩岳山人武什方爲正諫
大夫同鳳閣鸞臺平章事
八月什方乞歸山遣之
戊辰孝傑爲瀚海道行軍總管
己巳姚璹守納言左肅政臺御史大
夫楊再思爲鸞臺侍郎洛州司馬
杜景佺檢校鳳閣侍郎並同鳳閣
鸞臺平章事
戊寅元綜流振州
九月壬寅昭德貶南賓尉
十月壬申文昌右丞李元素守鳳閣
侍郎右肅政臺御史中丞周允元檢
校鳳閣侍郎並同鳳閣鸞臺平章事

萬歲登封元年乙未

正月戊子欽望貶趙州刺史巨源鄜州刺史景佺溱州刺史味道集州刺史元方綏州刺史丙午孝傑為朔方道行軍總管

二月丙辰允元薨

七月辛酉孝傑為肅邊道行軍大總管

萬歲通天元年丙申

一月甲寅師德為左肅政臺御史大夫肅邊道行軍總管

三月壬寅孝傑免

四月癸酉檢校夏官侍郎孫元亨同鳳閣鸞臺平章事

庚子師德貶原州司馬

七月辛亥璹為榆關道安撫副大使

九月庚申并州長史王方慶為鸞臺侍郎殿中監李道廣並同鳳閣鸞臺平章事

十月己卯方慶為鳳閣侍郎

神功元年丁酉

正月壬戌元素元亨被殺

甲子師德守鳳閣侍郎同鳳閣鸞臺平章事

四月癸酉前益州大都督府長史王及善為內史

五月癸卯師德為清邊道行軍副大總管

六月己卯尚方少監宗楚客檢校夏官侍郎同鳳閣鸞臺平章事

戊子承嗣春官尚書武三思並同鳳閣鸞臺三品道廣兼檢校洛州長史

辛卯師德安撫河北

七月丁酉承嗣三思並罷

八月丙戌璹罷為益州長史

庚子仁傑兼納言三思檢校內史欽望自太子宮尹為文昌右相同鳳閣鸞臺三品

九月甲子攸寧同鳳閣鸞臺三品

戊寅仁傑為河北道副元帥檢校納言

庚戌師德守納言

十月癸卯仁傑為河北道安撫大使

閏十月甲寅仁傑為鸞臺侍郎景佺為鳳閣侍郎並同鳳閣鸞臺平章事

聖曆元年戊戌

正月丙寅楚客罷為文昌左丞

丁亥道廣罷為汴州刺史

二月乙未欽望罷為太子賓客

三月甲戌師德為納言

四月辛丑師德為隴右諸軍大使仍檢校河西營田事

七月辛未景佺罷為秋官尚書

八月甲午方慶罷為麟臺監修國史

庚子三思檢校內史仁傑兼納言

九月甲子夏官尚書武攸寧同鳳閣鸞臺三品

戊寅仁傑為河北道行軍副元帥檢校納言

辛巳試天官侍郎蘇味道為鳳閣侍郎同鳳閣鸞臺平章事

十月癸卯狄仁傑為河北道安撫大使

夏官侍郎姚元崇麟臺少監監修國史知鳳閣侍郎李嶠同鳳閣鸞臺平章事

二年己亥

臘月戊子檢校左肅政臺御史中丞吉頊為天官侍郎右臺魏元忠為鳳閣侍郎並同鳳閣鸞臺平章事

二月庚申武攸寧罷為冬官尚書

三月甲戌師德為納言

四月壬辰魏元忠檢校并州大都督府長史天兵軍大總管師德副之

壬寅師德充隴右諸軍大使

八月庚子再思罷為左肅政臺御史大夫及善為文昌左相同鳳閣鸞臺平章事太子宮尹欽望為文昌右相同鳳閣鸞臺三品

丁未師德薨試天官侍郎陸元方為鸞臺侍郎同鳳閣鸞臺平章事

戊申三思為內史

九月庚辰及善薨

久視元年 庚子

正月戊午頊貶琰川尉
壬申三思罷為特進太子少保
丁酉狄仁傑為內史
庚子文昌左相韋巨源為納言
二月乙未欽望罷為太子賓客
三月癸丑元忠兼洛州長史
辛未嶠守鸞臺侍郎兼修國史
甲戌頊加左控鶴內供奉
六月丁亥元忠為左肅政臺御史大夫
閏七月己丑嶠罷為成均祭酒守天官侍郎張錫為鳳閣侍郎同鳳閣鸞臺平章事
八月庚戌元忠為隴右諸軍州大總管
九月辛丑仁傑薨
十月辛亥元忠為蕭關道行軍大總管
丁巳巨源罷為地官尚書文昌右丞韋安石守鸞臺侍郎同鳳閣鸞臺平章事

長安元年 辛丑

二月己酉鸞臺侍郎李懷遠同鳳閣鸞臺平章事
三月己卯元崇為鳳閣侍郎
丙申錫流循州
四月癸丑元崇往幷州以北檢校諸軍州兵馬
五月丁丑元忠為靈武道行軍大總管
丙申天官侍郎顧琮同鳳閣鸞臺平章事
六月庚申元崇兼知夏官尚書事夏官侍郎右奉宸內供奉李迥秀同鳳閣鸞臺平章事
七月壬午味道充使往幽平等州按察兵馬
甲申懷遠罷為秋官尚書
十月丙寅元忠同鳳閣鸞臺三品兼靈武大使
十一月壬申三思罷為特進太子少保
甲午元崇加相王府長史安石加檢校太子左庶子

唐書宰相表上二　二十　李敏

二年 壬寅

三月丙戌迥秀充使山東諸州安置軍馬幷檢校武騎兵
五月元忠為安北道行軍副元帥尋檢幷州道行軍大總管兼宣勞使左肅政臺御史大夫同鳳閣鸞臺三品兼知幷州事
十月甲辰琮薨
甲寅元崇同鳳閣鸞臺平章事味道迥秀安石並同鳳閣鸞臺三品
十二月甲午元忠為安東道安撫使

十一月甲子相王旦為司徒

三年 癸卯

閏四月庚午嶠兼左丞同鳳閣鸞臺平章事
丁丑安石為神都留守判天官秋官二尚書事
己卯嶠知納言事
五月戊戌元忠兼左庶子
七月壬寅正諫大夫朱敬則同鳳閣鸞臺平章事
庚戌檢校涼州都督唐休璟為夏官尚書同鳳閣鸞臺平章事
九月丁酉元忠貶高要尉

四月庚子相王旦罷

四年 甲辰

正月壬子天官侍郎韋嗣立為鳳閣侍郎同鳳閣鸞臺三品
二月癸亥迥秀貶廬州刺史
壬申敬則致仕
三月己丑嗣立檢校汴州刺史
己亥貶味道坊州刺史夏官侍郎宗楚客同鳳閣鸞臺平章事休璟行右庶子
四月壬戌安石知納言事嶠知內史事
六月辛酉元崇罷為相王府長史一事
以上並同三品
乙丑天官侍郎崔玄暐為鸞臺侍郎同鳳閣鸞臺平章事嗣立追赴官所
丁丑嶠罷為成均祭酒同鳳閣鸞臺三品
壬午元崇兼知夏官尚書同鳳閣鸞臺三品
七月丙戌左肅政臺御史大夫楊再思守內史
甲午楚客貶原州都督
八月甲寅安石兼檢校揚州長史
庚申休璟兼幽營二州都督安東都護
辛酉元崇兼知春官尚書

唐書宰相表上二　二十一　李敏

庚辰元崇爲司僕卿
九月壬子元之知羣牧使兼攝右肅政
臺御史大夫靈武道行軍大摠管
十月辛酉元之爲靈武道安撫大使
權檢校左臺大夫
甲戌判秋官侍郎張柬之同鳳閣
鸞臺平章事
乙亥嗣立檢校魏州刺史
壬午懷州長史房融爲正諫大夫同
鳳閣鸞臺平章事
十一月丁亥天官侍郎韋承慶行鳳
閣侍郎同鳳閣鸞臺平章事柬
之守鳳閣侍郎
癸卯嶠罷爲地官尚書監脩國史
丁未玄暐兼檢校太子右庶子
十二月丙辰嗣立罷爲成均祭酒

神龍元年 乙巳

正月甲辰司刑少卿袁恕己爲鳳
閣侍郎同鳳閣鸞臺平章事
丙午安國相王爲太尉同鳳閣鸞
臺三品
庚戌玄暐守內史左羽林將軍敬暉
檢校左羽林將軍桓彥範並爲納言
柬之爲天官尚書恕己爲鳳閣侍郎
並同鳳閣鸞臺三品
二月甲寅再思爲戶部尚書同中書
門下三品元之罷爲亳州刺史韋承
慶貶高要尉融除名流高州
甲戌太子少詹事祝欽明同中書門
下三品安石罷爲守刑部尚書
三月己丑恕己守中書令
四月辛亥恕己爲中書令彥範爲
侍中柬之爲天官尚書
丁卯元忠爲衞尉卿同中書門下
平章事
辛未暉爲侍中
甲戌元忠爲兵部尚書安石爲吏部
尚書懷遠爲左散騎常侍休璟自涼

正月丙午安國相
王爲太尉
二月丙寅梁王武
三思爲司空同中
書門下三品
丁卯右散騎常侍
武攸暨爲司徒
辛未安國相王讓
太尉同二品
丁丑三思攸暨罷

州入爲韓國大將軍並同中書門下
三品再思檢校揚州大都督玄暐爲
特進檢校益州大都督府長史同中
書門下三品欽明守刑部尚書
乙亥柬之爲中書令同中書門下三品
五月甲午安石兼檢校中書令玄暐罷
爲博陵郡王柬之罷爲漢陽郡王恕
己罷爲南陽郡王暉罷爲平陽郡王
彥範罷爲扶陽郡王元忠兼侍中
庚子懷遠爲左散騎常侍
甲辰休璟爲尚書左僕射欽望自
特進爲右僕射同中書門下平章事
六月癸亥欽望軍國重事中書門下
平章安石爲中書令元忠爲侍中再
思檢校中書令
七月辛巳太子賓客韋巨源同中書
門下三品
八月欽望兼檢校安國相王府長史
九月癸巳巨源罷爲禮部尚書
十月丁未休璟爲京留守仍判尚書省事
辛未元忠爲中書令再思行侍中

二年 丙午

正月戊戌守吏部尚書李嶠同中書門下三
品中書侍郎于惟謙同中書門下平章事
二月乙未禮部尚書韋巨源守刑部尚書
同中書門下三品
三月甲辰安石罷爲戶部尚書戶部
尚書蘇瓌守侍中
戊申休璟致仕
四月己丑懷遠致仕
六月戊寅貶暉爲崖州司馬彥範瀧
州司馬恕己竇州司馬玄暐白州司
馬柬之新州司馬
七月丙寅元忠爲尚書右僕射兼中
書令仍知兵部事嶠守中書令
辛未懷遠復爲同中書門下三品流
暉于嘉州彥範于瀼州恕己于環州
玄暐于古州柬之于瀧州
八月丙子欽明貶申州刺史
九月戊午懷遠薨
十月癸巳瓌爲侍中
十二月丙申欽望爲開府儀同三司依
舊平章軍國重事元忠爲尚書左僕射

景龍元年丁未

七月壬戌嶠為中書令巨源為吏部尚書元忠加特進
八月丙戌元忠以特進致仕
九月丁酉惟謙罷為國子祭酒行兵部尚書宗楚客左衛將軍兼太府卿紀處訥為太僕卿吏部侍郎蕭至忠為黃門侍郎並同中書門下三品
丙辰至忠行中書侍郎
辛亥再思為中書令巨源處訥為侍中璟罷為行吏部尚書

二年戊申

七月癸巳左屯衛大將軍朔方道行軍大總管張仁亶同中書門下三品

三年己酉

二月壬寅巨源為尚書左僕射再思為右僕射同中書門下三品
三月戊午楚客為中書令至忠守侍中太府卿韋嗣立守兵部尚書同中書門下三品中書侍郎兼檢校吏部侍郎崔湜守兵部侍郎趙彥昭為中書侍郎並同中書門下平章事
戊寅禮部尚書韋溫為太子少保同中書門下三品太常少卿鄭愔守吏部侍郎同中書門下平章事
五月丙戌湜貶襄州刺史愔貶江州司馬
六月癸卯再思薨
八月乙酉嗣立守兵部尚書同中書門下三品安石自特進為侍中至忠為中書令
九月巨源為都留守
戊辰璟為右僕射同中書門下三品
十一月甲戌欽望薨
十二月壬辰前右僕射同三品宋國公致仕唐休璟為太子少師同中書門下三品

景雲元年庚戌

六月壬午工部尚書張錫刑部尚書裴談並同中書門下三品吏部侍郎崔湜中書侍郎岑羲吏部尚書張嘉福並同中書門下平章事嘉福檢知內外兵馬
甲申相王參謀政事
壬辰嘉福持節河北道巡撫羲持節河南道巡撫處訥持節關內道巡撫
庚子巨源誅
辛丑朝邑尉劉幽求為中書舍人苑摠監鍾紹京為中書侍郎並參豫機務
壬寅紹京黃門侍郎李日知殿中監平王隆基並同中書門下三品至忠貶許州刺史嗣立宋州刺史彥昭絳州刺史湜華州刺史處訥楚客溫誅
癸卯隆基同中書門下三品紹京行中書令嘉福誅
乙巳紹京罷為戶部尚書
丙午太常少卿薛稷為黃門侍郎參豫機務
丁未隆基為皇太子
戊申許州刺史姚元之為兵部尚書同中書門下三品嗣立至忠為中書令彥昭為中書侍郎湜為吏部侍郎同中書門下平章事
七月癸丑兵部尚書崔日用行黃門侍郎參知機務幽求為中書侍郎
丁巳洛州長史宋璟檢校吏部尚書同中書門下三品元之兼太子左庶子璟兼右庶子羲罷為右散騎常侍
壬戌湜罷為尚書左丞錫貶絳州刺史至忠為晉州刺史彥昭為宋州刺史嗣立為許州刺史
丙寅元之兼中書令璟為尚書左僕射嶠貶為懷州刺史
丁卯休璟致仕仁亶罷為左衛大將軍
己巳日用罷為雍州刺史稷罷為左散騎常侍
八月癸巳談罷為蒲州刺史
十一月戊申元之為中書令兼兵部尚書
壬子安石罷為太子少保璟罷為少傅宋王成器為尚書左僕射

六月甲申安國相王罷參謀政事加太尉
十一月己巳宋王成器為司徒兼揚州大都督

二年 辛亥

正月己未太僕卿郭元振中書侍郎張說並同中書門下平章事
二月甲申璟貶楚州刺史元之申州刺史
丙戌韋安石為侍中幽求罷為戶部尚書
四月甲申安石為中書令
辛卯日知守侍中
庚戌安石加開府儀同三司
壬戌殿中監竇懷貞為左臺御史大夫同中書門下平章事
八月庚午安石為尚書左僕射同中書門下三品
九月乙亥懷貞守侍中
十月甲辰日知罷為戶部尚書元振罷為吏部尚書說罷為尚書左丞懷貞罷為左臺御史大夫安石罷為特進中書侍郎陸象先同中書門下平章事吏部尚書劉幽求為侍中右散騎常侍魏知古太子詹事崔湜為中書侍郎並同中書門下三品

四月甲申宋王憲讓司徒為太子賓客

先天元年 壬子

正月壬辰象先同中書門下三品
乙未竇懷貞戶部尚書岑羲並同中書門下三品
六月癸丑羲為侍中
壬戌知古為戶部尚書同中書門下三品
七月乙亥懷貞為尚書右僕射軍國重事宜共平章
八月庚戌湜檢校中書令幽求守尚書右僕射懷貞守左僕射並同三品
知古守侍中
戊午幽求流于封州

八月己酉宋王成器為司空

宰相表上第一

宰相表中第二　唐書六十二

翰林學士兼龍圖閣學士朝散大夫給事中知制誥充史館修撰臣歐陽脩奉敕撰

宰相
三師
三公

開元元年 癸丑

正月乙亥吏部尚書蕭至忠為中書令
六月丙辰兵部尚書郭元振同中書門下三品
七月甲子至忠羲誅懷貞自殺
庚午湜流竇州
乙亥說檢校中書令
庚辰象先罷為益州大都督府長史
八月癸巳幽求為尚書右僕射知軍國重事
九月庚午說為中書令幽求同三品
十月癸卯元振流于新州
甲辰同州刺史姚元之為兵部尚書同中書門下三品
十一月乙丑幽求兼侍中
十二月壬寅元之兼紫微令
癸丑幽求罷為太子少師說罷為相州刺史
甲寅黃門侍郎盧懷慎同紫微黃門平章事

八月壬寅宋王成器為太尉申王撝為司徒邠王守禮為司空
九月丙寅宋王罷為開府儀同三司

二年甲寅
正月己卯懷慎檢校黃門監甲申和戎大武諸軍節度使薛訥同紫微黃門三品五月辛亥知古罷守工部尚書七月訥除名

三年乙卯
正月癸卯懷慎檢校吏部尚書兼黃門監

四年丙辰
正月丙申懷慎檢校吏部尚書十一月己卯懷慎去官養疾丙申尚書左丞源乾曜爲黃門侍郎同紫微黃門平章事閏十二月己亥元之崇罷爲開府儀同三司乾曜罷爲京兆尹刑部尚書宋璟爲吏部尚書兼黃門監紫微侍郎蘇頲同紫微黃門平章事

五年丁巳

六年戊午

七年己未

八年庚申
正月辛巳頲罷爲禮部尚書璟罷爲開府儀同三司京兆尹源乾曜爲黃門侍郎同中書門下平章事并州大都督府長史張嘉貞守中書侍郎同中書門下平章事五月丁卯乾曜爲侍中嘉貞爲中書令

九年辛酉
九月癸亥天兵軍節度使張說守兵部尚書同中書門下三品

十年壬戌

十一年癸亥
二月己酉嘉貞貶幽州刺史癸亥說兼中書令四月甲子說爲中書令吏部尚書王晙爲兵部尚書同中書門下三品五月己丑晙持節朔方節度使兼知河北河東隴右河西兵馬使六月巡邊十二月庚申晙貶蘄州刺史

十二年甲子

十一月辛巳申王撝薨

十三年乙丑
十一月壬辰說爲尚書右丞相兼中書令乾曜爲尚書左丞相兼侍中

十四年丙寅
四月丁巳戶部侍郎李元紘爲中書侍郎同中書門下平章事四月庚申說罷爲尚書右丞相九月己丑磧西節度使杜暹檢校黃門侍郎同中書門下平章事

十五年丁卯

十六年戊辰
十一月癸巳河西節度使蕭嵩守兵部尚書同中書門下平章事

十七年己巳
六月甲戌元紘罷爲曹州刺史乾曜罷爲左丞相暹罷爲荊州大都督府長史嵩爲兼中書令戶部侍郎宇文融爲黃門侍郎兵部侍郎裴光庭爲中書侍郎並同中書門下平章事八月己卯光庭兼御史大夫九月壬子融貶汝州刺史

年			
十八年 庚午	正月辛卯光庭爲侍中 四月乙丑兼吏部尚書		
十九年 辛未			
二十年 壬申	十二月壬申嵩爲兵部尚書		六月丁丑忠王浚爲司徒
二十一年 癸酉	三月乙巳光庭薨 甲寅尚書右丞韓休爲黃門侍郎同中書門下平章事 十二月丁巳嵩罷爲右丞相休罷爲檢校工部尚書京兆尹裴耀卿守黃門侍郎同中書門下平章事前檢校中書侍郎起復張九齡爲中書侍郎同中書門下平章事		四月丁巳宋王憲爲太尉薛王業爲司徒
二十二年 甲戌	五月戊子耀卿爲侍中九齡爲中書令黃門侍郎李林甫爲禮部尚書同中書門下三品 七月甲申九齡爲河南開稻田使 八月耀卿爲江淮以南回造使		七月己巳薛王業薨
二十三年 乙亥	十二月壬寅林甫爲戶部尚書		
二十四年 丙子	七月庚子林甫爲兵部尚書 十一月壬寅耀卿罷爲左丞相九齡罷爲右丞相林甫兼中書令朔方節度使牛仙客守工部尚書同中書門下三品 十二月丙寅仙客知門下省事		十二月戊申慶王琮爲司徒
二十五年 丁丑			

年			
二十六年 戊寅	正月乙亥仙客守侍中 正月壬辰林甫持節遙領隴右節度副大使知節度事 二月乙卯仙客遙領河東節度使 五月乙酉林甫遙領河西節度副大使知節度事仍判涼州事		六月庚子忠王浚爲皇太子
二十七年 己卯	四月己丑林甫爲吏部尚書仙客爲兵部尚書兼侍中		
二十八年 庚辰	十一月仙客罷節度使		
二十九年 辛巳			十一月庚戌邠王守禮薨 辛未宋王憲薨
天寶元年 壬午	七月辛丑仙客薨 八月丁丑刑部侍郎李適之爲左相 壬辰林甫爲尚書左僕射適之兼兵部尚書		
二年 癸未			
三載 甲申			
四載 乙酉			
五載 丙戌	四月庚寅適之罷爲太子少保 丁酉門下侍郎陳希烈同中書門下平章事		
六載 丁亥	三月甲辰希烈爲左相兼兵部尚書		
七載 戊子			
八載 己丑			

九載庚寅	十載辛卯	十一載壬辰	十二載癸巳	十三載甲午	十四載乙未	至德元載丙申
	正月丁酉林甫遙領單于安北副大都護充朔方節度等使	四月丙戌林甫罷都護　十一月乙卯林甫死　庚申御史大夫判度支事劍南節度使楊國忠為右相兼文部尚書	十二月戊子希烈為秘書省圖書使	八月丙戌希烈罷為太子太師文部侍郎韋見素為武部尚書同中書門下平章事知門下省事		六月丙午劍南節度使崔圓為中書侍郎同中書門下平章事　七月甲子憲部侍郎房琯為文部尚書河西行軍司馬裴冕為中書侍郎並同中書門下平章事　庚午見素為左相蜀郡太守崔渙為門下侍郎同中書門下平章事　八月庚子見素琯渙赴靈武　十一月甲寅憲部尚書李麟同中書門下平章事　戊午渙為江南宣慰使
		五月戊申慶王琮薨		二月丁丑楊國忠為司空		六月丙申國忠死

二載丁酉	乾元元年戊戌	二年己亥
正月甲寅圓自蜀來　三月辛酉見素罷為左僕射冕罷為右僕射憲部尚書致仕苗晉卿為左相　五月丁巳琯罷為太子少師諫議大夫兼侍御史張鎬為中書侍郎同中書門下平章事　八月甲申渙罷為左散騎常侍餘杭郡太守鎬兼河南節度使都統淮南諸軍事　十二月甲寅晉卿為中書侍郎同中書門下平章事　戊午圓為中書令麟同中書門下三品晉卿行侍中	五月戊子鎬罷為荊州大都督府長史　乙未圓罷為太子少師麟罷為太子少傅太常少卿王璵為中書侍郎同中書門下平章事	三月甲午兵部侍郎呂諲同中書門下平章事判度支　乙未晉卿罷為太子太傅璵罷為刑部尚書御史大夫京兆尹李峴為吏部尚書中書舍人李揆為中書侍郎戶部侍郎第五琦並同中書門下平章事　五月辛巳峴貶蜀州刺史　七月辛卯諲以母喪罷　十月壬戌起復　十一月庚午琦貶忠州刺史　十二月甲午諲充勾當度支使　丙午為黃門侍郎
四月戊寅朔方節度使同平章事郭子儀為司空　五月甲子子儀罷司空　十二月戊午河東節度使同平章事李光弼守司空子儀為司徒廣平郡王俶為太尉進封楚王	三月甲戌楚王俶封成王　五月庚寅俶為皇太子　八月丙辰光弼為侍中子儀為中書令	

上元元年 庚子	五月丙午晉卿爲侍中 壬子諲罷爲太子賓客		正月辛巳光弼加 太尉兼中書令 閏四月丁卯河 東節度副大使 王思禮爲司空
二年 辛丑	二月癸未揆貶袁州長史河中節 度使蕭華爲中書侍郎同中書門 下平章事 四月己未吏部侍郎裴遵慶爲黃 門侍郎同中書門下平章事		三月戊戌光弼罷 太尉復兼侍中 五月庚子光弼復 爲太尉思禮薨
寶應元年 壬寅	建辰月戊申華罷爲禮部尚書戶 部侍郎元載同中書門下平章事 五月丙寅載行中書侍郎勾當轉 運租庸支度使		正月壬午李輔 國爲司空 十月壬戌死
廣德元年 癸卯	正月癸未京兆尹劉晏爲吏部尚 書同中書門下平章事 七月壬子雍王适兼中書令 十月壬辰載判元帥行兵司馬 十二月乙未晉卿罷爲太子太保檢 校禮部尚書李峴爲黃門侍郎同 中書門下平章事遵慶罷爲太子 少傅		六月癸未澤潞 節度使李抱玉 爲司空兼兵部 尚書
二年 甲辰	正月乙卯雍王适爲皇太子 癸亥峴罷爲太子詹事晏罷爲太 子賓客右散騎常侍王縉爲黃門 侍郎太常卿杜鴻漸爲兵部侍郎 並同中書門下平章事 丁卯鴻漸加莊宅使 四月甲午爲中書侍郎 八月丙寅縉爲侍中持節都統河 南淮南淮西山東道行營節度事 壬申縉罷侍中甲午兼東都留守	四月壬午朔方行營 節度使尚書左 僕射同平章事 兼太保僕固懷 恩爲太保	七月乙酉光弼薨 九月辛亥子儀爲 太尉抱玉爲司徒 甲寅子儀讓罷之 十二月乙丑子儀 爲尚書令辛未子 儀讓罷之

永泰元年 乙巳	八月庚辰縉爲河南副元帥	九月丁酉懷恩死	三月丙午抱玉 讓司徒
大曆元年 丙午	二月壬子鴻漸爲黃門侍郎同中 書門下平章事兼成都尹持節山 南西道劍南東川西川邛南西山 等道副元帥仍充劍南西川節度 副大使		
二年 丁未	六月丙戌鴻漸自劍南追至		
三年 戊申	閏六月庚午縉兼幽州盧龍節度使 八月庚午兼河東節度使		閏六月己酉子 儀爲司徒 庚午魏博節度 使田承嗣爲司 空兼檢校尚書 左僕射
四年 己酉	二月乙卯鴻漸讓山劍副元帥 六月戊申縉罷副元帥都統行營 節度事 十一月壬申鴻漸罷癸酉載權知 門下省事 丙子尚書左僕射裴冕爲同中書 門下平章事 十二月戊戌冕薨		
五年 庚戌	四月庚申縉至自太原		
六年 辛亥			
七年 壬子			

年			
八年癸丑			二月戊申承嗣爲太尉
九年甲寅			
十年乙卯			
十一年丙辰			
十二年丁巳	三月辛巳載誅縉貶括州刺史 四月壬午太常卿楊綰爲中書侍郎禮部侍郎常袞爲門下侍郎並同中書門下平章事 七月己巳綰薨		
十三年戊午			
十四年己未	三月丁未前淮西節度使檢校司空同平章事李忠臣本官同平章事 閏五月甲戌袞貶河南少尹河南少尹崔祐甫爲門下侍郎同中書門下平章事 八月甲辰懷州刺史喬琳爲御史大夫道州司馬楊炎爲門下侍郎並同中書門下平章事 十一月壬午琳罷爲工部尚書		二月癸未承嗣死 閏五月甲申子儀加尚父兼太尉中書令 六月己亥平盧淄青節度使檢校司空同平章事李正己爲司徒成德軍節度使檢校司空同平章事李寶臣爲司空
建中元年庚申	六月甲午祐甫薨		

唐書宰相表中二　十　王成

年			
二年辛酉	二月乙巳炎爲中書侍郎御史大夫盧杞爲門下侍郎同中書門下平章事 七月庚申永平軍節度使張鎰爲中書侍郎平章事 炎罷爲左僕射		正月戊辰寶臣死 六月辛丑子儀薨 七月庚申檢校右僕射侯希逸爲司空是日卒 壬午幽州隴右兼四鎮北庭行營涇原節度使檢校司空兼中書令朱泚爲太尉 八月辛卯正己死
三年壬戌	四月戊寅鎰罷爲鳳翔節度使 十月丙辰吏部侍郎關播爲中書侍郎同中書門下平章事		
四年癸亥	十月丁巳戶部尚書蕭復爲吏部尚書吏部郎中劉從一爲刑部侍郎京兆府戶曹參軍翰林學士姜公輔爲諫議大夫並同中書門下平章事 十一月癸巳朔方節度使李懷光爲中書令朔方邠寧靈鹽夏綏銀河中晉絳慈隰行營兵馬副元帥 十二月壬戌杞貶新州司馬		

唐書宰相表中二　十一　吉先

年	宰相		
興元元年 甲子	正月癸酉播罷為刑部尚書 丙戌吏部侍郎盧翰為兵部侍郎同中書門下平章事 戊子復為山南東西荆湖淮南江西鄂岳浙江東西福建嶺南宣慰安撫使 四月甲寅公輔罷為左庶子 六月己酉李晟為中書令 癸丑從一為中書侍郎翰為門下侍郎 甲寅朔方節度使邠寧振武永平奉天行營兵馬副元帥檢校尚書右僕射同平章事渾瑊為侍中 丙辰忠臣誅 八月癸卯瑊為河中同絳陝虢諸軍行營兵馬副元帥 丙午瑊兼朔方行營兵馬副元帥 十月辛丑檢校司徒李勉本官同中書門下平章事 十一月乙丑復罷為左庶子 十二月己卯勉加太清宮使翰加太微宮使從一集賢殿大學士		二月甲子李懷光為太尉不拜 六月己酉京畿渭北商華兵馬副元帥李晟為司徒中書令 八月癸卯晟為鳳翔隴右諸軍涇原四鎮北庭行營兵馬元帥
貞元元年 乙丑	四月丙戌瑊為河中招撫使 六月辛卯西川節度使同平章事張延賞為中書侍郎同中書門下平章事 八月己卯河東節度使檢校司徒同平章事馬燧兼侍中延賞罷為左僕射 九月辛亥從一罷為戶部尚書		八月甲戌懷光伏誅
二年 丙寅	正月壬寅翰罷為太子賓客吏部侍郎劉滋為左散騎常侍給事中崔造中書舍人齊映並同中書門下平章事 癸丑映判兵部勉判刑部滋判吏部禮部造判戶部工部 十二月丁巳燧為綏銀麟勝招討使 庚申造罷為右庶子		

年	宰相		
三年 丁卯	正月壬寅尚書左僕射張延賞同中書門下平章事 壬子滋罷守左散騎常侍映貶夔州刺史兵部侍郎柳渾同中書門下平章事 三月辛亥燧罷副元帥 六月丙戌陝虢觀察使李泌為中書侍郎同中書門下平章事 七月壬申延賞薨 八月己丑渾罷為散騎常侍		三月丁未晟為太尉 六月丙戌馬燧為司徒兼侍中
四年 戊辰	七月庚戌瑊為邠寧副元帥		
五年 己巳	二月庚子御史大夫竇參為中書侍郎大理卿董晉為門下侍郎並同中書門下平章事 三月甲辰泌薨		
六年 庚午			
七年 辛未			
八年 壬申	三月丁丑參兼吏部尚書知選事 四月乙未參貶郴州別駕尚書左丞趙憬兵部侍郎陸贄並中書侍郎同中書門下平章事		
九年 癸酉	五月甲辰憬為門下侍郎義成軍節度使賈耽為尚書右僕射尚書右丞盧邁並同中書門下平章事 五月丙午晉罷為禮部尚書		正月己亥抱真讓司徒為檢校左僕射 六月壬寅抱真卒 八月庚戌晟薨
十年 甲戌	十二月壬戌贄罷為太子賓客		

年	宰相		
十一年 乙亥	正月乙亥邁為中書侍郎		八月辛亥燧薨
十二年 丙子	二月乙丑瑊兼中書令 八月丙戌憬薨 十月甲戌右諫議大夫崔損給事中 趙宗儒並同中書門下平章事		
十三年 丁丑	九月己丑邁罷為太子賓客		
十四年 戊寅	四月丁丑損為脩八陵使 七月壬申宗儒罷為太子右庶子 工部侍郎鄭餘慶為中書侍郎同 中書門下平章事損為門下侍郎		
十五年 己卯	十二月辛未瑊薨		
十六年 庚辰	九月庚戌餘慶貶郴州司馬 庚申太常卿齊抗為中書侍郎同 中書門下平章事		
十七年 辛巳			
十八年 壬午			
十九年 癸未	三月壬子淮南節度使檢校尚書 左僕射同平章事杜佑檢校司空 同中書門下平章事 七月己未抗罷為太子賓客 閏十一月丁巳損薨 十二月庚申太常卿高郢為中書 侍郎吏部侍郎鄭珣瑜為門下侍 郎並同中書門下平章事		

年	宰相		
二十年 甲申			
永貞元年 乙酉	二月辛亥吏部侍郎韋執誼為尚 書右丞同中書門下平章事 三月丙戌佑檢校司徒庚寅郢為 刑部尚書珣瑜為吏部尚書執誼 為中書侍郎 七月乙未郢罷守刑部尚書珣瑜 罷守吏部尚書太常卿杜黃裳為 門下侍郎左金吾衛大將軍袁滋 為中書侍郎並同中書門下平章事 八月己未滋為劒南東西川山南西 道安撫大使 癸亥尚書左丞鄭餘慶同中書門 下平章事 十月丁酉號薨戊戌滋罷為檢校吏 部尚書同平章事西川節度使 十一月壬申執誼貶崖州司馬 十二月壬戌中書舍人鄭絪為中書侍 郎同中書門下平章事		
元和元年 丙戌	十一月庚戌餘慶罷為河南尹		四月丁未佑為司徒
二年 丁亥	正月乙巳黃裳罷為檢校司空同 平章事河中節度使 己酉御史中丞武元衡為門下侍 郎中書舍人李吉甫為中書侍郎 並同中書門下平章事 八月辛酉元衡兼判戶部 十月丁卯檢校吏部尚書兼門下 侍郎同平章事西川節度使		
三年 戊子	九月庚寅山南東道節度使檢校 尚書左僕射于頔守司空同中書門 下平章事 丙申戶部侍郎裴垍守中書侍郎 同中書門下平章事絪為門下侍 郎戊戌吉甫檢校兵部尚書兼中 書侍郎同平章事淮南節度使		九月庚寅頔守司空

四年己丑	五年庚寅	六年辛卯	七年壬辰	八年癸巳
二月丁卯絪罷爲太子賓客給事中李藩爲門下侍郎同中書門下平章事	九月丙寅太常卿權德輿爲禮部尚書同中書門下平章事 十一月庚申垍罷爲兵部尚書	正月庚申李吉甫爲中書侍郎同中書門下平章事 二月壬申藩罷爲太子詹事 十一月己丑戶部侍郎李絳爲中書侍郎同中書門下平章事		正月辛未德輿罷爲禮部尚書 三月甲子武元衡爲門下侍郎平章事己巳至自西川
			六月癸巳佑爲太保致仕	
				二月丁酉頔貶恩王傅

九年甲午	十年乙未	十一年丙申	十二年丁酉
二月癸卯絳罷爲禮部尚書 六月壬寅河中節度使張弘靖爲刑部尚書同中書門下平章事 十月丙午吉甫薨 十二月庚戌弘靖守中書侍郎 戊辰尚書右丞韋貫之同中書門下平章事	六月癸卯元衡爲盜殺 乙丑御史丞裴度爲中書侍郎同中書門下平章事	正月己巳弘靖罷檢校吏部尚書河東節度使 二月乙巳中書舍人李逢吉爲門下侍郎同中書門下平章事貫之爲中書侍郎 八月壬寅貫之罷爲吏部侍郎 十二月丁未翰林學士工部侍郎王涯爲中書侍郎同中書門下平章事	七月丙辰度守門下侍郎同平章事彰義節度淮西宣慰處置使戶部侍郎崔羣爲中書侍郎同中書門下平章事 九月丁未逢吉罷爲劒南東川節度使 十月甲戌淮南節度使檢校尚書右僕射李鄘爲門下侍郎同中書門下平章事 十二月戊寅鄘罷
	正月乙酉宣武軍節度使韓弘守司徒		

	十三年戊戌	十四年己亥	十五年庚子
宰相	三月戊戌鄜罷爲戶部尚書御史大夫李夷簡爲門下侍郎同中書門下平章事 七月辛丑夷簡檢校左僕射同平章事淮南節度使 八月壬子涯罷爲兵部侍郎 九月甲辰戶部侍郎判度支皇甫鎛工部侍郎諸道鹽鐵轉運使程异並同中書門下平章事判使各如故	四月辛未异薨 丙子度檢校左僕射兼門下侍郎同平章事河東節度使 七月丁酉鎛守門下侍郎河陽節度使令狐楚守中書侍郎同中書門下平章事 八月己酉宣武節度使守司徒兼侍中同平章事韓弘兼中書令 十二月己卯羣罷爲湖南觀察使	正月壬午鎛罷度支 閏月丁未鎛貶崖州司戶參軍 辛亥楚爲門下侍郎御史中丞蕭俛中書舍人翰林學士段文昌並守中書侍郎同中書門下平章事 七月丁卯楚罷爲宣歙觀察使 八月戊戌俛爲門下侍郎御史中丞崔植守中書侍郎同中書門下平章事
三師			
三公			九月戊午檢校左僕射河東節度使裴度守司空

宰相表中第二

唐書六十三

宰相表下第三

翰林學士兼龍圖閣學士朝散大夫給事中知制誥充史館修撰臣歐陽脩奉敕撰

	長慶元年辛丑	二年壬寅	三年癸卯
宰相	正月壬戌俛罷爲尚書右僕射 二月壬午文昌檢校刑部尚書同平章事西川節度使戶部侍郎翰林學士杜元穎守戶部侍郎同中書門下平章事 十月丙寅諸道鹽鐵轉運使刑部尚書王播守中書侍郎同中書門下平章事	二月辛巳植罷爲刑部尚書工部侍郎元稹守工部侍郎同中書門下平章事元穎爲中書侍郎 三月戊午度守司空兼門下侍郎平章事播檢校尚書右僕射平章事淮南節度使 六月甲子度罷爲尚書左僕射稹罷爲同州刺史兵部尚書李逢吉守門下侍郎同中書門下平章事 戊寅夷簡分司東都	三月壬戌御史中丞牛僧孺爲戶部侍郎同中書門下平章事丁卯復判戶部 十月己丑元穎檢校禮部尚書同平章事西川節度使庚寅僧孺爲中書侍郎
三師			
三公		三月戊午度守司空 十二月庚寅弘卒	八月癸卯度守司空山南西道節度使

年	宰相		
四年甲辰	五月乙卯吏部侍郎李程戶部侍郎判度支竇易直並同中書門下平章事六月丙申度同平章事乙酉逢吉爲尚書左僕射		六月丙申横海軍節度使李光顏守司徒
寶曆元年乙巳	正月乙卯僧孺檢校禮部尚書同平章事武昌節度使辛酉程守中書侍郎易直守門下侍郎七月庚午易直罷度支		二月丁未度守司空
二年丙午	二月丁未裴度守司空同中書門下平章事八月丙申度判度支九月壬午程檢校兵部尚書同平章事河東節度使十一月甲申逢吉檢校司空同平章事山南東道節度使十二月庚戌兵部侍郎翰林學士韋處厚爲中書侍郎同中書門下平章事庚申度兼門下侍郎易直尚書右僕射		九月戊寅光顏卒
大和元年丁未	六月癸巳淮南節度副大使王播爲尚書左僕射同中書門下平章事十月丙寅度罷度支		正月癸未天平軍節度使烏重胤守司徒丙寅重胤卒

年	宰相		
二年戊申	十月癸酉易直檢校尚書左僕射平章事山南東道節度使十二月壬申處厚薨戊寅兵部侍郎翰林學士路隋守中書侍郎同中書門下平章事		九月甲午武寧軍節度使王智興守司徒
三年己酉	八月甲戌吏部侍郎李宗閔同中書門下平章事十二月己酉元穎貶邵州刺史	十一月乙巳智興爲太傅	
四年庚戌	正月辛卯牛僧孺爲兵部尚書同中書門下平章事六月丁未度平章軍國重事己酉隋爲門下侍郎宗閔爲中書侍郎七月癸未尚書右丞宋申錫同中書門下平章事九月壬午度爲司徒兼侍中山南東道節度使	六月己巳檢校司徒平章事李載義守太保	六月丁未度守司徒九月壬午度爲司徒
五年辛亥	三月庚子申錫罷爲太子右庶子乙丑僧孺爲中書侍郎		

年	宰相		
六年壬子	十二月乙丑僧孺檢校尚書右僕射平章事淮南節度使		
七年癸丑	二月丙戌兵部尚書李德裕守本官同中書門下平章事 六月乙亥宗閔檢校禮部尚書平章事興元節度使 七月丁酉德裕守中書侍郎壬寅尚書右僕射諸道鹽鐵轉運使王涯守右僕射同中書門下平章事 是年隨為太子太師		
八年甲寅	三月戊午涯檢校司空兼門下侍郎 十月庚寅李宗閔守中書侍郎同平章事甲午德裕檢校兵部尚書同平章事山南西道節度使		
九年乙卯	四月丙申隨檢校尚書右僕射平章事鎮海軍節度使戊戌浙西觀察使賈餗守中書侍郎同中書門下平章事 六月壬寅宗閔貶明州刺史 七月辛亥御史大夫李固言守門下侍郎同中書門下平章事 九月丁卯固言檢校兵部尚書山南西道節度使己巳御史中丞舒元輿為刑部侍郎兵部侍郎翰林學士李訓為禮部侍郎並同中書門下平章事 十月乙亥涯兼諸道鹽鐵榷茶使 庚子度兼中書令 十一月甲子訓斬首於昆明池尚書右僕射鄭覃同中書門下平章事 乙丑元輿餗為仇士良所殺戶部侍郎判度支李石守本官同中書門下平章事	七月癸酉智興卒 十一月癸丑載義守太傅	五月辛未涯為司空 十一月乙丑仇士良殺涯

年	宰相		
開成元年丙辰	正月甲子覃兼門下侍郎石為中書侍郎 四月甲午李固言守門下侍郎同中書門下平章事石兼鹽鐵使 丙申固言判戶部 五月己巳罷 八月己酉覃兼國子祭酒石罷度支		
二年丁巳	四月戊戌翰林學士工部侍郎陳夷行以本官同中書門下平章事 十月戊申固言為門下侍郎同平章事西川節度使 十一月壬戌石罷鹽鐵使	四月庚申載義卒	
三年戊午	正月戊辰戶部尚書諸道鹽鐵轉運使楊嗣復戶部侍郎判戶部李珏並同中書門下平章事丙子石以中書侍郎同中書門下平章事荊南節度使 三月庚午覃為太子太師 四月丙申珏罷戶部 七月戊辰嗣復罷鹽鐵使 九月己巳夷行為門下侍郎珏嗣復為中書侍郎 十二月辛丑度守司徒兼中書令 丙午覃罷太子太師五日一入中書		
四年己未	閏正月己亥度來朝 五月丙申覃罷為尚書左僕射夷行罷為吏部侍郎 七月甲辰太常卿崔鄲同中書門下平章事 十一月壬午嗣復為門下侍郎鄲為中書侍郎		三月丙戌度薨

五年庚申	會昌元年辛酉	二年壬戌	三年癸亥
二月癸丑珏兼戶部尚書嗣復兼吏部尚書鄲兼禮部尚書 五月己卯珏爲門下侍郎嗣復罷守吏部尚書刑部尚書諸道鹽鐵轉運使刑部尚書崔珙同中書門下平章事 八月庚午珏貶太常卿 九月丁丑淮南節度副大使檢校右僕射李德裕爲門下侍郎同中書門下平章事庚辰珙爲中書侍郎	三月甲戌御史大夫陳夷行爲門下侍郎同中書門下平章事 十一月癸亥鄲檢校吏部尚書同平章事劍南西川節度使	正月己亥夷行爲尚書左僕射珙爲尚書右僕射 二月丁丑檢校尚書右僕射淮南節度使李紳爲中書侍郎平章事 三月丙申紳權判度支 六月夷行罷爲太子太保 七月尚書左丞兼御史中丞李讓夷爲中書侍郎同中書門下平章事	二月辛未珙罷守尚書右僕射 五月壬寅紳爲門下侍郎戊申翰林學士承旨中書舍人崔鉉爲中書侍郎同中書門下平章事庚戌讓夷爲尚書右僕射
		正月己亥李德裕爲司空	六月辛酉德裕爲司徒

四年甲子	五年乙丑	六年丙寅	大中元年丁卯
閏七月壬戌淮南節度使檢校尚書右僕射駙馬都尉杜悰爲尚書右僕射兼中書侍郎同中書門下平章事諸道鹽鐵轉運使紳檢校尚書右僕射同平章事淮南節度使 八月庚戌讓夷爲檢校尚書右僕射兼中書侍郎鉉兼戶部尚書悰爲尚書左僕射兼門下侍郎	正月己未德裕加特進 五月壬戌鉉罷爲戶部尚書悰罷爲尚書右僕射 乙丑戶部侍郎判戶部李回爲中書侍郎同中書門下平章事兼判戶部 七月山南東道節度使檢校尚書右僕射鄭肅本官同中書門下平章事	四月丙子德裕檢校司徒同平章事荊南節度使辛卯肅檢校尚書左僕射兼中書侍郎讓夷爲司空兼門下侍郎 五月乙巳翰林學士承旨兵部侍郎白敏中本官同中書門下平章事 九月肅本檢校官荊南節度使兵部侍郎判度支盧商爲中書侍郎兼工部尚書同中書門下平章事回爲門下侍郎敏中爲中書侍郎	三月商檢校兵部尚書武昌軍節度使刑部尚書判度支崔元式爲門下侍郎兼刑部尚書翰林學士承旨戶部侍郎韋琮爲中書侍郎並同中書門下平章事 八月丙申回檢校吏部尚書同平章事劍南西川節度使
八月戊申德裕守太尉		四月辛卯讓夷爲司空 七月讓夷檢校司空同平章事淮南節度使	

年			
二年 戊辰	正月丙寅敏中兼刑部尚書元式兼戶部尚書琮兼禮部尚書 己卯刑部侍郎諸道鹽鐵轉運使馬植同中書門下平章事元式罷為刑部尚書兵部侍郎判度支周墀同中書門下平章事 六月庚戌敏中琮為門下侍郎植墀為中書侍郎 十一月壬午琮罷為太子賓客分司東都		
三年 己巳	三月墀兼刑部尚書敏中為尚書右僕射植檢校禮部尚書天平軍節度使 四月乙酉御史大夫崔鉉守中書侍郎同中書門下平章事墀檢校刑部尚書東川節度使兵部侍郎判戶部事魏扶守本官同中書門下平章事		
四年 庚午	六月戊申扶薨戶部侍郎判度支崔龜從守戶部尚書同中書門下平章事判如故 八月庚戌罷判 十月辛未翰林學士承旨兵部侍郎令狐綯守本官同中書門下平章事		
五年 辛未	三月甲申敏中為特進守司空兼門下侍郎同平章事招討南山平夏党項行營兵馬都統制置使并南北路供軍使兼邠寧慶等州節度使 四月乙卯鉉守尚書右僕射兼門下侍郎龜從為中書侍郎兼吏部尚書綯為中書侍郎兼禮部尚書 十月戊辰戶部侍郎判戶部魏謩守本官同中書門下平章事判如故 十一月庚寅龜從檢校吏部尚書同平章事宣武節度使		三月甲申敏中守司空 十月敏中守司空同中書門下平章事兼邠寧慶等州節度使

年			
六年 壬申	正月癸巳綯兼戶部尚書 八月禮部尚書諸道鹽鐵轉運使裴休本官同中書門下平章事使如故 十二月壬午謩為中書侍郎		四月甲辰敏中檢校司徒平章事西川節度使
七年 癸酉			
八年 甲戌	十一月乙酉休罷使 十二月癸巳謩兼戶部		
九年 乙亥	二月甲戌鉉為尚書左僕射綯為門下侍郎謩兼禮部尚書休為中書侍郎兼戶部尚書 七月丙辰鉉檢校尚書左僕射同平章事淮南節度使		
十年 丙子	正月丁巳御史大夫鄭朗守工部尚書同中書門下平章事 十月戊子休為檢校戶部尚書同平章事宣武節度使綯為尚書右僕射謩為門下侍郎兼戶部尚書朗為中書侍郎兼禮部尚書 十二月壬辰戶部侍郎判戶部事崔慎由為工部尚書同中書門下平章事		
十一年 丁丑	二月辛巳謩為檢校戶部尚書平章事西川節度使 七月庚子兵部侍郎判度支蕭鄴本官同中書門下平章事判如故 十月鄴罷度支壬申朗罷為檢校尚書右僕射兼太子少師 十一月己未慎由為中書侍郎禮部尚書鄴為工部尚書		

十二年 戊寅	十三年 己卯	咸通元年 庚辰	二年 辛巳
正月戊戌戶部侍郎判度支劉瑑本官同中書門下平章事判如故 二月壬申慎由罷爲檢校禮部尚書劍南東川節度使 四月戊申兵部侍郎諸道鹽鐵轉運使夏侯孜本官同中書門下平章事使如故 己酉鄴爲中書侍郎兼禮部尚書瑑爲工部尚書 五月丙寅瑑薨 十月癸巳孜爲工部尚書 十一月己未鄴爲尚書左僕射 十二月甲寅兵部侍郎判戶部蔣伸本官同中書門下平章事判如故	三月甲戌伸罷戶部 八月癸卯鄴爲門下侍郎伸爲中書侍郎並兼兵部尚書孜爲中書侍郎兼刑部尚書 十一月戊午鄴檢校尚書右僕射同平章事荊南節度使 十二月甲申翰林學士承旨兵部侍郎杜審權本官同中書門下平章事 丁酉敏中守司徒兼門下侍郎同中書門下平章事	九月癸酉孜爲門下侍郎兼兵部尚書伸兼刑部尚書審權爲中書侍郎兼工部尚書 戊申敏中爲中書令 十月己亥孜爲檢校尚書右僕射同平章事劍南西川節度使 戶部尚書判度支畢諴爲禮部尚書同中書門下平章事	二月尚書左僕射判度支杜悰本官兼門下侍郎同中書門下平章事判如故 庚戌敏中檢校司徒兼中書令鳳翔節度使
	八月癸卯綯爲司空 十二月丁酉檢校司徒兼太子太師同平章事荊南節度使白敏中守司徒 綯爲檢校司徒同平章事河中節度使	十二月癸亥福王綰爲司空	二月庚戌敏中遷 福王綰薨

三年 壬午	四年 癸未	五年 甲申	六年 乙酉
正月己酉伸檢校兵部尚書同平章事河中節度使 二月庚子審權爲門下侍郎兼吏部尚書諴爲中書侍郎兼兵部尚書 七月夏侯孜爲尚書左僕射兼門下侍郎同中書門下平章事	四月癸巳諴罷爲兵部尚書 五月己巳翰林學士承旨兵部侍郎楊收守本官同中書門下平章事 戊子審權檢校吏部尚書同平章事鎮海軍節度使 閏六月兵部侍郎判度支曹確本官同中書門下平章事 悰檢校司徒同平章事鳳翔節度使 十月收爲中書侍郎	三月己亥確爲中書侍郎 四月兵部侍郎判戶部蕭寘兵本官同中書門下平章事 五月戊戌孜爲太子少保分司東都 八月乙卯收爲門下侍郎兼刑部尚書確兼工部尚書寘爲中書侍郎 十一月壬寅翰林學士承旨兵部侍郎路巖本官同中書門下平章事	三月寘薨 四月劍南東川節度使高璩爲兵部侍郎同中書門下平章事 六月收爲尚書右僕射兼門下侍郎確兼工部尚書巖爲中書侍郎 璩薨 御史大夫徐商爲兵部侍郎同中書門下平章事
二月庚子悰守司空 十月丙申悰爲司徒	正月庚辰撫王紘守司空	八月丁卯孜爲司空 十一月戊戌孜檢校尚書右僕射同平章事河中節度使	

七年丙戌	八年丁亥	九年戊子	十年己丑	十一年庚寅	十二年辛卯
十月壬申收檢校工部尚書宣歙池觀察使 十二月戊辰確為門下侍郎巖兼刑部尚書商為中書侍郎兼工部尚書	十月甲子兵部侍郎諸道鹽鐵轉運使駙馬都尉于琮本官同中書門下平章事 十月確兼吏部尚書巖為門下侍郎兼戶部尚書商兼刑部尚書		六月癸卯商檢校尚書右僕射平章事荊南節度使翰林學士承旨戶部侍郎劉瞻本官同中書門下平章事 九月瞻為中書侍郎	正月戊午確加尚書左僕射巖加右僕射瞻兼刑部尚書 三月確檢校司徒同平章事鎮海軍節度使 四月丙午翰林學士承旨兵部侍郎駙馬都尉韋保衡本官同中書門下平章事 九月丙辰瞻檢校刑部尚書同平章事荊南節度使 十一月辛亥禮部尚書判度支王鐸本官同中書門下平章事	四月癸卯巖檢校司徒平章事劍南西川節度使保衡為中書侍郎兼刑部尚書 十月兵部侍郎諸道鹽鐵轉運使劉鄴為禮部尚書同中書門下平章事使如故鐸為門下侍郎兼吏部尚書

唐書宰相表下三　十二

十三年壬辰	十四年癸巳	乾符元年甲午	二年乙未
二月丁巳琮檢校尚書左僕射山南東道節度使保衡為右僕射鐸為尚書左僕射鄴為中書侍郎以刑部侍郎判戶部趙隱為戶部侍郎同中書門下平章事 十月保衡為門下侍郎兼兵部尚書 十一月庚辰鄴兼戶部尚書秦為門下侍郎隱為中書侍郎	六月鐸檢校尚書左僕射同平章事宣武軍節度使 八月乙卯鄴兼吏部尚書隱兼禮部尚書 十月乙未鄴為尚書左僕射隱兼戶部尚書尚書左僕射蕭倣為中書侍郎兼兵部尚書同中書門下平章事	二月癸丑隱檢校兵部尚書鎮海軍節度使檢校戶部尚書兼華州刺史裴坦為中書侍郎同中書門下平章事 五月乙未坦薨刑部尚書劉瞻為中書侍郎同中書門下平章事 八月辛未瞻薨兵部侍郎判度支崔彥昭為中書侍郎同中書門下平章事 十月丙辰鄴檢校尚書左僕射同平章事淮南節度使吏部侍郎鄭畋為兵部侍郎翰林學士承旨戶部侍郎盧攜並同中書門下平章事 十一月彥昭為門下侍郎兼刑部尚書畋為中書侍郎兼禮部尚書攜為中書侍郎	六月吏部尚書李蔚為中書侍郎同中書門下平章事彥昭為尚書右僕射兼門下侍郎畋為門下侍郎攜兼工部尚書
十一月保衡為司空鐸為司徒	八月乙卯保衡為司徒 九月癸亥保衡貶賀州刺史	十一月倣為司空	五月倣薨

唐書宰相表下三　十三　李倣

年	宰相		三公
三年丙申			六月乙丑攝王鉉為太尉未幾鉉薨
四年丁酉	正月畋兼兵部尚書攜兼刑部尚書 閏二月彥昭罷為太子太傅王鐸檢校司徒兼門下侍郎同中書門下平章事 九月攜兼戶部尚書		正月丁丑彥昭為司空 六月癸酉鐸為司徒
五年戊戌	五月丁酉畋攜並罷為太子賓客分司東都翰林學士承旨戶部侍郎豆盧瑑為兵部侍郎吏部侍郎崔沆為戶部侍郎並同中書門下平章事 九月吏部尚書鄭從讜為中書侍郎兼禮部尚書同中書門下平章事鐸檢校司空判東都尚書省都畿防禦使		
六年己亥	四月鐸檢校司空兼侍中荊南節度使南面行營招討都統從讜兼禮部尚書 十二月兵部尚書盧攜為門下侍郎同中書門下平章事瑑為中書侍郎兼戶部尚書沆為中書侍郎兼工部尚書從讜為門下侍郎兼兵部尚書鐸罷為太子賓客分司東都		
廣明元年庚子	二月壬子從讜檢校司空兼平章事河東節度行營招討等使 六月丙午攜兼兵部尚書 十二月甲申攜罷為太子賓客分司東都翰林學士承旨尚書左丞王徽為戶部侍郎翰林學士戶部侍郎裴澈為工部侍郎並同中書門下平章事庚子黃巢殺瑑沆		八月榮王憒守司空是月憒薨

年	宰相		三公
中和元年辛丑	正月壬申兵部侍郎判度支蕭遘為工部侍郎同中書門下平章事 二月澈兼禮部尚書巳知太子少師王鐸為司徒兼門下侍郎同中書門下平章事 三月徽罷為兵部尚書 四月戊寅澈為門下侍郎兼兵部尚書遘為中書侍郎兼禮部尚書鐸兼侍中 六月戊戌檢校司空同平章事京城西面行營都統鄭畋守司空兼門下侍郎同中書門下平章事京城四面行營都統鐸守司徒兼太子太保 七月庚申翰林學士承旨兵部侍郎韋昭度本官同中書門下平章事 十一月畋罷為太子少傅分司東都澈為檢校兵部尚書鄂岳觀察使遘兼戶部尚書昭度為中書侍郎兼禮部尚書		二月己卯鐸為司徒騈為太尉 六月丁丑鐸守司徒畋為司空 十一月畋為太子少傅分司東都
二年壬寅	正月辛亥鐸為諸道行營都都統兼指揮諸軍兵馬收復京城及諸道租庸等使權知義成軍節度使 二月遘判度支鐸兼判戶部巳卯鄭畋為司空兼門下侍郎同中書門下平章事 四月遘為門下侍郎兼吏部尚書 五月昭度兼吏部尚書遘為尚書左僕射		二月巳卯畋為司空
三年癸卯	正月乙亥鐸檢校司徒兼中書令義成軍節度使 五月東都留守檢校司空兼侍中鄭從讜為司空兼門下侍郎同中書門下平章事 七月昭度為門下侍郎檢校兵部尚書判度支裴澈為中書侍郎同中書門下平章事	二月建王震守太保	五月畋為司徒從讜為司空 七月畋罷為檢校司徒守太子太保

四年甲辰	光啓元年乙巳	二年丙午	三年丁未	文德元年戊申
十月澈加尚書右僕射昭度加左僕射並兼門下侍郎	三月澈爲尚書左僕射	三月戊戌御史大夫孔緯翰林學士承旨兵部尚書杜讓能並爲兵部侍郎同中書門下平章事 四月緯爲中書侍郎讓能爲工部尚書	三月癸未澈伏誅緯爲門下侍郎讓能爲中書侍郎 六月緯兼吏部尚書充諸道鹽鐵轉運等使讓能兼兵部尚書昭度兼侍中 九月戶部侍郎判度支張濬爲兵部侍郎同中書門下平章事	二月讓能爲尚書右僕射緯爲左僕射濬爲中書侍郎 四月昭度守中書令讓能爲尚書左僕射濬守戶部尚書 六月昭度檢校太尉兼中書令劍南西川節度兼兩川招撫制置等使 九月緯兼國子祭酒
			八月昭度爲太保兼侍中	二月昭度兼中書令 四月昭度守中書令
十月遘爲司空	二月遘爲司徒昭度爲司空	二月從讜爲太傅兼侍中	三月從讜爲太子太保 癸未遘伏誅 壬辰昭度爲司徒	四月緯爲司空

龍紀元年己酉	大順元年庚戌	二年辛亥	景福元年壬子
正月翰林學士承旨兵部侍郎劉崇望本官同中書門下平章事 三月濬兼吏部尚書崇望爲中書侍郎讓能兼門下侍郎 十一月己酉崇望兼吏部尚書	五月濬爲河東行營都招討制置宣慰使	正月庚申緯檢校太保兼御史大夫荊南節度使濬罷爲檢校尚書右僕射鄂岳觀察使翰林學士承旨兵部侍郎崔昭緯御史中丞徐彥若爲戶部侍郎並同中書門下平章事崇望判度支 二月崇望爲門下侍郎昭緯彥若並爲中書侍郎 十月崇望爲尚書右僕射 十二月昭緯兼吏部尚書彥若兼兵部尚書	二月崇望罷爲檢校司徒同中書門下平章事武寧軍節度使 三月戶部尚書鄭延昌爲中書侍郎同中書門下平章事 八月昭緯爲門下侍郎
十一月戊午緯爲太保		正月庚申緯還	
三月緯爲司徒 讓能爲司空 十二月戊午讓能爲司徒			四月讓能守太尉

二年 癸丑

正月彥若為檢校尚書左僕射同平章事鳳翔節度使
六月昭緯為尚書左僕射延昌兼刑部尚書
九月壬辰檢校司徒東都留守韋昭度為司徒兼門下侍郎御史中丞崔胤為戶部侍郎並同中書門下平章事
十月昭緯充諸道鹽鐵轉運使

十二月昭度為太傅

九月讓能貶梧州刺史再貶雷州司戶參軍昭度守司徒
十月讓能賜死

乾寧元年 甲寅

二月延昌為尚書右僕射兼門下侍郎右散騎常侍鄭綮為禮部侍郎同中書門下平章事
五月延昌罷為尚書右僕射
六月胤為中書侍郎戊午翰林學士承旨禮部尚書李磎為本官同中書門下平章事庚申磎罷為太子少傅御史大夫徐彥若為中書侍郎兼吏部尚書同中書門下平章事
七月綮為太子少保致仕

二月昭度守太傅

二年 乙卯

正月己巳給事中陸希聲為戶部侍郎同中書門下平章事
二月乙未李谿為戶部侍郎同中書門下平章事判度支
三月胤檢校尚書右僕射同平章事護國節度使摶罷為檢校吏部尚書守太子少師戶部侍郎判戶部王摶為中書侍郎同中書門下平章事
四月希聲罷為太子少師昭度太保致仕
六月癸巳吏部尚書孔緯為司空兼門下侍郎同中書門下平章事彥若為尚書左僕射兼門下侍郎
七月庚申京兆尹檢校司徒兼戶部尚書判度支諸道鹽鐵轉運使嗣薛王知柔權知中書事及隨駕置頓使甲子胤為中書侍郎兼禮部尚書同中書門下平章事辛未知柔為清海軍節度使同平章事仍權知京兆尹判度支充諸道鹽鐵轉運使
八月壬子昭緯罷為尚書左僕射摶為門下侍郎兼戶部尚書判度支諸道鹽鐵轉運使
九月胤判戶部
十月京兆尹孫偓為戶部侍郎同中書門下平章事判戶部

八月辛丑河東節度使檢校太傅同平章事李克用守太師兼中書令充邠寧四面諸軍行營都統

六月癸巳孔緯為司空
九月丙辰彥若為司空癸亥緯薨

三年 丙辰

五月偓為兵部侍郎
七月乙巳胤檢校禮部尚書同平章事武安軍節度使偓為中書侍郎丙午翰林學士承旨尚書左丞陸扆為戶部侍郎同中書門下平章事
八月甲寅摶檢校戶部尚書同平章事威勝軍節度使戊午扆為中書侍郎判戶部乙丑國子監毛詩博士朱朴為左諫議大夫同中書門下平章事
九月乙未胤為中書侍郎兼戶部尚書同中書門下平章事翰林學士承旨兵部侍郎崔遠本官同中書門下平章事丁酉扆貶峽州刺史己亥朴判戶部戊申偓為門下侍郎兼諸道鹽鐵轉運使判度支
十月壬子偓兼禮部尚書持節鳳翔四面行營節度諸軍都統招討處置等使戊午王摶為吏部尚書同中書門下平章事
十一月癸卯朴為中書侍郎

正月彥若兼侍中大明宮留守京畿安撫制置使

四年 丁巳

正月己亥偓罷都統招討使
二月乙亥偓罷守禮部尚書朴罷守秘書監
三月遠判戶部
四月摶為門下侍郎兼吏部尚書諸道轉運等使遠為兵部尚書
六月乙巳遠為中書侍郎胤兼戶部尚書

光化元年 戊午

正月摶為尚書右僕射兼門下侍郎胤兼吏部尚書遠兼工部尚書

九月鎮國匡國軍節度使檢校太尉兼侍中韓建守太傅兼中書令

正月彥若為司徒

二年 己未

正月丁未胤罷守吏部尚書兵部尚書陸扆依本官同中書門下平章事摶為中書侍郎兼戶部尚書彥若兼門下侍郎

十一月彥若為太保

十一月摶為司空

三年 庚申

四月遠兼吏部尚書

六月丁卯胤為尚書左僕射兼門下侍郎同中書門下平章事諸道鹽鐵轉運等使九月乙巳彥若檢校太尉同平章事清海軍節度使丙午遠罷為兵部尚書戊申刑部尚書裴贄為中書侍郎兼刑部尚書同中書門下平章事扆為門下侍郎兼戶部尚書

六月摶罷為工部侍郎

天復元年 辛酉

二月翰林學士戶部侍郎王溥為中書侍郎吏部侍郎裴樞為戶部侍郎並同中書門下平章事五月扆兼兵部尚書贄兼戶部尚書十一月辛酉兵部侍郎盧光啓權句當中書事兼判三司丁卯光啓為右諫議大夫參知機務甲戌胤樞罷並守工部尚書

正月胤為司空

二年 壬戌

正月丁卯給事中韋貽範為工部侍郎同中書門下平章事判度支四月光啓罷為太子少保五月庚午貽範以母喪罷六月丙子中書舍人蘇檢為工部侍郎同中書門下平章事八月己亥貽範起復守戶部侍郎同中書門下平章事依前充諸道鹽鐵轉運等使判度支十一月丙辰貽範薨

三年 癸亥

正月壬子胤守司空兼門下侍郎同中書門下平章事判使如故辛未兼判六軍十二衞事二月甲戌扆貶沂王傅分司東都丙子胤兼侍中檢為全忠所惡罷為戶部侍郎乙未清海軍節度使檢校尚書右僕射同平章事裴樞為門下侍郎同中書門下平章事十二月[illegible]贄罷為尚書左僕射辛巳禮部尚書獨孤損為兵部侍郎同中書門下平章事

二月庚辰守司[illegible]兼[illegible]天平護國[illegible]節度[illegible]忠守太尉中書令[illegible]諸道兵馬副元帥四月己卯[illegible]八月庚辰[illegible]東西川節度使檢校太師王建守司徒

天祐元年 甲子

正月乙巳胤罷為太子少傅分司東都兵部尚書崔遠為中書侍郎翰林學士左拾遺柳璨為右諫議大夫並同中書門下平章事樞判左三軍事諸道鹽鐵轉運等使損判右三軍事判度支閏四月乙卯損為門下侍郎兼戶部尚書遠兼兵部尚書樞為尚書右僕射

五月丁未全忠兼判左右神策及六軍諸衞事

二年 乙丑

三月甲子樞罷為尚書左僕射戊寅損檢校尚書左僕射同平章事靜海軍節度使禮部侍郎張文蔚同中書門下平章事甲申吏部侍郎楊涉同中書門下平章事判戶部文蔚為中書侍郎判度支璨為門下侍郎兼戶部尚書遠罷為尚書右僕射十二月癸卯璨為司空諸道鹽鐵轉運使癸丑貶登州刺史

十一月辛巳全忠進封魏王授相國總百揆十二月丁酉全忠為天下兵馬元帥癸卯璨為司空癸丑貶登州刺史

三年 丙寅

三月戊寅全忠[illegible]諸道鹽鐵轉運等使判度支戶部事[illegible]三司都制置使閏十二月丙寅[illegible]

四年 丁卯

宰相表下三

方鎮表第四

翰林學士兼龍圖閣學士朝散大夫給事中知制誥充史館修撰臣歐陽脩奉
敕撰

高祖太宗之制兵列府以居外將列衛以居內有事則將以征伐事已各解而去兵者將之事也使得以用而不得以有之及其晚也土地之廣人民之衆城池之固器甲之利舉而予之何慮於其始也深而易於其後也忽如此之異哉豈其弊有漸馴而致之勢有不得已而然哉方鎮之患始也各專其地以自世既則迫於利害之謀故其喜則連衡而叛上怒則以力而相并又其甚則起而弱王室唐自中世以後收功弭亂雖常倚鎮兵而其亡也亦終以此可不戒哉作方鎮表

	京畿	興鳳隴	涇原	邠寧	渭北鄜坊	朔方	東畿
景雲元年							
二年							
先天元年							
開元元年							
二年							
三年							
四年							
五年							
六年							
七年							
八年							
九年						置朔方節度使領單于大都護府夏鹽綏銀豐勝六州定遠豐安二軍東中西三受降城	
十年						朔方節度增領魯麗契三州	
十一年							
十二年							
十三年							
十四年						朔方節度領關內支度營田使	
十五年						朔方節度兼關內鹽池使	
十六年						廢渾部都督府朔方節度使兼檢校渾部落使	
十七年							
十八年							

十九年	二十年	二十一年	二十二年	二十三年	二十四年	二十五年	二十六年	二十七年	二十八年	二十九年	天寶元年	二年	三載
	朔方節度增領押諸蕃部落使又閑廄宮苑監牧使		朔方節度兼關內道採訪處置使增領涇原寧慶隴鄜坊丹延會宥麟十二州以匡長二州隸慶州安樂二州隸原州							朔方節度兼六城水運使	朔方節度增領邠州		

四載	五載	六載	七載	八載	九載	十載	十一載	十二載	十三載	十四載	至德元載	二載	乾元元年
											置京畿節度使領京兆同岐金商五州是年以金商岐州隸興平鳳翔同州隸河中		
				朔方節度兼隴右兵馬使					以豐州置九原朔方節度隴右兵馬使		別置關內節度使兼採訪使徙治安化郡		置振武節度押蕃落使領鎮北大都護府麟勝二州
											置東畿觀察使領懷鄭汝陝四州尋以鄭州隸淮西		陝州隸陝虢華節度汝州隸豫許汝節度

二年				置邠寧節度使領九州邠寧慶涇原鄜坊丹延			置陝虢華節度使領潼關防禦團練鎮守等使治陝州
上元元年		置興鳳隴節度使		罷領鄜坊丹延	置渭北鄜坊節度使治坊州并領丹延二州		改陝虢華節度為陝西節度兼神策軍使尋置觀察使
二年	以華州置鎮國節度亦曰關東節度					廢關內節度使罷領單于大都護以涇原寧慶坊丹延隸邠寧節度麟勝隸振武節度	陝西節度罷領華州
寶應元年	京畿節度使復領金商是年廢節度使					振武節度增領鎮北大都護府以鎮北隸朔方	陝西觀察使增領都防禦使
廣德元年	罷鎮國軍節度						懷州隸昭義陝西觀察使增領虢州
二年	置京畿觀察使以御史中丞兼之					朔方節度復兼單于大都護罷河中振武節度以所管七州隸朔方	罷東畿觀察使
永泰元年	以御史大夫兼京畿觀察使				渭北鄜坊節度使罷領丹延二州增領綏州以丹延二州別置都團練使治延州是年增領安塞軍使尋升為觀察使		
大曆元年							
二年							
三年			置涇原節度使治涇州	罷邠寧節度使		朔方節度增領邠寧慶三州	
四年							

五年			涇原節度使馬璘訴池資軍廩不給遂領鄭潁二州				
六年					渭北鄜坊節度使更名渭北節度使復領丹延二州廢丹延觀察使		
七年							
八年							
九年							
十年							
十一年							
十二年							
十三年							
十四年			潁州隸永平節度使	復置邠寧慶觀察使	罷渭北節度置都團練觀察使	析置河中振武邠寧三節度朔方所領靈鹽豐夏四州西受降城定遠天德二軍振武節度復領鎮北大都護府及綏銀二州東中二受降城	復置東畿觀察使以留臺御史中丞兼之復領汝州罷陝西防禦觀察使
建中元年							
二年			鄭州隸永平節度				以陝州隸河陽三城使復置陝西防禦使置河陽三城節度使以東畿觀察使兼之領懷鄭汝陝四州兼置使增領東畿五縣及衛州亦曰懷衛節度使

年	一	二	三	四	五	六	七
三年							
四年	置京畿渭北節度觀察使領金商二州是年除渭北鄜坊丹延綏五州未幾罷五州及金州爲京畿商州節度使	興鳳隴節度賜號保義節度是年罷保義以隴州置奉義軍節度使尋廢			復置渭北節度如上元之舊鄜坊來隸復置使治鄜州其後置都團練觀察防禦使		罷觀察置東畿汝州節度置陝西都防禦使尋升爲節度使
興元元年	罷京畿節度使以同州爲奉誠軍節度領同晉慈隰四州是年罷以華州置潼關節度使						廢陝西節度使
貞元元年		保義節度增領臨洮軍使					廢東都畿汝州節度置都防禦使以東都留守領之增領唐鄧二州置陝虢都防禦使[illegible]月又爲觀察防禦觀察陝運使罷河陽節度置都團練使
二年							升東都畿汝州都防禦使爲都防禦觀察使
三年			罷保義節度置都團練觀察防禦使未幾復置節度兼右神策軍行營節度使初隴右節度兵入屯秦州尋徙岐州及吐蕃陷隴右德宗置行秦州以刺史兼隴右經略使治普潤以鳳翔節度使領隴右支度營田觀察使		復置渭北節度使以綏州隸銀夏節度	置夏州節度觀察處置押蕃落使領綏鹽二州其後罷領鹽州	唐鄧二州隸山南東道
四年							
五年							罷東都畿汝州觀察使置都防禦使汝州別置防禦使
六年			涇原節度領四鎮北庭行軍節度使				

年	一	二	三	四	五	六	七
七年							
八年							
九年	罷渭北節度						
十年							
十一年							
十二年						[illegible]	復置河陽懷節度治河陽
十三年							
十四年							
十五年							
十六年							
十七年							
十八年							
十九年							
二十年							
永貞元年							

元和元年	二年	三年	四年	五年	六年	七年	八年	九年	十年	十一年	十二年	十三年	十四年
升隴右經略使爲保義節度尋罷保義復爲經略是年徙治普潤復領原渭儀三州													
			涇原節度增領行渭州										
析丹州置防禦使													
								夏州節度增領宥州					
		罷東都畿汝州都防禦使						河陽節度增領汝州徙治汝州				汝州隸東畿復置東都畿汝州都防禦使隸東都留守如故罷河陽節度	

十五年	長慶元年	二年	三年	四年	寶曆元年	二年	大和元年	二年	三年	四年	五年	六年	七年	八年	九年
													以鄜州刺史領銀川監牧使		
	東都畿防禦罷領汝州	東都畿復領汝州							以陝虢地近京師罷陝虢都防禦使						

開成元年	二年	三年	四年	五年	會昌元年	二年	三年	四年	五年	六年	大中元年	二年	三年	四年
														增領秦州
													邠寧節度以南山平夏部落叛徙治寧州及內附復徙故治	
		夏州節度使領[illegible][illegible]使軍銀川監牧使				天德軍使賜號歸義軍節度使尋廢	改單于大都護爲安北都護							
復置陝虢都防禦觀察使							復置河陽節度徙治孟州	河陽節度增領澤州						

五年	六年	七年	八年	九年	十年	十一年	十二年	十三年	咸通元年	二年	三年	四年	五年	六年	七年
罷領隴州以隴州置防禦使領番頭軍使													秦州隸天雄軍節度		
增領武州															
			朔方節度增領威州		夏州節度使增領撫平党項等使										

八年	九年	十年	十一年	十二年	十三年	十四年	乾符元年	二年	三年	四年	五年	六年	廣明元年	中和元年	二年
															鄜坊節度賜號保大軍節度增領翟州以延州置保塞節度
															夏州節度賜號定難節度

三年	四年	光啓元年	二年	三年	文德元年	龍紀元年	大順元年	二年	景福元年	二年	乾寧元年	二年	三年	四年
											以乾州置威勝軍節度	升同州爲匡國軍節度		
隴州防禦使增京句神勇軍使											鳳翔節度增領乾州未幾罷			
											涇原節度賜號彰義軍節度增領渭武二州			
		邠寧節度賜號靜難軍節度												
升陝虢防禦觀察使爲節度使		置東畿觀察兼防遏使		升東畿觀察兼防遏使爲佑國軍節度		賜陝虢節度爲保義軍節度					汝州隸忠武軍節度			

光化元年	二年	三年	天復元年	二年	三年	天祐元年	二年	三年	四年
以華州置鎮國軍節度，領華同二州，兼興德尹		罷鎮國軍節度及興德尹	升陝州防禦使爲保勝節度使			以京兆府置佑國軍節度使，領金商二州		置義勝軍節度使，領耀鼎二州，罷佑國軍	
更保塞軍節度曰寧塞軍節度使，又更名衞國軍節度，罷丹州防禦使，以丹州隸衞國軍									
		復置東畿觀察使兼防遏使，置佑國軍節度，河陽節度罷領澤州				罷東畿觀察使兼防遏使			

方鎮表第四

方鎮表第五

唐書六十五

翰林學士兼龍圖閣學士朝散大夫給事中知制誥充史館脩撰臣歐陽脩奉敕撰

	景雲元年	二年	先天元年	開元元年	二年	三年	四年	五年	六年
滑衛									
河南									
鄭陳									
淮南西道									
徐海沂密									
青密									
北都		北都長史領持節和戎大武等諸軍州節度使						領天兵軍大使	

年							
七年							
八年							更天兵軍大使爲天兵軍節度使
九年							
十年							
十一年							更天兵軍節度爲太原府以北諸軍州節度河東道支度營田使兼北都留守領太原及遼石嵐汾代忻朔蔚雲九州治太原
十二年							
十三年							
十四年							
十五年							
十六年							
十七年							以儀石二州隸潞州都督
十八年							更太原府以北諸軍州節度爲河東節度自是兼營田使領大同軍使副使以代州刺史領之復領儀石二州

年							
十九年							
二十年							
二十一年							
二十二年							
二十三年							
二十四年							
二十五年							
二十六年							
二十七年							
二十八年							
二十九年							
天寶元年							
二年							
三載							
四載							
五載							

	六載	七載	八載	九載	十載	十一載	十二載	十三載	十四載	至德元載	二載	乾元元年
										置河南節度使治汴州領郡十三陳留睢陽靈昌淮陽汝陰譙濟陰濮陽淄川琅邪彭城臨淮東海		廢河南節度使置汴州都防禦使領州十三如故尋以滑濮二州隸青密節度亳州隸淮西節度
										置淮南西道節度使領義陽弋陽潁川滎陽汝南五郡治潁川郡		
												淮南西道節度徙治鄭州增領陳潁亳三州別置豫許汝節度使治豫州
										置青密節度使領北海高密東牟東萊四郡治北海郡尋置鄆齊兗三州都防禦使治齊州		青密節度增領滑濮二州

	二年	上元元年	二年	寶應元年	廣德元年	二年
			置滑衛節度使治滑州領州六滑衛相魏德貝亳以德州隸淄沂節度而增領博州		滑衛節度增領亳州更號滑亳節度使增領魏州以衛州隸澤潞析相貝別置節度魏博別置防禦	
	廢汴州都防禦使置汴滑節度使治滑州[illegible]	以海州隸青密節度	廢汴滑河南二節度以徐泗汴宋曹五州隸淮西節度滑濮二州隸滑衛節度	復置河南節度使治汴州領州八汴宋曹徐潁兗鄆濮		
	置鄭陳節度使領鄭陳亳潁四州治鄭州尋增領申光壽三州未幾以三州隸淮西		廢鄭陳節度以鄭陳亳潁四州隸淮西			
	廢淮南西道節度使以陳潁亳隸鄭陳是年復置淮南西道節度使領申光壽安沔蘄黃七州治壽州		淮南西道節度使增領陳鄭潁亳汴曹宋徐泗九州徙治安州號淮西十六州節度使尋以亳州隸滑衛節度徐州隸兗鄆節度	淮西節度增領許隨唐三州以鄭州隸澤潞節度潁汴宋曹四州隸河南節度泗州隸兗鄆節度申州隸蔡安節度		
	青密節度[illegible]	海州復隸青密節度	[illegible]	[illegible]	滄德二州隸魏博節度淄青平盧節度增領滄州未幾滄州復隸魏博節度	

年							
永泰元年				沔蘄黃三州隸鄂岳節度		淄青平盧節度增領押新羅渤海兩蕃使	
大曆元年							
二年							
三年				蔡汝節度增領仙州			
四年	滑亳節度增領陳州	河南節度增領泗州以潁州隸澤潞節度				淄青平盧節度增領海沂密三州置海沂密三州都防禦使尋復以三州隸淄青平盧節度	
五年				省仙州			
六年							
七年	賜滑亳節度爲永平節度						
八年				淮西節度使徙治蔡州蔡汝節度使所管州皆隸淮西節度			
九年							
十年						淄青平盧節度又領德州	

年							
十一年	永平節度增領宋泗二州	廢河南節度使曹兗鄆濮徐五州隸淄青節度宋潁泗三州隸永平軍節度汴州隸淮西節度		淮西節度使增領汴州徙治汴州		淄青平盧節度增領鄆曹濮徐兗五州以泗州隸永平軍節度	
十二年							
十三年							
十四年	永平節度增領汴潁二州徙治汴州			淮西節度使復治蔡州是年賜號淮寧軍節度尋更號申光蔡節度使以汝州隸東都畿汴州隸永平軍節度			
建中元年							
二年	永平節度增領鄭州析宋亳潁別置節度使以泗州隸淮南是年以鄭州隸河陽三城節度既而復舊	置宋亳潁節度使治宋州尋賜號宣武軍節度使					
三年					置徐海沂密都團練觀察使治徐州	廢淄青平盧節度使置淄青都團練觀察使領淄青登萊齊沂密七州治青州置曹濮都團練觀察使治濮州	
四年							
興元元年	永平軍節度以汴滑二州隸宣武軍尋復領滑州徙治滑州	宣武軍節度使徙治汴州		壽州別置觀察使	廢徐海沂密都團練觀察使	復置淄青平盧節度使領淄青登萊齊兗鄆徐海沂密曹濮十三州治青州廢曹濮都團練觀察使	賜河東節度號保寧軍節度

年							
貞元元年	永平軍節度更號義成軍節度增領許州			唐州隸東都畿許州隸義成軍節度			
二年							
三年	以許州隸陳許節度使		置陳許節度使治許州	安州隸山南東道			保寧軍節度復為河東節度
四年					置徐泗濠三州節度使治徐州	淄青平盧節度使徙治鄆州以徐州隸徐泗節度	
五年							
六年							
七年							
八年							
九年							
十年			陳許節度賜號忠武軍節度使				
十一年							
十二年							
十三年							
十四年				申光蔡節度賜號彰義軍節度			
十五年							

唐書方鎮表五　八

年							
十六年					廢徐泗濠三州節度使未幾復置泗濠二州觀察使隸淮南徐州領本州留後		
十七年							
十八年							
十九年							
二十年							
永貞元年							
元和元年							
二年					廢泗濠二州觀察使置武寧軍節度使治徐州領徐泗濠三州		
三年							
四年					武寧軍節度增領宿州		
五年							
六年							
七年							
八年							

唐書方鎮表五　九

九年	十年	十一年	十二年	十三年	十四年	十五年	長慶元年	二年
								義成軍節度使復領潁州
			忠武節度增領溵州	忠武軍節度增領蔡州				省溵州
		彰義軍節度增領唐隨鄧三州尋以三州別置節度使	彰義軍節度復爲淮西節度增領溵州未幾以溵州隸忠武軍節度	廢淮西節度				
							宿州隸淮南節度	
					淄青平盧節度使領青淄齊登萊五州復治青州置鄆曹濮節度使治鄆州置沂海觀察使領沂海兗密四州治沂州	賜鄆曹濮節度使號天平軍節度使	升沂海觀察使爲節度使徙治兗州	
							河東節度使領押北山諸蕃使	

三年	四年	寶曆元年	二年	大和元年	二年	三年	四年	五年	六年	七年	八年	九年	開成元年
										宿州復隸武寧節度	廢沂海節度使爲觀察使		
				齊州隸橫海節度	淄青平盧節度增領棣州								

年	記事
二年	
三年	
四年	
五年	
會昌元年	
二年	
三年	河東節度使罷領雲朔蔚三州，以雲蔚朔三州置大同都團練使，治雲州
四年	升大同都團練使爲大同都防禦使
五年	
六年	
大中元年	
二年	置蔡州防禦使、龍陂監牧使
三年	
四年	

年	記事
五年	升沂海觀察使爲節度使
六年	
七年	
八年	
九年	
十年	
十一年	
十二年	
十三年	
咸通元年	
二年	
三年	罷武寧軍節度，置徐州團練防禦使，隸兗海；又置宿泗等州都團練觀察使，治宿州
三年	沂海節度使增領徐州
四年	罷徐州防禦使，以濠州隸淮南節度

五年	六年	七年	八年	九年	十年	十一年	十二年	十三年	十四年	乾符元年	二年	三年
罷徐泗團練觀察處置使治徐州					置徐泗節度使是年復置都團練防禦使增領濠宿二州	置徐泗觀察使尋賜號感化軍節度使					感化軍節度罷領泗州	
天平軍節度增領齊棣二州沂海節度使罷領徐州								淄青平盧節度復領齊棣二州				

四年	五年	六年	廣明元年	中和元年	二年	三年	四年	光啓元年	二年	三年	文德元年
									義成軍節度改爲宣義軍節度使使朱全忠請改以避其父名		
					蔡州置奉國軍節度						
					升蔡州防禦使爲奉國軍節度						
升大同都防禦使爲節度使					河東節度罷領蔚州以忻代二州隸鴈門節度更大同節度爲鴈門節度領左神策軍天寧鎮遏觀察使徙治代州	鴈門節度爲代北節度	河東節度復領雲蔚二州				

年							
龍紀元年							河東節度增領憲州
大順元年							
二年							
景福元年							
二年							
乾寧元年			忠武軍節度增領汝州				
二年						析齊州置武肅軍防禦使	
三年							
四年				奉國軍節度增領申和二州		賜沂海節度使號泰寧軍節度使	
光化元年					感化軍節度復爲武寧軍節度是歲復爲感化軍節度		
二年							
三年			汝州隸東都				
天復元年						罷武肅軍防禦使	
二年					罷感化軍節度		
三年							

唐書方鎮表五

年							
天祐元年							
二年							
三年							
四年							

方鎮表第五

方鎮表第六

唐書六十六

翰林學士兼龍圖閣學士朝散大夫給事中知制誥充史館修撰臣歐陽脩奉敕撰

	景雲元年	二年	先天元年	開元元年	二年	三年	四年	五年	六年	七年
河中										
澤潞沁										
成德										
義武										
幽州				幽州置防禦大使	置幽州節度知州事管內經略鎮守大使領幽易平檀嬀燕六州治幽州置營平鎮守治太平州			營州置平盧軍使		升平盧軍使為平盧軍節度經略河北支度管內諸蕃及營田等使兼領安東都護及營遼燕三州
魏博										
橫海										

	八年	九年	十年	十一年	十二年	十三年	十四年	十五年	十六年	十七年	十八年	十九年	二十年	二十一年	二十二年
河中															
澤潞沁															
成德															
義武															
幽州	幽州節度兼本軍州經略大使并節度河北諸軍大使							幽州節度大使兼河北支度營田使			幽州節度增領薊滄二州		幽州節度使兼河北採訪處置使增領衞相洺貝冀魏深趙恒定邢德博棣營鄚十六州及安東都護府		
魏博															
橫海						滄州置橫海軍使									

年							
二十三年							
二十四年							
二十五年							
二十六年							
二十七年					幽州節度使增領河北海運使		
二十八年					平盧軍節度使兼押兩蕃渤海黑水四府經略處置使		
二十九年					幽州節度副使領平盧軍節度副使治順化州		
天寶元年					更幽州節度使爲范陽節度使增領歸順歸德二郡		
二年					平盧軍節度使治遼西故城副都護領保定軍使		
三載							
四載							
五載							
六載							
七載							

年							
八載							
九載							
十載							
十一載							
十二載							
十三載							
十四載							
至德元載	置河中防禦守捉蒲關使	置澤潞沁節度使治潞州					
二載	升河中防禦爲河中節度兼蒲關防禦使領蒲晉絳隰慈虢同七州治蒲州						
乾元元年							
二年	河中節度兼河中尹耀德軍使虢州隸陝華節度						
上元元年							
二年	河中節度增領沁州以同州隸鎮國軍節度是年復以沁州隸澤潞節度	澤潞節度增領沁州				滄德棣三州隸淄沂節度衛相貝魏博五州隸滑衛節度	

寶應元年	廣德元年	二年	永泰元年	大曆元年	二年	三年	四年	五年	六年
		廢河中節度置河中五州都團練觀察使		相衛六州節度賜號昭義軍節度後田承嗣盜取相衛洺貝四州所存者二州			澤潞節度增領潁州	潁鄭二州皆隸涇原節度	
澤潞節度增領鄭州又增領陳邢洺趙四州是年以趙州隸成德軍節度	置相衛節度使治相州是年增領貝邢洺號洺相節度衛州後隸澤潞未幾復領號相衛六州節度使是年增領河陽三城澤潞節度增領懷衛二州尋以衛州還相衛節度								
置成德軍節度使領恒定易趙深五州治恒州	成德軍節度增領冀州								
范陽節度使復爲幽州節度使及平盧陷又兼盧龍節度使以恒定易趙深五州隸成德軍節度邢州隸澤潞節度置平盧防禦本軍營田使	冀州隸成德軍節度罷領順易歸順三州								
	置魏博等州防禦使領魏博貝瀛滄五州治魏州是年升爲節度使增領德州以瀛滄二州隸淄青平盧節度貝州隸洺相節度未幾復領瀛滄二州								

七年	八年	九年	十年	十一年	十二年	十三年	十四年	建中元年	二年	三年	四年	興元元年
												置晉慈隰節度使治晉州尋罷復置河中節度使領河中府同絳虢陝四州
								昭義軍節度兼領澤潞二州徙治潞州	昭義軍節度罷領懷衛二州河陽三城	昭義軍節度增領洺州以趙州隸深趙節度		
			成德軍節度增領滄州							罷成德軍節度置恒冀都團練觀察使治恒州深趙都團練觀察使治趙州		[illegible]二[illegible]觀察使復置成德軍節度使領恒冀趙深[illegible]州治恒州
										置義武軍		
									省燕州	幽州節度復領德棣二州後以二州復隸成德軍節度		
魏博節度增領澶州												
			瀛州隸幽州盧龍節度滄州隸義武軍節度德州隸淄青平盧節度	魏博節度增領衛相洺貝四州								

年	1	2	3	4	5	6	7
貞元元年	河中節度罷領陝虢二州		成德軍節度增領德棣二州				置德棣二州都團練守捉使
二年							
三年		陳州隸陳許節度					置橫海軍節度使領滄景二州治滄州
四年	置晉慈隰防禦觀察使						
五年							
六年							
七年							
八年							
九年							
十一年							
十二年							
十三年							
十四年							
十五年	罷河中節度置河中防禦觀察使						
十六年	復置河中節度使						
十七年							

年	1	2	3	4	5	6	7
十八年							
十九年							
二十年							
永貞元年							
元和元年							
二年							
三年	罷晉慈隰觀察使以三州隸河中節度						
四年			德棣二州隸保信軍節度				置保信軍節度使領德棣二州治德州
五年			成德軍節度復領德棣二州				罷保信軍節度使以德棣二州隸成德軍節度
六年							
七年							
八年							
九年							
十年							
十一年							
十二年							

年							
十三年			以德棣二州隸橫海節度				
十四年	罷河中節度置河中都防禦觀察使						
十五年	復置河中節度使						
長慶元年			置深冀節度治深州尋罷復以深冀隸成德軍節度		幽州節度罷領瀛莫二州置瀛莫都團練觀察使治瀛州尋升為節度使		置德棣二州觀察使置使省景州
二年	置晉慈都團練觀察使治晉州				幽州節度復領瀛莫二州廢瀛莫節度使		罷德棣二州觀察使置橫海節度使復領景州
三年							
四年							
寶曆元年							
二年							
大和元年	升晉慈觀察使為保義軍節度是年罷以二州隸河中節度						橫海節度增領齊州
二年							
三年						置相衛澶三州節度使治相州尋罷三州復隸魏博	罷橫海節度更置齊德滄節度使治德州尋徙治滄州賜號義昌軍節度使
四年							省景州
五年							齊德滄節度使賜號義昌軍節度

李謀

年							
六年							
七年							
八年							
九年							
開成元年							
二年							
三年							
四年							
五年							
會昌元年							
二年							
三年							
四年	澤州隸河陽節度						
五年							
六年							
大中元年							

李謀

二年	三年	四年	五年	六年	七年	八年	九年

十年	十一年	十二年	十三年	咸通元年	二年	三年	四年

五年	六年	七年	八年	九年	十年	十一年	十二年

十三年	十四年	乾符元年	二年	三年	四年	五年	六年

廣明元年	中和元年	二年	三年	四年	光啓元年	二年
					賜河中節度號護國軍節度	
		節度使孟方立徙昭義軍於邢州而秦領潞州自是五州有二昭義節度				

三年	文德元年	龍紀元年	大順元年	二年	景福元年	二年	乾寧元年
					義昌軍節度復領景州		

二年	三年	四年	光化元年	二年	三年	天復元年
						二昭義軍節度合爲一復領澤州
						置平營薊莫寧州觀察使
齊州隸武肅軍節度						

二年	三年	天祐元年	二年	三年	四年
			更成德軍節度號武順軍節度		
		賜魏博節度號天雄軍節度			

方鎮表第六

方鎮表第七

唐書六十七

翰林學士兼龍圖閣學士朝散大夫給事中知制誥充史館脩撰臣歐陽脩奉敕撰

	景雲元年	二年	先天元年	開元元年	二年
南陽					
山南西道					
荊南					
安西	安西都護四鎮經略大使		北庭都護領伊西節度等使		
河西	置河西諸軍州節度支度營田督察九姓部落赤水軍兵馬大使領涼甘肅伊瓜沙西七州治涼州副使治甘州領都知河西兵馬使				河西節度使兼隴右羣牧都使本道支度營田等使
隴右					
劍南					以益州長史領劍南道支度營田松當姚嶲州防禦處置兵馬經略使

	三年	四年	五年	六年	七年	八年	九年	十年	十一年
南陽									
山南西道									
荊南									
安西		安西大都護領四鎮諸蕃落大使		安西都護領四鎮節度支度經略使副大都護領磧西節度支度經略等使治西州					
河西					河西節度增領經略大使				
隴右			置隴右節度亦曰隴西節度兼隴右道經略大使領秦河渭鄯蘭臨武洮岷廓疊宕十二州治鄯州						
劍南					升劍南支度營田處置兵馬經略使爲節度使領益[illegible]州				

十二年	十三年	十四年	十五年	十六年	十七年	十八年	十九年	二十年	二十一年	二十二年	二十三年	二十四年	二十五年	二十六年
			分伊西北庭置二節度使				合伊西北庭二節度為安西四鎮北庭經略節度使							
			隴右節度副使兼關西兵馬使											
										劍南節度兼山南西道採訪處置使號山劍西道增領文扶翼三州				

二十七年	二十八年	二十九年	天寶元年	二年	三載	四載	五載	六載	七載	八載	九載	十載	十一載
		復分置安西四鎮節度治安西都護府北庭伊西節度使治北庭都護府											
						以張掖郡太守領河西節度副使							
	劍南節度增領奉州		劍南節度增領霸州							劍南節度增領保寧都護府			

十二載	十三載	十四載	至德元載	二載	乾元元年	二年
			襄陽南陽二郡皆置防禦守捉使尋升南陽防禦爲節度使置興平節度使領上洛安康武當房陵四郡治上洛郡	廢南陽節度使升襄陽防禦使爲山南東道節度使領襄鄧隋唐安均房金商九州治襄州		
			置山南西道防禦守捉使			置興鳳二州都團練守捉使治鳳州
			置夔州防禦守捉使	置荊南節度亦曰荊澧節度領荊澧朗郢復夔峽忠萬歸十州治荊州升夔州防禦爲夔峽節度使	廢夔峽節度使	置澧朗溆都團練使治澧州以夔峽忠歸萬五州隸荊州
	安西四鎮復兼北庭節度是年復置節度			更安西曰鎮西		
			河西節度兼隴右河西北路未幾而罷			
			天水郡太守兼防禦守捉使及大震關使			
				更劍南節度號西川節度使兼成都尹增領果州以梓遂綿劍龍閬普陵瀘榮資簡十二州隸東川節度		

上元元年	二年	寶應元年	廣德元年
	廢興平節度使置武關內外四州防禦觀察使領州如故	金商二州隸京畿罷武關內外四州防禦觀察使	
			升山南西道防禦守捉使爲節度使尋降爲觀察使領梁洋集壁文通巴興鳳利開渠蓬十三州治梁州
廢澧朗溆都團練使荊南節度使兼江南尹荊南節度復領澧朗忠峽四州	荊南節度增領涪衡潭岳郴邵永道連九州		
		劍南節度增領通巴蓬渠四州尋以四州隸山南西道其後又領松當悉柘翼恭靜維真九州	

二年	永泰元年	大曆元年
荆南節度罷領忠涪二州以衡潭邵永道五州隸湖南觀察使置夔忠涪都防禦使治夔州	荆南節度罷領岳州	荆南節度復領澧朗涪三州
		河西節度徙治沙州
劍南西川節度復領東川十五州		置邛南防禦使治邛州尋升爲節度使未幾廢置劍南西山防禦使治茂州未幾廢復以十五州還東川節度

二年	三年	四年	五年	六年	七年	八年
鎮西復爲安西其後增領五十七蕃使						
	湖南節度增領乾州					

九年	十年	十一年	十二年	十三年	十四年	建中元年
						升山南西道觀察使爲節度使

二年	三年	四年	興元元年	貞元元年	二年
			置金商二州都防禦使	鄧州隸東都畿	
			山南西道節度使兼興元尹增領果閬二州		
			果州隸山南西道		

三年	四年	五年	六年	七年	八年	九年	十年	十一年	十二年	十三年	十四年	十五年	十六年	十七年	十八年	十九年
山南東道節度增領復州							安州隸奉義軍節度									
			涇原節度使兼領安西四鎮北庭節度													
								西川節度增領統押近界諸蠻及西山八國雲南安撫使								

二十年	永貞元年	元和元年	二年	三年	四年	五年	六年	七年	八年	九年	十年	十一年	十二年	十三年
											置唐隋鄧三州節度使治唐州	廢唐隋鄧節度使是年復置徙治隋州	廢唐隋鄧節度使以唐隋鄧三州還隸山南東道	
				涪州隸黔中節度										
	西川節度增領古州				西川節度復領資簡二州									

年							
十四年	山南東道節度增領臨漢監牧使						
十五年							
長慶元年							
二年							
三年							
四年							
寶曆元年							
二年							

唐書方鎮表七　十一　莫中

年							
大和元年							
二年							
三年							
四年							
五年							
六年			廢荆南節度使置都團練觀察使				
七年	山南東道節度罷臨漢監牧使						
八年							

年							
九年							
開成元年							
二年							
三年			復置荆南節度使				
四年							
五年							
會昌元年							
二年							
三年							

唐書方鎮表七　十二　莫中

年							
四年	廢山南東道節度是年復置						
五年							
六年							
大中元年							
二年			荆南節度復領涪州未幾復以涪州隸黔中				
三年						升秦州防禦守捉使爲秦成兩州經畧天雄軍使	

年							
四年							
五年						置歸義軍節度使領沙甘瓜肅鄯伊西河蘭岷廓十一州治沙州	
六年						秦成兩州經略領押蕃落副使	
七年							
八年							
九年							
十年							
十一年							
十二年							
十三年							
咸通元年							
二年							
三年							
四年					置涼州節度領涼洮西鄯河臨六州治涼州	河鄯西三州隸涼州節度	
五年						升秦成兩州經略天雄軍使爲天雄軍節度觀察處置營田押蕃落等使增領階州	

年							
六年							
七年							
八年							置定邊軍節度觀察處置統押近界諸蠻并統領諸道行營兵馬制置等使領巂眉蜀邛雅嘉黎七州治邛州
九年							
十年							
十一年							西川節度復領統押近界諸蠻等使又增領管內制置指揮兵馬等使廢定邊軍節度使復以巂眉蜀邛雅嘉黎七州隸西川節度
十二年							
十三年							
十四年							
乾符元年							
二年							
三年							
四年							
五年							
六年							
廣明元年							

中和元年	二年	三年	四年	光啓元年	二年	三年	文德元年	龍紀元年
				升金商都防禦使爲節度兼京畿制置蔥勝軍等使是年罷節度置昭信軍防禦使治金州			賜山南東道節度號忠義軍節度	
				升興鳳二州都團練守捉使爲防禦使治鳳州置武定軍節度使治洋州	升興鳳二州防禦使爲感義軍節度使		感義軍節度增領利州	
							成州隸威戎軍節度	
	置保勝軍防禦使治眉州綿漢二州皆置防禦使置彭州防禦使						置永平軍節度使領邛蜀黎雅四州治邛州升彭州防禦使爲威戎軍節度使領彭文成龍茂五州治彭州	

大順元年	二年	景福元年	二年	乾寧元年	二年	三年	四年	光化元年	二年	三年
								升昭信軍防禦使爲節度使		
		武定軍節度增領閬果二州是年以閬州隸龍劍節度	武定軍節度增領階扶二州				更感義軍節度曰昭武軍節度	遂璧二州隸武定軍節度		巴州置防禦使
								置武貞軍節度使領澧朗溆三州治澧州		
		彭州隸龍劍節度	廢永平軍節度使以邛蜀黎雅四州復隸西川節度使							

天復元年	二年	三年	天祐元年	二年	三年	四年
				賜昭信軍節度號戎昭軍節度增領均房二州是年更戎昭軍曰武定軍徙治均州	忠義軍節度復爲山南東道節度廢武定軍節度復以均房二州隸山南東道節度	
	昭武軍節度罷領利州	置利州節度使		山南西道節度罷領巴渠開三州升巴州防禦使爲渠巴開三州團練觀察使	利州節度增領閬陵榮果蓬通六州更號利閬節度置興文節度使領興文集壁四州治興州	
					升夔忠諸防禦使爲鎮江節度使	
					文州隸興文節度	

方鎮表第八

唐書六十八

翰林學士兼龍圖閣學士朝散大夫給事中知制誥充史館修撰臣歐陽脩奉敕撰

	東川	淮南	江東	浙東	福建	洪吉	鄂岳沔
景雲元年							
二年							
先天元年							
開元元年							
二年							
三年							
四年							
五年							
六年							

七年	八年	九年	十年	十一年	十二年	十三年	十四年	十五年	十六年	十七年	十八年	十九年	二十年

二十一年	二十二年	二十三年	二十四年	二十五年	二十六年	二十七年	二十八年	二十九年	天寶元年	二年
置福建經略使領福泉建漳潮五州治福州	福建經略使增領汀州漳潮二州隷嶺南道經略使								福建經略使領漳潮二州	

三載	四載	五載	六載	七載	八載	九載	十載	十一載	十二載	十三載	十四載
							漳潮二州隸嶺南經略使				

至德元載	二載	乾元元年	二年
	置劍南東川節度使領梓遂綿劍龍閬普陵瀘榮資簡十二州治梓州		劍南東川增領昌渝合三州
置淮南節度使領揚楚滁和壽廬舒光蘄安黃申沔十三州治揚州尋以光州隸淮西			沔州隸鄂岳節度壽州隸淮西節度
	置江東防禦使治杭州	置浙江西道節度兼江寧軍使領昇潤宣歙饒江蘇常杭湖十州治昇州尋徙治蘇州未幾罷領宣歙饒三州副使兼餘杭軍使治杭州	廢浙江西道節度使置觀察處置都團練守捉及本道營田使更領丹陽軍使治蘇州後領宣歙饒三州
		置浙江東道節度使領越睦衢婺台明處溫八州治越州	
		改福建經略使爲都防禦使兼寧海軍使	
		置洪吉都防禦團練觀察處置使兼莫傜軍使領洪吉虔撫袁五州治洪州置宣歙饒觀察使治宣州	廢宣歙饒觀察使
			置鄂岳沔三州都團練守捉使治鄂州

上元元年	二年	寶應元年	廣德元年	二年	永泰元年	大曆元年
				廢東川節度，以所管十五州隸西川節度		復置劍南東川節度使，領州如故
					斬黃二州隸鄂岳節度	
	浙江西道觀察使徙治宣州，罷領昇州，杭州刺史領防禦使					浙江西道觀察使罷領宣歙二州
升福建都防禦使爲節度使						
洪吉觀察使增領信州				洪吉都防禦團練觀察使更號江南西道		復置宣歙池等州都團練守捉觀察處置使兼采石軍使
岳州隸荊南節度					升鄂州都團練使爲觀察使，增領岳斬黃三州	

二年	三年	四年	五年	六年	七年	八年	九年	十年	十一年
廢劍南東川節度，置都防禦觀察使，兼靜戎軍使，治遂州；尋復置節度使，治梓州				劍南東川節度罷領昌州				劍南東川節度復領昌州	
			廢浙江東道節度使，置都團練守捉及觀察處置等使，領州如故						
				廢福建節度使，置都團練觀察處置使					

年	1	2	3	4	5	6	7
十二年			浙江西道觀察使罷領丹楊軍使				鄂州觀察使兼防禦使
十三年							
十四年			合浙江東西道置都團練觀察使	廢浙江東道都團練觀察使以所管州隸浙江西道		廢宣歙池觀察使置團練使	罷鄂州觀察防禦使
建中元年			分浙江東西道都團練觀察使爲二道	復置浙江東道都團練觀察使			
二年		淮南節度增領泗州	合浙江東西二道觀察置節度使治潤州尋賜號鎮海軍節度	廢浙江東道都團練觀察使以所管州隸浙江西道			省沔州
三年							
四年		置壽州團練使				升江南西道都防禦團練觀察使爲節度使	復置鄂州都團練觀察使復領沔州
興元元年	閬州隸山南西道	淮南節度罷領濠壽廬三州升壽州團練使爲都團練觀察使領壽濠廬三州治壽州					

年	1	2	3	4	5	6	7
貞元元年						廢江南西道節度使復置都團練觀察使	
二年							
三年			分浙江東西爲二道復置浙江西道都團練觀察使領潤江常蘇杭湖睦七州治蘇州				
四年		淮南節度復領廬壽二州以泗州隸徐泗節度廢壽州都團練觀察使爲團練使	江州隸江西觀察使			江南西道觀察使增領江州	
五年							
六年							
七年							
八年							
九年							
十年							
十一年							

年	一	二	三	四	五	六	七
十二年							
十三年							
十四年							
十五年							置安黃節度觀察使治安州
十六年		置舒廬滁和四州都團練使隸淮南節度					
十七年							
十八年							
十九年							賜安黃節度觀察使號奉義軍節度
二十年							
永貞元年							
元和元年							罷奉義軍節度使升鄂岳觀察使爲武昌軍節度使增領安黃二州

年	一	二	三	四	五	六	七
二年		淮南節度罷領楚州尋復領楚州升壽州團練使爲都團練使領壽泗楚三州治泗州尋廢都團練使復爲壽州團練使以泗州隸武寧節度楚州隸淮南節度	升浙江西道都團練觀察使爲鎮海軍節度使				
三年							
四年	資簡二州隸西川節度		廢浙江西道節度使復置觀察使領鎮海軍使				
五年							罷武昌軍節度使置鄂岳都團練觀察使
六年			浙西觀察罷領鎮海軍使			宣歙團練使罷領采石軍使	
七年							
八年							
九年							

十年	十一年	十二年	十三年	十四年	十五年	長慶元年	二年	三年	四年	寶曆元年	二年
			淮南節度增領光州			淮南節度增領蔡州					
			鄂岳觀察使增領申州								省泗州

大和元年	二年	三年	四年	五年	六年	七年	八年	九年	開成元年	二年
						宿州隸武寧軍節度		復置鎮海軍節度使數日廢既而復置逾月又廢		

年							
三年							
四年							
五年							
會昌元年							
二年							
三年							
四年							
五年							
六年							
大中元年							復置武昌軍節度使
二年							罷武昌軍節度使
三年							

年							
四年							復置武昌軍節度
五年							
六年							罷武昌軍節度
七年							
八年							
九年							
十年							
十一年							
十二年		淮南節度增領申州未幾復以申州隸武昌軍節度	復置鎮海軍節度使				
十三年			廢鎮海軍節度使置都團練觀察使				
咸通元年							

二年	三年	四年	五年	六年	七年	八年	九年	十年	十一年	十二年	十三年
		淮南節度增領濠州						濠州隸武寧軍節度			
	置鎮海軍節度使					廢鎮海軍節度使			置鎮海軍節度使		
				升江南西道團練觀察使爲鎮南軍節度使							

十四年	乾符元年	二年	三年	四年	五年	六年	廣明元年	中和元年	二年	三年	四年
										升浙江東道觀察使爲義勝軍節度使	
	廢鎮南軍節度復置江南西道觀察使										

光啓元年	二年	三年	文德元年	龍紀元年	大順元年	二年	景福元年	二年
			龍州隸威戎節度				置龍劍節度使領龍劍利閬四州	
			置忠國軍節度使治湖州	置杭州防禦使			賜杭州防禦使號武勝軍防禦使	升武勝軍防禦使爲都團練蘇杭等州觀察使尋廢徙鎮海軍節度使治杭州
		改義勝軍節度爲威勝軍節度						
				復升江南西道觀察使爲鎮南軍節度使			升宣歙團練使爲寧國軍節度	
			復置武昌軍節度					

乾寧元年	二年	三年	四年	光化元年	二年	三年	天復元年	二年	三年	天祐元年
			置武信軍節度使領遂合昌渝瀘五州							
										廢舒廬滁和四州都團練使置光州防禦使
		改威勝軍節度爲鎮東節度								
			升福建都團練觀察處置使爲威武軍節度使							
									廢寧國軍節度使復爲都團練觀察使	

二年	三年	四年
	龍劍節度罷領閬州	
置歙池衢睦四州都團練觀察處置使		

方鎮表第八

方鎮表第九　唐書六十九

翰林學士兼龍圖閣學士朝散大夫給事中知制誥充史館修撰臣歐陽脩奉敕撰

	衡州	黔州	嶺南	邕管	容管	桂管	安南
景雲元年						桂州開耀後置管內經略使領桂梧賀連柳富昭蒙嚴環融古思唐龔十四州治桂州	
二年							
先天元年							
開元元年							
二年							
三年							
四年							
五年							

年	
六年	
七年	
八年	
九年	
十年	
十一年	
十二年	

年	
十三年	
十四年	
十五年	
十六年	
十七年	
十八年	
十九年	

年	
二十年	
二十一年	
二十二年	
二十三年	
二十四年	
二十五年	
二十六年	黔州置五溪諸州經略使

年	
二十七年	
二十八年	
二十九年	
天寶元年	
二年	
三載	
四載	

五載	六載	七載	八載	九載	十載	十一載	十二載	十三載	十四載	至德元載
									五溪經略使增領守捉使	
										升五府經略討擊使爲嶺南節度使領廣韶循潮康瀧端新封春勤羅潘高恩雷崖瓊振儋萬安藤二十二州治廣州
									置邕州管內經略使領邕貴横欽澄賓巖羅淳瀼山田龍十三州治邕州	
									置容州管內經略使領容白牢繡黨竇廉義鬱林湯岩禺平琴十四州治容州	
					置安南管內經略使領交陸峯愛驩長福祿芝武峩演武安十一州治交州					

二載	乾元元年	二年	上元元年	二年	寶應元年	廣德元年	二年
置衡州防禦使領衡涪岳潭郴邵永道八州治衡州	衡州防禦使罷領郴州	涪州隸荆南節度使岳州隸鄂岳團練使		廢衡州防禦使廢韶連郴都團練使三州復隸嶺南節度潭涪二州隸邕管觀察使			置湖南都團練守捉觀察處置使治衡州領衡潭邵永道五州治衡州
	置韶連郴三州都團練守捉使治韶州						
	邕州管內經略使兼都防禦使增領羅州	升邕州管內都防禦經略使爲節度使	廢邕州管內節度使置都防禦經略使				廢邕州管內都防禦使以所管州隸桂管經略使
		容州管內經略使增領都防禦使	升容州經略都防禦使爲觀察使				
							置桂邕都防禦觀察招討處置等使增領邕管諸州
	升安南管內經略使爲節度使						改安南節度使爲鎮南大都護都防禦觀察經略使

永泰元年	大曆元年	二年	三年	四年	五年	六年	七年	八年	九年	十年
				湖南觀察使徙治潭州						
				置辰溪巫錦業五州都團練守捉觀察處置使治辰州						
					復置邕州管內都防禦使			邕州管內都防禦使增領桂管諸州		
					桂管觀察使罷領邕管諸州			罷桂管觀察使以諸州隸邕管		
	更鎮南曰安南									

十一年	十二年	十三年	十四年	建中元年	二年	三年	四年	興元元年	貞元元年	二年
	置黔州經略招討觀察使領黔施夷辰思費微播南溱珍錦十二州治黔州								黔州觀察使徙治辰州增領獎溪二州	
									邕州都防禦使罷領桂管諸州增領潯州	
				容管觀察使增領順藤二州	省平琴州					
									復置桂管經略招討使	

年							
三年		黔州觀察使復治黔州					
四年							
五年							
六年							
七年						桂管經略使罷領招討使	
八年							
九年							
十年							
十一年							
十二年							
十三年							
十四年							
十五年							

年							
十六年							
十七年							
十八年							
十九年							
二十年							
永貞元年				省瀼田山三州			
元和元年			嶺南節度復領瀋辯二州	邕州管內都防禦觀察經略使增領懷遠軍使巖州隸容管觀察使羅州隸嶺南節度	辯州隸嶺南節度巖州隸桂管觀察省湯州	桂管經略使增領巖州	
二年							
三年		黔州觀察增領涪州					
四年							
五年							

年	
六年	
七年	
八年	
九年	
十年	
十一年	
十二年	
十三年	
十四年	
十五年	廢邕管經略使
長慶元年	
二年	復置邕管經略使
三年	

年	
四年	
寶曆元年	
二年	
大和元年	
二年	
三年	
四年	
五年	
六年	
七年	
八年	
九年	
開成元年	
二年	

年							
三年							
四年							
五年							
會昌元年							
二年							
三年							
四年							
五年							
六年							
大中元年							
二年		涪州隸荊南節度未幾復隸黔州觀察					
三年							
四年							

年							
五年							
六年							
七年							
八年							
九年							
十年							
十一年							
十二年							
十三年							
咸通元年				邕管經略使增領容管十一州尋皆罷領	廢容管觀察使以所管十一州隸邕管經略使未幾復置領州如故		
二年							
三年			分嶺南節度為東西道改嶺南節度為嶺南東道節度	升邕管經略使為嶺南西道節度使增領蒙州			

年							
四年							
五年							
六年							
七年							升安南都護爲靜海軍節度使
八年							
九年							
十年							
十一年							
十二年							
十三年							
十四年							
乾符元年							
二年							
三年							

年							
四年							
五年							
六年							
廣明元年							
中和元年							
二年							
三年	升湖南觀察使爲欽化軍節度						
四年							
光啓元年	改欽化軍節度爲武安軍節度使						
二年							
三年							
文德元年							

年							
龍紀元年							
大順元年		賜黔州觀察使號武泰軍節度					
二年							
景福元年							
二年							
乾寧元年							
二年			賜嶺南東道節度號清海軍節度				
三年							
四年					升容管觀察使爲寧遠軍節度使		
光化元年		歙州隸武貞軍節度					
二年							
三年						升桂管經略使爲靜江軍節度使	

年							
天復元年							
二年							
三年		武泰軍節度徙治涪州					
天祐元年							
二年							
三年							
四年							

方鎮表第九

宗室世系表第十上　

翰林學士兼龍圖閣學士朝散大夫給事中知制誥充史館修撰臣歐陽脩奉

敕撰

昔者周有天下封國七十而同姓居五十三焉後世不以為私也蓋所以隆本支崇屏衞雖其弊也以侵凌王室有末大之患然亦宗獎扶持猶四百餘年而後亡蓋其德與力皆不足矣而其勢或然也至漢鑒秦務廣宗室世其國地不幸世絕若罪除輒復續以存其祭祀與為長久之計故自三代以來獨漢為長世唐有天下三百年子孫蕃衍可謂盛矣其初皆有封爵至其世遠親盡則各隨其人賢愚遂與異姓之臣雜而仕宦至或流落於民間甚可歎也然其跡或遠近源流所來可以考見作宗室世系表

李氏出自嬴姓帝顓頊高陽氏生大業大業生女華女華生皋陶字庭堅為堯大理生益益生恩成歷虞夏商世為大理以官命族為理氏至紂之時理徵字德靈為翼隸中吳伯以直道不容於紂得罪而死其妻陳國契和氏與子利貞逃難於伊侯之墟食木子得全遂改理為李氏利貞亦娶契和氏女生昌祖為陳大夫家于苦縣生彤德彤德曾孫碩宗周康王賜采邑於苦縣五世孫乾字元果為周上御史大夫娶益壽氏女嬰敷生耳字伯陽一字聃周平王時為太史其後有李宗字尊祖魏封於段為干木大夫生同為趙大將軍生兑為趙相生躋趙陽安君二子曰雲曰恪恪生洪字道弘秦太子太傅生興族字育神一名汪秦將軍生曇字貴遠趙柏人侯入秦為御史大夫葬柏人西生四子崇辨昭璣崇為隴西房璣為趙郡房崇字伯祐隴西守南鄭公生三子長曰平燕次曰瑤字內德南郡守狄道侯生信字有成大將軍隴西侯生超一名伉字仁高漢大將軍漁陽太守生二子長曰元曠侍中次曰仲翔河東太守征西將軍討叛羌于素昌戰沒贈太尉葬隴西狄道東川因家焉生伯考隴西河東二郡太守生尚成紀令因居成紀弟向范陽房始祖也尚生廣前將軍二子長曰當戶生陵字少卿騎都尉次曰敢字幼卿郎中令關內侯生禹字子通弟忠頓丘房始祖也禹生丞公字丞公河南太守生先字敬宗蜀郡北平太守生長宗字伯禮漁陽丞生君況字叔干一字子期博士議郎太中大夫生本字上明郎中侍御史生次公字仲君巴郡太守西夷校尉弟恬渤海房始祖也次公生軌字文逸魏臨淮太守司農卿弟潛申公房始祖也軌生隆字彥緒長安令積弩將軍生艾字世績晉驍騎將軍魏郡太守生雍字儁熙濟北東莞二郡太守生二子長曰倫丹楊房始祖也次曰柔字德遠北地太守雍孫蓋安邑房始祖也柔生弇字季子前涼張駿天水太守武衞將軍安西亭侯生昶字仲堅涼太子侍講生暠字玄盛西涼武昭王興聖皇帝十子譚歆讓愔恂翻豫宏眺亮愔鎮遠將軍房始祖也其曾孫系平涼房始祖也翻孫三人曰丞姑臧房始祖也曰茂燉煌房始祖也曰沖僕射房始祖也曾孫曰成禮絳郡房始祖也豫玄孫曰剛武陵房始祖也歆字士業西涼後主八子勗紹重耳弘之崇明崇產崇庯崇祐重耳字景順以國亡奔宋為汝南太守後魏克豫州以地歸之拜恒農太守復為宋將薛安都所陷後魏安南將軍豫州刺史生獻祖宣皇帝熙字孟良後魏金門鎮將生懿祖光皇帝諱天賜字德真三子長曰起頭長安侯生達摩後周羽林監太子洗馬長安縣伯其後無聞次曰太祖次乞豆

　李謙

定州刺史房

後魏定州刺史乞豆		
開化郡公後周秦河渭三州刺史貞	蔡襄公後周申衞二州刺史慧	
	濟南郡公隆州刺史士都	西平王晉定
	尚書直長上善	嗣楚王靈夔出繼智雲
		嗣楚公右威衞將軍福
	右衞將軍延之	右羽林將軍承況
	自由	

北平公世武

濟

郇國公羚

乂畢

益府長史濟

麟 相

肅宗

登封令全

滿才

縱

大理少卿直方

君房

太祖景皇帝虎字文彬後周柱國大將軍唐國襄公八子長曰延伯生於山東其後太祖入關延伯仕北齊爲散騎常侍武德四年追封南陽伯附屬籍貞觀初罷之與姑臧絳郡武陽公三房號四公子房至開元二十三年復附屬籍

南陽公房

南陽公延伯

隋廣平太守昭貴

周南陽太守昭仲

秘書丞元瑋

司駕員外郎魁

監察御史睎

譙王房

譙王虞字長宣

貞陵郡王道素以譙王第五男詔子嗣

蔡王房

蔡王蔚周朔州總管贈使持節三州刺史武陽公

西平懷王安字大德隋右領軍大將軍趙郡懷公

平原王璦

平樂王宗正卿三州刺史曰鉉

太常卿蔡國公法祥

霍山王遂

霍山公緒以濮陽郡王嗣子諡曰武

嗣衛王保定出繼玄霸

襄武郡王琛字推實一字道恭

河間元王孝恭

襄公儉

譙國公何間陵州刺史六州長史贈太原國公諡曰義

襄國公河西令尚丘

雙

令昭

泳

錫

士衡初名銳

譙國公太子舍人冰

宋王府司功參軍皎

輪

婺州長史沆

宗正丞

士詹初名寬

崟

崟

崟

育孫太常卿曆

士

壬戌

和州刺史士英初名咨			永康令士先初名宏		河南府法曹士淹初名宰						
岌	崟	岑		越州參軍嶷	然						
					保沐	保榮	太子通事舍人保眞				
					漢和		知朴	可信		光遠初名可集	玄都
							左金吾引駕押衙厚		小老		

							幽府錄事參軍岕	西河丞士恭初名宷			
					岡	徽	岸	玉			
				保昇				疆			
可誠	可立	小都	小休					文春			
								左武衛兵曹參軍搗			
								弘丕	弘侍	弘惠	弘球

唐書宗室世系表十上　七　王端

弘抱

文芳
播

拒
弘晟

溫州文學奉禮郎文緯
樂
仲瑄

讓
初遠

省

燮

紞

文絅
道超

道遷

道渝
環

琨

唐書宗室世系表十上　八　王端

道延

道適

文明
友
琮

鉼

岐王府參軍曖

復州刺史測
遇

迴

邁

迪

尚範
偕

楊府戶曹參軍可道
翼城令汪
平

昔

聳

覃

宰

少府監右衛郎將駙夏州司馬暹
諸暨令罕

永新令雙

宋州長史兼
少戢

少益

少雅

永王府參軍重

吳興郡司功參軍衆
少誠

少諫

永嘉監官譎

綏山令揔

福州戶曹參軍羣

庶

司勳員外郎延坊等三州刺史駙宋州司馬灌
并

渾

尚旦
仙鶴

仙童

仙芝

尚古
濮陽太守顧
將作監士則

延州刺史尚賓
相如

簡如
雅信二州刺史岑
少府監鍨
太子詹事右散騎常侍休古
正平令復元

太子司議郎茂元
宗正丞郁

											濟北郡王瑊
									秋官尚書崇晦	岐州刺史崇眞	都水使者左金吾衛大將軍儉
									嗣吳王榮		植
											愿
											右金吾衛大將軍方叔
								況			莆田令丹
								自勗			崇
宗正少卿通元				大理司直道元		黃金令光元	大理丞湖陽令正元	大理丞師全			承誨
五嶺租庸判官蒙州刺史濟	開封令守一	潁州錄事參軍鄴	滎澤尉封	鄭城主簿鄆	南頓尉郊	陪位出身鄠	陪位出身部	陪位出身邠			士元
胙尉途	長垣主簿璵	陪位出身璀	陪位出身瑕								瓚

舜卿											
仁景											
甫	正白						欣				
琚	玢	昇	昂	平	勉	希	宗道	宗揚	宗元	宗善	宗閔

宗亮

宗魯

宗巖

款
宗禮

歆
宗古

宗回

宗何

巖
仁詡
正輔
晃

暈

正朴

宣

襲濮北郡公梓州刺史崇勁
襲濮北郡公太子中允季
襲濮北郡公須江令越
太子家令炎

襲濮北郡公衛黃二州刺史兼防禦使興平軍節度使御史中丞奕

隴西郡公壽衛將軍汝五州刺史永王傅達客
倉部員外郎擔
襲濮北郡公止海令斂
沂水令循
青州司法參軍愛
坊州錄事參軍各
陪位出身遜

黃令慶
陪位出身勍

陪位出身童

陪位出身沐

陪位出身澗

陪位出身洪

陪位出身弘

陪位出身汶

博興令元保
陪位出身經

陪位出身棠

元立
陪位出身應

陪位出身綜

陪位出身周

陪位出身換

陪位出身方

陪位出身顒

陪位出身全

陪位出身鴝

千乘令敦禮

陪位出身邵

陪位出身鄴

陪位出身榮

吏部郎中貞

密州錄事參軍讓

大理評事瑜

申州錄事參軍晦

祕

光州司法參軍造

登州參軍興

晉州文學參軍頊

邵州長史前司農卿紹

御史中丞元亮

安州司馬勤

徐州錄事參軍朗

大理司直兼監察御史元道

盩厔尉元規

右金吾兵曹參軍元會

江陵府參軍元簡

太原府參軍元舉

太子文學元明

太子賓客容

詹事府丞滔

陪位出身承遠

郟城令湘

孟州錄事參軍澤

承遠

元衡

元輔

唐書宗室世系表十上　十七　董

河南功曹參軍倫
翼城令巨濟
梓州司士參軍論
通義令孟
襄陵主簿瓌

漢陽王瓌
兗州長史沖寂
隋州刺史銑

冬官尚書沖玄
祠部員外郎恒

中部郡太守博

尚方監沖虛

嗣南王將作工部尚書黃臺縣男
順陽公璋
襲濟南公思訥

盧江王瑗

畢王房

畢王璋周汴梁二州刺史
永安壯王孝基
嗣王道立以雍王賢男韶次子高平公繼
蔡國公景悞

畢國公景淑
太子左贊善大夫孟康

楚州刺史仲康
衡州司士兵參軍濤
越州士曹參軍居介

南陵尉居左

譙尉居敬

唐書宗室世系表十上　十八　易

居易

睢陽郡太守少康
右僕射涵
鮪

鯤

鰅

汙

濃

宗正少卿少連

殿中侍御史師素

子
孫
曾孫
五世
六世

子
孫
曾孫
五世
六世
七世
八世
九世
十世

永和令知保

雍王房

雍王繪隋江夏揔管
長平王贊
淮陽王道玄

淮陽王道明

東平王韶
景融
務該
思一
晉原尉岌
陝府左司馬郱
澄城主簿郱

鹿城令激

茍城尉放

宗正少卿漢字南紀　覫

贍

濰字經野

洮字正武

十九

潘字子及　炬字則中

炯字著明

江夏王廬國公道宗字承範　相州刺史景恢

子孫　曾孫

汭　戶部員外郎宗衡

宗正少卿洸

潞城令景仁字楚子

王益

唐書宗室世系表十上

廣寧公道興

博陵郡公道弼　御史中丞知柔

刑部郎中知止

郇王房

郇王禕隋陳留太守長平郡公　武陵郡王伯良

長平肅郇國公王叔良孝協　思慎

思言

思泰

思李

思莊

夔州司功參軍思正　蘭陵令望　璨

衆

倫

二十

王益

婺州刺史襲郇國公思忠
宣州士曹參軍建成
泗水令峻嶧
奉先令如仙
綿州刺史騏
成都少尹寓

阿端

祁王傅知隱
度支巡院監事銳

邠州司法參軍臻

南鄭令潛
知章

京兆少尹知義

回初名躔相武宗
滑州觀察巡官知柔

興平尉埴字濬光

山南東道節度掌書記筠字禮符
江陵令少微

小駕

清江

萬倩

高巖

澄潭

芳兟

海州司倉參軍進成
岡

固

文水令遜成
曹州士曹參軍明真
朝仙

宜春令玄真
文迪

太子僕超成
許州司馬澄真
文昌

岳州團練使史館修撰長慶州有功終連州刺史
監察御史穆
臨濮令鎮
秘書少監中庸

太府少卿元
清
承禧

承休

仲寶
承端

隋縣令，去故死王仙芝，贈隋州刺史

阿圭

澣

承緒

權

質

業

實

耽

擯

高卿

華陽郡公原州長史孝斌

彭國昭公左武衛大將軍思訓字建

虢州別駕福道

儀王府司馬復道

太原府倉曹集賢院

昭道

揚州參軍思誨

林甫相玄宗

將作監岫

司儲郎中嶼

太常少卿崿

武功令岑

符寶郎崇

宗正卿引孺字德剛

汴州參軍仁之

昌圖

虢州參軍揁之

常興尉大雅

林宗字直木

中山郡王仲良

去病以季良子繼

季良

新興郡王德良

西陽郡公仁裕

新興郡公戶部尚書晉

宗正卿濟

左金吾衛大將軍通

				長樂郡王幼長
		莒國公仁哲	都水使者仁方	上黨孝公璀
	張掖郡公水部郎中欽		奐淨	
左金吾衛大將軍翰				

大鄭王房

鄭孝王亮隋趙興太守[illegible]社郡						
淮南靖王神通						
膠東郡公道彥		高密郡公孝察	淄川郡公孝同			
			左衛將軍繼			
			鄆州長史廣業			
			戶部尚書國貞字南華			
辰錦觀察使昌岠	荊南節度使檢校工部尚書昌夔		錡	蘄州刺史鎰	鄠令豐士	長安尉豐容
			師回			

唐書宗室世系表十上　二十五　冬盛

		廣平郡公孝慈	河間郡公孝本	尚書左丞孝友	清河郡公靈州都督孝節						
	徐州刺史璩			工部尚書珍	徐州刺史頊	幽州都督琬	鄭州刺史瑜				
							光祿卿昇	武都郡公吏部尚書暠	太僕卿暈		
右金吾將軍若冰							遘	起居舍人造	太子少傅鄭國公適		
京兆尹銛									太常少卿謂字伯英	誦	諲

唐書宗室世系表十上　二十六　王介

諤

御史中丞東畿採訪使通

河東節度使說字嚴甫

太子通事舍人公敏

靈鹽朔方節度使公度

公輔

千牛備身公佐

公宥

絳州刺史秘書監勛　眞宰

兵部侍郎進

江西觀察使少和

膠西郡公司農卿孝義

襲公南州司馬璥

泗州刺史孟犨

十公悅

金州刺史權

清漳尉衡

檢校虞部員外郎兼侍御史樞

欽州別駕彰

渭南令房

萬鈞

磵字爆山

千鈞

磤字景山

蟠初

名礦

蚡字漢山

延肇

冠祥

蠙字懿川

昭裔字延誨

昭業字延章

昭圖字延譽

仁鈞

硎字次山

礎

宗正卿太子賓客隴西縣子贈貝字則之

大理評事良鈞

陸渾尉正鈞

執鈞

左千牛衛兵曹參軍巨鈞	一子出身直鈞	鹽州刺史季銳				
		弘農太守璟		維安忠公宗正卿琦字晴		
		刑部尚書齊物		陝王府戶曹參軍齊曼	少府監齊古	
		鄜滑節度使檢校右僕射復	司農少卿倏字堅			
			昌			

				襄邑恭王神符	
			梁郡公給事中孝逸	廣宗郡公仁鑒	臨川郡公刑部尚書德懋
					左衛將軍思齊
文部侍郎暐	刑部侍郎嶧	符寶郎盱		中書舍人猷	鄜城令知賢
御史中丞伎					司農卿諡曰彰模
					太子賓客守散騎常侍詞
					吏部郎中顯鈞

將作監話	明州刺史譜				
	左諫議大夫從規	懷州刺史從鉌	檢校刑部郎中從毅字仁卿	興元節度使檢校工部尚書從曦字含章	
			蟀字特卿	國子監主簿沖	司農寺主簿倣

				太常卿從乂	
擢字大用	成都府參軍拙	招	尚書右丞揮字仁表	右拾遺濬沖	檢校戶部員外郎濬源

太子左庶子㒞甫；左諫議大夫歆愉；試協律郎仁嶠
弘文館校書郎仁岐；惟邈
大理司直歆忱；昌忠
權泉州衙推昌岳；惟植
昌嶼；梨
太子左贊善大夫從師

江陵少尹從吉
太子左庶子從方
宗正少卿從貞
咸陽縣尉史館脩撰從[illegible]
福建觀察使誨
廣川郡公義範；雲州刺史襲廣川郡公逞；成紀令朝；尋陽丞儀；湖南觀察使檢校右散騎常侍業；伊陽丞良史

國子廣文春秋博士彬
湖州錄事參軍眞；濬源令弘文字大能；虬
乾
胥
文徽
常州刺史前羽

韓國公幽州大都督文暕；宗正卿佺；挺
太僕卿栢字原幹；鶴；長水令台；南陵令靡
湖南觀察使兼御史大夫廣字子慶；衡州刺史延禧
鵠
太子少師鶴；禮部尚書太子賓客分司東都恬；湖南團練副使檢校工部員外郎宗師；秘書省秘書郎琂
漳州刺史璟；仁魯；鐸

						鵪	鴒	[illegible]	鷄	滁州刺史鸐			
										池州刺史倨	程字表臣相敬宗		
				嘉州刺史宗長	中牟令宗規						武寧軍節度使檢校工部尚書廓		華陽令庭
											濟	萬年尉直史館書字貞焊	
			華州文學仁穎								昌符字巖夢		
錫	叶	準											
		用霖											

			殿中丞襲魏國公捷									
			虢州刺史堅									
			盛唐令鵬									
			石字中玉相文宗		太子太傅同平章事福字能之						懷州刺史華	
太子中允燮	秘書省秘書郎牢	太子通事舍人藥	奇	贍	太常卿就	扶	駕部郎中玩字成矱	監察御史黷	監察御史範字將用	涪	膳部郎中勛字德勝	太府卿棨
					汴州法曹參軍彥琛			昌業				太常博士崇玄寺修撰顓字叩升
					正字歸					璩		給事中孔龜字從吉

文舉

安平公國子祭酒仲思

宗正少卿言思

兵部郎中華

代祖元皇帝諱昺周安州總管柱國大將軍唐國仁公四子長曰高祖次曰梁王澄次曰蜀王湛次曰漢王洪

梁王房

梁王澄 | 彭城王士衍 | 溫州刺史陳國公至同以隴西王博乂第五子繼 | 荊州司馬玄弁

江東郡王世譜

衡山郡王世訓

宗正卿嗣梁王博乂以蜀王第三子繼 | 蒲州濮水府折衝嗣留郡公懷仁

師益

元蛬

天益

道益

常州司馬晉昌縣男懷節 | 元彸

瑞

珽

倩

溫州刺史蔣國公懷讓 | 貞

質

璩

瑗

瑾

京兆尹司門員外郎自下 | 慎名

慎終

蜀王房後爲渤海王房

蜀王湛 | 襄城王容兒 | 懷貞以隴西王博乂第二子繼

左衛大將軍渤海郡王奉慈 | 眉州刺史義節 | 瀛州司馬如珪 | 益州戶曹參軍匀 | 慶王府典軍牧 | 江陵尉充

贊善大夫參 | 華原丞撊 | 大理評事元

左羽林錄事參軍方

福建觀察使倚
信州刺史充
承構

南陽令承緒

六合丞承規

稷山尉承祚

長水令直

京兆府戶曹參軍齊

同州參軍知海陵監充

黔州刺史樟
玄

亮

梓州刺史季卢初名栝
奭

商

宗正丞逢
溫江令杞
京

交
遷

唐興令蜀
繼

臨邛尉署

前宗正寺明經鯨

陪位出身武

陪位出身寔

長

及

唐州刺史隴西縣男如王
袁州別駕參白
常州別駕槮
朝晟

朝式

峽陽令持

唐書宗室世系表十上　三十九

徐州司馬棱

南陵令揣
甸

濛

涓

都水使者[illegible]
醴陽令標
江陵府士曹參軍朝相

龍丘令朝盈

宋州參軍撓
鄭州刺史朝則
授

商州別駕楞
河中府戶曹參軍朝師
洛

元樞

洌

徽

崇先

唐書宗室世系表十上　四十

杭州參軍朝英

朝野

猗氏令朝用

朝汶

朝衡

徽

徽

徐泗節度判官楓
揚府法曹參軍朝宗
亳州參軍偏
吏部常選貞伯

寧化尉厚
洪州參軍求中

荷城尉惠伯

申伯

陽翟令何
豐城丞景伯

崇先

唐書宗室世系表十上　四十一

吏部常選佀
鄰尉宣伯
義方
穰尉朝諫
朝清
休甫
朝興
吉羅
安悉
竹箭
朝威
朝良初名脁

唐書宗室世系表十上　四十二

橦
虔鄉丞褫
太子通事舍人春日
坊州司法參軍釋
棹
冀州別駕守一
翹均
左率府長史國寧
江陵府功曹參軍彖
襄州司兵參軍國平
京兆府法曹參軍國榮
黔中觀察使國清
東陽令季方
弘周
安州刺史部
渭南尉有方
成都府司錄參軍國英
瀘水令岑
越州司錄參軍勵均

		長原令助均	左驍衛長史勤均	無錫令勤均							
岌	巖	左金吾衛大將軍兼鴻臚卿禪侯		鳳州刺史僑伯							
		左監門衛率府兵曹參軍煒城		新津令稱				稽	臨汝尉穗	陽陵令稹	汧源令稠
		承宗		渠江令言思	七盤令言中	陪位出身言約	東漢				
				知遠							

	延州別駕挨										
	浙西長史嗣金										左金吾衛大將軍隨州刺史嗣瑀
	壽州長史摻	盈川令杠	順陽丞標	涇陽尉柖							諸暨尉椽
玄武主簿秘		浦陽尉蒼		江陵錄事參軍纂			猗氏令管			鄆州刺史宗正少卿篆	
		平盧節度判官戡字定臣		禘	建	佽	隴州錄事參軍作	昭應令信		管城尉某	
		審之					吏部常選景之	臨濟令建度			
								中牟尉暀	靈昌尉玄謀		

南陽令㮚

濟王府戶曹參軍捽初名榑

襄陽令罨祖

栒

楪

左率府郎將嗣琳

司議郎相

栝

札

都官郎中嗣瑑

宗正卿棫初名樶

宗正卿仍叔字周美初名章甫

檢校水部員外郎兼福建節度副使垠

潤州參軍暐

襄州支使顧字繪老初名弘本

鄠尉弘文

四會令弘略

主客郎中讓

延興初名延玉

榴

遂州司馬知本

汾州長史守慎

青州司倉參軍子房

昇

延州司馬友諒

惠陵臺令晃

鄂府士曹參軍審

偃師尉江

大年令思文

雲寶主簿思永

涇王府功曹參軍從

鄜州錄事參軍蒼梧

洺水主簿弘慶

洛交主簿弘度

白馬令乃武

察

閬中主簿弘恕初名楚聞

三泉令寧

難江主簿緒

吏部常選緽

				徐州司戶參軍昂	金華丞昕
	隋州錄事參軍隋城令宏				垣尉渾
襄城尉綱	經	汭陽尉絢	吏部常選紹		炫
瑰		禎顒			

	密令曦				
	玉城主簿公瑾	公贊	陽翟尉公度	汴州司倉參軍察初名公器	公選
炯				猱	

濡水令暐					
宋州參軍公偕	安州倉曹衡州錄事參軍公昀				
	沅江令克勤		饒州錄事參軍暢	雩都主簿確	雲夢令克讓
	蘊中	蘊達			

		左金吾倉曹參軍昉			
		穀城令從簡		從神	金
導	克章	蒲圻丞公聞	南陽尉貴		

澧州司倉參軍公立

蔡州司戶參軍玄貞　定陵令旻　桓王府參軍寔

晉陽丞寬

烏程令寵

宏

容

雍丘丞昱　寂

宇

宙

代州都督富城縣男行褒　守忠

餘福

國子祭酒隴西郡王餘慶　壽王府司馬仙舟　滄州司戶參軍元遷　益府司戶參軍日休

華陽尉日就

虢州長史襲家令琬　太子典膳郎闡

新津令閎

金城令璹　乾元丞日用

寶城丞日成

永王府參軍日知

昭州刺史日敷

晉州參軍璘　日正

嘉王府長史瓚　汧原尉還

華陽令暄　滉

成都丞雅

江陽令晤　潤州別駕潔　虢州參軍寓節

成都司戶參軍瓛
文輔以判國公玢子繼
岐王府功曹參軍元[illegible]
左領軍長史元逞
青鄉令可瞻
潤州司戶參軍信
吏部常選脩
揚子丞像
黃州司馬可聞

國子監丞可器
國滿
崇禮
崇慈
懷州參軍儀
易從
敬從
脩
渠州司馬寶積
洛

晉州司功參軍常光
可穀
可獻
尚輦奉御明遠
睦州刺史無言
無忝
虞部郎中嶠
殿中丞明哲
嗣沈黎侯長沙出繼元景
嗣荊王逖

漢王洪
巴陵郡王[illegible]

宗室世系表第十上

宗室世系表第十下　唐書七十下

翰林學士兼龍圖閣學士朝散大夫給事中知制誥充史館修撰臣歐陽修奉

敕撰

高祖神堯大聖大光孝皇帝二十二子分十五房曰楚王智雲曰荆王元景曰徐王元禮曰韓王元嘉曰彭王元則曰鄭王元懿曰霍王元軌曰虢王鳳曰道王元慶曰鄧王元裕曰舒王元名曰魯王靈夔曰江王元祥曰密王元曉曰滕王元嬰智雲元景皆無後

徐王房

徐康王元禮　淮南王茂　嗣王宗正員外卿璀　嗣王餘杭郡司馬延年　嗣王葳州刺史諷

淮南公蕃

汶山公蓁

韓王房建中元年詔改爲嗣鄆王房懿宗即位復舊

韓王元嘉　潁川郡公訓

武陵郡王誼　楚國公野

黃國公譔

上黨郡公諶

嗣韓王太僕卿訥　嗣王叔璩　嗣鄆王煒

彭王房

彭思王元則　絢以霍王元軌第五子繼　志謙　嗣王左千牛衛將軍志暕

小鄭王房稱惠鄭王房

鄭惠王元懿　嗣王遂州刺史璥　嗣王太子詹事希言

贈左僕射琛言　太僕少卿楚州別駕自仙　夷簡字易之相憲宗　臣文

夷亮

夷則

夷範

陳留郡公金州刺史[illegible]　宗冉　澹　今圖字德遠

給事中湯字希仁

深字希尚

韶州刺史泊　鏻　若愚

鉊　永翰

宗閔字損之相文宗　琨字希立　鉟字執璽

桂管觀察使贊字公錫　欽說字巖卿

眉州刺史自昌

呂國公　嗣公玄言以南海公[illegible]第三子繼

樂安郡公珪

上庸郡公琰

樂陵郡公球

霍王房（上半葉右）

- 南海郡公瓘
- 安德郡公琳 — 嗣公岐州刺史贈官以南海公[illegible]子嗣 — 勉字玄卿相德宗 — 續
- 縝
- 緯
- 兵部員外郎約
- 新平郡公遂
- 邵陵郡公珩 — 左千衛將軍德言

霍王房

- 霍王元軌 — 江都郡王緒 — 嗣王志順 — 嗣王左千牛員外將軍暉

（上半葉左）

- 安定郡王牲 — 鄭國公志暠以南陽郡公綱長子嗣
- 胙國公緯 — 薑國公志璩以南昌郡公絢長子嗣
- 南陽公綱 — 襲公志悌
- 南昌郡公絢
- 山陽郡公繹

虢王房

- 虢莊王鳳 — 嗣王翼 — 嗣王㝢
- 鄅國公顒
- 定襄公宜州刺史宏 — 嗣虢王祕書監邕 — 嗣王河南節度使巨 — 嗣王左金吾大將軍則之

（下半葉右）

- 嗣國公[illegible] — 嗣王府長史宗之
- 大僕寺主簿徹
- 揄次令應
- 澗之
- 東莞郡公茂融 — 濮陽郡王宗正卿徹
- 中山郡公堯臣 — 襲公宗正卿伯潛 — 鄭州刺史韜 — 密令承晧
- 燕郡公舜臣

道王房

- 道孝王元慶 — 嗣王誘

（下半葉左）

- 東安郡公壽州刺史詢 — 嗣王宗正卿微 — 嗣王宗正卿鍊 — 嗣王京兆尹實
- 南康郡公諒 — 嗣公崎
- 信安郡公翊
- 廣漢郡公譓
- 鄱陽郡公謹
- 數城郡公誕 — 右千牛將軍參雲 — 嗣公 — 兵部郎中洞清
- 魯陽郡公譯
- 修城郡公課 — 兵部尚書[illegible] — [illegible]紹封 — 仁濟 — 景遂字聖文

鄧王房

鄧康王元裕
嗣王炅以江王第五子嗣
允濟
在愚
韜業

舒王房建中元年改爲嗣郢王房

舒王元名
豫章王亶
嗣王左威衛將軍
嗣王萬
嗣王藻

鄱國公
昭

魯王房寶應元年改爲嗣鄒王房

魯王靈夔
清河郡王誂
范陽郡王左散騎常侍
嗣王宗正卿道堅
嗣鄒王太僕卿字
莘

蔡國公
道欽

戴國公宗正卿
道邃

江王房

江安王元祥
永嘉郡王晫
武陽郡王復州刺史皎
蔡
贈秘書監
陝州都督暖
承光
珝
崇

忠
賢
孝
𣶏
環

儇
愈
最
見
圖
滈

冬
智
勤
相
須
庫
崇
元譽

繼
祚
呈
玲
寵

勇

尚旻

左驍衛將軍尚盈
[illegible]
奎

尚達
闌

[illegible]
左翊府中郎將尚
[illegible]
禮

寧
鞘
瑶

			奉天定難功臣右金吾清大將軍向芬				
	右衛將州勳田府折衝都尉希悅		右金吾衛左郎將庭金			庭芝	
時	翊	詡	引		賁	事	
玩	顥	省	調		坤	珠	
闞	蕤	璩	郁	繼	滕	鞠	
邦	憺	岫	陣	鄉	認	溫	高

			嗣薛王江東道越福十二州招討處置使知柔				
			桂州長史尚儀	左羽林大將軍武威郡公隴西縣男尚禕			
			紹宗	興宗		興昌	
				孝隨		諿	律
		愈		承霏	承霄		檢
育		良			因		詧
愼	縱	仰			泗		王

		中義					
銳		蕭田尉翔	晦	週			
郎	約	逢		瓀			
崑	略	部		威	感	鳳	憧
皎武	忍	演		餘	護	藹	

		試太僕卿尚鍠			右驍衛翊府中郎將尚義		左驍衛翊府中郎將晏
		全交	全立	全經	思勤	試千牛衛長史思頊	江澄
筠	璉						

江清

尚長

丹州長松府折衝都尉尚容　標　續　彥　師　將

尚榮　浩然

任國公昕

義興郡公晧

廣平郡公昇　嗣鄅王右監門衛大將軍孝先

信王傅繼先　鳳翔少尹無謟

澧國公金吾衛將軍嗣宗

中郎將繼賢

鉅鹿郡公晃　嗣江王千牛將軍歆

邏

密王房

密貞王元曉　南安王穎　嗣王昺

亮　嗣王晏

滕王房

滕王元嬰　薛國公脩琦

長安公脩珌

嗣滕王脩瑀

下邳公脩瑤

蘭陵公脩璩　金山公知禮

昌寧公知節

臨海公脩珍

臨淮公脩琬

脩瑱

脩玘

脩琨

脩班

脩瑑

脩琮

脩珤

脩珵

脩琈

脩琚

脩瑨 嗣滕王涉，本名茂宗 嗣王殿中監湛然

太宗文武大聖大廣孝皇帝十四子：長曰常山愍王承乾，次曰楚王寬，出繼；次曰吳王恪，次曰濮王泰，次曰庶人祐，附濮王譜；次曰蜀王愔，次曰蔣王惲，次曰越王貞，次曰高宗，次曰紀王慎，次曰江王囂，次曰代王簡，次曰趙王福，次曰曹王明。囂、簡、福皆附曹王譜。

恒山愍王房

恒山愍王承乾 郇國公象 太子詹事玼 宗正卿粹 信州刺史伷

尚書左丞廙 邕管經略使兼御史中丞 孟輿

仲權

季謀

適之，相玄宗 雲

鄂州別駕厥 扶風郡太守昶

旭

賢

吳王房

吳王恪 成王千里，初名仁 太僕少卿、天水郡王禧 蔡國公灌

右金吾衛將軍、鄭國公峒

朗陵王瑋 嗣王祚

廣漢王栓，本名榆

[illegible]六州刺史贈吳王琨 信安王禕 越國公峘

戶部侍郎嶧

峴，相肅宗 孝孫

峽

岊

巒

右千牛衛將軍嵩

畢國公儒

禓

嗣吳王祇 蘇、潁二州刺史岵

崌

嗣王巘 嗣王寅 復

徍

歸政郡王璄 吳國公禬

濮王房

濮恭王泰 嗣王欣 嗣王嶠，襄陽郡王，鴻臚丞 自勸

初名餘慶 司馬、初識(?) 侍

自建

自顧
自誠
自愔
誠逸
誠畬
誠惑
誠惲
誠超

誠疑
永興丞信
誠滿
何
侗
新安郡王徽
蜀悼王愔
廣都郡王璹
江陵郡公璀
吏部郎中三州刺史嗣王遵

蔣王房
蔣王惲
博陵王焯
嗣蔣王銑
煒
嗣王紹宗
濟州司馬欽業
吏部常選過
臣
嗣王左千牛衛將軍欽福
頎
顒
頊
濠州司馬欽鍔
庠
廣
祭國公承業
煜

承嘉
承俏
左武衛將軍蔡國公承祖
鄂州別駕之遠
岳州長史禧
吏部常選驂
吏部常選驌
驎
太子賓客之芳
奉天皇帝廟丞竹
珣
玠
定陵令之芬

同州別駕成紀縣男之孝

忻王府司馬濟河縣男之衛

左清道率府兵曹參軍儔

項城令侯

永城尉駉

從質

從師

從古

從乂

從衆

澤州參軍紀

從素

從魯

從儉

侈

佚

泗水公烱

五原公逖

六安公珙

[illegible]襄公忠王府長史思絢

龍襄公殿中監愬

都水監丞己

珍州司馬承昭

昌庭

國芬

國幹

弋陽郡公煥

建寧公休道

中山王搖初名恩順

右衛長史齊昌

繁

宗正卿齊運字仲達

太常主簿贊初名庠

珂

瑱

康

庚

典膳丞贊

齊明

廉

九真郡公發

鄱陽郡公奕

[illegible]公右武衛將軍[illegible]初名[illegible]

鴻臚寺主簿孟乘

監察御史裏行

連江令羣

湖城主簿皐

處儀

處脩

處位

七盤令早　處厚
硤石尉平　處約
六合尉常　處仁
玉城尉準　處讓
宗正主簿嶷　譙尉津
臨渙尉單　嗣宗
茂宗
允宗

紹宗
峯
莘
岸
橋陵令羨　萬州刺史元系　萬州錄事參軍知至　博雅
興平丞博文
餘姚令元隱　知則
杭州刺史構　太常寺協律郎種

常州司法參軍稅　希
茂立
茂豪
茂竟
滁州司馬瓌　玄一
岳州司馬稜　茂輿
渾
錢塘丞程　茂雍

茂高
茂元
鄠丞積　茂文
茂章
茂奇
吏部常選積
亳州司戶參軍掄　湖州參軍栖　絳
繞

綬
稱
縉
紳
裯
綽
緯
松滋尉樅
元立
元直
安州別駕栝
申州刺史班
越州兵曹參軍鼎
吏部常選承慶
寔

襄
宬
吏部常選承榮
寮
審
吏部常選承敘
吏部常選承義
吏部常選承怡
同州司兵參軍瑒

節愍廟令繁
廬州司馬揖
嘉興丞顏
績
譯
訊
纁
吏部常選顒
吏部常選績
紳
義烏丞頌
紘
紵

綱
尚衣奉御滔
安定郡公封
潁川郡伯楷初名承恩
蜀州司兵參軍若愚
太子文學若冰
蘄州刺史若水
太常寺協律郎雄
文力
文方
慶王府兵曹參軍若蕭
義烏主簿廣
維寧
維城

越敬王貞

琅邪王沖

級

越王房

眞安郡公游藝

同安郡公游素

汝南郡公䜭

潁田郡公璋

咸寧郡公璉

延王府參軍若彥

房

盛王府參軍若虛

吏部常選摽

角

虔王府參軍準

仁恕

仁愿

仁志

廣州司馬若思

某王府參軍卓

仁忠

維靖

維平

行餘

準

穀熟尉幼直

王屋主簿少和

仁範

鄧州參軍成季

商州錄事參軍方叔

項城令平仲

讓

脩武尉玎

武陟尉沔

王屋主簿季和

紀王愼

東平郡王續

徐國公行淹

兗州錄事參軍欽

季隼

紀王房

規

臨淮公珍子

晉州參軍鉞

嗣越王存紹

常山公清

沈國公溫

洽

泗州長史嚴
湯
弁
弇
弴
義陽郡王琮
行遠
行芳
鄧國公汝州刺史行休
寧州刺史旒
大理丞較
新平令輔

西河令軺
高平令季眞
遂平令君儒
戎都府士曹參軍頓
曹州別駕毓
右率府兵曹參軍轄
吏部常選輪
秋道縣男宗正少卿晛
猗氏丞軿
陝令輯
漳州刺史軻

左率府兵曹參軍敕
虞鄉尉轅
黃
宗儒
劍南效職章章
瑋
江陽令轢
宗儀
興子
阿神
太原府司錄參軍愿

陽翟令宗本
蕪尉應
阿師
諸暨尉季五
樂安縣公衡州別駕愻
丹楊郡公宋州刺史莊
戴國公汴州節度使行褘
均州刺史洧
陝府兵曹參軍審
文舉
晉州參軍參子
集丞衡以姪崔敏子嗣
萬泉令立言

閬州司馬文通　元立
永樂令寀　敦敘　元度
扶風令宙　盧州司倉參軍老老
潞州錄事參軍宁　朗山令文貞
蘄圻令文亮
安吉主簿文韵　阿藹
汾州司戶參軍亭
撫州別駕良　長社令寮
昆山令寀　吏部常選盛觀主
餘姚令悰　少矜
富陽令某　當陽令少微　阿叔
阿老
江夏令愐　餘姚主簿少真
舒州參軍峇
武昌尉惟　唐興主簿少康
台州押衙少毅

少贇
當塗令寘
亳州司兵參軍豐　悅
博昌尉愜
魚臺主簿悚
烏程尉寔　永新令悸　阿嚴
盩厔令忭　黃巖令奕　常州司兵參軍悅
鄒尉文質
餘姚尉讓
綿蜀等州刺史新　畢浦尉晟　嶲州刺史重
垂
襲丹楊公桂府都督長
楚國公江王友徽
襄陽郡公博州別駕秀
廣化郡公梁王友獻
建平郡公越王府司馬欽

隴西郡公都官郎中曠 潘州刺史行淳 安邑尉稠

荊南楊子兩稅使判官崗 吉州文學公度

容府經略推官慶之 鍇

鐵

常州司兵參軍元輔 顥

頊

頓

頎

吏部常選元弼 顒

顧

頠

復州刺史行蕭 美原尉某

武德令謨

隴西郡公宣歙觀察使行證 義烏令詞 太常寺奉禮郎元裕 [illegible] 宣州衙前虞候法師

左軍衙前總管三奇

金州刺史行正 泗州司馬詣

華州司功參軍記

衛南尉迪

寧陵尉迥

譙郡司戶參軍行謙 鄧州司馬諧 吏部常選德宣

嗣紀王定州刺史名鐵 嗣王信王府長史行同

嗣紀王光祿少卿行周

端王府司馬行用

襄王府司馬行回

嘉州刺史行周 廣都令胡

嗣紀王資州司馬建

德陽尉玥

綿州錄事參軍胡

曹王房

趙王福 贈建平王肖

嗣趙王穆 嗣王以嗣王孫

信都郡公澤

邢郡公恭

曹恭王明
零陵王俊
黎國公傑
嗣曹王胄
嗣王右衛率府中郎將戢
嗣成王江南東道節度使戶部尚書字子蘭
左金吾衛將軍道古
紘
綽
紹
縡
安南都護象古
復古
齊國公臻
介
嗣曹王備
衛尉少卿同正員
右武衛大將軍偲
昌
訓
挺
宗
長江
令瑜
旺
載椿
宜
玉
瑛
汶
遊奕使
亞夫
玘
瑋
琛
壽椿
寘
璐
瓚
言

唐書宗室世系表十下　二十九　以諧

穩
高
金
玩
霸
矜怡
寘
伯畇
可周
可圖
可同
可朋
晛
昆
逌玉
塘
晃
承義
晏
承禮
晁
燕
嚐

唐書宗室世系表十下　三十　以諧

晟															
峙						瑚		戢							
璠	珍					達	逵	嚴	柔	喬		棨			崙
周	景信	忠信	宥信	正信	懷信	神睿			蓬	元順	元顗	承祐	詧	居靜	歸漢

暕															
承光															
叔膠			叔敬								叔敬			叔徵	
諷	懷謙		臣緒	臣譯	臣友		臣業	臣賓			蒙	臣遠	椽	球	瓚
延球	權	樞	儒臣		延族	延實	延禱	確	紹	蘊	行韶		行偉		

曙 玔

璠 恪 珪

侊

惶

璹 從道

玹 玫 摽 式

昳

晴 賽 玎 鐃 太祁

唐書七十宗室世系表十下 三十三 王端

太郃

餕 太郢

玗 太邧

太邵

太郗

太鄗

鉤 太鄗

強

琓 録 太靜

太鄠

味言

味餘 太郞

太邢

太鄧

瑨 錮

璡 鐮

高宗天皇大聖大弘孝皇帝八子

燕王房

唐書七十宗室世系表十下 三十四 王端

燕王忠

澤王房

澤王上金 長平王義瑜

義璡

義璪

義珍

義現

義瑋

義致

義珪
嗣信王義珣　嗣王守光祿卿寵　嗣王闇

許王房

許王素節　琪
瑛
琄
琬
瓚
瑒

瑗
琛
瑨臣
中山郡王琳　盩昌大守嵩國公隨　虞部員外郎使
嗣許王秘書監璀　嗣王宗正少卿解　嗣王殿中監昭
嗣澤王璆　郢國公梓州刺史謙
汝南公兵部郎中巽
益

巴國公欽古　襲公貞

大邠章懷太子房

章懷太子賢　義豐王光順
邠王守禮　廣武王承宏
秘書少監承褰
嗣邠王承寧　嗣王讃
燉煌王承寀
儀王司馬承甯
梁王諮議參軍承寀

梁王諮議參軍承寔
豐王友承宮
豐王友承實
信王諮議參軍承賓
信王諮議參軍承宦
延王友承奭
延王友承客
榮王諮議參軍承寀

榮王諮議參軍承寧
永王友承寀
永王友承寫
潁王諮議參軍承寓
濟王諮議參軍承寘

永安郡王贈單王守義

中宗大和大聖大昭孝皇帝四子

湖陽郡王房

節愍太子重俊子湖陽郡王宗暉

睿宗玄真大聖大興孝皇帝六子

讓皇帝房亦曰寧王房

讓皇帝憲

汝陽郡王璡初封魯又名琇

隴西縣男鄧州刺史璹
潁丘縣子睦州刺史巖
嘉興縣子泰陵令擢
天水縣男朗州刺史篤
宗正少卿杕
裾
范陽縣男樗

弘農令梗
楓
上邽縣男太原少尹樞
富平令子昱
閒禮
嗣寧王汾州節度使存禮
勵令子稱
居禮
三水令全禮
太子中允子諲
左武衛將軍傳禮
隴西郡公靈武節度使玄禮
光祿寺丞光符
檢校祠部員外郎光啓
隴西縣男檢校吏部尚書光嗣初名濟
橋陵臺令傳裔
令濟
守琮
文著
文蔚
文郁
守端
友澤
誥
謙
詠

唐書宗室世系表十下 三十九

濟陽郡王嗣莊

彭原令泰禮

嗣寧王琳
鴻臚卿相

嗣寧王宗正卿瑊
嗣王子儆

嗣寧王太僕卿子鴻
嗣王太子家令平原
嗣王秘書少監穎

穎川郡公珣

友諒
湲

濆

晉昌郡公琎

魏郡公琯

蒼梧郡公玠
祀以晉昌公琎第五子繼

嶺南節度使從易
榮州刺史弘慶

壽舒光等州刺史弘徽

濠度使亭州刺史從簡

文安郡公璀

漢中郡王瑀
揭

王目曰

唐書宗室世系表十下 四十

惠莊太子房亦曰申王房

太常博士太子中舍人楨
諫議大夫景儉
圻字次山

堪字勝之

散騎常侍景儒

江州刺史景信
喬字平叔

容管經略使左庶子景仁

惠莊太子撝

嗣申王璵初名嗣恭以讓皇帝第六子繼

嗣王琦以璵兄繼
構
嗣申王陝州左司馬師貞

左散騎常侍秘
贈諫議大夫祐
鳳翔登安五州刺史弘徽

左贊善大夫允方

邊原節度副使仲方
戴

醴泉令元方
恕

佺

光祿少卿常立

贈國子司業積
嘉衛二州刺史翊
太原少尹泳
儋

扶溝令承方
嗣申王鉞

振

王目曰

惠文太子房亦曰岐王房

惠文太子範	河東郡王瑾			
	河西郡王珍			
	嗣岐王珍以惠宣太子子嗣	嗣王逸	嗣王愈	嗣王雲
				翰

惠宣太子房亦曰薛王房

惠宣太子業	樂安郡王瑗			
	滎陽郡王瑒	絳州長史迥		
		遐		
	嗣薛王琄	嗣王遼	嗣王密	嗣王知柔相昭宗
	特進璲			
	特進璩			
	瑔			
	璪			
	琇	逢		
	瓌			

玄宗至道大聖大明孝皇帝二十三子自玄宗以後諸王不出閤不分房子孫闕而不見

奉天皇帝琮	嗣慶王俅以廢太子瑛第三子嗣
廢太子瑛	新平郡王儼字伯莊
	平原郡王伸
	倩
	鄭國公儆
	韓國公太僕卿備
	太僕卿倫
棣王琰	汝南郡王僎
	宜都郡王儔
	濟南郡王俊
	順化郡王侒
	衛尉卿微
	太僕卿僚
	國子祭酒俠
	殿中監仁
	秘書監僾

王	子	孫
鄂王瑤		
靜恭太子琬	濟陰郡王俌	
	北平郡王偕	
	陳留郡王倩	
	衛尉卿傆	
	秘書監僙	
	鴻臚卿偑	
	文安郡王像	

王	子	孫
光王琚		
儀王璲	嗣王侄	
	臨川郡王佽	
	廣陵郡王倢	
	虢國公供	
潁王璬	滎陽郡王伸	
	高邑郡王僑	
	楚國公俔	

王	子	孫
	道國公傳	
永王璘	襄城郡王偒	
	餘姚郡王儹	
	吉國公便	
	鄎國公倮	
	國子祭酒伶	
	國子祭酒儀	
壽王瑁	德陽郡王僾	

王	子	孫
	濟陽郡王伓	
	廣陽郡王倛	
	薛國公伉	
	滕國公侑	
	國子祭酒傑	
		嗣壽王存志
延王玢	彭城郡王倬	
	平陽郡王伻	

魯國公倧
荊國公俇
太僕卿佐
盛王琦　眞定郡王僙
信都郡王偁
徐國公佫
許國公倸
濟王環　永嘉郡王俸

平樂郡王俔
沛國公佀
蕭國公俸
信王珵　新安郡王佟
晉陵郡王倜
吳國公倸
越國公佊
鄱國公儔

嗣信王林
義王玼　武陽郡王儀
高密郡王僳
曹國公佳
魏國公倴
陳王珪　安南郡王倫
臨淮郡王佗
安陽郡王伎

秘書監仿
代國公俘
宣城郡王僎
贈太常卿倪
豐王珙　壽安郡王侁
宜春郡王伷
郢國公佽
江國公佝

第一代	第二代	第三代
恒王瑱		
涼王璿	瀘陽郡王仂	
	安定郡王仕	
	蕭國公佀	
	鄭國公佺	
		嗣涼王賓雅

肅宗文明武德大聖大宣孝皇帝十四子

第一代	第二代
越王係	武威郡王建
	興道郡王適
	延德郡王迨
承天皇帝倓	
彭王僅	常山郡王鎮
兗王僩	
涇王侹	延德郡王迨
襄王僙	伊吾郡王宣
	樂安郡王來
杞王倕	同昌郡王倢

唐書宗室世系表十下 四十七

第一代	第二代	第三代
召王偲		

代宗睿文孝武皇帝二十子

第一代	第二代	第三代
昭靖太子邈	舒王誼	寧塞郡王太僕卿涉
		清河郡王太府卿洵
	霅溪郡王詠	
睦王述	恭化郡王謂	
	洪源郡王太常卿諷	
丹王逾	寧朔郡王宗正卿訪	
恩王連	景城郡王大理卿踦	
韓王迥	安康郡王譜	
簡王遘	恩平郡王司農卿証	
益王迺		
隋王迅		
忻王造	武威郡王太府卿諸	
韶王暹	晉昌郡王鴻臚卿翊	
嘉王運	新安郡王太僕卿訢	
端王遇	新興郡王衛尉卿誠	

唐書宗室世系表十下 四十八

王	子
遹 循王	平樂郡王光祿卿諝
通 恭王	
逵 原王	
逸 雅王	
遡 蜀王	

德宗神武孝文皇帝十一子

王	子
諶 通王	山陽郡王緘
諒 虔王	
謙 資王	

王	子
誡 昭王	
諤 欽王	
誠 珍王	

順宗至德弘道大聖大安孝皇帝二十二子

王	子
經 郯王	東平郡王恪
緯 均王	
縱 漵王	清河郡王懷
紓 莒王	內黃郡王愔
綢 密王	

王	子
總 郇王	
約 邵王	
結 宗王	
緗 集王	
綵 冀王	
綺 和王	
絢 衡王	
續 欽王	

王	子
纁 會王	
綰 福王	高陽郡王湞
繕 珍王	
紘 撫王	中山郡王悵
緄 岳王	
紳 袁王	安喜郡王慬
綸 桂王	
綽 翼王	上谷郡王忭

蘄王緝

憲宗昭文章武大聖至神孝皇帝二十子

惠昭皇太子寧

澧王惲	東陽郡王漢
	安陸郡王源
	臨川郡王演
深王悰	河內郡王潭
	吳興郡王淑
洋王忻	潁川郡王沛

絳王悟	新安郡王洙
	高平郡王滂
建王恪	
鄜王憬	平陽郡王濟
瓊王悅	河間郡王津
沔王恂	晉陵郡王瀛
婺王懌	新平郡王清
茂王愔	武功郡王遠

淄王協	許昌郡王齡
	馮翊郡王滋
衢王憺	晉平郡王沛
澶王悅	雁門郡王渟
棣王惴	
彭王惕	
信王憻	
榮王憒	嗣王令平

穆宗睿聖文惠孝皇帝五子

懷懿太子湊

安王溶

敬宗睿武昭愍孝皇帝五子

悼懷太子普

梁王休復

襄王執中

紀王言揚

陳王成美

文宗元聖昭獻孝皇帝二子

莊恪太子永
蔣王
宗儉
武宗至道昭肅孝皇帝五子
杞王
峻
益王
峴
兗王
岐
德王
嶧
昌王
嵯

宣宗元聖至明成武獻文睿知章仁神德懿道大孝皇帝十一子

靖懷太子漢
雅王
涇
衛王
灌
夔王
滋
慶王
沂
濮王
澤
懷王
洽
鄂王
潤

昭王
汭
康王
汶
廣王
澭
懿宗昭聖恭惠孝皇帝八子
魏王
佾
涼王
侹
蜀王
佶
威王
偘
吉王
保

恭哀太子倚
僖宗聖神聰睿仁哲明孝皇帝二子
建王
震
益王
陛
昭宗聖文睿德光武弘孝皇帝十七子
德王
裕
棣王
祤
虔王
禊
沂王
禋

遂王禕	景王祕	祁王祺	雅王禛	瓊王祥	端王禎	豐王祁	和王福	登王禧	嘉王祜	潁王禔	蔡王祐

宗室四十一房一曰定州刺史二曰南陽公三曰譙王四曰蔡王五曰畢王六曰雍王七曰郇王八曰大鄭王九曰蜀王十曰巢王十一曰大楚王十二曰荆王十三曰徐王十四曰韓王十五曰彭王十六曰小鄭王十七曰霍王十八曰虢王十九曰道王二十曰鄧王二十一曰舒王二十二曰魯王二十三曰江王二十四曰密王二十五曰滕王二十六曰恒山王二十七曰吴王二十八曰濮王二十九曰蔣王三十曰越王三十一曰紀王三十二曰曹王三十三曰澤王三十四曰章懷太子三十五曰湖陽郡王三十六曰讓皇帝三十七曰惠莊太子三十八曰惠文太子三十九曰惠宣太子蜀王房又有隴西渤海二房附見其譜定著三十九房終唐之世有宰相十一人鄖王房有林甫回鄭王房有程石福小鄭王房有勉夷簡宗閔恒山王房有適之吴王房有峴惠宣太子房有知柔

宗室世系表第十下

宰相世系表第十一上　　唐書七十一上

翰林學士兼龍圖閣學士朝散大夫給事中知制誥充史館修撰臣歐陽脩奉

敕撰

唐爲國久傳世多而諸臣亦各脩其家法務以門族相高其材子賢孫不殞其世德或父子相繼居相位或累數世而屢顯或終唐之世不絶嗚呼其亦盛矣然其所以盛衰者雖由功德薄厚亦在其子孫作宰相世系表

裴氏出自風姓顓頊裔孫大業生女華女華生大費大費生皐陶皐陶生伯益賜姓嬴氏生大廉大廉五世孫曰仲衍仲衍四世孫曰軒軒生潏潏生飛廉飛廉生惡來惡來生女防女防生旁皐旁皐生太几太几生大駱大駱生非子周孝王使養馬汧渭之間以馬蕃息封之於秦爲附庸使續嬴氏號曰秦嬴非子之支孫封𨙸鄉因以爲氏今聞喜𨙸城是也六世孫陵當周僖王之時封爲解邑君乃去邑從衣爲裴裴衣長貌一云晉平公封顓頊之孫鍼於周川之裴中號裴君疑不可辨陵裔孫蓋漢水衡都尉侍中九世孫燉煌太守遵自雲中從光武平隴蜀徙居河東安邑安順之際徙聞喜曾孫曄幷州刺史度遼將軍子茂字巨光靈帝時歷郡守尚書率諸將討李傕有功封陽吉平侯三子潛徽輯西眷裴出自陽吉平侯茂長子徽字文秀魏冀州刺史蘭陵武公以其子孫多仕西涼者故號西眷四子黎康楷綽黎字伯宗一名演游擊將軍秘書監二子粹苞粹晉武威太守二子詵暅詵太常卿避地涼州及苻堅克河西復還解縣生劭劭生和和生鍾鍾生景惠

景惠後魏州别駕		
會		
韜		
融後周司木大夫		
孝裔儀同大將軍		
該		樟
參戶部員外郎		
	恂赤丞	

				他字元化後魏中軍將軍荆州刺史								
				讓之字士禮齊中書舍人			訥之字士言北齊中書舍人居聞喜					謁之字士敬齊壺關令
							拔		世矩字弘大相高祖			通
				淨	給太子舍人				宣機禮部侍郎	奉高	善昌河州刺史	
爽	寂字眞玄相高祖									延慶商州刺史聞喜公		
	律師駙馬都尉河東公		法師將軍聞喜公		傑	武徽大理司直		子儀瀛州刺史				瑀費州刺史
	承先檢校左羽林軍將軍郇國公	承祿右清道率河東公										
		景儼武彊公										

洗馬裴出自粹子晅，晅生懂，自河西歸桑梓，居解縣洗馬川，號洗馬裴。仕前秦大鴻臚。二子：天恩、天壽。

天恩後魏武都太守
安祖安邑令
思濟
宗賢
鍇
同
機
乘禮
享膳部郎中
恆左拾遺
談相中宗
元明睦州刺史
光裔
昊左金吾大將軍
晟和州刺史
慶時昭應令
怡滁州刺史生宣禮司農卿
晞尚方監

仙裔
幼為猜氏令
勉晞
慶升
弘泰郴州刺史，郎中如以國王府諮議參軍，改律令
卯基字相思大理正
祖思
仲初
昶
克己京兆掾
克諧都官員外郎
萬頃□州刺史
祖愛
義同鴻臚卿
仁素
大同洛交府折衝
炎字子隆相中宗武后
鄰太子舍人

天壽後魏中書博士
智深
龍襲
叔騰
道玄
翼
華政隋黎州刺史黎國公
文立紀王府諮議參軍
元簡尉氏尉
曠御史中丞
融容州長史
鎮蘄州刺史
胐禮部郎中
慎從
思莊起居舍人
且京兆掾
伷先工部尚書翼城公
愿左補闕
齊先太子中舍人
弘諫議大夫
復字茂紹河南少尹
璟
生
蟾
質吏部郎中

望郎
諷太子正字夏州觀察判官
敬兵部侍郎御史大夫
碁
謹
琰
華字藏夫邕管經略使
璋
弘泰節度使御史大夫子少保河東縣伯

述　士衡　季通，金部郎中、恒王傅。　依訓，絳州刺史。
士勛　延休，慈州刺史。
英　元
莊，後周驃騎大將軍、吉陽郡公。　通，開府儀同三司、懷義郡公。　弘策，隋將作大匠、黎陽公。　行方，字[illegible]，隋茂州總管、行軍總管、清丘道行軍副總管，右衛將軍，檢校[illegible]州[illegible]
復，邵甘州刺史。　務　裔　[illegible]，襄陽節度使。
悚
藹，主客員外郎。
[illegible]
盛
嶷　操之
善文
元璬，都官員外郎。
君　勤忠　晉，梓州刺史。
覲，荊州按察使。　達一名從，京兆少尹。
敷，成都少尹。
迪　藹
遹，同州刺史。
造
[illegible]，字[illegible]，河東太守，晉城縣子。　[illegible]，字玉[illegible]，曹、[illegible]任城尉。

南來吳裴出自黎第二子苞。苞三子：軫、丕、彬。軫生嗣，嗣西涼武都太守，三子：邕、奣、策。邕度江居襄陽，生順宗，順宗三子：叔寶、叔業、令寶。叔業，齊南兗州刺史，初歸北，號南來吳裴，事後魏豫州刺史、蘭陵郡公，謚忠武。子蒨之、芬之、簡之、英之、藹之。

達
大猷，監察御史。　闡，韶（赤）尉。
大方　思敬，一名思明，遂州刺史。
蒨之，字文[illegible]，北齊膠陽王，左常侍。　[illegible]，[illegible]將[illegible]，蘭陵敬公。　測，字伯源，後周常侍。
同節，殿中侍御史。
光復，慶州刺史。
簡之後，魏岐州刺史。
景國，平令。　正，隋散騎常侍。　[illegible]　九思，歷陽丞。　仲卿
泠，永平集正、大理尉。
季卿，湖州司士參軍。　叔卿，濟州司馬。
淑，汝州參軍。　洵，鄂府參軍。
潤　明法
淨　明法
演　明經
江　明經

守眞字方宗鄭宰二州刺史							
子餘給事中鑒孝		巨卿衛尉少卿				耀卿字煥之相玄宗	
涿奉禮郎	闕女濟遠華府兵曹參軍	沐河南府參軍	濠臨安令	樞司勳員外郎		遂太子司議郎	泛梁州都督
				惲字知止	褒字補臣		朓

		泫祕書少監	綜吏部郎中				
收	彪		信字弘正國子祭酒			琬侍御史	
			泰章字數蒙給事中	含章字積中	耕字德實	炊章字子光	欽字鼎俊
			孝瑱				
			彌字祈山				

					幼卿洛陽尉	僑卿起居郎
	皋給事中			延通事舍人	士安太府卿	佐
武太府卿	湛江西觀察使				亮	
	德濬字裔老	德融字周耀	德符字渭翁			

佑	傅	保	信	訮尚舍直長			
				仲佐	叔謩		叔獻均州刺史

伯言戶部員外郎
行立邑管經略使

春卿太子中允
淑倉曹參軍

挺內直丞

常棣杭州刺史
臨字敦吉

常憲

好古

好問

昱鼓城令
洽左司禦兵曹參軍

濟明

法

液

澈

歸仁路府司兵參軍
知柔兗州司馬
襲治
廣

嗣

守祚下邽令
令溫房豫陝三州刺史
導

令賓二子彥先彥遠彥遠生鑒鑒生獻

獻隋扶州刺史臨汾公
義山
奭

知節南和令
倩
士倫禮部尚書絳郡公
登

遵字文玄檢校禮部尚書

嬰閬州刺史

士南

行本相武后

羣隋魏郡丞
公緯祠部郎中
瑾之倉部郎中
崔太子賓客正平懿公
充

琰之
緬
系諫議大夫

公繹邢州長史
延昕婺州刺史

無悔袁州長史
卓岐州刺史
膺戶部郎中
況員外郎

綜

沖

汶湖州刺史

渾

嶒

倩秘書監
叔潾
覇吏部員外郎
坦太平令
興工部員外郎
昌弘農太守
徽戶部郎中
涗
涓
寬禮部尚書
晉字士明東都副留守
弘儀
戡

猷侍御史大理正
勝國子司業
澥給事中
覽
克河南府司錄參軍
珏杭州刺史
堅
璩字挺秀檢校司空
瓚字公器刑部尚書
垣字克構
滕戶部侍郎
湮
沼
注

渙
俗鳳州刺史
惆河內太守
育檢校員外郎
澡工部郎中
溶
濡
漸
脩

靖舒州刺史
晏
京洮州別駕
賈字遐叔檢校兵部尚書諡成
肖容府經略推官
溫太子舍人
漳右衛錄事參軍
湲絳州參軍
渙弘文明經

公績
挺之洪州都督

允
肅右領軍將軍

眺
龍虔相州刺史
中義左補闕

中眷裴氏出自嗣中子𪗇晉太尉宋公版諮議參軍并州別駕號中眷三子萬虎雙虎三虎

萬虎
保歡
良字元寶後魏太府卿監貞
子通隋太中大夫
敬彝吏部侍郎
錫司勳員外郎

叔祉北齊太府卿
子闓
元質尚書右丞
杞

大醜
慶孫後魏太中大夫
子瑩太尉司參軍
受
宣明華州刺史諡簡
景鸞華州刺史
文端北齊行臺郎
顒

安

弘

振

景鴻北齊和夷郡守
叔卿貝丘令
神案和州刺史

神符
紹宗
遇和州刺史生光進[illegible]延齡戶部侍郎[illegible]

茂宗禮部尚書
眺金部郎中孫嘉壽

雙虎後魏河東郡太守
秀業天水郡太守
遠正平郡太守澄城縣子
文舉字道裕後周青州刺史
胄大都督
神安邑通守
知禮同州刺史
思本

思哲

思恭

知古太常令

璣
大感石州刺史
元初太子賓客
藏之道常州刺史

則之

憲秀
嵩壽梁兵部尚書
伯鳳後周光汾二州刺史琅邪郡公
定高襲琅邪郡公馮翊郡公
仁基字德本隋光祿大夫忠公
行儉
貞隱郢南府果毅
參玄鄧州刺史
植祠部郎中

義玄

悟玄赤丞

延休

慶遠

德超寧州刺史
思簡
休貞定州刺史

思[illegible]武大總管河東郡公
蕭親衛參軍

孜察漢州刺史
斂

繁

微

行儉襄武道大總管聞喜憲公
光庭字連城相玄宗
稹司勳員外郎襲正平縣子
倩字容卿度支郎中襲正平縣男諡節
均字君齊左僕射平章事郇公
鐩鳳翔府參軍河東縣男

- 第十二格：鍔江陵尉
- 第十二格：鋗
- 第十二格：鐈
- 第十二格：鎬
- 第十格：倣字九思左金吾將軍謚成
- 第十一格：堅毅中丞
- 第十一格：墐字封叔吉州長史
- 第十二格：銑
- 第十一格：植字靖之秘書監

- 第十一格：增戶部郎中
- 第十二格：鐇
- 第十二格：鐘字振德
- 第十格：倚殿中侍御史
- 第十格：侑揄次尉
- 三虎後魏義陽太守
- 文德
- 軌
- 瑾
- 景叔青州刺史
- 子瑜
- 瑜鄜州刺史
- 景深
- 著
- 世清江州刺史
- 嘉陵稼州司馬

- 思訓巴州刺史
- 皎然
- 周南監察御史
- 邵南
- 士南
- 脩然
- 國南
- 嵩仁
- 耀之高陽太守
- 知道武陵令
- 義弘中書舍人玄武公
- 懷字翁喜杭州刺史河東縣男
- 遵裕
- 單
- 宜
- 遵業
- 彭
- 禮部州刺史
- 遵慶字少良相代宗
- 會都官郎中

- 向字偉仁吏部尚書
- 寬字子[illegible]御史大夫
- 格
- 偓字化堂相昭宗
- 挑弓
- 瓌字寶興後魏河北太守
- 鑒司徒右長史
- 澤北齊黃門侍郎
- 祥
- 方產右司郎中
- 成太子諭德

苞第三子丕丕孫定宗定宗涼州刺史生訛後魏冠軍將軍生遼太原太守散騎常侍生纂纂正平太守鄴西公四子舒嗣秀詢舒後周車騎將軍元氏公生昂生玄運濮州刺史生季友司門郎中太子僕生武武曾孫訢

- 訢赤尉
- 惣太常博士太子舍人
- 世節隋晉州司馬[illegible]永福公
- 玄奉梁州都督[illegible]永福公
- 知久宜芳令
- 安期汾州司馬
- 後己漆源令
- 鄉奉常卿河東縣公

邠少府監丞	鄖涪州刺史	郯兗州別駕	鄯汾州別駕			
			乂福建觀察使			
			誨	謍	謨	坦字知進相懿宗
					顗字敦士	贄字敷敷

						播巳左衛大將軍
						鄖潭州刺史
			稷虔州刺史	璪字右卿越州觀察判官		
			備大理丞		及	
勛字思弘	脁字延賞	賸字昌言	贄字敬臣相昭宗			
			羽字用化壽安尉			

						知言	
						璩登州刺史	瑒
				脩己左贊善大夫	遠梁主簿		
郯嶺南節度判官	鄫江州刺史	郢河陽令	鄖衢州刺史	鄔宣州長史			
	溫伯澤州刺史						
	岫宜春尉						

東眷裴出自茂第三子輯號東眷生頴頴司隸校尉生武字文應晉大將軍玄菟太守永嘉末避地平州二子開湛開字景舒仕慕容氏太常卿祭酒三子原成範範字仁則河南太守四子韜沖湛綏沖字太寧後秦并州刺史東陵子五子道子道護道大道會道賜道子字復泰本州別駕從劉裕入關事魏南梁州刺史義昌順伯三子德歡恩立輔立德歡一名度豫鄭廣坊四州刺史謚曰康二子澄禮

澄字靜慮後魏汾州刺史			
禮字仲寶後周車騎大將軍			
鏡民隋兵曹郎			
熙載兵部尚書			
居道相武后			
望瞵臺郎	乘	潤	融右驍衛將軍
			[illegible]

熙勛洛州長史　居業

庸　恂京掾

文度州留守兼十六州兵馬事　景晏舒州刺史　居素　惲　孝禮京掾　洽

汲

孝智都官郎中　遠壽州刺史

造

居默太谷令　恪亳州刺史　千鈞冊州刺史　政柔左金吾將軍　炫隰川令

皤虞部員外郎　浩麟游令

滔聞喜令

敬休文水令

敬柔聞喜令

建新安令

銳絳州刺史

弘慶屯田郎中

弘本鄆州知院

魯卿宿州刺史

魯賓

玘

大方司列員外郎　居暉

居士太子少詹事　虛己光祿卿駙馬都尉

虛舟左贊善大夫　元乘

琴　徽殿中丞駙馬都尉　液道州刺史駙馬都尉

琥

玢太僕卿駙馬都尉　倣太常卿駙馬都尉

光叔導師貞江令

居業

居約

居近

正覺

尼字魯尼後周御正大夫
之隱神州長史會稽安男

師民後周記室參軍

之奐
希仁膳部郎中

希悰字敷實齊州長史
思進隋令
巽國子祭酒駙馬都尉魏國公
齊參贊善大夫

齊閔國子司業
穎衛尉卿駙馬都尉

頎太原令

頎

齊倚秘書少監
大亮兼御史中丞

齊丘秘書監駙馬都尉

齊嬰陳王府長史
頊

李

臨秘書郎

隨
冀右金吾將軍

鼎左衛將軍
友悌鄧州刺史

思約威遠令

思禮穀熟令

思政

暨王太子僕

思溫洛州司功參軍

希莊陳州刺史
抗京掾
宣
審字中明浙東觀察使
儔字夫之江西觀察使
延翰字伯甫監田尉集賢校理

延魯字東禮浙東觀察使

休字公美相宣宗
弘字裕志
瑀字奧玉

珦字德倜

敨字藏器
瑑

倓字寵儀諫議大夫
倕

徽字深源相僖宗

揚寧州刺史

王端

擇	巨源	稚廷	道護	生客兒	客兒	文政	令慈	溆	文藝	道	思業	鴻智	昭	悟	怦	綱
			道護二子次愛祖念祖念生弘陁後魏聞喜公生鴻琳易郡太守	生客兒	客兒後魏襄平郡丞							鴻智襄州長史高邑恭侯				
					文行右文丞	文政			文藝後魏伊河二州刺史			師道				
					玄度絳丞	玄珪萊州都督	令慈		思賢青州刺史	道齊州刺史	思業	懷節洛州刺史謚定				
	巨源	稚廷戶部郎中			翔朝城令	獻之	守一河州刺史			果字茂昭後周[illegible]二州刺史[illegible]公	譒	浩太僕少卿	昭太府少卿			
擇職方郎中	思慎職方郎中				浩		偃	溆永州刺史		孝仁建譙亳三州刺史		貞亳州刺史	曠右金吾將軍平陽貞公			綱蔡州刺史
					佐杭州司甲參軍								兢大理司直	悟長樂太守	怦洛交太守	璩河南少尹
															希先溫州刺史	澄蘇州刺史

濟	溫	歡	相	皎	懷儉	垍	衡	晦	坰	惠迪	思謙	思讓	紹昌
					懷儉監察御史								
				皎太廟令									
				之廣綿州刺史									
		歡赤尉	相京掾										
濟	溫泉州刺史				昱高陵令								
					增	垍字弘中相憲宗	衡字撫私		坰大理少卿				
						鍠			含章	惠迪	思謙字獻臣工部尚書	思[illegible]字自牧左僕射常侍兼大理卿	
								晦				紹光字安卑	紹昌殿中侍御史
													慎辭

						師武
						懷肅
						慈亳州刺史
					瑩	
				璿壽州刺史	堪	
恩					紳字子佩	
洗大理寺丞	濯臨汾尉	浣太原府參軍	湘絳州司法參軍		庭裕字膺餘	
					慜字莊己	

	師義					
懷哲忠州刺史	懷感澧州刺史					
	陟滑州司馬					
	紀長安丞					
	璵字子璽肅相代宗	正河中少尹				爵太僕卿
		翊	毅	棊郎州刺史		籛贊善大夫
				希顏邕府巡官	覺	

				嬰			
僉錦州刺史	素	廣	均	匠慈州刺史	匯	匪	匣

					成	珍	秦京掾
綰			瓚				
憲			佪	昕兼御史中丞	峴	平	
區	蒞國子司業	奭	偃				
		格字文明					

欣劭
魯師
知機
鎰
夏
政行軍司馬
克諒
寘
有鄭灑陽令
敵澠池丞
度字中立相憲穆宗文
頊字置業翰林學士工部侍郎
詡
造
諗權知刑部侍郎
沼字化龍
調
讜字通理檢校右僕射晉國公
佋監察御史
逈司封員外郎
紕懿掌書記
誠
光鼎字德原
讓
禹昌字聖規

裴氏定著五房：一曰西眷裴，二曰洗馬裴，三曰南來吳裴，四曰中眷裴，五曰東眷裴。宰相十七人。西眷有寂、矩；洗馬有談、炎；南來吳有耀卿、行本、坦；中眷有光庭；東眷有居道、休、澈、冕、度、遵慶、樞、贄。

劉氏出自祁姓，帝堯陶唐氏子孫。生子有文在手曰「劉累」，因以爲名。能擾龍，事夏爲御龍氏，在商爲豕韋氏，在周封爲杜伯，亦稱唐杜氏。王宣王滅其國，其子隰叔奔晉爲士師，生士蔿。蔿生成伯缺，缺生士會。會適秦，歸晉，有子留於秦，自爲劉氏。生明，明生遠，遠生陽，十世孫戰國時獲於魏，遂爲魏大夫。秦滅魏，徙大梁，生清，徙居沛。生仁，號豐公，生煓，字執嘉。生四子：伯、仲、邦、交。邦，漢高祖也。高祖七世孫宣帝生楚孝王囂，囂生思王衍，衍生紆，紆生居巢侯般，般字伯興。般生愷，字伯豫，太尉、司空。生茂，字叔盛，司空、太中大夫，徙居叢亭里。愷六世孫訥，晉司隸校尉。孫憲，生羨。羨二子：敏、該。敏從子僧利

敏
慶，後魏東徐州刺史，諡曰簡
幹，北齊高平太守
通字子將，隋北陵郡通守
德威字子尚重，刑部尚書
審禮，工部尚書、彭城公
俭壽，太常丞
倚應
易從，漢州長史
昇，中書舍人
晟，給事中
頴
顥，殿中侍御史
識
崇業
朓，汴州刺史
延景，陝州刺史
溫玉，許州刺史
寘，懷州刺史
承顏，宗正卿
瓌，國子祭酒
爲輔
商，檢校虞部郎中
仁師字行輿，司勳郎中
寀
爲鱗
琪，左衛將軍
爲翼
爲範

德敏梁州都督		德智滁州刺史				
崇術隋州刺史	悅鳳州刺史	延嗣汾州刺史	崇直嘉州刺史	守約		守悌刑部侍郎
			體微諫議大夫衛尉卿	昌源秦州都督	宅相吏部郎中	

軌	倫利復龍羽林監					
	世明字伯楚南兗州刺史					
擔隋衛尉卿	偉字世英北齊幽州刺史					
澈	瑗					珉北齊睢陽太守
	儼之楚州刺史		行之			務本隋留縣長
			延祐安南都護	延慶		藏器比部員外郎
	欣時侍御史	叔時殿中侍御史	含章	貴太平尉	居簡太原尹	知柔工部尚書彭城侯
			猛	液管城令	深	繹金部郎中
				汴		

				知章	子玄中書舍人集賢學士文公		
緯巴陵太守	綝和州刺史	繪延州刺史	鐇桂府都督		貺起居郎		
					浹	滋相德宗	
					贇	約	緒

餘河南功曹參軍	稟尚書右丞				秩國子祭酒	
贄	贇字公[illegible]宜[illegible]保彭城縣男				賚	製
從閣左補闕	茂孫	勝孫	憲孫	鄰孫		

迅左補闕
迴給事中

京兆武功劉氏本出彭城後周有石州刺史懿

懿
昭隋上儀同三司
文靜字肇仁相高祖
樹藝

樹義魯國公

文起通直散騎常侍

彭城劉氏又有劉升

升
景字司光鄜坊從事
瞻字幾之相懿宗
滉字鑒源

陟

延實渭南尉右拾遺

尉氏劉氏出自漢章帝子河間孝王開世居樂城十世孫通徙居尉氏

通後魏建武將軍南陽太守樂城侯
能北齊冠軍將軍
纖淮陽王參軍
子威
仁軌字正則相高宗
溜

濬工部外員郎
晃太常卿襲樂城公
子藩河東節度掌書記殿中侍御史員外郎
煩雅州刺史
瑑字子全相宣宗

頊字昭愿

昴京兆少尹
子之
元鼎慈州刺史
恩字秀挺

公輿祠部員外郎

仁相

臨淮劉氏出自漢世祖光武皇帝子廣陵思王荊子俞鄉元侯平平生彪襲封事繼母以孝聞世號仁義侯生玄玄生熙襲尚書郎熙生述東平太守述生建晉永城令世居臨淮建生會歷琅邪內史從元帝度江居丹楊曾孫彥英宋給事中通直散騎常侍二子隱人逸人梁末又徙晉陵隱人五世孫子翼

子翼字小心著作郎弘文館學士
懿之給事中

褘之相武后
揚名

南陽劉氏出自長沙定王生安衆康侯丹襲封三世徙沮陽裔孫廙字恭嗣魏侍中關內侯無子以弟子阜嗣阜字伯陵陳留太守生喬字仲彥晉太傅軍諮祭酒生挺穎川太守二子簡耽耽字敬道爲尚書令生柳字叔惠徐兗江三州刺史又徙江陵曾孫虬

虬字靈預宋當陽令文範先生
之遴字思貞梁都官尚書
洎字思道相太宗
廣宗都官郎中
敷行也四員外郎
肱

朓

弘業

廣平劉氏出自漢景帝子趙敬肅王彭祖彭祖生陰城思侯蒼蒼薨嗣子有罪不得立遂居廣平肥鄉蒼十一世孫邵字孔才魏散騎常侍十一世孫藻

藻
孫兗州刺史
林甫中書侍郎樂平男
祥道相高宗
齊賢名景先相高宗

應禮

丹楊劉氏世居句容

處道，祠部郎中

應道，吏部郎中

令植，禮部尚書

儒之，京兆少尹

從一，相德宗

武壽，字五州，留中丞，金鄉公

元鼎，括州刺史

如璠，駒山丞

邕，字永，兵部員外郎，惠公

伯芻，字素芝，刑部侍郎

寬夫，字處之，濠州刺史，秘書郎

允章，字蘊中

濟明，字外朗

煥章，字文中

玄章，字求中

端夫，吏部員外郎

嚴夫，字子耕

王震

三復，刑部侍郎

鄴，字漢藩，相懿宗、僖宗

希，字王顏

單，字陳，秘書校書郎

曹州南華劉氏出自漢楚元王交之後，自彭城避地，徙南華，築堌以居，世號劉堌。隋有東萊令劉晉，字進之，三子：郁、多讓、多退。

郁，字蔚，弘文館學士

懷器，字汨藏

知仁，字仲安，新鄭令

十見，五經及第

恭，字伯賓，新井令

知晦，字仲晶，武功丞

昱，字士明，大理司直

齊賢，字仲習，殿中侍御史

晴，字伯圖，德州士曹參軍

鼎，字仲實

顏，新安令

徽，郎

巽，字中正

咸

章

解

益

審一

恆，字仲，綿州侍御史，觀察判官

紹，字仲莊，曲州功曹參軍

深，字仲淵，曲州功曹參軍

遹，字士昭，杭州刺史

鍊，字之大，大理評事

瀠，字瀾之，大理少卿

增

璩，河中少尹

逵，字乘中，兵部、吏部郎中

顗

綱，著作郎

拱

枝，字士能，檢校戶部員外郎

徽，字休祥，藍田尉，直史館

文滔，泉州觀察推官

文渙，字霸源，吏部郎中

文澤，武進令

武庫

揆長水尉

圻字唐吏宣武節度判官

貢孫江陽令

弄璋

垣

湙字濟川莴城尉

琄字子美大理評事

墠陳留令

任

壇

適經字仲達奉天尉

全經字仲博清河尉

贇字賓卿王屋尉

堉

弘夫

鵬夫

顔夫

贍經字仲豐

道經字仲常太常寺太祝

天養

志經字仲修雅州刺史

儼字禮先華州司馬

紀大理評事

寔西河令

評全州防禦判官

紹

畫

阿尹渠江令

阿更

揆古勛山令

紘商南令

縕渠江令

三象

綰

頻

陝字敦先好畤尉

庾子

潼字子固河東節度使

紓

行	一	二	三	四	五	六	七
三		晏字士安，相肅宗、代宗。					
四		執經字長儒，吏部郎中。					
五	陟	嚳字景先，大理評事、嶺南節度判官。		璹字景溫，澤州刺史。	璿字景潤，楚州參軍。	琢字景真。	
六		審己，華州文學。	讜字直哉。	彥盧，氏尉。		坤	垌，松陽令。

行	一	二	三	四	五	六	七
四					經字宗仲，國子祭酒。		
五	和字晦中，洪州司士參軍。	珂字景儀，[illegible]尉。			倚字正卿，監察御史。	文蘭，洛陽丞。	錮，虢州長史、左贊善大夫。
六		誥字坦然，普安令。	詠，澤州錄事參軍。	韶，新寧令。	權，平輿令。		好古字秀龜，宋州司士參軍。
七							車子

行	一	二	三	四	五	六	七
六				侃，藍田令。			儼，龍丘令。
七		好問字彥博，無錫丞。	好學字彥深，蘇州功曹參軍。	挺，沙水令。	軒，河南尉。	輜	承嗣
八	季隨						

行	一	二	三	四	五	六	七
一				多讓字壽之			
二	懷策字伯謀			知滿字子沖			
三	知至字去盜　惟箴	知運字寶南　惟夔	知遠字　惟深	緒福			神慶
四		充丞		欽太	欽瑜	欽惠	

神務　光輔

韡　光鍰

逸愃

環

贊　璹

多遜字勗之　懷亮字子信

懷璧字子溫　景珍

懷安字子寧

劉氏定著七房：一曰彭城，二曰尉氏，三曰臨淮，四曰南陽，五曰廣平，六曰丹楊，七曰南華。宰相十二人。彭城房有滋、文靜、瞻；尉氏房有仁軌、瑑；臨淮房有禕之；南陽房有洎；廣平房有祥道、景先、從一；丹楊房有鄴；南華房有晏。

河南劉氏本出匈奴之族。漢高祖以宗女妻冒頓，其俗貴者皆從母姓，因改爲劉氏。左賢王去卑裔孫庫仁，字沒根，後魏南部大人、凌江將軍；弟眷，生羅辰，定州刺史、永安敬公。其後又居遼東襄平，徙河南。羅辰五世孫環雋，字仲賢，北齊中書侍郎、秀容懿公。弟仕雋。

仕雋

坦字寬夫，隋大理卿、昌國縣伯

政會，邢襄公

玄意字源之，汝州刺史、駙馬都尉

奇，天官侍郎

愼知後，嘉令

聚，東阿令

藥字茂實，秘書郎

符字端期，蔡州刺史

崇龜字子長，清海節度使　垂字昭睍

崇彝字子憲，都官郎中

崇望字希徒，相昭宗

崇魯字如文，水部員外郎、知制誥

[illegible]字成[illegible]，太常少卿、弘文館直學士

璩字寶臣，洪洞令　岳字昭輔

環

玗

超，河南少尹　全誠

禹字可大，吳興太守、江南採訪使　方平

同，萬年令

循，金吾將軍

玄象，主客郎中

玄育，易州刺史

河南劉氏宰相一人。崇望。

宰相世系表第十一上

宰相世系表第十一下　　唐書七十一下

翰林學士兼龍圖閣學士朝散大夫給事中知制誥充史館修撰臣歐陽脩奉

敕撰

蕭氏出自姬姓帝嚳之後商帝乙庶子微子周封為宋公弟仲衍八世孫戴公生子衎字樂父裔孫大心平南宮長萬有功封於蕭以為附庸今徐州蕭縣是也子孫因以為氏其後楚滅蕭裔孫不疑為楚相春申君上客世居豐沛漢有丞相酇文終侯何二子遺則則生彪字伯文諫議大夫侍中以事始徙蘭陵丞縣生章公府掾章生仰字惠高生皓皓生望之御史大夫徙杜陵生育光祿大夫生紹御史中丞復還蘭陵生閎光祿勳閎生闡濟陰太守闡生冰吳郡太守冰生苞後漢中山相生周博士周生蟜蛇丘長蟜生逵州從事逵生休孝廉休生豹廣陵郡丞豹生裔太中大夫生整字公齊晉淮南令過江居南蘭陵武進之東城里三子儁鎋烈苞九世孫卓字子略洮陽令女為宋高祖繼母號皇舅房卓生源之字君流徐兖二州刺史襲封陽縣侯生思話郢州都督封陽穆侯六子惠開惠明惠基惠休惠朗惠蒨惠蒨齊左戶尚書生介

介字茂鏡梁侍中

引字叔休陳吏部侍郎

德言秘書少監

泚太子洗馬

安節相王兵曹參軍

至忠相中宗睿宗

衡

衎

隨

元嘉諫議大夫

廣徵工部員[illegible]郎

齊梁房整第二子鎋濟陰太守生副子州治中從事生道賜宋南臺治中侍御史三子尚之順之崇之順之字文緯齊丹楊尹臨湘懿侯十子懿敷衍暢融宏偉秀憺恢衍梁高祖武皇帝也號齊梁房

懿字元達長沙宣武王七子業藻象猷朗軌明明字靖通梁貞陽侯曾孫文憬

文憬湖州司馬

元祚萍鄉侯

誠司勳員外郎

諒汝州刺史

直給事中

策檢校員外郎

節

華邵州刺史

嶠字應之

鄴字啟之相宣宗

說字僧弼

晏字季平

渙字文度

昌字光祚

贊字中蘊

曙字象文

著字文舉

峴

元禮湘州刺史

讓虢州刺史

護郢州刺史

詮大理評事

[illegible]

梁高祖武皇帝八子統綱續繹綜績綸紀統昭明太子綱簡文皇帝也統五子歡譽詧警譽

獻字孟孫襲封安王

晉侯梁歸後梁明帝琮隋莒國公

宣帝

明帝

琮

鍾集州刺史

崇望滎陽令

璟祕書監

琢晉陵王

欽貝州刺史

昉

昭

珣南海王

鉅

嗣衡鍼州刺史

煒

嗣業鴻臚少卿琅邪郡公

希諒黔州都督

鈞太子率更令

儼字玄茂渝州長史

仲琰絳州刺史

貴侍御史

孚均州刺史

晉汾州刺史

遇國子司業

顒東川行軍司馬兼御史大夫

擀字明文

沐

異起居舍人

嵩相玄宗

華相肅宗

恒殿中侍御史

俛字思謙相穆宗

悟大理司直

傚字思道相僖宗

廛字富侯給事中

須字子登

愿字文恭

益南州團練推官

顯字子光虔支巡官

衎

膺字應之

戭衛太僕卿駙馬都尉

頊字侯初相德宗

儉

鶱字鵬舉

譔

寅相懿宗

遵字德聖相僖宗

宥

遘字昌瑩

巽

外太僕卿駙馬都尉

位

佩

儒

偲

鼎蜀州別駕

瑀字時文相高祖

銑駙馬都尉太常卿

守業衛州刺史

建黔中觀察使

守道

鍇襄州刺史

守規

汾劍南西川行軍司馬兼御史中丞

鍇虞部郎中

	炎	巖 安平王	岑 吳王		
			璜	球	瑁
鉞 給事中			丈朗 秘書少監	繕 衢州刺史	
恕 虢州刺史					憲 亳州刺史
定 字梅臣太常卿		隱之 刑部侍郎			

蕭氏定著二房：一曰皇舅房，二曰齊梁房。宰相十人。皇舅房有至忠；齊梁房有瑀、嵩、華、俛、倣、復、寘、遘。

竇氏出自姒姓夏后氏帝相失國其妃有仍氏女方娠逃出自竇奔歸有仍氏生子曰少康少康二子曰杼曰龍留居有仍遂爲竇氏龍六十九世孫鳴犢爲晉大夫葬常山及六卿分晉竇氏遂居平陽鳴犢生仲仲生臨臨生亶亶生陽陽生庚庚生誦二子世扈世生嬰漢丞相魏其侯世扈二子經充經秦大將軍生甫漢孝文皇后之兄也充避秦之難徙居清河漢贈安成侯葬觀津二子長君廣國廣國字少君章武景侯二子定誼誼生賞襲章武侯宣帝時以吏二千石徙扶風平陵二子壽邑壽護羌校尉燉煌南竇祖也邑南陽太守生猛定安太守二子秀敷秀二子林林後漢武威太守太中大夫避難徙居武威爲武威竇祖敷三子平年友融融字周公大司馬安豐戴侯生穆城門校尉駙馬都尉襲安豐侯五子勳宣褒霸嘉宣生尚以家難隨毋徙隴右爲隴右竇祖嘉少府兼侍中安豐侯三子潛奉萬全奉子武特進槐里侯晉贈文嘉貞侯萬全襲安豐侯二子會宗章會宗子孫居武功扶風章大鴻臚卿三子陶唐統統字敬道鴈門太守以竇武之難亡入鮮卑拓拔部使居南境代郡平城以間窺中國號沒鹿回部落大人後得匈奴舊境又徙居之生賓字力延襲部落大人二子異他他字建侯亦襲部落大人爲後魏神元皇帝所殺併其部落他生勤字羽德穆帝復使領舊部落命爲紇豆陵氏晉冊穆帝爲代王亦封勤忠義侯徙居五原生子眞字玄道率衆入魏爲征西大將軍生朗字明遠復領父衆二子滔祐祐遼東公亦領部落三子提拓巖自拓不領部落爲魏侍中遼東宣王巖安西大將軍遼東穆公從孝武徙洛陽自是遂爲河南洛陽人三子那敦略略字六頭征北大將軍建昌孝公孝文帝之世復爲竇氏五子興拔岳善熾岳後周清河廣平二郡太守神武郡公與善熾子孫號爲三祖岳二子熾毅

他 後魏定安[illegible]二郡太守安[illegible]侯	毅 後周大司馬杞公										
洪景 隋驃騎大將軍西河郡公	照 蜀郡太守鉅鹿郡公										
巖 都水使者襲公	孝 隋駕部侍郎襲公										
明哲 河池郡司馬襲公	德明 晉陵郡太守襲公	德素 南康郡太中									
奉	知衛 常州長史襲公	懷文 延安郡司馬									
	思泰	思暕 陳留令	承家 右勳衛	思忠 尋陽郡司馬							承祖 三山令
		仙童		景容 歷安郡司馬		景光	景詮		景俊 道王府參軍		南容 安康令
				千頃	萬頃		萬鈞	萬錫	論	建 左武衛兵曹參軍	充 猗氏令
				勸							

瑨 鴈門丞 昕
霈 江陵丞 工奴
霽 義川令 稷
浦
迥
伯金
伯玉
伯瑜 平高令

西賓
東里 河東丞
思恭 洪府錄事參軍 如璧 東陽令
思泰
懷哲 武威郡都督 承基 右衛中郎 徽 扶風主簿
傑 三水主簿
承禮 似
承慶 安西副都護 倚 左衛千牛

銳 左金吾胄曹參軍
倩 恒王府戶曹參軍
綸 恒州參軍
攸 太常寺太祝
儀 同州司士參軍
承孝 東陵太守 傑 唐安郡太守 迥
還
遇

途
述
倚 巴西郡參軍
承福 俊
德沖 陝州刺史 積善 榆林郡司馬 贇 益昌郡司馬
宣 新繁丞
詵 巴西郡參軍
崇樂 安主簿 鴻漸 廣城令 復 監察御史

敞神皐丞
岳
君布西令　南銑　卓太原府倉曹參軍
良弼
義積太常少卿　欽望中定令　廣成中部令　良縱綿州錄事參軍　畋常　豐
畋則
畋文
良友遜州錄事參軍　畋初
良杞
齊濬若一監丞　燈恒王府參軍
復衛州宋襄府折衝　銑大理評事　公軌
公敏
公佐
公甫
公亮
義節號州刺史　峨言左監門衛軍　庭蘭衛尉少卿　霸

章
遷左衛兵曹參軍
庭萱光祿卿　文暕城門郎
文仲光祿寺丞
文雄著作郎
乂初名太學朔州刺史
誠盈青州刺史　與芝太府少卿　伯元會稽令
伯昌江陵令
伯朗渭州長史
伯陽侍御史
伯良河陽尉
庭華中書舍人　叔展太子正字左拾遺　抗
晏同官令
庭蕙揚府長史　申給事中　宜孟長沙令
庭芳　昱給事中　都師耒陽令
自正

誠奢富 子昊漢字 平令 陽郡參軍
子禹
子夏
誠逸 果州司士參軍
薇
藤
思仁字德玄相高宗 殿中少監扶風郡公 扆讓睿州刺史
津 永樂令
良翊 州別駕
良纓 府兵曹參軍
良輔
良逸 蒲江令
思純 南唐郡司馬
潔
汲
溫 吏部常選
溥
思亮 揄林郡大守
詳 清化太守
誠順
誠信
誠勗

濮忠州長史
誠質
誠家
誠則 光祿寺主簿
誠愍
良劍
良顗
良鎮 射洪令
良銛
思光 蜀州錄事參軍
灌 吏部常選
良悅
渾 蓬山長史
液
泌
萬
宸
宏
簡能
眞
宰

懷道	崇士吾衛尉少卿	況				
	崇道廣陵郡太守	溥高山令				
		泳定州參軍	協			
		濟澶州司功參軍	遂良			
	崇敬太常丞	凝				
懷武弘農郡司馬	庭玉					
	庭瑜	采	泳湖方令	齊運		
				齊物		
	庭璠					
懷慎天水都督	延宗舒王文學					
	延祚鄭州刺史					
	延福					
懷貞相中睿	鼎					
德遠樂安縣男	知節永康令	崇宗成都尉				
		崇基				

	知勗左金吾引駕	思光	國思光州長史		
	懇常翼城令	令環	國言安邑府果毅		
			國信		
	楨幹相州參軍				
德洽將作大匠	全真永樂令	令宗左衛翊府左郎將	晉知四門府別將	崇俊	萬
			晉戒安邑府別將	獻誠太常卿	
			晉言新律令	秘良太僕卿	文工岳陽府別將
				晟	
		令琬蜀州司馬	晉盈		
		令瑛太清府別將	晉徽	鍠	
				澄	
		令玢			
		令琇兵部常選			
		令瓌兵部常選	晉非金吾衛大將軍		

晉滔

令玹玉津府丞 毅

瑜 金資江陵令 珦史部常選

知約

知軌 恩宣成都尉 崇禮德陽郡司戶參軍 綱太常少卿

繼

緯

儒宗

明宗

知義 胡子 元臣

懷質 榮

文瑋隋儀同三司成都公

紹賢隋通州刺史杞國公 孝宣襲安成公

紹宗襲杞國公

德藏以孝宣子襲北海太守杞國公

孟寶汾州長史襲杞國公

孚河東郡司士參軍襲公

温御史大夫

承賓濮陽郡參軍

遡揚州戶曹參軍 遂光祿寺丞 連大理評事

璮

安貞幽州刺史扶風郡公 演州刺史子續 子尉 揚

璲北海令 嶠

滋

澄

滄

璿

琨灌津縣男 汯

潤

晉

汪

珪

璆新平令

璁靈安丞 淳

湑

洌

濯

洞

浩

璋

惠蒲渝州司馬

禹

詡華州司兵參軍

嵩兗州參軍

崑

鄭吏部常選

郢

鄖

詳

義方扶風郡參軍

大智杞王府參軍

汕廣平郡參軍

琳

務

暠

顏

鳳

仕俛

仕品

暹梓潼郡參軍

靈昌曹王府戶曹參軍

欽

重容

鍔東流令

鋭

劇

旻平鄉府別將

旻寧遠將軍

旂

好客

靈裝信都郡太守

仙期麗水府別將

援

彝

榮

仙鶴

捍

仙童

撫

仙客

鳳宣

志以姪靈感和昱延州

繼襲神業戶曹參軍

武部公公襄公

準

栄

涓安業府別將

倫

偃

求

汪兵部常選

終進舉出身

晲，新鄭令

昇，岐陽令，襲神武公

漢，兵部常選

澗，恒王府兵曹參軍　季倫

泌，戴黎華閬府折衝　喜令

季初

潮，貝州司兵參軍

善，一名溫，西魏汾、華、隴三州刺史，永富縣男。生榮定。

榮定，隋貴州刺史，陳懿公

抗字道生，相高祖

衍，左武候將軍

孝儉，羣大僕少卿

孝威

孝忠，簡州刺史

靜字元休，民部尚書，信都郡公

逵，駙馬都尉，鄴公

松壽，殿中少監

誕字克讓，兵部侍郎

遠，蔡州刺史

誕，駙馬都尉，華安公

孝德，慈州刺史

希玠，禮部尚書，華公

錫

銳

希瓛，遂州刺史

銓，渭州刺史

孝立

[illegible]賓，河南少尹

綎，右武衛將軍　穎

琯，洋州刺史

孝沖

孝臻，秦州刺史

瑾

寮書閣喜尉

識

權，著作郎

參，相德宗

昇伯兼監察御史

孝誠，溪州刺史

孝果

維，鎣水部郎中

孝諶，潁州刺史

希臧字美玉，太子少傅，酈公

鍊，司農卿

鋼，將作監

希球字國珍，太子賓客，冀鄴公

鑒

榮，虞部郎中

希暾字曜，太子少師，鄴公

鉉，太子左贊善大夫

鍔，駙馬都尉，秘書監

克恭

濬，涇王傅

洿，壽王傅

克良，駙馬都尉

克温

淮陳王府長史

希琬衛尉少卿
鋒太僕少卿
昱隋州刺史

昱鳳州刺史

革禮良原令
璩遂州刺史

璉京兆少尹
紹給事剌府長史
寓

綜

綸

繹駙馬都尉衛尉卿

繢

續奉先令

纈

級

良寶
林司封郎中

瑗光祿少卿
粧

乂太府卿同正

幹

師綸太府少卿
尚義
瓚遵州刺史

尚烈
進右庶子
蒙太原令

鼎都官郎中

師武
孝漳
憬
履庭梓州刺史
瞻

履信鴻臚卿
曙

晈

孝約閬州刺史

師仁

慶
智純蒲州刺史

智弘

懷玉婺州刺史

懷昶

從之右司郎中

從光
靚

靦揚府長史

從昭江州刺史

智圓閬州刺史

熾周太保鄧公六子恭覽深嶷誼威

進字之推將作大匠鄭安公
晉行儉州刺史
德汾州刺史
弘儼屯田員外郎

恭後周雍州牧鄭國公
軌字士則益州都督鄭公
奉節駙馬都尉莘國公
克順將作大匠

覽
琮晉州總管譙敬公
孝諶汾州刺史
孝仁濟州刺史
孝忠司勳郎中

深
毅右武衛將軍
文表
孝慈開州刺史
孝安湖州刺史
至柔

嶷
德宗播州刺史

誼
有意熊州刺史
元晦諫議大夫

威字文蔚相高祖
惲岐州刺史
旻
誕隸王傅觀津公
顒撫州刺史

竇武之後又有敬遠封西河公居扶風平陵孫善衡

善衡左衛將軍西河襄公
懷亶洪州都督襄公
同昌郡司馬
叔向左拾遺
常字中行國子祭酒
牟字貽周國子司業
周餘祕書監
弘餘黃州刺史
[illegible]外臣

羣字丹列容管經略使
謙餘
審餘
庠字胄卿信婺四州刺史
勳
鞏字友封鄂岳節度副使
景餘
載
師裕
端
洵直
元昌九隴令
咸廬州刺史
易直字宗玄相穆宗
璩字受益處州司戶參軍
從直祕書
殿中侍御史
衡直

竇氏定著二房一曰三祖房二曰平陵房宰相六人 三祖房有德玄懷貞抗誕威 平陵房有易直

陳氏出自嬀姓虞帝舜之後夏禹封舜子商均於虞城三十二世孫遏父爲周陶正武王妻以元女大姬生滿封之於陳賜姓嬀以奉舜祀是爲胡公九世孫厲公他生敬仲完奔齊以國爲姓旣而食邑於田又爲田氏十五世孫齊王建爲秦所滅三子昇桓軫桓稱王氏軫楚相封潁川侯因徙潁川稱陳氏生嬰秦東陽令史嬰生成安君餘餘生軌軌生審審生安安生恒恒生顒顒四子淸察齊尚齊生源源三子寔崱遂寔字仲弓後漢大將軍掾屬文範先

生六子紀蕘恰諶休光諶字季方獻文先生生青州刺史忠二子
佐和佐二子準徽準字道基晉太尉廣陵元公生伯畛建興中度
江居曲阿新豐湖生匡二子赤松世達世達長城令徙居長城下
若里生丞相掾康康生盱眙太守英英生尚書郎公弼公弼生步
兵校尉鼎鼎生散騎侍郎高高生懷安令詠詠生安成太守猛猛
生太常卿道巨道巨生文讚文讚三子談先霸先休先

談先梁東宮直閣將軍義興昭烈公
曇蒨陳世祖文皇帝
伯山字靜之鄱陽王
君乾隋溫令
君通淄州刺史
矩穆州刺史
君賓慶州刺史
伯固字牢之新安王
頤萬州刺史

唐書宰相世系表十一下　二十五

伯仁字壽之廬陵王
暫隋資陽令
挺綏州刺史
岌長城公
伯義字堅之江夏王
元基隋教城令
崇文州刺史
南忠州刺史
伯謀字深之桂陽王
鄗隋晉和令
琦梁州刺史
璞鄭州都督

伯信字孚之衡陽王西衛州刺史
法會梁州刺史
頊高宗孝宣皇帝
叔寶後主
莊字永嚴隋昌陽令
蕃字承齊忠州刺史
叔英字子烈隋涪陵太守
弘
復蕃夏州刺史
歆
元凱申州刺史
叔堅字子成隋遂寧郡守
遺玉滙州長史
叔卿字子弼隋上黨通守
正循王傳
叔明字子昭隋鴻臚少卿
繹侍御史
安邢州刺史

唐書宰相世系表十一下　二十六

某會稽郡司馬
某晉陵郡司功參軍
夷右補闕翰林學士
當監察御史
甚大理評事
京字慶復秘書少監
褒以從子繼茲官令
黼高安丞
伯宣著作郎
旺字野王
機
伯黨
元史
徽溫州司戶參軍
歸考功員外郎
叔彪字子華淮南王
懷廣州錄事參軍
蘇左散騎常侍
商字述峻秘書監許昌縣男
叔達字子聰相高祖
政德
業長少府少監
玄德
仲方順州刺史

賢德，水部郎中
紹德
復盤，屋尉
遂

又有潁川陳忠不知所承

忠
邕
夷行字周道，相文宗
玄錫
夷則
嘉陵州閬陵州別駕刺史
仲高
光彖
昌師初名顯
康乂
夷實
翱字聯文

陳氏宰相三人：叔達、希烈、夷行。

封氏出自姜姓。炎帝裔孫鉅為黃帝師，胙土命氏。至夏后氏之世，封父列為諸侯，其地汴州封丘有封父亭，即封父所都。至周失國，子孫為齊大夫，遂居渤海蓨縣。裔孫岌字仲山，後漢侍中、涼州刺史，生逭。逭四世孫仁，仁孫釋，晉侍中、東夷校尉，二子：悛、悛。悛二子：放、奕。奕，燕太尉，二子：勸、勱。勱孫鑒，後魏滄水太守，三子：琳、回、滑。

回字叔念，後魏[illegible]
寶蓋
智瞻
子繪，隋通州刺史
德彝，[illegible]
行實
廣業
行高，禮部郎中
叡，[illegible]

德輿，隋[illegible]州刺史
南田令
玄景
德安，隋河南王司馬
元素，戶部侍郎
倫字德彝，相高祖、太宗
思敏
中禮
州刺史
利建
夏，殿中侍御史
[illegible]
君確
君靜
君嚴
君贊
孝瑋
君誕
叔慶，光州刺史
惜
君夷
道弘，右司郎中、[illegible]州刺史
戢一
無待，刑部郎中
希奭
亮，司封員外郎、杭州刺史
敖字[illegible]
[illegible]
子亞
至鄉字
彥鄉字翹
明
峰元
挺鄉字
楨鄉
鎔鄉字
贊聖
聰鄉字
愛之
特鄉字
亞公
賁

信卿　綱字希叟

踐禧黃州刺史　無遺

道瑜　綽　思武　邑令　思業戶部郎中幽州都督

士泰　松年

長明京兆府士曹參軍　迴

封氏宰相一人倫

楊氏出自姬姓周宣王子尚父封為楊侯一云晉武公子伯僑生文文生突羊舌大夫也又云晉之公族食邑於羊舌凡三縣一曰銅鞮二曰楊氏三曰平陽突生職職五子赤肸鮒虎季夙赤字伯華為銅鞮大夫生子容肸字叔向亦曰叔譽鮒字叔魚虎字叔羆號羊舌四族叔向晉太傅食采楊氏其地平陽楊氏縣是也叔向生伯石字食我以邑為氏號曰楊石黨於祁盈盈得罪於晉并滅羊舌氏叔向子孫逃于華山仙谷遂居華陰有楊章者生苞奭款苞為韓襄王將守脩武子孫因居河內奭為秦將封臨晉君子孫因居馮翊款為秦上卿生碩字太初從沛公征伐為太史八子鷃奮熊喜鸜魋儵喬喜字幼羅漢赤泉嚴侯生敷字伯宗赤泉定侯生胤字母害胤生敞字君平丞相安平敬侯二子忠惲忠安平頃侯生譚屬國安平侯二子寶並寶字稚淵二子震衡震字伯起太尉五子牧里秉讓奉牧字孟信荊州刺史富波侯二子統馥十世孫孕孕六世孫渠渠生鉉燕北平郡守生元壽後魏武川鎮司馬生惠嘏

惠嘏太原郡守　懿後魏太守、汲郡公　鍾隋泰州總管、義城公　綱義城縣公　元景

元琪　君操陳州刺史

元約　謹度支員外郎、刑部郎中　黃裳侍御史

烈平原太守　禎寧遠將軍　忠隋柱國、太師，武元皇帝　堅字那羅延，隋高祖文皇帝　廣煬皇帝　昭元德太子，世宗孝成皇帝　侑酅國公　行基嗣酅公　[illegible]嗣酅公　嗣　溫　幼言嗣酅公

處[illegible]洛州刺史

懷讓　[illegible]駙馬都尉、太僕卿同正員

倓字仁安，隋燕王

侗字仁謹，隋恭皇帝

暕字世朏，隋齊王　正道尚衣奉御　崇禮太府卿、戶部尚書　[illegible]殿中少監、太府少卿、郎中　岳少府監

[illegible]戶部侍郎　諫岳州刺史

[illegible]名暐[illegible]陽令

衛祥

觀王房本出渠孫興後魏新平郡守生國國孫紹後周特賜姓屋呂引氏隋初復舊後以士雄封觀王號觀王房

紹後周驃騎大將軍、中散大夫　定并州刺史、呂穆侯　雄字士雄，隋司空、觀德王　恭仁相高祖　思誼[illegible]州刺史

思訓左屯衛將軍　[illegible]左衛將軍　慎交駙馬都尉、秘書監、衛尉卿　沐

悅駙馬都尉

思[illegible]鳳州刺史

執隋司隸校尉　思敬衛尉少卿　承祐右衛將軍

思約　承初　處[illegible]泰州刺史

兼令尚書右丞　宗兵部郎中
福　鼎
易灌蒼州刺史　永緒鄧州刺史
永緘右金吾將軍
績都水使者趙國公　愿開太子舍人　沖叔司僕卿　令一吏部員外郎　愷綿州刺史　僥　鑒
勸
慈安州都督
愿汝州刺史　虞贊善大夫　迪

庭
序
恕工部郎中
志蘇州刺史
從右司郎中
思穆　正基　琮比部郎中
正言陳州刺史
陽止字不器隨州刺史[illegible]　執柔相武后　璿　萱湖州刺史

淹太原少尹
滔戶兵吏三侍郎　滿
乾虛新安令　汝袁州刺史廣平郡公
愛京美原令
執一朔方節度使河東郡公　濯隨州刺史
廷殿中侍御史
思昭膳部員外郎
崢　思玄吏部侍郎

思勸禮部尚書駙馬都尉
嗣主爵郎中平阿公　思謙光祿卿　履忠殿中侍御史
履言　湛倉部郎中
恭道　暹汾陰令　禕廣州都督
論　伯明
叔興
讓水部郎中　詢伯
師道相太宗　琛之

士貴隋道撫二州刺史邢國公

福蒲州刺史

晉汾州刺史鄭公

崇禮

崇儋太子少師鄭懿公

志誠吏部員外郎郎中

濟兵部郎中

晤

損

漸

熙

默

泚左武衛將軍

均光祿少卿

紘

全節

知慶左武將軍

詡尚書奉御

遂字士…

知運

令珪漢州刺史

撝左衛將軍

岳

擇巴州刺史

罡

岱

嵇檢校員外郎

知亮集州刺史

知什

挹玉太僕卿

幼玉右衛將軍

孕五世孫贇隋輔國將軍河東公生初左光祿大夫華山郡公初

裔孫播世居扶風

播

黃字公裔相德宗

顗殿中侍御史

白澤

孝義

遺玉郎王傅

至公

令禕司農少卿

知遊

李濟商州刺史

孝仁隋汝二州刺史

太尉震子奉字季叔後漢城門校尉中書侍郎八世孫結仕慕容氏中山相二子珍纖至順徙居河中永樂岐徙居原武

珍後魏上谷太守

嶷真河內清河二太守

鑒洛州刺史弘農簡公

順字延伯冀州刺史三門縣伯

琛儀同三司平鄉縣公

宮字元慶隋吏部郎中通守

令本度支郎中陵令

璵宣州司士參軍

璵國忠相玄宗

璿太常卿

曉殿中少監

瑜駙馬都尉

琦太子中允

諒

玄琇蜀州司戶參軍

銘殿中秘書監

玄珪工部尚書

鍔駙馬都尉

昶大僕卿

玄璥國子司業

鐐湖州刺史

越公房本出中山相結次子繼生暉洛州刺史謚曰簡生河間太守恩恩生越恭公鈞號越公房

鈞恒州刺史越恭公
猷字宣猷西魏度支尚書
[illegible]字文[illegible]後周汾州刺史固安壯武公
說字[illegible]隋禮部尚書令司[illegible]武公
玄爽清河公
崇本宋州長史

寂字玄之陝主簿
綰字公權相代宗
弘徽兼監察御史
繪
紘
縯
偲白水令
昱偃師丞
繇厚右拾遺
輅字房駕

志詮
明肅少府監
津字[illegible]暉後周司空[illegible]穆公
[illegible]字遵彥北齊尚書令開府王
復理起居郎
曉字延孝後魏安南將軍
[illegible]呂州刺史
行泰長安尉
敏
冠時侍御史
暐字希思相武后中宗
璩司勳員外郎
獻汝南太守
和
昪字季昭鄭州刺史
[illegible]字退玉國子祭酒湖城公
回遂寧太守
勉
垂
昇遂州刺史

積善上儀同
恒靈錢塘令
幼烈寧州司馬
藏器三水丞
遺直深州錄事參軍
發
櫟字文逸
倣
收字叢之相德宗
[illegible]字文通生孫字伯寬
鑄字文豪
鉀字大碩
嚴字[illegible]之兵部侍郎判度支
涉字文川相昭宗生[illegible]
注字文台

約隋萬年令[illegible]武公
慎義安侯
岳隋萬年令[illegible]山公
弘禮中書侍郎太府少卿
弘文駕部郎中
弘武相高宗
元亨庫部郎中睦州刺史
元裕博州刺史
元禧台州刺史
鋼字文遠

元禕 宣州刺史

元感 安州都督

儉字[illegible] 則 西魏侍中[illegible]

文昇

昉 尚書右丞 工部尚書

文休

處凝

寶應 [illegible]州刺史 鴻臚卿

維 友 工部員外郎

志先 戶部郎中

鉄

鍠

錢 侍御史

齊琳

仲敏 郴州刺史

處相

侗 左司郎中

文[illegible]字文[illegible]

安仁

德立

隱朝 部陽令

燕客 臨汝令

睿

史復

寧 國子祭酒

汝士 字[illegible] 東川節度使

知溫 字德之 荊南節度使

開物 字[illegible]之 左拾遺

知遠 字明之 絳州刺史

及 字[illegible] 元吉 西令

弘嘉

慕義

全慶 岳陽令

知至 字幾之 戶部侍郎

徽 字[illegible] 翔 從事

協 字興樂

恪

韶 字德垂 永[illegible]州刺史

[illegible]

知退 字先之 左散騎常侍

處 字[illegible] 師皋 京兆尹

緒

齊

業

[illegible] 字[illegible]

元孫 字立之 穎州刺史

贊 字辭 彰史

史復

甸 字禹 封司勳員外郎

知權 字正之 試協律郎

[illegible] 字[illegible] 州刺史

安期 字[illegible]

隱 字[illegible] 水部郎中

思方 字[illegible]

孫廷史 字端 昭州刺史

增 字姐之 右拾遺

承休 字[illegible]之 刑部員外郎

[illegible] 字[illegible] 太子少師

思[illegible] 字[illegible] 部州刺史

[illegible]

輝 字景山

昭

唐書宰相世系表十一下　三十九　史價

嘉字本盛監察御史
寓
疑字處之楚州刺史
迶字秀文陝州節度判官
玢字表文監察御史
璨玉城令
昭字昭業遂州營田判官
珂字成襄[illegible]令
廷輝
承鏞
符字信之侍御史

珍字[illegible]殿中侍御史金部郎中
範字義圖司勳郎中
徽
筠字禮潤給事中
遘
廣字延儀
管
魯士字宗君長安令
希古字尚之尚書右丞
衡
仁贍字濟之秘書監
峴字鎮川左拾遺

唐書宰相世系表十一下　四十　史價

嶠
思睿字志武從事
尚福字遇吉同官令
郁字堯之永和令
崇鼎
源嶠字[illegible]紀川兵部郎中
瞻字昭化藍田尉直弘文館
志立
九思鄰州刺史
如權瓜州刺史
思齊瀛州刺史
虔遜

文靜隋安温二州刺史安平公
榮
師武州刺史
泰駕部郎中
恪溫令
元表國子司業
元政司勳郎中
志玄殿中侍御史
成名
[illegible]字虚受[illegible]侍御[illegible]京兆尹
淳之
簡
途字遐至
凝字懋功司封郎中
後之字讓人
凌
勍之同州刺史
載字[illegible]江西觀察使
迨字文通
邁字嗣古太僕少卿
成規
邈

士積
緘 膳部員外郎將作少監
言 成商州刺史
總 成滁州刺史
安 濟州刺史
冀 戶部尚書長平公
承 檢考功郎中
頤 職方郎中
守訥 倉部郎中汾州刺史
晉 金部郎中
守愿 州長史
守柔 郎州刺史
祇本 吏部郎中
踐本

守拙 岐州刺史
勵本 蜀州別駕
寬字 ……
文紀字 ……
孝恭
弘業 主客員外郎
孝儼
弘毅 州長史
瑾
鏞 大理司直
成器 浩州刺史
珪 辰州司戶參軍
冠俗 奉先丞
太清 父尉
弘 ……
景復 衛尉卿
嗣復字 繼之相文宗武宗
損
溥字 ……
授
然字 公隱
收字 昭文
拭字 昭玉

楊氏宰相十一人

恭仁 執柔 師道 炎 國忠 再思 綰 收 涉 弘武 嗣復

高氏出自姜姓齊太公六世孫文公赤生公子高孫傒爲齊上卿
與管仲合諸侯有功桓公命傒以王父字爲氏食采於盧謚曰敬
仲世爲上卿敬仲生莊子虎虎生傾子傾子生宣子固固生厚厚
生子麗子麗生止奔燕十世孫量爲宋司城後入楚十世孫洪後
漢渤海太守因居渤海蓨縣洪四世孫褒字宣仁太子太傅褒孫
承字文休國子祭酒東莞太守生延字慶壽漢中太守延生納字
孝才魏尚書郎東莞太守納生達字式遠吏部郎中江夏太守四
子約又隱漢隱晉玄菟太守生慶北燕太子詹事司空三子展敬
泰展後魏黃門侍郎三都大官二子讜顒讜冀青二州中正滄水
康公二子祚祐祐字子集光祿大夫建康靈侯二子和璧振

撝字 謙光
據字 道叶
紹復 字紹之
搭字 致堯
撰字 知贊
拙字 藏用
師復
弘 部員外郎
弘 部郎中
孝倫 部郎中太僕卿
寬字 …… 中書 …… 士下 …… 公
顒字 …… 將軍 …… 康惠子
德政 …… 康公
伯堅
希傑
崇業 吏部侍郎
憲
子繼
蓋 禮部郎中
丘
叔 殿中侍御史

唐書宰相世系表十二下　四十三　王成

爲

先後又念職方員外郎
官郎中右

宇

寬

寄

察

石安

𨱑

孝慶都官員外郎
正臣襄州刺史

表後𪛓安德太守
衛防禦元道汲

年令
令

仲仁

翼刑部郎中

季通宗正少卿

馮字季輔相太宗高宗
正業中書舍人

秦北燕吏部尚書中書令二子鎔湖

湖後魏寧西右將軍
謐侍御史
樹生

歡北齊高祖神武皇帝
廓字仁弘齊安王

玄景沂州刺史
元忠吏部郎中

琛趙郡王
叡字須拔齊趙郡王高
正初隋左武衛將軍
師常光州長史
莊左驍衛將軍
武光字晉州刺史
昇右司郎中

孫正初

士廉字

岳字洪略北齊太保清河昭武王
勱字敬德隋洮州刺史樂安公

士廉字儉 字

[illegible]

昱

宗依字季輔相太宗

文敬字履行戶部尚書駙馬都尉申公

瑨衛州司馬
紹考功郎中

唐書七十二　宰相世系表十二下　四十四　王盛

衛尉少卿

璿

丕

鄭字

時雍

瑗祠部郎中
子羽右司郎中

曙

瞳

曖

子平

賀行主客郎中

眞行左驍衛將軍
審司門郎中

峻殿中丞　滑州長史
迴餘杭令

彪著作佐郎　集賢殿學士

昇侍御史　膳部員外郎
蘭太常少卿　御史中丞

允恭

少逸工部尚書

[illegible]

[illegible]

熊和州刺史

象魏州別駕

重字文明　戶部尚書　[illegible]

元經河南兵曹參軍

德明大理評事

光庭 右金吾胄曹參軍

由庚 華州參軍

悚 祠部郎中

公衡 河中觀察支使 字育之 全生

審 行戶部侍郎

嶸 廣州刺史

崙 倉部郎中

嵘

惠恭 巴州刺史

京兆高氏又有與北齊同祖初居文安後徙京兆

卿 遂 | 貞 渝州長史 | 伯祥 右拾遺 | 郢 字公定 相德宗順宗

晉陵高氏本出吳丹楊太守高瑞初居廣陵四世孫悝徙秣陵十三世孫子長

子長 隋秘書學士 | 智周 相高宗

高氏宰相四人 士廉 儉 郢 智周

房氏出自祁姓舜封堯子丹朱於房朱生陵以國為氏陵三十五世孫鍾周昭王時食采靈壽生沈沈十二世孫漢常山太守雅徙清河繹幕十一世孫植後漢司空植八代孫諶隨慕容德南遷因居濟南四子裕坦邃熙號四祖裕孫後魏冀州刺史法壽孫翼仕至鎮遠將軍襲壯武伯二子能豹熊字子彪本州主簿生彥謙

彥謙 隋司隸刺史 | 玄齡 字喬松 相太宗 | 遺直 禮部尚書

隋大理司直 | 彥詡 | 詠歸 | 字重基 武功尉 | 大理評事 | 從約

遺則

遺愛 太府卿

峰

嶠

凝 字玄 儉 郢州刺史

勳

克讓

鄰 字正封

復

昭 監察御史

從繹

從綯

從綰

河南房氏晉初有房乾本出清河使北虜留而不遣虜俗謂房為屋引因改為屋引氏乾子孫隨魏南遷復為房氏而河南猶有屋引氏唐雲麾將軍弘江府統軍渭源縣公豐生即其後也

倫 後魏殿中尚書武陽公

謨 北齊侍中吏部尚書

賁深

恭懿 隋海州刺史

彥雲

德懋 兵部郎中

玄基 倉部郎中

元陽 水部郎中

融 相武后

琯 字次律 相肅宗

宗儒 侍御史中丞

乘 秘書郎

啓 容管經略使

越

孺復 容州刺史

璩 少府監

稹

由 度支郎中

闞
觀成都少尹
興
奉若
濟容管經略使
璩
瑜
祠中書侍郎
胘　玄靜虞部郎中清漳公
岳
鑾都水使者
陟
武興元少尹
次卿字蜀客
式宣歙觀察使
代山
密諫議大夫
署光祿卿
岳
諶
全慶

房氏宰相三人　玄齡　融　琯

南平陽公
前朗州刺史
岡
垂
挺常州刺史
穫字莊己
說右司郎中
夷則
千里字鵠舉

宇文氏出自匈奴南單于之裔有葛烏兔爲鮮卑君長世襲大人至普迴因獵得玉璽自以爲天授也俗謂天子爲宇文因號宇文氏或云神農氏爲黃帝所滅子孫遁居北方鮮卑俗呼草爲俟汾以神農有嘗草之功因自號俟汾氏其後音訛遂爲宇文氏普迴子莫那自陰山徙居遼西至後周追謚曰獻侯獻侯生可地汗號莫何單于闢地西出玉門東踰遼水孫普撥普撥生丘不勤丘不勤生莫珪莫珪生遜昵延遜昵延生俟豆歸自稱大單于爲慕容晃所滅生六子一曰拔拔陵陵二曰拔拔瓌三曰紇闍四曰目原五曰紇闍俟直六曰目陳拔拔陵陵號阿若諺仕後魏都牧主開府儀同三司安定忠侯以豪傑徙居代州武川生系位至內阿干二子韜阿頭韜三子肱顥泰泰後周太祖文皇帝阿頭生仲贈大司徒虞公生興襲虞公生洛

洛隋介公
裕
延
韓惑
庭立並襲介公
邈御史中丞
鼎字周重
獻字昌言
瓚字禮用

目原孫跋後魏羽眞尚書居庸侯生直力勤比部尚書直力勤生賢

賢字大雅定州刺史
璟字法珍後周宕州刺史襄城公
敵字公輔隋禮部尚書平昌縣公
儉九隴令
節字大禮相高宗
嶠萊州長史
融相玄宗
寬

寧

審，字審燧，刑部郎中、永州刺史

宣

瑗

都水部員外郎

又有費也頭氏臣屬鮮卑，佚豆歸後從其主，亦稱宇文氏。仕後魏，世為沃野鎮軍主，玄孫盛。

盛，後周柱國、濮陽公

歸

定及，德州刺史

頵，光祿少卿

實，好時令

宿，均州刺史

述，隋左翊衛大將軍

化及，隋太僕卿

士及，相高祖

某，封城縣公

靜

福及

全志，左司員外郎

順，虞部員外郎

象

審

屺

宇文氏宰相三人。士及、節、融。

宰相世系表第十一下

宰相世系表第十二上　唐書七十[illegible]

翰林學士兼龍圖閣學士朝散大夫給事中知制誥[illegible]

敕撰

長孫氏出自拓拔鬱律，生二子：長曰沙莫雄，次曰什翼犍。什翼犍即後魏道武皇帝祖也。後魏法，七分其國人，以兄弟分統之。沙莫雄為南部大人，後改名仁，號為拓拔氏。生嵩，太尉、柱國大將軍、北平宣王。道武以嵩宗室之長，改為長孫氏。至孝文，以獻帝長兄為紇骨氏，次兄普氏為周氏，又次兄為達奚氏，又次兄為伊婁氏，改為婁氏，又次兄敦丘氏為丘氏，次兄俟氏為万俟氏，叔父之後乙旃氏為叔孫氏，疏屬車焜氏改為車氏，是為十姓。太和中，詔自代北而徙者皆為河南洛陽人。嵩三子：秦、同、敦。秦，征南將軍、都督中外諸軍事，生黃門侍郎、大將軍延年。延年生陝州刺史、鄶國公儉。儉生相州刺史、昌寧公平。二子：道生、開道。生太尉、上黨靖王。三子：旃、太一、德一。旃，司空、上黨康王，生觀。觀，司徒、上黨定王，生稚、澄。稚字幼卿，西魏尚書令、太師、上黨文宣王。二子：子裕、子彥。子裕，右武衛將軍、平原公。二子：紹遠、兕。

紹遠，字師[illegible]，西魏大司徒，後周大司空、河南獻公

覽，字休洪，普州刺史

寬

昭，郢州刺史

仲宣

庶幾

鑄，倉部員外郎

勗，西河太守

子哲，信安太守

龕，房州刺史

操，金部郎中、樂壽安男

憲，屯田員外郎

誼，睦州刺史

永，屯田員外郎

鑒

湯

詮，尚衣奉御、駙馬都尉

兒後周殿中正
綏州刺史少卿平
平原公原安易
元庸右監門將軍

峨隋戶部尚書饒陽公
安世
祥刑部尚書
拏晟左司員外郎

彪字季隋門侯陽太守齊郡公
元乃左監門衛將軍鄭郡公

元敏昌寧郡公

元寬兵部尚書蘇國公

安業右監門將軍

元忠字納贊相太宗高宗
沖秘書監駙馬都尉
延通事舍人
元眞宜州刺史
訓寧州刺史陳留縣公
釗福昌尉
守貞鴻臚卿
全壽寧州刺史
繼澄歷列官太子通事舍人
紹先

恭先

唐書宰相世系表十一上　二

彭先

孝先

穉先

健郃州刺史
發刑部尚書

涇陽川主簿

守英

守廉

節

操

元冀

元懿

絢

頊

夔鴻臚少卿上黨郡公
詡

蓍常州刺史安廣伯
嘉平幽州司兵參軍
琮

瓌

琦

唐書宰相世系表十一上　三　周輝

溶長水今安城縣公

溫尚衣直長

澹太子洗馬

淨尚衣奉御
崇宗

崇一

崇信

崇質

崇賢

崇順

瓚 歙成州刺史

璉

珪

球

滋 襄州刺史

津 尚衣奉御

瑋 譚左千牛衛長史

唐書宰相世系表十二上　四　周墀

瓊

琓

珩

瑛

洄 太常少卿金城縣子

元逸 雲麾將軍鄆縣公

羲 孫洲刺史

長孫氏宰相一人 无忌

杜氏出自祁姓帝堯裔孫劉累之後在周爲唐杜氏成王滅唐以封弟叔虞改封唐氏子孫於杜城京兆杜陵縣是也杜伯入爲宣王大夫無罪被殺子孫分適諸侯之國居杜城者爲杜氏在魯有杜洩避季平子之難奔於楚生大夫綽綽生段段生赫赫爲秦大將軍食采於南陽衍邑世稱爲杜衍赫少子秉上黨太守生南陽太守札札生周御史大夫以豪族徙茂陵三子延壽延考延年延年字幼公御史大夫建平敬侯六子緩繼他紹緒熊熊字少卿荆州刺史生後漢諫議大夫穰穰字子饒二子敦篤敦字仲信西河太守生邦字召伯中散大夫三子賓宏繁賓字叔達舉有道不就二子翕崇崇字伯括司空掾生畿畿字伯侯魏河東太守豐樂戴侯三子恕理寬恕字伯務弘農太守幽州刺史生預字元凱晉荆州刺史征南大將軍當陽侯四子錫躋耽尹錫字世嘏爲尚書左丞曾孫捥二子楚秀秀二子果皎皎生徽徽字曄隋懷州長史豐鄉侯生吒淹

吒 隋昌州司馬

如晦字克明相太宗

楚客 工部尚書

淹字執禮相太宗

敬愛

蕃 懿州刺史

荷 駙馬都尉襄陽公

唐書宰相世系表十二上　五　周墀

從則 工部侍郎

敬同 中書舍人東陽公

自遠

繁

佐 大理正

元穎 相穆宗

審權 京兆少尹

敬求 字子之

延雍 字道光

審權字殷衡相宣宗懿宗

讓能字羣懿相昭宗

元絳 太子賓客

光乂 字啓之

曉 字明遠翰林學士郎中

齊物字審臣中書舍人
弘徽字[illegible]吏部尚書
周翰字巖臣
蔚字日彰
昌遠
倚左衛將軍
志遠
俾易州刺史
儋
[illegible]同易州刺史

京兆杜氏漢建平侯延年二十世孫文瑒與義興公杲同房

瑒隋復州刺史
玄道左千牛
含章定州司法參軍
繹秀春令
孟寅侍御史
亞字少公檢校禮部尚書
鴻河南士曹參軍
平太子舍人
曠京兆府司錄參軍
黃裳字遵素相憲宗
勝字斌卿天平節度使
庭堅字顏亮衛州刺史
載
黃中峽州刺史

襄陽杜氏出自當陽侯預少子尹字世甫晉弘農太守二子綝弼

綝字弘固奉朝請生襲字祖嗣上洛太守襲生標標字文憲中書侍郎池陽侯生沖字方進中書侍郎襲池陽侯生洪泰字道廓南徐州刺史襲池陽侯二子祖悅顒

[illegible]州刺史[illegible]公
義仲[illegible]州刺史襄陽公
鎣
存壽
嘉慎監察御史
[illegible]州刺史
孝弁
元琰左金吾衛將軍
景秀[illegible]周州刺史思寧公
[illegible]陽[illegible]內監甘棠公
乾播
崇廣成州刺史
正義
望之秦州刺史
正心
齊之
南昆京兆功曹參軍
南樂長安主簿
乾祐
驤主客郎中
知讓明堂令
慮
隨泉州刺史
惠高陵令
審權字[illegible]臣京兆尹
臣

陟
鍔
寧
揚
知謙邢州刺史
乾祚
操殿中侍御史
隱
遜柏仁令
淹李縣中正
行敏益州長史南陽襄公
崇慤益州司倉參軍
[illegible]
希顏千牛

希望河西隴右節度使太僕卿襄陽縣男
信太子賓客

倣考功郎中湖州刺史
浚

紹詹事司直金城丞
尚

參

任河南府兵曹參軍

儒字巨卿武進主簿

佑字君卿相德順憲三宗
師損工部郎中司農少卿
詮字詮夫復州司馬

愉
承昭字子昌

嵩延陵令避亂徙嶺表
宗之夏州司法參軍
敏字誠之河中府功曹參軍生贊字遇卿秘書監三子光遊光進

式方字考元桂管觀察使
惲富平尉

憓興平尉

悰字永裕相武宗懿宗
裔休字徵之

述休

孺休字休之

恂

恪泗州刺史

從郁駕部員外郎
牧字牧之中書舍人
承澤字浚之

晦辭字行之左補闕

德祥字應之禮部侍郎
遵

顗字勝之淮南節度判官
无逸
瑜字正欽

澣字文燁

供洪州長史

巨卿兼侍御史

行鼎郊社令

行則游擊將軍

景恭鄆州刺史廉城公
惠恪幽州刺史殿中少監安康公
彭則邛州司馬
元同萬年尉
彥先率更令

元志考功郎中杭州刺史
逢時
伯卿

暐殿中侍御史
晉

恁字立言刑部員外郎杭州刺史
師古懷州參軍

承慶

襲慶

禮

		孝翰大理寺丞					
佐	梈	虔大理司直	興	贇	應	鸞	濟檢校員外郎
							師古吉州刺史
							湘

					元振		
		謨陝州司倉參軍		嶠監察御史	諒		誠
		寅京兆法曹參軍	倫水部郎中澧州刺史				
義符初名師義	師禮						
翔字擇木	翦字文垂						

洹水杜氏出自戴侯恕少子寬字務叔孝廉郎中曾孫曼仕石趙從事中郎河東太守初居鄴葬父洹水後亦徙居洹水五世孫君賜

君賜生景宣明景生子裕

子裕字慶延隋樂陵令						
正玄字知禮隋晉王記室	正藏字爲善隋行軍長史					
	志[illegible]出繼[illegible]正倫[illegible]陽令[illegible]陽公					
	[illegible]懷州長史					
	咸涼州都督	損大理少卿				
		存右贊善大夫	介	奧鄴州錄事參軍死安祿山難		
		占		曾左金吾兵曹參軍	眞太學博士	黎字應弘河南尹
						柔立天長主簿

		正倫相高宗	正儀	正德	
	徵				
	慕刑部郎中				
嗣立壽州參軍	誼立順宗挽郎	中立義武節度使	思立		

濮陽杜氏出自赫子威世居濮陽裔孫模後魏濮陽太守因家焉

模生亮

- 承，後魏陳留太守
- 約，北齊懷州刺史、資陽公
- 保，隋鴈門太守
- 義博｜義寬，滕王府諮議、蘇州司馬
- 仁端｜無忝｜慎行，荊益二州長史，建平侯
- 元揆，天官員外郎｜兼愛｜兼拯｜鵬舉，安州都督
- 希彝，太子洗馬｜祐｜鎮，起居郎｜零陵太守、康王傅｜鳳舉
- 華｜萬頃，郎中｜彤，同官令｜順休，兼殿中侍御史
- 陟，字子遷

- 承志，天官員外郎
- 暹，相玄宗
- 鴻漸，字之巽，相代宗｜孝友，殿中監｜昱，給事中
- 收，戶部郎中｜威｜封｜鼎，丹王府長史｜延壽，武騎尉｜孝孫｜孝恭，殿中侍御史
- 甯慶

杜氏宰相十一人。如晦、淹、元穎、審權、讓能、黃裳、佑、悰、正倫、鴻漸、暹。

李氏武陽房出自興聖皇帝第七子豫，其後爲武陽房。

- 豫，字士寧，東晉西海太守
- 琰之，字景珍，後魏兼侍中、文簡公
- 剛，宜州刺史
- 元節，隋梧州刺史、武陽公｜充信｜充穎，後周滑州刺史、江郡公
- 大通｜大辯｜大亮，右衛大將軍、武陽懿公｜義本，宣州刺史｜玄明，滑州刺史、成紀縣公｜敬本，豫州刺史
- 道裕｜直瓘，德州刺史｜守一，庫部員外郎｜迥秀，字茂實，相武后｜璡，恒州刺史
- 法靜，商州刺史｜俊，黃州刺史
- 如璧，監察御史

- 慧
- 充弼
- 思本｜嘉，蘇州刺史｜文楷，殿中少監
- 崇敏，司勳郎中｜虔緒，洺州刺史｜虔繹，兵部尚書
- 姑臧大房出自興聖皇帝第八子翻，字士舉，東晉祁連、酒泉、晉昌太守。三子：寶、懷達、抗。抗，東萊太守，生思穆，字叔仁，後魏營州刺史、樂平宣惠伯，生奬，字道休，北齊魏尹、廣平侯，生瓌，黃門郎，生斌，散騎侍郎，襲樂平伯。寶七子：承、茂、輔、佐、公業、沖、仁宗。承號姑臧房。
- 承，字伯業，後魏滎陽太守、姑臧穆侯
- 韶，字元伯，定州刺史，襲姑臧文恭侯
- 璵，字道璠，北齊前將軍、安陽縣伯
- 尚德，都官員外郎
- 士詹
- 季回，忠州刺史

愼機 幼清

元悟冀州刺史

衆甫郢州刺史 引

瓘字子通[illegible] 元倫

義琦

義珙

義璋 紹鄆州刺史

整

震起居郎 晤

晉澄州刺史

義瑛 弼

顥兵部郎中

咸工部郎中

巢

義璪工部侍郎 縮吏部郎中 先蔡州刺史

惟 長通州刺史

亘一 瓊晉州刺史

迥考功郎中

叢水部郎中 賓喜

準

武卿 玄德閬令 義球相高宗 起 詢虞部主客員外郎

義璀 敷岡州刺史

義璡 融 積河內太守

恒殿中侍御史 回工部員外郎

賜都官員外郎 耿

沇

元澄泉州刺史

昭一作照

行之字義通[illegible] 夷道

玄道秦府學士常州刺史 正基太子舍人 豐字叔信給事中 成裕秘書監 授字端卿相睿宗 興公侍御史

佐公河中少尹 元陟歲尉 歸[illegible]殿中侍御史

元賓右衛兵曹參軍 徧長壽令

元易[illegible] 歸文[illegible]州節度判官

元賓太僕卿 檢河南少尹

							衡	均	㟨						皆司封員外郎
			次公殿中侍御史		幼公杭州刺史			隨秘書監	上公秘書監						霞泉州刺史
			元裴宗正少卿	元周王屋令	元裔奉天令			正範庫部郎中	景素太子庶子			景回國子司業	申	弘肅宗正卿涇原節度使	
冉右司郎中	儉	漸補闕	岫殿中侍御史		愔	份		樞	衎字茂休相[illegible]	綰字穡化	騫字圖南	勗	繪字德彰	晁字巨川池州刺史	

												雲府尚書右丞			
							亨字嘉會湖州刺史					晏	絳滑州刺史	雒	歸諫議大夫
						咸式淮南道採訪使	咸性太子右贊善大夫			成毅文學	成紀	顏			
咸嶠虞部郎中	虬						榮閬州司功參軍	挺監察御史	慶越州參軍	表		歸期			
	益祕書少監											逢吉字虛舟相憲宗			
	當刑部尚書		澈	崇	奕										
	蘗尚書右丞	拯字昌時													

雄

仲華，庫部郎中

毓之字惠堅，光州中從事

君志

君範

孝深

詢軌

湑，商州刺史

涉，美原令

君徹

元珍

構，泉州刺史

君可

君昇

雍州倉部員外郎

夔

磊

華，監察御史

思言

寔

惇

光庭

君德

君平，冀州刺史

頡，滁州錄事

佋，袁州刺史

瓚字道濟年大璡後魏將軍開司徒參府士曹參軍事參軍事

玄表，庫部郎中

思誨，潁州司馬

昇

獻

彊

俊

昕，司門員外郎

蓊

聰，澤州刺史

劇

虔字大仲，後魏秦州刺史，臨邑孝侯

變字德諧，司徒主簿

士萬高，郡太守

大壽，秦州參軍

傑

奐字德明

元相

乾昇，秦府戶曹參軍

奉，水部郎中，眉州刺史

舟字公受，虔州刺史，隴西縣男

丹，泰州刺史

奉，閬州刺史

巨，司勳員外郎

權實字子重

傳

伏隨

崇基，尚書左丞，權御史大夫

景融

慶時

景昌

操

度字叔裴，後魏驃騎大將軍，高平宣景男

懷字仁明，尚書左外兵

襄，章武郡守

德基，秦州法曹參軍

思文，同官丞

況

玢，右衛長史，一作昉

玄琬，右神武軍參軍事

玄成，試太常寺協律郎

玄度

玄奭

洌

- 疑
- 絜
- 凉
- 憑
- [illegible]
- 玄奧
- 暉字仁昭，後魏散騎侍郎
- 士操，北齊儀同開府參軍事
- 昇期，給事中
- 何，汜水令
- 僎，殿中侍御史
- 曦字仁略，北齊驍武東郡太守
- 超字仲卿，隋資州清江令
- 大師字君威，渤海郡主簿
- 慶孫
- 正禮
- 元璸
- 利王
- 元道
- 位，房州刺史
- 緄，殿中侍御史
- 元德
- 光遠
- 搆
- 延齡，符璽郎
- 安世
- 行師，邛州刺史，虞部員外郎
- 玄運
- 元瑒，[illegible]州刺史
- 推

- 禎
- 鋋
- 玄乂，閬州刺史
- 上義，右庶子，揚州長史
- 叔儀
- 庭言，楚州刺史
- 恭鈞
- 榮賓
- 休
- 弘式
- 龜圖，字玄錫
- 玄約
- 絳陝嘉二州刺史
- 玄挺，相州刺史
- 尚虛
- 尚詞，申州刺史
- 俠
- 欽回
- 中庸
- 昭
- 瓚
- 踐中，臨汝太守
- 季遠
- [illegible]字延賓，後魏司農少卿
- 仁壽，衛州刺史

丹陽房晉東莞太守雍長子曰倫五世孫文度西涼安定太守與族人寶入後魏因居京兆山北

- 文度
- [illegible]
- 蘩王
- 喬志
- 元[illegible]，[illegible]州刺史
- [illegible]，[illegible]州刺史

靖字藥師相太宗

德獎太府少卿

德謇

陵嘉州刺史

偍

仟

詵兼殿中侍御史

客師左領軍大將軍幽州都督丹楊郡公

嘉字大善隰川令襲公

守節光化令

思孝夏州都督

大惠

昇

銑儀州刺史

琛

正封字中護監察御史

大志右金吾將軍

令哲會州刺史

令問殿中監宋公

正明右衛將軍

志寬

慶遠

志貞

偉節隋司隸州刺史

乾祐刑部尚書

昭德相武后

元紘

餘福監察御史

漢騎都尉陵降匈奴裔孫歸魏見於丙殿賜氏曰丙後周有信州總管龍居縣公明明生粲唐左監門大將軍應國公高祖與之有舊以

避世祖名賜姓李氏

粲

寬太常正卿隴西公

道廣字太丘相武后

元裕屯田郎中荊府長史

舒工部郎中

昔

元錫都水使者

元紘字大綱相玄宗

有季

有容

有功

元緘鄂州刺史

旻紀王府參軍

承嘉歸州刺史

希嘉御史大夫襄武郡公

希逸左率府兵曹參軍

希遜坊州司馬

希遹同州司兵參軍

隴西李氏後徙京兆

嵩峽州刺史

思恭洮州刺史

欽左金吾衛大將軍

晟字良器相德宗

愿河中節度使

聰光祿寺主簿

憁太子中允

憑左神武軍大將軍

愬右威衛大將軍

忠光祿卿

憲嶺南節度使

恕檢校左僕射同平章事

鈷渭南尉

聰字正思檢校司徒涼國公

琢左神武將軍

瓊太常寺太祝

瑾

璩侍御史內供奉

琮左千牛衛將軍

瓊補闕昌尉

瑋光王府參軍

慈右羽林軍將軍

覲鳳州刺史

隴西李氏定著四房其一曰武陽二曰姑臧三曰燉煌四曰丹楊宰相十人武陽房有適秀姑臧大房有義琰蔚揆逢吉丹楊房有靖昭德又有道廣元紘晟

趙郡李氏出自秦司徒曇次子璣字伯衡秦太傅三子雲牧齊牧爲趙相封武安君始居趙郡趙納頓弱之閒殺牧齊爲中山相亦家焉即中山始祖也牧三子汨弘鮮汨秦中大夫詹事生諒左車仲車左車趙廣武君生常伯遐遐字伯友漢涿郡守生岳德文班岳字長嶽諫議大夫生秉義秉字世範潁川太守因徙家焉生翼協敷敏五大夫將軍生護道朗護字道謀臨淮太守生哆華旭哆

字子讓上黨太守生護元護字鴻默酒泉太守生武昭奮武字昭先東郡太守太常卿生讃脩弈就脩字伯游後漢太尉生諒叔訓季諒字世益趙國相生膺字元禮河南尹生瓌瓚瑾瑾字叔瑜東平相避難復居趙生志恢宣恢字叔興生定臺獎碩定字文義魏水衡都尉漁陽太守生伯括機叔括季括機字仲括太學博士臨江樂安二郡太守生羣瓌密楷越楷字雄方晉司農丞治書侍御史避趙王倫之難徙居常山五子輯晃芬勁叡叡子勗兄弟居巷東勁子盛兄弟居巷西故叡爲東祖芬與弟勁共稱西祖輯與弟晃共稱南祖自楷徙居平棘南通號平棘李氏輯字護宗高密太守子愼敦居柏仁子孫甚微與晃南徙故壘故輯晃皆稱南祖晃字仲黃鎮南府長史生義字敬仲燕司空長史生吉字彥同東宮舍人生聰字小時尚書郎二子眞融

眞字令尹中書侍郎

紹字嗣宗邠州別駕

義深北齊行臺州刺史

陶騎膺絳州長史

政藻宜州長史

叔眘刑部侍郎

懋道左司郎中

游道相武后

景宣吉州刺史

球

諧道

景祕婺州刺史

政起

行沖駕部員外郎

懷一晉陽尉

行敦離石參軍

廣門湖城令

湜

塡三原令

潮字堅水刑部郎中

滕隰州刺史

陽冰將作少監

服之

休烈高邑令

乘五濟州刺史平原

政期水部郎中

鵬字至遠鄭州刺史

翰字玉田考功郎中

秉永山南東道節度使

播

稱左衛錄事參軍

暉

蕨河陽令
昇遠水部員外郎
雄飛
矩
封丘
楡關
從道黃門侍郎趙郡公
蒼兵部侍郎贊皇縣伯
則河南少尹
乾
威
盛
季同安郡別駕

唐書宰相世系表十二上　二十六

甲
恒
王友
希遠晉陽尉
井揚州左司馬
峴廬江令
回言字仲樞相文宗
權河南功曹參軍
悅一子
出身
規壽州刺史
將順蒙州刺史
覲
覿
覬
昌遠
美

融後魏中書侍郎
蘭集
公昌給事中
今莊
景誠

義之後有萬安自趙郡徙于管城

萬安鄴郡平鄉丞
頊
日知相玄宗
雍尹太原府司錄參軍
立之洪洞令
彬新野尉
彤吏部尚書
彩太康尉
彭
彧
伊衡

唐書宰相世系表十二上　二十七

南祖之後有善權後魏譙郡太守徙居譙生延觀徐梁二州刺史生績

績馬頭太守
驎遠隋潁州刺史
遷德州刺史
孝卿毅州治中
敬玄相高宗
思沖工部侍郎
守一成都郡令
晤金壇令
紳字公垂相武宗
開水部員外郎
無逸算曹博士
復圭
紘
乾祐建州刺史
朱谷管經略判官
昊
孝遵
晦
悅字一彰
惠子
希言禮部侍郎
繼金州刺史
好字仲卿吏部侍郎
儋
寬中字子量
緯字肩孟
昌謀字慎微
元素相武后
志德瀧州刺史
構

東祖歆字幼黃高平太守江陵寧公生勗字景賢頓丘太守大中
正生頤字彥祖高陽太守武安公四子䚯系奉曾

䚯字少同蘭陵太守
孝伯字虔後魏洛州刺史鉅鹿簡公
悅字祚定州刺史鉅鹿貞公
悅祖中山太守高邑伯
暉字伯願大司農卿文公
子騰陽翟太守
伏惠主簿
世起深州司兵參軍
承眞廣州司兵參軍

挺秀

邵叔後周驃騎陳使義陽太守
君昂濟陽長
仁方洛陽尉
玄乂

玄本

仁則

仁表

君素

君節

子智晉陵太守
孝徽
文幹冀州司法參軍
仙務

仙幹

華後魏中山太守
勸義散騎常侍
仲通楊平太守
孝端隋穫嘉丞
知本夏津令
懲富平尉
奭玄囊溫令

懋襄陽令
錫長洲丞
允宗

道宗

鉦曲阿尉

絢蜀州刺史
怦

銳

銓經城尉

玩

孫慶文郎中
廙厚
同悅

奐實
渙

融

廙直給事中
南榮
孫開檢校郎中

西昇

奐沖櫟陽令
悌

仙壽

奐恭
明道

言道

勸道

謀道

奐盧方城尉

思萊州長史
瑱播州長史
胡

琡襄邑丞 / 冊
良
韶太子通事舍人
珂澤州刺史 / 涉
擇
漪
瀾
汪

 吳昭

從
衡
覬監察御史
理西平令 / 芳無錫尉
濩武昌尉
璞九隴尉 / 滔
瑒曹州參軍
知隱伊闕尉 / 慈櫟陽丞 / 暄鳳州刺史 / 光輔

光弼
煜安陽主簿 / 光復
光宰
懃明堂尉 / 顯給事中 / 宗鄭州參軍
寧澤州參軍
案江州刺史
安石
志沂州刺史 / 全璧洋州刺史 / 載

 久昭

衡
嘉
全昌光祿少卿 / 叅鏈太子廟丞
寀
同復潞城令
全交忠州司馬
孝徹 / 知約偃師尉 / 齊度左補闕 / 諫
誕

延世趙郡太守

子眞

長卿

玄操

玄乂

喬卿

君信

素臣曲阿尉

子遠驃騎兵將軍

君壽安州司功參軍

思恭

君武尉州司馬

无思

處靜

仙童

思貞

崇憲

綜行河間郡

遵字良驥後魏度支郎中謚曰簡

祖[illegible]字李[illegible]北齊海州刺史涇陽男

李廣宗

匠字[illegible]令

國寶

世寶河南郡東曹掾

支益中書侍郎

元恭初名豫工部郎中

元休

元甫

元儉司功參軍

承仙

智積鄠陵令

元嗣

元符

人寶眞定令

搢之洛州錄事參軍

守禮

依禮

元貞

瓚字獻文北齊博陵太守謚曰景

君韋[illegible]丘令

師表黃[illegible]令

挺立梓州司馬

承家

承懿

騫字顯驥北齊太子家令謚曰文

立言

納義考城令

常

均字善[illegible]後魏趙郡太守

曄字世[illegible]驃騎恒山太守始豐侯

元茂徐州刺史襲始豐縣侯

子雲字鳳舉鉅鹿太守

遹字直[illegible]將軍駙馬都尉

山壽北齊兵部郎中

仁則

文尚華州司功參軍

玄奬

玄福

仁贍梁州長史

玄祐州司戶參軍

玄恩

寮少府監

光之

寔

全壽監察御史

元楷丘令

元愨

元規

元軌

元謹

宣成後魏幽州刺史諡曰惠　籥之字敬止隋循道司州長史從諮議參軍　迎郡陵尚書右丞　純隋介州刺史　德饒字世文司隸從事　高行曹州刺史　延慶　元瑒

元琰嘉興令　鉦

元瑜

高節泉尉　福襄城主簿　道長　鎬

鈞

鍰

元瑾衡陽尉

粤　王式

王喬

王烈

王粲

思義

思恭

德範魏令　弄璋　思安

思玄

脩期

楚人

啓方

玄昶

德綏陵水令　延年

高亮

德矩許州司功參軍　玄威

玄乂

玄靜

德昇洛陽令　玄同度支員外郎　融給事中　迪　詠

諷

許

諍

諫

述　嵩幅山府司馬

逵 翬令 議

老

逖 猗氏尉 計

識

守義

守物

迴

德 湖州司馬 延喜 潭州司戶參軍

逢 遇

建

遵 發州司戶參軍 進

懋 博州司功參軍

公緒 字務叔，後魏冀州司馬，棄官，賜號晉居公 少連 鄧州司戶參軍 守沖

守玄

守恍 公召 亳州司戶參軍

[illegible] 參軍 乾愈 上洛令 仲宣 德州刺史 暉

延祖 仲爵 映 宛丘令 錫 巴州刺史

逖 越州功曹參軍 賢

莊生

季 字季節，北齊并州功曹參軍 山圖

志之 郢州刺史 瑾 青州刺史 公節 上柴丞 行詡 仕郎 元慶 昭陵令

行禮

行純

行指

季卿

季略

幹之 步兵校尉 士高 征虜將軍 公俊 輔仁 其州司法參軍

公嗣 輔義 父令

輔智 九隴主簿

士儀

士章

士政

士達

士瑜，趙郡功曹。叔衡，南陽、魏郡太守。
孝慈
德源，丹川尉。
儀王

儀道

德逸

士璜

士瑋，趙郡功曹。
祖忽

仲忽
師信
神邕，虔州司法參軍。
楚珪，泉州司法參軍。
蕭金安
德丞
詠

楚璋

楚璧

楚筠

神懿

幼達，真定州刺史。
德積，廣都令。
善亨，州主簿。
玄恭

昭善
牛

萬善

仲甫，光州刺史、常侍。
敦，散騎常侍。
紀曹
善應，作州長史、州都督府長史。
行先，陽翟令。

金節，州司馬。
泰允

仁元，虔州刺史。

善昌
玄紀

玄明，潭州司倉參軍。

國本，州主簿。
多能
客師，高水令。

滿宗，屯田郎中。

系字知叔，後魏平鎮令，追封平棘縣男。
顗字德正，四部尚書、平宣王。
式字景則，西兗州刺史、鞏陽侯。
壽字仲希，揚州刺史、散騎侍郎、鞏陽文公。
逸字祖侯，左中散常侍、鞏陽文公。
[illegible]
君實，考功郎中、陝尉。

君約

君穎

君弘，趙郡主簿。
師大，恒安府隊帥。
齊彥

師雅，字孝仁，隋尚書郎、符仕郎。
玄素，丹山簿。
審言

審義

師仲

閑善

收善

惠善

君亮

君儀　玄度

光悅　子游

子貢

子哲

唐書宰相世系表十二上　四十　王成

嘉璧　潬

滋

玄惲

稚昌吉州司法參軍

君盛青州司戶參軍

君褒

[illegible]字[illegible]玄[illegible]太原太守文獻公　[illegible]州刺史貞烈公　[illegible]州刺史以[illegible]子[illegible]　師旦右領軍錄事

師素

師喬臨[illegible]令

師蘭上柱國儀同三司　元穉　曉　昇　金覺

暕

皎

晤一作昈

晦

元悅　昕　鐃

鋭

唐書宰相世系表十二上　四十一　王成

嘉休

暐

元明常山令　晈桂州司馬

暄長洲主簿　涇

渭

漣

灞

約泗州司倉參軍　濟

			祖勳北齊右僕射丹楊文孝公	祖訥北齊光祿卿							祖衡北齊[illegible]州刺[illegible]忠公				
			德璋隋寧州司戶參軍	德瑞江陵令					德玘	德班州主簿	德珪隋司徒長史				
			知仁	胡摩	正節	正度	正美	正禮		政感	行敏左威衛長史	行矩易州司馬			
			釋意							禪師上騎都尉		玄慶陽武主簿			
		植廣州司兵參軍								璡		怡	悌		倬監門冑曹參軍
潜	瀝												濤	彥方	詞
															倜尉氏令

							祖歆隋揔管府長史南頓子								
							德琰								德璞鄂州司戶參軍
							文範	文則穎州司倉參軍							文勸內鄉丞
		玄起鍾山丞						延福光山丞			嗣福監門直長		嘉福餘干令	彝福	震澡水尉
			帆蘄春令	守虛和津尉		協溫王府參軍		昱清平丞	[illegible]新野丞	嵩南和令	景祥		曜皐平尉	寄客	昭武進丞
		疎城固令		津	深臨安尉					岫	珹	琇	•	僥	
備	巽														

					弈字景世後魏都官尚書安平侯											
					慶業館陶令			唐書宰相世系表十二上								
					祖構字叔衡征虜將軍	希仁字景山北齊太子詹事襲武安縣公	希顏字希義後魏黃門侍郎文簡公									
					孝深	公源襲男	元卿隋淮陽令									
				德璞河間令		善願右衛倉曹參軍	大倫散騎常侍									
				表慶左翊衛		彥之羽衛尉	承嗣鳳州刺史	四十四								
				同十壽陽令			紹先洛州司戶參軍				奉先義王文學					
紹櫟陽尉	循來庭尉	宏左補闕	寔內鄉丞	齊志鄠城尉			嵇當塗主簿		岱郃陽尉	金武康尉	巒碭山尉			興大理評事	嵒	
預	暘寧陵尉						壽餘		君旣單父丞	文炳	芳時	欣時	昌時		緹臨海尉	約
								王震								

								唐書宰相世系表十二上								
									大儼	大衍雲亭主簿						寅惠
								四十五		息登						
		襲先舒州長史					祖先宣門郎			辟惡	恭禮	勤節	勤業	勤道	勤瑜潞州錄事參軍	
謇	含潭州司士參軍	岳澧州司田參軍	邑蘇州參軍			臣全撫丞	懸壽昌令									
		可曠	郗	郇	鄉		曾彭城丞									
								懷仲								

仲卿中山王開府諮議

文琬

文立右衛胡衛山尉 公晉卽

文政虢州別駕 思過遷陽丞

南客周王府隊正

忠順

當璧

嶷

慎惟陰令

貞道

晉客司農卿元氏縣男

佛懷州司馬襄男

昌

敏子

貢子

岩

淑

崔仲

儒子

華揚州別駕

遏

清

楚

縝

絢

決睦州司倉參軍 [illegible]

任

永建德尉

昕義烏尉

懷生若愚馮翊縣州司法參軍

璟無錫丞

源河閩丞

正諫

汾嘉興令

正規

五福

得一

上士

復慶常州司戶參軍

濬武康令

史復

岑

和睦

珍

構

貞簡司農卿

嵩戾武令

長倩

元善京兆州錄事參軍

[illegible]

貞穗　京兆府法曹參軍
奉和　州司戶參軍
長裕　鄠陽令
[illegible]　江西觀察判官
[illegible]　州分巡官
[illegible]

貞恕　大理評事
嵩　平原主簿
佺
文乂　鄭丞
文叟　東城令
守仁　永年丞
同愛
愔
恪　安平游擊將軍
儒　右衛親府郎將
抗　滏陽司戶參軍
相　茂州參軍

懍　秦州刺史
拯　長洲尉
象
釭
幼復
陟
文立　九門丞
[illegible]
寶　王太子舍人
遵王
[illegible]
師王
來王　散騎常侍
思諒　金部郎中
巒　許王府典籤
皎
昭
暕　都水使者
瓌　易州參軍
震　大理丞
[illegible]　舍人
珉　穀熟令
奐　一名奐
韶
戎　生殷
正範

彬

昂倉部員外郎

實比部郎中生父重監察御史

巽

房陸渾尉

衛節洛州司士參軍

晤許州司馬

松年常熟尉

龜年京兆府司戶參軍

鈞臨潁主簿生存範存誠存範檢校金部員外郎生尚遁尚隆存誠中牟尉

鏦河西令

王震

鈜

經

激

鉄餘杭主簿生存亮

鶴年和州司馬

湜

倩和州長史

涉

從

曉

昕汴州長史

逢年司農卿

鐸歸竹丞

銶越州參軍

鍋

鑄越州錄事參軍

錆

錄

錞河南參軍

王休

堯年會稽令

鋭

鋒

錢

銛勾容尉

思言昆邑令

邵文平陽令

子公

回

邵本

邵一

還

儇

唐書宰相世系表十二上　五十二　王介

泂

誗同

誗宗　暉南柏舟充尉

晦

望仙

夢同

浮丘

誗之睿王騎曹參軍　少顒頓丘尉

晞

曄

誗豐宣城令　昶南皮尉

誗臣　愿　恕

懐

盈　倚

運

橦陀

唐書宰相世系表十二上　五十三　王[illegible]

僧伽　偃

偲

允王武安尉

崇業滑州司戶參軍

崇德給事中　讓定州長史　迅襄城丞

迴臨汾主簿

造左威衛錄事　幼積

韞武

誠大理少卿　進樂壽令

連常州刺舊　彥太湖令　儒

處厚

哲常州錄事　士約蘭山令生館

倪安錢塘令生郎瑯部

臻洪州參軍　操

端友

況

清

謨鄂州司戶參軍
逞益都令
堅
主[illegible]蘇州錄事[illegible]生[illegible]權[illegible]叔[illegible]
泚
洽
湛
澆左金吾兵曹參軍
符
湍
渢閬尉
坦
埴

孝基隋晉王文學
野王魯郡功曹
鎮惡襄城令
郘台州司法參軍
嶠字巨山相武后
迪安州錄事參軍
逢柘城令
還大理評事
昭鄖城令
晀冀州刺史
惟賢
賠伊闕尉
惟微淮陰令
惟清鹽城令
伯容
暢相州刺史
惟和大理司直
琰合肥令生長倩

裕海州刺史
惟亨
惟成
發滕州刺史
懿華陰郡太守
惟岳監察御史
惟乂新安主簿
東王衛水令
守大
蘭苦㽦州長史
奉朏
奉偁
奉胄
邵

孝俊隋壽王司勳郎中清池令
守節
翁父
翁孫
翁叔
彥輔固安丞
彥莊
勤王義令
世衛零陵令
嘉祚衛州刺史
澄美原丞
銳
道遇

朏 壽王府參軍

濬 鄆州長史

銛 南梁州司功參軍

聽奉屯田郎中

端饒州刺史生

錢

況 右衛長史

注 河池郡太守

鍠 金吾錄事

琡

瑀

環 饒東主簿

璀 江陽令

覬 王晉州刺史

偁 衛東安主簿以勳王次子贈

嘉會

嘉淳

多侯

嘉晏

演

珩

仲子

贊 王府長史灌陽男

處約

處秘

處義 都水使者

楚

華

處參 烏江丞

璩 睦州司馬

銳

逢 括倉尉

劍

鏁

鍼

鎬

鍉

班 屯留丞

鎮

鉢

鍾

有意 衛氏令

琬 鹽城令

華

範

芳

芬

高 岳衛州長史

琰 陽陰主簿

琛 非城主簿

瓊 安次尉

藹

唐書宰相世系表十二上　五十八

荷

芊

萬

孝威隋大理少卿

太真趙州刺史

播字式業齊州刺史

遙客蒲城令

怡顏衛水尉

鵬

澤

繹以怡顏長子繼

踐一洺陽丞

承訓杭州司功參軍

循字全禮汴州司功參軍

仙客

踐忠

倚澤州安平府別將

寬

翹大理評事

端

珮硤石主簿

瑞

亮淮西節度參謀監察御史

弘簡

怡經丞

藏義

毛易

唐書宰相世系表十二上　五十九

能寶

弘素

應尉

椅梧

紹左驍衛兵曹參軍

權

脩玉山尉

伋洋鄉令

太初許州司馬

宣道臨汾丞

延孫

延祚喬令

緯湯陰尉

紓

縱

擇陸

澤尉

應蘇州刺史

昇

勸

行餘

宣德許州司馬

延祐信王府功曹參軍

緩蘭州長史

泌

繁懷州錄事

太沖雍王友

國字宗業湖衛

元琎字如玉邠州司士參軍

伯成

朱盛

唐書宰相世系表十二上　六十

恒
劭
隆業藍田丞
重丘博州參軍
重光翊衛
唐卿
球
嗣業同州司功參軍
虛己安邑令
萬榮州倉曹參軍
韶延陵丞
若越州錄事參軍
恕己與設郎
華字超權吏部員外郎
鷹
鑾大理評事
延業洪洞令
光紹揚州錄事
愍貞定簿
昭業冀州士曹參軍
寶業麟游令
庭秀正平令
澗幽川尉
坰
知業
慶業陵州司兵參軍
庭光稷王屬
詵
謹鄆州司功參軍

唐書宰相世系表十二上　六十一

諄
龢城父令
宗師
從古
珙監利丞
紹先
岑
峯滑州司倉參軍
嶷貞定令
茂恒州司法參軍
敬業汲令
志廣務陵主簿
郊著作郎
崎京兆府功曹參軍
琚
孝衡
泰王隋左親伏
仁其况於潛令
延安路州司倉參軍
鈕舞陽尉
琮
鎔鄭令
微靈寶尉
弘慶弘範弘慶金州刺史主簿卿
詢宋城令
準
璘大理評事
積善
琇任城令
羣奉先丞
翬

襲慶

鉅新息尉
璟

延固安陽令
鑒蓁城令

鑾長洲尉

袁質密州司倉參軍

鑒

彊誠

仁齊櫟陽令
延嗣
昔思

九思廣州司馬
宅相

寶鼎

延宗棣州刺史
伯思深州長史
琯

玢臨朐令

仲思藍田尉
玘臨濟府司馬
勘道

琳河南府參軍
復司農寺丞生
睦讀

文通生
友直

琴

璩復嘉尉
從規

從矩

瑅

珽巴州司馬

璠金吾析軍

玢廷連州錄事參軍

叔思廬州司馬

壽思廬州司馬

璩潭州司戶參軍

瑯南陵令
蜀襄城尉

從湘鄉尉

理大理司直
輔衛府州參軍

季思

昭思

延節長沙尉

延喜兵部郎中
進思
紹金吾長史
懷忠

惟孝
惟省
徽思荆州司功參軍 / 鍠
鈴
今思萬山丞 / 嵩
學
敬思上騎都尉
仁緯東光令 / 同思江州刺史 / 參潞州長史 / 颯

評大理評事
論汜水丞
偃緱州參軍 / 廣利
延之坊州刺史 / 蘭鄆尉 / 元伊闕令 / 昭興安丞
暐萬年尉
良光祿丞
朮
卞

退思駕部員外郎
均懷州參軍 / 子熏趙城尉
延祐益州司士參軍 / 翺趙州刺史 / 武大理評事
眞
韜壽王記室 / 漸嘉興尉 / 承規生彰明
士規
士矩
潛

瀞都昌尉 / 元成
元用
徽義眉令 / 俅肥鄉丞
仁瓆 / 延休華州長史 / 元慈州別駕 / 弈
期襄城令 / 弇盧城令
珉之端州刺史
茂實
延紀常州司功參軍 / 正辭六合令 / 昭字存誠江夏令

駙安吉尉
璆
迪新鄭尉
述東海尉
朝昇
正議全椒令
招
元輔
延載平遥令
擇益州錄事參軍
懷新興尉
綬

惇臨渙丞
滿餘干令
弁
惇
撰
延昌
瑗阜城尉
俛
信
倫范令
鄭卿襄陵尉生謙信豐令
閬宋州參軍
君仲

準符離丞
延雅衢州兵曹參軍
翰慕後魏陳留太守
羨業秀才
鴻鸞河間太守
士永清河太守
希寔通州長史
孝通鉅鹿太守
那含
弘睿
蝟衛
弘操
守藏
善意
善守
君威

君協
君遵
慈師
希傑阜陵太守
仲德
希彥趙州別駕
道常
公瑜漢王參軍
遜言
君淑
德珪
義珪

唐書宰相世系表十二上　六十八

僖瑋

希猷　元素　孝德

士安行臺郎中

嘉本州主簿

叔榮秦州外兵參軍

希文　仲貞

觀達

仲質　文長

季確　君逸

研字採幽高平太守　元則并州長史　文殊高平太守　德潤　彥雲　守順

守行

孝徵鴈門太守　德延湞南令　治端同州倉曹參軍　玄徽

玄格

玄朗

玄肅

治高

王日

唐書宰相世系表十二上　六十九

德義　錯

素民

曾字慶之後魏趙郡太守柏仁獻子　祥字元善中書侍郎平棘簡子　安世字德合相州刺史假節趙郡公　瑒字瑞羅岐州刺史　播清河太守　君正南皮令　志道兵部郎中　思仁

君偉朝請大夫　陳師清河令　思禮長城令

君游

孝伯後魏秦州刺史宣城文昭公　豹子中山太守　叔讓湖州長史　孝緒後周芮城令　延壽隋儒林郎　璣衡荆山丞　仁穎都水丞　詳太子少保　弁渭南尉　紞

紓

纓

縱

文　納

申監察御史　緝　[illegible]

輯

丹浙西觀察使　袞秘書郎　君系

訥左庶子　何忌諫議大夫　專蘇州刺史　[illegible]

子父上富縣令

王日

懿淡儀尉
諶監察御史

居中光祿主簿

灌雍州司士參軍
位

過紅都尉

誠河南府法曹參軍
仲連

秀

謙

詵

唐書宰相世系表十二上　七十　王昌

仁軌

仁則
泪
旭
奉初
存

逵

孝約司徒錄事參軍
子行豫州刺史
玫
師本

孝純
子廉
環
師幹
玄珪

東祖之後又有諤

諤隋南和公
奐左金吾衛將軍
震太子中允
光朝鄂州司馬
仲勉鹽鐵判官兼監察御史
琢字待價相文宗
階度支判官兼殿中侍御史

弱翁鹽鐵判官兼監察御史

瑨字昌之兗海從事校書郎

愈密尉

西祖勁字少黃晉治書侍御史二子盛隆

盛中書侍郎
纘字緒業太子祭酒
延字元假趙郡太守
建
公瘳右司郎中
自勗虞部員外郎

自挹杭州刺史
令志

羲緒
雄

萱隋州刺史

連
搏固始令
忠明熊州司倉佐
大智新政令
尚一

尚自博州刺史
密益州司馬知留後

唐書宰相世系表十二上　七十一　尚祥

乂字尚冀中山貞公
寧

宙殿中侍御史

審左司郎中

宿緱氏尉

黿字神龜後魏汾州主簿
鳳林
[illegible]
子雍隋河北道行臺兵部尚書高都郡公
公宏

公與魏高都郡公
世輝

韓戶部尚書

秀林從魏定州大中正
伯茂
景昕
仲賓左司員外郎

					隆字太[illegible]後魏阜城令
		襲			謀[illegible]令
	休字紹則後魏散騎侍郎	閣			昞始平太守
	虓字令世京兆太守	倏	倬		伯膺東郡太守
			恃顯	恃和	弘節北齊廣平郡守
					道隸太府卿
	志衡趙州刺史			彥琮趙州長史	思恭韶州刺史
				嗣眞太常卿	同亨
		公敏		默之	渙
		懷遠相武后			
叔雲監察御史生撰		景[illegible]部侍郎生彰年彰年吏部侍郎生收字[illegible]事中[illegible]右司郎中			

		謀孫元齊後魏廷尉			
		孝恭			
		懷柔	懷宗		
	道信	祖威倉部郎中	君逸隋謁者臺郎		
去伐	齊[illegible]倉部員外郎	思行嘉州刺史樂安公	齊然		
	知讓長水主簿	辯[illegible]陝州刺史	藏		
洽兼御史中丞	承嗣江州別駕		[illegible]字[illegible]一貫[illegible]文獻公		
	嶷右武衛錄事參軍		老彭侍御史	吉甫字弘憲相憲宗	
	[illegible]			播倚楚州刺史	[illegible]

遼東李氏：璣少子齊趙相，初居中山。十三世孫寶，字君長，後漢玄菟都尉，徙襄平。生雄，車騎長史。生亮，字威明，原武令。生敏，河內太守。生信。生胥，字宣伯，晉司徒、廣陸成侯。生固，字萬基，散騎郎。生志，字彥道，陽平太守，嗣廣陸侯。弟沉，沉孫根。

					椽後魏中書令
					宣鄴郡守龍驤將軍
					賓後魏征東將軍陝南公
					永太中大夫
					弼字景和後周太師隴西武公
					曜開府邢國公
					寬隋蒲州總管蒲山公
自然					密字玄邃
					知古右臺監察裏行
玄乂					
叔虞左諫議大夫				叔儀	
恭懿	行謹	行敏	行恭 生啓		

			暉	安	衍後周太宮伯眞鄉郡公		
	偉左千牛衛將軍				仲威		
匡民	禮亳州刺史燉煌公						
	睞大陽郡長史襲燉煌公					承休	
	嶠字[illegible]襲燉煌公					泌字長源相德宗	
	澄義成節度使武威郡王	溫太僕少卿				緄高陵尉	繁和州刺史
	克寧						

緝 咸陽尉
挺 涪州刺史
絢 華州文學
昂
仲文
仲武
義方 元通
仲賢
綸 長
稚
知古
翁歸
晏
椿 祖光
元素字大朴戶部尚書

江夏李氏漢酒泉太守護次子昭昭少子就後漢會稽太守高陽侯徙居江夏平春六世孫式字景則東晉侍中生嶷嶷生尚字茂仲生矩字茂

約江州刺史生充字弘度中書侍郎生顥郡舉孝廉七世孫元哲

元哲徙居廣陵
孝蘭臺郎
岐字泰和北海太守
正臣大理卿
衡
師諒
師稷
諧字思翰
韞字內文
頎
正叔工部員外郎
翹
諤字德遠
正卿
公敏
潛字德隱
沆字映之
昉
璞鄆州司戶參軍
暄起居郎
鄘
鄘字建侯相憲宗
鉥起居舍人
瑊字景望相昭宗
沆字東濟

漢中李氏漢東郡太守太常卿武孫頡後漢博士始居漢中南鄭生郃字孟節司徒生固字子堅太尉生三子基字憲公茲字季公燮字德公安平相十二世孫德林

德林隋內史安平公
百藥禮部侍郎宗正卿安平文公
安期相高宗
宗師鄆城令
義仲中書舍人
詠
營
蕃
宗臣
宗玄
宗墨
容成壽春太守
力牧餘杭太守
良相
良卿
爽吾晉陵太守
幹同州司戶參軍
端

	序	殿中侍御史

趙郡李氏定著六房其一曰南祖二曰東祖三曰西祖四曰遼東五曰江夏六曰漢中宰相十七人南祖有游道藩固言日知紳玄素東祖有絳濟珏西祖有揆遠吉甫德裕遼東有泌江夏有鄘揆漢中有安期

宰相世系表第十二上

唐書宰相世系表十二上　七十六

宰相世系表第十二中　唐書七十三中

翰林學士兼龍圖閣學士朝散大夫給事中知制誥充史[illegible]

勅撰

王氏出自姬姓周靈王太子晉以直諫廢爲庶人其子宗敬爲司徒時人號曰王家因以爲氏八世孫錯爲魏將軍生賁爲中大夫賁生渝爲上將軍渝生息爲司寇息生恢封伊陽君生元元生頤皆以中大夫召不就生翦秦大將軍生賁字典武陵侯生離字明武城侯二子元威元避秦亂遷于琅邪後徙臨沂四世孫吉字子陽漢諫大夫始家皐虞後徙臨沂都鄉南仁里生駿字偉山御史大夫二子崇游崇字德禮大司空扶平侯生遵字伯業後漢中大夫義鄉侯生二子旹音音字少玄大將軍掾四子誼叡典融融字巨偉二子祥覽覽字玄通晉宗正卿即丘貞子六子裁基會正彥琛裁字士初撫軍長史襲即丘子三子導穎敞導字茂弘丞相始興文獻公六子悅恬劭洽協薈洽字敬和散騎侍郎二子珣珉珣

唐書宰相世系表十二中　一　王成

字元琳尚書令前將軍謚曰獻穆五子弘虞柳孺曇首曇首宋侍中太子詹事豫寧文侯二子僧綽僧虔僧綽中書侍郎襲豫寧愍侯生儉字仲寶齊侍中尚書令南昌文憲公生騫字思寂梁給事中南昌安侯生規字威明左戶尚書南昌章侯生褒褒字子淵後周光祿大夫石泉康侯生鼎字玉鉉隋安都通守石泉明威侯子弘讓弘直

弘讓字[illegible]宗中書舍人[illegible]			
方士字玄遠臨印令	方則字玄憲光祿卿		
崇禮沂州司馬	景蘭州刺史		
瑤琢城府果毅	綰常選		綺越州倉曹參軍
	混	液	浩

渙

純成武令
濬

沂

緒秘書郎
坦

洧
源廣管城尉

德文

練華尉

紓通事舍人

晏益州倉曹參軍
安期

佺期

榮期

昱好畤丞
維

綱臨洺丞

昇夏州長史
繪

縱

方泰字文敬太府少卿
鴻馮翊丞
志怫宜壽尉
汶殿中少監
褒御史知雜
宣陽

紹

志凝襄垣尉

源鐃州參軍
志福

志斌長上果毅

澄
志深襄樂尉

膺南昌丞

濛宋王屬
志簡常選

弘直字宗禮長州刺史謚曰孝
臧字方舉隋州司馬
思晉洛州參軍
擕

擢

思恭[illegible]眉丞
希倩光州刺史
珪漢州別駕
倚字巨元
建子
台老明經及第

銓
賓子

馬老

涤字益源，秘書丞
銑
鋭
邁字遐舉，蕭縣令
知晉
知蘊字積中，蜀王諮議
愼微字表仁，吉州長史
章
融
彥範
珍
范陽丞
昌，爲山南東道節度推官，試大理評事
瓚
彥規
知進書
禧傳
知綬眞
鄉令
遜字從之，平望戍副
綱
煽
進

迺字匡弼，常選
師迥
師逵
師逸
師遂
師述
師遈
師造
翰字德中，檢校刑部尚書、琅邪郡子
昌嗣
鈴字執中，壽州法曹參軍
昌裔，上虞令
漢字懸源，會稽令
紳
寧國令
知古
希古
遇南宮令
續字方紹，羅川令
愔
延璋

延祚

延齋

延之

續字方節越王府法曹參軍 / 思勍 / 海雲

繼字方晏相武后 / 晞字光烈鄭州刺史監石泉侯 / 脩字盧龜定州刺史 / 濟膳部員外郎黃州刺史 / 牧涇陽尉

源茂榮州刺史 / 璋左衛兵曹參軍 / 晉

存

遂沂海觀察使 / 新豐遂州刺史

果鳳翔府參軍

長文禮賓使 / 阜大理丞

相太子詹事 / 仲鷹徐州節度判官

瞻福建觀察推官

處明經及第

昇舞陽尉

澄洋州刺史 / 造太子諭德

逌淄州刺史 / 鉞

鎬

鎔

遠殿中少監 / 鏞秘書省正字

錫

鑄

邁淄州刺史

迅

沭御史中丞 / 源上華陰令

源長渭南令

源通衛佐

淮御史中丞 / 子文平山尉

子西恒州參軍

濟尚衣奉御　沼集州刺史　潤杭州別駕

子尚恒山令　源永澧州參軍　魯卿　過著作郎　源中字正蒙天平節度使　都元敞騎常侍　逢元

質偃師丞　寶　賀　贊　實　握字昷臣　應　叔鳳　叔鸞

潤汝州長史

迪　適侍御史　高安邑尉　源植福建觀察使　源會絳州司馬　源端溫令　源棠四門助教　退思晉陵丞

季羽　希範　愿襄邑尉　賜永城尉　恪同州參軍　慎　愖　憬　棁字不耀給事中　懽湖州文學

侁舒州刺史
濟衛尉丞
泛
邈徐城令
師貞
渼
源謙
源評
脩禮
源誠
晦字光遠襲王爵依以晦弟子繼涔水令
曒字寬光輔
仲連檇李府錄事參軍
紹
璵相肅宗中書舍人
鍼字堅仁右諫議大夫
搆字昭逸相昭宗
倜字挺光郭尉直弘文館
俊河南府文學
倫校書郎
參字內魯
損字中禮
樞字蘊華
鍼字莓公傑
又
嗣宗國子司業

汶
衆
嗣昌
嗣端
士則
挽郎
嗣源饒州參軍
嗣恭
師實
平子
嗣立晉州參軍
寰河東丞
旺字光宥監察殿中侍御史
源潔建
昌尉
嗣文
寂
仲文義忠君傑
烏尉陽丞
字
仲武
儇挽郎
曄殿中侍御史

晙字光庭明威將軍	份咸陽令	復奉天尉	宗卿分寧丞	麗
		河	孺卿好時令	
	倩臨汾尉	和	道固	
			元貞晉城令	
			孝源	
		雄		
		溥	源矩	
			源明	

		濤	源孚
			源采
			源芳
			源旭
	侗大理主簿	佛奴虔州刺史	
晅字光範明威將軍	倣荆州刺史	金刀	
		鼎子	
	傑	現	源奕

			源奭	
			源亶	
	儀	瀲	天養	
		貞		
昕字光業忠王司馬				
暐字光緒萬州司馬	佳金牛令	和乂	晁	
			冠	
			求	

	和友	罕	亭
			謝老
		覓	
		覺	
		寬	相老
佋睦州司馬祁縣男	激		
	湜		
洞玄金州司馬	彭		

暉字光嗣安化郡司馬
彸
仲
佶
緄字令賓商方操洛丞
輝遠
延嗇始
藏尉
弘度字承宗
弘仁字嗣宗
方誕

唐書百宰相世系表十二中　十四　周富

方寔
弘義字林宗荆王屬
方諸海州録事參軍
晉宋州參軍
弘訓字主宗
方茂
方智戶部郎中
固忠
雍丞
固基
固信
固貞昨城令
固業涼州司倉參軍

弘道字玄宗丹陵令
弘藝字延宗膳部郎中
方壽
固廉隴州參軍
固己單父令
正字士則晉尚書郎三子：庾、曠、彬。彬字世儒，尚書右僕射、蕭侯。二子：彭之、彪之。彪之字叔武，尚書令，謚曰簡。二子：越之、臨之。臨之生納，納之皆御史中丞。納之生准之，字元魯，宋丹楊尹，生輿之，征虜將軍，生進之，梁左衛將軍、建寧公，生倩，安南將軍、中盧公，生猛
猛字[illegible]名州[illegible]史[illegible]陽成公
[illegible]州刺史
[illegible]州刺史
[illegible]
[illegible]州刺史
[illegible]
暉字[illegible]相武后
大有左衛中郎

唐書百宰相世系表十二中　十五　王虎

同人泗州刺史
[illegible]府功曹參軍
休明南和尉
休光博州刺史
休名相州刺史
休言解令
續吏部郎中
德素潁州刺史
閑鼎工部員外郎
豫屯田郎中

		德李西臺舍人									
瑜字希瑩侍御史	瑶右驍騎將軍	攝右衛將軍									
		承慶駙馬都尉	承先								
			重華左拾遺	讜左司員外郎	重明						
					搢虞部郎中	權國子祭酒					楷虞部郎中右庶子
						申伯	貞伯				
						莘司勳郎中	葆字禮羽	師南江西觀察使	藩戶部郎中	蕘	

太原王氏出自離次子威漢揚州刺史九世孫霸字儒仲居太原晉陽後漢連聘不至霸生咸咸十九世孫澤字季道鴈門太守生昶字文舒魏司空京陵穆侯二子渾濟渾字玄沖晉錄尚書事京陵元侯生湛字處沖汝南內史生承字安期鎮東府從事中郎藍田縣侯生述字懷祖尚書令藍田簡侯生坦之字文度左衛將軍藍田獻侯生愉字茂和江州刺史生緝散騎侍郎生慧龍後魏寧南將軍長社穆侯生寶興龍驤將軍生

瓊字世珍鎮東將軍四子遵業廣業延業季和號四房王氏

大房王氏

遵業黃門郎														
長明	松年北齊黃門侍郎高邑平侯													
	邵字君懋隋秘書少監													
	孝京揚州司馬													
	子奇青州司戶參軍													
	慶賢太原丞													慶祚
	光謙維陰令													
	坰吏部侍郎							翔陽翟尉		坰字宏敏東都留守諡肅		向上邽尉	翹太子僕	
	重何東令					倉兼御史中丞		勳	堪定陵令	鼐	巫雅山南東道節度使諡忠惠		鼎	
	文仲王屋令	君仲	衆仲衛州刺史			叔仲	豁仲		聰					
			淙	鏗字成器[illegible]觀察使諡貞	涓		寡言		傳字德嗣相昭宗					
			鎬字仁固	鐵字中御	鉅字弘猷		錯字豐祥							

唐書宰相世系表十二中　十八　王端

慶符
令元
華水部員外郎
藹字望之
申

慶詵

慶玄
光復
邕金部郎中
篆

孝柔
子貞行臺倉部郎中

規
大觀
同人毫州刺史光祿少卿
守忠
愛景

思訥
子遂

自勉

仲璋
佇

日新
翁慶士曹參軍
贇仁吏部員外郎
省躬

元方
約

東

第二房王氏
廣業後魏太中大夫
野父北齊脓州刺史
君儒御史中丞
孝幹
康壽冀州刺史
玄壽
寥長
安尉

唐書宰相世系表十二中　十九　王端

乾壽

神壽

孝倫右衛司勳郎中
表祠部郎中

孝遠中書舍人
崇

嶷

友札安陸令
玄道桃林令
元鼎

世鼎國子主簿
邈梁州司馬
彧
益徐州刺史
蒙
佶祠部郎中
璉
衡
魯
擬字文飛

懷讓杭州司倉參軍
懷禮
咸寧丞

大鼎渝源令
方興

禔
滂

鄭卿殿中侍御史
達揚州司戶參軍
神鼎
志仁
師丘
道質
仙客太常博士
頊冀州刺史
鈞
劍
闢
闓
場
鐸
季貞
惠孚
溫之
還
鎰
昇陽父尉
曙
暐
晛
晤
鎡
愔字韶之
渙字羣吉
憕
滌字用霖
昱武城尉

河東王氏

儒賢趙州司馬
知節揚州司馬
冑協律郎
處廉汾州司馬
維字摩詰尚書右丞
縉字夏卿相代宗
繟江陵少尹

紘
紞太常少卿

烏丸王氏霸長子殷後漢中山太守食邑祁縣四世孫寔三子允隗懋懋後漢侍中幽州刺史六世孫光後魏并州刺史生冏度支尚書護烏丸校尉廣陽侯因號烏丸王氏生神念北齊亡徙家萬年

神念梁北冀州刺史壯侯
僧辯太尉永寧公
顗侍中樂陵守
珌
閔
思泰字知約鄭州刺史
美暢字通理司封郎中蘇公
眴司農卿薛公
播潤州刺史
翼盩厔令
鄴長安丞
玲符璽郎
翹千牛
珪字叔玠相太宗
崇基主爵員外郎
體仁朝散大夫
尚逸字伯安安州長史蘇公
昚望通州刺史
旭左司郎中
茂時
光大司勳郎中
燾給事中
遂大理少卿
漢蘇州刺史

郜直南城縣男
頻 遵工部員外郎 齊休倉部郎中
僧悠 景孝隋屯田侍郎 臉汾州刺史歙縣男 文濟給事中 仁忠字撝左千牛將軍 崇敬右衛長史
崇簡尚衣奉御
崇司農寺主簿
崇宗京兆府參軍
岩
岦

王萱

學
益懷州刺史 礎黔中觀察使
仁皎字鴻臚特進祁昭宣公 守一太子少保
文洎

四五世孫元政
元政幽州別駕 貫安吉令 祚青州司馬 晃溫州刺史 沼禮部郎中
潔國子司業
瀍字廣津相憲宗文宗 孟堅工部郎中集賢院學士
仲翔太常博士

中山王氏亦出晉陽永嘉之亂涼州參軍王軌子孫因居武威姑臧五世孫橋字法生侍御史贈武威定王生叡封中山王號中山王氏後徙樂陵

叡字洛誠後魏尚書令中山宣王 襲字元孫吏部尚書中山惠王 攸散騎常侍并州刺史諡曰穆 子景北豫州司馬 元季隋大中正開府儀同三司 有方岷州刺史 行果長安尉 晙相玄宗 府任太原少尹易州刺史
暕永壽令
眞業令 怡戶部侍郎

汾州長史王潚亦太原晉陽人生大璡

大璡嘉州司馬 昇
昇咸陽令 懋字士寬櫟府倉曹參軍 播字明敭相文宗 鎮秘書丞
沐京兆府參軍

文瑞

起字舉之魏鄭文懿公 式武寧節度使
龜字大年浙東觀察使 蕘右司員外郎 權
定保字胡聖
禮字秀山
鐐字德耀州刺史 蘇字至禮
鑄字台臣
鐸字昭範相僖宗
炎字逢時太常博士

華陰王氏後徙京兆新豐

孝傑相武后
無擇左驍衛將軍

京兆王氏出自姬姓周文王少子畢公高之後封魏至昭王彤生公子無忌封信陵君無忌生間憂襲信陵君秦滅魏間憂子卑子逃難于太山漢高祖召爲中涓封蘭陵侯時人以其故王族也謂之王家卑子生悼悼生賢濟南太守宣帝徙豪傑居霸陵遂爲京兆人賢七世孫黨上郡太守卑子九世孫遵字子春後漢河南尹上樂莊侯遵生魴魴孫康康生諶諶生鴿魴別孫景生均忠均八世孫羆至易從徙居汲郡

羆字熊殿中監雍州刺史萬年忠公
慶遠直閤將軍
述字長安杜陵龍門莊公
無長郁官郎中

儼工部侍郎
懷清

明遠蔚司金上士
壽隋州都十職主簿
詰河西令
慶濟州長史
易從揚州刺史
賓

寔
宥
密越州刺史
行古
收字種德
超字子榮
定字鎮侍太子右庶子集賢院學士
逢殿中侍御史
仲周揚監察長史
勵從右庶子
寅右驍衛錄事參軍
擇從京兆府參軍國子正殿學士
察遠州刺史
自立緱氏令
徽字昭夫相傳宗
椿
椁

忠七世孫直

松字夢禎
朋從
言從
直瓜州刺史
丞家郁官郎中
滔果州刺史
何丹王傅
武宣岳州刺史
德本鄧州刺史
德真相高宗武后
九思三原令
潛告城令
坦

長諧
德玄倉部郎中唐州刺史
九功
沖之度支郎中
齊
九言駕部郎中并州司馬
士會睦
某寧
暉令
王掾

王氏定著三房一曰琅邪王氏二曰太原王氏三曰京兆王氏宰相十三人琅邪有方慶璵搏璹太原有溥縉珪涯皎播鐸京兆有徽德真

魏氏出自姬姓周文王第十五子畢公高受封於畢其後國絕裔孫萬爲晉獻公大夫封於魏河中河西縣是也因爲魏氏萬生芒季季生武子犨犨生悼子悼子生昭子絳絳生嬴嬴生獻子舒舒生襄子曼多曼多生文子須須生桓子桓子孫文侯

都都生武侯擊擊生惠王罃罃生襄王嗣嗣生哀王哀王生昭王昭王生公子無忌孫無知漢高梁侯生均均生恢恢二子伯倫彥彥字叔倫張掖太守生歆字子胡鉅鹿太守初居下曲陽二子愉悅愉字彥長侍中生寓字惠開平原郡守生紹曾孫宣北海公孫統二子儁植儁爲東祖植爲西祖儁孫𢧐三子儵意暨意裔孫士廓

士廓隋治書侍御史
乂濮陽令
玄同字和初相武后
愔著作郎
長裕河南法曹參軍
光
覔
尤
季隨膳部郎中
季邁長安尉

懍御史主簿
方回淄青二州刺史
方進御史大夫
元
叔正兼監察御史
循郴州刺史
廣業昇州刺史
甫
黃裳開州刺史
嶠
恬鄭州刺史
協
確司議郎

館陶魏氏本出漢兗州刺史衡曾孫珉始居館陶珉孫彥

彥字惠卿後魏光州長史
釗字陽義陽太守茂征將軍
伯肖
長賢北齊屯留令
徵字玄成相太宗
叔玉光祿少卿
膺秘書丞
叔瑜職方郎中
華禮部侍郎
晤駕部郎中
叔琬
叔璘
殷汝陽令
明監察御史
憑獻陵臺令
謨字申之相宣宗
潛字蘊華
敷
滂殿中進馬
隋廷州刺史
萬兼御史中丞
德振

宋城魏氏
元忠相武后中宗
昇太僕少卿
晃

鹿城魏氏
知古相玄宗
喆延安太守
悊陽安太守
林湖州刺史

珏鴻臚少卿

曜贊善大夫

又有魏玄盈之族

盈

昌

扶字相之相宣宗

蕢子守刑部侍郎

魏氏宰相六人 玄同 徵 謩 元忠 知古 扶

溫氏出自姬姓唐叔虞之後以公族封於河內溫因以命氏又郄至食采于溫亦號溫季漢有溫疥封栒侯謚曰順生仁仁子何始居太原祁縣何六代孫序字次房後漢護羌校尉二子壽益壽鄒平侯相益字伯起兖州刺史生恕孫恢魏揚州刺史生濟南太守恭恭二子羨憺憺晉河東太守生嶠字太真江州刺史始安忠武公從子楷隨桓謚奔于後魏兄孫奇馮翊太守曾孫裕太中大夫生君攸

君攸隋泗州司馬

大雅字彥弘禮部尚書黎孝公

無隱工部侍郎

克讓

克明

晉昌

釋黨坊州刺史

晃倩南鄭令

佶字輔國太常丞

邀

造字簡輿河陽節度使禮部尚書[illegible]

琯字子候

京兆尹檢校吏部尚書

遜

彥博字大臨相太宗

振太子舍人

翁歸庫部郎中

緬

續閬州刺史虞公

晧

皎

曦太僕卿駙馬都尉

西華秘書監駙馬都尉

瑒

續

瓚

紹

阜道州刺史

緘

絢比部員外郎

翁念太僕少卿

翁愛

挺延州刺史駙馬都尉

常節

貴言左羽林軍將軍

冬日

光嗣

彥將字大有中書侍郎清源公

瓚

焯

煒

炷

瑜祠部郎中

璡

曠方郎中陝州刺史

延賞陳州刺史　愼微鄭州刺史　道沖和州刺史

任　佐　佚

袞

勳國子　壽涔

溫氏宰相一人　彥博

戴氏出自子姓宋戴公之孫以祖父謚爲氏至漢信都太傅戴德世居魏郡斥丘裔孫景珍

景珍後魏司州從事

胄字玄胄相太宗　仲孫

至德相高宗　良紹

戴氏宰相二人　胄至德

侯氏出自姒姓夏后氏之裔封於侯子孫因以爲氏一云本出姬姓晉侯緡爲曲沃武公所滅子孫適於他國以侯爲氏鄭有侯宣多生晉漢末徙上谷裔孫恕爲北地太守因家于北地三水四世孫植從魏孝武西遷賜姓侯伏氏又賜姓賀吐氏其後復舊

植字仁幹周驃騎大將軍肥城節公

君集相太宗

侯氏宰相一人　君集

岑氏出自姬姓周文王異母弟耀子渠武王封爲岑子其地梁國北岑亭是也子孫因以爲氏世居南陽棘陽後漢有征南大將軍舞陽壯侯岑彭字君然生屯騎校尉細陽侯遵遵曾孫像南郡太守生晊字公孝黨錮難起逃于江夏山中徙居吳郡生亮伯亮伯生輙吳會稽鄱陽太守六子寵昏安頌廣晏後徙鹽官十世孫善方

善方梁起居舍人尚書長寧公

之象邯鄲令

文本字景仁相太宗

曼倩雍州長史獻國子　司農梁公

定淮南節度判官　弘太子通事舍人　通太常寺太祝　至秘書省校書郎　靖復州刺史

融忠州錄事參軍　玢晉州別駕

義字伯華相中宗睿宗

殷

仲翔太子中允陝州刺史傅望公

實字驍衛右驍衛倉曹參軍　尹著作郎　彭業丞

仲休

賁門郎中衡州刺史　賢殿中侍御史

植仙晉二州刺史　謂瀅城丞　況湖州別駕　則右衛兵曹參軍　參虞部郎中嘉州都督

卓兒

						文叔	
						長倩相武后	
		棣沛令眉州刺史	梧安喜令冬鄉邠州長史	椅監察御史終吉州刺史		靈源	廣成
乘太子賛善大夫	垂長葛丞						
				橫鳳翔戶曹參軍	穎長城尉		

岑氏宰相三人。文本、羲、長倩。

宰相世系表第十二中

宰相世系表第十二下　唐書七十二下

翰林學士兼龍圖閣學士朝散大夫給事中知制誥充史館脩撰臣歐陽脩奉敕撰

張氏出自姬姓黃帝子少昊青陽氏第五子揮為弓正始制弓矢子孫賜姓張氏周宣王時有卿士張仲其後裔事晉為大夫張侯生老老生趯趯生骼至三卿分晉張氏仕韓韓相張開地生平凡相五君平生良字子房漢留文成侯良生不疑不疑生典典生默默生大司馬金金生陽陵公乘千秋字萬雅千秋生嵩嵩五子壯讚彭睦述壯生胤胤生皓字叔明後漢司空世居武陽犍為皓生宇北平范陽太守避地居方城宇孫肥如侯孟成孟成生平魏漁陽郡守平生華字茂先晉司空壯武公二子禕韙禕字彥仲散騎侍郎生輿字公安太子舍人襲壯武公生次惠宋濮陽太守二子穆之安之安之之族徙居襄陽

穆之宋交州刺史	安之宋青州主簿				
弘籍字[illegible]梁[illegible]鎮西參軍	弘策字真簡梁衛尉卿洮陽閔侯				
[illegible]州刺史封[illegible]公	[illegible]後周宣納上士隋巴州錄事參軍				
	則禮陽令				
	玄弼益府功曹參軍				
德政鄭州都督范陽公	柬之字孟將相武后中宗				
	漪著作郎				
	愿吳郡太守兼江東採訪使	嶅左補闕	總荊府倉曹參軍	軫河南參軍	某戶部郎中	昇大理評事
	點殿中侍御史				

踶晉散騎常侍隨元帝南遷寓居江左六世孫隆太常卿復還河東後徙洛陽生子犯子犯生俊河東從事生弋

嶧

瑀晉州刺史

纁

弋字高之周通道館學士

洛

隲字成隲洪洞丞

光國子祭酒

珪戶部郎中懷州刺史

浣

說字道濟相睿宗玄宗

均刑部尚書大理卿襲燕公

岖

密

濛中書舍人禮部侍郎

㛮洛陽丞

岩

垍太常卿駙馬都尉

渙

岱

埱給事中

嵲瀛州刺史

河東張氏本出晉司空華裔孫吒子隋河東郡丞自范陽徙居河東猗氏生長度

長度銀青光祿大夫

俊興相國府檢校郎將

思義成紀丞

嘉貞相玄宗

延賞初名寶符相德宗

弘靖字元理初名調相憲宗

文規桂管觀察使

彥遠祠部員外郎

景初殿中侍御史

天保

嗣慶河南尹

彥脩

次宗舒州刺史

曼容

彥回字幾之

彥樞字休府

嘉祐左金吾將軍相州刺史

宏

諗主客員外郎

師質郴州刺史

始興張氏亦出自晉司空華之後隨晉南遷至君政因官居于韶州曲江

守禮隋湓山丞

君政韶州別駕

子胄寶州錄事參軍

弘雅明經及第

處讓

餘悌

濟

秘

稔

附

處立

意乂

行扶

景當

處珍

弘矩洪州都督府參軍
昱初名處鉉
如珽
輔

支

如玘
穎

天湖水主簿
環

處泰

弘毅臨州錄事
處榮
瀆曲江令
存
匪躬

諸

護

處茂
繪

緬

緘
偲

處倫
纓

繼
垌

郁

處簡
藴

弘顧成城丞
處厚

處冀
翊興寧令
察
克脩

循
慈明

克戎

思齊

亮

瞻

子胄剡令
弘藏
九齡
鳳初名州司馬
佽
貢

廉

賁

聰

沐洛州文學
元昌

鳳立　泉　透

准　宥

鳳規　烈

鳳翔　歡然　瑾

琛

晧然　亞之

獻之

鳳臣　朋　慎

鳳鷫　瑩

昇

鳳班

鳳筠　潤　伯堯

衎叔

滿　鋒

深　伯川

弘毅　軫齡　騆

駿　諶

談

播　仲宣

擅齡番　騎　涗　偁

禺令

彷

佶

驊　仲學　玩

琪

瑜

仲贊　可記

仲謐

澄昱　憑　仲彥

								弘愈索盧丞				弘智		
								九齡字子壽相玄宗	處暹	處琁	處摠		
								拯右贊善大夫					恕
								藏器長水丞				仲儒	仲文
								敦慶袁州司倉參軍					
								景新					
			郎湖南觀察判官					消嶺南觀察衙推					
超端州司戶參軍		道興	鈞				皓仁化令	千壽					
維四子贊璀嗣宗居貿	太玄	繼生綰	瑋二子琪珙二子文璉文智	詣	謠	諷	諆生澄眞						

				九皐殿中監南康縣伯									
擢右金吾兵曹參軍				捷端州刺史									
仲師	仲違			仲通瀏陽令									
	季質			季延平樂令									
		希範	喬	顥								景童洪州都督府參軍	
							燿樂昌令					焆歸善令	
							曠湞陽丞					廷傑	
					文[illegible]會三子允恭允明化璵允恭生[illegible]允明生士調	文權三子威襄和威生怡襄生士衡	文達	洪二子珦璜珦生克從璜四子錫諧保鎬	佪二子琱琱珽二子隆鉉瑒生宵	瑜三子[illegible]璘生傑	巘生琇琇生元吉	傑二子瓊瓌瓌二子光徽光濟瓊生大韶	曙六子賓英[illegible]英仲英蕙英韶英可英

摶
仲叙 昌令
季勲

仲熊 端州錄事參軍
季長

季重

仲寧
季康

仲像

仲餘

仲友

攜 昭州刺史
仲建 平樂令
禹晉康 主簿
景由陽 江主簿

璠

珂
九思

幼之

武蘭方州 司馬檢校戶部郎中
仲綰 都昌令
雄

仲唐 駕部郎中殿中侍御史

仲安 興縣尉
嘉穎達 昌丞
遵業雷 鄉主簿
嶠太子 中舍
顗侍 御史
璞端州 錄事參軍

璡

可復 湖陽主簿
欽

仲蕃 江都令
師老 永康令
紹儒 明經及第

仲方 字靖之 秘書監 曲江成伯
彝甫 [illegible]

克儉 戎 [illegible]
城主簿
綺 梧州 刺史
崇紀 宣州軍事 推官
[illegible]

仲孚 監察御史 廣州節度判官
叔敖 信安尉
鋌
[illegible]

隋
雖老

晏 韶州 判官

經文韶 州司法 參軍
智
桂

俊 韶州 司倉參 軍

忠明經及第

溫其，絳州刺史

溫士，刑部郎中

德輿，太原少尹、御史中丞

仲本

晳

仲威

搟建陽令

仲寬

閏

勝

斂

貞

紉挺，初名仲舉，韓計節度副使

復愚，字敦古，度支郎中

演，初名球

珹

復珪，字環中，諫議大夫

仲道

揆

仲宇

仲楚，潭濱韶州瀟尉，鹽場巡官

仲清

仲丹

仲則

仲緯

仲儈

拔

矿，唐鄧州錄事參軍

欹直

欹寬

九章，鴻臚卿

招，大理評事

諶

復

至

詡

和

據，金華令

管

倚

唐書宰相世系表十二下 十四

授巴川主簿	操沂州司馬	擴	授	搆		採雷州刺史
仲誼				易簡	易從	克恭河源令
綮				諲		希虔潮州錄事參軍
						齊彥

		克和戎城丞		克讓新州司馬		
	希璧	汝弼賀州軍事判官	用晦	璉永順令	瑤	仍裕
齊穎		師迎	桃符	思猷		

王介

唐書宰相世系表十二下 十五

					九賓	
				括	替江都丞	
克紹正議令					仲恭袁州錄事參軍	
衮如和令					汝翼	
鍜					珩	球
溫御	溫裕	溫肩	溫業			
道昭						

	撫懷州參軍			抃豐城令	扡	
	仲修	仲嗣永平令		仲雍鄒城令	士撿	仲綱
攸亮		講	譜			

王介

						仲緯	
					措程鄉令	衛藏主簿	
						衎	珏
							璠封川主簿
						衙	
		子卿	欽璟	震	颯	曼	
					誼	璨	

			欽瑒				
		子冲	弘讓循州錄事參軍	庭訓	緒	璨	
						玲	
				庭貴			
			弘驥	庭秀	璡		
				庭邁			
		子眷	弘衍崖州錄事參軍	釗			

		子猷	弘胄	欽孝	振	詵

馮翊張氏本出後漢司空皓少子綱字文紀後漢廣陵太守曾孫翼字伯恭蜀冀州刺史子孫自犍爲徙下邽

德言龍樂州刺史		仁愿相中宗	之輔金吾將軍	通儒事安祿山		
				知微初名通幽倉部郎中		

吳郡張氏本出高第四子睦字選公後漢蜀郡太守始居吳郡裔孫顯齊盧江太守生紹

紹梁晉陵郡太守	沖字叔玄隋漢王侍讀	後胤[illegible]新野縣公				
			濟			

			謙			
			巽			
			律師王府諮議參軍	繼本泗州刺史		
				義方字儀邢州刺史	府上朝方節度使東京留守	鎰字季權相德宗
				承訓博州刺史		
				承緒將作少匠		
					珣吏部郎中	縯度支員外郎

小師朱陽令
承休栢州長史

成繪邠王府長史
瑄

統師金部郎中

豐仁庫部郎中

彥師駕部職方二郎中

瑾武德令
倩朝試大理寺丞
舟安南都護武城縣男

道師

清河東武城張氏本出漢留侯良裔孫司徒歆歆弟協字季期衛尉生魏太山太守岱自河內徙清河曾孫幸後魏青州刺史平陸侯生準東青州刺史龍𩇕侯生靈眞生彝隋末徙魏州昌樂

彝字慶賓後魏侍中平陸孝侯
始均字子衡光祿卿平陸孝侯
晏之字熙德北齊兗州刺史恭公
虔威字元彭隋江都贊務

詢古吏部侍郎
談考功郎中

詢孝太僕少卿
纈遂州刺史

文琮刑部員外郎

虔雄隋陽城令
文禮常熟主簿
某昌樂令
某河西行軍司馬
雲字方慶桐城令
字揚州戶曹參軍

案秘書省校書郎

文瓘字稚圭相高宗
漪

潛揚州長史
寬庫部郎中

杰杭州刺史

沛同州刺史
成綺金吾將軍

洽魏州刺史
宥揚州長史
宏虢州刺史
[illegible]御史中丞
正則
知實字冠仁
保望字渭叟

褒

涉殿中監汴州刺史
鵬陸渾丞

士矩右司郎中

沖字孝源介休令

文琮吏部侍郎
戩江州刺史

挹比部郎中

錫相武后溫王
歡
惟一華州刺史

宬司勳郎中

文收太子率更令
孝詢太常少卿

何間張氏漢常山景王耳之後世居鄚縣後周有司成中大夫虞鄉定公張羨賜姓叱羅氏生照照字士鴻隋冀州刺史復為張氏三子惠寶惠瑶惠珍

惠寶隋絳丞

惠瑶丞州司馬　祖政杭州刺史　晤懷遠令

祖令巫州刺史　虪沖

虪訥

虪珣

惠珍　約

宷通曹州刺史　昇游擊將軍遂州別駕　參國子司業

緘房州刺史

續京兆司錄參軍

允　緗蘭緱氏令　君卿正字　暘字公文表天平節度使　文蔚字右華相哀帝

濟美字舜舉

貽憲字孟章戶部郎官集賢校理

豊侍御史

貢江西採訪使洪州刺史

孝閑蒲州刺史　知久洪州都督　栖貞汝州刺史　感　應安南都護　仲素中書舍人　鐸字司振　濬字禹川相昭宗　格字承之太學博士直弘文館

播右拾遺

偲字樂壟

泳　林字徽之

沆

仲連

紉蘭

季貞

季逖

賓庭洛陽尉　風力扶溝令　蘄通州刺史

中山張氏出漢北平文侯蒼之後世居中山義豐

長諧　行鈞　希臧雍州司戶參軍　昌期岐汝二州刺史

昌儀司府少卿

同休司禮少卿
易之麟臺監恒公
昌宗司衛卿鄴國公
曼客長安令
行成相太宗高宗
洛客
翁喜陳州刺史
彥起司封郎中
梁客吏部郎中

魏郡張氏世居繁水
公謹字弘慎襄州總管鄒襄公
大象戶部侍郎
大素給事中
悱國子司業
劇汲郡長史
大安相高宗
洽左金吾將軍
之緒都官郎中
垐
垐
況同州刺史
臻秘書少監

撝
之纘
俊侍御史

汲郡張氏世居平原
善見越州司馬
武定荊州戶曹參軍
知古代州司功參軍
鎬字從周相肅宗

鄭州張氏
亮相太宗
愼微

張氏宰相十七人。東之、說、嘉貞、延賞、弘靖、九齡、仁愿、鎰、文瓘、光輔、文蔚、濬、行成、大安、鎬、亮。

馬氏出自嬴姓，伯益之後。趙王子趙奢爲惠文王將，封馬服君，生牧，亦爲趙將，子孫因以爲氏，世居邯鄲。秦滅趙，牧子興徙咸陽，秦封武安侯。三子：珪、琛、嵩。嵩高生述，字貞惠，漢太子大夫、平通侯。生權，爲寧

東將軍。三子：何羅、通、倫。通字達，黃門郎、侍中、重合侯，坐何羅反，徙扶風茂陵成懽里。生賓，議郎、繡衣使者。三子：慶、昌、襄。昌生仲，玄武司馬。四子：況、余、貟、援。余字聖卿，中壘校尉、揚州牧。二子：嚴、敦。嚴字聖卿，後漢將作大匠。七子：固、伉、歆、鱄、融、留、續。歆十一世孫默，十二世孫岫。

默後魏雍州持中
思歡
祚
仲緒隋荊府長史
匡武瀛州刺史
匡儉
克忠洛陽尉
攝駕部員外郎
曾
措
擇兵部員外郎河間太守
昔
署
逢兼監察御史

岫字子岳從周荆州刺史扶風肅公
喬卿梁襄州主簿
君才右武候大將軍南陽郡公
珉萬歲令
季龍嵐州刺史大同軍使
炬
當右諭德
炫字弱翁一字抱元刑部侍郎
陶太子中舍
寅
慶
巢
儉
燧字洵美相德宗
彙太僕少卿
赦左衛倉曹參軍
敫右清道率府倉曹參軍
暢少府監
繼祖殿中少監

唐書宰相世系表十二下　二十四　王介

懿均州刺史

扶風馬氏

聰
植字存之相宣宗
郁
儔字後己

茌平馬氏北齊有茌平令遲因家焉

遲
瓊本郡戶曹從事
周字賓王相太宗
載尚書左丞吏部侍郎
觀
覯吏部郎中
元振
元拯
惆河南令丹州刺史

馬氏宰相三人 周燧植

褚氏出自子姓宋共公子段字子石食采於褚其德可師號曰褚師生公孫肥子孫因爲褚氏漢梁相褚大元成間有褚先生少孫裔孫重始居河南陽翟裔孫招安東將軍揚州都督關內侯孫䂮字武良晉安東將軍始徙丹楊五子頠詵洽裕祥洽武昌太守生征討大都督都鄉元穆侯裒字季野二子歆熙歆字幼安祕書監生爽字義弘會稽王諮議參軍爽五子秀之粹之陟之裕之淡之秀之字長倩宋太常四子儁之湛之貞之法顯

法顯宋鄱陽太守
炫字彥緒齊安成王師謚曰貞
澐梁御史中丞中書侍郎
蒙太子舍人
玠字溫理陳御史中丞
亮字希明散騎常侍陽翟康侯
遂賢王友
[illegible]州司功參軍
璆吏部郎中
琇給事中常州刺史
珣京兆士曹參軍
元方大理評事

唐書宰相世系表十二下　二十五　糸盛

遂良字登善相高宗
彥甫祕書郎
喬
休
彥沖城門郎
倫
儼
彥季司農少卿
松
五世孫虔
七世孫輅

遂功
逢年　鳴鶴
鳴謙

褚氏宰相一人　遂良

崔氏出自姜姓。齊丁公伋嫡子季子讓國叔乙，食采於崔，遂爲崔氏。濟南東朝陽縣西北有崔氏城是也。季子生穆伯，穆伯生沃，沃生野，八世孫夭生杼，爲齊正卿。生子成、子明、子彊，皆爲慶封所殺。子明奔魯，生良，十五世孫意如，爲秦大夫，封東萊侯。二子：業、仲牟。業字伯基，漢東萊侯，居清河東武城，生太常信侯昱，昱生襄國太守穆侯紹，紹生光祿勳嗣侯雅，雅生揚州刺史忠，忠生散騎常侍秦，秦字世榮，始居鄃縣。二子：恪、景。恪，丞相司直，生郡功曹殷，七子：雙、郎、寓、金、虎、蕃、固。雙爲東祖，郎爲西祖，寓爲南祖，亦號中祖。

寓四世孫林，字德儒，魏司空、安陽孝侯。曾孫悅，前趙司徒左長史、關內侯。三子：渾、潛、湛。湛生顗，後魏平東府諮議參軍。生蔚，自宋奔後魏，居滎陽，號鄭州崔氏。

蔚，後魏郢州刺史。
[illegible]字元[illegible]，[illegible]中紹
苌字祖[illegible]，[illegible]尚書[illegible]武津縣公
[illegible]尚書左丞、武津縣公
幼字季[illegible]，陽後魏[illegible]丞、昌郡守
彥珍
景茂
[illegible]州行[illegible]部[illegible]尚書[illegible]公
慶賓
神[illegible]，[illegible]州刺史
克讓，[illegible]州刺史
立觀，吏部員外郎
貞固，廣晉州刺史
叔瑜，吏部郎中
何，[illegible]州刺史
温卿

彥璋
彥[illegible]，[illegible]司[illegible]郎[illegible]公
君緯，丞相府賓曹參軍
君肅，隋黃門侍郎
公禮，泗州刺史
思默，邢州刺史
思約，和州刺史
元弈，秋官郎中
騫
逢年
言道，岳州刺史
晢，巴[illegible]
令
均，丹州刺史
志廉，右庶子
傑
儒
伷，右拾遺
廣
希喬，監察御史
君宙
思矜
千里
元綜，相武后

君暎隋秋官侍郎
彦昇
玄禮利州刺史
恪申州刺史
勝部字秉公
憬
恂杭州刺史清河男

許州鄢陵房蔚少子彧居鄢陵

彧
子今隋本州主簿
樞利州刺史
義直峽州刺史
知悌戶部尚書
祐之博州刺史
知久
踐之郢州刺史
齊之左司郎中
玄之度支郎中
肅
洌
知儉
知讓
知溫相高宗
泰之左丞黃門侍郎工部尚書初以職方郎中豫平二張易之少府監趙國公初以商州司馬豫平韋后功第二
錡
備工部郎中

知遜

南祖崔氏秦少子景字子成淮陽太守生挺字子建挺生破虜將軍權權生諫議大夫濟字元先亦稱南祖濟生湫字道初湫生安定侯融字子長融生中書令溫字道和溫生魏常山太守就字伯玄就生上谷太守公安公安生晉大司徒關內侯岳字元嵩岳生後趙尚書右僕射牧字伯蘭牧生後趙征東大將軍蔭字道崇蔭生聊城令怡字少業怡生宋樂陵太守曠隨慕容德度河居齊郡烏水號烏水房生清河太守二子靈延靈茂靈茂宋庫部郎中居全節生稚寶稚寶後魏祠部郎中生逵字景通北齊三公郎中生周司徒長史德仁德仁生君實

君實許州治中
解宜君縣丞
谷神
尚祠部郎中
偱
重下邽主簿
綱交城主簿
緯
協朔州刺史
條晉陽丞
融字文成清河文公
禹錫字洪範中書舍人清河貞子
引河東尉
約
集
巨字務式殿中侍御史
絢監察
寔行
師
謀
經歙州錄事參軍
誕

縪

綃

綴

紹

蘊 監察御史

綜

則

外 稷山尉

繼

棨

翹 禮部尚書清河成公

陵 詹事府司直

庇

璪 字潤中

昭符 字子信

昭原 字勛美

昭緯 字蘊曜，相昭宗

昭矩 字表謀

夔 於潛尉

權 襄陵尉

悦 林慮主簿

述 河南府士曹參軍

嚴 倉部員外郎

忻 河南法曹參軍

巍 光祿丞

同 大理少卿

峯

應

度 襄城主簿

厥 惠陵令

公弼

公度

弘本

延齡

允中

彥雍

平仲 鳳翔少尹

異 果州刺史

照 將作監丞

稔 鉅野令

郤

臨

充美

尋

嶠 澠池令

賁

德雍 周易博士

岐 江陰鄴

主簿

嶙

嶸 弘河東令

遂江陵少尹 頲

彥恭

勵陝府司馬 次興

能字子丰山南節度使淸河郡公 師蒙

由道

彥曾初名宣孝徐州觀察使

虬京兆府參軍

祐之 檠

陽尉

從字子乂淮南節度使□□□□伯

彥方壽

安尉

勣嗣太子詹事

鑿字文莊廣州支使

慎由字鄰止相宣宗

昌遐字貽休太子賓客

胤字垂休相昭宗

縹

綸

蠡

濤

億

周思初名懷經司封員外郎

有鄰字朋善祠部郎中

鈞

安潛字進之太子太傅貞孝公

昆字制之太常卿

巘字濟之右拾遺

伽護

彥冲太子賓客

勍字思柔太常博士

就字德成戶部侍郎

讓郎與

元少尹

渙字虛己司封員外郎

巒字得車太常丞

撝太子諭德

諒

彥儒

蠡尉

彥崇

憲西主簿

彥弘

[illegible]太子少詹事

系 伊陽丞

朔京兆府法曹參軍

縣象 季恭秦監察御史

鼎 主爵員外郎

伯基八世孫密密二子霸琰霸曾孫遵

遵後燕太常卿 撫宋汝南太守 叢後魏冀州刺史臨居 稜隋藍田太守 君撲 文舉 晉相武后

君操 文仲吏部郎中 武蘇州長史 安石汝州長史 甾 部 縉字公綬

緐大理少卿 藏宇明承裕延原觀察 戚宇翔宇 重易圖南

球字季珪魏尚書生諒字士文生遇遇生瑜瑜生暹字叔祖暹生

禕禕四世孫溉

溉 義玄御史大夫清丘貞公 神基相武后

神慶司刑卿魏縣子 琳太子少保 儼諫議大夫

隆絳州刺史

珪懷州刺史 僥工部侍郎

球鄆州刺史

瑤光祿卿 傑

儀御史中丞

琨石州刺史 傳鄂州刺史

神福荊州長史

清河大房暹少子諲宋青冀二州刺史生靈和宋員外散騎常侍

生後魏贈清河太守宗伯生休寅休號大房

休字□□後魏殷州刺史 中尚書文貞侯 兵尚書 郎中 城文公 龍藏 子源同叔封 州刺史

智藏 仲文北齊光祿大夫 德隋內史舍人 世濟太子洗馬 元譽湖州刺史

璟光千牛將軍 瑛光祿少卿 堙駙馬都尉

元郄和州刺史 希古藍田令 迴大理評事 瑝 綬 璐字大圭 寶字昌衡

元祚大理司直

元德

元獎吏部侍郎杭州刺史 庭玉右驍衛將軍蘄州刺史 孝童監察御史濮州刺史

嗣童陵州刺史

貞臺駙馬都尉

元異

元彥 正平令
逸甫
端
敖 太常博士
棣

換

搏

法言 相州別駕

隱甫 刑部尚書忠公
徽

徽 河南少尹
鑑 太常少卿
倬

泳 字君易，陸渾尉

潛 處州刺史
勝

豐

愻

渙

載
元紀
守默
從一

虔
益 字元友
昕 雅州別駕
審

容

遼

暉 唐州刺史
誠
黃
龜從 字玄告，相宣宗
殷夢 字濟川
晅 字正封

昈 字漢傑

慶復 大理少卿

叔仁 後魏楨州刺史
挺
輅

沖 少府少監
通
樞 祕書監

述 右諭德

庠 武隋魏州刺史陽男
正辨豐
玄彭 馬蘭令

邈

玄默
思慶
延賓
嘉祥

思貞 屬州刺史
庭曜

庭曒

庭曬 國子博士
嵩

清河小房寅字敬禮後魏太子舍人樂安郡守生長謙給事中青州刺史生子令令公華

子信後魏通直常侍
思隱
嵩

子韋後魏東莞太守
求言同濟州刺史

張蒼
少通

少容
豐洛陽丞

公輔雅州刺史

唐書宰相世系表十二下　三十八

子令高唐令
世瑛

奉節

奉孝
欽讓

欽古

欽書

公華
大質復州刺史
玄覽
湛字湛然鄭州長史
虔大理司直
稱戶部員外郎

撞侍御史
冕

峴字公外
羲字尚逸

秩
千字藩之

玘
彥辭
膠字壽卿

彥回字瑞源

彥昭相僖宗
彌字彥語

朝字然忠鄭懷二州刺史
賾字實方檢校金部郎中
璧字敦詩相懿宗
嚴同州參軍

充字茂用東都留守
鈞源字司鈞

唐書宰相世系表十二下　三十九

申侍御史內供奉
漸
誼字宜之

稧

程

稅
肇長秋觀察使

棨

玄弼延州刺史
弘默
純

道默赤尉
寬赤尉
岳
師本

季長

道郁

綜醴泉令

信太子中允

譚大理寺主簿

鄭字士則楚州刺史淮南營田副使

鍔當塗尉

行古

璉

瑊

陟御史中丞

邠字夢仁太常卿謚曰文簡

瓊吏部郎中

彦緯字有裕

鄭司農卿

璵字汝器吏部尚書

彦融字應求萬年令

協字思化

頎

頌

壽

貞

鄲字廣略荊南西觀察使諡曰德

瑀

蕤遠字衡舉

瑶字韞中鄂岳觀察使

瓌字休俞湖南觀察使

延表字漢臣

延寶字舜舉

理字致美相黃巢

郇大理卿

耶

贊字錫勳

鄯左金吾將軍

琢字子文

仁穎字處之

瑄字右玉

仁遇字贊堯

琛字貞器

珮字聲諫

琪字庭秀

鄲相宣宗

鄘字德章

嶠字崑巖士

諷枝江令

佃河陰尉

道楨

子美

泉兵部郎中

濟

敦太常卿

敷

訦

敏永州刺史 貽哲

貽儉

敎 行先

儆溫州刺史 徽

儆

務

放檢校郎中

道猷左庶子清河公 瑩

著秀岐州刺史 褎 丕

褒

襄

兖

冀

羨

益

薦 庠

文 慶字長言 濛字退澤

澈字德信

特

顒

收

志德京兆參軍

玄機陵州刺史 循禮 融右司郎中

玄義綿竹令 行温延州刺史 紹鄆州刺史 顏 義度都郎中 倫 隋字鄧業

騎 鎮

鵬

絳
謙太子詹事
邯
鄠
鄘
坦
璘字垂裕
郾
路
信滁州刺史
元藻字家華武功令
禮
貢
祐
永
濟樂州刺史
威
象
賓
暐
參
包
述
珏字夢之

行堅金州司馬
綱
缶
師周
師魯
行集襄州刺史

清河青州房：琰生欽，欽生京，京孫璵，慕容垂車騎屬，生輯，宋泰山太守，徙居青州，號青州房。輯生脩之、目連。

脩之
元孫宋尚書郎
亮字敬士秦征虜將軍後燕侍中書別將中書僕射樂陵文侍御史自然公壽昌公峽縣男
諶魏思韶冀州司馬征虜長史武城子
子布
成奭
道淹
方裕萬年主簿臨洺子
貞觀武功丞濟
景晊大理評事
圓相肅宗
褒
成周
子治
弘道濟州刺史
子叶
衢庫部郎中
經
絢
洽成都少尹
繹
繕
目連
僧嗣後魏南青州刺史
幼孫
光伯後魏太傅諮議參軍
陷後魏房州別駕
信明懷州刺史
冬日天官侍郎
惟怦海沂等州司馬
鎮邀

國輔禮部員外郎

度

知道大理司直

立同相州刺史

倚

翰字叔清伊家監察御史官試大理評事

華

國況

彬秉侍御史

博陵安平崔氏仲牟生融融生石石生𪓐字少通生寂寂生欽欽生朝漢侍御史生舒漢四郡太守二子發篆篆郡文學生毅毅生駰字亭伯長岑長二子盤寔盤生烈後漢太尉城門校尉生鈞字州平西河太守十世孫昂

王虔

昂

仁師相太宗高宗

揖亳州刺史安平公

璽字攝虔雍州司功參軍襲安平男吏部員外郎襲安平男

鯨奉天令

昪監察御史

審大理卿

紓舒州團練判官試大理評事

鉅嶺南節度副使

又新

又初永泰令

鯢

皐

簡連州刺史

鐸

弘裕字道益

鐔字一用

策監察御史

宮

攜恒州刺史

拒戶部尚書

湜相中宗

泌刑部員外郎

諷戶部郎中

論大理卿

滌秘書監安喜縣子

涖吏部員外郎

又銘

仁術

晃郃陽令

表嶺南節度副使殿中侍御史

道蕃州團練推官

道言□陽令

道融右補闕

隋司勳郎中

琦蘇州司功參軍事

溥

絢

晉秘書省正字

道猷度支江陵院巡官試大理評事

道紀字玄風虔州刺史

涯汜水令

涓青州平盧節度掌書記

道樞

昌乾隋州軍事判官

昌遠曹州刺史

昌符

昌胄

賓讓觀察推官秘書省校書郎

大房崔氏：騶少子寔，字子真，後漢尚書。生皓，皓生質，質生讚，讚生洪，字良夫，晉大司農。生廓，廓生遇，遇生懿，字世茂，五子：連、琨、格、邈、殊。又三子怡、豹、偘，爲一房，號六房。連字景遇，鉅鹿令，號大房。生郡功曹綽。二子：標、鑒。標字洛祖，行博陵太守。生後魏鎮南長史廣，字仲慶。生元猷，元猷生當。

當字文業，後魏中書侍郎

伯謙字士遜，鴻臚卿，諡曰貞

渦字孝源，青冀二州司馬

綜字君維，長安令

慎字行謹，胡蘇令

玄暐相武后、中宗

璩禮部侍郎，襲博陵郡公

震

渙門下侍郎

縱御史大夫，恒山忠公

元方沔州刺史

碣字東標

善

捷萬年尉

揚三原丞

賁侍御史

珪汾相等州刺史

巽常州刺史

括

益朗州刺史

復鳳翔少尹

觀大理評事

瑨主客郎中

解光祿卿

璆

頤兼侍御史

操檢校郎中

晳

升字主樂，刑部侍郎

璹馮翊太守，兼採訪使

嬰鄧州刺史

貞固榆次尉

戡檢校司勳員外郎

庚字韜，荊南節度觀察支使

序字東玉

戚字可大，兗海觀察使，安平縣公

雍和州刺史

黨兒

歸僧

福字昌遠，員外郎

裕字寬中

厚字致之，司勳郎中

晏字道安

晟字景熙

朗字內明長安令
戢
璡殿中侍御史
行簡刑部員外郎
旭
概
耿
暐字挺秀
行功秘書監
昊
誠左金吾將軍
訓文州刺史
訢華州刺史
太素
景
署

昱
崵左補闕
晷
愼字圭無相德宗
晃
銑駙馬都尉太僕卿
鸞信王傅
暈
行雍州錄事參軍
晨
續和州刺史
昊眉州刺史
行真
曇澧州刺史

仲讓西魏漢膳少卿
鳳林刑部郎中
從俗
無詭
倚
圻汾州刺史
量
無畏
無該滎陽郡太守
鳳舉
從令
無諍
從禮太子家令安喜公
叔仁
元嗣熙州刺史

鑒字神具後魏東徐州刺史安平康侯三子含秉德習秉德驃騎大將軍諡曰靖穆子忻君哲仲哲
中壘後魏司徒行參軍安平縣男
長孺開府中兵參軍
子博潁泗州長史
元平侍御史
行範
安顧主客員外郎
藏穎
藏穎
諸
行則
愼德復州刺史
光業
鍔兼御史
光緒夔州刺史
儁
子信
義起戶部侍郎

仲琰
君昭
播
玄亮
無職
望之
倜沁州刺史
釋之屯田郎中
藏之膳部員外郎
俠郴州刺史
渾之
徹尚書右丞
元略義成節度使
鉉字台碩相武宗宣宗
沆字內融相僖宗
汀
潭字德鑒
沂字德潤

唐書宰相世系表十二下　五十二

濟字德澤
鐵
元受直史館高陵尉
鈞字秉一
澤字中極
構字高秀
泳字表聖
濯字昭美
澣字幾化
鎮

鉌安濮二州刺史
洌刑部郎中
榆
梲
元式相宣宗
鎮字重威
鋼字君
鉅字挺業
元儒
鍇
瑝之

唐書宰相世系表十二下　五十三

溫之鄧州刺史
璠
鉼固汴州司馬
無忌
河圖諫議大夫
君昇
道治膳部郎中
誠刑部郎中
明允禮部員外郎
君實字貴禮後魏河東太守
仲業
仁睿
玄褘
寬比部郎中
其興
玄祗刑部侍郎
叔業後魏南兗州刺史
仲立老州刺史

第二房崔氏琨字景龍饒陽令行本郡太守二子經鬱經生辯字神通後魏武邑太守饒陽侯謚曰恭二子逸楷

楷字季則後魏殷州刺史將軍　士元　育王北齊起部郎　蔚字文豹本州大中正

勵德　愼知濮州刺史　頊

愼微汾西令　漸樂陵令　庶陳留尉　行檢字聖用池州刺史　惠文

士謙周江陵總管武康郡公　曠隋渤州刺史　丕

順湖州刺史　珍洋州刺史　綰隴州刺史　佶濮州刺史

弈滑州刺史　大方海州刺史

大起

萬石中書舍人　権

換

確隴州刺史　恭禮駙馬都尉博陵郡男　去惑　嵩　頡信州刺史

興宗饒州長史　儁臨渙丞　懿　頎同州刺史　瑄字從律山南西道節度使

珣　珏字希度

璪刑部尚書　滔字深之

珙相武宗　滀字道源御史大夫　仁魯字化元

仁矩

仁寶字國華

潼字爲中

璵字朗士河中節度使　澹字知止吏部侍郎　遠字昌之相昭宗

勃字晏之

璯常州刺史

球字叔休　瀆字遵濂

澄字鑒之

顥宋州刺史

頵

頫賀州刺史

進思黃州刺史　侁長安令

闇之　昌客　蒙御史大夫

固本
琦
彭字子彭隋左領軍大將軍撫州事史陽壽侯
寶德主爵郎中
道斌
鎮倉部員外郎
鎔
延職方員外郎
知德將丞安陽男
景運
寓吏部郎中
宣京兆少尹
宥工部郎中
知機洛州刺史
仲恭幽州功曹參軍
曄
漢衡兵部尚書
勵太子左諭德
乾俊周大將軍安平莊公
弘節字舉隋檢校太府卿武鄉郡公
舉賢丙州刺史
弘昇隋左武衞大將軍黃臺縣公
處直
郜揚州司馬
處仁
璆刑部郎中
琬同州刺史
頊綿州刺史

弘峻隋趙王府長史
儼雍令
暄汝州長史
証字若虛太子賓客
晧安平公
渾監察御史
洞字若沖太子賓客清河孝公
成甫
祐甫字貽孫相德宗
晅徐州司馬
濤大理少卿
儀甫大理丞
倰字脩長戶部尚書安平[illegible]公
巖字[illegible]襄州觀察掌書記
瞻字藏用
滂巴州刺史
嬰甫
植字公脩相穆宗
珝武連令
弘壽左監門將軍[illegible]侯
萬善閣文憲右武衞將軍襲成安縣男
[illegible]州刺史成安縣男
論曰信
大宜
大操滑州刺史
潤醴泉令
立之
韓吏部員外郎
嵩駙馬都尉
弘正鄴公
弘舟隋尚府監安平郡公
璡隋左千牛
大緒
士順周同關府行參軍
伯陽御史中丞同州刺史
倚潭州刺史

後魏濮陽太守生挺

挺字興根後魏司徒奏昌景子

孝伯字洪之恭宗太常鴻太昌縣公

勉字宜龍子司祖定州州治中大中正以宣度子曜

獻字宜仲方字不敵隋大齊信都太將軍汲守固安縣郡胡公伯

曉

義字大德風泉令石城縣男

安上字敦禮相高宗

脩業太子通事舍人

虔實虞部郎中

守業刑部侍郎

貞簡坊州刺史

貞慎兵部侍郎

貞敏鄜州刺史

元瑒

同業主爵郎中

崇業主客員外郎

餘慶兵部尚書

適業婺州司馬

恒河南司士參軍

紹業秋官郎中

績

輔

令

承福越廣二州都督

先意鄧州刺史

獻滎陽郡長史

宗字君濟同州刺史

楨字茂孝

杞駙馬都尉

清戶部郎中

殿中侍御史

湘

峒文

武令

峻左司員外郎

志

峋

先

嵰光祿少卿

先事

袒

瑜

周柱右補闕

周衡字可權處州刺史

先知

叔重隋虞部侍郎固安縣公

贍字道貞黃門侍郎博陵元公

濬主客員外郎

宣慶隋恒農太守

公業

元楨

茂東州刺史

藝

厚舒州刺史

洌

班合州刺史

欽起居舍人

令欽國子司業

真

輪王司部郎中安平公 懷從戶部員外郎 璿之 水林

公餘檢校郎中

宣軌隋考功郎中

宣質

宣靜

宣略

長升魯山令

孝暐後魏趙郡太守諡曰簡 昂字懷遠北齊祠部尚書 君讚瀛州刺史 德厚 恂司農丞

行成戶部郎中 溥穰州司戶參軍

季孫

仲孫

液字君洽隋中書侍郎 曇首掖令 諶中書舍人

紹寶武邑令 項白水尉 昇之汾西令 遊建昌丞 景伯

遠字玄宰相德宗 懿伯

述字元明房州刺史 文伯

武伯

洽隋散騎常侍 治武彊令 祖監察御史 育江陰令 孚長城令 弘禮字從周刑部尚書 彥防

彥佐

彥輔

彥博

彥恭

彥光

彥金

彥載

第三房崔氏格二子蕃穎蕃生天護穎八世孫不疑左補闕

天護 穆字子和後魏[illegible]州刺史 謀開

[illegible] 遠字[illegible]周侍府大夫

[illegible] 猷北齊散騎常侍 誠 儀表 彭嗣房州刺史 悅洛州司戶參軍 光遠劍南節度使 千齡

構

光迪
據成都少尹 | 杭陽府司馬兼通事舍人將作少監
晦字亮之虢州刺史 | 純亮
煜 | 詞字詞之昭義節度判官 | 宰言 | 綏中牟尉 | 定言字安道
貽孫字伯垂 | 望孫字圭卿

世立隋大理少卿安平縣子
行表 | 固儉 | 抗祁陽令
達 | 贈濟州刺史
悰主爵員外郎 | 承構鳳閣舍人
文禮司農卿 | 良佐湖城簿
貴成邛州刺史 | 元翰比部郎中 | 鵠
寅亮 | 仁亮 | 文輿
聽字以文亮子繼

衛河間丞 | 汲長安丞
日用相睿宗玄宗 | 日新 | 日知字子駿潞州長史中山襄公 | 日宣
良衛 | 宗之右司郎中 | 禹坊州刺史 | 衆工部員外郎 | 益宣州 | 倚推
恭汾州刺史 | 倩戶部郎中 | 復興州刺史 | 綽 | 重明虞部員外郎

融字儒業後魏定州別駕
鴻翻卒郡功曹
琬祝阿令 | 仁 | 祖仁 | 祖俠
載深州治中 | 侍詔殿中侍御史
旦司勳員外郎 | 文範 | 玄奘
叔獻懸州刺史 | 有信
密富州刺史 | 彥翰工部郎中比部郎中祕書少監
寄河東令 | 育殿中侍御史

約

鳳舉

智䄄 豐淮寧州都督

玄景　玄顥 虞部郎中

涇　浩 贊善大夫

澤 洛陽尉

崔氏定著十房：一曰鄭州，二曰鄢陵，三曰南祖，四曰清河大房，五曰清河小房，六曰清河青州房，七曰博陵安平房，八曰博陵大房，九曰博陵第二房，十曰博陵第三房。宰相二十三人。鄭州崔氏有元綜；鄢陵有彥昭、群；鄆州有知溫；南祖有昭緯、愼由、胤、龜從、神基；清河大房有龜從；小房有彥昭、群；青州房有圓；安平房有仁師、湜；博陵大房有玄暐、損、鉉、元式；第二房有洪、遠、祐甫、植；第三房有日用。

于氏出自姬姓。周武王第二子邘叔，子孫以國爲氏，其後去邑爲于氏。其後自東海郯縣隨拓拔鄰徙代，改爲萬紐于氏。後魏孝文時，復爲于氏。外都大官、新安公栗磾生侍中、尚書令、洛拔。洛拔六子：烈、敦、果、勁、須、天恩。天恩，内行長、遼西太守，生太中大夫仁生。仁生，高平郡都將，子安子，安生，隴西郡守、建平郡公子提。子提生謹，字思敬，從西魏孝武帝入關，遂爲京兆長安人，仕後周太師、燕文公。九子：寔、翼、義、智、紹、弼、簡、禮、廣。

寔字賓實後周司空燕安公諡蘭陵院

顗字元武隋縣州總管

仲文字次武隋右衛大將軍延壽公

世虔

儉 左屯衛將軍

哲 臺州刺史

欽明 州刺史

敬同 中書舍人

經野 戶部侍郎

惲

象賢 隋驃騎大將軍黔昌定公

德基

德感 郫令

敬直 相州刺史

勔之 復州刺史

素 倉部員外郎

玄䫋 武令

光遠 滁州刺史

汪 祕書監

公胄

頵

頹

庭順

庭誨

顥 天興令

晧 長安尉

庭謂

頎 工部尚書

申 屯田員外郎

廣

肇 岳州錄事參軍

穎

頊 太原府司錄參軍

當 吉州刺史

顒 監察御史

象字叔延 泗州司馬

頊 戶部侍郎判度支

頊長安令				峴字允元相睿宗		
明孟令	都言右龍武兵曹參軍	興宗河南少尹	溫河南丞	正方太原府少尹	敏太常丞	季友壽宋等州刺史駙馬都尉
						晦象州刺史
						容揚州錄事參軍

					像司農少卿知太倉給納	
愔襄州刺史	蘊高郵令	羲六合令	彥珣湖城令	湜靈武節度推官虞部郎中	澗雲陽令大理評事	思讓
					因	

					顓洋州司戶參軍	翼
						貞
		愼思壁州刺史	銛孫河西令	盾綿州刺史		濆字子濟泗州判官
[illegible]						
軺	超					

					[illegible]	
					羲字伯[illegible]	
		德行恒州刺史		德方越州刺史黔昌男	志本	
	都同	玄獻通州刺史	思言大府卿			元嗣金吾將軍
	安仁江州刺史					
可封國子司業						

詮吏部下大夫常山公

瓘駕部郎中

筠太僕卿

抱誠成州刺史

邵字德門禮部侍郎

汝錫字元福

尹躬中書舍人

訢字弘道

誠字薦之

皐[illegible]戶部郎中

人文

德孫字承休吏部侍郎

德村涇原支使

德晦同州刺史

坊京兆府司錄參軍

郢衛尉少卿

寮師

雍來

永寧商州刺史

遂古[illegible]州刺史

[illegible]公

宣敏字仲達隋奉車都尉

志寧字仲謐[illegible]相高宗[illegible]

立政字匡時太僕少卿虢州刺史

[illegible]都今[illegible]公

伯獻涼州都督

知微字[illegible]東海郡公

克勤密州別駕東海郡公

[illegible]東武陽縣男

克[illegible]華州司戶參軍

光遠通度二州刺史

大猷字徽本明堂令

愔言

安貞吳興令

仙鼎沁州刺史

默成沛令

嘉祥

休徵

休烈工部尚書東海元公

益諫議大夫

肅給事中

敖字蹈中戶部侍郎

球

棁字拱臣

珪字子光

兢字德源

瓌字臣德

琄平盧節度使

琮字禮用相懿宗

紹諫議大夫

保寧

承範平州刺史

承慶

于氏宰相三人 志寧 琮

宰相世系表第十二下

宰相世系表第十三上

翰林學士兼龍圖閣學士朝散大夫給事中知制誥充史館修撰臣歐陽脩奉

敕撰

柳氏出自姬姓。魯孝公子夷伯展孫無駭生禽，字季，爲魯士師，謚曰惠，食采於柳下，遂姓柳氏。楚滅魯，仕楚。秦并天下，柳氏遷於河東。秦末，柳下惠裔孫安始居解縣。安孫隗，漢齊相。六世孫豐，後漢光祿勳。六世孫軌，晉吏部尚書。生景猷，晉侍中。二子：耆、純。耆，太守，號西眷。耆二子：恭、璩。恭，後魏河東郡守，南徙汝潁，遂仕江表。曾孫緝，宋州別駕、宋安郡守。生僧習，與豫州刺史裴叔業據州歸于後魏，爲揚州大中正、尚書右丞、方輿公。五子：鷟、慶、虬、檜、鸑。

鷟，後魏臨淮王記室。

帶韋，字孝孫，後周黃門侍郎、康城恒公。

祚，隋司勳侍郎。

褒，鄆州刺史。

俊，棣州刺史。

範，尚書右丞。

齊物，睦州刺史。

喜

賁

弁，字伯存，殿中侍御史。

道倫

玫，字中庸，洪府戶曹參軍。

中行

寀

翰，字周臣。

陟，字堯卿。

幹，工部員外郎。

惲

弈，泉州刺史。

儒，戶部侍郎。

翊，膳部員外郎。

續，儀曹郎中。

慶，字更興，後周尚書左僕射、平齊景公。

機，字匡時，隋納言、建安簡公。

述，字業隆，隋兵部尚書、參知機務。

逖，職方郎中。

虔，隴州刺史。

叔璘，端州刺史。

應規，殿中侍御史。

光庭，祠部員外郎。

克庭，劍州都督。

莽

遠，考功郎中。

遲，禮部郎中。

旦，字匡德，隋黃門侍郎、新城男。

燮，都官郎中。

子房，戶部侍郎。

子寶

則，隋左衛騎曹參軍。

奭，字子燕，相高宗。

知人，水部郎中。

無忝，澤州刺史。

奐

嘉業，字元卓，右武衛將軍。

祐良

虞，膳部員外郎。

[illegible]，膳部員外郎。

一	二	三	四	五	六	七
惟濬房蘭廓四州刺史						
融	子勸		子夏徐州長史			
	約房州刺史	繹夏令		從心		
元寂主客員外郎		遺愛太子司議郎		回	因	固
少安撫州刺史		聞侍御史				
		寬字存諒荊南永安軍判官				

一	二	三	四	五	六	七
						亨岐州刺史太常卿壽陵侯
						子陽
從裕清池令						誠言冀州司馬
某臨邛令	察躬德清令					滂中書舍人
某權德令	鎮侍御史	某朔方營田副使殿中侍御史	纁華陰主簿	綜	續	
	宗元字子厚柳州刺史					
	告字用益					

一	二	三	四	五	六	七
			虯字仲蟠後周中書侍郎美陽孝公			
		甯字匡仁隋工部郎中	鴻漸	恭年後周順州刺史		
		大隱台州刺史		處直之字公正隋黃門侍郎		
	子貢			威明吏部郎中	慈明職方郎中	
澤太子右庶子華州刺史	良器冀州刺史		暉寧州刺史		鄉貝州刺史	懿辰州都督
						五

一	二	三	四	五	六	七
				止戈後周洛州刺史		
	諤之	穎之屯田員外郎	挺之中書舍人			
然明施州刺史	保隆膳部郎中					
		存業書州刺史		憬海州長史	惇資陽令	
		栖嬀州刺史		璿伊陽丞	初延州司馬	
					頤寧國丞	
					元方萬年丞	
					弘禮	傳禮

好禮

建，金部郎中

待價
言思，祠部郎中

虬，裔孫，彥昭，太子文學
琴字仲敷，右司郎中、集賢學士
登字成伯，大理少卿
璟字德暉，郴州刺史
韜字藏用

瓌，邵州長史
祺字玄裕

冕字敬叔，福建觀察使

檜
雄亮
贊，都官郎中
鄺卿，咸安太守

晉太常卿、平陽太守純六世孫懿，後魏車騎大將軍、汾州刺史，生敏，字白澤，隋上大將軍、武德郡公。從祖弟道茂。

道茂
孝斌
客尼
明偉義 川令
正巳
甫

正禮，邠州司戶參軍
子華，檢校金部郎中
公度，光祿少卿
讜字匡言

器
希顏
珮字輝長

仲遵
璨字昭之，相昭宗

瑀

瑊

子溫，丹州刺史
公綽字寬，兵部尚書，謚曰元
仲郢字諭蒙，天平節度使
璞字韜玉，著作郎

珪字郊玄，一字鎮方，衛尉少卿

璧字寶五，右諫議大夫
國素字知白

玭，御史大夫

大夫

公權字誠縣，太子太保
仲憲
瑗字虛中

公諒，南鄭令

子金，南鄭令

子平

明亮
推則，檢校員外郎

五臣，水部郎中
明諶，和州刺史
正元，大理評事

寶積，職方員外郎
明逸，刑部員外郎

明肅，度支郎中

平陽太守純生卓，晉永嘉中自本郡遷於襄陽，官至汝南太守。四子：輔、恬、傑、奮，號東眷。

輔
平
勍起
昶
謐
果仁

悟西涼太守
憑馮翊太守
叔宗字雙蟬宋建威將軍
世隆字彥緒南齊尚書令貞陽忠武公
惔字文通梁左僕射曲江貞侯
昞
裘隋大將軍
儉右金吾將軍

暉梁吏部尚書
顧言隋秘書監漢南公
遜
尚真司門員外郎
思讓巴州刺史

儉兵部員外郎

映
奭
善才荆王侍讀
尚素江寧令
慶休渤海丞
識字方明屯田郎中集賢殿學士

粹
季華

崇禮房州刺史
固節
仲矩

澐字德載相德宗

叔珍義陽內史
慶遠字文和梁侍中雲杜忠惠侯
津字元舉左民部尚書
仲禮司州刺史西魏侍中
玄
行滿給事中

彧隋持書御史
紹左庶子
晦文州刺史

如之衡州刺史

季遠梁中書侍郎宜都太守
遐字子升後周霍州刺史
莊隋黃門侍郎
慶孫
楚賢光祿少卿杭州刺史
偘

給
升
長安令
元

輔

傑
夔虬
元章
景賓
秀誠揚州長史

沖太子賓客平陽公

應

景鴻
儉

仲仁
崇貞太原令

季貞
貴長安令

季和
贊翼州刺史

奮
貞望江州刺史

柳氏宰相三人　渾　奭　璨

韓氏出自姬姓晉穆侯潰少子曲沃桓叔成師生武子萬食采韓原生定伯定伯生子輿子輿生獻子厥從封遂爲韓氏十五世孫襄王倉爲秦所滅少子蟣虱生信漢封韓王生弓高侯隤當隤當生孺孺生案道侯說說生長君長君生龍頟侯增增生河南尹騫避王莽亂居赭陽九世孫河東太守術生河東太守純純生魏司徒南鄉恭侯暨六世孫延之字顯宗後魏魯陽侯孫環平涼太守安定公生恒州刺史演演生褒

褒字弘業後周少保三水貞伯
紹字繼伯

仲良戶部尚書潁川公
某鄆州刺史
某著作郎
某萬州刺史
慎溫主簿

豐字茂實

泰字安平，祠部郎中

瓊字伯玉，相高宗　純臣

琪

澄陵郡太守

儉

琦左監門大將軍　晉蜀州刺史

祐　湊左補闕　憬亳州刺史

協駕部郎中

遜

陟　同慶司勳郎中

弓高侯頹當裔孫尋，後漢隴西太守，世居潁川，生司空稜，字伯師，其後徙安定武安。後魏有常山太守武安成侯耆，字黃耇，徙居九門，生茂，字元興，尚書令、征南大將軍、安定桓王。二子：備、均。均字天德，定州刺史、安定康公，生晙，雅州都督，生仁泰。

仁泰曹州司馬　叡素桂州長史

晉卿同州司法參軍

季卿義王府曹參軍

子卿陝府功曹參軍

仲卿秘書郎　會起居舍人

介率府參軍　百川

湘字北渚，大理丞

老成

滂　寶雞丞

愈字退之，吏部侍郎，謚曰文　祖　綰字持之

袞字獻之

州仇富平令

雲卿禮部郎中　俞開封令　无競河南參軍

潤餘杭州司功參軍

州來唐與令

紳卿京兆府司戶參軍　虢州家北府司錄參軍

外卿易州司法參軍

河東太守紘四世孫安之，晉員外郎。二子：潛、恬。恬，玄菟太守。二子：都、偃。偃，臨江令，生後魏從事郎中潁。潁生播，字遠游，徙昌黎棘城。二子：勵、紹。紹字延宗，揚州別駕。二子：弈、冑。

冑字弘胤，北齊膠州刺史

護字周道，後周洪州刺史，雅公

賢字忠，隋州刺史，靈公

符字節信，巫州刺史

太壽吏部郎中　歸仁上黨令　曜　詢

延慶　譔朝邑令　鍊

儼獲嘉主簿　光期　鉞宋城令

行	1	2	3	4	5	6	7
3						大智字不惑洛州司戶參軍	
4						偲祕書郎	
5						滔輔唐令	
6	鋒武功尉		華清尉少卿		鎮藍田令	暈丹楊令	阜長水丞
7	紓		署	君祐涪州刺史	纁三水令		
8	朴	延範	師魯	道紀	蘇大理評事		

行	1	2	3	4	5	6	7
6	舉殿中侍御史						
7	寮秋浦令					居厚	
8	鄖	鄂	都	邢	郴	鐔殿中侍御史	鄙

行	1	2	3	4	5	6	7
3						休字良士相玄宗	
4						浩高陵尉	洽監察御史
7		寓	容	審			
8	郜	郵	棒	鄰	嚴		

行	1	2	3	4	5	6	7
4	洪邢州長史						
5	章兵部侍郎						峯
6	挹太原少尹		晟左散騎常侍	掖潤州司倉參軍	樞揚子尉	操靈寶尉	
7	居實南鄭丞	鋼磁州錄事參軍	居業				

平
半
華
芊
澣郊社丞
泫諫議大夫　卓殿中丞　準洛陽令　鐵咸陽令　超
濡
鉥　起
銖　越
鼎
滉字太沖相德宗　羣禮部員外郎　察明州刺史　諫師
宥衛尉卿
寬左金吾兵曹參軍
皐字仲聞尚書左僕射　充舒王府錄事參軍

彖　紹京兆文學
致成都少尹　諷
洵京兆府錄事參軍
渾太常少卿　述都官郎中閬州刺史　復絳州刺史　鈞左司員外郎
鑄字台臣檢校兵部尚書　環太子司議郎
瓌穰令
弼　士通原州司戶參軍
士鈞大理評事
玹
解太子中允
益金部員外郎　觳流溪令
孚興元少尹　嶸
武右拾遺　抗眞源尉　遠　抧　繕
佋

祝
坤
櫓
巽
杞
友信
緰
揆河南丞
佪字幼來兵部侍郎
輿司封郎中
賓亳州刺史
造
節
鄘字正封遂州刺史
頳
郎
據
宁
常岳州刺史
密
抗吳令
彝
謇

弈涇陽尉
最
平興平令
蹇
中歸州刺史
操
倩殿中丞
演和州刺史
退率府錄事參軍
滌河南兵曹參軍
承訓洛陽令
乂定遠令
庶
銂
鍔
嶠
承徽
宗簡
玄亮中牟尉
玄著
宗古蕭令
篔若諫議大夫
邠蘇州刺史
範
耆

潘
湛真源丞
肇宣城尉
楷海陵尉
文敏
份著作郎
佺虞城尉

南鄉恭侯暨子孫其後徙陽夏

望
垂
弘相肅元憲宗
繼之 公武字從繼右驍衛上將軍
繼宗
[illegible]

韓氏宰相四人 瑗 休 滉 弘

來氏出自子姓商之支孫食采於郲因以爲氏其後避難去邑秦末徙新野漢有光祿大夫來漢從楊僕擊南越孫仲諫議大夫生歙字君叔中郎將生稜稜生歷爲執金吾生定中郎將孫豔司空生敏字敬達蜀執慎將軍七世孫崱始徙江都

崱
繪
護兒隋左翊衛大將軍榮國公
恒相高宗 景業吏部郎中
濟相高宗 敬業濟州刺史
慶遺中書舍人

來氏宰相二人 濟 恒

許氏出自姜姓炎帝裔孫伯夷之後周武王封其裔孫文叔於許後以爲太嶽之嗣至元公結爲楚所滅遷于容城子孫分散以國爲氏自容城徙冀州高陽北新城都鄉樂善里秦末有許猗隱居不仕曾孫毗漢侍中太常生德字伯饒安定汝南太守因居平輿四子據政邈勁據大司農生允字士宗魏中領軍鎮北將軍三子殷動猛允孫式式二子販邁販字仲仁晉司徒掾四子茂詢嶷雅詢字玄度四子元之仲之季之珪珪宋給事著作郎桂陽太守生勇慧齊太子家令究從僕射晉陵縣侯二子懋徜懋梁天門太守中庶子生亨德次子政字義先別居邵陵

亨陳衛尉卿
善心隋黃門侍郎
敬宗字延族相高宗
昂虔化令
彥伯太子舍人
望右羽林將軍
遠侍御史睢陽太守
峴袁州刺史
詔伯右屯衛將軍平恩公
昱

昇明堂令
果恭陵令
景工部郎中判右羽林大將軍

安陸許氏出自詢五世孫君明梁楚州刺史生弘周

弘周楚州刺史
法光後周岳州刺史
紹峽州刺史
善隋宣城郡主簿
力士洛州長史
欽寂夔州刺史
輔乾右金吾大將軍
諫河南丞
論監察御史
詵歸州刺史
諷監察御史

韓德宕州刺史

欽明涼州都督安西大都護　誠感鴻臚少卿　子房

季常葛年丞

子端岳州刺史

誠言太僕卿右衛大將軍　子餘壽州刺史

欽淡深州刺史光祿卿　叔真滄州節度使　季常亳州刺史

仲容鄧州刺史　志倫

志雍兼監察御史

伯裔

智仁右屯衛將軍許昌公

圉師相高宗　自牧

自遂

自正澤州刺史

許氏宰相二人　圉師　敬宗

辛氏出自姒姓夏后啓封支子於莘莘辛聲相近遂為辛氏周太史辛甲為文王臣封於長子秦有將軍辛騰家于中山苦陘曾孫蒲漢初以豪族徙隴西狄道曾孫柔字長汎光祿大夫右扶風都尉馮翊太守四子臨衆武賢癸翁武賢破羌將軍生慶忌左將軍光祿大夫常樂公生子產豫章太守曾孫茂後漢成義將軍酒泉太守侍中三子緘述孟孫孟孫生長水校尉伯真伯真二子孟興叔興孟興二子恩彤恩生子焉子焉三子寅裕胥

寅　寅四世孫顏　猷　猷孫巨明後魏侍中　顯宗嵩朔郡守　元忠晉州刺史平陽伯　連隋龍州刺史　德公貴州刺史平桑公

慶之字餘慶西魏秘書監　加陵後周上士

道源監察御史　恩禮鄧州刺史

珍之後魏北海太守謚曰恭　懋北齊都官尚書　文燦廓州刺史

諧字仲略　昂字進君後周隆州總管繁昌公

政　肇　茂將相高宗　希業駕部郎中

寬　諝中書舍人

裕　裕五世孫晃　敬宗　樹寶　琛字僧貴後魏南梁太守　術字懷哲北齊吏部尚書　衡卿太常丞　郁禮部侍郎

靈寶　徽後魏徐州刺史　季慶青州刺史　公義隋司隸大夫　亮侍御史

闡　寶剛　興　僜　玄慶　怡諫壽州刺史

玄同戶部員外郎

恒 禮部侍郎 玄道比部郎中 虞禮部侍郎 吏禮部侍郎

晉

咸 長儒都官郎中 利涉度支員外郎

嵩

辛氏宰相一人 茂將

任姓出自黃帝少子禹陽受封於任因以爲姓十二世孫奚仲爲夏車正更封於薛又十二世孫仲虺爲湯左相太戊時有臣扈武丁時有祖己皆徙國於邳祖己七世孫成侯又遷於摯亦謂之摯國漢有御史大夫廣阿侯任敖世居于沛其後徙居渭南

雅相相高宗 鳳陵州刺史 迪簡易定節度使 憲字亞司

任氏宰相一人 雅相

盧氏出自姜姓齊文公子高高孫傒爲齊正卿謚曰敬仲食采於盧濟北盧縣是也其後因以爲氏田和篡齊盧氏散居燕秦之間秦有博士敖子孫家于涿水之上遂爲范陽涿人裔孫植字子幹漢北中郎將生毓字子家魏司空容城成侯三子欽簡珽欽晉尚書僕射珽字子笏晉侍中尚書廣燕穆子三子浮皓志志字子道晉中書監衛尉卿三子諶謐詵諶字子諒晉侍中中書監五子勗凝融偃徽勗居巷南號南祖偃居北號北祖偃仕慕容氏營丘太守二子邈闡邈范陽太守生玄字子真後魏中書侍郎固安宣侯二子巡度世度世字子遷青州刺史固安惠侯四子陽烏敏昶尚之號四房盧氏

陽烏字伯源後魏秘書監固安懿侯 道將字祖業燕郡太守固安宣侯 中固安侯 懷祖太學博士 懷莊後周都水使者 懷瀛洛州司功參軍 循襄陽尉

懷仁字彥卿石子 大道荊州刺史 元福秘書少監 支後魏弘農太守 門令東宮學士

湛 元琫富塗令

澹

徵豐令 岳上洛郡司馬 仲弼

屆衛尉卿

岳滎陽尉

欒明經直太常

岳

璪秘書少監固安侯 震兗州參軍

悚右金吾衛將軍 隗

巍鄂州刺史

山甫

慎思和州刺史 諭蕭州長史 長宗大理評事 周諒

仲宗揚州參軍

詵武安尉

	安石曹州司馬					
愔	師老司門郎中	師丘金部郎中懷州刺史				師莊司議郎
	昭	陳泗州刺史	曜魏州刺史			皎
	偓懷州司兵參軍		向			汪
			彧	端	秦	

						彥意武彊令
大觀	行嘉青州錄事參軍		方壽			莊道刑部員外郎
師昉	知遠	知順太谷丞	思勍	思順		玉昆桐廬令
宗謙	守寶		令翁沂州司馬	臨淄王府司馬		
				元寓	迅殿中侍御史	許司勳郎中河南少尹
				震		輩

			金友水部員外郎滁州刺史	伯成萬年丞		
	敷寬句令	顏譙令	勸	協汾州司錄參軍	雅封丘令	
		巘開封尉			旻	量
單						

昃大理主簿						
計揚州兵曹參軍						輩
鋭平陸尉	鈢大理評事	鋼睦州刺史	鈞字子和太子太師	鐺左庶子	巖檢校比部郎中	
		珪字子美	[illegible]字幢巨秘書省校書郎			
			肅字子莊			

彥高萬年長	儉壽太常丞	維惠許州司兵參軍			
	仙壽雍丘令	友淡黎陽令	秀清河令		
			霸司封郎中將作少監		
		友瞻黎陽令	融長水令	藹隰州刺史	
		友季太原府士曹參軍			
	僑壽	法智			
	弘壽衛州司馬	友坦		渾	
		友裕信都主簿	相高郵令	甫	
				峴丹楊丞	
			構濟州刺史	和	
				華	士瞻大理少卿
				衎	
				啓	
			播戶部郎中	居易	賁賓

		用晦	
		臧密	
		將明	
		寬中	
		處厚	
		捧	
		將順	
	抗	嶠	
子廓	光臣		
遺福	摹	長慶	
友挹	服晉陽令	論	
		詡	紹
			遲
		肇河內尉	

唐書宰相世系表十三上　二十七

			道亮字思濆仲業			
璬沂州錄事參軍						
某襄陽令						
居簡金吾兵曹參軍	行簡大理主簿	可久	助閬青等州刺史			
			廣微婺州刺史	廣明	廣樹伊陽令	
					含光鄭丞	
			幼卿亳州刺史		立卿字子貞秘書監左威衛上將軍衛國公	
					居貞左神武軍胄曹參軍	居簡

				思道字子行隋武陽太守		
				赤松太子率更令范陽郡公		
				承慶字子餘相高宗		承思
				齊卿吏部郎中		休期
			廣濟和州刺史	郎滁州刺史	垣	
					幼臨刑部郎中	日新商州刺史
						建常州刺史
居易	居中	居道				

唐書宰相世系表十三上　二十八　章中

承悌			承基主客郎中			
綱城門郎	瑄		元莊嘉州刺史			
侑太原尉	溫杭州刺史	幼平太子賓客	知遠貴州刺史		明遠太原少尹	徽遠澗州刺史
		賁邵州刺史	巽	孚		
		弘宗				
		峻字子翰				

承業廬揚二州長史魏縣簡子	承泰字君卿太子詹事廣陽郡公					承禮湖州司馬
						珝魏州長史
	成務壽杭濮沔虢五州刺史	成軌			成麟	徹明澤州刺史
		侍御史中丞	倕衡州刺史	偘戶部郎中	俶趙州刺史	

													道愿字處相後魏州刺史謚曰文恭
													昌衡隋太子左庶子
													寶齊隋澤州內部長督州別駕
			承福考功郎中										安壽綿州長史
			瑤		玢貝鄜二州刺史								正紀汝州司馬
藏用字子潛黔州長史	若虛起居舍人	重玄司勳郎中	伯初太原少尹		全操秀州刺史	全義臨汝太守	全誠饒陽太守	全壽金吾將軍	全昚				侃聞喜令
			卿				悍		絳	繪	締	維	嶠永州司馬
			知退	知晦									
			準字昭儉	導字熙化									

										安志萬年丞			
				正勤			同休		丞道鄂州刺史	游道			正義
				僎臨清令						薦誠	絢太子詹事		緬
	[illegible]字周翰陝虢觀察使			汝騤學御史						傳禮均州刺史	孅	鎮	瀾
嘉猷	戴	戣	戡	士丕								鴻應	
					[illegible]字子章太子少傅固安縣伯							耕字子威	
				占	告字子有左補闕	含	更牢						
					綱龜字子益								

凊

景明陝州司馬
瀸

澤殿中侍御史

正言左監門衛將軍諡日光
曉字日且深州司馬
浚西華主簿

旻大理主簿

俛汝陽主簿

瀲新鄉尉

融祠部郎中
士瑆漢州刺史

士瓊字德卿河南府司錄參軍
孺方

嗣宗

嗣業

士瓌岳州刺史
處約
震字子威

士玟太子賓客

士璵
儔
翛字子華

清萍鄉主簿
士年和州刺史

執顏戶部員外郎

踐微

先之
沐

緗

潘字子濬

洋

泚

沛

浚西華尉

汶
士琪
罕字子讓

長谷澗州司戶參軍
光懿
湛

渚

光烈

			寶胥博州刺史			
			元亮宋州司功參軍	元規		元德義 清令
				逖	逸給事中荆府長史	庭光
光遠	光裕	光宗		固然	奐	廣全
		瀞兼殿中侍御史				

	道舒字幼安後魏中書侍郎襲固安[illegible]					
	熙裕					
	士綸					
元貞						
怡中書舍人御史中丞	同言					
贗大理評事	元亨					知貞
爲檢校工部郎中	庭言		庭昌歙州刺史	彛客	庭安	子[illegible]
	晶			諤遂州刺史		京
		恒殿中侍御史				晝字[illegible]節度使

					士緯	士縉
叔惠	元茂					
	韞價長安簿			遠價		
請峽州刺史	作偃師尉	朴	校衢州參軍	廙		

士繹	士繪					
	嘉慶			方慶		
	重明亳州刺史	見義魏郡太守	見象石州刺史	受彩	昭彩	
	令章屯田員外郎				[illegible]人給事中	
爲檢校工部郎中	僅安陸丞			國淳	國佐睦州刺史	國英

敬字仲通後魏城陽尚書諡曰肅號第二房
義徽字遠虞部郎官尚書諡曰孝簡
懋之太尉記室參軍
文構
君肅

處實
守直興州刺史

昇福州刺史
峻
給

乾

旻
放

景同官尉
詵

君消忠州刺史
幼孫常州刺史
獻御史臺侍郎
翔
甚字去甚

胡鄂州刺史
昂澧州刺史
長

廣河南尉
商字爲臣相宣宗
知遠

知微

知宗

僧朗

巽字待問主客員外郎
績字熙兵部員外郎

戚恒州刺史

令
輔國
敬禮

貞
還

翹兵部郎中廣陵長史
進賢

進寶

曄

畯

旺殿中侍御史
逢戸部郎中
聽

愍

懿
蘊字積中

著字弘中

莊子勗中宗兆禮泉字調臣起居舍人與起居郎楷題表請改睿宗諡日真

荷字秉中

璃給事中國子祭酒
良

唐書宰相世系表十三上　三十七　李攸

						操
						寘
復婁州刺史						政檢校郎中
詞						瑗歙州刺史
渥字子章檢校司徒		紹字子美太子少保		滔字明源	沆字德遠	
膺字公禮刑部侍郎	賡字昌舜	庥字垂禮	嶙字垂裕			

						君亮寬句令
珦	瑾河中少尹	璠	頊澤州刺史	玠	珙	
			戎			
			蔚字剛中			

唐書宰相世系表十三上　三十八　李攸

						慭之後魏散騎常侍	
文壽	文艳					彪	
	君實		君靜			懿龍濟源令	
	貞祐		萬石司農卿昌平公			同德樂壽令	
	履冰右補闕		昭峽州刺史	曈太原少尹		勤禮渭南令	勤敬桃林令
銓祠部郎中	元裕	正己刑部尚書		瓊	班常州刺史		中悌
		翰相德宗					

勤禮	勤[illegible]齊州別駕					
抱素	克周	克明高陽令				
		洽	澗	沼芮城令	洵	瀞
				邁字子玄相德宗		

				義惇		
			息之後魏開府參軍	景陽		
		德衡	彦博彝州參軍	仲俊		
				之道太子舍人	之信洛州司功參軍	
					瑾	璟
						思盼渭州司倉參軍
						全濟封丘丞
清	灃殿中侍御史					

唐書宰相世系表十三上　三十九　王咸

				景先蘭陵太守南州刺史		
			叔榮	元幹		海相涇令
						彦脩伊闕令
元哲金州刺史	珙					昭度監察御史
						詢晉州司馬
		貞諒刑部侍郎		貽河南府法曹參軍		
				於陵	渾	
				義	元中	
					嗣宗字子復	

						楚玉
		彦倫盩厔令				
	昭撰渭州長史	昭亮任城簿	昭道比部員外郎			
	伯起					
	端		滔	演		秦卿秦州刺史
		仙宗兼監察御史			昭檢校郎中	裔
						玄暉字子餘
則監察御史						

唐書宰相世系表十三上　四十　王咸

	昶字叔達後魏輔西將軍公曰飛號第三房					
義安	元隆					
	士熙北齊彭城太守					
	子令					子哲靈昌侯陛二令
	君通					
虔舟秘書少監	闕公				圖吏考功郎中	
褒	仁祖相州錄事參軍					茂伯度支員外郎
	不器刑部郎中			不勤宿山丞		
	璩	益		隨祁丞	撝謙合州刺史	
	朋				昇	
			式中	景秀字長晦中書舍人	嘉嶺	

挺潭州司戶參軍
懷慎相玄宗
奐尚書右丞漁陽縣伯
振國子主簿
鈞左武衛兵曹參軍
弈御史中丞
杞字子良相德宗
元輔華州刺史
順之字子謨
曉字子昭
[illegible]
懷莊駕部郎中
淑魏令
會昌倉部郎中
元德
士澂昌樂令徐州別駕
勝

仁師
世表
弘肅
廙商州刺史
寧
宣河陰尉
寀饒陽令
維太中大夫
弘擇汝州刺史
備中書舍人
倬
洞
僎汝州長史
弘愼兵部侍郎
庇侍御史

弘瞻陳留令
密壽安令
辭玉
和玉
涉
慶兗州參軍
霽
臨
世師檡慎七州刺史北平元公
弘執道王府參軍
福會軍器監
歆當陽令
仲甫中牟尉
韶許昌尉
仲雍鄠城令
諴太子中允
仲泉

仲連
正師真定主簿
習信東陽令
善[illegible]貴鄉丞
善辯穎州司馬
巨源原州長史
揆義興丞
彭泰太常寺奉禮郎
尚卿
琡一
從原字子龔刑部尚書
贊王屋令
諭比部員外郎
晉
允給事中
郯直鄢陵主簿

唐書宰相世系表十三上　四十三　以紹

										尚之字季儒復鎮滑州刺史號第四房		
										文甫字元祐司空行參軍		
										嵩通太常博士		
										正觀龍丘令	師智高其尉	
							羽客衛南丞	仙童		義章當陽令	大辯	鼓卿少府丞
								茂實		茂道玄武尉		歆實汾西令
				釗永寧令						信懷州長史		烜
				祥玉濟州司馬			晶			暉監察御史		
				之翰臨黃尉			惟穆			沈郢亳二州刺史		
				綸字光言檢校戶部郎中	安倉部郎中閬州刺史	濟	汶		覃	輦		
簡求字子藏河東節度使		弘止字子疆宣武節度使		簡辭字子策山南東道節度使	簡能字[illegible]檢校司封郎中鳳翔節度判官					從範			
彼弼字子諧祠部郎中知制誥	齊脩字子脩	虔灌字子肅秘書監	玄禧字子裕國子博士	貽厥光祿少卿生文渙字子林	知獻字子集檢校司空生文度字子澄					瞻生授字數			

唐書宰相世系表十三上　四十四　紹

									文[illegible]字[illegible]將軍克陽子				
									士偉齊州司馬				
						義幹永寧令			德基南安令		正命	正倫	
	眞行		眞相諸城令			眞惠			萬石字[illegible]監察御史昌平縣侯	萬金	孝道		
大藏	大機		子義郎主簿			玄範			文勵膳部郎中				
无忌		伯玉	守節		崇道太常少卿								
		沔		鴉	鵬				伯陽				
	仲長								同宰明州刺史				
							鏗	鎮	鉦國子博士				
								徵					
								躅字子範					[illegible]御史

仁杞

佐元

諷

潯字子黯

近思

拯字勤之

士勛殷中郎

仁奐

審經瑕丘令

河童豐令

嵒河中倉曹參軍

岳

增

嵇

嵒

嶷

坦字保衡劍南東川節度使

玠霍丘尉

大琰

大璟河南府參軍

瓚

常師光祿少卿

審忠

彥

鎬

仲臻

銛延州刺史

禼

擇善許開

府參軍

買臣

士嬰

禱

法德

輔臣館陶令

玄約

昊

肅石州刺史

序

徽吉州刺史

彝倫上蔡令

子輿沁陽令

同璧江令

東美考功員外郎

暢

專字子專

立

申

易

珣同州參軍

買德

虔

壽王

醫王

子慎

玄明均州刺史

藥王

孝德

仁弘雍澤令

元節果州參軍

元休武德尉

元昉遂城尉

鼎臣

瑱

文衍字叔傳徵鹽鐵直度支郎　士達字子澹中山太守　正力屯田郎中

范陽盧氏又有盧損

損　求　衛字子外相僖宗　晏字望卿壽安射直弘文館

又有盧質

質　晝　光濟字子垂　光啓字子忠相昭宗

盧氏宰相八人大房有商承慶第二房有翰邁第三房有懷慎杞范陽有攜光啓

宰相世系表第十三上

宰相世系表第十三下　唐書七十三下

翰林學士兼龍圖閣學士朝散大夫給事中知制誥充史館脩撰臣歐陽脩奉

敕撰

上官氏出自羋姓楚王子蘭為上官大夫以族為氏漢徙大姓以實關中上官氏徙隴西上邽漢有右將軍安陽侯桀生安車騎將軍桑樂侯以反伏誅遺腹子期裔孫勝蜀太尉二子曰茂曰先先徙東郡後徙陝郡五世孫回至弘為江都捴監又徙揚州

回後周襄城太守　弘隋比部郎中江都捴監　儀字游韶相高宗　庭芝周王府屬天水郡公　庭璋太子僕　經野德州刺史　經國　經緯詔侍御史

上官氏宰相一人儀

樂氏出自子姓宋戴公生公子衎字樂父生傾父澤澤生夷父須須子孫以王父字為氏須生大司寇樂呂呂孫喜喜生司城子罕裔孫樂羊為魏文侯將封於靈壽其後子孫因家焉裔孫毅趙封望諸君毅孫臣叔漢封華成君子孫自趙徙長陵裔孫親後漢本縣吏生恢字伯奇尚書僕射生羽林監乾徙南陽淯陽孫仁為武陵太守生清河太守平平生散騎常侍方生廣字彥輔晉尚書令信陵公裔孫恂

恂梁西揚州刺史　亮後周固道郡守　宗青城令　彥瑋字德珪相高宗　思順白水令　思晦相武后

樂氏宰相二人 彥瑋、思晦

孫氏出自姬姓衛康叔八世孫武公和生公子惠孫惠孫生耳爲衛上卿食采於戚生武仲乙以王父字爲氏乙生昭子炎炎生莊子紇紇生宣子鰌鰌生桓子良夫良夫生文子林父林父生嘉世居汲郡晉有孫登即其裔也又有出自芉姓楚蚡冒生王子蔿章字無鉤生蔿叔伯呂臣孫蔿賈伯嬴生蔿艾獵即令尹叔敖亦爲孫氏又有出自嬀姓齊田完字敬仲四世孫桓子無宇無宇二子恒書書字子占齊大夫伐莒有功景公賜姓孫氏食采於樂安生憑憑字起宗齊卿憑生武字長卿以田鮑四族謀爲亂奔吳爲將軍三子馳明敵明食采於富春自是世爲富春人明生臏臏生勝字國輔秦將勝生蓋字光道漢中守生知字萬方封武信君知生念字甚然二子豐益益字玄器生卿字伯高漢侍中生憑字景純將軍二子屆詢詢字會宗安定太守二子鸞騏鸞生爰居爰居生福爲太原太守遇赤眉之難遂居太原中都太原之族有嵐州刺史昉生存進安定太守詢次子騏字士龍安邑令二子通馥通子孫世居清河後魏有清河太守靈懷武德中子孫因官徙汝州郟城

靈懷曾孫茂道

茂道初名奐約字歷道相高宗				
任延州刺史富春男	侑	俊荊府長史樂安子	勵濟州刺史	佺幽州都督會稽公

安邑令騏少子馥字子遠後漢天水太守徙居青州生厚字重勢大將軍掾生瑶字良玉中郎將生邃字伯淵清河太守生鷹字士彥洛陽令生國字明元尚書郎生貌字玄志漢陽太守二子鍾旃鍾吳先主權即其裔也旃字子之太原太守二子炎歷炎字叔然魏祕書監生俟字仲觚太官令生道恭字雅遜晉長秋卿二子顗芳顗字士若芳中書令子烈避趙王倫之難徙居昌黎生岳前燕侍中子孫稱昌黎孫氏歷幽州刺史右將軍生旂字伯旗平南將軍坐與孫秀合謀夷三族顗避地河朔居武邑武遂生煇字光休後趙射聲校尉生緯字元文幽州都督生周字季洽後燕高陽王文學生敬仁字士和北燕司隸功曹二子苑蔚蔚字伯華一字叔炳後魏祕書監東萊彊戴男二子伯禮方嗣

伯禮後魏巴州刺史襲東萊男						
元虎北齊太宣帝相國騎曹						
靈暉北齊治中大將軍司馬						
萬安隋徐兗婺三州刺史						
彥昉滑州長史				基貞九嚴道門令		
矩滑州長史				何	徹	休
行成左翊衛			承家			
造樂陵主簿	適	遜				

藻儒林丞
昱烏江令
僎
舍利
彥皎和州刺史
萬壽大理司直
孝敬隋晉陽令
仲將壽張丞
希莊韓王典籤
嘉之宋州司馬
逖刑部侍郎右庶子謚曰文
宿華州刺史
公器邕府經略兼御史中丞
華清太原尉
儒郎
小盛
正河中少尹
詢郃陽尉
藺東都留守太子太保
景宗左贊善大夫
繹本名景昱永州刺史
讜蓬州刺史
景裕孟州司馬
舒工部員外郎
徽常州刺史

緘字子章河中支使
繼
乾監察御史
涗
觀清河令
緒字中隱歙州刺史吏部侍郎
蚪侍御史
鐐許州法曹參軍
琉蓬州刺史
小遠
縉字純化睦州軍事判官
小彭
緒平陽令
聚
晏初名節

- 鋹，司大理司直
- 肇，右補闕
- 戒，字惠延，桂州刺史，中丞，樂安孝男
- 惟肖，監察御史
- 匡辟，白水主簿
- 匡方
- 榮，字丈感，中書舍人
- 保衡，鄂州節度判官，檢校司封郎中
- 徵仲，汚州刺史
- 庶立，爽澤尉
- 審象，洪州司馬
- 履慶，南陵尉
- 方紹，疊州刺史
- 簧
- 諫
- 尚復，德清令
- 贊
- 侁，江都尉

- 視，太常寺太祝，協律郎
- 晉百，鼓城令
- 適，齊羽林兵曹參軍
- 會，常州刺史，晉安縣男
- 公綽
- 嶠
- 璡
- 鐐，宜城尉
- 公乂，臨州刺史
- 頊，右庶子，京兆少尹
- 穀，字手，相河南尹
- 瑛
- 碧，汀州刺史
- 瑝，字子凝，鳳翔少尹
- 撰，字士璽，圭刑部侍郎
- 拙，字幾玄，中書舍人
- 公冑，海鹽尉
- 昱，萊州錄事參軍
- 士粲，長洲令
- 嗣宗，於潛尉

唐書宰相世系表十三下　八

嗣初 昆山令

憲字化南 度支職方郎中

方老

朝陽

堯 夔州刺史

溝 亳州長史

公彥 睦州長史

璝

璩 於潛尉

客卿 盱眙令

公輔 陸澤丞

復禮 貝州刺史

大名

由禮

元宗 字崇鳳翔少尹

起 白馬令

非熊 黃梅尉

晟字備禮 兩天下度支使 檢校禮部尚書 諡曰康 用直弘文館 藍田尉

唐書宰相世系表十三下　九

儲字丈 府京兆尹樂安郡侯

湜 檢校員外郎

洽 中道 秘書省校書郎

伾 興元少尹

倫字德府 昭義判官 檢校工部員外郎

偓字龍光 相昭宗

溥字熙化

伉 春秋博士

僧字文節 集賢殿直學士 司勳郎中

清 太原少尹

進 字慶之 司直

賈 右內率府騎曹參軍

蒿

酉

嬰 藍田尉

圓

道師

德師

廣陽丞嘉猷

希萊陽令永徽之

翹

啓

方嗣後魏建威將軍

仲瑜隋吏部侍郎

勍文石邑令

弘立睦州司功參軍

孝哲會稽令

弘丈飛狐令

璧上柱國

韋霍山尉

子盛洹水令

子榮

子詔中郎將

諫右武衛兵曹參軍

咺

子鑠鹿邑令

扆

孫氏宰相二人。清河有處約，武邑有偓。

姜姓本炎帝生於姜水，因以為姓。其後子孫變易他姓。堯遭洪水，共工之從孫佐禹治水，為四嶽之官，以其主四嶽之祭，尊之，故稱曰大嶽。命為侯伯，復賜以祖姓曰姜，以紹炎帝之後。裔孫太公望封齊，為田和所滅，子孫分散。漢初，姜氏以關東大族徙關中，遂居

天水。蜀大將軍平襄侯維裔孫明，世居上邽。

明後魏兗州刺史天水郡公

遠後周刺秦二州刺史朝邑縣公

寶誼左武衛大將軍永安剛公

恪相高宗

協字壽亨，夏州都督成紀威公

知友

昌司勳郎中

遷虔州刺史將作少監

慶字昇之

萬字用之

九眞姜氏本出天水。

神翊舒州刺史

公輔相德宗

挺

復比部郎中

姜氏宰相二人。恪、公輔。

陸氏出自嬀姓。田完裔孫齊宣王少子通，字季達，封於平原般縣陸鄉，即陸終故地，因以氏焉。通謚曰元侯，生恭侯發，為齊上大夫。發二子：萬、皋。皋生邕，邕生漢太中大夫賈。萬生烈，字伯元，吳令、豫章都尉。既卒，吳人思之，迎其喪葬于胥屏亭，子孫遂為吳郡吳縣人。二子：衎、盱。盱字子光，襄賁令，生鴻，字叔鸞，本州從事。鴻生建，字公榮，渤海太守。建生暐，字奉光，本州從事，生恭，字彥祖，御史中丞、京兆尹。恭生璜，字公伯。璜生文，字孝平，弘農都尉。文生親，字公道，成都令。親生衆，字世業，舉秀才，除郎中，生賜，字恩祖，丞相府主簿，生閎，字子春，潁川太守、尚書令。三子：卬、溫、桓，號潁川枝。桓字叔文，生續，字知初，楊州別駕。三子：稠、逢、褒，號荊州枝。稠，荊州刺史。二子：肅、謙。肅，丹徒令，號丹徒枝。十世孫鎮之。

鎮之梁給事中

瑎

彊陳豫章王諮議

元朗字德明秦王府學士

[illegible]義遷[illegible]州刺史

宣[illegible]

遵楷祕書郎

敦信相高宗 郢客 大愿慶州都督

邠卿 大剛

大盈

大鈞左金吾大將軍 陽

越賓陝州刺史

慶叶屯田員外郎雍州司馬 翰大理司直 楨工部員外郎 子野荆門令 執陘原節度使檢校工部尚書 威字岐兵部侍郎

虯侍御史

威雲陽令

揚州別駕續中子遂漢尚書右僕射樂安侯五子涉表瓊昊招號樂安枝表生漢海鹽縣令穰字子仁生恢晉諫議大夫恢生永興縣令弘號諫議枝揚州別駕續少子裒字叔明裒第三子紆字叔盤吳城門校尉五子黨惛颯贇駿駿字季才九江都尉太學博士二子遐瑁瑁字子璋遐曹尚書員六子滂耆穎英偉顥穎第三子海陽縣令濯生漢公漢公生剡剡生晉本郡從事元之隱居魚圻號魚圻枝生英字季子長沙太守高平相員外散騎常侍六子術舉曄玩粹瓘玩字士瑶侍中司空贈太尉興平康伯六子謐儒側納大始號太尉枝始字祖興五兵尚書侍中二子微萬載萬載臨海太守祕書監侍中四子遁玩叔元羣子眞子眞字同宗宋東陽太守四子惠曉惠恭惠徹惠遠惠徹字監齊司徒府左曹掾三子觀閑引閑字遐業揚州別駕四子厥緯完襄

完字楚御樂邢太守 丘公字瓌子岳門侍郎 瑔字絜五陳黃門侍郎 東之司議郎崇文侍書學士 彥遠贊善大夫

靜之

曾

玄之字又玄豫章尉 元方相武后 象先本名景初相玄宗 泌秘書少監襲兖公 翼城門郎 橋陵令

咸湖州盧城尉參軍

海 兼物汜水令吳縣男 鹽丞

兼并揚府戶曹參軍 高

永駙揚州兵曹參軍 楚嘉令

翹登州刺史

招 溢刑部郎中 頎汜水令

權

諒溧 鍔

水令

廣沂州刺史 眺夏陽令大理司直

偃泉州刺史 謀丹楊丞

唐書宰相世系表十三下　十四　毛易

祕　奉天尉

預

景倩右臺監察御史

濟　少府少監平昌縣男

序　平陸令

義舉

厚

□　澤州刺史

孝頠　字□　河南司錄參軍

□　監察御史

正興

處庭　兼詔知侍御史

纘　字宗甲

魯管

文舉

應　下邽令

纘　殿中侍御史

庶　福建觀察使

鄭令

綜　河南府戶曹參軍

綸　信州刺史

紹　潁州刺史

珝　校書郎

審　傳工部侍郎

甚　校書郎

紘之　永嘉令

唐書宰相世系表十三下　十五　毛易

景融　工部尚書

沛　屯田郎中

敬江　夏令

曉　滑州參軍

翺　陳州司馬

志和

惠和

泳　秦州刺史

盛　黃巖令

泰平

泰長

泰剛

清

渭　陽翟令

孟　陵州司士參軍

翔　字楚臣

大殷　相昭宗

愬

崇

甚符　寶郎

愿　右司郎中

德方

德與　烏程尉

德鄰　度部員外郎

德謙

德休越州法曹參軍

德昭

愬

嵩秘書省校書郎

仲文

季雍太平令

漸

璋

曇獻屯田郎中

包工部郎中

胡應山令

沈

易徐州刺史

巨虢州司士參軍

僴舒城令

詹

麐

珽明州長史

倪新鄭令

嚴

曇晉光祿卿

脩上元令

倫大理評事

季方

彥脩杭州刺史

棣嘉興令

向漳州刺史

瑾

遂之都官員外郎

令公梁宣城王記室參軍

珣陳右軍將軍

餘慶太子詹事

珙

璪字仲采汾州刺史

海湖州刺史

長源字泳汴宋節度使

行儉

復

雲公字子龍梁中書黃門郎

瓊字伯玉陳度支尚書

從興字由儀隋南陽主簿

鑑

長沙太守英次子瓘晉中書侍郎號侍郎枝五世孫文盛齊散騎常侍

生宣猛字觀明梁宣威將軍宣猛生陳吏部侍郎濤濤九世孫齊望

齊望秘書監

泌左散騎常侍

瀍主客郎中

休符字昌期

師德侍御史

璟青州從事監察御史

宸字祥文相昭宗

潤左司員外郎

淮兵部郎中

灞吏部郎中

贊字彥興相德宗

簡禮兵部郎中

滻戶部郎中

則杭州刺史左司郎中

渭 戶部侍郎

賞 監察御史

澧 侍御史

陸氏宰相六人 丹徒枝有敦信太尉枝有元方象先希聲侍郎枝有憬贊

趙氏出自嬴姓顓頊裔孫伯益帝舜賜以嬴姓十三世孫造父周穆王封於趙城因以爲氏其地河東永安縣是也六世孫奄父號公仲生叔帶去周仕晉文侯五世孫夙晉獻公賜采邑於耿河東皮氏縣有耿鄉是也夙生共孟共孟生衰字子餘謚曰成季成季十八世孫遷爲秦所滅趙人立遷兄嘉爲代王後降於秦秦使嘉子公輔主西戎西戎懷之號曰趙王世居隴西天水西縣公輔十二世孫融字長後漢右扶風大鴻臚融七世孫瑤

瑤 後魏河北太守

乾贊 隋幽州刺史陽武公

玄極 忻州刺史

仁本 相高宗

諠 左司郎中司僕少卿

道先字 德宗洪 州錄事參軍

憬 字退翁相德宗

宣亮

全亮

元亮

承亮

新安趙氏後徙京兆奉天

德冑 回樂令

景旦 普安令

灌然 城平令

植 字道茂嶺南節度使檢校工部尚書謚曰簡

公儀 下邽尉

遵約

諫 左羽林將軍

仁約

存約 興元節度判官

隱 字大隱相懿宗僖宗

光逢 字延吉太常卿

光裔 字[illegible] 膳部郎中知制誥

承曦

承讓

益

光胤 字垂裕駕部郎中

騭 字玄錫華州刺史

光遠

從約

蒙 字昌翰

不欺

德鄰

蘊 字中美

滂 字峻

思濟

儀山

崇 字喬山御史大夫

昫 字德山

燉煌趙氏

子邃 隋鷹揚郎將

武監 監察御史

彥昭 字奐然相中宗

南陽趙氏亦世居兗縣後徙平原

贊後魏太常卿　榮隋庫部侍郎　德言秦府員外郎　景好畤令　駮先殿中侍御史　驊秘書監　宗儒字秉文相德宗

仁泰南和令　慎己告成丞　驊京兆士曹參軍　涉侍御史　僕監察御史

渾大理丞　侁昭應尉

璘字澤章　璡字幾顔　璜字祥牙

御史

伴初名贊字德融　佶兼監察御史

慎熏殿中侍御史

趙氏宰相四人 仁本、憬、彦昭、宗儒

閻氏出自姬姓周武王封太伯曾孫仲奕於閻鄉因以爲氏又云昭王少子生而手文曰閻康王封於閻城又云唐叔虞之後晉成公子懿食采於閻邑晉滅子孫散處河洛前漢末居滎陽尚書閻章生暢侍中北宜春侯三子顯景晏顯車騎將軍長社侯顯生穆避難徙于巴西之安漢顯孫甫魏武帝封爲平樂鄉侯復居河南新安生牂柯太守璞璞生晉殿中將軍漢中太守讃讃生遼西太守亨亨生北平太守安成亭侯鼎字玉鉉死劉聰之難子昌奔于代王猗盧遂居馬邑孫滿後魏諸曹大夫自馬邑又從河南孫善龍驤將軍雲中鎮將因居雲州盛樂生車騎將軍燉煌鎮都大將提提生盛樂郡守進進少子慶字仁度後周小司空上柱國石保成公賜姓大野氏至隋復舊生毗

毗隋將作少監石保公　立德工部尚書大安公　立遜司農少卿渭州刺史　知微左豹韜將軍

巨源射洪令　用之左金吾將軍

定　衆　宰　宣

立行少府監　玄秀岐州刺史

立本相高宗　克儉叔子同州刺史

嘉賓司農卿

閻氏宰相一人 立本

郝氏出自郝省氏太昊之佐也商帝乙之世裔孫期封於太原之郝鄉因以爲氏裔孫晏秦上卿晏孫瑗太原守生蔓漢匈奴中郎將裔孫晉末因官徙潤州丹楊七世孫迥自丹楊徙安陸

迥梁江夏太守　破敵後周丙州太守

相貴滁州刺史　處俊相高宗　北叟司諫郎　南容秘書郎

處傑鄜州刺史

郝氏宰相一人 處俊

薛氏出自任姓黄帝孫顓頊少子陽封於任十二世孫奚仲爲夏車正禹

封爲薛侯其地魯國薛縣是也奚仲遷于邳十二世孫仲虺復居薛爲湯左相臣扈祖己皆其胄裔也祖己七世孫曰成從國於摯更號摯國女大任生周文王至武王克商復封爲薛侯齊桓霸諸侯獨薛侯不從黜爲伯歷三代凡六十四世其可記者盻生初初生厲侯陵陵生宣武侯房房生褒侯褒褒生莊侯元元生平侯貴貴生昭侯直直生襄侯夷夷生桓侯辨辨生康侯安興安興生定公箱箱生恭侯尚尚生景侯魏魏生宣侯伯勤伯勤生簡侯文歡文歡生惠侯夷萇夷萇生靈侯英英生文侯俱俱生隱侯清清生愍侯洪爲楚所滅公子登仕楚懷王爲沛公不仕隱於博徙因以國爲氏所謂薛公也生雲雲生印印生倪爲楚令尹倪生翁翁生鑒漢初獻策滅黥布封千戶侯生瑑瑑生茂宣茂宣生懷則懷則生引孫引孫生廣德字廣德御史大夫廣德生饒長沙太守饒生愿爲淮陽太守因徙居焉生方丘字夫子方丘生漢字公子後漢千乘太守漢生彪字輔國司徒祭酒彪生侍御史安期安期生中山相脩脩生馬邑都尉山塗山塗生山陽太守固固生龍丘令文伯文伯生東海相衍衍生兗州別駕蘭爲曹操所殺子永字茂長從蜀先主入蜀爲蜀郡太守永生齊字夷甫巴蜀二郡太守蜀亡率戶五千降魏拜光祿大夫徙河東汾陰世號蜀薛二子懿始懿字元伯一名奉北地太守襲酇陵侯三子恢雕興恢一名開河東太守號北祖雕號南祖興西祖雕生徙徙六子堂曄推煥渠黃堂生廣晉上黨太守生安都

安都字休達後魏鎮南將軍河東康王		
眞龍		
顥晉州刺史		
世斌		
偵[illegible]靜州刺史	師	
	操	
	胐	
	南金著作佐郎兼金滿州刺史	

	道龍												
	後魏新野武陽二郡太守襲汾陰縣公												
世建	仲孫												
誠隋左金吾大將軍	衍後周御伯中大夫												
	軌隋襄城郡贊治												
	仁貴名禮松漠道大總管												
	訥相玄宗						愼惑司禮主簿		楚卿	楚珍	楚玉[illegible]左羽林將軍[illegible]陽郡伯		
	徽左金吾將軍			直絳州刺史		暢左羽林將軍	光				崿衞河郡司戶參軍	岌右金吾將軍	嵩相衞節度使太子少師
	播相州刺史	振	抃歙州刺史	堅邢州刺史	幹汾州刺史		肇衞州刺史	洽					

嵩字嵩相衛節度使平陽郡王

平字坦塗左龍武大將軍韓國公

廣

文範

文度監察御史

褒行

湘初名倣許州司士參軍

宜脩家令丞

從字順之左領軍將軍河東郡子

泰虢州司法參軍

勳

雲石監門將軍

文紹蜀州司馬

文謙

季方朱丘尉

文崿

敕前鄉貢明法

賓

昌朝保信軍節度使

文纘監察御史

貽謀兵部侍郎

衛叔涇陽尉

元士虢州參軍

朗

及

弘猷

弘禮

昌族陝州刺史侍御史

河嘉興尉

存亮下邽尉

昌期儀州刺史兼侍御史

建

文裒

擢齊州司兵參軍

宇金州戶曹參軍

文略

昌宗　盧州長史
元輔　下邑丞
文賚　邽王府參軍
行甫
昌運　監察御史
存簡　鄜府參軍
文規
存易
皐　貝州長史
琴　亳州司戶參軍
文綱　益都令
懷生顏勍超戭緈頎生約約生阿鄉勍生紹業超安邑主簿戭殿中侍御史生彬彪參彭參夏州都督緈一名正生願願生戩
文宙
文演

眞
文英
文㮚
聿金鄉令
仲宣　陵令
仲遠
仲達
岸

西祖興字季達晉河東太守安邑莊公三子紘靖濤濤字伯略中書監龍衣安邑忠惠公與北祖南祖分統部衆世號三薛都統三子彊遺靖彊字公偉秦大司徒馮翊宣公三子辯邕寵辯字元伯後魏雍州刺史汾陰武侯生謹字法愼内都坐大官涪陵元公五子洪祚洪隆瑚昂積善號五房亦爲㒒上五門薛氏大房

洪隆字菩提河東太守諡曰簡
驎字景中書侍郎諡曰宣
慶集律州刺史
綱
勸嘉
元珪
諤
英集黃門侍郎
端吏部尚書
胄隋刑部尚書
獻工部侍郎內陽公
元振
孝廉工部郎中
自勗杭州別駕
愉　徐州刺史
自勵　河南府功曹參軍
恬　殿中侍御史
憚
伯高　刑部郎中

自勉 餘杭太守
誼 職方員外郎
自勸
融 清河太守
退 著作佐郎
公允 建州刺史
孝侑
延
近
彌 敏 隋通州摠管
述 吏部侍郎
務寬 滁州刺史

唐書宰相世系表十三下　二十八　王端

聰 字景遐 黃門侍郎 謚曰
亮
瑛
濬
立 祚 駕部員外郎
謨
文思 中書舍人
希曾
元暾 城丞
彦輔 大理評事
彦國
彦偉 監察御史
彦生
彦雲
希莊 撫州刺史
元曄 仿令
什 播 水部郎中

翊 字敬胡 後魏河東太守 謚曰簡
聰 字延智 黃門侍郎 謚懿侯
孝通 字伯達 中書侍郎
溫 同州刺史
都 邁
元紛 秦府學士 太子舍人
象之 絳州刺史
杰
揔 監察御史
擬 禮部侍郎
公達
公幹 比部郎中
損 字後己
公儀 殿中侍御史
蒙 字中明
標 字垂範
臨 字知微

唐書宰相世系表十三下　二十九　王端

遠
恒
元穆 戶部員外郎
迪
元簡 殿中侍御史
仲璡 監察御史
道衡 字玄卿 隋益州摠管 臨河貞公
大年
行成
易令
仁方 岳州刺史
仁偉
稷 相
中睿
伯陵
收 字伯安 秦王府十八學士 謚獻公
振 字元起 相高宗
愔 字 給事中 襄城男
黃 童 滑州司功參軍
伯陽 左千牛將軍 駙馬都尉
談 衛尉 駙馬都尉
承規
向

泳

承鼎

承輔

承裕

金童壯武將軍

承翰晉安府果毅都尉

承寵

榮童丞宰丞

崇缸陰尉

顏童

襄童果州司戶參軍

播

璟

瓌

瑛

鳳童太洗翰兗州司馬襲郃陽男

嵩

巖

雲童潤州參軍

岑

岸肥鄉府果毅

毅字仲雄太子舍人

儀童子勝洙醴泉令

睦

舒字仲和黔中經略使河東縣伯

安親新鄉丞

安國左金吾兵曹參軍

安都永王參軍

遵誠奉禮郎

遵協律郎

遵訓太常寺太祝

海童字深源新鄉丞

安遷源南尉

安嘉華亭令

江童字盈遠陳留太守河南採訪使

寧字孝本著作郎

當錢塘令

表檢校尚書水部員外郎知度支東川院

延休河靖尉

謙吳尉

鎮錢塘令
并
鷹
綱字甇中大理評事
賁字艳素司封員外郎
邈舉生正元
鵬舉大理令生坦墳
溶字德符婺州刺史
瑒圖華陰尉
平
邕字公和宜歙觀察使
應字名長京兆府兵曹參軍

王端

東殿中監駙馬都尉
試司農丞
鉅路陽令
弘範豐陵令
聽唐昌令
皓光祿丞子碩太子舍人
弘遠宋州錄事參軍
鉉京兆府倉曹參軍
眩鳳翔府倉曹參軍
蒙
象
鈞通州刺史
弘志鳳翔府司錄參軍
庾趙城主簿

弘禁司農卿
潘閬喜令
弘宣蘄州錄事參軍
巖蘄州司馬
嶠
嶷
弘休膳部員外郎
嵩老字仲虎膳部員外郎
袁睦州刺史
釗秘書監
弘紹醴泉令
礭

以溢

嶸
弘懿商州長史
弘裕宋城尉
長嶺商推官
錡
俊字英上童隴西郡太守之慈州刺史
垂
萬富陽令
正封
華

歆字童□晉丞馮翊郡太守　武河南府士曹參軍　仲彰字瑞己州參軍　潛

行周信州長史

仲昫字易簡南陵令　溫吳尉

渾

仲海字易簡餘杭江西從事　漳

仲秦河東節度判官　涑　坤符

鑄烏程尉　廣　魯

晚

溪

涂

諧殿中侍御史　韜改名鄭監江令主戟

郢

行賓

嘏沁州別駕　叔達忻州司馬　行五

行方

馨大理評事　仲翔字鵬舉河南府士曹參軍　休

沭

植字子正侍御史　遐嘉慶州刺史

從許州支使　邸遠沁水丞

鉴

自益里字文幹岐州司法參軍　益字公茂河南府戶曹參軍　正則長春宮判官

正倫殿中侍御史　讜倉部員外郎　元朗儋州刺史生惠

膺安南部令生諸導江今侍御史

謀國子四門博士

誠字符司農卿　茂餘太常博士主客郎中銀部員外工部員外郎

延樞武功尉左拾遺生鋼鎮綱

戎昌檢校兵部員外郎

正文陽武令　陟字元進彭城令　諭城令檢校戶部員外郎

奇童字靈孫睦州刺史
壽靈石尉

鼎光祿主簿
譔侍御史知浙西鹽鐵院
護河東尉
謂字昌日京兆府功曹參軍
薛字匡日大理評事度支巡官
讓大理寺主簿
誕

彥明
庶
彥楨河中河東尉
厚西城令
嶕魏城令
嶢高陵尉右拾遺
王震
彥規曲沃令生遺
彥矩
彥錫
昌遠鴻臚卿
迺棣州錄事參軍

彧字遵智尚書
和字遵睦後魏南兗州刺史諡文

長瑜洛州刺史征東大將軍
壽周京兆尹博平公

稜伽
粹
袁

德義
大鼎貝州刺史
臻德

景山
克構麟臺監
克勤宗正卿

胥字沖
孝褒
元嗣洛州長史
元宗虢州刺史
微元

季童字仲孺秘書正字
源
談
溫膳部郎中

緬忠州錄事參軍
昭
瑨左武衛將軍
珣殿中侍御史
鄭處濮州刺史
弘悌工部郎中
鎮虞部郎中

藹

芬

綦

善青

裕　俗仁閭 州刺史

俗德兼 州刺史　崇本　待聘　瑩杭州刺史　銑忠州刺史

鄭　良史杞構 王傅

俗倫　懷丹州刺史

俺　廉吉州刺史

倶　道宴禮部員外郎

瑾左拾遺

清　文度曹州刺史

逸字智 都殿中監　祖北地太守　綱高平公　昭澤州刺史　昉淮陰侯　柔夏州都督　福安州刺史　衡　玉　俊　神生國 生蔭昭生 信仍生問 閭　康鎮

芳字季令　賡字元禮諫議大夫　處靜　揚名　反光

德展

畝恭司宰卿　玄立左羽林將軍

蕃　處道　德祖　懷操祠部郎中

德元　懷息州刺史　懷光孫卿駙馬都尉　新晉門侍郎　緒　崇允　回　景先左金吾大將軍

紹左散騎常侍駙馬都尉　崇劇太常卿壽陽王　崇蘭太僕卿立島王　翹

懷晏　瑊　紹禮部郎中　宗一　關殿中侍御史

紀　愿衛州太守　梵主客郎中　順太子中舍

瑩　衛鄧州刺史駙馬都尉　鎬光祿卿駙馬都尉　頊蓬州刺史

德僑　玄燕　玄嘉興 植膳部郎中 州刺史　瞷

德開　懷智膳部員外郎　懷讓懷州刺史　保尚書左丞　齊居　戍己　棧

唐書宰相世系表十三下　四十

寮屬璽府左拾遺　郡長史
存誠給事中
庭紀字鞴圖
保雍字昌之
昭蕃
庭章
保厚字
字介
鎮章
庭望字遂之號州刺史
貽矩字武瞻平原郡御史大夫
曄
庭光字商叟吏部侍郎
保遜字遜之司農卿
昭緯字紀化御史中丞
存規衛尉卿
庭傑右拾遺
瑯
沖
然
胙城令

永盛

瑋制南節度掌記
貞贊
正表字子昭左諫議大夫
盼藏生
知紫
貞
祠
璘
正朋
貞齊

昜字子毅後魏河東太守
欽
德隋復州刺史陽城公
道實隋禮部侍郎臨汾公
德儒隋司馬
寶積濮州刺史
待詔代州司馬
瞻

唐書宰相世系表十三下　四十一

保陝州司馬
嗣先衛尉少卿
薦光祿卿駙馬都尉
藏
華
順先奉先尉
蓁
華
芳
華

久治

華浙西觀察使
廣婺州刺史
調
褒字曾志
訢字表生
字鼎川
嶠字宗望
休字熹志
庠字蒙志
齊
常先太子詹事
長江少尹

彌滑州刺史

暠

茂先

榮先

巨先 順連

裔 琥 悌 伯連河東尹 延智

延光

仲連

幼連京兆府戶曹參軍 易知慈州刺史

延鳳翔少尹

賁左司員外郎

季連工部侍郎

緘

紹

纘 過庭

寶府少府少監 續 恂 愻 銳

鋹

鏑 諸

諝

鈎

純秦州都督 麟倉部郎中

絢好時令 如瑶 弁江州刺史 元方

仲方

綰濟 翼右丞

源令 補闕

繪祠部郎中 承規

承矩 蹇温州刺史

紘華州刺史 用

兢殿中侍御史

朋

			緇盧和二州刺史		絳	緘金部員外郎
羽新平太守	亞嶺南節度使		林	枚		同湖州長史
	弘慶	存慶				又溫州刺史
		眈字彭文東川節度使				

					慶字積善後魏河東太守	
					隆宗	
					仲玉東夏州刺史	
					粲	
					深	
					世弘	
					仁軌虞部郎中	
					思貞鄭州刺史	
丹盧州刺史	戎字元夫浙東觀察使		放江西觀察使	朗	怦	
	沂	洽			廣	彦
				壽弘合州刺史		

						記絳州刺史
忻侍御史			愐			和左僕射
濰	漸	備	中孚	隨	紫	經

仁惠	
思誨	思行右金吾將軍
曙監察御史	昭晉州刺史
	晃鄧州刺史
	晟御史大夫生遠遠生儔

薛氏定著二房：一曰南祖，二曰西祖。宰相三人。南祖有訥，西祖有稷、元超。

宰相世系表第十三下

宰相世系表第十四上　　　　　　　唐書七十四上

翰林學士兼龍圖閣學士朝散大夫給事中知制誥充史館修撰臣歐陽修奉敕撰

韋氏出自風姓，顓頊孫大彭爲夏諸侯，少康之世，封其別孫元哲于豕韋，其地滑州韋城是也。豕韋、大彭迭爲商伯，周赧王時始失國，徙居彭城，以國爲氏。韋伯遐二十四世孫孟，爲漢楚王傅，去位，徙居魯國鄒縣。孟四世孫賢，漢丞相、扶陽節侯，又徙京兆杜陵。生玄成，丞相。生寬，寬生育，育生浚，後漢尚書令。生豹，梓潼太守。生著，東海相。孫胄，魏詹事、安城侯。三子：潛、穆、愔。潛號西眷，穆號東眷。潛曾孫惠度，後魏中書侍郎。生千雄，略陽太守。生鄖子，字英，代郡守、兖州刺史。生瑱，字世珍，後周侍中、平齊惠公，號平齊公房。二子：峻、師。

峻，後周車騎大將軍、儀同三司、平齊縣公。

貞[illegible]，隋[illegible]、[illegible]，贈[illegible]軍事。

懷敬，左領軍將軍。　知藝，襄州刺史。

懷操，開府。

懷質，光祿卿。　頵，陰平太守。

希緘，江都令。　瀆，臨汾主簿。　漸，陝州刺史。　宗，懷陝虢觀察支使。

淡。

文銘，字將之，將作監丞、內作使。　從易。

審規，壽州刺史。　發，字知人，工部員外郎。　究，字韜山，右諫議大夫。

象，殿中侍御史。　元貞。　殷，字端士，武昌軍節度使。

德鄰，信州刺史。　保衡，字蘊用，相懿宗。　保殷，長安令。　慎思，秦節度判官。　環，秘書郎。

師，字公穎，隋汴州刺史、井陘定侯。

匡素，和州刺史。　弘敏，相武后。　仁爽，鳳州刺史。

谷成，驍衛將軍。

給，考功郎中。　瑤，果州刺史。

牧，殿中侍御史。

方審，吉州刺史。

從龜，左庶子。　鐸，烏程令。　鈐，屯田郎中。　從易，國子太學博士。　詢，滁州刺史。　鈞，福建觀察判官。

保範，鄜州節度副使。　保乂，翰林學士、兵部侍郎。　保合，邠寧觀察支使。　贊，字致雍。　允之，襄州錄事參軍。

翥，字內蘊，莊州團練副使。　仁濟，陳州錄事參軍。　褒，秘書丞。

素立主爵員外郎

屺宋州刺史

東眷韋氏穆曾孫楷晉長樂清河二郡守生逵慕容垂大長秋卿生閬字友觀避地薊城後魏太武召爲咸陽太守時關中大亂所部獨安明元帝嘗曰我欲有臣皆如閬當時以爲美談子孫因自別爲閬公房二子範道珍

範後魏高平男

法護都水使者高平貞男

子粲字顯宗北齊西州刺史 孝寬集州刺史

榮亮字子昱北齊左衞大將軍 綱字世紀隋趙州長史

文宗

德敏太府少卿

琛衡州刺史魯縣康公

元誠范陽郡倉曹參軍

范澧州刺史

訢字勿喜

元濟

元賁

元曾字顯叔吏部郎中

元方

琪光祿少卿

元志

玢司農卿

元甫尚書右丞

恍長安令

元惲

愃巴州刺史

瑗

琳廣州都督

傳奉金部郎中

裕

延安鄜州刺史

顥

祖歡

慕隋濟州刺史晉安郡公

士讓羅州別駕

文傑

世師博州刺史

宣泰戶部侍郎

環考功郎中

崇操

月將以直諫死中宗朝

脩業水部員外郎

鼎眉州刺史

忠晉州刺史

球

玠榮州刺史

穀金部員外郎

之晉湖南觀察使

祐

道珍字秦寶後魏威遠將軍扶風馮翊二郡太守生邕著作郎諫議大夫生鴻胄二子澄淹淹生雲起封彭城公因號彭城公房

澄字清隋曲周三州刺史彭城郡公 仁壽隋大都督新豐昭公

慶嗣太子家令襄公

正禮太子舍人

承彥

正德

廣宗丹楊丞

守素絳州司功參軍

忻

協

正名東海令

元昭絳州司法參軍

善盧郡水丞

元暉恒王府諮議參軍

迺監察御史

鎮

彭侯

邈校書郎

				正道太子通事舍人	正己工部員外郎		
					懷撝彭原尉	懷構中王府諮議參軍	
	遵雲陽尉				東箭	紹郃陽令	仿郃陽令
成俟	公舉	公安	公衡				

正象雍丘令			正履穎州司馬				正卑殿中監駙馬都尉
元震			齊物		千齡		
璆左衞中郎	玢	珎	但鏞著作郎		峻秦王府倉曹參軍	峴南陽主簿	
			虎鹿州刺史	彤太常博士			
			中立				
			愼樞字欲訥				

慶植魏王府長史							
璠駕部員外郎							
鈞字季和漢州司馬					銓虞部郎中	默神烏令	遵左武衞騎曹參軍
悅然晉州長史		怡然贊善大夫	忻然大理丞	懌然鄧州別駕	璧司門郎中		
遠	遇	迴	迪	遴			

琳[illegible]水令	珣清河令						
	武	鍵臨潁令			銑耀州刺史河北採訪使		
	至誠吳尉	千秋樂壽丞			藍秘書郎		鑒著作郎
	密信安丞	去泰	去奢	去甚	徵河中府戶曹參軍	宜左千牛	
						宥宣州刺史	

唐書宰相世系表十四上　七

瓘　琇　珽倉部郎中

鏑興州司馬　銛徐州別駕

鑾穎王府司馬　萬春果毅　詵荊府士曹參軍　備密州錄事參軍　倚光祿少卿　倫莒令

璿三原令　頊工部尚書

鍔濩澤令　渙　滔　清　濟　鑣太子少保駙馬都尉

僑河池郡司馬　倚臨涇主簿　友謙陳王府長史

續天興令　繪徐城令

唐書宰相世系表十四上　八

友信泉吉璧三州刺史　友諒右衛將軍

緻左金吾衞兵曹參軍　縝　繕　績試金吾衞長史　緩屯田郎中　約　緯相州參軍

琛左千牛

寔絳州司兵參軍　寘通事舍人

友柔太子舍人　友剛漳州刺史　友順山陰令

總勝州刺史　綷絳州司法參軍　縕檢校太子詹事　縮　紹一名鼎

先

慶緒初名慶宗兵部郎中							
玄貞校書郎	玄昱明經					玄符	玄直
元一	履愔緱令	履恂婺州法曹參軍	履情	履恪	履協		元寂

唐書宰相世系表十四上　九

	玄胄	玄寔婺州司法參軍				玄錫台州刺史	
元覃	黃冠	從一	彥談	仲良	季良	元寂楚丘令	元晊襄陽令

	敏初名慶餘虞部員外郎						
	巨山						
元倩商州司戶參軍	元旦中書舍人	元暐司勳員外郎	元晨殿中侍御史				
			涵	登			
			顥澤州刺史	萬忠州刺史	順	俛	顗
			力仁駙馬都尉				

唐書宰相世系表十四上　十

							奄
慶祚					慶本洪府長史	慶嗛戶部員外郎	[illegible]司農卿益州行臺僕射
潁宋州刺史						昇澤州刺史	師賓秦州都督
行詳	行誠著作郎		行詮尚書右丞				方質相武后
		子文德明皇帝廟令	良宰	利見嶺南節度使			
	幹太子詹事	器字器富平尉		明宸劍州刺史		明宗左贊善大夫	
		公右昭應令					
		及三原令					

逍遙公房出自閬弟子眞嘉後魏中侍馮翊扶風二郡守二子旭祉旭南幽州刺史文惠公二子夐叔裕夐字敬遠後周逍遙公號

方直 兵部郎中

雲表字之玄秘書監襄陽公
師經 齊王府司馬
友道

俠客

眞客

楚客

師莊 著作郎
昉

矗

晙

雲 平度支郎中
師貞
元晟 綿州刺史
汪 岷州刺史

元珪 宗正卿
堅 字子全 刑部尚書 章城縣男
証 果州刺史

諒 河南府戶曹參軍

蘭 將作少監

冰 鄠令

芝 兵部員外郎

逍遙公房八子世康洸瓘頤仁基藝沖約

世康 隋荊州總管漢安文公
福嗣 隋內史舍人
悰 御史中丞

憬 尚書左丞

希元 上黨尉
啓 左補闕
彰

肇 吏部侍郎
綬 左散騎常侍
溫 字弘有 宣歙觀察使
礭 四門助教

珍

瓌

琛 字信卿

貫之 字正理 相憲宗
澳 字子斐 河南尹

庾 刑部侍郎判戶部事
庠 字賓虞
華 字袞文

顗 相憲宗 戶部侍郎翰林承旨學士

序 字休之

郊 字延秀

澥

纁 吏部郎中

洵

班 衡州刺史

福奴 隋通事舍人
賓允 洋州刺史
琿 湖州刺史
筠颯金 河南府參軍
黃裳 州刺史
昊 河南府參軍
博 字大業 昭義節度使
郢 監門率府錄事參軍

涗字世暉，隋廣州總管、襄陽郡公　瓘字世恭，隋州刺史、遂安公
協字欽仁，秦州刺史　萬頃
仲銳，金部郎中　叔銳　元毅，曹州刺史
文彥
玠　良嗣，給事中
積，京兆少尹、知府事
極
光遠，字德龜
魯，涇州營田判官　承裕，字天錫　承貽，字貽之

頤　仁基，龍州刺史　藝，字世文，後周營州總管、朝野郡公
元祚，丹州刺史　仁祚，宋州刺史　哲　彤
晤，戶部郎中　旅，給事中　曄　彥師，撫州刺史
皎，許州司馬　承徽，忠州刺史
霸，吏部郎中，汝州刺史　憁，渭南主簿　彥方
商伯，金鄉尉　元輔　徵
偉，著作郎　儻，睦州刺史　原叔　衡，原州都督
寂，司農、太府少卿
峴　嶼

義　晏，字□宜，馬嶺令
元方，禮部郎中　鼎，將作監丞
希仲，太常卿、扶陽公
景先，湖州刺史
同，洪州都督
衎　暢，殿中監、閑廄使　衍，右驍衛將軍
萬榮，監察御史　京，富平令　少華，太府卿
岵　嵫　處厚，字德載，相文宗

希，字季友，薛王
駿先，拾遺　胄先，殿中侍御史　象先　襲先，蜀州參軍　奉先，岐山令　令先，冀州參軍　宗先，易州參軍　昭先
珣，將作少監、通事舍人

宣敏　嶠秋官侍郎　友直司門郎中
友清　鄜坊州刺史
沖字世沖隋戶部尚書襄公　挺象州刺史　待價相武后　令儀宗正少卿　鑒
鎣　應物蘇州刺史　慶復　退之
厚復　徹字式中塈　播　匡字化樟　逖字遐美
轀　莊字端己
錡
鎔　緊岳州刺史

鎰監察御史　武京兆尹御史中丞
烈　嗣立宣州司戶參軍　堯興道令　弘景禮部尚書
復冰
興宗　令望　叔卿丹州刺史　崢昭應令
滕戶部員外郎
令悌　沉江州刺史　周方
令裕屯田員外郎
嵩石太常少卿

德運　山甫屯田郎中
納隋儀同觀城公　克己　遜光萬年令
復己　誠著殿中侍御史　暱兵部郎中　公輔
公素字復禮
荷字節止嶺南節度使　藝字德輝
堡字仁曾
塾字德詳
公度
公璵
公肅太常博士

鄭公房文惠公旭次子叔裕字孝寬隋尚書令鄭襄公六子諶懋壽雲齊律靜號鄭公房

譯字普會後周京兆尹河南貞公　桂成襲鄭國公
匡伯隋尚衣奉御舒國懿公　思言　遲光祿卿
思齊尚書右丞司稼正卿　乾衛尉卿懷寧公
思仁尚衣奉御　巨源相武后中宗　明數華州刺史
液　寡悔

一	二	三	四	五	六	七	八	九	十	十一	十二	十三	十四	十五	十六
											壽字世嵩隋毛州刺史滑定公				
國照											保綏右衛副率	義節刑部侍郎襄城公			
穢															
晏太僕卿 少卿											知遠監察御史	慎行		慎名彭州刺史	慎微右驍衛將軍
	湲齊州刺史											澄澧州刺史	滲[illegible]州刺史		
贈信德州長史	昭訓太子僕														
	光宰太府少卿	光裔字叔陽少府監	光弼大理卿			光胄太常少卿	光輔字光翰衢州刺史			光憲太子少詹事					
		廙太原府參軍	膺	庠	庇	慶	康	膺	允節						

唐書宰相世系表十四上　十七

一	二	三	四	五	六	七	八	九	十	十一	十二	十三	十四	十五	十六
津陝州刺史壽光縣男															
全璧									琬成州刺史						
悅給事中		忻兵部郎中				季重		擔定州長史	令則	贄禮部侍郎		季良	守駒鄖王府司馬		
勉復州刺史	幹	希先比部郎中	奐虞部郎中	希一	謇	烈都官員外郎		千里名昂以字行白水丞	晟棣州刺史	綰太子少師			求	回	由金吾將軍
						邁	迪	宏		弘	協義			正名	士英監察御史

唐書宰相世系表十四上　十八

以諧

唐書宰相世系表十四上　十九

				安石相武后中睿			
				陟字殷卿吏部尚書郇國公		嬰鄭令	韶明州刺史
			允吏部員外郎潁州刺史	士騰	士文秘書少監	士南萬州刺史	大田
	承素昭義節度判官	同訓	同元				
璉字禮卿	理國子祭酒						

						斌臨安太守	
襄	諷洛陽令	彔	逢			[illegible]駕部員外郎	
			同嫻字啓之	同憲	同休	同談	
							[illegible]工部尚書少府卿
							紘都水使者

唐書宰相世系表十四上　二十

璭字玄理太子詹事武陽貞侯							
暢			季弼				
抗刑部尚書謚曰貞			廉考功員外郎	玢司農卿			
翹同州刺史		端	肅		況諫議大夫	褒朗州刺史	專
	紓	績					

					幼平金部員外郎	展少府監主簿	
					抱貞梓州刺史		拯戶部郎中
			政雛丞		𩕳	瀚閬州刺史	演
			丹字文明武陽郡公		清		
審大理評事		審劍南節度使檢校左僕射同中書門下平章事	眞	潘字游之	磻司封郎中太原河東行軍司馬		
瓚胙城尉	臨京兆府司錄參軍	蒙河南府司錄參軍			滂汝州錄事參軍		
鐔宛丘令							

金龍州刺史
政實河中府士曹參軍
調
翼字從善太府卿武陽平公
愼習
恂如
悟微
瑗倉部郎中
瑜歙州刺史

南皮公房安城侯胄次子愔愔七代孫景略後周驃騎將軍右光禄大夫青州刺史生贇隋倉部侍郎尚書右丞司農卿南皮縣伯四子叔諧季武叔謙季貞因號南皮公房贇從子元遜從祖弟子述

叔諧庫部郎中
福字玄福綏州刺史
漢字彥宗彭城文公
見素相玄宗
鍔給事中
須庫部郎中
損初名謙
諤給事中
益工部員外郎
顗兵部員外郎
逢字鵬舉
晉光祿少卿
玄奬
光乘朔方節度使衛尉卿
懷江西觀察使
良
放
倫太子少保
敦

儆
倪衛尉少卿
正巳
季武主爵郎中
叔謙考功郎中
知人司戎大夫
雍字丈紀右庶子南皮縣公
虛心工部尚書
有方左司員外郎
虛舟刑部侍郎
有象
縱
虛受通州刺史
昭理常州刺史
幼成山南採訪使
縝

幼卿洛陽令
胡侍御史
詞字覿之湖南觀察使
憲字持之
幼奇楚丘令
幼章楚州刺史
綱字綱初名歸陳玉侍
瓌鄭尉
麟寧魏州參軍
巽三水主簿
沇緱氏尉
僭
咸汴州司戶參軍
武
觀洛陽尉

元遊
玄泰，度支郎中、陝州刺史
光，晉州刺史
堅
信，舒州刺史
述
鑾，考功郎中
少游，吏部郎中、建州刺史
少華，中書舍人

駙馬房東眷穆四代孫自璧，自璧四代孫延賓，延賓三子：璋、福、議。至温，諸子尚主者數人，因號駙馬房。

璋
岌
玄郁
濬，職方郎中
玄諤
晏，左金吾將軍
頵，太子僕
玄誕
[illegible]郎中
琛，宗正少卿

福
[illegible]左監門大將軍[illegible]公

議
仁，隋坊州刺史、恒安縣公
弘慶
玄希
奉光，光祿少卿、曹國公
惟，太僕卿、駙馬都尉
會，太子贊善大夫
鶴
鵬
鷄
玄運
涉，太僕少卿

弘度
瑊，衛尉少卿
藏鋒
弘表，曹王府典軍
玄儼，邢州刺史、博城縣公
灌
樺，太僕少卿、曹國公
播，吏部郎中、宋國公
温，相中宗、殤帝
濟，字澗甫，左羽林大將軍
揆，秘書少監、駙馬都尉
玄貞，豫州刺史
洵
浩
洞
沘
弘素
玄昭
濬，衛尉少卿

龍門公房安城侯胄次子惛，惛生達，達六世孫挺，後周撫軍將軍、平州刺史。二子：遵、通。遵，驃騎大將軍、晉州大總管府長史、龍門縣公，因號龍門公房。通生善嗣。

善嗣，上谷郡太守
崇德，太子諭德
會
仲昌，京兆少尹
嶄
涣，一名執中，蓬巴州刺史
執中，泉州刺史
執誼，相順宗、憲宗
曙
曈，字育之，鄭州刺史

翃字國楨，商州刺史
叔昂，左司郎中
伯詳，考功郎中
伯陽字春倉部郎中杭州副留守
汎
建，字正封，秘書監
迢，嶺南節度行軍司馬
萬
宗卿侍御史戶部員外郎[illegible]
夏卿，字雲客，太子少傅
周卿
正卿
緗，字文明
樞，字就之
古
璋，字宜之
珩
瓘，字茂弘
希震，字顯化
遐，字思永
延範，字承之
造，大理評事
季莊，扶風郡太守
仲長
叔將，豫州刺史

小逍遙公房出自東眷穆曾孫鍾，鍾生華，隨宋高祖度江，居襄陽，生玄，以太尉掾召，不赴。二子：祖征、光祿勳；祖歸，寧遠長史。祖歸三子：纂、闡、敵。纂，南齊司徒記室參軍，曾孫弘瑗至嗣立，更號小逍遙公房。

弘瑗，隋武陽令
德倫，任丘令
思謙，相武后
承慶，字延休，相武后
嗣立，字延構，相武后、中宗
晉，常州刺史
長裕，祠部員外郎
季，左司員外郎
恒，陳留太守
濟，馮翊太守
當，富平令
鼓，韶州刺史
士模，彭州刺史
逢，虞部員外郎
士勛，河南少尹
涵，鄧州刺史
貞伯，給事中
成季，兵部郎中
尚勍字執男
史
淑，安州都督
仁慎，駕部郎中
奉先，金部郎中
滄，梓州刺史
知止，庫部郎中
嗣業
希
朗
損
常

又有京兆韋氏

宗立
式
巨範，字延巨
昭範，字憲之

昌範字禹範考工郎中　用晦　縠字虔後

貽範字垂憲相昭宗

又有京兆韋氏

綬　逢　昭度字正紀相僖宗昭宗

韋氏定著九房：一曰西眷，二曰東眷，三曰逍遙公房，四曰鄖公房，五曰南皮公房，六曰駙馬房，七曰龍門公房，八曰小逍遙公房，九曰京兆韋氏。宰相十四人。平齊公房有保衡、弘敏，東眷有方質，逍遙公房有貫之、處厚、待價、顗，鄖公房有巨源，南皮公房有見素，駙馬房有溫，龍門公房有執誼，襄陽有思謙、嗣立，京兆有貽範、昭度。

郭氏出自姬姓。周武王封文王弟虢叔於西虢，封虢仲於東虢。西虢地在虞、鄭之閒。平王東遷，奪虢叔之地與鄭武公。楚莊王起陸渾之師伐周，責王滅虢，於是平王求虢叔裔孫序，封於陽曲，號曰郭公。虢謂之郭，聲之轉也，因以爲氏。後漢末大司農郭全，代居陽曲。生蘊，蘊生準、配、鎮。鎮，謁者僕射、昌平侯，裔孫徙潁川。

育北齊黃門侍郎

處範諸城丞

待舉相高宗

泰方　泰初

潤起居舍人

賁納陵當採訪使

讓　霸

固監察御史

華陰郭氏亦出自太原。漢有郭亭，亭曾孫光祿大夫廣智，廣智生馮翊太守孟儒，子孫自太原徙馮翊。後魏有同州司馬徽，徽弟進。

徽

榮隋大將軍蒲城公

福善兵部侍郎

進

弘道同州刺史部國公

嗣君　依仁沁州刺史

廣德左威衛大將軍

儼璟益州司倉參軍

昶隋涼州法曹

通美原尉

敬之字敬之吉渭壽綏五州刺史

子琇

子儀字子儀相肅代德三宗

曄

曜字曜太子少保太原孝公

銳嘉王府長史

鋒光祿少卿

鏈

鑄京兆倉曹參軍

璹庶子

唐夫汜水令

乾檢校兵部尚書

蘇鳳翔少尹

韶太子率更令

昆虞鄉令

琪度支給納使戶部尚書

景初雙流令

漢夫鳳翔功曹參軍

璠成州刺史

堯夫直羅令

肇太原少尹

慶裕新繁令

珍滕州刺史
燔夫太原令
彥崇上津令
在徽衛尉少卿
在嵩鹽水令
在微右千牛將軍
颯通州刺史
環檢校右僕射
集著作郎
封績簡州刺史
栖頴太子司議郎
紳右贊善大夫
積天興令
緄右金吾將軍
總尚輦奉御
紘秘書丞
續太子家令
盱鴻臚卿同正

聃工部尚書
鈞工部侍郎
秋字殷衡刑部侍郎
鋼監察御史
鍊太常丞
鐵
銶
鎵
繆
朏試鴻臚卿
晤字晤兵部郎中
鏻陽尉
銷咸陽尉
釪試奉禮郎
鉦京兆府功曹參軍
鐈京兆府戶曹參軍
鍵太僕寺主簿
鎣試殿中監
鐇萬年尉

鉞

鏻雲陽丞

鎮太子宮門丞

駿左散騎常侍駙馬都尉

鑄左庶子

釗衞尉少卿

仲文秘書少監

仲恭殿中監駙馬都尉

仲詞殿中少監駙馬都尉太原郡公

仲謙衞尉少卿

仲諤通事舍人

仲宣河東令

仲武朗州刺史

仲元以外孫流氏爲嗣

鍔字利用檢校戶部尚書兼御史

銛太子詹事

曙右金吾將軍郴國公

映右庶子壽陽男

鋼度支判度水陸運判官

銑試太常主簿

銓武寧節度使

鋋太僕卿

鉄光祿卿

虔巖龍門令

虔贊易定節度副使

虔弘方義令

言揚監察御史

宗議合肥令

江潮州刺史

讓舟州錄事參軍

謙同州司法參軍

兢河中府戶曹參軍

序度支安邑院官檢校虞部郎中

嗣立留平令

弘業右金吾將軍

元鐵通事舍人

行□□著作郎

涓沔陽令

知微虔州刺史

苗生昭文字子龍

仁寓常熟令

子雲左領軍將軍

子暉渭北節度使檢校右僕射

子瑛延州司法參軍

晛試協律郎晉陽男

子珪

幼賢副都護

昉試太子中舍

曉試左衛率府兵曹參軍

旼邠寧節度使

暘右庶子

昈協律郎

幼儒字幼儒成都少尹

皇河南丞

匪

暲

晠

暉

幼明少府監太原公

煦鴻臚少卿

晤

昕檢校左僕射□□節度□□子

晧殿中侍御史

晫

幼沖太子詹事

暐

晦

幼謙

昌樂郭氏亦出自太原後漢郭泰字林宗世居介休司徒蕃瓊辟太常趙典舉有道皆不應世稱爲郭有道裔孫居魏州昌樂唐有濟州刺史善愛

善愛

元振相睿宗

晟

鴻

鵬左驍衛將軍

琨兵部員外郎

仲翔代州司戶參軍

中山郭氏世居鼓城唐有正一相高宗生忠通事舍人

郭氏宰相四人待舉子儀元振正一

武氏出自姬姓周平王少子生而有文在手曰武遂以為氏漢有武臣為趙王梁鄉孝侯臣生德德生東武亭侯最最生敬襄侯嬰嬰生中消濟陰侯山附後以酎金國除山附生陳留太守內黃侯都都生汝南太守宣字文達宣二子尚浮浮字元脩司徒左長史生臨漳令靜字伯濟靜生烈字文照烈生光祿勳篤字猗伯篤生太常中壘校尉悌字周篤悌生九江太守臨潁侯端端生魏侍中南昌侯周周三子陔韶茂陔字元夏晉左僕射薛定侯陔生太山太守嗣薛侯越越生威遠將軍嗣薛侯鍾鍾生太子洗馬嘏嘏生洛州長史歸義侯念念生平北將軍五兵尚書晉陽公洽別封大陵縣賜田五十頃因居之生祭酒神龜龜生本州大中正司徒越王長史襲壽陽公克己己生北齊鎮遠將軍襲壽陽公居常常生後周永昌王諮議參軍儉生華

華隋東郡丞							
士稜司農少卿宣城公		沖字士讓太廟令楚僖王					
君雅		懷亮	守直字懷[illegible]長[illegible]州刺史建安郡王		懷道右監門長史		
[illegible]太子洗馬	懿宗		攸宜冬官尚書	攸緒揚州長史	攸暨相中宗		攸寧相武后
				若訥	崇敏字正卿	崇行	文瑛

									士逸始州刺史[illegible]國節公						
	弘度字懷運魏州刺史九江郡王								志元倉部郎中				仁範雲陽令河間郡王		
				攸歸九江王	攸止恆安王司賓卿		攸望少府監恭公		懿宗河間王		嗣宗蒲州刺史管公		尚賓河間王益王府長史	重規高平王禮部尚書	
苗瑛	勝				昕忠鴻臚卿	信忠秘書監同正		溫眘	震殿中監	益試太子中允	瑋	瓌		成卿	成藝
	充字虛受			良臣商州刺史			徽洋州刺史								
	典	巽	愿												

甄字中孚考功員外郎修文館直學士

載德千牛大將軍潁川郡王諡曰烈

集梓州刺史

備殿中侍御史

勢字廣成潤州司馬

譚金壇令

元衡字伯蒼相憲宗

翊黃字坤輿大理卿

登江陰令

儒衡字庭碩中書舍人

等許

忱字希玄

勍

宗業恭陵令

表己太子僕少卿

士彠工部尚書應國公

元慶宗正少卿

審思申王

再思宮門郎[illegible]王

三思相武后中宗

崇訓高陽王駙馬都尉

繼植左衛將軍

崇謙光祿卿梁公

崇烈新安王尚乘奉御

崇擕

崇操

元爽[illegible]部郎中少府監

承嗣相武后

延基右羽林將軍

延義嗣魏王

延[illegible]光祿卿邢公

延壽衛尉少卿[illegible]公

延光

延秀駙馬都尉恒公

承業驍衛大將軍

延暉駙馬都尉陳公

惲

延祚光祿少卿鄶公

斌

延嘉秘書少監莒公

武氏宰相五人 攸暨攸寧元衡三思承嗣

騫氏出自孔子弟子閔損字子騫其孫文以王父字命氏後漢質帝時有騫宏字弘伯避地允吾爲金城別駕封金城侯子孫因家焉裔孫彊晉將軍平陽郡太守二子白昊白四世孫敬字宗之後魏奉朝請金城郡守尚書庫部郎中征南將軍金城侯散騎常侍和州刺史一子成裔孫行本唐靈州都督長史彊五世孫威

威後魏鄯州刺史陽成公

直華州長史

味道相武后

愼金

辭王

廓公

騫氏宰相一人 味道

沈氏出自姬姓周文王第十子聃叔季字子揖食采於沈汝南平

興沈亭即其地也春秋魯成公八年爲晉所滅沈子生逞字脩之奔楚遂爲沈氏生嘉嘉字惟良三子尹丙尹戊尹戌字仲達奔楚隱於零山爲楚左司馬生諸梁諸梁字子高亦爲左司馬食采於葉號葉公二子尹射尹文尹射字脩文爲楚令尹自日亡去隱于華山二子尹朱尹赤尹赤字明禋生郢郢字文明召爲丞相不就生平平字俊之封竹邑侯生遂遂字佐時秦博士生伭字文甫左庶長竹邑侯生遵遵字伯吾漢齊王太傅敷德侯徙居九江壽春二子盛達達字伯弘驃騎將軍生乾字仲元尚書令生弘弘字元良南陽太守彭城侯生勗勗字子衡揚武校尉鎮軍將軍三子嵩奮奉奮字仲異御史中丞生格格字仲惕將作大匠生謙謙字文恭御史中丞生靖靖字文光濟陰太守避王莽之難隱居桐栢山三子勳戎臺戎字威卿後漢光祿勳以九江從事降劇賊尹良封爲海昏侯辭不就徙居會稽之烏程靈帝分烏程爲永安縣孫晧分吳郡爲吳興郡晉改永安爲武康即爲郡人戎生四子酆懿齊恭酆

字聖通零陵太守四子詡仲高景景河間相生彥彥裔孫君諒

君諒相武后

超

崧字文甫

沈氏宰相一人 君諒

蘇氏出自己姓顓頊裔孫吳回爲重黎生陸終生樊封於昆吾昆吾之子封於蘇其地鄴西蘇城是也蘇忿生爲周司寇世居河內後徙武功杜陵至漢代郡太守建徙扶風平陵封平陵侯三子嘉武賢嘉奉車都尉六世孫南陽太守中陵鄉侯純字桓公生章字孺文并州刺史五世孫魏東平相都亭剛侯則字文師四子怡愉適援愉字休豫晉太常光祿大夫尚書七世孫彤二子雅振

振

世長諫議大夫

良嗣相高宗

踐言祕書監

務叔梓州刺史

務昇

踐峻

震駙馬都尉

魏都亭剛侯則第三子遒八世孫綽周度支尚書邳公生威

彥伯駙馬都尉

踐義 務廉

踐節

檀太府卿

威隋左僕射房公

夔隋鴻臚少卿

勗吏部侍郎駙馬都尉

均虔州刺史

儔

幹工部尚書

獻駕部郎中

晏濟州刺史

寶台州刺史

瓌字延碩相中宗睿宗

頲相玄宗

善

易黃州刺史

繫滁州刺史

贊字延卿

處字[illegible]國子司業

震河南尹

敦

發

敬

徹

墩

政

儼

冰

詵給事中魏縣男

乂京兆少尹

復

奕光州刺史

益

妙泉州刺史

頲

盈嘉王傅

炎

顏淮安太守

寬

梁廣州都督

烱

趙驍衛將軍

季子

澄沁州刺史

縮工部郎中

絰

趙郡蘇氏出自漢幷州刺史章之後因官居趙州

味道相武后

佃膳部員外郎

份

倜兗州刺史

僥職方員外郎

味玄膳部員外郎

偡

吶

淮

湯郴州刺史

又有武功蘇氏

逞

彝

檢字堅用相昭宗

蘇氏宰相五人良嗣瓌頲味道檢

范氏出自祁姓帝堯裔孫劉累之後在周爲唐杜氏周宣王滅杜杜伯之子隰叔奔晉爲士師曾孫士會食采於范其地濮州范縣也子孫遂爲范氏至後漢博士滂世居河內唐有履冰

履冰相武后

冬芬宣州刺史

履冰裔孫隋曆水丞

范氏宰相一人履冰

邢氏出自姬姓周公第四子封於邢後爲衞所滅子孫以國爲氏世居滁州全椒唐有內史文偉相武后

邢氏宰相一人文偉

傅氏出自姬姓黃帝裔孫大由封於傅邑因以爲氏商時虞虢之界有傅氏居于巖傍號爲傅巖盤庚得說於此命以爲相裔孫漢義陽侯介子始居北地曾孫長復封義陽侯生章章生毅毅生

後漢弘農太守允字固二子嘏松嘏字蘭石魏尚書僕射陽都元侯十一世孫弈唐中散大夫太史令泥陽縣男北齊有行臺僕射傅伏武孫文傑唐杞王府典軍

淸河傅氏出自後漢漢陽太守壯節侯燮字南容生幹字彥林魏扶風太守生晉司隸校尉鶉觚剛侯玄字休弈生司隸校尉貞侯咸子孫自北地徙淸河裔孫仕後魏爲南陽太守生交益

交益殿中侍御史

元叔地官侍郎冬官尚書

伯玉

黃中司勳郎中

依仁

延嗣侍御史

遊藝相武后

傅氏宰相一人遊藝

史氏出自周太史佚之後子孫以官爲氏漢有魯國史恭三子高曾玄高大司馬樂陵安侯二子術丹丹左將軍武陽頃侯孫均均子崇自杜陵受封溧陽侯遂爲鄭人崇裔孫宋樂鄉令瓌

瓌
務滋相武后
惟肖清河令
翽御史大夫

史氏宰相一人 務滋

宗氏出自子姓宋襄公母弟敖仕晉孫伯宗爲三卿所殺子州犂奔楚食采於鍾離州犂少子連家於南陽以王父字爲氏世居河東

明隋司隸刺史
岌魏王府記室參軍
秦客相武后
楚客字叔敖相中宗
晉卿司農卿
芝圃主簿

鄭卿

宗氏宰相二人 秦客 楚客

格氏出自允格之後漢有御史班裔孫顯

顯後魏青州刺史
德仁隋剡丞
處仁
希玄洛州司法參軍
輔元相武后
遵殿中侍御史
遠

格氏宰相一人 輔元

宰相世系表第十四上

宰相世系表第十四下　唐書七十四下

翰林學士兼龍圖閣學士朝散大夫給事中知制誥充史館脩撰臣歐陽脩奉敕撰

歐陽氏出自姒姓夏少康庶子封于會稽至越王無彊爲楚所滅無彊子蹄更封於烏程歐餘山之陽爲歐陽亭侯遂以爲氏後有爲涿郡太守子孫或居渤海晉頓丘太守建爲趙王所殺兄子質字純之居長沙臨湘七世族孫景達字都遠齊本州治中生萇浦令僧寶字士章僧寶生梁陽山穆公頠字靖世頠二子紇約

紇字奉聖廣州刺史
詢字信本率更令渤海縣男
長卿
肅
顗
倫
通字通師相武后
幼明字仲廉
潤字子愿渤海子
琮字崇文候官令
琮吉州刺史
琮八世孫萬安福令
雅字正言
劭字德用郃陽簿
謨
詵字達明
遠
楚
鉉
戍
鄂
鄴
鄠
郴
郛

幼讓

亮

德

器

約 廣州刺史南海郡公 諶 令 禕

何

價

禮什 郴令 瑾字瑾 商州刺史 嵩

崙

峯

歐陽氏宰相一人 通

狄氏出自姬姓周成王母弟孝伯封於狄城因以爲氏孔子弟子狄黑裔孫漢博士山世居天水後秦樂平侯伯支裔孫恭居太原生湛東魏帳内正都督臨邑子孫孝緒

孝緒尚書左丞臨潁男 知儉江陰令 知本鄭州司馬 仁珪

仁權

知遜越州刺史 仁傑字懷英相武后 光嗣戶部郎中 光遠州司馬

博通

玄範

光昭字子方考功員外郎

仁貞

仁節

仁惛

仁矩

狄氏宰相一人 仁傑

袁氏出自嬀姓陳胡公滿生申公犀侯犀侯生靖伯庚庚生季子惛惛生仲牛甫甫生聖伯順順生伯他父他父生戴伯戴伯生鄭叔鄭叔生仲爾金父金父生莊伯莊伯生諸字伯爰孫宣仲濤塗賜邑陽夏以王父字爲氏宣仲生選選生聲子突突生惠子雅雅生頗奔鄭秦末裔孫告辟難居于河洛之間少子政以袁爲氏九世孫袁生生玄孫幹封貴鄉侯復居陳郡陽夏八世孫良二子昌璋昌成武令生漢司徒安字邵公三子賞京敞京蜀郡太守二子彭湯湯字仲河太尉安國康侯三子成逢隗成左中郎生紹紹中子熙其後世居樂陵東光熙裔孫令喜

令喜同州刺史 異弘瀘州參軍 異度太府少卿 異式戶部郎中

恕己相中宗 建康淮陽太守 高給事中

倜工部員外郎 師倫

僴

璋生司徒滂字公熙滂生渙字曜卿魏御史大夫四子侃寓奧準準字孝尼晉給事中生沖字景玄光祿勳沖生耽字彥道歷陽太守耽

生質字道和東陽太守二子湛豹豹字士蔚丹楊尹二子洵湛洵

宋吳郡太守謚曰貞二子顗覬顗字國章宋雍州都督二子戩昂

昂字千里梁司空穆正公｜君正字世忠吳郡太守｜憲字德章隋開府儀同三司謚曰簡｜承序晉王友弘文館學士

承家隋給事中

穎後周驃騎大將軍｜子溫字君恪隋左衛大將軍｜士政商州刺史｜倫當陽令｜知玄石州司馬｜暈咸寧令｜滋字德深相憲宗｜炯江陵戶曹參軍

寔河中功曹參軍

均太子典膳郎

都字之美右拾遺

郊字之乾虢州刺史

樞字踐言陳僕射謚曰簡懿｜朗給事中汝南男

誼蘇州刺史

敬字子恭陳特進謚曰靖德｜元友隋內史舍人｜利貞祠部員外郎｜誠太子典膳丞｜道左補闕內供奉｜光裔揚府別駕｜弘休亳州司戶參軍

光輔汾州刺史｜昌復宋城主簿｜匡符合州刺史

敦復萊石軍判官｜藩桂管觀察支使

藹縣令

蔚淮南節度副使

薰

泌陳秉侍中謚曰質｜方華

河東袁氏本出陳郡

智弘相高宗｜澥兼御史中丞

袁氏宰相三人　恕己　滋　智弘

姚姓虞舜生於姚墟因以爲姓陳胡公裔孫敬仲仕齊爲田氏其後居魯至田豐王莽封爲代睦侯以奉舜後子恢避莽亂過江居吳郡改姓爲嬀五世孫敷復改姓姚居吳興武康敷生信吳選曹尚書八世孫僧垣隋開府儀同三司北隆公二子察最

察隋太子內舍人北絳公｜思廉字簡之唐散騎常侍文學館學士豐城康男｜懽字處平豫州司戶參軍｜璹字令璋相武后｜昌演諫議大夫

昌沛

珽戶部尚書｜昌原｜體權

昌潤宣州刺史｜循棣｜殷覬

裔柳將作少監

齊梧左金吾大將軍

昌溫

昌濟

懽符寶郎襲豐城公｜敬文｜行表鄆王府司馬｜崇桂太子司議郎｜希喬湖州司功參軍｜弘慶字引之蘇州刺史｜[illegible]

孟瑜

晼泗州參軍

疇

疄

最蜀王友
思廉左庶子
慎盈壽州刺史

續曲沃令
玄宋城令
發右領軍衛將軍
南仲右僕射
衮太僕寺主簿

亮

陝郡姚氏亦出自武康梁有征東將軍吳興郡公宣業生安仁隋汾州刺史生祥

祥隋懷州長史檢校函谷關都尉
懿字善懿嶲州都督文獻公
元景潭州刺史
孝孫壺關令

元之名崇相武后中睿玄
彝鄭海二州刺史
闓越州長史
侑門下典儀

俟太常寺太祝

闢鄂令
倍須山令

倫揚州大都督府倉曹參軍

但

闓貴鄉令
侑黃梅令
承宗

珙霍山令

伾

閱太子司議郎

闞河南丞
偁涇主簿
勗諫議大夫

偕監察御史
烈殿中侍御史內供奉

昇大理卿
闓左拾遺
伻寶應令
丹陸渾令
增滎陽令

均金華令

蘊大理司直
暖浙西館驛巡官

圭南昌主簿

進

浼楚丘令

溫尉氏令

悟襄王傅

憺淮寧節度押衙攝鄧州刺史

惇朝城令

暘華原令

闈
恬

愷

闓洛州參軍

弈字弈永陽郡太守
闞侍御史
恒都水少監

愷

協 松陽令

恒 右監門率府兵曹參軍

忱 恒王府主簿

惲 左千牛衞兵曹參軍

元幸 宗正少卿　全 楚州長史　閑 潤州司戶參軍

閎 睢陽太守右金吾將軍

馬 通事舍人　餘 干丞

論 豫州司戶參軍

算 隱陵令　開 臨河令　合 祕書監

姚氏宰相二人 璹元之

婁氏出自姒姓夏少康裔孫東樓公封於杞爲楚所滅子孫食邑於婁因以爲氏城陽諸縣有婁鄉是也

師德 相武后　思穎 介休令　志學 千乘令

圖南

婁氏宰相一人 師德

豆盧氏本姓慕容氏燕主廆弟西平王運生尚書令臨澤敬侯制制生右衞將軍北地愍王精降後魏北人謂歸義爲豆盧因賜以爲氏居昌黎棘城二子醜勝

醜　萇　永恩　通　寬 禮部尚書芮定公　承業 領軍將軍　欽望 相武后中宗　靈昭 宣州刺史　器 泉令　乘　鵄　署 字正名河南少尹中牟縣男 生 書修武 生 主簿求虞州參軍

欽奭 光祿少卿　參 右衞將軍

回 京兆少尹

友 萬年令

籍 左司郎中兼侍御史知雜事

欽肅

懷讓　貞松 宗正卿中山公　光祚　建 駙馬都尉

方則　玄儼　至靜

勝　偉 元從魏太保襄城公　達 殿中監芮國公　仁宗

子賓 監察御史

陸渾　祥　讓　挹　鄭麟

順　靜

豆盧氏宰相一人 欽望

周氏出自姬姓黃帝裔孫后稷后稷封於邰其地扶風斄鄉是也后稷子不窋失其官竄於西戎曾孫慶節立國於豳其地新平漆縣東北有豳亭是也七世孫古公亶父爲狄所逼徙居岐下之周原改國號曰周其地扶風美陽南是也武王克商十一世平王遷都王城河南縣是也平王少子烈食采汝墳烈生楙楙生文文生昇昇生興興生晏晏生安安生弘弘生明明生隱隱生壽壽生容容生休休生雄雄生暉暉生寬寬生貞貞生成成生邑秦滅周并其地遂爲汝南著姓生秀秀生仁字季房漢興續周之嗣復封爲

汝墳侯，賜號正公，以汝墳下濕，徙于安成。十子，長曰球，執金吾。生平陵令應，應生郎中孝廉道，道生五官中郎約，約生史曹掾燕，燕裔孫表。

表，梁義興太守，衡二州刺史，蓬陵侯。孝卿，隋懷義太守，延亦刺史，永城縣侯。子右宗衛率。基，字崇業，常州長史。允元，相武后。

永安周氏亦出自史曹掾燕九世孫防，防十三世孫靈超，其先避西晉之亂，南徙居永安黃岡。

靈超，梁桂州刺史、隱侯。法僧。孝節，嘉州刺史。鳳。應。克構，房州刺史。淳。讙，字用玉。滌。儉。鵬。諧，給事中。

法尚，隋禮部尚書、譙襄公。紹嗣。紹範，左屯衛大將軍、譙郡公。道務，左驍衛將軍、駙馬都尉、譙郡公。伯瑜，楚州刺史。擇從，宣州刺史。萬。嘉言，字玉，少府少監、汝南郡公。光義，左金吾將軍。先孝，左羽林軍長上。

炅，字法明，黃州總管、道國公。惲，梁令。沛，左拾遺。頊，左驍衛兵曹參軍。墀，字德宗，外相宣宗。寬，字饒宗，弘文館校書郎。咸宜，京兆府參軍。承規，字遐慶。承矩，字後慶。係，字應祥。

周氏宰相二人。允元、墀。

吉氏出自姞姓，黃帝裔孫伯儵封於南燕，賜姓曰姞，其地東郡燕縣是也。後改為吉。

哲，易州刺史。頊，相武后。渾，司勳郎中。溫，武禮部二侍郎。琚，鄂令。

吉氏宰相一人。頊

顧氏出自己姓。顧伯，夏、商侯國也，子孫以國為氏，初居會稽。吳丞相雍，雍孫榮，晉司空。雍弟徽，侍中，又居鹽官。徽十世孫越，陳黃門侍郎，孫胤。

胤，著作郎、餘杭公。琮，相武后。澗，秘書郎。峻，永安太守。

顧氏宰相一人。琮

朱氏出自曹姓，顓頊之後。有六終，產六子，其第五子曰安。周武王克商，封安苗裔俠於邾，附庸于魯，其地魯國鄒縣是也。自安至儀父十二世，始見春秋。齊桓行霸，儀父附從，進爵稱子。桓公以下，春秋後八世而為楚所滅，故子孫去邑為朱氏，世居沛國相縣。前漢大司馬長史詡，生浮，字公叔，大司馬、大司空、新息侯。生下邳太守永。永九世孫吏部尚書尚，尚生質，司徒。質二子：禹、卓。禹，司隸校尉、青州刺史，坐黨錮誅，子孫避難丹楊，丹楊朱氏之祖也。卓生扶風太守龢，龢生上洛太守越，越字元勝。越八世孫丞相行參軍詢，二子：濟、濬。濬生沖，沖生威，則散騎常侍、給事中，生騰，字龍懷，陳郡太守。三子：憲、斌、綽。綽字祖明，西陽太守。二子：齡石、超石。騰裔孫建，後周太子洗馬，生異，偕寧，隋睢陽太守，生操。

操，上開府。仁軌，字德容，孝友先生，太子洗馬。敬則，字少連，右衛率府兵曹參軍。守乾，衛尉丞。子羔。守慎，左金吾衛大將軍。子詵。

子幹沂州參軍
重悟
伸
元
播時
渙
會
堅
潛
言
洌
訓
儋
龜從
牢

修
彥昇
亞
脩己
綰
亶
阮
迎
光序
巖
餘
常
歸道
濬

鶴
黨
從
巳治九門令
可芝右門主簿
貞
危
延龜
延詡
脩時

康時
佐時
厚時
倜
偁
立少
恒生
素文
珂

重寬
重邦 公弁
重誨 少伯
志宏 惠 瓊
幹 整 芝
瑨 圖
玠 頊 悛
正奇

勵
覿
志方
志才
子欽
暈
守言海州文學
守信 子華
吳楚州錄事參軍 守訥 子路

守璿國子監明經 子岳
徵洹水令 守讓 子興
守謙恭陵尉 子昪崇仁尉 郢
舫 衛
毅 衡
季 戡 討
徒 留 受
朏
郢

才 琳 應
存 岸
穎 翔
奝
守璡 子恂睦州錄事參軍 元詳
道秀
子金
守質明州錄事參軍 子琪 昭
吳郡州錄事參軍
汜陽著作郎太子典膳郎

演
烈
燿
隨
子貢
子璋
守泰
子良
昊恒王府參軍
守璿
守臣
子隱
子興
守登

選奉禮郎
守瑕
守顏
旦
勸則相武后
光遠盧州別駕
守溫洛陽令
守同堂陽令
泳嵐州司馬
省
躬
璠
澈高平令
渙
熏熙
詠良鄉令
輔
積
賓
降
璉

確湖陽令
碩河南主簿生冕[illegible]冕生冕昌
礪
頊
岳
勲
敏
燧
剋
尊
尉

驎
璩上庸令
廷勝
庠
廓
巽
佐
憤
令趣
令希

仲
咸
皐

璟

迴
密，工部郎中

鑾，大理評事

岳，工部尚書

存古穀孰兮生頲華坤滄縣水令生慶徐州戶曹參軍慶生寶絳州別駕寶生仁濟仁祚仁原，仁原楚州錄事參軍生閱殿中侍御史閱生紫，秘書監生洞

規
知用

知柔生濤，濤生選、益

傳

僎

光啓戶部尚書
衍
仁誨

自新

仁範春秋博士
丕

瑋

嶠

奉新
佰春
少昌

少京
琮

表

均

恒覲

重脔

重䑛

重制
緒

筍

紹

可南
實

諫

周
韜
輔

弼

重嗣
思
得一
忠
璨
少連

守滔	守和奉禮郎		
滓默中監			
			幼
		知虔生義渙	知彥生絢

朱氏宰相一人 敬則

唐氏出自祁姓帝堯初封唐侯其地中山唐縣是也舜封堯子丹朱爲唐侯至夏時丹朱裔孫劉累遷于魯縣累孫猶守故地至商更號豕韋氏周復改爲唐公成王滅唐以封弟叔虞其後更封劉累裔孫在魯縣者爲唐侯以奉堯嗣其地唐州方城是也魯定公五年楚滅唐子孫以國爲氏分仕晉楚有唐雎爲魏大夫孫厲居沛國漢封斤丘懿侯生朝朝生賢賢生遵遵生蒙中郎將生臨邛

令都都生倫倫生林林尚書令王莽封建德侯生蔚國除徙居潁川生武威長吏惠生侍御史賁賁生大司空珍珍生會稽太守瑁瑁生翔爲丹楊太守因家焉二子固滂固吴尚書僕射生別部司馬瓊瓊生宣宣生晉鎮西校尉上庸襄侯彬字儒宗二子熙極熙太常丞娶涼州刺史張軌女永嘉末遂居涼州生輝字子產仕前涼陵江將軍徙居晉昌七子伯廉威季賢幼賢孝達季禮威爲永世令生弘三子瑶偕諸號三祖

			瑶字友明西涼武興太守
			諧字昌仁西涼晉昌太守永興侯
			契字永福伊吾王
			褒字立達後魏秦州刺史晉昌公
			茂字興散騎常侍秦州刺史
		翼字保相後魏涼州守	文禮散騎常侍大夏都中
		毅字仲[illegible]後周驃騎將軍洪和公	虞夏諫議大夫
		世達光州守襲洪和公	儉儀同三司賓部大夫
		秀實[illegible]州司馬襲洪和公	孝舉
行表		行敏相州別駕將陵縣公	
		伏郎襲將陵公	
	紹圖	紹宗	

文叙	文寶隋國子博士	文褒					文壽隋令	文度隋州刺史番禺縣男	文象		文舉隋右千牛	文安			
			劒客	固儉	懷一	仁儉左翊衛兵曹參軍	藏臣室中兵曹參軍	奐一南浦令		行直	行端			行基	行立
								同泰邛州刺史					尚備亳州司法參軍	尚滿渙州司馬	
													萬鈞	萬頃	

文感 遂卿

思孝左翊衛兵曹參軍

元一衛州司法參軍

思忠左翊衛

濟潁川郡守陽夏縣公 玄成

玄德隋 義寔

親衛

玄都

玄通冀州司馬陽夏縣男 孝昫冀州參軍陽夏縣男

世斡後周齊州刺史五原郡公 朝政隋鷹揚府郎將 行滿

禮武

脩政

弘政

世榮後周武賁郡將 文哲隋右衛兵曹參軍 孝讓

文律

文廓

文儼

文紘臨城令

世寵

世雅隋右衛長史 文諭

文琮東宮勳衛

文會魏令 固本令

守一

抱一

勘

世恭隋左監門將 文煥隋州別駕貴平縣男 善行兗州錄事

善言

善見

世慎隋汴州別駕昭平縣男 乾嘉隋野令 希一王府戶曹參軍

乾肅

世昊 文袞 孝贊

孝遷

文讓

詮字叔衡，後魏大夏郡守
仕通隋監門直長
天才

文軌，隋五泉府別將

文賁

文智

延登，開府儀同三司

韓字休齊和州郡守安陽公
紹伯，隋朔州總管
播字子蕃[?]壽總德府果毅武左勳衛將軍

白澤

師，隋左勳衛將軍
大素

太力

具貴後鄉大都督車騎將軍
世勇

世珍

旭字保光，後周瓜州刺史
仲樂，秦州守，安樂公
越[?]闕，隋邢亳二州守，安樂公
禕

奉義，靈州都督

惲，雍州參軍

仕[illegible]隋雍州司馬上庸公
倭[?]文靖縣令

奉禮，蒲州錄事參軍

崇德

行實

仕隋車騎將軍遂縣侯
孝感，建節尉

孝睦

保建，後周綏夏二州守，姑臧公
伯裕，宜城郡守
畢[?]字懷遠，隋宜陽令
儼

伯華，北齊徐州長史
德宗，隋鎮衛都督建節尉
智節

智竟

德俊
智英

智叔

智琛

智亮

詢明，隋新州守
君慕秦王府典侯總管
攝

寔

日輪

羨和

晟字□明隋晉府驃騎將軍
世璿
世才
世進懷晉府別將龍支縣男
玄靜
玄默
玄道倩水令
珽
珪
瓌岩州錄事參軍
國昌
玠

瓊淄川尉
淄川
石師
小師上騎都尉
和者
無遇
文教
純字玄粹後魏太原太守
令世
□□字□□齊尚書右僕射溫國公
邕尚書令
義字君明隋慶州刺史安富公
茂倫
茂言朝請大夫
嗣宗
鑒隋雍州太守晉昌公
憲字茂□□□將軍安富縣公
思□左千牛

思廉趙王府典軍
茂純右節度□州府左果毅
□軍
茂瑱
□字茂約禮部尚書檢□□□國公
松齡太常卿
□縈臨涇府折衝
備奉膳大夫
暐
同人司農少卿
暖自揚州都督府參軍
元玲

嘉會汴州刺史
從心殿中監
昕鴻臚卿
暁太常少卿
晦
晞
高心洛州司錄參軍
昭河南尹
曜少府王府別駕
啓心綿州刺史
暉
晤

善識駙馬都尉	觀字黃若祕書監		彼若趙州司馬	授衣汝州司馬				敏字季守巨舒王府記室 偁延禮青州刺史							
見日	建初	建亭	謹	恕扶 備丞	志	愿	懿	玘	璡	琰	珹鄖陵二州刺史	瑜	瑾		
暄義王府戶曹參軍										暖通事舍人					

和後魏兗州刺史
欽字真孟陝州守襲酒泉公
歡龍驤將軍
二政後周安東太守
規雲州守酒泉公
世宗隋洛陽令
素壽折衝都尉
休成茂州都督
思莊鄭令
詒

南金	爭臣 玄表左衛大將軍			玄逸曹王府參軍			思哲	奉先	遊方	釋之	去俗南鄭丞		倫霍王府友 表願樂陵令 滄鳳州司馬
	思齊長汀丞	思悅澧州刺史	思貞集州刺史	思賢兵監田丞	思鑒成都府兵曹參軍	思一	誨				篾金	季鷹	

- 諧咸陽令
- 休璟相中宗
- 先春陳州刺史
- 履潔
- 先輝右金吾將軍
- 昌高
- 旻汾州刺史
- 昪亳州刺史
- 脩忠福州別駕
- 脩孝南鄭尉
- 脩直太原府司錄參軍
- 頲
- 晗太常博士
- 正心邵州刺史
- 會大理評事
- 公羽
- 公重
- 會
- 諸字守仁後魏晉昌太守
- 攜字子化北海太守晉昌公
- 儼字叡之東海太守
- 輪字文轉青州太守
- 永後周儀同三司平壽忠武公
- 陵字子雲儀同三司襲平壽遵公
- 怡字君長內史大夫漢陽公
- 毓字承休朔州太守襲漢陽公
- 有道字立仁太僕卿
- 璿字溫忠安養令
- 成構
- 遂字溫禮左屯衛郎將
- 延構黃岡令
- 承構
- 克構
- 復構宗成尉

李諶

- 有方
- 鑒字承明
- 諡字書德信相二州刺史
- 傑字志文安鄉令
- 自亮字明言巴廬二州參軍
- 嗣本
- 嗣華嘉興令
- 嗣宗
- 同芳
- 嗣之武連丞
- 貞松字固本沂水令
- 昭華亳州司倉參軍
- 震
- 漸
- 復
- 昭德澶水令
- 成
- 貴
- 昭鄗澧陽尉
- 豐
- 昭忠望都主簿
- 濟
- 昭明益都令
- 堯卿
- 喬卿
- 貞筠字固節博州參軍

王震

唐書宰相世系表十四下　三十二　王雷展

	貞賓字國行上縣令	昭容遂州司馬	渙
			渥
		昭獻犀浦尉	
		昭肇字乘尉	
		昭彥	
奕字志明相州別駕	貞操字守直隆山令	踐正胙令	
		饋木	
	貞泰祠部員外郎	越客榮澤尉	
	貞敏字守訥唐隆令	曉司勳郎中	求吉
			令言
		晦吏部常選	
		昭	
		暄	
		昕	
	貞節		
	貞觀字守禮萬邑令	璹嚴道丞	

唐書宰相世系表十四下　三十三　紫先

			瓘	
	英			
	師字志範	貞廉字守潔	暹字君邁太子中舍	
			昱上邽令	
		貞行字守信九門令	暠臨海令	
			晏魏州參軍	
			旻桂州參軍	
防工部員外郎	君侯			
	貞儀			
	貞休鄜州刺史	諝唐州司倉參軍		
		誠	次字文編中書舍人	扶字雲翔福建團練使生字沖中
				嵩字贊休
				搢字德守容管經略朔方節度使檢校戶部尚書生度字諒嶺南中嶺元節度副使容管經略閬州刺史號四門先生
				泱
			歆	

- 款字嘉言侍御史
- 技字己有刑部郎中
- 欣
- 謹國子監丞
- 戢韶州刺史
- 遜字志順簡州刺史
- 璿字子琁後周開府儀同三司[illegible]公
- 詮車騎大將軍襲臨淄公
- 大智崇賢館學士襲臨淄公
- 勘輿
- 文衛
- 知正
- 諒字君直
- 則字君憲太常少卿項城伯
- 推賢字尚直殿中丞
- 讓德字後己宋城令
- 思忠
- 思雅
- 思元
- 歆字無擇岐州參軍
- 寶藏
- 感行
- 弘字君裕職方侍郎
- 簡字本元河南令
- 抱一字寡悔
- 玄珍
- 抱璞字楚珍雍丘令
- 惰
- 抱素字儒珍靈丘尉

- 炎
- 敫字本明尚書左丞益州長史
- 如珪字今聞祕書郎
- 成宗
- 如玉字令德河南府兵曹參軍
- 倩
- 偉
- 偲
- 不占字思義金部員外郎
- [illegible]金
- 南金
- 緘金
- 渾金[illegible]州司戶參軍
- 不佞字思直考城令
- 訓字辭金陽安尉
- 國華
- 之武字知言懷集令
- 惇
- 悰
- 之奇字知子給事中
- 系
- 累
- 紫
- 遺孝字幼忠汴州倉曹參軍

嚴字本親記室
曦字本德雍州長史工刑兵禮戶吏六尚書
旦字曉明太子中舍
晃字正明晉州長史
黔
默
點
景字廣明河南府士曹參軍
紹字遵業給事中
朝徹并府參軍
宣慈右武衛將軍
昇字高明郴州司功參軍

亭字本貞
睿字君曉駕部郎中
瞻題
季友
季札
長仁
叔慈
義謙字奉仁百泉令
春徵合州參軍
義交絳州長史
言思

進思樂蟠令
暠左勳衛府功曹參軍
穆字表良通化令
重昌
重潤
重曜
望見
敬字表驍騎將軍
悌
謂字表潔

諫字表朝坊州錄事
懷字表和
重華
入進
重翊字同節翊府中郎
虔字表騫
悄

宰相世系表第十四下

唐氏宰相一人 休璟

翰林學士兼龍圖閣學士朝散大夫給事中知制誥充史館修撰臣歐陽修奉

敕撰

茍氏出自嬀姓陳厲公子完適齊諡曰茍仲子孫以謚爲氏茍仲之後至秦有茍丕丕生敎爲河東太守子孫因官家焉裔孫韶漢末爲揚州刺史生昌封猗氏侯昌生歸

歸南涼抱罕太守
頫後魏北絳太守
顯儁字孝英北齊僕射永安侯
長瑜合州刺史
德充隋尚書郎
法延
仁綱
彥琛愛州刺史
山松澄城令
暉字仲曄相中宗
讓尚舍奉御
誠右衛大將軍
詢比部員外郎
譔主客員外郎曾孫元膺河南丞
仙客蔚州刺史
法助
君弘右衛將軍黔昌公
昭道
羽道州刺史
播給事中
悱虞部員外郎
挺三原尉生寔
肅字弘儉隋潁川郡丞
昶許州司馬
則臨汾令
德秘書郎
揖字伯謙太子家令
褒大理評事
寓河清尉

擢
括字叔弓御史大夫謚曰憲
譽大理司直
宙渠州刺史生[illegible]
[illegible]
撫太子舍人
安大理評事

茍氏宰相一人　暉

桓氏出自姜姓齊桓公之後以謚爲氏又云出自子姓宋桓公之後向魋亦號桓氏後漢有太子少傅桓榮世居譙國龍亢榮八世孫彝晉宣城內史五子雲溫豁秘沖沖荆州刺史豐城公生嗣謙修修晉護軍將軍長社侯過江居丹楊生尹尹生崇之崇之七世孫法嗣

法嗣[illegible]王府諮議參軍
思敏少府丞
彥範相中宗
臣範京兆尹
庭昌荆部郎中

桓氏宰相一人　彥範

祝氏出自姻姓周武王克商封黃帝之後於祝後爲齊所并其封

域至齊之間祝阿祝丘是也後漢有司徒恬孫羲生廣廣爲始平太守子孫留家焉生魏太中大夫仍仍生諶晉驃騎府司馬諶生偃散騎常侍以平關中兵寇封始平縣伯生瑜瑜生熙熙生寶三世襲封二子老歸老後魏輔國將軍中外都督二子猷俟

俟後魏中散大夫博平縣侯
昭
統字文宗後周武平令襲侯
臧字伯良
嘉字仲良
綝字叔良陝州司法參軍
玄珪字文命修武令
欽明字文思相中宗
騆

祝氏宰相一人 欽明

紀氏出自姜姓炎帝之後封於紀侯爵爲齊所滅因以國爲氏隋有司農少卿和整世居天水上邽生士騰

士騰隋冀州刺史
儀雍州司倉參軍
先知御史中丞
黃中
全經戶部郎中
謙
咸
及鄜州刺史
處訥相中宗

紀氏宰相一人 處訥

鄭氏出自姬姓周厲王少子友封於鄭是爲桓公其地華州鄭縣是也生武公與晉文侯夾輔平王東遷于洛徙溱洧之間謂之新鄭其地河南新鄭是也十三世孫幽公爲韓所滅子孫播遷陳宋之間以國爲氏幽公生公子魯魯六世孫榮號鄭君生當時漢大司農居滎陽開封生韜韜生江都守仲仲生房房生趙相季季生議郎奇奇生稱漢末自陳居河南開封晉置滎陽郡遂爲郡人稱生御史中丞賓賓生興字贛蓮勺令興生衆字仲師大司農衆生城門校尉安世安世生騎都尉綝綝生上計掾熙熙三子泰渾渾魏少府大匠渾生崇晉荊州刺史崇生適適生隨扶風太守隨生趙侍中略略六子豁豁淵靜悅楚豁字君明燕太子少傅濟南公生溫溫四子濤曄簡恬濤居隴西曄後魏建威將軍南陽公爲北祖簡爲南祖恬爲中祖曄生中書博士茂一名小白七子白驎胄伯叔夜洞林歸藏連山幼驎因號七房鄭氏大房白驎後絕第三房叔夜後無聞

胄伯後魏鴻臚少卿
希儁州主簿
道育
德政
玄瑾蒲圻令
楚基青州司馬
文權栝蒼丞
望
仙饒州長史
迪棘城尉
楚
仁瓘安平丞
仙居光祿寺丞
九皋徐王功曹參軍
幼奇
廣壽
廣名
知節渤海令
休文
泚封丘丞
萬石
黃通
黃裳
淳益都丞
彥甫

表甫
綱甫
山甫
瑩甫
琇甫
謟
休鄭徐城令　岸魯山丞
岧

岌
崖
休衛封丘丞　微
立班皇水令　大力一名延嗣攸丞　謇　荀鶴密州司倉參軍　閑秦州司馬
閑
阜陵新鄉令　閣
閑
闈

續比部郎中　展虢州長史　增
膺
闡
選
玄珪　延州寧州司馬　春卿作州功曹參軍　餉湖州兵曹參軍
鶤
小寶海陵尉
叔卿　貽孫　小觀
子質

德晉固安令　元將武昌令　宣道雍州司法參軍　愛同澤州參軍　元簡閬壽主簿　鴻
鸞
神力侍御史　觀喬方輿令　敬明
藏明
含章滑州司士參軍　豊松陽令　鵬
鶚
鵰
日休曲沃令　調

		元瑒易州倉曹參軍					
	智藏	崇慶					
	勑之	琮					
諗		讓	克禮滑州戶曹參軍	喜棗彊丞			
				鷗			
				坦	昇定州法曹參軍	峘內丘丞	昰

			元弼		衛松一名元宗華令		
		崇業	知遷		進思句容尉		
		今安	琨		茂先安陸尉		
	睿		肖獻陵令	敦佺	揚名倫州司馬		
					昌	暈滑州參軍	旻
覘							

					退思長葛令		
			敬賓		茂實撫州錄事參軍		
光輔豐城尉	儔	抱朗海州司戶參軍	環	茵	幼睦餘干尉		
宰		台			換	據	揔

						瓘登州戶曹參軍	
	偃郟城令		偘汲丞	伾		守慶昇州司倉參軍	
抒湖城令	札	援上元主簿	勸	揀	操	早六合尉	杲
		承	玉山			子中	

兔 / 建
珝宋州司兵參軍 / 巽扶溝尉
潤 / 頵子
言思泗州刺史 / 琇霍丘令 / 蕙 / 震
惲
崟潁王府倉曹參軍 / 亘屯留丞
嬰大理評事
豐正平令 / 小誦神童出身

益黃梅丞 / 最新
橋通川令 / 賁 / 良賓
忠恕吳令
韶丹南宮尉 / 有悌
植壁州刺史 / 惲蒲州參軍
怦湘潭令
若代州參軍
華南陵令 / 宥博州參軍

字
懷隱睦州刺史 / 縝 / 邈
造
芬鹿城令
糾魯山令 / 遵
球歷城令 / 萬緱氏丞
藝
翺

行思臨汾主簿 / 沛原武令 / 友義一名堅
如玉撫州長史 / 覺荊州錄事參軍
士宗 / 閎子
術
文宗
濟華州司士參軍
淑新鄉丞 / 敦伶 / 懿
玘一名綺 / 弇 / 遂

連	從正	汝爲	汝良	汝弼	汝方	曾懷州倉曹參軍	準揚子丞
	長詢江都丞						
							自敏

楚澧州參軍	說長洲尉	札	紉成	銑	釗	申榮澤尉	
					延儉冀城令		
		瓌昭義主簿			澤		
							自寬

元叶房州司馬監察御史	萱	芷	著	孚	勵	蓁	琳文州錄事參軍
				登富清溪令			蘭廣州參軍

岑司門郎中	犀	岌萬城丞	子猛	再思一名崇順鄭州刺史	如琨	合	勤思項城令
				嵩涇州錄事參軍			隨武西城尉
		仲适經尉		子明	翰		介歷城尉
		宰					

象初
子裕武康太守
弘諒陳州司法參軍
仁儉壽春令
思敬餘杭尉
令秀
光憲
仁憬宕州刺史
愛客貝州刺史
令同沂州司馬
光訓
纘
光誼璽丞
綸
絢
令寶瀘州司士參軍
秦客澧州司馬
令一介休主簿
尊
春客齊州司馬
庭玉復州刺史
庭蕃蜀慶壽簿
驗太原府參軍

駒
路
澥字頴文
周名曆齡
驦
驥
曆名一名漢少府丞
駒
騏
知十永年令
延業宣州司戶參軍
光賓
延祚楚州司馬
光國
孟容
光振盧州錄事參軍
求道

光裔左驍衛倉曹參軍
令則金鄉令
光系蒲圻尉
令構遂州長史
光鄭河間丞
光昭餘姚尉
光宗果州別駕
光贊
洪一名盧客臨汾令
令從行雜令
令源豐州團練判官

令球
令謹潁州司功參軍
光龜汝州錄事參軍
光紹滁州司戶參軍
光林
光儀
光被
令瑜汴州參軍
成溢信王府參軍
越客一名國忠工部侍郎
令琨太僕寺主簿
季良澧陽尉

			延明兗州刺史					邠御宋州刺史	信御武城令						
	令詵		令璋申州兵曹參軍	令曦左司郎中國子祭酒					令超穎丘令					令皇滑州司馬	
惟清	光進	光遂		受京兆府參軍	萬	甫舒州刺史			黃通清流令	溢合肥尉	成滁陽翟尉	有鄆城尉	申京兆府司兵參軍	豫太康尉	鼎
				權萬年令	載	適左衛率府倉曹參軍	奉								

子柔合州別駕															稱先隋夷陵令
師憲寶山令															弘幹鼓城尉
依仁	依義綱鄉令										依禮	依智偃師尉			思玄沁州司馬
	允恭洛州錄事參軍											允元來庭尉	允貞登封令		璿河南少尹
	東里陽翟尉							南鄭陽翟尉				良伊陽尉	常鳳翔司兵參軍	長	溥左庶子
	之均匡城尉	之久臨邑尉	之峻安豐丞			之成滁州參軍	之奕豫州參軍	之象陳州司兵參軍	之相	之尚鍾山尉		之蕃武德尉		之泉	華太常博士
			偲	脩	克濟										

唐書百宰相世系表十五上　七

韋陽翟尉			
平吉州刺史	壽孫		
侗肇丞	杞江都尉	暐華陰尉	
暭			
晫			
申魯山令			
早常州參軍	魴字嘉魚		
閱殿中侍御史			
思靜	玠		
璬	兢下邑令	舉易州參軍	
鞏	黃中洪洞尉		
傳英	嘉瞻合淝令	知微大理司直	遂武康令
弘簡鄴丞	崇由周令	昌裔歷城丞	遵悌
暹長山主簿	愛汝州司士參軍	芳潞州司兵參軍	鎭
昇穀熟令	韶鉅鹿尉	常	
遵憲遂城令	順		

唐書宰相世系表十五上　十八

庭璘			
巨廣州司法參軍			
昂長河令	發武城尉	方回	
損脩尉			
利賓陽令			
九辯安平令	宏之定州刺史	超奉先尉	迪
庭休益州司士參軍			
賁許州刺史	迟浚儀尉		
巽	興門		
豐銅鞮尉	榮門		
景	進	燕	
宥			
遵意易州刺史	良輔相州司馬		
遵古中郎將			
回			
清一	臨		

丘 宅相
顔太子舍人 大聰
澄一 子哲
幼儒後魏侍中 彭道隋州刺史 正則復州刺史 孝謨 行信 拯 言
貞 如珪
如璋
孝徹 行瑜 元果 光復
光庭海州倉曹參軍

行琳 處寂
德孝通事舍人 行基虞州司馬 思柜和州別駕 緒 環
珙
緒萊州法曹參軍 瑱
美秀 延惠
緯巴州錄事參軍 琬 興嗣
璆
瑛

琪
紀
淋洛水尉
縝
思本婺州司法參軍 緘 楷沂州司戶參軍
綜
行之亳州刺史 思宗瀛州錄事參軍 紹金鄉丞 銑襄州參軍
思莊李義丞 續義陽丞 擇穎陽丞 遇

邈 天雄
懔沛令
愉長城令
思睿秘官員外郎
德秀江陵令 行邕荊王府參軍 元祥 茂先
叔丘雍州錄事參軍 彭祖
季立
行穎衛州司馬 元祚 履貞 公幹

元裕柏仁令 履信郿令 公器
公才
履謙博州長史
履義 公輿鄜州司戶參軍
元哲儀王文學 履順代州參軍 公瑱潞州參軍
方說 公瓊
公瑜
公璠

行欽含州長史 遠河內令 子良信王府文學參軍 寬洛陽尉
懋成武尉
子晨鄜城令 咸盛唐令
子產汴州司士參軍 盛遂安尉 從長
元祜洹水令 子昂達州司法參軍 棻
蒙河中倉曹參軍
菜郊社丞
子晏相州司法參軍 彙

集
思訓雷澤令 子牢
德挻 行純滑州長史 守素左清道細引 昌期 論
行頵 恭先合州功曹參軍 恒左清道率府率 幹
行倫宿預令 宗先洵陽令
紹先鹽州司馬 舉
崇先冀州功曹參軍 昱
晁

暈
景先饒州戶曹參軍 倂
偃
倨
伋
德本晉州長史 行表鄧州司馬 炯絳州長史 虛己 才子
庭珍鹿邑令 渾左清道錄事參軍
退浚儀丞

潤，汴州參軍
羽客 百宜
千宜
萬宜
佺期
燀，密令 虔受，太康令 濬
虔舟，德州司戶參軍 漸，恒州參軍
虔心，亳州倉曹參軍 涉，枝江丞 鳳絀
洽
泌
虛白
熺，鄧州倉曹參軍 昌庭
燧，滏陽令 庭芳
庭璥
庭玢
庭珪

煒，左司禦率 過庭，鞏洛府別將
光庭，貝州參軍 銳，洛陽尉 慈明
季方
據
焯，邢州功曹參軍 斆，德州司士參軍
行質，柏仁令
行儼，汲令 守忠，湖州功曹參軍 恒
彪
守毅，東陽主簿 趨庭，穎州司馬 演 琯
濟 士素
沼
沈
誠庭
行均 煥，宋城尉 載
子方
德淹 行謀，薩寶果毅 琰，歷城主簿 嵩，長水令 湜 銳，餘杭尉

巖京兆少尹
潤太府寺主簿
鉷太康丞
滄本名鎰昭應尉
鎰京兆府倉曹參軍
鍊萬年尉
鐏
緗
泌長安尉
華倉部郎中
澣洪州功曹參軍
越

滂監察御史
銷贊善大夫
渾坊州刺史
蓬滎陽丞
鏶蔡州倉曹參軍
鎣宋州刺史
澄河陽丞
滌乘氏尉
漪
溶江都尉
汶密尉

瓊
文揚州參軍
澈
消天長尉
洌
正義臨州司馬
文沾[illegible]州司戶參軍
延祚
延業
文湛洪州別駕
行顓
思慎
[illegible]德順周青州刺史新縣伯
操紀王錄事參軍
元良
大理評事胡蘇令
崇業[illegible]州長史
[illegible]曹州司兵參軍
愬
郁
歆扶風令
愈

韶新平令
子潤海州倉曹參軍
彥輔
彥倫
子光楚州功曹參軍
子倩監察御史
廣
懿
愍
顯宗
羨門臨海尉
昌意
師門鉅野令
安期魏丞
觀

唐書宰相世系表十五上

雍門齊州倉曹參軍
衛

虔脩武尉
光期白檀府果毅

倹期須昌丞

昂成武尉
多適扶溝令
内省兗州司戶參軍

容卿

袞金鄉丞
巘

堜

元軌緱氏令
玄亘太谷令
知人字行滿尉王府典籤
銑武進主簿
脩

二十七

王天益

欽義興尉
循華陽尉

鈞光州司馬
見

知賢字行善蜀州長史
洽
琁

任長林令
昭

暉

晌

知道雅州司法參軍
濟信都尉
萱

蕃

唐書宰相世系表十五上

機義寧令
世襲陽州錄事參軍
玄之鍾離尉以弟季編
文著作佐郎
平太府寺主簿
遜襄城尉

僑

昂
迪太廟令
復靈昌尉

匡池州司馬
運金柳丞
魯字子儒
贊

蕘字堯臣

薦字茂華

藹字虞風

昌阜新鄭主簿

二十八

王天益

鼎臺關令
謙脩武尉

達

述

原河中府倉曹參軍
迥梁主簿

迺

遵天長主簿

遂

季良衛州錄事參軍
造

邈衡山令
日新榆次令　朏朝邑尉　倫
召
奇童
搆
振江陵府倉曹參軍　斌爛
詢謀長安主簿
諫諍

晉洛州倉曹參軍　梓材太廟齋郎
仙壽
巉
世斌左司郎中　玄嘉長水令　延暉
世將
世方安次丞　玄一左千牛衛長史　永比部郎中陽武男　伯邕金州刺史　倞京兆府倉曹參軍　康老
仲和萬年尉　佐
佑

叔鉁職方郎中　佋萬年尉　惟直
惟恭
惟義
惟表
惟簡
叔[illegible]字[illegible]駙馬都尉[illegible]州都督　伸字君舒鄂岳觀察使　休
修馮翊尉
偎虢州文學

參樂京兆府士曹參軍　循脩武尉
儀
玄嬥千牛長史　勉宗微舍人　豐無錫尉　玄嘉嚭主簿
玄則左驍衛兵曹參軍
益
武章陵令　解殿中侍御史
奉忠
攜從周行臺左丞　彌[illegible]東莞令　脩道隴州司戶參軍
延禕

奉先

弼 誠 解令

九思 水令

流畱懸州刺史

長裕 州刺史

許 迅 監察御史

文通 山尉

曾

做

受一

歡 侍御史

球之

叔獻 咨 城令

叔向

仲容

季達

仲堪

季熊

仲均

璉璋

韞玉

藏師

諒 冠氏令

珣瑜 相德宗

璉 相文宗

璹 相宣宗

潛 字無悶

書監

勤規

權

顥

泳

感 悅安邑尉

利用 澤州刺史

涯 檢校左僕射同中書門下平章事

紹 素字

昌符

合 彰 諫議大夫

延休 山南西道節度使 生[illegible]字公[illegible]

紹 業 荊南節度使 生鈞 字光

弘業二子 宣 字[illegible] 文 字[illegible]

勸 允海 節度使

弘範 字昌儀

良弼

慈 明 太子舍人

餘慶 相德宗

瀚 本名淳 興元節度使

允 謨 宋州刺史

從讜 相僖宗 生[illegible] 字華

[illegible]

廣 鑄 字延[illegible] 吏部侍郎 王 子 義 字堯 福 字子 郁 字[illegible] 祥 [illegible] 字[illegible] 吉 生 受 益 字 謙光

茂休，初名茂諶

承慶

廣?府?楚州刺史

潭，太子少傅

汾，河西丞

具瞻，涇陽尉

涓字道
一太原
節度使

昌國字
光業戶
部侍郎

羽客，通州刺史

灣

溶

涔

濆

直殿中侍御史

見利，當陽令

渾

申，金華尉

式瞻，衢州刺史

遐

彥特，字翊臣

則之，驍衛兵曹參軍

猗，撫州刺史

允升

延昌，相昭宗

延濟，字正卿，太常博士

少微，岐州刺史

朝，金州刺史

弘宗

弘毅

景倩，殿中侍御史

景融

九臣，山荏令

子音，新鄉尉

紹

子春，監察御史

叔文，河清尉

士深

士清

伯高

翁歸

翁喜

翁濟

季礼

士林，著作郎

士平

仲均

士良，鳳翔少尹

士則

季隨

子長，盱眙令

九言，徐州參軍

詮

							九同上尚輦丞		九衛						
香婺州刺史						香	普	會	習						
成宣城尉									衡太子司議郎	璩太子司議郎		璆		瑱	
琬虢州司戶參軍	倜	儞	僅	儔	畢					昱	昇	說	瞰	恕	愻

南祖鄭氏

簡後魏平南諮議參軍															
靈虬滎陽太守															
悅安遠司馬															
昺後周西豫州刺史															
常隋鄂州刺史															
鍔綿州刺史							神符隋殿內少監						昌隋永熙郡太守		衡隋潞州長史	威隋豫郡掾
孝仁臨洮郡司戶參軍				孝德	孝儒南會州長史	孝寬晉州刺史						孝昂		玄膺	道果吉州參軍
君疑湘源令	君徹內直監			君璉	君瑾	文亮渠州刺史		文哲潞州參軍				知詳	知環	保護	君琰晉州司馬
興宗	林宗	景宗	智積			思言	元瑜	思證	思警	思謨					居士壽丘主簿
															慜
															述左金吾兵曹參軍

洵宣州兵曹參軍
僊長子尉
眈
鈞
君業
君瑋
孝贊乾福主簿春丞
震
師隋祠部員外郎
胄儀曹郎
喜見家州司士參軍
亨

素
道德安州刺史
希叢歙州刺史
道瑩太常少卿
元長隋洛南令
大隱嶲州參軍
志玄元門主簿
元府
仁統楚州司倉參軍
遺福
元恭隋義興丞
正衡綿竹令
從周
儼殿中侍御史
晉眞源尉
季貞
論瀛州長史
說汝陽主簿
俠
佚

元讓
師伯括州司馬
德猷司徒中兵參軍
元直隋新安令
爲範
文譽
休祥
休業
勞心
休光
推
爲善冀州司兵參軍
虔受大斌丞
白虬
尚仁吉州刺史
彥
景山北齊雄殺將軍
伯愛鄜州司倉參軍
身正高苑令
次珍
實隋邢州刺史
道成紀王府司馬
復仁郢令
元爵地官員外郎
正則鄆州刺史
審則明州刺史

季方汝陽太守
孟生後周光州刺史
鴻猛和州刺史
士則隋閬州刺史
文表蓬州刺史
思忠桂州司法參軍
之諒
進
之信
逸
之晧
過
士譽
守挺
大綱給事中
德琮嚴州司法參軍
令問
令望
鴻泉驃騎將軍
貴永城令
福常
思義遂州參軍
思宰
依縱

季騶，漢陽郡太守
潁，宛陵令
子規，後周檻州刺史
倫，隋陜州刺史
德仁，藍田令
大雅，陳州司戶參軍
嗣某，聊城主簿
君嘉

構

肖

祚

挺

秀

履忠

嗣沖

大悲
嗣諶
神玉

嗣默

嗣倫安仁簿
如玉

叔獻

季常

嗣同

嗣喬

嗣丘
喜

成家，左司郎中
宣

儆

渙

成相

大威，河陽令
文徽，河令
懋

恩

懿

弘禮，儀州刺史
景略

景福

德崇，部郎中

德文，藍田令
言約，陳州刺史
道寅，郁州司倉參軍

道明，歙州司法參軍

道望
謌
拋

道宏

乾嘉，隋侍御史
大令，介休令
抱本，金州參軍
利國

利涉

唐書宰相世系表十五上　四十一

遵古

言曦 州司戶參軍

福安

福慶 晉安令

福同

居貞 澤州司兵參軍

宣 河間太守

伯欽 冀州刺史

孝紀 鄭中正

過庭 蒲令

玄崇 江夏令

損之

景初

崇節

元輔

崇業 字崇基 永州司馬

杳 河陽丞

佪

幼成

岳 鄠令

羡 池州刺史

紞 西尉 大理評事

絪 字文明 相德宗

禮德 兵部尚書

[illegible]

唐書宰相世系表十五上　四十二

[illegible]

碩 眞源令

頍 福州 軍事判官

頎 禮部侍郎

就 字成美

皙 字擇美

秉 懷州長史

弘父 昭應尉

綬 洛陽令

組 職方郎中

乘 仲 檢校禮部尚書

務長 安令

摭 字慶遠 禮部尚書

擿 字遺巳 都官郎中

撰 字文規 河中少尹

憲 字均持

頎 字廷美

宋 晉城尉

納 諫議大夫

紓

純

縉

緄 太子洗馬

援 京兆司田參軍

繪 閬萊州刺史

緯

總 寧國令

緗

絅 晉州長史

縱

倫 丹陽尉

約 尉氏令

嘉貺 景谷令

操 徐城令

洪 原州司戶參軍

倩 檢校工部尚書河東節度使

仁本

仁約

仁載

晒

滎陽鄭氏又有鄭少鄰

少鄰 鄭州司士參軍

稚 河清令

亞 字子佐循州刺史

畋 字台文相僖宗

凝績 字□□戶部侍郎

紹餘 字垂芳

晈 祕書監

滄州鄭氏

歐 字輔臣

蒋

則

玄真 衛州刺史

絢 右拾遺

愔 相中宗

鄭氏定著二房：一曰北祖，二曰南祖。宰相九人。北祖有珣瑜、覃、朗、餘慶、從讜、延昌；南祖有絪；滎陽鄭氏有畋；滄州鄭氏有愔。

鍾氏出自子姓，與宋氏皆晉伯宗之後也。伯宗子州犁仕楚，食采於鍾離，因以為姓。楚漢時有鍾離眛，為項羽將，有二子，長曰發，居九江，仍故姓；次曰接，居潁川長社，為鍾氏。漢有西曹掾皓，字季明，二子：迪、敷。迪，郡主簿，生繇，字元常，魏太傅、定陵侯，生毓、會。毓字稚叔，侍中、廷尉，生駿。駿字伯道，晉黃門侍郎，生曅，字叔光，公府

掾，生雅，字彥胄，過江仕晉，侍中，生誕，字世長，中軍參軍，生靖，字道寂，潁川太守，生源，字循本，後魏永安太守，生挻，字法秀，襄城太守、潁川郡公，生蹈，字之義，南齊中軍。二子：嶸、嶼。嶼字秀望，梁永嘉縣丞，生寵，字元輔，為臨海令，避侯景之難，徙居南康贛縣，生寶慎。

寶慎 字□□撫州參軍

子威 字之武安福令

法道 字從道

紹京 字可大相睿宗

嘉璧 晉州長史

嘉賓 太子賓客山陰縣公

嘉瓚 左領軍衛長史

山操 洛邑府統軍

鍾氏宰相一人：紹京。

宋氏出自子姓，殷王帝乙長子啟，周武王封之於宋，三十六世至君偃，為楚所滅，子孫以國為氏。楚有上將軍義，義生昌，漢中尉，始

居西河介休十二世孫晃晃生三子恭懺洽徙廣平利人

恭前燕河南太守　藥師　頗　良北齊東郡太守　乾　大辯印州刺史　守恭遂安令　楚璧兵部郎中

守愷襄陽尉　庭璥庫部員外郎

庭瑜司農少卿　顒常州刺史

庭璘兵部郎中

守儉洛州司馬　鼎兵部郎中　悅郢州刺史　稷

陽元洛陽尉

子瞻

景　孝王北齊北平王文學　俠

繼後燕營司馬　榮國　曾孫弁後魏度支部尚書　紀字仲烈　欽道北齊黃門侍郎　元節定州田曹　弘峻大理丞　務本櫟陽令　玄撫衛州司戶參軍　璟相玄宗　復同州司功參軍

昇太僕少卿

尚衣奉御東太守生寔

渾太子左諭德

恕都官郎中生璩太常丞

延太原少尹

華[illegible]

衡[illegible]

洽後魏七兵尚書　護　欽　欽仁　固

璿　正文秘書郎

仲宣後燕渤海太守　延慶　長威　正言鄜州司馬

季禮　本立　貞懿益府長史

曾孫瑩太樂令　七世孫慶之大理正

又有廣平宋氏

素　叔夜　申錫字慶臣相文宗　球　慎微駙馬都尉　絢字韜文

宋氏宰相二人　璟申錫

源氏出自後魏聖武帝詰汾長子疋孤七世孫禿髮傉檀據南涼子賀降後魏太武見之曰與卿同源可改為源氏位太尉隴西宣王生侍中馮翊惠公懷懷二子子邕子恭子恭字靈順中書監臨汝文獻公周隋之際居鄴郡安陽生彪字文宗隋莒州刺史臨潁縣公生師民

師民宋獻吏部侍郎　崑玉比部郎中　有鄰比部郎中　循業吏部侍郎　光俗尚書左丞　洧給事中

光乘同州刺史

光譽戶部侍郎　休

光時衢州刺史　　太守[illegible]

直心司刑太常丞　乾珍

乾曜相玄宗
復華州刺史
邠工部郎中
潔河南令
清駙馬都尉
巨源黃州刺史臨清公
安都太原少尹
誠心洛州司馬
巨濟國子祭酒
伯良
敷餘慶州刺史
幼良
少良司勳員外郎

巨友
行莊戶部郎中

源氏宰相一人乾曜

牛氏出自子姓宋微子之後司寇牛父子孫以王父字爲氏漢有牛邯爲護羌校尉因居隴西後徙安定再徙鶉觚

通
會
意
仙客相玄宗

安定牛氏出自漢隴西主簿崇之後

[illegible]後周工部尚書臨涇公
弘隋吏部尚書奇章公
方大內史舍人
方裕金部郎中左庶子
方智

牛氏宰相二人僧孺　仙客

苗氏出自芊姓楚若敖生鬬伯比伯比生子良子良生越椒字伯棼以罪誅其子賁皇奔晉晉侯與之苗邑因以爲氏其地河內軹縣南有苗亭鄢其地也上黨長子縣有苗襲夔

鳳及春官侍郎
休克[illegible]州刺史
紹太常博士
幼聞[illegible]尉
僧孺字思黯相穆宗文宗
蔚字大章[illegible]兵部尚書[illegible]尹
徽字澤之
循字晦之
希逸字景華
[illegible]
[illegible]
嶠字松卿
[illegible]字表[illegible]吏部尚書
奉倩洛陽尉

襲夔
殆庶
如蘭[illegible]王府諮議參軍
晉卿字[illegible]元輔相肅宗代宗
立
怡
收太子通事舍人
發駕部員外郎
丕河南少尹
武昭
堅
桑給事中
稷
垂
眈字毅臣
譽字俊源

			向				
			吕户部員外郎	嶠	澥字德廣		
				納			
				纘			
		蒀林					
		僧儒漳主簿					
	良璿						
	昭理	含闓					
	延嗣中書舍人駙馬少卿	含澤					
		含液	穎	蕃	著	愔字宜之	台符字節嚴
						惲字甚魯	琁字子章
						恪字元悔	

苗氏宰相一人 晉卿

呂氏出自姜姓炎帝裔孫為諸侯號共工氏有地在弘農之間從孫伯夷佐堯掌禮使偏掌四岳為諸侯伯號太岳又佐禹治水有功賜氏曰呂封為呂侯呂者膂也謂能為股肱心膂也其地蔡州新蔡是也歷夏商世有國土至周穆王呂侯入為司寇宣王世改呂為甫春秋時為彊國所并其地後為蔡平侯所居呂侯枝庶子孫當商周之際或為庶人呂尚字子牙號太公望封於齊十九世孫康公貸為田和所篡遷於海濱康公七世孫禮秦昭襄王十九年自齊奔秦為柱國少宰北平侯二子伯昌仲景伯昌生青以令尹從漢高祖封陽信侯謚曰胡唐有隋州刺史仁宗即其後也康公未失國時呂氏子孫先已散居韓魏齊魯之間其後又徙東平壽張魏有徐州刺史萬年亭侯虔字子路孫行鈞其後世居河東

行鈞後魏東平太守		雄左十四監	崇禮					
			崇粹兵部郎中		季倉欽州刺史			
					季卿循州刺史			
				諲相肅宗	仁本磁州司馬	璜太子通事舍人	儇吉昌令	
							脩左衛兵曹參軍	
							晧正平令	
								伯禽宣州司戶參軍
								時中成武主簿
								絳鄭令
						琳淄王府參軍	伸試萬州長史	緄道州司功參軍
								綱奉禮郎
								紓左內率府兵曹參軍
								綸試嘉王府參軍

紡

縝 奉禮郎

纓

綜

春卿 尚舍奉御

夏卿

冬卿 伊闕令

詒

呂氏宰相一人 諲

第五氏出自嬀姓齊諸田漢初多徙奉園陵者故以次第爲氏唐有第五華華弟琦

琦 相肅宗

峯 台州刺史

平 京兆府兵曹參軍

申

岑 兼御史中丞

第五氏宰相一人 琦

宰相世系表第十五上

宰相世系表第十五下　唐書七十五下

翰林學士兼龍圖閣學士朝散大夫給事中知制誥充史館修撰臣歐陽修奉 敕撰

常氏出自姬姓衛康叔支孫食采常邑因以爲氏唐有新豐常氏

緒咸

毅 杞王楚璲雍王府文學 無名 禮部員外郎 著 侍御史

安令 府司馬

曾弘

慶令

普 戶部郎中

魯 渭

南尉

無爲 三皆司 仲孺 諫議大夫

原丞 農卿

袞 相代宗德宗

無欲

無求 右補闕

常氏宰相一人 袞

喬氏出自姬姓太王橋氏也漢太尉玄六世孫勤後魏平原內史從孝武入關居同州生朗朗生達後周文帝命橋氏去木義取高遠也世居太原

琳相德宗

子昇

琛

喬氏宰相一人。琳

關氏出自商大夫關龍逢之後。蜀前將軍漢壽亭侯羽生侍中興，其後世居信都。喬孫播，相德宗。

關氏宰相一人。播

渾氏出自匈奴渾邪王，隨拓拔氏徙河南，因以為氏，自迴貴至瑊世龍，來皋蘭州都督。

潭，隋左玉鈐衛大將軍

迴貴，豹韜衛大將軍、監丘縣伯

元慶，銀青大將軍、檢校禮部尚書

大德，左武衛大將軍

澄，左領軍衛大將軍、檢校司徒

昊，永王府參軍

徵，靈武節度判官

倫，少府監

特，司農卿

正元，吏部員外郎

徽，潘州刺史

宏，藤州司馬

正，蔡泰州司馬

斐，檢校水部郎中

景之，坊州刺史

大壽，太僕丞

釋之，寧朔將軍、左武衛大將軍、朔方郡王

環，太子中允

瑊相德宗

鍊，左羽林將軍

鎬，義武軍節度使

鉅，雅州刺史

鋼，天德軍防禦使

鐬，振武軍節度使

琟，左領軍將軍、武當郡王

大寧，左衛率府率

大封，內八作使

大獻，左羽林大將軍、酒泉郡公

大鼎，尚衣奉御

大義，左金吾衛大將軍

渾氏宰相一人瑊

齊氏出自姜姓炎帝裔孫呂尚後封於齊因以爲氏漢有平敬侯齊受傳封四世居高陽晉有武邑侯齊琰

琰

健

澄

肅睦州長史殿中侍御史檢校刑部郎中員外郎

徛

暢

粹

虔光州刺史

知玄長山令

澣平陽太守

翶信州刺史

翶左龍武倉曹參軍

抗字遐舉相德宗

翶史部郎中

翊吏部郎中

翶衢州刺史

餘洛陽尉

翻

瀛州齊氏

昭殿中丞若大理正

珽侍御史

齊氏宰相二人映抗

董氏出自姬姓黃帝裔孫有飂叔安生董父舜賜姓董氏裔孫辛有辛有子孫分適晉有董狐裔孫翳項羽封爲翟王都高奴子孫遂居隴西漢江都相仲舒少子之孫自廣川徙隴西裔孫徙河東

汶濮州刺史

映相德宗

曄京兆司錄參軍

照池州刺史

昫字德盈

仁琬梁州博士

大禮

伯良補音字混浦主簿宗成相德

全遺殿中少監

溪衢州刺史

居中

從直

居勤

金吾太子中舍人	瀚太常寺太祝

董氏宰相一人晉

賈氏出自姬姓唐叔虞少子公明康王封之於賈為賈伯河東臨汾有賈鄉即其地也為晉所滅以國為氏晉公族狐偃之子射姑為晉太師食邑於賈字季他亦號賈季漢有長沙王太傅誼生璠尚書中兵郎生二子嘉惲嘉宜春太守生敻游擊將軍五子洪潤納湘洼納輕騎將軍生曄下邳太守二子冰淵淵遼東太守三子納邠丕丕生沂秘書監二子延玉秀玉秀玉武威太守生衍兗州刺史生龔輕騎將軍徙居武威二子綵詡詡魏太尉肅侯生璣駙馬都尉關內侯又徙長樂二子通延通侍中車騎大將軍三子仲安仲謀仲達仲達潁川太守生疋字彥度輕車將軍雍州刺史酒泉郡公二子乂康康秘書監二子錯鈞鈞生弼散騎侍郎二子躬之匪之躬之宋太宰參軍四子希鏡希遠希逸希叟希鏡南齊外兵郎生梡義興郡太守生執梁太府卿二子遲肇肇二子寰宏宏後梁中軍長史生聰北齊青兗等州刺史河東公二子嵲巘巘殿中監三子懿敷憲憲避葛榮之難避地浮陽

憲字元 措後周 秘書監		
懿靜隋 戎州長 史		
彭城武都 郎中濟 州刺史		
令 思禮 部員外 郎		
晉衛 尉卿	恒司門 員外郎 池州刺 史	
	元敏澄城令	元遊殿中丞

					敬忠歸州刺史
遠則長河尉					
知義沁源主簿					
元琰沁水丞					
毓字敦詩相德宗					
曉司農寺主簿	曄少府監襲魏國公			嗛楚州刺史	
	侁左武衛倉曹參軍				
	惟慶丹州刺史河東縣男		欽華原尉		
	洮西水令				
	翔檢校尚書水部員外郎	翱			

敷澄涇陽令				
玄禕	玄暐			
	季良奉天尉		季膺長山令 安主簿	
	岌檢校員外郎			凝
	稜大理評事	種字嘉穎		

河南賈氏世居姑臧

胄　寧　諫著作郎　餗字子美相文宗

賈氏宰相二人。耽餗

權氏出自子姓，商武丁之裔孫封於權，其地南郡當陽縣權城是也。楚武王滅權，遷於那處，其孫因以爲氏。秦滅楚，遷大姓於隴西，因居天水。漢有左輔都尉忠，十四世孫翼，字子良，前秦右僕射、安丘勸公，生宣吉、宣褒，宣褒後秦黃門侍郎，六世孫榮。

榮隋儀同、鄜城公　文誕滄常二州刺史平遙公　崇嗣　南仲

崇基屯田員外郎　上仁　[illegible]州刺史

崇先水部員外郎

崇本匡城令　無待成都尉　倕　皋字士繇著作郎　德輿字載之相憲宗　璩字大圭鄭州刺史

玨字大玉

伋臨潁令　進字子鶯華州司士參軍　少成桐廬尉　項兩當令

瑄華州參軍

審字子論

倬

清

若訥桂歙梓三州刺史　儆紫溪令　有方蘄令　長孺字直卿

僎安平令　遼字逵咸陽丞　塤

思　絳

無邑　偉　寅

德

同光　儹

佂

權氏宰相一人。德輿

皇甫氏出自子姓。宋戴公白生公子充石，字皇父，皇父生季子來，來生南雍䣭，以王父字爲氏。䣭六世孫孟之，孟之生遇，避地奔魯。裔孫鸞，漢興，自魯徙茂陵，改父爲甫。裔孫晉廣魏太守固，生柴，徙襄陽，後又徙壽春。裔孫珍義。

珍義隋文亮商建二州刺史　陵令　鏡幾　恂　岳

岳

曒太子洗馬

憬

悰

愔

愉

鐈字歙卿太子少保

璘

珧

鏄相憲宗

珪字德卿

蘊字待價

知常洛州揚州長史

懌

悟

文房黃門侍郎

希莊麟臺郎

冀字謀安青州刺史

准

皇甫氏宰相一人鎛

程氏出自風姓顓頊生稱稱生老童老童二子重黎重爲火正司地其後世爲掌天地之官裔孫封於程是謂程伯雒陽有上程聚即其地也至周宣王時程伯休父失其官守以諸侯入爲王司馬又有司馬氏程氏世居長安

思泰刺州刺史

子珪左贊善大夫

獻可太子左諭德

异字師巢相憲宗

異

程氏宰相一人异

令狐氏出自姬姓周文王子畢公高裔孫畢萬爲晉大夫生芒季芒季生武子魏犫犫生顆以獲秦將杜回功別封令狐生文子頡因以爲氏世居太原秦有太原守五馬亭侯範十四世孫漢建威將軍邁與翟義起兵討王莽兵敗死之三子伯友文公稱皆奔燉煌伯友入龜茲文公入疏勒稱爲故吏所匿遂居効穀稱六子扶堅由羨瑾猛由字仲平後漢伊吾都尉六子禹霸容明湊溥禹字巨先博陵太守四子輝洽延溥溥字文悟蒼梧太守三子璜叡瑒溥五世孫晉諫議大夫馨馨孫亞字就削前涼西海太守安人亭侯二子瓌綏亞孫敏字永昌前涼鳴沙令四子達忠龍襄越敏五世孫虬字惠獻後魏燉煌郡太守鶡陰縣子四子元保整慶保休整周御正中大夫彭陽襄公賜姓宇文氏生熙

熙隋吏部尚書武康公

元超撫寧令

濬上邽令

崇亮昌明令

承簡字居易太原府功曹參軍

楚字殼士相憲宗

緒河南少尹

綯字子直相宣宗

滈太常博士

澄

專

渙中書舍人

從檢校膳部郎中

德棻國子祭酒　脩己　伯陽

涓丹楊郡司馬

峴刑部員外郎

峘秘書少監　丕太僕丞

峄袍州刺史

宗字[illegible]常州團練觀察使　緘字識之

渢字中化

潮

令狐氏宰相二人。楚、綯。

段氏出自姬姓。鄭武公子共叔段，其孫以王父字為氏。漢有北地都尉卬，世居武威。十四世孫，後魏晉興太守紛。五世孫偃師，徙河南。

偃師太子家令

志玄右衛大將軍褒國忠壯公

瓚右屯衛大將軍　懷簡坊州刺史

瓘朝邑令　懷昶德州參軍　諤循州刺史　文昌字墨卿相穆宗　成式字柯古

懷晏

懷晙

瑾襄州長史　懷奉禮部郎中

元氏宰相一人。載。

元氏出自拓拔氏。黃帝生昌意，昌意少子悃，居北，十一世為鮮卑君長。平文皇帝鬱律二子：什翼犍、烏孤。什翼犍，昭成皇帝也。始號代王，至道武皇帝改號魏，至孝文帝更為元氏。什翼犍七子：一曰寔君，二曰翰，三曰閼婆，四曰壽鳩，五曰紇根，六曰力真，七曰窟咄。寔君生道武皇帝珪，珪生明元皇帝嗣，嗣生太武皇帝燾，燾生景穆皇帝晃。景穆諸子唯濬、新成、子推、天錫、雲、禎、胡兒、休八房子孫聞於唐。濬，文成皇帝也。文成諸子唯弘、長樂二房子孫聞於唐。弘，獻文皇帝也。獻文諸子唯宏、幹、羽、勰四房子孫聞於唐。宏，孝文帝也。七子：恂、恪、懷、愉、懌、悅。恪，宣武皇帝也。懷，廣平文穆王，生廣平文懿王悌，悌生侍中、驃騎大將軍、廣平王贊，贊生謙。

謙後周韓國公　善後周襲公　寶綏州刺史襲公　昭　頲　庭珍　伯明陳王府諮議參軍龍門縣公　紹襲公　文贊襲公　應城尉

孫汴州文學

懿新并令

承裕濟陽主簿

顗道明堂令

什翼犍第六子力真。力真二子：意烈、意勁。意勁，彭城公，五世孫敷，州刺史禎。禎二子：巖、成。

巖字叡琳山南兵部尚書平昌公　羲恭　孝倫工部員外郎　通理給事中　從古右司員外郎

倓河南少尹
希聲吏部侍郎
弘靜北平太守　義端魏州刺史　延壽睦州刺史　憺通州刺史
偕歸州刺史
延福　怡
伾
偉平原尉

璲岐州參軍　悱南頓丞　寬比部郎中舒王長史　沂汝陽尉
秬萬年尉
積司農少卿
稹字微之相穆宗　道護
宵侍御史
延祚司議郎　平叔綿州長史　絕吏部員外郎　注

洪饒州刺史　晦
錫字君貺溫王傅　繇
接權
壽
瑨
銑
揭太常博士
持都官郎中

元氏宰相一人。稹。大曆宰相元載，本景氏，故不著。

路氏出自姬姓，帝摯子玄元，堯封於中路，歷虞、夏稱侯，子孫以國為氏。漢符離侯博德始居平陽，裔孫嘉，字君賓，晉安東太守。孫藻。

藻二子：綦、建。

綦
濟後魏青州刺史
奇奴
侍慶安州刺史
恩令
君儒北齊員外郎
德惟相州刺史
勵業

勵言曹州刺史 欽正

欽古

勵節華州刺史 欽訓

勵行鞏令

神龜恒州刺史 文逸申州司馬 敬淳太常博士

敬澄

敬湛雍州司馬 暢

敬潛中書舍人 廣心大理司直 常兼監察御史

建

建曾孫慶後魏太常卿

彬後周夏州刺史

兖隋兵部侍郎閬卿公

文昇字文昇平夔泰三州刺史宣城縣公

元歆勳吏二郎中廣州都督

切玉監察御史

齊暉徐宋二州刺史

巘監察御史

長輿

李登諫議大夫 羣字正大 嶽字周翰 招隱字希龍

巖字魯瞻相懿宗 德延字昌遠

延規字希聖

庠

晚金果州刺史

元哲檢太一太 次令原令

果客 忿岳州刺史 黃中

[illegible] 應宣州觀察使

恕太子詹事鄜坊節度使 異兖州刺史 楷司農卿

憑侍御史

又有越王府東閤史祭酒節生惟恕

惟恕睦州刺史 俊之太子通事舍人 泌字安期副元帥判官檢校禮部郎中 隋字南式相文宗

路氏宰相二人隋巖

舒氏出自偃姓皐陶之後封於蓼安豐蓼縣即其地也春秋魯文公五年爲楚所滅其後更復爲楚屬國亦名曰舒又曰羣舒又曰舒蓼又曰舒庸又曰舒鳩一國而有五名春秋魯襄二十五年楚又滅之子孫以國爲氏世居廬江

恒武昌軍將校 元輿相文宗

元肱字良哉

元迴字子潁山南東道從事

元褒司封員外郎

舒氏宰相一人元輿

白氏出自姬姓周大王五世孫虞仲封於虞爲晉所滅虞之公族井伯奚媵伯姬于秦受邑於百里因號百里奚奚生視字孟明古人皆先字後名故稱爲孟明視孟明視二子一曰西乞術二曰白乙丙其後以爲氏裔孫武安君起賜死杜郵始皇思其功封其子仲於太原故子孫世爲太原人二十三世孫後魏太原太守邕邕五世孫建

二刁五十九

建字彥舉後周弘農郡守邵陵縣男

君恕字大感隋部郎中州刺史

君敏字州別駕

知慎戶部郎中

知節

士通利州都督

志善尚衣奉御

溫檢校都官郎中

鍠鞏縣令

季庚襄州別駕

幼文浮梁主簿

居易字樂天刑部尚書

景受孟懷觀察支使以從子繼

邦翰司封郎中

思齊鄭州錄事參軍

行簡字退之膳部郎中

味道成都少尹

季軫許昌令

揚州錄事參軍

季康溧水令

敏中字用晦相宣宗

順孚字幾聖

崇嗣字光祚

季平河南主簿

傳規字慶餘

白氏宰相一人

夏侯氏出自姒姓夏禹裔孫東樓公封爲杞侯至簡公爲楚所滅弟佗奔魯魯悼公以其夏禹之後給以采地爲侯因以爲氏爲後去魯之沛分沛爲譙遂爲郡人唐有駕部郎中審封

一刁五十六

審封

敏

敬

孜字好學相宣宗武宗

湑字璧中禮部侍郎

坦

映字光文

澤字表中

斐

敖

藻字司文

夏侯氏宰相一人 孜

蔣氏出自姬姓周公第三子伯齡封於蔣其地光州仙居縣是也宋改爲樂安蔣爲彊國所滅子孫因以爲氏漢有蔣詡十世孫休自樂安徙義興陽羨縣十一世孫元遜陳左衛將軍其族有太子洗馬弘文館學士瓌生將明

將明國子司業集賢殿學士副知院使
乂字德源秘書監義興縣公
係檢校左僕射淮陽公
伸字大直相宣宗
兆
曙字耀之
延翰
庸字台臣
泳字越之
承[illegible]字昌遠
偕左補闕
仙
佶
琛字獻之

蔣氏宰相一人 伸

畢氏出自姬姓周文王第十五子高封於畢以國爲氏後漢兗州刺史畢諶世居東平五世孫衆慶宋本州太中正五世孫憬

憬司衛少卿許州刺史
構戶部尚書魏景公
抗兵部員外郎[illegible]太守採訪使
坰王屋尉
鎬
鉦

錄
銳
增
栩豐王府司馬
陵汾州長史
勻協律郎
諴字存之相懿宗
紹[illegible]直史館
知[illegible]千牛備身
曙侍御史

畢氏宰相一人 諴

曹姓出自顓頊五世孫陸終第五子安爲曹姓至曹挾封之於邾爲楚所滅復爲曹姓唐有河南曹氏

周
景伯
確字剛中相懿宗
希[illegible]字嵩臣
汾字道謙戶部侍郎
希幹字荷臣

曹氏宰相一人 確

徐氏出自嬴姓皐陶生伯益伯益生若木夏后氏封之於徐其地下邳僮縣是也至偃王三十二世爲周所滅復封其子宗爲徐子宗十一世孫章禹爲吳所滅子孫以國爲氏章禹十三世孫詵爲秦莊襄王相生仲仲字景伯生延字方遠延生由字智卿由生該字昌言該生光字子曦漢下邳太守光生大司農靜字君安靜生

益州刺史萬秋字蘭卿萬秋生左給事充字彥通充生諫議大夫安仁二子豐霸豐為北祖霸為南祖

北祖上房徐氏豐字仲都司空掾生明明字玄通侍中生遷字少卿侍中生宣宣字休璘二子琳瑞瑞字元珪下邳太守二子謨師儉師儉字世節京兆尹二子述超超字彥孫魏散騎常侍二子崇統統字耀卿晉江陽太守三子瓌璣台台字叔衡丹楊令三子褘秩褚褚字萬秋太子洗馬二子寧恭寧字安期吏部侍郎五子豐之寶之仁之祚之育之祚之字興民秘書監三子尚之美之欽之欽之字景真宋丞相東莞公三子逵之佩之邁之逵之字幼道中書侍郎二子淳之湛之湛之字孝源丞相枝江忠烈侯二子恒之聿之恒之字景方工部郎中龍驤侯二子孝規孝嗣孝嗣字始昌齊太尉文忠公六子況緄昭會嘉組

緄字仲文春侍中

君敷字懷真陳常侍

榮字子德隋通事舍人

恕字克己尚食直長

筠字南美春官尚書枝江郡公

畋字景[illegible]衛兵曹參軍

詡字揮賢許州司馬襲枝江男

儀字行雅肅祠部員外郎

粲字宜遠檢校戶部郎中

承海陵令

鄂光處壽濠明泗六州刺史

持

冏字文伯衢江睦饒鄭宋六州刺史

巖字景肅麻城令

毅復

韡

練字士元白校書郎

巨賓

公閔

奐生景調景調生巽巽生侃之

峻之

諤

訟

譔

訥

謐

摯

昭字德光虞部郎中

孟晉字允義安州都督

昕字光烈又字長韻字脩文洛州長史

琇冀州長史

縯虢州別駕

縝

弘毅大理評事

綜江陵參軍

玭

晦

晧

君賓字客卿梁五兵尚書

澈字甘泉一名瀅陳秘書監

文遠字廣義國子博士

士安字奉眾王屋令

有功字弘敏秋官侍郎

倫字堅岐慶二王司馬

瑴字和玉襲東莞男安定太守

濤字浚源侍御史

杜

宰字凝鈞大理評事

商字義聲相懿宗

彥若字俞之相昭宗生綰兵部郎中

仁嗣

殼　毅

單

宮字應黃濮州刺史

仁矩字廣裕　仁範　仁勗字道誨　仁規

憬字元士揚州法曹參軍　侚字固行越州司法參軍

龍字知方臨洪丞　寀字渙萬義烏尉　殼字良孺天長尉

液字既濟金華令　汶字涵光殿中侍御史　濯字海東金吾衞倉曹參軍　寶字居方武進丞　湜大理司直

義辛字道彰襄州別駕　鋌字周器王府長史

有慶字廟榮濠州從事　審字遠知明州司户參軍

弘嗣字致君宣武行營判官　生彥休　曹字司之越州司馬

有道字弘慶丞　有業

惲字德美金華令　懌字禮河內採訪使　徽少監

毅句容尉　濆字淵睿水部員外郎

澄字瀛都淮南從事　鸞祠部員外郎　項雲陽令　鷹武陟令

次彭字壽塘洪州別駕　次聘

魯苗　禹苗

文達字幼道金山令

士會　士雅　士師　奉誠

弘禮　有慶盩城令　弘仁綿州司馬　弘信太原府户曹參軍　弘慶

忱

奉信

昌府天有隣字悅字泰牧字威寶將字瑾字德博
長令 善之金之遂陵之鳳翔靈通杭玉徐州
壇令 令 府司錄州錄事司法參
參軍 參軍 軍

高平北祖上房徐氏誂次子矩矩字弘深生邕邕字文和生康康字元平生則則字元度生尚尚字光漢大司農生賁賁字子文金威將軍東莞侯生外外字玄明司空掾龍驤東莞侯生珪珪字少玉姑孰令生欽欽字思祖太中大夫生長卿長卿字德師二子萬斂萬字士諧平原太守生續續字承先城門校尉二子寵惠惠字士安司空掾生胄胄字彥光本郡主簿功曹二子允訓允字仲和生鄙鄙字子頑二子訪隆訪字公謀魏鎮北將軍二子暢暢字彥春晉隴西內史四子洗胄數藺藺字石侯侍御史生濬濬字洛川長壽令生乾乾字文祚給事中生道娛道娛字道福員外郎生道祖道祖字弘業宋車騎行將軍生玄英玄英字習仁奉朝請生景初尚書正員外郎二子弘師弘道世居曹州離狐隋末徙滑州衛南至世勣預屬籍爲李氏武后世復舊

弘師字德令南齊直閣舍人
琛侍御史
懋梁荊州刺史
元起字山立隋濮陽太守
蓋字□隋濟陰州刺史舒國公
世勣字懋功相太宗高宗
震梓州刺史
欽業柳州司馬
欽猷盩厔令
思順字知通鴻臚卿
湘字津壽州刺史
漢弘光字大明岐王傅

弘道字太玄陳太常卿
珍字大器隋閣下舍人
元隱字□嚴彭澤令
□字士貴明泳令
尭字景才鄭州長史
康字德榮譙郡太守
覬司衛正卿

徐氏宰相三人 商彥若世勣

孔氏出自子姓商帝乙長子微子啓封於宋弟微仲衍曾孫湣公捷生弗父何何生宋父周周生世父勝勝生正考父父生孔父嘉孔父生木金父金父生睪夷父以王父字爲氏生防叔避華父督之難奔魯爲大夫生伯夏夏生鄹大夫叔梁紇紇二子孟皮仲尼仲尼爲魯司寇攝相事生鯉字伯魚伯魚生伋字子思爲魯穆公師生白字子上齊威王相白生求字子家求生箕字子京魏相箕生穿字子高穿生斌字子慎一名鮒魏文侯相文信君三子鮒騰樹騰字子襄漢孝惠博士長沙太傅生忠字子貞博士忠二子武安國武生延年大將軍太傅延年生霸字次孺給事中高密相襃成烈君四子福捷喜光福關內侯生房房生均字長平尚書郎生大司馬元成侯志志生損自均皆世襲襃成侯及損徙封襃亭侯生曜曜生完無子以弟子魏奉議郎羨爲嗣羨生晉太常卿黃門侍郎震震生嶷嶷生豫章太守撫撫生從事中郎懿自羨以下襲奉聖亭侯生宋崇聖侯鮮鮮生後魏崇聖大夫乘乘生祕書郎靈珍靈珍生文泰自靈珍以下襲崇聖侯文泰生渠

渠後周鄒國公
長孫襲公
嗣哲隋吳郡王主簿紹聖侯
德倫襲褒聖侯
崇基襲侯
璲之字藏輝都水使者襲文宣公
萱泗水令
齊卿青州司兵參軍
惟晊兗州參軍
策
振字國文刑部員外郎
昭儉祕書郎曲阜令
極字弘濟
郁
述字彰聖

下博孔氏出自關內侯福七世孫郁後漢冀州刺史生揚下博亭侯子孫因居焉七世孫靈龜後魏國子博士生碩

碩後魏治書侍御史
安北齊青州法曹參軍
穎達字沖遠國子祭酒曲阜憲公
志玄國子司業
惠元國子司業
立言祠部郎中

二百五 唐書宰相世系表十五下 二十八 石

曲阜憲公頤逆族孫務本自孔子至是三十五世

務本東光令

如珪海州司戶參軍

岑父著作佐郎

載

志約禮部郎中

琮洪州都督

志亮

書令

奉言黃州刺史

戣給事中

溫質

絢字延休

溫孺

綸字昌言

纁字徽夫

緯字化文相僖宗昭宗

昌宇佐化

絳字受文

緘

昌廣

溫惪

二卌五 唐表十五下 二十九 補

溫裕

紓字特卿

續字徽倩

戡字君勝昭義節度判官

戢庫部員外郎

溫業

遜志

暐字文爲

昌[illegible]字昭舉

[illegible]字[illegible]

濟[illegible]萊州刺史

昌燕字幾聖虞部郎中

莊字文愿

承恭

溫諒

續[illegible]

昌明字昭儀

戩擢

戚

巢給事中

孔氏宰相一人 緯

獨孤氏出自劉氏後漢世祖生沛獻王輔輔生釐王定定生節王丐丐二子廣廙廙洛陽令生穆穆生度遼將軍進伯擊匈奴兵敗被執因之孤山下生尸利單于以爲谷蠡王號獨孤部尸利生烏利二子去卑猛猛生副論副論生路孤路孤生眷眷生羅辰從後魏孝文徙洛陽爲河南人初以其部爲氏位定州刺史永安公生廷尉貞公萬齡萬齡生稽字延平鎮東將軍文公稽生鎮東將軍

歸歸生冀

冀字希顏定州刺史武安烈公 永業字世基周大司冠臨川郡王 子俊隋潍州刺史武安公 義恭

義盛 士約 冊戶部郎中

思 華兵部郎中

叔德 文惠明楷潁川愷

威衛軍郡長史

丕字山甫剡主簿

萬

峻越州都督左金吾大將軍

嶼大理少卿

義闡字偉業虔祁簡三州刺史淮南郡公 元愷給事中 思莊右金吾大將軍

思行洋州刺史

元康 明駙馬都尉

元慶 思曉鄠令 賓庭左補闕

舍童左金吾兵曹參軍 閒俗鄂州刺史 勉錫子令

飭

助太子舍人 申叔校書

遐叔

勤

易知

通理殿中侍御史潁川郡長史 祀睦州刺史

巨右驍衛兵曹參軍

及字至之常州刺史謚曰文 朗協律郎

郁字古風秘書少監 庠字賢府

正真定尉

道濟導悛
江丞
愐左司郎中
寔兼殿中侍御史
寂
密雲州刺史
蒙
雲字公遠吏部侍郎
回
損字又損相昭宗

遲字後己
憲字正風
霖秘書監

獨孤氏宰相一人損

柳城李氏世為契丹酋長後徙京兆萬年

楷洛左羽林大將軍朔方節度副使薊郡公
重英鴻臚卿兼檀州刺史
令節左威衛大將軍薊州經略軍副使
史
遵宜將軍
遵行將軍

光弼太尉兼侍中臨淮武穆王
義忠太僕卿
象太僕卿
彙宿州刺史
顥景州刺史
光琰
光頎鴻臚卿
光進字太應刑部尚書武威郡王
元弈
元憑

武威李氏本安氏出自姬姓黃帝生昌意昌意次子安居于西方自號安息國後漢末遣子世高入朝因居洛陽晉魏間家于安定後徙遼左以避亂又徙武威後魏有難陀孫婆羅周隋間居涼州武威為薩寶生興貴脩仁至抱玉賜姓李

興貴左武候大將軍涼國宜公
恒安
文成
忠敬松鄶會三州都督
抱玉初名重璋字司徒兼平章事涼國昭武公
自正字尚貞少府少監襲公
緒京兆府參軍
縱
主簿

綜河中參軍

絳

元表

脩仁左驍衛大將軍郯國公

永壽右領軍衛將軍

永達

懷愔陳州司馬

齊管

挹真檢校司空平章事義陽郡王

緘少府監

幼成

幼清

永昌

玄暉殿中侍御史貝州刺史

義仲閤門府果毅

義穆

季明

高麗李氏

正己本名懷玉平盧節度使守司空饒陽郡王

納平盧節度使檢校司空

承務

師古平盧節度使檢校司徒兼侍中

明安閬州司戶參軍

師道平盧節度使檢校尚書右僕射

弘方

師賢

師智

經

洧正己從父兄徐海觀察使檢校戶部尚書

纓徐州團練副使

柳城李氏本奚族不知何氏至寶臣爲張鎖高養子冒姓張氏後賜姓李氏

素左驍衛大將軍

越左金吾衛大將軍

信左武衛大將軍

寶臣字爲輔成德軍節度使守司空清河郡王

惟誠濮州刺史

惟岳成德軍司馬

惟簡鳳翔節度使檢校尚書左僕射武威郡王

元孫三原尉

元質濮陽尉

元立興平尉
衣本河南府參軍
鉷
賓正

鷄田李氏本河曲部落稽阿跌之族至光進賜姓李

良臣襲鷄田州刺史
光進振武節度使
光顏河東節度使同中書門下平章事兼侍中

范陽李氏自云常山愍王之後

凝檢校太子賓客兼侍御史
庭珮澧州刺史
休祥鄜州刺史
載義字方叔檢校太保兼侍中河東節度使武威郡王
正源右羽林將軍兼御史大夫
弘源太子左諭德

代北李氏本沙陀部落姓朱邪氏至國昌賜姓李附鄭王屬籍

執宜代北行營招撫使蔚州刺史
國昌本名赤心代北節度使檢校太尉
克恭
克儉

克用河東節度使守太師中書令晉王
存勗
存霸
存渥
存紀
存乂
存美

存瓘
存禮
克柔代州刺史
赤忠
奉國

李氏三公七人三師二人

柳城李氏有光弼武威李氏有抱玉高麗李氏有正己又柳城李氏有寶臣鷄

營州王氏本高麗之族。田李氏有光顏，范陽李氏有載義，代北李氏有克用。

虔威，朔方大將	思禮，司空、霍國武烈公		

太原王氏世居祁縣，後徙平州，至縉從侯希逸南遷，遂居河內溫縣。

靖，右武衛大將軍	瓊，左金吾衛大將軍	縉，太子詹事	智興，檢校太尉、兼侍中、鴈門郡王	晏平，永州司戶參軍
				宰，太原節度使
				晏皐，左威衛將軍
				晏實
				晏恭
				晏逸
				晏深
				晏斌
				晏韜

安東王氏本阿布思之族，世隸安東都護府，曰五哥之，左武衛將軍，生末怛活。

末怛活，左金吾衛大將軍	升朝，檢校太子賓客、樂安郡王	庭湊，成德節度使	元逵，檢校司徒、同平章事、成德軍節度使	紹鼎，檢校尚書左僕射、成德軍節度使	景崇，檢校太尉、中書令、成德軍節度使、常山郡王	鎔，太尉、中書令、成德節度使
						昭祚
				紹懿，檢校司空、成德節度使		
				紹深，州刺史		

王氏三公二人，三師一人。營州王氏有思禮，河內王氏有智興，安東王氏有鎔。

田氏出自嬀姓。陳厲公子完，字敬仲，仕齊，初有采地，因號田氏。又云陳田聲相近也。至田和篡齊，為諸侯，九世至王建，為秦所滅。漢興，諸田徙陵陽，後徙北平。魏議郎田疇，字子泰，二十二世孫璟。

璟，鄭州司馬	守義，安東副都護	承嗣，魏博節度使、太尉、鴈門郡王	維，魏州刺史	
			朝，神武將軍	
			華，太常少卿、駙馬都尉	
			繹	
			綸	

綰

[illegible]尚書檢校左僕射同平章事駙馬都尉常山郡王

李和禮 州刺史

李[illegible]字[illegible]鄜[illegible]節度使檢校司徒

懷諫 右監門衛將軍

懷禮

懷詢

懷讓

繪

李直覲 博衛將

純

紳

紹字雲長 右領軍將軍 扶風郡公

李宗 監察御史

李昌福 王府參軍

庞琳

李芳

李寅

李鄉

李膺

李阜

延惲 安東都護府司馬

庭玠 相州刺史

弘正字安道 成德節度使 檢校司徒兼中書令 沂國忠愍公

早 安南都護

牟 天平節度使

布字敦禮 魏博節度使 檢校工部尚書[illegible]

職天平節度使 檢校尚書右僕射

在宥 安南都護

在賓

章 洛陽令

鷺 盱眙令

田氏三公一人 [illegible]

烏氏出自姬姓黃帝之後少昊氏以烏鳥名官以世功命氏齊有烏之餘裔孫世居北方號烏洛侯後徙張掖

察左武衛大將軍
令望左領軍大將軍
蒙左武衛中郎將
承恩
承玼右威衛將軍檢校殿中監昌化郡王
重胤字保君天平節度使守司徒邠國公
漢弘左羽林將軍
行專宓州刺史
漢貞左金吾將軍
行方河南丞

漢封衛尉寺丞
漢章右驍衛倉曹參軍
行思左衛倉曹參軍
重元

烏氏三公一人 重胤

唐宰相三百六十九人凡九十八族 再入五十七人長孫无忌楊師道李勣褚遂良李義府劉仁軌竇味道狄仁傑姚璹李元素婁師德陸元方蘇味道楊再思杜景佺宗楚客魏元忠張錫唐休璟韋嗣立蘇瓌蕭至忠岑羲宋璟郭元振竇懷貞源乾曜苗晉卿李峴杜鴻漸李泌鄭餘慶武元衡李吉甫張弘靖李逢吉王涯王播牛僧孺李宗閔李德裕崔鉉杜悰白敏中劉瞻盧攜鄭從讜裴澈蕭遘韋昭度孔緯徐彥若李谿王摶陸扆崔遠裴樞三入十二人武承嗣武攸寧豆盧欽望武三思李嶠李懷遠崔湜劉幽求張說張延賞王鐸鄭畋四入三人韋巨源姚元之韋安石五入三人蕭瑀裴度崔胤三公三師七十一人宗室親王二十人秦王世民齊王元吉荊王元景虔王祐徐王元禮韓王元嘉霍王元軌舒王元名相王旦宋王憲申王撝邠王守禮岐王範薛王業慶王琮廣平郡王俶福王綰撫王紘榮王憒建王震以宰相及前宰相遷者二十七人裴寂房玄齡長孫无忌李勣武三思楊國忠杜佑裴度王涯李德裕李逢吉杜悰白敏中令狐綯夏侯孜韋保衡王鐸鄭畋鄭從讜蕭遘韋昭度孔緯杜讓能徐彥若崔胤王摶楊涉以軍功遷者二十人李光弼郭子儀王思禮僕固懷恩李抱玉田承嗣李正己朱泚李寶臣侯希逸馬燧李晟李光顏烏重胤王智興李載義李克用王建韓建朱全忠以恩澤進者四人武攸暨李嗣周于頔韓弘皆通見宰相世系別著田氏烏氏二族希逸已其世系韓國中官也懷恩臣也朱泚王建韓建朱全忠虜之盜也皆削而不著

宰相世系表第十五下

百衲本

新唐書

2

宋·歐陽修 宋祁等撰

國家圖書館出版社

后妃列傳上第一

端明殿學士兼翰林侍讀學士龍圖閣學士朝散大夫行尚書吏部侍郎……臣宋祁奉
敕撰

唐制皇后而下有貴妃淑妃德妃賢妃是為夫人昭儀昭容昭媛
脩儀脩容脩媛充儀充容充媛是為九嬪婕妤美人才人各九合
二十七是代世婦寶林御女采女各二十七合八十一是代御妻
自餘六尚分典乘輿服御皆有員次後世改復不常開元時以后
下復有四妃非是乃置惠麗華三妃六儀四美人七才人而尚宮
尚儀尚服各二參令宜削號大抵踵周官相損益云然則嘗矣禮本
夫婦詩始后妃治亂因之興亡係焉盛德之君帷薄嚴奧謁不
忏于朝外言不內諸閫關雎之風行彤史之化脩故淑範懿行更
為內助若夫艷嬖之興常在中主衽禍既交則情與愛遷顏辭媚
孰則事為私奪乘易昏之明牽不斷之柔險言似忠故受而不詰
醜行已效反狃而為好左右附之憸壬慝之狡謀鉗其悟先哀誓

揵於寵初天下之事已去而恬不自覺此武韋所以遂篡弒而喪
王室也至於楊氏未死玄亂厥謀張后制中肅幾斂衽吁可嘆哉
中葉以降時多故矣外有攻討之勤內寡嬿溺之私羣閹朋進外
戚勢分后妃無大善惡取充職位而已故列著于篇

高祖太穆順聖皇后竇氏京兆平陵人父毅在周為上柱國尚武
帝姊襄陽長公主入隋為定州總管神武公后生髮垂過頸三歲
與身等讀女誡列女等傳一過輒不忘武帝愛之養宮中異它甥
時突厥女為后無寵后密諫曰吾國未靖虜且彊願抑情撫接以
取合從則江南關東不吾梗武帝嘉納及帝崩哀毀同所生聞隋高
祖受禪自投牀下曰恨我非男子不能捄舅家禍毅遽掩其口曰
毋妄言赤吾族常謂主曰此女有奇相且識不凡何可妄與人因
畫二孔雀屏間請昏者使射二矢陰約中目則許之射者閱數十
皆不合高祖最後射中各一目遂歸於帝始元貞太后羸老有疾
而性素嚴諸姒娣皆畏莫敢侍后事之獨怡謹盡孝或淹月不釋

衣履工為篇章規誡文有雅體又善書與高祖書相雜人不辨也
崩於涿郡年四十五帝在煬帝時多畜善馬后見曰上性樂此盍
以獻徒留之速罪無益也不聽頃果坐譴帝後見隋政亂多妄誅
殛乃為自安計數奏鷹犬異駒煬帝果喜擢位將軍因泣謂諸子
曰早用而母言得此久矣帝有天下詔即所葬園為壽安陵謚曰
穆及祔獻陵尊為太穆皇后始太宗生有二龍之符后於諸子中
愛視最篤後即位過慶善宮覽觀梗欷顧侍臣曰朕生於此今母
后永違育我之德不可報因號慟左右皆流涕乃享后于正寢它
日幸九成宮夢后若平生既悟潸然不自勝明日詔有司大發倉
賑貧乏以為后報焉上元中益謚太穆神皇后

太宗文德順聖皇后長孫氏河南洛陽人其先魏拓拔氏後為宗
室長因號長孫高祖稚大丞相馮翊王曾祖裕平原公祖兕左將
軍父晟字季涉書史趫鷙曉兵仕隋為右驍衛將軍后喜圖傳視
古善惡以自鑒矜尚禮法晟兄熾為周通道館學士嘗聞太穆勸

撫突厥女心誌之每語晟曰此明睿人必有奇子不可以不圖昏
故晟以女太宗后歸寧舅高士廉妾見大馬二丈立后舍外懼占
之遇坤之泰卜者曰坤順承天載物無疆馬地類也之泰是天地
交而萬物通也又以輔相天地之宜繇協歸妹婦人事也女處尊
位履中而居順后妃象也時隱太子釁隙已構后內盡孝事高祖
謹承諸妃消釋嫌猜及帝授甲宮中后親尉勉士皆感奮身為皇
太子妃俄為皇后性約素服御取給則止益觀書雖容櫛不少廢
與帝言或及天下事辭曰牝雞司晨家之窮也可乎帝固要之訖
不對後廷有被罪者必助帝怒請繩治俟意解徐為開治終不令
有冤下嬪生豫章公主而死后視如所生媵侍疾病輟所御飲藥
資之下懷其仁兄无忌於帝本布衣交以佐命為元功出入卧內
帝將引以輔政后固謂不可乘間曰妾託體紫宮尊貴已極不願
私親更據權于朝漢之呂霍可以為誡帝不聽自用无忌為尚書
僕射后密諭令牢讓帝不獲已乃聽后喜見顏間異母兄安業無

行父喪逐后无忌還外家后貴未嘗以爲言擢位將軍後與李孝常等謀反將誅后叩頭曰安業罪死無赦然向遇妾不以慈戶知之今論如法人必謂妾釋憾於兄無乃爲帝累乎遂得減流越巂太子承乾乳媼請增東宮什器后曰太子患無德與名器何請爲從幸九成宮方屬疾會柴紹等急變聞帝甲而起后輿疾以從宮司諫止后曰上震驚吾可自安疾稍亟太子欲請大赦汎度道人祓塞災會后曰死生有命非人力所支若脩福可延吾不爲惡使善無效我尚何求且赦令國大事佛老異方教耳皆上所不爲豈宜以吾亂天下法太子不敢奏以告房玄齡玄齡以聞帝嗟美而羣臣請遂赦帝既許后固爭止及大漸與帝訣時玄齡小譴就第后曰玄齡久事陛下預奇計秘謀非大故願勿置也妾家以恩澤進無德而祿易以取禍無屬樞柄以外戚奉朝請足矣妾生無益於時死不可以厚葬願因山爲壠無起墳無用棺槨器以瓦木約費送終是妾不見忘也又請帝納忠容諫勿受讒省游畋作役死無恨崩年三十六后嘗采古婦人事著女則十篇又爲論斥漢之馬后不能檢抑外家使與政事乃戒其車馬之侈此謂開本源恤末事常誡守者吾以自檢故書無條理勿令至尊見之及崩宮司以聞帝爲之慟示近臣曰后此書可用垂後我豈不通天命而割情乎顧內失吾良佐哀不可已已諡曰文德葬昭陵因九嵕山以成后志帝自著表序始末揭陵左上元中益諡文德聖皇后

太宗賢妃徐惠湖州長城人生五月能言四歲通論語詩八歲自曉屬文父孝德嘗試使擬離騷爲小山篇曰仰幽巖而流盼撫桂枝以凝想將千齡兮此遇荃何爲兮獨往孝德大驚知不可掩於是所論著遂盛傳太宗聞之召爲才人手未嘗廢卷而辭致贍蔚文無淹思帝益禮顧擢孝德水部員外郎惠再遷充容貞觀末數調兵討定四夷稍稍治宮室百姓勞怨惠上疏極諫且言東戍遼海西討崐丘士馬罷耗漕餉漂沒捐有盡之農趨無窮之壑圖未獲之衆喪已成之軍故地廣者非常安之術也人勞者爲易亂之符也又言翠微玉華等宮雖因山藉水無築構之苦而工力和僦不謂無煩有道之君以逸逸人無道之君以樂樂身又言伎巧爲喪國斧斤珠玉爲蕩心酖毒侈麗纖美不可以不遏志驕於業泰體逸於時安其剴切精詣大略如此帝善其言優賜之帝崩哀慕成疾不肯進藥曰帝遇我厚得先狗馬侍園寢吾志也復爲詩連珠以見意永徽元年卒年二十四贈賢妃陪葬昭陵石室惠之弟齊聃齊聃子堅皆以學聞女弟爲高宗婕妤亦有文藻世以擬漢班氏

高宗廢后王氏并州祁人魏尚書左僕射思政之孫從祖母同安長公主以后婉淑白太宗以爲晉王妃王居東宮妃亦進冊擢父仁祐陳州刺史帝即位立爲皇后仁祐以特進封魏國公母柳本國夫人仁祐卒贈司空初蕭良娣有寵而武才人貞觀末以先帝宮人召爲昭儀俄與后良娣爭寵更相毀短而昭儀詭險即誣后與母挾媚道蠱上帝信之解魏國夫人門籍罷后舅柳奭中書令李義府等陰佐昭儀以偏言怒帝遂下詔廢后良娣皆爲庶人囚宮中后母兄良娣宗族悉流嶺南許敬宗又奏仁祐無他功以宮掖故超列三事今庶人謀亂宗社罪且夷宗仁祐應斲棺陛下不窮其誅家止流寬仁祐不宜引庇廕宥逆子孫有詔盡奪仁祐官爵而后及良娣俄爲武后所殺改后姓爲蟒良娣爲梟初帝念后間行至囚所見門禁錮嚴進飲食竇中惻然傷之呼曰皇后良娣無恙乎今安在二人同辭曰妾等以罪棄爲婢安得尊稱耶流淚嗚咽又曰陛下幸念疇日使妾死更生復見日月乞署此爲回心院帝曰朕即有處置武后知之促詔杖二人百剔其手足反接投釀甕中曰令二嫗骨醉數日死殊其尸初詔旨到后再拜曰陛下萬年昭儀承恩死吾分也至良娣罵曰武氏狐媚翻覆至此我後爲猫使武氏爲鼠吾當扼其喉以報后聞詔六宮毋畜猫武后頻見二人被髮瀝血爲厲惡之以巫祝解謝即徙蓬萊宮厲復見故多駐東都中宗即位皆復其姓

高宗則天順聖皇后武氏并州文水人父士彠見外戚傳文德皇

后崩久之太宗聞士彠女美召爲才人方十四母楊慟泣與訣后獨自如曰見天子庸知非福何兒女悲乎母韙其意止泣既見帝賜號武媚及帝崩與嬪御皆爲比丘尼高宗爲太子時入侍悅之王皇后久無子蕭淑妃方幸后陰不悅它日帝過佛廬才人見且泣帝感動后廉知狀引內後宮以撓妃寵才人有權數詭變不窮始下辭降體事后后喜數譽於帝故進爲昭儀一旦顧幸在蕭右寖與后不協后性簡重不曲事上下而母柳見內人尚宮無浮禮故昭儀伺后所薄必款結之得賜予盡以分遺由是后及妃所爲必得得輒以聞然未有以中也昭儀生女后就顧弄去昭儀潛斃兒衾下伺帝至陽爲歡言發衾視兒死矣又驚問左右皆曰后適來昭儀即悲涕帝不能察怒曰后殺吾女往與妃相讒媚今又爾邪由是昭儀得入其訾后無以自解而帝愈信愛始有廢后意久之欲進號宸妃侍中韓瑗中書令來濟言妃嬪有數今別立號不可昭儀乃誣后與母厭勝帝挾前憾實其言將遂廢之長孫无忌

褚遂良韓瑗及濟瀕死固爭帝猶豫而中書舍人李義府衛尉卿許敬宗素險側狙勢即表請昭儀爲后帝意決下詔廢后詔李勣于志寧奉璽綬進昭儀爲皇后命羣臣及四夷酋長朝后肅義門內外命婦入謁朝皇后自此始后見宗廟再贈士彠至司徒爵周國公謚忠孝配食高祖廟母楊再封代國夫人家食魏千戶后乃製外戚誡獻諸朝解釋譏訾於是逐无忌遂良踵死徙寵煽赫然后城宇深痛柔屈不恥以就大事帝謂能奉己故扳公議立之已得志即盜威福施施無憚避帝亦懦昏舉能鉗勒使不得專久稍不平麟德初后召方士郭行眞入禁中爲蠱祝宦人王伏勝發之帝怒因是召西臺侍郎上官儀儀指言后專恣失海內望不可承宗廟與帝意合乃趣使草詔廢之左右馳告后遽從帝自訴帝羞縮待之如初猶意其恚且曰是皆上官儀教我后諷許敬宗構儀殺之初元舅大臣怫旨不閱歲屠覆道路目語及儀見誅則政歸房帷天子拱手矣羣臣朝四方奏章皆曰二聖每視朝殿中垂簾

帝與后偶坐生殺賞罰惟所命當其忍斷雖甚愛不少隱也帝晚益病風不支天下事一付后后乃更爲太平文治事大集諸儒內禁殿譔定列女傳臣軌百僚新誡樂書等大氐千餘篇因令學士密裁可奏議分宰相權始士彠娶相里氏生子元慶元爽又娶楊氏生三女伯嫁賀蘭越石蚤寡封韓國夫人仲即后季嫁郭孝慎前死楊以后故寵日盛徙封榮國始兄子惟良懷運與元慶等遇楊及后禮薄后銜不置及是元慶爲宗正少卿元爽少府少監惟良司衛少卿懷運淄州刺史它日夫人置酒酣謂惟良曰若等記疇日事乎今謂何對曰幸以功臣子位朝廷晚緣戚屬進憂而不榮也夫人怒諷后僞爲退讓請惟良等外遷無示天下私繇是惟良爲始州刺史元慶龍州元爽濠州俄坐事死振州元慶至州憂死韓國出入禁中一女國姝帝皆寵之韓國卒女封魏國夫人欲以備嬪職難於后未決后內忌甚會封泰山惟良懷運以岳牧來集從還京師后毒殺魏國歸罪惟良等盡殺之氏曰蝮以韓國子

敏之奉士彠祀初魏國卒敏之入弔帝爲慟敏之哭不對后曰兒疑我惡之俄貶死楊氏徙酇衛二國咸亨元年卒追封魯國謚忠烈詔文武九品以上及五等親與外命婦赴弔以王禮葬咸陽給班劍葆仗鼓吹時天下旱后僞表求避位不許俄又贈士彠太尉兼太子太師太原郡王魯國忠烈夫人爲妃上元元年進號天后建言十二事一勸農桑薄賦繇二給復三輔地三息兵以道德化天下四南北中尚禁浮巧五省功費力役六廣言路七杜讒口八王公以降皆習老子九父在爲母服齊衰三年十上元前勳官已給告身者無追覈十一京官八品以上益稟入十二百官任事久材高位下者得進階申滯帝皆下詔略施行之蕭妃女義陽宣城公主幽掖廷幾四十不嫁太子弘言于帝后怒酖殺弘帝將下詔遜位于后宰相郝處俊固諫乃止后欲外示寬裕劫人心使歸己即奏言今羣臣納半俸百姓計口錢以贍邊兵恐四方妄商虛實請一罷之詔可儀鳳三年羣臣蕃夷長朝后于光順門即并州建

太原郡王廟帝頭眩不能視侍醫張文仲秦鳴鶴曰風上逆砭頭血可愈后內幸帝殆得自專怒曰是可斬帝體寧刺血處邪醫頓首請命帝曰醫議疾烏可罪且吾眩不可堪聽爲之醫一再刺帝曰吾目明矣言未畢后簾中再拜謝曰天賜我師身負繒寶以賜帝崩中宗即位天后稱皇太后遺詔軍國大務聽參決嗣聖元年太后廢帝爲廬陵王自臨朝以睿宗即帝位后坐武成殿帝率羣臣上號冊越三日太后臨軒命禮部尚書攝太尉武承嗣太常卿攝司空王德眞冊嗣皇帝自是太后常御紫宸殿施慘紫帳臨朝追贈五世祖後魏散騎常侍克己爲魯國公妣裴卽其國爲夫人高祖齊殷州司馬居常爲太尉北平郡王妣劉爲王妃曾祖永昌王諮議參軍贈齊州刺史儉爲太尉金城郡王妣宋爲王妃祖隋東郡丞贈幷州刺史大都督華爲太尉太原郡王妣趙爲王妃皆置園邑戶五十考爲太師魏王加實戶滿五千妣爲王妃王園邑守戶百時睿宗雖立實囚之而諸武擅命又諡魯國公曰靖裴爲

靖夫人北平郡王曰恭肅金城郡王曰義康太原郡王曰安成妃從夫諡太后遣冊武成殿使者告五世廟室於是柳州司馬李敬業括蒼令唐之奇臨海丞駱賓王疾太后脅逐天子不勝憤乃募兵殺揚州大都督府長史陳敬之據州欲迎廬陵王衆至十萬楚州司馬李崇福連和盱眙人劉行舉嬰城不肯從敬業攻之不克太后拜行舉游擊將軍擢其弟行實楚州刺史敬業南度江取潤州殺刺史李思文曲阿令尹元貞拒戰死太后詔左玉鈐衛大將軍李孝逸爲揚州道行軍大總管率兵三十萬討之戰于高郵前鋒左豹韜果毅成三朗爲唐之奇所殺又以左鷹揚衛大將軍黑齒常之爲江南道行軍大總管幷力敬業與三月敗傳首東都三州平始武承嗣請太后立七廟中書令裴炎沮止及敬業之興下炎獄殺之幷殺左威衛大將軍程務挺太后方怫恚一日召羣臣廷讓曰朕於天下無負若等知之乎羣臣唯唯太后曰朕輔先帝踰三十年憂勞天下爵位富貴朕所與也天下安佚朕所養也先帝

棄羣臣以社稷爲託朕不敢愛身而知愛人今爲戎首者皆將相何見負之遽且受遺老臣伉扈難制有若裴炎乎世將種能合亡命若徐敬業乎宿將善戰若程務挺乎彼皆人豪不利於朕朕能戮之公等才有過彼蚤爲之不然謹以事朕無詒天下笑羣臣頓首不敢仰視曰惟陛下命久之下詔陽若復辟者睿宗揣非情固請臨朝制可乃鑄銅匭爲一室署東曰延恩受干賞自言南曰招諫受時政失得西曰申冤受抑枉所欲言北曰通玄受讖步秘策詔中書門下一官典領太后不惜爵位以籠四方豪桀自爲助雖妄男子言有所合輒不次官之至不稱職尋亦廢誅不少縱務取實材眞賢又畏天下有謀反逆者詔許上變在所給輕傳供五品食送京師即日召見厚餌爵賞歆動之凡言變吏不得何詰雖耘夫蕘子必親延見稟之客館敢稽若不送者以所告罪之故上變者徧天下人人屏息無敢議新豐有山因震突出太后以爲美祥赦其縣更名慶山荊人俞文俊上言人不和疣贅生地不和堆阜

出今陛下以女主處陽位山變爲災非慶也太后怒投嶺外詔毀乾元殿爲明堂以浮屠薛懷義爲使督作懷義鄠人本馮氏名小寶偉岸淫毒佯狂洛陽市千金公主嬖之主上言小寶可入侍后召與私悅之欲掩迹得通籍出入使祝髮爲浮屠拜白馬寺主詔與太平公主婿薛紹通昭穆紹父事之給廄馬中官爲騶侍雖承嗣三思皆尊事惟謹至是護作士數萬巨木率一章千人乃能引又度明堂後爲天堂鴻麗嚴奧次之堂成拜左威衛大將軍梁國公始作崇先廟于西京享武氏承嗣僞款洛水石導使爲帝遣雍人唐同泰獻之后號爲寶圖擢同泰游擊將軍於是汜人又上瑞石太后乃郊上帝謝況自號聖母神皇作神皇璽改寶圖曰天授聖圖號洛水曰永昌水圖所曰聖圖泉勒石洛壇左曰天授聖圖之表改汜水曰廣武時柄去王室大臣重將皆撓不得逞宗室孤外無寄足地於是韓王元嘉等謀舉兵唱天下迎還中宗琅邪王沖越王貞先發諸王倉卒無應者遂敗元嘉與魯王靈夔等皆自

殺餘悉坐誅諸王牽連死滅殆盡子孫雖嬰褓亦投嶺南太后身
拜洛受圖天子率太子羣臣蠻夷以次列大陳珍禽奇獸貢物鹵
簿壇下禮成去永昌元年享萬象神宮改服袞冕搢大圭執鎮圭
睿宗亞獻太子終獻合祭天地五方帝百神從以高祖太宗高宗
配引魏王士彠從配班九條訓百官遂大饗羣臣號士彠周忠孝
太皇楊忠孝太后以文水墓爲章德陵咸陽墓爲明義陵太原安
成王爲周安成王金城郡王爲魏義康王北平郡王爲趙肅恭王
魯國公爲太原靖王載初中又享萬象神宮以太穆文德二皇后
配皇地祇引周忠孝太后從配作曌𠀑埊㊁囝〇𠡦𢘑𠥱𤯔𠁈
十有二文太后自名曌改詔書爲制書以周漢爲二王後虞夏殷
後爲三恪除唐屬籍拜薛懷義輔國大將軍封鄂國公令與羣浮
屠作大雲經言神皇受命事春官尚書李思文詭言周書武成爲
篇辭有垂拱天下治爲受命之符后喜皆班示天下稍圖革命然
畏人心不肯附乃陰忍鷙害肆斬殺怖天下內縱酷吏周興來俊

臣等數十人爲爪吻有不慊若素疑憚者必危法中之宗姓侯王
及它骨鯁臣將相駢頸就鈇血丹狴戶家不能自保太后操奩具
坐重幃而國命移矣御史傅遊藝率關內父老請革命改帝氏爲
武又脅羣臣固請妄言鳳集上陽宮赤雀見朝堂天子不自安亦
請氏武示一尊太后知威柄在已因大赦天下故國號周自稱聖
神皇帝旗幟尚赤以皇帝爲皇嗣立武氏七廟于神都尊周文王
爲文皇帝號始祖妣姒曰文定皇后武王爲康皇帝號睿祖妣姜
曰康惠皇后太原靖王爲成皇帝號嚴祖妣曰成莊皇后趙肅恭
王爲章敬皇帝號肅祖妣曰章敬皇后魏義康王爲昭安皇帝號
烈祖妣曰昭安皇后祖周安成王爲文穆皇帝號顯祖妣曰文穆
皇后考忠孝太皇爲孝明高皇帝號太祖妣曰孝明高皇后罷唐
廟爲享德廟四時祠高祖以下三室餘廢不享至日祀上帝萬象
神宮以始祖及考妣配以百神從祀盡王諸武詔幷州文水縣爲
武興比漢豐沛百姓世給復以始祖冢爲德陵睿祖爲喬陵嚴祖

爲節陵肅祖爲簡陵烈祖爲靖陵顯祖爲永陵章德陵爲昊陵明
義陵爲順陵太后雖春秋高善自塗澤雖左右不悟其衰俄而二
齒生下詔改元爲長壽明年享神宮自制大樂舞工用九百人以
武承嗣爲亞獻三思爲終獻帝之爲皇嗣公卿往往見之會尚方
監裴匪躬左衛大將軍阿史那元慶白澗府果毅薛大信監門衛
大將軍范雲仙潛謁帝皆腰斬都市自是公卿不復上謁有上封
事言嶺南流人謀反者太后遣攝右臺監察御史萬國俊就按得
實即論決國俊至廣州盡召流人矯詔賜自盡皆號哭不服國俊
驅之水曲使不得逃一日戮三百餘人乃誣奏流人怨望請悉除
之於是太后遣右衛翊府兵曹參軍劉光業司刑評事王德壽苑
南面監丞鮑思恭尚輦直長王大貞右武衛兵曹參軍屈貞筠皆
攝監察御史分往劍南黔中安南等六道訊鞫而擢國俊左臺侍
御史光業等亦希功于上惟恐殺人之少光業殺者九百人德壽
殺七百人其餘亦不減五百人太后久乃知其冤詔六道使所殺

者還其家國俊亦相踵而死皆見有物爲厲云太后又自加號金
輪聖神皇帝置七寶于廷曰金輪寶曰白象寶曰女寶曰馬寶曰
珠寶曰主兵臣寶曰主藏臣寶率大朝會則陳之又尊其顯祖爲
立極文穆皇帝太祖爲無上孝明皇帝延載二年武三思率蕃夷
諸酋及耆老請作天樞紀太后功德以黜唐興周制可使納言姚
璹護作乃大裒銅鐵合冶之署曰大周萬國頌德天樞置端門外
其制若柱度高一百五尺八面面別五尺冶鐵象山爲之趾負以
銅龍石鑱怪獸環之柱顛爲雲蓋出大珠高丈圍三之作四蛟度
丈二尺以承珠其趾山周百七十尺度二丈無慮用銅鐵二百萬
斤乃悉鏤羣臣蕃酋名氏其上薛懷義寵稍衰而御醫沈南璆進
懷義大望因火明堂太后羞之掩不發懷義愈很忞怏怏乃密詔
太平公主擇健婦縛之殿中命建昌王武攸寧將作大匠宗晉卿
率壯士擊殺之以畚車載尸還白馬寺懷義負幸昵氣蓋一時出
百官上其徒多犯法御史馮思勗劾其姦懷義怒遇諸道命左

右歐之幾死弗敢言默毀犯塞拜新平伐逆朔方道大總管提十
八將軍兵擊胡宰相李昭德蘇味道皆爲之長史司馬後猷入禁
中陰募力少年千人爲浮屠有逆謀侍御史周矩劾狀請治驗太
后曰第出朕將使詣獄矩坐書臺少選懷義怒馬造廷直往坐大榻
上矩召吏受辭懷義即乘馬去矩以聞太后曰是道人素狂不足
治力少年聽窮劾矩悉投放醜裔懷義構矩俄免官太后祀天南
郊以文王武王士彠與唐高祖並配太后加號天冊金輪聖神皇
帝遂封嵩山禪少室冊山之神爲帝配爲后封壇南有大槲赦日
置雞其杪賜號金雞樹自制升中述志刻石示後改明堂爲通天
宮鑄九州鼎各位其方列廷中又斂天下黃金作大儀鍾不克久
之以崇先廟爲崇尊廟禮視太廟旋復崇尊廟爲太廟自懷義死
張易之昌宗得幸乃置控鶴府有監有丞及主簿錄事等監三品
以易之爲之太后自見諸武王非天下意前此中宗自房州還復
爲皇太子恐百歲後爲唐宗室躪藉無死所即引諸武及相王太

唐書列傳一　十一

平公主誓明堂告天地爲鐵券使藏史館改昊陵署爲攀龍臺久
視初以控鶴監爲天驥府又改奉宸府罷監爲令以左右控鶴爲
奉宸大夫易之復爲令神龍元年太后有疾久不平居迎仙院宰
相張柬之與崔玄暐等建策請中宗以兵入誅易之昌宗於是羽
林將軍李多祚等帥兵自玄武門入斬二張于院左太后聞變而
起桓彥範進請傳位太后返臥不復語中宗於是復即位徙太后
上陽宮帝率百官詣觀風殿問起居後率十日一詣宮俄朝朔望
廢奉宸府官遷東都武氏廟于崇尊廟更號崇恩復唐宗廟諸武
王者咸降爵是歲后崩年八十一遺制稱則天大聖皇太后去帝
號謚曰則天大聖皇后祔乾陵會武三思蒸韋庶人復用事於是大
旱祈陵輒雨三思訹帝詔崇恩廟祠如太廟齋郎用五品子博士
楊孚言太廟諸郎取七品子今崇恩取五品不可帝曰太廟如崇
恩可乎孚曰崇恩太廟之私以臣準君則僭以君準臣則惑乃止
及韋武黨誅詔則天大聖皇后復號天后廢崇恩廟及陵景雲元

年號大聖天后太平公主奸政請復二陵官又尊后曰天后聖帝俄
號聖后太平誅詔黜周孝明皇帝號復爲太原郡王后爲妃罷昊
順等陵開元四年追號則天皇后太常卿姜皎建言則天皇后配
高宗廟主題天后聖帝非是請易題爲則天皇后武氏制可
中宗和思順聖皇后趙氏京兆長安人祖綽武德中戰有功終右
領軍將軍父瓌尚高祖常樂公主帝爲英王聘后爲妃高宗於公
主恩尤隆武后不喜乃幽妃內侍省瓌自定州刺史駙馬都尉貶
括州縣主朝謁隨瓌之官妃既囚扃鍵牢謹日給飼料衛者候其
突煙數日不出披戶視之死腐矣瓌以壽州刺史與主預越王事
死神龍元年追謚妃曰恭皇后贈瓌左衛大將軍中宗崩葳陵事
韋庶人不臣不得祔有司加上尊謚以后祔定陵
中宗庶人韋氏京兆萬年人祖弘表貞觀中曹王府典軍帝在東
宮后被選爲妃嗣聖初立爲皇后俄與帝處房陵毋使至帝輒恐
欲自殺后止曰禍福何常早晚等死耳無遽及帝復即位后居中

唐書列傳一　十二

宮是時上官昭容與政事方欲暉等將盡誅諸武武三思懼乃因
昭容入請得幸於后卒謀暉等誅之初帝幽廢與后約一朝見天
日不相制至是與三思升御床博戲帝從旁典籌不爲忤三思諷
羣臣上后號爲順天皇后乃親謁宗廟贈父玄貞上洛郡王左拾
遺賈虛已建言非李氏王者盟書共棄之今復國未幾遽私后家
且先朝禍鑒未遠甚可懼也如今皇后固辭使天下知後宮謙讓
不亦善乎不聽神龍三年節愍太子舉兵敗宗楚客率羣臣請加
號翊聖詔可禁中謬傳有五色雲起后衣笥帝圖以示諸朝因大
赦天下賜百官母妻封號太史迦葉志忠表上桑條歌十二篇言
后當受命曰昔高祖時天下歌桃李太宗時歌秦王破陣高宗歌
堂堂天后世歌武媚娘皇帝受命歌英王石州后今受命歌桑條
韋蓋后妃之德專蠶桑共宗廟事也乃賜志忠第一區綵七百段
太常少卿鄭愔因之被樂府楚客又諷補闕趙延禧離釋桑條爲
九十八代帝大喜擢延禧諫議大夫於是昭容以武氏事動后即

表增出母服民以二十三爲丁限五十九免五品而上母妻不繇夫子封者喪得用鼓吹數改制度陰儲人望稍寵樹親屬封拜之昭容與母及尚宮賀婁等多受金錢封丞趙隴西夫人出入禁中勢與上官埒繇是墨敕斜封出矣三年帝親郊引后亞獻明年正月望夜帝與后微服過市彷徉觀覽縱宮女出游皆淫奔不還國子祭酒葉靜能善禁架常侍馬秦客高醫光祿少卿楊均善烹調皆引入後廷均秦客烝於后嘗喪免不歷旬輒起帝遇弑議者讙咎秦客及安樂公主后大懼引所親議計乃以刑部尚書裴談工部尚書張錫輔政留守東都詔將軍趙承福薛簡以兵五百衛譙王重福與兄溫定策立溫王重茂爲皇太子列府兵五萬分二營屯京師然後發喪太子即位是爲殤帝皇太后臨朝溫揔內外兵檢護宮省族弟濯播宗子捷璿暨甥高崇及武延秀分領左右屯營羽林飛騎萬騎京師大恐傳言且革命播璿入軍中鞭督萬騎欲立威士怨不爲用俄而臨淄王引兵夜披玄武門入羽林殺璿播崇於寢斧關叩太極殿后遁入飛騎營爲亂兵所殺斬延秀安樂公主分捕諸韋諸武與其支黨悉誅之梟后及安樂首東市翌日追貶爲庶人葬以一品禮

上官昭容者名婉兒西臺侍郎儀之孫父廷芝與儀死武后時母鄭太常少卿休遠之姊婉兒始生與母配掖廷天性韶警善文章年十四武后召見有所制作若素構自通天以來內掌詔命掞麗可觀嘗忤旨當誅后惜其才止黥而不殺也然群臣奏議及天下事皆與之帝即位大被信任進拜昭容封鄭沛國夫人婉兒通武三思故詔書推右武氏抑唐家節愍太子不平及舉兵叩肅章門索婉兒婉兒曰我死當次索皇后大家矣以激怒帝帝與后挾婉兒登玄武門避之會太子敗乃免婉兒勸帝侈大書館增學士員引大臣名儒充選數賜宴賦詩君臣賡和婉兒常代帝及后長寧安樂二主衆篇並作而采麗益新又差第群臣所賦賜金爵故朝廷靡然成風當時屬辭者大抵雖浮靡然所得皆有可觀婉兒力也鄭辛論節義夫人婉兒請降秩行服詔起爲婕妤俄還昭容帝即婉兒居穿沼築巖窮飾勝趣即引侍臣宴其所是時左右內職皆聽出外不何止婉兒與近嬖至皆營外宅邪人穢夫爭候門下肆狎昵因以求劇職要官與崔湜亂遂引知政事湜開商山道未半因帝遺制虛列其功加甄賞韋后之敗斬闕下初鄭方妊夢巨人畀大稱曰持此稱量天下婉兒生踰月母戲曰稱量者豈爾邪輒啞然應後內秉機政符其夢云景雲中追復昭容謚惠文始從母子王昱爲拾遺昱戒曰上往囚房陵武氏得志矣卒而中興天命所在不可幸也三思雖乘釁天下知必敗今昭容上所信而附之且滅族鄭以責婉兒不從節愍誅三思果索之始憂懼及草遺制即引相王輔政臨淄王兵起被收婉兒以詔草示劉幽求幽求言之王王不許遂誅開元初裒次其文章詔張說題篇

睿宗肅明順聖皇后劉氏祖德威自有傳儀鳳中帝在藩納爲孺人俄爲妃生寧王壽昌代國二公主帝即位爲皇后會帝降號皇嗣復爲妃長壽二年爲戶婢誣與竇德妃挾蠱道祝詛武后並殺之宮中葬秘莫知景雲元年追謚肅明皇后

睿宗昭成順聖皇后竇氏曾祖抗父孝諶自有傳后婉淑尤循禮則帝爲相王納爲孺人即位進德妃生玄宗及金仙玉真二公主與肅明同追謚並招魂葬東都之南肅明曰惠陵后曰靖陵立別廟曰儀坤以享云帝崩追稱皇太后與肅明祔橋陵后以子貴故先祔睿宗室肅明以開元二十年乃得祔廟初太常加謚后曰大昭成或言法宜引聖真冠謚而曰大昭成非也以單言配之應曰聖昭若睿成以復言配之應曰大聖昭成聖真昭成又引太穆皇后始謚穆及高祖崩合帝謚曰太穆追增太穆神皇后文德皇后始謚文德及太宗崩合謚文德聖皇后又援范曄著漢光烈等爲比太常謂曄以帝號標后謚是史家記事體婦人非必與夫同也入廟稱后繫夫在朝稱太繫子文母生號也文王既沒謚也周公豈以夫從婦乎漢法不可以爲據制曰可天寶八載制詔自太穆

而下六皇后並增上順聖二謚云
玄宗皇后王氏同州下邽人梁冀州刺史神念之裔孫帝爲臨淄
王聘爲妃將清内難預大計先天元年立爲皇后久無子而武妃
稍有寵后不平顯詆之然撫下素有恩終無肯譖短者帝密欲廢
后以語姜皎皎漏言卽死后兄守一懼爲求猒勝浮屠明悟教祭
北斗取霹靂木刻天地文及帝諱合佩之曰後有子與則天比開
元十二年事覺帝自臨劾有狀乃制詔有司皇后天命不祐華而
不實有無將之心不可以承宗廟母儀天下其廢爲庶人賜守一
死始后以愛弛不自安承間泣曰陛下獨不念阿忠脫紫半臂易
斗麪爲生日湯餅邪帝憫然動容阿忠后呼其父仁皎云繇是久
乃廢當時王諲作翠羽帳賦諷帝未幾卒以一品禮葬後宮思慕
之帝亦悔寶應元年追復后號
玄宗貞順皇后武氏恒安王攸止女幼入宮帝卽位寖得幸時王
皇后廢故進册惠妃其禮秩比皇后初帝在潞趙麗妃以倡幸有

容止善歌舞開元初父兄皆美官及妃進麗妃恩亦弛以十四年
卒論曰和生太子瑛而皇甫德儀生鄂王劉才人生光王皆潞邸
之舊後愛薄而妃乃專寵封所生母楊鄭國夫人弟忠國子祭酒
信秘書監將遂立皇后御史潘好禮上䟽曰禮父母讎不共天春
秋子不復讎不子也陛下欲以武氏爲后何以見天下士妃再從
叔三思也從父延秀也皆干紀亂常天下共疾夫惡木垂蔭志士
不息盜泉飛溢廉夫不飲匹夫匹婦尚相擇況天子乎願愼選華
族稱神祇之心春秋宋人夏父之會無以妾爲夫人齊桓公誓葵
丘曰無以妾爲妻此聖人明嫡庶之分分定則窺競之心息矣今
人間咸言右丞相張說欲取立后功圖復相今太子非惠妃所生
而妃有子若一儷宸極則儲位將不安古人所以諫其漸者有以
也遂不果立妃生子必秀嶷凡二王一主皆不育及生壽王帝命
寧王養外邸又生盛王咸宜太華二公主後李林甫以壽王母愛
希妃意陷太子鄂光二王皆廢死會妃薨年四十餘贈皇后及謚

葬敬陵
玄宗元獻皇后楊氏華州華陰人曾祖士達爲隋納言天授中以
武后母黨追封士達爲鄭王父知慶太尉帝在東宮后以景雲初
入宮爲良媛時太平公主忌帝而宮中左右持兩端纖悉必聞媛
方娠帝不自安密語侍讀張說曰用事者不欲吾多子奈何命說
挾劑以入帝於曲室自煑之夢若有介而戈者環鼎三而三煑盡
覆以告說說曰天命也乃止生男是爲肅宗帝卽位爲貴嬪其姊
節愍太子妃也初肅宗生下云不宜養乃命王皇后舉之后無子
撫肅宗如所生後又生寧親公主乃薨說以舊恩故子垍得尚寧
親肅宗卽位至德二載太上皇自蜀誥有司其議尊稱遂上册謚
寶應末祔泰陵
玄宗貴妃楊氏隋梁郡通守汪四世孫徙籍蒲州遂爲永樂人幼
孤養叔父家始爲壽王妃開元二十四年武惠妃薨後廷無當帝
意者或言妃姿質天挺宜充掖廷遂召内禁中異之卽爲自出妃

意者丐籍女官號太眞更爲壽王聘韋昭訓女而太眞得幸善歌
舞遂曉音律且智筭警穎迎意輒悟帝大悅遂專房宮中號娘
子儀體與皇后等天寶初進册貴妃追贈父玄琰太尉齊國公擢
叔玄珪光祿卿宗兄銛鴻臚卿錡侍御史尚太華公主主惠妃所
生最見寵遇而釗亦寖顯釗國忠也三姊皆美劭帝呼爲姨封韓
虢秦三國爲夫人出入宮掖恩寵聲焰震天下每命婦入班持盈
公主等皆讓不敢就位臺省州縣奉請託奔走期會過詔敕四方
獻餉結納門若市然建平信成二公主以與妃家忤至追内封物
駙馬都尉獨孤明失官它日妃以譴還銛第比中仄帝尚不御食
笞怒左右高力士欲驗帝意乃白以殿中供帳司農酒餼百餘車
送妃所帝卽以御膳分賜力士知帝旨是夕請召妃還下鑰安興
坊門馳入妃見帝伏地謝帝釋然撫尉良渥明日諸姨上食樂作
帝驟賜左右不可貲由是愈見寵賜諸姨錢歲百萬爲脂粉費銛
以上柱國門列戟與錡國忠諸姨五家第舍聯亘擬憲宮禁率一

堂費緡千萬，見它第有勝者，輒壞復造，務以環侈相夸詡，土木工不息。帝所得奇珍及貢獻分賜之，使者相銜於道，五家如一。妃每從游幸，乘馬則力士授轡策。凡充錦繡官及冶琢金玉者，大抵千人，奉須索，奇服秘玩，變化若神。四方爭為怪珍入貢，動駭耳目。於是嶺南節度使張九章、廣陵長史王翼以所獻最，進九章銀青階，擢翼戶部侍郎，天下風靡。妃嗜荔支，必欲生致之，乃置騎傳送，走數千里，味未變已至京師。天寶九載，妃復得譴還外第，國忠謀於吉溫。溫因見帝曰：「婦人過忤當死，然何惜宮中一席廣為鈇鑕地，更使外辱乎？」帝感動，輟食，詔中人張韜光賜之。妃因韜光謝帝曰：「妾有罪當萬誅，然膚髮外皆上所賜，今且死，無以報。」引刀斷一繚髮奏之，曰：「以此留訣。」帝見駭惋，遽召入，禮遇如初。因又幸秦國及國忠第，賜兩家鉅萬。國忠既遙領劍南，每十月，帝幸華清宮，五宅車騎皆從，家別為隊，隊一色，俄五家隊合，爛若萬花，川谷成錦繡。國忠導以劍南旗節。遺鈿墮舄，瑟瑟璣琲，狼藉于道，香聞數十里。

十載正月望夜，妃家與廣寧主僮騎爭闤門，鞭挺讙競，主墮馬，僅得去。主見帝泣，乃詔殺楊氏奴，貶駙馬都尉程昌裔官。國忠之輔政，其息昢尚萬春公主，暄尚延和郡主；弟鑑尚承榮郡主。又詔為玄琰立家廟，帝自書其碑。銛、秦國早死，故韓、虢與國忠貴最久。而虢國素與國忠亂，頗為人知，不恥也。每入謁，並驅道中，從監、侍姆百餘騎，炬蜜如晝，靚妝盈里，不施幃障，時人謂為「雄狐」。諸王子孫凡婚聘，必先因韓、虢以請，輒皆遂，至數百千金以謝。初，安祿山有邊功，帝寵之，詔與諸姨約為兄弟，而祿山母事妃，來朝，必宴餞結歡。祿山反，以誅國忠為名，且指言妃及諸姨罪。帝欲以皇太子撫軍，因禪位，諸楊大懼，哭于廷。國忠入白妃，妃銜塊請死，帝意沮，乃止。及西幸至馬嵬，陳玄禮等以天下計誅國忠，已死，軍不解。帝遣力士問故，曰：「禍本尚在！」帝不得已，與妃訣，引而去，縊路祠下，裹尸以紫茵，瘞道側，年三十八。帝至自蜀，道過其所，使祭之，且詔改葬。禮部侍郎李揆曰：「龍武將士以國忠負上速亂，為天下殺之。今葬妃，恐反仄自疑。」帝乃止。密遣中使者具棺槨它葬焉。啟瘞，故香囊猶在，中人以獻，帝視之，悽感流涕，命工貌妃於別殿，朝夕往，必為鯁欷。馬嵬之難，虢國與國忠妻裴柔等奔陳倉，縣令率吏追之，意以為賊，棄馬走林。虢國先殺其二子，柔曰：「丏我死！」即并其女刺殺之，乃自剄，不殊，吏載置于獄。問曰：「國家乎？賊乎？」吏曰：「互有之。」乃死，瘞陳倉東郭外。

贊曰：或稱武、韋亂唐同一轍，武持久，韋亟滅，何哉？議者謂否。武后自高宗時挾天子威福，脅制四海，雖逐嗣帝，改國號，然賞罰已出，不假借群臣，僭於上而治於下，故能終天年，阽亂而不亡。韋氏乘夫淫蒸，于朝斜封四出，政放不一，既鴆殺帝，引睿宗輔政，權去手不自知，戚地已疏，人心相挻，玄宗藉其事以撼豪英，故取若掇遺，不旋踵宗族夷丹，勢奪而事淺也。然二后遺後王戒，顧不厚哉！

后妃列傳上第一

端明殿學士兼翰林侍讀學士龍圖閣學士朝散大夫守尚書吏部侍郎充集賢殿修撰臣宋祁奉

敕撰

肅宗廢后庶人張氏鄧州向城人家徙新豐祖母竇昭成皇后女弟也玄宗幼失昭成母視姨鞠愛篤備帝即位封鄧國夫人親寵無比五息子曰去惑去疑去奢去逸去盈皆顯官去盈尚常芬公主去逸生后肅宗爲忠王時納韋元珪女爲孺人既建太子以孺人爲妃后爲良娣妃兄堅爲李林甫構死太子懼請與妃絕毀服幽禁中安祿山反陷于賊至德中薨始妃既絕良娣得專侍太子慧中而辯能迎意傅合玄宗西幸娣與太子從度渭民郭道乞留復長安太子不聽中人李輔國密啓娣又贊其謀遂定計北趣靈武時軍衛單寡夕次娣必寢前太子曰暮夜可虞且捍賊非婦人事宜少戒對曰方多事若倉卒妾自當之殿下可徐爲計駐靈武産子三日起縫戰士衣太子敕止對曰今豈自養時邪乾元初冊拜淑妃贈其父尚書左僕射娣妹皆封號弟清潛尚大寧延和二郡主遂立爲皇后詔內外命婦悉朝光順門后能牢寵稍稍豫政事與李輔國相助多以私謁撓權親蠶苑中羣命婦相禮儀物甚盛二年羣臣上帝尊號后亦諷羣臣尊己號翊聖帝問李揆揆爭不可會月蝕帝以咎在後宮乃止又與輔國謀徙上皇西內端午日帝召見山人李唐帝方擁幼女顧唐曰我念之無怪也唐曰太上皇今日亦當念陛下帝泣然涕下而內制於后卒不敢謁西宮帝不豫后自箴血寫佛書以示誠初建寧王倓數短后於帝上皇在蜀以七寶鞍賜后而李泌請分以賞戰士倓助泌請故后怨卒被譖死繇是太子深畏事后謹甚后猶欲危之然以子佋早世而侗幼故太子得無患寶應元年帝大漸后與內官朱煇光等謀立越王係而李輔國程元振以兵衞太子幽后別殿代宗已立羣臣白帝請廢爲庶人殺之清潛與舅竇履信皆流放支黨伏誅

肅宗章敬皇后吳氏濮州濮陽人父令珪以郫丞坐事死故后幼入掖廷肅宗在東宮宰相李林甫陰構不測太子內憂鬢髮班禿後入謁玄宗見不悅因幸其宮顧廷宇不汛掃樂器塵蠹左右無嬪侍帝愀然謂高力士曰兒居處乃爾將軍叵使我知乎詔選京兆良家子五人虞侍太子力士曰京兆料擇人得以藉口不如取掖廷衣冠子可乎詔可得三人而后在中因蒙幸忽寢厭不寤太子問之辭曰夢神降我介而劒決我脅以入殆不能堪燭至其文尚隱然生代宗爲嫡皇孫生之三日帝臨澡之孫體孿弱負姆嫌陋更取他宮兒以進帝視之不樂姆叩頭言非是帝曰非爾所知趣取兒來於是見嫡孫帝大喜向日視之曰福過其父帝還盡留內樂宴具顧力士曰可與太子飲一日見三天子樂哉后性謙柔太子禮之甚渥年十八薨代宗即位羣臣請以后祔肅宗廟乃追尊爲皇后上謚合葬建陵啓故窆皃澤若生衣皆赭色見者嘆異謂有聖子之符云

代宗貞懿皇后獨孤氏失其何所人父穎左威衞錄事參軍天寶中帝爲廣平王時貴妃楊氏外家貴冠戚里秘書少監崔峋妻韓國夫人以其女女皇孫爲妃妃生子偲所謂召王者妃倚母家頗驕媢諸楊誅禮浸薄及薨后以姝豔進居常專夜王即位冊貴妃生韓王迥華陽公主大曆十年薨追號爲皇后上謚帝悼思不已故殯內殿累年不外葬後三年始詔於都左治陵欲朝夕望見之補闕姚南仲諫而止乃葬莊陵詔宰相常袞爲哀冊帝於后厚故送終華廣務稱其情袞極道悽婉以中帝意又詔羣臣爲挽辭帝擇其尤悲者令歌之初后愛遇第一官其宗叔卓少府監兄良佐太子中允

代宗睿眞皇后沈氏吳興人開元末以良家子入東宮太子以賜廣平王實生德宗天寶亂賊囚后東都掖廷王入洛復留宮中時方北討未及歸長安而河南爲史思明所沒遂失后所在代宗立以德宗爲皇太子詔訪后在亡不能得德宗即位乃先下詔贈后曾祖士衡太保祖介福太傅父易直太師弟易良司空易直子震太

尉一日封拜百二十七人詔制皆錦翠游飾以廄馬負載賜其家易良妻崔入謁帝易服召王韋美人出拜詔崔勿答建中元年乃具冊前上皇太后尊號帝供張含元殿具袞冕出自左序立東方羣臣在位帝再拜奉冊欷歔感咽左右皆泣於是中書舍人高參上議漢文帝即位遣薄昭迎太后于代今宜用漢故事令有司擇日分遣諸沈行州縣物色咨訪以述宣皇帝孝思意冀上天降休靈命允答須審知皇太后行在然後遣大臣備法駕奉迎帝乃以睦王述爲奉迎使工部尚書喬琳副之昇平公主侍起居使者分行天下故中官高力士女顏能言禁中事與女官李真一嘗從后游李見高疑問之含糊不堅而年狀差似后又后嘗削脯哺帝傷左指高亦嘗剖瓜傷指是時宮中無識后者於是迎還上陽宮馳以聞帝喜羣臣皆賀力士子知非是具言其情詔貸之帝謂左右吾寧受百罔冀一得真於是自謂太后者數矣及案驗皆辭窮終帝世無聞焉貞元七年詔贈外高祖琳爲司徒封徐國公爲立

五廟以琳爲始祖詔族子房爲金吾將軍奉其祀憲宗即位有司建言皇太后沈氏厭代二十有七年大行皇帝至孝冢思罔極建中時發明詔遣使者奉迎凡舟車所至罔不逮歲推月遷參訪理絕請因大行皇帝啟殯詔羣臣爲皇太后發哀肅章內殿中人奉廄衣置幄坐宮中朝夕上食告天地宗廟上太皇太后謚冊作神主祔代宗廟備法駕奉褘衣納于元陵祠室詔曰可

德宗昭德皇后王氏本仕家失其譜系帝爲魯王時納爲嬪生順宗尤見寵禮既即位冊號淑妃贈其父遇揚州大都督子姓姻出悉得官貞元三年妃久疾帝念之遂立爲皇后冊禮方訖而后崩羣臣大臨三日帝七日釋服將葬后母郕國鄭夫人請設奠有詔祭物無用寓欲祭驗之於是宗室王大臣李晟渾瑊等皆祭自發塗日日具祭發引乃止葬靖陵置令丞如它陵臺立廟奏坤元之舞敕宰相張延賞柳渾等制樂曲帝嫌文不工李紓上謚冊曰大行皇后帝又謂不典並詔翰林學士吳通玄改譔冊曰咨后王氏然議者謂今文本所上文德皇后冊言皇后長孫氏爲得禮永貞元年改祔崇陵

德宗賢妃韋氏戚里舊族也祖濯尚定安公主初爲良娣德宗貞元四年冊拜賢妃宮壼事無不聽而性敏淑言動皆有繩矩帝寵重之後宮莫不師其行帝崩自表留奉崇陵園元和四年薨

順宗莊憲皇后王氏琅邪人祖難得有功名於世代宗時后以良家選入宮爲才人順宗在藩帝以才人幼故賜之爲王孺人是生憲宗王在東宮冊爲良娣后性仁順宮中化其德莫不柔雍順宗即位疾已緜頓后侍醫藥不少怠將立后會病棘而止憲宗內禪尊爲太上皇后元和元年乃上尊號曰皇太后后謹畏深抑外家無豪絲假貸訓厲內職有古后妃風十一年崩年五十四遺令曰皇太后敬問具位萬物之理必歸於有極未亡人嬰霜露疾日以衰頓幸終天年得奉陵寢志願獲矣其何所哀易月之典古今所共皇帝宜三日聽政服二十七日釋天下吏民令到臨三日止宮

中非朝暮臨無輒哭無禁昏嫁祠祀飲食酒肉已釋服聽舉樂侍醫無加罪陪祔如舊制有司上謚葬豐陵

憲宗懿安皇后郭氏汾陽王子儀之孫父曖尚昇平公主實生后憲宗爲廣陵王娉以爲妃順宗以其家有大功烈而母素貴故禮之異諸婦是生穆宗元和元年進冊貴妃八年羣臣三請立爲后帝以歲子午忌又是時後廷多嬖豔恐后得尊位鉗掣不得肆故章報聞罷穆宗嗣位上尊號皇太后贈曖太尉母齊國大長公主擢兄釗刑部尚書鏦金吾大將軍后移御興慶宮凡朔望三朝帝率百官詣宮門爲壽或歲時慶問燕饗後宮戚里內外婦車騎騈雍環佩之聲滿宮帝亦豪矜朝夕供御務華衍侈大稱后意后嘗幸驪山登覽裴回詔景王督禁軍從帝自到昭應奉迎留帳飲數日還帝崩中人有爲后謀稱制者后怒曰吾效武氏邪今太子雖幼尚可選重德爲輔吾何與外事哉敬宗立號太皇太后寶曆令卒后召江王嗣皇帝位是爲文宗文宗性謹孝事后有禮凡著果

鮮珍及四方奇奉必先獻宗廟三宮而後御之武宗喜畋游角武抃擇五坊小兒得出入禁中它日問后起居從容請曰如何可爲盛天子后曰諫臣章疏宜審覽度可用用之有不可以詢宰相毋拒直言勿納偏言以忠良爲腹心此盛天子也帝再拜還索諫章閱之往往道游獵事自是畋幸稀小兒武抃等不復横賜矣宣宗立於后諸子也而母鄭故侍兒有曩怨帝奉養禮稍薄后鬱鬱不聊與一二侍人登勤政樓將自隕左右共持之帝聞不喜是夕后暴崩有司上尊謚葬景陵外園太常官王皥請后合葬景陵以主祔憲宗室帝不悅令宰相白敏中讓之皥曰后乃憲宗東宮元妃事順宗爲婦歷五朝母天下不容有異論敏中亦怒周墀又責謂皥終不橈皥曰皥信孤直俄貶皥句容令懿宗咸通中皥還爲禮官申抗前論乃詔后主祔于廟

憲宗孝明皇后鄭氏丹楊人或言本尒朱氏元和初李錡反有相者言后當生天子錡聞納爲侍人錡誅沒入掖廷侍懿安后憲宗

幸之生宣宗宣宗爲光王后爲王太妃及即位尊爲皇太后太后不肯別處故帝奉養大明宫朝夕躬省候焉懿宗立尊后爲太皇太后咸通三年帝奉后宴三殿命翰林學士侍立結綺樓下六年崩移仗西内上謚冊葬景陵旁園

穆宗恭僖皇后王氏越州人本仕家子幼得侍帝東宫生敬宗長慶時冊爲妃敬宗立上尊號爲皇太后贈后父紹卿司空母張追封趙國夫人文宗時稱寶曆太后大和五年宰相建白以太皇太后與寶曆太后稱號未辨前代詔令不敢斥言皆以宫爲稱今寶曆太后居義安殿宜曰義安太后詔可會昌五年崩有司上謚葬光陵東園

穆宗貞獻皇后蕭氏閩人也穆宗爲建安王后得侍生文宗文宗立上尊號曰皇太后初后去家入長安不復知家存亡惟記有弟帝爲訪之俄有男子蕭洪因后姊婿呂璋自見之太后謂得眞弟悲不自勝帝拜洪金吾將軍出爲河陽三城節度使稍徙鄜坊始節度自神策出者皆畢軍爲辦裝因三倍取償洪所代未及償而死軍中併責償於洪洪不許左軍中尉仇士良憾之會閩有男子蕭本又稱太后弟士良以聞自鄜坊召洪下獄按治洪乃代人詔流驩州不半道賜死擢本贊善大夫寵贈三世帝以爲眞不淹旬賜累鉅萬然太后眞弟庸輭莫能自達本紿得其家系士良主之遂聽不疑歷衛尉卿金吾將軍會福建觀察使唐扶上言泉州男子蕭弘自言太后弟御史臺劾治非是昭義劉從諫又爲言請與本辨有詔三司高元裕孫簡崔郇雜問乃皆妄本流愛州弘儋州而太后終不獲弟初大和中懿安太后居興慶宫寶曆太后居義安殿后居大内號三宫太后帝每五日問安及歲時慶謁率繇複道至南内羣臣及命婦詣宫門候起居有司獻四時新物送三宫亦稱賜帝曰上三宫何可言賜遽索筆滅賜爲奉開成中正月望夜帝御咸泰殿大然鐙作樂迎三宫太后奉觴進壽禮如家人諸王公主皆得侍武宗時徙積慶殿又號積慶太后大中元年崩上太今謚

穆宗宣懿皇后韋氏失其先世穆宗爲太子后得侍生武宗長慶時冊爲妃武宗立妃已亡追冊爲皇太后上尊謚又封后二女弟爲夫人有司奏太后陵宜别制號帝乃名所葬園曰福陵既又問宰相葬從光陵與但祔廟孰安奏言神道安於靜光陵因山爲固且二十年不可更穿福陵崇築已有所當遂就臣等請奉主祔穆宗廟便帝乃下詔朕因誕日展禮于太皇太后謂朕曰天子之孝莫大於承續今穆宗皇帝虚合享之位而宣懿太后實生嗣君當以祔廟繇是奉后合食穆宗室

尚宫宋若昭貝州清陽人世以儒聞父廷芬能辭章生五女皆警慧善屬文長若莘次若昭若倫若憲若荀莘昭文尤高皆性素潔鄙薰澤靚粧不願歸人欲以學名家家亦不欲與寒鄉凡裔爲姻對聽其學若莘誨諸妹如嚴師著女論語十篇大抵準論語以韋宣文君代孔子曹大家等爲顏冉推明婦道所宜若昭又爲傳申釋之貞元中昭義節度使李抱眞表其才德宗召入禁中試文章

并問經史大誼帝咨美悉留宮中帝能詩每與侍臣賡和五人者皆預凡進御未嘗不蒙賞又高其風操不以妾侍命之呼學士擢其父饒州司馬習藝館內教賜第一區加穀帛元和末若莘卒贈河內郡君自貞元七年秘禁圖籍詔若莘總領穆宗以若昭尤通練拜尚宮嗣若莘所職歷憲穆敬三朝皆呼先生后妃與諸王主率以師禮見寶曆初卒贈梁國夫人以鹵簿葬若憲代司祕書文宗尚學以若憲善屬辭粹論議尤禮之大和中李訓鄭注用事惡宰相李宗閔譖言因駙馬都尉沈𣹸厚賂若憲求執政帝怒幽若憲外第賜死家屬徙嶺南訓注敗帝悟其譖追恨之若倫若荀早卒廷芬男獨愚不可教爲民終身

敬宗貴妃郭氏右威衛將軍義之子失義何所人長慶時后以容選入太子宮太子即位爲才人生晉王普帝以早得子又淑麗冠後廷故寵異之踰年爲貴妃贈義禮部尚書兄環少府少監賜大第文宗立愛晉王若己子待妃禮不衰亡其薨年

武宗賢妃王氏邯鄲人失其世年十三善歌舞得入宮中穆宗以賜穎王性機悟開成末王嗣帝位妃陰爲助畫故進號才人遂有寵狀纖頎頗類帝每畋苑中才人必從袍而騎校服光侈略同至尊相與馳出入觀者莫知孰爲帝也帝欲立爲后宰相李德裕曰才人無子且家不素顯恐詒天下議乃止帝稍惑方士說欲餌藥長年後寖不豫才人每謂親近曰陛下日燎丹言我取不死膚澤消槁吾獨憂之俄而疾侵才人侍左右帝熟視曰吾氣奄奄情慮耗盡顧與汝辭荅曰陛下大福未艾安語不祥帝曰脫如我言奈何對曰陛下萬歲後妾得以殉帝不復言及大漸才人悉取所常貯散遺宮中審帝已崩即自經幄下當時嬪媛雖常妬才人專上者返皆義才人爲之感慟宣宗即位嘉其節贈賢妃葬端陵之栢城

宣宗元昭皇后鼂氏不詳其世少入邸最見寵荅及即位以爲美人大中中薨贈昭容詔翰林學士蕭寘銘其窆具載生鄆王萬壽公主後奠昭等五王居內院而鄆獨出閤及即位是爲懿宗外頗疑帝非長寘出銘辭以示外廷乃解帝追冊昭容爲皇太后上尊謚詔后二等以上親悉官之配主宣宗廟自建陵曰慶陵置宮寢

懿宗惠安皇后王氏亦失所來咸通中冊號貴妃生普王七年薨十四年王即位是爲僖宗追尊皇太后冊上謚號祔主懿宗廟即其園爲壽陵后屬緦以上帝悉官之

懿宗淑妃郭氏幼入鄆王邸宣宗在位春秋高惡人言立太子事王以嫡長居外宮心常憂惴妃護侍左右慰安起居終得無恙生女未能言忽曰得活王驚異之及即位以妃爲美人進拜淑妃女爲同昌公主下嫁韋保衡保衡處內宅妃以主故出入娛飲不禁是時譁言與保衡亂莫得其端僖宗立保衡緣它罪爲人所發且汙舊謗卒貶死妃猶處禁中黃巢之難天子出蜀倉卒妃不及從遂流落閭里不知所終

懿宗恭憲皇后王氏其出至微咸通中列後廷得幸生壽王而卒

王立是爲昭宗追號皇太后上謚祔主懿宗室即故葬號安陵召后弟瓌官之景福初瓌位任寖重帝亦以外家倚之爲中尉楊復恭所媢表爲黔南節度使瓌之鎮道吉栢江復恭密諭楊守亮覆其家

昭宗皇后何氏梓州人系族不顯帝爲壽王后得侍婉麗多智思荅厚甚既即位號淑妃從狩華州詔冊爲皇后光化三年帝獵夜歸后遣德王還邸遇劉季述留王紫廷院明日季述等挾王陳兵召百官脅帝內禪后恐賊臣加害天子即取璽授季述與帝同幽東宮賊平反正天復中從帝駐鳳翔李茂貞請帝勞軍不得已后從御南樓會朱全忠逼帝東遷后謂帝曰此後大家夫婦委身賊手矣涕數行下帝奔播既屢威柄盡喪左右皆悍逆廝奴后侍膳服無須臾去側至洛帝憂忽忽與后相視無死所已而遇弒哀帝即位尊爲皇太后宮中不敢哭徙居積善宮號積善太后帝將禪天下后亦遇害初蔣玄暉爲全忠邀九錫入謝后度不免見玄暉

垂泣祈哀以母子託命宜徽使趙殷衡譖於全忠曰玄暉等銘
石像壓積善宮將復唐全忠怒遂遣縊后以醜名加之廢為庶人

后妃列傳下第二

宗室列傳第三　唐書七十八

端明殿學士兼翰林侍讀學士龍圖閣學士朝散大夫尚書吏部侍郎兼提舉萬壽觀公事臣宋祁奉
敕撰

太祖八子

長延伯次真次世祖皇帝次璋次繪次禕次蔚次亮

南陽公延伯蚤薨無嗣高祖武德中與六王同追封

譙王真從太祖戰歿無嗣

畢王璋仕周為梁州刺史與趙王招謀殺隋文帝不克死生二子曰韶曰孝基韶死隋世武德時追封東平王生子道宗

江夏郡王道宗字承範高祖即位授左千牛備身略陽郡公裴寂與劉武周戰度索原寂敗賊逼河東道宗年十七從秦王討賊王登玉壁城以望謂道宗曰賊恃衆欲戰爾計謂何對曰武周席勝剽然鋒未可當正宜以計摧之且烏合之衆憚持久若堅壁以頓其銳須食盡氣老可不戰禽也王曰而意與我合既而賊糧匱

夜引去追戰滅之出為靈州總管時梁師都弟洛仁連突厥兵數萬傅于壘道宗閉城守伺隙出戰破之高祖謂裴寂曰昔魏任城王彰有卻敵功道宗似之因封任城王始突厥郁射設入居五原道宗逐出之震耀威武斥地贏千里貞觀元年召拜鴻臚卿遷大理太宗方經略突厥復授靈州都督三年為大同道行軍總管助李靖破虜親執頡利可汗賜封六百戶還為刑部尚書吐谷渾寇邊靖出崑丘道詔與侯君集為靖副賊聞兵且至走嶂山數千里諸將欲止獨道宗請窮追靖曰善君集未從道宗以單師進去大軍十日及之吐谷渾拒險殊死鬭道宗陰引千騎踰山乘其後賊驚遂大潰徙封江夏授鄂州刺史久之坐貪贓帝聞怒曰朕提四海之富士馬若林如使轍跡環天下游觀不廢采絕域之玩海表之珍顧不得邪特以勞民自樂不為也人心無猒當以誼制之今道宗已王稟賜多而貪不止顧不鄙哉乃免官削封戶以王就第明年召為茂州都督未行拜晉州刺史遷禮部尚書侯君集破高

昌還頗怨望道宗嘗從容奏言君集智小言大且為戎首帝問所以知必反者對曰見其恃而矜功恥為房李下官尚書常鬱鬱不平帝曰君集誠有功材無不堪朕寧惜爵位邪弟未及耳不宜輕億度使自猜危既而君集反帝笑曰如公素揣帝將討高麗先遣營州都督張儉輕騎度遼規形勢儉畏不敢深入道宗請以百騎往帝許之約其還曰臣請二十日行留十日覽觀山川得還見天子因秣馬束兵旁南山入賊地相易險度營陣便處將還會高麗兵斷其路更走間道謁帝如期帝曰賁育之勇何以過賜金五十斤絹千匹乃詔與李勣為前鋒濟遼拔蓋牟城會賊救至道宗與摠管張君乂領騎裁四千虜十倍皆欲浚溝保險須帝至道宗曰賊遠來其兵必疲我一鼓摧之固矣昔耿弇不以賊遺君父吾為前軍當清道迎乘輿尚何待勣善之選壯騎數十突進賊營左右出入勣合擊大破之帝至咨美賜奴婢四十口乃築距闉攻安市城闉毀傅城道宗失部分反為賊據帝斬其果毅傅伏愛道宗跣行

請罪帝曰漢武帝殺王恢不如秦穆公赦孟明遂置不問在陣傷足帝親加砭治賜御膳還以疾辭劇就閑改太常卿高宗永徽初房遺愛以反誅長孫无忌褚遂良與道宗有宿怨誣與遺愛善流象州道病薨年五十四无忌等得罪詔復爵邑道宗晚好學接士大夫不倨于貴國初宗室唯道宗孝恭為最賢子景恒封盧國公相州刺史道宗弟道興武德初爵廣寧郡王以屬疏降封縣公貞觀九年為交州都督以南方瘴癘恐不得年頗忽忽憂悵卒于官贈交州都督

永安壯王孝基武德初得王歷陝州摠管鴻臚卿以罪奪官二年劉武周寇太原夏人呂崇茂以縣應賊詔孝基為行軍摠管攻之工部尚書獨孤懷恩内史侍郎唐儉陝州摠管于筠隸焉筠請急攻城絕外援且當有變時懷恩挾異計紿說孝基曰夏城堅攻之引日宋金剛在近内拒外彊一敗塗地不如頓兵待秦王破賊則夏自孤此謂不戰而屈人也孝基謂然會尉遲敬德至與崇茂夾

廖官師遂大敗孝基及筠等皆執於賊謀亡歸為賊所害高祖為發哀優賜其家晉陽平購尸不獲招魂以葬贈左衛大將軍及謚無子以兄子道立嗣封高平王後降封縣公終陳州刺史曾孫涵涵簡素忠謹為宗室雋累授贊善大夫郭子儀表為關内鹽池判官肅宗至平涼未知所從朔方留後杜鴻漸等條士馬倉廥使涵奉牋馳謁肅宗涵既見數奏明辯肅宗悅除左司員外郎再遷宗正少卿寶應初河朔平涵方母喪奪哀持節宣慰所至州縣非公事未嘗言蔬飯水飲席地以瞑使還固請終制代宗見其癯毀許之服除擢給事中遷兵部侍郎朱希彩殺李懷仙復宣慰河北還為浙西觀察使居五歲入朝拜御史大夫京畿觀察使德宗嗣位以涵和易無所繩舉除太子少傅山陵副使以父諱從光祿卿未幾遷左散騎常侍以尚書右僕射致仕累封襄武縣公卒贈太子太保子鏸貞元初為饒州別駕妻高以善歌入宮鏸因御醫許詠通書坐誅

雍王繪為隋夏州摠管子贄追爵河南王生道玄

淮陽壯王道玄性謹厚習技擊然進止都雅武德初例王年十五從秦王擊宋金剛於介州先登王壯之賞予良厚討王世充戰多竇建德屯虎牢王輕騎致賊遣道玄伏以待賊至走之轉戰汜水登南坂貫賊陣出其背復引還賊皆靡所發命中王喜以副騎給之每赴敵飛矢著身如蝟氣益厲東都平為洛州摠管府廢更授刺史俄為山東道行軍摠管討劉黑闥以多見褒黑闥再亂道玄率史萬寶戰下博越瀛馳約萬寶繼進萬寶素少之不肯前曰吾被詔以王兒子名大將而軍進退實在我今其輕鬭若大軍竭馳必陷濘莫如以王啗賊我結陣待之雖不利王而利國也道玄遂戰歿年十九萬寶為賊所乘舉軍潰身獨免太宗追悼曰自兵興兒常從我每見我深入輒克故慕之惜其少遠圖不究哀哉因流涕贈左驍衛大將軍及謚無子以弟道明嗣王遷左驍衛大將軍貞觀十四年與武衛將軍慕容寶節送弘化公主於吐谷渾坐漏言

主非帝女奪主終鄆州刺史六世孫漢

漢字南紀少事韓愈通古學屬辭雄蔚爲人剛略類愈愈愛重以子妻之擢進士第遷累左拾遺敬宗侈宫室舶賈獻沈香亭材漢諫曰以沈香爲亭何異瑶臺瓊室乎是時王政謬僻漢言切多所救補坐婞訐出佐興元幕府文宗立召爲屯田員外郎史館脩撰論次憲宗實録書宰相李吉甫事不假借子德裕恐之會李宗閔當國擢知制誥稍進御史中丞吏部侍郎初德裕貶袁州漢助爲排擠後德裕復輔政漢坐宗閔黨出爲汾州刺史宗閔再逐改州司馬詔有司不二十年不得用然不數歳徙絳州長史遂不復振大中時召拜宗正少卿卒始漢爲中丞表孔温業爲御史及漢晚見召温業已爲中丞每燕集人以爲榮

郇王禕爲隋上儀同三司生子叔良德良幼良長平肅王叔良武德初例王鎮涇州捍薛仁杲仁杲内史令翟長孫以衆降於是大饑米斗千錢叔良不恤士損糧以漁利下皆怨仁杲知之陽言食盡去遣高墌人詭降叔良遣驃騎劉感受之未至城三烽發仁杲兵自南原譟而還大戰百里細川感爲賊執叔良懼悉出金勞軍委事於長孫乃克安久之突厥入寇詔叔良率五將軍擊之中流矢道薨贈左翊衛大將軍靈州總管子孝協嗣

孝協始王范陽俄降爲郇國公魏州刺史麟德中坐贓抵死司宗卿隴西王博乂等爲言於高宗求貸帝不許遂自殺弟孝斌爲原州都督府長史生子思訓爲江都令武后多殺宗室思訓棄官去中宗復位以耆舊擢宗正卿封隴西郡公歴益州都督府長史開元初進彭國公加戸滿四百進右武衛大將軍卒贈秦州都督陪葬橋陵思訓善畫世所謂李將軍山水者弟思誨爲揚州參軍事子林甫自有傳

新興郡王德良少以疾不任職薨贈涼州都督孫晉先天中爲雍州長史治有名襲王坐豫太平公主謀被誅改氏厲晉就刑僚吏犇解唯司功參軍李撝從王如它日晉死哭其尸盡哀姚元崇歎曰欒向儔邪擢爲尚書郎

長樂郡王幼良資暴急高祖數曉勑不悛有盜其馬者輒殺之帝怒曰盜信有罪王而專殺可乎詔禮部尚書李綱召宗室即朝堂杖之百乃釋出爲涼州都督嘯不逞爲左右市里苦之太宗立或告王陰養士交境外詔中書令宇文士及往代幷按狀士及繩之急左右恐欲劫王由間道趨長安自明不即北奔突厥士及露劾帝復遣侍御史孫伏伽鞫視無異辭遂賜死六世孫回別傳

蔡烈王蔚爲周朔州總管生子安哲

西平懷王安仕隋爲右領軍大將軍封趙公武德時例王生子琛孝恭瓌

襄武郡王琛字仲寶木訥少文隋義寧初封襄武郡公與太常卿鄭元璹持女伎聘突厥始畢可汗約和親始畢禮之贈遺蕃渥遣骨吐禄特勒隨琛入獻授刑部侍郎武德初始王歴利蒲絳三州總管宋金剛陷澮州稽胡多叛詔琛鎮隰州政寬簡爲吏夏愛便

薨子儉龍襄王例降爲公

河間元王孝恭少沈敏有識量高祖已定京師詔拜山南招慰大使徇巴蜀下三十餘州進擊朱粲破之俘其衆諸將曰粲徒食人摯賊也請阬之孝恭曰不然今列城皆吾寇若獲之則殺後渠有降者乎悉縱之繇是騰檄所至輒下明年拜信州總管承制得拜假當是時蕭銑據江陵孝恭數進策圖銑帝嘉納進王趙郡以信州爲夔州乃大治舟艦肄水戰會李靖使江南孝恭倚其謀遂圖江陵盡召巴蜀首領子弟收用之外示引擢而内實質也俄進荊湘道總管統水陸十二軍發夷陵破銑二鎮縱戰艦放江中諸將曰得舟當濟吾用棄之反資賊奈何孝恭曰銑之境南際嶺左薄洞庭地險士衆若城未拔而援至我且有内外憂舟雖多何所用之今銑瀕江鎮戍見艫舳蔽江下必謂銑已敗不即進兵覘候往返以引救期則吾既拔江陵矣已而救兵到巴陵見船疑不進銑内外阻絶遂降帝悦遷荊州大總管詔圖破銑狀以進孝恭治

荆爲置屯田立銅冶百姓利之遷襄州道行臺左僕射特嶺表未平乃分遣使者綏輯安慰其款附者四十有九州朝廷號令暢南海矣未幾輔公祏反寇壽陽詔孝恭爲行軍元帥討之引兵趨九江李靖李勣黄君漢張鎮州盧祖尚皆爲節度將發大饗士杯水變爲血坐皆失色孝恭自如徐曰禍福無基唯所召爾顧我不負於物無重諸君憂公祏禍惡貫盈今仗威靈以問罪杯中血乃賊臣授首之祥乎盡飲罷衆心爲安公祏將馮惠亮等拒嶮邀戰孝恭堅壁不出遣奇兵絶饟道賊饑夜薄營孝恭臥不動明日使羸兵扣賊壘挑之祖尚選精騎陣以待俄而兵卻賊追北且躡遇祖尚軍薄戰遂大敗惠亮退保梁山孝恭乘勝破其別鎮賊赴水死者數千計公祏窮棄丹楊走騎窮追生禽之江南平璽書褒美賜甲第一區女樂二部奴婢七百口寶玩不貲進授東南道行臺左僕射行臺廢更爲揚州大都督孝恭再破巨賊北自淮東包江度嶺而南盡統之欲以威重夸遠俗乃築第石頭城陳廬徼自衞

或誣其反召還頗爲憲司鞫詰既無狀赦爲宗正卿賜實封千二百戸歷涼州都督晉州刺史貞觀初爲禮部尚書改王河間性奢豪後房歌舞伎百餘然寛恕退讓無矜伐色太宗用是親重之宗室莫比也嘗謂人曰吾所居頗壯麗非吾心也當別營一區令粗足充事而已吾歿後子也才易以守不才不爲他人所利十四年中飲暴薨年五十帝哭之慟贈司空揚州都督及謚陪葬獻陵始隋亡盜賊徧天下皆太宗身自討定謀臣驍帥並隸麾下無特將專勳者惟孝恭獨有方面功以自見云子崇義晦崇義嗣王降封譙國公歷蒲同二州刺史益州都督府長史有威名終宗正卿晦乾封中爲營州都督以治狀聞璽書勞賜遷右金吾將軍檢校雍州長史摧擿姦伏無留隱吏下畏之高宗將幸洛詔晦居守謂曰關中事一以屬公然法令牽制不可以成政法令外苟可以利人者行之毋須以聞故晦治有異績武后時遷秋官尚書卒贈幽州都督初晦第起觀閣下臨肆區其人候晦曰庶人不及以禮然室家之私不願外窺今將辭公晦爲遽毀徹之子榮奉吳王恪祀

濟北郡王瑊武德中爲尚書左丞例王終始州刺史

漢陽郡王瓌始爲郡公進王高祖使持幣遺突厥頡利可汗言和親事頡利始見瓌倨甚瓌開説示以厚幣乃大喜改容加禮因遣使隨入獻名馬後復聘頡利謂其下曰前瓌來悔不少屈之當使拜我瓌伺知之既見頡利即長揖頡利怒留不遣瓌意象自若不爲屈虜知不可劫卒以禮遣還遷左武候將軍代孝恭爲荆州都督政務清靜嶺外酋豪數相攻瓌遣使諭威德皆如約不敢亂後例爲公長史馮長命者嘗爲御史大夫素貴事多專決瓌怒杖之坐免起爲宜州刺史散騎常侍薨

濟南郡王哲爲隋柱國備身將軍追王子瑗

廬江郡王瑗字德圭武德時例王累遷山南東道行臺右僕射與河間王孝恭合討蕭銑無功更爲幽州都督瑗素懦朝廷恐不任

職乃以右領軍將軍王君廓輔行君廓故盜也其勇絶人瑗倚之許結婚寄心腹時隱太子有陰謀厚結瑗太子死太宗令通事舍人崔敦禮召瑗瑗懼有變君廓内險賊欲以計陷瑗而取己功即謂瑗曰事變未可知大王國懿親受命守邊擁兵十萬而從一使者召乎且趙郡王前已屬吏今太子齊王又復爾大王勢能自保邪因泣瑗信之曰以命累公乃囚敦禮勒兵召北燕州刺史王詵與計事兵曹參軍王利涉説瑗曰王今無詔擅發兵則反矣當須權結衆心若諸刺史召之不至將何以全瑗曰柰何對曰山東豪傑嘗爲竇建德所用今失職與編戸夷此其思亂若旱之望雨王能發使使悉復舊職隨在所募兵有不從得輒誅之則河北之地可呼吸而有然後遣王詵外連突厥繇太原南趨蒲絳大王整駕西入關兩軍合勢不旬月天下定矣瑗從之以内外兵悉付君廓利涉以君廓多翻覆請以兵屬詵瑗猶豫君廓密知之馳斬詵首徇于軍曰李瑗與王詵反錮敕使擅追兵今詵已斬獨瑗在無能

爲也諸君從之且族滅助我者富貴可得衆曰願討賊乃出敦禮
于獄瑗聞之率左右數百被甲出君廓呼曰瑗誘亂諸君皆詿誤
若何從之以取夷戮衆反走瑗罵君廓曰小人賣我行自及即禽
瑗縊之傳首京師廢爲庶人絕屬籍
鄭孝王亮仕隋爲海州刺史追王生子神通神符淮安靖王神通
少輕俠隋大業末在長安會高祖兵興吏逮捕亡命入鄠南山與
豪英史萬寶裴勣柳崇禮等舉兵應太原約司竹賊帥何潘仁連
和進與平陽公主兵合徇鄠下之自署關中道行軍揔管以萬寶
爲副勣爲長史崇禮爲司馬令狐德棻爲記室從平京師爲宗正
卿典兵宿衛王永康郡俄徙淮安武德初拜山東安撫大使黃門
侍郎崔幹副之進擊宇文化及于魏化及敗走聊城神通追北賊糧
盡願降神通不肯受幹請納之神通曰師久暴露今賊食盡克不
旦暮正當破之以玉帛酬戰力若降吾何所藉手幹曰竇建德危
至而化及未平我轉側兩賊間勢必危王又貪其玉帛敗不日神

通怒囚幹軍中會士及自濟北餽軍化及復振神通進兵薄其壘
貝州刺史趙君德先登扳堞神通忌其功止軍不進君德怒詬而
還城復堅神通遣兵走魏州取攻具爲莘人所乘引却後二日建
德拔聊城勢遂張山東州縣靡然歸之神通麾下多亡乃退保黎
陽依李世勣俄爲建德所虜後與同安公主自賊歸及建德滅復
授河北行臺左僕射從平劉黑闥遷左武衛大將軍薨贈司空神
通十一子得王者七人道彥孝詧孝同孝慈孝友孝節孝義後皆
降王孝逸爵公孝銳不得封有子齊物顯
膠東郡王道彥幼孝謹初神通避吏于鄠被疾山谷閒累旬食盡
道彥羸服丐人間或採野實以進神通未食不敢先即有所分辭
以飽乃藏弆以待高祖初封義興郡公倜得王貞觀初爲相州都
督從岷州以父喪解苟土就墳躬蒔松栢偃廬柴毀雖親友不復
識太宗嗟歎敕侍中王珪臨諭服除復拜岷州都督閒遣入党項
諭國威靈區落降從李靖擊吐谷渾詔道彥爲赤水道揔管帝厚

以利啖党項使爲鄉導其酋拓拔赤辭詣靖自言隋擊吐谷渾
我資其軍而隋無信反見仇剽今將軍若無它我願資糧將復如
隋乎諸將與歃血遣之道彥至闊水見無備因掠其牛羊諸羌怨
即引兵障野狐峽道彥不得進爲赤辭所乘軍大敗死者數萬
退保松州詔減死謫戍邊久之召爲嬀州都督卒贈禮部尚書初
武德五年同封者孝詧爲高密王孝同淄川王孝慈廣平王孝友
河間王孝節清河王孝義膠西王於是唐始興務廣支著鎮天下
故從昆弟子自勝衣以上皆爵郡王太宗即位舉屬籍問大臣曰
盡王宗子於天下可乎封德彝曰漢所封惟帝子若親昆弟其
屬遠非大功不王如周郇滕漢賈澤尚不得茀土所以別親疏也
先朝一切封之爵命崇而力役多以天下爲私奉非所以示至公
帝曰朕君天下以安百姓不容勞百姓以養己之親於是疏屬王
者皆降爲公唯嘗有功者不降故道彥等並降封公
孝逸少好學頗屬文始封梁郡公高宗時四遷益州大都督府長

史武后擅國入爲左衛將軍親遇之徐敬業稱兵以孝逸爲左玉
鈐衛大將軍揚州行軍大揔管帥師南討至淮而敬業已攻潤州
遣弟敬猷壁淮陰僞將韋超據都梁山以拒孝逸超衆憑險完屯
孝逸會諸將議曰賊今負山攻則士無所用力騎不得騁寇救死
傷夷必衆不如偏旅綴之全軍趨揚州勢不數日可破支度使薛
克構曰超雖據險然兵少若置小敵不擊無以示威披衆以守則
戰有關捨之則後憂不如擊之若克超淮陰自震淮陰破楚諸縣
開門候官軍矣由是以趨江都逆首可取孝逸從之登山急擊超
殺數百人薄暝解超夜走進擊敬猷淮陰破之敬業回軍下阿
溪孝逸引兵直度敬業大敗遂拔揚州以功進鎮軍大將軍徙封
吳國公威名稜然武承嗣等忌之以譏下遷施州刺史又使人騰
惡語聞上武后信之以嘗有功貸死流儋州薨景雲初贈金州大
都督孝同曾孫國貞
國貞父廣業爲嶲州長史國貞剛鯁有吏才乾元中由長安令遷

河南尹史思明寇東都李光弼壁河陽國貞率官吏西走陝數月召為京兆尹上元初拜劒南節度使召為殿中監以戶部尚書持節朔方鎮西北庭興平陳鄭節度行營兵馬及河中節度都統處置使治于絳尋加晉絳慈隰沁等州觀察處置使既至糧乏而所儲陳腐民貧不忍遽斂上書以聞而軍中讙誘突將王振乘衆怨紿曰具畚鍤以待役事衆皆怒夜燒牙門左右奔告請避之國貞曰吾被命為將其可棄城乎固請乃逃獄中振引衆劫取之置食其前曰食是而役其力可乎國貞曰與爾等方討賊何事役為正緣儲食腐儉已請諸朝吾何所負衆服其言且引去振曰都統不死吾曹殆矣遂害之并殺其二子及三大將有詔以郭子儀代之國貞清白善用法世稱循吏然峻於操下故其衆思得子儀而振因肆其惡及子儀至振自謂且見德子儀怒曰汝臨賊境而害主將賊若乘虛是無絳矣又欲為功乎即斬以徇詔贈國貞揚州大都督子錡自有傳

孝節曾孫暠少孤事母孝始為枝江丞荊州長史張柬之曰帝宗千里駒吾得其人累擢衛尉少卿居母喪柴瘠訖除家人未嘗見言笑與兄昇弟暈相友開元初為汝州刺史政嚴簡有治稱昇弟蹛東都候之輒羸服往州人無知者其清愼畢如此四遷至黃門侍郎檢校太原以北諸軍節度使太原俗為浮屠法者死不葬以尸棄郊飼鳥獸號其地曰黃院有狗數百頭習食胔頗為人患吏不敢禁暠至遣捕羣狗殺之申厲禁條約不再犯遂革其風二十一年以工部尚書持節使吐蕃既還金城公主請明疆場表石赤嶺上盟遂堅定還以奉使有指再遷吏部暠尚美風儀以莊重稱當時有宰相望累為太子少傅武都縣伯卒贈益州大都督暈至太僕少卿暈子進亦知名好從當世賢士游賙人之急累擢給事中至德初從廣平王東征以工部侍郎署雍王元帥府行軍司馬為回紇鞭之幾死遷兵部卒贈禮部尚書

孝節四世孫說字巖甫父遇及天寶時為御史中丞東畿採訪使說以蔭補率府兵曹參軍馬燧節度太原辟署少尹遷汾州刺史李自良代燧復奏為少尹大將張瑤得士心嘗請告未許而自良卒說與監軍王定遠秘其喪前給瑤告以毛朝陽代之然後告喪詔以通王為節度大使授說行軍司馬節度留後定遠自以有勞於說頗橫恣請別賜印監軍有印自定遠始於是擅補吏易置諸將彭令茵者以久勞不服定遠怒殺之埋馬矢中其家請尸不許舉軍怨說上其事德宗以奉天扈從功恕死免官詔未至定遠謀刺說說走而免定遠召諸將出筒中詔書紿曰詔以李景略知留後召說還公等皆有除諸將欲拜大將馬良輔呼曰妄言也不可授定遠懼走乾陽樓召麾下皆不至自投下死說盡斬同謀者乃安擢說檢校禮部尚書節度使累封隴西縣男說精于職築天成軍邊備精完晚被疾不能事軍幾亂卒贈尚書右僕射

齊物字道用天寶初擢累陝州刺史開砥柱通漕路發重石下得古鐵戟若鏵然銘曰平陸上之詔因以名縣遷河南尹坐與李適之善貶竟陵太守還遷京兆尹太子太傅兼宗正卿卒贈太子太師性苛察少恩喜發人私然絜廉自喜吏無敢欺者忿陝尉裴冕械而折愧之及冕當國除齊物太子賓客世善冕能損怨云子復

復字初陽以蔭仕累為江陵司錄參軍衛伯玉才之表江陵令遷少尹歷饒蘇二州刺史李希烈叛荊南節度使張伯儀數為賊窘朝廷以復在江陵得士心即母喪奪為少尹充行軍司馬佐伯儀會伯儀罷改容州刺史兼本管招討使先是西原亂吏獲反者沒為奴婢長役之復至使訪親戚一皆原縱在容三年人以賴安轉嶺南節度使時安南經略使高正平張應繼卒其佐李元度胡懷義等因阻兵脅州縣肆為姦贓復至誘懷義杖死流元度南裔肅然教民作陶瓦錐鑿諭蠻獠收瓊州置都督府以綏定其人召拜宗正卿歷華州刺史貞元十年鄭滑節度使李融卒軍亂以復檢校兵部尚書代融節度復下令墾營田以稟其軍而賦不及民衆悅加檢校尚書右僕射卒年五十九贈司空謚曰昭復更方鎮所

在稱治然頗嗜財爲世所譏從父若水爲左金吾大將軍兼通事舍人容皃瓌偉在朝三十年多識舊儀每宜勞揖贊進止閑華有可觀者

襄邑恭王神符字神符少孤事兄謹高祖兵興神符留長安爲衛文昇所囚京師平封安吉郡公帝受禪例王遷幷州揔管頡利可汗盜邊神符與戰汾東斬級五百獲馬二千又戰沙河獲乙利達官得可汗所乘馬及鎧召爲太府卿遷揚州大都督自丹楊度江治隋江都故郡揚人利之然少威嚴不爲下所畏累擢宗正卿以足不良改光祿大夫歸第月給羊酒太宗就第尉問又令乘小輿入紫微殿三衞挾輿以升遷開府儀同三司永徽二年薨年七十三贈司空荆州都督陪葬獻陵子七人並爵郡王例降公惟德懋文暕知名德懋官少府監臨川郡公五世孫從晦文暕幽州都督魏國公垂拱中坐累貶蘇州別駕誅子挺捷捷襲封挺曾孫程捷曾孫石別傳從晦祖楨仕至德中爲猗氏令史思明陷洛陽賊

帥掠諸縣楨率衆拒平之稍遷黔中觀察使終太子賓客贈太子太保諡曰敬從晦寶曆初及進士第擢累太常博士甘露之禍御史中丞李孝本被誅從晦以族昆弟貶朗州司戶參軍改澶王府諮議分司東都忌者重發前坐下遷亳州司馬久乃轉吏部郎中兼侍御史知雜事出爲常州刺史鎮海軍節度使李琢表其政賜金紫歷京兆尹工部侍郎山南西道節度使又以最就進銀青光祿大夫卒年六十三贈吏部尚書從晦姿質偉岸所至以風力聞少與崔龜從李景讓裴休善獎目後進名知人楊收方布衣進謁從晦一見如雅識即待以公輔後果宰相

世祖四子

長曰澄次湛次洪次高祖神堯皇帝

梁王澄蚤薨無嗣武德初與二王同追封

蜀王湛生子博乂奉慈

隴西恭王博乂武德初與奉慈例王高宗時擢累禮部尚書特進驕侈不循法度伎妾數百曳羅紈甘粱肉放於聲樂以自娛其弟奉慈亦荒縱皆爲帝所鄙嘗曰吾仇人有善且用之况親戚乎王等昵小人專爲不軌先王墳典不聞學何以爲善哉各賜市書綃二百疋以愧切之然不自克也薨贈開府儀同三司荆州都督

渤海敬王奉慈顯慶時爲原州都督薨七世孫戡

戡字定臣幼孤年十歲所即好學大寒擲薪自炙夜無燃膏默念所記年三十明六經舉進士就禮部試吏唱名乃入戡恥之明日徑返江東隱陽羨里陽羨民有鬬爭不決不之官而詣戡以辨凡論著數百篇常惡元和有元白詩多纖豔不逞而世競重之乃集詩人之類夫古者斷爲唐詩以譏正其失云平盧節度使王彥威表爲巡官府遷還洛陽卒

贊曰景元子孫當草昧之初乘運而奮方高祖攘除四方所以宜力皆顯顯爲世豪英至河間之功江夏之略可謂宗室標的者也始唐興蹤屬畢王至太宗稍稍降封時天下已定帝與名臣蕭瑀

等喟然講封建事欲與三代比隆而魏徵李百藥皆謂不然徵意以唐承大亂民人彫喪始復生業遽起而瓜分之故有五不可之說百藥稱帝王自有命曆祚之短長不緣封建又舉春秋二百四十二年之禍亟於哀平桓靈而詆曹元首陸士衡之言以爲繆悠而顔師古獨議建諸侯當少其力與州縣雜治以相維持然天子由是罷不復議至名儒劉秩目武氏之禍則建論以爲設爵無土署官不職非古之道故權移外家宗廟絕而更存存之之理在取順而難逆絕之之原在單弱而無所憚至謂郡縣可以小寧不可以久安大抵與曹陸相上下而杜佑柳宗元深探其本據古驗今而反復焉佑之言曰夫爲人置君欲其蕃息則在郡縣然而主胙常促爲君置人不病其寡則在建國然而主胙常永故曰建國利一宗列郡利百姓且立法未有不敝者聖人在度其患之長短而爲之建國之制初若磐石然敝則鼎峙力爭陵遲而後已故爲患也長列郡之制始天下一軌敝則世崩俱潰然而戡定者易爲功

故其爲患也短又謂三王以來未見郡縣之利非不爲也後世諸儒因泥古強爲之說非也宗元曰封建非聖人意然而歷堯舜三王莫能去之非不欲去之勢不可也秦破六國列都會置守宰據天下之圖攝制四海此其得也二世而亡有由矣暴威刑竭人力天下相合劫令殺守圜視而並起時則有叛民無叛吏漢矯秦枉剖海內立宗子功臣數十年間奔命扶傷不給時則有叛國無叛郡唐興制州縣而桀黠時起失不在州而在於兵時則有叛將無叛州以爲矯而革之垂二百年不在諸侯明矣又言湯之興諸侯歸者三千資以勝夏武王之興會者八百資以滅商徇之爲安故仍以爲俗是湯武之不得已也不得已非公之大也私其力於已也秦革之者其爲制公之大者也其情私也然而公天下之端自秦始云觀諸儒之言誠然然建侯置守如質文遞救亦不可一槩責也救土崩之難莫如建諸侯削尾大之勢莫如置守宰唐有鎮帥古諸侯比也故王者視所救爲之勿及於敝則善矣若乃百藥推天命佐言郡縣利百姓而主胙促乃臆論也

宗室列傳第三

高祖諸子列傳第四　　唐書七十九

端明殿學士兼翰林侍讀學士龍圖閣學士朝散大夫行尚書吏部侍郎充集賢殿修撰臣宋祁奉敕撰

高祖二十二子竇皇后生建成太宗皇帝玄霸元吉萬貴妃生智雲莫嬪生元景孫嬪生元昌尹德妃生元亨張氏生元方郭婕妤生元禮宇文昭儀生元嘉及第十九子靈夔王才人生元則張寶林生元懿張美人生元軌楊美人生鳳劉婕妤生元慶崔嬪生元裕小楊嬪生元名楊嬪生元祥魯才人生元曉柳寶林生元嬰

隱太子建成小字毗沙門資簡弛不治常檢荒色嗜酒畋獵無度所從皆博徒大俠隋末高祖被詔捕賊汾晉間留建成護家居河東高祖已起兵密召與元吉赴太原隋人購之急從閒道至授左領軍大都督封隴西郡公引兵略定西河從平京師唐國建爲世子開府置官屬又遷撫軍大將軍爲東討元帥將萬人徇洛陽授尚書令高祖受禪立爲皇太子詔率將軍桑顯和擊司竹羣盜平之涼州人安興貴殺李軌以衆降詔趣原州應接建成素驕不恤士雖甚暑晝夜馳獵衆不堪其勞亡者過半帝欲其習事乃敕非軍國大務聽裁決之又以李綱鄭善果爲宮官參謀議稽胡劉仚成寇邊詔建成進討破之鄜州斬虜千計引渠長悉官之使還招羣胡仚成與它大帥降建成畏其衆紿欲城州縣者使降胡操築陰勒兵殺六千人仚成奔梁師都嘗循行北邊遇賊四百出降悉馘其耳縱之中允王珪洗馬魏徵以帝初興建成不知謀而秦王數平劇寇功冠天下英豪歸之陰許立爲皇太子勢危甚會劉黑闥亂河北珪等進說曰殿下特以嫡長居東宮非有功德爲人所稱道今黑闥瘡痍殘孽衆不盈萬利兵鏖之噬手可決請往討因結山東英俊心自封殖建成遂請行黑闥敗洺水建成問徵曰山東其定乎對曰黑闥雖敗殺傷太甚其魁黨皆縣名處死妻子係虜欲降無繇雖有赦令獲者必戮不大蕩宥恐殘賊嘯結民未可安既而黑闥復振廬江王瑗棄洺州山東亂命齊王元吉討之

有詔降者赦罪衆不信建成至獲俘皆撫遣之百姓欣悦賊懼夜奔兵追戰黑闥衆猶盛乃縱囚使相告曰褫而甲還鄉里若妻子獲者既已釋矣衆乃散或縛其渠長降遂禽黑闥帝晚多内寵張婕妤尹德妃最幸親戚分事宫府建成與元吉通謀内結妃御以自固當是時海内未定秦王數將兵在外諸妃希所見及洛陽平帝遣諸妃馳閲後宫見府庫服玩皆私有求索爲兄弟請官秦王已封帑簿及官爵非有功不得妃媛曹怨之會爲陝東道行臺有詔屬内得專處決王以美田給淮安王神通而張婕妤爲父丐之帝手詔賜田詔至神通已前得不肯與婕妤妄曰詔賜妾父田而王奪與人帝怒召秦王讓曰我詔令不如爾敎邪佗日謂裴寂曰兒久典兵爲儒生所誤非復我昔日子秦府屬杜如晦騎過尹妃父門恚其徹率家童捽毆折一指父懼即使妃前訴秦王左右暴其父帝不察大怒詰王曰兒左右乃淩我妃家況百姓乎王自辨曉訖不置繇是見踈帝召諸王燕秦王感母之不及有天下也

偶獨泣帝顧不樂妃媛因得中傷之爲建成游説曰海内無事陛下春秋高當自娱秦王輒悲泣正爲嗔忌妾屬耳使陛下萬歲後王得志妾屬無遺類東宫慈愛必能全養乃皆悲不自勝帝惻然遂無易太子意突厥入寇帝議遷都秦王苦諫止建成見帝曰秦王欲外禦寇沮遷都議以久其兵而謀簒奪帝寖不悦初帝令秦王居西宫承乾殿元吉居武德殿與上臺東宫晝夜往來皆攜弓刀相遇如家人禮由是皇太子令秦齊二王敎與詔敕雜行内外懼莫知所從建成等私募四方驍勇及長安惡少年二千人爲宫甲屯左右長林門號長林兵又令左虞候率可達志募幽州突厥兵三百内宫中將攻西宫或告於帝帝召建成責謂乃流志嶲州華陰楊文幹素凶詖建成昵之使爲慶州揔管遣募兵送京師欲爲變時帝幸仁智宫秦王元吉從建成謂元吉曰秦王且徧見諸妃彼金寶多有以賂遺之也吾安得箕踞受禍安危之計決今日元吉曰善乃命郎將尒朱煥校尉橋公山齎甲遺文幹趣興兵煥

等懼至豳鄉白反狀寧州人杜鳳亦上變帝遣司農卿宇文頴驛召文幹元吉陰結頴使告文幹文幹遂率兵反帝以建成首謀未忍治即詔捕王珪魏徵及左衛率韋挺舍人徐師謩左衛車騎馮世立欲殺之以薄太子罪乃手詔召建成建成懼不敢往師謩勸遂舉兵詹事主簿趙弘智諫建成損車服輕往謝罪乃詣行在所未至屏官屬徑入謁叩頭請死投身於地不能起帝怒夜囚幕中使兵衛守會文幹陷寧州帝驚以官近賊夜率衛士南趣山行十餘里明乃還宫召秦王問計對曰文幹豎子耳官司當即禽之就使假刻漏之久正須遣一將可辦帝曰事連建成恐應者衆爾自行還吾以爾爲太子使建成王蜀蜀地狹不足爲變若不能事汝取之易也秦王率衆趣寧州文幹爲其下所殺以其首降執宇文頴送京師秦王之行元吉及内嬖更爲建成請封德彝亦陰説帝由是意解復詔建成居守但責兄弟不相容而讁王珪韋挺天策兵曹參軍杜淹於遠方然怨猜日結建成等召秦王夜宴毒酒而

進之王暴疾嘔血數升淮安王扶掖還宫帝問疾因敕建成秦王不能酒毋夜聚又謂秦王曰吾起晉陽平天下皆爾力將定東宫爾亟讓故成而美志又太子立多歷年吾重奪之觀而兄弟終不相下同在京師忿鬩且深爾還洛陽行臺自陝以東悉主之建天子旌旗如梁孝王故事王泣曰非所願也不可遠膝下帝曰陸賈漢臣也猶遞過諸子況我天下主東西兩宫思汝即往何所悲邪王將行建成等謀曰秦王得土地甲兵必爲患留之京師一匹夫耳因密使人説帝言秦王左右皆山東人聞還洛皆洒然喜觀其意不復來矣事果寢俄而突厥寇邊太子薦元吉北討欲因其兵作亂長孫无忌房玄齡杜如晦尉遲敬德侯君集等勸秦王先圖之王乃密奏建成等與後宫亂因曰臣無負兄弟今乃欲殺臣是爲世充建德復仇使臣死雖地下愧見諸賊帝大驚報曰旦日當窮治而必早參張婕妤馳語建成乃召元吉謀曰請勒宫甲託疾不朝建成曰善然不共入朝事何繇知遲明乘馬至玄武門秦王先

至以勇士九人自衛時帝已召裴寂蕭瑀陳叔達封德彝宇文士
及竇誕顏師古等入建成元吉至臨湖殿覺變遽反走秦王隨呼
之元吉引弓欲射不能彀者三秦王射建成即死元吉中矢走敬
德追殺之俄而東宮齊府兵三千攻玄武門閉不得入接戰久之
矢及殿屋王左右數百騎至合擊之衆遂潰帝謂裴寂等曰事今
奈何蕭瑀陳叔達曰臣聞内外無限父子不親失而弗斷反蒙其
亂建成元吉自草昧以來未始與謀既立又無功德疑貳相濟爲
蕭墻憂秦王功蓋天下内外歸心立爲太子付軍國大務陛下釋
重負矣帝曰此吾志也乃召秦王至尉撫之曰朕幾有投杼之惑
秦王號泣不能止建成死年三十八長子承宗爲太原王早卒承
道安陸王承德河東王承訓武安王承明汝南王承義鉅鹿王皆
坐誅詔除建成元吉屬籍其黨疑懼更相告廬江王瑗遂反乃下
詔建成元吉瑗支黨不得相告訐由是遂安太宗立追封建成爲
息王謚曰隱以禮改葬詔東宮舊臣皆會帝於宜秋門哭之以子

唐書列傳四　四　李暉

福爲後十六年追令贈宇文穎者代人自李密所來降爲農圃監
封化政郡公性貪昏與元吉厚善故豫文幹謀事敗帝責曰朕以
文幹叛故遣卿乃同逆邪穎無以對斬之
衛懷王玄霸字大德幼辯惠隋大業十年薨年十六無子武德元
年追王及謚又贈秦州揔管司空以太宗子泰爲宜都王奉其祀
葬並陽泰徙封越更以宗室西平王瓊子保定嗣薨無子國除
巢剌王元吉小字三胡高祖兵已西留守太原封姑臧郡公進齊國
總十五郡諸軍事加鎮北將軍太原道行軍元帥帝授禪進王齊
爲并州揔管初元吉生太穆皇后惡其貌不舉侍媼陳善意私乳
之及長猜鷙好兵居邊久益驕侈常令奴客諸妾數百人被甲習
戰相擊剌死傷甚衆後元吉中創善意止之元吉恚命壯士拉死
私謚慈訓夫人劉武周略汾晉詔遣右衛將軍宇文歆助守元吉
喜鷹狗出常載罝罔三十車曰我寧三日不食不可一日不獵夜
潛出淫民家府門不閉歆驟諫不納乃顯表於帝曰王數出與竇

誕縱獵蹂民田縱左右攘敓畜産爲盡毋射於道觀人避矢以爲
樂百姓怨毒不可與共守有詔召還元吉密諷民詣闕請乃得歸
武周以五千騎屯黄蛇嶺元吉使將軍張達以步卒百人嘗寇達辭
兵少彊之至則盡没達怒道武周陷榆次元吉保祁賊急攻之遁
還并州賊張甚元吉紿司馬劉德威曰公以老弱守吾率鋭士拒
賊因齎寳物攜妻妾夜出委軍奔京師并州陷帝怒自是嘗令
從秦王征討不復顓軍矣尋授侍中襄州道行臺尚書令稷州刺
史秦王圍東都竇建德來援王以精騎逆戰留元吉屈突通守而
世充易之輒出兵元吉設伏劫之斬首八百級禽其將東都平拜
司空賜衮冕服鼓吹二部班劒二十人黄金二千斤與太子秦王
得三鑪鑄錢累進司徒兼侍中并州大都督時秦王有功而太子
不爲中外所屬元吉喜亂欲并圖之乃構於太子曰秦王功業日
隆爲上所愛殿下雖爲太子位不安不早計還踵受禍矣請爲殿
下殺之太子不忍元吉數諷不已許之於是數結宫掖厚賂中書

唐書列傳四　五　王昌

令封德彝使爲游説帝遂疏秦王愛太子元吉乃多匿亡命壯士
厚賜之使爲用元吉記室參軍榮九思爲詩刺之曰丹青飾成慶五
帛禮專諸元吉見之弗悟也其典籤裴宣儼免官往事秦府元吉
疑事泄鴆殺之自是人莫敢言秦王嘗從帝幸元吉第伏護軍宇
文寶寢内將以刺王太子固止之元吉愠曰爲兄計於我何害突
厥郁射設入圍烏城建成薦元吉北討乃多引秦王府驍將秦叔
寶尉遲敬德程知節段志玄與行又籍秦府精兵益麾下帝知之
不能禁元吉承間密請害秦王帝曰是有定四海功殺之無名元
吉曰王昔平東都顧望不即西散金帛樹私恩豈非反邪帝不應
太子與元吉謀兵行吾與秦王至昆明池伏壯士拉之以暴卒聞
上無不信然後説帝付吾國吾以爾爲皇太弟而盡擊殺叔寶等
率更令王晊密以謀告秦王王召僚屬謀皆曰元吉戾很使得志
且不能事其兄往者護軍薛寶以元吉字合之其文成唐元吉喜
曰但除秦王取東宫如反掌耳爲亂未克已復傾奪大王不蚤正

之社稷非復唐有秦王由是定計死年二十四子承業爲梁郡王
承鸞漁陽王承獎豊安王承裕江夏王承度義陽王並伏誅貞觀
初改葬追爵海陵郡王及謚後改封巢以曹王明嗣

楚哀王智雲初名稚詮善射工書弈隋大業末從建成寓河東高
祖初建成走太原吏捕智雲送長安爲陰世師所害年十四武德
元年追王及謚毋萬貴妃性恭順爲帝所禮宫中事一一咨決三
年以太宗子寬爲嗣又贈涼州揔管司徒寬早薨國除貞觀二年
復以濟南公世都子靈龜嗣歷魏州刺史爲政威嚴盜賊不發鑿
永濟渠通新市百姓利之薨子福嗣降爲公卒子承況嗣神龍中
爲右羽林將軍同節愍太子死于難

荆王元景武德三年始王趙與魯酆二王同封貞觀初累遷雍州
牧十年徙封荆明年詔荆州都督荆王元景梁州都督漢王元昌
徐州都督徐王元禮潞州都督韓王元嘉遂州都督彭王元則鄭
州刺史鄭王元懿絳州刺史霍王元軌虢州刺史虢王鳳豫州刺

史道王元慶鄧州刺史鄧王元裕壽州刺史舒王元名幽州都督
燕王靈夔蘇州刺史許王元祥安州都督吴王恪相州都督魏王
泰齊州都督齊王祐益州都督蜀王愔襄州刺史蔣王惲揚州都
督越王貞幷州都督晋王治秦州都督紀王慎所任刺史幷功臣
令世世襲會長孫无忌等固讓遂廢不行徙鄜州永徽初進位司
徒賜實封至千五百戸房遺愛謀反坐子則與往還繫獄時吴王
亦抵罪高宗謂大臣曰朕欲從公丏叔及兄死兵部侍郎崔敦禮
曰陛下雖申恩不可詘天下法遂賜死久之追封沈黎王以渤海
王奉慈子長沙嗣降爲侯神龍初復王爵以孫元逖嗣薨無子國除

漢王元昌初王魯累遷梁州都督後徙封漢有勇力善騎射數觸
軌憲太宗手詔誨督乃怨望附太子承乾通饋謝來朝京師宿東
宫昔有醜語又見帝側有宫人善琵琶乃曰事成幸賜我承乾許
之割臂血盟事敗帝弗忍誅欲免死高士廉李勣等固爭不奉詔
乃賜死國除

酆悼王元亨貞觀二年授金州刺史之藩太宗憐其幼思之數遣
使爲勞問賜金醆以娛樂之六年薨無子國除

周王元方武德四年始王與鄭宋荆滕四王同封貞觀三年薨無
子國除

徐康王元禮性恭畏善騎射始王鄭即授鄭州刺史後徙王徐遷
徐州都督爲絳州刺史有治名璽書勞勉實封至千戸永徽中加
司徒兼潞州刺史薨贈太尉冀州大都督陪葬獻陵三子茂爲淮
南王餘爵公茂險薄無行初元禮疾娅趙有美色茂逼烝之元禮
切責茂恚屏侍衛藥膳曰爲王五十年足矣何服藥爲以不食薨
茂嗣上元中事洩流死振州神龍初以茂子璀嗣開元中爲宗正
員外卿薨子延年嗣拔汗那王入朝延年將以女嫁之爲右相李
林甫劾奏貶文安郡別駕終餘杭司馬國除永泰初延年壻黔中
觀察使趙國珍言諸朝詔以其子諷嗣王

韓王元嘉字元嘉始王宋後改王徐爲潞州刺史毋昭儀宇文述

女也寵於高祖既即位欲立爲后固辭元嘉以毋寵故特爲帝愛
後出諸子無及者在潞時年十五聞太妃病涕泣不食居喪毁甚
太宗數尉勉少好學藏書至萬卷皆以古文字參定同異與弟
靈夔友愛燕見終日如布衣禮閨門脩整當世稱之貞觀九年更
封韓遷滑州都督高宗末爲澤州刺史武后得政進授太尉徙定
州刺史以霍王元軌爲司徒舒王元名爲司空滕王元嬰開府儀
同三司魯王靈夔太子太師越王貞太子太傅紀王慎太子太保
外示尊寵而内將圖之垂拱中元嘉徙絳州刺史與子譔及越王
子沖糾合宗室同舉兵未發會武后詔宗室朝明堂元嘉遣使告
諸王曰大享後太后必盡誅諸王不如先事起不然李氏無種矣
乃爲中宗詔督諸王發兵沖即以兵五千攻濟州而諸王倉卒兵
不至遂敗元嘉至京師謀泄后逼令自殺年七十詔改氏元嘉魯
王越王爲虺元嘉六子訓潁川王誼武陵王譓上黨公蚤卒譔黄
公工爲辭章孟利貞嘗稱其文曰劉隣之周思茂不過也出爲通

州刺史辭疾歸且謀應越王也諶通音律歷杭州別駕與譔俱死
時籍沒者衆惟沖譔家書爲多皆文句詳正秘府所不及神龍初
追復元嘉爵土以第五子訥嗣薨子叔璩嗣歷國子司業薨子煒
嗣建中中改王鄆後懿宗以鄆王即位復改嗣韓王云
彭思王元則字彝初王荊出爲豫州刺史貞觀十年徙王爲遂州
都督以冠服奢僭免久之爲澧州刺史吏折節厲行薨贈司徒荊
州大都督陪葬獻陵高宗登望春宮過其喪哭之慟無子以霍王
子絢嗣龍朔中封南昌王薨子志暕嗣開元中爲宗正卿
鄭惠王元懿始王滕貞觀中出爲兗州刺史徙王鄭歷鄭潞絳三州
刺史實封千戶喜經術數斷大獄務寬平高宗嘉之璽詔褒錫薨
贈司徒荊州大都督陪葬獻陵十子長子璥嗣王爲鄂州刺史薨
子希言嗣開元中爲右金吾大將軍再爲太子詹事弟察言生二
子曰自仙翩自仙爲楚州別駕生夷簡翩爲陳留公生宗閔璥弟
琳安德郡公生擇言擇言生勉勉宗閔夷簡皆位宰相別有傳

時稱小鄭王後亦曰惠鄭王後以別鄭王亮云
霍王元軌武德六年始王蜀與豳漢二王同封後徙吳多材藝高
祖愛之太宗嘗問羣臣曰朕子弟孰賢魏徵曰臣愚不盡知其能
惟吳王數與臣言未嘗不自失帝曰朕亦器之然卿以爲前代孰
比對曰經學文雅漢河間東平也至孝行曾閔不能過帝由是遇
益厚詔納徵女爲妃嘗從獵遇羣豕帝使射之箸不虛發豕爲盡
帝撫其背曰爾藝過人顧今無所施方天下未定得若豈不用乎
貞觀七年爲壽州刺史高祖崩去官毀瘠甚服除遂菜食布衣終
身至忌日輒累晝不食十年徙王歷絳徐定三州刺史實封至千
戶所至閉閤讀書以吏事委長史司馬謙慎未嘗與物忤數引見
處士劉玄平爲布衣交或問王所長於玄平答曰無長問者不解
玄平曰人有短所以見長若王無所不備吾何以稱之突厥寇定
州元軌令開城門偃旗幟虜疑不敢入夜遁州人李嘉運潛結賊
詔窮誅支黨元軌以寇近且彊人心危但殺嘉運餘無所詰因自

劾帝喜曰朕固悔之非王之明幾失定州矣王文操者與賊戰敗二
子鳳賢更以身蔽父得全二子死縣抑不爲言元軌廉知之遣使
弔祭上其事詔贈鳳賢朝散大夫旌禮其閭元軌每朝數上疏陳
得失多所裨正帝尊重之有大事常密驛咨逮帝崩與侍中劉
齊賢同知山陵事元軌淹練故事齊賢歎曰是非吾等及已嘗遣
國令督封租令請貿易取贏答曰汝當正吾失反誘吾以利邪不
納進司徒出爲襄青二州刺史越王敗坐嘗通謀徙黔州檻車載
至陳倉薨六子緒爲江都王純安定王餘皆爵爲公緒有名譽爲
金州刺史誅神龍初並復官爵以緒孫暉嗣王開元中爲左千牛
員外將軍
虢莊王鳳字季成始王豳爲鄧州刺史俄徙王歷虢豫青三州刺
史實封千戶喜畋游遇官屬尤嫚使奴蒙虎皮怖其參軍陸英
俊幾死因大笑爲樂薨贈司徒揚州大都督陪葬獻陵七子長子
翼嗣爲平陽王薨子寓嗣寓無子爵不傳次子茂融以勇聞垂拱中

爲申州刺史黃公譔與越王謀舉兵倚以爲助時詔諸王公赴東
都茂融私問所親高子貢子貢報曰來必死乃稱疾不朝以俟兵
期及得越王書倉卒不能應僚屬勸白其書擢太子右贊善大夫
俄爲黨屬所引誅中宗更以鳳孫邕嗣王娶韋后妹累遷秘書監
知隴右三使仗內諸廄徙王汴未幾韋氏敗邕殺其妻送首於朝
議者鄙之削爵貶沁州刺史不事後復爵還戶二百累遷衛尉卿
薨子巨嗣巨剛銳果決略通書史好屬辭天寶五載出爲西河太
守坐資給柳勣支黨貶義陽司馬明年御史中丞楊愼矜得罪其
附離史敬忠與巨善又坐免官錮置南賓郡召拜夷陵太守安祿
山陷東京玄宗方擇將帥張垍言巨有謀可屬大事召至京師楊
國忠忌之謂人曰小兒詎可使對天子踰月不得見帝知之召入
禁中對合旨帝大悅敕宰相與語久不得罷國忠愈忌謂巨曰比來
人多口打賊君不爾乎巨曰誰爲相公手打賊者乎乃授陳留譙
郡太守攝御史大夫河南節度使明日謝帝驚曰何攝爲即詔兼

御史大夫臣奏方艱難時賊多詐有如陛下召臣何以取信乃析契授之餞兼統嶺南何履光黔中趙國珍南陽魯炅三節度使事時炅戰數屈詔貶為果毅以來瑱代之臣奏炅若能存孤城功足補過則何以處之帝曰卿隨所處置臣至內鄉賊將畢思琛解圍走遂趣南陽貶炅白衣從軍其暮稱詔復職京師平拜留守兼御史大夫明年拜太子少師兼河南尹東畿採訪使征乘牛之出入市者斤所得佐用度然稍自盜没其妃即張皇后從女弟內不睦巨選府縣官備使令妃亦引蒲博少年分黨招貨賄橈政事宗正卿李遵素私張發巨贓事貶遂州刺史會段子璋反道遂州巨倉卒不知所出即迎謁為子璋所殺子則之嗜學年五十餘尚執經太學嗣曹王皐薦之貞元二年繇睦王府長史遷左金吾衛大將軍坐與從甥竇申善貶昭州司馬

道孝王元慶始王漢後徙陳出為趙州刺史貞觀十年徙王授豫州刺史累實封千戶時諸王奉給薄於帝子至數窶乏大臣莫敢言十八年黃門侍郎褚遂良為太宗從容言之不能行高宗時歷滑州刺史以治績聞數蒙褒賜遷徐沁衛三州刺史事母謹及喪請躬脩墳墓詔不聽薨贈司徒益州都督陪葬獻陵允子誘為嗣王臨淮為澧州刺史坐贓削爵更以次子詢之子微嗣終宗正卿子鍊嗣廣德中亦至宗正卿

鄧康王元裕貞觀五年始王鄶十一年徙王始王及徙皆與譙魏許密四王同封累實封至千二百戶好學善談名理與典籤盧照鄰為布衣交五為州刺史遷兗州都督薨贈司徒益州大都督陪葬獻陵無子以江王子廣平公炅嗣薨子孝先嗣開元中為冠軍大將軍

舒王元名始王譙後徙王高祖之在大安宮太宗晨夕使尚宮問起居元名纔十歲保媼言尚宮有品當拜元名曰此帝侍婢耳何拜為太宗壯之曰真吾弟也及長矜嚴跡財未嘗問家人生業歷五州刺史實封至千戶子豫章王亶治江州有美政高宗以元名善訓子手詔褒美又欲授元名大州辭曰臣忝屬籍豈以州郡為仕進資邪治石州二十年數游山林有高蹈意垂拱中徙鄭州州接東畿諸王貴戚為刺史者縱家人暴百姓元名至一革之為治廉威進加司空武后時亶為丘神勣所構繫詔獄死元名坐遷利州尋被殺神龍初詔復官爵贈司徒時少子鄅國公昭已卒乃以亶子津嗣開元中為左威衛將軍薨子萬嗣薨子藻嗣

魯王靈夔篤學善草隸通音律初王魏後王燕為幽州都督已而徙王實封至千戶歷五州刺史遷太子太師垂拱元年徙相州坐與越王謀起兵流振州自殺子詵為清河王早夭藹為范陽王知越王必敗自發其謀得不誅歷右散騎常侍為酷吏所害神龍初悉追復王爵以藹子道堅嗣道堅方嚴有禮法閨門肅如也七為州刺史遷國子祭酒開元中選授汴州刺史河南道採訪使州據水陸都會前後刺史多漬利惟道堅以清戴稱入為宗正卿薨贈禮部尚書子宇嗣從玄宗至蜀為右金吾將軍寶應初皇太子子封魯王更封宇為嗣鄒王弟道邃封戴國公恭默自守以脩山東婚姻故事數任清職終尚書右丞

江安王元祥始王許後徙王四為州刺史實封至千戶性庸遵所至營財產無厭時滕蔣虢三王皆貪暴得其府官者惡之不願行故時語曰寧向儋崖振白不事江滕蔣虢元祥魁大帶十圍食兼數人韓虢魏亦鴻偉然不逮也薨贈司徒并州大都督陪葬獻陵七子晫為永嘉王有禽獸行誅死皎為武陽王餘皆爵公武后時多及誅皎子疊以幼流死嶺表葬南安人號其冢為天孫墓中宗立以從子欽嗣王又以皎封絕更取弟子繼宗嗣既而以郡王不襲降澧國公

密貞王元曉貞觀中為虢州刺史實封至千戶徙澤州薨贈司徒揚州都督陪葬獻陵子穎嗣為南安王薨子昂嗣早薨神龍初以穎弟真之養子昱嗣開元五年更詔以元曉再從孫東莞郡公徽嗣從封濮陽郡王歷宗正卿金紫光祿大夫

滕王元嬰貞觀十三年始王實封千戶爲金州刺史驕縱失度在太宗喪集官屬燕飲歌舞狎昵廝養巡省部内從民借狗求罝所過爲害以丸彈人觀其走避則樂城門夜開不復有節高宗以書切責曰朕以王至親不忍致于法今署下上考冀媿王心久之遷洪州都督官屬妻美者紿爲妃召逼私之嘗爲典籤崔簡妻鄭嫚罵以履抵元嬰面血流乃免元嬰慙歷旬不視事後坐法削戶及親事帳内之半謫置滁州起授壽州刺史徙隆州復不循法録事參軍事裴聿諫正其失元嬰捽辱之聿入計具奏帝遷聿六品上階帝嘗賜諸王綵五百以元嬰及蔣王貪黷但下書曰滕叔蔣弟不須賜給麻二車助爲錢緡二王大慙武后時進拜開府儀同三司梁州都督薨贈司徒冀州都督陪葬獻陵子十八人長子脩琦嗣爲長樂王餘爵公垂拱中六人死詔獄神龍初更以少子脩信子涉嗣開元中授左驍衞將軍薨子湛然嗣從玄宗至蜀擢左金吾將軍

高祖諸子列傳第四

太宗諸子列傳第五　唐書八十

端明殿學士兼翰林侍讀學士龍圖閣學士朝散大夫守尚書吏部侍郎充集賢殿修撰臣宋祁奉
敕撰

太宗十四子文德皇后生承乾又生第四子泰高宗皇帝後宮生寬楊妃生恪又生第六子愔陰妃生祐王氏生惲燕妃生貞又生第十一子囂韋妃生慎後宮生簡楊妃生福楊氏生明

常山愍王承乾字高明生承乾殿因以命之武德三年始王常山郡與長沙宜都二王同封俄徙中山太宗即位立爲皇太子甫八歲特敏惠帝愛之在諒闇使裁決庶政有大體後每行幸則令監國及長好聲色慢游然懼帝知其迹臨朝言諍必忠孝退乃與羣不逞狎慢左右或進諫危坐斂容痛自咎飾非辯給諫者拜荅不暇故人人以爲賢而莫之察宗後過惡寖聞宮臣若孔穎達令狐德棻于志寧張玄素趙弘智王仁表崔知機等皆天下選每規爭承乾帝必厚賜金帛欲以厲其心承乾傲不悛往往遣人陰圖害之時魏王泰有美名帝愛重而承乾病足不良行且懼廢與泰交惡泰亦謀奪長各樹黨東宮有俳兒善歌舞承乾嬖愛帝聞震怒收兒殺之坐死者數人承乾意爲泰告望甚内念兒不已築室圖其象贈官樹碑爲起冢苑中朝夕祭承乾至其處裴回涕數行下愈怨懟稱疾不朝累數月又使戶奴數十百人習音聲學胡人椎髻翦綵爲舞衣尋橦跳劍鼓鞞聲通晝夜不絕造大銅鑪六熟鼎招亡奴盜取人牛馬親視烹煮召所幸廝養共食之又好突厥言及所服選貌類胡者被以羊裘辮髮五人建一落張氈舍造五狼頭纛分戟爲陣繫幡旗設穹廬自居使諸部斂羊以烹抽佩刀割肉相啗承乾身作可汗死使衆號哭剺面奔馬環臨之忽復起曰使我有天下將數萬騎到金城然後解髮委身思摩當一設顧不快邪左右私相語以爲妖又襞氈爲鎧列丹幟勒部陣與漢王元昌分統大呼擊剌爲樂不用命者披樹撻之或至死輕者輒腐之嘗曰我作天子當肆吾欲有諫者我殺之殺五百人豈不定又召

壯士左衞副率封師進刺客張師政紇干承基等謀殺魏王泰不
克遂與元昌侯君集李安儼趙節杜荷鑱臂血啗之謀以兵入西
宮貞觀十七年齊王祐反齊州承乾謂承基等我宮西牆去大內
正可二十步耳豈與齊州等會承基連齊王事繫獄當死即上
變帝詔長孫无忌房玄齡蕭瑀李勣孫伏伽岑文本馬周褚遂良
雜治廢爲庶人徙黔州十九年死帝爲廢朝葬以國公禮子象爲
懷州別駕厥鄂州別駕開元中象子適之爲宰相贈還承乾始王
象越州都督郇國公
楚王寬武德三年出後楚哀王蚤薨貞觀初追封
鬱林王恪始王長沙俄進封漢貞觀二年徙蜀與越燕二王同封
不之國久乃爲齊州都督帝謂左右曰吾於恪豈不欲常見之但
令早有定分使外作藩屏吾百歲後庶兄弟無危亡憂十年改王
吳與魏齊蜀蔣越紀六王同徙封授安州都督帝賜書曰汝惟茂
親勉思所以藩王室以義制事以禮制心外之爲君臣內之爲父

子今當去膝下不遺汝珍而遺汝以言其念之哉坐與乳媼子博
簺罷都督削封戶三百高宗即位拜司空梁州都督恪善騎射有
文武才其母隋煬帝女地親望高中外所向帝初以晉王爲太子
又欲立恪長孫无忌固爭帝曰公豈以非己甥邪且兒英果類我
若保護舅氏未可知无忌曰晉王仁厚守文之良主且舉棊不定
則敗況儲位乎帝乃止故无忌常惡之永徽中房遺愛謀反因遂
誅恪以絕天下望臨刑呼曰社稷有靈无忌且族滅四子仁瑋琨
璄並流嶺表顯慶五年追王鬱林爲立廟以河間王孝恭孫榮爲
鬱林縣侯以嗣神龍初贈司空備禮改葬光宅中仁遇赦還適會
榮以罪斥故得襲鬱林縣男歷岳州別駕爵郡公嘗使江左州人
遺以金拒不內武后遣使者勞曰兒吾家千里駒更名千里自天
授後宗室賢者多誅翦唯千里詭躁不情數進符瑞諸異物得免
中宗反正改王成紀未幾進王成節懸太子誅武三思千里與其
子天水王禧率數十人斬右延明門以入太子敗誅死籍其家改

氏蝮睿宗立詔還氏及官爵瑋蚤卒中宗追封朗陵王子禕出繼
蜀王愔開元中以傍繼國改封廣漢郡王遷太僕卿同正員薨琨
武后時歷六州刺史皆有名聖曆中爲嶺南招慰使安輯反獠甚
得其宜卒贈司衞卿神龍初贈張掖郡王開元中以子禕貴追封
吳王
禕少有志尚事繼母謹撫異母弟祇以友稱當襲封固讓祇中宗
嘉其意特封嗣江王以繼蜀後開元時亦以傍繼徙信安郡王累
爲州刺史治嚴辦遷禮部尚書朔方節度使初吐蕃據石堡城數
盜塞詔禕與河西隴右議攻取旣到屯諏日進師或謂城險賊所
愛必固守今兵深入有如不捷吾軍必衄不如持重伺賊勢禕曰
人臣之節豈憚險不進乎必衆寡不敵者吾以死繼之於是分兵
進賊路督諸將倍道進遂拔之自是河隴諸軍游弈拓地至千里
玄宗喜更號其城曰振武軍契丹牙官可突干叛詔拜忠王爲河
北道行軍元帥討之敕禕以副王不行故禕率裴耀卿諸將分道出

范陽北擊奚二蕃破之禽酋長以還餘部竄伏加開府儀同三司領
關內支度營田採訪處置使授二子官禕功多執政害之賞不歸
爲當時所恨久之擢兵部尚書爲朔方節度大使坐事下除衢州
刺史歷滑懷二州天寶初以太子少師致仕明年遷太師未拜薨
禕治家嚴教子有法度故峘嶧峴皆顯
峘性質厚歷官有美名以王孫封趙國公楊國忠亂政悉斥不附
己者峘由考功郎中拜睢陽太守以清簡爲二千石最方入計而
玄宗入蜀即走行在除武部侍郎兼御史大夫俄拜蜀郡太守劍
南節度採訪使郭千仞反與陳玄禮共討平之上皇還京遷戶部
尚書改越國乾元元年持節都統江淮節度宣慰觀察使都統之
號自峘始明年宋州刺史劉展有異志詔拜展爲淮南節度使密
詔峘與揚州長史鄧景山圖之時展強扈旣受詔即悉兵度淮峘
景山拒之戰壽春敗績峘走丹楊詔貶袁州司馬卒于官贈揚州
大都督弟峴別傳

祗封嗣吳王出爲東平太守安祿山反河南陳留滎陽靈昌相繼陷祗募兵拒賊玄宗壯之累遷陳留太守持節河南道節度採訪使歷太僕宗正卿代宗大曆時祗旣宗室老以太子賓客爲集賢院待制是時勳望大臣無職事者皆得待詔于院給飱錢署舍以厚其禮自左僕射裴冕等十三人爲之子巘以廕補五品官祗薨兄岵得罪乃以巘嗣王累至宗正卿檢校刑部尚書薨贈太子少保性介直面刺人短歷官淸白居室不能庇風雨收恤甥姪慈愛過人家無留儲公卿合賻乃克葬境神龍初封歸政郡王歷宗正卿坐千里事貶南州司馬

濮恭王泰字惠褒始王宜都徙封衛繼懷王後又徙封越爲揚州大都督冊遷雍州牧左武候大將軍改王魏帝以泰好士善屬文詔即府置文學館得自引學士又以泰大腰腹聽乘小輿至朝司馬蘇勗勸泰延賓客著書如古賢王泰乃奏撰括地志於是引著作郎蕭德言祕書郎顧胤記室參軍蔣亞卿功曹參軍謝偃等撰

次衛尉供帳光祿給食士有文學者多與而貴游子弟更相因藉門若市然泰悟其過欲速成乃分道計州繙緝跡錄凡五百五十篇歷四朞成詔藏祕閣所賜萬段後帝幸泰延康坊第曲赦長安死罪免坊人一年租府僚以差賜帛又泰月稟過皇太子遠甚諫議大夫褚遂良諫曰聖人尊嫡卑庶謂之儲君故用物不會與王共之庶子不得爲比所以塞嫌萌杜禍源先王制法本諸人情知有國家者必有嫡庶庶子雖愛不得過嫡子如當親者疏當尊者卑則私恩害公惑志亂國今魏王稟料過東宮議者以爲非是昔漢竇太后愛梁王封四十餘城王築苑三百里治宮室爲複道費財鉅萬出警入蹕一不得意遂發病死宣帝亦驕淮陽王幾至於敗輔以退讓之臣乃克免今魏王新出閤且當示以節儉自可在後月加歲增又宜擇師傅馭以謙儉勉以文學就成德器此所謂聖人之教不肅而成也帝又敕泰入居武德殿侍中魏徵亦言王爲陛下愛子欲安全之則不當使居嫌疑之地今武德殿在東宮之西昔海陵居之矣論者爲不可雖時與事異人之多言尚或可畏又王之心亦弗遑舍願罷之成王以寵爲懼之美帝悟乃止時皇太子承乾病蹇泰以計傾之乃引駙馬都尉柴令武房遺愛等布腹心而韋挺杜楚客相繼攝府事二人者爲泰要結中朝臣津介賂遺群臣更附爲朋黨承乾懼陰遣人稱泰府典籤詣玄武門上封帝省之書言泰罪帝怒即遣捕詰不獲旣而太子敗帝陰許立泰岑文本劉洎請遂立泰爲太子長孫无忌固欲立晉王帝以太原石文有治萬吉復欲從无忌泰微知之因語晉王爾善元昌得無及乎王憂甚帝怪之以故對帝憮然悟會召承乾譴勒承乾曰臣貴爲太子尚何求但爲泰所圖與朝臣謀自安爾無狀之人遂教臣爲不軌事若泰爲太子正使其得計耳帝曰是也有如立泰則副君可詭求而得使泰也立承乾治俱死治也立泰承乾可無它即幽泰將作監解雍州牧相州都督左武候大將軍降王東萊因詔自今太子不道藩王窺望者兩棄之著爲令然帝猶謂

无忌曰公勸我立雉奴雉奴仁懦得無爲宗社憂柰何雉奴高宗小字泰尋改王順陽居均州之鄖鄉帝嘗持泰表語左右曰泰文辭可喜豈非才士我心念泰無已時但爲社稷計遣居外使兩相完也二十一年進王濮高宗即位詔泰開府置僚屬車服羞膳異等薨鄖鄉年三十五贈太尉雍州牧二子欣徽欣嗣王武后時爲酷吏所陷貶昭州別駕薨子嶠神龍初得嗣王開元中爲國子祭酒以罪貶鄧州別駕薨徽封新安郡王

庶人祐字贊武德八年王宜陽進王楚又王燕巳乃封齊領齊州都督貞觀十一年始歸國明年入朝以疾留京師其舅尚乘直長陰弘智險人也說祐曰王兄弟多即上萬歲後何以自全要須得士自助乃引客燕弘信謁祐祐悅賜金帛使募劒客十五年還州初帝用王府長史司馬必取骨鯁敢言者有過失輒聞而祐溺羣小好弋獵長史薛大鼎屢諫不聽帝以輔王無狀免之更用權萬紀萬紀性剛急以法繩祐有昝君謩梁猛虎者騎射得幸萬紀斥

之祐私引與狎昵帝數以書讓祐萬紀恐并獲罪即說祐曰王上愛子上欲王改悔故數敎責王誠能飭躬引咎萬紀請入朝言之上意宜解祐因上書謝罪萬紀見帝言祐且自新帝悅厚賜萬紀而仍譙戒祐祐聞萬紀見勞而己蒙責以爲賣己益不平會萬紀又以疑貳繫君謩等制祐不出國門悉暴祐罪于朝祐不勝忿有詔刑部尚書劉德威臨訊頗實帝召祐萬紀還京師祐與燕弘亮等謀射殺萬紀支解之左右勸祐遂發兵乃募城中男子年十五以上悉發私署左右上柱國光祿大夫開府儀同三司托東托西等王斥庫貲行賞驅人築堞浚隍繕甲兵人惡之皆夜縋亡去詔兵部尚書李勣與劉德威發便道兵討之祐日夜引弘亮等五人對其妃宴樂語官軍則弘亮妄言王毋憂右手持酒啗左手刀拂之祐信愛弘亮聞之喜帝手敕祐曰吾常戒汝勿近小人正爲此耳往吾子今國讎我上慙皇天下愧后土題畢涕而遣祐檄諸縣縣輒以聞祐窮蹙上表曰臣帝子也爲萬紀讒搆上天降靈罪人

斯得臣狂失心惝怳驚悸左右無兵即欲顛走所以頗伏械以自衞護時勣未至而青淄等州兵已集或勸祐虜子女走豆子𪄀爲盜計未決兵曹杜行敏夜勒兵鑿垣入祐與弘亮等闔門拒至日中行敏呼曰吾爲國討賊不速降且焚士積薪祐乃出執送京師賜死內侍省貶爲庶人葬以國公禮詔齊州給復一年擢行敏巴州刺史封南陽郡公祐喜養鬬鴨方未反狸齧鴨四十餘絕其頭去及敗牽連誅死者凡四十餘人祐之亂州人羅石頭數祐罪以刀直前刺祐不克殺之詔贈亳州刺史賞引騎徇邑聚野人高君狀曰上親平寇難土地甲兵不勝計今王以數千人爲亂猶一手搖泰山又如君父何祐擊禽之愧其言不能殺詔擢榆杜令

蜀悼王愔貞觀五年始王梁與郯漢申江代五王同封從王蜀實封八百戶出爲岐州刺史數畋游爲非法帝頻責敎不悛怒曰禽獸可擾於人鐵石可爲器愔曾不如之乃削封戶及國官半徙虢州久之還戶增至千復出馳弋斂民稼典軍楊道整叩馬諫愔捽擊之御史大夫李乾祐劾愔罪高宗怒貶黃州刺史擢道整匡道府折衝都尉吳王恪得罪愔以母弟廢爲庶人徙巴州儀封涪陵王薨咸亨初復爵土贈益州大都督陪葬昭陵以子璠嗣王璠武后時謫死歸誠州神龍初以郇陵王褘子褕嗣

蔣王惲始王郯又徙王蔣拜安州都督賜實封千戶永徽三年徙梁州惲造器物服玩多至四百車所經州縣騷然護送爲有司劾奏詔貸不問上元中遷箕州刺史錄事參軍張君徹誣告惲反詔使者按驗惲惶懼自殺高宗知其枉斬君徹贈惲司空荊州大都督陪葬昭陵三子煒煌休道煒初王汝南郡惲薨遂嗣王爲武后所害神龍初以嫡孫紹宗爲嗣蔣王薨子欽福嗣爲率更令煌封蔡國公孫之芳有令譽安祿山奏爲范陽司馬祿山反自拔歸京師歷工部侍郎太子右庶子廣德初詔兼御史大夫使吐蕃被留二歲乃得歸拜禮部尚書改太子賓客休道子琚神龍初封嗣趙王開元中改王中山

越王貞始王漢後徙原已乃封越貞善騎射涉文史有吏幹爲宗室材王武后初遷累太子太傅豫州刺史中宗廢居房陵貞乃與韓王元嘉及王子黃公譔魯王靈夔王子范陽王藹霍王元軌王子江都王緒及子琅邪王沖計議反正垂拱四年明堂成將追宗室行享禮共疑后遂大誅戮不遺種事且急譔乃矯帝璽書賜沖曰朕幽縶諸王宜即起兵於是命長史蕭德琮募兵告諸王師期八月沖先發諸王莫有應者獨貞將兵攻上蔡破之而沖已敗貞稍徇屬縣得士七千列五營貞爲中營以裴守德爲大將軍領中營趙成美爲左中郎將領左營閭弘道爲右中郎將領右營安摩訶爲郎將領後軍王孝志爲右將軍領前軍以韋慶禮爲司馬署官五百然脅誘無鬬志家童皆佩符以辟兵九月后遣左豹韜衞大將軍麴崇裕夏官尚書岑長倩率兵十萬討之以鳳閣侍郎張光輔爲諸軍節度乃下詔削貞父子屬籍改氏虺崇裕等次豫州貞少子規及裴守德拒戰兵潰貞乃閉門守守德者驍勇士貞始起以女妻

之委以腹心至是欲殺貞自贖會軍薄城家人白貞今事乃爾王豈受戮辱者邪即仰藥死規自殺守德與主俱縊起凡二十日敗始貞臨水自鑒不見其首惡之未幾及禍沖貞長子也好學勇而才累遷博州刺史初發有士五千度河趣武水武水令告急魏州州遣莘令馬玄素領兵先乘城沖攻之因風積薪焚其門火作風反衆心沮解其屬董元寂誦言王與國家戰乃反爾沖斬以徇衆懼遂潰唯家僮數十從之乃走博州爲當關刺死后命丘神勣討之兵未至沖已死起七日敗二弟蒨溫蒨常山公坐死溫以前告流嶺南初貞騰檄壽州刺史趙瓌諭以興兵且假道瓌得檄許爲應瓌妻常樂長公主亦趣諸王叠立功故瓌與主皆死濟州刺史薛顗與其弟紹謀應沖率所部庸調治兵募士沖敗下獄死顗駙馬都尉瓘之子母城陽長公主封河東縣侯紹尚太平公主擢累右玉鈐衛員外將軍以主婿不加戮餓死河南獄神龍初敬暉等奏沖父子死社稷請復爵土爲武三思等沮罷開元四年乃復爵

土有司謚死不忘君曰敬五年又詔王嗣絶國除朕甚悼焉其以貞從孫故許王子蔓國公琳嗣王奉王祀琳薨爵不傳貞最幼息珍子謫嶺表數世不能歸開成中女孫持四世喪北還求祔王塋詔嘉憫敕宗正寺京兆府爲訪其兆非陪陵者聽葬女名元眞爲道士

紀王愼始王申後徙紀食戸八百貞觀中遷襄州刺史以治當最天子璽書勞勉人爲立石頌德二十三年進戸至千文明初累遷太子太師貝州刺史愼少好學善星步與越王齊名當世號紀越初貞連諸王起兵愼知時未可獨拒不與合將就誅而免改氏虺載以檻車謫巴州薨于道七子續琮叡秀獻欽證續與秀最知名續王東平歷和州刺史薨琮義陽王叡楚國公秀襄陽郡公獻廣化郡公欽建平郡公五人並爲武后所殺神龍初以證嗣王擢左驍衛將軍薨子行同嗣琮三子行遠行芳行休始琮與二弟同死桂林開元四年行休請身迎柩既至無封樹議者謂不可復得行休歸地布席以祈是夜夢王乘舟舟判爲二既而適野見東洲中斷乃悟焉又靈堂禱一夕草自屈管上有指迹一奇二並使卜人筮之曰屈於文爲尸出指者示也一奇二並三殯也先王告之矣乃趣其所發之如言而一節獨闕行休號而寢夢琮告曰在洛南洲明日直殯南得之於是以三喪歸陪葬昭陵贈琮陳州刺史永昌時行遠行芳斥嶲州六道使至行遠先就戮行芳幼當赦抱持請代遂與俱死西南人稱死悌云愼女東光縣主始八歲聞愼有疾不食父哀之紿云已愈主察顏色未平終不肯御內外稱之長適太子司議郎裴仲將時妃主多恃貴以奢豫相矜主獨儉素姊弟誚曰人生富貴在得志獨勤苦欲何求答曰我幼好禮今行之不違非得志謂何且自古賢妃淑女以恭遜著名驕縱敗德況榮寵貴盛儻來物也可恃以凌人乎及王死號慟嘔血數升免喪絶膏沐者二十年始諸王妃主自垂拱後被害者皆藁葬之神龍初詔州縣普加求訪祭以牲牢復官爵諸王皆陪葬昭獻二陵主聞感慟卒敕其子曰爲我謝親戚酷憤已雪下見先王無恨矣中宗爲舉哀章善門下詔褒揚

江殤王囂封之明年薨無後

代王簡巳封薨無後

趙王福貞觀十三年始王出後隱太子遷累梁州都督實封八百戸薨贈司空并州都督陪葬昭陵無子神龍初以蔣王惲孫思順嗣王

曹王明母本巢王妃帝寵之欲立爲后魏徵諫曰陛下不可以辰嬴自累乃止貞觀二十一年始王曹累爲都督刺史高宗詔出後巢王永隆中坐太子賢事降王零陵徙黔州都督謝祐逼殺之帝聞悼甚黔官吏皆坐免景雲中陪葬昭陵三子俊傑備俊嗣王南州別駕傑爲黎國公垂拱時並及誅神龍初以傑子胤爲嗣曹王是時諸王子孫自嶺外還入見中宗皆號慟帝爲泣下初武后時壯者誅死幼皆沒爲官奴或匿人間庸保至是相繼出帝隨屬遠

近封拜云後備自南還詔停胥封而封備歷左衛尉少卿同正員薨
開元十二年復封胥薨子戢嗣位左衛率府中郎將子皋嗣
皋字子蘭少補左司禦率兵曹參軍天寶十一載嗣王事母太妃鄭
以孝聞安祿山反奉母逃民間間走蜀謁玄宗由都水使者遷左
領軍將軍上元初皋歎皋祿不足養請補外不許乃故抵輕法貶
溫州長史俄攝州事州大饑發官廩數十萬石賑饑者僚吏叩庭
請先以聞皋曰人日不再食且死可俟命後發哉苟殺我而活衆
其利大矣既貸乃自劾優詔開許就進少府監時殿中侍御史李
鈞與其弟京兆法曹參軍鍔官既遂不肯還鄉毋窮不自給皋行
縣見之歎曰入則孝出則悌有餘力則學若二子者可與事君乎
哉舉劾之並錮死召還未得見即上書言治道詔授衡州刺史為
觀察使讒劾貶潮州會楊炎起道州為宰相知皋直復用為衡州
刺史初御史覆訊皋懼憂其母出則囚服入乃衣冠貌言如平常
及為潮以遷入告至是復位乃言其實建中元年進拜湖南觀察

使前帥辛京杲貪虐使部將王國良戍武岡賴其富即劾以死國
良恐據縣反斂荊黔洪桂兵討之再歲不能下皋至遺書曰觀將
軍非敢大逆者特逃讒抗死爾將軍遇我可以降我固為京杲誣
者幸蒙雪何忍以兵加將軍哉以為不然我以陣術破將軍陣以
攻法屠將軍城非將軍所度也國良得書喜且畏因請降然內尚
首鼠皋即日單騎稱使者造國良壘賊延使者入皋大呼其軍曰
有識曹王者乎乃我也來受良降良今安在一軍愕眙不敢動國
良迎拜叩頭請罪皋執手約為昆弟則盡焚攻守具散其兵有詔
赦之賜名惟新明年持母喪至江陵會梁崇義反奪為左衛大將
軍復觀察湖南李希烈反遷江西節度使受命日不宿家至豫章
大令將吏曰有功未申與懷器謀不發者皆自言得裨校伊慎李
伯潛劉昊悉補大將擢王鍔為中軍以馬彝許孟容為幕府治戰
艦裒兵二萬以士二千五百委慎等教之自將五百人教以秦兵團
力法縣其賞罰弛張如一乃約以五百人擊慎卒二千五百莫能

當其鋒即盡以教之初慎嘗從希烈平襄州至是希烈懼為皋用
即反間德宗信之將誅慎皋請赦之使自效會與賊夾江陣皋勉
慎立功以所乘馬及器鎧賜之使將先鋒斬賊數百級乃免賊柵
蔡山不可攻皋聲言西取蘄引兵艦循崖泝江上賊聞以亂師保
柵悉軍行江北與皋直西去蔡山三百里皋遣步士悉登舟順流
下攻蔡山拔之間一日賊救至遂大敗乃取蘄州降其將李良平
黃州兵益振會舒王為元帥授皋前軍兵馬使俄而天子狩奉天
鹽鐵使包佶為陳少游所窘以運艚泝江次蘄口希烈使杜少誠
將步騎三萬將絕江道皋遣伊慎兵七千禦于永安走之以功進
工部尚書帝駐梁州皋之貢助相望以天子處外乃不敢居城府
出屯西塞山大洲徙郡縣為軍市改戶部尚書又遣伊慎王鍔攻安
州未下希烈遣劉戒虛以步騎八千援之皋命李伯潛迎擊於應
山俘之遂下安州斬偽刺史王嘉祥希烈別遣兵援隋州皋破之
厲鄉因下平靜白雁關賊遂不敢南顧遷荊南節度使賜實封三

百戶凡戰大小三十二取州五縣二十斬首三萬三千禽生萬六
千未嘗敗師所過不敢伐桑棗踐禾稼朝廷仰食江淮而西道出
九江至大別皆與賊接皋轉戰數千里餉路遂通江漢倚皋為
固淮西平乃請護喪歸東都帝走中人賵弔訖葬來朝還就鎮
初江陵東北傍漢有古鄣不治歲輒溢皋度塞之得其下良田五
千頃規江南廢洲為廬舍構二橋跨江而流人自占者二千餘家
縣荊抵樂鄉二百里其間墟聚凡數十不井飲皋始命鑿井以便
人貞元初吳少誠擅蔡故徙皋鎮山南東道割隋汝以益軍練兵
峙糧市回鶻馬以益戰騎歲時大畋以教士少誠畏之皋性勤儉
能知人疾苦參聽微隱書無得吏下短長其賞罰必信所至常平物估
豪舉不得擅其利教為戰艦挾二輪蹈之鼓水疾進駛于陣馬有
所造作皆用省而利長以物遺人必自視衡量庫帛皆印署以杜
吏謾扶風馬彝未知名皋識之卒以正直稱張柬之有園圃在襄
陽皋嘗宴集將市取之彝曰漢陽有中興功今遺業當百世共保

柰何使其子孫羞南平皐謝曰主吏失詞以爲君羞微君安得聞此言卒年六十贈尚書右僕射謚曰成皐嘗自創意爲欹器以緣木上出五觚下銳圓爲盂形所容二豆少則水弱多則彊中則水器力均雖動搖乃不覆云子象古道古象古元和中自衡州刺史擢安南都護貪縱不法驩州刺史楊清者蠻酋也象古忌其豪召爲牙門將常鬱鬱思亂會討黃賊象古發甲助之乃授清兵三千清與子志烈還襲安南殺象古并其家詔赦清爲瓊州刺史以桂仲武爲都護清拒命仲武分諭渠酋兵皆附破城斬清夷其族

道古舉進士獻書闕下擢校書郎集賢院學士累遷司門員外郎歷利隋唐睦四州刺史柳公綽鎮鄂岳爲飛譖上聞憲宗欲代之裴度言嗣曹王皐嘗能以江漢兵制李希烈威惠在人今以其子將必有功會道古自黔中觀察使入朝乃代公綽倍道入其軍公綽惶遽出財貲皆被奪元和十二年攻申州破其郛進圍中城守卒夜驅女子登而譟發懸門以出道古衆亂多死於賊李愬守安州

未嘗敗道古誣逐之自將出木陵關士卒驕不能制又度支錢道古悉以饋權倖故賜不給其下怨怒戰不甚力賊亦易之故再入申不能下卒無功淮西平加檢校御史大夫召爲宗正卿左金吾將軍帝喜服餌道古欲自媚而所善柳泌自謂能化金爲不死藥乃因宰相皇甫鎛以聞俄會帝崩穆宗爲太子惡之既立誅泌貶鎛斥道古爲循州司馬終以服丹歐血死長慶初詔還其官道古巧于官便佞傾下游公卿間常與弈博僞不勝厚進所償嗜利者多得其懽心故少盜美名及死賣宅以葬

太宗諸子列傳第五

三宗諸子列傳第六　　唐書八十一

端明殿學士兼翰林侍讀學士龍圖閣學士朝請大夫守尚書吏部侍郎充集賢殿修撰臣宋祁奉敕撰

高宗八子後宮劉生忠鄭生孝楊生上金蕭淑妃生素節武后生弘賢中宗皇帝睿宗皇帝

燕王忠字正本帝始爲太子而忠生宴宮中俄而太宗臨幸詔宮臣曰朕始有孫欲共爲樂酒酣帝起舞以屬羣臣在位皆舞賚賜有差貞觀二十年始王陳永徽初拜雍州牧王皇后無子后舅柳奭說后以忠母微立之必親已后然之請於帝又奭與褚遂良韓瑗長孫無忌于志寧等繼請遂立爲皇太子后廢武后子弘甫三歲許敬宗希后旨建言國有正嫡太子宜同漢劉彊故事帝召見敬宗曰立嫡若何對曰正本則萬事治太子國本也且東宮所出微今知有正嫡不自安竊位而不自安非社稷計帝曰忠固自讓敬宗曰能爲太伯不亦善乎於是降封梁王梁州都督賜甲第實

封戶二千物二萬段俄徙房州刺史忠憂懼不聊生至衣婦人衣備刺客數有妖夢嘗自占事露廢爲庶人囚黔州承乾故宅麟德初宦者王伏勝得罪於武后敬宗乃誣忠及上官儀與伏勝謀反賜死年二十二無子明年太子弘表請收葬許之神龍初追封又贈太尉揚州大都督

原悼王孝永徽元年始王許與杞雍二王同封早薨神龍初追封及謚

澤王上金始王杞永徽三年遥領益州大都督歷鄜壽二州刺史武后疾其母故有司誣奏削封邑從置澧州久之后陽若可喜者表杞王上金鄱陽王素節聽朝集義陽宣城二公主各增夫秩由是上金爲沔州刺史素節岳州刺史然卒不朝高宗崩詔上金素節二公主赴哀文明元年徙王畢又徙王澤歷五州刺史載初中武承嗣諷周興誣上金素節謀反召繫御史獄上金聞素節已被殺即雉經七子並流死顯州神龍初追還官爵以子義珣嗣王義珣

始被讁匿身爲傭保而嗣許王瓘利其爵邑告義珣假冒復流嶺外開元初以素節子璆爲後而玉眞公主表義珣實上金子乃奪璆爵復使義珣嗣王拜率更令薨子瀍嗣

許王素節始王雍授雍州牧方屬非即誦書日千言師事徐齊聃淬勉自彊帝愛之轉岐州刺史更王郇母被譖死出素節爲申州刺史乾封初詔素節病無入朝而實不病乃著忠孝論自明倉曹參軍張柬之以聞欲帝省其誣武后滋不悅坐受賕降王鄱陽削封戶什七徙置袁州錮終身儀鳳三年爲岳州刺史更王葛又徙王歷三州刺史與上金同追逮赴都道聞遭喪哭者謂左右曰病死何可得而須哭哉至龍門驛被縊年四十三葬以庶人禮子瑛等九人並誅惟琳瓘璆欽古尚幼長囚雷州中宗復位追故封又贈開府儀同三司許州刺史陪葬乾陵詔瓘嗣王實封戶四百開元初封琳爲嗣越王璆嗣澤王琳至右監門衞將軍子隨封蘷國公瓘爲衞尉卿以抑上金子不得封貶鄂州別駕因詔外繼嗣王

者皆歸宗乃以嗣江王禕爲信安王嗣蜀王褕爲廣漢王嗣密王徹爲濮陽王嗣曹王臻爲濟國公嗣趙王琚爲中山王武陽王繼宗爲澧國公瓘累遷太子詹事薨贈蜀郡大都督二子解需皆幼以璆子益嗣天寶十四載解始襲王璆初封嗣澤王降爲鄖國公官宗正光祿卿進封褒信王初張九齡撰龍池頌刊石興慶宮宗子以爲不稱盛德更命璆爲頌建花萼樓北天寶初復拜宗正卿性友弟聰敏宗子有一善無不薦延故宗室在省闥者多璆所啓薨贈江陵郡大都督二子謙爲鄖國公梓州刺史巽汝南郡公欽古封巴國公子賁嗣

孝敬皇帝弘永徽六年始王代與潞王同封顯慶元年立爲皇太子受春秋左氏於率更令郭瑜至楚世子商臣弒其君喟而廢卷曰聖人垂訓何書此邪瑜曰孔子作春秋善惡必書褒善以勸貶惡以誡故商臣之罪雖千載猶不得滅弘曰然所不忍聞願讀它書瑜拜曰里名勝母曾子不入殿下睿孝天資醜凶悖之迹不存視聽臣聞安上治民莫善於禮故孔子稱不學禮無以立請改受禮太子曰善四年加元服又命賓客許敬宗右庶子許圉師中書侍郎上官儀中舍人楊思儉即文思殿摘采古今文章號瑤山玉彩凡五百篇書奏帝賜物三萬段餘臣賜有差又詔五日一赴光順門决事總章元年釋采國學請贈顏回爲太子少師曾參太子少保制可會有司以征遼士亡命及亡命不即首者身殊死家屬沒官弘諫以爲士遇病不及期或被略若溺墜死而軍法不因戰亡則同隊悉坐法家曰亡命而家屬與眞亡者同沒傳曰與殺不辜寧失不經臣請條別其科無使淪胥詔可帝幸東都詔監國時關中饑弘視廡下兵食有榆皮蓬實者悄然命家令寺給米義陽宣城二公主以母故幽掖廷四十不嫁弘聞貽惻建請下降武后怒即以當上衞士配之由是失愛又請以同州沙苑分假貧民會納妃裴而有司奏贄用白鴈適苑中獲之帝喜曰漢獲朱鴈爲樂府歌今得白鴈爲婚贄婚乃人倫首我則無慙禮畢曲赦岐州帝

嘗語侍臣弘仁孝賓禮大臣未嘗有過而后將騁志弘奏請數怫旨上元二年從幸合璧宮遇酖薨年二十四天下莫不痛之詔曰太子嬰沈瘵朕須其痊復將遜于位弘性仁厚既承命因感結疾日以加宜申往命謚爲孝敬皇帝葬緱氏墓號恭陵制度盡用天子禮百官從權制三十六日釋服帝自製睿德紀刻石陵側營陵功費鉅億人厭苦之投石傷所部官司至相率亡去妃裴薨謚哀皇后無子永昌初以楚王隆基嗣中宗立詔以主祔太廟號義宗開元中有司奏孝敬皇帝宜建廟東都以謚名廟詔可於是罷義宗號妃即裴居道女有婦德而居道以妃故拜內史納言歷太子少保翼國公爲酷吏所陷下獄死

章懷太子賢字明允容止端重少爲帝愛甫數歲讀書一覽輒不忘至論語賢賢易色一再誦之帝問故對曰性實愛此帝語李世勣稱其夙敏始王潞歷幽州都督雍州牧徙王沛累進揚州大都督右衞大將軍更名德徙王雍仍領雍州牧涼州大都督實封千

戶上元年復名賢是時皇太子薨其六月立賢爲皇太子俄詔監國賢於處決尤明審朝廷稱焉帝手敕褒賜賢又招集諸儒左庶子張大安洗馬劉訥言洛州司戶參軍事格希玄學士許叔牙成玄一史藏諸周寶寧等共注范曄後漢書書奏帝優賜段物數萬時正諫大夫明崇儼以左道爲武后所信崇儼言英王類太宗而相王貴賢聞惡之宮人或傳賢乃后姊韓國夫人所生賢益疑而后撰少陽政範孝子傳賜賢數以書讓勅愈不安調露中天子在東都崇儼爲盜所殺后疑出賢謀遣人發太子陰事詔薛元超裴炎高智周雜治之獲甲數百首於東宮帝素愛賢薄其罪后曰賢懷逆大義滅親不可赦乃廢爲庶人焚甲天津橋貶大安普州刺史劉訥言於振州坐徙者十餘人開耀元年徙賢巴州武后得政詔左金吾將軍丘神勣檢衛賢第迫令自殺年三十四后舉哀顯福門貶神勣疊州刺史追復舊王神龍初贈司徒遣使迎喪陪葬乾陵睿宗立追贈皇太子及謚三子光順守禮守義光順爲樂安

王徙義豐被誅守義爲犍爲王徙封桂陽薨先天中追封光順莒王守義畢王

守禮嗣王始名光仁授太子洗馬武后革命畏疾宗室而守禮以父得罪與睿宗諸子閉處宮中十餘年睿宗封相王許出外邸於是守禮等始居外改司議郎中宗即位復故封拜光祿卿實封戶五百唐隆元年進封邠王睿宗立兼檢校左金吾衛大將軍出爲幽州刺史遥兼單于大都護遷司空開元初累爲州刺史時寧申岐薛王同爲刺史皆擇僚首持綱紀守禮惟弋獵酣樂不領事故源乾曜袁嘉祚潘好禮皆爲邠府長史州佐督檢之後還諸王京師守禮以外支爲王不甚才而多寵嬖子六十餘人無可稱者常負息錢數百萬或勸少治居産守禮曰豈天子兄無葬者邪諸王每白上以爲歡岐王嘗奏守禮知雨暘帝問故荅曰臣無它當天后時太子被罪臣幽宮中歲被敕杖凡四三累創痕膚前雨則沈懣霽則佳以此知之因泣下帝爲惻然薨年七十贈太尉子承宏承寧承宷可記者承宏爵廣武王坐交非其人貶房州別駕還爲宗正卿廣德元年吐蕃入京師天子如陝虜宰相馬重英立承宏爲帝以翰林學士于可封霍瓌爲宰相賊退詔放承宏于華州死承寧封嗣邠王承宷燉煌王拜宗正卿與僕固懷恩使回紇和親即納其女爲妃封毗伽公主薨贈司空唐制嗣郡王加四品階親王子服緋開元中張九齡奏寧薛及邠王三子爲王者賜紫餘皆服緋官不越六局郎王府掾屬仍員外置後從帝至蜀者皆服紫

中宗四子韋庶人生重潤後宮生重福重俊殤帝

懿德太子重潤本名重照避武后諱改焉帝爲皇太子時生東宮高宗喜甚乳月滿爲大赦天下改元永淳是歲立爲皇太孫開府置官屬帝問吏部侍郎裴敬彝郎中王方慶對曰禮有嫡子無嫡孫漢魏太子在子但封王晉立愍懷太子爲皇太孫齊立文惠子爲皇太孫皆居東宮今有太子又立太孫於古無有帝曰自我作故若何對曰禮君子抱孫不抱子孫可以爲王父尸者昭穆同也陛

下盛建皇孫本支千億之慶帝悅詔議官屬敬彝等奏置師傅友文學祭酒左右長史東西曹掾主簿管記司録六曹等官加王府一級然卒不補將封嵩山召太子赴東都以太孫留守京師中宗失位太孫府廢貶庶人別囚之帝復位封郡王大足中張易之兄弟得幸武后或譖重潤與其女弟永泰郡主及主壻竊議后怒杖殺之年十九重潤秀容儀以孝愛稱誅不緣罪人皆流涕神龍初追贈皇太子及謚陪葬乾陵號墓爲陵贈主爲公主

譙王重福高宗時王唐昌郡徙封平恩長安末乃進王神龍初韋庶人譖與張易之兄弟陷重潤貶濮州員外刺史徙合均二州不領事景龍三年中宗親郊赦天下十惡者咸宥流人得還重福不得歸自陳蒼生皆自新而一子擯棄皇天平分固若此乎不報韋后得政詔左屯衛大將軍趙承恩薛思簡以兵護守睿宗立徙集州未行洛陽男子張靈均說重福曰大王居嫡長當爲天子相王雖平大難安可越居大位昔漢誅諸吕乃東迎代王今百官士庶

皆願王來王若陰幸東都殺留守擁兵西據陝徇河南河北天下可圖也重福又遣靈均與其黨鄭愔計愔亦密招重福爲天子豫尊睿宗爲皇季叔重茂皇太弟制稱中元克復元年愔自署左丞相知內外文武事以靈均爲右丞相天柱大將軍知出征事其餘以次除署重福自均州與靈均乘驛趨東都舍駙馬裴巽家洛陽令倢巽重福驚遽出欲劫左右屯營兵至天津橋願從者數百人侍御史李邕遇之先馳至右屯營呼曰譙王得罪先帝擅入都爲亂公等勉立功取富貴稍稍閉皇城諸門以拒重福徇右營不能動趨左掖門已闔怒縱火燒之左營兵寖逼衆遂潰重福走山谷明日留守裴談揔兵大索投漕渠死年三十一磔其屍帝詔以三品禮葬

節愍太子重俊聖曆三年王義興神龍初王衞拜洛州牧實封千戶俄領揚州大都督明年爲皇太子與太后喪殺冊禮詔在藩食封歲納東宮給事中盧粲上言太子與列國同入封不可爲法詔

罷之重俊性明果然少法度既楊璬武崇訓爲賓客二人馮貴寵無學術惟狗馬蹴蹹相戲昵左庶子姚珽數上疏諍導右庶子平貞愼又獻孝經議養德等傳太子納而不克用武三思挾韋后勢將圖逆內忌太子而崇訓又三思子尚安樂公主常教主辱重俊以非韋出詈爲奴數請廢自爲皇太女三年七月重俊恚忿遂率李多祚洎左羽林將軍李思沖李承況獨孤禕之沙吒忠義矯發左羽林及千騎兵殺三思崇訓并其黨十餘人使左金吾大將軍成王千里守宮城自率兵趨肅章門斬關入索韋后安樂公主昭容上官所在后挾帝升玄武門宰相楊再思蘇瓌李嶠及宗楚客紀處訥統兵二千餘人守太極殿帝召右羽林將軍劉仁景等率留軍飛騎百人拒之多祚兵不得進帝據檻語千騎曰爾乃我爪牙何忽爲亂能斬賊者有賞於是士倒戈斬多祚餘黨潰重俊亡入終南山欲奔突厥楚客遣果毅趙思愼追之重俊憩于野爲左右所殺詔殊首朝堂獻太廟并以告三思崇訓柩睿宗立加贈謚陪葬定陵初重俊被害官屬莫敢視惟永和丞甯嘉勗號哭解衣裹其首時人義之楚客怒收付獄貶平興丞卒至是亦贈永和令

重俊子宗暉景雲三年封湖陽郡王天寶中至太常員外卿薨

睿宗六子肅明皇后生憲宮人柳生撝昭成皇后生玄宗皇帝崔孺人生範王德妃生業後宮生隆悌

讓皇帝憲始王永平文明元年武后以睿宗爲皇帝故憲立爲皇太子睿宗降爲皇嗣更冊爲皇孫與諸王皆出閤開府置官屬長壽二年降王壽春與衡陽巴陵彭城三王同封復詔入閤中宗立改王蔡固辭不敢當唐隆元年進封宋睿宗將建東宮以憲嫡長又嘗爲太子而楚王有大功故久不定憲辭曰儲副天下公器時平則先嫡國難則先功重社稷也使付授非宜海內失望臣以死請因涕泣固讓時大臣亦言楚王有定社稷功且聖庶抗嫡不宜更議帝嘉憲讓遂許之立楚王爲皇太子以憲爲雍州牧揚州大都督太子太師實封至二千戶賜甲第物段五千良馬二十奴

婢十房上田三十頃進尚書左僕射又兼司徒讓司徒更爲太子賓客時太平公主有醜圖姚元崇宋璟白帝請出憲及申王成義爲刺史以銷釋陰計乃以司徒兼蒲州刺史進司空玄宗既討定蕭岑之難進憲位太尉增千戶固辭更授開府儀同三司解太尉揚州大都督徙王寧又兼太常卿開元十四年表解卿久之復爲太尉歷澤岐涇三州刺史累封至五千五百戶二十九年薨初帝五子列第東都積善坊號五王子宅及賜第上都隆慶坊亦號五王宅玄宗爲太子嘗製大衾長枕將與諸王共之睿宗知喜甚及先天後盡以隆慶舊邸爲興慶宮而賜憲及薛王第於勝業坊申岐二王居安興坊環列宮側天子於宮西南置樓其西署曰花蕚相輝之樓南曰勤政務本之樓帝時時登之聞諸王作樂必亟召升樓與同榻坐或就幸第賦詩燕嬉賜金帛侑歡諸王日朝側門既歸即具樂縱飲擊毬鬬雞馳鷹犬爲樂如是歲月不絕所至輒中使勞賜相踵世謂天子友悌古無有者帝於敦睦蓋天性然雖

讒邪亂其間而卒無以揺時有鶺鴒千數集麟德殿廷樹翔棲浹日左清道率府長史魏光乘作頌以爲天子友悌之祥帝喜亦爲作頌憲尤謹畏未嘗干政而與人交帝益信重嘗以書賜憲等曰魏文帝詩西山一何高高高殊無極上有兩僊童不飲亦不食賜我一丸藥光耀有五色服之四五日身體生羽翼朕每言服藥而求羽翼寧如兄弟天生之羽翼乎陳思王之才足以經國絶其朝謁卒使憂死魏祚未終司馬氏奪之豈神丸効耶虞舜至聖捨象傲以親九族九族既睦平章百姓今數千載天下歸善焉此朕廢寢忘食所慕歎也頃因餘暇選僊録得神方云餌之必壽今持此藥願與兄弟共之偕至長齡永永無極也後申王等相繼薨唯憲在帝親待愈益厚每生日必幸其第爲壽往往留宿居常無日不賜遺尚食摠監及四方所獻酒酪異饌皆分餉之憲嘗請歲盡録賜目付史官必數百紙後有疾護醫將膳騎相望也僧崇一者療之少損帝喜甚賜緋袍銀魚巳而疾寖劇薨年六十三帝失聲號慟

左右皆泣下帝以憲實推天下有高世之行非大號不稱乃追謚讓皇帝遣尚書左丞相裴耀卿太常卿韋縚持節奉册其子璡表陳憲宿素退讓不敢當大號制不許及斂出天子服一稱詔右監門大將軍高力士以手書寘靈坐贈妃元爲恭皇后葬橋陵旁及葬敕中使論璡等送終之具使衆見之示以儉薄所司請如諸陵設千味食内壙中監護使耀卿建言尚食料水陸千餘種及馬牛驢犢麞鹿鵝鴨魚鴈醴節之味幷藥酒三十名盛夏胎養不可多殺考求禮據無所憑依陛下每申讓帝之志務存約素請彌省折衷詔可既發引大雨有詔慶王潭等涉塗泥步送十里號其墓曰惠陵憲嘗從帝按舞萬歲樓帝從複道上見衛士已食棄其餘竇中帝怒詔高力士杖殺之憲從容曰從複道上窺人之私恐士不自安且失大體豈以性命輕於餘飡乎帝遽止謂力士曰王於我可謂有急難也不然且誤殺士又涼州獻新曲帝御便坐召諸王觀之憲曰曲雖佳然宮離而不屬商亂而暴君卑逼下臣僭犯上發於忽微形於音聲播之詠歌見於人事臣恐一日有播遷之禍帝默然及安史亂世乃思憲審音云憲本名成器避昭成太后謚與申王成義俱改今名憲子十九人其聞者璡嗣莊琳瑀

璡眉宇秀整性謹絜善射帝愛之封汝陽王歴太僕卿與賀知章褚庭誨梁涉等善薨贈太子太師嗣莊幼有令名爲太子左諭德封濟陰王薨贈幽州大都督琳以祕書監爲嗣寧王從天子幸蜀薨瑀早有材望偉儀觀始封隴西郡公從帝幸蜀至河池封漢中王山南西道防禦使乾元初寧國公主降回紇詔瑀以特進太常卿持節册拜回紇爲威遠可汗瑀亦知音嘗早朝過永興里聞笛音顧左右曰是太常工乎曰然它日識之曰何故卧吹笛工驚謝又聞康昆侖奏琵琶曰琵聲多琶聲少是未可彈五十四絲大絃也樂家以自下逆鼓曰琵自上順鼓曰琶云肅宗詔收羣臣馬助戰瑀與魏少游等持不可帝怒貶蓬州長史薨贈太子太師謚曰宣孫景儉

景儉字寛中及進士第彊記多聞善言古成敗王霸大略高自負於士大夫無所屈王叔文等更譽之以爲管仲諸葛亮比叔文敗景儉以母喪得不坐韋夏卿守東都辟幕府竇羣任中丞引爲監察御史羣貶景儉亦爲江陵戸曹參軍累擢忠州刺史元和末入朝不見用復爲澧州刺史素與元稹李紳善二人方在翰林言其才及延英奏辭景儉自陳見抑遠穆宗憐之追詔爲倉部員外郎不遺閲月拜諫議大夫性矜誕使酒縱氣語侵宰相蕭俛段文昌訴于帝貶建州刺史稹得君爲之助故還爲諫議大夫與馮宿楊嗣復温造李肇等集史官獨孤朗所景儉醉至中書慢罵宰相王播崔植杜元穎吏爲遜言厚謝乃去坐貶漳州刺史宿等皆逐矣未及漳稹輔政改楚州刺史議者謂景儉辱丞相貶未至即遷非是稹懼改少府少監又還宿等景儉既謫阨不得志卒然其爲人輕財篤于義既没士悵悼之

惠莊太子撝本名成義初生武后以母賤欲不齒以示浮屠萬回

回訖曰此西土樹神宜兄弟后喜乃畜之垂拱三年始王恒與衞
趙二王同封俄改王衡陽睿宗立進王申與岐薛二王同封累遷
右衞金吾二大將軍實封至千戶進司徒兼益州大都督四爲州
刺史開元八年停刺史復爲司徒薨册書贈太子及謚陪葬橋陵
撝性寬裕儀貌瓌重無嗣詔以讓帝子瑀嗣爲懷寧王徙封同安
薨天寶中復以讓帝子璹嗣
惠文太子範始名隆範玄宗立與薛王隆業避帝諱去二名初王
鄭改封衞俄降封巴陵進王岐爲太常卿幷州大都督左羽林大
將軍從玄宗誅太平公主以功賜封與薛王業並滿五千戶歷爲
州刺史遷太子太傅開元十四年薨册書贈太子及謚陪葬橋陵
帝哭之慟徹常膳至累旬羣臣勉請乃復範好學工書愛儒士無
貴賤爲盡禮與閻朝隱劉廷琦張諤鄭繇等善常飲酒賦詩相娛
樂又聚書畫皆世所珍者初隋亡禁內圖書湮放唐興募訪稍稍
復出藏祕府長安初張易之奏天下善工潢治乃密使摹肖殆不

可辨竊其眞藏于家既誅悉爲薛稷取去稷又敗範得之後卒爲
火所焚駙馬都尉裴虛已善讖緯坐私與範游徙嶺南廷琦貶雅
州司戶諤爲山茌丞然帝於範無少間也謂左右曰兄弟情天至
於我豈有異哉趨競者彊相附我終不以爲纖介時王毛仲等起
賤微暴貴諸王見必加禮獨範接之自如子瑾嗣瑾落魄不飭名
檢沈酒色歷太僕卿封河東王暴薨贈太子少師天寶中復以薛
王子略陽公珍爲嗣岐王珍儀觀豐偉爲宗正員外卿與蔚州鎮
將朱融善融嘗言珍似上皇因有陰謀往語金吾將軍邢濟曰關
外寇近京師草草柰何濟曰我金吾天子押衙以死生從安自脫
融曰見嗣岐王無慮矣濟以聞肅宗詔廢珍爲庶人賜死融黨皆
誅擢濟爲桂管防禦使
惠宣太子業始王趙降封中山授都水使者徙彭城兼陳州別駕
進王薛爲羽林大將軍荆州大都督以好學授祕書監開元初進
太子少保即拜太保累歷州刺史初母早終從母賢妃鞠之八年

迎賢妃外邸事之甚謹其女弟淮陽涼國二公主亦早卒撫甥與
己子均帝益愛之嘗被疾帝自祝禬既瘉幸其第置酒賦詩爲初
生歡帝嘗不豫業妃弟內直郎韋賓與殿中監皇甫恂妄言休咎
事賓坐死恂貶錦州刺史妃恐降服待罪業亦不敢入謁帝聞遽
召之業伏殿下請罪帝趨就執其手曰吾所猜子兄弟者天地共
咎之遂復燕歡仍諭妃復位俄進司徒二十二年業有疾帝憂之
一昔容髮爲變因假寢夢獲方寤而業少間邠王守禮等請以事
付史官及薨帝悲不能食册書加贈及謚陪葬橋陵十一子其聞
者瑗瑒琄帝後追思業引見瑗等傷之乃下詔共賜實封千戶瑗
爲樂安王瑒榮陽王宗正卿琄爲嗣薛王歷鴻臚卿天寶中琄舅
韋堅爲李林甫所構坐貶夷陵別駕從置夜郎南浦及安祿山亂
乃還京師
曾孫知柔嗣王再爲宗正卿久之擢京兆尹始鄭白渠梗壅民不
得歲知柔調三輔治復舊道灌浸如約遂無旱虞民詣闕請立石

紀功知柔固讓得止加累檢校司徒同中書門下平章事又詔營
緝太廟判度支充諸道鹽鐵轉運使昭宗出莎城獨知柔從乘輿
器用庖頓皆主之大細畢給性儉約雖位通顯無居第未幾出拜
清海軍節度使在鎮廉絜貢獻時入進檢校太傅兼侍中仕凡四
紀常爲宗室冠卒于鎮
隋王隆悌始封汝南王早薨睿宗追王贈荆州大都督爵不傳
贊曰中宗失道身爲母所廢妻所弒而四子皆不得其死嗣亦不
傳殆天穢其德而絕之何耶彼固自絕于天云爾睿宗有聖子一受
命一追帝三贈太子天與之報福流無窮盛歟

三宗諸子列傳第六

十一宗諸子列傳第七　唐書八十二

端明殿學士兼翰林侍讀學士龍圖閣學士朝散大夫守尚書吏部侍郎充集賢殿脩撰臣宋祁奉　敕撰

玄宗三十子劉華妃生琮第六子琬第十二子璲趙麗妃生瑛元獻皇后生肅宗皇帝錢妃生琰皇甫德儀生瑤劉才人生琚武惠妃生一第十五子敏第十八子瑁第二十一子琦高婕妤生璬郭順儀生璘柳婕妤生玢鍾美人生環盧美人生瑝閻才人生玼王美人生珪陳才人生珙鄭才人生瑱武賢儀生璿第三十子漵餘七子夭母氏失傳

奉天皇帝琮景雲元年王許昌郡與眞定王同封先天元年進王郯與郢王同封開元四年領安西大都護安撫河東關內隴右諸蕃大使十三年徙王慶與忠棣榮光儀潁永壽延盛濟十一王同封十五年與十王並領節度不出閤琮以涼州都督兼河西諸軍節度大使天寶元年改節河東十載薨贈太子諡靖德肅宗立詔曰靖

德太子琮親則朕兄睿慈聰明朕昔踐儲極顧誠非次君父有命不敢違永言懇讓不克如素宜進諡奉天皇帝妃竇爲恭應皇后詔尚書右僕射裴冕持節改葬羣臣素服臨送達禮門帝御門哭以過喪墓號齊陵無子以太子瑛子俅嗣王琮始名嗣直太子嗣謙棣王嗣眞鄂王嗣初靖恭太子嗣玄開元十三年更名曰潭曰鴻曰洽曰涓曰滉後十年改今名

太子瑛始王眞定進王郢開元三年立爲皇太子七年詔太子諸王入國學行齒胄禮太常擇日謁孔子太子獻詔右散騎常侍褚无量執經羣臣學官諸生以差賜帛明年瑛加元服見太廟十六年詔九品官息女可配太子者有司采閱待進止以太常少卿薛縚女爲妃帝種麥苑中瑛諸王侍登帝曰是將薦宗廟故親之亦欲若等知稼穡之難因分賜侍臣曰春秋書無麥禾古所甚重比詔使者閱田畝所對不以實故朕自蒔以觀其成云初瑛母以倡進善歌舞帝在潞得幸及即位擢妃父元禮兄常奴皆至大官鄂光二王母亦帝爲臨淄王時以色選及武惠妃寵幸傾後宮生壽王愛與諸子絕等而太子二王以母失職頗怏怏惠妃女咸宜公主婿楊洄揣妃旨伺太子短譖爲醜語惠妃訴于帝且泣帝大怒召宰相議廢之中書令張九齡諫曰太子諸王日受聖訓天下共慶陛下享國久子孫蕃衍柰何一日棄三子昔晉獻公惑嬖姬之讒申生憂死國乃大亂漢武帝信江充巫蠱禍及太子京師蹀血晉惠帝有賢子賈后譖之乃至喪亡隋文帝聽后言廢太子勇遂失天下今太子無過二王賢父子之道天性也雖有失尚當掩之惟陛下裁赦帝默然太子得不廢俄而九齡罷李林甫專國數稱壽王美以撼妃意妃果德之二十五年洄復搆瑛瑤琚與妃之兄薛鏽異謀惠妃使人詭召太子二王曰宮中有賊請介以入太子從之妃白帝曰太子二王謀反甲而來帝使中人視之如言遂召宰相林甫議答曰陛下家事非臣所宜豫帝意決乃詔太子瑛鄂王瑤光王琚同惡均罪並廢爲庶人鏽賜死瑛瑤琚尋遇害天下冤之號

三庶人歲中惠妃數見庶人爲祟因大病夜召巫祈之請改葬且射行刑者瘞之訖不解妃死祟亡寶應元年詔贈瑛皇太子瑤等復王瑛子五人儼伸倩俅備瑛之廢帝使慶王畜儼等爲子儼封新平郡王伸平原郡王俅嗣慶王備太僕卿倩失傳

棣王琰開元二年始王鄫與鄂鄄二王同封後徙王棣領太原牧太原以北諸軍節度大使天寶初爲武威郡都督經略節度河西隴右會妃韋以過置別室而二孺人爭寵不平求巫者密置符琰履中以求媚仇人告琰厭魅上帝伺其朝使人取履視之信帝怒責琰琰頓首謝曰臣罪宜死然臣與婦不相見二年有二孺人爭長臣恐此三人爲之及推果驗然帝猶疑琰怒未置太子以下皆爲請乃囚於鷹狗坊以憂薨妃韋縚之女無子還本宗琰凡五十五子得王者四人僎王汝南郡僑宜都俊濟南倓順化僚太僕卿俠國子祭酒仁殿中監優秘書監寶應元年詔復琰王爵

鄂王瑤既封遙領幽州都督河北節度大使開元二十三年與榮

光儀潁永壽延盛濟信義十一王並授開府儀同三司實封二千
戶詔詣東宮尚書省上日百官集送有司供張設樂是日悉拜王
府官屬然未有府也而選任冒濫時不以為榮
靖恭太子琬始王鄄從王榮為京兆牧領隴右節度大使又詔親
巡按隴右選關內河東飛騎五萬防盛秋累兼單于安北大都護
安祿山反詔琬為征討元帥募河隴兵屯陝以高仙芝副之會薨琬
風格秀整有素望中外倚之及薨莫不為國悵恨詔加贈謚琬男
女五十八人得王者三人俯王𠉗濟陰郡偕北平倩陳留僎衞尉卿
價秘書監佩鴻臚卿
光王琚開元十三年始王與儀潁永壽延盛濟七王同封儀領廣
州都督勇力善騎射帝愛之與鄂王同居友睦甚皆篤學既廢無
嗣初琚名湦儀王濰潁王澐永王澤壽王清延王洄盛王沐濟王
溢信王沔義王漼陳王沚豐王澄恒王憓涼王從汴王滔至二十
三年詔悉改今名

夏悼王一生韶秀以母寵故鍾愛命之曰一未免懷薨追爵及謚
時帝在東都故葬龍門東岑欲宮中望見云
儀王璲既封授河南牧薨贈太傅子佚王鍾陵郡傓廣陵
潁王璬喜讀書好文辭開元十五年遙領安東都護安祿山反詔
領劍南節度大使以楊國忠為之副帝西出令御史大夫魏方進
為置頓使移書劍南屬郡託璬之藩大設儲偫璬先即鎮吏以蜀
郡長史崔圓為副璬濟江舟中以緜席藉步命徹之曰此可寢奈
何踐之璬之出遽不及受節司馬史賁請建大槊蒙油囊先驅以
威道路璬笑曰既為具王矣安用假節為將至成都崔圓迎拜馬
前璬不為禮圓銜之璬視事再踰月人便其寬圓奏罷居內宅乃
詔宣慰肅宗於彭原從還京師建中四年薨年六十六子伸為榮
陽王𠑊為高邑王倪楚國公僎夔國公
懷思王敏貌豐秀若圖畫帝愛之甫晬薨追爵及謚祔葬敬陵
永王璘少失母肅宗自養視之長聰敏好學貌陋甚不能正視既

封領荊州大都督安祿山反帝至扶風詔璘即日赴鎮俄又領山
南江西嶺南黔中四道節度使以少府監竇紹為副璘至江陵募
士得數萬補署郎官御史時江淮租賦鉅億萬在所山委璘生宮
中於事不通曉見富且強遂有闚江左意以薛鏐李臺卿韋子春
劉巨鱗蔡駉為謀主肅宗聞之詔璘還覲上皇于蜀璘不從其子
襄城王偒剛鷙之謀亦樂亂勸璘取金陵即引舟師東下甲士五
千趨廣陵以渾惟明季廣琛高仙琦為將然未敢顯言取江左也
會吳郡採訪使李希言平牒璘璘因發怒曰寡人上皇子皇帝弟
地尊禮絕今希言乃平牒抗威落筆署字何邪乃使惟明襲希言
而令廣琛趨廣陵攻採訪使李成式璘至當塗希言已屯丹楊遣
將元景曜等拒戰不勝降於璘江淮震動明年肅宗遣宦者啖廷
瑤等與成式謀招諭之時河北招討判官李銑在廣陵有兵千餘
廷瑤邀銑屯揚子成式又遣裴茙以廣陵卒三千戍伊婁埭張旗
幟大閱士璘與偒登陴望之有懼色廣琛知事不集謂諸將曰與

公等從王豈欲反邪上皇播遷道路不通而諸子無賢於王者如
總江淮銳兵長驅雍洛大功可成今乃不然使吾等名絓叛逆如
後世何衆許諾遂割臂盟於是惟明奔江寧馮季康奔白沙廣琛
以兵六千奔廣陵璘使騎追躡之廣琛曰我德王故不忍決戰逃命
歸國耳若逼我且決死追者止乃免是夜銑陣江北夜然束葦人
執二炬景亂水中覘者以倍告璘軍亦舉火應之璘疑王師已濟
攜兒女及麾下遁去遲明覺其紿復入城具舟檝使偒驅衆趨晉
陵諜者告曰王走矣成式以兵進先鋒至新豐璘使偒仙琦逆擊
之銑合勢張左右翼射偒中肩軍遂敗仙琦與璘奔鄱陽司馬閉
城拒璘怒焚城門入之收庫兵掠餘干將南走嶺外皇甫侁兵追
及之戰大庾嶺璘中矢被執侁殺之偒為亂兵所害仙琦逃去璘
未敗時上皇下誥降為庶人徙置房陵及死侁送妻子至蜀上皇
傷悼久之肅宗以少所自鞠不宣其罪謂左右曰皇甫侁執吾弟
不送之蜀而擅殺之何邪由是不復用薛鏐等皆伏誅子僙為餘

姚王傎莒國公儇郯國公伶儀並國子祭酒
壽王瑁母惠妃頻姙不育及瑁生寧王請養邸中元妃自乳之名爲己子故封比諸王最後開元十五年遥領益州大都督初帝以永王等尚幼詔不入謁瑁七歲請與諸兄衆謝拜舞有儀矩帝異之寧王薨請制服以報私恩詔可大曆十年薨贈太傅子王者三人
僾王德陽郡侹濟陽郡偡廣陽郡伉薛國公傑國子祭酒
延王玢母尚書右丞範之孫帝重其名家而玢亦仁愛有學既封遥領安西大都護帝入蜀玢凡三十六子不忍棄故徐進數日見行在所帝怒漢中王瑀申救得解聽歸靈武興元元年薨子倬王彭城郡佴平陽倞魯國公偃荆國公优太僕卿
盛宣王琦既封領揚州大都督帝之西詔爲廣陵大都督淮南江東河南節度大使以劉彙爲副李成式爲副大使琦不行廣德二年薨贈太傅子償封眞定王佩武都王俗徐國公倸許國公
濟王環遥其薨年子儻王永嘉郡俒平樂郡

信王瑝開元二十一年始王與義陳豐恒涼汴六王同封子佟封新安王偶晉陵王
義王玼與信王並失薨年子儀爲舞陽王僇高密王
陳王珪二十一子得王者三人倫王安南郡佗臨淮佼安陽
豐王珙已封爲左衛大將軍帝至普安授珙武威都督河西隴右安西北庭節度大使以隴西太守鄧景山爲副珙不行廣德初吐蕃入京師代宗幸陝將軍王懷忠閉苑門以五百騎劫諸王西迎虜過郭子儀儀懷忠曰上東遷宗社無主今僕奉諸王西奔以係天下望公爲元帥惟所廢置子儀未對珙輒曰公何如司馬王延昌質責珙曰上雖蒙塵未有失德王爲藩翰安得狂悖之言子儀亦讓之即護送行在所帝赦不責珙語不遜羣臣恐其亂請除之乃賜死子佛爲齊安王
恒王瑱好方士常服道士服從帝幸蜀還代宗時薨
涼王璿母高平王重規之女宮中號小武妃者璿薨代宗時子仿爲瀘陽郡王
汴哀王璥於諸子爲最少初封纔數歲容貌秀澈有成人風帝愛之開元二十三年授右千牛衛大將軍明年薨唐制親王封戶八百增至千公主三百長公主止六百高宗時沛英豫三王太平公主武后所生戶始踰制垂拱中太平至千二百戶聖曆初相王太平皆三千壽春等五王各三百神龍初相王太平至五千衛王三千溫王二千壽春等王皆七百嗣雍衡陽臨淄巴陵中山王五百安樂公主二千長寧千五百宣城宜城定安各千相王女爲縣主各三百相王增至七千安樂三千長寧二千五百宜城以下二千相王太平長寧安樂以七丁爲限雖水旱不蠲以國租庸滿之中宗遺詔雍壽春王進爲親王戶千開元後天子敦睦兄弟故寧王戶至五千五百岐薛五千申王以外家微戶四千邠王千八百帝妹戶千中宗諸女如之通以三丁爲限及皇子封王戶二千公主五百咸宜公主以母惠妃故封至千自是諸公主例千戶止初文德

皇后崩晉王最幼太宗憐之不使出閤豫王亦以武后少子不出閤嗣聖初即帝位及降封相王乃出閤中宗時譙王失愛遷外藩溫王年十七猶居宮中遂立爲帝開元後皇子幼多居禁內既長詔附苑城爲大宮分院而處號十王宅所謂慶忠棣鄂榮光儀潁永延盛濟等王以十舉全數也中人押之就夾城參天子起居家令日進膳引詞學士入授書謂之侍讀壽信義陳豐恒涼七王就封亦居十宅鄂光廢死忠王立爲太子慶棣繼薨唯榮儀十四王居院而府幕列於外坊歲時通名起居既又諸孫多則於宅外更置百孫院天子歲幸華清宮又置十王百孫院于宮側宮人每院四百餘百孫院亦三四十人禁中置維城庫以給諸王月奉諸孫納妃嫁女就十王宅太子不居東宮處乗輿所幸別院太子親王公主婚嫁並供帳於崇仁之禮院此承平制云
肅宗十四子章敬皇后生代宗皇帝宮人孫生係張生倓王生侶陳婕妤生僅韋妃生僩張美人生侹後宮生榮裴昭儀生僙

段婕妤生倕崔妃生偲張皇后生佋侗後宮生信
越王係生開元時玄宗末年悉王七子子故係王南陽郡帝即位
至德二載十二月進王趙與彭兗涇鄆襄杞召興定九王同封乾
元二年九節度兵潰河北朝廷震駭乃以李光弼代郭子儀總兵
關東而光弼請賢王為帥於是詔係充天下兵馬元帥而光弼以
司空兼侍中薊國公副知節度行營事係留京師史思明陷洛陽
係請行不聽明年徙王越帝寢疾皇太子監國張皇后與中人李
輔國有隙因召太子入謂曰輔國典禁軍用事久四方詔令皆出
其口矯天子制逼徙聖皇天下側目今上疾彌留輔國常怏怏忌
吾與汝又程元振陰結黃門圖不軌若釋不誅禍不移頃太子泣
曰此二人者陛下勳舊而上體不裕重以此事得無震驚乎願出
外徐計之后曰是難與共事者乃召係曰汝能行此乎係許諾即
遣內謁者監段恒俊選材勇宦者二百人授甲長生殿以帝命召
太子元振以告輔國乃相與勒兵凌霄門迎太子以難告太子曰

上疾亟吾可懼死不赴乎元振曰赴則及禍乃以兵護太子止飛
龍廄勒兵夜入三殿收係及恒俊等百餘人繫之幽后別殿后及
係皆為輔國所害係三子建王武威郡逌興道逌齊國公
承天皇帝倓始王建寧英毅有才略善騎射祿山亂典親兵扈
車駕度渭百姓遮道留太子太子使倓諭曰至尊播遷吾可以違
左右乎倓進說曰逆胡亂常四海崩分不因人情圖興復雖欲從
上入蜀而散關以東非國家有夫大孝莫若安社稷殿下當募豪
桀趣河西收牧馬今防邊屯士不下十萬而光弼子儀全軍在河
朔與謀興復策之上者廣平王亦贊之於是議定太子北過渭
兵仗鹽惡士氣崩沮日數十戰倓以驍騎數百從每接戰常身先
血殷袂不告也太子或過時未食倓輒涕泗不自勝三軍皆屬目至
靈武太子即帝位議以倓為天下兵馬元帥左右固請廣平王帝曰
廣平既冢嗣安用元帥荅曰太子從曰撫軍守曰監國元帥撫軍也
莫宜於廣平王帝從之更詔倓典親軍以李輔國為府司馬時張

良娣有寵與輔國交構欲以動皇嗣者倓忠謇數為帝言之由是
為良娣輔國所譖妄曰倓恨不總兵鬱鬱有異志帝惑偏語賜倓
死俄悔悟明年廣平王收二京使李泌獻捷泌與帝雅素從容語倓
事帝改容曰倓於艱難時實自有力為細人間閡欲害其兄我計
社稷割愛而為之所泌曰爾時臣在河西知其詳廣平於兄弟篤睦
至今言建寧則嗚咽不自已陛下此言得之讒口耳帝位下曰事已
爾末耐何泌曰陛下嘗聞黃臺瓜乎高宗有八子天后所生者四人
自為行而睿宗最幼長曰弘為太子仁明孝友后方圖臨朝鴆殺之
而立次子賢賢日憂惕每侍上不敢有言乃作樂章使工歌之欲
以感悟上及后其言曰種瓜黃臺下瓜熟子離離一摘使瓜好再摘令
瓜稀三摘尚云可四摘抱蔓歸而賢終為后所斥死黔中陛下今
一摘矣慎無再帝愕然曰公安得是言是時廣平有大功亦為后
所構故泌因對及之廣平遂安及即位追贈倓齊王大曆三年有
詔以倓當艱難時首定大謀排衆議於中興有功乃進謚承天

皇帝以興信公主季女張為恭順皇后冥配焉葬順陵祔主奉天
皇帝廟同殿異室云初李泌請加贈倓代宗曰倓性忠孝而困於
讒追帝之若何荅曰開元中上皇兄弟皆贈太子帝曰是特祖宗
友愛耳豈若倓有功乎於是追帝號遣使迎喪彭原既至城門
喪輴不動帝謂泌曰豈有恨邪卿往祭之以白朕意且卿及知倓艱
難定策者泌為挽詞二解追述倓志命挽士唱泌因進酹輴乃行
觀者皆為垂泣
衛王佖始王西平蚤薨寶應元年五月與鄆王同追封
彭王僅始王新城進封彭史思明陷河洛人心震騷羣臣請以諸
王臨統方鎮兵遙相維壓於是詔僅充河西節度兗王北庭涇王
隴右杞王陝西興王鳳翔並為大使是歲僅薨子鎮為常山郡王
兗王僩始王潁川進王兗寶應元年薨
涇王侹始王東陽進王涇興元元年薨
鄆王榮始王靈昌蚤薨追封

襄王僙至德二載始王與杞召興定四王同封貞元七年薨子宣爲伊吾郡王宷樂安王宜裔孫熅

熅性謹柔材無過人者光啓二年田令孜逼僖宗幸興元邠寧節度使朱玫以五千騎追乘輿不及熅以疾不能從玫劫之駐鳳翔得臺省官百餘乃脅宰相蕭遘等率羣臣盟石鼻驛奉熅爲嗣襄王監軍國事因還京師即封拜官屬初遘執不可於是罷遘而玫自爲侍中號令已出以裴澈爲門下侍郎鄭昌圖中書侍郎皆平章事遣柳陟等十餘人分諭天下嗣襄王所以監國意皆得進官玫又脅太子太師裴璩等奉牋勸進熅五讓乃即位改元建貞尊僖宗爲太上元皇聖帝河中節度使王重榮率諸藩貢奉歸者十八九而蔡州秦宗權自僭號惟太原李克用不從時帝遣使諭重榮克用故二人聽命樞密使楊復恭等傳檄三輔募能斬玫者以邠寧節度畀之其僞將王行瑜自鳳州入京師殺玫而熅與澈昌圖并官屬奔東渭橋重榮紿使迎之熅與官屬別且泣曰朕見重榮

當令備所服迓公等至蒲執殺之因械澈等于獄誅殺僞官函熅首至行在所熅即僞位凡九月敗始熅首至羣臣白帝御興元南門受之百官稱賀太常博士殷盈孫奏言禮公族有罪有司曰某之罪在大辟君曰赦之如是者三走出致刑焉君爲素服不舉者三日今熅皇族以不能固節迫脅至此宜廢爲庶人絕屬籍葬以庶人禮大捷之慶須朱玫首至乃賀詔可

杞王倕貞元十四年薨

召王偲元和元年薨

恭懿太子佋始封興王上元元年薨佋生后方專愛帝最憐之后數撼儲嫡欲以佋嗣會薨計塞是夕帝及后夢佋辭決流涕去帝鯁悵故冊贈皇太子

定王侗寶應初薨

代宗二十子睿真皇后生德宗皇帝崔妃生邈貞懿皇后生迥十七王史亡其母之氏位

昭靖太子邈好學以賢聞上元二年始王益昌帝即位寶應元年進王鄭與韓王同封淄青牙將李懷玉逐其帥侯希逸詔邈爲平盧淄青節度大使以懷玉知留後大曆初代皇太子爲天下兵馬元帥八年薨遂罷元帥府

均王遐早薨貞元八年追封

睦王述大曆十年田承嗣不臣而昭靖夭無遷王帝乃悉王諸子領諸鎮軍威天下於是以述爲睦王領嶺南節度逾郴王渭北鄜坊節度迥韓王汴宋節度造忻王昭義節度皆爲大使連爲恩王遘鄜王暹韶王遇端王遹循王通恭王逵原王逸雅王並開府儀同三司然不出閤德宗建中初周天下訪太后所在述於諸王最長故拜奉迎太后使以工部尚書喬琳副之貞元七年薨

丹王逾始王郴建中四年與簡王同徙封元和十五年薨

恩王連元和十二年薨

韓王迥始王延慶郡以母寵故與鄭王先徙封貞元十二年薨

簡王遘始王鄜徙封簡元和四年薨

益王迺大曆十四年始王亡薨年

隋王迅興元元年薨

荊王選蚤薨建中二年追王

蜀王遡本名遂大曆十四年始王建中二年改今名

忻王造元和六年薨

韶王暹貞元十二年薨

嘉王運貞元十七年薨

端王遇貞元七年薨

循王遹亡薨年

恭王通亡薨年

原王逵大和六年薨

雅王逸貞元十五年薨

德宗十一子昭德皇后生順宗皇帝帝取昭靖太子子誼爲第一

子又取順宗子源爲第六子薨八王史亡其母之氏位
舒王誼初名謨帝愛其幼取爲子大曆十四年始王舒與通虔肅
資四王同封拜開府儀同三司詔有司給奉稍俄以軍興罷謨於
諸王最長帝欲試以事故拜涇原節度大使時尚父郭子儀病篤
帝臨軒遣謨持詔往視謨冠遠游冠御絳袍乘象輅四馬飛龍士
三百國府官皆袴褶以從子儀手叩頭謝恩謨宣詔已乃易服勞
問還於是李希烈反招討使李勉戰不勝奔宋州朝廷大震乃拜
謨揚州大都督荊襄江西沔鄂節度使諸軍行營兵馬都元帥改
名誼軍中以哥舒翰由元帥敗而王所封同之帝乃使徙王普以
兵部侍郎蕭復爲統軍長史湖南觀察使孔巢父爲行軍左司馬
山南東道節度行軍司馬樊澤爲右刑部員外郎劉從一侍御史
韋儹爲判官兵部員外郎高參掌書記右金吾大將軍渾瑊爲中
軍虞候江西節度使嗣曹王皐爲前軍兵馬使鄂岳團練使李兼
副之山南東道節度使賈耽爲中軍兵馬使荊南節度使張伯儀

爲後軍兵馬使左神武軍使王价左衛將軍高承謙檢校太子詹
事郭曙檢校右庶子常愿爲押衙未及行涇原兵反誼從帝出
奉天朱泚攻城誼晝夜傳勞諸軍不解帶帝還京師復故封揚州
大都督如故永貞元年薨
通王諶始王拜開府儀同三司貞元九年領宣武節度大使以李
萬榮爲留後二年徙河東以李說爲留後皆不出閤
虔王諒以王拜開府儀同三司貞元二年領蔡州節度大使以吴
少誠爲留後十年徙節朔方靈鹽以李欒爲留後明年領橫海又
徙徐州以程懷信張愔爲留後不出閤
肅王詳資秀異帝愛之建中二年薨甫四歲帝欲用浮屠說塔而
不墳禮儀判官李岩諫非禮乃止詔贈揚州大都督
文敬太子源見愛於帝命爲子貞元初先諸王王邕歷義武昭義
二軍節度大使以張茂昭王虔休爲留後不出閤十五年薨年十
八追贈及謚葬日羣臣以位而哭通化門外陵及廟置令丞云

資王謙亡薨年
代王諲始王縉雲郡薨建中二年追王
昭王誡貞元二十一年始王亡薨年
欽王諤順宗即位與珍王同封亡薨年
珍王誠大和六年薨
順宗二十七子莊憲皇后生憲宗皇帝及綰張昭訓生經趙昭儀
生結王昭儀生緫約緝餘二十王史亡母之氏位四王蚤薨亡官謚
郯王經本名澳貞元四年始王建康郡與廣陵洋川臨淮弘農漢
東晉陵高平雲安宣城德陽河東洛交十二王同封二十一年又
與均漵莒密郇邵宋集冀和衡欽會珍福撫岳袁桂翼二十王皆
進王王二十九年大和八年薨
均王緯初名沔王洋川後進王王三十三年開成二年薨
漵王縱初名洵王臨淮後進王王三十二年開成元年薨
莒王紓初名滰爲秘書監王弘農後進王王二十九年大和八年薨

密王綢初名泳王漢東後進王王三年元和二年薨
郇王緫初名湜授少府監王晉陵後進王王四年元和三年薨
邵王約初名漵爲國子祭酒王高平進王王二年元和元年薨
宋王結初名滋王雲安進王王十八年長慶二年薨
集王緗初名淮王宣城進王王十八年長慶二年薨
冀王絿初名滑爲太常卿王德陽進王王三十年大和九年薨
和王綺初名浥王河東進王王二十八年大和七年薨
衡王絢王二十二年寶曆二年薨
會王纁王六年元和五年薨
福王綰歷魏博節度大使咸通元年進拜司空王五十七年咸通
二年薨
珍王繕初名況王洛交後進王亡薨年
撫王紘咸通初歷司空又進司徒太尉王七十三年乾符三年薨
岳王緄王二十三年大和二年薨

袁王紳王五十六年咸通元年薨
桂王綸王十年元和九年薨
翼王綽王五十八年咸通三年薨
蘄王緝王六年咸通八年薨
欽王績亡薨年
憲宗二十子紀美人生寧懿安皇后生穆宗皇帝孝明皇后生宣
宗皇帝餘十七王皆後宮所生史逸其母之號氏
惠昭太子寧貞元二十一年始王平原與同安彭城高密文安四
王同封帝即位進王鄧與澧深洋絳四王同封於是國嗣未立李
絳等建言聖人以天下爲大器知一人不可獨化四海不可無本
故建太子以自副然後人心定宗祏安有國不易之常道陛下受
命四年而冢子未建是開窺覦之端乖慎重之義非所以承列聖
示萬世帝曰善以寧爲皇太子更名宙前以制示絳等未幾復初
名冊禮用孟夏雨不克改用孟秋亦雨冬十月克行禮明年薨年

十九
澧王惲始王同安後進王惠昭之喪吐突承璀議復立儲副意屬
惲帝自以穆宗爲太子帝崩之夕承璀死王被殺秘不發喪久之
以告廢朝三日三子曰漢王東陽郡曰源安陸曰演臨安初惲名
寬深王察洋王寰絳王寮建王審元和七年並改今名
深王悰始王彭城郡進王深子潭王河內淑吳興洋王忻始王高
密進王洋大和二年薨子沛王潁川郡
絳王悟始王文安進王敬宗崩蘇佐明等矯詔以王領軍國事王
守澄等立文宗王見殺二子洙王新安滂高平
建王恪元和元年始封時淄青節度使李師古死其弟師道丐符
節故詔恪爲鄆州大都督平盧軍淄青等州節度大使以師道爲
留後然不出閤長慶元年薨無嗣
鄜王憬長慶元年始王與瓊沔婺茂淄衢澶七王同封開成四年
薨子傳平陽郡王

瓊王悅子律河間郡王
沔王恂子瀛晉陵郡王
婺王懌子清新平郡王
茂王愔子漣武功郡王
淄王協開成元年薨子濟許昌郡王渙馮翊郡王
衢王憺子涉晉平郡王
澶王惋子潓鴈門郡王
棣王惴大中六年始王與彭信二王同封咸通三年薨無嗣
彭王惕乾寧中韓建殺之石堤谷無嗣
信王憻咸通八年薨無嗣
榮王憒咸通三年始王廣明初拜司空子令平嗣王凡八王史失
其薨年
穆宗五子恭僖皇后生敬宗皇帝貞獻皇后生文宗皇帝宣懿皇
后生武宗皇帝餘二王亡其母之氏位

懷懿太子湊少雅裕有尋矩長慶元年始王漳與安王同封文宗
即位疾王守澄顓很引支黨橈國謀盡誅之密引宰相宋申錫
使爲計守澄客鄭注伺知之以告乃謀先事殺申錫又以王賢有
中外望因欲株聯大臣族夷之乃令神策虞候豆盧著上飛變且
言宮史晏敬則朱訓與申錫昵吏王師文圖不軌訓嘗言上多疾
太子幼若兄終弟及必漳王立申錫陰以金幣進王而王亦以珍
服厚荅即捕訓等繫神策獄榜掠定其辭諫官羣伏閤極言出獄
牒付外雜治注等懼事洩乃請下詔貶王帝未之悟因黜湊爲巢
縣公時大和五年也命中人持詔即賜且慰曰國法當爾無它憂
八年薨贈齊王注後以罪誅帝哀湊被讒死不自明開成三年追贈
安王溶初楊賢妃得寵於文宗晚稍多疾妃陰請以王爲嗣密爲
自安地帝與宰相李珏謀珏謂不可乃止及帝崩仇士良立武宗
欲重己功即擿溶嘗欲以爲太子事殺之
敬宗五子妃郭氏生普餘四王亡母之氏位

悼懷太子普姿性韶悟寶曆元年始王晉文宗愛之若己子嘗欲
為嗣大和二年薨帝惻念不能已故贈䘏加焉敬宗第二子休復
文宗開成二年封梁王第三子執中為襄王第四子言揚為紀王
第五子成美為陳王執中子寀為樂平郡王

陳王成美初文宗以莊恪薨大臣數請建東宮開成四年帝乃立
成美為皇太子典冊未具而帝崩仇士良立武宗殺之於邸子儼
王宜城郡文宗二子王德妃生永後宮生宗儉

莊恪太子永大和四年始王魯帝以王幼宜得賢輔因召見傅和
元亮元亮以卒史進有所問不能荅帝責謂宰相王可教官屬
應任士大夫賢者寧元亮比邪於是劇選戶部侍郎庾敬休兼王
傅太常卿鄭肅兼長史戶部郎中李踐方兼司馬六年遂立為皇
太子帝承寶曆荒怠身勤儉率天下謂晉王生謹敏欲引為嗣會
蚤夭故久不議東宮事及太子立天下屬心焉開成三年詔宮臣
詣崇明門謁朔望侍讀偶日入對太子稍事燕豫不能壹循法保
傅戒告懃不納又母愛弛楊賢妃方幸數譖之帝它日震怒御延
英引見羣臣詔曰太子多過失不可屬天下其議廢之羣臣頓首
言太子春秋盛雖有過尚可改且天下本不可輕動惟陛下幸赦
御史中丞狄兼謩流涕固爭帝未決罷羣臣又連章論救意稍
釋詔太子還少陽院以中人護視誅倖昵數十人敕侍讀竇宗直
周敬復詣院授經然太子終不能自白其讒而行已亦不加脩也
是年暴薨帝悔之明年下詔以陳王為太子置酒殿中有俳兒緣
橦父畏其顛環走橦下帝感動謂左右曰朕有天下返不能全一
兒乎因泣下即取坊工劉楚才等數人付京兆榜殺之及禁中女
倡十人斃永巷皆短毀太子者宰相楊嗣復等不及知因言楚才
等罪當誅京兆殺之不覆奏敢以請翌日詔京兆後有決死敕不
覆者亦許如故事以聞

蔣王宗儉開成二年始王亡薨年

武宗五子其母氏位皆不傳

杞王峻開成五年始王

益王峴會昌二年始王與兗德昌三王同封

兗王岐

德王嶧

昌王嵯並逸其薨年

宣宗十一子元昭太后生懿宗皇帝餘皆亡其母之氏位

靖懷太子漢會昌六年始王雍與夔慶二王同封大中六年薨有
詔追冊

雅王涇大中元年始王亡其薨年

通王滋會昌六年始王夔與慶王沂同封帝初詔鄆王居十六宅
餘五王處大明宮內院以諫議大夫鄭漳兵部郎中李鄴為侍
讀五日一謁乾符門為王授經鄆王立為懿宗乃罷滋徙王昭
宗乾寧三年領侍衛諸軍是時誅王行瑜而李茂貞怨以兵入
覲詔滋與諸王分統安聖奉宸保寧安化軍衛京師天子將狩太
原韓建道迎之留次華州建畏王等有兵遣人上急變告諸王欲
殺建劫帝幸河中帝驚召建諭之稱疾不肯入敕滋與睦王倚王
韶王彭王韓王沂王陳王謁建自解建留軍中奏言中外異體臣
不可以私見又言晉八王擅權卒敗天下請歸十六宅悉罷所領
兵帝不許建以兵環行在請誅大將李筠帝懼斬筠以謝建盡逐
衛兵自是天子孤弱矣初帝使嗣延王戒丕嗣丹王允往見李克用
二王還建惡之又嗣覃王嗣周嘗督軍伐茂貞於是劾奏比歲兵纏近
輔諸王階其禍使乘輿越在下藩不得安臣已請解其兵今延覃
丹三王尚陰計以危國請誅之帝曰渠至是邪後三日與劉季述
矯詔以兵攻十六宅諸王被髮乘垣走或升屋極號曰帝救我建
乃將十一王并其屬至石隄谷殺之徐以謀反聞天下冤之濟韶
彭韓沂陳延覃丹九王史逸其系胄云

慶王沂大中十四年薨

濮王澤大中二年始王亡薨年

鄂王潤大中五年始王乾符三年薨
懷王洽大中八年與昭康二王同封亡薨年
昭王汭乾符三年薨
康王汶乾符四年薨
廣王澭大中十一年始王與衛王同封乾符四年薨
衛王灌大中十四年薨
懿宗八子惠安皇后生僖宗皇帝恭憲皇后生昭宗皇帝餘六王
亡其母氏位
魏王佾咸通三年始王與涼蜀二王同封
涼王侹乾符六年薨
蜀王佶
威王偘咸通六年始王郢十年從王
吉王保咸通十三年始王與睦王同封王於兄弟為最賢始僖宗
崩王最長將立之楊復恭獨議以昭宗嗣乾寧元年李茂貞等以

兵入京師謀廢帝立王會李克用以兵逐行瑜乃止
恭哀太子倚初封睦王為劉季述所殺天復初追贈
僖宗二子史失其母氏位
建王震中和元年始王
益王陞光啓三年始王並亡薨年
昭宗十七子積善皇后生裕及哀皇帝餘皆失母之氏位
德王裕大順二年始王帝幸華州韓建已奪諸王兵不自安乃請
王皇子之未王者既又殺諸王因請立裕為皇太子釋言於四方
時乾寧四年也劉季述等幽帝東內奉裕即皇帝位季述誅裕匿
右軍或請殺之帝曰太子沖穉賊彊立之且何罪詔還少陽院復為
王朱全忠自鳳翔還見王春秋盛標宇軒秀忌之密語崔胤曰王
既嘗稱帝矣大義滅親渠可留公任宰相盍啓之胤從容言如全忠
意帝不許他日以語全忠全忠曰此國大事臣安敢與此必胤賣
臣也乃免帝遷洛它日謂蔣玄暉曰德王朕愛子全忠柰何欲殺
之言已泣下自齧指流血玄暉即摘語全忠全忠恚帝被弒玄暉
置酒邀諸王九曲池飲酣皆殺之投尸水中
棣王祤乾寧元年始王與虔沂遂三王同封
虔王禊
沂王禋
遂王禕
景王祕乾寧四年始王與祁王同封
祁王祺
雅王禛光化元年始王與瓊王同封
瓊王祥
端王禎天祐元年始王與豐和登嘉四王同封
豐王祁
和王福
登王禧

嘉王祜
潁王禔天祐二年始王與蔡王祐同封
蔡王祐
贊曰唐自中葉宗室子孫多在京師幼者或不出閤雖以國王之
實與匹夫不異故無赫赫過惡亦不能為王室軒輊運極不還與
唐俱殫然則曆數短長自有底止彼漢七國晉八王不得其效愈
速禍云

十一宗諸子列傳第七

端明殿學士兼翰林侍讀學士[illegible]敕撰

世祖一女

同安公主高祖同母媦也下嫁隋州刺史王裕貞觀時以屬尊進大長公主嘗有疾太宗躬省視賜縑五百姆侍皆有賚子永徽初賜實戶三百薨年八十六裕隋司徒柬之子終開府儀同三司

高祖十九女

長沙公主下嫁馮少師

襄陽公主下嫁竇誕

平陽昭公主太穆皇后所生下嫁柴紹初高祖兵興主居長安紹曰尊公將以兵清京師我欲往恐不能偕奈何主曰公行矣我自爲計紹詭道走并州主奔鄠發家貲招南山亡命得數百人以應帝於是名賊何潘仁壁司竹園殺行人稱總管主遣家奴馬三寶喻降之共攻鄠別部賊李仲文向善志丘師利等各持所領會戲下因略地盩厔武功始平下之乃申法誓衆禁剽奪遠近咸附勒兵七萬威振關中帝度河紹以數百騎並南山來迎主引精兵萬人與秦王會渭北紹及主對置幕府分定京師號娘子軍帝即位以功給賚不涯武德六年薨葬加前後部羽葆鼓吹大路麾幢虎賁甲卒班劍太常議婦人葬古無鼓吹帝不從曰鼓吹軍樂也往者主身執金鼓參佐命于古有邪宜用之

高密公主下嫁長孫孝政又嫁段綸綸隋兵部尚書文振子爲工部尚書杞國公永徽六年主薨遺命吾葬必令墓東向以望獻陵冀不忘孝也

長廣公主始封桂陽下嫁趙慈景慈景隴西人帝美其姿制故妻之帝起兵或勸亡去對曰母以我爲命且安往吏捕繫于獄帝平京師引拜開化郡公爲相國府文學進兵部侍郎爲華州刺史討堯君素戰死贈秦州刺史謚曰忠公主更嫁楊師道聦悟有思工爲詩主家修自肆晚稍折節以壽薨

長沙公主始封萬春下嫁豆盧寬子懷讓

房陵公主始封永嘉下嫁竇奉節又嫁賀蘭僧伽

九江公主下嫁執失思力

廬陵公主下嫁喬師望爲同州刺史

南昌公主下嫁蘇勗

安平公主下嫁楊思敬

淮南公主下嫁封道言

真定公主下嫁崔恭禮

衡陽公主下嫁阿史那社尒

丹陽公主下嫁薛萬徹萬徹蠢甚公主羞不與同席者數月太宗聞笑焉爲置酒悉召它壻與萬徹從容語握槊賭所佩刀陽不勝遂解賜之主喜命同載以歸

臨海公主下嫁裴律師

館陶公主下嫁崔宣慶

安定公主始封千金下嫁溫挺挺死又嫁鄭敬玄

常樂公主下嫁趙瓌生女爲周王妃武后殺之逐瓌括州刺史徙壽州越王貞將舉兵遺瓌書假道瓌將應之主進使者曰爲我謝王與其進不與其退若諸王皆丈夫不應淹久至是我聞楊氏簒周尉遲迥乃周出猶能連突厥使天下響震況諸王國懿親宗祏所託不捨生取義尚何須邪人臣同國患爲忠不同爲逆王等勉之王敗周興劾瓌與主連謀皆被殺

太宗二十一女

襄城公主下嫁蕭鋭性孝睦動循矩法帝敕諸公主視爲師式有司告營別第辭曰婦事舅姑如父母異宮則定省闕止葺故第門列雙戟而已鋭卒更嫁姜簡永徽二年薨高宗舉哀於命婦朝堂遣工部侍郎丘行淹馳馹弔祭陪葬昭陵喪次故城帝登樓望哭以送柩

汝南公主蚤薨

南平公主下嫁王敬直以累斥嶺南更嫁劉玄意

遂安公主下嫁竇逵逵死又嫁王大禮

長樂公主下嫁長孫沖帝以長孫皇后所生故敕有司裝齎視長公主而倍之魏徵曰昔漢明帝封諸王曰朕子安得同先帝子乎然則長公主者尊公主矣制有等差渠可越也帝以語后后曰嘗聞陛下厚禮徵而未知也今聞其言乃納主於義社稷臣也妾於陛下夫婦之重有所言猶候顏色況臣下情隔禮殊而敢犯嚴顏陳忠言哉願許之與天下為公帝大悦因請齎帛四百匹錢四十萬即徵家賜之

豫章公主下嫁唐義識

比景公主始封巴陵下嫁柴令武坐與房遺愛謀反同主賜死顯慶中追贈立廟於墓四時祭以少牢

普安公主下嫁史仁表

東陽公主下嫁高履行高宗即位進為大長公主韋正矩之誅主坐婚家斥徙集州又坐章懷太子累奪邑封以長孫無忌舅族也故武后惡之垂拱中并二子徙置巫州

臨川公主韋貴妃所生下嫁周道務主工籀隸能屬文高宗立上孝德頌帝下詔褒答永徽初進長公主恩賞卑異永淳初薨道務殿中大監譙郡公範之子初道務孺褓時以功臣子養宮中範卒還第毀瘠如成人復內之年十四乃得出歷營州都督檢校右驍衛將軍謚曰襄

清河公主名敬字德賢下嫁程懷亮薨麟德時陪葬昭陵懷亮知節子也終寧遠將軍

蘭陵公主名淑字麗貞下嫁竇懷悊薨顯慶時懷悊官兖州都督太穆皇后之族子

晉安公主下嫁韋思安又嫁楊仁輅

安康公主下嫁獨孤謀

新興公主下嫁長孫曦

城陽公主下嫁杜荷坐太子承乾事誅又嫁薛瓘初主之婚帝使卜之繇曰二火皆食始同榮末同戚請晝昏則吉馬周諫曰朝謁以朝思相戒也講習以晝思相成也燕飲以昃思相歡也婚合以夜思相親也故上下有成內外有親動息有時吉凶有儀今先亂其始不可為也夫卜所以決疑若黷禮慢先聖人所不用帝乃止麟德初瓘歷左奉宸衛將軍主坐巫蠱斥瓘房州刺史主從之官咸亨中主薨而瓘卒雙柩還京師子顗封河東縣侯濟州刺史琅邪王沖起兵顗與弟紹以所部庸調作兵募士且應之沖敗殺都吏以滅口事泄下獄俱死

合浦公主始封高陽下嫁房玄齡子遺愛主帝所愛故禮異它壻主負所愛而驕房遺直以嫡當拜銀青光祿大夫讓弟遺愛帝不許玄齡卒主導遺愛異貲既而反譖之遺直自言帝痛讓主乃免自是稍疏外主怏怏會御史劾盜得浮屠辯機金寶神枕自言主

所賜初浮屠廬主之封地會主與遺愛獵見而悅之具帳其廬與之亂更以二女子從遺愛私餉億計至是浮屠殊死殺奴婢十餘主益望帝崩無哀容又浮屠智勗迎占禍福惠弘能視鬼道士李晃高醫皆私侍主主使掖廷令陳玄運伺宮省禨祥步星次永徽中與遺愛謀反賜死顯慶時追贈

金山公主蚤薨

晉陽公主字明達幼字兕子文德皇后所生未嘗見喜慍色帝有所怒責必伺顏徐徐辯解故省中多蒙其惠莫不譽愛后崩時主始孩不之識及五歲經后所游地哀不自勝帝諸子唯晉王及主最少故親畜之王每出閤主送至虔化門泣而別王勝衣班于朝主泣曰兄今與羣臣同列不得在內乎帝亦為流涕主臨帝飛白書下不能辨薨年十二帝閱三旬不常膳日數十哀因以癯羸羣臣進勉帝曰朕渠不知悲愛無益而不能已我亦不知其所以然因詔有司簿主湯沐餘貲營佛祠墓側

常山公主未及下嫁薨顯慶時
新城公主晉陽母弟也下嫁長孫詮詮以罪徙巂州更嫁韋正矩
爲奉冕大夫遇主不以禮俄而主暴薨高宗詔三司雜治正矩不
能辯伏誅以皇后禮葬昭陵旁
高宗三女
義陽公主蕭淑妃所生下嫁權毅
高安公主義陽母弟也始封宣城下嫁潁州刺史王勗天授中勗
爲武后所誅神龍初進册長公主實封千戸開府置官屬睿宗立
增戸千薨開元時玄宗哭於暉政門遣大鴻臚持節赴弔京兆尹
攝鴻臚護喪事
太平公主則天皇后所生后愛之傾諸女榮國夫人死后丐主爲
道士以幸冥福儀鳳中吐蕃請主下嫁后不欲弃之夷乃眞築宮
如方士薰戒以拒和親事久之主衣紫袍玉帶折上巾具紛礪歌
舞帝前帝及后大咲曰兒不爲武官何遽尒主曰以賜駙馬可乎

帝識其意擇薛紹尚之假萬年縣爲婚館門隘不能容翟車有司
毀垣以入自興安門設燎相屬道樾爲枯紹死更嫁武承嗣會承嗣
小疾罷昏后殺武攸暨妻以配主主方額廣頤多陰謀后常謂類
我而主内與謀外檢畏終后世無它訾永淳之前親王食實戸八
百增至千輙止公主不過三百而主獨加戸五十及聖曆時進及
三千戸預誅二張功增號鎮國與相王均封五千而薛武二家女
皆食實封主與相王衛王成王長寧安樂二公主給衛士環第十
步一區持兵呵衛僭肖宮省神龍時與長寧安樂宜城新都定安
金城凡七公主皆開府置官屬視親王安樂戸至三千長寧二千
五百府不置長史宜城定安非韋后所生戸止二千主三子崇簡
崇敏崇行皆拜三品韋后上官昭容用事自以謀出主下遠甚憚
之主亦自以軋而可勝故益横於是推進天下士謂儒者多窶狹
厚持金帛謝之以動大議遠近翕然嚮之玄宗將誅韋氏主與秘
計遣子崇簡從事定將立相王未有以發其端者主顧温王乃兒

子可劫以爲功乃入見王曰天下事歸相王此非兒所坐乃掖王
下取乘輿服進睿宗睿宗即位主權由此震天下加實封至萬戸
三子封王餘皆祭酒九卿主每奏事漏數徙乃得退所言皆從有
所論薦或自寒冗躐進至侍從旋踵將相朝廷大政事非關決不
下間不朝則宰相就第咨判天子殆畫可而已主侍武后久善策
人主微指先事逢合無不中田園徧近甸皆上腴吳蜀嶺嶠市作
器用州縣護送道相望也天下珍滋譎怪充于家供帳聲伎與天
子等侍兒曳紈縠者數百奴伯嫗監千人隴右牧馬至萬匹長安
浮屠慧範畜貲千萬諂結權近本善張易之及易之誅或言其豫
謀者於是封上庸郡公月給奉稍主乳媪與通奏擢三品御史大
夫御史魏傳弓劾其姦贓四十萬請論死中宗欲赦之進曰刑賞
國大事陛下賞已妄加矣又欲廢刑天下其謂何帝不得已削銀
青階大夫薛謙光劾慧範不法不可貸主爲申理故謙光等反
得罪玄宗以太子監國使宋王岐王總禁兵主恚權分乘輦至光

範門召宰相白廢太子於是宋璟姚元之不悅請出主東都帝不許
詔主居蒲州主大望太子懼奏斥璟元之以銷戢怨嫌監察御史
慕容珣復劾慧範事帝疑珣離間骨肉貶密州司馬主居外四月
太子表追還京師時宰相七人五出主門下又左羽林大將軍常元
楷知羽林軍李慈皆私謁主主内忌太子明又宰相皆其黨乃有
逆謀先天二年與尚書左僕射竇懷貞侍中岑羲中書令蕭至忠
崔湜太子少保薛稷雍州長史李晉右散騎常侍昭文館學士賈
膺福鴻臚卿唐晙及元楷慈慧範等謀廢太子使元楷慈舉羽林
兵入武德殿殺太子懷貞羲至忠舉兵南衙爲應既有日矣太子
得其姦召岐王薛王兵部尚書郭元振將軍王毛仲殿中少監姜
晈中書侍郎王琚吏部侍郎崔日用定策前一日因毛仲取内閑
馬三百率太僕少卿李令問王守一内侍高力士果毅李守德叩
虔化門梟元楷慈於北闕下縛膺福内客省執羲至忠至朝堂斬
之因大赦天下主聞變亡入南山三日乃出賜死于第諸子及黨

與死者數十人簿其田貲瓌瑤若山督子貸凡三年不能盡崇簡
素知主謀苦諫主怒榜掠尤楚至是復官爵賜氏李始主作觀池
樂游原以爲盛集既敗賜寧申岐薛四王都人歲袚禊其地

中宗八女

新都公主下嫁武延暉

宜城公主始封義安郡主下嫁裴巽巽有嬖姝主恚刵耳劓鼻且
斷巽髮帝怒斥爲縣主巽左遷久之復故封神龍元年與長寧新
寧義安安樂新平五郡主皆進封

定安公主始封新寧郡下嫁王同皎同皎得罪神龍時又嫁韋濯濯
即韋皇后從祖弟以衛尉少卿誅更嫁太府卿崔銑主薨王同皎
子請與父合葬給事中夏侯銛曰主義絶王廟恩成崔室逝者有
知同皎將拒諸泉銑或訴於帝乃止銛坐是貶瀘州都督

長寧公主韋庶人所生下嫁楊愼交造第東都使楊務廉營總第
成府財幾竭乃擢務廉將作大匠又取西京高士廉第左金吾衛故

營合爲宅右屬都城左頫大道作三重樓以馮觀築山浚池帝及后數
臨幸置酒賦詩又并坊西隙地廣鞠場東都廢永昌縣主丏其治爲
府以地瀕洛築鄣之崇臺蜚觀相聯屬無慮費二十萬魏王泰故第
東西盡一坊瀦沼三百畝泰薨以與民至是主丏得之亭閣華詭埒
西京内倚母愛寵傾一朝與安樂宜城二主后婿郕國崇國夫人爭任
事賕謁紛紜東都第成不及居韋氏敗斥愼交絳州別駕主偕往
乃請以東都第爲景雲祠而西京鬻第評木石直爲錢二十億萬
開元十六年愼交死主更嫁蘇彦伯務廉卒坐贓數十萬廢終身

永壽公主下嫁韋鐬蚤薨長安初追贈

永泰公主以郡主下嫁武延基大足中忤張易之爲武后所殺帝
追贈以禮改葬號墓爲陵

安樂公主最幼女帝遷房陵而主生解衣以裸之名曰裹兒姝秀
辯敏后尤愛之下嫁武崇訓帝復位光艷動天下侯王柄臣多出其
門嘗作詔箝其前請帝署可帝笑從之又請爲皇太女左僕射魏
元忠諫不可主曰元忠山東木強烏足論國事阿武子尚爲天子
天子女有不可乎與太平等七公主皆開府而主府官屬尤濫皆
出屠販納訾售官降墨敕斜封授之故號斜封官主營第及安樂
佛廬皆憲寫宫省而工緻過之嘗請昆明池爲私沼帝曰先帝未
有以與人者主不悅自鑿定昆池延袤數里定言可抗訂之也司農
卿趙履温爲繕治累石肖華山隥彴橫邪回淵九折以石瀵水又爲
寶鑪鏤怪獸神禽間以璖貝珊瑚不可涯計崇訓死主素與武延
秀亂即嫁之是日假后車輅自宫送至第帝與后爲御安福門臨
觀詔雍州長史竇懷貞爲禮會使弘文學士爲儐相王障車捐賜
金帛不貲翌日大會羣臣太極殿主被翠服出嚮天子再拜南面
拜公卿公卿皆伏地稽首武攸暨與太平公主偶舞爲帝壽賜羣
臣帛數十萬帝御承天門大赦因賜民酺三日内外官賜勳緣禮官
屬兼階爵奪臨川長公主宅以爲第旁徹民廬怨聲囂然第成禁
藏空殫假萬騎仗内音樂送主還第天子親幸宴近臣崇訓子方

數歲拜太常卿封鎬國公實封户五百公主滿孺月帝后復幸第
大赦天下時主與長寧定安三家廝臺掠民子女爲奴婢左臺侍御
史袁從一縛送獄主入訴帝爲手詔諭免從一曰陛下納主訴縱
奴驅掠平民何以治天下臣知放奴則免禍劾奴則得罪於主然
不忍屈陛下法自偷生也不納臨淄王誅庶人主方覽鏡作眉聞亂
走至右延明門兵及斬其首追貶爲悖逆庶人睿宗即位詔以二品
禮葬之趙履温謟事主嘗褫朝服以項挽車庶人死蹈舞承天門
呼萬歲臨淄王斬之父子同刑百姓疾其興役割取肉去

成安公主字季姜始封新平下嫁韋捷以韋后從子誅主後薨

睿宗十一女

壽昌公主下嫁崔眞

安興昭懷公主蚤薨

荆山公主下嫁薛伯陽

淮陽公主下嫁王承慶

代國公主名華字華婉劉皇后所生下嫁鄭萬鈞
涼國公主字華莊始封仙源下嫁薛伯陽
薛國公主始封清陽下嫁王守一守一誅更嫁裴巽
鄎國公主崔貴妃所生三歲而妃薨哭泣不食三日如成人始封
荊山下嫁薛儆又嫁鄭孝義開元初封邑至千四百戶
金仙公主始封西城縣主景雲初進封太極元年與玉眞公主皆
爲道士築觀京師以方士史崇玄爲師崇玄本寒人事太平公主
得出入禁中拜鴻臚卿聲埶光重觀始興詔崇玄護作日萬人羣
浮屠疾之以錢數十萬賂狂人段謙冒入承天門外太極殿自稱
天子有司執之辭曰崇玄使我來詔流嶺南且敕浮屠方士無兩
競太平敗崇玄伏誅
玉眞公主字持盈始封崇昌縣主俄進號上清玄都大洞三景師
天寶三載上言曰先帝許妾捨家今仍叨主第食租賦誠願去公
主號罷邑司歸之王府玄宗不許又言妾高宗之孫睿宗之女陛

下之女弟於天下不爲賤何必名繫主號資湯沐然後爲貴請入
數百家之產延十年之命帝知至意乃許之薨寶應時
霍國公主下嫁裴虛己
玄宗二十九女
永穆公主下嫁王繇
常芬公主下嫁張去奢
孝昌公主蚤薨
唐昌公主下嫁薛鏽
靈昌公主蚤薨
常山公主下嫁薛譚又嫁竇澤
萬安公主天寶時爲道士開元新制長公主封戶二千帝妹戶千
率以三丁爲限皇子王戶二千主半之左右以爲薄帝曰百姓租
賦非我有士出萬死賞不過束帛女何功而享多戶邪使知儉嗇
不亦可乎於是公主所稟殆不給車服後咸宜以母愛益封至千
戶諸主皆增自是著于令主不下嫁亦封千戶有司給奴婢如令
上仙公主蚤薨
懷思公主蚤薨葬築臺號登眞
晉國公主始封高都下嫁崔惠童貞元元年與衛楚宋齊宿蕭鄧
紀郜國九公主同徙封
新昌公主下嫁蕭衡
臨晉公主皇甫淑妃所生下嫁郭潛曜薨大曆時
衛國公主始封建平下嫁豆盧建又嫁楊說薨貞元時
眞陽公主下嫁源清又嫁蘇震
信成公主下嫁獨孤明
楚國公主始封壽春下嫁吳澄江上皇居西宮獨主得入侍興元
元年請爲道士詔可賜名上善
普康公主蚤薨咸通九年追封
昌樂公主高才人所生下嫁竇鍔薨大曆時

永寧公主下嫁裴齊丘
宋國公主始封平昌下嫁溫西華又嫁楊徽薨元和時
齊國公主始封興信徙封寧親下嫁張垍又嫁裴潁末嫁楊敦薨
貞元時
咸宜公主貞順皇后所生下嫁楊洄又嫁崔嵩薨興元時
宜春公主蚤薨
廣寧公主董芳儀所生下嫁程昌胤又嫁蘇克貞薨大曆時
萬春公主杜美人所生下嫁楊朏又嫁楊錡薨大曆時
太華公主貞順皇后所生下嫁楊錡薨天寶時
壽光公主下嫁郭液
樂城公主下嫁薛履謙坐嗣岐王珍事誅
新平公主常才人所生幼智敏習知圖訓帝賢之下嫁裴玪又嫁
姜慶初慶初得罪主幽禁中薨大曆時
壽安公主曹野那姬所生孕九月而育帝惡之詔衣羽人服代宗以廣

平王入謁帝字呼主曰蟲娘汝後可與名王在靈州請封下嫁蘇發

肅宗七女

宿國公主始封長樂下嫁豆盧湛

蕭國公主始封寧國下嫁鄭巽又嫁薛康衡乾元元年降回紇英武威遠可汗乃置府二年還朝貞元中讓府屬更置邑司

和政公主章敬太后所生生三歲后崩養于韋妃性敏惠事妃有孝稱下嫁柳潭安禄山陷京師寧國公主方嫠居主棄三子奪潭馬以載寧國身與潭步日百里潭躬水薪主躬爨以奉寧國初潭兄澄之妻楊貴妃姊也勢幸傾朝公主未嘗干以私及死撫其子如所生從玄宗至蜀始封遷潭駙馬都尉郭千仞反玄宗御玄英樓諭降之不聽潭率折衝張義童等殊死鬬主彀弓授潭潭手斬賊五十級平之肅宗有疾主侍左右勤勞詔賜田以女弟寶章主未有賜固讓不敢當阿布思之妻隸掖廷帝宴使衣緑衣爲倡主諫曰布思誠逆人妻不容近至尊無罪不可與羣倡處帝爲免出

之自兵興財用耗主以貿易取奇贏千萬澹軍及帝山陵又進邑入千萬代宗初立屢陳人間利病國家盛衰事天子鄉納吐蕃犯京師主避地南奔次商於遇羣盜主諭以禍福皆稽顙願爲奴代宗以主貧詔諸節度餉億主一不取親紉旋裳衣諸子不服紈綺廣德時吐蕃再入寇主方娠入語備邊計潭固止主曰君獨無兄乎入見內殿翌日免乳而薨

郯國公主始封大寧下嫁張清薨貞元時

紀國公主始封宜寧下嫁鄭沛薨元和時

永和公主韋妃所生始封寶章下嫁王詮薨大曆時

郜國公主始封延光下嫁裴徽又嫁蕭升升卒主與彭州司馬李萬亂而蜀州別駕蕭鼎澧陽令韋惲太子詹事李昇皆私侍主家久之姦聞德宗怒幽主它第杖殺萬斥鼎惲昇嶺表貞元四年又以厭蠱廢六年薨子位坐爲蠱祝囚端州佩儒偲囚房州前生子駙馬都尉裴液囚錦州主女爲皇太子妃帝畏妃怨望將殺之未幾會主薨太子屬疾乃殺妃以厭災謚曰惠

代宗十八女

靈仙公主蚤薨追封

眞定公主蚤薨追封

永清公主下嫁裴倣

齊國昭懿公主崔貴妃所生始封升平下嫁郭曖大曆末寰內民訴涇水爲磑壅不得溉田京兆尹黎幹以請詔撤磑以水與民時主及曖家皆有磑丐留帝曰吾爲蒼生若可爲諸戚唱即日毀由是廢者八十所憲宗即位獻女伎帝曰太上皇不受獻朕何敢違還之薨元和時贈虢國賜謚穆宗立復贈封

華陽公主貞懿皇后所生韶悟過人帝愛之視帝所喜必善遇所惡必全之大曆七年以病丐爲道士號瓊華眞人病甚齧帝指傷薨追封

玉清公主蚤薨追封

嘉豐公主下嫁高怡與普寧公主同降有司具冊禮光順門以雨

不克罷薨建中時

長林公主下嫁衞尉少卿沈明貞元二年具冊禮德宗不御正殿不設樂遂爲故事薨元和時

太和公主蚤薨追封

趙國莊懿公主始封武清貞元元年徙封嘉誠下嫁魏博節度使田緒德宗幸望春亭臨餞厭翟敝不可乘以金根代之公主出降乘金根車自主始薨元和時贈封及謚

玉虛公主蚤薨

普寧公主下嫁吳士廣

晉陽公主下嫁太常少卿裴液薨大和時

義清公主下嫁秘書少監柳杲

壽昌公主下嫁光禄少卿竇克良薨貞元時

新都公主貞元十二年下嫁田華具禮光順門五禮由是廢

西平公主蚤薨

章寧公主蚤薨
德宗十一女
韓國貞穆公主昭德皇后所生幼謹孝帝愛之始封唐安將下嫁
秘書少監韋宥未克而朱泚亂從至城固薨加封謚
魏國憲穆公主始封義陽下嫁王士平主恣橫不法帝幽之禁中
錮士平于第久之拜安州刺史坐交中人貶賀州司戶參軍門下
客蔡南史獨孤申叔爲主作團雪散雪辭狀離曠意帝聞怒捕
南史等逐之幾廢進士科薨追封及謚
鄭國莊穆公主始封義章下嫁張孝忠子茂宗薨加贈及謚
臨真公主下嫁秘書少監薛釗薨元和時
永陽公主下嫁殿中少監崔諲
普寧公主蚤薨
文安公主丐爲道士薨大和時
燕國襄穆公主始封咸安下降回鶻武義成功可汗置府薨元和

時追封及謚
義川公主蚤薨
宜都公主下嫁殿中少監柳昱薨貞元時
晉平公主蚤薨
順宗十一女
漢陽公主名暢莊憲皇后所生始封德陽郡主下嫁郭鏦辭歸第
涕泣自勝德宗曰兒有不足邪對曰思相離無他恨也帝亦泣顧
太子曰眞而子也永貞元年與諸公主皆進封時戚近爭爲奢詡事
主獨以儉常用鐵簪畫壁記田租所入文宗尤惡世流侈因主入
問曰姑所服何年法也今之弊何代而然對曰妾自貞元時辭宮
所服皆當時賜未嘗敢變元和後數用兵悉出禁藏纖麗物賞戰
士由是散於人間內外相矜忸以成風若陛下示所好于下誰敢不
變帝悅詔宮人視主衣製廣狹徧諭諸主且敕京兆尹禁切浮靡
主嘗誨諸女曰先姑有言吾與若皆帝子驕盈貴侈可戒不可恃

開成五年薨
梁國恭靖公主與漢陽同生始封咸寧郡主徙普安下嫁鄭何薨
追封及謚
東陽公主始封信安郡主下嫁崔杞
西河公主始封武陵郡主下嫁沈翬薨咸通時
雲安公主亦漢陽同生下嫁劉士涇
襄陽公主始封晉康縣主下嫁張孝忠子克禮主縱恣常微行市
里有薛樞薛渾李元本皆得私侍而渾尤愛至謁渾母如姑有司
欲致詰多與金使不得發克禮以聞穆宗幽主禁中元本乃功
臣惟簡子故貸死流象州樞渾崖州
潯陽公主崔昭儀所生大和三年與平恩邵陽二公主並爲道士歲
賜封物七百匹
臨汝公主崔昭訓所生蚤薨
虢國公主始封清源郡主徙陽安下嫁王承系薨追封

平恩公主蚤薨
邵陽公主蚤薨
憲宗十八女
梁國惠康公主始封普寧帝特愛之下嫁于季友元和中徙永昌
薨詔追封及謚將葬度支奏義陽義章公主葬用錢四千萬有
詔減千萬
永嘉公主爲道士
衡陽公主蚤薨
宣城公主下嫁沈䕭
鄭國溫儀公主始封汾陽下嫁韋讓薨追封及謚
岐陽莊淑公主懿安皇后所生下嫁杜悰帝爲御正殿臨遣繇西
朝堂出復御延喜門止主車大賜賓從金錢開第昌化里疏龍首
池爲沼后家上尚父大通里亭爲主別館貴震當世然主事舅姑
以禮聞所賜奴婢偃蹇皆上還丐直自市悰爲澧州刺史主與偕

從者不二十婢乘驢不肉食州縣供具拒不受姑寢疾主不解衣藥糜不嘗不進開成中悰自忠武入朝主疾侵曰願朝興慶宮雖死於道不恨道薨

陳留公主下嫁裴損損爲太子諭德

眞寧公主下嫁薛翃

南康公主下嫁沈汾薨咸通時

臨眞公主始封襄城下嫁衛洙薨咸通時

普康公主蚤薨

眞源公主始封安陵下嫁杜中立

永順公主下嫁劉弘景

安平公主下嫁劉異宣宗即位宰相以異爲平盧節度使帝曰朕唯一妹欲時見之乃止後隨異居外歲時輒乘駟入朝薨乾符時

永安公主長慶初許下嫁回鶻保義可汗會可汗死止不行太和中丐爲道士詔賜邑印如壽陽公主故事且歸婚貲

義寧公主未及下嫁薨

定安公主始封太和下嫁回鶻崇德可汗會昌三年來歸詔宗正卿李仍叔秘書監李踐方等告景陵主次太原詔使勞問係途以黠戛斯所獻白貂皮玉指環往賜至京師詔百官迎謁再拜故事邑司官承命荅拜有司議邑司官卑不可當羣臣請以主左右上媵戴履帛承拜兩楹持命又詔神策軍四百具鹵簿羣臣班迓主乘輅謁憲穆二室欷歔流涕退詣光順門易服褫冠鐶待罪自言和親無狀帝使中人勞慰復冠鐶乃入羣臣賀天子又詣興慶宮明日主謁太皇太后進封長公主遂廢太和府主始至宣城以下七主不出迎武宗怒差奪封絹贖罪宰相建言禮始中壹行天下王化之美也請載于史示後世詔可

貴鄉公主蚤薨

穆宗八女

義豐公主武貴妃所生下嫁韋處仁薨咸通時

淮陽公主張昭儀所生下嫁柳正元

延安公主下嫁竇澣

金堂公主始封晉陵下嫁郭仲恭薨乾符時

清源公主薨大和時

饒陽公主下嫁郭仲詞

義昌公主爲道士薨咸通時

安康公主爲道士乾符四年以主在外頗擾人詔與永興天長寧國興唐四主還南內

敬宗三女

永興公主

天長公主

寧國公主薨廣明時

文宗四女

興唐公主

西平公主

朗寧公主薨咸通時

光化公主薨廣明時

武宗七女

昌樂公主

壽春公主

長寧公主薨大中時

延慶公主

靜樂公主薨咸通時

樂溫公主

永清公主薨咸通時

宣宗十一女

萬壽公主下嫁鄭顥主帝所愛前此下詔先王制禮貴賤共之萬壽公主奉舅姑宜從士人法舊制車輿以鐐金釦飾帝曰我以儉

率天下宜自近始易以銅主每進見帝必誨勉篤誨曰無鄙夫家
無忏時事又曰太平安樂之禍不可不戒故諸主祗畏爭為可喜
事帝遂詔夫婦教化之端其公主縣主有子而寡不得復嫁

永福公主

齊國恭懷公主始封西華下嫁嚴祁祁為刑部侍郎主薨大中時
追贈及諡

廣德公主下嫁于琮初琮尚永福公主主與帝食怒折匕筯帝曰此
可為士人妻乎更許琮尚主琮為黃巢所害主泣曰今日誼不獨
存賊宜殺我巢不許乃縊室中主治家有禮法嘗從琮貶韶州侍
者纔數人卻州縣饋遺凡內外冠婚喪祭主皆身答勞疏戚咸得
其心為世聞婦

義和公主

饒安公主

盛唐公主

平原公主薨咸通時已而追封

唐陽公主

許昌莊肅公主下嫁柳陟薨中和時

豐陽公主

懿宗八女

衛國文懿公主郭淑妃所生始封同昌下嫁韋保衡咸通十年薨
帝既素所愛自製挽歌羣臣畢和又許百官祭以金貝寓車廞服
火之民爭取煨以汰寶及葬帝與妃坐延興門哭以過柩仗衛彌
數十里冶金為俑怪寶千計實墓中與乳保同葬追封及諡

安化公主

普康公主

昌元公主薨咸通時

昌寧公主

金華公主

仁壽公主

永壽公主

僖宗二女

唐興公主

永平公主

昭宗十一女

新安公主

平原公主積善皇后所生帝在鳳翔以主下嫁李茂貞子繼偘后
謂不可帝曰不爾我無安所是日宴內殿茂貞坐帝東南主拜殿
上繼偘及兄弟皆西向立主徧拜之及帝還朱全忠移茂貞書取
主還京師

信都公主

益昌公主

唐興公主

德清公主

太康公主

永明公主蚤薨

新興公主

普安公主

樂平公主

贊曰婦人內夫家雖天姬之貴史官猶外而不詳又僖昭之亂典
策埃滅故諸帝公主降日薨年粗得其槩亡者闕而不書

諸公主列傳第八

李密列傳第九　　唐書八十四

端明殿學士兼翰林侍讀學士龍圖閣學士朝請大夫守尚書吏部侍郎充集賢殿修撰臣宋　祁奉敕撰

李密字玄邃一字法主其先遼東襄平人曾祖弼魏司徒賜姓徒何氏入周爲太師魏國公祖曜邢國公父寬隋上柱國蒲山郡公遂家長安密趣解雄遠多策略散家貲養客禮賢不愛藉以蔭爲左親衛府大都督東宮千牛備身額銳角方瞳子黑白明澈煬帝見之謂宇文述曰左仗下黑色小兒爲誰曰蒲山公李寬子密帝曰此兒顧盼不常無入衛它日述諭密曰君世素貴當以才學顯何事三衛間哉密大喜謝病去感厲讀書聞包愷在緱山往從之以蒲韉乘牛挂漢書一帙角上行且讀越國公楊素適見于道按轡躡其後曰何書生勤如此密識素下拜問所讀曰項羽傳因與語奇之歸謂子玄感曰吾觀密識度非若等輩玄感遂傾心結納嘗私密曰上多忌隋曆且不長中原有一日警公與我孰後先密

曰決兩陣之勝噫嗚咄嗟足以讋敵我不如公攬天下英雄馭之使遠近歸屬公不如我大業九年玄感舉兵黎陽遣人入關迎密密至謀曰今天子遠在遼左去幽州尚千里南限鉅海北阻彊胡號令所通惟榆林一道爾若鼓而入薊直扼其喉高麗抗其前我乘其後不旬月齎糧竭舉麾召之衆可盡取然後傳檄而南天下定矣上計也關中四塞之地彼留守衛文昇易人耳若徑行勿留直保長安據函崤東制諸夏是隋亡襟帶我勢萬全中計也若因近趣便先取東都頓兵堅城下不可以勝負決下計也玄感曰公之下計乃吾上策今百官家屬皆在洛當先取之以搖其心且經城不拔何以示武密計不行玄感至東都所戰必克自謂功在旦暮既獲內史舍人韋福嗣遂任之故謀不專密福嗣恥見執策議皆持兩端密揣其貳謂玄感曰福嗣窮爲我虜志在觀望公初舉大事姦人在側事必敗請斬以徇不從密謂所親曰玄感好反而不圖勝吾屬虜矣福嗣果遁去會左武候大將軍李子雄得罪傳

送行在道殺使者奔玄感勸舉大號玄感問密密曰昔張耳諫陳勝自王荀彧止魏武求九錫皆見疑外今密將無類之乎然阿諛順旨非義士也且公雖屢勝而郡縣未有應者東都尚彊救兵踵來公當率精甲身定關中柰何亟自帝玄感笑而止及隋軍至玄感曰策安決密曰元弘嗣方戍隴右可陽言其反使迎我因引軍西從之至陝欲圍弘農宮密曰今紿衆入關機在速而追兵踵我若前不得據險退無所守何以共完玄感不聽留攻三日不能拔引去至閿鄉追及而敗密間行入關爲邏所獲與支黨護送帝所密謂衆曰吾等至行在且葅醢今尚可以計脫何爲安就鼎鑊衆然之乃令出所有金示監使曰即死幸報德使者顧金禁漸弛益市酒飲唉讙譁守者懈密等遂夜亡去抵平原賊郝孝德不見禮去之淮陽歲饑削木皮以食變姓名爲劉智遠教授諸生自給鬱鬱不得志哀吟泣下人有告太守趙佗者佗捕之遁免往依姆壻雍丘令丘君明轉匿大俠王季才家爲吏迹捕復亡去時東郡賊

翟讓聚黨萬人密因介其徒王伯當以策干讓曰今主昏於上人怨於下銳兵盡之遼海和親絕於突厥南巡流連空棄關輔此實劉項挺與之會足下資豪桀士馬精勇指罪誅暴爲天下先揚氏不足亡也讓由是加禮遣說諸賊至輒下因爲讓計曰今稟無見糧難以持久卒遇敵其亡無時不如取滎陽休兵館穀待士逸馬肥乃可與人爭利讓聽之遂破金隄關徇滎陽諸縣皆下滎陽太守楊慶河南討捕大使張須陁合兵討讓讓素憚須陁欲引去密曰須陁健而無謀且驟勝易驕吾爲公破之讓不得已陣而待密率驍勇常何等二十人爲游騎伏千兵莽間須陁素輕讓引兵搏之讓少却伏發與讓軍乘之遂殺須陁十三年讓分兵與密別爲牙帳號蒲山公密持軍嚴雖盛夏號令士皆若負霜雪然戰得金寶盡散之繇是人爲用復說讓曰今羣豪競興公宜先天下攘除羣凶寧常剽奪草間求活哉若直取興洛倉發粟以賑窮乏百萬之衆一朝可附霸王之業成矣讓曰僕起畎隴志不及此須君得倉

更議之二月密以千人出陽城北踰方山自羅口拔興洛倉據之獲縣長柴孝和開倉賑食衆繈屬至數十萬隋越王侗遣將劉長恭房崱討密又令裴仁基統兵出成皐西密乃爲十隊跨洛水抗東西二軍令單雄信徐世勣王伯當騎爲左右翼自引麾下急擊長恭等破之東都震恐衆保太微城臺寺俱滿讓等乃推密爲主建號魏公鞏南設壇場即位刑牲歃血改元永平大赦其文移稱行軍元帥魏公府以讓爲司徒邴元真左長史房彥藻右長史楊德方左司馬鄭德韜右司馬單雄信左武候大將軍徐世勣右武候大將軍祖君彥記室城洛口周四十里居之命護軍將軍田茂廣造雲旝三百具以機發石爲攻城械號將軍礮進逼東都燒上春門四月隋虎牢將裴仁基淮陽太守趙佗降長白山賊孟讓以所部歸密以仁基爲上柱國與讓率兵二萬襲回洛倉守之入都城掠居人火天津橋隋出軍乘之仁基等敗還保鞏司馬楊德方戰死密自督衆三萬破隋軍於故城復得回洛倉俄而德韜死乃

以鄭頲爲左司馬鄭虔象右司馬諸賊帥黎陽李文相洹水張昇清河趙君德平原郝孝德皆歸密因襲取黎陽倉永安大族周法明舉江黃地附之齊郡賊徐圓朗任城大俠徐師仁來歸密令幕府移檄州縣列煬帝十罪天下震動護軍柴孝和說密曰秦地阻山帶河項背之亡漢得之王今公以仁基壁回洛翟讓保洛口公東鎗倍道趨長安百姓誰不郊迎是征而不戰也衆附兵彊然後東向指撝豪桀天下廓廓無事矣今遲之恐爲人先密曰僕懷此久顧我部皆山東人今未下洛安肯與我偕西且諸將皆羣盜不相統一敗則掃地矣遂止是時隋軍益出密負銳急與之確中流矢卧營中隋軍乘之密衆潰弃倉守洛口高祖起師太原密自謂主盟遣將軍張仁則致書于帝呼爲兄請以步騎會河內帝覽書笑曰密陸梁不可折簡致之吾方定京師未能東略若不與是生一隋密適爲吾守成皐拒東都兵使不得西更遣票將莫如密吾寧推順使驕其志我得留撫關中大事濟矣令記室温大雅作報

書厚禮尊讓密大喜示其下曰唐公見推天下無可慮者遂專事隋九月遣將李士才將兵十二萬攻隋鷹揚郎將張珣河陰舉之珣極罵不屈死齊方士徐鴻客上書勸密因士氣趨江都挾帝以令天下密異其言具幣邀之已亡去煬帝遣王世充選卒十萬擊密世充營洛西戰不利更陳洛北登山以望洛口密引度洛與世充戰密兵多騎與長槊而北薄山地隘騎進不得騁世充多短兵盾殯蹙之密軍卻世充乘勝進攻密月城密還洛南引而西突世充營世充奔還師徒多喪孝和溺死洛水密哭之慟自是大小六十餘戰翟讓部將王儒信憚密威望勸讓自爲大冢宰揔秉衆務收密權讓兄寬亦曰天子當自取何乃授人密聞之與鄭頲陰圖讓會世充兵又至讓出拒少退密馳助之戰石子河世充走明日高會饗士讓至密所密令房彥藻引其左右就別帳飲密出名弓示讓讓挽滿遣劒士蔡建從後擊之并殺其兄姪及儒信密馳入讓壁慰諭士無敢動者以徐世勣單雄信王伯當分統其兵隋

將楊慶守滎陽因說下之世充夜襲倉城密伏甲殪其衆義寧二年世充復營洛北爲浮梁絶水以戰密以千騎迎擊不勝世充進薄其壘密提敢死士數百邀之世充大潰士爭橋溺死者數萬洛水爲不流殺大將六人獨世充脫會夜大雨雪士卒僵死且盡密乘銳拔偃師脩金墉城居之有衆三十萬又與東都留守韋津戰上春門執津於陣將作大匠宇文愷子儒童河南留守職方郎柳續河陽都尉獨孤武都河內郡丞柳燮皆降於是海岱江淮間爭響附竇建德朱粲楊士林孟海公徐圓朗盧祖尚周法明等悉上表勸進府官屬亦請之密曰東都未平且勿議五月越王侗稱帝六月宇文化及擁兵十餘萬至黎陽侗遣使授密太尉尚書令東南道大行臺行軍元帥魏國公令平化及而後入輔密受之乃引兵東追化及黎陽密知化及乏食利速戰乃持重以老其兵使徐世勣保黎陽倉化及攻不可下密與隔水陣遥謂化及曰公家本戎隸破野頭爾父子兄弟受隋恩至妻公主上有失德不能諫又

虐弑之冒天下之惡今安往能即降尚全後嗣化及默然良久乃瞋目爲鄙語詈密密顧左右曰此庸人圖爲帝吾當折箠驅之乃以輕騎五百焚其攻具火終夜不滅度化及糧盡乃僞與和化及喜使軍恣食既而密饋不至乃寤遂大戰童山下密中矢頓汲縣堅壁化及勢窮掠汲郡趣魏縣其將陳智略張童仁等率所部兵歸密前後相踵初化及留輜重東郡遣所署刑部尚書王軌守之至是軌舉郡降密由是引而西遣使朝東都執弑逆人于弘達獻於侗侗召密入朝至溫聞世充殺元文都乃止遂歸金墉拘侗使不遣初密既殺翟讓心稍驕不卹士素無府庫財軍戰勝無所賜與又厚撫新集人心始離民食與洛倉者給授無檢至負取不勝委於道踐輮狼扈密喜自謂足食司倉賈潤甫諫曰人國本食人天今百姓飢捐暴骨道路公雖受命然賴人之天以固國本而稟取不節敖庾之藏有時而儩粟竭人散胡仰而成功不聽徐世勣數規其遠密內不憙使出就屯故下苟且無固志初世充乏食密

少帛請交相易難之邴元眞好利陰勸密許焉後世充士飽降者益少密悔而止武德元年九月世充悉衆決戰先以騎數百度河密遣迎戰驍將十餘人皆被創返明日密留王伯當守金墉自引精兵出偃師北阻邙山待之密議所便裴仁基曰世充悉勁兵來東都必虛請選衆二萬向洛世充必自拔歸我整軍徐還兵法所謂彼歸我出彼出我歸以疲之也密眩於衆不能用仁基擊地歎曰公後必悔遂出兵陣世充陰索貌類密者使縛之既兩軍接埃霧暝塞世充軍江淮士出入若飛密兵心動世充督衆疾戰使牽類密者過陣譟曰獲密矣士皆呼萬歲密軍亂遂潰裴仁基祖君彥皆爲世充所禽偃師劫鄭頲叛歸世充密提衆萬餘馳洛口將入城邴元眞已輸款世充潛道其軍密知不發期世充度兵半洛水掩擊之候騎不時覺比出世充絕河矣即引騎遁武牢元眞遂降衆稍散密將如黎陽或曰向殺翟讓世勣傷幾死瘡猶未平今可保乎時王伯當棄金墉屯河陽密輕騎歸之謂曰敗矣久苦諸君我今自刎以謝衆伯當抱密慟絕衆皆泣莫能仰視密復曰幸不相棄當共歸關中密雖無功諸君必富貴掾柳爕曰昔盆子歸漢尚食均輸公與唐同族雖不共起然遏隋歸路使無西故唐不戰而據京師亦公功也密又謂伯當曰將軍族重豈復與孤俱行哉伯當曰昔蕭何舉宗從漢今不昆季盡行以爲媿豈公一失利輕去就哉雖隕首穴胸所甘已左右感動遂來歸初密建號登壇疾風鼓其衣幾仆及即位狐鳴於旁惡之及將敗數有回風發於地激砂礫上屬天白日爲晦屯營羣鼠相銜尾西北度洛經月不絕及入關兵尚二萬高祖使迎勞冠蓋相望密大喜謂其徒曰吾所舉雖不就而恩結百姓山東連城數百以吾故當盡歸國功不減竇融豈不以台司處我及至拜光祿卿封邢國公殊怨望帝嘗呼之弟妻以表妹獨孤氏後禮寖薄執政者又求賄滋不平因朝會進食謂王伯當曰往在洛口嘗欲以崔君賢爲光祿不意身自爲此未幾聞故所部將多不附世充者高祖詔密以本兵就

黎陽招撫故部曲經略東都伯當以左武衛將軍爲密副馳驛東至稠桑驛有詔復召密密大懼謀叛伯當止之不從乃曰士立義不以存亡易慮公顧伯當厚願畢命以報今可同往死生以之然無益也乃簡驍勇數十人衣婦人服戴冪䍦藏刀裙下詐爲家婢妾者入桃林傳舍須臾變服出據其城掠畜產趣南山而東馳告張善相以兵應己熊州副將盛彥師率步騎伏陸渾縣南邢公峴之下密兵度橫出擊斬之年三十七伯當俱死傳首京師時徐世勣尚爲密保黎陽帝遣使持密首往招世勣世勣表請收葬詔歸其尸乃發喪具威儀三軍縞素以君禮葬黎陽山西南五里墳高七仞密素得士哭多歐血者邴元眞之降也世充以爲行臺僕射鎮滑州密故將杜才幹恨其背密僞以兵歸之斬取其首祭密冢已乃歸國

單雄信曹州濟陰人與翟讓友善能馬上用槍密軍中號飛將偃師敗降世充爲大將秦王圍東都雄信拒戰槍幾及王徐世勣呵

之曰秦王也遂退後東都平斬洛渚上

祖君彥齊僕射孝徵子博學彊記屬辭贍速薛道衡嘗薦之隋文帝帝曰是非殺斛律明月人兒邪朕無用之煬帝立尤忌知名士遂調東都書佐檢校宿城令世謂祖宿城負其才常鬱鬱思亂及爲密草檄乃深斥主闕密敗世充見之曰汝爲賊罵國足未君彥曰跖客可使刺由但愧不至耳世充令撲之既困臥樹下世充已自欲盜隋中悔命醫許惠照往視之欲其蘇郎將王拔柱曰弄筆生有餘罪乃廢其心即死戮尸於偃師

贊曰或稱密似項羽非也羽興五年霸天下密連兵數十百戰不能取東都始玄感亂密首勸取關中及自立亦不能鼓而西宜其亡也然禮賢得士乃田橫徒歟賢陳涉遠矣噫使密不爲叛其才雄亦不可容於時云

李密列傳第九

王世充列傳第十　唐書八十五

端明殿學士兼翰林侍讀學士龍圖閣學士朝散大夫行尚書吏部侍郎兼史館修撰臣宋祁奉　敕撰

王世充字行滿祖西域胡號支頹耨後徙新豐死其妻與霸城人王粲爲庶妻頹耨子收從之冒粲姓仕隋歷懷汴二州長史生世充豺聲卷髮忌刻深阻涉書傳喜兵法通龜策推步以蔭爲左翊衛遷御府直長兵部員外郎從楊素北伐爲幽州長史大業初爲民部侍郎善占對習法敵舞文上下人或辨駁世充以口舌緣飾衆知其非亦不能屈也出爲江都贊治遷郡丞煬帝數南幸世充善伺帝顏色阿邑順旨性機巧飾臺沼陰奏遠方珍物以媚帝帝愛昵之拜江都通守兼知宮監事世充觀隋政方亂而江左俘剽易動乃陰結豪傑有繫獄者皆撓法貸減以樹私恩楊玄感反吳人朱燮晉陵人管崇起江南應之兵十餘萬隋將吐萬緒魚俱羅討之不克世充以偏將募江都萬人頻擊破之每捷必歸功於下

虜獲盡推與士卒故人爭爲效由是功最多大業十年齊賊孟讓轉寇諸郡至盱眙世充拒之保都梁山列五壁不戰羸兵以示弱讓笑曰世充文法吏安知兵吾今生縛之鼓行下江都矣時百姓皆入保野無所掠讓衆餒又苦五壁閉道不得南即分兵圍之世充數戰陽不利走壁讓益驕數日稍分其下南略裁留兵足圍壁世充知賊懈夜夷竈撤幕爲方陣外向毀壘而出奮擊大破之讓以數十騎去斬首萬級虜十餘萬人煬帝以世充有將帥略復委捕諸盜所向輒定會突厥圍帝鴈門世充悉發江都兵赴難詐爲可喜事以邀譽在軍蓬首垢面日夜悲泣不釋甲臥必席藁帝以爲忠愈屬信之厭次賊格謙兵十餘萬屯豆子䴚太僕卿楊義臣殺謙世充討其餘黨衆之進擊賊盧明月於南陽俘係數萬還帝自持酒爲勞世充啓帝江淮良家女願備後廷無繇進帝喜令閱端麗者以庫貲爲聘費不可校署計簿云敕別用有司不敢問具舟送東都宮會道路剽奪使者苦之或沈舟亡去世充屏不

奏李密逼東都詔世充為將軍以兵屯洛口大小百餘戰無大
勝負詔即拜右翊衛將軍趣破賊十四年世充引軍與密戰洛南
有氣若城壓其營世充大敗衆幾盡走保河陽自繫獄請罪於越
王侗侗以書慰勉賜金帛妾之召還洛衆亡散得萬人屯含嘉城
畏縮不敢出會江都弒逆羣臣奉侗為帝以世充為吏部尚書封
鄭國公宇文化及擁兵北還侗聽內史令元文都盧楚等謀以重
官畀李密使討賊若化及破而密兵亦疲乘其弊可得志乃遣使
以太尉尚書令即軍中拜密趣兵北討密稱臣奉制引兵從化及
黎陽戰勝來告衆大悅世充獨謂其下曰文都等刀筆才必為密
禽且我軍與賊戰多殺其父子兄弟一旦為之下吾屬無類矣以
此言激衆文都等聞大懼侗欲以文都為御史大夫世充不許曰
嘗與公等約左右僕射尚書令御史大夫留待勳舊各欲得則
除薦闕矣何以共守文都憾焉潛與楚謀因世充入殿伏甲殺之
納言段達庸怯畏不果馳告世充世充夜以兵襲含嘉門圍宮城

右武衛大將軍皇甫無逸等遣將費曜田闍拒戰太陽門曜敗世
充入之無逸以單騎遁收楚殺之時紫微宮尚閉世充扣門幷侗
曰元文都等欲執陛下降李密臣不反誅反者耳段達執文都送世
充殺之世充悉遣腹心代衛士然後入謝曰文都楚無狀規相屠
戮臣急為此非敢它侗與之盟進拜尚書左僕射揔督內外諸軍
事乃去含嘉城居尚書省專宰朝政以其兄世惲為內史令居禁
中子弟皆將兵分官吏為十頭以主軍政未幾李密破化及還屯
金墉勁兵良馬多死世充欲擊之恐士心未一乃謀以鬼動衆令
德陽門衛張永通言夢人謂己曰我周公能以兵助討密世充
白侗立祠洛旁使巫宣言周公令急擊密有大功不然兵且疫世
充下皆楚人信妖遂請戰乃簡精卒二萬騎二千跨洛水為三橋
以度兵密軍偃師北山新破敵有輕世充心不設壁壘世充夜遣
二百騎薉山伏因秣馬蓐食遲明薄之密陣未成伏兵上北原乘
高馳下壓其營縱火廬落密衆大潰降其將張童仁陳智略進

拔偃師初密得世充兄世偉及子玄應於化及軍囚之至是皆歸
世充兵次洛口密長史邴元真司馬鄭虔象以城降悉收美人寶
貨而還密以數十騎跳奔於是世充自為太尉尚書令加黃門印
綠綟綬以尚書省為府置官屬乃設三榜於府外其一求文學堪
濟世務者其一武幹絕衆摧鋒陷陣者其一能治冤抑不申者繇
是上書陳事日數百皆慰勞省接雖吏卒必飾詞誘納而世充素
詭妄不能踐其語士大夫遂貳初殺文都欲詭衆取信乃請事侗
母劉太后為假子至是加號聖感太后散騎常侍崔德本曰此王
莽文母何異乎後食侗前得嘔疾疑見毒遂不復朝以將張績董
濬衛宮城武德二年矯侗詔假黃鉞相國揔百揆封鄭王授九錫
冕十有二旒建天子旌旗金根車駕六馬備五時副車旄頭雲罕
舞八佾設宮縣出入警蹕衛士桓法嗣自言能決讖乃上孔子閉
房記畫男子持一干驅羊狀因說世充曰隋楊姓也於文干一為
王王處羊後大王代隋之符又陳莊周人間世德充符二篇曰上

下篇與大王名協明受符命德被人間為天子也世充喜曰天命
也拜受之以法嗣為諫議大夫又羅取飛鳥書符命於帛繫鳥頸
縱之有彈捕得鳥而獻者亦拜官諷百官勸進時納言蘇威老就
第世充以威隋大臣有素望每表必署威名使段達等脅侗曰天
命不常今鄭王功德甚盛請揖讓用堯舜故事侗怒曰天下者高
祖天下若隋德未究此言不可發必天命遂改尚何禪公非先帝
舊臣乎朕何賴達等流涕世充又詐曰天下未定須鎮以長君待
天下安則復子明辟四月矯侗策禪位幽侗於含涼殿猶三讓遣
諸將以兵清宮世充襲衮服法駕道鼓吹入宮每歷一門從者必
呼至東上閤更衮冕即正殿僭位建元開明國號鄭乃封兄世衡
為秦王世偉楚王世惲齊王諸族屬以次封拜以子玄應為皇太
子玄恕為漢王世充每聽朝決政誨諭言語諄複百緒以示勤篤
百司奏事者聽受為疲出則輕騎無警蹕遊歷衢肆行者但止立
徐謂百姓曰故時天子居九重在下之情無繇察世充非貪位者

本敕時耳正若一州刺史事皆親覽當與士人共議之恐門衛有
禁無以盡通今止順天門外置座聽事又詔西朝堂聽冤訴東朝
堂延諫者繇是章牘填委觀省不暇後亦不能復出五月裴仁基
與其子行儼及宇文儒童崔德本等謀劫世充復立侗不克夷三
族六月鴆殺侗以絕衆望世充率衆東徇地至滑以兵臨黎陽時
黎陽爲竇建德守故建德亦破世充殷州以報其役三年下書大
赦築餘兵臺於伊闕守將羅士信豆盧達稍稍歸國世充顧下多
背已乃峻誅暴禁以威之一人逃家無少長皆坐父子兄弟夫
婦許相告免令伍伍相保一家叛舉伍誅樵牧出入皆爲限公私
不聊生遣臺省官督十二郡營田行者自謂仙去以宮城爲大獄
意所猜惡必收繫其人內家屬宮中或命將亦質其妻子乃遣既
而囚質且萬口食不足餓死者日數十七月高祖詔秦王率兵攻
之至新安屯保多下敗世充於慈㵎城八月王陳兵青城宮世充
悉精兵來拒隔㵎言曰隋失其國天下分崩長安洛陽各有分地

吾常自守不敢西顧熊穀二州在度內不敢取鄰好也今王遠涉
吾地越三崤饋糧千里勤師遠出將何求王曰四海之人皆承唐正
朔獨公迷不復東都士民來請師陛下重違我是以來公若降富
貴可保必拒我勉之無多言世充約割地不許頴州總管田瓚請
舉山南二十五郡歸九月王君廓進拔轘轅徇地至管城河南州
縣以次降定始竇建德與世充隙至是建德遣使結好并陳赴援
意世充遣兄子琬內史令長孫安世報且乞師四年二月青城宮
守將以宮降王進保之世充引兵出方諸門臨穀水以戰王陣北
邙令屈突通步士五千踰水擊之兵接王以騎決戰世充排殯兵
殊死鬭自辰及午乃潰俘斬八千人王傅城塹而守之世充糧且
盡人相食至以水汨泥去礫取浮土糅米屑爲餅民病腫股弱相
藉倚道上其尚書郎盧君業郭子高等皆餓死御史大夫鄭頲丐
爲浮屠世充惡其言殺之然氣竭但嬰城須建德之救五月王禽
建德并俘王琬長孫安世俘示東都城下且遣安世入言敗狀世

充惶惑將突圍出保襄漢謀於諸將皆不荅遂率將吏降軍門王
受之以屬吏陳兵入城發府庫賚將士其黃門侍郎薛德音以移
檄嫚逆崔弘丹造箭多傷士前誅之又收段達楊汪孟孝義單雄
信楊公卿郭士衡郭什柱董濬張童仁朱粲王德仁等斬洛渚上
以世充歸長安高祖數其罪世充曰計臣罪不容誅但秦王許臣
以不死乃赦爲庶人與其族徙于蜀將行爲羽林將軍獨孤脩德
所殺初脩德父機嘗仕越王侗世充既篡謀歸唐爲所屠者也高
祖免脩德官子玄應兄世偉在道謀反伏誅世充篡凡三年滅
竇建德貝州漳南人世爲農自言漢景帝太后父安成侯充之苗
裔材力絕人少重然許喜俠節鄉人喪親貧無以葬建德方耕
聞之太息遽解牛與給喪事鄉黨異之盜夜劫其家建德立戶下
盜入擊三人死餘不敢進請其尸建德曰可投繩係取之盜投繩
建德乃自縻使盜曳出躍起捉刀復殺數人繇是益知名爲里長
犯法亡會赦歸父卒里中送葬千餘人所贈子皆讓不受隋

大業七年募兵伐遼東建德補隊長方如軍會邑人孫安祖盜羊
爲縣令捕劾笞辱安祖刺殺令亡抵建德建德陰舍之時山東饑
羣盜起乃謀曰往文皇帝時天下盛彊發百萬衆伐遼東猶爲所
敗今水潦爲災民力㓕敝主上不是恤而親駕臨遼且往歲西征
十不一返今創夷未平又重發兵人情危駭易以搖動丈夫不死
當建功于世渠爲亡命虜乎我聞高雞泊廣衺數百里葭亂阻奧
可以違難承間竊出椎埋掠殺足以自資因得聚豪桀且觀時變
以就大計安祖然之建德爲招亡兵及民無產者數百使安祖率
之入高雞爲盜安祖號摸羊公時鄃人張金稱亦結衆萬餘依河
渚間蓨人高士達兵千餘屯清河鄃上諸盜往來漳南者多剽殺
人焚鄉聚獨不入建德閭郡縣意建德與賊通捕族其家建德
至河閒聞家屠滅即率麾下二百人亡歸士達士達自稱東海公
以建德爲司兵安祖爲金稱所殺其下數千人歸建德衆益盛至
萬人猶保高雞泊然傾身接物其執苦與士卒均由是能致人死

力十二年涿郡通守郭絢率兵萬人討士達士達自以智略不及建德乃推爲軍司馬以兵屬焉建德既統衆思用奇計伏羣盜乃請士達守輜重自以精兵七千迎絢詐爲亡狀士達取所虜陽言建德妻子殺之建德遺絢書約降請前驅執賊自效絢信之引兵從建德至長河界欲與盟兵懈不設備建德襲殺其軍數千人獲馬千匹絢以數十騎去追斬於平原獻首士達威振山東隋遣太僕卿楊義臣討破張金稱於清河殘黨畏誅復屯聚歸建德義臣乘勝欲遂入高雞泊窮剗根穴建德謂士達曰隋善將獨義臣耳新破金稱其鋒不可當宜引兵避之彼欲戰不得軍老食乏乘之可有功士達不納留建德守壁身將兵逆戰置酒享士建德聞曰東海公未捷遽自矜大禍至不日矣隋兵勝必長驅而來吾不能獨支乃留衆保壁帥銳士據險待後五日義臣斬士達於陣追北薄壘守兵潰建德不能軍以百餘騎走饒陽饒陽無備因取之義臣已殺士達謂餘黨不足憂引去故建德得還平原收士達士死

胔爲葬焉爲士達發喪軍皆縞素招潰卒得數千人軍復振自稱將軍初伦盜得隋官及士人必殺之唯建德恩遇甚備引故饒陽長宋正本爲客尊任之參決軍議隋郡縣吏多以地歸之勢益張兵至十餘萬上谷賊王須拔自號漫天王以兵略幽州戰死其下魏刀兒號歷山飛壁深澤衆十萬建德以計襲取之并有其地十三年正月築壇場於河間樂壽自立爲長樂王十四年五月更號夏王建元丁丑署官屬分治郡縣七月隋右翊衛將軍薛世雄督兵三萬討之屯河間七里井建德以勁兵伏旁澤中悉拔諸城僞遁世雄以爲畏稍弛備建德率敢死士千人襲之會大霧晝冥跬不可視隋軍驚遂潰相騰藉死者如丘世雄引數百騎亡去盡得其衆獲河間丞王琮勞遣之琮復嬰城建德進攻未下而河間食盡聞煬帝遇弒琮率吏發喪乘城大臨建德遣使入弔琮因請降建德爲退舍飭饌具琮率郡屬素服面縛軍門建德親釋徽纆與言隋亡琮伏哭極哀建德亦爲泣麾下或言河間久拒守多殺士今力窮而下請烹之建德曰琮誼士也吾方旌

擢以勵事君者且往爲盜可妄殺人今將安百姓定天下而害忠臣乎即令其軍曰與琮隙者敢輒搖罪三族乃授琮瀛州刺史始都樂壽號金城宮備百官唯開皇故事冬至大會僚吏有五大鳥集其宮羣鳥從之又宗城人獻玄圭一景城丞孔德紹曰昔天以是授禹今瑞與之侔國宜稱夏建德然之改元五鳳以德紹爲內史侍郎武德元年宇文化及至魏縣建德謂其納言宋正本及德紹曰吾隋民也隋吾君也今化及殺之大逆不道乃吾讎欲爲天下誅之何如正本等曰大王奮布衣起漳南隋之列城莫不爭附者以能杖順扶義安四方也化及爲隋姻里倚之不疑今戕君而移其國仇不共天請鼓行執其罪建德善之即引兵討化及連戰破之化及保聊城乃縱撞車機石四面乘城拔之建德入先謁蕭皇后語稱臣執宇文智及楊士覽元武達許弘仁孟景等召隋文武官共臨斬之梟首轅門囚化及并其子載以檻車至大陸縣斬之建德性約素不喜食肉飯脫粟加蔬具妻曹未嘗衣紈綺及爲

王妾侍裁十數每下城破敵貲寶並散賚將士至是得隋宮人尚千數悉放去其文武驍果尚萬餘各聽所之乃以誅化及報越王侗侗封之夏王遂號大夏以隋黃門侍郎裴矩爲尚書右僕射兵部侍郎崔君肅爲侍中少府令何稠爲工部尚書餘隨才署職委以政事有願往關中及東都者恣聽不留仍給道里費以兵護出于境二年陷邢趙滄三州復陷冀州執刺史麴稜赦之復以爲刺史八月陷洺州虜刺史袁子幹遂遷都焉更號萬春宮使人如灌津祠充墓置守冢三十家又遣使朝侗因與王世充結歡北聘突厥士馬益精雄俄而世充廢侗乃絶之始建天子旌旗出入警蹕書稱詔追謚隋煬帝爲閔帝以齊王暕子政道爲鄖公義成公主在突厥遣使迎蕭后建德自將千餘騎送之并獻化及首未幾連突厥侵相州刺史呂珉死之進攻衞州執河北大使淮安王神通同安長公主黎陽守將李世勣釋之復使世勣守黎陽館王公主饋以客禮滑州刺史王軌爲奴所殺奴以首奔建德建德曰奴殺

主大逆納之不可不賞賞逆則廢教將焉用為命斬奴而返軌首
滑人德之遂降齊濟二州亦降兗賊徐圓朗聞風送款三年世勣
自拔歸國吏白建德誅其父建德曰世勣唐臣不忘其主忠也父
何罪釋不問高祖遣使脩好建德即以公主等歸京師嘗執趙州
刺史張志昂邢州刺史陳君賓大使張道源等將殺之國子祭酒
凌敬諫曰夫犬吠非其主彼悉力堅守以窮就禽伏節士也今殺
之無以勸建德怒曰我傅其城猶不下勞費士旅何可赦敬曰王
之大將高士興抗羅藝於易南兵未交士興即降王以為可乎建
德悟即釋之然其大將王伏寶數持兵功略在諸帥上或讒其反
建德殺之伏寶臨死呼曰我無罪王何信讒自刈左右手乎後戰
數不利九月建德自帥師圍幽州為羅藝所敗藝乘勝薄其營
建德陣營中填塹而出敗藝衆進薄其城不能拔乃還濟陰賊孟
海公兵三萬據周橋城以掠河南建德自擊之會秦王伐東都其
中書舍人劉斌獻說曰唐據關內鄭王河南夏有冀方此鼎足相

持勢也今唐悉兵臨鄭出入二年鄭人日蹙二國兵不解唐彊鄭弱
勢必舉鄭鄭滅則大夏有齒寒之憂為大王計莫若援鄭使鄭抗
其內我攻其外唐之兵必卻唐卻而鄭完然後徐觀其變鄭若可
圖因而取之幷二國兵乘唐師老長驅而西關中可遂有也建德
曰善乃遣使聘世充與連和會世充亦自乞師即令其臣李大師
魏處繪來朝請解鄭圍秦王留之不荅四年建德克周橋虜海公
留其將范願戍之悉發海公徐圓朗之衆幷兵號三十萬救世充
至滑州世充行臺僕射韓弘開城納之建德進逼元梁管三州皆
陷遂屯滎陽運糧泝河西上舟相屬不絕壁成皋東原築營板渚
遣使與世充約期又遺秦王以書三月王進據虎牢翌日以騎五百
覘建德營設伏道側獨以數騎去賊營三里覺賊出騎追之王漸
卻誘至伏所卒起奮擊賊騎驚引去追斬三百級獲其將殷秋石
瓚乃報建德以書建德失二將又聞唐兵精得書猶豫頓六十日
不敢西時世充弟世辯為徐州行臺亦遣將郭士衡兵數千人從建

德王遣王君廓以輕騎抄其饟軌賊大將張青特建德懼人情攜
駭其諸將又新破海公掠獲盈給日夜思歸凌敬說建德曰今唐
以重兵圍東都守虎牢我若悉兵濟河取懷州河陽以重將戍之
然後鳴鼓建旗踰太行入上黨傳檄旁郡進壺口以駭蒲津收河
東地此上策也且有三利乘虛擣墇師有萬全一也拓土得衆二
也鄭圍自解三也建德將從之而王琬長孫安世日請兵西每言
必涕泣又陰賫金玉啗諸將以橈其謀衆乃曰凌敬書生豈知戰
建德乃謝曰今士心銳天贊我也師將大捷方用衆議不得如公
言敬固爭建德怒命扶出其妻諫曰祭酒計甚善王盍用之夫自
滏口道乘唐之虛連營漸進以取山北因招突厥西抄關中唐必
還師自救鄭難紓矣今頓兵虎牢下徒自苦恐無功建德曰此非
女子所知且鄭朝暮待吾來既許之豈可見難而退且示天下不
信五月建德自板渚出為陣西薄汜南屬鵲山亘二十里鼓而前
郭士衡為游兵秦王登虎牢城望其軍按甲不戰曰賊起山東未

嘗見大敵今度險士囂令不肅也逼城而陣有輕我心待其飢破
之果矣日中建德士皆坐列渴爭飲意益怠王麾軍先登騎怒塵
大漲乃率史大柰秦叔寶纏麾幟馳出賊陣後建德軍顧而驚遂
大潰建德被重創竄牛口谷車騎將軍白士讓楊武威獲之傳而
西斬長安市年四十九初其軍有謠曰豆入牛口勢不得久至是
果敗建德妻與其左僕射齊善行以騎數百遁還洺州餘黨欲立
其養子為主善行曰夏王奄定河朔號為威彊今一出不復非天
命有歸哉不如委心請命無為塗炭生民也遂分府庫散給將士
令各解去善行乃與右僕射裴矩行臺曹旦率官屬及建德妻奉
山東地幷傳國八璽來降建德起兵至滅凡六年
贊曰煬帝失德天醜其為生人驅去羣盜乘之如蝟毛而奮其劇
者若李密因黎陽蕭銑始江陵竇建德連河北王世充舉東都皆
磨牙搖毒以相噬螯其間亦假仁義禮賢才因之擅王僭帝所謂
盜亦有道者本夫孽子氣腥焰所以亡隋觸唐明德折北不支禍極

凶殫乃就殲夷宜哉

王竇列傳第十

薛李二劉高列傳第十一　唐書八十六

端明殿學士兼翰林侍讀學士龍圖閣學士朝散大夫行尚書吏部侍郎兼集賢殿修撰臣宋祁奉

敕撰

薛舉蘭州金城人容貌魁岸武敢善射殖產鉅萬好結納邊豪為長雄隋大業末任金城府校尉會歲凶隴西盜起金城令郝瑗將討賊募兵數千檄舉將始授甲大會置酒舉與子仁杲及其黨劫瑗于坐矯稱捕反者即起兵因郡縣官發粟以賑貧乏自號西秦霸王建元秦興以仁杲為齊公少子仁越為晉公宅賊宗羅睺帥衆下之以為義興公更招附餘盜剽馬牧兵鋒鋭甚所徇皆下隋將皇甫綰兵萬人屯枹罕舉以精卒二千襲之遇於赤岸大風且雨逆舉陣綰不擊俄反風綰屯氣色曀冥部伍錯亂舉介騎先衆乘之綰陣大潰進陷枹罕岷山羌鍾利俗以衆二萬降舉大振進仁杲為齊王東道行軍元帥羅睺為義興王副之仁越晉王河州刺史因徇下鄯廓二州不閲旬盡有隴西地衆十三萬十三年僭

帝號于蘭州以妻鞠為后仁杲為太子即其先墓置陵邑立廟城南陳兵數萬展墓訖大饗使仁杲圍秦州仁越趨劒口掠河池太守蕭瑀拒卻之遣將常仲興度河擊李軌與軌將李贇戰昌松仲興敗軍沒於軌仁杲克秦州舉往都之仁杲寇扶風汧源賊唐弼拒不得進初弼立李弘芝為天子有衆十萬舉遣使招弼弼殺弘芝從舉仁杲閒弼無備襲之盡奪其衆弼以數百騎走軍益張號二十萬將窺京師會高祖入關遂留攻扶風秦王擊破之斬首數千級逐北至隴還舉畏王遂踰隴走問其下曰古有降天子乎偽黃門侍郎褚亮曰昔趙佗以南粵歸漢蜀劉禪亦仕晉近世蕭琮其家今存轉禍為福嘗有之衛尉卿郝瑗曰亮之言非也昔漢祖兵屢敗蜀先主嘗亡其妻子夫戰固有勝負豈可一不勝便為亡國計乎舉亦悔其言乃曰聊試公等即厚賜瑗以為謀主瑗請連梁師都厚賂突厥合從東向舉從之約突厥莫賀咄設犯京師會都水監宇文歆使突厥歆說止其兵故舉謀塞武德元年豐州揔

管張長孫擊羅睺舉率兵援之屯析墌以游軍掠岐豳秦王御之次高墌度舉糧少利速鬬堅壁老其兵會王疾卧屯不出而舉數挑戰行軍長史劉文靜殷開山觀兵於高墌恃衆不設備舉兵掩其後遂大敗死者十六大將慕容羅睺李安遠劉弘基皆沒王還京師舉拔高墌仁杲進逼寧州郝瑗謀曰今唐新破將卒禽俘人心揺矣可乘勝直趨長安舉然之方行而病召巫占視言唐兵爲祟舉惡之未幾死仁杲代立僞謚舉武皇帝未葬而仁杲滅

仁杲多力善騎射軍中號萬人敵性賊悍初舉每破陣禽獲俘仁杲必斷舌刵鼻或舂斮之其妻亦凶暴喜鞭楚人見不勝痛宛轉於地者則埋其足露腹背受捶人畏而不親仁杲多殺人淫略民人妻妾嘗得庾信子立怒其不降磔之火漸割以啖士拔秦州取富人倒縣以酢注鼻或杙其隱以求財雖舉殘猛亦惡之每戒曰汝材略足辦事而傷於虐終覆吾宗及繼立與諸將素有隙者咸猜懼郝瑗哭舉病不起繇是兵稍衰秦王率諸將復壁高墌諸將

請戰王曰我軍新衄銳氣少賊驟勝而驕有輕我心我閉壁以折之伺衰而擊可一戰禽也因令軍中曰敢言戰者斬久之仁杲糧乏挑戰不許其將牟君才内史令翟長愻以衆降左僕射鍾俱仇以河州降王策賊可破遣將軍龐玉擊宗羅睺於淺水原戰酣王以勁兵擣其背羅睺敗王率騎追奔於是悉軍馳之曰勢破竹不可失也夜半至析墌遲明圍合仁杲率僞官屬降王受之以仁杲歸京師及酋黨數十人皆斬之舉父子盜隴西五年滅初仁杲降諸將賀且問曰羅睺雖破而賊城尚堅王能下之何也王曰羅睺健將非急追之使得還城未可取也故吾使賊不及計是以克之諸將咨服仁杲已敗其將旁企地降詔即統其兵未幾復叛企地羌豪也舉父子信倚之至是入南山繇商洛出漢川衆數千所過剽害敗大將龐玉至始州掠王氏女醉寢于野王取企地所佩刀斬之送首梁州詔封女爲崇義夫人

李軌字處則涼州姑臧人略知書有智辯家以財雄邊好賙人急鄉黨稱之隋大業中補鷹揚府司兵薛舉亂金城軌與同郡曹珍關謹梁碩李贇安脩仁等計曰舉暴悍今其兵必來吏孱怯無足與計者欲相戮力據河右以觀天下變庸能束手以妻子餌人哉衆允其謀共舉兵然莫適主曹珍曰我聞讖書李氏當王今軌賢非天啓乎遂共降拜以聽命脩仁夜率諸胡入内苑城建旗大呼軌集衆應之執虎賁郎將謝統師郡丞韋士政遂自稱河西大涼王署官屬準開皇故事初突厥曷娑那可汗弟達度闕設内屬保會寧川至是稱可汗降於軌謹等議盡殺隋官分其産軌曰諸公旣見推當壹吾約今軍以義興意在救亂殺人取財是爲賊何以求濟乎迺以統師爲太僕卿士政太府卿會薛舉遣兵來侵軌遣將敗之昌松斬首二千級悉虜其衆軌縱還之李贇曰今力戰而俘又縱以資敵不如盡阬之軌曰不然若天命歸我當禽其主此皆我有也不者徒留何益遂遣之未幾拔張掖燉煌西平枹罕悉有河西武德元年高祖方事薛舉遣使涼州璽書慰結謂軌爲

從弟軌喜乃遣弟懋入朝帝拜懋大將軍還之詔鴻臚少卿張侯德持節冊拜軌涼王涼州揔管給羽葆鼓吹一部會軌僭帝號建元安樂以其子伯玉爲太子長史曹珍爲尚書左僕射攻陷河州侯德至軌召其下議曰李氏有天下曆運所屬已宅京邑一姓不可競王今欲去帝號東向受冊可乎曹珍曰隋亡英雄猋起號帝王者瓜分鼎峙唐自保關雍大涼奄河右業已爲天子奈何受人官必欲以小事大請行蕭詧故事稱梁帝而臣於周軌從之乃遣僞尚書左丞鄧曉來朝奉書稱從弟大涼皇帝帝怒曰軌謂朕爲兄此不臣也囚曉不遣初軌以梁碩爲謀主授吏部尚書碩有算略衆憚之嘗見故西域胡種族盛勸軌備之因與戸部尚書安脩仁交怨又軌子仲琰嘗候碩碩不爲起仲琰憾之乃相與譖碩軌不察齎鴆其家殺之繇是故人稍疑懼不爲用有胡巫妄曰上帝將遣玉女從天來遂召兵築臺以候女多所糜損屬荐飢人相食軌毀家貲賑之不能給議發倉粟曹珍亦勸之謝統師等故隋官

內不附每引結羣胡排其用事臣因是欲離沮其衆乃廷詰珍
曰百姓餓死皆弱不足事者壯勇士終不肯困且儲廩以備不虞
豈宜妄散惠孱小乎僕射苟附下非國計軏曰善乃閉粟下益怨
多欲叛去會脩仁兄興貴本在長安自表詣涼州招軏帝曰軏據
河西連吐谷渾突厥今興兵討擊尚爲難單使弄頰可下邪興貴
曰軏盛彊誠然若曉以逆順禍福宜聽如憑固不受臣世涼州豪
望多識其士民而脩仁爲軏信任典事樞者數十人若候隙圖之
無不濟帝許之興貴至涼州軏授以左右衞大將軍因間訪興貴
以自安策興貴對曰涼州僻遠財力凋耗雖勝兵十萬而地不過
千里無險固自守又濱接戎狄戎狄豺狼也非我族類今唐家據
京師略定中原攻必下戰必勝蓋天啓也若舉河西地奉圖東歸
雖漢竇融未足吾比軏默不荅久之曰昔吳王濞以江左兵猶稱
己爲東帝我今舉河右不得爲西帝乎雖唐彊大如我何君無爲
唐誘致我興貴懼謝曰竊聞富貴不居故鄉如衣錦夜行今合宗

蒙任敢有它志興貴知軏不可以說乃與脩仁等潛引諸胡兵圍
其城軏以步騎千餘出戰先是薛舉柱國奚道宜率羌兵奔軏軏
許以刺史而不與道宜怨故共擊軏軏敗入城引兵登陴須外援
興貴傳言曰唐使我來取軏不從者罪三族於是諸城不敢動軏
嘆曰人心去矣天亡我乎攜妻子上玉女臺置酒爲別脩仁執送
之斬於長安自起至亡凡三年詔興貴爲右武候大將軍封涼國
公賜帛萬段脩仁左武候大將軍申國公並給田宅封六百戶時
鄧曉聞軏敗入賀帝帝曰而委質李軏以使來聞其亡不少感乃
蹈抃以悅我不盡心於軏能竭節於我乎遂廢不齒

劉武周瀛州景城人父匡從馬邑毋趙嘗夜坐廷中見若雄雞光
燭地飛投其懷起振衣無有感而娠生武周武周爲人驍悍善騎
射喜交豪桀兄山伯嘗詈辱之曰汝不擇所與必滅吾宗武周因
去至洛爲太僕楊義臣帳下募征遼有功補建節校尉還馬邑爲
鷹揚府校尉太守王仁恭以其州里雄頗愛遇之令總虞候直閤

下久之盜仁恭侍兒懼覺誅又見天下已亂陰有異計因宣言于
衆曰今歲饑死者骨相枕於野府君閉倉不卹豈憂百姓意乎以
市怒其軍皆憤怨武周知人已揺因稱疾臥家豪桀往候謁遂椎
牛縱酒大言曰盜賊方起衆又飢壯士守分死溝壑今官粟紅腐
于倉誰能與我共取之諸惡少年皆願從隋大業十三年與其徒
張萬歲等十餘人候仁恭視事武周上謁萬歲自後入斬仁恭持
首出徇郡中無敢動者遂開倉賑窮絶馳檄屬城皆下得兵萬餘
自稱太守遣使附突厥鴈門丞陳孝意虎賁郎將王智辯合兵圍
其桑乾鎮會突厥至武周與共擊智辯破之孝意奔還鴈門鴈門人
殺之以城歸武周武周因襲破樓煩進據汾陽宮取宮人賂突厥始
畢可汗報以馬其衆遂大攻得定襄突厥以狼頭纛立武周爲定
楊可汗僭稱皇帝以妻沮爲后建元天興衞士楊伏念爲左僕射
妹婿苑君璋爲內史令初上谷賊宋金剛有衆萬餘與魏刀兒連
和刀兒爲竇建德所攻金剛救之大敗率餘衆四千保西山建德

招之金剛恚曰建德殺魏王吾義不往諸君可以吾首取富貴乃
拔刀將自刎衆抱之泣遂與皆歸武周武周素聞金剛善兵得之
喜封爲宋王屬以軍分家貲半遺之金剛亦自結出其妻而聘武
周妹說武周取晉陽南向爭天下武周授金剛西南道大行臺武
德二年總兵二萬入寇次黃蛇鎮又連突厥鋒無前遂破榆次拔
介州進圍太原詔遣太常少卿李仲文禦之爲賊所執舉軍沒仲
文逃還賊因破平遥取石州殺刺史王儉略浩州詔右僕射裴寂
爲晉州道行軍總管拒之寂戰敗績齊王元吉委并州遁武周入
據之遣金剛攻陷晉州執右驍衞將軍劉弘基進破澮州夏縣人
呂崇茂殺其令自號魏王以應賊隋河東守將王行本與武周合
關中震動高祖詔秦王督兵進討屯柏壁又詔永安王孝基與于
筠獨孤懷恩唐儉等攻夏縣不克軍城南崇茂與賊將尉遲敬德
襲破孝基軍四將被執敬德還澮州王邀戰破之於美良川敬德
復與別帥尋相援王行本於蒲王又破卻其軍蒲州降帝幸蒲津

秦王自栢壁輕騎謁行在金剛遂圍絳州王還屯金剛引退武周攻李仲文於浩州不勝遣將黃子英護饟道驃騎大將軍張德政襲斬之虜其衆武周部將稍離金剛以糧道乏卒飢引去王追至雀鼠谷日中八戰賊皆敗斬級數萬獲輜重千乘金剛走介州官軍迫之以餘衆二萬出西門背城陣亘七里王令李世勣程齩金秦叔寶為北軍翟長孫秦武通為南軍既戰小卻王以精騎突擊破之金剛將輕騎去賊將尉遲敬德尋相張萬歲降收其精兵遂復介州武周引騎五百棄并州北走突厥金剛收散卒將還拒衆不為用亦以百騎奔突厥并州平河東地盡復未幾金剛背突厥欲還上谷為其追騎斬之武周亦謀歸馬邑計露突厥殺之起兵六年而滅

高開道滄州陽信人世煮鹽為生少驍勇走及奔馬隋大業末依河間賊格謙未甚奇之會謙為隋兵圍捕左右奔散無救者開道獨身決戰殺數十人捕兵解謙得免遂引為將軍謙滅與其黨百

餘人亡海曲後出剽滄州衆稍附因北掠戎保自臨渝至懷遠皆破有之復引兵圍北平未下隋守將李景自度不能支拔城去開道據其地武德元年陷漁陽郡有之有鐙馬數千衆萬人自號燕王先是懷戎浮屠高曇晟因縣令具供與其徒襲殺令僞號大乘皇帝以尼靜宣為耶輸皇后建元法輪遣使約開道為兄弟封齊王開道引衆從之居三月殺曇晟并其衆復稱燕王建元署置百官竇建德圍羅藝於幽州藝請救開道以騎二千赴之建德解去乃因藝使請降詔以為蔚州總管上柱國北平郡王賜姓李開道以輕騎五百抵幽州欲圖藝自從數騎入都督府且覘藝藝與張飲盡歡知不可圖遂去五年幽州饑開道許輸以粟藝遣老弱湊食皆厚遇之藝悅不為虞更發兵三千車數百馬驢千往請粟開道悉留不遣遂北連突厥告絕於藝復稱燕與劉黑闥聯兵入寇開道攻易州不克遣將謝稜詭降於藝請兵應接藝衆至稜縱擊破之因道突厥俱南恒定幽易等騷然罹患頡利以開道善攻具

與俱攻馬邑拔之時羣盜相繼平開道欲降自疑反覆得罪猶恃突厥自安然將士多山東人思歸衆益厭亂初開道募壯士數百為養子衛閤下及劉黑闥將張君立亡歸開道命與愛將張金樹分督之金樹潛令左右數人僞與諸養子戲至夕入閤絕其弓弦又取刀矟聚牀下既暝金樹以其徒譟攻之數人者抱刀矟出閤諸養子將搏戰亡弓矟君立舉火外城應之帳下大擾養子窮事歸金樹開道顧不免擐甲挺刃據堂坐與妻妾奏伎飲酒金樹畏不敢前天且明開道先縊其妻妾及諸子而後自殺金樹羅兵取養子皆斬之亦殺君立而歸開道起兵凡八年滅以其地為嬀州詔以金樹為北燕州都督

劉黑闥貝州漳南人嗜酒喜蒱博不治產亡賴父兄患苦之與竇建德少相友建德每資其費黑闥所得輒盡建德亦弗之計隋末亡命從郝孝德為盜後事李密為裨將密敗王世充虜之以其武健補馬軍總管鎮新鄉時李世勣陷於竇建德建德使攻新鄉虜

黑闥獻之建德用為將封漢東郡公黑闥與諸盜游素猵武多狙詐建德有所經略常委以斥候陰入敵中覘虛實每乘隙奮奇兵出不意多所摧克軍中號為神勇武德四年建德敗還匿漳南杜門不出會高祖召建德故將范願董康買曹湛高雅賢將用之願等疑畏謀曰王世充舉洛陽降驍將楊公卿單雄信之徒皆夷滅今召吾等若西入關必無全且夏王於唐固有德往禽淮安王同安公主皆厚遺還之今唐得夏王即加害我不以餘生為王復讎無以見天下義士於是謀反卜所主劉氏吉共往見故將劉雅告之雅不從衆怒殺雅去范願曰漢東公黑闥果敢多奇略寬仁容衆恩結士卒吾嘗聞劉氏當王今欲收夏王亡衆集大事非其人莫可乃之漳南謁黑闥以告黑闥喜椎牛饗士得兵百餘人襲漳南縣破之貝州刺史戴元祥魏州刺史權威合執討擊元祥等皆敗死收其器械有衆千人建德故時左右稍歸之兵寖盛乃設壇漳南祭建德告以舉兵意自稱大將軍陷歷亭殺守將王行敏饒

陽賊崔元遜攻陷深州殺刺史裴晞應之兗州賊徐圓朗亦相連和遂取瀛州攻定州戍之乃移檄趙魏建德將吏往往殺令尉附賊北連高開道勢雄張進至宗城衆數萬黎州總管李世勣戰敗走洺州黑闥追之步卒五千皆盡復世勣挺身免乃以王琮爲中書令劉斌爲中書侍郎遣使北結突厥頡利頡利遣俟斤宋邪那率騎從之軍大振不半年盡有建德故地高祖詔秦王及齊王元吉討之五年黑闥陷相州號漢東王建元天造以范願爲左僕射董康買兵部尚書高雅賢爲左領軍王小胡爲右領軍召建德僚屬悉復用之都洺州秦王率兵攻拔數困賊進下相州棣州人復殺刺史叛歸黑闥二月秦王破之于列人取洺水使總管羅士信守之黑闥攻陷洺水士信死王阻水爲連營分奇兵絶其餉路黑闥數挑戰堅壁不爲動三月賊糧盡王度必決戰障壅洺水上流敕吏曰須賊度亟決之黑闥果率騎二萬絶水陣與王師大戰衆潰水暴至賊衆不得還斬首萬餘級溺死數千黑闥與范願等以殘騎

奔突厥山東平秦王還黑闥藉突厥兵復入寇攻定州舊將曹該董康買先逃鮮虞聚兵應之帝以淮陽王道玄爲河北總管與原國公史萬寶討賊戰下博敗績道玄死于陣萬寶輕騎逸縣是河北復叛歸賊黑闥仍都洺州九月略瀛州殺刺史詔齊王元吉擊之不進又詔皇太子督兵并力頻戰皆捷十二月皇太子齊王悉兵戰館陶黑闥大敗引軍走踰北至毛州黑闥整衆背永濟渠陣纔騎搏之賊赴水死者數千黑闥逎去騎將劉弘基追蹙賊不得休明年正月馳至饒陽騎能屬者纔百餘困且餓黑闥所署總管崔元遜迎拜延之入黑闥不許元遜固請且泣乃進城下元遜饋之方飯車騎請葛德威勒兵前黑闥罵曰狗輩負我遂執詣皇太子所斬之德威舉郡降山東遂定餘黨及突厥兵間道亡定州總管雙士洛邀戰破平之初秦王建天策府其弧矢制倍於常逐黑闥也爲突厥所窘自以大箭射卻之突厥得箭傳觀以爲神後餘大弓一長矢五藏之武庫世寶之毎郊丘重禮必陳于儀物之首以識武功云

徐圓朗者兗州人隋末爲盜據本郡以兵徇琅邪以西北至東平盡有之勝兵二萬附李密密敗歸竇建德山東平授兗州總管魯郡公高祖遣葛國公盛彥師安輯河南抵任城會黑闥兵起圓朗執彥師應之自號魯王黑闥以爲大行臺元帥兗鄆陳杞伊洺曹戴等州豪桀皆殺吏應賊秦王已破黑闥遣兵屯濟陰經略之圓朗懼河間人劉復禮說圓朗曰彭城有劉世徹才略不常有異相士大夫許其必王將軍欲自用恐敗不如迎世徹立之功無不濟圓朗謂然乃迎之盛彥師以世徹若聯叛禍且不解即謬說曰聞公迎劉世徹信乎公亡無日矣獨不見翟讓用李密哉圓朗信之世徹至奪其兵以爲司馬遣徇地所至皆下忌而殺之會淮安王神通李世勣合兵攻圓朗圓朗數敗總管任瓌遂圍兗州降者爭踰城圓朗窮棄城與下數騎夜亡爲野人所殺

薛李二劉高列傳第十一

蕭輔沈李梁列傳第十二　　唐書八十七

端明殿學士兼翰林侍讀學士龍圖閣學士朝散大夫守尚書吏部侍郎充集賢殿修撰臣宋祁奉敕撰

蕭銑後梁宣帝曾孫也祖巖開皇初叛隋降陳陳亡文帝誅之銑少貧傭書事母孝煬帝以外戚擢為羅川令大業十三年岳州校尉董景珍雷世猛旅帥鄭文秀許玄徹萬瓚徐德基郭華沔人張繡等謀反隋且推景珍為主景珍曰吾素微雖假名號衆不厭羅川令故梁胄也寛仁大度有武皇遺風且吾聞帝王之興必有符命隋冠帶悉號起梁蕭氏中興象也今推之以應天順人不亦可乎乃遣人告銑銑即報景珍書曰我先君昔事隋職貢無廢乃貪我土宇滅我宗祊我是以痌心疾首思刷厥恥今天誘乃衷公等降心將大復梁緒徼福于先帝吾敢不糾厲士衆以從公哉即募兵數千揚言跡盜將以應景珍會潁川賊沈柳生寇縣銑出戰不利謂其下曰岳陽豪桀將推我為主今天下叛隋吾能守節獨完哉且吾先人國于此若徇其請復梁祚因以半紙檄召羣盜誰敢不從衆悅乃以十月稱梁公旂幟服色悉用其舊柳生以衆歸銑用為車騎大將軍不五日遠近爭附衆數萬乃趨巴陵景珍遣徐德基郭華率彊姓數百迎謁而先見柳生柳生與其下謀曰梁公起我最先附勳第一今岳陽兵衆而位多誰肯為我下不如殺德基質其人獨挾梁主以進則吾誰先因殺德基詣中軍白銑銑驚曰今欲撥亂遽自相屠我不能為若主矣步出軍門柳生懼伏地請罪銑責宥之陳兵而進景珍曰德基倡義竭誠柳生擅殺之不誅無以為政且凶賊與共處必為亂銑因斬柳生於是築壇城南柴上帝自稱梁王有異鳥至建元為鳳鳴義寧二年僭稱皇帝署百官一用梁故事追諡從父琮為孝靖帝祖巖河間忠烈王父璿文憲王封景珍晉王雷世猛秦王鄭文秀楚王許玄徹燕王萬瓚魯王張繡齊王楊道生宋王隋將張鎮州王仁壽擊銑不能克及隋亡乃與甯長真等率嶺南州縣降於銑時林士弘據江南銑遣將蘇胡兒拔豫章使楊道生取南郡張繡略定嶺表西至三峽南交阯北距漢水皆附屬勝兵四十萬武德元年徙都江陵復園廟引岑文本為中書侍郎掌機密遣道生攻峽州刺史許紹擊破之士死過半三年高祖詔夔州總管趙郡王孝恭討之拔通開二州斬偽東平王闍提諸將擅兵橫恣銑恐寖不制乃陽議休兵營農以黜其權大司馬董景珍之弟為將軍怨之謀作亂事泄被誅景珍方鎮長沙銑下書赦之召還江陵景珍懼遣使詣孝恭舉地降銑遣張繡攻景珍景珍曰前年醢彭越往年殺韓信獨不見乎柰何相攻繡不荅圍之景珍潰而走麾下殺之銑進繡為尚書令繡恃功亦驕蹇銑又誅之銑性外寛內忌疾勝己者於是大臣舊將皆疑閒多叛去銑不能禁由此愈弱四年詔孝恭與李靖率巴蜀兵順流下廬江王瑗繇襄陽道黔州刺史田世康出辰州道會兵圖銑偽將周法明以四州降即詔為黃州總管趨夏口道攻安州克之偽將雷長潁以魯山降銑乃遣將文士弘拒孝恭戰清江口孝恭大破之獲戰艦千艘拔宜昌當陽枝江松滋偽江州將蓋彥舉以城降孝恭靖直逼其都初銑放兵止留宿衛數千人及倉卒追集江嶺回遠未及赴孝恭布長圍守之數日破其水城取樓船數千交州總管丘和長史高士廉司馬杜之松詣靖降銑度救不至謂其下曰天不祚梁乎待窮而下必害百姓今城未拔先出降可免亂諸人何患無君乃麾而令守陴者皆慟以太牢告于廟率官屬緦衰布幘詣軍門謝曰當死者銑爾百姓非罪也請無殺掠孝恭受之護送京師後數日救兵至且十餘萬知銑降乃送款銑至高祖讓之對曰隋失其鹿英雄競逐銑無天命故為陛下禽猶田橫南面豈負漢哉帝怒其不屈詔斬都市年三十九自僭國至滅凡五年

贊曰銑故梁子孫起文吏擅東南而有之荊楚好亂氣俗然也觀銑武雖不足文有餘矣大抵盜仁義詭世亂俗者聖人所必誅若銑力困計殫以好言自釋於下係虜在廷抗辭不屈偽辯易窮

卒以殊死高祖聖矣哉

輔公祏齊州臨濟人隋季與鄉人杜伏威爲盜轉掠淮南伏威兵寖盛自號總管以公祏爲長史賊李子通據江都伏威使公祏以精卒數千度江擊之子通拒戰衆十倍銳甚公祏選甲士千人操長刀居前別以千人隨之令曰卻者斬公祏以衆殿俄而子通方陣而進長刀千人皆決死鬬公祏縱左右翼搏之子通大潰降其衆數千伏威既遣使歸國武德二年詔授公祏淮南道行臺尚書左僕射封舒國公初伏威與公祏少相愛兄事之故軍中呼輔伯尊禮略等伏威稍忌之乃署養子闞稜爲左將軍王雄誕爲右將軍推公祏爲僕射陰解其柄公祏內怏怏不平乃與故人左游仙僞學辟穀以自晦六年伏威入朝留公祏居守復令雄誕握兵副之陰誡曰吾至京不失職無容公祏爲變後左游仙說公祏反會雄誕以疾卧家公祏奪其兵紿言伏威移書令舉事八月遂僭位國稱宋即陳故宮都之殺王雄誕署百官以左游仙爲兵部

尚書東南道大使越州總管增脩器械轉廩食遣將徐紹宗侵海州陳正通寇壽陽詔趙郡王孝恭趨九江嶺南大使李靖下宣城懷州總管黃君漢出譙亳齊州總管李世勣繇淮泗討之孝恭取蕪湖下梁山三鎮河南安撫大使任瓌拔揚子城降僞將龍龕遂據揚州公祏復遣將馮惠亮陳當世屯博望山陳正通徐紹宗屯青州山以拒戰孝恭率諸將破之惠亮正通走李靖躡追百餘里衆悉潰正通等以五百騎奔丹楊公祏懼棄城奔左游仙於會稽兵尚數萬夜至毗陵能從者裁五百僞將吳騷孫安謀執之公祏棄妻子斬關遁與腹心士數十抵武康野人執送丹楊孝恭斬之傳首京師始公祏佐伏威起據江東距公祏死凡十三年

沈法興湖州武康人父恪陳廣州刺史法興隋大業末爲吳興郡守東陽賊樓世幹略其郡煬帝詔與太僕丞元祐討之義寧二年江都亂法興自以世南土屬姓數千家遠近嚮服乃與祐將孫士漢陳果仁執祐名誅宇文化及三月發東陽行收兵趨江都下餘杭比至烏程衆六萬毗陵通守路道德拒之法興約連和因襲殺之據其城遂定江表十餘州自署江南道總管聞越王侗立乃上書稱大司馬錄尚書事天門公承制置百官以陳果仁爲司徒孫士漢司空蔣元超尚書左僕射殷芊左丞徐令言右丞劉子翼選部侍郎李百藥爲掾後聞侗被廢高祖武德二年稱梁王建元爲延康易隋官儀頗用陳氏故事法興自意南方諸城可跂而平專事威戮下有細過即誅之繇是將士攜解俄遣子倫救陳稜擊李子通反爲所敗子通乘鋒度江破京口使將蔣元超戰庱亭大敗死之法興懼棄城與左右數百投吳郡賊聞人嗣安嗣安遣將葉孝辯迎之法興中悔將殺孝辯趨會稽爲所覺懼自沈於江起義寧至武德凡三年滅

李子通沂州丞人少貧以漁獵爲生居其鄉見斑白負戴必代之家有餘則以賙人而喜報仇隋大業末長白山賊左才相自號博山公子通依之以武力雄其閒鄉人有陷賊者子通專經護之方

是時羣盜暴忍獨子通仁愛歸者遂多不半歲有徒萬人才相畏忌子通乃引衆度淮與杜伏威合爲隋將來整所破奔海陵得衆二萬自稱將軍大業十一年僭號楚王宇文化及殺煬帝以右禦衛將軍陳稜爲江都太守已而稜降高祖授以總管即守其郡子通攻稜稜窮乞師於沈法興杜伏威伏威自將屯清流法興遣子綸屯揚子間數十里子通納言毛文深請募吳人詐爲法興兵夜襲伏威二人遂交惡無敢先戰者子通得悉力取江都遂據之稜奔而免子通僭即皇帝位國號吳建元明政齊賊樂伯通先爲化及守丹楊即以衆萬餘降之子通用爲尚書左僕射又敗法興兵遂取晉陵以法興所署掾李百藥爲內史侍郎典文檄尚書左丞殷芊爲太常卿司禮樂繇是江南士人多歸之會伏威命輔公祏拔丹楊進屯溧水子通戰敗糧且盡棄江都保京口伏威盡得其地俄東走太湖裒散兵二萬人復襲法興吳郡破之據餘杭東舉會稽南距嶺西抵宣城北太湖悉有之武德四年伏威遣將

王雄誕討子通戰蘇州敗績退保餘杭雄誕進傅城子通窮乃降伏威受之并樂伯通送京師高祖薄其罪賜宅一區田五頃賚予頗厚及伏威來朝子通語伯通曰東南未靖而伏威來我故兵多在江外若收之可建大功遂皆亡及藍田爲關吏所獲並伏誅方子通等僭盛時復有朱粲林士弘張善安亦竊名號於淮楚閒

朱粲亳州城父人初爲縣史大業中從軍伐賊長白山亡命去爲盜號可達寒賊自稱迦樓羅王衆十萬度淮屠竟陵沔陽轉剽山南所至殘戮無遺噍僭號楚帝建元爲昌達攻拔南陽義寧末與山南撫慰使馬元規戰冠軍大敗收餘衆復振至二十萬粲所克州縣皆發藏粟以食遷徙無常去輒燔畜聚毀城郭不務稼穡專以劫爲資於是人大餓死者係路其軍亦匱乃掠小兒烝食之戒其徒曰味之珍寧有加人者第使佗國有人我䘏無儲哉勒所部略婦人孺兒分烹之又稅諸城細弱以益糧隋著作佐郎陸從典通事舍人顏愍楚謫南陽粲初引爲賓客後盡食兩家俄而

唐書列傳十二　五　華元

諸城懼皆逃散顯州首領楊士林田瓚起兵攻粲旁郡響赴戰淮源粲大敗挈殘士奔菊潭遣使乞降高祖以前御史大夫段確假散騎常侍勞之確醉戲粲曰君噉人多矣若爲味粲曰噉嗜酒人正似糟豚確悖罵曰狂賊歸朝乃一奴耳復得噉人乎粲懼收確子坐并從者數十悉烹之以饗左右遂屠菊潭奔王世充署龍驤大將軍東都平斬洛水上士庶競擲瓦礫擊其尸須臾若冢

林士弘饒州鄱陽人隋季與鄉人操師乞起爲盜師乞自號元興王建元天成大業十二年據豫章以士弘爲大將軍隋遣治書侍御史劉子翊討賊射殺師乞而士弘收其衆復戰彭蠡子翊敗死之遂大振衆十餘萬據虔州自號南越王俄僭號楚稱皇帝建元爲太平侍御史鄭大節以九江郡下之士弘任其黨王戎爲司空臨川廬陵南康宜春豪桀皆殺隋守令以附北盡九江南番禺悉有之後蕭銑以舟師破豫章士弘獨有南昌虔循潮之地銑敗其亡卒稍歸之復振趙郡王孝恭招慰降循潮二州武德五年士弘弟鄱陽王藥師以兵二萬圍循州總管楊世略破斬之士弘請降王戎亦獻南昌地詔戎爲南昌州總管士弘復遁保安城山誘潰亡謀復亂袁人相聚應之爲張善安所察以兵赴討會士弘死其黨乃解

張善安兗州方與人年十七亡命爲盜轉掠淮南會孟讓敗得其散卒八百襲破廬江郡依林士弘不見信憾之反襲士弘焚其郭去保南康蕭銑取豫章遣將蘇胡兒守之善安奪其地據以歸國授洪州總管武德六年叛輔公祏以爲西南道大行臺善安掠孫州執總管王戎襲殺黃州總管周法明會李大亮兵至爲開曉禍福答曰善安初不反爲部下詿誤降今易耳恐不免奈何大亮曰總管定降吾固不疑因獨入其陣與善安握手語乃大喜將數十騎詣大亮營大亮引入命壯士執之騎皆驚引去悉兵來戰大亮諭以善安自歸無庸鬬其黨罵曰總管賣我遂潰送善安京師稱不與公祏謀高祖赦之公祏破得其書遂伏誅

唐書列傳十二　六　華元

梁師都夏州朔方人爲郡豪姓仕隋鷹揚府郎將大業末罷歸結徒起爲盜殺郡丞唐世宗據郡稱大丞相聯兵突厥與隋將張世隆戰敗之因略定雕陰弘化延安自爲梁國僭皇帝位祭天於城南坎地瘞玉得印以爲瑞建元永隆始畢可汗遺以狼頭纛號大度毗伽可汗解事天子遂導突厥兵居河南地拔鹽川郡武德二年寇靈州長史楊則擊走之又與突厥千騎營野猪嶺延州總管段德操勒兵不戰師都氣懈遣兵進擊戰酣德操自以輕騎出其旁乘之師都大潰逐北二百里俘馘甚衆未幾以步騎五千入寇德操又盡屠其軍降偽將張舉劉旻師都懼遣尚書陸季覽說處羅可汗曰隋亡中國裂爲四五勢均力弱皆爭附突厥今唐滅劉武周國益大兵方四出師都將朝夕亡然次亦及突厥願可汗如魏孝文兵引而南師都請爲鄉道處羅納之令莫賀咄設入五原泥步設與師都趨延州處羅自攻太原突利可汗與奚霫契丹靺鞨繇幽州道合竇建德自滏口會晉絳已而處羅死兵不出又

為德操所破六年其將賀遂索周以所部十二州降德操悉兵攻之拔東城師都保西城不敢出求救於突厥頡利頡利以勁兵萬騎赴之先是稽胡大帥劉㑹成以衆附師都因讒見殺其下疑懼乃多叛師都日益蹙遂往朝頡利教使南略故突厥益邊無寧歲遂窺渭橋後突厥政亂太宗以師都寖危乃諭以書使歸不從詔夏州長史劉旻司馬劉蘭經略之獲生口縱以為間君臣離橈出輕騎蹂其稼城中飢虛又天狗墮其城卒瘠見李正寶馮端皆其健將謀執師都降不果正寶挺身歸貞觀二年旻蘭表可取狀詔柴紹薛萬均併力令旻以勁卒直據朔方東城頡利來援會大雪羊馬死紹逆戰破之進屯城下其從父弟洛仁斬師都降擢洛仁為右驍衞將軍朔方郡公自起至滅十二年以其地為夏州

始師都據郡時劉季眞郭子和者亦俱起子和自有傳

劉季眞離石胡人父龍兒大業十年舉兵自稱王以季眞為太子第六兒為永安王鋒甚鋭將軍潘長文連年擊不能下後虎賁郎將梁德破殺龍兒衆乃散唐兵起六兒復聚為盜附劉武周季眞從之自號太子王六兒為拓定王並為邊害西河公張綸眞鄉公李仲文合兵討之季眞降詔以為石州總管賜姓李封彭山郡王宋金剛戰澮州勢未決遂復連武周及敗秦王執六兒斬之季眞奔高滿政俄被殺

蕭銑沈李梁列傳第十二

劉裴列傳第十三　唐書八十八

端明殿學士兼翰林侍讀學士龍圖閣學士朝散大夫行尚書吏部侍郎充集賢殿修撰臣宋祁奉

敕撰

劉文靜字肇仁自言系出彭城世居京兆武功父韶仕隋戰死贈上儀同三司文靜以死難子襲儀同倜儻有器略大業末為晉陽令與晉陽宮監裴寂善寂夜見邏堞傅烽叱曰天下方亂吾將安舍文靜笑曰如君言豪英所資也吾二人者可終羈賤乎高祖為唐公鎮太原文靜察有大志深自結既又見秦王謂寂曰唐公子非常人也豁達神武漢高帝魏太祖之徒歟殆天啓之也寂未謂然文靜俄坐李密姻屬繫獄秦王顧它無可與計者私入視之文靜喜挑言曰喪亂方剡非湯武高光不能定王曰安知無其人哉今過此非兒女子姁姁相憂者世道將革直欲共大計試為我言之文靜曰上南幸兵塡河洛盜賊蜂結大連州縣小阻山澤以萬數須眞主取而用之誠能投天會機奮臂大呼則四海不足定也今汾晉避盜者皆在文靜素知其豪桀一朝號召十萬衆可得也加公府兵數萬一下令誰不願從鼓而入關以震天下王業成矣王笑曰君言正與我意合乃陰部署賓客將發恐唐公不從文靜謀因裴寂開說於是介寂以交王遂得進議及突厥敗高君雅兵唐公被劾王遣文靜寂共說曰公據嫌疑之地勢不圖全今部將敗方以罪見收事急矣尚不為計乎晉陽士健馬彊宮庫饒貲大事可舉也今關中空虛代王弱賢豪輩興未有適歸願公引兵西誅暴除亂乃受單使囚乎唐公私可會得釋而止王教文靜偽為詔發太原西河鴈門馬邑男子年二十至五十悉為兵期歲盡集涿郡以伐遼繇是人心愁擾益思亂文靜謂寂曰公聞先發制人後發制於人乎唐公名載圖讖聞天下尚可怗怗以待禍哉又脅寂曰公為監以宮人侍客公死何藏奈何累唐公寂懼乃勸起兵秦王即委文靜長孫順德等募士聲討劉武周文靜與寂作符敕發宮監庫物佐軍興會王威高君雅猜貳文靜與劉政會貿為急變

書詣留守告二人反俟唐公與威君雅視事文靜進曰有密牒言
反者公目威等省牒政會不肯曰所告乃副留守唯唐公得觀公
驚曰詎有是乎讀已語威曰人告公等信乎君雅詬曰反人欲殺
我耳文靜叱左右執之由是舉兵唐公乃開大將軍府以文靜爲
司馬文靜勸改旗幟彰特興又請與突厥連和唐公從之遣文靜
使始畢可汗始畢曰唐公兵何事而起文靜曰先帝廢冢嗣以授
後主故大亂唐公國近戚懼毀王室起兵黜不當立者願與突厥
共定京師金幣子女盡以歸可汗始畢大喜即遣二千騎隨文靜
至又獻馬千匹公喜曰非君何以致之尋拒屈突通於潼關與其
將桑顯和苦鬭死者數千文靜度顯和軍怠以奇兵從後掩之顯
和敗績通兵尚數萬欲引而東文靜命將追執之徇新安以西皆
下轉大丞相府司馬進光祿大夫魯國公唐公踐天子位擢納言
時多引貴臣共榻文靜諫曰今率土莫不臣而延見羣下言尚
稱名帝坐嚴尊屈與臣子均席此王導所謂太陽俯同萬物者也

帝曰我雖應天受命宿昔之好何可忘公其無嫌薛舉寇涇州以
元帥府長史與司馬殷開山出戰大敗奔還京師坐除名與討仁
杲平之復爵邑授民部尚書陝東道行臺左僕射從秦王鎮長
春宮文靜自以材能過裴寂遠甚又屢有軍功而寂獨用故舊恩
居其上意不平每論政多戾駮遂有隙嘗與弟散騎常侍文起飲
酣有怨言拔刀擊柱曰當斬寂會家數有怪文起憂召巫夜被
髮銜刀爲禳厭文靜妾失愛告其兄上變遂下吏帝遣裴寂蕭
瑀訊狀對曰昔在大將軍府司馬與長史略等今寂已僕射居甲
第寵賚不貲臣官賞等衆人家無贏誠不能無少望帝曰文靜此
言反明甚李綱蕭瑀明其不反秦王亦以文靜首決非常計事成
乃告寂今任遇弗等故怨望非敢反宜賜全宥帝素疏忌之寂又
言文靜多權詭而性猜險忿不顧難醜言怪節已暴驗今天下未
靖恐爲後憂帝遂殺之年五十二文起亦死籍其家文靜臨刑撫
膺曰高鳥盡良弓藏果不妄貞觀三年追復官爵以子樹義襲

魯國公詔尚主然怨父不得死謀反誅
裴寂字玄眞蒲州桑泉人幼孤兄鞠之年十四補郡主簿及長偉
容貌涉知書傳隋開皇中調左親衛家貧徒步走京師過華山祠
祈神自卜夜夢老人謂曰君年踰四十當貴大業中爲齊州司戶
參軍歷侍御史晉陽宮副監唐公雅與厚及留守太原契分愈密
至蒲酒通晝夜秦王與劉文靜方建大計未敢白公以寂最厚善乃
出私錢數百萬餉龍山令高斌廉俾與寂博陽不勝寂得進多
大喜曰茲昵太宗以情告之許諾寂嘗以宮人侍唐公恐事發誅
間飲酣乃白秦王將舉兵狀因言今盜徧天下城闉外即戰場雖
徇小節猶不脫死若舉義師不特免禍且就大功唐公然所計兵
起寂進宮女五百米九百萬斛雜綵五萬段鎧四十萬首大將軍
府建爲長史下臨汾封聞喜縣公至河東屈突通未下而三輔豪
桀多歸者唐公欲先取京師恐通掎其後猶豫未決寂說曰今
通據蒲關未下而西我腹背支敵敗之符也不若破通而後趨京

師秦王曰不然兵尚權權利於速今乘機度河以奪其心且關中
羣盜處處屯結疑力相杖易以招懷撫而有之衆附兵彊何向不
克通自守賊耳庸能患我失其機勝負未可計也唐公兩從之
留兵圍蒲而遣秦王入關長安平賜寂田千頃甲第一區物四萬
段遷大丞相府長史進魏國公邑三百戶隋帝禪位公固讓寂開
陳符命以勸又督太常具儀擇日唐公即位曰使我至此者公也
拜尚書右僕射賜服玩不貲詔尚食日給御膳視朝必引與同坐
入閤則延卧內言無不從呼爲裴監不名也貴震當世武德二年
劉武周寇太原守將數困寂請行授晉州道行軍總管討賊以便
宜從事賊將宋金剛據介州寂屯度索原賊埭水上流寂徙屯爲
賊所搏兵大潰死亡略盡寂晝夜馳抵平陽鎮戍皆沒上書謝
罪高祖薄其過下詔慰諭俾留撫河東寂無它才惟飛檄郡縣
促入屯壘相保賫焚積聚人益惴駭思亂夏人呂崇茂殺其令反
爲賊守寂攻之復爲所敗召還帝責讓良久以屬吏俄釋之遇

待如初帝每巡幸必委以居守麟州刺史韋雲起告寂反按訊無狀帝謂曰朕有天下公推轂成之也容有貳哉所以訊吏欲天下人信公不反耳詔三貴妃齎王食寶器宴其家經宿去帝嘗從容李語曰前王多興細微開行陣而後成功我家隴西舊族世姻婭帝室一呼唱義不三月有天下公復華胄職官光顯非劉季亭長蕭曹刀筆吏比也我與公無媿焉四年改鑄錢賜一鑪得自鑄又聘其女為趙王元景妃遷左僕射帝置酒含章殿歡甚寂頓首曰始陛下發太原約天下已定許上印綬今四海乂安願賜骸骨歸田里帝泣下曰未也要當相與老爾公為宗臣我為太上皇逍遙晚歲不亦善乎九年冊拜司空遣尚書員外郎日一人直第貞觀初太宗親郊命寂與長孫无忌升金輅寂辭帝曰公有佐命勳无忌宣力王室非二人誰可參乘者遂同載歸浮屠法雅坐訞言辭連寂坐免官削封邑半歸故郡寂請留京師帝讓曰公勳不稱位徒以恩澤居第一武德之政閒或弛紊職公為之今歸掃墳

墓尚何辭寂遂歸未幾汾陰狂男子謂寂奴曰公有天分監奴白寂寂惶懼不敢聞遣監奴殺所言者奴盜寂封邑錢百萬寂捕急遂上變帝怒曰寂有死罪四為三公與妖人游一也既免官乃恚稱國家之興皆其所謀二也匿妖人言不奏三也專殺以滅口四也我戮之非無辭議者多請貸乃放靜州會山羌反或言劫寂為主帝曰國家於寂有恩必不爾既而寂率家僮破賊帝念寂功詔入朝會卒年六十贈相州刺史工部尚書河東郡公子律師嗣尚臨海長公主終汴州刺史律師子承先武后時為殿中監酷吏殺之始高祖論太原首功詔尚書令秦王尚書左僕射裴寂納言劉文靜恕二死左驍衛大將軍長孫順德右驍衛大將軍劉弘基右屯衛大將軍竇琮左翊衛大將軍柴紹內史侍郎唐儉吏部侍郎殷開山鴻臚卿劉世龍衛尉少卿劉政會都水監趙文恪庫部郎中武士彠驃騎將軍張平高李思行李高遷左屯衛府長史許世緒等十四人恕一死武德九年十月太宗又定功臣封戶時文靜已死乃自寂而下差功大小第之㧾四十三人寂戶千五百長孫无忌王君廓尉遲敬德房玄齡杜如晦戶千三百長孫順德柴紹羅藝趙郡王孝恭戶千二百侯君集張公謹劉師立戶千李勣劉弘基戶九百高士廉宇文士及秦叔寶程知節戶七百安興貴安脩仁唐儉竇軌屈突通蕭瑀封德彝劉義節戶六百錢九隴樊興公孫武達李孟嘗段志玄龐卿惲張亮李藥師杜淹元仲文戶四百張長遜張平高李安遠李子和秦行師馬三寶戶三百寂等三十人已見於傳自趙文恪等十八人功不甚顯然參附義始事班班見當世今次第其名㧾出左方云趙文恪并州人為隋鷹揚府司馬義兵起授右三統軍武德二年擢都水監封新興郡公時中國經大亂馬耗會突厥講和詔文恪至并州與齊王誘市邊馬以備軍劉武周寇太原屬城盡沒李仲文守浩州兵力孤絕齊王使文恪率步騎千餘助守會太原陷遂棄城遁詔下獄死

李思行趙州人避仇太原唐公將起使覘詗長安還具論機策以

贊大議授左三統軍從破霍邑平京師擢累嘉州刺史樂安郡公卒贈洪州都督謚曰襄

李高遷岐州人客太原唐公引致左右執高君雅等有功以右三統軍從下霍邑圍長安戰力遷左武衛大將軍江夏郡公檢校西麟州刺史突厥寇馬邑高滿政請救詔高遷督兵助守賊盛乃夜斬關走所將皆沒坐除名徙邊後歷資州刺史卒贈涼州都督

姜寶誼秦州上邽人父遠仕周為秦州刺史朝邑縣公寶誼游太學受書業不進去為左翊衛以積勞遷鷹揚郎將領府兵從高祖督盜太原及起兵授左統軍下西河霍邑以多爵累永安縣公歷右武衛大將軍劉武周使黃子英數盜雀鼠谷帝遣寶誼擊之賊輕甲挑師戰接而三遁遂之伏發寶誼為賊執俄亡歸與裴寂拒宋金剛戰汾州兵合寂棄軍走寶誼復為所禽帝聞為泣下曰彼烈士必不下賊死矣賜其家物千段米三百斛果謀還被害且死西向大呼曰臣無狀負陛下賊平詔迎其柩贈左衛大將軍幽

州揔管謚曰剛子協字壽善篆籀歷燕然都護夏州都督封成
紀縣侯謚曰威
許世緒幷州人隋鷹揚府司馬知隋將亡請唐公曰天輔德人與
能乘機不發後必貽悔隋政不綱天下搖亂公姓名已著謠籙今
擊五郡之兵據四戰之衝苟無奇計禍不反踵若收取英俊爲天
下倡帝王業也公奇之顧倚親密兵起授右一府司馬累除蔡州
刺史眞定郡公卒弟洛仁亦從起晉陽録功至冠軍大將軍卒贈
代州都督謚曰勇陪葬昭陵
劉師立宋州虞城人始事王世充爲親將洛陽平當誅秦王壯其
才釋不死引爲左親衞建成之覺師立參奉密議後與尉遲敬德
龐卿惲李孟嘗等九人録功拜左衞率遷左驍衞將軍襄武郡
公賜絹五千匹有告師立姓在符讖欲反者太宗謂曰人言爾將
反果乎師立對曰臣爲隋官不過六品材駑下不敢希富貴今
遭非常之會位將軍顧已極矣何敢反帝笑曰朕知妄耳賜東帛

召入卧内慰勉羅藝反京師震駭詔師立檢校右武候大將軍勒
兵備非常藝平有司劾黨與師立坐與善除名尋以藩邸舊檢
校岐州都督上書請討吐谷渾未報即遣使間諭部落多降附者
列其地爲開橋二州又党項酋拓拔赤辭先附吐谷渾倚險自守
亦遣說下之詔赤辭爲西戎州都督師立以母喪解岐人表留遂
不得赴哀時河西党項破丑氏嘗苦邊又阻新附師立討之軍未
至破丑懼遁去師立窮追之抵恤于眞山而還又戰吐谷渾於小
莫門川破之轉始州刺史卒謚曰肅
劉義節幷州人隋大業末補晉陽鄉長富於財裴寂薦之唐公
又與王威高君雅游然於唐公爲最厚兵將起威君雅疑之義節
刺知其情得先事禽威等從平京師爲鴻臚卿時傾府庫爲軍
賞給財大乏義節曰今京師屯兵多樵貴帛賤若伐街苑樹爲薪
以易布帛歲數十萬可致又請軸舒藏内見繒取美尺補雜費
得十餘萬段調度遂給遷太府封葛國公義節本名世龍或言世

龍子名鳳昌父子非人臣兆高祖不聽更賜今名貞觀初轉少府
監坐貴入賈人珠及故出署丞罪廢爲民徙嶺南終欽州別駕從
子思禮武后時爲箕州刺史少學相人於張憬藏憬藏謂思禮歷
刺史位至太師萬歲通天二年授箕州益喜以爲太師位尊非佐
命不可得乃結洛州録事參軍綦連耀謀反謂耀曰君體有龍氣
如大帝耀亦曰公金刀當輔我陰約君臣思禮因以術眩衆見者
必曰當三品使嗜進者充望然後云綦連耀且受命公等皆因之
事敗武懿宗按之陰飽思禮禁使多逮引思禮冀自脫悉引素相
忤者將刑猶不寤與衆人斬於市其知名者如李元素孫元亨石
抱忠王勔勔兄勮路敬淳等三十餘族竄逐千餘人
錢九隴字永業湖州長城人父文彊爲吳明徹裨將與明徹俱敗
彭城入隋以罪没爲奴故九隴事唐公善騎射常備左右兵起以
功授金紫光禄大夫從戰薛仁杲劉武周擢累爲右武衞將軍
從平洛陽佐皇太子建成討劉黑闥魏州力戰破賊以功最封郇

國公以本官爲苑游將軍貞觀初爲眉州刺史改巢國卒贈左武
衞大將軍潭州都督謚曰勇陪葬獻陵
樊興安州人以罪爲奴從唐公平長安授左監門將軍從秦王積
戰多封營國公數賜黃金雜物後坐事削爵貞觀六年陵州獠
反命討之爲左驍衞將軍又從李靖擊吐谷渾爲赤水道行軍揔
管後軍期士多死亡失器仗以勳減死後爲左監門大將軍襄城
郡公太宗征遼以興忠謹副房玄齡留守京師檢校右武候將軍
卒贈左武候大將軍洪州都督陪葬獻陵
公孫武達京兆櫟陽人以豪俠稱爲隋驍果兵興武達至長春宮
上謁從秦王討劉武周苦戰功多累遷秦府右三軍驃騎封清水
縣公貞觀初爲肅州刺史突厥騎數千輜重萬餘入寇謀南趨吐
谷渾武達以精兵二千人與戰虜稍却復殊死鬭薄之張掖河潛
命上流度兵虜已半濟乃兩岸夾擊斬溺略盡璽書勞之遷左
監門將軍鹽州突厥叛詔武達趨靈州追及賊賊方度河乃據南

涯陣武達擊之斬其帥可邏拔邑進封東萊郡公終右武衛大將軍贈荆州都督陪葬昭陵謚曰壯

龐卿惲并州人從討隱太子有功拜右驍衛將軍鄴國公卒追改濮國子同善右金吾大將軍同善子承宗開元初仕至太子賓客

張長遜京兆櫟陽人精馳射在隋為里長以平陳功擢上開府累遷五原郡通守遭亂附突厥突厥號為割利特勤義兵起以郡降即拜五原太守安化郡公徙封范陽時梁師都薛舉請突厥兵南度河長遜矯作詔與莫賀咄設以伐其謀會唐使亦至突厥兵不出武德元年詔右武候驃騎將軍高世靜聘始畢可汗至豐州而始畢死詔留金幣不遣突厥怒引兵南至河長遜遣世靜出塞勞之且若專致賻賻者虜引還授總管改楊國公及討薛舉不待命輒引兵會賜錦袍金甲或譖長遜居豐久恐與突厥為脣齒乃請入朝授右武候將軍徙息國公加賜宮人綵千段屬有疾高祖親問之後實封率巴蜀兵擊王世充以長遜檢校益州行臺左僕射

歷遷夔二總管政以惠稱貞觀十一年卒

張平高綏州人為隋鷹揚府校尉戍太原遂預謀議從唐公平京城累授左領軍將軍封蕭國公貞觀初為丹州刺史坐事以右光祿大夫還第卒追封羅國贈潭州都督

李安遠夏州人父徹隋上柱國雲州刺史世為將家以財雄安遠少無檢與博徒游至破產晚乃折節嚮書從士大夫苟勝己必傾心交之襲爵城陽公與王珪最善珪坐王頍得罪當流安遠為營護免後補正平令兵起攻絳州安遠與通守陳叔達嬰城拒唐公素與安遠善及拔絳撫慰其家引與同食授右翊衛統軍正平縣公後從破屈突通進上柱國右武衛大將軍數從秦王征討積功累封至廣德郡公奉使吐谷渾安遠與約和吐谷渾乃請為互市邊場利之隱太子將亂陰使誘動安遠介無貳志秦王益親重貞觀初奮命統邏騎都下督盜賊歷潞州都督懷州刺史皆以幹用顯然急刻少恩由是損名卒贈涼州都督謚曰安追封遂安郡公

馬三寶性敏獪事柴紹為家僮紹尚平陽公主高祖兵起紹間道走太原三寶奉公主遁司竹園說賊何潘仁與連和潘仁入謁以百兵為主衛三寶自稱總管撫接羣盜兵至數萬唐公濟河授三寶左光祿大夫秦王至竹林官三寶以兵詣軍門謁遂從平京師拜太子監門率別擊叛胡劉拔眞於北山破之從平薛仁杲與柴紹擊吐谷渾於岷州先鋒陷陣斬名王俘執數千以功封新興縣男後高祖幸司竹園顧謂曰汝興兵覷邪衞青大不惡貞觀初拜左驍衛大將軍進爵為公卒謚曰忠

李孟嘗趙州人終右威衛大將軍漢東郡公

元仲文洛州人終右監門將軍河南縣公

秦行師并州人終右監門將軍清水郡公

贊曰應龍之翔雲雾滃然而從震風薄怒萬空不約而號物有自然相動耳觀二子非有踔越之姿當高祖受命赫然利見於世故能或翼或從尸天之功云文靜數履軍陷陣以才自進而寂專用

串昵顯外者易乘邇者難跡故文靜先被躁望誅寂後坐訞言斥誠異夫蕭何曹參矣

劉裴列傳第十三

屈突尉遲張秦唐段列傳第十四　　唐書八十九

端明殿學士兼翰林侍讀學士龍圖閣學士朝請大夫尚書吏部侍郎兼集賢殿修撰臣宋祁奉

敕撰

屈突通其先蓋昌黎徒何人後家長安仕隋爲虎賁郎將文帝命覆隴西牧簿得隱馬二萬匹帝怒收太僕卿慕容悉達監牧官史千五百人將悉殊死通曰人命至重死不復生陛下以至仁育四海豈容以畜產一日而戮千五百士帝叱之通進頓首曰臣願身就戮以延衆死帝寤曰朕不明乃至是今當免悉達等旌爾善言遂皆以減論擢左武衞將軍莅官勁正有犯法者雖親無所回縱其弟蓋爲長安令亦以方嚴顯時爲語曰寧食三斗艾不見屈突蓋寧食三斗葱不逢屈突通煬帝即位遣持詔召漢王諒先是文帝與諒約若璽書召驗視敕字加點又與玉麟符合則就道及是書無驗諒覺變詰通通占對無屈竟得歸長安大業中與宇文述共破楊玄感以功遷左驍衞大將軍秦隴盜起授關內討捕大

使安定人劉迦論反衆十餘萬據雕陰通發關中兵擊之次安定初不與戰軍中意其怯通陽言旋師而潛入上郡賊未之覺引而南去通七十里舍分兵徇地通候其無備夜簡精甲襲破之斬迦論并首級萬餘築京觀於上郡南山虜老弱數萬口後隋政益亂盜賊多士無鬭志諸將多覆通每向必持重雖不大克亦不敗負帝南幸使鎮長安高祖起代王遣通守河東戰久不下高祖留兵圍之遂濟河破其將桑顯和於飲馬泉通大懼乃留鷹揚郎將堯君素守蒲將自武關趨藍田以援長安至潼關阻劉文靜兵不得進相持月餘通令顯和夜襲文靜詰朝大戰顯和縱兵破二壁唯文靜一壁獨完然數入壁短兵接文靜中流矢軍垂敗顯和以士疲乃傳餐食文靜因得分兵實二壁會游軍數百騎自南山還擊其背三壁兵大呼奮而出顯和遂潰盡得其衆通勢蹙或說之降曰吾蒙國厚恩事二主安可逃難獨有死報爾每自摩其頸曰要當爲國家受人一刀其訓勉士卒必流涕故力雖窮而人

尚爲之感奮帝遣其家僮往召通趣斬之俄聞京師平家盡沒乃留顯和保潼關率兵將如洛既行而顯和來降文靜遣竇琮段志玄精騎追及於稠桑通結陣拒之琮縱其子壽往諭使降通大呼曰昔與汝父子今則讎也命左右射之顯和呼其衆曰京師陷諸君皆家關西何爲復東衆皆捨兵通知不免遂下馬東南向再拜號哭曰臣力屈兵敗不負陛下遂被禽送長安帝勞曰何相見晚邪泣曰通不能盡人臣之節故至此爲本朝羞帝曰忠臣也釋之授兵部尚書蔣國公爲秦王行軍元帥長史從平薛仁杲時賊珍用山積諸將爭得之通獨無所取帝聞曰清以奉國名定不虛特賚金銀六百兩綵千段判陝東道行臺左僕射從討王世充時通二子在洛帝曰今以東略屬公如二子何通曰臣老矣不足當重任然疇昔陛下釋俘纍加恩禮以蒙更生是時口與心誓以死許國今日之行正當先驅二兒死自其分終不以私害義帝太息曰烈士徇節吾今見之及竇建德來援賊秦王分麾下半以屬通俾

與齊王圍洛世充平論功第一拜陝東道大行臺右僕射鎮東都數歲召爲刑部尚書自以不習文固辭改工部建成之變復檢校行臺僕射馳鎮洛貞觀初行臺廢爲洛州都督進左光祿大夫卒年七十二贈尚書左僕射謚曰忠後詔配饗太宗廟廷永徽中贈司空二子壽詮壽襲爵太宗幸洛思通忠節故詮以少子拜果毅都尉賜粟帛卹其家終瀛州刺史詮子仲翔神龍中復守瀛州初桂州都督李弘節亦以清慎顯既歿其家賣珠太宗疑弘節實貪欲追坐舉者魏徵曰陛下過矣且今號清白死不變者屈突通張道源通三子來調共一馬道源子不能自存審其清者不加卹疑其濁者罪所舉亦好善不篤矣帝曰朕未之思置不問故通之清益顯云

尉遲敬德名恭以字行朔州善陽人隋大業末從軍高陽積閥爲朝散大夫劉武周亂以爲偏將與宋金剛南侵得晉澮等州襲破永安王孝基執獨孤懷恩等武德二年秦王戰柏壁金剛敗奔

突厥敬德合餘衆守介休王遣任城王道宗宇文士及諭之乃與尋相舉地降引為右一府統軍從擊王世充會尋相叛諸將疑敬德且亂囚之行臺左僕射屈突通尚書殷開山曰敬德慓敢今執之猜貳已結不即殺後悔無及也王曰不然敬德必叛寧肯後尋相者邪釋之引見卧內曰丈夫以氣相許小嫌不足置胸中我終不以讒害良士因賜之金曰必欲去以為汝資是日獵榆窠會世充自將兵數萬來戰單雄信者賊驍將也騎直趨王敬德躍馬大呼橫刺雄信墜乃翼王出率兵還戰大敗之禽其將陳智略獲排矟兵六千王顧曰比衆人意公必叛我獨保無它何相報速邪賜金銀一篋竇建德營板渚王命李勣等為伏親挾弓令敬德執矟略其壘大呼致師建德兵出乃稍引却殺數十人衆益進伏發大破之時世充兄子琬使於建德乘隋帝廄馬鎧甲華整出入軍中以夸衆王望見問誰可取者敬德請與高甑生梁建方三騎馳往禽琬引其馬以歸賊不敢動從討劉黑闥賊以奇兵襲李勣王勒兵掩其後俄而賊衆四面合敬德率壯士馳入賊王乘陣亂乃得出又破徐圓朗以功授王府左二副護軍隱太子嘗以書招之贈金皿一車辭曰敬德起幽賤會天下喪亂久陷逆地秦王實生之方以身徇恩今於殿下無功其敢當賜若私許則懷二心徇利棄忠殿下亦焉用之哉太子怒而止敬德以聞王曰公之心如山岳然雖積金至斗豈能移之然恐非自安計巢王果遣壯士刺之敬德開門安卧賊至不敢入因譖於高祖將殺之王固爭得免其後隱巢計曰急敬德與長孫无忌入白曰大王不先決社稷危矣王曰我惟同氣所未忍伺其發而後以義討之如何敬德曰人情畏死衆以死奉王此天授也天與不取反得其咎大王即不聽請從此亡不能交手蒙戮无忌曰王不從敬德言敬德亦非王有今敗矣王曰寡人之謀未可全棄公更圖之敬德曰處事有疑非智臨難不決非勇王今自計如何勇士八百人悉入宮控弦被甲矣尚何辭後又與侯君集等懇熟勸進計乃定時房玄齡

杜如晦被斥在外召不至王怒曰是背我邪因解所佩刀授之謂曰即不從可斬其首以來敬德遂往諭玄齡等與入計議隱太子死敬德領騎七十趨玄武門王馬逸墜林下元吉將奪弓窘王敬德馳叱之元吉走遂射殺之宮府兵屯玄武門戰不解敬德持二首示之乃去時帝泛舟海池王命敬德往侍不解甲趨行在帝驚曰今日之亂為誰爾來何邪對曰秦王以太子齊王作亂舉兵誅之恐陛下不安遣臣宿衛帝意悅於是南衙北門兵與府兵尚雜鬭敬德請帝手詔諸軍聽秦王節度內外始定王為皇太子授左衛率時坐隱巢者百餘家將盡沒入之敬德曰為惡者二人今已誅若又窮支黨非取安之道由是普原論功為第一賜絹萬匹舉齊府金幣什器賜焉除右武候大將軍封吳國公實封千三百戶突厥入寇授涇州道行軍總管虜至涇陽輕騎與戰敗之敬德所得財必散之士卒然婞直頗以功自負又廷質大臣得失與宰相不平出為襄州都督累遷同州刺史嘗侍宴慶善宮有班其上者敬德曰爾何功坐我上任城王道宗解諭之敬德勃然擊道宗目幾眇太宗不懌罷召讓曰朕覽漢史嘗怪高祖時功臣少全者今視卿所為乃知韓彭夷戮非高祖過國之大事惟賞與罰橫恩不可數得勉自脩飭悔可及乎敬德頓首謝後改封鄂國歷鄜夏二州都督老就第授開府儀同三司朝朔望帝將討高麗敬德上言乘輿至遼太子次定州兩京空虛恐有玄感之變東貊小國不足枉萬乘願委之將臣以時摧滅帝不納詔以本官行太常卿為左一馬軍總管師還復致仕顯慶三年卒年七十四高宗詔京官五品以上及朝集使赴第臨弔冊贈司徒并州都督謚曰忠武給班劍羽葆鼓吹陪葬昭陵敬德晚節謝賓客不與通飭觀沼奏清商樂自奉養甚厚又餌雲母粉為方士術延年其戰善避矟每單騎入賊雖羣刺之不能傷又能奪取賊矟還刺之齊王元吉使去刃與之校敬德請王加刃而獨去之卒不能中帝嘗問奪矟與避矟孰難對曰奪矟難試使與齊王戲少選王

三失猜遂大愧服

張公謹字弘慎魏州繁水人爲王世充洧州長史與刺史崔樞挈城歸天子授檢校鄒州別駕遷累右武候長史未知名李勣尉遲敬德數啓秦王乃引入府王將討隱巢亂使卜人占之公謹自外至投龜於地曰凡卜以定猶豫決嫌疑今事無疑何卜之爲卜而不吉其可已乎王曰善隱太子死其徒攻玄武門銳甚公謹獨閉關拒之以功授左武候將軍封定遠郡公實封一千戶貞觀初爲代州都督置屯田以省餽運數言時政得失太宗多所采納後副李靖經略突厥條可取狀於帝曰頡利縱欲肆凶誅害善良昵近小人此主昏於上可取一也別部同羅僕骨回紇延陀之屬皆自立君長圖爲反噬此衆叛於下可取二也突利被疑以輕騎免拓設出討衆敗無餘欲谷喪師無託足之地此兵挫將敗可取三也北方霜旱稟糧乏絕可取四也頡利疎突厥親諸胡胡性翻覆大軍臨之內必生變可取五也華人在北者甚衆比聞屯聚保據

山險王師之出當有應者可取六也帝然所謀及破定襄敗頡利璽詔慰勞進封鄒國公改襄州都督以惠政聞卒官下年四十九帝將出次哭之有司奏日在辰不可帝曰君臣猶父子也情感於內安有所避遂哭之詔贈左驍衛大將軍謚曰襄十三年追改郯國公永徽中加贈荊州都督子大素龍朔中歷東臺舍人兼脩國史著書百餘篇終懷州長史次子大安上元中同中書門下三品章懷太子令與劉訥言等共註范曄漢書太子廢故貶爲普州刺史終橫州司馬子悱仕玄宗時爲集賢院判官詔以其家所著魏書說林入院綴脩所闕累擢知圖書括訪異書使進國子司業以累免官

秦瓊字叔寶以字顯齊州歷城人始爲隋將來護兒帳內母喪護兒遣使襚弔之吏怪曰士卒死喪將軍未有所問今獨弔叔寶何也護兒曰是子才而武志節完整豈久處卑賤邪俄從通守張須陀擊賊盧明月下邳賊衆十餘萬須陀所統纔十之一堅壁未敢進糧盡欲引去須陀曰賊見兵卻必悉衆追我得銳士襲其營且有利誰爲吾行者衆莫對惟叔寶與羅士信奮行乃分勁兵千人伏莽間須陀委營遁明月悉兵追躡叔寶等馳叩賊營門閉不得入乃升樓拔賊旗幟殺數十人營中亂即斬關納外兵縱火焚三十餘屯明月奔還須陀回擊大破之又與孫宣雅戰海曲先登以前後功擢建節尉從須陀擊李密滎陽須陀死率殘兵附裴仁基仁基降密密得叔寶大喜以爲帳內驃騎待之甚厚密與宇文化及戰黎陽中矢墮馬濱死追兵至獨叔寶捍衛得免後歸王世充署龍驤大將軍與程齩金計曰世充多詐數與下呪誓乃巫嫗非撥亂主也因約俱西走策其馬謝世充曰自顧不能奉事請從此辭賊不敢逼於是來降高祖俾事秦王府王尤禮從鎮長春宮拜馬軍總管戰美良川破尉遲敬德功多帝賜以黃金瓶勞曰卿不卹妻子而來歸我且又立功使朕肉可食當割以啖爾況子女玉帛乎尋授秦王右三統軍走宋金剛於介休拜上柱國從討

世充建德黑闥三盜未嘗不身先鋒鏖陣前無堅對積賜金帛以千萬計進封翼國公每敵有驍將銳士震燿出入以夸衆者秦王輒命叔寶往取之躍馬挺槍刺於萬衆中莫不如志以是頗自負及平隱巢功拜左武衛大將軍實封七百戶後稍移疾嘗曰吾少長戎馬間歷二百餘戰數重創出血且數斛安得不病乎卒贈徐州都督陪葬昭陵太宗詔有司琢石爲人馬立墓前以旌戰功貞觀十三年改封胡國公後四年詔司徒趙國公无忌司空河間王孝恭司空萊國公如晦司空太子太師鄭國公徵司空梁國公玄齡開府儀同三司鄂國公敬德特進衛國公靖特進宋國公瑀輔國大將軍褒國公志玄輔國大將軍夔國公弘基尚書左僕射蔣國公通陝東道行臺右僕射鄖國公開山荊州都督譙國公紹荊州都督邳國公順德洛州都督鄖國公亮吏部尚書陳國公君集左驍衛大將軍郯國公公謹左領軍大將軍盧國公知節禮部尚書永興郡公世南戶部尚書渝國公政會戶部尚書莒國公儉

兵部尚書英國公勣并叔寶並圖形凌煙閣高宗永徽六年遣使
致祭名臣圖形凌煙閣者凡七人倂士廉瑀志玄孔基世南叔寶
皆始終著名者也
唐儉字茂約并州晉陽人祖邕北齊尚書左僕射父鑒隋戎州刺
史與高祖善世皆典軍衛故儉雅與秦王游同在太原儉晏邁少
繩檢然事親以孝聞見隋政寖亂陰說秦王建大計高祖嘗召訪
之儉曰公日角龍廷姓協圖讖係天下望久矣若外嘯豪桀北招
戎狄右收燕趙濟河而南以據秦雍湯武之業也高祖曰湯武之
事豈可幾然喪亂方剡私當圖存公欲拯溺者吾方爲公思之及
大將軍府開授記室參軍渭北道元帥司馬從定京師爲相國府
記室晉昌郡公武德初進內史舍人遷中書侍郎散騎常侍呂崇
茂以夏縣反與劉武周連和詔永安王孝基獨孤懷恩于筠率兵
致討儉以使適至軍會孝基等爲武周所虜儉亦見禽始懷恩屯
蒲州陰與部將元君寶謀反會俱在賊中君寶私語儉曰獨孤尚

書將擧兵圖大事猶豫不發故及此所謂當斷不斷而受亂者俄
而懷恩脫歸詔復守蒲君寶曰獨孤拔難歸再戍河上寧其王
者不死乎儉恐必亂密遣劉世讓歸白發其謀會高祖幸蒲津舟
及中流而世讓至帝驚曰豈非天也命趨還舟捕反者懷恩自
殺餘黨皆誅俄而武周敗亡入突厥儉封府庫籍兵甲以待秦王
帝嘉儉身幽辱而不忘朝廷詔復舊官仍爲并州道安撫大使
許以便宜盡簿懷恩貲產賜儉還爲禮部尚書天策府長史檢校
黃門侍郎莒國公仍爲遂州都督食綿州六百戶貞觀初使突
厥還太宗謂儉曰卿觀頡利可取乎對曰銜國威靈庶有成功
四年馳傳往誘使歸款頡利許之兵懈弛李靖因襲破之儉脫身
還歲餘爲民部尚書從獵洛陽苑羣豕突出于林帝射四發輒
殪四豕一豕躍及鐙儉投馬搏之帝拔劍斷豕顧笑曰天策長史
不見上將擊賊邪何懼之甚對曰漢祖以馬上得之不以馬上
治之陛下神武定四方豈復快心于一獸帝爲罷獵詔其子善

識尚豫章公主儉居官不事事與賓客縱酒爲樂坐小法免光祿大
夫永徽初致仕加特進顯慶初卒年七十八贈開府儀同三司幷
州都督陪葬昭陵謚曰襄少子觀爲河西令知名孫從心神龍中
以其子晙娶太平公主女擢累殿中監晙太常少卿坐太平黨誅
儉弟憲憲字茂彝仕隋爲東宮左勳衛太子廢罷歸不治細行
好馳獵藏亡命所交皆博徒輕俠高祖領太原頗親遇之參與大
議義師起授正議大夫置左右九所信倚封安富縣公武德中進
累雲麾將軍加郡公貞觀中終金紫光祿大夫
裔孫次字文編建中初及進士第歷侍御史竇參數薦之改禮
部員外郎參貶出爲開州刺史積十年不遷韋皐鎮蜀表爲副使
德宗諭皐罷之次身在遠久抑不得申以爲古忠臣賢士罹讒毀
被放至殺身君且不悟者因采獲其事爲辨謗略三篇上之帝益
怒曰是乃以古昏主方我改夔州刺史憲宗立召還授禮部郎中
知制誥終中書舍人憲宗雅惡朋比傾陷者嘗覽辨謗略善之

謂學士沈傳師曰凡君人者宜所觀省然次編錄未盡卿可廣其
書傳師乃與令狐楚杜元穎論次起周訖隋增爲十篇更號元
和辨謗略子扶字雲翔仕歷屯田郎中大和五年爲山南宣撫使內
鄉倉督鄧琬負度支漕米七千斛吏責償之繫其父子至孫凡
二十八年九人死於獄扶奏申釋之詔切責鹽鐵度支二使天下監
院償逋繫三年以上者皆原進中書舍人出爲福州觀察使濫殺
人風績不立會卒奴婢爭財有司按其貲至十餘萬時議嗤薄之
扶弟持字德守中進士第大和中爲渭南尉試京兆府進士時尹
杜悰欲以親故託之持輒趨降階伏悰語塞乃止累遷工部郎中
出爲容州刺史還給事中歷朔方昭義節度使卒子彥謙字茂
業多通技藝尤工爲詩負才無所屈乾符末避亂漢南王重榮
鎮河中辟幕府累表爲副歷晉絳二州刺史重榮軍亂彥謙貶興
元參軍事節度使楊守亮表爲判官遷副使終閬壁二州刺史
段志玄齊州臨淄人父偃師仕隋爲太原司法書佐從義師官至

鄠州刺史志玄姿質偉岸少無賴數犯法大業末從父客太原以票果諸惡少年畏之爲秦王所識高祖興以千人從授右領大都督府軍頭下霍邑絳郡攻永豐倉推鋒最歷左光祿大夫從劉文靜拒屈突通于潼關文靜爲桑顯和所乘軍且潰志玄率壯騎馳賊殺十餘人中流矢忍不言突擊自如賊衆亂軍乘之唐兵復振通敗走與諸將躡獲於稠桑以多授樂遊府車騎將軍從討王世充深入馬跌爲賊禽兩騎夾持其髻將度洛志玄忽騰而上二人者俱僵於是奪其馬馳歸追騎數百不敢近破竇建德平東都遷秦王府右二護軍隱太子嘗以金帛誘之拒不納秦王即位累遷左驍衛大將軍封褒國公實封九百戶詔率兵至青海奪吐谷渾牧馬逗留免未幾復職文德皇后之葬與宇文士及勒兵衛章武門太宗夜遣使至二將軍所士及披戶內使志玄拒曰軍門不夜開使者示手詔志玄曰夜不能辨不納比曙帝歎曰眞將軍周亞夫何以加改封褒國公歷鎮軍大將軍貞觀十六年疾帝臨視泣

顧曰當與卿子五品官頓首謝請與母弟乃拜志感左衛郎將及卒帝哭之慟贈輔國大將軍揚州都督陪葬昭陵謚曰壯肅三世孫文昌

文昌字墨卿一字景初世客荊州疏爽任義節不爲齪齪小行節度使裴胄禮之胄採古今禮要爲書數從文昌質判所疑後依劍南節度韋皋皋表爲校書郎宰相李吉甫才之擢登封尉集賢校理再遷左補闕憲宗數欲親用頗爲韋貫之奇詆偃蹇不得進貫之罷引爲翰林學士遷中書舍人遂爲承旨穆宗即位屢召入思政殿顧問率至夕乃出俄拜中書侍郎同中書門下平章事未踰年自表還政授劍南西川節度使同平章事文昌素諳蜀利病大抵治寬靜間以威斷不常任也羣蠻震服長慶二年黔中蠻叛觀察使崔元略以聞文昌使一介開曉蠻即引還彭濮蠻夷酋蹉祿來請立石刊誓脩貢獻入遷兵部尚書文宗立拜御史大夫進封鄒平郡公俄檢校尚書右僕射平章事節度淮南大和四年檢校左僕射徙帥荊南州或旱禬解必雨或久雨遇出游必霽民爲語曰旱不苦禱而雨雨不愁公出游南詔襲南安帝以文昌得蠻夷心詔使下檄尉讓即日解而去復節度西川九年卒贈太尉文昌先墓在荊州歲時享祠必薦以音樂歌舞冒禮者譏其非少羇窶所向少諧及居將相享用奢侈士議尤替

子成式字柯古推蔭爲校書郎博學彊記多奇篇秘籍侍父于蜀以畋獵自放文昌遣吏自其意諫止明日以雉兔徧遺幕府人爲書因所獲儷前世事無復用者衆大驚擢累尚書郎爲吉州刺史終太常少卿著酉陽書數十篇子安節乾寧中爲國子司業善樂律能自度曲云

贊曰屈突通盡節於隋而爲唐忠臣何哉惟其一心故事兩君而無嫌也敬德之來太宗以赤心付之桑薩不從而大功立君臣相遇古人謂之千載顧不諒哉投機之會間不容穟公謹所以抵龜而唾也

屈突尉遲張秦唐段列傳第十四

二劉㽜許程柴任丘列傳第十五　唐書九十

端明殿學士兼翰林侍讀學士龍圖閣學士朝請大夫守尚書吏部侍郎充集賢殿修撰臣宋祁奉
敕撰

劉弘基雍州池陽人少以蔭補隋右勳侍大業末從征遼貧乏行及汾陰度後期且誅遂與其屬椎牛犯法吏諷捕繫歲餘以贖論因亡命盜馬自給至太原陰事高祖又察太宗資度非常益自託由是蒙親禮出入連騎閣王卧内兵將舉弘基募士得二千人王威等謀大事弘基與長孫順德伏閤後麾左右執之從攻下西河宋老生敗棄馬投塹弘基斬其首拜右光祿大夫師至蒲引兵先濟河下馮翊爲渭北道大使命㽜開山副之西徇扶風衆至六萬南度渭次長安故城振旅金光門隋將衞文昇來拒弘基逆擊擒甲士千餘馬數百時諸軍尚未至弘基最先勝高祖悦賜馬二十匹京師平功第一授右驍衞大將軍討薛舉戰淺水原八揔管軍皆没唯弘基一軍戰力矢盡爲賊拘帝以臨難不屈優護其家仁杲

平乃克歸言之如初劉武周犯太原弘基屯平陽復陷賊偃自拔歸授左一揔管從秦王屯柏壁以勁卒二千由隰州趨西河邀賊歸路賊鋭甚弘基堅壁儲勇及宋金剛遁走率騎尾之介休與王合擊大破之累封任國公從擊劉黑闥還除并鉞將軍會突厥寇邊督步騎萬人備塞自豳北東拒子午嶺西抵臨涇築障遮虜貞觀初李孝常等謀反坐與交除名爲民歲餘起爲易州刺史復封爵召授衞尉卿改封夔國以老乞骸爲輔國大將軍朝朔望祿賜同職事太宗征遼召爲前軍大揔管戰駐蹕山有功累加封戶至千一百卒贈開府儀同三司并州都督陪葬昭陵謚曰襄始弘基病給諸子奴婢各十五人田五頃謂所親曰使賢固不藉多財即不賢守此可以脫飢凍餘悉散之親黨子仁實襲封

㽜開山名嶠以字行世居江南祖不害仕陳爲司農卿陳亡從京兆爲鄠人開山涉書工爲尺牘爲隋大谷長高祖兵起召補大將軍掾從攻西河爲渭北道元帥長史時關輔羣盜鶩力自張不相君命開山招慰皆下與劉弘基屯故城破衞文昇之兵賜爵陳郡公遷丞相府掾以吏部侍郎從秦王討薛舉會王疾甚卧營委軍於劉文靜誡曰賊方熾邀速戰利公等毋與爭糧盡衆將乃可圖開山鋭立事說文靜曰王屬疾憂公弗克濟故不欲戰今宜乘機制敵無專以賊遺王也請勒兵以怖之遂戰折墌爲舉所乘遂大敗下吏當死詔貸之除名爲民頃之從平仁杲復爵位兼陜東道行臺兵部尚書遷吏部從討王世充以功進爵郇國公征劉黑闥道病卒王哭之慟詔贈陜東道大行臺右僕射謚曰節貞觀十四年與淮安王神通河間王孝恭民部尚書劉政會俱配饗高祖廟廷永徽中加贈司空

劉政會滑州胙人隋大業中爲太原鷹揚府司馬以兵隷高祖麾下王威等既貳秦王欲先事除之遣政會爲急變書告其反時士已集乃執威等囚之然後舉兵政會功也大將軍府建爲戶曹參軍遷丞相府掾武德初授衞尉少卿留守太原調輯戎政遠近

懽服會劉武周寇并州晉陽豪桀舉應之政會爲武周所禽每密表賊形勢既平復官爵歷光祿卿封邢國公貞觀初轉洪州都督卒太宗手詔政會昔預義舉有殊功其宜異等於是贈民部尚書謚曰襄後追從渝國子玄意襲爵尚南平公主高宗時爲汝州刺史次子奇長壽中爲天官侍郎薦張鷟司馬鍠爲監察御史二人因申屠瑒以謝奇正色曰舉賢本無私何見謝聞者皆竦後爲酷吏陷被誅

七世孫崇望字希徒及進士第宣歙王凝辟轉運巡官崔安潛師許及劍南崇望昆弟四人同幕府世以爲才安潛入爲吏部尚書崇望又以員外郎主南曹選事清辦僖宗幸山南王重榮怨官豎不肯率職時高選使者即河中鐫諭使自新崇望以諫議大夫持節往既至陳君臣大義動之重榮順服請誅朱玫自效使還稱旨擢翰林學士昭宗即位進中書侍郎同中書門下平章事張濬伐太原崇望固執不可濬果敗代爲門下侍郎判度支王山都

將楊守信反夜陳兵闕下帝列兵延喜門命崇望守度支庫遂曰
令光門未開禁卒左右植立將大掠長安中俄聞傳呼宰相來者
門闢崇望駐馬勞曰上自將在中營公等禁軍也不帝前殺賊取
功而苟欲剽掠成惡名乎士皆唯唯至長樂門賊望兵至乃遁去
軍中咸呼萬歲是日京師不亂繇其力進尚書左僕射朱全忠
謀取徐泗表請以大臣代時溥乃授崇望武寧軍節度使溥拒
命崇望還爲太常卿會王珂王拱爭河中詔以崔胤爲節度使珂
李克用壻也太原邸吏薛志勤曰崔公鎮河中不若光德劉公於
我公最善光德崇望所居坊也後李茂貞王行瑜入誅執政坐是
貶昭州司馬行瑜誅克用直其冤召爲吏部尚書會王摶以吏部
輔政徙兵部王建欲幷東川詔崇望爲劍南東川節度使同中書
門下平章事未至建已使王宗滌知留後崇望乃還爲兵部尚書
卒贈司空兄崇龜字子長擢進士仕累華要終淸海軍節度使
廣有大賈約倡女夜集而宅盜殺女遺刀去賈入倡家踐其血乃

覺乘騙亡吏跡賈捕劾得約女狀而不殺也崇龜方大饗軍中悉
集宰人至日入乃遣庖以遺刀易一雜置之詰朝羣宰即庖取刀
一人不去曰是非我刀問之得其主名往視則亡矣崇龜取它囚
殺之聲言賈也陳諸市亡宰歸捕詰具伏其精明類此姻舊或干
以財率不荅但寫荔支圖與之然不能防檢其家旣沒有嶺南珠翠
羽者由是名損弟崇魯字叔文亦第進士擢左補闕翰林學士僖
宗避難山南爲嗣襄王熅史館脩撰得不誅景福中以水部郎中
知制誥雅與崔昭緯善帝以韋昭度李磎輔政而昭緯外倚邠岐
兵爲援以久其權於是天子厚禮磎昭緯懼見奪共謀沮之及磎
墨府出崇魯輒掠麻大哭帝問焉崇魯曰今雖乏人豈宜取憸人
爲宰相磎以楊復恭西門重遂得近職柰何用之前日杜讓能著
戮未刷尚忍蹈覆轍乎磎由是不得相磎亦劾奏其姦因自陳爲
山南楊守亮誣毀不容與復恭交私又言崇望爲宰相使親吏日
夕謁左軍與復恭相親厚繐巾慘帶不入禁門崇魯向殿哭厭詛

天祚殆人之妖且其父坐賄飲藥死崇魯身爲朱玫史官作勸進
表在太原府使西川見田令孜役階趨廄制度自崇魯始其相詈
呰言俚淺稽校辟言市人然崇龜始聞哭麻恚不食曰吾兄弟未始以
聲利敗名今不幸乃生是兒後王行瑜崔昭緯相繼誅崇魯貶崖
州司戶參軍終水部員外郎

許紹字嗣宗安州安陸人父法光在隋爲楚州刺史元皇帝爲安
州總管紹時爲兒與高祖同學相愛也大業末任夷陵通守會盜
起州境獨完流人自占數十萬開倉賑給煬帝崩聞至紹率人吏
三日臨以所部遇屬越王侗後王世充篡立遂遣使以黔安武陵
澧陽歸國授峽州刺史封安陸郡公高祖賜書道平生舊以加慰
納蕭銑將董景珍降命紹率兵應接以破銑功擢其子智仁爲溫
州刺史銑遣楊道生圍峽州紹擊走之銑將陳普環具大艦泝江
與開州賊蕭闍提略巴蜀紹遣智仁及壻張玄靖掾李弘節追戰
西陵覆其兵禽普環悉獲戰艦江之南有安蜀城地直夷陵荆門

城峙其東皆峭險與銑以兵戍守紹遣智仁等攻荆門取之制書
褒美許以便宜紹境連王世充及銑其下爲賊剽者皆見殺紹得
敵人獨資遣之二邦感義殺掠爲止進譙國公賜帛千段趙郡王
孝恭等伐銑復詔督兵圖荆州會病卒子軍帝爲流涕貞觀中
贈荆州都督智仁初以勳授封孝昌縣公紹卒繼守夷陵終涼州
都督次子圉師

圉師有器幹研涉藝文擢進士第累遷給事中黃門侍郎同中
書門下三品龍朔中爲左相高宗自書詔賜遼東諸將謂許敬宗
曰圉師愛書可示之俄坐其子獵犯人田有辭怒而射之圉師掩
不奏爲人告擿帝讓曰宰相而暴百姓非作威福乎圉師謝且言
作威福者彊兵重鎮嫚天子法臣文吏何敢然帝曰嫌無兵邪敬
宗因是劾抵遂免官久之爲虔州刺史稍遷相州專以寬治州人
刻石頌美部有受賕者圉師不忍按但賜淸白箴其人自愧後脩
飭更爲廉士進戶部尚書卒贈幽州都督諡曰簡陪葬恭陵紹初

爵譙國公以子智仁自有封故詔孫力士襲之終洛州長史子欽寂
嗣封萬歲通天元年契丹入寇詔爲隴山軍討擊副使戰崇州敗
爲虜所禽方圍安東脅令說屬城未下者欽寂呼安東都護裴玄
珪曰賊朝夕當滅幸謹守賊怒害之武后下制褒美贈蘄州刺史
諡曰忠子輔乾以父死難授左監門衛中候爲海東慰勞使使迎
柩還葬欽寂弟欽明以軍功擢左玉鈐衛將軍安西大都護鹽山
郡公出爲涼州都督嘗輕騎按部會突厥默啜兵奄至被執賊與
皆至靈州使說之降欽明至城下呼曰我乏食有美醬乎有粱米
乎并乞墨一枝時賊營四面阻水惟一路得入欽明欲選將東兵
乘夜襲賊也而城中無寤其廋者遂見害兄弟死王事世名其忠
程知節本名齩金濟州東阿人善馬矟隋末所在盜起知節聚衆
數百保鄉里後事李密而密料士八千隷四驃騎分左右以自衛
號内軍常曰此可當百萬知節領驃騎之一恩遇隆特王世充與
密戰知節以内騎營北邙單雄信以外騎營偃師世充襲雄信

密遣知節及裴行儼助之行儼中流矢墜馬知節馳救之殺數人
軍辟易乃抱行儼重騎馳追兵以槊揰之知節折其槊斬追者乃
免後密敗爲世充所獲惡其爲人與秦叔寶來奔授秦王府左三
統軍從破宋金剛竇建德王世充並領左一馬軍總管搴旗先登
者不一以功封宿國公七年隱太子譖之出爲康州刺史白秦王
曰大王去左右手矣身欲久全得乎知節有死不敢去事平拜太
子右衛率尋遷右武衛大將軍實封七百戶貞觀中歷瀘州都督
左領軍大將軍改封盧國顯慶二年授葱山道行軍大總管以討
賀魯師次怛篤城胡人數千出降知節屠其城去賀魯因遠遁軍
還坐免未幾起爲岐州刺史致仕卒贈驃騎大將軍益州大都督
陪葬昭陵子處亮尚清河公主
柴紹字嗣昌晉州臨汾人幼趫悍有武力以任俠聞補隋太子千
牛備身高祖妻以平陽公主將起兵紹走間道迎謁時太子建成
齊王元吉亦自河東往遇諸塗建成曰追書急恐吏逮捕請依劉

賊黨自全紹曰不可賊知君唐公子必執以爲功徒死爾不如疾
走太原既入雀鼠谷聞義兵起謂紹有謀乃相賀授右領軍大都
督府長史領彀騎發晉陽先抵霍邑城下覘形勢還白宋老生一
夫敵我兵到必出戰可虜也大師至老生果出紹力戰有功從
下臨汾絳郡隋將桑顯和來戰紹引軍繞其背與史大柰合攻之
顯和敗遂平京師進右光祿大夫封臨汾郡公高祖即位拜左翊
衛大將軍累從征討以多進封霍國公遷右驍衛大將軍吐谷渾
党項寇邊敕紹討之虜據高射紹軍雨矢士失色紹安坐遣人彈
胡琵琶使二女子舞虜疑之休射觀紹伺其懈以精騎從後掩擊
虜大潰斬首五百級貞觀二年平梁師都轉左衛大將軍出爲華
州刺史加鎮軍大將軍從譙國既病太宗親問之卒贈荊州都督
諡曰襄二子哲威令武哲威爲右屯衛將軍襲封坐弟謀反免死
流邵州起爲交州都督卒令武尚巴陵公主遷太僕少卿衛州刺
史襄陽郡公與房遺愛謀反貶嵐州刺史自殺公主亦賜死

任瓌字瑋廬州合肥人父七寶陳將忠之弟爲陳定遠太守瓌早
孤忠撫愛甚每曰吾子雖多庸保耳所以寄門戶者瓌也年十九
試守靈溪令遷衡州司馬都督王勇盡以州務屬瓌陳亡瓌勸勇
據嶺外立陳後輔之勇不從以地降隋瓌棄官去仁壽中調韓城
尉未幾罷高祖討捕於汾晉瓌上謁轅門承制署河東縣戶曹高
祖之晉陽留隱太子託之義師起瓌至龍門請見高祖曰隋失其
政四海羣沸吾以外戚據重任不忍坐觀其亡晉陽天下用武處
兵精馬彊今率之將猷國難公將家子智筭練達論吾此舉其濟
乎瓌曰今主政殘酷兵役不止天下之人思見拯亂與之息肩公
天付神武杖順而起軍令嚴明所下城邑無秋豪之犯關中起兵
者跂踵而待擁義師迎衆欲何不濟哉瓌在馮翊久悉其人情願
爲一介使入關宣布威靈以收左輔縣梁山濟河直趣韓城逼郃陽
徇朝邑蕭造文吏勢當自下次招諸賊然後鼓行而前據永豐積
粟雖未得京師關中固已定矣高祖曰是吾心也乃授銀青光祿

大夫遣陳演壽史大柰步騎六千趣梁山以瓌及薛獻爲招慰大
使高祖謂演壽曰閫外事與任瓌籌之既而賊孫華白玄度等果
降且具舟于河以濟師瓌行說下韓城與諸將進擊飲馬泉破之
拜左光祿大夫留戍永豐倉高祖即位授穀州刺史王世充數攻
新安瓌拒破之以功封管國公秦王東討瓌從至邙山主水運餉
軍關東平爲河南安撫大使王世辯以徐州降瓌瓌至宋州會徐
圓朗反副使柳濬勸退保汴瓌笑曰公何怯老將居邊久自當有
計俄而賊陷楚丘將圍虞城瓌遣崔樞張公謹自鄢陵領諸州豪
質子百餘守之濬曰樞等故世充將且諸州質子父兄皆反柰何令
保城瓌不荅樞至則分質子與土人合隊賊近質子稍叛樞即斬
其隊帥城中人懼曰是皆賊子弟安可與守乎樞因聽諸隊殺質
子梟首門外瓌陽怒曰去者遣招慰何乃殺之退謂濬曰固知崔
樞辦之縣殺賊子爲怨已大人今自爲戰矣圓朗攻虞城不能拔
賊平遷徐州揔管仍爲大使輔公祏反詔以兵自揚子律濟江討

之公祏平拜邢州都督遷陝州瓌弟璨爲隱太子典膳監太子廢
璨得罪瓌亦左授通州都督貞觀四年卒瓌歷職有功然補吏多
爲親故人私至負勢貺請瓌知不甚禁遏世以此譏之瓌卒時有
司以在外對仗白奏太宗怒曰昔杜如晦亡朕不能事者數日今
瓌喪所司不以狀言豈朕意乎有如朕子弟不幸死當此奏邪自
是大臣喪遂不對仗奏云

丘和河南洛陽人後徙家郿少重氣俠閑弓馬長乃折節自將仕
周開府儀同三司入隋爲右武衛將軍封平城郡公歷資梁蒲三
州刺史以寬惠著名漢王諒反使卒衣婦人衣襲取蒲州和挺身
免坐廢爲民宇文述有寵和傾心附納俄以發武陵公元冑罪復
拜代州刺史煬帝北巡和饋獻精腆至朔州而刺史楊廓無所
進帝不悅述盛稱和美帝用爲博陵太守詔廓就視和爲式後帝
過博陵和上食加豐愈喜由是所過競爲珍侈獻自和發也然和
善撫吏士得其心遷天水郡守入爲左禦衛將軍大業末海南苦
吏侵數怨畔帝以和所莅稱淳良而黃門侍郎裴矩亦薦之遂拜
交阯太守撫接盡情荒憬安之煬帝崩而和未知於是鴻臚卿甯
長真舉欝林附蕭銑馮盎舉珠崖番禺附林士弘各遣使招和
不從林邑西諸國數遺和明珠文犀金寶故和富埒王者銑聞利
之命長真以南粵蠻俚攻交阯和遣長史高士廉率兵擊走之郡
爲樹石勒其功會隋驍果自江都來乃審隋亡和即陳款歸國而
嶺嶠閉岨乃權附銑銑平遂得歸詔李道裕即授和交州大揔管
爵譚國公和遣士廉奉表請入朝詔其子師利迎之及謁見高祖爲
興引入卧內語平生歡甚奏九部樂饗之除左武候大將軍和時
已老以稷州其故鄉也令爲刺史以自養尋除特進貞觀十一年
卒年八十六贈荊州揔管謚曰襄陪葬獻陵有子十五人多至大
官而行恭爲知名

行恭有勇善騎射大業末與師利聚兵萬人保郿城人多依之羣
盜不敢窺境後原州奴賊圍扶風太守竇璡堅守賊食盡無所掠

衆稍散歸行恭行恭遣其酋說賊共迎高祖乃自率五百人負糧
持牛酒詣賊營奴帥長揖行恭手斬之謂衆曰若皆豪桀也何爲
事奴乎使天下號曰奴賊衆皆伏曰願改事公行恭乃率其衆與
師利迎謁秦王於渭北拜光祿大夫累從戰伐功多遷左一府驃
騎錫勞甚厚隱太子誅以功擢左衛將軍貞觀中坐與兄爭葬所
生母廢爲民從侯君集平高昌封天水郡公進右武候將軍高宗
立遷大將軍冀陝二州刺史致仕卒年八十贈荊州刺史謚曰襄
陪葬昭陵行恭所守嚴烈僚吏畏之數坐事免太宗思其功不踰
時輒復官初從討王世充戰邙山太宗欲嘗賊虛實與數十騎衝
出陣後多所殺傷而限長堤與諸騎相失唯行恭從賊騎追及流
矢著太宗馬行恭回射之發無虛鏃賊不敢前遂下拔箭以已馬
進太宗步執長刀大呼導之斬數人突陣而還貞觀中詔斲石爲
人馬象拔箭狀立昭陵闕前以旌武功云子神勣見酷吏傳

贊曰帝王之將興其威靈氣焰有以動物悟人者故士有一槩背

塡然駢而附之若榱椽梁柱以成大室又負扆植各安所施而無
遺材諸將之謂邪然皆能禮法自完賢矣哉

二劉殷許程柴任丘列傳第十五

溫皇甫二李姜崔列傳第十六　唐書九十一

端明殿學士兼翰林侍讀學士龍圖閣學士朝散大夫守尚書吏部侍郎充集賢殿修撰臣宋祁奉
敕撰

溫大雅字彥弘并州祁人父君攸北齊文林館學士入隋為泗州
司馬見朝政不綱謝病歸大雅性至孝與弟彥博大有皆知名薛道
衡見之嘆曰三人者皆卿相才也初為東宮學士長安尉以父喪
解會天下亂不復仕高祖鎮太原厚禮之兵興引為大將軍府記
室參軍主文檄帝受禪與竇威陳叔達討定儀典遷黃門侍郎而
彥博亦為中書侍郎對管華近帝嘗從容謂曰我起晉陽為卿一
門耳進工部侍郎陝東道大行臺尚書隱太子圖亂秦王表大雅
鎮洛陽須變數陳祕畫多所嘉納王即位轉禮部封黎國公改葬
其祖卜人占其地曰弟則吉不利於君若何大雅曰如子言我含
笑入地矣歲餘卒諡曰孝永徽五年贈尚書右僕射
彥博字大臨通書記警悟而辯開皇末對策高第授文林郎直

內史省隋亂幽州總管羅藝引為司馬藝以州降彥博與有謀授
總管府長史封西河郡公召入為中書舍人遷侍郎高麗貢方物
高祖欲讓而不臣彥博執不可曰遼東本周箕子國漢玄菟郡不
使北面則四夷何所瞻仰帝納而止突厥入寇彥博以并州道行
軍長史戰太谷王師敗績被執突厥知近臣數問唐兵多少及國
虛實彥博不肯對囚陰山苦寒地太宗立突厥歸款得還授雍州
治中尋檢校吏部侍郎彥博欲汰擇士類寡術不能厭衆訟牒滿
廷時譏其煩碎復為中書侍郎遷御史大夫檢校中書侍郎事貞
觀四年遷中書令封虞國公突厥降詔議所以安邊者彥博請如
漢置降匈奴五原塞以為捍蔽與魏徵廷爭徵不勝其辯天子卒
從之其後突利可汗弟結社謀反帝始悔云彥博善辭令每問四
方風俗臚布詰命若成誦然進止詳華人皆拭目觀高祖嘗宴近
臣遣秦王諭旨既而顧左右曰何如溫彥博十年遷尚書右僕射
明年卒年六十三彥博性周慎既掌機務謝賓客不通進見必

陳政事利害卒後帝歎曰彥博以憂國故耗思殫神我見其不逮再稘矣恨不許少閑以究其壽家貧無正寢殯別室帝命有司為構寢贈特進謚曰恭陪葬昭陵子振挺振歷太子舍人居喪以毀卒挺尚千金公主官延州刺史彥博曾孫曦尚涼國長公主

大有字彥將隋仁壽中李綱薦之授羽林騎尉高祖舉兵引為太原令從秦王徇西河將行高祖曰士馬單少要須經略以君參軍事事之濟否卜是行也西河下攝大將軍府記室與兄大雅同掌機近不自安請徙它職帝曰我虛心待卿何所自疑武德初累遷中書侍郎封清河郡公卒贈鴻臚卿謚曰敬初顏氏溫氏在隋最盛思魯與大雅俱事東宮愍楚彥博同直內史省游秦大有典校秘閣顏以學業優而溫以職位顯於唐云

大雅四世孫佶字輔國以字行安祿山亂往見平原太守顏真卿助為守計李光弼厚遇之後居鄴薛嵩薦之朝授太常丞一謝嵩即去屏處邢野世推其高節子造

造字簡輿姿表瑰傑性嗜書然盛氣少所降屈不喜為吏隱王屋山人號其居曰處士野壽州刺史張建封聞其名書幣招禮造欣然曰可人也往從之建封雖咨謀而不敢縻以職事及節度徐州造謝歸下邳慨然有高世心建封恐失造因妻以兄子時李希烈反攻陷城邑天下兵鎮陰相撼逐主帥自立德宗患之以劉濟方納忠于朝密詔建封擇縱橫士往說濟佐其必建封彊署造節度參謀使幽州造與濟語未訖濟俯伏流涕曰僻陋不知天子神聖大臣盡忠願率先諸侯效死節造還建封以聞詔馳驛入奏天子愛其才問造家世及年對曰臣五世祖大雅外五世祖李勣臣犬馬之齒三十有二帝奇之將用為諫官以語泄乃止復去隱東都烏重胤奏致幕府長慶初以京兆司錄為太原幽鎮宣諭使召見辭曰臣府縣吏也不宜行恐四方易朝廷穆宗曰朕東宮時聞劉總比年上書請覲使問行期乃不報卿為我行諭意毋多讓因賜緋衣至范陽總櫜鞬郊迎造為開示禍福總懼矍然若兵在頸驟

是籍所部九州入朝還遷殿中侍御史田弘正遇害以起居舍人復宣慰鎮州行營頃之李景儉以酒得過宰相造坐與飲出為朗州刺史開後鄉渠百里溉田二千頃民獲其利號右史渠召授侍御史知彈奏請復朱衣豸冠示外廡不聽夏州節度使李祐拜大金吾違詔進馬造正衙抨劾祐曰吾夜入蔡州擒吳元濟未嘗心動今日膽落於溫御史遷左司郎中知御史雜事進中丞大和二年內昭德寺火延禁中野狐落野狐落者宮人所居也死者數百人是日宰相兩省官京兆尹中尉樞密皆集日華門督神策兵救火所及獨御史府不至造自劾曰臺繫賊恐人緣以構姦申警備乃得入臣請入三十直崔蠡姚合二十直自贖宰相劾造不待罪於朝而自許輕比不可聽有詔皆奪一月俸造性剛急人或忤已雖貴勢亦以氣出其上道遇左補闕李虞恚不避捕從者笞辱左拾遺舒元褒等建言故事供奉官惟宰相外無屈避造棄蔑典禮無所畏辱天子侍臣凡事小而關分理者不可失失之則亂所由

生遺補雖卑侍臣也中丞雖高法吏也侍臣見陵則恭不廣法吏自恣則法壞開元和長慶時中丞呵止不半坊今乃至兩坊謂之籠街造擅自尊大忽僭擬之嫌請得論罪帝乃詔臺官供奉官共道路聽先後行相值則揖中丞傳呼不得過三百步造彈擊無所回畏威望隱然發南曹偽官九十人主史皆論死遷尚書右丞封祁縣子興元軍亂殺李絳衆謂造可柬其亂文宗亦以為能乃授檢校右散騎常侍山南西道節度使許以便宜從事帝慮其勞費造曰臣計諸道戍蠻之兵方還願得密詔受約束用此足矣許之命神策將董重質河中將溫德彝郃陽將劉士和從造而興元將衛志忠張丕李少直自蜀還造喻以意皆曰不敢二乃用八百人自從五百人為前軍既入前軍呵護諸門造至欲大宴視聽事曰此隘狹不足饗士更從牙門坐定將卒羅拜徐曰吾欲聞新軍去住意可悉前舊軍無得進勞問畢就坐酒行從兵合卒有覺者欲引去造傳言叱之乃不敢動即問軍中殺絳狀志忠丕夾階立拔

劒傳呼曰悉殺之圍兵爭奮皆斬首凡八百餘人親殺絳者臨之
號令者殊死取百級祭絳三十級祭死事官王景延等餘悉投之
漢江監軍楊叔元擁造靴祈哀造以兵衛出之詔流康州叔元始
激兵亂者也人以造不戮爲恨以功加檢校禮部尚書賜萬縑賞
其兵入爲兵部侍郎以病自言出東都留守俄節度河陽奏復懷
州古秦渠枋口堰以溉濟源河内温武陟四縣田五千頃召爲御
史大夫方倚以相會疾不能朝改禮部尚書卒年七十贈尚書右
僕射兄邈弟遜邈長慶大和中累以拾遺補闕召不應遜嘗爲邑
宰解印綬去造子璋

璋以父蔭累官大理丞陰平吏盜官物而焚其帑璋刺得其情擢
侍御史賜緋衣遷婺州刺史以政有績賜金紫徙廬宋二州刺史
宣州逐鄭薰也崔鉉調淮南兵討之以璋爲宣州刺史事平就
拜觀察使擢武寧節度使銀刀軍驕横累將姑息而璋政嚴明懼
之相率逐璋詔徙邠寧節度歷京兆尹璋素彊幹鉏宿弊豪右惕

服加檢校吏部尚書同昌公主薨懿宗誅醫無狀者繫親屬三百
餘人璋與劉瞻極諫貶振州司馬歎曰生不逢時死烏足惜仰藥死

彦博裔孫廷筠少敏悟工爲辭章與李商隱皆有名號温李然
薄於行無檢幅又多作側辭豔曲與貴胄裴諴令狐滈等蒲飲狎
昵數舉進士不中第思神速多爲人作文大中末試有司廉視尤
謹廷筠不樂上書千餘言然私占授者已八人執政鄙其爲授方
山尉徐商鎮襄陽署巡官不得志去歸江東令狐綯方鎮淮南廷
筠怨居中時不爲助力過府不肯謁丐錢揚子院夜醉爲邏卒擊
折其齒訴於綯綯爲劾吏吏具道其汙行綯兩置之事聞京師廷
筠徧見公卿言爲吏誣染俄而徐商執政頗右之欲白用會商罷
楊收疾之遂廢卒本名岐字飛卿弟廷晧咸通中署徐州觀察使
崔彦曾幕府龐勛反以刃脅廷晧使爲表求節度使廷晧紿曰表
聞天子當爲公信宿思之勛喜歸與妻子決明日復見勛索表倨
答曰我豈以筆硯事汝邪其速殺我勛熟視笑曰儒生有膽耶吾
動衆百萬無一人操檄乎囚之更使周重草表彦曾遇害廷晧亦
死詔贈兵部郎中

皇甫無逸字仁儉京兆萬年人父誕隋并州揔管府司馬漢王諒
反逼之不從見殺無逸在長安聞變即號慟人問故對曰吾父生
平重節義必無苟免者頃訃至果然時五等廢煬帝嘉誕忠特封
無逸平輿侯而贈誕柱國弘義郡公無逸歷淯陽太守治爲天下
最再遷右武衛將軍帝幸江都詔居守洛陽帝被殺乃與段達元
文都立越王侗及王世充篡棄母妻斬關自歸追騎及無逸顧曰
吾有死終不能同爾爲逆解金帶投之地曰以與爾無相困騎爭
下取由是獲免高祖以無逸本隋勳舊尊遇之拜刑部尚書封滑
國公歷陜東道行臺民部尚書還御史大夫時蜀新定吏多横恣
人不聊詔無逸持節廵撫得承制除吏既至黜貪暴用廉善法令
嚴明蜀人以安皇甫希仁儉人也誣告無逸爲母故陰交世充帝
判其詐斬希仁遣給事中李公昌馳諭又有告無逸交通蕭銑者

時無逸與行臺僕射竇璡不協因表自陳并上璡罪有詔劉世龍
温彦博按之無狀遂斬告者而黜璡及還帝勞曰比多譖毀但以
正直爲佞人憎爾無逸頓首謝帝曰卿無負何所謝拜民部尚書
出爲同州刺史徙益州大都督府長史所至輒閉閤不通賓客左
右無敢出入者所須皆市易它境嘗按部宿民家鐙炷盡主人將
續進無逸抽佩刀斷帶爲炷其廉介類如此然過自畏慎每上表
疏讀數十猶懼未審使者上道追省再三乃得遣母在長安疾篤
太宗命馳驛召還承問憂悸不能食道病卒贈禮部尚書謚曰
孝王珪駁曰無逸入蜀不能與母俱留卒京師子道未足稱不可
謂孝乃更謚良

李襲志字重光其先本隴西狄道人五世祖避地更爲金州安康
人仕隋始安郡丞大業末盜賊起襲志傾私產募士得三千人乘
城拒盜蕭銑林士弘屢攻之不下聞煬帝喪乃與士民縞素三日
臨或說曰公臨郡久士大夫悅向蠻夷畏威雖曰隋臣實君長也

今四海分裂自王者非一姓宜遂據嶺表取百粵豈遽不若尉佗乎襲志曰吾世隋臣今江都雖淪宗社尚有奉諸君當相與勠力刷雠恥豈怙亂圖不義哉吾寧蹈忠死不逆節以生尉佗不足爲吾法也欲斬說者衆諫乃止遂固守凡二年力窮援絕爲銑所陷僞署工部尚書桂州總管武德初高祖賜書命其子玄嗣召之襲志約嶺南酋永平郡守李光度潛圖歸國帝復以書諭曰公朕之宗不可與異姓比宜及子弟並豫宗正屬籍及銑平嶺南六十餘州皆送款襲志誘而致之趙郡王孝恭承制授桂州總管五年來朝進柱國封始安郡公江州都督後討輔公祏爲水軍總管轉桂州都督襲志守桂二十八年政尚清省南荒便之表請入朝以光祿大夫汾州刺史致仕卒

弟襲譽字茂實通敏有識度仕隋爲冠軍府司兵陰世師輔代王守京師也三輔盜蝗聚襲譽請以兵據永豐倉發粟賑窮乏出庫物賞戰士馳檄郡縣共逐捕賊世師不從乃求出募山南兵

至漢中高祖已定長安召授太府少卿安康郡公伐王世充也拜潞州總管時突厥已和親又通使世充襲譽捕斬之詔委典運以饟東軍擢累揚州大都督府長史江南巡察大使多所黜陟揚州江吳大都會俗喜商賈不事農襲譽爲引雷陂水築句城塘溉田八百頃以盡地利民多歸本召爲太府卿爲人嚴懿以威肅聞居家儉厚于宗親祿稟隨多少散之以餘貲寫書罷揚州書遂數車載嘗謂子孫曰吾性不喜財遂至窶乏然負京有賜田十頃能耕之足以食河內千樹桑事之可以衣江都書力讀可進求官吾歿後能勤此無資於人矣遷涼州都督改同州刺史坐在涼州以私憾杖殺番禾丞劉武當死廢爲民流泉州卒

姜謩秦州上邽人隋大業末爲晉陽長高祖在太原謩前識之謂所親曰隋政亂將亡必有聖人受之唐公負王霸資度其必撥亂得天下乃深自結及大將軍府建引爲司功參軍從平霍邑絳郡兵遂度河謩部勒一夕濟高祖歎其略進平長安除相國胄曹參軍長道縣公薛舉寇秦州以謩山西豪望詔安撫隴外委以便宜將行請曰公天人之望已屬宜膺圖緯光有神器謩老矣恐先朝露幸一見踐阼死不恨高祖嘉納乃與竇軌出散關下河池漢陽遇薛舉與戰軌敗召謩還朝爲員外散騎常侍後仁杲平擢秦州刺史帝曰昔人稱衣錦故鄉今以本州相授所以償功涼州荒梗宜有以靖之謩至撫邊俗以恩信盜賊衰止人喜曰不意復見太平官府改守隴州以老去職貞觀元年卒贈岷州都督謚曰安子確

確字行本以字顯貞觀中爲將作少匠護作九成洛陽宮及諸苑籞以幹力稱多所賚賞游幸無不從遷宣威將軍太宗選趫才衣五色袍乘六閑馬直屯營宿衛仗內號曰飛騎每出幸即以從拜行本左屯衛將軍分典之高昌之役爲行軍副總管出伊州距柳谷百里依山造攻械增損舊法械益精其處有漢班超紀功碑行本磨去古刻更刊頌陳國威靈遂與侯君集進平高昌戰有功璽

書慰勞還爲金城郡公賜奴婢七十人帛百五十段帝將征高麗行本諫未宜輕用師不從至蓋牟城中流矢卒帝賦詩悼之贈左衛大將軍郕國公謚曰襄陪葬昭陵子簡嗣行本性恪敏所居官雖祁寒烈暑無懈容加有巧思凡朝之營繕所司必諮而後行魏徵見其倚昵恐浸啓侈端勸帝斥之帝賴其彊濟不斥也子柔遠美姿容敷奏詳辯武后時至左鷹揚衛將軍攝地官尚書通事舍人內供奉子皎晦

皎長安中爲尚衣奉御玄宗在藩邸皎識其有非常度委心焉及即位自潤州長史召授殿中少監出入卧內陪燕私詔許捨敬坐與妃嬪連榻間擊毬鬬雞呼之不名也賜宮女廐馬及它珍物前後不勝計帝在殿廷翫一嘉樹皎盛贊之帝遽令徙植其家後將誅竇懷貞等皎與密議以功進殿中監楚國公食封四百戶議者譏短皎任遇太過帝以其藩邸舊恩有以宣布之乃下詔曰殿中監楚國公皎往事朕於藩國雖彭祖同書子陵共學不過也朕嘗

遊長楊鄠杜間晈于時奉侍數謂朕曰相王必登天位王且儲副朕叱而後止復言於朕兄弟近戚語聞太上皇太上皇奏之中宗遣嗣虢王邕等鞫問晈一意保護罔或貳言宗楚客紀處訥等請投晈炎荒中宗特詔貶潤州長史專以忠力戴朕謂天且有命故履危蹈難而無變焉朕既即位又參誅姦臣將厚以光寵每所撝遜造膝匪躬舉多規益而悠悠之談醜正惡直天下之人其未及識晈之功何見之異也昔漢昭之任霍光魏祖之明程昱朕之不德庶幾於此且否當其悔則必臧乃宗泰至于再則所酬未補豈流言之聽而厚德之忘哉苟謀始有之圖終可也尋遷太常卿監脩國史弟晦又爲吏部侍郎有權寵宋璟以爲非久安策請抑損之開元五年下詔放歸田里使自娛久之復爲祕書監十年坐洩禁中語爲嗣濮王嶠所劾敕中書門下究狀嶠亦王守一姻家中書令張嘉貞陰希其意傅致晈獄詔免殊死杖之流欽州道病死年五十親厚坐謫死者數人世以爲冤時源乾曜方侍中不能正爲人

所譏詆帝後思晈舊勳令遞柩還以禮葬之存問其家追贈澤州刺史後以子尚主更贈吏部尚書仍賜封二百户爲祠享費子慶初慶初生方晬帝許尚主後淪謫二十餘年天寶初晈甥李林甫爲宰相爲帝言之始命以官襲楚國公十載尚新平公主新平故嘗歸裴玲玲卒乃降慶初主慧淑聞文墨帝賢之歷肅代朝恩禮加重慶初亦得幸舊制駙馬都尉多不拜正官特拜慶初太常卿會脩植建陵詔爲之使誤毀連岡代宗怒下吏論不恭賜死建陵使史忠烈等皆誅裴玲子皦亦削官主幽禁中大曆十年薨故事太常職奉陵廟開元末僕陽王徹爲宗正卿有寵始請宗正奉陵天寶中張垍以主婿任太常故復舊及慶初敗又以陵廟歸宗正云

晦起家蒲州參軍累爲高陵令治有聲遷長安令人畏愛之開元初擢御史中丞先是永徽顯慶時御史不拜宰相銜命使四方者廷中揖見後稍屈下至晦獨循舊體謂御史曰不如故事且奏譴公等由是臺儀復振轉太常少卿時國馬乏晦請以詔書市馬六胡州率得馬三十署游擊將軍詔可閑廄乃稍備除黄門侍郎辭不拜改兵部滿歲爲吏部侍郎主選曹史嘗請託爲姦前領選者周棘扈藩檢察内外猶不禁至晦悉除之示無防限然處事精明私相囑請罪輒得皆以爲神始晦革舊示簡廷議恐必敗既而贓賕路塞而法品有叙衆乃伏晈被放晦亦左除宗正卿貶春州司馬徙海州刺史卒

崔善爲貝州武城人祖顒爲魏散騎侍郎善爲巧于曆數仕隋調文林郎督工徒五百營仁壽宮揔監楊素索簿閱實善爲執板暗唱無一差謬素大驚自是四方有疑獄悉令按訊皆究其情仁壽中遷樓煩司戶書佐高祖爲太守尤禮接善爲見隋政日紊密勸高祖圖天下及兵起署大將軍府司戶參軍封清河縣公擢累尚書左丞用清察稱諸曹史惡之以其短而傴嘲曰曲如鉤例封侯欲沮罷所任帝聞勉之曰昔齊末姦吏歌斛律明月而高緯闇不察至滅其家朕雖不德幸免是因下令購謗者謗乃止傳仁

均撰戊寅曆李淳風詆其疏帝令善爲考二家得失多所裁正貞觀初爲陝州刺史時議戶猥地狹者徙寬鄉善爲奏畿内户衆而丁壯悉籍府兵若聽徙皆在關東虛近實遠非經通計詔可歷大理司農二卿坐與少卿不平出爲秦州刺史卒贈刑部尚書謚曰忠初天下既定羣臣居喪者皆奪服善爲建言其敝武德二年始許終喪然猶時以權迫不能免如房玄齡褚遂良者衆矣

李嗣眞字承胄趙州柏人人多藝數舉明經中之累調許州司功參軍賀蘭敏之脩撰東臺表嗣眞直弘文館與學士劉獻臣徐昭皆少有名號三少高宗東封還詔贈孔子太師命有司爲祝司文郎中雷少穎文不稱旨更命嗣眞成不淹頃帝覽稱善詔加兩階敏之等倚恩自如嗣眞不喜求補義烏令敏之敗學士多連坐嗣眞獨免調露中爲始平令風化大行時章懷太子作寶慶曲閱於太清觀嗣眞謂道人劉槩輔儼曰宫不召商君臣乖也角與徵戾父子疑也死聲多且哀若國家無事太子任其咎俄而太子廢槩

等奏其言擢太常丞知五禮儀封常山縣子嗣眞常曰隋樂府有堂堂曲明唐再受命比日有側堂堂橈堂堂之謡側不正也橈危也皇帝病日侵事皆決中宫持權與人收之不易宗室雖衆居中制外勢且不敵諸王殆爲后所蹂踐吾見難作不久矣太常鐘黄鐘鑄不能成嗣眞居崇業里疑土中有之弗得其所道上逢一車有鐸聲甚厲嗣眞曰宫聲也市以歸振於空地若有應者掘之得鐘衆樂遂和嘗引工展器于廷后奇其風度應對召相王府參軍閻玄靜圖之吏部郎中楊志誠爲賛祕書郎房仲容書時以爲寵永昌初以右御史中丞知大夫事請周漢爲二王後詔可命巡撫河東薦宋温瑾袁嘉祚李日知拔州縣職皆至顯官來俊臣獄方熾嗣眞上書諫以爲昔陳平事漢祖謀疎楚君臣行反間項羽遂亡今殆有如平者謀陛下君臣恐爲社稷禍不納出爲潞州刺史俊臣誣以反流藤州久得還自縊死日豫具棺斂如言卒桂陽有詔州縣護喪還鄉里贈濟州刺史謚曰昭武后嘗問嗣眞儲貳事對曰程嬰杵臼存趙氏孤古人嘉之后悟中宗乃安神龍初贈御史大夫所撰述尤多時雍州人裴知古亦善樂律長安中爲太樂令神龍元年正月享太廟樂作知古密語萬年令元行沖曰金石諧婉將有大慶在唐室子孫乎是月中宗復位人有乘馬者知古聞其嘶乃曰馬鳴哀主必墜死見新婚者聞佩聲曰終必離訪之皆然

温皇甫二李姜崔列傳第十六

杜張李苑羅王列傳第十七　唐書九十二

端明殿學士兼翰林侍讀學士龍圖閣[illegible]
敕撰

杜伏威齊州章丘人少豪蕩不治生貲與里人輔公祏約刎頸交公祏數盜姑家牧羊以餽伏威縣迹捕急乃相與亡命爲盜時年十六伏威狡譎多筭每剽劫衆用其策皆効嘗營護諸盜出爲導入爲殿故其黨愛服共推爲主隋大業九年入長白山依賊左君行不得意舍去轉剽淮南稱將軍下邳賊苗海潮擁衆鈔暴伏威遣公祏脅諭曰天下共苦隋豪桀相與興義然力弱勢分不相統若合以爲彊則無事隋矣公能爲主吾且從不然一戰以決海潮懼即以衆下之江都留守遣校尉宋顥將兵捕擊伏威與戰僞北誘顥隋葭榛澤中順風縱火迫之步騎燒死幾盡海陵賊趙破陣聞伏威兵少輕之召使幷力伏威引親將十人操牛酒謁勒公祏嚴兵待變破陣引伏威入幕置酒悉召酋首高會伏威突斬破陣衆駭不及救復殺數十人下皆畏服公祏兵亦至遂幷其衆至數萬攻安宜屠之隋遣虎牙郎將來整戰于黄花輪伏威大敗身重創與公祏財有衆數百亡去行收卒得八千與虎牙郎將公孫上哲戰鹽城覆其軍煬帝遣右禦衛將軍陳稜以精兵討之稜不敢戰伏威遺以婦人服書稱陳姥怒其軍稜果悉兵至伏威迎出挑戰稜軍射中其額伏威怒曰不殺汝矢不拔遂馳入稜陣大呼衝擊衆披靡獲所射將使拔箭已斬之擕其首入稜軍示之又殺數十人遂大潰稜走而免進破高郵引兵度淮攻歷陽據之稱摠管分兵徇屬縣皆下江淮羣盜爭附伏威選敢死士五千號上募寵厚之與均甘苦每攻取必先登戰罷閱創在背者殺之所虜獲必分與麾下士有戰死以其妻殉故人自奮戰無完敵宇文化及以爲歷陽太守不受徙丹楊自稱大行臺始進用士人蠲利兵械薄賦斂除殉葬法民姦若盜及吏受賕雖輕皆殺無赦上表越王侗侗以爲東南道大摠管封楚王是時秦王方討王世充遣

使招懷伏威乃獻款高祖授以東南道行臺尚書令江淮安撫大使上柱國吳王賜姓預屬籍以其子德俊為山陽公賜帛五千段馬三百匹伏威遣其將陳正通徐紹宗以兵會取世充之梁郡又遣將王雄誕討李子通於杭州禽以獻破汪華於歙州盡有江東淮南地南屬嶺東至于海秦王已平劉黑闥師次曹兖伏威懼乃入朝詔拜太子太保兼行臺尚書令留京師位在齊王元吉上以寵之伏威好神仙長年術餌雲母被毒武德七年二月暴卒初公祏反矯伏威令以紿衆趙郡王孝恭既平公祏得反書以聞高祖追其官削屬籍没入家産貞觀元年太宗知其寃詔復官爵以公禮葬仍還其子封伏威有養子三十人皆壯士厚以兵與同衣食唯闞稜王雄誕知名

闞稜伏威邑人也貌魁雄善用兩刃刀其長丈名曰拍刀一揮殺數人前無堅對伏威據江淮以戰功顯署左將軍部兵皆羣盜橫相侵牟稜案罪殺之雖親故無脱者至道不舉遺從伏威入朝拜

左領軍將軍越州都督公祏反稜與南討青山之戰與陳正通遇陣方接稜脫兜鍪謂衆曰不識我邪何敢戰其徒多稜舊部氣遂索至有拜者公祏破稜功多然頗自伐公祏被禽乃誣與己謀又伏威王雄誕及稜貲産在丹楊者當原而趙郡王孝恭悉籍入之稜自訴忤孝恭遂以謀反誅

王雄誕曹州濟陰人少彊果膂力絶人伏威之起用其計戰多克署驃騎將軍初伏威度淮與李子通合後子通憚其才襲之伏威被創墮馬雄誕負逃葭澤中裹瘡散亡又為隋將來整所窘衆復潰別將西門君儀妻王勇決而力負伏威走雄誕揔麾下壯士十餘人從之追兵至雄誕還拒數被創氣彌厲伏威遂脫闞稜年長於雄誕故軍中號稜大將軍雄誕小將軍後伏威令輔公祏擊子通以雄誕稜為副戰溧水子通敗公祏乘勝追之反為所擠士皆走壁雄誕曰子通狃于勝無營壘今急擊之必克公祏不從雄誕獨提私卒數百銜枚夜往乘風火之子通大敗走度太湖武德四年與子通戰蘇州却之子通以精兵保獨松嶺雄誕遣將陳當率千兵出不意乘高蔽𡺵張疑幟夜縛炬于樹徧山澤子通懼燒營遁保餘杭雄誕追禽之歙賊汪華據郡稱王且十年雄誕還師攻之華以勁甲出新安洞拒戰雄誕伏兵山谷以弱卒數千鬬輒走壁華來攻壁中奮殊死不可下會暮還雄誕伏兵已據洞口不得歸遽面縛降蘇賊聞人遂安據崑山無所屬伏威使討之雄誕以邑險而完攻之引日遂單騎造壘門陳國威靈因開曉禍福遂安即降以前後功授歙州揔管封宜春郡公伏威入朝以兵屬雄誕輔公祏將反患其異己縱反間陽言得伏威敎責雄誕貳雄誕素質直信之乃歸卧疾公祏奪其兵遣西門君儀諭計雄誕始悔寤曰天下方靖王在京師當謹守藩宗何為族夷事雄誕雖死誼不從公祏遂縊之雄誕愛人善撫士能致下死力毎破城邑整衆山立無絲毫犯死之日江南士庶爲流涕高祖嘉其節以子世果襲宜春郡封太宗立優詔贈左驍衛大將軍越州都督謚曰忠世果

垂拱初至廣州都督安西大都護

張士貴虢州盧氏人本名忽峍彎弓百五十斤左右射無空發隋大業末起爲盜攻剽城邑當時患之號忽峍賊高祖移檄招之士貴即降拜右光禄大夫從征伐有功賜爵新野縣公又從平洛授虢州刺史帝曰顧今卿衣錦晝游耳進封虢國公右屯衛大將軍貞觀七年爲龔州道行軍揔管破反獠還太宗聞其冒矢石先登勞之曰嘗聞以忠報國者不顧身於公見之累遷左領軍大將軍顯慶初卒贈荊州都督陪葬昭陵

李子和同州蒲城人本郭氏爲隋左翊衛以罪徙楡林大業末郡饑子和與死士十八人執丞王才數以不恤下斬之開倉賑窮乏自號永樂王建元丑平號其父爲太公以弟子政爲尚書令子端子升爲左右僕射有騎兵二千南連梁師都北事突厥納弟爲質始畢可汗册子和爲平楊天子不敢當乃更署爲屋利設武德元年獻款授靈州揔管金河郡公徙郕國公襲師都寧朔城克之又

伺突厥虛實陰以聞爲虜邏騎所獲處羅可汗怒囚于外於是子和危畏舉部南徙詔內延州故城五年從平劉黑闥有功賜姓拜右武衛將軍十一年爲婺州刺史徙夷國公顯慶初轉黔州都督乞骸骨許之進金紫光祿大夫卒

苑君璋馬邑豪家也以趫雄自奮劉武周以兵入寇君璋曰唐以一州兵掇取三輔所向風靡此殆天命非人謀不可爭也太原而南多巖阻今東甲深入無踵軍有失不可償不如連突厥與唐合從南面稱孤上策也武周不聽使君璋守朔州引衆內侵未幾敗位曰廢君言乃至此即與共趨突厥武周死突厥以君璋爲大行臺統武周部曲使郁射設監兵與舊將高滿政夜襲代州不克高祖遣使招之賜鐵券約不死君璋拒命進寇代州刺史王孝德拒卻之滿政勸君璋曰夷狄無禮豈可北面臣之請盡殺其衆以歸唐君璋不從而馬邑困於兵人厭亂滿政因衆不忍夜會君璋君璋奔突厥滿政以城歸詔拜朔州總管封榮國公君璋引突厥攻

陷馬邑殺滿政夷其黨乃去退保恒安其部皆中國人多叛去君璋窮乃降自請鄭虜贖罪高祖遣鴈門人元普賜金券會頡利亦召之意猶豫子孝政諫曰大人許唐降又貳頡利自取亡也今糧盡衆攜不即決恐詒肘變生孝政不忍見禍之酷也即單騎南奔君璋諭返之召衆與議恒安人郭子威曰恒安故王者都山川足以自固突厥方彊我援之可觀天下變何遽降君璋然之執元普送突厥頡利德之遺以錦裘羊馬其下怨投書于門曰不早附唐父子誅孝政懼欲自歸爲君璋所拘與突厥寇馬邑犯太原邊人苦之見頡利政亂知將亡遂率所部降頡利追擊走其兵入朝拜安州都督封芮國公食五百戶賜帛四千匹君璋不曉書然天資習事歷職有惠稱貞觀中卒

羅藝字子廷襄州襄陽人家京兆之雲陽父榮隋監門將軍藝剛愎不仁勇攻戰善用槊大業中以戰力補虎賁郎將遼東之役李景以武衛大將軍督餽北平詔藝以兵屬分部嚴一然任氣嘗慢侮景頻爲景辱天下盜起涿郡號富饒伐遼兵仗多在而倉庤盈羨又臨朔宮多珍寶屯師且數萬苦盜賊侵掠留守將趙什住賀蘭誼晉文衍等不能支藝獨捍寇數破卻之勇常冠軍爲諸將忌畏藝陰自計因出師詭說衆曰吾軍討賊數有功而食乏官粟若山而留守不賑卹豈安人彊衆意邪士皆怨既還郡丞出郊謁藝執之陳兵入什住等懼爭聽命藝即發庫貲賜戰士倉粟給窮人境內大悅殺異己者渤海太守唐褘等威動北邊柳城懷遠並歸附黜柳城太守楊林甫改郡曰營州以襄平太守鄧暠爲總管藝自稱幽州總管宇文化及至山東遣使招藝藝曰我隋舊臣今大行顛覆義不辱于賊斬使者爲煬帝發喪三日時竇建德高開道亦遣使於藝藝謂官屬曰建德等皆劇賊不足共功名唐公起兵據關中民望所係王業必成吾決歸之敢異議者戮會張道源撫輯山東亦諭藝降武德二年乃奉表以地歸詔封燕王賜姓隸屬籍數與建德戰多所禽馘秦王擊劉黑闥高祖詔藝弟監

門將軍壽以兵從藝自率衆數萬破劉什善張君立於徐河黑闥引突厥入寇藝復以兵與皇太子建成會洺州遂請入朝帝厚禮之拜左翊衛大將軍藝負其功且貴重不少屈秦王左右嘗至其營藝疾辱之高祖怒以屬吏久乃釋時突厥放橫藉藝威名欲憚虜詔以本官領天節軍將鎮涇州太宗即位進開府儀同三司藝內懼乃圖反詭言閱武兵既集稱被密詔入朝軍至豳治中趙慈皓出謁遂據州帝命長孫无忌尉遲敬德擊之未至慈皓與統軍楊岌謀誅藝藝覺執慈皓岌居外即攻之藝敗弃妻子從數百騎奔突厥抵寧州騎稍亡左右斬之傳首梟于都市壽時爲利州都督亦及誅先是濟陰女子李自言通鬼道能愈疾四方惑之詔取致京師嘗往來藝家謂藝妻孟曰妃相貴當母天下孟令視藝又曰妃之貴由於王貴色且發藝妻信之亦贊以反既敗與李皆斬

王君廓并州石艾人少孤貧爲駔儈無行善盜嘗負竹笥如魚具

內置逆刺見鬻南繒者以笥囊其頭不可脫乃奪繒去而主不辨也鄉里患之大業末欲聚兵爲盜請與忠俱不從乃誣鄰人通叔母者與叔共殺之遂皆亡命衆稍集掠夏長平河東丞丁榮拒之且遣使慰召君廓見使謬爲欲歸首者榮輕之因陳兵登山君廓悉伏甲山谷中榮軍還掩擊破之又與賊韋寶鄧豹等掠虞鄉宋老生與戰君廓不利保方山老生列營迫之君廓糧盡詐請降與老生隔澗語祈請哀到老生爲感動稍緩之君廓一昔遁去高祖兵起召之不從歸李密密不甚禮乃歸國授上柱國假河內太守常山郡公遷遼州刺史從封上谷從戰東都有功爲右武衛將軍詔勞之曰爾以十三人破賊萬自古以少制衆無有也賜雜綵百段別下轘轅羅川二縣破世充將魏隱擊糧道緱氏沈米艘三十柂進爵彭國公鎮幽州擊突厥俘斬二千獲馬五千匹入朝帝賜所乘馬令自廷中乘以出謂侍臣曰昔藺相如叱秦王目眥皆裂君廓往擊建德李勣過之至發憤大呼鼻耳皆流血其勇何特古人哉

朕當不以例賞乃賜錦袍金帶還幽州會大都督廬江王瑗反欲奪君廓兵以委王詵君廓本紿瑗使亂爲已功乃從數騎候詵留騎于外曰聞呼聲則入乃獨款詵詐曰有急變當白詵方沐握髮出即斬之因執瑗以功授幽州都督瑗家口悉賜之進左光祿大夫賜帛千段居職不守法度長史李玄道數以法繩督猜惑不自安會被召至渭南殺驛史亡奔突厥野人斬之太宗顧前功爲收葬待其家如初御史大夫溫彥博奏君廓叛臣不宜食封邑有司失所宜言乃貶爲庶人

杜張李苑羅王列傳第十七

二李列傳第十八　唐書九十三

端明殿學士兼翰林侍讀學士龍圖閣學士朝散大夫行尚書吏部侍郎充史館修撰臣宋祁奉

敕撰

李靖字藥師京兆三原人姿貌魁秀通書史嘗謂所親曰丈夫遭遇要當以功名取富貴何至作章句儒其舅韓擒虎每與論兵輒歎曰可與語孫吳者非斯人尚誰哉仕隋爲殿內直長吏部尚書牛弘見之曰王佐才也左僕射楊素拊其牀謂曰卿終當坐此大業末爲馬邑丞高祖擊突厥靖察有非常志自囚上急變傳送江都至長安道梗高祖已定京師將斬之靖呼曰公起兵爲天下除暴亂欲就大事以私怨殺誼士乎秦王亦爲請得釋引爲三衛從平王世充以功授開府蕭銑據江陵詔靖安輯從數輕騎道金州會蠻賊鄧世洛兵數萬屯山谷間廬江王瑗討不勝靖爲瑗謀擊卻之進至峽州阻銑兵不得前帝謂逗留詔都督許紹斬靖紹爲請而免開州蠻冉肇則寇夔州趙郡王孝恭戰未利靖率兵八百

破其屯要險設伏斬肇則俘禽五千帝謂左右曰使功不如使過靖果然因手敕勞曰既往不咎向事吾久已忘之靖遂陳圖銑十策有詔拜靖行軍總管兼攝孝恭行軍長史軍政一委焉武德四年八月大閱兵夔州時秋潦濤瀨漲惡銑以靖未能下不設備諸將亦請江平乃進靖曰兵機事以速爲神今士始集銑不及知若乘水傅壘是震霆不及塞耳有能倉卒召兵無以禦我此必禽也孝恭從之九月舟師叩夷陵銑將文士弘以卒數萬屯清江孝恭欲擊之靖曰不可士弘健將下皆勇士今新失荊門悉銳拒我此救敗之師不可當宜駐南岸待其氣衰乃取之孝恭不聽留靖守屯自往與戰大敗還賊委舟散掠靖視其亂縱兵擊破之取四百餘艘溺死者萬人即率輕兵五千爲先鋒趨江陵薄城而營破其將楊君茂鄭文秀俘甲士四千孝恭軍繼進銑大懼檄召江南兵不及到明日降靖入其都號令靜嚴軍無私焉或請靖籍銑將拒戰者家貲以賞軍靖曰王者之兵弔人而取有罪彼其脅驅以來

藉以拒師本非所情不容以叛逆比之今新定荆郢宜示寛大以慰其心若降而籍之恐自荆而南堅城劇屯歐之死守非計之善也止不籍由是江漢列城爭下以功封永康縣公檢校荆州刺史乃度嶺至桂州分道招慰酋領馮盎等皆以子弟來謁南方悉定裁量款效承制補官得郡凡九十六戸六十餘萬詔書勞勉授嶺南撫慰大使檢校桂州揔管以嶺海陋遠久不見德非震威武示禮義則無以變風即率兵南巡所過問疾苦延見長老宣布天子恩意遠近懽服輔公祏據丹楊反詔孝恭爲帥召靖入朝受方略副孝恭東討李世勣等七揔管皆受節度公祏遣馮惠亮以舟師三萬屯當塗陳正通步騎二萬屯青林自梁山連鎖以斷江道築却月城延袤十餘里爲掎角諸將議曰彼勁兵連栅將不戰疲老我師若直取丹楊空其巢窟惠亮等自降靖曰不然二軍雖精而公祏所自將亦鋭卒也既保石頭則牢未可拔我留不得志退有所忌腹背蒙患非百全計且惠亮正通百戰餘賊非怯野鬬今方持重特公祏立計爾若出不意挑攻其城必破之惠亮拔公祏禽矣孝恭聽之靖率黃君漢等水陸皆進苦戰殺傷萬餘人惠亮等亡去靖將輕兵至丹楊公祏懼衆尚多不能戰乃出走禽之江南平置東南道行臺以爲行臺兵部尚書賜物千段奴婢百口馬百匹行臺廢檢校揚州大都督府長史帝歎曰靖迺銑公祏之膏肓也古韓白衞霍何以加八年突厥寇太原爲行軍揔管以江淮兵萬人屯太谷時諸將多敗獨靖以完軍歸俄權檢校安州大都督太宗踐阼授刑部尚書録功賜實封四百戸兼檢校中書令突厥部種離畔帝方圖進取以兵部尚書爲定襄道行軍揔管率勁騎三千繇馬邑趨惡陽嶺頡利可汗大驚曰兵不傾國來靖敢提孤軍至此於是帳部數恐靖縱諜者離其腹心夜襲定襄破之可汗脫身遁磧口進封代國公帝曰李陵以步卒五千絶漠然卒降匈奴其功尚得書竹帛靖以騎三千蹀血虜庭遂取定襄古未有輩足澡吾渭水之恥矣頡利走保鐵山遣使者謝罪請舉國内附以

靖爲定襄道揔管往迎之又遣鴻臚卿唐儉將軍安脩仁慰撫靖謂副將張公謹曰詔使到虜必自安若萬騎齎二十日糧自白道襲之必得所欲公謹曰上已與約降行人在彼奈何靖曰機不可失韓信所以破齊也如唐儉輩何足惜哉督兵疾進行遇候邏皆俘以從去其牙七里乃覺部衆震潰斬萬餘級俘男女十萬禽其子疊羅施殺義成公主頡利亡去爲大同道行軍揔管張寶相禽以獻於是斥地自陰山北至大漠矣帝因大赦天下賜民五日酺御史大夫蕭瑀劾靖持軍無律縱士大掠散失奇寶帝召讓之靖無所辯頓首謝帝徐曰隋史萬歲破達頭可汗不賞而誅朕不然赦公之罪録公之功乃進左光禄大夫賜絹千匹增戸至五百既而曰向人譖短公朕今悟矣加賜帛二千匹遷尚書右僕射靖每參議恂恂似不能言以沈厚稱時遣使十六道巡察風俗以靖爲畿内道大使會足疾懇乞骸骨帝遣中書侍郎岑文本諭旨曰自古富貴而知止者蓋少雖疾頓憊猶力于進公今引大體朕深嘉之欲成公美爲一代法不可不聽乃授檢校特進就第賜物段千尚乘馬二禄賜國官府佐皆勿廢若疾少閒三日一至門下中書平章政事加賜靈壽杖頃之吐谷渾寇邊帝謂侍臣曰靖能復起爲帥乎靖往見房玄齡曰吾雖老尚堪一行帝喜以爲西海道行軍大揔管任城王道宗侯君集李大亮李道彦高甑生五揔管兵皆屬軍次伏俟城吐谷渾盡火其莽退保大非川諸將議春草未牙馬弱不可戰靖決策深入遂踰積石山大戰數十多所殺獲殘其國國人多降吐谷渾伏允愁蹙自經死靖更立大寧王慕容順而還甑生軍繇鹽澤道後期靖簿責之既歸而憾與廣州長史唐奉義告靖謀反有司按驗無狀甑生等以誣罔論靖乃闔門自守賓客親戚一謝遣改衞國公其妻卒詔墳制如衞霍故事築闕象鐵山積石山以旌其功進開府儀同三司帝將伐遼召靖入謂曰公南平吳北破突厥西定吐谷渾惟高麗未服亦有意乎對曰往憑天威得效尺寸功今疾雖衰陛下誠不棄病且瘳矣帝憫其老不許

二十三年病甚帝幸其第流涕曰公乃朕生平故人於國有勞今疾若此爲公憂之薨年七十九贈司徒并州都督給班劒羽葆鼓吹陪葬昭陵謚景武子德謇嗣官至將作少匠坐善太子承乾流嶺南以靖故徙吳郡靖兄端字藥王以靖功襲永康公梓州刺史弟客師右武衛將軍累戰功封丹楊郡公致仕居昆明池南善騎射喜馳獵雖老猶未衰自京南屬山西際灃水鳥鵲皆識之每出從之翔噪人謂之鳥賊卒年九十贈幽州都督孫令問玄宗爲臨淄王時與雅舊及即位以協贊功遷殿中少監預誅竇懷貞封宋國公實封五百戶進散騎常侍知尚食事恩待甚渥然未嘗輒干政率游畋自娛厚奉養侈飲食至躬視割宰有譏之者答曰此畜豢天所以養人與蔬果何異安用妄分別邪後坐其子與回紇部酋承宗連婚貶撫州別駕卒靖五代孫彥芳大和中爲鳳翔司錄參軍家故藏高祖太宗賜靖詔書數函上之一曰兵事節度皆付公吾不從中治也一曰有晝夜視公疾大老嫗遣來吾欲熟知公起

居狀皆太宗手墨它大略如此文宗愛之不廢手其舊物有佩筆以木爲管弢刻金其上別爲環以限其間筆尚可用也請破蕭銑時所賜于闐玉帶十三胯七方六刓胯各附環以金固之所以佩物者又有火鑑大觿筭囊等物常佩于帶者天子悉留禁中又敕摸詔本還賜彥芳并束帛衣服權德輿嘗讀太宗手詔至流涕曰君臣之際乃爾邪

李勣字懋功曹州離狐人本姓徐氏客衛南家富多僮僕積粟常數千鍾與其父蓋皆喜施貸所周給無親疏之閒隋大業末韋城翟讓爲盜勣年十七往從之說曰公鄉壤不宜自剽殘宋鄭商旅之會御河在中舟艦相屬往邀取之可以自資讓然之劫公私船取財繇是兵大振李密亡命雍丘勣與浚儀王伯當共說讓推密爲主以奇計破王世充密署勣右武候大將軍東海郡公當是時河南山東大水隋帝令飢人就食黎陽倉吏不時發死者日數萬勣說密曰天下之亂本于飢今若取黎陽粟以募兵大事濟矣密以麾下兵五千付勣與郝孝德等濟河襲黎陽守之開倉縱食旬日勝兵至二十萬宇文化及擁兵北上密使勣守倉周堀塹以自環化及攻之勣爲地道出鬬化及敗引去武德二年密歸朝廷其地東屬海南至江西直汝北抵魏郡勣統之未有所屬謂長史郭孝恪曰人衆土宇皆魏公有也吾若獻之是利主之敗爲己功吾所羞也乃錄郡縣戶口以啓密請自上之使至高祖訝無表使者以意聞帝喜曰純臣也詔授黎州總管封萊國公賜姓附宗正屬籍徙封曹給田五十頃甲第一區封蓋濟陰王固辭改舒國公詔勣總河南山東兵以拒王世充及密以謀反誅帝遣使示密反狀勣請收葬詔從之勣爲密服縗絰葬訖乃釋俄爲竇建德所陷質其父使復守黎陽三年自拔來歸從秦王伐東都戰有功東略地至虎牢降鄭州司兵沈悅平建德俘世充乃振旅還秦王爲上將勣爲下將皆服金甲乘戎輅告捷于廟蓋亦自洛州與裴矩入朝詔復其官又從破劉黑闥徐圓朗累遷左監門大將軍圓朗復反

詔勣爲河南大總管討平之趙郡王孝恭討輔公祏也遣勣以步卒一萬度淮拔壽陽攻江西賊壁馮惠亮陳正通相次潰公祏平太宗即位拜并州都督賜實封九百戶貞觀三年爲通漠道行軍總管出雲中與突厥戰走之引兵與李靖合因曰頡利若度磧保於九姓果不可得我若約齎薄之不戰縛虜矣靖大喜以與己合於是意決請率衆夜發勣勒兵從之頡利欲走磧勣前屯磧口不得度由是酋長率部落五萬降于勣詔拜光祿大夫行并州大都督府長史父喪解奪哀還官徙封英治并州十六年以威肅聞帝嘗曰煬帝不擇人守邊勞中國築長城以備虜今我用勣守并突厥不敢南賢長城遠矣召爲兵部尚書未至會薛延陀子大度設以八萬騎侵李思摩詔勣爲朔方道行軍總管將輕騎六千擊度設青山斬名王一俘口五萬以功封一子爲縣公晉王爲皇太子授詹事兼左衛率俄同中書門下三品帝曰吾兒方位東宮公舊長史以宮事相委勿以責屈爲嫌也後帝自將征高麗以勣爲遼

東道行軍大摠管破蓋牟遼東白崖等城從戰駐蹕山功多封一子為郡公延陀部落亂詔將二百騎發突厥兵討之大戰烏德鞬山破之降其首領梯眞達干而可汗咄摩支遁入荒谷磧北遂定改太常卿仍同中書門下三品復為詹事勣旣忠力帝謂可託大事嘗暴疾醫曰用須灰可治帝乃自翦須以和藥及愈入謝頓首流血帝曰吾為社稷計何謝為後留宴顧曰朕思屬幼孤無易公者公昔不遺李密豈負朕哉勣感涕因嚙指流血俄大醉帝親解衣覆之帝疾謂太子曰爾於勣無恩今以事出之我死宜即授以僕射彼必致死力矣乃授疊州都督高宗立召授檢校洛州刺史洛陽宮留守進開府儀同三司同中書門下參掌機密遂為尚書左僕射永徽元年求解僕射聽之仍以開府儀同三司知政事四年冊進司空始太宗時勣已畫象凌煙閣至是帝復命圖其形自序之又詔得乘小馬出入東西臺單官日一人迎送帝欲立武昭儀為皇后畏大臣異議未決李義府許敬宗又請廢王皇后帝召勣

與長孫无忌于志寧褚遂良計之勣稱疾不至帝曰皇后無子罪莫大于絕嗣將廢之遂良等持不可志寧顧望不對帝後密訪勣曰將立昭儀而顧命之臣皆以為不可今止矣荅曰此陛下家事無須問外人帝意遂定而王后廢詔勣志寧奉冊立武氏帝東封泰山為封禪大使嘗墜馬傷足帝以所乘馬賜之高麗莫離支男生為其弟所逐遣子乞師詔勣為遼東道行軍大摠管率兵二萬討之破其國執高藏男建等裂其地州縣之詔勣獻俘昭陵明先帝意且軍容告于廟進位太子太師增食千一百戶總章二年卒年八十六帝曰勣奉上忠事親孝歷三朝未嘗有過性廉愼不立產業今亡當無羸貲有司其厚賵卹之因泣下舉哀光順門七日不視朝贈太尉揚州大都督謚貞武給秘器陪葬昭陵起冢象陰山鐵烏德鞬山以旌功列葬日帝與皇太子幸未央古城哭送百官送故城西北初勣拔黎陽倉就食者衆高季輔杜正倫往客焉及平虎牢獲戴冑咸引見卧內推禮之後皆為名臣世以勣知人平洛陽得單雄信故人也表其材武且言若貸死必有以報請納官爵以贖不許乃號慟割股肉啗之曰生死永訣此肉同歸于土為收養其子焉性友愛其姊病嘗自為粥而燎其須姊戒止荅曰姊多疾而勣且老雖欲數進粥尚幾何其用兵多籌筭料敵應變皆契事機聞人善抵掌嗟嘆及戰勝必推功于下得金帛盡散之士卒無私貯然持法嚴故人為之用臨事選將必訾相其奇厖福艾者遣之或問故荅曰薄命之人不足與成功名旣殁士皆為流涕自屬疾帝及皇太子賜藥即服家欲呼醫巫不許諸子固以藥進輒曰我山東田夫耳位三公年踰八十非命乎生死係天寧就醫求活耶弟弼始為晉州刺史以勣疾召為司衞卿使省視忽語曰我似少愈可置酒相樂於是奏樂宴飲列子孫于下將罷謂弼曰我即死欲有言恐悲哭不得盡故一訣耳我見房玄齡杜如晦高季輔皆辛苦立門戶亦望詒後悉為不肖子敗之我子孫今以付汝汝可愼察有不厲言行交非類者急榜殺以聞毋令後人笑吾

猶吾笑房杜也我死布裝露車載柩斂以常服加朝服其中儻死有知庶著此奉見先帝明器惟作五六寓馬下帳施幔為皁頂白紗裙中列十偶人它不得以從衆妾願留養子者聽餘出之葬已徙居我堂善視小弱苟違我言同戮尸矣乃不復語弼等遵焉勣本二名至高宗時避太宗偏諱故但名勣後配享高宗廟廷季弟感年十五有奇操李密敗陷于世充世充令作書召勣對曰兄尚節義今已事主民弟不能救也固不從殺之勣子震嗣終桂州刺史震子敬業敬猷

敬業少從勣征伐有勇名歷太僕少卿襲英國公為眉州刺史嗣聖元年坐贓貶柳州司馬會給事中唐之奇貶括蒼令詹事府司直杜求仁貶黟令長安主簿駱賓王貶臨海丞敬猷自盩厔令坐事免俱客揚州失職怏怏時武后旣廢中宗又立睿宗實亦囚之諸武擅命唐子孫誅戮天下憤之敬業等乘人怨謀起兵先諭其黨監察御史薛璋求使江都及至令雍人韋超告州長史陳敬之

反璋乃收繫之敬業即矯制殺敬之自稱州司馬且言奉密詔募兵討高州叛酋即開府庫令參軍李宗臣釋繫囚役工數百人授甲斬錄事參軍孫處行以徇乃開三府一曰匡復府二曰英公府三曰揚州大都督府自稱匡復府上將領揚州大都督以之奇爲左長史求仁右長史宗臣左司馬璋右司馬江都令韋知止爲英公府長史賓王爲藝文令前盩厔尉魏思温爲軍師旬日兵十餘萬傳檄州縣疏武氏過惡復廬陵王天子位又索狀類太子賢者奉之詭衆曰賢實不死楚州司馬李崇福率所部三縣應之武后遣左玉鈐衛大將軍李孝逸兵三十萬往擊之削其祖父官爵毀冢藏除屬籍赦揚楚民脅從者購得敬業首授官三品賞帛五千得之奇等首官五品帛三千敬業問計於思温對曰公既以太后幽繫天子宜身自將兵直趨洛陽山東韓魏知公勤王附者必衆天下指日定矣璋曰不然金陵負江其地足以爲固且王氣尚在宜先并常潤爲霸基然後鼓行而北思温曰鄭汴徐亳士皆豪桀不願武后居上蒸麥爲飯以待我師柰何欲守金陵投死地乎敬業不從使敬猷屯淮陰韋超屯都梁山自引兵擊潤州下之署宗臣爲刺史始回兵屯高郵下阿谿思温歎曰兵忌分今敬業不知掃地度淮率山東士先襲東都吾知無能爲也武后又使黑齒常之將江南兵爲孝逸援進擊淮陰都梁兵皆敗後軍總管蘇孝祥率奇兵五千夜度擊敬業孝祥死兵溺者過半孝逸軍退守石梁有烏羣噪敬業營上監軍御史魏元忠曰賊其敗乎風順荻乾火攻之利也固請戰遂度谿擊之敬業置陣久士疲皆顧望不正列孝逸乘風縱火逼其軍軍稍却敬業麾精兵居前弱者在後陣亂不能制乃敗斬七千餘級敬業與敬猷之奇求仁賓王輕騎遁江都悉焚其圖籍攜妻子奔潤州潛蒜山下將入海逃高麗抵海陵阻風遺山江中其將王那相斬之凡二十五首傳東都皆夷其家中宗反正詔還勣官封屬籍葺完丘冢焉初敬業之叔思文爲潤州刺史敬業兵起以使間道聞固守踰月城陷敬業責曰廬陵王繼天下無罪見廢今兵以義動何過拒邪若太后是助宜即姓武思温等欲殺之敬業不許及揚楚平乃獨免后遂賜武姓歷春官尚書或言本與敬業謀者乃復徐氏卒子欽憲開元中仕至國子祭酒

贊曰唐興其名將曰英衞攉皆罪亡之餘遂能依乘風雲勒功帝籍蓋君臣之際固有以感之獨推期運非也若靖閫門稱疾畏遠權逼功大而主不疑雖古哲人何以尚茲勣之節見于黎陽故太宗勤勤於託孤誠有爲也至以老臣輔少主會房帷易奪天子畏大臣依違不專委詠取決推議是聽勣乃私己畏禍從而導之武氏奮而唐之宗屬幾殲焉及其孫因民不忍舉兵還復宗至掘冢而暴其骨嗚呼不幾一言而喪邦乎惜其不通學術昧夫臨大節不可奪之誼反與許李同科可不戒哉世言靖精風角鳥占雲祲孤虛之術爲善用兵是不然特以臨機果料敵明根于忠智而已俗人傳著怪詭禨祥皆不足信故列靖所設施如此

二李列傳第十八

端明殿學士兼翰林侍讀學士龍圖閣學士朝請大夫守尚書吏部侍郎充集賢殿修撰臣宋　祁　奉
敕撰

侯君集豳州三水人以材雄稱少事秦王幕府從征討有功擢累
左虞候車騎將軍封全椒縣子預誅隱太子尤力王即位拜左衛
將軍進封潞國公邑千戶貞觀四年遷兵部尚書俄檢校吏部尚
書參議朝政李靖討吐谷渾以君集爲積石道行軍摠管師次鄯
州議所向君集曰王師已至而賊不走險天贊我也若以精兵掩
不備彼不我虞必有大利若遁岨山谷克之實難靖然其計簡銳
士約齎突入追及其衆於庫山大戰破之進會大非川平其國會
詔世封功臣授陳州刺史更封陳羣臣不願封進吏部尚書君集
本以行伍奮不知學後貴益自喜好書及典選分明課最有譽於
時吐蕃圍松州授當彌道行軍大摠管以擊之高昌不臣拜交河道
行軍大摠管出討王麴文泰咲曰唐去我七千里磧鹵二千里無

 章宇

水草冬風裂肌夏風如焚行賈至者百之一安能致大兵乎使能頓
吾城下一再旬食盡當潰吾且係而虜之君集次磧口而文泰
死子智盛襲位進營柳谷候騎言國方葬死君諸將請襲之君集
曰不可天子以高昌驕慢使吾龔行天罰今襲人於墟墓間非
問罪也於是鼓而前賊嬰城自守遣諭之不下乃刊木塞塹引撞
車毀其堞飛石如雨所向無敢當因拔其城俘男女七千進圍都
城初文泰與西突厥欲谷設約有急相援及是欲谷設益懼西走
智盛失援乃降高昌平君集刻石紀功還初君集配沒罪人不以
聞又私取珍寶婦女將士因亦盜入不能制及還京師有司劾之
詔君集詣獄簿對中書侍郎岑文本諫曰高昌之罪議者以其遐
遠欲置度外唯陛下奮獨見之明授使勝之略君集得指期平殄
今推勞將帥從征之人悉蒙重賞未踰數日更以屬吏天下聞之
謂陛下録過遺功無以勸後且古之出師克敵有重賞不勝蒙顯
戮當明其有功也雖貪財縱欲尚蒙爵邑其無功也雖勤躬絜己不

免鈇鉞故曰記人之功忘人之過宜爲君者也昔李廣利貪不愛
卒陳湯盜所收康居財物二主皆赦其罪封侯賜金夫將帥之臣
廉慎少而貪殺多軍法曰使智使勇使貪使愚故智者樂立其功
勇者好行其志貪者邀趨其利愚者不計其死是以前聖使人必
收所長而棄所短陛下宜申宥君集俾復朝列以勸有功帝寤釋
不問君集自恃有功以亡罪被繫居怏怏不平會張亮出洛州都
督君集誘激說曰何爲見排亮曰公排我尚誰咎君集曰我平一
國還觸天子嗔何能排君因攘袂曰鬱鬱不可活能反乎當與公
反亮密以聞帝曰卿與君集皆功臣今獨相語而無左驗柰何祕
不發待君集如初皇太子承乾數有過慮廢知君集怨望因其壻
賀蘭楚石爲千牛私引君集入問自安計君集舉手謂曰此手當爲
殿下用之又遣楚石語承乾曰魏王得愛陛下若有詔召願毋輕
入承乾納之然君集常畏謀洩怱怱不自安或中夕驚吒妻怪之
曰公國大臣何爲爾若有所負宜自歸首領尚可全不從承乾事

覺捕君集下獄楚石告狀帝自臨問曰我不欲令刀筆吏辱公君
集辭窮不能對帝語羣臣曰君集於國有功朕不忍寘諸法將丐
其命公卿其許我乎羣臣皆曰君集罪大逆不道請論如法帝乃
謂曰與公訣矣今而後徒見公遺像耳因泣下遂斬之籍其家君
集臨刑色不變謂監吏曰我豈反者乎蹉跌至此然嘗爲將破二
國若言之陛下丐一子以守祭祀帝聞原其妻及一子徙嶺表始
帝命李靖教君集兵法既而奏靖且反兵之隱微不以示臣帝以
讓靖靖曰方中原無事臣之所教足以制四夷而求盡臣術此君
集欲反耳靖爲右僕射君集爲兵部尚書同還省君集馬過門數
步乃覺靖語人曰君集其有異慮乎後果如言
張亮鄭州滎陽人起畎畝志趣奇譎雖外敦厚而內不情隋大業
末李密略地滎汴亮從之未甚甄識時軍中有謀叛去者亮輒以
告密愛其誠乃署驃騎將軍隸李勣勣以黎陽歸亮頗佐佑之擢
鄭州刺史會王世充取鄭亮提孤軍不敢入亡命共城山俄檢校

定州別駕勣討劉黑闥使亮守相州賊方盛棄城遁房玄齡以亮忱果有謀白秦王引爲車騎將軍隱太子將作難命亮統左右千人之洛陽陰結山東豪桀以備變齊王告亮反高祖以屬吏詰訊終無所言乃得釋王即位除右衞將軍封長平郡公累遷御史大夫進封鄅國公食益州戶五百歷豳夏鄜三州都督相州長史徙鄖國召拜工部尚書亮爲政多伺察發擿隱微示神明抑彊恤弱所至有績拜太子詹事出爲洛州都督侯君集巳誅以刑部尚書參預朝政時茂州俚童張仲文自稱天子有司論斥乘輿有害當死攝刑部尚書韋挺奏童乃妖言無死坐帝怒曰爾作威福于下而歸虐朕耶挺失據趨出亮爲挺直之帝曰公欲取剛正名乎亮不謝帝寤曰寧屈我以申公之請童免死帝將伐高麗亮頻諫不納因自請行詔爲平壤道行軍大總管引兵自東萊浮海襲破沙卑城進至建安營壁未立賊奄至亮不知所爲踞胡牀直視無所言衆謂其勇得自安於是副將張金樹鼓于軍士奮擊因破賊及

從帝還至并州乃得罪初亮棄故妻更娶李氏李妬悍私通歌兒養爲子名慎幾亮子顗數諫止亮不納李好左道交通巫覡橈政事亮爲相州假子公孫節以讖有弓長之主當別都亮自以相舊都弓長其姓陰有怪謀術家程公穎者亮素與厚陰謂曰君前言陛下眞天下主何其神邪公穎內曉即稱亮卧若龍當大貴亮曰國家殆必亂吾臂龍鱗奮矣愼幾且大貴公孫常者節兄也亮謂曰吾有妾相者云必爲諸王姬常曰我兄子大品言有神告公名在讖書亮悅會陝人常德發其謀幷言亮養假子五百帝使馬周案之亮讕辭曰囚等畏死見誣耳因自陳佐命舊臣帝曰亮養子五百將何爲正欲反耳詔百官議皆言亮當誅帝遣長孫无忌房玄齡就獄謂曰法者天下平與公共爲之公不自脩乃至此將柰何於是斬西市籍其家

薛萬均本燉煌人後徙京兆咸陽父世雄大業末爲涿郡太守萬均與弟萬徹因客幽州以材武爲羅藝所厚善與藝歸款高祖授萬均上柱國永安郡公竇建德帥衆十萬寇范陽藝迎拒之萬均曰衆寡不敵宜以計勝即教藝羸兵阻水以誘之萬均自以精騎百匿城左建德師度水邀半度擊之大敗其衆明年建德以二十萬騎來攻兵已緣堞萬均與萬徹率死士百人出地道掩擊其背衆驚潰去秦王平劉黑闥引萬均爲右二護軍北門長上柴紹之討梁師都也以萬均爲副萬徹亦從距朔方數十里突厥兵驟至王師却萬均兄弟横擊之斬其驍將虜陣譁乘之俘殺相藉突厥走遂圍師都諸將以城險未可下萬均曰城中氣死鼓不能聲破亡兆也既而賊果斬師都降拜左屯衞將軍俄爲沃沮道行軍副總管從李靖討吐谷渾軍次青海萬均萬徹各以百騎行前卒與虜遇萬均單騎馳突無敢當者還語諸將曰賊易與復馳進擊斬數千級勇蓋三軍追奔至積石山大風折旗萬均曰虜且來乃勒兵俄而虜至萬均直前斬其將衆遂潰追至圖倫磧乃還與靖會青海璽書勞勉遷本衞大將軍又副侯君集擊高昌麴智盛堅守

未下萬均麾軍進智盛懼乃降進潞國公會有訴萬均與高昌女子亂太宗欲窮治魏徵曰君使臣以禮若所訴實罪且輕虛則所失重矣詔勿治後帝幸芙蓉園坐清宮不謹下獄憂憤卒帝驚悼爲舉哀詔陪葬昭陵後嘗賜羣臣膜皮及萬徹而誤呼萬均愴然曰萬均朕勳舊忽口其名豈死者有知與此賜乎因命取焚之舉坐感歎弟萬徹萬淑萬備

萬徹與萬均歸高祖授車騎將軍武安縣公事隱太子太子誅萬徹督宮兵戰玄武門譟而趨秦府衆失色乃示以太子首然後去與數十騎亡之南山秦王數使貸諭乃出謝王以其忠於所事不之罪也從李靖討突厥頡利可汗以功授統軍進爵郡公歷右衞將軍蒲州刺史副李勣擊薛延陀與虜戰磧南率數百騎爲先鋒繞擊陣後虜顧見遂潰斬首三千級獲馬萬五千封一子爲縣侯改左衞將軍尚丹陽公主加駙馬都尉遷代州都督右武衞大將軍太宗嘗曰當今名將唯李勣江夏王道宗萬徹而已勣道宗雖

不能大勝亦未嘗大敗至萬徹非大勝即大敗矣貞觀二十二年以青丘道行軍摠管帥師三萬伐高麗次鴨淥水以奇兵襲大行城與高麗步騎萬餘戰斬虜將所夫孫虜皆震恐遂傅泊灼城虜衆三萬來援擊走之拔其城萬徹在軍中任氣不能下人或有上書言狀者帝愛其功直加譲勗而已即爲焚書副將裴行方亦言其怨望李勣曰萬徹位大將軍親主壻而内懷不平罪當誅因詔除籍徙邊會赦還高宗永徽二年授寧州刺史入朝與房遺愛昵甚因曰我雖病足坐置京師諸輩猶不敢動遺愛曰若國有變當與公共輔荆王謀洩下獄誅臨刑曰萬徹大健兒留爲國効死安得坐遺愛殺之遂解衣顧監刑者曰亟斬我斬之不殊叱曰胡不力三斬乃絶萬淑亦以戰功顯歷右領軍將軍梁郡公暢武道行軍摠管萬備有至行居母喪廬墓前太宗詔表異其門以尚輦奉御從伐高麗李勣圍白巖虜遣兵萬餘來援將軍契苾何力以八百騎苦戰中槊創甚爲賊所窘萬備單馬進救何力獲免仕至

左衛將軍在武德貞觀時又有盛彥師盧祖尚劉世讓劉蘭李君羡等頗以功力顯而皆不終附于左

盛彥師者宋州虞城人少任俠隋大業末爲澄城長高祖兵至汾陰彥師率賓客上謁授行軍摠管從平京師與史萬寶鎮宜陽李密叛謀出山南萬寶懼謂彥師曰密驍賊也以王伯當輔之挾思東歸之士非計出萬全不爲也殆不可當彥師笑曰請以數千兵爲公梟其首萬寶問計荅曰兵詭道也難豫言即引衆踰洛水入熊耳山命士持滿夾道伏短兵溪谷間令曰賊半度乃擊所部皆笑曰賊趣洛州何爲備此彥師曰密聲言入洛其實走襄城就張善相我據其要必禽之密果至彥師橫擊首尾不相救遂斬密及伯當以功封葛國公授武衛將軍鎮熊州討王世充也彥師與萬寶軍伊闕絶山南路世充平爲宋州摠管始彥師入關世充以陳寶遇爲宋州刺史待其家不以禮及是彥師因事殺之又殺平生所惡數十家州人震駭皆重足立徐圓朗反詔爲安撫大使戰敗爲賊所執圓朗待之厚命作書招其弟使舉虞城叛彥師爲書曰吾奉使無狀爲賊禽誓死報國若宜善侍母勿以我爲念圓朗笑曰將軍壯士也置之武德六年圓朗平彥師得還高祖以罪誅之

盧祖尚字季良光州樂安人家饒財好施以俠聞隋大業末募壯士捕盜時年十九善御衆所向有功盜畏不入境宇文化及之亂據州稱刺史歃血誓衆士皆感泣越王侗立遣使歸地因署本州摠管封沇國公王世充僭位以州歸高祖授刺史封弋陽郡公從趙郡王孝恭討輔公祏爲前軍摠管下宣歙進擊賊帥馮惠亮陳正通破之歷蔣州刺史壽州都督瀛州刺史有能名貞觀二年交州都督以賄敗太宗方擇人任之咸以祖尚才備文武可用也召見内殿謂曰交州去朝廷遠前都督不稱職公爲我行無以道遠辭也祖尚頓首奉詔既而託疾自解帝遣杜如晦等諭意曰匹夫不負然諾公既許朕矣豈得悔三年當召不食吾言對曰嶺南瘴癘而臣不能飲當無還理遂固辭帝怒曰我使人不從何以爲天

下命斬朝堂既而悔之詔復其官

劉世讓字元欽京兆醴泉人仕隋爲徵仕郎高祖入長安以韓川歸授通議大夫時唐弼餘黨寇扶風世讓自請安輯許之得其衆數千因授安定道行軍摠管率兵二萬拒薛舉戰不勝與弟實皆沒於賊舉令至城下紿說使降世讓陽許之至則告守者曰賊兵極於此矣善自固舉重其節不加害秦王方屯高墌世讓密遣實間走王言賊虛實高祖悅賜其家帛千匹舉平授彭州刺史俄領陝東道行軍摠管從永安王孝基討吕崇茂於夏縣軍敗爲賊所囚聞獨孤懷恩有逆謀唐儉語世讓曰懷恩謀行則國難未息可亡歸白發之世讓逃還高祖方濟河幸懷恩營驚曰世讓之來天也因封爲弘農郡公賜田百畝錢百萬母喪免起爲檢校并州摠管實建德之援王世充也世讓率萬騎出黃沙嶺襲洺州會突厥入寇又詔以兵屯鴈門世讓馳騎八百赴之而可汗軍大至乃保武州可汗與高開道苑君璋合衆攻之城數壞輒立柵完拒鄭元

璹先使可汗可汗使來說世讓叱曰丈夫柰何爲夷狄作說客邪乂之虜引去元璹還具道其忠賜良馬金帶襄邑王神符鎮并州世讓數以氣凌之坐是削籍徙康州未幾召授廣州總管帝問以備邊策荅曰突厥數南寇者恃有馬邑爲地耳如使勇將屯崞城厚儲金帛以招降者數出奇兵略城下蹂禾稼不踰歲馬邑可圖也帝曰非公無可任者乃使馳驛經略於是世讓至馬邑高滿政以地來降突厥患之縱反間云世讓與可汗爲亂帝不之察因誅之籍其家貞觀初突厥降者言世讓無逆謀乃原其妻子

劉蘭字文郁青州北海人仕隋鄱陽郡書佐涉圖史能言成敗事性陰狡以天下將亂見北海完富潛介賊破其鄉取子女玉帛淮安王神通安撫山東率宗黨歸順貞觀初梁師都未平蘭上書陳方略太宗以爲夏州都督府司馬師都以突厥兵頓城下蘭仆旗息鼓賊疑不敢迫夜引去蘭追擊破之遂進軍夏州師都平遷豐州刺史召爲右領軍衞將軍十一年爲夏州都督長史時突厥攜

貳郁射設阿史那摸末率屬帳居河南蘭縱反間離之頡利果疑摸末懼來降頡利急追蘭逆拒卻其衆封平原郡公俄檢校代州都督初長社許絢解讖記謂蘭曰天下有長年者咸言劉將軍當爲天下主蘭子昭又曰讖言海北出天子吾家北海也會鄠縣尉游文芝以罪繫獄當死因發其謀蘭及黨與皆伏誅

李君羡洺州武安人初事李密後爲王世充驃騎惡世充爲人率其屬歸高祖授上輕車都尉秦王引置左右從破宋金剛於介休加驃騎將軍賜以宮人繒帛從討王世充爲馬軍副總管世充子玄應自武牢輸糧入洛君羡俘其軍玄應走從破竇建德劉黑闥所向必先登摧其鋒累授左衞府中郎將突厥至渭橋君羡與尉遲敬德擊破之太宗曰使皆如君羡者虜何足憂改左武候中郎將封武連縣公北門長上在仗讀書不休帝嘉勞歷蘭州都督是監門衞將軍先是貞觀初太白數晝見太史占曰女主昌又謠言當有女武王者會內宴爲酒令各言小字君羡自陳曰五娘子帝愕然因笑曰何物女子乃此健邪又君羡官邑屬縣皆武也忌之未幾出爲華州刺史會御史劾奏君羡與狂人爲妖言謀不軌下詔誅之天授中家屬詣闕訴冤武后亦欲自詫詔復其官爵以禮改葬

贊曰侯君集位將相私謁太子張亮養子五百人薛萬徹與狂豎謀皆死有餘責又何咎哉以太宗之明德蔽于謡讖濫君羡之誅徒使孽后引以自神顧不哀哉

侯張薛列傳第十九

端明殿學士兼翰林侍讀學士龍圖閣學士朝散大夫守尚書吏部侍郎充集賢殿脩撰臣宋祁奉
敕撰

高儉字士廉以字顯齊清河王岳之孫父勱樂安王入隋爲洮州刺史士廉敏惠有度量狀貌若畫觀書一見輒誦敏於占對隋司隸大夫薛道衡起居舍人崔祖濬皆宿臣顯重與爲忘年友繇是有名自以齊宗室不欲廣交接居終南山下吏部侍郎高孝基勸之仕仁壽中舉文才甲科補治禮郎斛斯政奔高麗坐與善貶爲朱鳶主簿以母老不可居瘴癘地乃留妻鮮于奉養而行會世大亂京師阻絕交趾太守丘和署司法書佐時欽州俚帥甯長眞以兵侵交趾和懼欲出迎士廉曰長眞兵雖多縣軍遠客勢不得久城中勝兵尚可戰柰何受制於人和因命爲行軍司馬逆擊破之高祖遣使徇嶺南武德五年與和來降於是秦王領雍州牧薦士廉爲治中親重之隱太子與王隙已憾乃與長孫无忌密計討定是日率吏卒釋囚授甲趨芳林門助戰王爲皇太子授右庶子進侍中封義興郡公坐匿王珪奏不時上左授安州都督進益州大都督府長史蜀人畏鬼而惡疾雖父母病皆委去望舍投餌哺之昆弟不相假財士廉爲設條教辯告督勵風俗翕然爲變又引諸生講授經藝學校復興秦時李冰導汶江水灌田瀕水者頃千金民相侵冒士廉附故渠厮引旁出以廣溉道人以富饒入爲吏部尚書進封許國公雅負裁鑒又詳氏譜所署用人地無不當者高祖崩攝司空營山陵加特進遷尚書右僕射士廉三世居此官世榮其貴太宗幸洛陽太子監國命攝少師手詔曰端拱三川不憂關中者以屬卿也久之請致仕聽解僕射加開府儀同三司同中書門下三品知政事帝伐高麗皇太子監國駐定州又攝太傅同掌機務太子令曰寡人資公訓道而比聽政據按對公情所未安所司宜別設按奉太傅士廉固辭還至并州有疾帝即所舍問之貞觀二十一年疾甚帝幸其第爲流涕卒年七十一又欲臨弔房

玄齡以帝餌金石諫不宜近喪帝曰朕有舊故姻戚之重君臣之分爲置勿言即從數百騎出長孫无忌伏馬前陳士廉遺言乞不臨喪帝猶不許无忌至流涕乃還入東苑南向哭詔贈司徒并州都督諡曰文獻陪葬昭陵方寘食敕尚宮以食四轝往祭帝自爲文喪出橫橋又登城西北樓望哭以過喪高宗即位加贈太尉配享太宗廟廷士廉進止詳華凡有獻納搢紳皆屬以目奏議未嘗不焚稾家人無見者士廉少識太宗非常人以所出女歸之是爲文德皇后及遺令墓不得它藏惟置衣一襲與平生所好書示先王典訓可用終始者初太宗嘗以山東士人尚閥閱後雖衰子孫猶負世望嫁娶必多取貲故人謂之賣昏由是詔士廉與韋挺岑文本令狐德棻責天下譜諜參考史傳檢正眞僞進忠賢退悖惡先宗室後外戚退新門進舊望右膏粱左寒畯合二百九十三姓千六百五十一家爲九等號曰氏族志而崔幹仍居第一帝曰我於崔盧李鄭無嫌顧其世衰不復冠冕猶恃舊地以取貲不肖子偃然自高販鬻松檟不解人間何爲貴之齊據河北梁陳在江南雖有人物偏方下國無可貴者故以崔盧王謝爲重今謀士勞臣以忠孝學藝從我定天下者何容納貨舊門向聲背實買昏爲榮耶太上有立德其次有立功其次有立言其次有爵爲公卿大夫世世不絕此謂之門戶今皆反是豈不惑邪朕以今日冠冕爲等級高下遂以崔幹爲第三姓班其書天下高宗時許敬宗以不敘武后世又李義府恥其家無名更以孔志約楊仁卿史玄道呂才等十二人刊定之裁廣類例合二百三十五姓二千二百八十七家帝自敘所以然以四后姓酅公介公及三公太子三師開府儀同三司尚書僕射爲第一姓文武二品及知政事三品爲第二姓各以品位高下敘之凡九等取身及昆弟子孫餘屬不入改爲姓氏錄當時軍功入五品者皆升譜限搢紳恥焉目爲勳格義府奏悉索氏族志燒之又詔後魏隴西李寶太原王瓊滎陽鄭溫范陽盧子遷盧渾盧輔清河崔宗伯崔元孫前燕博陵崔懿晉趙郡李楷

凡七姓十家不得自爲昏三品以上納幣不得過三百匹四品五品二百六品七品百悉爲歸裝夫氏禁受陪門財先是後魏太和中定四海望族以寶等爲冠其後矜尚門地故氏族志一切降之王妃主壻皆取當世勳貴名臣家未嘗尚山東舊族後房玄齡魏徵李勣復與昏故望不減然每姓第其房望雖一姓中高下縣隔李義府爲子求昏不得始奏禁焉其後天下衰宗落譜昭穆所不齒者皆稱禁昏家益自貴凡男女皆潛相聘娶天子不能禁世以爲敝云士廉六子履行審行眞行有名履行居母喪毀甚太宗諭使還食尚東陽公主襲爵縣戶部尚書累爲益州大都督府長史政有名坐長孫无忌左授洪州都督改永州刺史眞行至左衞將軍其子岐連章懷太子事詔令自誡切責行以佩刀刺殺之斷首棄道上高宗鄙其爲貶睦州刺史審行自戶部侍郎貶渝州刺史士廉五世孫重字文明以明經中第李巽表鹽鐵轉運巡官善職凡十年進累司門郎中敬宗愼置侍講學士重以簡厚淳正與崔郾

偕選再擢國子祭酒文宗好左氏春秋命分列國各爲書成四十篇與鄭覃刋定九經于石出爲鄂岳觀察使以美政被褒久之拜太子賓客分司東都卒贈太子少保

贊曰古者受姓受氏以旌有功是時人皆土著故名宗望姓舉郡國自表而譜系興焉所以推敘昭穆使百代不得相亂也遭晉播遷胡醜亂華百宗蕩析士去墳墓子孫猶挾系録以示所承而代閥顯者至賣昏求財汩喪廉恥唐初流弊仍甚天子屢抑不爲衰至中葉風教又薄譜録都廢公靡常產之拘士亡舊德之傳言李悉出隴西言劉悉出彭城悠悠世胙訖無考按冠冕皁隸混爲一區可太息哉

竇威字文蔚岐州平陸人父熾在周爲上柱國入隋爲太傅太穆皇后其從兄弟女也威沈邃有器局貫覽羣言家世貴子弟皆喜武力獨威尚文諸兄詆爲書癡内史令李德林舉秀異授祕書郎當遷不肯調者十年故其學益博而諸兄以軍功位通顯矣薄威職閑宂吏謂曰昔仲尼積學成聖猶棲遲不偶汝尚何求耶威笑不荅蜀王秀辟爲記室威以秀多不法謝疾去秀廢府屬皆得罪威獨免大業中累遷内史舍人數諫忤旨轉考功郎中後坐事免高祖入關召補大丞相府司錄參軍方天下亂禮典湮缺威多識朝廷故事乃裁定制度帝語裴寂曰威今之叔孫通也武德元年授内史令每論政事得失必陳古爲諭帝益親矚嘗引入卧内謂曰昔周有八柱國吾與公家是也今我爲天子而公爲内史令事固有不等耶威懼頓首謝曰臣家在漢再爲外戚至元魏有三皇后今陛下龍興臣復以姻戚進夙夜懼不克任帝笑曰公以三后族夸我邪關東人與崔盧婚者猶自矜大公世爲帝戚不亦貴乎後寢疾帝臨問及卒哭之慟贈同州刺史追封延安郡公謚曰靖威性儉素家不樹產比喪無餘貲遺令薄葬詔皇太子百官臨送

兄子軌字士則父恭仕周爲雍州牧鄭國公軌性剛果有威大業中爲資陽郡東曹掾去官歸高祖起兵軌募衆千餘人迎謁長春

宮帝大悅賜良馬十匹使略地渭南下永豐倉收兵五千從平京師封贊皇縣公爲大丞相諮議參軍稽胡賊五萬掠宜春詔軌討之次黃欽山遇賊乘高叢射衆爲却軌斬部將十四人更拔其次代之身擁數百騎殿令曰聞鼓不進者斬既鼓士爭赴賊賊射不勝大破之斬首千級獲男女二萬擢太子詹事赤排羌與薛舉叛將鍾俱仇寇漢中拜秦州總管討賊連戰有功餘黨悉降復鄭國舊封遷益州道行臺左僕射党項引吐谷渾寇松州詔軌與扶州刺史蔣善合援之善合先期至敗之鉗川軌進軍臨洮擊左封走其衆度羌必爲患始屯田松州詔率所部兵從秦王討王世充明年還蜀軌既貴益嚴酷然能自勤苦每出師臨敵身未嘗解甲其下有不用命即誅至小過亦鞭箠流血人見者皆重足股慄由是蜀盜悉平初以其甥爲腹心嘗夜出呼不時至斬之又戒家奴毋出外忽遣奴取漿公廚既而悔焉曰要當借汝頭以明法命斬奴奴稱冤監刑者疑不時決軌幷斬之後入朝賜坐御榻不肅又

坐對詔帝怒曰公入蜀車騎驃騎從者二十人公斬誅略盡我隴種車騎尚不足給公因繫詔獄俄釋之還鎮益州軌與行臺尚書韋雲起郭行方素不協及隱太子誅詔至軌內詔懷中雲起問詔安在軌不肯示因執殺之行方懼奔京師得免是歲行臺廢授益州都督加食邑戶六百貞觀元年召授右衛大將軍出為洛州都督周洛間因隋亂人不土著軌下令諸縣有游手末作者按之由是威信大行民皆趨本卒贈幷州都督子奉節尚永嘉公主歷左衛將軍秦州都督

軌弟琮有武幹大業末犯法亡命太原依高祖與秦王有憾不自安王方收天下豪英降禮接之與出入卧內琮意乃釋大將軍府建引為統軍從平西河破霍邑授金紫光祿大夫封扶風郡公從劉文靜擊屈突通於潼關敗其將桑顯和通遁去琮以輕騎追獲於稠桑進兵下陝縣拔太原倉遷左領軍大將軍賜物五百段隋河陽都尉獨孤武潛謀歸款命琮總萬騎自柏崖迎之逗留不進

武見殺坐除名武德初為右屯衛大將軍時將圖洛陽詔琮留守陝護饟道王世充將羅士信數以兵鈔絕琮使人說降之東都平檢校晉州總管從隱太子平劉黑闥以功封譙國公賜黃金五十斤卒贈左衛大將軍謚曰敬永徽五年加贈特進

威從兄子抗字道生父榮定為隋洛州總管陳國公謚曰懿母隋文帝姊安成公主也抗美容儀性通率涉見圖史以帝甥貴入太學釋褐千牛備身儀同三司侍父疾東帶五旬不弛居喪哀癯過常襲爵累轉梁州刺史將之官文帝幸其第酣宴如家人禮母卒數號絕詔宮人節哭歲餘為岐州刺史轉幽州總管所至以寬惠聞漢王諒反煬帝疑抗為應遣李子雄馳往代之子雄因誣抗得諒書不奏按鞫無狀然坐是遂廢抗與高祖少相狎及楊玄感反抗謂高祖曰玄感為我先耳李氏名在圖錄天所啓也高祖曰為禍始不祥公無妄言煬帝遣抗出靈武逴護長城聞高祖已定京師喜曰此吾家壻豁達有大度眞撥亂主也因歸長安高祖見之喜握手曰李氏果王何如因置酒為樂授將作大匠兼納言尋罷為左武候大將軍帝聽朝或引升御坐旣退入卧內從容談笑極平生歡以兄呼之宮中稱為舅或留宿禁省侍燕豫然未嘗干朝廷事後從秦王平薛舉功第一又從征王世充東都平冊勳於廟者九人抗與從弟軌與焉賜女樂一部珍幣不貲卒贈司徒謚曰密子衍靜誕衍襲爵

靜字元休在隋佐親衛以父得罪煬帝久不之進高祖入京師擢幷州大總管府長史時突厥數為邊患糧道不屬靜表請屯田太原以省饋運議者以流亡未復不宜重困於是召入與裴寂蕭瑀封倫廷議寂等不能屈帝從之歲收粟十萬斛詔檢校幷州大總管又請斷石嶺以為鄣塞制突厥之入太宗即位授司農卿封信都縣男趙元楷為少卿靜鄙其聚斂因會官屬大言曰如煬帝奢侈竭四海自奉司農須公矣今天子躬節儉屈一人安兆庶惡用公哉元楷大慙改夏州都督突厥攜貳諸將出征者過靜靜為陳虜

中虛實諸將由是大克獲又間其部落郁射所部欝孤尼等九俟斤皆內附帝嘉之賜馬百匹羊千口及禽頡利詔處其衆河南靜上書曰夷狄窮則搏噬飽則羣聚不可以刑法繩仁義教也衣食仰給不待耕桑今損有為之民資無知之虜得之無益於治失之不害於化況首丘未忘則一旦變生犯我王略矣不如因其破亡假以賢王一號妻之宗女披其土地部落使權弱勢分易為羈制則世為藩臣矣帝雖不從然嘉其忠優詔答曰北方之務悉以相委以卿為寧朔大使朕無北顧憂矣再遷民部尚書卒謚曰肅子逵尚遂安公主襲爵

誕隋末起家朝請郎義寧初辟丞相府祭酒封安豐郡公尚襄陽公主從秦王征薛舉為元帥府司馬累遷太常卿高祖諸子幼未出官者十餘王國司家事皆誕主之出為梁州都督貞觀初召授右領軍大將軍進莘國公為宗正卿太宗與語昏謬失對乃下詔曰誕比衰耗不能事朕知而任之是謂不明且為官擇人者治為

人擇官者亂其以光祿大夫罷就第卒贈工部尚書荆州刺史謚曰安

抗弟璡字之推性沈厚隋大業末爲扶風太守唐兵起以郡歸歷民部尚書從秦王平薛仁杲賜錦袍尋鎮益州時蜀盜賊多皆討平之與皇甫無逸不協數相訴毀因請入朝至半道詔還之璡內憂恐會使者至璡引宴卧内厚餉遺無逸以聞坐免官未幾授祕書監封鄧國公貞觀初遷將作大匠詔脩洛陽宮鑿池起山務極侈浮費不勝筭太宗怒詔毀之免其官以酆王納璡女爲妃復位卒贈禮部尚書謚曰安璡有巧思工書武德中與太常少卿祖孝孫受詔定雅樂是正鍾律云

威從孫德玄隋大業中起家國學生祖照尚周文帝義陽公主封鉅鹿郡公父彥襲爵終隋西平太守兄德明師事陳留王孝通知文史漢王諒反遣將綦良攻黎州德明年十八募士五千號令嚴整倍道擊賊破之以功擢累齊王府屬坐事免高祖兵叩長安

而宗室孝基神符道宗及竇誕趙慈景等並繫獄隋將衛文昇陰世師欲殺之德明諫曰罪不在此殺之無傷於彼秖取怨焉不如捉之乃止長安平謁高祖終不自言時稱長者拜考功郎中從秦王擊王世充封顯武男歷常愛二州刺史卒德玄始爲高祖丞相府千牛歷太宗時不甚顯高宗以舊臣自殿中少監爲御史大夫歲中遷司元太常伯時帝又以源直心爲奉常正卿劉祥道爲司刑太常伯上官儀爲西臺侍極郝處俊爲太子左中護凡十餘人皆帝自擇以示宰相李勣等皆頓首謝麟德初進檢校左相勤職約已天子眷臨朝咨其清素加以賜賚居位數年贊圖封禪事與李勣皆爲使帝次濮陽問古謂帝丘德玄不能對許敬宗具道其然帝稱善敬宗自矜于人德玄知不爲忤衆服其量禮成進爵二級以弟德遠未及爵願分封詔可故德玄封鉅鹿男德遠樂安男德玄迎時取合未嘗有過然無它補益卒年六十九贈光祿大夫幽州都督謚曰恭

贊曰高竇雖緣外戚姻家然自以才猷結天子厠跡名臣垂榮無窮時有遇合故見諸事業古來賢豪不遭興運埋光鏟采與草木俱腐者可勝咤哉竇宗自魏訖唐支冑扶疏數百年所馮厚矣

高竇列傳第二十

房杜列傳第二十一　唐書九十六

端明殿學士兼翰林侍讀學士龍圖閣學士朝請大夫守尚書吏部侍郎充集賢殿脩撰臣宋祁奉
敕撰

房玄齡字喬齊州臨淄人父彥謙仕隋歷司隸刺史玄齡幼警敏
貫綜墳籍善屬文書兼草隸開皇中天下混壹皆謂隋祚方永玄
齡密白父曰上無功德徒以周近親妄誅殺攘神器有之不為子
孫立長久計諸置嫡庶競侈僭相傾閱終當內相誅夷視今雖平
其亡跬可須也彥謙驚曰無妄言年十八舉進士授羽騎尉校讎
祕書省吏部侍郎高孝基名知人謂裴矩曰僕觀人多矣未有如
此郎者當為國器但恨不見其聳壑昂霄云補隰城尉漢王諒反
坐累徙上郡顧中原方亂慨然有憂天下志會父疾綿十旬不解
衣及喪勺飲不入口五日太宗以燉煌公徇渭北杖策上謁軍門
一見如舊署渭北道行軍記室參軍公為秦王即授府記室封臨
淄侯征伐未嘗不從衆爭取怪珍玄齡獨收人物致幕府與諸將
密相申結人人願盡死力王嘗曰漢光武得鄧禹門人益親今我
有玄齡猶禹也居府出入十年軍符府檄或駐馬即辦文約理盡
初不著藁高祖曰若人機識是宜委任每為吾兒陳事千里外猶
對面語隱太子與王有隙王召玄齡與計對曰國難世有惟聖人
克之大王功蓋天下非特人謀神且相之乃引杜如晦協判大計
累進陝東道大行臺考功郎中文學館學士故太子忌二人者奇
譖于帝皆斥逐還第太子將有變王召二人以方士服入夜計事
事平王為皇太子擢右庶子太子即位為中書令第功班賞與如
晦長孫无忌尉遲敬德侯君集功第一進爵邢國公食邑千三百
戶餘皆次敘封拜帝顧群臣曰朕論公等功定封邑恐不能盡無
有諱各為朕言之淮安王神通曰義師起臣兵最先至今玄齡等
以刀筆吏居第一臣所未諭帝曰叔父兵誠先至然未嘗躬行陣
勞故建德之南軍敗不振討黑闥反動望風輒奔今玄齡等有決
勝帷幄定社稷功此蕭何所以先諸將也叔父以親宜無愛者顧

不可緣私與功臣競先後爾初將軍丘師利等皆怙跋擾袂或指
畫自陳見神通屈乃曰陛下至不私其親吾屬可妄訴邪進
尚書左僕射監脩國史更封魏帝曰公為僕射當助朕廣耳目訪
賢材比聞閱牒訟日數百豈暇求人哉乃敕細務屬左右丞大事
關僕射帝嘗問創業守文孰難玄齡曰方時草昧群雄競逐攻破
乃降戰勝乃剋創業則難魏徵曰王者之興必乘衰亂覆昏暴殆
天授人與者既得天下則安于驕逸人欲靜徭役毒之世方敝衰
刻窮之國繇此衰則守文為難帝曰玄齡從我定天下冒百死遇
一生見創業之難徵與我安天下畏富貴則驕驕則怠怠則亡見
守文之不為易然創業之不易既往矣守文之難方與公等慎之
會詔大臣世襲授宋州刺史從國梁而群臣讓世襲事故罷刺史
遂為梁國公未幾加太子少師始詣東宮皇太子欲拜之玄齡讓
不敢謁乃止居宰相積十五年女為王妃男尚主自以權寵隆極
累表辭位詔不聽頃之進司空仍總朝政玄齡固辭帝遣使謂曰
讓誠美德也然國家相眷賴久一日去良弼如亡左右手顧公筋
力未衰毋多讓晉王為皇太子改太子太傅知門下省事以母喪
賜塋昭陵園起復其官會伐遼留守京師詔曰公當蕭何之任朕
無西顧憂矣凡糧械飛輸軍伍行留悉裁總之玄齡數上書勸帝
毋輕敵久事外夷固辭太子太傅見聽晚節多病時帝幸玉華
宮詔玄齡居守聽臥治事稍棘召許肩輿入殿帝視流涕玄齡亦
感咽不自勝命尚醫臨候尚食供膳日奏起居狀少損即喜見于
色玄齡顧諸子曰今天下事無不得惟討高麗未止上含怒意決
群臣莫敢諫吾而不言抱愧沒地矣遂上疏曰上古所不臣者陛
下皆臣之所不制者陛下皆制之矣為中國患無如突厥而大小
可汗相次束手弛辮握刀分典禁衛延陀鐵勒披置州縣高昌吐
渾偏師掃除惟高麗歷代逋命莫克窮討陛下責其弑逆身自將
六軍徑荒裔不旬日拔遼東虜獲數十萬殘衆孽君縮氣不敢息
可謂功倍前世矣易曰知進退存亡不失其正者其惟聖人乎蓋

進有退之義，存有亡之機，得有喪之理，爲陛下惜者此也。傳曰知足不辱，知止不殆。陛下威名功烈既云足矣，拓地開疆亦可止矣。邊夷醜種，不足待以仁義，責以常禮。古者以禽魚畜之，必絕其類，恐獸窮則搏。苟救其死，且陛下每決死罪，必三覆五奏，進疏食，停音樂，以人命之重，爲感動也。今士無一罪，驅之行陣之間，委之鋒鏑之下，使肝腦塗地，老父孤子寡妻慈母望轊車抱枯骨，摧心掩泣，其所以變動陰陽，傷害和氣，實天下之痛也。使高麗違失臣節，誅之可也；侵擾百姓，滅之可也；能爲後世患，夷之可也。今無是三者而坐敝中國，爲舊王雪恥，新羅報仇，非所存小所損大乎？臣願下沛然之詔，許高麗自新，焚陵波之船，罷應募之眾，即臣死骨不朽。帝得疏，謂高陽公主曰：是已危惙，尚能憂吾國事乎？疾甚，帝命鑿苑垣以便候問，親握手與決，詔皇太子就省，擢子遺愛右衞中郎將，遺則朝散大夫，令及見之。薨，年七十一，贈太尉、并州都督，謚曰文昭，給班劍、羽葆、鼓吹，絹布二千段，粟二千斛，陪葬昭陵。高宗

詔配享太宗廟廷。玄齡當國，夙夜勤彊，任公竭節，不欲一物失所，無媢忌，聞人善若己有之。明達吏治，而緣飾以文雅。議法處令，務爲寬平。不以己長望人，取人不求備，雖卑賤皆得盡所能。或以事被讓，必稽顙請罪，畏惕視若無所容。貞觀末年，以譴還第。黃門侍郎褚遂良言於帝曰：玄齡事君，自無所負，不可以一眚便示斥外，非天子任大臣意。帝悟，遽召于家。後避位不出，久之，會帝幸芙蓉園觀風俗，玄齡敕子弟汛埽廷除，曰：乘輿且臨幸。有頃，帝果幸其第，因載玄齡還宮。帝在翠微宮，以司農卿李緯爲民部尚書，會有自京師來者，帝曰：玄齡聞緯爲尚書謂何？曰：惟稱緯好髯，無它語。帝遽改太子詹事。帝討遼，玄齡守京師，有男子上急變，玄齡詰狀，曰：我乃告公。玄齡驛遣追帝，帝視奏已，斬男子，下詔責曰：公何不自信？其委任類如此。治家有法度，常恐諸子驕侈，席勢凌人，乃集古今家誡，書爲屏風，令各取一具，曰：留意於此，足以保躬矣。漢袁氏累葉忠節，吾心所尚，爾宜師之。子遺直嗣，次子遺愛，誕率無學，

有武力，尚高陽公主，爲右衞將軍。公主，帝所愛，故禮與它壻絕。主驕蹇，疾遺直任嫡，遺直懼，讓爵，帝不許。主稍失愛，意怏怏，與浮屠辯機亂，帝怒，斬浮屠，殺奴婢數十人，主怨望，帝崩，哭不哀。高宗時，出遺直汴州刺史，遺愛房州刺史。主又誣遺直罪，帝敕長孫无忌鞫治，乃得主與遺愛反狀，遺愛伏誅，主賜死，遺直以先勳免，貶銅陵尉。詔停配享。

杜如晦字克明，京兆杜陵人。祖果，有名周、隋間。如晦少英爽，喜書，以風流自命，內負大節，臨機輒斷。隋大業中，預吏部選，侍郎高孝基異之，曰：君當爲棟梁用，願保令德。因補滏陽尉，棄官去。高祖平京師，秦王引爲府兵曹參軍，徙陝州總管府長史。時府屬多外遷，王患之。房玄齡曰：去者雖多，不足吝，如晦王佐才也。大王若終守藩，無所事；必欲經營四方，捨如晦無共功者。王驚曰：非公言，我幾失之。因表留莫府。從征伐，常參帷幄機祕。方多事，裁處無留，僚屬共才之，莫見所涯。進陝東道大行臺司勳郎中，封建平縣男，兼文

學館學士。天策府建，爲中郎。王爲皇太子，授左庶子，遷兵部尚書，進封蔡國公，食三千戶，別食益州千三百戶。俄檢校侍中，攝吏部尚書，總監東宮兵。進位尚書右僕射，仍領選，與玄齡共筦朝政。引士賢者，下不肖，咸得職，當時浩然歸重。監察御史陳師合上拔士論，謂一人不可總數職，陰剴諷如晦等。帝曰：玄齡、如晦不以勳舊進，特其才可與治天下者，師合欲以此離間吾君臣邪？斥嶺表。久之，以疾辭職，詔給常俸就第，醫候之使道相屬。會病力，詔皇太子就問，帝親至其家，撫之梗塞。及未亂，擢其子左千牛構兼尚舍奉御。薨，年四十六，帝哭爲慟，贈開府儀同三司。及葬，加司空，謚曰成。手詔虞世南勒文于碑，使言君臣痛悼意。它日，食瓜美，輟其半奠焉。嘗賜玄齡黃銀帶，曰：如晦與公同輔朕，今獨見公。泫然流涕曰：世傳黃銀鬼神畏之。更取金帶，遣玄齡送其家。後忽夢如晦若平生，明日爲玄齡言之，敕所御饌往祭。明年之祥，遣尚宮勞問妻子，國府官佐亦不之罷，恩禮無少衰。後詔功臣世襲，追贈密州刺史、

徙國萊方為相時天下新定臺閣制度憲物容典率二人討裁每
議事帝所玄齡必曰非如晦莫籌之及如晦至卒用玄齡策也蓋
如晦長於斷而玄齡善謀兩人深相知故能同心濟謀以佐佑帝
當世語良相必曰房杜云構位慈州刺史次子荷性暴詭不循法
尚城陽公主官至尚乘奉御封襄陽郡公承乾謀反荷曰琅邪顏
利仁善星數言天有變宜建大事陛下當為太上皇請稱疾上必
臨問可以得志及敗坐誅臨刑意象軒驁構以累貶死嶺表
如晦弟楚客少尚奇節與叔父淹皆沒於王世充淹與如晦有隙
譖其兄殺之并囚楚客瀕死世充平淹當誅楚客請于如晦不許
楚客曰叔殘兄今兄又棄叔門內幾盡豈不痛哉如晦感悟請之
高祖得釋方建成難作楚客遁舍嵩山貞觀四年召為給事中太
宗曰君居山似之矣謂非宰相不起渠然邪夫走遠者自近人不
卹無官患才不副而兄與我異支一心者爾當如兄事吾而輔我
楚客頓首謝因擢為中郎將每入直盡夕不釋仗帝知而勞之進

蒲州刺史政有能名徙瀛州後為魏王府長史遷工部尚書攝府
事以威肅聞揣帝意薄承乾乃為王請媚用事臣數言王聰睿可
為嗣人或以聞帝隱恚及王貶爵暴其罪以如晦功免死廢于家
終虔化令
淹字執禮材辯多聞有美名隋開皇中與其友韋福嗣謀曰上好
用隱民蘇威以隱者召得美官乃共入太白山為不仕者文帝惡
之謫戍江表赦還高孝基為雍州司馬薦授承奉郎擢累御史中
丞王世充僭號署少吏部頗親近用事洛陽平不得調欲往事隱
太子時封倫領選以諗房玄齡玄齡恐失之白秦王引為天策府兵
曹參軍文學館學士嘗侍宴賦詩尤工賜銀鍾慶州總管楊文幹
反辭連太子歸罪淹及王珪韋挺並流越嶲王知其誣餉黃金三
百兩及踐阼召為御史大夫封安吉郡公食四百戶淹建言諸司
文案稽期請以御史檢促太宗以問僕射封倫倫曰設官各以其
事治御史劾不法而索案求疵是太苛且侵官淹嘿然帝曰何不

申執對曰倫所引國大體臣伏其議又何言帝悅以資博練帝敕
東宮儀典簿最悉聽淹裁訂俄檢校吏部尚書參豫朝政所薦贏
四十人後皆知名嘗白邳懷道可用帝問狀淹曰懷道及隋時位
吏部主事方煬帝幸江都羣臣迎阿獨懷道執不可帝曰卿時何
云曰臣與衆帝折曰事君有犯無隱卿直懷道者何不讜言謝曰
臣位下又顧諫不從徒死無益帝曰內以君不足諫尚何仕食隋
粟忘隋事忠乎因顧羣臣公等謂何王珪曰比干諫而死孔子稱
仁泄冶諫亦死則曰民之多辟無自立辟祿重責深從古則然帝
笑曰卿在隋不諫宜置世充親任胡不言對曰固嘗言不見用帝
曰世充愎諫飾非卿若何而免淹辭窮不得對帝勉曰今任卿已
可有諫未答曰願死死無隱貞觀二年疾帝為臨問卒贈尚書右僕
射謚曰襄始淹典二職貴重於朝矣而亡清白名獲譏當世子敬
同襲爵官至鴻臚卿如晦五世孫元穎貞元末及進士第又擢宏
詞數從使府辟署稍以右補闕為翰林學士敏文辭憲宗特所賞

歎異元濟平論書詔勤遷司勳員外郎知制誥穆宗以元穎多識
朝章尤被寵拜中書舍人戶部侍郎為學士承旨以本官同中書
門下平章事建安縣男自帝即位不閱歲至宰相搢紳駭異再
朞出為劒南西川節度使同平章事帝為御安福門臨餞敬宗驕
僻不君元穎每欲中帝意以固幸乃巧索珍異獻之踵相躡於道
百工造作無程斂取苛重至削軍食以助裒畜又給與不時戍人
寒飢乃仰足蠻徼於是人人咨苦反為蠻內覘戍備不脩大和三
年南詔乘虛襲戎嶲等州諸屯聞賊至輒潰戍者為鄉導遂入成
都已傅城元穎尚不知乃率左右嬰牙城以守賊大掠焚郛郭殘
之留數日去蜀之寶貨工巧子女盡矣初元穎計迫將挺身走會
救至乃止文宗遣使者臨撫南詔南詔上言蜀人祈我誅虐帥不
能克請陛下誅之以謝蜀人由是貶邵州刺史議者不猒斥為循
州司馬官屬崔璜紇干臮盧并悉奪秩分逐之元穎死於貶所年
六十四將終表丐贈官乞歸葬詔贈湖州刺史元穎與李德裕善

會昌初德裕當國因赦令復其官弟元絳終太子賓客元絳子審權

審權字殷衡第進士辟浙西幕府擢拔萃中爲右拾遺宣宗時入翰林爲學士累遷兵部侍郎學士承旨懿宗立進同中書門下平章事再遷門下侍郎出爲鎮海軍節度使同平章事龐勛亂徐州審權與令狐綯崔鉉連師掎角饋粟相銜王師賴濟勛破進檢校司空入爲尚書左僕射襄陽郡公繼領河中忠武節度使卒贈太子太師謚曰德審權清重寡言性長厚居翰林最久終不漏禁近語在方鎮視事有常處要非日入未始就內寢坐必斂衽常若對大賓客或晝日少息則顧直將解簾即旁無人自起徹鉤手擁簾徐下乃退與杜悰俱位將相悰先進故世謂審權爲小杜公

子讓能字羣懿擢進士第從宣武王鐸府爲推官以長安尉爲集賢校理喪母以孝聞又辟劉鄴牛蔚二府稍進兵部員外郎蕭遘領度支引判度支按僖宗狩蜀奔謁行在三遷中書舍人召爲翰

林學士方關東兵興調發綏徠書詔叢沓讓能思精敏凡號令行下處事值機無所遺算帝倚重之從還京師再遷兵部尚書封建平縣子李克用兵至帝夜出鳳翔蒼黃無知者讓能方直徒步從十餘里得遺馬褫紳爲靮乘之朱玫兵逼乘輿帝走寶雞獨讓能從翌日孔緯等乃至俄而進狩梁是時棧道爲山南石君涉所毀天子間關嶮巇讓能未嘗暫去側帝勞曰朕失道再遷宗廟方艱難時卿不少捨朕蓋古所謂忠於所事邪讓能頓首曰臣世家國厚恩陛下不以臣不肖使扞牧圉臨難苟免臣之恥也帝次褒中擢兵部侍郎同中書門下平章事於時嗣襄王煴即僞位彊藩大鎮附者已十八貢賦不輸行在無以備賞勞衛兵往往乏食君臣搏手無它策讓能建遣大使入河中以諭王重榮重榮果奉詔已而京師平進中書侍郎徙封襄陽郡公官吏多汙僞署有司皆欲論死讓能以脅從不足深治固爭之多所全貸昭宗立進尚書左僕射晉國公賜鐵券累進太尉李茂貞守鳳翔自大順後兵寖彊恃有功不奉法朝廷弱弗能制會楊復恭走山南茂貞欲兼有梁漢請以師問罪未報而兵出帝忿其專然不得已從之山南平詔茂貞領興元武定而以徐彥若爲鳳翔節度使分果閬州隸武定軍茂貞怨不赴鎮上章語悖慢又詒書讓能詆責以爲助守亮爲亂抑忠臣奪己功其言醜肆京師㓙懼日數千人守闕下候中尉西門重遂出請與茂貞鳳翔地爲百姓計皆曰事出宰相我無預茂貞益怨帝怒詔讓能計議且趣調發經月不就第時宰相崔昭緯陰結茂貞及王行瑜讓能所言悉漏之茂貞乃以健兒數百雜市人候昭緯與鄭延昌歸第擁肩輿譟曰鳳翔無罪幸公不加討以震驚都輦昭緯曰上委杜太尉吾等何知市人不識孰爲太尉即投瓦石妄擊昭緯等走而免遂喪其印帝愈怒捕首惡誅之京師爭避亂逃山谷間讓能諫帝曰茂貞固宜誅然大盜適去鳳翔國西門又陛下新即位願少寬假以貞元故事姑息之不可使怨望帝曰今詔令不出城門國制橈弱賈生慟哭時也朕顧奄奄

度日坐觀此邪卿爲我圖之朕自以兵屬諸王讓能曰陛下欲削滌憯嫚剛主威隆王室此中外大臣所宜共成之不宜專任臣帝曰卿元輔休戚與我均何所避泣曰臣位宰相所以未乞骸骨者思有以報陛下敢計身乎且陛下之心憲祖心也但時有所未便它日臣蒙鼂錯之誅顧不足弭七國患然敢不奉詔景福二年以嗣覃王爲招討使神策將李鐬副之率師三萬送彥若赴鎮昭緯內畏有功密語茂貞曰上不喜兵一出太尉茂貞乃悉兵迎戰盩厔覃王敗乘勝至三橋讓能曰臣固豫言之臣請歸死以紓難帝涕下不能已曰與卿決矣再貶雷州司戶參軍茂貞尚駐兵請必殺之乃賜死年五十三弟彥林官御史中丞弘徽戶部侍郎皆及誅帝痛之後贈太師子光乂次子曉不復仕曉入梁貴顯于世

贊曰太宗以上聖之才取孤隋攘羣盜天下已平用玄齡如晦輔政興大亂之餘紀綱彫弛而能興仆植僵使號令典刑粲然罔不完雖數百年猶蒙其功可謂名宰相然求所以致之之蹟逮不可

見何哉唐柳芳有言帝定禍亂而房杜不言功王魏善諫而房杜讓其直英衛善兵而房杜濟以文持衆美效之君是後新進更用事玄齡身處要地不吝權善始以終此其成令名者諒其然乎如晦雖任事日淺觀玄齡許與及帝所親款則謨謀果有大過人者方君臣明良志叶議從相資以成固千載之遇蕭曹之勛不足進焉雖然宰相所以代天者也輔贊彌縫而藏諸用使斯人由而不知非明哲曷臻是哉彼揚已取名瞭然使戶曉者蓋房杜之細邪

房杜列傳第二十一

魏徵列傳第二十二　唐書九十七

端明殿學士兼翰林侍讀學士龍圖閣學士朝散大夫給事中知制誥充史館修撰臣宋祁奉敕撰

魏徵字玄成魏州曲城人少孤落魄棄貲產不營有大志通貫書術隋亂詭為道士武陽郡丞元寶藏舉兵應李密以徵典書檄密得寶藏書輒稱善既聞徵所為促召之徵進十策說密不能用王世充攻洛口徵見長史鄭頲曰魏公雖驟勝而驍將銳士死傷略盡又府無見財戰勝不賞此二者不可以戰若浚池峭壘曠日持久賊糧盡且去我追擊之取勝之道也頲曰老儒常語耳徵不謝去後從密來京師久之未知名自請安輯山東乃擢秘書丞馳驛至黎陽時李勣尚為密守徵與書曰始魏公起叛徒振臂大呼衆數十萬威之所被半天下然而一敗不振卒歸唐者固知天命有所歸也今君處必爭之地不早自圖則大事去矣勣得書遂定計歸而大發粟饋淮安王之軍會竇建德陷黎陽獲徵偽拜起居舍人建德敗與裴矩走入關隱太子引為洗馬徵見秦王功高陰勸太子早為計太子敗王責謂曰爾闕吾兄弟奈何荅曰太子蚤從徵言不死今日之禍王器其直無恨意即位拜諫議大夫封鉅鹿縣男當是時河北州縣素事隱巢者不自安往往曹伏思亂徵白太宗曰不示至公禍不可解帝曰爾行安諭河北道遇太子千牛李志安齊王護軍李思行傳送京師徵與其副謀曰屬有詔宮府舊人普原之今復執送志安等誰不自疑者吾屬雖往人不信即貸而後聞使還帝悅日益親或引至卧內訪天下事徵亦自以不世遇乃展盡底蘊無所隱凡二百餘奏無不剴切當帝心者由是拜尚書右丞兼諫議大夫左右有毀徵阿黨親戚者帝使溫彥博按訊非是彥博曰徵為人臣不能著形迹遠嫌疑而被飛謗是宜責也帝謂彥博行讓徵徵見帝謝曰臣聞君臣同心是謂一體豈有置至公事形迹若上下共由茲路邦之興喪未可知也帝瞿然曰吾悟之矣徵頓首曰願陛下俾臣為良臣毋俾臣為忠臣帝曰

忠良異乎曰良臣稷契咎陶也忠臣龍逢比干也良臣身荷美名
君都顯號子孫傳承流祚無疆忠臣己嬰禍誅君陷昏惡喪國夷
家秖取空名此其異也帝曰善因問為君者何道而明何失而暗
徵曰君所以明兼聽也所以暗偏信也堯舜氏闢四門明四目達
四聰雖有共鯀不能塞也靖言庸違不能惑也秦二世隱藏其身
以信趙高天下潰叛而不得聞梁武帝信朱异侯景向關而不得
聞隋煬帝信虞世基賊徧天下而不得聞故曰君能兼聽則姦人
不得壅蔽而下情通矣鄭仁基息女美而才皇后建請為充華典
冊具或言許聘矣徵諫曰陛下處臺榭則欲民有棟宇食膏粱則
欲民有飽適顧嬪御則欲民有室家今鄭已約昏陛下取之豈為
人父母意帝痛自咎即詔停冊貞觀三年以祕書監參豫朝政高
昌王麴文泰將入朝西域諸國欲因文泰悉遣使者奉獻帝詔文
泰使人厭怛紇干迎之徵曰異時文泰入朝所過供擬不能具今
又加諸國焉則煩塞州縣以乏致罪者衆彼以商賈來則邊人為

之利若賓客之中國蕭然耗矣漢建武時西域請置都護送侍子
光武不許不以蠻夷弊中國也帝曰善追止其詔於是帝即位四
年歲斷死二十九幾至刑措米斗三錢先是帝嘗歎曰今大亂之
後其難治乎徵曰大亂之易治譬飢人之易食也帝曰古不云善
人為邦百年然後勝殘去殺邪荅曰此不為聖哲論也聖哲之治
其應如響朞月而可蓋不其難封德彝曰不然三代之後澆詭日
滋秦任法律漢雜霸道皆欲治不能非能治不欲徵書生好虛論
徒亂國家不可聽徵曰五帝三王不易民以教行帝道而帝行王
道而王顧所行何如爾黃帝逐蚩尤七十戰而勝其亂因致無為
九黎害德顓頊征之已克而治桀為亂湯放之紂無道武王伐之
湯武身及太平若人漸澆詭不復返朴今當為鬼為魅尚安得而
化哉德彝不能對然心以為不可帝納之不疑至是天下大治蠻
夷君長襲衣冠帶刀宿衞東薄海南踰嶺戶闔不閉行旅不齎糧
取給於道帝謂羣臣曰此徵勸我行仁義既効矣惜不令封德彝

見之俄檢校侍中進爵郡公帝幸九成宮宮御舍圍川宮下僕射
李靖侍中王珪繼至吏改館宮御以舍靖珪帝聞怒曰威福由是
等邪何輕我宮人詔并按之徵曰靖珪皆陛下腹心大臣宮人止
後宮掃除隸耳方大臣出官吏諮朝廷法式歸來陛下問人間疾
苦夫官舍固靖等見官吏之所吏不可不謁也至宮人則不然供
饋之餘無所參承以此按吏且駭天下耳目帝悟寢不問後宴丹
霄樓酒中謂長孫无忌曰魏徵王珪事隱太子巢剌王時誠可惡
我能棄怨用才無羞古人然徵每諫我不從我發言輒不即應何
哉徵曰臣以事有不可故諫若不從輒應恐遂行之帝曰弟即應
須別陳論顧不得徵曰昔舜戒羣臣爾無面從退有後言若面從
可方別陳論此乃後言非稷卨所以事堯舜也帝大笑曰人言徵
舉動疏慢我但見其嫵媚耳徵再拜曰陛下導臣使言所以敢然
若不受臣敢數批逆鱗哉七年為侍中尚書省滯訟不決者詔徵
平治徵不素習法但存大體處事以情人人悅服進左光祿大夫

鄭國公多病辭職帝曰公獨不見金在鑛何足貴邪善冶鍛而為
器人乃寶之朕方自比於金以卿為良匠而加礪焉卿雖疾未及
衰庸得便爾徵懇請數卻愈牢乃拜特進知門下省事詔朝章
國典參議得失祿賜國官防閤並同職事文德皇后既葬帝即苑
中作層觀以望昭陵引徵同升徵孰視曰臣眊昏不能見帝指示
之徵曰此昭陵邪帝曰然徵曰臣以為陛下望獻陵若昭陵臣固
見之帝泣為毀觀尋以定五禮當封一子縣男徵請封孤兄子叔
慈帝愴然曰此可以勵俗即許之後幸洛陽次昭仁宮多所譴責
徵曰隋惟責不獻食或供奉不精為此無限而至於亡故天命陛
下代之正當兢懼戒約奈何令人悔為不奢若以為足今不啻足
矣以為不足萬此寧有足邪帝驚曰非公不聞此言退又上疏曰
書稱明德慎罰惟刑之恤禮曰為上易事為下易知則刑不煩上
多疑則百姓惑下難知則君長勞夫上易事下易知君長不勞百
姓不惑故君有一德臣無二心夫刑賞之本在乎勸善而懲惡帝

王所與天下畫一不以親疎貴賤而輕重者也今之刑賞或由喜
怒或出好惡喜則矜刑於法中怒則求罪於律外好則鑽皮出羽
惡則洗垢索瘢蓋刑濫則小人道長賞謬則君子道消小人之惡
不懲君子之善不勸而望治安刑措非所聞也且暇豫而言皆敦
尚孔老至於威怒則專法申韓故道德之旨未弘而鍥薄之風先
搖昔州犂上下其手而楚法以敝張湯輕重其心而漢刑以謬況
人主而自高下乎頃者罰人或以供張不贍或不能從欲皆非致
治之急也夫貴不與驕期而驕自至富不與奢期而奢自至非徒
語也且我之所代實在有隋以隋府藏況今之資儲以隋甲兵況今
之士馬以隋戶口況今之百姓挈長度大曾何等級焉然隋以富
彊而喪動之也我以貧寡而安靜之也靜之則安動之則亂人皆
知之非隱而難見微而難察也不蹈平易之塗而遵覆車之轍何
哉安不思危治不念亂存不慮亡也方隋未亂自謂必無亂未亡
自謂必不亡所以甲兵亟動徭役不息以至戮辱而不悟滅亡之

所由也豈不哀哉夫監形之美惡必就止水監政之安危必取亡
國詩曰殷鑒不遠在夏后之世臣願當今之動靜以隋為鑒則存
亡治亂可得而知思所以危則安矣思所以亂則治矣思所以亡
則存矣存亡之所在在節嗜欲省游畋息靡麗罷不急慎偏聽近
忠厚遠便佞而已夫守之則易得之實難今既得其所難豈不能
保其所易保之不固驕奢淫泆有以動之也帝宴羣臣積翠池酣
樂賦詩徵賦西漢其卒章曰終藉叔孫禮方知皇帝尊帝曰徵言
未嘗不約我以禮它日從容問曰比政治若何徵見久承平帝意
有所忽因對曰陛下貞觀之初導人使諫三年以後見諫者悅而
從之比一二年勉彊受諫而終不平也帝驚曰公何物驗之對曰
陛下初即位論元律師死孫伏伽諫以為法不當死陛下賜以蘭
陵公主園直百萬或曰賞太厚荅曰朕即位未有諫者所以賞之
此導人使諫也後柳雄妄訴隋資有司得劾其偽將論死戴胄奏
罪當徒執之四五然後赦謂胄曰弟守法如此不畏濫罰此悅而

從諫也近皇甫德參上書言修洛陽宮勞人也收地租厚斂也俗
尚高髻宮中所化也陛下恚曰是子使國家不役一人不收一租
宮人無髮乃稱其意臣奏人臣上書不激切不能起人主意激切
即近訕謗于時陛下雖從臣言賞帛罷之意終不平此難於受諫
也帝悟曰非公無能道此者人苦不自覺耳先是帝作飛山宮徵
上疏曰隋有天下三十餘年風行萬里威讋殊俗一旦舉而棄之
彼煬帝者豈惡治安喜滅亡哉恃其富彊不虞後患也驅天下役
萬物以自奉養子女玉帛是求宮宇臺榭是飾徭役無時干戈不
休外示威重內行險忌讒邪者進忠正者退上下相蒙人不堪命
以致殞匹夫之手為天下笑聖哲乘機拯其危溺今宮觀臺榭盡
居之矣奇珍異物盡收之矣姬姜淑媛盡侍於側矣四海九州盡
為臣妾矣若能鑒彼所以亡念我所以得焚寶衣毀廣殿安處卑
宮德之上也若成功不廢即仍其舊除其不急德之次也不惟王
業之艱難謂天命可恃因基增舊甘心侈靡使人不見德而勞役

是聞斯為下矣以暴易暴與亂同道夫作事不法後無以觀人怨
神怒則災害生災害生則禍亂作禍亂作而能以身名令終者鮮
矣是歲大雨穀洛溢毀宮寺十九漂居人六百家徵陳事曰臣聞
為國基於德禮保於誠信誠信立則下無二情德禮形則遠者來
格故德禮誠信國之大綱不可斯須廢也傳曰君使臣以禮臣事
君以忠自古皆有死人無信不立又曰同言而信信在言前同令
而行誠在令外然則言而不行言不信也令而不從令無誠也不
信之言不誠之令君子弗為也自王道休明繇十餘載倉廩愈積
土地益廣然而道德不日博仁義不日厚何哉由待下之情未盡
誠信雖有善始之勤而無克終之美故便佞之徒得肆其巧謂同
心為朋黨告訐為至公彊直為擅權忠讜為誹謗謂之朋黨雖
忠信可疑謂之至公雖矯偽無咎彊直者畏擅權而不得盡忠讜
者慮誹謗而不敢與之爭熒惑視聽鬱於大道妨化損德無斯甚
者今將致治則委之君子得失或訪諸小人是譽毀常在小人而

督責常加君子也夫中智之人豈無小惠然慮不及遠雖使竭力盡誠猶未免傾敗況內懷姦利承顏順旨乎故孔子曰君子而不仁者有矣未有小人而仁者然則君子不能無小惡惡不積無害於正小人時有小善善不積不足以忠今謂之善人矣復慮其不信何異立直木而疑其景之曲乎故上不信則無以使下下不信則無以事上信之為義大矣昔齊桓公問管仲曰吾欲使酒腐於爵肉腐於俎得無害霸乎管仲曰此固非其善者然無害霸也公曰何如而害霸曰不能知人害霸也知而不能用害霸也用而不能任害霸也任而不能信害霸也既信而又使小人參之害霸也晉中行穆伯攻鼓經年而不能下餽間倫曰鼓之嗇夫間倫知之請無疲士大夫而鼓可得穆伯不應左右曰不折一戟不傷一卒而鼓可得君奚不為穆伯曰間倫之為人也佞而不仁若使間倫下之吾不可以不賞若賞之是賞佞人也佞人得志是使晉國捨仁而為佞雖得鼓安用之夫穆伯列國大夫管仲霸者之佐猶能

慎於信任遠避佞人況陛下之上聖乎若欲令君子小人是非不雜必懷之以德待之以信厲之以義節之以禮然後善善而惡惡審罰而明賞無為之化何遠之有善善而不能進惡惡而不能去罰不及有罪賞不加有功則危亡之期或未可保帝手詔嘉荅於是發明德宮玄圃院賜遺水者它日宴羣臣帝曰貞觀以前從我定天下間關草昧玄齡功也貞觀之後納忠諫正朕違為國家長利徵而已雖古名臣亦何以加親解佩刀以賜二人帝嘗問羣臣徵與諸葛亮孰賢岑文本曰亮才兼將相非徵可比帝曰徵蹈履仁義以弼朕躬欲致之堯舜雖亮無以抗時上封者眾或不切事帝厭之欲加譙黜徵曰古者立謗木欲聞己過封事其謗木之遺乎陛下思聞得失當恣其所陳言而是乎為朝廷之益非乎無損於政帝恍皆勞遣之十三年阿史那結社率作亂雲陽石然自冬至五月不雨徵上疏極言曰臣奉侍帷幄十餘年陛下許臣以仁義之道守而不失儉約朴素終始弗渝德音在耳不敢忘也頃年

以來寖不克終謹用條陳裨萬分一陛下在貞觀初清淨寡欲化被荒外今萬里遣使市索駿馬幷訪怪珍昔漢文帝却千里馬晉武帝焚雉頭裘陛下居常論議遠輩堯舜今所為更欲處漢文晉武下乎此不克終一漸也子貢問治人孔子曰懍乎若朽索之馭六馬子貢曰何畏哉對曰不以道導之則吾讎也若何不畏陛下在貞觀初護民之勞煦之如子不輕營為頃既奢肆思用人力乃曰百姓無事則易驕勞役則易使自古未有百姓逸樂而致傾敗者何有逆畏其驕而為勞役哉此不克終二漸也陛下在貞觀初役己以利物比來縱欲以勞人雖憂人之言不絕於口而樂身之事實切諸心無慮營構輒曰弗為此不便我身推之人情誰敢復爭此不克終三漸也在貞觀初親君子斥小人比來輕褻小人禮重君子重君子也恭而遠之輕小人也狎而近之近之莫見其非遠之莫見其是莫見其是則不待間而疏莫見其非則有時而昵昵小人疏君子而欲至治非所聞也此不克終四漸也在貞觀初

不貴異物不作無益而今難得之貨雜然並進玩好之作無時而息上奢靡而望下朴素力役廣而冀農業興不可得已此不克終五漸也貞觀之初求士如渴賢者所舉即信而任之取其所長常恐不及比來由心好惡以眾賢舉而用以一人毀而棄雖積年任而信或一朝疑而斥夫行有素履事有成迹一人之毀未必可信積年之行不應頓虧陛下不察其原以為臧否使讒佞得行守道疏間此不克終六漸也在貞觀初高居深拱無田獵畢弋之好數年之後志不克固鷹犬之貢遠及四夷晨出夕返馳騁為樂變起不測其及救乎此不克終七漸也在貞觀初遇下有禮羣情上達今外官奏事顏色不接間因所短詰其細過雖有忠款而不得申此不克終八漸也在貞觀初孜孜治道常若不足比恃功業之大負聖智之明長傲縱欲無事興兵問罪遠裔親狎者阿旨不肯諫疏遠者畏威不敢言積而不已所損非細此不克終九漸也貞觀初頻年霜旱畿內戶口並就關外襁老扶幼來往數年卒無一戶

亡去此由陛下矜育撫寧故死不攜貳也比者疲於徭役關中之人勞弊尤甚雜匠當下顧而不遣正兵番上復別驅任市物襁屬於廛遞子背望於道脫有一穀不收百姓之心恐不能如前日之怗泰此不克終十漸也夫禍福無門惟人之召人無釁焉妖不妄作今旱熯之災遠被郡國凶醜之孽起於轂下此上天示戒乃陛下恐懼憂勤之日也千載休期時難再得明主可爲而不爲臣所以鬱結長歎者也疏奏帝曰朕今聞過矣願改之以終善道有違此言當何施顏面與公相見哉方以所上疏列爲屛障庶朝夕見之兼録付史官使萬世知君臣之義因賜黃金十斤馬二匹高昌平帝宴兩儀殿歎曰高昌若不失德豈至於亡然朕亦當自戒不以小人之言而議君子庶幾獲安也徵曰昔齊桓公與管仲鮑叔牙甯戚四人者飲桓公請叔牙曰盍起爲寡人壽叔牙奉觴而起曰願公無忘在莒時使管仲無忘束縛於魯時使甯戚無忘飯牛車下時桓公避席而謝曰寡人與二大夫能無忘夫子之言則社

稷不危矣帝曰朕不敢忘布衣時公不得忘叔牙之爲人也帝遣使者至西域立葉護可汗未還又遣使賫金帛諸國市馬徵曰今立可汗未定即詣諸國市馬彼必以爲意在馬不在立可汗可汗得立必不懷恩諸蕃聞之以中國薄義重利未必得馬而先失義矣魏文帝欲求市西域大珠蘇則以爲惠及四海則不求自至求而得之不足貴也陛下可不畏蘇則言乎帝遂止是後右僕射缺欲用徵徵讓得不拜皇太子承乾與魏王泰交惡帝曰當今忠謇貴重無踰徵我遣傅皇太子一天下之望羽翼固矣即拜太子太師徵以疾辭詔荅曰漢太子以四皓爲助我賴公其義也公雖臥可擁全之十七年疾甚徵家初無正寢帝命輟小殿材爲營構五日畢并賜素褥布被以從其尚令中郎將宿其第動靜輒以聞藥膳賜遺無筭中使者綴道帝親問疾屛左右語終日乃還後復與太子至徵第徵加朝服拖帶帝悲懣拊之流涕問所欲對曰嫠不恤緯而憂宗周之亡帝將以衡山公主降其子叔玉時主亦從帝

臼公彊視新婦徵不能謝是夕帝夢徵若平生及旦薨帝臨哭爲之慟罷朝五日太子舉哀西華堂詔内外百官朝集使皆赴喪贈司空相州都督謚曰文貞給羽葆鼓吹班劒四十人陪葬昭陵將葬其妻裴辭曰徵素儉約今假一品禮儀物褒大非徵志見許乃用素車白布幨帷無塗車芻靈帝登苑西樓望哭盡哀晉王奉詔致祭帝作文于碑遂書之又賜家封戶九百帝後臨朝歎曰以銅爲鑑可正衣冠以古爲鑑可知興替以人爲鑑可明得失朕嘗保此三鑑内防己過今魏徵逝一鑑亡矣朕比使人至其家得書一紙始半藁其可識者曰天下之事有善有惡任善人則國安用惡人則國弊公卿之内情有愛憎憎者惟見其惡愛者止見其善愛憎之間所宜詳愼若愛而知其惡憎而知其善去邪勿疑任賢勿猜可以興矣其大略如此朕顧思之恐不免斯過公卿侍臣可書之於笏知而必諫也徵狀貌不逾中人有志膽每犯顏進諫雖逢帝甚怒神色不徙而天子亦爲霽威議者謂賁育不能過嘗

上冢還奏曰向聞陛下有關南之行既辦而止何也帝曰畏卿遂停耳始喪亂後典章湮散徵奏引諸儒校集秘書國家圖籍粲然完整嘗以小戴禮綜彙不倫更作類禮二十篇數年而成帝美其書録寘内府帝本以兵定天下雖已治不忘經略四夷也故徵侍宴奏破陣武德舞則俛首不顧至慶善樂則諦玩無斁舉有所諷切如此徵亡帝思不已登凌煙閣觀畫像賦詩悼痛聞者媢之毀短百爲徵嘗薦杜正倫侯君集才任宰相及正倫以罪黜君集坐逆誅纖人遂指爲阿黨又言徵嘗録前後諫爭語示史官褚遂良帝滋不悅乃停叔玉昏而仆所爲碑顧其家衰矣遼東之役高麗靺鞨犯陣李勣等力戰破之軍還悵然曰魏徵若在吾有此行邪即召其家到行在賜勞妻子以少牢祠其墓復立碑恩禮加焉四子叔玉叔琬叔璘叔瑜叔玉襲爵爲光祿少卿神龍初以其子膺紹封叔璘禮部侍郎武后時爲酷吏所殺叔瑜豫州刺史善草隸以筆意傳其子華及甥薛稷世稱善書者前有虞褚後有薛魏華

爲檢校太子左庶子武陽縣男開元中寢堂火子孫哭三日詔百官赴弔徵五世孫謩

謩字申之擢進士第同州刺史楊汝士辟爲長春宮巡官文宗讀貞觀政要思徵賢詔訪其後汝士薦爲右拾遺謩姿宇魁秀帝異之邕管經略使董昌齡誣殺參軍衡方厚貶溆州司戶俄徙峽州刺史謩諫曰王者赦有罪唯故無赦比昌齡專殺不辜事跡暴章家人銜寃萬里投訴獄窮罪得特被矜貸中外以爲屈法今又授刺史復使治人紊憲章乖至治不見其可有詔改洪州別駕御史中丞李孝本宗室子坐李訓事誅死其二女没入宮謩上言陛下即位不悅聲色于今十年未始採擇數月以來稍意聲伎教坊閱選百十未已莊宅收市犨疊有聞今又取孝本女內之後宮宗姓不育寵幸爲累傷治道之本速塵穢之嫌諺曰止寒莫若重裘止謗莫若自修惟陛下崇千載之盛德去一旦之玩好帝即出孝本女詔曰乃祖在貞觀時指事直言無所避每覽國史朕與嘉之謩

爲拾遺屢有獻納夫備灑埽於內非曰聲妓恤宗女之幼不爲漁取然疑似之間不可戶曉謩辭深切其惜我之失不亦至乎謩雖居位日淺朕何愛一官增直臣之氣其以謩爲右補闕先是帝謂宰相曰太宗得徵參裨闕失朕今得謩又能極諫朕不敢仰希貞觀庶幾處無過之地敎坊有工善爲新聲者詔授揚州司馬議者頗言司馬品高郎官刺史迭處不可以授賤工帝意右之宰相諭諫官勿復言謩獨固諫不可工降潤州司馬荊南監軍呂令琛縱傔卒辱江陵令觀察使韋長遜不發移內樞密使言狀謩劾長任察廉知監軍侵屈官司不以上聞私白近臣亂法度請明其罰不報俄爲起居舍人帝問卿家書詔頗有存者乎謩對惟故笏在詔令上送鄭覃曰在人不在笏帝曰覃不識朕意此笏乃今甘棠帝因敕謩曰事有不當毋嫌論奏謩對臣頃爲諫臣故得有所陳今則記言動不敢侵官帝曰兩省屬皆可議朝廷事而毋辭也帝索起居注謩奏古置左右史書得失以存鑒戒陛下所爲善無畏不書不善天下之人亦有以記之帝曰不然我既嘗觀之謩曰向者取觀史氏爲失職陛下一見則後來所書必有諱屈善惡不實不可以爲史且後代何信哉乃止中尉仇士良捕妖民賀蘭進興及黨與治軍中反狀具帝自臨問詔命斬囚以徇御史中丞高元裕建言獄當與衆共之刑部大理法官也決大獄不與知律令謂何請歸有司未報謩上言事繫軍即推軍中如齊民宜付府縣今獄不在有司法有輕重何從而知帝停決詔神策軍以官兵留仗內餘付御史臺臺憚士良不敢異卒皆誅死擢諫議大夫兼起居舍人弘文館直學士謩固讓不見可乃拜始謩之進李珏楊嗣復實推引之武宗立謩坐二人黨出爲汾州刺史俄貶信州長史宣宗嗣位移郢商二州刺史召授給事中遷御史中丞發駙馬都尉杜中立藏贓權戚縮氣俄兼戶部侍郎事謩奏中丞紀綱所寄不宜雜領錢穀乞專治戶部詔可頃之進同中書門下平章事建言今天下粗治惟東宮未立不早以正人傅導之非所以存副貳之重

且泣下帝爲感動自敬宗後惡言儲嫡事故公卿無敢開陳者時帝春秋高嫡嗣未辨謩輔政白發其端朝議歸重會詹吐國獻象謩以爲非土性不可畜請還其獻詔可河東節度使李業殺降虜邊部震擾業內恃憑藉人無敢言者謩奏徙滑州遷中書侍郎大理卿馬曙有犀鎧數十首懼而瘞之奴王慶以怨告曙藏甲有異謀按之無它狀投曙嶺外慶免議者謂奴訴主法不聽謩引律固爭卒論慶死累遷門下侍郎兼戶部尚書大中十年以平章事領劍南西川節度使以疾求代召拜吏部尚書用久疾檢校尚書右僕射太子少保卒年六十六贈司徒謩爲宰相議事天子前它相或委抑規諷惟謩讜切無所回畏宣宗嘗曰謩名臣孫有祖風朕心憚之然卒以剛正爲令狐綯所忌讒罷之

贊曰君臣之際顧不難哉以徵之忠而太宗之睿身殁未幾猜譖遽行始徵之諫累數十餘萬言至君子小人未嘗不反復爲帝言之以佞邪之亂忠也久猶不免故曰皓皓者易汙嶢嶢者難全自

古所歎云唐柳芳稱徵死知不知莫不悼惜以爲三代遺直諒哉
者之論議挺挺有祖風烈詩所謂是以似之者歟

魏徵列傳第二十二

王薛馬韋列傳第二十三　唐書九十八

宋　祁　奉　敕　撰

王珪字叔玠祖僧辯梁太尉尚書令父顗北齊樂陵郡太守世居郿性沈澹
志量隱正恬於所遇交不苟合隋開皇十三年召入秘書內省讎定群書爲
太常治禮郎季父頍通儒有鑒裁尤所器許頍坐漢王諒反誅珪亡命南山
十餘年高祖入關李綱薦署世子府諮議參軍事建成爲皇太子授中舍人
遷中允禮遇良厚太子與秦王有隙帝責珪不能輔導流巂州太子已誅太
宗召爲諫議大夫帝嘗曰正主御邪臣不可以致治正臣事邪主亦不可以
致治唯君臣同德則海內安朕雖不明幸諸公數相諫正庶致天下於平珪
進曰古者天子有爭臣七人諫不用則相繼以死今陛下開聖德收采芻言
臣願竭狂瞽佐萬分一帝可乃詔諫官隨中書門下及三品官入閤珪推誠
納善每存規益帝益任之封永寧縣男黃門侍郎遷侍中它日進見有美人
侍帝側本廬江王瑗姬也帝指之曰廬江不道賊其夫而納其室何有不亡
乎珪避席曰陛下以廬江爲是邪非邪帝曰殺人而取妻乃問朕是非何也
對曰臣聞齊桓公之郭問父老曰郭何故亡曰以其善善而惡惡也公曰若
子之言乃賢君也何至於亡父老曰不然郭君善善不能用惡惡不能去所

以亡今陛下知廬江之亡其姬尚在左右竊謂陛下以爲是審知其非所謂知惡
而不去也帝嗟美其言帝使太常少卿祖孝孫以樂律授宮中音家伎不進
數被讓珪與溫彥博同進曰孝孫脩謹士陛下使教女樂又責譙之天下其
以士爲輕乎帝怒曰卿皆我腹心乃附下罔上爲人游說邪彥博懼謝罪珪
不謝曰臣本事前宮罪當死陛下矜其性命引置樞密責以忠効今疑臣以
私是陛下負臣臣不負陛下帝默然慙遂罷明日語房玄齡曰昔武王不用
夷齊宣王殺杜伯自古帝王納諫固難矣朕夙夜庶幾于前聖昨責珪等痛
自悔公等勿以是不進諫也時珪與玄齡李靖溫彥博戴冑魏徵同輔政帝
以珪善人物且知言因謂曰卿標鑒通晤爲朕言玄齡等材且自謂孰與諸
子賢對曰孜孜奉國知無不爲臣不如玄齡兼資文武出將入相臣不如靖
敷奏詳明出納惟允臣不如彥博濟繁治劇衆務必舉臣不如冑以諫諍爲
心恥君不及堯舜臣不如徵至激濁揚清疾惡好善臣於數子有一日之長
帝稱善而玄齡等亦以爲盡己所長謂之確論進封郡公坐漏禁近語左除
同州刺史帝念名臣俄召拜禮部尚書兼魏王泰師王見之爲先拜珪亦以
師自居王問珪何以爲忠孝珪曰陛下王之君事思盡忠陛下王之父事思
盡孝忠孝可以立身可以成名王曰忠孝既聞命矣願聞所習珪曰漢東平

王蒼稱為善最樂，願王志之。帝聞，喜曰：兒可以無過矣。子敬直，尚南平公主。是時諸主下嫁，以帝女貴，未嘗行見舅姑禮。珪曰：主上循法度，吾當受公主謁見，豈為身榮，將以成國家之美。於是與夫人坐堂上，主執笄盥饋，乃退。其後公主降有舅姑者，備禮，本於珪。十三年，病，帝遣公主就第省視，復遣民部尚書唐儉增損藥膳。卒，年六十九，帝素服哭別次，詔魏王率百官臨哭，贈吏部尚書，謚曰懿。珪少孤，且貧，人或饋遺，初無讓，及貴，厚報之，雖已亡，必酬贍其家。性不苟，察臨官務舉綱維，去甚不可者。至僕妾亦不見喜慍。奉寡嫂，家事皆咨而後行。教撫孤姪，雖其子不過也。宗族匱乏，周卹之，薄於自奉。獨不作家廟，四時祭于寢，為有司所劾。帝為立廟，媿之，不罪也。世以珪儉不中禮，少之。始隱居時，與房玄齡、杜如晦善。母李嘗曰：而必貴，然未知所與游者何如人。而試與偕來。會玄齡等過其家，李闚，大驚，敕具酒食，歡盡日，喜曰：二客公輔才，汝貴不疑。敬直封南城縣男，後坐交皇太子承乾，徙嶺外。珪孫燾、旭。燾性至孝，為徐州司馬，母有疾，彌年不廢帶，視絮湯劑，數從高醫游，遂窮其術，因以所學作書，號外臺秘要，討繹精明，世寶焉。歷給事中、鄴郡太守，治聞於時。旭見酷吏傳。

薛收字伯褒，蒲州汾陰人，隋內史侍郎道衡子也，出繼從父孺。年十二能屬文。以父不得死於隋，不肯仕。郡舉秀才，不應。聞高祖興，遁入首陽山，將應義舉。通守堯君素覺之，迎置其母城中，收不得去。及君素東連王世充，遂挺身歸國。房玄齡薦之秦王，王召見，問方略，所對合旨，授府主簿，判陝東大行臺金部郎中。是時方討世充，軍事繁綜，收為書檄露布，或馬上占辭，該敏如素搆，初不竄定。竇建德來援，諸將爭言斂軍以觀賊形勢，收獨曰：不然。世充據東都，府庫盈衍，其兵皆江淮選卒，正苦乏食，爾是以求戰不得，為我所持。今建德身總衆以來，必飛轂轉糧更相資哺，兩賊連固，則伊洛間勝負未可歲月定也。不若勒諸將嚴兵緣壘，浚其溝防，戒毋出兵，大王親督精銳據成皐厲兵按甲，邀建德路，彼以疲老當吾堂堂之鋒，一戰必舉，不旬日二賊可縛致麾下矣。王曰：善。遂禽建德，降世充。王入觀隋宮室，且嘆煬帝無道殫人力以事奢侈。收進曰：峻宇彫牆，殷辛以亡；土階茅茨，唐堯以昌。始皇興阿房而秦禍速，文帝罷露臺而漢祚永。後王曾不是察，奢虐是矜，死一夫之手，為後世笑，何此之能保哉。王重其言，俄授天策府記室參軍，從平劉黑闥，封汾陰縣男。嘗上書諫王止畋獵，王荅曰：覽所陳，知成我者，卿也。明珠兼乘，未若一言。今賜黃金四十挺。武德七年寢疾，王遣使臨問，相望於道。命輿疾至府，親舉袂撫之，論敘生平，感歔涕泗。卒，年三十三。王哭之慟，與其從兄子元敬

唐列廿三　二

書曰：吾與伯褒共軍旅間，何嘗不驅馳經略，款曲襟抱，豈期一朝成千古也。且家素貧，而子幼，善撫安之，以慰吾懷。因遣使弔祭，贈帛三百段。其後圖學士像，歎其早死，不得與。既即位，語房玄齡曰：收若在，朕當以中書令處之。又嘗夢收如平生，賜其家粟帛。貞觀七年，贈鄭州刺史。永徽中，又贈太常，御陪葬昭陵。

子元超，九歲襲爵。及長，好學，善屬文。尚巢王女和靜縣主。累授太子舍人。高宗即位，遷給事中。數上書陳當世得失，帝嘉納。轉中書舍人、弘文館學士。省中有盤石，道衡為侍郎時常據以草制，元超每見輒泫然流涕。以母喪解。奪服，授黃門侍郎，檢校太子左庶子，所薦豪俊士若任希古、高智周、郭正一、王義方、孟利貞、鄭祖玄、鄧玄挺、崔融等，皆以才自名於時。累拜東臺侍郎。李義府流巂州，舊制流人不得乘馬，元超為請，坐貶簡州刺史。歲餘，又坐與上官儀文章款密，流巂州。上元初，赦還，拜正諫大夫。三年，遷中書侍郎、同中書門下三品。帝校獵溫泉，諸蕃酋長得持弓矢從，元超奏夷狄野心，而使挾兵在圍中，非所宜。帝納，可，嘗宴諸王，召元超與從容，謂曰：任卿中書，寧藉多人哉。俄拜中書令，兼左庶子。帝幸東都，留輔太子監國，手敕曰：朕留卿若失一臂，顧太子未習庶務，關中事，卿悉專之。時太子射獵，詔得入禁禁，故太子稍息政事。元超諫曰：內苑之地，繚叢薄，冒騎奮絕，蹬險墜轂，下截輕禽，遂狡兔，銜橛之變，詎無可虞。又今奴多反逆餘族，或夷狄遺醜，使兇謀竊發，將何以禦哉。夫為人子者，不登高，不臨深，謂其近危辱也。天皇所賜書，戒丁寧，惟殿下罷馳射之勞，留情墳典，豈不美歟。帝知之，遣使厚賜慰其意，召太子還東都。帝疾，劇，政出武后。因陽喑乞骸骨，加金紫光祿大夫。卒，年六十二，贈光祿大夫、秦州都督，陪葬乾陵。子曜，聖曆中，附會張易之，官正諫大夫。

元敬，隋選部郎邁之子，與收及族兄德音齊名，世稱河東三鳳。收為長離，德音為鸑鷟，元敬年最少，為鵷鶵。武德中，為秘書郎、天策府兵曹參軍，直記室、文學館學士。時收與房杜親，心腹之寄，更相結附，元敬謹畏，未嘗申款曲，如晦嘆曰：小記室不可得而親，不可得而疏。秦王為皇太子，除舍人，於是軍國之務，摠於東宮，而元敬掌文翰，號稱職。卒于官。

稷字嗣通，道衡曾孫，擢進士第，累遷禮部郎中、中書舍人，與從祖兄曜更踐兩省，俱以辭章自名。景龍末，為諫議大夫、昭文館學士。初，貞觀、永徽間，虞世南、褚遂良以書顓家，後莫能繼。稷外祖魏徵家多藏虞褚書，故銳精臨倣，結體遒麗，遂以書名天下。畫又絕品。睿宗在藩，喜之，以其子伯陽尚仙源公主。及踐阼，遷太常少卿，封晉國公，實封三百戶。會鍾紹京為中書令，稷諷使讓

唐列廿三　三

因入言於帝曰紹京本胥史無素才望今特以勳進師長百僚恐非朝廷具瞻之美帝然之遂許紹京讓改戶部尚書出日遷積黃門侍郎參知機務與崔日用數爭事帝前罷為左散騎常侍歷太子少保禮部尚書帝以翊贊功每召入宮中與決事恩絕群臣竇懷貞誅稷以知本謀賜死萬年獄年六十五伯陽為駙馬都尉安邑郡公別食實封四百戶稷死坐貶晉州員外別駕又流嶺表自殺伯陽子談尚玄宗常山公主拜駙馬都尉光祿員外卿

馬周字賓王博州茌平人少孤家窶狹嗜學善詩春秋資曠邁鄉人以無細謹薄之武德中補州助教不治事刺史達奚恕數咎讓周乃去客密州趙仁本高其才厚以裝使入關留客汴為浚儀令崔賢所辱遂感激而西舍新豐逆旅主人不之顧周命酒一斗八升悠然獨酌衆異之至長安舍中郎將常何家貞觀五年詔百官言得失何武人不涉學周為條二十餘事皆當世所切太宗怪問何何曰此非臣所能家客馬周教臣言之客忠孝人也帝即召之間未至遣使者四輩敦趣及謁見與語帝大悅詔直門下省明年拜監察御史奉使稱職帝以何得人賜帛三百段周上疏曰臣每讀前史見賢者忠孝事未嘗不廢卷長想思履其迹臣不幸早失父母犬馬之養已無所施顧來事可為者惟忠義而已是以徒步二千里歸于陛下陛下不以臣愚擢臣不次竊自惟念無以論報輒竭區區惟陛下所擇臣伏見大安宮在宮城右牆宇門闕方紫極為卑小東宮皇太子居之而在內太安至尊居之反在外太上皇雖志清儉愛惜人力陛下不敢違而蕃夷朝見四方觀聽有不足焉臣願營雉堞門觀務從高顯以稱萬方之望則大孝昭矣臣伏讀明詔以二月幸九成宮竊惟太上皇春秋高陛下宜朝夕視膳今所幸宮去京三百里而遠非能旦發暮至也萬有一太上皇思感欲即見陛下何以逮之今茲本為避暑行也太上皇留熱處而陛下走涼溫凊之道臣所未安然詔書既下業不中止願示還期以開衆惑臣伏見詔宗室功臣悉就藩國遂貽子孫世守其政竊惟陛下之意誠愛之重之欲其裔緒承守與國無疆也臣謂必如詔書者陛下宜思所以安存之富貴之何必使世官也且堯舜之父有朱均之子若令有不肖子襲封嗣職兆庶被殃國家蒙患正欲絕之則子文之治猶在也正欲存之則欒黶之惡已暴也必曰與其毒害於見存之人寧割恩於已亡之臣則向所謂愛之重之者適所以傷之也臣謂宜賦以茅土疇以戶邑必有材行隨器而授雖幹翮非彊亦可以免累漢光武不任功臣以吏事所以終全其世者良得其術也願陛下深思其事使得奉大恩而子孫終其福祿也臣聞聖人之化天下莫不以孝為本故曰孝莫大於嚴父嚴

父莫大於配天國之大事在祀與戎孔子亦言吾不與祭如不祭是聖人之重祭祀也自陛下踐祚宗廟之享未嘗親事竊惟聖情以乘輿一出所費無藝故忍孝思以便百姓而一代史官不書皇帝入廟將何以貽厥孫謀示來葉邪臣知大孝誠不在俎豆之間然聖人訓人必以己先之示不忘本也臣聞致化之道在求賢審官孔子曰惟名與器不可以假人是言慎舉之為重也臣伏見王長通白明達本樂工輿皁雜類韋槃提斛斯正無他材獨解調馬雖術踰等夷可厚賜金帛以富其家今超授高爵與外廷朝會騶暨倡子鳴玉曳履臣竊恥之若朝命不可追改尚宜不使在列與士大夫為伍帝善其言除侍御史又言臣歷觀夏商周漢之有天下傳祚相繼多者八百餘年少者猶四五百年皆積德累業恩結於人豈無僻王賴先哲以免自魏晉逮周隋多者五六十年少者三二十年而亡良由創業之君不務仁化當時僅能自守後無遺德可思故傳嗣之主其政少衰一夫大呼天下土崩矣今陛下雖以大功定天下而積德日淺固當隆禹湯文武之道使恩有餘地為子孫立万世之基豈特持當年而已然自古明王聖主雖因人設教而大要節儉於身恩加於人故其下愛之如父母仰之如日月畏之如雷霆卜祚遐長而禍亂不作也今百姓承喪亂之後比於隋時纔十分一而徭役相望兄去弟還往來遠者五六千里春秋冬夏略無休時陛下雖詔減省而有司不得廢作徒行文書役之如故四五年來百姓頗嗟怨以為陛下不存養之堯之茅茨土階禹之惡衣菲食臣知不可復行於今漢文帝惜百金之費而罷露臺集上書囊以為殿帷所幸慎夫人衣不曳地景帝亦以錦繡纂組妨害女功特詔除之所以百姓安樂至孝武帝雖窮奢極侈承文景遺德故人心不搖向使高祖之後即值武帝天下必不能全此時代差近事迹可見今京師及益州諸處營造供奉器物并諸王妃主服飾皆過靡麗臣聞昧旦丕顯後世猶怠作法於治其弊猶亂陛下少處人間知百姓辛苦前代成敗目所親見尚猶如此而皇太子生長深宮不更外事即万歲後聖慮之所當憂也臣竊尋自古黎庶怨叛聚為盜賊其國無不即滅人主雖悔未有重能安全者凡脩政教當脩之於可脩之時若事變一起而後悔之無益也故人主每見前代之亡則知其政教之所由喪而不知其身之失故紂笑桀之亡而幽厲笑紂之亡隋煬帝又笑齊魏之失國也今之視煬帝猶煬帝之視齊魏也往貞觀初率土霜儉一匹絹纔易斗米而天下帖然者百姓知陛下憂憐之故人人自安無謗讟也五六年來頻歲豐稔一匹絹易粟十餘斛而百姓咸怨以為陛下不憂憐之何則今營為者多不急之務故也自古以來國之

興亡不由積畜多少在百姓苦樂也且以近事驗之隋貯洛口倉而李密因
之積布帛東都而王世充據之西京府庫亦為國家之用向使洛口東都無
粟帛王世充李密未能必聚大衆但貯積者固有國之常要當人有餘力而
後收之豈人勞而強斂之以資寇邪夫儉以息人貞觀初陛下已躬為之今
行之不難也為之一日則天下知之式歌且舞矣若人既勞而用之不息万
一中國水旱而邊方有風塵之警狂狡竊發非徒旰食晏寢而已古語云動
人以行不以言應天以實不以文以陛下之明誠欲厲精為政不煩遠采上
古但及貞觀初則天下幸甚昔賈誼謂漢文帝云可痛哭及長歎息者言當
韓信王楚彭越王梁英布王淮南之時使文帝即天子位必不能安又言賴
諸王年少傅相制之長大之後必生禍亂後世皆以誼言為是臣竊觀今諸
將功臣陛下所與定天下無威略振主如韓彭者而諸王年並幼少縱其長
大陛下之日必無他心然則万代之後不可不慮漢晉以來亂天下者何嘗
不在諸王皆由樹置失宜不豫為節制以至滅亡人主豈不知其然溺於私
愛爾故前車既覆而後車不改轍也今天下百姓尚少而諸王已多其寵遇
過厚者臣愚慮之非特恃恩驕矜也昔魏武帝寵陳思王文帝即位防守禁
閉同獄囚焉何則先帝加恩太多故嗣王疑而畏之也此武帝寵陳思王適

所以苦之也且帝子身食大國何患不富而歲別優賜曾無限極里語曰貧
不學儉富不學奢言自然也今大聖創業豈唯處置見子弟而已當制長久
之法使万代奉行臣聞天下者以人為本必也使百姓安樂在刺史縣令爾
縣令既衆不可皆賢但州得良刺史可矣天下刺史得人陛下端拱巖廊之
上夫復何為古者郡守縣令皆選賢德欲有所用必先試以臨人或由二千
石高第入為宰相今獨重內官縣令刺史頗輕其選又刺史多武夫勳人或
京官不稱職始出補外折衝果毅身力彊者入為中郎將其次乃補邊州而
以德行才術擢者十不能一所以百姓未安殆在于此疏奏帝稱善擢拜給
事中轉中書舍人周善敷奏機辯明銳動中事會裁處周密時譽歸之帝每
曰我暫不見周即思之岑文本謂所親曰馬君論事會文切理無一言可損
益聽之纚纚令人忘倦蘇張終賈正應此耳然鳶肩火色騰上必速恐不能
久俄遷治書侍御史兼知諫議大夫檢校晉王府長史王為皇太子拜中書
侍郎兼太子右庶子十八年遷中書令猶兼庶子時置太子司議郎帝高其
除周歎曰恨吾資品妄高不得歷此官帝征遼留輔太子定州及還攝吏部
尚書進銀青光祿大夫帝嘗以飛白書賜周曰鸞鳳沖霄必假羽翼股肱之
寄要在忠力周病消渴連年帝幸翠微宮求勝地為構第每詔尚食具膳上

醫使者視護躬為調藥太子問疾疾甚周取所上章奏悉焚之曰管晏暴君
之過取身後名吾不為也二十二年卒年四十八贈幽州都督陪葬昭陵初
帝遇周厚周頗自負為御史時遣人以圖購宅衆以其興書生素無貲皆竊
笑它日白有佳宅直二百萬周遽以聞詔有司給直并賜奴婢什物由是人
乃悟周每行郡縣食必進雞小吏訟之帝曰我禁御史食肉恐州縣廣費食
雞尚何與擯吏斥之及領選猶嚴後儀令先是京師晨暮傳呼以警衆後置
鼓代之俗曰鼕鼕鼓品官舊服止黃紫於是三品服紫四品五品朱六品七
品綠八品九品青城門入由左出由右飛驛以達警急納居人地租宿衛大
小番直截驛馬尾城門衛舍守捉士月散配諸縣各取一以防其過皆周建
白自周亡帝思之甚將假方士術求見其儀形高宗即位追贈尚書右僕射
高唐縣公垂拱中配享高宗廟廷子載咸亨中為司列少常伯與裴行儉分
掌選事吏部者稱裴馬焉終雍州長史
贊曰周之遇太宗顧不異哉由一介草茅言天下事若素宦于朝明習憲章
者非王佐才疇以及茲其自視與築巖釣渭亦何以異迹夫帝銳于立事而
周所建皆切一時以明佐聖故君宰間不膠漆而固恨相得晚宜矣然周才
不逮傳說呂望使後世未有述焉惜乎

韋挺京兆萬年人父沖仕隋為民部尚書挺少與隱太子善高祖平京師署
隴西公府祭酒累遷太子左衛驃騎檢校左衛率太子遇之厚宮臣無與比
武德七年帝避暑仁智宮或言太子與宮臣謀逆又慶州刺史楊文幹坐大
逆誅辭連東宮帝專責宮臣由是挺與杜淹王珪等皆流越巂未幾召拜主
爵郎中貞觀初王珪數薦之遷尚書右丞歷吏部黃門侍郎拜御史大夫扶
陽縣男太宗謂挺曰卿之任大夫獨朕意左右無為卿地者挺曰臣駑下不
足以辱高位且非勳非舊而在藩邸故僚上願後臣以勸立功者不聽是時
承隋大亂風俗薄惡人不知教挺上疏曰父母之恩昊天罔極創巨之痛終
身何已今衣冠士族辰日不哭謂為重喪親賓來弔輒不臨舉又閭里細人
每有重喪不即發問先造邑社待營辦具乃始發哀至假車乘雇棺槨以榮
送葬既葬鄰伍會集相與酣醉名曰出孝夫婦之道王化所基故有三日不
息燭不舉樂之感今昏嫁之初雜奏絲竹以窮宴歡官司習俗弗為條禁望
一切懲革申明禮憲俄復為黃門侍郎兼魏王泰府事時泰有寵太子多過
失帝密欲廢立語杜正倫正倫以漏言貶帝謂挺曰不忍復置卿于法改太
常卿初挺為大夫時馬周為監察御史挺不甚禮及周為中書令帝欲補
用之周言挺很自用非宰相器遂止帝將討遼東擇主餉運者周言挺才

任使帝謂然挺父故為營州揔管有經略高麗故札藏家挺上之帝悅曰
自幽距遼二千里無州縣吾軍糜所仰食卿為朕圖之苟吾軍用不乏是公
之功其自擇文武官四品十人為子使取幽易平三州銳士若馬各二百以
從即詔河北列州皆取挺節度許以便宜帝親解貂裘及中廄馬賜之挺遣
燕州司馬王安德行渠作漕艫轉糧自桑乾水抵盧思臺行八百里渠塞不
可通挺以方苦寒未可進遂下米臺側廥之待凍泮乃運以為解即上言度
王師至食且足帝不悅曰兵寧拙速無工遲我明年師出挺乃度它歲運何
哉即詔繁時令韋懷質馳按懷質還劾挺在幽州日置酒弗憂職不前視渠
長利即造船行粟縣八百里乃悟非是欲進則不得還且水涸六師所須恐
不如陛下之素帝怒遣將作少監李道裕代之敕治書侍御史唐臨馳傳械
挺赴洛陽廢為民使白衣從帝破蓋牟城詔挺將兵鎮守不復用城與賊新
城接日夜轉鬭無休時挺以失職內不平作書謝所善公孫常常善數者也
以他事繫投繯死索橐中得挺書言所屯危蹙意怨望貶象州刺史歲餘
卒年五十八子待價萬石

待價初為左千牛備身永徽中江夏王道宗得罪待價以婿貶盧龍府果毅
時將軍辛文陵招慰高麗次吐護真水為虜所襲待價與中郎將薛仁貴率
所部兵救之文陵亦苦戰遂免待價重創矢著左足隱不言卒以疾免起為

蘭州刺史吐蕃盜邊高宗以沛王賢為涼州大都督而待價為司馬俄遷肅
州刺史以功召拜右武衛將軍儀鳳三年吐蕃復入寇以待價檢校涼州都
督兼知鎮守兵馬事召還封扶陽侯武后臨朝攝司空護營乾陵改天官尚
書同鳳閣鸞臺三品待價起武力典選無銓總才故朝野共蚩薄之俄為
燕然道行軍大總管禦突厥踰年還拜文昌右相同鳳閣鸞臺三品不
自安累表辭職不聽且請盡力行陣許之於是拜安息道行軍大總管督三
十六總管以討吐蕃進爵公軍至寅識迦河與吐蕃合戰勝負略相當會其
副閻温古逗留又天大寒待價不善撫御師人多死餉道乏乃旋師頓高昌
后大怒斬温古流待價繡州卒曾孫武

武少孤年十一蔭補右千牛累遷長安丞德宗幸梁州委妻子奔行在除殿
中侍御史戶部侍郎元琇為水陸轉運使表武以倉部員外郎充判官琇不
用杜門數月而琇敗轉刑部員外郎是時帝以反正告郊廟大兵後典章苟
完執事者時時咨武武酌宜約用得禮之衷群司奉焉後為絳州刺史鑿汾
水灌田万三千餘頃璽書勞勉憲宗時入為京兆尹護治豐陵未成卒贈
吏部尚書

萬石頗涉學善音律上元中遷累太常少卿當時郊廟燕會樂曲皆萬石與
太史令姚元辯增損之號任職始萬石奏太樂博士弟子遭喪者先無它業
請以卒哭追集侍御史劉思立劾奏萬石曰移風易俗莫善於樂睦親化人
莫善於孝所以三年之禮天下通喪今遣音聲人釋服為樂帶絰治音豈以
小人不能執禮遂欲約為非法萬石官太常首素風化請付吏論罪高宗方
委任萬石罷其奏後知吏部選事卒于官

贊曰王者用人非難盡其才之為難觀太宗之責任也謀斯從言斯聽才斯
奮洞然不疑故人臣未始遺力天子高拱操成功致太平矣始皆書士命布
衣嬪然列置上袞薛收雖蚤夭帝本以中書令待之御日之方顧不善哉挺
晚節流落蓋有致而然

列傳第二十三

二李戴劉崔列傳第二十四

端明殿學士兼翰林侍讀學士龍圖閣學士朝請大夫尚書吏部侍郎充集賢殿脩撰臣宋祁奉

敕撰

李綱字文紀觀州蓨人少慷慨尚風節始名瑗慕張綱爲人改焉仕周爲齊王憲參軍事宣帝將殺憲召僚屬誣左其罪綱矢死無撓辭及憲誅露車載尸故吏奔匿綱撫棺號慟爲瘞訖乃去事隋爲太子洗馬太子勇宴宮臣左庶子唐令則奏琵琶又歌武媚娘曲綱曰令則官調護乃自比倡優進淫聲惑視聽誠使上聞之豈不爲殿下累乎臣請正其罪勇曰置之我欲爲樂耳後勇廢文帝切讓官屬無敢對綱獨曰陛下不素教故太子至此太子資中人得賢者輔而善得不肖導而惡柰何歌舞鷹犬纖兒使日侍側何特太子罪邪帝曰以汝爲洗馬何不擇人綱曰臣非東宮得言者帝曰朕過矣擢尚書右丞時楊素蘇威用事綱据正不詭迎隨素等共讒會大將軍劉方討林邑素言林邑多珍貲非綱不可任遂

署行軍司馬方揣素指數危辱之幾殆軍還不得調稍除齊王府司馬復詔出南海應接林邑久不召乃身入奏威劾綱擅去所部以屬吏會赦免屏居鄠大業末賊帥何潘仁劫爲長史高祖平京師綱上謁授丞相府司錄參軍封新昌縣公領選舉受禪拜禮部尚書兼太子詹事齊王元吉爲并州總管縱左右攘奪民愁苦宇文歆諫不聽騰狀顯言王坐免俄而復留下危惴劉武周入太原元吉懼棄軍奔京師并州陷帝怒謂綱曰王年少不習事故以歆及竇誕佐之太原與王地兵十萬粟支十年柰何一旦棄去歆建此計我當斬之綱曰王過惡誕養成之歆事王淺有闕必諍今輒歆計使陛下不失愛子且有功又可加罪乎翼日帝悟引綱升御榻勞曰卿不言我幾濫罰於是釋歆然猶貸誕也帝以舞工安叱奴爲散騎常侍綱諫曰周家均工樂胥不得預士伍雖復妙如師襄才如子野皆繼世不易業故魏武使禰衡擊鼓衡先解朝衣曰不敢以先王法服爲伶人衣齊高緯封曹妙達爲王以安馬駒開府有國家者可爲鑒戒今新造天下開太平之基功臣賞未及徧高才猶伏草茅而先令舞胡鳴玉曳組位五品趨丹地殆非創業垂統貽子孫之道也帝不納綱在東宮太子建成尤加禮嘗游溫陽綱疾不從有進魚者太子使膾之唐儉趙元楷自言其能太子曰操刀膾鯉和鼎味公等善之若弼諧審諭固屬綱矣遣使賜絹二百匹後太子寖狎亡賴猜間朝廷綱頻諫不見聽遂乞骸骨帝罵曰卿爲潘仁長史而羞朕尚書邪綱頓首曰潘仁賊也志殘殺然每諫輒止爲其長史故無愧陛下功成厚自伐臣言如持水內石敢久爲尚書乎且臣事東宮東宮又與臣忤是以上印綬帝謝曰知公直士幸卒輔吾兒乃拜太子少保尚書詹事如故綱上書太子曰綱老矣幸未就木備位保傅冀得効愚鄙日殿下飲酒過量非養生之道凡爲人子務孝謹以慰上心不宜聽受邪說與朝廷生甚間太子覽書不懌所爲益縱綱悒悒不自賴固請老優詔解尚書帝以綱隋名臣手敕未嘗名貞觀四年復爲少師以

足疾賜步輿聽乘至閤問以政事詔東宮太子承乾爲拜每聽政必詔綱與房玄齡王珪侍坐嘗言曰託六尺之孤寄百里之命古人爲難綱以爲易故發言陳事毅然不可奪及疾帝遣玄齡至家存問明年卒年八十五贈開府儀同三司謚曰貞太子爲立碑初齊王憲女孀居綱厚卹之及卒女被髮號哭如喪其親然綱在隋官不進筮之得鼎筮人曰君當爲卿輔然待易姓乃如志仕不知退折足爲敗故綱雖顯於唐數稱疾辭位云孫安仁安靜安仁永徽中爲太子左庶子太子忠廢還邸寮屬奔散獨安仁泣拜而去終恒州刺史安靜天授中爲右衛將軍武氏革命羣臣皆勸進安靜獨無所請及收繫獄來俊臣問狀安靜曰正以我唐舊臣殺之可也若詰其狀吾誰欺俊臣誣殺之會昌中錄忠臣後訪子孫已絕乃贈安靜太子少師自綱五世同居安仁安靜復以義烈聞世稱李氏不衰

李大亮京兆涇陽人祖琰爲魏度支尚書大亮有文武才略隋末

署龐玉行軍兵曹李密寇東都玉戰敗大亮被禽賊將張弼異之就戮百餘人皆死獨釋大亮引與語遂定交高祖入關大亮自歸授土門令方歲飢境多盜賊大亮招亡散撫貧瘠賣所乘馬稍稍貲業之勸墾田歲大熟躬出擊盜所至輒平秦王行北境下書獎勞賜馬五乘帛五十段頃之胡賊大至大亮度不能拒乃單馬詣營說豪帥爲分別禍福賊衆感服遂相率降大亮殺所乘馬與之食至步而返帝聞之悅擢金州總管府司馬王弘烈據襄陽詔大亮安撫樊鄧因圖之進擊下十餘城遷安州刺史復使徇廣州至九江會輔公祏反以計禽其將張善安公祏方圍猷州刺史左難當固守大亮率兵擊走之遷越州都督貞觀初徙交州封武陽縣男召授太府卿復出凉州都督嘗有臺使見名鷹諷大亮獻之大亮密表曰陛下絕畋獵久矣而使者求鷹信陛下意邪乃乖昔旨如其擅求是使非其才太宗報書曰有臣如此朕何憂古人以一言之重訂千金今賜胡瓶一雖亡千鎰乃朕所自御又賜

荀悅漢紀曰悅論議深博極爲政之體公宜繹味之時突厥亡帝遂欲懷四夷諸部降者人賜袍一領帛五匹首領拜將軍中郎將列五品者贏百員又置降胡河南詔大亮爲西北道安撫大使使以綏大度設拓設泥熟特勒及七姓種落之未附者峙糧磧口賑其飢大亮上言臣聞欲綏遠者必自近中國天下本根四夷猶枝葉也殘本根厚枝葉而曰求安未之有也屬者突厥傾國入朝陛下不即俘江淮變其俗而加賜物帛悉官之引處內地豈久安計哉今伊吾雖臣遠在荒鹵臣以爲諸稱藩請附者宜羈縻受之使居塞外畏威懷德永爲藩臣謂之荒服者故臣而不內所謂行虛惠收實福河西積困夷狄州縣蕭條加因隋亂殘耗已甚臣愚願停招慰省勞役使邊人得就農畝此中國利也帝納其計八年爲劍南道巡省大使會討吐谷渾爲河東道行軍總管與李靖俱出北道涉青海觀河源與虜遇蜀渾山大戰破之俘其名王獲雜畜數萬進爵爲公拜右衛大將軍晉王爲皇太子詔大亮兼右衛率

又兼工部尚書身三職宿衛兩宮毋番直常假寐帝勞曰公在我得酣卧十八年幸洛陽詔副房玄齡居守玄齡稱有王陵周勃節可倚大事俄寢疾帝親和藥驛賜之臨終表請罷遼東役又言京師宗廟所在願以關中爲意就高宗歎曰吾聞男子不死婦人手命屏左右言終卒年五十九將斂家無珠玉爲含惟貯米五斛布三十端帝哭爲慟贈兵部尚書秦州都督謚曰懿陪葬昭陵大亮性忠謹外若不能言而內剛烈不可干非其義對天子爭是非無回撓至妻子未始見惰容事兄嫂以禮聞位通顯居陋狹甚在越州寫書數百卷及去留都督署者初破公祏以功賜奴婢百口謂曰而曹皆衣冠子女不幸破亡吾何忍錄而爲隸乎縱遣之高祖聞咨美更賜俚婢二十後破吐谷渾復賜奴婢百五十口悉以遺親戚葬宗族無後者三十餘柩貲遂加焉嘗以張弼脫其死及貴念有以報之時弼爲將作丞匿不見大亮求之不能得一日識諸涂持弼泣悉推家財與之弼拒不受乃言於帝曰臣及事陛下張弼力也

願悉臣官爵授之帝爲遷弼中郎將代州都督世昔賢大亮能報而多弼不自伐也歿後所育孤姓爲大亮行服如所親者十餘人兄子道裕貞觀末爲將作匠有告張亮反者詔百官議皆言亮當誅獨道裕謂反形未具帝怒不服省斬之歲餘刑部侍郎缺宰相屢進名不可帝曰朕得之矣是嘗議張亮者朕時雖不從今尚悔之遂命道裕終大理卿大亮族孫迥秀

迥秀字茂之及進士第文中英才傑出科調相州參軍事累轉考功員外郎武后愛其材遷鳳閣舍人大足初檢校夏官侍郎仍領選銓汰文武號稱職進同鳳閣鸞臺平章事張易之兄弟貴驕因橈意諧媚公論頓減俄坐贓貶廬州刺史易之誅貶衡州長史中宗即位召授將作少監累遷鴻臚卿脩文館學士出朔方道行軍大總管還拜兵部尚書卒年五十贈侍中迥秀少聰悟多通賓客喜飲酒雖多不亂當時稱其風流母少賤妻嘗詈媵婢母聞不樂迥秀即出其妻或問之答曰娶婦要欲事姑苟違顏色何可留武

后嘗遣內人候其母或迎置宮中後所居堂產芝草犬乳鄰猫中
宗以爲孝感旌大門閭子齊損開元中以謀逆誅

戴冑字玄胤相州安陽人性堅正幹局明彊善簿最隋末爲門下
錄事納言蘇威黃門侍郎裴矩厚禮之爲越王侗給事郎王世充
謀篡冑說曰君臣大分均父子休戚同之公當社稷之任與存與
亡正在今日願尊輔王室擬伊周以幸天下世充詭曰善俄脅九
錫冑又切諫不納出爲鄭州長史使與王行本守武牢秦王攻拔
之引爲府士曹參軍封武昌縣男大理少卿缺太宗曰大理人命
所繫冑清直其人哉即日命冑長孫无忌被召不解佩刀入東
上閤尚書右僕射封德彝論監門校尉不覺罪死當无忌贖冑曰
校尉與无忌罪均臣子於尊極不稱誤法著御湯劑飲食舟船雖
誤皆死陛下錄无忌功原之可也若罰无忌殺校尉不可謂刑帝
曰法爲天下公朕安得阿親戚詔復議德彝固執帝將可冑曰不
然校尉緣无忌以致罪法當輕若皆誤不得獨死繇是與校尉皆

免時選者盛集有詭資蔭冒牒取調者詔許自首不首罪當死俄
有詐得者獄具冑以法當流帝曰朕詔不首者死而今當流是示
天下不以信卿賣獄邪冑曰陛下登殺之非臣所及既屬臣敢虧
法乎帝曰卿自守法而使我失信柰何冑曰法者布大信於人言
乃一時喜怒所發陛下以一朝忿將殺之既知不可而寘於法此
忍小忿存大信也若阿忿違信臣爲陛下惜之帝大感寤從其言
冑犯顏據正數矣參處法意至析秋豪隨類指擿言若泉涌帝益重
之遷尚書左丞矜其貧特詔賜錢十萬會僕射蕭瑀免封德彝卒
帝謂冑曰尚書總國綱維失一事天下有受其弊者今以令僕委
卿宜副朕舉冑明敏長于操決無宿疑議者美其振職謂武德以
來殆無其輩復拜諫議大夫與魏徵更日供奉進民部尚書杜如
晦遺言請以選舉委冑由是檢校吏部尚書然好抑文雅獎法吏
時以寡學爲訾貞觀四年以本官參豫朝政進爵郡公帝將脩復
洛陽宮冑上疏諫曰比關中河外置軍團彊夫富室悉爲兵九成

之役又與司農將作見丁無幾大亂之後戶口單破一人就役舉
室損業籍軍者督戎仗課役者責糧齎竭貲經紀猶不能濟七
月以來霖潦未止濱河南北田正洿下年之有亡未可知壯者盡
行賦調不給則帑藏虛矣今宮殿足庇風雨容羽衛數年後成猶
不謂晚何憚而遽自生勞擾邪帝覽奏罷役冑所敷內緣政得失
咸有可觀奏已即削稾祕外莫知帝嘗謂左右曰冑於我非肺腑
親然事之機切無不聞惟其忠槩所激耳七年卒帝爲舉哀贈尚
書右僕射追封道國公謚曰忠以第舍陋不容祭詔有司爲立廟
聘其女爲道王妃房玄齡魏徵與冑善每至生平故處輒流涕冑
無子以兄子至德爲後

至德乾封中累遷西臺侍郎同東西臺三品閱十數年父子繼爲
宰相世詫其榮高宗嘗爲飛白書賜侍臣賜至德曰汎洪源俟舟
楫郝處俊曰飛九霄假六翮李敬玄曰資啓沃罄丹誠崔知悌曰
竭忠節贊皇猷皆見意於辭云遷尚書右僕射時劉仁軌爲左人

有所訴率優容之至德乃詰究本末理直者密爲奏終不顯私恩
由是當時多稱仁軌者號仁軌爲解事僕射嘗更日聽訟有嫗詣
省至德已收牒嫗乃復取曰初以爲解事僕射今乃非是至德笑
還之人伏其長者或以問至德答曰慶賞刑罰人主之柄爲臣豈
得與人主爭也帝知歎美之儀鳳四年卒詔百官哭其第贈開府
儀同三司幷州大都督謚曰恭

劉洎字思道荊州江陵人初爲蕭銑黃門侍郎南略地嶺表下五
十城未還而銑敗遂以城自歸授南康州都督府長史貞觀七年
擢給事中封清苑縣男轉治書侍御史於時尚書省詔敕稽壅按
成復下彌年不能決洎言尚書萬機本貞觀初未有令僕職併務
繁左丞戴冑右丞魏徵應事彈舉無所回橈百司震肅不敢懈比
者勳親在位品非其任功勢相傾雖欲自彊先懼囂謗故郎中予
奪惟事咨稟尚書依違不得專裁莞轄玩弛綱紀不振今宜精
選左右丞兩司郎中使皆得人非惟救曠滯之弊固當矯拂趨競

也未幾拜尚書右丞洎健于職於是尚書復治如徵時累加銀青光祿大夫散騎常侍攝黃門侍郎太宗好持論與公卿言古今事必往復難詰究臧否洎諫曰帝王之與臣庶聖哲之與庸愚等級邃絶勢不倫擬故課愚對聖持卑抗尊雖思自彊不可得已陛下降慈旨假柔顏虛心聽納猶恐羣臣惴縮不敢進況以神機天辯飾辭援古而詆其議哉夫天以無言爲尊聖以不言爲德皆弗欲煩也且多記損心多語耗氣心氣內損形神外勞初雖無覺久且爲弊且今之雍平陛下力行所至耳欲其長久匪由辯博但當忘愛憎慎取捨若貞觀初可矣手詔荅曰非慮無以臨下非言無以述慮雖然驕人輕物恐由權論致之若形神心氣不爲勞也皇太子初立洎謂宜尊賢重道上書曰太子宗祧是繫善惡之習興亡在焉弗勤于始將悔于末故鼂錯上書令通政術賈誼奏計務知禮教今太子孝友仁愛挺自天姿然春秋鼎盛學當有漸以陛下多才多藝尚垂精厲志以博異聞而太子優游坐棄白日陛下每退朝引見羣臣訪以今古咨以得失而太子處內不接正人不聞正論臣所未諭古者問安而退以廣敬也異宮而處以遠嫌也間者太子一入侍逾旬不出師傅寮寀具員而已非所謂愛之也臣愚以爲授以良書娛以佳賓使耳所未聞睹所未見儲德愈光羣生之福也帝於是敕洎與岑文本馬周遞日直東宮帝嘗怒苑西監穆裕有詔斬朝堂皇太子驟諫帝喜曰朕始得魏徵朝夕進諫徵亡劉洎岑文本馬周褚遂良繼之兒在吾膝前見朕悅諫孰矣故有今日言也誠習以性成哉稍遷侍中帝忽謂羣臣曰朕今欲聞己過卿等爲朕言之長孫無忌李勣楊師道同辭對曰陛下以盛德致太平臣等愚不見其過洎曰然頃上書有不稱旨或面窮詰無不著汗恐非所以進言者路帝曰卿言善朕能改之及征遼東詔兼太子左庶子檢校民部尚書輔皇太子監國帝曰以卿輔太子社稷安危在焉宜識朕意洎曰願無憂卽大臣有罪臣謹按法誅之帝怪其語謬戒曰君不密則失臣臣不密則失身卿性疏而果恐以此敗洎與褚遂良不相中帝還遂不豫洎與馬周入候出見遂良泣曰上體患癰殊可懼遂良卽誣奏洎曰國家不足慮正當輔少主行伊霍事大臣有異者誅之帝愈召洎問狀洎引馬周爲左遂良執不已帝惑之乃賜死方死時索筆牘欲自言有司不敢與帝後知之有司皆得罪顯慶中其子弘業詣闕訴遂良譖死狀李義府右之高宗問近臣給事中樂彥瑋曰辨之是暴先帝過刑事寢文明初詔復官爵彥瑋字德珪長安人麟德元年以西臺侍郎同東西臺三品數月罷爲大司憲卒贈齊州都督

贊曰劉洎之才之烈易所謂王臣蹇蹇者然性剛踈輔太子欲身任安危以言掩其衆爲媢忌所乘卒陷罪誅嗚呼以太宗之明蔽於所忿洎之忠不能自申於上況其下哉古人以言爲戒可不慎歟

崔仁師定州安喜人武德初擢制舉調管州錄事參軍陳叔達薦仁師才任史官遷右武衛錄事參軍與脩梁魏史貞觀初改殿中侍御史時青州有男子謀逆有司捕支黨累係填獄詔仁師按覆始至悉去囚械爲具食飮湯沐以情訊之坐止魁惡十餘人它悉原縱大理少卿孫伏伽謂曰原雪者衆誰肯讓死就決而事變奈何仁師曰治獄主仁恕故諺稱殺人刖足亦皆有禮豈有知枉不申爲身謀哉使吾以一介易十四命固吾願也及敕使覆訊諸囚咸叩頭曰崔公仁恕必無枉者擧無異辭由是知名遷度支郎中嘗口陳移用貲數千名太宗怪之詔黃門侍郎杜正倫持簿使仁師對唱無一謬帝奇之時校書郎王玄度注尚書毛詩抵孔鄭舊學請遂廢詔諸儒大議博士以下不能詰河間王孝恭請與孔鄭並行仁師以玄度不經條不合大義者奏之玄度報罷遷給事中時有司以律反逆者緣坐兄弟歿官爲輕詔八坐議咸言漢魏晉謀反夷三族請改從死仁師曰父子天屬昆足累其心此而不卹何愛兄弟房玄齡曰祖有蔭孫義則孫祖親重而兄弟屬輕今應重者流而輕者死非用刑意遂不改後密請立晉王爲太子失帝旨左遷鴻臚少卿稍進民部侍郎及征遼東副韋挺知海運又別知河

南漕事仁師以漕路回遠恐所輸不時至以便宜發近海租賦餉軍坐運卒亡命不以聞除名帝還至中山起爲中書舍人檢校刑部侍郎幸翠微宮上清暑賦以諷帝稱善賜帛五十段二十二年遷中書侍郎參知機務被遇尤渥中書令褚遂良忌之會有伏閤訴者仁師不時上帝大怒流連州永徽初授簡州刺史卒子挹挹子湜

湜字澄瀾少以文詞稱第進士擢累左補闕稍遷考功員外郎時桓彥範等當國畏武三思甚構引湜使陰約其姦中宗稍疏功臣三思日益寵湜反以彥範等計告三思驟遷中書舍人彥範等被徙又說三思速殺之以絕人望三思問誰可使者乃進其外兄周利貞利貞往彥範等皆死擢利貞御史中丞湜附託昭容上官氏數與宣淫於外景龍二年遷兵部侍郎而挹爲禮部侍郎武德以來父子同爲侍郎惟挹湜云俄拜中書侍郎檢校吏部侍郎同中書門下平章事與鄭愔同典選納賂遺銓品無序爲御史李尚隱劾奏貶江州司馬上官與安樂公主從中申護之改襄州刺史未幾入爲尚書左丞韋氏稱制復以吏部侍郎同中書門下三品睿宗立出爲華州刺史俄除太子詹事初湜建言山南可引丹水通漕至商州自商鑱山出石門抵北藍田可通輓道中宗以湜充使開大昌關役徒數萬死者十五禁舊道不得行而新道爲夏潦奔蹙數摧壓不通至是論功加銀青光祿大夫景雲中太平公主引爲同中書門下三品進拜中書令時挹以戶部尚書得謝而性貪數爲人請託以干湜湜多不從由是父子相失玄宗在東宮數至其第申款密湜陰附主時人危之爲寒毛門下客獻海鷗賦以諷湜稱善而不自悛帝將誅蕭至忠等召湜示腹心弟滌諫曰上有所問愼無隱湜不從及見對問失官至忠等誅湜徙嶺外時雍州長史李晉亦坐誅歎曰此本湜謀今我死而湜生何也又宮人元稱嘗與湜謀進酖於帝追及荊州賜死年四十三初在襄州與譙王數相問遺王敗湜當死賴劉幽求張說護免及爲宰相陷幽求嶺表密諷廣州都督周利貞殺之不克又與太平公主逐張說其猜毒詭險殆天性雖蠆蝎不若也與弟液滌從兄涖並以文翰居要官每宴私自比東晉王謝嘗曰吾一門入仕歷官未嘗不爲第一丈夫當先據要路以制人豈能默默受制於人哉故進趣不已至於敗湜執政時年三十八嘗暮出端門緩轡諷詩張說見之歎曰文與位固可致其年不可及也

液字潤甫尤工五言詩湜歎因字呼曰海子我家龜龍也官至殿中侍御史坐湜當流亡命郢州作幽征賦以見意詞甚典麗遇赦還卒子論有吏幹乾元中爲州刺史以治行稱大曆末遷同州刺史爲黜陟使庾何所按議者不直何故復用爲衢州刺史德宗以舊族耆年擢大理卿卒

滌本名澣玄宗改焉帝在藩與同里居出潞州賓友餞者止國門而滌獨從至華及即位寵昵甚湜既誅帝仍念之用爲秘書監開元二年欲贈其父挹吏部尚書宰相持不可遂用四品禮葬贈和州刺史滌侍左右與諸王不讓席坐性滑稽善辯帝恐漏禁中語以愼密字親署笏端累遷金紫光祿大夫封安喜縣子卒贈兗州刺史

二李戴劉崔列傳第二十四

陳楊封裴宇文鄭權閻蔣韋姜張列傳第二十五　　唐書一百

宋祁　奉　敕　撰

陳叔達字子聰，陳宣帝子也。少封義陽王，歷丹楊尹、都官尚書。入隋，久不試。大業中，授內史舍人，出為絳郡通守。高祖西師，以郡聽命，授丞相府主簿，封漢東郡公，與溫大雅同筦機祕。方禪代時，書冊誥詔皆其筆也。武德初，授黃門侍郎，判納言，封江國公。叔達明辯，善容占，奏請縕紳屬目。江左士客長安，或汨振，多薦諸朝。嘗賜食，得蒲陶，不舉。帝問之，對曰：「臣母病渴，求不能致，願歸奉之。」帝流涕曰：「卿有母遺乎！」因賜之，又賚物百段。貞觀初，與蕭瑀爭殿中，坐忿辭不恭，免官。未幾，居母喪，又有疾，太宗憂之，遣使禁弔者。喪除，為遂州都督，病不拜。頃之，擢禮部尚書。始，太子建成等間間太宗，帝惑之，叔達推意救辯。至是，謂曰：「武德內難，卿有讜言，故以此報。」叔達謝曰：「豈獨為陛下，乃社稷計耳！」後闔薄汙慢，為有司所劾，帝以名臣，為護掩，授散秩歸第。卒，謚曰繆。久之，贈戶部尚書，更謚曰忠。

楊恭仁，隋觀王雄子也。仁壽中，累遷甘州刺史，臨事不苛細，徼人安之。文帝謂雄曰：「匪特朕得人，乃卿善教子矣。」大業初，轉吏部侍郎。楊玄感叛，詔率兵經略，與玄感戰破陵，敗之，遂與屈突通追獲賊。煬帝召見曰：「比聞與賊戰尤力，向但知卿奉法，而乃勇決如此，朕用自愧。」蘇威曰：「仁者必有勇，殆謂此邪？」時威及宇文述、裴蘊、裴矩參掌選事，皆受賕不法，恭仁素廉正，故惡之，出為河南道大使，使捕寇賊。至譙郡，為朱粲所敗，奔江都。宇文化及弒逆，署吏部尚書。化及守魏縣，元寶藏執送京師。高祖素知之，授黃門侍郎，封觀國公。尋為涼州總管。恭仁久更邊，習種落情偽，悉心綏尉，由葱嶺以東皆奉貢贄。就加納言。突厥頡利率衆數萬獵其境，恭仁應機設拒，張疑屯，虛幟示之，頡利懼而走。瓜州刺史賀拔行威叛，朝廷未即討，恭仁募驍騎倍道進，賊不虞其來，遂克二城，縱所俘還之，衆感悅，遂相與縛行威降。召拜吏部尚書，兼中書令，檢校涼州諸軍事，遷左衛大將軍。武德末，拜雍州牧、揚州大都督府長史，遷洛州都督。太宗勞謂曰：「洛陽要重，朕子弟不為少，恐非所任，故以委公。」恭仁性沖厚，以禮自閑，衛未嘗與物忤，時人方漢石慶。既貴，不以勢尚人，故譽望益重。病，乞骸骨，詔以特進歸第。卒，贈潭州都督，陪葬昭陵，謚曰孝。○子思訓，龍朔中歷右屯衛將軍。從高宗幸并州，右衛大將軍慕容寶節夜邀思訓與謀亂，思訓不敢對，寶節懼，毒酒以進，思訓死。妻訴之，流寶節嶺表，至龍門，追斬之。乃詔以貢毒人者重其法。思訓孫睿交，尚長寧公主，豫誅張易之，賜實封五百戶。神龍中，為祕書監，貶絳州別駕。

師道字景猷，恭仁弟。清警有才思。客洛陽，為王世充所拘，間歸高祖，授上儀同，為備身左右。尚桂陽公主，除吏部侍郎，改太常卿，封安德郡公。貞觀十年，拜侍中，參豫朝政，親遇隆渥。性周謹，未嘗語禁省事。嘗曰：「吾讀孔光傳，損其餘風，或庶幾云。」太宗數訪群臣才行，師道雖有所推進，而乏甄品。久之，遷中書令。太子承乾得罪，詔與長孫無忌等雜治其獄。師道妻異姓子趙節與承乾通謀，乃微諷帝欲活之，帝怒，罷為吏部尚書。師道起貴胄，四海人物非所練悉，至銓署，專抑勢貴親黨以遠嫌，用人多違其才，不為時所稱。帝亦曰：「師道資性純淑，自應無過，而實怯懦，孚吏事緩急，不得其力。」從征高麗，攝中書令。軍還，頗不職，改工部尚書，復為太常卿。師道善草隸，工詩，每與有名士燕集歌詠自適。帝見其詩，為擿諷嗟賞。後賜宴，帝曰：「聞公每酣賞，捉筆賦詩，如宿構者，試為朕為之。」師道再拜，少選輒成，無所竄定，一坐嗟伏。卒，贈吏部尚書、并州都督，謚曰懿，陪葬昭陵，詔為立碑。子豫之，尚巢王元吉女壽春縣主，居母喪，與永嘉公主亂，為主壻竇奉節所殺。

執柔，恭仁從孫。歷地官尚書。武后母即恭仁叔父達之女。及臨朝，武承嗣、攸寧相繼用事，后曰：「要欲我家及外氏常一人為宰相。」乃以執柔同中書門下三品，未幾卒。弟執一，亦以誅張易之功封河東郡公，累官右金吾衛大將軍。

始，雄在隋以同姓貴，自武德後，恭仁兄弟名位益盛，又以武后外家尊寵，凡尚主者三人，女為王妃五人，贈皇后一人，三品以上者二十餘人。

封倫字德彝，以字顯，觀州蓨人。祖隆之，北齊太子太保。倫年方少，舅盧思道曰：「是兒識略過人，當自致卿相。」隋開皇末，江南亂，內史令楊素討之，署倫行軍記室。泊海上，素召計事，倫墜水，免，易衣以見，訖不言。久乃素知，問故，謝曰：「私事也，所不敢白。」素異其為，以從妹妻之。素營仁壽宮，表為土工監，規構鴻侈。宮成，文帝怒曰：「素殫百姓力，為吾搆怨天下。」素大懼。倫曰：「毋恐，皇后至，自當免。」明日，帝果勞素曰：「公知吾夫婦老無以自娛樂，而盛飾此宮邪！」因大悅。素退，問：「何料而知？」倫曰：「上節儉，故始見必怒，然雅聽后言。后，婦人，惟侈麗是好，后悅則帝安矣。」素曰：「吾不及也。」素負才勢，多所凌藉，惟於倫降禮賞接，或與論天下事，袞袞不倦。每撫其牀曰：「封郎終當據此座。」薦之帝，擢內史舍人。虞世基得幸煬帝，然不悉吏事，處可失宜，倫陰為裁畫，內以諂承主意，百官章奏若忤旨，則寢不聞；外以峻文繩天下，有功當賞，輒抑不行。由是世基之寵日隆，而隋政日壞矣。宇文化及亂，持帝出宮，使倫數帝罪，帝曰：「卿士人，何至是？」倫羞縮去。化及署為內史令，從至聊城，知化及敗，乃結士及得出護餉道。化及死，遂與士及來降。高祖知其諂附逆黨，方切讓，使就舍。倫以祕策干帝，帝悅，更拜內史舍人，遷侍郎，兼內史令。

秦王討王世充命倫參謀軍事時兵久不決帝欲班師王遣倫西見帝曰賊地雖多羈縻不相使所用命者洛陽爾計窮力屈死在旦暮今解而西則賊勢磐結後難以圖帝納之賊平帝謂侍臣曰始議東討時多沮解者唯秦王謂必克倫贊其行雖張華叶策晉武亦何以加於是封平原縣公判天策府司馬初竇建德援洛王將趣虎牢倫與蕭瑀諫不可至是入賀王笑曰不用公言今日幸而捷智者千慮或有失乎倫謝素不及此頃之突厥寇太原且遣使和親帝問計群臣咸請許之可紓戰倫曰不然彼有輕中國心謂我不能戰若乘其怠擊之勢必勝勝而後和威德兩全今雖不戰後必復來臣以為擊之便詔可尋檢校吏部尚書進封道國公徙密國太宗立拜尚書右僕射實封六百戶始倫之歸蕭瑀數薦之及是瑀為左僕射每議事倫初贊定至帝前輒變易由是有隙貞觀元年遘疾卧尚書省帝親臨視命尚輦送還第卒年六十贈司空謚曰明倫資險佞內狹數刺人主意陰導而陽合之外謹順居處衣服陋素而交宮府賄賂狼藉然善矯飾居之自如人莫能探其膺肺隱刺之亂數進忠策太宗以為誠横賜累萬又密言於高祖曰秦王恃功頡頏太子下若不蚤立則亟圖之情白太子曰為四海不顧其親乞羨者謂何及高祖議廢立倫固諫止當時語祕無知者卒後事寖聞十七年治書侍御史唐臨追劾其狀帝下其議百官民部尚書唐儉等議倫寵榮生前而罪暴身後所歷官不可盡奪請還贈改謚以懲憸壬有詔奪司空削食封改謚為繆子言道尚淮南長公主官至宋州刺史

裴矩字弘大絳州聞喜人父訥之為齊太子舍人矩在乳而孤及長好學有文藻智數舉補高平王文學齊亡不得調隋高祖為定州總管召補記室以母憂去職高祖已受禪遷給事郎奏舍人事帝伐陳為元帥記室江左平詔矩巡撫嶺南未行而高智慧等亂道不通帝難其遣矩請速進許之次南康得兵數千人是時俚帥王仲宣逼廣州遣別將圍東衡州矩與將軍鹿愿赴之賊立九壁屯大庾嶺矩進擊破之賊懼釋東衡州之圍據原長嶺又擊破之斬其帥自南海趣廣州仲宣懼潰去綏集二十餘州承制署渠帥為刺史縣令還報帝大悦詔升殿勞苦之拜開府爵聞喜縣公賚異等遷累內史侍郎時突厥彊盛都藍與突利構難屢犯塞詔太平公史萬歲為行軍總管出定襄道以矩為長史破達頭可汗而萬歲誅矩功不見録還為尚書左丞遷吏部侍郎名摛職煬帝時西域諸國悉至張掖交市帝令矩護視矩知帝勤遠略乃訪諸商胡國俗山川險易撰西域圖記三篇合四十四國凡裂三道北道起伊吾徑蒲類鐵勒突厥可汗廷亂北流河至拂菻中道起高昌焉耆龜茲疏勒踰葱嶺鏺汗蘇對沙那康曹何大小安穆諸國至波斯南道起鄯善于闐朱俱波喝槃陀亦度葱嶺涉護密吐火羅挹怛帆延漕國至北婆羅門皆達西海諸國亦自有空道交通既還奏之帝引內矩問西方事矩盛言胡多環怪名寶俗土著易并吞帝由是甘心四夷委矩經略再遷黃門侍郎參豫朝政大業三年帝有事恒山西方來助祭者十餘國矩遣人說高昌伊吾等啗以厚利使入朝帝西巡燕支山高昌等二十七國謁道左皆使佩金玉服錦罽奏樂歌舞令士女盛飾縱觀且數十里示中國彊富後遂破吐谷渾拓地數千里遣兵出戍歲委輸巨億萬計帝謂矩有綏懷略擢銀青光祿大夫帝在東都矩以蠻夷朝貢踵至諷帝悉召天下奇倡怪伎大陳端門前衣錦縠珥金琲者十餘萬詔百官都人列繒樓幔閣夾道被服光麗廛邸皆供帳池酒林胾譯長縱蠻夷與民貿易在所令邀飲食相娛樂蠻夷嗟咨謂中國為仙晨帝所天子以為誠謂宇文述牛弘曰矩所建白皆朕之志要未發矩輒先聞非悉心奉國曷能是邪又助城伊吾脅處羅入朝帝益喜賜貂裘西胡珍器從帝巡塞北幸啓民帳時高麗遣使先在突厥啓民引見帝矩因奏言高麗本孤竹國周以封箕子漢分三郡今乃不臣先帝疾之欲討久矣方陛下時安得不事今其使朝突厥及見啓民舉國臣服脅令入朝可致也請面詔其使令歸語王有如旅拒方率突厥誅之帝納焉高麗不聽命征遼自此始王師再臨遼比還以勞加右光祿大夫時綱紀弛振宇文述虞世基用事官以賄遷唯矩挺節無穢聲世頗稱之矩以始畢可汗衆漸盛建請以宗女嫁叱吉設建為南面可汗分其勢叱吉不敢受始畢聞之稍怨望矩又言突厥淳陋易離間但內多群胡教導之臣聞史蜀胡悉尤有謀幸於始畢請殺之帝曰善矩因誑計召胡受賜斬馬邑下報始畢曰史蜀胡悉背可汗我所共殛之既誅之始畢知狀由是不朝後帝北巡始畢率騎十萬圍帝鴈門詔矩與虞世基宿朝堂待顧問圍解從幸江都宮時盜賊蜂結郡縣上奏不可計矩言于帝帝怒遣詣京師以疾解俄而高祖入關帝令虞世基問方略矩曰唯願陛下亟西天下定矣矩性勤謹未嘗忤物見天下方亂其待遇士尤厚雖廝役皆得其歡是時衛兵數逃去帝憂之以問矩矩曰今乘輿淹狩已二年諸驍果皆無家人無匹合則不久安臣請聽納室帝笑曰公定多智因詔矩盡召江都女子孀家恣將士所欲即配之人情翕然相悅曰裴公惠也宇文化及亂衆劫矩賊皆曰裴黃門無豫也既而衆以秦王子浩為帝詔矩為侍內隨而北化及僭位署矩尚書右僕射為河北道安撫大使又為竇建德所獲建德以矩隋舊臣遇之厚建德起群盜非有君臣制度矩為略制朝儀不閱月憲章擬王者建德尊禮之建德敗來朝擢殿中侍御史爵安邑縣公累遷太子詹事檢校侍中時突厥數盜邊高祖遣使約西突厥連和突厥因請婚帝曰彼勢與我絕緩急

不爲用帝問矩曰然北虜方熾若遂若權順許以示外援須我完實更議之帝然其計隱太子敗餘黨保宮城不解秦王遣矩諭之乃聽命遷民部尚書太宗即位苦貪吏欲痛懲之乃間遣人遺諸曹一史受饋縑帝怒詔殺之矩曰吏受賕死固且然陛下以計紿之因即行法所謂罔人以罪非道之以德之誼帝悅爲群臣言之曰矩遂能廷爭不面從物物若此天下有不治哉年八十精明不忘多識故事見重于時貞觀元年卒贈絳州刺史謚曰敬

宇文士及字仁人京兆長安人父述爲隋右衞大將軍開皇末以述勳封新城縣公文帝引入卧內與語奇之詔尚煬帝女南陽公主爲尚輦奉御從幸江都以父喪免起爲鴻臚少卿其兄化及謀弑逆以主婿忌之弗告已弑帝乃封蜀王初士及爲奉御而高祖任殿中少監雅自款結及從化及至黎陽帝手書召之士及亦遣家童間道走長安通謁勸且獻金鐶帝悅曰我嘗與士及共事今以此獻是將來矣化及兵日蹙士及勸歸命不從乃與封倫詭求督餽餓而化及敗於是濟北豪傑謀起兵擊竇建德以收河北觀形勢士及不納與倫等自歸帝讓之曰汝兄弟率凶歸之人爲入關計爾時得我父子尚肯相假乎今欲何地自處士及謝曰臣罪當死但臣往在涿郡嘗與陛下夜論世事頃又奉所獻異以此贖罪帝笑謂裴寂曰彼與我論天下

事逮今六七年公等皆在其後時士及女弟爲昭儀有寵由是見親禮授上儀同從秦王平宋金剛録功復隋舊封以宗室女妻之遷王府驃騎將軍從討王世充等進爵郢國公武德八年權檢校侍中兼太子詹事王即位拜中書令真食益州七百戶以本官檢校涼州都督時突厥數入寇士及欲立威以鎮耀邊鄙每出入盛陳兵衞又痛折節下士或告其反訊無狀召爲殿中監以疾改蒲州刺史政尚寬簡人皆宜之擢右衞大將軍太宗延入閤語或至夜分出遇休沐往往馳召士及益自謹其妻嘗問向遽召何所事士及卒不對帝嘗玩禁中樹曰此嘉木也士及從旁美歎帝正色曰魏徵常勸我遠佞人不識佞人爲誰乃今信然謝曰南衙群臣面折廷爭陛下不得舉手今臣幸在左右不少有將順雖貴爲天子亦何聊帝意解又嘗割肉以餅拭手帝屢目陽若不省徐啗之其機悟率類此後以雅舊別封一子新城縣公久之復爲殿中監卒贈左衞大將軍涼州都督陪葬昭陵士及撫幼弟孤兄子以友睦稱好周卹親戚故人然過自奉養服玩食飲必極豐侈有司謚曰恭黄門侍郎劉洎曰士及居家侈肆不可謂恭乃改曰縱

贊曰封倫裴矩其姦足以亡隋其知反以佐唐何哉惟姦人多才能與時而成敗也妖禽孽狐當晝則伏自如得夜乃爲之祥若倫僞行匿情死乃暴聞免兩觀之誅幸矣太宗知士及之佞爲游言自解亦不能斥彼中材之主求不惑於佞難哉

鄭善果鄭州滎澤人祖在魏爲顯家父誠周大將軍開封縣公討尉遲迥戰死善果方九歲以死事子襲爵家人爲其幼弗告也及受詔號慟不自勝隋開皇初進封武德郡公年十四爲沂州刺史累轉魯郡太守善果母崔賢明曉政治嘗坐閤內聽善果斷決或當理則悅有不可則引至牀下責媿之故善果所至有績號清吏嘗與武威太守樊子蓋考爲天下第一煬帝賜物千段黄金百兩再遷大理卿突厥圍帝鴈門以守禦功拜右光禄大夫從幸江都宇文化及弑逆署民部尚書從至聊城淮安王神通攻之善果督戰中流矢神通解俄爲竇建德所獲王琮讓之曰公隋大臣自尊夫人亡名稱衰今以忠臣子爲逆賊徇命至傷夷謂何善果慙欲自殺或止之得不死建德不之禮乃歸神通送京師擢太子左庶子更封滎陽郡公數爲太子陳得失未幾檢校大理卿兼民部尚書奉法持正風績顯公卿間詔與裴寂等十人每奏事若侍得升殿而從父兄元璹亦與時以爲榮坐事免會山東平持節爲招撫大使以選舉失實除名後歷刑部尚書貞觀初出爲岐州刺史以累去復拜江州刺史卒

元璹字德芳隋沛國公譯之子性察慧愛尚文藝以父功拜儀同襲爵累遷

右衞將軍更封莘國公大業末出爲文城郡守高祖兵興遣將張綸西略地攻拔其城係致軍門釋之授太常卿與襄武王琛使突厥還爲參旗將軍元璹習軍旅事帝令教諸屯軍法劉武周將宋金剛與突厥處羅可汗犄角寇汾晉詔元璹諭罷可汗兵不聽乃進寇武周援會暴疾其下意元璹寘毒因之處羅死頡利立留帳中數年帝既許可汗婚元璹始得還帝勞曰卿不辱於虜可輩蘇武張騫矣拜鴻臚卿母喪免會突厥提精騎數十萬身自將攻太原詔即苫次起元璹持節往勞既至虜以不信咎中國元璹隨語折讓無所屈徐乃數其背約突厥愧服因好謂頡利曰突厥得唐地無所用唐得突厥不可臣而使兩不爲用而相攻伐何哉今掠財貲劫人口皆入所部可汗一不得豈若仆旗接好則金玉重幣一歸可汗且唐有天下約可汗爲兄弟使馹銜箠於道今坐受其利不肯乃喪德胎怨自取勞苦若何頡利當其言引還太宗賜書曰知公口伐可汗如約遂使邊火息燧朕何惜金石賜於公哉貞觀三年復使突厥還言夷狄以馬羊爲盛衰今突厥六畜不蕃人色若菜牙內飯粟化爲血不三年必亡無幾突厥果敗後轉左武候大將軍坐事免起爲宜州刺史以老致仕卒贈幽州刺史謚曰簡元璹幹敏所至常有譽五聘絕域危不膽終不自爲解然謹事後母不謹隋文帝嘗賜孝經愧勗

之至元琦詩亦不以孝聞士醜其行從孫杲知名武后世終天官侍郎
權萬紀其先出天水後從京兆爲萬年人父琢玠隋匡州刺史以慤愿聞萬紀
悻直廉約自潮州刺史擢治書侍御史尚書右僕射房玄齡侍中王珪掌內外
官考萬紀劾其不平太宗按狀珪不伏魏徵奏言房玄齡等皆大臣所考有私
萬紀在考堂無訂正今而彈發非誠心爲國者帝乃置之然以爲不阿貴近繇
是獎禮萬紀又建言宇文智及受隋恩賊殺其君萬世共棄今其子乃任千牛
請斥弃以懲不軌帝從之萬紀與侍御史李仁發既以言得進頗掉罄自肆衆
情懍懍徵奏萬紀等闇大體詆訐彈射皆不實陛下收其一切遂敢附下罔上
釣彊直名迷奪聖明以小謀大群下離心如玄齡等且不得申況踈賤之臣哉
帝寤徙萬紀散騎常侍而免仁發數年復召萬紀爲持書御史即奏言宣饒
部中可鑿山冶銀歲取數百萬帝讓曰天子所乏嘉謀善政有益於下者公不
推賢進善乃以利規我欲方我漢桓靈邪斥使還第久之由御史中丞進尚書
左丞出爲西韓州刺史徙吳王長史王畏其直善遇之齊王祐不奉法帝素奇
萬紀能左右吳王者乃徙爲祐長史祐暱比群小萬紀驟諫不入即條過失以
聞帝遣劉德威按問因召祐入朝祐恐與所暱燕弘亮謀殺之而萬紀先引道
祐遣弘亮馳數騎追擊斬首殊支體投圊中又殺典軍韋文振文振本以校尉

從帝征伐以質謹自將帝使事祐曲廐焉切諫不納輒見萬紀道之故祐内省
忿疾萬紀死文振懼馳去追騎獲之祐平贈萬紀齊州都督武都郡公食二千
户謚曰敢文振左武衛將軍襄陽縣公食千二百萬紀子玄初高宗時兵部侍郎
懷恩萬紀族孫祖弘壽爲隋臨汾司倉書佐高祖平京師擢太僕卿盧國公卒
謚曰恭故懷恩以蔭累遷尚乘奉御襲爵馭人安畢羅爲高宗所寵見帝戲慢
不恭懷恩奏事適見之退杖四十帝嗟賞曰良吏也擢萬年令賞罰明見惡輒
取時語曰寧飲三斗塵無逢權懷恩其姿狀沈毅每盛服妻子不敢仰視更慶
萊衛邢宋五州刺史洛州長史所居威名赫然吏重足立嘗過汴州時刺史楊
德幹亦以嚴稱與懷恩名相埒汴橋新成立木中塗止過車者懷恩適過之示
德幹曰民不可止邪焉用此德幹慙服遷益州大都督府長史卒從子楚璧爲
左領軍衛兵曹參軍玄宗在東都楚璧乃與李迥秀子齊損陳倉尉盧玢左屯
營長上折衝周履濟等謀反以兄子梁山詐爲襄王子號光帝擁營兵百餘夜
入宮城欲劫留守王志愔不克遲明兵斬楚璧等傳首東都籍其家

閻讓字立德以字行京兆萬年人父毗爲隋殿内少監本以工藝進故立德與
弟立本皆機巧有思武德初爲秦王府士曹參軍從平東都遷尚衣奉御制袞
冕六服腰輿傘扇咸有典法貞觀初歷將作少匠大安縣男護治獻陵拜大匠
文德皇后崩攝司空營昭陵坐弛職免起爲博州刺史太宗幸洛陽詔立德按
爽塏建離宮清暑乃度地汝州西山控汝水睨廣成澤號襄城宮役凡百餘萬
宮成煩燠不可居帝廢之以賜百姓坐免官未幾復爲大匠即洪州造浮海大
航五百艘遂從征遼攝殿中監規築土山破安市城師還至遼澤亘二百里淖
不可通立德築道爲橋梁無留行帝悅賜予良厚又營翠微玉華二宮擢工部
尚書帝崩復攝司空典陵事以勞進爵大安縣公永徽五年高宗幸萬年宮
留守京師領徒四萬治京城卒贈吏部尚書并州都督陪葬昭陵謚曰康
立本顯慶中以將作大匠代立德爲工部尚書總章元年自司平太常伯拜
右相博陵縣男初太宗與侍臣泛舟春苑池見異鳥容與波上悅之詔坐者
賦詩而召立本侔狀閤外傳呼畫師閻立本是時已爲主爵郎中俯伏池左
研吮丹粉望坐者羞悵流汗歸戒其子曰吾少讀書文辭不減儕輩今獨以
畫見名與廝役等若曹慎毋習然性所好雖被訾屈亦不能罷也既輔政但
以應務俗材無宰相器時姜恪以戰功擢左相故時人有左相宣威沙漠右
相馳譽丹青之嘲咸亨元年官復舊名改中書令卒謚曰文貞
立德孫知微曾孫用之知微聖歷初爲豹韜衛將軍武后時突厥默啜請和
親后遣知微攝春官尚書持金帛護送武延秀聘其女默啜怒非天子子囚

延秀挾知微入寇趙定尊之如可汗以示華人自河以北蕭然朝廷以知微
賣國夷其族知微不知逃還武后業已然乃曰惡目疾子與百官甘心焉於
是骨斷臠分非要職者不能得子則先以武三思婿免死玄宗在藩時以善
割家寵開元中有司奏擬供奉姚元崇以爲則先刑戮家又逆人姻黨不可
留京師詔曰朕在外日嘗驅使宜令供奉用之初爲彭州參軍嘗攝錄事一
日糾廷謬不法數十事太守以爲材後舉通事舍人累遷右衛郎將知引駕
仗金吾將軍李質升殿不解刀呵卻之請按以法左右震悚始有司以三衛
執扇登殿用之奏三衛皆趫悍不宜升陛邇御坐請以官者代遂爲故事天
寶中女爲義王玭妃終左金吾將軍
蔣儼常州義興人擢明經第爲右屯衛兵曹參軍太宗將伐高麗募爲使者
人皆憚行儼奮曰以天子雄武四夷畏威蕞爾國敢圖王人有如不幸固吾
死所也遂請行爲莫離支所囚以兵脅之不屈内窟室中高麗平乃得歸帝
奇其節授朝散大夫爲幽州司馬劉祥道以巡察使到部表最狀擢會州刺
史再遷殿中少監數陳時政病利高宗輒優納進蒲州刺史户產充羨訢犴
積年不平前刺史踵以罪去儼至發隱禁姦號良二千石永隆二年以老致
仕未幾復召爲太僕卿以父諱辭官徙太子右衛副率中宗在東宮儼數爭

過失不見用自以愬何護不應諫於是田游巖與處士爲洗馬太子所尊禮儼詒書責之曰太子年鼎盛聖道有所未盡足下受調護之寄居責言之地唯唯悠悠不出一談向使不食王粟僕何敢議今祿及親矣尚何酬塞遊巖愧不能荅儼卒從右衛大將軍封義興縣子以太子詹事致仕卒年七十八中宗立以舊恩贈禮部尚書

韋弘機京兆萬年人祖元禮隋浙州刺史弘機仕貞觀時爲左千牛胄曹參軍使西突厥册拜同俄設爲可汗會石國叛道梗三年不得歸裂裳録所過諸國風俗物産爲西征記比還太宗問外國事即上其書帝大悅擢朝散大夫累遷殿中監顯慶中爲檀州刺史以邊人陋僻不知文儒貴乃脩學官畫孔子七十二子漢晉名儒象自爲贊敦勸生徒繇是大化契苾何力討高麗次灤水會暴漲師留三日弘機輸給資糧軍無飢高宗善之擢司農少卿主東都營田苑宦者犯法杖乃奏帝嗟賞賜絹五十匹曰後有犯治之毋奏遷司農卿太子弘薨詔蒲州刺史李冲寂治陵成而玄堂阨不容終具將吏爲之役者過期不還衆怨夜燒營去帝詔弘機嗣作弘機令開楻左右爲四便房撙制禮物裁工程不多改作如期而辦帝嘗言兩都我東西宅然因隋宮室日仆不完朕將更作柰財用何弘機即言臣任司農十年省惜常費積三十萬緡以治宮室可不勞而成帝大悅詔兼將作少府二官督營繕初作宿羽高山等宮徙洛中橋於長夏門廢利涉橋人便之天子乃登洛北絶岸延眺良久歎其美詔即其地營宮所謂上陽者尚書左僕射劉仁軌謂侍御史狄仁傑曰古天子陂池臺榭皆深宮複禁不欲百姓見之恐傷其心而今列岸謻廊亘王城外豈愛君哉弘機猥曰天下有道百官奉職任輔弼者則思獻替事我乃府藏臣守官而已仁傑非之俄坐家人犯盜劾免官初東都方士朱欽遂爲武后所寵姦贓狠藉弘機白欽遂假中宮驅策依倚形勢虧紊皇明爲禍亂之漸帝遣中使慰諭敕毋漏言逐欽遂于邊后恨之永淳中帝幸東都至芳桂宮召弘機使白衣檢校園苑將復任之爲后掎而止終檢校司農少卿事孫岳子景駿景駿別傳

岳子武后時爲汝州司馬以辦治稱召授尚舍奉御入見后賞其能曰卿家事朕悉知之因問舊故至家人皆不忘出爲太原令以不習武固辭忤旨下遷宋州長史歷盧海等州刺史皆著風迹恩嚴兩施睿宗立召爲殿中少監恩遇尤異竇懷貞等誅而岳子舊與懷貞過爲姜皎所劾貶集州別駕起授陝州刺史卒孫皐別有傳

姜師度魏州魏人擢明經調丹陵尉龍岡令有清白稱神龍初試爲易州刺史河北道巡察兼支度營田使好興作始廝溝於薊門以限奚契丹循魏武帝故迹並海鑿平虜渠以通餉路罷海運省功多遷司農卿出爲陝州刺史太原倉水陸運所湊轉屬諸河師度使依高爲廥而注米于舟以故人不勞拜太子詹事玄宗從營州治柳城拜營田支度脩築使進爲河中尹安邑鹽池涸廢師度大發卒亟引其流置鹽屯公私收利不貲徙同州刺史又派洛灌朝邑河西二縣闕河以灌通靈陂收棄地二千頃爲上田置十餘屯帝幸長春宮嘉其功下詔褒美加金紫光祿大夫賜帛三百匹進將作大匠左拾遺劉彤建榷天下鹽鐵利內之官免貧民賦詔戶部侍郎強循與師度並攝御史中丞會諸道按察使議所以榷之之法俄爲議者沮閣不行卒年七十餘師度喜渠漕所至繇役紛紜不能皆便然所就必爲後世利是時太史令傅孝忠以知星顯時爲語曰孝忠知仰天師度知相地嘲所嗜也

強循字季先鳳州人仕累雍州司士參軍華原無泉人畜多暍死循教人渠水以浸田一方利之號強公渠詔書褒字甚厚歷大理少卿太子右庶子爲政辦給不爲威嚴遇人盡信不疑然當時恨其少文云

張知謇字匪躬幽州方城人從家岐兄弟五人知玄知晦知泰知默皆明經高第曉吏治清介有守公卿爭爲引重調露時知謇監察御史裏行知默左臺侍御史知謇歷十一州刺史所莅有威嚴武后降璽書存問萬歲通天中自德州刺史入計后奇其貌詔工圖之稱其兄弟容而才謂之兩絶又門皆列戟白雀巢其廷後數寵賜知泰歷益州長史中臺左丞兵部侍郎封陳留縣公中宗在房州禁察苛嚴知謇與董玄質崔敬嗣繼爲刺史供擬保戴不少弛帝復位拜知謇左衞將軍加雲麾將軍封范陽郡公知泰御史臺大夫加銀青光祿大夫封漁陽郡公伯仲華首同貴時以爲榮知泰忤武三思故出爲并州刺史天兵軍使終魏州刺史謚曰定知謇歷東都副留守左右羽林大將軍同華州刺史大理卿致仕年八十開元時卒知謇敏且亮惡請謁求進士或不才冒位視之若仇每敕子孫經不明不得舉家法可稱云武后革命知泰奏置東都諸關十七所譏斂出入百姓驁駭推米踊貴卒罷不用議者羞薄之知默與監察御史王守慎來俊臣周興掌詔獄數陷大臣守慎雖其甥惡鞫引之慘不得去請度爲浮屠后許之而知默卒陷酷吏子孫禁錮爲張氏羞知玄子景昇知泰子景佚開元中皆顯官

列傳第二十五

蕭瑀列傳第二十六　　唐書一百一

端明殿學士兼翰林侍讀學士龍圖閣學士朝散大夫守尚書吏部侍郎[illegible]

敕撰

蕭瑀字時文後梁明帝子也九歲封新安王國除以女兄爲隋晉王妃故入長安瑀愛經術善屬文性鯁急鄙遠浮華嘗以劉孝標辯命論詭悖不經乃著論非之以爲人稟天地而生而謂之命至吉凶禍福則繫諸人今一於命非先王所以教人者通儒柳顧言諸葛頴歎曰是足鍼孝標膏肓矣晉王爲太子授右千牛即帝位妃爲后而瑀寖親寵頻遷尚衣奉御檢校左翊衛鷹揚郎將感末疾不呼醫曰天若假吾餘年因得爲遁階矣后聞責謂曰爾亡國後不安小官而高爲怪語罪不測瑀復治疾良已拜內史侍郎數言事忤旨稍見忌帝至鴈門爲突厥所圍瑀謀曰夷俗可賀敦與兵馬事況義成公主以帝女爲之若走一介使鐫諭宜不戰而解又衆商陛下已平突厥方復事遼東故怠不肯戰願下詔赦高

麗專討突厥則人自奮矣帝從之既而主詭辭謂突厥果解圍去然帝素意伐遼又銜瑀以謀擿其機謂羣臣曰突厥何能爲瑀乘未解時乃紿恐我遂出瑀爲河池郡守部有鈔賊萬人吏不制瑀募勇敢士擊降之悉捐貲畜賜有功又擊走薛舉衆數萬高祖入京師招之挈郡自歸授光祿大夫封宋國公拜民部尚書秦王領右元帥攻洛陽署瑀府司馬武德元年遷內史令帝委以樞筦內外百務悉關決或引升御榻呼曰蕭郎瑀自力孜孜抑過繩違無所憚上便宜每見納用手詔曰得公言社稷所賴朕既寶之故賜黃金一函公其勿辭是歲州置七職秦王爲雍州牧以瑀爲州都督詔嘗下中書未即行帝讓其稽瑀曰隋季內史詔敕多違舛百司不知所承今朝廷初基所以安危者繫號令比承一詔必覆審使先後不謬始得下此所以稽留也帝曰若爾朕何憂乎初瑀關內田宅悉賜勳家至是還給之瑀盡以分宗族獨留廟室奉祠王世充平進尚書右僕射七年以熒惑犯右執法避位不許久之

遷左僕射貞觀初房玄齡杜如晦新得君事任稍分瑀不能無少望乘釁切詆辭旨疏躁太宗怒廢于家俄拜特進太子少師復爲左僕射實封六百戶帝問瑀朕欲長保社稷奈何瑀曰三代有天下所以能長久者類封建諸侯以爲藩屛秦置守令二世而絶漢分王子弟享國四百年魏晉廢之亡不旋跬此封建之有明效也帝納之始議封建坐與陳叔達忿爭御前不恭免歲餘起爲晉州都督入拜太常卿遷御史大夫參預朝政瑀論議明辯然不能容人短意或褊駁不通而向法深房玄齡魏徵溫彥博頗裁正之其言多黜瑀亦不平會玄齡等小過失瑀即痛劾不報由是自失罷爲太子少傅加特進復爲太常卿拜河南道巡省大使九年復參預政事帝嘗曰武德季太上皇有廢立議顧朕挾不賞之功於昆弟弗見容瑀於爾時不可以利怵死懼社稷臣也因賜詩曰疾風知勁草版蕩識誠臣又曰公守道耿介古無以過然善惡太明或有時而失瑀頓首謝曰既蒙敎又許以忠亮雖死日猶生年也魏

徵曰臣有逆衆持法主恕之以公孤特守節主恕之以介昔聞其言乃今見之使瑀不遇陛下庸能自保邪晉王爲皇太子拜太子太保同中書門下三品帝曰三師以德導太子者也禮不尊則無所取法乃詔師入謁太子出門迎拜師答拜每門讓乃入師坐然後坐書前後著名稱惶恐瑀素貴但中狹每燕見輒言玄齡輩朋黨盜權若膠固然特未反耳帝曰知臣莫若君朕雖不明寧頓懵臧否因爲瑀曉解瑀以帝有所偏信帝積久亦不平瑀好浮屠法間請捨家爲桑門帝許之矣復奏自度不能爲又足疾不入謁帝曰瑀豈不得其所邪乃詔奪爵下除商州刺史未幾復其封加特進卒年七十四遺命歛以單衣無卜日詔贈司空荊州都督陪葬昭陵太常謚曰肅帝以其性忌改謚貞褊子鋭尚襄城公主爲太常少卿

鈞瑀從子有才譽永徽中累遷諫議大夫弘文館學士左武候屬盧文操跳堞盜庫財高宗以其職主幹當自盜罪死鈞曰囚罪誠

死然恐天下聞謂陛下重貨輕法任喜怒殺人帝曰且具諫議也詔原死太常丞爲官人通訊遺詔殺之且附律鈞言罪當有斷雖附律丞不應死帝曰如姬竊符朕以爲戒今不濫丞死然吾得忠言即宥丞徙遠裔終太子率更令子瓘爲渝州長史居母喪以毀卒

鈞兄子嗣業少從煬帝后入突厥貞觀九年歸以其知虜曲折詔領突厥衆擢累鴻臚卿兼單于都護府長史調露中突厥叛嗣業與戰敗績高宗責曰我不殺薛仁貴郭待封故使爾至此然爾門與我家有雅舊故貸死乃流桂州

嵩瓘子貌偉秀美鬚髯始娶會稽賀晦女僚婿陸象先宰相子時爲洛陽尉已有名士爭往交而嵩汩汩未仕人不之異夏榮者善相謂象先曰君後十年貴冠人臣然不若蕭郎位高年艾門蕃熾時人不許神龍元年始調洛州參軍事桓彥範爲刺史待以異禮河北黜陟使姜師度表爲判官開元初擢中書舍人時崔琳王丘齊澣皆有名以嵩少術學不以輩行許也獨姚崇稱其遠到

歷宋州刺史遷尚書左丞十四年以兵部尚書領朔方節度使既赴軍有詔供帳餞定鼎門外玄宗賦詩勞行會吐蕃大將悉諾邏恭祿及燭龍莽布支陷瓜州執刺史田元獻回紇又殺涼州守將王君㚟河隴大震帝擇堪任邊者徙嵩河西節度使判涼州事封蘭陵縣子嵩表裴寬郭虛己牛仙客署幕府以建康軍使張守珪爲瓜州刺史完樹隄塢懷保邊人於時悉諾邏恭祿威憺諸部吐蕃倚其健噬邊嵩乃縱反間示疑端贊普果誅之使悉末明攻瓜州守珪拒甚力虜引卻會鄯州都督張志亮破賊青海西嵩又遣副將杜賓客率彊弩四千與吐蕃戰祁連城下自晨鬭迄晡乃大潰斬一將虜哭震山谷露布至帝大悅授嵩同中書門下三品又官一子恩顧第一十七年進兼中書令自張說罷宰相令缺四年嵩得之然常遙領河西節度在公慎密人莫見其際子衡尚新昌公主嵩妻入謁帝呼爲親家儀物貴甚俄封徐國公初裴光廷與嵩數不協光廷卒帝委嵩擇相嵩推韓休及休同位峭正不相假至校曲直帝前嵩慙乞骸骨帝慰之曰朕未厭卿何庸去乎嵩伏曰臣待罪宰相爵位既極幸陛下未厭得以乞身有如厭臣首領且不保又安得自遂因流涕帝爲改容曰卿言切矣朕未能決第歸夕當有詔俄遣高力士詔嵩曰朕將爾留而君臣誼當有始有卒者乃授尚書右丞相與休皆罷是日荆州進黃甘帝以紫帊包賜之擢子華給事中久之進太子太師而幽州節度使張守珪坐賂中人牛仙童得罪李林甫素忌嵩因言嵩嘗以城南墅遺仙童貶青州刺史尋復拜太子太師固請老見許嵩退脩林園區優游自怡家饒財而華爲工部侍郎衡以尚主位三品就養年踰八十士豔其榮天寶八載卒贈開府儀同三司

華謹重方雅有家法嗣爵天寶末爲兵部侍郎祿山亂陷賊逼守魏州郭子儀攻安慶緒於相州華間道奉表欲舉魏以應爲賊所執會崔光遠得魏州破械出之魏人德華庇免爭來詣光遠乞留有詔即授刺史思明反子儀懼復失華乃表崔光遠代之而召

置軍中相州兵潰華還朝猶以汙賊降試秘書少監稍遷尚書右丞擢河中晉絳節度使上元初以中書侍郎同中書門下平章事李輔國用事求宰相華拒之輔國怨會肅宗大漸矯詔罷華爲禮部尚書引元載以代方代宗諒闇載助輔國貶華爲峽州司馬卒二子恒悟

復字履初衡子生戚里爛從豪汰以服御輿馬相夸復常衣垢弊居一室學自力非名士夙儒不與游以清操顯華每歎曰此子當興吾宗推主蔭爲宮門郎廣德中歲大饑家百口不自振議鬻昭應墅宰相王縉欲得之使弟紘說曰以君才宜在左右胡不以墅奉丞相取右職復曰鬻先人墅以濟孀單吾何用美官使門內餒且寒乎縉憾之由是廢數歲乃歷歙池二州刺史治狀應條遷湖南觀察使改同州刺史歲歉州有京畿觀察使儲粟復輒發以貸人有司劾治詔削階停刺史或弔之復曰苟利於人胡責之辭久乃拜兵部侍郎普王爲襄漢元帥進復戶部尚書統軍長史舊

制謂行軍長史德宗以復父諱更之未行扈狩奉天帝惡庫陘欲西如鳳翔依張鎰復曰鳳翔乃泚舊兵今泚悖亂當有同惡者雖鎰臣畏不免帝曰朕業行留一日以驗爾言俄而鎰爲李楚琳所害於是拜吏部尚書同中書門下平章事復嘗言艱難以來始用宦者監軍權望太重是曹正可委宮掖事兵要政機臣使參領帝不聽又言陛下厭初清明自楊炎盧杞敗命穢盛德播越及兹今阽于危當懲乂前敗因述君臣大端即自言若使臣依阿偷免不敢當宰相杞對上或諂諛阿旨復厲言杞詞不正帝色眙謂左右曰復慢我因詔復充山南江淮湖南嶺南等道宣撫安慰使與元初進門下侍郎初淮南陳少游左附李希烈而張鎰判官韋皐殺邠隴叛卒不應楚琳復還執政建言陛下反正功臣已貴矣唯甄善沮惡爲未明少游位將相首臣賊皐名淺官下獨挺挺抗忠如以皐代少游則天下曉然知逆順之理帝許之復出中官馬欽緒揖宰相劉從一附耳語既而從一密諗復曰有詔與公議向所奏不

欲李勉盧翰關知復曰堯舜有僉曰之言朝廷大事尚當謀及公卿如勉等非其人當罷去既曰宰相而謀議可獨避之乎今與公行此或可弟恐寖以生常政由是嫌從一以聞帝不悅復辭疾上政事許之弟升尚郜國大長公主肅宗女也升早卒主以蠱事再得罪廢諸子悉逐鄙地女爲皇太子妃太子請離婚帝銜曩恨故復坐是檢校太子左庶子廢居饒州貞元四年卒年五十七復望閥高華厲名節不通狎流俗及爲相臨事嚴方數咈帝意故居位亟解然性孝友既貶晏然口未嘗言所累復子湛湛子寘咸通中位宰相無顯功史逸其傳

俛字思謙恒子貞元中及進士第又以賢良方正對策異等拜右拾遺元和六年召爲翰林學士凡三年進知制誥會張仲方以李吉甫數調發疲天下訾其謚憲宗怒逐仲方而俛坐與善奪學士下除太僕少卿皇甫鎛薦爲御史中丞鎛與令狐楚皆善俛兩人同輔政數稱其善故帝待俛厚龍冢徐國公穆宗立逐鎛議所以代者楚薦之授中書侍郎同中書門下平章事進門下侍郎吐蕃寇涇州調兵護邊帝因問兵法有必勝乎俛曰兵凶器聖人不得已用之故武不可玩玩則無震夫以仁討不仁以義討不義先招懷後掩襲故有不殺厲不禽二毛不犯田稼其救人如免水火此必勝術也若乃以小不忍輕任干戈師曲而敵怒非徒不勝又將自危是以聖王愼於兵帝重其言嘗詔俛撰王承宗先銘俛奏承宗比不臣迷而後復臣不忍稱道其先又辭成當畀有餉謝拒之則非朝廷撫納意受之臣誼不當取帝善而止令狐楚罷執政西川節度使王播賂權幸求宰相俛劾播纖佞不可汙台宰帝不許自請罷冀有感寤帝亦不省俄罷爲尚書左僕射用播爲鹽鐵使後卒相俛自謂輔政淺固辭僕射換吏部尚書又避選事徙兵部移病求分司不許授太子少保爲同州刺史復以少保分司東都性簡絜以聲利爲汙疾邪太甚孤特一槩故輕去位無所藉文宗即位召授少師稱疾力不拜乃還左僕射許致仕莊恪太子時

議選舊德保輔東宮復以少師召輒上還制書堅辭即還太子太傅優詔褒尚開成初弟俶爲楚州刺史召見帝曰俛先帝賢宰相筋力未衰可來爾善道朕意乃以詔書并絹三百因俶致之俛終不起以壽卒毋韋賢明治家嚴俛雖宰相侍左右如褐衣時居喪哀毀既老家於洛歲時賓客請謝以爲煩乃舍濟源野自放山野優游窮年然其居位頗介謹持法重名器狹於用人每除吏常憂不稱鮮有簡拔穆宗初兩河底定俛與段文昌當國謂四方無虞遂議太平事以爲武不可黷勸帝偃革尚文乃密詔天下鎮兵十之歲限一爲逃死不補謂之銷兵既而籍卒逋亡無生業曹聚山林間爲盜賊會朱克融王廷湊亂燕趙一日悉收用之朝廷調兵不充乃召募市人烏合戰輒北遂復失河朔矣

贊曰俛議銷兵忠乎不野哉當此時河朔雖挈地還天子而悍卒頑夫開口仰食者故在彼皆不能自返於本業者也又朱克融等客長安餓且死不得一官而俛未有以措置使欲去兵使羣臣失職

一日吅呼其從如市幽魏相挺復爲賊淵可謂見豪末而不察輿薪矣宰相非其人禍可旣乎

倣字思道悟子大和中擢進士第除累給事中宣宗方倚喜直言會以李璲爲嶺南節度使使者已賜節而倣封還詔書帝方作樂不暇命使遣優工趨出追之未及璲所而還後以封敕駁疏得失當罰侍講學士孔溫裕曰給事中駁奏爲朝廷論得失與有司奏事不類不應罰詔可令狐綯用李琢經略安南琢以暴貪免俄起爲壽州團練使倣劾奏琢無所回時推其直自集賢學士拜嶺南節度使南方珍賄叢夥不以入門家人病取槁梅於廚以和劑倣知趣市還之咸通初爲左散騎常侍懿宗怠政事喜佛道引桑門入禁中爲禱祠事數幸佛廬廣施予倣諫以爲天竺法割愛取滅非帝王所尚慕令筆梵言口佛音不若懲諐賞濫罰振殃祈福況佛者可以悟取不可以相求帝雖昏縱猶嘉歎其言後官數遷拜義成軍節度使滑州瀕河累歲水壞西北防倣徙其流遠去樹堤自國人得以安以兵部尚書再判度支進中書侍郎同中書門下平章事再遷司空蘭陵縣侯時天下盜起宦人持兵柄倣以疏正爲權近所忌卒年八十子廩字富侯第進士遷尚書郎倣領南海辭官徙侍爲人退約少合南海多穀紙倣敕諸子繕補殘書廩辭白州距京師且萬里書成不可露齎必貯以橐笥負者倚望得無蓄憚乎倣曰善吾思不及此乃止廣明初以諫議大夫知制誥請厲止夜行以備賊謀出太倉粟賤估以濟貧民俄還京兆尹田令孜養子有罪亡繫捕吏繫獄請救鐘門廩不納杖殺之內外畏憚令孜拒黃巢以廩爲糧料使辭疾貶賀州司戶參軍事會襄王熅據擊族逃河朔鎮冀節度使王鎔厚禮之光化中以給事中召不至卒

遘字得聖寘子咸通中擢進士第辟節度府入朝拜右拾遺與韋保衡聯第而遘姿寓秀偉氣孤峻嘗慕李德裕爲人保衡才下諸儒蔪薄之不甚齒獨呼遘太尉保衡憾焉於是保衡已爲相撫遘罪鐫起居舍人斥播州司馬道三峽方迫畏不暇若有人謂曰公無恐子爲公呵禦遘悅悟俄謁白帝祠見帝貌類向所睹異之未幾保衡死召爲禮部員外郎乾符中累擢戶部侍郎翰林學士承旨僖宗入蜀以兵部判度支次綿州拜同中書門下平章事始王鐸主貢舉而得遘及是與鐸並位鐸年老嘗入對踣殿中遘掖起之帝喜曰遘善事長大臣和予之幸也遘曰不止以長乃鐸門生帝笑曰鐸選士朕選宰相卿無負我遘頓首謝從還京師累拜司空封楚國公遘負大節以王佐自任旣當國風采峭整天子器之時藩鎮多興於盜賊橫放莫能制權綱漼弛支詳在徐州引散騎常侍李損子凝吉爲佐會牙將時溥逐詳而取節度溥爲羹幹所毒不死或譏凝吉爲詳報仇者溥怒殺之損時在朝溥即上言損連謀請幷誅田令孜受溥金劾損付御史獄中丞盧渥傅成其罪御史王華嫉惡甚表損不知狀令孜請移神策獄華不奉詔奏言損近臣法當死即死獨不宜取辱於宦人手遘卽時叩延

英爭曰凝吉以冤就屠已不可言損與子音問不接且數春安得謂同謀哉溥恃功壞天子法請案近臣卑侮王室有無將之萌令損可無罪誅禍且及臣輩帝寤止免官當此時令孜持禁軍權寵可炙公卿無不附順唯遘未嘗少下後令孜取安邑池鹽給衛軍王重榮固爭乃徙重榮屯鎮不受詔令孜以兵討之重榮引沙陀拒王師王師敗逐而西帝驚幸鳳翔諸節度共劾令孜生事離間大臣遘素惡之與裴澈計共召朱玫於邠玫起邠兵五千奉迎與沙陀等連和令孜迫帝幸陳倉夜出百官不及從玫怒令孜舁輦帝不諒其心謂遘曰上奔播六年中原之人與賊肝髓流野得復宗廟遺老殘民聞輿馬音流涕相歡上曾不念以諸侯勤王功爲敕使之寵令姦臣爲國產怨我奉命而來返以爲脅君羣臣報國極矣戰力殫矣尚能垂頭弭翅求生於黃門哉喪君有君公其圖之遘曰上無負天下顧爲令孜掣制每言必涕數行下陳倉之行又劫於兵公誠有憂王室意宜還藩奉表請天子復國策

無宜此玫曰諸王才可任天下者不乏遘曰人非伊霍欲爲禍首未或利也玫退曰我擇一王爲帝違者斬尚何事乃立嗣襄王熅而召遘作冊遘苦辭玫更委鄭昌圖玫恨遘及還長安使昌圖相熅罷遘爲太子太保移疾不出方其弟蘧爲永樂令往從之帝還宮宰相孔緯與遘雅隙乃劾嘗爲僞臣即賜死其所實光啓三年遘見柄任凡五朞行完而材逢世多故召愎臣以濟亂身汙僞署不得其死人爲哀之

定字梅臣瑀曾孫以蔭起家陜州參軍事金城丞蒞事清挺選補黜陟使裴遵慶表爲判官還調萬年主簿歷左右司郎中爲元載所惡外遷袁潤等六州刺史大曆中有司差天下刺史治最定與常州蕭復豪州張鎰爲第一而勸桑稼均賦稅業徠游口在鎰復右遷戶部侍郎太常卿朱泚反詭姓名爲張誕匿里中與蔣沇不浼于賊事平擢太子少師卒年七十七贈太子太師

贊曰梁蕭氏興江左實有功在民厥終無大惡以寖微而亡故餘祉及其後裔自瑀逮遘凡八葉宰相名德相望與唐盛衰世家之盛古未有也

蕭瑀列傳第二十六

岑虞李褚姚令狐列傳第二十七

端明殿學士兼翰林侍讀學士龍圖閣學士朝請大夫守尚書吏部侍郎充集賢殿修撰臣宋祁奉敕撰

岑文本字景仁鄧州棘陽人祖善方後梁吏部尚書更家江陵父之象仕隋爲邯鄲令坐爲人訟不得申文本年十四詣司隸理冤辯對哀暢無所詘衆屬目命作蓮華賦文成合臺嗟賞遂得直性沈敏有姿儀善文辭多所貫綜郡舉秀才不應蕭銑僭號召爲中書侍郎主文記河間王孝恭平荊州其下欲掠賊文本說孝恭曰自隋無道四海救死于頸以望真主蕭氏君臣決策歸命者意欲去危就安大王誠縱兵剽係恐江領以南向化心沮狼顧麕驚不如厚撫荊州勸未附陳天子厚惠誰非王人孝恭善之遽下令止侵略署文本別駕從擊輔公祏典檄符進署行臺考功郎中貞觀元年除祕書郎兼直中書省太宗既藉田又元日朝群臣文本奏藉田三元頌二篇文致華贍李靖復薦于帝擢中書舍人時顏師古爲侍郎自武德以來詔誥或大事皆所草定及得文本號善職而敏速過之或策令叢遽敕吏六七人泚筆待分口占授成無遺意師古以譴罷溫彥博爲請帝曰師古練時事長於文誥人少逮者幸得復用帝曰朕自舉一人公毋憂乃授文本侍郎專典機要封江陵縣子是時魏王泰有寵侈第舍冠諸王文本上疏勸崇節儉陳嫡庶分宜有抑損帝善之賜帛三百段踰年爲令從伐遼東事一委倚至糧漕最目甲兵凡要料配差序籌不廢手由是神用頓耗容止不常帝憂曰文本今與我同行恐不與同返矣至幽州暴病帝臨視流涕卒年五十一是夕帝聞夜嚴曰文本死所不忍聞命罷之贈侍中廣州都督謚曰憲陪葬昭陵始文本貴常自以興孤生居處卑室無茵褥帷帟事母以孝顯撫弟姪篤恩義生平故人雖羈賤必鈞禮帝每稱其忠謹吾親之信之晉王爲皇太子大臣多兼宮官帝欲文本兼攝辭曰臣守一職猶懼其盈不願希恩東宮請一心以事陛下帝乃止但詔五

日一參東宮每進見太子答拜始為中書令有憂色母問之答曰非勳非舊責重位高所以憂也有來慶者輒曰今日受弔不受賀或勸其營產業文本歎曰吾漢南一布衣徒步入關所望不過祕書郎縣令耳今無汗馬勞以文墨位宰相奉稍已重尚何殖產業邪故口未嘗言家事既任職久賚錫豐饒皆令弟文昭主之文昭任校書郎多交輕薄帝不悅謂文本曰卿弟多過朕將出之文本曰臣少孤母所鍾念者弟也不欲離左右今若外出母必憂無此弟是無老母也泣下嗚咽帝愍其意召文昭讓敕卒無過孫羲從子長倩

羲字伯華第進士累遷太常博士坐伯父長倩貶郴州司法參軍遷金壇令時弟仲翔為長洲令仲休為溧水令皆有治績宰相宗楚客語本道巡察御史毋遺江東三岑乃薦羲為汜水令武后令宰相舉為員外郎者韋嗣立薦羲且言惟長倩為累久不進后曰羲誠材何諉之拘即拜天官員外郎於是坐親廢者皆得援而進

矣俄為中書舍人中宗時武三思用事敬暉欲上表削諸武封王者衆畏三思不敢為草羲為之詞誼勁切由是下遷祕書少監進吏部侍郎時崔湜鄭愔及大理少卿李元恭分掌選皆以賄聞獨羲勁廉為時議嘉仰帝崩詔擢右散騎常侍同中書門下三品睿宗立罷為陝州刺史再遷戶部尚書景雲初復召同三品進侍中封南陽郡公初節愍太子之難冉祖雍誣帝及太平公主連謀賴羲與蕭至忠保護得免羲監脩中宗實録自著其事帝見之賞歎賜物三百段良馬一匹下詔褒美時羲兄獻為國子司業仲翔陝州刺史仲休商州刺史兄弟子姪在清要者數十人羲歎曰物極則反可以懼矣然不能抑退坐豫太平公主謀誅籍其家

長倩少孤為文本鞠愛永淳中累官至兵部侍郎同中書門下平章事垂拱初自夏官尚書遷內史知夏官事俄拜文昌右相封鄧國公武后擅位喜符瑞事羣臣爭言之長倩懼間亦開陳請改皇嗣為武氏且為周家儲貳后順許賜實封戶五百加特進輔國大將軍鳳閣舍人張嘉福洛州民王慶之建請以武承嗣為皇太子長倩謂皇嗣在東宮不宜更立與格輔元不署奏請切責嘉福等和州浮屠上大雲經著革命事后喜始詔天下立大雲寺長倩爭不可繇是與諸武忤罷為武威道行軍大總管征吐蕃未至召還下獄來俊臣劾誣長倩與輔元歐陽通數十族謀反斬于市五子同賜死發暴先墓睿宗立追復官爵備禮改葬輔元者汴州浚儀人父處仁仕隋為剡丞與同郡王孝逸繁師元靖君亮鄭祖咸鄭師善李行簡盧協皆有名號陳留八俊輔元擢明經累遷殿中侍御史歷御史中丞同鳳閣鸞臺平章事既持承嗣不可遂及誅子遵亦舉明經第為太常寺太祝亡命匿中牟十餘年神龍初訴父冤擢累贊善大夫輔元兄希元洛州司法參軍同章懷太子注范曄後漢書者

虞世南越州餘姚人出繼叔陳中書侍郎寄之後故字伯施性沈

靜寡欲與兄世基同受學于吳顧野王餘十年精思不懈至累旬不盥櫛文章婉縟慕僕射徐陵陵自以類己由是有名陳天嘉中父荔卒世南毀不勝喪文帝高荔行知二子皆博學遣使至其家護視召為建安王法曹參軍時寄陷於陳寶應世南雖服除仍衣布飯蔬寄還乃釋布啖肉至德初除西陽王友陳滅與世基入隋世基辭章清勁過世南而贍博不及也俱名重當時故議者方晉二陸煬帝為晉王與秦王俊交辟之大業中累至祕書郎煬帝雖愛其才然疾峭正弗甚用為七品十年不徙世基佞敏得君日貴盛妻妾被服擬王者而世南躬貧約一不改宇文化及已弒帝間殺世基而世南抱持號訴請代不能得自是哀毀骨立從至聊城為竇建德所獲署黃門侍郎秦王滅建德引為府參軍轉記室遷太子中舍人王踐祚拜員外散騎侍郎弘文館學士時世南已衰老屢乞骸骨不聽遷太子右庶子固辭改祕書監封永興縣子世南貌儒謹外若不勝衣而中抗烈論議持正太宗嘗曰朕與世

南商略古今有一言失未嘗不悵恨其懇誠乃如此貞觀八年進封縣公會隴右山崩大蛇屢見山東及江淮大水帝憂之以問世南對曰春秋時梁山崩晉侯召伯宗問焉伯宗曰國主山川故山崩川竭君爲之不舉降服乘縵徹樂出次祝幣以禮焉梁山晉所主也晉侯從之故得無害漢文帝元年齊楚地二十九山同日崩水大出詔郡國無來貢施惠天下遠近洽穆亦不爲災後漢靈帝時青蛇見御坐晉惠帝時大蛇長三百步見齊地經市入廟蛇宜在草野而入市此所以爲怪耳今蛇見山澤適其所居又山東淫雨江淮大水恐有冤獄枉繫宜省錄累囚庶幾或當天意帝然之於是遣使賑飢民申挺獄訟多所原赦後星孛虛危歷氐餘百日帝訪羣臣世南曰昔齊景公時彗見公問晏嬰嬰曰公穿池沼畏不深起臺榭畏不高行刑罰畏不重是以天見彗爲戒耳景公懼而脩德後十六日而滅臣願陛下勿以功高而自矜勿以太平久而自驕慎終于初彗雖見猶未足憂帝曰誠然吾良無景公之過但年十八舉義兵二十四平天下未三十即大位自謂三王以來撥亂之主莫吾若故負而矜之輕天下士上天見變其爲是乎秦始皇剗除六國隋煬帝有四海之富卒以驕敗吾何得不戒邪高祖崩詔山陵一準漢長陵故事厚送終禮於是程役峻暴人力告弊世南諫曰古帝王所以薄葬者非不欲崇大光顯以榮其親然高墳厚隴寶具珍物適所以累之也聖人深思遠慮安於菲薄爲長久計昔漢成帝造延昌二陵劉向上書曰孝文居霸陵悽愴悲懷顧謂羣臣曰嗟乎以北山石爲槨用紵絮斮陳漆其間豈可動哉張釋之曰使其中有可欲雖錮南山猶有隙使無可欲雖無石槨又何戚焉夫死者無終極而國家有廢興孝文寤焉遂以薄葬又漢法人君在位三分天下貢賦之一以入山陵武帝歷年長久比葬方中不復容物霍光暗於大體奢侈過度其後赤眉入長安破茂陵取物猶不能盡無故聚斂爲盜之用甚無謂也魏文帝爲壽陵作終制曰堯葬壽陵因山爲體無封樹寢殿園邑棺槨足以藏骨衣衾足以朽肉吾營此不食之地欲使易代之後不知其處無藏金銀銅鐵一以瓦器喪亂以來漢氏諸陵無不發者至乃燒取玉匣金縷骸骨並盡乃不重痛哉若違詔妄有變改吾爲戮屍地下死而重死不忠不孝使魂而有知將不福汝以爲永制藏之宗廟魏文此制可謂達於事矣陛下之德堯舜所不逮而俯與秦漢君同爲奢泰此臣所以尤戚也今爲丘隴如此其中雖不藏珍寶後世豈及信乎臣愚以爲霸陵因山不起墳自然高顯今所卜地勢即平宜依周制爲三仞之墳明器一不得用金銀銅鐵事訖刻石陵左以明示大小高下之式一藏宗廟爲子孫萬世法豈不美乎書奏未報又上疏曰漢家即位之初便營陵墓近者十餘歲遠者五十年今以數月之程課數十年之事其於人力不亦勞矣漢家大郡戶至五十萬今人衆不逮往時而功役一之此臣所以致疑也時議者頗言宜奉遺詔於是稍稍裁抑帝嘗作宮體詩使賡和世南曰聖作誠工然體非雅正上之所好下必有甚者臣恐此詩一傳天下風靡不敢奉詔帝曰朕試卿耳賜帛五十匹帝數出畋獵世南以爲言皆蒙嘉納嘗命寫列女傳於屏風於時無本世南暗疏之無一字謬帝每稱其五絕一曰德行二曰忠直三曰博學四曰文詞五曰書翰世南始學書於浮屠智永究其法爲世秘愛十二年致仕授銀青光祿大夫弘文館學士如故祿賜防閤視京官職事者卒年八十一詔陪葬昭陵贈禮部尚書謚曰文懿帝手詔魏王泰曰世南於我猶一體拾遺補闕無日忘之蓋當代名臣人倫準的今其云亡石渠東觀中無復人矣後帝爲詩一篇述古興亡既而歎曰鍾子期死伯牙不復鼓琴朕此詩將何所示邪敕起居郎褚遂良即其靈坐焚之後數歲夢進讜言若平生翌日下制厚卹其家子昶終工部侍郎

李百藥字重規定州安平人隋內史令德林子也幼多病祖母趙以百藥名之七歲能屬文父友陸乂等共讀徐陵文有刈琅邪之稻之語歎不得其事百藥進曰春秋鄅子藉稻杜預謂在琅邪鄅

大毉號奇童引蔭補三衛長乃性跅弛喜劇飲開皇初授太子通事舍人兼學士被讒輒謝病去十九年召見仁壽宮襲父爵安平公僕射楊素吏部尚書牛弘愛其才署禮部員外郎奉詔定五禮律令陰陽書初以疾去舍人也煬帝在揚州召不赴銜之及即位奪爵為桂州司馬官廢還鄉里大業九年戍會稽賊崇亂城守有功帝顧其名謂虞世基曰是子故在宜斥醜處乃授建安郡丞至烏程江都難作沈法興李子通杜伏威更相滅百藥輾轉側寇亂中數被僞署危得不死會高祖遣使招伏威百藥勸朝京師既至歷陽中悔欲殺之飲以石灰酒因大利瀕死既而宿病皆愈伏威詒書輔公祏使殺之為王雄誕保護得免公祏反授吏部侍郎或謂帝百藥與同反帝大怒及平得伏威所與公祏書乃解猶貶涇州司戶太宗至涇州召與語悅之貞觀元年拜中書舍人封安平縣男明年除禮部侍郎時議裂土與子弟功臣百藥上封建論理據詳切帝納其言而止四年授太子右庶子太子數戲媟無度乃

作贊道賦以諷它日帝曰朕見卿賦述古儲貳事勸勵甚詳向任卿固所望耳賜綵三百段遷散騎常侍進左庶子宗正卿爵為子久之固乞致仕帝嘗與借賦帝京篇歎其工手詔曰卿何身老而才之壯齒宿而意之新乎卒年八十四謚曰康百藥名臣子才行世顯為天下推重侍父母喪還鄉徒跣數千里服雖除容貌癯瘠者累年好獎薦後進得俸祿與親黨共之翰藻沈鬱詩尤其所長樵廝皆能諷之所撰齊史行於時子安期

安期亦七歲屬文父貶桂州遇盜將加以刃安期跪泣請代盜哀釋之貞觀初為符璽郎累除主客員外郎高宗即位遷中書舍人司列少常伯數豫決國事帝屢責侍臣以不能進賢衆不敢對安期進曰巳十室且有忠信天下至廣不為無賢比見公卿有所薦進皆劾為朋黨滯抑者未申而主薦者已訾所以人人爭噤默以避罵謗若陛下忘其親讎曠然受之惟才是用塞讒毀路其誰敢不竭忠以聞上乎帝納之尋檢校東臺侍郎同東西臺三品出為荆州大都督府長史卒謚曰烈自德林至安期三世掌制誥孫羲仲又為中書舍人

褚亮字希明杭州錢塘人曾祖湮父玠皆有名梁陳間亮少警敏博見圖史一經目輒誌于心年十八詣陳僕射徐陵陵與語異之後主召見使賦詩江揔諸詞人在席皆服其工累遷為尚書殿中侍郎入隋為東宮學士遷太常博士煬帝議改宗廟之制亮請依古七廟而太祖高祖各一殿法周文武二祧與始祖而三餘則分室而祭始祖二祧不從迭毀未及行坐與楊玄感善煬帝矜己嫉才因是亦貶西海司戶時博士潘徽貶威定主簿亮與俱至隴山徽死為斂瘞人皆義之後為薛舉黃門侍郎舉滅秦王謂曰寡人受命而來嘉於得賢公久事無道君得無勞乎亮頓首曰舉不知天命抗王師今十萬衆兵加其頸大王釋不誅豈獨亮蒙更生邪王悅賜乘馬帛二百段即授王府文學高祖獵親格虎亮悃愊致諫帝禮納其言王每征伐亮在軍中嘗預秘謀有裨補之益

貞觀中累遷散騎常侍封陽翟縣侯老于家太宗征遼子遂良從詔亮曰疇日師旅卿未嘗不在中今朕薄伐君已老俛仰歲月且三十載眷言及此我勞如何今以遂良行想君不惜一子於朕耳善居加食亮頓首謝及寢疾帝遣醫中使候問踵相逮卒年八十八贈太常卿陪葬昭陵謚曰康遂良自有傳初武德四年太宗為天策上將軍寇亂稍平乃鄉儒宮城西作文學館收聘賢才於是下教以大行臺司勳郎中杜如晦記室考功郎中房玄齡及于志寧軍諮祭酒蘇世長天策府記室薛收文學褚亮姚思廉太學博士陸德明孔穎達主簿李玄道天策倉曹參軍事李守素王府記室參軍事虞世南參軍事蔡允恭顏相時著作郎攝記室許敬宗薛元敬太學助教蓋文達軍諮典籤蘇勗並以本官為學士七年收卒復召東虞州錄事參軍劉孝孫補之凡分三番遞宿于閣下悉給珍膳每暇日訪以政事討論墳籍榷略前載無常禮之間命閻立本圖象使亮為之贊題名字爵里號十八學士藏之

書府以章禮賢之重方是時在選中者天下所慕向謂之登瀛洲
劉孝孫者荆州人祖貞周石臺太守孝孫少知名大業末爲王世
充弟杞王辯行臺郎中辯降衆引去獨孝孫舉援號慟送于郊
貞觀六年遷著作佐郎吴王友歷諮議參軍遷太子洗馬未拜
卒李玄道者本隴西人世居鄭州仕隋爲齊王府屬李密據洛
口署記室密敗爲王世充所執衆懼不能寐獨玄道曰死生有命
憂能了乎寢甚安及見世充辭色不撓釋縛爲著作佐郎東都
平爲秦王府主簿貞觀初累遷給事中姑臧縣男出爲幽州長史
佐都督王君廓專持府事君廓不法每以義裁糾之嘗遺玄道婢
乃良家子爲所掠遣去不納由是始隙君廓入朝玄道寓書房玄
齡玄齡本甥也君廓發其書不識草字疑以謀己遂反坐是流巂
州未幾擢常州刺史風績清簡下詔褒美賜繒帛久之致仕加銀
青光祿大夫以祿歸第卒李守素者趙州人王世充平召署天策
府倉曹參軍通氏姓學世號肉譜虞世南與論人物始言江左山

東尚相酬對至北地則笑而不荅歎曰肉譜定可畏許敬宗曰倉
曹此名豈雅目邪宜有以更之世南曰昔任彦昇通經時稱五經
笥今以倉曹爲人物志可乎時渭州刺史李淹亦明譜學守素所
論惟淹能抗之
姚思廉本名簡以字行陳吏部尚書察之子陳亡察自吴興遷京
兆遂爲萬年人思廉少受漢書於察盡傳其業寡嗜欲惟一於
學未嘗問家人生貲仕陳會稽王主簿入隋爲漢王府參軍事以
父喪免服除補河間郡司法書佐初察在陳嘗修梁陳二史未就
死以屬思廉故思廉表父遺言有詔聽續煬帝又詔與起居舍人
崔祖濬脩區寓圖志遷代王侍讀高祖定京師府僚皆奔亡獨思
廉侍王兵將升殿思廉厲聲曰唐公起義本安王室君等不宜無
禮於王衆眙却布列階下帝義之聽扶王至順陽閤泣辭去觀者
歎曰仁者有勇謂此人乎俄授秦王府文學王討徐圓朗嘗語隋
事慨然歎曰姚思廉蒙素刃以明大節古所難者時思廉在洛陽

遣使遺物三百段致書曰景想節義故有是贈王爲皇太子遷洗
馬即位改著作郎弘文館學士詔與魏徵共撰梁陳書思廉采謝
炅顧野王等諸家言推究綜括爲梁陳二家史以卒父業賜雜綵
五百段加通直散騎常侍以藩邸恩凡政事得失許密以聞思廉
亦展盡無所諱帝幸九成宮思廉以爲離宮游幸是秦皇漢武事
非堯舜禹湯所爲帝諭曰朕嘗苦氣疾熱即頓劇豈爲游賞者乎
賜帛五十匹拜散騎常侍豐城縣男卒贈太常卿謚曰康陪葬昭
陵孫璹
贊曰隋煬帝失德高祖總豪英興北方鼓行入關舉京師轟若震
霆思廉以諸生侍房王奮然陳大義挫虓虎而奪之氣勇夫悍
心褫駭自卻不敢加無禮於其君誠使有國家者舉不失義天下
其何以抗之哉宜太宗之尊表云
璹字令璋少孤撫昆弟友愛力學才辯擢進永徽中舉明經第補
太子宮門郎以論撰勞進秘書郎稍遷中書舍人封吴興縣男武

后時擢夏官侍郎坐從弟敬節叛貶桂州長史后方以符瑞自神
璹取山川草樹名有武字者以爲上應國姓裒類以聞后大悅拜
檢校天官侍郎擢文昌左丞同鳳閣鸞臺平章事永徽後左右史
唯對仗承旨仗下謀議不得聞璹以帝王謨訓不可闕紀請仗下
所言軍國政要責宰相自撰號時政記以授史官從之時政有記
自璹始坐事降司賓少卿延載初拜納言有司以璹族犯法不可
爲侍臣者璹曰王敦犯順導典樞機嵇康被戮紹以忠死是能爲
累乎后曰此朕意卿無恤浮言證聖初加秋官尚書明堂火后欲
避正殿應天變璹奏此人火非天災也昔宣榭火周世延建章焚
漢業昌且彌勒成佛七寶臺須臾散壞聖人之道隨物示化況明
堂布政之宮非宗廟不宜避正殿貶常禮左拾遺劉承慶曰明堂
所以宗祀爲天所焚當側身思過振除前祀璹挾前語以傾后意
后乃更御端門大酺燕羣臣與相娛樂遂造天樞著己功德命璹
爲使董督之功費浩廣見金不足乃斂天下農器并鑄以功賜爵

一級后封嵩山詔璹攝知儀注爲封禪副使更造明堂又以使護
作加銀青光祿大夫大食使者獻師子璹曰是獸非肉不食自碎葉
至都所費廣矣陛下鷹犬且不蓄而厚資養猛獸哉有詔飡停
獻時九鼎成后欲用黃金塗之璹奏鼎者神器貴質朴不待外飾
臣觀其上先有五采雜昈豈待塗金爲符曜耶后乃止契丹李盡
忠盜塞副梁王武三思爲榆關道安撫使坐累下遷益州長史始
蜀吏貪暴璹擿發之無所容貸后聞降璽詔慰勞因謂左右曰
爲二千石清其身者易使吏盡清者難唯璹爲兼之新都丞朱待
辟坐贓應死待辟所厚浮屠理中謀殺璹據劒南有密告后者詔
璹窮按璹深探其獄跡疑似皆捕逮株黨牽聯數千人獄具后遣
洛州長史宋玄爽御史中丞霍獻可覆視無所翻坐沒入五十餘族
知反流徙者什八以上道路冤譟監察御史袁恕己劾奏璹獄不
平有詔勿治召拜地官冬官二尚書久之致仕卒年七十四遺令薄
葬贈越州都督謚曰成弟班

班篤學有立志擢明經歷六州刺史政皆有績數被褒賜累封
宣城郡公遷太子詹事兼左庶子時節愍太子稍失道班凡四上
書諫其一曰臣聞賈誼稱選天下端士使與太子居處出入故太
子見正事聞正言行正道左右前後皆正人也夫習與正人居不
能無正習與不正人居不能無不正教得而左右正則太子正太
子正天下定矣伏見內置作坊諸工伎得入宮闈之內禁衛之所
或言語內出或事狀外通小人無知因爲詐偽有點盛德臣望悉
出宮內造作付所司其二曰漢文帝身衣弋綈足革舄齊高帝闌檻
用銅者皆易以鐵經侯帶玉具劒環佩以過魏太子太子不視經
侯曰魏國亦有寶乎太子曰主信臣忠魏之寶也經侯委劒佩去
杜門不出夫聖賢以簡素爲貴皇王以菲薄爲德惟殿下留心恭
儉損省玩好以訓天下其三曰前世東宮門閤往來皆有簿籍
殿下時有所須唯門司宣令姦偽乘之因緣增損近呂昇之乃代
署宣敕賴殿下糾發其姦以後墨令又覆事並請內印畫署冀

免詐繆其四曰聖人不專其德賢智必有所師今司經無學士侍
奉無侍讀宜視膳時奏請其人俾奉講勸夫經所以立行修身史
所以詰識成敗斯急務也太子雖稱善不能用其言及敗索宮中
得班諫書中宗嘉歎時宮臣皆得罪獨班擢右散騎常侍遷祕書
監睿宗立拜戶部尚書所歷定州刺史尚書官皆與璹相繼去卒
年七十四始曾祖察嘗撰漢書訓纂而後之注漢書者多竊取其
義爲己說班著紹訓以發明舊義云

令狐德棻宜州華原人父熙隋鴻臚卿其先乃燉煌右姓德棻博
貫文史大業末爲藥城長屬亂不就官淮安王神通據太平宮起
兵立總管府署德棻府記室高祖入關引直大丞相府記室武德
初爲起居舍人遷祕書丞帝嘗問大夫冠婦人髻比高大何邪德
棻對曰冠髻在首君之象也晉之將亡君弱臣彊故江左士女衣
小而裳大宋武帝受命君德尊嚴衣裳隨亦變改此近事驗也帝
然之方是時大亂後經籍亡散秘書湮缺德棻始請帝重購求

天下遺書置吏補錄不數年圖典略備又建言近代無正史梁陳
齊文籍猶可據至周隋事多脫捐今耳目尚相及史有所憑一易
世事皆汨暗無所掇拾陛下受禪于隋隋承周二祖功業多在周
今不論次各爲一王史則先烈世庸不光明後無傳焉帝謂然
於是詔中書令蕭瑀給事中王敬業著作郎殷聞禮主魏中書
令封德彝舍人顏師古主隋大理卿崔善爲中書舍人孔紹安太
子洗馬蕭德言主梁太子詹事裴矩吏部郎中祖孝孫祕書丞魏
徵主齊祕書監竇璡給事中歐陽詢文學姚思廉主陳侍中陳
叔達太史令庾儉及德棻主周整振論譔多歷年不能就罷之
貞觀三年復詔撰定議者以魏有魏收魏澹二家書爲已詳惟五
家史當立德棻更與祕書郎岑文本殿中侍御史崔仁師次周史
中書舍人李百藥次齊史著作郎姚思廉次梁陳二史祕書監魏
徵次隋史左僕射房玄齡總監脩撰之原自德棻發之書成賜絹
四百匹遷禮部侍郎兼修國史累進爵彭城縣子轉太子右庶子

太子承乾廢坐除名爲民召拜雅州刺史又坐事免會修晉家史
房玄齡奏起之預東凡十有八人德棻爲先進故類例多所諏定
除秘書少監永徽初復爲禮部侍郎弘文館學士監修國史遷太
常卿高宗嘗召宰相及弘文學士坐中華殿問何脩而王若而霸
又當孰先德棻曰王任德霸任刑夏商周純用德而王秦專刑而
霸至漢雜用之魏晉以降王霸兩失若用之王爲先而莫難焉帝
曰今茲何爲而要對曰古者爲政清心簡事爲本今天下無虞年
穀豐衍惟薄賦斂省征役爲要又問禹湯桀紂所以興亡對曰傳
稱禹湯罪己其興也勃焉桀紂罪人其亡也忽焉然二主惑嬖色
戮諫者造炮烙之刑此所以亡也帝悦厚賜以荅其言遷國子祭酒
崇賢館學士爵爲公以金紫光祿大夫致仕卒年八十四謚曰憲時
又有鄧世隆顧胤李延壽李仁實皆以史學稱當世鄧世隆者相
州人隋大業末王世充兄子太戒河陽引爲賓客秦王攻洛陽遺
書諭太世隆報書朂慢洛陽平亡命變姓名號隱玄先生棲白鹿

山貞觀初召授國子主簿與崔仁師慕容善行劉顗庾安禮敬播
俱爲修史學士世隆内負罪居不聊太宗遺房玄齡諭曰爾爲太
作書各忠其主耳我爲天子尚甘心走夫邪毋有後疑改著作佐
郎歷衞尉丞初帝以武功定天下晚始嚮學多屬文賦詩天格
贍麗意悟沖邁十三年世隆上疏請加集録帝謙不許終著作郎
顧胤蘇州吳人父覽仕隋秘書學士胤永徽中累遷起居郎兼脩
國史以撰太宗實録勞加朝散大夫弘文館學士論次國史加朝
請大夫封餘杭縣男終司文郎中子琮武后時爲天官侍郎同鳳
閣鸞臺平章事卒后曰琮不幸今雖不舉哀然朕以股肱特廢
視事一日
李延壽者世居相州貞觀中累補太子典膳丞崇賢館學士以脩
撰勞轉御史臺主簿兼直國史初延壽父大師多識前世舊事
常以宋齊梁陳齊周隋天下參隔南方謂北爲索虜北方指南爲
島夷其史於本國詳佗國略往往訾美失傳思所以改正擬春秋
編年刊究南北事未成而歿延壽既數與論譔所見益廣乃追終
先志本魏登國元年盡隋義寧二年作本紀十二列傳八十八謂
之北史本宋永初元年盡陳禎明三年作本紀十列傳七十謂之
南史凡八代合二書百八十篇上之其書頗有條理刪落釀辭
過本書遠甚時人見年少位下不甚稱其書遷符璽郎兼脩國史
卒嘗撰太宗政典調露中高宗觀之咨美直筆賜其家帛五十段
藏副秘閣仍别録以賜皇太子云李仁實魏州頓丘人官至左史
著格論通曆等書行于時
峘德棻五世孫天寶末及進士第遇禄山亂去隱南山豹林谷楊
綰微時數從之游而峘博學有口辯綰爲禮部侍郎脩國史薦峘
自華原尉拜右拾遺兼史職累遷起居舍人撰玄宗實録屬起居
注亡散峘裒掇詔策備一朝之遺自開元天寶間名臣事多漏略
拙于取弃不稱良史大曆中以刑部員外郎判南曹遷司封郎中
知制誥兼史館脩撰德宗立詔元陵制度務極優厚當竭帑藏

奉用度峘諫曰臣伏讀漢劉向論山陵之誡良史咨歎何者聖賢勤
儉不作無益昔舜葬蒼梧弗變其肆禹葬會稽不改其列周武
葬畢陌無丘壠處漢文葬霸陵不起山墳禹非不忠啓非不順周
公非不悌景帝非不孝其奉君親皆以儉觳爲無窮計宋文公厚
葬春秋書華元爲不臣桓魋爲石槨夫子以爲不如速朽由是觀
之有德者葬薄無德者葬厚章章可見陛下仁孝切於聖心然尊
親之義貴合于禮先帝遺詔送終之制一用儉約不得以金銀緣
飾陛下奉先志無違物若務優厚是咈顧命虧經誼臣竊懼之今
赦令甫下諸條未出望速詔有司從遺制便詔荅曰朕頃議山陵
荒哀迷謬以違先旨卿引據典禮非唯中朕之失亦使朕不遺君
親于患敢不聞義而從奉以終始雖古遺直何以加焉峘在吏部
因尚書劉晏力時楊炎爲侍郎故峘内德晏至分闕以善闕奉晏
惡闕與炎炎心不平建中初峘爲禮部侍郎炎執政不爲憾炎出
故宰相杜鴻漸門下其子封求弘文生以託峘峘謝使者曰得公

手署峘得以識炎不疑署送之峘即日奏言宰相迫臣以私從之
負陛下不從則害臣帝以詰炎炎具道所以然帝怒曰此姦人無
可柰何欲殺之炎苦救解乃貶衡州別駕遷刺史李泌執政召拜
太子右庶子復爲脩撰性愎且介人人與爲怨孔述睿同脩史峘
忿細故數侵之述睿長者無所校貞元五年坐守衡州冒前刺史
戶口爲己最竇參素惡之貶吉州別駕稍遷刺史齊映爲江西觀
察使按部及州峘輕映後出先至宰相今雖屬刺史自挾所以過
映者至迎謁頗怏怏以語其妻妻曰君自視何如人以白頭走小
生前君不以此見映雖黜死我無憾映至峘入謁從容步進不袜
首屬戎器映以爲恨去至府摘峘舉奏前刺史過失無狀不宜按
部貶衡州別駕刺史田敦峘門生也與峘昧生平至是迎拜分俸
半以賙給之在衡十年順宗立以秘書少監召未至卒初受詔撰
代宗實録未就會貶詔聽在外成書元和中其子太僕丞丕獻之
以勞贈工部尚書

贊曰文本才猷世南鯁諤百藥之特論亮思廉之邃雅德棻之辭
章皆治世華采而湮汩於隋光明於唐何哉蓋天下未嘗無賢以
不用亡不必多賢以見用興夫典章圖史有國者尤急所以考存
亡成敗陳諸前而爲之戒方天下初定德棻首發其議而後唐之
文物粲然誠知治之本歟

岑虞李褚姚令狐列傳第二十七

蘇韋孫張列傳第二十八　唐書一百三

端明殿學士兼翰林侍讀學士龍圖閣學士朝散大夫行尚書吏部侍郎充集賢殿脩撰臣宋祁奉
敕撰

蘇世長京兆武功人祖彤仕後魏通直散騎常侍父振周宕州刺
史建威縣侯世長十餘歲上書周武帝帝異其幼問讀何書對治
孝經論語帝曰何言可道荅曰爲國者不敢侮於鰥寡爲政以德
帝曰善使卒學虎門館父死王事有詔襲爵世長號踊不自勝帝
顣然改容入隋爲長安令數條上便宜大業末爲都水少監督漕
上江會煬帝被弑發喪慟聞行路更爲王世充太子太保行臺右
僕射與世充兄子弘烈及其將豆盧行褒戍襄陽高祖與之舊數
遣使者諭降輒殺之洛陽平始與弘烈歸帝誅褒而誚世長頓
首謝曰古帝王受命以比逐鹿一人得禽萬夫斂手豈有獲鹿後
忿同獵者問爭肉罪邪今陛下應天順民安可忘管仲雍齒事
且武功舊人亂離以來死亡略盡唯臣得見太平若殺之是絕其

類帝笑釋之授玉山屯監引見玄武門與語平生調之曰卿自謂
佞邪直邪對曰愚且直帝曰若直者何爲背賊歸我對曰洛陽
平天下爲一臣智窮力屈乃歸陛下使世充不死臣據漢南尚爲
勍敵帝大笑嘲曰何名長而意之短口正而心之邪世長曰名長意
短誠如聖旨口正心邪不敢奉詔昔竇融以河西降漢十世侯之
臣舉山南以歸唯蒙屯監帝悅拜諫議大夫從獵涇陽大獲帝
入旌門詫左右曰今日畋樂乎世長曰陛下廢萬機事游獵不滿
十旬未爲樂也帝色變既而笑曰狂態發邪曰爲臣計則狂爲陛
下計忠矣時武功鄠新經突厥寇掠鄉聚凋虛帝將遂獵武功
世長諫曰突厥向盜劫人陛下救恤之言未出口又獵其地殆百
姓不堪所求帝不聽侍宴披香殿酒酣進曰此煬帝作邪何雕麗
底此帝曰卿好諫似直然詐也豈不知此殿我所營乃詭云煬帝
邪對曰臣但見傾宮鹿臺非受命聖人所爲者陛下武功舊第
纔蔽風雨時以爲足今天下敝隋之侈以歸有道陛下宜刈奢淫

復朴素今乃即其宮加雕飾焉欲易其亂得乎帝咨重其言歷陝州長史天策府軍諮祭酒引爲學士貞觀初使突厥與頡利爭禮不屈拒卻賂遺朝廷壯之出爲巴州刺史舟敗溺死世長有機辯淺于學嗜酒簡率無威儀初在陝邑里犯法不能禁乃引咎自撻于廛五伯疾其詭鞭之流血世長不勝痛呼而走人笑其不情子良嗣高宗時爲周王府司馬王年少不法良嗣數諫王以法繩府官不職者甚見尊憚帝異之遷荊州長史帝遣宦者采怪竹江南將蒔上苑宦者所過縱暴至荊良嗣囚之上書言狀帝下詔慰獎取竹弃之徙雍州時關內饑人相食良嗣政上嚴奸盜發三日內必禽號稱神明垂拱初遷冬官尚書拜納言封溫國公留守西京嘗遇尤渥尚方監裴匪躬案諸苑建言鬻蔬果儲利佐公上良嗣曰公儀休一諸侯相拔葵去織未聞天子賣果蔬與人爭利遂上遷文昌左相同鳳閣鸞臺三品遇薛懷義于朝懷義偃蹇良嗣怒叱左右批其頰曳去武后聞之戒曰弟出入北門彼南衙宰相行來毋犯之載初元年罷左相加特進仍知政事與韋方質素不平方質坐事誅引逮之后辨其非良嗣悸謝不能興輿還第卒年八十五詔百官往弔贈開府儀同三司益州都督始良嗣爲洛州長史坐僚婿累下徙冀州刺史其人往謝良嗣色泰定曰初不聞有累在荊州時州有河東寺本蕭詧爲兄河東王所建良嗣曰江漢間何與河東乎奏易之而當世恨其少學云子踐言官太常丞爲酷吏所陷死嶺南削父爵沒其家神龍元年復贈司空以踐言子務元襲爵終邠王府長史

從孫弁字元容擢進士調奉天主簿德宗出狩而縣令計事在府官屬皆惶恐欲遁走弁曰昔肅宗幸靈武至新平安定二太守坐伏匿斬以徇諸君知之乎衆乃定車駕至儲偫畢給帝嘉之試大理司直朱泚平進監察御史擢累倉部郎中判度支案裴延齡死帝召弁見延英賜紫衣金魚以度支郎中副知度支事位郎中上知度支有副自弁始弁通學術吏事精明承延齡後平賦緩

役略煩苛人賴其寬父之遷戶部侍郎判度支改太子詹事舊制詹事位在太常宗正卿下御史中丞竇參卑之徙班河南太原尹下弁造朝輒就舊班殿中侍御史鄭儒立劾奏待罪金吾有詔原罪坐前以廩粟給邊貶汀州司戶參軍是時兄袞爲贊善大夫晃京兆士曹參軍以弁故累袞永州晃信州司戶參軍袞年老瞑不能視帝閔之聽還又有稱晃才者帝悔不用而袞以老先還重追晃更問大臣昆弟可任者左右以王紹之兄紓韓臯之兄羣對帝乃擢紓右補闕羣考功員外郎晃遂不復用數年起弁爲滁州刺史卒弁聚書至二萬卷手自讎定當時稱與祕府埒弁之判度支方大旱州縣有逋米斛貞元八年以前凡三百八十萬斛人亡數在弁奏請出以貸貧民至秋而償詔可當時譏其罔君云

韋雲起京兆萬年人隋開皇中以明經補符璽直長嘗奏事文帝前帝曰外事不便可言之時兵部侍郎柳述侍雲起即奏述性豪侈未嘗更事特緣主壻私握兵要議者謂陛下官不擇賢此不便者帝顧述曰雲起言而藥石也可師之仁壽初詔百官舉所知述舉雲起通事舍人大業初改謁者建言今朝廷多山東人自作門戶附下罔上爲朋黨不抑其端必亂政因條陳姦狀煬帝屬大理推究於是左丞郎蔚之司隸別駕郎楚之等皆坐免會契丹寇營州詔雲起護突厥兵討之啓民可汗以二萬騎受節度雲起使離爲二十屯屯相聯絡四道竝引令曰鼓而行角而止非公使毋走馬三諭五復之既而紇斤一人犯令即斬以徇於是突厥酋長入謁者皆膝而進莫敢仰視始契丹事突厥無閒且不虞雲起至既入境使突厥給云詣柳城與高麗市易敢言有隋使在者斬契丹不疑因引而南過賊營百里夜還陣以遲明掩擊之獲契丹男女四萬以女子及畜產半賜突厥男子悉殺之以餘衆還帝大喜會百官於廷曰雲起將突厥兵平契丹以奇用師有文武才朕自舉之拜治書御史因劾奏內史侍郎虞世基御史大夫裴蘊恬

竄放命四方有變不以聞聞不以實朝議少賊不多發兵官兵少
賊衆數見敗北賊氣日張請付有司案罪大理卿鄭善果奏雲起
訾言大臣毀朝政所言不情貶大理司直帝幸江都請告歸高祖入
關上謁長樂宮授司農卿陽城縣公武德初進上開府儀同三司
判農圃監時議討王世充雲起上言京師初平人未堅附百姓流
離仍歲無年盩厔司竹藍田谷口盜賊羣屯京都推剽乘夜竊發
重以梁師都嫁情北胡陰計內釁爲腹心患釋此不圖而窺兵函
洛姦人乘虛一旦有變禍且不細臣愚以爲不若戢兵務農須關
中妥安士氣餘飽然議討伐一舉可定從之會突厥入寇詔撫鎮
寧以北九州兵禦之得一切便宜改遂州都督益州行臺兵部尚
書時僕射竇軌數奏生獠反冀得集兵以威衆雲起數持軌宜
言雲起通賊嘗私由是始隙雲起弟慶儉慶嗣事隱太子太子
死詔軌息驛報軌疑雲起有變陰設備乃告之雲起不信曰詔
安在軌曰公建成黨今不奉詔反明矣遂殺之初雲起師太學博

士王頍每歎曰韋生識悟富貴可自致然疾惡甚恐不得死訖如
言孫方質光宅初爲鳳閣侍郎同鳳閣鸞臺平章事遷地官尚
書嘗屬疾武承嗣兄弟往候方質據牀自若或曰倨見權貴且速
禍荅曰吉凶命也丈夫豈能折節近戚以苟免邪俄爲酷吏所陷
流死儋州没其家神龍初復官爵
孫伏伽貝州武城人仕隋以小史累勞補萬年縣法曹高祖武
德初上言三事其一臣聞天子有爭臣雖無道不失其天下隋失
天下者何不聞其過也方自謂功德盛五帝邁三王窮侈極欲使
天下士肝腦塗地戶口彈耗盜賊日滋當時非無直言之臣卒不
聞悟者君不受諫而臣不敢告之也向使開不諱之路官賢授能賞
罰時當人人樂業誰能搖亂者乎陛下舉晉陽天下響應計不
旋踵大業以成勿以得天下之易而忘隋失之不難也天子動則左
史書之言則右史書之凡蒐狩當順四時不可妄動且陛下即位
之明日有獻鷂者不卻而受此前世弊事柰何行之相國參軍

事盧牟子獻琵琶長安丞張安道獻弓矢並被賚賞以率土之
富何索不致豈少此物哉其二百戲散樂本非正聲隋末始見崇
用此謂淫風不得不變近太常假民裙襦五百稱以衣妓工待玄
武門游戲臣以爲非詒子孫之謀傳曰放鄭聲遠佞人今散妓者
匪韶匪夏請並廢之以復雅正其三臣聞性相近習相遠今皇太
子諸王左右執事不可不擇大抵不義無賴及馳騁射獵歌舞聲
色慢游之人止可悅耳目備驅馳至拾遺補闕決不能也汎觀前世
子姓不克孝兄弟不克友莫不由左右亂之願選賢才澄僚友之
選帝大悅即詔周隋之晚忠臣結舌是謂一言喪邦者朕惟寡德
不能性與天道然冀弼諧以輔不逮而羣公卿士罕進直言伏伽
至誠慷慨據義懇切指朕失無所諱其以伏伽爲治書侍御史賜
帛三百匹初帝授禪伏伽最先諫帝欲盡下情故不次見拔以示
羣臣是時軍興賦斂重伏伽數請罷損帝語裴寂曰隋爲無道
主驕於上臣諂於下下上蔽蒙至身死匹夫手寧不痛哉我今不

然平亂責武臣守成責儒臣程能付事以佐不逮虛心盡下冀聞
嘉言若李綱孫伏伽可謂諍臣矣俛首噤默豈朕所望哉東都平
大赦天下又欲責賊支黨悉流徙惡地伏伽諫曰臣聞王者無戲言
書稱爾無不信朕不食言言之不可不慎也陛下制詔曰常赦不免
皆原之此非直赦有罪是亦與天下更新辭也世充建德所部
赦後乃欲流徙書曰殲厥渠魁脅從罔治渠魁尚免脅從何辜且
蹠狗吠堯吠非其主今與陛下結髮雅故往爲賊臣彼豈忘陛下
哉壅隔故也至疏者安得而罪之由古以來何始無君然止稱堯舜
者何也直由善名難得也昔天下未平容應機制變今四方已定
設法須與人共之法者陛下自作須自守之使天下百姓信而畏
也自爲無信欲人之信若爲得哉賞罰之行無貴賤親疏惟義
所在臣愚以爲賊黨於赦當免者雖甚無狀宜一切加原則天下
幸甚又表置諫官帝皆欽納太宗即位封樂安縣男遷大理少卿
帝數出馳射伏伽諫曰臣聞天子之居禁衛九重出也警入也蹕

非直尊其居處為社稷生人計也比聞陛下走馬射帖娛悅羣臣殆非所以導養聖躬垂憲後代此直少年諸王務耳安得既為天子尚行之乎竊為陛下不取帝悅曰卿能言朕失朕能改之天下庶有瘳乎後坐奏囚失免官起為刑部郎中累遷大理卿時司農市木橦倍直與民右丞韋悰劾吏隱沒事下大理訊鞫伏伽曰緣官市貴故民直賤臣見司農識大體不見其罪帝悟顧悰曰卿不逮伏伽遠矣久之出為陝州刺史致仕顯慶三年卒始伏伽拜御史時先被內旨而制未出歸臥于家無喜色頃之御史造門子弟驚白伏伽徐起見之時人稱其有量以比顧雍云

張玄素蒲州虞鄉人仕隋為景城縣戶曹竇建德陷景城執將殺之邑人千餘號泣請代曰此清吏殺之是無天也大王即定天下無使善人解體建德命釋縛署治書侍御史不拜聞江都已弒始為建德黃門侍郎賊平授景州錄事參軍太宗即位問以政對曰自古未有如隋亂者得非君自專法日亂乎且萬乘之尊身決庶

務日斷十事五不中中者信善有如不中者何一日萬機積其失不亡何待若上賢右能使百司善職則高居深拱孰敢犯之隋末盜起爭天下者不十數餘皆保城邑以須有道聽命是欲背上估亂者果鮮特人君不能安之而挺之亂也以陛下聖神跡所以危鑒所以亡日慎一日雖堯舜何以加帝曰善拜侍御史遷給事中貞觀四年詔發卒治洛陽宮乾陽殿且東幸玄素上書曰臣惟秦始皇帝藉周之餘夷六國統壹尊將貽之萬世及子而亡者殫嗜奔欲以逆天害人也天下不可以力勝唯當務儉約薄賦斂以身先之乃能大安今東都未有幸期前事土木咸王出藩又當營構科調繁仍失疲人望一不可也陛下向平東都曾觀廣殿皆撤毀之天下翕然一口頌歌豈有初惡侈靡而後好雕麗哉二不可也陛下每言巡幸者不急之務徒為虛費今國儲無兼年又興別都之役以產怨讟三不可也百姓承亂離之後財賦殫空雖蒙更生意未完奈何營未幸之都重耗其力四不可也漢祖將都洛陽婁敬一言即日西駕非不知地土中道里所均但形勝不及關內弗敢康也伏惟陛下化凋弊之俗為日尚淺詎可東巡以搖人心五不可也臣嘗見隋家造殿伐木於豫章二千人挽一材以鐵為轂行不數里轂輒壞別數百人齎轂自隨終日行不三十里一材之費已數十萬工揆其餘可知已昔阿房成秦人散章華就楚衆離乾陽畢功隋人解體今民力未及隋日而役殘創之人襲亡國弊臣恐陛下之過甚於煬帝帝曰卿謂我不如煬帝何如桀紂對曰若此殿卒興同歸於亂臣聞東都始平太上皇詔宮室過度者焚之陛下謂瓦木可用請賜貧人事雖不從天下稱為盛德今復度而宮之是隋役又興不五六年間一捨一取天下謂何帝顧房玄齡曰洛陽朝貢天下中朕營之意欲便四方百姓今玄素言如此使後必往雖露坐庸何苦即詔罷役賜綵二百匹魏徵名梗挺聞玄素言歎曰張公論事有回天之力可謂仁人之言哉歷太子少詹事遷右庶子時太子承乾事游畋不悅學玄素上書曰天道無

親惟德是輔苟違天道人神棄之古者田三驅非以教殺除民害也今反以獵為娛行之無常不損盛德哉傳曰事不師古匪說攸聞然則採道在學古學古在師訓孔穎達奉詔講勸宜數逮問裨萬分博選賢傑朝夕侍左右與相規摩日知所亡月無忘所能此則善美矣夫在人上者常求為善也然性不勝情耽惑成亂下有諫言君道乃虧古人有云勿以惡小不去善小不為禍福之來皆根於初謹終若始猶懼其替始不謹焉終將安歸太子不納又上書曰周公資聖人而握休吐飧下白屋況下周公之人哉殿下睿質天就尚須學以表飾之孔穎達趙弘智皆宿德鉅儒兼識政機望數召見述古今增懿明德雕蟲小技正可閒召代博弈不宜屢也騎射畋游褻戲酣歌悅耳目移情靈不可以御夫心為萬事主動而無節則亂敗德之原實在於此帝知數財正太子頻擢至銀青光祿大夫行左庶子太子久不見賓友玄素曰宮中所見止婦人不知如樊姬等可與益聖德者幾何若無之即便詖豔嬖何足

顧哉上惟東宮之重高署賢才爲寮佐今乃不得進見將何以朝納誨夕補遺哉太子諱其切夜遣戶奴以騎撾伹擊危脫死宜聞宮中擊鼓命閽正言太子出鼓對玄素破之旣不悛醜德日聞玄素不能已上書曰孔子曰能近取譬可謂仁之方也書傳所載或遠臣請以近事喩之周武帝平山東庳宮菲食以安海內而太子贇有穢德烏丸軌以聞帝慈仁不忍發及踐祚狂暴日熾宗祀以亡隋文帝所代是也文帝因周衰藉女資雖無大功於人然布德行惠上下安賴勇爲太子驕肆敗度今宮中山池殿下所親見者也當是時自謂有太山之安詎知壬臣敢進其說哉向使動靜有常進止有度親君子疏小人黜浮華守恭儉雖有離間烏能致慈父之隙哉蓋積德弗純今問不著一遭讒遂成其禍今上以殿下父子親故所資用不爲限節然詔未六旬而用踰七萬驕奢之藝孰有過此龍樓望苑爲工匠之肆旣闕視膳問安之宜又無悅學好道之實上違君父慈訓之方下有因緣戮辱之罪所施與者不游手雜色則圖畫雕鏤之人外所瞻仰此失已暴內隱密者尚可勝計哉右庶子趙弘智經明行脩臣謂宜數進召以廣徽美今反猜嫌謂妄相推引從善若流尚恐不逮飾非拒諫禍可旣乎書入太子怒遣刺客伺之會宮廢玄素坐除名爲民頃之召授鄧州刺史徙鄧州訖不復親近高宗時以老致仕麟德初卒始玄素與孫伏伽在隋皆爲令史太宗常問玄素官立所來深自著汗諸遂良見帝曰君子不失言於人明主不失言於臣故言則史書之禮成之樂歌之居上能禮其臣乃盡力以奉其上近世宋武帝侮慚朝臣攻其門戶至恥懼狼狽前史以爲非陛下昨問玄素在隋任何官對曰縣尉又問未爲尉時曰流外又問何曹司玄素出不能徙步顔若死灰精爽頓盡見者咸共驚怪唐家創業任官以才卜祝庸保量能並用陛下以玄素擢任三品佐皇儲豈宜復對羣臣使辭窮負恥欲責其伏節死義安可得乎帝曰朕亦悔之伏伽雖廣坐陳說往事無少隱焉

贊曰始唐有天下懲刈隋敝數內讜言而世長等仇然獻忠時主方褒聽藉以勸天下雖獨禁己心而無忤情及禍亂已平君位尊安後者視前人之爲猶以輿論期榮故時時遭斥讓爲所厭苦非言有巧拙所遭之時異也夫性有不可移雖堯舜弗能訓承乾之惡根著于心而歸責玄素其何救哉此士廑辭不能傅太子諒矣

蘇韋孫張列傳第二十八

于高張列傳第二十九　　唐書一百四

端明殿學士兼翰林侍讀學士龍圖閣學士朝請大夫守尚書吏部侍郎兼集賢殿修撰臣宋祁奉
敕撰

于志寧字仲謐京兆高陵人曾祖謹有功於周爲太師燕國公父宣道仕隋至內史舍人大業末志寧調冠氏縣長山東盜起棄官歸高祖入關率羣從迎謁長春宮詔授渭北道行軍元帥府記室與殷開山參謀議薛仁杲平識褚亮於囚虜中遷天策府中郎文學館學士引亮與同列貞觀三年爲中書侍郎太宗嘗宴近臣問志寧安在有司奏敕召三品志寧品第四帝悟特詔預宴因加散騎常侍太子左庶子黎陽縣公是時議立七廟羣臣請以涼武昭王爲始祖志寧以涼非王業所因獨建議違之帝詔功臣世襲刺史志寧奏古今異時慕虛名遺實患非久安計帝皆從之嘗謂志寧曰古者太子既生士負之即置輔弼昔成王以周召爲師傅日聞正道習以成性今太子幼卿當輔以正道無使邪僻啓其心

勉之官賞可不次得也太子承乾數有過惡志寧欲救止之上諫苑以諷帝見大悅賜黃金十斤絹三百匹俄兼詹事以母喪免有詔起復本官固請終喪帝遣中書侍郎岑文本敦譬曰忠孝不兩立今太子須人教約卿彊起爲我卒輔道之志寧乃就職時太子以農時造曲室累月不止又好音樂過度志寧諫以爲今東宮乃隋所營當時號爲侈麗豈容復事營襲彩飾於其間丁匠官奴皆犯法亡命鉗鑿槌杵往來出入監門宿衛直長千牛不得苛問爪牙在外廝役在內其可無憂乎又宮中數聞鼓聲太樂伎兒輒留不出往年口敕丁寧殿下可不思之太子不納而左右多任官官志寧復諫曰奄官者體非全氣專柔便佞託親近爲威權假出納爲禍福故伊戾敗宋易牙亂齊趙高亡秦張讓傾漢近高齊任鄧長顒爲侍中陳德信爲開府內預宴私外干朝政齊卒顛覆今殿下左右前後皆用寺人輕忽高班陵轢貴仕品命失序經紀不立行路之人咸以爲怪太子益不悅東宮僕御舊得番休而

太子不聽又私引突厥與相狎比志寧懷不能已上疏極言曰竊見僕寺司馭爰及獸醫自春迄夏不得番息或家有慈親以闕溫凊或室有幼弱以虧撫養殆非恕愛之意又突厥達哥支等人狀野心不可以禮教期不可以仁信待狎而近之無益令望有損盛德況引內閤中使常親近人皆震駭而殿下獨安此乎太子大怒遣張師政紇干承基往刺之二人者入其第見志寧寢苫塊中不忍殺乃去太子敗帝知狀謂曰聞公數諫承乾不聽公故至此是時宮臣皆罷廢獨志寧蒙勞勉晉王爲皇太子復拜左庶子遷侍中加光祿大夫進封燕國公監脩國史永徽二年洛陽人李弘泰誣告太尉長孫无忌反有詔不待時斬之志寧以爲方春少陽用事不宜行刑且誣謀非本惡逆請依律待秋分乃決從之衡山公主既公除將下嫁長孫氏志寧以爲禮女十五而笄二十而嫁有故二十三而嫁固知遇喪須終三年春秋魯莊公如齊納幣母喪未再朞而圖婚二家不譏以其失禮明也今議者云公除從

吉此漢文創制爲天下百姓耳公主身服斬衰服可以例除情不可以例改心喪成婚非人情所忍於是詔公主待服除乃婚拜尚書左僕射同中書門下三品頃之兼太子少師四年隕石十八于馮翊高宗問曰此何祥也朕欲悔往脩來以自戒若何志寧對春秋隕石于宋五內史過曰是陰陽之事非吉凶所生物固有自然非一繫人事雖然陛下無災而戒不害爲福也俄遷太傅嘗與右僕射張行成中書令高季輔俱賜田志寧奏臣家自周魏來世居關中貲業不墜今行成季輔始營產土願以臣有餘賜不足者帝嘉之分其田以與二人顯慶四年以老乞骸骨詔解僕射更拜太子太師仍同中書門下三品王皇后之廢長孫无忌褚遂良固爭不見從志寧不敢言武后以其不右己銜之後因殺无忌坐免官出爲榮州刺史改華州聽致仕卒年七十八贈幽州都督謚曰定後追復左光祿大夫太子太師志寧愛賓客樂引後進然多嫌畏不能有所薦達也爲士議所少凡格式律令禮典皆與論譔賞

賜以巨萬初志寧與司空李勣修定本草并圖合五十四篇帝曰本草尚矣今復修之何所異邪對曰昔陶弘景以神農經合雜家別録註銘之江南偏方不周曉藥石往往紕繆四百餘物今考正之又增後世所用百餘物此以爲異帝曰本草別録何爲而二對曰班固唯記黄帝内外經不載本草至齊七録乃稱之世謂神農氏嘗藥以拯含氣而黄帝以前文字不傳以識相付至桐雷乃載篇册然所載郡縣多在漢時疑張仲景華佗竄記其語別録者魏晉以來吴普李當之所記其言華葉形色佐使相須附經爲説故弘景合而録之帝曰善其書遂大行曾孫休烈

休烈機鑒敏悟善文章與會稽賀朝萬齊融延陵包融齊名開元初第進士又擢制科歷秘書省正字吐蕃金城公主請文籍四種玄宗詔秘書寫賜休烈上疏曰戎狄國之寇經籍國之典也戎之生心不可以無備昔東平王求史記諸子漢不與之以史記多兵謀諸子雜詭術也東平漢之懿戚尚不示征戰之書今西戎國之

寇讎安可貽以經典且吐蕃之性慓悍果決善學不回若達於書則知戰深於詩則知武夫有師干之試深於禮則知月令有廢興之兵深於春秋則知用師詭詐之計深於文則知往來書檄之制此何異假寇兵資盜糧也臣聞魯秉周禮齊不加兵吴獲乘車楚屢奔命喪法危邦可取鑒也公主下嫁異國當用夷禮而反求良書恐非本意殆有姦人鄉導其中若陛下慮失其情亦不得已請去春秋夫春秋當周德既衰諸侯盛彊征伐競興情僞於是乎生變詐於是乎起有以臣召君取威定霸之事誠與之國之患也狄固貪婪貴貨易土正可錫以錦綵厚以金玉無足所求以資其智踈入詔中書門下議侍中裴光庭曰吐蕃不識禮經孤背國恩今求哀啓顙許其降附衞以詩書陶一聲教斯可致也休烈但見情僞變詐於是乎生不知忠信節義亦於是乎在帝曰善遂與之累遷起居郎直集賢殿學士比部郎中楊國忠爲宰相斥不附己者出爲中部郡太守肅宗立休烈奔行在擢給事中遷太常少卿知

禮儀事兼脩國史帝嘗謂曰良史者君舉必書朕有過失顧卿何如對曰禹湯罪己其興也勃焉有德之君不忘規過於時經大盜後史籍燔燬休烈奏國史開元實録起居注及餘書三千八百餘篇藏興慶宮兵興焚燬皆盡請下御史覈史館所由購府縣有得者許上送官一書進官一資一篇絹十匹凡數月止獲一二篇唯韋述以其家藏國史百三十篇上獻中興文物未完休烈獻五代論討著舊章天子嘉之轉工部侍郎仍脩史宰相李揆矜己護前嫉與同史任爲等列奏徙休烈爲國子祭酒權留史館脩撰以卑下之休烈安然無屑意乾元初始詔百官元日冬至於光順門賀皇后休烈奏周禮有命夫朝人君命婦朝女君自顯慶以來則天皇后甫行此禮而命婦與百官雜𮂬在禮不經帝罷之代宗嗣位甄別名品元載稱其清諒拜右散騎常侍兼脩國史加禮儀使遷太常卿累進工部尚書封東海郡公雖歷清要不治産性恭儉仁愛無喜愠之容樂賢下善推轂士甚衆年老篤意經籍嗜學不猒

妻韋卒天子嘉休烈父子著儒行詔贈韋國夫人葬給鹵簿鼓吹歲中休烈亦卒年八十一帝爲歎息贈尚書右僕射謚曰元遺謁者就第宣慰爲儒者榮二子益肅及休烈時相繼爲翰林學士益天寶初及進士第肅終給事中贈吏部侍郎肅子敖字蹈中擢進士爲秘書省校書郎楊憑李鄘呂元膺相繼辟幕府元和初拜監察御史五遷至右司郎中進給事中左拾遺龐嚴爲元稹李紳所厚與蔣防俱薦爲翰林學士李逢吉誣紳罪逐之而出嚴爲信州刺史防汀州刺史敖封還詔書搢紳意申嚴枉及敖奏下乃論貶嚴太輕衆皆嗤謀逢吉乃厚敖三遷至戶部侍郎出爲宣歙觀察使敖脩謹家世用文學進初爲時所稱及居官無所建明不遷物以自容名益減卒贈禮部尚書四子球珪瓌琮皆清顯琮知名龐嚴者字子肅壽州壽春人第進士舉賢良方正策第一拜拾遺辭章峭麗累遷駕部郎中知制誥坐累出復入稍遷太常少卿大和五年權京兆尹彊幹不阿貴勢然貪利弱聲色卒于官

琮字禮用落魄不事事以門資為吏久不調駙馬都尉鄭顥獨器之宣宗詔選士人尚公主者顥語琮曰子有美才不飾細行為衆毀所抑能為之平琮許諾中書舍人李潘知貢舉顥以琮託之擢第授左拾遺初尚永福公主主未降會帝前以事折匕箸帝知其不可妻士大夫更詔尚廣德公主咸通中以水部郎中為翰林學士遷中書舍人閱五月轉兵部侍郎判戶部八年同中書門下平章事進中書侍郎兼戶部尚書為韋保衡所構檢校司空山南東道節度使三貶韶州刺史保衡敗僖宗以太子少傅召未幾復為山南節度使入拜尚書右僕射黃巢陷京師以病臥家巢欲起為相琮辭疾賊迫脅不止乃曰吾死在旦夕位宰相義不受汚賊遂害之

高馮字季輔以字行德州蓨人居母喪以孝聞兄元道仕隋為汲令縣人反城應賊殺元道季輔率其黨與縣人戰禽之斬首以祭賊衆畏伏更歸附之至數千人賊與武陟李厚德將其衆降授陟州總管府戶曹參軍貞觀初拜監察御史彈治不避權要累

轉中書舍人列上五事以為今天下大定而列未措何哉蓋謀猷之臣臺閣之吏不崇簡易而昧經遠故執憲者以深刻為奉公當官者以侵下為益國如尚書八坐人主所責成者也宜擇溫厚脩絜者任之敦樸素革浮偽使家識慈孝人知廉恥過行者被嗤於鄉不昵者蒙擯於親自然禮節興矣陛下身帥節儉而營繕未息丁匠不能給驅使又和雇以重勞費人主所欲何求而不得顧愛其財毋使殫惜其力毋使弊畿內數州京師之本土狹人庶儲畜少而科役多宜蒙優貸令得休息彊本弱支之義也至江南河北人頗紓閑宜為差等均量勞逸公侯勳戚之家邑入俸稍足以奉養而貸息出舉爭求什一下民化之競為錐刀宜加懲革今外官卑品皆未得祿故饑寒之切夷惠不能全其行為政之道期於易從不恤其匱而須其廉正恐巡察歲出輶軒繼軌而侵漁不息也宜及戶口之數倉庾且實稍加稟賜使得事父母養妻子然後督責其効則官人畢力矣密王元曉等俱陛下懿親當正其禮比見帝子拜諸叔諸叔答拜爵封既同當明昭穆願垂訓正以為彝法書奏太宗稱善進授太子右庶子數上書言得失辭誠切至帝賜鍾乳一劑曰而進藥石之言朕以藥石相報後為吏部侍郎善銓敘人物帝賜金背鏡一況其清鑒焉久之遷中書令兼檢校吏部尚書監脩國史進爵蓨縣公永徽初加光祿大夫侍中兼太子少保感疾歸第有詔以其兄號州刺史季通為宗正少卿視疾遣中使日候增損卒年五十八贈開府儀同三司并州都督謚曰憲官給轜車歸葬於鄉子正業仕至中書舍人坐善上官儀貶嶺表

張行成字德立定州義豐人少師事劉炫炫謂門人曰行成體局方正廊廟才也隋大業末察孝廉為謁者臺散從員外郎後為王世充度支尚書世充平以隋資補穀熟尉家貧代計吏集京師擢制舉乙科改陳倉尉高祖謂吏部侍郎張銳曰今選吏豈無才用特達者朕將用之銳言行成調富平主簿有能名召補殿中侍御史糾劾嚴正太宗以為能謂房玄齡曰古今用人未嘗不因介紹

若行成者朕自舉之無先容也嘗侍宴帝語山東及關中人意有同異行成曰天子四海為家不容以東西為限是示人以隘矣帝稱善賜名馬一錢十萬衣一稱自是有大政事令與議焉累遷給事中帝嘗謂羣臣朕為人主兼行將相事豈不是奪公等名舜禹湯武得稷卨伊呂而四海安漢高祖有蕭曹韓彭而天下寧茲事朕皆兼之行成退上疏曰有隋失道天下沸騰陛下撥亂反正拯人塗炭何周漢君臣所能比數雖然盛德含光規模宏遠左右文武誠無將相材奚用大庭廣衆與之量校損萬乘之尊與臣下爭功哉帝嘉納之轉刑部侍郎太子少詹事太子駐定州監國謂曰吾乃送公衣錦過鄉邪令有司祠其先墓行成薦里人魏唐卿崔寶權馬龍駒張君劼皆以學行聞太子召見以其老不可任以事厚賜遣之太子使行成詣行在帝見悅甚賜勞尤渥還為河南巡察大使稱旨檢校尚書左丞是歲帝幸靈州詔皇太子從行成諫曰皇太子宜留監國對百寮曰決庶務既為京師重且示

四方盛德帝以爲忠遷侍中兼刑部尚書高宗即位封北平縣公監脩國史時晉州地震不息帝問之對曰天陽也君象地陰也臣象君宜動臣宜靜今靜者顧動恐女謁用事大臣陰謀又諸王公主參承起居或伺間隙宜明設防閑且晉陛下本封應不虛發伏願深思以杜未萌帝然之詔五品以上極言得失俄拜尚書左僕射太子少傅永徽四年自三月不雨至五月行成懼以老乞身制荅曰古者策免乖罪己之義此在朕寡德非宰相咎乃賜宮女黃金器敕勿復辭行成固請帝曰公朕之舊奈何舍朕去邪泫然流涕行成惶恐不得已復視事未幾卒於尚書省年六十七詔九品以上就第哭比斂三遣使賜內衣服尚宮宿其家護視贈開府儀同三司并州都督祭以少牢謚曰定弘道元年詔配享高宗廟廷族子易之昌宗

易之幼以門蔭仕累遷尚乘奉御既冠頎皙美姿制音技多所曉通武后時太平公主薦其弟昌宗得侍昌宗白進易之材用過臣

善治鍊藥石即召見悅之兄弟皆幸出入禁中傅朱粉衣紈錦盛飾自喜即日拜昌宗雲麾將軍行左千牛中郎將易之司衛少卿賜甲第帛五百段給奴婢橐它馬牛充入之不數日進拜昌宗銀青光祿大夫賜防閤同京官朝朔望追贈父希臧爲襄州刺史母韋母臧並封太夫人尚宮問省起居詔尚書李迥秀私侍臧昌宗興不旬日貴震天下諸武兄弟及宗楚客等爭造門伺望顏色親執轡箠號易之爲五郎昌宗六郎又加昌宗右散騎常侍聖曆二年始置控鶴府拜易之爲監久之更號奉宸府以易之爲令乃引知名士閻朝隱薛稷員半千爲供奉后每燕集則二張諸武雜侍樗博爭道爲笑樂或嘲詆公卿淫蠱顯行無復羞畏時無檢輕薄者又諂言昌宗乃王子晉後身后使被羽裳吹簫乘寓鶴裴回庭中如仙去狀詞臣爭爲賦詩以媚后后知醜聲甚思有以掩覆之乃詔昌宗即禁中論著引李嶠張說宋之問富嘉謨徐彥伯等二十有六人譔三教珠英加昌宗司僕卿易之麟臺監權勢震赫皇太子相王請封昌宗爲王后不聽遷春官侍郎封鄴國公易之恆國公實封各三百戶后既春秋高易之兄弟顓政邵王重潤與永泰郡主竊議皆得罪縊死御史大夫魏元忠嘗劾奏易之等辠易之訴於后反誣元忠與司禮丞高戩約曰天子老當挾太子爲耐久朋后問孰爲證左易之曰鳳閣舍人張說翌日庭辯皆不讎然元忠說猶皆被逐其後易之等益自肆姦贓狼藉御史臺劾奏之乃詔宗晉卿李承嘉桓彥範袁恕己參鞫而司刑正賈敬言窺望后旨奏昌宗彊市罪當贖詔可承嘉彥範進曰昌宗贓四百萬尚當免官昌宗大言曰臣有功於國不應免官后問宰相內史令楊再思曰昌宗主鍊丹劑陛下餌之而驗功最大者也即詔釋之歸罪其兄昌儀同休皆貶官已而后久疾居長生院宰相不得進見惟昌宗等侍側昌宗恐后不諱禍且及乃引支黨日夜與謀爲不軌事然小人跡險道路皆知之至有榜其事於衢左者左臺御史中丞宋璟劾請按鞫后陽許璟俄詔璟外按幽州

都督屈突仲翔更敕司刑卿崔神慶問狀神慶妄奏言昌宗應原璟執奏昌宗法當斬后不荅左拾遺李邕進曰璟之言社稷計也願可之后終不許神龍元年張柬之崔玄暐等率羽林兵迎皇太子入誅易之昌宗於迎仙院及其兄昌期同休從弟景雄皆梟首天津橋士庶歡踊臠取之一夕盡坐流貶者數十人天寶九載昌期女上表自言楊國忠助之詔復易之兄弟官爵賜同休一子官

贊曰于志寧諫太子承乾幾遭賊殺然未嘗懼知太宗之明雖匕首揕胷不愧也及武后立不敢出一言知高宗之昧雖死無益也季輔行成數進諫然雍容有禮皆長厚君子哉

于高張列傳第二十九

端明殿學士兼翰林侍讀學士龍圖閣學士朝散大夫行尚書吏部侍郎兼集賢殿修撰臣宋祁奉
敕撰

長孫无忌字輔機性通悟博涉書史始高祖兵度河進謁長春宮授渭北道行軍典籤從秦王征討有功累擢比部郎中上黨縣公皇太子建成毒王王病舉府危駭房玄齡謂无忌曰禍隙已牙敗不旋踵矣夫就大計者遺細行周公所以絀管蔡也遂俱入白王請先事誅之王未許无忌曰大王以舜何如人王曰濬哲文明為子孝為君仁又何議哉對曰向使濬井弗出得為孝乎塗廩弗下得為仁乎大杖避小杖受良有以也王未決事益急乃遣无忌陰召房玄齡杜如晦定計无忌與尉遲敬德侯君集張公謹劉師立公孫武達獨孤彥雲杜君綽鄭仁恭李孟嘗討難平之王為皇太子授左庶子即位遷吏部尚書以功第一進封齊國公帝以无忌皇后兄又少相友眷倚日厚常出入卧内進尚書右僕射突厥頡利可汗

已盟而政亂諸將請遂討之帝顧新歃血不取為失機取之失信計猶豫以問大臣蕭瑀曰兼弱攻昧討之便无忌曰今我務戢兵待夷狄至乃可擊使遂弱且不能來我又何求臣謂按甲存信便帝曰善然卒取突厥或有言无忌權太盛者帝持表示无忌曰我與公君臣間無少疑使各懷所聞不言斯則蔽矣因普示羣臣曰朕子幼无忌於我有大功視之猶子也疏間親新閒舊之謂不順朕無取焉无忌亦自懼貴且亢后又數言之遂解僕射授開府儀同三司與房玄齡杜如晦尉遲敬德皆以元勲封一子郡公進冊司空知門下尚書省事无忌辭又因高士廉口陳以外戚位三公嫌議者謂天子以私后家帝曰朕任官必以才不者雖親若襄邑王神符不妄授若才雖仇如魏徵不棄也夫緣后兄愛昵厚以子女玉帛豈不得以其兼文武兩器朕故相之公等孰不曰然无忌固讓詔荅曰黃帝得力牧為五帝先夏禹得咎繇為三王祖齊桓得管仲為五伯長朕得公遂定天下公其無讓帝又思所與共艱難

賴无忌以免作威鳳賦以賜且況其功帝欲功臣並世襲刺史貞觀十一年乃詔有司朕憑明靈之祐賢佐之力克翦多難清寓内蓋時屯共資其力世安專享其利朕所不取刺史古諸侯雖名不同而監統一也无忌等義貫休戚効娖夷險嘉庸懿績簡在朕心其改錫土宇用世及之制乃以无忌為趙州刺史以趙為公國房玄齡宋州刺史國於梁杜如晦贈密州刺史國於萊李靖濮州刺史國於衛高士廉申州刺史國於申侯君集陳州刺史國於陳道宗鄂州刺史王江夏孝恭觀州刺史王河間尉遲敬德宣州刺史國於鄂李勣蘄州刺史國於英段志玄金州刺史國於褒程知節普州刺史國於盧劉弘基朗州刺史國於夔張亮澧州刺史國於鄖凡十有四人餘官食邑尚不在无忌等辭曰羣臣披荊棘事陛下今四海混一誠不願違遠左右而使世牧外州與遷徙等帝曰割地封功臣欲公等後嗣長為藩翰而薄山河之誓反為怨望朕亦安可彊公土宇邪遂止後帝幸其第自家人姻婭勞賜皆有

差久之進位司徒太子承乾廢帝欲立晉王未決坐兩儀殿羣臣已罷獨留无忌玄齡勣言東宮事因曰我三子一弟未知所立吾心亡聊即投牀取佩刀自向无忌等驚爭抱持奪刀授晉王而請帝所欲立帝曰我欲立晉王无忌曰謹奉詔異議者斬帝顧王曰舅許汝矣宜即謝王乃拜帝復曰公等與我意合天下其謂何荅曰王以仁孝聞天下久矣固無異辭有如不同臣負陛下百死於是遂定以无忌為太子太師同中書門下三品同三品自此始帝又欲立吳王恪无忌密爭止之帝征高麗詔攝侍中還辭師傅官聽罷太子太師遥領揚州都督帝嘗從容問曰朕聞君聖臣直人常苦不自知公宜面攻朕得失无忌曰陛下神武聖文冠卓千古性與天道非臣等愚所及誠不見有所失帝曰朕冀聞過公等乃相諛悅朕當評公等可否以相規謂高士廉心術警悟臨難不易節所乏者骨鯁耳唐儉有辭善和解人酒杯流行發言可意事朕二十年未嘗一言國家事楊師道性謹審自能無過而懦不

更事緩急非可倚岑文本敦厚文章論議其所長也謀常經遠自當不負於物劉洎堅正其言有益不輕然諾於人能自補闕馬周敏銳而正評裁人物直道而行所任皆稱朕意褚遂良鯁亮有學術竭誠親於朕若飛鳥依人自加憐愛无忌應對機敏善避嫌求於古人未有其比揔兵攻戰非所善也二十三年帝疾甚召入臥内帝引手捫无忌頤无忌哭帝感塞不得有所言翌日與遂良入受詔顧遂良曰我有天下无忌力也爾輔政勿令讒毀者害之有頃崩方在離宮皇太子悲慟无忌曰大行以宗廟社稷屬殿下宜速即位因秘不發喪請還宫太子即位是爲高宗進无忌太尉檢校中書令猶知門下尚書二省固辭尚書省許之帝欲立武昭儀爲后无忌固言不可帝密以寶器錦帛十餘車賜之又幸其第擢三子皆朝散大夫昭儀母復詣其家申請許敬宗數勸之无忌厲色折拒帝後召无忌遂良及于志寧言后無息昭儀有子必欲立之者无忌已數諫即曰先帝付託遂良願陛下訪之遂良極

道不可帝不聽后既立以无忌受賜而不助己銜之許敬宗揣后指陰使洛陽人李奉節上无忌變事與侍中辛茂將臨按傅致反狀帝驚曰將妄人構間殆不其然敬宗具言反跡已露陛下不忍非社稷之福帝泣曰我家不幸高陽公主與我同氣往謀反今舅復爾使我重愧天下柰何對曰房遺愛口乳臭與女子反安能就事无忌姦雄天下所畏伏一旦竊發陛下誰使禦之今即急恐攘袂一呼以嘯同惡且爲宗廟憂陛下不見隋室乎宇文化及父宰相弟尚主而身掌禁兵煬帝與之不疑然而起爲戎首遂亡隋願陛下決之帝猶疑更詔審覈明日敬宗言无忌反明甚請逮捕帝泣曰舅果爾我決不忍殺後世其謂我何敬宗曰漢文帝舅薄昭從代來有功後坐殺人帝惜撓法令朝臣喪服就哭之昭自殺良史不以爲失今无忌忘先帝之德捨陛下至親乃欲移社稷敗宗廟豈特昭比邪在法夷五族臣聞當斷不斷反受其亂乘機亟行緩必生變无忌與先帝謀取天下天下伏其智王莽司馬懿之流今

逆徒自承何疑而不決帝終不質問遂下詔削官爵封戶以揚州都督一品俸置于黔州所在發兵護送流其子秘書監沖等於嶺外從弟渝州刺史知仁貶翼州司馬後數月又詔司空勣中書令敬宗侍中茂將等覆按反獄敬宗令大理正袁公瑜御史宋之順等即黔州暴訊无忌投繯卒沖免死殺族子祥流族弟恩于檀口大抵碁親皆謫徙初无忌與遂良悉心奉國以天下安危自任故永徽之政有貞觀風帝亦賓禮老臣拱己以聽綱紀設張此兩人維持之也既二后廢立計不合姦臣陰圖帝暗於聽受卒以屠覆自是政歸武氏幾至亡國上元元年追復官爵以孫元翼襲封初无忌自作墓昭陵塋中至是許還葬文宗開成三年詔曰每覽國史至太尉无忌事未嘗不廢卷而歎其以裔孫鈞爲緱氏令无忌從父敞字休明隋煬帝爲晉王敞以庫直從畋驪山王凌危逐鹿諫曰大王冒垂堂涇原獸可乎王遂止即位頗見識擢及幸江都留守禁籞高祖入關率子弟謁新豐授將作少監出爲杞州

刺史貞觀初坐受賕免太宗以后屬歲私給帛米償其費累封平原郡公卒贈幽州都督諡曰良陪葬昭陵從父弟操字元節父曖爲周大司徒薛國公操有學術初高祖辟署相國府金曹參軍未幾檢校虞州刺史從秦王征討常侍旁與聞秘謀徙陝州城中無井人勤于汲操爲釃河溜入城百姓利安以母喪解長老守闕頌遺愛服除封樂壽縣男爲齊揚益三州刺史課皆最下詔褒揚永徽初以陝州刺史卒贈吏部尚書諡曰安葬給鼓吹至虞罷子詮尚新城公主詮女兄爲韓瑗妻无忌得罪詮流嶲州有司希旨殺之詮有甥趙持滿者工書善騎射力搏虎走逐馬而仁厚下士京師無貴賤愛慕之爲涼州長史嘗逐野馬射之矢洞于前邊人畏伏詮之貶許敬宗懼持滿才能仇己追至京屬吏訊掠色不變曰身可殺辭不可枉吏代爲占死獄中无忌族叔順德

順德仕隋爲右勳衛征遼當行亡命太原素爲高祖親厚太宗將起兵令與劉弘基募士於外聲備賊至數萬人乃結隊按屯大將

軍府建授統軍從平霍邑臨汾絳郡有功與劉文靜擊屈突通於潼關通將奔洛陽順德跳追桃林執通以獻遂定陝縣以多進左驍衛大將軍封薛國公討建成餘黨食千二百戶賜宮女詔宿內省俄以受賕爲有司劾發帝曰順德元勳外戚爵隆位厚至矣若令觀古今自鑒有以益國家者朕當與共府庫何至以貪冒聞乎因賜帛數十媿切之大理少卿胡演曰順德以賂破法不可赦柰何又賜之帝曰使有恥者得賜甚於戮如不能乃禽獸也殺之何益李孝常謀反坐與交削籍爲民歲餘帝閱功臣圖見其像憐之遣宇文士及視順德順德方頹然醉遂召爲澤州刺史復爵邑順德素少檢傍放自如至是折節爲政以嚴明稱先時守長多通餉問順德繩擿無所容遂爲良吏前刺史張長貴趙士達占部中腴田數十頃奪之以給貧單尋坐累還第喪息女感疾甚帝薄之謂房玄齡曰順德無剛氣以兒女牵愛至大病胡足卹未幾卒遣使弔之贈荊州都督謚曰襄貞觀十三年封邳國公永徽中加贈開府

儀同三司

褚遂良字登善通直散騎常侍亮子隋大業末爲薛舉通事舍人仁杲平授秦王府鎧曹參軍貞觀中累遷起居郎博涉文史工隸楷太宗嘗歎曰虞世南死無與論書者魏徵白見遂良帝令侍書帝方博購王羲之故帖天下爭獻然莫能質真僞遂良獨論所出無舛冒者十五年帝將有事太山至洛陽星孛太微犯郎位遂良諫曰陛下撥亂反正功超古初方告成岱宗而彗輒見此天意有所未合昔漢武帝行岱禮優柔者數年臣愚願加詳慮帝寤詔罷封禪遷諫議大夫兼知起居事帝曰卿記起居大抵人君得觀之否對曰今之起居古左右史也善惡必記戒人主不爲非法未聞天子自觀史也帝曰朕有不善卿必記邪對曰守道不如守官臣職載筆君舉必書劉洎曰使遂良不記天下之人亦記之矣帝曰朕行有三一監前代成敗以爲元龜二進善人共成政道三斥遠羣小不受讒言朕能守而勿失亦欲史氏不能書吾惡也是時魏王泰禮秩如嫡羣臣未敢諫帝從容訪左右曰方今何事尤急岑文本以言禮義爲急帝以不切未領可遂良曰今四方仰德誰弗率者惟太子諸王宜有定分帝曰有是哉朕年五十日以衰怠雖長子守器而弟支子尚五十人心常念焉自古宗姓無良則傾敗相仍公等爲我求賢者保傅之夫事人久情媚孰則非意自生其令王府官不得過四考著爲令帝嘗怪舜造漆器禹雕其俎諫者十餘不止小物何必爾邪遂良曰雕琢害力農纂繡傷女工奢靡之始危亡之漸也漆器不止必金爲之金又不止必玉爲之故諫者救其源不使得開及夫橫流則無復事矣帝咨美之于時皇子雖幼皆外任都督刺史遂良諫曰昔二漢以郡國參治雜用周制今州縣率倣秦法而皇子孺年並任刺史陛下誠以至親扞四方雖然刺史民之師帥也得人則下安措失人則家勞攰故漢宣帝曰與我共治惟良二千石乎臣謂皇子未冠者可且留京師教以經學畏仰天威不敢犯禁養成德器審堪臨州然後

敎遣昔東漢明章諸帝友愛子弟雖各有國幼者率留京師訓飭以禮訖其世諸王數十百惟二人以惡敗自餘飡和染教皆爲善良此前事已驗惟陛下省察帝嘉納太子承乾廢魏王泰間侍帝許立爲嗣因謂大臣曰泰昨自投我懷中云臣今日始得爲陛下子更生之日也臣惟有一子百年後當殺之傳國晉王朕甚憐之遂良曰陛下失言安有爲天下主而殺其愛子授國晉王乎陛下昔以承乾爲嗣復寵愛泰嫡庶不明紛紛至今若必立泰非別置晉王不可帝泣曰我不能即詔長孫无忌房玄齡李勣與遂良等定策立晉王爲皇太子時飛雉數集宮中帝問是何祥也遂良曰昔秦文公時有侲子化爲雉雌鳴陳倉雄鳴南陽侲子曰得雄者王得雌者霸文公遂雄諸侯始爲寶雞祠漢光武得其雄起南陽有四海陛下本封秦故雄雌並見以告明德帝悅曰人之立身不可以無學遂良所謂多識君子哉俄授太子賓客薛延陀請婚帝已納其聘復絕之遂良曰信爲萬事本百姓所歸故文王

許枯骨而不違仲尼去食存信貴之也延陀曩一俟斤耳因天兵北討薛平沙塞威加諸外而恩結於內以爲餘寇不可以無酋長故璽書鼓纛立爲可汗負抱之恩與天無極數遣使請婚於朝陛下既開許爲御北門受獻食今一朝自爲進退所惜少所失多虧信夷狄方生嫌恨殆不可以訓戎兵勵軍事也且龍沙以北部落牛毛中國擊之不能盡亦猶可比敗苟英興突厥亡延陀盛是以古人虛外實內懷之以德使爲惡在夷不在華失信在彼不在此也惟陛下裁幸不納帝欲自討遼東遂良固勸無行一不勝師必再興再興爲忿兵兵忿者勝負不可必帝然可會李勣詆其計帝意遂決東遂良懼上言臣請譬諸身兩京腹心也四境手足也殊裔絕域殆非支體所屬高麗王陛下所立莫離支殺之討其逆夷其地固不可失但遣一二愼將付銳兵十萬翔瘉雲輣唾手可取昔侯君集李靖皆庸人爾猶能撥高昌繫突厥陛下止發蹤指示得歸功聖明前日從陛下平天下虓士爪臣氣力未衰可驅策

惟陛下所使臣聞涉遼而左或水潦平地淖三尺帶方玄菟海壤荒漫決非萬乘六師所宜行是時帝銳意蕩平不見省進黃門侍郎參綜朝政莫離支遣使貢金遂良曰古者討殺君之罪不受其賂魯納郜鼎太廟春秋譏之今莫離支所貢不臣之篚不容受詔可以其使屬吏帝既平高昌歲調兵千人往屯遂良諫諍不可帝志取西域寘其言不用西突厥寇西州帝曰往魏徵褚遂良勸我立麴文泰子弟不用其計乃今悔之帝於寢宮側別置院居太子遂良諫以爲朋友深交者易怨父子滯愛者多慭宜許太子間還東宮近師傅專學藝以廣懿德帝從其言會父喪免起復拜中書令帝寢疾召遂良長孫无忌曰漢武帝寄霍光劉備託諸葛亮朕今委卿矣太子仁孝其盡誠輔之謂太子曰无忌遂良在而毋憂因命遂良草詔高宗即位封河南縣公進郡公坐事出爲同州刺史再歲召拜吏部尚書同中書門下三品監脩國史兼太子賓客進拜尚書右僕射帝將立武昭儀召長孫无忌李勣于志寧及遂良入或謂无忌當先諫遂良曰太尉國元舅有不如意使上有棄親之譏又謂勣上所重當進曰不可司空國元勳有不如意使上有斥功臣之嫌吾奉遺詔若不盡愚無以下見先帝既入帝曰罪莫大於絕嗣皇后無子今欲立昭儀謂何遂良曰皇后本名家奉事先帝先帝疾執陛下手語臣曰我兒與婦今付卿且德音在陛下耳可遽忘之皇后無它過不可廢帝不悅翌日復言對曰陛下必欲改立后者請更擇貴姓昭儀昔事先帝身接帷第今立之奈天下耳目何帝羞默遂良因致笏殿階叩頭流血曰還陛下此笏丐歸田里帝大怒命引出武氏從幄後呼曰何不撲殺此獠无忌曰遂良受顧命有罪不加刑會李勣議異武氏立乃左遷遂良潭州都督顯慶二年徙桂州未幾貶愛州刺史遂良內憂禍恐死不能自明乃上表曰往者承乾廢岑文本劉洎奏東宮不可少曠宜遣濮王居之臣引義固爭明日仗入先帝留无忌玄齡勣及臣定策立陛下當受遺詔獨臣與无忌二人在陛下方草

土號慟臣即奏請即位大行柩前當時陛下手抱臣頸臣及无忌請即還京發哀大告內外寧謐臣力小任重動貽伊戚螻蟻餘齒乞陛下哀憐帝昏懦牽於武后訖不省歲餘卒年六十三後二歲許敬宗李義府奏長孫无忌逆謀皆遂良驅煽乃削官爵二子彥甫彥沖流愛州殺之帝遺詔聽其家北還神龍中復官爵德宗追贈太尉文宗時詔以遂良五世孫虔爲臨汝尉安南觀察使高駢表遂良客窆愛州二男一孫祔咸通九年詔訪其後護喪歸葬陽翟云遂良曾孫璆字伯玉擢進士第累拜監察御史裏行先天中突厥圍北廷詔璆持節監總督諸將破之遷侍御史拜禮部員外郎而氣象疑挺不減在臺時

韓瑗字伯玉京兆三原人父仲良武德初與定律令建言周律其屬三千秦漢後約爲五百依古則繁請崇寬簡以示惟新於是採開皇律宜於時者定之終刑部尚書秦州都督府長史潁川縣公瑗少負節行博學曉吏事貞觀中以兵部侍郎襲爵永徽三年

遷黃門侍郎俄同中書門下三品監脩國史進侍中兼太子賓客王后之廢瑗涕泣言曰皇后乃陛下在藩時先帝所娶今無罪輒廢非社稷計不納明日復諫曰王者立后配天地象日月匹夫匹婦尚知相擇況天子乎詩云赫赫宗周褒姒滅之臣讀至此常輟卷太息不圖本朝親見此禍宗廟其不血食乎帝大怒詔引出褚遂良貶潭州都督明年瑗上言遂良受先帝顧託一德無二向日論事至誠懇切詎肯令陛下後堯舜而塵史冊哉遭厚謗醜言損陛下之明折志士之銳況被遷以來再離寒暑其責塞矣願寬無辜以順眾心帝曰遂良之情朕知之矣其悖戾好犯上朕責之詎有過邪瑗曰遂良社稷臣蒼蠅點白傅致有罪昔微子既去殷以亡張華不死晉不及亂陛下富有四海安於清泰忽驅逐舊臣遂不省察乎帝愈不聽瑗憂憤自表歸田里不報顯慶二年許敬宗李義府奏瑗以桂州授遂良桂用武地倚之謀不軌於是貶振州刺史踰年卒年五十四長孫无忌死義府等復奏瑗與通謀遣使即

殺之既至瑗已死發棺驗視乃還追削官爵籍其家子孫謫廣州官奴神龍初武后遺詔復官爵自瑗與遂良相繼死內外以言為諱將二十年帝造奉天宮御史李善感始上疏極言時人喜之謂為鳳鳴朝陽

來濟揚州江都人父護兒隋左翊衛大將軍宇文化及難闔門死之濟幼得免轉側流離而篤志為文章善議論曉暢時務擢進士貞觀中累遷通事舍人太子承乾敗太宗問侍臣何以處之莫敢對濟曰陛下上不失為慈父太子得盡天年則善帝納之除考功員外郎十八年初置太子司議郎高其選而以濟為之兼崇賢館直學士遷中書舍人永徽二年拜中書侍郎兼弘文館學士監脩國史俄同中書門下三品封南陽縣男遷中書令檢校吏部尚書帝將以武氏為后濟諫曰王者立后以承宗廟母天下宜擇禮義名家幽閑令淑者副四海之望稱神祇之意故文王興姒關雎之化蒙被百姓其福如彼成帝縱欲以婢為后皇統中微其禍如此惟陛下詳察初武氏被寵帝特號宸妃濟與韓瑗諫妃有常員今別立號不可武氏已立不自安后更謬言濟等忠鯁恐前經執奏輒懷反仄請加賞慰而實銜之帝示濟及瑗濟等益懼顯慶初兼太子賓客進爵為侯帝嘗從容問馭下所宜濟曰昔齊桓公出遊見老人命之食曰請遺天下食遺之衣曰請遺天下衣公曰吾府庫有限安得而給老人曰春不奪農時即有食夏不奪蠶工即有衣由是言之省徭役馭下之宜也於時山東役丁歲別數萬人又議取庸以償雇紛然煩擾故濟對及之二年兼詹事尋坐褚遂良事貶台州刺史久之徙庭州龍朔二年突厥入寇濟總兵拒之謂其眾曰吾嘗絓刑網蒙赦死今當以身塞責遂不介冑而馳賊沒焉年五十三贈楚州刺史給靈轝還鄉初濟與高智周郝處俊孫處約客宣城石仲覽家仲覽衍於財有器識待四人甚厚私相與言志處俊曰願宰天下濟及智周亦然處約曰宰相或不可冀願為通事舍人足矣後濟領吏部處約始以瀛州書佐入

調濟遽注曰如志遂以處約為通事舍人後皆至公輔云濟異母兄恒上元中為黃門侍郎同中書門下三品父本驍將而恒濟俱以學行稱相次知政事時虞世南子昶無才術歷將作少匠工部侍郎主工作許敬宗曰護兒兒作相世南男作匠文武豈有種邪

李義琰魏州昌樂人其先出隴西望姓及進士第補太原尉李勣為都督僚吏憚其威義琰獨敢廷辨曲直勣甚禮之徙白水令有能名擢司刑員外郎義琰姿體魁秀博學有智識累遷中書侍郎上元中進同中書門下三品兼太子右庶子高宗欲使武后攝國政義琰與郝處俊固爭事得寢章懷太子之廢盡赦宮臣罪庶子薛元超等皆蹈舞義琰獨引咎涕泣搢紳義之帝每顧問必鯁切不回宅無正寢弟義璡為市堂材送之義琰曰以吾為國相且自愧尚營美宅是速吾禍豈愛我者邪義璡曰凡仕為丞尉且崇第舍兄位高安可偪下哉答曰不然事難全遂物不兩興既處貴仕又廣居宅非有令德必受其殃卒不許後其木久腐乃棄之

義琰改葬其先使舅家移塋而兆其所帝聞怒曰是尚不可使秉政義琰懼以疾乞骸骨遷銀青光祿大夫聽致仕乃歸田里公卿以下悉祖餞通化門外時人比漢疏廣垂拱初起爲懷州刺史自以失武后意辭不拜卒子巢幼豪俊善騎射而不治細行義琰嘗抅之絕其交游後亡走闕下獻書陳利害拜監察御史與李義府同按柳奭韓瑗獄遷殿中上書忤旨貶龍編主簿義琰從祖弟義琛

義琛擢進士第歷監察御史貞觀中文成公主貢金遇盜於岐州主名不立太宗召羣御史至目義琛曰是人神情爽拔可使推捕義琛往數日獲賊帝喜爲加七階初義琰使高麗其王據榻召見義琰不拜曰吾天子使可當小國之君奈何倨見我王詞屈爲加禮及義琛再使亦坐召之義琛匍匐拜伏時人由是見兄弟優劣累遷刑部侍郎爲雍州長史時關輔大饑詔貧人就食商鄧義琛恐流徙不還上疏固爭左遷黎州都督終岐州刺史子綰爲栢人令有仁政縣爲立祠

上官儀字游韶陝州陝人父弘爲隋江都宮副監大業末爲陳稜所殺時儀幼左右匿免冒爲沙門服寖工文詞涉貫墳典貞觀初擢進士第召授弘文館直學士遷秘書郎太宗每屬文遣儀視槀宴私未嘗不預轉起居郎高宗即位爲秘書少監進西臺侍郎同東西臺三品時以雍州司士參軍韋絢爲殿中侍御史或疑非遷儀曰此野人語耳御史供奉赤墀下接武夔龍簉羽鵷鷺豈雍州判佐比乎時以爲清言儀工詩其詞綺錯婉媚及貴顯人多効之謂爲上官體麟德元年坐梁王忠事下獄死籍其家初武后得志遂牽制帝專威福帝不能堪又引道士行厭勝中人王伏勝發之帝因大怒將廢爲庶人召儀與議儀曰皇后專恣海內失望宜廢之以順人心帝使草詔左右奔告后后自申訴帝乃悔又恐后怨恚乃曰上官儀教我后由是深惡儀始忠爲陳王時儀爲諮議與王伏勝同府至是許敬宗構儀與忠謀大逆后志也自褚遂良等元老大臣相次屠覆公卿莫敢正議獨儀納忠禍又不旋踵由是天下之政歸於后而帝拱手矣子庭芝歷周王府屬亦被殺庭芝女中宗時爲昭容追贈儀爲中書令秦州都督楚國公庭芝黃門侍郎岐州刺史天水郡公以禮改葬

贊曰高宗之不君可與爲治邪內牽嬖陰外劫讒言以无忌之親遂良之忠皆顧命大臣一旦誅斥忍而不省反天之剛撓陽之明卒使牝咮鳴辰祚移后家可不哀哉天以女戎間唐而興雖義士仁人抗之以死決不可支然瑗濟義琰儀四子可謂知所守矣噫使長孫不逐江夏害吳王褚不譖死劉洎其盛德可少訾乎

長孫褚韓來李上官列傳第三十

杜二崔高郭趙楊盧二劉李孫邢列傳第三十一　唐書一百六

端明殿學士兼翰林侍讀學士龍圖閣學士朝請大夫守尚書吏部侍郎充集賢殿脩撰臣宋祁奉
敕撰

杜正倫相州洹水人隋世重舉秀才天下不十人而正倫一門三秀才皆高第爲世歆美調武騎尉太宗素知名表直秦王府文學館貞觀元年魏徵薦其才擢兵部員外郎帝勞曰朕舉賢者非朕獨私以能益百姓也我於宗姻故人苟無能終不得任卿宜思有以稱吾舉者俄遷給事中知起居注帝嘗曰朕坐朝不敢多言必待有利于民乃出諸口正倫曰臣職左史陛下一言失非止損百姓且筆之書千載累德帝悅賜綵段二百進累中書侍郎與韋挺虞世南姚思廉論事稱旨帝爲設宴具召四人者謂曰我聞神龍可擾以馴然頷有逆鱗嬰者死人君亦有之卿屬遂犯吾鱗棣闕失朕其慮危亡哉思卿至意故舉酒以相樂也各賜帛有差太子監國詔正倫行左庶子兼崇賢館學士帝謂正倫吾兒幼未有就

德我常物物戒之今當監國不得朝夕見故輟卿於朝以佐太子慎之勗之它日又言朕年十八猶在人間情僞無不嘗及即位處置有失必待諫乃釋然悟況太子生深宮不及知邪且人主一不可自驕今若詔天下敢諫者死將無復發言矣故朕孜孜延進直言卿其以是曉太子冀裨益之擢中書侍郎封南陽縣侯仍兼太子左庶子出入兩宮典機密以辦治稱後太子稍失道帝語正倫太子數私小人卿可審喻之教而不從其語我來故正倫顯諫無所避太子不從輒道帝語督切太子即表聞帝責曰何漏洩我語對曰開示不入故以陛下語怖之冀當反善帝怒出爲穀州刺史再貶交州都督太子廢坐受金帶流驩州久之授郢石二州刺史顯慶元年擢黃門侍郎兼崇賢館學士進同中書門下三品又兼度支尚書仍知政事遷中書令封襄陽縣公初正倫已通貴李義府官尚微及同執政不能下中書侍郎李友益義府族也曉附正倫同擿義府釁缺義府使人告正倫友益交通陰上有異計高宗惡之出正倫爲橫州刺史流友益峯州正倫卒于貶正倫與城南諸杜昭穆素遠求同譜不許銜之諸杜所居號杜固世傳其地有壯氣故世衣冠正倫既執政建言鑿杜固通水以利人既鑿川流如血閱十日止自是南杜稍不振正倫工屬文嘗與中書舍人董思恭夜直論文章思恭歸謂人曰與杜公評文今日覺吾文頓進無子以兄子志靜爲嗣從子求仁從孫咸皆顯名求仁有雅才永淳中授監察御史坐事爲黜令與徐敬業舉兵爲興復府左長史死于難咸擢進士第累遷右臺監察御史牂柯反咸監軍出討賊保壘自固道荒漫師不能進咸乃息士示不欲戰陰伺之時旱暑風熾咸縱火譟而前賊乾怖相失自騰踐死擒其酋遂平之遷侍御史出爲汾州長史開元中爲河北按察使坐用法深貶睦州司馬

崔知溫字禮仁許州鄢陵人仕爲左千牛稍遷靈州司馬境有渾斛薩萬帳數擾齊民農皆釋耒習騎射以扞賊知溫表徙河北虜不樂遷將軍契苾何力爲言乃止知溫固請踰十五報卒徙河北

自是人得就耕渾斛薩至徙地顧善水草亦忘遷後入朝過州謝曰初徙且怨公今地膏腴衆孳夥更荷公恩皆再拜四遷蘭州刺史党項羌三萬入寇州兵寡衆懼莫知所出知溫披關不設備羌怪之不敢進俄會將軍權善才率兵至大破其衆善才欲遂窮追取之知溫曰古善戰弗逆奔且谿谷複深草木荒延萬分一有變不可悔善才曰善分降口五百贈知溫辭曰我議公事圖私利邪累遷尚書左丞轉黃門侍郎脩國史永隆初以秩卑特詔同門下三品兼脩國史遷中書令卒年五十七贈幽州大都督諡曰忠子泰之開元時爲工部尚書譔之爲將作少匠與誅二張功封博陵縣侯實封戶二百終少府監兄知悌亦至中書侍郎與戴至德郝處俊李敬玄等同賜飛白書贊而知悌敬玄以忠勤見表遷尚書左丞裴行儉之破突厥斬泥孰匐殘落保狼山詔知悌馳往定襄慰將士佐行儉平遺寇有功終戶部尚書

高智周常州晉陵人第進士補越王府參軍遷費令與丞尉均職

俾民安其化刻石頌美入擢秘書郎弘文館直學士嘗覆弈誦
碑無謬者三遷蘭臺大夫孝敬在東宮與司文郎中賀敳司經大
夫王眞儒並爲侍讀得告還鄉里嘆曰進不知退取禍之道也即
移病去俄拜壽州刺史其治尚文雅行部先見諸生質經義及政
得失既乃録獄訟考耕餉勤墮以爲常遷正諫大夫黄門侍郎儀
鳳初進同中書門下三品遷太子左庶子是時崔知溫劉景先脩
國史故智周與郝處俊監脩之罷爲御史大夫與薛元超裴炎
同治章懷太子獄無所同異固表去位高宗美其槩授右散騎
常侍請致仕聽之卒年八十二贈越州都督謚曰定智周始與郝處
俊來濟孫處約共依江都石仲覽仲覽傾産結四人驩因請各語
所期處俊曰丈夫惟無仕仕至宰相乃可智周濟如之處約曰得
爲舍人在殿中周旋吐納可也仲覽使相工視之工語仲覽曰高之
貴君不及見之來早顯而末躓高晚顯而壽吾聞速登者易顛
徐進者少患天道也後濟居吏部處約以瀛州參軍入調濟曰如

志擬通事舍人畢降階勞問平生既仲覽卒而濟等益顯智周所
善義興蔣子慎有客嘗視兩人曰高公位極人臣而嗣少弱蔣侯
官不達後且興子慎終建安尉其子繪往見智周智周方貴以女
妻之生子挺歷湖延二州刺史生子洌渙皆擢進士洌爲尚書左丞
渙永泰初歷鴻臚卿日本使嘗遺金帛不納唯取牋一番爲書以
貽其副云挺之卒洌兄弟廬墓側植松柏千餘渙終禮部尚書封
汝南公洌子鍊渙子銖又有清白名而高氏後無聞

郭正一定州鼓城人貞觀時由進士署第歷中書舍人弘文館學
士永隆中遷秘書少監檢校中書侍郎詔與郭待舉岑長倩魏玄
同並同中書門下承受進止平章事平章事自正一等始永淳中
眞遷中書侍郎執政久明習故事文辭詔敕多出其手劉審禮與
吐蕃戰青海大敗高宗召羣臣問所以制戎正一曰吐蕃曠年梗
寇師數出坐費糧貲近討則喪威深入則不能得其巢穴今上策
莫如少募兵且明烽候勿事侵擾須數年之遲力有餘人思戰一
舉可破矣劉齊賢皇甫文亮等議亦與正一合帝納之武后專國
罷爲國子祭酒出檢校陝州刺史與張楚金元萬頃皆爲周興所
誣搆殺之籍入其家妻息流放文章無存者

趙弘智河南新安人元魏車騎大將軍肅之孫蚤喪母事父篤孝
通書傳仕隋爲司隷從事武德初大理卿郎楚之白爲詹事府主
簿太宗時豫論譔録勤遷太子舍人進黄門侍郎兼弘文館學士
移病出爲萊州刺史稍遷太子右庶子父事兄弘安俸祿歸之不
敢私弘安卒哀慟過期奉嫂謹甚撫兄子慈均所生會太子廢免
官俄拜光州刺史永徽初入爲陳王師講孝經百福殿於是宰相
弘文館學士太學生皆在弘智舉五孝諸儒更詰辨隨問酬悉舌
無留語高宗喜曰試爲我陳經之要以輔不逮對曰天子有爭臣
七人雖無道不失天下願以此獻帝悦賜絹二百名馬一四年進
國子祭酒仍爲學士卒年八十二謚曰宣弘安亦終國子祭酒曾
孫矜舉明經調舞陽主簿吳少誠反以縣歸從襄城主簿賜牙緋

歷襄陽丞客死郴州官爲斂葬後十七年子來章始壯自襄陽往
求其喪不得野哭再閱旬卜人秦誗爲筮曰金食其墨而火以貴
其墓直丑在道之右南有貴神冢土是守宜遇西人深目而髯乃
其得實明日有老人過其所問之得矜墓直社北遂歸葬弘安墓
次時人哀來章孝皆爲出涕云

崔敦禮字安上祖仲方在隋爲禮部尚書其先博陵著姓魏末徙
爲雍州咸陽人敦禮涉書傳以節義自將武德中官通事舍人善
辭令進止觀者皆竦嘗持節幽州召廬江王瑗瑗已舉兵執之脅
問朝廷事敦禮不爲言太宗壯之還除左衞郎將賜金幣良馬擢
中書舍人四遷兵部侍郎出爲靈州都督召還拜兵部尚書詔撫
輯回紇鐵勒部姓會薛延陀寇邊與李勣合兵破之置祁連州處
其餘衆瀚海都督回紇吐迷度爲下所殺詔往綏定立其嗣而還
敦禮通知四夷情僞其少募蘇武爲人故屢使突厥前後建明允
會事機永徽四年拜侍中監脩國史累封固安縣公進中書令兼

檢校太子詹事以父疾自言不任事奉兩宮吏拜太子少師同中書門下三品弟餘慶時爲定襄都督府司馬召使侍疾卒年六十一高宗爲舉哀東雲龍門賻布秘器尤厚贈開府儀同三司幷州大都督謚曰昭陪葬昭陵餘慶位亦至兵部尚書

楊弘禮字復莊隋尚書令素弟之子雅與玄感不咸表其必亂玄感誅父岳繫長安獄煬帝使赦之比至岳已死高祖即位以素有功于隋詔弘禮襲清河郡公除太子通事舍人貞觀中累遷中書舍人太宗征遼東拜兵部侍郎駐蹕之役領步騎二十四軍跳出賊背所向摧靡帝自山下望其衆袍仗精整人人盡力壯之謂許敬宗曰越公兒郎故有家風時宰相悉留定州輔皇太子唯褚遂良敬宗弘禮掌行在機務還拜中書侍郎遷司農卿爲崑丘道副大摠管破處密殺焉耆王降駁支部獲龜兹于闐王凱旋會帝崩大臣疾之下遷涇州刺史永徽初追論其功遷勝州都督改太府卿卒贈蘭州都督謚曰質弟弘武

弘武少脩謹永徽中累爲吏部郎中太子中舍人高宗東封泰山自荊州司馬擢司戎少常伯從帝還詔補授吏部五品官遷西臺侍郎帝嘗讓曰尒在戎司授官多非其才何邪弘武曰臣妻剛悍此其所屬不敢違以諷帝用后言也帝笑不罪乾封二年同東西臺三品弘武無它才特謙愼自守然居職以清簡稱卒贈汴州刺史謚曰恭三子元亨元禧元禕元禧爲尚舍奉御善醫武后所信愛嘗忤張易之易之奏素在隋有逆節子孫不可供奉后乃詔素及兄弟有子若孫不得任京官及侍衛貶元亨睦州刺史元禧資州刺史元禕梓州司馬易之誅復任京官並至刺史

纂字續卿弘禮族父大業時第進士爲朔方郡司法書佐坐玄感近屬廢居蒲城高祖度河上謁長春宮遷累侍御史數上書言事稱旨除考功郎中貞觀初爲長安令賜爵長安縣男有告女子袁妖逆者纂按之情不得奏太宗惡其不忠將殺之中書令溫彥博以過誤當宥乃免後爲吏部侍郎有俗才抑文雅進黠吏

度時舞數以自進終戶部尚書贈幽州都督謚曰恭纂從子昉武后時爲肅機宇文化及子訢治先塋昉方食未即判遽曰肅機未食庸知天下有冤而求食乎昉怒取牒署曰父弑隋主子訢隋資可乎人服其敢終工部尚書

盧承慶字子餘幽州涿人隋散騎侍郎思道之孫父赤松爲河東令與高祖雅故聞兵興迎見霍邑拜行臺兵部郎中終率更令范陽郡公承慶美儀矩博學而才少襲爵貞觀初爲秦州參軍入奏軍事太宗偉其辯擢考功員外郎累遷民部侍郎帝問歷代戶版承慶敍夏商至周隋增損曲折引據該詳帝嗟賞俄兼檢校兵部侍郎知五品選辭曰選事在尚書臣掌之爲出位帝不許曰朕信卿卿何不自信歷雍州別駕尚書左丞高宗永徽時坐事貶簡州司馬閱歲改洪州長史帝將幸汝湯泉故拜汝州刺史顯慶四年以度支尚書同中書門下三品坐調非法免俄拜潤州刺史拜刑部尚書以金紫光祿大夫致仕卒臨終誡其子曰死生至理猶朝有暮吾死斂以常服晦朔無薦牲葬勿卜日器用陶漆棺而不槨墳高可識碑志著官號年月無用虛文贈幽州都督謚曰定初承慶典選校百官考有坐漕舟溺者承慶以失所載考中下以示其人無慍也更曰非力所及考中中亦不喜承慶嘉之曰寵辱不驚考中上其能著人善類此弟承業承泰承業繼爲雍州長史尚書左丞有能名承泰子齊卿長安初爲雍州參軍武后詔長史薛季昶擇僚吏堪御史者季昶訪於齊卿齊卿白長安尉盧懷愼李休光萬年尉李乂崔湜咸陽丞倪若水盩厔尉田崇璧新豐尉崔日用季昶用其言後皆爲通顯巨人及拜幽州刺史而張守珪隸果毅齊卿厚遇曰君十年至節度使已而果然喜飲酒踰斗不亂寬厚樂易士友以此親之終太子詹事廣陽縣公承慶從孫藏用別有傳

劉祥道字同壽魏州觀城人父林甫武德時爲內史舍人典機密以才稱與蕭瑀等撰定律令著律議萬餘言歷中書吏部二侍郎

賜爵樂平縣男唐承隋制十一月選集至春停日薄事叢有司
不及研諦林甫建請四時聽選隨到輒擬於是官無滯人始天下
初定州府及詔使以赤牒授官至是罷悉集吏部調至萬員林甫
隨才銓録咸以為宜論者方隋高孝基祥道少襲爵歷御史中丞
顯慶中遷吏部黄門侍郎知選事既世職乃釐補敝闕上疏陳六
事一曰今取士多且濫入流歲千四百多也雜色入流未始銓汰
濫也故共務者善人少惡人多臣謂應雜色進者切責有司試
判為四等第一付吏部二付兵部三付主爵四付司勳若坐負當
責雖經赦仍配三司不者還本貫則官不雜矣二曰内外官一品
至九品萬三千四百六十五員大抵三十而仕六十而退取其中
數不三十年存者略盡若歲入流五百人則三十年自相充補況
三十年外在官猶多不慮其少今入流歲千四百其倍兩之又停
選六七千人復年别新加其類寖廣殆非經久之制古者為官擇
人不聞取人多而官少也三曰永徽以來在官者或以善政擢論

事者或以單言進而庠序諸生未聞甄異是将奬勸之道未周也四
曰唐有天下四十年未有舉秀才者請自六品以下至草野審加
搜訪無令赫赫之辰斯學遂絶五曰唐虞三載考績黜陟幽明二
漢用人亦久其職今任官率四考罷官知秩滿則懷去就民知遷
徙則苟且以去就之官臨苟且之民欲移風振俗烏可得乎請四
考進階八考聽選以息迎新送故之弊六曰三省都事主事主書
比選補皆取流外有刀筆者雖欲參用士流率以儔類為恥前後
相俗遂成故事且被省崇峻王言秘密尚書政本人物所歸吏胥
曹史理有未盡宜稍革之以清其選會中書令杜正倫亦言入流
者衆為官人弊乃詔與祥道參議而執政憚改作又以勳戚子進
取無他門遂格稍遷司刑太常伯每覆大獄必覈欵累歔奏決
日為再不食詔巡察關内道多振冤滯兼沛王府長史麟徳元年
拜右相祥道性審謹居宰相憂畏不自堪數陳老病丐解乃與
上官儀善罷為司禮太常伯高宗封泰山有司請太常卿亞獻

光禄卿終獻祥道建言三代六卿重故得佐祠漢魏以來權歸臺
省九卿為常伯屬官今封岱大禮不以八坐用九卿無乃徇古名
忘實事乎帝可其議以司徒徐王元禮亞獻祥道終獻禮成進
爵廣平郡公乾封元年以金紫光禄大夫致仕卒年七十一贈幽州
都督謚曰宣子齊賢襲爵繇侍御史出為晉州司馬帝以其方直
尊憚之時將軍史興宗從獵苑中言晉州出佳鷂可捕取帝曰齊
賢豈捕鷂人邪卿安得以此待之累遷黄門侍郎脩國史永淳元
年進同中書門下平章事武后時代裴炎為侍中辨炎不反后怒
左遷普州刺史道貶吉州長史永昌中為酷吏所陷繫州獄自經
死没其家建中三年贈太子太保齊賢三世至兩省侍郎典選從
父應道吏部郎中從父弟令植禮部侍郎凡八人前後歷吏部郎
中員外世以為榮令植孫從一擢進士宏詞第調渭南尉雅為常
袞盧杞所厚薦授監察御史普王討李希烈表為元帥判官德
宗居奉天超拜刑部侍郎同中書門下平章事從幸梁州改中書

侍郎帝遇之善然無它材能容身遠罪而已貞元初以疾自乞罷
為戸部尚書卒贈太子太傅
李敬玄亳州譙人該覽群籍尤善於禮高宗在東宮馬周薦其
材召入崇賢館侍讀假中秘書讀之為人峻整然造請不憚寒
暑許敬宗頗薦延之歷西臺舍人弘文館學士遷右肅機檢校太
子右中護拜西臺侍郎同東西臺三品兼檢校司列少常伯時員
外郎張仁禕有敏才敬玄委以曹事仁禕為造姓歷狀式銓簿鎖
鍵周密病心太勞死敬玄因其法銜綜有序自永徽後選員寖多
惟敬玄居職有能稱性彊記雖官萬員遇諸道未嘗忘姓氏有來
訴者口諭書判參舛及殿累本末無少繆天下伏其明杭州參軍
徐太玄哀其僚張惠以贓抵死而惠母老乃詣獄自言與惠偕受
薄其罪惠得不死太玄坐免官十年敬玄廉知之擢為鄭州司功
參軍後至秘書少監申王師以德行聞其鑒拔率若此咸亨二年
轉中書侍郎又改吏部兼太子右庶子同中書門下三品監脩國

史進吏部尚書居選部久人多附嚮凡三娶皆山東舊族又與趙李氏合譜故臺省要職多族屬姻家高宗知之不能善也儀鳳元年拜中書令封趙國公劉仁軌西討吐蕃有所建請敬玄數持異由是有隙因奏河西鎮守非敬玄不可敬玄辭以非將帥才且仁軌逞憾故彊臣以不能帝默之因曰仁軌若須朕朕且行卿安得辭乃拜洮河道大總管兼鎮撫大使檢校鄯州都督統兵十八萬代仁軌與吐蕃將論欽陵戰青海使劉審禮爲先鋒麋虜敬玄按軍自如審禮戰歿尚首鼠不進乃頓承風嶺又阻溝淖莫能前賊屯高壓其營偏將黑齒常之率死士夜擊賊敬玄始得至鄯州又戰湟川遂大敗數稱疾求罷歸許之既入見不引謝即還府視事帝察實不病貶衡州刺史久之遷揚州長史卒官贈兗州都督謚曰文憲撰次禮論及它書數十百篇二子思沖守一思沖神龍初歷工部侍郎左羽林軍將軍從節愍太子誅武三思見殺籍其家守一歷令孫紳別傳敬玄弟元素爲武德令刺史李文暕橫調民黃金造常滿尊以獻官屬無敢諫元素固爭文暕爲少損吏以私財助之延載初擢文昌左丞遷鳳閣侍郎同鳳閣鸞臺平章事爲武懿宗所構與綦連耀等同誅神龍中追洗其辜

劉德威徐州彭城人姿貌魁秀有幹略隋大業末從裴仁基討淮賊手劍賊酋傳行在後歸李密密分麾下兵使守懷州密降俱入朝授左武候將軍封滕縣公詔將兵擊劉武周因判并州總管府司馬裴寂失律齊王元吉棄州遁德威總留府事賊薄城民皆叛附賊遂爲武周所獲使率本部徇地浩州得自拔歸盡上賊中虛實高祖嘉納改彭城縣公未幾檢校大理少卿從平洛陽有功轉刑部侍郎加散騎常侍妻以平壽縣主貞觀初歷大理卿綿州刺史政號廉平百姓立石頌德尋檢校益州大都督府長史入爲大理卿太宗問曰比刑網寖密咎安在德威曰在君不在臣下之實猛視主之好律失入者減三失出者減五今坐入者無辜坐出者有罪所以吏務深文爲自營計非有教使然也帝然其言後遷刑部尚書檢校雍州別駕詔至齊州按齊王祐獄還半道聞祐反入據濟州詔德威就發河南兵經略之會母喪免既除爲同州刺史永徽三年卒官年七十一贈禮部尚書幽州都督謚曰襄陪葬獻陵德威於閨門友睦爲人寬平生平所得奉祿以分宗親無留藏子審禮審禮少喪母爲祖母元所養隋末大亂道不通審禮尚少自鄉里負祖母度江轉側避地及天下平西入長安元每疾病必親煮藥嘗而進元曰見孝通幽顯吾一顧念疾輒間貞觀中歷左驍衛郎將父喪免比葬徒跣血流行路咨嘆服除當襲爵讓其弟不聽見父執必感泗滂沱事繼母尤謹與弟延景爲閒友得祿多資之而妻子執寒苦晏如也再從皆同居合二百口內外無間言遷工部尚書檢校左衛大將軍儀鳳三年吐蕃寇涼州副中書令李敬玄討之遇虜青海上與戰敬玄逗撓不前審禮敗爲虜執其子尚乘直長殆庶及延景詣闕待罪請入賊以贖有詔審禮徇忠以沒非有罪宜各還職特詔殆庶弟易從省之既至而審禮卒易從晝夜哭不止吐蕃哀其志乃還父尸徒跣萬里扶護以歸見者流涕審禮贈工部尚書謚曰僖延景字冬日終陝州刺史睿宗初以后父追贈尚書右僕射陪葬乾陵易從累遷彭城長史任城縣男永昌中爲酷吏周興誣搆坐死將刑百姓奔走爭解衣投地曰爲長史祈福有司平直乃十餘萬當時號孝義劉家及易從以非禍死天下冤之子昇年十餘歲流嶺表六道使誅流人昇以信愛爲首領所庇免後易姓溫北歸洛景雲中特授右武衛騎曹參軍開元中累遷中書舍人太子右庶子昇能文善草隸審禮從弟延嗣爲潤州司馬徐敬業攻潤州延嗣與刺史固守俄而城陷敬業邀以降延嗣曰吾世蒙國恩今城不守所負多矣詎能苟生爲宗族羞敬業怒將斬之其黨魏思溫救止繫江都獄敬業敗錄忠當敘以裴炎近親貶遷梓州長史轉汾州刺史宗族至刺史者二十餘人

孫處約始名道茂汝州郟城人貞觀中爲齊王祐記室祐多過失

數上書切諫王誅帝得其書咨嗟之擢中書舍人高宗即位令杜正倫請增舍人員帝曰虔約一人足辦我事止不除以論譔勞數賜段物再遷司禮少常伯麟德元年以西臺侍郎同東西臺三品爲少司成以老致仕卒子佺延和初爲羽林將軍幽州都督率兵十二萬討奚李大酺分三屯以副將李楷洛周以悌領之次冷硎楷洛與大酺戰不勝壯校多沒佺氣褫乃紿言天子詔我招慰奚楷洛違詔妄戰當斬遣人謝大酺大酺曰審尒願出天子賜明不欺佺斂軍中幣萬餘匹悉袍帶并與之大酺知佺詐好語勸引還而佺部伍離沮奚逼之大敗死者數萬佺以悌同見獲送默啜所殺之

邢文偉滁州全椒人與歷陽高子貢壽春裴懷貴俱以博學聞咸亨中歷太子典膳丞時孝敬罕見宮臣文偉即減膳上書曰古者太子既冠則有司過之史虧膳之宰史不書過死之宰不徹膳死之皇帝簡料英俊自庶子至司議舍人學士侍讀使佐殿下成就

聖德比者不甚延議謁對稀簡三朝之後與內人獨居何繇發揮天資使濬哲文明哉今史既闕官宰得奉職謹守禮經以聞太子荅曰幼嗜墳典欲研精極意而未閑將衞眈誦致勞比苦風虛奉陛下恩旨不許彊勉加以趨侍朝夕無自專之道屢闕坐朝乖廢學緒觀尋來請良符宿志自非義均弼諧渠能進此藥石文偉由是益知名後右史缺高宗謂侍臣曰文偉切諫吾兒此直臣也遂授之武后時累遷鳳閣侍郎兼弘文館學士載初元年爲內史后御明堂詔文偉發孝經后問天與帝異稱云何文偉曰天帝一也制曰郊后稷以配天祀文王于明堂以配上帝柰何而一對曰先儒執論不同昊天及五方揔六天帝后曰帝有六則天不同稱固矣文偉不得對后曰移風易俗莫善於樂伯牙鼓琴鍾期聽之知意在山水是人能移風易俗矣何取樂邪文偉曰聖人作樂平人心變風俗末世樂壞則爲人所移后喜賜帛宗秦客以姦贓抵罪文偉坐所善貶珍州刺史會它使者至文偉內悸自經死高

子貢善太史書與朱敬則善擢明經歷秘書省正字弘文館直學士不得志因棄官去徐敬業起兵弟敬猷統兵五千逼和州子貢率鄉人數百拒之賊引去以功擢朝散大夫爲成均助教東莞公融嘗爲和州刺史從子貢受業及融謀舉兵令黃公譔見子貢推爲謀主書跡往返因說諸王內應謀泄坐死

杜二崔高郭趙楊盧三劉李孫邢列傳第三十一

傅呂陳列傳第三十二　唐書一百七

端明殿學士兼翰林侍讀學士龍圖閣學士朝請大夫守尚書吏部侍郎充集賢殿脩撰臣宋祁奉

敕撰

傅奕相州鄴人隋開皇中以儀曹事漢王諒諒反問奕今茲熒惑入井果若何對曰東井黃道所由熒惑之舍烏足怪邪若入地上井乃爲災諒怒俄及敗奕以對免徙扶風高祖爲扶風太守禮之及即位拜太史丞會令庾儉以父質占候忤煬帝死懲其事恥以術官薦奕自代奕遂爲令與儉同列數排毀之儉不爲恨於是人多儉仁罪奕褊且忿時國制草具多仍隋舊奕謂承亂世之後當有變更乃上言龍紀火官黃帝廢之咸池六英堯不相沿禹弗行舜政周弗襲湯禮易稱巳日乃孚革而信也故曰革之時大矣哉有隋之季違天害民專峻刑法殺戮賢俊天下兆庶同心叛之陛下撥亂反正而官名律令一用隋舊且懲沸羹者吹冷齏傷弓之鳥驚曲木況天下久苦隋暴安得不新其耳目哉改正朔易服色變

律令革官名功極作樂治終制禮使民知盛德之隆此其時也然官貴簡約夏后官百不如虞氏五十周三百不如商之百又曰夏有亂政而作禹刑商有亂政而作湯刑周有亂政而作九刑衛鞅爲秦制法增鑿顛抽脅鑊烹等六篇始皇爲挾書律此失於煩不可不監是時太僕卿張道源建言官曹文簿繁總易欺請減之以鈐吏姦公卿舉不爲然奕獨是之爲衆沮訕不得行武德七年上疏極詆浮圖法曰西域之法無君臣父子以三塗六道嚇愚欺庸追既往之罪窺將來之福至有身陷惡逆獄中禮佛口誦梵言以圖偷免且生死壽夭本諸自然刑德威福繫之人主今其徒矯託皆云由佛攘天理竊主權書曰惟辟作福惟辟作威惟辟玉食臣有作福作威玉食害于而家凶于而國五帝三王未有佛法君明臣忠年祚長久至漢明帝始立胡祠然惟西域桑門自傳其教西晉以上不許中國髠髮事胡至石苻亂華乃弛厥禁主庸臣佞政虐祚短事佛致然梁武齊襄尤足爲戒昔褒姒一女營惑幽王能亡其國況今僧尼十萬刻繒泥像以惑天下有不亡乎陛下以十萬之衆自相夫婦十年滋產十年教訓兵農兩足利可勝既邪昔高齊章仇子他言僧尼塔廟外見毀宰臣內見疾妃嬙陽讒陰謗卒死都市周武帝入齊封寵其墓臣竊賢之又上十二論言益痛切帝下奕議有司唯道源佐其請中書令蕭瑀曰佛聖人也非聖人者無法請誅之奕曰禮始事親終事君而佛逃父出家以匹夫抗天子以繼體悖所親瑀非出空桑乃尊其言蓋所謂非孝者無親瑀不荅但合爪曰地獄正爲是人設矣帝善奕對未及行會傳位止初九年太白躔秦分奕奏秦王當有天下帝以奏付王及太宗即位召賜食謂曰向所奏幾敗我雖然自今毋有所諱而不盡言又嘗問卿拒佛法奈何奕曰佛西胡黠人爾欺訹夷狄以自神至入中國而孅兒幻夫摸象莊老以文飾之有害國家而無補百姓也帝異之貞觀十三年卒年八十五奕病未嘗問醫忽酣臥蹶然悟曰吾死矣乎即自誌曰傅奕青山白雲人也以醉死嗚乎遺言

戒子六經名教言若可習也妖胡之法慎勿爲吾死當倮葬奕雖善數然嘗自言其學不可以傳又注老子并集晉魏以來與佛議駮者爲高識篇武德時所改漏刻定十二軍號皆詔奕云

呂才博州清平人貞觀時祖孝孫增損樂律與音家王長通白明達更質難不能決太宗詔侍臣舉善音者中書令溫彥博白才天悟絕人聞見一接輒究其妙侍中王珪魏徵盛稱才製尺八凡十二枚長短不同與律諧契即召才直弘文館參論樂事帝嘗覽周武帝三局象經不能通或言太子洗馬蔡允恭能之召問允恭少通其略老乃忘試問才退一昔即解其圖以聞允恭記其舊與才正同由是知名擢累太常博士帝病陰陽家所傳書多謬僞淺惡世益拘畏命才與宿學老師刪落煩訛掇可用者爲五十三篇合舊書四十七凡百篇詔頒天下才於持議儒而不俚以經誼推處其驗術諸家共訶短之又舉世相惑以禍福終莫悟云才之言不甚文要欲救俗失切時事俾易曉也故剟其三篇卜宅篇曰易稱

上古穴居而野處後世聖人易之以宮室蓋取諸大壯暨周時有卜擇之文詩稱相其陰陽書卜洛食近世乃有五姓謂宮也商也角也徵也羽也以為天下萬物悉配屬之以處吉凶然言皆不類如張王為商武庚為羽是以音相諧附至柳為宮趙為角則又不然其間一姓而兩屬復姓數字不得所歸是直野人巫師說爾按堪輿經黃帝對天老始言五姓且黃帝時獨姬姜數姓耳後世賜族者寖多然管蔡郕霍魯衛毛聃郜雍曹滕畢原酆郇本之姬姓孔殷宋華向蕭亳皇甫本之子姓至因官命氏因邑賜族本同末異巨為配宮商哉春秋以陳衛秦為水姓齊鄭宋為火姓或所出之祖所分之星所居之地以著由來非宮商角徵羽相管攝也祿命篇曰漢宋忠賈誼譏司馬季主曰卜筮者高人祿命以悅人心矯言禍福以規人財王充曰見骨體知命祿見命祿知骨體此則言祿命尚矣推索本原固不其然積善之家必有餘慶豈建祿而後吉乎積惡之家必有餘殃豈劫殺而後災乎皇天無親常與善

人天人之交如影響有夏多罪天命勦絕宋景脩德妖星退舍學也祿在其中不生當建學文王憂勤損壽非初值空亡長平坑降卒非俱犯三刑南陽多近親非俱當六合歷陽成湖不共河魁蜀郡炎火不盡災厄世有同建與祿而貴賤殊域共命若胎而夭壽異科魯桓公六年七月子同生是為莊公按曆是歲在乙亥月建申然則值祿空亡據法應窮賤又觸句絞六害背驛馬身剋驛馬三刑法無官命火也生當病鄉法曰為人尫弱矬陋而詩言莊公曰猗嗟昌兮頎而長兮美目揚兮巧趨蹌兮唯向命一物法當壽而公薨止四十五一不驗秦莊襄王四十八年始皇帝生以正月故名政是歲壬寅正月命偕祿於法無官假得祿奴婢應少又破驛馬三刑身剋驛馬法望官不到命金也正月為絕無始有終老而吉又建命生法當壽帝崩時不過五十二不驗漢武帝以乙酉歲七月七日平旦生當祿空亡於法無官雖向驛馬乃隔四辰法少無官老而吉武帝即位年十六末年戶口減耗三不驗後魏高祖孝

文皇帝生皇興元年八月是歲丁未為背祿命與驛馬三刑身剋驛馬於法無官又生父死中法不見父而孝文受其父顯祖之禪禮君未踰年不得正位故天子無父事三老也孝文率天下以事其親而法不合識父四不驗宋高祖癸亥三月生祿與命皆空亡於法無官又生子墓中法宜嫡子雖有次子當早卒而高祖長子先被弒次子義隆享國又生祖祿下法得嫡孫財若祿其孫劭濬皆篡逆幾失宗祧五不驗葬篇曰易稱古之葬者衣之以薪不封不樹喪期無數後世聖人易之以棺槨蓋取諸大過經曰葬者藏也欲人之弗得見也又曰卜其宅兆而安厝之以是為感慕之所也魂神之宅也朝市遷變不可知石泉顆齧不可常是其謀及卜筮庶無後艱斯則備於慎終之禮也後代葬說出于巫史一物有失便謂災及死生多為妨禁以售其術附妄憑妖至其書乃有百二十家春秋王者七日而殯七月而葬諸侯五日而殯五月而葬大夫三月士庶人踰月而已貴賤不同禮亦異數此直為赴弔遠近

之期量事制法故先期而葬謂之不懷也後期不葬謂之殆禮也此則葬有定期不擇年與月一也又曰丁巳葬定公雨不克葬至于戊午襄事君子善之禮卜先遠日者自末而進避不懷也今法巳亥日用葬最凶春秋是日葬者二十餘族此葬不擇日二也禮周尚赤大事用旦殷尚白大事用日中夏尚黑大事用昏大事者何喪禮也此直取當代所尚而不擇時早晚也鄭卿子產及子太叔葬簡公於是司墓大夫室當柩路若壞其室即平旦而堋不壞其室即日中而堋子產不欲壞室欲待日中子太叔曰若日中而堋恐久勞諸侯大夫來會葬者然子產太叔不問時之得失惟論人事可否而已曾子曰葬逢日蝕舍於路左待明而行所以備非常也按法葬家多取乾艮二時乃近夜半文與禮乖此葬不擇時三也經曰立身行道揚名於後世以顯父母易謂聖人之大寶曰位何以守位曰仁而法曰官爵富貴葬可致也年壽脩促子姓蕃衍葬可招也夫日慎一日澤及無疆德則不建而祚乃無永臧孫

有後于魯不聞葬得吉也若敖絕祀於荆不聞葬得凶也此葬有吉凶不可信四也今法皆據五姓爲之古之葬並在國都之北趙氏之葬在九原漢家山陵或散處諸域又何上利下利大墓小墓爲哉然劉之子孫本支不絕趙後與六國等王此則葬用五姓不可信五也且人有初賤而後貴始泰而終否者子文爲令尹三仕三已展禽三黜於士師彼冢墓已定而不改此名位不常何也故知榮辱升降事關諸人而不由於葬六也世之人爲葬巫所欺忘擗踊荼毒以期徼幸由是相塋隴希官爵擇日時規財利謂辰日不哭欣然而受弔謂同屬不得臨壙吉服避送其親詭斁禮俗不可以法七也帝又詔造方域圖及教飛騎戰陣圖屢稱指擢太常丞麟德中以太子司更大夫卒生平豫脩書及著述甚多子方毅七歲能誦經太宗聞其敏召見奇之賜束帛長爲右衞鎧曹參軍母喪以毀卒布車從母葬通人郎餘令以白粥玄酒生芻祭路隅世共哀之

陳子昂字伯玉梓州射洪人其先居新城六世祖太樂當齊時兄弟競豪桀梁武帝命爲郡司馬父元敬世高貲歲飢出粟萬石賑鄉里舉明經調文林郎子昂十八未知書以富家子尚氣決弋博自如它日入鄉校感悔即痛脩飭文明初舉進士時高宗崩將遷梓宮長安於是關中無歲子昂盛言東都勝塏可營山陵上書曰臣聞秦據咸陽漢都長安山河爲固而天下服者以北假胡宛之利南資巴蜀之饒轉關東之粟而收山西之寶長羈利策横制宇宙今則不然燕代迫匈奴巴隴嬰吐蕃西老千里贏糧北丁十五乘塞歲月奔命秦之首尾不完所餘獨三輔間耳頃遭荒饉百姓荐飢薄河而右惟有赤地循隴以北不逢青草父兄轉徙妻子流離賴天悔禍去年薄稔羸耗之餘幾不沈命然流亡未還白骨縱横阡陌無主至於蓄積猶可哀傷陛下以先帝遺意方大駕長驅按節西京千乘萬騎何從仰給山陵穿復必資徒役率癯餒之衆興數萬之軍調發近畿督扶稚老鏟山輦石驅以就功春作無時何望有秋彫瘵遺噍再罹艱苦有不堪其困則逃爲盜賊揭梃叫嘑可不深圖哉且天子以四海爲家舜葬蒼梧禹葬會稽豈愛夷裔而鄙中國耶示無外也周平王漢光武都洛而山陵寢廟並在西土者實以時有不可故遺小存大去禍取福也今景山崇秀北對嵩邙右眄汝海祝融太昊之故墟在焉園陵之美復何以加且太原舊鉅萬之倉洛口儲天下之粟乃欲捨而不顧儻鼠竊狗盜西入陝郊東犯虎牢取敖倉一抔粟陛下何與遏之武后奇其才召見金華殿子昂貌柔野少威儀而占對慷慨擢麟臺正字垂拱初詔問羣臣調元氣當以何道子昂因是勸后興明堂大學即上言臣聞之於師曰元氣天地之始萬物之祖王政之大端也天地莫大於陰陽萬物莫靈於人王政莫先於安人故人安則陰陽和陰陽和則天地平天地平則元氣正先王以人之通於天也於是養成羣生順天德使人樂其業甘其食美其服然後天瑞降地符升風雨時草木茂遂故顓頊唐虞不敢荒寧其書曰百姓昭

明協和萬邦黎人於變時雍迺命羲和欽若昊天曆象日月星辰敬授人時和之得也夏商之衰桀紂昏暴陰陽舛行天地震怒山川神鬼發妖見災疾疫大興終以滅亡和之失也迨周文武創業誠信忠厚加于百姓故成康刑措四十餘年天人方和而幽厲亂常奇暴虐詬黷天地川冢沸崩人用愁怨其詩曰昊天不惠降此大戾不先不後爲虐爲瘵顧不哀哉近隋煬帝恃四海之富鑿渠決河自伊洛屬之揚州疲生人之力泄天地之藏中國之難起故身死人手宗廟爲墟逆元氣之理也臣觀禍亂之動天人之際先師之說昭然著明不可欺也陛下含天地之德日月之明眇然遠思欲求太和此伏羲氏所以爲三皇首也昔者天皇大帝攬元符東封太山然未建明堂享上帝使萬世鴻業闕而不照殆留此盛德以發揮陛下哉臣謂和元氣睦人倫捨此則無以爲也昔黃帝合宮有虞總期堯衢室夏世室皆所以調元氣治陰陽也臣聞明堂有天地之制陰陽之統二十四氣八風十二月四時五行

二十八宿莫不率備王者政失則災政順則祥臣願陛下爲唐恢
萬世之業相國南郊建明堂與天下更始按周禮月令而成之迺
月孟春乘鸞輅駕蒼龍朝三公九卿大夫于青陽左个負斧扆憑
玉几聽天下之政躬藉田親蠶以勸農桑養三老五更以教孝悌
明訟恤獄以息淫刑脩文德以止干戈察孝廉以除貪吏後宮非
妃嬪御女者出之珠玉錦繡雕琢伎巧無益者棄之巫鬼淫祀營
惑於人者禁之臣謂不數朞且見太平云又言陛下方興大化而
太學久廢堂皇埃蕪詩書不聞明詔尚未及之愚臣所以私恨也
太學者政教之地也君臣上下之取則也俎豆揖讓之所興也天
子于此得賢臣焉今委而不論雖欲睦人倫興治綱失之本而求
之末不可得也君子三年不爲禮禮必壞三年不爲樂樂必崩奈
何爲天下而輕禮樂哉願引胄子使歸太學國家之大務不可廢
已后召見賜筆札中書省令條上利害子昂對三事其一言九道
出大使巡按天下申黜陟求人瘼臣謂計有未盡也且陛下發使

必欲使百姓知天子夙夜憂勤之也羣臣知考績而任之也姦暴
不逞知將除之也則莫如擇仁可以恤孤明可以振滯剛不避彊
御智足以照姦者然後以爲使故輶軒未動而天下翹然待之矣
今使且未出道路之人皆已指笑欲望進賢下不肖豈可得邪宰
相奉詔書有遣使之名無任使之實使愈出天下愈弊徒令百姓
治道路送往迎來不見其益也臣願陛下更選有威重風槩爲衆
推者因御前殿以使者之禮禮之諄諄戒敕所以出使之意乃授
以節自京師及州縣登拔才良求人瘼宣布上意令若家見而戶
曉昔堯舜不下席而化天下蓋黜陟幽明能折衷者陛下知難得
人則不如少出使彼煩數而無益於化是烹小鮮而數撓之矣其
二言刺史縣令政教之首陛下布德澤下詔書必待刺史縣令謹
宣而奉行之不得其人則委棄有司掛牆屋耳百姓安得知之一
州得才刺史十萬戶賴其福得不才刺史十萬戶受其困國家興
衰在此職也今吏部調縣令如補一尉但計資考不求賢良有

如不次用人則天下囂然相謗矣毋于常而不變也故庸人皆任
縣令教化之陵遲顧不甚哉其三言天下有危機禍福因之而生
機靜則有福動則有禍百姓安則樂生不安則輕生者是也今軍
旅之弊夫妻不得安父子不相養五六年矣自劍南盡河隴山東
由青徐曹汴河北舉滄瀛趙鄭或困水旱或頓兵疫死亡流離略
盡尚賴陛下憫其失職凡兵戍調發一切罷之使人得妻子相見
父兄相保可謂能靜其機也然臣恐將相有貪夷狄利以廣地
彊武說陛下者欲動其機機動則禍構宜脩文德去刑罰勸農
桑以息疲民蠻夷知中國有聖王必累譯至矣于時吐蕃九姓叛
詔田揚名發金山道十姓兵討之十姓君長以三萬騎戰有功遂
請入朝后責其嘗不奉命擅破回紇不聽子昂上疏曰國家能制
十姓者繇九姓彊大臣服中國故勢微弱委命下吏今九姓叛亡
北蕃喪亂君長無主回紇殘破磧北諸姓已非國有欲掎角亡叛
唯金山諸蕃共爲形勢有司乃以揚名擅破回紇歸十姓之罪拒

而遣還不使入朝恐非羈戎之長策也夫戎有鳥獸心親之則順
疑之則亂今阻其善意則十姓內無國家親信之恩外有回紇報
讎之患懷不自安鳥駭狼顧則河西諸蕃自此拒命矣且夷狄相
攻中國之福今回紇已破既無可言十姓非罪又不當絕罪止揚
名足以慰其酋領矣近詔同城權置安北府其地當磧南口制
匈奴之衝常爲劇鎮臣頃聞磧北突厥之歸者已千餘帳來者
未止甘州降戶四千帳亦置同城今磧北喪亂荒饉之餘無所存
仰陛下開府招納誠覆全戎狄之仁也然同城本無儲峙而降附
蕃落不免寒飢更相劫掠今安北有官牛羊六千粟麥萬斛城
孤兵少降者日衆不加救卹盜劫日多夫人情以求生爲急今有
粟麥牛羊爲之餌而不救其死安得不爲盜乎盜興則安北不
全甘涼以往蹻以待陷後爲邊患禍未可量是則誘使亂誨之盜
也且夷狄代有雄桀與中國抗有如勃起招合遺散衆將係興此
國家大機不可失也又謂河西諸州軍興以來公私儲蓄尤可嗟

痛涼州歲食六萬斛屯田所收不能償墾陛下欲制河西定亂戎此州空虛未可動也甘州所積四十萬斛觀其山川誠河西喉咽地北當九姓南逼吐蕃姦回不測伺我邊罅故甘州地廣粟多左右受敵但戶止三千勝兵者少屯田廣夷倉庾豐衍瓜肅以西皆仰其餫一旬不往士已枵飢是河西之命係于甘州矣且其四十餘屯水泉良沃不待天時歲取二十萬斛但人力寡乏未盡墾發異時吐蕃不敢東侵者繇甘涼士馬彊盛以振其入今甘州積粟萬計兵少不足以制賊若吐蕃敢大入燔蓄穀蹂諸屯則河西諸州我何以守宜益屯兵外得以防盜內得以營農取數年之收可飽士百萬則天兵所臨何求不得哉其後吐蕃果入寇終后世為邊患最甚后方謀開蜀山由雅州道翦生羌因以襲吐蕃子昂上書以七驗諫止之曰臣聞亂生必由於怨雅州羌未嘗一日為盜今無罪蒙戮怨必甚怨甚則蜂駭且亡而邊邑連兵守備不解蜀之禍構矣東漢喪敗亂始諸羌一驗也吐蕃黠獪抗天誅者二十

餘年前日薛仁貴郭待封以十萬衆敗大非川一甲不返李敬玄劉審禮舉十八萬衆困青海身執賊廷關隴為空今迺欲建李處一為上將驅疲兵襲不可幸之吐蕃舉為賊笑二驗也夫事有求利而得害者昔蜀與中國不通秦以金牛美女啖蜀侯侯使五力士棧褒斜鑿通谷迎秦之饋秦隨以兵而地入中州三驗也吐蕃愛蜀富思盜之矣徒以障隧隘絕頓餓喙不得噬今撤山羌開阪險使賊得收奔亡以攻邊是除道待賊舉蜀以遺之四驗也蜀為西南一都會國之寶府又人富粟多浮江而下可濟中國今圖僥倖之利以事西羌得羌地不足耕得羌財不足富是過殺無辜之衆以傷陛下之仁五驗也蜀所恃有險也蜀所安無役也今開蜀險役蜀人險開則便寇人役則傷財臣恐未及見羌而姦盜在其中矣異時益州長史李崇眞託言吐蕃寇松州天子為盛軍師趣轉餉以備之不三年巴蜀大困不見一賊而崇眞姦臧已鉅萬今得非有姦臣圖利復以生羌為資六驗也蜀士尫孱不知

兵一虜持矛百人不敢當若西戎不即破滅臣見蜀之邊垂且不守而為羌夷所暴七驗也國家近廢安北拔單于棄龜茲疏勒天下以為務仁不務廣務養不務殺行太古三皇事今徇貪夫之議誅無罪之羌遺全蜀患此臣所未諭方山東飢關隴弊生人流亡誠陛下寧靜思和天人之時安可動甲兵興大役以自生亂又西軍失守北屯不利邊人駭情今復舉興師投不測小人徒知議夷狄之利非帝王至德也善為天下者計大而不計小務德而不務刑據安念危值利思害願陛下審計之后復召見使論為政之要適時不便者毋援上古角空言子昂乃奏八科一措刑二官人三知賢四去疑五招諫六勸賞七息兵八安宗子其大權謂今百度已備但刑急罔密非為政之要凡大人初制天下必有凶亂叛逆之人為我驅除以明天誅凶叛已滅則順人情赦過宥罪蓋刑以禁亂亂靜而刑息不為承平設也太平之人樂德而惡刑刑之所加人必慘怛故聖人貴措刑也比大赦滌蕩羣罪天下蒙慶

咸得自新近日詔獄稍滋鉤捕支黨株蔓推窮蓋獄吏不識天意以抵慘刻誠宜廣愷悌之道敎法愼罰省白誣冤此太平安人之務也官人惟賢政所以治也然君子小人各尚其類若陛下好賢而不任任而不能信信而不能終終而不賞雖有賢人終不肯至又不肯勸反是則天下之賢集矣議者乃云賢不可知人不易識臣以為固易知固易識夫尚德行者無凶險務公正者無邪朋廉者憎貪信者疾偽智不為愚者謀勇不為怯者死猶鸞隼不接翼薰蕕不共氣其理自然何者以德並凶勢不相入以正攻佞勢不相利以廉勸貪勢不相售以信質偽勢不相和智者尚謀愚者所不聽勇者徇死怯者所不從此趣向之反也賢人未嘗不思効用顧無其類則難進是以湮汩于時誠能信任俊良知左右有灼然賢行者賜之尊爵厚祿使以類相舉則天下之理得矣陛下知得賢須任今未能者蓋以常信任者不效如裴炎劉禕之周思茂騫味道固蒙用矣皆孤恩前死以是陛下疑於信賢臣固

不然昔人有以噎得病乃欲絕食不知食絕而身殞賢人於國猶
食在人人不可以一噎而止飱國不可以謬一賢而遠正士此神鑒
所知也聖人大德在能納諫太宗德參三王而能容魏徵之直今
誠有敢諫骨鯁之臣陛下廣延順納以新盛德則萬世有述臣聞
勞臣不賞不可勸功死士不賞不可勸勇今或勤勞死難名爵
不及偷榮尸祿寵秩妄加非所以表庸勵行者也願表顯徇節勵
勉百僚古之賞一人千萬人悅者蓋云當也今事之最大者患兵
甲歲興賦役不省興師十萬則百萬之家不得安業自有事北
狄于今十年不聞中國之勝以庸將御冗兵傜役日廣兵甲日敝願
審量損益計利害勢有不可毋虛出兵則人安矣比賊干紀自
取屠滅罪止魁逆無復緣坐宗室子弟皆得更生然臣願陛下
重曉慰之使明知天子慈仁下得自安臣聞人情不能自明則疑
疑則懼懼則罪生惟賜愷悌之德使居無過之地俄遷右衛胄
曹參軍后既稱皇帝改號周子昂上周受命頌以媚悅后雖數召

見問政事論亦詳切故奏聞輒罷以母喪去官服終擢右拾遺子
昂多病居職不樂會武攸宜討契丹高置幕府表子昂參謀次
漁陽前軍敗舉軍震恐攸宜輕易無將略子昂諫曰陛下發天下
兵以屬大王安危成敗在此舉安可忽哉今大王法制不立如小
兒戲願審智愚量勇怯度眾寡以長攻短此刷恥之道也夫按
軍尚威嚴擇親信以虞不測大王提重兵精甲頓之境上朱亥竊
發之變良可懼也王能聽愚計分麾下萬人為前驅契丹小醜指
日可禽攸宜以其儒者謝不納居數日復進計攸宜怒徙署軍曹
子昂知不合不復言聖曆初以父老表解官歸侍詔以官供養會
父喪廬冢次每哀慟聞者為涕縣令段簡貪暴聞其富欲害子
昂家人納錢二十萬緡簡薄其賂捕送獄中子昂之見捕自筮卦
成驚曰天命不祐吾殆死乎果死獄中年四十三子昂資褊躁然
輕財好施篤朋友與陸餘慶王無競房融崔泰之盧藏用趙元
最厚唐興文章承徐庾餘風天下祖尚子昂始變雅正初為感遇

詩三十八章王適曰是必為海內文宗乃請交子昂所論著當世
以為法大曆中東川節度使李叔明為立旌德碑於梓州而學堂
至今猶存子光復與趙元子少微相善俱以文稱光終商州刺史
子易甫簡甫皆位御史

王無競者字仲列世徙東萊宋太尉弘之遠裔家足于財頗負
氣豪縱擢下筆成章科調欒城尉三遷監察御史改殿中會朝
宰相宗楚客楊再思離立偶語無競揚笏曰朝禮上欵公等大臣
不宜慢常典楚客怒從無競太子舍人神龍初詆權幸出為蘇州
司馬張易之等誅坐嘗交往貶廣州仇家矯制榜殺之

趙元者字貞固河間人祖掞號通儒在隋與同郡劉焯俱召至京
師補黎陽長徙居汲元少負志略好論辯來游雒陽士爭慕嚮
所以造謝皆搢紳選武后方稱制懼不容其高調宜祿尉到職
非公事不言彈琴蒔藥如隱者之操自傷位不配才卒年四十九
其友魏元忠孟詵宋之問崔璩等共謚昭夷先生

贊曰子昂說武后興明堂太學其言甚高殊可怪笑后竊威柄
誅大臣宗室脅逼長君而奪之權子昂乃以王者之術勉之卒為
婦人訕侮不用可謂薦圭璧於房闥以脂澤汙漫之也瞽者不
見泰山聾者不聞震霆子昂之于言其聾瞽歟

傅呂陳列傳第三十二

端明殿學士兼翰林侍讀學士龍圖閣學士朝請大夫守尚書吏部侍郎充集賢殿修撰臣宋祁奉
勑撰

劉仁軌字正則汴州尉氏人少貧賤好學值亂不能安業每動止畫地書空寓所習卒以通博聞武德初河南道安撫大使任瓌上疏有所論奏仁軌見其稾爲竄定數言瓌驚異赤牒補息州參軍轉陳倉尉部人折衝都尉魯寧者豪縱很法縣莫敢屈仁軌約不再犯而寧暴橫自如仁軌榜殺之州以聞太宗曰尉而殺吾折衝可乎召詰讓仁軌對曰寧辱臣臣故殺之帝以爲剛正更擢咸陽丞貞觀十四年校獵同州時秋斂未訖仁軌諫曰今茲澍澤霑足百穀熾茂收斂十二常日贊調已有所妨又供獵事繕橋治道役雖簡省猶不損數萬少延一旬使場圃畢勞陛下六飛徐驅公私交泰璽書褒納拜新安令累遷給事中爲李義府所惡出爲青州刺史顯慶五年伐遼義府欲斥以罪使督漕而船果覆役坐免官白衣隨軍初蘇定方既平百濟留郎將劉仁願守其城左衛中郎將王文度爲熊津都督撫納殘黨文度死百濟故將福信及浮屠道琛迎故王子扶餘豐立之引兵圍仁願詔仁軌檢校帶方州刺史統文度之衆并發新羅兵爲援仁軌將兵嚴整轉鬭陷陣所向無前信等釋仁願圍退保任存城既而福信殺道琛并其衆招還叛亡勢張甚仁軌與仁願合則解甲休士時定方伐高麗圍平壤不克高宗詔仁軌拔軍就新羅與金法敏議去留計將士咸欲還仁軌曰春秋之義大夫出疆有可以安社稷便國家者得專之今天子欲滅高麗先誅百濟留兵鎮守制其心腹雖孽豎跳梁士力未完宜厲兵粟馬乘無備擊不意百下百全戰勝之日開張形勢騰檄濟師聲援接虜亡矣今平壤不勝熊津又拔則百濟之燼復炎高麗之滅無期吾等雖入新羅正似坐客有不如志悔可得邪扶餘豐猜貳表合內攜勢不支久宜堅守伺變以圖之不可輕動衆從其議乃請益兵時賊守眞峴城仁軌夜督新羅兵薄城板堞比

明入之遂通新羅饟道而豐果襲殺福信遣使至高麗倭丐援會詔遣右威衛將軍孫仁師率軍浮海而至士氣振於是諸將議所向或曰加林城水陸之衝盍先擊之仁軌曰兵法避實擊虛加林險而固攻則傷士守則曠日周留城賊巢穴羣凶聚焉若克之諸城自下於是仁師仁願及法敏帥陸軍以進仁軌與杜爽扶餘隆繇熊津白江會之遇倭人白江口四戰皆克焚四百艘海水爲丹扶餘豐脫身走獲其寶劒僞王子扶餘忠勝忠志等率其衆與倭人降獨酋帥遲受信據任存城未下始定方破百濟酋領沙吒相如黑齒常之嘯亡散據險以應福信至是皆降仁軌以赤心示之畀取任存自効即給鎧仗糧糒仁師曰夷狄野心難信若受甲濟粟資寇便也仁軌曰吾觀相如常之忠而謀因機立功尚何疑二人訖拔其城遲受信委妻子奔高麗百濟餘黨悉平仁師等振旅還詔留仁軌統兵鎮守百濟再被亂殭屍如莽仁軌始命瘞埋弔祭焉葺復戶版署官吏開道路營聚落復防堨賑貧貸勸課耕種爲立官社民皆安其所遂營屯田以經略高麗仁願既至京師帝勞曰若本武將軍中奏請皆有文理何道而然對曰仁軌之辭非臣所能帝歎賞之超進仁軌六階眞拜帶方州刺史賜第一區厚賚妻子璽書褒勉先是貞觀永徽中士戰歿者皆詔使弔祭或以贈官推授子弟顯慶後討伐恩賞殆絕及破百濟平壤有功者皆不甄敘州縣購募不願行身壯家富者以財參逐率得避免所募皆傭劣寡備無鬭志仁軌具論其弊請加慰賚以鼓士心又表用扶餘隆使綏定餘衆帝乃以隆爲熊津都督時劉仁願爲卑列道摠管詔率兵度海使代舊屯與仁軌俱還仁軌曰上巡狩方岳又經略高麗方農時而吏與兵悉被代新至者未習萬一蠻夷生變誰與捍之不如留舊兵畢穫等級遣還仁軌當留未可去仁願不可曰吾但知準詔耳仁軌曰不然苟利國家知無不爲臣之節也因陳便宜願留屯詔可由是以仁願爲不忠始仁軌任帶方州謂人曰天將富貴此翁邪乃請所須曆及宗廟諱或問其故答曰當削平遼

海須示本朝正朔卒皆如言及封泰山仁軌乃率新羅百濟儋羅倭四國酋長赴會天子大悅擢爲大司憲遷右相兼檢校太子左中護累功封樂城縣男總章元年爲熊津道安撫大使兼浿江道摠管副李勣討高麗平之以疾辭位進金紫光祿大夫聽致仕俄召爲隴州刺史拜太子左庶子同中書門下三品監脩國史咸亨五年爲雞林道大摠管東伐新羅仁軌率兵絶瓠蘆河攻大鎭七里城破之進爵爲公子及兄子授上柱國者三人州黨榮之號所居爲樂城鄉三柱里俄拜尚書左僕射兼太子賓客仍知政事吐蕃入寇命爲洮河道行軍鎭守大使永隆二年加太子少傅數乞骸骨聽解左僕射帝幸東都太子監國詔仁軌與裴炎薛元超留輔及太子赴東都又詔太孫重照留守仁軌副之武后臨朝復拜左僕射太孫廢仁軌專知留守事上疏辭疾因陳呂后祿產禍敗事以規后后遣武承嗣齎璽書慰勉改文昌左相同鳳閣鸞臺三品卒年八十五詔百官赴哭冊贈開府儀同三司并州大都督陪

葬乾陵賜其家實封三百戶仁軌雖貴顯不自矜踞接舊故如布衣時嘗爲御史袁異式所劾慢辱之脅使引決及拜大司憲異式尚在臺不自安因醉以情自解仁軌持觴曰所不與公者有如此觴後既執政薦爲司元大夫然官由州縣至宰輔善致聲譽得吏下歡心及鎭洮河奏請機急多爲中書令李敬玄抑郤仁軌乃表敬玄爲帥以代己果覆其衆裴炎下獄仁軌方留守京師郎將姜嗣宗以使來因語炎事且曰炎異於常久矣仁軌曰使人知邪曰知及還表嗣宗知炎反狀不告武后怒拉殺之子濬官太子舍人垂拱中爲酷吏所殺中宗即位以仁軌有東宮舊再贈司空濬子冕開元中爲給事中表請立碑追謚曰文獻

裴行儉字守約絳州聞喜人父仁基隋光祿大夫自王世充所謀歸國被害贈原州都督謚曰忠行儉幼引蔭補弘文生貞觀中舉明經調左屯衞倉曹參軍時蘇定方爲大將軍謂曰吾用兵世無可教者今子也賢乃盡畀以術遷長安令高宗將立武昭儀行儉以爲國家憂從此始與長孫无忌褚遂良祕議大理袁公瑜擿語昭儀母左除西州都督府長史麟德二年擢累安西都護西域諸國多慕義歸附召爲司文少卿遷吏部侍郎與李敬玄馬載同典選有能名時號裴馬行儉始設長名榜銓注等法又定州縣升降資擬高下爲故事上元三年吐蕃叛出爲洮州道左二軍摠管改秦州右軍並受周王節度儀鳳二年十姓可汗阿史那都支及李遮匐誘蕃落以動安西與吐蕃連和朝廷欲討之行儉議曰吐蕃叛換方熾敬玄失律審禮喪元安可更爲西方生事今波斯王死其子泥涅師質京師有如遣使立之即路出二蕃若權以制事可不勞而功也帝因詔行儉冊送波斯王且爲安撫大食使徑莫賀延磧風礫晝冥導者迷將士飢乏行儉止營致祭令曰水泉非遠衆少安俄而雲徹風恬行數百步水草豐美後來者莫識其處衆皆驚以方漢貳師將軍至西州諸蕃郊迎行儉召豪桀千餘人自隨揚言大熱未可以進宜駐軍須秋都支覘知之不設備行儉

徐召四鎭酋長僞約畋謂曰吾念此樂未始忘孰能從吾獵者於是子弟願從者萬人乃陰勒部伍數日倍道而進去都支帳十餘里先遣其所親問安否外若閑暇非討襲者又使人趣召都支都支本與遮匐計及秋拒使者已而聞軍至倉卒不知所出率子弟五百餘人詣營謁遂禽之是日傳契箭召諸部酋長悉來請命並執送碎葉城簡精騎約齎襲遮匐道獲遮匐使者釋之俾前往諭其主并言都支已禽狀遮匐乃降悉俘至京師將吏爲刻石碎葉城以紀功帝親勞宴曰行儉提孤軍深入萬里兵不血刃而叛黨禽夷可謂文武兼備矣其兼授二職即拜禮部尚書兼檢校右衞大將軍調露元年突厥阿史德溫傅反單于管二十四州叛應之衆數十萬都護蕭嗣業討賊不克死敗係踵詔行儉爲定襄道行軍大摠管討之率太僕少卿李思文營州都督周道務部兵十八萬合西軍程務挺東軍李文暕等摠三十餘萬旗幟亘千里行儉咸節制之先是嗣業饋糧數爲虜鈔軍餒死行儉曰以謀制

敵可也因詐爲糧車三百乘車伏壯士五輩齎陌刀勁弩以羸兵挽進又伏精兵踵其後虜果掠車羸兵走險賊驅就水草解鞍牧馬方取糧車中而壯士突出伏兵至殺獲幾盡自是糧車無敢近者大軍次單于北暮已立營塹壕既周行儉更命徙營高岡吏白士安堵不可擾不聽促徙之比夜風雨暴至前占營所水深丈餘衆莫不駭嘆問何以知之行儉曰自今第如我節制毋問我所以知也賊拒黑山數戰皆敗行儉縱兵前後殺虜不勝計僞可汗泥孰匐爲其下所殺持首來降又禽大首領奉職而還餘黨走狼山行儉既還阿史那伏念僞稱可汗復與溫傅合明年行儉還揔諸軍頓代州之陘口縱反間說伏念令與溫傅相貳伏念懼密送款且請縛傅自効行儉祕不布密以聞後數日煙塵漲天而南斥候惶駭行儉曰此伏念執溫傅來降非佗也且受降如受敵乃敕嚴備遣單使往勞既而果然於是突厥餘黨悉平帝悅遣戸部尚書崔知悌勞軍初行儉許伏念以不死侍中裴炎害其功建言伏念

爲程務挺張虔勗脅逐又磧北回紇逼之計窮而降卒斬伏念及溫傅於都市行儉之功不錄封聞喜縣公行儉歎曰渾濬之事古今恥之但恐殺降則後無復來矣遂稱疾不出永淳元年十姓突厥車薄叛復爲金牙道大揔管未行卒年六十四贈幽州都督謚曰獻詔皇太子遣官護視家事子孫能自立乃停中宗即位再贈揚州大都督行儉工草隸名家帝嘗以絹素詔寫文選覽之秘愛其法賚物良厚行儉每曰褚遂良非精筆佳墨未嘗輒書不擇筆墨而妍捷者余與虞世南耳所譔選譜草字雜體數萬言又爲營陣部伍料勝負別器能等四十六訣武后詔武承嗣就第取去不復傳行儉通陰陽曆術每戰豫道勝日善知人在吏部時見蘇味道王勮謂曰二君後皆掌銓衡李敬玄盛稱王勃楊炯盧照鄰駱賓王之才引示行儉行儉曰士之致遠先器識後文藝如勃等雖有才而浮躁衒露豈享爵祿者哉炯頗沈嘿可至令長餘皆不得其死所引偏裨若程務挺張虔勗崔智䛒王方翼黨金毗劉敬同郭待封李多祚黑齒常之類爲世名將儀奏至刺史將軍者數十人嘗賜馬及珍鞍令史私馳馬馬蹶鞍壞懼而逃行儉招還之不加罪初平都支遮匐獲瓌寶不貲蕃酋將士願觀焉行儉因宴徧出示坐者有碼碯盤廣二尺文彩粲然軍吏趨跌盤碎惶怖叩頭流血行儉笑曰爾非故也何至是色不少吝帝賜都支資產皿金三千餘物稾駝馬牛稱是行儉分給親故洎麾下數日輒盡

子光庭

光庭字連城早孤母厙狄氏有婦德武后召入宮爲御正甚見親寵光庭由是累遷太常丞以武三思壻坐貶郢州司馬開元中擢兵部郎中鴻臚少卿性靜默寡交游雖驟歷臺省人未之許既而以職業稱議者更推之玄宗有事岱宗中書令張說以天子東巡京師空虛恐夷狄乘間竊發議欲加兵守邊召光庭與謀對曰封禪者所以告成功也夫成功者德無不被人無不安萬國無不懷今將告成而懼夷狄非昭德也大興力役用備不虞非安人也方

謀會同而阻戎心非懷遠也此三者名實乖矣且諸蕃突厥爲大贄幣往來願修和好有年矣若遣一使召其大臣使赴行在必欣然應命突厥受詔則諸蕃君長必相率而來我偃旗息鼓不復事矣說曰善吾所不及因奏用其策突厥果遣使來朝東封還遷兵部侍郎久之拜中書侍郎同中書門下平章事兼御史大夫遷黃門侍郎拜侍中兼吏部尚書弘文館學士撰搖山往則維城前軌二篇獻之手制褒美詔皇太子諸王於光順門見光庭謝所以規諷意光庭又引壽安丞李融拾遺張琪著作佐郎司馬利賓直弘文館撰續春秋經傳自戰國訖隋表請天子脩經光庭等作傳書久不就時有建言唐應爲金德者中書令蕭嵩請百官普議光庭以唐符命表著天下久矣不可改亟奏罷之二十年封正平縣男初知星者言上象變不利大臣請禳之光庭曰使禍可禳而去則福可祝而來也論者以爲知命卒年五十八贈太師初吏部求人不以資考爲限所獎拔惟其才往往得後又任之士亦自奮其後士

人猥衆專務趨競銓品枉橈光廷懲之因行循資格無賢不肖一據資考配擬又促選限盡正月任門下省主事閻麟之專主過官凡麟之裁定光廷輒然可時語曰麟之口光廷手素與蕭嵩輕重不平及卒嵩奏一切罷之光廷所引盡斥外官博士孫琬以其用循資格非獎勸之誼謚曰克平時以爲希嵩意帝聞特賜謚曰忠憲詔中書令張九齡文其碑子稹以蔭仕累遷起居郎開元末壽王瑁以母寵欲立爲太子稹陳申生戾園禍以諫玄宗改容謝之詔授給事中稹曰陛下絶招諫之路爲日滋久今臣一言而荷殊寵則言者將衆何以錫之帝善其讓止不拜俄授祠部員外郎卒子倩字容卿歷信州刺史勸民墾田二萬畝以治行賜金紫服代第五琦爲度支郎中卒謚曰節子均

均字君齊以明經爲諸暨尉數從使府辟硜硜以才顯張建封鎮濠壽表團練判官時李希烈以淮蔡叛建封扞賊均參贊之以勞加上柱國襲正平縣男遷累膳部郎中擢荊南節度行軍司馬就

拜荊南節度使劉闢叛先騷黔巫殘賀荊楚以固首尾均發精甲三千逆擊之賊望風奔却加檢校吏部尚書初均與崔太素俱事中人竇文場太素嘗晨省文場入卧内自謂待已至厚子徐觀後榻有頻伸者乃均也德宗以均任方鎮欲遂相之諫官李約上疏斥均爲文場養子不可汙台輔乃止元和三年入爲尚書右僕射判度支上日唱授按送印皆尚書郎爲之文武四品五品郎官御史拜廷下御史中丞左右丞升階荅拜時以爲禮太重俄檢校左僕射同中書門下平章事爲山南東道節度使累封邟國公以財交權倖任將相凡十餘年荒縱無法度卒年六十二贈司空

婁師德字宗仁鄭州原武人第進士調江都尉揚州長史盧承業異之曰子台輔器也當以子孫相諉詎論僚吏哉上元初爲監察御史會吐蕃盜邊劉審禮戰沒師德奉使收敗亡於洮河因使吐蕃其首領論贊婆等自赤嶺操牛酒迎勞師德喻國威信開陳利害虜爲畏悅後募猛士討吐蕃乃自奮戴紅抹額來應詔高宗假朝散大夫使從軍有功遷殿中侍御史兼河源軍司馬并知營田事與虜戰白水澗八遇八克天授初爲左金吾將軍檢校豐州都督衣皮袴率士屯田積穀數百萬兵以饒給無轉饟和糴之費武后降書勞之長壽元年召授夏官侍郎判尚書事進同鳳閣鸞臺平章事后嘗謂師德師在邊必待營田公不可以劬勞憚也乃復以爲河源積石懷遠軍及河蘭鄯廓州檢校營田大使入遷秋官尚書原武縣男改左肅政御史大夫並知政事證聖中與王孝傑拒吐蕃於洮州戰素羅汗山敗績貶原州員外司馬萬歲通天二年入爲鳳閣侍郎同鳳閣鸞臺平章事後與武懿宗狄仁傑分道撫定河北進納言更封譙縣子隴右諸軍大使復領營田聖曆三年突厥入寇詔檢校幷州長史天兵軍大揔管九月卒于會州年七十贈幽州都督謚曰貞恭給往還儀仗師德長八尺方口博脣深沈有度量人有忤已輒遜以自免不見容色嘗與李昭德偕行師德素豐碩不能遽步昭德遲之恚曰爲田舍子所留師德笑

曰吾不田舍復在何人其弟守代州辭之官教之耐事弟曰人有唾面絜之乃已師德曰未也絜之是違其怒正使自乾耳在夏官注選選者就按閲簿師德曰容我擇之可乎選者不去乃灑筆曰墨汙爾狄仁傑未輔政師德薦之及同列數擠令外使武后覺問仁傑曰師德賢乎對曰爲將謹守賢則不知也又問知人乎對曰臣嘗同僚未聞其知人也后曰朕用卿師德薦也誠知人矣出其奏仁傑慙已而歎曰婁公盛德我爲所容乃不知吾不逮遠矣揔邊要爲將相者三十年恭勤樸忠心無適莫方酷吏殘鷙人多不免獨能以功名始終與郝處俊相亞世之言長者稱婁郝

贊曰仁軌等以兵開定四夷其勇無前至奏上則瞿瞿若不及行儉臨下以恕師德寬厚其能以功名始終者蓋近乎勇乎敢則殺勇乎不敢則活者邪

劉裴婁列傳第三十三

崔楊竇宗祝王列傳第三十四　唐書一百九

端明殿學士兼翰林侍讀學士[illegible]敕撰

崔義玄貝州武城人隋大業亂往見李密密不用河內賊黃君漢為密守柏崖義玄見羣鼠度河矟刃有華文曰此王敦亡兆也因說君漢以城歸乃拜君漢懷州刺史行軍揔管以義玄為司馬王世充將高毗寇河內義玄擊走之多下屯堡君漢以所掠子女金帛分之拒不受以功封清丘縣公太宗討世充數用其謀東都平轉隰州都督府長史貞觀初歷左司郎中兼韓王府長史與王友孟神慶志趣不同而俱以介直任永徽中累遷婺州刺史時睦州女子陳碩真舉兵反始碩真自言仙去與鄉鄰辭訣或告其詐已而捕得詔釋不問於是姻家章叔胤妄言碩真自天還化為男子能役使鬼物轉相熒惑用是能幻眾自稱文佳皇帝以叔胤為僕射破睦州攻歙殘之分遣其黨圍婺州義玄發兵拒之其徒爭言碩真有神靈犯其兵輒滅宗眾兇懼不肯用司功參軍崔玄籍曰仗順起兵猶無成此乃妖人埶不持久義玄乃署玄籍先鋒而自統眾繼之至下淮戍禽其諜數十人有星隊賊營義玄曰賊必亡詰朝奮擊左右有以盾鄣者義玄曰刺史而有避邪誰肯死敵去之由是眾為用斬首數百級降其眾萬餘賊平拜御史大夫義玄有章句學先儒疑繆或音故不通者輒采諸家條分節解能是正之高宗詔與博士討論五經義武氏為皇后義玄贊帝決又以后言按長孫無忌等誅之終蒲州刺史年七十一贈幽州都督謚曰貞后持政贈揚州大都督賜其家實封戶二百子神基襲爵

神基長壽中為司賓卿同鳳閣鸞臺平章事為酷吏所構流嶺南中宗初稍用為大理卿弟神慶舉明經武后時累遷萊州刺史入朝待制億歲殿奏事稱旨后以歷官有佳政且其父於己有功擢拜并州長史謂曰并州朕鄉里宿兵多前長史皆尚書為之今授卿宜知所以委重者乃親為按行圖謀日而遣神慶始至有詔改

錢幣法州縣布下俄而物價踊帛百賈騰踊神慶質其非于朝果罷美初州隔汾為東西二城神慶跨水聯堞合而一之省防禦兵歲數千神基既下獄馳赴都吉變得召見后出具獄示之神慶為申理得減死然用是貶歙州司馬長安中累轉禮部侍郎數上疏陳時政轉太子右庶子封魏縣子是時突厥使者入見皇太子應朝有司移文東宮召太子神慶諫曰五品以上佩龜者蓋防徵召之詐內出龜以合之況太子乎古者召太子用玉契此誠重慎防萌之意不可不察凡慮事於未萌之前故長無悔吝之咎今太子與陛下異宮非朝朔望而別喚者請降墨敕玉契詔可尋詔與詹事祝欽明更日侍讀東宮歷司刑卿劾張昌宗獄頗闊略不盡神龍初昌宗伏誅坐流欽州卒五王得罪緣昌宗被流者皆詔原雪贈神慶幽州都督神慶子琳明政事開元中與高仲舒同為中書舍人侍中宋璟親禮之每所訪逮嘗曰古事問仲舒今事問琳尚何疑累遷太子少保天寶二年卒秘書監潘肅聞之泫然曰古遺愛也琳長子儼諫議大夫其羣從數十人自興寧里謁大明宮冠蓋騶哄相望每歲時宴于家以一榻置笏猶重積其上琳與弟太子詹事珪光祿卿瑤俱列棨戟世號三戟崔家開元天寶間中外宗屬無緦麻喪初玄宗每命相皆先書其名一日書琳等名覆以金甌會太子入帝謂曰此宰相名若自意之誰乎即中且賜酒太子曰非崔琳盧從愿乎帝曰然賜太子酒時兩人有宰相望帝欲相之數矣以族大恐附離者眾卒不用

楊再思鄭州原武人第明經為人佞而智初調玄武尉使至京師舍逆旅有盜竊其衣囊再思遇之盜窘謝再思曰而苦貧故至此囊中檄無所事幸留它物可持去初不為人言但假貸以還累遷天官員外郎歷左肅政御史中丞延載初擢鸞臺侍郎同鳳閣鸞臺平章事加兼左肅政御史大夫封鄭縣侯遷內史居宰相十餘年阿匼取容無所薦達人主所不喜毀之所善譽之畏慎足恭未嘗忤物或曰公位尊何自屈折荅曰世路孔艱直者先禍不爾豈全吾軀於時水沴

閑坊門以禳再思入朝有車陷于濘叱牛不前恚曰癡宰相不能
和陰陽而閑坊門遣我艱于行再思遣吏謂曰汝牛自弱不得獨
責宰相張昌宗坐事司刑少卿桓彥範劾免其官昌宗訴諸朝武
后意申釋之問宰相昌宗於國有功乎再思曰昌宗爲陛下治丹
餌而愈此爲有功后悅昌宗還官自是天下貴彥範賤再思左補
闕戴令言賦兩腳狐以譏之再思怒謫令言爲長社令士愈蚩謏易
之兄司禮少卿同休請公卿宴其寺酒酣戲曰公面似高麗再思
欣然剪穀繒巾上反披紫袍爲高麗舞舉動合節滿坐鄙笑昌
宗以姿貌倖再思每曰人言六郎似蓮華非也正謂蓮華似六郎
耳其巧諛無恥類如此俄檢校右庶子中宗立拜戶部尚書同中
書門下三品京師留守封弘農郡公加兼揚州長史檢校中書令
改侍中鄭國公賜實封戶三百爲順天皇后奉冊使武三思誣陷
王同皎再思與李嶠韋巨源按獄希意抵同皎死衆以爲冤復拜
中書令監脩國史遷尚書右僕射仍同三品卒贈特進并州大都

督陪葬乾陵謚曰恭弟季昭中茂才第爲殿中侍御史武后誅駙
馬都尉薛紹紹兄顗爲齊州刺史命季昭按之不得反狀后怒放
于沙州赦還爲懷州司馬

竇懷貞字從一左相德玄子少詭激衣服羸儉不爲輿馬豪侈事
仕累清河令有治狀後遷越州都督揚州長史神龍中進左御史
大夫兼檢校雍州長史會歲除中宗夜宴近臣謂曰聞卿喪妻今
欲繼室可乎懷貞唯唯俄而禁中寶扇鄣衛有衣翟衣出者已乃
韋后乳媼王所謂莒國夫人者故蠻婢也懷貞納之不辭又避后
先諱而以字稱世謂媼婿爲阿奢懷貞每謁見奏請輒自署皇后
阿奢而人或謂爲國奢軒然不慙以自媚於后時政令多門赤尉由
墨制授御史者衆或戲曰尉入臺多而縣辦否對曰辦於異日問
其故荅曰佳吏在僥倖去故辦聞者皆笑又附宗楚客安樂公主
等以取貴位爲素議所斥名稱盡矣韋后敗斬妻獻其首貶濠州
司馬再徙益州長史乃復故名景雲初以殿中監召閱月遷左御
史大夫同中書門下平章事封中山縣公再遷侍中方太平公主
干政懷貞傾己附離日視事退輒詣主第刺取所欲睿宗爲金仙
玉眞二公主營觀費鉅萬諫者交跡不止唯懷貞勸成之躬護役
作族弟維鎏諫曰公位上衮當思獻可替否輔天子而計校瓦木
雜廁工匠間使海內何所瞻仰乎不荅督繕益急時語曰前作后
國奢後爲主邑丞言事公主如邑官屬也在位半歲無所事帝引
見承天門切責之俄與李日知郭元振張說皆罷爲左御史大夫
于時歲犯左執法術家又言懷貞且有禍大懼表請爲安國寺奴
不許踰年復同中書門下三品兼太子詹事監脩國史又以尚書
右僕射兼御史大夫軍國重事宜共平章玄宗受內禪進左僕射
封魏國公與太平公主謀逆既敗投水死追戮其尸改姓毒氏然
生平所得俸祿悉散親族無留畜敗時家惟粗米數石而已性謟
詐善諂結權貴官者用事尤所畏奉或見無須者誤爲之禮監察
御史魏傳弓嫉中人輔信義欲劾奏其姦懷貞曰是安樂所信任者

奈何繩之傳弓曰王綱壞矣正坐此屬今日殺之明日誅無所悔
懷貞猶固止之傳弓者鉅鹿人忠謇士也終司農丞懷貞從子兢
字思愼舉明經爲英王府參軍尚乘直長調鄭令脩鄭含道路設
冠婚喪紀法百姓德之

宗楚客字叔敖其先南陽人曾祖丕後梁南弘農太守梁亡入隋
居河東之汾陰故爲蒲州人父岌仕魏王泰府與謝偃等撰括地
志楚客武后從姊子長六尺八寸明皙美須髯及進士第累遷戶
部侍郎兄秦客垂拱中勸武后革命進爲內史而弟晉卿典羽林
兵後兄弟並坐姦贓流嶺外歲餘秦客死而楚客等還俄檢校夏
官侍郎同鳳閣鸞臺平章事與武懿宗不協會賜將作材營第僭
侈過度爲懿宗所劾自文昌左丞貶播州司馬晉卿流峯州稍爲
豫州長史遷少府少監岐陝二州刺史久之復以夏官侍郎同鳳閣
鸞臺平章事坐聘邵王妓貶原州都督神龍初爲太僕卿郢國公
武三思引爲兵部尚書以晉卿爲將作大匠節愍太子敗逃于鄠

被殺殊其首祭三思等柩楚客請之也俄同中書門下三品韋后安樂公主親賴之與紀處訥爲黨世號宗紀景龍二年詔突厥娑葛爲金河郡王而其部闕啜忠節賂楚客等罷之娑葛怨將兵患邊監察御史崔琬廷奏楚客處訥專威福有無君心納境外交爲國取怨晉卿專徇贓私驕恣跋扈並請收付獄三司推鞫故事大臣爲御史對仗彈劾必趨出立朝堂待罪楚客乃厲色大言性忠鯁爲琬誣詆中宗不能窮也詔琬與楚客處訥約兄弟兩解之故世謂帝爲和事天子尋遷中書令韋氏敗與晉卿同誅楚客性明達武后時降突厥沓實力吐敦者部落在平夏會邊書至言吐敦反楚客爲兵部員外郎后召問方略對曰吐敦者臣昔與之言其爲人忠義和厚且國家與有恩必不反其兄之子默子者狡悍與吐敦不和今言叛疑默子爲之然無能爲俄而夏州表默子劫部落北奔爲州兵及吐敦所禽後張仁亶請築三城議者或不同獨楚客言萬世利也然冒于權利嘗諷右補闕趙延禧陳符命以

媚帝曰唐有天下當百世繼周陛下承毋禪周唐一統其符兆有八天皇再以陛下爲周王是在唐興周則天立陛下爲皇太子是在周興唐一也天后立文王廟二也唐同泰洛水圖云永昌帝業三也讖曰百代不移宗四也孔子曰百世繼周五也桑條韋歌應二聖在位九十八年而子孫相承九十八世六也乃二月慶雲五色天應以和七也去六月九日內出瑞蒜八也起則天爲一世聖朝爲二世後子孫相承九十八其數正滿百世唐之曆乃三千餘年帝大喜擢延禧諫議大夫識者以楚客等欺神誣君且有大咎又嘗密語其黨曰始吾在卑位尤愛宰相及居之又思天子南面一日足矣雖外附韋氏而內畜逆謀故卒以敗晉卿驍猾雄偉聲如鍾雖不學然性倜儻垂拱後武后任之宮苑閑廄內外衆作無不總開中嶽造明堂鑄九鼎有力焉

紀處訥者秦州上邽人爲人魁岸鬚長數尺其妻武三思婦之姊縱使通三思繇是款昵進爲太府卿神龍元年夏大旱穀價騰踊中宗召問所以救人者三思知之陰諷太史迦葉志忠奏是夜攝提入太微近帝坐此天子與大臣接有納忠之符帝信之下詔褒美賜處訥衣一副綵六十段與楚客並同三品進侍中後伏誅

祝欽明字文思京兆始平人父紹字叔良少通經頗著書貫諸家疑異門人張後胤既顯官薦于朝詔對策高第終無極尉欽明擢明經爲東臺典儀永淳天授間又中英才傑出業奧六經等科拜著作郎爲太子率更令中宗在東宮欽明兼侍讀授太子經兼弘文館學士中宗復位擢國子祭酒同中書門下三品進禮部尚書封魯國公食實封戶三百桓彥範崔玄暐袁恕己敬暉等皆從受周官大義朝廷尊之以匿親忌日爲御史中丞蕭至忠所劾貶申州刺史入爲國子祭酒景龍三年天子將郊欽明與國子司業郭山惲陰迎韋后意諗立議曰周官天神曰祀地祇曰祭宗廟曰享大宗伯曰祀大神祭大祇享大鬼王有故不預則攝而薦追師掌后首服以待祭祀內司服掌后六服祭祀則供又九嬪凡大祭祀

后祼獻則贊瑤爵然則后當助天子祀天神祭地祇鄭玄稱闕狄后助王祭羣小祀服小祀尚助況天地哉闕狄之上褘揄狄三服皆以助祭知褘衣助大祀也王之祭服二曰先王衮冕先公鷩冕故后助祭亦以褘衣祭先王揄狄祭先公不言助祭天地舉此以明彼反三隅也春秋外傳禘郊天子親射其牛王后親舂其粢世婦詔后之禮事不專主宗廟祭統曰祭也者必夫婦親之所以備內外之官哀公問孔子曰冕而親迎不已重乎荅曰合二姓之好以繼先聖之後以爲天地宗廟社稷主君何謂已重焉則知后宜助祭臣請因經誼制儀典帝雖不睿猶疑之召禮官質問於是太常博士唐紹蔣欽緒對欽明所引皆宗廟禮非祭天地者周隋而上無皇后助祭事帝令宰相參訂紹欽緒又引博士彭景直共議曰周官所云祀祭享皆互言典瑞兩圭以祀地司几筵設祀先王昨席內宗掌宗廟祭祀傳曰聖人爲能饗帝春秋祭祀以時思之此祀天稱享享廟稱祭也禮家凡稱大祭祀不獨主天爵人大祭祀與

量人受胙卒爵祭天不祼則九嬪贊瑤爵容廟稱大祭祀也
欽明據大宗伯之職以謂后有祭天地之禮按經凡祀大神祭大示
享大鬼帥執事而卜日宿視滌濯涖玉鬯省牲鑊奉玉齍制大號若
王不與祭祀則攝位自凡而推兼言王祭天地宗廟也下言凡大
祭祀王后不與則攝而薦豆王后祭廟一凡耳若當助祭天地應
不列重凡且內宗外宗所掌皆佐王后廟薦無佐祭天地語有如
助祭天地誰當贊佐者是則攝薦爲宗廟明甚內司服掌后祭服
無祭天服禮家說曰后不助祭天地五岳故無其服又言后有五輅
以重翟從祭先王先公以厭翟從饗諸侯以安車朝夕見王以翟
車采桑以輦車游宴按此后無祭天車明甚然后助王祭天地古
無聞焉時左僕射韋巨源助后掎掣帝奪政事即傅欽明議帝果
用其言以皇后爲亞獻取大臣李嶠等女爲齋娘奉豆籩禮成詔
齋娘有夫者悉進官初后屬婚上食禁中帝與羣臣宴欽明自言
能八風舞帝許之欽明體肥醜據地搖頭睆目左右顧眄帝大笑

吏部侍郎盧藏用歎曰是舉五經掃地矣景雲初侍御史倪若水
劾奏欽明山惲等腐儒無行以諂佞亂常改作百王所傳一朝墮
放今聖德中興不宜使小人在朝請斥遠之以肅具臣乃貶欽明
饒州刺史山惲括州刺史欽明於五經爲該淹自見坐不孝免無
以澡祓乃阿附韋氏圖再用又坐是見逐諸儒共羞之後徙洪州
都督入爲崇文館學士卒山惲者河東人善治禮景龍中累遷國
子司業帝昵宴近臣及脩文學士詔徧爲伎工部尚書張錫爲談
容娘舞將作大匠宗晉卿爲渾脫舞左衛將軍張洽爲黃麞舞給
事中李行言歌駕車西河曲餘臣各有所陳皆鄙黷而山惲奏無
所習惟知誦詩乃誦鹿鳴蟋蟀二篇未畢中書令李嶠以其近規
諷止之帝嘉其直下詔褒荅賜服一稱其後與欽明辯論阿世不
能終其守久之復拜國子司業

贊曰欽明以經授中宗爲朝大儒乃詭聖僻說引盬妻郊見上帝
腥德播聞享胙不終蓋與少正卯順非而澤莊周以詩書破冢者

同科獨保腰領死家簀寧不幸邪後之託儒爲姦者可少戒云

王璵者方慶六世孫少爲禮家學玄宗在位久推崇老子道好神
仙事廣脩祠祭靡神不祈璵上言請築壇東郊祀青帝天子入其
言擢太常博士侍御史爲祠祭使璵專以祠解中帝意有所禳被
大抵類巫覡漢以來葬喪皆有瘞錢後世里俗稍以紙寓錢爲鬼
事至是璵乃用之肅宗立累遷太常卿又以祠禱見寵乾元三年
拜蒲同絳等州節度使俄以中書侍郎同中書門下平章事時大
兵後天下願治璵望輕無它才不爲士議諧可既驟得政中外悵
駭乃奏置太一壇勸帝身見九宮祠帝由是專意它議不能奪帝
嘗不豫太卜建言祟在山川璵遣女巫乘傳分禱天下名山大川巫
皆盛服中人護領所至干託州縣賂遺狠藉時有一巫美而蠱以
惡少年數十自隨尤儉狡不法馳入黃州刺史左震晨至館請事
門鐍不啓震怒破鐍入取巫斬廷下悉誅所從少年籍其贓得十
餘萬因遣還中人既以聞璵不能詰帝亦不加罪明年罷璵爲刑

部尚書又出爲淮南節度使猶兼祠祭使徙浙東召入再遷太子
少師卒贈開府儀同三司謚曰簡懷始璵託鬼神致位將相當時
以左道進者紛紛出焉李國禎者以術士顯廣德初建言唐家仙
系宜崇表福區招致神靈請度昭應南山作天華上宮露臺大地
婆父祠并三皇道君太古天皇中古伏羲女媧等各爲堂皇給百
戶掃除又即義扶谷故湫祠龍置房宇有詔從之乃除地課工方
歲饑人不堪命昭應令梁鎮上疏切諫以爲有七不可天地之神
推之尊極者掃地可祭精意可享今乃發先王之典爲人祈福福未
至而人已困又違神虐人何從而致福邪宗廟月無三祭此不宜
然婆父之鄙語不經見若爲地建祠廟上天必貽向背之責夫湫
者龍所託耳今湫竭已久龍安所存不宜崇去龍之穴破生人之
產若三皇五帝道君等兩京及所都各有宮廟春秋彝饗此復營
造是謂瀆神夫休咎豐凶本於五事不在山川百神明矣即劾國
禎等動衆則得人興工則獲利祭祀則受胙主執則市權營罔天

聽負抱粢糒道路相望兼時而息人神胥悅災孽並至臣昨受命有所安輯陛下許以權宜今所興造臣謹以便宜悉停帝從之鎭伉儴有名士也仕至司門郎中孫曾孫𡌴別傳

崔𣵠睿宗祝王列傳第三十四

諸夷蕃將列傳第三十五　唐書二百一十

端明殿學士兼翰林侍讀學士龍圖閣學士朝請大夫尚書吏部侍郎充集賢殿修撰臣宋祁奉
敕撰

史大柰本西突厥特勒也與處羅可汗入隋事煬帝從伐遼積勞爲金紫光祿大夫後分其部於樓煩高祖興太原大柰提其衆隷麾下桑顯和戰飲馬泉諸軍却大柰以勁騎數百背擊顯和破之軍遂振授光祿大夫從平長安以多賞帛五千匹賜姓史從秦王平薛舉王世充竇建德劉黑闥功殊等積前後賜侍女三雜綵萬段貞觀初擢累右武衛大將軍檢校豐州都督封竇國公食封戶三百卒贈輔國大將軍

馮盎字明達高州良德人本北燕馮弘裔孫弘不能以國下魏亡奔高麗遣子業以三百人浮海歸晉弘已滅業留番禺至孫融事梁爲羅州刺史子寶聘越大姓洗氏女爲妻遂爲首領授本郡太守至盎三世矣隋仁壽初盎爲宋康令潮成等五州獠叛盎馳至京師請討之文帝詔左僕射楊素與論賊形勢素奇之曰不意蠻夷中乃生是人即詔盎發江嶺兵擊賊平之拜漢陽太守從煬帝伐遼東遷左武衛大將軍隋亡奔還嶺表嘯署酋領有衆五萬番禺新興名賊高法澄洗寶徹等授林士弘節度殺官吏盎率兵破之寶徹兄子曰智臣復聚兵拒戰盎進討兵始合輒釋冑大呼曰若等識我耶衆委戈袒而拜賊遂潰禽寶徹智臣等遂有番禺蒼梧朱崖地自號總管或說盎曰隋季崩蕩海內震騷唐雖應運而風教未孚嶺越無所係屬公克平二十州地數千里名謂未正請上南越王號盎曰吾居越五世矣牧伯惟我一姓子女玉帛吾有也人生富貴如我希矣常恐忝先業尚自王哉武德五年始以地降高祖析爲高羅春白崖儋林振八州授盎上柱國高州總管封越國公拜其子智戴爲春州刺史智彧爲東合州刺史盎徙封耿貞觀初或告盎叛盎舉兵拒境太宗詔右武衛將軍藺謩發江淮甲卒將討之魏徵諫曰天下初定創夷未復大兵之餘疫癘方作且王

者兵不宜爲蠻夷動勝之不武不勝爲辱且盎不及未定時略州縣搖遠夷今四海已平尚何事反未狀當懷之以德盎懼必自來帝乃遣散騎常侍韋叔諧諭盎盎遣智戴入侍帝曰徵一言賢於十萬衆時暮兵已出欲遂有功遣副將上盎可擊狀帝不許罷之五年盎來朝宴賜甚厚俄而羅竇諸洞獠叛詔盎率衆二萬爲諸軍先鋒賊據險不可攻盎持弩語左右曰矢盡勝負可知矣發七矢斃七人賊退走盎縱兵乘之斬首千餘級帝詔智戴還慰省賞予不可計奴婢至萬人盎善爲治閱簿最擿姦伏得民懽心卒贈左驍衛大將軍荆州都督子三十人智戴知名勇而有謀能撫衆得士死力酋帥皆樂屬之嘗隨父至洛陽統本部鋭兵宿衛煬帝弑引其下逃歸時盜賊多嶺嶠路絶智戴轉戰而前至高源俚帥脅爲謀主會盎至智戴得與盎俱去後入朝帝勞賜加等授衛尉少卿聞其善兵指雲問曰下有賊今可擊乎對曰雲狀如樹方辰在金金利木柔擊之勝帝奇其對累遷左武衛將軍卒贈洪州都

督盎族人子猷以豪俠聞貞觀中入朝載金一舸自隨高宗時遣御史許瓘視其貲瓘至洞子猷不出迎後率子弟數十人擊銅鼓蒙排執瓘而奏其罪帝馳遣御史楊璟驗訊璟至卑辭以結之委罪於瓘子猷喜遺金二百兩銀五百兩璟不受子猷曰君不取此且留不得歸璟受之還奏其狀帝命納焉

阿史那社尒突厥處羅可汗之次子年十一以智勇聞拜拓設建牙磧北與頡利子欲谷設分統鐵勒回紇僕骨同羅諸部處羅卒哀毀如禮治衆十年無課斂或勸厚賦以自奉荅曰部落豐餘於我足矣故首領咸愛之頡利數用兵社尒諫弗納貞觀元年鐵勒回紇薛延陀等叛敗欲谷設於馬獵山社尒助擊之弗勝明年將餘衆西保可汗浮圖城會頡利滅西突厥統葉護又死奚利必咄陸可汗與泥孰爭國社尒引兵襲之得其半國有衆十餘萬乃自號都布可汗謂諸部曰始爲亂破吾國者延陀也今我據西方而不平延陀是忘先可汗非孝也事脫不勝死無恨酋長皆曰我新得西方須留撫定今直棄之遠擊延陀延陀未禽葉護子孫將復吾國社尒不從選騎五萬討延陀磧北連兵十旬士苦其久稍潰去延陀縱擊大敗之乃走保高昌衆纔萬人又與西突厥不平由是率衆内屬十年入朝授左驍衛大將軍處其部于靈州詔尚衡陽長公主爲駙馬都尉典衛屯兵十四年以交河道行軍總管平高昌諸將咸受賞社尒以未奉詔秋毫不敢取見別詔然後受又所取皆老弱陳弊太宗美其廉賜高昌寶鈿刀雜綵千段詔檢校北門左屯營封畢國公從征遼東中流矢拒去復戰所部奮厲皆有功還擢兼鴻臚卿二十一年以崑丘道行軍大總管與契苾何力郭孝恪楊弘禮李海岸等五將軍發鐵勒十三部及突厥騎十萬討龜茲師次西突厥擊處蜜處月敗之入自焉耆西兵出不意龜茲震恐進屯磧石伊州刺史韓威以千騎先進右驍衛將軍曹繼叔次之至多褐城其王率衆五萬拒戰威陽卻王悉兵逐北威與繼叔合殊死戰大破之社尒因拔都城王輕騎遁社尒留孝恪

守自率精騎追躡行六百里王據大撥換城嬰險自固社尒攻凡四十日入之禽其王并下五大城遣左衛郎將權祗甫徇諸酋長示禍福降者七十餘城宣諭威信莫不歡服刻石紀功而還因說于闐王入朝王獻馬畜三百餉軍西突厥焉耆安國皆爭犒師孝恪之在軍牀帷器用多飾金玉以遺社尒社尒不受帝聞曰二將優劣不復問人矣帝崩請以身殉衛陵寢高宗不許遷右衛大將軍永徽六年卒贈輔國大將軍并州都督陪葬昭陵治冢象葱山謚曰元子道眞歷左屯衛大將軍咸亨初爲邏娑道副大總管與薛仁貴討吐蕃以援吐谷渾爲論欽陵所敗盡失其兵詔有司問狀免死爲民

阿史那忠者字義節蘇尼失子也資清謹以功擢左屯衛將軍尚宗室女定襄縣主始詔姓獨著史居父喪哀慕過人會立阿史那思摩爲突厥可汗以忠爲左賢王及出塞不樂見使者必泣請入侍許焉封薛國公擢右驍衛大將軍宿衛四十八年無纖隙人比

之金日磾卒贈鎮軍大將軍謚曰貞陪葬昭陵
執失思力突厥酋長也貞觀中護送隋蕭后入朝授左領軍將軍會頡利敗太宗令思力諭降渾斛薛部落稍親近帝遂免苑中思力諫曰陛下爲四海父母乃自輕臣竊殆之帝異其言後復逐鹿思力脫巾帶固諫帝爲止及討遼東詔思力屯金山道領突厥扞薛延陀延陀兵十萬寇河南思力示羸不與確賊深入至夏州乃整陣擊敗之追躡六百里會毗伽可汗死耀兵磧北而歸復從江夏王道宗破延陀餘衆與平吐谷渾詔尚九江公主拜駙馬都尉封安國公坐交房遺愛高宗以其戰多赦不誅流嶲州主請削封邑偕往主前卒龍朔中以思力爲歸州刺史卒麟德元年復公主封邑贈思力勝州都督謚曰景
契苾何力鐵勒哥論易勿施莫賀可汗之孫父葛隋末爲莫賀咄特勒以地近吐谷渾隘陿多癘輒徙去熱海上何力九歲而孤號大俟利發貞觀六年與母率衆千餘詣沙州內屬太宗處其部於

甘涼二州擢何力左領軍將軍九年與李大亮薛萬徹萬均討吐谷渾於赤水川萬均率騎先進爲賊所包兄弟皆中創墮馬步鬭士死十七八何力馳壯騎冒圍奮擊虜披靡去是時吐谷渾王伏允在突淪川何力欲襲之萬均懲前敗以爲不可何力曰賊無城郭逐薦草美水以爲生不乘其不虞正恐鳥驚魚駭後無以窺其巢穴乃閱精騎千餘直擣其牙斬首數千級獲橐它馬牛羊二十餘萬俘其妻子伏允挺身免有詔勞軍於大斗拔谷萬均恥名出其下乃排何力引功自名何力不勝憤挺刀起將殺之諸將勸止及還帝責謂其故何力具言萬均敗狀帝怒將解其官授何力何力頓首曰以臣而解萬均官恐四夷聞者謂陛下重夷輕漢則誣告益多又夷狄無知謂漢將皆然非示遠之義帝重其言乃止有詔宿衛北門檢校屯營事尚臨洮縣主十四年爲葱山道副大總管與討高昌平之始何力母姑臧夫人與弟沙門在涼州沙門爲賀蘭都督十六年詔何力往視母於是薛延陀毗伽可汗方強契苾諸酋爭附之乃脅其母弟使從何力驚謂其下曰上於爾有大恩且遇我厚何遽反皆曰可敦都督去矣尚何顧何力曰弟往侍足矣我義許國不可行衆執之至毗伽牙下何力箕踞拔佩刀東向呼曰有唐烈士受辱賊廷邪天地日月臨鑒吾志即割左耳誓不屈毗伽怒欲殺之其妻諫而止何力被執也或讒之帝曰何力入延陀如涸魚得水其脫必遽帝曰不然若人心如鐵石殆不背我會使至言狀帝泣下即詔兵部侍郎崔敦禮持節許延陀尚主因求何力乃得還授右驍衛大將軍公主行有日何力陳不可帝曰天子無戲言既許之亟奈何何力曰禮有親迎宜詔毗伽身到京師或詣靈武彼畏我必不來則姻不成而憂憤不知所出下必攜貳不及一年交相疑沮毗伽素很戾必死死則二子爭國內判外攜不戰而禽矣帝然之毗伽果不敢迎鬱邑不得志恚而死少子拔酌殺其庶兄突利失自立國中亂如其策云帝征高麗詔何力爲前軍總管次白崖城中賊矟創甚帝自爲傅藥城拔得刺何力者高

突勃驪使自殺之辭曰彼爲其主冒白刃以刺臣此義士也犬馬猶報其養況於人乎卒捨之俄以崑丘道總管平龜茲帝崩欲以身殉高宗諭止永徽中西突厥阿史那賀魯以處月處蜜姑蘇歌邏祿卑失五姓叛寇廷州陷金嶺略蒲類詔何力爲弓月道大總管率左武衛大將軍梁建方統秦成岐雍及燕然都護回紇兵八萬討之處月酋朱邪孤注遂殺招慰使果毅都尉單道惠據牢山以守何力等分兵數道攀藟而上急攻之賊大潰孤注夜遁輕騎窮躡行五百里孤注戰死虜渠帥六十俘斬萬餘牛馬雜畜七萬取處蜜時健俟斤合支賀等以歸遷左驍衛大將軍封郕國公顯慶中爲浿江道行軍大總管與蘇定方及右驍衛大將軍劉伯英伐高麗不克龍朔初復拜遼東道行軍大總管率諸蕃三十五軍進討帝欲自率師繼之次鴨綠水蓋蘇文遣男生以精兵數萬拒險衆莫敢濟會冰合何力引兵譟而濟賊驚遂潰追奔斬首三萬級餘衆降男生脫身走有詔班師時鐵勒九姓叛詔何力爲安撫

大使何力以輕騎五百馳入其部虜大驚何力諭曰朝家知而詿誤遂及翻動使我貰爾過得自新罪在凶渠取之則已九姓大喜共擒僞葉護及特勤等二百人以歸何力數其罪誅之餘衆遂安士卒道死者令所在收瘞藹護其家未幾蓋蘇文死男生爲弟所逐使子詣闕請降乃拜何力爲遼東道行軍大摠管安撫大使經略之副李勣同趨高麗勣已拔新城留何力守時高麗兵十五萬屯遼水引靺鞨數萬衆據南蘇城何力奮擊破之斬首萬級乘勝進拔八城引兵還與勣會合攻辱夷大行二城克之進拔扶餘勣勣兵未進何力率兵五十萬先趨平壤勣繼進攻凡七月拔之虜其王以獻進鎮軍大將軍行左衛大將軍徙封涼總章儀鳳間吐蕃滅吐谷渾勢益張入寇鄯廓河坊等州詔周王爲洮州道相王爲涼州道行軍元帥率何力等討之二王不行亦會何力卒贈輔國大將軍并州大都督陪葬昭陵謚曰毅始龍朔中司稼少卿梁脩仁新作大明宮植白楊于廷示何力曰此木易成不數年可庇

何力不荅但誦白楊多悲風蕭蕭愁殺人之句脩仁驚悟更植以桐子明字若水孺褓授上柱國封漁陽縣公年十二遷奉輦大夫李敬玄征吐蕃明爲梢海道經略使以戰多進左威衛大將軍襲封賜錦袍寶帶它物蕃夥擢嫡子三品官再遷雞田道大摠管至烏德鞬山誘附二萬帳武后時明妻及母臨洮縣主皆賜姓武以左鷹揚衛大將軍卒年四十六贈涼州刺史謚曰靖明性淹厚喜學長辯論子[illegible]襲爵

黑齒常之百濟西部人長七尺餘驍毅有謀略爲百濟達率兼風達郡將猶唐刺史云蘇定方平百濟常之以所部降而定方囚老王縱兵大掠常之懼與左右酋長十餘人遁去嘯合逋亡依任存山自固不旬日歸者三萬定方勒兵攻之不克常之遂復二百餘城龍朔中高宗遣使招諭乃詣劉仁軌降累遷左領軍員外將軍洋州刺史儀鳳三年從李敬玄劉審禮擊吐蕃審禮敗敬玄欲引還阻泥溝兵不得出賊屯高岡壓官軍常之夜率敢死士五百人掩其營殺掠數百人賊酋跋地設棄軍走帝歎其才擢左武衛將軍檢校左羽林軍賜金帛殊等進爲河源軍副使調露中吐蕃使贊婆等入寇屯良非川李敬玄之敗常之引精騎三千夜襲其軍斬首二千級獲羊馬數萬贊婆等單騎去即拜河源道經略大使因建言河源當賊衝宜增兵鎮守而運饟須廣乃斥地置烽七十所墾田五千頃歲收粟斛百餘萬由是食衍士精戎邏有備永隆二年贊婆營青海常之馳掩其屯破之悉燒糧畜獲羊馬甲首不貲詔書勞賜凡涖軍七年吐蕃憚畏不敢盜邊封燕國公垂拱中突厥復犯塞常之率兵追擊至兩井忽與賊遇賊騎三千方擐甲常之見其亂以二百騎突之賊皆棄甲去其暮賊大至常之潛使人伐木列炬營中若烽燧然會風起賊疑救至遂夜遁久之爲燕然道大摠管與李多祚王九言等擊突厥骨咄禄元珍於黄花堆破之追奔四十里賊潰歸磧北會左監門衛中郎將爨寶壁欲窮追要功詔與常之共計寶壁獨進爲虜所覆舉軍沒寶

壁下吏誅常之坐無功會周興等誣其與右鷹揚將軍趙懷節反捕繫詔獄投繯死常之御下有恩所乘馬爲士所箠或請罪之荅曰何遽以私馬鞭官兵乎前後賞賜分麾下無留貲及死人皆哀其枉

李謹行靺鞨人父突地稽部酋長也隋末率其屬千餘内附居營州授金紫光禄大夫遼西太守武德初奉朝貢以其部爲燕州授摠管劉黑闥叛突地稽身到定州上書秦王請節度以戰功封耆國公徙部居昌平高開道以突厥兵攻幽州突地稽邀擊敗之貞觀初進右衛將軍賜氏李卒謹行偉容貌勇蓋軍中累遷營州都督家童至數千以財自雄夷人畏之爲積石道經略大使論欽陵衆十萬寇湟中候邏不知士樵采半散謹行聞虜至即植旗伐鼓開門以伺欽陵疑有伏不敢進上元三年破吐蕃于青海璽書勞勉封燕國公卒贈幽州都督陪葬乾陵

泉男生字元德高麗蓋蘇文子也九歲以父任爲先人遷中裏小兄猶唐謁者也又爲中裏大兄知國政凡辭令皆男生主之進中

襄位鎮大兄久之爲莫離支兼三軍大將軍加大莫離支出按諸部而弟男建男產知國事或曰男生惡君等逼已將除之建產未之信又有謂男生將不納君男生遣諜往男建捕得卽矯高藏命召男生懼不敢入男建殺其子獻忠男生走保國內城率其衆與契丹靺鞨兵內附遣子獻誠訴諸朝高宗拜獻誠右武衞將軍賜乘輿馬瑞錦寶刀使還報詔契苾何力率兵援之男生乃免授平壤道行軍大摠管兼持節安撫大使舉哥勿南蘇倉巖等城以降帝又命西臺舍人李虔繹就軍慰勞賜袍帶金釦七事明年召入朝詔所過州縣傳舍作鼓吹右羽林將軍李同以飛騎仗廷寵遷遼東大都督玄菟郡公賜第京師因詔還軍與李勣攻平壤使浮屠信誠內間引高麗銳兵潛入禽高藏詔遣子齎手制金皿卽遼水勞賜還進右衞大將軍卞國公賜寶器宮侍女二馬八十儀鳳二年詔安撫遼東幷置州縣招徠冗平斂賦罷力役民悅其寬卒年四十六帝爲舉哀贈幷州大都督喪至都詔五品以上官哭之謚

毛易

曰襄勒碑著功男生純厚有禮奏對敏辯善射藝其初至伏斧鑕待罪帝宥之世以此稱焉

獻誠天授中以右衞大將軍兼羽林衞武后嘗出金幣命宰相南北牙羣臣舉善射五輩中者以賜內史張光輔舉獻誠獻誠讓右玉鈐衞大將軍薛吐摩支摩支固辭獻誠曰陛下擇善射者然皆非華人臣恐唐官以射爲恥不如罷之后嘉納來俊臣嘗求貨獻誠不荅乃誣其謀反縊殺之后後知其冤贈右羽林衞大將軍以禮改葬

李多祚其先靺鞨酋長號黃頭都督後入中國世系湮遠至多祚驍勇善射以軍功累遷右鷹揚大將軍討黑水靺鞨誘其渠長置酒高會因醉斬之擊破其衆室韋及孫萬榮之叛多祚與諸將進討以勞改右羽林大將軍遂領北門衞兵張柬之將誅二張以多祚素感槩可動以義乃從容謂曰將軍居北門幾何曰三十年矣將軍擊鐘鼎食金印重當世非大帝恩乎多祚泣數行下曰死且不忘柬之曰將軍知感恩則知所以報今在東宮乃大帝子而嬖豎擅朝危逼宗社國家廢興在將軍將軍誠有意乎捨今日尚何在荅曰苟緣王室惟公所使乃引天地以自誓辭氣毅然柬之遂定謀以敬暉李湛爲右羽林將軍命摠禁兵與多祚王同皎請太子至玄武門斬關入及長生殿白武后曰諸將誅逆臣易之昌宗恐漏大謀不敢豫奏頓首請歸死后病卧顧湛曰我於而父子不薄亦豫是邪中宗復位封多祚遼陽郡王食實戶八百子承訓爲衞尉少卿湛遷大將軍封趙國公食實戶五百帝祠太廟特詔多祚與相王登輿夾侍監察御史王覿謂多祚夷人雖有功不宜共輿輦帝曰朕推以心腹卿勿復言崔玄暐等得罪多祚畏禍及故陽厚韋氏節愍太子誅武三思多祚與成王千里率兵先至玄武樓下具言所以誅三思狀按兵不戰宮闈令楊思勗方侍帝卽挺刀斬其婿羽林中郎將野呼利兵因沮潰多祚爲其下所殺二子亦見害籍沒其家景雲初追復官爵幷宥家屬湛者義府最幼子

潘貴

字興宗沈厚有度六歲授周王府文學累遷右散騎常侍襲河間郡公武后徙上陽宮留湛宿衞頃之復爲右散騎常侍賜鐵券三思惡之貶果州刺史歷洺絳二州累遷左領軍大將軍開元十年卒贈幽州都督初義府以立武后故得宰相而湛爲中興功臣世不以其父惡爲貶云

論弓仁本吐蕃族也父欽陵世相其國聖曆二年弓仁以所統吐渾七千帳自歸授左玉鈐衞將軍封酒泉郡公神龍三年爲朔方軍前鋒游弈使時張仁愿築三受降城弓仁以兵出諾眞水草心山爲邏衞開元初突厥九姓亂弓仁引軍度漠踰白檉林收火拔部喻多眞種落降之䟫跌思太叛戰赤柳澗弓仁騎才五百自新堡進時賊四環之衆不敵弓仁椎牛誓士自若再宿潰圍出人服其壯凡闗大小戰數百未嘗負賜寶玉甲第良田等列莫與比累遷左驍衞大將軍朔方副大使會病玄宗遣上醫馳視卒年六十六贈撥川郡王謚曰忠孫惟貞

惟貞名瑀以字行志向恢大開元末爲左武衛將軍肅宗在靈武以衛尉少卿募兵綏銀閱旬衆數萬從還鳳翔遷光禄卿爲元帥前鋒討擊使戰陜州以功進殿中監史思明攻李光弼於河陽周摯以兵二十萬陣城下惟貞請鋭卒數千鑿數門出自旦及午苦戰破之光弼表爲開府儀同三司光弼討史朝義以惟貞守徐州賊將謝欽讓據陳乃假惟貞潁州刺史斬賊將降者萬人封蕭國公實封百户光弼病表以自代擢左領軍衛大將軍爲英武軍使卒

尉遲勝本王于闐國天寶中入朝獻名玉良馬玄宗以宗室女妻之授右威衛將軍毗沙府都督歸國與安西節度使高仙芝擊破薩毗播仙累進光禄卿安禄山反勝使弟曜攝國事身率兵五千赴難國人固留勝勝以少女爲質而行肅宗嘉之拜特進兼殿中監廣德中進驃騎大將軍遣還固請留宿衛加開府儀同三司封武都郡王實封百户勝請授國於曜詔可勝既留乃穿築池觀厚

賓客士大夫多從之游從德宗至興元爲右領軍將軍歴睦王傅貞元初曜上言國中以嫡承嗣今勝讓國請立其子鋭帝欲遣鋭襲王勝固辭以曜久行國事人安之鋭生京華不習其俗不可遣當是時兄弟讓國人莫不賢之睦府除徙原王傅卒贈涼州都督

尚可孤字可孤東部鮮卑宇文之别種世處松漠間天寶末隸范陽節度使安禄山復事史思明上元中自賊所歸累授左右威衛大將軍封白水縣伯爲神策大將以功試太常卿徙封馮翊郡王食實户一百五十魚朝恩主衛兵器其勇養爲子名智德使將兵三千屯扶風武功歴十餘年隊伍閑整朝恩死詔賜氏李名嘉勳李希烈叛擢爲招討應援荆襄使復本姓名累戰有功朱泚之難召可孤率兵三千道襄鄧而西屬賊兵鋭乃壁七盤僞將仇敬忠等來寇可孤擊卻之遂收藍田德宗將遷梁州命引兵守灞上拜神策京畿渭南商州節度招討使敬忠拒戰可孤急擊斬之進軍與李晟收長安爲先鋒以功加檢校尚書右僕射封馮翊郡王食實户二百又會諸軍進討李懷光次沙苑卒于軍贈司空可孤性謹審沈壯既有勲勞未嘗自論功御衆公嚴晟數稱之

裴玢五世祖糾本王疏勒武德中來朝拜鷹揚大將軍封天山郡公留不去遂籍京兆玢初事金吾將軍論惟明爲傔力德宗在奉天以功封忠義郡王從惟明鎮鄜坊署牙將後節度使王栖曜卒中軍將何朝宗夜縱火作亂玢獨匿不出遲明禽朝宗以待命有詔并軍司馬崔輅斬之以同州刺史劉公濟領節度擢玢爲司馬踰年公濟卒乃授玢節度使元和二年徙山南西道玢爲治嚴稜畏遠權勢不務貢奉蔬食弊衣居處取避風雨而已倉庫完實百姓安之當世將帥未有及者以疾辭位入朝不事騶仗妻乘竹輿二侍婢著碧縑服七年卒贈尚書左僕射謚曰節

贊曰夷狄性悍固其能知義所在者鷙挺不可遷蓋巧不足而諒常有餘觀大柰等事君皆一其志無有顧望用能功績光明爲天子倚信至渾瑊跌跌光顔輩烈垂無窮惟其諒有餘故也瑊光顔

自有傳今類其人著之篇

諸夷蕃將列傳第三十五

郭二張三王蘇薛程唐列傳第三十六　唐書一百一十一

端明殿學士兼翰林侍讀學士龍圖閣學士朝散大夫守尚書吏部侍郎充集賢殿修撰臣宋祁奉敕撰

郭孝恪許州陽翟人少有奇節不治貲產父兄以爲無賴隋亂率少年數百附李密密喜謂曰世言汝潁多奇士不謬也使與李勣守黎陽密敗勣遣孝恪送款封陽翟郡公拜宋州刺史詔與勣經略武牢以東所定州縣委以選補竇建德之援洛也孝恪上謁秦王進計曰王世充力竭計窮其面縛可跂足待建德悉衆遠來糧餉阻絕殆天亡時也若固守武牢以軍汜水逐機應變禽殄必矣王然之賊平置酒大會洛陽宮語諸將曰孝恪策禽賊王長先下漕功固在諸君右遷上柱國歷貝趙江涇四州刺史所至有能名改左驍衛將軍累加金紫光祿大夫貞觀十六年拜涼州都督改安西都護西州刺史其地高昌舊都流徙罪人與鎮兵雜限以沙磧隔絕中國孝恪推誠撫御盡得其歡心初王師滅高昌詔以所虜焉耆生口七百還焉耆王王叛歸欲谷設可汗孝恪請擊之即拜西州道行軍總管率步騎三千出銀山道夜襲其王龍突騎支虜之帝悅降璽書褒勞俄拜崑丘道副大總管進討龜茲破其國城乃自留守遣餘軍分道進龜茲國相那利遁去孝恪以餘部未平出營於外國人有謂孝恪曰那利素得士心今亡在外勢必爲變城中頗有異志願公備之孝恪忽其言不設備那利果率衆陰與城內胡爲應薄城鼓譟始覺之乃率千餘人合戰城中舉應那利孝恪殊死鬬中流矢卒子待詔亦歿將軍曹繼叔進兵復拔其城太宗責孝恪斥候不明至顛覆奪其官後愍死戰更爲舉哀高宗即位追還官爵贈待詔游擊將軍賻物三百段次子待封官左豹韜衛將軍咸亨初副薛仁貴討吐蕃戰大非川敗績貸死爲民

張儉字師約京兆新豐人隋相州刺史皖城郡公威孫父植車騎將軍連城縣公儉高祖從外孫也高祖起儉以功除右衛郎將遷朔州刺史時頡利可汗方彊每有求取所遣書輒稱詔敕邊吏奉承不敢卻及儉獨拒不受大教民營田歲收穀數十萬斛雖霜旱勸百姓相振贍免飢殍州以完安李靖既平突厥有思結部者窮歸于儉儉受而安輯之其在磧北者親戚私相過省儉不禁示羈縻而已儉徙勝州後將不察其然遽奏思結叛朝廷議進討時儉以母喪奪服爲使者撫納之儉單騎入其部召酋帥慰諭推腹心咸匍匐歸命因舉徙代州遂檢校代州都督儉勸墾田力耕歲數稔私蓄富實儉恐虜易驕乃建平糴法入之官虜悅喜由是儲斛流羨遷營州都督兼護東夷校尉坐事免詔白衣領職營州部與契丹奚霫靺鞨諸蕃切畛高麗引衆入寇儉率兵破之俘斬略盡復拜營州都督太宗將征遼東遣儉率蕃兵先進略地至遼西川漲久未度帝以爲畏懦召還見洛陽宮陳水草美惡山川險易幷久不進狀帝悅拜行軍總管使領諸蕃騎爲六軍前鋒時高麗候者言莫離支且至帝詔儉自新城路邀擊虜不敢出儉進度遼趨建安城破賊斬數千級累封皖城郡公後改東夷校尉官爲都護府即以儉爲都護永徽初加金紫光祿大夫卒年六十諡曰密

儉兄大師太僕卿華州刺史武功縣男弟延師左衛大將軍范陽郡公性謹畏典羽林兵三十年未嘗有過卒贈荊州都督諡曰敬陪葬昭陵儉兄弟三人門皆立戟時號三戟張家

王方翼字仲翔幷州祁人祖裕隋州刺史尚同安大長公主官開府儀同三司卒諡曰文方翼早孤哀毀如成人時號孝童母李爲主所斥居鳳泉墅方翼尚幼雜庸保執苦不棄日墾田植樹治林埌甓完牆屋燎松丸墨爲富家主薨還京師嘗夜行見長人丈餘引弓射仆之乃朽木也太宗聞擢右千牛高宗立而從祖女弟爲皇后調安定令誅滅大姓姦豪猾息徙翰海都護司馬坐事下遷朔州尚德府果毅歲餘代還居母喪哀瘠甚帝遣侍醫療視其友趙持滿誅死尸諸道親戚莫敢視方翼曰欒布哭彭越義也周文王掩骼仁也絕友義蔽主仁何以事君遂往哭其尸具禮收葬金吾劾繫帝嘉之不罪再遷肅州刺史州無隍壍寇易以攻方翼乃發卒建樓堞

厮多樂水自環烽邏精明儀鳳間河西蝗獨不至方翼境而它郡民或餓死皆重繭走方翼治下乃出私錢作水磑簿其贏以濟飢瘵構舍數十百楹居之全活甚衆芝產其地裴行儉討遮匐奏爲副兼檢校安西都護徙故都護杜懷寶爲庭州刺史方翼築碎葉城面三門紆還多趣以詭出入五旬畢西域胡縱觀莫測其方略悉獻珍貨未幾徙方翼庭州刺史而懷寶自金山都護更鎮安西遂失蕃戎之和永淳初十姓阿史那車簿啜叛圍弓月城方翼引軍戰伊麗河敗之斬首千級俄而三姓咽麪兵十萬踵至方翼次熱海進戰矢著臂引佩刀斷去左右莫知所部雜虜謀執方翼爲內應方翼悉召會軍中厚賜以次出壁外縛之會大風雜金鼓而號譁無聞者殺七千人即遣騎分道襲咽麪等皆驚潰烏鶻引兵遁去禽首領突騎施等三百人西戎震服初方翼次葛水暴漲師不可度沈祭以禱師涉而濟又七月大葉河無舟而冰一昔合時以爲祥西域平以功遷夏州都督屬牛疫民廢田作方翼爲耦耕法張機鍵力省而見功多百姓順賴明年召方翼議西域事引見奉天官賜食帝前帝見衣有汙漬問其故具對熱海苦戰狀視其創帝咨嗟久之賜賚良厚俄而妖賊白鐵余以綏州反詔方翼與程務挺討之飛熗擊賊火其柵平之封太原郡公阿史那元珍入寇被詔進擊時庫無完鎧方翼斷六板畫虎文鉤聯解合賊馬忽見奔駭遂敗獲大將二因降桑乾舍利二部武后時王后屬無在者方翼自視功多冀不坐而后內欲因罪除之未得也及務挺被殺即并坐方翼追入朝捕送獄流崖州卒于道年六十三神龍初復官爵方翼善書與魏叔琬齊名子珣字伯玉與兄璵弟瑨以文學稱時號三王天授初珣及進士第應制科遷藍田尉以拔萃擢長安尉因進見武后召問刑政嘉之詢其族氏對曰廢后臣之姑也后不悅左遷亳州司法參軍神龍初爲河南丞武三思矯制貶臨川令宋璟輔政召授侍御史出許州長史歲旱珣時假刺史事開廩振民即自劾玄宗赦之累遷工部侍郎而瑨至中書舍人珣嘗爲祕

書少監數年而瑨繼職終右散騎常侍卒贈戶部尚書謚曰孝子銷天寶中歷右補闕殿中侍御史瑨子銖自有傳

蘇烈字定方以字行冀州武邑人後徙始平父邕當隋季率里中數千人爲本郡討賊定方驍悍有氣決年十五從父戰數先登陷陣邕卒代領其衆破劇賊張金稱楊公卿追北數十里自是賊不舍境鄉黨賴之貞觀初爲匡道府折衝從李靖襲突厥頡利於磧口率數馬二百爲前鋒乘霧行去賊一里許霧霽見牙帳馳殺數十百人頡利及隋公主惶駭各遁去靖亦奔至餘黨悉降再遷左衛中郎將與程名振討高麗破之拜右屯衛將軍臨清縣公從葱山道大總管程知節征賀魯至鷹娑川賀魯率二萬騎來拒總管蘇海政連戰未決鼠尼施等復引二萬騎爲援定方始休士見塵起率精騎五百馳擣賊營賊衆大潰殺千餘人所棄鎧仗牛馬藉藉山野不可計副總管王文度疾其功謬謂知節曰賊雖走軍死傷者衆今當結輜重陣閒被甲而趨賊來即戰是謂萬全又矯制收軍不深入於是馬羸卒勞無鬭志定方說知節曰天子詔討賊今反自守何功之立哉且公爲大將而閫外之事不得專顧副將乃得專之理不其然胡不囚文度待天子命不從至恒篤城有胡人降文度猥曰師還而降且爲賊不如殺之取其貲定方曰此乃自作賊耳寧曰伐叛及分財定方一不取太宗知之比知節等還悉下吏當死貸爲民擢定方伊麗道行軍大總管復征賀魯以任雅相回紇婆潤爲副出金山北先擊處木昆部破之俟斤嬾獨祿擁衆萬帳降定方撫之發其千騎并回紇萬人進至曳咥河賀魯率十姓兵十萬拒戰輕定方兵少舒左右翼包之定方令步卒據高攢矟外向親引勁騎陣北原賊三突步陣不能入定方因其亂擊之鏖戰三十里斬首數萬級賊大奔明日振兵復進五弩失畢舉衆降賀魯獨與處木昆屈律啜數百騎西走定方令副將蕭嗣業回紇婆潤率雜虜兵趨邪羅斯川追北定方與雅相領新附兵絶其後會大雪吏請少休定方曰虜恃雪方止舍謂

我不能進若縱使遠遁則莫能禽遂勒兵進至雙河與彌射步真
合距賀魯所百里下令陣而行薄金牙山方賀魯將畋定方縱擊
破其牙下數萬人悉歸所部賀魯走石國彌射子元爽以兵與嗣
業會縛賀魯以還由是脩亭障列郵隧定疆畛問疾收骨唐之州
縣極西海矣高宗臨軒定方戎服奉賀魯以獻策功拜左驍衛大
將軍邢國公別封子慶節為武邑縣公會思結闕俟斤都曼先鎮
諸胡劫所部及疏勒朱俱波喝槃陀三國復叛詔定方還為安撫
大使率兵至葉葉水而賊堞馬頭川定方選精卒萬騎三千襲之
晝夜馳三百里至其所都曼驚戰無素遂大敗走馬保城師進攻
之都曼計窮遂面縛降俘獻於乾陽殿有司請論如法定方頓首
請曰臣向諭陛下意許以不死願丐其命帝曰朕為卿全信乃宥
之葱嶺以西遂定加食邢州鉅鹿三百戶遷左武衛大將軍出為神
丘道大總管率師討百濟自城山濟海至熊津口賊瀕江屯兵定方
出左涯乘山而陣與之戰賊敗死者數千王師乘潮而上舳艫銜尾

進鼓而譟定方將步騎夾引直趨眞都城賊傾國來酣戰破之殺
虜萬人乘勝入其郛王義慈及太子隆北走定方進圍其城義慈子
泰自立為王率衆固守義慈之孫文思曰王與太子出而叔豈得
擅為王若王師還我父子安得全遂率左右縋城下人多從之泰
不能止定方使士登城建唐旗幟於是泰開門請命其將禰植與
義慈降隆及諸城送款百濟平俘義慈隆泰等獻東都定方所
滅三國皆生執其王賞賚珍寶不勝計加慶節尚輦奉御未幾定
方為遼東道行軍大總管俄徙平壤道破高麗之衆於浿江奪馬邑
山為營遂圍平壤會大雪解圍還拜涼州安集大使以定吐蕃吐谷
渾乾封二年卒年七十六帝悼之責謂侍臣曰定方於國有功當褒
贈若等不言何邪乃贈左驍衛大將軍幽州都督謚曰莊

薛仁貴絳州龍門人少貧賤以田為業將改葬其先妻柳曰夫
有高世之材要須遇時乃發今天子自征遼東求猛將此難得之
時君盍圖功名以自顯富貴還鄉葬未晚仁貴乃往見將軍張士
貴應募至安地會郎將劉君卬為賊所圍仁貴馳救之斬賊將係
首馬鞍賊皆懾伏由是知名王師攻安市城高麗莫離支遣將高
延壽等率兵二十萬拒戰倚山結屯太宗命諸將分擊之仁貴恃
驍悍欲立奇功乃著白衣自標顯持戟腰鞬兩弓呼而馳所向披
靡軍乘之賊遂奔潰帝望見遣使馳問先鋒白衣者誰曰薛仁貴
帝召見嗟異賜金帛口馬甚衆授游擊將軍雲泉府果毅令北門
長上師還帝謂曰朕舊將皆老欲擢驍勇付閫外事莫如卿者朕
不喜得遼東喜得虓將遷右領軍中郎將高宗幸萬年宮山水暴
至夜突玄武門宿衛皆散走仁貴曰當天子緩急安可懼死遂登
門大呼以警宮內帝遽出乘高俄而水入帝寢帝曰賴卿以免始
知有忠臣也賜以御馬蘇定方討賀魯仁貴上疏曰臣聞兵出無
名事故不成明其為賊敵乃可服今泥熟不事賀魯為其所破虜
係妻子王師有於賀魯部落轉得其家口者宜悉取以還厚加賚
遣使百姓知賀魯為暴而陛下至德也帝納之遂還其家屬泥熟

請隨軍効死顯慶三年詔副程名振經略遼東破高麗於貴端城
斬首三千級明年與梁建方契苾何力遇高麗大將溫沙多門戰
橫山仁貴獨馳入所射皆應弦仆又戰石城有善射者殺官軍十
餘人仁貴怒單騎突擊賊弓矢俱廢遂生禽之俄與辛文陵破契
丹於黑山執其王阿卜固獻東都拜左武衛將軍封河東縣男詔
副鄭仁泰為鐵勒道行軍總管將行宴內殿帝曰古善射有穿七
札者卿試以五甲射焉仁貴一發洞貫帝大驚更取堅甲賜之時
九姓衆十餘萬令驍騎數十來挑戰仁貴發三矢輒殺三人於是
虜氣懾皆降仁貴慮為後患悉坑之轉討磧北餘衆擒偽葉護兄
弟三人以歸軍中歌曰將軍三箭定天山壯士長歌入漢關九姓遂
衰鐵勒有思結多覽葛等部先保天山及仁泰至懼而降仁泰不納
虜其家以賞軍賊相率遁去有候騎言虜輜重畜牧被野可往取
仁泰選騎萬四千卷甲馳絕大漠至仙萼河不見虜糧盡還人飢相
食比入塞餘兵纔二十之一仁貴亦取所部為妾多納賕遺為有

同劾奏以功見原乾封初高麗泉男生內附遣將軍龐同善高偘
往慰納弟男建率國人拒弗納乃詔仁貴率師援送同善至新
城夜為虜襲仁貴擊之斬數百級同善進次金山衂虜勇不敢前
高麗乘勝進仁貴擊虜斷為二衆即潰斬馘五千拔南蘇木底
蒼巖三城遂會男生軍手詔勞勉仁貴負銳提卒二千進攻扶餘
城諸將以兵寡勸止仁貴曰在善用不在衆身帥士遇賊輒破殺
萬餘人拔其城因旁海略地與李勣軍合扶餘既降它四十城相
率送款威震遼海有詔仁貴率兵二萬與劉仁軌鎮平壤拜本
衛大將軍封平陽郡公檢校安東都護移治新城撫孤存老檢制
盜賊隨才任職襃崇節義高麗士衆皆欣然忘亡咸亨元年吐
蕃入寇命為邏娑道行軍大總管率將軍阿史那道真郭待封
擊之以援吐谷渾待封嘗為鄯城鎮守與仁貴等夷及是恥居其
下頗違節度初軍次大非川將趨烏海仁貴曰烏海地險而瘴吾入
死地可謂危道然速則有功遲則敗今大非嶺寬平可置二柵悉

內輜重留萬人守之吾倍道掩賊不整滅之矣乃約齎至河口遇
賊破之多所殺掠獲牛羊萬計進至烏海城以待後援待封初不
從領輜重躡進吐蕃率衆二十萬邀擊取之糧仗盡沒待封保險
仁貴退軍大非川吐蕃益兵四十萬來戰王師大敗仁貴與吐蕃
將論欽陵約和乃得還吐谷渾遂沒仁貴歎曰今歲在庚午星在
降婁不應有事西方鄧艾所以死於蜀吾固知必敗有詔原死除
名為庶人未幾高麗餘衆叛起為雞林道總管復坐事貶象州
會赦還帝思其功乃召見曰疇歲萬年宮微卿我且為魚前日殄
九姓破高麗爾功居多人有言向在烏海城下縱虜不擊以至
失利此朕所恨而疑也今遼西不寧瓜沙路絕卿安得高枕不為
朕指麾邪於是拜瓜州長史右領軍衛將軍檢校代州都督率兵
擊突厥元珍於雲州突厥問曰唐將為誰曰薛仁貴突厥曰吾聞
薛將軍流象州死矣安得復生仁貴脫兜鍪見之突厥相視失色
下馬羅拜稍稍遁去仁貴因進擊大破之斬首萬級獲生口三萬

牛馬稱是永淳二年卒年七十贈左驍衛大將軍幽州都督官給
轝護喪還鄉里
子訥字慎言起家城門郎遷藍田令富人倪氏訟息錢於肅政臺
中丞來俊臣受財發義倉粟數千斛償之訥曰義倉本備水旱安
可絕衆人之仰私一家報上不與會俊臣得罪亦止後突厥擾河北
武后以訥世將詔攝左威衛將軍安東道經略使對同明殿具言
醜虜憑暴以廬陵王藉言今雖還東宮議不堅信若太子無動賊
不討而解后納其言俄遷幽州都督安東都護改并州長史檢校
左衛大將軍訥久處邊有戰功開元初玄宗講武新豐詔訥為左
軍節度時諸部頗失序唯訥與解琬軍不動帝令輕騎召之至軍
門不得入禮成尤見慰勞明年契丹奚突厥連和數入邊訥建議
請討詔監門將軍杜賓客定州刺史崔宣道與訥帥衆二萬出檀
州賓客議方暑士負戈贏糧深討慮恐無功姚元崇亦持不可訥
獨曰夏草薦茂羔犢方息不費饋餉因次資振國威靈不可失

也天子方欲夸威四夷喜訥功乃聽訥言而授紫微黃門三品以
重之師至灤河與賊遇諸將不如約為虜覆盡亡其軍訥脫身
走而罪宣道及大將李思敬等八人有詔斬以徇獨賓客免盡奪
訥官爵俄而吐蕃大酋坌達延乞力徐等衆十萬寇臨洮入蘭州
剽牧馬詔訥白衣攝羽林將軍為隴右防禦使與王晙擊之追及
賊戰武階驛掎角劫之破其衆尾北至洮水又戰長城堡殺獲數
萬禽其酋六指鄉彌洪悉收所掠及仗械不貲時帝欲自將北伐及
訥大克乃止行命紫微舍人倪若水即軍陟功狀拜訥左羽林大將
軍復封平陽郡公以子暢為朝散大夫又授涼州鎮軍大總管赤
水建康河源邊州皆隸節度俄為朔方行軍大總管久之以老致
仕卒年七十二贈太常卿謚曰昭定訥性沈勇寡言其用兵臨大
敵益壯弟楚玉開元中為范陽節度使以不職廢生子嵩
嵩生燕薊間氣豪邁不肯事產利以膂力騎射自將從安祿山
亂晚為史朝義守相州僕固懷恩破朝義長驅河朔嵩遽懽迎

拜軍門懷恩釋之奏爲檢校刑部尚書相衛洺邢等州節度使方
大亂後人亦厭禍嵩謹奉職頗有治名大曆初封高平郡王實封
二百戶號其軍爲昭義遷檢校尚書右僕射更封平陽七年卒贈
太保詔其弟崿知留後事累加檢校太子少師十年爲其將裴志
清所逐以兵歸田承嗣崿奔洺州請入朝降服待罪銀臺門赦之
乃分其地以嵩族子擇爲相州刺史雄衛州刺史堅洺州刺史承
嗣誘雄亂不從遣客刺殺之初嵩好蹴踘隱士劉鋼勸止曰爲樂
甚衆何必乘危邀晷刻歡嵩悅圖其形坐右嵩子平
平字坦途年十二爲磁州刺史父喪軍吏以故事脅知留務僞許之
已而讓崿夕以喪歸累授右衛將軍宿衛三十年宰相杜黃裳擢爲
汝州刺史治有風績王師討蔡遷左龍武大將軍授鄭滑節度使
數戰有功始河溢瓠子東泛滑距城纔二里所平按求故道出黎
陽西南因命其左裴弘泰往請魏博節度使田弘正弘正許之乃籍
民田所當者易以它地疏道二十里以釃水悍還壖田七百頃於河

南自是滑人無患入爲左金吾衛大將軍未幾復帥鄭滑李師道
平詔分淄青齊登萊五州爲平盧軍徙平爲節度使王庭湊圍牛
元翼棣州危詔平出援平遣將李叔佐率兵二千往刺史王稷餽
餉陋狹衆潰而歸推突將馬士端爲帥劫屯士萬人薄州堞城中兵
寡平悉公帑家貲募銳卒二千迎戰以奇兵掩賊輜重賊狼顧遂
大敗降餘黨平引謀亂者二千人斬堂皇下脅從皆縱還田里威
震一方詔遷檢校尚書右僕射封魏國公在鎮六年兵鎧完礪倨
賦均一寶曆初入朝民遮路願留數日得出拜檢校司空河中絳
隰節度使復得隸晉慈二州益兵三千進檢校司徒更封韓召拜
太子太保以司徒致仕卒年八十贈太傅子從字順之以蔭授左
清道率府兵曹參軍累遷汾州刺史隄文谷濾河二水引溉公私
田汾人利之徙濮州儲粟二萬斛以備凶災於是山東大水詔右司
郎中趙儴爲賑卹使儴表其才擢將作監終左領軍衛上將軍贈
工部尚書

程務挺洺州平恩人父名振隨大業末仕竇建德爲普樂令盜不
跡境俄棄賊自歸高祖詔授永寧令使率兵經略河北即夜襲鄴
縣俘男女千餘人以歸去數舍閱婦人方乳者九十餘人還之鄴
人感其仁劉黑闥陷洺州名振與刺史陳君賓自拔歸母妻爲賊
所得名振率衆千餘掠冀貝滄瀛等州邀擊糧道悉毀賊水陸
餉具黑闥怒殺其母妻賊平請手斬黑闥以其首祭母拜營州長
史封東平郡公賜物二千段黃金三百兩轉洺州刺史太宗征遼東召
問方略不合旨帝勃然詰之名振辯對益詳帝意解謂左右曰房
玄齡常在朕前見朕嗔餘人色不能主名振生平未識我一旦詰
讓而辭吐不屈奇士哉拜右驍衛將軍平壤道行軍摠管攻沙卑
城破獨山陣皆以少擊衆號爲名將遷營州都督兼東夷都護
擊高麗於貴端水焚其新城歷晉蒲二州刺史鏤方道摠管卒
贈右衛大將軍謚曰烈務挺少從父征討以勇力聞拜右領軍衛
中郎將破突厥六萬騎於雲州會僞可汗阿史那伏念叛摠管李

文暕等三將以次奔敗詔裴行儉討之以務挺副檢校豐州都督
時伏念屯金牙山務挺與副摠管唐玄表引兵赴之伏念懼乃間
道降於行儉故裴炎以爲非行儉功遷務挺右武衛將軍封平原
郡公綏州部落稽白鐵余據城平叛建僞號署置百官進攻綏德
大斌殺官吏火區舍詔務挺與夏州都督王方翼討之務挺生禽
白鐵余進左驍衛大將軍檢校左羽林軍嗣聖初與右領軍大將
軍張虔勗等豫廢中宗立豫王爲皇帝累被褒賚以左武衛大
將軍爲單于道安撫大使禦突厥務挺善綏御士服其威愛突
厥憚之不敢盜邊裴炎下獄務挺密表申治又素與唐之奇杜求
仁善或言務挺與炎及徐敬業嚮相援結后遣左鷹揚將軍裴
紹業即軍中斬之籍其家突厥聞務挺死率相慶爲立祠每出師
輒禱焉
王孝傑京兆新豐人少以軍功進儀鳳中劉審禮討吐蕃孝傑以
副摠管戰大非川爲虜執贊普見之曰貌類吾父故不死歸之武

后時爲右鷹揚衛將軍孝傑居虜中久悉其虛實長壽元年爲武威道揔管與阿史那忠節討吐蕃克龜茲于闐疏勒碎葉等城武后曰貞觀中西境在四鎮其後不善守棄之吐蕃今故土盡復孝傑功也乃遷左衛大將軍進夏官尚書同鳳閣鸞臺三品清源縣男證聖初復爲朔方道揔管與吐蕃戰不利免會契丹李盡忠等叛有詔起白衣爲清邊道揔管將兵十八萬討之軍至東硤石谷與賊接道隘虜衆孝傑率銳兵先驅出谷整陣與賊戰而後軍揔管蘇宏暉以其軍退援不至爲虜所乘軍潰孝傑墮谷死士相蹂且盡初進軍平州白鼠晝入營頓伏皆謂鼠坎精胡象也白質歸命天亡之兆及戰乃孝傑覆焉時張說以管記還白狀后問之說具陳孝傑乃心國家敢深入以少當衆雖敗功可録也乃贈夏官尚書耿國公以其子无擇爲朝散大夫遣使者斬宏暉使未至而宏暉已立功遂贖罪

唐璿字休璟以字行京兆始平人曾祖覲爲後周驃騎大將軍休璟少孤授易於馬嘉運傳禮於賈公彥舉明經高第爲吳王府典籤改營州戶曹參軍會突厥誘奚契丹叛都督周道務以兵授休璟破之於獨護山斬馘多遷朔州長史永淳中突厥圍豐州都督崔智辯戰死朝廷議棄豐保靈夏休璟以爲不可上疏曰豐州控河遏寇號爲襟帶自秦漢以來常郡縣之土田良美宜耕牧隋季喪亂不能堅守乃遷就寧慶戎羯得以乘利而交侵始以靈夏爲邊唐初募人以實之西北一隅得以完固今而廢之則河傍地復爲賊有而靈夏亦不足自安非國家利也高宗從其言垂拱中遷安西副都護會吐蕃破焉耆安息道大揔管韋待價等敗休璟收其潰亡以定西土授靈州都督乃陳方略請復四鎮武后遣王孝傑拔龜茲等城自休璟倡之聖曆中授涼州都督右肅政御史大夫持節隴右諸軍副大使吐蕃大將麴莽布支率騎數萬寇涼州入洪源谷休璟以兵數千臨高望之見賊旗鎧鮮明謂麾下曰吐蕃自欽陵死贊婆降莽布支新將兵欲以示武且其下皆貴臣酋豪子弟騎雖精不習戰吾爲諸君取之乃被甲先登六戰皆克斬二將獲首二千五百築京觀而還吐蕃來請和既宴使者屢覘休璟后問焉對曰洪源之戰是將軍多殺臣士卒其勇無比今願識之后嗟異擢爲右武威金吾二衛大將軍西突厥烏質勒失諸蕃和舉兵相攻安西道閉武后詔休璟與宰相計議不少選畫所當施行者既而邊州建請屯置盡如休璟策后曰恨用卿晚進拜夏官尚書同鳳閣鸞臺三品后詔楊再思李嶠姚元崇等曰休璟練知邊事卿輩十不當一改太子右庶子仍知政事會契丹入塞復以夏官尚書檢校幽營等州都督安東都護時中宗爲皇太子休璟將行進啓曰易之兄弟恩寵過幸數入禁闥非人臣所宜願加防察帝復位召授輔國大將軍同中書門下三品酒泉郡公謂曰初欲召公計事以有北狄憂前日直言今未忘也加特進尚書右僕射賜邑戶三百封宋國公是歲大水上疏自劾免不許累遷檢校吏部尚書景龍二年致仕未幾復起爲太子少師同中書門下三品

監脩國史景雲初以特進爲朔方行軍大揔管備突厥停舊封別賜百戶明年復請老給一品全祿延和元年卒年八十六贈荊州大都督謚曰忠休璟以儒者號知兵自碣石踰四鎮其間緜地幾萬里山川夷岨障塞之要皆能言之故行師料敵未嘗敗初得封以賦絹數千散賙其族又出財數十萬大爲塋墓盡葬其五服親當時稱重惟張仁愿議築受降城而休璟獨謂不可卒就之而漠南無虜患始老已踰八十猶託倚權近求復用於是賀婁尚宮方用事附者輒榮赫休璟乃爲子娶其義女故復起宰相頗爲時譏訾其當國亦無它毗益云子先慎至陳州刺史先擇爲右金吾衛將軍

張仁愿華州下邽人本名仁亶以睿宗諱音近避之有文武材武后時累遷殿中侍御史御史郭弘霸者稱后乃彌勒佛身又鳳閣舍人張嘉福王慶之請以武承嗣爲皇太子邀仁愿聯章仁愿正色拒之後王孝傑爲吐刺軍揔管與吐蕃戰不利仁愿監其軍因入言狀孝傑坐免擢仁愿侍御史萬歲通天中監察御史

孫承景監清邊軍戰還自圖先鋒當矢石狀武后歎曰御史乃能
如是乎擢爲右肅政臺中丞詔仁愿即叙其麾下功仁愿先問承
景破敵曲折承景實不行所問皆窮仁愿劾奏承景罔上虛列虜
級貶爲崇仁令以仁愿代爲中丞檢校幽州都督默啜寇趙定還
出塞仁愿以兵邀之賊引去矢著其手武后遣使勞問賜藥徙傳
遷并州都督長史神龍中進左屯衛大將軍兼檢校洛州長史會
穀貴多盜仁愿一切捕殺嵩積府門畿甸震慴無敢犯先是賈
敦頤嘗爲長史有政績時人爲之語曰洛有前賈後張敵京兆三
王三年朔方軍總管沙吒忠義爲突厥所敗詔仁愿攝御史大
夫代之既至賊已去引兵躡擊夜掩其營破之始朔方軍與突厥
以河爲界北厓有拂雲祠突厥每犯邊必先謁祠禱解然後料兵
度而南時默啜悉兵西擊突騎施仁愿請乘虛取漠南地於河北
築三受降城絕虜南寇路唐休璟以爲兩漢以來皆北守河今築
城虜腹中終爲所有仁愿固請中宗從之表留歲滿兵以助功咸

陽兵二百人逃歸仁愿禽之盡斬城下軍中股慄役者盡力六旬
而三城就以拂雲爲中城南直朔方西城南直靈武東城南直榆
林三壘相距各四百餘里其北皆大磧也斥地三百里而遠又於牛
頭朝那山北置烽候千八百所自是突厥不敢踰山牧馬朔方益無
寇歲損費億計減鎮兵數萬初建三城也不置壅門曲敵戰格
或曰邊城無守備可乎仁愿曰兵貴攻取賊退守寇至當併力出
拒敢回望城者斬何事守備退恇其心哉後常元楷代爲總管始
築壅門議者益重仁愿而輕元楷景龍二年拜左衛大將軍同
中書門下三品封韓國公春還朝秋復督軍備邊帝爲賦詩祖
道賞賚不貲還鎮軍大將軍睿宗立乃致仕加兵部尚書稟祿全
給開元二年卒贈太子少保仁愿爲將號令嚴將吏信伏按邊撫
師賞罰必直功罪後人思之爲立祠受降城出師輒享焉宰相文
武兼者當時稱李嶠郭元振唐休璟仁愿云在朔方奏用御史張
敬忠何鸞長安尉寇泚鄠尉王易從始平主簿劉體微分總軍事

太子文學柳彥昭爲管記義烏尉晁良貞爲隨機皆著稱後至
大官世名仁愿知人子之輔至趙州刺史張敬忠自監察御史累遷
吏部郎中開元七年拜平盧節度使

王晙滄州景城人後徙洛陽父行果爲長安尉知名晙少孤好學祖有
方奇之曰是子當興吾宗長豪曠不樂爲衛檢事擢明經第始調清
苑尉歷除殿中侍御史會朔方元帥魏元忠討賊不利劾奏副將韓
思忠敗律當誅晙以思忠偏裨權不己制且其人勇智可惜不宜獨誅
固爭得釋晙亦出爲渭南令景龍末授桂州都督州有兵舊常仰
餉衡永晙始築羅郭罷戍卒堨江開屯田數千頃以息轉漕百姓賴
之後求歸上冢州人詣闕留有詔桂往罹寇暴戶口彫瘵宜即留以
須政成在桂踰朞年人丐刻石頌德初劉幽求放封州廣州都督
周利貞欲必殺之道出晙所晙知其故留不遣利貞移書督趣幽
求懼曰執且難全正恐累君柰何晙曰公之坐非朋友所絕晙在終
不忍公無罪就死俄崔湜等誅幽求復執政故詔幽求爲刻石辭

遷鴻臚少卿充朔方軍副大總管安北大都護豐安定遠等城並
授節度進太僕少卿隴右群牧使開元二年吐蕃以精甲十萬寇
臨洮次大來谷其酋坌達延以兵踵而前晙率所部二千與臨洮
軍合料奇兵七百易胡服夜襲去賊五里令曰前遇寇士大呼鼓
角應之賊驚疑伏在旁自相鬬死者萬計俄而薛訥至武階距
大來二十里賊陣兩軍間亘一舍而近晙往迎訥夜使壯士銜枚
鏖突虜駭引去追至洮水敗之俘獲如積以功加銀青光祿大夫
清源縣男兼原州都督以子珽爲朝散大夫又進并州都督長
史明年突厥默啜爲拔曳固所殺其下多降分置河曲既而小殺繼
降降者稍稍叛去晙上言突厥向以國亂故款塞與部落無間世
延係北風何嘗忘之今徙處河曲使內伺邊罅久必爲患比者不
受要約兵已屢動擅作烽區閉障行李虜脫南牧降帳必與連
衡以相應接表裏有敵雖韓彭孫吳無所就功請至農隙令朔
方軍大陳兵召酋豪告以禍福啗以金繒且言南方麋鹿魚米之

饒並邊置淮右河南寬鄉給之程糧雖一時之勞然不二十年漸
服諸華料以充兵則皆勁卒議者若謂降狄不可以南處則高麗
舊俘置沙漠之西城傍編夷居青徐之右何獨降胡不可徙歟臣
復料議者必曰故事置于河曲前日已寧今無獨異且往者頡利
破亡邊鄙安定故降戶得以久安今虜未殄滅此降人皆感屬固
不與往年同也臣請以三策料之悉其部落置內地獲精兵之實
閉黠虜之患此上策也甚障之下蕃華參處廣屯戍爲備擬費甚
人勞下策也置之朔塞滋成禍萌此無策也不然前至河冰且必
有變書未報而虜已叛乃敕晙將并州兵濟河以討晙間行卷甲
捨幕趨山谷夜遇雪恐失期誓於神曰晙事君不以忠不討有罪
天所殛者當自蒙罰士衆無罪心誠忠而天監之則止雪反風以
獎成功俄而雪霽時叛胡分二道走晙自東道追及之獲級三千
以功遷左散騎常侍朔方行軍大總管改御史大夫跌跌部及僕
固都督勺磨等散保受降城之鄙潛引突厥內擾晙密言上盡誘

而誅之拜兵部尚書復爲朔方軍大總管九年蘭池胡康待賓據
長泉反陷六州詔郭知運與晙討平之封清源公官一子玄宗以宮
人賜知運等晙獨不敢取曰臣之事君猶子事父詎有常近闈掖
而臣子敢當乎誓死以免見聽初晙奏朔方兵力有餘願罷知運
獨當戎未報而知運至故不協晙所降附知運輒縱擊賊意晙賣
已乃復叛晙坐貶梓州刺史改太子詹事中山郡公進吏部尚書太
原尹代張說爲兵部尚書同中書門下三品充朔方軍節度大使
河北河西隴右河東之軍盡屬是冬帝親郊追會大禮晙以冰
壯請留將兵待邊手敕慰勉會有人告許州刺史王喬謀反辭逮
晙詔源乾曜張說雜訊無狀以黨與貶蘄州刺史遷定州復以戶
部尚書爲朔方軍節度使卒贈尚書左丞相謚曰忠烈晙氣貌偉
特時謂爲熊虎相感慕節義有古人風其操下肅壹吏人畏愛
始二張之誣魏元忠晙獨上疏申治宋璟曰魏公全矣子再觸逆
鱗其殆乎晙曰魏公以忠獲罪苟得辨雖死弗悔晙卒後信安王

禕討奚於幽州告捷且言戰時士咸見晙與部將高昭麾兵赴敵
天子嗟異戶部郎中陽伯成上疏請封晙墓表異之優其子孫帝
乃遣使祭晙廟進諸子官

贊曰唐所以能威振夷荒斥大封域者亦有虎臣爲之牙距也至
師行數千萬里窮討殊鬬獵取其國由麋豕然可謂選值其才
歟夫宰相代天秩物燮化人神惟有德者宜之若休璟仁愿用以
丞弼非彊所不能邪据功名之地則綽綽矣

郭二張三王蘇薛程唐列傳第三十六

端明殿學士兼翰林侍讀學士龍圖閣學士朝散大夫守尚書吏部侍郎充集賢殿修撰臣宋祁奉
敕撰

王義方泗州漣水人客于魏孤且窶事母謹甚淹究經術性謇特高
自標樹舉明經詣京師客有徒步疲于道者自言父官遠方病且革欲
往省困不能前義方哀之解所乘馬以遺不告姓名去由是譽振
一時不肯造請貴勢太宗使宰相聽其論於是尚書外郎獨孤悊
以儒顯給事中許敬宗推悊確論義方引逮百家異同連挂悊直
出其上左右為悊不平輒罷會補晉王府參軍直弘文館魏徵異
之欲妻以夫人之姪辭不取俄而徵薨乃取女人問其然曰初不附
宰相今感知己故也素善張亮亮抵罪故貶吉安丞道南海舟師
持酒脯請福義方酌水誓曰有如忠獲戾孝見尤四維廓氛千里
安流神之聽之無作神羞是時盛夏濤霧蒸湧既祭天雲開露
人壯其誠吉安介蠻夷梗悍不馴義方召首領稍選生徒為開陳

經書行釋奠禮清歌吹籥登降跽立人人悅順久之徙洹水丞而
亮兄子皎自朱崖還依義方將死諉妻子願以尸歸葬義方許之
以皎妻少故與之誓於神使奴負柩輟馬載皎妻身步從之既葬
皎原武歸妻其家而告亮墓乃去遷雲陽丞顯慶元年擢侍御史
不再旬會李義府縱大理囚婦淳于迫其丞畢正義縊死無敢白
其姦義方自以興縣屬不三時拜御史且疾當世附離匪人以欺
朝廷內決劾奏意必得罪即問計於母母曰昔王母伏劍成陵之
誼汝能盡忠吾願之死不恨義方即上言天子置公卿大夫士欲
水火相濟鹽梅相成不得獨是獨非也昔堯失之四凶漢高祖失
之陳豨光武失之逢萌魏武失之張邈彼聖傑之主然皆失於前
而得於後今陛下撫萬邦而有之蠻區夷落罪無逃罰況輦轂下
姦臣肆虐乎殺人滅口此生殺之柄不自主出而下移佞臣履霜堅
冰彌不可長請下有司雜治正義死狀即具法冠對仗叱義府下
跪讀所言帝方安義府狡佞恨義方以孤士觸宰相貶萊州司

戶參軍歲終不復調往客昌樂聚徒教授母喪隱居不出卒年
五十五義方為御史時買第後數日愛廷中樹復召主人曰此佳
樹得無欠償乎又予之錢其廉不貪類此始魏徵愛其材也每恨
太直後卒以疾惡不容于時既死門人員半千何彥先行喪蒔松
栢冢側三年乃去彥先齊州全節人武后時位天官侍郎
員半千字榮期齊州全節人其先本彭城劉氏十世祖凝之事宋
起部郎及齊受禪奔元魏以忠烈自比伍員因賜姓員終鎮西將
軍平涼郡公半千始名餘慶生而孤為從父鞠愛羈丱通書史客
晉州州舉童子房玄齡異之對詔高第已能講易老子長與何彥
先同事王義方以邁秀見賞義方常曰五百歲一賢者生子宜當
之因改今名凡舉八科皆中咸亨中上書自陳臣家貲不備千錢
有田三十畝粟五十石聞陛下封神岳舉豪英故鬻錢走京師
朝廷九品無葭莩親行年三十七懷志潔操未嘗一官不能陳力歸
報天子陛下何惜玉陛方寸地不使臣披露肝膽乎得天下英才

五千與權所長有一居先臣當伏死都市書奏不報調武陟尉歲
旱勸令殷子良發粟振民不從及子良謁州半千悉發之下賴以
濟刺史大怒囚半千于獄會薛元超持節度河讓太守曰君有民
不能恤使惠出一尉尚可罪邪釋之俄舉岳牧高宗御武成殿問
兵家有三陣何謂邪衆未對半千進曰臣聞古者星宿孤虛天陣
也山川向背地陣也偏伍彌縫人陣也臣謂不然夫師以義出沛
若時雨得天之時為天陣足食約費且耕且戰得地之利為地陣
舉三軍士如子弟從父兄得人之和為人陣捨是則何以戰帝曰
善既對策擢高第歷華原武功尉厭卑劇求為左衛冑曹參軍
使吐蕃將行武后曰久聞爾名謂為古人乃在朝邪境外事不足
行宜留待制即詔入閣供奉遷司賓寺主簿稍與丘悅王劇石抱
忠同為弘文館直學士又與路敬淳分日待制顯福門下擢累正
諫大夫兼右控鶴內供奉半千以控鶴在古無有而授任者皆浮
狹少年非朝廷德選請罷之忤旨下遷水部郎中會詔擇牧守

除棣州刺史復入弘文館爲學士武三思用事以賢見忌出豪歙二州刺史半千不顧任吏常以文雅粉澤故所至禮化大行睿宗初召爲太子右諭德仍學士職累封平原郡公表丐骸骨有詔聽朝朔望半千事五君有清白節年老不衰樂山水自放開元九年遊堯山沮水間愛其地遂定居卒年九十四即葬焉吏民哭野中

抱忠長安人名屬文初置右臺自清道率府長史爲殿中侍御史進檢校天官郎中與侍郎劉奇張詢古共領選寡廉潔而奇號清平二人坐綦連耀伏誅悅河南人亦善論譔仕至岐王傅

韓思彥字英遠鄧州南陽人游太學事博士谷那律律爲匪人所辱思彥欲殺之律不可萬年令李乾祐異其才舉下筆成章志烈秋霜科擢第授監察御史巡察劍南益州高貲兄弟相訟累年不決思彥敕廚宰飲以乳二人寤齧肩相泣曰吾乃夷獠不識孝義公將以兄弟共乳而生邪乃請輟訟至西洱河誘叛蠻降之會蜀大饑開

倉振民然後以聞璽書褒美使并州方賊殺人主名不立醉胡懷刀而汙訊掠已服思彥疑之晨集童兒數百暮出之如是者三因問兒出亦有問者乎皆曰有之乃物色推訊遂禽眞盜後太白晝見勸帝脩德荅天譴帝讓中書令李義府曰八品官能言得失而卿冒沒富貴主何事邪義府謝罪司農武惟良擅用并州賦二百萬緡思彥劾奏死武后爲請而免義府與諸武共譖思彥出爲山陽丞初尉遲敬德子姓陷大逆思彥按釋其冤至是贈黃金良馬思彥不受至官閱月自免去放蹟江淮間久之補建州司戶參軍帝召問不見卿久今何官邪思彥泣道所以然帝謂宰相此亦太屈復召爲御史俄出爲江都主簿又徙蘇州錄事參軍罷客汴州張僧徹者廬墓三十年詔表其閭請思彥爲頌餉縑二百不受時歲凶家窶甚僧徹固請爲受一匹命其家曰此孝子縑不可輕用上元中復召見思彥久去朝儀矩梗野拜忘蹈舞又詆外戚擅權后惡之中書令李敬玄劾奏思彥見天子不蹈舞負氣鞅鞅不可用時已拜乾封丞故徙朱鳶丞遷賀州司馬卒始思彥在蜀引什邡令鄧惲右坐曰公且貴願以子孫諉公比其斥而惲已爲文昌左丞子琬

琬字茂貞喜交酒徒落魄少崖檢有姻勸舉茂才名動里中刺史行鄉飲餞之主人揚觶曰孝于家忠于國今始充賦請行無筭爵儒林榮之擢第又舉文藝優長賢良方正連中拜監察御史景雲初上言國安危在於政政以法暫安焉必危以德始不便焉終治夫法者智也德者道也智權宜也道可以久大也故以智治國國之賊不以智治國國之福貞觀永徽之間農不勸而耕者衆法施而犯者寡俗不偷薄器不行窳吏貪者士恥同列忠正清白者比肩而立罰雖輕而不犯賞雖薄而勸位尊不倨家富不奢學校不勵而勸道佛不懲而戒土木質厚裨販弗蚩其故奈何雜以皇道也自兹以來任巧智斥謇諤趨勢者進守道者退諂附者無黜剝之憂正直者有後時之歎人趨家競風俗偷替其故奈何行以霸道也

貞觀永徽之天下亦今日天下淳薄相反由治則然夫巧者知忠孝爲立身之階仁義爲百行之本託以求進口是而心非言同而意乖陛下安能盡察哉貪冒者謂能清貞者謂孤浮沉者爲黠剛正者爲愚位下而驕家貧而奢歲月漸漬不救其弊何由變浮之淳哉不務省事而務捉搦夫捉搦者法也法設而滋章滋章則盜賊多矣法而益國設之可也比法令數改或行未見益止未知損譬弈者一棊爲善而復之者愈善故曰設法不如息事事息則巧不生聖人防亂未然天下何縣不治哉永淳時雍丘令尹元貞坐婦女治道免官令婦夫女役常不知怪調露時河內尉劉憲父喪人有請其負者有司以爲名教不取今謂爲見機太宗朝司農以市木橦倍價抵罪大理孫伏伽言官木橦貴故百姓者賤臣見司農識大體未聞其過太宗曰善今和市顯刻剝名爲和而實奪之往者學生佐史里正每一員闕擬者十人今當選者亡匿以免往選司從容有禮今如仇敵賈販往官將代儲什物俟其至今交罷執符紛

競校在亡徃商賈出入萬里今市井至失業徃家藏鏹積粟相夸今匱貲示羸以相尚徃夷狄款關今軍屯積年徃召募人賈其勇今差勒闔宗逃亡徃倉儲盈衍今所在空虛夫流亡之人非愛羈旅忘桑梓也斂重役亟家產已空鄰伍牽連遂爲游人窮詐而犯禁救死而抵刑夫亂繩已結急引之則不可解今刻薄吏能結者也舉劾吏能引者也則解者不見其人願取奇材卓行者畀能授官又言仕路太廣故棄農商而趨之一夫耕一婦蠶衣食百人欲儲蓄有餘安可得乎書入不報出監河北軍兼按察使先天中賦絹非時於是穀賤縑益貴丁別二縑人多徙亡瑰曰御史乃耳目官知而不言尚何賴又上言須報則弊已甚積罷督乃聞詔可開元中遷殿中侍御史坐事貶官卒

蘇安恒冀州武邑人博學尤明周官春秋左氏學武后末年太子雖還東宮政事一不與大臣畏禍無敢言安恒投匭上書曰陛下膺先聖顧託受嗣子揖讓應天順人二十餘年豈不聞虞舜褰裳

周公復辟事乎今太子孝謹春秋盛壯使統臨宸極何異陛下身撫天下哉胡不傳位東宮休安聖躬自昔天下無二姓並興且梁河內建昌諸王以親得封恐萬歲後不能良計宜退就公侯任以閑簡又陛下二十餘孫無尺土封非長久計也請以都督府要州分而王之縱今尚幼且擇立師傅養成德器藩屛皇家書奏后雖猜克不能無感乃召見賜食厚慰遣之明年復諫曰臣聞天下者高祖太宗之天下有隋失馭羣雄鹿駭唐家親事戎旅以平寓縣指河爲誓非李氏不王非功臣不封陛下雖居正統實唐舊基前日太子在諒闇相王非長嗣唐祚中弱故陛下因以即位今太子年德已盛尚貪有大寶忘母子之恩蔽其元良以據神器何施顏面見唐家宗廟大帝陵寢哉臣謂天意人事還歸李氏物極則復器滿則覆當斷不斷將受其亂誠能高揖萬機自怡聖心史臣書之樂府歌之斯盛事也臣聞見過不諫非忠畏死不言非勇陛下以臣爲忠則擇是而用以爲不忠則斬臣頭以令天下書聞不報於是魏元忠爲張易之兄弟所構獄方急安恒獨申救曰王者有容天下之量故濟其心能進天下之善故除其惡不然則神鬼憑怒陰陽紛舛陛下始革命勤秉政樞博達謀猷天下以爲明主暮年猒怠讒佞熾結水火相災百姓不親五品不遜天下以爲暗君邪正糅進獄訟寃劇何昔是而今非邪居安忘危之失也竊見元忠廉直有名位宰相履忠正邪佞之徒嫉之若讎易之兄弟無功無德但以馮附不閱數朞位勢隆極指馬獻蒲先害善良自元忠下獄人人偶語謂易之交亂且及四國烈士撫髀忠臣鉗口懼易之之權恐先誅受戮虛死無名況賦虐方彊賦斂重困而自縱讒慝搖變遐邇臣恐四夷伺目窺覘爲邊鄙患百姓託義以清君側逐鹿之人叩關而至陛下衛左右從中以應爭鋒朱雀之門問鼎大明之宮陛下何以謝之臣今計者莫若收雷電之威解恢恢之網復爵還位君臣如初則天下幸甚陛下縱不能斬佞臣塞人望且當抑奪榮寵翦其羽翅無使驕橫爲社稷之憂疏奏易之等

大怒遣刺客邀殺之賴鳳閣舍人桓彥範等悉力營解乃免神龍初爲習藝館內教節愍太子難或讒安恒豫謀死獄中睿宗立知其枉詔贈諫議大夫

薛登常州義興人父士通爲隋鷹揚郎將江都亂與州民聞人嗣安據城拒賊武德初持地自歸授東武州刺史輔公祏反士通與賊將西門君儀戰破之及平封臨汾侯終泉州刺史登通貫文史善議論根證該審與徐堅劉子玄齊名調閬中主簿天授中累遷左補闕時選舉濫甚乃上疏曰比觀舉薦類不以才馳聲假譽互相推引非所謂報國求賢者也古之取士考素行之原詢鄉邑之譽崇禮讓明節義以敦樸爲先雕文爲後故人崇勸讓士去輕浮以計貢賢愚爲州之榮辱昔李陵降而隴西慙干木隱而西河美名勝於利則偷競日銷利勝於名則貪暴滋煽蓋冀缺以禮讓升而晉人知禮文翁以經術教而蜀士多儒未有上好而下不從者也漢世求士必觀其行故士有自脩爲閭里推舉然後府寺交辟

魏取放達晉先門閥梁陳薦士特尚詞賦隋文帝納李諤之言詔
禁文章浮詞時泗州刺史司馬幼之表不典實得罪由是風俗稍
改煬帝始置進士等科後生復相馳競赴速趨時緝綴小文名曰
策學不指實爲本而以浮虛爲貴方今舉士尤乖其本明詔方
下固已驅馳府寺之廷出入王公之第陳篇希恩奏記誓報故俗
號舉人皆稱覓舉覓者自求也非彼知之義是以耿介之士羞於
自拔循常小人弃疏取附願陛下降明制頒峻科斷無當之游言
收實用之良策文試效官武閱守禦昔吴起將戰左右進劒吴
子辭之諸葛亮臨陣不親戎服蓋不取弓劒之用也漢武帝聞司
馬相如之文恨不與同時及其至也終不處以公卿之位非所任故也
漢法所舉之主終身保任楊雄之坐田儀成子之得魏相賞罰之
令行則請謁之心絶退讓之義著則貪競之路鎖請寬年限以容
簡汰不實免官得人加賞自然見賢不隱貪禄不專矣時四夷質
子多在京師如論欽陵阿史德元珍孫萬榮皆因入侍見中國法
度及還並爲邊害登諫曰臣聞戎夏不雜古所戒也故斥居塞外
有時朝謁已事則歸三王之法也漢魏以來革襲衣冠築室京
師不令歸國較其利害三王是而漢魏非拒邊長而質子短昔晉
郭欽江統以夷狄處中夏必爲變武帝不納卒有永嘉之亂伏見
突厥吐蕃契丹往因入侍並被將遇官戎秩步學黌門服改氊罽
語習楚夏窺圖史成敗熟山川險易國家雖有冠帶之名而狼子
孤恩患必在後昔申公奔晉使子狐庸爲吴行人教吴戰陣使之
叛楚漢遷五部匈奴於汾晉卒以劉石作難竊計秦并天下及
劉項用兵人士凋散以冒頓之盛乘中國之虚而高祖困厄平城
匈奴卒不入中國者以其生長磧漠謂穹廬賢於城郭氊罽美
於章紱既安所習是以無窺中國心不樂漢故也元海五部散亡
之餘而能自振者少居內地明習漢法鄙單于之陋竊帝王之稱
使其未嘗內徙不過劫邊人繒絮麴蘖歸陰山而已今皇風所覃
含識革面方由余效忠日磾盡節然臣慮備豫不謹則夷狄稱

兵不在方外非貽謀之道臣謂願充侍子可一切禁絶先在國者
不使歸蕃則夷人保疆邊邑無爭武后不納久之出爲常州刺史
屬宣州賊鍾大眼亂百姓潰震登嚴勒守備閭塓賴安再遷尚
書左丞景雲中爲御史大夫僧惠範怙太平公主勢奪民邸肆官
不能直登將治之或勸以自安登曰憲府直枉朝奏暮黜可矣遂
劾奏反爲主所構出岐州刺史遷太子賓客開元初爲東都留守
再爲太子賓客登本名謙光以與皇太子名同詔賜今名坐子東
歸田里家苦貧詔給致仕禄卒年七十三贈晉州刺史

王求禮許州長社人武后時爲左拾遺監察御史后方營明堂雕
飾譎怪侈而不法求禮以爲鐵鸑金龍丹雘珠玉乃商瓊臺夏瑤
室之比非古所謂茅茨棌椽者自軒轅以來服牛乘馬今輦以人
負則人代畜上書譏切久不報契丹叛使孫萬榮寇河北詔河內
王武懿宗禦之懦撓不進賊敗數州去懿宗乃條華人爲賊詿誤
者數百族請誅之求禮劾奏曰詿誤之人無良邊吏教習城不完
固爲虜脅制寧素持叛心哉懿宗擁兵數十萬聞敵至走保城邑
今乃移禍無辜之人不亦過乎請斬懿宗首以謝河北懿宗大懼
后盡赦其人當是時契丹陷幽州饋輓屈竭左相豆盧欽望請停
京官九品以上兩月奉助軍興求禮曰公禄萬鍾正可輟仰禄之人可
柰何欽望拒不應既奏求禮歷階進曰天子富有四海何待九品
奉使宰相奪之以濟軍國用乎姚璹曰秦漢皆有稅算以佐軍求
禮不識大體對曰秦漢虛天下事邊柰何使陛下効之后曰止久
視二年三月大雨雪鳳閣侍郎蘇味道等以爲瑞率羣臣入賀求
禮讓曰宰相燮和陰陽而季春雨雪乃災也果以爲瑞則冬月雷
渠爲瑞雷邪味道不從既賀者入求禮即厲言今陽氣僨升而陰
冰激射此天災也主荒臣佞寒暑失序戎狄亂華盜賊繁興正官
少僞官多百司非輔不入使天有瑞何感而來哉羣臣震恐后爲
罷朝然以剛正故官齟齬神龍初終衞王府參軍

柳澤蒲州解人曾祖亨字嘉禮隋大業末爲王屋長陷李密已

而歸京師姿貌魁異高祖奇之以外孫竇妻之三遷左衛中郎將壽陵縣男以罪貶邛州刺史進散騎常侍代還數年不得調持兄喪方葬會太宗幸南山因得召見哀之數日入對北門拜光祿少卿亨射獵無檢帝謂曰卿於朕舊且親然多交游自今宜少戒亨由是痛飭厲謝賓客身安靜弃力吏事終檢校岐州刺史贈禮部尚書幽州都督謚曰恭澤耿介少言笑風度方嚴景雲中爲右率府鎧曹參軍四歲不遷先是中宗時長寧宜城安定諸公主及后女弟昭容上官與其母鄭尚宮柴隴西夫人趙及姻聯數十族皆能降墨敕授官號斜封及姚元崇宋璟輔政白罷斜封官數千負元崇等罷去太平公主盡奏復之澤詣闕上疏曰臣聞藥不毒不可以蠲疾詞不切不可以補過故習甘旨者非攝養之方邇諛佞者非治安之宜臣竊見神龍以來綱紀大壞內寵專命外嬖制權因貴憑勢賣官鬻爵妃主之門同商賈然舉選之署若闤闠然屠販者由邪忝官廢黜者因姦冒進天下溷亂幾危社稷賴陛下聰明神武拯溺舉墜耳目所親豈可忘鑒誡哉且斜封官者皆僕妾私謁迷謬先帝豈盡先帝意邪陛下即位之初用元崇等計悉以停廢今又收用之若斜封之人不可棄邪韋月將燕欽融不應褒贈李多祚鄭克乂不容盪雪也陛下何不能忍於此而能忍於彼使善惡混并反覆相攻道人以非勸人以僻今天下咸稱太平公主與胡僧慧範以此誤陛下故語曰姚宋爲相邪不如正太平用事正不如邪臣恐流遁致遠積小爲大累微成高勿謂何傷其禍將長勿謂何害其禍將大又言尚醫奉御彭君慶以巫覡小伎超授三品奈何輕用名器加非其人臣聞賞一人而千萬人悅者賞之罰一人而千萬人勸者罰之惟陛下裁察疏入不報澤入調會有詔選者得言事乃上書曰頃者韋氏蠱亂姦臣同惡政以賄成官以寵進言正者獲戾行殊者見疑海內寒心人用不保陛下神聖勇智安宗社於已危振黎苗之將溺乃今蠲煩省儒法明德舉萬邦愷樂室家胥歡詩曰靡不有初鮮克有終惟陛下慎厥初惰其終書曰惟德罔小萬邦惟慶惟不德罔大墜厥宗甚可懼也夫驕奢起於親貴綱紀亂於寵倖禁之於親貴則天下從制之於寵倖則天下畏親貴爲而不禁寵倖撓而不制故政不常令不一則姦詐起而暴亂生焉雖朝施暮戮而法不行矣陛下欲親與愛莫若安之福之夫寵祿之過罪之階也謂安之邪驕奢之淫危之梯也謂福之邪前事不忘後之師也陛下數求俊哲使朝夕納誨其有逆于耳謬于心者無速罰姑求之道順于耳便于身者無急賞姑求之非道羞淫巧者拒之則淫巧息進忠讜者賞之則忠讜進臣聞生於富者驕生於貴者傲書曰罔淫於逸罔遊於樂今儲宮肇建王府復啓願采溫良博聞恭儉忠鯁者爲之僚友仍請東宮置拾遺補闕使朝夕講論出入侍從授以訓誥交修不逮臣又聞馳騁畋獵令人發狂今貴戚打毬擊鼓飛鷹奔犬狎比宵人盤游藪澤書曰內作色荒外作禽荒惟陛下誕降謀訓勸以學業示之以好惡陳之以成敗則長享福祿矣臣聞富不與驕期而驕自至驕不與罪期而罪自至罪不與死期而死自至頃韋庶人安樂公主武延秀等可謂貴且寵矣權侔人主威震天下然怙侈滅德神怒人棄豈不謂愛之太極富之太多乎殷鑒不遠在夏后之世今陛下何勸其皇祖謀訓之則乎陛下何懲其孝和寵任之失乎故愛而知其惡憎而知其善夫寵愛之心未有能免要去其太甚閑之以禮則可矣諸王公主駙馬陛下之所親愛也矯枉監戒宜在厥初使居寵思危觀過務善書曰三風十愆卿士有一于身家必喪邦君有一于身國必亡惟陛下黜奢僭驕怠進樸素行業以勗其非心臣聞常厥德保厥位厥德匪常九有以亡願陛下不作無益不啓私門不差刑不濫賞則惟德是輔惟人之懷天祿永終矣睿宗善之拜監察御史開元中轉殿中侍御史監嶺南選時市舶使右威衛中郎將周慶立造奇器以進澤上書曰不見可欲使心不亂是知見可欲而心必亂矣慶立雕製詭物造作奇器用浮巧爲珍玩以譎怪爲異寶乃治國之巨蠹明王所宜嚴

罰者也昔露臺無費明君不忍象箸非大忠臣憤歎慶立求媚聖
意搖蕩上心陛下信而使之乎是宜湮於天下慶立矯而爲之乎
是禁典之所無赦陛下新即位固宜昭宣菲薄廣示節儉豈可以
怪好示四方哉書奏玄宗稱善歷遷太子右庶子爲鄭州刺史未
行卒贈兵部侍郎澤從祖範範貞觀中爲侍御史時吳王恪
好田獵範彈治之太宗曰權萬紀不能輔道恪罪當死範進曰房
玄齡事陛下猶不能諫止畋獵豈宜獨罪萬紀帝怒拂衣起頃之
召謂曰何廷折我範謝曰主聖則臣直陛下仁明臣敢不盡愚帝乃
解高宗時歷尚書右丞揚州大都督府長史奭字子邵以父隋時
使高麗卒焉故往迎喪號踊盡哀爲夷人所慕貞觀中累遷中書
舍人外孫爲皇后遷中書侍郎進中書令皇后挾媚道覺罷爲吏
部尚書后廢貶愛州刺史許敬宗等搆奭通宮掖謀行鴆毒與褚遂
良朋黨罪大逆遣使殺之沒其家朞以上親並流嶺表奭房隸桂
州爲奴婢神龍初乃復官爵子孫親屬緣坐者悉免開元初澤兄

渙爲中書舍人上言臣從伯祖奭去顯慶三年與褚遂良等五門
同被譴戮雖被原雪而子孫殆盡唯曾孫无忝客籍龔州陛下先
天後詔書嘗任宰相家並錄其後況臣之伯祖無辜被誅今墓空
未還後嗣僑處願許伯祖歸葬孤孫北遷於是詔无忝護奭柩歸
鄉里官給喪事无忝後歷潭州都督

馮元常相州安陽人其先蓋長樂信都著姓曾祖子琮北齊右僕
射叔祖慈明有文辭仕隋爲內史舍人奉詔討李密爲密將所縛
身數創密厚禮之情謂曰東都危蹙我欲率四方賢豪建功業幸
公同之慈明曰公家事先帝名在王室乃挾玄感舉兵亡命至今復
圖反噬何耶密囚之俄爲翟讓所殺武德初贈吏部尚書謚壯武
元常舉明經及第調浚儀尉高宗時擢累監察御史劍南道巡察
使興利除害蜀人順賴歷尚書左丞嘗密諫帝中宮權重宜少抑
帝雖置其計而內然之由是爲武后所惡元常在職脩舉識鑒澄
遠帝委遇特厚及不豫詔平章百司奏事武后擅朝嵩陽令樊文

進瑞石后暴石朝堂示百官元常奏石妄僞不可以示羣臣后怒
出爲隴州刺史會天下岳牧集乾陵后不欲元常得會故道徙眉
州刺史劍南有光火盜夜掠人晝伏山谷元常喻以恩信約悔過自
新賊相率脫甲面縛賊平轉廣州都督詔便驛走官安南酋領李
嗣仙殺都護劉延祐劫州縣詔元常討之率士卒航海馳檄先示
禍福賊黨多降元常縱兵斬首惡而還雖有功猶以拂旨見怨不
錄功凡三徙終不得至京師卒爲酷吏周興所陷追赴都下獄死
元常閨門雍睦有禮法雖小功喪不御私室神龍中旌其家大署
曰忠臣之門天下高其節凡名族皆願通婚從弟元淑及后時歷
清漳浚儀始平三縣令右善去惡人稱爲神明與奴僕日一食馬
日一秣所至不挈妻子斥奉餘以給貧窮或譏其近名元淑曰吾
性也不爲苦中宗降璽書勞勉付狀史官元淑約潔過於元常然
剛直不及也終祠部郎中

蔣欽緒萊州膠水人頗工文辭擢進士第累遷太常博士中宗始
親郊國子祭酒祝欽明建言皇后應亞獻欲以媚韋氏天子疑之詔
禮官議衆曲意阿徇欽緒獨抗言不可諸儒壯其節歷吏部員外
郎始韓琬爲高郵主簿使京師自負其才有不遇之言題客舍壁
曰欽緒見之笑曰是子歎後時耶久之琬舉賢良方正欽緒擢
其文異等因謂曰朋友之過免未琬曰今日乃見君子之心其務
爲引士類此欽緒精治道馭吏整嚴雖銖秒罪不貸出爲華州
長史蕭至忠自晉州被召過欽緒欽緒李姻家因戒曰以君才不
患不見用患非分而求耳至忠竟及禍開元十三年以御史中丞
錄河南因宣慰百姓振窮乏徙吏部侍郎歷汴魏二州刺史卒
性孤潔自守唯與賈曾鄭利貞相友云子沇亦專潔博學少有
名以孝廉授洛陽尉遷監察御史與兄演溶弟清俱爲才吏有
名天寶間始河南尹韓朝宗裴迥嘗委訊覆檢句而處事平剖斷
精允羣寮莫能望也乾元中歷陸渾盩厔咸陽高陵四縣令美政
流行長老紀焉郭子儀軍出其縣敎麾下曰蔣沇賢令供億當有

素士得蔬飯足矣毋撓其清也遷長安令以刑部郎中兼侍御史領渭橋運出納使元載持政守道士類不遷沇以故滯郎位不得調常袞代相聞士議恨沇屈故擢御史中丞東都副留守再遷大理卿持法明審號稱職德宗出奉天沇奔行在爲賊所拘欲誘署僞職沇絕食不應命竄伏里中不復見京師平乃出擢右散騎常侍卒年七十四贈工部尚書

清舉明經中第調鞏丞東京留守李憕賢之表爲判官與憕同死安祿山亂贈禮部侍郎敬宗時錄其孫鄴爲伊闕令初清家雖以秩卑不及謚大和初其出吏部郎中王高言之朝追謚曰忠

二王員韓蘇薛柳馮蔣列傳第三十七

唐張徐列傳第三十八　唐書一百一十三

端明殿學士兼翰林侍讀學士龍圖閣學士朝請大夫尚書吏部侍郎充集賢殿脩撰臣宋祁奉
敕撰

唐臨字本德京兆長安人周内史瑾之孫其先自北海内徙武德初隱太子討王世充臨以策進說太子引直典書坊授右衛率府鎧曹參軍太子廢出爲萬泉丞有輕囚久繫方春農事興臨說令可且出囚使就畎畝不許臨曰有所疑丞執其罪令移疾臨悉縱歸與之約囚如期還再遷侍御史大夫韋挺責著位不肅明日挺越次與江夏王道宗語臨進曰王亂班道宗曰與大夫語何至爾臨曰大夫亦亂班挺失色衆皆悚伏俄持節按獄交州出冤繫三千人累遷大理卿高宗嘗錄囚臨占對無不盡帝喜曰爲國之要在用法刻則人殘寬則失有罪惟是折中以稱朕意它日復訊餘司斷者輒紛訴不巳獨臨所訊無一言帝問故荅曰唐卿斷囚不冤所以絕意帝歎曰爲獄者固當若是乃自述其考曰形如死灰心若鐵石云永徽元年拜御史大夫蕭齡之嘗任廣州都督受賕當死詔羣臣議請論如法詔戮于朝堂臨建言羣臣不知天子所以議之之意在律有八王族戮于隱議親也刑不上大夫議貴也今齡之贓貪狠扈死有餘咎陛下以異於它囚故議之有司又令入死非堯舜所以用刑者不可爲後世法帝然之齡之齊高帝五世孫由是免死臨累遷吏部尚書初來濟謫台州李義府謫普州臨奏許禕爲江南巡察使張倫劍南巡察使禕與濟善而倫與義府有隙武后常右義府察知之謂臨遣所私督其過坐免官起爲潮州刺史卒年六十臨儉薄寡欲不好治第宅性旁通專務掩人過見妻子必正衣冠兄皎武德初爲秦王府記室從王征討掌書檄貞觀中官吏部侍郎先是選集四時補擬不爲限皎請以冬初集盡季春止後遂爲法終益州長史贈太常卿子之奇給事中坐章懷太子屬徙邊後除括蒼令與徐敬業起兵誅臨孫紹紹神龍時爲太常博士遷左臺侍御史度支員外郎常兼博士韋

庶人請妃公主命婦以上葬給鼓吹詔可紹曰鼓吹本軍容黃帝戰涿鹿以爲警衛故曲有靈夔吼鵰鶚爭石墜崖壯士怒之類惟功臣詔葬得兼用之男子有四方功所以加寵雖郊祀天地不參設容得接閨闈哉在令五品官昏葬無給鼓吹者唯京官五品則假四品蓋班秩在夫若子請置前詔用舊典不省中宗始郊國子祭酒祝欽明等知韋后能制天子欲迎諂之即奏以皇后亞獻安樂公主終獻又四時及列帝誕日遣使者詣陵如事生紹以爲非禮引正誼固爭帝又詔武氏陵及諸武墓皆置守戶紹謂昊順二陵守戶五百與昭陵同在令先世帝王陵戶二十今雖崇奉外家宜準附常典又親王墓戶十梁魯乃追贈不可踰眞王褒德衛卒至踰宗廟不可明甚請罷之又言比者羣臣務厚葬以俑人象駿駝耀相矜下逮衆庶流宕成俗願按令切敕裁損凡明器不許列衢路推陳墓所昏家盛設障車擁道爲戲樂邀貨捐貲動萬計甚傷化紊禮不可示天下事雖不從議者美數睿宗即位數言政損益再遷給事中兼太常少卿先天二年玄宗講武驪山紹以典儀坐失軍容當斬帝怒甚執纛下左右猶冀少貸金吾將軍李邈遽傳詔斬之時深咎邈帝亦悔俄詔罷邈官擯于家

張文瓘字稚圭貝州武城人隋大業末徙家魏州之昌樂幼孤事母兄以孝友聞貞觀初第明經補并州參軍時李勣爲長史嘗歎曰稚圭今之管蕭吾所不及勣入朝文瓘與屬僚二人皆餞勣贈二人以佩刀玉帶而不及文瓘文瓘以疑請勣曰子無爲嫌若某冘豫少決故贈以刀欲其果於斷某放誕少檢故贈以帶俾其守約束若子才無施不可焉用贈因極推引再遷水部員外郎時兄文琮爲戶部侍郎於制兄弟不並臺閣出爲雲陽令累授東西臺舍人參知政事乾封二年遷東臺侍郎同東西臺三品遂與勣同爲宰相俄知左史事時高宗造蓬萊上陽合璧等宮復征討四夷京師養廄馬萬匹帑廥寖虛文瓘諫曰王者養民逸則富以康勞則怨以叛秦漢廣事四夷造宮室至二世土崩武帝末年戶口減半夫制治於未亂保邦於未危人罔常懷懷于有仁臣願撫之無使勞而生怨隋監未遠不可不察帝善其言賜繒錦百段爲減廄馬數千改黃門侍郎兼太子右庶子又兼大理卿不旬日斷疑獄四百抵罪者無怨言嘗有小疾囚相與齋禱願亟視事時以執法平恕方戴冑後拜侍中兼太子賓客諸囚聞其遷皆垂泣其得人心如此性嚴正未嘗回容諸司奏議悉心糾駮故帝委之或時移疾促宰相奏事帝必問與文瓘議未若不者曰往共籌之或曰已議即皆報可新羅叛帝將出兵討之時文瓘病卧家自力請見曰吐蕃盜邊兵屯境未解新羅復叛議者欲出師二虜俱事臣恐人不堪弊請息兵脩德以懷異俗詔可初同列以堂饌豐餘欲少損文瓘曰此天子所以重樞務待賢才也吾等若不任職當自引避不宜節減以自取名衆乃止卒年七十三贈幽州都督謚曰懿以嘗事孝敬皇帝詔陪葬恭陵四子潛爲魏州刺史沛同州刺史洽衛尉卿涉殿中監父子皆至三品時謂萬石張家韋溫誅涉爲亂兵所殺

文琮好自寫書筆不釋手子弟諫止曰吾好此不爲倦貞觀中爲治書侍御史遷亳州刺史永徽初獻文皇帝頌優制襃美拜戶部侍郎坐房遺愛從母弟出爲建州刺史州尚淫祀不立社稷文琮下教曰春秋二社本于農今此州廢不立尚何觀比歲田畝卒荒或未之思乎神在于敬可以致福於是始建祀場民悅從之卒于官子錫父視初爲鳳閣侍郎同鳳閣鸞臺平章事代其甥李嶠爲宰相請還廬陵王不爲張易之所右與鄭杲俱知選坐洩禁中語又賕謝鉅萬時蘇味道亦坐事同被訊繫鳳閣俄從司刑三品院錫按轡專道神氣不懾日膳豐鮮無損貶味道徒步赴逮席地菜食武后聞之釋味道將斬錫既而流循州神龍中累遷工部尚書兼脩國史東都留守韋后臨朝詔同中書門下三品旬日出爲絳州刺史累封平原郡公卒文琮從父弟文收終太子率更令善音律著新樂書十餘篇

徐有功名弘敏避孝敬皇帝諱以字行國子博士文遠孫也舉明
經累補蒲州司法參軍襲封東莞縣男爲政仁不忍杖罰民服其
恩更相約曰犯徐參軍杖者必斥之訖代不辱一人累遷司刑丞
時武后僭位畏唐大臣謀己於是周興來俊臣丘神勣王弘義等
揣識后指置總監牧院諸獄捕將相俾相鉤逮掩擭護送楚掠凝
慘又汙引天下豪桀馳使者即按一切以反論吏爭以周內窮詆相
高后輒勸以官賞於是以急變相告言者無虛日朝野震恐莫敢
正言獨有功數犯顏爭枉直后厲語折抑有功爭益牢時博州刺
史琅邪王沖責息錢于貴鄉遣家奴督斂與尉顏餘慶相聞知奴
自市弓矢還會沖坐逆誅魏州人告餘慶豫沖謀后令俊臣鞫治
爲沖督償通書合謀明甚非曰支黨請殊死籍其家詔可有功曰
永昌赦令與虺貞同惡魁首已伏誅支黨未發者原之書曰殲厥
渠魁律以造意爲首尋赦已伏語則魁首無遺餘慶赦後被言是

謂支黨今以支爲首是以生入死赦而復罪不如勿赦生而復殺不
如勿生竊謂朝廷不當爾后怒曰何謂魁首荅曰魁者大帥首者元
謀后曰餘慶安得不爲魁首荅曰若魁首者虺貞是已既已伏誅
餘慶今方論罪非支黨何后意解乃曰公更思之遂免死當此時
左右及衞仗在廷陛者數百人皆縮項不敢息而有功氣定言詳
巍然不橈有韓紀孝者受徐敬業僞官前已物故推事使顧仲琰
籍其家詔已報可有功追議曰律謀反者斬身亡即無斬法無斬
法則不得相緣所緣之人亡則所因之罪滅詔從之皆以更赦免
如此獲宥者數十百姓累轉秋官郎中鳳閣侍郎任知古冬官尚
書裴行本等七人被誣當死后謂宰相曰古人以殺止殺我今以
恩止殺就羣公丐知古等賜以再生可乎俊臣張知默固請如法
后不許俊臣獨引行本更驗前罪有功奏曰俊臣違陛下再生之
賜不可以示信於是悉免死道州刺史李仁褒兄弟爲人誣構有
功爭不能得秋官侍郎周興劾之曰漢法附下罔上者斬面欺者

亦斬在古析言破律者殺有功故出反囚罪當誅請按之后不許
猶坐免官俄起爲左肅政臺侍御史辭曰臣聞鹿走山林而命繫
庖廚者勢固自然陛下以法官用臣臣守正行法必坐此死矣后
固授之天下聞有功復進洒然相賀時有詔公坐流私坐徒以上
會赦免踰百日不首者復論有功奏曰陛下寬殊死罪已發者原
之是通改過之心自新之路故律告赦前事以其罪坐之若無告
言所犯終不自發如告言赦前事則與律乖今赦前之罪不自言
者還以法論即恩雖布天下而一罪不能貸臣竊爲陛下不取后
更詔五品以上議可又上疏曰天下貢有定比選者日多選曹請
囑公行買邑謗滿路唐季人多逆節鞫訊結斷刑慘獄嚴革命歲
久其流弗改事表生情法外構理而刻薄吏驅扇成蕪雖朝堂進
表列匭內牒叫閽弗聽叩鼓弗聞使申其冤正增其枉誠令天官
銓注有所不平法司推斷舞法深詆三司理匭受所上章擁塞不
白者皆許臣按驗劾發奪祿貶勞不越月踰時可致刑措后納

之會竇孝諶妻龐爲其奴怖以妖祟教爲夜解因告以厭詛給事中
薛季昶鞫之龐當死子希瑊訟冤有功明其枉季昶劾有功黨惡
逆當弃市有功方視事令史泣以告有功曰豈吾獨死而諸人長不
死邪安步去后召詰曰公比斷獄多失出何耶對曰失出臣小過
好生陛下大德后默然龐得減死有功免爲民起拜左司郎中轉
司刑少卿與皇甫文備同按獄誣有功縱逆黨久之文備坐事下
獄有功出之或曰彼嘗陷君於死今生之何也對曰爾所言者私
忿我所守者公法不可以私害公嘗謂所親曰大理人命所
繫不可阿旨詭辭以求苟免故有功爲獄常持平守正以執據寃
罔凡三坐大辟將死泰然不憂赦之亦不喜后以此重之所全活
甚衆酷吏爲少衰然疾之如讎矣改司僕少卿卒年六十八贈司
刑卿中宗即位加贈越州都督遣使就第弔祭賜物百段授一子
官開元初竇希瑊等請以己官讓有功子惀以報舊德由是自
大理司直遷恭陵令會昌中追謚忠正初鹿城主簿潘好禮慕

有功爲人論之曰昔稱張釋之爲廷尉天下無寃人今有功斷獄
亦天下無寃人然釋之當漢文帝時中外無事守法而已有功居
革命之際周興來俊臣等擁義隱賊崇飾惡言以誣盛德有功守
死明道身瀕殆者數矣此其賢於釋之明甚或稱有功仁恕過漢
于張起居舍人盧若虛曰徐公當雷霆之震而能全仁恕雖千載
未見其比五世孫商

贊曰徐有功不以唐周貳其心推一於法身蹈死以救人之死故能
處猜后酷吏之間以恕自將内挫虐焰不使天下殘於燎可謂仁
人也哉議者謂過漢于張渠不信夫

商字義聲或字秋卿客新鄭再世因爲新鄭人幼隱中條山擢
進士第大中時擢累尚書左丞宣宗詔爲巡邊使使有指拜河中
節度使突厥殘種保特峨山以千帳度河自歸詔商綏定商表處
山東寬鄉置備征軍凡千人襞紙爲鎧勁矢不能洞徙節山南東
道襄多山棚爲票賊商取材卒爲捕盜將別爲屯營寇所發輒迹

捕捕必得遂爲精兵江西都將反韋宙秉傳抵山南發兵商命部
將韓季友以捕盜營士往賊平宙表留季友所部爲綱紀咸通初
以刑部尚書爲諸道鹽鐵轉運使封東莞縣子四年進同中書門
下平章事出爲荆南節度使累進太子太保卒子彥若事僖宗爲
中書舍人昭宗立再用爲御史中丞張濬師敗太原以彥若爲戶
部侍郎同中書門下平章事俄代李茂貞爲鳳翔節度使不得入
還爲御史大夫乾寧初復當國進位太保齊國公崔胤專政以彥
若位己右不悅以平章事爲清海軍節度使卒於鎮而行軍司
馬劉隱因主留務方時多難彥若最見信于帝有以事自陳者帝
曰汝當問彥若其所倚任如此

唐張徐列傳第三十八

崔徐蘇豆盧列傳第三十九　唐書一百一十四

端明殿學士兼翰林侍讀學士龍圖閣學士朝請大夫守尚書吏部侍郎充集賢殿修撰臣宋祁奉
敕撰

崔融字安成齊州全節人擢八科高第累補宮門丞崇文館學士
中宗爲太子時選侍讀典東朝章疏武后幸嵩高見融銘啓母碣歎
美之及已封即命銘朝覲碑授著作佐郎遷右史進鳳閣舍人時
有司議關市行人盡征之融上疏謂周官九賦其七曰關市以市
多淫巧而關通末游欲止抑之故加稅耳然唯斂工商而不及往
來今一切通取則事不師古且四人異業舊矣復動而搖之市者
兼受善惡也若甚則細人無所容細人無所容久必爲亂天下
之關必險道市必要津豪宗惡少在焉間一旦變法或致騷動恐
南走蠻北走狄今江津河滸列鋪率稅檢覆稽留加主司僥略邀
丐則商人廢業魏晉齊隋所不行況陛下乎有如師興費廣雖倍
筭商旅加斂齊人可也后納之張易之兄弟頗延文學士融與李

嶠蘇味道麟臺少監王紹宗降節佞附易之誅貶袁州刺史召授
國子司業與脩武后實錄勞封清河縣子融爲文華婉當時未有
輩者朝廷大筆多手敕委之其洛出寶圖頌尤工譔武后哀冊最
高麗絕筆而死時謂思苦神竭云年五十四贈衞州刺史謚曰文
膳部員外郎杜審言爲融所獎引爲服緦麻六子其聞者禹錫翹
禹錫開元中中書舍人贈定州刺史謚曰貞翹禮部尚書贈荆州
大都督謚曰成孫巨右補闕亦有文曾孫從

從字子又少孤貧與兄能偕隱太原山中會歲饑拾橡實以飯講
學不廢擢進士第從山南嚴震府爲推官以母喪免兄弟廬墓手
蓺松栢喪闋不應辟命久之韋皋引爲西山運務使奏遷判官攝
守邛州前刺史有以盜繫獄辭已具從疑其寃縱不治俄得眞盜
皋卒劉闢反欲并東川從以書諭止闢闢怒從乃募兵嬰城守闢方
悉兵拒高崇文戰而敗從完州自如盧坦表宣州副使入爲殿中
侍御史遷吏部員外郎異時史給選者成牒以先後丐賕從一限

出之後遂爲陸裴度爲御史中丞奏以右司郎中知雜事度巳相
代爲中丞所彈治不屈權幸事繫臺閣而付杖内者必請還有司
薦引御史務取質重廉退者李翛以寵得京兆尹爲莊憲太后山
陵橋道使務以減耗償費爲功至不治道輴車當渭橋久不得進
從三劾之無少貸俄授陝虢觀察使遷尚書右丞王承宗請割德
棣而遣子入侍也憲宗選堪使者以命從議者謂承宗很譎非單
使可屈次魏田弘正請以五百騎從辭之惟童騎十數疾趨鎭集
軍士毬場宣詔爲陳逆順大節禍福之效音辭暢厲士感動承宗
自失貌愈恭至泣下即按二州户口符印上之還爲山南西道節
度使帝欲遂相監軍使揣知爲用事者求金從不肯荅用是不得
相長慶初繇尚書左丞領鄜坊節度屬部多神策屯軍數亂法驕橫
吏不能制從一繩以法下皆重足畏之党項互市羊馬類先遺帥守
從獨不取而厚慰待之羌不敢盜境寶曆初爲東都留守故事留
司官入宮城門列晨衙見留守吏誕傲久廢至是復行召拜户部

尚書宰相李宗閔以從裴度李德裕所善内不喜從求致仕除太
子賓客分司東都告滿百日去於是衆譁語不平宗閔懼復授檢
校尚書左僕射淮南節度副大使知節度事揚州凡交易貲産奴
婢有貫率錢畜羊有口算又貿麴牟其贏以佐用度從皆蠲除之
官吏俸帛常加估以給獨節度使則否從皆與之同大和六年卒
年七十二下有刲股肉以祭者贈司空謚曰貞從爲人嚴偉立朝
稜稜有風望不喜交權利忠厚而讓階品當立門戟終不請位方
鎭内無聲妓娛玩士大夫賢之

能字子才朱泚之亂渾瑊以朔方軍戰武功引佐幕府進累侍御
史河東鄭儋表爲判官累遷黔中觀察使以讒坐貶從爲中丞奏
以自代繇將作監授嶺南節度使與從皆秉節居鎭世傳爲榮卒
年六十八贈禮部尚書從子慎由安潛能子彥曾

慎由字敬止聰警彊記資端厚有父風繇進士第擢賢良方正
異等鄭滑高銖辟府判官入爲右拾遺進翰林學士授湖南觀察
使召還由刑部侍郎領浙西入遷户部侍郎判户部始慎由苦目
疾不得視醫爲治刮適愈而召俄進工部尚書同中書門下平章
事與蕭鄴有隙鄴輔政引劉瑑而出慎由爲東川節度使初宣
宗餌長年藥病渴且中躁而國嗣未立帝對宰相欲肆赦惠無其
端慎由曰太子天下本若立之赦爲有名帝惡之不荅鄴等乘是
譖去之時大中十二年也咸通初徙華州刺史改河中節度使以
吏部尚書請老授太子太保分司東都卒贈司空謚曰貞子胤別傳

安潛字進之進士擢第咸通中歷江西觀察忠武節度使乾符初
王仙芝寇河南安潛募人增陴繕械不以力費仰朝廷首請會兵
討捕號令精明賊畏之不犯陳許境使大將張自勉將兵七千援
宋州時宋威屯曹州而官軍數却賊圍宋益急自勉收南月城斬
賊二千級仙芝夜解去宰相鄭畋建言請以陳許兵三千隷宋威
而威忌自勉乞盡得安潛軍使自勉隷麾下畋謂威有疑忿必殺
自勉奏言今以兵悉畀威是自勉以功受辱安潛抗賊有功乃取

鋭兵付威後有緩急何以戰是勞不蒙賞無以示天下詔止以四千
付威餘還自勉俄代高駢領西川節度吏倚駢爲姦利者安潛皆
誅之數更除繆政於是盜賊衰蜀民以安宰相盧攜素厚駢乃誣
以罪罷爲太子賓客分司東都僖宗避賊劒南召爲太子少師王
鐸任都統表以自副鐸解兵安潛復爲少師東都留守青州王敬
武卒詔拜平盧節度使檢校太師兼侍中會敬武子師範專地不
得入而還後遷太子太傅卒贈太子太師謚貞孝安潛於吏事尤
長雖位將相閱具獄未嘗不身聽之

彥曾咸通初繇太僕卿爲徐州觀察使曉律令然下急爲政剛猛
徐軍素驕而彥曾長于撫民短治軍士多怨之初蠻寇五管陷交
趾詔節度使孟球募兵三千往屯以八百人戍桂林舊制三年一
更至期請代而彥曾親吏尹戡徐行儉貪不恤士乃議廩粟賜乏
請無發兵復留屯一年戍者怒殺都將王仲甫脅糧料判官龐勛
爲將取庫兵剽湘衡虜丁壯合衆千餘北還自浙西趨淮南達泗

口所過先遣俳兒弄木偶伺人情以防邀遏彥曾命牙將田厚簡慰勞而用都虞候元密伏甲任山館擊賊勛遣吏紿言士思歸不敢遏請至府解甲自歸彥曾斬其吏勛陷宿州發庫錢募兵忘命者從亂如歸船千艘與騎夾岸譟而進彥曾料丁男乘城或勸率衆奔兗州彥曾曰我方帥也奉命守此惟有死爾斬議者一人號于衆俄而勛傅城城中大霧如墮彥曾悉誅賊家屬勛衆四面超墉入囚彥曾大彭館有曹君長者說勛曰貴者不並處今朝廷未以留後命公蓋觀察使存爾勛乃殺彥曾於寢自監軍使逮官屬皆死始彥曾治第鄭州引水灌沼水十步忽化爲血署張佛進液蜜爲人一昔鼠齧齧皆斷首徐有子亭下潴水爲沱彥曾導清河灌之鑴石龍首注溜蔽以屋徐人謂屋覆龍於文爲龐清河崔望也爲吞噬云贈刑部尚書乾符中錄其子祐之爲滎陽尉徐吏有路審中者彥曾知其能頗任之既遇害賂守卒斂藏其尸張玄稔攻徐州審中率死士應官軍開南白門官兵入因得破勛後位嵐州

刺史鄭畋謂審中節貫神明請擢爲右羽林將軍詔可有許鐸者罷武城令客於徐勛脅以官不從彥曾官屬被囚鐸潛饋資糧及死爲收瘞匿免其子弟賊平乃皆歸其喪詔拜石首令賜銀緋僚官焦璐溫廷皓李梲崔蘊柳泰盧崇嗣韋廷範贈官有差錄其子官之

徐彥伯兗州瑕丘人名洪以字顯七歲能爲文結廬太行山下薛元超安撫河北表其賢對策高第調永壽尉蒲州司兵參軍時司戶韋暠善判司士李亘工書而彥伯屬辭時稱河東三絕遷職方員外郎奉迎中宗房州進給事中武后撰三教珠英取文辭士皆天下選而彥伯李嶠居首遷宗正卿出爲齊州刺史帝復位改太常少卿以脩武后實錄勞封高平縣子爲衞州刺史政善狀璽書褒勞徙蒲州以近畿會郊祭上南郊賦一篇辭致典縟擢脩文館學士工部侍郎歷太子賓客以疾乞骸骨許之開元二年卒彥伯事寡嫂謹撫諸姪同己姓秉筆累朝後來翕然慕傚晚爲文稍彊澀然當時不及也始武后時大獄興王公卿士以語言爲酷吏所引死徙不可計彥伯著樞機論以謂言者德之柄行之主志之端身之文也君子之樞機動則物應得失之見也可以濟身亦以覆身否泰榮辱一繫之能審思而應精慮而動擇其交以後談則悔吝何由而生怨惡何由而至如此乃可以言也以爲戒世云

蘇味道趙州欒城人九歲能屬辭與里人李嶠俱以文翰顯時號蘇李建冠州舉進士中第累調咸陽尉吏部侍郎裴行儉才之會征突厥引管書記裴居道爲左金吾衞將軍倩味道作章讓筆而具閑徹清密當時盛傳延載中以鳳閣舍人檢校侍郎同鳳閣鸞臺平章事歲餘爲眞證聖元年與張錫俱坐法繫司刑獄錫雖下吏氣象自如味道獨席地飯蔬爲危惴可憐者武后聞放錫嶺南纔降味道集州刺史召爲天官侍郎聖曆初復以鳳閣侍郎同鳳閣鸞臺三品更葬其親有詔州縣治喪事味道因役庸過程遂侵毀鄉人墓田蕭至忠劾之貶坊州刺史遷益州大都督府長史張易之敗

坐黨附貶眉州刺史復還益州長史未就道卒年五十八贈冀州刺史味道練臺閣故事善占奏然其爲相特具位未嘗有所發明脂韋自營而已常謂人曰決事不欲明白誤則有悔摸稜持兩端可也故世號摸稜手性友愛其弟味元味元數請託不遂因慢折之味道怡然不屑所論著行于時

豆盧欽望雍州萬年人祖寬隋文帝外孫爲梁泉令高祖定關中與郡守蕭瑀率宗家姓進款擢累殿中監子懷讓尚萬春公主詔寬用魏太和詔去豆姓著盧貞觀中遷禮部尚書左衞大將軍芮國公卒贈特進并州都督陪葬昭陵謚曰定復其舊姓欽望襲官越州都督司賓卿長壽二年拜內史封芮國公李昭德被罪有司劾奏欽望阿順昭德不執正附邑宅君貶趙州刺史入爲司府卿遷秋官尚書中宗還東宮拜太子宮尹進文昌右相同鳳閣鸞臺三品罷爲太子賓客帝復位擢尚書左僕射平章軍國重事欽望居宰相積十餘年方易之三思等執勢宣然窺閒王室幾忠戚觖異

非常不能有所裁抑獨謹身諱詳自全進開府儀同三司檢校安國相王府長史卒年八十贈司空并州大都督陪葬乾陵謚曰元

武后時宰相又有史務滋崔元綜周允元略可述者附左方史務滋宣州溧陽人累吏勞遷司賓卿進拜納言后革命詔務滋等十人分行天下雅州刺史劉行實兄弟爲侍御史來子珣誣其反詔務滋與來俊臣雜治俊臣言務滋與因善擁其反狀后命俊臣并治遂自殺崔元綜鄭州新鄭人祖君肅武德中爲黃門侍郎鴻臚卿元綜天授初以鸞臺侍郎同鳳閣鸞臺平章事性恪慎坐政事堂束帶終日不休偃尤謹細既外若謹厚而中刻薄每受制鞫獄必深垢索疵不入死不肯止人畏鄙之未幾坐事流振州搢紳爲慶會赦還除監察御史遷蒲州刺史致仕善攝生年九十餘卒周允元字汝良豫州安城人自右肅政御史中丞拜檢校鳳閣侍郎同鳳閣鸞臺平章事武后宴宰相詔陳書傳善言允元曰恥其君不如堯舜武三思劾奏語指斥后曰聞其言足以誡安得爲過卒

贈貝州刺史

崔徐蘇豆盧列傳第三十九

狄郝朱列傳第四十　唐書一百一十五

端明殿學士兼翰林侍讀學士龍圖閣學士朝散大夫行尚書吏部侍郎充史館修撰臣宋　祁奉

敕撰

狄仁傑字懷英并州太原人爲兒時門人有被害者吏就詰衆爭辨對仁傑誦書不置吏讓之荅曰黃卷中方與聖賢對何暇偶俗吏語耶舉明經調汴州參軍爲吏誣訴黜陟使閻立本召訊異其才謝曰仲尼稱觀過知仁君可謂滄海遺珠矣薦授并州法曹參軍親在河陽仁傑登太行山反顧見白雲孤飛謂左右曰吾親舍其下瞻悵久之雲移乃得去同府參軍鄭崇質母老且疾當使絕域仁傑謂曰君可貽親萬里憂乎詣長史藺仁基請代行仁基咨美其誼時方與司馬李孝廉不平相語曰吾等可少愧矣則相待如初每曰狄公之賢北斗以南一人而已稍遷大理丞歲中斷久獄萬七千人時稱平恕左威衛大將軍權善才右監門中郎將范懷義坐誤斧昭陵柏罪當免高宗詔誅之仁傑奏不應死帝怒曰

是使我爲不孝子必殺之仁傑曰漢有盜高廟玉環文帝欲當之族張釋之廷諍曰假令取長陵一抔土何以加其法於是罪止棄市陛下之法在象魏固有差等犯不至死而致之死何哉今誤伐一柏殺二臣後世謂陛下爲何如主帝意解遂免死數日授侍御史左司郎中王本立怙寵自肆仁傑劾奏其惡有詔原之仁傑白朝廷借乏賢如本立者不尠陛下惜有罪虧成法奈何臣願先斥爲羣臣戒本立抵罪繇是朝廷肅然使岐州亡卒數百剽行人道不通官捕繫盜黨窮訊而餘曹紛紛不能制仁傑曰是其計窮且爲患乃明開首原格出繫者稟而縱之使相曉皆自縛歸帝嘆其達權宜遷度支郎中帝幸汾陽宮爲知頓使并州長史李沖玄以道出妒女祠俗言盛服過者致風雷之變更發卒數萬改馳道仁傑曰天子之行風伯清塵雨師灑道何妒女避邪止其役帝壯之曰眞丈夫哉出爲寧州刺史撫和戎落得其歡心郡人勒碑以頌入拜冬官侍郎持節江南巡撫使吳楚俗多淫祠仁傑一禁止凡毀千

七百房止留夏禹吳太伯季札四祠而已轉文昌右丞出豫
州刺史時越王兵敗支黨餘二千人論死仁傑釋其械密跡曰臣
欲有所陳似爲逆人申理不言且累陛下欽恤意表成復毁自不
能定然此皆非本惡詿誤至此有詔悉謫戍邊囚出寧州父老迎
勞曰狄使君活汝耶因相與哭碑下囚齋三日乃去至流所亦爲
立碑初宰相張光輔討越王軍中恃功多暴索仁傑拒之光輔怒
曰州將輕元帥邪仁傑曰亂河南者一越王公董士三十萬以平
亂縱使暴横使無辜之人咸墜塗炭是一越王死百越王生也且
王師之至民歸順以萬計自縋而下四面成蹊柰何縱邀賞之人
殺降以爲功冤痛徹天如得上方斬馬劒加君頸雖死不恨光輔
還奏仁傑不遜左授復州刺史徙洛州司馬天授二年以地官侍
郎同鳳閣鸞臺平章事武后謂曰卿在汝南有善政然有譖卿
者欲知之乎謝曰陛下以爲過臣當改之以爲無過臣之幸也譖
者乃不願知后嘆其長者時太學生謁急后亦報可仁傑曰人君

惟生殺柄不以假人至簿書期會宜責有司尚書省決事左右丞
不句杖左右丞相不判徒況天子乎學徒取告丞簿職耳若爲報
可則胄子數千凡幾詔耶爲定令示之而已后納其言會爲來俊
臣所構捕送制獄于時訊反者一問即臣聽減死俊臣引仁傑置
對荅曰有周革命我乃唐臣反固實俊臣乃挺繫其屬王德壽以
情謂曰我意求少遷公爲我引楊執柔爲黨公且免死仁傑歎曰
皇天后土使仁傑爲此乎即以首觸柱血流沫面德壽懼而謝守
者寖弛即丐筆書帛置褚衣中好謂吏曰方暑請付家徹絮仁
傑子光遠得書上變后遣使案視俊臣命仁傑冠帶見使者私
令德壽作謝死表附使以聞后乃召見仁傑謂曰臣反何耶對曰
不臣反死笞掠矣示其表曰無之后知代署因免死武承嗣屢請
誅之后曰命已行不可返時同被誣者鳳閣侍郎任知古等七族
悉得貸御史霍獻可以首叩殿陛苦爭欲必殺仁傑等乃貶仁傑
彭澤令邑人爲置生祠萬歲通天中契丹陷冀州河北震動擢仁

傑爲魏州刺史前刺史懼賊至驅民保城修守具仁傑至曰賊在
遠何自疲民萬一虜來吾自辦之何預若輩悉縱就田虜聞亦引
去民愛仰之復爲立祠俄轉幽州都督賜紫袍龜帶后自製金字
十二於袍以旌其忠召拜鸞臺侍郎復同鳳閣鸞臺平章事時
發兵戍疏勒四鎮百姓怨苦仁傑諫曰天生四夷皆在先王封域之
外東距滄海西隔流沙北横大漠南阻五嶺天所以限中外也自
典籍所紀聲教所暨三代不能至者國家既已兼之詩人矜薄伐
於太原化行於江漢前代之遐裔而我之域中過夏商遠矣今乃
用武荒外邀功絶域竭府庫之實以爭磽确不毛之地得其人不
足以增賦獲其土不可以耕織苟求冠帶遠夷不務固本安人此
秦皇漢武之所行也傳曰與覆車同軌者未嘗安此言雖小可以
喻大臣伏見國家師旅歲出調度之費狃以寖廣右戍四鎮左屯
安東杼軸空匱轉輸不絶行役既久怨曠者多上不是恤則政不
行政不行則害氣作害氣作則蟲螟生水旱起矣方今關東荐饑蜀

漢流亡江淮而南賦斂不息人不復本則相率爲盜本根一搖憂患
非淺所以然者皆貪功方外耗竭中國也昔漢元帝納賈捐之之
謀而罷珠崖宣帝用魏相之策而棄車師田貞觀中克平九姓冊
拜李思摩爲可汗使統諸部夷狄叛則伐降則撫得推亡固存之
義無遠戍勞人之役今阿史那斛瑟羅皆陰山貴種代雄沙漠若
委之四鎮以統諸蕃建爲可汗遣禦寇患則國家有繼絶之美
無轉輸之苦損四鎮肥中國罷安東實遼西省軍費於遠方并
甲兵於要塞恒代之鎮重而邊州之備實矣且王者外寧必有内
危陛下姑敕邊兵謹守備以逸待勞則戰士力倍以主禦客則我
得其便堅壁清野寇無所得自然深入有顛躓之慮淺入無虜獲
之益不數年二虜不討而服矣又請廢安東復高姓爲君長省江
南轉饟以息民不見納張易之嘗從容問自安計仁傑曰惟勸迎
廬陵王可以免禍會后欲以武三思爲太子以問宰相衆莫敢對
仁傑曰臣觀天人未猒唐德比匈奴犯邊陛下使梁王三思募勇士

於市踰月不及千人盧陵王代之不浹日輒五萬今欲繼統非廬陵王莫可后怒罷議久之召謂曰朕數夢雙陸不勝何也於是仁傑與王方慶俱在二人同辭對曰雙陸不勝無子也天其意者以儆陛下乎且太子天下本本一搖天下危矣文皇帝身蹈鋒鏑勤勞而有天下傳之子孫先帝寢疾詔陛下監國陛下掩神器而取之十有餘年又欲以三思爲後且姑姪與母子孰親陛下立廬陵王則千秋萬歲後常享宗廟三思立廟不祔姑后感悟即日遣徐彥伯迎廬陵王於房州王至后匿王帳中召見仁傑語廬陵事仁傑敷請切至涕下不能止后乃使王出曰還爾太子仁傑降拜頓首曰太子歸未有知者人言紛紛何所信后然之更令太子舍龍門具禮迎還中外大悅初吉頊李昭德數請還太子而后意不回唯仁傑每以母子天性爲言后雖忮忍不能無感故卒復唐嗣尋拜納言兼右肅政御史大夫突厥入趙定殺掠甚衆詔仁傑爲河北道行軍元帥假以便宜突厥盡殺所得男女萬計由五回道去仁傑

追不能逮更拜河北安撫大使時民多脅從於賊賊已去懼誅逃匿仁傑上疏曰議者以爲虜入寇始明人之逆順或迫脅或願從或受僞官或爲招慰誠以山東之人重氣一往死不爲悔比緣軍興調發煩重傷破家產剔屋賣田人不爲售又官吏侵漁州縣科役督趣鞭笞情危事迫不循禮義投跡犬羊以圖賒死此君子所愧而小人之常民猶水也壅則爲淵疏則爲川通塞隨流豈有常性昔董卓之亂神器播越卓已誅禽部曲無赦故事窮變生流毒京室此由恩不溥洽失在機先今負罪之伍潛竄山澤赦之則出不赦則在山東羣盜緣茲聚結故臣以爲邊鄙暫警不足憂中土不寧可爲慮也夫持大國者不可以小治事廣者不可以細分人主所務弗檢常法願曲赦河北一不問罪詔可還除內史后幸三陽宮王公皆從獨賜仁傑第一區眷禮卓異時無輩者是時李楷固駱務整討契丹克之獻俘含樞殿后大悅二人者本契丹李盡忠部將盡忠入寇楷固等數挫王師後降有司請論如法仁傑稱其驍勇可任若貸死必感恩納節可以責功至是凱旋后舉酒屬仁傑賞其知人授楷固左玉鈐衞大將軍燕國公賜姓武務整右武威衞將軍后將造浮屠大像度費數百萬官不能足更詔天下僧日施一錢助之仁傑諫曰工不役鬼必在役人物不天降終由地出不損百姓且將何求今邊垂未寧宜寬征鎮之僑省不急之務就令顧作以濟窮人既失農時是爲棄本且無官助理不得成既費官財又竭人力一方有難何以救之后由是罷役聖曆三年卒年七十一贈文昌右相謚曰文惠仁傑所薦進若張柬之桓彥範敬暉姚崇等皆爲中興名臣始居母喪有白鵲馴擾之祥中宗即位追贈司空睿宗又封梁國公子光嗣景暉光嗣聖曆初爲司府丞武后詔宰相各舉尚書郎一人仁傑薦光嗣由是拜地官員外郎以稱職聞后曰祁奚內舉果得人歷淄許貝三州刺史母喪奪爲太府少卿固讓睿宗嘉其誠許之累遷揚州長史以罪貶歙州別駕卒景暉官魏州司功參軍貪暴爲虐民苦之因共毀其父生祠不復奉

至元和中田弘正鎮魏博始奏葺之血食不絕族孫兼謨

兼謨字汝諧及進士第辟襄陽使府剛正有祖風令狐楚執政薦授左拾遺數上書言事歷刑部郎中蘄鄧鄭三州刺史歲旱饑發粟賑濟民人不流徙改蘇州以治最擢給事中左藏史盜度支縑帛文宗以經赦詔勿治兼謨封還詔書帝問之對曰典史犯贓不可免帝曰朕已赦其長官吏亦宜宥與其失信寧失罪人既而曰後或事有不可勿以還詔爲憚還御史中丞帝曰御史臺朝廷綱紀一臺正則朝廷治朝廷正則天下治畏忌顧望則職業廢矣卿梁公後當嗣家聲不可不愼兼謨頓首謝江西觀察使吳士矩加給其軍擅用上供錢數十萬兼謨劾奏觀察使爲陛下守土宣國詔條知臨戎賞士州有定數而與奪由己貽弊一方爲諸道譏望請付有司治罪士矩繇是貶蔡州別駕歷兵部侍郎河東節度使還爲尚書左丞武宗子峴封益王命兼謨爲傅俄領天平節度使辭疾以秘書監歸洛陽遷東都留守卒

郝處俊安州安陸人父相貴因隋亂與婦翁許紹據峽州歸國拜
滁州刺史封甑山縣公處俊甫十歲而孤故吏歸千縑賵之已能
讓不受及長好學嗜漢書崖略暗誦貞觀中第進士解褐著作佐
郎襲父爵兄弟友睦事諸舅謹甚再轉滕王友恥為王府屬棄官
去久之召拜太子司議郎累遷吏部侍郎高麗叛詔李勣為浿江道
大總管處俊副之師入虜境未陣賊遽至舉軍危駭處俊方據胡
牀體胖安餐乾糒不顧密畀料精銳擊之虜卻衆壯其謀入拜東
臺侍郎時浮屠盧伽逸多治丹曰可以續年高宗欲遂餌之處俊
諫曰脩短固有命異方之劑安得輕服哉昔先帝詔浮屠那羅邇
娑寐案其方書為秘劑取靈藥怪石歷歲乃能就先帝餌之俄而
大漸上醫不知所為君羣臣請顯戮其人議者以為取笑夷狄故法
不得行前鑑不遠惟陛下深察帝納其言第拜盧伽逸多為懷化
大將軍進處俊同東西臺三品咸亨初幸東都皇太子監國諸宰
相皆留而處俊獨從帝嘗曰王者無外何為守禦而重門擊柝庸

待不虞邪我嘗疑秦法為寬荊軻匹夫耳匕首竊發君羣臣皆荷戟
侍莫敢拒豈非習慢使然處俊對曰此乃法急耳秦法輒升殿者
夷三族人皆懼族安有敢拒邪魏曹操著令曰京城有變九卿各
守其府後嚴才亂與徒數十人攻左掖門操登銅爵臺望之無敢
救者時王脩為奉常聞變召車騎未至領官屬步至宮門操曰彼
來者必王脩乎此由脩察變識幾故冒法赴難向若拘常則遂成
禍矣故王者設法不可急亦不可慢詩曰不懈于位人之攸塈仁
也式遏寇虐無俾作慝刑也書曰高明柔克沈潛剛克中道也帝
曰善轉中書侍郎監脩國史初顯慶中令狐德棻劉胤之撰國史
其後許敬宗復加緒次帝恨敬宗所紀失實更命宰相刊正且曰
朕昔從幸未央宮辟仗既過有橫刀伏草中者先帝斂轡卻謂朕
曰事發當死者數十人汝可命出之史臣惟敘此為實處俊曰先
帝仁恩溥博類非一臣之弟處傑被墀仗供奉時有三衛誤拂御衣
者懼甚先帝曰左右無御史我不汝罪帝曰此史臣應載處俊乃

表左使李仁實欲刪整偽辭會仁實死而止上元初帝觀酺翔
鸞閣時赤縣與太常音技分東西朋帝詔雍王賢主東周王顯主
西因以角勝處俊曰禮所以示童子無誑者恐其欺詐之心生也
二王春秋少意操未定乃分朋造黨使相誇彼俳兒優子言辭無
度爭負勝相譏誚非所以導仁義示雍和也帝遽止歎曰處俊遠
識非衆臣所逮遷中書令兼太子賓客檢校兵部尚書帝多疾欲
遜位武后處俊諫曰天子治陽道后治陰德然則帝與后猶日之
與月陽之與陰各有所主不相奪也若失其序上謫見于天下降
災諸人昔魏文帝著令帝崩不許皇后臨朝今陛下柰何欲身傳
位天后乎天下者高祖太宗之天下非陛下之天下正應謹守宗
廟傳之子孫不宜持國與人以喪厥家中書侍郎李義琰曰處俊
言可從惟陛下不疑事遂沮又兼太子左庶子拜侍中罷為太子
少保開耀元年卒年七十五贈開府儀同三司荊州大都督帝哀歎
其忠舉哀光順門祭以少牢賻絹布八百段米粟八百石詔百官

赴哭官庀葬事子北叟固辭未聽裴炎為白帝曰處俊阽死諉臣
曰生無益于國死無煩費凡詔賜願一罷之帝聞憫然荅其意止
賻物而已處俊資約素土木形骸然臨事敢言自秉政在帝前議
論諄諄必傳經義凡所規獻得大臣體武后雖忌之以其操履無
玷不能害與舅許圉師同里俱官達鄉人田氏彭氏以高貲顯故
江淮間為語曰貴如郝許富如田彭孫象賢垂拱中為太子通事
舍人后素銜處俊故因事誅之臨刑極罵乃死后怒令離磔其尸
斲夷祖父棺冢自是訖后世將刑人必先以木丸窒口云

朱敬則字少連亳州永城人以孝義世被旌顯一門六闕相望敬
則志尚恢博好學重節義然諾善與人交振其急難不責報於
人與左史江融左僕射魏元忠善咸亨中高宗聞其名召見異之
為中書令李敬玄所毀故授洹水尉久之除右補闕初武后稱
制天下頗沸言遂開告密羅織之路興大獄誅將相大臣至是已革
命事益寧敬則諫曰臣聞李斯之相秦也行申商之法重刑名之

家杜私門張公室棄無用之費損不急之官惜日愛功敬戰疾耕既庶而富遂屠諸侯此救弊之術也故曰刻薄可施於進趨變詐可陳於攻戰天下已平故可易之以寬簡潤之以淳和秦乃不然淫虐滋甚往而不反卒至土崩此不知變之禍也陸賈叔孫通事漢祖當滎陽成皐間糧餉窮智勇困未嘗敢開一說效一奇唯進豪猾貪暴之人及區宇適定乃陳詩書說禮樂開王道高帝忿然曰吾以馬上得之安事詩書對曰馬上得之可馬上治之乎帝默然於是賈著新語通定禮儀此知變之善也向若高帝斥二子置詩書重攻戰尊首級則複道爭功拔劍擊柱晷漏之不保何十二帝二百年乎故曰仁義者聖人之蘧廬禮者先王之陳迹祠祝畢芻狗捐淳精流糟粕棄仁義尚爾況其輕乎國家自文明以來天地草昧內則流言外則構難故不設鉤距無以順人不切刑罰無以息暴於是置神器開告端故能不出房闥而天下晏然易主矣臣聞急趨者無善迹促柱者無和聲拯溺不規行療饑不鼎食

即向時秘策今之芻狗也願鑒秦漢之失考時事之宜毀蘧廬遺糟粕下寬大之令流曠蕩之澤去萋斐之角牙頓姦險之芒刃塞羅織之妄源掃朋黨之險迹曠然使天下更始豈不樂哉后善其言遷正諫大夫兼脩國史乃請高史官選以求名才侍中韋安石嘗閱其稾史歎曰董狐何以加世人不知史官權重宰相宰相但能制生人史官兼制生死古之聖君賢臣所以畏懼者也時賦斂繁重民多蕩析后數召入禁中訪失得進同鳳閣鸞臺平章事張易之構魏元忠張說欲誅之無敢言者敬則獨奏曰元忠說秉心忠一而所坐無名殺之失天下望乃得不死以老疾還政事俄改成均祭酒冬官侍郎易之等集名儒撰三教珠英又繪武三思李嶠蘇味道李迥秀王紹宗等十八人像以為圖欲引敬則固辭不與世繫其為人出為鄭州刺史遂致仕侍御史冉祖雍誣奏與王同皎善貶涪州刺史既明其非罪改廬州代還無淮南一物所乘止一馬子曹步從以歸卒年七十五敬則與三從昆弟居四十年貲產無異及執政每以用人為先細務不省也嶺表蠻叛以裴懷古有文武才用為桂州都督蠻服其威惠相率降薦魏知古為鳳閣舍人張思敬為右史皆稱職初二張權寵盛敬則密謂敬暉曰公若假太子令舉北軍誅易之兄弟兩飛騎力耳暉卒用其策始崔寔仲長統王朗曹冏論封建指秦為失敬則以為秦漢世禮義陵遲不可復用周制封諸侯著論明之儒者以為知言睿宗嗣位嘗曰神龍以來忠於李朝者李多祚王同皎韋月將燕欽融並褒復矣尚有遺者耶劉幽求曰朱敬則忠正義烈天下所推往為宗楚客冉祖雍等所誣謫守刺史長安中嘗語臣曰相王必受命當悉心事之及韋氏干紀臣遂見危赴難雖天誘其衷亦敬則啓之於是追贈秘書監謚曰元敬則兄仁軌字德容隱居養親常誨子弟曰終身讓路不枉百步終身讓畔不失一段有赤烏白鵲棲所居樹按察使趙承恩表其異及卒郭山惲負米千魏知古共謚為孝友先生

贊曰武后乘唐中衰操殺生柄劫制天下而攘神器仁傑蒙恥奮忠以權大謀引張柬之等卒復唐室功蓋一時人不及知故唐呂溫頌之曰取日虞淵洗光咸池潛授五龍夾之以飛世以為名言方高宗舉天下將以禪后處俊固爭不使妻乘夫陰反陽至姦人銜怨仇齒以逞蓋所謂誼形於主耶敬則一諫而羅織之獄衰時而後言者歟

狄郝朱列傳第四十

二王韋陸二李杜列傳第四十一　唐書一百一十六

端明殿學士兼翰林侍讀學士龍圖閣學士朝散大夫給事中知制誥充史館修撰臣宋祁奉

敕撰

王綝字方慶以字顯其先自丹楊徙雍咸陽父弘直爲漢王
友王好畋游上書切諫王稍止然益疏斥終荆王友方慶起家越
王府參軍受司馬遷班固二史於記室任希古希古它遷就卒其
業武后時遷累廣州都督南海歲有崑崙舶市外區琛琲前都督
路元叡冒取其貨舶酋不勝忿殺之方慶至秋毫無所索始部中
首領皆墨吏民詣府訴府曹素相餉謝未嘗治方慶約官屬不得與
交通犯者痛論以法境內清畏議者謂治廣未有如方慶者號第
一下詔賜瑞錦雜綵以著善政轉洛州長史封石泉縣子遷鸞臺
侍郎同鳳閣鸞臺平章事進鳳閣侍郎神功初清邊道大總管武
攸宜破契丹凱還且獻俘內史王及善以孝明帝忌月請鼓吹備
而不作方慶曰晉穆帝納后當康帝忌月時以爲疑荀訥謂禮有

唐書列傳四十一　火縱

忌日無忌月自月而推則忌時忌年愈無理據世用其言臣謂軍
方大凱作樂無嫌詔可武后幸玉泉祠以山道險欲御腰輿方慶
奏昔張猛諫漢元帝乘船危就橋安帝乃從橋今山阿危峭隥道
曲狹比於樓船又復甚危陛下奈何輕踐畏塗哉后爲罷行方慶
嘗以令朞及大功喪未葬不聽朝賀未除弗豫享宴比羣臣不遵
用頽紊敎誼不可長有詔申責內外畏之后嘗就求羲之書方慶
奏十世從祖羲之書四十餘番太宗求之先臣悉上送今所存惟
一軸并上十一世祖導十世祖洽九世祖珣八世祖曇首七世祖
僧綽六世祖仲寶五世祖騫高祖規曾祖褒并九世從祖獻之等
凡二十八人書共十篇后御武成殿徧示羣臣詔中書舍人崔融
序其代閥號寶章集復以賜方慶士人歆其寵以老乞身改麟臺
監脩國史中宗復爲皇太子拜方慶檢校左庶子后欲季冬講武
有司不時辦遂用明年孟春方慶曰按月令孟冬天子命將帥講
武習射御角力此乃三時務農一時講武安不忘危之道孟春不

可以稱兵兵金也金勝木方春盛木王而舉金以害盛德逆生氣孟
春行冬令則水潦爲敗雪霜大摯首種不入今孟春講武以陰政
犯陽氣害發生之德臣恐水潦敗物霜雪損稼夏麥不登願陛下
不違時令前及孟冬以順天道手制褒允是歲眞拜左庶子進封
公奉入同職事三品兼侍太子讀書方慶奏人臣於天子未有斥
太子名者晉山濤啟事稱皇太子不名孝敬爲太子更弘爲崇沛
王爲太子更賢爲文今東宮門殿名多嫌觸請一改之以協舊典
制可長安二年卒贈兗州都督諡曰貞中宗復位以東宮舊臣贈
吏部尚書方慶博學練朝章著書二百餘篇尤精三禮學者有所
咨質酬復淵詣故門人次爲雜禮答問家聚書多不減祕府圖畫
皆異本方慶歿後諸子不能業隨皆散亡孫倜六世孫璵別傳璵
曾孫摶

贊曰李德裕著書稱方慶爲相時子爲眉州司士參軍武后曰君
在相位何子之遠對曰廬陵是陛下愛子今尚在遠臣之子庸敢

唐書列傳四十一　二　火鄉

相近以比倉唐悟文侯事嗟乎君子哉雖造次不忘悟君於善及
建言不斥太子名以動羣臣示中興之漸所謂人難言者於方慶
難乎哉德裕之稱爲不誣矣

倜字靈龜明經調莫州參軍辟范陽節度使張守珪幕府時契丹
屈烈部將謀入寇河北騷然倜至虜中脅說禍福虜乃不入安祿
山叛拜博陵常山二太守副河北招討卒贈太常卿自褒至倜六
世封石泉云倜孫遂

遂好興利操下以嚴累遷鄧州刺史太府卿西北供軍使與度支
潘孟陽爭營田事憲宗怒出遂爲柳州刺史親吏韋行素柳季常
當受課料兩池吏見遂斥即抵以罪始詔書出左丞呂元膺劾遂
補吏犯贓法當坐而詔稱清能業官按遂犯有狀不宜謂清且柳
大州不可使治帝諭之乃下會兵宿淮西亟財賦藉遂幹彊拜宣
歙觀察使蔡已平師東討李師道召爲光祿卿淄青行營糧料
使辭卿職換檢校左散騎常侍兼御史大夫始調兵食歲三百萬

餓而賊誅遂簿羨貲百萬以獻帝髙其能于時析齊爲三鎮即拜遂沂兖海觀察使遂貪褊刻杖扑皆踰制盛夏治署舍牆垣程督慘峭將吏素悍戾遂輒駡曰反殘賊人人蓄忿裨校王弁與役人浴于川語曰天方雨牆且毀等罪耳乃謀亂明日遂方燕弁率其黨挾兵進遂驚匿廁下執而數其罪殺之其副張敦實官屬李軿甫皆死弁自知留事帝以沂海新定畏青鄆亦摇乃拜弁開州刺史至徐州械送京師斬東市監軍上遂所製杖出示於朝爲戒云

摶字昭逸擢進士第辟佐王鐸滑州節度府累遷蘇州刺史久之以戸部侍郎判戸部乾寧初進同中書門下平章事董昌誅出爲威勝節度使未行加檢校尚書右僕射浙東西宣撫使會錢鏐兼領二浙故留拜門下侍郎同中書門下平章事判度支昭宗建嫡后摶請因赦天下以尊大其禮正拜右僕射遷司空封魯國公初中官權盛帝欲翦抑之自石門還政一決宰相羣官不平構藩鎮内脅天子摶曰人君務平心大體御萬物偏聽產亂古所戒也

今奄人盜威福偏制君上道路人皆知之方朝廷多難未可卒除當徐以計去之事急且有變崔胤與摶並位素忌摶明達有謀即勑摶爲中官外應會胤罷宰相疑摶擠斥乃厚結朱全忠薦已復輔政即譖摶與樞密使宋道弼景務脩交私將危社稷全忠因顯跡其尤光化三年罷爲工部侍郎貶溪州刺史又貶崖州司戸參軍事賜死藍田驛

韋思謙名仁約以近武后父諱爲嫌遂以字行其先出雍州杜陵後客襄陽更徙爲鄭州陽武人八歲喪母以孝聞及進士第累調應城令負殿不得進官吏部尚書高季輔曰子始得此一人豈以小疵棄大德邪擢監察御史常曰御史出使不能動摇山岳震慴州縣爲不任職中書令褚遂良市地不如直思謙劾之罷爲同州刺史及復相出思謙清水令或弔之荅曰吾狷直觸機輒發暇䘏身乎丈夫當敢言地要須明目張膽以報天子焉能録録保妻子邪沛王府長史皇甫公義引爲倉曹參軍謂曰公非池中物屈公爲數旬客以重吾府改侍御史高宗賢之每召與語雖甚倦徙倚軒檻猶數刻罷疑獄劇事多與參裁武候將軍田仁會誣奏御史張仁禕帝廷詰仁禕懦不得對思謙爲辯其枉因言仁會罔陷人不測者詞旨詳暢帝善之仁禕得不坐累遷右司郎中尚書左丞振明綱轄朝廷肅然進御史大夫性謇諤顔色莊重不可犯見王公未嘗屈禮或以爲譏荅曰耳目官固當特立鵰鶚鷹鸇豈衆禽之偶柰何屈以狎之帝崩思謙扶疾入臨涕泗冰須俯伏號絶詔給扶侍轉司屬卿復爲右肅政大夫故事大夫與御史鈞禮思謙獨不荅或以爲疑思謙曰班列固有差柰何尚姑息邪垂拱初封博昌縣男同鳳閣鸞臺三品轉納言辭疾不許詔肩輿以朝聽子孫侍以太中大夫致仕卒贈幽州都督子承慶嗣立

承慶字延休性謹畏事繼母爲篤孝擢進士第補雍王府參軍府中文翰悉委之王爲太子遷司議郎儀鳳中詔太子監國太子稍嗜聲色興土功承慶見造作玩好浮廣倡優鼓吹讙譁戸奴小人

皆得親左右承顔色恐因是作威福宜加繩察乃上疏極陳其端又進諭善箴太子頗嘉納承慶嘗謂人所以擾濁浮躁本之於心乃著靈臺賦譏切當世亦自廣其志太子廢出爲烏程令累遷鳳閣舍人掌天官選屬文敏無留思雖大詔令未嘗著藁失大臣意出爲沂州刺史明堂災上疏諫以文明垂拱後執政者未滿歲率以罪去大抵皆惡逆不道夫構大厦濟巨川必擇文梓艅艎若亟毀而敗則是庇朽木乘膠船也臣謂陛下求賢之意切而取人之路寛故一言有合而付大任夫以堯舜猶歷試諸難況庸庸者可超處輔相以百揆萬機畀小人哉書聞不報未幾復爲舍人掌選病免改太子諭德歷豫虢二州刺史有善政轉天官侍郎脩國史凡三掌選銓授平允議者公之長安中拜鳳閣侍郎同鳳閣鸞臺平章事張易之誅承慶以素附離免冠待罪時議草赦令咸推承慶召使爲之無撓色誤辭援筆而就衆歎其壯然以累猶流嶺表歲餘拜辰州刺史未行以秘書員外少監召兼脩國史封

扶陽縣子詔撰武后紀聖文中宗善邑之遷黃門侍郎未拜卒帝悼
之召其弟相州刺史嗣立會葬因拜黃門侍郎繼其位贈禮部尚
書謚曰溫

嗣立字延構與承慶異母少友悌母遇承慶嚴每笞輒解衣求代
母不聽即遣故自搥母感寤爲均愛世比晉王覽第進士累調雙
流令政爲二川最承慶解鳳閣舍人武后召嗣立謂曰爾父嘗稱
二子忠且孝堪事朕比兄弟稱職如而父言今使卿兄弟自相代
即拜鳳閣舍人時學校廢刑濫及善人乃上書極陳永淳後庠序
隳廢胄子衰缺儒學之官輕章句之選弛貴閑後生以徼倖升寒
族平流以替業去垂拱間仕入彌多公行私謁選補逾濫經術不
聞猛暴相夸陛下誠下明詔追三館生徒敕王公以下子弟一入太
學尊尚師儒發揚勸獎海內知嚮然後審畀銓揔各程所能以
之臨人則官無曠民樂業矣又曰揚豫以來大獄屢興窮治連捕數
年不絕大猾伺間陰相影會構似是之言正不赦之辜恣行楚慘

類自誣服王公士人至連頸就戮道路籍籍咸知其非而鍛練已
成不可翻動小則身誅大則族夷相緣共坐者庸可勝道彼皆報
讎復嫌苟圖功求官賞耳臣願陛下廓天地之施雷雨之仁取垂
拱以來罪無重輕所不赦者普皆原洗死者還官生者霑恩則天
下曉然知向所陷罪非陛下意也長安中拜鳳閣侍郎同鳳閣鸞
臺平章事時州縣非其人后以爲憂李嶠唐休璟白今朝廷重內
官輕外職每除牧守皆訴不行非遇累不得遣請選臺閣賢者
分典大州自近臣始后曰誰爲朕行嗣立曰內典機要非臣所堪請
先行以示羣臣后悅以本官檢校汴州刺史由是左肅政大夫楊
再思等十八人悉補外未幾承慶知政事嗣立以成均祭酒徙魏
洺二州政無它異坐善二張貶饒州長史繇相州刺史入爲黃門
侍郎轉太府卿修文館大學士中宗景龍中拜兵部尚書同中書
門下三品時崇飾觀寺用度百出又恩倖食邑者衆封戶凡五十
四州皆據天下上腴一封分食數州隨土所宜牟取利入至安樂

太平公主率取高貲多丁家無復如平民有所損免爲封戶者亟
於軍興監察御史宋務光建言願停徵封一切附租庸輸送不納
嗣立建言今廩帑耗竭無一歲之儲假遇水旱人須賑給不時軍
興士待資裝陛下何以具之伏見營立寺觀累年不絕鳩侈繁麗
務相矜勝大抵費常千萬以上轉徙木石廢功害農地藏開發壟
蟲傷露上聖至慈理必不然準之道法則乖質之生人則損陛下
豈不是思又食封之家日月猥衆凡用戶部丁六十萬人課二絹
則固一百二十萬匹臣見太府歲調絹纔百萬匹少則十之二有所
貸免曾不半在比諸封家所入已寡國初功臣共定天下食封不
三十家今橫恩特賜家至百四十以上天下租賦在公不足而私
有餘又封家徵求各遣奴皁凌突侵漁百姓怨嗟或貿易斷盜誅
責紛紜曾無少息下民窮蹙之何以堪命臣願以丁課一送太府封
家詣左藏仰給禁止自徵以息重困臣聞設官建吏本於治人而
務安之也明官得其人則天下治古者取士先鄉曲之譽然後辟

於州州已試然後辟五府五府著聞乃升諸朝得不謂所擇悉而
所歷深乎今之取人未試而遽遷務進徼幸比肩係踵故文者治
官則回邪贓汙武者治軍則庸懦怯弱補授亡限員外置官吏困
供承官竭資奉國家大事豈甚於此古者設爵待士才者有之
不才者進則有才之路塞賢人據正遠僥倖之門僥倖開則賢者
隱矣賢者隱則人不安人不安國將危矣刺史縣令治人之首比
年不加簡擇京官坐負及聲稱下者乃典州吏部年高不善刀筆
者乃擬縣朝輕用人何以治國願下有司精加汰擇凡諸曹侍郎
兩省二臺及五品以上清望官當先選用刺史縣令所與守宰稱
職以興太平帝不聽嗣立與韋后屬疏帝特詔附屬籍顧待甚渥
營別第驪山鸚鵡谷帝臨幸命從官賦詩制序冠篇賜況優備
因封嗣立逍遙公名所居曰清虛原幽棲谷嗣立獻木桮藤盤數
十物唐隆初拜中書令韋后敗幾死于亂寧王爲救免出爲許州
刺史以定策立睿宗賜封百戶徙汝州入爲國子祭酒太子賓客

坐宗楚客等削遺制事不執正貶岳州別駕再徙爲陳州刺史開元中河南道巡察使表其廉欲復用會卒年六十六贈兵部尚書謚曰孝初嗣立代承慶爲鳳閣舍人黃門侍郎承慶亦代爲天官侍郎及知政事父子並爲宰相世罕其比有二子恒濟知名恒開元初爲碭山令政寬惠吏民愛之天子東巡州縣供張皆鞭扑趣辦恒不立威而事給姑子御史中丞宇文融薦恒有經濟才讓以其位擢殿中侍御史累轉給事中爲隴右河西黜陟使時河西節度使蓋嘉運恃左右援橫恣不法妄列功狀恒劾奏之人代其恐出爲陳留太守卒濟開元初調鄄城令或言吏部選縣令非其人既衆謝有詔問所以安人者對凡二百人惟濟居第一不能對者悉免官於是擢濟醴泉令侍郎盧從愿李朝隱並貶爲刺史濟四遷戶部侍郎爲太原尹著先德詩四章世服其典懿天寶中授尚書左丞凡三世居之濟文雅頗能脩飾政事所至有治稱終馮翊太守子輿亘令亦以能政聞

嗣立孫弘景擢進士第數佐節度府以左補闕召爲翰林學士蘇光榮爲涇原節度使弘景當草詔書辭不如旨罷學士遷累度支郎中張仲方黜李吉甫謚得罪憲宗意弘景摘助出爲綿州刺史李夷簡鎮淮南奏以自副召入再遷給事中駙馬都尉劉士涇賂權近擢太僕卿弘景上還詔書穆宗使諭其先人昌有功朕所以念功睦親者弘景固執帝怒使宣慰安南由是有名時蕭俛輔政弘景議論常佐佑之還再遷吏部侍郎銓綜平序貴幸憚其嚴不敢國以私歷陝虢觀察使召拜尚書左丞駁正吏銓所除六十餘官不當進資於是鄭絪丁公著楊嗣復皆奪俸郎吏肅然望風脩整吏部員外郎楊虞卿以累下吏詔弘景與御史詳讞虞卿私造門弘景厲言曰有詔按公尚私謁邪虞卿多朋助自謂必見納及是惶恐去遷禮部尚書東都留守卒年六十六贈尚書左僕射弘景以直道進議論持正有守當時風教所倚賴爲長慶名卿

陸元方字希仲蘇州吳人陳給事黃門侍郎琛之曾孫伯父柬之善書名家官太子司議郎元方初明經後舉八科皆中累轉監察御史武后時使嶺外方涉海風濤壯舟人懼元方曰吾受命不私神豈害我趣使濟而風訖息使還除殿中侍御史擢鳳閣舍人秋官侍郎爲來俊臣所陷后置不罪遷鸞臺侍郎同鳳閣鸞臺平章事坐附會李昭德貶綏州刺史擢天官侍郎兼司衛卿或言其薦引皆親黨后怒免官令白衣領職元方薦人如初后召讓之對曰舉臣所知不暇問讎黨又薦其友崔玄暐有宰相才后知無它復拜鸞臺侍郎同鳳閣鸞臺平章事后嘗問外事對曰臣備位宰相大事當白奏民間碎務不敢以聞忤旨下除太子右庶子進文昌左丞卒元方素清愼再執政每進退羣臣后必先訪問外秘莫知臨終取奏稿焚之曰吾陰德在人後當有興者又曰吾當壽但領選久耗傷吾神有一柙生平所緘鑰者歿後家人發之乃前後詔敕贈越州都督諸子皆美才而象先景倩景融尤知名

象先器識沈邃舉制科高第爲揚州參軍事時吉頊與元方同爲吏部侍郎頊擢象先爲洛陽尉元方不肯當頊曰爲官擇人豈以吏部子廢至公邪卒以授俄遷監察御史累授中書侍郎景雲中進同中書門下平章事監脩國史初太平公主謀引崔湜爲宰相湜曰象先人望宜斡樞近若不者湜敢辭主不得已爲言之遂並知政事然其性恬靜寡欲議論高簡爲時推向湜嘗曰陸公加於人一等公主既擅權宰相爭附之象先未嘗往謁及謀逆召宰相議曰寧王長不當廢嫡立庶象先曰帝得立何也主曰帝有一時功今失德安可不廢對曰立以功者廢必以罪今不聞天子過失安得廢主怒更與竇懷貞等謀卒誅死時象先與蕭至忠岑羲等坐爲主所進將同誅玄宗遽召免之曰歲寒然後知松柏之後凋也以保護功封兖國公賜封戶二百初難作睿宗御承天樓羣臣稍集帝麾曰助朕者留不者去於是有投名自驗者事平玄宗得所投名詔象先收按象先悉焚之帝大怒欲并加罪頓首謝曰赴君之難忠也陛下方以德化天下柰何殺行義之人故臣違命

安反側者其敢逃死帝寤善之時窮治忠義等黨與象先密爲申
救保全甚衆當時無知者罷爲益州大都督府長史劍南按察使
爲政尚仁恕司馬韋抱眞諫曰公當峻扑罰以示威不然民慢且
無畏荅曰政在治之而已必刑法以樹威乎卒不從而蜀化累從
蒲州刺史兼河東按察使小史有罪詆遣之大吏白爭以爲可杖
象先曰人情大抵不相遠謂彼不曉吾言邪必責者當以汝爲始
大吏慚而退嘗曰天下本無事庸人擾之爲煩耳第澄其源何憂
不簡邪故所至民吏懷之入爲太子詹事歷戶部尚書知吏部選
事毋喪免起爲揚州大都督府長史遷太子少保卒年七十二贈
尚書左丞相謚曰文貞始象先名景初睿宗曰子能紹先構是謂
象賢者乃賜名焉弟景倩爲扶溝丞河南按察使畢構覆州縣
殿最欲必得實有吏言狀曰某彊清某詐清惟景倩曰眞清終監
察御史
景融長七尺美姿質寬中而厚外博學工筆札以蔭補千牛轉新

鄭令政有風績累遷工部尚書東京留守卒贈廣陵郡都督景融
於象先後母弟也象先被晳景融諫不入則自楚毋爲損威人多
其友四世孫希聲
希聲博學善屬文通易春秋老子論著甚多爲商州刺史鄭愚表
爲屬後去隱義興父之召爲右拾遺時憸腐秉權歲數歉梁宋尤
甚希聲見州縣刓敝上言當謹視盜賊明年王仙芝反株蔓數千
州遂不制擢累歙州刺史昭宗聞其名召爲給事中拜戶部侍郎
同中書門下平章事在位無所輕重以太子少師罷李茂貞等兵
犯京師輿疾避難卒贈尚書左僕射謚曰文元方從父餘慶
餘慶陳右衞將軍珣孫方雅有祖風已冠名未顯兄玄表嘗曰爾
名宦不立柰何餘慶感激閉戶誦書三年以博學稱舉制策甲科
補蕭尉累遷陽城尉武后封嵩山以辦具勞擢監察御史聖曆初
靈勝二州党項誘北胡寇邊詔餘慶招慰喻以恩信蕃酋率衆內
附遷殿中侍御史鳳閣舍人后嘗命草詔殿上恐懼不能得一詞

降左司郎中久之封廣平郡公太子右庶子餘慶於寒品晚進必
悉力薦藉人有過輒面折退無一言開元初爲河南河北宣撫使
薦富春孫逖京兆韋述吳興蔣洌河南達奚珣後皆爲知名士遷
大理卿終太子詹事論曰莊雅善趙貞固盧藏用陳子昂杜審言
宋之問畢構郭襲微司馬承禎釋懷一時號方外十友餘慶才不
逮子昂等而風流敏辯過之初武后時酷吏用事中宗朝倖臣貴
主斜封大行蹈利嗇禍之人與相乾沒雖亟貴驟用而蹶不反踵
餘慶以道自將雖仕不赫赫訖無悔尤子璪字仲采舉明經補長
安尉以清幹稱開元初中朝臣子弟不任京畿改新鄉令人爲立
祠用按察使宇文融薦遷偃師令累遷兵部郎中東畿驛使還除
洛陽令時車駕在洛權勢家人不敢犯爲中書令蕭嵩所器
嵩罷佗宰相俾睨廉嵩短璪曰與人交過且不可言況無有邪以
是忤貴近出爲太原少尹累徙西河太守封平恩縣男屬邑多
虎前守設檻穽璪至徹之而虎不爲暴

王及善洺州邯鄲人父君愕有沈謀隋亂并州人王君廓掠邯鄲
君愕往說曰隋氏失御豪傑共救其亂宜撫納遺甿而保全之觀
時變待眞主足下無尺寸之地兼旬之糧劫衆而興但恣殘剽
所過失望竊爲足下羞之君廓謝曰計安出荅曰井陘之險可
先取君廓從其言遂屯井陘山高祖入關與君廓偕來拜君愕大
將軍封新興縣公累遷左武衞將軍從太宗征遼領左屯營兵與
高麗戰駐蹕山死于陣贈左衞大將軍幽州都督邢國公陪葬昭
陵及善以父死事授朝散大夫襲邢國公爵時皇太子弘立擢及
善左奉裕率太子宴于宮命宮臣擲倒及善辭曰殿下自有優
人臣苟奉令非羽翼之美太子謝之高宗聞賜絹百匹除右千牛
衞將軍帝曰以爾忠謹故擢三品要職群臣非搜辟不得至朕所
爾佩大橫刀在朕側亦知此官貴乎以病免召爲衞尉卿垂拱中歷
司屬卿山東飢詔爲巡撫賑給使拜春官尚書出爲秦州都督益
州長史加光祿大夫以老病致仕神功元年契丹擾山東擢魏州刺

史武后勞曰逆虜盜邊公雖病可與妻子行日三十里爲朕卧治爲屏蔽也因延問朝政得失及善陳治亂所宜后悅曰御寇末也輔政本也公不可行留拜內史來俊臣繫獄當死后欲釋不誅及善曰俊臣凶狡不道引亡命汙戮善良天下疾之不剿絕元惡且搖亂胎禍憂未既也后納之廬陵王之還密贊其謀既爲皇太子又請出外朝以安羣臣及善不甚文而清正自將臨事不可奪有大臣節時二張怙寵每侍宴無人臣禮及善數裁抑之后不悅曰卿年高不宜侍游燕但檢校閣中及善即移病餘月后不復問歎曰中書令可一日不見天子乎遂乞骸骨猶不許改文昌左相同鳳閣鸞臺三品卒年八十二贈益州大都督謚曰貞陪葬乾陵

李日知鄭州滎陽人及進士第天授中歷司刑丞時法令嚴吏爭爲酷日知猶平寬無文致嘗免一囚死少卿胡元禮執不可曰吾不去曹囚無生理日知曰僕不去曹囚無死法皆以狀讞而武后用日知議神龍初爲給事中母老病取急調侍數日須鬢輒白母未及封而卒方葬吏乃齎贈制日知殞絕于道左右爲流涕莫能視巡察使路敬潛欲表其孝使求狀辭不報服除累遷黃門侍郎景龍初同中書門下平章事轉御史大夫仍知政事初安樂公主館第成中宗臨幸燕從官賦詩日知卒章獨以規誡睿宗它日謂曰嚮時雖朕亦不敢諫非公挺直何能爾即拜侍中先天元年罷爲刑部尚書屢乞骸骨許之日知將有請不謀于家歸乃治行妻驚曰產利空空何辭之遽日知曰仕至此已過吾分人亦何猒之有若猒于心無日而足也既罷不治田園唯飾臺池引賓客與娛樂開元三年卒日知貴諸子方總角皆通婚名族時人譏之後少子伊衡以妾爲妻費蕩田宅至兄弟訟鬩家法遂替云

杜景佺冀州武邑人性嚴正舉明經中第累遷殿中侍御史出爲益州錄事參軍時隆州司馬房嗣業徙州司馬詔未下欲即視事先笞責吏以示威景佺謂曰公雖受命爲州司馬州未受命何急數日祿邪嗣業怒不聽景佺曰公持咫尺制眞偽莫辨即欲攬亂一府嗣業揚州之禍非此類邪叱左右罷去既乃除荊州司馬史歌之曰錄事意與天通州司馬折威風由是浸知名入爲司刑丞與徐有功來俊臣侯思止專治詔獄時稱遇徐杜者生來侯者死改秋官員外郎與侍郎陸元方按員外郎侯味虛罪已推輒釋之武后怒其不待報元方大懼景佺獨曰陛下明詔六品七品官文辨已定待命于外今雖欲罪臣奈明詔何宰相曰詔爲司刑設何預秋官邪景佺曰詔令一布無臺寺之異后以爲守法擢鳳閣舍人遷洛州司馬延載元年檢校鳳閣侍郎同鳳閣鸞臺平章事后嘗季秋出棃華示宰相以爲祥衆賀曰陛下德被草木故秋再華周家仁及行葦之比景佺獨曰陰陽不相奪倫瀆即爲災故曰冬無愆陽夏無伏陰春無淒風秋無苦雨今草木黃落而木復華瀆陰陽也竊恐陛下布德施令有所虧紊臣位宰相助天治物治而不和臣之咎也頓首請罪后曰眞宰相會李昭德下獄景佺苦申救后以爲面欺左遷溱州刺史入拜司刑卿聖曆元年復以鳳閣侍郎同鳳閣鸞臺平章事契丹入寇陷河北數州虜已去武懿宗欲盡論其罪景佺以爲脅從可原后如其議罷爲秋官尚書坐漏省內語降司刑少卿出爲并州長史道病卒贈相州刺史初名元方垂拱中改今名

李懷遠字廣德邢州柏仁人少孤嗜學宗人欲藉以高蔭懷遠辭退而曰因人之勢高士恥之假蔭而官吾志邪擢四科第累轉司禮少卿出爲本州刺史改冀州遷揚益二都督府長史徙同州刺史治尚清簡累遷鸞臺侍郎進同鳳閣鸞臺平章事封平鄉縣男以左散騎常侍同中書門下三品爵趙郡公賜實封戶三百以老聽致仕中宗還京師召知東都留守復加同中書門下三品懷遠久貴益素約不治居室嘗乘款段馬僕射豆盧欽望謂曰公貴顯顧當然邪答曰吾幸其馴不願它駿神龍二年卒帝賜錦衾斂自爲文祭之贈侍中謚曰成子景伯景龍中爲諫議大夫中宗宴侍臣及朝集使酒酣各命爲回波詞或以諂言媚上或要丐諧

寵至景伯獨爲箴規語以諷帝帝不恱中書令蕭至忠曰眞諫官也景雲中進太子右庶子時有建言置都督府非是詔羣臣普議景伯與太子舍人盧俌議今天下諸州分隸都督專生殺刑賞使授非其人則權重釁生非彊幹弱枝經邦軌物之誼願罷都督留御史以時按察秩卑任重以制姦宄便繇是停都督終右散騎常侍子彭年有才剖析明悟歷遷中書舍人吏部侍郎與李林甫善常慕山東著姓爲婚姻引就清列典選七年卒以贓敗長流臨賀郡天寶十二載擢爲濟陰太守徙馮翊天子幸蜀陷於賊脅以偽官憂憤死贈禮部尚書

三王韋陸二李杜列傳第四十一

裴劉魏李吉列傳第四十二　唐書一百一十七

端明殿學士兼翰林侍讀學士龍圖閣學士朝請大夫守尚書吏部侍郎充集賢殿修撰臣宋祁奉

教撰

裴炎字子隆絳州聞喜人寬厚寡言笑有奇節補弘文生休澣它生或出游炎讀書不廢有司欲薦狀以業未就辭不舉服勤十年尤通左氏春秋舉明經及第補濮州司倉參軍歷御史起居舍人寖遷黃門侍郎調露二年同中書門下三品進拜侍中高宗幸東都留皇太子京師以炎調護帝不豫太子監國詔炎與劉齊賢郭正一於東宮平章政事及大漸受遺輔太子是爲中宗改中書令舊宰相議事門下省號政事堂長孫无忌以司空房玄齡以僕射魏徵以太子太師皆知門下省事至炎以中書令執政事筆故徙政事堂於中書省中宗欲以后父韋玄貞爲侍中及授乳媪子五品官炎固執不從帝怒曰我意讓國與玄貞豈不可何惜侍中邪炎懼因與武后謀廢帝后命炎洎劉禕之率羽林將軍程務挺張虔勗勒兵入宮宣太后令扶帝下殿帝曰我何罪后曰以天下與玄貞安得無罪乃廢帝爲盧陵王更立豫王爲皇帝以定策功封永清縣男后已持政稍自肆於是武承嗣請立七廟追王其先炎諫曰太后天下母以盛德臨朝宜存至公不容追王祖考示自私且獨不見呂氏事乎后曰呂氏之王權屬生人今追崇先世在亡迹異安得同哉炎曰蔓草難圖漸不可長后不恱而罷承嗣又諷太后誅韓王元嘉魯王靈夔以絕宗室望劉禕之韋仁約畏默不敢言炎獨固爭后愈銜怒未幾賜爵河東縣侯豫王雖爲帝未嘗省天下事炎謀乘太后出游龍門以兵執之還政天子會久雨太后不出而止徐敬業兵興后議討之炎曰天子年長矣不豫政故豎子有辭今若復子明辟賊不討而解御史崔詧言曰炎受顧託身總大權聞亂不討乃請太后歸政此必有異圖后乃捕炎送詔獄遣御史大夫騫味道御史魚承曄參鞫之鳳閣侍郎胡元範曰炎社稷臣有功於國悉心事上天下所知臣明其不反納言劉齊賢左

衛率蔣儼繼辨之后曰炎反有端顧卿未知耳元範齊賢曰若炎反臣輩亦反矣后曰朕知炎反卿輩不反遂斬于都亭驛炎被劾或勉其遜辭炎曰宰相下獄理不可全卒不折節籍其家無儋石之贏初炎見裴行儉破突厥有功沮薄之乃斬降虜阿史那伏念等五十餘人議者恨其媢克且使國家失信四夷以為陰禍有知云睿宗立贈太尉益州大都督諡曰忠元範者申州義陽人介廉有才以炎故流死嶲州炎從子伷先

伷先未冠推蔭為太僕丞炎死坐流嶺南上變求面陳得失后召見盛氣待之曰炎謀反法當誅尚何道伷先對曰陛下唐家婦身荷先帝顧命今雖臨朝當責任大臣須東宮年就德成復子明辟柰何遽王諸武斥宗室炎為唐忠臣而戮逮子孫海內憤怨臣愚謂陛下宜還太子東宮罷諸武權不然豪桀乘時而動不可不懼后怒命曳出杖之朝堂長流瀼州歲餘逃歸為吏蹟捕流北廷無復名檢專居賄五年至數千萬娶降胡女為妻妻有黃金駿馬牛羊以財自雄養客數百人自北廷屬京師多其客詗候朝廷事聞知十常七八時補闕李秦授為武后謀曰讖言代武者劉劉無彊姓殆流人乎今大臣流放者數萬族使之叶亂社稷憂也后謂然夜拜秦授考功員外郎分走使者賜墨詔慰安流人實命殺之伷先前知以橐它載金幣賓客奔突厥行未遠都護遣兵追之與格鬬為所執械繫獄以狀聞會武后度流人已誅畏天下姍誚更遣使者安撫十道以好言自解釋曰前使使慰安有罪而不曉朕意擅誅殺殘忍不道朕甚自咎今流人存者一切縱還繇是伷先得不死中宗復位求炎後授伷先太子詹事丞遷秦桂廣三州都督坐累且誅賴宰相張說右之免官久乃擢范陽節度使太原京兆尹以京師官冗奏罷畿縣員外及試官進工部尚書年八十六以東京留守累封翼城縣公卒官下

劉禕之字希美常州晉陵人父子翼字小心在隋為著作郎峭直有行嘗面折僚友短退無餘訾李伯藥曰子翼詈人人都不憾貞觀初召之辭以母老詔許終養江南道巡察使李襲譽嘉其孝表所居為孝慈里母已喪召拜吳王府功曹參軍終著作郎弘文館直學士禕之少與孟利貞高智周郭正一俱以文辭稱號劉孟高郭並直昭文館俄遷右史弘文館直學士上元中與元萬頃等偕召入禁中論次新書凡千餘篇高宗又密與參決時政以分宰相權時謂北門學士兄懿之亦給事中同兩省先是姊為內官武后遣至外家問疾禕之因賀蘭敏之私省之坐流嶲州后為丐還除中書舍人儀鳳中吐蕃寇邊帝訪侍臣所以置之討之之宜人人異謀禕之獨勸帝夷狄猶禽獸雖被馮陵不足校願戢威紓百姓之急帝內其言俄拜相王府司馬檢校中書侍郎帝謂曰卿家忠孝朕子賴卿以師矩冀蓬在麻不扶而挺也后既立王為帝以其參奉大議愈親之擢中書侍郎同中書門下三品賜爵臨淮縣男方是時詔令叢繁禕之思致華敏裁可占授少選可待也司門員外郎房先敏坐累貶衛州司馬訴于相府內史騫味道謂曰太后旨禕之曰乃上從有司所奏云后聞以味道歸非於上貶青州刺史加禕之太中大夫賜物百段后因曰君為元首臣為股肱以手足疾移於腹背尚為一體乎禕之引咎於巳忠臣也納言王德眞推順曰戴至德無異才惟能歸善於君為時所服后曰善後私語鳳閣舍人賈大隱曰后能廢昏立明盍反政以安天下大隱表其言后怒曰禕之乃負我垂拱中或告禕之受歸誠州都督孫萬榮金與許敬宗妾私通太后遣肅州刺史王本立鞫治以敕示禕之禕之曰不經鳳閣鸞臺何謂之敕后以為拒制使賜死于家年五十七初禕之得罪睿宗以舊屬申理之姻友異得釋禕之曰吾死矣太后威福由己而帝營救速吾禍也在獄上疏自陳臨誅洗沐神色自若命其子執筆占為表子號塞不能書禕之乃自提筆得數紙詞懇哀到人皆傷之麟臺郎郭翰太子文學周思鈞悵歎其文后惡之貶翰巫州司法參軍思鈞播州司倉參軍睿宗嗣位贈禕之中書令翰者嘗為御史巡察隴右多所按劾次寧

州時狄仁傑爲刺史民爭言有異政翰就館以筆紙置于桉謂僚屬曰入其境其政可知願薦使君美於朝毋久留即命駕去性寬簡讀老子至和其光同其塵慨然曰大雅君子以保其身乃辭憲官改麟臺郎云

魏玄同字和初定州鼓城人祖士廓仕齊爲輕車將軍玄同進士擢第調長安令累官司列大夫坐與上官儀善流嶺外既廢不自護藉乃馳逐爲生事上元初會赦還工部尚書劉審禮表其材拜岐州長史再遷吏部侍郎永淳元年詔與中書門下同承受進止平章事封鉅鹿男上疏言選舉法弊曰方今人不加富盜賊未衰禮誼寖薄者下吏不稱職庶官非其才取人之道有所未盡也武德貞觀庶事草創人物固乏天胙大聖享國永年異人間出諸色入流歲以千計官有常員人無定限選集猥至千不收一取捨淆紊夏商以前制度多闕至周煥然可觀諸侯之臣不皆命天子王朝庶官不專一職穆王以伯冏爲太僕正命曰愼簡乃僚此乃自

擇下吏之言也太僕正特中大夫耳尚以僚屬委之則三公九卿亦當然也故太宰內史並掌爵祿廢置司徒司馬別掌興賢詔事是分任羣司而統以數職王命其大者而自擇其小者漢制諸侯自置吏四百石以下其傅相大臣則漢爲置之州郡掾史督郵從事悉任之牧守自魏晉以後始歸吏部而迄于今以刀筆量才簿書察行法與世弊其來久矣尺丈之量鍾庾之器非所及則不能度非所受則無以容況天下之大士類之衆可委數人手乎又尸厥任者閒非其選至爲人擇官爲身擇利下筆繫親疏措情觀勢要悠悠風塵此焉奔競使百行折之一面九能斷之數言不亦難乎且臣聞莅官者不可以無學傳曰學以從政不聞以政入學今貴戚子弟一皆早仕弘文崇賢千牛輦脚之類程較既淺技能亦薄而門閥有素資望自高夫所謂胄子者必裁諸學少則受業長而入官然後移家事國謂之德進夫少仕則不務學輕試則無才又勳官三衞流外之屬不待州縣之舉直取書判非先德後言

之誼臣聞國之用人如人用財貧者止糟糠富者餘粱肉故當衰弊之乏則磨策朽鈍以馭之太平多士則遴柬髦俊而使之今選者猥多宜以簡練爲急竊見制書三品至九品並得薦士此誠仄席旁求意也但褒貶不明故上不憂黜責下不盡搜揚莫愼所舉而苟以應命且惟賢知賢聖人篤論臯陶既舉不仁者遠身苟濫進庸及知人不擇舉者之賢而責所舉之濫不可得已以陛下聖明國家德業而不建經久之策但顧望魏晉遺風臣竊惑之願少遵周漢之規以分吏部選即所用詳所失鮮矣不納進拜文昌左丞鸞臺侍郎同鳳閣鸞臺三品遷地官尚書檢校納言玄同與裴炎締交能保終始故號耐久朋先是狄仁傑督太原運失米萬斛將坐誅玄同救免而河陽令周興未知也數於朝堂聽命玄同曰明府可去矣毋久留興以爲沮己銜之至是誣玄同言太后老矣當復皇嗣后不察賜死于家年七十三初監察御史房濟監刑謂曰丈人盍上變冀召見得自陳玄同曰人殺與鬼殺等耳不能爲

告事人玄同子恬字安禮事親以孝聞第進士爲御史主簿開元中至潁王傅

李昭德雍州長安人父乾祐貞觀初爲殿中侍御史鄃令裴仁軌私役門卒太宗欲斬之乾祐曰法令與天下共之非陛下獨有也仁軌以輕罪致極刑非畫一之制刑罰不中則民無所措手足帝意解繇是免死遷侍御史母卒廬墓側負土成墳帝遣使就弔表異其閭歷治書侍御史有能名永徽初擢御史大夫爲褚遂良所惡出爲邢魏二州刺史乾祐雖彊直而昵小人嘗爲書與所善吏刺取朝廷事迸隱其辭爲吏所賣遂良白發於朝坐流驩州召拜滄州刺史入爲司刑太常伯舉雍州司功參軍崔擢爲尚書郎不得報私語擢所以然後擢犯罪告乾祐漏禁中語以自贖詔免官卒昭德彊幹有父風擢明經累官御史中丞永昌初坐事貶振州陵水尉還爲夏官侍郎如意元年拜鳳閣侍郎同鳳閣鸞臺平章事武后營神都昭德規創文昌臺及定鼎上東諸門標置華壯洛有

二橋司農卿韋機徙其一直長夏門民利之其一橋廢省巨萬計然洛水歲淙齧之繕者告勞昭德始累石代柱銳其前廝殺暴濤水不能怒自是無患俄檢校內史薛懷義討突厥以昭德爲行軍長史不見虜還武承嗣任文昌左相昭德諫曰承嗣已王不宜典機衡以惑衆庶且父子猶相簒奪況姑姪乎后矍然曰我未之思也乃罷承嗣爲太子少保洛陽人王慶之率險佞數百人請以承嗣爲皇太子后不許固請后遣昭德詰其故昭德笞殺慶之餘黨散走因奏曰自古有姪爲天子而爲姑立廟乎以親親言之天皇陛下夫也皇嗣陛下子也當傳之子孫爲萬世計陛下承天皇顧託而有天下又立承嗣臣見天皇不來食矣后乃止承嗣恨譖短之后曰吾任昭德而獲安枕是代我勞非而所知也有人獲洛水白石而赤文者獻闕下曰此石赤心故以獻昭德叱曰洛水餘石豈盡能反邪時來俊臣侯思止舞文法數誅陷大臣人皆懾懼昭德每奏其誣罔不道狀卒榜殺思止其黨稍摧沮然昭德頗怙權爲衆

指目魯王府功曹參軍丘愔上疏曰臣聞魏冉誅庶族以安秦忠也弱諸侯以彊國功也然出入自專擊斷無忌威震人主不聞有王張祿一言而卒用憂死向使昭王不即覺悟則秦之霸業或不傳子孫陛下天授以前萬機獨斷公卿百執具職而已自長壽以來猒怠細政權委昭德秉總權綱而才小任重負氣彊愎龍首下民鉏鉤同列刻薄慶賞多所矯虔聲威翕習天下杜口臣伏見南臺敕目羣臣奏請陛下制曰可而昭德建言不可制又從之且人臣參奉機密獻可替否事或便利不豫咨謀而畫可已行方興駮異是揚露擅命以示於人歸美引咎誼不類此一切奏讞皆承風指陰相傳會臣觀其膽乃大於身鼻息所衝上拂雲漢夫小家給生有千百之貲將以託人尚憂失授況天下之重可輕委寄乎履霜堅冰須防其漸大權一去收之良難願陛下察臣之言又果毅鄧注著石論數千言述其專恣鳳閣舍人逄弘敏以聞后由是惡之謂姚璹曰誠如所言昭德固負國矣乃貶欽州南賓尉俄

召授監察御史萬歲通天二年來俊臣誣以逆謀既而俊臣亦下獄同日誅時甚雨衆庶莫不寃昭德而快俊臣神龍二年贈左御史大夫建中三年加贈司空

吉頊洛州河南人長七尺性陰克敢言事舉進士及第調明堂尉父哲爲易州刺史坐贓當死頊往見武承嗣自陳有二女弟請侍王巾盥者承嗣喜以犢車迎之三日未言問其故答曰父犯法且死故憂之承嗣爲表貸哲死遷頊龍馬監劉思禮謀反頊上變事后命武懿宗雜訊因諷囚引近臣高閑生平所牾者凡三十六姓捕繫詔獄榜楚百慘以成其獄同日論死天下寃之擢右肅政臺中丞來俊臣下獄司刑當以死狀三日不下頊從武后游苑中因間言臣爲陛下耳目知俊臣狀入不出人以爲疑后曰朕以俊臣有功徐思之頊曰于安遠告虺貞反今爲成州司馬俊臣誣殺忠良罪惡如山國蠹賊也尚何惜於是后斬俊臣而召安遠爲尚食奉御突厥陷趙定授檢校相州刺史且募兵制虜南向頊

辭不知武后曰賊方走藉卿坐鎮耳初太原溫彬哉死高宗時封一笥書誘妻曰吾死後須年及垂拱獻之垂拱初妻上其書言后革命事及突厥至趙去故后知虜且還頊至募士無應者俄詔以皇太子爲元帥應募日數千頊還言狀后曰人心若是邪卿可爲羣臣道之頊誦語于朝諸武惡之始頊善張易之殿中少監田歸道鳳閣舍人薛稷正諫大夫員半千夏官侍郎李迥秀皆爲控鶴內供奉頊又彊敏故后倚爲腹心聖曆二年進天官侍郎同鳳閣鸞臺平章事爲刺史時武懿宗討契丹退保相州後爭功殿中懿宗陋短俯僂頊厲語侵之無所容假后怒曰我在乃藉諸武它日安可保衛之張易之兄弟以寵盛思自全問頊計安出頊曰公家以倖進非有大功於天下勢必危吾有不朽策願效之非止保身且世世不絕胙易之流涕請頊曰天下思唐久矣廬陵斥外相王幽閑上春秋高武諸王非海內屬意公盍從容請相王廬陵以副人望易弔爲賀之資也易之昌宗乘閒如頊教后意乃定既而知

瑱與謀召見問狀瑱對盧陵相王皆陛下子先帝顧託於陛下當速有所付乃還中宗明年瑱坐弟冒僞官貶琰川尉及辭召見泣曰臣去國無復再謁願有所言然病棘請須臾閒后命坐瑱曰水土皆一盎有爭乎曰無曰以爲塗有爭乎曰無曰以塗爲佛與道有爭乎曰有之瑱頓首曰雖臣亦以爲有夫皇子外戚有分則兩安今太子再立而外家諸王並封陛下何以和之貴賤親疎之不明是驅使必爭臣知兩不安矣后曰朕知之業已然且柰何瑱尋徙始豐尉客江都卒中宗之立瑱實倡之會得罪無知者睿宗初有發明其忠乃下詔贈御史大夫

贊曰異乎炎之暗于幾也知中宗之不君不知武后之盜朝假虎翼而責其搏人死固宜哉昭德瑱進不以道君子恥之雖然一情區區抑武興唐其助有端則賢於遠矣禕之玄同漏言及誅不失所以事君者云

裴劉魏李吉列傳第四十二

張韋韓宋辛二李裴列傳第四十三　唐書一百一十八

端明殿學士兼翰林侍讀學士龍圖閣學士朝散大夫給事中知制誥充史館修撰臣宋　祁奉

敕撰

張廷珪河南濟源人慷慨有志尚第進士補白水尉舉制科異等累遷監察御史按劾平直武后稅天下浮屠錢營佛祠於白司馬坂作大象廷珪諫以爲傾四海之財殫萬民之力窮山之木爲塔極冶之金爲象然猶有爲之法不足高也填塞澗穴覆壓蟲蟻且巨億計工員窮窶驅役爲勞饑渴所致疾疹方作又僧尼乞丐自贍而州縣督輸星火迫切鬻賣以充非浮屠所謂隨喜者今天下虛竭蒼生彫弊謂宜先邊境實府庫養人力后善之召見長生殿賞慰良厚因是罷役會詔市河南河北牛羊荆益奴婢置監登萊以廣軍資廷珪上書曰今河南牛疫十不一在詔雖和市甚於抑奪并市則價難準簡擇則吏求賄是牛再疫農重傷也高原耕地奪爲牧所兩州無復丁田牛羊踐暴舉境何賴荆益奴婢多國家戶口姦豪掠買一入於官永無免期南北異宜至必生疾此有損無益也抑聞之君所恃在民民所恃在食食所資在耕耕所資在牛牛廢則耕廢耕廢則食去食去則民亡民亡則何恃爲君羊非軍國切要假令蕃滋不可射利后乃止張易之誅議窮治黨與廷珪建言自古革命務歸人心則以刑勝治今唐曆不移天地復主宜以仁化蕩宥且易之盛時趨附奔走半天下盡誅則已暴罰一二則法不平宜一切洗貸中宗納之神龍初詔白司馬坂復營佛祠廷珪方奉詔抵河北道出其所見營築勞亟懷不能已上書切爭且言自中興之初下詔書弛不急斥少監楊務廉以示中外今土木復興不稱前詔掘壞伐木湊害生氣願罷之以紓窮乏帝不省尋爲中書舍人再遷禮部侍郎玄宗開元初大旱關中飢詔求直言廷珪上疏曰古有多難興國殷憂啓聖蓋事危則志銳情苦則慮深故能轉禍爲福也景龍先天間凶黨構亂陛下神武汛掃氛垢日月所燭無不濡澤明明上帝宜錫介福而頃陰陽愆候九

穀失稔關輔尤劇臣思天意殆以陛下春秋鼎盛不崇朝有大功輕堯舜而不法思秦漢以自高故昭見咎異欲曰愼一日永保大和是皇天於陛下睠顧深矣陛下得不奉若休旨而寅畏哉誠願約心削志考前王之書敦素樸之道登端士放佞人屏後宮減外廏場無蹴鞠之玩野絶從禽之樂促遠境罷縣戍矜惠惸獨薄僀賦去淫巧捐珠璧不見可欲使心不亂或謂天戒不足畏而上帝馮怒風雨迷錯荒饉日甚則無以濟下矣或謂人窮不足恤而億兆攜離愁苦昏墊則無以奉上矣斯安危所繫禍福之原柰何不察今受命伊始華夷百姓淸耳以聽刮目以視冀有聞見何遽孤其望哉再遷黃門侍郎監察御史蔣挺坐法詔決杖朝堂廷珪執奏御史有譴當殺殺之不可辱也士大夫服其知體王琚持節巡天兵諸軍方還復詔行塞下議者皆謂將襲回紇廷珪陳五不可且言中國步多騎少人齎一石糧負甲百斤盛夏長驅晝夜不休勞逸相絶其勢不敵一也出軍掩敵兵不數萬不可以行廢農

舊唐書列傳四十三　二

廣饋饑歲不支二也千里遠襲其誰不知賊有斥候必能預防三也狄人獸居磧漠譬之石田克而無補四也天下無年當養人息兵五也又請復十道按察使巡視州縣帝然納之因詔陸象先等分使十道時遣使齎繒錦至石國市犬馬廷珪曰犬馬非土性弗畜珍禽異獸不育于國不宜勞遠人致異物願省無益之故救必然之急天下之幸坐漏禁內語出爲沔州刺史頻徙蘇宋魏三州初景龍中宗楚客紀處訥武延秀韋溫等封戶多在河南河北諷朝廷詔兩道蠶產所宜雖水旱得以蠶折租廷珪謂兩道倚大桑蠶所宜而加別稅則隴右羊馬山南椒漆山之銅錫鉛錯海之蜃蛤魚鹽水旱皆免寧獨河南北外於王度哉願依貞觀永徽故事准令折免詔可在官有威化入爲少府監封范陽縣男以太子詹事致仕卒贈工部尚書謚曰貞穆廷珪偉姿儀善八分書與李邕友善及邕已躓於仕屢表薦之人尚其方介云

韋湊字彥宗京兆萬年人祖叔諧貞觀中爲庫部郎中與弟吏部郎中叔謙兄主爵郎中季武同省時號三列宿湊永淳初解褐婺州參軍事徙資州司兵觀察使房昶才之表于朝遷揚州法曹州人孟神爽罷仁壽令豪縱數犯法交通貴戚吏莫敢繩湊按治杖殺之遠近稱伏入爲相王府屬時姚崇兼府長史嘗曰韋子識遠文詳吾恨晩得之六遷司農少卿忤宗楚客出爲貝州刺史睿宗立授鴻臚少卿徙太府兼通事舍人時改葬故太子重俊有詔加謚又詔雪李多祚等罪議贈官湊上言王者發號出令必法大道善善著惡惡明也賞罰所不加則考行立謚以褒貶之臣議其君子議其父曰靈曰厲者不敢以私亂公也臣伏見故太子與多祚等擁北軍犯宸居破扉斬關兵指黃屋騎騰紫微和帝御玄武門親諭逆順太子據鞍自若督衆不止逆黨悔非回兵執賊多祚伏誅太子乃遁去明日帝見羣臣涕數行下曰幾不與公等相見其爲危甚矣臣子之禮過位必趨歷路馬芻有誅昔漢成帝爲太子行

舊唐書列傳四十三　三　韋湊

不敢絶馳道秦師免胄過周北門王孫滿策其必敗推此則太子稱兵宮中爲悖已甚以斬三思父子而嘉之乎則弄兵討逆以安君父可也因欲自立則是爲逆又奚可褒此時韋氏逆未明義未絶於太子母也子無廢母之理非中宗命廢之則又劫父廢母且君或不君臣安可不臣父或不父子安可不子晉太子申生謚曰恭漢太子據謚曰戾今太子乃謚節閔臣所未諭願與議謚者質於御前使臣言非耶甘鼎鑊之誅申大義示天下臣言是耶惑衆冰釋不復異議如曰未然柰何使後世亂臣賊子資以爲辭宜易謚以合經禮多祚等罪云免而不云雪帝瞿然引內閤中勞曰誠如卿言業已爾柰何對曰太子實逆不可以褒請質行以謚時大臣亦重改唯罷多祚等贈官景雲初作金仙等觀湊諫以爲方農月興功雖貲出公主然高直售庸則農人捨耕取顧趨末棄本恐天下有受其飢者不聽湊執爭以萬物生育草木昆蚑傷伐甚多非仁聖本意帝詔外詳議中書令崔湜侍中岑羲曰公敢

是耶湊曰食厚祿死不敢顧況聖世必無死乎朝廷爲減費萬計
出爲陝汝岐三州刺史開元初欲建碑靖陵湊以古園陵不立碑又
方旱不可興工諫而止遷將作大匠詔復孝敬皇帝廟號義宗湊
諫曰傳云必也正名禮祖有功宗有德其廟百世不毀商有三宗
周宗武王漢文帝爲太宗武帝爲世宗歷代稱宗者皆方制海內
德澤可尊列於昭穆是謂不毀孝敬皇帝未嘗南面且別立寢
廟無稱宗之義遂罷遷右衛大將軍玄宗謂曰故事諸衛大將軍
與尚書更爲之近時職輕故用卿以重此官其毋辭尋徙河南尹
封彭城郡公會洛陽主簿王鈞以賕抵死詔曰兩臺御史河南尹
縱吏侵漁春秋重責帥其出湊曹州刺史侍御史張洽通州司
馬久之遷太原尹兼北都軍器監邊備脩舉詔賜時服勞勉之及
病遣上醫臨治卒年六十五贈幽州都督諡曰文子見素
見素字會微質性仁厚及進士第授相王府參軍襲父爵擢累諫
議大夫天寶五載爲江西山南黔中嶺南道黜陟使繩糾吏治所

至震畏遷文部侍郎平判皆誦於口銓敘平允官有丐求輒下意
聽納人多德之十三載玄宗苦雨潦閱六旬謂宰相非其人罷左
相陳希烈詔楊國忠審擇大臣時吉溫得幸帝欲用之溫爲安祿
山所厚國忠懼其進沮止之謀於中書舍人竇華宋昱皆以見素
安雅易制國忠入白帝帝亦以相王府屬有舊恩遂拜武部尚書
同中書門下平章事集賢院學士知門下省事明年祿山表請蕃
將三十二人代漢將帝許之見素不悅謂國忠曰祿山反狀暴天
下今又以蕃代漢難將作矣國忠不應見素曰知禍之牙不能防見
禍之形不能制焉用彼相明日當懇論之既入帝迎諭曰卿等有
疑祿山意耶國忠見素趨下流涕具陳祿山反明甚詔復位因以
祿山表置帝前乃出帝令中官袁思藝傳詔曰此姑忍朕徐圖
之由是奉詔然亦毋進見未嘗不爲帝言之帝不入其語未幾祿山
反從帝入蜀陳玄禮之殺國忠也兵傷其首衆傳聲曰毋害韋公
父子獲免帝令壽王賜藥傅創次巴西詔兼左相封豳國公肅宗

立與房琯崔渙持節奉傳國璽及冊宣揚制命帝曰太子仁孝去
十三載已有傳位意屬方水旱左右勸我且須豐年今帝自受命朕
如釋負矣煩卿等遠去善輔導之見素涕泣拜辭又命見素子諤
及中書舍人賈至爲冊使判官謁見肅宗於順化郡肅宗聞琯名
且舊虛懷待之以見素嘗附國忠禮遇獨減是歲十月丙申有星
犯昴見素言於帝曰昴者胡也天道譴見所應在人祿山將死矣
帝曰日月可知乎見素曰福應在德禍應在刑昴金忌火行當火
位昴之昏中乃其時也既死其月亦死其日明年正月甲寅祿山
其殪乎帝曰賊何等死答曰五行之說子者視妻所生昴犯以丙
申金木之妃也木火之母也丙火爲金子申亦金也二金本同末
異還以相剋賊殆爲子與首亂者更相屠戮乎及祿山死日月皆
驗明年三月至鳳翔拜尚書右僕射罷知政事初行在所承喪亂
後兵吏三銓簿領煬散選部文符僞濫帝欲廣儌士心至者丐
補官不加檢覆見素奏宜明條綱以爲持久帝未及從既還都選

者猥集補署無所曰訴于朝乃追行其言會郭子儀亦爲僕射從
見素太子太師詔至蜀郡奉迎太上皇以功食實封三百戶上元初
以疾求致仕許之詔朝朔望寶應元年卒年七十六贈司徒諡忠
貞子諤
贊曰楊國忠本與安祿山爭寵故捕吉溫以激其亂陰儲蜀資待
天子之出則已與韋見素流涕爭祿山反狀將信所言以久其權
見素能言祿山反不能言所以反是佐國忠敗王室也玄宗不悟
仍相之卒爲後帝所薄然猶完其要領幸矣謂見素爲前知果非也
諤歷京兆府司錄參軍國忠之死軍衆不解陳玄禮請殺貴妃以
安衆帝意猶豫諤諫曰臣聞以計勝色者昌以色勝計者亡今宗
廟震驚陛下棄神器奔草莽惟割恩以安社稷因叩頭流血帝
寤賜妃死軍乃大悅擢諤御史中丞爲置頓使乘輿將行或曰國
忠死不可往蜀請之河隴或請幸太原朔方涼州或曰如京師雜
然不一帝心向蜀未能言諤曰今兵少不能捍賊還京非萬全計不

如至扶風徐圖去就帝問於衆衆然之遂至扶風乃決西幸後終
給事中
顗字周仁謂弟益之子蚤孤事姊恭順及長身不衣帛通陰陽象
緯博知山川風俗論議典據以門調補千牛備身自鄠尉判入等
授萬年尉歷御史補闕與李約李正辭更進諷諫數移大事裴
垍韋貫之李絳崔群蕭俛皆布衣舊繼爲宰相朝廷典章多所
咨逮嘗曰吾儕五人智不及一韋公長慶初爲大理少卿累遷給
事中敬宗立授御史中丞爲戶部侍郎徙吏部卒贈禮部尚書
所著易緼解推演終始有深誼既喜接士後出莫不造門而李
逢吉方結黨與擅國政頗傅會之素議遂衰然節儉自居天下
推其尚云
知人字行哲叔謙子弱而好古以國子舉授校書郎高宗時擢州
參軍八人爲中臺郎知人自荆府兵曹遷司庫員外郎兼判司戎
大夫事未幾卒子維繩維字文紀進士對策高第擢武功主簿

督役乾陵會歲飢均力勸功人不知勞坐徐敬業親貶五泉主簿
徙內江令教民耕桑縣爲刻頌遷戶部郎中善裁剖時員外宋之
問善詩故時稱戶部二妙終太子右庶子繩長文辭撫養宗屬孤
幼無異情舉孝廉以母老不肯仕踰二十年乃歷長安尉威行京
師擢監察御史吏泗涇鄜三州刺史天寶初入爲秘書少監玄宗
尚文視其職如尚書丞郎繩刊是圖籍以善職稱終陳王傅
虛心字無逸維子舉孝廉遷大理丞侍御史神龍中按大獄僕射
竇懷貞侍中劉幽求有所輕重虛心据正不橈景龍中屬羌叛既
禽捕有詔悉誅虛心惟論酋長死原活其餘遷御史中丞歷荆潞
揚三大都督府長史荆州有鄉豪負勢干法虛心籍其貲入之官
以盧江多盜遂縣舒城盜賊爲衰入爲工部尚書東京留守累封
南皮郡子卒贈揚州大都督謚曰正弟虛舟歷洪魏二州刺史有
治名入爲刑部侍郎初維爲郎蒔柳于廷及虛心兄弟居郎省對
之輒斂容自持後至郎中者數人世號郎官家

韓思復字紹出京兆長安人祖倫貞觀中歷左衛率封長山縣男
思復少孤年十歲母爲語父亡狀感咽幾絕故倫特愛之嘗曰此
兒必大吾宗然家富有金玉車馬玩好未嘗省篤學舉秀才高
第襲祖封永淳中家益窶歲飢京兆杜瑾者以百綾餉思復思
復方併日食而綾完封不發調梁府倉曹參軍會大旱輒開倉賑
民州劾責對曰人窮則濫不如因而活之無趣爲盜賊州不能詘
轉汴州司戶仁恕不行鞭罰以親喪去官鬻薪自給姚崇爲夏官
侍郎識之擢司禮博士五遷禮部郎中建昌王武攸寧母亡請鼓
吹思復持不可而止坐爲王同皎所薦貶始州長史遷滁州刺史
州有銅官人鏟鑿尤苦思復爲罷他郡費省獲多有黃芝五生州
署民爲刻頌其祥從襄州入拜給事中帝作景龍觀思復諫曰禍
難初弭土木遽興非憂物恤人所急不見省嚴善思坐譙王重福
事捕送詔獄有司劾善思任汝州刺史與王游至京師不暴王謀但
奏東都有兵氣匿反罔上宜伏誅思復曰往韋氏擅內謀危社稷

善思詣相府白陛下必即位今詔追善思晝夜即至使有逆節者
肯遽奔命哉請集百官議議多同善思得免死流靜州遷中書
舍人數指言得失頗見納用開元初爲諫議大夫山東大蝗宰相姚
崇遣使分道捕瘞思復上言夾河州縣飛蝗所至苗輒盡今游食
至洛使者往來不敢顯言且天災流行庸可盡瘞望陛下悔過
責躬損不急之務任至公之人持此誠實以荅譴咎其驅蝗使一切
宜罷玄宗然之出其跡付崇崇建遣思復使山東按所損還以實
言崇又遣監察御史劉沼覆視沼希宰相意悉易故牒以聞故河
南數州賦不得蠲崇惡之出爲德州刺史拜黃門侍郎帝北巡爲
行在巡問賑給大使遷御史大夫性恬澹不喜爲繩察徙太子賓
客進爵伯累遷吏部侍郎復爲襄州刺史治行名天下代還仍
拜太子賓客卒年七十四謚曰文天子親題其碑曰有唐忠孝韓
長山之墓故吏盧僎邑人孟浩然立石峴山初鄭仁傑李無爲者隱
居太白山思復少從二人游嘗曰子識清貌古恨仕不及宰相也子

朝宗朝宗初歷左拾遺睿宗詔作乞寒胡戲諫曰昔辛有過伊川見被髮而祭知其必戎今乞寒胡非古不法無乃爲狄又道路藉藉咸言皇太子微服觀之且匈奴在邸刺客卒發大憂不測白龍魚服深可畏也況天象變見疫癘相仍厭兵助陰是謂無益帝稱善特賜中上考帝傳位太子朝宗與將軍龐承宗諫曰太子雖睿聖宜且養成盛德帝不聽累遷荆州長史開元二十二年初置十道採訪使朝宗以襄州刺史兼山南東道襄州南楚故城有昭王井傳言汲者死行人雖暍困不敢視朝宗移書諭神自是飲者亡恙人更號韓公井坐所任吏擅賦役貶洪州刺史天寶初召爲京兆尹分渭水入金光門匯爲潭以通西市材木出爲高平太守始開元末海內無事訛言兵當興衣冠潛爲避世計朝宗廬終南山爲長安尉霍仙奇所發玄宗怒使侍御史王鉷訊之貶吳興別駕卒朝宗喜識拔後進嘗薦崔宗之嚴武於朝當時士咸歸重之朝宗孫佽字相之性清簡元和初第進士自山南東道使府入爲殿中侍御

史累遷桂管觀察使部二十餘州自參軍至縣令無慮三百員吏部所補纔十一餘皆觀察使商才補職佽下車悉來謁一吏持籍請補缺員佽下教曰居官治吾不奪其不奉法無望縱舍缺者須按籍取可任任之會春服使至鄉有豪猾厚進賄使者求爲縣令使者請佽佽許之既去召鄉豪責以撓法笞其背以令部中自是豪右畏戢時詔置五管監兵盡境賦不足充其費佽處以儉約遂爲定制衆以爲難卒贈工部侍郎

宋務光字子昂一名烈汾州西河人舉進士及第調洛陽尉遷右衛騎曹參軍神龍元年大水詔文武九品以上官直言極諫務光上書曰后王樂聞過罔不興拒諫罔不亂樂聞過則下情通下情通則政無缺此所以興也拒諫則羣議壅羣議壅則上孤立此所以亂也臣嘗觀天人相與之際有感必應其間甚密是以教失於此變生於彼易曰天垂象見吉凶聖人象之竊見自夏以來水氣勃戾天下多罹其災洛水暴漲漂損百姓傳曰簡宗廟廢祠祀則水不潤下夫王者即位必郊祀天地嚴配祖宗自陛下御極郊廟山川不時薦見又水者陰類臣妾之道氣盛則水泉溢填虹蜺紛錯暑雨滯霖陰勝之沴也後廷近習或有離中饋之職以干外政願深思天變杜絕其萌又自春及夏牛多病死疫氣浸淫傳曰思之不睿時則有牛禍意者萬機之事陛下未躬親乎晁錯曰五帝其臣不及則自親之今朝廷賢佐雖多然莫能仰陛下清光願勤思法宮凝就大化以萬方爲念不以聲色爲娛以百姓爲憂不以犬馬爲樂臣聞三五之君不能免淫亢顧備禦存乎人耳災興細微安之不怪及禍變已成駭而圖之猶水決治防病困求藥雖復僶俛尚何救哉夫塞變應天實繫人事今霖雨即閉坊門豈一坊一市能感發天道哉必不然矣故里人呼坊門爲宰相謂能節宣風雨天工人代乃爲虛設又數年以來公私匱竭戶口減耗家無接新之儲國乏侯荒之蓄陛下近觀朝市則以爲既庶且富試踐閭陌則百姓衣馬牛之衣食犬彘之食十室而九丁壯盡於邊塞

孀孤轉於溝壑猛吏奮毒急政破資馬困斯佚人窮斯詐起爲姦盜從而刑之良可歎也今人貧而奢不息法設而僞不止長吏貪冒選舉以私稼穡之人少商旅之人衆願坦然更化以身先之凋殘之後緩其力役久弊之極訓以敦厖十年之外生聚方足臣聞太子者君之貳國之本所以守器承祧養民贊業願擇賢能早建儲副安社稷慰黎元姻戚之間謗議所集積疑成患憑寵生災愛之適以害之也如武三思等誠不宜任以機要國家利器庸可久假於人秘書監鄭普思國子祭酒葉靜能挾小道淺術列朱紫取銀黃虧國經悖天道書曰制治于未亂保邦于未危此誠治亂安危之秋也願陛下遠佞人親有德乳保之母妃主之家以時接見無令媟黷跡奏不省俄以監察御史巡察河南道時滑州輸丁少而封戶多每配封人皆亡命失業務光建言通邑大都不以封今命侯之家專擇雄奧滑州七縣而分封者五王賦少於侯租入家倍於輸國請以封戶均餘州又請食賦附租庸歲送停封使息傳驛

之勞不見納以考最進殿中侍御史遷右臺嘗薦汝州參軍事李欽憲後爲名臣卒年四十二時又有清源尉呂元泰亦上書言時政曰國家者至公之神器一正則難傾一傾則難正今中興政化之始幾微之際可不慎哉自頃營寺塔度僧尼施與不絕非所謂急務也林胡數叛獯虜内侵帑藏虛竭戶口亡散夫下人失業不謂太平邊兵未解不謂無事水旱爲災不謂年登倉廩未實不謂國富而乃驅役飢凍彫鐫木石營構不急勞費日深恐非陛下中興之要也比見坊邑相率爲渾脫隊駿馬胡服名曰蘇莫遮旗鼓相當軍陣勢也騰逐喧譟戰爭象也錦繡夸競害女工也督斂貧弱傷政體也胡服相歡非雅樂也渾脫爲號非美名也安可以禮義之朝法胡虜之俗詩云京邑翼翼四方是則非先王之禮樂而示則於四方臣所未諭書曰謀時寒若何必羸形體灌衢路鼓舞跳躍而索寒焉書聞不報

辛替否字協時京兆萬年人景龍中爲左拾遺時置公主府官屬而安樂府補授尤濫武崇訓死主弃故宅別築第侈費過度又盛興佛寺公私疲匱替否上疏曰古之建官不必備九卿有位而闕其選故賞不僭官不濫士有完行家有廉節朝廷餘奉百姓餘食下忠於上上禮於下委裘無倉卒之危垂拱無顚沛之患夫事有惕耳目動心慮作不師古以行於今臣得言之陛下倍百行賞倍十增官金銀不供於印束帛不充於錫何所媿於無用之臣無力之士哉古語曰福生有基禍有胎且公主陛下愛子也選賢嫁之設官輔之傾府庫以賜之壯第觀以居之廣池籞以嬉之可謂至重至憐也然用不合古義行不根人心將變愛成憎轉福爲禍何者竭人之力費人之財奪人之家怨也愛一女取三怨於天下使邊疆士不盡力朝廷士不盡忠人心散矣獨持所愛何所恃乎向使魯王賞同諸壻則有今日之福無曩日之禍人徒見其禍不知禍所來所以禍者寵過也今弃一宅造一宅忘前悔忽後禍臣竊謂陛下乃憎之非愛之也臣聞君以人爲本本固則邦寧邦寧則陛下夫婦母子長相保也願外謀宰臣爲久安計不使姦臣賊子有以伺之今疆埸危駭倉廩空虛卒輸不充士賞不及而大建寺宇廣造第宅伐木空山不給棟梁運土塞路不充牆壁所謂佛者清淨慈悲體道以濟物不欲利以損人不榮身以害教今三時之月掘山穿地損命也殫府虛帑損人也廣殿長廊榮身也損命則不慈悲損人則不愛物榮身則不清淨寧佛者之心乎昔夏爲天子二十餘世而商受之商二十餘世而周受之周三十餘世而漢受之由漢而後歷代可知已咸有道之長無道之短豈窮金玉脩塔廟享久長之祚乎臣以爲減彫琢之費以賙不足是有佛之德息穿掘之苦以全昆蟲是有佛之仁罷營構之直以給邊垂是有湯武之功回不急之祿以購廉清是有唐虞之治陛下緩其所急急其所緩親未來疏見在失真實冀虛無重俗人之所爲而輕天子之業臣竊痛之今出財依勢避役亡命類度爲沙門其未度者窮民善人耳拔親樹知豈離朋黨畜妻養孥非無私愛是致人毀道

非廣道求人也陛下常欲塡池塹捐苑囿以賑貧人今天下之寺無數一寺當陛下一宮壯麗用度尚或過之十分天下之財而佛有七八陛下何有之矣雖役不食之人不衣之士猶尚不給況必待天生地養風動雨潤而後得之乎臣聞國無九年之儲曰非其國今計倉廩度府庫百僚共給萬事用度臣恐不能卒歲假如兵旱相乘則沙門不能擐甲冑寺塔不足穰飢饉矣帝不省睿宗立罷斜封官千餘人俄詔復之方營金仙玉眞觀替否以左補闕上疏曰臣謂古之用度不時爵賞不當國破家亡者口說不若身逢耳聞不若目見臣請以有唐治道得失陛下所及見者言之太宗陛下之祖撥亂立極得至治之體省官清吏舉天下職司無虛授用天下財帛無枉費賞必待功官必得才爲無不成征無不服不多寺觀而福祿至不度僧尼而咎殃滅陰陽不愆五穀遂成粟腐帛爛萬里貢賦百蠻歸款享國久長多歷年所陛下何憚而不法之中宗陛下之兄居先帝之業忽先帝之化不聽賢臣之言而

悅子女之意虛食祿者數千人妄食土者百餘戶造寺蠹財數
百億度人免租庸數十萬是故國家所出日加所入日減倉乏半
歲之儲庫無一時之帛所惡者逐逐必忠良所愛者賞賞皆讒慝
朋倖喋喋交相傾動奪百姓之食以養殘凶剝萬人之衣以塗土木
人怨神怒親忿衆離水旱疾疫六年之間三禍爲變享國不永受
終於凶婦取譏萬代詒笑四夷陛下所見也若法太宗治國太山
之安可致也法中宗治國累卵之危亦可致也頃淫雨不解穀荒
于隴麥爛于場入秋亢旱霜損蟲暴草木枯黃下人咨嗟未知
所濟而營寺造觀日繼于時道路流言計用緡錢百餘萬陛下
知倉有幾歲儲庫有幾歲帛百姓何所活三邊何所輸民散兵亂
職此由也而以百萬構無用之觀受天下之怨陛下忍棄太宗之治
本不忍棄中宗之亂階忍棄太宗久長之謀不棄中宗短促之計
何以繼祖宗觀萬國耶陛下在韋氏時切齒羣凶今貴爲天子不
改其事恐復有切齒於陛下者往見明敕一用貞觀故事且貞觀

有營寺觀加浮屠黃老益無用之官行不急之務者乎往者和帝
之憐悖逆也宗晉卿勸爲第宅趙履溫勸爲園亭工徒未息義
兵交馳亭不得游宅不得息信邪僻之說成骨肉之刑陛下所見
也今茲二觀得無晉卿之徒陰勸爲之冀誤骨肉不可不察也惟
陛下停二觀以須豐年以所費之財給貧窮填府庫則公主福
無窮矣疏奏帝不能用然嘉切直稍遷右臺殿中侍御史雍令
劉少微恃權貪贓替否按之岑羲屢以爲請替否曰我爲憲司
懼勢以縱罪謂王法何少微坐死遷累潁王府長史卒年八十
李渤字濬之魏橫野將軍申國公發之裔父鈞殿中侍御史以不
能養母廢于世渤恥之不肯仕刻志於學與仲兄涉偕隱廬山
嘗以列禦寇拒粟其妻怨是無婦也樂羊子拾金妻讓之是無
夫也乃摭古聯德高蹈者以楚接輿老萊子黔婁先生於陵子王
仲孺梁鴻六人圖象讚其行因以自儆久之更徙少室元和初戶
部侍郎李巽諫議大夫韋況交章薦之詔以右拾遺召於是河

南少尹杜兼遣吏持詔幣即山敦促渤上書謝昔屠羊說有言位
三旌祿萬鍾知貴於屠羊然不可使吾君妄施彼賤賈也猶能忘
己愛君臣雖欲盜榮以濟所欲得無愧屠羊乎不拜洛陽令韓愈遺
書曰有詔河南敦喻遺公朝廷士引頸東望若景星鳳鳥始見爭先
覩之爲快方今天子仁聖小大之事皆出宰相樂善言如不得聞自
即大位凡所出而施者無不得宜勤儉之聲寬大之政幽閨婦女草
野小子飽聞而厭道之愈不通於古請問先生茲非太平世歟加
又有非人力而至者年穀屢熟符貺委至干紀之姦不戰而拘纍彊
梁之凶銷鑠縮栗迎風而委伏其有一事未就正視若不成人四
海所環無一夫甲而兵者若此時也遺公不疾起與天下士樂而
享之斯無時矣昔孔子知不可爲而爲之不已跡接於諸侯之國
今可爲之時自藏深山牢關而固拒即與仁義者異守矣想遺
公冠帶就車惠然肯來舒所畜積以補綴盛德之闕利加于時名
垂將來踴躍懽企頃刻以冀又竊聞朝廷議必起遺公使者往

若不許即河南必繼以行拾遺徵若不至更加高秩如是辭少就多
傷於廉而害於義遺公必不爲也善人進其類皆有望於公公不
爲起是使天子不盡得良臣君子不盡得顯位人庶不盡被惠
利其害不爲細必審察而諦思之務使合於孔子之道乃善渤心
善其言始出家東都每朝廷有闕政輒附章列上元和九年討
淮西上平賊三術一曰感二曰守三曰戰感不成不失爲守守不成
不失爲戰又上禦戎新錄乃以著作郎召渤遂起歲餘遷右補闕
以直忤旨下遷丹王府諮議參軍分司東都十三年上言至德以來
天下思致治平訖今不稱者人倦而不知變天以變通之運遺陛
下陛下順而革之則悠久宜乘平蔡之勢以德霸服恒兗無不濟
則恩威暢矣昔舜禹以匹夫宅四海其烈如彼今以五聖營太平其
難如此臣恐宰相羣臣蘊晦術略啓沃有所未盡使陛下憩然息
文武禹湯而不獲也宜正六官敘九疇脩王制月令崇孝悌敦九
族廣諫路黜選舉復俊造定四民省抑佛老明刑行令治兵禦戎

願下宰相公卿大夫議博引海内名儒大開學館與羣臣參講據經稽古應時便俗者使切磋周復作制度合宜父繼周之言謹上五事一禮樂二食貨三刑政四議都五辨肆勃雖處外然志存朝廷表疏凡四十五獻擢爲庫部員外郎會皇甫鎛輔政務刻下佐用度而渤奉詔弔鄜士美喪在道上言渭南長源鄉戶四百今纔四十閿鄉戶三千而今千宅州縣大抵類此推其敝始於攤逃人之賦假令十室五逃則均責未逃者若抵石于井非極泉不止誠繇聚斂之臣割下媚上願下詔一賜禁止計不三年人必歸于農夫農國之本本立而太平可議矣又言道路苐不治驛馬多死憲宗得奏咨駭即詔出飛龍馬數百給畿驛渤既以峭直觸要臣意乃謝病歸穆宗立召拜考功員外郎歲終當校考渤自宰相而下升黜之上奏曰宰相俛文昌植陛下即位倚以責功安危治亂繫也方陛下勞大臣未有昵比左右自驕之心而天下事一以付之俛等不推至公陳先王道德又不振拔舊典復百司之本政之興廢在賞罰俛等

未聞慰一首公使天下吏有所勸懲一不職使尸祿有所懼士之邪正混然無章陛下比幸驪山宰相學士皆股肱心腹宜皆知之不先事以諫陷君於過俛與學士杜元穎等請考中下御史大夫李絳左散騎常侍張惟素右散騎常侍李益諫幸驪山鄭覃等諫畋游得事君之禮請考上下崔元略當考上下前考于翬不實翬以賄死請降中中大理卿許季同任翬者應考中下然頃陷劉闢棄家以歸宜補厥過考中中少府監裴通職脩舉考應中上以封母捨嫡而追所生請考中下奏入不報會渤請急馮宿領考功以考課令取歲中善惡爲上下郎中校京官四品以下黜陟之由三品上爲清望官歲進名聽內考非有司所得專渤舉舊事爲褒貶違朝廷制請如故事渤議遂廢會魏博節度使田弘正表渤爲副元穎劾奏渤賣直售名資狂躁干進不已外交方鎮求尉薦不宜在朝出爲虔州刺史渤奏還信州移稅錢二百萬免賦米二萬石廢冗役千六百人觀察使上狀不閱歲遷江州刺史度支使張

平叔斂天下逋租渤上言度支所收貞元二年流戶賦錢四百四十萬臣州治田二千頃今旱死者千九百頃若徇度支所斂臣懼天下謂陛下當大旱責民三十年逋賦臣刺史上不能奉詔下不忍民窮無所逃死請放歸田里有詔蠲責渤又治湖水築隄七百步使人不病涉入爲職方郎中進諫議大夫時敬宗晏朝紫宸入閤帝久不出羣臣立屏外至頓仆渤見宰相曰昨論晏朝事今益晚是諫官不能移人主意渤請出閤待罪會喚仗乃止退上疏曰今日入閤陛下不時見羣臣羣臣皆布路跛倚夫跛倚形諸外則憂思結諸內憂倦既積災釁必生小則爲旱爲孽大則爲兵爲亂禮三諫不聽則逃之陛下新即位臣至三諫恐危及社稷又言左右常侍職規諷循默不事君設官不責實不如罷之俾充理匭使建言事大者以聞次白宰相下以移有司有司不當許再納匭妄訴者加所坐一等以絕冒越詔可時政移近倖紀律蕩然渤勁正不顧患通章封無闕日天子雖幼昏亦感寤擢給事中賜金紫服五坊卒夜闘傷

縣人鄠令崔發怒敕吏捕捽其一中人也釋之帝大怒收發送御史獄會大赦改元發以囚坐雞竿下俄而中人數十持挺亂擊發敗面折齒幾死吏哀請乃去既而囚皆釋而發不得原渤上疏曰縣令曳辱中人中人毆御囚其罪一也然令罪在赦前而中人在赦後不寘于法臣恐四夷聞之慢倍之心生矣渤又誦言前神策軍在幔城莫京兆進食牙盤不時治致官人益橫帝以問左右皆曰無之帝謂渤有黨出爲桂管觀察使它日宰相李逢吉等見帝曰發暴中人誠不敬然其母故宰相韋貫之姊年八十憂發成疾陛下方孝治宜少捄之帝惻然曰比諫官但言發枉未嘗道此即遣使送發於家且撫慰其母韋拜詔泣對使者杖發四十猶奪其官至文宗乃用發爲懷州長史桂有灕水出海陽山世言秦命史祿伐粵鑿爲漕馬援討徵側復治以通餽後爲江水潰毀渠遂廢淺每轉餉役數十戶濟一艘渤釃浚舊道鄣泄有宜舟楫利焉踰年以病歸洛大和中召拜太子賓客卒年五十九贈禮部尚書渤孤操

自將不苟合於世人咸謂之沽激屢以言斥而悻直不少衰守節者尚之

裴潾本河東聞喜人篤學善隸書以蔭任元和初累遷左補闕於是兩河用兵憲宗任宦人爲館驛使檢稽出納有曹進玉者尤恃恩倨甚使者過至加捽辱宰相李吉甫奏罷之會伐蔡復以中人領使潾諫曰凡驛有官專尸之畿内以京兆尹道有觀察使刺史相監臨臺又御史爲之使以察過闕猶有不職則宜明科條督責之誰不惕懼若復以宮闈臣領之則内人而及外事職分亂矣夫事不善誡於初體有非不必大方開太平澄本正末宜塞侵官之原出位之漸帝雖不用而嘉其忠擢起居舍人帝喜方士而柳泌爲帝治丹劑求長年帝御劑中躁病渴潾諫曰夫除天下之害者常受天下之利共天下之樂者常饗天下之福故上自黄帝顓頊堯舜禹湯文武咸以功濟生人天皆報以耆壽垂榮無疆陛下以孝安宗廟以仁牧黎庶攘剗祅凶復張太平賓禮賢俊待以終始神功聖

德前古所不及陛下躬行之天地宗廟必相陛下以億萬之永今乃方士韋山甫柳泌等以丹術自神更相稱引詭爲陛下延年臣謂士有道者皆匿名滅景無求於世豈肯干謁貴近自鬻其伎哉今所至者非曰知道咸求利而來自言飛鍊爲神以訹權賄僞窮情得不恥遁亡豈可信厥術御其藥哉臣聞人食味別聲被色而生者也味以行氣氣以實志水火鹽梅以烹魚肉宰夫和之齊之以味君子食之以平其心夫三牲五穀禀五行以生也發爲五味天地生之所以奉人聖人節調以致康彊若乃藥劑者所以禦疾豈常進之餌哉況又金石性託酷烈而燒治積年包炎産毒未易可制夫秦漢之君亦信方士矣如盧生徐福欒大李少君後皆詐譎無成功事暴前策皆可驗視禮君之藥臣先嘗之父之藥子先嘗之臣子一也願以所治劑俾其人服之竟一歲以考眞僞則無不驗矣帝怒貶江陵令穆宗立泌等誅召潾再遷刑部郎中前率府倉曹參軍曲元衡杖民柏公成母死有司以死在辜外推元衡父蔭贖

金公成受賕不訴以赦免潾議曰杖捶者官得施所部非所部雖有罪必請有司明不可擅也元衡非在官公成毋非所部不可以蔭免公成取賄仇家利毋之死逆天性當伏誅有詔元衡流公成論死久之繇給事中爲汝州刺史越法杖人輒死以太子左庶子分司東都遷左散騎常侍集賢殿學士改刑部侍郎爲華州刺史召拜兵部侍郎出爲河南尹復還舊官卒贈戸部尚書諡曰敬潾以道自任悉心事上疾黨附不爲權近所持嘗裒古今辭章續梁昭明太子文選自號大和通選上之當時文士非與遊者皆不取世恨其隘憲宗竟以藥棄天下世益謂潾知言穆宗雖誅泌而後稍稍復惑方士有布衣張皋者上疏曰神慮澹則血氣和嗜欲勝則疾疹作古之聖賢務自頤養不以外物橈耳目聲色敗情性繇是和平自臻福慶用昌在易無妄之疾勿藥有喜在詩自天降康降福穰穰此天人符也然則藥以攻疾無疾不用藥也高宗時處士孫思邈達於養生其言曰人無故不應餌藥藥有所偏助則藏氣爲不平推此

論之可謂達見至理夫寒暑爲賊節宣乖度有資於醫尚當重慎故禮稱醫不三世不服其藥庶士猶爾況天子乎先帝晚節喜方士累致危疾陛下所自知不可蹈前覆迎後悔也今人人竊議直畏忤旨莫敢言臣蓬茨之生非以邀寵顧忠義可爲者聞而默則不安願陛下無忽帝善其言詔訪皋不獲

李中敏字藏之系出隴西元和中擢進士第性剛峭與杜牧李甘善其文辭氣節大抵相上下沈傳師觀察江西辟爲判官入拜侍御史鄭注誣逐宰相宋申錫天下以目大和六年大旱文宗内憂詔詢所以致雨者中敏時以司門員外郎上言雨不時降夏陽驕愆苗欲槁枯陛下眞憂勤降德音俾下得盡言臣聞昔東海誤殺一孝婦大旱三年臣頃爲御史臺推囚華封儒殺良家子三人陛下赦封儒死然三人者亦陛下赤子也神策士李秀殺平民法當死以禁衛刑止流宋申錫位宰相生平饋致一不受其道勁正姦人忌之陷不測之辜獄不參驗銜恨而没天下士皆指目鄭注臣知

數寃必列訴上帝天之降災殆有由然漢武帝國用空竭桑弘羊興筦榷之利然卜式請亨以致雨況申錫之枉天下知之何惜斬一注以快忠臣之寃則天且雨矣帝不省中敏以病告滿歸潁陽注誅以司勳員外郎召累遷諫議大夫爲理匭使建言上書者將納於匭有司先審其副有不可輒卻之臣謂匭出禁中暮而入爲下開必達之路廣聰明直枉結若有司先裁可否恐事不重密非窮塞得自申意請一裁諸上詔可遷給事中仇士良以開府階廕其子中敏曰内謁者監安得有子士良慙恚繇是復棄官去開成末爲婺杭二州刺史卒于官中敏所善李款字言源長慶初第進士爲侍御史注自邠寧入朝款伏閤劾奏注内通敕使外結朝臣往來兩地卜射賕謝帝不省後浸用事款被斥去注死繇倉部員外郎累遷江西觀察使終澧王傅

李甘字和鼎長慶末第進士舉賢良方正異等累擢侍御史鄭注侍講禁中求宰相朝廷譁言將用之甘顯倡曰宰相代天治物者

當先德望後文藝注何人欲得宰相白麻出我必壞之既而麻出乃以趙儋爲鄜坊節度使甘坐輕肆貶封州司馬而李訓内亦惡注繇是注卒不相甘終于貶始河南人楊牢字松年有至行甘方未顯以書薦於尹曰執事之部孝童楊牢父茂卿從田氏府趙軍反殺田氏茂卿死牢之兄蜀三往索父喪慮死不果至牢自洛陽走常山二千里號伏叛壘委髮羸骸有可憐狀讎意感解以尸還之單縗冬月往來太行間凍膚皸瘃銜哀雨血行路稠人爲牢泣歸責其子以牢勉之牢爲兒戲操如此未聞執事門言而書顯之豈樹風扶教意耶且鄉人能齧齒狙刲膍急親之病皆一時決耳猶蒙表其閭朊之傜上有大禮則差問以粟帛今河北驕叛萬師不能擾而牢徒步請尸仇手與夫含腐忍瘡者孰多牢絕乳即能詩洛陽兒曹壯於牢者皆出其下聞牢之贖喪滑帥償其費其葬也滑帥賻之財斯執事之事他人既墓之矣即有稱牢於上者執事能無恨其後乎其激卬自任類此牢後亦擢進士第

贊曰夫以下摩上士所甚患然取名最多故上失德則與下爭名而後有誅夷斥竄事然或依古肆言高而難從以激主賈直者逆之似傷道行之不切時此言事常弊也若廷珪數子優游彌縫皆中時病非所謂賈直自衒者也至渤爭晏朝漭諫方士甘斥鄭注不可作宰相排寵救危不得不爾賢哉

張韋韓宋辛二李裴列傳第四十三

武李賈白列傳第四十四　　唐書一百一十九

宋　祁　奉　敕　撰

武平一名甄以字行潁川郡王載德子也博學通春秋工文辭武后時畏禍不敢與事隱嵩山脩浮圖法屢詔不應中宗復位平一居母喪迫召為起居舍人丐終制不見聽景龍二年兼脩文館直學士時天子暗柔不君韋后丞亂外戚盛平一重忤語即自請抑母黨上言夫熒惑入羽林太白再經天太陽虧月犯大角臣聞災不妄生上見下應信如影響詩曰唯此文王小心翼翼昭事上帝聿懷多福陛下天性孝愛戚屬外家恩洽澤濡臣一宗階三等家數侯朱輪華轂過許史梁鄧遠甚恩崇者議積位厚者釁速故月滿必虧日中則移時不再來榮難久藉昔永淳之後王室多難先聖從權故臣家以宗子竊祿疏封今上聖復辟宜退守國籓乃再假光寵爵封如初高班厚位遂超涯極故陰氣潛陽河洛氾溢昔王族驕盈梅福上書霍氏專縱丁鴻進諫且后妃之家恩過寵深一朝覆没遂無噍類願思抑損之宜長遠之策推遠時權以全親親帝慰勉不許遷考功員外郎于時太平安樂公主各立黨相根毀親貴離閒帝患之欲令敦和以訪平一因上書曰病之在四體者跡外而易逐居心腹者候邃而難治刑政乖舛四支疾也親權猜間心腹患也書曰克明俊德以親九族九族既睦平章百姓詩曰協比其鄰婚姻孔云是知親族以輯睦為義也自項權貴猜防外和內離怨結姻婭疑生骨肉邀榮之徒詭獻忠款高爵之伍苟輸讒計旁有邸第之中禁闈媼官之側故過從絕猜嫌搆親愛乖黨與生積霜成冰禍不可既願悉召近親貴人會宴內殿告以輯睦申以恩勤斥姦人塞讒路若猶未已則捨近圖遠抑慈示嚴惟陛下之命帝美其忠切卒不用初崔日用自言明左氏春秋諸侯官族它日學士大集日用折平一曰君文章固耐久若言經則敗績矣時崔湜張說素知平一該習勸令酬詰平一乃請所疑日用曰魯三桓鄭七穆奈何答曰慶父叔牙季友桓三子也孟孫至彘凡九世叔孫至舒季孫至肥凡八世鄭穆公十一子子然及士子孔三族亡子羽不為卿故稱七穆子罕子駟子良子國子游子印子豐也一坐驚服平一問日用曰公言齊桓公楚莊王時諸侯屬齊若楚凡幾平公靈王時諸侯屬晉楚凡幾晉卿齊楚執政幾何人日用謝曰吾不知君能知乎平一條舉始末無留語日用曰吾請北面闔坐大笑後宴兩儀殿帝命后兄光祿少卿嬰監酒嬰滑稽敏給詔學士嘲之嬰能抗數人酒酣胡人襪子何懿等唱合生歌言淺穢因倨肆欲奪司農少卿宋廷瑜賜魚平一上書諫曰樂天之和禮地之序禮配地樂應天故音動於心聲形於物因心哀樂感物應變樂正則風化正樂邪則政教邪先王所以達廢興也伏見胡樂施于聲律本備四夷之數比來日益流宕異曲新聲哀思淫溺始自王公稍及閭巷妖伎胡人街童市子或言妃主情貌或列王公名質詠歌蹈舞號曰合生昔齊衰有行伴侶陳滅有玉樹後庭花趨數驁僻皆亡國之音夫禮慊而不進即銷樂流而不反則放臣願屏流僻崇肅雍凡胡樂備四夷外一皆罷遣況兩儀承慶殿者陛下受朝聽訟之所比大饗群臣不容以倡優媟狎虧汙邦典若聽政之暇苟玩耳目自當奏之後廷可也不納玄宗立貶蘇州參軍徙金壇令平一見寵中宗時雖宴豫嘗因詩頌規誡然不能卓然自引去故被謫既謫而名不衰開元末卒孫元衡儒衡別傳

李乂字尚真趙州房子人少孤年十二屬文中書令薛元超曰是子且有海內名第進士茂才異等累調萬年尉長安三年詔雍州長史薛季昶選部吏才中御史者季昶以乂聞擢監察御史劾奏無避景龍初葉靜能怙勢乂條其姦中宗不納遷中書舍人脩文館學士帝遣使江南發在所庫貲以贖生乂上疏以為江南魚鱉之利衣食所資江湖之生無既而府庫之財有限與其拯物不如憂民且鬻生之徒推利所規錢刀日至網罟歲廣施之一朝營之百倍若回所贖之貲減方困之徭其澤多矣韋氏之變詔令嚴促多乂草定進吏部侍郎仍知制誥與宋璟等同典選事請謁不行時人語曰李下無蹊徑改黃門侍郎封中山郡公制敕不便輒駁正貴幸有求官者睿宗曰朕非有靳顧李乂不可過耳諫罷金仙玉真二觀帝雖不從優容之太平公主干政欲引乂自附乂深自拒絕開元初姚崇為紫微令薦為侍郎外託引重實去其糾駁權畏乂明切也未幾除刑部尚書卒年六十八贈黃門監謚曰貞遺令薄葬毋還鄉里乂沉正方雅識治體時稱有宰相器蘇頲畢構馬懷素往祖之哭曰非公為慟而誰慟與兄尚一尚貞孝謹甚乂俱以文章自名弟兄同為一集號李氏花萼集乂所著甚多尚一終清源尉尚貞博州刺史

賈曾河南洛陽人父言忠貌魁梧事母以孝聞補萬年主簿護役蓬萊宮或短其苛高宗廷詰辯列詳諦帝異之擢監察御史方事遼東奉使軍還奏上山川道里并陳高麗可破狀帝問諸將材否對曰李勣舊臣陛下所自悉龐同善雖非鬬將而持軍嚴薛仁貴票勇冠軍高侃忠果而謀契苾何力性沉毅雖忌前有統御才然夙夜小心忘身憂國莫逮於勣者帝然所許衆亦以為知言累轉吏部員外郎李敬玄兼尚書言忠尚氣及主選不能下

貶邵州司馬失武懿宗意下獄幾死左除建州司戶參軍卒曾以有名學雲中爲吏部員外郎玄宗爲太子遴選宮僚以曾爲舍人太子數遣使采女樂就率更寺肄習曾諫曰作樂崇德以和人神韶夏有容咸英有節而女樂不與其間昔魯用孔子幾霸戎有由余而强齊秦遺以女樂故孔子行由余出奔良以冶容哇咬蠱心喪志聖賢疾之最甚殿下渴賢之美未彰好伎之聲先聞非所以追啓誦嗣堯舜之烈也餘閑宴私後延伎樂古亦有之猶當祕隱不以示人況閱之所司明示群臣哉願下令屏倡優女子諸使者採召一切罷止太子手令嘉答俄擢中書舍人以父嫌名不拜徙諫議大夫知制誥天子親郊有司議不設皇地祇位曾請合享天地如古制并從祀等坐睿宗詔宰相禮官議皆如曾請開元初復拜中書舍人曾固辭議者謂中書乃曹司非官稱嫌名在禮不諱乃就職與蘇晉同掌制誥皆以文辭稱時號蘇賈後坐事貶洋州刺史歷虔鄭等州刺史遷禮部侍郎卒子至

至字幼鄰擢明經第解褐單父尉從玄宗幸蜀拜起居舍人知制誥帝傳位至當撰冊既進帝曰昔先天誥命乃父爲之辭今兹命冊又爾爲之兩朝盛典出卿家父子手可謂繼美矣至頓首嗚咽流涕歷中書舍人至德中將軍王去榮殺富平令杜徽肅宗新得陝且惜去榮材詔貸死以流人使自效至諫曰聖人誅亂必先示法令崇禮義漢始入關約法三章殺人者死不易之法也按將軍去榮以朔方偏裨提數千士不能整行列拔私怨殺縣令有犯上之逆或曰去榮善守陝新下非去榮不可守臣謂不然李光弼守太原程千里守上黨許叔冀守靈昌魯炅守南陽賈賁守雍丘張巡守睢陽初無去榮未聞賊能下也以一能而免死彼弧矢絕倫劒術無前者恃能犯上何以止之若捨去榮誅將來是法不一而招罪人也惜一去榮殺十去榮之材其傷益多彼逆亂之人有逆於此而順於彼乎亂富平而治於陝乎悖縣令能不悖於君乎律令者太宗之律令陛下不可以一士小材廢祖宗大法帝詔群臣議太子太師韋見素文部郎中崔器等皆以爲法者天地大典王者不敢專也帝主不擅殺而小人得擅殺者是權過人主開元以前無敢專殺尊朝廷也今有之是弱國家也太宗定天下陛下復鴻業則去榮非至德罪人乃貞觀罪人也其罪祖宗所不赦陛下可易之耶詔可蒲州刺史以河東瀕賊徹傳城廬舍五千室不使賊得保聚民大擾詔遣至尉安官助營完蒲人乃安坐小法貶岳州司馬寶應初召復故官遷尚書左丞楊綰建請依古制縣令舉孝廉于刺史升天子禮部詔有司參議多是綰言至議以爲自晉後衣冠遷徙人多僑處因緣官族所在占籍今鄉舉取人未盡詢廣學校

增國子博士員十道大州得置大學館詔博士領之乃置生徒使宗桑梓者鄉里舉焉在流寓者庠序推焉議者更附至議轉禮部侍郎待制集賢院大曆初徙兵部累封信都縣伯進京兆尹七年以右散騎常侍卒年五十五贈禮部尚書謚曰文

白居易字樂天其先蓋太原人北齊五兵尚書建有功于時賜田韓城子孫家焉又徙下邽父季庚爲彭城令李正己之叛說刺史李洧自歸累擢襄州別駕居易敏悟絕人工文章未冠謁顧況況吳人恃才少所推可見其文自失曰吾謂斯文遂絕今復得子矣貞元中擢進士拔萃皆中補校書郎元和元年對制策乙等調盩厔尉爲集賢校理月中召入翰林爲學士遷左拾遺四年天子以旱甚下詔有所蠲貸振除災沴居易見詔節未詳即建言乞盡免江淮兩賦以救流瘠且多出宮人憲宗頗采納是時于頔入朝悉以歌舞人內禁中或言普寧公主取以獻皆頔嬖愛居易以爲不如歸之無令頔得歸曲天子李師道上私錢六百萬爲魏徵孫贖故第居易言徵任宰相太宗用殿材成其正寢後嗣不能守陛下猶宜以賢者子孫贖而賜之師道人臣不宜掠美帝從之河東王鍔將加平章事居易以爲宰相天下具瞻非有重望顯功不可任按鍔誅求百計不恤凋瘵所得財號爲羨餘以獻今若假以名器四方聞之皆謂陛下得所獻與宰相諸節度私計曰誰不如鍔爭裒割生人以求所欲與之則綱紀大壞不與則有厚薄事一失不可復追是時孫璹以禁衛勞擢鳳翔節度使張奉國定徐州平李錡有功遷金吾將軍居易爲帝言宜罷璹進奉國以諫天下忠臣心度支有囚繫閿鄉獄更三赦不得原又奏言父死縶其子夫久繫妻嫁債無償期禁無休日請一切免之奏凡十餘上益知名會王承宗叛帝詔吐突承璀率師出討居易諫唐家制度每征伐專委將帥責成功比年始以中人爲都監韓全義討淮西賈良國監之高崇文討蜀劉貞亮監之且興天下兵未有以中人專統領者神策既不置行營節度即承璀爲制將又充諸軍招討處置使是實都統恐四方聞之必輕朝廷後世且傳中人爲制將自陛下始陛下忍受此名哉且劉濟等洎諸將必恥受承璀節制心有不樂無以立功此乃資承宗之姦挫諸將之銳帝不聽既而兵老不決居易上言陛下討伐本委承璀外則盧從史范希朝張茂昭今承璀進不決戰已喪大將希朝茂昭數月乃入賊境觀其勢以陰相爲計空得一縣即壁不進理無成功不亟罷之且有四害以府帑金帛齊民膏血助河北諸侯使益富彊一也河北諸將聞吳少陽受命將請洗滌承宗章一再上無不許則河北合從其勢益固與奪恩信不出朝廷二

也今暑濕暴露兵氣熏蒸雖不顧死孰堪其苦又神策雜募市人不忸于役脫奔逃相動諸軍必搖三也回鶻吐蕃常有游偵聞討承宗歷三時無功則兵之彊弱費之多少彼一知之乘虛入寇渠能救首尾哉兵連事生何故蔑有四也事至而罷則損威失柄祇可逆防不可追悔亦會承宗請罪兵遂罷後對殿中論執彊鯁帝未諭輒進曰陛下誤矣帝變色罷謂李絳曰是子我自拔擢乃敢爾我叵堪此必斥之絳曰陛下啓言者路故群臣敢論得失若黜之是箝其口使自為謀非所以發揚盛德也帝悟待之如初歲滿當遷帝以資淺且家素貧聽自擇官居易請如姜公輔以學士兼京兆戶曹參軍以便養詔可明年以母喪解還拜左贊善大夫是時盜殺武元衡京都震擾居易首上疏請亟捕賊刷朝廷恥以必得為期宰相嫌其出位不悅俄有言居易母墮井死而居易賦新井篇言浮華無實行不可用出為州刺史中書舍人王涯上言不宜治郡追貶江州司馬既失志能順適所遇託浮屠生死說若忘形骸者久之徙忠州刺史入為司門員外郎以主客郎中知制誥穆宗好畋游獻續虞人箴以諷曰唐受天命十有二聖兢兢業業咸勤厥政鳥生深林獸在豐草春蒐冬狩取之以道鳥獸蟲魚各遂其生民野君朝亦克用寧在昔玄祖厥訓孔彰馳騁畋獵俾心發狂何以效之曰羿與康曾不是誡終然覆亡高祖方獵蘇長進言不滿十旬未足為樂上心既悟為之輟畋降及宋璟亦諫玄宗溫顏聽納獻替從容璟趨以出鷂死握中噫逐獸于野走馬于路豈不快哉銜橛可懼審其安危惟聖之慮俄轉中書舍人田布拜魏博節度使命持節宣諭布遺五百縑詔使受之辭曰布父讎國恥未雪人當以物助之乃取其財誼不忍方諭問旁午若悉有所贈則賊未殄布貲竭矣詔聽辭餉是時河朔復亂合諸道兵出討遷延無功賊取弓高絕糧道深州圍益急居易上言兵多則難用將眾則不一宜詔魏博澤潞定滄四節度令各守境以省度支貲餉每道各出銳兵三千使李光顏將光顏故有鳳翔徐滑河陽陳許軍無慮四萬可徑薄賊開弓高糧路合下博解深州之圍與牛元翼合還裴度招討使使悉太原兵西壓境見利乘隙夾攻之間令招諭以動其心未及誅夷必自生變且光顏久將有威名度為人忠勇可當一面無若二人者於是天子荒縱宰相才下賞罰失所宜坐視賊無能為居易雖進忠不見聽乃丐外遷為杭州刺史始築隄捍錢塘湖鍾洩其水溉田千頃復浚李泌六井民賴其汲久之以太子左庶子分司東都復拜蘇州刺史病免文宗立以秘書監召遷刑部侍郎封晉陽縣男大和初二李黨事興險利乘之更相奪移進退毀譽若旦暮然楊虞卿與居易姻家而善李宗閔居易惡緣黨人斥乃移病還東都除太子賓客分司踰年即拜河南尹復以賓客分司開成初起為同州刺史不拜改太子少傅進馮翊縣侯會昌初以刑部尚書致仕六年卒年七十五贈尚書右僕射宣宗以詩弔之遺命薄葬毋請謚居易被遇憲宗時事無不言湔剔抉摩多見聽可然為當路所忌遂擯斥所蘊不能施乃放意文酒既復用又皆幼君偃蹇益不合居官輒病去遂無立功名意與弟行簡從祖弟敏中友愛東都所居履道里疏沼種樹構石樓香山鑿八節灘自號醉吟先生為之傳暮節惑浮屠道尤甚至經月不食葷稱香山居士嘗與胡杲吉旼鄭據劉真盧真張渾狄兼謨盧貞燕集皆高年不事者人慕之繪為九老圖居易於文章精切然最工詩初頗以規諷得失及其多更下偶俗好至數千篇當時士人爭傳雞林行賈售其國相率篇易一金甚偽者相輒能辯之初與元稹酬詠故號元白稹卒又與劉禹錫齊名號劉白其始生七月能展書姆指之無兩字雖試百數不差九歲暗識聲律其篤於才章蓋天稟然敏中為相請謚有司曰文後履道第卒為佛寺東都江州人為立祠焉

贊曰居易在元和長慶時與元稹俱有名最長於詩它文未能稱是也多至數千篇唐以來所未有其自敘言關美刺者謂之諷諭詠性情者謂之閑適觸事而發謂之感傷其它為雜律又譏世人所愛惟雜律詩彼所重我所輕至諷諭意激而言質閑適思澹而辭迂以質合迂宜人之不愛也今視其文信然而杜牧謂纖豔不逞非莊士雅人所為流傳人間子父女母交口教授淫言媟語入人肌骨不可去蓋救所失不得不云觀居易始以直道奮在天子前爭安危冀以立功雖中被斥晚益不衰當宗閔時權勢震赫終不附離為進取計完節自高而稹中道徼險得宰相名望漼然嗚呼居易其賢哉

○行簡字知退擢進士辟盧坦劍南東川府罷與居易自忠州入朝授左拾遺累遷主客員外郎代韋詞判度支校進郎中長慶時振武營田使賀拔志歲終結課最詔行簡閱實發其妄志懼自刺不殊行簡敏而有辭後學所慕尚寶曆二年卒

敏中字用晦少孤承學諸兄長慶初第進士辟義成節度使李聽府聽一見許其遠到遷右拾遺改殿中侍御史為符澈邠寧副使澈卒以能政聞御史中丞高元裕薦為侍御史再轉左司員外郎武宗雅聞居易名欲召用之是時居易足病廢宰相李德裕言其衰苶不任事即薦敏中文詞類其兄而有器識即日知制誥召入翰林為學士進承旨宣宗立以兵部侍郎同中書門下平章事遷中書侍郎兼刑部尚書德裕貶敏中抵之甚力議者皆惡德

裕著書亦言惟以怨報德爲不可則羞斥敏中云歷尚書右僕射門下侍郎封太原郡公自員外凡五年十三遷崔鉉輔政欲專任惎敏中居右會党項數寇邊鉉言宜得大臣鎮撫天子嚮其言故敏中以司空平章事爲邠寧節度招撫制置使初帝爲萬壽公主欲下嫁士人時鄭顥擢進士第有閥閱敏中以充選顥與盧氏婚將授室而罷銜之敏中自以居外畏顥纔自訴于帝帝曰朕知久矣若用顥言庸相任耶顧左右取書一函發視悉顥所上敏中乃安及行帝御安福樓以餞頒璽書諭慰賜通天帶衞以神策兵開府辟士禮如裴度討淮西時次寧州諸將已破羌賊敏中即說諭其衆皆願奉兵爲業乃自南山並河按屯保回繞千里又規蕭關通靈威路使爲耕戰具踰年檢校司徒徙劒南西川增騾軍完劇關壁治蜀五年有勞加兼太子太師徙荆南懿宗立召拜司徒門下侍郎還平章事數月足病不任謁固求避位不許中使者勞問俾對別殿毋拜右補闕王譜奏言敏中病四月陛下坐朝與他宰相語不三刻安暇論天下事願聽其請無使有持寵曠貴之譏書聞帝怒斥譜陽翟令給事中鄭公輿申救不聽諫者侍中珪之遠裔未幾加敏中中書令自裴度以勳德居而敏中以恩澤進咸通二年南蠻擾邊召敏中入議許挾扶升殿固求免乃出爲鳳翔節度使三奏願歸守墳墓除東都留守不敢拜許以太傅致仕詔書未至卒冊贈太尉博士曹鄴責其病不堅退且逐諫臣舉怙威肆行謚曰醜

列傳第四十四

五王列傳第四十五　唐書一百二十

端明殿學士兼翰林侍讀學士龍圖閣學士朝請大夫守尚書吏部侍郎充集賢殿修撰臣宋祁奉敕撰

桓彥範字士則潤州丹楊人以門蔭調右翊衞遷司衞主簿狄仁傑曰君之才當自光大毋郵于初厚爲禮薦擢監察御史遷累中丞長安中爲司刑少卿張昌宗引妖人迎占吉計不軌宋璟請窮治其姦武后以昌宗嘗自歸不許彥範諫曰昌宗謬橫恩苞禍心億測天命皇神降怒自擿其咎推原厥情蓋防事暴之日得引首以免未敗則候時爲逆此凶詭之臣嘗惑聖心既自歸露而尚與妖人祈福禳解則果於必成初無悔意今而宥之誠恐昌宗自謂應運天下詿然從之父在子稱尊爲逆子君在臣圖位爲逆臣逆而不誅社稷懼亡請付三司考治不納時內史李嶠等屢奏往爲酷吏破家者請皆宥雪依違未從彥範復上言自文明後得罪惟揚豫博三州不免它可悉赦疏十上卒見聽嘗曰大理人命所繫不可便辭詭合以自免張柬之將誅易之等引與定策於是以彥範敬暉爲左右羽林將軍屬以禁兵時中宗每北門起居因得謁陳祕計神龍元年正月彥範暉率羽林兵與將軍李湛李多祚楊元琰薛思行等千騎五百人討賊令湛多祚就東宮迎中宗至玄武門彥範等斬關入士皆鼓譟時武后處迎仙宮之集仙殿斬易之等廡下后聞變而起見中宗曰乃汝耶豎子誅可還宮彥範進曰太子今不可以歸往天皇棄羣臣以愛子託陛下今久居東宮羣臣思天皇之德不血刃清內難此天意人事歸李氏臣等謹奉天意惟陛下傳位萬世不絕天下之幸后乃卧不復言明日中宗復位以彥範爲侍中封譙郡公賜實封五百戶上書戒帝曰詩以關雎爲始言后妃者人倫之本治亂之端也故舜之興以皇英而周之興以任姒桀奔南巢禍階末嬉魯桓滅國惑始齊姜伏見陛下臨朝視政皇后必施帷殿上預聞政事臣愚謂古王者謀及婦人皆破國亡身傾輈繼路且以陰乘陽違天也以婦凌夫違人也

違天不祥違人不義故書曰牝雞之晨惟家之索易曰無攸遂在中饋言婦人不得預外政也伏願上以社稷爲重令皇后無居正殿干外朝深居宮掖脩陰教以輔佐天子又道路籍籍皆云胡僧慧範託浮屠法詭惑后妃出入禁奧濆撓朝政陛下嘗輕騎微服數幸其居上下汙慢君臣褻替臣謂興化致治以康乂國家者繇進善而棄惡孔子曰執左道以亂政者殺假鬼神以危人者殺今慧範亂政危人者也不急誅且有變除惡務本願早裁之帝昏昏狃左右不能有所省納俄墨敕以方士鄭普思爲祕書監葉靜能爲國子祭酒彥範執不可帝曰要已用之不可止彥範曰陛下始復位制詔軍國皆用貞觀故事貞觀時以魏徵虞世南顏師古爲監以孔穎達爲祭酒如普思等方伎猥下安足繼蹤前烈臣恐物議謂陛下官不擇才以天秩加私愛不從時武三思以遷太后衛恚慮不利諸武而韋后雅爲帝寵畏且三思與烝亂由是朋讒奇中未幾罷彥範等政事五月加特進封扶陽郡王賜姓韋同后屬

籍錫金銀錦繡皆以鐵券恕十死令朝朔望尋出爲洺州刺史改濠州王同晈謀誅三思事洩三思誣彥範等同逆陰令許州司功參軍鄭愔上變乃貶彥範瀧州司馬敬暉崖州司馬袁恕己竇州司馬崔玄暐白州司馬張柬之新州司馬悉奪勳封三思又疏韋后隱穢榜於道請廢之帝震怒三思猥曰此殆彥範輩爲之命御史大夫李承嘉鞫狀物色其人承嘉即奏彥範暉柬之恕己玄暐暴訕搖變內託廢后而實危君人臣無將當伏誅詔有司議罪大理丞李朝隱執奏彥範等未訊即誅恐爲讎家誣衊請遣御史按實卿裴談請即誅斬家籍沒帝業嘗許以不死遂流瀼州禁錮終身子弟年十六以上謫徙嶺外擢承嘉金紫光祿大夫襄武郡公后又賜縑五百段錦被一進談刑部尚書而貶朝隱三思又諷節愍太子請夷彥範等三族帝不從三思慮五人者且復用乃納崔湜計遣周利貞矯制殺之利貞至貴州逢彥範即縛曳竹槎上肉盡杖殺之年五十四睿宗即位彥範等並追復官爵賜實封二百戶還其子孫論曰忠烈開元六年詔與暉玄暐柬之恕己勤勞王家皆配享中宗廟庭建中三年復贈彥範爲司徒暉太尉玄暐太子太師柬之司徒恕己太子太傅彥範工屬文然不甚喜觀書所志惟忠孝大略居若不能言及議論帝前雖被詰讓而安辭定色辨爭愈切誅二張也柬之勒兵景運門將遂夷諸武洛州長史薛季昶勸曰二凶雖誅產祿猶在請除之會日暮事遽彥範不欲廣殺因曰三思机上肉爾留爲天子藉手季昶歎曰吾無死所矣俄而三思竊入宮因韋后反盜朝權同功者歎曰死我者桓君也彥範亦曰主上昔爲英王故吾留武氏使自誅定今大事已去得非天乎初將起事告其母母曰忠孝不並立義先國家可也御史李福業者嘗與彥範謀及被殺福業亦流番禺後亡匿吉州參軍敬元禮家吏捕得元禮俱坐死福業將刑謝元禮曰子有親五且愧恨元禮曰公窮而歸我我得已乎見者傷之時監察御史盧龔秀亦坐與桓敬善爲冉祖雍所按不屈或報曰南使至桓敬已死龔

秀陸然祖雍怒曰彥範等負國君乃流涕且君下獄諸弟皆縱酒無憂色何邪對曰我何負哉正坐與彥範善耳今盡殺諸弟則已如獨殺龔秀恐公不得高枕而瞑祖雍色動握其手曰當活公遂得不坐龔秀者其祖方慶武德中爲察非掾秦王器之嘗引與議建成事方慶辭曰母老矣丐身歸養王不逼也貞觀中爲襄城令

彥範弟玄範官至常州刺史臣範工部侍郎

薛季昶者絳州龍門人武后時上書自布衣擢監察御史以累左遷平遙尉復拜御史屢按獄如旨擢給事中夏官郎中侯味虛將兵討契丹不利妄言賊行有蛇虎導軍后惡其詭拜季昶爲河北道按察使季昶馳至軍斬味虛以聞威震北方稾城尉吳澤射殺驛使髡民女髮爲髲州不能劾季昶杖殺之然後布恩信甄表善良或傳季昶曩爲味虛笞辱故深文報怨自給事中數月爲御史中丞坐事左遷久乃入爲雍州長史遷文昌左丞爲洛州長史預誅易之等功進戶部侍郎五王失柄出季昶荆州長史貶儋州司

馬初季昶與昭州首領周慶立廣州司馬光楚客不叶懼二怨不敢往歎曰吾至是邪即具棺沐浴仰藥死葬昭州睿宗立詔贈左御史大夫同彥範等賜一子官季昶剛烈然喜入先語以爲實後雖有辨理不能得也而敦愛故舊禮有名士其長可蓋所缺云

陽元琰者字溫虢州閿鄉人漢太尉震十八代孫生數歲未言相者視曰語遲者神定必爲重器及長秀眉美鬚髯崇肩博顱居父喪七日不食服除補梓州參軍平棘令課第一御史府表其政遷書發彌再擢永寧軍副使忤用事者免載初中爲安南副都護三徙爲荊府長史五遷州刺史咸有風績初張柬之代爲荊州共乘艫江中私語外家革命元琰悲涕慷慨志在王室柬之執政故引爲右羽林將軍謂曰江上之言君豈忘之今可以勉乃與李多祚等定計斬二張進雲麾將軍封弘農郡公實封戶五百賜鐵券恕十死敬暉等爲武三思所構元琰知禍未已乃詭計請祝髮事浮屠悉還官封中宗不許暉聞尚戲曰胡頭應祝以多鬚似胡云元琰曰功成不退懼亡我不空言暉感之然已不及計暉等死獨元琰全再遷衛尉卿又上官封願追寵其親帝哀憐贈越州都督長史李多祚死太子難元琰坐厚善繫獄蕭至忠救之免睿宗立數上書乞骸骨不聽四遷刑部尚書封魏國公徙太子賓客詔設位東宮太子爲拜俄致仕開元六年卒年七十九謚曰忠生平無留畜中外食其家常數十人臨終敕諸子薄葬子仲昌字蔓以通經爲脩文生累調不甚顯以河陽尉對策玄宗擢第一授蒲州法曹參軍判入異等遷監察御史坐累爲孝義令鸞鷟降庭樹太守蕭恕表其政徙下邽終吏部郎中仲昌資長于吏常分父邑租振宗黨御身以約善與人交士樂從之游云

敬暉字仲曄絳州平陽人弱冠舉明經聖曆初爲衛州刺史是時河北經突厥所騷方秋而城暉曰金湯非粟不守豈有棄農畝事池隍哉縱民歸斂闔部賴安遷夏官侍郎出爲太州刺史改洛州長史武后幸長安爲副留守以治幹聞璽書勞之多賜物段長安二年授中臺右丞以誅二張功加金紫光祿大夫爲侍中平陽郡公實封五百戶進封齊國暉表請諸武王者宜悉降爵繇是皆爲公三思憤俄封平陽郡王加特進罷政事初易之已誅薛季昶請收諸武暉亦苦諫不從三思濁亂暉每椎坐悵恨彈指流血專及貶又放瓊州爲周利貞所害睿宗時追復官爵又贈秦州都督謚曰肅愍

崔玄暐博陵安平人本名曄武后時有所避改焉少以學行稱叔父秘書少監行功器之舉明經爲高陵主簿居父喪盡禮廬有燕更巢共乳母盧有賢操常戒玄暐曰吾聞姨兄辛玄馭云子姓仕宦有言其貧窶不自存此善也若貲貨盈衍惡也吾嘗以爲確論比見親表仕者務多財以奉親而親不究所從來必出于祿稟則善如其不然何異盜乎若今爲吏不能忠清無以戴天履地宜識吾意故玄暐所守以清白名母亡哀毀甘露降庭樹後以庫部員外郎累遷鳳閣舍人長安元年爲天官侍郎當公介然不受私謁

執政忌之改文昌左丞不踰月武后曰卿向改職乃聞令史設齋相慶此欲肆其貪耳卿爲朕還舊官乃復拜天官侍郎厚賜綵物三年授鸞臺侍郎同鳳閣鸞臺平章事兼太子左庶子四年遷鳳閣侍郎先是酷吏誣籍數百家玄暐開陳其枉后感悟皆爲原洗宋璟劾張昌宗不軌事玄暐頗助璟及有司正昌宗罪而玄暐弟昪爲司刑少卿執論大辟兄弟守正如此后久疾宰相不召見者累月及少間玄暐奏言皇太子相王皆仁明孝友宜侍醫藥不宜引異姓出入禁闥后慰納以誅二張功爲中書令博陵郡公后遷上陽宮顧玄暐曰諸臣進皆因人而玄暐我所擢何至是對曰此正所以報陛下也俄拜博陵郡王罷政事冊其妻爲妃賜實封五百戶檢校益州大都督府長史知都督事會貶又流古州道病卒年六十九謚曰文獻玄暐三世不異居家人怡怡如也貧寓郊野羣從皆自遠會食無它爨與昪尤友愛族人貧孤者撫養教勵後雖秉權而子弟仕進不使踰常資當時稱重少頗屬辭晚以非己

長不復構思專意經術子璩亦有文開元二年詔玄暐柬之神龍之初保乂王室姦臣已亡焉謫歿荒海流落變遷感激忠義宜以玄暐子璩柬之孫毖並爲朝散大夫璩終禮部侍郎璩子渙

渙博綜經術長於論議十歲居父喪毀辟加人陸元方異之起家亳州司功參軍還調於是入判者千餘吏部侍郎嚴挺之施特榻試彝尊銘謂曰子清廟器故以題相命累遷司門員外郎楊國忠惡不附己出爲巴西太守玄宗西狩迎謁于道帝見占奏以爲明治體恨得之晚房琯亦薦之即日拜門下侍郎同中書門下平章事肅宗立與韋見素等同赴行在時京師未復舉選不至詔渙爲江淮宣諭選補使收采遺逸不以親故自嫌常曰抑才虞謗吾不忍爲然聽受不甚精以不職罷爲左散騎常侍兼餘杭太守江東採訪防禦使入遷吏部侍郎集賢院待制簡淡自處時望尤重遷御史大夫元載輔政與中官董秀槃結固寵渙疾之因進見慨然論載姦代宗曰載雖非重慎然協和中外無間然能臣也對曰和之

爲貴者由禮節也不節之以禮焉得和今干戈甫定品物思乂載爲宰相宜明制度易海內耳目而怙權樹黨毀法爲通衢恩爲怨附下苟容乃幽國卑主術臣所未諭帝默然會渙兼稅地青苗錢物使以錢給百官而吏用下直爲使料上直爲百司料載諷皇城副留守張清摘其非詔尚書左丞蔣渙按實且載所惡由是貶道州刺史卒贈太子太傅謚曰元子縱

縱錄協律郎三遷監察御史會詔擇令長授藍田令德化大行縣人立碑頌德渙之貶縱棄金部員外郎就養後爲汴西水陸運兩稅鹽鐵等使王師圍田悅乏食詔縱餉四節度擢軍無乏德宗出奉天方鎮兵未至縱勸李懷光奔命悉軍財稱所須懷光兵疲久戰次河中遷延不進縱以金帛先度曰濟者即賜衆趨利爭西遂及奉天還京兆尹上言懷光反覆不情宜備之及帝從梁州追扈不及左右短縱素善懷光殆不來帝曰知縱者朕也非爾輩所及後數日至授御史大夫處大體不急細事獄訴付成僚屬而已自兵興內外官宂盜時議併省縱奏兵未息仕進者多緒在官則累遷有功而褒賞不可廢也比選集乃據闕留人怨望滋結朝廷頻詔錄勞而諸道敘優日廣若停減吏員非但承優者無官可敘亦恐序進者無路勝冒矣詔可貞元元年天子郊見爲大禮使歲旱用屈縱撙裁文物儉而不陋除吏部侍郎尋爲河南尹時兵雖定民廩耗縱治簡易闊略細苛先是戍邊者道由洛儲饟取於民縱始令官辦使五家相保自占發斂以絕胥吏之私又引伊洛溉高仰通利里閈人甚宜之入爲太常卿封常山縣公卒年六十二贈吏部尚書謚曰忠初渙爲元載所抑縱訖載世不求聞達渙有嬖妻縱以母事之妻剛酷雖縱顯官而數笞詬然率妻子候顏色承養不懈時以爲難孫碣

碣字東標及進士第遷右拾遺武宗方討澤潞碣建請納劉稹降忤旨貶鄧城令稍轉商州刺史擢河南尹右散騎常侍再爲河南尹邑有大賈王可久轉貨江湖間值龐勛亂盡亡其貲不得歸妻詣卜者楊乾夫名善數而內悅妻色且利其富旣占

陽驚曰乃夫殆不還矣即陰以百金謝媒者誘聘之妻乃嫁乾夫遂爲富人它年徐州平可久困甚丐衣食歸閭里往見妻乾夫大怒詬逐之妻詣吏自言乾夫厚納賄可久反得罪再訴復坐誣可久恨歎遂失明碣之來可久陳冤碣得其情即敕吏捕乾夫并前獄史下獄悉發賕姦一日殺之以妻還可久時淫潦獄決而霽都民相語歌舞于道徙陝虢觀察使軍亂貶懷州司馬卒

張柬之字孟將襄州襄陽人少涉經史補太學生祭酒令狐德棻異其才便以王佐期之中進士第始調清源丞永昌元年以賢良召時年七十餘矣對策者千餘柬之爲第一授監察御史遷鳳閣舍人時突厥默啜有女請和親武后欲令武延秀娶之柬之奏古無天子取夷狄女者忤旨出爲合蜀二州刺史故事歲以兵五百戍姚州地險瘴到屯輒死柬之論其弊曰臣按姚州古哀牢國域土荒外山峭水深漢世未與中國通唐蒙開夜郎滇笮而哀牢不附東漢光武末始請內屬置永昌郡統之賦其鹽布氈罽以利中

土其國西大秦南交趾奇珍之貢不闕劉備據蜀甲兵不充諸葛亮五月度瀘收其産入以益軍使張伯岐選取勁兵以增武備故蜀志稱亮南征後國以富饒此前世置郡以其利之也今鹽布之税不供珍奇之貢不入戈戟之用不實於戎行賨貝之資不輸於大國而空竭府庫驅率平人受役蠻夷肝腦塗地臣竊爲陛下惜之昔漢歷博南山涉蘭倉水更置博南哀牢二縣蜀人愁苦行者作歌曰歷博南越蘭津度蘭倉爲他人蓋譏其貪珍奇之利而爲蠻夷所驅役也漢獲其利人且怨歌今減耗國儲費調日引使陛下赤子身膏野草骸骨不歸老母幼子哀號望祭於千里之外朝廷無絲髮利而百姓蒙終身之酷臣竊爲國家痛之往諸葛亮破南中即用渠率統之不置漢官不留戍兵言置官留兵有三不易置官必夷漢雜居猜嫌將起留兵轉糧爲患滋重後忽反叛勞費必甚故粗設綱紀自然久定臣謂亮之策誠盡羈縻蠻夷之要今姚州官屬既無固邊厭寇之心又無亮且縱且擒之伎唯詭謀狡

筭恣情割剝扇動酋渠遣成朋黨析支諂笑取媚蠻夷拜跪趨伏無復爲恥提挈子弟嘯引凶愚聚會蒱博一擲累萬凡逋逃亡命在彼州者戶贏二千專事剽奪且姚州本龍朔中武陵主簿石子仁奏置其後長史李孝讓辛文協死於羣蠻詔遣郎將趙武貴討擊兵無噍類又以將軍李義摠繼往而郎將劉惠基戰死其州遂廢臣竊以亮有三不易其言卒驗垂拱中蠻郎將王善寶昆州刺史爨乾福復請置州言課税自支不旁取於蜀及置州掾李稜爲蠻所殺延載中司馬成琛更置瀘南七鎮戍以蜀兵蜀始擾矣且姚府揔管五十七州闒皆巨猾游客國家設官所以正俗防姦而無恥之吏敢謬至此今劫害未止恐驚擾之禍日滋宜罷姚州隸嶲府歲時朝覲同蕃國廢瀘南諸鎮而設關瀘北非命使不許交通增嶲屯兵擇清良吏以統之臣愚以爲便疏奏不納俄爲荊州大都督府長史長安中武后謂狄仁傑曰安得一奇士用之仁傑曰陛下求文章資歷今宰相李嶠蘇味道足矣豈文士齷齪不足

與成天下務哉后曰然仁傑曰荊州長史張柬之雖老宰相材也用之必盡節於國即召爲洛州司馬它日又求人仁傑曰臣嘗薦張柬之未用也后曰遷之矣曰臣薦宰相而爲司馬非用也乃授司刑少卿遷秋官侍郎後姚元崇爲靈武軍使將行后詔舉外司可爲相者崇曰張柬之沈厚有謀能斷大事其人老惟亟用之即日召見拜同鳳閣鸞臺平章事進鳳閣侍郎誅二張也柬之首發其謀以功擢天官尚書同鳳閣鸞臺三品漢陽郡公實封五百戶不半歲以漢陽郡王加特進罷政事柬之既失權願還襄州養疾乃授襄州刺史中宗爲賦詩祖道又詔羣臣餞定鼎門外至州持下以法雖親舊無所縱貸會漢水漲齧城郭柬之因壘爲隄以遏湍怒闔境賴之又懇辭王爵不許俄及貶又流瀧州憂憤卒年八十二景雲元年贈中書令謚曰文貞授一子官柬之剛直不傳會然邃於學論次書數十篇子愿瀚愿仕至襄州刺史瀚以著作佐郎侍父襄陽待其家立功簡接鄉人鄉人怨之初易之等誅後中宗

猶監國告武氏廟而天久陰不霽侍御史崔渾奏陛下復國當正唐家位號稱天下心奈何尚告武氏廟請毀之復唐宗廟帝嘉納是日詔書下雰翳澄駁咸以爲天人之應

袁恕己滄州東光人仕累司刑少卿知相王府司馬與誅二張又從相王統南衙兵備非常以功加銀青光祿大夫中書侍郎同中書門下三品封南陽郡公實封五百戶將作少匠楊務廉者以工巧進恕己恐其復啓游娛侈麗之漸言於中宗曰務廉位九卿忠言嘉謨不聞而專事營構以媚上不斥之亡以昭德乃授陵州刺史未幾拜中書令特進南陽郡王罷政事例及貶又流環州爲周利貞所逼恕己素餌黃金至是飲野葛數升不死憤懣抔土以食爪甲盡不能絕乃擊殺之謚曰貞烈孫高

高字公頤少慷慨有節尚擢進士第代宗時累遷給事中建中中拜京畿觀察使坐累貶韶州長史復拜給事中德宗將起盧杞爲饒州刺史高當草詔見宰相盧翰劉從一曰杞當國矯誣陰賊斥

忠誼傲明德反易天常使宗祏失守天下疢痡朝廷不寘以法寺
示貶黜今還授大州天下其謂何翰等不悅命舍人作詔詔出高
執不下奏曰陛下用杞爲相出入三年附下罔上使陛下越在草
莽羣臣願食其肉且不厭漢法三光不明雨旱不時皆宰相請罪
小者免大者戮杞罪萬誅陛下赦不誅止貶新州俄又內移今復
拜刺史誠失天下望帝曰杞不逮是朕之過朕已再赦荅曰杞天
資詭險非不逮彼固所餘赦者止赦其罪不宜授刺史願問外廷
并敕中人聽於民若億兆異臣之言臣請前死諫官亦力爭帝前
帝曰與上佐可乎羣臣奉詔翌日遣使慰高曰朕惟卿言切至已
如奏太子少保韋倫曰高言勁挺自是陛下一良臣宜加優禮貞
元二年帝以大盜後關輔百姓貧田多荒茀詔諸道上耕牛委京
兆府勸課量地給牛不滿五十畝不給高以爲聖心所憂乃在窮
乏今田不及五十畝即是窮人請兩戶共給一牛從之卒年六十
中外悵惜憲宗時李吉甫言其忠謇特贈禮部尚書文宗開成三

年又詔玄暐曾孫鄖爲監察御史暉曾孫元膺河南丞柬之四世
孫憬壽安尉恕己曾孫德文校書郎始帝訪御史中丞狄兼謨以
仁傑功且言五王遺烈乃求其後秩以官唯彥範後無聞云
贊曰五王提衞兵誅嬖臣中興唐室不淹辰天下晏然其謀深矣
至謂中宗爲英王不盡誅諸武使天子藉以爲威何其淺耶壘芽
一啓爲豔后豎兒所乘劫持戮辱若放豚然何哉無亦神奪其明
厚韋氏毒以興先天之業乎不然安李之功賢於漢平勃遠矣

五王列傳第四十五

劉鍾崔二王列傳第四十六　唐書一百二十一

端明殿學士兼翰林侍讀學士龍圖閣學士朝請大夫守尚書吏部侍郎充集賢殿修撰臣宋　祁奉
敕撰

劉幽求冀州武彊人聖曆中舉制科中第調閬中尉刺史不禮棄
官去久之授朝邑尉桓彥範等誅張易之昌宗而不殺武三思幽
求謂彥範曰公等無葬地矣不早計後且噬臍不從既五王皆爲
三思構死臨淄王入誅韋庶人預參大策是夜號令詔敕一出其
手以功授中書舍人參知機務爵中山縣男實封二百戶授二子
五品官二代俱贈刺史睿宗立進尚書右丞徐國公增封戶至五
百賜物千段奴婢二十人第一區良田千畝金銀雜物稱是景雲
二年以戶部尚書罷政事不旬月遷吏部拜侍中璽詔曰頃王室
不造中宗厭代戚孽專亂將隕社稷朕與王公皆幾于難幽求處
危思奮翊贊聖儲協和義士震殄元惡國家之復存繄幽求是賴
厥庸茂焉朕用嘉之雖胙以土宇而賦入未廣昔西漢行封更擇

多戶東京定賞復增大邑宜加賜實封二百戶子子孫孫傳國無
絕特免十死銘諸鐵券以傳其功先天元年爲尚書右僕射同中
書門下三品監脩國史幽求自謂有勞于國在諸臣右意望未滿
而竇懷貞爲左僕射崔湜爲中書令殊不平見於言面已而湜等
附太平公主有逆計幽求與右羽林將軍張暐定計使暐說玄宗
曰湜等皆太平黨與日夜陰計若不早圖且產大害太上不得高
枕矣臣請督羽林兵除之帝許之未發也而暐漏言於侍御史鄧
光賓帝懼即列其狀睿宗以幽求等屬吏劾奏以疏間親罪應死
帝密申右之乃流幽求於封州暐於峯州光賓於繡州明年太平
公主誅即日召復舊官知軍國事還封戶賜錦衣一襲開元初進
尚書左丞相兼黃門監俄以太子少保罷姚崇素忌之奏幽求鬱
怏散職有怨言詔有司鞫治宰相盧懷慎等奏言幽求輕肆不恭
失大臣體乖崖分之節翌日貶睦州刺史削實封戶六百遷杭郴
二州恚憤卒于道年六十一贈禮部尚書謚曰文獻六年詔與蘇

壤配享睿宗廟廷建中中追贈司徒
鍾紹京虔州贛人初爲司農錄事以善書直鳳閣武后時署諸宮
殿明堂及銘九鼎皆其筆也景龍中爲苑摠監會討韋氏難紹京
帥戶奴丁夫從事平夜拜中書侍郎參知機務明日進中書令越
國公實封五百戶賚賜與劉幽求等既當路以賞罰自肆當時惡
之因上疏讓官睿宗用薛稷謀進戶部尚書出爲彭州刺史玄宗
即位復拜戶部尚書增實封改太子詹事不爲姚崇所喜與幽求
並以怨望得罪貶果州刺史賜封邑百戶後坐它事貶懷恩尉悉
奪階封再遷溫州別駕十五年入朝見帝泣曰陛下忘疇日事邪
忍使棄死草莽且同時立功者今骨已朽而獨臣在陛下不垂愍
乎帝惻然即日授太子右諭德久之遷少詹事年踰八十以官壽
卒紹京嗜書畜如王羲之獻之褚遂良眞跡藏家者至數十百卷
建中中追贈太子太傅
崔日用滑州靈昌人擢進士第爲芮城尉大足元年武后幸長安

陝州刺史宗楚客委以頓峙饋獻豐甘稱過賓使者楚客歎其能
亟薦之擢爲新豐尉遷監察御史陰附安樂公主得稍遷神龍中
鄭普思納女後宮日用劾奏中宗初不省廷爭切至普思由是得
罪時諸武若三思延秀及楚客等權寵交煽日用多所結納驟拜
兵部侍郎宴內殿酒酣起爲回波舞求學士即詔兼脩文館學士
帝崩韋后專制畏禍及更因僧普潤道士王曄私謁臨淄王以自
託且密贊大計王曰謀非計身直紓親難爾日用曰至孝動天舉
無不克然利先發不則有後憂及韋氏平夜詔權雍州長史以功
授黃門侍郎參知機務封齊國公賜實戶二百坐與薛稷相忿競
罷政事爲婺州長史歷揚汴兗三州刺史由荊州長史入奏計因
言太平公主逆節有萌陛下往以宮府討有罪臣子勢須謀與力
今據大位一下制書定矣帝曰畏驚太上皇奈何日用曰庶人之
孝承順顏色天子之孝惟安國家定社稷若令姦宄竊發以亡大
業可爲孝乎請先安北軍而後捕逆黨於太上皇固無所驚帝納

之及討逆詔權檢校雍州長史以功益封二百戶進吏部尚書會
帝誕日日用采詩大小雅二十篇及司馬相如封禪書獻之借以
諷諭且勸告成事有詔賜衣一副物五十段以示無言不酬之義
久之坐兄累出爲常州刺史後以例減封戶三百徙汝州開元七
年詔曰唐元之際日用實贊大謀功多不宜減封復食二百戶徙
并州長史卒年五十并人懷其惠吏民數百皆縞服送喪贈吏部
尚書謚曰昭再贈荊州大都督日用才辯絕人而敏于事能乘機
反禍取富貴先天後求復相然亦不獲也嘗謂人曰吾平生所事
皆適時制變不專始謀然每一反思若芒刺在背云子宗之襲封
亦好學寬博有風檢與李白杜甫以文相知者日用從父兄日知
字子駿少孤貧力學以明經進至兵部員外郎與張說同爲魏元
忠朔方判官以健吏稱遷洛州司馬會譙王重福之變官司逃日
知獨率吏卒助屯營擊賊以功加銀靑光祿大夫遷殿中少監建
言廄馬多請分牧隴右省關輔芻調授荊州長史四遷京兆尹封

安平縣侯坐贓爲御史李如璧所劾貶歙縣丞後歷殿中監進中
山郡公說執政薦爲御史大夫帝不許遂爲左羽林大將軍而自
用崔隱甫隱甫繇是怨說日知俄授太常卿自以處朝廷久每入
謁必與尚書齒時謂尚書里行終潞州長史謚曰襄
王琚懷州河內人少孤敏悟有才略明天文象緯以從父隱客嘗
爲鳳閣侍郎故數與貴近交時年甫冠見駙馬都尉王同皎同皎
器之會謀刺武三思琚義其爲即與周璟張仲之等共計事洩亡
命自傭於揚州富商家識非庸人以女嫁之厚給以貲琚亦賴以
濟睿宗立琚自言本末主人厚齎使還長安玄宗爲太子閒游獵
韋杜間怠休樹下琚以儒服見且請過家太子許之至所廬乃蕭
然窶陋坐久殺牛進酒殊豐厚太子駭異自是每到韋杜輒止其
廬初太子在潞州襄城張暐爲銅鞮令性豪殖喜賓客弋獵事厚
奉太子數集其家山東倡人趙元禮有女善歌舞得幸太子止暐
第其後生子瑛者也太子已平內難召暐拜宮門郎與姜皎崔滌

李令問王守一薛伯陽等並侍左右令問累擢殿中少監守一太僕少卿此數人以東宮皆勢重天下琚是時方補諸暨縣主簿過謝東宮至廷中徐行高視侍衛何止曰太子在琚怒曰在外惟聞太平公主不聞有太子太子本有功於社稷孝於君親安得此聲太子遽召見琚曰韋氏躬行弑逆天下動搖人思李氏故殿下取之易也今天下已定太平專思立功左右大臣多爲其用天子以元妹能忍其過臣竊爲殿下寒心太子命坐且泣曰計將安便琚曰昔漢蓋主供養昭帝其後與上官桀謀殺霍光不及天子而帝猶以大義去之今太子功定天下公主乃敢妄圖大臣樹黨有廢立意太子誠召張說劉幽求郭元振等計之憂可紓也太子曰先生何以自隱而日與寡人游琚曰臣善丹沙且工諧隱願比優人太子喜恨相知晚翌日授詹事府司直內供奉兼崇文學士日以諸王及姜皎等入侍獨琚常豫秘謀不踰月遷太子舍人兼諫議大夫太子受內禪擢中書侍郎公主謀益甚幽求暐謀先事誅之

侍御史鄧光賓漏謀不克皆得罪久之琚見事迫請帝決策先天二年七月乃與岐王薛王姜皎李令問王毛仲王守一以鐵騎至承天門太上皇聞外譁譟召郭元振升承天樓閉關以拒俄而侍御史任知古召募數百人於朝堂不得入少選琚從帝至樓下誅蕭至忠岑羲竇懷貞斬常元楷李慈北闕下賈膺福李猷於內客省事平琚進戶部尚書封趙國公皎工部尚書楚國公毛仲輔國大將軍霍國公守一太常卿晉國公各食實戶五百令問殿中監宋國公實戶三百琚皎令問辭不就以舊官增戶二百於是帝召燕內殿賜金銀雜皿皆一牀帛二千第一區帝於琚眷委特異豫大政事時號內宰相每見閤中視日薄乃得出遇休日使者至第召之而皇后亦使尚宮勞琚母賜賚接足羣臣不能無望或說帝曰王琚麻嗣宗皆譎詭縱橫可與履危不可與共安方天下已定宜益求純樸經術士以自輔帝悟稍疏之俄拜御史大夫持節巡天兵以北諸軍改紫微侍郎道未至拜澤州刺史削封戶百歷

九刺史復封戶又改六州二郡琚自以立勳至天寶時爲舊臣性豪侈其奧方面去故就新受饋遺至數百萬侍兒數十寶帳備具閽門三百口既失志稍自放不能遵法度在州與官屬小史酣豪飲讙譁博藏鉤爲樂每徙官車馬數里不絕從賓客女伎馳弋凡四十年李邕故與琚善皆華首外遷書跡往復以謔謫留落爲慊右相李林甫恨琚恃功使氣欲除之使人劾發琚宿贓削封階貶江華員外司馬又使羅希奭深按其罪琚懼仰藥未及死希奭縊之時人哀其無罪始琚爲中書侍郎母居洛陽來京師讓琚曰爾家上世皆州縣職今汝無攻城野戰勞以諂佞取容海內切齒吾恐汝家墳墓無人復掃除也琚卒不免寶應元年贈太子少保太平之誅張暐召還爲大理卿封鄧國公實封戶三百進京兆尹入侍宴樂出主京邑時人以爲寵然自以幹治稱累遷太子詹事判尚書左右丞再爲羽林大將軍三至左金吾大將軍以年高加特進子履冰季良弟晤仕皆清近暐嘗還鄉上冢帝賜詩及錦袍繒

綵乘驛就道子弟車馬騶唱使者賜賚敕州縣供擬居處尊顯天寶五載卒年九十贈開府儀同三司履冰歷金吾將軍季良殿中監俱列棨戟

王毛仲高麗人父坐事沒爲官奴生毛仲故長事臨淄王王出潞州有李守德者爲人奴善騎射王市得之並侍左右而毛仲爲明悟景龍中王還長安二人常負房簏以從王數引萬騎帥長及豪俊賜飲食金帛得其驩心毛仲曉旨亦布誠結納王嘉之韋后稱制令韋播高嵩爲羽林將軍押萬騎以苛峭樹威果毅葛福順陳玄禮訴於王王方與劉幽求薛崇簡及利仁府折衝麻嗣宗謀舉大計幽求諷之皆願效死遂入討韋氏守德從帝止苑中而毛仲匿不出事定數日乃還不之責例擢將軍王爲皇太子以毛仲知東宮馬駝鷹狗等坊不旬歲至大將軍階三品與誅蕭至忠等以功進輔國大將軍檢校內外閑廄知監牧使進封霍國公實封戶五百與諸王及姜皎等侍禁中至連榻而坐帝暫不見憫憫若有

失見則釋然開元九年詔持節爲朔方道防禦討擊大使與左領軍大總管王晙天兵軍節度使張說幽州節度使裴伷先等數計事毛仲始見飾擢頗持法不避權貴爲可喜事兩營萬騎及閑廄官吏憚之無敢犯雖官田草萊稚斂不敢欺於牧事尤力娩息不訾初監馬二十四萬後乃至四十三萬牛羊皆數倍蒔茼麥苜蓿千九百頃以禦冬市死畜售絹八萬募嚴道僰僮千口爲牧圉檢勒芻菽無漏隱歲贏數萬石從帝東封取牧馬數萬匹每色一隊相間如錦繡天子才之還加開府儀同三司自開元後唯王仁皎姚崇宋璟及毛仲得之然資小人志既滿不能無驕遂求爲兵部尚書帝不悅毛仲鞅鞅及與葛福順爲姻家而守德及左監門將軍盧龍子唐地文左右威衛將軍王景耀高廣濟數十人與毛仲相倚杖爲姦毛仲恃舊最不法中使至其家稱詔毛仲不甚恭位卑者或踞見忤意即侮詬以氣凌之直出其上高力士楊思勗等銜之毛仲有兩妻其一上所賜皆有國邑嘗生子帝命力士就賜

仍授子五品官還問曰毛仲喜乎力士奏毛仲熟視臣曰是子亦何辱三品官帝怒曰前毛仲負我未嘗爲意今以嬰兒顧云云力士等知帝怒它日從容曰北門奴官皆毛仲所與不除之必起大患後毛仲移書太原索甲仗少尹嚴挺之以聞帝恐毛仲遂亂匿其狀十九年有詔貶瀼州福順壁州守德嚴州盧龍子唐地文振州王景耀黨州高廣濟道州並爲別駕員外置毛仲四子悉奪官貶惡地緣坐數十人有詔縊毛仲於零陵守德本名宜得立功乃改今名位武衛將軍嘗遇故主於道主走避守德命左右迎之至第覲上大食奉酒主流汗不敢當數日入奏曰臣蒙國恩過分而故主無寸祿請解官授之帝嘉其志擢爲郎將陳玄禮宿衛宮禁以淳篤自檢帝嘗欲幸虢國夫人第諫曰未宣敕不可輕去就帝爲止後在華清宮正月望夜帝將出游復諫曰宮外曠野無備豫陛下必出游願歸城闕帝不能奪安祿山反謀誅楊國忠闕下不克至馬嵬卒誅之從入蜀還封蔡國公及李輔國遷帝西內玄禮以老卒

贊曰幽求之謀紹京之果日用之智琚之辯皆足濟危紓難方多故時必資以成功者也雄邁之才不用其奇則厭然不滿誠不可與共治平哉姚崇勸不用功臣宜矣然待幽求等恨太薄云毛仲小人志得而驕不足論已

劉鍾崔二王列傳第四十六

魏韋郭列傳第四十七　　唐書一百二十二

端明殿學士兼翰林侍讀學士龍圖閣學士朝散大夫尚書吏部侍郎充集賢殿修撰臣宋祁奉
敕撰

魏元忠宋州宋城人為太學生跌蕩少檢久不調蓋屋人江融曉兵術元忠從之游盡傳所學儀鳳中吐蕃數盜邊元忠上封事洛陽宮言命將用兵之要曰天下之柄有二文武而已至制勝御人其道一也今言武者先騎射不稽之權略言文者首篇章不取之經綸臣觀魏晉齊梁士固不乏然何益治亂哉養由基射能穿札不止鄢陵之奔陸機識能辨亡無救河橋之敗斷可見已夫才生於世世實須才何世而不生才何才而不資世故物有不求未有無物之歲士有不用未有無士之時也志士在富貴與賤貧皆思立功名以傅于後然知己難而所遇罕士之懷琬琰就煨塵抱棟幹困溝壑者悠悠之人直觀此士之貧賤安知其方略哉故漢拜韓信舉軍驚笑蜀用魏延羣臣觖望此富貴者易為善貧賤者難為功也昔漢文帝不知魏尚賢而囚之知李廣才而不用乃歎其生不逢時夫以廣之才天下無雙時方歲事匈奴而卒不任故近不知尚廣之賢而遠想廉頗李牧焉唐是以知其有而不能用也此身為時主所知不得盡其才也晉羊祜謀舉吳賈充荀勗沮之祜歎曰天下事不如意十常七八以二人不同終不大舉此據立功之地而不獲展其志也布衣之人懷奇抱策而望朝奏夕召豈易得哉臣願歷訪文武五品以上得無有智如羊祜武如李廣而不得騁其才者乎使各言其志毋令久失職又言人無常俗政有治亂軍無常勝將有能否兵為王者大事存亡繫焉將非其任則殄人敗國齊段孝玄有言持大兵如擎盤水一致蹉跌求止可得哉周亞夫堅壁以挫吳楚司馬懿閉營而困諸葛亮此皆全軍制勝不戰而卻敵是知大將臨戎以智為本今之用人類將家子或死事孤兒進非幹略雖竭力盡誠不免於傾敗若之何用之且建功者言其所濟不言所來言其所能不言所藉若陳湯呂蒙馬隆孟觀悉出貧賤而勳伐甚高不聞其家世將帥也故陰陽不和擢士為相蠻貊不廷擢校為將今以四海之廣億兆之衆豈無卓越之士臣恐未之思乎又賞者禮之基罰者刑之本禮崇則謀夫竭其能賞厚則義士輕其死刑正故君子勗其心罰重則小人懲其過賞罰者軍國之綱紀政教之藥石吐蕃本非彊敵而薛仁貴郭待封至棄甲喪師脫身以免國家寬政罪止削除綱漏吞舟何以過此雖陛下顧收後效然朝廷所少豈此一二人乎夫賞不勸謂之止善罰不懲謂之縱惡臣誠疏賤干非其事豈欲間陛下君臣生薄厚哉正以刑賞一虧百年不復故國無賞罰雖堯舜不能為今罰既不行賞復難信故議者皆謂比日征行虛立賞格而無其實蓋忘大體之臣恐費勳庸竭府庫留意錐刀以為益國所謂惜毫釐失千里者也且黔首雖微不可以欺安有寓不信之令設虛賞之格乎自蘇定方平遼東李勣破平壤賞既不行勳亦淪廢歲月紛淆眞僞相錯臣以吏不奉法慢自京師偽勳所由主司過也其則不遠近在尚書省中然未聞斬一臺郎戮一令史使天下知之陛下何照遠而不照近哉神州化首文昌政本治亂攸在臣故冐死而言夫明鑑所以照形往事所以知今臣請借近以為諭貞觀中萬年尉司馬玄景舞文飾智以邀乾沒太宗棄之都市後征高麗總管張君乂不進擊賊斬之旗下臣以為偽勳之罪多於玄景仁貴等敗重於君乂使早誅之則諸將豈復有負哉慈父多敗子嚴家無格虜且人主病不廣大人臣病不節儉臣恐陛下病之於不廣大過在於慈父斯日月一蝕也又今將吏貪暴所務口馬財利臣恐戎狄之平未可旦夕望也凡人識不經遠皆言吐蕃戰前隊盡後隊方進甲堅騎多而山有氛瘴官軍遠入前無所獲不積穀數百萬無大舉之資臣以為吐蕃之望中國猶孤星之對太陽有自然之大小不疑之明暗夷狄雖禽獸亦知愛其性命豈肯前盡死而後進哉由殘迫其人非下所願也必其戰不顧死則兵法許敵能鬬當以智算取之何憂不克哉向使將能殺敵橫尸蔽

野斂其頭顱以爲京觀則此虜聞官軍鍾鼓望塵卻走何暇前隊皆死哉自仁貴等覆師喪氣故虜得跳梁山谷又師行必藉馬力不數十萬不足與虜爭臣請天下自王公及齊人挂籍之口人稅百錢又弛天下馬禁使民得乘大馬不爲數限官籍其凡勿使得隱不三年人閒畜馬可五十萬即詔州縣以所稅口錢市之若王師大舉一朝可用且虜以騎爲彊若一切使人乘之則市取其良以益中國使得漸耗虜兵之盛國家之利也高宗善之授祕書省正字直中書省仗內供奉遷監察御史帝嘗從容曰外以朕爲何如主對曰周成康漢文景也然則有遺恨乎曰有之王義方一世豪英而死草萊議者謂陛下不能用賢帝曰我適用之聞其死顧已無及元忠曰劉藏器行副於才陛下所知今七十爲尚書郎徒歎彼而又棄此帝默然慙遷殿中侍御史徐敬業舉兵詔元忠監李孝逸軍至臨淮而偏將雷仁智爲賊敗孝逸懼其鋒按兵未敢前元忠曰公以宗室將天下安危繫焉海內承平久聞狂狡竊發

皆傾耳覘心以待其誅今軍不進使遠近解情萬有一朝廷以他將代公且何辭孝逸然之乃部分進討時敬業保下阿谿弟敬猷屯淮陰咸請先擊下阿下阿敗淮陰自破今淮陰急敬業必救是敵在腹背也元忠曰不然賊勁兵盡守下阿利在一決苟有負則大事去矣敬猷博徒不知戰且其兵寡易搖大軍臨之勢宜克敬業由直趨江都必將邀我中路吾今乘勝進又以逸擊勞破之必矣譬之逐獸弱者先禽今捨必禽之弱而趨難敵之彊非計也孝逸乃引兵擊淮陰敬猷脫身遁遂進擊敬業平之還授司刑正遷洛陽令陷周興獄當死以平揚楚功得流歲餘爲御史中丞復爲來俊臣所構將就刑神色不動前死者宗室子三十餘尸相枕藉於前元忠顧曰大丈夫行居此矣俄敕鳳閣舍人王隱客馳騎免死傳聲及于市諸囚歡叫元忠獨堅坐左右命起元忠曰未知實否已既而隱客至宣詔已乃徐謝亦不改容流費州復爲中丞歲餘陷侯思止獄仍放嶺南酷吏誅人多訟元忠者乃召復舊官因侍

宴武后曰卿累負謗鑠何邪對曰臣猶鹿也羅織之吏如獵者苟須臣肉爲之羹耳彼將殺臣以求進臣顧何辜聖曆二年爲鳳閣侍郎同鳳閣鸞臺平章事俄檢校并州長史天兵軍大總管以備突厥遷左肅政臺御史大夫兼檢校洛州長史治號威明張易之家奴暴百姓橫甚元忠笞殺之權豪憚服俄爲隴右諸軍大使以討吐蕃又爲靈武道行軍大總管禦突厥元忠馭軍持重雖無赫然功而亦未嘗敗中宗在東宮爲檢校左庶子時二張勢傾朝廷元忠嘗奏曰臣承先帝之顧且受陛下厚恩不能徇忠使小人在君側臣之罪也易之等恨怒因武后不豫即共譖元忠與司禮丞高戩謀挾太子爲耐久朋遂下制獄詔皇太子相王及宰相引元忠等辨於廷不能決昌宗乃引張說爲證說初僞許之至是迫使言狀不應后又促之說曰臣不聞也易之等遽曰說與同逆說曩嘗謂元忠爲伊周夫伊尹放太甲周公攝王位此反狀明甚說曰易之昌宗安知伊周臣乃能知之伊尹周公歷古以爲忠臣陛下

不遺學伊周將何放焉說又曰臣知附易之朝夕可宰相從元忠則族滅今不敢面欺懼元忠之冤后寤其讒然重違易之故貶元忠高要尉中宗復位召爲衞尉卿同中書門下三品不閱旬遷兵部尚書進侍中武后崩帝居喪軍國事委元忠裁可拜中書令封齊國公神龍二年爲尚書右僕射知兵部尚書當朝用事羣臣莫敢望謁告上冢詔宰相諸司長官祖道上東門賜錦袍給千騎四人侍賜銀千兩元忠到家於親戚無所賑施及還帝爲幸白馬寺迎勞之安樂公主私請廢太子求爲皇太女帝以問元忠元忠曰公主而爲皇太女駙馬都尉當何名主恚曰山東木彊安知禮阿母子尚爲天子我何嫌宮中謂武后爲阿母子故主稱之元忠固稱不可自是語塞武三思用事京兆韋月將渤海高軫上書言其惡帝榜殺之後莫敢言王同皎謀誅三思不克反被族元忠居其間依違無所建明初元忠相武后有清正名至是輔政天下傾望冀幹正王室而稍憚權倖不能賞善罰惡譽望大減陳郡男子

袁楚客者以書規之曰今皇帝新服厥德任官惟賢才左右惟其人因以布大化充古誼以正天下君侯安得事循默哉苟利社稷專之可也夫安天下者先正其本本正則天下固國之興亡繫焉太子天下本譬之大樹無本則枝葉零悴國無太子朝野不安儲君有次及之勢故師保教以君人之道用蘊崇其德所以重天下也今皇子既長未定嫡嗣是天下無本天下無本猶樹而亡根枝葉何以存乎願君侯以清宴之間言於上擇賢而立之此安天下之道曠而不置朝廷一失也女有內則男有外傅豈相濫哉幕府者丈夫之職今公主並開府置吏以女處男職所謂長陰抑陽也而望陰陽不愆風雨時若得乎此朝廷二失也今度人既多緇衣半道不本行業專以重寶附權門皆有定直昔之賣官錢入公府今之賣度錢入私家以茲入道徒爲游食此朝廷三失也唯名與器不可以假人故曰天工人其代之夫代天非材不可也代非其人必失天意失天意而無患禍未之有也今倡優之輩因耳目之好遂授以官非輕朝廷亂正法邪人君無私私怒害物私賞費財況私人以官乎此朝廷四失也賢者邦家之光任之致治棄之生亂近詔博求多士雖有好賢之名無得賢之實蓋有司選士非賄即勢上失天心下違人望非爲官擇吏乃爲人擇官葛洪有言舉秀才不知書察孝廉濁如泥高第賢良怯如黽此朝廷五失也閹豎者給宮掖掃除事古以奴隸畜之中古以來大道乖喪跡賢哲親近習乃委之以事授之以權故豎刁亂齊伊戾敗宋君側之人衆所畏懼所謂鷹頭之蠅廟垣之鼠者也後漢時用事尤甚晚節至亂天下今大君中興獨有閹豎坐升班秩既無正闕率授員外乃盈千人綰青紫耗府藏前事之驗後事之師此朝廷六失也古者茅茨樸椽以儉約遺子孫所以愛力也今公主所賞傾庫府所造皆官供其踪築臺沼崇觀廡山無本石木無近産造之終歲功用不絶夫爲君所以養人非以害人今外戚不助養而反害之是使人主受謗天下此朝廷七失也官以安人非以害于人也先王欲人治必

選材欲人安必省事此誠同天下憂也人有樂君共之君有樂人慶之可謂同樂矣如此則上下無間而均一體也今天下困窮州牧縣宰非以選進割剝自私人不聊生是下有憂而上不卹也而更員外置官非助桀歟夫人情自以員外吏恐下不己畏也必峻法懼之恐財不己奉也必枉道奪之欲不亂可得哉古語有之十羊九牧羊既不得食人亦不得息書曰官不必備惟其人此言正員猶難其備況員之外乎此朝廷八失也政出多門大亂之漸近封數夫人皆先帝宮嬪以爲備內職則不當知外未備內職則自可處外而今出入禁掖使內言必出外言必入固將弄君之法縱而不禁非所以重宗廟固國家孔子曰彼婦之口可以出走彼婦之謁可以死敗此朝廷九失也不以道事其君者所以危天下也危天下之臣不可不逐安天下之臣不可不任今有引鬼神執左道以惑主者託鬼神爲難知故致其詐而擾非才之地食非德之祿此國盜也傳曰國將興聽於人將亡聽於神今衆聽於神乎此朝廷十失也君侯不正誰與正之元忠得書益慚以三思專權恩有以誅之會節愍太子起兵與聞其謀太子已誅三思引兵走闕下元忠子太僕少卿昇遇於永安門太子脅使從戰已而被殺議者未辨逆順元忠諷言曰既誅賊謝天下雖死鼎鑊所甘心惟皇太子殁爲恨耳帝以其嘗有功且爲高宗武后素所禮置不問宗楚客紀處訥大怒固請夷其族不聽元忠不自安上政事及國封詔以特進齊國公致仕朝朔望楚客等引右衞郎將姚廷筠爲御史中丞暴奏反狀貶渠州司馬楊再思李嶠皆希順楚客傅致元忠罪唯蕭至忠議當申宥之楚客復遣再思與冉祖雍奏元忠緣逆不宜處內地監察御史袁守一固請行誅遂貶務川尉守一又劾天后嘗不豫狄仁傑請陛下監國元忠止之此其逆久萌帝謂楊再思曰守一非是事君者一其心豈有上少疾遽異論哉朕未見元忠過也元忠至涪陵卒年七十餘景龍四年贈尚書左僕射齊國公本州刺史睿宗詔陪葬定陵以實封一百五十戶賜

其子晃開元六年謚曰貞元忠始名眞宰以諸生見高宗高宗慰遣不知謝即出儀舉自安帝目送謂薛元超曰是子未習朝廷儀然名不虛謂眞宰相也避武后母諱改今名

韋安石京兆萬年人曾祖孝寬爲周大司空鄖國公祖津隋大業末爲民部侍郎與元文都等留守洛拒李密戰上東門爲密禽後王世充殺文都而津獨免密敗復歸洛世充平高祖素與津善授諫議大夫檢校黃門侍郎陵州刺史卒父琬仕爲成州刺史安石舉明經調乾封尉雍州長史蘇良嗣器之永昌元年遷雍州司兵參軍良嗣當國謂安石曰大才當大用徒勞州縣可乎薦于武后擢膳部員外郎遷并州司馬有善政后手制勞問陟拜德鄭二州刺史安石性方重不茍言笑其政尚清嚴吏民尊畏久視中遷文昌右丞以鸞臺侍郎同鳳閣鸞臺平章事兼太子左庶子仍侍讀尋知納言事時二張及武三思寵橫安石數折辱之會侍宴殿中易之引蜀商宋霸子等博塞后前安石跪奏商等賤類不當廁殿

上顧左右引出坐皆失色后以安石辭正改容慰勉鳳閣侍郎陸元方自以爲不及退告人曰韋公眞宰相后嘗幸興泰宮議趨疾道安石曰此道板築所成非自然之固千金子且誡垂堂況萬乘可輕乘危哉后爲回輦長安二年同鳳閣鸞臺三品俄又知納言檢校揚州大都督府長史神龍元年罷政事俄復同三品遷中書令兼相王府長史封鄖國公賜封三百戶加特進爲侍中中宗與韋后以正月望夜幸其第賚賜不貲帝嘗幸安樂公主池主請御船安石曰御輕舟乘不測非帝王事乃止睿宗立授太子少保改封郇國復爲侍中中書令進開府儀同三司太平公主有異謀欲引安石數因其壻唐晙邀之拒不往帝一日召安石曰朝廷傾心東宮卿胡不察對曰太子仁孝天下所稱且有大功陛下今安得亡國語此必太平公主計也帝矍然曰卿勿言朕知之主竊聞乃構飛變欲訊之賴郭元振保護免遷尚書右僕射兼太子賓客同三品俄罷政事留守東都會妻薛怨婿婢笞殺之爲御史中丞楊茂謙所劾下遷蒲州刺史從青州安石在蒲太常卿姜皎有所請拒之皎弟晦爲中丞以安石昔相中宗受遺制而宗楚客韋溫擅削相王輔政語安石無所建正諷侍御史洪子輿劾舉子輿以更赦不從監察御史郭震奏之有詔與韋嗣立趙彥昭等皆貶安石爲沔州別駕皎又奏安石護作定陵有所盜沒詔籍其贓安石歎曰祗須我死乃已發憤卒年六十四開元十七年贈蒲州刺史天寶初加贈左僕射郇國公謚文貞二子陟斌

陟字殷卿與弟斌俱秀敏異常童安石晚有子愛之神龍二年安石爲中書令陟甫十歲授溫王府東閤祭酒朝散大夫風格方整善文辭書有楷法一時知名士皆與游開元中居喪以父不得志歿乃與斌杜門不出八年親友更往敦曉乃彊調爲洛陽令宋璟見陟歎曰盛德遺範盡在是矣累除吏部郎中中書令張九齡引爲舍人與孫逖梁涉並司書命時號得才遷禮部侍郎陟於鑒裁尤長故事取人以一日試爲高下陟許自通所工先就其能試之

已乃程考由是無遺材遷吏部侍郎選人多僞集與正調相冒陟有風采擿辨無不伏者黜正數百員銓綜號爲公平然任威嚴或至詈詰議者訾其峻又自以門品可坐階三公居常簡貴視僚黨藐然其以道誼合雖後進布衣與均禮李林甫惡其名高恐逼己出爲襄陽太守徙河南採訪使以判官員錫善訐罷復支使韋元甫工書奏時號員推韋狀陟皆倚任之俄襲郇國公坐事貶守鍾離義陽後爲河東太守以失職內怏怏乃毀廉隅頗餉謝權倖欲自結天寶十二載入考華清宮楊國忠忌其才謂拾遺吳象之曰子能發陟罪乎吾以御史相處象之乃劾陟饋遺事國忠又使甥壻韋元志左驗陟惶悸賂吉溫求捄由是俱得罪陟貶桂嶺尉坐不行徙平樂會安祿山陷洛陽弟斌沒賊國忠欲構陟與賊通密諭守吏令脅陟使憂死州豪桀共說曰昔張說被竄陳氏以免今若詔書下誰敢庇公願公乘扁舟遁去事寧乃出不亦美乎陟慨然曰命當爾其敢逃刑因謝遣堅卧不出歲餘肅宗即位起爲吳

郡太守使者趣追未至會永王兵起委陟招諭乃授御史大夫江
東節度使與高適來瑱會安州陟曰今中原未平江淮騷離若不
齊盟質信以示四方知吾等協心戮力則無以成功乃推瑱爲地主
爲載書登壇曰淮西節度使瑱江東節度使陟淮南節度使適銜
國威命糾合三垂翦除凶慝好惡同之毋有異志有渝此盟墜命
亡族罔克生育皇天后土祖宗明神實鑒斯言辭旨慷慨士皆隕
泣永王敗帝趣陟赴鳳翔初李廣琛從永王亂非其本謀陟表廣
琛爲歷陽太守尉安之至是恐廣琛有後變乃馳往諭詔恩釋其
疑而後趣召帝雅聞陟名欲倚以相及是遷延疑有顧望意止除
御史大夫會杜甫論房琯詞意迂慢帝令陟與崔光遠顏眞卿按
之陟奏甫言雖狂不失諫臣體帝繇是疏之富平人將軍王去榮
殺其縣令帝將宥之陟曰昔漢高帝約法殺人者死今陛下殺人
者生恐非所宜時朝廷尚新羣臣班殿中有相弔哭者帝以陟不
任職用顏眞卿代之更拜吏部尚書久之宗人伐墓柏坐不相教

貶絳州刺史還授太常卿呂諲入輔薦爲禮部尚書東京留守史
思明逼伊洛李光弼議守河陽陟率東京官屬入關避之詔授吏
部尚書令就保永樂以圖收復卒年六十五贈荊州大都督陟早
有名而爲林甫國忠擯廢及肅宗擇相自謂必得以後至不用任
事者皆新進望風憚之多言其驕倨及入關又不許至京師鬱鬱
不得志成疾且卒歎曰吾道窮於此乎性侈縱喜飾服馬侍兒閹
童列左右常數十侔於王宮主第窮治饌羞擇膏腴地藝穀麥以
鳥羽擇米每食視庖中所棄其直猶不減萬錢宴公侯家雖極水
陸曾不下筯常以五采牋爲書記使侍妾主之其裁答受意而已
皆有楷法陟唯署名自謂所書陟字若五朵雲時人慕之號郇公
五雲體然家法脩整敕子允就學夜分視之見其勤旦日問安色
必怡稍怠則立堂下不與語雖家僮數十然應門賓客必允主之
永泰元年贈尚書左僕射太常博士程皓議謚忠孝顏眞卿以爲
許國養親不兩立不當合二行爲謚主客員外郎歸崇敬亦駮

正之右僕射郭英乂無學術卒用太常議去
斌父爲相時授太子通事舍人少脩整好文藝容止嚴峭有大臣
體與陟齊名開元中薛王業以女妻之遷祕書丞天寶中爲中書
舍人兼集賢院學士改太常少卿李林甫構韋堅獄斌以宗累貶
巴陵太守移臨汝父之拜銀青光祿大夫列五品時陟守河東而
從兄由爲右金吾衞將軍縚爲太子少師四第同時列戟衣冠罕
比者祿山陷洛陽斌爲賊得署以黃門侍郎憂憤卒乾元元年贈
祕書監斌天性質厚每朝會不敢離立笑言嘗大雪在廷者皆振
裾更立斌不徙足雪甚幾至靽亦不失恭子況少隱王屋山孔述
睿稱之及述睿以諫議大夫召薦況爲右拾遺不拜未幾以起居
郎召半歲輒棄官去徙家龍門除司封員外郎稱疾固辭元和初
授諫議大夫勉諭到職數月乞骸骨以太子左庶子致仕卒況雖
世貴而志沖遠不爲聲利所遷當時重其風操

叔夏安石兄通禮家學叔父太子詹事琨嘗曰而能繼漢丞相業
矣擢明經第歷太常博士高宗崩卹禮亡缺叔夏與中書舍人賈
大隱博士裴守眞譔定其制擢春官員外郎武后拜洛享明堂凡
所沿改皆叔夏視欽明郭山惲等所裁討每立一議衆咨服之累
遷成均司業后又詔五禮儀物司禮博士有所脩革須叔夏欽明
等評處然後以聞進位春官侍郎中宗復位轉太常少卿爲建立
廟社使進銀青光祿大夫累封沛郡公國子祭酒卒贈兗州都督
脩文館學士謚曰文子縚
縚開元時歷集賢脩撰光祿卿遷太常唐興禮文雖具然制度時
時繆缺不倫至顯慶中許敬宗建言籩豆以多爲貴宗廟乃踰于
天請大祀十二中祀十小祀八大祀中祀簠簋甑俎皆一小祀無
甑詔可二十三年赦令以籩豆之薦未能備物宜詔禮官學士共
議以聞縚請宗廟籩豆皆加十二又言郊奠爵容止一合容小則
陋宜增大之兵部侍郎張均職方郎中韋述議曰禮天之所生地
之所長苟可薦者莫不咸在聖人知孝子之情深而物類無限故

爲之節使物有品器有數貴賤差降不得相越周制王食用六穀膳用六牲飲用六清羞用百有二十品珍用八物醬用百有二十罋而以四籩四豆供祭祀此乃與賓客豐省不得同舊矣且嗜好燕私之饌與時而遷故聖人一約以禮雖平生所嗜非禮則不薦所惡是禮則不去屈建命去祥祭之芰曰祭典有之不羞珍異不陳庶侈此則禮外之食前古不薦今欲以甘旨肥濃皆充於祭尚踰舊制其何極焉雖籩豆有加不能備也若曰以今之珍生所嗜愛求神無方是簠簋可去而盤盂桮案當御矣韶護可抵而箜篌笙笛應奏矣且自漢以來陵有寢宮歲時朔望薦以常饌固可盡孝子之心至宗廟法享不可變古從俗有司所承一升爵五升散禮凡宗廟貴者以爵賤者以散此貴小賤大以示節儉請如故太子賓客崔沔曰古者有所飲食必先嚴獻未火化則有毛血之薦未麴蘖則有玄酒之奠至後王作酒醴用犧牲故有三牲八簋五齊九獻然神尚玄可存而不可測也祭主敬可備而不可廢也蓋薦貴新

味不尚褻雖曰備物猶有節制存焉鉶俎籩豆簠簋尊罍周人時饌也其用通於燕享賓客周公乃與毛血玄酒共薦晉中郎盧諶家祭皆晉日食則當時之食不可闕於祀已唐家清廟時享禮饌備進周法也園寢上食時膳具陳漢法也職貢助祭致遠物也有新必薦順時令也苑囿躬稼所入蒐田親發所中皆因宜以薦薦而後食則濃腴鮮美盡在矣又制有司著于令不必加籩豆之數也大凡祭器視物所宜故太羹古饌也盛以鐙鐙古器也和羹時饌也盛以鉶鉶時器也有古饌而用時器者則毛血于盤玄酒于尊未有進時饌用古器者古質而今文有所不稱也雖加籩豆十二未足盡天下之美而措諸廟徒以近侈而見訾抵臣聞墨家者流出於清廟是廟貴儉不尚奢也禮部員外郎楊仲昌戶部郎中陽伯成左衛兵曹參軍劉秩等請如舊禮使宰相白奏玄宗曰朕承祖宗休德享祀粢盛實貴豐絜有如不應於法亦不敢用乃詔太常擇品味可增者稍加焉縚又請室加籩豆各六每四時以新果

珍羞實之制可又詔獻爵視藥升所容以合古二十三年詔書服紀所未通者令禮官學士詳議縚上言禮喪服舅緦麻三月從母小功五月傳曰何以小功以名加也而堂姨舅母恩所不及焉外祖父母小功五月傳曰何以小功以尊加也舅緦麻三月皆情親而屬疏也外祖正尊服同從母姨舅一等而有輕重堂姨舅親未疏不相爲服親舅母不如同爨其亦古意有所未暢且外祖小功此爲正尊請進至大功姨舅倂親服宜等請進舅至小功堂姨舅以疏降親舅從母一等親舅母古未有服請從袒免於是韋述議曰自高祖至玄孫并身謂之九族由近及遠差其輕重遂爲五服傳曰外親服皆緦鄭玄曰外親之服異姓正服不過緦外祖父母小功以尊加從母小功以名加舅甥外孫中外昆弟皆緦以匹言之外祖則祖也舅則伯叔也父母之恩不殊而獨殺於外者有以也禽獸知母而不知父野人則父母等都邑之士則知尊禰大夫則知尊祖諸侯及太祖天子及始祖聖人究天道厚祖禰繫姓族

親子孫則母黨之於本族不同明甚家無二尊喪無二斬人之所奉不可貳也爲人後降其父母喪女子嫁殺其家之喪所存者遠抑者私也若外祖及舅加一等而堂舅及姨著服則中外其別幾何且五服有上殺之義伯叔父母服大功從父昆弟亦大功以其出於祖服不得過於祖也從祖祖父母從祖父母從祖昆弟皆小功以其出於曾祖服不得過曾祖也族祖祖父母族祖父母族昆弟皆緦以其出於高祖服不得過高祖也堂姨舅出外曾祖若爲之服則外曾祖父母外伯叔祖父母亦可制服矣外祖至大功則外曾祖小功外高祖緦推而廣之與本族無異棄親錄疏不可謂順且服皆有報則堂甥外曾孫姪女之子皆當服聖人豈薄其骨肉恩愛哉蓋本於公者末於私義有所斷不得不然苟可加也則可減也如是禮可瀆矣請如古便揚仲昌又言舅服小功魏徵嘗進之矣今之所請正同徵論堂舅堂姨舅母皆升袒免則外祖父母進至大功不加報於外孫乎外孫而報以大功則本宗之庶孫

用何等邪帝手敕曰朕謂親姨舅服小功則舅母於舅有三年之
喪不得全降於舅宜服緦堂姨舅古未有服朕思睦厚九族宜袒
免古有同爨緦若比堂姨舅於同爨不已厚乎傳曰外親服皆緦
是亦不隔堂姨舅也若謂所服不得過本而復爲外曾祖父母外
伯叔父母制服亦何傷皆親親敦本意也侍中裴耀卿中書令張
九齡禮部尚書李林甫奏言外服無降甥爲舅母服舅母亦報之
夫之甥既報則夫之姨舅又當服恐所引益疏臣等愚皆所不及
詔曰從服六此其一也降殺於禮無文皆自身率親爲之數姨舅
屬近以親言之亦姑伯之匹可曰所引疏耶婦人從夫者也夫於
姨舅既服矣從夫而服是謂睦親卿等宜熟計耀卿等奏言舅母
緦堂姨舅袒免請準制曰自我爲古罷諸儒議制曰可初帝詔歲
率公卿迎氣東郊至三時常以孟月讀時令於正寢二十六年詔
縚月奏令一篇朔日於宣政側設榻東向置案縚坐讀之諸司官
長悉外殿坐聽歲餘罷高宗上元三年將祫享議者以禮緯三年

祫五年禘公羊家五年再殷祭二家舛互諸儒莫能決太學博士
史玄璨曰春秋僖公三十三年十二月薨文公之二年八月丁卯大
享公羊曰祫也則三年喪畢新君之二年當祫明年當禘羣廟又
宣公八年禘僖公宣公八年皆有禘則後禘距前禘五年此則新
君之二年祫三年禘爾後五年再殷祭則六年當祫八年禘昭公
十年齊歸薨十三年喪畢當祫爲平丘之會冬公如晉至十四年
祫十五年禘傳曰有事於武宮是也至十八年祫二十年禘二十三
年祫二十五年禘昭公二十五年有事於襄宮是也則禘後三年
而祫又二年而禘合於禮議遂定後睿宗喪畢祫於廟至開元二
十七年禘祭五祫祭七是歲縚奏四月嘗已禘孟冬又祫祀禮叢
數請以夏禘爲大祭之源自是相循五年再祭矣縚終太子少師
抗者安石從父兄子弱冠舉明經累官吏部郎中景雲初爲永昌
令禁輦轂繫要抗不事威刑而治前令無及者遷右御史臺中丞邑
民詣闕留不聽乃立碑著其惠開元三年自太子左庶子爲益州

大都督府長史授黃門侍郎河曲胡康待賓叛詔持節慰撫抗於
武略非所長稱疾逗留不及賊而返俄代王晙爲御史大夫兼按
察京畿弟拯方爲萬年令兄弟領本部時以爲榮坐薦御史非其
人授安州都督改蒲州刺史入爲大理卿進刑部尚書分掌吏部
選卒抗歷職以清儉不治產及終無以葬玄宗聞之特給轜車贈太
子少傅謚曰貞所表奉天尉梁昇卿新豐尉王倕華原尉王燾皆爲
僚屬後皆爲顯人昇卿涉學工書於八分尤工歷廣州都督書東
封朝覲碑爲時絕筆倕累遷河西節度使天寶中功聞于邊它所
辟舉如王維王縉崔殷等皆一時選云

郭震字元振魏州貴鄉人以字顯長七尺美須髯少有大志十六
與薛稷趙彥昭同爲太學生家嘗送資錢四十萬會有縗服者叩
門自言五世未葬願假以治喪元振舉與之無少吝一不質名氏
稷等嘆駭十八舉進士爲通泉尉任俠使氣撥去小節嘗盜鑄及
掠賣部中口千餘以餉遺賓客百姓厭苦武后知所爲召欲詰既

與語奇之索所爲文章上寶劍篇后覽嘉歎詔示學士李嶠等即
授右武衛鎧曹參軍進奉宸監丞會吐蕃乞和其大將論欽陵請
罷四鎮兵披十姓之地乃以元振充使因覘虜情還上疏曰利或
生害害亦生利國家所患唯吐蕃與默啜耳今皆和附是將大利
於中國也若圖之不審害且隨之欽陵欲裂十姓地解四鎮兵此
動靜之機不可輕也若直遏其意恐邊患必甚於前宜以策緩之
使其和望勿絕而惡不得萌固當取捨審也夫患在外者十姓四
鎮是也患在内者甘涼瓜肅是也關隴屯戍向三十年力用困竭
脫甘涼有一日警豈堪廣調發耶善爲國者先料内以敵外不貪
外以害内然後安平可保欽陵以四鎮近已畏我侵掠此吐蕃之
要然青海吐渾密邇蘭鄯易爲我患亦國家之要今宜報欽陵曰
四鎮本扼諸蕃走集以分其力使不得併兵東侵今委之則蕃力
益彊易以擾動保後無東意當以吐渾諸部青海故地歸於我則
俟斤部落還吐蕃矣此足杜欽陵口而和議未絕且四鎮久附其

倚國之心豈與吐蕃等今未知利害情實而分裂之恐傷諸國意非制御之算后從之又言吐蕃倦徭戍久矣咸願解和以欽陵欲裂四鎮專制其國故未歸款陛下誠能歲發和親使而欽陵常不從則其下必怨設欲大舉固不能斯離間之漸也后然其計後數年吐蕃君臣相猜攜卒誅欽陵而其弟贊婆等來降因詔元振與河源軍大使夫蒙令卿率騎往迎授主客郎中久之突厥吐蕃聯兵寇涼州后方御洛城門宴邊遽至因輟樂拜元振為涼州都督即遣之初州境輪廣纔四百里虜來必傅城下元振始於南硤口置和戎城北磧置白亭軍制束要路遂拓境千五百里自是州無虜患又遣甘州刺史李漢通闢屯田盡水陸之利稻收豐衍舊涼州粟斛售數千至是歲數登至匹縑易數十斛支廥十年牛羊被野治涼五歲善撫御夷夏畏慕令行禁止道不舉遺河西諸郡置生祠揭碑頌德神龍中遷左驍衛將軍安西大都護西突厥酋烏質勒部落盛彊款塞願和元振即牙帳與計事會大雨雪元振立

不動至夕凍冽烏質勒已老數拜伏不勝寒會罷即死其子娑葛以元振計殺其父謀勒兵襲擊副使解琬知之勸元振夜遁元振不聽堅臥營為不疑者明日素服往弔道逢娑葛兵虜不意元振來遂不敢逼揚言迎衛進至其帳脩弔贈禮哭甚哀為留數十日助喪事娑葛感義更遣使獻馬五千駝二百牛羊十餘萬制詔元振為金山道行軍大總管烏質勒之將闕啜忠節與娑葛交怨屢相侵而闕啜兵弱不支元振奏請追闕啜入宿衛徙部落置瓜沙間詔許之闕啜遂行至播仙城遇經略使周以悌以悌說之曰國家厚秩待君以部落有兵故也今獨行入朝一羈旅胡人耳何以自全乃教以重寶賂宰相無入朝請發安西兵導吐蕃以擊娑葛求阿史那獻為可汗以招十姓請郭虔瓘使拔汗那蒐其鎧馬以助軍既得復讎部落更存闕啜然之即勒兵擊于闐坎城下之因所獲遣人間道齎黃金分遺宗楚客紀處訥使就其謀元振知之上疏曰國家往不與吐蕃十姓四鎮而不撓邊者蓋其諸豪泥婆羅等屬國自有攜貳故贊普南征身殞寇庭國中大亂嫡庶競立將相爭權自相翦屠士畜疲癘財力困窮顧人事天時兩不諧契所以屈志於漢非實忘十姓四鎮也如其有力後且必爭今忠節忽國家大計欲為吐蕃鄉導主人四鎮危機恐從此啓吐蕃得志忠節亦當在賊掌股若為復得事我哉往吐蕃於國無有恩力猶欲爭十姓四鎮今若効力樹恩則請分于闐疏勒者欲何理抑之且其國諸蠻及婆羅門方自嫌阻藉令求我助討者亦何以拒之是以古之賢人不願夷狄妄惠非不欲其力懼後求無厭益生中國事也臣愚以為用吐蕃之力不見其便又請阿史那獻者豈非以可汗子孫能招綏十姓乎且斛瑟羅及懷道與獻父元慶叔僕羅兄俀子俱可汗子孫也往四鎮以他匐十姓之亂請元慶為可汗卒亦不能招來而元慶以賊四鎮淪陷忠節亦嘗請以斛瑟羅及懷道為可汗矣十姓未附而碎葉幾危又吐蕃亦嘗以俀子僕羅并拔布為可汗矣亦不能得十姓而皆自亡滅此非它其子孫

無惠下之才恩義素絶故也豈止不能招懷且復為四鎮患則冊可汗子孫其效固試矣獻又遠於其父兄人心何繇即附若兵力足取十姓不必要須可汗子孫也又請以郭虔瓘蒐兵秣馬於拔汗那往虔瓘已嘗與忠節擅入其國臣時在疏勒不聞得甲一馬而拔汗那挾忿侵擾南導吐蕃將俀子以擾四鎮且虔瓘往至拔汗那國四面無助若履虛邑猶引俀子為徼況今北有娑葛知虔瓘之西必引以相援拔汗那倚堅城而抗于內突厥邀伺于外虔瓘等豈能復如往年得安易之幸哉疏奏不省楚客等因建遣攝御史中丞馮嘉賓持節安撫闕啜以御史呂守素處置四鎮以牛師獎為安西副都護代元振領甘涼兵召吐蕃併力擊娑葛娑葛之使娑臘知楚客謀馳報之娑葛怒即發兵出安西撥換焉耆疏勒各五千騎於是闕啜在計舒河與嘉賓會娑葛兵奄至禽闕啜殺嘉賓又殺呂守素於僻城牛師獎於火燒城遂陷安西四鎮路絕元振屯疏勒水上未敢動楚客復表周以悌代元振且以

阿史那獻爲十姓可汗置軍焉耆以取娑葛娑葛遺元振書且言無仇于唐而楚客等受闕啜金欲加兵擊滅我故懼死而鬬且請斬楚客元振奏其狀楚客大怒誣元振有異圖召將罪之元振使子鴻間道奏乞留定西土不敢歸京師以懼乃得罪流白州而赦娑葛睿宗立召爲太僕卿將行安西酋長有剺面哭送者旌節下玉門關去涼州猶八百里城中爭具壺漿歡迎都督嗟歎以聞景雲二年進同中書門下三品遷吏部尚書封館陶縣男先天元年爲朔方軍大總管築豐安定遠城兵得保頓明年以兵部尚書復同中書門下三品玄宗誅太平公主也睿宗御承天門諸宰相走伏外省獨元振總兵扈帝事定宿中書者十四昔乃休進封代國公實封四百戶賜一子官物千段俄又兼御史大夫復爲朔方大總管以備突厥未行會玄宗講武驪山既三令帝親鼓之元振遽奏禮止帝怒軍容不整引坐纛下將斬之劉幽求張說扣馬諫曰元振有大功雖得罪當宥乃赦死流新州開元元年帝思舊

功起爲饒州司馬怏怏不得志道病卒年五十八十年贈太子少保元振雖少雄邁及貴居處乃儉約手不置書人莫見其喜慍建宅宣陽里未嘗一至諸院廄自朝還對親欣欣退就室儼如也距國初仕至宰相而親具者唯元振云

贊曰魏韋皆感槩而奮似矣及在昏上側臣間臨機會不一引手摧姦邪之謀誠可鄙哉至蘗后盬主以柔讒撼宗社亦不肯從也古所謂具臣者訴乎元振功顯節完一跌未復世恨其羞歿云

魏韋郭列傳第四十七

李蕭盧韋趙和列傳第四十八

端明殿學士兼翰林侍讀學士[illegible]敕撰

李嶠字巨山趙州贊皇人早孤事母孝爲兒時夢人遺[illegible]有文辭十五通五經薛元超稱之二十擢進士第始調安定尉舉制策甲科遷長安時畿尉名文章者駱賓王劉光業嶠最少與等夷授監察御史高宗擊邕巖二州叛獠詔監其軍嶠入洞喻降之由是罷兵稍遷給事中會來俊臣構狄仁傑李嗣眞裴宣禮等獄將抵死敕嶠與大理少卿張德裕侍御史劉憲覆驗德裕等內知其冤不敢異嶠曰知其枉不申是謂見義不爲者卒與二人列其枉忤武后旨出爲潤州司馬久乃召爲鳳閣舍人文冊大號令多主爲之初置右御史臺察州縣吏善惡風俗得失嶠上疏曰禁網上疏法象宜簡簡則法易行而不煩雜疏則所羅廣而不苛碎伏見垂拱時諸道巡察使科條四十有四至別敕令又三十而使以

三月出盡十一月奏事每道所察吏多者二千少亦千計要在品覈才行而褒貶之今期會迫促奔逐不暇欲望詳究所能不亦艱哉此非隳於職才有限力不逮耳臣願量其功程以爲節制使器周於用力濟於時然後得失可以精覈矣又言今所察按準漢六條而推廣之則無不包矣烏在多張事目也且朝廷萬機非無事而機事之動常在四方故出使者冠蓋相望今已置使則外州之事悉得專之傳驛減矣請率十州置一御史以期歲爲之限容其身到屬縣過閭里督察姦訛采風俗然後可課其成功且御史出入天禁勵已自脩比他吏相百也按劾回庸糾擿隱欺比他吏相十也陛下誠用臣言妙擇能者委之莫不盡力効死矣武后善之下制析天下爲二十道擇堪使者爲衆議沮止俄知天官侍郎事進麟臺少監同鳳閣鸞臺平章事遷鸞臺侍郎會張錫輔政嶠其出也罷爲成均祭酒俄檢校文昌左丞留守東都長安三年以本官復爲平章事知納言遷內史嶠辭劇復爲成均祭酒平章事

武后將建大像於白司馬坂嶠諫造像雖俾浮屠輸錢然非州縣承辦不能濟是名雖不稅而實稅之臣計天下編戶貧弱者衆有賣舍帖田供王役者今造像錢積十七萬緡若頒之窮人家給千錢則紓十七萬戶飢寒之苦德無窮矣不納張易之敗坐附會與豫州刺史未行改通州數月以吏部侍郎召俄遷尚書神龍二年代韋安石爲中書令嶠在吏部時陰欲藉時望復宰相乃奏置員外官數千既吏衆猥府庫虛耗乃上書歸咎于時因蓋向非曰元首之尊居有重門擊柝之衛出有清蹕戒道之禁所以備非常息異望誠不可易舉動慢防閑也陛下厭崇邃輕尊嚴微服潛游閱廛過市行路私議朝廷驚懼如禍產意外縱不自惜柰宗廟蒼生何又分職建官不可以濫傳曰官不必備惟其人自帝室中興以不慎爵賞爲惠冒級躐階朝陛夕改正闕不給加以員外內則府庫爲殫外則黎庶蒙害非求賢助治之道也願愛惜班榮息匪服之議今文武六十以上而天造含容皆矜恤之老病者已解還授

員外者既遣復留恐非所以消敝救時也請敕有司料其可用進不可用退又遠方夷人不堪治事國家向務撫納而官之非立功酋長類靡俸祿願商度非要者一切放還又易稱何以守位曰仁何以聚人曰財今百姓乏窶不安居處不可以守位倉儲蕩耗財力傾殫不足以聚人山東病水潦江左困輸轉國匱於上人窮於下如令邊場少揀恐逋亡遂多盜賊羣行何財召募何衆閑遏乎又崇作寺觀功費浩廣今山東歲饑糟糠不厭而投艱阨之會收庸調之半用吁嗟之物以榮土木恐怨結三靈謗蒙四海又比緣征戍巧詐百情破役隱身規脫租賦今道人私度者幾數十萬其中高戶多丁黠商大賈詭作臺符羼名偽度且國計軍防並仰丁口今丁皆出家兵悉入道征行租賦何以備之又重賂貴近補府若史移沒籍產以州縣甲等更爲下戶當道城鎮至無捉驛者役逮小弱即破其家願許十道使訪察括取使姦猾不得而隱又太常樂戶已多復求訪散樂獨持大鼓者已二萬員願量留之餘勒還籍以杜妄費中宗以嶠身宰相乃自陳失政丐罷官無所嫁非手詔詰讓嶠惶恐復視事三年加脩文館大學士封趙國公以特進同中書門下三品睿宗立罷政事下除懷州刺史致仕初中宗崩嶠嘗密請相王諸子不宜留京師及玄宗嗣位獲其表宮中或請誅之張說曰嶠誠懵逆順然爲當時謀吠非其主不可追罪天子亦顧數更赦遂免貶滁州別駕聽隨子虔州刺史暢之官改廬州別駕卒年七十嶠富才思有所屬綴人多傳諷武后時汜水獲瑞石嶠爲御史上皇符一篇爲世譏薄然其仕前與王勃楊盈川接中與崔融蘇味道齊名晚諸人沒而爲文章宿老一時學者取法焉

蕭至忠沂州丞人祖德言爲祕書少監至忠少與友期諸路會雨雪人引避至忠曰寧有與人期可以失信卒友至乃去衆歎服仕爲伊闕洛陽尉遷監察御史劾奏鳳閣侍郎蘇味道贓貪超拜吏部員外郎至忠長擊斷譽聞當時中宗神龍初爲御史中丞始至

忠爲御史而李承嘉爲大夫嘗讓諸御史曰彈事有不咨大夫可乎衆不敢對至忠獨曰故事臺無長官御史天子耳目也其所請奏當專達若大夫許而後論即劾大夫者又誰白哉承嘉懟至是承嘉爲戶部尚書至忠劾祝欽明竇希玠與承嘉等罪百寮震悚遷吏部侍郎猶兼中丞節愍太子以兵誅武三思而敗宗楚客等諗侍御史冉祖雍上變言相王與太子謀帝欲按之至忠泣曰往者天后欲以相王爲太子而王不食累日獨請迎陛下其讓德天下莫不聞陛下貴爲天子不能容一弟受人羅織耶竊爲陛下不取帝納其言止尋授中書侍郎同中書門下平章事上疏陳時政曰求治之道首于用賢苟非其才則官曠官曠則事廢事廢則人殘歷代所以陵遲者此也今授職用人多因貴要爲粉飾上下相蒙苟得爲是夫官爵公器也恩倖私惠也王者正可金帛富之粱肉食之以存私澤也若公器而私用之則公義不行而勞人解體私謁開而正言塞日朘月削卒見凋弊今列位已廣冗員復倍陛下

降不貲之澤近戚有無厓之請臺閣之內朱紫充滿官秩益輕恩賞彌數才者不用用者不才故人不効力官匪其人欲求治固難矣又宰相要官子弟多居美爵並罕才藝而更相譏託詩云私人之子百寮是試或以其酒不以其漿鞙鞙佩璲不以其長此言王政不平而衆官廢職私家子列試榮班徒長其佩爾臣願陛下愛惜爵賞官無虛授進大雅以樞近退小人於閑左使政令惟一私不害公則天下幸甚且貞觀故事宰相子弟多居外職非直抑彊宗亦以擇賢才爾請自宰相及諸司長官子弟並授外官共寧百姓表裏相統帝不納俄爲侍中中書令時楚客處訥植黨而韋巨源楊再思李嶠務自安無所弼正至忠介其間獨不詭隨時望翕然歸重帝亦曰宰相中至忠最憐我韋后嘗爲其弟洵與至忠殤女冥婚至忠又以女妻后舅崔從禮子無詖兩家合禮帝主蕭后主崔時謂天子嫁女皇后娶婦唐隆元年以后黨應坐而太平公主爲言出爲晉州刺史治有名睿宗遣大臣來朝見至忠風采遊

巡畏懦謂人曰是宜相天子何乃居外乎太平寖用事至忠乃自附納且丐還主以至忠子任千牛死韋氏難意冤望易動能助己請于帝拜刑部尚書復爲中書令封酇國公乃參主逆謀先天二年主敗至忠遁入南山數日捕誅之籍其家至忠始在朝有風望容止閑敏見推爲名臣外方直糾擿不法而內無守觀時輕重而去就之始爲御史桓彥範等傾引重五王失政更因武三思得中丞附安樂公主爲宰相及韋氏敗遽發韋洵墓持其女柩歸後依太平復當國嘗出主第遇宋璟璟戲曰非所望於蕭傅至忠曰善乎宋生之言然不能自返也姊嫁蔣欽緒欽緒每戒之至忠不聽歎曰九世卿族一舉而滅之可哀也已不喜接賓客以簡儉自高故生平奉賜無所遺施及籍沒珍寶不可計然玄宗賢其爲人後得源乾曜亟用之謂高力士曰若知吾進乾曜遽乎吾以其貌言似蕭至忠力士曰彼不嘗負陛下乎帝曰至忠誠國器但晚謬爾其始不謂之賢哉弟元嘉工部侍郎廣微工部員外郎

盧藏用字子潛幽州范陽人父璥魏州長史號才吏藏用能屬文舉進士不得調與兄徵明偕隱終南少室二山學練氣爲辟穀登衡廬彷洋岷峨與陳子昂趙貞固友善長安中召授左拾遺武后作興泰宮於萬安山上疏諫曰陛下離宮別觀固多矣又窮人力以事土木臣恐議者以陛下爲不愛人而奉己也且頃歲穀雖頗登而百姓未有儲陛下巡幸訖靡休息斤斧之役歲月不空不因此時施德布化而又廣宮苑臣恐下未易堪今左右近臣以諫意爲忠犯忤爲患至令陛下不知百姓失業百姓亦不知左右傷陛下之仁也忠臣不避誅震以納君於仁明主不惡切詆以趨名于後陛下誠能發明制以勞人爲辭則天下必以爲愛力而苦己也不然下臣此章得與執事者共議不從姚元崇持節靈武道奏爲管記還應縣令舉甲科爲濟陽令神龍中累擢中書舍人數糾駮僞官歷吏部黃門侍郎脩文館學士坐親累降工部侍郎進尚書右丞附太平公主主誅玄宗欲捕斬藏用顧未執政意解乃流新

州或告謀反推無狀流驩州會交趾叛藏用有捍禦勞改昭州司戶參軍遷黔州長史判都督事卒于始興藏用善蓍龜九宮術工草隸大小篆八分善琴弈思精遠士貴其多能嘗以俗徇陰陽拘畏乖至理泥變通有國者所不宜專謂天道從人者也古爲政者刑獄不濫則人壽賦斂省則人富法令有常則邦寧賞罰中則兵彊禮者士所歸賞者士所死禮賞不倦則士爭先否者雖揆時行罰消日出號無成功矣故任賢使能不時日而利明法審令不卜筮而吉養勞貴功不禱祠而福乃爲析滯論以暢其方世謂知言子昂貞固前死藏用撫其孤有恩人稱能終始交始隱山中時有意當世人目爲隨駕隱士晚乃徇權利務爲驕縱素節盡矣司馬承禎嘗召至闕下將還山藏用指終南曰此中大有嘉處承禎徐曰以僕視之仕宦之捷徑耳藏用慙無子弟若虛多才博物隴西辛怡諫爲職方有獲異鼠者豹首虎臆大如拳怡諫謂之鼮鼠而賦之若虛曰非也此許愼所謂鼨鼠豹文而形小一坐驚服終起

居郎集賢院學士

韋巨源與安石同系後周京兆尹揔曾孫祖貞伯襲鄖國公入隋改舒國巨源有吏幹武后時累遷夏官侍郎同鳳閣鸞臺平章事其治委碎無大體句校省中遺隱下符斂克不少縱雖收其利然下所怨苦坐李昭德累貶麟州刺史累拜地官尚書神龍初以吏部尚書同中書門下三品時要官缺執政以次用其親巨源秉筆當除十人楊再思得其一試問餘授皆諸宰相近屬再思喟然曰吾等誠負天下巨源曰時當爾耳是時雖賢有德終莫得進士大夫莫不解體會安石爲中書令避親罷政事尋遷侍中舒國公韋后與叙昆弟附屬籍武三思封戶在貝州屬大水刺史宋璟議免其租巨源以爲蠶桑可輸繇是河朔人多流徙者景龍二年韋后自言衣笥有五色雲巨源倡其爲勸中宗宣布天下帝從其言因是大赦巨源見帝昏惑乃與宗楚客鄭愔趙延禧等推處祥妖陰道韋氏行武后故事俄遷尚書左僕射仍知政事帝方南郊巨源

請后爲亞獻而自爲終獻及臨淄王平諸韋家人請避之巨源曰吾大臣無容見難不赴出都街亂兵殺之年八十睿宗立贈特進荊州大都督博士李處直請謚爲昭戶部員外郎李邕以巨源附武三思爲相託韋后親屬論昭爲非處直執不改邕列陳其惡不見用然世皆直邕韋氏自安石及武后時宰相待價巨源皆近親其族至大官者又數十人

趙彥昭字奐然甘州張掖人父武孟少游獵以所獲饋其母母泣曰汝不好書而敖蕩吾安望哉不爲食武孟感激遂力學淹該書記自長安丞爲右臺侍御史著河西人物志十篇彥昭少豪邁風骨秀爽及進士第調爲南部尉與郭元振薛稷蕭至忠善自新豐丞爲左臺監察御史景龍中累遷中書侍郎同中書門下平章事金城公主嫁吐蕃始以紀處訥爲使處訥辭乃授彥昭彥昭顧己處外恐權寵奪移不悅司農卿趙履溫曰公天宰而爲一介使不亦鄙乎彥昭問計安出履溫乃爲請安樂公主留之遂以將軍楊矩代睿宗立出爲宋州刺史坐累貶歸州俄授涼州都督爲政嚴下皆股慄入爲吏部侍郎持節按邊遷御史大夫蕭至忠等誅郭元振張說言彥昭與祕謀改刑部尚書封耿國公實封百戶彥昭本以權幸進中宗時有巫趙挾鬼道出入禁掖彥昭以姑事之嘗衣婦服乘車與妻偕謁其得宰相巫力也於是殿中侍御史郭震劾暴舊惡會姚崇執政惡其爲人貶江州別駕卒

和逢堯岐州岐山人武后時負鼎詣闕下上書自言願助天子和飪百度有司讓曰昔桀不道伊尹負鼎于湯今天子聖明百司以和尚何所調逢堯不能荅流莊州十餘年乃舉進士高第累擢監察御史突厥默啜請尚公主逢堯以御史中丞攝鴻臚卿報可默啜遣貴近頡利來曰詔送金鏤具鞍乃塗金非天子意使者不可信雖得公主猶非實請罷和親欲馳去左右色動逢堯呼曰我大國使不受我辭可輒去乃牽持其人謂曰漢法重女婿而送鞍具欲安且久不以金爲貴可汗乃貪金而不貴信邪默啜聞曰漢使

至吾國衆矣斯食鐵石人不可易因備禮以見逢堯說之曰天子昔爲單于都護思與可汗通舊好可汗當嚮風慕義襲冠見取重諸蕃默啜信之爲斂髮紫衣南面再拜稱臣遣子入朝逢堯以使有指擢戶部侍郎坐善太平公主斥朗州司馬終栝州刺史逢堯談詭當大事敢徼福故卒以附麗廢然唐興奉使者稱逢堯

贊曰異哉玄宗之器蕭至忠也不亦惑乎至忠本非賢而寄賢以奸利失之則邀利以喪賢姻豔后挾寵主取宰相謀間王室身誅家破遺臭無窮而帝以乾曜似之遽使當國是帝舉不知至忠之不可用又不知乾曜之所可用也或稱帝不以罪掩才益可怪歎嗚呼力士誠腐夫庸人不能發擿天子之迷若曰至忠賢於初固不繆於末既繆於末果不賢於初惟陛下圖之如是帝且悞往失而精來鑒已其後相李林甫將安祿山皆基于不明身播岷陬信自取之歟

李蕭盧韋趙和列傳第四十八

姚宋列傳第四十九　唐書一百二十四

端明殿學士兼翰林侍讀學士龍圖閣學士朝散大夫給事中知制誥充史館修撰臣宋祁奉　勅撰

姚崇字元之陝州硤石人父懿字善懿貞觀中爲巂州都督贈幽州大都督諡文獻崇少倜儻尚氣節長乃好學仕爲孝敬挽郎舉下筆成章授濮州司倉參軍五遷夏官郎中契丹擾河北兵檄叢進崇奏決若流武后賢之即拜侍郎后嘗語左右往周興來俊臣等數治詔獄朝臣相逮引一切承反朕意其枉更畀近臣臨問皆得其手牒不冤朕無所疑即可其奏自俊臣等誅遂無反者然則向論死得無冤邪崇曰自垂拱後被告者類自誣當是時以告言爲功故天下號曰羅織甚於漢之鉤黨雖陛下使近臣覆訊彼尚不自保敢一搖手以悖酷吏意哉且被問不承則重罹其慘如張虔勗李安靜等皆是也今賴天之靈發寤陛下凶豎殲夷朝廷乂安臣以一門百口保內外官無復反者陛下以告牒置弗推後若

反有端臣請坐知而不告后悅曰前宰相務順可陷我爲淫刑主聞公之言乃得朕心賜銀千兩聖曆三年進同鳳閣鸞臺平章事遷鳳閣侍郎俄兼相王府長史以母老納政歸侍乃詔以相王府長史侍疾月餘復兼夏官尚書同鳳閣鸞臺三品崇建言臣事相王而夏官本兵臣非惜死恐不益王乃詔改春官張易之私有請於崇崇不納易之譖於后降司僕卿猶同鳳閣鸞臺三品出爲靈武道大總管張柬之等謀誅二張崇適自屯所還遂參計議以功封梁縣侯實封二百戶后遷上陽宮中宗率百官起居王公更相慶崇獨流涕柬之等曰今豈涕泣時邪恐公禍由此始崇曰比與討逆不足以語功然事天后久違舊主而泣人臣終節也由此獲罪甘心焉俄爲亳州刺史後五王被害而崇獨免歷宋常越許四州睿宗立拜兵部尚書同中書門下三品進中書令玄宗在東宮太平公主干政宋王成器等分典閑廄禁兵崇與宋璟建請主就東都出諸王爲刺史以壹人心帝以謂主主怒太子懼上疏以崇等甚間王室請加罪貶爲申州刺史移徐潞二州遷揚州長史政條簡肅人爲紀德于碑徙同州刺史先天二年玄宗講武新豐故事天子行幸牧守在三百里者得詣行在時帝亦密召崇崇至帝方獵渭濱即召見帝曰公知獵乎對曰少所習也臣年二十居廣成澤以呼鷹逐獸爲樂張憬藏謂臣當位王佐無自棄故折節讀書遂待罪將相然少爲獵師老而猶能帝悅與俱馳逐緩速如旨帝歡甚既罷乃咨天下事衮衮不知倦帝曰卿宜遂相朕崇知帝大度銳于治乃先設事以堅帝意即陽不謝帝怪之崇因跪奏臣願以十事聞陛下度不可行臣敢辭帝曰試爲朕言之崇曰垂拱以來以峻法繩下臣願政先仁恕可乎朝廷覆師青海未有牽復之悔臣願不倖邊功可乎比來壬佞冒觸憲網皆得以寵自解臣願法行自近可乎后氏臨朝喉舌之任出閹人之口臣願宦豎不與政可乎戚里貢獻以自媚于上公卿方鎮寖亦爲之臣願租賦外一絕之可乎外戚貴主更相用事班序荒雜臣請戚屬不任臺

省可乎先朝褻狎大臣虧君臣之嚴臣願陛下接之以禮可乎燕欽融韋月將以忠被罪自是諍臣沮折臣願羣臣皆得批逆鱗犯忌諱可乎武后造福先寺上皇造金仙玉眞二觀費鉅百萬臣請絕道佛營造可乎漢以祿莽閻梁亂天下國家爲甚臣願推此鑒戒爲萬代法可乎帝曰朕能行之崇乃頓首謝翌日拜兵部尚書同中書門下三品封梁國公遷紫微令固辭實封乃停舊食賜新封百戶中宗時近戚奏度僧尼溫戶彊丁因避賦役至是崇建言佛不在外悟之于心行事利益使蒼生安穩是謂佛理烏用姦人以汩眞教帝善之詔天下汰僧僞濫髮而農者餘萬二千人崇嘗於帝前序次郎吏帝左右顧不主其語崇懼再三言之卒不荅崇趨出內侍高力士曰陛下新即位宜與大臣裁可否今崇亟言陛下不應非虛懷納誨者帝曰我任崇以政大事吾當與決至用郎吏崇顧不能而重煩我邪崇聞乃安由是進賢退不肖而天下治開元四年山東大蝗民祭且拜坐視食苗不敢捕崇奏詩云秉彼

蟊賊付畀炎火漢光武詔曰勉順時政勸督農桑去彼螟蜮以及
蟊賊此除蝗誼也且蝗畏人易驅又田皆有主使自救其地必不
憚勤請夜設火坎其旁且焚且瘞蝗乃可盡古有討除不勝者特
人不用命耳乃出御史爲捕蝗使分道殺蝗汴州刺史倪若水上
言除天災者當以德昔劉聰除蝗不克而害愈甚拒御史不應命
崇移書誚之曰聰僞主德不勝祅今祅不勝德古者良守蝗避其
境謂脩德可免彼將無德致然乎今坐視食苗忍而不救因以無
年刺史其謂何若水懼乃縱捕得蝗十四萬石時議者喧譁帝疑
復以問崇對曰庸儒泥文不知變事固有違經而合道反道而適
權者昔魏世山東蝗小忍不除至人相食後秦有蝗草木皆盡牛
馬至相敵毛今飛蝗所在充滿加復蕃息且河南河北家無宿藏
一不穫則流離安危繫之且討蝗縱不能盡不愈於養以遺患乎
帝然之黄門監盧懷慎曰凡天災安可以人力制也且殺蟲多必
戾和氣願公思之崇曰昔楚王吞蛭而厥疾瘳叔敖斷蛇福乃降

今蝗幸可驅若縱之穀且盡如百姓何殺蟲救人禍歸於崇不以
諉公也蝗害訖息於是帝方躬萬機朝夕詢逮它宰相畏帝威決
皆謙憚唯獨崇佐裁決故得專任崇第賖僻因近舍客廬會懷慎
卒崇病瘧移告凡大政事帝必令源乾曜就咨焉乾曜所奏善帝
則曰是必崇畫之有不合則曰胡不問崇乾曜謝其未也乃已帝
欲崇自近詔徙寓四方館日遣問食飲起居髙醫尚食踵道崇以
館局華大不敢居帝使語崇曰恨不處禁中此何避久之紫微史
趙誨受夷人賕當死崇素親倚署奏營減帝不悅時曲赦京師惟
誨不原崇惶懼上還宰政引宋璟自代乃以開府儀同三司罷政
事帝將幸東都而太廟屋自壞帝問宰相宋璟蘇頲同對曰三年
之喪未終不可以行幸壞壓之變天所以示教戒陛下宜停東巡
脩德以荅至譴帝以問崇對曰臣聞隋取苻堅故殿以營廟而唐
因之且山有朽壞乃崩況木積年而木自當蠹乎但壞與行會不
緣行而壞且陛下以關中無年輸餉告勞因以幸東都所以爲人

不爲已也百司已戒供擬既具請車駕如行期舊廟難復完盍奉
神主舍太極殿更作新廟申誠奉大孝之德也帝曰卿言正契朕
意賜絹二百匹詔所司如崇言天子遂東因詔五日一參入閤供
奉八年授太子少保以疾不拜明年卒年七十二贈揚州大都督
諡曰文獻十七年追贈太子太保崇析貲産令諸子各有定分治
令曰比見達官之裔多貧困至銖尺是競無論曲直均受嗤詆田
宅水磑既共有之至相推倚以頓廢陸賈石苞古達者也亦先有
定分以絶後爭昔楊震趙咨盧植張奐咸以薄葬知真識去身貴
速朽耳夫厚葬之家流于俗以奢靡爲孝令死者戮尸暴骸可不
痛哉死者無知自同糞土豈煩奢葬使其有知神不在柩何用破
貲徇侈乎吾亡斂以常服四時衣各一稱性不喜冠衣毋以入墓
紫衣玉帶足便於體今之佛經羅什所譯姚興與之對翻而興命
不延國亦隨滅梁武帝身爲寺奴齊胡太后以六宮入道皆亡國
殄家近孝和皇帝發使贖生太平公主武三思等度人造寺身嬰

夷戮爲天下笑五帝之時父不喪子兄不哭弟致仁壽無凶短也
下逮三王國祚延久其臣則彭祖老聃皆得長齡此時無佛豈抄
經鑄像力邪緣死喪造經像以爲追福夫死者生之常古所不免
彼經與像何所施爲兒曹愼不得爲此崇尤長吏道處決無淹思
三爲宰相常兼兵部故屯戍斥候士馬儲械無不諳記玄宗初立
賓禮大臣故老雅尊遇崇每見便殿必爲之興去輒臨軒以送它
相莫如也時承權戚干政之後綱紀大壞先天末宰相至十七人
臺省要職不可數崇常先有司罷冗職脩制度擇百官各當其材
請無廣釋道無數移吏繇是天子責成于下而權歸于上矣然資
權譎始爲同州張說以素憾諷趙彦昭劾崇及當國說懼潛詣岐
王申款崇它日朝衆趨出崇曳踵爲有疾狀帝召問之對曰臣損
足曰無甚痛乎曰臣心有憂痛不在足問以故曰岐王陛下愛弟
張說輔臣而密乘車出入王家恐爲所誤故憂之於是出說相州
魏知古崇所引及同列稍輕之出攝吏部尚書知東都選知古憾

焉時崇二子在洛通賔客餽遺憑舊請託知古歸悉以聞他日帝召崇曰卿子才乎皆安在崇揣知帝意曰臣二子分司東都其爲人多欲而寡慎是必嘗以事干魏知古帝始以崇私其子或爲隱微以言動之及聞乃大喜問安從得之對曰知古臣所薦也臣子必謂其見德而請之帝於是愛崇不私而薄知古欲斥之崇曰臣子無狀撓陛下法而逐知古外必謂陛下私臣乃止然卒罷爲工部尚書崇始名元崇以與突厥叱剌同名武后時以字行至開元世避帝號更以今名三子彝异弈皆至卿刺史弈少脩謹始崇欲使不越官次而習知吏道故自右千牛進至太子舍人皆平遷開元中有事五陵有司以鷹犬從弈曰非禮也奏罷之請治劇爲睢陽太守召授太僕卿後爲尚書右丞子閎居右相牛仙客幕府仙客病甚閎彊使薦弈及盧奐爲宰相仙客妻以聞閎坐死弈貶永陽太守卒曾孫合勗合元和中進士及第調武功尉善詩世號姚武功者遷監察御史累轉給事中奉先馮翊二縣民訴牛羊使奪其田詔美原主簿朱儔覆按假以田歸使合劾發其私以地還民歷陝虢觀察使終祕書監勗字斯勤長慶初擢進士第數爲使府表辟進監察御史佐鹽鐵使務累遷諫議大夫更湖常二州刺史爲宰相李德裕厚善及德裕爲令狐綯等譖逐擿索支黨無敢通勞問既居海上家無資病無湯劑勗數餽餉候問不傳時爲厚薄終夔王傅自作壽藏於萬安山南原崇塋之旁署兆曰寂居穴墳曰復眞堂中剟土爲牀曰化臺而刻石告後世

宋璟邢州南和人七世祖弁爲元魏吏部尚書璟耿介有大節好學工文辭舉進士中第調上黨尉爲監察御史遷鳳閣舍人居官鯁正武后高其才張易之誣御史大夫魏元忠有不臣語引張說爲驗將廷辯說惶遽璟謂說曰名義至重不可陷正人以求苟免緣此受謫芬香多矣若不測者吾且叩閤救將與子偕死說感其言以實對元忠免死璟後遷左臺御史中丞會飛書告張昌宗引相工觀吉凶者璟請窮治后曰易之等已自言於朕璟曰謀反無

容以首原請下吏明國法易之等貴寵臣言之且有禍然激於義雖死不悔后不懌姚璹遽傳詔令出璟曰今親奉德音不煩宰相擅宣王命后意解許收易之等就獄俄詔原之敕二張詣璟謝璟不見曰公事公言之若私見法無私也顧左右歎曰吾悔不先碎豎子首而令亂國經嘗宴朝堂二張列卿三品璟階六品居下坐易之諂事璟虛位揖曰公第一人何下坐璟曰才劣品卑卿謂第一何邪是時朝廷以易之等內寵不名其官呼易之五郎昌宗六郎鄭善果謂璟曰公柰何謂五郎爲卿璟曰以官正當爲卿君非其家奴何郎之云會有喪告滿入朝公卿以次謁通禮意易之等後至促步前璟舉笏却揖唯唯故積怨常欲中傷后知之得免然以數忤旨詔按獄揚州璟奏按州縣繩監察御史職耳又詔按幽州都督屈突仲翔辭曰御史中丞非大事不出使仲翔罪止贓今使臣往此必有危臣者既而詔副李嶠使隴蜀璟復言隴右無變臣以中丞副李嶠非朝廷故事終辭易之初冀璟出則劾奏誅之計不行乃伺璟家婚禮將遣客刺殺之有告璟者璟乘庳車舍他所刺不得發既二張死乃免神龍初爲吏部侍郎中宗嘉其直令兼諫議大夫內供奉仗下與言得失遷黃門侍郎武三思怙恩寵數有請于璟璟厲答曰今復子明辟王宜以侯就第安得尚干朝政獨不見産祿事乎後韋月將告三思亂宮掖三思諷有司論大逆不道帝詔殊死璟請付獄按罪帝怒岸巾出側門謂璟曰朕謂已誅矣尚何請璟曰人言后私三思陛下不問即斬之臣恐有竊議者請按而後刑帝愈怒璟曰請先誅臣不然終不奉詔帝乃流月將嶺南會還京師詔璟權檢校并州長史未行又檢校貝州刺史時河北水歲大饑三思使斂封租璟拒不與故爲所擠歷杭相二州政清毅吏下無敢犯者遷洛州長史睿宗立以吏部尚書同中書門下三品玄宗在東宮兼右庶子先是崔湜鄭愔典選爲權近干奪至迎用二歲闕猶不能給吏置比冬選流品淆并璟與侍郎李乂盧從愿澄革之銓總平允太平公主不利東宮嘗駐輦光

範門伺執政以諷璟曰太子有大功宗廟社稷主也安得異議乃與姚崇白奏出公主諸王於外帝不能用貶楚州刺史歷兗冀魏三州河北按察使進幽州都督以國子祭酒留守東都遷雍州長史玄宗開元初以雍州為京兆府復為尹進御史大夫坐小累為睦州刺史徙廣州都督廣人以竹茅茨屋多火璟教之陶瓦築堵列邸肆越俗始知棟宇利而無患災召拜刑部尚書四年遷吏部兼侍中帝幸東都次崤谷馳道隘稽擁車騎帝命黜河南尹李朝隱知頓使王怡等官璟曰陛下富春秋今始巡守以道不給而罪二臣繇此相飭後有受其敝者帝遽命捨之璟謝曰陛下向以怒責之以臣言免之是過歸於上而恩在下姑聽待罪於朝然後詔還其職進退得矣帝善之累封廣平郡公廣人為璟立遺愛頌璟上言頌所以傳德載功也臣之治不足紀廣人以臣當國故為諂辭徒成諂諛者欲釐正之請自臣始有詔許停帝嘗命璟與蘇頲制皇子名與公主號遂差次所封且詔別擇一美稱及佳邑封上

璟奏言七子均養詩人所稱今若同等別封或母寵子愛恐傷鳲鳩之平昔袁盎引卻慎夫人席文帝納之夫人亦不為嫌以其得長久計也臣不敢別封帝歎重其賢皇后父王仁皎卒將葬用昭成皇后家竇孝諶故事墳高五丈一尺璟等請如著令帝已然可明日復詔如孝諶者璟還詔曰儉德之恭侈惡之大也僭禮厚葬前世所誡故古墓而不墳人子於哀迷則未皇以禮自制故聖人制齊斬緦免衣衾棺槨各有度數雖有賢者斷其私懷衆皆務奢獨能以儉所謂至德要道者中宮若謂孝諶踰制初無非者一切之令固不足以法貞觀時嫁長樂公主魏徵謂不可加長公主太宗欣納而文德皇后降使厚謝韋庶人追王其父擅作酆陵而禍不旋踵國家知人情無窮故為制度不因人以搖動不變法以愛憎比來人間競務靡葬今以后父重戚不憂乏用高冢大寢不畏無人百事官給一朝可就而區區屢聞者欲成朝廷之政中宮之美爾儻中宮情不可奪請準令一品陪陵墳四丈差合所宜帝曰

朕常欲正身紀綱天下於后容有私邪然人所難言公等乃能之即可其奏又遣使賚綵絹四百匹會日食帝素服俟變錄囚多所貸遣賑䘏災患罷不急之務璟曰陛下降德音䘏人隱未有輕繫惟流死不免此古所以慎赦也恐議者直以月蝕脩刑日蝕脩德或言分野之變冀有揣合臣以謂君子道長小人道銷止女謁放讒夫此所謂脩德也囹圄不擾兵甲不黷官不苟治軍不輕進此所謂脩刑也陛下常以為念雖有變食將轉而為福又何患乎且君子恥言浮於行願動天以誠無事空文帝嘉納後以開府儀同三司罷政事京兆人權梁山謀逆敕河南尹王怡馳傳往按牢械充滿久未決乃命璟為京留守覆其獄初梁山詭稱婚集多假貸吏欲并坐貸人璟曰婚禮借索大同而狂謀率然非所防億使知而不假是與為反貸者弗知何罪之云平縱數百人十二年東巡泰山璟復為留守帝將發謂曰卿國元老別方歷時宜有嘉謀以遺朕璟因一二極言手制答曰所進當書之坐右出入觀省以誠

終身賜賚優渥進兼吏部尚書十七年為尚書右丞相而張說為左丞相源乾曜為太子少傅同日拜有詔太官設饌太常奏樂會百官尚書省東堂帝賦三傑詩自寫以賜二十年請致仕許之仍賜全祿退居洛乘輿東幸璟謁道左詔榮王勞問別遣使賜藥餌二十五年卒年七十五贈太尉謚文貞璟風度凝遠人莫涯其量始自廣州入朝帝遣內侍楊思勗馹迓之未嘗交一言思勗自以將軍貴幸訴之帝帝益嗟重璟為宰相務清政刑使官人皆任職聖曆後突厥默啜負其彊數窺邊侵九姓拔曳固負勝輕出為其狙擊斬之入蕃使郝靈佺傳其首京師靈佺自謂還必厚見賞璟顧天子方少恐後干寵蹈利者夸威武為國生事故抑之踰年纔授右武衛郎將靈佺恚憤不食死張嘉貞後為相閱堂檢見其危言切議未嘗不失聲歎息六子昇尚渾恕華衡昇太僕少卿尚漢東太守渾與李林甫善歷諫議大夫平原太守御史中丞東京採訪使在平原暴斂求進至重取民一年庸租使東畿薛稷甥女鄭

寡而美渾使河南尉楊朝宗聘而已納之薦朝宗爲赤尉恕以都官郎中爲劍南採訪判官數貪縱不法陰養刺客天寶中渾恕尚並以贓敗渾流高要恕流海廣尚貶臨海長史華衡亦皆坐貪得罪廣德中渾起爲太子諭德物議穢薄之留死江嶺昆弟皆蕪歿俳嬉而衡最險悖廣平之風衰焉

贊曰姚崇以十事要說天子而後輔政顧不偉哉而舊史不傳觀開元初皆已施行信不誣已宋璟剛正又過於崇玄宗素所尊憚常屈意聽納故唐史臣稱崇善應變以成天下之務璟善守文以持天下之正二人道不同同歸于治此天所以佐唐使中興也嗚呼崇勸天子不求邊功璟不肯賞邊臣而天寶之亂卒悼其害可謂先見矣然唐三百年輔弼者不爲少獨前稱房杜後稱姚宋何哉君臣之遇合蓋難矣夫

姚宋列傳第四十九

蘇張列傳第五十　唐書一百二十五

端明殿學士兼翰林侍讀學士龍圖閣學士朝請大夫守尚書左丞提舉集賢殿修撰臣宋祁奉敕撰

蘇瓌字昌容雍州武功人隋尚書僕射威之曾孫擢進士第補恒州參軍居母喪哀毀加人左庶子張大安表舉孝悌擢豫王府錄事參軍歷朗歙二州刺史時來俊臣貶州參軍人懼復用多致書請瓌瓌叱其使曰吾忝州牧高下自有體能過待小人乎遂不發書俊臣未至追還恨之由是連外徙不得入久之轉揚州大都督府長史州據都會多名珍怪産前長史張潛于辯機貲取鉅萬瓌單身樸被自將徙同州刺史歲旱兵當番上者不能赴瓌奏宿衛不可闕宜月賜增半糧俾相給足則不闕番又宜却進獻罷營造不急者不見省時十道使括天下亡戶初不立籍人畏搜括即流入比縣旁州更相廋蔽瓌請罷十道使專責州縣豫立簿注天下同日閱正盡一月止使柷姦匿歲一括實檢制租調以免勞弊武后鑄浮屠立廟塔役無虛歲瓌以爲縻損浩廣雖不出國用要自民産日殫百姓不足君孰與足天下僧尼濫僞相半請併寺著僧常員數缺則補后善其言神龍初入爲尚書右丞封懷縣男瓌明曉法令多識臺省舊章一朝格式皆所删正再遷戶部尚書拜侍中留守京師中宗復政鄭普思以妖幻位秘書員外監支黨徧岐隴間相煽訹爲亂瓌捕繫普思窮訊普思妻以左道得幸韋后出入禁中有詔勿治瓌廷爭不可帝猶依違司直范獻忠瓌使按普思者進曰瓌爲大臣不能前誅逆豎而報天子罪大矣臣請先斬瓌於是僕射魏元忠頓首曰瓌長者用刑不枉普思法當死帝不得已流普思於儋州餘當論死累拜尚書右僕射同中書門下三品進封許國公帝南郊國子祭酒祝欽明建白皇后爲亞獻安樂公主爲終獻瓌以爲非禮帝前折愧之帝昏懦不能從時大臣初拜官獻食天子名曰燒尾瓌獨不進及侍宴宗晉卿嘲之帝默然瓌自解於帝曰宰相燮和陰陽代天治物今粒食踊貴百姓不足

衛兵至三日不食臣誠不稱職不敢燒尾帝崩遺詔皇太后臨朝相王以太尉輔政后召宰相韋安石韋巨源蕭至忠宗楚客紀處訥韋溫李嶠韋嗣立唐休璟趙彥昭洎瓌議禁中楚客倡曰太后臨朝相王有不通問之嫌不宜輔政瓌正色曰遺制乃先帝意安得輒改楚客等怒卒削相王輔政事瓌稱疾不朝是月韋氏敗睿宗即位進左僕射景雲元年老病罷爲太子少傅卒年七十二贈司空荆州大都督謚曰文貞皇太子別次發哀遺令薄葬布車一乘瓌治州考課常最爲宰相陳當世病利甚多韋溫始爲汴州司倉參軍以贓被杖及用事憚瓌正卒不敢傷開元二年賜其家實封百戶長子頲固辭乃擢中子乂左補闕六年詔與劉幽求配享睿宗廟廷文宗大和中錄舊德官其四代孫翔瓌諸子頲詵顯

頲字廷碩弱敏悟一覽至千言輒覆誦第進士調烏程尉武后封嵩高舉賢良方正異等除左司禦率府胄曹參軍吏部侍郎馬載曰古稱一日千里蘇生是已再遷監察御史長安中詔覆來俊臣

等冤獄頲驗發其誣多從洗宥遷給事中脩文館學士拜中書舍人時瓌同中書門下三品父子同在禁筦朝廷榮之玄宗平內難書詔塡委獨頲在太極後閤口所占授功狀百緒輕重無所差書史白曰丐公徐之不然手腕脫矣中書令李嶠曰舍人思若涌泉吾所不及遷太常少卿仍知制誥遭父喪起爲工部侍郎辭不拜終制乃就職帝問宰相有自工部侍郎得中書侍郎乎對曰陛下任賢惟所命何資之計乃詔以頲爲中書侍郎帝勞曰方美官缺每欲用卿然宰相議遂無及者朕爲卿恨陸象先歿紫微侍郎未嘗補朕思其人無易卿者頲頓首謝明日加知制誥給政事食給食自頲始時李乂對掌書命帝曰前世李嶠蘇味道文擅當時號蘇李今朕得頲及乂何愧前人哉俄襲封許國公吐蕃盜邊諸將數敗虜益張秣騎內侵帝怒欲自將兵討之頲諫曰古稱荒服取荒忽之義非常奉職貢也故來則拒去則勿逐以禽獸畜之羈縻御之譬若獵然羽毛不入服用體肉不登郊廟則王者不射也況萬乘之重與犬羊校曲直語負勝哉遠夷左衽不足以辱天子亦可見矣雖然兵法先聲後實陛下姑班親征之詔而敕虓將謀夫投會濟師則吐蕃不日崩破亦無待躬致天討也臣謂岐隴凋弊積年若千乘萬騎供億不涯誠恐徭役內興寇掠外虞斯人不堪一也戎虜之性驟往倏來敗不恥奔勝不讓成若大軍一臨邊怖震鳥散彼出多方我受其誤二也太上皇聞陛下身對寇場不能無憂烝烝之思何以自安三也漢蒯成侯諫高帝曰上嘗自勞豈謂無人使哉高帝以爲愛我今將相大臣豈無爲陛下宣力者何親行之遽邪不省復上言王者之師有征無戰藩貢或闕王命征之於是乎治兵其郊獲辭而止非謂按甲自臨敵人畏之莫敢戰也古天子無親將惟黃帝五十二戰當未平之時自阪泉功成則脩身閒居無爲無事陛下撥定禍亂方當深視高居制禮作樂禪梁父登云亭何至猒天居袵金革爲一日之敵今吐蕃遣渠領干犯國令軍吏一不勝而陛下屈至尊爲之敵雖朝鼎夕砧猶未可以

夸四夷安足勞聖躬哉虜之入唯盜羊馬發窖藏未嘗殺略邊人其罪易原也臣恐虜情狼顧牽連北狄聞六師之行入幽并犯靈夏南動京師太上皇一致夏勞是陛下以天下之安不能寧其親也臣固曰居中制勝策之上者若夫擇良將募重而約嚴違律必誅殺敵必賞多出金以購酋長虜亡無日矣願稍遷延以須西音亦會薛訥大破吐蕃俘獲不貲由是帝止不行時詔立靖陵碑命頲爲之詞辭曰前世帝后不志碑事弗稽古謂之不法審當可者祖宗諸陵一須營立後嗣謂何帝不納其言開元四年進同紫微黃門平章事脩國史與宋璟同當國璟剛正多所裁決頲能推其長在帝前敷奏璟有未及或少屈頲輒助成之有不會意頲更申璟所執故帝未嘗不從二人相得懽甚璟嘗曰吾與蘇氏父子同爲宰相僕射長厚自是國器若獻可替否事至即斷盡公不顧私則今丞相爲過之八年罷爲禮部尚書俄檢校益州大都督長史按察節度劍南諸州時蜀彫劫亼人流亡詔頲收劍南山澤鹽鐵

自瞻頲尚簡靜重興力役即募戎人輸庸直開井置鑪量入計出分所贏市穀以廣見糧時前司馬皇甫恂使蜀檄取庫錢市錦半臂琵琶捍撥玲瓏鞭頲不肯予因上言遣使銜命先取不急非陛下以山澤贍軍費意或謂頲公在遠豈得忤上意頲曰不然明主不以私愛奪至公吾可以遠近廢忠臣節邪巂州蠻酋苴院與吐蕃連謀入寇獲諜者吏請討之頲不聽移書還其諜曰毋得爾苴院羞悔不敢侵邊從封泰山詔頲朝覲壇世咨其文還分主十銓事卒年五十八帝猶視朝起居舍人韋述上疏曰貞觀永徽時大臣薨輒罷朝舉哀成終始恩上有旌賢錄舊之德下有生榮死哀之美昔晉知悼子卒平公宴樂杜蕢一言而悟春秋載之故禮部尚書頲累葉輔弼奉事軒陛二十餘年今奄忽不還邦人痛嗟惟帷蓋之舊股肱之臧宜節廢朝明君臣之誼帝曰固朕意也即日帳次哭洛城南門不朝詔贈右丞相謚曰文憲葬日帝游咸宜宮將獵聞之曰頲且葬我忍自娛哉半道而還頲性廉儉奉稟悉推散諸弟親族儲無長貲自景龍後與張說以文章顯稱望略等故時號燕許大手筆帝愛其文曰卿所為詔令別錄副本署臣某撰朕當留中後遂為故事其後李德裕著論曰近世詔誥惟頲敘事外自為文章云

詵字廷言舉賢良方正高第補汾陰尉遷秘書詳正學士累轉給事中時頲為紫微侍郎固辭帝曰古有內舉不避親者乎對曰晉祁奚是也帝曰若然朕自用詵卿言非公也頲之出徐州刺史治有迹卒贈吏部侍郎詵子震以蔭補千牛十餘歲彊學有成人風頲曰吾家有子累遷殿中侍御史長安令安祿山陷京師震與尹崔光遠殺開遠門吏棄家出奔會肅宗興師靈武震晝夜馳及行在帝嘉之拜御史中丞遷文部侍郎廣平王為元帥崇擇賓佐以震為糧料使二京平封岐陽縣公改河南尹九節度兵敗相州震與留守崔圓奔襄鄧貶濟王府長史起為絳州刺史進戶部侍郎判度支為泰陵建陵鹵簿使以勞封岐國公拜太常卿代宗將幸

東都復以震為河南尹未行卒贈禮部尚書

幹瓌從父兄也父勗字慎行武德中為秦王諮議典籤文學館學士尚南康公主拜駙馬都尉遷魏王泰府司馬博學有美名泰重之勸開館引文學士著書名家歷吏部侍郎太子左庶子卒幹擢明經授徐王府記室參軍王好畋每諫止之垂拱中遷魏州刺史河朔饑前刺史苛暴百姓流徙幹檢吏督姦勸課農桑由是流亡盡復以治稱拜右羽林軍將軍遷冬官尚書來俊臣素忌之誣幹與琅邪王沖通書繫獄發憤卒

張說字道濟或字說之其先自范陽徙河南更為洛陽人永昌中武后策賢良方正詔吏部尚書李景諶糊名較覆說所對第一后署乙等授太子校書郎遷左補闕后嘗問諸儒言氏族皆本炎黃之裔則上古乃無百姓乎若為朕言之說曰古未有姓若夷狄然自炎帝之姜黃帝之姬始因所生地而為之姓其後天子建德因生以賜姓黃帝二十五子而得姓者十四德同者姓同德異者姓殊其後或以官或以國或以王父之字始為賜族久乃為姓降唐虞抵戰國姓族漸廣周衰列國既滅其民各以舊國為之氏下及兩漢人皆有姓故姓之以國者韓陳許鄭魯衛趙魏為多后曰善久視中后造三陽宮汔秋未還說上疏曰宮距洛城百六十里有伊水之隔崿坂之峻過夏涉秋水潦方積道壞山險不通轉運河廣無梁咫尺千里扈從兵馬日費資餉太倉武庫並在都邑紅粟利器蘊若山丘奈何去宗廟之上都安山谷之僻處是猶倒持劍戟示人鐏柄臣竊為陛下不取夫禍變之生在人所忽故曰安樂必戒無行所悔不可一也告成褊小萬方輻湊填郛溢郭併鍤無所排斥居人蓬宿草次風雨暴至不知庇託孤惸老病流轉衢巷陛下作人父母將若之何不可二也池亭奇巧蕩誘上心削巒起觀堨流漲海俯貫地脉仰出雲路易山川之氣奪農桑之土延木石運斧斤山谷連聲春夏不輟勸陛下作此者豈正人邪詩云人亦勞止迄可小康不可三也御苑東西二十里外無墻垣扃禁

內有榛叢谿谷猛獸所伏暴慝所憑陛下往往輕行䟴蹕不肅歷
蒙密乘險巇卒有逸獸狂夫驚犯左右豈不殆哉易曰思患豫防
願爲萬姓持重不可四也今北有胡寇覷邊南有夷獠騷徼關西
小旱耕稼是憂安東近平輸漕方始臣願及時旋軫深居上京息
人以展農修德以來遠罷不急之役省無用之費澄心澹懷惟億
萬年蒼蒼羣生莫不幸甚臣度詞議十不從一何者沮盤游之娛
開林沚之玩規遠圖替近適要後利棄前歡未沃明主之心已捩
貴臣之意然不愛死者懼言責不職耳后不省擢鳳閣舍人張易
之誣陷魏元忠也援說爲助說廷對元忠無不順言忤后旨流欽
州中宗立召爲兵部員外郎累遷工部兵部二侍郎以母喪免既
朞詔起爲黃門侍郎固請終制祈陳哀到時禮俗衰薄士以奪服
爲榮而說獨以禮終天下高之除喪復爲兵部兼脩文館學士睿
宗即位擢中書侍郎兼雍州長史譙王重福死東都支黨數百人
獄久不決詔說往按一昔而罪人得乃誅張靈均鄭愔餘詿誤悉

原帝嘉其不枉直不漏惡慰勞之玄宗爲太子說與褚无量侍讀
尤見親禮踰年進同中書門下平章事監脩國史景雲二年帝謂
侍臣曰術家言五日內有急兵入宮爲我備之左右莫對說進曰
此讒人謀動東宮耳陛下若以太子監國則名分定姦膽破蜚禍
塞矣帝悟下制如說言明年皇太子即皇帝位太平公主引蕭至
忠崔湜等爲宰相以說不附已授尚書左丞罷政事爲東都留守
說知太平等懷逆乃因使以佩刀獻玄宗請先決策帝納之至忠
等已誅召爲中書令封燕國公實封二百戸始武后末年爲潑寒
胡戲中宗嘗乘樓從觀至是因四夷來朝復爲之說上疏曰韓宣
適魯見周禮而歎孔子會齊數倡優之罪列國如此況天朝乎今
四夷請和使者入謁當接以禮樂示以兵威雖曰戎夷不可輕也
焉知無駒支之辯由余之賢哉且乞寒潑胡未聞典故裸體跳足
汨泥揮水盛德何觀焉恐非干羽柔遠樽俎折衝之道納之自是
遂絕素與姚元崇不平罷爲相州刺史河北道按察使坐累徙岳

州停實封說既失執政意內自懼雅與蘇瓌善時瓌子頲爲相因
作五君詠獻頲其一紀瓌也候瓌忌日致之頲覽詩嗚咽未幾見
帝陳說忠謇有勳不宜棄外遂遷荊州長史俄以右羽林將軍檢
校幽州都督入朝以戎服見帝大喜授檢校并州長史兼天兵軍
大使脩國史敕齎稾即軍中論譔朔方軍大使王晙誅河曲降虜
阿布思也九姓同羅拔野固等皆疑懼說持節從輕騎二十直詣
其部宿帳下召見酋豪慰安之副使李憲以虜難信不宜涉不測
說報曰吾肉非黃羊不畏其食血非野馬不畏其刺士當見危致
命亦吾效死秋也由是九姓遂安晙後討蘭池叛胡康待賓詔說
相聞經略時党項羌亦連兵攻銀城說將步騎萬人出合河關掩
擊破之追北駱駝堰羌胡自相猜夜鬬待賓遁入鐵建山餘衆奔
潰說招納党項使復故處副使史獻請盡誅之說不從奏置麟州
以安羌衆召拜兵部尚書同中書門下三品讓宋璟陸象先不許
明年詔爲朔方節度大使親行五城督士馬時慶州方渠降胡康

願子反自爲可汗掠牧馬西涉河出塞說進討至木盤山禽之俘
獲三千乃議徙河曲六州殘胡五萬於唐鄧仙豫閒空河南朔方
地以功賜實封三百戸故時邊鎮兵贏六十萬說以時平無所事
請罷二十萬還農天子以爲疑說曰邊兵雖廣諸將自衞營私爾
所以制敵不在衆也以陛下之明四夷畏威不慮減兵而招寇臣
請以闔門百口爲保帝乃可時衞兵貧弱番休者亡命略盡說建
請一切募勇彊士優其科條簡色役不旬日得勝兵十三萬分補
諸衞以彊京師後所謂彍騎者也帝自東都將還京因幸幷州說
見帝曰太原王業所基陛下巡幸振耀威武以申永思縣河東入
京師有漢武脽上祠此禮廢闕歷代莫舉願爲三農祈穀誠四海
之福帝納其言過祠后土乃還進中書令說又倡封禪議受詔與
諸儒草儀多所裁正帝召說與禮官學士置酒集仙殿曰朕今與
賢者樂于此當遂爲集賢殿乃下制改麗正書院爲集賢殿書院
而授說院學士知院事東封還爲尚書右丞相兼中書令詔說撰

封禪壇頌刻之泰山以夸成功初源乾曜不欲封禪說固請乃不相平及升山執事官當從者說皆引所厚超階入五品從兵唯加勳而不賜衆怨其專宇文融先獻策括天下游戶及籍外田署十道勸農使分行郡縣說畏其擾數沮格之至是融請吏部置十銓與蘇頲等分治選事有所論請說頗抑之於是銓綜失敘融恨恚乃與崔隱甫李林甫共劾奏說引術士王慶則夜祠禱解而奏表其閽引僧道岸窺詗時事冒署右職所親吏張觀范堯臣依據說勢市權招賂擅給太原九姓羊錢千萬其言醜慘帝怒詔乾曜隱甫刑部尚書韋抗即尚書省鞫之發金吾兵圍其第說兄左庶子光詣朝堂割耳列冤帝遣高力士往視見說蓬首垢面席藁家人以瓦器饋脫粟鹽䟽爲自罰憂懼者力士還奏且言說往納忠於國有功帝憮然乃停說中書令誅慶則等坐者猶十餘人說既罷政事在集賢院專修國史又乞停右丞相不許然每軍國大務帝輒訪焉隱甫等恐說復用巧文詆毀奏忿說者又著疾邪篇帝聞因令致仕始爲相時帝欲事吐蕃說密請講和以休息邊境帝曰朕待王君㚟計之說出告源乾曜曰君㚟好兵以求利彼入吾言不用矣後君㚟破吐蕃於青海西說策其且敗因上巂州鬭羊於帝以申諷諭曰使羊能言必將曰鬭而不解立有死者所賴至仁無殘量力取歡焉帝識其意納之賜綵千匹後瓜州失守君㚟死十七年復爲右丞相遷左丞相上日敕所司供帳設樂內出醪饌帝爲賦詩俄授開府儀同三司十八年卒年六十四爲停正會贈太師謚曰文貞羣臣駁異未決帝爲製碑謚如太常繇是定說敦氣節立然許喜推藉後進於君臣朋友大義甚篤帝在東宮所與秘謀密計甚衆後卒爲宗臣朝廷大述作多出其手帝好文辭有所爲必使視草善用人之長多引天下知名士以佐佑王化粉澤典章成一王法天子尊尚經術開館置學士修太宗之政皆說倡之爲文屬思精壯長於碑誌世所不逮既謫岳州而詩益悽婉人謂得江山助云常典集賢圖書之任間雖致仕一歲亦修史於家

始帝欲授說大學士辭曰學士本無大稱中宗崇寵大臣乃有之臣不敢以爲稱固辭乃免後宴集賢院故事官重者先飲說曰吾聞儒以道相高不以官閥爲先後大帝時修史十九人長孫无忌以元舅每宴不肯先舉爵長安中與修珠英當時學士亦不以品秩爲限於是引觴同飲時伏其有體中書舍人陸堅以學士或非其人而供擬太厚無益國家者議白罷之說聞曰古帝王功成則有奢滿之失或興池觀或尚聲色今陛下崇儒向道躬自講論詳延豪俊則麗正乃天子禮樂之司所費細而所益者大陸生之言蓋未達邪帝知遂薄堅說嘗自爲其父碑帝爲書其額曰嗚呼積善之墓說歿後帝使就家錄其文行於世開元後宰相不以姓著者曰燕公云大曆中詔配享玄宗廟廷子均垍埱均亦能文自太子通事舍人累遷主爵郎中中書舍人開元十七年說授左丞相校京官考注均考曰父教子忠古之善訓王言帝載尤難以任庸以嫌疑而撓紀綱考上下當時亦不以爲私後襲燕國公累遷兵部侍郎以累貶饒蘇二州刺史久之復爲兵部侍郎自以己才當輔相爲李林甫所抑林甫卒倚陳希烈冀得其處既而楊國忠用事希烈罷而均爲刑部尚書坐垍貶建安太守還授大理卿居常觖望不平祿山盜國爲僞中書令肅宗反正兄弟皆論死房琯聞之驚曰張氏滅矣乃見苗晉卿營解之帝亦顧說有舊詔免死流合浦建中初贈太子少傅子濛事德宗爲中書舍人

垍尚寧親公主時說居中秉政均爲舍人諸父光爲銀青光祿大夫榮盛冠時玄宗眷垍厚即禁中置內宅侍爲文章珍賜不可數均供奉翰林而垍以所賜夸均均曰此婦翁遺壻非天子賜學士也垍嘗爲帝贊禮舉止都雅帝悅之因幸內宅顧垍曰希烈辭宰相孰可代者垍錯愕未得對帝曰無易吾壻垍頓首謝貴妃聞以語國忠國忠惡之及希烈罷薦韋見素代之垍始怨上天寶十三載祿山入朝以破奚契丹功求平章事國忠曰祿山有軍功然

不識字與之恐四夷輕漢乃止及還范陽詔高力士餞滻坡力士歸曰祿山內鬱鬱若知欲相而不行者帝以語國忠國忠曰所告者必張垍帝怒盡逐其兄弟以均守建安而垍爲盧溪郡司馬埱自給事中爲宜春郡司馬歲中還垍爲太常卿帝西狩至咸陽唯韋見素楊國忠魏方進從帝謂力士曰若計朝臣當孰至者力士曰張垍兄弟世以恩戚貴其當即來房琯有宰相望而陛下久不用又爲祿山所器此不來矣帝曰未可知也後琯至召見流涕帝撫勞且問均垍安在琯曰臣之西亦嘗過其家將與偕來均曰馬不善馳後當繼行然臣觀之恐不能從陛下矣帝嗟悵顧力士曰吾豈欲誣人哉均等自謂才器亡雙恨不大用吾向欲始終全之今非若所料也垍遂與希烈皆相祿山垍死賊中

贊曰說於玄宗最有德及太平用事納忠惓惓又圖封禪發明典章開元文物彬彬說力居多中爲姦人排根幾不免自古功名始終亦幾希何獨說哉至子以利遽敗其家若瓌頤再世稱賢宰相盛矣

蘇張列傳第五十

魏盧李杜張韓列傳第五十一　唐書一百二十六

端明殿學士兼翰林侍讀學士龍圖閣學士朝請大夫守尚書吏部侍郎充集賢殿修撰臣宋祁奉敕撰

魏知古深州陸澤人方直有雅才擢進士第以著作郎脩國史累遷衛尉少卿檢校相王府司馬神龍初爲吏部侍郎以母喪解服除爲晉州刺史睿宗立以故屬拜黃門侍郎兼脩國史會造金仙玉真觀雖盛夏工程嚴促知古諫曰臣聞古之君人必時視人之所勤人勤於力則功築罕人勤於財則貢賦少人勤於食則百事廢故曰不作無益害有益又曰罔咈百姓以從己之欲禮季夏之月樹木方盛無有斬伐不可以興土功此皆興化立治爲政養人之本也今爲公主造觀將以樹功祈福而地皆百姓所宅卒然迫逼令其轉徙扶老攜幼剔椽發瓦呼嗟道路乖人事違天時起無用之作崇不急之務羣心震搖衆口藉藉陛下爲人父母欲何以安之且國有簡冊君舉必記言動之微可不慎歟願下明詔順人欲除功役收之桑榆其失不遠不納復諫曰自陛下戡翦凶逆保定大器蒼生顒顒以謂朝有新政今風教頹替日益甚府藏空屈人力勞敝營作無厓吏員寖增諸司試補員外檢校官已贏二千太府之帛爲殫大倉之米不支臣前請停金仙玉真訖亦未止今前水後旱五穀不立迺茲向春必甚饑饉陛下欲何方以賑之又突厥於中國爲患自久其人非可以禮義誠信約也雖遣使請婚恐豺狼之心弱則順伏彊則驕逆月滿騎肥乘中國飢虛講親際會窺犯亭鄣復何以防之帝嘉其直以左散騎常侍同中書門下三品玄宗在春宮又兼左庶子先天元年爲侍中從獵渭川獻詩以諷手制褒答并賜物五十段明年封梁國公竇懷貞等詭謀亂國知古密發其姦懷貞誅賜封二百戶物五百段玄宗恨前賞薄手敕更加百戶旌其著節是冬詔知東都吏部選事以稱職聞優詔賜衣一副自是恩意尤渥由黃門監改紫微令與姚元崇不協除工部尚書罷政事開元三年卒年六十九宋璟聞而歎曰叔

向古遺直子產古遺愛兼之者其魏公乎贈幽州都督謚曰忠所薦洹水令呂太一蒲州司功參軍齊澣右內率騎曹參軍柳澤密尉宋遙左補闕袁暉右補闕封希顏伊闕尉陳希烈後皆有聞於時文宗大和二年求其曾孫勮訥授湘陽尉與魏徵裴冕後擢任之

盧懷慎滑州人蓋范陽著姓祖悊仕爲靈昌令遂爲縣人懷慎在童丱已不凡父友監察御史韓思彥歎曰此兒器不可量及長第進士歷監察御史神龍中遷侍御史中宗謁武后上陽宮后詔帝十日一朝懷慎諫曰昔漢高帝受命五日一朝太公於櫟陽宮以起布衣登皇極子有天下尊歸於父故行此耳今陛下守文繼統何所取法況應天去提象纔二里所騎不得成列車不得方軌於此屢出愚人萬有一犯屬車之塵雖罪之何及臣愚謂宜遵內朝以奉溫凊無煩出入不省遷右御史臺中丞上疏陳時政曰臣聞善人爲邦百年可以勝殘去殺孔子稱苟用我者期月而已三年有成故書三載考績三考黜陟幽明昔子產相鄭更法令布刑書

一年人怨思殺之三年人德而歌之子產賢者也其爲政尚累年而後成況常材乎比州牧上佐兩畿令或一二歲或三五月即遷曾不論以課最使未遷者傾耳以聽企踵以望冒進亡廉亦何暇爲陛下宣風恤人哉禮義不能興戶口益以流倉庫愈匱百姓日敝職爲此耳人知吏之不久不率其教吏知遷之不遙不究其力媮處爵位以養資望雖明主有勤勞天下之志然僥幸路啓上下相蒙寧盡至公乎此國病也賈誼所謂蹠盭乃小小者耳此而不革雖和緩將不能爲漢宣帝綜覈名實興治致化黃霸良二千石也加秩賜金就旌其能終不肯遷故古之爲吏至長子孫臣請都督刺史上佐畿令任未四考不得遷若治有尤異或加賜車裘祿秩降使臨問璽書慰勉須公卿闕則擢之以勵能者其不職或貪暴免歸田里以明賞罰之信昔唐虞稽古建官惟百夏商官倍亦克用乂此省官也故曰官不必備惟其才無曠庶官天工人其代之此擇人也今京諸司員外官數十倍近古未有謂不必備則爲

有餘求其代工乃多不釐務而奉稟之費歲巨億萬徒竭府藏豈致治意哉今民力敝極河渭廣漕不給京師公私耗損邊隅未靜儻炎暵成沴租稅減入疆埸有警賑救無年何以濟之毋輕人事惟艱毋安厥位惟危此慎微也原員外之官皆一時良幹擢以才不申其用尊以名不任其力自昔用人豈其然歟臣請才堪牧宰上佐並以遷授使宣力四方責以治狀有老病若不任職者一廢省之使賢不肖確然殊貫此切務也夫冒于寵賂侮于鰥寡爲政之蠹也竊見內外官有賕餉狠籍剝剋烝人雖坐流黜俄而遷復還爲牧宰任以江淮嶺磧粗示懲貶內懷自棄徇貨掊貲訖無悛心明主之於萬物平分而無偏施以罪吏牧遐方是謂惠姦而遺遠遠州陬邑何負聖化而獨受其惡政乎邊徼之地夷夏雜處憑險恃遠易擾而難安官非其才則黎庶流亡起爲盜賊由此言之不可用凡才況猾吏乎臣請以贓論廢者削迹不數十年不賜收齒書曰旌別淑慝即其誼也疏奏不報遷黃門侍郎漁陽縣伯與魏

知古分領東都選開元元年進同紫微黃門平章事三年改黃門監薛王舅王仙童暴百姓憲司按得其罪業爲申列有詔紫微黃門覆實懷慎與姚崇執奏仙童罪狀明甚若御史可疑則它人何可信由是獄決懷慎自以才不及崇故事皆推而不專時譏爲伴食宰相又兼吏部尚書以疾乞骸骨許之卒贈荊州大都督謚曰文成遺言薦宋璟李傑李朝隱盧從愿帝悼歎之懷慎清儉不營產服器無金玉文綺之飾雖貴而妻子猶寒飢所得祿賜於故人親戚無所計惜隨散輒盡赴東都掌選奉身之具止一布囊既屬疾宋璟盧從愿候之見敝簀單藉門不施箔會風雨至舉席自障日晏設食蒸豆兩器菜數桮而已臨別執二人手曰上求治切然享國久稍倦於勤將有憸人乘間而進矣公弟志之及治喪家亡留儲帝時將幸東都四門博士張星上言懷慎忠清以直道始終不加優錫無以勸善乃下制賜其家物百段米粟二百斛帝後還京因校獵鄠杜間望懷慎家環堵庳陋家人若有所營者馳

使問焉還白懷慎大祥帝即以縑帛賜之為罷獵經其墓碑表未立停蹕臨視泫然流涕詔官為立碑令中書侍郎蘇頲為之文帝自書子奐弈

奐早修整為吏有清白稱歷御史中丞出為陝州刺史開元二十四年帝西還次陝嘉其美政題賛於聽事曰專城之重分陝之雄亦既利物内存匪躬斯為國寶不墜家風尋召為兵部侍郎天寶初為南海太守南海兼水陸都會物產瓌怪前守劉巨鱗彭杲皆以贓敗故以奐代之汙吏斂手中人之市舶者亦不敢干其法遠俗為安時謂自開元後四十年治廣有清節者宋璟李朝隱奐三人而已終尚書右丞弈見忠義傳

李元紘字大綱其先滑州人後世占京兆萬年本姓丙氏曾祖粲仕隋為屯衛大將軍煬帝使督京師之西二十四郡盜賊善撫循能得士心高祖與之厚及兵入關以衆歸授宗正卿應國公賜姓李後為左監門大將軍以其老聽乘馬按視宮禁年八十餘卒謚

曰明祖寛高宗時為太常卿隴西公父道廣武后時為汴州刺史有善政突厥契丹寇河北議發河南兵擊之百姓震擾道廣悉心撫定人無離散遷殿中監同鳳閣鸞臺平章事封金城侯卒贈秦州都督謚曰成元紘早脩謹仕為雍州司戶參軍時太平公主勢震天下百司順望風指嘗與民競碾磑元紘還之民長史竇懷貞大驚趣改之元紘大署判後曰南山可移判不可揺也改好時令遷潤州司馬以辦治得名開元初為萬年令賦役稱平擢京兆少尹詔決三輔渠時王主權家皆旁渠立碾磑瀦堨爭利元紘敕吏盡毀之分溉渠下田民賴其恩三遷吏部侍郎會戶部楊瑒白知慎坐支調失宜貶刺史帝求可代者公卿多薦元紘帝欲擢為尚書宰相以資薄乃為戶部侍郎條陳利害及政得失帝才之謂可丞輔賜衣一稱絹二百匹明年遂拜中書侍郎同中書門下平章事封清水縣男元紘當國務峻涯檢抑奔競夸進者憚之五月五日宴武成殿賜羣臣襲衣特以紫服金魚錫元紘及蕭嵩韋臣無與比是時廢京司職田議者欲置屯田元紘曰軍國不同中外異制若人閑無役地棄不墾以閑手耕棄地省饋運實軍糧於是有屯田其為益尚矣今百官所廢職田不一縣弗可聚也百姓私田皆力自耕不可取也若置屯即當公私相易調發丁夫調役則業廢於家免庸則賦闕於國内地為屯古未有也恐得不補失徒為煩費遂止初左庶子吳兢為史官譔唐書及春秋未成以喪解後上書請畢其功詔許就集賢院成書張說致仕詔在家脩史元紘因言國史記人君善惡王政損益褒貶所繫前聖先重今國大典分散不一且太宗別置史館禁中所以秘嚴之也請勒說以書就館參會譔録詔可後與杜暹不協數辨爭帝前帝不懌皆罷之以元紘為曹州刺史徙蒲州引疾去後以戶部尚書致仕復起為太子詹事卒贈太子少傅謚曰文忠元紘再世宰相有清節其當國累年未嘗改治第宅僮馬敝弱得封物賙給親族宋璟嘗歎曰李公引宋遥之美黜劉晃之貪為國相家無留儲雖季文子之德

何以加之

杜暹濮州濮陽人父承志武后時為監察御史懷州刺史李文暕為人所告詔承志推驗無實文暕宗室近屬也卒得罪承志貶為方義令遷天官員外郎見羅織獄興移疾去卒于家自高祖至暹五世同居暹尤恭謹事繼母孝擢明經第補婺州參軍秩滿歸吏以紙萬番贐之暹為受百番衆歎曰昔清吏受一大錢何異哉為鄭尉復以清節顯華州司馬楊孚公挺人也每咨重暹會孚遷大理正暹適以累當坐孚曰使若人得罪衆安勸乎以狀言執政繇是擢為大理評事開元四年以監察御史覆屯磧西會安西副都護郭虔瓘與西突厥可汗阿史那獻鎮守使劉遐慶更相訟詔暹即按入突騎施帳究索左驗虜以金遺暹暹固辭左右曰公使絶域不可失戎心乃受焉陰埋幕下已出境乃移文畀取之突厥大驚度磧追不及去遷給事中以母喪解會安西都護張孝嵩遷太原尹或言暹往使安西虜伏其清今猶慕思乃奪服拜黄門侍

郎兼安西副大都護明年于闐王尉遲朓約突厥諸國叛暹覺其謀發兵討斬之支黨悉誅更立君長于闐遂安以功加光祿大夫守邊四年撫戎練士能自勤勵爲夷夏所樂十四年召同中書門下平章事遣中使往迎謁見賜絹二百馬一匹第一區與李元紘輕重不得罷爲荊州都督長史歷魏州刺史太原尹帝幸北都進戶部尚書許扈蹕還復東幸以暹爲京留守暹率當番衛士繕三宮城浚池督役不少懈帝聞嘉之敕賜書褒勞進禮部尚書封魏縣侯二十八年卒贈尚書右丞相遣使護喪禁中出絹三百匹賜之太常謚曰貞肅右司員外郎劉同昇等以暹行忠孝謚有未盡博士裴揔謂暹往以墨義受命安西雖勤勞于國不得盡孝其子列訴帝更敕有司考定卒謚貞孝暹友愛撫異母弟昱甚厚其爲人少學術故當朝議論時時失淺薄然能以公清勤約自將亹亹爲之自弱冠誓不通親友獻遺以終身既卒尚書省及故吏致賻其子孝友一不受以行暹素志云暹族子鴻漸

鴻漸字之巽父鵬舉與盧藏用隱白鹿山以母疾與崔沔同授醫蘭陵蕭亮遂窮其術歷右拾遺玄宗東行河因游畋上賦以風終安州刺史鴻漸第進士解褐延王府參軍安思順表爲朔方判官祿山亂皇太子按軍平涼未知所適議出蕭關趣豐安鴻漸與六城水運使魏少游節度判官崔漪支度判官盧簡金關內鹽池判官李涵謀曰胡羯亂常二京覆沒太子治兵平涼然散地難恃也今朔方制勝之會若奉迎太子西詔河隴北結回紇回紇固與國收其勁騎與大兵合鼓而南雪社稷之恥不亦易乎即具上兵馬招輯之勢且錄軍資器械儲稟凡最使涵詣平涼見太子太子大悅會裴冕至自河西亦勸之朔方而鴻漸與漪至白草頓迎謁說曰朔方天下勁兵靈州用武地今回紇請和吐蕃結附天下列城堅守以待王命縱爲賊據日夜望官軍以圖收復殿下治兵長驅逆胡不足滅也太子喜曰靈武我之關中卿乃吾蕭何也既至靈武鴻漸即與冕等勸即皇帝位以係中外望六請見聽鴻漸明習朝章採舊儀設壇場城南先一日草其儀上之太子曰聖皇在遠寇逆方結宜罷壇場它如奏太子即位是爲肅宗授鴻漸兵部郎中知中書舍人事俄爲武部侍郎遷河西節度使兩京平又節度荊南乾元二年襄州大將康楚元等反刺史王政脫身走楚元僞稱南楚霸王因襲荊州鴻漸棄城遁人皆南奔爭舟溺死者甚衆澧朗復郢等州聞鴻漸出皆竄伏山谷俄而商州刺史韋倫平其亂久之乃召鴻漸爲尚書右丞太常卿充禮儀使奏建二陵制度皆鴻漸綜正以優封衞國公又建言周官凶荒殺禮今承大亂民人衰殘其婚葬鹵簿非於國有大功及二等以上親皆不許給詔可代宗廣德二年以兵部侍郎同中書門下平章事尋進中書侍郎崔旰殺郭英乂據成都邛州牙將柏貞節瀘州牙將楊子琳劍州牙將李昌巎以兵討旰蜀劍大亂命鴻漸以宰相兼成都尹山南西道劍南東川副元帥劍南西川節度副大使往鎮撫之鴻漸性畏怯無它遠略而晚節溺浮圖道畏殺戮及逾劍門懲旰張獻誠

敗且憚旰雄武先許以不死既見禮遇之不敢加譴責反委以政曰與從事杜亞楊炎縱酒高會因薦旰爲成都尹而授貞節邛州刺史子琳瀘州刺史各罷兵乃請入朝許之及見帝盛言旰威略可任宜爲留後獻寶器五牀羅錦十五牀麝臍五石復輔政議者疾其長亂進門下侍郎大曆三年兼東都留守河南淮西山南東道副元帥辭疾不行又讓山南劍南副元帥聽之四年疾甚辭宰相罷三日卒年六十一贈太尉謚曰文憲鴻漸自蜀還食千僧以爲有報搢紳效之病甚令僧剔頂髮遺命依浮圖葬不爲封樹

張九齡字子壽韶州曲江人七歲知屬文十三以書干廣州刺史王方慶方慶歎曰是必致遠會張說謫嶺南一見厚遇之居父喪哀毀廷中木連理擢進士始調校書郎以道侔伊呂科策高第爲左拾遺時玄宗即位未郊見九齡建言天百神之君王者所由受命也自古繼統之主必有郊配蓋敬天命報所受也不以德澤未洽年穀未登而闕其禮昔者周公郊祀后稷以配天謂成王幼沖

周公居攝猶用其禮明不可廢也漢丞相匡衡曰帝王之事莫重乎郊祀董仲舒亦言不郊而祭山川失祭之序逆於禮故春秋非之臣謂衡仲舒古之知禮皆以郊之祭所宜先也陛下紹休聖緒于今五載而未行大報考之于經義或未通今百穀嘉生鳥獸咸若夷狄內附兵革用弭乃怠於事天恐不可以訓願以迎日之至升紫壇陳采席定天位則聖典無遺矣又言乖政之氣發爲水旱天道雖遠其應甚邇昔東海枉殺孝婦天旱久之一吏不明匹婦非命則天昭其冤況六合元元之衆縣命於縣令宅生於刺史陛下所與共治尤親於人者乎若非其任水旱之繇豈惟一婦而已今刺史京輔雄望之郡猶少擇之江淮隴蜀三河大府之外稍非其人繇京官出者或身有累或政無狀用牧守之任爲斥逐之地或因附會以忝高位及勢衰謂之不稱京職出以爲州武夫流外積資而得不計於才刺史乃爾縣令尚可言哉甿庶國家之本務本之職乃爲好進者所輕承弊之民遭不肖所擾聖化從此銷

鬱繇不選親人以成其敝也古者刺史入爲三公郎官出宰百里今朝廷士入而不出其於計私甚自得也京師衣冠所聚身名所出從容附會不勤而成是大利在於內而不在於外也智能之士欲利之心安肯復出爲刺史縣令哉國家賴智能以治而常無親人者陛下不革以法故也臣愚謂欲治之本莫若重守令守令既重則能者可行宜遂科定其資凡不歷都督刺史雖有高第不得任侍郎列卿不歷縣令雖有善政不得任臺郎給舍都督守令雖遠者使無十年任外如不爲此而救其失恐天下猶未治也又古之選士惟取稱職是以士脩素行而不爲徼幸姦僞自止流品不雜今天下不必治於上古而事務日倍於前誠以不正其本而設巧於末也所謂末者吏部條章舉贏千百刀筆之人溺於文墨巧史猾徒緣姦而奮臣以謂始造簿書備遺忘耳今反求精於案牘而忽於人才是所謂遺劍中流契舟以記者也凡稱吏部能者則曰自尉與主簿繇主簿與丞此執文而知官次者也乃不論其

賢不肖豈不謬哉夫吏部尚書侍郎以賢而授者也豈不能知人如知之難拔十得五斯可矣今膠以格條據資配職爲官擇人初無此意故時人有平配之誚官曹無得賢之實臣謂選部之法敝於不變今若刺史縣令精覈其人則管內歲當選者使考才行可入流品然後送臺又加擇焉以所用衆寡爲州縣殿最則州縣慎所舉可官之才多吏部因其成無庸人之繁矣今歲選乃萬計京師米物爲耗豈多士哉蓋冒濫抵此爾方以一詩一判定其是非適使賢人遺逸此明代之闕政也天下雖廣朝廷雖衆必使毀譽相亂聽受不明事則已矣如知其賢能各有品第每一官缺不以次用之豈不可乎如諸司要官以下等叨進是議無高卑唯得與不爾故清議不立而名節不脩善士守志而後時中人進求而易操也朝廷能以令名進人士亦以脩名獲利利之出衆之趨也不如此則小者得於苟求一變而至阿私大者詐以分義再變而成朋黨矣故於用人不可不第其高下高下有次則不可以妄干天下

之士必刻意脩飾而刑政自清此興衰之大端也俄遷左補闕九齡有才鑒吏部試拔萃與舉者常與右拾遺趙冬曦考次號稱詳平改司勳員外郎時張說爲宰相親重之與通譜系常曰後出詞人之冠也遷中書舍人內供奉封曲江男進中書舍人會帝封泰山說多引兩省錄事主書及所親攝官升山超階至五品九齡當草詔謂說曰官爵者天下公器先德望後勞舊今登封告成千載之絕典而清流隔於殊恩胥史乃濫章韍恐制出四方失望方進草尚可以改公宜審計說曰事已決矣悠悠之言不足慮既而果得謗御史中丞宇文融方事田法有所關奏說輒建議違之融積不平九齡爲言說不聽俄爲融等痛詆幾不免九齡亦改太常少卿出爲冀州刺史以母不肯去鄉里故表換洪州都督徙桂州兼嶺南按察選補使始說知集賢院嘗薦九齡可備顧問說卒天子思其言召爲秘書少監集賢院學士知院事會賜渤海詔而書命無足爲者乃召九齡爲之被詔輒成遷工部侍郎知制誥數乞歸

養詔不許以其弟九皐九章爲嶺南刺史歲時聽給驛省家遷中書侍郎以母喪解毁不勝哀有紫芝產坐側白鳩白雀巢家樹是歲奪哀拜中書侍郎同中書門下平章事固辭不許明年遷中書令始議河南開水屯兼河南稻田使上言廢循資格復置十道採訪使李林甫無學術見九齡文雅爲帝知內忌之會范陽節度使張守珪以斬可突干功帝欲以爲侍中九齡曰宰相代天治物有其人然後授不可以賞功國家之敗由官邪也帝曰假其名若何對曰名器不可假也有如平東北二虜陛下何以加之遂止又將以涼州都督牛仙客爲尚書九齡執曰不可尚書古納言唐家多用舊相不然歷內外貴任妙有德望者爲之仙客河湟一使典耳使班常伯天下其謂何又欲賜實封九齡曰漢法非有功不封唐遵漢法太宗之制也邊將積穀帛繕器械適所職耳陛下必賞之金帛可也獨不宜裂地以封帝怒曰豈以仙客寒士嫌之邪卿固素有門閥哉九齡頓首曰臣荒陬孤生陛下過聽以文學用臣仙客擢胥史目不知書韓信淮陰一壯夫羞絳灌等列陛下必用仙客臣實恥之帝不悅翌日林甫進曰仙客宰相材也乃不堪尚書邪九齡文吏拘古義失大體帝由是決用仙客不疑九齡既戾帝旨固內懼恐遂爲林甫所危因帝賜白羽扇乃獻賦自況其末曰苟効用之得所雖殺身而何忌又曰縱秋氣之移奪終感恩於篋中帝雖優答然卒以尚書右丞相罷政事而用仙客自是朝廷士大夫持祿養恩矣嘗薦長安尉周子諒爲監察御史子諒劾奏仙客其語援讖書帝怒杖子諒于朝堂流瀼州死於道九齡坐舉非其人貶荊州長史雖以直道黜不戚戚嬰望惟文史自娛朝廷許其勝流久之封始興縣伯請還展墓病卒年六十八贈荊州大都督謚曰文獻九齡體弱有醞藉故事公卿皆搢笏于帶而後乘馬九齡獨常使人持之因設笏囊自九齡始後帝每用人必曰風度能若九齡乎初千秋節公王並獻寶鑑九齡上事鑑十章號千秋金鑑錄以伸諷諭與嚴挺之袁仁敬梁昇卿盧怡善世

稱其交能終始者及爲相謇諤有大臣節當是時帝在位久稍怠於政故九齡議論必極言得失所推引皆正人武惠妃謀陷太子瑛九齡執不可妃密遣官奴牛貴兒告之曰廢必有興公爲援宰相可長處九齡叱曰房幄安有外言哉遽奏之帝爲動色故卒九齡相而太子無患安祿山初以范陽偏校入奏氣驕蹇九齡謂裴光庭曰亂幽州者此胡雛也及討奚契丹敗張守珪執如京師九齡署其狀曰穰苴出師而誅莊賈孫武習戰猶戮宮嬪守珪法行于軍祿山不容免死帝不許赦之九齡曰祿山狼子野心有逆相宜即事誅之以絕後患帝曰卿無以王衍知石勒而害忠良卒不用帝後在蜀思其忠爲泣下且遣使祭於韶州厚幣卹其家開元後天下稱曰曲江公而不名云建中元年德宗賢其風烈復贈司徒子拯居父喪有節行後爲伊闕令會祿山盜河洛陷焉而終不受僞官賊平擢太子贊善大夫九齡弟九皐亦有名終嶺南節度使其曾孫仲方

仲方生歧秀父友高郢見異之曰是兒必爲國器使吾得位將振起之貞元中擢進士宏辭爲集賢校理以母喪免會郢拜御史大夫表爲御史進累倉部員外郎會呂溫等以劾奏宰相李吉甫不實坐斥去仲方以溫黨補金州刺史官人奪民田仲方三疏申理卒與民直入爲度支郎中吉甫卒太常謚恭懿博士尉遲汾請謚敬憲仲方挾前怨未已因上議曰古之謚考大節略細行善善惡惡一言而足按吉甫雖多才多藝而側媚取容疊致台衮寡信易謀事無成功且兵凶器不可從我始至以伐罪則邀必成功今內有賊輔臣之盜外有懷毒蠆之臣師徒暴野農不得在晦婦不得在桑耗賦殫畜尸僵血流骼成岳毒痛之痛訴天無辜階禍之發寔始吉甫又言吉甫平易柔寬名不配行請俟蔡平然後議之憲宗方用兵疾其言醜訐貶爲遂州司馬稍進河南少尹鄭州刺史敬宗立李程輔政引爲諫議大夫帝時詔王播造競渡舟三十艘度用半歲運費仲方見延英論諍堅苦帝爲減三之二又

詔幸華清宮仲方曰萬乘之行必具儀衛易則失威重不從猶見慰勞鄠令崔發以辱黃門繫獄逢赦不見宥仲方曰恩被天下流昆蟲而不行御前乎發繇是不死大和初出為福建觀察使召還進至左散騎常侍李德裕秉政以太子賓客分司東都德裕罷復拜常侍李訓之變大臣或誅或繫翌日羣臣謁宣政牙闔不啓羣臣錯立朝堂無吏卒贊候久乃半扉啓使者傳召仲方曰有詔可京兆尹然後門闢與仗于時族夷將相髗足旁午仲方皆密使識其尸俄許收葬故骸骼不相亂已而禁軍橫多撓政仲方勢笮不能有所繩劾宰相鄭覃更以薛元賞代之出為華州刺史召入授秘書監人頗言覃助德裕擯仲方不用覃乃擬丞郎以聞文宗曰侍郎朝廷華選彼牧守無狀不可得但封曲江縣伯卒七十二贈禮部尚書謚曰成仲方確正有風節既駁吉甫謚世不直其言卒不至顯既歿人多傷之始高祖仕隋時太宗方幼而病為刻玉像於熒陽佛祠以祈年久而剝晦仲方在鄭敕吏治護鑱石以聞

傳于時

韓休京兆長安人父大智洛州司功參軍其兄大敏仕武后為鳳閣舍人梁州都督李行褒為部人告變詔大敏鞫治或曰行褒諸李近屬后意欲去之無列其冤恐累公大敏曰豈顧身枉人以死乎至則驗出之后怒遣御史覆按卒殺行褒而大敏賜死于家休工文辭舉賢良玄宗在東宮令條對國政與校書郎趙冬曦並中乙科擢左補闕判主爵員外郎進至禮部侍郎知制誥出為虢州刺史虢於東西京為近州乘輿所至常稅廄芻休請均賦它郡中書令張說曰免虢而與它州此守臣為私惠耳休復執論吏白恐忤宰相意休曰刺史幸知民之敝而不救豈為政哉雖得罪所甘心焉訖如休請以母喪解服除為工部侍郎知制誥遷尚書右丞侍中裴光庭卒帝敕蕭嵩舉所以代者嵩稱休志行遂拜黃門侍郎同中書門下平章事休直方不務進趨既為相天下翕然宜之萬年尉李美玉有罪帝將放嶺南休曰尉小官犯非大惡今朝廷有大姦請得先治金吾大將軍程伯獻恃恩而貪室宅輿馬僭法度臣請先伯獻後美玉帝不許休固爭曰罪細且不容巨猾乃置不問陛下不出伯獻臣不敢奉詔帝不能奪大率堅正類此初嵩以休柔易故薦之休臨事或折正嵩嵩不能平宋璟聞之曰不意休能爾仁者之勇也嵩寬博多可休峭鯁時政所得失言之未嘗不盡帝嘗獵苑中或大張樂稍過差必視左右曰韓休知否已而疏輒至嘗引鑑默不樂左右曰自韓休入朝陛下無一日歡何自戚戚不逐去之帝曰吾雖瘠天下肥矣且蕭嵩每啓事必順旨我退而思天下不安寢韓休敷陳治道多訐直我退而思天下寢必安吾用休社稷計耳後以工部尚書罷遷太子少師封宜陽縣子卒年六十八贈揚州大都督謚曰文忠寶應元年贈太子太師子浩洽洪汯滉渾洄皆有學尚浩萬年主簿坐籍王鉷家貲有隱入為尹鮮于仲通所劾流循州洪為司庫員外郎與汯皆以累貶洪後為華州長史渾大理司直安祿山盜京師皆陷賊賊逼以官

浩與洪汯滉渾出奔將走行在浩洪渾及洪四子復為賊禽殺之洪善與人交有節義藉甚於時見者為流涕肅宗以大臣子能死難詔贈浩吏部郎中洪太常卿渾太常少卿汯上元中終諫議大夫洽終殿中侍御史

滉字太冲以蔭補左威衛騎曹參軍至德初避地山南採訪使李承昭表為通州郡長史改彭王府諮議參軍初汯知制誥當草王璵詔無借言銜之及當國滉兄弟皆斥宂官璵罷乃擢殿中侍御史三遷吏部員外郎性彊直明吏事蒞南曹五年簿最詳緻再遷給事中知兵部選時盜殺富平令韋當賊隸北軍魚朝恩私其凶奏原死滉執處卒伏辜遷右丞知吏部選以戶部侍郎判度支自至德軍興所在賦稅無藝帑司給輸乾隱滉檢制吏下及四方輸將犯者痛根以法會歲數稔兵革少息故儲積穀帛稍豐實然覆治案牘深文鉤剝人亦咨怨大曆十二年秋大雨害稼什八京兆尹黎幹言狀滉恐有所蠲貸固表不實代宗命御史行視實損

田三萬餘頃始渭南令劉藻附滉言部田無害御史趙計按驗如
藻言帝又遣御史朱敖覆實害田三千頃帝怒曰縣令所以養民
而田損不問豈卹隱意邪貶南浦員外尉計亦斥為豐州司戶員
外參軍方是時潦敗河中鹽池滉奏池產瑞鹽帝疑遣諫議大夫
蔣鎮廉狀鎮畏滉還乃賀帝且請置祠詔號寶應靈慶池德宗
立惡滉掊刻徙太常卿議者不厭乃出為晉州刺史未幾遷浙江
東西觀察使尋檢校禮部尚書為鎮海軍節度使綏輯百姓均租
調不踰年境內稱治帝在奉天淮汴震騷滉訓士卒分兵戍河南
既狩梁州又獻縑十萬匹請以鎮兵三萬助討賊有詔嘉勞進檢
校尚書右僕射封南陽郡公李希烈陷汴州滉遣裨將王栖曜李
長榮柏良器以勁卒萬人進討次睢陽而賊已攻寧陵栖曜等破
走之漕路無梗完靖東南滉功多時里胥有罪輒殺無貸人怪之
滉曰袁晁本一鞭背吏禽賊有負聚其類以反此輩皆鄉縣豪黠不
如殺之用年少者惜身保家不為惡又以賊非牛酒不嘯結乃禁屠

牛以絕其謀婺州屬縣有犯令者誅及鄰伍坐死數十百人又遣
官分察境內罪涉疑似必誅一判輒數十人下皆愁怖聞京都未
平乃閉關梁禁牛馬出境築石頭五城自京口至玉山毀上元道
佛祠四十區脩塢壁起建業抵京峴樓雉相望以為朝廷有永嘉
南走事置館第數十於石頭城穿井皆百尺命偏將丘涔督役日
數千人涔虐用其衆朝令夕辦先世丘壟皆發夷造樓艦三千柁
以舟師由海門大閱至申浦乃還追李長榮等歸以親吏盧復為
宣州刺史增營壘教習長兵毀鍾鑄軍器陳少游在揚州以甲士
三千臨江大閱滉亦總兵臨金山與少游會以金繒相餉酬然滉
握彊兵遷延不赴難而調發糧帛以濟朝廷者繈屬當時實賴
之李晟方屯渭北滉運米餽之船置十弩以相警捍賊不能剽始
漕船臨江滉顧僚吏曰天子蒙塵臣下之恥也乃自舉一囊將佐爭
負之貞元元年加檢校左僕射同中書門下平章事江淮轉運使
封鄭國公以繕治石頭城人頗言有窺望意雖帝亦惑之會李泌

開關辯數帝意乃解二年更封晉是歲入朝滉既宿齒先達頗簡
倨接新進用事不能滿其意衆怨之獻羨錢五百餘萬緡詔加度
支諸道轉運鹽鐵等使右丞元琇判度支也以關輔旱請運江南
租米西給京師帝委滉專督之而琇畏其剛愎難共事請自江
至揚子滉主之揚子以北自主之滉由是銜琇會琇以京師錢重
貨輕發江東鹽監院錢四十萬緡入關滉紿奏運錢至京師率費
萬致千不可從帝責謂琇琇曰千錢其重與斗米均費三百可致
帝以諭滉滉執不可至是誣劾琇饋米與淄青李納河中李懷光
帝怒不復究驗貶琇雷州司戶參軍左丞董晉白宰相劉滋齊
映曰昨關輔用兵方蝗旱琇不增一賦而軍興皆濟可謂勞臣今被
讁無名刑濫人懼假令權臣逞志公胡不請三司鞫之滋映不能
用給事中袁高抗疏申救滉指為黨與寢不報劉玄佐不朝帝
密詔滉諷之及過汴玄佐素憚滉脩屬吏禮滉辭不敢當因結
為兄弟入拜其母置酒設女樂酒行滉曰宜早見天子不可使夫人

白首與新婦子孫填宮掖也玄佐悟滉以錢二十萬緡為玄佐
辦裝又以綾二十萬犒軍玄佐入朝滉薦可任邊事時兩河罷兵
滉上言吐蕃盜河湟久近歲寖弱而西迫大食北扞回鶻東抗南
詔分軍外戰兵在河隴者不過五六萬若朝廷命將以十萬衆城
涼鄯洮渭各置兵二萬為守禦臣請以本道財賦餽軍給三年費
然後營田積粟且耕且戰則河隴之地可翹足而復帝善其言因
訪玄佐玄佐請行會滉病甚張延賞奏減州縣冗官收祿俸募戰
士西討玄佐慮延賞靳削資儲辭犬戎未釁不可輕進因稱疾帝
遣中人勞問卧受命延賞知不可用乃止滉尋卒年六十五贈太
傅謚曰忠肅滉雖宰相子性節儉衣裘茵袵十年一易甚暑不執
扇居處陋薄取庇風雨門當列戟以父時第門不忍壞乃不請堂
先無挾廡第迴稍增補之滉見即徹去曰先君容焉吾等奉之常
恐失墜若摧圮繕之則已安敢改作以傷儉德居重位清絜疾惡
不為家人資產自始仕至將相乘五馬無不終櫪下好鼓琴書得

張旭筆法晝與宗人幹相埒嘗自言不能定筆不可論書晝以非急務故自晦不傳於人善治易春秋著通例及天文事序議各一篇初判度支李晟以裨將白軍事滉待之加禮使其子拜之厚遺器幣鞍馬後晟終立大功滉幼時已有美名所與游皆天下豪俊晚節益苛慘故論者疑其飾情希進既得志則彊肆蓋自其性云

子群皐群終國子司業

皐字仲聞資質重厚有大臣器由雲陽尉策賢良方正異等拜右拾遺累遷考功員外郎父喪德宗遣使弔問俾論譔滉行事號泣承命立草數千言以進帝嘉之服除宰相擬考功郎中帝爲加知制誥遷中書舍人御史中丞兵部侍郎號稱職俄拜京兆尹奏署鄭鋒爲倉曹參軍鋒苛斂吏乃說皐悉索府中雜錢折糴粟麥三十萬石獻於帝皐悅之奏爲興平令貞元十四年大旱民請蠲租賦皐府帑已空內憂恐奏不敢實會中人出入百姓遮道訴之事聞貶撫州員外司馬未幾改杭州刺史入拜尚書右丞王叔文用

事皐嫉之謂人曰吾不能事新貴從弟暈以告叔文叔文怒出爲鄂岳蘄沔觀察使叔文敗即拜節度徙鎮海入爲戶部尚書歷東都留守忠武軍節度使大抵以簡儉治所至有績召拜吏部尚書兼太子少傅莊憲太后崩充大明宮留守穆宗以舊傅恩加檢校尚書右僕射俄爲真又進左僕射長慶四年復爲東都留守卒於道年七十九贈太子太保諡曰貞皐貌類父既孤不復視鑑生知音律常曰長年後不願聽樂以門內事多逆知之聞鼓琴至止息歎曰美哉嵇康之爲是曲其當晉魏之際乎其音主商商爲秋秋者天將搖落肅殺其歲之晏乎晉乘金運商又金聲此所以知魏方季而晉將代也緩其商絃與宮同音臣奪君之義知司馬氏之將篡也王陵毋丘儉文欽諸葛誕繼爲揚州都督咸有興復之謀皆爲司馬懿父子所殺康以揚州故廣陵地陵等皆魏大臣故名其曲曰廣陵散言魏散亡自廣陵始止息者晉雖暴興終止息於此其哀憤躁蹙憯痛迫脅之音盡於是矣永嘉之亂其兆乎康避晉魏之禍託以鬼神以俟後世知音云

洄字幼深蔭補弘文生滿歲參調吏部侍郎達奚珣以地望抑之除章懷太子陵令無慍容安祿山亂家七人遇害洄避難江南蔬食不聽樂乾元中授睦州別駕劉晏表爲屯田員外郎知揚子留後召拜諫議大夫與補闕李翰數上章言得失擢知制誥坐與元載善貶邵州司戶參軍德宗即位起爲淮南黜陟使復爲諫議大夫晏被罪天下錢穀歸尚書省而省司廢久無綱紀莫總其任乃擢洄戶部侍郎判度支洄上言江淮七監歲鑄錢四萬五千緡輸京師工用運轉每緡費二千是本倍於子今商州紅崖冶產銅而洛源監久廢請鑿山取銅即冶舊監置十鑪鑄之歲得錢七萬二千緡度費每緡九百則得可浮本矣江淮七監請皆罷又言天下銅鐵冶乃山澤利當歸王者請悉隸鹽鐵使從之復罷省胥吏冗食二千人積米長安萬年二縣各數十萬石視年豐耗而發斂焉故人不艱食洄與楊炎善炎得罪不自安無何皐上疏理炎罪

帝意洄敎之貶蜀州刺史興元元年入爲兵部侍郎轉京兆尹貞元十年終國子祭酒贈戶部尚書

贊曰人之立事無不銳始而工於初至其半則稍怠卒而漫澶不振也觀玄宗開元時厲精求治元老魁舊動所尊憚故姚元崇宋璟言聽計行力不難而功已成及太平久左右大臣皆帝自識擢狎而易之志滿意驕而張九齡爭愈切言益不聽夫志滿則忽其所謀意驕則樂軟熟憎鯁切較力雖多課所效不及姚宋遠矣終之胡雛亂華身播邊陬非曰天運亦人事有致而然若知古等皆宰相選使當天寶時庸能有救哉

魏盧李杜張韓列傳第五十一

張源裴列傳第五十二　　唐書一百二十七

端明殿學士兼翰林侍讀學士龍圖閣學士朝請大夫守尚書吏部侍郎充集賢殿修撰臣宋祁奉

敕撰

張嘉貞字嘉貞本范陽舊姓高祖子吒仕隋終河東郡丞遂家蒲州爲猗氏人以五經舉補平鄉尉坐事免長安中御史張循憲使河東事有未決病之問吏曰若頗知有佳客乎吏以嘉貞對循憲召見咨以事嘉貞條析理分莫不洗然循憲大驚試命草奏皆意所未及它日武后以爲能循憲對皆嘉貞所爲因請以官讓后曰朕寧無一官自進賢邪召嘉貞見內殿以簾自鄣嘉貞儀止秀偉奏對偘偘后異之因請曰臣草茅之人未覩朝廷儀陛下過聽引對禁近今天威咫尺若隔雲霧恐君臣之道有未盡也后曰善詔上簾引拜監察御史擢循憲司勳郎中醻其得人累遷兵部員外郎時功狀盈几郎吏不能決嘉貞爲詳處不閱旬廷無稽牒進中書舍人歷梁秦二州都督并州長史政以嚴辦吏下畏之

奏事京師玄宗善其政數慰勞嘉貞自陳少孤與弟嘉祐相恃以長今爲鄯州別駕願內徙使少相近冀盡力報死無恨帝爲徙嘉祐忻州刺史突厥九姓新內屬雜處太原北嘉貞請置天兵軍綏護其衆即以爲天兵使明年入朝或告其反按無狀帝令坐告者嘉貞辭曰國之重兵利器皆在邊今告者一不當即罪之臣恐塞言路且爲未來之患昔天子聽政於上瞍賦矇誦百工諫庶人謗今將坐之則後無繇聞天下事遂得減死天子以爲忠且許以相嘉貞因曰昔馬周起徒步謁人主血氣方壯太宗用之能盡其才甫五十而歿向使用少晚則無及已陛下不以臣不肖必用之要及其時後衰無能爲也且百年壽孰爲至者臣常恐先朝露死溝壑誠得效萬一無負陛下足矣帝曰第往行召卿及宋璟等罷帝欲果用嘉貞而忘其名夜詔中書侍郎韋抗曰朕嘗記其風操而今爲北方大將張姓而複名卿爲我思之抗曰非張齊丘乎今爲朔方節度使帝即使作詔以爲相夜且半因閱大臣表疏舉一則嘉貞所獻遂得其名即以爲中書侍郎同中書門下平章事遷中書令居位三年善傅奏敏於裁遣然彊躁論者恨其不裕帝數幸東都洛陽主簿王鈞者爲嘉貞繕第會以贓聞有詔杖之朝堂嘉貞畏譏深促有司速斃以滅言秘書監姜皎得罪嘉貞希權幸意請加詔杖已而皎死會廣州都督裴伷先抵罪帝問法如何嘉貞復援皎比張說曰不然刑不上大夫以近君也士可殺不可辱向皎得罪官三品且有功若罪應死即殺獨不宜廷辱以卒伍待也況勳貴在八議平事往不可咎伷先豈容復濫哉帝然之嘉貞退不悅曰言太切說曰宰相時來則爲非可長保若貴臣盡杖正恐吾輩及之渠不爲天下士君子地乎初嘉貞在兵部而說已爲侍郎及皆相說位其下議論無所讓故說不平未幾嘉祐拜金吾將軍兄弟要近人頗憚媢帝幸太原嘉祐以贓聞說諷嘉貞素服待罪不謁遂出爲幽州刺史說代其處嘉貞銜悔謂人曰中書令幸二員何相迫邪踰年爲戶部尚書益州長史判都督事詔宴中書省

與宰相會嘉貞銜說不已於坐慢罵說源乾曜王晙共平解乃得去明年王守一死坐與厚善貶台州刺史俄拜工部尚書爲定州刺史知北平軍事封河東侯及行帝賦詩詔百官祖道上東門久之以疾丐還東都詔醫馳驛護視卒年六十四贈益州大都督謚曰恭肅嘉貞性簡疏與人不疑內曠如也或時以此失有嗜進者汲引之能以恩終始所薦中書舍人苗延嗣呂太一考功員外郎員嘉靜殿中侍御史崔訓皆位清要日與議政事故當時語曰令君四俊苗呂崔員其始爲中書舍人崔湜輕之後與議事正出其上湜驚曰此終其坐後十年而爲中書令嘉貞雖貴不立田園有勸之者荅曰吾嘗相國矣未死豈有飢寒憂若以譴去雖富田產猶不能有也近世士大夫務廣田宅爲不肖子酒色費我無是也引萬年主簿韓朝宗爲御史卒後十餘歲朝宗以京兆尹見帝曰陛下待宰相進退皆以禮身雖沒子孫咸在廷張嘉貞晚一息寶符獨未官帝憫然召拜左司禦率府兵曹參軍賜名曰延賞

延賞雖蚤孤而博涉經史通吏治苗晉卿尤器許以女妻之肅宗在鳳翔擢監察御史辟署關內節度使王思禮府思禮守北都表爲副入遷刑部郎中始元載被用以晉卿力故厚遇延賞薦爲給事中御史中丞大曆初除河南尹諸道營田副使河洛當兵衝邑里墟榛延賞政簡約輕傜賦疏河渠築宮廟數年流庸歸附都闕完雄有詔褒美時罷河南山南等副元帥兵屯東都詔延賞知留守以兵屬居五年治行第一召還會李少良劾元載陰罪載斥其狂下御史臺治訊而延賞適拜大夫不滿所私出爲淮南節度使歲旱民它遷吏禁之延賞曰食者人恃以活拘此而斃不如適彼而生苟存吾人何限爲乃具舟遣之敕吏爲脩室廬已逋債而歸者更增於舊瓜步舟艫津湊而遞繫江南延賞請度屬揚州自是行無稽壅會母喪免服除累拜荊南劍南西川節度使建中中西山兵馬使張朏襲成都爲亂延賞奔鹿頭戍朏酗亂不設備延賞諜知之遣將叱干遂捕斬朏復成都自楊國忠討南蠻三蜀疲罄及乘

輿臨狩糜用百出後更郭英乂崔寧楊子琳亂益耗憯公私蕭然延賞事爲之制薄入謹出府庫遂實德宗在奉天貢獻踵道及次梁倚劍蜀爲根本即拜中書侍郎同中書門下平章事帝還詔入秉政初吐蕃寇劍南李晟總神策軍戍之及還以成都倡自隨延賞遣吏奪取故晟銜之至是鎮鳳翔帝所倚重表陳宿憾帝不得已罷延賞爲尚書左僕射然雅意決用之以晟嘗爲韓滉識擢命滉移書道意及俱入朝滉從容邀晟平憾且使薦延賞於帝於是復拜平章事旣而宴禁中帝出瑞錦一端分繫之以示和解晟因爲子請婚延賞不許晟曰吾武夫雖有舊惡盃酒閒可解儒者難犯外睦而內含怒今不許婚釁未忘也先時吐蕃尚結贊請和晟奏戎狄無信不可許滉亦請調軍食峙邊無聽和帝疑將帥邀功生事議未決會滉卒延賞揣帝意遂罷晟兵奏以給事中鄭雲逵代之帝曰晟有社稷功俾自擇代者乃用邢君牙而拜晟太尉兼中書令奉朝請是夏吐蕃背約刼渾瑊將校多沒

如晟等策故事臨軒冊拜三公中書令讀冊侍中贊禮或闕則宰相攝事晟當拜而延賞薄其禮用尚書崔漢衡劉滋代攝時議遣劉玄佐復河湟延賞因建言今官繁費廣州縣殘冝并省其員悉收稟料糧課輸京師賞戰士帝許之即詔上州留上佐錄事參軍司戶司兵司士各一員餘參軍留半中州減司士上縣令尉具中縣省尉京兆河南府司錄判官赤縣丞簿尉各省半餘府準上州詔下內外始怨玄佐辭西討延賞更用李抱眞抱眞怨延賞奪晟兵不肯行由是功臣解體是年除吏千五百員當省者千餘道路言謗寖淫聞於上延賞懼請詔州縣或考先滿或攝掌遇停限而官見乏者聽在所擇省員有幹譽者權補以才不以資員而大臣馬燧白志貞韋倫表言省官太甚不可行會延賞疾困不能事宰相李泌一切奏復卒年六十一贈太保謚曰成肅延賞更四鎮所至民頌其愛及當國飾情復怨不稱所望亦卑不幸未及有所建明然帝待遇厚稱其奏議有宰相體專屬以吏事而以軍

食委李泌刑法委柳渾時以爲任職子弘靖

弘靖字元理雅厚信直以蔭爲河南參軍杜亞辟佐其府亞疑牙將令狐運刼餉絹弘靖直其枉亞怒斥出府裴延齡爲德陽公主治第欲徙弘靖先廟上疏自言德宗異之擢監察御史累遷戶部侍郎陝州觀察使徙河中節度使元和中拜刑部尚書同中書門下平章事吳少陽死其子元濟擅總留務憲宗欲誅之弘靖請先遣使者弔贈待不恭乃加兵詔可進中書侍郎封高平縣侯武元衡遇害賊未得王承宗邸廝卒張晏等被告詔付御史臺劾驗有狀弘靖疑御史傅致晏罪言之帝不聽遂誅晏并討承宗弘靖曰我事並興鮮有濟不如悉力淮西已平乃治河朔議再迕乃歸政以檢校吏部尚書同平章事爲河東節度使未及鎮詔代承宗弘靖自以諫不聽思自効乃大閱兵請身討賊詔許出軍無親往旣王師無功帝憶曩言下詔褒美弘靖亦遣使間道諭承宗承宗款附召拜吏部尚書徙節宣武宣武承韓弘虐政代以寬簡民

便安之長慶初劉總舉所部内屬請弘靖爲代進檢校司空仍同中書門下平章事充盧龍節度使始入幽州老幼夾道觀河朔舊將與士卒均寒暑無障蓋安輿弘靖素貴肩輿而行人駭異俗謂禄山思明爲二聖弘靖懲始亂欲變其俗乃發墓毀棺衆滋不悦旬一決事賓客將吏罕聞其言委成於參佐韋雍張宗厚又不通大體朘刻軍賜專以法根治之官屬輕侻酣肆夜歸燭火滿街前後呵止其詬責士皆曰反虜嘗曰天下無事而輩挽兩石弓不如識一丁字軍中以氣自任銜之總之朝詔以錢百萬緡貲將士弘靖取二十萬市府雜費有怨言會雍欲鞭小將薊人未嘗更笞辱不伏弘靖繫之是夕軍亂囚弘靖薊門館掠其家貲婢妾執雍等殺之判官張徹始就職得不殺與弘靖同被囚會詔使至徹謂弘靖曰公無負此土人今天子使至可因見衆辨幸得脫歸即推門求出衆畏其謀欲遷别館徹大罵曰汝何敢反前日吳元濟斬東市李師道斬軍中同惡者父母妻子肉飽狗鼠鴟鵶衆怒擊

殺之數曰吏卒稍自悔詣館謝弘靖願革心事之三請不對衆曰公不赦我矣軍中可一日無帥乎遂取朱克融主留後詔貶弘靖太子賓客分司東都再貶吉州刺史明年出幽州改撫州刺史稍遷太子少師卒年六十五贈太子太保弘靖少有令問杜鴻漸杜佑皆器許歷臺閣顯級人以爲有輔相才及居位簡默自處無所規拂幽薊初效順不能因俗制變故范陽復亂家聚書畫侔祕府先第在東都思順里盛麗甲當時歷五世無所增葺時號三相張家云子文規次宗裴度秉政引文規爲右補闕度出襄陽貶温令度奏置幕府累轉吏部員外郎右丞韋温劾文規父昔破囚逗留不赴難不宜任省署出爲安州刺史終桂管觀察使子彥遠博學有文辭乾符中至大理卿次宗開成初爲起居舍人文宗始詔左右史立螭頭下記宰相奏對既退帝召見審正是非故開成時事爲最詳以稱職兼集賢院直學士文規左遷改國子博士史館脩撰李德裕再當國引爲考功員外郎知制誥出澧明二州

刺史卒孫茂樞字休府及進士第天祐中累遷祠部郎中知制誥坐柳璨事貶博昌尉

嘉祐嘉貞弟有幹略方嘉貞爲相時任右金吾衛將軍昆弟每上朝軒蓋騶導盈閭巷時號所居坊曰鳴珂里後貶浦陽府折衝開元末爲相州刺史舊刺史多死官衆疑畏嘉祐以周揔管尉遲迥死國難忠臣也立祠房解祓衆心三歲入爲左金吾將軍後吳兢爲刺史又加神冕服遂無患

源乾曜相州臨漳人祖師民隋刑部侍郎父直心高宗時太常伯流死嶺南乾曜第進士神龍中以殿中侍御史黜陟江東奏課最頻遷諫議大夫景雲後公卿百官上巳九日廢射禮乾曜以爲聖王教天下必制禮以正人情君子三年不爲禮禮必壞三年不爲樂樂必崩古之擇士先觀射禮非取一時樂也夫射者别邪正觀德行中祭祀辟寇戎古先哲王莫不遵襲比年以來射禮不講所司惜費而舊典爲虧臣愚謂所計者財所虧者禮故孔子不愛羊

而存禮也大射謂春秋不可廢開元初郯王府吏犯法玄宗敕左右爲王求才長史太常卿姜皎薦乾曜自梁州都督召見神氣爽徹占對有序帝悦之擢少府少監兼邠王府長史累進尚書左丞四年拜黄門侍郎同紫微黄門平章事踰月與姚崇俱罷會帝東幸以京兆尹留守京師治尚寛簡人安之居三年政如始至仗内白鷹因縱失之詔京兆督捕獲於野絓榛死吏懼得罪乾曜曰上仁明不以畜玩寘罪苟其獲戾尹專之遂入自劾失旨帝一不問衆伏其知體而善引咎八年復爲黄門侍郎同中書門下三品進位侍中建言大臣子併求京職俊乂率任外官非平施之道臣三息俱任京師請出二息補外以示自近始詔可乃以子河南參軍弼爲絳州司功太祝絜爲鄭尉詔曰乾曜身率庶寮以讓既請外其子又復下遷傳不云乎范宣子讓其下皆讓晉國之人於是大和道之或行仁豈遠哉其令文武官父子昆弟三人在京司者分任于外縣是公卿子弟皆出補帝嘗自較其考與張説偕賜時

議者言國執政所以同休戚不崇異無以責功帝乃詔中書門下共食實戶三百堂封自此始東封還爲尚書左丞相兼侍中久之罷侍中遷太子少師避祖名更授少傅安陽郡公帝幸東都以老疾不任陪扈卒贈幽州大都督乾曜性謹重其始仕已四十餘歷官皆以清慎恪敏得名爲相十年與張嘉貞張說李元紘杜暹同秉政居中未嘗廷議可否事晚節唯唯聯署務爲寬平悼大故鮮咎悔姜皎爲嘉貞所排雖得罪訖不申救君子譏焉族孫光裕亦有名居官號清愿撫諸弟友義爲中書舍人與楊滔劉令植同刪著開元新格歷尚書左丞會選諸司長官爲刺史光裕任鄭州爲世長吏卒官子涓以雍睦爲家法士友推之天寶中爲給事中襄州刺史安祿山犯河洛爲江陵大都督長史以禦賊卒贈禮部尚書諡曰懿

裴耀卿字煥之寧州刺史守眞次子也數歲能屬文擢童子舉稍遷祕書省正字相王府典籤與掾丘悅文學韋利器更直備顧問府

中號學直王即帝位授國子主簿累遷長安令舊有配戶和市法人厭苦耀卿一切責豪門坐賈豫給以直絕僦欺之敝及去人思之爲濟州刺史濟當走集地廣而戶寡會天子東巡耀卿置三梁十驛科斂均省爲東州知頓最封禪還次宋州宴從官帝歡甚謂張說曰前日出使巡天下觀風俗察吏善惡不得實今朕有事岱宗而懷州刺史王丘餼牽外無它獻我知其不市恩也魏州刺史崔沔遣使供帳不施錦繡示我以儉此可以觀政也濟州刺史裴耀卿上書數百言至曰人或重擾則不足以告成朕置書座右以自戒此其愛人也俄徙宣州前此大水河防壞諸州不敢擅興役耀卿曰非至公也乃躬護作役未訖有詔徙官耀卿懼功不成弗即宣而撫巡飭厲怱急隄成發詔而去濟人爲立碑頌德歷冀州入拜戶部侍郎開元二十年副信安王禕討契丹又持帛二十萬賜立功奚官耀卿曰幣涉寇境不可以不備乃令先與期而分道賜之一日畢突厥室韋果邀險來襲耀卿已還遷京兆尹明年秋雨害稼京師飢帝將幸東都召問所以救人者耀卿曰陛下既東巡百司畢從則太倉三輔可遣重臣分道賑給自東都益廣漕運以實關輔關輔既實則乘輿西還事蔑不濟且國家大本在京師但秦地狹水旱易匱往貞觀永徽時祿稟者少歲漕粟二十萬略足今用度寖廣運數倍且不支故數東幸以就敖粟爲國大計臣願廣陝運道使京師常有三年食雖水旱不足憂今天下輸丁約四百萬使丁出百錢爲陝洛運費又益半爲營窖用分納司農河南陝州又令租米悉輸東都從都至陝河益湍沮若廣漕路變陸爲水所支尚贏萬計且河南租船候水始進吳工不便河漕處處停留易生隱盜請置倉河口以納東租然後官自顧載分入河洛度三門東西各築敖倉自東至者東倉受之三門迫險則旁河鑿山以開車道運十數里西倉受之度宜徐運抵太原倉趨河入渭更無留阻可減費鉅萬天子然其計拜黃門侍郎同中書門下平章事充轉運使於是置河陰集津三門倉引天下租繇盟津泝河

而西三年積七百萬石省運費三十萬緡或曰以此緡納於上足以明功荅曰是謂以國財求寵其可乎敕吏爲和市費遷侍中二十四年以尚書左丞相罷封趙城侯廣州刺史楊濬以贓抵死有詔杖六十流古州耀卿上言刺史縣令異諸吏爲人父母風化所瞻今使裸躬受笞事太逼辱法至死則天下共之然一朝下吏屈挫奉頓民且哀憐是忘免死之恩而有傷心之痛恐非崇守長勸風俗意又雜犯抵死無杖刑必三覆後決今非時不覆或夭其命非所以寬宥之也凡大暑決囚多死秋冬乃有全者請今貸死決杖會盛夏生長時並停則有再生之實是時特進蓋嘉運破突騎施還詔爲河西隴右節度使因令經略吐蕃嘉運以新立功日酣邀未赴屯耀卿言於帝曰嘉運精勁勇烈誠有餘然臣見其夸言驕色竊憂之恐不足與立事今盛秋防邊日月已薄當與軍中士卒相見若不素講雖決在一時恐非制勝萬全之義且兵未及訓不能知法士未懷恵不可共心使幸而有功非師出以律之善又

萬人之命倚於將示不得已故鑿凶門而出今酣呶朝夕胖肆自安非愛人憂國者不可不察苟不易帥宜嚴詔申約以督其行帝乃促嘉運詣部卒無功還天寶初進尚書左僕射俄改右僕射而李林甫代之上日林甫至本省具朝服劒佩博士導郎官唱按禮畢就耀卿聽事乃常服以贊者主事導唱林甫驚曰班爵與公同而禮數異何也耀卿曰比苦眩不堪重衣又郎博士紛泊非病士所宜林甫默然慙居一歲卒年六十三贈太子太傅謚曰文獻子綜吏部郎中綜子佶

佶字弘正幼能文第進士補校書郎判等高授藍田尉德宗詔發畿縣民城奉天嚴郢爲京兆政刻急本曹尉韋重規妻乳且疾不敢免佶請代役要如程當時稱其義帝幸梁佶奔見行在授補闕李懷光以河中叛佶建議請討帝深器之詔用盧杞爲饒州刺史與諫官執不可歷遷諫議大夫黔中觀察使韋士文爲夷獠所逐詔佶代之部夷安服歷同州刺史中書舍人遷尚書右丞時

李巽以兵部尚書領鹽鐵將遷使局就本曹經構已半會佶至以爲不可巽雖怙恩而彊猶撤之時重其有守改吏部侍郎以疾爲國子祭酒工部尚書卒贈吏部尚書謚曰貞佶清勁明銳所與友皆第一流鄭餘慶尤厚善旣歿餘慶爲行服士林美之

贊曰開元之盛所置輔佐皆得賢才不者若張源等猶惓惓事職其建明有足稱道朝多君子信太平基歟張氏三世宰相然器有所窮嘉貞窮於俗延賞窮於忮弘靖窮於權惜哉

張源裴列傳第五十二

蘇尹畢李鄭王許潘倪席齊列傳第五十三　唐書一百二十八

端明殿學士兼翰林侍讀學士龍圖閣學士朝散大夫給事中知制誥充史館修撰臣宋祁奉
敕撰

蘇珦雍州藍田人中明經第調鄠尉時李義琰爲雍州長史鄠多訟日至長史府珦裁決明辦自是無訴者義琰異之顧聽事曰此公坐也恨吾齒晚不及見垂拱初爲監察御史武后殺韓魯諸王付珦密㯝按訊珦推之無狀或言珦助韓魯者后詰之挺議無所橈后不悅曰卿大雅士此獄不足諉卿即詔監軍河西五遷右司郎中御史王弘義附來俊臣爲酷世畏疾莫敢觸其鋒會督伐材於虢笞督過程人多死珦按奏弘義坐免遷給事中進左肅政臺御史大夫后營大像白司馬坂糜用億計珦上疏切諫見納中宗將斬韋月將珦執據時令不可以大戮忤三思意改右臺俄出爲岐州刺史復爲右臺大夫會節愍太子敗詔株索支黨時睿宗居藩爲獄辭牽逮珦密啓保辯亦會宰相開陳帝感悟多所含貸擢

戶部尚書封河內郡公以檢校太子詹事致仕卒年八十一贈兗州都督謚曰文子晉數歲知爲文作八卦論吏部侍郎房穎叔祕書少監王紹宗歎曰後來之王粲也舉進士及大禮科皆上第先天中爲中書舍人玄宗監國所下制命多晉及賈曾訔定屢獻讜言天子嘉允出爲泗州刺史以珦老請解職奉養珦卒歷戶部侍郎襲爵遷吏部時宋璟兼尚書事晉與齊澣更典二都選旣糊名校判而晉獨事賞拔當時輿言之及裴光廷知尚書有過官被却者就籍以朱點頭而已晉因榜選院曰門下點頭者更擬光廷以爲侮已出晉汝州刺史遷魏州終太子左庶子始晉與洛人張循之仲之兄弟善而二人以學顯循之上書忤武后見殺仲之神龍中謀去武三思爲宋之遜等所發死晉厚撫其子漸爲營婚官晉卒漸喪之若諸父云

尹思貞京兆長安人弱冠以明經第調隆州參軍事屬邑豪蒲氏驁肆不法州檄思貞按之擿其姦贓萬計卒論死部人稱慶刻石歎

頌遷明堂令以善政聞擢殿中少監檢校洺州刺史會契丹孫萬
榮亂朔方震驚思貞循撫境內獨無擾武后璽書襃慰長安中遷
秋官侍郎忤張昌宗意出爲定州刺史召授司府少卿時卿侯知
一亦厲威嚴吏爲語曰不畏侯卿杖秖畏尹卿筆加銀青光祿大
夫其家坎地獲古戟十二俄而門樹戟時人異焉神龍初擢大理
卿雍人韋月將告武三思大逆中宗命斬之思貞以方發生月固
奏不可乃決杖流嶺南三思諷所司加法殺之復固爭御史大夫
李承嘉助三思而以他事劾思貞不得謁思貞謂承嘉曰公爲天
子執法乃擅威福慢憲度諛附姦臣圖不軌今將除忠良以自恣
邪承嘉慙怒劾思貞爲青州刺史或問曰公敏行何與承嘉辯荅
曰石非能言者而或有言承嘉恃權而侮吾義不辱亦不知言何
從而至治州有績蠶至歲四熟黜陟使路敬潛至部歎曰是非善
政致祥乎表言之睿宗立召授將作大匠封天水郡公僕射竇懷
貞護作金仙玉眞觀廣調夫匠思貞數有損節懷貞讓之荅曰公
輔臣也不能宣贊王化而土木是興以媚上害下又聽小人譖以
廷辱士今不可事公矣乃拂衣去闔門待罪帝知之特詔令視事
懷貞誅拜御史大夫累遷工部尚書請致仕許之開元四年卒年
七十七贈黃門監謚曰簡思貞前後爲刺史十三郡其政皆以清
最聞

畢構字隆擇河南偃師人六歲能爲文及冠擢進士第補金水尉
遷九隴主簿居親喪毀棘甚已除猶屛處丘園武后召爲左拾遺
神龍初遷中書舍人敬暉等表諸武不宜爲王構當讀表抗聲析
句左右皆曉知三思疾之出爲潤州刺史政有惠愛徙衞同陝三
州遷益州府長史景龍末召爲左御史大夫會平諸韋治其黨衣
冠多坐構詳比重輕皆得其情時李傑爲河南尹與構皆一時選
世謂畢李封魏縣男復爲益州長史按察劍南振弊梲私號爲清
嚴睿宗嘉構脩絜獨行有古人風其治術又爲諸使最乃賜璽書
袍帶再遷吏部尚書並遥領益州長史徙廣州都督玄宗立授河
南尹進戶部尚書父之移疾帝手跡醫方賜之當時以戶部爲凶
官遽改太子詹事比冀其愈會卒贈黃門監謚曰景始構喪繼母而
二妹襁褓身鞠養至成人妹爲構服三年弟栩以太府主簿留司
東都聞疾馳歸哀毀如大喪雖變服未嘗笑天下稱其友悌終荆
州司馬構子炕天寶末爲廣平太守拒安祿山城陷覆其家贈戶
部尚書炕生垧始四歲與弟增以細弱得不殺爲賞口河北平宗
人宏以財贖出之後舉明經爲臨渙尉徐州節度使張建封高炕
節聞垧篤行表署幕府攝符離令後調王屋尉以謹廉聞喜賓客
家未嘗以有無計及歿無貲以治喪云

李傑本名務光相州滏陽人後魏并州刺史寶之裔孫少以孝友
著擢明經第解褐齊州參軍事遷累天官員外郎爲吏詳敏有治
譽以採訪使行山南時戶口逋蕩細弱下戶爲豪家力所兼傑爲設
科條區處檢防亡匿復業者十七八神龍中爲河東巡察黜陟使
課最諸道先天中進陝州刺史水陸發運使置使自傑始改河南

尹傑既精聽斷雖行來食飲省治不少廢縣是府無淹事人吏愛
之寡婦有告其子不孝者傑物色非是謂婦曰子法當死無悔乎
荅曰子無狀寧其悔乃命市棺還斂之使人迹婦出與一道士語
頃持棺至傑令捕道士按問乃與婦私不得逞傑殺道士內于棺
河汴之交舊有梁公堰廢不治南方漕弗通傑調汴鄭丁男復作
之不費而利入代宋璟爲御史大夫尚衣奉御長孫昕素惡傑適
于道內侍玄宗姬婿與所親楊仙玉共毆辱之傑訴曰髮膚見痛
在身辱衣冠恥在國帝怒詔斬昕等朝堂左散騎常侍馬懷素建
言陽和月不可以殊死乃敕杖殺之謝百官降書慰傑以護作橋
陵封武威縣子初傑引侍御史王旭爲護陵判官旭貪贓傑將繩
之未及發反爲所構出衢州刺史遷揚州大都督府長史復爲御
史劾免開元六年卒帝悼之特贈戶部尚書

鄭惟忠宋州宋城人第進士補井陘尉天授中以制舉召見廷中武后問舉者
何所事爲忠對皆不合惟忠曰外揚君之美內正君之惡后曰善擢左

司倉曹參軍事遷水部員外郎后還長安復以待制召后曰非昔共東都對忠臣者乎朕今不忘遷鳳閣舍人中宗立擢黄門侍郎時議禁嶺南首領家蓄兵惟忠曰善爲政者因其俗且吳人所謂家鶴膝戶犀渠此民風也禁之得無擾乎遂止進大理卿節愍太子敗守衞詿誤皆坐已決諸韋黨請悉誅之帝欲改推惟忠奏大獄始判復改訊恐反側者不自安且失信天下有詔百司參議卒論如前所全貸爲多俄授御史大夫持節賑給河北道且詔黜陟守宰還奏稱旨封榮陽縣男遷太子賓客卒贈太子少保

王志愔博州聊城人擢進士第中宗神龍中爲左臺侍御史以剛鷙爲治所居人吏畏讋呼爲皁鵰遷大理正嘗奏言法令者人之隄防不立則無所制今大理多不奉法以縱罪爲仁持文爲苛臣執刑典恐且得謗遂上所著應正論以見志因規帝失大抵以易萃之六二曰引吉无咎謂處萃之時已獨居正異操而聚獨正者危未能以遠害惟九五應之乃獲正迎吉由已居下位而中正是託期於上應之不括囊以守祿也又言刑賞二柄惟人主操之故曰以力役法者百姓也以死守法者有司也以道變法者君上也魏游盛肇爲廷尉帝私敕肇有所降恕肇執不從曰陛下自能恕之豈可令臣曲筆也又言昔爲國當以嚴致平非以寬致平嚴者非凝網重罰在人不易犯而防難越也故捨銜策於奔踶則王良不能御驊倳藥石於膏肓則俞附不能攻疾又言漢武帝甥昭平君殺人以公主子廷尉上請帝垂涕曰法令者先帝之所造也用親故誣先帝法吾何面目入高廟乎卒可其奏隋文帝子秦王俊爲并州揔管以奢縱免官楊素曰王陛下愛子請赦之帝曰法不可違若如公意我乃五兒之父非兆人之父何不別制天子子律乎故天子操法有不變之義凡數千言帝嘉之景雲初以左御史中丞遷大理少卿時詔用漢故事設刺史監郡於天下劇州置都督選素威重者授之遂拜志愔齊州都督事中格復授齊州刺史河南道按察使徙汴州封北海縣男太極元年兼御史中丞內供奉實封百戶出爲魏州刺史改揚州長史所至破碎姦猾令行禁信境內肅然開元九年帝幸東都詔留守京師京兆人權梁山妄稱襄王子與左右屯營官謀反自稱光帝夜犯長樂門入宮城將殺志愔志愔踰垣走而屯營兵悔更斬梁山等自歸志愔慙悸卒

許景先常州義興人曾祖緒武德時以佐命功歷左散騎常侍封眞定公徙家洛陽景先由進士第釋褐夏陽尉神龍初東都造服慈閣景先獻賦李迥秀見其文畏歎曰是宜付太史擢左拾遺以論事切直外補滑州司士參軍舉手筆俊拔茂才異等連中進揚州兵曹參軍還爲左補闕宋璟蘇頲擇殿中侍御史久不補以授景先時議僉愜抨按不避近彊與齊澣王丘韓休張九齡更知制誥以雅厚稱張說曰許舍人之文雖乏峻峯激流然詞旨豐美得中和之氣開元十年伊汝溢壞廬舍甚衆景先見侍中源乾曜曰災眚所降王者宜修德應之因遣大臣存問失職罪己引咎以荅天譴公在元弼庸可默乎乾曜悟遽白玄宗遣陸象先持節振贍十三年帝自擇刺史景先由吏部侍郎爲刺史治虢州大理卿源光裕鄭州兵部侍郎寇泚宋州禮部侍郎鄭溫琦邠州大理少卿袁仁敬杭州鴻臚少卿崔志廉襄州衞尉少卿李昇期邢州大僕少卿鄭放定州國子司業蔣挺湖州左衞將軍裴觀滄州衞率崔誠遂州凡十一人治行詔宰相諸王御史以上祖道洛濵盛具奏太常樂帛舫水嬉命高力士賜詩帝親書且給筆紙令自賦賚絹三千遣之後徙岐州入爲吏部侍郎卒

潘好禮貝州宗城人第明經累遷上蔡令治在最擢監察御史坐小累下除芮城令拜侍御史從岐王府司馬居後母喪詔奪服固辭不出開元初爲邠王府長史王爲滑州刺史好禮兼府司馬知州事王御下不能肅有詔好禮檢督王家至過失皆上聞王每游觀好禮必諫詶禁切農日王出獵家奴羅迾好禮遮道諫王初不許乃卧馬下讓曰今農在田王何得非時暴禾稼以損下人要先踐殺司馬然後聽所爲王慙爲還遷豫州刺史勤力于治清廉

無所私然喜察細事下厭其苛子請舉明經好禮曰經不明不可妄進乃自試之不能通怒笞之械而徇於門復以公累徙溫州別駕卒好禮博學能論議節行脩整一意無所傾附未嘗自列階勳居室服用麤苟至終身世謂近名

倪若水字子泉恒州藁城人擢進士第累遷右臺監察御史黜陟劒南道繩舉嚴允課第一開元初爲中書舍人尚書右丞出爲汴州刺史政清淨增脩孔子廟興州縣學廬勸生徒身爲教誨風化興行玄宗遣中人捕鵁鶄溪鶒南方若水上言農方田婦方蠶以此時捕奇禽怪羽爲園籞之玩自江嶺而南達京師水舟陸齎所飼魚蟲稻粱道路之言不以賤人貴鳥望陛下邪帝手詔褒荅悉放所玩讁使人過取罪而賜若水帛四十段時天下久平朝廷尊榮人皆重內任雖自冗官擢方面皆自謂下遷班景倩自揚州採訪使入爲大理少卿過州若水餞于郊顧左右曰班公是行若登仙吾恨不得爲騶僕未幾入爲戶部侍郎復拜右丞卒

席豫字建侯襄州襄陽人後周昌州刺史固七世孫後徙河南長安中舉學兼流略詞擅文場科擢上第時年十六以父喪罷復舉手筆俊拔科中之補襄邑尉奏事闕下會節愍太子難安樂公主請爲皇太女豫曰昔梅福上書譏后族彼何人哉乃上跡請立皇太子語深切人爲寒懼太平公主聞其名將表爲諫官豫恥汙詖謁遁去俄舉賢良方正異等爲陽翟尉開元初觀察使薦豫賢遷監察御史出爲樂壽令丞前令以親喪解而豫母病訴諸朝改懷州司倉參軍復舉超拔羣類科會母喪去服除授大理丞遷考功員外郎進紬清明爲中書舍人與韓休許景先徐安貞孫逖名相甲乙出鄭州刺史韓休輔政舉代己入拜吏部侍郎玄宗曰卿前日考功職詳事允故有今授豫典選六年拔寒遠士多至臺閣當時推知人號席公云天寶六載進禮部尚書累封襄陽縣子凡四以使者按行江南江東淮南河北南方俗死不葬暴骨中野豫敎以埋斂明列科防俗爲之改豫清直亡欲當官不爲勢權所撼性謹畏與子弟屬吏書不作草字或曰此細事耳何留慮荅曰細不謹況大事邪及疾篤遺令三日斂斂已即葬勿久留以黷公私貲不足可賣居宅以終事卒年六十九贈江陵大都督謚曰文帝嘗登朝元閣賦詩羣臣屬和帝以豫詩最工詔曰詩人之冠冕也弟晉亦以文名當時

齊澣字洗心定州義豐人少開敏年十四見特進李嶠嶠稱有王佐才中宗在廬陵澣上言請抑諸武迎太子東宮不報及太子還武后召澣宴同明殿詔曰朕母子如初卿豫有力焉方不次待爾澣辭母老不忍遠離賞而罷聖曆初及進士第以拔萃調蒲州司法參軍有父子連坐論死者澣曰脩落則本枯柰何俱死議貸其父太守不聽固爭卒原景雲初姚崇取爲監察御史凡劾奏常先風教號善職睿宗將祠太廟刑部尚書裴談攝太尉先告澣奏孝享攝事稽首而拜恭明神也而談慢媟不恭并劾談神昏形悴挾邪以罔上神龍時事武三思陷敬暉沒其家以獲進妻外淫男女

不得姓氏夫告神慢事主不忠家不治有是三罪不可不寘之法談由是下除汾州刺史開元初姚崇復相用爲給事中中書舍人論駮及誥詔皆援準古誼朝廷大政必咨之時號解事舍人數諷崇年老宜避位時宋璟在廣州因勸崇舉自代崇用其謀璟爲相它日問曰吾不敢望蕭房杜比爾曰諸公云何澣曰不如璟請故荅曰前時近郊戶三百以爲困今不百戶是以知之馬懷素等緒次四庫書表澣爲副改祕書少監出爲汴州刺史地當舟車湊集事浩繁前刺史數不稱職唯倪若水與澣以清毅聞吏民頌美玄宗封太山歷汴宋許車騎數萬王公妃主四夷君長馬橐它亦數萬所頓彌數十里澣列長棚帝幕聯亘七十食凡千輩納筦鑰身進膳帝以爲知禮喜甚爲留三日賜帛二千匹澣以淮至徐城險急鑿渠十八里入青水人便其漕中書令張說擇丞轄以王丘爲左澣爲右李元紘杜暹當國表宋璟爲吏部尚書澣及蘇晉爲侍郎世謂臺選當時奏事帝指政事堂曰非卿尚誰居者是時開府王毛仲

寵甚與龍武將軍葛福順相婚嫁毛仲奏請無不從澣乗間曰福順典兵馬與毛仲為婚家小人寵極則姦生不預圖且有後患高力士小心謹畏可備禁中驅使腹心所委何必毛仲哉又言君不密失臣臣不密失身惟陛下密此言帝嘉納且勞曰卿第出我徐計其宜會大理丞麻察坐事出為興州別駕澣往餞因道諫語察素檢佻遽言狀帝怒召澣入殿中曰卿向疑朕不密而反告察謂何且察輕躁無行常游太平門者詎不知邪澣免冠頓首謝貶高州良德丞察再貶皇化尉其黨齊敷郭稟皆流放久之澣徙索盧丞郴州長史遷濠常二州刺史遷潤州州北距瓜步沙尾紆匯六十里舟多敗溺澣徙漕路繇京口埭治伊婁渠以達揚子歲無覆舟減運錢數十萬又立伊婁埭官收其入招還流人五百戶置明州以安輯之復徙汴州澣中失勢益悵恨素操寖衰更倚力士助得為兩道採訪使興利以中天子意冒貨財遺謝貴幸納劉戒女為妾不荅其妻李林甫惡其行欲擠而廢之會其幕府坐贓

事連澣詔矜澣老放歸田里天寶初召為太子少詹事留司東都嚴挺之亦為林甫所廢與澣家居杖屨經過不鈌日林甫畏之乃用澣為平陽太守離其謀更以黃老清靜為治卒年七十二肅宗時録林甫所陷者皆褒洗故澣贈禮部尚書澣嘗稱陳希烈宋遥苗晉卿韋述之才後皆大顯察者河東人由明經第五遷殿中侍御史魏元忠子昪死節愍太子難而元忠繫大理昪妻鄭父遠嘗納錢五百萬以女易官武后重元忠舊臣欲榮其姻擢授遠河內令子洛州參軍元忠下獄遣人絶婚許之明日嫁其女察劾遠敗風教請錮終身遠遂廢當時謂察為公而怒以傾險斥云澣孫抗

抗字遐舉少值天寶亂奉母夫人隱會稽壽州刺史張鎰辟署幕府抗吏事閑敏有文雅從鎰鎮江西及以宰相領鳳翔奏署監察御史李楚琳亂奔奉天授侍御史遷戶部員外郎蕭復引為江淮宣慰判官德宗自梁洋還財用大屈鹽鐵使元琇薦抗材改倉部郎中幹鹽利俄為水陸運副使護漕江淮給京師歷諫議大夫坐

小累為處州刺史歷蘇州徙潭州觀察使召為給事中遷河南尹進太常卿以中書侍郎同中書門下平章事抗無遠謀大略雖用心至精末乃滋彰苛刻以病乞身罷為太子賓客卒年六十五贈戶部尚書謚曰成初吏部歲考書言以它官第上下中書門下遣官覆實以為常抗以尚書侍郎皆大臣選今吏覆覈非任人勿疑之道禮部侍郎試貢士其姻舊悉試考功謂之別頭皆奏罷之又省州別駕田曹司田官判司雙曹者減中書吏員此其稍近治者云

蘇尹畢李鄭王許潘倪席齊列傳第五十三

裴崔盧李王嚴列傳第五十四　唐書一百二十九

端明殿學士兼翰林侍讀學士龍圖閣學士朝請大夫守尚書吏部侍郎充史館脩撰臣宋祁奉敕撰

裴守眞，絳州稷山人，後魏冀州刺史叔業六世孫。父眘，隋大業中爲淮安司戶參軍，郡人楊琳、田瓚等亂，劫吏多死，唯眘以仁愛，故賊約其屬無敢害，護送還鄉。守眞早孤，母喪，哀毀癯甚。舉進士，六科連中。累調乾封尉，養寡姊謹甚，士推其禮法。永淳初，關中旱，悉稟祿奉姊及諸甥，與妻息惡食不贍也。授太常博士。守眞善容典，時謂才稱其官。高宗將封嵩山，詔諸儒議射牲事，守眞奏：「古者郊祀天地，天子自射牲。漢武帝封太山，令侍中儒者射之，帝不親也。今按禮，前明十五刻，宰人鸞刀割牲，質明行事，毛血已具。天子至，奠玉酌獻而已。今若前祀一日射牲，則早於事；及日，則晚不逮事。漢又天子不親，古今異宜，恐不可行。」是時，破陣、慶善二樂舞入，帝常立以視。守眞并言：「二舞，識祖宗盛德，然古無天子立觀者。化育詒庭，孰非厥功，不應鼓舞別申嚴奉。」詔可，未及行，會帝崩，大行舊禮無在者，守眞與博士韋叔夏、輔抱素等討按故事，稱情爲文，咸適所宜，時人服其得禮。天授中，爲司府丞，推覈詔獄，多裁恕，全免數十姓，不合武后旨，出爲汴州司馬，遷累成州刺史，政不務威嚴，吏民兩懷之。徙寧州，送者千數，出境尚不止。長安中，卒，贈戶部尚書。子子餘、耀卿、巨卿。曾孫行立，耀卿、巨卿別有傳。

子餘事繼母爲聞孝，中明經，補鄠尉，時同舍李朝隱、程行諶以文法稱，而子餘以儒顯，或問優劣於長史陳崇業，答曰：「蘭菊異芬，胡有廢者？」景龍中，爲左臺監察御史。涇岐有隋世番戶子孫數千家，司農卿趙履溫奏籍爲奴婢，充賜口，子餘曰：「官戶以恩原爲番戶，且今又子孫，可抑爲賤乎？」履溫倚宗楚客，執辯於廷，子餘執對不撓，遂詘其議。開元初，累遷冀州刺史，爲政惠裕，人稱有恩。入爲岐王府長史，卒，謚曰孝。時程行諶謚貞，中書令張說歎曰：「二謚可無媿矣。」子餘居官清，家闈友愛，兄弟六人皆有志行云。

行立重然諾，學兵有法，母亡，泣血幾毀，以軍勞累授沁州刺史，遷衞尉少卿。口陳願治民，試一縣自效，除河東令，寬猛時當。縣蘄州刺史，遷安南經略使。環王國叛人李樂山謀廢其君，來乞兵，行立不受命，部將杜英策討斬之，歸其孥，蠻人悅服。英策及范廷芝者，皆谿洞豪也，隸于軍，它經略使多假借，暴恣干治，行立陰把其罪，貸之，許自效，故能得英策死力。廷芝嘗休沐，久不還，行立召之，約曰：「軍法踰日者斬。」異時復然，爾且死。後廷芝踰期，行立皆殺之，以尸還范氏，更爲擇良子弟以代，於是威聲風行。徙桂管觀察使。黃家洞賊叛，行立討平之。俄代桂仲武爲安南都護，銳於立功，爲時所訾。召還，道卒，年四十七，贈右散騎常侍。

崔沔字善沖，京兆長安人，後周隴州刺史士約四世孫。自博陵徙焉。純謹無二言，事親篤孝，有才章。擢進士，舉賢良方正高第，不中者誦訾之，武后敕有司覆試，對益工，遂爲第一，再補陸渾主簿。入調吏部侍郎岑羲，歎曰：「君今郤詵也。」薦爲左補闕，性舒遲，進止雍如也。當官則正言，不可得而詘。睿宗召授中書舍人，以母病東都，不忍去，固辭，求侍，更表陸渾尉郭璘、太樂丞封希顏、處士李喜以代己處。詔改虞部郎中，俄檢校御史中丞。請發太倉粟及減苑囿鳥獸所給以賑貧之人，賴其利。監察御史宋宣遠與盧懷慎姻家，恃以弄法，姚崇子彝留司東都，通賓客招賄賂，沔將按劾，崇、懷慎方執政，共薦沔有史才，轉著作郎，去其權，蓋憚之也。久之，爲太子左庶子。母亡，受弔廬前，賓客未嘗至堊室，語人曰：「平生非至親不升堂，入謁豈以存亡變禮邪？」中書令張說數稱之。服除，遷中書侍郎。玄宗以仙州數喪刺史，欲廢之，沔請治舞陽，舞陽故樊噲國也，更爲樊州，帝不納，州卒廢。沔既貳，論得失，或曰：「今中書宰相承制，雖侍郎貳之，取充位而已。」沔曰：「自官分職，上下相維，以成至治，豈可俛首懷祿邪？」凡詔敕曹事，多所異同，說不悅，出爲魏州刺史，雨潦敗稼，沔弛禁，使人召還，分掌吏部十銓。以左散騎常侍爲集賢脩撰，歷祕書監、太子賓客。是時太常議加宗廟籩豆，又欲增喪服於是御韋縚請坐增籩豆至十二外祖服大功舅小功堂姨若舅舅母袒免沔曰祭祀上矣古者飲食必先嚴獻未有火化故有毛血之薦未有麴蘗故有玄酒之奠後王作爲酒醴犧牲以致馨香故有三牲八簋五齊九獻神道主敬可備而不敢廢也雖曰備物而節制存焉鉶俎籩豆簠簋尊罍之實皆周時饌其用通宴饗賓客而周公與毛血玄酒同薦於先祖晉盧諶家祭禮所薦皆晉時常食不純用古此聖賢變文而通其情也然當時飲食不可闕於祭明矣國家清廟時享禮饌具設周制也古物存焉園寢上食時膳備列漢法也它珍極爲職貢來祭致遠物也有新必薦順時令也苑囿躬稼所收蒐狩親中莫不薦而後食盡誠敬也若此至矣無以加矣諸珍羞鮮物弟敕有司悉使著于令因宜而薦不必加籩豆以爲嫌也大羹古食也盛於古器和羹常饌也盛於時器毛血盛於盤玄酒盛於尊未有薦時饌而用古器者雖古質而今文便事也故加籩豆未足盡天下美物而措諸廟徒近侈耳魯丹桓

宫之楹刻其桷春秋非之班固稱墨家出於清廟是以貴儉然清廟不奢舊矣太常所請臣所未安又太常言爵小不及合執持至難沔曰禮有以小爲貴者獻以爵是也然今不及制則非禮自有司之陋也隨失制宜不待議而革云又言禮本於家正家而天下定家不可以貳故父以尊崇母以厭降是以內服齊斬外服緦尊名所加不過一等今古不易之道也昔辛有適伊川見被髮而祭知其將戎禮先亡也比制唐禮推廣舅恩故弘道以來國命再移於外姓本禮驗亡可不戒哉時職方郎中韋述戶部郎中陽伯成禮部員外郎楊仲昌監門兵曹參軍劉秩等議與沔合又詔中書門下參裁於是宗廟籩豆坐各六姨若舅小功舅母緦麻堂姨袒免餘仍舊制每朝廷有疑議皆咨逮取衷卒年六十七贈禮部尚書謚曰孝沔儉約自持祿稟隨散宗族不治居宅嘗作陋室銘以見志子祐甫至宰相別傳

盧從愿字子龔六世祖昶仕後魏爲度支尚書自范陽徙臨漳故從愿爲臨漳人擢明經爲夏尉又舉制科高第拜右拾遺遷監察御史爲山南黜陟巡撫使還奏稱旨進累中書舍人睿宗立拜吏部侍郎吏選自中宗後綱紀耗蕩從愿精力于官僞牒詭功擿檢無所遺銓總六年以平允聞帝異之特官其一子從愿請贈其父敬一爲鄭州長史制可初高宗時吏部號稱職者裴行儉馬載及是從愿與李朝隱爲有名故號前有裴馬後有盧李開元四年玄宗悉召縣令策於廷考下第者罷之從愿坐擬選失實下遷豫州刺史政嚴簡奏課爲天下第一賜書勞問賜絹百匹召爲工部侍郎遷尚書左丞中書侍郎以工部尚書留守東都代韋抗爲刑部尚書數充校考使升退詳確御史中丞宇文融方用事將以括田戶功爲上下考從愿不許融恨之乃密白從愿盛殖產占良田數百頃帝自此薄之目爲多田翁後欲用爲相屢矣卒以是止十八年復爲東都留守坐子起居郎論輸糴于官取利多貶絳州刺史遷太子賓客二十年河北飢詔爲宣撫處置使發倉廥賑飢民使

還乞骸骨授吏部尚書致仕給全祿終身卒贈益州大都督謚曰文

李朝隱字光國京兆三原人明法中第調臨汾尉擢至大理丞武三思構五王而侍御史鄭愔請誅之朝隱獨以不經鞫實不宜輕用法忤旨貶嶺南醜地宰相韋巨源李嶠言於中宗曰朝隱素清正一日遠逐恐駭天下帝更以爲聞喜令遷侍御史吏部員外郎時政出權幸不關兩省而內授官但斜封其狀付中書即宣所司朝隱執罷千四百員怨誹讙騰朝隱胖然無避屈遷長安令宦官閭興貴有所干請曳去之睿宗嘉歎後御承天門對百官及朝集使褒諭其能使徧聞之進太中大夫一階賜中上考絹百匹以旌剛烈成安公主奪民園不酬直朝隱取主奴杖之由是權豪斂伏爲執政所擠出通州都督徙絳州刺史開元初遷吏部侍郎銓敘明審與盧從愿並授一子官久之以策縣令有下第降滑州刺史徙同州玄宗東幸召見慰勞賜以衣帛擢河南尹政嚴清姦人不容息太子舅趙常奴怙勢橫閭里朝隱曰此不繩不可爲政執而

榜辱之帝賜書慰勉入爲大理卿武彊令裴景仙乞贓五千匹亡
命帝怒詔殺之朝隱曰景仙其先寂有國功載初時家爲酷吏所
破誅夷略盡而景仙獨存且承嫡於法當請又乞贓無死比藉
當死坐猶將宥之使私廟之祀無餒魂可也帝不許固請曰生殺
之柄人主專之條別輕重有司當守且贓惟枉法抵死今乞贓即
斬後有枉法亦又何加且近發德音杖者聽減流者給程豈一景
仙獨過常法有詔決杖百流嶺南朝隱更授岐州刺史母喪解召
爲揚州大都督府長史固辭見聽時年已衰而篤于孝自致毀瘠
士人以爲難明年詔書敦遣揚州就職還爲大理卿封金城伯代
崔隱甫爲御史大夫天下以其有素望每大夫缺輒冀朝隱得之及
居職不爭引大體惟先細務由是名少衰進太常卿出爲嶺南採
訪處置使兼判廣州卒於官贈吏部尚書官給車轝北還謚曰貞
王丘字仲山同皎從子也父同晊終太子左庶子丘十一擢童子
科它童皆專經而獨屬文繇是知名及冠舉制科中第授奉禮郎

氣象清古行脩絜於詞賦尤高族人方慶及魏元忠更薦之自偃
師主簿擢監察御史開元初遷考功員外郎考功異時多請託進
者濫冒歲數百人丘務覈實材登科纔滿百議者謂自武后至是
數十年采錄精明無丘比其後席豫嚴挺之亦有稱然出丘下遷
紫微舍人吏部侍郎典選復號平允其獎用如山陰尉孫逖桃林尉
張鏡微湖城尉張晉明進士王泠然皆一時茂秀之爲黃門侍
郎會山東旱飢議以中朝臣爲刺史制詔皐陶稱在知人在安民
皆念存邦本乾乾夕惕無忘一日今長吏或未稱蒼生謂何深思
循良以革頹敝宜重刺史之選自朝廷始乃以丘與中書侍郎崔
沔等並爲山東刺史而丘守懷州尤清嚴爲下畏慕入知吏部選
改尚書左丞以父喪解服除爲右散騎常侍仍知制誥裴光廷卒
蕭嵩與丘善將引與當國丘固辭盛推韓休行能及休秉政薦爲
御史大夫丘訥於言所白奏帝多不喜改太子賓客襲父封以疾
徙禮部尚書致仕丘更履華劇而所守清約未嘗通饋遺室宅童

騎敝陋既老藥餌不自給帝歎之以謂有古人節下制給全祿以
旌絜吏天寶二載卒贈荆州大都督謚曰文
嚴挺之名浚以字行華州華陰人少好學姿質軒秀舉進士并擢
制科調義興尉號材吏姚崇爲州刺史異之崇執政引爲右拾遺
睿宗好音律每聽忘勸先天二年正月望夜胡人婆陁請然百千
燈因弛門禁又追賜元年酺帝御延喜安福門縱觀晝夜不息閱
月未止挺之上疏諫以爲酺者因人所利合醵爲歡也不使靡敝
今暴衣冠羅伎樂雜鄭衞之音縱倡優之玩不深戒愼使有司跛
倚下人罷劇府縣里閭課賦苛嚴呼嗟道路貿壞家產營百戲擾
方春之業欲同其樂而反遺之患乃陳五不可誠意忠到帝納焉
侍御史任正名恃風憲至廷中責詈衣冠挺之讓其不敬反爲所
劾貶萬州員外參軍事開元中爲考功員外郎累進給事中典貢
舉時號平允會杜暹李元紘爲相不相中暹善挺之而元紘善宋
遙用爲中書舍人遙校吏部判取捨與挺之異言於元紘元紘屢

詰譙挺之厲言曰公位相國而愛憎反任小人乎元紘曰小人爲
誰曰宋遙也繇是出爲登州刺史改太原少尹初殿中監王毛仲
持節抵太原朔方籍兵馬後累年仍移太原取兵仗挺之不肯應
且以毛仲寵幸久恐有變密啓於帝俄改濮汴二州刺史所治皆
嚴威吏至重足脅息會毛仲敗死帝以挺之言忠召爲刑部侍郎
遷太府卿宰相張九齡雅知之用爲尚書左丞知吏部選李林甫
與九齡同輔政以九齡方得君諂事之內實不善也戶部侍郎蕭
炅林甫所引不知書嘗與挺之言稱蒸嘗伏臘乃爲伏獵挺之白
九齡省中而有伏獵侍郎乎乃出炅岐州刺史林甫恨之九齡欲
引以輔政使往謁林甫挺之負正陋其爲人凡三年非公事不造
也林甫益怨會挺之有所諉於蔚州刺史王元琰林甫使人暴其
語禁中下除洺州刺史徙絳州天寶初帝顧林甫曰嚴挺之安在
此其材可用林甫退召其弟損之與道舊諄諄款曲且許美官因
曰天子視絳州厚要當以事自解歸得見上且大用因紿挺之使

稱疾願就醫京師林甫已得奏卽言挺之春秋高有疾宜閑官得自養帝恨吒久之乃以爲員外詹事詔歸東都挺之鬱鬱成疾乃自爲文誌墓遺令薄葬斂以時服挺之重交游許與生死不易嫁故人孤女數十人當時重之然溺志于佛與浮屠惠義善義卒衰服送其喪已乃自葬於其塔左君子以爲偏子武

武字季鷹幼豪爽母裴不爲挺之所荅獨厚其妾英武始八歲怪問其母母語之故武奮然以鐵鎚就英寢碎其首左右驚白挺之曰郎戲殺英武辭曰安有大臣厚妾而薄妻者兒故殺之非戲也父奇之曰眞嚴挺之子然數禁敕武讀書不甚究其義以廕調太原府參軍事累遷殿中侍御史從玄宗入蜀擢諫議大夫至德初赴肅宗行在房琯以其名臣子薦爲給事中已收長安拜京兆少尹坐琯事貶巴州刺史久之遷東川節度使上皇合劍南爲一道擢武成都尹劍南節度使還拜京兆尹爲二聖山陵橋道使封鄭國公遷黃門侍郎與元載厚相結求宰相不遂復節度劍南破吐

蕃七萬衆于當狗城遂收鹽川加檢校吏部尚書武在蜀頗放肆用度無藝或一言之悅賞至百萬蜀雖號富饒而峻掊亟斂閭里爲空然虜亦不敢近境梓州刺史章彝始爲武判官因小忿殺之琯以故宰相爲巡內刺史武慢倨不爲禮最厚杜甫然欲殺甫數矣李白爲蜀道難者乃爲房與杜危之也永泰初卒母哭且曰而今而後吾知免爲官婢矣年四十贈尚書左僕射挺之從孫綬

綬父丹嘗爲劍南鹽鐵青苗租庸使以武在蜀辭不拜綬擢進士第以侍御史副劉贊爲宣歙團練使贊卒綬摠留事悉庫物以獻召爲刑部員外郎賓佐進奉由綬始河東節度使李說病軍司馬鄭儋攝其政說卒代爲節度時德宗務姑息方鎭若帥死不它命卽用軍司馬代之以和眹衆情至是帝頗憶綬所獻故擢爲河東司馬明年儋卒卽檢校工部尚書代其使憲宗立楊惠琳反夏州劉闢反蜀綬建言天子始卽位不可失威請必誅選銳兵遣大將李光顏助討賊二賊平檢校尚書左僕射封扶風郡公進司空在鎭九年尚寬惠治稱疏闊士馬孳息嘗大閱旗幟周七十里回鶻梅錄將軍在會聞金鼓震伏入爲尚書右僕射綬旣名胥吏事有方略然銳進趣素議薄之始就廊下食在百官上帝使中人賜含桃綬見拜之爲御史劾奏綬惶懼待罪詔釋綬而貶中人出爲荊南節度使封鄭國公溆州蠻張伯靖殺吏據辰錦州連九洞自固詔綬進討綬勤兵出次遣將齎檄開曉羣蠻悉降吳元濟反僉以綬明恕可大事乃徙山南東道節度使加淮西招撫使綬引師壓賊境多出金帛賞士以厚賂謝中人招聲援旣未有以制賊閉屯彌年不戰宰相裴度謂綬非將才以太子少保召還檢校司徒判光祿卿事進少傅卒年七十七贈太保綬才不踰中人然歷三鎭所奏辟及綬時位將相者九人初綬未顯過于閿鄉尉李達達不禮方飯它客不召綬後達罷彭城令過并州最入謁不知綬也綬方大宴賓客召達至戒客勿起讓曰吾昔羇旅閿鄉君方召客食而不顧我今我召客亦不敢留君達慙不得去左右引出悸而

瘖臥館數月其佐令狐楚爲請乃免河東李進賢者善畜牧家高貲得幸於綬署牙門將元和中進賢累爲振武節度使辟綬子徹爲判官徹年少治苛刻軍中苦之回鶻入辟鵜泉進賢發兵討之安稟糧不實次鳴砂焚殺其將楊遵憲而還進賢大恐衆懼因燔城門攻進賢左右拒戰不勝縋而走奔靖邊軍乃殺徹而屠進賢家詔以夏綏銀節度使張煦代之誅亂首數百人乃定

裴崔盧李王嚴列傳第五十四

裴陽宋楊崔李解列傳第五十五　唐書一百三十

端明殿學士兼翰林侍讀學士龍圖閣學士朝請大夫尚書吏部侍郎充集賢殿脩撰臣宋　祁奉
敕撰

裴漼絳州聞喜著姓父琰之永徽中爲同州司戶參軍年甚少不
主曹務刺史李崇義內輕之鐫諭曰同三輔吏事繁子盍求便官
毋留此琰之唯唯吏白積案數百崇義讓使趣斷琰之曰何至逼
人乃命吏連紙進筆爲省決一日畢既與奪當理而筆詞勁妙崇
義驚曰子何自晦成吾過耶由是名動一州號霹靂手後爲永年
令有惠政吏刻石頌美以倉部郎中病廢漼侍疾十餘年不肯仕
琰之沒始擢明經調陳留主簿遷監察御史時崔湜鄭愔典吏部
坐姦贓爲李尚隱所劾詔漼按訊而安樂公主上官昭容爲阿右
漼執正其罪天下稱之累遷中書舍人睿宗造金仙玉眞二觀時
旱甚役不止漼上言春夏毋聚大衆起大役不可興土功妨農事
若役使乖度則有疾疫水旱之災此天人常應也今自冬徂春雨

不時降人心憔然莫知所出而土木方興時暵之孽職爲此發今
東作云始丁壯就功妨多益少飢寒有漸春秋莊公三十一年冬
不雨是時歲三築臺僖公二十一年夏大旱是時作南門陛下以
四方爲念宜下明制令二京營作和市木石一切停止有如農桑
失時戶口流散雖寺觀營立能救飢寒敝哉不報遷兵部侍郎以
銓總勞特授一子官開元五年爲吏部侍郎甄拔士爲多拜御史
大夫漼雅與張說善說方宰相數薦之漼長於敷奏天子亦自重
焉擢吏部尚書世儉素而晚節稍畜伎妾爲奢侈事議者以爲缺
改太子賓客卒贈禮部尚書諡曰懿從祖弟寬

寬性通敏工騎射彈棊投壺略通書記景雲中爲潤州參軍事刺
史韋詵有女擇所宜歸會休日登樓見人於後圃有所瘞藏者訪
諸吏曰參軍裴寬居也與偕來詵問狀答曰寬義不以包苴汙家
適有人以鹿爲餉致而去不敢自欺故瘞之詵嗟異乃引爲按察
判官許妻以女歸語妻曰常求佳婿今得矣明日幃其族使觀之
寬時衣碧瘠而長既入族人皆笑呼爲碧鸛雀詵曰愛其女必以
爲賢公侯妻也何可以貌求人卒妻寬舉拔萃爲河南丞遷長安
尉宇文融爲侍御史括天下田奏爲江東覆田判官改太常博士
禮部建言忌日享廟應用樂寬自以情立議曰廟尊忌卑則作樂
廟卑忌尊則備而不奏中書令張說善之請如寬議遷刑部員外
郎萬騎將軍馬崇白日殺人而王毛仲方以貴倖將營其獄寬固
執不肯從河西節度使蕭嵩表爲判官歷兵部侍郎宰相裴耀卿
領江淮運列倉河陰奏寬爲戶部侍郎自副遷吏部出爲蒲州刺
史州久旱寬入境輒雨徙河南尹不屈附權貴河南大治縣金吾
大將軍授太原尹玄宗賦詩褒餞天寶初由陳留太守拜范陽節
度使時北平軍使烏承恩虜酋也與中人通數冒賄寬以法繩治
檀州刺史何僧獻生口數十寬悉歸之故夷夏感附三載用安祿
山守范陽召寬爲戶部尚書兼御史大夫裴敦復平海賊還廣張
功簿寬密白其妄會河北部將入朝盛譽寬敦且言華虜猶思之

帝嗟賞睠倚加厚李林甫恐其遂相又惡寬善李適之乃漏寬語
以激敦復敦復任氣而躁以林甫爲誠先是寬以所善請於敦復
即欲白發其言林甫趣之敦復未及聞邑幸溫泉宮而其下裨將
程藏曜曹鑒自以他事繫臺寬捕按之敦復謂寬求致其罪遽以
金五百兩賂貴妃姊因得事聞於帝由是貶寬睢陽太守及韋堅
獄起寬復坐親貶安陸別駕林甫任羅希奭殺李適之也亦使過
安陸將怖殺寬寬叩頭祈哀希奭乃去寬懼終見殺丐爲浮屠不
許稍遷東海太守徙馮翊入爲禮部尚書卒年七十五贈太子太
傅寬兄弟八人皆擢明經任臺省州刺史雅性友愛於東都治第
八院相對甥姪亦有名稱常擊鼓會飯其爲政務清簡所莅人愛
之世皆異其得宰相天寶間稱舊德以寬爲首然惑于佛喜與桑
門游習誦其書老彌篤云子諝

諝字士明擢明經調河南參軍事性通綽舉止不煩累遷京兆倉
曹參軍號王巨表署襄鄧營田判官母喪居東都會史思明亂逃

山谷間思明故爲寬將德寬舊恩且聞謂名遣捕騎跡獲之喜甚呼爲郎君僞授御史中丞賊殘殺宗室謂陰緩之全活者數百人又嘗疏賊虛實於朝事泄思明恨罵危死而免賊平除太子中允遷考功郎中數燕見奏事代宗幸陝謂徒步挾考功南曹印赴行在帝曰疾風知勁草果可信將用爲御史中丞爲元載沮却故拜河東租庸鹽鐵使時關輔旱謂入計帝召至便殿問権酤利歲出內幾何謂久不對帝復問曰臣有所思帝曰何邪謂曰臣自河東來涉三百里而農人愁歎穀菽未種誠謂陛下軫念元元先訪疾苦而乃責臣以利孟子曰治國者仁義而已何以利爲故未敢即對帝曰微公言朕不聞此拜左司郎中數訪政事載忌之出爲虔州刺史歷饒廬亳三州除右金吾將軍德宗新即位以刑名治天下百吏震服時大行將葬陵事禁屠殺尚父郭子儀家奴宰羊謂列奏帝謂不畏彊禦善之或曰尚父有社稷功豈不爲庇之謂笑曰非君所知尚父方貴盛上新即位必謂黨溪者衆今發其細過

以明不恃權耳吾上以盡事君之道下以安大臣不亦可乎時朝堂別置三司決庶獄辨爭者輒擊登聞鼓謂上疏曰諫鼓謗木之設所以達幽枉延直言今詭猾之人輕動天聽爭纖微若然者安用吏治乎帝然之於是悉歸有司謂惡法吏舞文或挾宿怨爲重輕因獻獄官箴以諷坐所善誅貶閬州司馬俄召爲太子右庶子進兵部侍郎至河南尹東都副留守凡五世爲河南謂視事未嘗敢當正處以寬厚和易爲治不鞫人以贓卒年七十五贈禮部尚書

寬弟子胄字胄叔擢明經佐李抱玉鳳翔幕府不得意謝歸更從宣歙觀察使陳少游抱玉怒劾貶桐廬尉時李栖筠觀察浙西幕府皆一時高選判官許鳴謙名知人見崔造及胄器之白栖筠取胄爲支使代宗惡宰相元載怙權召栖筠爲御史大夫欲以相栖筠引胄殿中侍御史尤爲載所惡會栖筠卒胄護喪歸洛陽人爲危之胄屹然不沮惴少游復表爲淮南觀察判官載誅始拜刑部員外郎遷宣州刺史楊炎當國爲載復讎窮擿所惡會胄部人積胄雜奉爲贓炎遣員寓募吏劾峭詆貶汀州司馬稍遷京兆少尹以父名不拜換國子司業遷江西觀察使初李兼嘗罷南昌卒千餘人收資糧爲月進胄白罷之樊澤從襄州宰相議所代德宗雅記胄乎遂拜荊南節度使是時方鎮爭剝下希恩制裒重錦異綾名貢奉有中使者即悉公帑市歡胄待之有節獻餉直不數金宴勞止三爵是時武臣多粗暴庸人待賓介不以禮少失意則以罪中傷之胄亦劾斥其管記世恨胄之沫于俗卒年七十五贈尚書右僕射謚曰成

陽嶠其先北平人世徙洛陽北齊尚書右僕射休之四世孫舉八科皆中調將陵尉累遷詹事司直長安中左右御史中丞桓彥範素怨己爭取爲御史楊再思素與嶠善知其意不樂彈抨事爲語彥範彥範曰爲官擇人豈待情樂乎唯不樂者固與之以伸難進抑躁求也遂爲右臺侍御史久乃遷國子司業嶠資謹飭好學喜誘勸後生脩講舍人以爲善職睿宗立進尚書右丞時議建都督

府擇最吏故嶠爲涇州都督議罷歷魏州刺史荊州長史本道按察使卒以精白聞魏州人詣闕下請嶠爲刺史故再治魏入爲國子祭酒封北平縣伯引尹知章范行恭趙玄默爲學官皆名儒冠云生徒游惰者至督以鞭楚人怨之乘夜毆嶠道中事聞詔捕毆者殺之嶠撫孤姪與子均常語人曰吾備位方伯而心亦昔時一尉耳以老致仕卒謚曰敬

宋慶禮洺州永平人擢明經補衛尉武后詔侍御史桓彥範行河北鄭斷居庸五回等路以支突厥召慶禮與議見其方略器之俄遷大理評事爲嶺南採訪使時崖振五州首領更相掠民苦于兵使者至輒苦瘴癘莫敢往慶禮身到其境諭首領大誼皆釋仇相親州土以安罷戍卒五千歷監察殿中侍御史以習識邊事拜河東河北營田使善騎日能馳數百里性甘於勞苦然好興作瀆塞掘穽植兵以邀虜徑議者訾其不切事稍遷貝州刺史復爲河北支度營田使初營州都督府治柳城扼制奚契丹武后時趙文翽

失兩蕃情攻殘其府吏治東漁陽城玄宗時奚契丹款附帝欲復治故城宋璟固爭不可獨慶禮執處其利乃詔與太子詹事姜師度左驍衞將軍邵宏等爲使築裁三旬畢俄兼營州都督開屯田八十餘所追拔漁陽淄青沒戶還舊田宅又集商胡立邸肆不數年倉廥充居人蕃輯卒贈工部尚書慶禮爲政嚴少私吏畏威不敢犯太常博士張星以好巧自是謚曰專禮部員外郎張九齡申駮曰慶禮國勞臣在邊垂三十年往城營州士纔數千無甲兵彊衞指期而往不失所慮遂罷海運收歲儲邊亭晏然其功可推不當醜謚慶禮兄子蔚玉亦自詣闕訴改謚曰敬

楊瑒字瑤光華州華陰人五世祖縉爲陳中書舍人名屬文終交愛允州都督武康郡公子林甫代領都督隋滅陳踰三年乃降徙長安林甫字衞卿爲柳城太守高祖軍興遣其子琮招之挈郡以來授檢校總管足疾不能造朝帝以絳州寒涼拜刺史累封宜春郡公琮字孝璋爲上津令會天下亂去官與秦王同里居武德初爲王府參軍兼庫直隱太子事平詔親王宰相一人入宴而琮獨預太宗賜懷昔賦申以恩意歷丙綏二州刺史姆饋孺子以餅妻僞受而棄之垣外人咨其廉瑒始爲麟游令時竇懷貞大營金仙玉眞二觀檄取畿內嘗負逋人貲者募斂之以佐費瑒拒不應懷貞怒曰縣令而拒大夫命乎瑒曰所論者民冤抑也位高下乎何取懷貞壯其對爲止初韋后表民二十二爲丁限及敗有司追趣其課瑒執不可曰韋氏當國擅權士大夫赦罪人皆不改奚獨取已寬之人重斂其租非所以保下之宜遂止不課由是名顯當世擢累侍御史京兆尹崔日知貪沓不法瑒與大夫李傑謀劾舉之反爲日知先構瑒廷奏曰肅繩之司一爲恐脅所屈開姦人謀則御史府可廢玄宗直之令傑還視事而逐日知瑒進歷御史中丞戶部侍郎帝嘗召宰相大臣議天下戶版延英殿瑒言利病尤詳帝欵賞於是宇文融建檢脫戶餘口瑒執不便融方貴公卿噤默唯瑒抗議故出爲華州刺史帝封太山集樂工山下居喪者

亦在行瑒謂起苴絰使和鍾律非人情所堪帝許乃免入爲國子祭酒表大儒王迴質尹子路白履忠等三人教授國子有詔迴質諫議大夫皇太子侍讀履忠老不任職拜朝散大夫罷歸子路直弘文館皆有名瑒奏有司帖試明經不質大義乃取年頭月尾孤經絕句且今習春秋三家儀禮者纔十二恐諸家廢無日請帖平文以存學家其能通者稍加優官冀孤學從之因詔以三家傳儀禮出身者不任散官遂著令生徒爲瑒立頌太學門又言古者卿大夫子弟及諸侯歲貢小學之異者入太學漸漬禮樂知朝廷君臣之序班以品類分以師長三德四教學成然後爵之唐興二監舉者千百數當選者十之二考功覆校以第謂經明行修故無多少之限今考功限天下明經進士歲百人二監之得無幾然則學徒費官稟而博士濫天祿者也且以流外及諸色仕者歲二千過明經進士十倍胥史浮虛之徒眊先王禮義非得與服勤道業者挈長短絕輕重也國家啓庠序廣化導將有以用而勸進之有司爲限約以黜退之欲望俊乂在朝難矣帝然其言再遷大理卿以疾辭改左散騎常侍卒年六十八贈戶部尚書謚曰貞瑒常歎士大夫不能用古禮因其家冠婚喪祭乃據舊典爲之節文揖讓威儀哭踊衰殺無有違者在官清白吏請立石紀德瑒曰事益於人書名史氏足矣若碑頌者徒遺後人作矴石耳瑒伯父志操頗剛簡未遇時著閑居賦自託常曰得田十頃僮婢十人下有兄弟布粟之資上可供先公伏臘足矣位終司屬卿安平縣男瑒從父兄晏精孝經學常手寫數十篇可教者輒遺之

崔隱甫貝州武城人隋散騎侍郎儦曾孫解褐左玉鈐衞兵曹參軍遷殿中侍御史內供奉浮屠惠範倚太平公主脅人子女隱甫劾狀反爲所擠貶邛州司馬玄宗立擢汾州長史兼河東道支度營田使還洛陽令梨園弟子胡鶵善笛有寵嘗負罪匿禁中帝以他事召隱甫從容指曰就卿丐此人對曰陛下輕臣而重樂工請解官再拜出帝遽謝與胡鶵隱甫殺之有詔貰死不及矣賜隱甫

百犦孫佺敗績于奚擢隱甫并州司馬護邊會兄逸甫疾甚未及行詔責逗留下除河南令累拜華州刺史太原尹入為河南尹居三歲進拜御史大夫初臺無獄凡有囚則繫大理貞觀時李乾祐為大夫始置獄由是中丞侍御史皆得繫人隱甫執故事廢掘諸獄其後患囚往來或漏泄復繫之廚院云臺中自監察御史而下舊皆得顓事無所承諮隱甫始一切令歸稟乃得行有忤意輒劾正多貶絀者臺吏側目威名赫然帝嘗詔校外官歲考異時必委曲參審竟春未定隱甫一日會朝集使詢逮檢實其暮皆訖議者服其敏帝嘗謂曰卿為大夫天下以為稱職張說當國隱甫素惡之乃與中丞宇文融李林甫暴其過不宜處位說賜罷然帝嫉朋黨免其官使侍母歲餘復為大夫遷刑部尚書兼河南尹帝還京師即拜東都留守累封清河郡公卒贈益州大都督謚曰忠始帝欲相隱甫也謂曰牛仙客可與語卿常見否對曰未也帝曰可見之隱甫終不詣他日又問對如初帝乃不用子弟或問故荅曰吾

不以其人微易之也其材不逮中人可與之對耶隱甫所至絜介自守明吏治在職以彊正稱云

贊曰嚴挺之拒宰相不肯見李林甫崔隱甫違詔不屈牛仙客信剛者乎二人坐是皆不得相彼亦各申其志也管夷吾以編棧諭之信曲與直不相函哉

李尚隱其先出趙郡徙貫萬年年二十舉明經再調下邽主簿州剌史姚班說其能器之神龍中左臺中丞侯令德為關內黜陟使尚隱佐之以最擢左臺監察御史於是崔湜鄭愔典吏部選附勢倖銓擬不平至逆用三年員闕村廉者輒不進俄而相踵知政事尚隱與御史李懷讓顯劾其罪湜等皆斥去睦州刺史馮昭泰性鷙刻人憚其彊嘗誣繫桐廬令李師旦二百餘家為妖蠱有詔御史覆驗皆稱病不肯往尚隱曰善良方蒙枉不為申明可乎因請行果推雪其冤湜愔復當路乃出尚隱為伊闕令懷讓魏令湜等伏誅玄宗知尚隱方嚴繇定州司馬擢吏部員外郎懷讓自河陽令拜兵部員外郎懷讓蒲人後歷給事中尚隱以將作少監營橋陵封高邑縣男未幾進御史中丞御史王旭招權稍不制仇家告其罪尚隱窮治具得姦贓無假借遂抵罪進兵部侍郎俄出為蒲州刺史浮屠懷照者自言母夢日入懷生已鑱石著驗聞人馮待徵等助實其言尚隱劾處妖妄詔流懷照播州再遷河南尹尚隱性剛亮論議皆披心示誠處事分明御下不苛密尤詳練故實前後制令誦記略無遺妖賊劉定高夜犯通洛門尚隱坐不素覺左遷桂州都督帝遣使勞曰知卿忠公然國法須爾因賜雜綵百匹遣之遷廣州都督五府經略使及還人或褱金以贈尚隱曰吾自性分不可易非畏人知也代王丘為御史大夫時司農卿陳思問引屬吏多小人乾隱錢穀尚隱按其違贓累鉅萬思問流死嶺南改尚隱太子詹事不閱旬進戶部尚書前後更揚益二州長史東都留守爵高邑伯開元二十八年以太子賓客卒年七十五謚曰貞尚隱三入御史府輒繩惡吏不以殘摯失名所發當世素議歸

重仕官未嘗以過謫惟劾詆幸臣及坐小法左遷復見用以循吏終始云自開元二十二年置京畿採訪處置等使用中丞盧奐為之尚隱以大夫不充使永泰以後大夫王翊崔渙李涵崔寧盧杞乃為之

解琬魏州元城人舉幽素科中之調新政尉後自成都丞奏事稱旨擢除監察御史以喪免武后顧琬習邊事迫追西撫羌夷琬因乞終喪后嘉許之詔服除赴屯遷侍御史安撫烏質勒及十姓部落以功擢御史中丞兼北庭都護西域安撫使琬與郭元振善宗楚客惡之左授滄州刺史為政引大體部人順附景龍中遷御史大夫兼朔方行軍大摠管前後乘邊積二十年大抵務農習戰多為長利華虜安之景雲二年復為朔方軍大摠管分遣隨軍要籍官河陽丞張冠宗肥鄉令韋景駿普安令于處忠料三城兵省其戍十萬人改右武衞大將軍兼檢校晉州刺史濟南縣男以老丐骸骨不待報輒去優詔以金紫光祿大夫聽致仕準品給全祿璽

書勞問會吐蕃騷邊復召授左散騎常侍詔與虜定經界因請輯十姓降戶琬建言吐蕃不可以信約請調兵十萬屯秦渭間防遏其姦是冬吐蕃果入寇爲秦渭兵擊走之俄復請老不許遷太子賓客年八十餘開元五年終同州刺史

裴陽宋楊崔李解列傳第五十五

以鉊

宗室宰相列傳第五十六　唐書一百三十一

宋祁奉敕撰

李適之恒山愍王孫也始名昌神龍初擢左衛郎將開元中遷累通州刺史以辦治聞按察使韓朝宗言諸朝擢秦州都督徙陝州刺史河南尹其政不苛細爲下所便玄宗患穀洛歲暴耗徙力詔適之以禁錢作三大防曰上陽積翠月陂自是水不能患刻石著功詔永王璘書皇太子瑛署額進御史大夫二十七年兼幽州長史知節度事適之以祖被廢而父象見逐武后時葬有闕至是丐陪葬昭陵闕中詔可襃冊典物煇照都邑行道爲咨歎遷刑部尚書適之喜賓客飲酒至斗餘不亂夜宴娛晝決事案無留辭天寶元年代牛仙客爲左相累封清和縣公嘗與李林甫爭權不協林甫陰賊即好謂適之曰華山生金采之可以富國顧上之知適之性疏信其言他日從容爲帝道之帝喜以問林甫對曰臣知之舊矣顧華山陛下本命王氣之舍不可以穿治故不敢聞帝以林甫爲愛己而薄適之不親於是皇甫惟明韋堅裴寬韓朝宗皆適之厚善悉爲林甫所構得罪適之懼不自安乃上宰政求散職以太子少保罷欣然自以爲免禍俄坐韋堅累貶宜春太守會御史羅希奭陰被詔殺堅等貶所州縣震恐及過宜春適之懼仰藥自殺

李峴吳王恪孫也折節下士長吏治天寶時累遷京兆尹玄宗歲幸溫湯甸內巧供億以媚上峴獨無所獻帝異之楊國忠使客蹇昂何盈擿安祿山陰事諷京兆捕其第得安岱李方來等與祿山反狀縊殺之祿山怒上書自言帝懼變出峴爲零陵太守峴爲政得人心時京師米翔貴百姓乃相與謠曰欲粟賤追李峴尋徙長沙永王爲江陵大都督假峴爲長史至德初肅宗召之拜扶風太守兼御史大夫明年擢京兆尹封梁國公乾元二年以中書侍郎同中書門下平章事於是呂諲李揆第五琦同輔政而峴位望最舊事多獨決諲等不平李輔國用權制詔或不出中書百司莫敢覆峴頓首帝前極言其惡帝悟稍加檢制輔國由是讓行軍司馬然深銜峴鳳翔七馬坊押官盜掠人天興令謝夷甫殺之輔國諷其妻使訴枉詔監察御史孫鎣鞫之直夷甫其妻又訴詔御史中丞崔伯陽刑部侍郎李曄大理卿權獻爲三司訊之無異辭妻不已輔國助之乃令侍御史毛若虛覆按若虛委罪夷甫言御史用法不端伯陽怒欲質讓若虛馳入自歸帝帝留若虛簾中頃伯陽等至劾若虛傅中人失有罪帝怒叱之貶伯陽高要尉權獻杜陽尉逐李曄嶺南流鎣播州峴謂責太重入言於帝曰若虛希旨用刑亂國法陛下信爲重輕示無御史臺帝怒李揆不敢爭乃出峴爲蜀州刺史時右散騎常侍韓擇木

入對帝曰峴欲專權耶乃去任毛若虛示無御史臺朕今出之尚恨法太寬
擇木曰峴言直不敢專權陛下寬之衹益盛德耳代宗立毀荆南節度知江
淮選補使入爲禮部尚書兼宗正卿乘輿在陜由商山走帝所還京拜門下
侍郎同中書門下平章事故事政事堂不接客自元載爲相中人傳詔者引
升堂置榻待之峴至即敕吏撤榻又奏常參官舉才任諫官憲官者無限員
不踰月爲要近譖短遂失因罷爲太子詹事遷吏部尚書復知江淮選改檢
校兵部尚書兼衢州刺史卒年五十八初東京平陳希烈等數百人待罪議
者將悉抵死帝意亦欲懲天下故崔器等附致深文峴時爲三司獨曰法有
首有從情有重有輕若一切論死非陛下與天下惟新意且羯胡亂常誰不
凌汙衣冠奔亡各顧其生可盡責那陛下之親戚勳舊子孫一日皆血鈇
碪尚爲仁恕哉書稱殲厥渠魁脅從罔治況河北殘孽劫服官吏其人尚多
今不開自新之路而盡誅之是堅叛者心使爲賊致死困獸猶鬬況數萬人
乎器與呂諲皆鯫鯫文吏據常議不及大體尚騰煩固爭數日乃見聽
衣冠蒙更生賊亦不能使人歸怨天子峴力也峴兄峘嶧峘從上皇峴翊戴
肅宗以勳力相高同時爲御史大夫俱判臺事又合制封公而嶧爲戶部
侍郎銀青光祿大夫同居長興里第門列三戟

李勉字玄卿鄭惠王元懿曾孫父擇言累爲州刺史封安德郡公以吏治稱張
嘉貞爲益州都督性簡貴接部刺史倨甚擇言守漢州獨引同榻坐講繹政
事名重當時勉少喜學內沈雅外清整始調開封尉汴州水陸一都會俗厖錯
號難治勉摧姦決隱爲有名從肅宗於靈武擢監察御史時武臣崛興無法度大
將管崇嗣背闕坐笑語諠縱勉劾不恭帝歎曰吾有勉乃知朝廷之尊遷司膳
員外郎關東獻俘百將即死有歎者勉過問曰被脅而官非敢反勉入見帝曰
寇亂之汙半天下其欲澡心自歸無繇如盡殺之是驅以助賊也帝馳騎完宥
後歸者日至累爲河東王思禮朔方河東都統李國貞行軍司馬進梁州刺史
勉假王晬南鄭令晬爲權幸所誣詔誅之勉曰方藉牧宰爲人父母豈以讒殺
良吏乎即拘晬爲請得免晬後以推擇爲龍門令果有名羌渾奴剌寇梁州勉不
能守召爲大理少卿然天子素重其正擢太常少卿欲遂柄用而李輔國諷使
下己勉不肯乃出爲汾州刺史歷河南尹徙江西觀察使屬兵睦鄉平賊屯部人
父病爲蠱求厭者以木偶署勉名埋之掘治驗服勉曰是爲其父則孝也縱不
誅入爲京兆尹兼御史大夫魚朝恩領國子監威寵震赫前尹黎幹諂事之
須其入敕吏治數百人具以餉至是吏請勉不從曰吾候太學彼當具享宜容
幸過府則脩具朝恩銜之亦不復至太學久之拜嶺南節度使番禺賊馮崇道

桂叛將朱濟時等負險爲亂殘十餘州勉遣將李觀率容州刺史王翃討斬之
五嶺平西南夷舶歲至纔四五譏視苛謹勉既廉絜又不暴征明年至者乃
四十餘柁居官久未嘗抆飾器用車服後召歸至石門盡搜家人所蓄犀珍投
江中時人謂可繼宋璟盧奐李朝隱部人叩闕請立碑頌德代宗許之進工部
尚書封汧國公滑亳節度使令狐彰且死表勉爲代從之勉居鎮且八年以舊
德方重不威而治東諸帥暴桀者皆尊憚之田神玉死詔勉節度汴宋未行汴
將李靈曜反魏將田悅以兵來叩汴而屯勉與李忠臣馬燧合討之淮西軍據
汴北河陽軍壁其東大將杜如江尹伯良與悅戰匡城不勝徙軍與靈曜合忠
臣將軍李重倩夜攻其營與河陽軍合譟賊不陣潰悅走河北靈曜奔韋城
爲如江所禽勉縛以獻斬闕下既而忠臣專汴故勉還滑臺明年忠臣爲麾
下所逐復詔勉移治汴德宗立就加同中書門下平章事俄爲汴宋滑亳河陽
等道都統建中四年李希烈圍襄城詔勉出兵救之帝又遣神策將劉德信以
兵三千援接勉奏言賊以精兵攻襄城而許必虛今兵直擣許則襄圍解不
待報使其將唐漢臣與德信襲許未至數十里有詔詰讓二將懼而還次扈澗
不設備爲賊所乘殺傷什五輜械盡亡漢臣走汴德信走汝勉懼東都危復遣
兵四千往戍賊斷其後不得歸於是希烈自將攻勉勉氣索嬰守累月援

莫至哀兵萬人潰圍出東保睢陽興元元年勉固讓都統以檢校司徒平章事
召既見帝素服待罪詔不許勉內愧取充位而已不敢有所與貞元初帝起盧
杞爲刺史袁高還詔不得下帝問勉曰衆謂盧杞姦邪朕顧不知謂何勉曰天
下皆知而陛下獨不知此所以爲姦邪也時韙其對然自是益見疏居相二歲
辭位以太子太師罷卒年七十二贈太傅諡曰貞簡勉少貧狹客梁宋與諸生
共逆旅諸生疾且死出白金曰左右無知者幸君以此爲我葬餘則君自取之
勉許諾既葬密置餘金棺下後其家謁勉共啟墓出金付之位將相所得奉賜
悉遺親黨身歿無贏藏其在朝廷鯁亮廉介爲宗臣表禮賢下士有終始嘗引
李巡張參在幕府後二人卒至宴飲仍設虛位沃饋之遣戍兵常餽其貲擅春
秋存問家室故能得人死力善鼓琴有所自製天下寶之樂家傳響泉韻
磬勉所愛者

李夷簡字易之鄭惠王元懿四世孫以宗室子始補鄭丞德宗幸奉天朱泚外
示迎天子遣使東出關至華候吏李翼不敢問夷簡謂曰泚必反向發幽隴
兵五千救襄城乃賊舊部是將追還耳上越在外召天下兵未至若凶狡還西
助泚送死危禍也請驗之翼馳及潼關果得召符白于關大將駱元光乃斬賊
使收僞符獻行在詔即拜元光華州刺史元光掠功故無知者夷簡弃官去擢

進士第中拔萃科調藍田尉遷監察御史坐小累下遷虔州司戶參軍九歲復為殿中侍御史元和時至御史中丞京兆尹楊憑性驕侈始為江南觀察使冒沒于財夷簡為屬刺史不為憑所禮至是發其貪墨貶臨賀尉夷簡賜金紫以戶部侍郎判度支俄檢校禮部尚書山南東道節度使初貞元時取江西兵五百戍襄陽制蔡右脅仰給度支後亡死略盡而歲取資不置夷簡曰邊安蕃重可乎奏罷之閱三歲徙帥劍南西川舊嶲州刺史王顒積姦贓屬蠻怨叛去夷簡逐顒占檄諭禍福蠻落復平始韋皋作奉聖樂于頔作順聖樂常奏之軍中夷簡輒廢去謂禮樂非諸侯可擅制語其屬曰我欲蓋前人非以詔戒後來十三年召為御史大夫進門下侍郎同中書門下平章事李師道方叛裴度當國帝倚以平賊夷簡自謂才不能有以過度乃求外遷以檢校尚書左僕射平章事為淮南節度使穆宗立有司方議廟號夷簡建言王者祖有功宗有德大行皇帝有武功廟宜稱祖詔公卿禮官議不合止久之請老朝廷謂夷簡齒力可任不聽以右僕射召辭不拜復以檢校左僕射兼太子少師分司東都明年卒年六十七贈太子太保夷簡致位顯處以直自閑未嘗苟辭氣悅人歷三鎮家無產貲病不迎醫將終戒毋事浮屠無碑神道惟識墓則已世謂行己能有終始者

。李程字表臣襄邑恭王神符五世孫也擢進士宏辭賦日五色造語警拔士流推之調藍田尉縣有滯獄十年程單言輒判京兆狀最遷監察御史召為翰林學士再遷司勳員外郎爵渭源縣男德宗季秋出畋有寒色顧左右曰九月猶衫二月而袍不為順時朕欲改月謂何左右稱善程獨曰玄宗著月令十月始裘不可改帝矍然止學士入署常視日影為候程性懶日過八塼乃至時號八塼學士元和三年出為隨州刺史以能政賜金紫服李夷簡鎮西川辟成都少尹以兵部郎中入知制誥韓弘為都統命程宣慰汴州歷御史中丞鄂岳觀察使還為吏部侍郎敬宗初以本官同中書門下平章事帝沖逸好宮室畋獵功用奢廣程諫曰先王以儉德化天下陛下方諒陰未宜興作願回所費奉園陵帝嘉納又請置侍講學士選名臣備訪問加中書侍郎進彭原郡公寶歷二年檢校吏部尚書同平章事為河東節度使徙河中召拜尚書左僕射俄檢校司空領宣武山南東道節度再為僕射先是元和長慶時僕射視事百官皆賀四品以下官荅拜大和四年詔不荅拜王涯竇易直行之自如程循其故不自安言諸朝御史中丞李漢謂不荅拜於禮太重文宗不許聽用大和詔書議者不善也程為人辯給多智然簡侻無儀檢雖在華密而無重望最為帝所遇嘗曰高飛之翮長者在前卿朝廷羽翮也武宗立為東都留守卒年七十七贈太保謚曰繆子廓第進士累遷刑部侍郎大中中拜武寧節度使不能治軍補闕鄭魯奏言新麥未登徐必亂既而果逐廓乃擢魯起居舍人

李石字中玉襄邑恭王神符五世孫元和中擢進士第辟李聽幕府從歷四鎮有材略為吏精明聽每征伐必留石主後務大和中為行軍司馬聽以兵北渡河令石入奏占對華敏文宗異之府罷擢工部郎中判鹽鐵案令狐楚節度河東引為副使入遷給事中累進戶部侍郎判度支帝惡李宗閔等以黨相排背公害政乃舊臣皆疑不用取後出孤立者欲懲以之故李訓等至宰相訓誅死乃擢石以本官同中書門下平章事仍領度支石器雄遠當軸秉權亡所撓方是時宦寺氣盛陵暴朝廷每對延英而仇士良等往往斥訓以折大臣石徐謂曰亂京師者訓也然其進孰為之先士良等為縮不得對氣益奪搢紳賴以為彊它日紫宸殿宰相進及陛帝喟而嘆石進曰陛下之歎臣固未諭敢問所從帝曰朕歎治之難也且朕即位十年不能得治本故前歲有疾今茲震擾皆自取之夫託億兆之上不能以美利及百姓焉得久無事乎石曰陛下罪己當然然責治太早雖十年致養德適成爾天下治不治要自今觀之且人之氣志雖賢聖猶有優劣故仲尼稱三十而立四十不惑陛下春秋少非起人間也而知人情偽今自視何如即位時帝曰有間矣石曰古之聖賢必觀書以考察往行然後成治功陛下積十年盛德日新然向所以疾矣震驚者天其固陛下之志乎誠務修將來之政視太宗致昇平之期猶不為晚帝曰行之得至乎石曰今四海無事一唯登拔才良使小大各任其職愛人節用國有餘力下不加賦太平之術也于時大臣新族死歲苦寒外情不安帝曰人心未舒何也石曰刑殺太甚則致陰沴比鄭注多募鳳翔兵至今誅索不已臣恐緣以生變請下詔慰安之帝曰善又問奈何致太平之難鄭覃曰欲天下治莫若恤人石即贊曰恤之得術尚何太平之難陛下節用度去冗食簿最不得措其姦則百司治百司治天下安矣帝感然曰我思貞觀開元時以視今日即氣拂吾膺石曰治道本於上而下罔敢不率帝曰不然張元昌為左街副使而用金唾壺比坐事誅之吾聞禁中有金鳥錦袍二昔玄宗幸溫泉與楊貴妃衣之今富人時時有之石曰毛玠以清德為魏尚書而人不敢鮮衣美食況天子獨不可為法乎是時宰相吏卒因內變多死詔江西湖南索募直助召士力石建言宰相左右天子教化若徇正忘私宗廟神靈猶當祐之雖有盜無害也有如挾姦自植雖黨害正直雖加之防鬼得以誅無所事於召募請直以金吾為衛帝嘗顧鄭覃曰覃老矣當無妄試諭我猶漢何等主覃曰陛下文宣主也帝曰渠敢望是石欲彊帝志使不怠因曰陛下之問而覃之對臣皆以為非顏回匹夫耳自比於舜陛下有四海春秋富當觀得失於前日引月長以希堯舜奈何比

文宣而又自以爲不及惟陛下開肆廠志不以文宣自安則大業濟矣中人自邊還走馬入金光門道路妄言兵且至京師讙走塵起百官或韈而騎臺省吏稍稍逍去鄭覃將出石曰事未可知宜坐須其定宰相走則亂矣若變出不虞逃將安適人之所瞻不可忽也益治簿書帝然如平時里閭群無賴望南闕陰持兵俟變金吾大將軍陳君賞率衆立望仙門內使趣閉門君賞不從日入乃止當是時非石鎮靜君賞有謀幾亂開成赦令賜京畿一歲租停方鎮正至端午三歲獻以其直代百姓配緡天下非藥物茗果它貢悉禁又罷宣索營造帝曰朕務其實不欲事空文石以異時詔令天子多自踰之因請內置赦令一通以時省覽臨遣十道黜陟使敕以政治根本使與長吏奉行之乃盡病利俄進中書侍郎帝嘗曰朕觀晉君臣以夷曠致傾覆當時卿大夫過邪石曰然古詩有之人生不滿百常懷千歲憂畏不逢也晝短苦夜長闇時多也何不秉燭游勸之照也臣願捐軀命濟國家惟陛下鑒照不惑則安人彊國其庶乎又言致治之道在得人德宗多猜貳仕進之塗塞奏請輒報罷東省閉闥累月南臺惟一御史故兩河諸侯競引豪英士之喜利者多趨之用爲謀主故藩鎮日橫天子爲旰食元和間進用日廣陛下嗣位推賢是咨士皆在朝廷彼彊宇中兵如故而低摧順屈者士不之助也帝曰天下之勢猶持衡然此首重則彼尾

輕矣其爲我博選士朕且用之石奏咸陽令韓遼治興成渠渠當咸陽右十八里左直永豐倉秦漢故漕渠成起咸陽抵潼關三百里無車輓勞則轉下牛盡可耕來利泰中矣李固言曰然恐役非其時奈何帝曰以陰陽拘畏乎苟利於人朕奚慮哉石用韓益判度支案以贓敗石曰臣本以益知財利不保其今貪帝曰宰相任人知則用過則棄謂之至公它宰相所用彌蔽其過此其私也三年正月將朝騎至親仁里狙盜發射石傷馬逸盜斲之坊門絕馬尾乃得脫天子駭愕遣使者慰撫賜良藥始命六軍衛士二十人從宰相是日京師震恐百官造朝纔十一石因臥家固辭位有詔以中書侍郎平章事爲荊南節度使始訓注亂權歸闍豎天子畏偪幾不立石起爲相以身徇國不卹近倖張權綱欲還王室收威柄而仇士良疾之將加害帝知其然而未爲之遂罷去遣日嚮賚都闕士人恨憤石讓中書侍郎換檢校兵部尚書它不聽會昌三年檢校司空徙節河東會伐潞詔以太原兵助王逢軍榆社石起横水戍千五百人令別將楊弁領之常曰軍興人賜二縑治裝會財匱而給以半士怨又促其行弁乘隙激衆以亂還兵逐石出之詔以太子少傅分司東都俄檢校吏部尚書即拜留守卒年六十二贈尚書右僕射弟福字能之大和中第進士楊嗣復領劍南辟幕府崔鄲輔政兼集賢殿大學士引爲校理調藍田尉後石當國薦福可任治人錄監察御史至戶部郎中累歷州刺史進諫議大夫大中時党項羌震擾議者以將臣貪卑産虜怨議擇儒臣治邊乃授福夏綏銀節度使宣宗臨軒諭遣福以善政聞徙鎮鄭滑再遷兵部侍郎判度支出爲宣武節度使入遷戶部尚書會蠻侵蜀詔福持節宣撫即拜劍南西川節度使同中書門下平章事與蠻戰敗績貶蘄王傅分司東都僖宗初以檢校尚書左僕射就拜留守改山南東道節度使王仙芝寇山南福團訓鄉兵數邀險須之賊不敢入轉略岳鄂以逼江陵節度使楊知溫求援於福乃自將州兵率沙陀壯騎五百赴之賊已殘江陵郛而聞福至乃走以勞檢校司空同中書門下平章事還朝以太子太傅卒

○李回字昭度新興王德良六世孫本名纏字昭回避武宗諱改焉長慶中擢進士第又策賢良方正異等辟義成淮南幕府稍遷監察御史累進起居郎李德裕雅知之爲人彊幹所涖無不辦繇職方員外郎判戶部案四遷中書舍人會昌中以刑部侍郎兼御史中丞時方伐劉稹武宗慮河朔列鎮陰相締以撓兵事德裕薦回持節往諭何弘敬王元逵以澤潞逼京洛非若河北三鎮國家許世以壤地傳子孫者且稹父子無功悖誼理上以邢洺磁三州與河北比境用軍莫便魏鎮宜王師不欲輕出山東請公等取三州報天子二將聽命又張仲武以幽州兵攻回鶻而與劉沔不協回至諭以大義仲武釋然即合太原軍

攻潞後以回爲使督戰至蒲東王宰石雄橐鞬謁道左回不施行顧左右呼直史責破賊限牒宰等震恐期六旬取潞否則死之未及期二日賊平以戶部侍郎判戶部事俄進中書侍郎同中書門下平章事武宗崩爲山陵使還門下侍郎兼戶部尚書出爲劍南西川節度使以與德裕善徙吳湘獄時回爲中丞坐不糾擿貶湖南觀察使俄以太子賓客分司東都給事中還制謂責回薄遂貶賀州刺史徙撫州長史卒大中九年詔復湖南觀察使贈刑部尚書

贊曰周之鄉士周召毛原皆同姓國也唐宰相以宗室進者九人林甫姦諛幾亡天下李程知柔在位無所發明其餘以材稱職號賢宰相秦隋棄親侮賢皆二世而滅周唐任人不疑得親親用賢之道饗國長久嗚呼盛歟

列傳第五十六

劉吳韋蔣柳沈列傳第五十七

宋祁奉敕撰

劉子玄名知幾以玄宗諱嫌故以字行年十二父藏器為授古文尚書業不進父怒楚督之及聞為諸兄講春秋左氏冒往聽退輒辨析所疑歎曰書如是兒何怠父奇其意許授左氏逾年遂通覽羣史与兄知柔俱以善文詞知名擢進士第調獲嘉主簿武后證聖初詔九品以上陳得失子玄上書譏每歲一赦或一歲再赦小人之幸君子之不幸又言君不虛授臣不虛受妄受不為忠妄施不為惠今羣臣无功遭遇輒遷至都下有車載斗量杷推椀脫之諺又謂刺史非三載以上不可徙宜課功殿明賞罰后嘉其直不能用也時吏橫酷淫及善人公卿被誅死者踵相及子玄悼士无良而甘於禍作思慎賦以刺時蘇味道李嶠見而歎曰陸機豪士之流乎周身之道尽矣子玄与徐堅元行冲吳兢等善嘗曰海內知我者數子耳累遷鳳閣舍人兼脩國史中宗時擢太子率更令介直自守累歲不遷會天子西還子玄自乞留東都三年或言子玄身史臣而私著述驛召至京領史事遷秘書少監時宰相韋巨源紀處訥楊再思宗楚客蕭至忠皆領監脩子玄病長官多意尚不一而至忠數責論次无功又仕偃蹇乃奏記求罷去因為至忠言五不可曰古之國史皆出一家未聞藉功于衆唯漢東觀集羣儒纂述无主條章不建

今史司取士滋多人自為荀袁家自為政駿每記一事載一言閣筆相視含毫不斷頭白可期汗青无日一不可漢郡國計書上太史副上丞相後漢公卿所撰先集公府乃上蘭臺故史官載事為廣今史臣唯自詢采二史不注起居百家弗通行狀二不可史局深籍禁門所以杜顏面防請謁也今作者如林儻宗褒貶曾未絕口而朝野咸知孫盛取嫉權門王劭見讎貴族常人之情不能无畏三不可古者史氏各有指歸故司馬遷退處士進姦雄班固抑忠臣飾主闕今史官注記類稟監脩或須直辭或當隱惡十羊九牧其令難行四不可今監者不肯指授脩者又不遵奉務相推避以延歲月五不可又言朝廷厚用其才而薄其禮至忠得書悵惜不許楚客等惡其言訐切謂諸史官曰是子作書欲致吾何地始子玄脩武后實錄有所改正而武三思等不聽自以為見用於時而志不遂乃著史通內外四十九篇譏評今古徐堅讀之歎曰為史氏者宜置此坐右也又嘗自比揚雄者四雄好雕蟲小伎老而為悔吾幼喜詩賦而壯不為期以述者自名雄准易作經當時咲之吾作史通俗以為愚雄著書見尤於人作解嘲吾亦作釋蒙雄少為范逡劉歆所器及聞作經以為必覆醬瓿吾始以文章得譽晚談史傳由是減價其自感槩如此子玄內負有所未尽乃委國史於吳兢別撰劉氏家史及譜考上推漢為陸終苗裔非堯後彭城叢亭里諸劉出楚孝王囂曾孫居巢侯般不承元王按據明審議者高其博嘗曰吾若得封必以居巢紹司徒舊邑後果封居巢縣子鄉人以其兄弟六人俱有名號其鄉曰高陽里曰居巢累遷太子左庶子兼崇文館學士皇太子將釋奠國學有司具儀從臣著衣冠乘馬子玄議古大夫以上皆乘車以馬為騑服魏晉後以牛駕車江左尚書郎輒輕乘馬則御史劾治顏延年罷官乘馬出入閭里世稱放誕此則乘馬宜從褻服之明驗今陵廟巡謁王公冊命士庶親迎則盛服冠履乘輅車他事無車故貴賤通乘馬比法駕所幸侍臣皆馬上朝服且冠履惟可配車故博帶襃衣革履高冠是車中服韈而鐙跣而鞍非唯不師於古亦自取驚流俗馬逸人顛受嗤行路太子從之因著為定令開元初遷左散騎常侍嘗議孝經鄭氏學非康成注舉十二條左證其謬當以古文為正易无子夏傳老子書无河上公注請存王弼學宰相宋璟等不然其論奏與諸儒質辯博士司馬貞等阿意共黜其言請二家兼行惟子夏易傳請罷詔可會子貺為太樂令抵罪子玄請於執政玄宗怒貶安州別駕卒年六十一子玄領國史且三十年官雖徙職常如舊禮部尚書鄭惟忠嘗問自古文士多史才少何耶對曰史有三長才學識世罕兼之故史者少夫有學无才猶愚賈操金不能殖貨有才无學猶巧匠無楩柟斧斤弗能成室善惡必書使驕君賊臣知懼此為無可加者時以為篤論子玄善持論辯據明銳視諸儒皆

出其下朝有論著輒豫歿後帝詔河南就家寫史通讀之稱善追贈工部尚書謚曰文六子貺餗彙秩迅迴

貺字惠卿好學多所通解子玄卒有詔訪其後擢起居郎歷右拾遺內供奉獻續說苑十篇以廣漢劉向所遺而刋落怪妄貺嘗以竹書紀年序諸侯列會皆舉謚後人追脩非當時正史如齊人殲于遂鄭棄其師皆孔子新意師春一篇録卜筮事與左氏合知按春秋經傳而為也因著外傳云子滋泱

滋字公茂通經術喜持論以陰歷漣水令楊綰薦材堪諫官累授左補闕父之去養親東都河南尹李廙奏補功曹毋喪解服除以司勳員外郎判南曹勤職奉法進至給事中興元元年以吏部侍郎知南選時大盜後旱蝗相仍吏不能詣京師故命滋至洪州調補以振職聞貞元二年擢左散騎常侍同中書門下平章事為相无所設施廉謹畏慎而已明年罷又明年復為吏部侍郎遷尚書會御史中丞韋貞伯劾奏吏選不實滋當復跡姧吏因得為姦詔與侍郎杜黃裳奪階卒贈陝州大都督謚曰貞泱亦有孝稱生子敦儒家東都母病狂易非笞掠人不能安左右皆亡去敦儒日侍疾體常流血母乃能下食敦儒怡然不為痛隱留守韋夏卿表其行詔標闕于閭元和中權德輿與復薦之乃授左龍武軍兵曹參軍分司東都在母喪毀瘠幾死時謂劉孝子後為起居郎達禮好古有祖風云

餗字鼎卿天寶初歷集賢院學士兼知史官終右補闕父子三人更涖史官著史例頗有法彙東左散騎常侍終荆南節度使子贇以蔭仕爲鄠丞杜鴻漸自劔南還過鄠厨驛豐給楊炎薦彙名儒子擢浙西觀察判官炎入相進歙州刺史政幹彊濟野媪將爲虎噬幼女呼號搏虎俱免觀察使韓滉表贇治有異行加金紫徙常州滉輔政分所統爲三道以贇爲宣州刺史都團練觀察使治宣十年贇奉无學弟以剛猛立威官吏重足一迹宣既富饒即厚歛廣貢奉以結恩又不能訓子皆驕傲不度素業衰矣卒贈吏部尚書謚曰敬迴以剛直稱第進士歷殿中侍御史佐江淮轉運使時新吏安史乱迴餽運財賦力千職大曆初爲吉州刺史治行尤異累遷給事中

秩字祚卿開元末歷左監門衛録事參軍事稍遷憲部員外郎坐小累下除隴西司馬安禄山反哥舒翰守潼關楊國忠欲奪其兵秩上言翰兵天下成敗所繫不可忽房琯見其書以比劉更生至德初遷給事中久之出爲閬州刺史貶撫州長史卒所著政典止戈記至德新議等凡數十篇

迅字捷卿歷京兆功曹參軍事常寢疾房琯聞憂不寐曰捷卿有不諱天理欺矣陳郡殷寅名知人見迅歎曰今黄叔度也劉晏每聞其論曰皇王之道盡矣上元中避地安康卒迅續詩書春秋礼樂五説書成語人曰天下滔滔知我者希終不以示人云

吳兢汴州浚儀人少厲志貫知經史方直寡諧比惟与魏元忠朱敬則游二人者當路薦兢才堪論譔詔直史館脩國史遷右拾遺内供奉神龍中改右補闕節閔太子難姦臣誣構安國相王与謀朝廷大恐兢上言文明後皇運不殊如帶陛下龍興恩被骨肉相王与陛下同氣親莫加焉今賊臣日夜陰謀必欲寘之極法相王仁孝遭荼苦哀毀以陛下爲命而自託於手足若信邪佞委之於法傷陛下之恩失天下望芟刈股肱獨任胷臆可爲寒心自昔翦伐宗支委任異姓未有不亡者秦任趙高漢任王莽晉家自相魚肉隋室猜忌子弟海内麋沸驗之覆車安可重跡且根朽者葉枯源涸者流竭子弟國之根源可使枯竭哉皇家枝幹裁其略尽陛下即位四年一子弄兵被誅一子以罪謫去惟相王朝夕左右斗粟之刺蒼蠅之詩不可不察伏願陛下全常棣之恩慰罔極之心天下幸甚累遷起居郎與劉子玄徐堅等並職玄宗初立収還權綱銳於决事羣臣畏伏兢慮帝果而不及精乃上疏曰自古人臣不諫則國危諫則身危臣愚食陛下禄不敢避身危之禍比見上封事者言有可采但賜束帛而已未嘗蒙召見被拔擢其忤旨則朝堂決杖傳送本州或死於流貶由是臣下不敢進諫古者設誹謗木欲聞已過今封事謗木比也使所言是有益於國使所言非无累於朝陛下何遽加斥逐以杜塞直言道路流傳相視怪愕夫漢高帝赦周昌桀紂之對晉武帝受劉毅桓靈之譏况陛下啓達大度不能容此狂直耶夫人主居尊極之位顓生殺之權其爲威嚴峻矣開情抱納諫諍下猶懼不敢盡奈何以爲罪且上有所失天下必知之故鄭人欲毁鄉校而子産不聽也陛下初即位猶有褚无量張廷珪韓思復辛替否柳澤袁楚客等數上疏爭時政得失自頃上封事往往得罪諫者頓少是鵲巢覆而鳳不至理之然也臣誠恐天下骨鯁士以讜言爲戒橈直就曲斵方爲刓偷合苟容不復能盡節忘身納君於道矣夫帝王之德莫盛於納諫故曰木從繩則正后從諫則聖又曰朝有諷諫猶髮之有梳猛虎在山林藜藿爲之不采忠諫之有益如此自古上聖之君恐不聞己過故堯設諫鼓禹拜昌言不肖之主自謂聖智拒諫害忠桀殺關龍逢而滅於湯紂殺王子比干而滅於周此其驗也夫與治同道罔不興與乱同道罔不亡人將疾必先不甘魚肉之味國將亡必先不甘忠諫之説嗚呼惟陛下深監于茲哉隋煬帝驕矜自負以爲堯舜莫己若而諱亡憎諫乃曰有諫我者當時不殺後必殺之大臣蘇威欲開一言不敢發因五月五日獻古文尚書帝以爲訕已即除名蕭瑀諫无伐遼出爲河西郡守董純諫无幸江都就獄賜死自是蹇諤之士去而不顧外雖有變朝臣鉗口帝不知也身死人手子孫勦絶爲天下笑太宗皇帝好悅至言時有魏徵王珪虞世南李大亮岑文本劉洎馬周褚遂良杜正倫高季輔咸以切諫引居要職嘗謂宰相曰自知者爲難如文人巧工自謂己長

若使達者大匠詆訶商略則蕪辝拙跡見矣天下万機一人聽斷雖甚憂勞不能盡善今魏徵隨事諫正多中朕失如明鑑照形美惡畢見當是時有上書益於政者皆黏寢殿之壁坐望臥觀雖狂瞽逆意終不以爲忤故外事必聞刑戮幾措礼義大行陛下何不遵此道與聖祖繼美乎夫以一人之意綜万方之政明有所不燭智有所不周上心未諭於下下情未達於上伏惟以虚受人博覧兼聽使深者不隱遠者不塞所謂闢四門明四目也其能直言正諫不避死亡之誅者特加寵榮待以不次則失之東隅冀得之桑榆矣尋以母喪去官服除自陳脩史有緒家貧不能具紙筆願得少禄以終餘功有詔拜諫議大夫復脩史睿宗崩實録留東都詔兢馳驛取進梓宫以父喪解宰相張説用趙冬曦代之終喪爲太子左庶子開元十三年帝東封太山道中數馳射爲樂兢諫曰方登岱告成不當逐狡獸使有垂堂之危朽株之殆帝納之明年六月大風詔羣臣陳得失兢上疏曰自春以來亢陽不雨乃六月戊午大風拔樹壞居人廬舍傳曰敬德不用厥災旱上下蔽隔庶位踰節陰侵於陽則旱災應又曰政悖德隱厥風發屋壞木風陰類大臣之象恐陛下左右有姦臣擅權懷謀上之心臣聞百王之失皆由權移於下故曰人主與人權猶倒持太阿授之以柄夫天降災異欲人主感悟願深察天變杜絶其萌且陛下承天后和帝之乱府庫未充冗員尚繁戶口流散法出多

門賕謁大行趨競彌廣此敝未革寔陛下庶政之闕也臣不勝惓惓願斥屏群小
不爲慢游出不御之女減不急之馬明選舉慎刑罰杜僥倖存至公雖有旱風之
變不足累聖德矣始兢在長安景龍間任史事時武三思張易之等監領阿貴
朋佞釀澤浮辭事多不實兢不得志私撰唐書唐春秋未就至是丐官筆札
冀得成書詔兢就集賢院論次時張説罷宰相在家脩史大臣奏國史不容在外
詔兢等赴館撰録進封長垣縣男久之坐書事不當貶荊州司馬以史草自隨蕭
嵩領國史奏遣使者就兢取書得六十餘篇累遷洪州刺史坐累下除舒州天
寶初入爲恒王傅雖年老衰僂甚意猶願還史職李林甫嫌其衰不用卒年八
十兢叙事簡核號良史晚節稍疎牾時人病其太簡初與劉子玄撰定武后實
録叙張昌宗誘張説誣證魏元忠事頗言説已然可賴宋璟等邀勵苦切故轉
禍爲忠不然皇嗣且殆後説爲相讀之心不善知兢所爲即從容謬謂曰劉生書
魏齊公事不少假借奈何兢曰子玄已亡不可受誣地下兢實書之其草故在聞
者歎其直説屢以情蘄改辭曰徇公之情何名實録卒不改世謂今董狐云
韋述弘機曾孫家廚書二千卷述爲兒時誦憶略徧父景駿景龍中爲肥鄉
令述從到官元行沖景駿姑子也爲時儒宗常載書數車自隨述入其室觀
書不知寢食行沖異之試與語前世事孰復詳諦如指掌然使屬文受紙輒就行

沖曰外家之寶也舉進士時述方少儀質陋考功員外郎宋之問曰童子何
業述曰性嗜書所撰唐春秋三十篇恨未畢它唯命之問曰本求茂才乃得遷
固遂上第開元初爲櫟陽尉秘書監馬懷素奏述與諸儒即秘書續七志五年
而成述好譜學見柳沖所撰姓族系録每私寫懷之還舍則又繕録故於百氏源
派爲詳乃更撰開元譜二十篇累除右補闕張説既領集賢院薦述爲直學士
遷起居舍人從封大山奏東封記有詔襃美先是詔脩六典徐堅構意歲餘歎
曰吾更脩七書而六典歷年未有所適及蕭嵩引述撰定述始摹周六官領其
屬事歸於職規制遂定初令狐德棻吳兢等撰武德以來國史皆不能成述因二
家參以後事遂分紀傳又爲例一篇蕭嵩欲蚤就復奏起居舍人賈登著作佐郎
李鋭助述綿續成文約事詳蕭穎士以爲譙周陳壽之流改國子司業充集賢
學士累遷工部侍郎封方城縣侯述典掌圖書餘四十年任史官二十年嗜學利
爲人純厚長者當世宗之接士無貴賤與均蓄書二萬卷皆手校定黄墨精謹内
秘書不逮也古草隸帖秘書古器圖譜無不備安禄山亂剩失皆盡述獨抱國史
藏南山身陷賊汚僞官賊平流渝州爲刺史薛舒所困不食死廣德初甥蕭直爲
李光弼判官詣闕奏事稱旨因理述倉卒奔逼能存國史賊平盡送史官于休烈
以功補過宜蒙恩宥有詔贈右散騎常侍韋氏之顯者孝友詞學則承慶嗣立遂

音樂有萬石逵禮儀則叔夏史才博識有述所著書二百餘篇行於時弟迪
迪學業亦亞述與逌對爲學士與迪並禮官搢紳高之時趙冬曦兄弟亦各有名
張説嘗曰韋趙兄弟人之杞梓云
蔣乂字德源常州義興人從家河南祖瓌開元中弘文館學士父將明天寶末辟
河中使府安禄山反以計佐其帥全并潞等州兩京陷被拘乃陽狂以免號王巨
引致幕府歷侍御史權左司郎中國子司業集賢殿學士乂性銳敏七歲時見
庾信哀江南賦再讀輒誦外祖吳兢位史官乂幼從外家學得其書博覽禮記
逮冠該綜羣籍有史才司徒楊綰尤稱之將明在集賢值兵興圖籍散舛白
宰相請引乂入院助力整比宰相張鎰亦奇之署集賢小職乂料次踰年各以
部分得善書二萬卷再遷王屋尉充太常禮院脩撰貞元九年擢右拾遺史
館脩撰德宗重其職先召見延英乃命之張孝忠子茂宗尚義章公主母亡遺
占丐成禮帝念孝忠功即日召爲左衛將軍許主下降乂上疏以爲墨縗禮本緣
金革未有奪喪尚主者盭典禮違人情不可爲法帝令中使者諭茂宗之母
之請乂意殊堅帝曰卿所言古禮也今俗借吉而婚不爲少對曰俚室窮人子旁
無至親乃有借吉以嫁不聞男冒凶而娶陛下建中詔書郡縣主當婚皆使有
司脩典故毋用俗儀公主春秋少待年不爲晚請茂宗如禮便帝曰更思之會

太常博士韋彤裴堪諫曰婚禮主人几筵聽命稱事立文謂之嘉所以承宗廟
繼後嗣也喪禮創巨者日久痛甚者愈遲二十五月而畢謂之凶所以送死報
終示有節也故夫義婦聽父慈子孝昔曾侯改服晉襄墨縗緣金革事則有
權變安有釋縗服衣冕裳去堊室行親迎以凶瀆嘉爲朝廷變法踈入帝迂
其言促行前詔然心嘉乂有守十八年遷起居舍人轉司勳員外皆兼史任帝嘗
登凌煙閣視左壁頹剥題文漫缺行纔數字命録以問宰相無能知者遽召乂至
答曰此聖曆中侍臣圖贊帝前口以誦補不失一字帝歎曰雖虞世南默寫列女
傳不是過會詔問神策軍建置本末中書討求不獲時集賢學士甚衆悉亡
以對乃訪乂乂條據甚詳宰相高郢鄭珣瑜歎曰集賢有人哉明日詔兼判集
賢院事父子爲學士儒者榮之順宗既葬議祧廟有司以中宗中興之君當百
代不遷宰相問乂乂曰中宗即位春秋已壯而母后篡奪以移神器賴張柬之
等國祚再復蓋曰反正不得爲中興凡非我失之自我復之爲中興漢光武晉
元是也自我失之因人復之晉孝惠孝安是也今中宗與惠安二帝同不可
爲不遷主有司疑曰五王有安社稷功若遷中宗則配饗永絶乂曰禘祫功
臣乃合食太廟中宗廟雖毀而禘祫並陳太廟此則五王配食與初一也由
是遷廟遂定遷兵部郎中與許孟容韋貫之劉正制敕三十篇爲開元

格後敕李錡誅詔宗正削一房屬籍宰相召乂問一房自大功可乎答曰大功錡之從
父昆弟其祖神通有功配饗於廟雖裔孫之惡帝尚其勳不可自朞可乎曰朞者
錡昆弟其父若幽死社稷今以錡連坐不可執政然之故罪止錡及子息無旁坐
者未幾改秘書少監復兼史館脩撰與獨孤郁韋處厚脩德宗實錄以勞遷
右諫議大夫裴垍罷宰相而李吉甫惡垍以嘗監脩故授乂太常少卿久之遷
秘書監累封義興縣公卒年七十五贈禮部尚書謚曰懿乂在朝廷久居史職
二十年每有大政事議論宰相未能決必咨訪之乂據經義或舊章以參時
事其對允切該詳初以是被遇終亦忤貴近介介不至顯官然資質樸直遇權
臣秉政輒數歲不遷嘗跡裴延齡罪惡及拒王叔文當世高之志學老
而不厭雖甚寒暑卷不釋于前故能通百家學尤明前世沿革家藏書至萬
五千卷初名武憲宗時因進見請曰陛下今日偃武脩文群臣當順承上意請
改名乂帝悅時討王承宗兵方興乂恐天子銳於武亦因以諷它日帝見侍御史
唐武曰命名固多何必曰武乂既改之矣更曰慶群臣乃知帝且厭兵云乂論譔
百餘篇五子係伸偕知名仙佶皆位刺史
係善屬文得父典實大和初授昭應尉直史館明年拜右拾遺史館脩撰與
沈傳師鄭澣陳夷行李漢參撰憲宗實錄轉右補闕宋申錫被誣文宗怒甚
係與左常侍崔玄亮弟泣苦諍申錫得不死歷膳部員外郎禮兵二部郎中皆
兼史職開成末轉諫議大夫宰相李德裕惡李漢以係友婿出為桂管觀察
使人安其治復坐漢貶唐州刺史宣宗立召為給事中集賢殿學士判院事
轉吏部侍郎歷興元鳳翔節度使懿宗初拜兵部尚書以弟伸位丞相懇辭乃
檢校尚書右僕射節度山南東道封淮陽郡公徙東都留守卒子曙字耀之咸
通末由進士第署鄂岳團練判官除虞工二部員外改起居郎黃巢之難瞷
閤門無噍類以是絕意仕進隱居沈痛中和二年表請為道士許之
伸字大直第進士大中二年以右補闕為史館脩撰轉駕部郎中知制誥白
敏中領邠寧節度表伸自副加右庶子入知戶部侍郎九年為翰林學士進承
旨十年改兵部侍郎判戶部宣宗雅信愛伸每見必咨天下得失伸言皆質稍
易人且偷帝憮然曰偷則亂矣伸曰否非遽亂但人有覬心亂由是生帝嗟嘆
伸三起三留曰它日不復獨對卿矣伸不諭未幾以本官同中書門下平章事
踰四月解戶部加中書侍郎懿宗即位兼刑部尚書監脩國史咸通二年出為
河中節度使同中書門下平章事從宣武歲以太子少保分司東都七年用為
華州刺史再遷太子太傅表乞骸骨以本官致仕卒贈太尉
偕以父任歷右拾遺史館脩撰轉補闕主客郎中初柳芳作唐曆大曆以後闕

而不錄宣宗詔崔龜從韋澳李荀張彥遠及偕等分年撰次盡元和以續云係
遷太常少卿大中八年與盧耽牛叢王諷盧告撰次文宗實錄蔣氏世擅儒唯
伸及係子兆能以辭章取進士第然不為文士所多三世踵脩國史世稱良筆
咸云蔣氏日曆天下多藏焉
柳芳字仲敷蒲州河東人開元末擢進士第由永寧尉直史館肅宗詔芳與韋
述綴輯吳兢所次國史會述死芳緒成之興高祖訖乾元凡百三十篇敘天寶
後事棄取不倫史官病之上元中坐事徙黔中後歷左金吾衛騎曹參軍
史館脩撰然芳篤志論著不少選忘厭承寇亂史籍淪缺芳始謫時高力士亦
貶巫州因從力士質開元天寶及禁中事具識本末時國史已送官不可追
刊乃推衍義類倣編年法為唐曆四十篇頗有異聞然不立褒貶義例為諸
儒譏訕改右司郎中集賢殿學士卒子登冕
登字成伯淹貫群書年六十餘始仕官元和初為大理少卿與許孟容等刊
正敕格以病改右散騎常侍致仕卒年九十餘贈工部尚書
子璟字德輝寶曆初第進士宏詞三遷監察御史時郊廟告祭吏部以雜品攝
上公璟據開元元和詔書太尉以宰相攝事司空司徒以僕射尚書師傅攝餘
司不及差限請如舊制從之累遷吏部員外郎文宗開成初為翰林學士初芳永
泰中按宗正譜斷自武德以昭穆系承撰永泰新譜二十篇璟因召對帝歎新譜
詳悉詔璟攟摭永泰後事綴成之復為十篇戶部供筆札稟料遷中書舍人武
宗立轉禮部侍郎璟為人寬信好接士稱人之長游其門者它日皆顯於世會昌
二年再主貢部坐其子招賄貶信州司馬終郴州刺史
冕字敬叔博學富文辭且世史官父子並居集賢院歷右補闕史館脩撰坐書
劉晏貶巴州司戶參軍還為太常博士昭德王皇后崩冕與張薦議皇太子
宜依晉魏卒哭除服左補闕穆質請依禮朞而除冕議見用德宗既親郊重慎祠
事動稽典禮冕以吏部郎中攝太常博士與薦及司封郎中徐岱倉部郎中陸
質脩飭儀矩帝疑郊廟每升輒去劍履及象劍尺寸祝語輕重冕援禮以對本
末詳明天子嘉異久之以論議勁切執政不善出為婺州刺史十三年兼御史中丞
福建觀察使自以久疏斥又性躁狷不能無恨乃上表乞代且推明朝覲之意曰
臣竊感江漢朝宗之誼鹿鳴君臣之讌頌聲之作王道本始國家自兵興不遑議
禮方牧未朝讌樂久缺且限一切之制例無不朝集自不覲朝廷之禮耳不聞宗
廟之樂足不踐軒墀之地十有二年于茲矣夫朝會禮之本也唐虞之制群后四
朝以明黜陟商周之盛五歲一見以考制度漢法三載上計以會課最聖唐稽古
天下朝集三考一見皆以十月上計京師十一月禮見會尚書省應考績事元

日陳貢裴集於考堂唱其考第進賢以興善簡不肖以黜惡自安史亂常始有專地四方多故始有不朝或臣恃險或不悔過臣忝救團之寄憤不朝之臣思一入覲率先天下使君臣之義親而不疏朝覲之禮廢而復舉誠恐負薪盍先朝露覲禮不展臣之哀也比聞諸將帥土沒者衆臣自惟何德以堪久長鄉國人情之不忘也關庭臣子所戀也朝覲國家大禮也三者臣之大願表累上其辭哀切德宗許還會覲奏閩中本南朝畜牧地可息羊馬置牧區於東越名萬安監又置五區於泉州悉索部內馬驢牛羊合萬餘游畜之不經時死耗略盡復調充之民間死苦坐政無狀代還卒贈工部尚書

沈既濟蘇州吳人經學該明吏部侍郎楊炎雅善之既執政薦既濟有良史才召拜左拾遺史館脩撰初吳兢撰國史為則天本紀次高宗下既濟奏議以為則天皇后進以彊有退非德讓史臣追書當稱為太后不宜曰上中宗雖降居藩邸而體元繼代本吾君也宜稱皇帝不宜曰廬陵王睿宗在景龍前天命未集假臨大寶於誼無名宜曰相王未容曰帝且則天改周正朔立七廟天命革矣今以周厠唐列為帝紀考于禮經是謂亂名中宗嗣位在太后前而敘年製紀反居其下方之躋僖公是謂不智昔漢高后稱制獨有王諸呂為負漢約無遷鼎革命事時孝惠已歿子非劉氏不紀呂后尚誰與哉議者猶謂不可況中宗以始年即

位季年復祚雖尊名中奪而天命未改足以首事表年何所拘閡而列為二紀曾昭公之出春秋歲書其居曰公在乾侯君在雖失位不敢廢也請省天后紀合中宗紀每歲首必書孝和在所以統之曰皇帝在房陵太后行某事改某制紀稱中宗而事述太后名不失正禮不違常矣夫正名所以尊王室書法所以觀後嗣且太后遺制自去帝號及孝和上謚開元冊命而后之名不易今祔陵配廟皆以后禮而獨承統于帝是有司不時正失先旨若后姓氏名諱才藝智略崩葬日月宜入皇后傳題其篇曰則天順聖武皇后云議不行德宗立銳于治建中二年詔中書門下兩省分置待詔官三十以見官故官若同正試攝九品以上者視品給俸至熏餼幹力什器館宇悉有差權公錢收子賂用度既濟諫曰今日之治患在官煩不患員少患不問不患無人兩省官自常侍諫議補闕拾遺四十員日止兩人待對缺員二十一員未補若謂見官不足與議則當更選其人若廣聰明以收淹滯先補其缺何事官外置官夫置錢取息有司之權制非經治法今置員三十大抵費月不減百萬以息準本須二千萬得息百萬配戶二百又當復除其家且得入流所損尤甚今關輔大病皆言百司息錢毀室破產積府縣未有以革且計天下財賦耗斁大者唯二事一兵資二官俸自它費十不當一者一所以黎人重困杼軸空虛何則四方形勢兵未可去資費雖廣不獲已為之又益以閑官冗食其敝若何籍舊而置猶可若之何加焉事遂寢炎得罪既濟坐貶處州司戶參軍後入朝位禮部員外郎卒撰建中實錄時稱其能子傳師

傳師字子言材行有餘能治春秋工書有楷法少為杜佑所器貞元末舉進士時給事中許孟容禮部侍郎權德輿樂挽轂士號權許德輿稱之於孟容孟容曰我故人子盍不過我傳師往見謝曰聞之丈人脫中第則累公舉矣故不敢進孟容曰如子可使我急賢詣子不可使子因舊見我遂擢第德輿門生七十人推為顏子復登制科授太子校書郎以鄠尉直史館轉左拾遺左補闕史館脩撰遷司門員外郎知制誥召入翰林為學士改中書舍人翰林缺承旨次當傳師穆宗欲面命辭曰學士院長參天子密議次為宰相自知必不能願治人一方為陛下長養之因稱疾出帝遣中使敦召李德裕素與善開曉諄切終不出遂以本官兼史職俄出為湖南觀察使方傳師與脩憲宗實錄未成監脩杜元穎因建言張說令狐峘在外官論次國書今稾史殘課請付傳師即官下成之詔可寶曆二年入拜尚書右丞復出江西觀察使徙宣州傳師於吏治明吏不敢罔慎重刑法每斷獄召幕府平處輕重盡合乃論決嘗擇邸吏尹倫遣負不及事官屬皆白易之傳師曰始吾出長安誠倫曰可闕事不可多事倫如是足矣故所莅以廉靖聞入為吏部侍郎卒年五十九贈尚書傳師性夷粹無競更二鎮十年無書賄入權家

初拜官宰相欲以姻私託幕府者傳師固拒曰誠爾願罷所授故其僚佐如李景讓蕭寘杜牧極當時選云治家不威嚴閨門自化兄弟子姓屬無親疏衣服飲食如一問餉姻家故人帑無儲錢鬻宅以葬子詢字誠之亦能文辭會昌初第進士補渭南尉累遷中書舍人出為浙東觀察使除戶部侍郎判度支咸通四年為昭義節度使治尚簡易人皆便安奴私侍兒詢將戮之奴懼結牙將為亂夜攻詢滅其家贈兵部尚書右散騎常侍劉潼代為節度馳至斬奴以祭其靈坐

贊曰唐興史官秉筆衆矣然經三百年業鉅事叢簡策挐繁其間巨盜再興圖典焚逸大中以後史錄不存雖論著之人隨世裒掇而疏舛殘餘本末顛倒故聖主賢臣叛人佞子善惡汩汩有所未盡可為永愾者矣又舊史之文猥釀不綱淺則入俚簡則及漏寧當時儒者有所諱而不得騁耶或因淺仍俗不足於文也亦有待于後取當而行遠耶何知幾以來工訶古人而拙於用己歟自韓愈為順宗實錄議者闘然不息卒竄定無完篇乃知為史者亦難言之游夏不能措辭於春秋果可信已

列傳第五十七

郭虔瓘，齊州歷城人。開元初，録軍閥，遷累右驍衛將軍，兼北廷都護、金山道副大總管。明年，突厥默啜子同俄特勒圍北廷，虔瓘飭壘自守。同俄單騎馳城下，勇士狙道左，突斬之。虜士酋長相率丐降，請悉軍中所資贖同俄死，聞已斬，舉軍慟哭去。虔瓘以功授冠軍大將軍、安西副大都護，封潞國公。建募關中兵萬人擊餘寇，遂前功有詔募士給公乘，在所續食。將作大匠韋湊上言：「漢徙豪族以實關中，今畿輔戶口逋耗，異時戎虜入盜，丁壯悉行，不宜更募驍勇以空京甸。且荒服萬人所過遞馱熟食，亘六千里，州縣安所供億？秦隴以西多沙磧，少居人，若何而濟？縱有克獲，其補幾何？償敗大誅，則誤大事。」不省。既而虔瓘果不見虜，還，遷涼州刺史、河西節度大使，進右威衛大將軍。四年，奏家奴八人有戰功，求為游擊將軍，宰相劾其恃功亂綱紀，不可聽，罷之。陝王為安西都護，詔虔瓘為副。虔瓘與安撫招慰十姓可汗使阿史那獻數持異，交訴諸朝。玄宗遣左衛中郎將王惠齎詔書諭解曰：「朕聞師克在和，不在衆。以虔瓘、獻宿將，當捨嫌窒隙，戮力國家。自開西鎮，列諸軍戍，有定區，軍有常額，卿等所統蕃漢雜之，在乎善用，何必加募？或云突騎施圍石城，獻所致也；葛邏祿稱兵，虔瓘所沮也。大將不協，小人以逞，何功可圖？昔相如能詘廉頗，寇恂不吝賈復，宜各曠然，終承朕命。今賜帛二千段及佗珍器，俾諒朕意。」虔瓘奉詔。久之，卒軍中，以張孝嵩為安西副都護。孝嵩偉姿貌，及進士第，而慷慨好兵，在安西勸田訓士，府庫盈饒。徙太原尹，卒，以黃門侍郎杜暹代。

郭知運，字逢時，瓜州晉昌人。長七尺，猨臂虎口。以格鬭功累補秦州三度府果毅，從郭虔瓘破突厥，有功，加右驍衛將軍，封介休縣公。吐蕃將坌達延乞力徐寇渭源，盜牧馬。詔知運與薛訥、王晙等相掎角，敗之，進階冠軍大將軍，兼臨洮軍使，封太原郡公，賜賚萬計。徙隴右諸軍節度大使、鄯州都督。突厥降戶阿悉爛、跌跌思泰率衆叛，執單于都護張知運。詔以朔方兵追擊，至黑山呼延谷，敗之。虜棄仗走，敢副都護還。詔知運兼隴右經略使、營柳城。開元五年，大破吐蕃，獻俘京師。明年，復出，將輕兵丙夜至九曲，獲精甲名馬犛牛甚衆。既獻俘，詔分賜文武五品以上清官及朝集使三品者，進兼鴻臚卿，攝御史中丞。六州胡康待賓反，率王晙討平之，拜左武衛大將軍，授一子官，賜金帛。九年，卒于軍，年五十五，贈涼州都督。知運屯西方，戎夷畏憚，與王君㚟功名略等，時號「王郭」。帝詔中書令張說紀其功於墓碑。上元中，配饗太公廟。永泰初，謚曰威。子英傑、英乂。英傑字孟武，為左衛將軍、幽州副摠管。開元二十三年，長史薛楚玉遣英傑與裨將吳克勤、烏知義、羅守忠帥萬騎及奚衆討契丹，屯榆關。契丹酋長可突于拒戰都山下，會奚以官軍不利，知義、守忠引麾下遁去。英傑、克勤力戰死。其下尚六千人，殊死鬭，虜示以英傑首，終不屈，師遂殲。

英乂字元武，以武勇有名河隴間，累遷諸衛員外將軍。哥舒翰見之，曰：「是當代吾節制者。」祿山亂，拜秦州都督、隴右採訪使。賊將高嵩擁兵入汧隴，英乂僞勞之，且具饗，既而伏兵發，盡擒其衆。至德二年，加隴右節度使，召還，改羽林軍大將軍，掌衛兵，以喪去職。史思明陷洛陽，謀掠陳蔡，詔英乂統淮南節度兵。賊叩陝，虢又改陝西節度、潼關防禦使，進御史大夫，兼神策軍節度使。代宗即位，以檢校戶部尚書兼大夫。雍王率諸將討賊洛陽，留英乂殿于陝。東都平，權知留守，無檢御才，其麾下與朔方、回紇遂大掠都城及鄭、汝，環千里無居人。以功實封二百戶，召拜尚書右僕射，封定襄郡王。日騁豪奢，為修汰。陰事宰相元載，以久其權。未幾，嚴武死，成都乃拜劍南節度使，自以有內主，故肆志無所憚。初，玄宗在蜀時，舊宮為道士祠，冶金作帝象，盡繪乘輿侍衛，每尹至，先拜祠，後視事。英乂愛其地勝，選輒壞繪像，自居之，衆始不平。又教女伎乘驢擊毬，鈿鞍寶勒，及它服用，日無慮數萬費，以資倡樂，未嘗問民間事，為政苛暴，人以目相謂，怨崔旰不已。同也出兵襲旰，不克，旰因人之怨，率麾下五千直擣成都，英乂拒戰，衆皆反戈內攻，乃奔簡州，次靈池，普州刺史韓澄斬首送寧，遂屠其家。

王君㚟字威明，瓜州常樂人。初事郭知運為別奏，累功至右衛副率。知運卒，代為河西隴右節度使、右羽林軍將軍，判涼州都督事。開元十四年，吐蕃酋悉諾邏寇大斗拔谷，君㚟間其怠，率秦州都督張景順乘冰度青海，襲破之。以功遷大將軍，封晉昌縣伯，拜其父壽為少府監，聽不事。君㚟凱旋，玄宗宴君㚟及妻夏于廣達樓，賜金帛，夏亦自以戰功封武威郡夫人。俄而吐蕃陷瓜州，執刺史田元獻及壽，殺居人，取資糧，進攻玉門軍，使人斬君㚟曰：「將軍常自以忠勇，今不一進戰，奈何？」君㚟登陴西向哭，兵不敢出。初，涼州有回紇、契苾、思結、渾四部，世為酋長，君㚟微時數往來，為所輕。及節度河西，回紇等頗鞅鞅恥為下，君㚟怒，數督過之。既怨望，潛遣人至東都言狀，君㚟間驛奏四部有叛謀，帝使中人即訊，回紇不能自直，於是瀚海大都督回紇承宗流瀼州，渾大得流吉州，賀蘭都督契苾承明流藤州，盧山都督思結歸國流瓊州，而承宗黨瀚海州司馬護輸等益不平，思有以復怨。會吐蕃使間道走突厥，君㚟率騎劫之，至肅州，掩取之。還至甘州，護輸狙丘發，奪君㚟節，殺左右，親吏剖其心曰是始謀者君㚟引帳下力戰兵盡乃死翰欲以尸奔吐蕃追兵至乃棄之去帝痛惜之贈特進荆州大都督以喪還京師官護其葬詔張說刻文墓碑帝自書以寵之始吐蕃寇瓜州分遣莽布支攻常樂令賈師順乘城守俄而瓜州陷悉諾邏并兵攻之數日虜衆有姻家在城中使夜見師順曰州已失守虜悉衆來孤城渠可久不早降以全唯類乎師順曰吾受天子命守此義不可下賊數日又說師順曰明府不降吾衆且還宜有以贈我師順請敗士卒衣糯悉諾邏知無有乃夜徹營去毁瓜州城師順開門收器械復完守備吐蕃果使精騎還戰見有備乃去以功遷鄯州都督隴右節度使師順岐州人終左領軍將軍

張守珪陝州河北人姿幹瓌壯慷慨尚節義善騎射以平樂府别駕從郭虔瓘守北庭突厥侵輪臺遣守珪往援中道逢賊苦戰斬首千餘級禽頡斤一人開元初虜復攻北庭守珪從儳道奏事京師因上書言利害請引兵出蒲昌輪臺夾擊賊再遷幽州良杜府果毅時盧齊卿爲刺史器之引與共榻坐謂曰不十年子當節度是州爲國重將頗以子孫託可倚屬相期邪稍遷建康軍使王君㚟死河西震懼詔以守珪爲瓜州刺史墨離軍使督餘衆完故城版榦方立虜奄至衆失色守珪曰創痍之餘詎可矢石相确須權以勝之遂置酒城上會諸將作樂虜疑有備不敢攻引去守珪縱兵擊敗之於是脩復位署招流冗使復業有詔以瓜州爲都督府即詔守珪爲都督州地沙瘠不可蓺常渚雪水漑田是時渠堨爲虜毁材木無所出守珪密禱于神一昔水暴至大木數千章塞流下因取之脩復堰防耕者如舊州人神之刻石紀事遷鄯州刺史隴右節度使從幽州長史河北節度副大使俄加採訪處置等使契丹奚連年梗邊牙官可突于胡有謀者前長史趙含章薛楚玉等不能制守珪至每戰輒勝虜遂大敗帝喜詔有司告九廟契丹酋屈刺及突于恐懼乃遣使詐降守珪得其情遣右衛騎曹王悔詣部計事屈刺無降意徙帳稍西北密引突厥衆將殺悔以叛契丹别帥李過折與突于爭權不叶悔因間誘之夜斬屈刺及突于盡滅其黨以衆降守珪次紫蒙川大閱軍實賞將士傳屈刺突于首於東都二十三年入見天子會籍田畢即酺燕爲守珪飲至帝賦詩寵之加拜輔國大將軍右羽林大將軍賜金綵授二子官詔立碑紀功久之復討契丹餘黨平捺祿山鹵獲不訾會裨將趙堪白真陀羅等矯使平盧軍使烏知義度湟水邀叛奚且蹂其稼知義辭不往真陀羅矯詔脅之知義與虜鬭不勝還守珪匿其敗但上克獲狀事頗泄帝遣謁者牛仙童按實守珪逼真陀羅自殺厚賂使者還奏如狀後仙童以贓敗事逮守珪

以功貶括州刺史疽發背死子獻誠

獻誠天寶末陷安祿山授僞署從事史思明將兵數萬守汴州東都平史朝義走還汴獻誠不内納所統兵以州降詔即拜汴州刺史封南陽郡公啟寶應軍左廂兵馬使更封鄧國公既來朝代宗禮賜尤渥擢山南西道節度使討南山劇賊高玉禽之俄兼劍南東川節度時崔旰殺郭英乂獻誠率衆戰梓州大敗大曆三年以疾歸京師舉其弟獻恭自代以檢校户部尚書知省事病甚固乞辭位卒始獻誠喜功名爲政實裕有機略隨方制變而簡廉不逮於父從弟獻恭數有軍功以右羽林軍代爲節度使大曆末破吐蕃於岷州久之拜東都留守累遷檢校吏部尚書德宗欲從盧杞爲饒州刺史給事中袁高上還詔書且奉獻恭見帝曰高所奏宜聽帝不答復前曰高乃陛下良臣當優異之上遂不從杞世多其不撓子昫積勳亦至夏州節度使元和八年振武軍逐節度使李進賢屠其家及判官嚴澈憲宗怒詔昫以本軍進討許以便宜賜縑三萬爲軍資河東王鍔遣兵五千爲援昫入捕亂卒蘇國珍等數百人誅之卒贈太子太保

獻誠從弟獻甫以軍功試光祿卿殿中監從河中節度使賈耽討梁崇義有勞德宗西幸又從渾瑊討朱泚戰多累遷至金吾將軍檢校工部尚書李懷光叛吐蕃盜邊獻甫領禁兵戍咸陽累年兵農悅安貞元四年代韓游瓌領邠寧節度使邠寧軍素驕憚獻甫嚴因游瓌去遂縱掠邀范希朝爲帥都將楊朝晟誅首亂者獻甫乃得入於是斸山浚壍邏嚴要地築烽堡請復鹽州及洪門洛原鎮屯兵詔可獻甫遣兵馬使魏茪逐吐蕃取鹽夏二城虜畏不敢入寇十二年加檢校尚書左僕射卒贈司空

王忠嗣華州鄭人父海賓太子右衛率豐安軍使開元二年吐蕃寇隴右詔隴右防禦使薛訥率杜賓客郭知運王晙安思順禦之以海賓爲先鋒戰武階追北至壕口殺其衆進戰長城堡諸將媢其功按兵顧望海賓戰死大軍乘之斬賊萬七千級獲馬七萬牛羊四十萬玄宗憐其忠贈左金吾大將軍忠嗣時年九歲始名訓授尚輦奉御入見帝伏地號泣帝撫之曰此去病孤也須壯而將之更賜今名養禁中肅宗爲忠王帝使與游及長雄毅寡言有武略上與論兵應對蠭起帝器之曰後日爾爲良將試守代州别駕大猾閉門自斂不敢干法數以輕騎出塞忠王言於帝曰忠嗣敢鬭恐亡之由是召還信安王禕在河東蕭嵩出河西數引爲麾下帝以其年少有復讎志詔不得特將嵩入朝忠嗣曰從公三年無以歸報天子乃請精鋭數百襲虜會賛普大酋閱武欝標川其下欲還忠嗣不從提刀略陣斬數千人獲羊馬萬計

嘗上其功帝大悅累遷左威衛將軍代北都督封清源縣男與皇甫惟明輕重不得構忠嗣罪貶東陽府左果毅河西節度使杜希望欲取吐蕃新羅城有言忠嗣才者希望以聞詔追赴河西進拔其城忠嗣錄多授左威衛郎將專知兵馬俄吐蕃大出欲取當新城晨壓官軍陣衆不敵舉軍皆恐忠嗣單馬進左右馳突獨殺數百人賊衆囂相蹂軍張翼擣之虜大敗拜左金吾衛將軍領河東節度副使大同軍使尋爲節度使二十九年節度朔方兼靈州都督天寶元年北討奚怒皆戰桑乾河三遇三克耀武漠北高會而還時突厥新有難忠嗣進軍磧口經略之烏蘇米施可汗請降忠嗣以其方彊特文降耳乃營木剌蘭山諜虛實因上平戎十八策縱反間於拔悉蜜與葛邏祿回紇三部攻多羅斯城涉昆水斬米施可汗築大同靜邊二城徙清塞橫野軍實之併受降振武爲一城自是虜不敢盜塞徙河東節度使進封縣公忠嗣本負勇敢及爲將乃能持重安邊不生事嘗曰平世爲將撫衆而已吾不欲竭中國力以幸功名故訓練士馬隨缺繕補有漆弓百五十斤每貯之示無所用軍中士氣盛日夜思戰忠嗣縱諜間伺虜隙時時出奇兵襲敵所向無不克故士亦樂爲用軍每出召鎧長付以兵使授士卒雖弓矢亦誌姓名其上軍還遺弦亡鏃皆按名第罪以是部下人自勸器甲充牣自朔方至雲中

袤數千里據要險築城堡斥地甚遠自張仁亶後四十餘年忠嗣繼其功俄爲河西隴右節度使權朔方河東節度佩四將印勁兵重地控制萬里近世未有也又授一子五品官後數出戰青海積石虜輒奔破又討吐谷渾於墨離平其國乃固讓朔方河東二節度許之帝方事石堡城詔問攻取計忠嗣奏言吐蕃舉國守之若頓兵堅城下費士數萬然後可圖恐所得不讎所失請厲兵馬待釁取之帝意不快而李林甫尤忌其功日鉤摭過咎會董延光建言請下石堡詔忠嗣分兵應接忠嗣不得已爲出軍而士無賞格延光不悅河西兵馬使李光弼入說曰大夫愛惜士卒有拒延光心雖名受詔實奪其謀然大夫已付萬衆而不立重賞何以賈士勇且大夫惜數萬段賜以啓讒口有如不捷歸罪大夫大夫先受禍矣忠嗣曰吾固審得一城不足制敵失之未害於國吾忍以數萬人命易一官哉明日見責不失一金吾羽林將軍歸宿衛不者黔中上佐耳光弼謝曰大夫乃行古人事光弼又何言趨而出延光過期不克果訴忠嗣沮兵又安祿山城雄武扼飛狐塞謀亂請忠嗣助役因欲留其兵忠嗣先期至不見祿山而還數上言祿山且亂　林甫益惡之陰使人誣告忠嗣嘗養宮中云吾欲奉太子帝怒召入付三司訊驗罪應死哥舒翰方有寵白上請以官爵贖忠嗣罪帝意解貶漢陽太守久之徙

漢東郡卒年四十五後翰引兵攻石堡拔之死士略盡如忠嗣言故當世號爲名將初在朔方至互市輒高償馬直諸蕃爭來市故蕃馬寖少唐軍精及鎮河隴又請徙朔方河東九千騎以實軍迄天寶末益滋息寶應元年追贈兵部尚書

贊曰以忠嗣之才戰必破攻必克策石堡之得不當所亡高馬直以空虜資論祿山亂有萌可謂深謀矣然不能自免於讒卒死放地自古忠賢工謀於國則拙於身多矣可勝吒哉

牛仙客涇州鶉觚人初爲縣小史令傅文靜器之會爲隴右營田使引與計事積功遷洮州司馬河西節度使王君㚟以爲判官君㚟死仙客獨得免蕭嵩代節度復委以軍政仙客清勤不懈接士大夫以信及嵩還執政因薦之稍遷太僕少卿判涼州別駕知節度留後事俄爲節度使開元二十四年代信安王禕爲朔方行軍大揔管始在河西省事省用倉庫積鉅萬器械犀銳崔希逸代之即以聞帝令刑部員外郎張利貞馳傳覆視如狀帝悅將用爲尚書宰相張九齡持不可乃封隴西郡公實封戶二百李林甫探知帝旨稱其材會九齡罷故以工部尚書同中書門下三品知門下事遙領河東節度副大使爲相謹身無它與時沈浮唯唯恭愿前後錫與緘庋不敢用百司諮決

無所裁可輒曰如令式帝既用仙客知時議不歸衆間以問高力士力士曰仙客本胥史非宰相器帝怒然曰朕且用康晉盖恚言也有爲晉言者晉以爲實喜甚久之封豳國公加左相卒贈尚書右丞相謚曰貞簡

二郭兩王張牛列傳第五十八

宇文韋楊王列傳第五十九　　唐書一百三十四

宋　祁　奉　敕　撰

宇文融京兆萬年人隋平昌公弢裔孫祖節明法令貞觀中爲尚書右丞謹幹
自將江夏王道宗以事請節節以聞太宗喜賚絹二百勞之曰朕比不置左右
僕射正以公在省耳永徽初遷黄門侍郎同中書門下三品代于志寧爲侍中
坐房遺愛友善貶桂州卒融明辯長於吏治開元初調富平主簿源乾曜孟溫
繼爲京兆皆賢其人厚爲禮時天下戶版刓隱人多去本籍浮食閭里詭脫繇賦
豪弱相幷州縣莫能制融由監察御史陳便宜請校天下籍收匿戶羡田佐用
度玄宗以融爲覆田勸農使鉤檢帳符得僞勳亡丁甚衆擢兵部員外郎兼侍
御史融乃奏慕容琦韋洽裴寬班景倩庫狄履溫賈晉等二十九人爲勸農判
官假御史分按州縣括正丘畝招徠戶口而分業之又兼租地安輯戶口使於
是諸道收没戶八十萬田亦稱是歲終羡錢數百萬緡帝悅引拜御史中丞然
吏下希望融旨不能無擾張空最務多其獲而流客頗脫不止初議者以生事
俱詰百端而帝意向之宰相源乾曜等佐其舉又集群臣大議公卿雷同不敢
異唯戶部侍郎楊瑒以爲籍外取稅百姓困弊得不酬失瑒坐左遷融乃自請
馳傳行天下事無巨細先上勸農使而後上臺省臺省須其意乃行下融所過

見高年宣天子恩旨百姓至有感泣者使還言狀帝乃下詔以客賦所在並建
常平倉益貯九穀權發斂官司勸作農社使貧富相恤凡農月州縣常務一切罷
省使趨刈穫流亡新歸十道各分官僚存撫使遂厥功復業已定州縣季一申牒
不須挾名中書令張說素惡融融每建白說輒引大體廷爭融揣說不善欲先
事中傷之張九齡謂說曰融新用事辯給多詐公不可以忽說曰狗鼠何能爲
會帝封太山還融以選限薄冬請分吏部爲十銓有詔融與禮部尚書蘇頲刑
部尚書韋抗工部尚書盧從愿右散騎常侍徐堅蒲州刺史崔琳魏州刺史崔
沔荊州長史韋虛心鄭州刺史賈曾懷州刺史王丘分總而不得參事一決於
上融奏選事說屢卻之融怒乃與御史大夫崔隱甫等廷劾說引術士解禱及
受賕說由是罷宰相融畏說且復用訾詆不已帝疾其黨詔說致仕放隱甫于
家出融爲魏州刺史方河北大水即詔領宣撫使俄兼檢校汴州刺史河南北
溝渠隄堰決九河使又建請墾九河故地爲稻田權陸運本錢收其子入官興
役紛然而卒無成功入爲鴻臚卿兼戶部侍郎明年進黄門侍郎同中書門下
平章事融曰使吾執政得數月天下定矣乃薦宋璟爲右丞相裴耀卿爲戶
部侍郎許景先爲工部侍郎當時長其知人而性卞急少所推下既居位日引
賓客故人與酣飲然而神用警敏應對如響雖天子不能屈信安王禕節度朔

方融畏其權諷御史李寅劾奏之禕密知因玉真公主高力士自歸翌日寅
遹奏帝怒罷融爲汝州刺史居宰相九百日去而錢穀亦自此不治帝思之讓
宰相曰公等暴融惡朕既罪之矣國用不足將奈何裴光庭等不能對即使有
司劾融交不逞作威福其息受贓饋狼藉乃貶融平樂尉歲餘司農發融在汴
州給隱官息錢巨萬給事中馮紹烈深文推證詔流于巖州道廣州遷延不行
爲都督耿仁忠所讓惶恐上道卒初融廣置使額以傾上心百姓愁恐有司覆
失職自融始帝猶思其舊功贈台州刺史其後言利得幸者踵相躡皆本於融
云子審字審融之貶也審與兄弟侍母京師及聞融再貶不告其家徒步號泣
省父使者憐之以車共載達于巖州後擢進士第累遷大理評事以夏楚大小
無制始創杖架以高庳度杖長短又鑄銅爲規齊其巨細楊國忠顓政殺嶺南
流人以中使傳口勅行刑畏議者嫉其酷乃以審爲嶺南監決處置使活者甚
衆後終永和二州刺史
韋堅字子全京兆萬年人姊爲惠宣太子妃妹爲皇太子妃中表貴盛故仕最
蚤繇秘書丞歷奉先長安令有幹名見宇文融楊慎矜父子以聚斂進乃運江
淮租賦所在置吏督察以佐國用歲終增鉅萬玄宗以其才擢爲陝郡太守水
陸運使漢有運渠起關門西抵長安引山東租賦汔隋常治之堅爲使乃占咸

陽壅渭爲堰絕灞滻而東注永豐倉下復與渭合初滻水銜苑左有望春樓堅
于下鑿爲潭以通漕二年而成帝爲升樓詔群臣臨觀堅豫取洛汴宋山東小
斛舟三百首貯之潭篙工柁師皆大笠侈袖芒屨爲吳楚服每舟署某郡以所
產暴陳其上若廣陵則錦銅器官端綾繡會稽則羅吳綾絳紗南海瑇瑁象齒
珠琲沉香豫章力士甆飲器茗鐺釜宣城空青石綠始安蕉葛蚺膽翠羽吳郡
方文綾船皆尾相銜進數十里不絕關中不識連檣挾櫓觀者駭異先是人間
唱得體紇那歌有揚州銅器語開元末得寶符於桃林而陝尉崔成甫以堅大
輸南方物與歌語叶更變爲得寶歌自造曲十餘解召吏唱習至是衣缺胯衫
錦半臂絳冒額立舳前倡人數百皆巾鬢鮮冶齊聲應和鼓吹合作船次樓下
堅跪取諸郡輕貨上于帝以給貴戚近臣上百牙盤食府縣教坊音樂迭進惠
宣妃亦出寶物供具帝大悅擢堅左散騎常侍官屬吏賞有差蠲役人一年賦舟
工賜錢二百萬名潭曰廣運堅進兼江淮南租庸轉運處置等使又兼御史中
丞封韋城縣男堅妻姜皎女李林甫舅子也初甚暱比既見其寵惡之堅亦自
以得天子意銳於進又與左相李適之善故林甫擠堅刑部尚書奪諸使以楊
慎矜代之堅失職稍怨望河西隴右節度使皇甫惟明數於帝前短林甫稱堅
才林甫知之惟明故爲忠王友王時爲皇太子矣正月望夜惟明與堅宴集林

奏堅以外戚與邊將私且謀立太子有詔訊鞫林甫使楊慎矜楊國忠王鉷吉溫等文致其獄帝惑之貶堅縉雲太守惟明播川太守籍其家堅諸弟訴枉帝大怒太子懼表與妃絕復貶堅江夏別駕未幾長流臨封郡弟蘭為將作少匠冰鄠令芝兵部員外郎子諒河南府戶曹皆謫去歲中遣監察御史羅希奭就殺之幷殺惟明於黔中惟堅妻得原從坐十餘人倉部員外郎鄭章右補闕內供奉鄭欽說監察御史豆盧友楊惠嗣薛王琄皆免官被斥堅始鑿潭多壞民冢墓起江淮至長安公私騷然及得罪林甫遣使江淮鉤索堅罪捕治舟夫漕史所在獄皆滿郡縣剝斂償輸責及鄰伍多裸死牢戶林甫死乃止

楊慎矜隋齊王暕曾孫祖正道從蕭后入突厥及破頡利可汗乃得歸為尚衣奉御父崇禮歷汾州刺史善檢督吏以嚴辯自名開元初為太府卿封弘農郡公時御府財物羨積如丘山崇禮性詳密出納雖尋尺皆自按省凡物經楊卿者號無不精麗歲常羨數百萬任職二十年年九十餘以戶部尚書致仕卒慎矜沈毅任氣健而才初為汝陽令有治稱崇禮罷太府玄宗訪其子可代父任者宰相以慎餘慎矜慎名皆得父清白帝喜擢慎矜監察御史知太府出納慎餘太子舍人主長安倉慎名大理評事攝含嘉倉出納使慎矜遷侍御史知雜事高置風格始議輸物有汙傷者州縣償所負轉輕齎入京師自是天下調發始煩天寶二年權判御史中丞京畿採訪使太府出納如故於時李林甫用事慎矜進非其意固讓不敢拜乃授諫議大夫兼侍御史更以蕭諒為中丞諒爭輕重不平罷為陝郡太守林甫知慎矜為己屈卒授御史中丞兼諸道鑄錢使韋堅之獄王鉷等方文致而慎矜依違不甚力鉷恨之雖林甫亦不悅鉷父與慎矜外兄弟也故與鉷狎及為侍御史鉷慎矜所引後遷中丞同列慎矜猶以子姓畜之鉷負林甫勢滋不平會慎矜擢戶部侍郎仍兼中丞林甫疾其得君且逼己乃與鉷謀陷之明年慎矜父冢草木皆流血懼以問所善胡人史敬忠敬忠使身桎梏裸而坐林中厭之又言天下且亂勸慎矜居臨汝置田為後計會婢春草有罪將殺之敬忠曰勿殺賣之可市十牛歲耕田十頃慎矜從之婢入貴妃姊家因得見帝帝愛其辯惠留宮中侍左右帝常問所從來婢奏為慎矜家所賣帝曰彼乏錢耶對曰固將死賴史敬忠以免帝素聞敬忠挾術聞質其然婢具言敬忠夜過慎矜坐廷中步星變夜分乃去又白厭勝事帝怒而婢漏言於楊國忠國忠與鉷方睦陰相語始慎矜奪鉷職田辱詬其母又嘗私語讖書鉷銜之未有發也至聞國忠語乃暮且欲嘗帝以取驗異時奏事數稱引慎矜帝悖然曰國親邪毋相往來鉷知帝惡甚後見慎矜輒慢侮不為禮慎矜怒鉷乃與林甫作飛牒告慎矜本隋後畜讖緯妖言與妄人交規復隋室帝方在華清宮聞之震怒收慎矜繫尚書省詔刑部尚書蕭隱之大理卿李道邃殿中侍御史盧鉉楊國忠雜訊驗遣京兆士曹參軍吉溫收慎餘慎名於洛陽獄考治捕太府少卿張瑄致會昌傳舍劾瑄與慎矜共解圖讖榜掠不服鉉遣御史崔器索讖書於慎矜家不得則內得之詬曰逆賊所寶固密今得矣以示慎矜慎矜曰它日無是今得之吾死命矣夫溫又脅敬忠首服語言慎矜不能對有詔杖敬忠賜慎矜瑄死籍其家子女悉貫嶺南姻黨坐謫事舍人辛景湊天馬副監万俟承暉閑廐使殿中監皆遷坐貶從者十餘族所在部送近親不得仕京師遣御史顏真卿馳洛陽決獄慎餘慎名聞兄死皆哭既讀詔斷哭慎名曰奉詔不敢稽留但痛姊垂白作數行書與別真卿許之索筆曰拙於謀已兄弟併命姊老孤苑何以堪此遂縊手指天而絕慎矜兄弟友愛事姊如母儀幹皆秀偉客貌標置九尺者稱於時慎名嘗視鑑歎曰兄弟皆六尺餘此貌此才欲見容當世難矣胡不使我少體弱邪世哀其言寶應初慎矜子璠章墜皆復官爵

王鉷中書舍人瑨側出子也初為鄠尉遷監察御史擢累戶部郎中數按獄采文玄宗以為才進兼和市和糴長春宮戶口色役使拜御史中丞京畿關內採訪黜陟使林甫方興大獄撼東宮誅不附己者以鉷險刻可動以利故倚之使鷙擊狠愎鉷所推陷多抵不道又厚斂嚮天子意人雖被竭鉷更奏取腳直轉異貨百姓間關輸送乃倍所賦又取諸郡高戶為租庸腳士大抵貲業皆破督責連年人不賴生帝在位久妃御服玩脂澤之費日侈而橫與別賜不絕于時重取於左右藏故鉷迎帝旨歲進錢鉅億萬儲禁中以為歲租外物供天子私帑帝以鉷有富國術寵遇益厚以戶部侍郎仍御史中丞加檢察內作閑廐使苑內營田五坊宮苑等使隴右群牧支度營田使天寶八載方士李渾上言見太白老人告玉版秘記事帝詔鉷按其地求得之因是群臣奉上帝號明年鉷為御史大夫兼京兆尹加知總監栽接使於是領二十餘使中外畏其權鉷於第左建大院文書叢委吏爭入求署一字累數日不得者天子使者賜遺相望聲焰熏灼帝寵任鉷亞林甫而楊國忠不如也然鉷畏林甫謹事之安祿山怙寵見林甫白事稍自息林甫欲示之威託以事召王大夫鉷至趨進俯伏祿山不覺自失鉷語又祿山益恭故林甫雖忌其盛亦以附己親之子準為衛尉少卿以鬬雞供奉禁中林甫子岫亦親近準驕甚陵岫出其上過駙馬都尉王繇以彈彈其巾折玉簪為樂既置酒永穆公主親視供具萬年尉韋黃裳長安尉賈季鄰等候準經過饌具倡樂必素辦無敢違意鉷事嫡母孝而與弟銲友愛銲嫉鉷官達常忿慢不弟鉷終不異情銲歷戶部郎中鉷與銲召

術士語不軌術士懼引去鉷畏事泄託它事捕殺之以絕口王府司馬韋會定安公
主子韋會竊語於家左右往白鉷鉷遣李巖收會長安獄夜縊死以尸還家會
姻屬權近而惕息不敢言鉷封太原縣公兼殿中監為中丞也與楊國忠同列
用林甫薦為大夫故國忠不悅銲與邢縡善縡鴻臚少卿璹子也以功名相期
鉷因銲亦交縡十一載四月縡與銲謀引右龍武軍萬騎燒都門誅執政作難
先二日事覺帝召鉷付告牒鉷意銲與縡連故緩其事但督兩縣尉捕賊賈季
隣逮銲於路銲謂曰我與縡有舊今反恐妄相引君勿受既至縡與其黨持弓
刃突出格鬬鉷與國忠繼至縡黨相語曰勿鬬大夫或白國忠曰賊語陰相謂
不可戕會高力士以飛龍小兒甲騎四百至斬縡盡禽其黨國忠奏鉷與謀帝
不信林甫亦為鉷言故帝原銲不問然欲鉷請銲罪使國忠諷之鉷良久曰弟為
先人所愛義不欲捨而謀存帝聞頗怒而陳希烈固爭當以大逆鉷未知方上
表自解有詔希烈訊鉷矣有司不肯通奏鉷見林甫林甫曰事後矣俄而銲至
國忠問曰大夫與否未及應侍御史裴冕叱銲曰上以大夫故官君五品君為臣
不忠為弟不誼大夫宜與反事乎國忠愕然曰與固不可隱不與不可妄銲乃
曰兄不與獄具詔銲杖死鉷賜死三衛廚冕請國忠以其尸歸斂葬之諸子悉
誅家屬徙遠方有司籍第舍數日不能徧至以寶鈿為井幹引泉激霤號自雨

亭其奢侈類如此鉷兄錫見諸弟貴盛不肯仕鉷彊之為太子僕至是貶東區
尉死於道時人傷焉初鉷附楊慎矜以貴已而佐林甫陷慎矜覆其家九五年
而鉷亦族矣盧鉉者本以御史事韋堅取為判官陷被劾鉉發其私以結林甫又善
張瑄及按慎矜則誣瑄死至鉷得罪方為閑廐判官妄曰大夫以牒索馬五百
我不與衆疾其反覆貶盧江長史它日見瑄如平生乃曰公何得來此頭假
須臾卒死

贊曰開元中宇文融始以言利得幸於時天子見海內完治偃然有攘卻四夷之
心融度帝方調兵食故議取隱戶剩田以中主欲利說一開天子恨得之晚不十
年而取宰相雖後得罪而追恨融才有所未盡也孟子所謂上下征利而國危
者可不信哉天寶以來外奉軍興內蠱豔妃所費愈不貲計於是韋堅楊慎矜
王鉷楊國忠各以裒刻進剝下益上歲進羨緡百億萬為天子私藏以濟橫賜
而天下經費自如帝以為能故重官累使尊顯烜赫然天下流亡日多於前有
司備員不復事而堅等所欲既充還用權媢以相屠贔四族皆覆為天下笑夫
民可安而不可擾利可通而不可竭觀數子之欲擾而竭之斂怨甚亡則向所
謂利者顧不反哉鉷國忠後出橫虐最甚當方毒天下復思融云

宇文韋楊王列傳第五十九

哥舒高封列傳第六十　唐書一百三十五

宋　祁　奉　敕　撰

哥舒翰其先蓋突騎施酋長哥舒部之裔父道元為安西都護將赤水軍使
故仍世居安西翰少補效轂府果毅家富于財任俠重然諾縱蒱酒長安市年
四十餘遭父喪不歸不為長安尉所禮慨然發憤游河西事節度使王倕倕攻
新城使翰經略稍知名又事王忠嗣署衙將翰能讀左氏春秋漢書通大義疏
財多施予故士歸心為大斗軍副使佐安思順不相下忠嗣更使討吐蕃副將
倨見翰怒立殺之麾下為股栗遷左衛郎將吐蕃盜邊與翰遇苦拔海吐蕃枝
其軍為三行從山差池下翰持半段槍迎擊所鄉輒披靡名蓋軍中擢授右武
衛將軍副隴右節度為河源軍使先是吐蕃候積石軍麥熟歲來取莫能禁翰
乃使王難得楊景暉設伏東南谷吐蕃以五千騎入塞放馬褫甲將就田翰自
城中馳至鏖鬬虜駭走追北伏起悉殺之隻馬無還者翰嘗逐虜馬驚陷于河
吐蕃三將欲刺翰翰大呼皆擁矛不敢動救兵至追殺之翰有奴曰左車年十
六以旅力聞翰工用搶追及賊擬槍於肩叱之賊反顧翰刺其喉剔而騰之高
五尺許乃墮左車即下馬斬其首以為常會忠嗣被罪帝召翰入朝部將請賫
金帛以救忠嗣翰但齎襆裝曰使吾計從奚取於是不行用此足矣翰至帝處
心待與語異之拜鴻臚卿為隴右節度副大使翰已謝即極言忠嗣之枉帝起

入禁中翰叩頭從帝且泣帝寤為末減其罪忠嗣不及誅朝廷稱其義踰年築
神威軍青海上吐蕃攻破之更築於龍駒島有白龍見因號應龍城翰相其川
原宜畜牧謫罪人二千戍之由是吐蕃不敢近青海天寶八載詔翰以朔方河
東群牧兵十萬攻吐蕃石堡城數日未克翰怒捽其將高秀巖張守瑜將斬之
秀巖請三日期如期而下遂以赤嶺為西塞開屯田備軍實加特進賜賚彌渥
十一載加開府儀同三司翰素與安祿山安思順不平帝每欲和解之會三人
俱來朝帝使驃騎大將軍高力士宴城東翰等皆集詔尚食生擊鹿取血瀹腸
為熱洛何以賜之翰母于闐王女也祿山謂翰曰我父胡母突厥公父突厥母
胡族類本同安得不親愛翰曰諺言狐向窟嘷不祥以忘本也兄既見愛敢不
盡心祿山以翰譏其胡怒罵曰突厥敢爾翰欲應之力士目翰翰託醉去久之
進封涼國公兼河西節度使攻破吐蕃洪濟大莫門等城收黃河九曲以其地
置洮陽郡築神策宛秀二軍進封西平郡王賜音樂田園又賜一子五品官禪
將賞拜有差宰相楊國忠惡祿山自發其反狀故厚結翰俄進太子少保翰耆
酒極聲色因風痺體不仁既疾廢遂還京師闔門不朝請十四載祿山反封常
清以王師敗帝乃召見翰拜太子先鋒兵馬元帥以田良丘為軍司馬蕭昕為

判官王思禮鉗耳大福李承光高元蕩蘇法鼎管崇嗣爲裨將火拔歸仁李武定渾萼契苾寧以本部隸麾下凡河隴朔方奴剌等十二部兵二十萬守潼關師始東先驅牙旗觸門墮注旄干折衆惡之天子御勤政樓臨送詔翰以軍行過門毋下百官郊餞旌旗亘二百里翰惶恐數以疾自言帝不聽然病痼不能事以軍政委良丘使王思禮主騎李承光主步三人爭長政令无所統一衆攜弛無鬭意明年進拜尚書左僕射同中書門下平章事祿山遣子慶緒攻關翰擊走之始安思順度祿山必反嘗爲帝言得不坐翰既惡祿山又怨思順及其知重兵在己有所論請天子重違因僞爲賊書遺思順者使關邏禽以獻翰因疏七罪請誅之有詔思順及弟元貞皆賜死徙放其家國忠始懼或說翰曰祿山本以誅國忠故稱兵今若留卒三萬守關悉精銳度滻水誅君側此漢挫七國計也思禮亦勸翰翰猶豫未發謀頗露國忠大駭入見帝曰兵法安不忘危大兵在潼關而无後殿万有一不利京師危矣即募牧兒三千人日夜訓練以劍南列將分統之又募万人屯灞上使腹心杜乾運爲帥翰疑圖己表請乾運兵隸節下因詭召乾運計事者至軍即斬首梟于門并其軍國忠愈恐謂其子曰吾無死所矣然翰亦不自安又謀久不決數奏言祿山雖竊據河朔不得人心請持重以敝之待其離隙可不血刃而禽賊將崔乾祐守陜郡仆旗鼓羸師以誘戰覘者曰賊无備可圖也帝信之詔翰進討翰報曰祿山習用兵今始爲逆不能无備是陰計誘我賊遠來利在速戰王師堅守毋輕出關計之上也且四方兵未集宜觀事勢不必速當是時祿山雖盜河洛所過殘殺人人怨之淹時月不能進尺寸地又郭子儀李光弼兵益進取常山十數郡祿山始悔反矣將還幽州以自固而國忠計迫謬說帝趣翰出潼關復陜洛時子儀光弼遥計曰翰病且耄賊素知之諸軍烏合不足戰今賊悉銳兵南破宛洛而以餘衆守幽州吾直擣之覆其巢窟質叛族以招逆徒祿山之首可致若師出潼關變生京師天下怠矣乃極言請翰固關无出軍而帝入國忠之言使使者趣戰項背相望也翰窮不知所出六月引而東慟哭出關次靈寶西原與乾祐戰由關門七十里道險隘其南薄山北阻河賊以數千人先伏險翰浮舟中流以觀軍謂乾祐兵寡易之促士卒進道隘无行列賊乘高頹石下擊殺士甚衆翰與良丘登北阜以軍三万夾河鳴鼓思礼等以精卒五萬前鋒軍十万次之乾祐爲陣十十五五或却或進而陌刀五千列陣後王師視其陣无法指觀嗤笑曰禽賊乃會食及戰乾祐旗少偃如欲遁者王師懈不爲備伏忽起薄戰皆奮死鬭翰以氊蒙馬車畫龍虎飾金銀爪目將駭賊持戈矢遂北賊負薪塞路順風火其車煙焱漲天騰煙如夜士不復相辨自相鬭殺尸血狼籍久乃悟又棄甲奔山谷

及陷河死者十二三有橦艘百餘畫爭濟艘輒沈至縛矛首乘以度喧叫振天地賊乘之奔潰略盡始關門有三塹廣二丈深一丈士馬奔蹶相墜迮以還塹平後至者踐之以入既敗翰引數百騎絶河還營麾下裁八千至潼津收散卒復守關乾祐進攻於是火拔歸仁等紿翰出關翰曰何邪曰公以二十万衆一日覆没持是安歸公不見高仙芝等事乎翰曰吾寧效仙芝死汝舍我歸仁不從執以降賊械送洛陽京師震動由是天子西幸祿山見翰責曰汝常易我今何如翰俯伏謝罪曰陛下撥亂主今天下未平李光弼在土門來瑱在河南魯炅在南陽臣爲陛下以尺書招之三面可平祿山悦即署司空同中書門下平章事執火拔歸仁曰背主忘義吾不汝容斬之翰以書招諸將諸將皆讓翰不死節祿山知事不可就因之東京平安慶緒以翰度河及敗乃殺之翰爲人嚴少恩軍行未嘗恤士飢寒有詔民樵者痛笞辱之監軍李大宜在軍中不治事與將士樗蒱飲酒彈箜篌琵琶爲樂而士米粒不饜帝令中人袁思藝勞師士皆訴衣服穿空帝即斥御服餘者製袍十万以賜其軍翰藏庫中及敗封鐍如故先是有客梁貞初遣翰書請堅守勿戰以老賊翰善之奏爲左武衛胄曹參軍留幕府及翰與國忠貳貞初曰難將作矣乃遁去翰失守華陰馮翊上洛郡官吏皆潰帝遣劍南將劉光庭等將新募兵萬餘人往助翰未至而翰被縛云其後贈太尉謚曰武愍子曜字子明八歲玄宗召見華清宫擢尚輦奉御累遷光祿卿以翰陷賊哀憤號慟故吏裴冕杜鴻漸等見之歎息李光弼討河北曜請行拜鴻臚卿爲光弼副降安太清救宋州有功改殿中監襲封爲東都鎮守兵馬使德宗立召爲左龍武大將軍李希烈陷汝州以曜爲東都汝州行營節度使將鳳翔邠寧涇原奉天好畤兵萬人討希烈帝召見問曰卿治兵孰與父賢對曰先臣安敢比但斬長蛇殪封豕然後待罪私室臣之願也帝曰爾父在開元時朝廷無西憂今朕得卿亦無東慮又行帝祖通化門是日牙干折時以翰出師已如此而斬持旗者卒以敗今曜復爾人憂之曜擊賊收汝州禽晃以獻斬其將二人希烈退保許州詔城襄城曜以疲人版築不如按甲持重以挫之帝不許有詔督戰曜進次潁橋雷震軍中七馬斃曜懼還屯襄城希烈遣衆万人縱火攻柵積人于塹以薄壘曜苦戰破之居數月希烈自率兵三万圍曜築甬道屬城矢集如雨帝遣神策將劉德信以兵三千援之又詔河南都統李勉出兵相犄角勉以希烈在外許守兵少乘虛襲之希烈自解乃遣部將與德信趨許未至有詔切讓使班師德信等惶惑還軍無斥候至扈澗爲賊設伏詭擊死者殆半器械輜重皆亡德信走汝州勉恐東都危使將李堅華以兵四千往守賊梗道不得入汴兵沮襄城圍益急帝乃詔曹王以荆襄江

西鄙兵之師討蔡州詔涇原節度使姚令言救襄城未行京師亂帝幸奉天襄城陷曜走洛陽會母喪奪為東都畿汝節度使遷河南尹曜拙於統御而銳殺戮士衆不懷貞元元年部將叛夜焚河南門曜挺身免帝以汴州刺史薛珏代之召入為鴻臚卿終右驍衛上將軍贈幽州大都督子七人俱以儒聞峘茂才高第有峘崿嵫屺皆明經擢第

高仙芝高麗人父舍雞初以將軍隸河西軍為四鎮校將仙芝年二十餘從至安西以父功補游擊將軍數年父子並班仙芝美姿貌善騎射父猶以其儒緩憂之初事節度使田仁琬蓋嘉運等未甚知名後事夫蒙靈詧乃善遇之開元末表為安西副都護四鎮都知兵馬使小勃律其王為吐蕃所誘妻以女故西北二十餘國皆臣屬吐蕃自仁琬以來三討之皆無功天寶六載詔仙芝以步騎一萬出討是時步兵皆有私馬自隨仙芝乃自安西過撥換城入握瑟德經疏勒登葱嶺涉播密川遂頓特勒滿川行凡百日特勒滿川即五識匿國也仙芝乃分軍為三使疏勒趙崇玼自北谷道撥換賈崇瓘自赤佛道仙芝與監軍邊令誠自護密俱入約會連雲堡堡有兵千餘城南因山為柵兵九千守之城下據婆勒川會川漲不得度仙芝殺牲祭川命士人齎三日糧集水涯士不甚信既涉旗不濡馬韉不濕兵已成列仙芝喜告令誠曰鄉吾方涉賊擊我我無類

矣今既濟而陣天以賊賜我也遂登山挑戰日未中破之拔其城斬五千級生禽千人馬千餘匹衣資器甲數萬計仙芝欲遂深入令誠懼不肯行仙芝留羸弱三千使守遂引師行三日過坦駒嶺峻絕下四十里仙芝恐士憚險不敢進乃潛遣二十騎衣阿弩越胡服來迎先語部校曰阿弩越胡來迎我無慮矣既至士不肯下曰公驅我何去會二十人至曰阿弩越胡來迎已斷娑夷橋矣仙芝即陽喜令士盡下娑夷河弱水也既行三日越胡來迎明日至阿弩越城遣將軍席元慶以精騎一千先往謂小勃律王曰不闚若城吾假道趨大勃律耳城中大酋領皆吐蕃腹心仙芝密令元慶曰若酋領逃者第出詔書呼之賜以繒綵至皆縛以待我元慶如言仙芝至悉斬之王及妻逃山穴不可得仙芝招喻則乃出降因平其國急遣元慶斷娑夷橋其暮吐蕃至不克度橋長度一箭所及者功一歲乃成八月仙芝以小勃律王及妻自赤佛道還連雲堡與令誠俱班師於是拂菻大食諸胡七十二國皆震懾降附仙芝遣判官王庭芬奏捷京師軍至河西靈詧怒不迎勞既見罵曰高麗奴于闐使爾何從得之仙芝懼且謝曰中丞力也又曰焉耆鎮守使安西副都護都知兵馬使皆何從得之答曰亦中丞力也靈詧曰審若此捷書不待我而敢即奏何邪奴當斬顧新立功故貸不仙芝不知所為令誠密言狀於朝且曰仙芝立功而以憂死後孰為朝廷

用者帝乃擢仙芝鴻臚卿假御史中丞代靈詧為四鎮節度使而詔靈詧還靈詧懼仙芝朝夕見輒趨走靈詧益慚副都護程千里衙將畢思琛行官王滔康懷順陳奉忠等皆嘗譖仙芝於靈詧者既視事呼千里罵曰公面雖男兒而心如婦女何邪謂琛曰爾奪吾城東千石種田憶之乎對曰公見賜者仙芝曰尔時吾畏汝威豈憐汝而賜邪又召滔欲捽辱良久皆釋曰吾不恨矣由是舉軍安之俄加左金吾衛大將軍與一子五品官九載討石國其王車鼻施約降仙芝為俘獻闕下斬之由是西域不服其王子走大食乞兵攻仙芝於怛邏斯城以直其冤仙芝為人貪破石獲瑟瑟十餘斛黃金五六橐駝良馬寶玉甚衆家貲累鉅萬然亦不甚愛惜人有求輒與不問幾何尋除武威太守代安思順為河西節度使群胡固留思順更拜右羽林軍大將軍封密雲郡公祿山反榮王為元帥仙芝副之領飛騎彍騎及朔方等兵出禁財募關輔士五萬繼封常清東討帝御勤政樓引榮王受命宴仙芝以下帝又幸望春亭勞遣詔監門將軍邊令誠監軍次陝郡而常清敗還仙芝急引閉太原倉悉以所有賜士去焚其餘引兵趨潼關會賊至甲仗資糧委於道彌數百里既至關勒兵繕守具士氣稍稍復振賊攻關不得入乃引還初令誠數私於仙芝仙芝不應因言其逗撓狀以激帝且云常清以賊搖衆而仙芝棄陝地數百里朘盜禀賜帝大怒使令

誠即軍中斬之令誠已斬常清陳尸於蘧蒢仙芝自外至令誠以陌刀百人自從曰大夫亦有命仙芝遽下曰我退罪也死不敢辭然以我為盜顛資糧誣也謂令誠曰上天下地三軍皆在君豈不知乎又顧麾下曰我募若輩本欲破賊取重賞而賊勢方銳故遷延至此亦以固關也我有罪若輩可言不爾當呼枉軍中咸呼曰枉其聲殷地仙芝視常清尸曰公我所引拔又代吾為節度今與公同死豈命歟遂就死

封常清蒲州猗氏人外祖教之讀書多所該究然孤貧年過三十未有名夫蒙靈詧為四鎮節度使以高仙芝為都知兵馬使每出軍奏傔從三十餘人衣襦鮮明常清慨然投牒請隸常清素瘠又腳跛仙芝陋其貌不納明日復至仙芝謝曰傔已足何庸復來常清怒曰我慕公義願事鞭靮故無媒自前公何見拒深乎以貌取士恐失之子羽公其念之仙芝猶未納乃日候門下仙芝不得已籍名傔中會達奚諸部叛自黑山西趣碎葉有詔邀擊靈詧使仙芝以二千騎追躡達奚行遠人馬疲斬略盡常清於幕下潛作捷布具記井泉次舍克賊形勢謀略條最明審仙芝取讀之皆意所欲出乃大駭即用之軍還靈詧迎勞仙芝已去奴袪帶刀而判官劉眺獨孤峻爭問向捷布誰作者公幕下安得此人荅曰吾傔封常清也眺等驚進坐與語異之遂知名以功授疊州戍主

仍為判官仙芝破小勃律代靈詧為安西節度使常清以從戰有勞擢慶王府錄事參軍事為節度判官仙芝征討常知後務常清才而果貲無疑事仙芝委家事於郎將鄭德詮其乳母子也威動軍中常清嘗自外還諸將前謁德詮見常清始貴易之走馬突常清騎去常清命左右引德詮至廷中門輒閉因離席曰吾起細微中丞過聽以主留事郎將安得無禮因叱曰須暫假郎將死以肅吾軍因杖死以面仆地曳出之仙芝妻及乳母哭門外救請不能得遽以狀白仙芝仙芝驚及見常清懼其公不敢讓常清亦不謝會大將有罪又殺二人軍中莫不股慄仙芝節度河西復請為判官父之擢安西副大都護安西四鎮節度副大使知節度事未幾改北庭都護持節伊西節度使常清性勤儉耐勞苦出軍乘騾私廄裁二馬賞罰分明天寶末入朝而安祿山反帝引見問何策以討賊常清見帝憂因大言曰天下太平久人不知戰然事有逆順勢有奇變臣請馳至東京悉府庫募驍勇挑馬箠度河計日取逆胡首以獻闕下天子壯之明日以常清為范陽節度副大使乘驛赴東京常清募兵得六萬人然皆市井庸保乃部分旗幟斷河陽橋以守賊移書平原令太守顏真卿以兵七千防河真卿馳使司兵參軍事李平入奏常清取平表發視即倚帳作書遺真卿勸堅守且傳購祿山檄數千函與之真卿得以分曉諸郡祿山度河陷滎陽入罌子谷先驅至葵園常清使驍騎拒之殺柘羯數十百人賊大軍至常清不能禦退入上東門戰不利賊鼓而進劫官吏毋戰於都亭驛又不勝引兵守宣仁門復敗乃自提象門出伐大木塞道以殿至穀水西奔陝語高仙芝曰賊鋒甚難與爭潼關無兵一夫奔突則京師危不如急守潼關仙芝從之敗書聞帝削常清官使白衣隸仙芝軍效力仙芝使衣阜衣監左右部軍及邊令誠以詔書至示之常清曰吾所以不死者恐汙國家節受戮賊手今死乃甘心始常清敗從入關欲見上陳討賊事至渭南有詔赴潼關常清憂懼為表以謝且言自東京陷三遣使表論成敗不得對又言臣死後望陛下無輕此賊則社稷安至是臨刑以表授令誠而死人多哀之

贊曰祿山梟音闘驍勇乘天下忘戰主德耄勤故挺戈內譟人情崩潰常清乃驅市人數萬以嬰賊鋒一戰不勝即奪爵土欲入關見天子論成敗事使者三輩上書皆不報回斬于軍仙芝棄陝守關遏賊西勢以喪地被誅玄宗雖為左右蒙蔽然荒奪其明亦甚矣卒使叛將得藉口執翰以降賊嗚呼非天孰其惡使亂四海舉黔首而殘之邪彼二將奚誅焉

列傳第六十

李光弼列傳第六十一　唐書一百三十六

宋祁奉敕撰

李光弼營州柳城人父楷洛本契丹酋長武后時入朝累官左羽林大將軍封薊郡公吐蕃寇河源楷洛率精兵擊走之初行謂人曰賊平吾不歸矣師還卒于道贈營州都督諡曰忠烈光弼嚴毅沈果有大略幼不嬉弄善騎射起家左衛親府左郎將累遷左清道率兼安北都護補河西王忠嗣府兵馬使充赤水軍使忠嗣遇之厚雖宿將莫能比嘗曰它日得我兵者光弼也襲父封以破吐蕃吐谷渾功進雲麾將軍朔方節度使安思順表為副知留後事愛其材欲以子妻之光弼引疾去隴右節度使哥舒翰異其操表還長安安祿山反郭子儀薦其能詔攝御史大夫持節河東節度副大使知節度事兼雲中太守尋加魏郡太守河北採訪使光弼以朔方兵五千出土門東救常山次真定常山團結子弟執賊將安思義降自顏杲卿死郡為戰區露胔蔽野光弼酹而哭之出為賊幽閉者厚恤其家時賊將史思明李立節蔡希德攻饒陽光弼得思義不殺問其計答曰今軍行疲勞逢敵不可支不如按軍入守料勝而出虜兵銳然弗能持重圖之萬全光弼曰善據城待明日思明兵二萬傅堞光弼兵不得出乃以勁弩五百射之賊退從陣稍北光弼出其南夾滹沱而軍思明雖數困然恃近救解甲休士是日饒陽賊五千至九門光弼諜知之損輕兵斂旗鼓伺賊方飲襲殺之且盡思明懼引去以奇兵斷饟道馬食薦藉光弼命將取芻行唐賊鈔擊之兵負戶戰賊不能奪會郭子儀收雲中詔悉衆出井陘與光弼合擊賊九門西思明大敗挺身走趙郡立節中流矢死希德走鉅鹿收槀城等十縣遂攻趙詔加光弼范陽大都督府長史范陽節度使思明縣鼓城入博陵殺官吏景城河間信都清河平原博平六郡結營自守以附光弼光弼急攻趙一日拔之士多鹵掠光弼坐譙門收所獲悉歸之民城中大悅進圍博陵未下與子儀合擊思明於嘉山大破之光弼以范陽本賊巢窟當先取之搖賊根本會潼關失守乃拔軍入井陘肅宗即位詔以兵赴靈武更授戶部尚書同中書門下平章事節度如故光弼以景城河間兵五千入太原前此節度使王承業政弛謬侍御史崔衆主兵太原每侮狎承業光弼素不平及是詔衆以兵付光弼衆素狂易見光弼長揖不即付兵光弼怒收繫之會使者至拜衆御史中丞光弼曰衆有罪已前繫今但斬侍御史若使者宣詔亦斬中丞使者內詔不敢出乃斬衆以徇威震三軍至德二載思明希德率高秀巖牛廷玠將兵十萬攻光弼時銳兵悉赴朔方而麾下卒不滿萬衆議培城以守光弼曰城環四十里賊至

治之徒疲吾人乃徹民屋爲擂石車車二百人挽之石所及輒數十人死賊傷十二三思明爲飛樓障以木幔築土山臨城光弼遣穴地頹之思明宴城下倡優居臺上斬指天子光弼遣人隧地擒取之思明大駭徙牙帳遠去軍中皆視地後行又潛溝營地將沒其軍乃陽約降至期以甲士守陴遣裨校出若送款者思明大悅俄而賊數千没于塹城上鼓譟突騎出乘之俘斬万計思明畏敗乃去留蔡希德攻太原光弼出敢死士搏賊斬首七萬級希德委資糧遁初賊至光弼設公幄城隅以止息經府門不顧圍解閱三晝乃歸私寢收清夷橫野等軍賊別將攻好畤破大橫關光弼追敗之加檢校司徒再遷司空封鄭國公食實戶八百乾元元年入朝詔朝官四品以上郊謁進兼侍中與九節度圍安慶緒於相州大戰鄴西敗之光弼與諸將議思明勒兵魏州欲以怠我不如逼其軍逼之彼懲嘉山之敗不敢輕出則慶緒可禽觀軍容使魚朝恩固謂不可既而思明來援光弼拒賊戰尤力殺略大當會諸將驚潰各引歸所在剽掠獨光弼整衆還太原帝貸諸將罪以光弼兼幽州大都督府長史知諸道節度行營事代子儀爲朔方節度使未幾爲天下兵馬副元帥光弼以河東騎五百馳東都夜入其軍且謂賊方闚洛當扼虎牢帥師東出河上檄召兵馬使張用濟用濟憚光弼嚴毅諸將追留其兵用濟單騎入謁光弼斬之以辛京杲代復追都將僕固懷恩懷恩懼先期至會滑汴節度使許叔冀戰不利降賊思明乘勝西嚮光弼整陣徐行趨東京謂留守韋陟曰賊新勝難與爭鋒欲詘之以計然洛無見糧危偪難守公計安出陟曰益陝兵公保潼關可以持久光弼曰兩軍相敵尺寸地必爭今委五百里而守關賊得地勢益張不如移軍河陽北阻澤潞勝則出敗則守表裏相應賊不得西此猨臂勢也夫辨朝廷之禮我不如公論軍旅勝負公不如我陟不能荅判官韋損曰東都乃帝宅公當守之光弼曰汜水崿嶺盡爲賊蹊子能盡守乎遂檄河南縱官吏避賊閑元留人督軍取戰守備思明至偃師光弼悉軍趨河陽身以五百騎殿賊游騎至石橋諸將曰並城而北乎當石橋進乎光弼曰當石橋進甲夜士持炬徐引部曲重堅賊不敢逼已入三城衆二萬軍纔十日糧與卒伍均甘苦賊憚光弼未敢犯宮闕頓白馬祠治壍溝築月城以守賊攻光弼與戰中潬西破逆黨斬千級溺死者甚衆生執五千人初光弼謂李抱玉曰將軍能爲我守南城二日乎抱玉曰過期何若曰棄之抱玉許諾即紿賊曰吾糧盡明日當降賊喜斂兵待期抱玉已繕完即請戰賊怒其負急攻之抱玉出奇兵夾擊俘獲過當賊帥周摯引卻光弼自將治中潬樹壁壘柵斬摯捨南城攻中潬光弼遣荔非元禮戰羊馬賊大潰擊收

兵復振與安太清合衆三萬攻北城光弼斂軍入登陴望曰彼軍雖衆然方陣而囂不足虞也日中當破乃出戰及期未決召諸將曰彼彊而可破者亂也今以亂擊亂宜無功因問賊陣何所最堅曰西北隅召郝廷玉曰爲我以麾下破之曰廷玉所將步卒請騎五百與之三百復問其次曰東南隅召論惟貞辭曰蕃將也不知步戰請鐵騎三百與之二百乃出賜馬四十分給廷玉等光弼執大旗曰望吾旗麾若緩可觀便宜若三麾至地諸軍畢入生死以之退者斬既而馮坤望廷玉軍不能前趣左右取其首來廷玉曰馬中矢非卻也乃命易他馬有裨將援矛剌賊洞馬腹中數人又有迎賊不戰而卻者光弼召援矛者賜絹五百匹不戰者斬光弼麾旗三諸軍爭奮賊衆奔敗斬首萬餘級俘八千餘人馬二千軍資器械以億計禽周摯徐璜玉李秦授惟太清挺身走思明未知猶攻南城光弼驅所俘示之思明大懼築壘以拒官軍始光弼將戰內刀于韡曰戰危事吾位三公不可辱于賊萬有一不捷當自刎以謝天子及是西向拜舞三軍感動太清襲懷州守之上元元年加太尉中書令進圍懷州思明來救光弼再逐北思明見兵河清聲度河絕餉路光弼壁野水度既夕還軍留牙將雍希顥守曰賊將高暉李日越萬人敵也賊必使劫我爾留此賊至勿與戰若降與偕來左右竊怪語無倫是日思明果召日越曰光弼野次爾以鐵騎五百夜取之不然無歸日越至壘使人問曰太尉在乎曰去矣兵幾何曰千人將爲誰曰雍希顥日越謂其下曰我受命云何今顧獲希顥歸不免死遂請降希顥與俱至光弼厚待之表授特進兼右金吾大將軍高暉聞亦降或問公降二將何易也光弼曰思明再敗恨不得野戰聞我野次彼固易之命將來襲必許以死希顥無名不足以爲功日越懼死不降何待高暉材出日越之右降者見遇貳者得不思奮乎諸軍決丹水灌懷州未下光弼令廷玉由地道入得其軍號登陴大呼王師乘城禽安太清楊希仲送之京師獻俘太廟進食實戶一千五百思明使諜宣言賊將士皆北人謳唫思歸朝恩信然屢言賊可滅狀詔諭光弼光弼固言賊方銳未可輕動僕固懷恩媢光弼功陰佐朝恩陳掃除計使者來督戰光弼不得已令李抱玉守河陽出師次北邙光弼使傅山陣懷恩曰我用騎今迫險非便地請陣諸原光弼曰有險可以勝可以敗陣于原敗斯殲矣且賊致死于我不如阻險懷恩不從賊據高原以長戟七百壯士執刀隨之委物僞遁懷恩軍爭剽獲伏兵發官軍大潰懷州復陷光弼度河保聞喜抱玉以兵寡棄河陽光弼請罪帝以懷恩違令羈縻軍優詔召光弼入朝懇讓太尉更拜開府儀同三司中書令河中尹晉絳等州節度使未幾復拜太尉兼侍中

河南副元帥知河南淮南東西山南東荊南五道節度行營事鎮泗州帝爲賦詩以餞朝義乘邙山之捷進略申光等十三州光弼輿疾就道監軍使以兵少請保揚州光弼曰朝廷以安危寄我賊安知吾衆寡若出不意當自潰遂疾驅入徐州時朝義圍李岑於宋州使田神功擊走之初神功平劉展逗留淮南尚衡殷仲卿相攻兗鄆間來瑱擅襄陽及光弼至屯朝義走神功還河南瑱衡仲卿踵入朝其爲諸將憚服類此寶應元年進封臨淮郡王光弼收許州斬賊驍千級縛僞將二十二人朝義分兵攻宋州光弼破走之浙東賊袁晁反台州建元寶勝以建丑爲正月殘剽州縣光弼遣麾下破其衆於衢州廣德元年遂禽晁浙東平詔增實封戶二千與一子三品階賜鐵券名藏太廟圖形淩煙閣相州北邙之敗朝恩羞其策繆故深忌光弼切骨而程元振尤疾之二人用事日謀有以中傷者及來瑱爲元振譖死光弼愈恐吐蕃寇京師代宗詔入援光弼畏禍遷延不敢行及帝幸陝猶倚以爲重數存問其母以解嫌疑帝還長安因拜東都留守察其去就光弼以久須詔書不至歸徐州收租賦爲解帝令郭子儀自河中輦其母還京二年光弼疾篤奏表上前後所賜實封詔不許將吏問後事答曰吾淹軍中不得就養爲不孝子尚何言哉取所餘絹布分遺部將薨年五十七部將即以其布遂爲光弼行喪號哭相聞帝遣使弔䘏其母贈太保諡曰武穆詔百官送延平門外光弼用兵謀定而後戰能以少覆衆治師訓整天下服其威名軍中指顧諸將不敢仰視初與郭子儀齊名世稱李郭而戰功推爲中興第一其代子儀朔方也營壘士卒麾幟無所更而光弼一號令之氣色乃益精明云子彙有志操廉介自將從賈耽爲禆將奏兼御史大夫元和初分徐州符離爲宿州光弼有遺愛擢彙爲刺史後遷涇原節度使罷軍中雜徭出奉錢贖將士質賣子還其家卒贈工部尚書光弼弟光進字大應初爲房琯禆將北軍戰陳濤斜兵敗奔行在肅宗宥之代宗即位拜檢校太子太保封涼國公吐蕃入寇至便橋郭子儀爲副元帥光進及郭英乂佐之自至德後與李輔國並掌禁兵委以心膂光弼被譖出爲渭北邠寧節度使永泰初封武威郡王累遷太子太保卒母李有鬚數十長五寸許封韓國太夫人二子節制皆一品死葬長安南原將相奠祭凡四十四幄時以爲榮光弼所部將李懷光僕固懷恩田神功李抱玉董秦哥舒曜韓游瓌渾釋之辛京杲自有傳若荔非元禮郝廷玉李國臣白孝德張伯儀白元光陳利貞侯仲莊柏良器皆章章可稱列者附次左方

荔非元禮起禆將累兼御史中丞光弼守河陽周摯攻北城光弼方登中潬摯聞併兵從光弼光弼使元禮守羊馬城植小旗城東北隅望賊勢待衆直逼城以車千乘載木鵝橦車麾兵填塹八道並進光弼諭元禮曰中丞視賊過兵不顧何也報曰公欲守邪戰邪光弼曰戰曰方賊爲我實塹復何怪光弼曰吾慮不及此公勉之元禮遂出戰摯軍卻元礼以敵堅未可以馳還軍示弱怠其意光弼怒使召元禮欲按軍法答曰方戰不及往請破賊以見因休柵中良久顧麾下曰向公來召殆欲斬我鬬死有名無庸受戮乃下馬持刀瞋目直前銳士堵而進左右奮擊當數人斬賊數百首摯遁去以功累遷驃騎大將軍懷州刺史知鎮西北庭行營節度使上元二年光弼進收洛陽軍敗元禮從軍翼戰爲麾下所害

郝廷玉驍勇善格鬬爲光弼愛將及保河陽禽徐璜玉功爲多累封安邊郡王授神策將軍吐蕃犯京畿與馬璘屯中渭橋它日魚朝恩聞其善布陣請觀之廷玉申號令鳴鼓角部伍坐作進退若一朝恩歎曰吾動兵間久今始識訓練法廷玉愀然曰此臨淮王遺法也王善御軍賞當功罰適過每校旗不如令者輒斬由是人皆自効而赴蹈馳突心破膽裂自臨淮殁无復校旗事此安足賞哉累爲秦州刺史卒贈工部尚書李國臣河西人本姓安力能扶關以折衝從收魚海五城遷中郎將後爲朔方將積勞擢雲麾大將軍賜姓李從光弼守河陽累封臨川郡王大曆八年爲鹽州刺史吐蕃敗渾瑊於黃菩原將略汧隴國臣謂人曰虜乘勝必擾京師我趨秦原彼當反顧乃引兵登安樂山鳴鼓而西日行三十里吐蕃聞之自百里城回軍踰險瑊因擊敗之卒贈揚州大都督白孝德安西人事光弼爲偏禆史思明攻河陽使驍將劉龍仙以騎五十挑戰加右足馬鬣上嫚罵光弼光弼登城顧諸將曰孰能取是賊僕固懷恩請行光弼曰是非大將所宜左右以孝德對召問所須幾兵對曰願出五十騎見可而進大軍鼓譟以張吾氣矣光弼撫其背遣之孝德挾二矛策馬絕河半濟懷恩賀曰事克矣其攬轡便辟可全者龍仙見易之不爲動將至若引避然孝德振手止之曰侍中使致辭無它與語須之瞋目曰賊識我乎我白孝德也龍仙罵之乃躍馬前搏城上因大譟五十騎繼進龍仙環隄走追斬其首以還後累功至北庭行營節度使徙邠寧僕固懷恩引吐蕃兵入寇孝德擊敗之永泰初吐蕃回紇圍涇陽郭子儀說回紇約盟吐蕃退走孝德使渾瑊以兵五千出奉天命孝德應之大戰赤沙烽斬獲甚衆累封昌化郡王歷太子少傅建中元年卒贈太保

張伯儀魏州人以戰功隷光弼軍浙賊袁晁反使伯儀討平之功第一擢睦州刺史後爲江陵節度使樸實不知書然推誠遇人軍中畏肅民亦使之李

希烈反詔與賈耽張獻甫收安州戰不利伯儀中流矢師却失所持節賊追及奮刀以禦之兩刃相嚮不得下會救至免至漢水督野人船以達沔州潰兵至江陵哭於廷伯儀妻孥勉出其家帛給之乃定伯儀收散卒還久之除右龍武統軍卒贈揚州大都督既請謚博士李吉甫議以中興三十年而兵未戢者將帥養寇藩身也若以亡敗為戒則總干戈者必圖万全而不決戰若伯儀雖敗而其忠可録遂謚曰恭

白元光字元光其先突厥人父道生歷寧朔州刺史元光初隸本軍補節度先鋒安禄山反詔從朔方兵東討元光領所部結義營長驅從光弼出土門累遷太子詹事封南陽郡王為兩都游弈使長安平率兵清宮進戰餘寇身被數創肅宗躬為傅藥轉衛尉卿兼朔方先鋒史思明攻河陽光弼召主騎軍其後歷靈武留後定遠城使貞元二年卒贈越州都督

陳利貞幽州范陽人初為平盧將安禄山亂從光弼軍河南張巡被圍睢陽也光弼遣郝廷玉及利貞救之輕騎出入廷玉稱為勝已以子妻之及歸薦于光弼自行間累遷檢校太子賓客封靜戎郡王李希烈叛詔哥舒曜東討利貞為前鋒次刺城賊衆大集利貞出奇兵五百橫擣其右賊鋒詘數月不敢前及希烈攻曜襄城利貞登陴捍守七十日未嘗櫛沐非議事不下城朱泚反利貞及張廷芝所統士皆幽薊河隴人故與廷芝合謀應泚而利貞麾下亦從為亂夜半難作利貞拔劍當軍門大譁曰欲過門者先殺我衆畏其勇乃止廷芝出奔德宗嘉之擢汝州防禦使貞元五年疽發背卒遺觀察使崔縱書自陳受國恩恨不得死所云

侯仲莊字仲莊蔚州人為光弼先鋒授忠武將軍禽安太清有功累加冠軍將軍僕固懷恩以朔方叛仲莊為都將訓兵自守號為平射人畏其鋒懷恩敗郭子儀代之引為腹心封上谷郡王為神策京西將德宗幸奉天遷左衛將軍為防城使脩壘堞晝夜執戈徼循從幸興元殿軍騎合授防禦招收使帝還都復鎮奉天幾二十年卒贈洪州都督

柏良器字公亮魏州人父造以獲嘉令死安禄山難乃學擊劍欲報賊父友王奐為光弼從事見之曰爾額文似臨淮王面黑子似顏平原殆能立功乃薦之光弼授兵平山越遷左武衛中郎將以部兵隸浙西預平袁晁方清其後擒擣虎胡麥參據小傷黍里又擊破之是時年二十四更戰陳六十二李希烈圍寧陵遣水灌之親令軍中明日拔城良器以救兵至擇弩手善游者泝汴渠夜入及旦伏弩發賊衆城者皆死録功封平原郡王入為左神策軍大將軍知軍事圖形凌煙閣募材勇以代士卒市販者中尉竇文場惡之坐友人闌入換右領軍衛自是軍政皆中官專之終左領軍衛大將軍贈陝州大都督子耆自別傳

烏承玼字德潤張掖人開元中與族兄承恩皆為平盧先鋒沈勇而決號轅門二龍契丹可突于殺其王邵固降突厥而奚亦亂其王李魯蘇挈族屬及部固妻子自歸是歲奚契丹入寇詔承玼擊之破於捺禄山二十二年詔信安王禕率幽州長史趙含章進討承玼請含章曰二虜國劇賊前日戰而北非畏我乃誘我也公且畜鋭以折其謀含章不信戰白城果大敗承玼獨按隊出其右斬首万計可突于奔北奚勃海大武藝與弟門藝戰國中門藝來詔與太僕卿金思蘭發范陽新羅兵十萬討之無功武藝遣客刺門藝於東都引兵至馬都山屠城邑承玼窒要路塹以大石亘四百里虜不得入於是流民得還士少休脫鎧而耕歲省度支運錢安慶緒使史思明守范陽思明恃兵彊為自固計慶緒客遣阿史那承慶安守忠就督事且圖之承玼勸思明曰唐家中興與天下更始慶緒偷肆暴刻公殆與俱亡有如東身本朝猶洗前汙此反掌功耳思明善之斬承慶等奉表聽命始承恩為冀州刺史失守思明護送東都故肅宗使自雲中趣幽州開諭思明與承玼謀投畧殺之不克死承玼奔李光弼表為冠軍將軍封昌化郡王為石嶺軍使王思禮為節度使軍政倚辦焉久之移疾還京師卒年九十六子重胤別傳

贊曰李光弼生戎虜之緒沈毅有守遭禄山變擢任兵柄其策敵制勝不世出賞信罰明士卒畏奮毅然有古良將風至其終父喪不入妻室位王公事繼母至孝好讀班固漢書異夫庸人武夫者及困於口舌不能以忠自明奄侍內構遂陷嫌隙謀就全安而身益危所謂工於料人而拙於謀已邪方擾袂徇國天下風靡一為遷延而田神功等皆不受約束卒以憂死功臣去就可不慎邪嗚呼光弼雖有不釋位之誅然讒人為害亦可畏矣將時之不幸歟

李光弼列傳第六十一

郭子儀列傳第六十二

端明殿學士兼翰林侍讀學士龍圖閣學士朝散大夫守尚書吏部侍郎充集賢殿修撰臣宋祁奉
敕撰

郭子儀字子儀華州鄭人長七尺二寸以武舉異等補左衛長史累遷單于副都護振遠軍使天寶八載木剌山始築橫塞軍及安北都護府詔即軍爲使俄苦地偏不可耕徙築永清號天德軍又以使兼九原太守十四載安祿山反詔子儀爲衛尉卿靈武郡太守充朔方節度使率本軍東討子儀收靜邊軍斬賊將周萬頃擊高秀巖河曲敗之遂收雲中馬邑開東陘加御史大夫賊陷常山河北郡縣皆沒會李光弼攻賊常山拔之子儀引軍下井陘與光弼合破賊史思明衆數萬平藁城南攻趙郡禽賊四千縱之斬僞守郭獻璆還常山思明以衆數萬尾軍及行唐子儀選騎五百更出挑之三日賊引去乘之又破於沙河遂趨常陽以守祿山益出精兵佐思明子儀曰彼恃加兵必易我易我心不固戰則克矣與戰

未決戮一步將以徇士殊死鬭遂破之斬首二千級俘五百人獲馬如之於是晝揚兵夜擣壘賊不得息氣益老乃與光弼僕固懷恩渾釋之陳回光等擊賊嘉山斬首四萬級獲人馬萬計思明跳奔博陵於是河北諸郡往往斬賊守迎王師方北圖范陽會哥舒翰敗天子入蜀太子即位靈武詔班師子儀與光弼率步騎五萬赴行在時朝廷草昧衆單寡軍容缺然及是國威大振拜子儀兵部尚書同中書門下平章事仍總節度肅宗大閱六軍鼓而南至彭原宰相房琯自請討賊次陳濤師敗衆略盡故帝唯倚朔方軍爲根本賊將阿史那從禮以同羅僕骨騎五千誘河曲九府六胡州部落數萬迫行在子儀以回紇首領葛邏支擊之執獲數萬牛羊不可勝計河曲平至德二載攻賊崔乾祐於潼關乾祐敗退保蒲津會永樂尉趙復河東司戶參軍韓旻司士徐景及宗室子鋒在城中謀爲內應子儀攻蒲復等斬陴者披闔內軍乾祐走安邑安邑僞納之兵半入縣門發乾祐得脫身走賊安守忠壁永豐倉子儀遣子旰與戰多殺至萬級旰死于陣進收倉於是關陝始通詔還鳳翔進司空充關內河東副元帥率師趨長安次潏水上賊守忠等軍清渠左大戰王師不利委仗奔子儀收潰卒保武功待辠于朝乃授尚書左僕射俄從元帥廣平王率蕃漢兵十五萬收長安李嗣業爲前軍元帥爲中軍子儀副之王思禮爲後軍陣香積寺之北距灃水臨大川彌亘一舍賊李歸仁領勁騎薄戰官軍囂嗣業以長刀突出斬賊數十騎乃定回紇以奇兵縹賊背夾攻之斬首六萬級生禽二萬賊帥張通儒夜亡陝郡翌日王入京師老幼夾道呼曰不圖今日復見官軍王休士三日遂東安慶緒聞王師至遣嚴莊悉衆十萬屯陝助通儒旌幟鉦鼓徑百餘里師至新店賊已陣出輕騎子儀遣二隊逐之又至倍以往皆不及賊營輒反最後賊以二百騎掩軍未戰走子儀悉軍追橫貫其營賊張兩翼包之官軍却嗣業率回紇從後擊塵且坌飛矢射賊賊驚曰回紇至矣遂大敗僵尸相屬于道嚴莊等走洛陽挾慶緒度河保相

州遂收東都於是河東河西河南州縣悉平以功加司徒封代國公食邑千戶入朝帝遣具軍容迎灞上勞之曰國家再造卿力也子儀頓首陳謝有詔還東都經略北討乾元元年破賊河上執安守忠以獻遂朝京師詔百官迎於長樂驛帝御望春樓待之進中書令帝即詔大舉九節度師討慶緒以子儀光弼皆元功難相臨攝弟用魚朝恩爲觀軍容宣慰使而不立帥子儀自杏園濟河圍衛州慶緒分其衆爲三軍將戰子儀選善射三千士伏壁內誡曰須吾却賊必乘壘若等譟而射既戰僞遁賊薄營伏發注射如雨賊震駭王師整而奮斬首四萬級獲鎧胄數十萬執安慶和收衛州又戰愁思岡破之連營進圍相州引漳水灌城漫二時不能破城中糧盡人相食慶緒求救於史思明思明自魏來李光弼王思禮許叔冀魯炅前軍遇之戰鄴南夷負相當炅中流矢子儀督後軍未及戰會大風拔木遂晦跬步不能相物色於是王師南潰賊亦走輜械滿野諸節度引還子儀以朔方軍保河陽斷航橋時

王師衆而無統進退相顧望責功不專是以及于敗有詔留守東都俄改東畿山南東道河南諸道行營元帥魚朝恩素疾其功因是媒譖之故帝召子儀還更以趙王爲天下兵馬元帥李光弼副之代子儀領朔方兵子儀雖失軍無少望乃心朝廷思明再陷河洛西戎逼擾京輔天子旰食乃授邠寧鄜坊兩節度使仍留京師議者謂子儀有社稷功而孽寇首鼠乃置散地非所宜帝亦悟上元初詔爲諸道兵馬都統以管崇嗣副之率英武威遠兵及河西河東鎮兵繇邠寧朔方大同橫野軍以趨范陽詔下爲朝恩沮解明年光弼敗邙山失河陽又明年河中亂殺李國貞太原戕鄧景山朝廷憂二軍與賊合而少年新將望輕不可用遂以子儀爲朔方河中北庭潞儀澤沁等州節度行營兼興平定國副元帥進封汾陽郡王屯絳州時帝已不豫羣臣莫有見者子儀請曰老臣受命將死于外不見陛下目不瞑帝引至卧内謂曰河東事一以委卿子儀嗚咽流涕賜御馬銀器雜綵別賜絹布九萬子儀至屯誅

首惡王元振等數十人太原辛雲京亦治害景山者諸鎮皆惕息代宗立程元振自謂於帝有功忌宿將難制離構百計因罷子儀副元帥加實戶七百爲肅宗山陵使子儀懼讒且成盡裒肅宗所賜詔敕千餘篇上之因自明詔曰朕不德詒大臣憂朕甚自愧自今公毋有疑初帝與子儀平兩京同天下憂患至是悔悟眷禮彌重時史朝義尚盜洛帝欲使副雍王率師東討爲朝恩元振交訾之乃止會梁崇義據襄州叛僕固懷恩屯汾州陰召回紇吐蕃寇河西戎涇州犯奉天武功遷拜子儀爲關内副元帥鎮咸陽初子儀自相州罷歸京師部曲離散逮承詔麾下才數十騎驅民馬補行隊至咸陽虜已過渭水並南山而東天子跳幸陜子儀聞流涕董行營還京師遇射生將王獻忠以殼騎叛劫諸王欲奔虜子儀讓之取諸王送行在乃率騎南收兵得武關防卒及亡士數千軍寖完會六軍將張知節迎子儀洛南大閱兵屯商州威震關中乃遣知節率烏崇福羽林將長孫全緒爲前鋒營韓公堆擊鼓譟山

張旗幟夜叢萬炬以疑賊初光祿卿殷仲卿募兵藍田以勁騎先官軍爲游弈直度滻民紿虜曰郭令公來虜懼會故將軍王甫結俠少夜鼓朱雀街呼曰王師至吐蕃夜潰於是遣大將李忠義屯苑中渭北節度使王仲昇守朝堂子儀以中軍繼之射生將王撫自署京兆尹亂京城子儀斬以徇破賊書聞帝以子儀爲京城留守自變生倉卒賴子儀復安故天下皆咎程元振羣臣數論奏元振懼乃說帝都洛陽帝可其計子儀奏曰雍州古稱天府右隴蜀左崤函襟馮終南太華之險背負清渭濁河之固地方數千里帶甲十餘萬兵彊士勇眞用武之國秦漢所以成帝業也後或處而泰去而亡者不一姓故高祖先入關定天下太宗以來居洛陽者亦鮮先帝興朔方誅慶緒陛下席西土戮朝義雖天道助順亦地勢則然比吐蕃馮陵而不能抗者臣能言其略夫六軍皆市井人竄虛名逃實賦一日驅以就戰有百奔無一前又宦豎掩迷庶政荒奪遂令陛下彷徨暴露越在陜服斯委任失人豈秦地非良哉

今道路流言不識信否咸謂且都洛陽洛陽自大盜以來焚埃略盡百曹榛荒寰服不滿千戶井邑如墟豺狼羣嘷東薄鄭汴南界徐北綿懷衞及相千里蕭條亭舍不煙何以奉萬乘牲餼供百官次舍哉且地狹阸裁數百里險不足防適爲鬬場陛下意者不以京畿新罹剽蹂國用不足乎昔衞爲狄滅文公廬于曹衣大布之衣冠大帛之冠卒復舊邦況赫赫天子躬儉節用寧爲一諸侯下哉臣願陛下斥素餐去冗食抑閹寺任直臣薄征弛役卹隱撫鰥委宰相以簡賢任能付臣以訓兵禦侮則中興之功日月可冀惟時邁亟還見宗廟謁園陵再造王家以幸天下帝得奏泣謂左右曰子儀固社稷臣也朕西決矣乘輿還子儀頓首請罪帝勞曰用卿晚故至此乃賜鐵券圖形凌煙閣僕固懷恩縱兵掠并汾屬縣帝患之以子儀兼河東副元帥河中節度使鎮河中懷恩子瑒屯榆次爲帳下張惟岳所殺傳首京師持其衆歸子儀懷恩懼委其母走靈州廣德二年進太尉兼領北道邠寧涇原河西通和吐蕃

及朔方招撫觀察使辭太尉不拜懷恩誘吐蕃回紇党項數十萬入寇朝廷大恐詔子儀屯奉天帝問計所出對曰無能爲也懷恩本臣偏將雖慓果然素失士心今能爲亂者誘思歸之人劫與俱來且皆臣故部曲素以恩信結之彼忍以刃相向乎帝曰善虜寇邠州先驅至奉天諸將請擊之子儀曰客深入利速戰彼下素德我吾緩之當自攜貳因下令敢言戰者斬堅壁待之賊果遁子儀至自涇陽恩賚崇縟進拜尚書令懇辭不聽詔趣詣省視事百官往慶敕射生五百騎執戟寵衛子儀確讓且言太宗嘗踐此官故累聖曠不置頃皇太子爲雍王定關東乃得授渠可猥私老臣隳大典且用兵以來僭賞者多至身兼數官冒進亡恥今凶醜略平乃作法審官之時宜從老臣始帝不獲已許之具所以讓付史官因賜美人六人從者自副車服帷帟咸具永泰元年詔都統河南道節度行營復鎮河中懷恩盡說吐蕃回紇党項羌渾奴剌等三十萬掠涇邠躪鳳翔入醴泉奉天京師大震於是帝命李忠臣屯

唐書列傳六十二　五

渭橋李光進屯雲陽馬璘郝廷玉屯便橋駱奉先李日越屯盩厔李抱玉屯鳳翔周智光屯同州杜冕屯坊州天子自將屯苑中急召子儀屯涇陽軍纔萬人比到虜騎圍已合乃使李國臣高昇魏楚玉陳回光朱元琮各當一面身自率鎧騎二千出入陣中回紇怪問是謂誰報曰郭令公驚曰令公存乎懷恩言天可汗棄天下令公即世中國無主故我從以來公今存天可汗存乎報曰天子萬壽回紇悟曰彼欺我乎子儀使諭虜曰昔回紇涉萬里戡大憝助復二京我與若等休戚同之今乃棄舊好助叛臣一何愚彼背主棄親於回紇何有回紇曰本謂公云亡不然何以至此今誠存我得見乎子儀將出左右諫戎狄野心不可信子儀曰虜衆數十倍今力不敵吾將示以至誠左右請以騎五百從又不聽即傳呼曰令公來虜皆持滿待子儀以數十騎出免冑見其大酋曰諸君同艱難久矣何忽亡忠誼而至是邪回紇捨兵下馬拜曰果吾父也子儀即召與飲遺錦綵結歡誓好如初因曰吐蕃本吾舅甥國無負而來棄親

也馬牛被數百里公等若倒戈乘之若俛取一芥是謂天賜不可失且逐戎得利與我繼好不兩善乎會懷恩暴死羣虜無所統一遂許諾吐蕃疑之夜引去子儀遣將白元光合回紇衆追躡大軍繼之破吐蕃十萬於靈臺西原斬級五萬俘萬人盡得所掠士女牛羊馬橐它不勝計遂自涇陽來朝加實封二百戶還河中大曆元年華州節度使周智光謀叛帝間道以蠟書賜子儀令悉軍討之同華將吏聞軍起殺智光傳首闕下二年吐蕃寇涇州詔移屯涇陽邀戰於靈州敗之斬首二萬級明年還河中吐蕃復寇靈武詔率師五萬屯奉天白元光破虜於靈武議者以吐蕃數爲盜馬璘孤軍在邠不能支乃以子儀兼邠寧慶節度使屯邠州徙璘爲涇原節度使回紇赤心請市馬萬匹有司以財乏止市千匹子儀曰回紇有大功宜荅其意中原須馬臣請內一歲奉佐馬直詔不聽人許其忠九年入朝對延英帝與語吐蕃方彊慷慨至流涕退上書曰朔方國北門西禦犬戎北虞獫狁五城相去三千里開元

唐書列傳六十二　六

天寶中戰士十萬馬三萬匹僅支一隅自先帝受命靈武戰士從陛下征討無寧歲頃以懷恩亂瘼傷耗亡三分之二比天寶中止十之一今吐蕃兼吞河隴雜羌渾之衆歲深入畿郊勢踰十倍與之角勝豈易得邪屬者虜來稱四節度將別萬人人兼數馬臣所統士不當賊四之一馬不當賊百之二外畏內懼將何以安臣惟陛下制勝力非不足但簡練不至進退未一時淹師老地廣勢分願於諸道料精卒滿五萬者列屯北邊則制勝可必竊惟河南河北江淮大鎮數萬小者數千殫屈稟給未始蒐擇臣請追赴關中勤步隊示金鼓則攻必破守必全長久之策也又自陳衰老乞骸骨詔曰朕終始倚賴未可以去位不許德宗嗣位詔還朝攝冢宰充山陵使賜號尚父進位太尉中書令增實封通前二千戶給糧千五百人芻馬二百匹盡罷所領使及帥建中二年疾病帝遣舒王到第傳詔省問子儀不能興叩頭謝恩薨年八十五帝悼痛廢朝五日詔羣臣往弔隨喪所須皆取于官贈太師陪葬建陵及葬帝

御安福門哭過其喪百官陪位流涕賜謚曰忠武配饗代宗廟廷著令一品墳崇丈八尺詔特增丈以表元功子儀事上誠御下恕賞罰必信遭幸臣程元振魚朝恩短毀方時多虞握兵處外然詔至即日就道無纖介顧望故讒間不行破吐蕃靈州而朝恩使人發其父墓盜未得子儀自涇陽來朝中外懼有變及入見帝唁之即號泣曰臣久主兵不能禁士殘人之墓人今發先臣墓此天譴非人患也朝恩又嘗約子儀脩具元載使人告以軍容將不利公其下衷甲願從子儀不聽但以家僮十數往朝恩曰何車騎之寡告以所聞朝恩泣曰非公長者得無致疑乎田承嗣傲很不軌子儀嘗遣使至魏承嗣西望拜指其膝謂使者曰茲膝不屈於人久矣今爲公拜李靈耀據汴州公私財賦一皆遏絶子儀封幣道其境莫敢留令持兵衛送麾下宿將數十皆王侯貴重子儀頤指進退若部曲然幕府六十餘人後皆爲將相顯官其取士得才類如此與李光弼齊名而寬厚得人過之子儀歲入官俸無慮二十四

萬緡宅居親仁里四分之一中通永巷家人三千相出入不知其居前後賜良田美器名園甲館不勝紀代宗不名呼爲大臣以身爲天下安危者二十年校中書令考二十四八子七婿皆貴顯朝廷諸孫數十不能盡識至問安但頷之而已富貴壽考哀榮終始人臣之道無缺焉子曜旰晞昢晤曖曙映而四子以才顯

曜性沈靜資貌瑰傑累從節度府辟署破虜有功爲開陽府果毅都尉至德初推子儀功授衛尉卿累進太子詹事太原郡公子儀專征伐曜留治家事少長無閒言諸弟或飾池館盛車服曜獨以朴簡自處子儀罷兵遷太子少保昆弟六人共制拜官子儀薨以遺命簿上四朝所賜名馬珍物德宗復賜之乃悉散諸弟居喪以禮疾甚或勸茹葱韮終不屬口後盧杞秉政忌勳族子儀壻太僕卿趙縱少府少監李洞清光祿卿王宰皆以次得罪姦人幸其危多論奪田宅奴婢曜大恐獨宰相張鎰力保護德宗稍聞之詔有司曰尚父子儀有大勳力保乂王家嘗誓山河琢金石許宥十世

前日其家市田宅奴婢而無賴者以尚父殁妄論奪之自今有司毋得受建中三年卒贈太子太傅謚曰孝初曜襲代國公食二千戶貞元初詔減半以封晞曖映曙人二百五十戶未幾復詔四人各減五十戶封曜子鋒晤子鐇各百戶云

晞善騎射從征伐有功復兩京戰最力出奇兵破賊累進鴻臚卿河中軍亂子儀召首惡誅之其支黨猶反仄晞選親兵晝夜警以備非常姦人不得發以功拜殿中監吐蕃回紇入寇加御史中丞領朔方軍援邠州與馬璘合軍擊虜破之虜復來陣涇水北子儀遣晞率徒兵五千騎五百襲虜晞以兵寡不進須暮賊半濟乃擊斬首五千級加御史大夫子儀固讓乃止居父喪值朱泚亂南走山谷賊畀致之欲汙以官佯瘖不荅賊露兵脅之不動數以城中事貽書李晟既而奔奉天天子還改太子賓客子鋼從朔方杜希全幕府希全檄爲豐州刺史晞憐其弱不任事丐罷德宗遣使者召鋼鋼疑得罪挺身走吐蕃不納希全執送京師賜死晞坐免喪

復太子賓客累封趙國公卒贈兵部尚書孫承嘏

承嘏字復卿幼秀異通五經元和中及進士第累遷起居舍人居母喪以孝聞大和六年爲諫議大夫言政事得失文宗以鄭注爲太僕卿承嘏極論其非注頗懼進給事中俄出爲華州刺史給事中盧載還詔書且言承嘏數封駮稱職宜在禁闥帝曰朕謂久次欲優其稍入耳乃復留給事中時江淮旱用度不支詔宰相分領度支戶部承嘏言宰相調和陰陽安黎庶若使閱視簿書校緡帛非所宜帝順納遷刑部侍郎帝嘗稱其儒素無貴驕氣不類勳家每進對恩接備厚方大任用會卒家無餘貲親友爲辦喪祭贈吏部尚書

曖字曖以太常主簿尚昇平公主曖年與公主侔十餘歲許昏拜駙馬都尉試殿中監封清源縣侯寵冠戚里大曆末檢校左散騎常侍建中時主坐事留禁中朱泚亂逼署曖官辭以居喪被疾既而與公主奔奉天德宗嘉之釋主罪進曖金紫光祿大夫賜實封

五十戶尋遷太常卿貞元三年襲代國公卒年四十八贈尚書左僕射初曖女爲廣陵郡王妃王即位是爲憲宗妃生穆宗穆宗立尊妃爲皇太后贈曖太傅四子鑄釗鏦銛鑄襲封

釗長七尺方口豐下代宗朝以外孫爲奉禮郎累官至左金吾大將軍改檢校工部尚書爲邠寧節度使入爲司農卿憲宗寢疾官豎或妄議廢立者穆宗問計於釗答曰殿下爲太子當旦夕視膳何外慮乎時稱得元舅體穆宗即位檢校戶部尚書兼司農卿俄爲河陽三城節度使徙河中尹領晉絳慈隰節度敬宗立召拜兵部尚書又帥劍南東川大和中南蠻寇蜀取成都外郛杜元穎不能禦詔釗兼領西川節度未行蠻衆已略梓州州兵寡不可用釗貽書譙蠻首蹇巔以侵叛意蹇巔曰元穎不自守數侵吾圉我以是報乃與釗脩好約無相犯天子嘉之即拜西川節度使以疾請代爲太常卿卒贈司徒子仲文仲恭仲詞開成二年詔仲文襲太原郡公給事中盧弘宣奏釗妻沈公主女代宗皇帝外孫其

子仲詞尚饒陽公主仲文冒嫡不應襲使仲文承嫡則沈當黜且仲詞亦不得尚主乃詔仲詞檢校殿中少監駙馬都尉襲封而仲文以太皇太后故置不問仲恭歷詹事府丞亦尚金堂公主

鏦字利用尚德陽郡主詔裴延齡爲主營第長興里順宗立主進封漢陽公主擢鏦檢校國子祭酒駙馬都尉自景龍後外戚多爲檢校官不治事宰相薦其才不當以外戚廢乃拜右金吾將軍封太原郡公恭遜折節不以富貴加人性周畏不立赫赫名有諫於上退必毀槀家人子弟無知者別墅在都南尤勝塏穆宗嘗幸之置酒極歡改太子詹事充閑廏宮苑使卒贈尚書左僕射

銛性和易累爲殿中監尚西河公主鏦卒代爲太子詹事宮苑閑廏使長慶三年暴卒太后遣使按問發疾狀久乃解初西河主降沈氏生一子銛無嗣以沈氏子嗣

曙代宗朝累官司農卿德宗幸奉天曙方領家兵獵苑北聞蹕至伏謁道左遂從乘輿入駱谷霖雨塗潦衛兵或異語帝召謂曰朕不德而苦公等宜執朕送朱泚以謝天下諸將皆感泣曰願死生從陛下時曙與功臣子李昇韋清令狐建李彥輔被甲請見言曰南行路險且虞姦變臣等世蒙恩今相誓願更被帝馬許之帝還曙請擢金吾大將軍餘並爲禁軍將軍曙終郝國公子儀母弟

幼明性謹愿無過拙于武喜賓客以子儀故終少府監贈太子太傅子昕肅宗末爲四鎮留後關隴陷不得歸朝廷但命官遙領其使建中二年昕始與伊西北庭節度使曹令忠遣使入朝德宗詔曰四鎮二庭統西夏五十七蕃十姓部落國朝以來相與率職自關隴失守王命阻絕忠義之徒泣血固守奉遵朝法此皆侯伯守將交脩共治之効朕甚嘉之令忠可北庭大都護四鎮節度留後賜氏李更名元忠昕可安西大都護四鎮節度使諸將吏超七資敘官云

贊曰天寶末盜發幽陵外阻內訌子儀自朔方提孤軍轉戰逐北詣不還顧當是時天子西走唐祚若贅斿而能輔太子再造王室及大難略平遭讒甚詭奪兵柄然朝聞命夕引道無纖介自嫌及

被圍涇陽單騎見虜壓以至誠猜忍沮謀雖唐命方永亦由忠貫日月神明扶持者哉及光弼等畏偪不終而子儀完名高節爛然獨著福祿永終雖齊桓晉文比之爲褊唐史臣裴垍稱權傾天下而朝不忌功蓋一世而上不疑侈窮人欲而議者不之貶嗚呼垍誠知言其子孫多以功名顯蓋盛德後云

郭子儀列傳第六十二

端明殿學士兼翰林侍讀學士龍圖閣學士朝請大夫守尚書吏部侍郎充集賢殿修撰臣宋祁奉

敕撰

李嗣業字嗣業京兆高陵人長七尺膂力絕衆開元中從安西都護來曜討十姓蘇祿先登捕虜累功署昭武校尉後應募安西軍中初用陌刀而嗣業尤善每戰必爲先鋒所嚮摧北馬靈詧爲節度出戰必與俱高仙芝討勃律署嗣業及中郎將田珍爲左右陌刀將時吐蕃兵十萬屯娑勒城據山瀕水聯木作郛以扼王師仙芝潛軍夜濟信圖河令曰及午破賊不者皆死嗣業提步士升山頹石四面以擊賊又樹大旗先走險諸將從之虜不虞軍至因大潰投崖谷死者十八鼓而驅至勃律禽其主平之授右威衛將軍從平石國及突騎施以跳盪先鋒加特進虜號爲神通大將初仙芝特以計襲取石其子出奔因構諸胡共怨之以告大食連兵攻四鎮仙芝率兵二萬深入爲大食所敗殘卒數千事急嗣業謀曰將軍深履賊境後援既絕而大食乘勝諸胡鋭于鬬我與將軍俱前死尚誰報朝廷者不如守白石嶺以爲後計仙芝曰吾方收合餘燼明日復戰嗣業曰事去矣不可坐須葅醢即馳守白石路既隘步騎魚貫而前會拔汗那還兵輜餉塞道不可騁嗣業懼追及手梃擊人馬斃仆者數十百虜駭走仙芝乃得還表嗣業功進右金吾大將軍留爲疏勒鎮使城一隅阤屢築輒壞嗣業祝之有白龍見因其處絕祠以祭城遂不壞漢耿恭故井久涸禱已泉復出初討勃律也通道蔥嶺有大石塞隘以足蹴之抵穹谿識者以爲至誠所感云天寶十二載加驃騎大將軍入朝賜酒玄宗前醉起舞帝寵之賜綵百金皿五十物錢十萬曰爲解酲具安祿山反肅宗追之詔至即引道與諸將割臂盟曰所過郡縣秋毫不可犯至鳳翔上謁帝喜曰今日卿至賢於數萬衆事之濟否固在卿輩乃詔與郭子儀僕固懷恩掎角常爲先鋒以巨棓笞鬬賊值類崩潰進四鎮伊西北庭行軍兵馬使廣平王收長安嗣業統前軍陣于香積祠北賊酋李歸仁擁精騎薄戰王師注矢逐之走未及營賊大出掩追騎還蹂王師於是亂不能陣嗣業謂子儀曰今日不蹈萬死取一生則軍無類矣即袒持長刀大呼出陣前殺數十人陣復整步卒二千以陌刀長柯斧堵進所向無前歸仁匿兵營左覘軍勢王分回紇銳兵擊其伏嗣業出賊背合攻之自日中至昃斬首六萬級塡澗壑死幾半賊東走遂平長安進收東都嗣業戰多乃與張鎬魯炅來瑱嗣吳王祗李奐略定諸州兼衛尉卿封虢國公實封戶二百兼懷州刺史北庭行營節度使與子儀等圍相州師老諸將無功獨嗣業被堅數奮爲諸軍冠中流矢卧帳中方愈忽聞金鼓聲知與賊戰大呼創潰血流數升卒諡曰忠勇贈武威郡王給靈轝護還在所葬日使中人臨弔中朝臣祖泣塗給掃除十戶嗣業忠毅憂國不計居産有宛馬十疋前後賞賜皆上于官以助軍云子佐國襲爵歷丹王府長史卒推嗣業功贈宋州刺史

馬璘岐州扶風人少孤流蕩無業所年二十讀漢馬援傳至丈夫當死邊野以馬革裹尸而歸慨然曰使吾祖勳業墜于地乎開元末挾策從安西節度府以奇勞累遷金吾衛將軍至德初王室多難統精甲三千自二庭赴鳳翔肅宗奇之委以東討初戰衛南以百騎破賊五千衆從李光弼攻洛陽史朝義衆十萬陣北邙山旗鎧照日諸將亢疑未敢擊璘率部士五百薄賊屯出入三反衆披靡乘之賊遂潰光弼曰吾用兵三十年未見以少擊衆雄捷如馬將軍者遷試太常卿明年吐蕃寇邊詔璘移軍援河西懷恩之叛璘引還間關轉鬬至鳳翔虜圍已合節度使孫志直嬰城守璘令士持滿外向突入縣門不解甲出戰背城陣虜潰率輕騎追之斬數千級漂血丹渠帝引見尉勞擢兼御史大夫永泰初拜四鎮行營節度南道和蕃使俄檢校工部尚書北庭行營邠寧節度使元日有卒犯盜或曰宜赦璘曰赦之則人將伺其日爲盜遂戮之天大旱里巷爲土龍聚巫以禱璘曰旱由政不修即命撤之明日雨

是歲大穰未幾徙涇原權知鳳翔隴右節度副使四鎮北庭如舊復以鄭潁二州隸之大曆八年吐蕃內寇渾瑊戰宜祿不利璘設伏潘原與瑊合擊破之俘級數萬進檢校尚書右僕射明年入朝求宰相以檢校左僕射知省事進扶風郡王十一年卒於軍年五十六贈司徒諡曰武璘少學術而武幹絕倫遭時屯棘以忠力奮在涇八年繕屯壁爲戰守具令肅不殘人樂爲用虜不敢犯爲中興銳將初涇軍乏財帝諷李抱玉讓鄭潁璘因得裒積且前後賜賚無算家富不貲治第京師侈甚其寢堂無慮費錢二十萬緡方璘在軍守者覆以油幔及喪歸都人爭入觀假稱故吏入赴弔者日數百德宗在東宮聞之不喜及即位乃禁第舍不得踰制詔毀璘中寢及宦人劉忠翼第璘家懼悉籍亭館入之官其後賜羣臣宴多在璘山池而子弟無行財亦尋盡

李抱玉本安興貴曾孫世居河西善養馬始名重璋閑騎射少從軍其爲人沈毅有謀尤忠謹李光弼引爲裨校天寶末玄宗以其

戰河西有功爲改今名祿山亂守南陽斬賊使至德二載上言世占涼州恥與逆臣共宗有詔賜之姓因徙籍京兆舉族以李爲氏進至右羽林大將軍知軍事權陳鄭潁亳節度使史思明已破東都凶焰勃然鼓而行自謂無前光弼壁河陽拒之使抱玉守南城賊急攻抱玉縱奇兵出表裏俘殺甚衆賊乃捨去從光弼戰大敗因不能西差功第一封樂城縣公代宗立兼澤潞節度使統相衛儀邢十一州兵以功授司空兼兵部尚書武威郡王懇辭王爵徙涼國公進司徒廣德中吐蕃入寇帝次陝羣盜徧南山五谷閒東距虢西抵岐椎剽不勝計詔太子賓客薛景仙爲南山五谷防禦使引兵招捕久不克更詔抱玉討賊抱玉盡得賊株柢蹊隧分兵守諸谷使牙將李崇客精騎四百自桃林虢川襲之賊帥高玉脫身走城固山南西道張獻誠禽以獻悉索支黨斬之不閱旬五谷平即詔抱玉權鳳翔隴右節度抱玉懇讓司徒故以尚書左僕射同中書門下平章事河西隴右副元帥又讓僕射故還爲兵部尚書大曆二年來朝久之加山南西道副元帥兼節度使屯盩厔抱玉兼三節度三副元帥位望隆赫乃上言隴坻達扶文緜地二千里虜孔道不一梁岷重則關輔輕願擇能臣帥西道當一面臣得專事關隴帝多其讓許之抱玉在鎮十餘年雖無破虜功而禁暴安人爲將臣之良卒年七十四贈太保諡曰昭武從父弟抱真

抱真字太玄沈虛而斷抱玉屬以軍事授汾州別駕僕固懷恩反陷焉挺身歸京師代宗以懷恩倚回紇所將朔方兵精憂之召抱真問狀荅曰郭子儀嘗領朔方軍人多德之懷恩欺其下曰子儀爲朝恩所殺今起而用是伐其謀兵可不戰解也既而懷恩敗如抱真策遷殿中少監陳鄭澤潞節度留後既謝因言百姓勞逸在牧守願得一州以自試更授澤州刺史兼澤潞節度副使徙懷州仍爲懷澤潞觀察留後凡八年抱真策山東有變澤潞兵所走集乘戰伐後賦重人困軍伍彫刓乃籍戶三丁擇一蠲其傜租給弓矢令閑月得曹偶習射歲終大校親按籍第能否賞責比三年皆

爲精兵舉所部得成卒二萬既不稟于官而府庫實乃曰軍可用矣繕甲淬兵遂雄山東天下稱昭義步兵爲諸軍冠久之爲澤潞節度行軍司馬會昭義節度李承昭病詔抱真權磁邢兵馬留後德宗嗣位檢校工部尚書領昭義節度使建中中田悅反圍邢及臨洺詔抱真與河東馬燧合神策兵救之敗悅於雙岡斬其將楊朝光又破之臨洺遂解臨洺邢之圍以功檢校兵部尚書復與悅戰洹水走之進圍魏悅戰城下大敗進檢校尚書右僕射會朱滔王武俊反救悅抱真退保魏帝蒼卒狩奉天閒問諸將皆哭各引麾下還屯於時李希烈陷汴李納反鄆李懷光相次反河中抱真獨以數州截然橫絕潰叛中離沮其姦爲羣盜所憚興元初檢校左僕射同中書門下平章事繇郯國公進義陽郡王朱滔悉幽薊兵與回紇圍貝州以應朱泚而希烈既竊名號則欲臣制諸叛衆稍離天子下罪己詔並赦羣盜抱真乃遣客賈林以大義說武俊使合從擊滔武俊許諾而內尤豫抱真將自造其壁謀軍事於司

馬盧玄卿曰吾此行繫時安危使遂不還部勒以聽天子命惟子勵兵東向雪吾之恥亦唯子即以數騎馳入見武俊曰泚希烈爭竊帝號滔攻貝州此其志皆欲自肆于天下足下既不能與競長雄捨九葉天子而臣反虜乎且詔書罪己禹湯之心也方上暴露播越公能自安乎因持武俊涕下交頤武俊亦感泣左右皆泣退卧帳中甘寢久之武俊感其不疑乃益恭指心誓天曰此身已許公死矣食訖約爲昆弟而別旦日合戰大破滔經城進檢校司空實封六百戶貞元初朝京師詔還所鎭抱眞喜士聞世賢者必欲與之游雖小善皆卑辭厚幣數千里邀致之至無可錄徐徐以禮謝會天下稍無事乃飾臺沼以自娛好方士謂不死可致有孫季長者爲治丹且曰服此當僊去抱眞表署幕府嘗語左右曰秦漢君不偶此我乃得之後升天不復見公等矣夜夢駕鶴寤而刻寓鶴衣羽服習乘之後益惑厭勝因疾請降官七讓司空還爲左僕射餌丹二萬丸不能食且死醫以彘肪穀漆下之疾少間季長曰

危得僊何自棄也益服三千丸卒年六十二其子殿中侍御史緘匿喪與其屬盧會昌元仲經謀會諸將仲經詭抱眞令曰吾疾不任事令緘典軍勉佐之副使李說及諸校俯首皆唯曰諾緘盛服出衆拜之悉發府庫勞軍會昌即爲抱眞表丐日令諸將署章請以節付緘天子已聞抱眞喪遣使者馳入軍詔以事屬大將王延貴緘諷若抱眞疾請詰朝見凡三日緘乃出見使者陳兵甚嚴使者曰朝廷已知公薨詔以兵屬延貴君速歸發喪緘愕然謂諸將曰詔不許若何衆不對乃遽以印鑰上監軍始發喪使者趣延貴視事護緘赴東都仲經逃諸外捕殺之會昌得不坐始緘遣將陳榮以書抵武俊假其財武俊怒曰吾與乃公善者恭王命非同惡也今聞已亡誰詐其子使不俟朝制邪因榮而讓緘焉詔贈抱眞太保

路嗣恭字懿範京兆三原人始名劍客以世蔭爲鄴尉席豫黜陟河朔表爲蕭關令連徙神烏姑臧二縣考績爲天下最玄宗以爲可嗣漢魯恭因賜名轉渭南令主杜化東陽二驛時關鐵用兵使人係道嗣恭儲具有素而民不擾後爲郭子儀朔方節度留後大將孫守亮擁重兵驕蹇不受制嗣恭因稱疾守亮至即殺之一軍皆震永泰三年檢校刑部尚書知省事出爲江西觀察使以善治財賦稱有賈明觀者素事魚朝恩朝恩誅當坐死宰相元載納其賂遣效力江西將行居民數萬懷瓦石候擊載諭市吏禁止乃得去魏少游畏載常回容之及嗣恭代少游即日杖死大曆八年嶺南將哥舒晃殺節度使呂崇賁五嶺大擾詔嗣恭兼嶺南節度使封冀國公嗣恭募勇敢士八千人以流人孟瑶敬冕爲才擢任之使瑶督大軍當其衝冕率輕兵由間道出不意遂斬晃及支黨萬餘築尸爲京觀俚洞魁宿爲惡者皆族夷之還爲檢校兵部尚書復知省事嗣恭起州縣吏以課治進至顯官及晃事株戮舶商没其財數百萬私有之代宗惡焉故賞不酬功德宗立隂賊宰相楊炎炎錄前劾更拜兵部尚書東都留守俄加懷鄭汝陜河陽三城

節度東都畿觀察使卒年七十一贈左僕射子應恕

應字從衆以蔭爲著作郎貞元初出爲虔州刺史詔嗣父封鑿贛石梗嶮以通舟道德宗時李泌爲相號得君帝嘗曰誰於卿有恩者朕能報之泌乃言嘗爲元載所疾謫江西路嗣恭與載厚臣憂畏之會與其子應並驅馬齧其脛臣惶恐不自安應閟不言勉起見父臣常媿其長者思有以報帝曰善即日加應檢校屯田郎中服金紫累遷宣歙池觀察使封襄陽郡王李錡反應發鄉兵救湖常二州以故錡不能拔元和六年以疾授左散騎常侍卒謚曰靖

恕字體仁從嗣恭討哥舒晃授檢校工部員外郎得從便宜擢降將伊慎用之賊平恕功多嗣恭節度河陽也恕爲懷州刺史年纔三十楊炎用扞魏博爲時嗤詆累遷鄜坊宣歙觀察使坐事貶吉州刺史以右散騎常侍致仕卒贈洪州都督

二李馬路列傳第六十三

房琯字次律河南河南人父融武后時以正諫大夫同鳳閣鸞臺平章事神龍元年貶死高州琯少好學風度沈整以蔭補弘文生與呂向偕隱陸渾山十年不諧際人事開元中作封禪書說宰相張說說奇之奏爲校書郎舉任縣令科授盧氏令拜監察御史坐訊獄非是貶睦州司戶參軍復爲縣所至上德化興長利以治最顯天寶五載試給事中封漳南縣男時玄宗有逸志數巡幸廣溫泉爲華清宮環宮所置百司區署以琯資機算詔總經度驪山疏巖剔藪爲天子游觀未畢坐善李適之韋堅斥爲宜春太守歷琅邪鄴扶風三郡頻遷憲部侍郎十五載帝狩蜀琯馳至普安上謁帝喜甚即拜文部尚書同中書門下平章事從至成都賜一子官俄與韋見素崔渙奉冊靈武見肅宗具言上皇所以傳付意因道當時利病辭情慷慨吐華暢帝爲改容琯既有重名帝傾意待之機務一二與琯參決諸將相莫敢望於是第五琦言財利幸爲江淮租庸使琯諫曰往楊國忠聚斂產怨天下陛下即位人未見德今又寵琦是一國忠死一國忠生無以示遠方帝曰六軍之命方急無財則散御惡琦可也何所取財琯不得對北海太守賀蘭進明自河南至詔攝

御史大夫嶺南節度使入謝帝曰朕語琯除正大夫何爲攝邪進明銜之因曰陛下知晉亂乎惟以尚虛名任王衍爲宰相基祖浮華不事天下事故至於敗方唐中興當用實才而琯性疏闊大言無當非宰相器陛下待之厚然孰肯爲陛下用乎帝曰何哉對曰陛下頃爲皇太子太子出曰撫軍入曰監國而琯爲聖皇建遣諸王爲都統節度乃謂陛下爲元子而付以朔方河東河北空虛之地永王豐王乃統四節度此於聖皇似忠於陛下非忠也琯意諸子一得天下身不失恩又多樹私黨以副戎權推此而言豈肯盡誠於陛下乎帝入其語始惡琯以進明爲御史大夫河南節度使會琯請自將平賊帝猶倚以成功乃詔琯持節招討西京防禦蒲潼兩關兵馬節度等使得自擇參佐乃以兵部尚書王思禮御史中丞鄧景山爲副戶部侍郎李揖爲行軍司馬中丞宋若思起居郎知制誥賈至右司郎中魏少游爲判官給事中劉秩爲參謀琯分三軍遣楊希文將南軍自宜壽入劉悊將中軍自武功入李光進將北軍自奉天入琯身中軍先鋒十月庚子次便橋辛丑中軍北軍遇賊陳濤斜戰不利琯欲持重有所伺中人邢延恩促戰故敗士死麻韋癸卯率南軍復戰遂大敗希文悊皆降賊初琯用春秋時戰法以車二千乘繚營騎步夾之既戰賊乘風譟牛悉髀栗賊投芻而火之人畜撓敗殺卒四

萬血丹野殘衆才數千不能軍琯還走行在見帝肉袒請罪帝宥之使裒衆散復圖進取琯雅自負以天下爲己任然用兵本非所長其佐李揖劉秩等皆儒生未嘗更軍旅琯每說曰彼曳落河雖多能當我劉秩乎帝雖恨琯喪師而眷任未衰崔圓自蜀來最後見帝琯謂帝不見省易之圓以金昇李輔國不淹日被寵遇然琯數稱疾不入會御史大夫顏真卿劾奏諫議大夫李何忌不孝琯素善何忌不欲以惡名錮之託被酒入朝貶西平郡司馬琴工董庭蘭出入琯所琯昵之庭蘭藉琯勢數招賕謝爲有司劾治琯訴于帝帝因震怒遣之琯惶恐就第罷爲太子少師從帝還都封清河郡公琯之廢朝臣多言琯謀包文武可復用雖琯亦自謂當柄任爲天子立功善琯者具其言于朝琯方引劉秩嚴武與宴語移病自如帝以琯虛言浮誕內㦸挾黨背公非大臣體乾元元年出琯爲邠州刺史遂秩武等因下詔陳其比周狀喻敕中外始邠以武將領刺史故綱目廢弛即治府爲營吏擾民居相循護琯至一切革之人以便安政聲流聞召拜太子賓客遷禮部尚書爲晉漢二州刺史寶應二年召拜刑部尚書道病卒贈太尉琯有遠器好談老子浮屠法喜賓客高談有餘而不切事時天下多故急於謀略攻取帝以吏事繩下而琯爲相遂欲從容鎮靜以輔治之又知人不明以取敗撓故功名隳

損云

贊曰唐名儒多言琯德器有王佐材而史載行事亦少貶矣一舉喪師訖不復振原琯以忠誼自奮片言悟主而取宰相必有以過人者用違所長遂無成功然盛名之下爲難居矣夫名盛則責望備實不副則負言深使琯遭時承平從容帷幄不失爲名宰而倉卒濟難事敗隙生陷於浮虛比周之罪名之爲累也戒哉

子孺復幼頗能屬文然狂縱不法淮南節度使陳少游奏置幕府多招術家言己三十當得宰相以黨權近希進取後辟淅西韓滉府兄宗偃喪自嶺外還孺復不出臨弔與妻鄭不相中恚姆爲言乃具棺召家人生斂之鄭方乳促上道鄭死于行又娶崔昭女崔悍媢殺二侍兒私瘞之觀察使以聞貶連州司馬聽崔去既又與崔通請復合詔許未幾復離終容州刺史

琯孫啓以蔭補鳳翔參軍事累調萬年令素數附王叔文貞元末叔文用事除容管經略使陰許以荊南節度至荊湖宿留不肯進會叔文敗韋執誼內忿之不果拜俄而皇太子監國啓惶駭就鎮九年改桂管觀察使州郎以賂請有司飛驛送詔既而憲宗自遣宦人持詔賜啓啓畏使者邀重餉即曰先五日已得詔使者紿請視因馳歸以聞貶大僕少卿啓自陳獻使者南

口十五帝怒殺官人貶啓虔州長史死始詔五管福建黔中道不得以口餽遺博易罷腊口等使

琯族孫式擢進士第累遷忠州刺史韋皐表為雲南安撫副使蜀州刺史皐卒劉闢反式留不得行賊平高崇文條貸之言諸朝除吏部郎中時河朔諸將劉濟張茂昭等更相劾奏帝欲和之拜式給事中使河北還奏如旨遷陝虢觀察使改河南尹會討王承宗鎮州索餉車四千乘民不能具式建言歲凶人勞不任調發又御史元稹亦言賦未會而河南民先困詔司都鄭安之改宣歙觀察使卒贈左散騎常侍謚曰傾吏部郎中韋乾度曰始式剌蜀州劉闢構難即謂闢曰向夢公為上相儀衛甚盛幸無相忘闢喜以為祥後闢發兵署牒首曰闢副曰式參謀曰符載大節已虧不宜得謚博士李虞仲曰始闢反為其用者皆救死其頸可盡被惡名乎如式不能去又不能死可謂求生害仁者也闢走西山召所疑畏者盡殺之式在其間會救得免而曰大節已虧近於溢言謚乃定

張鎬字從周博州人儀狀瓌偉有大志視經史猶漁獵然好王霸大略少事吳兢兢器之遊京師未知名率嗜酒鼓琴自娛人或邀之杖策往醉即返不及世務天寶末楊國忠執政求天下士為已重聞鎬才薦之釋褐衣拜左拾遺歷侍御史玄宗西狩鎬徒步扈從俄遣詣肅宗所數論事擢諫議大夫尋拜中書侍郎同中書門下平章事時引內浮屠數百居禁中號內道場諷唄外聞鎬諫曰天子之福要在養人以一函寓美風化未聞區區佛法而致太平願陛下以無為為心不以小乘撓聖慮帝然之尋詔兼河南節度使都統淮南諸軍事賊圍宋州張巡告急鎬倍道進檄濠州刺史閭丘曉趣救曉慢撓逗留不肯進比鎬至淮口而巡已陷鎬怒杖殺曉帝還京師封南陽郡公詔以本軍鎮汴州捕平殘寇史思明表以范陽獻順鎬揣其偽密奏曰思明勢窮而服包藏不測可以計取難以義招不宜以威權假之又言滑州防禦使許叔冀狡獪臨難必變宜追還宿衛書入不省時宦官絡繹出鎬境未嘗降情結納自范陽滑州使還者皆盛言思明叔冀忠而毀鎬無經略才帝以鎬不切事機遂罷宰相授荊州大都督府長史思明叔冀後果叛如鎬言召拜太子賓客左散騎常侍坐市嗣岐王珍第貶辰州司戶參軍代宗初起為撫州刺史遷洪州觀察使更封平原郡公袁晁寇東境江介震駭鎬遣兵屯上饒斬首二千級又襲舒城賊楊昭泉之沈千載者新安大豪連結推剽州縣不能禽鎬遣別將盡殄其衆改江南西道觀察使卒鎬起布衣二期至宰相居身廉不殖貲産善待士性簡重論議有體在位雖淺而天下之人推為舊德云

李泌字長源魏八柱國弼六世孫徙居京兆七歲知為文玄宗開元十六年

悉召能言佛道孔子者相答難禁中有員俶者九歲升坐詞辯注射坐人皆屈帝異之曰半千孫固當然因問童子豈有類若者俶跪奏臣舅子李泌帝即馳召之泌既至帝方與燕國公張說觀弈因使說試其能說請賦方圓動靜泌逡巡曰願聞其略說因曰方若棋局圓若棋子動若棋生靜若棋死泌即答曰方若行義圓若用智動若騁材靜若得意說因賀帝得奇童帝大悅曰是子精神要大於身賜束帛敕其家曰善視養之張九齡尤所獎愛常引至臥內九齡與嚴挺之蕭誠善挺之惡誠佞勸九齡謝絕之九齡忽獨念曰嚴太苦勁然蕭軟美可喜方命左右召蕭泌在旁帥爾曰公起布衣以直道至宰相而喜軟美者乎九齡驚改容謝之因呼小友及長博學善治易常游嵩華終南間慕神仙不死術天寶中詣闕獻復明堂九鼎議帝憶其早惠召講老子有法得待詔翰林仍供奉東宮皇太子遇之厚嘗賦詩譏誚楊國忠安祿山等國忠疾之詔斥置蘄春郡肅宗即位靈武物色求訪會泌亦自至已謁見陳天下所以成敗事帝悅欲授以官固辭願以客從入議國事出陪輿輦衆指曰著黃者聖人著白者山人帝聞因賜金紫拜元帥廣平王行軍司馬帝嘗曰卿侍上皇中為朕師今下判廣平行軍朕父子資卿道義云始軍中謀帥皆屬建寧王泌密白帝曰建寧王誠賢然廣平冢嗣有君人量豈使為吳太伯乎帝曰廣平為太子何假元帥泌曰使元帥有功陛下不以為儲副得耶太子從曰撫軍守曰監國今元帥乃撫軍也帝從之初帝在東宮李林甫數構譖勢危甚及即位怨之欲掘冢焚骨泌以天子而念宿嫌示天下不廣使脅從之徒得釋言於賊帝不悅曰往事卿忘之乎對曰臣念不在此上皇有天下五十年一旦失意南方氣候惡且春秋高聞陛下錄故怨將內慚不懌萬有一感疾是陛下以天下之廣不能安親也帝感悟抱泌頸以泣曰朕不及此因從容問破賊期對曰賊掠金帛子女悉送范陽有苟得心渠能定中國邪華人為之用者獨周摯高尚等數人餘皆脅制偷合至天下大計非所知也不出二年無寇矣陛下無欲速夫王者之師當務萬全圖久安使無後害今詔李光弼守太原出井陘郭子儀取馮翊入河東則史思明張忠志不敢離范陽常山安守忠田乾真不敢離長安是以三地禁其四將也隨祿山者獨阿史那承慶耳使子儀毋取華令賊得通關中則北守范陽西救長安奔命數千里其精卒勁騎不逾年而弊我常以逸待勞來避其鋒去翦其疲以所徵之兵會扶風與太原朔方軍互擊之徐命建寧王為范陽節度大使北並塞與光弼相掎角以取范陽賊失巢窟當死河南諸將手帝然之會西方兵大集帝欲速得長安曰今戰必勝攻必取何暇千里先事范陽乎

泌曰必得兩京則賊再強我再困且我所恃者磧西突騎西北諸戎耳若先取京師期必在春關東早熱馬且病士皆思歸不可以戰賊得休士養徒必復來南此危道也帝不聽二京平帝奉迎上皇自請歸東宮以遂子道泌曰上皇不來矣人臣尚七十而傳況欲勞上皇以天下事乎帝曰奈何泌乃爲群臣通奏具言天子思戀晨昏請促還以就孝養上皇得初奏答曰當與我劍南一道自奉不復東矣帝甚憂及再奏至喜曰吾方得爲天子父遂下誥戒行崔圓李輔國以泌親信疾之泌畏禍願隱衡山有詔給三品祿賜隱士服爲治室廬泌嘗取松樛枝以隱背名曰養和後得如龍形者因以獻帝四方爭效之代宗立召至舍蓬萊殿書閣初泌無妻不食肉帝乃賜光福里第彊詔食肉爲娶朔方故留後李暐甥昏日敕北軍供帳元載惡不附己因江西觀察使魏少游請僚佐載稱泌才以試秘書少監充判官載誅帝召還復爲常袞所忌出爲楚州刺史辭不行帝亦留之會澧州缺袞盛言南方凋瘵請輟泌治之乃授澧朗峽團練使徙杭州刺史皆有風績德宗在奉天召赴行在授左散騎常侍時李懷光叛歲又蝗旱議者欲赦懷光帝博問群臣泌破一桐葉附使以進曰陛下與懷光君臣之分不可復合如此葉矣由是不赦始朱泚亂帝約吐蕃赴援賂以安西北庭既而渾瑊與賊戰咸陽泚大敗吐

蕃以師追泚不甚力因大掠武功而歸京師平來請如約帝業許欲遂與之泌曰安西北庭控制西域五十七國及十姓突厥皆悍兵處以分吐蕃勢使不得併兵東侵今與其地則關中危矣且吐蕃向持兩端不戰又掠我武功乃賊也奈何與之遂止貞元元年拜陝虢觀察使泌始鑿山開車道至三門以便饋漕以勞進檢校禮部尚書淮西兵防秋屯鄜州已而四千人亡歸或白吳少誠密招之既入境泌邀險悉擊殺之三年拜中書侍郎同中書門下平章事累封鄴縣侯初張延賞減天下吏員人情愁怨至流離死道路者泌請復之帝未從因問今戶口減承平時幾何曰三之二帝曰人既彫耗員何可復泌曰不然戶口雖耗而事多承平十倍陛下欲省州縣則可而吏員不可減今州或參軍署吏縣佐史判案所謂省官者去其冗員非常員也帝曰若何爲冗員對曰州參軍無職事及兼試額內官者兼試自至德以來有之比正員三之一可悉罷帝乃許復吏員而罷冗官泌又條奏中朝官常侍賓客十員其六員可罷左右贊善三十員其二十員可罷如舊制諸王未出閤官屬皆不除而所收料奉乃多於減員矣帝悅是時州刺史月奉至千緡方鎮所取無藝而京官祿寡薄自方鎮入八座至謂罷權薛邕由左丞貶歙州刺史家人恨降之晚崔祐甫任吏部員外求爲洪州別駕使府賓佐有所忤

者薦爲郎官其當遷臺閣者皆以不赴取罪去泌以爲外太重內太輕乃請隨官閑劇普增其奉時以爲宜而竇參多沮亂其事不能悉如所請泌又白罷拾遺補闕帝雖不從然因是不除諫官唯用韓皐歸登泌因收其公廨錢令二人寓食中書舍人署凡三年始以韋綬梁肅爲左右補闕太子妃蕭母郜國公主坐蠱媚幽禁中帝怒責太子太子不知所對泌入帝數稱舒王賢泌揣帝有廢立意因曰陛下有一子而疑之乃欲立弟之子臣不敢以古事爭且十宅諸叔陛下奉之若何帝赫然曰卿何知舒王非朕子對曰陛下昔爲臣言之陛下有嫡子以爲疑弟之子敢自信於陛下乎帝曰卿違朕意不顧家族邪對曰臣衰老位宰相以諫而誅分也使太子廢他日陛下悔曰我惟一子殺之泌不吾諫吾亦殺爾子則臣絕祀矣雖有兄弟子非所歆也即噫嗚流涕因稱昔太宗詔太子不道藩王窺伺者兩廢之陛下疑東宮而稱舒王賢得無窺伺乎若太子得罪請亦廢之而立皇孫千秋萬歲後天下猶陛下子孫有也且郜國爲其女妬忌而蠱惑東宮豈可以妻母累太子乎執爭數十意益堅帝寤太子乃得安初興元後國用大屈封物皆三損二舊制堂封歲三千六百縑後纔千二百至是帝使還舊封於是李晟馬燧渾瑊各食實封悉讓送泌泌不納時方鎮私獻於帝歲凡五十萬緡其後稍損至三十萬帝

以用度乏問泌泌請天下供錢歲百萬給宮中勸不受私獻凡宮有須索即代兩稅則方鎮可以行法天下紓矣帝嘗從容言盧杞清介敢言然少學不能廣朕以古道人皆指其姦而朕不覺也對曰陛下能覺杞之惡安致建中禍邪李揆和蕃顏真卿使希烈其害舊德多矣楊炎罪不至死杞擠陷之而相關播懷光立功逼使其叛此欺天也帝曰卿言誠有之然楊炎視朕如三尺童子有所論奏可則退不許則辭官非特杞惡之也且建中亂卿亦知桑道茂語乎乃命當然對曰夫命者已然之言主相造命不當言命言命則不復賞善罰惡矣桀曰我生不有命自天武王數紂曰謂己有天命君而言命則桀紂矣帝曰朕請不復言命俄加集賢殿崇文館大學士修國史泌建言學士加大始中宗時及張說爲之固辭乃以學士知院事至崔圓復爲大學士亦引泌爲讓而止帝以前世上巳九日皆大宴集而寒食多與上巳同時欲以二月名節自我爲古若何而可泌謂廢正月晦以二月朔爲中和節因賜大臣戚里尺謂之裁度民間以青囊盛百穀瓜果種相問遺號爲獻生子里閭釀宜春酒以祭勾芒神祈豐年百官進農書以示務本帝悅乃著令與上巳九日爲三令節中外皆賜緡錢燕會四年八月月蝕東壁泌曰東壁圖書府大臣當有憂者吾以宰相兼學士當之矣昔燕國公張說由是以亡又可

免乎明年果卒年六十八贈太子太傅泌出入中禁事四君數爲權倖所疾常以智免好縱橫大言時時讜議能寤移人主然常持黃老鬼神說故爲人所譏切初肅宗重陰陽巫祝擢王璵執政大抵興造工役輒牽禁忌俗說而黎幹以左道位京兆尹嘗使禁工騎珠鞸繡爲乘輿服舉焚之以爲禳禬德宗素不爲然及嗣位罷内道場除巫祝代宗將葬帝號送承天門而轀車行不中道問其故有司曰陛下本命在午故避之帝泣曰安有枉靈駕以謀身利命直午而行又宣政廊壞太卜言孟冬魁岡不可營繕帝曰春秋啓塞從時何魁岡爲亟詔葺之及桑道茂城奉天事驗始尚時日拘忌因進用泌泌亦自有所建明獨柳玭稱兩京復泌謀居多其功乃大於魯連范蠡云子繁

繁以才敏無行泌始起陽城官諸朝故城重德泌而親厚於繁及疏裴延齡既具藁以繁可信夜使繁書已封盡能誦憶乃錄以示延齡明日延齡白帝曰城以疏示於朝即摘其條以自訴解城奏入帝怒遂不省泌與梁肅善故繁師事肅及卒丞其室士議讙醜由是擯棄積年後爲太常博士權德輿爲卿奏斥之改河南府士曹參軍累遷隋州刺史罷歸不得調敬宗誕日詔與兵部侍郎丁公著太常少卿陸亘入殿中抗老佛講論改大理少卿弘文館學士諫官御史交章彈治乃出爲亳州刺史州有劇賊剽至廬略財貲爲患它刺史不能禽繁有機略悉知賊巢數所在旦出兵捕斬之議者責繁不先啓觀察府爲擅興詔御史舒元輿按之元輿與繁素隙盡翻其獄以爲濫殺不辜有詔賜死京兆人皆冤之繁下獄知且死恐先人功業泯滅從吏求廢紙掘筆著家傳十篇傳于世

贊曰泌之爲人也異哉其謀事近忠其輕去近高其自全近智卒而建上宰近立功立名者觀肅宗披榛莽立朝廷單言暫謀有所寤合皆付以政當此時泌於獻納爲不少又佐代宗收兩京獨不見錄寧二主不以宰相器之邪德宗晚好鬼神事乃獲用蓋以怪自置而爲之助也繁爲家傳言泌本居鬼谷而史臣謬言好鬼道以自解釋既又著泌數與靈仙接言舉不經則知當時議者切而不與有爲而然繁言多浮侈不可信掇其近實者著于傳至勸帝先事范陽明太子無罪亦不可誣也

房張李列傳第六十四

崔苗二裴呂列傳第六十五　唐書一百四十

端明殿學士兼翰林侍讀學士龍圖閣學士朝散大夫守尚書吏部侍郎充集賢殿修撰臣宋祁奉

敕撰

崔圓字有裕貝州武城人後魏尚書左僕射亮八世孫少孤貧志向卓邁喜學兵家開元中詔舉遺逸以鈐謀對策甲科歷京兆府參軍尹蕭炅薦之遷會昌丞楊國忠遙領劍南節度引圓爲左司馬知留後玄宗西出次扶風遷御史中丞劍南節度副大使圓銳功名初聞難剌國忠意乃治城浚隍列館宇儲什具帝次河池圓迹具陳蜀土腴穀羨儲供易辦帝省書泣下曰世亂識忠臣即日拜中書侍郎同中書門下平章事仍兼劍南節度使天子至朝廷百司殿宇帷幔皆具益嗟賞之肅宗立命與房琯韋見素赴行在所帝爲製遺愛碑于蜀以寵之至德二載還中書令封趙國公實封戶五百乾元元年罷爲太子少師留守東都於是上皇所置宰相無在者王師之敗相州也軍所過皆縱剽圓懼委東都奔襄陽詔削階封尋召拜濟王傅李光弼表爲懷州刺史改汾州以治行稱徙淮南節度使在鎮六年請朝京師吏民乞留詔檢校尚書右僕射還之久乃檢校左僕射入知省事大曆中卒年六十四贈太子太師謚曰昭襄

苗晉卿字元輔潞州壺關人世以儒素稱擢進士第調爲修武尉累進吏部郎中中書舍人知吏部選事選人訴索好官屬言倨色紛于前晉卿與相對終日無慍顏久之進侍郎積寬縱而吏下因緣作姦方時承平選常萬人李林甫爲尚書專國政以銓事委晉卿及宋遙然歲命它官同較書判覈才實天寶二載判入等者凡六十四人分甲乙丙三科以張奭爲第一奭御史中丞倚之子倚新得幸於帝晉卿欲附之奭本無學故議者嘩然不平安祿山因間言之帝爲御花萼樓覆實中裁十一二奭持紙終日筆不下人謂之曳白帝大怒貶倚淮陽太守遙武當太守晉卿安康太守明年徙魏郡即充河北採訪使居三年政化大行嘗入計謁歸壺關

吳

望縣門輒步吏諫止晉卿以公門當下況父母邦乎郡太守迎犒使所屬令行酒酒至必立飲白醪侍老有獻降西階拜而飲時美其恭改河東郡兼河東採訪使徙扶風郡封高平縣男還工部尚書東都留守召爲憲部兼左丞安祿山反竇廷芝弃陝郡不守楊國忠本忌其有望即奏東道賊衝非大臣不可鎮遏授陝郡太守陝虢防禦使晉卿見帝以老辭忤旨聽致仕于家車駕入蜀搢紳多陷賊晉卿間道走金州肅宗至扶風召赴行在拜左相平京師封韓國公食五百戶改侍中既而乞骸骨罷爲太子太傅未幾復拜侍中玄宗崩肅宗疾甚詔晉卿攝冢宰固讓曰大行遺詔皇帝三日聽政稽祖宗故事則無冢宰之文奉遺詔則宜聽朝惟陛下順變以幸萬國帝不聽後數日代宗立復詔攝冢宰固辭乃免時年老蹇甚乞間日入政事堂帝優之聽入閤不趨爲御小延英召對宰相對小延英自晉卿始吐蕃犯京師晉卿以病臥家賊輿致脅之噤不肯語賊不敢害帝還拜太保罷政事永泰初薨年八十

一贈太師京兆少尹護喪謚曰懿獻元載未顯時爲晉卿所遇載方相故諷有司改謚文貞晉卿寬厚所至以惠化稱魏人爲營生祠立石頌美再秉政出入七年小心謹畏不甚斥是非得失故能安保寵名然練達事體百官簿最一省無遺議者比漢胡廣肅宗欲以李輔國爲常侍奏曰常侍近密非賢不可居豈宜任等輩寵之朝廷欲論陳希烈等死晉卿曰陛下得張通儒安守忠孫孝哲等何以加罪帝不從俄而史思明亂持是以誘衆嘗自爲父碑文有鵲巢碑上賊入上黨焚蕩略盡而苗氏松檟獨無傷大曆七年配享肅宗廟廷十子發丕堅粲垂向呂稷望咸粲德宗時官至郎中陸贄欲進粲官帝不許曰晉卿往攝政有不臣之言又名其子皆與帝王同粲等宜與外官贄奏王者爵人必於朝刑人必於市言與衆共之獎而不言其善斯謂曲貸罰而不書其惡斯謂中傷曲貸則授受不明而私幸之門啓中傷則枉直無辨而讒間之道行可不慎哉若陛下以晉卿姦邪粲等應坐則當公議其罪若知見誣亦宜擢粲等以示天下且晉卿起文儒致位台輔謙柔敦厚爲三朝所推安肯爲族賊計雖甚狂險猶不爲之況老臣乎帝然之而粲官終不顯

裴冕字章甫河中河東人本冠族仕家以蔭再調渭南尉王鉷爲京畿採訪使表署判官歷殿中侍御史冕少學術然明銳果於事衆號稱職鉷雅任之及鉷得罪有詔廷辨冕位甚下而抗言其誣鉷死李林甫方用事僚屬皆引去獨冕爲斂葬由是知名河西節度使哥舒翰辟行軍司馬玄宗入蜀詔皇太子爲天下兵馬元帥拜冕御史中丞兼左庶子副之初冕在河西方召還而道遇太子平涼遂從至靈武與杜鴻漸崔漪同辭進曰主上厭于勤且南狩蜀宗社神器要須有歸今天意人事屬在殿下宜正位號有如逡巡失億兆心則大事去矣太子曰我平寇逆奉迎乘輿還京師退居涼貳以侍膳左右豈不樂哉公等何言之過對曰殿下居東宮二十年今多難啓聖以安社稷而所從將士皆關輔人日夜

思歸大衆一騷不可復集不如因而撫之以就大功臣等昧死請太子固讓凡五請卒見聽太子即位進冕中書侍郎同中書門下平章事乃建言賣官度僧道士收貲濟軍興時取償既賤衆不爲宜肅宗至鳳翔罷冕政事拜尚書右僕射兩京平封冀國公實封五百戶出爲劍南西川節度使復爲右僕射待制集賢院俄充山陵使於是中書舍人劉烜爲李輔國所昵冕表爲判官烜抵法坐降施州刺史徙澧州大曆中郭子儀言於代宗曰冕首佐先帝馳驅靈武有社稷勳程元振忌其賢遂加誣構海內冤之陛下宜還冕於朝復俾輔相必能致治成化時元載秉政冕早所甄引載德之又貪其衰瘵且下己遂拜左僕射同中書門下平章事入見拜不能興載自扶之代爲贊謝俄兼河南江淮副元帥東都留守不踰月卒有詔贈太尉冕以忠勤自將然不知宰相大體性豪侈既素貴輿服食飲皆光麗珍豐櫪馬直數百金者常十數每廣會賓客不能名其饌自製巾子工甚人爭效之號僕射巾領使既衆吏白

俸簿月二千緡冕顧視喜見顏間世嘗其嗜貝利云始肅宗廟惟苗晉卿配享冕卒後二十餘年有蘇正元者奏言肅宗爲元帥時師纔一旅冕於草創中甄大義以勸進收募驍勇幾十餘萬既逾月房琯來又一年而晉卿至今晉卿從祀而冕乃不與有詔冕配享肅宗廟

裴遵慶字少良絳州聞喜人幼彊學該綜圖傳外晦內明不干當世年既長始以仕家推蔭爲興寧陵丞調大理丞邊將蕭克濟督役苛暴役者有醜言有司以大逆論遵慶曰是不足聚人力不足加衆焉能反由是全救數十族頻擢吏部員外郎判南曹天寶時選者歲萬計遵慶性彊敏視簿牒詳而不苛世稱吏事第一肅宗時爲吏部侍郎蕭華輔政屢薦之拜黃門侍郎同中書門下平章事代宗初僕固懷恩反帝以遵慶忠厚大臣故奉詔宣慰懷恩聽命將入朝既而爲其將范志誠沮止時帝在陜遵慶脫身赴行在帝還遷太子少傅罷爲集賢院待制改吏部尚書以尚書右僕射

復知選事朝廷優其老聽就第注官時以爲榮嘗有族子病狂易告以謀反帝識其誣置不問性惇正老而彌謹毋薦賢有來謝者以爲恥諫而見從即內益畏雖親近但記其削稾跡數而莫知所言大曆十年薨年九十餘初爲郎時著王政記述今古治體識者知其有公輔器云子向

向字傃仁以蔭得調建中初李紓爲同州刺史奏署判官李懷光叛河中使其將趙貴先築壘於同州紓奔奉天而向領州務貴先脅吏督役不及期將斬以徇民皆駭散向獨詣貴先壘開諭之貴先乃降同州不陷向力也累爲櫟陽渭南令奏課皆第一擢戶部員外郎德宗末方鎮之副多自選于朝以待有變次授之故向以選爲太原少尹行軍司馬歷陜虢觀察使以吏部尚書致仕向能以學行持門戶內外親屬百餘口祿俸必均世稱其孝睦卒年八十贈太子少保子寅官累御史大夫寅子樞

樞字紀聖咸通中第進士杜審權鎮河中奏署幕府再遷藍田尉宰相王鐸知之遂直弘文館鐸罷樞久不調從僖宗入蜀擢殿中侍御史中和初鐸爲都統表署鄭滑掌書記龍紀初進給事中改京兆尹與孔緯厚善緯以罪貶故樞改右庶子出爲歙州刺史還右散騎常侍爲汴州宣諭使樞素與朱全忠相結納故全忠聽命修貢獻不絕昭宗悅遷兵部侍郎時崔胤亦倚全忠專朝柄因與樞善俄以戶部侍郎同中書門下平章事帝在鳳翔貶胤官樞亦罷爲工部尚書已還宮拜檢校尚書右僕射同平章事出爲清海節度使全忠言樞有經世才不宜棄外復拜門下侍郎平章事監修國史累進右僕射諸道鹽鐵轉運使哀帝嗣位柳璨方用事全忠以牙將張廷範爲太常卿樞以爲廷範勳臣自宜任方鎮何用爲卿恐非王意持不下全忠怒謂賓佐曰吾常器樞不浮薄今乃爾璨聞即罷樞政事拜左僕射俄貶登州刺史又貶瀧州司戶參軍至滑州全忠遣人殺之白馬驛投尸于河年六十五初全忠佐吏李振曰此等自謂清流宜投諸河永爲濁流全忠笑而許之

呂諲河中河東人少力於學志行整飭孤貧不自業里人程氏財雄于鄉以女妻諲亦以諲才不久困厚分貲贍濟所欲故稱譽日廣開元末入京師第進士調寧陵尉採訪使韋陟署爲支使哥舒翰節度河西表支度判官歷太子通事舍人性靜愼勤總吏職諸僚或出游諲獨頹然據案鉤視簿最翰益親之累兼殿中侍御史翰敗潼關諲西趨靈武由中人尉薦肅宗才之拜御史中丞所陳事無不順納從至鳳翔遷武部侍郎帝復兩京詔盡繫羣臣之汙賊者以御史中丞崔器憲部侍郎韓擇木大理卿嚴向爲三司使處其罪又詔御史大夫李峴及諲領使諲於權宜知大體不及峴而援律傅經過之當時憚其持法然以峴故多所平反乾元二年九節度兵敗帝憂之擢諲同中書門下平章事知門下省翌日復以李峴李揆第五琦爲宰相而苗晉卿王璵罷會母喪解三月復召知門下省事兼判度支還執政累封須昌縣伯遷黃門侍郎上元初加同中書門下三品當賜門戟或勸諲以凶服受吉賜不宜諲釋

纔拜賜人譏其失禮諲引妻之父楚賓爲衛尉少卿楚賓子震爲郎官中人馬尚言者素暱於諲爲人求官諲奏爲藍田尉事覺帝怒命鞫羽窮治殺尚言以其肉賜從官罷諲爲太子賓客數月拜荆州長史澧朗峽忠等五州節度使諲始建請荆州置南都詔可於是更號江陵府以諲爲尹置永平軍萬人遏吳蜀之衝以湖南之岳潭郴道邵連黔中之涪凡七州隸其道初荆州長史張惟一以衡州蠻酋陳希昂爲司馬督家兵千人自防惟一親將牟遂金與相忤希昂率兵至惟一所捕之惟一懼斬其首以謝悉以遂金兵屬之乃退自是政一出希昂後入朝遷常州刺史過江陵入謁諲伏甲擊殺之誅黨偶數十人積尸府門內外震服妖人申泰芝用左道事李輔國擢諫議大夫置軍邵道二州間以泰芝總之納羣蠻金貲以緋紫出褚中詔書賜衣示之羣蠻怵於賞而財不足更爲剽掠吏不敢制潭州刺史龐承鼎疾其姦因泰芝過潭縛付吏劾贓鉅萬得左道讖記幷奏之輔國矯追泰芝還京旣召見反譖

承鼎陷不辜詔諲按罪諲使判官嚴郢具獄暴泰芝之惡帝不省賜承鼎死流郢建州後泰芝終以贓徙死承鼎追原其誣諲爲治不急細務決大事剛果不撓始在河西悉知諸將能否及爲尹奏取材者數十人總牙兵故威惠兩行諲之相與李揆不平旣斥乃用善治聞揆恐帝復用即妄奏置軍湖南非便又陰遣人刺諲過失諲上疏訟其事帝怒逐揆出之顯條其罪諲苦羸疾卒年五十一贈吏部尚書諲在朝不稱任職相及爲荆州號令明賦斂均一其治尚威信故軍士用命闔境無盜賊民歌詠之自至德以來處方面數十人諲最有名荆人生構房祠及歿吏哀錢十萬徙祠府西始諲知杜鴻漸元載才薦於朝後皆爲宰相永泰中嚴郢以故吏請謚有司博士獨孤及謚曰肅郢以故事宰相謚皆二名請益曰忠肅及執奏謂謚在義美惡不在多名文王伐崇周公殺三監淮夷重耳一戰而霸而謚曰文冀缺之恪甯俞之忠隨會不忘其君而謚曰武故知稱其大略其細也且二名謚非古也漢興蕭何張良霍去病霍光以文武大略佐漢致太平一名不盡其善乃有文終文成景桓宣成之謚唐興參用漢制魏徵以王道佐時近文愛君忘身近貞二者並優襃一莫可故曰文貞蕭瑀端直近貞性多猜近褊言褊則失貞稱貞則遺褊故曰貞褊蓋有爲爲之也若跡無異稱則易以一字故杜如晦曰成封德彝曰明王珪曰懿陳叔達曰忠溫彥博曰恭岑文本曰憲韋巨源曰昭皆當時赫赫居宰相位者謚不過一名而言故事宰相必以二名固所未聞宜如前謚遂不改

贊曰孔子稱才難然人之才有限不得皆善觀圓之銳而失守出奔晉卿雅厚而少風采臧否畧明彊嗜利不知大體諲輔政功名不及治郡然各以所長顯于時故聖人使人也器之不窮所不能而後爲治也遵慶寡疵中人之賢與

崔苗二裴呂列傳第六十五

端明殿學士兼翰林侍讀學士龍圖閣學士朝散大夫行尚書吏部侍郎兼集賢殿修撰臣宋祁奉
敕撰

崔光遠系出博陵後徙靈昌祖敬嗣嗜酒樗博中宗在房州吏多
肆慢不為禮敬嗣為刺史獨盡誠推奉儲給豐衍帝德之及反正
有與敬嗣同姓名者每擬官帝輒超拜後召見悟非是訪眞敬嗣
已死即授其子汪五品官汪生光遠勇決任氣長六尺瞳子白黑
分明開元末為唐安令與楊國忠善累遷京兆少尹為吐蕃弔祭
使還會玄宗西狩詔留光遠為京兆尹西京留守採訪使乘輿已
出都人亂火左藏大盈庫爭輦財珍至乘驢入宮殿者光遠乃募
官攝府縣誰何官闕斬十數人乃定因偽使其子東見祿山而祿
山先署張休為京兆尹由是追休授光遠故官俄而同羅背賊以
廄馬二千出奔賊將孫孝哲安神威招之不得神威憂死官吏驚
走獄囚皆逸光遠以為賊且走命人守神威孝哲等第斬曳落河

二人孝哲馳白祿山光遠懼與長安令蘇震出開遠門使人奔呼
曰尹巡門門兵具器仗迎謁至皆斬之募得百餘人遂趨靈武肅
宗嘉之擢拜御史大夫復為京兆尹遣到渭北募僑民會賊黨剽
涇陽休祠房椎牛呼飲光遠剌知之率兵夜趨其所使百騎彀滿
狙其前命驍士合譟賊醉不能師斬其徒二千得馬千噭俘一酋
長以獻自是賊常避其鋒邑帝還改禮部尚書鄴國公封實戶三
百乾元元年錄汴州刺史代蕭華為魏州節度使初郭子儀與賊
戰汲郡光遠裁率汴師千人援之不甚力及守魏使將軍李處崟
拒賊子儀不救戰不勝奔還賊因傅城下詭呼曰處崟召我而不
出何也光遠信之斬處崟處崟善戰衆倚以為重及死人益危魏
城經袁知泰能元皓等完築牢甚光遠不能守夜潰圍出奔京師
帝赦其罪拜太子少保會襄州將康楚元張嘉延反陷荊襄諸州
因拜持節荊襄招討充山南東道兵馬都使又徙鳳翔尹先是岐
隴賊郭愔等掠州縣峙五堡光遠至遣官諭降之既而沈飲不親
事愔等陰約党項及奴剌突厥敗韋倫於秦隴殺監軍使帝怒光
遠無狀召還復使節度劍南會段子璋反東川李奐敗走成都光
遠進討平之然不能禁士卒剽掠士女至斷腕取金者夷殺數千
人帝詔監軍按其罪以憂卒

鄧景山曹州人本以文吏進累至監察御史至德初擢拜青齊節
度使徙淮南為政簡肅有黽集城門鄧班語景山曰黽介物也失
所次金不從革之象其有兵乎未幾宋州刺史劉展反初展有異
志淮西節度使王仲昇表其狀詔遷揚州長史兼江淮都統密詔
景山執送京師展知之擁兵二萬度淮景山逆擊不勝奔壽州因
引平盧節度副使田神功討展神功兵至揚州大掠居人發冢墓
大食波斯賈胡死者數千人展叛凡三月平追景山入朝拜尚書
左丞以崔圓代之王思禮在太原儲廥贏衍請輸半以實京師會
卒管崇嗣代之政弛不治數月為下盜費略盡帝聞即以景山為
太原尹封南陽郡公至則振覈紀綱檢覆干隱衆大懼而景山清

約子弟饌不過草具用器止烏漆待上賓惟豚魚而已取倉粟紅
腐者食之兼給麾下麾下怨訕左右白景山景山曰此不食留將
安用邪因慢罵士皆羞忿有裨校抵死諸將請贖不許其弟請代
不許請納一馬贖景山乃許減死衆怒曰吾屬命纔一馬直乎景
山護失叱遣之少將黃抱節因衆怒作亂景山遇害時寶應元年
也肅宗以其統馭失方不復究驗遣使諭撫其軍軍中請辛雲京
為節度詔可景山與劉晏善其後家寒窶晏屢經紀之嫁其孤女
諡曰敬

崔瓘博陵人以士行脩謹聞累官至澧州刺史不為煩苛人便安
之流亡還歸居二年增戶數萬詔特進五階以寵異政大曆中遷
湖南觀察使時將吏習寬弛不奉法瓘稍以禮法繩裁之下多怨
別將臧玠判官達奚觀忿爭瓘曰今幸無事玠曰欲有事邪拂衣
去是夜以兵殺觀瓘聞難逃走遇害帝悼惜之

魏少游字少游邢州鉅鹿人以吏幹稱天寶末累遷朔方水陸轉

運副使肅宗幸靈武杜鴻漸等奉迎而留少游繕治宮室少游大爲殿宇幄帟皆象宮闕諸王公主悉有次舍供儗窮水陸又有千餘騎鎧幟光鮮振旅以入帝見宮殿不悦曰我至此欲就大事安用是爲稍命去之除左司郎中兩京平封鉅鹿縣侯遷陝州刺史王師潰於鄴河洛震駭少游鎮守自若擢京兆尹李輔國以其不附己改衛尉卿會率羣臣馬助軍少游與漢中王瑀持異帝怒貶渠州長史復爲京兆尹始請中書門下省五品尚書省四品諸司正員三品諸王駙馬朞以上親及壻若甥不得任京兆官詔可大曆二年爲江西觀察使進刑部尚書改封趙國公六年卒贈太子太師少游四爲京兆雖無赫赫名然善任人緣飾規撿有足稱者

衛伯玉史失其何所人少習武技爲有力天寶中從安西府積勞至員外諸衛將軍肅宗即位慨然願立功乃歸長安領神策兵馬使出鎮陝州行營乾元二年賊將李歸仁以騎五千入寇伯玉與

戰彊子坂破之獲馬六百匹遷羽林大將軍從四鎮北廷行營節度使俄爲神策軍節度史思明遣子朝義夜襲陝將動京師伯玉迎擊破之於永寧加特進封河東郡公廣德元年代宗幸陝以伯玉有幹略可方面大事乃拜荆南節度使進封城陽郡王大曆初以母憂當代諷將吏留己復詔節度荆南議者醜其留十一年歸京師卒

李澄遼東襄平人隋蒲山公寬之遠胄以勇票隸江淮都統李勉府爲偏將又從永平節度李勉軍勉帥汴表澄滑州刺史李希烈陷汴勉走澄以城降賊希烈以爲尚書令節度永平軍興元元年澄遣盧融間道奉表詣行在德宗嘉之署帛詔内蠟丸授澄刑部尚書汴滑節度使澄未即宣乃先勒訓士馬希烈疑以養子六百戍之賊急攻寧陵邀澄至石柱澄密令焚營爲驚遁者養子輩果乘以剽掠澄盡斬之以告希烈不能詰賊遣將翟崇暉率精兵寇陳州未還汴軍寡澄度不能制已又中官薛盈珍持節至封澄武威郡王賜實封乃燔賊旗節自歸希烈既失澄而崇暉復敗谿是奔汝南澄引兵將取汴屯其北門不敢進及劉洽師屯東門賊將田懷珍納之比澄入洽已保子城矣澄乃舍浚儀兩軍士日爭忿未能安會鄭州賊將孫液送款於澄澄遣子清馳赴先此河陽李芃使偏將雍希顥攻鄭數殘剽液拒之及納清希顥大怒急攻鄭清助守殺河陽兵數千希顥焚陽武去澄遂如鄭詔授清檢校太子賓客易名克寧貞元初遷澄檢校尚書左僕射義成軍節度使二年卒年五十四贈司空澄始封隴西公後乃進王爵每上章必疊署二封士大夫笑其野澄之喪克寧秘不發聞旬日欲自領事其行軍司馬馬鉉不許克寧殺之墨絰加卒嬰城將爲亂劉洽以兵屯境上遣使諭止遂自戢然道聞者半月詔以賈耽代鎮克寧乃護喪歸悉索府中財夜出軍士從剽之殆盡澄柩至京猶賜克寧莊一區錢千緍粟麥數千石云

韓全義家素寒史失其先世興卒伍以巧佞事宦者竇文場擢累長武城使進拜夏綏銀宥節度使詔以長武兵赴屯全義素懦貪

無紀律爲下斬狎詔未下軍中徧知之謀曰夏州沙磧無樹藝生業不可往是夜譟而亂全義縋以逸殺其親將王栖巖趙虔曜等軍虞候高崇文誅亂首衆乃定全義得赴屯吳少誠以蔡拒命詔合十七鎮兵討之時軍無帥統惟以奄豎監之遂敗于小溵德宗以文場素爲全義地因用爲淮西行營招討使以陳許節度使上官涗副之諸鎮兵皆屬全義無它方略號令悉稟監軍每議攻戰宦豎十數紛爭帳中小人好自異互詆訾不能決賊知之數請戰遇賊廣利城方暑地沮洳士皆病癘全義未嘗存之既戰師皆潰退保五樓賊移屯逼之乃與監軍賈英秀等保溵水不能固又入屯陳州是時唯陳許將孟元陽神策將蘇光榮守溵水全義誘潞滑州數大將殺之然卒不振宦人共掩其敗帝不知少誠度無能爲即譲書謝監軍求洗前咎帝下其議宰相賈耽以爲五樓之敗賊不追者以冀恩耳請納其誠帝然之全義班師過闕下託疾不入謁司馬崔放見帝謝無功帝曰全義誘少誠歸國功大矣何必

殺敵乃爲功邪還屯夏州中人即第宴賚然卒不見天子去時恨帝失政使姦人得肆云憲宗在藩疾之既嗣位全義大懼願入覲不復用以太子少保致仕卒其子獻女樂八人帝不納曰我方以儉治天下惡用是爲

盧從史其先在元魏時爲盛族後徙籍不常父虔好學由進士第歷御史秘書監從史少好騎射遊澤潞間節度使李長榮署爲督將貞元後藩臣缺德宗必取本軍所喜戴者授之從史在潞姦獪得士心又善附迎中人會長榮卒即擢拜昭義節度副大使既得志寖恣不道至奪部將妻而能辯給粉澤其非府屬孔戡等屢以直語爭刺初唯唯後益不從皆引去元和中丁父喪未官從史即獻計誅王承宗陰向帝言縣是奪服復領澤潞因詔討賊而勒兵逗留陰與承宗交得其密號授軍中又高芻粟直以售度支即上書求兼宰相且誣諸軍與賊通兵未可進憲宗患之初神策中尉吐突承璀與對壘從史時過其營飲博承璀多出寶帶奇玩夸之

從史資沓猥所玩悅必遺焉從史喜益狎不疑帝用裴垍謀敕承璀圖之承璀伏壯士幕下伺其來與語士突起捽持出帳後縛內車中從者驚亂斬數十人諭以密詔而大將烏重胤素忠果部勒其衆乃定會夜疾驅未明出境道路無知者於是五年夏四月有詔慰其軍跡從史罪惡貶驩州司馬賜死子繼宗等並從嶺南

高霞寓幽州范陽人其先五代不異居孝聞里閭德宗初採訪使洪經綸言之詔表闕于門霞寓能讀春秋及兵法頗以感槩自尚狡譎多變往見長武城使高崇文崇文異其才檄任軍職從擊劉闢戰輒克下鹿頭城降李文悅仇良輔等追戰七盤城有功禽闢於羊灌擢拜彭州刺史俄代崇文爲長武城使封感義郡王元和中以左威衛將軍隨吐突承璀討王承宗諸將多覆軍獨霞寓有功詔藏所獲鎧仗於神策軍庫以旌之承璀已執盧從史其軍相驚乃遣霞寓諭之麾而大呼曰元惡縛矣公等宜自安即脫鎧揖而前衆遂定欲留爲帥霞寓間道去拜豐州刺史三城都團練防禦使討吳元濟也析山南東道爲兩鎮以霞寓宿將拜唐鄧隋節度使遇賊南衝霞寓雖悍而寡謀統制尤非所善始引兵趨蕭陂戰小勝進至文城柵賊僞北逐之爲伏所掩遂大敗才以身免詔貶歸州刺史乃厚賂權官召爲右衛大將軍拜振武節度使會吐蕃攻鹽豐二州霞寓以兵五千屯柵雲堆虜引去浚金河溉鹵地數千頃改左武衛大將軍又節度邠寧位檢校司徒寶曆中疽發首不能事以右金吾衛大將軍召卒于道贈太保霞寓位既高言多不遜帝欲罷其兵益自憂乃上私第爲佛祠請署曰懷恩以塞帝疑俄又詔侮僚屬作慢語斥訕大臣其反覆自任類此

崔鄧魏衛李韓盧高列傳第六十六

李楊崔柳韋路列傳第六十七

端明殿學士兼翰林侍讀學士[illegible]等奉敕撰

李麟裔出懿祖於屬最疏父濬歷潤虢路三州刺史以謙信號良吏開元中終劍南節度按察使贈戶部尚書諡曰誠麟好學善文辭以父蔭補京兆府戶曹參軍舉宗室異能轉殿中侍御史累擢兵部侍郎與楊國忠同列國忠怙權疾之改禮部貢舉國忠還麟復本官改國子祭酒出為河東太守有清政安祿山反朝廷以麟儒者非禦侮才還為祭酒封渭源縣男玄宗入蜀麟走見帝再遷憲部尚書同中書門下平章事時宰相韋見素房琯崔渙崔圓踵赴肅宗行在獨麟以宗室子留總百司上皇還京進同中書門下三品封褒國公張皇后挾李輔國寖撓政苗晉卿崔圓等畏其權皆附離取安獨麟守正不阿順輔國忌恚乾元初罷為太子少傅明年卒年六十六贈太子太傅諡曰德

楊綰字公權華州華陰人祖溫玉在武后時為顯官世以儒聞綰少孤家素貧事母謹甚性沈靖獨處一室左右圖史凝塵滿席澹如也不好立名有所論著未始示人第進士補太子正字舉詞藻宏麗科玄宗已試又加詩賦各一篇綰為冠由是擢右拾遺制舉加詩賦繇綰始天寶亂肅宗即位綰脫身見行朝拜起居舍人知制誥累遷中書舍人兼脩國史故事舍人年久者為閣老其公廨雜料獨取五之四至綰悉均給之歷禮部侍郎建復古孝廉力田等科天下高其議俄遷吏部品裁清允人服其公是時元載秉政忌綰望高跡薄之官者魚朝恩判國子監既誅因是建言太學當得天下名儒汰其選即拜綰國子祭酒外示尊重而實以散地處之載日貪冒天下士議益歸綰帝亦知之自擢為太常卿充禮儀使載得罪拜中書侍郎同中書門下平章事脩國史制下士相賀於朝綰固讓帝不許時諸州悉帶團練使綰奏刺史自有持節諸軍事以掌軍旅司馬古司武所以副軍即今副使司兵參軍今團練判官官號重複可罷天下團練守捉使詔可又減諸道觀察判官員之半復言舊制刺史被代若別追皆降魚書乃得去開元時置諸道採訪使得專停刺史威柄外移漸不可久其刺史不稱職若贓負本道使具條以聞不得擅追及停而刺史亦不得輒去州詣使所如其故闕使司無署攝聽上佐代領帝善其謀於是高選州上佐定上中下州差置兵員詔郎官御史分道巡覆又定府州官月稟使優狹相均始天下兵興從權宜官品同而祿例差及四方粗定元載王縉當國偷以為利因不改故江淮大州至月千緍而山劍貧險雖上州刺史止數十緍及此始復太平舊制綰素痼疾居旬日憂劇有詔就中書療治每對延英殿許挾扶于時羣補穿繳唯綰是恃未幾薨帝驚悼詔羣臣曰天不使朕致太平何奪綰之速邪即日詔贈司徒遣使者冊授欲及其未斂也詔百官如第弔遣使會弔賻絹千匹布三百匹太常諡曰文貞比部郎中蘇端憸人也持異議宰相常袞陰助之帝以其言醜險不實貶端

巴州員外司馬猶賜諡曰文簡綰儉約未嘗問生事祿稟分姻舊隨多寡輒盡造之者清談終晷而不及榮利欲干以私聞其言必內愧止經誥微趣學家疑晦者一見即詣其極始輔政御史中丞崔寬本豪侈城南別墅池觀堂皇為當時第一即日遣人毀之京兆尹黎幹出入從騶馭百數省損才留十餘騎中書令郭子儀在邠州行營方大會除書至音樂散五之四它聞風靡然自化者不可勝紀世以比楊震山濤謝安云

崔祐甫字貽孫太子賓客孝公沔之子也世以禮法為閨家第進士調壽安尉安祿山陷洛陽祐甫冒矢石入私廟負木主以逃自起居舍人累遷中書舍人性剛直遇事不回時侍郎闕祐甫攝省事數與宰相常袞爭議不平袞怒使知吏部選每擬官袞輒駮異祐甫不為下會朱泚軍中貓鼠同乳表其瑞詔示袞袞率羣臣賀祐甫獨曰可弔不可賀詔使問狀對曰臣聞禮迎貓為其食田鼠以其為人去害雖細必錄今貓受畜於人不能食鼠而反乳之無

乃失其性邪猶職不脩其應若曰法吏有不觸邪疆吏有不扞敵臣愚以爲當命有司察貪吏誡邊候勤徼巡則猶能致功鼠不爲害代宗異其言衮益不喜帝崩衮與禮官議禮爲君斬衰三年漢文帝權制三十六日我太宗文皇帝崩遺詔亦三十六日羣臣不忍既葬而除略盡四月高宗如漢故事玄宗以來始變天子喪爲二十七日乃者遺詔雖曰天下吏民三日釋服羣臣宜如皇帝服二十七日乃除祐甫曰遺詔無臣庶人之別是皇帝宜二十七日而羣臣三日也衮曰賀循稱吏者官長所署非公卿百官也祐甫對傳曰委之三吏乃三公也史稱循吏良吏豈胥史歟衮曰禮非天降地出人情而已且公卿大臣膺受寵禄今與黔首同信宿而除於公安乎祐甫曰若遺詔何詔而可改孰不可改意象殊厲衮方入臨遣從吏扶立殿墀上祐甫指之謂衆曰臣哭君前有扶禮乎衮不勝怒乃劾祐甫率情變禮撓國典請貶潮州刺史德宗以爲重改河南少尹始肅宗時天下務劇宰相更直掌事若休沐還

第非大詔命不待徧曉則聽直者代署以聞是時郭子儀朱泚俱以平章事當署敕尾而不行宰相事帝新即位衮如故事代署子儀泚入言祐甫不宜貶帝曰卿向何所言今云非邪二人對初不知帝怒以衮爲罔上是日羣臣苴絰立月華門外即兩換職以衮河南少尹而拜祐甫門下侍郎同中書門下平章事俄改中書侍郎自至德乾元以來天下戰討啓丐塡委故官賞繆紊永泰後稍稍平定而元載用事非賄謝不與官刻塞公路綱紀大壞載誅楊綰相未幾卒衮當國懲其敝凡奏請一杜絶之惟文辭入第乃得進然無所甄異賢愚同滯焉及祐甫則薦舉惟其人不自疑畏推至公以行未踰年除吏幾八百員莫不諧允帝嘗謂曰人言卿擬官多親舊何邪對曰陛下令臣進擬庶官夫進擬者必悉其才行如不與聞知何由得其實帝以爲然神策軍使王駕鶴者典衞兵久權震中外帝將代之懼其變以問祐甫祐甫曰是無足慮即召駕鶴留語移時而代者已入軍中矣淄青李正己畏帝威斷表獻

錢三十萬緡以觀朝廷帝意其詐未能荅祐甫曰正己誠詐陛下不如因遣使勞其軍以所獻就賜將士若正己奉承詔書是陛下恩洽士心若不用彼自斂怨軍且亂又使諸藩不以朝廷爲重財帝曰善正己慙服時議者韙其謨謂可復貞觀開元之治是歲被疾詔肩輿至中書卧而承旨若還第即遣使咨決薨年六十贈太傅謚曰文貞故事門下侍郎未有贈三師者帝以其有大臣節特寵異之朱泚亂祐甫妻王陷賊中泚嘗與祐甫同列遺以繒帛菽粟受而緘鐍之帝還京具封以獻士君子益重其家法云子植嗣

植字公脩祐甫弟廬江令嬰甫子也祐甫病謂妻曰吾殁當以廬江次子主吾祀及卒護喪者以聞帝惻然召植使即喪次終服補弘文生博通經史於易尤邃與鄭覃同時爲補闕皆賢宰相後每朝廷有得失兩人者更疏論執學者蔚然元和中爲給事中時皇甫鎛判度支建言減百官奉稟植封還詔書鎛又請天下所納鹽酒利增估者以新準舊一切追償植奏言用兵久百姓凋罄往雖

估踰其實今不可復收於是議者咸罪鎛鎛懼而止長慶初拜中書侍郎同中書門下平章事穆宗問貞觀開元中治道最盛何致而然植曰太宗資上聖興民閒知百姓疾苦故厲精思治又以房玄齡杜如晦魏徵王珪爲之佐君明臣忠聖賢相維治致升平固其宜也玄宗在天后時身踐憂患既即位得姚崇宋璟此二人蚤夜孜孜納君於道璟嘗手寫尚書無逸爲圖以獻勸帝出入觀省以自戒其後朽暗乃代以山水圖稍怠于勤左右不復箴規姦臣日用事以至于敗昔德宗嘗問先臣祐甫開元天寶事先臣具道治亂所以然臣在童丱記其說今願陛下以無逸爲元龜則天下幸甚佗日又問司馬遷言漢文帝惜十家產而罷露臺身衣弋綈履革舃集上書囊爲殿帷信乎何太儉邪植曰良史非兒言漢承秦侈縱之餘海內凋弊文帝從代來知稼穡艱難是以躬履儉約爲天下守財景帝遵而不改故家給戶足至武帝時錢朽貫穀紅腐乃能出師征伐威動四方然侈靡不節末年戶口減半稅及舟

車人不聊乃下哀痛詔封丞相爲富人侯然則帝王不可以不示
儉而天下足帝曰卿言善患行之爲難耳時朝廷悉收河朔三鎮
而劉總又以幽薊七州獻諸朝且懼部將構亂乃先籍豪銳不檢
者送京師而朱克融在籍中植與杜元穎不知兵謂藩鎮且平不
復料天下安危事而克融等羇旅窶躓願得官自效日訴于前皆
抑不與及遣張弘靖赴鎮縱克融等北還不數月克融亂復失河
朔矣天下尤之植内慚罷爲刑部尚書旋授岳鄂觀察使未幾遷
嶺南節度使還拜戶部尚書終華州刺史贈尚書左僕射
倰字德長祐甫從子也性介絜矜己之淸視贓負者若讎以蘇州
刺史奏課第一遷湖南觀察使湖南舊法雖豐年貿易不出境隣
部災荒不恤也倰至謂屬吏曰此豈人情乎無閉糴以重困民削
其禁自是商賈流通貲物益饒入爲戶部侍郎判度支時田弘正
徙鎮州以魏兵二千行既至留自衛請度支給歲糧穆宗下其議
倰固執不與弘正不得已遣魏卒俄而鎮兵亂弘正遇害倰之爲

也時天子失德倰黨與盛有司不敢名其罪出爲鳳翔節度使踰
年徙河南尹以戶部尚書致仕卒贈太子少保謚曰肅
贊曰植輔政當有爲之時無經國才覆危方淺機不知其潰而發
也手弛檻柙縱虎狼焉一日而亡地數千里爲天下笑倰吝財資賊
又皆幸不誅天以河北亂唐故君臣不肖勃繆其謀惜哉
柳渾字夷曠一字惟深本名載梁僕射惔六世孫後籍襄州早孤
方十餘歲有巫告曰兒相夭且賤爲浮屠道可緩死諸父欲從其
言渾曰去聖教爲異術不若速死學愈篤與游者皆有名士天寶
初擢進士第調單父尉累除衛州司馬棄官隱武寧山召拜監察
御史臺僚以儀矩相繩而渾放曠不樂檢局乃求外職宰相惜其
才留爲左補闕大曆初江西魏少游表爲判官州僧有夜飲火其
廬者歸罪瘖奴軍候受財不詰獄具渾與其僚崔祐甫白奴冤少
游趣訊僧首伏因厚謝二人路嗣恭代少游渾遷團練副使俄
爲袁州刺史祐甫輔政薦爲諫議大夫浙江東西黜陟使入爲尚

書右丞朱泚亂渾匿終南山賊素聞其名以宰相召執其子榜笞
之捜索所在渾羸服步至奉天改右散騎常侍賊平奏言臣名向
爲賊汙且載於文從戈非偃武所宜乃更今名貞元元年遷兵部
侍郎封宜城縣伯李希烈據淮蔡關播用李元平守汝州渾曰是
夫衒玉而賈石者也往必見禽何賊之攘既而果爲賊縛三年以
本官同中書門下平章事仍判門下省帝嘗親擇吏宰畿邑而政
有狀召宰相語皆賀帝得人渾獨不賀曰此特京兆尹職耳陛下
當擇臣輩以輔聖德臣當選京兆尹承大化尹當求令長親細事
代尹擇令非陛下所宜帝然之玉工爲帝作帶誤毀一銙工不敢
聞私市它玉足之及獻帝識不類擿之工人伏罪帝怒其欺詔京
兆府論死渾曰陛下遽殺之則已若委有司須詳讞乃可於法誤
傷乘輿器服罪當杖請論如律由是工不死左丞田季羔從子伯
彊請貿私第募兵助討吐蕃渾曰季羔先朝號名臣由祖以來世
孝謹表闕于門隋時舊第惟田一族耳討賊自有國計豈容不肖

子毁門構徼一時倖損風教哉請薄責以示懲沮帝嘉納韓滉自
浙西入朝帝虛己待之奏事或日晏佗相取充位滉遂省中榜吏
自若渾雖爲滉所引惡其專質讓曰省闥非刑人地而榜吏至死
公家先相國以褊察不滿歲輒罷今公柰何蹈前非顓立威福豈
尊主卑臣義邪滉悔悟稍褫其威白志貞除浙西觀察使渾奏志
貞興小史縱嘉其才不當超劇職臣以死守不敢奉詔會渾移疾
出即日詔付外施行疾間因乞骸骨不許門下吏白過官渾愀然
曰既委有司而復橈之豈賢者用心邪士或千里辭家以干祿小
邑主簿豈應不能是歲擬官無退畀者渾瑊與吐蕃會平涼是日
帝語大臣以和戎息師之便馬燧賀曰今日已盟可百年無虜患
渾跪曰五帝無誥誓三王無盟詛蓋盟詛之興皆在季末今盛明
之朝反以季末事行於夷狄夫夷狄人面獸心易以兵制難以信
結臣竊憂之李晟繼言曰蕃戎多不情誠如渾言帝變色曰渾儒
生未達邊事而大臣亦當爾邪皆頓首謝夜半邠寧節度使韓游

壞飛表吐蕃劫盟將校皆覆沒帝大驚即以其表示渾明日慰之曰卿儒士乃知軍戎萬里情乎益禮異之宰相張延賞怙權嫉渾守正遣親厚謂曰明公舊德弟慎言於朝則位可久渾曰爲吾謝張公渾頭可斷而舌不可禁卒爲所擠以右散騎常侍罷政事渾警辯好談諧與人交豁如也情儉不營産利死後數日罝酒召故人出游酣肆乃還曠然無黙免意時李勉盧翰皆以舊相閉門奉朝請歎曰吾等視柳宜城眞拘俗之人哉五年卒年七十五謚曰貞渾毋兄識字方明知名士也工文章與蕭穎士元德秀劉迅相上下而識練理創端往往詣極雖趣尚非博然當時作者伏其簡拔渾亦善屬文但沈思不逮於識云

韋處厚字德載京兆萬年人事繼母以孝聞親歿廬墓終喪中進士第又擢才識兼茂科授集賢校書郎舉賢良方正異等宰相裴垍引直史館改咸陽尉憲宗初擢左補闕禮部尚書李絳請閒言古帝王以納諫爲聖拒諫爲昏今不聞進規納忠何以知天下事

帝曰韋處厚路隋數上疏其言忠切顧朕未知爾由是中外推其諳密歷考功員外郎坐與宰相韋貫之善出開州刺史以戶部郎中入知制誥穆宗立爲翰林侍講學士處厚以帝沖怠不向學即與路隋合易書詩春秋禮孝經論語掇其粹要題爲六經法言二十篇上之冀助省覽帝稱善並賜金幣再遷中書舍人張平叔以言利得幸於帝建言官自鬻鹽可籠天下之財宰相不能詰下羣臣議處厚發十難詘其迂謬平叔愧縮遂寢敬宗初李逢吉得柄構李紳逐爲端州司馬其黨劉栖楚等欲致紳必死建言當徙醜地處厚上言逢吉黨與以紳之斥猶有餘辜人情危駭詩云萋兮斐兮成是貝錦彼譖人者亦已太甚讒言罔極交亂四國此古人疾讒之深也孔子曰三年無改於父之道可謂孝矣按紳先朝舊臣就令有過尚當祓瑕洗釁成無改之美況被讒乎建中時山東之亂興宰相朋黨楊炎爲元載復讎盧杞爲劉晏償怨兵連禍結天下騷然此陛下親所聞見得不深念哉紳繇是免逢吉怒至寶曆三月赦書不言左降官未量移者以沮紳內徙處厚復奏逢吉緣紳一人而使近歲流斥皆不蒙澤非所以廣恩於天下帝悟追改其條進翰林承旨學士兵部侍郎方天子荒暗月視朝才三四處厚入見即自陳有罪願前死以謝帝曰何哉對曰臣昔爲諫官不能死爭使先帝因畋與色而至不壽於法應誅然所以不死者陛下在春宮十有五矣今皇子方襁褓臣不敢避死亡之誅帝大感悟賜錦綵以慰其意王廷湊之亂帝歎宰相不才而使姦臣跋扈處厚曰陛下有一裴度不能用乃當饋而歎恨無蕭曹此馮唐所以謂漢文帝有頗牧不能用也後禁中急變文宗綏內難猶豫未即下詔處厚入昌言曰春秋大義滅親內惡必書以明逆順正名討罪何所避諱哉遂奉教班諭是夕號令及它儀矩不暇責有司一出處厚無違舊章者進拜中書侍郎同中書門下平章事封靈昌郡公堂史湯銖數招權納財賂處厚笑曰此半滑渙也斥出之相府肅然初貞元時宰相齊抗奏罷州別駕及當爲別駕者引處

之朝元和後兩河用兵裨將立功得補東宮王府官朱紫淆并授受不綱處厚乃置六雄十望十緊等州悉補別駕由是流品澄別帝雖自力機政然驟信輕改搖於浮論處厚嘗獨對曰陛下不以臣不肖使待罪宰相凡所奏可中輒變易自上心出邪乃示臣不信得於橫議邪即臣何名執政且裴度元勳舊德輔四朝竇易直長厚忠實經事先帝陛下所宜親重委信之臣乃陛下自擢今言不見納宜先罷即趨下頓首帝矍然曰何至是卿之忠力朕自知之安可遽辭以重吾不德處厚趨出帝復召問所欲言乃對近君子遠小人始可爲治語複數百言又言裴度忠可久任帝嘉納之自是無復橫議者時李同捷叛詔諸軍進討魏博史憲誠懷向背裴度待以不疑憲誠遣吏白事中書處厚召語曰晉公以百口保爾帥於天子我則不然正須所爲以邦法從事耳憲誠懼不敢貳卒有功李載義數破滄鎮兵皆剽剔以獻處厚戒之前後完活數百千人大和二年方奏事暴疾仆香案前帝命中人翼扶之輿還

第一昔薨年五十六贈司空處厚姿狀如甚儒者居家亦循易至
廷爭嶷然不可回奪剛于御吏百僚謁事畏惕未嘗敢及以私推
擇官材往往棄瑕録善時亦譏其太廣性嗜學家書録正至萬卷
爲拾遺時譔德宗實録後又與路隋共次憲宗實録詔分日入直
創具凡例未及成而終本名淳避憲宗諱改今名
路隋字南式其先出陽平父泌字安期通五經端亮寡言以孝悌
聞建中末爲長安尉德宗出奉天棄妻子奔行在扈狩梁州排亂
軍以出兵中流矢裂裳濡血以策說渾瑊召置幕府東討李懷光
奏署副元帥判官從瑊會盟平涼爲虜所執死焉時隋嬰孺以恩
授八品官逮長知父執虜中日夜號泣坐必西嚮不食肉母告以
貌類泌者終身不引鏡貞元末吐蕃請和隋三上疏宜許不報舉
明經授潤州參軍事李錡欲困辱之使知市事隋怡然坐肆不爲
屈韋夏卿高其節辟置東都幕府元和中吐蕃款塞隋五上疏請
脩好冀得泌還詔可遣祠部郎中徐復報聘而泌以喪至帝改慟

贈絳州刺史官爲治喪服除擢隋左補闕史館脩撰以鯁亮稱穆
宗立與韋處厚並擢侍講學士再遷中書舍人翰林學士每除制
出以金幣來謝者隋却之曰公事而當私貺邪進承旨學士遷兵
部侍郎文宗嗣位以中書侍郎同中書門下平章事監脩國史初
韓愈撰順宗實録書禁中事爲切直宦竪不喜訾其非實帝詔隋
刊正隋建言衛尉卿周居巢諫議大夫王彦威給事中李固言史
官蘇景胤皆上言改脩非是夫史冊者褒勸所在匹夫美惡尚不
可誣況人君乎議者至引隽不疑第五倫爲比以蔽聰明臣宗閔
臣僧孺謂史官李漢蔣係皆愈之壻不可參撰俾臣得下筆臣謂
不然且愈所書已非自出元和以來相循逮今雖漢等以嫌無害
公議請條示甚謬誤者付史官刊定有詔擿貞元永貞間數事爲
失實餘不復改漢等亦不罷進門下侍郎弘文館大學士久之辭
疾不聽冊拜太子太師明年李德裕貶袁州長史不署奏爲鄭注
所忌乃檢校尚書右僕射同中書門下平章事鎮海節度使道病

卒年六十贈太保謚曰貞
贊曰綰以德服人而人自化可謂賢矣其論議渾大雖古王佐無
以加祐甫發正己隱情渾策吐蕃必叛伐謀知幾君子哉處厚事
穆敬文三宗主皆弗類而一納以忠寧不謂以堯事君者邪隋輔
政十年歷牛李訓注用事無所迎將善保位哉

李楊崔柳韋路列傳六十七

高元李韋薛崔戴王徐郗辛列傳第六十八　唐書一百四十三

端明殿學士兼翰林侍讀學士龍圖閣學士朝散大夫守尚書吏部侍郎充集賢殿修撰臣宋祁奉敕撰

高適字達夫滄州渤海人少落魄不治生事客梁宋間宋州刺史張九皋奇之舉有道科中第調封丘尉不得志去客河西河西節度使哥舒翰表為左驍衛兵曹參軍掌書記祿山亂召翰討賊即拜適左拾遺轉監察御史佐翰守潼關翰敗帝問羣臣策安出適請竭禁藏募死士抗賊未為晚不省天子西幸適走間道及帝於河池因言翰忠義有素而病奪其明乃至荒踣監軍諸將不恤軍務以倡優蒲簺相娛樂渾隴武士飯糲米日不厭而責死戰其敗固宜又魯炅何履光趙國珍屯南陽而一二中人監軍更用事是能取勝哉臣數為楊國忠言之不肯聽故陛下有今日行未足深恥帝頷之俄遷侍御史擢諫議大夫負氣敢言權近側目帝以諸王分鎮適盛言不可俄而永王叛肅宗雅聞之召與計事因判

言王且敗不足憂帝奇之除揚州大都督府長史淮南節度使詔與江東韋陟淮西來瑱率師會安陸方濟師而王敗李輔國惡其才數短毀之下除太子少詹事未幾蜀亂出為蜀彭二州刺史始上皇東還分劍南為兩節度百姓弊于調度而西山三城列戍適上疏曰劍南雖名東西川其實一道自邛關黎雅以抵南蠻由茂而西經羌中平戎等城界吐蕃瀕邊諸城皆仰給劍南異時以全蜀之饒而山南佐之猶不能舉今裂梓遂等八州專為一節度歲月之計西川不得參也嘉陵比困夷獠日雖小定而瘡痏未平耕紡亡業衣食貿易皆咨成都是不可得役亦明矣可稅賦者獨成都彭蜀漢四州而已以四州耗殘當十州之役其弊可見而言利者枘鑿萬端窮朝抵夕千案百牘皆取之民官吏懼譴責及鄰保威以罰扶而逋逃益滋又關中比饑士人流入蜀者道路相係地入有訖而科斂無涯為蜀計者不亦難哉又平戎以西數城皆窮山之顛蹊隧險絕運糧束馬之路坐甲無人之鄉為戎狄言不足

利戎狄為國家言不足廣土宇奈何以彈丸地而困全蜀太平之人哉若謂已戍之城不可廢已屯之兵不可收願罷東川以一劍南并力從事不爾非陛下洗盪關東清逆亂之急也蜀人又擾則貽朝廷憂帝不納梓屯將段子璋反適從崔光遠討斬之而光遠兵不戢遂大略天子怒罷光遠以適代為西川節度使廣德元年吐蕃取隴右適率兵出南鄙欲牽制其力既無功遂亡松維二州及雲山城召還為刑部侍郎左散騎常侍封渤海縣侯永泰元年卒贈禮部尚書謚曰忠適尚節義語王霸袞袞不厭遭時多難以功名自許而言浮其術不為搢紳所推然政寬簡所涖人便之年五十始為詩即工以氣質自高每一篇已好事者輒傳布其詒書賀蘭進明使救梁宋以親諸軍與許叔冀書令釋憾未度淮移檄將校絕永王俾各自白君子以為義而知變

元結後魏常山王遵十五代孫曾祖仁基字惟固從太宗征遼東以功賜宜君田二十頃遼口并馬牝牡各五十拜寧塞令襲常山

公祖亨字利貞美姿儀嘗曰我承王公餘烈鷹犬聲樂是習吾當以儒學易之霍王元軌聞其名辟參軍事父延祖三歲而孤仁基敕其母曰此兒且祀我因名而字之逮長不仕年過四十親姻彊勸之再調舂陵丞輒棄官去曰人生衣食可適飢飽不宜復有所須每灌畦掇薪以為有生之役過此吾不思也安祿山反召結戒曰而曹逢世多故不得自安山林勉樹名節無近羞辱云卒年七十六門人私謚曰太先生結少不羈十七乃折節向學事元德秀天寶十二載舉進士禮部侍郎陽浚見其文曰一第慁子耳有司得子是賴果擢上第復舉制科會天下亂沈浮人間國子司業蘇源明見肅宗問天下士薦結可用時史思明攻河陽帝將幸河東召結詣京師問所欲言結自以始見軒陛拘忌諱恐言不悉情乃上時議三篇其一曰議者問往年逆賊東窮海南淮漢西抵函秦北徹幽都醜徒狼扈在四方者幾百萬當時之禍可謂劇而人心危矣天子獨以匹馬至靈武合弱旅鉏彊寇師及渭西曾不踰時

摧鋭攘凶復兩京收河南州縣何其易邪乃今河北姦逆不盡山林江湖亡命尚多盜賊數犯州縣百姓轉徙踵係不絕將士臨敵而奔賢人君子遁逃不出陛下往在靈武鳳翔無今日勝兵而能殺敵無今日檢禁而無亡命無今日威令而盜賊不作無今日財用而百姓不流無今日爵賞而士不散無今日朝廷而賢者思仕何哉將天子能以危為安而忍以未安忘危邪對曰此非難言之前日天子恨愧陵廟為羯逆傷汙憤悵上皇南幸巴蜀隱悼宗戚見誅側身勤勞不憚親撫士卒與人權位信而不疑渴聞忠直過弗諱改此以弱制彊以危取安之繇也今天子重城深宮燕和而居凝冕大昕纓佩而朝太官具味視時而獻太常備樂和聲以薦國機軍務參籌乃敢進百姓疾苦時有不聞廄芻良馬宮籍美女輿服禮物休符瑞諜日月充備朝廷歌頌盛德大業聽而不厭四方貢賦爭上尤異諧臣顐官怡愉天顏文武大臣至於庶官皆權賞踰望此所以不能以彊制弱以未安忘危若陛下視今日之安能如靈武時何寇盜彊弱可言哉其二曰議者曰

吾聞士人共自謀昔我奉天子拒凶逆勝則家國兩全不勝則兩亡故生死決于戰是非極於諫今吾名位重財貨足爵賞厚勤勞已極外無仇讎害我內無窮賤迫我何苦當鋒刃以近死忤人主以近禍乎又聞曰吾州里有病父老母孤兄寡婦皆力役乞丐凍餒不足況於死者人誰哀之又聞曰天下殘破蒼生危窘受賦與役者皆寡弱貧獨流亡死徙悲憂道路蓋亦極矣天下安我等豈無畎畝自處若不安我不復以忠義仁信方直死矣人且如此奈何對曰國家非欲其然蓋失於太明太信耳夫太明則見其內情將藏內情則罔惑生下能令必信信可必矣而太信之中至姦尤惡之如此遂使朝廷亡公直天下失忠信蒼生兵冤結將欲治之能無端由吾等議於野又何所及其三曰議者曰陛下思安蒼生滅姦逆圖太平勞心悉精於今四年說者異之何哉對曰如天子所思說者所異非不知之凡有詔令丁寧事皆不行空言一再頗類諧戲今有仁卹之令憂勤之誥人皆族立黨語指而議之

天子不知其然以為言雖不行猶足以勸彼沮勸在乎明審均當而必行也天子能行已言之令必將來之法雜徭弊制拘忌煩令一切蠲蕩任天下賢士屏斥小人然後推仁信威令謹行不惑此帝王常道何為不及帝悅曰卿能破朕憂擢右金吾兵曹參軍攝監察御史為山南西道節度參謀募義士於唐鄧汝蔡降劇賊五千瘞戰死露胔於泌南名曰哀丘史思明亂帝將親征結建言賊鋭不可與爭宜折以謀帝善之因命發宛葉軍挫賊南鋒結屯泌陽守險全十五城以討賊功遷監察御史裏行荊南節度使呂諲請益兵拒賊帝進結水部員外郎佐諲府又參山南東道來瑱府時有父母隨子在軍者結說瑱曰孝而仁者可與言忠信而勇者可以全義渠有責其忠信義勇而不勸之孝慈邪將士父母宜給以衣食則義有所存矣瑱納之瑱誅結攝領府事會代宗立固辭丐侍親歸樊上授著作郎益著書作自釋曰河南元氏望也結元子名也次山結字也世業載國史世系在家諜少居商餘山著元

子十篇故以元子為稱天下兵興逃亂入猗玗洞始稱猗玗子後家瀼濱乃自稱浪士及有官人以為浪者亦漫為官乎呼為漫郎既客樊上漫遂顯樊左右皆漁者少長相戲更曰聱叟彼誚以聱者為其不相從聽不相鉤加帶笭箵而盡船獨聱齖而揮車酒徒得此又曰公之漫其猶聱乎公守著作不帶笭箵乎又漫浪於人間得非聱齖乎公漫久矣可以漫為叟於戲吾不從聽於時俗不鉤加於當世誰是聱者吾欲從之彼聱叟不慚帶乎笭箵吾又安能薄乎著作彼聱叟不羞聱齖於鄰里吾又安能慚漫浪於人間取而醉人議當以漫叟為稱直荒浪其情性誕漫其所為使人知無所存有無所將待乃為語曰能帶笭箵全獨而保生能學聱齖保宗而全家聱也如此漫乎非邪久之拜道州刺史初西原蠻掠居人數萬去遺戶裁四千諸使調發符牒二百函結以人困甚不忍加賦即上言臣州為賊焚破糧儲屋宅男女牛馬幾盡今百姓十不一在老弱孺騷離未有所安嶺南數州寇盜不盡得守捉候望四

十餘屯一有不靖湖南且亂請免百姓所負租稅及租庸使和市雜物十三萬緡帝許之明年租庸使索上供十萬緡結又奏歲正租庸外所率宜以時增減詔可結為民營舍給田免傜役流亡歸者萬餘進授容管經略使身諭蠻豪綏定八州會母喪人皆詣節度府請留加左金吾衛將軍民樂其教至立石頌德罷還京師卒年五十贈禮部侍郎

李承趙州高邑人幼孤其兄曄養之既長以脩閲擢明經遷累大理評事為河南採訪使判官尹子奇陷汴州拘承送洛陽覘得賊謀皆密啓諸朝兩京平例貶臨川尉不三月除德清令尋擢監察御史累遷吏部郎中淮南西道黜陟使奏置常豐堰於楚州以禦海潮溉屯田瘠鹵收常十倍它歲德宗將討梁崇義李希烈揣知之乃表崇義過惡請先誅討帝悅數對左右稱其忠會承使回言希烈能立功然恐後不可制帝初謂不然及崇義平希烈果叛始思其言擢拜河中尹晉絳觀察使承廉正有雅望以才顯於時

未幾改山南東道節度使時希烈猶據襄州帝慮不受命欲以禁兵衛送承承辭請以單騎入既至希烈舍承外館迫脅日萬端承晏然誓以死守希烈不能屈遂大掠去襄漢蕩然承輯綏撫安之居一年闔境完復初希烈雖去留部校守覘往來陲舍承因得使所厚臧叔雅結希烈腹心周曾王玢姚憺及曾等謀殺希烈承首謀也密詔褒美尋檢校工部尚書湖南觀察使建中四年卒年六十二贈吏部尚書

韋倫系本京兆父光乘在開元天寶間為朔方節度使倫以蔭調藍田尉幹力勤濟楊國忠署為鑄錢內作使判官國忠多發州縣齊人令鼓鑄督非所習雖箠扶苛嚴愈無功倫請準直募匠代無聊之人繇是役用減皷鑄多矣玄宗晚節盛營宮室吏介以為欺倫閱實工員省費倍從帝入蜀以監察御史為劍南節度行軍司馬置頓判官時中人衛卒多侵暴尤難治倫以清儉自將西人賴濟中官疾之以讒貶衡州司戶參軍度支使第五琦薦倫才擢商州刺史荊襄道租庸使襄州裨將康楚元亂自稱東楚義王刺史王政棄城遁賊南襲江陵絕漢沔餉道倫調兵屯鄧州厚撫降賊寇益怠乃擊禽楚元以獻收租庸二百萬緡召為衛尉卿俄兼寧隴二州刺史乾元中襄州亂詔倫為山南東道節度使而李輔國方恣橫倫不肯謁憾之中罷為秦州刺史吐蕃党項歲入邊倫兵寡數格虜敗貶巴州長史徙務川尉代宗立連拜忠台饒三州刺史官者呂太一反嶺南詔拜倫韶州刺史韶連郴都團練使為太一反間貶信州司馬斥棄十年客豫章德宗嗣位選使絕域者擢倫太常少卿充和吐蕃使倫至諭天子威德贊普順悅乃入獻還進太常卿兼御史大夫再使如言倫處朝數論政得失宰相盧杞惡之改太子少保從狩奉天及杞敗關播罷為刑部尚書倫在朝堂涕泗曰宰相無狀使天下至此不失為尚書後何勸聞者憚其公帝後欲復用杞為刺史倫苦諫言懇至到帝納之進太子少師鄖國公致仕時李楚琳以僕射兼衛尉卿李忠誠以尚書兼少府監

倫言楚琳逆節忠誠戎醜不當寵以官又請為義倉以捍無年擇賢者任帝左右謂吐蕃豺虎野心不可事信約宜謹備邊帝善其言厚禮之居家以孝慈稱卒年八十三贈揚州都督謚曰肅

薛珏字溫如河中寶鼎人以蔭為懿德太子廟令累遷乾陵臺令歲中以清白聞課第一改昭應令人請立石紀德珏固讓遷楚州刺史初州有營田宰相遙領使而刺史得專達俸及它給百餘萬田官數百歲以優得遷別戶三千備刺史廝役珏至悉條去之租入贏異時觀察使惡其絜誣以罪左授峽州刺史建中初德宗命使者分諸道察官吏升黜焉而李承狀珏之簡趙贊言其廉虞翰稱其肅書奏聞於是拜中散大夫賜金紫劉玄佐表兼汴宋行軍司馬李希烈棄汴州走即拜珏刺史遷河南尹入為司農卿是時詔舉堪刺史縣令者且百人延問人間疾苦吏得失取尤通達者什二宰相欲校以文詞珏曰求良吏不可責文學宜以上愛人之本為心也宰相多其計所用皆稱職為京兆尹司農供三宮畜茹

三十車不足請市京兆是時韋彤爲萬年令廷使彤禁鬻畜民苦之德宗怒奪廷彤俸帝疑下情不達因詔延英坐日許百司長官二員言闕失謂之巡對廷剛嚴曉法治勤身以勸下然苛察無經術大體坐善竇參改太子賓客出爲嶺南觀察使卒年七十四贈工部尚書子存慶字嗣德貌偉岸及進士第歷御史尚書郎五遷給事中與韋弘景封駁詔書時稱其直劉總以幽州歸穆宗謂宰相曰必用薛存慶可以宣朕意對延英一刻遣之至鎮州疽發于背卒贈吏部侍郎

崔漢衡博州博平人沈毅博厚善與人交始爲費令滑州節度使令狐彰表掌書記大曆六年以檢校禮部員外郎爲和蕃副使還遷右司郎中建中二年吐蕃請盟擢殿中少監爲和蕃使與其使區頰贊俱來約盟改鴻臚卿持節送區頰贊歸遂定盟清水德宗幸奉天吐蕃以兵佐渾瑊敗賊武功轉秘書監俄拜上都留守兵部尚書東都淄青魏博賑給宣慰使又使幽州還命稱指貞元三

年豫吐蕃盟平涼被執虜將殺之因夷言謂之曰我善結贊無殺我而漢衡誠信素著虜亦尊重故至河州得還明年出爲晉慈隰觀察使卒贈尚書左僕射

戴叔倫字幼公潤州金壇人師事蕭穎士爲門人冠劉晏管鹽鐵表主運湖南至雲安楊惠琳反馳客劫之曰歸我金幣可緩死叔倫曰身可殺財不可奪乃捨之嗣曹王皋領湖南江西表在幕府皋討李希烈留叔倫領府事試守撫州刺史民歲爭溉灌爲作均水法俗便利之耕餉歲廣獄無繫囚俄即眞朞年詔書褒美封譙縣男加金紫服齊映劉滋執政叔倫勸以屯難未靖安之者莫先於兵兵所藉者食故金穀之司不輕易人天下州縣有上中下緊望雄輔者有司銓擬皆便所私此非爲官擇人爲人求治之術其尤切者縣令錄事參軍事此二者宜出中書門下無計資序限遠近高卑一以殿最升降則人知勸映等重其言遷容管經略使綏徠夷落威名流聞其治清明仁恕多方略故所至稱最德宗嘗賦中和節詩遣使者寵賜代還卒于道年五十八

王翃字宏肱并州晉陽人少治兵家天寶中授翃衛尉羽林軍宿衛擢才兼文武科出爲辰州刺史與討襄州康楚元有功加兼秘書少監遷朗州刺史大曆中擢容管經略使初安祿山亂詔領南兵隸南陽魯炅炅敗績衆奔潰谿洞夷獠相挻爲亂夷酋梁崇牽號平南都統與別帥覃問合又與西原賊張侯夏永更誘嘯因陷城邑遂據容州前經略使陳仁琇元結長孫全緒等皆僑治藤梧翃至言於衆曰我容州刺史安可客治它所必得容乃止即出私財募士有功者許署吏於是人自奮不數月斬賊帥歐陽珪因至廣州請節度使李勉出兵併力勉不許曰容陷賊久獠方彊今速攻秖自敗耳翃曰大夫即不出師願下書州縣陽言以兵爲助冀藉此聲成萬一功勉許諾翃乃移書義藤二州刺史約皆進討引兵三千與賊鏖戰日數遇勉檄止之輒匿不發戰愈力卒破賊禽崇牽悉復容州故地捷書聞詔更置順州以定餘亂翃凡百

餘戰禽首領七十覃問遁去復遣將李寔等分討西原平鬱林等諸州累兼御史中丞招討處置使會哥舒晃反翃命寔悉師援廣州問因合衆乘間來襲翃設伏擊之生禽問嶺表平代宗遣使慰勞加金紫光祿大夫賜第京師時吐蕃入寇郭子儀悉河中兵乘邊召翃爲河中少尹領節度後務悍將凌正數干法不逞約其徒夜斬關逐翃翃覺之陰亂漏刻以差其期衆驚不敢發俄禽正誅之一軍惕息歷汾州刺史爲振武軍使綏銀等州留後入拜京兆尹會涇原兵討李希烈次滻水京兆主供擬饔餼肉腐衆怒曰食是而討賊乎遂叛翃挺身走奉天拜太子詹事德宗還都再遷大理卿出爲福建觀察使徙東都留守既至開田二十餘屯脩器械皆良金壽華練士卒號令精明俄而吳少誠叛獨東畿爲有備關東賴之貞元十八年卒贈尚書右僕射諡曰肅翃雅善盧杞杞之殺崔寧沮李懷光不得朝皆與其謀議者以爲訾子正雅字光謙行謹飭爲崔邠所器元和初擢進士遷累監察御史穆宗時邕

多盜賊正雅以萬年令威震豪彊尹柳公綽言其能就賜緋魚擢累汝州刺史屬監軍怙權乃謝病去入為大理卿會爭宋申錫獄堅甚申錫得不死大和中卒贈左散騎常侍翃兄翊性謙柔歷山南東道節度使代宗目為純臣世稱謹廉卒贈戶部尚書謚曰忠惠翊曾孫凝字成庶少孤依其舅宰相鄭肅舉明經進士皆中歷臺省寖知名擢累禮部侍郎不阿權近出為商州刺史驛道所出吏破產不能給而州有冶賦羨銀常摧直以優吏奏凝不取則以市馬故無橫擾人皆尉悅徙湖南觀察使僖宗立召為兵部侍郎領鹽鐵轉運使坐舉非其人以祕書監分司東都即拜河南尹遷宣歙池觀察使時乾符四年也王仙芝之黨屠至德勢益張凝遣牙將孟琢助池守賊益兵來攻實欲襲南陵凝遣樊儔以舟師扼青陽儔違令輕與賊戰不勝凝斬以徇諸將聞皆股慄以死綴賊賊不能進時江南環境為盜區凝以彊弩據采石張疑幟遣別將馬穎解和州之圍明年賊大至都將王涓自永陽赴敵凝大宴

謂涓曰賊席勝而驕可持重待之慎毋戰涓意銳曰趨四舍至南陵未食即陣死焉監軍收餘卒數千還走城沮撓無去意卒又恣橫不能禁凝讓曰吏捕蝗者不勝而仰食於民則率暴以濟災也今兵不能捍敵又恣之犯民生業何以稱朝廷待將軍意監軍詞屈趣親吏入民舍奪馬凝乘門望見麾左右捕取殺之由是不敢留然益儲畜繕完以備賊賊至不能加會大星直寢庭墜術家言宜上疾不視事以厭勝凝曰東南國用所出而宣為大府吾規脫禍可矣顧一方何賴哉誓與城相存亡勿復言既而賊去未幾卒年五十八贈吏部尚書謚曰貞

徐申字維降京兆人擢進士第累遷洪州長史嗣曹王皋討李希烈檄申以長史行刺史事任職辦皋表其能遷韶州刺史韶自兵興四十年刺史以縣為治署而令丞雜處民閒申按公田之廢者募人假牛犂墾發以所收半畀之田久不治故肥美歲入凡三萬斛諸工計所庸受粟有差乃徙治故州未幾邑閈如初創驛候作大市器用皆具州民詣觀察使以其有功於人請為生祠申固讓觀察使以狀聞遷合州刺史始來戶止七千比六年倍而半之會初置景州授刺史賜錢五十萬加節度副使遷邕管經略使黃洞納質供賦不敢桀踰年進嶺南節度使前使死吏盜印署府職百餘員畏事泄謀作亂申覺殺之詿誤一不問遠俗以攻劫相矜申禁切無復犯外蕃歲以珠瑇瑁香文犀浮海至申於常貢外未嘗賸索商賈饒盈劉闢反表請發卒五千循馬援故道繇爨蠻抵蜀擣闢不備詔可加檢校禮部尚書封東海郡公詔未至卒年七十贈太子少保謚曰平

郗士美字和夫兗州金鄉人父純字高卿舉進士拔萃制策皆高第張九齡李邕數稱之自拾遺七遷至中書舍人處事不回為宰相元載所忌時魚朝恩以牙將李琮署兩街功德使琮恃勢桀橫衆辱京兆尹崔昭于禁中純曰此國恥也即詣載請速處其罪載不納遂辭疾還東都號伊川田父十年不出德宗立崔祐甫輔政召為太子左庶子集賢殿學士不拜以老乞身改詹事聽致仕帝

召見褒歎良久賜金紫公卿以下咸祖都門世高其節士美年十二通五經史記漢書皆能成誦父友蕭穎士顏真卿柳芳與相論繹嘗曰吾曹異日當交二郗之間矣未冠為陽翟丞佐李抱真潞州幕府以才歷王虔休李元皆留不徙久乃進房州刺史黔中經略觀察使溪州賊向子琪以衆八千岨山剽劫士美討平之加檢校右散騎常侍封高平郡公遷京兆尹天子多所咨逮出為鄂岳觀察使時安黃節度使伊慎入朝其子宥主後務偃蹇毋死京師不發喪欲固其權士美知之使府屬過其境宥出迎因以母訃告之即為辦裝宥惶遽上道改河南尹檢校工部尚書充昭義節度使昭義自李抱真以來皆武臣私廚月費米六千石羊千首酒數十斛潞人困甚士美至悉去之出稟錢市物自給又盧從史時日具三百人膳以餉牙兵士美曰卒衛於牙固職也安得廣費為私恩亦罷之討王承宗也遣大將王獻督萬人為前鋒獻恣橫逗撓士美即斬以徇下令曰敢後者斬親鼓之大破賊下三營環柏鄉

時諸鎮兵合十餘萬繞賊多玩寇犯法獨士美兵銳整最先有功憲宗喜曰固知士美能辦吾事承宗大震懼亡幾會詔班師然威震兩河以疾召拜工部尚書後檢校刑部尚書爲忠武節度使卒年六十四贈尚書左僕射謚曰景生平與人交已然諾以是名重於世

辛祕系出隴西貞元中擢明經第授華原主簿以判入等調長安尉其學於禮家尤洽高郢爲太常卿奏爲博士再遷兵部員外郎常兼博士再辟禮儀使府憲宗初拜湖州刺史李錡反遣大將先取支州蘇常杭睦四刺史或戰敗或拘脅獨祕以儒者賊易之未及至祕召牙將丘知二夜開城收壯士得數百逆賊大戰斬其將進焚營保錡平賜金紫命謂祕材任將帥會河東范希朝出討王承宗召祕爲希朝司馬主留務累遷汝常州刺史河南尹進拜昭義軍節度使是時承討恒趙之後潞人彫耗祕至則約出入嗇用度比四年儲錢十七萬緡糧七十萬斛器械堅良隱然復爲完鎮召還道病卒年六十四贈尚書左僕射謚曰肅後更謚懿祕爲大官居不易第服不改初其奉禄悉與裏表親屬病自銘其墓作書一通緘之卒後發視則送終制也儉而不違於禮云

高元李韋薛崔戴王徐郗辛列傳第六十八

來田侯崔嚴列傳第六十九　唐書一百四十四

端明殿學士兼翰林侍讀學士龍圖閣學士朝散大夫守尚書吏部侍郎充集賢殿修撰臣宋祁奉敕撰

來瑱邠州永壽人父曜奮行間開元末持節磧西副大使四鎮節度使著名西邊終右領軍大將軍瑱略知書尚名節崖然有大志天寶初從四鎮任劇職累遷殿中侍御史伊西北庭行軍司馬詔舉智謀果決才堪統衆者拾遺張鎬薦瑱能斷大事有禦侮才擢潁川太守充招討使會母喪免以孝聞安祿山反張垍薦之興墁次拜汝南太守未行改潁川賊攻潁川方積粟多瑱完埤自如手射賊皆應弦仆賊使降將畢思琛招之父故將也拜城下泣且弔瑱不應前後俘殺甚衆賊懼目爲來嚼鐵以功就加防禦使河南淮南游弈逐要招討使從山南東道節度使代魯炅會嗣虢王巨表炅方固守乃還瑱故官賊圍南陽詔瑱與魏仲犀合兵救之不勝人情恟懼瑱能撫訓士卒動安重賊不得侵改淮南西道節度兩京平封潁國公食二百戶乾元二年徙河西未行王師敗於相州詔拜陝虢節度兼潼關防禦團練鎮守使明年襄州部將張維瑾等殺其使史翽徙瑱山南東道襄鄧均房金商隋郢復十州節度使既至維瑾降上元二年春破史思明餘黨於魯山俘賊渠又戰汝州獲馬牛橐駝凡兩戰斬首萬級明年詔瑱還瑱安襄漢士亦宜其政因諷衆留己而外示行至鄧復詔歸鎮肅宗聞其謀惡之呂諲王仲昇等皆言瑱得士心不可以留乃改山南東道襄鄧唐復隋郢六州節度俄而仲昇與賊戰申州爲賊禽初仲昇被圍而江陵呂諲病瑱顧望不即救及師出仲昇已没行軍司馬裴茙表其狀且言瑱善謀而勇恐後難制即除之可一戰禽也帝頗謂然遂改瑱淮西申安蘄黃光沔兼河南陳豫許鄭汴曹宋潁泗十五州節度以寵之陰奪其權加茙襄鄧等七州防禦使代瑱瑱懼繹言淮西無糧須麥收可上道又諷衆固留代宗立復授襄州節度奉義軍渭北兵馬使密詔茙圖之茙自均州率衆浮漢下會日

入帳者白瑱瑱與帳下謀其副薛南陽曰公奉詔留鎮而我以兵脅代是無名也我智勇非公敵而衆心不附彼若乘我不虞縱火夜攻誠可憂也若須明則破之必矣明日我督軍五千陣穀水北瑱以兵迎之呼其軍告曰爾何事來曰公不受命故中丞伐罪瑱曰詔還瑱此州乃以詔書示之皆曰僞也吾千里討賊豈空歸邪爭射之瑱走旗下薛南陽曰請公勒兵勿戰乃以三百騎爲奇兵旁萬山出其背夾擊之其衆幾盡我脫身走至申口禽之送京師瑱因入朝謝罪帝待之無疑拜兵部尚書同中書門下平章事充山陵使是時程元振居中用事疾瑱乃告與巫祝言不順會王仲昇歸又言由瑱與賊合故陷賊帝積怒遂下詔削除官爵貶播川尉員外置及鄠賜死籍其家瑱之死門下客散去掩尸于坎校書郎殷亮獨後至哭尸側爲備棺衾以葬帝徐悟元振誣以它罪流溱州先是瑱行軍司馬龐充以兵二千戍河南至汝聞瑱死乃還襲襄州別將李昭禦之走房陵昭與薛南陽梁崇義不相臣崇

義殺昭帝以崇義爲節度使代瑱既而爲瑱立祠四時致饗避瑱聽事不處衰祈禮葬詔可廣德元年追復官爵裴茙者始以蔭爲京兆司錄參軍瑱鎮陝州引爲判官移襄州又爲行軍司馬遇之厚及瑱私謨上茙欲得其處故背瑱言狀帝倚以圖瑱而性輕褊少謀師興給用無節及敗有詔流費州至藍田賜死

田神功冀州南宮人天寶末爲縣史會天下兵興賊署爲平盧兵馬使率衆歸朝從李忠臣收滄德攻相州拒杏園後守陳留戰不勝與許叔冀降于史思明思明使與南德信劉從諫南略江淮神功襲德信斬之從諫脫身走乃并將其兵詔拜鴻臚卿襲郜鉅鄆州不克劉展反鄧景山引神功助討自淄青濟淮衆不整入揚州遂大掠居人貲産發屋剔窌殺商胡波斯數千人餓而禽展送京師遷淄青節度使會侯希逸入青州更徙兗鄆時賊圍宋州急李光弼奏神功往救賊解去又破法子營復攻郜鉅降之朝義聞乃奔下博進封信都郡王徙河南節度汴宋八州觀察使大曆二年來朝加檢校尚書右僕射詔宰相百官送至省又判左僕射知省事加太子太師還軍神功事母孝始嘗倨驕自如見光弼待官屬鈞禮乃折節謙損既寢疾宋之將吏爲禱祈報恩八年自力入朝卒代宗爲徹樂贈司徒詔其弟曹州刺史神玉知汴州留事賻絹千匹布五百端百官弔喪賜屏風茵褥飯千桑門追福至德後節度使不兼宰相者惟神功恩禮最篤神玉終汴宋節度留後

侯希逸營州人長七尺豐下鋭上天寶末爲州裨將守保定城安禄山反使中人韓朝颺傳命希逸斬以徇禄山又以親將徐歸道爲節度使希逸率兵與安東都護王玄志斬之遣使上聞詔拜玄志平盧節度使玄志卒副將李正己殺其子共推希逸有詔就拜節度使兼御史大夫與賊確數有功然孤軍無援又爲奚侵掠乃拔其軍二萬浮海入青州據之平盧遂陷肅宗因以希逸爲平盧淄青節度使自是淄青常以平盧冠使寶應初與諸軍討平史朝義加檢校工部尚書賜實戶圖形淩煙閣希逸始得青治軍務農有

狀後稍怠肆好畋獵佞佛興廣祠廬人苦之夜與巫家野次李正己因衆怨閉關不內遂奔滑州召還檢校尚書右僕射知省事大曆末封淮陽郡王建中二年遷司空未及拜卒年六十二遺敕其子上還前後實封贈太保

崔寧本貝州安平人後徙衞州世儒家而獨喜縱橫事因落魄客劒南以步卒事鮮于仲通又從李宓討雲南無功還成都行軍司馬崔論悅之薦爲牙將歷事崔圓裴冕冕被謗朝廷疑之遣使者問狀寧部兵剺耳白其冤使者以聞寧亦還京師留爲折衝郎將寶應初蜀亂山賊乘險道不通嚴武白寧爲利州刺史既至賊遁去由是知名及武爲劒南節度使過州心欲與俱西而利非所屬使寧自爲計寧曰節度使張獻誠見疑難輒去然獻誠嗜利若厚賂之寧可以從大夫矣武然之以奇錦珍貝遺獻誠且求寧獻誠果喜令自移疾去武遂奏爲漢州刺史吐蕃引雜羌寇西山破柘靜等州有詔收復於是武遣寧將而西既薄賊城城皆累石

不得攻惟東南不合者丈許謀知之乃爲地道再宿而拔拓地數百里虜衆驚相謂曰寧神兵也及還武大悅裝七寶轝迎入成都以夸于軍永泰元年武卒行軍司馬杜濟別將郭英幹郭嘉琳皆請英幹之兄英乂爲節度使寧與其軍亦丐大將王崇俊奏俱至而朝廷既用英乂矣英乂恨之始署事即誣殺崇俊又遣使召寧寧恐託拒吐蕃不敢還英乂怒因出兵聲言助寧實欲襲取之即徙寧家於成都而淫其妾媵寧懼益負阻英乂乃自將討之會天大雪馬多凍死士心離遂敗歸寧聞英乂損裁將卒稟賜下皆恨怒又毀玄宗冶金像乃令軍中曰英乂反輒居先帝舊宮乃進薄成都英乂陣城西使柏茂琳爲前軍英幹爲左軍嘉琳爲後軍與寧戰茂琳等敗軍多降寧寧即署降將使率兵還攻英乂不勝走靈池爲韓澄所殺於是劒南大擾楊子琳起瀘州與邛州柏貞節連和討寧明年代宗詔宰相杜鴻漸爲山西劒南邛南等道副元帥劒南西川節度使往平其亂鴻漸出駱谷或進計曰公不如駐閬

中數騰書陳英乂罪嘉寧方略因以寧所署刺史即授之使不疑而後與東川張獻誠及諸帥合兵擾寧不一年寧勢且窮必束身歸命鴻漸疑未決會寧遣使至獻繒錦數萬辭卑約甚鴻漸貪其利遂入成都政事一委寧日與僚屬杜亞楊炎縱酒高會乃表貞節爲邛州刺史子琳爲瀘州刺史以和解之又數薦寧於朝先是寧與張獻誠戰奪其旌節不肯與故朝廷因授寧成都尹西山防禦使西川節度行軍司馬鴻漸既還朝遂爲節度使大曆三年來朝寧本名旰至是賜名楊子琳襲取成都帝乃還寧於蜀未幾子琳敗寧見蜀地險饒於財而朝廷不甚有紀乃痛誅斂使弟寬居京師以賂厚謝權貴深結元載父子故寬驟擢御史中丞寬兄審至給事中寧在蜀久兵寖彊而肆侈窮欲將吏妻妾多爲汙逼朝廷隱忍不能詰累加尚書左僕射十四年入朝進檢校司空同中書門下平章事兼山陵使俄以平章事爲御史大夫即建白擇御史當出大夫不宜謀及宰相因奏李衡于結等任御

史宰相楊炎怒寢不行炎方詆劉晏寧申救於帝又素事元載而炎亦出載門故銜之未忍發是歲十月南蠻與吐蕃合兵入文川方維邛郲覆没州縣民逃匿山谷中寧方在朝軍無帥德宗促寧還鎮炎業與有嫌恐已入蜀不可制即說帝曰蜀天下之奧壤自寧擅制朝廷失外府十四年矣今寧雖來以全師守蜀賦稅入天子者與無地同寧本與諸將等夷獨因叛亂得位不敢自有以恩柔煦肓故威令不行今雖歸之必無功是徒遣也若其有功誼不容奪則西蜀之奧敗固失之勝亦非國家所有惟陛下孰察帝曰卿策云何炎曰請無歸寧今朱泚所部范陽勁卒戍近甸趣與禁兵雜往舉無不克因是役得以親兵內其腹中則蜀將破膽不敢動然後換授他帥以收其權得千里肥饒之地是謂因小禍受大福也帝曰善遂罷寧西川節度改兼京畿觀察使靈州大都督單于鎮北大都護朔方節度鄜坊丹延州都團練觀察等使託言重臣綏靜北陲而每道置留後使得自奏事杜希全靈州

王翃振武李建徽鄜州及戴休顏杜從政呂希倩皆炎署置使伺寧過失寧至夏州與希倩招党項降者甚衆炎惡之即奏希倩無綏邊才而以神武將軍時常春代之更拜寧尚書右僕射知省事司空如故朱泚亂帝出居奉天寧後數日至帝喜甚寧謂所親曰上聰明從善如轉規但爲盧杞所惑至此爾因潸然涕下杞聞之思有以構寧於帝會王翃赴難時與寧俱出延平門而西寧數下馬趨廁輒迁久翃懼賊追即呼曰既至此而欲顧望乎杞微聞即諷翃以聞會泚行反間而除柳渾爲宰相署寧中書令時朔方掌書記康湛爲盩厔尉翃逼湛詐作寧遺泚書獻之杞遂奏寧初無效順心向聞與賊盟署中書令今果後至復得所與賊書反狀明甚若兇渠外逼姦臣內謀則大事去矣因俯伏歔欷曰臣備位宰相危不能持顛不能扶罪當死帝命左右扶起之乃召寧至朝堂云使宣慰江淮既而中人引寧幕後使二力士縊殺之年六十一初命陸贄草制贄索寧與泚書將坐其事杞復云書已亡寧死

籍其家中外寃之帝乃赦寧親屬而歸其資云貞元十二年寧故將夏綏銀節度使韓潭請以所加禮部尚書雪寧罪有詔聽其家收葬始寧入朝留其弟寬守成都楊子琳乘間起瀘州以精騎數千襲據其城寬戰力屈寧妻任素驍果即出家財十萬募勇士得千人設部隊自將以進子琳大懼會糧盡且大雨引舟至廷乘而去子琳者本瀘南賊帥既降詔隸劒南節度屯瀘州杜鴻漸表爲刺史既敗收餘兵沿江而下諸刺史震慄備餼牢以饗士過黃草峽守捉使王守仙伏兵五百子琳前驅至悉禽之遂入夔州殺別駕張忠城守以請皐朝廷以其本謀近忠故授峽州刺史移澧州鎮遏使後歸朝賜名猷寧季弟密密子繪俱以文辭稱繪四子蠡黯確顔皆擢進士第蠡字越卿開成中爲戸部侍郎白罷忌日百官行香有詔褒可歷平盧天平軍節度使終尚書左丞子蕘字野夫乾符中爲吏部侍郎美文辭談辯華給以銓管非所長出爲陝虢觀察使是時王仙芝亂漢上河南羣盜興蕘簡傲不曉事但

以器韻自高委政廝豎不恤人疾苦或訴旱者指廷樹示之曰柯葉尚爾何旱爲即榜笞之上下離心俄爲軍吏所執剝其鬚髩蕘再拜祈免乃得去渴甚求飲於民民飲以溺坐失守貶端州司馬終左散騎常侍黯字直卿開成初爲監察御史奏郊廟祭事不虔文宗語宰相曰宗廟之禮朕當親之但千乘萬騎國用不給故使有司侍祠然是日朕正衣冠坐以俟旦今聞主者不虔祭器敝惡豈朕事神蠲絜意邪公宜敕有司道朕斯意黯乃具條以聞擢員外郎累遷諫議大夫確顔位皆郎中

嚴礪字元明震從祖弟也少爲浮屠法太守見之偉其材表爲玄武尉震在山南署牙將德宗之幸主饋餉有功然輕躁多姦謀以便佞自將累爲興州刺史震卒以礪權主留府事遺言薦之即拜本道節度使詔下諫議大夫給事中補闕拾遺合議皆以爲礪資淺士望輕不宜授節制帝不從礪在位貪沓苛得士民不勝其苦素惡鳳州刺史馬勛即誣奏貶賀州司戸參軍劉闢反以儲備有素檢校尚書左僕射節度東川擅沒吏民田宅百餘所稅外加斂錢及芻粟數十萬元和四年卒贈司空後監察御史元稹奉使東川劾發其贓請加惡謚朝廷以其死故但追田宅奴婢還其主稅外所斂悉蠲除云

來田侯崔嚴列傳第六十九

元王黎楊嚴竇列傳第七十　唐書一百四十五

端明殿學士兼翰林侍讀學士龍圖閣學士朝請大夫守尚書吏部侍郎充集賢殿修撰臣宋祁奉
敕撰

元載字公輔鳳翔岐山人父昇本景氏曹王明妃元氏賜田在扶
風昇主其租入有勞請於妃冒爲元氏載少孤既長嗜學工屬文
天寶初下詔舉明莊老列文四子學者載策入高第補新平尉韋
鑑監選黔中苗晉卿東都留守皆署判官優以名聞至德初江東
採訪使李希言表載自副擢祠部員外郎洪州刺史入爲度支郎
中占奏敏給肅宗異之累遷戶部侍郎充度支江淮轉運等使帝
不豫李輔國用事輔國妻載宗女也因相締昵會京兆尹缺輔國
自用載載意屬國柄固辭輔國曉之翌日拜同中書門下平章事
領使如故代宗立輔國勢愈重數稱其才進拜中書侍郎許昌縣
子載以度支繁浩有吏事督責損威寵乃悉天下錢穀委劉晏未
幾判天下元帥行軍司馬盜殺李輔國載陰與其謀乃復結中人

唐書列傳七十　一　章彥

董秀厚啖以金使刺取密旨帝有所屬必先知之探微揣端無不
諧契故帝任不疑華原令顧繇上封白發其私帝方倚以當國乃
斥繇除名爲民魚朝恩驕橫震天下與載不叶憚之雖帝亦銜恚
乃乘間奏誅朝恩帝畏有變載結其愛將爲助朝恩已誅載得意
甚益矜肆時擬奏文武官功狀多謬舛載虞有司駁正乃請別敕
授六品以下官吏部兵部即附甲團奏不須檢勘欲示權出於己
又與王縉請以河中爲中都裒關輔河東十州稅奉京師選兵五
萬屯中都鎮衛四方杪秋行幸上春還可以避羌戎患載以議入
即從前敕所由吏於河中經圖宮殿築私第帝聞惡之置其議初
四鎮北庭行營節度使寄治涇州大曆八年吐蕃寇邠寧議者謂
三輔以西無襟帶之固而涇州散地不足守載嘗在西州具知河
西隴右要領乃言於帝曰國家西境極于潘原吐蕃防戍乃在摧
沙堡而原州界其間草薦木甘舊壘存焉比吐蕃毀夷垣墉棄不
居其右則監牧故地巨塹長壕重複深固原州雖早霜不可蓺而

平涼在其東獨耕一縣可以足食請徙京西軍戍原州乘間築作
二旬可訖貯粟一歲戎人夏牧青海上羽書比至則我功集矣徙
子儀大軍在涇以爲根本分兵守石門木峽隴山之關北抵于何
皆連山峻險寇不可越稍置鳴沙縣豐安軍爲之羽翼北帶靈武
五城爲之形勢然後舉隴右之地以至安西是謂斷西戎脛朝廷
高枕矣因圖上地形使吏間入原州度水泉計徒庸車乘畚鍤之
器悉具而田神功沮短其議乃曰興師料敵老將所難陛下信一
書生言舉國從之誤矣帝由是疑不決載智略開果久得君以爲
文武才略莫己若外委主書卓英倩李待榮內劫婦言縱諸子
關通貨賄京師要司及方面皆擠遣忠良進貪猥凡仕進干請不
結子弟則謁主書城中開南北二第室宇奢廣當時爲冠近郊作
觀榭帳帟什器不徙而供膏腴別墅疆畛相望且數十區名姝異
技雖禁中不逮帝盡得其狀載嘗獨見帝深戒之謷然不悛客有
賦都盧尋橦篇諷其危載泣下而不知悟會李少良上書詆其醜

唐書列傳七十　二　章彥

狀載怒奏殺少良道路目語不敢復議載由是非黨與不復接生
平道義交皆謝絕帝積怒大曆十二年三月庚辰仗下帝御延英
殿遣左金吾大將軍吳湊收載及王縉繫政事堂分捕親吏諸子
下獄詔吏部尚書劉晏御史大夫李涵散騎常侍蕭昕兵部侍郎
袁傪禮部侍郎常衮諫議大夫杜亞訊狀而責辨端目皆出禁中
遣中使臨詰陰事皆服乃下詔賜載自盡妻王及子揚州兵曹參
軍伯和祠部員外郎仲武校書郎季能並賜死發其祖父冢斲棺
棄尸毀私廟主及大寧安仁里二第以賜百官署舍披東都第助
治禁苑王氏河西節度使忠嗣女悍驕戾沓載叵禁而諸子牟賊
聚斂無涯藝妄輕浮者奔走爭蓄妓妾爲倡優褻戲親族環觀不
愧也及死行路無嗟隱者籍其家鍾乳五百兩詔分賜中書門下
臺省官胡椒至八百石它物稱是女貞一少爲尼没入掖庭德宗
時始告以載死號踊投地左右呵止帝曰安有聞親喪責其哀殞
乎命扶出帝爲太子也實由載議興元元年詔復其官聽改葬故

吏許初楊晈紀熌等合貲以葬諡曰荒後改曰成縱載敗董秀卓英倩李待榮術者李季連悉論死其它與載厚善坐貶者若楊炎王昂宋晦韓洄王定包佶徐縯裴冀王紀韓會等凡數十百人英倩弟英璘家金州州人緣以授官者亦百餘豪制鄉曲聚無賴少年以伺變恃載權牧宰莫敢問載誅英璘盜庫兵據險以叛詔發禁兵及山南西道兵二千討捕刺史孫道平禽殺之詔給復其州二年

李少良者以吏佁由諸帥府遷累殿中侍御史罷遊京師不見調憤載不法疏論其惡帝留少良客省欲究其事其友韋頌者俟之漏言於陸珽載召珽問知之乃奏下少良御史臺劾其漏禁中語并與頌珽論殺之珽善經子與頌及少良善又狎載子弟親黨故載廉得其謀初載盛時人皆疾猒之大曆八年有晉州男子郇謨以麻總髮持竹笥葦席行哭長安東市人問之曰我有字三十欲以獻上字言一事即不中以笥貯屍席裹而棄之京兆以聞帝召

見賜以衣館內客省問狀多譏切載其言團者願罷諸州團練使其言監者請罷諸道監軍大抵類此先是天下兵興凡要州權署團練刺史載用事授刺史者悉帶團練以悅人心故謨指而刺云

王縉字夏卿本太原祁人後客河中少好學與兄維俱以名聞舉草澤文辭清麗科上第歷侍御史武部員外郎祿山亂擢太原少尹佐李光弼以功加憲部侍郎遷兵部史朝義平詔宣慰河北使還有指俄拜黃門侍郎同中書門下平章事進侍中持節都統河南淮西山南東道諸節度行營事辭侍中加東都留守歲餘拜河南副元帥損軍貲錢四十萬緡營完宮室朱希彩殺李懷仙也詔拜盧龍節度使至幽州秉軍於希彩乃還會辛雲京卒兼領河東節度讓還河南副元帥東都留守太原將王無縱張奉璋恃功以縉儒者易之不如律令縉斬以徇諸將股慄再歲還以本官復知政事時元載專朝天子拱手縉曲意附離無敢忤又恃才多所狎侮雖載亦疾其凌靳也京兆尹黎幹數論執載惡之縉折幹曰尹南方孤生安曉朝廷事縉素奉佛不茹葷食肉晚節尤謹妻死以道政里第爲佛祠諸道節度觀察使來朝必邀至其所諷令出財佐營作初代宗喜祠祀而未重浮屠法每從容問所以然縉與元載盛陳福業報應帝意向之繇是禁中祀佛諷唄齋薰號內道場引內沙門日百餘饌供珍滋出入乘廄馬度支具稟給或夷狄入寇必合衆沙門誦護國仁王經爲禳厭幸其去則橫加錫與不知紀極胡人官至卿監封國公者著籍禁省勢傾公王羣居賴寵更相凌奪凡京畿上田美產多歸浮屠雖藏姦宿亂踵相逮而帝終不悟詔天下官司不得箠辱僧尼初五臺山祠鑄銅爲瓦金塗之費億萬計縉給中書符遣浮屠數十輩行州縣斂丐貲貨縉爲上言國家慶祚靈長福報所馮雖時多難無足道者祿山思明毒亂方熾而皆有子禍僕固懷恩臨亂而踣西戎內寇未及擊輒去非人事也故帝信愈篤七月望日宮中造盂蘭盆綴飾鏐琲設高祖以下七聖位幡節衣冠皆具各以帝號識其幡自

禁內分詣道佛祠鐃吹鼓舞奔走相屬是日立仗百官班光順門奉迎導從歲以爲常羣臣承風皆言生死報應故人事置而不修大曆政刑日以堙陵由縉與元載杜鴻漸倡之也性貪冒縱親戚尼姏招納財賄猥屑相稽若市賈然及敗劉晏等鞫其罪同載論死晏曰重刑再覆有國常典況大臣乎法有首從不容俱死於是以聞上憫其耄不加刑乃貶括州刺史久之遷太子賓客分司東都建中二年死年八十二

黎幹戎州人善星緯術得待詔翰林擢累諫議大夫封壽春公自負其辯沾沾喜議論初唐家郊祭天地以高祖神堯皇帝配寶應元年杜鴻漸爲太常卿禮儀使於是禮儀判官薛頎集賢校理歸崇敬等共建神堯獨受命之主非始封君不得冒太祖配天地景皇帝受封于唐即商之契周之后稷請奉景皇帝配天地於禮宜甚幹非之乃上十詰十難傅經誼抵鄭玄以折頎崇敬等曰頎等引禘者至日祭天於圓丘周人以遠祖配今宜以景皇帝爲始祖

配昊天圓丘臣幹一詰國語稱有虞氏夏后氏並禘黃帝商禘舜周禘嚳二詰商頌長發大禘也三詰周頌雝禘太祖也四詰祭法虞夏並禘黃帝商周俱禘嚳五詰大傳不王不禘王者禘其祖之所自出以其祖配之六詰爾雅禘大祭也七詰家語凡四代帝王所郊皆以配天所謂禘五年大祭也八詰盧植以禘祭名禘諦也事取明諦故云九詰王肅言禘五年大祭十詰郭璞亦云此經傳先儒皆不言祭昊天於圓丘根證章章故臣謂禘止五年宗廟大祭了無疑晦其十難一曰周頌雝之序曰禘祭太祖也鄭玄說禘大祭也太祖謂文王也商頌長發大禘也玄曰大禘祭天也商周兩頌同文異解索玄之意以禘加大因曰祭天臣謂春秋大事于太廟雖曰大得祭天乎虞夏商周禘黃帝與嚳禮不王不禘皆不言大玄安得稱祭天乎長發所歎不及嚳與感生帝故知不為祭天侑嚳明矣商周五帝大祭見于經者甚詳而禘主廟不主天今背孔子之訓言取玄之偏詛誣繆祀典不見其可二曰不王

不禘王者禘其祖之所自出以其祖配之此言惟天子當禘如虞夏出黃帝商周出嚳以近祖配之自出之祖無廟乃自外至自外至者同之天地得主而止又自出者在母亦然春秋傳陳則我周之自出詎可謂出太微五帝乎玄以一禘為三詛在祭法則曰祭昊天於圓丘在春秋傳則郊以后稷配靈威仰在商頌曰祭天在周頌則禘曰大於四時祭而小於祫本末駮舛臆判自私不足以訓三曰商周之前禘所自出自漢魏以來曠千餘歲其禮不講蓋玄所說不當於經不質于聖先儒置之不用是為棄言四曰今禮家行於世者皆本玄學臣請取玄之隙還破頎等所建頎等曰景皇帝為始祖以配天按王制天子七廟玄曰周禮也太祖與文武之祧合親廟四而七商氏六廟契與湯合二昭二穆而六據玄則夏不以鯀顓頊昌意為始祖是又與玄乖背自古未有以人臣為始祖者唯商以契周以稷夫稷契皆天子元妃子簡狄吞玄鳥卵而生契契佐禹有大功舜封之商其詩曰天命玄鳥降而生商宅殷土芒芒后稷母曰姜嫄出野履巨跡而生稷稷勤稼穡堯舉為農師舜封之邰號曰后稷其詩曰履帝武敏歆攸介攸止即有邰家室舜禹有天下契稷在焉傳曰功施於人則祀之以死勤事則祀之契為司徒而人輯睦稷勤百穀而山死皆在祀典及子孫而有天下故尊而祖之五曰既用玄說小德配寡而后稷止配一帝不得全配五帝今以景帝配昊天於玄為可為不可乎六曰眾詰臣曰上帝一帝周官祀天旅上帝祀地旅四望旅眾也則上帝是五帝臣曰否旅有眾義出於爾雅又為祭名亦曰陳也頎前所詰旅上帝為五帝則季氏旅於泰山可得為四鎮邪七曰援玄之言則景帝親盡主應在祧反配天地禮不相值夫所謂始祖者經綸草昧功普體大以比元氣合雍復廣大者也故曰萬物之始天也人之始祖也日之始至也掃地而祭則質器用陶匏則性牲用犢則誠兆於南郊則就陽至尊至質不敢同於先祖也白虎通義曰祭天歲一者何事之不敢黷也故因歲之陽氣始達而祭之今一

歲四祭黷莫大焉上帝五帝祀闕不舉怠孰甚焉黷與怠皆失也臣聞親有限祖有常聖人制禮不以情變唐家累聖歷祀百年非不知景帝為始封當時通儒鉅工尊高祖以配天宗太宗以配上帝人神克厭為日既久乃今以神堯降侑合樞紐而太宗仍配上帝則樞紐上帝佐也以子先父非天地祖宗之意八曰景皇帝非造我區夏不得與夏之禹商之契周之稷漢高帝魏武帝晉宣帝唐神堯皇帝並功而陟配圜丘上與天匹曾謂圜丘不如林放乎九曰魏以武帝晉以宣帝為始祖者夫操與懿皆人傑也擁天下彊兵挾弱主制海內之命名雖為臣勢實為君後世因之以成帝業尊而祖之不亦可乎十曰神堯拯隋室之亂振臂大呼濟人塗炭汛掃蕩攘羣凶無餘出入不數年而成王業漢祖之功不能加焉夏以禹漢以高帝我以神堯為始祖訂夏法漢於義何嫌今頎崇尚革天對易祖廟事之大者不稽于古難以疑文辭說定之臣官以諫為名不敢不盡愚議聞代宗不韙其言其後名儒大

議而景帝配天卒著于禮儀遷京兆尹頗以治稱京師苦樵薪之
幹度開漕渠與南山谷口尾入于苑以便運載帝爲御安福門觀
之幹密具舸船作倡優水嬉冀以媚帝久之渠不就儀改刑部侍
郎魚朝恩敗坐交通出爲桂管觀察使大曆八年復召爲京兆尹
時大旱幹造土龍自與巫覡對舞彌月不應又禱孔子廟帝笑曰
丘之禱久矣使毀土龍帝減膳節用既而霔雨十三年涇水擁隔
請開鄭白支渠復秦漢故道以溉民田廢碾磑八十餘所幹性貪
暴既復用不暇念治專徇財色附會嬖近挾左道希主恩帝甚惑
之德宗在東宮幹與宦者特進劉忠翼陰謀幾危宗嗣及即位
又詭道希進密乘車謁忠翼事覺除名長流既行市人數百羣
譟投礫從之俄賜死藍田驛忠翼本名清潭與左衞將軍董秀
皆有寵於代宗當盛時爵賞在其口吻招冒財賄貲產累鉅萬
至是積前罪并及誅

楊炎字公南鳳翔天興人曾祖大寶武德初爲龍門令劉武周攻

之死于守贈全節侯祖哲以孝行稱父播舉進士退居求志玄宗
召拜諫議大夫棄官歸養肅宗時即家拜散騎常侍號玄靖先
生炎美須眉峻風寓文藻雄蔚然豪爽尚氣河西節度使呂崇
賁辟掌書記神烏令李大簡嘗醉辱之炎令左右反接榜二百餘
幾死崇賁愛其才不問李光弼表爲判官不應召拜起居舍人固
辭父喪廬墓側號慕不廢聲有紫芝白雀之祥詔表其閭炎三世
以孝行聞至門樹六闕古所未有終喪爲司勳員外郎遷中書舍
人與常袞同時知制誥袞長於除書而炎善德音自開元後言制
詔者稱常楊云宰相元載與炎同郡炎又元出也故擢炎吏部侍
郎史館脩撰載當國陰擇才可代已者引以自近初得禮部侍郎
劉單會卒復取吏部侍郎薛邕邕坐事貶後得炎親重無比會
載敗坐貶道州司馬德宗在東宮雅知其名又嘗得炎所爲李楷
洛碑寘于壁日諷玩之及即位崔祐甫薦炎可器任即拜門下侍
郎同中書門下平章事舊制天下財賦皆入左藏庫而太府四時

以數聞尚書比部覆出納舉無干欺及第五琦爲度支鹽鐵使京
師豪將求取無節琦不能禁乃悉租賦進大盈內庫天子以給取
爲便故不復出自是天下公賦爲人君私藏有司不得計羸少而
宦官以冗名持簿者三百人奉給其間根柢連結不可動及炎爲
相言於帝曰財賦者邦國大本而生人之喉命天下治亂重輕繫
焉先朝權制以中人領其職五尺宦豎操邦之柄豐儉盈虛雖大
臣不得知則無以計天下利害陛下至德惟人是恤參計敝蠹莫
與斯甚臣請出之以歸有司度宮中經費一歲幾何量數奉入不
敢以闕如此然後可以議政惟陛下審察帝從之乃詔歲中裁取
以入大盈度支具數先聞初定令有租賦庸調法自開元承平久
不爲版籍法度玩敝而丁口轉死田畝換易貧富升降悉非向時
而戶部歲以空文上之又戍邊者蠲其租庸六歲免歸玄宗事
夷狄戍者多死邊將諱不以聞故貫籍不除天寶中王鉷爲戶口
使方務聚斂以其籍存而丁不在是隱課不出乃按舊籍除當免

者積三十年責其租庸人苦無告故法遂大敝至德後天下兵起
因以饑癘百役並作人戶凋耗版圖空虛軍國之用仰給於度支
轉運使四方征鎮又自給於節度都團練使賦斂之司數四莫相
統攝綱目大壞朝廷不能覆諸使諸使不能覆諸州四方貢獻悉
入內庫權臣巧吏因得旁緣公託進獻私爲贓盜者動萬萬計河
南山東荊襄劍南重兵處皆厚自奉養王賦所入無幾科斂凡數
百名廢者不削重者不去新舊仍積不知其涯百姓竭膏血鬻親
愛旬輸月送無有休息吏因其苛蠶食于人富人多丁者以官學
釋老得免貧人無所入則丁存故課免於上而賦增於下是以天
下殘瘁蕩爲浮人鄉居地著者百不四五炎疾其敝乃請爲兩稅
法以一其制凡百役之費一錢之斂先度其數而賦於人量出制
入戶無主客以見居爲簿人無丁中以貧富爲差不居處而行商
者在所州縣稅三十之一度所取與居者均使無僥利居人之稅
秋夏兩入之俗有不便者三之其租庸雜傜悉省而丁額不廢其

田畝之稅率以大曆十四年墾田之數爲準而均收之夏稅盡六月秋稅盡十一月歲終以戶賦增失進退長吏而尚書度支總焉帝善之使諭中外議者沮詰以爲租庸令行數百年不可輕改帝不聽天下果利之自是人不土斷而地著賦不加斂而增入版籍不造而得其虛實吏不誡而姦無所取輕重之權始歸朝廷矣炎興嶺表以單議悟天子中外翕然屬望爲賢相居數月崔祐甫疾不能事喬琳免炎獨當國遂多變祐甫之政緘薄護元陵功優人始不悅又請開豐州陵陽渠發畿縣民役作閭里騷然渠卒不就素德元載思有以報之於是復議城原州節度使段秀實謂安邊卻敵宜以緩計方農事不可遽興功炎怒追秀實爲司農卿以邠寧李懷光督作遣朱泚崔寧統兵各萬人翼其役詔書下涇軍恚曰吾軍爲國西屏十餘年始自邠土農桑地著之安徙此榛莽中手披足踐既立城壘則又投之塞外且安寘其此乎又懷光持法嚴峻軍畏之裨將劉文喜因人之怨乃上疏求秀實朱泚爲使詔

以泚代懷光文喜不奉詔閉城拒守質其子吐蕃以求援時方暘旱人情騷擕羣臣皆請赦文喜帝不聽詔減服御給軍且趣師涇州士當受春服者皆即賜命泚懷光率軍攻之壘環其州別將劉海賓斬文喜獻其首涇州平而原卒不能城又以劉晏劾載已坐貶乃出晏忠州用庾準爲荊南節度使誣晏殺之朝野側目李正已表請晏罪炎懼乃遣腹心分走諸道裴冀使東都河陽魏博孫成使澤潞磁邢幽州盧東美使河南淄青李舟使山南湖南王定使淮西聲言宣慰而實自辯解言晏往嘗傅會奸邪謀立獨孤妃爲后帝自惡之非它過也帝聞使中人復其言於正己還報信然於是帝意銜之未發也會盧杞以門下侍郎同中書門下平章事進炎中書侍郎同秉政杞無術學貌么陋炎薄之託疾不與會食杞陰爲憾舊制中書舍人分押尚書六曹以平奏報開元初廢其職杞請復之炎固以爲不可杞益怒又密啓主書過咎逐之炎曰主書吾局吏也吾當自治之柰何相侵邪始炎還朝道襄漢因勸

梁崇義入朝後又使李舟邀說之崇義益反側及其叛議者歸咎炎以爲趣成之帝欲以淮西李希烈統諸軍致討炎曰希烈始與李忠臣爲子逐忠臣取其位此可以任乎居無尺寸功猶倔彊不奉法設使平賊陛下將何以制之帝不能平恚曰朕業許之不能食吾言遂用希烈又嘗訪羣臣可大任者杞薦張鎰嚴郢而炎舉崔昭趙惠伯帝以炎論議疏闊遂罷爲尚書左僕射既謝對延英訖不至中書杞怒益欲中之先是嚴郢爲京兆尹不附炎炎諷御史張著劾之罷兼御史中丞源休與郢不善自流人擢休爲京兆少尹令伺郢過休反與郢善炎怒會張光晟謀殺回紇酋帥乃使休使回紇郢坐度田不實下除大理卿至是炎罷其子弘業賕賂狼藉故杞引郢爲御史大夫按之并得它過惠伯爲河南尹時嘗市炎第爲官廨御史劾炎宰相抑吏市私第貴取其直杞召大理正田晉評罪晉曰宰相於庶官比監臨計美利皁奪官杞怒謫晉衡州司馬於是當監主自盜罪絞開元時蕭嵩嘗度曲江南

欲立私廟以爲天子臨幸處乃止後炎復取以立廟飛語云地有王氣故炎取之帝聞震怒會獄具詔三司同覆貶崖州司馬同正未至百里賜死年五十五貶惠伯多田尉亦殺之初炎矯飾志節頗得名既傅會元載抵罪俄而得政然忮害根中不能自止睚眦必讎果於用私然以此及禍自道州還也家人以綠袍木簡棄之炎止曰吾嶺上一逐吏超登上台可常哉且有非常之福必有非常之禍安可棄是乎及貶還所服久之詔復其官謚肅愍左丞孔戣駁之更曰平厲

庾準者常州人無學術以柔媚自進得幸於王縉驟至中書舍人時流蚩薄之再遷尚書右丞縉得罪出爲汝州刺史復入爲司農卿又善炎故炎使節度荊南晏已誣死引爲尚書左丞建中三年卒贈工部尚書

嚴郢字叔敖華州華陰人父正誨以才吏更七郡終江南西道採訪使郢及進士第補太常協律郎守東都太廟祿山亂郢取神主

秘于家至德初定洛陽有司得以奉迎還廟擢大理司直呂諲鎮江陵表為判官方士申泰芝以術得幸肅宗遨游湖衡間以妖幻詭衆姦贓鉅萬潭州刺史龐承鼎按治帝不信召還泰芝下承鼎江陵獄鄖具言泰芝左道帝遣中人與諲雜訊有狀帝不為然御史中丞敬羽白貸泰芝鄖方入朝亟辨之帝怒叱鄖去鄖復曰承鼎劾泰芝詭皆有實泰芝言承鼎驗左不存今縱有罪急無罪臣死不敢如詔帝卒殺承鼎流鄖建州泰芝後坐妖妄不道誅代宗初追還承鼎官召鄖為監察御史連署帥府司馬郭子儀表為關內河東副元帥府判官遷行軍司馬子儀鎮邠州檄鄖主留務河中士卒不樂戍邠多逃還鄖取渠首尸之乃定歲餘召至京師元載薦之帝時載得罪不見用御史大夫李栖筠亦薦鄖帝曰是元載所厚可乎栖筠曰如鄖材力陛下不自取而留為姦人用邪即日拜河南尹水陸運使大曆末進拜京兆尹嚴明持法令疾惡撫窮敢誅殺盜賊一衰獄隸官匠丁數百千人號稱職尹宰相楊炎

請屯田豐州發關輔民鑿陵陽渠鄖習朔邊病利即奏舊屯肥饒地今十不墾一水田甚廣力不及而廢若發二京關輔民浚豐渠營田擾而無利請以內苑蒔稻驗之秦地膏腴田上上耕者皆畿人月一代功甚易又人給錢月八千糧不在然有司常募不能足合府縣共之計一農歲錢九萬六千米月七斛二斗大抵歲傭丁三百錢二千八百八十萬米二千一百六十斛臣恐終歲穫不酬費況二千里發人出塞而歲一代乎又自太原轉糧以哺私出資費倍之是虛畿甸事空徭也鄖又言五城舊屯地至廣請以鑿渠糧俾諸城夏貸冬輸取渠工布帛給田者令據直轉穀則關輔免調發而諸城關田炎不許渠卒不成罷之御史臺請天下斷獄一切待報唯殺人許償死論徒者得悉徙邊鄖言罪人徙邊即流也流有三而一用之誠難且殺人外猶有十惡偽造用符印彊光火諸盜令一徙之法太輕不足禁惡又罪抵徒科別差殊或毆傷夫婦離非義絕養男別姓立嫡不如式私度關冒戶等不可悉而與十惡同徙即輕重不倫又按京師天下聚論徒者至廣例不覆讞今若悉待報有司斷決有程月不啻五千獄正恐牒按填委章程紊撓且邊及近邊犯死徙流者若何為差請下有司更議炎惡異己陰諷御史張著劾鄖匿發民浚渠使怨歸上繫金吾長安中日數千人遮建福門訟鄖冤帝微知之削兼御史中丞人知鄖得原皆迎拜會秋旱鄖請蠲租稅炎令度支御史按覆以不實罷為大理卿炎之罷盧杞引鄖為御史大夫共謀炎罪即逮捕河中觀察使趙惠伯下獄楚掠慘棘鍛成其罪卒逐炎崖州惠伯費州天下以鄖挾宰相報仇為不直然杞用鄖敗炎內忌鄖才因按蔡廷玉事殺御史鄭詹出鄖為費州刺史道逢樞殯問之或曰趙惠伯之殯鄖內慙忽忽歲餘卒

竇參字時中刑部尚書誕四世孫學律令為人矜嚴悻直果於斷以蔭累為萬年尉同舍當夕直者聞親疾惶遽參為代之會失囚京兆按直簿劾其人參曰彼以不及謁而往參當坐乃貶江夏尉

人皆義之遷奉先尉男子曹芬兄弟隸北軍醉暴其妹父救不止恚赴井死參當兄弟重辟衆請俟免喪參曰父繇子死若以喪延是殺父不坐皆榜殺之一縣畏伏進大理司直按江淮獄揚州節度使陳少游倨蹇不郊迎遣軍吏致問參厲辭譙讓少游慙往謁參參不顧即去婺州刺史鄧珽盜贓八千緡宰相右珽欲免輸其財詔百官集尚書省議多希意為助參獨持法卒輸入之遷監察御史湖南判官馬彝發部令贓千萬令之子因權幸誣奏彝參往按直其侵蟣彝後佐曹王皐以幹直聞者也入為御史中丞舉劾無所回忌德宗數召見語天下事或決大議帝器之然多與宰相駁異數為排卻卒無以傷參由是無所憚或率情制事矣時定百官班稟參嘗為大理司直故多其入使在丞上惡詹事李昪抑其班在諸府少尹下中外稍惡其專進兼戶部侍郎民家生豕二首四足有司欲以聞參曰此乃豕禍昪不奏陳少游死子請襲封參大署省門曰少游位將相以艱危易節上含垢不忍發其息容

得傳襲邪神策將軍孟華戰有功或誣以反龍武將軍李建玉陷吐蕃自拔歸部曲告與虜通皆論死參悉治出之人始屬望俄以中書侍郎同中書門下平章事領度支鹽鐵使每延英對它相罷參必留以度支爲言實專政也然參無學術不能稽古立事惟樹親黨多所詗察四方畏之於是淄青李納厚饋參外示嚴畏實賂帝親近爲間故左右爭毀短之申其族子也爲給事中參親愛毋除吏多訪申申因得招賂漏禁密語故申所至人目爲喜鵲帝聞以戒參且曰是必爲累不如斥之參以情訴曰臣無彊子姓申雖疏屬無它惡帝曰而雖自保如外言何參固陳丐初陸贄與參不平吳通玄兄弟皆在翰林與贄軒輊不得申舅嗣虢王則之與通微等善遂共譖贄帝得其姦逐申爲道州司馬不浹日貶參郴州別駕宣武劉士寧餉參絹五千湖南觀察使李巽故與參隙以狀聞又中人爲之驗左帝大怒以爲外交戎臣欲殺參贄雖怨然亦以殺之太重乃貶驩州司馬逐其息景伯于泉州女尼于郴州沒

入貲產奴婢帝又欲殺申則之及屬人榮贄固爭法有首從首原則從減榮與參雖善然初無邪僻數激憤有直言晚頗疏忌請貶榮遠官申則之除名流嶺南詔可時宦侍謗詛不已參竟賜死于邕州年六十而杖殺申免榮死諸竇貲並逐云

吳通玄者海州人與弟通微皆博學善文章父道瓘以道士詔授太子諸王經故通玄等皆得侍太子游太子待之甚善始通玄舉神童補秘書正字又擢文辭清麗科調同州司戶參軍德宗立第兄踵召爲翰林學士頃之通微遷職方郎中通玄起居舍人並知制誥凡帝有譔述非通玄筆未嘗慊與陸贄吉中孚韋執誼並位贄文高有謀特爲帝器遇且更險難有功通玄等特以東宮恩舊進昵而不禮見贄驟擢頗媢恨贄自恃勁正屢短通玄於帝前欲斥遠之即建言承平時工藝書畫之亢皆待詔翰林而無學士至德以來命集賢學士入禁中草書詔待進止於翰林院因以名官今四方無事制書職分宜歸中書舍人請罷學士帝不許通玄怨日結謀奪其內職會贄以權知兵部侍郎主貢舉乃命爲眞貞元十年通玄拜諫議大夫自以久次當得中書舍人大怨望贄與竇參交惡參從子申從舅嗣虢王則之方爲金吾將軍故申介之使結通玄兄弟共危贄而通玄以宗室女爲外婦帝知未及責則之飛謗云贄試進士受賄謝帝惡誣構大怒罷參宰相逐則之昭州司馬通玄泉州司馬又銜淫汙近屬事自詰之不敢荅賜死長城驛贄遂相矣通玄死通微白衣待罪於門帝宥之內懼禍不敢行喪服

贊曰元載楊炎各以才資奮適主暗庸故致位輔相若其翦闔尹城原州以謀西夏還左藏有司一租賦以檢制有亡誠有取焉然載夸與輔國以利合險刻者諸心谿壑之欲發乎無厭炎牽違載勢興醜裔秉國維綱返爲載復讎釋言於君卒與妻子併誅暴先骨殖命于道甚自取之也夫姦人多才未始不爲患故少正卯以佞死而鄧析以辯亡若兩人者所謂多才者邪縉言福業報應寧得

君自私無可論者易稱鼎折足其刑剭諒哉

元王黎楊嚴竇列傳第七十

端明殿學士兼翰林侍讀學士龍圖閣學士朝散大夫行尚書吏部侍郎充集賢殿修撰臣宋祁奉

敕撰

李栖筠字貞一世為趙人幼孤有遠度莊重寡言體貌軒特喜書多所通曉為文章勁迅有體要不妄交游族子華每稱有王佐才士多慕向始居汲共城山下華固請舉進士俄擢高第調冠氏主簿太守李峴視若布衣交遷安西封常清節度府判官常清被召表攝監察御史為行軍司馬肅宗駐靈武發安西兵栖筠料精卒七千赴難擢殿中侍御史李峴為大夫以三司按羣臣陷賊者表栖筠為詳理判官推原其人所以脅汙者輕重以情悉心助峴故峴愛恕之譽一日出呂諲崔器上三遷吏部員外郎判南曹時大盜後選簿亡舛多偽冒栖筠判折有條吏氣奪號神明遷山南防禦觀察使會峴去相栖筠坐所善除太子中允衆不直改河南令李光弼守河陽高其才引為行軍司馬兼糧料使改絳州刺史

擢累給事中是時楊綰以進士不鄉舉但試辭賦浮文非取士之實請置五經秀才科詔羣臣議栖筠與賈至李廙以綰所言為是進工部侍郎關中舊仰鄭白二渠溉田而豪戚壅上游取磑利且百所奪農用十七栖筠請皆徹毀歲得租二百萬民賴其入魁然有宰相望元載忌之出為常州刺史歲仍旱編人死徙踵路栖筠為浚渠厮江流灌田遂大稔宿賊張度保陽羨西山累年吏討不克至是發卒捕斬支黨皆盡里無吠狗乃大起學校堂上畫孝友傳示諸生為鄉飲酒禮登歌降飲人人知勸以治行進銀青光祿大夫封贊皇縣子賜一子官人為刻石頌德蘇州豪士方清因歲凶誘流殍為盜積數萬依黟歙間阻山自防東南厭苦詔李光弼分兵討平之會平盧行軍司馬許杲恃功擅留上元有窺江吳意朝廷以創殘重起兵即拜栖筠浙西都團練觀察使圖之栖筠至張設武備遣辯士厚齎金幣抵杲軍賞勞使士歆愛奪其謀杲懼悉衆度江掠楚泗而潰以功進兼御史大夫則又增學廬表宿儒河南褚沖吳何員等超拜學官為之師身執經問義遠邇趨慕至徒數百人又奏部豪姓多徙貫京兆河南規脫徭科請量産出賦以杜姦謀詔可元載當國久益恣橫代宗不能堪陰引剛鯁大臣自助欲收綱權以黜載會御史大夫敬括卒即召栖筠與河南尹張延賞擇可為大夫者延賞先至遂代括會李少良陸珽等上書劾載陰事詔御史問狀延賞稱疾不敢鞫少良珽覆得罪死帝殊失望出延賞為淮南節度使引拜栖筠為大夫始栖筠見帝數奏明辯不阿附帝心善之故制麻自中以授朝廷莫知也中外竦眙栖筠素方挺無所屈於是華原尉侯莫陳怤以優補長安尉當參臺栖筠物色其勞怤色動不能對乃自言為徐浩杜濟薛邕所引非眞優也始浩罷嶺南節度使以瓌貨數十萬餉載而濟方為京兆邕吏部侍郎三人者皆載所厚栖筠并劾之帝未決會月蝕帝問其故栖筠曰月蝕修刑今罔上行私者未得天若以儆陛下邪繇是怤等皆坐貶故事賜百官宴曲江教坊倡顯雜侍

栖筠以任國風憲獨不往臺遂以為法帝比比欲召相懼載輒止然有進用皆密訪焉多所補助栖筠見帝猗違不斷亦內憂憤卒年五十八自為墓誌贈吏部尚書諡曰文獻栖筠喜獎善而樂人攻己短為天下士歸重不敢有所斥稱贊皇公云子吉甫

吉甫字弘憲以蔭補左司禦率府倉曹參軍貞元初為太常博士年尚少明練典故昭德皇后崩自天寶後中宮虛卹禮廢缺吉甫草具其儀德宗稱善李泌竇參器其才厚遇之陸贄疑有黨出為明州長史贄之貶忠州宰相欲害之起吉甫為忠州刺史使甘心焉既至置怨與結懽人益重其量坐是不徙者六歲改郴饒二州會前刺史繼死咸言牙城有物怪不敢居吉甫命菑除其署以視事吏由是安誅破姦盜窟宄治稱流聞憲宗立以考功郎中召知制誥俄入翰林為學士遷中書舍人劉闢拒命帝意討之未決吉甫獨請無置宜絕朝貢以折姦謀時李錡在浙西厚賂貴幸請用韓滉故事領鹽鐵又求宣歙問吉甫對曰昔韋皋蓄財多故劉

闢因以構亂李錡不臣有萌若益以鹽鐵之饒采石之險是趣其反也帝寤乃以李巽爲鹽鐵使高崇文圍鹿頭未下嚴礪請出并州兵與崇文趣果閬以攻渝合吉甫以爲非是因言漢伐公孫述晉伐李勢宋伐譙縱梁伐劉季連蕭紀凡五攻蜀繇江道者四且宣洪蘄鄂彊弩號天下精兵爭險地兵家所長請起其兵擣三峽之虛則賊勢必分首尾不救崇文懼舟師成功人有鬭志矣帝從之礪復請大臣爲節度吉甫諫曰崇文功且成而又命帥不復盡力矣因請以西川授崇文而屬礪東川益資簡六州使兩川得以相制由是崇文悉力劉闢平吉甫謀居多吐蕃遣使請尋盟吉甫議德宗初未得南詔故與吐蕃盟自異牟尋歸國吐蕃不敢犯塞誠許盟則南詔怨望邊隙日生帝辭其使復請獻濱塞亭障南北數千里求盟吉甫謀曰邊埌荒岨犬牙相吞邊吏按圖覆視且不能知今吐蕃綿山跨谷以數番紙而圖千里起靈武著劒門要險之地所亡二三百所有得地之名而實喪之陛下將安用此帝乃詔謝贊普不納張愔既得徐州帝又欲以濠泗二州還其軍吉甫曰泗負淮餉道所會濠有渦口之險前日授建封幾失形勢今愔乃兩廊壯士所立雖有善意未能制其衆又使得淮渦阨東南走集憂未艾也乃止中書史滑渙素厚中人劉光琦凡宰相議爲光琦持異者使渙請常得如素宦人傳詔或不至中書召渙於延英承旨迎附群意即爲文書宰相至有不及知者由是通四方賂謝弟泳官至刺史鄭餘慶當國嘗一責怒數日即罷去吉甫請開劾其姦帝使簿渙家得貲數千萬貶死雷州又建言州刺史不得擅見本道使罷諸道歲終巡句以絕苛斂命有司舉材堪縣令者軍國大事以寶書易墨詔由是帝愈倚信元和二年杜黃裳罷宰相乃擢吉甫中書侍郎同中書門下平章事吉甫連蹇外遷十餘年究知閭里疾苦常病方鎮彊恣至是爲帝從容言使屬郡刺史得自爲政則風化可成帝然之出郎吏十餘人爲刺史自王叔文時選任猥冒吉甫始薄湔其負人得敘進官無留才又度李錡必反勸帝召之使者三往以病解而多持金啗權貴至爲錡游說者吉甫曰錡庸材而所畜乃亡命群盜非有鬬志討之必克帝意決復言昔徐州亂嘗敗吳兵江南畏之若起其衆爲先鋒可以絕徐後患韓弘在汴州多憚其威誠詔弘子弟率兵爲掎角則賊不戰而潰從之詔下錡衆聞徐梁兵興果斬錡降以功封贊皇縣侯徙趙國公德宗以來姑息藩鎮有終身不易地者吉甫爲相歲餘凡易三十六鎮殿最分明裴均以尚書右僕射判度支結黨傾執政會皇甫湜等對策指摘權彊用事者皆怨帝亦不悅均黨因宣言殆執政使然右拾遺獨孤郁李正辭等陳述本末帝乃解吉甫本善竇群羊士諤呂溫薦群爲御史中丞群即奏士諤侍御史溫知雜事吉甫恨不先白持之久不決群等銜之俄而吉甫病醫者夜宿其第群捕醫者劾吉甫交通術士帝大駭訊之無狀群等皆貶而吉甫亦固乞免因薦裴垍自代乃以檢校兵部尚書兼中書侍郎同中書門下平章事爲淮南節度使帝爲御通化門祖道賜御餞禁

方居三歲奏罷逋租數百萬築富人固本二塘溉田且萬頃漕渠痺下不能居水乃築隄閼以防不足泄有餘名曰平津堰江淮旱浙東西尤甚有司不爲請吉甫白以時救恤帝驚馳遣使分道賑貸吉甫雖居外每朝廷得失輒以聞六年裴垍病免復以前官召吉甫還秉政入對延英凡五刻罷帝尊任之官而不名吉甫疾吏員廣繇漢至隋未有多於今者乃奏曰方今置吏不精流品龐雜存無事之官食至重之稅故生人日困冗食日滋又國家自天寶以來宿兵常八十餘萬其去爲商販度爲佛老雜入科役者率十五以上天下常以勞苦之人三奉坐待衣食之人七而內外官仰奉稟者無慮萬員有職局重出名異事離者甚衆故財日寡而受祿多官有限而調無數九流安得不雜萬務安得不煩漢初置郡不過六十而文景化幾三王則郡少不必政紊郡多不必事治今列州三百縣千四百以邑設州以鄉分縣費廣制輕非致化之本願詔有司博議州縣有可併併之歲時入仕有可停停之則

吏寘易求官少易治國家之制官一品奉三千職田祿米大抵不過千石大曆時權臣月奉至九千緡者州刺史無大小皆千緡宰相常袞始爲裁限至李泌量閑劇稍增之使相通濟然有名在職廢奉存額去閑劇之間厚薄頓異亦請一切商定乃詔給事中段平仲中書舍人韋貫之兵部侍郎許孟容戶部侍郎李絳參閱蠲減凡省冗官八百員吏千四百員又奏收都畿佛祠田磑租入以寬貧民德宗時義陽義章二公主薨詔起祠堂于墓百二十楹費數萬計會永昌公主薨有司以請帝命減義陽之半吉甫曰德宗一切之恩不可爲法昔漢章帝欲起邑屋於親陵東平王蒼以爲不可故非禮之舉人君所愼請裁置墓戶以充守奉帝曰吾固疑其冗減之今果然然不欲取編民以官戶奉墳而已吉甫再拜謝帝曰事不安者弟言之無謂朕不能行也十宅諸王既不出閤諸女嫁不時而選尚皆縣中人厚爲財謝乃得遣吉甫奏自古尚主必愼擇其人江左悉取名士獨近世不然帝乃下詔皆封縣主令有

司取門閥者配焉田季安疾甚吉甫請任薛平爲義成節度使以重兵控邢洺因圖上河北險要所在帝張於浴堂門壁每議河北事必指吉甫曰朕日按圖信如卿料矣劉濟舊軍屯普潤數暴掠近縣吉甫奏還涇原畿民賴之八年回鶻引兵自西城柳谷侵吐蕃塞下傳言且入寇吉甫曰回鶻能爲我寇當先絕和而後犯邊今不足虞也因請起夏州至天德復驛候十一區以通緩急發夏州精騎五百屯經略故城以護党項而已既而果邊吏妄言六胡州在靈武部中開元時廢之置宥州以處降戶寓治經略軍居中以制戎虜北援天德南接夏州至德寶應間廢宥州以軍遷隷靈武道里曠遠故党項孤弱虜數擾之吉甫始奏復宥州乃治經略軍以隷綏銀道取鄜城神策屯兵九千實之以江淮甲三十萬給太原澤潞軍增太原馬千匹由是戎備完輯自蜀平帝銳意欲取淮西方吉甫在淮南聞吳少陽立上下攜泮自請徙壽州以天子命招懷之反間以撓其黨會討王承宗未及用後田弘正以

魏歸吉甫知魏人謂田進誠才而唐州乃蔡喉衿請校進誠爲刺史以臨賊境且尉魏心烏重胤守河陽吉甫以汝州捍蔽東都聯唐許當蔡西面兵寡不足憚寇而河陽乃魏博之津弘正歸國則爲內鎭不宜戍重兵示不信請徙屯汝州帝皆從之後弘正拜檢校尚書右僕射賜其軍錢二千萬弘正曰吾未喜於移河陽軍也及元濟擅立吉甫以內地無脣齒援因時可取不當用河朔故事與帝意合又請自往招元濟苟逆志不悛得指授羣帥俘賊以獻天子不許固請至流涕帝慰勉之會暴疾卒年五十七帝震悼賻外別賜繒五百匹其家自大斂至卒哭皆中人臨弔吉甫圖淮西地未及上帝敕其子獻之及葬祭以少牢贈司空有司謚曰敬憲度支郎中張仲方非之帝怒貶仲方吏賜謚曰忠懿始吉甫當國經綜政事衆職咸治引薦賢士大夫愛善無遺褒忠臣後以起義烈與武元衡連位未幾節度劍南屢言元衡材宜還爲相及再輔政天下想望風采而稍脩怨罷李藩宰相而裴垍左遷皆其謀也

李正辭晚相失及與蕭俛同召爲翰林學士獨用俛而罷正辭人莫不疑憚帝亦知其專乃進李絳遂與有隙數辯爭殿上帝多直絳然畏愼奉法不忮害顧大體左拾遺楊歸厚嘗請對日已旰帝令它日見固請不肯退既見極論中人許遂振之姦又歷詆輔相求自試又表假郵置院具婚禮帝怒其輕肆欲遠斥之李絳爲言不能得吉甫見帝謝引用之非帝意釋得以國子主簿分司東都初政事堂會食有巨床相傳徙者宰相輒罷不敢遷吉甫笑曰世俗禁忌何足疑邪徹而新之吉甫居安邑里時號安邑李丞相所論著甚多皆行于世前卒一歲熒惑掩太微上相吉甫曰天且殺我再遜位不許子德脩亦有志操寶曆中爲膳部員外郎張仲方入爲諫議大夫德脩不欲同朝出爲舒湖楚三州刺史卒次子德裕自有傳

李鄘字建侯北海太守邕之從孫第進士又以書判高等補祕書省正字李懷光辟致幕府擢累監察御史懷光反何中鄘與母妻

陷焉因絶懷光以兄病臥洛且革母欲往視懷光許可戒妻子無偕行鄘私遣之懷光怒欲加罪謝曰鄘籍在軍不得爲母駕柰何不使婦往懷光止不問後與高郢刺賊虛實及所以攻取者白諸朝德宗手詔褒答懷光覺嚴兵召二人問之鄘詞氣不撓三軍爲感動懷光不殺囚之河中平馬燧破械致禮表佐其府以言不用罷歸洛中召爲吏部員外郎徐州張建封卒兵亂囚監軍迫建封子愔主軍務帝以鄘剛敢拜宣慰使持節直入其軍大會士諭以禍福出監軍獄中脫桎梏使復位衆不敢動愔即上表謝罪稱兵馬留後鄘曰非詔命安得輒稱之削去乃受既還稱旨遷郎中順宗時進御史中丞憲宗立爲京兆尹進尚書右丞元和初京師多盜賊復拜京兆以檢校禮部尚書爲鳳翔隴右節度使是鎮常兼神策行營前此用武將始受詔即詣軍修謁鄘以爲不可詔爲去神策行營號俄徙河東入爲刑部尚書諸道鹽鐵轉運使拜淮南節度使王師討蔡方急李師道謀撓沮之鄘以兵二萬分壁鄆境

貲餉不仰有司是時兵興天子憂財乏使程异馳驛江淮諷諸道輸貲助軍鄘素富彊即籍府庫留一歲儲餘盡納于朝諸道由是悉索以獻繇鄘倡之先是吐突承璀爲監軍貴寵甚鄘以剛嚴治相禮憚稍厚善承璀歸數稱薦之召拜門下侍郎同中書門下平章事鄘不喜由宦倖進及出祖樂作泣下謂諸將曰吾老安外鎮宰相豈吾任乎至京師不肯視事引疾固辭改戶部尚書俄檢校尚書左僕射兼太子賓客分司東都以太子少傅致仕卒贈太子太保諡曰肅鄘彊直無私與楊憑穆質許孟容王仲舒友善皆以氣自任而鄘當官以峭法操下所至稱治猛決少恩在淮南七年其生殺禽擿多委軍吏而參佐束手不得與人往往陷非法議者亦以此少之子拭仕歷宗正卿京兆尹河東鳳翔節度使以秘書監卒拭子磎字景望大中末擢進士累遷戶部郎中分司東都劾奏內園使郝景全不法事景全反摘磎奏犯順宗嫌名坐奪俸磎上言因事告事旁訟他人者咸通詔語也禮不諱嫌名律廟諱嫌名不坐豈臣所引詔書而有司輒論奏臣恐自今用格令者委曲回避旁緣爲姦也詔不奪俸黃巢陷洛磎挾尚書八印走河陽時留守劉允章爲賊脅遣人就磎索印拒不與允章悟亦不臣賊嗣襄王之亂轉側淮南高駢受僞命磎苦諫不納入爲中書舍人翰林學士辭職歸華陰復以學士召乾寧元年進禮部尚書同中書門下平章事崔昭緯素疾磎諷劉崇魯掠其麻哭之言磎傾險與中人楊復恭昵款其弟爲時溥所殺不可相天子貶日下遷太子少傅磎乃自言爲崇魯誣汙書十一上不止初崇魯父坐受賕仰藥死故磎以醜語及之議者譏其非大臣體昭宗素所器遇決意復用之而李茂貞等上言深詆其非帝不獲已又罷爲太子少師於是茂貞及王行瑜韓建擁兵闕下列磎罪殺之于都亭驛行瑜誅有詔復官爵贈司徒諡曰文磎好學家有書至萬卷世號李書樓所著文章及註解諸書傳甚多子沇字東濟有俊才亦遇害贈禮部員外郎

贊曰剛者天德故孔子稱剛近仁骨彊四支故君有忠臣謂之骨鯁若栖筠鄘二子其剛者歟栖筠抗權邪不及相鄘得相不願拜非剛疇克勝之吉甫戕天宰謀謨是矣而鯁正有愧於父云

二李列傳第七十一

三王魯辛馮二李曲二盧列傳第七十二　唐書一百四十七

端明殿學士兼翰林侍讀學士龍圖閣學士朝請大夫尚書吏部侍郎充集賢殿修撰臣宋祁奉
敕撰

王思禮高麗人入居營州父爲朔方軍將思禮習戰鬬從王忠嗣
至河西與哥舒翰同籍麾下翰爲隴右節度使思禮與中郎將周
佖事翰以功授右衞將軍關西兵馬使從討九曲後期當斬臨刑
翰釋之思禮徐曰死固分也何復貸爲諸將壯之天寶十三載吐
谷渾蘇毗王款附詔翰至磨環川應接思禮墜馬蹇甚翰謂監軍
李大宜曰思禮跛足尚欲何之俄加金城郡太守安祿山反翰爲
元帥奏思禮赴軍玄宗曰河隴精銳悉在潼關吐蕃有釁唯倚思
禮耳翰固請乃兼太常卿充元帥府馬軍都將翰委以軍事密勸
翰表誅楊國忠翰不應復請以三十騎劫至潼關殺之翰曰此乃
吾反何與祿山事潼關失守思禮與呂崇賁李承光同走行在肅
宗責不堅守引至纛下將斬之宰相房琯諫以爲可收後效遂獨

斬承光赦思禮等尋副房琯戰便橋不利更爲關內行營節度河
西隴右伊西行營兵馬使守武功賊安守忠來戰思禮退保扶風
賊分兵略大和關去鳳翔五十里李光進戰未利行在戒嚴從官
潛出其孥帝使左右巡御史虞候識其姓名衆稍稍止命郭子儀
以朔方兵擊之會崔光遠行軍司馬王伯倫判官李椿以兵二千
屯扶風聞賊已西欲乘虛襲京師徑至高陵賊引軍還擊椿等椿
巳至中渭橋殺守者千人進攻苑門伯倫戰死椿被執先是賊餘
衆留武功既傳官軍入京師乃燒營遁自是賊不敢西長安平思
禮先入清宮收東京戰數有功遷兵部尚書封霍國公食實戶五
百尋兼潞沁等州節度乾元元年總關中潞州行營兵三萬騎八千
與子儀圍賊相州軍潰惟李光弼思禮完軍還尋破史思明別將
萬餘衆於直千嶺光弼徙河陽代爲河東節度副大使上元元年加
司空自武德以來三公不居宰輔唯思禮而已二年薨贈太尉謚
曰武烈思禮善守計短攻戰然持法嚴整士不敢犯在太原器甲

完精儲粟至百萬斛云

魯炅幽州薊人長七尺餘略通書史以蔭補左羽林長上隴右節
度使哥舒翰引爲別奏顏真卿嘗使隴右謂翰曰君興郎將捴節
制亦嘗得人乎炅時立階下翰指曰是當爲節度使從破石堡城
收河曲遷左武衞將軍後復以破吐蕃跳盪功除右領軍大將軍
安祿山反拜上洛太守將行於帝前畫攻守勢遷南陽太守兼守
捉防禦使封金鄉公尋爲山南節度使以嶺南黔中山南東道子
弟五萬屯滍水南賊將武令珣畢思琛等擊之衆欲戰炅不可賊
右趨乘風縱火欝氣奔營士不可止負扉走賊矢如雨炅與中人
薛道挺身走舉衆沒賊時嶺南節度使何履光黔中節度使趙國
珍襄陽節度使徐浩未至其子弟半在軍挾金爲資糧至是與
械仗棄與山等賊貲以富炅收散兵保南陽潼關失守賊使哥舒
翰招下不從使武令珣攻之令珣死田承嗣繼往潁川來瑱襄陽
魏仲犀合兵援炅仲犀弟孟馴兵至明府橋望賊走炅城中食盡

米斗五十千一鼠四百餓者相枕藉朝廷遣使者曹日昇宣慰加
炅特進太僕卿不得入日昇請單騎致命仲犀不可會顏真卿自
河北至謂曰使者不顧死致天子命設爲賊獲是亡一使者脫能
入城則萬心固矣中官馮廷瓌亦曰將軍必入我請以兩騎助仲
犀益騎凡十輩賊望見知皆銳兵不敢擊遂入致命人心益固日
昇復以騎趨襄陽領兵千由音聲道運糧餉炅故炅得與賊相持
踰三月炅被圍凡一年晝夜戰人至相食卒無救至德二載五月
乃率衆突圍走襄陽承嗣尾擊炅殊死戰二日斬獲甚衆賊引去
俄拜御史大夫襄鄧十州節度使亦會二京平賊走河北時襄漢
數百里鄉聚蕩然舉無樵煙初賊欲剽亂江湖賴炅適扼其衝
故南夏以完策勲封岐國公實封二百戶乾元元年又加淮西節
度鄭州刺史與九節度圍安慶緒於相州炅領淮西襄陽兩鎮
步卒萬人騎三百明年與史思明戰安陽王師不利炅中流矢輒
奔諸節度潰去所過剽奪而炅軍尤甚有詔來瑱節度淮西徙

昇鄭陳亳節度使至新鄭聞郭子儀整軍屯穀水李光弼還太原昇着憹仰藥死年五十七

王難得沂州臨沂人父思敬少隸軍試太子賓客難得健于武工騎射天寶初爲河源軍使吐蕃贊普子郎支都者恃驕敏乘名馬寶鈿鞍略陣排戰甚閑暇無敵校者難得怒挾矛驟馬馳支都不暇鬭直斬其首玄宗壯其果召見令殿前乘馬挾矛作刺賊狀大悅賜錦袍金帶累授金吾將軍從哥舒翰擊吐蕃至積石虜吐谷渾王子悉弄參及悉頰藏而還復收五橋拔樹惇城進白水軍使收九曲加特進肅宗在靈武軍賞乏難得上家貲助軍試衛尉卿俄領興平軍及鳳翔兵馬使收京師方戰麾下士失馬難得馳救矢著眉披膚鄣目乃拔箭斷膚殊死前鬭血濺面不已帝嘉之從郭子儀攻相州累封琅邪郡公爲英武軍使寶應二年卒贈潞州大都督子子顏少從父征討檢校衛尉卿生莊憲太后元和元年憲宗朝太后南宮乃褒贈思敬爲司徒難得太尉子顏太師唯

子顏子用及封用字師柔拜太子詹事纔三月封太原郡公崇慶死累遷檢校左散騎常侍兼右金吾大將軍謙畏無過卒贈工部尚書

辛雲京蘭州金城人客籍京兆世爲將家雲京有膽決以禽生斬馘常冠軍積功遷特進太常卿史思明屯相州雲京以銳兵四千襲滏陽追破其衆至滾井錄多授開府儀同三司加代州都督鎮北兵馬使太原軍亂帝惡鄧景山繩下無漸以雲京性沈毅故授太原尹進封金城郡王雲京治謹于法下有犯雖絲毫比不肯貸及賞功亦如之故軍中畏而信回紇恃舊勳每入朝所在暴鈔至太原雲京以戎狄待之虜畏不敢揚息數年太原大洽加檢校尚書右僕射同中書門下平章事大曆三年檢校左僕射卒年五十五代宗爲發哀流涕贈太尉謚曰忠獻它日郭子儀元載見上語及雲京帝必泣然及葬命中使弔祠時將相祭者至七十餘幄喪車移晷乃得去德宗時第至德以來將相雲京爲次從弟京杲字京杲信安王褘節度朔方京杲與弟旻以策干説褘辟次召加異後從李光弼出井陘督趙遼先驅戰嘉山尤力肅宗異之召見曰縣彭關張之流乎累遷鴻臚卿召爲英武軍使代宗立封肅國公遷左金吾衛大將軍進晉昌郡王歷湖南觀察使後爲工部尚書致仕朱泚盜京師以老病不能從西嚮慟而卒贈太子少保旻亦從光弼定恒趙後署太原三城使史思明屯相軍及滏陽旻逆擊走之東都陷退守河陽卒于屯雲京曾孫讜別傳

馮河清京兆人始隸郭子儀軍以戰多拜左衛大將軍後從涇原節度使馬璘充兵馬使數以偏師與吐蕃遇多效級名聞軍中建中時節度使姚令言率兵討關東以河清知留後幕府殿中侍御史姚況領州而行師過關有急變德宗走奉天河清況聞問召諸將計事東向哭相勵以忠意衆軒毅衆義其爲無敢異言即發儲鎧完仗百餘乘獻行在初帝之出六軍蒼卒無良兵士氣沮及河清輸械至被堅勒兵軍聲大振即拜河清涇原節度使安定郡王

況行軍司馬朱泚數遣諜人誘之河清輒斬以徇興元元年渾瑊以吐蕃兵敗賊韓旻等涇人妄傳吐蕃有功將以叛卒孥與貲歸之衆大恐且言不殺馮公吾等無類矣田希鑒遂害河清況挺身還鄉里京師平贈河清尚書左僕射拜況太子中舍人況性簡退未嘗言功屬歲凶奉稍不自給以飢死河清再贈太子少傅

李芃字茂初趙州人解褐上邽主簿嚴武爲京兆尹薦補長安尉李勉觀察江西表署判官永泰初宣饒劇賊方清陳莊西絶江劫商旅爲亂支黨盤結芃請以秋浦置州扼衿要使不得合從勉是其計奏以宣之秋浦青陽饒之至德置池州即詔芃行州事後魏少游代勉表署都團練副使攝江州刺史以母喪解勉之節度永平復辟幕府會李靈耀反署芃兼亳州防禦使護陳潁饟道便軍興德宗立授河陽三城鎮遏使糧貲善者必先以給士士悅之達練事宜嚴備常若有敵未幾拜節度使以東畿汜水等五縣隸屬與馬燧等破田悅洹水上以功檢校兵部尚書實封百戶進圍悅悅

將符璘以騎五百降芃大開壁門納之興元初檢校尚書右僕射
以疾將請老謂所親曰歲方旱蝗上猷征伐天下城壘堅戈鋋利然
務以力勝其可盡乎救敝者莫若德方鎮之臣宜先退讓死權錮
祿吾敢哉言而不踐非吾志也固求罷歸東都卒年六十四贈太
子太保

李叔明字晉閬州新政人本鮮于氏世為右族兄仲通字向天寶末
為京兆尹劍南節度使兄弟皆涉學輕財務施叔明擢明經為楊
國忠劍南判官乾元中除司勳員外郎副漢中王瑀使回紇回紇遇
瑀慢叔明讓曰大國通好使賢王持節可汗唐之婿恃功而倨可
乎可汗為加禮復命遷司門郎中東都平拜洛陽令招徠遺民號
能吏擢商州刺史上津轉運使遷京兆尹長安歌曰前尹赫赫具
瞻允若後尹熙熙具瞻允斯久之以疾辭除太子右庶子崔旰擾
成都出為邛州刺史旰入朝即拜東川節度使遂州刺史徙治梓州
大曆末或言叔明本嚴氏少孤養外家冒鮮于姓請還宗詔可叔

明初不知意醜之表乞宗姓列屬籍代宗從之建中初吐蕃寇襲火
井掠龍州陷扶文遠三州叔明分五將邀擊走之以功加檢校戶部
尚書梁崇義阻命詔引兵下峽戰荊門敗其衆襄州平遷檢校尚
書左僕射德宗幸興元出家貲助軍悉衣幣獻宮掖加太子太傅
封蜀國公初東川承兵盜鄉邑彫破叔明治之二十年撫接有方華
裔遂安後朝京師以病足賜錦輦令宦士肩舁以見拜尚書右僕
射乞骸骨改太子太傅致仕貞元三年卒謚曰襄始叔明與仲通
俱尹京兆及兼秩御史中丞並節制劍南又與子昇俱兼大夫蜀人
推為盛門叔明素惡道佛之弊上言曰佛空寂無為者也道清虛寡
欲者也今迷其內而飾其外使農夫工女惰業以避役故農桑不勸
兵賦日屈國用軍儲為斁耗臣請本道定寺為三等觀為二等上
寺留僧二十一上觀道士十四每等降殺以七皆擇有行者餘還為
民德宗善之以為不止本道可為天下法乃下尚書省雜議於是都
官員外郎彭偃曰王者之政變人心為上因人心次之不變不因為下
今道士有名亡實俗鮮歸重於亂政輕僧尼婦穢皆天下不逞苟
避征役於亂人甚今叔明之請雖善然未能變人心亦非因人心者夫天
生蒸人必將有職游閑浮食王制所禁故賢者受爵祿不肖者出租稅古
常道也今僧道士不耕而食不織而衣一僧衣食歲無慮三萬五夫
所不能致舉一僧以計天下其費不貲臣謂僧道士年未滿五十可
令歲輸絹四尼及女官輸絹二雜役與民同之過五十者免凡人年
五十嗜欲已衰況有戒法以檢其性情哉刑部員外郎裴伯言曰
衣者蠶桑也食者耕農也男女者繼祖之重也而二教悉禁國家
著令又從而助之是以夷狄不經法反制中夏禮義之俗也傳曰女
子十四有為人母之道四十九絕生育之理男子十六有為人父之
道六十四絕陽化之理臣請僧道士一切限年六十四以上尼女官
四十九以上許終身在道餘悉還為編人官為計口授地收廢寺觀
以為廬舍議雖上罷之子昇以少卿從德宗梁州叔明嚴敕以死
報故昇有功擢禁軍將軍貞元初遷太子詹事坐郜國公主貶羅

州別駕叔明素豪侈在蜀殖財廣第舍田產歿數年子孫驕縱
貲產皆盡世言多藏者以叔明為鑒云

曲環陝州安邑人客隴右少喜兵法資勇敢善騎射天寶中從哥
舒翰討吐蕃拔石堡取黃河九曲洪濟等城授果毅別將安祿山
反從魯炅守鄧州與賊武令珣戰尤力加左清道率從李抱玉屯
河陽又自將兵守澤州破賊銑將安曉拜羽林將軍與諸將討史
朝義平河北累轉金吾大將軍大曆中戍隴州數破吐蕃以功兼
太常卿德宗初虜寇劍南詔環以邠隴兵五千馳救收七盤城威武
軍維茂等州虜破走威名大振加太子賓客賜名馬討涇州劉
文喜遷開府儀同三司封晉昌郡王邠隴兵馬使時李納逼徐州
環與劉玄佐救之敗其衆功最建中三年擢邠隴行營節度使李
希烈陷汴州環守寧陵戰陳州斬賊三萬五千級禽其將翟崇暉
進檢校工部尚書兼陳州刺史希烈平改陳許節度賜封三百戶
二州比為寇衝民苦剽鹵客他縣環勤身節用寬賦斂簡條教

不三歲歸者經條訓農治兵穀食豐衍轉檢校尚書左僕射貞元
十五年卒年七十四贈司空
王虔休字君佐汝州梁人少涉學有材武以信義為鄉黨長大
曆中刺史李深署為裨將澤潞李抱眞聞其名厚以幣招之授兵
馬使抱眞討河北戰雙岡臨洺虔休以多擢步軍都虞候封同昌
郡王實封五十戶抱眞卒元仲經等謀樹其子緘一軍忠亂虔休
正色語衆曰軍王軍州王土也帥亡當稟天子何云云有姦謀衆服
其言得不亂德宗嘉之以邕王為昭義節度大使擢虔休潞州左
司馬領留後本名延貴至是賜名號令撫循軍中大治初抱眞之
喪軍司馬元誼據洺州叛虔休遣將李廷芝討之戰長橋斬級數
百次雞澤又破之守戍皆奔魏博即決水灌城將壞遣掌書記盧
頊入見誼陳利害誼請朝即以頊為洺州別駕使守洺誼出亦奔
魏治潞二歲遷昭義節度使檢校工部尚書始屬城州縣守宰多
署它職不親政故治苟簡虔休悉增俸稟遣就部人以安安卒

年六十三贈尚書左僕射謚曰敬虔休性恪敏節用度既沒所部
將廩皆可支數歲嘗得太常樂家劉玠撰繼天誕聖樂因帝誕
日以獻其樂以宮為均示五聲有君也以土為德本五運在中也
奏二十五曲疊取二十四氣而成一歲奏十六節象元凱登庸于朝云
後中和樂本于此子麗成等十人並補太學生
盧羣字載初系出范陽少學於垂山淮南陳少游聞其名奏署
幕府已而薦諸朝李希烈反以監察御史為江西行營糧料使嗣
曹王皐節度江西奏為判官皐徙荊襄皆從其府以勁正聞入為
侍御史鄭子儀家與嬖人張昆弟訟財不平又言嬖人宅匿珍寶
德宗促按之羣奏言子儀有大勳德今所訟皆其家事且嬖人宅
子儀昔畀之非子弟所宜言請赦勿問從之人謂羣識大體累遷
兵部郎中淮西吳少誠擅決司洧水溉田使者止之不奉詔命羣臨
詰少誠曰是於人有利羣曰臣道貴順恭恪所以為順也專命廢
順雖利何有且怠於事上者固不能責其下矣少誠聽命羣又為

陳古今成敗事逆順禍福皆有效所以感動之少誠竦然既置酒
與賦詩又歌以慰之少誠感悅不敢桀以奉使稱旨遷檢校秘書
監鄭滑節度行軍司馬姚南仲入朝即以羣代節度羣嘗客于鄭
貿良田以耕至是則出券貸直以田歸其人卒年五十九贈工部尚書
李元素字大朴邢國公密五世孫仕為御史東都留守杜亞惡大將令
狐運會盜劫輸絹於洛北運適與其下畋近郊亞疑而訊之幕府
穆員張弘請按鞫無狀亞怒更以愛將武金掠服之死者甚衆亞
請斥運醜士詔監察御史楊寧覆驗事皆不讎亞怒劾寧周上李
抵罪又自以不失盜為功因必其怒傳致而周內之若不可斷者德
宗信不疑宰相難之詔元素與刑部員外郎崔從質大理司直盧
士瞻馳按亞迎以獄告元素徐察其冤悉縱所囚以還亞大驚復
劾元素失有罪比元素還帝已怒奏獄未畢帝曰出元素曰臣言有
所未盡帝曰第去元素曰臣以御史按獄知冤不得盡辭是無容復
見陛下帝意解即道運冤狀帝感寤曰非卿孰能辨之然運猶以擅

捕人得罪流歸州死于賊武金流建州後歲餘齊抗得眞盜録是
天下重之遷給事中後美官缺咸冀元素得其處會鄭滑節度使
盧羣卒拜元素檢校工部尚書節度其軍治有異績元和初召為
御史大夫大夫自貞元後難其人不補而元素以夙望召拜中外企
聽風采既而一不建為容容持祿內望作宰相久之不見用則謝賓
客曰無以官散外我見屬吏輒先拜人人失望李錡反拜浙西節度
使數月還為國子祭酒進戶部尚書判度支元素少孤奉長姊謹
悌及沒悲鯁成疾因辭職屏居其妻石泉公王方慶之孫前妻子
皆不肖而元素溺姬侍王一不見答元素久疾益昏惑遂出之王訴
諸朝詔免元素官且令畀王貲五百萬卒贈陝州大都督
盧士玫者山東人以文儒進端厚無競為吏部員外郎善于職再
遷知京兆尹劉總入朝與士玫故內姻乃請析瀛鄚兩州用士玫
為觀察使詔可俄而幽州亂朱克融囊之朝廷欲重其任就加節
度使士玫空家貲助軍然部卒多家幽州陰導克融入故士玫闔

府皆見囚幽州天子赦克融得還以太子賓客分司東都徐虢州
刺史復爲賓客卒贈工部尚書

三王曹辛馮三李曲二盧列傳第七十二

令狐張康李劉田王牛史列傳第七十三　唐書一百四十八

端明殿學士兼翰林侍讀學士龍圖閣學士朝散大夫尚書吏部侍郎兼集賢殿脩撰臣宋　祁奉

敕撰

令狐彰字伯陽京兆富平人其先自燉煌內徙父濞爲世善吏始尉范陽通民家女生彰罷歸留彰母所既長志膽沈果知書傳大義射命中從安祿山署左衞郎將與張通儒入長安又署左街使二京平走河朔史思明署博滑二州刺史屯滑臺時中人楊萬定監滑州軍彰欲以節自顯募死人夜度河悉籍士馬州縣獻款因萬定以聞肅宗大悅下書慰勞彰務壁杏園渡思明疑之遣薛岌以兵劫彰彰諭衆以大誼皆感附死力遂破岌兵潰圍出以麾下數百入朝賜甲第帷帳什器拜滑亳魏博節度使河朔平加兼御史大夫封霍國公檢校尚書右僕射始滑當寇衝城邑墟榛彰躬訓吏下檢軍力農法令嚴無敢犯者田疇大闢庫委豐餘歲時貢賦如期時吐蕃盜邊召防秋兵彰遣士三千自齎糧所過無秋毫犯供

億讓不受時韙其能然猜阻忮忍忤者輒死怒潁州刺史李岵遣姚奭代之戒曰不時代殺之岵知其謀因殺奭死者百餘人奔汴州上書自言彰亦劾之河南尹張延賞畏彰留岵使故彰書先聞斥岵夷州殺之與魚朝恩有隙及用事彰不敢入朝會母喪失明卒方疾甚敕子建通運歸東都私第悉上軍府兵仗財用簿最表吏部尚書劉晏工部尚書李勉堪大事請以自代代宗得表咨悼下詔襃美其門閭贈太傅建累官右龍武軍使德宗幸奉天建方肄士射遂以四百人從且殿擢行在中軍鼓角使左神武軍大將軍其妻成德節度使李寶臣女也建將弃之誣與門下客郭士倫通榜殺士倫而逐其妻士倫母痛憤卒寶臣請劾按無狀建會赦免帝取常賸錢五十萬葬士倫母子并恤其家俄起建爲右領軍大將軍復坐專殺以勳被貸坐妄自陳貶施州別駕卒贈右領軍大將軍文加贈揚州大都督憲宗時宰相李吉甫奏言彰將死籍上土地兵甲遣諸子還第彰同時河朔諸鎮傳子孫熏灼數代惟彰忠義奮

發而長子建坐事幼子運無辜皆竄死今通達存惟陛下用之因授贊善大夫時討蔡故運徙壽州團練使聞吉甫卒不自安每戰虛張首級敗則掩不奏露布上宰相武元衡劾之後為賊攻焚營聚破屯柵通大懼重塹不敢出詔金吾大將軍李文通宣慰將至遂代之貶昭州司戶參軍事久乃召為右衛將軍給事中崔植還其制帝使諭植以彰有功不忍弃其嗣制乃下終左衛大將軍運為東都留守將為杜亞所陷流死歸州

張孝忠字孝忠本奚種世為乙失活酋長父謐開元中提衆納款授鴻臚卿孝忠始名阿勞以勇聞燕趙間共推張阿勞王沒諾干二人齊名沒諾干王武俊也孝忠魁偉長六尺性寬裕事親孝天寶末以善射供奉仗內安祿山奏為偏將破九姓突厥以功擢漳源府折衝祿山史思明陷河洛常為賊前鋒朝義敗乃自歸授左領軍將軍以兵屬李寶臣累加左金吾衛將軍賜今名寶臣以其沈毅謹詳遂為姻家易州諸屯委以統制十餘年威惠流聞田承

嗣寇冀州寶臣付兵四千使出上谷屯貝丘承嗣見其軍整嚴歎曰阿勞在焉冀未可圖也即焚營去寶臣與朱滔戰瓦橋奏孝忠為易州刺史分精騎七千當幽州擢太子賓客封符陽郡王寶臣晚節稍忌刻殺大將李獻誠等而召孝忠孝忠不往復使其弟孝節召之孝忠復命曰諸將無狀連頸受戮吾懼禍不敢往亦不敢叛猶公不覲天子也孝節泣曰即歸且僇死孝忠曰偕往則并命吾留無患也果不敢殺然寶臣素善孝忠及病不能語以手指北而死子惟岳擅立詔朱滔以幽州兵討之滔以孝忠善戰慮師出為己患使判官蔡雄往說曰惟岳孺子弄兵拒命吾奉詔伐罪公乃宿將安用助逆而不自求福也今昭義河東軍已破田悅而淮西軍下襄陽梁崇義尸出井中斬漢江上者五千人河南軍計日北首趙魏滅亡可見公誠去逆蹈順倡先歸國可以建不世功孝忠然之遣將程華報滔連和遣易州録事參軍事董稹入朝德宗嘉之擢孝忠檢校工部尚書成德軍節度使令與滔并力孝忠子弟在恒州者皆死孝忠重德滔為子茂和聘其女締約益堅敗惟岳於東鹿滔欲乘勝襲恒州孝忠乃引軍西北壁義豐滔疑之孝忠將佐諫曰尚書推赤心於朱司徒可謂至矣今逆賊已潰元功不終後且悔之孝忠曰本求破賊賊已破矣而恒州多宿將迫之則死鬭緩之則改圖且滔言大而識淺可以慮始難與守成故吾堅壁于此以待賊之滅耳滔亦止屯東鹿月餘王武俊果斬惟岳以獻已而定州刺史楊政義以州降孝忠遂有易定時三分成德地詔定州置軍名義武以孝忠為節度易定滄等州觀察使後滔與武俊叛復遣蔡雄說之荅曰吾既為唐臣而天性樸彊業已効忠不復助惡矣吾與武俊少相狎然其心喜反覆不可信幸謝司徒志鄙言滔復啖以金帛皆不受易定介二鎮間乃浚溝壘脩器械感厲將士乘城固守滔悉兵攻之帝詔李晟竇文場率師援孝忠滔解去遂全其軍孝忠因與晟結婚天子出奉天孝忠遣將楊榮國以銳卒六百佐晟赴難收京師興元初詔同中書門下平

章事貞元二年河北蝗民饑死如積孝忠與其下同粗淡日膳裁豆䘈而已人服其儉推為賢將明年檢校司空詔其子茂宗尚義章公主孝忠遣妻入朝執親迎禮賞賚甚厚五年為將佐所惑以兵襲蔚州入之奉詔還鎮有司劾擅興削司空六年還其官卒年六十二追封上谷郡王贈太師謚曰貞武子茂昭茂宗茂和

茂宗擢累光祿少卿左衛將軍元和中歷閑廄使初至德時西戎陷隴右故隴右監及七廄皆廢而閑廄私其地入寶應初始以其地給貧民茂宗恃恩奏悉收其賦又奏取麟游岐陽牧地三百餘頃民訴諸朝詔監察御史孫革按行還奏不可茂宗負左右助誣革所奏不實復遣侍御史范傳式覆實乃悉奪其田長慶初岐人列訴下御史盡以其地還民寶歷初遷兖海節度使終左龍武統軍茂和歷左武衛將軍裴度討蔡奏為都押衙茂和數以膽勇求自試謂度無功辭不行度請斬之以令軍憲宗曰予以其家忠且孝為卿遠斥後終諸衛將軍

茂昭本名昇雲德宗時賜今名字豐明少沈毅頗通書傳孝忠時累擢檢校工部尚書孝忠卒帝拜邕王謜爲義武軍節度大使以茂昭爲留後封延德郡王後二年爲節度使弟昇璘薄王武俊爲人座上嫚罵武俊怒襲義豐安喜無極掠萬餘人茂昭嬰城遣人厚謝乃止久之入朝爲帝從容言河朔事帝竦聽曰恨見卿晚召宴麟德殿賜良馬甲第器幣優具詔其子克禮尚晉康郡主帝方倚之經置北方會崩故茂昭每入臨輒哀不自勝順宗立進同中書門下平章事復遣之鎮賜女樂二人固辭車至第門茂昭引詔使辭曰天子女樂非臣下所宜見昔汾陽咸寧西平北平皆有大功故當是賜今下臣述職以朝柰何濫賞後日有立功之臣陛下何以加之復賜安仁里第亦讓不受憲宗元和二年請朝五奏乃聽願留不許加兼太子太保既還王承宗叛詔河東河中振武義武合軍爲恒州北道招討茂昭治廩廄列亭候平易道路以待西軍承宗以騎二萬踰木刀溝與王師薄戰茂昭躬擐甲爲前鋒令其子克

讓從子克儉與諸軍分左右翼繞賊大敗之承宗幾危會有詔班師加檢校太尉兼太子太傅乃請舉宗還朝表數上帝乃許北鎮遣客閒說皆不納詔左庶子任迪簡爲行軍司馬乘馹往代茂昭奉兩州符節管籥圖籍歸之先敕妻子上道戒曰吾使而曹出易庶後世不爲汙俗所染未半道迎拜兼中書令充河中晉絳慈隰節度使至京師雙日開延英對五刻罷又表遷墳墓于京兆許之明年疽發於首卒年五十冊贈太師謚曰獻武帝思其忠擢諸子皆要職歲給絹二千匹少子克勤開成中歷左武衞大將軍有詔賜一子五品官克勤以息幼推與其甥吏部員外郎裴夷直劾曰克勤亂有司法引庇它族開後日賣爵之端不可許詔聽遂著于令夷直字禮卿亦婞亮第進士歷右拾遺累進中書舍人武宗立夷直視冊牒不肯署乃出爲杭州刺史斥驩州司戶參軍宣宗初內徙復拜江華等州刺史終散騎常侍

陳楚者茂昭甥也字材卿定州人有武幹事茂昭歷牙將常統精卒從征伐茂昭入朝擢諸衞大將軍封普寧郡王元和末義武節度使渾鎬喪師定州亂拜楚爲節度使馳傳赴軍及郊無迎者左右勸無入楚曰定軍不來迎以試我今不入正墮計中乃冒雪行四十里夜入其州然軍校部伍皆楚舊由是衆心乃定徙河陽三城入爲左羽林統軍檢校司空卒年六十一贈司空子君奕亦至鳳翔節度使

康日知靈州人祖植當開元時縛康待賓平六胡州玄宗召見擢左武衞大將軍封天山縣男日知少事李惟岳擢累趙州刺史惟岳叛日知與別駕李濯及部將百人啐牲血共盟固州自歸惟岳怒遣先鋒兵馬使王武俊攻之日知使客謝武俊曰賊孱甚安足共安危哉吾城固士和雖引歲未可下且賊所恃者田悅耳悅兵血巇邢壕可浮不能殘半堞況吾城之完乎又紿爲臺檄示曰使者齎詔諭中丞中丞柰何負天子從小兒跳梁哉武俊悟引兵還斬惟岳以獻德宗美其謀擢爲深趙觀察使賜實封戶二百會武

俊拒命遣將張鍾葵攻趙州日知破之上俘京師興元元年以深趙益成德徙日知奉誠軍節度使又徙晉絳加累檢校尚書左僕射封會稽郡王貞元初卒贈太子太師

子志睦字得衆資趫偉工馳射隸右神策軍遷累大將軍討張韶以多兼御史大夫進平盧軍節度使李同捷反放兵略千乘志睦挫其鋭不得逞遂下蒲臺盡奪其械加檢校尚書左僕射徙涇原封會稽郡公卒年五十七贈司空

子承訓字敂辭推門功進累左神武軍將軍宣宗擢爲天德軍防禦使軍中馬乏虜來戰數負承訓罷冗費市馬益軍軍乃奮張始党項破射鵰軍洛源鎮悉俘其人聞承訓威政皆還俘不敢鷙詔檢校工部尚書封會稽縣男擢義武節度會南詔破安南詔徙嶺南西道城邕州合容管經略使隸之遂統諸軍行營兵馬南詔深入承訓分兵六道出以捍蠻戰不利士死十八唯天平卒二千還屯闔軍震於是節度副使李行素完城不出南

詔圍之四日或請夜出兵襲蠻承訓意索不聽天平裨將陰募勇兒三百夜縋燒蠻屯斬首五百南詔恐明日解而去承訓謬言大破賊告于朝羣臣皆賀加檢校尚書右僕射籍子弟媚昵冒賞而士不及怨言讙流嶺南東道節度使韋宙白狀宰相承訓慙移疾授右武衞大將軍分司東都咸通中南詔復盜邊武寧兵七百戍桂州六歲不得代列校許佶趙可立因衆怒殺都將詣監軍使丐糧鎧北還不許即擅斧庫劫戰械推糧料判官龐勛爲長勒衆上道懿宗遣中人張敬思部送詔本道觀察使崔彥曾慰安之次潭州監軍詭奪其兵勛畏必誅篡舟循江下益裒兵招亡命收銀刀亡卒體匿之及徐城謀曰吾等叩城大呼衆必應前日賞繒五十萬可得也衆喜牙健趙武等欲亡勛斬首送彥曾曰此搖亂者彥曾不能詰勛怨都押衙尹戡教練使杜璋兵馬使徐行儉又使白彥曾曰士負罪不敢釋甲請爲二屯且白退戡等府屬溫廷皓謂彥曾曰勛擅委戍一可殺專犯大將二可殺私置兵三可殺士

不子弟即父兄振袂而唱內外必應銀刀亡命復在其中四可殺請分兩營脅去三將五可殺彥曾謂然乃稱毒縣黃堂前選兵三千授都虞候元密屯任山須勛至劫取之遣邏子言贏服覘賊比暮勛至捕覘者知其謀即植偶人剚虛幟而詭路襲苻離密乆乃寤回屯城南勛與宿將喬翔戰睢河翔大敗攝太守焦璐遁去勛入據州自稱兵馬留後初璐決汴水絕勛北道水未至勛度北密兵攻宿水大至涉而傳城不克攻勛劫百艘運糧趨泗州留婦弱持陳翌日密覺追之士未食賊伏兵于舟而陣汴上軍見密皆走密追躡伏發夾攻之密敗衆殲遂入徐州囚彥曾及官屬殺尹戡等又徇下邳漣水宿遷臨淮蘄虹諸縣皆下遣僞將屯柳子屯豐屯滕屯沛屯蕭以張其軍乃露章求節度使有周重者隱濠泗間號有謀勛迎爲上客問策所出因教勛赦囚徒據揚州北收兗鄆西舉汴宋東掠青齊拓境大河食敖倉可以持久勛無雄才不納僞將劉行及攻濠州執刺史盧望回自稱刺史帝遣中人康道隱

宣慰徐州勛郊迎旗鎧矛戟亘三十里使騎鳴鼓角聲動山谷置酒毬場引道隱閱其衆給爲賊來降六十人妄戮平民上首級奏勝道隱還固求節度即殘魚臺金鄉碭山單父十餘縣斬官吏出金帛募兵游民多從之帝乃拜承訓檢校尚書右僕射義成軍節度使徐泗行營都招討使以神武大將軍王晏權爲武寧軍節度使北面行營招討使羽林將軍戴可師爲南面行營招討使率魏博鄜延義武鳳翔沙陀吐渾兵二十萬討之勛好鬼道有言漢高祖廟夜閱兵人馬流汗勛日往請命巫言毬場有隱龍得之可戰勝勛大役徒鑿地不能得賊將李圓劉佶攻泗歐宗丁從實分徇舒廬壽沂海諸道兵屯海州度賊至作機橋維以長絙賊半度絙絕士溺死度者不得戰殲之賊別取和州破沭陽下蔡烏江巢諸縣揚州大恐民悉度江淮南節度使令狐綯移書陳禍福許助求節度勛按甲聽命淮南合宣潤兵戍都梁山勛夜度淮邀曙薄壘賊將劉行立王弘立與勛合敗淮南將李湘屯淮口劫盱眙帝又詔將

軍宋威與淮南并力承訓屯新興賊挑戰時諸道兵未集承訓帳下纔萬人退壁宋州勛益驕光蔡鉅賊陷滁州殺刺史高錫望應勛戴可師引兵三萬奪淮口圍勛都梁山下降其衆可師恃勝不戒弘立以兵襲之可師不克陣而潰士溺淮死逸者數百人賊取可師首傳徐州詔以馬士舉爲淮南節度使南面行營諸軍都統馳傳入揚州士舉曰城堅士多賊何能爲衆稍安始帝以晏權故智興子節度武寧欲以怖賊及是返爲賊困不敢戰乃更以隴州刺史曹翔爲兗海節度北面都統招討使屯滕沛魏博將薛尤屯蕭豐賊首孟敬文欲絕勛自立陰刻鑑爲文曰天口云云錫爾將軍夜瘞之野耕者得之以獻衆駭異乃齋三日授之勛知其謀使人襲殺之於是承訓屯柳子右夾汴築壘連屬一舍勛籍城中兵止三千劫民授甲皆穿窳亢遁去王弘立度睢圍新興鹿塘承訓縱沙陀騎躪之弘立走士赴水死自鹿塘屬襄城伏尸五十里斬首二萬獲器鎧不貲承訓攻柳子姚周度水戰又敗乘風火賊周提餘卒去

沙陀蹋之及芳亭死者枕藉斬劉豐而周以十騎走宿州守將斬之勛懼乃害崔彥曾等謂其下曰上不許我節度與諸君負反矣大索兵得三萬許佶趙可立勸勛稱天冊將軍勛謁漢高祖廟受命以其父舉直爲大司馬守徐州或曰方大事不可私于父失上下序舉直乃拜于廷勛坐受之引兵救豐刻木作婦人衣絳被髮軍過所而火之乃行勛夜入城外不知勛出銳軍擊援屯魏博軍知勛自將驚而潰賊以所得送徐州以夸下曹翔退保兗州勛欲乘勝攻承訓或曰今北兵敗西軍揺不足虞也方蠶月宜息衆力農至秋士馬彊決可以取勝舉直曰時不重得願將軍無縱敵勛曰然時承訓方攻臨渙聞勛計追還兵仗以待勛軍皆市人罷而狂未陣即犇相蹈藉死者四萬勛釋甲服垢襦脫收夷痍士三千以歸遣張行實屯第城馬士舉救泗州賊解去進攻賊濠州是時又詔黔中觀察使秦匡謀討賊下招義鍾離定遠勛遣吳迥屯北津援濠士舉銳兵度淮盡碎其營初勛之遁懼衆不軍妄言有神

謫野中曰天符下國兵休勛使下相語符未降故敗北津帝恨魏博軍不勝以宋威爲西北面招討使率兵三萬屯蕭豐約勛降者當赦之始宿鄗人劉洪者被黃袍白馬使人封檄叩觀察府曰我當王徐崔彥曾斬之遺黨匿山谷欲附勛承訓諭降之王師破臨渙斬萬級收襄城留武小睢諸壁曹翔下滕賊將以蘄沛降賊李直奔入徐州翔又破豐徐城下邳賊益蹙勛以張玄稔守宿州張儒劉景助之自稱統軍列壁相望承訓拔第城張行實奔宿州承訓遂圍宿州行實毅勛官軍盡銳于此西鄙虛單將軍直擣宋亳出不意宿圍自解勛喜引而西使舉直許佶守徐承訓攻敗十遇皆勝遣辯士以威動玄稔玄稔賊重將也以帛書射城外約誅勛自歸使張皐獻期餓與二將會柳溪伏士於旁玄稔馳騎譟曰龐勛首已梟僕射寨矣伏興斬劉景張儒玄稔率諸將肉袒見承訓自陳陷賊不早奮久恭王師願禽賊贖死承訓許之復請詐爲潰軍刼苻離苻離不知内之已入即斬守將得兵萬人北攻徐州許佶等不敢出玄稔環城彥曾故吏路審中啓白門内玄稔兵許佶等啓北門走玄稔身追之士大崩皆赴水死斬舉直許佶李直等收叛卒親族悉夷之勛聞徐已拔氣喪無顧賴衆尚二萬自石山而西所在焚掠承訓悉兵八萬逐北沙陀將朱耶赤衷急追至宋州勛焚南城爲刺史鄭處沖所破將南趨亳承訓兵循渙而東賊走蘄縣官兵斷橋不及濟承訓乃縱擊之斬首萬級餘皆溺死閱三日得勛尸斬其子於京師吳迥守濠州糧盡食人驅女孺運薪寨隍并塡之整旅而行馬士舉斬以獻勛之始得徐州貲儲蕩然乃四出剽取男子十五以上皆執兵舒鉏鉤爲兵號霍錐破十餘州凡二歲滅詔擢張玄稔右驍衛大將軍承訓遷檢校左僕射同中書門下平章事徙節河東於是宰相路巖韋保衡劾承訓討賊逗撓貪虜獲不時上功貶蜀王傅分司東都再貶恩州司馬僖宗立授左千牛衛大將軍卒年六十六子傳業嘗從父征伐終鄜坊節度使

李洧者淄青節度使正己從父兄也始署徐州刺史建中初正己卒子納叛攻宋州洧挈州自歸加兼御史大夫封潮陽郡王實封戶二百充招諭使初洧遣巡官崔程入朝且白宰相徐州不足獨抗賊得海沂爲節度可與成功洧素與二州刺史有約且不肯爲賊守程先啓張鎰而盧杞怒不先白故洧請中格及納攻徐劉玄佐與諸將擊退之既賊方張乃加洧徐海沂密觀察使時海密爲賊守不受命洧未有以取之遷檢校戶部尚書會疽發背少間肩輿過市市人叫歡洧驚疽潰卒贈尚書左僕射以洧將高承宗代之其弟淡險人也恥居下陰約納攻徐爲内應并說滕將翟濟濟執以聞擢濟沂州刺史召淡入京師以洧赦不罪

劉澭盧龍節度使怦之次子濟母弟也涉書史有材武好施愛士能得人死力始事朱滔常陳君臣大分裁抑其凶及怦得幽州不三月病且死澭侍湯液未嘗離輒以父命召濟於莫州濟嗣揔軍事故德澭之讓以爲瀛州刺史有如不諱許代已久之濟自用其

子爲副大使灉不能無恨因請以所部爲天子戍隴悉發其兵卒五百馳歸京師無一卒敢違令者德宗甚寵之拜秦州刺史屯普潤軍中不設音樂士卒病親存問所欲不幸死哭之憲宗立方士羅令則詣灉營妄言廢立以動灉命繫之辭曰吾之黨甚衆公無因我約大行梓宮發兵無不濟灉械送闕下殺之錄功號其軍曰保義蕃戎畏懾不敢入寇常慨然有復河湟志屢爲朝廷言之未見省封累彭城郡公及病籍士馬求代既還卒于道年四十九贈尚書右僕射謚曰景

田弘正字安道父廷玠尚儒學不樂軍旅與承嗣爲從昆弟仕爲平舒丞遷樂壽清池東城河間四縣令以治稱遷滄州刺史李寶臣朱滔與承嗣不協合兵圍滄州廷玠固守連年食雖盡無叛者朝廷嘉其節徙相州承嗣盜磁相廷玠無所回染及悅代立忌廷玠之正召爲節度副使廷玠至讓悅曰而承伯父緒業當守朝廷法度以保富貴何苦與恒鄆爲叛臣自兵興來叛天子能完宗族者誰邪而

志不悛盡殺我無令我見田氏血汙人刀也遂稱疾不出悅過謝之杜門不納憤而卒弘正幼通兵法善騎射承嗣愛之以爲必興吾宗名之曰興季安時爲衙內兵馬使同節度副使封沂國公季安侈汰殺罰弘正從容規切軍中賴之翕然歸重季安內忌出爲臨清鎮將欲因罪誅之弘正陽痺痼臥家不出乃免季安死子懷諫襲節度召還舊職懷諫委政於家奴蔣士則措置不平衆怒咸曰兵馬使吾帥也牙兵即詣其家迎之弘正拒不納衆譁于門弘正出衆拜之脅還府弘正頓于地度不免即令于軍曰爾屬不以吾不肖使主軍令與公等約能聽命否皆曰惟公命因曰吾欲守天子法舉六州版籍請吏于朝苟天子未命敢有請吾旂節者死殺人及掠人者死皆曰諾遂到府殺士則及支黨十餘人於是圖魏博相衞貝澶之地籍其人以獻不敢署僚屬而待王官先時諸將出屯質妻子里民不得相往來弘正悉除其禁聽民通饋謝慶弔服玩僭侈者即日徹毀之承嗣時正寢華顯弘正避不敢居更就採訪使堂皇聽事幽恒鄆蔡大懼遣客譙説鉤染弘正皆拒遣之憲宗美其誠詔檢校工部尚書充魏博節度使又遣司封郎中知制誥裴度宣慰賚其軍錢百五十萬緡六州民給復一年赦見囚存問高年惸獨廢疾不能自存者度明辯具陳朝廷厚意弘正不覺自失乃深相結納奉上益謹復請度徧行其部宣示天子恩詔因令節度僉謀布衣崔權奉表陳謝且言天寶以來山東奧壤化爲戎墟官封世襲刑賞自出國家含垢垂六十年臣若假天之齡奉陛下宸筭冀道揚太和洗濯僞風然後退歸丘園避賢者路死不恨制詔褒答且賜今名錫與踵塗天子討蔡弘正遣子布以兵三千進戰數有功李師道疑其襲已不敢顯助蔡故元濟失援王師得致誅焉王承宗叛詔弘正以全師壓境破其衆南宮承宗懼歸窮於弘正弘正表諸朝遂獻德棣二州以謝納二子爲質俄而李師道拒命詔弘正與宣武等五節度兵進討弘正自楊劉度河距鄆四十里堅壁師道大將劉悟率精兵屯河東戰陽

穀再遇再北斬萬餘級賊勢蹙悟乃反兵斬師道首詣弘正降取十有二州以獻初悟既平賊大張飲軍中凡三日設角觝戲引魏博使至廷以爲歡悟盱衡攘臂助其決坐中皆憚悟勇客有白弘正者弘正曰鄆士疲於戰瘡者未起悟當卹亡弔乏慰士大夫心柰何取快目前邪吾奉詔按軍伺悟去就今知其無能爲也既而詔悟爲義成軍節度使狼狽上道時稱知悟之明以功加弘正檢校司徒同中書門下平章事是歲來朝對麟德殿眷勞殊等引見僚佐將校二百餘人皆有班賜進兼侍中實封戶三百擢其兄融爲太子賓客東都留司弘正數上表固請留闕下帝勞曰昨韓弘以疾辭不就軍朕既從之矣今卿復爾我不應違但魏人樂卿之政四隣畏卿之威爲朕長城又安用辭弘正遂還常欲變山東承襲舊風故悉遣子姓仕朝廷帝皆擢任之朱紫滿門榮冠當時穆宗立王承元以成德軍請帥帝詔弘正兼中書令爲節度使弘正以新與鎮人戰有父兄怨取魏兵二千自衞入其軍時天子賜

錢一百萬緡不時至軍有怨言弘正親加撫喻乃安仍請留魏兵
爲紀綱以持衆心度支崔倰吝其稟沮郤之長慶元年七月歸衞
卒於魏是月軍亂幷家屬將吏三百餘人皆遇害年五十八帝聞
震悼冊贈太尉謚曰忠愍弘正幼孤事融甚謹軍中嘗分曹習射
弘正注矢聯中融退抶怒之故當李安猜暴時能自全及爲軍中
推迫融不悅曰尒竟不自晦取禍之道也朝廷知其友愛詔拜相
州刺史賜金紫不欲其相遠也弘正性忠孝好功名起樓聚書萬
餘卷通春秋左氏與賓屬講論終日客爲著沂公史例行于世弘
正之禍也其判官劉茂復獨免士相戒曰是人議事盡忠遇吾等信
敢干其家者共殺之弘正子布羣牟
布字敦禮幼機悟弘正戍臨淸布知李安且危密白父請以衆歸
朝弘正奇之及得魏使布摠親兵王師誅蔡以軍隸嚴綬屯唐州
帝以布大臣子或有罪且橈法弘正請以董晥代而士卒愛布願留
帝乃止凡十八戰破凌雲柵下郾城以功授御史中丞裴度輕出觀

兵沱口賊將董重質以奇兵掩擊布伏騎數百突出薄之諸軍繼
至賊驚引還蔡平入爲左金吾衞將軍諫官嘗論事帝前同列將
麾却之布止曰使天子容直臣毋輕進弘正徙成德以布爲河陽節
度使父子同日受命時韓弘與子公武亦皆領節度而天下以忠義
多田氏布所至必省宄將募戰卒寬賦勸穡人皆安之長慶初徙
涇原弘正遇害魏博節度使李愬病不能軍公卿議以魏彊而鎭
弱且魏人素德弘正以布之賢而世其官可以成功穆宗遽召布解
縗拜檢校工部尚書魏博節度使乘傳以行布號泣固辭不聽乃
出伎樂與妻子賓客決曰吾不還矣未至魏三十里跣行被髮號哭
而入居堊室屛節旄凡將士老者兄事之祿奉月百萬一不入私門又
發家錢十餘萬緡頒士卒以牙將史憲誠出麾下可任乃委以精
銳時中人屢趣戰而度支饋餉不繼布輒以六州租賦給軍引兵
三萬進屯南宮破賊二壘於是朱克融據幽州與王廷湊脣齒河
朔三鎭舊連衡桀驁自私而憲誠蓄異志陰欲乘釁翦又魏軍驕

憚格戰會大雪師寒糧乏軍中謗曰它日用兵團粒米盡仰朝廷
今六州刮肉與鎭冀角死生雖尚書瘠己肥國魏人何罪憲誠得
間因以搖亂會有詔分布軍合李光顏救深州兵怒不肯東衆遂
潰皆歸憲誠唯中軍不動布以中軍還魏明日會諸將議事衆讙
曰公能行河朔舊事則生死從公不然不可以戰布度衆且亂歎曰
功無成矣卽爲書謝帝曰臣觀衆意終且負國臣無功不敢忘死
願速救元翼毋使忠臣義士塗炭於河朔哭授其從事李石訖乃
入至几筵引刀剌心曰上以謝君父下以示三軍言訖而絕年三十八
贈尚書右僕射謚曰孝子鐵宣宗時歷銀州刺史坐以私鎧易邊馬
論死宰相崔鉉奏布死節於國可貸鐵以勸忠烈故貶爲州司馬羣
會昌中歷蔡州刺史坐贓且抵死兄牟聞之不食卒宰相李德裕
奏漢河間人尹次潁川人史玉坐殺人當死次兄初玉毋渾詣官請
代因縊物故於時皆赦其死於是武宗詔減死一等牟寬厚明吏
治爲神策大將軍開成初鹽州刺史王宰失羌人之和詔牟代之

累遷鄜坊節度使再徙天平三爲武寧一爲靈武軍官至檢校尚
書左僕射卒諸子皆有方面功以忠義爲當世所高
王承元者承宗弟也有沉謀年十六勸承宗亟引兵共討李師道承
宗少之不用然軍中往往指目之承宗死未發喪大將謀取帥它姓
參謀崔燧與諸校計以祖母涼國夫人李之命承元嗣承元泣且拜
不受諸將牢請承元曰上使中貴人監軍盍先請監軍至又如命
乃謝曰諸君不忘王氏以及孺子苟有令其從我乎衆曰惟所命乃
視事牙闔之偏約左右不得稱留後事一關參佐密表請帥于朝穆
宗詔起居舍人栢耆宣慰授承元檢校工部尚書義成軍節度使
比鎭以兩河故事脅誘承元不納諸將皆愉耆至士哭于軍承元
令曰諸君不欲我去意固善雖然格天子詔我獲罪奈何前李師
道有詔赦死欲舉族西諸將止弗遣他日乃共殺之今君等幸置
我無與師道比乃偏拜諸將諸將語塞承元卽出家貲盡賜之斬
不從命者十輩軍乃定於是諫議大夫鄭覃宣慰賜其軍錢百萬

縉赦因徙問孤獨廢疾不能自存者粟帛有差承元去鎮左右裒器幣自隨承元使空諸毋留入朝昆弟拜刺史者四人位于朝者四十人祖毋入見帝命中宮禮賚異等徙承元鄜坊丹延節度俄徙鳳翔鳳翔右袤涇原地平少巖險吐蕃數入盜承元據勝地爲鄣置守兵千詔號臨汧城府郛左百賈州聚異時爲虜剽殺至燎烽相警承元版堞繚之人乃告安以勞封岐國公大和初祖毋喪詔曰武俊當橫流時拯定奔潰功在史官今李不幸贈卹宜加厚且給儀仗以葬五年徙節平盧淄青始鹽禁未嘗行兩河承元請歸有司由是兗鄆諸鎮皆奉法承元資仁裕所至愛利卒年三十三贈司徒

牛元翼趙州人材果而謀王承宗時倚其計爲彊雄與傅良弼二人冠諸將王廷湊叛穆宗以元翼在成德名出廷湊遠甚自深州刺史擢爲深冀節度使以攜其軍廷湊怒遣部將王位以銳兵攻元翼不勝乃合朱克融共圍之詔進元翼成德軍節度使以宣

武兵五百進援元翼固守長慶二年詔赦廷湊罪從元翼山南東道以深州賜廷湊使中人促元翼南廷湊恨之已受詔兵不解招討使裴度詒書誚讓克融解而歸廷湊退舍詔並加檢校工部尚書兩悅之奄月元翼率十餘騎冒圍趾德棣朝京師廷湊入盡殺元翼親將臧平等百八十人元翼見延英賚問優縟命中人楊再昌取其家并迎田弘正喪廷湊辭以弘正殯亡在所元翼家須秋遣魏博節度使史憲誠遣其弟入趙四返說廷湊曰田公非得罪於趙尸尚何惜元翼去深州乃一孤將何利其家廷湊乃歸弘正喪于京師元翼聞平等死憤恚卒悉還所賜于朝廷湊遂夷其家良弼字安道清河人以射冠軍中初瀛之博野樂壽介范陽成德間每兵交先薄二城故常爲劇屯德宗以王武俊破朱滔功皆隸成德故以良弼守樂壽李寰守博野廷湊之叛兩賊交誘之而堅壁爲國固守有詔以樂壽爲左神策行營拜良弼爲都知兵馬使寰所領士隸右神策號忻州營亦以寰爲都知兵馬使賜第京師俄以良弼爲沂州刺史良弼率衆出戰力乃得去寰引兵三千趨忻州廷湊邀之寰斬三百級追者不敢前天子以良弼寰忠有狀乃更賜奴婢服馬召良弼爲左神策軍將軍寶曆初擢夏綏銀節度使畀時蕃帳亡命來者必償馬乃與良弼至皆執付其部酋種歡懷終橫海節度使寰擢累保義軍節度使王智興討李同捷未克而烏重胤卒詔寰可共立功請諸朝乃授橫海節度使師所過暴鈔至屯按軍不進遂身入朝盛陳賊勢請濟師欲大調發羣臣議寰兵大重且吞滄景未決而棣州平寰內愧不自安願留京師遂罷保義軍忻州營更授夏綏宥節度使卒寰再易鎮治無可言者然廷湊之亂聯軍十五萬無成功賊鋒不可嬰而樂壽博野截然峙中者累歲梗其吞暴議者以爲難敬宗世寰圖其事上之

史孝章字得仁資脩謹父憲誠以戰力奮肩客用挽彊擊劍相矜孝章獨退讓如諸生稱道皆詩書魏博節度使李愬閱大將

子弟籍于軍孝章願以文署職愬奇之檄試都督府參軍憲誠得魏遷士曹參軍孝章見父數奸命內非之承間諫曰大河之北號富彊然而挺亂取地天下指河朔若夷狄然今大人身封侯家富不貲非痛洗溉竭節事上恐吾踵不旋禍且至因涕下沾衿父感武不盡聽文宗賢之擢孝章節度副使累遷檢校左散騎常侍父欲助李同捷孝章切爭憲誠稍憚其義又勸出師討同捷自明帝益嘉之進檢校工部尚書及兵出父敕孝章統之入朝勞予蕃厚憲誠亦上書求覲帝知非憲誠意特緣孝章悟發故分相衛澶而授孝章節度使未至魏人亂父卒死于軍帝念史氏禍而卹孝章故奪喪拜右金吾衛將軍徙節鄜坊進檢校戶部尚書久之自邠寧以病丐還卒于行年三十九贈尚書右僕射孝章本名唐後改今名

憲誠弟憲忠字元貞少爲魏牙門將田弘正討齊蔡常爲先鋒閱三十戰中流矢酣鬭不解由是著名憲誠表爲貝州刺史魏亂奔

京師加累檢校右散騎常侍隴州刺史增亭鄣徙客館于外戎諜無所伺會昌中築三原城吐蕃因之數犯邊拜憲忠涇原節度使以怖其侵吐蕃遣使來請墮城且願以嘗殺使者之人置塞上憲忠使謝曰前吾未城尒犯我地安得禁吾城尒知殺吾使爲負宜先取罪人謝我將無所不得今與尒約前節度使事一置之吐蕃情得而服憲忠䟽涇于隍積緡錢十萬粟百萬斛戎人宜之會党項羌內寇又徙朔方有詔馳驛赴屯憲忠辭曰羌不得其心故不自安今亟往知吾爲備闚益健請徐行許之乃移書與羌人示要約羌人乃皆齎羊酒湩迎道大中初突厥擾河東鈔漕米行賈徙節振武軍于是故帥荒沓使游弈兵覘戎有良馬牛彊取之歸直十一戎人怒因興盜掠憲忠廉儉少所欲嘗曰吾居河朔去此三千里乃乘五健馬今守邊發吾餘奉不患無馬何忍奪市哉故所至莫不懷德累封北海縣子檢校尚書左僕射兼金吾大將軍以病自丏致左龍武統軍卒年七十一贈司空

令狐張康李劉田王牛史列傳第七十三

劉第五班王李列傳第七十四　唐書一百四十九

端明殿學士兼翰林侍讀學士龍圖閣學士朝請大夫守尚書吏部侍郎充集賢殿脩撰臣宋祁奉敕撰

劉晏字士安曹州南華人玄宗封泰山晏始八歲獻頌行在帝奇其幼命宰相張說試之說曰國瑞也即授太子正字公卿邀請旁午號神童名震一時天寶中累調夏令未嘗督賦而輸無逋期舉賢良方正補溫令所至有惠利可紀民皆刻石以傳再遷侍御史祿山亂避地襄陽永王璘署晏右職固辭移書房琯論封建與古異今諸王出深宮一旦望桓文功不可致詔拜度支郎中兼侍御史領江淮租庸事晏至吳郡而璘反乃與採訪使李希言謀拒之希言假晏守餘杭會戰不利走依晏晏爲陳可守計因發義兵堅壁會王敗欲轉略州縣聞晏有備遂自晉陵西走終不言功召拜彭原太守徙隴華二州刺史遷河南尹時史朝義盜東都乃治長水進戶部侍郎兼御史中丞度支鑄錢鹽鐵等使京兆尹鄭叔清

李齊物坐殘摯罷詔晏兼京兆尹總大體不苛號稱職會司農卿嚴莊下獄已而釋誣劾晏漏禁中語宰相蕭華亦忌之貶通州刺史代宗立復爲京兆尹戶部侍郎領度支鹽鐵轉運鑄錢租庸使晏以戶部讓顏真卿改國子祭酒又以京兆讓嚴武即拜吏部尚書同中書門下平章事使如故坐與程元振善罷爲太子賓客俄進御史大夫領東都河南江淮轉運租庸鹽鐵常平使時大兵後京師米斗千錢禁膳不兼時甸農挼穗以輸晏乃自按行浮淮泗達於汴入于河右循底柱硤石觀三門遺迹至河陰鞏洛見宇文愷梁公堰厮河爲通濟渠視李傑新堤盡得其病利然畏爲人牽制乃移書於宰相元載以爲大抵運之利與害各有四京師三輔苦稅入之重淮湖粟至可減傜賦半爲一利東都彫破百戶無一存若漕路流通則聚落邑廛漸可還定爲二利諸將有不廷戎虜有侵盜聞我貢輸錯入軍食豐衍可以震燿夷夏爲三利若舟車旣通百貨雜集航海梯嶠可追貞觀永徽之盛爲四利起宜陽熊耳虎牢

成皋五百里見戶纔千餘居無尺椽爨無盛煙獸游鬼哭而使轉車輓漕功且難就爲一病河汴自寇難以來不復穿治崩岸滅木所在廞淤涉泗千里如罔水行舟爲二病東垣底柱澠池北河之間六百里戍邏久絶奪攘姦宄夾河爲藪爲三病淮陰去蒲坂亘三千里屯壁相望中軍皆鼎司元侯每言衣無纊食半菽輓漕所至輒留以饋軍非單車使者折簡書所能制爲四病載方内擅朝權既得書即盡以漕事委晏故晏得盡其才歲輸始至天子大悅遣衛士以鼓吹迓東渭橋馳使勞曰卿朕酇侯也凡歲致四十萬斛自是關中雖水旱物不翔貴矣再遷吏部尚書又兼益湖南荆南山南東道轉運常平鑄錢使與第五琦分領天下金穀又知吏部三銓事推處最殿分明下皆慴伏元載得罪詔晏鞫之晏畏載黨盛不敢獨訊更敕李涵等五人與晏雜治王縉得免死晏請之也常衮執政忌晏有公望乃言晏舊德當師長百僚用爲左僕射實欲奪其權帝以計務方治詔以僕射領使如舊初晏分置諸道

租庸使慎簡臺閣士專之時經費不充停天下攝官獨租庸得補署積數百人皆新進銳敏盡當時之選趣督倚辦故能成功雖權貴干請欲假職仕者晏厚以稟入奉之然未嘗使親事是以人人勸職嘗言士有爵祿則名重於利吏無榮進則利重於名故檢劾出納一委士人吏惟奉行文書而已所任者雖數千里外奉教令如目前頻伸諧戲不敢隱惟晏能行之它人不能也代宗嘗命考所部官吏善惡刺史有罪者五品以上輒繫劾六品以下杖然後奏李靈耀反河南節帥或不奉法擅征賦州縣益削晏常以羨補乏人不加調而所入自如第五琦始榷鹽佐軍興晏代之法益密利無遺入初歲收緡錢六十萬末乃什之計歲入千二百萬而榷居太半民不告勤京師鹽暴貴詔取三萬斛以贍關中自揚州四旬至都人以爲神至湖嶠荒險處所出貨皆賤弱不償所轉晏悉儲淮楚間貿銅易薪歲鑄緡錢十餘萬其措置纖悉如此諸道巡院皆募駃足置驛相望四方貨殖低仰及它利害雖甚遠不數日

即知是能權萬貨重輕使天下無甚貴賤而物常平自言如見錢流地上每朝謁馬上以鞭算質明視事至夜分止雖休澣不廢事無閑劇即日剖決無留所居脩行里粗樸庳陋飲食儉狹室無媵婢然任職久勢軋宰相要官華使多出其門自江淮茗橘珍甘常與本道分貢競欲先至雖封山斷道以禁前發晏厚貲致之常冠諸府由是媢怨益多饋謝四方有名士無不至其有口舌者率以利啖之使不得有所訾短故議者頗言晏任數固恩大曆時政因循軍國皆仰晏未嘗檢質德宗立言者屢請罷轉運使晏亦固辭不許又加關内河東三川轉運鹽鐵及諸道青苗使始楊炎爲吏部侍郎晏爲尚書盛氣不相下晏治元載罪而炎坐貶及炎執政銜宿怒將爲載報仇先是帝居東宮代宗寵獨孤妃而愛其子韓王官人劉清潭與嬖幸請立妃爲后且言王數有符異以搖東宮時妄言晏與謀至是炎見帝流涕曰賴祖宗神靈先帝與陛下不爲賊臣所間不然劉晏黎幹搖動社稷凶謀果矣今幹伏辜而晏在

臣位宰相不能正其罪法當死崔祐甫曰陛下已廓然大赦不當究飛語致人於罪朱泚崔寧力相解釋寧尤切至炎怒斥寧于外遂罷晏使坐新故所交簿物抗謬貶忠州刺史中官護送炎必欲傅其罪知庾準與晏素憾乃擢爲荆南節度使準即奏晏與朱泚書語言怨望又蒐卒擅取官物脅詔使謀作亂炎證成之建中元年七月詔中人賜晏死年六十五後十九日賜死詔書乃下且暴其罪家屬徙嶺表坐累者數十人天下以爲冤時炎兼删定使議籍没衆論不可乃止然已命簿錄其家唯雜書兩乘米麥數斛人服其廉淄青節度使李正己表誅晏太暴不加驗實先誅後詔天下駭惋請還其妻子不報興元初帝寖寤乃許歸葬貞元五年遂擢晏子執經爲太常博士宗經秘書郎執經還官求追命有詔贈鄭州刺史又加司徒晏殁二十年而韓洄元琇裴腆李衡包佶盧徵李若初繼掌財利皆晏所辟用有名於時晏既被誣而舊吏推明其功陳諫以爲管蕭之亞著論紀其詳大略以開元天寶間天下

戶千萬至德後殘於大兵饑疫相仍十耗其九至晏充使戶不二
百萬晏通計天下經費謹察州縣災害蠲除振救不使流離死亡
初州縣取富人督漕輓謂之船頭主郵遞謂之捉驛稅外橫取謂
之白著人不堪命皆去為盜賊上元寶應間如袁晁陳莊方清許
欽等亂江淮十餘年乃定晏始以官船漕而吏主驛事罷無名之
斂正鹽官法以裨用度起廣德二年盡建中元年黜陟使實天下
戶收三百餘萬王者愛人不在賜與當使之耕耘織紝常歲平斂
之荒年蠲救之大率歲增十之一而晏尤能時其緩急而先後之每
州縣荒歉有端則計官所贏先令曰蠲某物貸某戶民未及困而
奏報已行矣議者或譏晏不直賑救而多賤出以濟民者則又不
然善治病者不使至危憊善救災者勿使至賑給故賑給少則不
足活人活人多則闕國用國用闕則復重斂矣又賑給近僥幸吏
下為姦彊得之多弱得之少雖刀鋸在前不可禁以為二害災沴
之鄉所乏糧耳它產尚在賤以出之易其雜貨因人之力轉於豐

舊唐書列傳七十四　四　周爗

處或官自用則國計不乏多出菽粟恣之糶運散入村閭下戶力
農不能詣市轉相沾逮自免阻飢不待令驅以為二勝晏又以常
平法豐則貴取飢則賤與率諸州米嘗儲三百萬斛豈所謂有功
於國者邪琇後以尚書右丞判度支國無橫斂而軍旅濟為韓滉
所惡貶雷州司戶參軍坐私入廣州賜死腆以兵部侍郎判度支
封開喜縣公衛歷戶部侍郎佶字幼正潤州延陵人父融集賢院
學士與賀知章張旭張若虛有名當時號吳中四士佶擢進士第
累官諫議大夫坐善元載貶嶺南晏奏起為汴東兩稅使晏罷
以佶充諸道鹽鐵輕貨錢物使遷刑部侍郎改秘書監封丹陽郡公
徵幽州人晏薦為殿中侍御史晏得罪貶珍州司戶參軍元琇判
度支薦為員外郎琇得罪貶秀州長史三遷給事中戶部侍郎竇
參善之方倚以代己會同州刺史缺參請用尚書左丞趙憬德宗
惡參欲間其腹心更用徵為之久乃徙華州厚結權近冀進用同
華地迫而貧所獻嘗儉陋至徵厚賦斂有所奉入輒加常數人不

堪其求若初者事晏為冗職包佶稱之歷太康令勸刺史李芃斂
羨錢交權倖芃厚遇之累遷浙東觀察使代王緯為浙西觀察諸
道鹽鐵使時天下錢少貨輕州縣禁錢不出境商賈不通若初始
奏縱錢以起萬貨詔可而持剛檢下吏民畏服卒贈禮部尚書宗
經終給事中華州刺史子濛字仁澤舉進士累官度支郎中會昌
初擢給事中以材為宰相李德裕所知時回鶻衰朝廷經略河湟
建遣濛按邊調兵械糧餉為宣慰靈夏以北党項使始議造木牛
運宣宗立德裕得罪濛貶朗州刺史終大理卿
晏兄暹為汾州刺史天資疾惡所至以方直為觀察使所畏建中
末召為御史大夫宰相盧杞憚其嚴更薦前河南尹于頎代之暹
終潮州刺史頎字休明河南人初為京兆士曹參軍尹史翽器之
翽鎮山南東道表為判官翽死亂兵手頎挺出收葬之時稱其誼
累遷京兆尹任機譎為政煩碎無大體元載昵厚之載得罪出鄭
州刺史徙河南尹以侮柔故得為大夫三遷工部尚書入朝仆金

舊唐書列傳七十四　五　周爗

吾仗下御史劾之以太子少師致仕卒暹孫潼字子固擢進士第
杜悰判度支表為巡官累遷祠部郎中大中初討党項羌軍食乏
宰相欲以潼為使難其遣潼見宰相曰上念邊餽議遣使潼畏不
稱耳安敢憚行遂命為供軍使會復河湟調師屯守以潼判度支
河湟供軍案歷京兆少尹山南有劇賊依山為剽宣宗怒欲討之
宰相崔鉉曰此陛下赤子迫於飢寒弄兵山谷間不足討請遣使
喻釋之詔潼馳往潼挺身直叩其壘曰有詔赦爾罪盜皆列拜約
潼就館而降會山南節度使封敖遣兵擊賊潼罷歸數陳邊事擢
右諫議大夫出為朔方靈武節度使坐累貶鄭州刺史改湖南觀
察使召為左散騎常侍拜昭義節度使徙河東又徙西川時李福
討南詔兵不利潼至慎以恩信蠻皆如約六姓蠻持兩端為南詔
閒候有卑籠部落者請討之潼因出兵襲擊俘五千人南詔大懼
自是不敢犯邊以功加檢校尚書右僕射卒贈司空
第五琦字禹珪京兆長安人少以吏幹進頗能言彊國富民術天

賓中事韋堅敗不得調久之爲須江丞太守賀蘭進明才之安祿山反進明徙北海奏琦爲錄事參軍事時賊已陷河間信都進明未戰玄宗怒遣使封刀趣之曰不亟進兵即斬首進明懼不知所出琦勸厚以財募勇士出賊不意如其計復收所陷郡肅宗駐彭原進明遣琦奏事旣謁見即陳今之急在兵兵彊弱在賦賦所出以江淮爲淵若假臣一職請悉東南寶貲飛餉函洛惟陛下命帝悅拜監察御史句當江淮租庸使遷司虞員外郎河南等五道支度使遷司金郎中兼侍御史諸道鹽鐵鑄錢使鹽鐵名使自琦始進度支郎中兼御史中丞當軍興隨事趣辦人不益賦而用以饒於是遷戶部侍郎判度支河南等道支度轉運租庸鹽鐵鑄錢司農太府出納山南東西江西淮南館驛等使乾元二年進同中書門下平章事初琦請鑄乾元重寶錢以一代十旣當國又鑄重規一代五十會物痛騰踊餓饉相望議者以爲非是詔貶忠州長史會有告琦納金者遣御史馳按琦辭曰位宰相可自持金邪若付受有狀請歸罪有司御史不曉以爲具服獄上之遂長流夷州寶應初起爲郎州刺史有異政拜太子賓客吐蕃盜京師郭子儀表爲糧料使兼御史大夫關內元帥副使改京兆尹俄加判度支鑄錢鹽鐵轉運常平等使累封扶風郡公復以戶部侍郎兼京兆尹坐與魚朝恩善貶括州刺史徙饒湖二州復爲太子賓客東都留守德宗素聞其才將復用召之會卒年七十一贈太子少保子峯婦鄭皆以孝著表闕于門

班宏衛州汲人父景倩國子祭酒以儒名家宏天寶中擢進士第調右司禦胄曹參軍高適鎮劍南表爲觀察判官青城人以左道惑衆謀作亂事覺誣引也將規緩死衆兇懼宏驗治即殺之人心大安郭英乂代適表雒令以病解大曆中擢起居舍人四遷給事中李寶臣死子惟岳匿喪求節度帝遣宏使成德諭其軍惟岳厚獻遺宏不納還報稱旨擢刑部侍郎京官考使右僕射崔寧署兵部侍郎劉迺爲上下考宏不從曰今軍在節度雖有尺籍伍符省署不校也夫上多虛美則下趨之競上阿容則下朋黨因削之迺聞謝曰敢掠一美以邀二罪乎進吏部侍郎貞元初仍旱蝗賦調益急以戶部侍郎副度支使韓滉歿而竇參當國代滉使而參任大理司直時宏已爲刑部侍郎德宗以宏熟天下計故進宏尚書副參且曰朕藉宰相重而衆務一委卿無庸辭參亦以宏素貴私謂曰閱歲當歸使於公宏喜後參胖自安不念前語宏剛愎以參欺己議事稍不合揚子院鹽鐵轉運之委藏也宏任御史中丞徐粲主之粲以賄聞參議所代宏固不可參選諸院吏未始訪宏宏數條參所用吏過惡以聞輒留中無何參以使務加吏部尚書而封宏蕭國公恨參以虛寵加己銜之每制旨有所營建必極瓌麗親程役媚結權嬖以傾參參張滂先善於宏薦爲司農少卿及參欲滂分掌江淮鹽鐵宏以滂疾惡且以法繩粲因譖曰滂彊戾不可用滂聞不喜久之參知帝遇已薄乃讓使然不欲宏專問策於京兆尹薛珏珏曰滂與宏交惡而滂剛決若分鹽鐵轉運必能制宏參

遂薦滂爲戶部侍郎鹽鐵轉運使而以宏判度支分滂關內河東劍南山南西道鹽鐵轉運隸宏以悅其意又還江淮兩稅置巡院官令宏滂共差擇滂欲得簿最宏不與及署院官更持可否不能定處劇官之不稱滂奏言臣職不修無逃死如國家大計何由是有詔分掌宏見宰相辭曰宏主漕歲得江淮米五十萬斛前年至七十萬今職移於人敢請罪滂在側儳曰公所言非也朝廷不奪公職乃公喪官繙縱姦吏自取咎爾凡爲度支使不一歲家輒鉅億僮馬產第侈王公非盜縣官財何以然上旣知之故令滂分掌今公無乃歸怨上乎宏不荅於是移病歸第宰相白其狀詔許如劉晏韓滉故事以東都河南淮南江南山南東道兩稅滂主之東渭橋以東巡院隸焉關內河東劍南山南西道宏主之滂至揚州乃窮劾粲粲懼發其贓至鉅萬徙死嶺表宏清絜勤力晨入官署夕而出吏不堪其勞而已益恭參得罪宏爲有力卒年七十三贈尚書右僕射謚曰敬後二年滂亦罷爲衞尉卿

王紹本名純避憲宗諱改焉自太原徙京兆之萬年父端第進士有名天寶閒與柳芳陸據殷寅友善據嘗言端之莊芳之辯寅之介可以名世終工部員外郎紹少爲顏眞卿所器字之曰德素奏爲武康尉再佐蕭復府包佶領租庸鹽鐵使署判官時李希烈阻兵江淮輸物留梗乃徙餉道自潁入汴紹及關德宗已西狩乃督輕貨趣閒道走洋州紹先見行在帝勞之曰吾軍乏春服朕且衣裘柰何紹流涕曰佶遣臣貢奉無慮五十萬當即至帝曰道回遠經費方急何可望邪後五日繼至由是紓難遷倉部員外郎是時兵旱無年詔戶部收闕官俸稅茶及無名錢以脩荒政紹由員外郎判務遷戶部兵部郎中皆專領進戶部侍郎判度支頃之遷尚書德宗臨御久益不假借宰相自竇參陸贄斥罷中書取充位惟紹謹密眷待殊厚主計凡八年每政事多所關訪紹亦未嘗一言漏于人順宗立王叔文奪其權拜兵部尚書出爲東都留守元和初檢校尚書右僕射爲武寧軍節度使復以濠泗二州隸其軍自張愔後兵驕難治紹蒐輯軍政推誠示人裨將安進達唐重請謀亂紹以計取之出家貲賞士舉軍安賴復拜兵部尚書判戶部卒年七十二贈右僕射謚曰敬

李巽字令叔趙州贊皇人以明經補華州參軍事舉拔萃授鄠尉進累左司郎中常州刺史召拜給事中出爲湖南觀察使貞元五年徙江西巽銳於爲治持下以法察無遺私吏不敢少紿順宗立擢兵部侍郎杜佑表爲鹽鐵轉運副使俄代佑使任自劉晏後職廢不振賦入腠耗巽涖職一年較所入如晏最多之年明年過之又明年增百八十萬緡再遷吏部尚書天資長於吏事至治家亦句檢案牘簿書如公府史有過秋毫無所縱股慄脅息常如與巽對程异坐王叔文廢巽特薦引之异之計較精於巽故巽能善職蓋有助云元和四年疾革郎官省候巽言不及病但與商校程課功利是夕卒年六十三贈尚書右僕射巽爲人忌刻校怨在江西有所憎恨輒殺之始竇參爲相出巽常州促其行及參貶郴州巽時觀察湖南宣武節度使劉士寧致絹數千匹於參巽即劾參交通藩鎭以怒德宗遂殺參云

贊曰生人之本食與貨而已知所以取人不怨知所以予人不乏道御之而王權用之而霸古今一也劉晏因平準法斡山海排商賈制萬物低昂常操天下贏貲以佐軍興雖挐兵數十年斂不及民而用度足唐中償而振晏有勞焉可謂知取予矣其經晏辟署者皆用材顯循其法亦能富國云

劉第五班王李列傳第七十四

李常趙崔齊盧列傳第七十五　　唐書一百五十

端明殿學士兼翰林侍讀學士龍圖閣學士朝請大夫尚書工部侍郎充集賢殿修撰臣宋祁奉
敕撰

李揆字端卿系出隴西爲冠族去客滎陽祖玄道爲文學館學士父成裕秘書監揆性警敏善文章開元末擢進士第補陳留尉獻書闕下試中書遷右拾遺再轉起居郎知宗子表疏以考功郎中知制誥扈衍劍南拜中書舍人乾元二年宗室請上皇后號曰翊聖肅宗問揆對曰前代后妃終則有謚景龍不君韋氏專恣乃稱翊聖今陛下動遵典禮柰何踵其亂哉帝驚曰幾誤我家事遂止后即張氏有子數歲欲立爲太子而帝意未決時代宗以封成王帝從容語揆曰成王長有功將定太子卿意謂何揆曰陛下此言社稷福也因再拜賀帝曰朕計決矣俄兼禮部侍郎揆病取士不考實徒露搜索禁所挾而迂學陋生菲枕圖史且不能自措于詞乃大陳書廷中進諸儒約曰上選士弟務得才可盡所欲言由是

人人稱美未卒事拜中書侍郎同中書門下平章事脩國史封姑臧縣伯揆美風儀善奏對帝歎曰卿門地人物文學皆當世第一信朝廷羽儀乎故時稱三絕於是京師多盜至驂衢殺人尸溝中吏褫氣李輔國方橫請選羽林騎五百備徼捕揆曰漢以南北軍相統攝故周勃因南軍入北軍以安劉氏本朝置南北衙文武區別更相檢伺今以羽林代金吾忽有非常何以制之輔國議格揆決事明當然銳於進且近名兄楷有時稱滯冗官不得遷呂諲政事出揆遠甚以故宰相鎮荊南治聲尤高揆懼復用遣吏至諲所構抉過失諲密訴諸朝帝怒貶揆袁州長史不三日以楷爲司門員外郎揆累年乃徙歙州刺史初苗晉卿數薦元載揆輕載地寒謂晉卿曰龍章鳳姿士不見用麞頭鼠目子乃求官邪載聞銜之及秉政奏揆試秘書監江淮養疾家百口貧無祿丐食取給牧守稍猒慁則去之流落凡十六年載誅始拜睦州刺史入爲國子祭酒禮部尚書德宗幸山南揆素爲盧杞所惡用爲入蕃會盟使拜尚書左僕射揆辭老恐死道路不能達命帝惻然杞曰和戎者當練朝廷事非揆不可異時年少揆者不敢辭揆至蕃酋長曰聞唐有第一人李揆公是否揆畏留因紿之曰彼李揆安肯來邪還卒鳳州年七十四贈司空謚曰恭

常衮京兆人天寶末及進士第性狷潔不妄交游由太子正字累爲中書舍人文采贍蔚長於應用譽重一時魚朝恩領寵兼判國子監衮奏成均之任當用名儒不宜以宦臣領職始回紇有戰功者得留京師虜性易驕後乃創邸第佛祠或伏甲其間數出中渭橋與軍人格鬬奪含光門魚契走城外衮建言今西蕃盤桓境上數入寇若相連結以乘無備其變不細請早圖之又天子誕日諸道爭以侈麗奉獻不則爲老子浮屠解禱事衮以爲漢文帝還千里馬不用晉武帝焚雉頭裘宋高祖碎琥珀枕是三主者非有聰明大聖以致治安謹身率下而已今諸道饋獻皆淫侈不急而節度使刺史非能男耕而女織者類出於民是斂怨以媚上也請皆

還之今軍旅未寧王畿戶口十不一在而諸祠寺寫經造像焚幣埋玉所以賞賚若比丘道士巫祝之流歲巨萬計陛下若以易芻粟減貧民之賦天下之福豈有量哉代宗嘉納遷禮部侍郎時宦者劉忠翼權震中外涇原節度使馬璘爲帝寵任有所干請衮皆拒卻元載死拜門下侍郎同中書門下平章事弘文崇文館大學士與楊綰同執政綰長厚通可而衮苛細以清儉自賢帝內重綰而顓任之禮遇信愛衮弗及也每所懷忌會綰卒衮始當國先是百官俸寡狹議增給之時韓滉使度支與衮皆任情輕重滉惡國子司業張參衮惡太子少詹事趙甚皆少給之太子文學爲洗馬副衮姻家任文學者其給乃在洗馬上其騁私崇怨類此故事日出內廚食賜宰相家可十人具衮奏罷之又將讓堂封它宰相不從乃止政事堂北門異時宰相過舍人院咨逮政事至衮乃塞之以示尊大懲元載敗窒賣官之路然一切以公議格之非文詞者皆擯不用故世謂之黯伯以其黯黯無賢不肖之辨云衮爲

相散官纔朝議而無封爵郭子儀言于帝遂加銀青光祿大夫封
河內郡公德宗即位袞奏貶崔祐甫爲河南少尹帝怒使與祐甫
換秩再貶潮州刺史建中初楊炎輔政起爲福建觀察使始閩人
未知學袞至爲設鄉校使作爲文章親加講導與爲客主鈞禮觀
游燕饗與焉由是俗一變歲貢士與內州等卒于官年五十五贈尚
書左僕射其後閩人春秋配享袞于學官云

趙憬字退翁渭州隴西人曾祖仁本仕爲吏部侍郎同東西臺三
品憬志行峻潔不自衒賈寶應中方營泰建二陵用度廣又吐蕃
盜邊天下荐飢憬褐衣上疏請殺禮從儉士林歎美試江夏尉佐
諸使府進太子舍人毋喪免有芝生壞樹建中初擢水部員外郎
湖南觀察使李承表憬自副承卒遂代之召還閫門不與人交李
泌薦之對殿中占奏明辯通古今德宗欽悅拜給事中貞元中咸
安公主降回紇詔關播爲使而憬以御史中丞副之異時使者多
私賚以市馬規利入獨憬不然使未還尚書左丞缺帝曰趙憬堪

唐書列傳七十五　三　王端

此遂以命之考功歲終請如至德故事課殿最憬自言薦果州刺
史韋証以貪敗請降考校考使劉滋謂憬知過更以考升竇參當
國欲抑爲刺史帝不許參罷進中書侍郎同中書門下平章事與
陸贄同輔政贄於裁決少所讓又徙憬門下侍郎繇是不平自以
不任職數稱疾時杜黃裳遭奄人讒詆穆贊韋武李宣盧雲等爲
裴延齡構擠勢危甚憬救護申解皆得免初贄約共執退延齡既
對贄極言其姦帝色變憬不爲助遂罷贄乃始當國憬精治道常
以國本在選賢節用薄賦斂寬刑罰懇懇爲天子言之又陳前世
損益當時之變獻審官六議一議相臣曰中外知其賢者用之能
者任之責材之備爲不可得二議庶官曰臣嘗謂拔十得五賢愚
猶半陛下曰何必五也十二可矣故廣任用明殿最舉大節略小
瑕隨能試事用人之大要也三議京司闕官曰今要官闕多閑官
員多要官以材行閑官以恩澤是選拔少優容衆也宜補缺員以
育人材四議考課曰今內庶僚外刺史課最尤者擢以不次善矣

臣謂黜陟宜責歲限若任要重未當遷者加爵或秩其餘進退宜
示遲速之常若課在中考如限者平轉而歷試之即無苟且之心
滯淹之慮五議遺滯曰陛下委宰輔擧才不偏知也則訪之庶僚
又不偏知也訪之衆人衆聲囂然十與言之未信一毀之可疑臣謂
宜采士論以譽多者先用非大故者勿棄六議藩府官屬曰諸使
辟署務得才以重府望能否已試則引而置之朝無俾久滯帝皆
然之下詔褒答輔政五年卒年六十一其息上卒時葉奏帝悼惜
之贈太子太傅謚曰貞憲憬性清約位台宰而第室童獲猶儒先
生家也得稟入先建家廟而身不營產其鎮湖南也令狐峘崔儆
並爲部刺史不守法憬以正彈治之皆遣客暴憬失於朝及爲相
乃擢儆自大理卿爲尚書右丞峘方貶衢州別駕引爲吉州刺史
人以爲賢

崔造字玄宰深州安平人永泰中與韓會盧東美張正則三人友
善居上元好言當世事皆自謂王佐才故號四夔浙西觀察使李

唐書列傳七十五　四

栖筠辟爲判官累遷左司員外郎與劉晏善晏得罪貶信州長史
徙建州刺史朱泚亂造輒馳檄比州發所部兵二千以待命德宗
嘉之京師平召還至藍田自以舅源休與賊同逆上疏請罪帝以
爲有禮下詔慰勉擢給事中貞元二年以給事中同中書門下平
章事帝謂造敢言爲能立事故不次用之造久在江左疾錢穀諸
使罔上或干沒自私乃建言天下兩稅請委本道觀察使刺史選
官部送京師諸道水陸轉運使度支巡院江淮轉運使請悉停以
度支鹽鐵務還尚書省六曹皆宰相分領於是齊映判兵部李勉
刑部劉滋吏禮二部造戶工二部又以戶部侍郎元琇判諸道鹽
鐵榷酒事吉中孚度支諸道兩稅事而浙江東西歲入米七十五
萬石方歲饑更以兩稅準米百萬豪壽洪潭二十萬責韓滉杜亞
漕送東渭橋諸道有鹽鐵處仍置巡院歲盡宰相計最殿以聞造
厚元琇故首命之時滉方領轉運有寵於帝朝廷仰其須滉持不
可敗帝重違之復以滉爲江淮轉運使餘如造請是秋江淮米大

集帝美滉功以滉專領度支諸道鹽鐵轉運等使造懼始託疾辭
位乃罷爲太子右庶子貶琇雷州司戶參軍於是造所請悉罷以
憂愧卒年五十一議者謂造舉不適時方用之乏不能權濟大事
雖據舊典奚能抗一切之制云
齊映瀛州高陽人舉進士博學宏詞中之補河南府參軍事滑亳
節度使令狐彰署掌書記彰疾甚引映託後事映因說彰納節歸
諸子京師彰從之即以女妻映彰卒軍亂映間歸東都三城使馬
燧辟爲判官盧杞薦授刑部員外郎又爲鳳翔張鎰判官映練軍
事論奏數稱旨進行軍司馬會德宗出奉天鎰儒緩不知兵部將
李楚琳者素慓悍欲介賊爲亂映與齊抗請先事誅之鎰不用更
示寬大徐謂楚琳曰欲以君使外若何楚琳恐夜殺鎰以應賊映
雅爲軍中慕賴故得免奔奉天授御史中丞從幸梁道險澁常爲
帝御會馬駭奔帝恐傷映詔捨轡固不去曰馬奔踶不過傷臣捨
之或犯清蹕臣雖死不足償責帝嘉歎擢給事中映爲人白皙長

大言音鴻爽故帝常令侍左右或前馬廬傳詔旨進中書舍人貞元
二年以舍人同中書門下平章事俄改中書侍郎封河間縣男與
崔造劉滋並輔政滋端重寡言映謙不肯事否可一顓于造會造
疾映乃當國吐蕃數入寇關輔震騷咸言帝欲避狄映入諫曰戎
狄不懲臣之罪也然內外恂恂謂陛下具糗糧欲治行夫大幸不
再柰何不與臣等計乎因俯伏流涕天子爲感寤後給事中袁高
忤帝旨而映以爲尚書左丞御史大夫始映微時張延賞遇之善
及映相而延賞爲左僕射數爲映畫事又爲所親求官映不荅延
賞恚既復用即劾映非宰相器明年貶夔州刺史徙衡州久之爲
桂管江西兩觀察使始映罷不以罪冀復進乃掊斂獻貢以中帝
欲初諸藩銀大瓶止五尺李兼爲江西始獻六尺瓶至映乃八尺云
卒年四十八贈禮部尚書謚曰忠
盧邁字子玄河南河南人性孝友舉明經入第補太子正字以拔
萃調河南主簿集賢校理公卿交薦之擢右補闕三遷吏部員外郎

以族屬客江介出爲滁州刺史召還再遷諫議大夫數條當世病
利進給事中俄會考課邁以不滿歲固辭上考薦紳高其讓改尚
書右丞將作監元亘攝祠以私忌不聽誓御史劾之帝疑其罰下
尚書省議邁曰按大夫士將祭於公既視濯而父母死猶奉祭禮
散齊有大功喪致齊有朞喪齊有疾病聽還舍不奉祭無忌日不
受誓者雖今忌日與告且春秋不以家事辭王事今攝祭特命也
亘以常令拒特命執非所宜遂抵罪以本官同中書門下平章事
進中書侍郎時陸贄趙憬專大政邁居中治身循法無它過久之
暴眩省中輿還第詔大臣即問固乞骸骨罷爲太子賓客卒年六
十贈太子太傅邁每有功緦喪必容稱其服而情有加焉叔下邽
令休沐過家邁終日與羣子姓均指使無位貌之異再娶無子或
勸畜媵對曰兄弟之子猶子也可以主後所得稟賜皆賑孀舊
之乏其從父弟追喪還洛陽過都邁奏請往哭之盡哀時執政自
以宰相尊五服皆不過從問弔而邁獨不徇時議者重其仁而亮云

贊曰楊綰之德陸贄之賢而褒憬以爲憎何哉士固蔽於媢前然
主聽不一故秉以爲姦昔齊桓秦堅任管仲王猛興區區霸天下
蓋不以不肖者參之君臣相諒果難哉

李常趙崔齊盧列傳第七十五

關董袁趙竇列傳第七十六　唐書一百五十一

宋　祁　奉　敕　撰

關播字務元衞州汲人又進士第鄧景山節度淮南再署幕府遷右補闕與神策軍使王駕鶴爲姻家元載惡之出爲河南兵曹參軍事數試屬縣政異等陳少游鎮浙東淮南表爲判官攝滁州刺史李希烈叛少游屯淮上所在盜賊蝟奮播儲峙力給軍興人無愁苦楊綰常衮皆善播引爲都官員外郎德宗初湖南峒賊王國良驕劫州縣不可制詔播宣輯因得請事對殿中帝問政治之要播曰爲政之本要得有道賢人乃治帝曰朕比下詔求賢又遣使黜陟搜逮所遺須能者用之若何播曰陛下雖求賢又使舉薦然止得求名文辭士焉有有道賢人肯奉牒干舉選邪帝悅曰卿姑去還當更議播且言奉詔平賊有如不受命臣請發州兵討定之帝曰善及還再遷給事中故事諸司甲庫以令史直曹刓脫爲姦播悉易以士人時韙其法歷吏部侍郎帝求宰相盧杞雅知播卑柔可制因從容言播材任宰相其儒厚可鎮浮動乃拜中書侍郎同中書門下平章事政一決於杞嘗論事帝前播意不可遽起欲有所言杞目禁輒止退讓播曰以君寡言故至此奈何欲開口爭事邪播即喑畏毋敢與時李元平陶公達張愻劉承誡率輕薄子游播門下能侈言誕計以功名自喜播謂皆

將相材數請帝用之元平本宗室疏裔好論兵鄙天下士大夫無可者人人怨疾之李希烈叛帝以汝州據賊衝刺史疲軟不勝任播盛稱元平帝召見拜右補闕不數日檢校吏部郎中兼汝州别駕知州事元平始至募工築郛以隍希烈陰使亡命應募凡內數百人元平不寤賊遣將李克誠以精騎薄城募者內應縛元平馳見希烈遺矢於地希烈以其眇小無鬚戲克誠曰使爾取元平乃以其子來邪因嫚罵曰盲宰相使汝當我何待我淺邪偽署御史中丞播聞詫曰元平事濟矣謂必覆賊而建功也左右笑之無何偽署爲宰相有告其貳者元平斷一指自誓公達等以元平坐賊皆廢不用播從幸奉天盧杞白志貞已敗而播猶執政議者不平遂罷爲刑部尚書晏倫等白宰相不善謀使天子播越尚可尚書邪相與泣諸朝未幾知删定使初上元中詔擇古名將十人配享武成廟如十哲侑孔子播奏太公古賢臣今其下稱亞聖孔子十哲皆當時弟子今所配年世不同請罷之詔可貞元初檢校尚書右僕射持節送咸安公主降廻鶻虜人重其清遠遷兵部尚書以太子少師致仕斥賣車騎闔門不嬰外事卒年七十九贈太子太保始希烈死或言元平雖陷賊然有謀不克發乃貰死流珍州會赦還住剡中觀察使皇甫政表其至以發帝怒遂流死賀州

董晉字混成河中虞鄉人擢明經肅宗幸彭原上書行在拜秘書省校書郎待制翰林出從淮南崔圓府爲判官還朝累遷祠部郎中大曆中李涵持節送崇徽公主於回紇署晉判官回紇侍有功見使者倨因問歲市馬而唐歸我賄不足何也涵懼未及對晉輒曰我非無馬而與尒爲市爲尒賜者不已多乎尒之馬歲五至而邊有司數皮償貲天子不忘尒勞敕吏無得問尒反用是望我邪諸戎以我之尒與也莫敢確尒尒父子寧畜馬蕃非我則誰使衆皆南面拜不敢有言還遷秘書少監德宗立授太府卿不旬日爲左散騎常侍兼御史中丞知臺事出爲華州刺史朱泚反遣兵攻之晉棄華走行在改國子祭酒宣慰恒州還至河中而李懷光反晉說之曰朱泚爲臣而背其君苟得志於公何有且公位太尉泚雖寵公亦無以加彼不能事君能以臣事公乎公能事彼而有不能事君乎公敵賊有餘力若襲取之清宮以迎天子雖有大惡猶將掩焉如公則誰敢議懷光喜且泣晉亦泣又語其將卒皆拜故懷光雖倔彊亦不助泚帝還京師遷左金吾衛大將軍改尚書左丞是時元琇爲韓滉排得罪滉勢振朝廷晉見宰相誦元琇非罪士大夫壯其節貞元五年以門下侍郎同中書門下平章事方竇參得君裁可大事不關咨晉晉循謹無所駁異參欲以其弟申爲吏部侍郎諷晉以聞帝怒曰元乃參迫卿爲之邪晉謝且道所以然帝即問參過失晉亡敢隱由是參罷宰相晉懼恐上疏固辭位九年罷爲禮

部尚書以兵部尚書爲東都留守會宣武李萬榮病且死詔晉檢校尚書左僕射同中書門下平章事爲宣武節度副大使知節度事萬榮死鄧惟恭攝其軍晉受命不召兵惟幕府騶傔從之即日上道至鄭逆者不至人勸止以觀便宜晉不聽直造汴及郊惟恭始出迎謁既入即委以軍政无所改更衆服晉有躰莫測其謀始惟恭謀代萬榮故不遣吏以疑晉令不敢入及晉至情得則鞅鞅不能平汴士素驕怙亂嘗以勇士伏幕下早暮番休晉且罷之惟恭乃結大將相里重晏等謀亂晉覺之殺其黨械送惟恭京師帝録其勞赦之[illegible]秀貸死流汀州帝恐晉懦愞詔拜汝州刺史陸長源爲司馬以佐晉晉謙愿儉簡事多循仍故軍粗安長源持法峭刻數勸晉張綱紀晉初許之已而悉罷不用以財賦委孟叔度叔度爲人佻悅軍中惡之晉在軍凡五年卒年七十六贈太傅謚曰恭惠晉爲相也五月朔天子會朝公卿在廷侍中贊群臣賀晉攝中書令當傳詔疾作公卿相顧未有詔晉從容進曰攝中書令臣參病不能事臣請代參事南面宣致詔詞進退甚詳金吾將軍沈房有期喪公除當服入閣帝疑以問晉對曰故事朝官朞以下喪服總縞不復衣淺色南班亦如之又問晉冠冕之制對曰古者服冠冕以佩玉節步堂上接武堂下布武君前趨進而已今或奔走以致顛仆在式朝臣皆綾袍五品而上金玉帶所以盛飾以奉上故漢尚書

郎舍香老乘采服君父一也若秋服純縗亦非礼也帝然其言詔入閤官毋趨走期以下喪不得以條服會今群臣衣本品綾袍金玉帶自晉而復子溪字惟深亦擢明經三遷方年令討王承宗也擢度支郎中爲東道行營糧料使坐盜軍貲流封州至長沙賜死子居中書詩爲張籍所稱

陸長源者吳人字泳祖餘慶天寶中爲太子詹事有清譽長源瞻於李始辟昭義薛嵩幕府嵩修太常從容規切嵩曰非君安能爲此歷建信二州刺史韓滉兼領江淮轉運使辟署兼御史中丞以爲副入遷都官郎中復出汝州刺史遂從宣武政皆出司馬初欲峻法繩驕兵爲晉所持不克行而判官楊凝孟叔度等又苛細叔度淫縱數入倡家調笑嬉褻晉有所偷弛長源輒裁正之晉卒長源摠留後事大言曰將士久慢吾且以法治之衆始懼軍中請出幣帛爲晉制服不許固請止給其直叔度希望又償直以鹽乃高鹽直賤帛估人得鹽二斤舉軍大怒或勸長源曰故事有大變則厚賜士軍軍乃安長源曰異時河北賊以錢買戎卒取旌節吾不忍爲衆怒盜甚長源性剛不適變又不爲備纔八日軍乱殺長源及叔度等食其肉放兵大掠死之日有詔拜節度使遠近嗟悵贈尚書右僕射長源好諧易无威儀而清白自將去汝州送車二乘曰吾祖罷魏州有車一乘而圖書半之吾愧不及先人云長源死監軍俱文珍召宋

唐列七十六　三

州刺史劉全諒使摠後務全諒至其夜軍復乱殺大將及部曲五百人乃定帝即詔全諒檢校工部尚書宣武節度使全諒始名逸淮至是賜名本懷州武陟人也父客奴以行戍留籍幽州事平盧軍以材力顯開元中室韋首領段普恪數苦邊節度使薛楚玉使客奴單騎襲之斬首以歸畢卒伍拜左驍衛將軍爲遊弈使性謹樸數戰有功安祿山反詔以平盧節度副使呂知誨爲使賊遣韓朝陽誘之知誨即降賊害安東副都護馬靈詧客奴不平與諸將共殺知誨遣使與安東將王玄志相聞天寶十五載以客奴爲柳城郡太守攝御史大夫平盧節度使賜名正臣以玄志爲安東副大都護正臣遣使道海至平原與太守顔眞卿相結眞卿喜以子爲質而歸貲糧焉且請出師未至而眞卿棄平原乃還因襲范陽爲史思明所敗奔還玄志酖殺之全諒事劉玄佐爲牙將以勇果善騎射爲玄佐厚礼累兼御史中丞及玄佐子士寧代立疑宋州刺史翟良佐不附己揚言行部至則以全諒代之故汴將士多歸心焉視事凡八月卒贈尚書右僕射軍中立韓弘代節度云

袁滋字德深蔡州朗山人陳侍中憲之後彊學博記少依道州刺史元結讀書自解其義結重之後客荆郢間起學廬講授建中初黜陟使趙贊薦于朝起處士授試校書郎累辟張伯儀何士幹幕府進詹事府司直部官以盜金下獄滋直其冤御史中丞韋貞伯聞之表爲侍御史刑部大理覆獄人失其平憚滋守法固權勢以請滋終不署奏還工部員外郎韋皐始招來西南夷詔皐擇尋內屬德宗選郎吏可撫循者皆憚行至滋不辭帝嘉之擢祠部郎中兼御史中丞賜金紫持節往踰年還使有指進諫議大夫還尚書右丞知吏部選求外還爲華州刺史政清簡流民至者給地居之名其里曰義合繇是以慈惠爲本未嘗設條教民愛向之有犯令時時去外縱舍得盜賊或哀其窮出財爲償所亡召爲左金吾衛大將軍以揚於陵代之滋行者老遮道不得去於陵使諭曰吾不敢易袁公政人皆羅拜乃得去莫不流涕憲宗監國進拜中書侍郎同中書門下平章事劉闢反詔滋爲劍南兩川山南西道安撫大使至道以檢校吏部尚書平章事爲劍南東西川節度使是時賊方熾又滋兄峯在蜀爲闢所刼滋畏不得全久不進貶吉州刺史未幾徙義成節度使滑用武地東有淄青北魏博滋嚴備而推誠信務在懷來李師道田季安畏服之居七年百姓立祠祝祭以戶部尚書召改檢校兵部拜山南東道節度使徙荆南吳元濟之反滋言蔡兵勁与下同欲非朝夕討可下宜廣方略離潰其心及宿兵三年調發益屈詔出禁錢繼之滋揣天子且厭兵自表入朝欲議罷淮西事道聞蕭俛錢徽坐沮議黜去滋翻其謀更言必勝順可天子意乃得還俄而高霞寓敗帝

唐列七十六　四

思以因信傾賊且滋嘗去乃授彰義節度使僑治唐州又以滋儒者拜陽旻爲唐州刺史將其兵滋先世墳墓在蔡吳少陽時爲脩墓禁芻牧諸表多署右職累給之滋至治去斥候与元濟通好賊圖新興滋卑辭講解賊因是易滋不爲備時帝責戰急而滋至六月以無功貶撫州刺史未幾還湖南觀察使累封淮陽郡公卒年七十贈太子少保滋既病作遺令勑後事訖二年皆有條次性寬易与之接者皆自謂可見肺肝至家人不得見喜慍薄居處衣食能爲春秋嘗以劉惲悲甘陵賦褒善斥惡參春秋指然其文不可驟乃著後序工篆隸有古法子均右拾遺郊翰林學士

趙宗儒字秉文鄧州穰人八代祖彤後魏征南將軍父驊字雲卿少嗜學尚清鯁開元中擢進士第補太子正字調雷澤河東丞採訪使韋陟器之表置其府又爲陳留採訪使郭納支使安祿山陷陳留驊沒於賊時江西觀察使韋儇族妹坐其夫爲賊官不供賦沒爲婢驊哀之以錢贖歸厚爲資給賊平訪近屬歸之時人高其義驊以嘗陷賊貶晉江尉久之召拜左補闕還累尚書比部員外郎建中初遷秘書少監敦於交友行義不以夷險易操少与郟賁顔眞卿柳芳陸據蕭潁士李華邵軫善時爲語曰殷顔柳陸李蕭邵趙謂能全其交也驊位省郎衣食窶乏俸單寡諸子至徒步人爲忍美涇原兵反驊竄山谷

病死贈華州刺史宗儒第進士授校書郎判入等補陸渾主簿數月拜右拾遺翰林學士時父驊遷秘書少監德宗欲寵其門使一日並命再遷司勳員外郎貞元六年領考功事自至德後考績失實内外悉考中上殿最混淆至宗儒黜陟詳當無所回憚右司郎中獨孤良器殿中侍御史杜倫以過黜考右丞裴郁御史中丞盧佋降考中中凡入中上者纔五十人帝聞善之進考功郎中累遷給事中十二年以本官同中書門下平章事賜服金紫居二歲罷爲太子右庶子屏居慎靜奉朝請而已遷吏部侍郎召見勞曰知卿杜門六年故有此拜曩與先臣並命嘗念之邪宗儒俯伏流涕元和初檢校禮部尚書兼東都留守三遷至檢校吏部尚書荊南節度使歲完食戍二千人歷山南西道河中二鎮拜御史大夫改吏部尚書穆宗立詔先朝所召賢良方正委有司試宗儒建言應制而來者當天子臨問試有司非國舊典請罷之詔可俄檢校右僕射守太常卿太常有五方師子樂非大朝會不作帝嗜聲色官領教坊者乃移書取之宗儒不敢違以訴宰相宰相以事專有司不應關白以儒不職罷爲太子少師太和初進太子太傅文宗召訪政理對曰堯舜之化慈儉而已願陛下守之帝納其言六年授司空致仕卒年八十七冊贈司徒謚曰昭宗儒以文學歷將相位任崇劇然無儀矩以治生瑣碎失名

竇易直字宗玄京兆始平人擢明經補校書郎十年不應辟以判入等爲藍田尉累遷吏部郎中元和六年進御史中丞繇陝虢觀察使入爲京兆尹万年尉韓晤坐賕易直令官屬按之得贓三十万憲宗疑未盡詔覆治至三百万貶易直爲金州刺史久之起爲宣歙浙西觀察使長慶二年李介以汴州叛易直欲出庫財賞軍或謂給與無名必且生患乃止時江淮旱漕物淹積不能前軍士聞易直嚮言其部將王國清指漕貨激衆謀亂易直知之械國清送獄其黨數千群譟入獄篡取之欲大剽易直登樓令曰能誅亂者一級賞千万衆喜反縛爲亂者三百餘人易直悉斬之入爲戶部侍郎判度支四年同中書門下平章事轉門下侍郎封晉陽郡公即讓度支罷其俸三月有詔停判文宗立檢校尚書右僕射同平章事爲山南東道節度使入爲左僕射判太常卿事頃之檢校司空爲鳳翔節度使以疾還京師卒贈司徒謚曰恭惠易直以絜自喜方執政未嘗引用親黨初元和中鄭餘慶議僕射上儀不與隔品官亢禮易直爲中丞奏駮之及爲僕射乃自用隔品致恭爲時所笑子紃仕至渭南尉集賢校理妻父王涯被禍宦官知易直子得不死貶循州司戶參軍

贊曰關播舉李元平守汝州賊縛而臣之宰相不知人果可敗國德宗不以是責宰相幾喪天下晉懦弛苟安哉欲以自信偵賊迂暗之人烏可語功名會哉○卷終

張姜武李宋列傳第七十七　唐書一百五十二

端明殿學士翰林侍讀學士龍圖閣學士朝請大夫守尚書吏部侍郎充集賢殿脩撰臣宋祁奉
勅撰

張鎰字季權一字公度國子祭酒後胄五世孫也父齊丘朔方節度使東都留守鎰以蔭授左衞兵曹參軍郭子儀表爲元帥府判官遷累殿中侍御史乾元初華原令盧樅以公事譙責邑人齊令詵令詵官人也銜之構樅罪鎰按驗當免官有司承風以死論鎰不直之乃白其母曰今理樅樅免死而鎰坐貶嘿則負官貶則爲太夫人憂敢問所安母曰兒無累於道吾所安也遂執正其罪樅得流鎰貶撫州司戶參軍徙晉陵令江西觀察使張鎬表爲判官遷屯田右司二員外郎居母喪以孝聞不妄交游特與楊綰崔祐甫善大曆初出爲濠州刺史政條清簡延經術士講教生徒比去州升明經者四十人李靈耀反于汴鎰團閱鄉兵嚴守備有詔褒美擢侍御史兼緣淮鎮守使以最遷壽州刺史歷江西河中觀察

使不閱旬改汴滑節度使以病固辭詔留私第建中二年拜中書侍郎同中書門下平章事明年以兩河用兵詔省薄御膳及皇太子食物鎰因奏減堂飱錢及百官稟奉三分一以助用度時黜陟使裴伯言薦潞州處士田佐時詔除右拾遺集賢院直學士鎰以爲禮輕恐士不勸復詔州縣吏以絹百匹粟百石就家致聘佐時卒不至郭子儀婿太僕卿趙縱爲奴告下御史劾治而奴留内侍省鎰奏言貞觀時有奴告其主謀反者太宗曰謀反理不獨成尚當有佗人論之豈藉奴告耶乃著令奴告主者斬由是賤不得干貴下不得凌上教本既脩悖亂不萌頃者長安令李濟以奴得罪萬年令霍晏因婢坐譴輿臺下類主反畏之悖慢成風漸不可長建中元年五月辛卯詔書奴婢告主非謀叛者同自首法並準律論由是獄訴衰息今縱事非叛逆而奴留禁中獨下縱獄情所不猒且將帥功孰大於子儀家土僅乾兩婿前已得罪縱復繼之不數月斥其三婿假令縱實犯法事不緣奴尚宜録勳念亡以從

蕩宥況爲奴所懟耶陛下方貴武臣以討賊彼雖見寵一時不能忘懷於異日也帝納之貶繼循州司馬杖奴死鎰召子儀家僮數百暴示奴尸盧杞忌鎰剛直欲去之時朱泚以盧龍卒戍鳳翔帝擇人以代杞即謬曰鳳翔將校班秩素高非宰相信臣不可鎮撫臣宜行帝不許杞復曰陛下必以臣容貌葸陋不爲三軍所信恐後生變臣不敢自謀惟陛下擇之帝乃顧鎰曰文武兼資望重內外無易卿者其爲朕撫盧龍士乃以中書侍郎爲鳳翔隴右節度使鎰知爲杞陰中然辭窮因再拜受詔頃之與吐蕃相尚結贊盟清水約牛馬爲牲鎰恥與盟將末殺其禮乃紿語吐蕃以羊豕犬代之帝幸奉天鎰磬家貲將自獻行在而營將李楚琳者嘗事朱泚得其心軍司馬齊映等謀曰楚琳必爲亂乃遣屯隴州楚琳知之稽故未行鎰以帝在外心憂感謂已亟去不爲備楚琳夜率其黨王汭李卓牛僧伽等作亂齊映自竇出齊抗託傭皆免鎰縋城走不及遠與二子爲候騎所執楚琳殺之屬官王沼張元度柳遇郗先李繳皆死詔贈鎰太子太傅

姜公輔愛州日南人第進士補校書郎以制策異等授右拾遺爲翰林學士歲滿當遷上書以母老賴祿而養求兼京兆戶曹參軍事公輔有高材每進見敷奏詳亮德宗器之朱泚助田悅也以蠟裹書間道邀泚太原馬燧獲之泚不知也召還京師公輔諫曰陛下若不能坦懷待泚不如誅之養虎無自詒害不從俄而涇師亂帝自苑門出公輔叩馬諫曰泚嘗帥涇原得士心向以滔叛奪之兵居常怫鬱不自聊請馳騎捕取以從無爲羣凶得之帝倉卒不及聽既行欲駐鳳翔倚張鎰公輔曰鎰雖信臣然文吏也所領皆朱泚部曲漁陽突騎泚若立涇軍且有變非萬全策也帝亦記桑道茂言遂之奉天不數日鳳翔果亂殺鎰帝在奉天有言泚反者請爲守備盧杞曰泚忠正篤實柰何言其叛傷大臣心請百口保之帝知羣臣多勸泚奉迎乘輿者乃詔諸道兵距城一舍止公輔曰王者不嚴羽衞無以重威靈今禁旅單寡而士馬處外爲陛下危之帝曰善悉內諸軍泚兵果至如所言乃擢公輔諫議大夫同中書門下平章事帝徙梁唐安公主道薨主性仁孝許下嫁韋宥以播遷未克也帝悼之甚詔厚其葬公輔諫曰即平賊主必歸葬今行道宜從儉以濟軍興帝怒謂翰林學士陸贄曰唐安之葬不欲事塋壠令累甓爲浮圖費甚寡約不容宰相關預苟欲指朕過爾贄曰公輔官諫議職宰相獻替固其分本立輔臣朝夕納誨微而弼之乃其所也帝曰不然朕以公輔才不足以相而又自求解朕既許之內知且罷故賣直售名爾遂下遷太子左庶子以母喪解復爲右庶子久不遷陸贄爲相公輔數求官贄密謂曰竇丞相嘗言爲公擬官屢矣上輒不悅公輔懼請爲道士未報它日又言之帝問故公輔隱贄言以參語對帝怒黜公輔泉州別駕遣使賫詔讓參順宗立拜吉州刺史未就官卒憲宗時贈禮部尚書

武元衡字伯蒼曾祖載德則天皇后之族弟祖平一有名元衡舉進士累爲華原令畿輔鎮軍督將皆驕橫撓政元衡移疾去德宗欽其才召拜比部員外郎歲內三遷至右司郎中以詳整任職擢爲御史中丞嘗對延英帝目送之曰是眞宰相器順宗立王叔文使人誘以爲黨拒不納俄爲山陵儀仗使監察御史劉禹錫求爲判官元衡不與叔文滋不悅數日改太子右庶子會冊皇太子元衡贊相太子識之及即位是爲憲宗復拜中丞進戶部侍郎元和二年拜門下侍郎同中書門下平章事兼判戶部事帝素知元衡堅正有守故睠禮信任異它相浙西李錡求入覲既又稱疾欲賒其期帝問宰相鄭絪絪請聽之元衡曰不可錡自請入朝詔既許之而復不至是可否在錡陛下新即位天下屬耳目若姦臣得遂其私則威令去矣帝然之遽追錡而錡計窮果反是時蜀新定高崇文爲節度不知吏治帝難其代詔元衡檢校吏部尚書兼門下侍郎同平章事爲劍南西川節度使繇蕭縣伯封臨淮郡公帝御安福門慰遣之崇文去成都盡以金帛帟幕伎樂工巧行蜀幾爲空元衡至綏靖約束儉己寬民比三年上下完實蠻夷懷

歸雅性莊重雖淡於接物而開府極一時選八年召還秉政李吉
甫李絳數爭事帝前不叶元衡獨持正無所違附帝稱其長者吉
甫卒淮蔡用兵帝悉以機政委之王承宗上疏請赦吳元濟使人
白事中書悖慢不恭元衡叱去承宗怨數上章詆訕未幾入朝出
靖安里第夜漏未盡賊乘暗呼曰滅燭射元衡中肩復擊其左
股徒御格鬬不勝皆駭走遂害元衡批顱骨持去邏司傳譟盜殺
宰相連十餘里達朝堂百官恟懼未知主名少選馬逸還第中外
乃審知是日仗入紫宸門有司以聞帝震驚罷朝坐延英見宰相
哀慟爲再不食贈司徒謚曰忠愍詔金吾府縣大索或傳言曰無
搜賊賊窮必亂又投書於道曰毋急我我先殺汝故吏卒不窮捕
兵部侍郎許孟容言於帝曰國相橫尸路隅而盜不獲爲朝廷辱
帝乃下詔能得賊者賞錢千萬授五品官與賊謀及舍賊能自言
者亦賞有不如詔族之積錢東西市以募告者於是左神策將軍
王士則左威衛將軍王士平以賊聞捕得張晏等十八人言爲承

宗所遣皆斬之逾月東都防禦使呂元膺執淄青留邸賊門察訾
嘉珍自言始謀殺元衡者會晏先發故藉之以告師道而竊其賞
帝密誅之初京師大恐城門加兵誰何其偉狀異服燕趙言者皆
驗訊乃遣公卿朝以家奴持兵呵衛宰相則金吾彀騎導翼每過
里門搜索喧譁因詔寅漏上三刻乃傳點云從父弟儒衡
儒衡字廷碩姿狀秀偉不妄言與人交終始一節宰相鄭餘慶不
事華潔門下客多垢衣敗服獨儒衡上謁未嘗有所易以莊詞正
色見重於餘慶元衡歿帝待之益厚累遷戶部郎中知諫議大夫
事俄兼知制誥皇甫鎛以宰相領度支剝下以媚天子儒衡疏其
狀鎛自訴於帝帝曰乃欲報怨邪鎛不敢對儒衡論議勁正有風
節且將大用宰相令狐楚忌之會以狄兼謨爲拾遺楚自草制引
武后革命事盛推仁傑功以指切儒衡且沮止之儒衡泣見上曰
臣祖平一當天后時避仕終老不涉於累帝慰勉之自是薄楚爲
人也遷中書舍人時元稹倚宦官知制誥儒衡鄙猒之會食瓜蠅

集其上儒衡揮以扇曰適從何處來遽集於此一坐皆失色然以
疾惡太分明終不至大任以兵部侍郎卒年五十六贈工部尚書
李絳字深之系本贊皇擢進士宏辭補渭南尉拜監察御史元和
二年授翰林學士俄知制誥會李錡誅憲宗將輦取其貲絳與裴
垍諫曰錡僭侈誅求六州之人怨入骨髓今元惡傳首若因取其
財恐非遏亂略惠綏困窮者願賜本道代貧民租賦制可樞密使
劉光琦議遣中人持赦令賜諸道以裒饋餉絳請付度支鹽鐵急
遞以遣息取求之弊光琦引故事以對帝曰故事是邪當守之不
然當改可循舊哉帝嘗稱太宗玄宗之盛朕不佞欲庶幾二祖之
道德風烈無愧謚號不爲宗廟羞何行而至此乎絳曰陛下誠能
正身勵己尊道德遠邪佞進忠直與大臣言敬而信無使小人參
焉與賢者游親而禮無使不肖與焉去官無益於治者則材能出
斥宮女之希御者則怨曠銷將帥擇士卒勇矣官師公吏治輯矣
法令行而下不違教化篤而俗必遷如是可與祖宗合德號稱中

興夫何遠之有言之不行無益也行之不至無益也帝曰美哉斯
言朕將書諸紳即詔絳與崔羣錢徽韋弘景白居易等搜次君臣
成敗五十種爲連屏張便坐帝每閱視顧左右曰而等宜作意勿
爲如此事是時盛興安國佛祠倖臣吐突承璀請立石紀聖德焉
營構華廣欲使絳爲之頌將遺錢千萬絳上言陛下蕩積習之弊
四海延頸望德音忽自立碑示人以不廣易稱大人與天地合德
謂非文字所能盡若今可述是陛下美有分限堯舜至文武皆不
傳其事惟秦始刻嶧山揚暴誅伐巡幸之勞失道之君不足爲法
今安國有碑若敍游觀即非治要述崇飾又非政宜請罷之帝怒
絳伏奏愈切帝悟曰微絳我不自知命百牛倒石令使者勞諭絳
襄陽裴均違詔書獻銀壺甕數百具絳請歸之度支示天下以信
帝可奏仍赦均罪時議還盧從史昭義已而將復召之從史以軍
無見儲爲解李吉甫謂鄭絪漏其謀帝召絳議欲逐絪絳爲開白
乃免絳見浴堂殿帝曰比諫官多朋黨論奏不實皆陷謗訕欲黜

其尤者若何絳曰此非陛下意必憸人以此熒誤上心自古納諫
昌拒諫亡夫人臣進言於上豈易哉君尊如天臣卑如地加有雷
霆之威彼晝度夜思始欲陳十事俄而去五六及將以聞則又懼
而削其半故上達者財十二何哉干不測之禍顧身無利耳雖開
納獎勵尚恐不至今乃欲譴訶之使直士杜口非社稷利也帝曰
非卿言我不知諫之益初承璀討王承宗議者皆言古無以官人
統師者絳當制書固爭帝不能奪止詔宰相授敕承璀果無功還
加開府儀同三司絳奏承璀喪師當抵罪今寵以崇秩後有奔軍
之將蹈利干賞陛下何以懲之又數論宦官橫肆方鎮進獻等
事自知言切且斥去悉取內署所上疏稾焚之以俟命帝果怒絳
謝曰陛下憐臣愚處之腹心之地而惜身不言乃臣負陛下若上
犯聖顏旁忤貴倖因而獲罪乃陛下負臣於是帝動容曰卿告朕
以人所難言者疾風知勁草卿當之矣遂繇司勳郎中進中書舍
人翌日賜金紫親擇良笏與之且曰異時膺顧託爾亦當如此絳

頓首烏重胤縛盧從史而承璀牒署昭義留後絳曰澤潞據山東
要害磁邢洺跨兩河間可制其合從今孽豎就禽方收威柄遽以
偏將莅本軍綱紀大紊矣河南北諸鎮謂陛下啗以官爵使逐其
帥其肯默然哉宜以孟元陽爲澤潞而以重胤節度三城兩河諸
侯聞之必欣然帝從之張茂昭舉族入覲絳上言任迪簡既往代
則士之從茂昭皆爲定人宜亟授以官且遣使者詔其麾下皆聽
茂昭節度有詔拜河中節度使會迪簡以帑廥匱竭稍簡罷士之
疲老者人情不安迪簡亦危絳請斥禁帑縑十萬以濟事機帝從少
誠病甚絳建言淮西地不與賊接若朝廷命帥今乃其時有如阻
命則決可討矣然鎮蔡不可并取願赦承宗趣并蔡功時江淮大
旱帝下赦令有所蠲弛絳言江淮流亡所貸未廣而宮人猥積有
怨曠之思當大出之以省經費嶺南之俗鬻子爲業可聽非券劑
取直者如掠賣法敕有司一切苛止帝皆順納後閱月不賜對絳
謂大臣持祿不敢諫小臣畏罪不敢言管仲以爲害霸最甚今臣

等飽食不言無履危之患自爲計得矣顧聖治如何有詔明日對
三殿帝嘗畋苑中至蓬萊池謂左右曰絳嘗以諫我今可返也其
見禮憚如此帝怪前世任賢以致治今無賢可任何耶對曰聖王
選當代之人極其才分自可致治豈借賢異代治今日之人哉天
子不以己能蓋人痛折節下士則天下賢者乃出帝曰何知其必
賢而任之對曰知人誠難堯舜以爲病然循其名驗以事所得十
七夫任官而辨廉措事不阿容無希望依違之辭無邪媚愉悅之
容此近於賢矣賢則當任任則當久賢者中立而寡助舉其類則
不肖者怨杜邪徑則懷姦者疾一制度則貴戚毀傷正過失則人
君跡忌夫然用賢豈容易哉帝曰卿言得之矣六年罷學士遷戶
部侍郎判本司帝以戶部故有獻而絳獨無有何哉答曰凡方鎮
有地則有賦或嗇用度易羨餘以爲獻臣乃爲陛下謹出納烏有
羨贏哉若以爲獻是從東庫物實西庫進官物結私恩帝矍然悟
帝每有詢訪隨事補益所言無不聽欲遂以相而承璀寵方盛忌

其進陰有毀短帝乃出承璀淮南監軍翌日拜絳中書侍郎同中
書門下平章事封高邑男方江淮歲儉民荐飢有御史使還奏不
爲災帝以語絳荅曰方隅皆陛下大臣奏執不實而御史苟悅陛
下耳凡君人者當任大臣無使小臣得以間願出其名顯責之李
吉甫嘗盛贊天子威德帝欣然絳獨曰陛下自視今日何如漢文
帝時帝曰朕安敢望文帝對曰是時賈誼以爲措火積薪下火未
及然因以爲安其憂如此今法令所不及者五十餘州西戎內訌
近以涇隴爲鄙去京師遠不千里烽燧相接也加比水旱無年倉
廩空虛誠陛下焦心銷志求濟時之略渠便高枕而卧哉帝入謂
左右曰絳言骨鯁真宰相也遣使者賜酴醿酒魏博田季安死
子懷諫弱軍中請襲節度吉甫議討之絳曰不然兩河所懼者部
將以兵圖己也故委諸將總兵皆使力敵任均以相維制不得爲
變若主帥彊則足以制其命令懷諫乳臭不能事必假權于人
權重則怨生向之權力均者將起事生患矣衆所歸必在寬厚簡

易軍中素所愛者彼得立不倚朝廷亦不能安惟陛下蓄威以俟之俄而田興果立以魏博聽命帝大悅吉甫復請命中人宣慰因刺其變絳議所宜絳獨謂不如推誠撫納即假旄節它日使者持三軍表來請與興則制在彼不在此可奏與特授安得同哉然帝重違吉甫故詔張忠順持節往而授與留後絳固請曰如興萬有一不受命即姑息復如向時矣由是即拜興節度使絳復曰王化不及魏博久矣一日挈六州來歸不大犒賞人心不激請斥禁錢百五十萬緡賜其軍有言太過者絳曰假令舉十五萬衆朞歲而得六州計所轉給三倍于費今興天挺忠義首變汙俗破兩河之膽可嗇小費隳機事哉從之帝患朋黨以問絳荅曰自古人君最惡者朋黨小人揣知故常藉口以激怒上心朋黨者尋之則無跡言之則可疑小人常以利動不顧忠義君子者遇主知則進疑則退安其位不爲它計故常爲姦人所乘夫聖人同跡賢者求類是同道也非黨也陛下奉遵堯舜禹湯之德豈謂上與數千年君爲

黨耶道德同耳漢時名節骨鯁士同心愛國而宦官小人疾之起黨錮之獄訖亡天下趨利之人常爲朋比同其私也守正之人常遭構毀違其私也小人多譖言常勝正人少直道常不勝可不戒哉絳居中介特尤爲左右所不悅遂因以自明王播爲鹽鐵使而事月進絳曰比禁天下正賦外不得有它獻而播妄名羨餘不出祿稟家貲願悉付有司帝曰善訖絳在位獻不入禁中吐蕃犯涇州掠人畜絳因言濱塞虛籍多實兵少今京西北神策鎮軍本防盛秋坐卬衣食不使戰事至之日乃先稟中尉夫兵不內御要須應變失毫釐差千里請分隸本道則號令齊一前戰不還踵矣然士卒樂兩軍姑息宦者以爲言議遂寢嘗盛夏對延英帝汗浹衣絳欲趨出帝曰朕宮中所對惟宦官女子欲與卿講天下事乃其樂也絳或無所論諍帝輒詰所以然又言公等得無有姻故冗食者當爲惜官吉甫權德輿皆稱無有絳曰崔祐甫爲宰相不半歲除吏八百人德宗曰多公姻故何耶祐甫曰所問當與不當耳非

臣親舊孰知其才其不知者安敢與官時以爲名言武后命官猥多而開元中有名者皆出其選古今言拔十得五猶得其半若情故自嫌非聖主責成意帝曰誠然在至當而已帝又問玄宗開元時致治天寶則亂何一君而相反耶絳曰治生於憂危亂生於放肆玄宗嘗歷試官守知人之艱難臨御初任用姚崇宋璟勵精聽納故左右前後皆正人也洎林甫國忠得君專引傾邪之人分總要劇於是上不聞直言嗜欲日滋內則盜臣勸以興利外則武夫誘以開邊天下騷動故祿山乘隙而奮此皆小人啓導從逸而驕繫時主所行無常治亦無常亂帝曰凡人舉事病不通於理追咎其失古人處此有道耶絳曰事或過差聖哲所不免天子有諫臣所以救過上下同體猶手足之於心膂交相爲用但矜能護失常情所蔽聖人改過不吝願陛下以此處之教坊使稱密詔閱良家子及別宅婦人內禁中京師囂然絳將入言于帝吉甫曰此諫官所論列絳曰公嘗病諫官論事此難言者欲移之耶吉甫乃欲諷詔

使止之絳以吉甫畏不敢諫遂獨上疏帝曰朕以丹王等無侍者比命訪閭里以貲致之彼不諭朕意故至譁擾乃悉歸所取以足疾求免罷爲禮部尚書帝乃召承璀於淮南絳雖去位猶懷不能已因上言北虜方彊其憂有五彼蔑信重利歲入馬求直今則置不取當貯佗謀一也屯士不足斥候不明城無完堞非可應卒二也今之營築不詢衆謀遠規塞外城非要地虜一入寇應援艱阻三也比年通好往來窺覘河山兵甲悉知之矣若寇掠驅脅擾兵非十日不至既至虜去兵罷復來四也北狄西戎久爲仇敵今回鶻思叛脫相連約數道並進何以過之五也十年出爲華州刺史承璀田多在部中主奴擾民絳捕繫之會遣五坊使帝戒曰至華宜自戢絳大臣有奏即行法矣州有捕鶻戶歲責貢限絳以爲言并勸止畋獵有詔澤潞太原天威府并罷之入爲兵部尚書母喪免還授河中觀察使河中故節制而皇甫鏄惡絳故薄其恩議者不直鏄得罪復以兵部召遷御史大夫穆宗數游畋絳率其屬

叩延英切諫不納以疾辭還兵部尚書歷東都留守徙東川節度使復爲留守寶曆初拜尚書左僕射絳偉儀質以直道進退望冠一時賢不肖太分屢爲讒邪所中御史中丞王璠遇絳於道不之避絳引故事論列宰相李逢吉右璠下遷絳太子少師分司東都文宗立召爲太常卿以檢校司空爲山南西道節度使累封趙郡公四年南蠻寇蜀道詔絳募兵千人往赴不半道蠻已去兵還監軍使楊叔元者素疾絳遣人迎說軍曰將收募直而還爲民士皆怒乃譟而入劫庫兵絳方宴不設備遂握節登陴或言縋城可以免絳不從牙將王景延力戰歿絳遂遇害年六十七幕府趙存約薛齊皆死事聞諫官崔戎等列絳寃冊贈司徒諡曰貞賻禮甚厚景延亦贈官祿一子大中初詔史官差第元和將相圖形淩煙閣絳在焉獨留中絳所論事萬餘言其甥夏侯孜以授蔣偕次爲七篇

子璋字重禮大中初擢進士第辟盧鈞太原幕府遷監察御史奏太廟祫享復用宰相攝事進起居郎舊制設次郊丘太僕盤車載樂召羣臣臨觀璋奏罷之咸通中累官尚書右丞湖南宣歙觀察使

宋申錫字慶臣史失其何所人少而孤擢進士第累辟節度府後頻遷起居舍人以禮部員外郎爲翰林學士敬宗時拜侍講學士長慶寶曆間風俗囂薄騶娟朋黨申錫素孤直少與及進用議者謂可以激浮競文宗即位再轉中書舍人復爲翰林學士帝惡宦官權寵震主再致宮禁之變而王守澄典禁兵偃蹇放肆欲翦除本根思可與決大議者察申錫忠厚因召對俾與朝臣謀去守澄等且商以執政申錫頓首謝未幾拜尚書右丞踰月進同中書門下平章事乃除王璠京兆尹密諭帝旨璠漏言而守澄黨鄭注得其謀大和五年遣軍候豆盧著誣告申錫與漳王謀反守澄持奏俗堂將遣騎二百屠申錫家宦官馬存亮爭曰謀反者獨申錫耳當召南司會議不然京師跂足亂矣守澄不能對時二月晦羣司皆休中人馳召宰相馬奔之死於道易所乘以復命申錫與牛僧孺路隋李宗閔至中書中人唱曰所召無宋申錫申錫始知得罪望延英門以笏叩頭還第僧孺等見上出著告牒皆駭愕不知所對守澄捕申錫親吏張全真家人買子縁信及十六宅典史劾成其罪帝乃罷申錫爲太子右庶子召三省官御史中丞大理卿京兆尹合中書集賢院雜驗申錫反狀京師譁言相驚久乃定翌日延英召宰相羣官悉入初議抵申錫死僕射竇易直率然對曰人臣無將將而必誅聞者不然於是左散騎常侍崔玄亮給事中李固言諫議大夫王質補闕盧鈞舒元褒羅泰蔣係裴休韋宗直韋溫拾遺李羣韋端符丁居晦袁都等伏殿陛請以獄付外帝震怒叱曰吾與公卿議矣卿屬第出玄亮固言執據愈切涕泣懇到繇是議貸申錫於嶺表京兆尹崔琯大理卿王正雅苦請出著與申錫劾正情狀帝悟乃貶申錫開州司馬從而流死者數十百人天下以爲冤擢豆盧著兼殿中侍御史初申錫既歸易素服俟命外舍其妻責謂曰公何負天子乃反乎申錫曰吾起孤生位

宰相蒙國厚恩不能鉏姦亂反爲所陷我豈反者乎初申錫以清節進疾要位者納賕餉敗風俗故自爲近臣凡四方賄謝一不受既被罪有司驗劾悉得所還問遺書朝野爲咨閔然在宰府無它謀略七年感憤卒有詔歸葬開成元年李石因延英召對從容言曰陛下之政皆承天心惟申錫之枉久未原雪帝慙曰我當時亦悟其失而詐忠者迫我以社稷計故耳使逢漢昭宣時當不坐此因追復右丞同中書門下平章事贈兵部尚書録其子慎微爲城固尉會昌二年賜諡曰貞

贊曰鎰元衡景忠王室絳巨德大臣皆爲賊姦所乘不殁元身蓋福善禍淫之訓有時而梲雖然賢者於忠誼寧以一不幸遽使懈然於其心哉要躬可殞而名與岱崧等矣公輔隙開而猶納說焉申錫謀小任大顚沛從之惜乎

張姜武李宋列傳第七十七

段顔列傳第七十八　　唐書一百五十三

端明殿學士兼翰林侍讀學士龍圖閣學士朝請大夫守尚書吏部侍郎充集賢殿脩撰臣宋祁奉
敕撰

段秀實字成公，本姑臧人。曾祖師濬，仕為隴州刺史，留不歸，更為汧陽人。秀實六歲，母疾病，不勺飲至七日，病間乃肯食，時號孝童。及長，沈厚能斷，慨然有濟世意。舉明經，其友易之，秀實曰：「搜章擿句，不足以立功。」乃棄去。天寶四載，從安西節度使馬靈詧討護密，有功，授安西府別將。靈詧罷，又事高仙芝。仙芝討大食，圍怛邏斯城，會虜救至，仙芝兵卻，士相失。秀實夜聞副將李嗣業聲，識之，因責曰：「憚敵而奔，非勇也；免己陷衆，非仁也。」嗣業慙，乃與秀實收散卒，復成軍，還安西，請秀實為判官。遷隴州大堆府果毅。後從封常清討大勃律，次賀薩勞城，與虜戰，勝之。常清逐北，秀實曰：「賊出羸師餌我也，請大索。」悉得其虜伏，虜師殪。改綏德府折衝都尉。肅宗在靈武，詔嗣業以安西兵五千走行在，節度使梁宰欲逗留觀變，嗣業陰然可。秀實責謂曰：「天子方急，臣下乃欲晏然，公常自稱大丈夫，今誠兒女耳。」嗣業因固請宰，遂東，師以秀實為副。嗣業為節度使，而秀實方居父喪，表起為義王友，充節度判官。安慶緒奔鄴，嗣業與諸將圍之，以輜重委河內，署秀實兼懷州長史，知州事，兼留後。時師老財乏，秀實督饋係道，募士市馬以助軍。諸軍戰愁思岡，嗣業中流矢卒，衆推荔非元禮代將其軍。秀實聞之，即遺白孝德書，使發卒護喪送河內，親與將吏迎諸境，傾私財葬之。元禮高其義，奏擢試光祿少卿。俄而元禮為麾下所殺，將佐多死，惟秀實以恩信為士卒所服，皆羅拜不敢害，更推白孝德為節度使。秀實凡佐三府，益知名。時吐蕃襲京師，代宗幸陝，勸孝德即日鼓行入援。孝德徙邠寧，署支度營田副使。於是邠寧乏食，乃請屯奉天，仰給畿內。時公廩竭，縣吏不知所出，皆逃去。軍輒散剽，孝德不能制。秀實曰：「使我為軍候，豈至是！」邠司馬王稷言之，遂知奉天行營事。號令嚴壹，軍中畏戢。兵還，孝德薦為涇州刺史，封張掖郡王。

時郭子儀以副元帥居蒲，子晞以檢校尚書領行營節度使，屯邠州，士放縱不法，邠人之嗜惡者納賄竄名伍中，因肆志，吏不得問。白晝羣行丐頡於市，有不嗛，輒擊傷市人，椎釜鬲甕盎盈道，至撞害孕婦。孝德不敢劾。秀實自州以狀白府，願計事。至則曰：「天子以生人付公治，公見人被暴害，恬然，且大亂，若何？」孝德曰：「願奉教。」因請曰：「秀實不忍人無寇暴死，亂天子邊事，公誠以為都虞候，能為公已亂。」孝德即檄署。俄而晞士十七人入市取酒，刺酒翁，壞釀器。秀實列卒取之，斷首置槊上，植市門外。一營大譟，盡甲。孝德恐，召秀實曰：「柰何？」秀實曰：「請辭於軍。」乃解佩刀，選老躄一人持馬，至晞門下。甲者出，秀實笑且入曰：「殺一老卒，何甲也？吾戴頭來矣。」甲者愕眙。因曉之曰：「尚書固負若屬邪？副元帥固負若屬邪？柰何欲以亂敗郭氏？」晞出，秀實曰：「副元帥功塞天地，當務始終。今尚書恣卒為暴，使亂天子邊，欲誰歸罪？罪且及副元帥。今邠惡子弟以貨竄名軍籍中，殺害人，藉藉如是，幾日不大亂？亂由尚書出，人皆曰尚書以副元帥故不戢士，然則郭氏功名其與存者有幾？」晞再拜曰：「公幸教晞，願奉軍以從。」即叱左右皆解甲，令曰：「敢讙者死！」秀實曰：「吾未晡食，請設具。」已食，曰：「吾疾作，願宿門下。」遂卧軍中。晞大駭，戒候卒擊柝衞之。旦，與俱至孝德所謝不能，邠由是安。

初，秀實為營田官，涇大將焦令諶取人田，自占給與農，約熟歸其半。是歲大旱，農告無入，令諶曰：「我知入不知旱也。」責之急，農無以償，往訴秀實。秀實署牒免之，因使人遜諭令諶。令諶怒，召農責曰：「我畏段秀實邪？」以牒置背上，大杖擊二十，輿致廷中。秀實泣曰：「乃我困汝。」即自裂裳裹瘡，注藥，賣己馬以代償。淮西將尹少榮，頗剛鯁，入罵令諶曰：「汝誠人乎？涇州野如赭，人飢死，而爾必得穀，擊無罪者。段公仁信大人，惟一馬，賣而市穀入汝，汝取之不恥。凡為人傲天災、犯大人、擊無罪者，尚不愧奴隸邪！」令諶聞，大愧流汗，曰：「吾終不可以見段公。」一夕自恨死。馬璘代孝德，每所咨逮，璘處決不當，固爭之，不從不止。始璘城涇州，秀實為留後，以勞加御史中

丞大曆三年遂徙涇州是軍自四鎮北庭赴難征伐數有功既驟
徙相與出怨言别將王童之謀作亂約曰聞警鼓而縱秀實知之
召鼓人陽怒失節戒曰每籌盡當報因延數刻盡四鼓而曙明日
復有告者曰夜焚高槀積約救火則亂秀實嚴警備夜中果火發令
軍中曰敢救者斬童之居外請入不許明日捕之并其黨八人斬以
徇曰後徙者族軍遂遷涇州于時倉無久儲郭無居人朝廷患之
詔璘領鄭潁二州以佐軍命秀實爲留後軍不乏資二州以治璘
嘉其績奏爲行軍司馬兼都知兵馬使吐蕃寇邊戰鹽倉師不
利璘爲虜隔未能還都將引潰兵先入秀實讓曰兵法失將麾下
斬公等忘死而欲安其家邪乃悉城中士使銑將統之依東原列
奇兵示賊將戰虜望之不敢逼俄而璘得歸久之璘有疾請秀
實攝節度副使秀實按甲備變璘卒命愿將馬頔主喪李漢惠
主賓客家人位於堂宗族位於廷賓將位於牙内尉吏士卒位於
營次非其親不得居喪側朝夕臨三日止有族談離立者皆捕囚

之都虞候史廷幹裨將崔珍張景華欲謀亂秀實送廷幹京
師徙珍景華守外一軍遂安即拜四鎮北庭行軍涇原鄭潁節度
使數年吐蕃不敢犯塞又按格令官使二料取其一非公會不舉
樂飲酒室無妓媵無贏財賓佐至議軍政不及私十三年來朝對
蓬萊殿代宗問所以安邊者畫地以對件别條陳帝悦慰賚良
渥又賜第一區實封百戶還之鎮德宗立加檢校禮部尚書建中
初宰相楊炎追元載議欲城原州詔中使問狀秀實言方春不可
興土功請須農隙炎謂沮己遂召爲司農卿朱泚反以秀實失兵
必恨憤且素有人望使騎往迎秀實與子弟訣而入泚喜曰公來
吾事成矣秀實曰將士東征宴賜不豐有司過耳人主何與知公
本以忠義聞天下今變起蒼卒當諭衆以禍福掃清宫室迎乘輿
公之職也泚默然秀實知不可乃陽與合陰結將軍劉海賓姚令
言都虞候何明禮欲圖泚三人者皆秀實素所厚會源休教泚
僞迎天子遣將韓旻領銳師三千疾馳奉天秀實以爲宗杜之危

不容喘乃遣人諭大吏岐靈岳竊取令言印不獲乃倒用司農印
追其兵旻至駱驛得符還秀實謂海賓曰旻之來吾等無遺類我
當直搏殺賊不然則死乃約事急爲繼而令明禮應於外翌日泚
召秀實計事源休姚令言李忠臣李子平皆在坐秀實戎服與休
並語至僭位勃然起執休腕奪其象笏奮而前唾泚面大罵曰狂
賊可磔萬段我豈從汝反邪遂擊之泚舉臂捍笏中顙流血幭面
匍匐走賊衆未敢動而海賓等無至者秀實大呼曰我不同反胡
不殺我遂遇害年六十五海賓明禮靈岳等皆繼爲賊害帝在奉
天恨用秀實不極才垂涕悔悵初秀實自涇州被召戒其家曰若
過岐朱泚必致贈遺愼毋納至岐泚固致大綾三百家人拒不遂
至都秀實怒曰吾終不以汙吾第以置司農治堂之梁間吏後以
告泚泚取視其封帕完新秀實嘗以禁兵寡弱不足備非常言
於帝曰古者天子曰萬乘諸侯曰千乘大夫曰百乘蓋以大制小
以十制一今外有不廷之虜内有梗命之臣而禁兵寡少卒有患

難何以待之且猛虎所以百獸畏者爲爪牙也若去之則犬彘馬
牛皆能爲敵帝不用及涇卒亂召神策六軍無一人至者世多其
謀興元元年詔贈太尉謚曰忠烈賜封戶五百莊第各一區長子
三品諸子五品並正員官帝還都又詔致祭旌其門閭親銘其碑
云大和中子伯倫始立廟有詔給鹵簿賜度支綾絹五百以少牢
致祭伯倫累官福建觀察使終太僕卿時宰相李石請文宗加贈
檖鄭覃曰自古殺身利社稷未有如秀實者帝惻然爲罷朝可其
請孫嶷文楚珂知名嶷自鄭滑節度使入爲右金吾衛大將軍封
西平郡公甘露之變嶷當誅裴度奏忠臣後宜免死貶循州司馬
文楚咸通末爲雲州防禦使時李國昌鎮振武國昌子克用欲得
雲中引兵攻之殺於鬭雞臺下沙陀之亂自此始珂僖宗時居潁
州黄巢圍潁刺史欲以城降珂募少年拒戰衆裹糧請從賊遂
潰拜州司馬劉海賓者彭城人以義俠聞爲涇原兵馬將與秀實
友善累戰功兼御史中丞劉文喜據涇州叛海賓與其子光國紿

以奏請及入對因言姦慝可誅狀既還光國手斬文喜獻闕下拜
左驍衛大將軍封五原郡王海賓樂平郡王贈太子太保實封
百戶
顏眞卿字淸臣祕書監師古五世從孫少孤毋殷躬加訓道既長
博學工辭章事親孝開元中舉進士又擢制科調醴泉尉再遷
監察御史使河隴時五原有冤獄久不決天且旱眞卿辨獄而雨
郡人呼御史雨復使河東劾奏朔方令鄭延祚毋死不葬三十年
有詔終身不齒聞者聳然遷殿中侍御史時御史吉溫以私怨構
中丞宋渾謫賀州眞卿曰柰何以一時忿欲危宋璟後乎宰相楊
國忠惡之諷中丞蔣冽奏爲東都採訪判官再轉武部員外郎
國忠終欲去之乃出爲平原太守安祿山逆狀牙孽眞卿度必反
陽託霖雨增陴濬隍料才壯儲廥廩日與賓客泛舟飲酒以紓祿
山之疑果以爲書生不虞也祿山反河朔盡陷獨平原城守具備
使司兵參軍李平馳奏玄宗始聞亂歎曰河北二十四郡無一忠臣

邪及平至帝大喜謂左右曰朕不識眞卿何如人所爲乃若此時
平原有靜塞兵三千乃益募士得萬人遣錄事參軍李擇交統之
以刁萬歲和琳徐浩馬相如高抗朗等爲將分總部伍大饗士城
西門慷慨泣下衆感勵饒陽太守盧全誠濟南太守李隨淸河長
史王懷忠景城司馬李暐鄴郡太守王燾各以衆歸有詔北海太
守賀蘭進明率精銳五千濟河爲助賊破東都遣段子光傳李
憕盧弈蔣淸首徇河北眞卿畏衆懼給諸將曰吾素識憕等其
首皆非是乃斬子光藏三首它日結芻續體斂而祭爲位哭之是
時從父兄杲卿爲常山太守斬賊將李欽湊等淸土門十七郡同
日自歸推眞卿爲盟主兵二十萬絕燕趙詔即拜戶部侍郎佐李
光弼討賊眞卿以李暐自副而用李銑賈載沈震爲判官俄加河
北招討採訪使淸河太守使郡人李崿來乞師崿曰聞公首奮裾
唱大順河朔恃公爲金城淸河西鄰也有江淮租布備北軍號天
下北庫計其積足以三平原之有士卒可以二平原之衆公因而

撫有以爲腹心它城運之如臂之指耳眞卿爲出兵六千謂曰吾
兵已出子將何以教我崿曰朝家使程千里統衆十萬自太行而
東將出崞口限賊不得前公若先伐魏郡斬賊守袁知泰以勁兵
披崞口出官師使討鄴幽陵平原淸河合十萬衆徇洛陽分犀銳
制其衝公堅壁勿與戰不數十日賊必潰相圖死眞卿然之乃檄
淸河等郡遣大將李擇交副將范冬馥和琳徐浩與淸河博平士
五千屯堂邑袁知泰遣將白嗣深乙舒蒙等兵二萬拒戰賊敗斬
首萬級知泰走汲郡史思明圍饒陽遣游弈兵絕平原救軍眞卿
懼不敵以書招賀蘭進明以河北招討使讓之進明敗於信都會
平盧將劉正臣以漁陽歸眞卿欲堅其意遣賈載越海遺軍資十
餘萬以子頗爲質頗甫十歲軍中固請留之不從肅宗已即位靈
武眞卿數遣使以蠟丸裹書陳事拜工部尚書兼御史大夫復爲
河北招討使時軍費困竭李崿勸眞卿收景城鹽使諸郡相輸用
度遂不乏第五琦方參進明軍後得其法以行軍用饒雄祿山乘

虛遣思明尹子奇急攻河北諸郡復陷獨平原博平淸河固守然
人心危不復振眞卿謀於衆曰賊銳甚不可抗若委命辱國非計
也不如徑赴行在朝廷若誅敗軍罪吾死不恨至德元載十月棄
郡度河閒關至鳳翔謁帝詔授憲部尚書遷御史大夫方朝廷草
昧不暇給而眞卿繩治如平日武部侍郎崔漪諫議大夫李何忌
皆被劾斥降廣平王總兵二十萬平長安辭日當闕不敢乘馬趨
出梐枑乃乘王府都虞候管崇嗣先王而騎眞卿劾之帝還奏慰
答曰朕子每出諄諄教戒故不敢失崇嗣老而躄卿姑容之百官
肅然兩京復帝遣左司郎中李選告宗廟祝署嗣皇帝眞卿謂禮
儀使崔器曰上皇在蜀可乎器遽奏改之帝以爲達識又建言春
秋新宮災魯成公三日哭今太廟爲賊毀請築壇於野皇帝東向
哭然後遣使不從宰相厭其言出爲馮翊太守轉蒲州刺史封丹
楊縣子爲御史唐旻誣劾貶饒州刺史乾元二年拜浙西節度使
劉展將反眞卿豫飭戰備都統李峘以爲生事非短眞卿因召爲

刑部侍郎展卒舉兵度淮而西奔江西李輔國遷上皇西宮眞卿率百官問起居輔國惡之貶蓬州長史代宗立起爲利州刺史不拜再遷吏部侍郎除荆南節度使未行改尚書右丞帝自陝還眞卿請先謁陵廟而即宮宰相元載以爲迂眞卿怒曰用捨在公言者何罪然朝廷事豈堪公再破壞邪載銜之俄以檢校刑部尚書爲朔方行營宣慰使未行留知省事更封魯郡公時載多引私黨畏羣臣論奏乃紿帝曰羣臣奏事多挾讒毀請每論事皆先白長官長官以白宰相宰相詳可否以聞眞卿上疏曰諸司長官者達官也皆得專達於天子郎官御史陛下腹心耳目之臣也故出使天下事無細大得失皆俾訪察還以聞此古明四目達四聰也今陛下欲自屏耳目使不聰明則天下何望焉詩曰營營青蠅止于棘讒言罔極交亂四國以其能變白爲黑變黑爲白也詩人疾之故曰取彼讒人投畀豺虎豺虎不食投畀有北昔夏之伯明楚之無極漢之江充皆讒人也陛下惡之宜矣胡不回神省察其

言虛誣則讒人也宜誅殛之其言不誣則正人也宜獎勵之捨此不爲使衆人謂陛下不能省察而倦聽覽以是爲辭臣竊惜之昔太宗勤勞庶政其司門式曰無門籍者有急奏令監司與仗家引對不得關礙防壅蔽也置立仗馬二須乘者聽此其平治天下也天寶後李林甫得君羣臣不先咨宰相輒奏事者託以他故中傷之猶不敢明約百司使先關白時閹人袁思藝日宣詔至中書天子動靜必告林甫林甫得以先意奏請帝驚喜若神故權寵日甚道路以目上意不下宣下情不上達此權臣蔽主不遵太宗之法也陵夷至于今天下之敝皆萃陛下其所從來漸矣自艱難之初百姓尚未凋竭太平之治猶可致而李輔國當權宰相用事遞爲姑息開三司誅反側使餘賊潰將北走党項裒嘯不逞更相驚恐思明危懼相挺而反東都陷沒先帝由是憂勤損壽臣每思之痛貫心骨今天下瘡痏未平干戈日滋陛下豈得不博聞讜言以廣視聽而塞絕忠諫乎陛下在陝時奏事者不

限貴賤羣臣以爲太宗之治可跂而待且君子難進易退朝廷開不諱之路猶恐不言況懷厭怠令宰相宣進止御史臺作條目不得直進從此人不奏事矣陛下閒見止於數人耳目天下之士方鉗口結舌陛下便謂無事可論豈知懼而不敢進即林甫國忠復起矣臣謂今日之事曠古未有雖林甫國忠猶不敢公爲之陛下不早覺悟漸成孤立後悔無及矣於是中人等騰布中外後攝事太廟言祭器不飭載以爲誹謗貶峽州別駕改吉州司馬遷撫湖二州刺史載誅楊綰薦之擢刑部尚書進吏部帝崩以爲禮儀使因奏列聖謚繁請從初議爲定袁傪固排之罷不報時喪亂後典法湮放眞卿雖博識今古屢建議釐正爲權臣沮抑多中格云楊炎當國以直不容換太子少師然猶領使及盧杞益不喜改太子太師并使罷之數遣人問方鎮所便將出之眞卿往見杞辭曰先中丞傳首平原面流血吾不敢以衣拭親舌舐之公忍不見容乎杞矍然下拜而銜恨切骨李希烈陷汝州杞乃建遣眞卿四

方所信若往諭之可不勞師而定詔可公卿皆失色李勉以爲失一元老貽朝廷羞密表固留至河南河南尹鄭叔則以希烈反狀明勸不行荅曰君命可避乎既見希烈宣詔旨希烈養子千餘拔刃爭進諸將皆慢罵將食之眞卿色不變希烈以身扞麾其衆退乃就館逼使上疏雪己眞卿不從乃詐遣眞卿兄子峴與從吏數輩繼請德宗不報眞卿每與諸子書但戒嚴奉家廟恤諸孤訖無它語希烈遣李元平說之眞卿叱曰爾受國委任不能致命顧吾無兵戮汝尚說我邪希烈大會其黨召眞卿使倡優斥侮朝廷眞卿怒曰公人臣柰何如是拂衣去希烈大慚時朱滔王武俊田悅李納使者皆在坐謂希烈曰聞太師名德久矣公欲建大號而太師至求宰相孰先太師者眞卿叱曰若等聞顏常山否吾兄也祿山反首舉義師後雖被執詬賊不絕于口吾年且八十官太師吾守吾節死而後已豈受若等脅邪諸賊失色希烈乃拘眞卿守以甲士掘方丈坎於廷傳將阬之眞卿見希烈曰死生分

矣何多爲張伯儀敗希烈令齎旌節首級示眞卿眞卿慟哭投地會其黨周曾康秀林等謀襲希烈奉眞卿爲帥事洩曾死乃拘送眞卿蔡州眞卿度必死乃作遺表墓誌祭文指寢室西壁下曰此吾殯所也希烈僭稱帝使問儀式對曰老夫耄矣曾掌國禮所記諸侯朝覲耳興元後王師復振賊慮變遣將辛景臻安華至其所積薪于廷曰不能屈節當焚死眞卿起赴火景臻等遽止之希烈弟希倩坐朱泚誅希烈因發怒使閹奴等害眞卿曰有詔眞卿再拜奴曰宜賜卿死曰老臣無狀罪當死然使人何日長安來奴曰從大梁來罵曰乃逆賊耳何詔云遂縊殺之年七十六嗣曹王皐聞之泣下三軍皆慟因表其大節淮蔡平子頵碩護喪還帝廢朝五日贈司徒謚文忠賻布帛米粟加等眞卿立朝正色剛而有禮非公言直道不萌於心天下不以姓名稱而獨曰魯公如李正已田神功董秦侯希逸王玄志等皆眞卿始招起之後皆有功善正草書筆力遒婉世寶傳之貞元六年赦書授頵五品正員官開成初又以曾孫弘式爲同州參軍

贊曰唐人柳宗元稱世言段太尉大抵以爲武人一時奮不慮死以取名非也太尉爲人姁姁常低首拱手行步言氣卑弱未嘗以色待物人視之儒者也遇不可必達其志決非偶然者宗元不妄許人諒其然邪非孔子所謂仁者必有勇乎當祿山反哮噬無前魯公獨以烏合嬰其鋒功雖不成其志有足稱者晚節偃蹇爲姦臣所擠見殞賊手毅然之氣折而不沮可謂忠矣詳觀二子行事當時亦不能盡信於君及臨大節蹈之無貳色何耶彼忠臣誼士寧以未見信望于人要返諸己得其正而後慊於中而行之也嗚呼雖千五百歲其英烈言言如嚴霜烈日可畏而仰哉

段顏列傳第七十八

李晟列傳第七十九　唐書一百五十四

宋　祁　奉　敕　撰

李晟字良器洮州臨潭人世以武力仕然位不過裨將晟幼孤奉母孝身長六尺年十八往事河西王忠嗣從擊吐蕃悍酋乘城殺傷士甚衆忠嗣怒募射者晟挾一矢殪之三軍讙奮忠嗣撫其背曰萬人敵也鳳翔節度使高昇召署列將擊疊州叛羌於高當川又擊連狂羌於宰山破之累遷左羽林大將軍廣德初擊党項有功授特進試太常卿大曆初李抱玉署晟右軍將吐蕃寇靈州抱玉授以兵五千擊之辭曰以衆則不足以謀則多乃請千人繇大震關趨臨洮屠定秦堡執其帥慕容谷鍾虜乃解靈州去遷開府儀同三司以右金吾衛大將軍爲涇原四鎮北庭兵馬使馬璘與吐蕃戰鹽倉敗績晟率游兵拔璘以歸封合川郡王璘內忌晟威略歸之朝爲右神策都將德宗始立吐蕃寇劍南方崔寧未還蜀大震詔晟將神策兵救之踰漏天拔飛越等三城絕大渡斬虜千級虜遁去建中二年魏博田悅反晟爲神策先鋒與河東馬燧昭義李抱眞合兵攻之斬楊朝光晟乘冰度洺水破悅又戰洹水悅大敗遂進攻魏加檢校左散騎常侍兼魏府左司馬朱滔王武俊圍康日知于趙州也抱眞分兵二千戍邢燧怒欲班師晟曰奉詔東討者吾三帥也邢趙比壤今賊以兵加趙是邢有警我憂李公分衆守之不爲過公奈何遽引去燧悟釋然即造抱眞壘與交歡晟建言以兵趙定州與張孝忠合以圖范陽則武俊等當捨趙而壯之授御史大夫又俾神策三將軍莫仁擢等隸之晟自魏引而北武俊果解去晟留趙三日與孝忠連兵北略恒州圍朱滔將鄭景濟於清苑決水灌之悅武俊引兵戰白樓孝忠兵挫晟引步騎擊破之清苑益急滔武俊大懼悉起兵來救圍晟軍晟內攻景濟而外抗滔等自正月至五月不解會晟疾甚不能輿軍中共計引還定州而賊猶不敢逼疾間將復進會帝出奉天有詔召晟即日治嚴而孝忠以軍介二盜間倚晟爲重數止晟無西晟語衆曰天子播越人臣當百舍一息義武欲止吾吾當以子爲質乃以馮愨約昏并遺良馬孝忠有親將謁晟晟解玉帶遺之使陰孝忠乃得踰飛狐次代州詔迎拜神策行營節度使進臨渭北壁東渭橋所過樵蘇無犯時劉德信自扈澗敗歸亦次渭南軍囂無制德信入謁晟晟責所以敗斬之以數騎入壁士勞其軍無敢動晟已并兵則軍益振於是朔方李懷光方軍咸陽不欲晟當一面請與晟合有詔從之乃引趨陳濤斜與懷光聯壘晟每與賊戰必錦裘繡帽自表指顧陣前懷光望見惡之戒曰將務持重豈宜自表襮爲賊餌哉晟曰昔在涇原士頗相畏伏欲令見之奪其心

爾懷光不悅遷延有異志晟使間說懷光曰賊據京邑天子暴露于外公宜速進兵雖晟不肖願為公先驅死且不悔懷光不納每兵至都城下而懷光軍多因掠晟軍整戢懷光使分所獲賞之又辭不敢受懷光詳沮撓其軍即奏言神策兵給賜比方鎮獨厚今寇逆未平軍不可以異且衆以為言臣無以解惟陛下裁處懷光欲晟自削其軍則士怨易撓帝議諸軍與神策等力且不贍遣翰林學士陸贄臨詔懷光令與晟計所宜者懷光曰稟賜不均軍何以戰贄數顧晟晟曰公元帥軍政得專之晟將一軍唯所命其增損賚調敢不聽懷光默然計塞顧刻削稟賜事出己乃止懷光屯咸陽凡八旬帝數促戰以伺賊隙為言卒不出兵陰通朱泚反迹寖露晟懼為所并上言當先變制備請假裨佐趙光銑唐良臣張彧為洋利劍三州刺史各勒兵以通蜀漢衿喉未報會吐蕃欲佐誅泚帝議幸咸陽督戰懷光大駭疑帝奪其軍圖反益急晟與李建徽陽惠元皆聯屯適有使者到晟軍晟乃令曰有詔徙屯即結陣趨東渭橋後數日懷光并建徽惠元兵惠元死之是日帝進狩梁州駱谷道隘儲供不豫從官乏食帝歎曰早用晟言三蜀之利可坐有也顧渾瑊曰渭橋在賊腹中兵孤絕晟能辦勝邪瑊曰晟秉義挺忠姿然不可奪臣策之必破賊帝乃安自行在遣晟將張少弘口詔進晟尚書左僕射同中書門

下平章事晟受命拜且泣曰京師天下本若皆執羈靮誰將復之乃繕甲兵治陴隍以圖收復是時晟提孤軍橫當寇鋒恐二盜合以軋之則卑詞厚幣僞致誠於懷光者時教番單要乃使張彧假京兆少尹多署吏調畿內賦不淹旬芻米告具乃陳兵下令曰國家多難乘輿播遷見危死節自吾之分公等此時不誅元凶取富貴非豪英也渭橋斷賊首尾吾欲與公戮力一心建不世之功可乎士皆雪泣曰惟公命於是駱元光以華州之衆守潼關尚可孤以神策兵隸七盤皆受晟節度戴休顏與奉天韓游瓌悉所部軍從晟懷光始懼晟乃移書顯讓之使破賊自贖懷光不聽然其下益攜落畏為晟襲乃奔河中其將孟涉段威勇以兵數千自拔歸晟皆表以要官帝遣使者間道詔晟兼河中晉絳慈隰節度使又兼京畿渭北鄜坊丹延節度招討使帝欲益西幸晟請駐梁漢以繫天下望又進京畿渭北鄜坊商華兵馬副元帥時京兆司錄參軍李勍仲自賊中來乃署節度府判官以諫議大夫鄭雲逵為行軍司馬擢張彧自副神策軍及晟家皆為賊質左右有言者晟涕數行下曰陛下安在而欲恤家乎泚使晟吏王無忌婿款壁門曰公等家無恙晟怒曰爾乃與賊為間乎叱斬之時輸綵不屬盛夏士有衣裘者晟能與下同其苦以忠誼感發士心終無攜怨邏士得姚令言崔宣諜者晟命釋縛飯飲

之遣還敕曰為我謝令言等善為賊守勉不忠于泚乃引兵叩都門賊不敢出振旅而還明日會諸將圖所向衆對先拔外城然後清宮晟曰外城有里閈之隘若設伏格戰居人囂潰非計也賊重兵精甲聚苑中今直擊之是披其心腹將圖走不暇諸將曰善乃自東渭橋移壁光泰門以薄都城連溝柵而賊將張庭芝李希倩求戰晟顧曰賊不出是吾憂也今乃冒死來天誘之矣勒吳詵等縱兵鏖擊賊攻華師急晟以精騎馳救中軍譟而從大破之乘勝入光泰門再戰敗卻僵尸相藉餘衆走白華賊大哭終夜不息翌日將復戰或請待西師晟曰賊既敗當乘機撲殄苟俟西軍是容其為計豈吾利邪乃悉軍軍光泰門使王佖李演將騎史萬頃將步抵苑北晟先夜隤苑垣為道二百步比兵至賊已伐木塞以拒戰晟叱諸將曰安得縱賊令先斬公矣萬頃懼先登拔柵以入佖督騎繼之賊崩潰執其將段誠諫大兵分道進雷譟震地令言庭芝希倩等殊死鬬晟令唐良臣等步騎奔突賊陣成輒北十餘遇皆不勝蹴入白華賊伏千騎出官軍背晟以麾下百騎自馳之左右呼曰相公來賊驚潰禽馘略盡泚率殘衆萬人西走田子奇追之餘黨悉降晟引軍屯含元外廷舍右金吾次令軍中曰五日內不得輒通家問違者斬遣京兆尹李齊運部長安萬年令分慰居人秋毫無所擾別將高明曜取賊妓

一司馬佃取賊馬二匹即斬以徇坊人之遠者宿昔乃知王師之入也明日孟涉屯白華尚可孤屯望仙門駱元光屯章敬寺晟屯安國寺斬賊用事者及臣賊宥豎于市表著節不屈者擇文武攝職官以俟乘輿條脅汙于賊者請以不死露布至梁帝感泣群臣上壽且言晟蕩夷宄孽而市不易肆宗廟不震長安之人不識旗鼓雖三代用師不能加之帝曰天生晟為社稷萬人豈獨朕哉拜晟司徒兼中書令實封千戶晟遣大將吳詵以兵三千到寶鷄清道自請迎扈不許帝至自梁晟以戎服見三橋帝駐馬勞之晟再拜頓首賀克殄大盜廟朝安復已即跪陳備太牙自不能指日破賊致乘輿再狩乃臣不任職之咎敢請死伏道左帝為揮涕命給事中齊映起之使就位有詔賜第永崇里涇陽上田延平門之林園女樂一列晟入第京兆供帳教坊鼓吹迎導詔將相送之帝紀其功自文于碑勅皇太子書立于東渭橋以示後世去又令太子錄副以賜始晟屯渭橋也熒惑守歲久乃退府中皆賀曰熒惑退國家之利速用兵者昌晟曰天子暴露人臣當力死勤難安知天道邪至是乃曰前士大夫勸晟出兵非敢拒也且人可用而不可使之知也夫惟五緯盈縮不常晟懼復守歲則我軍不戰自屈矣皆曰非所及也涇州倚邊數戕其帥晟請治不龔命者因以訓耕積粟實塞下臟制西戎帝乃拜晟

鳳翔隴右涇原節度使兼行營副元帥徙王西平郡實封千五百戶晟請與李楚琳俱行亦將治殺張鎰罪帝方務安反側不許晟至鳳翔亂將王斌等十餘人以次伏誅時宦者尹元貞持節到同華擅入河中諭慰李懷光晟劾元貞矯使欲洗宥元惡請治罪又言赦懷光有五不可河中抵京師三百里同州制其衝兵多則示未信少則力不足忽驚東偏何以待之一也今赦懷光則必以晉絳慈隰還之渾瑊康日知又且遷徙二也兵力未窮忽宥反逆四夷聞之謂陛下兵屈而自罷耳今回紇拒北吐蕃梗西希烈僭淮蔡若棄彊示弱以招窺覦三也懷光既赦則朔方將士求復敘勳行賞追還縑廪今府庫空殫物不酬滿是激其叛四也既解河中諸道還屯當有賜賚賞典不舉怨言必起五也今河中米斗五百芻槀且盡人餓死牆壁間其大將殺戮幾盡圍之旬時力窮且潰願無養腹心疾為後憂臣請選精兵五千約十日糧可以破賊帝方以賊委馬燧渾瑊故不許晟至涇而田希鑒迎謁執之并其黨石奇等悉伏誅表右龍武將軍李觀為涇原節度使晟嘗曰河隴之陷非吐蕃能取之皆將臣沓貪暴其種落不得耕稼日益東徙自棄之爾且土無纖縷人苦役擾思唐之心豈有既乎因悉家貲懷輯降附得大酋浪息曩表以王號每虜使至必召息曩坐衣大錦袍金帶夸異之虜皆指目歆豔

吐蕃君臣大懼相與議尚結贊者善計乃曰唐名將特李晟與馬燧渾瑊爾不去之必為吾患即遣使委辭因燧請和且求盟因盟謀執瑊以賣燧於是結贊大興兵踰隴岐無所掠陽怒曰召吾來乃不牛酒犒軍徐引去以是間晟晟選兵三千使王佖伏汧陽旁擊其中軍幾獲結贊晟又遣野詩良輔等攻摧沙堡拔之結贊屢乞和會晟朝京師奏言戎狄無信不可許宰相韓滉與晟合因請調軍食以給西師然天子內猒兵疑將臣生事亦會滉卒而張延賞當國故與晟有隙後雖詔講解而陰不與也密言晟不可久持兵更薦劉玄佐李抱真經略西北俾立功以間晟帝惑其言貞元三年帝坐宣政殿引見晟備冊禮進拜太尉中書令罷其兵詔晟乘輅謁太廟視事尚書省賜良馬錦綵千計是歲瑊與吐蕃盟平涼虜劫之瑊挺身免詔罷燧河東皆如結贊計云通王府長史丁瓊者嘗為延賞擯抑內怨望乃見晟曰以公功乃奪兵柄夫惟位高者難全盍為之圖晟曰君安得不祥之言執以聞明年詔為晟立五廟追贈高祖芝以下祔其主給牲器牀幄禮官相事它日與馬燧見延英帝嘉其勳下詔曰昔我烈祖乘乾坤蕩滌隋季荐茀體元御極作人父母則有熊羆之士不二心之臣左右經綸參翊締構昭文德恢武功威不若康不乂用端命于上帝付畀四方王業既成太階既平乃圖形容列于

凌煙閣樹昭績効表式儀形以弗忘朝夕永垂乎來裔君臣之義厚莫重焉歲在己巳秋九月我行西宮瞻望崇構見老臣遺像顯然肅然和敬在色想雲龍之協期感致業之艱難觀往思今取類非遠且功與時並才與世生苟蘊其才遇其時尊主庇人何代蔑有在中宗時有如桓彥範等著輔戴之績在玄宗時有如劉幽求等申翊贊之勳在肅宗時有如郭子儀掃除氛祲今顧晟等保寧朕躬咸宣力肆勤光復宗祏訂之前烈夫豈多謝闕而未錄孰旌厥賢況念功紀德文祖所為也在予其曷敢忘有司宜叙先後各圖其象于舊臣之次命皇太子書其文以賜晟晟刻石于門七年以臨洮未復請附貫万年詔可九年薨年六十七帝聞流涕詔百官就第進弔比大斂帝手詔誓以存保世嗣申告樞前冊贈太師謚曰忠武及葬又御望春門臨送遣謁者宣詔于柩車百官拜哭于道憲宗元和中詔其家與屬籍以晟配饗德宗廟庭僖宗狩蜀倉部員外郎袁皓采晟功烈為興元聖功錄偏賜諸將表勵之晟性疾惡臨下明每治軍必曰某有勞某長于是雖廝養小善必記姓名尤惡下為朋黨者嘗以義隆於故舊鳳州刺史渾元澄嘗有德於晟後貶死晟既貴具其柩詔贈元澄寧州刺史晟撫其二子為成就之在鳳翔嘗曰魏徵以直言致太宗于堯舜上忠臣也我誠慕焉行軍司馬李叔度曰彼

搢紳儒者事以勳德何希是哉晟曰君失辭晟幸得備將相苟容身不言豈可謂有犯無隱邪是非惟上所擇爾叔度慚故晟每進對盡言大臣節未嘗露于外治家以嚴子姪非晨昏不輒見所與言未嘗及公事正歲崔氏女歸寧讓曰爾有家而姑在堂婦當治酒食以待賓客即卻之不得進違禮敦教類若此與馬燧皆在朝每宴樂恩賜使者相銜于道兩家日出無鍾鼓聲則金吾以聞少選使者至必曰今日何不舉樂晟完城池以新壘賜宰相帝思晟乃致醴盧座其著遺效始無與比者有十五子其聞者愿寬朔聽去

愿少謙謹晟立功時諸子未官宰相以聞即日召授太子賓客上柱國故事柱國門列戟遂父子皆賜元和初領夏綏銀宥節度使政簡而嚴部有失馬者原著牒于道以金購之三日失馬并良馬一繫署下且曰逸而至不告罪當死謹以良馬贖原歸失馬而縱其良境內肅然徙節武寧軍會伐青鄆數有功以久疾用恩代之召為刑部尚書俄檢校尚書左僕射節度鳳翔自是還聲色而政衰矣長慶中徙宣武始張弘靖給其軍頗厚愿至府庫殫匱賞賚不及弘靖時而侈費過之以威刑擽下用婚家竇緩典帳中兵驕蹇[illegible]牙將李臣則等因眾不忍夜斬緩首愿聞變不及而與左右數人縋而逸奔

野人乘馳以免其家死於兵三子匿而免兵既亂因大掠推李宂主後務請諸朝時責宿宗不職貶隨州刺史入爲左金吾衛大將軍復拜河中晉絳等節度使雖嘗以荒侈敗不能自悛軍政愈弛結納權近官賞賄賂遺輒盡蒲人怨且亂會卒贈司徒。憲與愬於諸子號最仁孝長喜儒以禮法自矜制調太原府參軍事醴泉尉于頔鎮襄陽辟署於府時吳少誠張淮西獨憚頔威強時謂憲爲之助又辟魏博田弘正幕府遷衞州刺史以治行稱徙絳州絳有幻人依民以亂憲執誅之河中兵率仰食于絳而汾司輸河渭歲租與糴常數十萬石故敖倉山爲固民之輸者十牛不勝一車憲濬汾相地治新倉當費二百萬請留垣縣粟糶河南以錢還糴絳粟既免負載勞又權其贏以完新倉絳人賴利入爲宗正少卿副金吾大將軍胡証爲送太和公主使還獻回鶻道里記遷太府卿大和初爲江西觀察使遷嶺南節度使憲勳伐家子所歷皆以吏能顯政績暴著善治律令性明恕詳正大獄活無罪者數百人卒官下

愬字元直有籌略善騎射以蔭補協律郎遷累衞尉少卿早喪所生爲晉國王夫人所鞠王卒晟以非嫡敕諸子服緦愬獨號慟不忍晟乃許服縗既練晟葬廬墓側德宗數遣歸第一夕復往帝許之服除授太子右庶子出

爲坊晉二州刺史以治異等加金紫光祿大夫進詹事憲宗討吳元濟唐鄧節度使高霞寓既敗以袁滋代將復無功愬求自試宰相李逢吉亦以愬可用遂檢校左散騎常侍爲隋唐鄧節度使愬以其軍初傷夷士氣未完乃不爲斥候部伍或有言者愬曰賊方安袁公之寬吾不欲使震而備我乃令于軍曰天子知愬能忍恥故委以撫養戰非吾事也衆信而安之乃斥倡優未嘗嬉樂士傷夷病疾親爲營護蔡人以嘗敗辱霞寓等又愬名非夙所畏者易之不爲備愬沈鷙務推誠待士故能張其卑弱而用之賊來降輒聽其便或父母與孤未葬者給粟帛遣還勞之曰而亦王人也無棄親戚衆願爲愬死故山川險易與賊情偽一能曉之居半歲知士可用乃請濟師詔益河中鄜坊二千騎於是繕鎧厲兵攻馬鞍山下之拔道口柵戰嵖岈山以取鑪冶城入白狗汶港柵拔楚城襲朗山禽執守將平青陵城禽票將丁士良異其才不殺署捉生將士良謝曰吳秀琳以數千兵不可破者陳光洽爲之謀也我能爲公取之乃禽以獻於是秀琳舉文城柵降遂以其衆攻吳房殘外垣始出攻吏曰往亡日法當避愬曰彼謂吾不來此可擊也既引還賊以精騎尾擊愬下馬據胡牀令軍曰退者斬衆決死戰射殺其將賊乃走或勸遂取吳房愬曰不可吳房拔則賊力專不若留之以分其力初秀琳降愬單騎抵柵下與語親釋縛署以爲將秀琳爲愬策曰必破賊非李祐無與成功者祐賊健將也守興橋柵其戰嘗易官軍愬候祐護穫于野遣史用誠以壯騎三百伏其旁見羸卒若將燔聚者祐果輕出用誠禽而還諸將素苦祐請殺之愬不聽以爲客待間召祐及李忠義屏人語至夜艾忠義亦賊將所謂李憲者軍中多諫此二人不可近愬待益厚乃募死士三千人爲突將自教之會雨自五月至七月不止軍中以爲不殺祐之罰將吏雜然不解愬力不能獨完祐乃持以泣曰天不欲平賊乎何見奪者衆邪則械而送之朝表言必殺祐無與共誅蔡者詔釋以還愬愬乃令佩刀出入帳下署六院兵馬使六院者隋唐兵也凡三千人皆山南奇材銳士故委祐統之祐捧檄嗚咽諸將乃不敢言由是始定襲蔡之謀舊令敢舍諜者族愬刋其令一切撫之故諜者反效以情愬益悉賊虛實時李光顏戰數勝元濟悉銳卒屯洄曲以抗光顏愬知其隙可乘乃遣從事鄭澥見裴度告師期于時元和十一年十月己卯師夜起祐以突將三千爲前鋒李忠義副之愬率中軍三千田進誠以下軍殿出文城柵令曰引而東六十里止襲張柴殲其戍敕士少休益治鞍鎧發刃彀弓會大雨雪天晦凜風偃旗裂膚馬皆縮慄士抱戈凍死于道十一二張柴之東陂澤阻奧衆未嘗蹈也皆謂投不測始發吏請所向愬曰

入蔡州取吳元濟士失色監軍使者泣曰果落祐計然業從愬人人不敢自爲計愬道分輕兵斷橋以絕洄曲道又以兵絕朗山道行七十里夜半至懸瓠城雪甚城旁皆鵝鶩池愬令擊之以亂軍聲賊恃吳房朗山戍晏然無知者祐等坎墉先登衆從之殺門者發關留持柝傳夜自如黎明雪止愬入駐元濟外宅蔡吏驚曰城陷矣元濟尚不信曰是洄曲子弟來索衣爾及聞號令曰常侍傳語始驚曰何常侍得至此率左右登牙城田進誠兵薄之愬計元濟且望救於董重質乃訪其家慰安之使無怖以書召重質重質以單騎白衣降愬待以禮進誠火南門元濟請罪梯而下檻送京師申光諸屯尚二萬衆皆降愬不戮一人其爲賊執事帳內廚廄廝役悉用其舊使不疑乃屯兵鞠場以俟裴度至愬以櫜鞬見度將避之愬曰此方廢上下分久矣請因示之度以宰相禮受愬謁蔡人聳觀乃還屯文城柵有詔進檢校尚書左僕射山南東道節度使封涼國公實封户五百賜一子五品官帝方經略隴右故徙愬節度鳳翔李師道反詔愬代愿帥武寧軍旬日踐兗兩鎮世以爲榮董重質得罪被斥愬請賜軍中自効許之乃署爲牙將愬與賊戰金鄉破之凡十一遇禽其隊帥五十俘馘萬計淄青平進同中書門下平章事徙昭義節度賜第興寧里會田弘正守鎮州乃以愬帥魏博長慶初幽鎮亂

殺弘正。愬素服以令軍曰：魏人富庶而通于夫化者，田公力也。上以其愛人使往治鎮，且田公撫魏七年，今鎮人不道而戕害之，是無魏也。父兄子弟食田公恩者，何以報之？衆皆哭。又以玉帶寶劍遺牛元翼曰：此劍吾先人嘗以揃大盜，吾又以平蔡，今鎮人逆天，公宜用此夷之也。元翼感動，謝曰：敢有不承而受其死力！乃下令軍中，勒兵以俟。會愬疾甚，不能軍，詔田布代之。以太子少保還東都。卒，年四十九，贈太尉，謚曰武。愬行已儉約，其昆弟賴家勤貴，飾輿馬，丞堂廬，唯愬所處，乃父時故院，無所增廣。始，晟克京師，市不改肆；愬平蔡，亦如之。功名之奇，近世所未有。晩雖忽于取士，與鄭注善，議者不以掩其賢。

贊曰：愬得李祐，不殺，付以兵，不疑，知可以破賊也。祐受任不辭，決策入死，以愬能用其謀也。祐之才，待愬乃顯，故曰平蔡功，愬爲多。

聽字正思，七歲以蔭爲協律郎，以吏少之，不甚敬，聽輒使鞭之，晟奇其才。長乃辟佐于頔府。吐突承璀討王承宗，以聽爲神策行營兵馬使，既戰，斬賊驍將。憲宗壯之，詔圖狀以獻。承璀數問聽計，卒縛盧從史，遷左驍衛將軍，出爲蔚州刺史。州有銅冶，自天寶後廢不治，民盜鑄不禁，聽乃開五鑪，官鑄錢，日五萬，人無犯者。徙安州。會觀察使柳公綽方討蔡，以聽典軍，二洛之聲振賊中。召爲羽林將軍。帝討李師道，出聽楚州刺史，淮南兵驕弱，鄆人素易之，聽日整勒士，皆舊部，掩賊不虞，趨漣水，破沭陽，絕龍沮堰，遂取海州，攻朐山降之，懷仁、東海兩城望風送款。以功兼御史大夫、夏綏銀宥節度使，又徙靈鹽。部有光祿渠，久廢，聽始復屯田，以省轉餉，即引渠溉塞下地千頃，後賴其饒。進檢校工部尚書。穆宗初立，幽鎮反，擇名臣節度太原者代裴度，使統兵北討。始聽爲羽林時，有駿馬，帝在東宮，使左右諷取之，聽自以身宿衛，不敢獻。於是帝曰：李聽往在軍中，不與朕馬，是必可任。乃授檢校兵部尚書，充河東節度使。而宗嗣，改義成軍。大和初，討李同捷，而魏博將丌志沼反，擊其帥史憲誠，詔聽出援，擊殺志沼，以功封涼國公，拜一子五品官。王廷湊之亂，詔聽悉兵屯貝州，史憲誠懼，聽因取道襄之東，甲候諸郊，聽敕士橐兵野次，魏人乃安。憲誠既請朝，魏人殺之，詔聽兼帥魏博。聽遷延不即赴，魏遂亂，殺憲誠，共推大將何進滔乘城拒守，聽不得入，乃屯館陶，又不設備，魏人襲之，師驚潰，死失殆半，輜械盡棄之。聽晝夜馳以免。於是御史中丞溫造等劾奏魏州亂，憲誠死職，繇于聽，請論如法。天子不罪也，罷爲太子少師。聽素以賂遺得權幸心，故多爲助力。未幾，拜邠寧節度使。邠署相傳不利治，垣舍前刺史視其壞，莫敢葺。聽曰：將出，鑿凶門，何避？治署邪。悉使完新之，卒無異。改帥武寧軍。有故奴爲徐將，不喜聽來，乃先殺親吏之使徐者，以沮聽。聽果懼，以疾辭，授太子少保。踰歲，節度鳳翔，又徙陳許，鄭注摘其過，詔以太子太保分司東都。開成初，爲河中晉絳慈隰節度使。文宗嘆曰：付之兵，不疑；退處散地，不怨，惟聽爲可。四年，以疾求還，復拜太子太保。卒，年六十一，贈司徒。聽治官苛細，急於聲斂，所至盛飾車馬服玩。或誡之，聽曰：家聲在人，若示羸薄，恐不見忠功之効。吾欲奉而勸之也。好方書，擇其驗者題於帷帟、墻屋，皆滿。

聽子琢，以家閥擢累義昌、平盧、鎮海三節度使，無顯功，不爲士大夫稱道。數免，復還。廣明時，沙陀數寇邊，於是琢爲宿將，拜檢校尚書右僕射、蔚朔等州招討都統、行營節度使，從河陽三城，坐逗撓，下遷刺史。卒。

王佖者，晟之甥。武敢，閑騎射。晟在師，佖無不從，攻朱泚於光泰門，賊方銳，佖與李演、慶戰，喋血，賊數北，諸軍乘之，遂大振。以功擢神策將，擊吐蕃有功。晟視佖與子姓等，其給與過之。晟亡，佖亦不見用，召爲左衞上將軍。元和中，拜朔方靈鹽節度使。吐蕃欲作烏蘭橋，以過師，積材河曲，朔方府常遣兵發其木，委于河，故莫能成。及佖至，虜知其貪，謀乃厚賂之，而亟遂功，築月城以守，自是虜歲爲寇，朔方乘障不暇，人以咎佖。在鎮檢下亡術，猜忌多殺人。召還，爲右衞將軍。故事，將相除從官，內出制，故號白麻。至佖以責罷，遂中書進制。久之，卒。

贊曰：晟之屯東渭橋也，朱泚篡京師，李懷光反咸陽，河北三叛相王，李納猘河南，李希烈江鄭汝，晟無積貲輸糧，提孤軍抗群賊，身佩安危，而氣不少衰者，徒以忠誼感人，故豪英樂爲之死耳。至師入長安，而人不知，雖三王之佐，無進其能，可謂仁義將矣。嗚呼！功能存社稷，不能見信於庸主，奪其兵，哀哉！雖然，功蓋天下者，惟退禍可以免。四子世以其勞，是宜有後哉。

列傳第七十九

馬渾列傳第八十　唐書一百五十五

端明殿學士兼翰林侍讀學士龍圖閣學士朝請大夫守尚書吏部侍郎充集賢殿修撰臣宋祁奉

敕撰

馬燧字洵美系出右扶風徙爲汝州郟城人父季龍舉孫吳倜儻善兵法科仕至嵐州刺史燧姿度魁傑長六尺二寸與諸兄學輟策歎曰方天下有事丈夫當以功濟四海渠老一儒哉更學兵書戰策沈勇多筭安祿山反使賈循守范陽燧說循曰祿山首亂今雖舉洛陽猶將誅覆公盍斬向潤客牛廷玠傾其本根使西不得入關退亡所據則坐受禽矣此不世功也循許之不時決會顏杲卿招循舉兵祿山遣韓朝陽召循計事因縊殺之燧走西山間道歸平原平原不守復走魏寶雁中澤潞節度使李抱玉署爲趙城尉時回紇還國恃功恣睢所過皆剽傷州縣供餼不稱輒殺人抱玉將饋勞負介無敢往燧自請典辦具乃先賂其酋與約得其旗章爲信犯令者得殺之燧又取死囚給役左右小違令輒戮死虜大駭至出境無敢暴者抱玉才之因進說曰屬與回紇接且得其情觀僕固懷恩樹黨自重裂河北以授李懷仙張忠志薛嵩田承嗣等其子瑒能勇不義將必窺太原公當備之既而懷恩與太原將謀舉其城辛雲京覺之不克嵩自相衛歸懷恩糧以絕河津抱玉令燧說嵩嵩告絕於懷恩即署燧左武衛兵曹參軍累進至鄭州刺史勸督農力歲一稅人以爲便徙懷州時師旅後歲大旱田莽不及耕燧務勤教化止橫調將吏有親者必造之厚爲禮瘞暴胔止煩苛是秋稆生于境人賴以濟抱玉守鳳翔表燧隴州刺史西山直吐蕃其上有通道虜常所出入者燧聚石種樹障之設二門爲譙櫓八日而畢虜不能暴從抱玉入朝代宗雅聞其才召見授商州刺史兼水陸轉運使大曆中河陽兵逐其將常休明詔燧檢校左散騎常侍爲三城使汴將李靈耀反帝務息人即授以汴宋節度留後靈耀不拜引魏博田承嗣爲援詔燧與淮西李忠臣討之師次鄭靈耀多張旗幟以犯王師忠臣之兵潰而西燧軍頓

滎澤鄭人震駭忠臣將遂歸燧止之益治軍忠臣乃還收亡卒復振忠臣行汴南燧行汴北敗賊於西梁固靈耀以銳卒八千號餓狼軍燧獨戰破之進至浚儀是時河陽兵冠諸軍田悅帥衆三萬助靈耀破永平將杜如江等乘勝距汴一舍而屯忠臣合諸軍戰不利燧爲奇兵擊之悅單騎遁汴州平燧知忠臣暴徼讓其功出舍板橋忠臣入汴果因會擊殺宋州刺史李僧惠燧還河陽秋大雨河溢軍吏請具舟以避燧曰使城中盡魚而獨完其家吾不忍既而水不爲害遷河東節度留後進節度使太原承鮑防之敗兵力衰單燧募廝役得數千人悉補騎士教之戰數月成精卒造鎧必短長三制稱士所衣以便進趨爲戰車冒以狻猊象列戟于後行以載兵止則爲陣遇險則制衝冒器用完銳居一年闢廣場羅兵三萬以肆威震北方建中二年朝京師遷檢校兵部尚書封豳國公還軍初田悅新有魏博恐下未附即輸款朝廷燧建言悅必反既而悅果圍邢州身攻臨洺築重城絕內外援邢將李洪臨洺將張伾固守詔燧以步騎二萬與昭義李抱眞神策兵馬使李晟合軍救之燧出壺口未過險移書抵悅示之好悅以燧畏已大喜既次邯鄲悅使至燧皆斬之遣兵破其支軍射殺賊將成炫之悅聞使大將楊朝光以兵萬人據雙岡築東西二柵以禦燧燧率軍營二壘間是夜東壘遁燧進營猶明山取棄壘置輜重悅計曰朝光堅柵且萬人雖燧能攻未可以數日下且殺傷必衆則吾已拔臨洺饗士以戰必勝術也即分恒州兵五千助朝光燧令大將李自良等以騎兵守雙岡戒曰令悅得過者斬燧乃推火車焚朝光柵自晨訖晡急擊大破之斬朝光禽其將盧子昌獲首五千執八百人居五日進軍臨洺悅悉軍戰燧自以銳士當之凡百餘返士皆決死悅大敗斬首萬級俘係千餘館穀三十萬斛邢圍亦解以功遷尚書右僕射初將戰燧約衆勝則以家貲賞至是殫私財賜麾下德宗嘉之詔出度支錢五千萬償其財進兼魏博招討使李納李惟岳合兵萬三千人救悅悅裒散兵二萬壁洹水淄青軍其

左恒冀軍其右燧進屯鄴請益兵詔河陽李芃以兵會次于漳悅遣將王光進以兵守漳之長橋築月壘扼軍路燧於下流以鐵鏁維車數百絶河載土囊遏水而後度悅知燧食乏深壁不戰燧令士齎十日糧進營倉口與悅夾洹而軍造三橋逾洹日挑戰悅不出陰伏萬人將以掩燧燧令諸軍夜半食先雞鳴時鳴鼓角而潛師並洹趨魏州令曰聞賊至止爲陣留百騎持火待軍畢發匿其旁須悅衆度即焚橋燧行十餘里悅率李納等兵踰橋乘風縱火譟而前燧乃令士無動命除榛莽廣百步爲場募勇士五千人陣而待比悅至火止氣少衰燧縱兵擊之悅敗奔橋橋已焚衆赴水死者不可計斬首二萬級殺賊將孫晉卿安墨啜虜三千人尸相驗藉三十里淄青兵幾殲悅夜走魏州其將拒不納比明追不至悅乃得入抱眞芃問曰糧少而深入何也燧曰糧少戰利速兵善於致人今悅與淄青恒三軍爲首尾欲不戰以老我師若分擊左右未可必破悅且來助是腹背支敵也法有攻其必救故趨魏

以破之皆曰善悅嬰城自守於是李再春以博州悅兄昂以洺州王光進以長橋皆降悅使符璘李瑶衛還淄青殘兵璘等亦降魏導御瀟貫城燧塞其上游魏人恐悅遣許士則侯臧間行告窮於朱滔王武俊會二人者怨望乃連和悅恃燕趙方至即出兵背城陣燧復與諸軍破之進同中書門下平章事北平郡王魏州大都督長史滔武俊聯兵五萬傅魏會帝遣李懷光以朔方軍萬五千助燧懷光勇于鬭未休士即與滔等戰不利悅決水灌軍燧兵亦屈退保魏縣滔等瀕河爲壘會涇師亂帝幸奉天燧還軍太原初李抱眞欲殺懷州刺史楊鉥鉥奔燧燧奏其非罪乃免抱眞怒及共解邢圍獲軍糧燧自有之以餘給抱眞軍抱眞益怨洹之捷軍進薄魏悅以突騎犯燧營李芃救之抱眞勒兵不出燧將攻魏取攻具於抱眞營幷請雜兩軍平其功抱眞不聽請獨當一面繇是逗遛帝數遣使講解武俊略趙地抱眞分麾下二千人戍邢燧怒謂抱眞以兵還守其地我能獨戰死邪將引還李晟和之乃復與

抱眞善及田昂降燧請以洺州隸抱眞而用昭義副使盧玄卿爲刺史兼魏博招討副使李晟兵前獨隸抱眞抱眞亦請兼隸于燧以示協一然議者咎燧私忿交惡卒不成大功至太原遣軍司馬王權以兵五千走奉天又遣子彙與諸將子壁中渭橋帝已幸梁乃還時天下方騷北邊數有警燧念晉陽王業所基宜固險以示敵乃引晉水架汾而屬之城潴爲東隍省守陴萬人又釃汾環城樹以固隄詔兼保寧軍節度使帝還京李懷光反河中詔燧爲河東保寧奉誠軍行營副元帥與渾瑊駱元光合兵討之時賊黨要廷珍守晉毛朝敭守隰鄭抗守慈燧移檄鐫諭皆以州降因拜燧晉絳慈隰節度使武俊之圍趙也康日知不支將棄趙燧請詔武俊擊朱滔授以深趙以日知爲晉慈隰節度使及三州降燧固讓日知且言因降受節恐後有功者踵以爲利帝嘉許籍府庫兵仗以授日知日知大喜過望燧乃率步騎三萬次于絳略定諸縣降其將馮萬興任象玉遂圍絳拔外郛守將夜棄城去降丙千人

遣李自良定六縣降其將辛兟收卒五千裨將谷秀違令掠士女斬以徇與賊戰寶鼎射殺賊將徐伯文斬首萬級獲馬五百于時天下蝗兵艱食物貨翔踊中朝臣多請宥懷光者帝未決燧以懷光逆計久反覆不可信河中近甸捨之屈威靈無以示天下乃捨軍入朝爲天子自言之且得三十日糧足平河中許之乃與瑊元光韓游瓌之兵合賊將徐廷光守長春宮城燧度長春不下則懷光固守久攻所傷必衆乃挺身至城下見廷光廷光憚燧威拜城上燧顧其心已屈徐曰我自朝廷來可西嚮受命廷光再拜燧曰公等朔方士自祿山以來功高天下柰何棄之爲族滅計若從吾言非止免禍富貴可遂也未對燧曰爾以吾爲欺邪今不遠數步可射我披而示之心廷光感泣一軍皆流涕即率衆降燧以數騎入其城衆大呼曰吾等更爲王人矣渾瑊亦自以爲不及也歎曰嘗疑馬公能寤田悅今觀其制敵固有過人者吾不逮遠矣進營篤籬堡堡將降餘戍望風遁去燧濟河兵八萬陣城下是日賊將

牛名俊斬懷光降衆猶萬六千誅其黨閻晏孟寶張清吳冏等它脅附悉赦之不閱月河中平遷光祿大夫兼侍中賜一子五品官還太原帝賜宸扆台衡二銘以言君臣相成之美勒石起義堂帝榜其顏以寵之貞元二年吐蕃尚結贊破鹽夏二州守之自屯鳴沙及春畜產死糧乏詔燧爲綏銀麟勝招討使與駱元光韓游瓌等會師擊虜燧次石州結贊懼乞盟帝不許乃遣將論頰熱甘辭請于燧且重幣申勤勤明年燧還太原與論頰熱俱朝盛言宜許以盟天子然之燧之朝結贊遽引去帝詔渾瑊與盟平涼虜劫瑊僅得免吐蕃歸燧之兄子弇曰河曲之屯春草未生吾馬飢公若度河我無種矣賴公許和今釋弇以報帝聞悔怒奪其兵拜司徒兼侍中賜妓樂奉朝請而已與李晟皆圖象淩煙閣後病足不任謁九年十月自力朝延英詔毋拜時晟已卒帝顧燧曰尚記與太尉晟俱來邪今乃獨見公因悲涕燧亦疾而仆帝親掖之詔左右扶去送至陛燧頓首泣謝固乞骸讓侍中不許卒年七十贈

太傅謚曰莊武子彙暢暢少以蔭至鴻臚少卿建中中燧討賊山東暢留京師於是大旱朝廷議括商旅緡錢多亡命入南山爲盜暢客單超俊李雲端等竊議以爲事且危暢是其言遣奴諫燧班師燧怒執奴以聞使兄炫拘暢請罪帝方倚燧貸不問但誅其客敕炫賜暢杖三十然亦罷括商人令燧沒後以貲甲天下暢亦善殖財家益豐晚爲豪幸年侵又彙妻訟析產貞元末神策中尉楊志廉諷使納田產至順宗時復賜之中官往往逼取暢畏不敢吝以至困窮終少府監贈工部尚書諸子無室廬自託奉誠園亭觀即其安邑里舊第云故當世視暢以厚畜爲戒有司謚曰縱子繼祖生四歲以門功爲太子舍人五遷至殿中少監燧兄炫字弱翁少以儒學聞隱蘇門山不應辟召至德中李光弼鎮太原始署掌書記常參軍謀光弼器焉遷刑部郎中田神功帥宣武署節度判官授連潤二州刺史以清白顯燧爲司徒授刑部侍郎辭疾以兵部尚書致仕卒

渾瑊本鐵勒九姓之渾部也世爲皐蘭都督父釋之有才武從朔方軍積戰多遷累開府儀同三司試太常卿寧朔郡王廣德中與吐蕃戰沒瑊年十一善騎射隨釋之防秋朔方節度使張齊丘戲曰與乳媼俱來邪是歲立跳盪功後二年從破賀魯部拔石堡城龍駒島其勇常冠軍署折衝果毅節度使安思順授瑊偏師入葛祿部略特羅斯山破阿布思與諸軍城永清及天安軍遷中郎將祿山反從李光弼定河北射賊驍將李立節貫其左肩死之肅宗即位瑊以兵趨行在至天德與虜軍遇敗之從郭子儀復兩京討安慶緒勝之新鄉擢武鋒軍使從僕固懷恩平史朝義大小數十戰功最改太常卿實封二百戶懷恩反瑊以所部歸子儀會釋之喪起復朔方行營兵馬使從子儀擊吐蕃邠州留屯邠虜復入至奉天瑊戰漠谷有功遷太子賓客屯奉天周智光反子儀令瑊以步騎萬人下同州智光平以邠寧隸朔方軍瑊屯宜祿大曆七年吐蕃盜塞深入瑊會涇原節度使馬璘討之次黃菩原賊引衆據

險設槍壘自營遏賊犇突舊將史抗等內輕瑊顧左右去槍叱騎馳賊既還虜躡而入遂大敗死者十八子儀召諸將曰朔方軍高天下今敗于虜柰何瑊曰願再戰乃馳朝那與鹽州刺史李國臣趨秦原吐蕃引去瑊邀擊破之悉奪所掠而還自是歲防長武城盛秋領邠州刺史吐蕃入方渠懷安瑊擊走之子儀入朝留知邠寧慶兵馬後務回紇侵太原破鮑防軍拜瑊都知兵馬使自石嶺關而南督諸軍犄角虜引去進兼單于副都護振武軍使子儀爲太尉德宗析所部爲三節度以瑊兼單于大都護振武東受降城鎮北大都護府綏銀麟勝州節度副大使未幾崔寧領朔方故召爲左金吾衛大將軍建中中李希烈詐爲瑊書若同亂者帝識其謀用不疑更賜良馬錦幣普王爲荊襄元帥討希烈也以瑊爲中軍都虞候帝狩奉天瑊率家人子弟以從授行在都虞候京畿渭北節度使朱泚兵薄城戰譙門晨至日中不解或以芻車至瑊曳車塞門焚以戰賊乃解泚治攻具矢石四集如雨晝夜不息凡浹

日鑿塹圍城城中死者可藉人心危惴或夜縋出掇蔬本供御帝
與瑊相泣泚方據乾陵下瞰城聶翟紅袍左右宦人趨走宴賜拜
舞又縱慢辭戲斥天子以爲勝在景刻使騎環馳責大臣不識天
命造雲梁廣數十丈施大輪濡氈及革冒之周布水囊爲鄣攝城
東北構木廬蒙革周罝之運薪土其下將塞隍帝召瑊授以詔書
千餘自御史大夫實封五百戶而下募突將死士當賊賜瑊筆使
量功署詔不足則署衣以授因曰朕與公訣矣令馬承倩往有急
可奏瑊俯伏嗚咽帝撫而遣之瑊前與防城使侯仲莊揣雲梁所
道掘大隧積馬矢及薪然之賊乘風推梁以進載數千人王師乘
城者皆凍餒甲弊兵寡瑊但以忠義感率使當賊人憂不支羣臣
號天以禱瑊中矢自摳去被血而戰愈厲雲梁及隧而陷風返悉
焚賊皆死舉城歡譟是日詔授瑊二子官乃第賞將校泚攻城益
急會李懷光奔難賊乃去進行在都知兵馬使實封戶五百乘輿
進狩山南瑊以諸軍衛入谷口懷光追騎至後軍擊卻之遷檢校

尚書左僕射同中書門下平章事兼靈鹽豐夏定遠西城天德軍
節度朔方邠寧振武道永平軍奉天行營副元帥帝臨軒授鉞用
漢拜韓信故事制曰寇賊干紀授爾節鉞以戡多難往欽哉瑊頓
首曰敢不畢力以對揚天子休命乃率諸軍趨京師賊韓旻拒武
功瑊率吐蕃論莽羅兵破之武亭川斬首萬級遂屯奉天以抗西
面李晟自東渭橋破賊瑊與韓游瓌戴休顏以西軍收咸陽進屯
延秋門泚平論功以瑊兼侍中實封戶八百天子還宮授河中絳
慈隰節度使河中同陝虢行營副元帥縣樓煩郡王徙咸寧賜大
寧里甲第女樂五人將相送歸第與李晟鈞禮俄加朔方行營副
元帥與馬燧同討李懷光懷光平檢校司空任一子五品官還屯
河中吐蕃相尚結贊陷鹽夏陰闚京師而畏瑊與李晟馬燧欲以
計勝之乃詭辭重禮請燧講好燧若贊帝乃詔約盟平涼川以瑊
爲會盟使爲結贊所劫副使崔漢衡以下皆陷惟瑊得免自奉天
入朝羸服待罪詔釋之會吐蕃復入盜使瑊鎮奉天虜罷還河中

貞元四年虜入涇邠授邠寧慶副元帥進檢校司徒兼中書令十
五年卒年六十四羣臣奉慰延英贈太師謚曰忠武喪車至自鎮
帝復廢朝瑊好書通春秋漢書嘗慕司馬遷自敘著行紀一篇其
辭一不矜大天性忠謹功高而志益下歲時貢奉必躬閱視每有
賜予下拜跪受常若在帝前世方之金日磾故帝終始信待貞元
後天子常恐藩侯生事稍桀驁則姑息之惟瑊有所奏論不盡從
可輒私喜曰上不疑我故治蒲十六年常持軍猜閒不能入君子
賢之本名日進稍顯改焉五子鎬鐬爲達官
鎬謙謹喜交士大夫歷鄧唐二州刺史有政譽元和中延州沙陀
部苦邊吏貪震擾不安李絳建言宜選才職稱者爲刺史乃任
鎬延州會討王承宗而義武節度使任迪簡病不能軍以鎬將家
可用乃遷檢校右散騎常侍義武軍節度副使俄代迪簡爲使治
兵頗有法然短於計略不持重鎮定二軍間不百里鎬引兵壓鎮
境而屯距賊三十里鼓角聲相聞賊始亦畏見鎬無斥候乃潛師

入定境焚廬舍屠鄉聚鎬軍遂搖亦會中人督戰乃出薄賊大敗
而還詔以陳楚代之時師飢凍聞鎬方罷遂亂劫鎬之家至裸辱
楚聞馳入城乃定令軍中斂所剽歸鎬以兵衛出之貶韶州刺史
後代州刺史韓重華奏收鎬供軍金幣十餘萬乃復貶循州卒贈
工部尚書
鐬以蔭補諸衛參軍累擢至豐州刺史坐贓七百萬文宗以勳臣
子貶袁州司馬還爲袁王傅至太子詹事訓注亂或言鐬匿賈餗
爲百騎所捕苦辨乃免然家爲兵剽皆盡文宗憐之授少府監遷
殿中宰相以瑊之裔擬刺史帝曰是豈可以牧民念其父功富之
可也宰相言鐬嘗治郡有績從之拜壽州刺史終諸衛大將軍
贊曰唐史臣稱燧沈雄忠力常先計後戰每戰親令于衆無不感
槩用命鬭必決死未嘗折北名蓋一時然力能得田悅而不取虜
不可信而決信之故河北三盜卒不臣平涼大臣奔辱燧之罪也
雖然燧賢者也天下以爲可責故責之不以功掩罪亦不可以罪

廢功臧親與結贊盟不能料虜詐但以如詔爲恭殆有猛志而無
英才乎李晟謂虜不可與盟則皦皦固出晟下遠甚功名大小信
其然乎

馬渾列傳第八十

楊戴陽二李韓杜邢列傳第八十一　唐書一百五十六

端明殿學士兼翰林侍讀學士龍圖閣學士朝散大夫給事中知制誥充史館修撰臣宋祁奉
敕撰

楊朝晟字叔明夏州朔方人興行間以先鋒功授甘泉府果毅建
中初從李懷光討劉文喜涇州斬獲多加驃騎大將軍李納寇徐
州從唐朝臣往討常冠軍懷光赴難奉天屬朝晟兵千人下咸陽
賜實封百五十戶懷光反韓游瓌退保邠寧賊黨張昕守邠州大
索軍實多募士欲潛歸之朝晟父懷實爲游瓌將夜以數十騎斬
昕及同謀者游瓌遣懷實告行在德宗勞問授兼御史中丞朝晟
泣見懷光曰父立功於國子當誅不可以主兵懷光縶之及諸軍
圍河中游瓌督長春宮而懷實戰甚力懷光平帝原朝晟因爲游
瓌都虞候父子皆開府賓客御史中丞軍中以爲榮吐蕃犯邊游
瓌自將守寧州而御士寬軍驕及張獻甫來代軍遂亂朝晟從狄
郊衆脅監軍請以范希朝爲節度使希朝時已在京師明日朝晟
出給衆曰子來賀所請之當也衆稍定朝晟結諸將謀誅首惡者
居三日紿遣人自邠來曰前請報罷張公已舍邠矣反者皆當死
吾不願盡誅也第取首惡者衆所讙指斬二百餘人獻甫遂入于
軍帝以希朝爲節度副使而朝晟加御史大夫貞元九年城鹽州
發卒護境朝晟屯木波堡會獻甫卒有詔代爲邠寧節度使朝晟
請城方渠合道木波以遏吐蕃路詔問須兵幾何報曰部兵可辦
帝問前日城五原興師七萬今何易邪對曰鹽州之役虜先知之
今薄戎而城虜料王師不十萬勢難輕入若發部兵十日至塞下
未三旬城畢積芻聚糧留卒守之寇至不可拔萊野翦虜且走
此萬全計也若大發兵閱月乃至虜亦來來必戰戰則不暇城矣
帝納其策師次方渠水乏有青蛇降險下走視其跡水從而流朝
晟使築防環之遂爲溥淵士飲仰足圖其事以聞有詔置祠命泉
曰應聖已城吐蕃悉衆至度不能害乃引去復城馬嶺而歸開地
三百里十七年卒于屯

戴休顏字休顏夏州人家世尚武志膽不常郭子儀引為大將論平党項羌以安河曲試太常卿封濟陰郡公進封咸寧郡王兼朔方節度副使城邠州功最遷鹽州刺史朱泚反率兵三千晝夜馳奔問行在德宗嘉之賜實戶二百與渾瑊杜希全韓游瓌等扞禦有勞帝進狩梁洋留守奉天李懷光屯咸陽使人誘之休顏斬其使勤兵自守懷光眙駭自涇陽夜走遷檢校工部尚書奉天行營節度使合渾瑊兵破泚偏師斬首三千級追至中渭橋京師平又與瑊率兵趨岐陽邀泚殘黨加檢校尚書右僕射進戶四百從乘輿至京師賜女樂甲第拜左龍武軍統軍卒贈揚州大都督弟休璿歷開府儀同三司封東陽郡王休晏歷輔國大將軍封彭城郡公俱以將略稱

陽惠元平州人以趫勇奮事平盧軍從田神功李忠臣浮海入青州詔以兵隸神策為京西兵馬使鎮奉天德宗初立稍繩諸節度跋扈者於是李正己屯曹州田悅增河上兵河南大擾詔移兵萬

二千戍關東帝御望春樓誓師因勞遣諸將酒至神策將士不敢飲帝問故惠元曰初發奉天臣之帥張巨濟與衆約是役也不立功毋飲酒臣不敢食其言既行有饋於道惟惠元軍瓶罍不發帝咨歎不已璽書慰勞俄以兵三千會諸將擊田悅戰御河奪三橋惠元功多以兵屬李懷光及朱泚反自河朔赴難解奉天圍加檢校工部尚書攝貝州刺史詔惠元與神策行營節度使李晟鄜坊節度使李建徽及懷光聯營便橋晟知懷光且叛移屯東渭橋翰林學士陸贄諫帝曰四將接壘晟等兵寡位下為懷光所易勢不兩完晟既慮變請與惠元東徙則建徽孤立宜因晟行合兩軍皆往以備賊為解趣裝進道則懷光計無所施帝不從使神策將李昇往伺還奏懷光反明甚是夕奪二軍惠元建徽走奉天懷光遣將冉宗馳騎追及於好畤惠元被髮呼天血流出眥袒裼戰而死二子晟昱匿井中皆及害建徽獨免詔贈惠元尚書左僕射晟殿中監昱邠州刺史少子旻字公素惠元之死被八創隨別井或救

得免歷邢州刺史盧從史既縛潞軍潰有驍卒五千從史嘗以子視者奔于旻旻閉城不內衆皆哭曰奴失帥今公有完城又度支錢百萬在府少賜之為表天子求旌節旻開諭禍福遣之衆感悟遂還軍憲宗嘉之遷易州刺史王師討吳元濟以唐州刺史提兵深入二百里薄申州拔外郛殘其垣以功加御史中丞容州西原蠻反授本州經略招討使擊定之進御史大夫合邕容兩管為一道卒贈左散騎常侍

李元諒安息人本安氏少為宦官駱奉先養息冒姓駱名元光美須髯鷙敢有謀以宿衛積勞試太子詹事李懷讓節度鎮國署奏以自副居軍十年士心憚服德宗出奉天賊遣將何望之襲華州於是刺史董晉棄城走望之欲聚兵以絕東道元諒自潼關引兵徑薄其城拔之時兵興倉卒裒劂為鎧剡葦為矢募兵數日至萬餘軍氣乃振賊來攻輒卻時尚可孤守藍田元諒屯昭應王權壁中渭橋賊兵不能踰渭南未幾遷鎮國軍節度使封武康郡王先

是詔發隴兵東討李希烈師方出關泚使劉忠孝召還至華陰華陰尉李夷簡說驛官捕之追及關元諒斬以徇所召兵不得入由是華州獨完俄詔元諒與李晟收京師次滻西元諒先奮擊賊敗之進屯苑東晟使壞苑垣入泚連戰皆北遂大潰京師平讓功於晟退壁近郊加檢校尚書左僕射實封戶五百賜甲第女樂一子六品官李懷光反與馬燧渾瑊討之其將徐廷光素易元諒數嫚罵為優胡戲斥侮其祖又使約降曰我降漢將耳及馬燧至降於燧元諒見韓游瓌曰彼詬吾祖今日斬之子助我乎許諾既而遇諸道即數其罪叱左右斬之詣燧謝燧大怒將殺元諒游瓌見曰殺一偏裨尚爾即殺一節度法宜如何燧默然元諒請輸錢百萬勞軍自贖瑊亦為請燧赦之帝以專殺恐有司劾治前詔勿論貞元三年吐蕃請盟詔以軍從瑊會平涼元諒軍潘原游瓌軍洛口以為援元諒曰潘原去平涼七十里虜詐不情如有急何以赴請與公連屯瑊以違詔不聽瑊壁盟所二十里元諒密徙營次之

旣會元諒望雲物曰不祥虜必有變傳令約部伍出陣俄而虜劫
盟瑊奔還元諒兵成列出而涇原節度使李觀亦以精兵五千伏
險與元諒相表裏虜騎乃解元諒遣軍重先而與瑊振旅徐還時
以爲有古良將風是會也微元諒觀二人瑊且不免帝嘉歎賜善
馬金幣良厚因賜姓及名更節度隴右治良原良原隍堞湮圮旁
皆平林薦草虜入寇常牧馬休徒於此元諒培高浚深身執苦與
士卒均繼翦榛莽闢美田數十里勸士墾藝歲入粟菽數十萬斛
什具畢給又築連弩臺遠烽偵爲守備進據勢勝列新壁虜至
無所掠戰又輒北由是涇隴以安西戎憚之卒年六十二贈司空
謚曰莊威

李觀其先自趙郡徙洛陽故爲洛陽人少沈厚寡言以策干朔方
節度使郭子儀子儀遣佐坊州刺史吳伷爲防遏使以親喪解吐
蕃內寇代宗幸陝觀隱盩厔率鄉里子姓千人守黑水虜不敢侵
嶺南節度使楊愼微奏爲偏將徐浩李勉代節度常倚以軍政
數補平劇賊遷大將試殿中監召爲右龍武將軍涇師叛觀適番
上即領兵千餘扈德宗奉天詔盡察諸衞整飭譙邏增募五千人
鼙鼓讙譟士氣益振賜封戶二百授二子八品官從至梁州帝還
詔總後軍權四鎭北廷行軍涇原節度使在屯四年訓部伍儲藏
饒衍平涼之盟吐蕃不得志是年觀入朝前一日就道虜至期出
精騎狙擊不及去以少府監檢校工部尚書卒贈太子少傅

韓游瓌靈州靈武人始爲郭子儀裨將安祿山反使阿史那從禮
將同羅突厥五千騎僞降於朔方出塞門誘河曲九蕃府六胡叛
部落凡五十萬子儀使游瓌率辛京杲擊破之九蕃府還附累進
邠寧節度留後奉天之狩兵未集游瓌與慶州刺史論惟明以兵
三千來赴自乾陵北趨醴泉未至有詔引軍屯便橋次泥泉與泚
兵值游瓌欲還奉天監軍翟文秀曰吾壁于此賊敢踰我而西可
夾攻取之今入奉天賊亦隨至是引賊迫天子也游瓌曰不然我
寡賊衆彼能分以元我餘衆猶能鼓而西也不如先入衞天子且

奉天無彊卒安得夾攻吾士乏且寒賊以利誘之衆且潰遂還奉
天泚兵躡攻之戰不利泚兵奪門游瓌殊死戰乃解泚大治戰棚
雲橋士皆懼游瓌曰賊取佛祠乾木爲攻具可以火之旣而賊大
譟攻南雉游瓌曰是分吾力也趣北雉遣將郭詢郭廷王以銳士
三百傅滿直出火其棚投薪於中風返棚皆燼賊氣沮故諸將推
游瓌赴難功第一帝以衞軍無職局乃置統軍一員以游瓌惟明
賈隱林處之李懷光叛誘游瓌爲變游瓌白發其書帝曰卿可謂
忠義矣對曰臣安知忠義但懷光誤臣使震驚乘輿後持臣自解
帝嘉其誠從問計欲安出對曰懷光總諸府兵怙以爲亂今邠有
張昕靈武有甯景璿河中有呂鳴岳振武有杜從政潼關有李朝
臣渭北有竇覦皆守將也陛下以其衆與地授之罷懷光權而尊
以元功諸將仰首各聽其帥彼安能以亂帝曰罷懷光權而泚益
張若何對曰陛下約士以不次之賞今責賊方至發而酬之其守
自固邠有萬精甲臣得將之可以誅賊四方杖義而起賊不足慮
帝美其言會懷光誘復至游瓌得書稍嚴卒以警游瓌不知發怒
嫚罵賊帝疑有變即日幸梁州游瓌使子從帝懷光檄假游瓌邠
州刺史欲因張昕殺之游瓌旣失兵不知所圖有客劉南金說曰
邠有留甲可以立功殆天假也游瓌悟誘舊部兵八百馳入邠說
昕曰懷光自蹈禍機公今可取富貴無共汙不義也我願以麾下
爲公先驅昕不聽游瓌移疾不出陰結其將高固等昕欲殺游瓌
戒左右衷甲入昕小史李岌潛白游瓌伏甲先起高固等應之斬
昕首以聞時懷光子玫在邠游瓌衞出之曰殺之祇以怒敵至必
遽不如捨之玫至涇陽懷光遂走蒲州游瓌屯七盤受李晟節度
詔拜邠寧節度使遂會渾瑊於奉天與瑊戴休顏分扼京西要險
李晟入長安游瓌破泚兵咸陽泚走涇州游瓌使諭涇將楊澄澄
拒不納泚遂敗京師平遷檢校尚書左僕射實封戶四百帝至自
興元游瓌及瑊休顏從而李晟尚可孤李元諒奉迎論功與瑊等
皆第一游瓌還屯邠寧懷光寇同州瑊元諒敗於乾坑詔游瓌率

兵幷力敗賊衆五千于屯𡵨會瑊馬燧圍蒲城師次焦籬堡守將
尉珪降懷光見勢單蹙乃縊死貞元二年吐蕃入涇隴邠寧游瓌
追至安化虜營合水北游瓌策曰賊行無人地必怠可襲取之使
將史履澄夜領兵五百入其營斬數百級取馬五千遲明虜以兵
尾擊游瓌羅幟自衞譟鼓四發虜驚潰去是歲復圍鹽州刺史
杜彥光約與之城吐蕃許之又取銀夏麟等州游瓌請收鹽州以
斷戎人走集虜入漢食禾菽方春而病此天亡時也有詔李元諒
韓全義率師一萬會游瓌收鹽州吐蕃請修淸水盟以歸侵地馬
燧爲之請詔問游瓌荅曰西戎弱則請盟彊則入寇今侵地益深
而乞盟詐我也帝不從會盟平涼詔游瓌以軍屯洛口盟之日游
瓌以勁騎五百待非常令曰即有變急趨柏泉以分虜勢瑊被劫
馳以免虜見兵出即解去後吐蕃寇大回原游瓌方辟長武即選
騎八百迎擊自引兵繼之監軍以爲戎不可易荅曰賊攻豐義今
游騎先破則彼大衆不敢前豐義全矣戰南原敗之吐蕃夜遁會

子欽緒以射生將儒京師與妖人李廣弘謀反謀泄奔邠州中人
捕斬以狀示游瓌游瓌懼求歸死京師帝不許又執欽緒二息送
京師帝亦原之未幾入朝素服聽命有詔復位勞遇如故游瓌盛
言城豐義以遏虜侵帝悅趣還軍初游瓌之朝衆謂且得罪故賚
送殊薄既還舉軍不自安大將范希朝善兵游瓌畏其偪欲誅之
希朝奔鳳翔帝聞召入宿衞游瓌遣兵築豐義纔二板而潰寧卒
數百大掠游瓌不能禁詔用張獻甫代之游瓌畏亂委軍輕出還
京師拜右龍武統軍卒謚曰襄廣弘者自言宗室子始爲浮屠妄
曰我嘗見岳瀆神當作天子可復冠男子董昌舍廣弘於資敬寺
召相工唐郛視之教郛告人曰廣弘且大貴乃誘欽緒神策將魏
循李傪越州參軍事劉昉等作亂昉家數具酒大會廣弘所陰
相署置又妄曰神戒我十月十日趣舉約欽緒夜擊鼓譟凌霄門
焚飛龍廄循等以神策兵迎廣弘事捷大剽三日循傪上變乃禽
廣弘及支黨鞫仗內付三司訊實皆殊死廣弘臨刑色自如由是
禁人不得入觀祠

杜希全京兆醴泉人以裨將隷郭子儀積功勞至朔方節度使軍
令整嚴士畏其威奉天之狩希全與鄜坊節度使李建徽鹽州刺
史戴休顏夏州刺史時常春引兵赴難次漠谷爲賊邀擊乘高縱
石下之彊弩雜發德宗使援之不克還保邠州賊平遷檢校尚書
左僕射靈鹽豐夏節度使封餘姚郡王將即屯獻體要八章砭切
政病帝嘉納賜君臣箴一篇尋兼夏綏銀節度都統建言鹽州據
要會爲塞保鄣自平涼背盟城陷于虜於是靈武勢縣鄜坊單逼
爲邊深患請復城鹽州乃詔希全及朔方邠寧銀夏鄜坊振武及
神策行營諸節度合選士三萬五千屯鹽州又敕涇原劒南山南
軍深入吐蕃牽橈其力使不得犯塞執築凡六千人閱二旬畢由
是虜憚不輕入希全居河西久頗越法橫肆帝數容掩其短豐州
刺史李景略名出希全上疑逼己遂排劾之帝爲斥以荅其意素
苦風眩稍劇益忌忍遂誣殺判官李起吏下累息卒贈司空

邢君牙瀛州樂壽人少從幽薊平盧軍以戰功歷果毅折衝郎將
安祿山反從侯希逸涉海入青州田神功爲兗鄆節度使使君牙
將兵屯好時防盛秋吐蕃犯京師代宗出陝以扈從功累封河間
郡公建中初李晟從馬燧討田悅以君牙爲都將在武安襄國間
凡五戰斬馘功最德宗出奉天晟率君牙倍道赴難徙屯渭橋軍
中便宜唯君牙得豫晟在鳳翔數行邊常以君牙守晟入朝代爲
鳳翔觀察使俄領節度檢校尚書右僕射吐蕃歲犯邊君牙劭耕
講戰以爲備戎不能侵又城隴州平戎川號永信城卒官贈司空
初布衣張汾者無紹介干君牙軒然坐客上會吏擿簿書以盜沒
宴錢五萬君牙怒其欺汾不謝去曰吾在京師聞邢君牙一時豪
俊今乃與設吏論錢云何君牙慙遽釋吏引爲上客留月餘以
五百縑爲謝其屈己好士類此

楊戴陽二李韓杜邢列傳第八十一

陸贄列傳第八十二　　唐書一百五十七

端明殿學士兼翰林侍讀學士龍圖閣學士朝請大夫尚書吏部侍郎兼集賢殿脩撰臣宋　祁　奉

敕撰

陸贄字敬輿蘇州嘉興人十八第進士中博學宏辭調鄭尉罷歸壽州刺史張鎰有重名贄往見語三日奇之請爲忘年交既行餉錢百萬曰請爲母夫人一日費贄不納止受茶一串曰敢不承公之賜以書判拔萃補渭南尉德宗立遣黜陟使庾何等十一人行天下贄說使者請以五術省風俗八計聽吏治三科登儁乂四賦經財實六德保罷瘵五要簡官事五術曰聽謠誦審其哀樂納市賈觀其好惡訊簿書考其爭訟覽車服等其儉奢省作業察其趣舍八計曰視戶口豐秏以稽撫字視墾田贏縮以稽本末視賦役薄厚以稽廉冒視按籍煩簡以稽聽斷視囚繫盈虛以稽決滯視姦盜有無以稽禁禦視選舉衆寡以稽風化視學校興廢以稽教導三科曰茂異賢良幹蠱四賦曰閱稼以奠税度產以衰征料丁壯以計庸占商賈以均利六德曰敬老慈幼救疾恤孤賑貧窮任失業五要曰廢兵之冗食蠲法之撓人省官之不急去物之無用罷事之非要時皆韙其言遷監察御史帝在東宮已聞其名矣召爲翰林學士會馬燧討賊河北久不決請濟師李希烈寇襄城詔問策安出贄言勞於服遠莫若脩近多方以救失莫若改行今幽燕恒魏之勢緩而禍輕汝洛滎汴之勢急而禍重田悅覆敗之餘無復遠略王武俊有勇無謀朱滔多疑少決互相制劫急則合力退則背憎不能有越軼之患此謂緩也希烈果於奔噬忍於傷殘據蔡許富全之地而益以鄧襄虜獲之實東寇則轘道阻北窺則都邑震此謂急也代朔邠靈自昔之精騎上黨盟津今之選師舉而委之山東將多而勢分兵廣而財屈則屯戍失於太繁也李勉文吏也而當汴必爭地哥舒曜之衆烏合也扞襄城方鋭之賊本非素習首鼠莫前則守禦失於不足也今若還李芃河陽以援東都李懷光解襄城之圍專以太原澤潞兵屯山東則梁宋安又言

立國之權在審輕重本大而末小所以能固故治天下者若身使臂臂使指小大適稱而不悖王畿者四方之本也京邑者王畿之本也其勢當京邑如身王畿如臂而四方如指此天子大權也是以前世轉天下租稅徙郡縣豪桀以實京師太宗列置府兵八百所而關中五百舉天下不敵關中則居重馭輕之意也方世承平久武備微故祿山乘外重之勢一舉而覆兩京然猶諸牧有馬州縣有糧肅宗得以中興乾元後外虞踵發悉師東討故吐蕃乘虛而先帝莫與爲禦是失馭輕之權也既自陝還懲艾前事稍益禁衞故關中有朔方涇原隴右之兵以捍西戎河東有太原之兵以制北虜今朔方太原衆已屯山東而神策六軍悉戍關外將不能盡敵則請濟師陛下爲之輟邊軍缺環衞竭內廄之馬武庫之兵占將家子以益師賦私畜以增騎又告乏財則爲算室廬貸商人設諸榷之科日日以甚萬有一如朱滔李希烈負固邊壘誘煽姦兇窺覦都甸者何以備之夫關中王業根本在焉豪桀之在關中者與籍於營衞不殊車乘之在關中者與列於廄牧不殊財用之在關中者與貯於帑藏不殊一朝有急可取也陛下幸聽臣計使李芃還軍援洛懷光救襄城希烈必走請神策軍及將家子占而東者追還之凡京師稅間架榷酒抽貫貸商點召之令一切停之則端本整棼之術帝不納後涇師急變贄言皆効從狩奉天機務填總遠近調發奏請報下書詔日數百贄初若不經思逮成皆周盡事情衍繹孰復人人可曉旁吏承寫不給它學士筆閣不得下而贄沛然有餘始帝蒼卒變故每自尅責贄曰陛下引咎堯舜意也然致寇者乃羣臣罪贄意指盧杞等帝護杞因曰卿不忍歸過朕有是言哉然自古興衰其亦有天命乎今之厄運恐不在人也贄退而上書曰自安史之亂朝廷因循涵養而諸方自擅壤地未嘗會朝陛下將一區宇乃命將興師以討四方一人征行十室資奉居者疲饋轉行者苦鋒鏑去留騷然而閭里不寧矣聚兵日衆供費日博常賦不給乃議蹙限而加斂焉加斂既殫乃別配之別配不足於是榷筭

之科設率貸之法興禁防滋章吏不堪命農桑廢于追呼膏血竭于箠摽兆庶嗷然而郡邑不寧矣邊陲之戍以保封疆禁衛之旅以備巡警邦之大防也陛下悉而東征邊備空匱又搜私牧責將家以出兵籍馬夫私牧者元勲貴戚之門也將家者統帥岳牧之後也其復除征徭舊矣今奪其畜牧事其子孫丐假以給貪裝破產以營卒乘元臣貴位孰不解體方且稱疾王之廬筭裨販之緡貴不見傷近不見異羣情躍然而關畿不寧矣陛下又謂百度弛廢則持義以掩恩任法以成治斷失於太速察傷於太精斷速則寡恕於人而疑似不容辨也察精則多猜於物而億度未必然也寡恕而下懼禍故反側之釁生多猜而下防嫌故苟且之患作由是叛亂繼延忿讟並興非常之虞惟人主獨不聞凶卒鼓行白晝犯闕重門無結草之禦環衛無誰何之人陛下雖有股肱之臣耳目之佐見危不能竭誠臨難不能效死是則羣臣之罪也陛下方以興衰諉之天命亦過矣書曰天視自我人視天聽自我人聽則

天所視聽皆因于人非人事外自有天命也紂之辭曰我生不有命在天此捨人事推天命必不可之理也易曰自天祐之仲尼以謂祐者助也天之所助者順也人之所助者信也履信思乎順是以祐之易論天人祐助之際必先履行而吉凶之報象焉此天命在人蓋昭昭矣人事治而天降亂未之有也人事亂而天降康亦未之有也尚恐有可疑者請以近事信之自比兵興物力耗竭人心驚疑如風濤然洶洶靡定族謀聚議謂必有變則京師之人固非悉通占術曉天命也則致寇之由豈運當然夫治或生亂亂或資治有以無難而亡多難而興治或生亂者恃治而不脩也亂或資治者遭亂而能治也無難而失者忽萬幾之重而忘憂畏也多難而興者涉庶事之艱而知敕慎也今生亂失序之事不可追矣其資治興邦之業在刻勵而謹脩之當至危之機得其道則興失則廢其間不容復有所悔也惟勤思而孰計之捨己以從衆違欲以遵道遠憸佞親忠直推至誠去逆詐斯道甚易知甚易行不耗神

不劬力第約之於心耳何憂乎亂人何畏乎厄運何患乎不寧哉帝又問贄事切於今者贄勸帝羣臣參日使極言得失若以軍務對者見不以時聽納無倦兼天下之智以為聰明帝曰朕豈不推誠然顧上封者惟譏斥人短長類非忠直往謂君臣一體故推信不疑至憸人賣為威福今茲之禍推誠之敝也又諫者不密要須歸曲於朕以自取名朕嗣位見言事多矣大抵雷同道聽加質則窮故頃不詔次對豈曰倦哉贄因是極諫曰昔人有因噎而廢食者又有懼溺而自沈者其為防患不亦過哉願陛下鑒之毋以小虞而妨大道也臣聞人之所助在信信之所本在誠一不誠心莫之保一不信言莫之行故聖人重焉傳曰誠者物之終始不誠無物物者事也言不誠即無所事矣匹夫不誠無復有事況王者賴人之誠以自固而可不誠於人乎陛下所謂誠信以致害者臣竊非之孔子曰可與言而不與之言失人不可與言而與之言失言智者不失人亦不失言陛下可審其言而不可不信可慎其所與而不

可不誠所謂民者至愚而神夫蚩蚩之倫或昏或鄙此似於愚也然上之得失靡不辨好惡靡不知所秘靡不傳所為靡不効馭以智則詐示以疑則偷接不以禮則其徇義輕撫不以情則其效忠薄上行則下從之上施則下報之若景附形若響應聲故曰惟天下至誠為能盡其性不盡於已而責盡於人不誠於前而望誠於後必紿而不信矣今方鎮有不誠於國陛下興師伐之臣有不信於上陛下下令誅之有司奉命而不敢赦者以陛下所有責彼所無也故誠與信不可斯須去已願陛下慎守而力行之恐非所以為悔也傳曰人誰無過過而能改善莫大焉仲虺歌成湯之德曰改過不吝吉甫美宣王之功曰袞職有闕仲山甫補之夫成湯聖君也仲虺聖輔也以聖輔贊聖君不稱其無過稱其改過周宣中興賢王也吉甫文武賢臣也歌誦其主不美其無闕而美其補闕則聖賢之意貴於改過較然甚明蓋過差者上智下愚所不免惟智者能改而之善愚者恥而之非也中古以降其臣尚諛其君亦

自聖擅盛德行小道乃有入則造膝出則詭辭茲由此滋善由此
沮天子意由此惑爭臣罪由此生媚道行而害斯甚矣太宗有文
武仁義之德治致太平之功可謂盛矣然而人到于今以從諫改
過爲稱首是知諫而能從過而能改帝王之大烈也陛下謂諫官
論事引善自予歸過於上者信非其美然於盛德未有虧焉納而
不違傳之適足增美拒而違之又安能禁之勿傳不宜以此梗進
言之路也聖人不忽細微不侮鰥寡參言無驗不必用質言當理
不必違遜於志不必然逆於心不必否異於人不必是同於衆不
必非辭拙而效迂者不必愚言甘而利重者不必智考之以實惟
善所在則可以盡天下之心矣夫人情蔽於所信阻於所疑忽於
所輕溺於所欲信偏則聽言不盡其實故有過當之言疑甚則雖
實不聽其言故有失實之聽輕其人則遺可重之事欲其事則存
可棄之人苟縱所私不考其實則是失天下之心矣故常情之所
輕聖人之所重不必慕高而好異也陛下又以雷同道說加質則

唐書列傳八十二　五　周志

窮臣謂陛下雖窮其辭而未窮其理能服其口而未服其心且下之
情莫不願達於上上之情莫不求知於下然而下常苦上之難達
上常苦下之難知若是者何九弊不去也所謂九弊者上有六下
有三好勝人恥聞過騁辯給衒聰明厲威嚴恣彊愎上之弊也諂
諛顧望畏愞下之弊也好勝必甘佞辭恥過必忌直言則諂諛者
進而忠實之語不聞矣騁辯而衒明必折人以言虞人以詐則顧
望者自便而切摩之益不盡矣厲威而恣愎必不能降情接物引
咎在己則畏愞者至而情理之說不申矣人之難知堯舜所病胡
可以一酬一詰而謂盡其能哉夫欲治天下而不務得人心則天下固不
治矣務得人心而不勤接下則心固不得矣務接下而不辨君子
小人則下固不可接矣務辨君子小人而惡直嗜諛則君子小人
固不可辨矣趨和求媚人之甚利存焉犯顏冒禍人之甚害存焉
居上者易其言而以美利利之猶懼忠告之不暨況跡隔而猜忌
者乎是時賊未平帝欲明年遂改元而術家爭言數鍾百六宜有

所變示天下復始帝乃議更益大號贄曰今乘輿播越大憝未去
此人情向背天意去就之際陛下宜痛自貶勵不宜益美名以累
謙德帝曰卿言固善然要當小有變革爲朕討之贄奏言古之人
君德合於天曰皇合於地曰帝合於人曰王父天母地以養人治
物得其宜者曰天子皆大名也三代而上所稱象其德不敢有加
焉至秦乃兼曰皇帝流及後世昏僻之君始有聖劉天元之號故
人主重輕不在稱謂視德何如耳若以時屯當有變革不若引咎
降名以祗天戒且矯舊失至明也損虛飾大知也寧與加宂號以
受實患哉帝從之會興元赦令方具帝以稾付贄使商討其詳贄
知帝執德不固困則思治泰則易驕欲激之使彊其意即建言履
非常之危者不可以常道安解非常之紛者不可以常令諭陛下
窮用兵甲竭取財賦變生京師盜據宮闈今假王者四凶僭帝者
二豎其它顧瞻懷貳不可悉數而欲紓多難收羣心惟在赦令而
已動人以言所感已淺言又不切人誰肯懷故誠不至者物不感

唐書列傳八十二　六　周志

損不極者益不臻夫悔過不得不深引咎不得不盡招延不可不
廣潤澤不可不弘使天下聞之廓然一變人人得其所欲安有不
服哉其須改革科條已別封上臣聞知過非難改之難言善非難
行之難易曰聖人感人心而天下和平夫感者誠發於心而形於事
事或未諭故宣之於言言必顧心心必副事三者相合乃可求感
惟陛下先斷厥志以施其辭度可行者而宣之不可者措之無苟
於言以重取悔帝納之始帝播遷府藏委棄衛兵無褚衣至是天
下貢奉稍至乃於行在夾廡署瓊林大盈二庫別藏貢物贄諫以
爲瓊林大盈於古無傳舊老皆言開元時貴臣飾巧以求媚建言
郡邑賦稅當委有司以制經用其貢獻悉歸天子私有之蕩心侈
欲亦終以餌寇今師旅方殷瘡痛呻吟之聲未息遽以珍貢私別
庫恐羣下有所觖望請悉出以賜有功今後納貢必歸之有司先
給軍賞瓌怪纖麗無得以供是乃散小儲成大儲捐小寶固大寶
也帝悟即撤其署李懷光有異志欲怒其軍使叛即上言兵稟薄

與神策不等難以戰李晟密言其變因請移屯帝遣贄見懷光議事贄還奏懷光寇奔不追師老不用羣帥欲進輒沮止其謀此必反宜有以制之因勸帝許晟移軍初贄與懷光語及晟懷光妄詫曰吾無所藉晟贄即美其彊雄使不得翻覆至是請下詔書如其意者且無辭歸短於朝又建遣李建徽陽惠元與晟并屯東渭橋託言晟兵寡不足支賊俾爲犄角懷光雖不欲遣且辭窮無以沮解帝猶豫曰晟移屯懷光固怏怏若又遣建徽等俱東彼且爲辭少須之晟巳徙營不閲旬懷光果奪兩節度兵建徽挺身免惠元死之行在震驚遂徙幸梁道有獻瓜果者帝嘉其意欲授以試官贄曰爵位天下公器不可輕也帝曰試官虛名且巳與宰相議矣卿其無嫌贄奏信賞必罰霸王之資也輕爵褻刑衰亂之漸也非功而獲爵則輕非罪而肆刑則褻天寶之季嬖幸傾國爵以情授賞以寵加綱紀始壞矣羯胡乘之遂亂中夏財賦不足以供賜而職官之賞興焉職貧不足以容功而散試之號行焉今所病者爵輕也設法貴之猶恐不重若又自棄將何勸焉陛下謂試官爲虛名豈思之未熟邪夫立國惟義與權誘人惟名與利名近虛於教爲重利近實於德爲輕凡所以裁是非立法制則存乎其義參虛實揣輕重則存乎其權專實利而不濟之以虛則物有匱耗而不給矣專虛名而不副之以實則情有誕謾而不趨矣故錫貨財列稟秩以彰實也差品列異服章以飾虛也居上者達其變相須以爲表裏則爲國之權得矣按甲令有職事官有散官有勳官有爵號其賦事受奉者惟職事一官以叙才能以位勳德所謂施實利而寓虛名也勳散爵號止於服色資廕以馭崇貴以甄功勞所謂假虛名佐實利者也今員外試官與勳散爵號同然而突銛鋒排禍難者以是酬之可謂重矣今獻瓜一器果一盛則受之彼忘軀命者有以相謂矣曰吾之軀命乃同瓜果瓜果草木也若草木然人何勸哉夫田父野人必欲得其歡心厚賜之可也俄以勞遷諫議大夫仍爲學士時鳳翔節度使李楚琳殺張鎰得位雖數貢奉議者頗言其挾兩端有所狙伺然帝亦不能容其使至皆不得召欲以渾瑊代之贄諫曰楚琳之罪舊矣今議者乃始紛紜不亦晚哉且勤王之師在畿內者急宣亟告晷刻不可差商嶺既回遠而駱谷又爲賊所扼通王命者唯褒斜爾若復阻則諸鎮之向背者我勝則來賊勝遂往此焉幾會不容差跌使楚琳遑懼敢爲倡狂南塞要衝東與賊合則我咽喉梗而心膂分矣豈不病哉今顧望兩端是乃天誘其衷通歸途濟大業也帝釋然盡召見其使優詔勞安之帝欲以內外從官普號定難元從功臣贄曰宮官具寮恪居奔走勞則有之何功之云難則嘗之何定之云今與奮命者齒恐沮戰士之心結勳臣之憤帝乃止京師巳平帝欲詔渾瑊訪奔亡內人給裝使赴行在贄諫曰大難始平而百役疲瘵之甿重傷殘廢之卒皆忍死扶疾想聞德音蓋事有先後義有輕重重者宜先輕者宜後昔武王克殷有未下車而爲之者有下車而爲之者當今所務謂宜以大臣馳傳迎復神主脩飭郊丘展禋享之禮申告

謝之意恤死義犒有功崇進忠直優問耆老至定反側寬脅從官失職復廢業是皆宜先不可後也葺宮室治服玩耳目之娛巾櫛之侍是皆宜後不可先也且內人當離潰之後或爲將士所私昔人掩絶纓飲盜馬者豈忘其愛邪知爲君之體然也天下固多褻人何必獨此帝不復下詔猶遣使諭瑊資遣初劉從一姜公輔等材下不逮贄遠甚徒以單言暫謀偶有合由下位建台宰而贄孤立一意爲左右權倖沮短又言事無所回諱陰失帝意久之不得宰相還京但爲中書舍人母韋猶在江東帝遣中人迎還京師俄以喪解官客東都諸方賵遺一不取惟韋皋以布衣交先以聞故所致輒稱詔受之又詔中人護父柩至自吳會葬洛陽服除以權知兵部侍郎復召爲學士入謝伏地鯁泣帝爲興改容慰撫眷遇彌渥天下屬以爲相而竇參素不平忌之贄亦數言參罪失貞元七年罷學士以兵部侍郎知貢舉明年參黜乃以中書侍郎同中書門下平章事帝始任楊炎盧杞引樹私黨排忠良天下怨疾貞元

後懲艾其失雖置宰相至除用庶官反覆參詰乃得下及贄秉政始請臺閣長官得自薦其屬有不職坐舉者帝初許之或言諸司所引皆親黨招賂遺無實才帝復詔宰相自擇贄奏言齊桓公問管仲害霸對曰得賢不能任害霸也任賢不能固害霸也固始而不終害霸也與賢人謀事而小人議之害霸也所謂小人者非悉懷險詖以覆邦家也蓋趨向狹促以沮議爲出衆自異爲不群趨小利昧遠圖効小信傷大道爾所謂臺省長官僕射尚書丞郎御史大夫中丞是也陛下擇輔相多出其中行實不能頓殊也今乃謂不能進一二屬吏豈後位宰相則可擇天下材乎夫求才者貴廣考課者貴精往武后收人心務拔擢非徒人得薦士亦許自舉其才豈不易哉然而課責嚴進退速故當世稱知人之明累朝賴多士之用陛下賞鑒獨任難於公舉有登延之路無練覈之方武后以易得人陛下以精失士今擇宰相以重於庶品選長官以愈於下吏及宰相獻言長吏薦士則又納橫議廢始謀是任以重者輕其言待以輕者重其事也帝雖嘉之然卒停薦士詔舊制吏部選以歲集乾元後天下兵興率三年一調吏員稽壅則案牒叢淆僞冒衆甚吏緣以爲姦廢置無綱至十年不被調者缺員或累歲不補贄乃請以內外員三分之每歲計闕集人檢柅吏姦天下便之當是時竇貺盧邁趙憬同輔政凡有司關白三人者更相顧不肯判贄又請如故事旬一人秉筆所咨輒判又以西北邊歲調河南江淮兵謂之防秋士不素練戰數敗將統制不一亡以應敵乃上陳其弊曰自祿山搆亂肅宗始撤邊備以靖中邦借外威寧內難於是吐蕃乘釁回紇矜功中國不振四十餘年率傷耗之民竭力以事西輸賄繒北償馬資尚不足備其意於是調斂四方以屯疆陲又不能遏其侵故小入則驅略深入則戒嚴于時議安邊者皆務所難忽所易勉所短略所長行之而要不精圖之而功靡就夫勢有難易事有先後力大而敵脆則先所難是謂奪人之心也力寡而敵堅則先所易是謂觀釁而動也今財匱於中

人勞未瘳而欲發師徒以犯獯寇境復其侵疆攻其堅城前有勝負未必之虞後有餽運不繼之患萬一橈敗適所以啓戎心挫國威也以此安邊可謂不量勢而務所難矣天之授有分地之產有宜是以五方之俗長短各殊勉所短而敵長者殆用所長而乘短者彊且以水草爲居討獵爲生便於馳突不恥敗亡此戎狄所長中國之短也而欲益兵蒐乘爭驅角力交鋒原野之上決命尋常之間以此禦寇可謂勉所短而校其長矣務所難勉所短勞費百倍終無成功雖果成之不挫則廢誠以越天授違地產虧時勢以反物宜者也胡不守所易用所長乎若乃擇將吏脩紀律訓齊師徒耀德以佐威能邇以示遐禁侵暴以彰吾信抑攻取以昭吾仁彼求和則善之而勿與盟彼爲寇則備之而不報復此當今所易也賤力貴智好生惡殺輕利重人忍小全大安其居而動俟其時後行脩封疆守要害塹蹊隧列屯營謹禁防明斥候務農足食非萬全不謀非百克不鬭寇小至則遏其入寇大至則邀其歸據險以乘之多方以誤之使其勇無所加衆無所用掠則靡獲攻則不能進有腹背支敵之虞退有首尾不相救之患是謂乘其弊不戰而屈人兵此中國之長也我之所長戎狄之短也我之所易戎狄之難也以長制短則用力寡而見功多以易敵難則財不匱而事速成捨此不務而反爲所乘斯謂倒持戈矛以鐏授寇者也今皆務之矣尚且守封未固寇戎未懲者何邪病在謀無定用衆無適從任者不必才才者不必任聞不必實實不必聞所信不必誠所誠不必信行不必當當不必行又有六失焉夫兵有攻討有鎮守權以紓難暫以應機事有便宜謀有奇詭不卹常制不徇衆情死生進退唯將所命攻討之兵也人情者利焉則勸習焉則安保親戚而後樂生顧家業而後忘死可以治術馭不可以法制驅鎮守之兵也王者欲備封疆禦戎狄則選鎮守之兵以置之古之善選置者必辨其土宜察其技能知其好惡用其力不違其性齊其俗不易其宜引其善不責其所不能禁其非不處其所不欲類其部

伍安其家室然後能使之樂其居定其志以惠則感而不驕以威
則肅而不死靡督課而自用弛禁防而不攜故守則固戰則彊其
術無它便於人而已今遠調屯士以戍邊陲邀所不能彊所不欲
廣其數不考於用責其力不察其情斯可爲羽衛之儀而無益備
禦之實也何者窮邊之地千里蕭條寒風裂膚豺狼爲鄰晝則荷
戈以耕夜則倚烽以覘有剽害之慮無休暇之娛非生其域習其
風幼而視焉長而安焉則不能寧居而狎其敵也關東百物阜殷
士怯溫飽比諸邊隅不翅天地聞絕塞荒陬則辛酸動容聆彊蕃勁
虜則懾駭褫情又使去親族捨園廬甘所辛酸抗所懾駭將冀爲
用不亦疏乎又有休代之期無統制之善資奉姑息譬如驕子進
不邀以成功退不與以嚴憲屈指計歸張頤待飼師一挫傷則乘
其危撓布路東潰平居殫資儲以奉浮冗臨難棄城鎮以搖疆場
其弊豈特無益哉謫徙之人本以增戶實邊立功自贖既無良之
人而思亂幸災又甚於戍卒適有防衛之煩而無立功之益雖前

代行之固非可遵者也師臣身不臨邊而以偏師戍守大抵士之羼
銳悉選以自奉委疲羸者以守要衝寇至而不支則劫執吏民恣
所欲得比都府聞之虜已旋返治兵若此斯可謂措置乖方一失
也賞以存勸罰以示懲以懋有庸以威不恪故賞罰之於馭衆譬
輗軏所以行車銜勒所以服馬也今將之號令不能行之軍國之
典刑不能施之將上下遵養以苟歲時欲褒一有功慮無功者怨
嫌疑而不賞欲責一有罪畏同惡者竦隱忍而不誅故忘身效節
者抵讓於衆僨軍緩救者畜姦不畏褒貶稱毀紛然相亂公者直
己不求諸人則羅困厄姦者行私苟媚於衆則取優崇此義士勇
夫所以痛心解體也又如遇敵而守不固陳謀而功不成責將帥
將帥曰資糧不足責有司有司曰須給無乏更相爲解而朝廷含
糊未嘗究詰故抱直者吞聲罔上者不懟馭衆若此可謂課責虧
度二失也以課責之虧措置之乖將不得竭其才卒不得盡其力
屯集雖衆無施戰陣虜常橫行以謂境無人焉吏習其常惟曰兵

少不敵朝廷莫不省則又調發益師無裨於備禦而有弊於供億
閭井日耗斂求日繁傾家析產榷鹽稅酒無慮所入半以事邊制用
若此可謂財匱於兵衆矣三失也今四夷最彊盛者莫如吐蕃舉
吐蕃衆未當中國十數大郡而內虞外備與中國不殊所以能寇
邊者無幾又器不犀利甲不精完材不趫敏動則中國懲其衆不
敢抗靜則憚其彊不敢侵何哉良以我之節制多而彼之統帥一也
且節制多則人心不一人心不一則號令不行號令不行則進退
難必進退難必則疾徐失宜疾徐失宜則機會不及機會不及則
氣勢自衰斯乃勇廢爲尫衆失爲弱開元天寶時制西北二蕃則
朔方河西隴右三節度而已尚慮權分或詔兼領之中興未遑外
討則僑四鎮隸安定以隴右附扶風所當二蕃則朔方涇原隴右
河東四節度而已以關東戍卒屬之雖任未得人而措置之法存
焉自賊泚亂以誘涇原懷光反以汙朔方則分朔方爲三節度其
鎮軍且四十皆特詔任之各有中人監軍咸得相抗既無軍法臨

下莫能亶所屬邊書告急方使關白用兵是謂從容拯溺揖讓救
焚矣兵以氣若勢爲用者也氣聚則盛散則消勢合則威析則弱
今之邊戍勢弱氣消建軍若此可謂力分於將多矣四失也治戎
之要在均齊而已故軍法無貴賤之差多少之異所以同其志盡
其力也被邊長鎮之兵皆百戰傷夷角所能則習度所處則危考
服役則勞察臨敵則勇然衣稟止於當身又爲家室所分居常凍
餒而關東戍士歲月更代怯於應敵懈於服勞然衣稟優厚繼以
茶藥資以蔬醬豐寡相縣勢則遠甚又有以邊軍詭爲奏請遙
隸神策者稟賜之饒有三倍之益此士類所以忿恨經費所以褊
匱夫事業未異給養頓殊人情所不甘也不爲戎首已可嘉者況
使協力同心以攘寇難臣知有所不能焉養士若此可謂怨生於
不均矣五失也凡任將帥必先考察行能然後指所授之方所委
之要令自揣可否以見要領須某甲兵籍某參屬用若干步騎計
若干資糧何所列屯何時成功覈其言校其實若曰不足取當難

之於初不宜詒悔於後也若曰可任則當要之於終不宜掣肘於內也故疑者不使使者不疑勞神於拔選端拱於委任然後斁否臧信賞罰受賞者不爲濫當罰者不敢辭付授專則苟且之心息矣是以古之遣將者君推轂而命之又賜鈇鉞故軍容不入國國容不入軍機宜不以遠決號令不以兩從今陛下命帥先求易制者多其部使力分輕其任使心弱由是分閫責成之義廢死綏任咎之志衰一則聽命二則聽命止取承順可矣若有意乎講難則不可兩疆相接兩軍相持事機所急鑄不留息況千里之遠九重之深陳述之難明聽覽之不專欲事無遺策雖聖亦有所不能焉守戍者以寡不敢抗分鎮者以無詔不敢救逗留之頃寇已奔逼牧馬屯牛鞠推剽矣齊尚夫推婦嫠俘囚矣假令詔至發兵更相顧望莫敢遮遏敗者減百爲一獲者衍百爲千帥守以總制在朝不卹於罪陛下以權出己不究厥情用帥若此可謂機失於遙制矣六失也臣愚謂宜罷四方之防秋者以其數析而三之其一責本道

節度募壯士願屯邊者徙焉其一則弟以本道衣廩責關內河東募用蕃夏子弟願傅軍者給焉其一以所輸資糧給應募者以安其業詔度支市牛召工就諸屯繕完器具至者家給牛一耕耨水火之器畢具一歲給二口糧賜種子勸之播蒔須一年則使自給有餘粟者縣官倍價以售既息調發之煩又無幸免之弊出則人自爲戰處則家自爲耕與夫暫屯遽罷豈同日論哉然後建文武大臣一人爲隴右元帥自涇隴鳳翔薄長武城盡山南西道凡節度府之兵皆屬焉又詔一人爲朔方元帥由鄜坊邠寧捷靈夏凡節度府之兵屬焉又詔一人爲河東元帥舉河東極振武節度府之兵屬焉各以臨邊要州爲治所所部州若府擇良吏爲刺史外奉軍興內課農桑慎守中國所長謹行當今所易則八利可致六失可去矣帝愛重其言不從也班宏判度支卒官贄薦李巽帝漫許之而自用裴延齡贄言延齡僻戾躁妄不可用不聽俄而延齡姦佞得君天下仇惡無敢言贄上書苦諫帝不懌音以太子賓客罷贄本畏慎未嘗通賓客延齡揣帝意薄謗短百緒帝遂發怒欲誅贄賴陽城等交章論辨乃貶忠州別駕後稍思之會薛延爲刺史諭旨慰勞韋皐數上表請贄代領劍南帝猶銜之不肯與順宗立召還詔未至卒年五十二贈兵部尚書謚曰宣始贄入翰林年尚少以材幸天子常以輩行呼而不名在奉天朝夕進見然小心精潔未嘗有過由是帝親倚至解衣衣之同類莫敢望雖外有宰相主大議而贄常居中參裁可否時號內相嘗爲帝言今盜偏天下宜痛自咎悔以感人心昔成湯罪己以興楚昭王出奔以一言善復國陛下誠不吝改過以言謝天下使臣持筆亡所忌庶叛者革心帝從之故奉天所下制書雖武人悍卒無不感動流涕後李抱眞入朝爲帝言陛下在奉天山南時赦令至山東士卒聞者皆感泣思奮臣是時知賊不足平議者謂興元戡難功雖爪牙宣力蓋贄有助焉狩山南也道險澁與從官相失夜召贄不得帝驚且泣詔軍中得贄者賞千金久之上謁帝喜見顏間自太子以

下皆賀及輔政不敢自顧重事有可否必言之所言皆剴拂帝短懇到深切或規其太過者對曰吾上不負天子下不負所學皇它卹乎既放荒遠常闔戶人不識其面又避謗不著書地苦瘴癘祇爲今古集驗方五十篇示鄉人云

贊曰德宗之不亡顧不幸哉在危難時聽贄謀及已平追仇盡言怫然以讒倖逐猶棄梗至延齡輩則寵任磐桓不移如山昏佞之相濟也世言贄白罷翰林以爲與吳通玄兄弟爭寵竇參之死贄漏其言非也夫君子小人不兩進邪諂得君則正士危何可訾耶觀贄論諫數十百篇譏陳時病皆本仁義可爲後世法炳炳如丹帝所用纔十一唐祚不競惜哉

陸贄列傳第八十二

端明殿學士兼翰林侍讀學士龍圖閣學士朝散大夫守尚書吏部侍郎充集賢殿修撰臣宋祁奉
敕撰

韋皐字城武京兆萬年人六代祖範有勳力周隋閒皐始仕爲建陵挽郎諸帥府更辟擢監察御史張鎰節度鳳翔署營田判官以殿中侍御史知隴州行營留事德宗狩奉天李楚琳殺鎰劫衆叛歸朱泚隴州刺史郝通奔降楚琳始泚以范陽軍鎮鳳翔既歸節而留兵五百戍隴上以部將牛雲光督之至是雲光謀請皐爲帥將劫以臣泚別將翟曄伺知以白皐雲光懼不克率衆出奔至汧陽遇泚奴使皐所謂雲光曰太尉已爲天子使我以御史中丞授皐若聽固吾人也不受可遂誅之請以兵俱許之皐迎勞先納奴僞受泚詔即讓雲光曰既去而復何也對曰向未知公之命故去今還願與公同生死皐曰大使固善苟無它圖請釋甲以安衆而後可入也雲光以皐諸生亡能爲乃命士委仗鎧皐受而內其卒

明日置酒大會奴雲光與其下至皐伏甲左右廡酒行盡殺之以其首徇泚復使它奴拜皐鳳翔節度使皐亦斬之及從騎三人縱一人使報泚帝聞乃授皐隴州刺史置奉義軍拜節度使寵其功皐遣兄平及弇繼至奉天士氣益壯乃築壇血牲與士盟曰協力一心以誅元惡有渝此盟神其殛之又馳使吐蕃與連和隴坻遂安帝自梁洋還召爲左金吾衞將軍遷大將軍貞元初代張延賞爲劍南西川節度使初雲南蠻羈附吐蕃其盜塞必以蠻爲鄉道皐計得雲南則斬虜右支乃閒使招徠之稍稍通西南夷明年蠻大首領苴那時以王爵讓其兄子烏星始烏星幼那時攝領其部故請歸爵皐上言禮讓行于殊俗則悖戾者化願皆封以示褒進詔可又明年雲南款邊求內屬約東蠻鬼主驃傍苴夢衝等絕吐蕃盟五年東蠻斷瀘水橋攻吐蕃請皐濟師皐遣精卒二千與蠻共破吐蕃於臺登殺青海大酋乞臧遮遮臘城酋悉多楊朱及論東柴等虜墜死崖谷不可計多獲牛馬鎧裝遮遮尚結贊之子虜貴將悍雄者也既敗酋長百餘行哭隨之悍將已亡則屯柵以次降定進檢校吏部尚書初東蠻地二千里勝兵常數萬南倚閤羅鳳西結吐蕃狙勢彊弱爲患皐能綏服之故戰有功詔以那時爲順政王夢衝懷化王驃傍和義王刻兩林勿鄧等印以賜之而夢衝復與吐蕃盟皐遣別將蘇岇召之詰其叛斬于琵琶川立次鬼主樣棄等蠻部震服乃建安夷軍於資州維制諸蠻城龍谿於西山保納降羌九年天子城鹽州策虜且來撓襲詔皐出師牽維之乃命大將董勔張芬分出西山靈關破峨和通鶴定廉城踰的博嶺遂圍維州搏棲雞攻下羊溪等三城取劍山屯焚之南道元帥論莽熱來援與戰破其軍進收白岸乃城鹽州詔皐休士以功爲檢校尚書右僕射扶風縣伯於是西山羌女訶陵南水白狗逋租弱水清遠咄霸八國酋長皆因皐請入朝乃遣幕府崔佐時由石門趣雲南而南詔復通石門者隋史萬歲南征道也天寶中鮮于仲通下兵南溪道遂閉至是蠻徑北谷近吐蕃故皐治復之繇黎州

出邛部直雲南置青溪關號曰南道乃詔皐統押近界諸蠻西山八國雲南安撫使俄進同中書門下平章事十三年復巂州吐蕃怨完壘造舟謀擾邊皐輒破卻之自是曩貢臘城等九節度嬰籠官馬定德與大將舉落皆降昆明管些二蠻又內附贊普怒遂北掠靈朔破麟州以取償焉帝詔皐深入以撓虜皐遣大將陳洎等出三奇崔堯臣趨石門與衣山仇冕董振走維州邢玼出黃崖路棲雞老翁城高倜王英俊繇峨和清溪道薄故松州元膺出濕山成溪臧守至道黎巂韋良金趨平夷路惟明自靈關夏陽攻逋租偏松城王有道涉大度河陳孝陽率蠻苴那時等道西瀘攻昆明諾濟師無慮五萬以八月悉出塞十月大破吐蕃拔其保鎮捕候追奔轉戰千里遂圍維州吐蕃釋靈朔兵使論莽熱以內大相兼東境五節度大使率雜虜十萬來救師伏以待虜乘勝深入師譟而奮虜大潰生禽莽熱獻諸朝帝悅進檢校司徒兼中書令南康郡王帝製紀功碑褒賜之順宗立詔檢校太尉會王叔文等

于政皐遣劉闢來京師謁叔文曰公使私於君請盡領劍南則惟君之報不然惟君之怨叔文怒欲斬闢闢遁去皐知叔文多釁又自以大臣可與國大議即上表請皇太子監國又上牋太子暴叔文伾之姦且勸進會大臣繼請太子遂受禪因投竄姦黨是歲皐暴卒年六十一贈太師謚曰忠武皐治蜀二十一年數出師凡破吐蕃四十八萬禽殺節度都督城主籠官千五百斬首五萬餘級獲牛羊二十五萬收器械六百三十萬其功烈為西南劇善拊士至雖昏嫁皆厚資之壻給錦衣女給銀塗衣賜各萬錢死喪者稱是其僚掾官雖顯不使還朝即署屬州刺史自以侈橫務蓋藏之故劉闢階其厲卒以叛朝廷欲追繩其咎而不與皐者詆所進兵皆鑱定秦字有陸暢者上言臣向在蜀知定秦者匠名也繇是議息暢字達夫皐雅所厚禮始天寶時李白為蜀道難篇以斥嚴武暢更為蜀道易以美皐焉始皐務私其民列州互除租凡三歲一復皐役蜀人德之見其遺象必拜凡刻石著皐名者皆鑱其文尊諱之

兄聿弟平聿以蔭調南陵尉遷秘書郎以父嫌名換太子司議郎辟淮南杜佑府元和初為國子司業劉闢與盧文若反皐子行式娶文若女弟聿不以聞闢平行式妻當没掖庭有司弁按聿或以道遠不應坐乃皆赦之終太子右庶子平與皐斬朱泚使者閒走奉天上功擢萬年尉平子正貫字公理少孤皐謂能大其門名曰臧孫推蔭為單父尉不得意棄官去改今名舉賢良方正異等除太子校書郎調華原尉後又中詳閑吏治科遷萬年主簿擢累司農卿坐尚食乏供貶均州刺史久之進壽州團練使宣宗立以治當最拜京兆尹同州刺史俄擢嶺南節度使南海舶賈始至大帥必取象犀明珠上珍而售以下直正貫既至無所取吏咨其清南方風俗右鬼正貫毀淫祠教民毋妄祈會海水溢人爭咎撤祠事以為神不厭正貫登城沃酒以誓曰不當神意長人任其咎無逮下民俄而水去民乃信之居鎮三歲既病遺令無厚葬無用鼓吹無請謚卒年六十八贈工部尚書

劉闢者字太初擢進士宏詞科佐韋皐府遷累御史中丞度支副使皐卒闢主後務諷諸將徼旌節憲宗以給事中召之不奉詔時帝新即位欲靜鎮四方即拜檢校工部尚書劍南西川節度使闢意帝可動益驁蹇吐不臣語求統三川欲以所善盧文若節度東川即以兵取梓州且以術家言五福太一舍于蜀乃造大樓以祈祥帝始重征討而宰相杜黃裳勸帝且言闢妄書生耳可鼓而俘也薦高崇文李元奕等將神策行營兵皆西使嚴礪李康掎角之詔許自新闢不聽崇文取東川帝乃下詔奪其官進破鹿頭闢遂下成都闢從數十騎走至羊灌田自投水不能死騎將酈定進禽之文若先殺其族縋石自沈于江失其尸檻車送闢京師尚甞不廢食飲于道晏然將至都神策以兵迎之係其首曳而入驚曰何至是邪帝御興安樓受俘詔詰反狀闢曰臣不敢反五院子弟為惡不能制詔問遣使賜節何不受乃伏罪獻廟社徇于市斬于城西南獨柳下子超郎等九人與部將崔綱以次誅始闢甞病見問

疾者必以手行入其口闢即裂食之唯盧文若至如平常故益與之厚而皆夷族

張建封字本立鄧州南陽人客隱兗州父玠少任俠安祿山反使李廷偉脅徇山東魯郡太守韓擇木迎館之玠率豪桀段絳等集兵將斬以徇擇木不許唯司兵參軍張孚助其謀乃殺廷偉并其黨以聞擇木孚皆受賞而玠去之江南不自言功建封少喜文章能辯論慷慨尚氣自許以功名顯李光弼鎮河南盜起蘇常間殘掠鄉縣代宗詔中人馬日新與光弼麾下皆討建封見中人請前喻賊可不須戰因到賊屯開譬禍福一日降數千人縱還田里由是知名湖南觀察使韋之晉辟署參謀授左清道兵曹參軍不樂職輒去令狐彰節度滑亳表置幕府彰不朝覲建封非之往見轉運使劉晏晏奏試大理評事使覽漕務歲餘罷時馬燧為三城鎮遏使雅知之表為判官擢監察御史燧伐李靈耀軍中事多所諏訪從鎮河東授侍御史即表其能於朝楊炎將任以要職盧杞

不喜出爲岳州刺史李希烈既破梁崇義跋扈不臣壽州刺史崔
昭與相聞德宗召宰相選代昭者杞倉卒不暇取它吏即白用建
封希烈數敗王師張甚遂僭即天子位淮南節度使陳少游陰附
之希烈遣將楊豐齎僞赦二昇建封少游豐至建封縛致軍中會
中人來對之斬其首因送僞書于行在少游聞之恚汗不自安建
封乃劾其附賊狀帝方蒙難不暇治也希烈又署杜少誠爲淮南
節度使約破壽州以趣江都建封壁霍丘秋柵拒之賊不能東遷
團練使帝還自梁少游卒憂死進兼御史大夫濠壽廬觀察使是
時四方尚多故乃繕陴隍益治兵四鄙附悅希烈使票帥悍卒來
戰建封皆沮衄之賊平進封階又任一子正員官貞元四年拜御
史大夫徐泗濠節度使始李洧以徐降洧卒高承宗獨孤華代之
地迫于寇常困鰥不支於是李泌建言東南漕自淮達諸汴徐之
埇橋爲江淮計口今徐州刺史高明應甚少脫爲李納所并以梗
餉路是失江淮也請以建封代之益與濠泗二州夫徐地重而兵

勁若師又賢即淄青震矣帝曰善繇是徐復爲雄鎮久之檢校尚
書右僕射十三年來朝帝不待日召見延英殿詔會朝赴大夫班
以示殊寵建封賦朝天行以獻帝眷遇異等賜名馬珍具是時宦
者主宮市置數十百人閱物廛左謂之白望無詔文驗數但稱宮
市則莫敢誰何大率與直十不償一又邀閽闥所奉及腳傭至有
重荷趨肆而徒返者有農賣一驢薪宦人以數尺帛易之又取它
費且驅驢入宮而農納薪辭帛欲亟去不許恚曰惟有死耳遂擊
宦者有司執之以聞帝黜宦人賜農帛十匹然宮市不廢也諫臣
交章列上皆不納故建封請間爲帝言之帝頗順聽會詔書蠲民
逋賦帝問何如荅曰殘逋積負決無可斂雖蠲除之百姓尚無所
益又陳河東節度使李說華州刺史盧徵皆病不能事左右得以
爲姦右金吾大將軍李翰好刺細事規寵人疾惡之帝悉嘉可未
幾制詔官師過從人情之常自今金吾勿以聞元巳賜宴曲江特
詔與宰相同榻食其還鎮帝賦詩以餞于時雖馬燧渾瑊劉玄佐

李抱眞等勳寵卓越未有以詩餞者帝又使左右以所持鞭賜之
曰卿節誼歲寒弗渝故用此爲況建封又賦詩以自警勵十六年
以病求代詔韋夏卿代之未至而建封卒年六十六冊贈司徒洽
徐凡十年躬於所事一軍大治善容人過至健黠亦未嘗曲法假
之其言忠義感激故下皆畏悅性樂士賢不肖游其門者禮必均
故其往如歸許孟容韓愈皆奏署幕府有文章傳于時子愔始
以蔭補號州參軍事建封卒府佐鄭通誠者攝留事畏其軍亂
因浙西戍兵過徐謀引以爲援舉軍怒斧庫取兵環府大譟殺通
誠及大將數人乃表于朝請愔爲留後假旄節帝不許披濠泗隷
淮南詔杜佑討徐亂泗州刺史張伾以兵攻埇橋與徐軍确伾大
敗帝未有以制乃授愔右驍衛將軍徐州刺史知留後以伾爲泗
州留後杜兼爲濠州留後俄進愔武寧軍節度使元和初以疾求
代召爲工部尚書以王紹節度武寧還濠泗隷徐徐人喜遂不敢
亂而愔得行未踰境卒愔治徐七年其政稱治贈尚書右僕射

嚴震字遐聞梓州鹽亭人本農家子以財役里閭至德乾元中
數出貲助邊得爲州長史西川節度使嚴武知其才署押衙遷恂
王府司馬委以軍府衆務武卒罷歸會東川節度使李叔明表爲
渝州刺史震以叔明姻家移疾去山南西道節度府又表爲鳳州
刺史母喪解起爲興鳳兩州團練使好興利除害建中中劍南黜
陟使韋楨狀震治行爲山南第一乃賜上下考封鄖國公治鳳十
四年號稱清嚴遠邇咨美遷山南西道節度使朱泚反遣腹心穆
廷光等遺帛書誘之震即斬以聞是時李懷光與賊連和奉天危
蹙帝欲從蹕山南震聞馳表奉迎遣大將張用誠以兵五千扞衛
用誠至盩厔有反計帝憂之會震牙將馬勛嗣至帝告以故勛曰
臣請歸取節度符召之即不受斬其首以復命帝悅使計日往勛
還得符請壯士五人與偕出駱谷用誠以爲未知其謀以數百騎
迓勛館之左右嚴侍勛未發陰令焚草館外士寒爭附火勛從容引
符示之曰大夫召君用誠懼將走壯士自後禽之用誠子斫勛傷

首左右扞刀得免遂仆用誠而格殺其子勛即軍中士皆擐甲矣
勛昌言曰若父母妻子在梁州今棄之而反何所利邪大夫取用
誠爾若等無與衆乃服不敢動即縛用誠送於震杖殺之而拔其
副以統師始勛赴行在踰半日期帝頗憂比至大喜翌日發奉天
旣入駱谷懷光以騎追襲賴山南兵以免尋加檢校戶部尚書馮
翊郡王實封二百戶天子至梁州宰相以爲地貧無所仰給請進
幸成都震曰山南密邇畿輔李晟銳於收復方藉六師爲聲援今
引而西則諸將覦望責功無期帝未決會晟表至亦請駐蹕梁洋
議遂定然梁漢間刀耕火耨民采稆爲食雖領十五郡而賦入纔
比東方數大縣自安史後山賊剽掠戶口流散震隨宜勸課鳩斂
有法民不煩擾而行在供億具焉車駕將還加檢校尚書左僕射
詔改梁州爲興元府即用震爲尹加實封二百戶久之進同中書
門下平章事貞元十五年卒年七十六贈太保謚曰忠穆從孫謨
與宰相楊收善咸通中繇桂管觀察使擢爲江西節度使改號鎭

南軍時南蠻內寇詔謨募士三萬備之或言謨廣補卒擅納繇廩
及收得罪韋保衡以謨素善收賕賄狼藉遣使按覆詔賜死

韓弘滑州匡城人少孤依其舅劉玄佐舉明經不中從外家學騎
射由諸曹試大理評事爲宋州南城將事劉全諒署都知兵馬使
貞元十五年全諒死軍中思玄佐以弘才武共立爲留後請監軍
表諸朝詔檢校工部尚書充宣武節度副大使知節度事先是曲
環死吳少誠與全諒謀襲陳許使數輩仍在館弘始得帥欲以忠
自表於衆即驅出少誠使斬之選卒三千會諸軍擊少誠敗之汴
自劉士寧以來軍益驕及殺陸長源主帥勢輕不可制弘察軍中
素恣橫者劉鍔等三百人一日數其罪斬之牙門流血丹道弘言
咲自如自是訖弘去無一敢肆者李師古屯曹州以謀鄭滑或告
師古治道矣兵且至請備之弘曰師來不除道也師古情得乃引
去累授檢校司空同中書門下平章事弘以官與太原王鍔等詣
書宰相恥爲鍔下憲宗方用兵淮西藉其重更授檢校司徒班鍔

上嚴綬以王師敗乃拜弘淮西諸軍行營都統使扞兩河而令李
光顏烏重胤擊賊弘不親屯遣子公武領兵三千屬光顏然陰爲
逗橈計以危國邀功者每諸將告捷輒數日不怡元濟平以功加
兼侍中封許國公李師道誅弘大懼因請入朝冊拜司徒中書令
以足疾命中人掖拜固願留京師帝崩爲攝冢宰俄出爲河中節度
使以病請還復拜司徒中書令卒年五十八贈太尉謚曰隱始弘
自汴來朝獻馬三千絹五十萬它錦紈三萬而汴之庫廄錢尚百
萬緡絹亦百餘萬馬七千糧三百萬斛兵械不可數弘爲人莊
重寡言罪殺人問法何如不自爲輕重沈謀勇斷故少誠師道
等皆憚之詔使至或驁侮不爲禮齊蔡平勢屈而後請覲然天子
尊寵異等能以名位始終亦其天幸子公武字從偃起家衞尉主
簿爲宣武行營兵馬使以討蔡功檢校左散騎常侍鄜坊等州節
度使弘入朝爲右金吾將軍弘出河中弘弟充徙宣武乃曰二父居
重鎭我以孺子又當執金吾職乎因固辭改右驍衞大將軍性恭
遜不以富貴自處卒贈戶部尚書謚曰恭

充本名璀少亦依舅家李元爲河陽節度使署牙將元改昭義又
從之元嘗謂賓佐曰充後當貴諸君必善事之未幾弘領宣武召
至親兵元曰我知君舊矣吾兒不才無足累君者二女方幼以爲託
遂辭去累授御史大夫弘峻法人人不自保充謙愼無少懈念弘
在鎭久不入見天子身又得士不自安因請入宿衞弘許之不即
遣後因獵單騎走洛陽朝廷亮其節擢右金吾衞將軍轉大將軍
斥軍士虛名不如令者七百人歷少府監鄜坊等州節度使穆宗
立幽鎭魏復亂王承元以冀兵二千屯滑州朝廷恐冀兵相訹爲
叛從承元鄜坊而授充檢校尚書左僕射爲義成軍節度使會汴
軍逐李愿以李㝏主留事帝謂充素爲汴士悅向詔節度宣武兼
統義成兵討㝏戰郭橋破之會李質斬㝏遂入汴初陳許李光顏
亦奉詔討㝏屯尉氏意先得汴欲俘掠以餌軍而汴監軍姚文壽
亦欲內光顏充聞其謀馳至城下汴人望見充歡躍無復貳者始

帝遣人問破賊期充對汴天下咽喉臣頗習其人然王師臨之一月可破方二旬即克帝喜曰充料敵若神加檢校司空籍汴所督爲兵者三萬悉縱之又責首亂者千餘斥出境令曰敢後者斬由是内外按堵汴人愛賴之卒年五十五贈司徒謚曰肅充雖將家性儉節歷三鎮居處服玩如儒先生乘機决策無餘悔世推善將李元没充爲嫁二女周其家自弘去汴監軍選軍中敢士二千直閤下日秩酒肴物力幾屈然不敢廢充未入時李質總軍事乃曰韓公至而頓去二千人食豈不失人心乎不去且無以繼可以幣事遣吾帥乎因悉罷之而後迎充李質者節士也始爲牙將及介爲留後邀帥節勸之不從介疽發于首委質以兵遂禽介終金吾將軍

贊曰皐建封弘李諸生震興田畝間未有以異人及投隙龍驤皆爲國梁楹光奮一時使不遭遇與庸夫汨汨並齒而腐可也皐弘雖陰慝卒能以誠言自解長没天年宜哉

韋張嚴韓列傳第八十三

鮑李蕭薛樊王吳鄭陸盧柳崔列傳第八十四　唐書一百五十九

端明殿學士兼翰林侍讀學士龍圖閣學士朝請大夫守尚書吏部侍郎充集賢殿修撰臣宋祁奉

敕撰

鮑防字子慎襄州襄陽人少孤窶彊志于學善辭章及進士第歷署節度府僚屬入爲職方員外郎薛兼訓帥太原被病代宗授防少尹節度行軍司馬召見慰遣之俄知留後兼太原尹節度使人樂其治詔圖形别殿入爲御史大夫歷福建江西觀察使召拜左散騎常侍從德宗奉天進禮部侍郎封東海郡公貞元元年策賢良方正得穆質裴復柳公綽歸登崔邠韋純魏弘簡熊執易等世美防知人時比歲旱策問陰陽祲沴質對漢故事免三公卜式請烹弘羊指當時輔政者右司郎中獨孤愐欲下質防不許曰使上聞所未聞不亦善乎卒置質高第帝見策嘉揖初防與知雜御史竇參遇導騎不引避參讁其僕及爲相防尹京兆迫使致仕授工部尚書防吒曰吾與蕭昕子齒而同昕老坐宰相餘怒邪不得志卒年六十九贈太子少保謚曰宣防於詩尤工有所感發以譏切世敝當時稱之與中書舍人謝良弼友善時號鮑謝云

李自良兗州泗水人天寶亂往從兗鄆節度使能元皓以戰多累授右衛率從袁傪討賊袁晁積閥至試殿中監事浙東薛兼訓節度府兼訓從太原又爲牙將鮑防代總節度事會回紇入寇防遣大將焦伯瑜等擊之自良曰寇遠來難與爭鋒請築二壘搤歸路堅壁勿出求戰不許師老而惰其勢易乘防不聽伯瑜戰百井大敗由是知名馬燧代防表爲軍候自良爲人勤且有謀燧倚信之從討田悅還攻李懷光河中數履鋒陷陣功在諸將右貞元三年燧來朝德宗罷燧兵以自良代之自良以事燧久不敢當議者多其讓乃授右龍武大將軍入謝帝終以河東近胡謂曰卿於進退寧不有禮然守北門無易卿者勉爲朕行乃以檢校工部尚書充河東節度使居治九年舉不愆法簡儉易循民不知有軍上下諧附卒于官贈尚書左僕射

蕭昕字中明梁鄱陽王恢七世孫世居河南再中博學宏辭科調壽安尉累遷左補闕哥舒翰爲副元帥拒安禄山辟掌書記翰敗間道走蜀肅宗立奉誥冊見行在歷中書舍人禮部侍郎代宗狩陜昕由武關從帝擢國子祭酒建崇請太學以樹教本帝寤其言詔羣臣有籍于朝及神策六軍子弟隸業者聽補生員大曆中持節弔回紇回紇恃功廷讓昕曰乃中國亂非我無以平柰何市馬不時歸我直衆失色昕徐曰國家龕定寇難功雖絲毫不遺賞況鄰國乎僕固懷恩我之叛臣爾與連禍又引吐蕃暴我郊甸天舍其衷吐蕃敗北回紇悔懼叩顙乞和非天子卹舊功則隻馬不得出塞下孰爲失信者回紇大慙因厚禮昕遣使者約和轉工部尚書封晉陵侯德宗出奉天昕年八十餘步出城賊求之急獨竄山谷間僅至奉天遷太子少傅爵郡公兼禮部尚書知貢舉久之以太子少師致仕卒年九十三贈楊州大都督謚曰懿昕始薦張鎬來瑱在禮部擢杜黄裳高郢裴垍其後鎬與布衣不數年位將

六百八十二　唐書列傳八十四　二　徐明

相瑱爲將有威名黄裳等繼輔政並爲名宰云

薛播河中寶鼎人曾祖文思官中書舍人播早孤伯母林通經史善屬文躬授經諸子及播兄弟故開元天寶間播兄弟七人皆擢進士第衣冠光踐累授殿中侍御史遷武功萬年令温敏而裕與人交有常李栖筠常衮崔祐甫並器之祐甫輔政拜中書舍人出爲汝州刺史坐小累貶泉州再遷至河南尹以禮部侍郎卒贈本曹尚書子公達擢進士第佐鳳翔軍會帥不文嘗集射設的高數十尺令曰中者酬錦與金一軍莫能中公達執弓矢揖曰請爲公歡射三發連中衆大呼笑帥不喜乃自免去復佐河陽軍以國子助教居東都卒

樊澤字安時河中人少孤依外家客河朔相衛節度使薛嵩表爲堯山令舉賢良方正次潼關雨淖困不能前有熊執易者同舍逆旅哀之輟所乘馬傾橐以濟自罷所舉是歲澤上第楊炎善之擢左補闕澤有武力喜兵法議者謂有將帥器嘗召對延英德宗嘆其論兵與我意合累遷山南東道司馬就拜節度使每射獵諸將憚其材武數與李希烈確禽禀將張嘉瑜杜文朝梁俊之等賊氣沮縮遂取唐隋二州貞元三年爲荆南節度使會山南東道嗣曹王皋卒軍亂剽居人以澤威惠著襄漢間復徙山南東道加檢校尚書右僕射十四年卒年五十七贈司空謚曰成訃至帝爲撤宴廢朝子宗師字紹述始爲國子主簿元和三年擢軍謀宏達科授著作佐郎歷金部郎中綿州刺史徙絳州治有迹進諫議大夫未拜卒始宗師家饒于財悉散施姻舊賓客妻子告不給宗師笑不荅然力學多通解著春秋傳魁紀公樊子凡百餘篇别集尚多韓愈稱宗師論議平正有經據嘗薦其材云

王緯字文卿并州太原人父之咸爲長安尉與弟之賁之奐皆有文緯舉明經以書判入等歷長安尉大曆中與李泌俱爲路嗣恭江西觀察判官泌見惡於元載嗣恭希意欲殺之緯護解僅免泌執政奏於己有私恩德宗許爲泌報故進緯給事中浙西觀察使

六百六十六　唐書列傳八十四　三　秀

缺泌擬緯帝曰是朕爲君報德者乎黄門要地獨不留議事耶對曰浙西賦入尤劇緯清而忠能惠養民故請遣之制可初州縣有韓滉時罷錢未入者十八萬緡府史請裒爲進奉緯上疏願蠲以紓民詔聽之貞元十年加御史大夫兼諸道鹽鐵轉運使裴延齡以諸道負錢四百萬緡獻爲羨錢以圖寵緯奏此諸州經費大抵延齡意沮檢校工部尚書卒年七十一贈太子少保緯居官以清白稱然好用刻深吏督察其下條約苛碎人不聊云

吴湊章敬皇后弟也繇布衣與兄溆一日賜官封皆等而湊畏太盛乞解太子詹事換檢校賓客兼家令進累左金吾衛大將軍湊才敏銳而謙畏自將帝數顧訪尤見委信是時令狐彰田神功等繼沒其下乘喪挾兵輒偃蹇搖亂湊持節至汴滑委悉慰說裁所欲爲奏各盡其情亦使朝廷可行者故軍中驩附帝才其爲重之元載當國久懷狀日肆帝陰欲誅未發也顧左右無可與計即召湊圖之俄而收載賜死於是王縉楊炎王昂韓會包佶等皆當坐

湊建言法有首從從不應死一用極刑虧德傷仁請等黜是得減死丁後母喪解職既除拜右衛將軍德宗初出爲福建觀察使政勤清美譽四騰與宰相竇參有憾參數加短毀又言湊風痺不良趣走帝召還驗其疾非是黜是不直參擢湊陝虢觀察使代李翼翼參黨也宣武劉玄佐死以湊檢校兵部尚書領節度使馳代未至汴軍亂立玄佐子士寧帝欲遣兵內湊而參請授士寧以沮湊還爲右金吾衛大將軍貞元十四年夏大旱穀貴人流亡帝以過京兆尹韓皐罷之即召湊代皐已謝督視事明日詔乃下湊爲人彊力劬儉瞿瞿未嘗擾民上下愛向京師苦宮市彊估取物而有司附媚中官率阿從無敢爭湊見便殿因言中人所市不便宵民徒紛紛流議宮中所須責臣可辦若不欲外吏與聞禁中事宜料中官高年謹信者爲宮市令平賈和售以息衆讙又言掌閑彍騎飛龍內園芙蓉園禁兵諸司雜供役手資課太繁宜有蠲省帝輒順可初府中易湊貴戚子不更簿領每有疑獄時其將出則遮

湊取決幸蒼卒得容欺湊叩鞍一視凡指擿盡中其弊初無留思衆畏服不意湊精裁遣如此僚史非大過不榜責召至廷詰服原去其下傳相訓勗舉無稽事文敬太子義章公主仍薨帝悼念厚葬之車土治墳農事廢湊候帝間徐言極爭不避或勸諭事宜簡約不爾爲上累苦湊曰上明睿憂勞四海不以愛所鍾而疲民以逞也顧左右鉗噤自安耳若反復啓寤幸一聽之則民受賜爲不少矯舌阿旨固善有如窮民上訴亘云罪何以能進兼兵部尚書及屬病門不內醫亟不嘗藥家人泣請對曰吾以庸謹起田畝位三品顯仕四十年年七十尚何求自古外戚令終者可數吾得以天年歸侍先人地下足矣帝知之詔侍醫敦進湯劑不獲已一飲之卒年七十一贈尚書右僕射謚曰成先是街樾稀殘有司蒔榆其空湊曰榆非人所蔭玩悉易以槐及槐成而湊已亡行人指樹懷之唐興后族退居奉朝請者猶以事失職而湊任中外未嘗以罪過罷爲世外戚表云徽子士矩文學蚤就喜與豪英游故人

人助爲談說開成初爲江西觀察使饗宴侈縱一日費凡十數萬初至庫錢二十七萬緡晚年纔九萬軍用單匱無所仰事聞中外共申解得以親議文宗弗窮治也貶蔡州別駕諫官執處其罪不納於是御史中丞狄兼謩建言陛下擢任士矩非私也士矩負陛下而治之亦非私也請遣御史至江西即訊使杜江淮它鎮循習意帝聽乃流端州

鄭權汴州開封人擢進士第佐涇原節度劉昌府昌被病入朝度其軍必亂以權寬厚容衆檄主後務昌去軍果亂權挺身冒白刃明諭逆順殺首亂者一軍畏伏德宗方猒兵藩屯校佐得士心者皆就命之權自試參軍拜行軍司馬擢累河南尹進拜山南東道節度使徙領德棣滄景軍時討李師道權身將兵出屯奏置歸化縣綏納降附滄州刺史李宗奭數違命權劾奏詔追之宗奭以州兵留己自解憲宗更以烏重胤代權滄人懼共逐宗奭還京師有詔斬以徇徙權節度邠寧或訟宗奭爲權所誣左遷原王傅改

右金吾衛大將軍穆宗立以左散騎常侍持節爲回鶻告哀使以足疾辭不許肩舁就道權識詣魁然有闕辯與可汗爭曲直持議明壯虜禮異之使還三遷工部尚書用度豪家後乃結權幸求鎮守於是檢校尚書右僕射嶺南節度使多裒貲珍使吏輸送凡帝左右助力者皆有納焉人咲之卒于官

陸亘字景山蘇州吳人元和三年策制科中第補萬年丞再遷太常博士禮史孟員練容典博士降色訪逮史倚以倨横會將冊皇太子草儀員參議偃蹇亘榜逐之胥曹失色遷累戶部郎中太常少卿歷兖蔡虢蘇四州刺史浙東觀察使徙宣歙大和八年卒年七十一贈禮部尚書亘文明嚴重所到以善政稱初爲兖州對延英具陳節度分兵屯屬州刺史不能制故易亂帝因詔屯士得隸刺史溫州瀕海經賊亂奪官吏半祿代民租後相沿更以爲蕘亘還官全稟繩贓罪吏畏而賴之

盧坦字保衡河南洛陽人仕爲河南尉時杜黃裳爲尹召坦立堂

下曰某家子與惡人游破產盡察之坦曰凡居官廉雖大臣無厚
畜其能積財者必剝下以致之如子孫善守是天富不道之家不
若恣其不道以歸於人黃裳韙其言自是遇加厚李復為鄭滑
節度使表為判官監軍薛盈珍數干政坦每據理拒之有善音者
大將等悅之詣復請為重職坦笑曰大將久在軍積勞亟遷乃及
右職柰何自薄欲與吹笛少年同列邪諸將慙遽出就坦謝復病
甚盈珍以甲士五百內牙中封府庫舉軍大恐坦勸止之軍乃安
復卒詔姚南仲代之盈珍以南仲本書生易之曰是將材邪坦私
謂人曰姚大夫外柔中剛監軍若侵之必不受我留恐及禍乃從
復喪歸東都為壽安令盈珍果與南仲不相中幕府多黜死者河
南賦限已窮縣人訴機織未就坦詣府請申十日不聽坦諭縣人
第輸勿顧限違之不過罰令俸爾由是知名累為刑部郎中兼侍
御史知雜事赤縣尉為臺所按京兆尹密救之帝遣中人就釋
坦白中丞請中覆中人走以聞帝曰吾固宜先命有司遂下詔乃

釋數月遷中丞初諸道長吏罷還者取本道錢為進奉帝因赦令
一切禁止而山南節度使柳晟浙西觀察使閻濟美格詔輸獻坦
劾奏晟濟美白衣待罪帝諭坦曰二人所獻皆家財朕已許原不
可失信坦曰所以布大信者赦令也今二臣違詔陛下柰何以小
信失大信乎帝曰朕既受之柰何坦曰出歸有司以明陛下之德
帝納之李錡誅有司將毀其祖墓坦上疏諫止裴均為僕射將居
諫議常侍上坦引故事及姚南仲舊比均曰南仲何人坦曰守正而
不交權幸者均怒遂罷為左庶子數月拜宣歙池觀察使初劉闢
壻蘇彊坐誅彊兄弘官晉州自免去人莫敢用者坦奏弘有才行
其弟從闢時距三千里宜不通謀今坐廢非用人意因請署判官
帝曰使彊不誅尚錄其材況彼兄耶時江淮旱穀踴貴或請抑其
價坦曰所部地狹穀來他州若直賤穀不至矣不如任之既而商
以米至乃多貸兵食出諸市估遂平再遷戶部侍郎判度支或
告泗州刺史薛謇為代北水運時畜異馬不以獻事下度支坦遣

吏驗未反帝遽之更遣中人劉泰昕往坦曰事付有司而又遣宦
官豈有司不足信乎三奏帝乃止表韓重華為代北水運使開屯
田列壁二十益兵三千人歲收粟二十萬石河毀西受降城宰相李吉
甫議徙天德坦以為城當磧口得制北狄之要美水豐草邊部
所利若避河流不過退徙數里柰何徇一時省費而棄萬世策邪天
德故城地壤境瘠北倚山去河遠烽候無所統接虜騎唐突執不
容知是無故而蹙地二百里故曰非便城使周懷義亦以為言吉甫
不悅出坦為東川節度後數月懷義憂死燕重盱代之遂徙天
德師人怨殺重盱覆其家初坦與宰相李絳議多協絳籍為己助
及坦出半歲而絳罷治東川盡錮山澤鹽井榷率之籍吳少誠之
誅詔以兵二千屯安州坦每朔望使人問其父母妻子視疾病醫
藥故士皆感慰無逃還者惟請收軍吏閏月糧助行營為人所非
元和十二年卒年六十九贈禮部尚書舊制官階勳俱三品始聽
立戟後雖轉四品官非貶削者戟不奪坦為戶部侍郎時階朝議

大夫勳護軍以嘗任宣州刺史三品請立戟許之時鄭餘慶淹練
舊章以為非是為憲司劾正詔罰一月俸奪戟自貞元以來立戟
十八家不應令並追正之

閻濟美者第進士有長者名貞元末繇婺州刺史為福建觀察使
徙浙西為治簡易居鎮未嘗增常賦罷浙西也方在道見詔而貢
獻無所還故帝為言之尋出華州刺史入為祕書監以工部尚書
致仕卒謚曰溫

柳晟河中解人六世祖敏仕後周為太子太保父潭尚和政公主
官太僕卿晟年十二居父喪為閣孝代宗養宮中使與太子諸王
授學於吳大瓘并子通玄率十日輒上所學既長詔大瓘等即家
敎授拜檢校太常卿德宗立晟親信用事朱泚反從帝至奉天自請
入京師說賊黨以攜沮之帝壯其志得遣泚將右將軍郭常左將
軍張光晟皆晟雅故晟出密詔陳禍福逆順常奉詔受命約自拔歸
要籍朱旣昌告其謀泚捕■晟及常外獄晟夜半坎垣毀械而亡斷

髮爲浮屠間歸奉天帝見爲流涕乘輿還京師擢原王府長史吳
通玄得罪晟上書理其辜其弟止曰天子方怒無詒悔不聽凡三上書
帝意解通玄得減死晟累遷將作少監以護作崇陵封河東縣子
授山南西道節度使府兵討劉闢還未叩城復詔戍梓州軍曹怒
脅監軍謀變晟聞疾驅入勞士卒既而問曰若等何爲成功曰誅驕
不受命者晟曰若知劉闢得罪天子而誅之柰何復欲使後人誅若
等耶士皆免胄拜從所從入爲將作監使回鶻奉冊立可汗逆謂曰
屬聞可汗無禮自大去信自彊夫禮信不能爲何足奉中國乎可汗
諸貴人惸然駭皆跪伏成禮還爲左金吾衛大將軍更封爲公卒年六
十九詔從官臨弔贈太子少保晟敏于辯下士樂施唯自興元入
朝貢獻不如詔爲御史中丞盧坦所劾憲宗以其賢置弗暴云
崔戎字可大玄暐從孫也舉明經補太子校書郎判入等調藍田
主簿辟淮南李鄘府鄘次公代鄘憲宗稱戎才故次公倚成于職
裴度節度太原署參謀時王承宗以鎮叛度請戎往諭承宗至泣

下乃聽命入爲殿中侍御史擢累諫議大夫雲南蠻亂成都詔戎
持節劍南爲宣撫使奏罷稅外薑芋錢當賦錢者率三之以其一
准繒布優其估以與民綏招流亡凡廢若置公私莫不便之還拜
給事中出爲華州刺史吏以故事置錢萬緡爲刺史私用戎不取
及去召吏曰籍所置錢亭軍吾重矯激以夸後人也徙兗海沂密
觀察使民擁留于道不得行乃休傳舍民至抱持取其鞾時詔使
尚在民泣詣使請曰天子丏我還使許諸戎恚■其下衆曰留公
而天子怒不過斬吾二三老人則公不去矣戎夜單騎亡去民追
不及乃止至兗州鉏滅姦吏十餘輩民大喜歲餘卒年五十五贈
禮部尚書子雍字順中由起居郎出爲和州刺史龐勛以兵劫烏
江雍不能抗遣人持牛酒勞之密表其狀民不知訴諸朝宰相路
巖素不平因是傳其罪賜死宣州

鮑李蕭薛樊王吳鄭陸盧柳崔列傳第八十四

徐呂孟劉楊潘崔韋列傳第八十五　唐書一百六十

端明殿學士兼翰林侍讀學士龍圖閣學士朝請大夫守尚書吏部侍郎充集賢殿修撰臣宋祁奉
敕撰

徐浩字季海越州人擢明經有文辭張說稱其才調魯山主簿薦
爲集賢校理見喜雨五色鵠賦咨嗟曰後來之英也進監察御史裏
行辟幽州張守珪幕府歷河陽令治有績東都留守王倕表署其
府民有妄作符命者衆不爲疑浩獨按驗詰狀果詐爲之遷累都
官郎中爲嶺南選補使又領東都選肅宗立擢襄州刺史召授中
書舍人四方詔令多出浩手遣辭贍速而書法至精帝喜之又參
太上皇誥冊寵絕一時授兼尚書右丞浩建言故事有司斷獄必
刑部審覆自李林甫楊國忠當國專作威福許有司就宰相府斷
事尚書以下未省即署乖慎卹意請如故便詔可故詳斷復自此
始進國子祭酒爲李輔國譖貶廬州長史代宗復以中書舍人召
遷工部侍郎會稽縣公出爲嶺南節度使召拜吏部侍郎與薛邕

分典選浩有妾弟冒優託之邕擬長安尉御史大夫李栖筠劾之
帝怒黜邕歙州刺史浩明州別駕德宗初召授彭王傅進郡公卒
年八十贈太子少師謚曰定始浩父嶠之善書以法授浩益工嘗
書四十二幅屏八體皆備艸隸尤工世狀其法曰怒猊抉石渴驥
奔泉云晚節治廣及領選頗嗜財惑於所嬖卒以敗
呂渭字君載河中人父延之終浙東節度使渭第進士從浙西觀
察使李涵爲支使進殿中侍御史大曆末涵爲元陵副使渭又爲
判官涵繇御史大夫擢太子少傅渭建言涵父名少康當避宰
相崔祐甫善其言擢司門員外郎御史共劾渭昔涵再任少卿不
以嫌今謂少傅爲慢官疑渭爲涵游說乃貶渭歙州司馬貞元中
累遷禮部侍郎始中書省有古柳建中末枯死德宗自梁還復
榮茂人以爲瑞柳渭令貢士賦之帝聞不以爲善又與裴延齡爲
姻家擢其子操上第會入閣遺私謁之書于廷出爲潭州刺史卒
贈陝州大都督四子溫恭儉讓

温字和叔一字化光從陸質治春秋梁肅爲文章貞元末擢進士第與韋執誼厚因善王叔文再遷爲左拾遺以侍御史副張薦使吐蕃會順宗立薦卒於虜虜以中國有喪留温不遣時叔文秉權與游者皆貴顯温在絶域不得還常自悲元和元年乃還而柳宗元等皆坐叔文貶温獨免進戶部員外郎温操翰精富一時流輩推尚性險躁譎詭而好利與竇羣羊士諤相昵羣爲御史中丞薦温知雜事士諤爲御史宰相李吉甫持之久不報温等怨時吉甫爲宦侍所抑温乘其間謀逐之會吉甫病夜召術士宿于第即捕士掠訊且奏吉甫陰事憲宗駭異既詰辨皆妄言將悉誅羣等吉甫苦救乃免於是貶温均州刺史士諤資州議者不猒再貶爲道州久之徙衡州治有善狀卒年四十恭字恭叔尚氣節喜縱横孫吴術爲山南西道府掌書記進殿中侍御史終嶺南府判官儉亦爲御史讓太子右庶子皆美材

孟簡字幾道德州平昌人曾祖詵武后時同州刺史簡舉進士宏

辭連中累遷倉部員外郎王叔文任戶部簡以不附離見疾不敢顯黜宰相韋執誼爲徙它曹元和中拜諫議大夫知匭事韓泰韓曄之復刺史吐突承璀爲招討使簡皆固争詣延英言不可狀以悻切出爲常州刺史州有孟瀆久淤閼簡治導溉田凡四千頃以勞賜金紫召爲給事中代李遜爲浙東觀察使遜抑士族右編人至横恣不檢及簡一反之農估兼受其弊時謂兩失之以工部侍郎召還初使府得代詔至署留後即行李脩觀察浙西始請留故使交政及簡還半道堂牒還之如例乃聽解進戶部加御史中丞戶部有二員判使按者居別一署謂之左戶元和後選委華重宰相多由此進崔羣既相而簡代之故簡意且柄任及出山南東道節度使内不樂政頗嚴峭時有詔置臨漢監以牧馬命簡兼使職簡以親吏陸翰主奏邸關通閹侍翰持之數傲很簡怒追還以土囊斃之家上變發簡姦贓御史劾驗得遺吐突承璀貲七百萬左授太子賓客分司東都再貶吉州司馬以赦令進睦州刺史復徙常州仍太子賓客分司卒簡尤工詩聞江淮間尚節義與之交者雖歿視卹其孤不少衰晚路殊躁急佞佛過甚爲時所誚嘗與劉伯芻歸登蕭俛譯次梵言者

劉伯芻字素芝兵部侍郎廼之子行脩謹淮南杜佑奏署節度府判官府罷召拜右補闕遷主客員外郎數過友家飲噱爲韋執誼陰劾貶虔州參軍久乃除考功員外郎裴垍待之善擢累給事中李吉甫當國而垍卒不加贈伯芻爲申理乃贈太子少傅或言其妻垍從母也吉甫欲按之求補虢州刺史稍遷刑部侍郎左散騎常侍卒贈工部尚書伯芻風度高嚴善談確而動與時適論者少之子寬夫寶曆中爲監察御史奏言以王府官攝祠位輕非嚴恭意請以尚書省東宮三品若左右丞侍郎通攝俄轉左補闕陳岵注浮屠書因供奉僧以聞除濠州刺史寬夫劾狀敬宗怒謂宰相曰岵不繇僧得州諫臣安受此言寬夫曰衆劾岵獨臣草狀應伏誅推言所從恐累國體帝讜其言釋之子允章字藴中咸通中爲

禮部侍郎請諸生及進士第並謁先師衣青衿介幘以還古制改國子祭酒又建言羣臣輸光學錢治庠序宰相五萬節度使四萬刺使萬詔可後爲東都留守黄巢至分司李磎挈尚書印走河陽允章寄治河清巢僭號輒受僞官文書盡用金統遣取印磎所磎不與更悔愧移檄近鎮起兵扞賊磎持印還之後廢于家

楊憑字虚受一字嗣仁虢州弘農人少孤其母訓道有方長善文辭與弟凝凌皆有名大曆中踵擢進士第時號三楊憑重交游尚氣節然諾與穆質許孟容李鄘相友善一時歆慕號楊穆許李歷事節度府召爲監察御史不樂輒免去累遷太常少卿湖南江西觀察使性簡傲接下脱略人多怨之在二鎮尤侈忕入拜京兆尹與御史中丞李夷簡素有隙因劾憑江南姦贓及它不法詔刑部尚書李鄘大理卿趙昌即臺參訊于時憑治第永寧里功役叢煩又幽妓妾於永樂別舍謗議頗讙故夷簡藉之痛擿發欲抵以死既置對未得狀即逮捕故官屬推躡簿憑家貲翰林學士李絳奏言

憑所坐贓不當同逆人法乃止憲宗以憑治京兆有績但貶臨賀尉始德宗時假借方鎮習爲僭儗事夷簡首按憑時以爲宜而緣私怨論者亦不與俄徙杭州長史以太子詹事卒憑所善客徐晦者字大章第進士賢良方正擢櫟陽尉憑得罪姻支憚累無往候者獨晦至藍田慰餞宰相權德輿謂曰君送臨賀誠厚無乃爲累乎晦曰方布衣時臨賀知我今忍遽弃邪有如公異時爲姦邪譖斥又可爾乎德輿歎其直稱之朝李夷簡遽表爲監察御史晦過謝問所以舉之之由夷簡曰君不負楊臨賀肯負國乎後歷中書舍人彊直守正不沈浮於時嗜酒喪明以禮部尚書致仕卒

凝字懋功由協律郎三遷侍御史爲司封員外郎坐犛正嫡媵封邑爲權幸所忌徙吏部稍遷右司郎中宣武董晉表爲判官亳州刺史缺晉以凝行州事增墾田決汙堰築堤防水患訖息時孟叔度橫縱撓軍治而凝亦荒酒晉卒亂作凝走還京師闔門三年拜兵部郎中以痼疾卒凌字恭履最善文終侍御史子敬之

敬之字茂孝元和初擢進士第平判入等遷右衛胄曹參軍累遷屯田戶部二郎中坐李宗閔黨貶連州刺史文宗尚儒術以宰相鄭覃兼國子祭酒俄以敬之代未幾兼太常少卿是日二子戎戴登科時號楊家三喜轉大理卿檢校工部尚書兼祭酒卒敬之嘗爲華山賦示韓愈愈稱之士林一時傳布李德裕尤咨賞敬之愛士類得其文章孜孜玩諷人以爲癖雅愛項斯爲詩所至稱之繇是擢上第斯字子遷江東人敬之祖客灞上見閩人濮陽愿愛其文大推挹徧語公卿閒會愿死敬之爲斂葬

潘孟陽史亡何所人父炎大曆末官右庶子爲元載所惡久不遷載誅進禮部侍郎以病免方劉晏任權炎乃其婿雖書疏報答未嘗輒關時稱有古人節晏得罪坐貶澧州司馬時輿疾上道不自言于邵高其介申救不見聽孟陽少以蔭俄登博學宏辭科補渭南尉再遷殿中侍御史公卿多父行及外家賓客故被慰薦擢累兵部郎中貞元末王紹以恩倖進數稱孟陽才權知戶部侍郎杜佑判度支奏以自副時憲宗新立詔孟陽馳驛江淮視財賦加鹽鐵轉運副使并察諸使治否孟陽侍與主又氣高豪倨從者數百人所至會賓客留連倡樂招金錢多補吏譽望大喪使還罷爲大理卿其後左司郎中鄭敬宣慰江淮帝誡曰朕官中用尺寸物皆有籍唯賑　民無所計卿是行宜諭朕意毋若潘孟陽殫財費酣飲游山寺而已元和三年出爲華州刺史遷劍南東川節度使宰相武元衡與孟陽舊復以戶部侍郎召判度支又兼京北五城營田使太府王遂爲西北供軍使持營田不可至私忿恨更請閒論列帝怒罷孟陽左散騎常侍明年復舊官盛葺第舍帝微行至樂游原望見之以問左右孟陽懼輟不敢治而伎媵用度過侈汏人多指怒之病風痺復改左散騎常侍卒贈兵部尚書謚曰康初孟陽爲侍郎年未四十其母謂曰以爾之材而位丞郎使吾憂之

崔元略博州人父儆貞元時終尚書左丞元略第進士更辟諸府遷累殿中侍御史以刑部郎中知御史雜事進拜中丞時李夷簡

召爲大夫故詔元略留司東臺改京兆少尹行府事數月遷爲尹從左散騎常侍初中丞缺議者屬崔植而元略謬謂植入閣不如儀使御史彈治及宰相以二人進元略果得之植恨悵既當國以元略爲宜撫党項使辭疾不行植奏不少責無以示羣臣乃出爲黔南觀察使徙鄂岳久乃拜大理卿敬宗初還京兆尹兼御史大夫收貸錢萬七千緡爲御史劾奏詔刑部郎中趙元亮大理正元從質侍御史溫造以三司雜治元略素事宦人崔潭峻頗左右之獄具削兼秩而已俄授戶部侍郎譏謗大興諫官斥元略方劾而遷有助力元略自解辨乃止京兆劉栖楚又劾元略前造東渭橋給吏增估物不償直取工徒贓二萬緡詔奪一月俸於是栖楚規相位疑元略妨己路故舉疑似蠛染之大和三年以戶部尚書判度支出爲東都留守改義成節度使卒贈尚書左僕射子鉉

鉉字台碩擢進士第從李石荊南爲賓佐入拜司勳員外郎翰林學士遷中書舍人學士承旨武宗好蹴鞠角抵鉉切諫帝褒納之

會昌三年拜中書侍郎同中書門下平章事鉉入朝凡三歲至宰相而石猶在江陵澤潞平兼戶部尚書與李德裕不叶罷爲陝虢觀察使宣宗初擢河中節度使以御史大夫召用會昌故官輔政進尚書左僕射兼門下侍郎封博陵郡公鉉所善者鄭魯楊紹復段瓌薛蒙頗參議論時語曰鄭楊段薛炙手可熱欲得命通魯紹瓌蒙帝聞之題於扆是時魯爲刑部侍郎鉉欲引以相帝不許用爲河南尹它日帝語鉉曰魯當去矣事由卿否鉉惶懼謝罪久之出爲淮南節度使帝餞太液亭賜詩寵之因宣州軍亂逐觀察使鄭薰鉉出兵討擊詔兼宣歙池觀察使既平加檢校司空罷兼使居九年條教一下無復改民以順賴咸通初徙山南東道荊南二鎮封魏國公龐勛叛自桂管北還所過剽略鉉聞大募兵屯江湘邀賊歸路賊懼更踰嶺自淮而北朝廷壯其忠卒官子沆字內融累遷中書舍人韋保衡逐于琮沆亦貶循州司戶參軍僖宗立召爲永州刺史復拜舍人進禮部吏部二侍郎乾符五年以戶部侍

郎同中書門下平章事昕旦告麻大霧塞廷中百僚就班脩慶大風雨雹時謂不祥俄改中書侍郎兼工部尚書時王景崇進兼中書令讓其兄景儒求易定節度沆謂魏博盧龍且相援執不可盧攜專政而黃巢勢寖盛沆每建裁遏多爲攜沮抑賊陷京師匿張直方第遇害元略第元受元式元儒皆舉進士第元受以高陵尉直史館元和時于皐謩爲河北行營糧料使元受從之督供饋皐謩得罪元受逐死嶺表

元式始署帥府僚佐累官湖南觀察使會昌中澤潞用兵遷河中拜河東義成節度使宣宗初以刑部尚書判度支拜門下侍郎同中書門下平章事進兼戶部尚書以疾罷卒贈司空謚曰莊大中時又有宰相崔龜從字玄告初舉進士復以賢良方正拔萃三中其科拜右拾遺大和初遷太常博士最明禮家沿革問不虛酬定敬宗廟室祝辭皇帝不可云孝第九宮皆列星不容爲大祠大臣[illegible]不於聞曰輟朝乃在數日外因引貞觀時任瓌卒有司對仗奏太宗責其不知禮岑文本歿是夕罷警嚴張公謹亡哭不避辰日故閔悼之切不宜過時又言三品以上官非經任將相密近不宜輟朝詔皆可其議九宮遂爲中祠再遷至司勳郎中知制誥真拜中書舍人歷戶部侍郎大中四年以中書侍郎同中書門下平章事再歲罷爲宣武軍節度使數從鎮卒

韋綬字子章京兆萬年人有至性然好不經喪父鑱臂血寫浮屠書建中末爲長安尉朱泚亂羸服走奉天拜華陰令佐襄陽于頔府數譏詆剌頔橫恣頔不能容薦諸朝三遷職方郎中穆宗爲太子綬入侍讀遷諫議大夫太子書依字輒去人曰上以此可天下事烏得全書耶綬白之帝喜即賜綬錦綵方太子幼綬數爲俚言以悅太子它日侍太子爲帝道之帝怒曰綬當以經義輔導太子而反語此朕何賴焉外遷虔州刺史穆宗立召爲尚書右丞集賢院學士出入禁中恃寵甚建白帝誕日百官先詣光順門賀皇太后然後上皇帝千萬歲壽詔可久之宰相奏古無生日稱賀者綬

議格時大臣論啓或未決綬居中助可否九月九日宴羣臣曲江綬請集賢學士得別會帝一順聽進位禮部尚書帝問所以振災邀福者對曰宋景公以善言退法星三舍漢文除祕祝敕有司祭而不祈此二君皆受自至之福書美前史如失德以卻災媚神以丐助神而有知且因以譴也時帝不德故託諷焉俄以檢校戶部尚書爲山南西道節度使入辭請門戟十二以行又乞賜錢二百萬官子元弼太常丞帝以舊恩許之綬耄而貪不能事軍政綱維亂弛卒贈尚書右僕射帝遣中人弔其家有司謚通醜故吏以爲言改謬醜不報罷

徐呂孟劉楊潘崔韋列傳第八十五

張趙李鄭徐王馮庾列傳第八十六　唐書一百六十一

端明殿學士兼翰林侍讀學士龍圖閣學士朝請大夫尚書吏部侍郎充集賢殿修撰臣宋祁奉

敕撰

張薦字孝舉深州陸澤人祖鷟字文成早惠絶倫爲兒時夢紫文大鳥五色成文止其廷大父曰吾聞五色赤文鳳也紫文鸑鷟也若壯殆以文章瑞朝廷乎遂命以名調露初登進士第考功員外郎騫味道見所對稱天下無雙授岐王府參軍八以制舉皆甲科再調長安尉遷鴻臚丞四參選判策爲銓府最員外郎員半千數爲公卿稱鷟文辭猶青銅錢萬選萬中時號鷟青錢學士證聖中天官侍郎劉奇以鷟及司馬鍠爲御史性躁卞儻蕩無檢罕爲正人所遇姚崇尤惡之開元初御史李全交劾鷟多口語訕短時政貶嶺南刑部尚書李日知訟斥太重得内徙鷟屬文下筆輒成浮豔少理致其論著率詆誚蕪猥然大行一時晚進莫不傳記武后時中人馬仙童陷默啜問文成在否荅曰近自御史貶官曰國有此人不用無能爲也新羅日本使至必出金寶購其文終司門員外郎薦敏銳有文辭能爲周官左氏春秋初爲顔真卿歎賞大曆中浙西觀察使李涵表薦才任史官詔授左司禦率府兵曹參軍以母老辭不就喪除禮部侍郎于卲以聞召充史館修撰兼陽翟尉真卿爲李希烈所拘遣兄子峴及家僕奏事五輩皆留内客省不得出薦上疏曰去正月中真卿奉使淮西期不先戒行無素備受命之後不宿於家親黨不遑告别介副不及陳請孱僮單騎即日載馳冒姦鋒於臨汝折元惡於許下挶軀杖義威詬羣兇遂令豺制者回慮忠勇者肆情周曾奮發於外韋清伺應於内希烈蒼黄窘迫奔固舊穴蓋真卿義風所激也真卿逮事四朝爲國元老忠直孝友羽儀王室行年八十被羸老之疾拘囚環堵之間顧眄鈇鉞之下呼嗟憤恚失寢忘食不知悲翁何以堪此伏聞希烈之母鍾念幼子自不絶泣求責希烈又希烈妻祖母郭及妻妹封並逮捕京師此三人留之無益請寘境上以贖真卿先降詔書分明諭告且希烈知真卿人望不敢加害既無嫌隙但因循未遣耳若歸其親母又賊亦何恡還一使哉臣又聞真卿所遣兄子峴及家僮從官奉表來者五輩皆留中其子頵等泣拳拳冀希一見望許休澣告以安否一疏奏盧杞持之不報朱泚反詭姓名伏匿城中著史遁先生傳京師平擢左拾遺詔復用杞爲刺史薦與陳京趙需等論杞姦惡傾覆不當用入對挺確德宗納之貞元元年帝親郊時更兵亂禮物殘替用薦爲太常博士參綴典儀略如舊章刑部尚書關播持節送咸安公主于回紇以薦爲判官還遷工部員外郎久之擢諫議大夫復爲史館修撰方裴延齡用事中傷俊良建白無不當帝意薦將疏其惡延齡知之因言于帝曰諫議論朝政得失史官書人君善惡二者不可兼薦改祕書少監延齡必欲以罪斥廢之會遣使冊回鶻毗伽懷信可汗使薦至回鶻還爲監吐蕃賛普死擢薦工部侍郎爲弔祭使薦占對詳辯三使絶域始兼侍御史中丞後大夫次赤嶺被病卒年六十一吐蕃傳其柩以歸順宗立問至贈禮部尚書謚曰憲薦自拾遺至侍郎凡二十年常兼史館修撰初貞元時京師旱帝避正殿減膳薦自限日以應古制及定昭德皇后廟樂遷獻懿二祖定太儀位號大臣祔廟鼓吹法莫不參裁諸儒謂博而詳所著書百餘篇子又新別有傳孫讀字聖用幼穎解大中時第進士鄭薰辟署宣州幕府累遷禮部侍郎中和初爲吏部選牒精允調者丏留二年詔可榜其事省門後兼弘文館學士判院事卒

趙涓冀州人幼有文天寶時第進士補鄠城尉稍歷臺省河南王縉引署副元帥府判官德宗初爲衢州刺史始永泰時禁中火近東宮代宗疑之詔以監察御史爲巡使驗治明諦迹火所來乃官人直舍帝在東宮頗德之及治衢不爲觀察使韓滉所容奏免官帝見其名問宰相曰是豈永泰時御史乎對曰然詔拜尚書左丞既至勞之曰卿正直朕所自知乃以罪聞不信也命典吏部選從狩梁興元元年卒贈戸部尚書子博宣亦擢進士第藻翰豪邁流

於酒傲忽少檢陳許曲環辟署於府久不能堪乃誣受吳少誠金爲反間數言休咎惑衆有詔杖四十流康州時人寃之

李紓字仲舒始仕爲校書郎大曆初李季卿薦爲左補闕遷累中書舍人德宗居奉天縣禮部侍郎選爲同州刺史帝次梁紓委城趨行在擢兵部侍郎高邑伯建言享武成王廟不宜與文宣王等制從之紓性樂易喜接後進其自奉養頗華裕不爲齷齪崖檢官雖貴而游縱自如奉詔爲興元紀功述及宅郊廟樂章論譔甚多進吏部侍郎年六十二卒贈禮部尚書

鄭雲逵系本滎陽父昈爲郾城尉州刺史移職民之暴驁者遮道留昈誅殺六七人採訪使奇之言狀擢北海尉安祿山反縣民孫俊殿市人以應昈率衆擊殺之改登州司馬李光弼表爲武寧府判官遷沂州刺史諭降賊李浩五千人終滁州刺史雲逵爲人誕譎敢言巳登進士第去客燕朔朱泚善之表爲掌書記妻以泚女泚將朝使雲逵先入奏同府蔡廷玉譖于泚奏貶爲平州參軍泚

代泚將復辟雲逵爲判官廷玉與要藉官朱體微它日與泚從容言滔非長者不可付以兵雲逵數漏其語以怒滔故滔論廷玉等皆得罪死滔助田悅雲逵諫不從遂棄室自歸德宗悅擢諫議大夫帝在梁雲逵依李晟晟表以禮部侍郎爲軍司馬時時咨逮戎略元和初爲京兆尹卒弟方逵悖悍結徒剽劫父欲殺之不克雲逵自劾不能教恐赤臣家詔錮死黔州

徐岱字處仁蘇州嘉興人世農家子於學無所不通辯論明鋭座人常屈大曆中劉晏表爲校書郎觀察使李栖筠欽其賢署所居爲復禮鄉名達于朝擢偃師尉禮儀使蔣鎮薦爲太常博士專掌禮事從德宗出奉天以膳部員外郎兼博士貞元初爲太子諸王侍讀遷給事中史館脩撰帝以誕日歲歲詔佛老者大論麟德殿并召岱及趙需許孟容韋渠牟講說始三家若矛楯然卒而同歸于善帝大悅賚予有差兩宮恩遇無比性篤慎至宮殿中語未嘗近之不談人短宗族孤孺者皆爲婚嫁然吝嗇自持家管鑰世所譏云卒贈禮部尚書

王仲舒字弘中并州祁人少客江南與梁肅楊憑游有文稱貞元中賢良方正高第拜左拾遺德宗欲相裴延齡與陽城交章言不可後入閤帝顧宰相指曰是豈王仲舒邪俄改右補闕遷禮部考功員外郎奏議詳雅省中伏其能坐累爲連州司戶參軍再徙荆南節度參謀元和初召爲吏部員外郎未幾知制誥楊憑得罪斥去無敢過其家仲舒屢存之將直憑冤貶峽州刺史毋喪解服除爲婺州刺史州疫旱人徙死幾空居五年里閭增完就加金紫服徙蘇州隄松江爲路變屋瓦絕火災賦調嘗與民爲期不擾自辦穆宗立每言仲舒之文可思最宜爲誥有古風召爲中書舍人既至視同列率新進少年居不樂曰豈可復治筆研於其間哉吾久棄外周知俗病利得治之不自愧宰相聞之除江西觀察使初江西榷酒利多佗州十八民私釀歲抵死不絕穀數斛易斗酒仲舒罷酤錢九十萬吏坐失官息錢三十萬悉產不能償仲舒焚簿書脫

械不問水旱民賦不入歎曰我當減燕樂他用可乎爲出錢二千萬代之有爲佛老法興浮屠祠屋者皆驅出境卒于官年六十二贈左散騎常侍謚曰成仲舒尚義槩所居急民廢置自爲科條初若煩密久皆稱其便

馮伉魏州元城人徙貫京兆第五經宏辭調長安尉三遷膳部員外郎爲睦王等侍讀李抱眞卒伉持節臨弔歸之帛不受又致京師伉上表固拒於是醴泉令缺宰相高選德宗曰前使澤潞不受幣者其人倩可用也遂以授伉縣多囂猾數犯法伉爲著諭蒙書十四篇大抵勸之務農進學而教以忠孝鄉鄉授之使轉相教督居七年韋渠牟薦爲給事中皇太子諸王侍讀對殿中賜金紫服進兵部侍郎出爲同州刺史以散騎常侍召領國子祭酒者再卒年六十六贈禮部尚書

庾敬休字順之鄧州新野人祖光烈與弟光先不受安祿山僞官遁去光烈終大理少卿光先吏部侍郎父何當朱泚反又與弟倬

逬山谷不臣賊官兵部郎中敬休擢進士第又中宏辭辟宣州幕府入拜右補闕起居舍人建言天子視朝宰相羣臣以次對言可傳後者承旨宰相示左右起居則載録季送史官如故事詔可既而執政以幾密有不可露罷之召爲翰林學士文宗將立魯王爲太子愼選師傅敬休以戸部侍郎兼魯王傅初劍南西川山南道歲征茶戸部自遣巡院主之募賈人入錢京師大和初崔元畧奏責本道主當歲以四萬緡上度支久之逗留多不至敬休始請置院秭歸收度支錢乃無逋没又言蜀道米價騰踊百姓流亡請以本道闕官職田賑貧民詔可再遷尚書左丞卒贈吏部尚書敬休夷澹多容可不飲酒食肉不邇聲色弟簡休亦至工部侍郎

張趙李鄭徐王馮庾列傳第八十六

姚獨孤顧韋段呂許薛李列傳第八十七　唐書一百六十二

端明殿學士兼翰林侍讀學士龍圖閣學士朝請大夫守尚書吏部侍郎充集賢殿修撰臣宋祁奉
敕撰

姚南仲華州下邽人乾元初擢制科授太子校書遷累右補闕大曆十年獨孤皇后崩代宗悼痛詔近城爲陵以朝夕臨望南仲上疏曰臣聞人臣宅於家帝王宅於國長安乃祖宗所宅其可興鑿建陵其側乎夫葬者藏也欲人之不得見也今西近宮闕南迫大道使近而可視殁而復生雖宮以待之可也如令骨肉歸土魂無不之雖欲自近了復何益且王者必據高明燭幽隱先皇所以因龍首而建望春也今起陵目前心一感傷累日不能平且匹夫向隅滿堂不樂況萬乘乎天下謂何陛下謚后以貞懿而終以褻近臣竊惑焉今國人皆曰后陵在邇陛下將日省而時望焉斯有損聖德無益先后欲寵反辱惟陛下孰計疏奏帝嘉納進五品階以酬讜言坐善宰相常衮出爲海鹽令浙西觀察使韓滉表爲推官擢殿中侍御史内供奉召還四遷爲御史中丞改給事中陝虢觀察使拜義成節度使監軍薛盈珍恃權撓政不能逞因毀南仲於朝德宗惑之俄遣小使程務盈誣表以罪會南仲裨將曹文洽入奏知其語則晨夜追至長樂驛及之與同舍夜殺務盈投其誣于廁爲二書一抵南仲一治南仲寃且自言殺務盈狀乃自殺驛吏以聞帝駭異南仲不自安固請入朝帝勞曰盈珍撓卿政邪曰不撓臣政臣㥾陛下法耳如盈珍輩所在有之雖使羊杜復生撫百姓御三軍必不能成愷悌之化而正師律也帝默然乃授尚書右僕射貞元十九年卒年七十五贈太子太保謚曰貞初崔位馬少微者俱在南仲幕府盈珍之譖也出位爲遂州別駕東川觀察使王叔邕希旨奏位殺之復出少微補外使官官護送度江投之水云

獨孤及字至之河南洛陽人爲兒時讀孝經父試之曰兒志何語對曰立身行道揚名於後世宗黨奇之天寶末以道舉高第補華陰尉辟江淮都統李峘府掌書記代宗以左拾遺召既至上疏陳

政曰陛下屢發德音使左右侍臣得直言極諫壬辰詔書召裴冕等十有三人集賢殿待制以備詢問此五帝盛德也然頃者陛下雖容其直而不録其言所上封皆寢不報有容下之名無聽諫之實遂使諫者稍稍自鉗口飽食相招為禄仕此忠鯁之人所以竊歎而臣亦恥之十室之邑必有忠信況朝廷之大卿大夫之衆陛下選授之精歟假令不能如文王之多士其中豈不有温故知新可懋陳政要而億則屢中者陛下議政之際曾不採其一説堯之疇咨禹之昌言豈若是耶昔堯設謗木於五達之衢孔子曰以能問於不能以多問於寡然則多聞闕疑不恥下問聖人之心也願陛下以堯孔心為心日降清問其不可者罷之可者議於朝與執事者共之使知之必言言之必行行之必公則君臣無私論朝廷無私政陛下以此辨可否於獻替而建太平之階可也師興不息十年矣人之生產空於杼軸擁兵者第館亘街陌奴婢厭酒肉而貧人羸餓就役剥膚及髓長安城中白晝椎剽吏不敢詰官亂

職廢將惰卒暴百揆隳刺如沸粥紛麻民不敢訴於有司有司不敢聞陛下茹毒飲痛窮而無告今其心顒顒獨恃於麥麥不登則易子齩骨矣陛下不以此時厲精更始思所以救之之術忍令宗廟有累卵之危萬姓悼心失圖臣實懼焉去年十一月丁巳夜星隕如雨昨清明降霜三月苦熱錯繆顛倒沴莫大焉此下陵上替怨讟之氣取之也天意丁寧譴戒以警陛下宜反躬罪己旁求賢良者而師友之黜貪佞不肖者下哀痛之詔去天下疾苦廢無用之官罷不急之費禁止暴兵節用愛人兢兢乾乾以徼福于上下必能使天感神應反妖災為和氣矣又言減江淮山南諸道兵以贍國用陛下初不以臣言為愚然許即施行及今未有沛然之詔臣竊遅之今天下唯朔方隴西有吐蕃僕固之虞邠涇鳳翔兵足以當之矣自此而往東洎海南至番禺西盡巴蜀無鼠竊之盜而兵不為解傾天下之貨竭天下之穀以給不用之軍為無端之費臣不知其故假令居安思危以備不虞自可阨害之地俾置屯御

悉休其餘以糧儲扉屨之資充疲人貢賦歲可以減國租半陛下豈遅疑於改作逡巡於舊貫使大議有所壅而率土之患日甚一日是益其弊而厚其疾也夫療疵者必決之使潰今兵之為患猶癰也不以漸戢之其害滋大大而圖之必力倍而功寡豈易不俟終日之義邪俄改太常博士或言景皇帝不宜為太祖及據禮條上謚呂諲盧弈郭知運等無浮美無隱惡得褒貶之正遷禮部員外郎歷濠舒二州刺史歲飢旱鄰郡庸亡什四以上舒人獨安以治課加檢校司封郎中賜金紫徙常州甘露降其廷卒年五十三謚曰憲及喜騫拔後進如梁肅高參崔元翰陳京唐次齊抗皆師事之性孝友其為文彰明善惡長於論議晚嗜琴有眼疾不肯治欲聽之專也子郇郁

郇字用晦由處士辟署江西宣歙浙東三府元和中擢右拾遺建言宜用觀察使領本道鹽鐵罷場監管榷吏除百姓之患不聽盗殺武元衡郇請馭京兆尹誅捕賊吏因勸罷兵忤憲宗意貶興

元戶曹參軍久乃拜殿中侍御史兼史館修撰坐與李景儉飲景儉使酒慢宰相出為韶州刺史召還再遷諫議大夫敬宗初宦官毆鄠令崔發雞千下郇請誅首惡以正常法王播賂權近還判鹽鐵郇連疏論執遷御史中丞故事選御史皆中丞自請是時崔晃鄭居中繇宰相力得監察御史郇拒不納晃居中卒改他官侍御史李道樞醉謁郇郇劾不虔下除司議郎會殿中王源植貶官郇直其枉書五上不報即自劾執法不稱願罷去帝遣中人慰諭不許文宗初遷工部侍郎出為福建觀察使創發背卒贈右散騎常侍

郁字古風始生而孤與郇育於伯父氾擢進士第最為權德輿所稱以女妻之元和初舉制科高等拜右拾遺俄兼史館脩撰進右補闕吐突承璀討王承宗郁執不可挺議顯固號稱職擢翰林學士德輿輔政以嫌去內職拜考功員外郎仍兼脩撰憲宗歎德輿乃有佳婿詔宰相高選世族故杜悰尚岐陽公主然帝猶謂不如德輿之得郁也俄知制誥德輿去位還為學士九年以疾辭禁近

徙秘書少監屛居鄠卒年四十贈絳州刺史郁有雅名帝遇之厚議者亦謂當宰相共以早世惜之子庠字賢府喪父始十歲有至性聞呼父官及弔客來輒號慟幾絕後舉進士仕至尚書丞

顧少連字夷仲蘇州吳人舉進士尤爲禮部侍郎薛邕所器擢上第以拔萃補登封主簿邑有虎孽民患之少連命塞陷穽獨移文嶽神虎不爲害御史大夫于頎薦爲監察御史德宗幸奉天徒步詣謁授水部員外郎翰林學士再遷中書舍人閱十年以謹密稱嘗請從先兆于洛帝重違去詔遣其子往且命中人護喪葬役歷吏部侍郎裴延齡方橫無敢忤者嘗與少連會田鎬第酒酣少連挺笏曰段秀實笏擊賊臣今吾笏將擊姦臣奮且前元友直在坐勸解之改京兆尹政尚寬簡不爲灼灼名先是京畿租賦薄厚不能一少連以法均之遷吏部尚書封本縣男徙兵部爲東都留守表禁苑及陂閑田募耕以便民閱武力利鎧仗號良吏卒年六十三贈尚書右僕射謚曰敬始少連携少子師閔奔行在有詔同止翰林院車駕還授同州參軍

韋夏卿字雲客京兆萬年人少邃於學善文辭大曆中與弟正卿同舉賢良方正皆策高等授高陵主簿累遷刑部員外郎時仍歲旱蝗詔以郎官宰畿甸授奉天令課第一改長安令轉吏部員外郎郎中擢給事中出爲常蘇二州刺史徐州節度使張建封疾甚詔夏卿爲徐泗行軍司馬且代之未至而建封卒徐軍立其子愔爲留後召夏卿爲吏部侍郎時從弟執誼在翰林嘗受人金有所干請密以金內夏卿懷中夏卿毀懷不受曰吾與爾賴先人遺德致位及此顧當是哉執誼大慙轉京兆尹太子賓客檢校工部尚書爲東都留守辭疾改太子少保卒年六十四贈尚書左僕射謚曰獻夏卿性通簡好古有遠韻談說多聞晚歲將罷歸署其居曰大隱洞與齊映穆贊贊弟員友善雖同游終年不見其喜慍撫孤姪恩踰己子爲政務通理不甚作條教所辟士如路隋張賈李景儉等至宰相達官故世稱知人正卿子瓘字茂弘及進士第仕累中書舍人與李德裕善德裕任宰相罕接士唯瓘往請無間也李宗閔惡之德裕罷貶爲明州長史會昌末累遷楚州刺史終桂管觀察使

段平仲字秉庸本武威人隋民部尚書達六世孫擢進士第杜佑李復之節度淮南連表掌書記擢監察御史磊落有氣節嘗謂敢言是時德宗春秋高躬自聽斷天下事有所壅隔羣臣畏帝苛察無敢言平仲常曰上聰明神武但臣下畏怯自爲循默爾使我一日得召見宜大有開納會京師旱詔擇御史郎官閱倉振恤平仲與考功員外郎陳歸被選同得對粗陳振恤事帝察其意有所畜以歸在側未言事訖平仲方獨進帝乃并留歸正色問之雜以它語平仲錯牾不得言乃謬稱名帝怒叱去之蒼黃向幄後歸趨降招之乃得去由是坐廢七年然名由此顯元和初爲諫議大夫憲宗使吐突承璀討鎮州亟疏爭不可及還無功又請斬之再遷尚書右丞朝廷有得失未嘗不論奏世推其敢直云終太子左庶子

贊曰君有常尊臣有定卑自然之勢也然臣不自通於上君不降而逮諸下則治不得成而功不彰返是而天下之務繫焉幾矣德宗察察欲折伏臣下自爲聰明而治愈踈段平仲一忤上蒼黃失對而猶以取名何哉下知所職而上喪其所以爲上也故聖王屈己從諫君臣兩得其美知道之本歟

呂元膺字景夫鄆州東平人姿儀瓌秀有器識始游京師謁故宰相齊映映歎曰吾不及識婁郝殆斯人類乎策賢良高第調安邑尉辟長春宮判官李懷光亂河中輒解去論惟明節度渭北表佐其府惟明卒王栖曜代之德宗敕栖曜留元膺自佐入拜殿中侍御史歷右司員外郎出爲蘄州刺史嘗錄囚囚或白父母在明日歲旦不得省爲恨因泣元膺惻然悉釋械歸之而戒還期吏白不可荅曰吾以信待人人豈我違如期而至自是羣盜感愧悉避境去元和中累擢給事中俄爲同州刺史既謝帝遽問政事所對詳諳明日謂宰相曰元膺直氣讜言宜留左右奈何出之李藩裴垍

謝因言陛下及此乃宗社無疆之休臣等昧死請留元膺給事左右未幾兼皇太子侍讀進御史中丞拜鄂岳觀察使嘗夜登城守者不許左右曰中丞也對曰夜不可辨乃還明日擢守者為大將入拜尚書左丞度支使潘孟陽太府卿王遂交相惡乃除孟陽散騎常侍遂鄧州刺史詔辭無所輕重元膺上其詔請明枉直以顯褒貶江西裴堪按虔州刺史李將順受賕不覆訊而貶元膺曰觀察使奏部刺史不加覆雖當誅猶不可為天下法請遣御史按問宰相不能奪遷拜東都留守故事留守賜旗甲至元膺不給或上言用兵討淮西東都近賊損其儀沮威望請比華汝壽三州帝不聽并三州罷之留守不賜旗甲自此始都有李師道留邸邸兵與山棚謀竊發事覺元膺禽破之始盜發都人震恐守兵弱不足恃元膺坐城門指縱部分意氣閑舒人賴以安東畿西南通鄧虢川谷曠深多麋鹿人業射獵而不事農遷徙無常皆趫悍善鬭號曰山棚權德輿居守將羈縻之未克至是元膺募為山河子弟使衛

宮城詔可改河中節度使時方鎮多姑息獨元膺秉正自將監軍及中人往來者無不嚴憚入拜吏部侍郎正色立朝有台宰望處事裁宜人服其有體以疾改太子賓客居官始終無訾缺卒年七十二贈吏部尚書

許孟容字公範京兆長安人擢進士異等又第明經調校書郎辟武寧張建封府李納以兵拒境建封遣使諭止前後三輩往皆不聽乃使孟容見納敷引逆順納即悔謝為罷兵表為濠州刺史德宗知其能召拜禮部員外郎公主子求補崇文生者孟容固謂不可主訴之帝帝問狀以著令對帝嘉其守擢郎中累遷給事中京兆上言好時風雹害稼帝遣宦人覆視不實奪尹以下俸孟容曰府縣上事不實罪應罰然陛下遣宦者覆視紊綱紀宜更擇御史一人參驗乃可不聽浙東觀察使裴肅諉判官齊總暴斂以厚獻天子所欲會肅卒帝擢總自大理評事兼監察御史為衢州刺史衢大州也孟容還制曰方用兵處有不待次而擢者今衢

不他虞總無功越進超授羣議謂何且總本判官今詔書乃言權知留後攝都團練副使初無制授尤不見其可假令總有可錄宜暴課最解中外之惑會補闕王武陵等亦執爭於是詔中停帝召謂曰使百執事皆如卿朕何憂邪自袁高盧杞後凡十八年門下無議可否者至孟容數論駁四方知天子開納多士浩然想見其風貞元十九年夏大旱上疏言陛下齋居損膳具牲玉走羣望而天意未荅豈豐歟有定陰陽適然乎竊惟天人交感之際繫數令順民與否今戶部錢非度支歲計本備緩急若取一百萬緡代京兆一歲賦則京圻無流亡振災為福又應省察流移征防當還未還役作禁錮當釋未釋負逋饋送當免免之沈滯鬱抑當伸伸之以順人奉天若是而神弗祐歲弗稔未之聞也先是為裴延齡李齊運泳斥者雖十年弗內移故孟容因旱及之帝始不悅改太常少卿元和初再遷尚書右丞京兆尹神策軍自興元後日驕恣府縣不能制軍吏李昱貸富人錢八百萬三歲不肯歸孟容遣吏

捕詰與之期使償曰不如期且死一軍盡驚訴於朝憲宗詔以昱付軍治之再遣使皆不聽奏曰不奉詔臣當誅然臣職司輦轂當為陛下抑豪彊錢未盡輸昱不可得帝嘉其守正許之京師豪右大震累遷吏部侍郎盜殺武元衡孟容白宰相曰漢有一汲黯姦臣寢謀今朝廷無有過失而狂賊敢爾尚謂國有人乎願白天子起裴中丞輔政使主兵柄索賊黨罪人得矣後數日果相度俄以尚書左丞宣慰汴宋陳許河陽行營拜東都留守卒年七十六贈太子少保謚曰憲孟容方勁有禮學每所折衷咸得其正好提腋士天下清議上之弟季同始署西川韋皐府判官劉闢反棄妻子歸拜監察御史歷長安令再遷兵部郎中孟容為禮部侍郎徙季同京兆少尹時京兆尹元義方出為鄜坊觀察使奏劾宰相李絳與季同舉進士為同年才數月輒徙帝以問絳絳曰進士明經歲大抵百人吏部得官至千人私謂為同年本非親與舊也今季同以兄嫌徙少尹豈臣所助邪且忠臣事君不以私害公設有才雖

親舊當白用避嫌不用乃臣下身謀非天子用人意帝然之終宣歙觀察使

薛存誠字資明河中寶鼎人中進士第擢累監察御史元和初詔劉闢鄭傳事叢詔以中人爲館驛使存誠以爲害體甚奏罷之轉殿中侍御史累遷給事中瓊林庫廣籍工徒存誠曰此姦人彝名以避征役不可許又神策軍與咸陽尉袁僑不平誣奏之僑被罰二敎皆執不下憲宗悅遣使勞之拜御史中丞浮屠鑒虛者自貞元中關通賂遺倚宦豎爲姦會坐于頔杜黃裳家事逮捕下獄存誠窮劾之得贓數十萬當以大辟權近更保救於帝有詔釋之存誠不聽明日詔使詣臺諭曰朕須此囚面詰非赦也存誠奏曰獄已具陛下必欲召赦之請先殺臣乃可不然臣不敢奉詔鑒虛卒抵死江西監軍高重昌妄劾信州刺史李位謀反追付伏內詰狀存誠一日三表請付位御史臺及按果無實未幾復爲給事中會御史中丞闕帝謂宰相曰持憲無易存誠者乃復命之會暴卒帝

悼惜贈刑部侍郎存誠性和易於人無所不容及當官毅然不可奪子廷老

廷老字商叟及進士第讜正有父風寶曆中爲右拾遺敬宗政日僻嘗與舒元褒李漢入閤論奏曰比除拜不由宰司擬進恐綱紀寖壞姦邪放肆帝厲語曰更論何事元褒曰宮中興作太甚帝色變曰興作何所元褒不能對廷老曰臣等以諫爲職有聞即應論奏然見外輦材瓦絕多知有所營帝曰已諭時造清思院殿中用銅鑑三千薄金十萬餅故廷老等懇言之尋加史館脩撰鄭注用事嶺南節度使鄭權附之悉盜公庫寶貨輸注爲謝廷老表按權罪由是中人切齒又論李逢吉黨張權輿程昔範不宜居諫爭官逢吉怒會廷老告滿百日出爲臨晉令文宗立召爲殿中侍御史李讓夷數薦之拜翰林學士日酣飲不持檢操帝不悅并讓夷罷之開成三年遷給事中在公卿間偘偘不干虛譽推爲正人卒贈刑部侍郎子保遜第進士擢累給事中保遜子昭緯乾寧中至禮部侍郎性輕率坐事貶磎州刺史

李遜字友道魏申公發之後趙郡所謂申公房者客居荆州始署山南東道掌書記累遷濠州刺史初濠州兵謀殺其將楊騰騰走揚州因滅騰家曹亡剽劫遜至雋諭利害衆釋鎧自歸觀察使言限外浮斂遜一不應入爲虞部郎中由衢州刺史以政最擢浙東觀察使當貞元初福建軍亂前觀察使奏益兵三千屯于境以折閩衝遂爲長戍幾三十年遜署事即停其兵入爲給事中故事天子以晦日聽政對羣臣遜奏陛下求治而下有所陳當不時上豈宜限以日如是畢歲得望天子者幾何憲宗悅從之遷戶部侍郎代嚴綬爲山南東道節度使時方討蔡析山南東道爲兩節度以唐鄧隋三州授高霞寓得專攻討而遜督襄復郢均房五州賦饋之初襄陽兵隷霞寓者多逃還後霞寓戰輒不勝言爲遜所撓帝欲按狀宰相請置不問下遷太子賓客中人誣之更貶恩王傅久乃歷京兆尹國子祭酒以檢校禮部尚書爲忠武節度使時

吳元濟始平治條疏類遜召會大衆申嚴約束明諭賞罰上下皆感畏衆遂安遜於爲政抑彊植弱貧富均一所至有續可紀長慶初幽鎮繼亂遜首建誅討計不聽詔以兵萬人會行營即日上道先諸軍至由是進檢校吏部尚書未幾徙節鳳翔過京師以疾求解爲刑部尚書卒年六十三贈尚書右僕射謚曰貞子方玄字景業第進士裴誼奏署江西府判官有大獄論死者十餘囚方玄剌審其冤悉平貸之累爲池州刺史鉤檢戶籍所以差量傜賦者皆有科品程章吏不得私常曰沆約年八十手寫簿書蓋爲此云終處州刺史

遜弟建字杓直與兄俱客荆州鄉人爭鬬不詣府而詣建平決無頗母憐其孝每字之曰孩子勸吾食吾輒飽進藥吾意其瘳貞元中補校書郎德宗思得文學者或以建聞帝問左右宰相鄭珣瑜曰臣爲吏部時當補校書者八人它皆藉貴勢以請建獨無有帝喜擢左拾遺翰林學士順宗立李師古以兵侵曹州建作詔諭還

之詞不假借王叔文欲更之建不可左除太子詹事改殿中侍御史以兵部郎中知制誥宰相有竄定稾詔者亟請解職除京兆少尹會遜被讒建申治之出為澧州刺史召拜刑部侍郎卒贈工部尚書初建為學時家苦貧兄造知其賢為營丐使成就之故遜建皆舉進士後雖通顯未嘗治垣屋以清儉稱建子訥字敦止及進士第遷累中書舍人為浙東觀察使性跡卞遇士不以禮為下所逐貶朗州刺史召為河南尹時久雨洛暴漲訥行水魏王堤懼漂汨疾馳去水遂大毀民廬議者薄其材初訥居與宰相楊收接收欲市訥宅舍以廣第訥叱曰先人舊廬為權貴優笑地邪凡三為華州刺史歷兵部尚書以太子太傅卒遺命葬不請鹵簿避贈謚詔聽

姚獨孤顧韋段呂許薛李列傳第八十七

孔穆崔柳楊馬列傳第八十八　唐書一百六十三

端明殿學士兼翰林侍讀學士龍圖閣學士朝散大夫行尚書吏部侍郎充集賢殿修撰臣宋祁奉
敕撰

孔巢父字弱翁孔子三十七世孫少力學隱徂來山永王璘稱兵江淮辟署幕府不應鏟迹民伍璘敗知名廣德中李季卿宣撫江淮薦為左衛兵曹參軍三遷庫部員外郎出為涇原行軍司馬累拜湖南觀察使未行會普王為荆襄副元帥署行軍司馬俄而德宗狩奉天行在擢給事中為河中陜華招討使累上破賊方略帝嘉納未幾兼御史大夫為魏博宣慰使巢父辯而才及見田悅與言君臣大義利害逆順開曉其衆是時悅久不臣下皆厭亂雜然喜曰不圖今日還為王人酒中悅起自陳騎射工曰陛下見用何敵不摧巢父曰若爾不蚤自歸乃一劇賊耳悅曰能為劇賊豈不能為功臣乎巢父曰國方多虞待子而息悅謝焉數日田緒殺悅與大將邢曹俊等聽命巢父即以緒權知軍務紓其難李懷光據河中帝復令巢父宣慰罷其兵以太子太保授之懷光素服待命巢父不止衆忿曰太尉無官矣方宣詔乃譟而合害巢父并殺中人啖守盈初巢父至懷光以其使魏博而田悅死疑其謀出巢父故軍亂不肯救帝聞震悼贈尚書左僕射謚曰忠詔具禮收葬賜其家粟帛存卹之從子戣戡戢

戣字君嚴擢進士第鄭滑盧羣辟為判官羣卒攝總留務監軍楊志謙雅自肆衆皆恐戣邀志謙至府與對榻卧起示不疑志謙嚴憚不敢動入為侍御史累擢諫議大夫條上四事一多冗官二吏不奉法三百姓田不盡墾四山澤榷酤為州縣弊憲宗異其言中人劉希光受賕二十萬緡抵死吐突承璀坐厚善逐為淮南監軍太子舍人李涉知帝意投匭上言承璀有功不可棄戣得副章不肯受面質讓之涉更因左右以聞戣劾奏涉結近倖營罔上聽有詔斥涉峽州司馬宦寵側目人為危之戣自以適所志軒軒甚得俄兼太子侍讀改給事中江西觀察使李少和坐贓獄寢不下博

陵崔易簡殺從父兄鞫狀具京兆尹左右之翻其情戣慷慨論正貶少和殺易簡奪尹三月俸再遷尚書左丞信州刺史李位好黃老道數祠禱部將韋岳告位集方士圖不軌監軍高重謙上急變捕位劾禁中戣奏刺史有罪不容繫仗內請付有司詔還御史臺戣與三司雜治無反狀岳坐誣罔誅貶位建州司馬中人愈怒故出爲華州刺史明州歲貢淡菜蚶蛤之屬戣以爲自海抵京師道路役凡四十三萬人奏罷之歷大理卿國子祭酒會嶺南節度使崔詠死帝謂裴度曰嘗論罷蚶菜者誰歟今安在是可往爲朕求之度以戣對即拜嶺南節度使既至免屬州逋負十八萬緡米八萬斛黃金稅歲八百兩先是屬刺史俸率三萬又不時給皆取部中自衣食戣乃倍其俸約不得爲貪暴稍以法繩之南方鬻口爲貨掠人爲奴婢戣峻爲之禁親吏得嬰兒於道收育之戣論以死由是閭里相約不敢犯士之斥南不能北歸與有罪之後百餘族才可用用之稟無告者女子爲嫁遣之蕃舶泊步有下碇稅始至有閱貨

宴所餉犀琲下及僕隸戣禁絕無所求索舊制海商死者官籍其貲滿三月無妻子詣府則沒入戣以海道歲一往復苟有驗者不爲限悉推與自貞元中黃洞諸蠻叛久不平容桂二管利虜掠幸有功乃請合兵討之戣固言不可帝不聽大發江湖兵會二管入討士被瘴毒死者不勝計安南乘之殺都護李象古而桂管裴行立容管陽旻皆無功憂死獨戣不邀一旦功交廣晏然大治穆宗立以吏部侍郎召改右散騎常侍還爲左丞以老自乞雅善韓愈謂曰公尚壯上三留何去之果戣曰吾豈要君者吾年一宜去吾爲左丞不能進退郎官二宜去愈曰公無留資何恃而歸曰吾負二宜去尚奚顧子言愈嗟歎即上疏言臣與戣同在南省數與戣相見其爲人守節清苦論議正平年七十筋力耳目未衰憂國忘家用意至到如戣輩在朝不過三數人陛下不宜苟順其求不留自助也禮大夫七十致事若不得謝則賜之几杖安車不必七十盡許致事今戣據禮求退陛下若不聽許亦無傷義而有貪賢之美不報以禮部尚書致仕歲致羊酒如漢徵士禮卒年七十三贈兵部尚書謚曰貞子遵孺溫裕仕爲天平節度使遵孺子緯

緯字化文少孤依諸父多與有名者游才譽蚤成擢進士第東川崔慎由表置幕府從崔鉉淮南復從慎由守河中再遷觀察判官宰相楊收薦以長安尉直弘文館遷監察御史進禮部員外郎兼集賢直學士母喪解還爲右司員外郎趙隱言其才拜翰林學士俄知制誥頻遷戶部侍郎擢御史中丞緯方雅疾惡若讎中外聞風未繩輒肅三遷吏部侍郎權要私謁至盈几一不省當路不悅改太常卿從僖宗西到蜀以刑部尚書判戶部蕭遘雅不喜坐調度不給改太子少保及帝避朱玫次陳倉惟黃門衞士數百扈乘輿詔拜緯御史大夫令趣百官至行在時羣臣露次盭屋爲盜剽脅衣橐略盡緯謁宰相欲有所論遘與裴澈怨田令孜不欲行辭不見緯召御史曰吾等身被恩誼不辭難今詔羣臣皆不至夫與人布衣游猶緩急相卹況於君乎且延下御史亦辭方寇盜乏衣食請辦

一日費而行緯曰吾妻疾且暮盡丈夫豈以家事後國事乎公善自謀吾行决矣往見李昌符曰詔書再至而君臣顧未行僕大夫也不敢後願假兵護送天子所昌符具資裝送之既及行在緯策玫必反建言闢邑陋狹不足駐六師請幸梁州即日去陳倉而玫兵至微緯言幾不脫進拜兵部侍郎同中書門下平章事玫平從帝還領諸道鹽鐵轉運使累遷尚書左僕射賜號持危啓運保乂功臣鐵券恕十死又賜天興良田善和里第各一區兼京畿營田使昭宗即位進司空以太學焚殘乃兼國子祭酒完治之加司徒封魯國公帝將郊見中尉樞密使索宰相朝服有司白中人無衣冠助祭事中尉怒責禮官必得緯言中人不朝服國典也陛下欲假借之則請以所兼官爲之服諫官固執帝召謂曰方舉大禮爲我容之進兼太保時天武都頭李順節疏暴人也以浙西節度使兼平章事臺吏白已謝當班見百官緯判止之明日順節盛服至則無班怏怏去他日見緯以爲言緯曰固疑公見望也且百辟卿士

天子廷臣班見宰相以宰相爲之長公提天武健兒據堂受禮安乎必欲用之去都頭乃可順節慙縮不敢言張濬將伐太原帝不怏以問緯緯助濬請旣濬敗坐傳會出爲荆南節度使俄貶均州刺史二人皆密結朱全忠全忠爲請詔聽所便乃屏居華陰李茂貞入殺韋昭度帝惡大臣朋比與藩臣交更召緯入朝再擢吏部尚書以司空門下侍郎復輔政使者敦勸力疾到京師見帝嗚咽流涕自陳衰疾不任事乞歸田里帝動容詔使者送緯至堂視事會天子出次石門從至莎城以病還都家人召毉視緯曰天下方亂何久求生不肯服藥卒贈太尉

戡字勝始進士及第補修武尉以大理評事佐昭義李長榮節度府長榮死盧從史自別將代之留署掌書記從史稍得志益驕與王承宗田緒陰相結欲久連兵以固其位戡始陰爭不從則於會肆言以折之從史始若受其言後偃蹇不軌戡遂以疾歸洛陽未幾李吉甫鎭揚州表置幕府戡未應從史曰是故舍我而從人邪即誣以事奏三上詔以衞尉丞分司東都自貞元後帥鎭劾奏僚佐不驗輒斥至是給事中呂元膺執不可憲宗遣使諭曰朕非不知戡行用之矣未幾卒年五十七從史敗追贈司勲員外郎

戢字方舉初父死難詔與一子官補脩武尉不受以讓其兄戡擢明經書判高等爲校書郎陽翟尉累遷殿中侍御史分司東都昭義判官徐玫故嘗助盧從史爲跋扈者從史敗孟元陽代欲復用之戢移書昭義前繫玫乃上列其狀帝怒流玫播州轉侍御史庫部員外郎始朱泚以彭偃爲中書舍人偃子充符得不死辟鄜坊府或薦其能召還京師戢謂京兆尹裴武曰泚所下詔令皆偃爲之悖逆子不鳥竄獸伏乃干譽求進乎子盍效季孫行父逐莒僕以勉事君者武即逐出充符拜京兆少尹再遷爲湖南觀察使召授右散騎常侍京兆尹歲旱文宗憂甚戢躬禱曲江池一夕大澍帝悅詔兼御史大夫卒贈工部尚書子温業字遜志擢進士第大中時爲吏部侍郎求外遷宰相白敏中顧同列曰吾等可少警孔吏部不樂居朝矣後爲太子賓客

穆寧懷州河内人父元休有名開元閒獻書天子擢偃師丞世以儒聞寧剛正氣節自任以明經調鹽山尉安祿山反署劉道玄爲景城守寧募兵斬之檄州縣幷力捍賊史思明略壙郡守召寧攝東光令御之賊遣使誘寧寧斬以徇郡守恐怒賊令致死即奪其兵罷所攝始寧過平原見顔眞卿嘗商賊必反及是聞眞卿拒祿山即遺眞卿書曰夫子爲衞君乎眞卿喜署寧河北採訪支使寧以息屬其母弟曰苟不乏嗣足矣即馳謁眞卿曰先人有嗣矣我可從公死旣而賊攻平原寧勸固守眞卿不從夜亡過河見肅宗行在帝問狀眞卿對不用穆寧言故至此帝異之馳驛召寧將以諫議大夫任之會眞卿以直忤旨寧亦罷上元初爲殿中侍御史佐鹽鐵轉運任埇橋李光弼屯徐州餉不至檄取資糧寧不與光弼怒召寧欲殺之或勸寧去寧曰避之失守亂自我始何所逃辠乎即往見光弼光弼曰吾師衆數萬爲天子討賊食乏則人散君閉廩不救欲潰吾兵耶答曰命寧主糧者敕也公可以檄取乎今公求糧而寧專饋寧有求兵而公亦專與乎光弼執其手謝曰吾固知不可聊與君議耳時重其能守官累遷鄂岳沔都團練及租庸鹽鐵轉運使當是時河漕不通自漢沔徑商山以入京師淮西節度使李忠臣不奉法設戍邏以征商賈又縱兵剽行人道路幾絶與寧夾淮爲治憚寧威掠劫爲衰漕賈得通坐杖死沔州別駕貶平集尉大曆初起爲監察御史三遷檢校祕書少監兼和州刺史治有狀後刺史疾之以天寶舊版校見戶妄劾寧多逋亡貶泉州司戶參軍事子贊訴其枉三年始得通詔御史覆視實增戶數倍召入拜太子右諭德寧性不能事權右毅然寡合執政者惡之雖直其誣猶置散位寧默不樂嘗曰時不我容我不時徇又可以進乎遂移疾滿百日屢奏親友彊之輒復一朝德宗在奉天奔詣行在擢祕書少監改太子右庶子帝還京師乃曰可以行吾志矣即罷歸東都以祕書監致仕卒寧居家嚴事寡姊恭甚嘗譔

家令訓諸子人一通又戒曰君子之事親養志爲大吾志直道而已苟枉而道三牲五鼎非吾養也疾病不嘗藥時稱知命四子賛質貞賞寧之老賛爲御史中丞質右補闕貞侍御史賞監察御史皆以守道行誼顯先是韓休家訓子姓至嚴貞元間言家法者尚韓穆二門云

賛字相明擢累侍御史分司東都陝虢觀察使盧岳妻分貲不及妾子妾訴之中丞盧佋欲重妾辠賛不聽佋與宰相竇參共誣賛受金捕送獄弟賞上冤狀詔三司覆治無之猶出爲郴州刺史參敗召爲刑部郎中對延英擢御史中丞裴延齡判度支屬吏受賕具獄欲曲貸吏賛執不可延齡白賛深文貶饒州別駕久之拜州刺史憲宗立進宣歙觀察使卒于官贈工部尚書質性彊直舉賢良方正條對詳切頻擢至給事中政事得失未嘗不盡言元和時鹽鐵轉運諸院擅繫囚笞掠嚴楚人多死質奏請與州縣吏參決自是不寃後論吐突承璀不宜爲將憲宗不悅改太子左庶子坐與楊憑善出爲開州刺史卒貞字與直工爲文章杜亞留守東都署佐其府蚤卒兄弟皆和粹世以珍味目之賛少俗然有格爲酪質美而多入爲酥貞爲醍醐賞爲乳腐云

崔邠字處仁貝州武城人父倕三世一爨當時言治家者推其法至德初獻賦行在肅宗異其文位吏部侍郎邠第進士復擢賢良方正授渭南尉遷補闕上疏論裴延齡姦以鯁亮知名由中書舍人再遷吏部侍郎性溫裕沈密行己又簡儉憲宗器之裴垍亦薦邠材可宰相會病遂不拜久乃爲太常卿知吏部尚書銓故事太常始視事大閱四部樂都人縱觀邠自第去帽親導母輿公卿見者皆避道都人榮之以母喪解卒于喪年六十贈吏部尚書謚曰文簡弟酆郾鄑鄲

郾字廣略姿儀偉秀人望而慕之然不可狎也中進士第補集賢校書郎累遷吏部員外郎下不敢欺每擬吏親挾格褒黜必當寒遠無留才三遷諫議大夫穆宗立荒于游畋內酣蕩昕曙不能朝

郾進曰十一聖之功德四海之大萬國之衆其治其亂繫於陛下自山以東百城地千里昨日得之今日失之西望戎壘距宗廟十舍百姓憔悴畜積無有願陛下親政事以幸天下帝動容慰謝遷給事中敬宗嗣位拜翰林侍講學士旋進中書舍人謝曰陛下使臣侍講歷半歲不一問經義臣無功不足副厚恩帝慙曰朕少間當請益高釴適在旁因言陛下樂善而無所咨詢天下之人不知有嚮儒意帝重咨謝咸賜錦幣郾與高重類六經要言爲十篇上之以便觀省遷禮部侍郎出爲虢州觀察使先是上供財乏則奪吏奉助輸歲率八十萬郾曰吏不能贍私安暇恤民吾不能獨治安得自封即以府常費代之又詔賦粟輸太倉者歲數萬石民困於輸則又輦而致之河郾乃旁流爲大敖受粟賣而注諸艚民悅忘輸之勞改鄂岳等州觀察使自蔡人叛鄂岳常苦兵江湖盜賊顯行郾修治鎧仗造蒙衝駛追窮躡上下千里歲中悉捕平又觀察浙西遷檢校禮部尚書卒于官贈吏部尚書謚曰德郾不藏貲有輒周給親舊爲治其昏喪居家怡然不訓子弟子弟自化室處痺漏無步廡至霖淖則客蓋而屐以就外位治虢以寬經月不笞一人及涖鄂則嚴法峻誅一不貸或問其故曰陝土瘠而民勞吾撫之不暇猶恐其擾鄂土沃民剽雜以夷俗非用威莫能治政所以貴知變者也聞者服焉五子瑤瑰瑾珮璆瑤任禮部侍郎浙西鄂岳觀察使瑾禮部侍郎湖南觀察使瓌珮俱達官

鄑擢進士累遷至左金吾衛大將軍暴卒以韓約代之不閱旬李訓亂約死於難世謂鄑之亡崔氏積善報也贈禮部尚書

鄲及進士第補渭南尉累除刑部郎中出副杜元穎西川節度府召入爲工部侍郎集賢殿學士再遷吏部侍郎由宣歙觀察使入爲太常卿文宗末擢同中書門下平章事改中書侍郎罷爲劒南西川節度使宣宗初以檢校尚書右僕射同平章事節度淮南卒于軍崔氏四世緦麻同爨兄弟六人至三品邠郾鄲凡爲禮部五吏部再唐興無有也居光德里構便齋宣宗聞而歎曰鄲一門

孝友可爲士族法因題曰德星堂後京兆民即其里爲德星社云
柳公綽字寬京兆華原人始生三日伯父子華曰興吾門者此兒也因小字起之幼孝友性質嚴重起居皆有禮法屬文典正不讀非聖書舉賢良方正直言極諫補校書郎閒一年再登其科授渭南尉歲歉饉其家雖給而每飯不過一器歲豐乃復或問之荅曰四方病飢獨能飽乎累遷開州刺史地接夷落寇常逼其城吏曰兵力不能制願以右職署渠帥公綽曰若同惡邪何可撓法立誅之寇亦引去遷侍御史吏部員外郎時武元衡節度劍南與裴度俱爲判官尤相引重召爲吏部郎中憲宗喜武功且數出游畋公綽奏太醫箴以諷曰天布寒暑不私於人品類既一高卑以均人謹好愛能保其身倩靜無瑕煇光以新寒暑滿天地浹肌膚於外好愛在耳目誘心知於内端㓗爲隄奔射猶敗氣行無間隙不在大謂天高矣氣蒙晦之謂地厚矣横流潰之飲食貲身過則生患衣服稱德侈則生慢唯過與侈心必隨之氣與心流疾乃伺之畋游恣樂流情蕩志馳騁勞形叱咤傷氣不養其外前脩所忌人乘氣生嗜慾以萌氣離有患氣完則成巧必喪真智實誘情醫之上者理於未然患居慮後防處事先心靜樂行體和道全克施萬物以享億年聖人在上各有攸處臣司太醫敢告諸御天子高其才遣使謂曰卿言氣行無間隙不在大愛朕深者當置之坐隅踰月拜御史中丞公綽本與裴垍善李吉甫復當國出爲湖南觀察使以地卑濕不可迎養求分司東都不聽後徙鄂岳觀察使時方討吴元濟詔發鄂岳卒五千隸安州刺史李聽公綽曰朝廷謂吾儒生不知兵邪即請自行許之引兵度江抵安州聽以軍禮迎謁公綽謂曰公所以屬鞬負弩豈非兵事邪若櫜戎容則兩郡守耳何所統壹哉以公世將曉兵吾且欲署職以兵法從事聽曰唯命即以都知兵馬使中軍先鋒行營都虞候三牒授之選兵六千屬焉戒諸校曰行營事一決都將聽被用畏威遂盡力當時服其知權軍出公綽數省問其家疾病生死厚給之婦人敖蕩者沈之江軍中

感服曰中丞爲我知家事敢不死戰故鄂軍每戰輒克元和十一年爲李道古代還除給事中李師道平遣宣諭鄆州復命拜京兆尹方赴府有神策校乘馬不避者即時榜死帝怒其專殺公綽曰此非獨試臣乃輕陛下法帝曰既死不以聞可乎公綽曰臣不當奏在市死職金吾在坊死職左右巡使帝乃解以母喪去官服除爲刑部侍郎領鹽鐵轉運使轉兵部兼御史大夫長慶元年復爲京兆尹時幽鎮用兵補置諸將使驛係道公綽奏曰比館遞匱乏驛置多闕敕使衣緋紫者所乘至三四十騎黄緑者不下十數吏不得視券隨口輒供驛馬盡乃掠奪民馬怨嗟驚擾行李殆絶請著定限以息其弊有詔中書條檢定數由是吏得紓罪官共惡疾之改吏部侍郎遷御史大夫韓弘病自河中還詔百官問疾弘遣子辭不能見公綽謂曰上使百司省候是謂異禮宜力疾以見公卿安可臥令子姪傳言耶弘懼扶以出改禮部尚書以祖諱換左丞俄檢校戶部尚書山南東道節度使行部至鄧縣吏有納賄舞文二人同繫獄縣令以公綽素持法謂必殺貪者公綽判曰贓吏犯法法在姦吏壞法法亡誅舞文者其廄馬害圉人公綽殺之或言良馬可愛曰安有良馬而害人乎寶曆元年就遷檢校左僕射牛僧孺罷政事爲武昌節度使公綽具軍容伏謁左右諫止之荅曰奇章始去台宰方鎮重宰相所以尊朝廷也有道士獻丹藥問所從來曰自薊門時朱克融方叛遂曰惜哉藥自賊境來雖驗何益即棄藥而逐道士入爲刑部尚書俄拜邠寧節度使先時神策諸鎮列屯部中不聽本道節制故虜得窺閒公綽論所宜因詔屯營緩急悉受節度復爲刑部尚書京兆獄有姑鞭婦至死者府欲殺之公綽曰尊毆卑非鬬也且子在以妻而戮其母不順遂減論大和四年爲河東節度遭歲惡撙節用度輟宴飲衣食與士卒鈞北虜遣梅祿將軍李暢以馬萬匹來市所過皆厚勞飭兵以防襲奪至太原公綽獨使牙將單騎勞問待以至意闢牙門令譯官引謁宴不加常暢德之出涕徐驅道中不妄馳獵陘北有沙陀部勇

武喜鬭爲九姓六州所畏公綽召其酋朱邪執宜治廢柵十一募兵三千留屯塞上其妻母來太原者令夫人飲食問遺之沙陀感恩故悉力保鄣以病乞代授兵部尚書不任朝請忽顧左右召故吏韋長衆謂屬諉以家事及長至乃曰爲我白宰相徐州專殺李聽親吏非用高瑀不能安因瞑目不復語後二日卒年六十八贈太子太保謚曰元公綽居喪毁慕三年不澡沐事後母薛謹甚雖姻屬不知非薛所生外兄薛宫早卒爲育其女嫁之嘗曰吾在官未嘗以私喜怒加於人子孫其昌乎與錢徽蔣乂杜元穎薛存誠善取士如許康佐鄭朗盧簡辭崔璵夏侯孜李拭韋長皆知名顯貴云

子仲郢

仲郢字諭蒙母韓即皋女也善訓子故仲郢幼嗜學嘗和熊膽丸使夜咀嚥以助勤長工文著尚書二十四司箴爲韓愈咨賞元和末及進士第爲校書郎牛僧孺辟武昌幕府有父風矩僧孺歎曰非積習名教安及此邪入爲監察御史遷侍御史有禁卒誣里人

斫父墓柏射殺之吏以專殺論而中尉護免其死右補闕蔣係爭不省仲郢監罰執曰賊不死是亂典刑有詔御史蕭傑監之傑復爭遂獨詔京兆杖之不監朝廷嘉其守會昌初累轉吏部郎中時詔減官宂長者仲郢條簡浹日損千二百五十員議者猒伏遷左諫議大夫武宗延方士築望仙臺累諫諄切帝遣中人愧諭御史崔元藻以覆按吳湘獄得罪仲郢切諫宰相李德裕不爲嫌奏拜京兆尹置權量於東西市使貿易用之禁私製者北司吏入粟違約仲郢殺而尸之自是人無敢犯政號嚴明會廢浮屠法盡壞銅象爲錢仲郢爲鑄錢使吏請以字識錢者不荅既淮南鑄會昌字以之僧反取爲鍾鈸云中書舍人紇干泉訴甥劉詡毆其母詡爲禁軍校仲郢不待奏即捕取之死杖下宦官以爲言改右散騎常侍知吏部銓德裕頗抑進士科仲郢無所徇是時以進士選無受惡官者又當調者持闕簿令自閱即揭唱吏無能爲姦宣宗初德裕罷政事坐所厚善出爲鄭州刺史周墀鎮滑而鄭爲屬郡高其績及入相薦授河南尹召拜戶部侍郎墀罷宅宰相惡仲郢左遷秘書監數月復出河南尹以寬惠爲政或言不類京兆時荅曰輦轂之下先彈壓郡邑之治本惠養烏可類乎擢劒南東川節度使大吏邊章簡挾勢肆貪前帥不能制仲郢因事殺之官下肅然居五年召爲吏部侍郎俄改兵部領鹽鐵轉運使有劉習者以藥術進詔署鹽官仲郢以爲醫有本色官若委錢穀名分不正帝悟乃賜縑遣還大中十二年辭疾以刑部尚書罷使轉戶部封河東縣男爲山南西道節度使南鄭令權弃以罪仲郢杖之六日死貶雷州刺史頃之以太子賓客分司東都起爲虢州刺史以檢校尚書左僕射東都留守會盜發父墓棄官歸華原徙華州刺史不拜咸通五年爲天平節度使初仲郢爲諫議大夫後每遷必烏集升平第庭樹戟架皆滿五日乃散及是不復集卒於鎮仲郢方嚴尚氣義事親甚謹李德裕貶死家無禄不自振及領鹽鐵遂取其兄子從質爲推官知蘇州院宰相令狐綯持不可乃移書開諭綯

感寤從之每私居內齋束帶正色服用簡素父子更九鎮五爲京兆再爲河南皆不奏瑞不度浮屠急於摘貪吏濟單弱每旱潦必貸匱蠲負里無逋家衣冠孤女不能自歸者斥貲爲婚嫁在朝非慶弔不至宰相第其迹略相同家有書萬卷所藏必三本上者貯庫其副常所閱下者幼學焉仲郢嘗手鈔六經司馬遷班固范曄史皆一鈔魏晉及南北朝史再又類所鈔它書凡三十篇號柳氏自備旁録仙佛書甚衆皆楷小精真無行字子璞珪璧玭

璞字韜玉學不營仕著春秋三氏異同義又述天祚長曆斷自漢武帝紀元爲編年以大政大祥異侵叛戰伐隨著之閏位者附見其左常謂杜征南春秋後序述紀甲曆爲得實自餘史家皆差舛儒以爲然終著作郎

珪字交玄大中中與璧繼擢進士爲秀整而文杜牧李商隱稱之杜悰鎮西川表在幕府久乃至會悰徙淮南歸其稱俸珪不納悰舉故事爲言卒辭之以藍田尉直弘文館遷右拾遺而給事中蕭

倣鄭裔綽謂珪不能事父封還其詔仲郢訴其子冒處諫職爲不可謂不孝則誣請勤就養詔可始公綽治家埒韓滉及珪被廢士人愧悵終衛尉少卿

璧字賓玉馬植鎮汴州辟管書記又從李瓚桂州規止其不法瓚不聽乃拂衣去未幾軍亂擢右補闕再轉屯田員外郎僖宗幸蜀授翰林學士累遷右諫議大夫

玭以經明補秘書正字由書判拔萃累轉左補闕高湜再鎮昭義皆表爲副擢刑部員外郎湜貶高要尉玭三疏申理湜後得橐嗟歎以爲其言雖自辨不加也出爲嶺南節度副使廨中橘熟既食乃納直於官黃巢陷交廣逃還除起居郎巢入京師奔行在再遷中書舍人御史中丞文德元年以吏部侍郎脩國史拜御史大夫直清有父風昭宗欲倚以相中官譖玭煩碎非廊廟器乃止坐事貶瀘州刺史卒光化初帝自華還詔復官爵玭常述家訓以戒子孫曰夫門地高者一事墜先訓則異它人雖生可以苟爵位死不

唐書列傳八十八　十二　胡定

可見祖先地下門高則自驕族盛則人窺嫉實蓺懿行人未必信纖瑕微累十手爭指矣所以修已不得不至爲學不得不堅夫士君子生於世已無能而望它人用已無善而望它人愛猶農夫鹵莽種之而怨天澤不潤雖欲弗餒可乎余幼聞先公僕射言立已以孝悌爲基恭默爲本畏怯爲務勤儉爲法肥家以忍順保交以簡恭廣記如不及求名如儻來莅官則絜已省事而後可以言家法家法備然後可以言養人直不近禍廉不沽名憂與禍不偕絜與富不並董生有云弔者在門賀者在閭言憂則恐懼恐懼則福至又曰賀者在門弔者在閭言受福則驕奢驕奢則禍至故世族遠長與命位豐約不假問龜蓍星數在處心行事而已昭國里崔山南琯子孫之盛仕族罕比山南曾祖母長孫夫人年高無齒祖母唐夫人事姑孝每旦櫛縰笄拜階下升堂乳姑長孫不粒食者數年一日病言無以報吾婦冀子孫皆得如婦孝然則崔之門安得不大乎東都仁和里裴尚書寬子孫衆盛實爲名閥天后時宰相魏玄同選尚書之先爲壻未成婚而魏陷羅織獄家徙嶺表及北還女已踰笄其家議無以爲衣食資願下髮爲尼有一尼自外至曰女福厚豐必有令匹子孫將徧天下宜北歸家人遂不敢議及荊門則裴齋裝以迎矣今勢利之徒捨信誓如返掌則裴之蕃衍乃天之報施也余舊府高公先君兄弟三人俱居清列非速客不二羹胾夕食齕蔔匏而已皆保重名於世永寧王相國涯居位竇氏女歸請曰玉工貨釵直七十萬錢王曰七十萬錢豈於女惜但釵直若此乃妖物也禍必隨之女不復敢言後釵爲馮球外郎妻首飾涯曰爲郎吏妻首飾有七十萬錢其可久乎馮爲賈相國餗門人賈有奴頗橫馮愛賈召奴責之奴泣謝未幾馮晨謁賈賈未出有二青衣齎銀罌出曰公恐君寒奉地黃酒三杯馮悅盡舉之俄病渴且咽因暴卒賈爲歎息出涕卒不知其由明年王賈皆遘禍噫王以珍玩爲物之妖信知言矣而不知恩權隆赫之妖甚於物邪馮以卑位貪貨不能正其家忠於所事不能保其身不

卅四九十一　唐傳八十八　十三　秀

足言矣賈之奴害客于牆廡間而不知欲終始富貴其得乎舒相國元輿與李繁有隙爲御史鞫譙獄窮致繁罪後舒亦及禍今世人盛言宿業報應曾不思視履考祥事歟夫名門右族莫不由祖考忠孝勤儉以成立之莫不由子孫頑率奢傲以覆墜之成立之難如升天覆墜之易如燎毛余家本以學識禮法稱於士林比見諸家於吉凶禮制有疑者多取正焉喪亂以來門祚衰落基構之重屬於後生夫行道之人德行文學爲根株正直剛毅爲柯葉有根無葉或可俟時有葉無根膏雨所不能活也至於孝慈友悌忠信篤行乃食之醯醬可一日無哉其大槩如此

公權字誠懸公綽弟也年十二工辭賦元和初擢進士第李聽鎮夏州表爲掌書記因入奏穆宗曰朕嘗於佛廟見卿筆蹟思之久矣即拜右拾遺侍書學士再遷司封員外郎帝問公權用筆法對曰心正則筆正筆正乃可法矣時帝荒縱故公權及之帝改容悟其以筆諫也公綽嘗寓書宰相李宗閔言家弟本志儒學先朝以侍

書見用頗類工祝願徙散秩乃改右司郎中弘文館學士文宗復召侍書遷中書舍人充翰林書詔學士嘗夜召對子亭燭窮而語未盡宮人以蠟液濡紙繼之從幸未央宮帝駐輦曰朕有一喜邊戍賜衣久不時今中春而衣已給公權爲數十言稱賀帝曰當賀我以詩宮人迫之公權應聲成文婉切而麗詔令再賦復無停思天子甚悅曰子建七步爾乃三焉常與六學士對便殿帝稱漢文帝恭儉因舉袂曰此三澣矣學士皆賀獨公權無言帝問之對曰人主當進賢退不肖納諫諍明賞罰服澣濯之衣此小節耳非有益治道者異日與周墀同對論事不阿墀爲惴恐公權益不奪帝徐曰卿有諍臣風可屈居諫議大夫乃自舍人下遷仍爲學士知制誥開成三年轉工部侍郎召問得失因言郭旼領邠寧而議者頗有臧否帝曰旼尚父從子太皇太后季父官無玷郵自大金吾位方鎮何所更議公曰旼誠勳舊然人謂獻二女乃有是除信乎帝曰女自參承太后豈獻哉公權曰疑嫌間不可戶曉因引王珪諫盧

江王妃事是日帝命中官自南內送女還旼家其忠益多類此遷學士承旨武宗立罷爲右散騎常侍宰相崔珙引爲集賢院學士知院事李德裕不悅左授太子詹事改賓客累封河東郡公復爲常侍進至太子少師大中十三年天子元會公權稍耄忘先羣臣稱賀占奏忽謬御史劾之奪一季俸議者恨其不歸事咸通初乃以太子太保致仕卒年八十八贈太子太師公權博貫經術於詩書左氏春秋國語莊周書尤邃每解一義必數十百言通音律而不喜奏樂曰聞之令人驕忌其書法結體勁媚自成一家文宗嘗召與聯句帝曰人皆苦炎熱我愛夏日長公權屬曰薰風自南來殿閣生餘涼它學士亦屬繼帝獨諷公權者以爲詞情皆足命題於殿壁字率徑五寸帝歎曰鍾王無以尚也其遷少師宣宗召至御坐前書紙三番作眞行草三體奇秘賜以器幣且詔自書謝章無限眞行當時大臣家碑誌非其筆人以子孫爲不孝外夷入貢者皆別署貨貝曰此購柳書嘗書京兆西明寺金剛經有鍾王歐虞褚陸諸家法自爲得意凡公卿以書貺遺蓋鉅萬而主藏奴或盜用嘗貯盃盂一笥縢識如故而器皆亡奴妄言叵測者公權笑曰銀盃羽化矣不復詰唯研筆圖籍自鐍秘之

子華公綽諸父也始辟嚴武劍南府累遷池州刺史代宗將幸華清宮先命完葺欲以子華爲京兆少尹尹惡其剛方沮解之遂爲昭應令檢校金部郎中脩宮使設棘圍於市徇邑中曰民有得華清瓦石材用投圍中踰三日不還者死不終日已山積矣營辦略足宰相元載有別墅以奴主務自稱郎將怙勢縱暴租賦未嘗入官子華因奴入謁收付獄劾發宿罪杖殺之一邑震伏載不敢怨遣吏厚謝預知其終自爲墓銘子公器公度善攝生年八十餘有彊力常云吾初無術但未嘗以氣海煖冷物熟生物不以元氣佐喜怒耳位光禄少卿公器生遵遵生璨別有傳

楊於陵字達夫本漢太尉震之裔父太清倦宦客河朔死安禄山之亂於陵始六歲間關至江左遠長有奇志十八擢進士調句容

主簿節度使韓滉剛嚴少許可獨奇於陵謂妻柳曰吾求佳壻無如於陵賢因以妻之辟鄂岳江西使府滉居宰相領財賦權震中外於陵隨府罷避親不肯調退廬建昌以文書自娛樂滉卒乃入爲膳部員外郎以吏部判南曹選者恃與宰相親文書不如式於陵駮其違宰相怒以南曹郎出使弔宣武軍未幾遷右司郎中換吏部出爲絳州刺史德宗雅聞其名留拜中書舍人時京兆李實恃恩暴橫於陵與所善許孟容不離附爲所譖短徙秘書少監帝崩宣遺詔於太原幽州節度獻遺無所納拜華州刺史遷浙東觀察使越人飢請出米三十萬石拼贍貧民政聲流聞入爲京兆尹先是編民多竄北軍籍中倚以橫閭里於陵請限丁制減三丁者不得著籍姦人無所影賴京師豪右大震遷戶部侍郎元和初牛僧孺等以賢良方正對策於陵被詔程其文居第一宰相惡其言出爲嶺南節度使辟韋詞李翱等在幕府咨訪得失教民陶瓦易蒲屋以絕火患監軍許遂振者悍戾貪肆憚於陵不敢撓以私則

為飛語聞京師憲宗不能無惑有詔罷歸遂振領留事皆吏劇扶其贓吏呼曰楊公尚拒他方賂遺肯私官錢邪宰相裴垍亦為帝別白言之乃授吏部侍郎而遂振終得罪初吏部程判別詔官參考齊抗當國罷之至是尚書鄭餘慶移疾乃循舊制於陵建言他官但第判能否不知限員有司計員為留遺之格事不相謀莫如勿置於是有詔三考官止較科目選至常調悉還吏部又請修甲曆南曹置別簿相檢實吏不能為姦始奏選者納直給符告居四年凡調三千員時謂為適以兵部兼御史大夫判度支王師討淮西於陵用所親為供軍使主唐鄧而高霞寓騰牒度支以餉道乏及戰敗詔責之指以為言帝怒貶於陵郴州刺史徙原王傅復以戶部侍郎知吏部選李師道平詔宣慰淄青朝廷始議分其地而劉悟節度支滑州未出鄆於陵趣使上道還奏帝悅其能會浙西觀察使李翛死皇甫鎛素忌於陵薦以代翛帝不之可穆宗立還戶部尚書為東都留守數上疏乞身不許授太子少傅封弘農郡公儀以尚書左僕射致仕詔賜實俸讓不受於陵器量方峻進止有常度節操堅明始終不失其正時人尊仰之大和四年卒年七十八冊贈司空諡曰貞孝四子景復仕至同州刺史紹復中書舍人師復大理卿中子嗣復位宰相自有傳

馬揔字會元系出扶風少孤窶不妄交游貞元中辟署滑州姚南仲幕府監軍薛盈珍誣南仲不法揔坐貶泉州別駕盈珍入用事福建觀察使柳冕希旨欲誅之會刺史穆贊保護乃免徙恩王傅元和中以虔州刺史遷安南都護廉清不撓用儒術教其俗政事嘉美獠夷安之建二銅柱於漢故處鑱著唐德以明伏波之裔徙桂管經略觀察使入為刑部侍郎十二年兼御史大夫副裴度宣慰淮西吳元濟禽為彰義節度留後蔡人習僞惡相掉訐獷戾有夷貊風揔為設教令明賞罰磨治洗汰其俗一變始奏改彰義為淮西尋擢拜淮西節度使徙忠武改華州防禦鎮國軍使李師道平析鄆曹濮等為一道除揔節度賜號天平軍長慶初劉總上幽鎮地詔總徙天平而詔揔還將大用之會總卒穆宗以鄆人附賴揔復詔還鎮二年檢校尚書左僕射入為戶部尚書揔篤學雖吏事倥傯書不去前論著頗多卒贈右僕射諡曰懿

贊曰果父恃正義觸君孽不肖謀不以權遂喪其身寧邠皆所謂邦之司直者後世卒蕃衍公綽仁而勇於陵方重揔沈懿皆有大臣風才堪宰相而用不至果時有不幸邪穆崔柳代為孝友聞家君子之澤遠哉

孔穆崔柳楊馬列傳第八十八

歸奚三崔盧二許衛胡丁二王穀列傳第八十九

唐書一百六十四

端明殿學士兼翰林侍讀學士龍圖閣學士朝散大夫尚書吏部侍郎充集賢殿修撰臣宋祁奉敕撰

歸崇敬字正禮蘇州吳人治禮家學多識容典擢明經遭父喪孝聞鄉里調國子直講天寶中舉博通墳典科對策第一遷四門博士有詔舉才可宰百里者復策高等授左拾遺肅宗次靈武再遷起居郎贊善大夫史館脩撰兼集賢殿校理脩國史儀注以貧求解歷同州長史潤州別駕未幾有事橋陵建陵召還參掌儀典改主客員外郎復兼脩撰代宗幸陝召問得失崇敬極陳生人疲敝當以儉化天下則國富而兵可用時百官朝朔望皆服袴褶崇敬非之建言三代逮漢無其制隋以來始有服者事不稽古宜停詔可又言東都太廟不當置木主按禮虞主用桑練主用栗作栗主則瘞桑主猶天無二日土無二王也東都太廟本武后所建以祀諸武中宗去主存廟以備行幸遷都之置且商遷都前八後五不必每都別立神主也若曰神主已經奉祀不得一日而廢則桑主以虞至練祭而埋之明是不然時有方士巨彭祖建言唐家土德請以四季月郊祀天地詔禮官儒者雜議崇敬議禮以先立秋十八日迎黃靈祀黃帝黃帝於五行爲土而火爲母故火用事之末而祭之三季月則否彭祖牽緯候說事詭不經不可用又議五人帝於國家爲前後無君臣義天子祭宜毋稱臣祭而稱臣於天帝無異又春秋釋奠孔子祝版皇帝署北面揖以爲太重宜准武王受丹書於師尚父行東面之禮事皆施行大曆初授倉部郎中充弔祭冊立新羅使海道風濤舟幾壞衆驚謀以單舸載而免答曰今共舟數十百人我何忍獨濟哉少選風息先是使外國多齎金帛貿舉所無崇敬囊橐惟衾衣東夷傳其清德還授國子司業兼集賢學士八年遣祀衡山未至而哥舒晃亂廣州監察御史憚之請望祀而還崇敬正色曰君命豈有畏邪遂往皇太子欲臨國學行齒胄禮崇敬以學與官名皆不正乃建議古天子學曰辟雍以制言之雍水環繞如璧然以誼言之以禮樂明和天下云爾在禮爲澤宮故前世或曰璧池或曰璧沼亦言學省漢光武立明堂辟雍靈臺號三雍宮晉武帝臨辟雍行鄉飲酒禮別立國子學以殊士庶永嘉南遷唯有國子學隋大業中更名國子監今聲明之盛辟雍獨闕請以國子監爲辟雍省祭酒司業之名非學官所宜業者栒簴大旅今學不教樂於義無當請以祭酒爲太師氏位三品司業爲左師右師位四品近世明經不課其義先取帖經頗門廢業傳受義絕請以禮記左氏春秋爲大經周官儀禮毛詩爲中經尚書周易爲小經各置博士一員公羊穀梁春秋共準一中經通置博士一員博士兼通孝經論語依章疏講解德行純絜文詞雅正形容莊重可爲師表者委四品以上各舉所知在外給傳七十者安車蒲輪敦遣國子太學四門三館各立五經博士品秩生徒有差舊博士助教直講經直律館算館助教請皆罷教授法學生謁師贄用服脩一束酒一壺衫布一裁色如師所服師出中門延入與坐割脩酌酒三爵止乃發篋出經摳衣前請師爲說經大略然後就室朝晡請益師二時堂上訓授道義示以文行忠信孝悌睦友旬省月試時考歲貢眡生徒及第多少爲博士考課上下有不率教者檟楚之國子移禮部爲太學生太學又不變徙之四門四門不變徙本州之學復不變繇役如初終身不齒雖率教九年學不成者亦歸之本州禮部考試法請罷帖經於所習經問大義二十而得十八論語孝經十得八爲通策三道以本經對通二爲及第其孝行聞鄉里者舉解具言試日義闕一二許兼收焉天下鄉貢如之習業考試並以明經爲名得第授官與進士同有詔尚書省集百官議皆以習俗久制度難分明省禁非外司所宜名周官世職者稱氏國學非世官不得名辟雍省太師氏大抵憚改作故無施行者坐史給稾錢不實貶饒州司馬德宗立召還復拜國子司業稍遷翰林學士左散騎常侍充皇太子侍讀又兼晉王元帥

參謀封餘姚郡公田悅李納稟命持節宣慰稱旨表歸上冢寵賜
繒帛儒先以爲榮遷工部尚書仍前職年老以兵部尚書致仕卒
年八十八贈尚書左僕射謚曰宣論撰數十篇子登
登字冲之事繼母篤孝大曆中舉孝廉高第貞元初策賢良爲右
拾遺裴延齡得幸德宗欲遂以相右補闕熊執易疏論之以示登
登動容曰願竄名雷霆之下君難獨處故同列有所諫正輒聯
署無所回諱轉右補闕起居舍人凡十五年儕類有出其下而進
超自喜得顯官惟登與右拾遺蔣武退然遠權勢終不以淹晚槩
懷遷兵部員外郎順宗爲皇太子登父子侍讀及即位以東宮恩
超拜給事中遷工部侍郎復爲皇太子諸王侍讀獻龍樓箴以諷
從左散騎常侍入謝憲宗問政所先登知帝睿而果于斷勸順納
諫爭內外傳爲讜言後判國子祭酒事進工部尚書累封長洲縣
男卒年六十七贈太子少師謚曰憲登性溫恕家僮爲馬所踶傷
折馬足登知不加責有遺金石不死藥者紿曰已嘗及登服幾死

訊之乃未之嘗人皆爲怒而登不爲愠常慕陸象先爲人世亦許
其類云子融
融字章之元和中及進士第累遷左拾遺事文宗爲翰林學士進
至戶部侍郎開成初拜御史中丞湖南觀察使盧周仁以南方羨
火耗羨錢億萬進京師融劾奏天下一家中外之財皆陛下府庫
周仁陳小利假異端公違詔書徇私希恩恐海內效之因緣漁刻
生人受弊罪始周仁請重責還所進代貧民租入詔不從置錢河
陰院以虞水旱初戶部員外郎盧元中左司員外郎判戶部案姚
康受平糴官秦季元絹六千匹貸乾沒錢八千萬俱貶嶺南尉數
年金部員外郎韓益判度支子弟受賕三百萬未入者半帝問融
益所犯與盧元中姚康孰甚對曰元中等枉失庫錢益所坐子弟
受賕事異法輕故益止貶梧州參軍融遷京兆尹李固言爲相惡
之徙祕書監固言罷擢知兵部侍郎歲間出爲山南西道節度
使徙東川還歷兵部尚書累封晉陵郡公會昌後儒臣少朝廷禮
典多本融議辭疾以太子少傅分司東都大中七年卒贈尚書左
僕射
奚陟字殷卿其先自譙亳西徙故爲京兆人少篤志通群書大曆
末擢進士文辭清麗科授弘文館校書郎德宗立諫議大夫崔河
圖持節使吐蕃表陟自副以親老辭不拜楊炎輔政召授左拾遺
居親喪毀瘠過禮朱泚反走間道及東駕于興元拜起居郎翰林
學士不就職賊平改太子司議郎歷金部吏部員外郎左右丞缺
轉左司郎中貞元八年遷中書舍人於是江南淮西皆大水詔陟
勞問循尉所至人人便安中書史倚宰相勢常姑息獨陟遏之無
假借先是右省雜給賦職田粟主事與拾遺等陟以秩稍爲率由
是吏官有差中書令李晟有紙筆猥料積于省它日以遺舍人而
雜事舍人常私有之陟均舍寮無厚薄雖細務皆身親其勞久益
彊力人以爲難遷刑部侍郎京兆尹李充有美政裴延齡惡之誣
劾充比陸贄數遺金帛當抵罪又乾沒京兆錢六十八萬緡詔付

比部鉤校時郎中崔元翰怨贄揣延齡指逮繫搒掠甚急內以險
文陟持平無所上下具獄上且言京兆錢給縣館傳餘以度支符
用度略盡充既免元翰不得意以恚死陟尋知吏部選事遷侍郎
銓綜平允時謂與李朝隱略等不能擿發清明如裴行儉盧從愿
也十五年病癰帝遣醫齎視敕曰陟賢臣爲我善治之卒年五十
五贈禮部尚書陟少自底厲著名節常薦權德輿爲起居舍人知
制誥楊於陵爲郎中其後皆有名子敬玄位左補闕
崔衍字著深州安平人父倫字叙居父喪跣護柩行千里道路爲
流涕廬冢彌年服除及進士第歷吏部員外郎安祿山反陷于賊
不汙僞官使子弟間表賊事賊平下遷晉州長史李齊物訟其忠
授長安令封武邑縣男寶應二年以右庶子使吐蕃虜背約留二
歲執倫至涇州逼爲書約城中降倫不從更囚邏娑城閱六歲終
不屈乃許還代宗見之爲感動嗚咽即具陳虜情僞山川險易指
畫帝前人服其詳遷尚書左丞以疾改太子賓客卒年七十一贈

工部尚書謚曰敬衍天寶末擢明經調富平尉繼母李不慈倫自
吐蕃歸李弊衣以見問故曰衍不吾給倫怒召衍將詬而鞭之衍
涕泣無所陳倫弟殷趨白衍所稟舉送夫人所尚何云倫悟繇是
譖無入調清源令勸民力田懷附流亡觀察使馬燧表其能徙美
原父卒事李益謹歲爲李子部償負不勝計故官刺史妻子僅免
飢寒歷蘇虢二州虢居陝華間而賦數倍入衍白太重裴延齡領
度支方聚斂私謂衍前刺史無發明公當止衍不聽復奏州部多
巖田又鄰傳劇道屬歲無秋民舉流亡不蠲減租額人無生理臣
見長吏之患在因循不以聞不患陛下不憂恤也患申請不實不
患朝廷不矜貧也陛下拔臣大州寧欲視民困而顧望不言哉德
宗公其言爲詔度支減賦還宣歙池觀察使簡靜爲百姓所懷幕
府奏聘皆有名士後多顯于時卒年六十九贈工部尚書衍儉約
畏法室無妾媵祿稍周於親族葬埋嫁娶倚以濟者數十家及卒
不能葬裒表諸朝賜縑帛三百段米粟稱之先是天下以進奉結

六百九十　唐傳八十九　五

主恩州藏耗竭韋皋劉贊裴肅爲之倡贊死衍代之舊貢金錫凡
十八品皆倍直市于州民匱多逃去衍至蠲革之居十年畜用度
府庫充衍及穆贊代州以錢四十萬緡假民賦故雖旱人不流捐
由衍蓄積有素也路應爲觀察使以衍有惠在民言狀元和元年
詔書褒美賜一子官云謚曰懿
盧景亮字長晦幽州范陽人少孤學無不覽第進士宏辭授祕書
郎張延賞節度荊南表爲枝江尉掌書記入遷右補闕朱泚反景
亮勸德宗曰陛下罪已不至則感人不深帝然之景亮志義苯然多
激發與穆質同在諫爭地書數上鯁毅無所回宰相李泌劾景亮等
質亦斥去廢抑二十年至憲宗時由和州別駕召還再遷中書舍人
景亮善屬文根於忠仁有經國志嘗謂人君足食足兵而又得士
天下可爲也乃與軒頊以來至唐列治道之要著書上下篇號三
足記又作答問言斡運大較及陳西戎利害切指當世公卿伏其

達古今云元和初卒贈禮部侍郎憲宗時以直諫知名者又有王
源中字正蒙擢進士宏辭累遷左補闕是時中官領禁兵數亂法
捕臺府吏屬繫軍中源中上言臺憲者紀綱地府縣責成之所設
吏有罪宜歸有司無令北軍亂南衙麾下重於仗內帝納之累轉
戶部郎中侍郎擢翰林學士進承旨學士源中嗜酒帝召之醉不
能見及寤憂其慢不悔不得進也他日又如之遂失帝意以疾自言出
爲山南西道節度使入拜刑部侍郎未幾領天平節度使開成三
年卒贈尚書右僕射源中澹名利率身治人約而簡當時浴美
薛苹河中寶鼎人七世祖道實爲隋禮部尚書父順爲奉天尉與
楊國忠有舊及用事將引之輒謝絕苹以吏最拜長安令歷虢州
刺史憲宗時奏最擢湖南觀察使徙浙東以治行遷浙西加御史
大夫累封河東郡公所居守法度務在安人治身儉薄所衣綠袍
更十年至緋衣乃易居三鎮聲樂不聞于家所得祿即分散親屬
故人而無餘藏除左散騎常侍年七十致仕是時有年過苹不肯

六百八十　唐傳八十九　六

去故論者高苹居四年卒贈工部尚書謚曰宣苹於文章中長於
詩兄芳有器幹蔡與苹其母代宗從母也以外戚奉朝請皆贊善
大夫苹子膺大和初爲右補闕內供奉其弟齊佐興元李絳幕府
絳遇害齊死于難膺聞不及請馳赴之哀甚聞者垂泣後歷工部
員外郎
衛次公字從周河中河東人舉進士禮部侍郎潘炎異之曰國器
也高其第調渭南尉嚴震在興元辟佐其府累遷殿中侍御史貞
元中擢左補闕翰林學士德宗崩與鄭絪皆召至金鑾殿時皇太
子久疾禁中或傳更議所立衆失色次公曰太子雖久疾冢嫡也
內外係心久矣必不得已宜立廣陵王絪隨贊之議乃定順宗立
王叔文等用事輕弄威柄次公與絪多所持正知禮部貢舉斥華
取實不爲權力侵撓由中書舍人充史館脩撰改兵部侍郎絪以
宰相罷坐與善下除太子賓客久乃爲陝虢州觀察使蠲橫租錢
歲三百萬復入爲兵部侍郎故英公李勣大理卿徐有功之孫皆

以貧不得調次公召見曰子之祖勳在王府寧限常格乎即優補而遣進尚書左丞時方討蔡數建請罷兵帝將相之制稾具而蔡捷書至乃追止以檢校工部尚書爲淮南節度使久之召還道病卒年六十六贈太子少傅謚曰敬次公本善琴方未顯時京兆尹李齊運使子與游請授之法次公拒絶因終身不復鼓其節尚終始完潔子洙擧進士尚臨眞公主檢校祕書少監駙馬都尉文宗曰洙起名家以文進宜諫官寵之乃爲左拾遺歷義成節度使咸通中卒

薛戎字元夫河中寶鼎人客毗陵陽羨山年四十餘不仕江西觀察使李衡辟署幕府三返乃肯應故宰相齊映代衡奏留之府罷復歸陽羨福建觀察使柳冕辟佐其府先是馬摠佐鄭滑府監軍官人誣劾之貶泉州別駕冕欲除摠以附倖家即使戎攝刺史按置其辠戎曰以是待我耶我始不願仕正謂此爾不肯從還白其狀冕怒據案引戎入戎叱引者曰見賔客乃爾乎由東廂進冕度未可屈揖而去囚之它館環兵脅辱之累月戎終不爲屈淮南節度使杜佑聞之書責冕會冕亦病死得解自放江湖間復爲藩府交奏稍遷河南令吐突承璀討鎭州所過吏迎廷畏不及治道前驅惟戎境內按故無所治迋留府卒犯令者縛置獄留守怒遣將略出之不與累遷浙東觀察使所部州觸酒禁者罪當死橘未貢先鬻者死戎弛其禁卒治下年七十五贈左散騎常侍戎爲吏不尚細束詭名譽其有善歸之所部故居官時無灼灼可驚者已罷則懷之悉奉稟賙濟內外親無疏遠皆歸之既病以所有分遺之曰吾死矣可持爲歸資衆皆哭而去弟放端厚寡言第進士擢累兵部郎中穆宗爲太子拜侍讀及即位參贊機命帝謂曰小子新立懼不克荷先生宜相以輔不逮放叩頭曰臣庸淺不足塵大任自有賢能處之帝美其誠進工部侍郎集賢學士寵待尤至改刑部侍郎帝嘗問朕欲學經與史何先放曰六經者聖人之言孔子所發明天人之極也史記道成敗得失亦足以鑒然謬於是非非

六經比帝曰吾聞學者白首不能通一經安得其要乎對曰論語六經之菁華也孝經人倫之本也漢時論語首立於學官光武令虎賁士皆習孝經玄宗爲注訓蓋人知孝慈則氣感和樂也帝曰聖人以孝爲至德要道信然終江西觀察使謚曰簡

胡証字啓中河中河東人擧進士第渾瑊美其才又以鄉府奏寘幕下繇殿中侍御史爲韶州刺史以母老辭爲太子舍人更從襄陽于頔署掌書記入爲戶部郎中田弘正以魏博內屬請使自副詔兼御史中丞爲弘正副使入遷諫議大夫元和九年党項屢擾邊而單于都護府累更武將職事廢証以儒而勇選拜振武軍節度使道河中時趙宗儒爲帥以州民入謁里人榮之居四年召任金吾大將軍又充京西京北巡邊使太和公主降回鶻以檢校工部尚書爲和親使舊制行人有私覿禮縣官不能具召富人子納貲於使而命之官証請儉受省費以絶鬻官之濫次漠南虜人欲屈脅之且言使者必易胡服又欲主便道疾驅者証固不從以唐官儀自將訖不辱命還拜工部侍郎改京兆尹左散騎常侍寶曆初以戶部尚書判度支固辭拜嶺南節度使卒年七十一贈尚書右僕射廣有舶貝奇寶証厚殖財自奉養奴數百人營第脩行里彌亘閭陌車服器用珍侈遂號京師高訾素與賈餗善李訓敗衛軍利其財聲言餗匿其家爭入剽劫執其子溵內左軍至斬以徇証膂力絶人晉公裴度未顯時羸服私飲爲武士所窘証聞突入坐客上引觥三釂客皆失色因取鐵燈槃摘枝葉捼合其跗橫膝上謂客曰我欲爲酒令飲不釂者以此擊之衆唯唯証一飲輒數升次授客客流離盤杓不能盡証欲擊之諸惡少叩頭請去証悉驅出故時人稱其俠

丁公著字平子蘇州吳人三歲喪母甫七歲見隣媼抱子哀感不肯食請於父緒願絶粒學老子道父聽之稍長父勉敕就學舉明經高第授集賢校書郎不滿秩輒去侍養于家父喪負土作冢貌力癯慽見者憂其死孝觀察使薛苹表上至行詔刺史弔問賜粟

帛旌闕其閭淮南節度使李吉甫表授太子文學兼集賢校理會
入輔政擢爲右補闕遷直學士充皇太子諸王侍讀因著太子諸
王訓十篇穆宗立未聽政召居禁中條詢治理且許以相公著陳
讓卒切乃擢給事中遷工部侍郎知吏部選事公著內知帝欲進
用故辭疾求外遷授浙西觀察使徙爲河南尹治以清靜聞四遷
禮部尚書翰林侍講學士長慶中浙東災癘拜觀察使詔賜米七
萬斛使賑饑捐父之入爲太常卿大和中以病丐身還鄉里卒年
六十四贈尚書右僕射公著清約守道每進一官輒憂見顏間四
十喪妻終身不畜妾及卒天下惜之

崔弘禮字從周系出博陵北齊左僕射懷遠六世孫磊磊有大志
通兵略過宣武從劉玄佐獵夷門玄佐酒酣顧曰崔生獨不知此
樂邪弘禮唉曰我固喜武請爲公歡玄佐臂鷹與弘禮馳逐急緩
在手一軍驚曰安得此奇客玄佐大悅欲留之固辭厚爲資餉至
京師所善李觀病且死弘禮殫褚爲治喪葬畢乃去及進士第平

判異等靈武李欒表爲判官以親老不應更署東都留守呂元膺
參謀時天子討蔡李師道謀襲洛脅沮朝廷以釋蔡危弘禮爲捕
詗賊情部分設張東都卒無患遷留守判官擢忻汾二州刺史田
弘正請朝表弘禮從衞州兼魏博節度副使伐李師道弘正多所
咨逮還魏博又表爲相州刺史長慶初張弘靖鎮幽州詔弘禮往
副未及行軍亂改絳州刺史李㝏反于汴詔徙河南尹倚以捍賊
還河陽節度使治河內秦渠溉田千頃歲收八萬斛徙華州刺史
改天平節度使李同捷叛與李聽合師討之至濮州大將李萬瑀
刘寀擁兵自固弘禮表萬瑀守沂州寀守黃州奪其兵擊賊禹城
破之獲鎧裝數十萬時徐泗節度使王智興擻兗海鄆曹淄青當
徐道者出車五千乘轉粟餽軍弘禮度道遠乃自兗開盲山故渠
自黃隊抵青丘師人大濟李祐以鄆滑兵三千入齊而潰弘禮悉
斬之爲出鄆兵二千祐遂大破賊尸藉十餘里祐望鄆拜曰活我
者崔公也加檢校尚書左僕射徙東都留守召還以病自乞改刑
部尚書復爲留守卒年六十五贈司空弘禮短於治民少愛利晚
頗務多積素議訿之

崔玄亮字晦叔磁州昭義人貞元初擢進士第累署諸鎮幕府父
喪客高郵卧苫終制地下濕因得痺病不樂進取元和初召爲監
察御史累轉駕部員外郎清愼介特澹如也稍遷密歙二州刺史
歙人馬牛生駒犢官籍蹄噭故吏得爲姦玄亮焚其籍一不問民
山處輸租者苦之下令許計斛輸錢民賴其利歷湖曹二州辭曹
不拜大和四年繇太常少卿改諫議大夫朝廷推爲宿望拜右散
騎常侍每遷官輒讓形於色鄭注構宋申錫捕逮倉卒內外震駭
玄亮率諫官叩延英苦諍反復數百言文宗未諭玄亮置笏在陛
曰孟軻有言衆人皆曰殺之未可也卿大夫皆曰殺之未可也天
下皆曰殺之然後察之乃寘於法今殺一凡庶當稽典律況欲誅
宰相乎臣爲陛下惜天下法不爲申錫言也俯伏流涕帝感悟衆
亦服其不橈繇此名重朝廷頃之移疾歸東都召爲虢州刺史卒

年六十六贈禮部尚書玄亮晚好黃老清靜術故所居官未久輒
去遺言山東士人利便近皆葬兩都吾族未嘗還當歸葬滏陽正
首丘之義諸子如命

王質字華卿五世祖通爲隋大儒質少孤客壽春力耕以養母講
學不勌諸生從授業者甚衆年逾四十偃蹇無進取意姻友苦勸
以仕乃舉進士中甲科繇祕書省正字累佐帥府五遷侍御史繇
山南西道節度副使再轉諫議大夫宋申錫之得罪質與諫官伏
閤文宗開延英召見泣涕陳諫帝稍寤申錫得不死爲宦豎所惡
出虢州刺史李德裕素器之擢給事中河南尹徙宣歙觀察使卒
年六十八贈左散騎常侍謚曰定質清白畏愼爲政必先究風俗
所至有惠愛雖與德裕厚善而中立自將不爲黨奏署幕府者若
河東裴夷直天水趙晳隴西李行方梁國劉蕡皆一時選云

殷侑陳州人幼有志於學不治貲産長通經術以講道爲娛貞元
末及五經第其學長於禮擢太常博士元和八年回鶻請和親朝

廷以仰費廣劇欲紓以期詔侑宗正少卿李孝誠使回鶻可汗驕甚盛陳甲兵欲臣使者侑不爲屈已傳命虜責其倨宣言欲留不遣衆色怖侑徐曰可汗唐婿欲坐屈使者拜乃可汗無禮非使臣倨也虜憚其言不敢逼還遷虞部員外郎王承宗叛遣侑招諭承宗聽命進諫議大夫侑論朝廷治亂得失前後凡八十四通以語切出爲桂管觀察使寶曆元年徙江西所至以絜廉稱入爲衛尉卿文宗即位李同捷叛而王庭湊陰爲脣齒兵久不解詔五品以上官議尚書省帝銳欲討賊羣臣無敢異論者獨侑請舍廷湊而專事同捷且言願以宗社安危爲計善師攻心爲武舍垢安人爲遠圖綱漏吞舟爲至誠帝不納然内嘉尚同捷平以侑爲滄州行軍司馬遂拜義昌軍節度使於時痍荒之餘骸骨蔽野墟里生荆棘侑單身之官安足麤淡與下共勞苦以仁惠爲治歲中流戸襁屬而還遂爲營田丐耕牛三萬詔度支賜帛四萬匹佐其市初州兵三萬仰稟度支侑始至一歲自以賦入贍其半二歲則周用乃奏罷度支所賜戸口滋饒倉儲盈腐上下便安請立石紀政以勞加檢校吏部尚書六年徙天平節度自李師道亂朝廷雖析三鎭然務安反側賦入盡爲軍貲無輸王府者侑以餉軍有羸當上送官乃裁制經費歲以錢十五萬緡粟五萬石歸有司加檢校尚書右僕射御史大夫温造劾侑違制擅賦斂民爲無名之獻詔以庚承宣代還會濮州掾崔元武受吏賕又率屬邑奉錢增私馬估售官疊三罪計絹百二十匹大理以入私馬一重削三官刑部覆訊當流未決侑奏三犯不同坐所重律頻贓者累論元武犯皆枉法當死詔用覆訊流元武賀州帝嘉侑守法進刑部尚書以造所奏不直復用爲天平節度開成元年再召爲刑部尚書時李訓鄭注已誅帝問侑治安術侑言朝廷宜任耆德毋輕用新進帝善之賜緜三百匹初鹽鐵度支使屬官悉得以罪人繫在所獄或私置牢院而州縣不聞知歲千百數不時決侑奏許州縣糾列所繫申本道觀察使幷具獄上聞許之賜黄金十斤以酬直言涇原節度使朱

叔夜坐侵牟士卒贓數萬家貲兵器罷爲左武衛大將軍侑薄其罪天子由是疏之賜叔夜死出侑爲山南東道節度使坐減兵不先論啓左遷太子賓客分司東都俄領忠武節度卒年七十二贈司空侑以經術進臨事銳敏有彊直名晚節内奧台輔稍務交結而素望少衰云孫盈孫

盈孫廣明初爲成都諸曹參軍僖宗至蜀聞有禮學擢太常博士光啓三年帝將還京而七廟焚殘告享無所盈孫白宰相始乘輿西有司盡載神主以行至鄠悉爲盜奪今天子還宮宜前具其禮宰相建言脩復宗廟功費廣請與禮官議時他博士不在獨盈孫從議曰故廟十一室二十三楹楹十一梁垣墉廣袤稱之今朝廷多難宜少變禮按至德時作神主長安殿饗告如宗廟廟成乃祔今正衙外無它殿伏聞詔旨以少府監寓太廟請因增完爲十一室其三太后廟權舍西南夾無須廟成議遷詔可自是神主樂縣皆所創定舊學禮家當其議龍紀元年昭宗郊祠兩中尉及樞密皆以宰相服侍上盈孫奏言先世典令無内官朝服侍祠必欲之當隨所攝資品雖無援據猶免僭逼詔可時喪亂後制度彫紊追補容典皆盈孫折衷焉終大理卿贈吏部尚書

王彦威其先出太原少孤家無貲自力於學舉明經甲科淹識古今典禮未得調求爲太常散吏卿知其經生補檢討官彦威采獲隋以來下訖唐凡禮沿革皆條次彙分號元和新禮上之有詔拜博士憲宗以正月崩有司議葬用十二月下宿彦威建言天子之葬七月春秋之義志崩不志葬必其時也舉天下葬一人故過期不葬則譏之高祖中宗葬皆六月太宗四月高宗九月睿代二宗皆五月德宗十月順宗七月惟玄肅二宗皆十二月有爲爲之非常典也且葬畢而虞虞而卒哭卒哭而祔皆卜日今葬卜歲暮則畢祔在明年正月是改元慶賜皆廢矣有詔更用五月淮南李夷簡上言大行皇帝功高宜稱祖穆宗下其議彦威奏古者始封爲太祖由太祖而降則又祖有功宗有德故夏人祖顓頊而宗禹商

人祖契而宗湯周人祖文王而宗武王魏晉而下務欲推美自始祖外並建列祖之議叔世亂象不可以爲訓唐本周禮以景皇帝爲太祖祖神堯而宗太宗自高宗後咸稱宗以爲成法不然太宗致升平玄宗清内難肅宗收復兩都皆撥亂反正猶不稱祖今當本三代之制黜魏晉亂法大行廟號宜稱宗制可又舊事祔廟必告于太極殿然後奉主入廟既事則已而有司祔主畢又還告太極殿彥威以爲不可執政怒坐視辭誤奪三季俸削一階彥威終不回屈後累擢司封郎中弘文館學士諫議大夫李師道既平其十二州賦法未均詔彥威爲勘定兩稅使差量纖悉人不爲煩還兼史館脩撰與平民上官興殺人亡命吏囚其父興聞自首請罪京兆尹杜悰御史中丞宇文鼎以自歸死免父之囚可勸風俗議減死彥威上言殺人者死百王共守原而不殺是教殺人有詔貸死彥威詣宰相據法爭論下遷河南少尹俄改司農卿李宗閔執政雅善之進拜平盧節度使開成初召爲戶部侍郎判度支彥威

於儒學固該邃亦善吏事但經總財用出入米鹽非所長也而性剛訐自恃嘗見文宗顯奏曰百口家知有歲計而軍用一切可不謹邪臣按見財量入以爲出隨色占費終歲用之無毫氂差假令臣一旦迷愚欲自欺沒亦不可得因上占領圖又言至德訖元和天下觀察者十節度者二十有九防禦者四經略者三大都通邑皆有兵最凡八十餘萬長慶籍戶三百五十萬而兵乃九十九萬率三戶資一兵今舉天下之入歲三千五百萬上供者三之一又三之二則衣賜仰給焉自留州留使外餘四十萬衆皆仰度支又爲供軍圖上之彥威雖自謂揵梲姦冒著定其費於利害無益也始神策軍多以稟縑於度支取直吏私增賈厚給之經用益耗開成初有詔禁止時宦者仇士良魚弘志方用事彥威乃奏復與直悅媚士良等又劾王播貢羡贏以冀速進會邊兵訴所賜不時縑皆敝惡繫吏送臺獄而彥威視事自如及詔停務始惶恐就第貶衛尉卿俄檢校禮部尚書爲忠武節度使毀山房三千餘所盜無所容徙節宣武封北海縣子性彊敏善著書頗行于時卒贈尚書右僕射謚曰靖

贊曰韓愈稱郡邑通得祀社稷孔子獨孔子用王者事以門人爲配天子以下北面拜跪薦祭禮如親弟子者句龍棄以功孔子則以德固自有次第崇敬乃請東損以殺太重方是時公卿無韓愈之賢無有折其非是者道州刺史薛伯高嘗謂夫子稱顏回爲庶幾其從於陳蔡者亦各有號出於一時後世坐祀十人以爲哲豈夫子志哉觀七十子之賢未有加於十人坐而祀之始於開元非特牽於一時之稱號記曰祭有其舉之莫敢廢也如崇敬誠不知禮尊君以媚世歷朝循而不改矣伯高之語柳宗元志之於其書必有辨其妄者

歸奚三崔盧二薛衛胡丁二王殷列傳第八十九

三鄭高權崔列傳第九十　唐書一百六十五

宋　祁　奉　敕　撰

鄭餘慶字居業，鄭州滎陽人。三世皆顯官。餘慶少善屬文，擢進士第。嚴震帥山南西道，奏署幕府。貞元初，還朝，擢庫部郎中，爲翰林學士，以工部侍郎知吏部選。浮屠法湊以罪爲民訴闕下，詔御史中丞宇文邈、刑部侍郎張彧、大理卿鄭雲逵爲三司，與功德判官諸葛述參按。述故吏也，餘慶劾述賤，不宜與三司雜治，時韙其言。貞元十四年，拜中書侍郎、同中書門下平章事。每奏對，多傅經義。善度支使于頔，凡所陳，必左右之。頔坐事貶，又歲旱饑，朝廷議賑禁衛十軍，爲中書史漏言，疊三忤，故貶郴州司馬。順宗以尚書左丞召，會憲宗立，即其官復拜同中書門下平章事。時主書滑渙與宦人劉光琦相倚爲姦，每宰相議爲光琦沮撓者，令渙往請，必得，由是四方貨餉奔委之。弟泳至官刺史，杜佑、鄭絪執政頗姑息，而佑常行輩待，不名也。至餘慶議事，渙傲然指畫語宰相前，餘慶叱去，未幾，罷爲太子賓客。後渙以贓敗，帝愛聞叱去事，善之，改國子祭酒，累遷吏部尚書。監軍王崔環者自淮南小將除黃州司馬，餘慶執奏諸道散將無功受五品正員，開徼幸路，不可。權者不悅，改太子少傅，兼判太常卿事。自朱泚亂，都輦數驚，太常肄樂，禁用鼓。餘慶以時久平，奏復舊制。出爲山南西道節度使。入拜太子少師，請老，不許。時數赦，官多汎階，又帝親郊，陪祠者授三品、五品，不計考，使府賓吏以軍功借賜朱紫率十八，近臣謝郎官出使多所賜與，每朝會，朱紫滿廷而少衣綠者，品服大濫，人不以爲貴，帝亦惡之，始詔餘慶條奏懲革。遷尚書左僕射。僕射比非其人，及餘慶以宿德進，公論浩然歸重。帝患典制不倫，謂餘慶淹該前載，乃詔爲詳定使，俾參裁訂正。餘慶引韓愈、李程爲副，崔郾、陳佩、楊嗣復、庾敬休爲判官，凡損增儀矩、號稱，詳衷。俄拜鳳翔尹、節度鳳翔，復爲太子少師，封滎陽郡公，兼判國子祭酒事。建言兵興以來，學校廢，諸生離散，令天下承平，臣願率文吏月俸百取一，以資完葺，詔可。穆宗立，加檢校司徒。卒，年七十五，贈太保，謚曰貞。帝以其貧，特給一月奉料爲賵襚。餘慶少砥礪，行已完絜，仕四朝，其祿悉賙所親，或濟人急，而自奉廩廩，狹至官府，乃開肆廣大。常語人曰：「祿不及親友，而侈僕妾者，吾鄙之。」大抵中外姻嫁，其禮獻皆親閱之。後生內謁，必引見，諄誨教以經義，務成就儒學。自至德後，方鎮除拜，必遣內使持幢節就第，至則多饋金帛，且以媚天子，唯恐不厚，故一使者納至數百萬緡。憲宗每命餘慶，必誠使曰：「是家貧，不可妄求取。」議者或詆其沽激，餘慶不屑也。奏議類用古言，如仰給、縣官、馬萬蹄，有司不曉何等語，人皆其不適時與。

從父絪，家昭國坊，絪第在南，餘慶第在北，世謂南鄭相、北鄭相。子澣。

澣本名涵，避文宗故名，改焉。第進士，累遷右補闕，敢言無所諱。憲宗謂餘慶曰：「涵，卿令子，而朕直臣也，可更相賀。」遷起居舍人、考功員外郎。時刺史或迫吏下紀功，愛涵請責觀察使，以杜其欺。餘慶爲僕射，避除國子博士、史館脩撰。文宗立，入翰林爲侍講學士。帝使銓擿經史爲要錄，愛其博而精，試舉諸條，擿問之，隨即酬析無留。苔因賜金紫服，累進尚書左丞，出爲山南西道節度使。始，餘慶在興元創學廬，澣嗣完之，養生徒，風化大行。以戶部尚書召，未拜，卒，年六十四，贈尚書右僕射，謚曰宣。四子，處誨、從讜尤知名。

處誨字延美，文辭秀拔，仕歷刑部侍郎、浙東觀察、宣武節度使，卒。先是，李德裕次柳氏舊聞，處誨謂未詳，更撰明皇雜錄，爲時盛傳。

從讜字正求，及進士第，補校書郎，遷累左補闕。令狐綯、魏扶皆餘慶門生，數進譽之，遷中書舍人，咸通中爲吏部侍郎，銓次明允，出爲河東節度使，徙宣武。以善最聞，改嶺南東道節度。先是，林邑蠻內侵，召天下兵進援，會龐勛亂，不復遣，而北兵寡弱，從讜募土豪署其酋右職，爲約束，使相捍禦，交廣晏然。僖宗立，召爲刑部尚書，久之，擢同中書門下平章事，進門下侍郎。沙陀都督李國昌聞邊多虞，入擾振武、雲朔等州，南略太谷，河東節度使康傳圭遣大將伊釗、張彥球、蘇弘軫引兵拒之，戰數負。傳圭斬軫以徇，彥球所部反，攻傳圭殺之，劫府庫爲亂。朝廷以爲憂，帝欲大自臨制，乃拜從讜檢校司徒，以宰相秩復爲河東節度，兼行營招討使，詔自擇參佐。從讜即表長安令王調自副，兵部員外郎劉崇龜、司勳員外郎趙崇爲節度觀察府判官，前進士劉崇魯推官，左拾遺李渥掌書記，長安尉崔澤支使，皆一時選，京師士人比太原爲小朝廷，言得才多也。時承軍亂，剽殺日夸，從讜既視事，委無庚情，乃推捕反賊，誅其首惡，以彥球本善意且才可任，釋不問，而付以兵，曠無餘猜，故得其死力。梟凶宿狡不敢發，發又輒得，士皆寒毛惕伏。會黃巢犯京師，帝駐梁、漢，詔從讜發部兵屬北面招討副使諸葛爽入討，從讜選士五千，遣將論安從爽，而李克用謂太原可乘，以沙陀兵奄入其地，壁汾東，釋言討賊，須素饔，仍從讜以餼醪犒軍。克用喻謂曰：「我且引而南，欲與公面約。」從讜登城開勉，感槩使立功報天子厚恩。克用辭謝，再拜去，然陰縱其下肆掠以撼人心。從讜遣安使與將王蟾、高弁等躡擊，以會振武契苾通，至與沙陀戰，沙陀大敗，引還。即遣安等屯北百井，安擅還，從讜合諸將，命持安出斬之鞠場。中和二年，朝廷赦沙陀，使擊賊自贖，兵不敢道太原，繇嵐、石並河而南。獨克用從數百騎過辭城下，從讜以名馬器幣歸之。明年，賊平，詔克用代領河東。

克用使來曰方省親雁門願公徐行從讜即日以監軍周從寓知兵馬留後
掌書記劉崇魯知觀察留後敕克用至按籍效之乃行黃頭軍以糧少劫其
貲從讜間走絳州方道梗不通數月召拜司空復秉政進太傅兼侍中從帝
至興元以疾乞骸骨拜太子太保還第卒謚文忠從讜進止有禮法性不矜
滿沈毅有謀在汴時以處誨殁於鎮詭代不奏樂牙中識陸扆於後生數稱
譽之扆後位宰相張彥球者奉鞏善斷果破虜有功奏爲行軍司馬後署
金吾將軍初盜流中原沙陀彊悍而卒收其用者蓋從讜爲太原重也時鄭
畋以宰相鎮鳳翔移檄討賊兩人以忠義相提衡賊尤憚之號二鄭云
鄭珣瑜字元伯鄭州滎澤人少孤值天寶亂退耕陸渾山以養母不干州里
轉運使劉晏奏補寧陵宋城尉山南節度使張獻誠表南鄭丞皆謝不應大
曆中以諷諫主文科高第授大理評事調陽翟丞以拔萃爲萬年尉崔祐甫
爲相擢左補闕出爲涇原帥府判官入拜侍御史刑部員外郎以母喪解訖
喪遷吏部貞元初詔擇十省郎治畿赤珣瑜檢校本官兼奉先令明年進饒
州刺史入爲諫議大夫四遷吏部侍郎爲河南尹未入境會德宗生日尹當
獻馬吏欲前取印白珣瑜視事且內贄珣瑜徐曰未到官而遽事獻禮歟不
聽性嚴重少言未嘗以私託人而人亦不敢謁以私既至河南清靜惠下賤

斂貴發以便民方是時韓全義將兵伐蔡河南主餽運珣瑜豫儲之陽翟以
給官軍百姓不知憊運勞凡迎送敕使皆有常處吏密識其馬進退不數步
差也全義與監軍別檄有所取非詔約者珣瑜輒挂壁不酬至軍罷凡數百
封有諫者曰軍須期會爲急公可不報珣瑜曰武士統戎多恃以取求苟以
爲罪尹宜坐之終不爲萬人産殄也故下無怨讟時謂治河南比張延賞而
重厚堅正過之復以吏部侍郎召進門下侍郎同中書門下平章事李實爲
京兆尹剝下務進奉珣瑜顯詰曰留府縑帛有素餘者應內度支今進奉
乃出何色邪且以對實方幸依違以免順宗立即遷吏部尚書王叔文起州
吏爲翰林學士鹽鐵副使內交奄人撓政機常執誼爲宰相居外奉行叔
文一日至中書見執誼直吏白方宰相會食百官無見者叔文恚叱吏吏走
入白執誼起就閣與叔文語珣瑜與杜佑高郢輟饌以待須之吏白二公同
飯矣珣瑜喟曰吾可復居此乎命左右取馬歸臥家不出七日罷爲吏部尚
書亦會有疾數月卒年六十八贈尚書左僕射太常博士徐復謚文獻兵部
侍郎李巽言文者經緯天地用二謚非春秋之正請更議復謂二謚周漢以
來有之威烈慎靜周也文終文成漢也況珣瑜名臣二謚不嫌巽曰謚一正
也堯舜是也二謚非古也法所不載詔從復議子覃

覃以父蔭補弘文校書郎擢累諫議大夫憲宗取五中官爲和糴使覃奏罷
之穆宗立不卹國事數荒昵昧蕃方彊覃與崔郾等廷對曰陛下新即位宜
側身勤政而內耽宴嬉外盤游畋今吐蕃在邊狙伺中國假令緩急臣下乃
不知陛下所在不敗事乎夫金繒所出困民膏血可使倡優無功濫被賜與
願節用之以所餘備邊毋令有司重取百姓天下之幸也帝不擇顧宰相蕭
俛曰是皆何人俛曰諫官也帝意解乃曰朕之闕下能盡規忠也因詔覃曰
閤中殊不款款後有爲我言者當見卿延英時閤中奏事廢至是士相慶王
承元從鄭滑節度使鎮人固留不出承元請以重臣勞安其軍詔覃爲宣諭
使起居舍人王璠副之始鎮人慢甚及覃傅詔開曉大義軍遂安承元乃得
去寶曆初擢京兆尹文宗召爲翰林侍講學士進工部侍郎覃於經術該深
諄篤守正帝尤重之李宗閔牛僧孺知政以覃與李德裕厚忌其親近爲助
力陽遷工部尚書罷侍講欲推遠之帝雅尚學頗思覃復召爲侍講學士德
裕既相以爲御史大夫帝嘗謂郟侑善言經其爲人鄭覃比也宗閔猥曰二
人誠通經然其議論不足取德裕曰覃侑之言它人不欲聞惟陛下宜聞之
俄德裕罷宗閔復用覃繇戶部尚書下除秘書監宗閔得罪遷刑部尚書進
尚書右僕射判國子祭酒李訓誅帝及覃視詔禁中遂拜同中書門下平章

事封滎陽郡公不喜文辭病進士浮夸建廢其科曰南北朝所以不治文采
勝質厚也士惟用才何必文辭又言文人多佻薄帝曰純薄以賦性之異奚
特進士且設是科二百年渠可易乃止帝嘗謂百司不可使一日弛情因指
香案爐曰此始華好用久則晦不治飾何由復新覃曰救世之敝在先責實
此皆不攝職事至慕王夷甫以不及爲慚此本于治平人人無事安逸致然
帝曰要在謹法度而已進門下侍郎弘文館大學士帝坐延英論詩工否覃
曰孔子所刪三百篇是已其非雅正者烏足爲天子道哉夫風大小雅皆下
刺上之變非上化下爲之故王者采詩以考風俗得失若陳後主隋煬帝特
能詩之章解而不知王術故卒歸於亂章什詩議願陛下不取也帝每言順
宗事不詳實史臣韓愈豈當時屈人邪昔漢司馬遷與任安書辭多怨懟故
武帝本紀多失實覃曰武帝中年大發兵事邊生人耗瘁府庫殫竭遷所述
非過言李石曰覃所陳因武帝以諫欲陛下終究盛德帝曰誠然靡不有初
鮮克有終覃曰陛下樂觀書然要義不過一二陛下所道是矣宜寢饋以之
覃既名儒故以宰相領祭酒請太學五經經置博士祿廩比王府官再遷太
子太師開成三年帝多出宮人李玨入賀曰漢制八月選人晉武帝平吳
多采擇仲尼所謂未見好德者陛下以爲無益放之盛德也覃文推賛曰晉

以采擇之失擧天下爲左衽宜陛下以爲殷鑒帝善其將美以病乞去位有詔解太子太師許五日一入中書商量政事俄罷爲尚書左僕射武宗初李德裕復用欲援覃共政固辭乃授司空致仕卒覃清正退約與人未嘗串狎位相國所居第不加飾內無妾媵女孫適崔臯官裁九品衞佐帝重其不昏權家覃之侍講每以厚風俗黜朋比再三爲天子言故終爲相然疾惡多所不容世以爲太過憚之始覃以經籍刓繆博士陋淺不能正建言願與鉅學鴻生共力讎刊準漢舊事鏤石太學示萬世法詔可覃乃表周墀崔球張次宗孔温業等是正其文刻于石子裔綽

裔綽峭立有父風以門廕進爲李德裕所知擢渭南尉直弘文館累遷諫議大夫宣宗初劉潼繇鄭州刺史授桂管觀察使裔綽固爭潼被責未久不宜付廉察帝已遣使者須詔追罷之遷給事中楊漢公爲荆南節度使坐貪沓貶秘書監尋拜同州刺史裔綽與鄭公輿封還制書帝自即位諫臣規正無不納至是有爲漢公地者遂終不易會賜宴禁中天子擊毬至門下官謂二人曰近論漢公事類朋黨者裔綽曰同州太宗興王地陛下爲人子孫當慎所付且漢公墨敗官奈何以重地私之帝變色翌日貶商州刺史時猶衣綠因詔賜緋魚後繇秘書監遷浙東觀察使終太子少保覃弟朗

朗字有融始辟柳公綽山南幕府入遷右拾遺開成中擢起居郎文宗與宰相議政適見朗執筆螭頭下謂曰向所論事亦記之乎朕將觀之朗曰臣執筆所書者史也故事天子不觀史昔太宗欲觀之朱子奢曰史不隱善不諱惡自中主而下或飾非護失見之則史官無以自免且不敢直筆褚遂良亦稱史記天子言動雖非法必書庶幾自飭帝抗謂宰相曰朗援故事不畀朕見起居注可謂善守職者然人君之爲善惡必記朕恐平日言之不叶治體爲將來羞庶一見得以自改朗遂上之累遷諫議大夫爲侍講學士由華州刺史入拜御史中丞戶部侍郎爲鄂岳浙西觀察使進義武宣武二節度歷工部尚書判度支御史大夫復爲工部尚書同中書門下平章事中人李敬寔排朗騶道馳去朗以聞宣宗詰敬寔自言供奉官不避道帝曰傳我命則絕道行可也而私出不避宰相邪即斥敬寔右拾遺鄭言者故在幕府朗以諫臣與輔相爭得失不論則廢職奏徙它官久之以疾自陳罷爲太子少師卒贈司空始朗擧進士有相者言君當貴然不可以科第進俄而有司擢朗第一既又覆實被放相者賀曰安之已而果相

高郢字公楚其先自勃海徙衞州遂爲衞州人九歲通春秋工屬文著語默賦諸儒稱之父伯祥爲好畤尉安祿山陷京師將誅之郢尚幼解衣請代賊義并貸之寶應初及進士第代宗爲太后營章敬寺郢以白衣上書諫曰陛下大孝因心與天罔極承恩之思要無以加臣謂悉力追孝誠爲有益於時勤人不得無損捨人就寺何福之爲昔魯莊公丹桓公廟楹而刻其桷春秋書之爲非禮漢孝惠孝景孝宣令郡國諸侯立高祖文武廟至元帝與博士議郎斟酌古禮一罷之夫廟猶不越禮而立況寺非宗祐所安神靈所宅乎殫萬人之力邀一切之報其爲不可亦明矣聞者臣吾孔熾存食生人百姓懍懍無日不惕遺將擐却亡尺寸功隴外壤地委諸豺狼太宗艱難之業傳之陛下一夫不擭尺土見侵告成之時猶恐有闕況用武以來十三年殤者不救死者不收繕卒補乘于今未已夫興師十萬日費千金計十三年舉百萬之衆資糧屝屨取足於人勞竭轉十不一在父子兄弟相視無聊延頸嗷嗷以役王命縱未能出禁財賑鰥寡猶當稍息勞弊以與休之奈何戎虜未平侵地未復金華未戢疲人未撫太倉無終歲之儲大農有權酤之敝欲以此時興力役哉比八月雨不潤下菽麥失時黔首很顧憂在艱食若遂不給將何以救之無寺猶可無人其可乎然土木之勤功用之費不虛府庫將焉取之府庫既竭則又誅求若人不堪命盜賊相挺而興戎狄乘間以爲風塵得不爲陛下深憂乎臣聞聖人受命於天以人爲主苟功濟于天天人同

和則宗廟受福子孫蒙慶傳曰德教加於百姓刑于四海天子之孝也又曰無念爾祖聿脩厥德既受帝祉施于孫子是知王者之孝在於承順天地嚴配宗考恭愼德教以臨兆民俾四海之內懽心助祭延福流祚永永無窮未聞崇樹梵宮彫琢金玉之爲孝者夏禹卑宮室盡力溝洫人到于今稱之梁武帝窮土木飾塔廟人無稱焉陛下若節用愛人當與夏后齊美何必勞人動衆踵梁武遺風乎又制作之初伎貴尚淺人貴量力不貴必成事貴相時不貴必遂陛下若回思慮從人心則聖德孝思格于天地千福萬祿先后受之曾是一寺較功德邪書奏未報復上言王者將有爲也將有行也必稽于衆而順于人則自然之福不求而至未然之禍不除而絕臣聞神人無功者不爲有功之功聖人無名者不爲可名之名不爲有功之功故功莫大不爲有名之名故名莫厚古之明王積善以致福不費財以求福脩德以銷禍不勞人以攘禍陛下之營作臣竊惑之若以爲功則天覆地載陰施陽化未曾有爲也若以爲名則至德要道以順天下未曾有待也若以致福則通于神明光于四海不在費財若以攘禍則方務厥德罔有天災不在勞人今興造趣急人徒竭作土木並起日課萬工不遑食息勞苦愁痛盈於道路以此望福臣恐不然陛下戡定多難勵精思治務行寬仁以幸天下今固違群情徇左右過計臣竊爲陛下惜之

不納以茂才異行高第累擢咸陽尉郭子儀取爲朔方掌書記子儀怒判官張曇奏抵死郢引救甚力忤子儀意下徙猗氏丞李懷光引佐邠寧府懷光將還河中郢勸不如西迎乘輿懷光反方欲不聽既又欲悉兵鼓而西時渾瑊提孤軍抗賊群將未集郢恐爲懷光所乘與李鄘固止之會懷光子璀候郢郢因脅說曰君視天寶以來稱兵者今尚誰在且國家固有天命人力不豫焉今若恃衆而動自絕于天十室之小必得忠信安知三軍不有奔潰而助順者乎璀大懼流汗不能語郢因與其將呂鳴岳張延英謀間道歸國事洩懷光先斬二將然後引郢詰誚郢抗詞無所愧隱觀者爲泣下懷光慙赦之孔巢父遇害郢撫屍而哭懷光已誅李晟表其忠馬燧奏管書記召拜主客員外郎遷中書舍人久之進禮部侍郎時四方士務朋比更相譽薦以動有司徇名亡實郢疾之乃謝絕請謁顓行藝司貢部凡三歲甄幽獨抑浮華流競之俗爲衰遷太常卿貞元末擢中書侍郎同中書門下平章事順宗立病不能事王叔文黨根據朝廷帝始詔皇太子監國而郢以刑部尚書罷明年爲華州刺史政尚仁靜初駱元光自華引軍戍良原元光卒軍入神策而州仍歲餉其糧民困輸入累刺史憚不敢白郢奏罷之復召爲太常卿除御史大夫數月改兵部尚書固乞骸骨以尚書右僕射致仕卒年七十

二贈太子太保謚曰貞郢恭慎不與人交常掌制誥家無留藁或勸蓋如前人傳制集者荅曰王言不可藏私家生平不治產有勸營之者荅曰祿稟雖薄在我則有餘田莊何所取乎郢之相也與鄭珣瑜同拜既叔文用事珣瑜憂甚爭不能得乃稱疾不出郢未有所建白俄與珣瑜免故議者賢珣瑜而咎郢子定

贊曰王叔文雖内連姍尹氷倚蕃回以擭天權然是時太子已長朝無嫌隙若珣瑜郢與杜佑等毅然引東宮監國執退叔文輩其力不難顧循嘿若安所謂焉用彼相者矣珣瑜一怒卧第與郢佑固位二者亦不足相輕重云

子定辯惠七歲讀尚書至湯誓問郢曰奈何以臣伐君郢曰應天順人何云伐邪對曰用命賞于祖不用命戮于社是順人乎郢異之小字董二世重其早惠以字驗長過王氏易爲圖合八出上圓下方合則重轉則演七轉而六十四卦六甲八節備焉仕至京兆府參軍

鄭絪字文明餘慶從父行也幼有奇志善屬文所交皆天下有名士擢進士宏辭高第張延賞帥劍南奏署掌書記入爲起居郎翰林學士累遷中書舍人德宗自興元還置六軍統軍視六尚書以處功臣除制用白麻付外又廢宣威軍益左右神策以監軍爲中尉寵資文場持功陰諷宰相進擬如統軍比絪當作制奏言太子封建或用宰相以白麻署制付中書門下今以命中尉不識陛下特以寵文場邪遂著爲令也帝悟謂文場曰武德貞觀時中人止内侍諸衛將軍同正賜緋者無幾自魚朝恩以來無復舊制朕因用爾不謂私若麻制宣告天下謂爾脅我爲之文場叩頭謝更命中書作詔并罷統軍用麻矣明日帝見絪曰宰相不能拒中人得卿言乃悟順宗病不得語王叔文與牛美人用事權震中外惲廣陵王雄睿欲危之帝召絪草立太子詔絪不請輒書曰立嫡以長跪白之帝頷乃定憲宗即位拜中書侍郎同中書門下平章事遷門下侍郎始盧從史陰與王承宗連和有詔歸潞從史辭潞乏糧請留軍山東李吉甫密譖絪漏言於從史帝怒坐浴堂殿召學士李絳語其故且曰若何而處絳曰誠如是罪當族然誰以聞陛下者曰吉甫爲我言絳曰絪任宰相識名節不當如犬彘梟鏡與蕃臣外通恐吉甫勢軋内忌造爲醜辭以怒陛下帝良久曰幾誤我先是杜黃裳方爲帝畫削節度彊王室建議裁可不關決于絪絪常默默居位四年罷爲太子賓客久乃檢校禮部尚書出爲嶺南節度使後累遷河中節度入爲御史大夫檢校尚書左僕射兼太子少保文宗大和中年老乞骸骨以太子太傅致仕卒年七十八贈司空謚曰宣絪本以儒術進守道寡欲所居不爲烜赫事以篤實稱善名理

學世以耆德推之孫顥舉進士以起居郎尚萬壽公主拜駙馬都尉有器識宣宗時恩寵無比終檢校禮部尚書河南尹

權德輿字載之父皐見卓行傳德輿七歲居父喪哭踊如成人未冠以文章稱諸儒間韓洄黜陟河南辟置幕府復從江西觀察使李兼府爲判官杜佑裴胄交辟之德宗聞其材召爲太常博士改左補闕貞元八年關東淮南浙西州縣大水壞廬舍漂殺人德輿建言江淮田一善熟則旁資數道故天下大計仰於東南今霪雨二時農田不闢庸亡日衆宜擇群臣明識通方者持節勞徠問人所疾苦蠲其租入與連帥守長講求所宜賦取於人不若藏於人之固也帝乃遣奚陟等四人循行慰撫裴延齡以巧佞進判度支德輿上疏斥言延齡以常賦正額用度未盡者爲羨利以奪己功用官錢售常平雜物還取其直號別貯羨錢因以困上邊軍之不稟糧召禍彊場其事不細陛下疑爲流言胡不以新利召延齡質覈本末擇中朝臣按覆邊資如言者不謬則邦國之務不宜委非其人疏奏不省遷起居舍人歲中兼知制誥進中書舍人當是時帝親覽庶政重除拜凡命諸朝皆手制中下始德輿知制誥而徐岱給事中高郢爲舍人居數歲岱卒郢知禮部德輿獨直兩省數旬一還舍乃上書言左右掖垣承天子詔命奉行詳覆各有攸司舊制分曹十員

以相防檢大抵事有所壅則吏得爲非四方聞者或以朝廷爲乏士要重之
司不宜久廢帝曰非不知卿之勞但擇如卿者未得其人耳久之知禮部貢
舉眞拜侍郎凡三歲甄品詳諦所得士相繼爲公卿宰相取明經初不限員
十九年大旱德輿因是上陳闕政曰陛下齋心減膳閔惻元元告于宗廟禱
諸天地一物可祈必致其禮一士有請必聽其言憂人之心可謂至已臣聞
銷天災者脩政術感人心者流惠澤和氣洽則祥應至矣畿甸之內大率赤
地而無所望轉徙之人斃踣道路慮種麥時種不得下宜詔在所裁留經用
以種貸民今茲租賦及宿逋遠貸一切蠲除設不蠲除亦無可斂之理不如
先事圖之則恩歸於上去十四年夏旱吏趣常賦至縣令爲民毆辱者不可
不察又言漕運本濟關中若轉東都以西緣道倉廩之粟京師督江淮所輸
以備常數然後約太倉一歲計斥其餘者以糴于民則時價不踊而蓄藏者
出矣又言大曆中一縑直錢四千今止八百稅入加舊則出於民者五倍其
初四方銳於上獻爲國結怨廣寳貨之求而兵有虛籍剝取多方雖有心計
巧曆能商功利其於割股啖口困人均也又言比經紕放者自謂技拭無期
坐爲匪人以動和氣而冬薦官踰二年未受命衣食既空溘然就斃此亦窮
人之一端也近陛下洗有紕放者或起爲二千石其徒更相勉知產復可望

惟因而弘之使人人自效帝頗采用之憲宗元和初歷兵部侍郎坐累徙太
子賓客俄還前官時澤潞盧從史益驕不制其父虔卒京師而成德王承
宗父死求襲德輿諫以爲欲變山東先擇昭義之帥從史拔自軍校假寵不
法今可因其喪選守臣代之成德習俗既久當制以漸許成德之請則可許
昭義則不可帝不聽及王承宗叛從史乃詭計以橈王師兵老無功德輿復
請赦承宗從史後皆略如所料會裴垍病德輿自太常卿拜禮部尚書同
中書門下平章事王鍔繇河中入朝求兼宰相李藩以爲不可德輿亦奏平
章事非序進宜得比方鎮帶宰相必有大忠若勳否則彊不制者不得已與
之今鍔無功又非姑息時一假此名以開後人不可帝乃止董溪于皋謩以
運糧使坐軍興流嶺南帝悔其輕詔中使半道殺之德輿諫溪等方山東用
兵乾沒庫財死不償責陛下以流斥太輕當責臣等繆誤審正其罪明下詔
書與衆同棄則人人懼法臣知已事不諍然異時或有此比要須有司論報
罰訓一勸百孰不甘心帝深然之嘗問政之寬猛孰先對曰唐家承隋苛虐以
仁厚爲先太宗皇帝見明堂圖始禁鞭背列聖所循皆尚德教故天寶大盜
竊發俄而夷滅蓋本朝之化感人心之深也帝曰誠如公言德輿善辯論開
陳古今本末以覺悟人主爲輔相寬和不爲察察名與李吉甫再秉政帝又

自用李絳參贊大機是時帝切于治事鉅細悉責宰相吉甫絳議論不能無
持異至帝前遂言亟辯德輿從容不敢有所輕重坐是罷爲本官以檢校吏
部尚書留守東都進扶風郡公子頔以子殺人自囚親戚莫敢過門朝廷無
爲請者德輿將行言于帝曰頔之罪既貸不責宜因賜寬詔帝曰然卿爲吾
過諭之復拜太常卿徙刑部尚書先是詔許孟容蔣乂刊定格敕既成上之
留禁中德輿請出其書與侍郎劉伯芻考復研覈定三十篇奏上復檢校吏
部尚書出爲山南西道節度使後二年以病乞還卒於道年六十贈尚書左
僕射謚曰文德輿生三歲知變四聲四歲能賦詩積思經術無不貫綜自始
學至老未曾一日去書不觀嘗著論辨漢所以亡西京以張禹東京以胡廣
大指有補於世其文雅正贍縟當時公卿侯王功德卓異者皆所銘紀十常
七八雖動止無外飾其醞藉風流自然可慕貞元元和間爲搢紳羽儀云子
璩字大圭元和初擢進士歷監察御史有美稱宰相李宗閔乃父門生故爲
爲中書舍人時李訓挾寵以周易博士在翰林璩與舍人高元裕給事中鄭
肅韓佽等連章劾訓傾覆陰巧且亂國不宜出入禁中不聽及宗閔貶璩屢
表辯解貶閬州刺史文宗憐其母病徙鄭州訓誅時人多璩明禍福大體
能世其家

崔群字敦詩貝州武城人未冠舉進士陸贄主貢舉梁肅薦其有公輔才
擢甲科舉賢良方正授秘書省校書郎累遷右補闕翰林學士中書舍人數
陳讜言憲宗嘉納因詔學士凡奏議待群署乃得上群以禁密之言人人當
自陳一爲故事後或有惡直醜正則它學士不得上言矣固讓見聽惠昭太
子薨是時遂王嫡而澧王長多內助帝將建東宮詔群爲澧王作讓表群奏
凡已當得則讓不當得之烏用讓今遂王嫡宜爲太子帝從其議魏博田季安以五千
縑助營開業佛祠群以爲無名之獻不當受有詔卻之進戶部侍郎元和十二年以
中書侍郎同中書門下平章事李師道既誅師古等妻子沒入掖廷帝疑以問群
請釋之并還其奴婢貲產鹽鐵院官權長孺坐罪抵死其母老丐子以養帝
哀然欲赦之以問宰相群對陛下幸憐其老宜即遣使諭旨若須出敕無及
矣於是免死群凡啓奏平恕如此帝嘗語宰相聽受之際不亦難乎比詔學
士集前世事爲辨謗略以自儆覽其要云何群對無情曲直辨之至易有情
則欺爲難審也故孔子有衆好衆惡浸潤膚受之說皆其難辨也若陛下擇
賢而任待之以誠糺之以法則人自歸正而不敢以欺帝韙其言處州刺史
苗稹進羨錢七百萬群以受之失信天下請還賜其州以紓下戶之賦是時
皇甫鎛言利幸於帝陰藉左右求宰相群數言其佞邪不可用既入對及開

元天寶事群因推言其極曰安危在出令存亡繫所任昔玄宗少歷屯險更民間疾苦故初得姚崇宋璟盧懷慎輔以道德蘇頲李元紘孜孜守正則開元為治其後安于逸樂遠正士昵小人故宇文融以言利進李林甫楊國忠怙寵朋邪則天寶為亂願陛下以開元為法以天寶為戒社稷之福也又言世謂祿山反為治亂分時臣謂罷張九齡相林甫則治亂固已分矣左右為感動群以是諷帝故鎛衡之帝卒自相鎛會群臣上帝號鎛欲兼用孝德為號群獨以為有睿聖則孝德并見帝聞不樂會度支饋邊士不時物多弊惡李光顏亟憂甚至欲引佩刀自決中外皆咎鎛奏邊鄙無事乃群鼓動欲以賣直歸怨天子於是罷為湖南觀察使穆宗立以吏部侍郎召之勞曰我為太子卿力也群曰此先帝意臣何力焉且陛下向為淮西節度使臣起制草其言有能辨南陽之牘允符東海之貴先帝然之則傳付久矣俄拜御史大夫未幾檢校兵部尚書武寧節度使群以其副王智興得士心不若假以節度不報智興討幽鎮還籍兵逐群群失守左遷秘書監分司東都改華州刺史歷宣歙池觀察使進兵部尚書出為荊南節度使召拜吏部尚書卒年六十一贈司空

贊曰聖人不畏多難畏無難何哉多難之世人人長慮而深謀日惕于中猶以為未也曰吾覆亡不暇又何以安故能舉天下付之興畏之也禍難已平上恬下嬉施施自如曰賢難得雖無賢尚可治也佞可去雖存佞不遽亂也視偏弗填忽傾弗支偃然自慰曰我曷以畏故能舉天下付之亡不畏也常人所畏聖人易之所不畏聖人難之觀孝明皇帝本中主遭變可與謀始持成不可與共終崔群以為相李林甫則治亂已分其言信哉是扁鵲所以誚桓侯也

列傳第九十

賈杜令狐列傳第九十一　　唐書一百六十六

端明殿學士兼翰林侍讀學士龍圖閣學士朝請大夫尚書吏部侍郎兼集賢殿修撰臣宋祁奉
敕撰

賈耽字敦詩滄州南皮人天寶中舉明經補臨清尉上書論事徙太平河東節度使王思禮署為度支判官累進汾州刺史治凡七年政有異績召授鴻臚卿兼左右威遠營使俄為山南西道節度使梁崇義反東道耽進屯穀城取均州建中三年徙東道德宗在梁耽使司馬樊澤奏事澤還耽大置酒會諸將俄有急詔至以澤代耽召為工部尚書耽內詔于懷飲如故既罷召澤曰詔以公見代吾且治行敕將吏謁澤大將張獻甫曰天子播越而行軍以公命問行在乃規旄鉞利公土地可謂事人不忠矣軍中不平請為公殺之耽曰是何謂邪朝廷有命即為帥矣吾今趨覲得以君俱乃行軍中遂安俄為東都留守故事居守不出城以耽善射優詔許獵近郊還義成節度使淄青李納雖削偽號而陰蓄姦謀冀有以逞其兵數千自行營還道出滑或請館于外耽曰與我鄰道柰何疑之使暴于野命館城中宴廡下納士皆心服耽每畋從數百騎往往入納境納大喜然畏其德不敢謀貞元九年以尚書右僕射同中書門下平章事俄封魏國公常以方鎮帥缺當自天子命之若謀之軍中則下有背向人固不安帝然之不用也順宗立進檢校司空左僕射時王叔文等干政耽病之屢移疾乞骸骨不許卒年七十六贈太傅謚曰元靖耽嗜觀書老益勤尤悉地理四方之人與使夷狄者見之必從詢索風俗故天下地土區產山川夷岨必究知之方吐蕃盛彊盜有隴西異時州縣遠近有司不復傳耽乃繪布隴右山南九州且載河所經受為圖又以洮湟甘涼屯鎮額籍道里廣狹山險水原為別錄六篇河西戎之錄四篇上之詔賜幣馬珍器又圖海內華夷廣三丈從三丈三尺以寸為百里并撰古今郡國縣道四夷述其中國本之禹貢外夷本班固漢書古郡國題以墨今州縣以朱刊落疏舛多所釐正帝善之賜予加

等或指圖問其邦人咸得其真又著貞元十道錄以貞觀分天下
隸十道在景雲爲按察開元爲採訪廢置升降備焉至陰陽雜數
罔不通其器恢然蓋長者也不喜臧否人物爲相十三年雖安危
大事亡所發明而檢身厲行自其所長每歸第對賓客無少倦家
人近習不見其喜愠世謂淳德有常者
杜佑字君卿京兆萬年人父希望重然諾所交游皆一時俊桀爲
安陵令都督宋慶禮表其異政坐小累去官開元中交河公主嫁
突騎施詔希望爲和親判官信安郡王禕表署靈州別駕關內道
支度判官自代州都督召還京師對邊事玄宗才之屬吐蕃攻勃
律勃律乞歸右相李林甫方領隴西節度故拜希望鄯州都督知
留後馳傳度隴破烏莽衆斬千餘級進拔新城振旅而還擢鴻臚
卿於是置鎮西軍希望引師部分塞下吐蕃懼遺書求和希望報
曰受和非臣下所得專虜悉衆爭檀泉希望大小戰數十俘其大
酋至莫門焚積蓄卒城而還授二子官時軍屢興府庫虛寡希望

六ㄱ九十六 唐傳九十一 二 五

居數歲錫粟金帛豐餘宦者牛仙童行邊或勸希望結其驩荅曰
以貨藩身吾不忍仙童還奏希望不職下遷恒州刺史徙西河而
仙童受諸將金事泄抵死畀金者皆得罪希望愈重文學門下所
引如崔顥等皆名重當時佑以蔭補濟南參軍事剡縣丞嘗過潤
州刺史韋元甫元甫以故人子待之不加禮它日元甫有疑獄不
能決試訊佑佑爲辦處契要無不盡元甫奇之署司法參軍府徙
浙西淮南皆表置幕府入爲工部郎中充江淮青苗使再遷容管
經略使楊炎輔政歷金部郎中爲水陸轉運使改度支兼和糴使
於是軍興餽漕佑得剸決以戶部侍郎判度支建中初河朔兵挐
戰民困賦無所出佑以爲救敝莫若省用省用則省官乃上議曰
漢光武建武中廢縣四百吏率十署一魏太和時分遣使者省吏
員正始時并郡縣晉太元省官七百隋開皇廢郡五百貞觀初省
內官六百員設官之本以治衆庶故古者計人置吏不肯虛設自
漢至唐因征戰艱難以省吏員誠救弊之切也昔咎繇作士今刑

部尚書大理卿則二咎繇也垂作共工今工部尚書將作監則二
垂也契作司徒今司徒戶部尚書則二契也伯夷爲秩宗今禮部
尚書禮儀使則二伯夷也伯益爲虞今虞部郎中都水使者則二
伯益也伯冏爲太僕今太僕卿駕部郎中尚輦奉御閑廄使則四
伯冏也古天子有六軍漢前後左右將軍四人今十二衛神策八
軍凡將軍六十員舊名不廢新資自加且漢置別駕隨刺史巡察
猶今觀察使之有副也參軍者參其府軍事猶今節度判官也官
名職務直遷易不同爾詎有事實哉誠宜斟酌繁省欲致治者先
正名神龍中官紀蕩然有司大集選者既無闕員則置員外官二
千人自是以爲常當開元天寶中四方無虞編戶九百餘萬帑藏
豐溢雖有浮費不之爲憂今黎苗凋瘵天下戶百三十萬陛下詔
使者按比纔得三百萬比天寶三分之一就中浮寄又五之二出
賦者已耗而食之者如舊安可不革議者以天下尚有跋扈不廷
一省官吏被罷者皆往托焉此常情之說類非至論且十者薦用

七ㄱ八 唐書列傳九十一 三

不才者何患其亡又況顧姻戚家產哉建武時公孫述隗囂未滅
太和正始太元時吳蜀鼎立開皇時陳尚劉據皆羅取俊乂猶不
慮失人以資敵今田悅輩繫刑暴賦惟軍是䘏遇士人如奴固無
范睢蔡澤賈季彊狄之患若以習久不可以遽改且應權省別駕
參軍司馬州縣額內官約戶置尉當罷者有行義在所以聞不如
狀舉者當坐不爲人舉者任參常調亦何患哉如魏置柱國當時
宿德盛業者居之貴寵第一周隋間授受已多國家以爲勳級纔
得地三十頃耳又開府儀同三司光祿大夫亦官名以其太多回作
階級隨時立制遇弊則變何必因循憚改作耶議入不省盧杞當
國惡之出爲蘇州刺史前刺史母喪解佑母在辭不行改饒州俄
還嶺南節度使佑爲開大衢疏析廛閈以息火災朱厓黎民三世
保險不賓佑討平之召拜尚書右丞俄出爲淮南節度使以母喪
解詔不許徐州節度使張建封卒軍亂立其子愔請于朝帝不許
乃詔佑檢校尚書左僕射同中書門下平章事節度徐泗討定之

佑具舠艦遣屬將孟準度淮擊徐不克引還佑於出師應變非所長因固境不敢進乃詔授愔徐州節度使析濠泗二州隸淮南初佑決雷陂以廣灌溉斥海瀕弃地爲田積米至五十萬斛列營三十區士馬整飭四鄰畏之然寬假僚佐故南宮僔李亞鄭元均至爭權亂政帝爲佑斥去之十九年拜檢校司空同中書門下平章事德宗崩詔攝冢宰進檢校司徒兼度支鹽鐵使於是王叔文爲副佑既以宰相不親事叔文遂專權後叔文以母喪還第佑有所按決郎中陳諫請須叔文佑曰使不可專耶乃出諫爲河中少尹叔文欲搖東宮冀佑爲助佑不應乃謀逐之未決而敗佑更薦李巽以自副憲宗在諒闇復攝冢宰盡讓度支鹽鐵於巽始度支畜用度多署吏權攝百司繁而不綱佑以營繕還將作木炭歸司農湅染還少府職務簡倘明年拜司徒封岐國公党項陰導吐蕃爲亂諸將邀功請討之佑以爲無良邊臣有爲而叛即上疏曰昔周宣中興獫狁爲寇追之太原及境而止不欲弊中國怒遠夷也秦

恃兵力北拒匈奴西逐諸羌結怨階亂實生謫戍蓋聖王之治天下惟欲綏靜生人西至于流沙東漸于海在北與南止存聲教豈疲內而事外耶昔馮奉世矯詔斬莎車王傳首京師威震西域宣帝議加爵土蕭望之獨謂矯制違命雖有功不可爲法恐後奉使者爲國家生事夷狄比突厥默啜寇害中國開元初郝靈佺捕斬之自謂功莫與二宋璟慮邊臣由此邀功但授郎將而已繇是訖開元之盛不復議邊中國遂安此成敗鑒戒之不遠也党項小蕃與中國雜處間者邊將侵刻利其善馬子女歛求繇役遂致叛亡與北狄西戎相誘盜邊傳曰遠人不服則脩文德以來之管仲有言國家無使勇猛者爲邊境此誠聖哲識微知著之略也今戎醜方彊邊備未實誠宜慎擇良將使之完輯禁絕誅求示以信誠來則懲禦去則謹備彼當懷柔革其姦謀何必亟興師役坐取勞費哉帝嘉納之歲餘乞致仕不聽詔三五日一入中書平章政事佑每進見天子尊禮之官而不名後數年固乞骸骨帝不得已許之

仍拜光祿大夫守太保致仕俾朝朔望遣中人錫予備厚元和七年卒年七十八册贈太傅謚曰安簡佑資嗜學雖貴猶夜分讀書先是劉秩摭百家侔周六官法爲政典三十五篇房琯稱才過劉向佑以爲未盡因廣其闕參益新禮爲二百篇自號通典奏之優詔嘉美儒者服其書約而詳爲人平易遜順與物不違忤人皆愛重之方漢胡廣然練達文采不及也朱坡樊川頗治亭觀林芿鑿山股泉與賓客置酒爲樂子弟皆奉朝請貴盛爲一時冠天性精於吏職爲治不皦察數斡計賦相民利病而上下之議者稱佑治行無缺惟晚年以妾爲夫人有所蔽云子式方

式方字考元以蔭授揚州參軍事再遷太常寺主簿考定音律卿高郢稱之佑既相出爲昭應令遷太僕卿子悰尚公主式方以右戚輒病不視事穆宗立授桂管觀察使弟從郁痼疾躬爲嘗方藥羞膳及死朞而泣世稱其篤行卒贈禮部尚書從郁元和初爲左補闕崔羣等以宰相子爲嫌再徙祕書丞終駕部員外郎子牧

悰字永裕以門蔭三遷太子司議郎權德輿爲相其婿翰林學士獨孤郁以嫌自白憲宗見郁文雅歎曰德輿有婿乃爾時岐陽公主帝愛女舊制選多戚里將家帝始詔宰相李吉甫擇大臣子皆辭疾唯悰以選召見麟德殿禮成授殿中少監駙馬都尉大和初由澧州刺史召爲京兆尹遷鳳翔忠武節度使入爲工部尚書判度支會公主薨悰久不謝文宗怪之戸部侍郎李玨曰比駙馬都尉皆爲公主服斬衰三年故悰不得謝帝矍然始詔杖而朞著于令會昌初爲淮南節度使武宗詔揚州監軍取倡家女十七人進禁中監軍請悰同選又欲閱良家有姿相者悰曰吾不奉詔而輒與罪也監軍怒表于帝帝以悰有大臣體乃詔罷所進伎有意倚悰爲相矣踰年召拜檢校尚書右僕射同中書門下平章事仍判度支劉稹平進左僕射兼門下侍郎未幾以本官罷出爲劍南東川節度使徙西川復鎮淮南時方旱道路流亡藉藉民至漉漕渠遺米自給呼爲聖米取陂澤茭蒲實皆盡悰更表以爲祥獄囚積

數百千人而恭湎宴適不能事罷兼太子太傅分司東都踰歲起爲留守復節度劍南西川召爲右僕射判度支進兼門下侍郎同平章事始宣宗世夔王以下五王處大明宮内院而鄆王居十六宅帝大漸樞密使王歸長馬公儒等以遺詔立夔王而左軍中尉王宗實等入殿中以爲歸長等矯詔乃迎鄆王立之是爲懿宗久之遣樞密使楊慶詣中書獨揖悰它宰相畢諴杜審權蔣伸不敢進乃授悰中人請帝監國奏因諭悰劾大臣名不在者抵罪悰遽封授使者復命謂慶曰上践祚未久君等秉權以愛憎殺大臣公屬禍無日矣慶色沮去帝怒亦釋大臣遂安未幾册拜司空封邠國公以檢校司徒爲鳳翔荊南節度使加兼太傅會黔南觀察使秦匡謀討蠻兵敗奔荊悰囚之劾不能伏節有詔斬之悰不意其意駭愕得疾卒年八十贈太師葬日詔宰相百官臨奠悰於大議論往往有所合然亦不周用雖出入將相而厚自奉養未嘗薦進幽隱佑之素風衰焉故時號秃角犀子裔休懿宗時歷翰林學

士給事中坐事貶端州司馬弟孺休字休之累擢給事中大順初錢鏐遣弟銶率兵擊徐約於蘇州破之以海昌都將沈粲行刺史事而昭宗更命孺休爲之以粲爲制置指揮使鏐不悅密遣粲害焉始孺休見攻也曰勿殺我當與爾金粲曰殺爾金焉往與兄述休同死悰弟慆

慆咸通中爲泗州刺史會龐勛反圍城處士辛讜自廣陵來見慆勸出家屬獨以身守慆曰吾出百口求生衆心揺矣不如與將士生死共之衆聞皆泣下慆之聞難完濬城隍閱器械無不具賊將李圓易慆馳勇士百人欲入封府庫慆爲好言厚禮迎勞賊不虞慆之謀也明日伏甲士三百宴毬場賊皆殲焉圓怒傅城戰慆殺數百人圓退壁城西勛聞益其兵而以書射城中促降會夜慆擊鼓乘城大呼圓氣奪奔還徐州未幾賊焚淮口晝夜戰不息讜乃請救於戍將郭厚本賊解去浙西節度使杜審權遣將以兵千人來援反爲圍軍所包一軍盡沒慆使人間道走京師詔戴可師以沙陀吐渾兵二萬招討淮南節度使令狐綯遣牙將李湘屯淮口與郭厚本合爲圍所敗湘等並沒於是援絶賊乃以鐵鎖絶淮流梯衝乘城糧盡爲薄饘以給懿宗遣使加慆檢校右散騎常侍勉以堅守勛遣圍入城見慆約降慆怒殺之勛復遣之書慆答書言安禄山朱泚等終底覆滅者以陰擕其黨勛累攻不得志招討使馬舉率兵至遂解去圍凡十月慆拊循士皆殊死奮而辛讜冒圍出入糾輯援師卒完一州時稱爲難賊平慆遷義成軍節度使檢校兵部尚書卒

牧字牧之善屬文第進士復舉賢良方正沈傳師表爲江西團練府巡官又爲牛僧孺淮南節度府掌書記擢監察御史移疾分司東都以弟顗病棄官復爲宣州團練判官拜殿中侍御史内供奉是時劉從諫守澤潞何進滔據魏博頗驕蹇不循法度牧追咎長慶以來朝廷措置亡術復失山東鉅封劇鎮所以繫天下輕重不得承襲輕授皆國家大事嫌不當位而言實有罪故作罪言其辭

曰生人常病兵兵祖於山東羨於天下不得山東兵不可死山東之地禹畫九土曰冀州舜以其分太大離爲幽州爲并州程其水土與河南等常重十弍二故其人沈鷙多材力重許可能辛苦魏晉以下工機纖雜意態百出俗益卑弊人益脆弱唯山東敦五種本兵矢他不能蕩而自若也産健馬下者日馳二百里所以兵常當天下冀州以其恃彊不循理冀其必破弱雖已破冀其復彊大也并州力足以并吞也幽州幽陰慘殺也聖人因以爲名黄帝時蚩尤爲兵階自後帝王多居其地周劣齊霸不一世晉大常傭役諸侯至秦萃銳三晉經六世乃能得韓遂折天下脊復得趙因拾取諸國韓信聯齊有之故蒯通知漢楚輕重在信光武始於上谷成於鄗魏武舉官渡三分天下有其二晉亂胡作至宋武號英雄得蜀得關中盡有河南地十分天下之八然不能使一人度河以窺胡至高齊荒蕩宇文取之隋文因以滅陳五百年間天下乃一家隋文非宋武敵也是宋不得山東隋得山東故隋爲王宋爲霸

由此言之山東王者不得不爲王霸者不得不爲霸猾賊得之足以致天下不安天寶末燕盜起出入成皐函潼間若涉無人地郭李輩兵五十萬不能過鄴自爾百餘城天下力盡不得尺寸人望之若回鶻吐蕃義無敢窺者國家因之畦河脩障戍塞其街蹊齊魯梁蔡被其風流因亦爲寇以裹拓表以表撑裹混澒回轉顛倒横邪未常五年間不戰生人日頓委四夷日日熾天子因之幸陝幸漢中焦焦然七十餘年運遭孝武澣衣一肉不畋不樂自卑冗中救取將相凡十三年乃能盡得河南山西地洗削更革罔不能適唯山東不服亦再攻之皆不利豈天使生人未至於怗泰邪豈人謀未至邪何其艱哉今日天子聖明超出古昔志於平治若欲悉使生人無事其要先去兵不得山東兵不可去今者上策莫如自治何者當貞元時山東有燕趙魏叛河南有齊蔡叛梁徐陳汝白馬津盟津襄鄧安黄壽春皆戍厚兵十餘所纔足自護治所實不輟一人以他使遂使我力解勢弛熟視不軟者無可奈何階此

蜀亦叛吳亦叛其他未叛者迎時上下不可保信自元和初至今二十九年間得蜀得吳得蔡得齊收郡縣二百餘城所未能得唯山東百城耳土地人户財物甲兵較之往年豈不綽綽乎亦足自以爲治也法令制度品式條章果自治乎賢才姦惡搜選置捨果自治乎障戍鎮守干戈車馬果自治乎井閭阡陌倉廩財賦果自治乎如不果自治是助虜爲虜環土三千里植根七十年復有天下陰爲之助則安可以取故曰上策莫如自治中策莫如取魏魏於山東最重於河南亦最重魏在山東以其能遮趙也既不可越魏以取趙固不可越趙以取燕是燕趙常取重於魏魏常操燕趙之命故魏在山東最重黎陽距白馬津三十里新鄉距盟津一百五十里陴壘相望朝駕暮戰是二津虜能潰一則馳入成皐不數日間故魏於河南亦最重元和中舉天下兵誅蔡誅齊頓之五年無山東憂者以能得魏也昨日誅滄頓之三年無山東憂亦以能得魏也長慶初誅趙一日五諸侯兵四出潰解以失魏也昨日誅

趙罷如長慶時亦以失魏也故河南山東之輕重在魏非魏彊大地形使然也故曰取魏爲中策最下策爲浪戰不計地勢不審攻守是也兵多粟多敺人使戰者便於守兵少粟少人不敺自戰者便於戰故我常失於戰虜常困於守山東叛且三五世後生所見言語舉止無非叛也以爲事理正當如此沈酣入骨髓無以爲非者至有圍急食盡啖屍以戰以此爲俗豈可與決一勝一負哉自十餘年凡三收趙食盡且下郗士美敗趙復振杜叔良敗趙復振李聽敗趙復振故曰不計地勢不審攻守爲浪戰最下策也累遷左補闕史館修撰改膳部員外郎宰相李德裕素奇其才會昌中黠戛斯破回鶻回鶻種落潰入漠南牧説德裕不如遂取之以爲兩漢伐虜常以秋冬當匈奴勁弓折膠重馬免乳與之相校故敗多勝少今若以仲夏發幽并突騎及酒泉兵出其意外一舉無類矣德裕善之會劉稹拒命詔諸鎮兵討之牧復移書於德裕以河陽西北去天井關彊百里用萬人爲壘窒其口深壁勿與戰成德

軍世與昭義爲敵王元逵思一雪以自奮然不能長驅徑擣上黨其必取者在西面今若以忠武武寧兩軍益青州精甲五千宣潤弩手二千道絳而入不數月必覆賊巢昭義之食盡仰山東常日節度使率留食邢州山西兵單少可乘虛襲取故兵聞拙速未睹巧之久也俄而澤潞平略如牧策歷黄池睦三州刺史入爲司勳員外郎常兼史職改吏部復乞爲湖州刺史踰年以考功郎中知制誥遷中書舍人牧剛直有奇節不爲齪齪小謹敢論列大事指陳病利尤切至少與李甘李中敏宋祁善其通古今善處成敗甘等不及也牧亦以疏直時無右援者從兄悰更歷將相而牧困躓不自振頗怏怏不平卒年五十初牧夢人告曰爾應名畢復夢書皎皎白駒字或曰過隙也俄而炊甑裂牧曰不祥也乃自爲墓誌悉取所爲文章焚之牧於詩情致豪邁人號爲小杜以别杜甫云顗字勝之幼病目母禁其爲學舉進士禮部侍郎賈餗語人曰得杜顗足敵數百人授祕書省正字李德裕奏爲浙西府賓佐德裕貴

盛賓客無敢忤惟顗數諫正之及謫袁州歎曰門下愛我皆如顗吾無今日大和末召爲咸陽尉直史館常語人曰李訓鄭注必敗行未及都聞難作即辭疾歸顗亦善屬文與牧相上下竟以喪明卒

令狐楚字殼士德棻之裔也生五歲能爲辭章逮冠貢進士京兆尹將薦爲第一時許正倫輕薄士有名長安間能作蜚語楚嫌其爭讓而下之既及第桂管觀察使王拱愛其材將辟楚懼不至乃先奏而後聘雖在拱所以父官并州不得奉養未嘗豫宴樂滿歲謝歸李說嚴綬鄭儋繼領太原高其行引在幕府由掌書記至判官德宗喜文每省太原奏必能辨楚所爲數稱之儋暴死不及占後事軍大讙將爲亂夜十數騎挺刃邀取楚使草遺奏諸將圜視楚色不變秉筆輒就以徧示士皆感泣一軍乃安由是名益重以親喪解既除召授右拾遺憲宗時累擢職方員外郎知制誥其爲文於箋奏制令尤善每一篇成人皆傳諷皇甫鏄以言利幸與楚蕭俛皆厚善故薦于帝帝亦自聞其名召爲翰林學士進中書舍

人方伐蔡久未下議者多欲罷兵帝獨與裴度不肯赦元和十二年度以宰相領彰義節度使楚草制其辭有所不合度得其情時宰相李逢吉與楚善皆不助度故帝罷逢吉停楚學士但爲中書舍人俄出爲華州刺史後它學士比比宣事不切旨帝抵其草思楚之才鏄既相擢楚河陽懷節度使代烏重胤始重胤徙滄州以河陽士三千從士不樂半道潰歸保北城將轉掠旁州楚至中潬以數騎自往勞之衆甲而出見楚不疑乃皆降楚斬其首惡衆遂定度出太原鏄薦楚爲中書侍郎同中書門下平章事穆宗即位進門下侍郎鏄得罪時謂楚緣鏄以進且嘗逐裴度天下所共疾會蕭俛輔政乃不敢言方督景陵詔楚爲使而親吏韋正牧奉天令于翬等不償傭錢十五萬緡楚獻以爲羨餘怨訴係路詔捕翬等下獄誅出楚爲宣歙觀察使俄貶衡州刺史再徙以太子賓客分司東都長慶二年擢陝虢觀察使諫官論執不置楚至陝一日復罷還東都會逢吉復相力起楚以李紳在翰林沮之不克敬宗立逐出紳即拜楚爲河南尹遷宣武節度使汴軍以驕故而韓弘弟兄務以峻法繩治士偷于安無革心楚至解去酷烈以仁惠鐫諭人人悅喜遂爲善俗入爲戶部尚書俄拜東都留守徙天平節度使始汴鄆帥每至以州錢二百萬入私藏楚獨辭不取又毀李師古園檻僭制者久之徙節河東召爲吏部尚書檢校尚書右僕射故事檢校官重則從其班楚以吏部自有品固辭有詔嘉允俄兼太常卿進拜左僕射彭陽郡公會李訓亂將相皆繫神策軍文宗夜召楚與鄭覃入禁中楚建言外有三司御史不則大臣雜治內仗非宰相繫所也帝頷之既草詔以王涯賈餗寃指其罪不切仇士良等怨之始帝許相楚乃不果更用李石而以楚爲鹽鐵轉運使先是鄭注奏建榷茶使王涯又議官自治園植茶人不便楚請廢使如舊法從之元和中出禁兵畀左右街使衛宰相入朝至建福門及是亂乃罷楚即奏鎮帥初拜必戎服屬仗詣省謁辭本於鄭注實爲亂兆故王璠郭行餘驅將吏蹀血京師所宜停止詔

可開成元年上巳賜羣臣宴曲江楚以新誅大臣暴骸未收怨沴感結稱疾不出乃請給衣衾櫬櫝以斂刑骨順陽氣是時政在宦豎數上疏辭位拜山南西道節度使卒年七十二贈司空謚曰文

楚外嚴重不可犯而中寬厚待士有禮客以星步鬼神進者一不接爲政善撫御治有績人人得所宜疾甚諸子進藥不肯御曰士固有命何事此物邪自力爲奏謝天子召門人李商隱曰吾氣魄且盡可助我成之其大要以甘露事誅譴者衆請霽威普見昭洗辭致曲盡無所謬脫書已勑諸子曰吾生無益於時無請謚勿求鼓吹以布車一乘葬銘誌無擇高位是夕有大星霣寢上其光燭廷坐與家人訣乃終有詔停鹵簿以申其志子緒綯顥于時緒以蔭仕歷隋壽汝三州刺史有佳政汝人請刻石頌德緒以綯當國固讓宣宗嘉其意乃止

綯字子直舉進士擢累左補闕右司郎中出爲湖州刺史大中初宣宗謂宰相白敏中曰憲宗葬道遇風雨六宮百官皆避獨見頎

而鬻者奉梓宮不去果誰耶敏中言山陵使令狐楚帝曰有子乎對曰緒少風痺不勝用綯今守湖州因曰其爲人宰相器也即召爲考功郎中知制誥入翰林爲學士它夜召與論人間疾苦帝出金鏡書曰太宗所著也卿爲我舉其要綯擿語曰至治未嘗任不肖至亂未嘗任賢任賢享天下之福任不肖罹天下之禍帝曰善朕讀此常三復乃已綯再拜曰陛下必欲興王業捨此孰先詩曰惟其有之是以似之進中書舍人襲彭陽男遷御史中丞再遷兵部侍郎還爲翰林承旨夜對禁中燭盡帝以乘輿金蓮華炬送還院吏望見以爲天子來及綯至皆驚俄同中書門下平章事輔政十年懿宗嗣位由尚書左僕射門下侍郎冊拜司空未幾檢校司徒平章事爲河中節度使徙宣武又徙淮南副大使安南平以饋運勞封涼國公龐勛自桂州還道浙西白沙入濁河剽舟而上綯聞遣使慰撫且餽之禪將李湘曰徐兵擅還果反矣雖未有詔一切制亂我得專之今其兵不二千而廣舟艦張旗幟示侈於人其

畏我甚高郵岸峭水狹若使荻艚火其前勁兵乘其後一舉可覆不然使得絕淮泗合徐之不逞禍亂滋矣綯懦緩不能用又自以不奉詔因曰彼不爲暴聽其度淮何豫我哉勛還果盜徐州其衆六七萬徐乏食分兵攻滁和楚壽陷之糧盡啖人以飽詔綯爲徐州南面招討使賊方攻泗州杜慆堅守綯命湘率兵五千救之勛讋辭謝綯曰數蒙赦所以未即降者一二將爲異耳願圖去之以身聽命綯喜即請假勛節而勑湘曰賊已降第謹戍淮口無庸戰湘乃徹警釋械日與勛衆歡言後賊乘間直襲湘壘悉俘而食之臨湘及監軍郗厚本時浙西杜審權使票將翟行約率千兵與湘會未至而湘覆賊僞建淮南旌幟誘之亦皆陷綯旣師敗乃以左衞大將軍馬舉代之以綯爲太子太保分司東都僖宗初拜鳳翔節度使頃之就加同平章事徙封趙卒年七十八贈太尉子滈渙渢

滈避嫌不舉進士綯輔政而滈與鄭顥爲姻家怙勢驕偃通賓客招權以射取四方貨財皆側目無敢言懿宗嗣位數爲人白發其罪故綯去宰相因丐滈與羣進士試有司詔可是歲及第諫議大夫崔瑄劾奏綯以十二月去位而有司解牒盡十月屆朝廷取士法爲滈家事請委御史按實其罪不聽滈乃以長安尉爲集賢校理稍遷右拾遺史館脩撰詔下左拾遺劉蛻起居郎張雲交疏指其惡且言綯用李琢爲安南都護首亂南方贓虐流著使天下兵戈調斂不給琢本進賂于滈滈爲人子陷綯於惡顧可爲諫臣乎又劾綯大臣當調護國本而大中時乃引諫議大夫豆盧籍刑部侍郎李鄴爲䕫王等侍讀亂長幼序使先帝貽厥之謀幾不及陛下且滈居當時謂之白衣宰相滈未嘗舉進士而妄言已解使天下謂無解及第不已罔乎滈亦懼求換它官改詹事府司直綯方守淮南上奏自治帝爲貶雲爲興元少尹蛻華陰令滈亦湮泥不振死渙渢皆舉進士渙終中書舍人

定字履常楚弟及進士第大和末以駕部郎中爲弘文館直學士李訓亂王涯休方以是日就職定往賀爲神策軍并收欲殺者屢

矣已而免終桂管觀察使

贊曰耽佑楚皆惇儒大衣高冠雍容廟堂道古今處成務可也以大節責之蓋碏中而玉表歟悰綯世當國亦無足譏牧論天下兵曰上策莫如自治賢矣哉

賈杜令狐列傳第九十一

白裴崔韋二李皇甫王列傳第九十二　唐書一百六十七

端明殿學士兼翰林侍讀學士龍圖閣學士朝請大夫守尚書吏部侍郎充集賢殿修撰臣宋祁奉
敕撰

白志貞 本名琇珪故太原史也事節度使李光弼硜硜自力有
智數光弼善之使與帳下議代宗素聞及光弼卒擢累司農卿在
官十年德宗以爲敏遂倚腹心進授神策軍使賜今名有所建白
善窺億帝指故言無不從從狩奉天以爲行在都知兵馬使懼李
懷光暴其惡乃與趙贊盧杞等抑懷光不使朝懷光反論斥其姦
貶恩州司馬贊播州司馬稍徙閬州別駕貞元二年起爲果州刺
史宰相李勉固諫不許明年拜浙西觀察使死于官

裴延齡河中河東人乾元末爲汜州尉賊陷東都去客江夏華州
刺史董晉表署判官稍遷太常博士盧杞秉政引爲膳部員外郎
集賢院直學士崔造表知東都度支院召爲祠部郎中不待命輒
還集賢院宰相張延賞疾其易出爲昭應令與尉交訴所賕京兆

尹鄭叔則佑尉而御史中丞竇參善延齡卒逐尹德宗用參輔政即
擢延齡司農少卿會班宏卒假領度支延齡素不善財計乃廣鉤
距取宿姦老吏與謀以固帝幸因建言左藏天下歲入不貲耗登
不可校請列別舍以檢盈虛於是以天下宿負八百萬緡析爲負
庫抽貫三百萬緡爲贌庫樣物三十萬緡爲季庫帛以素出以色
入者爲月庫帝皆可之然天下負皆窮人償入無期抽貫與給皆
盡樣物與帛固有籍延齡但多其簿最吏員以詭帝於財用無所
加也俄以戶部侍郎爲眞又請以京兆苗錢市草千萬俾民輸諸
苑宰相陸贄等以爲非是不從京右偏故有雚葦地數頃延齡妄
言長安咸陽間得陂芿數百頃願以爲內廐牧地水甘草薦與苑
廐等帝信之以問宰相皆曰當無有帝遣使按覆果詐延齡大慙
帝不責也京兆積歲和市不得直尹李充請之官延齡誣其妄反
令還輸號曰底折錢嘗請斂財以實府帝曰安得而實之延齡曰
開元天寶間戶口繁息百司務殷官且有缺者比兵興戶不半在
今一官治數司足矣請後官闕不即補收其稟以實帑簿它日帝
謂延齡曰朕所居浴堂殿一棟將壓念易之未能也延齡曰宗廟
至重殿棟微矣且陛下本分錢用之亡窮何所難哉帝驚曰本分
錢柰何對曰此在經誼愚儒不能知臣能言之按禮天下賦三之
一以充乾豆一以事賓客一君之庖廚陛下奉宗廟能竭天下賦
三之一乎鴻臚禮賓勞予四夷用十一爲有贏陛下所御饔餼簡
儉以所餘爲百官稟料殆錢未盡也則所不盡者爲本分錢以治
殿數十尚不乏況一棟哉帝頷曰人未嘗爲朕言之又造神龍佛
祠須材五十尺者延齡妄奏同州得大谷木數千章度皆八十尺
帝曰吾聞開元時近山無巨木求之嵐勝間今何地之近材之良
邪延齡曰異材瑰產處處有之待聖主乃出今生近輔豈開元所
當得也帝悅是時陸贄爲宰相帝素所信重極論其譎妄不可任
帝以爲排媢愈益厚延齡贄上疏列其狀具言延齡嘗奏句獲乾
隱二千萬緡請舍別庫爲羨餘供天子私貴故上之與作廣宣索

多矣延齡欲實其言乃大搜市廛奪所入獻逮捕匠徒迫脅就功
號曰敕索弗讎其直名曰和雇弗與之庸又度支出納與太府交
相關制出物旬計見物月計符按覆覈有御史以監董之則財用
不得回隱延齡乃言掊糞土得銀十三萬兩它貨且百萬已棄而
獲皆羨餘也悉移舍以供別敕太府卿韋少華劾其妄陛下縱之
不爲治此乃侵削兆民爲天子取怨于下又引建中橫斂多積致
播遷者其言甚深切帝得奏不悅會鹽鐵使張滂京兆尹李充司
農卿李銛皆指延齡專以險僞罔上帝怒乃罷贄宰相左除滂等官
時大旱人情愁惴延齡言贄等失權怨望顯言歲饑民流度支糧
芻乏以激怒衆士它日帝畋苑中而神策軍訴度支不賦廐芻者
天子感延齡言乃下詔斥逐贄等朝廷震恐延齡又捕充所善吏
張忠榜掠之誣充没官錢五十萬緡以餌結權幸令妻以犢車載
金餉贄忠具獄其母投訴光順門顯有詔御史審劾一夕得狀乃
釋忠延齡不得逞復奏充妄用京兆錢穀願下有司比句以比部

郎中崔元翰欲釋憾於贄也賴刑部侍郎奚陟辨治充等得不宽延齡資苛刻又劫于利專剥下附上肆騁譎怪其進對皆他人莫敢言而延齡言之不疑亦人之所未聞者帝頗知其詐但以其不隱欲聞外事故斷用不疑延齡恃得君謂必輔政少所降下至嫚駡通臣時人側目屬疾卧第載度支官物輸之家無敢言帝念之使者日三輩往死年六十九人語以相安唯帝悼不已册贈太子太傅上柱國永貞初度支建言延齡橐列别庫分藏正物無實益而有吏文之煩乃詔復以還左藏元和中有司謚曰繆

崔損字至無系本博陵大曆末中進士博學宏辭補校書郎咸陽尉避親改大理評事累勞至右諫議大夫于時宰相趙憬卒盧邁屬疾裴延齡素善損薦之德宗貞元十二年以本官同中書門下平章事始中書虚位十日議者謂選有德及用損中外悵失而損性齷齪能自將延英進見不敢出一言及天下事踰年進門下侍郎嘗以疾卧家久賜絹三百爲醫藥費損無卓卓稱于人者而歷二省華要至宰相母殯而不葬亦不展殯女兄爲尼没不臨喪建中後宰相無久任者損以便柔遜愿中帝意乃留八年帝亦知公議病其持禄然憐遇彌渥卒贈太子太傅謚曰靖

韋渠牟京兆萬年人工部侍郎述從子也少警悟工爲詩李白異之授以古樂府去爲道士不終更爲浮屠已而復冠浙西韓滉表試校書郎進至四門博士貞元十二年德宗誕日詔給事中徐岱兵部郎中趙需禮部郎中許孟容與渠牟及佛老二師並對麟德殿質問大趣渠牟有口辯雖於三家未究解然答問鋒生帝聽之意動遷祕書郎進詩七百言未浹旬擢右補闕内供奉始同列易之後數遣中人専召渠牟由是皆屬目歲中至諫議大夫大抵延英對雖大臣率漏下二三刻止渠牟每奏事輒五六刻乃罷天子歡甚渠牟爲人佻躁志向浮淺不根於道德仁義特用憸巧中帝意非有嘉謨正辭感悟得君也自陸贄免帝躬攬庶政不復委權于下宰相取充位行文書而已至守宰御史皆自推簡然處深宫所倚而信者裴延齡李齊運王紹李實韋執誼與渠牟等其權侔人主延齡實皆姦虐紹無所建明渠牟後出望最輕張恩勢以動天下召崔芊于茅山超鄭隨布衣至補闕引醴泉令馮伉爲給事中太子侍讀帝既偏于任聽士之浮競甘進者争出其門赫然勢熖可炙再擢太常卿卒年五十三贈刑部尚書謚曰忠所論著甚多傳于時

李齊運者蔣王惲孫始補寧王府東閤祭酒擢累監察御史復辟江淮都統李峘府由工部郎中爲長安令政頗脩辦宗正少卿李瀚從子有所訟齊運於瀚爲卑行而不禮訟者瀚怒辱諸朝齊運以聞代宗貶瀚由是稍擢京兆少尹出爲河中尹晉絳慈隰觀察使德宗出狩李懷光還兵奔難晝夜馳及河中士罷困乃休三日齊運悉所賦勞軍牛酒豐甘人人喜悦及懷光反還守河中齊運弃城走詔拜京兆尹時李晟壁渭橋齊運發民築城保督芻粟以餉晟賊平頗有助萬年丞源邃不事齊運怒捽辱之死於廷邃家告冤御史大夫崔縱請窮治帝不許御史聯章深劾齊運訴于帝言爲朋黨所擠天子使宰相諭諫官御史後毋得羣署章以劾然卒不直邃冤久之大蝗旱齊運不能政乃以韓洄代之改宗正卿閑廐宫苑使進至禮部尚書宰相内殿對已齊運常次進帝與參決大事既無學暗于大體第以甘言阿啗而已嘗薦李錡爲浙西受賂數十萬又薦李詞爲湖州刺史人告其贓帝置不問齊運卧疾滿歲不能謁每除吏往往遣使即家咨逮晚以妾爲妻具冕服行禮士人嗤之卒年七十二贈尚書左僕射

李實道王元慶四世孫以蔭仕嗣曹王皋辟署江西府判官遷蘄州刺史皋節度山南東道復從之皋卒實知後務刻薄軍費士怨怒欲殺之夜縋亡歸京師累進司農卿擢拜京兆尹封嗣道王怙寵而愎不循法度貞元二十年旱關輔飢實方務聚斂以結恩民訴府上一不問德宗訪外疾苦實詭曰歲雖旱不害有秋乃峻責租調人窮無告至徹舍鬻苗輸于官優人成輔端爲俳語諷帝實

怒奏賤工謗國帝爲殺之或言古者瞽誦箴諫雖訴誻託諭何誅焉帝悔然不罪實故事京兆避臺官實嘗與御史王播遇而騶唱爭道播鉤責從者實怒奏播爲三原令廷辱之惡萬年令李衆誣逐虔州司馬以所善虞部員外郎房啓代之其怙權作威若此公卿爲讒短遷斥者甚衆專情驁佷見顏閒權德輿爲禮部而實私薦士二十人迫語曰應用此第不爾君且外遷德輿雖拒之然常憚其誣吏部每奏科目頗嚴密以杜請託實公詣曹劫請趙宗儒無所畏詔書蠲人逋租實格詔固斂畿民大困官吏皆被榜罰掊取三十萬緡吏乞貸豪釐輒死桉之無罪者猥曰死亦非枉復殺之專以殘忍爲政順宗在諒闇不踰月實殺數十人于府貶通州長史市人爭懷瓦石邀劫之實懼夜遁去長安中相賀以赦令內移死虢州

皇甫鎛涇州臨涇人貞元初第進士又擢制科爲監察御史居喪游處不度下除詹事府司直久之遷吏部員外郎典南曹鈐制吏

姦猾知名進郎中遷累司農卿判度支改戶部侍郎憲宗方伐蔡急於用度鎛裒會嚴亟以辦濟師帝悅進兼御史大夫蔡平之明年遂同中書門下平章事猶領度支鎛以吏道進旣由聚斂句剝爲宰相至雖市道皆嗤之崔羣裴度以聞帝怒不聽度乃表罷政事極論鎛姦邪苛刻天下怨之將食其肉且言天下安否繫朝廷朝廷輕重在輔相今承宗削地程權赴闕韓弘輿疾討賊非力能制之顧朝廷處置能服其心也若相鎛則四方解矣請授以浙西觀察使其辭切至帝以天下略平亦欲崇臺沼宮觀自娛樂鎛與程异知帝意故數貢羨財陰佐所欲又賂吐突承璀爲輿援故帝排衆論決任之反以度爲朋黨不內其言鎛乃益以巧媚自固建損內外官稟佐國用給事中崔植上還詔書乃止帝斥內帑所餘詔度支評直鎛貴售之以給邊兵故繒陳綵觸手輒壞士怨怒聚焚之裴度以其事聞鎛指所著韡曰此內府所出牢韌可服彼言不可用詐也帝信之鎛銜度乃與李逢吉令狐楚合擠之出度太原又以崔羣有天下重望勁正敢言後議帝號鎛乃譖羣抑損徽稱帝怒逐羣湖南鎛罷度支進門下侍郎平章事嘗與金吾將軍李道古共薦方士柳泌浮屠大通爲長年藥帝惑之穆宗在東宮聞其姦妄始聽政集羣臣於月華門貶鎛崖州司戶參軍死其所泌者本楊仁晝也習方伎道古薦于鎛召入禁中自云能致藥爲不死者因言天台山靈仙所舍多異草願官天台求采之起徒步拜天台刺史賜金紫諫臣固爭以爲列聖亦有寵方士未嘗使牧民帝曰煩一州而致長年于君父何愛哉後不敢言泌敺吏民采藥山谷間鞭笞苛急歲餘無所獲懼詐窮舉族遁去浙東觀察使捕得鎛與道古營解乃復待詔翰林帝餌泌藥寖躁怒不常宦侍懼以獄崩大通自言百五十歲鎛敗與泌皆誅初吏責泌妄荅曰皆道古教我解衣即刑卒無它異鎛之貶前坊州刺史班肅以嘗僚獨餞於野朝廷義之擢爲司封員外郎鎛弟鏞字鯀卿第進士鎛爲相時任河南少尹見權寵太盛每極言之鎛不悅乃求分司

爲太子右庶子鎛敗朝廷賢之授國子祭酒開成初以太子少保卒鏞能屬文工詩爲人寡言正色衣冠甚偉不屑世務所交皆知名士著書數十篇

王播字明敭其先太原人父恕爲揚州倉曹參軍遂家焉播貞元中與弟炎起皆有名並擢進士而播起舉賢良方正異等補盩厔尉以善治獄御史中丞李汶薦爲監察御史雲陽丞源咸季坐賕免賂有司復得調播劾解其官歷侍御史李實爲京兆尹與播遇諸衢故事尹當避道揖實不肯播移文詆之實大怒表播爲三原令將折之播受命趨府謝如禮邑中豪彊犯法未嘗輒貸歲終課最實重其才更薦之德宗將擢以要近會母喪解還除駕部員外郎長安令于頔奴客與民盜馬吏繫民而縱奴播捕取均其罰遷工部郎中知御史雜事剸舉不阿有能稱關中饑諸鎮或閉糴播以爲言三輔不乏歷虢州刺史李巽領鹽鐵奏以副已擢御史中丞歲終改京兆尹時禁屯列畿內者出入屬鞬佩劍姦人冒之以

剽刼又勳戚家馳獵近郊播請一切苛止盜賊不能隱皆走出境憲宗以爲能進刑部侍郎領諸道鹽鐵轉運使是時天下多故大理議讞科條叢繁播悉置格律坐隅商處重輕剖決如流吏不能竄其私帝討淮西也切於饋餉播引程异自副异尤通萬貨盈虛使馳傳江淮裒財用以給軍興兵得無乏帝嘉其功超拜禮部尚書稍以貲賄結宦要中外以爲言播薦皇甫鎛及鎛用事更忌播而以异代使播罷守本官久之檢校戶部尚書爲劒南西川節度使穆宗立逐鎛播求還長慶初召爲刑部尚書復領鹽鐵進中書侍郎同中書門下平章事時權倖競進播賴其力至宰相專務將迎居位無所裨益復失河北衆望不猒乃以檢校尚書右僕射出爲淮南節度使仍領使職不肯易印詔聽自隨是時南方旱歉人相食播掊斂不少衰民皆怨之然浚七里港以便漕引後賴其利敬宗即位即拜檢校司空以王涯代使播失職見王守澄方得君厚以金謝守澄秉間薦之天子有意復用播於是諫議大夫獨孤朗張

仲方起居郎孔敏行柳公權宋申錫補闕韋仁實劉敦儒拾遺李景讓薛廷老等見延英言播傾邪闒通帝左右狀帝沖闇不內其言遂復領使天下公議益不與文宗立就進檢校司徒大和元年入朝拜左僕射復輔政累封太原郡公時韋處厚當國以獻替自任天子嚮之播專以錢穀進不甚與事居位四年卒年七十二贈太尉謚曰敬播少孤貧自刻苦至成立居官以彊濟稱天性勤吏職每視簿領紛積於前人所不堪者播反用爲樂所署吏苟無大罪以歲勞增秩而已卒不易所職雅善占奏雖數十事未嘗書于笏再領鹽鐵嗜權利不復初操重賦取以正額月進爲羨餘歲百萬緡自淮南還獻玉帶十有三銀盌數千綾絹四十萬遂再得相云

起字舉之釋褐校書郎補藍田尉李吉甫辟爲淮南掌書記以殿中侍御史入兼集賢殿直學士元和末累遷中書舍人數上疏諫穆宗畋游事歲中考第一錢徽坐貢舉失實貶詔起覆核起建言以所試送宰相閱可否然後付有司詔可議者謂起爲失職拜禮部侍郎李㝏叛與播俱上疏請詔王智興討之辛定其亂賜金紫拜河南尹進吏部侍郎方播以僕射居相避選曹改兵部爲集賢殿學士拜陝虢觀察使時亳州刺史李繁以擅誅賊抵罪起言繁父有功而二千石不宜償賊死不報入拜尚書左丞以戶部尚書判度支靈武邠寧多曠土奏爲營田以省餽輓歷河中節度使方蝗旱粟價騰踊起下令家得儲三十斛斥其餘以市否者死神策士怙勢不從寘于法由是㑹積咸出民賴以生召授兵部尚書以檢校尚書右僕射爲山南東道節度使濱漢塘堰聯屬吏弗完治起至部先脩復與民約爲水令遂無凶年李訓爲宰相起門生也欲引與共政即加銀青光祿大夫復以兵部尚書召判戶部訓敗起素長厚人不以訓諉之止罷其判俄加皇太子侍讀文宗上文好古學是時鄭覃以經術進起以敦博顯帝數訪逮時政因積雨顧寬逐臣過惡又短鮑叔終身不忘人過以解帝錮人意俄兼太常

卿禮儀使帝題詩太子笏以賜詔畫像便殿號當世仲尼其寵遇如此又使廣五位圖俾太子知古今治亂開成三年入翰林爲侍講學士改太子少師起治生無檢所得祿賜爲僮婢盜有貧不能自存帝知之詔月益仙韶院錢三十萬議者謂與玩臣分給可恥也起賴其入不克讓武宗立爲章陵鹵簿使東都留守召爲吏部尚書判太常卿帝患選士不得才特命起典貢舉進尚書左僕射封魏郡公凡四舉士皆知名者人伏其鑒擢山南西道節度使同中書門下平章事以夙儒兼宰相秩前世所罕入辭帝勞曰宰相無內外公國耆老朕有闕當以聞宴賜備厚宣宗初檢校司空以疾願代不許卒年八十八贈太尉謚曰文懿喪還命使者弔其家葬及祥亦如之起性友悌播喪哀戚加於人嗜學非寢食不輟廢天下之書無不讀一經目弗忘也莊恪太子薨詔爲哀冊詞情悽惋當世稱之帝嘗以疑事令使者口質起具牓子附使者上凡成十篇號曰寫宣它譔集亦多炎終太常博士子鐸鐐自有傳起子

龜式

龜字大年性高簡博知書傳無貴冑氣常以光福第賓客多更住來達里林木窮僻構半隱亭以自適侍父至河中廬中條山朔望一歸省州人號郎君谷未始以人事自嬰武宗雅知之以左拾遺召入謝自陳病不任職詔許終父喪召爲右補闕再擢屯田員外郎稱疾去崔璵觀察宣歙表爲副龜樂宛陵山水故從之入爲祠部郎中史館脩撰咸通中知制誥鐸爲相改太常少卿同州刺史牙將白約素暴橫嘗譁言月稟薄以動士心爲亂龜捕殺之人皆震慄徙浙東觀察使初式臨州有惠政人聞其至歡迎之卒贈工部尚書子蕘方學有文辭以鐸當國不貢進士終右司員外郎

式以蔭爲太子正字擢賢良方正科累遷殿中侍御史少節儉巧于官因鄭注以交王守澄中丞歸融劾之出爲江陵少尹大中中爲晉州刺史飾鄭傳器用畢給會河曲大歉民流徙佗州不納獨式勞卹之活數千人時特峨胡亦饑將入寇汾澮聞式嚴備不敢道境報其種落曰晉州刺史當避之以善最稱徙安南都護故都護田早作木柵歲率緡錢既不時完而所責益急式取一年賦市芀木豎周十二里罷歲賦外率以紓齊人浚壕繚柵外植刺竹寇不可冒後蠻兵入掠錦田步式使譯者開諭一昔去謝曰我自縛叛獠非爲寇也忠武戍卒服短後褐以黃冒首南方號黃頭軍天下銳卒也初交阯數有變懼式威不自安譁曰黃頭軍將度海襲我矣相率夜圍城合譟請都護北歸我當抗黃頭軍式徐被甲引家僮乘城責讓矢檜交發叛者走翌日盡捕斬之初容管以歉不歲貢式始上輸大犒宴軍中歸貨外蕃而占城眞臘慕義悉入獻亦還所掠王民寧國劇賊仇甫亂明越觀察使鄭袛德不能討宰相選式往代詔可因至京師懿宗問方略對曰弟假臣兵寇不足平也左右宦要皆曰兵衆則餽多當惜天下費式奏盜若倡狂天誅不亟決東南征賦闕矣寧得以億萬計之乎兵多則功速費寡二者孰利帝顧左右曰宜與兵於是詔益許滑淮南兵式發自光福里第麾幟皆東靡獠獵有聲喜曰是謂得天時矣聞賊用騎兵乃閱所部得吐蕃回鶻遷隸數百發龍陂監牧馬起用之集土團諸兒爲向導擒甫斬之加檢校右散騎常侍餘姚民徐澤專魚鹽之利慈溪民陳瑊冒名仕至縣令皆豪縱州不能制式曰甫竊發不足畏若澤瑊乃巨猾也窮治其姦皆榜死咸通三年徐州銀刀軍亂以式檢校工部尚書徙武寧節度使詔許滑兵自隨視事三日悉以計誅亂兵會詔降武寧爲團練罷歸終左金吾大將軍

贊曰裴延齡引經誼惑其主以不忠爲忠德宗倚延齡韋渠牟等商天下成敗自謂明而卒陷不明君臣回沈可不戒哉憲宗銳於立功而皇甫鎛以聚斂取宰相夫宰相者乃天下選彼暫勞一功烏足勝任哉中興之不終有爲而然

白裴崔韋二李皇甫王列傳第九十二

韋王陸劉柳程列傳第九十三　　唐書一百六十八

端明殿學士兼翰林侍讀學士龍圖閣學士朝請大夫尚書吏部侍郎充集賢殿脩撰臣宋祁奉敕撰

韋執誼京兆舊族也幼有才及進士第對策異等授右拾遺年踰冠入翰林爲學士便敏側媚得幸於德宗使豫詩歌屬和被詔稱旨與裴延齡韋渠牟等寵相埒出入備顧問帝誕日皇太子獻畫浮屠象帝使執誼贊之太子賜以帛詔執誼到東宮謝太子卒見無所藉言者乃曰君知王叔文乎美才也執誼由是與叔文善以母喪解終喪爲吏部郎中數召至禁中補闕張正一以上書召見所善王仲舒韋成季劉伯芻裴茝常仲孺呂洞往賀之或謂執誼曰彼將論君與叔文鉤黨事執誼即白成季等朋比有所窺望帝詔金吾伺得相過食飲狀悉逐出之順宗立以疾不親政叔文用事乃擢執誼爲尚書左丞同中書門下平章事叔文與王伾居中稱命欲執誼據以奉行因用迷奪朝權執誼既爲所引然外迫公議欲示天下非黨與者乃時時異論相可否而密謝叔文曰不敢負約欲共濟國家事爾叔文數爲所梗遂詬怒反成仇怨及憲宗受內禪流叔文伾分北支黨貶執誼爲崖州司戶參軍帝以宰相杜黃裳之婿故最後貶執誼已失形勢知禍且及雖尚在位而臨事奄奄無氣聞人足聲輒悸動至于敗始未顯時不喜人言嶺南州縣既爲郎嘗詣職方觀圖至嶺南輒瞑目命左右徹去及爲相所坐堂有圖不就省既易旬試觀之崖州圖也以爲不祥惡之果貶死

王叔文越州山陰人以棋待詔頗讀書班班言治道德宗詔直東宮太子引以侍讀因論政及宮市之弊太子曰寡人見上將極言之坐皆趣贊叔文獨嘿然既罷太子曰向君無言何哉叔文曰太子之事上非視膳問安無與也且陛下在位久有如小人間之謂殿下收䘏群情則安解乎太子謝曰非先生不聞此言由是重之宮中事咸與參訂叔文淺中浮表遂肆言不疑曰某可爲相某可爲將它日幸用之陰結天下有名士而士之欲速進者率諧附之若韋執誼陸質呂温李景儉韓曄韓泰陳諫柳宗元劉禹錫爲死友而凌準程异又因其黨進出入詭秘外莫得其端彊藩劇帥或陰相賂遺以自結順宗立不能聽政深居施幄坐以牛昭容宦人李忠言侍側群臣奏事從幄中可其奏王伾密語諸黃門陛下素厚叔文即繇蘇州司功參軍拜起居郎翰林學士大抵叔文因伾伾因忠言忠言因昭容更相依仗伾主傳受叔文主裁可乃授之中書執誼作詔文施行焉時景儉居親喪温使吐蕃惟質泰諫準曄宗元禹錫等倡譽之以爲伊周管葛復出憪然謂天下無人叔文安言錢穀者國大本操其柄可因以市士乃白用杜佑領度支鹽鐵使已副之實專其政不淹時遷戶部侍郎宦人俱文珍忌其權罷叔文學士詔出駭悵曰吾當數至此議事不然無由入禁中伾復力請乃聽三五日一至翰林然不得舊職矣在省不事所職日引其黨謀取神策兵制天下之命乃以宿將范希朝爲西北諸鎮行營兵馬使泰爲司馬副之於是諸將移書中尉告且去宦人始悟奪其權大怒曰吾屬必死其手乃諭諸鎮慎毋以兵屬人希朝泰到奉天諸將不至乃還叔文母死匿不發置酒翰林忠言文珍等皆在饗金以餉因揚言曰天子適射兔苑中跨鞍若飛敢異議者斬又自陳親疾病以身任國大事朝夕不得侍今當請急宜聽然向之悉心戮力難易亡所避報天子異知爾今一去此則百謗至孰爲吾助者又言羊士諤毀短我我將杖殺之而執誼懦不果劉闢來爲韋皐求三川吾生平不識闢便欲前執吾手非凶人邪掃木場將斬之而執誼持不可每念失此二賊令人悵恨又陳領度支所以興利去害者爲已勞文珍隨語詰折叔文不得對左右竊語曰母死已腐方留此將何爲邪明日乃發喪執誼益不用其語乃謀起復斬執誼與不附已者聞者恟懼廣陵王爲太子群臣皆喜獨叔文有憂色誦杜甫諸葛祠詩以自況歔欷泣下太子已監國貶渝州司戶參軍明年誅死

王伾者杭州人始以書待詔翰林入太子宮侍書順宗立遷左散騎常侍待詔伾本闒茸皃陋楚語無它大志帝褻寵之不如叔文任氣好言事爲帝所禮至出處又不及伾之無間也叔文入止翰林而伾至柿林院見牛昭容等當其黨盛門皆若沸羹而伾尤通天下賕謝日月不闋爲巨匱裁竅以受珍使不可出則寢其上叔文既居喪伾日請中人及杜佑起叔文爲宰相且揔北軍不許又請以威遠軍使同中書門下平章事復不可乃一日三表皆不報夏憂悸行且卧至夕大呼曰吾疾作輿歸第貶開州司馬死其所支黨皆逐惟質以前死免暴者涚族子有俊才以司封郎中貶饒州司馬終永州刺史諫警敏甞覽染署歲簿悉能言其尺寸所治一閱籍終身不忘自河中少尹貶台州司馬終循州刺史準字宗一有史學自翰林學士貶連州司馬死于貶泰字安平有籌畫伾叔文所倚重能決大事以户部郎中神策行營節度司馬貶虔州司馬終湖州刺史

陸質字伯冲七代祖澄仁梁爲名儒世居吳明春秋師事趙匡匡師啖助質盡傳二家學陳少游鎮淮南表在幕府薦之朝授左拾遺累遷左司郎中歷信台二州刺史質素善韋執誼方執誼附叔文竊威柄用其力召爲給事中憲宗爲太子詔侍讀質本名淳避太子名故改時執誼懼太子怒已專故以質侍東宮陰伺意解釋左右之質伺間有所言太子輒怒曰陛下命先生爲寡人講學何可及它質惶懼出執誼未敗時質病甚太子已即位爲臨問加禮卒門人以質能文聖人書通于後世私共謚曰文通先生所著書甚多行于世

劉禹錫字夢得自言系出中山世爲儒擢進士第登博學宏辭科工文章淮南杜佑表管書記入爲監察御史素善韋執誼時王叔文得幸太子禹錫以名重一時與之交叔文每稱有宰相器太子即位朝廷大議祕策多出叔文引禹錫及柳宗元與議禁中所言必從擢屯田員外郎判度支鹽鐵案頗馮藉其勢多中傷士若武元衡不爲柳宗元所喜自御史中丞下除太子右庶子御史竇羣劾禹錫挾邪亂政羣即日罷韓皐素貴不肯親叔文等斥爲湖南觀察使凡所進退視愛怒重輕人不敢指其名號二王劉柳憲宗立叔文等敗禹錫貶連州刺史未至斥朗州司馬州接夜郎諸夷風俗陋甚家喜巫鬼每祠歌竹枝鼓吹裴回其聲傖儜禹錫謂屈原居沅湘間作九歌使楚人以迎送神乃倚其聲作竹枝辭十餘篇於是武陵夷俚悉歌之始坐叔文貶者八人憲宗欲終斥不復乃詔雖後更赦令不得原然宰相哀其才且困將澡濯用之會程异復起領運務乃詔禹錫等悉補遠州刺史而元衡方執政諫官頗言不可用遂罷禹錫久落魄鬱鬱不自聊其吐辭多諷託幽遠作問大鈞謫九年等賦數篇又叙張九齡爲宰相建言放臣不宜與善地悉徙五谿不毛處然九齡自內職出始安有瘴癘之歎罷政事守荊州有拘囚之思身出遐陬一失意不能堪矧華人士族必致醜地然後快意哉議者以爲開元良臣而卒無嗣豈忮心失

恕陰責最大雖它美莫贖邪欲感諷權近而憾不釋久之召還宰相欲任南省郎而禹錫作玄都觀看花君子詩語譏忿當路者不喜出爲播州刺史詔下御史中丞裴度爲言播極遠猿狖所宅禹錫母八十餘不能往當與其子死訣恐傷陛下孝治請稍內遷帝曰爲人子者宜慎事不貽親憂若禹錫望它人尤不可赦度不敢對帝改容曰朕所言責人子事終不欲傷其親乃易連州又徙夔州刺史禹錫甞歎天下學校廢乃奏記宰相曰言者謂天下少士而不知養材之道鬱堙不揚非天不生材也是不耕而歎廩庾之無餘可乎貞觀時學舍千二百區生徒三千餘外夷遣子弟入附者五國今室廬圮廢生徒衰少非學官不振病無貲以給也凡學官春秋釋奠于先師斯止辟雍頖宮非及天下今州縣咸以春秋上丁有事孔子廟其禮不應古甚非孔子意漢初羣臣起屠販故孝惠高后間置原廟於郡國逮元帝時韋玄成遂議罷之夫子孫尚不敢違禮饗其祖況後學師先聖道而欲違之傳曰祭不欲數

又曰祭神如神在與其煩於薦饗孰若行其教今教頹靡而以非禮之祀媚之儒者所宜疾竊觀歷代無有是事武德初詔國學立周公孔子廟四時祭貞觀中詔脩孔子廟兗州後許敬宗等奏天下州縣置三獻官其他如立社玄宗與儒臣議罷釋奠牲牢薦酒脯時王孫林甫爲宰相不涉學使御史中丞王敬從以明衣牲牢著爲令遂無有非之者今夔四縣歲釋奠費十六萬舉天下州縣歲凡費四千萬適資三獻官飾衣裳飴妻子於學無補也請下禮官博士議罷天下州縣牲牢衣幣春秋祭如開元時籍其資半畀所隷州使增學校舉半歸太學猶不下萬計可以營學室具器用豐餥食增掌故以備使令儒官各加稍食州縣進士皆立程督則貞觀之風粲然可復當時不用其言由和州刺史入爲主客郎復作游玄都詩且言始謫十年還京師道士植桃其盛若霞又十四年過之無復一存唯兔葵燕麥動揺春風耳以詆權近聞者益薄其行俄分司東都宰相裴度兼集賢殿大學士雅知禹錫薦爲禮

部郎中集賢直學士度罷出爲蘇州刺史以政最賜金紫服徙汝同二州遷太子賓客復分司禹錫恃才而廢褊心不能無怨望年益晏偃蹇寡所合乃以文章自適素善詩晚節尤精與白居易酬復頗多居易以詩自名者嘗推爲詩豪又言其詩在處應有神物護持會昌時加檢校禮部尚書卒年七十二贈户部尚書始疾病自爲子劉子傳稱漢景帝子勝封中山子孫爲中山人七代祖亮元魏冀州刺史遷洛陽爲北部都昌人墳墓在洛北山後其地隘不可依乃葬滎陽檀山原德宗棄天下太子立時王叔文以善弈得通籍因間言事積久衆未知至起蘇州掾超拜起居舍人翰林學士陰薦丞相杜佑爲度支鹽鐵使翌日自爲副貴震一時叔文北海人自言猛之後有遠祖風東平呂溫隴西李景儉河東柳宗元以爲信然三子者皆予厚善日夕過言其能叔文實工言治道能以口辯移人既得用所施爲人不以爲當太上久疾宰臣及用事者不得對宮掖事祕建桓立順功歸貴臣由是及貶其自辯解大略如此

柳宗元字子厚其先蓋河東人從曾祖奭爲中書令得罪武后死高宗時父鎮天寶末遇亂奉母隱王屋山常間行求養後徙於吳肅宗平賊鎮上書言事擢左衛率府兵曹參軍佐郭子儀朔方府三遷殿中侍御史以事觸竇參貶夔州司馬還終侍御史宗元少精敏絶倫爲文章卓偉精緻一時輩行推仰第進士博學宏辭科授校書郎調藍田尉貞元十九年爲監察御史裏行善王叔文韋執誼二人者奇其才及得政引内禁近與計事擢禮部員外郎欲大進用俄而叔文敗貶邵州刺史不半道貶永州司馬既竄斥地又荒癘因自放山澤間其堙厄感鬱一寓諸文倣離騷數十篇讀者咸悲惻雅善蕭俛詒書言情曰僕嚮者進當臲卼不安之勢平居閉門口舌無數又久與游者岌岌而操其間其求進而退者皆聚爲仇怨造作粉飾蔓延益肆非的然昭晰自斷于内孰能了僕於冥冥間哉僕當時年三十三自御史裏行得禮部員外郎超取

顯美欲免世之求進者怪怒媢疾可得乎與罪人交十年官以是進辱在附會聖朝寛大貶黜甚薄不塞衆人之怒謗語轉侈囂囂嗷嗷漸成怪人飾智求仕者更言僕以悦仇人之心日爲新奇務相悦可自以速援引之路僕輩坐益困辱萬罪横生不知其端悲夫人生少六七十者今三十七矣長來覺日月益促歳歳更甚大都不過數十寒暑無此身矣是非榮辱又何足道云云不已秖益爲罪居蠻夷中久慣習炎毒昏眊重膇意以爲常忽遇北風晨起薄寒中體則肌革慘懍毛髮蕭條瞿然注視怵惕以爲異候意緒殆非中國人也楚越間聲音特異鴂舌啅譟今聽之恬然不怪已與爲類矣家生小童皆自然嘵嘵晝夜滿耳聞北人言則啼呼走匿雖病夫亦怛然駭之出門見適州閭市井者其十八九杖而後興自料居此尚復幾何豈可更不知止言説長短重爲一世非笑哉讀易困卦至有言不信尚口乃窮往復益喜曰嗟乎余雖家置一喙以自稱道詬益甚耳用是更樂瘖默與木石爲徒不復致意

今天子興教化定邪正海內皆欣欣怡愉而僕與四五子者淪陷如此豈非命歟命乃天也非云云者所制又何恨然居治平之世終身爲頑人之類猶有少恥未能盡忘儻因賊平慶賞之際得以見白使受天澤餘潤雖朽枿敗腐不能生植猶足蒸出芝菌以爲瑞物一釋廢錮移數縣之地則世必曰罪稍解矣然後收召魂魄買土一廛爲耕甿朝夕謌謡使成文章庶木鐸者采取獻之法宮增聖唐大雅之什雖不得位亦不虛爲太平人矣又詒京兆尹許孟容曰宗元早歲與負罪者親善始奇其能謂可以共立仁義裨教化過不自料勤勤勉勵唯以忠正信義爲志興堯舜孔子道利安元元爲務不知愚陋不可以彊其素意如此也末路厄塞臲卼事既壅隔很忤貴近狂疎繆戾蹈不測之辜今其黨與幸獲寬貸各得善地無公事坐食奉祿德至渥也尚何敢更俟除棄廢痼希望外之澤哉年少氣銳不識幾微不知當否但欲一心直遂果陷刑法皆自所求取又何怪也宗元於衆黨人中罪狀最甚神理降

罰又不能即死猶對人語言飲食自活迷以知恥日復一日然亦有大故自以得姓來二千五百年代爲冢嗣今抱非常之罪居夷獠之鄉卑濕昏霧恐一日塡委溝壑曠墜先緒以是怛然痛恨心骨沸熱煢煢孤立未有子息荒陬中少士人女子無與爲婚世亦不肯與罪人親昵以是嗣續之重不絕如縷每春秋時饗孑立捧奠顧眄無後繼者懍懍然欷歔惴惕恐此事便已摧心傷骨若受鋒刃此誠丈人所共閔惜也先墓在城南無異子弟爲主獨託村隣自譴逐來消息存亡不一至鄉閭主守固以益怠晝夜哀憤懼便毀傷松柏芻牧不禁以成大戾近世禮重拜埽今闕者四年矣每遇寒食則北向長號以首頓地想田野道路士女徧滿皁隸庸丐皆得上父母丘墓馬醫夏畦之鬼無不受子孫追養者然此已息望又何以云哉城西有數頃田樹果數百株多先人手自封植今已荒穢恐便斬伐無復愛惜家有賜書三千卷尚在善和里舊宅宅今三易主書存亡不可知皆付受所重常繫心腑然無可爲

者立身一敗萬事瓦裂身殘家破爲世大僇是以當食不知辛鹹節適洗沐盥潄動逾歲時一搔皮膚塵垢滿爪誠憂恐悲傷無所告愬以至此也自古賢人才士秉志遵分被謗議不能自明者以百數故有無兄盜嫂娶孤女撾婦翁者然賴當世豪桀分明辨列卒光史冊管仲遇盜升爲功臣匡章被不孝名孟子禮之今已無古人之實爲而有詬欲望世人之明己不可得也直不疑買金以償同舍劉寬下車歸牛鄉人此誠知疑似之不可辯非口舌所能勝也鄭詹束縛於晉終以無死鍾儀南音卒獲返國叔向囚虜自期必免范痤騎危以生易死蒯通據鼎耳爲齊上客張蒼韓信伏斧鑕終取將相鄒陽獄中以書自治賈生斥逐復召宣室兒寬擯厄後至御史大夫董仲舒劉向下獄當誅爲漢儒宗此皆瓌偉博辯奇壯之士能自解脫今以恇怯淟涊下才末伎又嬰痼病雖欲慷慨攘臂自同昔人愈疏闊矣賢者不得志於今必取貴於後古之著書者皆是也宗元近欲務此然力薄志劣無異能解欲秉筆

覼縷神志荒耗前後遺忘終不能成章往時讀書自以不至觝滯今皆頑然無復省錄讀古人一傳數紙後則再三伸卷復觀姓氏旋又廢失假令萬一除刑部囚籍復爲士列亦不堪當世用矣伏惟興哀於無用之地垂德於不報之所以通家宗祀爲念有可動心者操之勿失雖不敢望歸掃塋域退託先人之廬以盡餘齒姑遂少北益輕瘴癘就婚娶求胄嗣有可付託即冥然長辭如得甘寢無復恨矣然衆畏其才高懲刈復進故無用力者宗元久汨振其爲文思益深嘗著書一篇號貞符曰臣所貶州流人吳武陵爲臣言董仲舒對三代受命之符誠然非邪臣曰非也何獨仲舒爾司馬相如劉向揚雄班彪彪子固皆沿襲嗤嗤推古瑞物以配受命其言類淫巫瞽史誑亂後代不足以知聖人立極之本顯至德揚大功甚失厥趣臣爲尚書郎時嘗著貞符言唐家正德受命於生人之意累積厚久宜享無極之義本末閎闊會貶逐中輟不克備究武陵即叩頭邀臣此大事不宜以辱故休歟使聖王之典不

立無以抑詭類拔正道表覈萬代臣不勝奮激即具爲書念終泯沒蠻夷不聞于時獨不爲也苟一明大道施于人世死無所憾用是自決臣宗元稽首拜手以聞曰孰稱古初朴蒙空侗而無爭厥流以訛越乃奮奪鬬怒振動專肆爲淫威曰是不知道惟人之初總總而生林林而羣雪霜風雨雷雹暴其外於是乃知架巢空穴挽草木取皮革飢渴牝牡之欲敺其內於是乃噬禽獸咀果穀合偶而居交焉而爭睽焉而鬬力大者搏齒利者齧爪剛者決羣衆者軋兵良者殺披披藉藉草野塗血然後強有力者出而治之往往爲曹於險阻用號令起而君臣什伍之法立德紹者嗣道怠者奪於是有聖人焉曰黃帝游其兵車交貫乎其內一統類齊制量然猶大公之道不克建於是有聖人焉曰堯置州牧四岳持而綱之立有德有功有能者參而維之運臂率指屈伸把握莫不統率年老舉聖人而禪焉大公乃克建由是觀之厥初罔匪極亂而後稍可爲也而非德不樹故仲尼叙書於堯曰克明俊德於舜曰濬

哲文明於禹曰文命祗承于帝於湯曰克寬克仁章信兆民於武王曰有道曾孫稽揆典誓貞哉惟茲德實受命之符以奠永祀後之祆淫囂昏好怪之徒乃始陳大電大虹玄鳥巨跡白狼白魚流火之烏以爲符斯皆詭譎闊誕其可羞也莫知本于厥貞漢用大度克懷于有氓登能庸賢濯痍煦寒以瘳以熙茲其爲符也而其妄臣乃下取虺蛇上引天光推類號休用夸誣于無知氓增以騶虞神鼎脅敺縱踴俾東之泰山石閭作大號謂之封禪皆尚書所無有莽述承效卒奮驁逆其後有賢帝曰光武克綏天下復承舊物猶崇赤伏以玷厥德魏晉而下尨亂鉤裂厥符不貞邦用不靖亦罔克久駮乎無以議爲也積大亂至于隋氏環四海以爲鼎跨九垠以爲鑪爨以毒燎煽以虐焰其人沸湧灼爛號呼騰蹈莫有救止於是大聖乃起丕降霖雨濬滌盪沃蒸爲清氛疏爲冷風人乃漻然休然相睎以生相持以成相彌以寧琢斮屠剔膏流節離之禍不作而人乃克完平舒愉尸其肌膚以達于夷途焚坼抵掎

奔走轉死之害不起而人乃克鳩類集族歌舞悅懌用祗于元德徒奮袒呼犒迎義旅讙動六合至于麾下大盜豪據阻命遏德義威殄戮咸墜厥緒無劉于虐人乃並受休嘉去隋氏克歸于唐蹈踊謳歌灝灝和寧帝庸威栗惟人之爲敬奠厥賦積藏于下是謂豐國鄉爲義廩斂發謹飭歲丁大侵人以有年簡于厥刑不殘而懲是謂嚴威小屬而支大生而孥愷悌祗敬用底于治凡其所欲不謁而獲凡其所惡不祈而息四夷稽服不作兵革不竭貨力丕揚于後嗣用垂于帝式十聖濟厥治孝仁平寬惟祖之則澤久而逾深仁增而益高人之戴唐永永無窮是故受命不于天于其人休符不于祥于其仁惟人之仁匪祥于天匪祥于天茲惟貞符哉未有喪仁而久者也未有恃祥而壽者也商之王以桑穀昌以雉雊大宋之君以法星壽鄭以龍衰魯以麟弱白雉亡漢黃犀死莽惡在其爲符也不勝唐德之代光紹明濬深鴻尨大保人斯無疆宜薦于郊廟文之雅詩祗告于德之休帝曰諶哉乃黜休祥之奏

究貞符之奧思德之所未大求仁之所未備以極于邦治以敬于人事其詩曰於穆敬德黎人皇之惟貞厥符浩浩將之仁函于膚刃莫畢屠澤熯于爨瀋炎以澣勃厥凶德乃敺乃夷懿其休風是煦是吹父子熙熙相寧以嬉賦徹而藏厚我糗粻刑輕以清我完靡傷貽我子孫百代是康十聖嗣于治仁后之子子思孝父易患于已拱之戴之神其爾宜載揚于雅承天之嘏天之誠神宜鑒于仁神之曷依宜仁之歸濮鉛于北祝栗于南幅員西東祇一乃心祝唐之紀後天罔墜祝皇之壽與地咸久曷徒祝之心誠篤之神協人同道以告之俾彌億萬年不震不危我代之延永永毗之仁增以崇曷不爾思有號于天僉曰嗚呼咨爾皇靈無替厥符宗元不得召內閔悼悔念往吝作賦自儆曰懲咎愆以本始兮孰非余心之所求處卑汙以閔世兮固前志之爲尤始余學而觀古兮怪今昔之異謀惟聰明爲可考兮追駿步而遐游潔誠之既信直兮仁友諶而萃之日施陳以繫縻兮邀堯舜與之爲上睢盱而混茫

兮下駁詭而懷私旁羅列以交貫兮求大中之所宜曰道有象兮而無其形推變乘時兮與志相迎不及則殆兮過則失貞謹守而中兮與時偕行萬類芸芸兮率由以寧剛柔弛張兮出入綸經登能抑枉兮白黑濁清蹈乎大方兮物莫能嬰奉訏謨以植内兮欣余志之有獲再明信乎策書兮謂耿然而不惑愚者果於自用兮惟懼夫誠之不一不顧慮以周圖兮專兹道以爲服讒妬構而不戒兮猶斷斷於所執哀吾黨之不淑兮遭遇任之卒迫勢危疑而多詐兮逢天地之否隔欲圖退而保己兮悼乖期乎曩昔欲操術以致忠兮衆呀然而互嚇進與退吾無歸兮甘脂潤乎鼎鑊幸皇鑒之明宥兮纍郡印而南適惟罪大而寵厚兮宜夫重仍乎禍謫既明懼乎天討兮又幽慄乎鬼責惶惶乎夜寤而晝駭兮類麏麚之不息凌洞庭之洋洋兮泝湘流之沄沄飄風擊以揚波兮舟摧抑而迴邅日霾曀以昧幽兮黝雲涌而上屯暮屑窣以淫雨兮聽嗷嗷之哀猨衆鳥萃而啾號兮沸洲渚以連山漂遥逐其詎止兮

逝莫屬余之形魂攢戀出奔以紆委兮東洶涌之崩湍畔尺進而尋退兮盪洄汩乎淪漣際窮冬而止居兮羈纍棼以縈纏哀吾生之孔艱兮循凱風之悲詩罪通天而降酷兮不亟死而生爲逾再歲之寒暑兮猶貿貿而自持將沈淵而隕命兮詎蔽罪以塞禍惟滅身而無後兮顧前志猶未可進路呀以劃絶兮退伏匿又不果爲孤囚以終世兮長拘攣而轗軻曩余志之脩蹇兮今何爲此戾也豈貪食而盜名兮不混同於世也將顯身以直遂兮衆之所宜蔽也不擇言以危肆兮固羣禍之際也御長轅之無橈兮行九折之峩峩却驚棹以横江兮泝凌天之騰波幸余死之已緩兮完形軀之既多苟餘齒之有懲兮蹈前烈而不頗死蠻夷固吾所兮雖顯寵其焉加配大中以爲偶兮諒天命之謂何元和十年徙柳州刺史時劉禹錫得播州宗元曰播非人所居而禹錫親在堂吾不忍其窮無辭以白其大人如不往便爲母子永決即具奏欲以柳州授禹錫而自往播會大臣亦爲禹錫請因改連州柳人以男女質錢過期不贖子本均則没爲奴婢宗元設方計悉贖歸之尤貧者令書庸視直足相當還其質已没者出己錢助贖南方爲進士者走數千里從宗元游經指授者爲文辭皆有法世號柳柳州十四年卒年四十七宗元少時嗜進謂功業可就既坐廢遂不振然其才實高名蓋一時韓愈評其文曰雄深雅健似司馬子長崔蔡不足多也既没柳人懷之託言降于州之堂人有慢者輒死廟於羅池愈因碑以實之云

程异字師舉京兆長安人居鄉以孝稱第明經再補鄭尉精吏治爲叔文所引由監察御史爲鹽鐵揚子院留後叔文敗貶郴州司馬李巽領鹽鐵薦异心計可任請拔擢用之乃授侍御史復爲揚子留後稍遷淮南等道兩稅使异起痕廢能厲己竭節悉矯革征利舊弊入遷累衛尉卿鹽鐵轉運副使方討蔡异使江表調財用因行諭諸帥府以羨贏貢故异所至不剥下不加歛經用以饒遂兼御史大夫爲鹽鐵使元和十三年以工部侍郎同中書門下平

章事猶領鹽鐵异以錢穀奮而至宰相自以非人望久不敢當印秉筆明年西北軍政不治議置巡邊使憲宗問孰可者乃自請行會卒贈尚書左僕射謚曰恭身殁官第無留貲世重其廉云

贊曰叔文沾沾小人竊天下柄與陽虎取大弓春秋書爲盜無以異宗元等橈節從之徼幸一時貪帝病昏抑太子之明規權遂私故賢者疾不肖者媢一僨而不復宜哉彼若不傅匪人自勵材猷不失爲名卿才大夫惜哉

韋王陸劉柳程列傳第九十三

端明殿學士兼翰林侍讀學士龍圖閣學士朝請大夫守尚書吏部侍郎充集賢殿脩撰臣宋祁奉敕撰

杜黃裳字遵素京兆萬年人擢進士第又中宏辭郭子儀辟佐朔方府子儀入朝使主留事李懷光與監軍陰謀矯詔誅大將等以動衆心欲代子儀黃裳得詔判其非以質懷光懷光流汗服罪於是諸將很驕難制者黃裳皆以子儀令易置衆不敢亂入爲侍御史爲裴延齡所惡十朞不遷貞元末拜太子賓客居韋曲時中人欲請其地賜公主德宗曰城南杜氏鄉里不可易遷太常卿時王叔文用事黃裳未嘗過其門壻韋執誼輔政黃裳勸請太子監國執誼曰公始得一官遽開口議禁中事黃裳怒曰吾受恩三朝豈以一官見賣即拂衣出皇太子總軍國事擢黃裳門下侍郎同中書門下平章事於是夏綏銀節度使韓全義憸佞無功因其來朝白罷之俄而劉闢叛議者以闢恃險討之或生事唯黃裳固勸不赦因奏罷中人監軍而專委高崇文凡兵進退黃裳自中指授無不切于機崇文素憚劉澭黃裳使人謂曰公不奮命者當以澭代崇文懼一死力縛賊以獻蜀平羣臣賀憲宗目黃裳曰時卿之功始德宗創艾多難務姑息藩鎮每帥臣死遣中人伺其軍觀衆所欲立者故大將私金幣結左右以求節制晚年尤甚方鎮選不出朝廷黃裳每從容具言陛下宜鑒貞元之弊整法度朘損諸侯則天下治帝嘗問前古王者所以治亂云云黃裳知帝銳於治恐不得其要因推言王者之道在脩己任賢而已操執綱領要得其大者至簿書獄訟百吏能否本非人主所自任昔秦始皇帝親程決事見嗤前世魏明帝欲按尚書事陳矯不從隋文帝日昃聽政衛士傳飡太宗笑之故王者擇人任而責成見功必賞有罪信罰孰敢不力孔子之稱帝舜恭己南面以其能舉十六相去四凶而至無爲豈必刓神疲體勞耳目之察然後爲治哉帝以黃裳言忠嘉納之由是平夏翦齊滅蔡復兩河以機秉還宰相紀律設張赫然號中興自黃裳啓之元和二年以檢校司空同中書門下平章事爲河中晉絳節度使俄封邠國公明年卒年七十贈司徒謚曰宣獻黃裳達權變有王佐大略性雅澹未始忤物初不爲執誼所禮及敗悉力營救既死表還其柩葬焉嘗被疾醫者誤進藥疾遂甚終不怒譴然除吏不甚別流品通饋謝無絜白名當大政未久不究其才及處外天下常所屬意卒後數年御史劾奏黃裳納邠寧節度使高崇文錢四萬五千緡按故吏吳憑及黃裳子載辭服帝念舊功但流憑昭州原載不問載終太僕少卿載弟勝字斌卿寶曆初擢進士第楊嗣復數薦材堪諫官不爲鄭覃所佑宣宗感章武舊事元和時大臣子若孫在者多振拔之帝嘗問勝勝具道黃裳首建憲宗監國議帝嘉歎拜給事中遷戶部侍郎判度支欲倚爲宰相及蕭鄴罷爲中人沮毀而更用蔣伸以勝檢校禮部尚書出爲天平節度使不得意卒

裴垍字弘中絳州聞喜人擢進士第以賢良方正對策第一補美原尉藩府交辟不就四遷考功員外郎吏部侍郎鄭珣瑜委垍校辭判研覈精密皆值才實憲宗元和初召入翰林爲學士再遷中書舍人李吉甫始執政以情謂垍曰吾落魄遠裔更十年始相天子比日人物吾懵不及知且宰相職當進賢任能君精鑒爲我言之垍即崖略疏三十許人吉甫籍以薦于朝天下翕然稱得人坐覆視皇甫湜牛僧孺等對策非是罷學士爲戶部侍郎帝器垍方直以爲任公卿薄其過眷館彌厚吉甫罷乃拜垍中書侍郎同中書門下平章事加集賢殿大學士監脩國史垍始承旨翰林天子新翦蜀亂厲精致治中外機筦垍多所參與以小心愼默稱帝意既當國請繩不軌課吏治分明淑慝帝降意順納吐突承璀自東宮得侍恩顧親渥承間欲有關說帝憚垍誠使勿言帝在殿中常呼垍官而不名嶺南節度使楊於陵爲監軍許遂振所誣詔授冗官垍曰以一中人罪藩臣陛下之法安在更授美官嚴綬守太原政一出監軍李輔光垍劾其懦以李鄘代之王承宗擅襲節度方

帝屢削叛族意必取之又吐突承璀每欲橈垍權因探帝意自請
往于時澤潞盧從史詭獻征討計垍固爭以為從史苞逆節內連
承宗外請興師以圖身利且武俊有功於國陛下前以地授李師
道而今欲奪承宗地有之賞罰不一沮勸廢矣帝猶違不能決久
之卒用承璀謀會兵討承宗從史果反覆兵久暴無功王師告病
既而從史遣部將王翊元奏事垍從容以語動之翊元因言從史
惡稔可圖狀垍比遣往得其大將烏重胤等要領垍乃為帝陳從
史暴戾不君視承璀若小兒往來神策軍不甚戒可因其機致之
後無興師之勞帝初矍然徐乃許之垍請祕其計帝曰惟李絳梁
守謙知之俄而承璀縛從史獻于朝因班師垍奏承璀首謀無功
陛下雖詘法人心不厭請流斥以謝天下乃罷所領兵先是天下
賦法有三曰上供曰送使曰留州建中初釐定常賦而物重錢輕
其後輕重相反民輸率一倍其初而所在以留州送使之入捨公
估更實私直以自潤故賦益苛齊民重困垍奏禁之一以公估準

七百七　唐書傳九十四　三　徐明

物觀察使得用所治州租調至不足乃取支郡以贍故送使之財
悉為上供自是起淮江而南民少息矣垍器局峻整持法度雖宿
貴前望造謁不敢干以私諫官言得失大抵執政多忌之惟垍獎
勵使盡言初拾遺獨孤郁李正辭嚴休復三人皆還及過謝垍垍
獨讓休復曰君異夫二人孜孜獻納者前日進擬上固為疑休復
大慙垍為學士時引李絳崔羣與同列及相又擢韋貫之裴度知
制誥李夷簡御史中丞皆踵躡為輔相號名臣自它選任罔不精
明人無異言士大夫不以垍年少柄用為嫌故元和之治百度脩
舉稱朝無幸人五年暴風痺帝悵惜遣使致問藥膳進退輒疏聞
居三月益痼乃罷為兵部尚書垍之進李吉甫薦頗力及居中多
變更吉甫時約束吉甫復用銜之會垍與史官蔣武等上德宗實
錄吉甫以垍引疾解史任不宜冒奏乃徙垍太子賓客罷武等史
官會卒不加贈給事中劉伯芻表其忠帝乃贈太子太傅垍始相
建言集賢院官登朝自五品上為學士下為直學士餘皆校理史

館以登朝者為脩撰否者直史館以準六典遂著于今京兆少尹
裴武使王承宗還得德棣二州已而地不入或言武還先見垍明
日乃朝帝怒召學士李絳議斥武絳言垍身備宰相明練時事勢
不容先見武帝悟釋之議者謂帝知垍明倚任方篤尚不免疑嫌
以信處位之難云

李藩字叔翰其先趙州人父承仕為湖南觀察使有名于時藩少
沈靖有檢局姿制閑美敏于學居父喪家本饒財姻屬來弔有持
去者未嘗問益務施與居數年略盡年四十餘困廣陵間不自振
妻子追咎藩晏如也杜亞居守東都表致府中亞嘗疑牙將令狐
運為盜掠服之藩爭不從輒去後果獲真盜稍知名徐州張建封
辟節度府未嘗察苛細建封卒濠州刺史杜兼疾驅至陰有覬望
藩泣謂曰公今喪君宜謹守土何棄而來宜速還否則以法劾君
兼錯忤去恨之因誣奏建封死藩撼其軍有非望德宗怒密詔徐
泗節度使杜佑殺之佑雅器藩得詔十日不發召見藩曰世謂生

六百九　唐書傳九十四　四　徐明

死報應驗乎藩曰殆然曰審若此君宜遇事無恐因出詔示藩藩
色不變曰信乎杜兼之報也佑曰慎毋畏吾以闔門保君矣帝未
之信亟追藩既入帝望其狀貌曰是豈作亂人邪釋之拜祕書郎
時王紹得君邀藩與相見當即用終不詣王仲舒與同舍郎韋成
季呂洞日置酒邀賓客相樂慕藩名彊致之仲舒等為俳說廋語
相狎昵藩一見謝不往曰吾與終日不曉所語何哉後仲舒等果
坐斥廢憲宗為皇太子王紹避太子諱始改名時議以為諂藩曰
自古故事由不識體之人敗之不可復正雖紹何誅累擢吏部郎
中坐小累左授著作郎再遷給事中制有不便就敕尾批却之吏
驚請聯它紙藩曰聯紙是牒豈曰敕邪裴垍白憲宗謂藩有宰相
器會鄭絪罷因拜門下侍郎同中書門下平章事藩忠謹好醜必
言帝以為無隱嘗問前世所以家給或國匱之者何致而然及祈
禳之數藩具對儉則足用敦本則百姓富反是則匱又言孔子病
止子路之禱漢文帝每祭敕有司敬而不祈使神無知則不能降

福有知固不可私已求媚而悅之也且義於人者和於神人乃神
之主人安而福至帝悅曰當與公等上下相勗以保此言後復問
神仙長年事藩知帝且有所惑極陳竟妄譎誕不可信後入柳泌
等語果爲累云河東節度使王鍔賂權近求兼宰相密詔中書門
下曰鍔可兼宰相藩遽取筆滅宰相字署其左曰不可還奏之宰相
權德輿失色曰有不可應別爲奏可以筆塗詔邪藩曰勢迫矣出
今日便不可止旣而事得寢李吉甫復相藩頗沮止會吳少陽襲
淮西節度吉甫已見帝潛欲中藩卽奏曰道逢中人假印節與吳
少陽臣爲陛下恨之帝變色不平翌日罷藩爲太子詹事後數月
帝復思藩召對殿中事寢釋明年爲華州刺史未行卒年五十八
贈戶部尚書謚曰貞簡藩材能不及韋貫之裴垍然人物清整是
其流亞云
韋貫之名純避憲宗諱以字行後周柱國敻八世孫父肇大曆中
爲中書舍人累上疏言得失爲元載所惡左遷京兆少尹久之改

祕書少監載曰肇若過我當擇善地處之終不肯詣載誅除吏部
侍郎代宗欲相之會卒謚曰貞貫之及進士第爲校書郎擢賢良
方正異等補伊闕渭南尉河中鄭元澤潞郗士美以厚幣召皆不
應居貧啜豆糜自給再遷長安丞或薦之京兆尹李實實舉笏示
所記曰此其姓名也與我同里素聞其賢願識之而進於上或者
喜以告曰子今日詣實而明日賀者至矣貫之唯唯不往官亦不
遷永貞時始爲監察御史舉其弟纁自代及爲右補闕纁代爲御
史議者不謂之私宰相杜佑子從郁爲補闕貫之與崔羣持不可
換左拾遺復奏拾遺補闕爲諫官等宰相政有得失使從郁議是
子而議父殆不可訓卒改它官遷禮部員外郎新羅人金忠義以
工巧幸擢少府監廕子補齋郎貫之不與曰是將奉郊廟祠祭皆
爲守宰者安可以賤工子爲之又劾忠義不宜汙朝籍忠義竟罷
於是權幸側目進吏部員外郎坐考賢良方正牛僧孺等策獨署
奏出爲果州刺史半道貶巴州久之召爲都官郎中知制誥進中

書舍人宰相裴垍嘗三奏事憲宗不從貫之曰公亦以進退決請
乎垍曰奉教事果見聽垍因曰君異時當位於此改禮部侍郎所
取士抑浮華先行實子時流競爲息嘗從容奏曰禮部侍郎重於
宰相帝曰侍郎是宰相除安得重曰然爲陛下柬宰相者得無重
乎帝美其言改尚書右丞俄同中書門下平章事遷中書侍郎討
吳元濟也貫之請釋鎭州專力淮西且言陛下豈不知建中事乎
始於蔡急而魏應也齊趙同起德宗引天下兵誅之物力殫屈故
朱泚乘以爲亂此非它速於撲滅也今陛下獨不能少忍俟蔡平
而誅鎭邪時帝業已討鎭不從終之蔡平鎭乃服初討蔡以宣武
韓弘爲都統又詔河陽烏重胤忠武李光顏合兵以進貫之諫諸
將戰方力今若置都統又令二帥連營則各持重養威未可歲月
下也亦不從後四年乃克蔡皆如貫之策云帝以段文昌張仲素
爲翰林學士貫之謂學士所以備顧問不宜專取辭藝奏罷之皇
甫鎛張宿皆以幸進宿使淄青裴度欲爲請銀緋貫之曰宿姦佞

吾等縱不能斥柰何欲假以寵乎由是宿等怨陰構之又與度論
兵帝前議頗駁故罷爲吏部侍郎於是翰林學士左拾遺郭求上
疏申理詔免求學士出貫之爲湖南觀察使不三日韋顗李正辭
薛公幹李宣韋處厚崔韶坐與貫之厚善悉貶爲州刺史顗正辭
處厚皆清正以鉤黨去由是中外始大惡宿時國用不足遣鹽鐵
副使程异督諸道賦租异諷州縣厚斂以獻貫之不忍橫賦而所
獻不中异意因取屬內六州留錢繼之左遷太子詹事分司東都
穆宗立即拜河南尹以工部尚書召未行卒年六十二贈尚書右
僕射謚曰貞後更謚曰文貫之沈厚寡言與人交終歲無款曲不
爲僞辭以悅人爲右丞時內僧造門曰君且相貫之命左右引出
曰此妄人也居輔相嚴身律下以正議裁物室居無所改易裴均
子持萬縑請撰先銘荅曰吾寧餓死豈能爲是哉生平未嘗通饋
遺故家無羨財子澳字子斐第進士復擢宏辭方靜寡欲十年不
肯調御史中丞高元裕與其兄溫善欲薦用之諷澳謁己溫歸以

告涣不荅温曰元裕端士若輕之邪涣曰然恐無是身御史周墀節度鄭滑表署幕府會墀入相私謂曰何以教我涣曰願公無權墀愕眙涣曰爵賞刑罰人主之柄公無以喜怒行之俾庶官各舉其職則公歛衽廟堂上天下治矣烏用權墀歎曰吾先居此得無愧乎擢考功員外郎史館脩撰歳中知制誥召爲翰林學士累遷兵部侍郎進學士承旨與蕭寘皆爲宣宗禮遇每兩人直必偕召問政得失常夜被旨草詔書事有不安者即還延須見帝開陳可否未嘗不順納一日召入屏左右問曰朕於敕使如何涣陳帝威制前世無比帝揺首曰未也策安出涣倉卒荅曰若謀之外廷則大和事可用追鑒不若就擇可任者與計事帝曰朕固行之矣自黄至緑自緑至緋猶可衣紫即合爲一矣涣愧汗不能對乃罷改京兆尹帝舅鄭光主墅吏豪肆積年不輸官賦涣逮繫之它日延英帝問其故涣具道姦狀且言必寘以法帝曰可貸否荅曰陛下自内署擢臣尹京邑安可使畫一法獨行於貧下乎帝入白太后曰是不可犯后爲輸租乃免由是豪右歛跡會户部闕判使帝以問涣涣三不對帝曰任卿可乎曰臣老矣力疲氣耗煩劇非所任者帝默不樂出謂其甥柳玭曰吾本不爲宰相知上便委以使務脫謂吾他岐而得宰無以自白今時事寖惡皆吾輩貪爵位致然未幾授河陽節度使入辭帝曰卿自便而遠我非我去卿懿宗立徙平盧軍入爲吏部侍郎復出爲邠寧節度使宰相杜審權素不悦涣坐吏部時史盗簿書爲姦貶秘書監分司東都就遷河南尹辭疾不拜丐歸樊川逾年以吏部侍郎召不起卒贈户部尚書謚曰貞涣在河陽累年宣宗遣使至魏博道出涣所帝以薄紙手作詔賜涣曰密飭裝秋當見卿蓋將以爲相也因問輔養術涣具言金石非可御方士怪妄宜斥遠之其八月帝崩不果相爲學士時帝嘗曰朕每遣方鎮刺史欲各悉州郡風俗者卿爲朕撰一書涣乃取十道四方志手加紬次題爲處分語後鄧州刺史薛弘宗中謝帝敕戒州事人人驚服

綬貫之兄舉孝廉又貢進士禮部侍郎潘炎將以爲舉首綬以其友楊凝親老故讓之不對策輒去凝遂及第後擢明經辟東都幕府德宗時以左補闕爲翰林學士密政多所參逮帝嘗幸其院韋妃從會綬方寢學士鄭絪欲馳告之帝不許時大寒以妃蜀襭袍覆而去其待遇若此每入直踰月不得休以母老屢丐解職每請帝輒不悦出入八年而性謹畏甚晚乃感心疾罷還第不極於用九月九日帝爲黄花歌顧左右曰安可不示韋綬即遣使持往綬遽奉和附使進帝曰爲文不已豈頤養邪敕自今勿復爾終左散騎常侍弟纁有精識爲士林器許兄弟皆名重當時綬子温

温字弘育方七歳日誦書數千言十一舉兩經及第以拔萃高等補咸陽尉父愕然疑假權謁進召而試諸廷文就無留意喜曰兒無愧矣入爲監察御史以臺制苛嚴不可以省養不拜換著作郎既謝輒解歸侍親疾調適湯劑彌二十年衣不弛帶既居喪毀瘠不支服除李逢吉辟置宣武府頻還右補闕宰相宋申錫被構罪不測温倡曰丞相操履有初不宜反乃姦人陷之吾等豈避雷霆使上蒙霧咎邪率同舍伏閤切爭由是益知名大和五年太廟室漏罅詔宗正將作營治不時畢文宗怒責卿李銳監王堪奪其稟自敕中人葺之温諫吏舉其職國以治事歸於正法以脩夫設制度立官司度經費則宗廟最重也比詔下閲月有司弛慢不力正可黜慢官懲不恪擇可任者繕完之則吏舉職事歸正矣今慢吏奪稟而易以中人是許百司公廢職以宗廟之重爲陛下所私臣竊惜之請還將作則官脩業矣帝乃罷宦人會羣臣請上尊號温固諫今河南水江淮旱歎京師雪積五尺老稚凍仆此非崇飾虚名時帝順納乃謝羣臣改侍御史李德裕入輔擢禮部員外郎或言雅爲牛僧孺厚德裕曰是子堅正可以私廢乎鄭注節度鳳翔表爲副温曰拒則遠黜從之禍不測吾焉能爲注起邪注誅由考功員外郎拜諫議大夫未幾爲翰林學士先是綬在禁廷積憂畏病廢故誡温不得任近職至是固辭帝怒曰寧綬治命邪禮部侍

郎崔蠡曰温用亂命益所以爲孝帝意釋换知制誥引疾從太常少卿宰相李固言薦温給事中帝曰温素避事肯爲我論駁乎須太子長以爲賓客久之卒爲給事中初莊恪太子侍讀晨詣宫日中見太子諫曰殿下盛年宜鷄鳴蚤作問安天子如文王故事太子不悦辭侍讀見聽王晏平罷靈武節度使以馬及鎧仗自隨貶康州司戸參軍厚賂貴近浹日改撫州司馬樂工尉遲璋授光州長史温悉封上詔書太子得罪詔諭羣臣温曰陛下訓之不早非獨太子罪時頗直其言遷尚書右丞鹽鐵推官姚勗按大獄帝以爲能擢職方員外郎將趨省温使戸止即上言郎官清選不可賞能吏帝命中人諭送温執議不移詔改勗檢校禮部郎中帝問故於楊嗣復對曰勗名臣後治行無疵若吏材幹而不入清選佗日孰肯當劇事者此衰晉風不可以法帝素重温出爲陜虢觀察使民當輸租而麥未熟吏白督之温曰使民貨田中穗以供賦可乎爲緩期而賦辦武宗立擢吏部侍郎李德裕欲引同輔政温苦

言李漢可釋德裕悵然出宣歙觀察使池民訟刺史劾無狀榜殺之威行部中既疾召親屬賦綬詩在室愧屋漏因泣下曰今知没身不負斯誡矣卒年五十八贈工部尚書謚曰孝温性剛峻人望見無敢戲慢者與楊嗣復李珏善嘗勸與李德裕平故憾二人不從及皆謫温歎曰用吾言孰至是邪一女歸薛蒙女工屬文續曹大家女訓行于世温少合所善惟蕭祐祐者字祐之夷澹君子也少貧窶隱居以孝養聞司農卿李實督官租祐居喪未及輸召至將責之會有賜與倩祐爲奏實稱善即薦于朝終制以處士拜左拾遺累遷諫議大夫終桂州觀察使贈右散騎常侍精畫及書自鍾王蕭張以來皆能識其眞贋然不以廛事自蒙故温號山林友云

贊曰杜黄裳善謀裴垍能持法李藩鯁挺韋貫之忠實皆足穆天緯經國體掇衰奮王菑攘四方憲宗中興寧不謂得人而致然邪昔子貢孔堂高第而貨殖韓安國漢名宰而資貪黄裳亦以受餉見疵至於忠烈赫然則不可掩已

杜裴李韋列傳第九十四

宋　祁　奉　敕　撰

高崇文字崇文其先自渤海徙幽州七世不異居開元中再表其閭崇文性樸重寡言少籍平盧軍貞元中從韓全義鎮長武城治軍有聲累官金吾將軍吐蕃三萬寇寧州崇文率兵三千往救戰佛堂原大破之封渤海郡王全義入朝留知行營節度後務遷長武城都知兵馬使劉闢反宰相杜黃裳薦其才詔檢校工部尚書左神策行營節度使俾統左右神策麟游奉天諸屯兵討闢時顯功宿將人人自謂當選及詔出皆大驚始崇文選兵五千常若寇至至是卯漏受命辰巳出師器良械完無一不具過興元士有折逆旅匕箸者即斬以徇乃西自閬中出卻劒門兵解梓潼之圍賊將邢泚退守梓州詔拜崇文東川節度使初闢陷東川執節度使李康不殺也至是歸康以丐雪崇文數康失守罪斬之鹿頭山南距成都百五十里扼二川之要闢城之旁連八屯以拒東兵崇文

始破賊二萬于城下會雨不克攻明日戰萬勝堆堆直鹿頭左使驍將高霞寓鼓之士扳緣上矢石如雨募死士奪而有之盡殺戍者焚其柵下瞰鹿頭城人可頭數凡八戰皆捷賊心始搖大將阿跌光顏與崇文約後期懼罪請深入自贖乃軍鹿頭西斷賊糧道賊大震其將李文悅以兵三千自歸仇良輔舉鹿頭城二萬衆降執闢子方叔婿蘇彊遂趣成都餘兵皆面縛送款闢走追禽之檻送京師入成都也師屯大逵市井不移珍貨如山無秋豪之犯邢泚已降而貳斬于軍衣冠脅汙者詣牙請命崇文爲條上全活之進檢校司空西川節度副大使南平郡王實封三百戶刻石紀功于鹿頭山崇文不通書厭案牘諮判以爲繁且蜀優富無所事請扞邊自力乃詔同中書門下平章事邠寧慶節度使爲京西諸軍都統崇文恃功而侈舉蜀帑藏百工之巧者皆自隨又不曉朝廷儀憚於覲謁有詔聽便道之屯居邠三年戎備整脩卒年六十四贈司徒謚曰威武會昌六年詔配享憲宗廟子承簡少事忠武軍後更隸神策以崇文平蜀功除嘉王傅裴度征蔡奏署牙將蔡平詔析上蔡郾城遂平西平四縣爲溵州拜承簡刺史治郾城始開屯田列防庸瀕溵綿地二百里無復水敗皆爲腴田先是賊築武宮以夸戰勞承簡夷其丘庀家財以葬葺儒宮備俎豆歲時行禮野有菽實民得以食將吏立石頌功遷邢州刺史觀察府責賦尤急承簡代下戶數百輸租遷宋州會宣武將李介反遣使責財于宋承簡囚之前後數輩輙繫獄一日幷出斬于牙門威震部中介悉兵攻之宋有三城南城陷承簡保北兩城數爲賊確會徐州救至介爲李質所執兵遂潰拜兗海沂密節度使遷義成軍檢校尚書左僕射入拜右金吾衛大將軍復節度邠寧先是虜多以盛秋犯邊承簡請屯寧州以制其侵屬疾還朝道卒贈司空謚曰敬崇文孫駢自有傳

伊慎字寡悔兗州人通春秋戰國策天官五行書用善射爲折衝都尉喪母將合葬而不知父墓晝夜哭𡘙若有導者既發之舊志

可按也乃得葬江西路嗣恭討哥舒晃以慎爲先鋒疾戰破賊斬首三千級下韶州戰把江口水湍駛乃爲桴實薪焉乘風縱火賊焚且溺不可計與諸將追斬晃泔溪授連州長史知團練副使三遷江州別駕討梁崇義也慎以江西牙兵屬李希烈希烈署漢南北兵馬使不受獨率所部破崇義於蠻水效俘三萬襄漢平功多希烈愛其材數饋遺欲縻止之卒以計免明年希烈果反嗣曹王皐至鍾陵得而壯之拔爲大將希烈恐爲皐所任遺以七屬甲詐爲慎書行反間帝遣使即軍中斬之皐表列其誣來報賊泝江徇地皐授慎兵勞而遣與賊大戰破之收黃梅次長平殺賊將斬級千餘援蔡山尤力遂下蘄州即拜刺史封南兗郡王天子在梁州包佶轉東南財糧次蘄口賊遣驍將杜少誠以兵萬人遏江道不得西慎選士七千列三屯相望偃旗以待少誠分圍之未合慎自中屯鼓之諸屯悉出奮擊賊亂少誠走斬別將許少華封其尸爲京冢漕無留艱進圍安州希烈之甥劉戒虛以兵八千來援慎逆擊

于應山禽之示城下州開門降以功爲安州刺史實封百戶改隋州戰屬鄉斬首五千級喻降李惠登即薦惠登爲刺史拜愼安黃州節度使吳少誠反詔領步騎五千兼統荆南湖南江西兵當一面遇賊于三州港營義陽戰于申斬首數千加檢校刑部尚書貞元末詔安黃爲奉義軍即爲奉義節度憲宗即位以兵付其子宥身入朝拜尚書右僕射改金吾衛大將軍以錢三千萬賂官人求帥河中事暴帝沒其半黜貶右衛將軍明年念舊勞復檢校右僕射兼右衛上將軍卒贈太子太保謚曰壯繆乾符中盜發其墓賜絹二百脩瘞云

朱忠亮字仁輔汴州浚儀人舉明經不中往事昭義節度使薛嵩爲裨將屯普潤開田峙糧以功擢太子賓客朱泚亂率麾下四十騎至奉天封東陽郡王爲定難功臣扈狩梁州爲賊鈔獲繫長安獄賊平李晟釋之奏隸本軍累遷定平軍使憲宗立加御史大夫涇州將楊琦謀拒詔爲亂方集諸校計事屋壞琦壓死乃授忠亮

涇原四鎭節度使本名士明至是賜今名隱覈軍籍得竄名者三千人歲收乾沒十萬緡吏白耄卒不任戰者可罷荅曰古於老馬不棄況戰士乎聞者莫不感奮涇俗舊多賣子忠亮以財贖免者前後數百築潘原城有勞改封丹楊卒贈尚書右僕射謚曰靈

劉昌裔字光後太原陽曲人幼重遲不好戲常若有所思度及壯策說邊將不售去入蜀楊惠琳亂昌裔說之惠琳順命拜瀘州刺史署昌裔州佐惠琳死客河朔間曲環方攻濮州表爲判官爲環檄李納剴曉大誼環上其稾德宗異之環領陳許軍又從府遷累進營田副使環卒上官涗知後務吳少誠引兵薄城涗欲遁去昌裔止曰受詔而守死其職也況士馬完奮足支賊若堅壁不戰七日賊氣必衰我以全制之可也涗許諾賊攻堞壞不得脩昌裔密造飛棚聯柵即募突將千人鑿城以出擊賊走之比還柵已立守陴遂安兵馬使安國寧謀應賊昌裔以計斬之召其麾下千人爲饗人賞二縑乃伏兵于道令持縑者斬一不能脫賊聞解去以功擢涗陳許節度使昌裔陳州刺史韓全義敗于溵水引軍走陳求入保昌裔登陴揖曰天子命君討蔡何爲來陳且賊不敢至我城下君其舍外無恐明日從十餘騎持牛酒抵全義營勞軍全義不自意迎拜歎服改陳許行軍司馬涗卒軍中推昌裔有詔檢校工部尚書代節度命境上吏不得犯蔡人少誠吏有來犯者捕得縛送使自治之少誠慙其軍亦禁境上暴掠者封彭城郡公元和八年大水壞廬舍溺居人以檢校尚書左僕射兼左龍武統軍召還京師始憲宗惡昌裔自立欲召之而重生變宰相李吉甫曰陛下乘人心愁苦可召也遂以韓臯代之至長樂驛知帝意因稱風眩卧第歲中卒贈潞州大都督謚曰威

范希朝字致君河中虞鄉人初從邠寧軍爲別將事節度使韓游瓌德宗在奉天以戰守功累兼御史中丞治軍整毅游瓌畏其才將伺隙殺之希朝懼奔鳳翔帝聞召寘左神策軍貞元四年以游瓌政無狀使代之希朝曰始偪而來終代其任非所以防覬覦安

反仄也固讓左金吾衛將軍張獻甫軍中憚獻甫嚴以兵脅監軍使請於帝必得希朝乃止詔拜寧州刺史邠寧節度副使俾佐獻甫俄遷振武節度使部有党項室韋雜居暴掠放肆日入慝作謂之刮城門希朝度要害置屯保斥邏嚴密鄙民以安至小鷄取亦殺無赦虜人憚伏相謂曰是必張光晟紿姓名來也邊州每長帥至必效槖它駿馬雖甚廉者猶受之以結其歡希朝一不納積十四年虜保塞不敢横初單于城池不樹希朝命蒔柳數歲成林貞元末請朝時諸鎭不以事自述職者希朝而已帝悅拜右金吾衛大將軍王叔文用事謂其易制用爲右神策統軍充左右神策京西諸城鎭行營節度使屯奉天以韓泰爲副因欲使泰代之會不能得神策軍而罷憲宗立檢校尚書左僕射復爲右金吾衛大將軍俄檢校司空出爲朔方靈塩節度使遷河東率師討王承宗敗之木刀溝然老病不能有大功還朝改左龍武統軍以太子太保致仕卒贈太子太師謚忠武改曰宣武希朝號當世善將或比之

趙充國在朔方時招突厥別部沙陀千落衆萬餘有之其後用沙陀戰者所至有功

王鍔字昆吾自言太原人始隸湖南團練府爲裨將楊炎道潭與語異其才嗣曹王皋爲團練使俾鍔誘降武岡叛將王國良以功擢邵州刺史皋之節度江西也李希烈南侵皋與鍔兵三千使屯潯陽而皋全軍臨九江襲蘄州遂以衆濟表鍔江州刺史兼御史中丞充都虞候鍔小心善刺軍中情偽事無細大皋悉知之因推以腹心雖家人燕居或預焉皋攻安州使伊慎盛兵圍之而遣鍔入城中約降使殺不從者翌日城開慎以賊降乃已功不下鍔鍔稱疾避之皋爲荊南節度使欲署府少尹而上佐鄙其人乃徙檄都虞候從皋朝京師皋奏鍔文用雖不足而它可試德宗擢爲鴻臚少卿先是天寶末西域朝貢酋長及安西北廷校吏歲集京師者數千人隴右既陷不得歸皆仰稟鴻臚礼賓月四萬緡凡四十年名田養子孫如編民至是鍔悉籍名王以下無慮四千人畜馬二千奏皆停給宰相李泌盡以隸左右神策軍以酋長署牙將歲省五十萬緡帝嘉其公擢容管經略使凡八年谿落安之遷嶺南節度使廣人與蠻雜處地征薄多牟利於市鍔租其廛權所入與常賦埒以爲時進裒其餘悉自入諸蕃舶至盡有其稅於是財蓄不貲日十餘艘載皆犀象珠琲與商賈雜出于境數年京師權家無不富鍔之財召爲刑部尚書淮南節度使杜佑數請代乃以鍔檢校兵部尚書爲佑副厚事佑以悅之坐必就司馬聽事不數日遂代佑父之入拜尚書左僕射又檢校司徒爲河中節度使進兼太子太傅徙河東河東自范希朝討鎮無功兵才三萬騎六百府庫殘耗鍔能補完齎賁未幾兵至五萬騎五千財用豐餘會回鶻并摩尼師入朝鍔欲示威武傾駭之乃悉軍迎廷列五十里旗幟光鮮戈鎧犀密回鶻恐不敢仰視鍔偃然受其禮帝聞嘉之即除檢校司空同中書門下平章事鍔自見居財多且懼謗納錢二千萬李絳奏言鍔雖有勞然僉望不屬恐天下議以爲宰相可市而取帝曰鍔當太原殘破後成雄富之治官爵所以待功功之不圖何以爲勸王播所獻數萬萬亦可以平章政事乎不聽卒贈太尉謚曰魏鍔初附太原王翃爲從子以婚閥自高翃子弟亦藉鍔多得官又常讀春秋自稱儒者士頗笑之善任數持下在淮南時嘗得無名書內鞾中俄取它書焚之人信其無名者異日因小罪并以所告窮驗示衆以神明性纖嗇有所程作雖碎瑣無所遺官曹簾壞吏將易之鍔取壞者付船坊以緘箬每燕饗輒錄其餘賣之以收利故鍔家錢徧天下子稷歷鴻臚少卿鍔在藩稷常留京師視勢高下輕重以納賄焉嘗請籍坊以廣第舍作複垣洞穴實金錢其中鍔卒奴告稷更遺占沒所獻裴度爲言乃論殺奴長慶二年用稷爲德州刺史悉金寶媵侍以行節度使李全略利其貲因軍亂殺稷納其女爲媵開成中滄州節度使劉約奏稷子叔泰生五歲值全略亂爲郡人匿養得不死送叔泰京師文宗憫焉詔授九品官使奉鍔祀

孟元陽史失其何所人起陳許軍中以嚴整稱曲環領節度使時已爲大將使董作西華屯盛夏屬而立于塗役休乃就舍故田輒歲稔而軍食常足環卒吳少誠來寇元陽嬰城守圍甚急然終不能傳城韓全義敗五樓列將多私去獨元陽與神策將蘇元策宣州將王幹以所部屯溵水破賊二千詔拜陳州刺史憲宗立遷河陽節度使五年盧從史敗檢校尚書右僕射從帥昭義軍入爲右羽林統軍封趙國公改右金吾大將軍復拜統軍卒贈揚州大都督

王栖曜濮州濮陽人安祿山反尚衡裒義兵討賊署牙將徇兗鄆諸縣下之進牙前摠管賊將邢超然守曹州乘城指顧栖曜曰彼可取也一矢殪之遂拔曹州累授試金吾衞將軍袁晁亂浙東御史中丞袁傪討之表爲偏將與賊戰日十餘遇生禽晁收州縣十六授常州別駕浙西都知兵馬使時江介未定詔內常侍馬日新以汴滑軍五千鎮之中人暴橫賊蕭廷蘭乘衆怨逐日新劫其衆

棲曜方游弈近郊賊脅取之與圍蘇州棲曜乘賊怠挺身登城率城中兵出戰賊衆大敗遷試金吾大將軍李靈曜反汴州浙西觀察使李涵使提兵四千爲河南犄角有功李希烈陷汴州也乘勝東略次寧陵將襲宋州浙西節度使韓滉使棲曜以彊弩三千涉水夜入寧陵希烈不之知晨朝矢集帳前驚曰江淮弩士入矣遂不敢東貞元初拜左龍武大將軍出爲鄜坊節度使十九年卒贈尚書右僕射謚曰成棲曜性謹厚善騎射始將兵時涉寇境遇游騎環合乃規百步立表而射每射破的虜相顧懼引去子茂元少好學德宗時上書自薦擢試校書郎改太子贊善大夫呂元膺留守東都署防禦判官淄青留邸卒謀亂元膺率兵圍之士無敢先者茂元取一人斬之衆乃進賊遂出奔累遷嶺南節度使蠻落安之家積財交煽權貴鄭注用事遷涇原節度使注敗悉出家貲餉兩軍得不誅封濮陽郡侯召爲將作監領陳許節度使又徙河陽討劉稹也李德裕以茂元兵寡詔王宰領陳許合義成兵援之以河陰所貯兵械內庫甲弓矢陌刀賜之會病以宰兼河陽行營攻討使卒贈司徒謚曰威

劉昌字公明汴州開封人善騎射天寶末從河南防禦使張介然討安祿山授易州遂城府左果毅史朝義兵圍宋州城中食盡且降昌說刺史李岑曰李光弼在河陽江淮足兵勢必來援今廩麴尚多若屑以食可支二十日則救至岑聽之昌乃被鎧登城以忠義諭賊賊不敢攻俄而光弼援兵至賊夜潰光弼聞其謀召置軍中將用之會光弼卒還爲宋州牙門將李靈曜以汴州反刺史李僧惠欲應之昌請見陳逆順計且泣僧惠悟即馳奏請自將討賊故靈曜失助不得逞汴州平李忠臣疾僧惠攻殺之昌遁去劉玄佐領宣武節度使擢昌左廂兵馬使李納反以偏師收考城充行營諸軍馬步都虞候玄佐攻濮州以昌攝刺史李希烈取汴玄佐別將高翼提精卒守襄邑城陷翼赴水死江淮大震昌以兵三千守寧陵希烈衆五萬攻之昌掘壍以遏地道相拒凡四十餘日賊數敗乃解圍去更攻陳州昌從玄佐以浙西兵三萬救之西去陳五十里昌薄其軍大戰破之禽賊將翟暉希烈奔還蔡州加檢校工部尚書累實封二百戶貞元三年入朝詔以宣武兵八千北出五原士卒有逗留沮事者斬三百人乃行舉軍慴伏尋授京西行營節度使歲餘改四鎮北廷行營兼涇原節度七年城平涼開地二百里扼彈箏峽又西築保定扞青石嶺凡七城二堡旬日就以功檢校尚書右僕射累封南川郡王十四年歸化堡軍亂逐大將張國誠詔昌經略昌入堡誅數百人復使國誠統之昌在邊凡十五年身率士墾田三年而軍有羨食兵械鋭新邊障妥寧及感疾詔赴京師未行卒年六十五贈司空初城平涼當刼盟後將士骸骨不藏昌始命瘞之夕夢若詣昌厚謝者昌具以聞德宗下詔哀痛出衣數百稱官爲賚具斂以棺槥分建二冢大將曰旌義冢士曰懷忠冢葬淺水原詔翰林學士爲銘識其所昌盛陳兵衞具牢醴率諸將素服臨之邊兵莫不感泣子士涇尚雲安公主拜駙馬都尉累遷少卿家積財內結權近善胡琴故得幸於貴人後遷太僕卿給事中韋弘景等封還制書以士涇交通近倖不當居九卿憲宗曰昌有功於邊士涇又尚主官少卿已十餘年制書宜下弘景等乃奉詔

贊曰唐杜牧稱寧陵之圍解劉玄佐召昌問曰君以孤城用一當十何以能守昌泣曰始昌令守陴內顧者斬昌孤甥張俊守西北未嘗內顧捽下斬之士有死志故能守因伏地流涕玄佐亦泣曰國家將富貴汝史臣謂不然且勒兵乘城與賊抗所賴惟賞罰耳今無罪而斬其甥士心且離不祥莫大焉寧好事者傳此以益其美非昌志也牧以爲張巡許遠陷睢陽其名傳昌全寧陵而事不得暴于世寧牧未之思邪

趙昌字洪祚天水人始爲昭義李承昭節度府屬累遷虔州刺史安南酋獠杜英翰叛都護高正平以憂死拜昌安南都護夷落嚮化毋敢桀居十年足疾請還朝以兵部郎中裴泰代之入爲國子

祭酒未幾州將逐秦德宗召昌問狀時年逾七十占對精明帝奇之復拜安南都護詔書至人相賀叛兵即定憲宗初立檢校户部尚書遷嶺南節度使降輯陬荒以勞徙節荆南召入再遷工部尚書兼大理卿出爲華州刺史對麟德殿趨拜強駃帝訪其所以頤養還太子少保卒年八十五贈揚州大都督謚曰成

李景略幽州良鄉人父承悅檀州刺史密雲軍使景略以蔭補幽州府功曹參軍大曆末客河中闔門讀書李懷光爲朔方節度使署巡官五原將張光殺其妻以貲市獄前後不能决景略覈實論殺之旣而有若女厲者進謝廷中如光妻云遷大理司直懷光屯咸陽將襲東渭橋召幕府計議景略曰殺朱泚還軍諸道杖策詣行在此轉禍爲福也不聽旣出軍門慟哭曰豈意此軍乃陷不義乎遂遁歸靈武節度使杜希全表置于府累轉侍御史豐州刺史豐州當回紇通道前刺史軟柔每虜使至與抗禮時梅録將軍入朝景略欲折之因郊勞前遣人謂曰可汗新没欲弔使者乃坐高

六ㄱ九四　唐書傳九十五　九　平山

壠待之梅録俯僂前哭景略即撫之曰可汗棄代助爾號慕於是虜容氣沮索不敢抗以父行呼景略自此回紇使至者皆拜于廷威名顯聞希全忌之誣奏貶袁州司馬希全死遷左羽林將軍對德宗延英殿論奏衎衎有大臣風會河東節度使李説病以景略爲太原少尹行軍司馬時方鎮旣重故少召還者惟不幸則司馬代之自説有疾人心固屬景略矣會梅録復入朝説大會虜人爭坐説不敢遏景略叱之梅録識其聲驚拜曰非李豐州邪遂就坐將吏相顧嚴憚説愈不平賂中尉竇文場謀毁去之歲餘塞下傳言回紇將南寇文場方侍帝傍即言豐州當得良將且舉景略乃拜豐州刺史天德軍西受降城都防禦使窮塞苦寒地瘠鹵邊户勞悴景略至節用約己與士同甘苦鑿咸應永清二渠溉田數百頃儲粟器械畢具威令肅然聲雄北疆回紇畏之卒于屯年五十五天下惜用景略才有所未盡贈工部尚書

任迪簡京兆萬年人擢進士第天德李景略表佐其軍嘗宴客而行酒者誤進醯景略用法嚴迪簡不忍其死飲爲釂徐以它辭請易之歸嗀血不以聞軍中悅其長者景略卒舉軍請爲帥監軍使拘迪簡不聽衆大呼破户出之德宗遣使者察變具得所以然乃授豐州刺史天德軍使由殿中侍御史授兼大夫散騎常侍入爲太常少卿太子左庶子張茂昭以易定歸擢迪簡行軍司馬代之大將楊伯玉據牙不納衆殺之別將張佐元復叛迪簡斬以徇乃入以檢校工部尚書爲節度使承茂昭奢縱後公私匱乏欲饗士無所給至與下同糲食身居戟户踰月軍中感其公請安卧内迪簡乃許三年上下完充以疾入除工部侍郎不能朝改太子賓客卒贈刑部尚書謚曰襄

張萬福魏州元城人三世明經止縣令州佐萬福以儒業不顯乃學騎射從王斛斯以別校征遼東有功李峘伐劉展署爲部將斂首萬級累擢壽州刺史舒廬壽都團練使州送租賦詣都至潁爲盜所奪萬福領輕兵尾襲賊倉卒不得戰悉禽之盡得所亡并先

六ㄱ九十　唐書傳九十五　十　守芒

掠人妻女財畜萬計還其家不能自致者給船車以遣眞拜刺史兼淮南節度副使而節度崔圓忌之失刺史改鴻臚卿使將千人鎭壽州不以爲恨時許杲以平盧行軍司馬將卒三千駐濠州陰窺淮南圓使萬福攝濠州刺史杲聞即移戍當塗賊陳莊陷舒州圓又令攝舒州刺史督淮南盜賊窮破株黨大曆三年召見代宗曰欲一識卿面且將以許杲累卿萬福辭謝因前曰陛下以一許杲召臣如河北諸將叛欲屬何人帝笑曰始爲我了杲事且當大用乃拜和州刺史兼行營防禦使督盜淮南萬福至州杲懼徙屯上元過楚州大掠節度使韋元甫使萬福追討未至杲爲其將康自勸所逐自勸循淮鈔而東萬福倍道追殺之免者十三盡還所剽於民元甫將厚賞士萬福曰官健坐仰衣食無所事今一小煩之不足過賞請用三之一帝下詔褒美賜其衣宮錦十雙又之詔以本鎭兵千五百人防秋京西萬福詣揚州還所領兵會元甫死諸將願得萬福爲帥監軍使邀請之對曰我非幸人勿以此待我

遂去以利州刺史鎮咸陽且留宿衛李正己反屯兵埇橋江淮漕船積千餘不敢踰渦口德宗乃以萬福爲濠州刺史召謂曰先帝改爾名正者所以褒也朕謂江淮草木亦知爾威名若從所改恐賊不曉是卿也復賜舊名萬福因馳至渦口駐馬于岸悉發漕船相銜進賊兵倚岸熟視不敢動改泗州刺史魏州饑父子相賣萬福曰魏州吾鄉里安忍其困令兄子將米百車饟之贖魏人自賣者給資遣之爲杜亞所忌召拜右金吾將軍及見帝驚曰亞乃言爾昬耄何邪詔圖形凌烟閣數賜與幷敕度支籍口畜給其費陽城等詣延英門論裴延齡事伏閣不去帝震怒左右懼不測萬福大言曰國有直臣天下無慮矣吾年八十與見盛事徧揖城等勞之天下益重其名以工部尚書致仕卒年九十萬福自始終祿食七十年未嘗一日言病莅凡九州皆有惠愛初在泗州遇李希烈反陳少游悉以部刺史妻子質揚州萬福獨不遣謂使者爲我白公妻老且醜不足溷公意卒不行人稱其直

高固不知何許人或言四世祖侃永徽中爲北庭安撫使禽車鼻可汗以功爲安東都護固生微賤爲家所賣轉爲渾瑊童奴字黃芩性敏惠有旅力善騎射能讀左氏春秋瑊愛養之以齊有高固因以名以乳媪女女固從瑊屯朔方德宗在奉天固仍從瑊賊突入東壅門固引銳士長刀殺賊數十人曳車塞闔賊不能入封渤海郡王李懷光反使邠寧留後張昕將兵萬人先趣河中固在行乃伺間入帳下斬昕首以徇拜檢校右散騎常侍前軍兵馬使貞元十七年邠寧節度使楊朝晟卒詔將幷邠寧朔方爲一軍議以李朝寀爲節度劉南金副之以詢邠軍咸曰如詔數日復劫固爲帥固曰然能聽吾言乃可衆唯唯固徇曰毋殺人毋肆掠三軍皆順悅帝亦念固功乃拜邠寧節度使固本宿將且寬厚人皆安之然久在散位數爲儕類輕㗖及受命衆多懼固一釋不問憲宗時檢校尚書右僕射入爲右羽林統軍卒贈陜州大都督

郝玼不記其鄉里貞元中爲臨涇鎮將嘗從數百騎出野還說節度使馬璘曰臨涇扼洛口其川饒衍利畜牧其西走戎道曠數百里皆流沙無水草願城之爲休養便地玼出或謂璘曰玼言信然雖然公所以蒙恩大幸以邊防未固也上心日夜念此故厚於公今若用玼言則邊已安尚何事爲璘遂不聽及叚佑代節度玼又說曰天寶時天下以兵爲防獨西戎耳而塞至京師且萬里自祿山反西隴盡亡寰內爲邊郡每虜入寇驅幷閭父子與馬牛焚積聚殘室廬邊人耗盡今若築臨涇以折虜勢便甚佑唯許請于朝卒詔城臨涇爲行原州以玼爲刺史戍之自是虜不敢過臨涇玼在邊積三十年每討賊不持糗糧取之於敵獲虜必刳剔而歸其尻虜大畏道其名以怖啼兒還檢校左散騎常侍涇原行營節度使封保定郡王贊普嘗等玼身鑄金募令于國曰得生玼者以金玼償之朝廷畏失名將徙爲慶州刺史卒佑本郭子儀牙將從征伐有功貞元末爲涇原節度使虜畏憚之終右神策大將軍

史敬奉者靈州人事朔方軍爲牙將元和中吐蕃數犯塞十四年

敬奉白節度使杜叔良請兵三千齎一月糧深入虜地分賊勢叔良以二千兵予之行十餘日不聞問皆謂已歿敬奉乃由間道繞出虜後部落奔駭因大破之驅其餘衆於瓠蘆河獲馬牛雜畜迨萬數賜實封五十戶敬奉遂陋類不勝衣其走逐奔馬挾鞍勒以上而後躍帶之矛矢在手前無彊敵甥姪部曲二百人每出輒分其隊爲四五隨水草數日不相知及相遇已皆有獲與鳳翔將野詩良輔及郝玼皆以名雄邊良輔者後爲隴州刺史朝廷遣使至吐蕃虜輒言唐家稱和好亶豪不爾安得任良輔爲隴州刺史

二高伊朱二劉范二王孟趙李任張列傳第九十五

端明殿學士兼翰林侍讀學士龍圖閣學士朝請大夫守尚書吏部侍郎充集賢殿脩撰臣宋祁奉
敕撰

李光進其先河曲諸部姓阿跌氏貞觀中內屬以其地為雞田州
世襲刺史隸朔方軍光進與弟光顏少依舍利葛旃葛旃妻其女
兄也初葛旃殺僕固瑒歸河東辛雲京遂與光進俱家太原以沈
果稱從馬燧救臨洺戰洹水有功歷前後軍牙門將兼御史大夫
代州刺史元和四年王承宗叛范希朝引師救易定表光進為都將
時光顏亦至大夫故軍中呼大小大夫俄檢校工部尚書為振武
節度使賜姓以光寵之別詔光顏拜洺州刺史弟兄榮冠當時光
進從靈武卒年六十五贈尚書左僕射有至性居母喪三年不歸
寢光顏先娶而母委以家事及光進娶母已亡弟婦籍貲貯納管
鑰於姒光進命反之曰婦逮事姑且嘗命主家事不可改因相持
泣乃如初

光顏字光遠葛旃少教以騎射每歎其天資票健已所不逮長從
河東軍為裨將節度使馬燧謂曰若有奇相終必光大解所佩劒
贈之討李懷光楊惠琳戰有功從高崇文平劒南數搴旗蹈軍出
入若神益知名進兼御史大夫歷代洺二州刺史元和九年討蔡
以陳州刺史充忠武軍都知兵馬使始踰月擢本軍節度使詔以
其軍當一面光顏乃壁溵水明年大破賊時曲初賊晨壓其營以
陣衆不得出光顏毀其柵將數騎突入賊中反往一再衆識光顏
矢集其身如蝟子擐馬鞅諫無深入光顏挺刃叱之於是士爭奮
賊乃潰北當此時諸鎮兵環蔡十餘屯相顧不肯前獨光顏先敗
賊始裴度宣慰諸軍還為憲宗言光顏勇而義必立功俄又與烏重
胤破賊小溵河初都統韓弘約諸軍攻賊賊先薄重胤壘重胤中
矛創甚請救於光顏光顏策賊既出則小溵橋之堡可乘且重胤
不可破遣大將田穎宋朝隱襲其城夷之賊失聲援弘怒不救重
胤違節度取穎等將戮之舉軍惜其材光顏不敢拒會中人景忠
信至知其然即矯詔械繫在所馳以聞有詔釋之弘及光顏更以
表言帝謂弘使曰違都統令當死但以功可贖赦之以為後圖弘
不悅自是與弘有隙十一年屢困賊遂拔凌雲柵捷奏入帝大悅
厚賚其使進檢校尚書左僕射十二年四月敗賊於郾城死者什
三斂其甲凡三萬悉畫雷公符斗星署曰破城北軍郾守將鄧懷
金大恐其令董昌齡因是勸懷金降且來請曰城中兵父母妻子
皆質賊有如不戰而屈且赤族請公攻城我舉火求援援至公迎
破之我以城下光顏許之賊已北昌齡奉偽印懷金率諸將素服
開門待光顏入之城自壞者五十版弘素蹇縱陰挾賊自重且惡
光顏忠力思有以橈蟻之乃飾名姝教歌舞六博襦襪珠翡舉止
光麗費百鉅萬遣使以遺光顏曰公以君暴露于外恭進侍者慰
君征行之勤光顏納且曰納焉乃大合將校置酒引使者以侍妹
至秀曼都雅一軍驚視光顏徐曰我去室家久以為公憂誠無以
報德然戰士皆棄妻子蹈白刃奈何獨以女色為樂為我謝公天

子於光顏恩厚誓不與賊同生指心曰雖死不貳因嗚咽泣下將卒
數萬皆感激流涕乃厚賂使者還之於是士氣益勵裴度築赫連
城於沲口率輕騎觀之賊以奇兵自五溝至大呼薄戰城為震壞
度危甚光顏力戰却之先是光顏策賊必至密遣田布伏精騎溝
下扼其歸賊敗棄騎去顛死溝中者千餘由是賊悉銳士當光顏
而李愬得乘虛入蔡矣董重質弃洄曲軍降愬光顏躍馬入賊營
大呼衆萬餘人投甲請命賊平加檢校司空入朝召對麟德殿賜
與蕃渥命宴其第歸錢米二十車帝討李師道從義成節度使許
以忠武兵自隨不三旬再敗賊濮陽拔斗門斬數千級上言許鄆
兵合不可用遂復鎮忠武吐蕃入寇從邠寧軍時虜毀鹽州城使
光顏復城之亦以忠武兵從初田縉鎮夏州以叨沓聞邊隙故党
項引吐蕃圍涇州郝玼力戰破之光顏聞賊至料兵以赴邠人慢
言洶洶騰譟不肯行光顏為陳說大義感慨流涕聞者亦泣下遽
即路虜走出塞穆宗立召還賜開化里第加同中書門下平章事

還軍齊況不貲以寵示羣臣俄徙鳳翔帝將伐鎭州復還忠武又兼深冀行營節度使宰相百官班餞帝御通化門臨送賜珍器良馬玉帶光顏提軍深入而餽運不至有詔以滄景德棣州益之光顏以宰相處置失宜辭兼領亦會赦王廷湊復所治李㝏亂汴州詔揔軍出討朝受命暮即戎翌日拔尉氏與汴人戰琵琶溝未陣薄之賊走㝏平進兼侍中敬宗初眞拜司徒河東節度寶歷二年卒年六十六贈太尉謚曰忠賻賜良厚及葬文宗以其功高復賜帛二千匹光顏性忠義善撫士其下樂爲用許師勁悍常爲諸軍鋒故數立勳王仙芝黃巢反諸道告急多請以助守大校曹師雅以千五百人隸招討使宋威張貫以四千人隸副使曾元裕僖宗倚許軍以屏蔽東都有請以爲援卒不報大將張自勉討雲南党項龐勛亂解圍壽州戰淮口以功累擢右威衛上將軍至是表請討賊詔秉傳赴軍解宋州圍威忌自勉成功請以隸麾下且欲殺之宰相得其謀不聽以自勉代元裕

烏重胤字保君河東將承玭子也少爲潞牙將兼左司馬節度使盧從史奉詔討王承宗陰與賊連吐突承璀將圖之以告重胤乃縛從史帳下士持兵合譟重胤叱曰天子有命從者賞違者斬士斂手還部無敢動憲宗嘉其功擢河陽節度使封張掖郡公帝討淮蔡詔重胤以兵壓賊境割汝州隸其軍與李光顏相掎角大小百餘戰凡三年賊平再遷檢校司空進邠國公徙橫海軍建言河朔能拒朝命者蓋刺史失權鎭將領軍能作威福也使刺史得職大帥雖有祿山思明之姦能據一州爲叛哉臣所管三州輒還刺史職各主其兵因請廢景州法制脩立時以爲宜討王廷湊也出屯深州方朝廷號令乖迕賊寖不制重胤久不敢進穆宗以爲觀望詔杜叔良代之以重胤爲太子太保長慶末以檢校司徒同中書門下平章事爲山南西道節度使召至京師改節天平軍文宗初眞拜司徒李同捷請襲父位帝方務靜安授同捷兗海以重胤耆將兼節度滄景以齊州隸軍未幾卒年六十七贈太尉謚懿穆重胤出行伍善撫士與下同甘苦蔡將李端降重胤蔡人執其妻殺之妻呼曰善事烏僕射得士心大抵如此待官屬有禮當時有名士如温造石洪皆在幕府旣殁士二十餘人刲股以祭子漢弘嗣爵居母喪奪爲左領軍衛將軍固辭帝嘉許之

石洪者字濬川其先姓烏石蘭後獨以石爲氏有至行舉明經爲黃州録事參軍罷歸東都十餘年隱居不出公卿數薦皆不荅重胤鎭河陽求賢者以自重或薦洪重胤曰彼無求於人其肯爲我來邪乃具書幣邀辟洪亦謂重胤知己故欣然戒行重胤喜其至禮之後詔書召爲昭應尉集賢校理又有李珙者世儒家珙獨尚材武有崖岸嘗至澤潞見李抱眞欲署牙將聞其使酒不用都將王虔休曰珙奇士不能用即殺之無爲它人得也抱眞不納虔休代節度引爲將重胤禽從史珙將救之旣聞謀出朝廷乃止重胤愛其才討淮西也表爲行營都將終右武衛上將軍

王沛許州許昌人少勇決爲節度使上官涚所器妻以女署牙門

將涚卒屯墻田儕脅涚子襲領其軍謀殺監軍沛知其計密告之支黨悉禽德宗嘉美即拜行軍司馬而劉昌裔領節度奏沛爲監察御史有詔護涚喪還京師帝召見歎息以爲功異等嫌昌裔所請薄謂沛曰吾意殊未厭爾歸矣方使別奏沛未至許拜兼御史中丞李光顏討吳元濟奇沛風槩署行營兵馬使使將勁兵別屯數破賊有功時詔書趣戰諸將觀望不敢度溵以壁沛引兵五千夜濟合流扼賊衝遂城以居於是河陽宣武太原魏博等軍繼度圍郾城沛先結壘與賊對蔡將鄧懷金遂降蔡平加兼大夫復從光顏定淄青及光顏鎭邠詔分許兵往戍沛又爲都將救鹽州敗吐蕃以功擢寧州刺史徙陳州李㝏之亂以忠武節度副使率師討㝏加檢校右散騎常侍進拜兗海沂密節度使是時新建府俗獷驁沛明示法制蒐閱以時軍政大治以檢校工部尚書徙忠武大和元年卒贈尚書右僕射子逢從父征伐累功署忠武都知兵馬使大和中入爲諸衛將軍從劉沔石雄破回鶻於天德有士二

千人未嘗戰欲冒常賜逢不與或為請之荅曰士奮死取賞若無功而賞何哉武宗以逢用法嚴使宰相李德裕讓之逢曰戰者前蹈白刃不以法人孰用命討劉稹也為太原道行營將領陳許兵七千屯翼城稹平加檢校右散騎常侍後亦至忠武節度使云

楊元卿史失其何所人少孤慷慨有術略客江海上時時高論人謂狂生吳少誠跋扈蔡州元卿以褐衣見署劇縣俄召入幕府又事少陽每奏事至京師頗為宰相李吉甫慰納元卿還與少陽言君臣大義以動其心賊黨惡而共構之判官蘇肇保救乃免然元卿陰撓少陽事而輸款朝廷及元濟擅襲節度元卿欲困其財使不振謬說曰先公忝于財諸將至寒餒府之有亡我具知之君若大賜將士以自固又卑辭厚禮邀事諸鎮則諸將悅庶幾助我吾為君持表見天子安有不從者元濟許之既至則具條賊虛實請敕諸道執元濟誅之元濟覺乃殺其妻并四子圬為一堋射之肇亦被害憲宗拜元卿岳王府司馬與李愬議僑置蔡州以元卿為

刺史優納降附壞賊黨與元卿入見願假度支錢及它奏請不合旨又裴度以諸將討蔡三年功且成若又以州與元卿恐觖望生事議格更授光祿少卿蔡平超拜左金吾衛將軍建言淮西多怪珍寶帶往取必得帝曰我討賊為人除害賊平我求得矣焉用寶毋復言出為汾州刺史復入為金吾長慶初鎮魏易帥元卿具道所以成敗事穆宗久乃悟賜白玉帶權涇原渭節度使元卿墾發屯田五千頃屯築高垣牢鍵閉寇至耕者保垣以守居六年涇人德之徙節河陽何進滔亂魏博元卿請自齎三月糧舉軍出討文宗嘉美加檢校司空獻粟二十萬石助天子經費進光祿大夫徙宣武軍大和七年以疾歸東都授太子太保卒贈司徒然性儉巧所至聚斂諂結權近故累更方任云子延宗開成中為磁州刺史與河陽兵謀逐帥自立事敗詔以元卿嘗毀家歸忠全其宗杖死延宗於京兆府賜還田產

曹華宋州楚丘人始從宣武軍縛亂將李迺送闕下節度使董晉署為牙將後避仇奔東都會吳少誠叛留守王翃署華襄城戍將華浚隍埤堞日與賊持數禽馘賊憚之憲宗初累拜檢校右散騎常侍召至京師賜矛甲繒錦還屯拜寧州刺史未行屬吳元濟不受命詔河陽懷汝節度使烏重胤討之重胤請華自副戰青陵城賊大奔拔凌雲柵以功封陳留郡王蔡平進棣州刺史州與鄆比時賊略定滴河華逆逐賊斬二千級復其縣又募羣盜可用者貸死補屯卒使據孔道賊至輒擊卻之不敢北權橫海節度副使時朝廷披鄆為三鎮其明年兗海軍亂殺觀察使王遂詔華往代視事三日合軍大饗幕甲士于廡酒中令曰天子以鄆人參別而戍有轉徙勞欲厚賞之請鄆人右州兵左既而出州兵乃闔門大言曰天子有命誅殺帥者甲起于幕環之凡斬千二百人血流殷渠赤氣冒門高丈餘海沂之人重足屏息華惡沂地褊請治兗許之自李正己盜齊魯俗益汙驁華下令曰鄒魯禮義鄉不可忘本乃身見儒士春秋祀孔子祠立學官講誦斥家貲佐贍給人乃知教成

就諸生仕諸朝鎮人害田弘正華亟請以本軍進討不從進華檢校工部尚書兗沂節度使李㝏叛以兵取宋州華不待命以兵逆擊破之㝏平檢校尚書右僕射徙鎮義成軍盜殺商賈吏捕得乃華嬖人華怒斷其頸以祭死者卒年六十九贈左僕射華雖出戎伍而動必由禮愛重士大夫不以貴倨人至廝竪必待以誠信人以為難

高瑀冀州蓨人少沈遂喜言兵釋褐右金吾冑曹參軍累遷陳蔡二州刺史入為太僕卿忠武節度使王沛死衛軍諸將多自謂得之宰相裴度韋處厚以瑀治陳蔡素有狀習軍中情偽欲任之會其軍表丐瑀乃檢校左散騎常侍領忠武節度使自大曆後擇帥悉出宦人中尉所輸貨至鉅萬貧者假貸富人既得所欲則椎斵膏血倍以酬息十常六七及瑀有命士相告曰韋裴作相天下無債帥州比水旱無年瑀相地宜築隄廣百八十里時其鍾洩民賴不飢再加檢校尚書右僕射六年徙節武寧軍以刑部尚書召辭

疾拜太子少傅不閱月復詔節度忠武卒于鎮贈司空瑀寬和居官無赫然譽所至稱治士人懷之

劉沔字子汪徐州彭城人父廷珍以羽林軍扈德宗奉天以戰功官左驍衛大將軍東陽郡王沔少孤客振武節度使范希朝署牙將軍中大會沔挺刀立堂下希朝奇之召謂曰後日必處吾坐希朝卒入為神策將大和末遷累大將軍擢涇原節度使徙振武開成三年突厥劫營田沔發吐渾契苾沙陀部萬人擊之賊一轡無返者悉頒所獲馬羊于戰卒築都護府西北四壘進檢校戶部尚書武宗立遷檢校尚書左僕射回鶻寇天德詔以兵據雲伽關虜引去會昌二年又掠太原振武天子使兵部郎中李拭調兵食因視諸將能否拭獨稱沔乃拜河東節度兼招撫回鶻使進屯鴈門關虜寇雲州沔擊之斬七裨將敗其衆以還太和公主功加檢校司空議者恨其薄又進金紫光祿大夫賜一子官虜殘衆走詔沔追北仍錄李靖平頡利事賜之軍還次代州歸義軍降虜三千使

隸食諸道不受詔據滹沱河叛沔悉禽誅之劉稹阻命詔沔南討屯榆社沔素與張仲武不協時方追幽州兵故徙義成會王宰逗留宰相李德裕表沔鎮河陽以滑兵二千壁萬善居宰肘腋下激之俾出軍稹平進檢校司徒忠武節度使以病改太子少保不任謁拜太子太傅致仕卒年六十五贈司徒

石雄徐州人系寒不知其先所來少為牙校敢毅善戰氣蓋軍中王智興討李同捷收棣州使雄先驅度河鼓行無前初徐軍惡智興苛酷謀逐之而立雄智興懼因立功奏除州刺史詔以為壁州刺史智興由是殺雄素所善百餘人誣雄陰結士搖亂請以軍法論文宗素知其能不殺流白州徙為陳州長史党項擾河西召雄隸振武劉沔軍破羌有勞帝難智興久不擢會昌初回鶻入寇連年掠雲朔牙五原塞下詔雄為天德防禦副使兼朔州刺史佐劉沔屯雲州沔召雄謀曰虜離散當掃除久矣國家以公主故不欲亟攻我若徑趨其牙彼不及備必棄公主走我當迎主歸有如不捷吾則死之雄曰諾即選沙陀李國昌及契苾拓拔雜虜之者騎夜發馬邑旦登振武城望之見氈車十餘乘從者朱碧衣諜者曰公主帳也雄潛使諭之曰天子取公主兵合第無動雄穴城夜出縱牛馬鼓譟直擣烏介帳可汗大駭單騎走追至殺胡山斬首萬級獲馬牛羊不貲迎公主還進豐州防禦使武寧李彥佐討劉稹逗留以雄為晉絳行營諸軍副使助彥佐是時王宰屯萬善劉沔屯石會關顧望莫先進雄受命即勒兵越烏嶺破賊五壁斬獲千計賊大震雄臨財廉每朝廷賜與輒置軍門自取一匹縑餘悉分士伍由是衆感發無不奮武宗喜曰今將帥義而勇罕雄比者就拜行營節度使代彥佐徙河中稹危蹙其大將郭誼密獻款請斬稹首自歸衆疑其詐雄大言曰稹之叛誼為謀主今欲殺稹乃誼自謀又何疑雄以七千人徑薄潞受誼降進檢校兵部尚書徙河陽初雄討稹水次見白鷺謂衆曰使吾射中其目當成功一發如言帝聞下詔褒美宣宗立徙鎮鳳翔雄素為李德裕識拔王

宰者智興子於雄故有隙潞之役雄功最多宰惡之數欲沮陷會德裕罷宰抵因代歸白敏中猥曰黑山天井功所酬已厭拜神武統軍失勢怏怏卒

贊曰世皆謂李愬提孤旅入蔡縛賊為奇功殊未知光顏於平蔡為多也是時賊戰日窘盡取銳卒抗光顏憑空堞以居故愬能乘一切勢出賊不意然則無光顏之勝愬烏能奮哉

李烏王楊曹高劉石列傳第九十六

端明殿學士兼翰林侍讀學士龍圖閣學士朝請大夫尚書吏部侍郎充集賢殿修撰臣宋祁奉
敕撰
于頔字允元後周太師謹七世孫蔭補千牛調華陰尉累勞遷侍
御史爲吐蕃計會使有專對材擢長安令駕部郎中出爲湖州刺
史部有湖陂異時溉田三千頃久廢頔行縣命脩復隄閼歲獲
秔稻蒲魚無慮萬計州地庳薄葬者不掩櫝頔爲坎瘞枯骨千餘
人賴以安未幾改蘇州罷淫祠濬溝澮端路衢爲政有績然暴橫
少恩杖前部尉以逞憾觀察使王緯以聞德宗不省俄遷大理卿
爲陝虢觀察使慢言謝緯曰始足下劾我三進官矣益自肆峻罰
苛懲官吏惴恐皆重足一迹參軍事姚峴不勝虐自沈于河貞元
十四年拜山南東道節度使是時吳少誠叛頔率兵自唐州戰吳
房朗山取之禽其將李㻋又勝之濯神溝於是請升襄州爲大都
督府廣募戰士儲良械■然有專漢南意所牾者類治以軍法帝

晚務姑息頔所奏建無不聞允公歛私輸持下益急而慢於奉上
詘勠鄧州刺史元洪朝廷重違爲流端州命中人護送至棗陽頔
遣兵刧洪還拘之表責洪太重改吉州長史遣使厚諭乃已嘗怒
判官薛正倫奏貶陝州長史比詔下頔中悔奏復署舊職正倫死
以兵圍其居彊使孽子與婚昵吏高洪縱使剥下别將陳儀不勝
忿剌殺洪一府驚潰累遷檢校尚書左僕射同中書門下平章事
封燕國公俄擅以兵取鄧州天子未始誰何初襄有髹器天下以
爲法至頔驕蹇故方帥不法者號襄樣節度憲宗立權綱自出頔
稍懼願以子尚主帝許之遂入朝拜司空同中書門下平章事請
準杜佑月三奉朝詔可時宦者梁守謙幸於帝頗用事有梁正言
者與頔子敏善敏因正言厚賂守謙求頔出鎮久不報敏怒其紿
責所饋誘正言家奴支解之棄溷中家童上變詔捕頔吏沈壁及
它奴送御史獄命中丞薛存誠刑部侍郎王播大理卿武少儀雜
問之頔與諸子素服待罪建福門門吏不内屛營負牆立更遣人

上章有司䛐不聞翌日復往宰相諭使還第貶爲恩王傅子敏竄
雷州至商山賜死次子季友奪二官正及方免官流璧封州正言
誅死久之拜戶部尚書帝討蔡頔獻家財以助國帝卻之又坐季
友居喪荒宴削金紫光祿大夫帝初欲頔告老宰相李逢吉謂得
謝乃優禮非所以示責明年乃致仕宰司將以太子少保官之帝
改署賓客鬱鬱不得意卒贈太保太常謚曰厲頔嘗製順聖樂舞
獻諸朝又教女伎爲八佾聲態雄侈號孫武順聖樂云季友尚憲
宗永昌公主拜駙馬都尉從穆宗獵苑中求改頔謚會徐泗節度
使李愬亦爲請更賜謚曰思尚書右丞張正甫封還詔書右補闕
高釴博士王彥威持不可謂頔文吏倔彊犯命擅軍襄鄧欲脅制
朝廷殺不辜留制囚遞使者僭正樂勢迫而朝非其宿心得全腰
領而歿猶以爲幸不宜更謚帝不從方長慶時以勳家子通豪俠
欲事河朔以策干宰相元稹而李逢吉黨謀傾執政乃告稹結客
刺裴度事下有司驗無狀方坐誅

王智興字匡諫懷州溫人少驍銳爲徐州牙兵事刺史李洧洧棄
李納挈州自歸納怒急攻洧智興能駛步奉表不數日至京師告
急德宗出朔方軍五千擊納解去自是爲徐特將討吳元濟也李
師道謀橈王師數侵徐救蔡節度使李愬遣智興率步騎拒賊其
將王朝晏方攻沛智興逆擊敗之朝晏脫身保沂州進破姚海兵
五萬於豐比獲美妾三人智興曰軍中有女子安得不敗即斬以
徇朝晏自沂以輕兵襲沛夜戰狄丘復破之累遷侍御史元和十
三年伐師道智興以步騎八千次胡陵與忠武軍會以騎畀其子
晏平晏宰爲先鋒自率軍繼之壞河橋收黃隊攻金鄉拔魚臺俘
斬萬計賊平進御史中丞四年召還爲沂州刺史長慶初河朔用
兵加檢校左散騎常侍充武寧軍副使河北行營諸軍都知兵馬
使帥兵三千度河屬朝廷用崔羣爲武寧節度使羣畏智興難制
密請追還京師未報會赦王廷湊諸節度班師智興還羣遣寮屬
迎之令士委甲而入智興心不悅因勒兵斬關入殺異已者十餘

輩然后謂羣謝曰此軍情也羣乃治裝去智興以兵衛送還朝至埇橋掠鹽鐵院及貢物劫商旅遂濠州刺史侯弘度朝廷甫罷兵不能討即詔檢校工部尚書充本軍節度使智興由是孳索財賂交權幸以貨虛名用度不足始稅泗口以佐軍須李㝏攻宋州智興悉銳師出宋西鄙破之渦口㝏平加檢校尚書左僕射李同捷以滄德叛智興請悉師三萬齎五月糧討賊詔拜檢校司徒同中書門下平章事滄德行營招撫使既戰降其將十輩銳士三千遂拔棣州諸將閧戰愈力遂有功入朝燕麟德殿賜予備厚冊拜太傅封鴈門郡王進兼侍中改忠武河中宣武三節度卒年七十九贈太尉子九人晏平宰知名

晏平幼從父軍以討同捷功檢校右散騎常侍朔方靈鹽節度使父喪擅取馬四百兵械七千自衛歸洛陽御史劾之有詔流康州不即行陰求援於河北三鎮三鎮表其困改撫州司馬給事中韋溫薛廷老盧弘宣等還詔不敢下改永州司戶參軍溫固執文宗諭而止

晏宰後去晏獨名宰少拳果長隸神策軍甘露之變以功兼御史大夫為光州刺史有美政觀察使段文昌薦之朝除鹽州刺史持法嚴人不甚便累擢邠寧慶節度使田鶻平從忠武軍討劉稹也詔宰以兵出魏博趨磁州當是時何弘敬陰首鼠閧宰至大懼即引軍濟漳水宰相李德裕建言河陽兵寡以忠武為援既以捍洛則并制魏博遂詔宰以兵五千推鋒兼統河陽行營進取天井關賊黨離沮德裕以宰乘破竹勢不遂取澤州以其子晏實守磁為顧望計帝有詔切責宰懼急攻陵川破賊石會關進攻澤州其將郭誼殺稹降宰傳稹首京師遂節度太原宣宗初入朝厚結權幸求宰相周墀劾之乃還軍吐蕃引党項回鶻寇河西詔統代北諸軍進擊以疾不任事徙河陽罷為太子少保分司東都進少傅卒晏實幼機警智興自養之故名與諸父齒積平擢淄州刺史終天雄節度使

杜兼字處弘中書令正倫五世孫初正倫無子故以兄子志靜為後父廙為鄭州錄事參軍事安祿山亂逃去賊索之急宋州刺史李本以兵迎之為追騎所害兼尚幼逃入終南山伯父存介為賊執臨刑兼號呼願為奴以贖遂皆免建中初進士高第徐泗節度使張建封表置其府積勞為濠州刺史性浮險尚豪侈德宗既厭兵大抵刺史重代易至歷年不徙兼探帝意謀自固即脩武備募占勁兵三千帝以為才遂橫恣傲官韋賞陸楚皆聞家子有美譽論事忤兼誣劾以罪帝遣中人至兼廷勞畢出詔執賞等殺之二人無罪死衆莫不寃又妄繫令狐運而啗李藩欲殺之不克元和初入為刑部郎中改蘇州刺史比行上書言李錡必反留為吏部郎中尋擢河南尹杜佑素善兼終始倚為助力所至大殺戮裒藝財貲極耆欲適幸其時未嘗敗卒年六十家聚書至萬卷署其末以墜鬻為不孝戒子孫云

從弟羔貞元初及進士第有至性父死河北母更兵亂不知所之羔憂號終日及兼為澤潞判官鞫獄有媪辨對不凡乃羔母因

得奉養而不知父墓區處晝夜哀慟它日舍佛祠觀柱間有文字乃其父臨死記墓所在羔奔往亦有耆老識其壠因是得葬元和中為萬年令時許季同為長安令京兆尹元義方責租賦不時繫二縣吏將罪之羔等辯列尤苦尹不為縱羔乃謁宰相請移散官憲宗遣中使問狀具對府政苛細力不堪奉詔皆免官奪尹三月俸議者以羔為直未幾拔戶部郎中後歷振武節度使以工部尚書致仕卒贈尚書右僕射謚曰敬子中立字無為以門廕歷太子通事舍人開成初文宗欲以真源臨真二公主降士族謂宰相曰民間脩昏姻不計官品而上閥閱我家二百年天子顧不及崔盧耶詔宗正卿取世家子以聞中立及校書郎衛洙得召見禁中拜著作郎月中遷光祿少卿駙馬都尉尚真源長公主中立數求自試憒憒不樂因言朝廷法令備具吾若不任事何賴貴戚撓天下法耶帝聞異之轉太僕衛尉二少卿歷左右金吾大將軍京師惡

少優戲道中具騶唱珂衞自謂盧言京兆驅放自如中立部從吏捕繫立箠死遷司農卿繩吏急反爲中傷左徙慶王傅久之復拜司農卿入謝帝曰卿用法深信乎荅曰轂下百司養名不肯事如司農尤叢劇陛下無遽信流言假臣數月事可濟帝許之初度支度六宮飧錢移司農司農季一出付吏大吏盡舉所給於人權其子錢以給之既不以時黃門來督責慢罵中立取錢納帑舍率五日一出吏不得爲姦後遂以爲法加檢校右散騎常侍京兆尹武宣宗將用之宰相以年少欲歷試其能更出爲義武節度使舊偁車三千乘歲輓鹽海瀕民苦之中立置飛雪將數百人具舟以載自是民不勞軍食足矣大中十二年大水汎徐兖青鄆而滄地積卑中立自按行引御水入之毛河東注海州無水災卒年四十八贈工部尚書中立居官精明吏下寒慄畏伏中雖坐累免及復用亦不爲寬假其天資所長云

杜亞字次公自云本京兆人肅宗在靈武上書論當世事擢校書郎杜鴻漸節度河西奏署幕府入朝歷吏部員外郎鴻漸爲山南劒南副元帥亞與楊炎並爲判官再遷諫議大夫亞自以當衡柄悒悒不悅李栖筠風望高時謂當宰相故亞厚結納元載得罪亞與劉晏等劾治載死遷給事中常忞惡之出爲江西觀察使德宗立召還亞意必任台宰倍道進與人語皆天下大政或以事祈謁輒相然可帝知不悅也既又建奏疏闊不稱旨罷爲陝虢觀察兼轉運使徙河中劉晏抵罪貶睦州刺史興元初入遷刑部侍郎又拜淮南節度使至則治漕渠引湖陂築防庸入之渠中以通大舟夾渠高卬田因得溉灌疏啓道衢徹壅通堙人皆悅賴然承陳少游後衰率煩重用度無藝人冀有所矯革而亞雅意丞弼厭外官往往不親事日夜召賓客言懷淶連方春南民爲競度戲亞欲輕駛乃髹船底使篙人衣油綵衣没水不濡觀沼華邃費皆千萬靡西李衡在坐曰使桀紂爲之不是過也既泛九曲池曳繡爲颿詫曰要當稱是林沼衡曰未有錦纜云何亞大慙自是府財耗竭貞元中罷歸宰相竇參憚其宿望以檢校吏部尚書留守東都病風痺且廢猶欲固寵奏墾苑中爲營田可減度支歲稟詔許之先是苑地可耕者皆留司中人及屯士占假亞計奪吏舉軍帑錢與佃人至秋取菽粟償息輸軍中貧不能償者發囷窖略盡流亡過半又賂中人求兼河南尹帝審其妄使禮部尚書董晉代之賜亞還病不能謁卒年七十四贈太子少傅謚曰肅

范傳正字西老鄧州順陽人父倫爲戶部員外郎與趙郡李華善有當世名傳正舉進士宏辭皆高第擢集賢殿校書郎歷歙湖蘇三州刺史有殊政進拜宣歙觀察使代還坐治第過制憲宗薄不用改光祿卿以風痺卒贈左散騎常侍傳正好古性精悍初自整飭官益達用度益奢侈傾貲貨市權貴驩私公府如家帑亦幸素有名得不敗云

千王二 杜范列傳第九十七

裴度列傳第九十八　　唐書一百七十三

端明殿學士兼翰林侍讀學士龍圖閣學士朝請大夫守尚書吏部侍郎兼充集賢殿修撰臣宋祁奉
敕撰

裴度字中立河東聞喜人貞元初擢進士第以宏辭補校書郎舉賢良方正異等調河陰尉遷監察御史論權嬖梗切出爲河南功曹參軍武元衡帥西川表掌節度府書記召爲起居舍人元和六年以司封員外郎知制誥田弘正效魏博六州于朝憲宗遣度宣諭弘正知度爲帝高選故郊迎趨跽受命且請徧至屬州布揚天子德澤魏人由是歡服還拜中書舍人久之進御史中丞宣徽五坊小使方秋閱鷹狗所過橈官司厚得餉謝乃去下邽令裴寰才吏也不爲禮因構寰出醜言送詔獄當大不恭宰相武元衡婉辭諍帝怒未置度見延英言寰無辜帝恚曰寰誠無罪杖小使小使無罪且杖寰度曰責若此固宜第寰爲令惜陛下百姓安可罪帝色霽乃釋寰王師討蔡以度視行營諸軍還奏攻取策與帝意合

且問諸將才否度對李光顏義而勇當有成功不三日光顏破賊曲兵帝歎度知言進兼刑部侍郎王承宗李師道謀緩蔡兵乃伏盜京師刺用事大臣已害宰相元衡又擊度刃三進斷鞾刜背裂中單又傷首度冒氈得不死哄導騶伏獨騶王義持賊大呼賊斷義手度墜溝賊意已死因亡去議者欲罷度安二鎮反側帝怒曰度得全天也若罷之是賊計適行吾倚度足破三賊矣度亦以權紀未張王室陵遲常憤愧無死所自行營歸知賊曲折帝益信杖及病創一再旬分衛兵護第存候踵路疾愈詔毋須宣政衙即對延英拜中書侍郎同中書門下平章事時方連諸道兵環睪不解內外大恐人累息及度當國外內始安由是討賊益急始德宗時尚何伺中朝士相過金吾輒飛啓宰相至闔門謝賓客度以時多故宜延天下髦英咨籌策乃建請還第與士大夫相見詔可會莊憲太后崩爲禮儀使帝不聽政議置冢宰度曰冢宰商周六官首兼統百僚王者諒闇有權聽之制歷世官廢故國朝置否不常不宜徇空名稽樞務乃詔百司權聽中書門下處可王鍔死家奴告鍔子稷易父奏末冒遺獻帝留奴仗內遣使者如東都按責其貲度諫曰自鍔死數有獻今因告訐而檢省其私臣恐天下將帥聞之有以家爲計者帝悟殺二奴還使者于時討蔡數不利羣臣爭請罷兵錢徽蕭俛尤確苦度奏病在腹心不時去且爲大患不然兩河亦將視此爲逆順會唐鄧節度使高霞寓戰卻它相揣帝厭兵欲赦賊鉤上指帝曰一勝一負兵家常勢若兵常利則古何憚用兵耶雖累聖亦不應留賊付朕今但論帥臣勇怯兵彊弱處置何如耳渠一敗便沮成計乎於是左右不能容其間十二年宰相逢吉涯建言餉億煩匱宜休師唯度請身督戰帝獨目度留曰果爲朕行乎度俯伏流涕曰臣誓不與賊偕存即拜門下侍郎平章事彰義軍節度淮西宣慰招討處置使度以韓弘領都統乃上還招討以避弘然實行都統事又制詔有異辭欲激賊怒弘者意弘快快則度無與共功度請易其辭窒疑間之嫌於是表馬總爲宣慰副

使韓愈行軍司馬李正封馮宿李宗閔備兩使幕府入對延英曰主憂臣辱義在必死賊未授首臣無還期帝壯之爲流涕及行御通化門臨遣賜通天御帶發神策騎三百爲衛初逢吉忌度帝惡居中橈沮出之外度屯郾城勞諸軍宣朝廷厚意士奮于勇是時諸道兵悉中官統監自處進退度奏罷之使將得顓制號令一戰氣倍未幾李愬夜入懸瓠城縛吳元濟以報度遣馬總先入蔡明日統洄曲降卒萬人持節徐進撫定其人初元濟禁偶語於道夜不然燭酒食相饋遺者以軍法論度視事下令唯盜賊鬬死抵法餘一蠲除行來不限晝夜民始知有生之樂度以蔡牙卒侍帳下或謂反側未安不可去備度笑曰吾爲彰義節度元惡已擒人皆吾人也衆感泣既而申光平定以馬總爲留後度入朝會帝以二劒付監軍梁守謙使悉誅賊將度遇諸郾城復與入蔡商罪議誅守謙請如詔度固不然騰奏申解全宥者甚衆策勳進金紫光祿大夫弘文館大學士上柱國晉國公戶三千復知政事程异皇甫

鑄以言財賦幸僥得宰相度三上書極論不可帝不納自上印又不聽織人始得乘鑄初蔡平王承宗懼度遣辯士柏耆脅説乃獻德棣二州納質子又諭程權入覲始判滄景德棣爲一鎮朝廷命帥而承宗勢乃離李師道恃彊度密勸帝誅之乃詔宣武義成武寧橫海四節度會田弘正致討弘正請自黎陽濟合諸節度兵宰相皆謂宜度曰魏博軍度黎陽即叩賊境封畛比縣易生顧望是自戰其地弘正光顏素少斷士心盤桓果不可用不如養威河北須霜降水落絶陽劉深抵鄆以營陽穀則人人殊死賊勢窮矣上曰善詔弘正如度言弘正奉詔師道果禽大賈張陟負五坊息錢亡命坊使楊朝汶收其家簿閲貸錢雖已償悉鉤止根引數十百人列華挺脅不承又獲盧大夫逋券捕盧坦家客責償久乃悟盧羣券坦子上訴朝汶讕語錢入禁中何可得御史中丞蕭俛及諫官列陳中人横恣度亦極言之時方討鄆帝曰姑議東軍此細事我自處辦度曰兵事不理止山東中人横暴將亂都下帝不悦徐乃悟讓朝汶曰以爾使我羞見宰相命殺之而原繫者縣是京師澄肅帝嘗語臣事君當勵善底公朕惡夫樹黨者度曰君子小人以類而聚未有無徒者君子之徒同德小人之徒同惡外甚類中實遠在陛下觀所行則辨帝曰言者大抵若此朕豈易辨之度退喜曰上以爲難辨則易以爲易辨則難君子小人行判矣已而卒爲弄鎛所構以檢校尚書右僕射兼門下侍郎平章事爲河東節度使穆宗即位進檢校司空朱克融王庭湊亂河朔加度鎮州行營招討使時帝以李光顏烏重胤爪牙將倚以擊賊兵十餘萬有所畏無尺寸功度既受命入賊境數斬將以聞俄兼押北山諸蕃使時元稹顯結宦官魏弘簡求執政憚度復當國因經制軍事数居中持梗不使有功度恐亂作即上書痛暴稹過惡帝不得已罷弘簡稹近職俄擢稹宰相以度守司空平章事東都留守諫官叩延英言不可罷度兵搖衆心帝不召於是交章極論未之省會中人使幽鎮還言軍中謂度在朝而兩河諸侯忠者懷彊者畏今居

東人人失望帝悟詔度由太原朝京師及陛見始陳二賊卹決受命無功幷陳所以入覲意感槩流涕伏未起謁者欲宣旨帝遽曰朕當延英待卿始議者謂度無援與且久外爲姦憸根抑慮帝未能其忠及進見辭切氣怡卓然當天子意在位聞者皆竦敎將貴臣至齎咨出涕舊儀閤中羣臣未退宰相不奏事稱賀則謁者答帝以度勳德故待以殊禮度之行移克融庭湊書開説諄皆傳以大誼二人不敢桀皆願罷兵帝方憂深州圍欲必出牛元翼更使度牓書布旨或曰賊知度失兵柄必背約顧望帝擇然乃拜度守司徒領淮南節度使會昭義監軍劉承偕慢劉悟擧軍譁怒執承偕悟拘以聞帝怒問度何施而可度頓首謝藩臣不與政辭不對帝彊之度曰臣素知承偕怙寵悟不能堪嘗以書訴臣是時中人趙弘亮在行營知狀欲持悟書以奏陛下亦知之邪帝曰我不及知顧悟誠惡之胡不自聞何哉度曰雖悟得聞恐陛下不必聽且臣視天顏不咫尺比尚未能決千里單言可悟聖聽哉帝亟曰前語姑置直謂今日柰何度曰必欲收忠義心使帥臣死節獨斬承偕則四方羣盗隱然破膽矣帝曰顧太后養爲子且我何愛更言其次度曰投諸荒裔可乎帝曰可悟果出承偕昭義遂安是時徐州王智興逐崔羣諸軍盤互河北進退未一議者交口請相度乃以本官兼中書侍郎平章事權倖側目謂李逢吉險賊善謀可以構度共諷帝自襄陽召逢吉還拜兵部尚書度居位再閲月果爲逢吉所間罷爲左僕射帝暴風眩中外不聞問者凡三日度數請到內殿求立太子翼日乃見帝遂立景王爲嗣逢吉既代相思有以牙蘗之引所厚李仲言張又新李續張權輿等内結宦官種支黨醜沮日聞乃出度山南西道節度使奪平章事長慶四年王廷湊屠元翼之家敬宗嗟悵數宰輔非其人使兇賊熾肆學士韋處厚上疏曰臣聞汲黯在朝淮南寢謀干木處魏諸侯息兵王霸之理以一士止百萬之師一賢制千里之難裴度元勳巨德文武兼備若位嚴廊委參決必使戎虜畏威幽鎮自臣管仲曰人離而聽之

則愚合而聽之則聖治亂之本非有他術陛下當饋而歎恨無蕭曹今一裴度擯棄于外所以憑唐知漢文帝有頗牧不能用也帝感悟謂處厚曰度累爲宰相而官無平章事謂何處厚具道其由帝於是復度兼平章事帝雖儒蒙然注意度中人至度所必丁寧尉安且示召期寶曆二年度請入朝逢吉黨大懼權輿作僞謠云非衣小兒坦其腹天上有口被驅逐以度平元濟也都城東西岡六民間以爲乾數而度第平樂里直第五岡權輿乃言度名應圖讖第據岡原不召而來其意可見欲以傾度天子獨能明其誣詔復使輔政先是帝將幸東都大臣切諫不納帝恚曰朕意決矣雖從官宮人自挾糗無擾百姓趣有司檢料行宮中外莫敢言度從容奏國家建別都本備巡幸自艱難以來宮闕署屯百司之區荒圯弗治假歲月完新然後可行倉卒無備有司且得罪帝悅曰羣臣諫朕不及此如卿言誠有未便安用往邪因止行汴宋觀察使令狐楚言亳州聖水出飲者疾輒愈度判曰妖由人興水不自作命

在所禁塞朱克融執賜衣使者楊文端詭言慢已并訴所賜濫惡又丐假度支帛三十萬匹不者軍必有變且請遣工五千助治東都須天子東巡帝怒患之欲遣重臣臨慰度曰克融無恙而悖是將亡譬猛虎自哮躍山林憑窟穴則然勢不得離其處人亦不爲懼陛下無庸遣重使第以詔書言中人倨驕須還我自責譴春服不謹方詰有司所上工宜即遣已詔在所供擬此則賊謀窮矣陛下若未能然則答宮室營繕既有序毋遣工爲重勞朝廷緣召發乃有賜與朕無所愛獨與范陽體不可爾帝曰善用度次策克融聽命歸文端未幾軍亂殺克融帝縱弛日晏坐朝度諫曰比陛下月率六七臨朝天下人知勤政河朔賊臣皆聳畏近開延英益稀恐萬機奏禀有所壅閡夫頤養之道當順適時候則六氣和平萬壽可保道家法春夏蚤起取鷄鳴時秋冬晏起取日出時蓋在陽勝之以陰在陰勝之以陽今方居盛夏謂宜詰旦數坐廣加延問漏及巳午則炎赫可畏聖躬勞矣帝嘉納爲數視朝未幾判度支帝

崩定策誅劉克明等迎立江王是爲文宗加門下侍郎李全略死子同捷求襲滄景軍度奏討平之即陳調兵食非宰相事請罷度支歸有司奏可進階開府儀同三司賜實封戶三百度懇讓不得可乃受實封大和四年數引疾不任機重願上政事帝擇上醫護治中人日勞問相躡乃詔進司徒平章軍國重事須疾已三日若五日一至中書度讓免冊禮度自見功高位極不能無慮稍詭迹避禍於是牛僧孺李宗閔同輔政媢度勳業久居上欲有所逞乃共訾其跡損短之因度辭位即白帝進兼侍中出爲山南東道節度使白罷元和所置臨漢監收千馬納之校以善田四百頃還襄人頃之固請老不許八年徙東都留守俄加中書令李訓之禍官官肆威以逞凡訓注宗姻賓客悉收逮訊報帝慘度上疏申理全活數十姓武德縣主藏史盜錢亡命捕不得河陽節度使溫造獄其令王賞責負繫三年母死弗許喪度爲帝言之賞得釋時閹豎擅威天子擁虛器搢紳道喪度不復有經濟意乃治第東都集賢里

沼石林叢岑繚幽勝午橋作別墅具燠館涼臺號綠野堂激波其下度野服蕭散與白居易劉禹錫爲文章把酒窮晝夜相歡不問人間事而帝知度年雖及神明不衰每大臣自洛來必問度安否開成二年復以本官節度河東度牢辭老疾帝命吏部郎中盧弘宣諭意曰爲朕臥護北門可也趣上道度乃之鎮易定節度使張璠卒軍中將立其子元益度乃遣使曉譬禍福元益懼束身歸朝三年以病丐還東都真拜中書令臥家未克謝有詔先給俸料上巳宴羣臣曲江度不赴帝賜詩曰注想待元老識君恨不早我家柱石衰憂來學丘禱別詔曰方春慎疾爲難勉醫藥自持朕集中欲見公詩故示此異曰可進使者及門而度薨年七十六帝聞震悼以詩置靈几冊贈太傅謚文忠賻禮優縟命京兆尹鄭復護喪度臨終自爲銘誌帝怪無遺奏敕家人索之得半稾以儲貳爲請無私言會昌元年加贈太師大中初詔配享憲宗廟廷度退然纔中人而神觀邁爽操守堅正善占對既有功名震四夷使外國者其君

長必問度年今幾狀貌孰似天子用否其威譽德業比郭汾陽而用不用常爲天下重輕事四朝以全德始終及歿天下莫不思其風烈葬管城遂今廟食五子識諗知名

識字通理性敏晤凡經目未始忘推蔭補京兆參軍擢累大理少卿王師討劉稹爲供軍使稹平改司農卿進湖南觀察使入拜大理卿襲晉國公半封爲涇原節度使時蕃酋尚恐熱上三州七關列屯分守宣宗擇名臣以識帥涇原畢諴帥邠寧李福帥夏州帝親臨遣識至治堡障整戎器開屯田初將士守邊或積歲不得還識與立戍限滿者代親七十近戍由是人感悅加檢校刑部尚書徙鳳翔忠武天平邠寧靈武等軍進檢校尚書右僕射靈武地斥鹵無井識禱神而鑿之果得泉歷六節度所莅皆有可述卒贈司空謚曰昭

諗有文藉蔭累官考功員外郎宣宗訪元和宰相子思度勳望故待諗有加爲翰林學士累遷工部侍郎詔加承旨適會帝幸其院

諗即稱謝帝曰可歸與妻子相慶取御奩果以賜諗舉衣跽受帝顧宮人取巾裹賜之後爲太子少師封河東郡公黃巢盜國迫以僞官不從遇害

贊曰憲宗討蔡出入四年元濟外連姦臣刺宰相反用事者沮駭朝謀惟天子赫然排羣議任度政事倚以討賊身督戰遂平淮西非度破賊之難任度之爲難也韓愈頌其功曰凡此蔡功惟斷乃成其知言哉穆宗不君憸人腐夫乘釁鑴詆而度遂無顯功非前智後愚用不用勢當然矣前史稱度晚沉浮爲自安計是不然大雅曰既明且哲以保其身度何誚云

裴度列傳第九十八

二李元牛楊列傳第九十九　唐書一百七十四

端明殿學士兼翰林侍讀學士龍圖閣學士朝請大夫守尚書吏部侍郎……

敕撰

李逢吉字虛舟系出隴西父顏有痼疾逢吉自料醫劑遂通方書舉明經又擢進士第范希朝表爲振武掌書記薦之德宗拜左拾遺元和時遷給事中皇太子侍讀改中書舍人知禮部貢舉未已事拜門下侍郎同中書門下平章事詔禮部尚書王播署榜逢吉性忌前險譎多端及得位務償好惡裴度討淮西逢吉慮成功密圖沮止趣和議者請罷諸道兵憲宗知而惡之出爲劒南東川節度使穆宗即位徙山南東道緣講侍恩陰結近倖長慶二年召入爲兵部尚書時度與元稹知政度嘗條稹憸佞逢吉以爲其隙易乘遂并中之遣人上變言和王傅于方結客欲爲稹刺度帝命尚書左僕射韓皐給事中鄭覃與逢吉參鞫方無狀稹度坐是皆罷逢吉代爲門下侍郎平章事因以恩爵動誂薄者更相挻以誣傷

度於是李紳韋處厚等訟言度爲逢吉排迮度初得留時已失河朔王智興以徐叛李㝏以汴叛國威不振天下延頸俟相度而中外交章言之帝訖不省度遂外遷㝏平進尚書右僕射帝暴疾中外阻遏逢吉因中人梁守謙劉弘規王守澄議請立景王爲皇太子帝不能言頷之而已明日下詔皇太子遂定鄭注得幸於王守澄逢吉遣從子訓賂注結守澄爲奧援自是肆志無所憚其黨有張又新李續張權輿劉栖楚李虞程昔範姜洽及訓八人而傅會者又八人皆任要劇故號八關十六子有所求請先賂關子後達於逢吉無不得所欲未幾封涼國公敬宗新立度求入覲逢吉不自安張權輿爲作讖言以沮度而韋處厚亟爲帝言之計卒不行有武昭者陳留人果敢而辯度之討蔡遣說吳元濟元濟臨以兵辭不橈厚禮遣還度署以軍職從鎮太原除石州刺史罷歸不得用怨望與太學博士李涉金吾兵曹參軍茅彙居長安中以氣俠相許逢吉與李程同執政不叶程族人仍叔謂昭曰丞相欲用君顧逢

吉持不可昭愈憤酒所語其友劉審欲剌逢吉審竊語權輿逢吉
因彙召見昭厚相結納窃隙得解逢吉素厚待彙嘗與書曰足下
當以自求字僕吾當以利見字君辭頗猥昵及度將還復命人發
昭事由是昭彙皆下獄命御史中丞王播按之訓諷彙使誣昭與
李程同謀不然且死彙不可曰誣人以自免不爲也獄成昭榜死
彙流崖州涉康州仍叔貶道州司馬訓流象州權審長壽主簿而
逢吉謀益露昭死人皆寃之初逢吉興昭獄以止度入而不果天
子知度忠卒相之逢吉於是寖踈以檢校司空平章事爲山南東
道節度使表李續自副張又新行軍司馬項之檢校司徒初門下
史田伾倚逢吉親信顧財利進婢嬖之伾坐事匿逢吉家名捕弗
獲及出鎮表隨軍滿歲不敢集使人僞過門下省調房州司馬爲
有司所發即襄州捕之詭讕不遣御史劾奏詔奪一季俸因是貶
續爲涪州刺史又新汀州刺史又乃徙宣武以太子太師爲東都
留守及訓用事召拜尚書左僕射足病不能朝以司徒致仕卒年

七十八贈太尉諡曰成無子以從弟子植嗣
元稹字微之河南河内人六代祖巖爲隋兵部尚書稹幼孤母鄭
賢而文親授書傳九歲工屬文十五擢明經判入等補校書郎元
和元年舉制科對策第一拜左拾遺性明鋭遇事輒舉始王叔文
王伾蒙幸太子宫而橈國政稹謂宜選正人輔導因獻言曰伏見
陛下降明詔脩廢學增胄子然而事有先於此臣敢昧死言之賈
誼有言三代之君仁且久者教之然也周成王本中才近管蔡則
讒入任周召則善聞豈天聰明哉而克終于道者教也始爲太子
也太公爲師周公爲傅召公爲保伯禽唐叔與游目不閲淫豔耳
不聞優笑居不近庸邪玩不備珍異及爲君也血氣既定游習既
成雖有放心不能奪已成之性則彼道德之言固吾所習聞陳之
者易諭焉回佞庸違固吾所積懼諂之者易辨焉人之情莫不耀
所能黨所近苟得志必快其所蘊物性亦然故魚得水而游鳥乘
風而翔火得薪而熾夫成王所蘊道德也所近聖賢也快其蘊則

興禮樂朝諸侯措刑罰教之至也秦則不然滅先王之學黜師保
之位胡亥之生也詩書不得聞聖賢不得近彼趙高刑餘之人
傳之以殘忍戕賊之術日恣睢天下之人未盡愚而亥不能分
馬鹿矣高之威懾天下而亥自幽深宫矣若秦亡則有以致之
也太宗爲太子選知道德者十八人與之游即位後雖間宴飲食
十八人者皆在上之失無不言下之情無不達不四三年而名高
盛古斯游習之致也貞觀以來保傅皆宰相兼領餘官亦時重選
故馬周恨位高不爲司議郎其驗也母后臨朝剪棄王室中睿爲
太子雖有骨鯁敢言之士不得在調護保安職及讒言中傷惟樂
工剖腹爲證豈不哀哉比來茲弊尤甚師資保傅不疾廢眊聵即
休戎罷帥者處之又以僻滯華首之儒備侍直侍讀越月踰時不
得召夫以四士之愛其子猶求明哲慈惠之師豈天下元良而反
不及乎臣以爲高祖至陛下十一聖生而神明長而仁聖以是爲
屑屑者故不之省設萬世之後有周成中才生於深宫無保助之

教則將不能知喜怒哀樂所自況稼穡艱難乎願令皇太子洎諸王
齒胄講業行嚴師問道之禮輟禽色之娱資游習之善豈不美哉
又自以職諫諍不得數召見上疏曰臣聞治亂之始各有萌象容
直言廣視聽躬勤庶務委信大臣使左右近習不得蔽疏遠之人
此治象也大臣不親直言不進抵忌諱者殺犯左右者刑與一二
近習決事深宫中群臣莫與此亂萌也人君始即位萌象未見必
有狂直敢言者上或激而進之則天下君子望風曰彼狂而容於
上其欲來天下士乎吾之道可以行矣其小人則諫利曰彼之直
得幸於上吾將直言以徼利乎由是天下賢不肖各以所忠貢於
上上下之志霈然而通合天下之智治萬物之心人人樂得其所
戴其上如赤子之親慈母也雖欲誘之爲亂可得乎及夫進計者
入而直言者戮則天下君子内謀曰與其言不用而身爲戮吾寧
危行言遜以保其終乎其小人則擇利曰吾君所惡者拂心逆耳吾
將苟順是非以事之由是進見者華而不内言事者寢而不聞者

此則十步之事不得見況天下四方之遠乎故曰聾瞽之君非無
耳目左右前後者屏蔽之不使視聽欲不亂可得哉太宗初即位
天下莫有言者孫伏伽以小事持諫厚賜以勉之自是論事者唯
懼言不直諫不極不能激上之盛意曾不以忌諱爲虞於是房杜
王魏議可否於前四方言得失於外不數年大治豈文皇獨運聰
明於上哉蓋下盡其言以宣揚發暢之也夫樂全安惡戮辱古今
情一也豈獨貞觀之人輕犯忌諱而好戮辱哉蓋上激而進之也
喜順從怒謇犯亦古今情一也豈獨文皇甘逆耳怒從心哉蓋以
順從之利輕而危亡之禍大思爲子孫建永安計也爲後嗣者其
可順一朝意而蔑文皇之天下乎陛下即位已一歲百辟卿士天
下四方之人曾未有獻一計進一言而受賞者左右前後拾遺補
闕亦未有奏封執諫而蒙勸者設諫鼓置匭函曾未聞雪冤決事
明察幽之意者以陛下睿博洪深勵精求治豈言而不用哉蓋下
不能有所發明耳承顧問者獨一二執政對不及頃而罷豈暇陳

治安議教化哉它有司或時召見僅能奉簿書計錢穀登降耳以
陛下之政視貞觀何如哉貞觀時尚有房杜王魏輔翊之智日有
獻可替否者今陛下當致治之初而言事進計者歲無一人豈非
羣下因循竊位之罪乎輒昧死條上十事一教太子正邦本二封
諸王固磐石三出宮人四嫁宗女五時召宰相講庶政六次對羣
臣廣聰明七復正衙奏事八許方幅糾彈九禁非時貢獻十省出
入游畋于時論僇高弘本豆盧靖等出爲刺史閱旬追還詔書稹
諫詔令數易不能信天下又陳西北邊事憲宗悅召問得失當路
者惡之出爲河南尉以母喪解服除拜監察御史按獄東川因劾
奏節度使嚴礪違詔過賦數百萬沒入塗山甫等八十餘家田產
奴婢時礪已死七刺史皆奪俸礪黨怒俄分司東都時浙西觀察
使韓皋杖安吉令孫澥數日死武寧王紹護送監軍孟昇喪乘驛
內喪郵中吏不敢止內園擅繫人踰年臺不及知河南尹誣殺諸
生尹大階飛龍使誘亡命奴爲養子田季安盜取洛陽衣冠女汴

州沒入死賈錢千萬凡十餘事悉論奏會河南尹房式坐罪稹舉
劾按故事追攝移書停務詔薄式罪召稹還次敷水驛中人仇士
良夜至稹不讓中人怒擊稹敗面宰相以稹年少輕樹威失憲臣
體貶江陵士曹參軍而李絳崔羣白居易皆論其枉久乃徙通州
司馬改虢州長史元和末召拜膳部員外郎稹尤長於詩與居易
名相埒天下傳諷號元和體往往播樂府穆宗在東宮妃嬪近習
皆誦之宮中呼元才子稹之謫江陵善監軍崔潭峻長慶初潭峻
方親幸以稹歌詞數十百篇奏御帝大悅問稹今安在曰爲南宮
散郎即擢祠部郎中知制誥變詔書體務純厚明切盛傳一時然
其進非公議爲士類訾薄稹內不平因誠風俗詔歷詆羣有司以
逞其憾俄遷中書舍人翰林承旨學士數召入禮遇益厚自謂得言
天下事中人爭與稹交魏弘簡在樞密尤相善裴度出屯鎮州有
所論奏共沮卻之度三上疏劾弘簡稹傾亂國政陛下欲平賊當先
清朝廷乃可帝迫羣議乃罷弘簡而出稹爲工部侍郎然眷倚不衰

未幾進同中書門下平章事朝野雜然輕笑稹思立奇節報天子
以厭人心時王廷湊方圍牛元翼於深州稹所善于方言王昭于友
明皆豪士雅游燕趙間能得賊要領可使反間而出元翼願以家貲
辦行得兵部虛告三十以便宜募士稹然之李逢吉知其謀陰令李
賞訹裴度曰于方爲稹結客將剌公度隱不發神策軍中尉以聞
詔韓皋鄭覃及逢吉雜治無剌度狀而方計暴聞遂與度偕罷宰
相出爲同州刺史諫官爭言度不當免而黜稹輕帝獨憐稹但削
長春宮使初獄未具京兆劉遵古遣吏羅禁稹第稹訴之帝怒責
京兆免捕賊尉使使者慰稹再期徙浙東觀察使明州歲貢蚶役
郵子萬人不勝其疲稹奏罷之大和三年召爲尚書左丞務振綱
紀出郎官尤無狀者七人然稹素無檢望輕不爲公議所右王播
卒謀復輔政甚力訖不遂俄拜武昌節度使卒年五十三贈尚書
右僕射所論著甚多行于世在越時辟竇鞏鞏天下工爲詩與之
酬和故鏡湖秦望之奇益傳時號蘭亭絕唱稹始言事峭直欲以

立名中見斥廢十年信道不堅乃喪所守附宦貴得宰相居位纔三月罷晚彌沮喪加廉節不飭云

牛僧孺字思黯隋僕射奇章公弘之裔幼孤下杜樊鄉有賜田數頃依以爲生工屬文第進士元和初以賢良方正對策與李宗閔皇甫湜俱第一條指失政其言鯁訐不避宰相宰相怒故楊於陵鄭敬韋貫之李益等坐考非其宜皆謫去僧孺調伊闕尉改河南還監察御史進累考功員外郎集賢殿直學士穆宗初以庫部郎中知制誥徙御史中丞按治不法內外澄肅宿州刺史李直臣坐贓當死賂宦侍爲助具獄上帝曰直臣有才朕欲貸而用之僧孺曰彼不才者持祿取容耳天子制法所以束縛有才者祿山朱泚以才過人故亂天下帝異其言乃止賜金紫服以戶部侍郎同中書門下平章事始韓弘入朝其子公武用財賂權貴杜塞言者俄而弘公武卒孫弱不能事帝遣使者至其家悉收貲簿校計出入所以餉中朝臣者皆在至僧孺獨注其左曰某月日送錢千萬不

納帝善之謂左右曰吾不謬知人繇是遂以相尋遷中書侍郎敬宗立進封奇章郡公是時政出近倖僧孺數表去位帝爲於鄂州置武昌軍授武昌節度使同平章事鄂城土惡亟圮歲增築賦蓑茅於民吏倚爲擾僧孺陶甓以城五年畢鄂人無復歲費又廢沔州以省冗官文宗立李宗閔當國屢稱僧孺賢不宜弃外復以兵部尚書平章事幽州亂楊志誠逐李載義帝不時召宰相問計僧孺曰是不足爲朝廷憂夫范陽自安史後國家無所繫休戚前日劉總舉境歸國荒財耗力且百萬終不得范陽尺帛斗粟入天府俄復失之今志誠繇向載義也第付以節使扞奚契丹彼且自力不足以逆順治也帝曰吾初不計此公言是也因遣使慰撫之進門下侍郎弘文館大學士是時吐蕃請和約弛兵而大酋悉怛謀舉維州入之劒南於是李德裕上言韋皐經略西山至死恨不能致今以生羌二千人燒十三橋擣虜之虛可以得志帝使群臣大議請如德裕策僧孺持不可曰吐蕃綿地萬里失一維州無害其

彊今修好使者尚未至遽反其言且中國禦戎守信爲上應敵次之彼來責曰何故失信贊普牧馬蔚茹川若東襲隴坂以騎綴回中不三日抵咸陽橋則京師戒嚴雖得百維州何益帝然之遂詔返降者時皆謂僧孺挾素怨橫議沮解之帝亦以爲不直會中人王守澄引纖人竊議朝政它日延英召見宰相曰公等有意於太平乎何道以致之僧孺曰臣待罪宰相不能康濟然太平亦無象今四夷不內擾百姓安生業私室無彊家上不壅蔽下不怨讟雖未及至盛亦足爲治矣而更求太平非臣所及退謂它宰相曰上責成如是吾可久處此耶固請罷乃檢校尚書左僕射平章事爲淮南節度副大使天子既急於治故李訓等投隙得售其妄幾至亡國開成初表解劇鎮以檢校司空爲東都留守僧孺治第洛之歸仁里多致嘉木美石與賓客相娛樂三年召爲尚書左僕射僧孺入朝會莊恪太子薨既見陳父子君臣人倫大經以悟帝意帝泫然流涕以足疾不任謁檢校司空平章事爲山南東道節度使

賜彝樽龍勺詔曰精金古器以比況君子卿宜少留僧孺固請乃行會昌元年漢水溢壞城郭坐不謹防下遷太子少保進少師明年以太子太傅留守東都劉稹誅而石雄軍吏得從諫與僧孺李宗閔交結狀又河南少尹呂述言僧孺聞稹誅恨歎之武宗怒黜爲太子少保分司東都累貶循州長史宣宗立徙衡汝二州還爲太子少師卒贈太尉年六十九謚曰文簡諸子蔚叢最顯蔚字大章少擢兩經又第進士繇監察御史爲右補闕大中初屢條切政宣宗喜曰牛氏果有子差尉人意出金州刺史遷累吏部郎中失權倖意貶國子博士分司東都復以吏部召兼史館脩撰咸通中進至戶部侍郎襲奇章侯坐累免未一歲復官久之檢校兵部尚書山南西道節度使治梁三年徐州盜起神策兩中尉諷諸藩悉財助軍蔚索府帛三萬以獻中人嫌其吝用吳行魯代之黃巢入京師遁山南故吏民喜蔚至爭迎候因請老以尚書右僕射致仕卒子徽

徵擧進士累擢吏部員外郎乾符中選濫吏多姦歲調四千員徵治以剛明梲杜干請法度復振蔚避地于梁道病徵與子扶籃輿歷閣路盜擊其首血流面特輿不息盜迫之徵拜曰人皆有父令親老而疾幸無駭驚盜感之乃止及前谷又逢盜輒相語曰此孝子也共舉輿舍之家進帛裹創以饘飲奉蔚留信宿去抵梁徵趨蜀謁行在丐歸侍親疾會拜諫議大夫固辭見宰相杜讓能曰上還幸當從親有疾當侍而徵兄在朝廷身乞還營醫藥時兄滔已位給事中許之父喪客梁漢終喪以中書舍人召辭疾改給事中留陳倉張濬伐太原引爲判官敕在所敦遣徵太息曰王室方復屠藏殫耗當協和諸侯以爲藩屏而又濟以兵諸侯離心必有後憂不肯起濬果敗復召爲給事中楊復恭叛山南李茂貞請假招討節伐之未報而與王行瑜輒出兵昭宗怒持奏不下茂貞亟請帝召羣臣議無敢言徵曰王室多難茂貞誠有功今復恭阻兵而討之罪在不俟命爾臣聞兩鎮兵多殺傷不早有所制則梁益之

人盡矣請假以節明約束則軍有所畏帝曰然乃以招討使授茂貞果有功然益偃蹇帝使宰相杜讓能將兵誅討徵諫曰岐國西門茂貞悉其衆而暴若令萬分一不利屈威重柰何願徐制之不聽師出帝復召徵曰今伐茂貞彼衆烏合取必萬全卿計何日有捷對曰臣職諫爭所言者軍國大體如素賊平之期願陛下考蓍龜責將帥非臣職也既而師果敗遂殺大臣王室益弱俄繇中書舍人爲刑部侍郎襲奇章男崔胤忌徵之正換左散常侍徙太子賓客以刑部尚書致仕歸樊川卒贈吏部尚書

叢字表齡第進士繇藩帥幕府任補闕數言事會宰相請廣諫員宣宗曰諫臣惟能舉職爲可奚用衆耶今張符趙璘牛叢使朕聞所未聞三人足矣以司勳員外郎爲睦州刺史帝勞曰卿非得怨宰相乎對曰陛下比詔不由刺史縣令不任近臣宰相以是擢臣非嫌也即賜金紫謝曰臣今衣刺史所假緋即賜紫爲越等乃賜銀緋咸通末拜劒南西川節度使時蠻犯邊抵大渡進略黎雅叩邛崍關謾書求入朝且曰假道蠻因其使四十人釋二人還之蠻懼即引去僖宗幸蜀授太常卿以病求爲巴州刺史不許還京爲吏部尚書嗣襄王亂叢客死太原

李宗閔字損之鄭王元懿四世孫擢進士調華州參軍事舉賢良方正與牛僧孺詆切時政觸宰相李吉甫惡之補洛陽尉久流落不偶去從藩府辟署入授監察御史禮部員外郎裴度伐蔡引爲彰義觀察判官蔡平遷駕部郎中知制誥穆宗即位進中書舍人時翰爲華州刺史父子同拜世以爲寵長慶初錢徽典貢舉宗閔託所親於徽而李德裕李紳元稹在翰林有寵於帝共白徽納干丐取士不以實宗閔坐貶劍州刺史由是嫌忌顯結樹黨相磨軋凡四十年搢紳之禍不能解俄復爲中書舍人典貢舉所取多知名士若唐沖薛庠袁都等世謂之玉筍寶曆初累進兵部侍郎父喪解大和中以吏部侍郎同中書門下平章事時德裕自浙西召欲以相而宗閔中助多先得進即引僧孺同秉政相唱和去異已

者德裕所善皆逐之遷中書侍郎久之德裕爲相與宗閔共當國德裕入謝文宗曰而知朝廷有朋黨乎德裕曰今中朝半爲黨人雖後來者趨利而靡往往陷之陛下能用中立無私者黨與破矣帝曰衆以楊虞卿張元夫蕭澣爲黨魁德裕因請皆出爲刺史帝然之即以虞卿爲常州元夫爲汝州蕭澣爲鄭州宗閔曰虞卿位給事中州不容在元夫下德裕居外久其知黨人不如臣之詳虞卿日見賓客於第世號行中書故臣未嘗與美官德裕質之曰給事中非美官云何宗閔大沮不得對俄以同平章事爲山南西道節度使李訓鄭注始用事疾德裕共訾短之乃罷德裕復召宗閔知政事進封襄武縣侯恣肆附託會虞卿以京兆尹得罪極言營解帝怒叱曰爾嘗以鄭覃爲妖氣今自爲妖耶即出爲明州刺史貶處州長史訓注乃劾宗閔異時陰結駙馬都尉沈蟻內人宋若憲宦者韋元素王踐言等求宰相且言頊上有疾密問術家呂華迎考命曆曰惡十二月而踐言監軍劍南受德裕賂復與宗閔交

私乃貶宗閔潮州司戶參軍事嶬遂郴州元素等悉流嶺南親信並斥時訓注欲以權市天下凡不附已者皆指以二人黨逐去之人人駭栗連月霧晦帝乃詔宗閔德裕姻家門生故吏自今一切不問所以慰安中外嘗歎曰去河北賊易去此朋黨難開成初幽州刺史元忠河陽李載義累表論洗乃徙爲衢州司馬楊嗣復輔政與宗閔善欲復用而畏鄭覃乃托宦人諷帝帝因紫宸對覃曰朕念宗閔久斥應授一官覃曰陛下徙令少近則可若再用臣請前免陳夷行曰宗閔之罪不即死爲幸寶曆時李續張又新等號八關十六子朋比險妄朝廷幾危李珏曰此李逢吉罪今續喪闋不可不任以官夷行曰不然舜逐四凶天下治朝廷何惜數憸人使亂紀綱嗣復曰事當適宜不可以憎愛奪帝曰州刺史可乎覃請授洪州別駕夷行曰宗閔始庇鄭注附其禍幾覆國嗣復曰陛下向欲官鄭注而宗閔不奉詔尚當記之覃曰嗣復黨宗閔者彼其惡似李林甫嗣復曰覃言過矣林甫妬賢忌功夷滅十餘族宗閔

六ㄗ九五　唐書列傳九十九　十

固無之始宗閔與德裕俱得罪德裕再徙鎮而宗閔故在貶地夫懲勸宜一不可謂黨因折覃曰比殷侑爲韓益求官臣以其昔坐贓不許覃託臣勿論是豈不爲黨乎遂擢宗閔杭州刺史遷太子賓客分司東都既而覃夷行去位嗣復謀引宗閔復輔政未及而文宗崩會昌中劉稹以澤潞叛德裕建言宗閔素厚從諫今上黨近東都乃拜宗閔湖州刺史稹敗得交通狀貶漳州長史流封州宣宗即位徙郴州司馬卒宗閔性機警始有當世令名既寖貴喜權勢初爲裴度引拔後度薦德裕可爲相宗閔遂與爲怨韓愈爲作南山猛虎行視之而宗閔崇私黨薰熾中外卒以是敗子琨瓚皆擢進士令狐綯作相而瓚以知制誥歷翰林學士綯罷亦爲桂管觀察使不善御軍爲士卒所逐貶死宗閔弟宗冉其子湯累官京兆尹黄巢陷長安殺之

楊嗣復字繼之父於陵始見識於浙西觀察使韓滉妻以其女歸謂妻曰吾閱人多矣後貴且壽無若生者有子必位宰相既而生嗣復滉撫其頂曰名與位皆踰其父楊氏之慶也因字曰慶門八歲知屬文後擢進士博學宏辭與裴度柳公綽皆爲武元衡所知表署劍南幕府進右拾遺直史館尤善禮家學改太常博士再遷禮部員外郎時於陵爲戶部侍郎嗣復避同省換它官有詔同司親大功以上非聯判句檢官長皆勿避官同職異雖父子兄弟無嫌還累中書舍人嗣復與牛僧孺李宗閔雅相善二人輔政引之然不欲越父當國故權知禮部侍郎凡二期得士六十八人多顯官文宗嗣位進戶部侍郎於陵老求侍不許喪除擢尚書左丞大和中宗閔罷嗣復出爲劍南東川節度使宗閔復相徙西川開成初以戶部侍郎召領諸道鹽鐵轉運使俄與李珏並拜同中書門下平章事弘農縣伯仍領鹽鐵後紫宸奏事嗣復爲帝言陸洿屛居民間而上書論兵可勸以官珏和曰士多趨競能獎洿貪夫廉矣比竇洵直以論事見賞天下釋然況官洿耶帝曰朕賞洵直褒其心爾鄭覃不平曰彼苞藏固未易知嗣復曰洵直無邪臣知之覃

七ㄗ九十方　唐書列傳九十九　十一　彥德

曰陛下當察朋黨嗣復曰覃疑臣黨臣應免即再拜祈罷珏見言切繆曰朋黨固少弭覃曰附離復生帝曰向所謂黨與不已盡乎覃曰楊漢公張又新李續故在珏乃陳邊事欲絶其語覃曰論邊事安危臣不如珏嫉朋比珏不如臣嗣復曰臣聞左右佩劍彼此相笑未知覃果謂誰爲朋黨邪因當香案頓首曰臣位宰相不能進賢退不肖以朋黨獲譏非所以重朝廷固乞罷帝方委以政故尉安之它日帝問符讖可信乎何從而生嗣復曰漢光武以讖決事隋文帝亦喜之故其書蔓天下班彪王命論有所引述特以止賊亂非重之也珏曰治亂宜直推人事耳帝曰然又問天后時有起布衣爲宰相者果可用乎嗣復曰天后重用刑輕用官自爲之計耳必責能否要待歷試乃可是時延英訪對史官不及知嗣復建言故事正衙起居注在前便坐無所紀録姚璹趙璟皆請置時政記不能行臣請延英對宰相語關道德刑政者委中書門下直日紀録月付史官宰相議不同止久之帝問延英政事當

記之珏監修國史對曰臣之職也陳夷行曰宰相所録恐掩蔽聖德自盜美名臣向言不欲威權在下者此也珏曰夷行疑宰相賣威權貨刑賞不然何自居位而爲此言邪臣得罷爲幸覃曰陛下開成初政甚善三年後日不逮前嗣復曰開成初覃夷行當國三年後臣與李珏同進臣不能悉心奉職使政事日不逮前臣之罪也縱陛下不忍加誅當自殄滅即叩頭請從此辭不敢更至中書乃趨出帝使使者召還曰覃言失何及此邪覃起謝曰臣愚不知忌諱近事雖善猶未盡公臣非專斥嗣復而遽求去乃不使臣言耳嗣復曰陛下月費俸稟數十萬時新異賜必先及將責臣輔聖功求至治也使不及初豈臣當死累陛下之德柰何惟陛下別求賢以自輔帝曰覃偶及之奚執咎嗣復闔門不肯起帝乃免覃夷行相而嗣復專天下事進門下侍郎建言使府官屬多宜省帝曰無反滯才乎對曰才者自異汰去粃滓者菁華乃出帝曰昔蕭復東政難言者必言卿其志之未幾帝崩中尉仇士良廢遺詔立武宗帝之立非宰相意故內薄執政臣不加禮自用李德裕而罷嗣復爲吏部尚書出爲湖南觀察使會誅薛季稜劉弘逸中人多言嘗附嗣復珏不利於陛下帝剛急即詔中使分道誅嗣復等德裕與崔鄲崔珙等詣延英言故事大臣非惡狀明白未有誅死者昔太宗玄宗德宗三帝皆嘗用重刑後無不悔願徐思其宜使天下知盛德有所容不欲人以爲寃帝曰朕纘嗣之際宰相何嘗比數且珏等各有附會若珏季稜屬陳王猶是先帝意如嗣復弘逸屬安王乃內爲楊妃謀且其所詒書曰姑何不斆天后德裕曰飛語難辨帝曰妃昔有疾先帝許其弟入侍得通其謀禁中證左尤具我不欲暴于外使安王立肯容我耶言畢戚然乃曰爲卿赦之因追使者還貶嗣復潮州刺史宣宗立起爲江州刺史以吏部尚書召道岳州卒年六十六贈尚書左僕射謚曰孝穆嗣復領貢舉時於陵自洛入朝 乃率門生出迎置酒第中於陵坐堂上嗣復與諸生坐兩序始於陵在考功擢浙東觀察使李師稷及第時亦在焉

人謂楊氏上下門生世以爲美嗣復五子其顯者授損授字得符於昆弟最賢由進士第遷累戶部侍郎以母病求爲秘書監後以刑部尚書從昭宗幸華從太子少保卒贈尚書左僕射子煚字公隱累擢左拾遺昭宗初立數遊宴上疏極諫歷戶部員外郎崔胤招朱全忠入京師煚挈族客湖南終諫議大夫損字子默黜蔭補藍田尉至殿中侍御史家新昌里與路巖第接巖方爲相欲易其廄以廣第損族仕者十餘人議曰家世盛衰繫權者喜怒不可拒損曰今尺寸土皆先人舊貲非吾等所有安可奉權臣邪窮達命也卒不與巖不悅使損按獄黔中踰年還三遷絳州刺史巖罷去召爲給事中遷京兆尹與宰相盧攜雅不叶復除給事中陝虢軍亂逐觀察使崔蕘命損代之至則盡誅有罪者拜平盧節度使徙天平未赴復留卒官下

贊曰夫口道先王語行如市人其名曰盜儒僧孺宗閔以方正敢言進既當國反奮私昵黨排擘所憎是時權震天下人指曰牛李非盜謂何逢吉險邪稹浮躁嗣復辯給固無足言幸全身皆不厎於戮治世之罪人歟

二李元牛楊列傳第九十九

竇劉二張楊熊柏列傳第一百　唐書一百七十五

宋　祁　奉　敕　撰

竇羣字丹列京兆金城人父叔向以詩自名代宗時位左拾遺羣兄弟皆擢進士第獨羣以處士客隱毗陵母卒齧一指置棺中廬墓次終喪從盧庇傳啖助春秋學著書數十篇蘇州刺史韋夏卿薦之朝幷表其書報聞不召後夏卿入爲京兆尹復言之德宗擢爲左拾遺時張薦持節使吐蕃乃遷羣侍御史爲薦判官入見帝曰陛下即位二十年始自草茅擢臣爲拾遺何其難也以二十年難進之臣爲和蕃判官一何易帝壯其言不遣王叔文黨盛雅不喜羣羣亦悻悻不肯附欲逐之韋執誼不可乃止羣往見叔文曰事有不可知者叔文曰奈何曰去年李實伐恩恃權震赫中外君此時逡巡路傍江南一吏耳今君又處實之勢豈不思路傍復有如君者乎叔文懍然亦卒不用憲宗立轉膳部員外郎兼侍御史知雜事出爲唐州刺史節度使于頔聞其名與語奇之表以自副武元衡李吉甫皆所厚善故召拜吏部郎中元衡輔政薦羣代爲中丞羣引呂溫羊士諤爲御史吉甫以二人躁險持不下羣怏很反怨吉甫吉甫節度淮南羣謂失恩因擠之陳登者善術夜過吉甫家羣即捕登掠考上言吉甫陰事憲宗面覆登得其情大怒將誅羣吉甫爲救解乃免出爲湖南觀察使改黔中會水壞城郭調谿洞羣蠻築作因是羣蠻亂貶開州刺史稍遷容管經略使召還卒于行年五十五贈左散騎常侍羣很自用果於復怨始召將大任之衆皆懼及聞其死乃安兄常牟弟庠鞏皆爲郎工詞章爲聯珠集行於時義取昆弟若五星然常字中行大曆中及進士第不肯調客廣陵多所論著隱居二十年鎮州王武俊聞其才奏辟不應杜佑鎮淮南署爲參謀歷朗夔江撫四州刺史國子祭酒致仕卒贈越州都督牟字貽周累佐節度府晚從昭義盧從史從史寖驕牟度不可諫即移疾歸東都從史敗不以覺微避去自賢位國子司業庠字胄卿終登州刺史鞏字友封雅裕有名于時平居與人言若不出口世號囁嚅翁死稹節度武昌奏鞏自副卒

劉棲楚其出寒鄙爲鎮州小史王承宗奇之薦於李逢吉繇鄧州司倉參軍擢右拾遺逢吉之罷裴度逐李紳皆嗾而爲姧者敬宗立視朝常晏數游畋失德棲楚諫曰惟前世王者初嗣位皆親庶政坐以待旦陛下新即位安卧寢內日晏乃作大行殯宮密邇鼓吹之聲日聞諸朝且憲宗及先帝皆長君朝夕恪勤四方猶有叛者陛下以少主踐祚未幾惡德流布恐福祚之不長也臣以諫爲官使陛下召天下譏請碎首以謝遂頓叩龍墀血被面李逢吉傳詔毋叩頭待詔首棲楚捧首立帝動容揚袂使去棲楚曰不聽臣言臣請死于此有詔尉喻乃出遷起居郎辭疾歸洛後諫官對延英帝問向廷爭者在邪以諫議大夫召未幾宣授刑部侍郎故事侍郎无宣授者逢吉喜助己故不次任之數月改京兆尹峻誅罰不避權豪先是諸惡少竄名北軍凌藉衣冠有罪則逃軍中无敢捕棲楚一切窮治不閱旬宿姦老蠹爲斂迹一日軍士乘醉有所凌突諸少年從旁譟曰癡男子不記頭上尹邪然其性詭激敢爲怪行乘險抵巇若无顧藉內實恃權怙寵以干進詣宰相厲色慢辭韋處厚惡之出爲桂管觀察使卒贈左散騎常侍

張又新字孔昭工部侍郎薦之子元和中及進士高第歷左右補闕性傾邪李逢吉用事惡李紳冀得其罪求中朝凶果敢言者厚之以危中紳又新與拾遺李續劉棲楚等爲逢吉搏吠所憎故有八關十六子之目敬宗立紳貶端州司馬朝臣過宰相賀閽者曰止宰相方與補闕語姑伺之及又新出流汗揖百官曰端溪之事鞫不敢讓人皆辟易畏之尋轉祠部員外郎嘗買婢遷約爲牙儈搜索陵突御史劾舉逢吉庇之事不窮治及逢吉罷領山南東道節度表又新爲行軍司馬坐田伾事貶汀州刺史李訓有寵又新復見用遷刑部郎中爲申州刺史訓死復坐貶終左司郎中又新善文辭再以諂附敗喪其家聲云

楊虞卿字師皐虢州弘農人父寧有高操談辯可喜擢明經調臨渙主簿棄官還夏與陽城爲莫逆交德宗以諫議大夫召城城未拜詔寧即諭與俱來陝虢觀察使李齊運表署幕府齊運入爲京兆尹表奉先主簿拜監察御史坐事免順宗初召爲殿中侍御史終國子祭酒虞卿第進士博學宏辭爲校書郎抵淮南委婚幣焉會陳商葬其先貧不振虞卿未嘗與游悉所賚助之擢監察御史穆宗初立逸游荒恣虞卿上疏曰鳥鳶遺害仁鳥逝誹謗不誅良臣進臣敢冒誅獻瞽言臣聞堯舜以天下爲憂不以位爲樂況今北虜方梗西戎弗靖兩河有瘡痏之虞五嶺罹氛厲之役今之務若積下朝之制度莫脩邊上見儲國用寡屈固未可以高枕而息也陛下初臨萬幾宜有憂天下心當日見輔臣公卿百執事垂意以問使四方內外灼有所聞而聽政六十日入對延英獨三數大臣承聖問而已它內朝臣皆入齊出無所咨詢諫臣爲廷中言不聞臣實羞之蓋主恩疏而正路塞也公卿大臣宜朝夕燕見則君臣情接而治道得矣今宰臣四五人或須刻侍坐鞠躬隕越隨旨上下无能往來此繇君太尊臣太卑故也公卿列位雖陟降清地曾未奉優睠承下問雖陛下神聖如五帝猶宜周爰顧逮衷以氣色使支體相成君臣昭明陛下求治於宰相宰相求治於臣等進忠若趨利論政若訴冤此而不治無有也自古天子居危思安之心同而居安慮危之心則異故不得皆爲聖明也時又有衡山布衣趙知微亦上書指言

帝倡優在側馳騁無度內作色荒外作禽荒辭頗危切帝詔宰相尉謝宰相因是賀天子納諫然不能用也俄詔行勞西北邊還遷侍御史改禮部員外郎史館脩撰進吏部會曹史李賨等盜用偽告調官五十五員贓千六百万以上虞卿發其姦賨等繫御史府而虞卿親吏嘗受二百万去命私奴受三十万虞卿縛奴送獄三司嚴休復高釴韋景休雜推賨等皆誅死虞卿坐不檢下免官李宗閔牛僧孺輔政引為右司郎中弘文館學士再遷給事中虞卿佞柔善諧麗權幸倚為姦利歲舉選者皆走門下署第注員無不得所欲升沈在牙頰間當時有蘇景胤張元夫而虞卿兄弟汝士漢公為人所奔向故語曰欲趨舉場問蘇張蘇張猶可三楊殺我宗閔待之尤厚就黨中為最能唱和者以口語軒輊事機故時號黨魁德裕之相出為常州刺史宗閔復入以工部侍郎召還京兆尹大和九年京師訛言鄭注為帝治丹剔小兒肝心用之民相驚扃護兒曹帝不悅注亦內不安而雅與虞卿有怨即約李訓奏言語出虞卿家因京兆騶伍布都下御史大夫李固言素嫉虞卿周比因傳左端倪帝大怒下虞卿詔獄於是諸子弟自囚闕下稱冤虞卿得釋貶虔州司戶參軍死子知退知權擅堪漢公皆擢進士第漢公最顯

漢公字用乂始辟興元李絳幕府絳死不與其禍遷累戶部郎中史館脩撰轉司封郎中坐虞卿下除舒州刺史從湖亳蘇三州擢桂管浙東觀察使繇戶部侍郎拜荊南節度使召為工部尚書或劾漢公治荊南有貪贓降秘書監稍遷國子祭酒宣宗擢為同州刺史於是給事中鄭裔綽鄭公輿共奏漢公冒猥無廉槩不可處近輔三還制書帝它日凡門下論執駁正未嘗卻漢公素結左右有與助至是帝惑不從制卒行會寒食宴近臣帝自毄毬為樂巡勞從臣見裔綽等曰省中議無不從唯漢公事為有黨裔綽獨對同州太宗興王地陛下為人子孫當精擇守長付之漢公既以墨敗陛下容可舉劇部私貪人帝素見顏間翌日貶裔綽為商州刺史漢公自同州更宣武天平兩節度使卒子範籌範仕亦顯汝士字慕巢中進士第又擢宏辭牛李待之善引為中書舍人開成初繇兵部侍郎為東川節度使時嗣復鎮西川乃族昆弟對擁旄節世榮其門終刑部尚書子知溫知至悉以進士第入官知溫終荊南節度使知至為宰相劉瞻所善以比部郎中知制誥瞻得罪亦貶瓊州司馬擢累戶部侍郎楊氏自汝士後貴赫為冠族所居靜恭里兄弟並列門戟咸通後在臺省方鎮率十餘人

張宿者本寒人自名諸生憲宗為廣陵王時因張茂宗薦得出入邸中誕譎敢言及監撫自布衣授左拾遺交通權幸四方賂遺滿門數召對不能慎密坐漏禁中語貶郴丞十餘年累遷比部員外郎宰相李逢吉數言其佼譎不可信白為濮州刺史宿上疏自言留與不遣帝欲以為諫議大夫逢吉曰諫議職要重當待賢者宿細人不可使汙是官陛下必用之請先去臣乃可帝不悅後逢吉罷詔權知諫議大夫宰相崔群王涯同議曰諫議大夫前世或自山林擢行伍任之者然皆道義卓異於時今宿望輕若待以不次未足以寵適以累之也請授它官不聽使中人宣授焉宿怨執政不與己乃日肆讒甚與皇甫鎛相附離多中傷君子元和末持節至淄青李師道顧割地遣子入侍既而悔復遣宿往暴卒于道贈秘書監

熊望者字原師擢進士第性險躁以辯說游公卿間劉栖楚為京兆尹權勢望日出入門下為刺取事機陰佐計畫敬宗喜為歌詩議置東頭學士以備燕狎栖楚薦望未及用帝崩文宗立韋處厚秉政詔望因緣險薄營密職圖數幸譴弗深議貶漳州司戶參軍

柏耆者有縱橫學父良器為時威將耆負志健而望高急于立名是時王承宗以常山叛朝廷猒兵耆杖策詣淮西行營謁裴度自言願得天子一節馳入鎮可掉舌下之度為言乃以左拾遺往既至以大誼動承宗至泣下乃請獻二州以二子入質耆具擢左拾遺由是聲震一時遷起居舍人王承元徙義成軍遣諫議大夫鄭覃往慰成德軍賚緡錢百万賚未至舉軍讙譁議穆宗遣耆諭天子意眾乃信悅轉兵部郎中諫議大夫大和初李同捷反詔兩河諸鎮出兵攻元功乃授耆德州行營諸軍計會使與判官沈亞之諭旨會橫海節度使李祐平德州同捷窮請降祐使大將萬洪代守滄州同捷未出也耆以三百騎馳滄以事誅洪與同捷朝京師既行諜言王廷湊欲以奇兵劫同捷耆遂斬其首以獻諸將嫉耆功比奏攢詆文宗不獲已貶耆循州司戶參軍亞之南康尉官人馬國亮譖耆受同捷先所得王稷女及奴婢珍貲初祐聞耆殺洪大驚疾遂劇帝曰祐若死是耆殺之至是積前怒詔長流愛州賜死

贊曰詩人斥譖人最甚投之豺虎有北不置也如李栖楚輩則然肆訐以示公構黨以植私其言纚纚若可聽卒而入于敗亂也孔子所謂順非而澤者歟利口覆邦家者歟耆挽眾取功自速其死哀哉

列傳第一百

韓愈列傳第一百一　　唐書一百七十六

端明殿學士兼翰林侍讀學士龍圖閣學士朝散大夫尚書吏部侍郎充集賢殿修撰臣宋祁奉　敕撰

韓愈字退之鄧州南陽人七世祖茂有功於後魏封安定王父仲
卿為武昌令有美政既去縣人刻石頌德終秘書郎愈生三歲而
孤隨伯兄會貶官嶺表會卒嫂鄭鞠之愈自知讀書日記數千百
言比長盡能通六經百家學擢進士第會董晉為宣武節度使表
署觀察推官晉卒愈從喪出不四日汴軍亂乃去依武寧節度使張
建封建封辟府推官操行堅正鯁言無所忌調四門博士遷監察御
史上疏極論宮市德宗怒貶陽山令有愛在民民生子多以其姓
字之改江陵法曹參軍元和初權知國子博士分司東都三歲為
真改都官員外郎即拜河南令遷職方員外郎華陰令柳澗有辠
前刺史劾奏之未報而刺史罷澗諷百姓遮索軍頓役直後刺史
惡之按其獄貶澗房州司馬愈過華以為刺史陰相黨上疏治之
既御史覆問得澗贓再貶封溪尉愈坐是復為博士既才高數黜

官又下遷乃作進學解以自諭曰國子先生晨入太學召諸生立
館下誨之曰業精于勤荒于嬉行成于思毀于隨方今聖賢相逢
治具畢張拔去兇邪登崇畯良占小善者率以錄名一藝者無不
庸爬羅剔抉刮垢磨光蓋有幸而獲選孰云多而不揚諸生業患
不能精無患有司之不明行患不能成無患有司之不公言未既
有笑于列者曰先生欺予哉弟子事先生于茲有年矣先生口不
絕吟於六藝之文手不停披於百家之編記事者必提其要纂言
者必鉤其玄貪多務得細大不捐焚膏油以繼晷常矻矻以窮年
先生之業可謂勤矣觝排異端攘斥佛老補苴罅漏張皇幽眇尋
墜緒之茫茫獨旁搜而遠紹障百川而東之回狂瀾於既倒先生
之於儒可謂有勞矣沈浸醲郁含英咀華作為文章其書滿家上
規姚姒渾渾亡涯周誥商盤佶屈聱牙春秋謹嚴左氏浮夸易奇
而法詩正而葩下迨莊騷太史所錄子雲相如同工異曲先生之於
文德可謂閎其中而肆其外矣少始知學勇於敢為長通於方左

右其宜先生之於為人可謂成矣然而公不見信於人私不見助
於友跋前躓後動輒得咎暫為御史遂竄南夷三年博士冗不見
治命與仇謀其敗幾時冬煖而兒號寒年豐而妻啼飢頭童齒豁
竟死何裨不知慮此而反教人為先生曰吁子來前夫大木為宗
細木為桷欂櫨侏儒椳闑扂楔各得其宜施以成室者匠氏之工
也玉札丹砂赤箭青芝牛溲馬勃敗鼓之皮俱收並蓄待用無遺
者醫師之良也登明選公雜進巧拙紆餘為妍卓犖為傑校短量
長唯器是適者宰相之方也昔者孟軻好辯孔道以明轍環天下
卒老于行荀卿宗王大倫以興逃讒于楚廢死蘭陵是二儒者吐
詞為經舉足為法絕類離倫優入聖域其遇於世何如也今先生
學雖勤而不繇其統言雖多而不要其中文雖奇而不濟於用行
雖脩而不顯於衆猶且月費俸錢歲靡廩粟子不知耕婦不知織
乘馬從徒安坐而食踵常途之促促窺陳編以盜竊然而聖主不
加誅宰臣不見斥茲非其幸歟動而得謗名亦隨之投閑置散乃

分之宜若夫商財賄之有無計班資之崇庳忘己量之所稱指前
人之瑕疵是所謂詰匠氏之不以杙為楹而訾醫師以昌陽引年
欲進其豨苓也執政覽之奇其才改比部郎中史館脩撰轉考功
知制誥進中書舍人初憲宗將平蔡命御史中丞裴度使諸軍按
視及還且言賊可滅與宰相議不合愈亦奏言淮西連年脩器械
防守金帛糧畜耗於給賞執兵之卒四向侵掠農夫織婦餉於其
後得不償費比聞畜馬皆上槽櫪此譬有十夫之力自朝抵夕跳
躍叫呼勢不支久必自委頓當其已衰三尺童子可制其命況以
三州殘弊困劇之餘而當天下全力其敗可立而待也然未可知
者在陛下斷與不斷耳夫兵不多不足以取勝必勝之師不在速
戰兵多而戰不速則所費必廣疆場之上日相攻劫近賊州縣賦
役百端小遇水旱百姓愁苦方此時人人異議以惑陛下陛下持
之不堅半塗而罷傷威損費為弊必深所要先決於心詳度本末
事至不惑乃可圖功又言諸道兵羈旅單弱不足用而界賊州縣

百姓習戰鬪知賊淺深若募以內軍教不三月一切可用又欲四道置兵道率三萬畜力伺利一日俱縱則蔡首尾不救可以責功執政不喜會有人誣愈在江陵時爲裴均所厚均子鍔素無狀愈爲文章字命鍔謗語譁囂由是改太子右庶子及度以宰相節度彰義軍宣慰淮西奏愈行軍司馬愈請乘遽先入汴說韓弘使叶力元濟平遷刑部侍郎憲宗遣使者往鳳翔迎佛骨入禁中三日乃送佛祠王公士人奔走膜唄至爲夷法灼體膚委珍貝騰沓係路愈聞惡之乃上表曰佛者夷狄之一法耳自後漢時始入中國上古未嘗有也昔黃帝在位百年年百一十歲少昊在位八十年年百歲顓頊在位七十九年年九十歲帝嚳在位七十年年百五歲堯在位九十八年年百一十八歲帝舜在位及禹年皆百歲此時天下太平百姓安樂壽考然而中國未有佛也其後湯亦年百歲湯孫太戊在位七十五年武丁在位五十年書史不言其壽推其年數蓋不減百歲周文王年九十七歲武王年九十三歲穆王

在位百年此時佛法亦未至中國非因事佛而致然也漢明帝時始有佛法明帝在位纔十八年其後亂亡相繼運祚不長宋齊梁陳元魏以下事佛漸謹年代尤促唯梁武帝在位四十八年前後三捨身施佛宗廟祭不用牲牢晝日一食止於菜果後爲侯景所逼餓死臺城國亦尋滅事佛求福乃更得禍由此觀之佛不足信亦可知矣高祖始受隋禪則議除之當時羣臣識見不遠不能深究先王之道古今之宜推闡聖明以救斯弊其事遂止臣常恨焉伏惟睿聖文武皇帝陛下神聖英武數千百年以來未有倫比即位之初即不許度人爲僧尼道士又不許別立寺觀臣當時以爲高祖之志必行於陛下今縱未能即行豈可恣之令盛也今陛下令羣僧迎佛骨於鳳翔御樓以觀舁入大內又令諸寺遞加供養臣雖至愚必知陛下不惑於佛作此崇奉以祈福祥也直以豐年之樂徇人之心爲京都士庶設詭異之觀戲玩之具耳安有聖明若此而肯信此等事哉然百姓愚冥易惑難曉苟見陛下如此將

謂真心信佛皆云天子大聖猶一心信向百姓微賤於佛豈合更惜身命以至灼頂燔指十百爲羣解衣散錢自朝至暮轉相放效唯恐後時老幼奔波棄其生業若不即加禁遏更歷諸寺必有斷臂臠身以爲供養者傷風敗俗傳笑四方非細事也佛本夷狄之人與中國言語不通衣服殊製口不道先王之法言身不服先王之法服不知君臣之義父子之情假如其身尚在奉其國命來朝京師陛下容而接之不過宣政一見禮賓一設賜衣一襲衛而出之於境不令惑於衆也況其身死已久枯朽之骨凶穢之餘豈宜以入宮禁孔子曰敬鬼神而遠之古之諸侯弔於其國必令巫祝先以桃茢祓除不祥然後進弔今無故取朽穢之物親臨觀之巫祝不先桃茢不用羣臣不言其非御史不擧其失臣實恥之乞以此骨付之水火永絕根本斷天下之疑絕前代之惑使天下之人知大聖人之所作爲出於尋常萬萬也佛如有靈能作禍祟凡有殃咎宜加臣身上天鑒臨臣不怨悔表入帝大怒持示宰相將抵

以死裴度崔羣曰愈言訐牾罪之誠宜然非內懷至忠安能及此願少寬假以來諫爭帝曰愈言我奉佛太過猶可容至謂東漢奉佛以後天子咸夭促言何乖剌邪愈人臣狂妄敢爾固不可赦於是中外駭懼雖戚里諸貴亦爲愈言乃貶潮州刺史既至潮以表哀謝曰臣以狂妄戇愚不識禮度陳佛骨事言涉不恭正名定罪萬死莫塞陛下哀臣愚忠恕臣狂直謂言雖可罪心亦無它特屈刑章以臣爲潮州刺史既免刑誅又獲祿食聖恩寬大天地莫量破腦刳心豈足爲謝臣所領州在廣府極東過海口下惡水濤瀧壯猛難計期程颶風鱷魚患禍不測州南近界漲海連天毒霧瘴氣日夕發作臣少多病年纔五十髮白齒落理不久長加以罪犯至重所處遠惡憂惶慚悸死亡無日單立一身朝無親黨居蠻夷之地與魑魅同羣苟非陛下哀而念之誰肯爲臣言者臣受性愚陋人事多所不通維酷好學問文章未嘗一日暫廢實爲時輩所

見推許臣於當時之文亦未有過人者至於論述陛下功德與詩書相表裏作爲歌詩薦之郊廟紀太山之封鏤白玉之牒鋪張對天之宏休揚厲無前之偉蹟編於詩書之策而無愧措於天地之間而無虧雖使古今人復生臣未肯讓伏以皇唐受命有天下四海之內莫不臣妾南北東西地各萬里自天寶以後政治少懈文致未優武剋不剛孽臣姦隸蠹居棊處搖毒自防外順內悖父死子代以祖以孫如古諸侯自擅其地不朝不貢六七十年四聖傳序以至陛下陛下即位以來躬親聽斷旋乾轉坤關機闔開雷厲風飛日月清照天戈所麾無不從順宜定樂章以告神明東巡泰山奏功皇天具著顯庸明示得意使永永年服我成烈當此之際所謂千載一時不可逢之嘉會而臣負罪嬰釁自拘海島戚戚嗟嗟日與死迫曾不得奏薄伎於從官之內隸御之間窮思畢精以贖前過懷痛窮天死不閉目伏惟陛下天地父母哀而憐之帝得表頗感悔欲復用之持示宰相曰愈前

所論是天愛朕然不當言天子事佛乃年促耳皇甫鎛素忌愈直即奏言愈終狂疏可且內移乃改袁州刺史初愈至潮問民疾苦皆曰惡溪有鱷魚食民畜產且盡民以是窮數日愈自往視之令其屬秦濟以一羊一豚投谿水而祝之曰昔先王既有天下列山澤罔繩擉刃以除蟲蛇惡物爲民物害者驅而出之四海之外及德薄不能遠有則江漢之間尚皆棄之以與蠻夷楚越況潮嶺之間去京師萬里哉鱷魚之涵淹卵育於此亦固其所今天子嗣唐位神聖慈武四海之外六合之內皆撫而有之況禹跡所揜揚州之近地刺史縣令之所治出貢賦以供天地宗廟百神之祀之壤者哉鱷魚其不可與刺史雜處此土也刺史受天子命守此土治此民而鱷魚睅然不安谿潭據處食民畜熊豕鹿麞以肥其身以種其子孫與刺史拒爭爲長雄刺史雖駑弱亦安肯爲鱷魚低首下心伈伈睍睍爲吏民羞以偷活於此也承天子命來爲吏固其勢不得不與鱷魚辨鱷魚有知其聽刺史潮之州大海在其南鯨鵬之大蝦蟹之細無不容歸以生以食鱷魚朝發而夕至也今與鱷魚約盡三日其率醜類南徙于海以避天子之命吏三日不能至五日五日不能至七日七日不能是終不肯徙也是不有刺史聽從其言也不然則是鱷魚冥頑不靈刺史雖有言不聞不知也夫傲天子之命吏不聽其言不徙以避之與頑不靈而爲民物害者皆可殺刺史則選材技民操彊弓毒矢以與鱷魚從事必盡殺乃止其無悔祝之夕暴風震電起谿中數日水盡涸西徙六十里自是潮無鱷魚患袁人以男女爲隸過期不贖則沒入之愈至悉計庸得贖所沒歸之父母七百餘人因與約禁其爲隸召拜國子祭酒轉兵部侍郎鎮州亂殺田弘正而立王廷湊詔愈宣撫既行衆皆危之元稹言韓愈可惜穆宗亦悔詔愈度事從宜無必入愈至廷湊嚴兵迓之甲士陳廷既坐廷湊曰所以紛紛者乃此士卒也愈大聲曰天子以公爲有將帥材故賜以節豈意同賊反邪語未終士前奮曰先太師爲國擊朱滔血衣猶在此軍何負乃以爲賊乎愈曰以

爲爾不記先太師也若猶記之固善天寶以來安祿山史思明李希烈等有子若孫在乎亦有居官者乎衆曰無愈曰田公以魏博六州歸朝廷官中書令父子受旗節劉悟李祐皆大鎮此爾軍所共聞也衆曰弘正刻故此軍不安愈曰然爾曹亦害田公又殘其家矣復何道衆讙曰善廷湊慮衆變疾麾使去因曰今欲廷湊何所爲愈曰神策六軍將如牛元翼者爲不乏但朝廷顧大體不可棄之公久圍之何也廷湊曰即出之愈曰若爾則無事矣會元翼亦潰圍出廷湊不追愈歸奏其語帝大悅轉吏部侍郎時宰相李逢吉惡李紳欲逐之遂以愈爲京兆尹兼御史大夫特詔不臺參而除紳中丞紳果劾奏愈愈以詔自解其後文刺紛然宰相以臺府不協遂罷愈爲兵部侍郎而出紳江西觀察使紳見帝得留愈亦復爲吏部侍郎長慶四年卒年五十七贈禮部尚書謚曰文愈性明銳不詭隨與人交終始不少變成就後進士往往知名經愈指授皆稱韓門弟子愈官顯稍謝遣凡內外親若交友無後者

爲嫁遣孤女而卹其家嫂鄭喪爲服朞以報每言文章自漢司馬相如太史公劉向揚雄後作者不世出故愈深探本元卓然樹立成一家言其原道原性師説等數十篇皆奥衍閎深與孟軻揚雄相表裏而佐佑六經云至它文造端置辭要爲不襲蹈前人者然惟愈爲之沛然若有餘至其徒李翺李漢皇甫湜從而效之遽不及遠甚從愈游者若孟郊張籍亦皆自名於時

孟郊者字東野湖州武康人少隱嵩山性介少諧合愈一見爲忘形交年五十得進士第調溧陽尉縣有投金瀨平陵城林薄蒙翳下有積水郊閒往坐水旁裴回賦詩而曹務多廢令白府以假尉代之分其半奉鄭餘慶爲東都留守署水陸轉運判官餘慶鎭興元奏爲參謀卒年六十四張籍謚曰貞曜先生郊爲詩有理致最爲愈所稱然思苦奇澁李觀亦論其詩曰高處在古無上平處下顧二謝云

張籍者字文昌和州烏江人第進士爲太常寺太祝久次遷祕書郎愈薦爲國子博士歷水部員外郎主客郎中當時有名士皆與游而愈賢重之籍性狷直甞責愈喜博簺及爲駁雜之説論議好勝人其排釋老不能著書若孟軻揚雄以垂世者愈最後荅書曰吾子不以愈無似意欲推之納諸聖賢之域拂其邪心增其所未高謂愈之質有可以至於道者浚其源道其所歸溉其根將食其實此盛德之所辭讓况於愈者哉抑其中有宜復者故不可遂已昔者聖人之作春秋也旣深其文辭矣然猶不敢公傳道之口授弟子至於後世其書出焉其所以慮患之道微也今夫二氏之所宗而事之者下及公卿輔相吾豈敢昌言排之哉擇其可語者誨之猶時與吾悖其聲譊譊若遂成其書則見而怒之者必多矣必且以我爲狂爲惑其身之不能恤書於何有夫子聖人也而曰自吾得子路而惡聲不入於耳其餘輔而相者周天下猶且絶糧於陳畏於匡毀於叔孫奔走於齊魯宋衛之郊其道雖尊其窮亦至矣賴其徒相與守之卒有立於天下嚮使獨言之而獨書之其存也可冀乎今夫二氏行乎中土也蓋六百年有餘矣其植根固其流波漫非所以朝令而夕禁也自文王没武王周公成康相與守之禮樂皆在及乎夫子未久也自夫子而至乎孟子未久也自孟子而至乎楊雄亦未久也然猶其勤若此其困若此而后能有所立吾豈可易而爲之哉其爲也易則其傳也不遠故余所以不敢也然觀古人得其時行其道則無所爲書爲書者皆所爲不行乎今而行乎後世者也今吾之得吾志失吾志未可知則俟五十六十爲之未失也天不欲使兹人有知乎則吾之命不可期如使兹人有知乎非我其誰哉其行道其爲書其化今其傳後必有在矣吾子其何遽戚戚於吾所爲哉前書謂吾與人論不能下氣若好勝者雖誠有之抑非好己勝也好己之道勝也非好己之道勝也己之道乃夫子孟軻揚雄之道傳者若不勝則無所爲道吾豈敢避是名哉夫子之言曰吾與回言終日不違如愚則其與衆人辯也有矣駁雜之譏前書盡之吾子其復之昔者夫子猶有所戲詩

不云乎善戲謔兮不爲虐兮記曰張而不弛文武不爲也惡害於道哉吾子其未之思乎籍爲詩長於樂府多警句仕終國子司業

皇甫湜字持正睦州新安人擢進士第爲陸渾尉仕至工部郎中辨急使酒數忤同省求分司東都留守裴度辟爲判官度修福先寺將立碑求文於白居易湜怒曰近捨湜而遠取居易請從此辭度謝之湜即請斗酒飲酣援筆立就度贈以車馬繒綵甚厚湜大怒曰自吾爲顧况集序未常許人今碑字三千字三縑何遇我薄邪度笑曰不羈之才也從而酬之湜甞爲蜂螫指購小兒歛蜂擣取其液一日命其子録詩一字誤詬躍呼杖杖未至嚙其臂血流■

盧仝居東都愈爲河南令愛其詩厚禮之仝自號玉川子甞爲月蝕詩以譏切元和逆黨愈稱其工時人有賈島劉乂皆韓門弟子

島字浪仙范陽人初爲浮屠名无本來東都時洛陽令禁僧午後不得出島爲詩自傷愈憐之因教其爲文遂去浮屠舉進士當其苦唫雖逢值公卿貴人皆不之覺也一日見京兆尹跨驢不避詣

詰之乂乃得釋累舉不中第文宗時坐飛謗貶長江主簿會昌初
以普州司倉參軍遷司户未受命卒年六十五○劉乂者亦一節
士少放肆爲俠行因酒殺人亡命會赦出更折節讀書能爲歌詩
然恃故時所負不能俛仰貴人常穿屐破衣聞愈接天下士步歸
之作冰柱雪車二詩出盧仝孟郊右樊宗師見爲獨拜能面道人
短長其服義則又彌縫若親屬然後以爭語不能下賓客因持愈
金數斤去曰此諛墓中人得耳不若與劉君爲壽愈不能止歸齊
魯不知所終

贊曰唐興承五代剖分王政不綱文弊質窮蛙俚混并天下已定
治荒剔蠹討究儒術以興典憲薰醲涵浸殆百餘年其後文章稍
稍可述至貞元元和間愈遂以六經之文爲諸儒倡障隄末流反
刓以樸剗偽以真然愈之才自視司馬遷揚雄至班固以下不論
也當其所得粹然一出於正刊落陳言橫騖別驅汪洋大肆要之
無抵捂聖人者其道蓋自比孟軻以荀況揚雄爲未淳寧不信然

至進諫陳謀排難卹孤矯拂媮末皇皇於仁義可謂篤道君子矣
自晉汔隋老佛顯行聖道不斷如帶諸儒倚天下正議助爲怪神
愈獨喟然引聖爭四海之惑雖蒙訕笑跲而復奮始若未之信卒
大顯於時昔孟軻拒楊墨去孔子才二百年愈排二家乃去千餘
歲撥衰反正功與齊而力倍之所以過況雄爲不少矣自愈沒其
言大行學者仰之如泰山北斗云

列傳第一百一

錢崔二韋二高馮三李盧封鄭敬列傳第一百二　唐書一百七十七

端明殿學士兼翰林侍讀學士龍圖閣學士朝散大夫給事中知制誥充史館修撰臣宋祁奉　敕撰

錢徽字蔚章父起附見盧綸傳徽中進士第居穀城穀城令王郢
善接僑士游客以財貸饋坐是得辠觀察使樊澤視其簿獨徽無
有乃表署掌書記蔡賊方熾澤多募武士于軍澤卒士頗希賞周
澈主留事重擅發軍膂不敢給時大雨雪士寒凍徽先冬頒衣絮
士乃大悅又辟宣歙崔衍府王師討蔡檄遣采石兵會戰戍還頗
驕蹇會衍病亟徽請名池州刺史李遜署副使遜至而衍死一軍
賴以安入拜左補闕以祠部員外郎爲翰林學士三遷中書舍人
加承旨憲宗嘗獨召徽從容言它學士皆高選宜預聞機密廣參
決帝稱其長者是時内積財圖復河湟然禁無名貢獻而至者不
甚郤徽懇諫罷之帝密戒後有獻毋入右銀臺門以避學士梁守
謙爲院使見徽批監軍表語簡約歎曰一字不可益邪銜之以論
淮西事忤旨罷職徙太子右庶子出虢州刺史入拜禮部侍郎宰

相段文昌以所善楊渾之學士李紳以周漢賓並諉徽求致第籍
渾之者憑子也多納古帖祕畫於文昌皆世所寶徽不能如二人
請自取楊殷士蘇巢巢者李宗閔壻殷士者汝士之弟皆與徽厚
文昌怒方帥劒南西川入辭即奏徽取士以私訪紳及元稹時稹
與宗閔有隙因是共擿其非有詔王起白居易覆試而黜者過半
遂貶江州刺史汝士等勸徽出文昌紳私書自直徽曰苟無愧於
心安事辨證邪敕子弟焚書初州有盜劫貢船捕吏取濱江惡少
年二百人繫訊徽按其枉悉縱去數日鄂州得眞盜州有牛田錢
百萬刺史以給宴飲贈餉者徽曰此農耕之備可佗用哉命代貧
民租入轉湖州時宣歙旱左丞孔戣請徙徽領宣歙宰相以其本
文辭進不用戣曰相君宜知天下事徽江虢之治不及知況其它
邪還遷工部侍郎出爲華州刺史文宗立召拜尚書左丞會宣
麻羣臣在廷方大寒稍稍引避徽素恭謹不去位久而仆因上疏
告老不許大和初復爲華州俄以吏部尚書致仕卒年七十五贈

尚書右僕射徽與薛正倫魏弘簡善二人前死徽撫其孤至婚嫁
成立任庶子時韓公武以賂結公卿遺徽錢二十萬不納或言非
當路可無讓徽曰取之在義不在官時稱有公望子可復方義可
復死鄭注時方義終太子賓客子瑚字瑞文善文辭宰相王播薦
知制誥進中書舍人博得罪瑚貶撫州司馬
崔咸字重易博州博平人元和初擢進士第又中宏辭鄭餘慶李
夷簡皆表在幕府與均禮入朝爲侍御史與正特立風采動一時
敬宗將幸東都裴度在興元憂之自表求覲與章偕來於是李逢
吉當國畏度復相使京兆尹劉栖楚等十餘人悉力根郤之雖度
門下賓客皆有去就意它日度置酒延客栖楚曲意自解附耳語
咸嫉其矯舉酒讓度曰丞相乃許所由官囁嚅耳語願上罰爵度
笑受而飲栖楚不自安趨出坐上莫不壯之累遷陝虢觀察使日
與賓客僚屬痛飲未嘗醒夜分輒決事裁剖精明無一毫差吏稱
爲神入拜右散騎常侍秘書監大和八年卒咸素有高世志造詣

嶄遠間游終南山乘月吟嘯至感慨泣下諸文中歌詩最善
韋表微字子明隋鄖城公元禮七世孫羈丱能屬文母訓諭稍厲
輒不敢食以是未嘗譴責韋皋鎮西川王緯司空曙獨孤良弼
裴況居幕府皆厚相推挹況嘗謂表微似衛玠自以不能及也擢
進士第數辟諸使府久之入授監察御史裏行不樂曰爵祿譬滋
味也人皆欲之吾年五十拭鏡攝白冐游少年間取一班一級不
見其味也將爲松菊主人不愧陶淵明云俄爲翰林學士是時李
紳忤宰相貶端州龐嚴蔣防皆謫去學士缺人人爭薦丞相所善
者表微獨薦韋處厚人服其公進知制誥後與處厚議增選學士
復薦路隋處厚以諸父事表微因曰隋位崇入且翁右柰何荅曰
選德進賢初不計私也久之遷中書舍人敬宗嘗語左右欲相二
韋會崩文宗立獨相處厚進表微户部侍郎丌志沼叛詔李聽
率師討之次河上天子憂無成功表微曰以聽軍勢不十五日必
破賊及捷書上止浹日志沼殘兵六千奔昭義宰相請推處首惡
者誅之歸脅從者于魏表微上言逆子降又殺之非好生也請
以聽代史憲誠于魏志沼之徒可使招納不聽以病痼罷學
士卒年六十贈禮部尚書始被病醫藥不能具所居堂寢隘
陋既没弔客咨嗟篤故舊雖庸下與攜手語歡無間然尤
好春秋病諸儒執一槩是非紛然著三傳總例完會經趣又
以學者薄師道不如聲樂賤工能尊其師著九經師授譜
詆其違
高釴字翹之史失其何所人與弟銖鍇俱擢進士第累遷
右補闕史館修撰元和末以中人爲和糴使釴繼疏論執
轉起居郎數陳政得失穆宗嘉之面賜緋魚召入翰林爲
學士張韶變與倉卒釴從敬宗夜駐左軍翌日進知制誥
拜中書舍人入見帝因勸躬聽擊以示憂勤帝納其言賜
錦綵俄罷學士累進吏部侍郎人善其振職出爲同州刺
史卒贈兵部尚書遺命薄葬釴少孤窶介然無黨援以致

宦達諸弟皆檢愿友愛爲搢紳景重子湜字澄之第進士累
官右諫議大夫咸通末爲禮部侍郎時士多繇權要干請湜
不能裁既而抵帽于地曰吾決以至公取之得譴固吾分乃取
公乘億許棠聶夷中等以兵部侍郎判度支出爲昭義節度使爲
下所逐貶連州司馬以太子賓客分司東都卒億字壽仙棠字文
化夷中字坦之皆有名當時銖字權仲既擢第署太原張弘靖幕
府入遷監察御史大和時擢累給事中文宗得李訓驟拜侍講學
士銖率諫官伏閤言訓素行憸邪不可任必亂天下帝遣使者諭
曰朕留訓時時講繹前命不可改當是時已旱而水彗繼見未息鄭
注權震赫人情危駭既銖等弗見省羣臣失色明年訓當國
出銖爲浙東觀察使歷義成節度使大中初遷禮部尚書判
户部徙太常卿嘗罰禮生博士李慤慍見曰故事禮院不關白
太常故卿莅職博士不參集不宜罰小史隸舊典銖歎曰吾
老不能退乃爲小兒所辱卒

鍇字弱金連中進士宏辭科辟河東府參謀歷吏部員外郎遷中書舍人開成元年權知貢舉文宗自以題畀有司鍇以籍上帝語侍臣曰比年文章卑弱今所上差勝於前鄭覃曰陛下矯章近制以正頹俗而鍇乃能爲陛下得人帝曰諸鎮表奏太浮華宜責掌書記以誠流宕李石曰古人因事爲文今人以文害事懲弊抑末誠如聖訓即以鍇爲禮部侍郎閱三歲頗得才實始歲取四十人才益少詔減十人猶不能滿遷吏部侍郎出爲鄂岳觀察使卒贈禮部尚書子湘字濬之擢進士第歷長安令右諫議大夫從兄湜與路巖親善而湘厚劉瞻巖既逐瞻貶湘高州司馬僖宗初召爲太子右庶子終江西觀察使

馮宿字拱之婺州東陽人父子華廬親墓有靈芝白兎號孝馮家宿貞元中與弟定從弟審寬並擢進士第徐州張建封表掌書記建封卒子愔爲軍中脅主留事李師古將乘喪復故地愔大懼於是王武俊擁兵觀釁宿以書說曰張公■與公爲兄弟欲共力驅

兩河歸天子天下莫不知今張公不幸幼兒爲亂兵所脅內則誠款隔絕外則彊寇侵逼公安得坐視哉誠能奏天子不忘舊勳赦愔畢使東身自歸則公有靖亂之功繼絕之德矣武俊悅即以表聞遂授愔留後宿不樂佐愔更從浙東賈全觀察府愔憾其去奏貶泉州司戶參軍召爲太常博士王士眞死子承宗阻命不得謚宿請世勞不可遺乃上佳謚示不忘忠再遷都官員外郎裴度節度彰義軍表爲判官淮西平除比部郎中長慶時進知制誥牛元翼節度山南東道爲王廷湊所圍以宿攝留事還進中書舍人出華州刺史避諱不拜徙左散騎常侍兼集賢殿學士拜河南尹洛苑使姚文壽縱部曲奪民田匿于軍吏不敢捕府大集部曲輒與文壽偕來宿掩取榜殺之歷工部刑部二侍郎脩格後敕三十篇行于時累封長樂縣公擢東川節度使完城郛增兵械十餘萬詔分餘甲賜黔巫道涪水數壞民廬舍宿脩利防庸一方便賴疾革州斷重刑家人請宥之宿曰命脩短天也撓法以求祐吾不敢卒年七十贈吏部尚書謚曰懿治命薄葬毋以平生書納墓中子圖字昌之連中進士宏辭科大中時終戶部侍郎判度支寬爲起居郎

定字介夫偉儀觀與宿齊名人方漢二馮于頔素善之頔在襄陽定徒步上謁吏不肯白乃亟去頔聞斥吏歸錢五十萬及諸境定返其遺以書讓頔不下士頔大慙第進士異等辟浙西薛苹府以鄠尉爲集賢校理始定居喪號毀甚故數移疾大學士疑其簡怠奪職三遷祠部員外郎出爲郢州刺史吏告定略民妻乾沒庫錢御史鞫治無狀坐游宴不節免官起爲國子司業再遷太常少卿文宗嘗詔開元霓裳羽衣舞奏以雲韶肄于廷定部諸工立縣間端凝若植帝異之問學士李玨玨以定對帝喜曰豈非能古章句者邪親誦定送客西江詩召升殿賜禁中瑞錦詔悉所著以上遷諫議大夫是歲訓注敗多誅公卿中外危惴及改元天子御前殿仇士良請以神策仗衛殿門定力爭罷之又請許左右史從宰相至延英記所言執政不悅改太子詹事鄭覃兼太子太師上日欲

會尚書省定據禮當集詹事府詔可論者多其正換衞尉卿以左散騎常侍致仕卒贈工部尚書謚曰節初源寂使新羅其國人傳定黑水碑畫鶴記韋休符使西蕃所館寫定商山記於屏其名播戎夷如此

審字退思開成中爲諫議大夫拜桂管觀察使歷國子祭酒監有孔子碑武后所立睿宗署額審請琢周著唐終祕書監子緘字宗之乾符初歷京兆河南尹

李虞仲字見之父端附見文藝傳虞仲第進士宏辭累遷太常博士建言謚者所以表德懲惡春秋褒貶法也茆土爵祿僇辱流放皆緣一時非以明示百代然而後之所以知其行者惟謚是觀古者將葬請謚今近或二三年遠乃數十年然後請謚人殁巳久風績湮歇採諸傳聞不可考信謚狀雖在言與事浮臣請凡得謚者前葬一月請考功刺太常定議其不請與請而過時者聽御史劾舉居京師不得過半歲居外一期者若善惡著而不請許考功察行

論之節行卓異雖無官及官卑者在所以聞詔可寶曆初以兵部
郎中知制誥進中書舍人出爲華州刺史歷吏部侍郎簡儉官亦欲
時望歸重卒年六十五贈吏部尚書
李翺字習之後魏尚書左僕射沖十世孫中進士第始調校書郎
累遷元和初爲國子博士史館脩撰常謂史官紀事不得實乃建
言大氐人之行非大善大惡暴於世者皆訪於人人不周知故取
行狀謚牒然其爲狀者皆故吏門生苟言虛美溺于文而忘其理
臣請指事載功則賢不肖易見如言魏徵但記其諫爭語足以爲
直言段秀實但記倒用司農印追逆兵笏擊朱泚足以爲忠烈不
者願敕考功太常史館勿受如此可以傳信後世矣詔可又條興
復太平大略曰陛下即位以來懷不廷臣誅畔賊刷五聖憤恥自
古中興之盛無以加臣見聖德所不可及者若淄青生口夏侯澄
等四十七人爲賊逼脅質其父母妻子而驅之戰陛下停之赦不
誅詔田弘正隨材授職欲歸者縱之澄等得生歸轉以相謂賊衆

莫不懷盛德無肯拒戰劉悟所以能一昔斬師道者以三軍皆苦
賊而願就陛下故不淹日成大功一也今歲關中麥不收陛下哀
民之窮下明詔蠲賦十萬石羣臣動色百姓歌樂遍畎畝二也昔
齊遺魯以女樂季桓子受之君臣共觀三日不朝孔子行今韓弘
獻女樂陛下不受遂以歸之三也又出李宗奭妻妾於掖廷以田
宅賜沈遵師聖明寬恕億兆欣感臣愚不能盡識若它詔令一皆
類此武德貞觀不難及太平可覆掌而致臣聞定禍亂者武功也
復制度興太平者文德也今陛下既以武功定海內若遂革弊事
復高祖太宗舊制用忠正而不疑屏邪佞而不邇改稅法不督錢
而納布帛絕進獻寬百姓租賦厚邊兵以制蕃戎侵盜數引見待
制官問以時事通壅蔽之路此六者政之根本太平所以興陛下
既已能行其難若何而不爲其易者乎以陛下資上聖如不惑近
習容悅之辭任骨鯁正直與之脩復故事以興大化可不勞而成
也若一日不事臣恐大功之後逸樂易生進言者必曰天下既平

矣陛下可以高枕自安逸如是則高祖太宗之制度不可以復制
度不復則太平未可以至臣竊惜陛下當可興之時而謙讓未爲
也再遷考功員外郎初諫議大夫李景儉表翺自代景儉斥翺下
除朗州刺史久之召爲禮部郎中翺性峭鯁論議無所屈仕不得
顯官怫鬱無所發見宰相李逢吉面斥其過失逢吉詭不校翺恚
懼即移病滿百日有司白免官逢吉更表爲廬州刺史時州旱遂
疫逋捐係路亡籍口四萬權豪賤市田屋牟厚利而窶戶仍輸賦
翺下教使以田占租無得隱收豪室稅萬二千緡貧弱以安入爲
諫議大夫知制誥改中書舍人柏耆使滄州翺盛言其才耆得罪
由是左遷少府少監後歷遷桂管湖南觀察使山南東道節度使
卒翺始從昌黎韓愈爲文章辭致渾厚見推當時故有司亦謚曰文
盧簡辭字子策父綸別傳與兄簡能弟弘止簡求皆有文並第進
士歷佐帥府入遷侍御史習知法令及臺閣舊事寶曆中黎幹子
燘詣臺請復葉縣故田有司莫能知簡辭獨詰曰按幹坐黨魚朝

恩誅貲田皆沒大曆後數十年比有赦令無原洗之言燘安得冒
論不爲治福建鹽鐵院官盧昂坐贓簡辭窮按乃得金牀瑟瑟枕
大如斗敬宗曰禁中無此昂爲吏可知矣李程鎮太原表爲節度
判官入授考功員外郎累擢湖南浙西觀察使以檢校工部尚書
爲忠武節度使徙山南東道坐事貶衢州刺史卒簡能見鄭注傳
其子知猷字子謨中進士第登宏辭補祕書省正字蕭鄴鎮荊南
劍南再辟掌書記入遷右補闕出爲饒州刺史以政最聞累進中
書舍人朱玫亂避難不出僖宗還京召拜工部侍郎史館脩撰歷
太常卿戶部尚書至太子太師昭宗爲劉季述所幽感憤卒贈太
尉知猷器量渾厚世推爲長者善書有楷法文辭贍麗子文度亦
貴顯
弘止字子強佐劉悟府累擢監察御史沈傳師表爲江西團練副
使入拜侍御史華州刺史宇文鼎戶部員外郎盧允中坐贓詔弘止
按訊文宗將殺鼎弘止執據罪由允中鼎不乃連坐不應死帝釋之

累遷給事中會昌中詔河北三節度討劉稹何弘敬王元逵先取邢洺磁三州宰相李德裕畏諸帥有請地者乃以弘止爲三州團練觀察留後制未下稹平即詔爲三州及河北兩鎮宣慰使還拜工部侍郎以户部領度支初兩池鹽法弊得費不相償弘止使判官司空輿檢鉤覆正條上新法即表輿兩池使自是課入歲倍用度賴之踰年出爲武寧節度使徐自王智興後吏卒驕沓銀刀軍尤不法弘止戮其尤無狀者終弘止治不敢譁優詔褒勞弘止羸病丐身還東都不許徙宣武卒于鎮贈尚書右僕射子虔灌有美才終秘書監

簡求字子臧始從江西王仲舒幕府兩爲裴度元稹所辟又佐牛僧孺鎮襄陽入遷户部員外郎會昌中討劉稹以忠武節度使李彦佐爲招討使密選簡求副之俾知後務歷蘇壽二州刺史大中九年党項擾邊拜涇原渭武節度使徙義武鳳翔河東三鎮簡求爲政長權變文不害居邊善綏御人皆安之太原統退渾契苾

唐書列傳一百二　八

沙陀三部雜馴制它帥或與詛盟質子弟然寇掠不爲止簡求歸所質開示至誠虜憚其恩信不敢亂久之辭疾以太子少師致仕還東都治園沼林苑與賓客置酒自娛卒年七十六贈尚書左僕射子嗣業汝弼皆中進士第汝弼以祠部員外郎知制誥從昭宗遷洛方柳璨斲喪王室汝弼懼移疾去客上黨後依李克用克用表爲節度副使太原府子亭簡求所署多在每宴亭中未嘗居賓位西向俛首人美其有禮嗣業子文紀後貴顯

高元裕字景圭其先蓋渤海人第進士累辟節度府以右補闕召道商州會方士趙歸眞擅乘驛馬元裕詆曰天子置驛爾敢疾驅邪命左右奪之還具以聞敬宗視朝不時稍稍決事禁中宦豎恣放大臣不得進見元裕諫曰今西頭勢乃重南衙樞密之權過宰相帝頗寤而不能有所檢制人皆危之俄換侍御史内供奉士始相賀李宗閔高其節擢諫議大夫進中書舍人鄭注入翰林元裕當書命乃言以醫術侍注愧憾及宗閔得辠元裕坐出餞貶閬州刺史注死復授諫議大夫翰林侍講學士莊恪太子立擇可輔導者乃兼賓客進御史中丞即建言紀綱地官屬須選有不稱職者請罷之於是監察御史杜宣猷柳瓌崔郢侍御史魏中庸高弘簡並奪職故事三司監院官帶御史者號外臺得察風俗舉不法元和中李夷簡因請按察本道州縣後益不職元裕請監院御史隸本臺得專督察詔可累擢尚書左丞領吏部選出爲宣歙觀察使入授吏部尚書拜山南東道節度使封渤海郡公奏罷通賦甚衆在鎮五年復以吏部尚書召卒于道年七十六贈尚書右僕射元裕性勤約通經術敏於爲吏巖巖有風采推重于時自侍講爲中丞文宗難其代元裕表言兄少逸才可任因以命之世榮其遷

少逸長慶末爲侍御史坐失舉劾貶贊善大夫累遷諫議大夫乃代元裕稍進給事中出爲陝虢觀察使中人責峽石驛吏供餅惡鞭之少逸封餅以聞宣宗怒召使者責曰山谷閒是餅豈易具邪謫隸恭陵中人皆斂手以兵部尚書致仕卒元裕始名允中大和

唐書列傳一百二　九

中改今名元裕子璩字瑩之第進士累佐使府以左拾遺爲翰林學士擢諫議大夫近世學士超省郎進官者惟鄭顥以尚主而璩以寵升云懿宗時拜劍南東川節度使召拜中書侍郎同中書門下平章事閱月卒贈司空太常博士曹鄴建言璩宰相交游醜雜取多蹊徑謚法不思妄愛曰剌請謚爲剌從之

封敖字碩夫其先蓋冀州蓨人元和中署進士第江西裴堪辟置其府轉右拾遺雅爲宰相李德裕所器會昌初以左司員外郎召爲翰林學士三遷工部侍郎敖屬辭贍敏不爲奇澀語切而理勝武宗使作詔書慰邊將傷夷者曰傷居爾體痛在朕躬帝善其如意出賜以宮錦劉稹平德裕以定策功進太尉時敖草其制曰謀皆予同言不它惑德裕以能明專任己以成功謂敖曰陸生恨文不迨意如君此等語豈易得邪解所賜玉帶贈之未幾拜御史中丞與宰相盧商廌囚誤縱死辠復爲工部侍郎大中中歷平盧興元節度使初鄭涯開新路水壞其棧敖更治斜谷道行者告便蓬

果賊依雞山寇三川敕遣副使王贄捕平之加檢校吏部尚書還爲太常卿始視事廷設九部樂敕宴私第爲御史所劾徙國子祭酒復拜太常進尚書右僕射然少行檢士但高其才故不至宰相卒子彥卿望卿從子特卿皆第進士

鄭薰字子溥亡鄉里世系擢進士第歷考功郎中翰林學士出爲宣歙觀察使前人不治薰頗以清力自將牙將素驕共謀逐出之薰奔揚州貶棣王府長史分司東都懿宗立召爲太常少卿擢累吏部侍郎時數大赦階正議光祿大夫者得蔭一子門施戟於是官人用階請蔭子薰却之不肯叙宰相杜悰才其人擬判度支辭又擬刑部兼御史中丞固辭乃免久之進左丞性愛友糾族百口稟不克求外遷擬華州刺史輒留中爲倖侍酬沮後以太子少師致仕薰端勁再知禮部舉引寒俊士類多之既老號所居爲隱巖蒔松于廷號七松處士云

敬晦字日彰河中河東人祖括字叔弓進士及第遷殿中侍御史楊國忠惡不諧已外除果州刺史進累兵部侍郎志簡淡在職不求名周智光已誅議者健括才選爲同州刺史拜御史大夫隱然持重弗以私害公大曆中卒晦進士及第辟山南東道節度府與馬曙聯舍於是帥不政法制廢頹曙引大吏廷責之吏負兼軍職不引咎走訴諸府牙將且十輩方雜語以申吏枉晦讓諸將曰吏冒軍名公等不能詰反引與爲伍柰何衆愧謝闔府咨美擢累諫議大夫武宗時趙歸真以詐營罔天子御史平吳湘獄得辠宰相晦上疏極道非是不少回繼大中中歷御史中丞刑部侍郎諸道鹽鐵轉運使浙西觀察使時南方連饑有詔弛榷酒茗官用告覂晦處身儉勤貲力遂竭徙兖州節度使以太子賓客分司卒贈兵部尚書謚曰肅晦兄昕暭弟旼煦俱第進士籍昕爲河陽節度使暭右散騎常侍世寵其家

韋博字大業京兆萬年人祖黃裳浙西節度觀察使博取進士第寖遷殿中侍御史開成中蕭本詐窮得辠詔與中人籍其財中人利寶玉欲竊取去博奪還簿無遺貲回鶻入寇以狩澈爲河東節度使拜博爲判官久之進主客郎中時詔毀佛祠悉浮屠隸主客博言令太暴宜近中宰相李德裕惡之會羌渾叛以何清朝爲靈武節度使詔博副之擢右諫議大夫召對賜金紫因行西北邊商虜彊弱還奏有旨進左大夫爲京兆尹與御史中丞囂競不平皆得辠下除博衛尉卿出爲平盧節度使檢校禮部尚書徙昭義卒年六十二贈兵部尚書

李景讓字後己贈太尉憕孫也性方毅有守寶曆初遷右拾遺淮南節度使王播以錢十萬市朝廷懽求領鹽鐵景讓詣延英亟論不可遂知名沈傳師觀察江西表以自副歷中書舍人禮部侍郎商華虢三州刺史母鄭治家嚴身訓勤諸子始貧之時治牆得積錢僮婢奔告母曰士不勤而祿猶菑其身況無妄而得我何取亟使閉坎景讓自右散騎常侍出爲浙西觀察使母問行日景讓率然對有日鄭曰如是吾方有事未及行蓋怒其不嘗告也且曰已

貴何庸母行景讓重請辠乃赦故雖老猶加箠敕已起欣欣如初嘗怒牙將杖殺之軍且謀變母欲息衆讙召景讓廷責曰爾填撫方面而輕用刑一夫不寧豈特上負天子亦使百歲母銜羞泉下何面目見先大夫乎將鞭其背吏大將再拜請不許皆泣謝廼罷一軍遂定景讓家行脩治閨門唯謹入爲尚書左丞拜天平節度使徙山南東道封酒泉縣男大中中進御史大夫甫視事劾免侍御史孫玉汝監察御史盧栯威肅當朝爲大夫三月蔣伸輔政景讓名素出伸右而宣宗擇宰相盡書羣臣當選者以名內器中禱憲宗神御前射取之而景讓名不得世謂除大夫百日有佗官相者謂之辱臺景讓愧艴不能平見宰相自陳考深當代即拜西川節度使以病丐致仕或諫公廉潔亡素儲不爲諸子謀邪景讓笑曰兒曹詎餓死乎書聞輒還東都以太子少保分司卒年七十二贈太子太保謚曰孝性獎士類拔孤仄如李蔚楊知退皆所推引始爲左丞蔣伸坐宴所酌酒語客曰有孝於家忠於國者飲此客肅

然景讓起卒爵伸曰無宜於公所善蘇滌裴夷直皆爲李宗閔楊嗣復所擢故景讓在會昌時抑厭不遷宣宗銜穆宗舊怨景讓建請遷敬文武三主以猶子行爲嫌請還代宗以下主復入廟正昭穆事下百官議不然乃罷德望稍衰矣然清素寡欲門無雜賓李琢罷浙西以同里訪之避不見及去命斵其騎石焉元和後大臣有德望者以居里顯景讓宅東都樂和里世稱清德者號樂和李公云弟景温字德已歷諫議大夫福建觀察使徙華州刺史以羨政聞累遷尚書右丞盧攜當國弟隱繇博士遷水部員外郎材下資淺人疾其冒無敢繩景温不許赴省時故事久廢景温既舉職人皆憚其正弟景莊亦至顯官

列傳第一百二

劉蕡列傳第一百三　唐書一百七十八

端明殿學士兼翰林侍讀學士龍圖閣學士朝散大夫行尚書吏部侍郎充集賢殿修撰臣宋祁奉
敕撰

劉蕡字去華幽州昌平人客梁汴間明春秋能言古興亡事沈健于謀浩然有救世意擢進士第元和後權綱弛迆神策中尉王守澄負弑逆罪更二帝不能討天下憤之文宗即位思洗元和宿恥將翦落支黨方宦人握兵橫制海内號曰北司凶醜朋挻外脅羣臣内掣侮天子蕡常痛疾大和二年舉賢良方正能直言極諫帝引諸儒百餘人于廷策曰朕聞古先哲王之治也玄默無爲端拱司契陶甿心以居簡疑日用於不宰厚下以立本推誠而建中繇是天人通陰陽和俗躋仁壽物無疵癘噫盛德之所臻夐乎其不可及已三代令王質文迭救百氏滋熾風流寖微自漢以降足言蓋寡朕顧唯昧道祗荷丕構奉若謨訓不敢怠荒任賢惕厲宵衣旰食詎追三五之遐軌庶紹祖宗之鴻緒而心有未達行有未孚由中及外闕政斯廣是以人不率化氣或堙厄災旱竟歲播植愆時國廩罕蓄乏九年之儲吏道多端微三載之績京師諸夏之本也將以觀治而豪猾踰檢太學明教之源也期於變風而生徒惰業列郡在乎頒條而干禁或未絶百工在乎按度而淫巧或未息俗恬風靡積訛成蠹其擇官濟治也聽人以言則枝葉難辨御下以法則恥格不形其阜財發號也生之寡而食之衆煩於令而鮮於治思所以究此繆盭致之治平茲心浩然若涉淵水故前詔有司博延羣彦佇啓宿懵冀臻時雍子大夫皆識達古今志在康濟造廷待問副朕虛懷必當箴治之闕辨政之疵明綱條之致紊稽富庶之所急何施革於前弊何澤惠於下土何脩而治古可近何道而和氣克充推之本源著於條對至若夷吾輕重之權孰輔於治嚴尤底定之策孰叶於時元凱之考課何先叔子之克平何務惟此龜鑑擇乎中庸斯在洽聞朕將親覽蕡對曰臣誠不佞有正國致君之術無位而不得行有犯顏敢諫之心無路而不得達懷憤鬱抑

恩有時而發怒常欲與庶人議于道商賈謗于市得通上聽一悟主心雖被祅言之罪無所悔況逢陛下詢求過闕咨訪嘉謀制詔中外舉直言極諫臣辱斯舉專承大問敢不悉意以言至於上所忌時所禁權幸所諱惡有司所與奪臣愚不識伏惟陛下少加優容不使聖時有讜言受戮者天下之幸也謹昧死以對伏以聖策有思古先之治念玄默之化將欲通天地以濟俗和陰陽以煦物見陛下慮道之深也臣以爲哲王之治其則不遠惟致之之道何如耳伏以聖策有祗荷丕構而不敢荒寧奉若謨訓而罔有怠忽見陛下憂勞之至也若夫任賢惕厲宵衣旰食宜黜左右之纖佞進股肱之大臣若夫追蹤三五紹復祖宗宜鑒前古之興亡明當代之成敗心有未達以下情蔽而不得上通行有未孚以上澤壅而不得下浹欲人之化在脩已以先之欲氣之和在遂性以導之捄災旱在致精誠廣播殖在視食力國廩罄乎無畜本乎冗食尚繁吏道多端本乎選用失當豪家猾踰檢繇中外之法殊生徒惰業繇學校

之官廢列郡干禁繇授任非人百工淫巧繇制度不立伏以聖策有擇官濟治之心阜財發號之歎見陛下教化之本也且進人以行則枝葉安有難辨乎防下以禮則恥格安有不形乎念生寡而食衆可罷斥惰游念令煩而治鮮要察其行否博延群彥願陛下必納其言造廷待問則小臣安敢愛死伏以聖策有求賢箴闕之言審政辨疵之令見陛下咨訪之勤也遂小臣斥姦豪之志則弊革于前守陛下念康濟之心則惠敷于下邪正之道分而治古可近禮樂之方著而和氣克充至若夷吾之法非皇王之權嚴尤所陳無最上之策元凱之所先不若唐堯考績叔子之所務不若虞舜舞干且非大德之中庸上聖之龜鑒又何足爲陛下道之哉或有以繫安危之機兆存亡之變者臣請披肝膽爲陛下別白而重言之臣前所謂哲王之治其則不遠者在陛下慎思之力行之始終不懈而已謹按春秋元者氣之始也春者歲之元也春秋以元加于歲以春加于王明王者當奉若天道以謹其始也又舉時以終

歲舉月以終時春秋雖無事必書首月以存時明王者當承天之道以謹其終也王者動作終始必法於天者以其運行不息也陛下能謹其始又能謹其終懋而脩之勤而行之則執契而居簡無爲而不宰廣立本之大業崇建中之盛德安有三代循環之弊百僞滋熾之漸乎臣故曰惟致之之道何如耳臣前所謂若夫任賢惕厲宵衣旰食宜黜左右之纖佞進股肱之大臣實以陛下憂勞之至也臣聞不宜憂而憂者國必衰宜憂而不憂者國必危陛下不以國家存亡社稷安危之策而降於清問臣未知陛下以布衣之臣不足與定大計耶或萬機之勤有所未至也不然何宜憂而不憂乎臣以爲陛下所先憂者宮闈將變社稷將危天下將傾四海將亂此四者國家已然之兆故臣謂聖慮宜先及之夫帝業艱難而成之固不可容易而守之太祖肇其基高祖勤其績太宗定其業玄宗繼其明至于陛下二百餘載其間聖明相因擾亂繼作未有不用賢士近正人而能興者或一日不念則顛覆大器宗廟

之恥萬古爲恨臣謹按春秋人君之道在體元以居正昔董仲舒爲漢武帝言之略矣有未盡者臣得爲陛下備論之夫繼故必書即位所以正其始也終必書所終之地所以正其終也故爲君者所發必正言所履必正道所居必正位所近必正人春秋閽弒吳子餘祭書其名譏疏遠賢士昵刑人有不君之道伏惟陛下思祖宗開國之勤念春秋繼故之誡明法度之端則發正言履正道杜篡弒之漸則居正位近正人遠刀鋸之殘親骨鯁之直輔相得以顓其任庶寮得以守其官柰何以褻近五六人揔天下大政外專陛下之命內竊陛下之權威懾朝廷勢傾海內群臣莫敢指其狀天子不得制其心禍稔蕭牆姦生帷幄臣恐曹節侯覽復生於今日此宮闈將變也臣謹按春秋定公元年春王不言正月者春秋以爲先君不得正其終則後君不得正其始故曰定無正也今忠賢無腹心之寄閽寺專廢立之權陷先帝不得正其終致陛下不得正其始況太子未立郊祀未脩將相之職不歸名器之宜不定

此社稷將危也臣謹按春秋王札子殺召伯毛伯春秋之義兩下相殺不書此書者重其顓王命也夫天之所授者在命君之所存者在令操其命而失之者是不君也侵其命而專之者是不臣也君不君臣不臣此天下所以將傾也臣謹按春秋晉趙鞅以晉陽之兵叛入于晉書其歸者能逐君側之惡以安其君故春秋善之今威柄陵夷藩臣跋扈有不達人臣大節而首亂者將以安君爲名不究春秋之微稱兵者以逐惡爲義則典刑不赦天子征伐必自諸侯此海內之將亂也故樊噲排闥而雪涕袁盎當車而抗辭京房發憤以殞身竇武不顧而畢命此皆陛下明知之矣臣謹按春秋晉狐射姑殺陽處父書襄公殺之者以其君漏言也襄公不能固陰重之機處父所以及殘賊之禍故春秋非之夫上漏其情則下不敢盡意上泄其事則下不敢盡言故傳有造膝詭辭之文易有失身害成之戒今公卿大臣非不欲爲陛下言之慮陛下不能用也忽而不用必泄其言臣下既言而不行必嬰其禍適足鉗直

臣之口而重姦臣之威是以欲盡其言則有失身之懼欲盡其意則有害成之憂裴回鬱塞以須陛下感悟然後盡其啓沃陛下何不聽朝之餘時御便殿召當世賢相老臣訪持變扶危之謀求定傾撥亂之術塞陰邪之路屏褻狎之臣制侵陵迫脅之心復門户掃除之役戒其所宜戒憂其所宜憂既不得治其前當治於後不得正其始當正其終則可以虔奉典謨克承丕構終任賢之效無宵旰之憂矣臣前所謂追蹤三五紹復祖宗宜鑒前古之興亡明當時之成敗者臣聞堯禹之爲君而天下大治者以能任九官四岳十二牧不失其舉不貳其業不侵其職居官惟其能左右惟其賢元凱在下雖微而必舉四凶在朝雖彊而必誅考其安危明其取捨至秦二世漢元成咸願措國如唐虞致身如堯舜而終敗亡者以其不見安危之機不知取捨之道不任大臣不辨姦人不親忠良不遠讒佞也伏惟陛下察唐虞之所以興而景行於前鑒秦漢之所以亡而戒懼於後陛下無謂廟堂無賢相庶官無賢士今

紀綱未絶典刑猶在人誰不欲致身爲王臣致時爲升平陛下何忽而不用邪又有居官非其能左右非其賢惡如四凶詐如趙高姦如恭顯陛下何憚而不去邪神器固有歸天命固有分祖宗固有靈忠臣固有心陛下其念之哉昔秦之亡也失於彊暴漢之亡也失於微弱彊暴則姦臣畏死而害上微弱則彊臣竊權而震主臣伏見敬宗不虞亡秦之禍不翦其萌伏惟陛下深軫亡漢之憂以杜其漸則祖宗之洪業可紹三五之遐軌可追矣臣前所謂陛下心有所未達以下情塞而不能上通行有所未孚以上澤壅而不得下浹且百姓有塗炭之苦陛下無繇而知陛下有子惠之心百姓無繇而信臣謹按春秋書梁亡不書取者梁自亡也以其思慮昏而耳目塞上出惡政人爲寇盗皆不知其所以終自取其滅亡也臣聞國君之所以尊者重其社稷也社稷之所以重者存其百姓也苟百姓不存則雖社稷不得固其重社稷不重則人君不得保其尊故治天下者不可不知百姓之情夫百姓者陛下之赤子

陛下宜令慈仁者視育之如保傅焉如乳哺焉如師之教導焉故人之於上也恭之如神明愛之如父母今或不然陛下親近貴倖分曹建署補除卒吏召致賓客因其貨賄假以聲勢大者統藩方小者爲守牧居上無清惠之政而有饕餮之害居下無忠誠之節而有姦欺之罪故人之於上也畏之如豺狼惡之如讎敵今海內困窮處處流散飢者不得食寒者不得衣鰥寡孤獨不得存老幼疾病不得養加以國權兵柄顓於左右貪臣聚斂以固寵姦吏因緣而弄法冤痛之聲上達於九天下入於九泉鬼神爲之怨怒陰陽爲之徵錯君門萬重不得告訴士人無所歸化百姓無所歸命官亂人貧盗賊並起土崩之勢憂在旦夕即不幸因之以病癘繼之以凶荒陳勝吳廣不獨起於秦赤眉黃巾不獨生於漢臣所以爲陛下發憤扼腕痛心泣血也如此則百姓有塗炭之苦陛下何繇而知之乎陛下有子惠之心百姓安得而信之乎使陛下行有所未孚心有所未達固其然也臣聞漢元帝即位之初更制

七十餘事其心甚誠其稱臣美矣紀綱日紊國祚日衰姦宄日彊黎元日困繇不能擇賢明而任之失其操柄也自陛下即位憂勤兆庶屢降德音四海之內莫不抗首而長息自喜復生於死亡之中也伏惟陛下愼終如始以塞四方之望誠能揭國柄以歸于相持兵柄以歸于將去貪臣聚斂之政除姦吏因緣之害惟忠賢是近惟正直是用內寵便僻無所聽焉選清愼之官擇仁惠之長敏之以利煦之以和敎之以孝慈導之以德義去耳目之塞通上下之情俾萬國懽康兆庶蘇息即心無不達而行無不孚矣臣前所謂欲人之化也在脩己以先之臣聞德以脩己敎以導人脩之也則人不勸而自立導之也則人不敎而率從君子欲政之必行也故以身先之欲人之從化也故以道御之今陛下先之以身而政未必行御之以道而人未從化豈立敎之言未盡其方邪夫立敎之方在乎君以明制之臣以忠行之君以知人爲明臣以正時爲忠知人則任賢而去邪正時則固本而守法賢不任則重賞不足以勸善邪不去則嚴刑不足以禁非本不固則人流法不守則政散而欲敎之必至化之必行不可得也陛下能斥姦邪而不私其左右擧賢正而不遺其蹤遠則化浹朝廷矣愛人而敦本分職而奉法脩其身以及其人始於中而成於外則化行天下矣臣前所謂欲氣之和也在遂其性以導之者當納人於仁壽也夫欲人之仁壽也在立制度脩敎化夫制度立則財用省財用省則賦斂輕賦斂輕則人富矣敎化脩則爭競息爭競息則刑罰淸刑罰淸則人安矣既富矣則仁義興焉既安矣則壽考至焉仁義之心感於下和平之氣應於上故災害不作休祥荐臻四方底寧萬物咸遂矣臣前所謂捄災旱在乎致精誠者臣謹按春秋魯僖公一年之中三書不雨者以其人君有恤人之志也文公三年之中一書不雨者以其人君無閔人之心也故僖致誠而旱不害物文無卹閔而變則成災陛下有閔人之志則無成災之變矣臣前所謂廣播殖在乎視食力者臣謹按春秋君人者必時視人之所勤人勤於

力則功築罕人勤於財則貢賦少人勤於食則百事廢今財食與力皆勤矣願陛下廢百事之用以廣三時之務則播植不愆矣臣前所謂國廩罕蓄本乎冗食尚繁者臣謹按春秋臧孫辰告糴于齊春秋譏其無九年之蓄一年不登而百姓飢臣願斥游惰之人以篤耕殖省不急之費以贍黎元則廩蓄不乏矣臣前所謂吏道多端本乎選用失當者蹊國家取人不盡其材任人不明其要故也今陛下之用人也求其聲而不求其實故人之趨進也務其末而不務其本臣願覈考課之實定遷序之制則多端之吏息矣臣前所謂豪猾踰檢繇中外之法殊者以其官禁不一也臣謹按春秋齊桓公盟諸侯不日而葵丘之盟特以日者美其能宣明天子之禁率奉王官之法故春秋備而書之然則官者五帝三王之所建也法者高祖太宗之所制也法宜畫一官宜正名今又分外官中官之員立南司北司之局或犯禁於南則亡命于北或正刑于外則破律於中法出多門人無所措繇兵農勢異而中外法殊也

臣聞古者因井田以制軍賦閒農事以脩武備提封約卒乘之數命將在公卿之列故兵農一致而文武同方以保乂邦家式遏亂略太宗置府兵臺省軍衛文武參掌閒歲則櫜弓力穡有事則釋耒荷戈所以脩復古制不廢舊物今則不然夏官不知兵籍止於奉朝請六軍不主武事止於養階勳軍容合中官之政戎律附內臣之職首一戴武弁疾文吏如仇讎足一蹈軍門視農夫如草芥謀不足以翦除姦宄而詐足以抑揚威福勇不足以鎭衛社稷而暴足以侵害閭里羈紲藩臣干陵宰輔隳裂王度汨亂朝經張武夫之威上以制君父假天子之命下以御英豪有藏姦觀釁之心無仗節死難之誼豈先王經文緯武之旨邪臣願陛下貫文武之道均兵農之功正貴賤之名一中外之法還軍衛之職脩省署之官近崇貞觀之風遠復成周之制自邦畿以形下國始天子而達諸侯可以制猾姦之彊無踰檢之患矣臣前所謂生徒惰業繇學校之官廢者蓋國家貴其祿賤其能先其事後其行故庶官乏通

經之學諸生無脩業之心矣臣前所謂列郡干禁踰檢任非人者臣以爲刺史之任治亂之根本繫焉朝廷之法制在焉權可以御豪彊恩可以惠孤寡彊可以禦姦寇政可以移風俗其將校曾更戰陣及功臣子弟請隨宜酬賞苟無治人之術者不當任此官則絕干禁之患矣臣前所謂百工淫巧踰制度不立者臣請以官位祿秩制其器用車服禁以金銀珠玉錦繡雕鏤不蓄於私室則無蕩心之巧矣臣前所謂辨枝葉者請考言以詢行也臣前所謂形于恥格者請道德而齊禮也臣前所謂念生寡而食衆可罷斥惰游者已備於前矣臣前所謂令煩而治鮮要察其行否者臣聞號令者治國之具也君審而出之臣奉而行之或虧益止留罪在不赦今陛下令煩而治鮮得非持之者有所蔽欺乎臣前謂博延羣彥願陛下必納其言造廷待問則小臣其敢愛死者昔鼂錯爲漢削諸侯非不知禍之將至忠臣之心壯夫之節苟利社稷死無悔焉臣非不知言發而禍應計行而身僇蓋痛社稷之危哀生人之悔

豈忍姑息時忌竊陛下一命之寵哉昔龍逢死而啓商比干死而啓周韓非死而啓漢陳蕃死而啓魏今臣之來也有司或不敢薦臣之言陛下又無以察臣之心退必戮於權臣之手臣幸得從四子游於地下固臣之願也所不知殺臣者臣死之後將孰爲啓之哉至如人主之闕政教之疵前日之弊臣既言之矣若乃流下土之惠脩近古之治而致和平者在陛下行之而已然上之所陳者實以臣親承聖問敢不條對雖臣之愚以爲未極教化之大端皇王之要道伏惟陛下事天地以教人恭奉宗廟以教人孝養高年以教人悌長字百姓以教人慈幼調元氣以煦育扇大和以仁壽可以消搖無爲垂拱成化至若念陶鈞之道在擇宰相以任之使權造化之柄念保定之功在擇將帥以任之使脩閫外之寄念百度之求正在擇庶官而任之使顓職業之守念百姓之怨痛在擇良吏以任之使明惠養之術自然言足以爲天下教動足以爲天下法仁足以勸善義足以禁非又何必宵衣旰食勞神惕慮然後

致治哉是時第策官左散騎常侍馮宿太常少卿賈餗庫部郎中龐嚴見蕡對嗟伏以爲過古晁董而畏中官眦睚不敢取士人讀其辭至感槩流涕者諫官御史交章論其直於時被選者二十有三人所言皆冗龊常務類得優調河南府參軍事李郃曰蕡逐我留吾顏其厚邪乃上疏曰陛下御正殿求直言使人得自奮臣才志懦劣不能質今古是非使陛下聞未聞之言行未行之事忽忽內思愧羞神明今蕡所對敢空臆盡言至皇王之成敗陛下所防閑時政之安危不私所料又引春秋爲據漢魏以來無與蕡比有司以言涉訐忤不敢聞自詔書下萬口籍籍歎其誠鯁至於垂泣謂蕡指切左右畏近臣銜怒變興非常朝野惴息誠恐忠良道窮綱紀遂絕季漢之亂復興于今以陛下仁聖近臣故無害忠良之謀以宗廟威嚴近臣故無速敗亡之禍指事取驗何憚直言且陛下以直言召天下士蕡以直言副陛下所問雖訐必容雖過當奬書于史策千古光明使萬有一蕡不幸死天下必曰陛下陰殺讜

直結讎海內忠義之士皆憚誅夷人心一搖無以自解況臣所對不及蕡遠甚內懷愧恥自謂賢良奈人言何乞回臣所授以旌蕡直臣逃苟且之慙朝有公正之路陛下免天下之疑顧不美哉帝不納郃字子玄後歷賀州刺史蕡對後七年有甘露之難令狐楚牛僧孺節度山南東西道皆表蕡幕府授秘書郎以師禮禮之而官人深嫉蕡誣以罪貶柳州司户參軍卒始帝恭儉求治志除凶人然懦而不睿臣下畏禍不敢言故蕡對極陳晉襄公殺陽處父以戒帝又引閽殺吳子陰贊帝夾帝後與宋申錫謀誅守澄不克守澄廢帝弟漳王而斥申錫帝依違其間不敢主也賈餗與王涯李訓舒元輿位宰相以謀敗皆爲中官夷其宗而宦者益橫帝以憂崩及昭宗誅韓全誨等左拾遺羅衮上言蕡當大和時宦官始熾因直言策請奪爵土復掃除之役遂罹譴逐身死異土六十餘年正人義夫切齒飲泣比陛下幽東內幸西州王室幾喪使蕡策蚤用則杜漸防萌逆節可消寧殷憂多難遠及聖世耶今天地反

正枉梟憤齒有望於陛下帝感悟贈蕡左諫議大夫訪子孫授以官云

贊曰漢武帝三策董仲舒仲舒所對陳天人大槩緩而不切也蕡與諸儒偕進獨譏切宦官然亦太疏直矣戒帝漏言而身誦語于廷何耶其後宋申錫以謀泄貶李訓以計不臧死宦者遂彊可不戒哉意蕡之賢當先以忠結上後爲帝謀天下所以安危者庶其紓患耶

唐書列傳第一百三

李鄭二王賈舒列傳第一百四

端明殿學士兼翰林侍讀學士龍圖閣學士朝請大夫守尚書吏部侍郎知制誥充史館修撰臣宋祁奉
敕撰

李訓字子垂始名仲言字子訓故宰相揆族孫質狀魁梧敏于辯論多大言自標置擢進士第補太學助教辟河陽節度府從父逢吉爲宰相以仲言陰險善謀事厚昵之坐武昭獄流象州文宗嗣位更赦還以母喪居東都鄭注佐昭義府仲言慨然曰當世操權力者皆齷齪吾聞注好士有中助可與共事因往見注相得甚歡時逢吉方留守怏怏不樂思復用知與注善付金幣百萬使西至京師厚結注注喜介之謁王守澄守澄善遇之即以注術仲言經義并薦於帝仲言持詭辯激卬可聽善鉤揣人主意又以身儒者海內望族既見識權志望不淺始宋申錫謀誅守澄不克死宦尹益橫帝愈憤恥而憲祖之弒罪人未得雖外假借內不堪欲夷絕其類顧在位臣持祿取安無伏節死難者注陰知帝指屢建密計

引仲言叶力帝外託講勸又旨以守澄進故與之謀則其黨不疑仲言尚縗麤帝使衣戎服號王山人與注出入禁中服除起爲四門助教賜緋袍銀魚時大和八年也其十月遷周易博士兼翰林侍講學士入院詔法曲弟子二十人侑宴示優寵於是給事中鄭肅韓佽諫議大夫李珝郭承嘏中書舍人高元裕權璩等共劾仲言憸人天下共知不宜在左右帝不聽仲言數進講至閽寺必感憤申重以激帝心帝見其言縱橫謂果可任遂不疑而待遇莫與比因改名訓帝猶慮宦人猜忌乃蹤易五義示羣臣有能異訓意者賞欲天下知以師臣待訓明年秋七月進翰林學士兵部郎中知制誥居中倚重實行宰相事宦人陳弘志時監襄陽軍訓啓帝召還至青泥驛遣使者杖殺之復以計白罷守澄觀軍容使賜酖死又逐西川監軍楊承和淮南韋元素河東王踐言於嶺外已行皆賜死而崔潭峻前物故詔剖棺鞭尸元和逆黨幾盡訓本挾奇進及大權在己銳意去惡故與帝言天下事無不如所欲挾注相

朋比務報恩復讎素忌李德裕宗閔之寵乃因楊虞卿獄指爲黨
人嘗所惡者悉陷黨中遷貶無闕日班列幾空中外震畏帝爲下
詔開諭羣情稍安不踰月以禮部侍郎同中書門下平章事賜金
紫服仍詔三日一至翰林以終易義訓起流人一歲至宰相謂遭時
其志可行欲先誅宦豎乃復河湟攘夷狄歸河朔諸鎮意果而謀
淺天子以爲然俄賜第勝業里賞賚旁午每進見佗宰相備位天
子傾意宦官衞兵皆慴憚迎拜天下險怪士徼取富貴皆憑以爲
資訓時時進賢才偉望以悅士心人皆惑之嘗建言天下浮屠避
傜賦耗國衣食請行業不如令者還爲民既執政自白罷因以市
恩始注先顯訓藉以進及勢相埒賴寵爭功不兩立然方事未集
乃出注使鎮鳳翔外爲助援內實猜克待逞且殺之權所厚善分
總兵柄於是王璠爲太原節度使郭行餘爲邠寧節度使羅立言
權京兆尹韓約金吾將軍李孝本權御史中丞陰許璠行餘多募
士及金吾臺府卒劫以爲用十一月壬戌帝御紫宸殿約奏甘露降

金吾左仗樹羣臣賀訓元輿奏言甘露近在禁中陛下宜親往以
承天祉許之即輦如含元殿詔宰相羣臣往視還訓奏言非甘露
帝曰豈約妄邪顧中尉仇士良魚志弘等驗之訓因欲閉止諸宦
人使無逸者時璠行餘皆辭赴鎮兵列丹鳳門外觳而待訓傳呼
曰兩鎮軍入受詔言聞者趨入邠寧軍不至璠懼弗能前獨行餘
拜殿下官人至仗所約流汗不能舉首士良等怪之曰將軍何爲
爾會風動廡幕見執兵者士良等驚走出閤者將闔扉爲宦侍叱
爭不及閉訓急連呼金吾兵曰衞乘輿者人賜錢百千於是有隨
訓入者宦人曰急矣上當還內即扶輦決罘罳下殿趨訓攀輦曰
陛下不可去士良曰李訓反帝曰訓不反士良手搏訓而躓訓壓
之將引刀鞾中救至士良免立言孝本領衆四百東西來上殿與
金吾士縱擊宦官死者數十人訓持輦愈急至宣政門宦人郗志
榮揕訓仆之輦入東上閤即閉宮中呼萬歲元輿雖知謀不以告
涯曰上將開延英邪而羣臣見宰相問故會士良遣神策副使劉

泰倫陳君奕等率衞士五百挺兵出所值輒殺涯等惶遽易服步
出殺諸司史六七百人復分兵屯諸宮門捕訓黨千餘人斬四方
館流血成渠宦豎知訓事連天子相與怨讟帝懼僞不語故宦人
得肆志殺戮俄而元輿涯皆爲兵所執涯實不知謀士良榜笞急
乃自署反狀詔出衞騎千餘馳咸陽奉天捕亡者大索都城分掩
涯訓等第兵遂大掠入黎埴羅讓渾鐬胡証等家及賈耽廟貲產
一空兩省印簿書輒持去祕館圖籍蕩然無餘者明日召羣臣朝
至建福門從者不得入光範門尚閉列兵誰何乃繇金吾右仗至
宣政衙兵皆露持是時無宰相御史中丞父之閤門使馬元贄啓
宣政扉傳詔張仲方可京兆尹而吏皆前死羣臣不能班帝初未
知涯等被繫猶遲其不朝既而士良白涯與訓謀逆將立鄭注遽
召僕射令狐楚鄭覃兵部尚書王源中吏部侍郎李虞仲等至帝
對悲憤因付涯訊牒曰果涯書邪楚曰然涯誠有謀罪應死是日
京師兵剽刼未止民乘亂往往復私怨相戕擊人死甚衆帝遣楊

鎮靳遂良等屯兵大衢皷而徼之兵乃止帝逼宦官於是下詔暴
訓涯等罪孝本易綠袴猶金帶以帽幛面奔鄭注至咸陽追騎及
之餗匿民閒羸服乘驢自歸璠聚河東兵環第自衞弘志使偏將
攻之呼曰王涯等得罪起尚書爲相璠喜啓關納之既行知見紿
泣曰李訓累我俄行餘立言皆得自涯十餘族幷奴婢悉繫左右
軍璠見涯恚曰公何見引涯曰君昔漏宋丞相謀於守澄今焉逃
死訓既敗被綠衣詭言黜官走終南山依浮屠宗密宗密欲匿之
其徒不可乃奔鳳翔爲盩厔將所執械而東訓恐爲宦人酷辱祈
監者曰得我者有賞不如持首去乃斬之傳其首餘黨悉禽後一
日兩神策兵將涯等赴郊廟過兩市皆腰斬梟首以徇餗臨刑憤
叱獨元輿曰鼂錯張華尚不免豈特吾屬哉約最後捕得責以反
狀不服斬之殺訓弟仲褒元皐始元皐以屬疏自解得去士良訊
奴言事前一昔宿訓第遣人追斬之訓死士良捕宗密將殺之怡然
曰與訓游久浮屠法遇困則救死固其分乃釋之是時暴尸旁午有詔

棄都外男女孩嬰相雜廁瀸旬許京兆府瘞歛作二大冢葬道左右它日帝頗思訓數爲李石鄭覃稱其才而宦竪益熾帝未以制居常忽忽不懌每游燕雖倡樂雜沓未嘗歡顏慘不展往往瞋目獨語或裴回眺望賦詩以見情自是感疾至棄天下云

鄭注絳州翼城人世微賤以方伎游江湖間元和末至襄陽依節度使李愬爲愬煑黃金餌之寖親遇署衙推從至徐州稍參處軍政注多藝詭譎陰狡億探人意隱輒中所欲爲愬籌事未嘗不用挾邪市權舉軍患之監軍王守澄白愬愬曰然彼奇士也將軍試與語守澄始拒不納既坐機辯橫生鉤得其意守澄大驚引至後堂語終夕恨相見晚謝愬曰誠如公言即署巡官守澄入總樞密與俱至京師厚加贍卹日夜爲守澄計議因陰通賂遺初士纖巧者附離後要官貴人亦趨往既陷宋申錫搢紳側目金吾將軍孟文亮鎮邠寧取爲司馬不肯行御史中丞宇文鼎劾奏乃上道過奉天輒還御史復言注姦狀請付有司治罪始王涯用注力再輔

政又憚守澄遏其奏更擢通王府司馬右神策判官士議讙駭劉從諫惡其人欲因斥去之即表副昭義節度至府不旬月文宗暴眩守澄復薦注即日召入對浴堂門賜賚至渥是夜彗出東方長三尺芒耀怒急俄進太僕卿兼御史大夫注資貪沓既藉權寵專鬻官射利貲積鉅萬不知止起第善和里通永巷飛廡複壁聚京師輕薄子方鎮將吏以燸聲熖間入神策與守澄語必終日或夜艾乃罷險人躁夫有所干謁日走門李訓既附注進於是兩人權震天下矣尋擢工部尚書翰林侍講學士時訓已在禁中日日議論帝前相倡和謀鉏翦中官自謂功在晷刻帝惑之乘是進退士大夫撓骫朝法賢不肖淆亂以爲弛張當然衆策其必亂帝問富人術以榷茶對其法欲置茶官籍民圃而給其直工自擷暴則利悉之官帝始詔王涯爲榷茶使又言秦雍災當興役猒之帝嘗詠杜甫曲江辭有宮殿千門語意天寶時環江有觀榭宮室聞注言即詔兩神策治曲江昆明作紫雲樓釆霞亭詔公卿得列舍隄上

注本姓魚冒爲鄭故當時號魚鄭及用事人廋謂曰水族貌寢陋不能遠視常衣韉裘外示質素始李愬病痿注治之有狀守澄神其術故中人皆昵愛餓檢校尚書左僕射鳳翔隴右節度使詔月入奏事請賓屬於訓訓與舒元輿謀終殺注慮其豪後爲助更擇臺閣長厚者以錢可復爲副李敬彝爲司馬盧簡能蕭傑爲判官盧弘茂爲掌書記舊制節度使受命戎服詣兵部謁後寖廢注請復之而王璠郭行餘皆踵爲常是日度支京兆等供帳入謝帝賜通天犀帶出都門旗干折注惡之先是守澄死以十一月葬滻水注奏言守澄國勞舊願身護喪因羣宦者臨送欲以鎮兵悉禽誅之訓畏注專其功乃先五日舉事注率五百騎至扶風令韓遼知其謀奔武功注聞訓敗乃還其屬魏弘節勸注殺監軍張仲清及大將賈克中等十餘人注驚撓不暇聽仲清與前少尹陸暢用其將李叔和策訪注計事斬其首兵皆潰去注妻兄魏逢尤佻險貲往爲姦數顧賕爲率吏令鳳翔少尹遣逢至京師與訓約被誅可復

等及親卒千餘人皆族矣擢仲清內常侍遼咸陽令叔和檢校太子賓客賜錢千萬暢鳳翔行軍司馬梟注首光宅坊三日瘞之羣臣皆賀乃夷其家初未獲注京師戒嚴涇原鄜坊節度使王茂元蕭弘皆勒兵備非常及是人相慶藉其貲得絹百萬匹它物稱是注敗前菌生所服帶上褚中藥化爲蠅數萬飛去可復徽子也爲禮部郎中簡能者簡辭弟駕部員外郎傑者俛弟也主客員外郎弘茂右拾遺可復將死女年十四爲祈免女曰殺我父何面目以生抱可復求死亦斬之弘茂妻蕭臨刑訴曰我太后妹奴輩可來殺兵皆斂手乃免弘節勇而多謀始在鄜坊趙儋節度府爲注所辟敬彝爲路隋所辟隋卒客江淮以未赴免因擢兵部員外郎終衢州刺史

王涯字廣津其先本太原人魏廣陽侯冏之裔祖祚武后時諫罷萬象神宮知名開元時以大理司直馳傳決獄所至仁平父晃歷左補闕溫州刺史涯博學工屬文往見梁肅肅異其才薦於陸贄

擢進士又舉宏辭再調藍田尉久之以左拾遺爲翰林學士進起
居舍人元和初會其甥皇甫湜以賢良方正對策異等忤宰相涯
坐不避嫌罷學士再貶虢州司馬徙爲袁州刺史憲宗思之以兵
部員外郎召知制誥再爲翰林學士累遷工部侍郎封清源縣男
涯文有雅思永貞元和間訓誥溫麗多所稾定帝以其孤進自樹
立數訪逮以私居遠或召不時至詔假光宅里官第諸學士莫敢
望俄拜中書侍郎同中書門下平章事坐循默不稱職罷再遷吏
部侍郎穆宗立出爲劒南東川節度使時吐蕃寇邊西北騷然又
略雅州涯調兵拒之上言蜀有兩道直擣賊腹一繇龍川清川以
抵松州一繇綿州威蕃柵抵棲雞城皆虜險要地臣願不愛金帛
使信臣持節與北虜約曰能發兵深入者殺某人取某地受某賞
開懷以示之所以要約諄熟異它日者則匈奴之銳可出西戎之
力衰矣帝不報長慶三年入爲御史大夫遷戶部尚書鹽鐵轉運
使寶曆時復出領山南西道節度使文宗嗣位召拜太常卿以吏

部尚書代王播復統鹽鐵政益刻急歲中進尚書右僕射代郡公
而御史中丞宇文鼎以涯兼使職耻爲之屈奏僕射視事日四品
以上官不宜獨拜涯怒即建言與其廢禮不如審官請避位以存
舊典帝難之詔尚書省雜議工部侍郎李固言謂禮君於士不荅
拜非其臣則荅不臣人之臣也大夫於其臣雖賤必荅拜避正君
也大夫於獻不親君有賜不面拜爲君之荅己也古者列國君猶
與大夫荅拜所以尊事天子別嫌明微也議者謂僕射代尚書令
禮當重凡百司州縣皆有副貳缺則攝總至著定之禮則不可越
僕射由是也按令凡文武三品拜一品四品拜二品開元禮京兆
河南牧州刺史縣令上日丞以下荅拜此禮令相戾不可獨據又
言受冊官始上無不荅拜者而僕射亦受冊禮不得異雖相承爲
故事然人情難安者安得弗改請如禮便帝不能決涯竟用舊儀
自李師道平三道十二州皆有銅鐵官歲取冶賦百萬觀察使擅
有之不入公上涯始建白如建中元年九月戊辰詔書收隸天子

鹽鐵詔可久之以本官同中書門下平章事合度支鹽鐵爲一使
兼領之乃奏罷京畿榷酒錢以悅衆俄檢校司空兼門下侍郎罷
度支眞拜司空始變茶法益其稅以濟用度下益困而鄭注亦議
榷茶天子命涯爲使心知不可不敢爭李訓敗乃及禍初民怨茶
禁苛急涯就誅皆羣詬詈抵以瓦礫涯質狀頎省長上短下動舉
詳華性嗇儉不畜妓妾惡卜祝及它方伎別墅有佳木流泉居常
書史自怡使客賀若夷鼓琴娛賓文宗惡俗侈靡詔涯懲革涯條
上其制凡衣服室宇使略如古貴戚皆不便謗訕囂然議遂格然
涯年過七十耆權固位偷合訓等不能絜去就以至覆宗是時十
一族貲貨悉爲兵掠而涯居永寧里乃楊憑故第財貯鉅萬取之
彌日不盡家書多與秘府侔前世名書畫嘗以厚貨鉤致或私以
官鑿垣納之重複秘固若不可窺者至是爲人破垣剔取奩軸金
玉而棄其書畫於道籍田宅入于官子孟堅爲工部郎中集賢殿
學士仲翔太常博士季琰校書郎皆死仲翔始匿侍御史裴鐇家

鐇執以赴軍仲翔曰業不見容當自求生柰何反相噬邪聞者哀
之後令狐楚見帝從容言向與臣並列者既族滅矣而露骴不藏
深可悼痛帝惻然詔京兆尹薛元賞葬涯等十一人各賜襲衣仇
士良使盜竊發其冢投骨渭水涯女爲竇紃妻以痼病免家人紿
告涯當貶忽夢涯自提首告曰族滅矣惟若存歲時無忘我女驚
號墮地乃以實告涯從弟沐客江南困窮來京師謁涯二歲乃得
見許以祿仕難作亦死昭宗天復初大赦明涯訓之冤追復爵位
官其後裔

賈餗字子美河南人少孤客江淮間從父全觀察浙東餗往依之
全尤器異收卹良厚舉進士高第聲稱籍甚又策賢良方正異等
授渭南尉集賢校理擢累考功員外郎知制誥餗美文辭開敏有
斷然褊急氣陵轢行李渤爲諫議大夫惡其人爲宰相言之而李
逢吉實易直愛餗才得不斥穆宗崩告哀江浙道拜常州刺史舊
制兩省官出使得朱衣吏前導餗赴州猶用之觀察使李德裕敕

吏還怏怏爲憾入爲太常少卿復知制誥歷禮部侍郎凡三典貢舉得士七十五人多名卿宰相再遷京兆尹兼御史大夫姑臧縣男大和九年上巳詔百官會曲江故事尹自門步入揖御史諫自矜大不徹扇蓋騎而入御史楊儉蘇特固爭諫曰黃面兒敢爾儉曰公爲御史能嘿嘿耶大夫温造以聞坐奪俸不勝恚求出爲浙西觀察使未行拜中書侍郎同中書門下平章事俄爲集賢殿大學士監脩國史既得位會李宗閔得罪而指儉特爲黨斥去之少與沈傳師善傳師前死嘗夢云君可休矣諫寤而祭諸寢復夢曰事已爾叵柰何劉蕡以賢良方正對策指中人爲禍亂根本而諫與馮宿龐嚴爲考官畏避不敢聞竟罹其禍諫本中立不肯身犯顏排姦倖以及誅與王涯實不知謀人冤之

舒元輿婺州東陽人地寒不與士齒始學即警悟去客江夏節度使郗士美異其秀特數延譽元和中舉進士見有司鉤校苛切既試尚書雖水炭脂炬餐具皆人自將吏一倡名乃得入列棘圍席

坐廡下因上書言古貢士未有輕於此者且宰相公卿繇此出夫宰相公卿非賢不在選而有司以隸人待之誠非所以下賢意羅棘遮截疑其姦又非所以求忠直也詩賦微藝斷離經傳非所以觀人文化成也臣恐賢者遠辱自引去而不肖者爲陛下用也今貢珠貝金玉有司承以棐笥皮幣何輕賢者重金玉邪又言取士不宜限數今有司多者三十少止二十假令歲有百元凱而曰吾格取二十謂求賢可乎歲有才德纔數人而曰必取二十謬進者乃過半謂合令格可乎俄擢高第調鄠尉有能名裴度表掌興元書記文檄豪健一時推許拜監察御史劾按深害無所縱再遷刑部員外郎元輿自負才有過人者銳進取大和五年獻文闕下不得報上書自言馬周張嘉貞代人作奏起逆旅卒爲名臣今臣備位于朝自陳文章凡五晦朔不一報竊自謂才不後周嘉貞而無■入又不露所緼是終無振發時也漢主父偃徐樂嚴安以布衣上書朝奏暮召而臣所上八萬言其文鍛鍊精粹出入今古數千百年披剔剞抉有可以輔教化者未始遺拔犀之角擢象之齒豈主父等可比哉或時難逢竊自愛惜文宗得書高其自激中出示宰相李宗閔以浮躁誕肆不可用改著作郎分司東都時李訓居喪尤與元輿善及訓用事再遷左司郎中御史大夫李固言表知雜事固言輔政權知御史中丞會帝録囚元輿奏辨明審不三月即真兼刑部侍郎專附鄭注所惡舉繩逐之月中以本官同中書門下平章事詭謀譎算日與訓比敗天下事二人爲之也然加禮舊臣外釣人譽先時裴度令狐楚鄭覃皆爲當路所軋致閑處至是悉還高秩元輿爲牡丹賦一篇時稱其工死後帝觀牡丹凭殿闌誦賦爲泣下弟元褒元肱元迥皆第進士元褒又擢賢良方正終司封員外郎餘及誅

王璠字魯玉元和初舉進士宏辭皆中遷累監察御史儀爲峭整著稱于時以起居舍人副鄭覃宣慰鎮州長慶末擢職方郎中知制誥時李逢吉秉政特厚璠驟拜御史中丞璠挾所恃頗橫忘道

直左僕射李絳交騎不避絳上言左右僕射師長庶官開元時名左右丞相雖去機務然猶總百司署位不著姓上日班見百官而中丞御史在廷元和中伊慎爲僕射太常博士韋謙以慎位縁恩進削其禮至僕射就臺見中丞或立廷中中丞乃至憲度倒置不可爲法逢吉憚絳正遏其事不奏俱罷璠爲工部侍郎而絳亦用太子少師分司東都議者不直之初璠按武昭獄意逢吉德已及罷中丞乃大望久之出爲河南尹時內廄小兒頗擾民璠殺其尤暴者遠近畏伏入爲尚書右丞再遷京兆尹自李諒後政條蹐駁姦豪寖不戢璠頗脩舉政有名鄭注姦狀始露宰相宋申錫御史中丞宇文鼎密與璠議除之璠反以告王守澄而注由是傾心於璠進左丞判太常卿事出爲浙西觀察使李訓得幸璠於逢吉舊故故薦之復召爲左丞拜戶部尚書判度支封祁縣男李宗閔得罪璠亦其黨見注求解乃免訓將誅宦人乃授河東節度使已而敗璠子遐休直弘文館所善學士令狐定及劉軻劉軿仲無頗柳

喜集其所皆被縛定等自解辯得釋趨休誅璠盤灩州外隍得石
刻曰山有石石有玉玉有瑕術家謂璠祖名癸生璵璵生璠盡瑕
休蓋其應云

鄭行餘者元和時擢進士河陽烏重胤表掌書記重胤葬其先
使誄冢辭不爲重胤怒即解去擢累京兆少尹嘗值尹劉栖楚不
肯避栖楚捕導從繫之自言宰相裴度頗爲諭止行餘移書曰
京兆府在漢時有尹有都尉有丞皆詔自除後循而不改開元時
諸王爲牧故尹爲長史司馬即都尉丞耳今尹總牧務少尹副焉
未聞道路間有下車望塵避者故事猶在栖楚不能荅遷楚攸二
州刺史大理卿擢邠寧節度使李訓在東都與行餘善故用之

韓約朗州武陵人本名重華志勇決略涉書有吏幹歷兩池榷鹽
使虔州刺史交趾叛領安南都護再遷太府卿大和九年代崔鄯
爲左金吾衛大將軍居四日起事約繇錢穀進更安南富饒地聚
貲尤多

羅立言者宣州人貞元末擢進士魏博田弘正表佐其府改陽武
令以治劇遷河陰立言始築城郭地所當者皆富豪大賈所占下
令使自築其處吏籍其闕陋號於衆曰有不如約爲我更完民憚
其嚴數旬畢民無田者不知有役設鎖絶汴流姦盜屛息河南尹
丁公著上狀加朝散大夫然倨下傲上出具弓矢呵道宴賓客列
倡優如大府人皆惡之以是稀遷然自放不衰改度支河陰留後
坐平糴非實沒萬九千緡鹽鐵使惜其幹止奏削兼侍御史繇盧
州刺史召爲司農少卿以財事鄭注亦與李訓厚善訓以京兆多
吏卒擢爲少尹知府事以就其謀

李孝本宗室子元和時第進士累遷刑部郎中依訓得進於是御
史中丞舒元輿引知雜事元輿入相擢權知中丞事

顧師邕字睦之少連子性恬約喜書嘗游合第進士累遷監察御
史李訓薦爲水部員外郎翰林學士訓遣官田全操劉行深周
元稹薛士幹似先義逸劉英誗按邊既行命師邕爲詔賜六道殺
之會訓敗不果師邕流崖州至藍田賜死

李貞素嗣道王實子性和裕衣服喜鮮明漢陽公主妻以季女累
遷宗正少卿由將作監改左金吾衛將軍韓約之詐貞素知之流
儋州至商山賜死

贊曰李訓浮躁寡謀鄭注斬斬小人王涯暗沓舒元輿險而輕遂
幸天功寧不殆哉李德裕嘗言天下有常勢北軍是也訓因王守
澄以進此時出入北軍若以上意說諸將易如靡風而返以臺府
抱關游徼抗中人以搏精兵其死宜哉文宗與宰相李石李固言
鄭覃稱訓稟五常性服人倫之教不如公等然天下奇才公等弗
及也德裕曰訓曾不得齒徒隸尚才之云世以德裕言爲然傳曰
國將亡天與之亂人若訓等持腐株支大廈之顛天下爲寒心豎
毛文宗偃然倚之成功卒爲閽謁所乘天果猒唐德哉

李鄭二王賈舒列傳第一百四

宋　祁　奉　敕　撰

李德裕字文饒元和宰相吉甫子也少力于學既冠卓犖有大節不喜與諸
生試有司以蔭補校書郎河東張弘靖辟為掌書記府罷召拜監察御史穆
宗即位擢翰林學士帝為太子時已聞吉甫名由是顧德裕厚凡號令大典
冊皆更其手數召見賚奬優華帝怠荒于政故戚里多所請丐挾宦人詗禁
中語關託大臣德裕建言舊制駙馬都尉與要官禁不往來開元中詗督尤
切今乃公至宰相及大臣私第是等無佗材直洩漏禁密交通中外耳請白
事宰相者聽至中書無輒詣第帝然之再進中書舍人未幾授御史中丞始
吉甫相憲宗牛僧孺李宗閔對直言策痛詆當路條失政吉甫訴於帝且泣
有司皆得罪遂與為怨吉甫又為帝謀討兩河叛將李逢吉沮解其言功未
既而吉甫卒裴度實繼之逢吉以議不合罷去故追銜吉甫而怨度擯德裕
不得進至是間帝暗庸誅度使與元稹相怨奪其宰相而已代之欲引僧孺
益樹黨乃出德裕為浙西觀察使俄而僧孺入相由是牛李之憾結矣初潤
州承王國清亂寄貿易直傾府庫賚軍貲用空殫而下益驕德裕自檢約以
留州財贍兵雖儉而均故士無怨再朞則賦物儲牣南方信禨巫雖父母癘

疾子棄不敢養德裕擇長老可語者諭以孝慈大倫患難相收不可棄之
義使歸相曉敕違約者顯寘以法數年惡俗大變又按屬州非經祠者毀千
餘所撤私邑山房千四百舍寇無所廋蔽天子下詔褒揚敬宗立侈用無度
詔浙西上脂盝粧具德裕奏比年旱災物力未完乃三月壬子赦令常貢之
外悉罷進獻此陛下恐聚斂之吏緣以成姦彫窶之人不勝其斂也本道素
號富饒更李錡薛苹皆榷酒於民供有羨財元和詔書停榷酤又赦令禁諸
州羨餘無送使今存者惟留使錢五十萬緡率歲經費常少十三萬軍用褊
急今所須脂盝粧具度用銀二萬三千兩金百三十兩物非土產雖力營索
尚恐不逮願詔宰相議何以俾臣不違詔旨不乏軍興不疲人不斂怨則前
敕後詔咸可遵承不報方是時罷進獻不閱月而求貢使者足相接于道故
德裕推一以諷它又詔索盤條繚綾千匹復奏言太宗時使至涼州見名鷹
諷李大亮獻之大亮諫止賜詔嘉歎玄宗時使者抵江南捕鵁鶄翠鳥汴州
刺史倪若水言之即見褒納皇甫詢織半臂造琵琶捍撥鏤牙筩於益州蘇
頲不奉詔帝不加罪夫鵁鶄鏤牙微物也二三臣尚以勞人損德為言豈二
祖有臣如此今獨無之蓋有位者蔽而不聞非陛下拒不納也且立鵝天馬
盤條掬豹文彩怪麗惟乘輿當御今廣用千匹臣所未諭昔漢文身衣弋綈

元帝罷輕纖服故仁德慈儉至今稱之願陛下師二祖容納遠思漢家恭約
裁賜節減則海隅蒼生畢受賜矣優詔為停自元和後天下禁毋私度僧徐
州王智興紿言天子誕月請築壇度人以資福詔可即顯募江淮間民皆曹
輩奔走因牟撧其財以自入德裕劾奏智興為壇泗州募願度者人輸錢二
千則不復勘詰普加髡落自淮而右戶三丁男必一男髡髮規影傜賦所度
無算臣閱度江者日數百蘇常齊民十固八九若不加禁遏則前至誕月江
淮失丁男六十萬不為細變有詔徐州禁止時帝昏荒數游幸狎比羣小聽
朝簡忽德裕上丹扆六箴表言心乎愛矣遐不謂矣此古之賢人篤於事君
者也夫迹疏而言親者危地遠而意忠者忤臣竊惟念拔自先聖偏荷寵私
不能竭忠是負靈鑒臣在先朝嘗獻大明賦以諷頗蒙嘉采今日盡節明主
亦由是也其一曰宵衣諷視朝希晚也二曰正服諷服御非法也三曰罷
獻諷斂求怪珍也四曰納誨諷侮棄忠言也五曰辨邪諷任群小也六曰防
微諷偽游輕出也辭皆明直婉切帝雖不能用其言猶敕韋處厚諄諄作詔
厚謝其意然為逢吉排笮訖不內徙時亳州浮屠詭言水可愈疾號曰聖水
轉相流聞南方之人率十戶僦一人使往汲既行若飲病者不敢近葷血危
老之人率多死而水斗三十千取者益它汲轉鬻於道互相欺訹往者日數

十百人德裕嚴勒津邏捕絕之且言昔吴有聖水宋齊有聖火皆本妖祥古
人所禁請下觀察使令狐楚填塞以絕妄源從之帝方惑佛老禱福祈年浮
屠方士並出入禁中狂人杜景先上言其友周息元壽數百歲帝遣宦者至
浙西迎之詔在所馳馹敦遣德裕上疏曰道之高者莫若廣成玄元人之聖
者莫若軒轅孔子昔軒轅問廣成子治身之要曰無視無聽抱神以靜形將
自正無勞子形無搖子精乃可長生慎守其一以處其和故我脩身千二
百歲矣形未嘗衰又曰得吾道者上為皇下為王玄元語孔子曰去子之驕
氣與多欲態色與淫志是皆無益於子之身陛下脩軒后之術物色異人若
使廣成玄元混迹而至告陛下之言亦無出於此臣慮今所得者皆迂怪之
士使物淖冰以小術欺聰明如文成五利者也又前世天子雖好方士未有
御其藥者故漢人稱黃金可成以為飲食器則壽高宗時劉道合玄宗時孫
甑生皆能作黃金二祖不之服豈非以宗廟為重乎儻必致真隱願止師保
和之術慎毋及藥則九廟尉悅矣息元果誕譎不情自言與張果葉靜能游
帝詔畫工肖狀為圖以觀之終帝世無它驗文宗即位乃逐之大和三年召
拜兵部侍郎裴度薦材堪宰相而李宗閔以中人助先秉政且得君出德裕
為鄭滑節度使引僧孺協力罷度政事二怨相濟凡德裕所善悉逐之於是

二人權震天下黨人牢不可破矣踰年徙劍南西川蜀自南詔入寇敗杜元穎
而郭釗代之病不能事民失職無聊生德裕至則完殘奮怯皆有條次成都
既南失姚協西亡維松由清溪下沫水而左盡為蠻有始韋皋招來南詔復
巂州傾內資結蠻好示以戰陣文法德裕以皋啓戎資盜其策非是養成癰
疽第未決耳至元穎時遇隙而發故長驅深入蹂剔千里蕩無孑遺今瘢夷
尚新非痛矯革不能刷一方恥乃建籌邊樓按南道山川險要與蠻相入者
圖之左西道與吐蕃接者圖之右其部落眾寡饋餫遠邇曲折咸具乃召習
邊事者與之指畫商訂凡虜之情偽盡知之又料擇伏瘴舊獠與州兵之任
戰者廢遣獰耄什三四士無敢怨又請甲人於安定弓人河中弩人浙西繇
是蜀之器械皆犀銳率戶二百取一人使習戰貸勿事緩則農急則戰謂之
雄邊子弟其精兵曰南燕保義保惠兩河慕義左右連弩騎士曰飛星鷙擊
奇鋒流電霆聲突騎總十一軍築杖義城以制大度青溪關之阻作禦侮城
以控榮經犄角勢作柔遠城以阨西山吐蕃復邛崍關徙巂州治臺登以奪
蠻險舊制歲抄運內粟贍黎巂州起嘉眉道陽山江而達大度乃分餉諸
戍常以盛夏至地苦瘴毒輦夫多死德裕命轉邛雅粟以十月為漕始先夏
而至以佐陽山之運饋者不涉炎月遠民乃安蜀人多鬻女為人妾德裕為

著科約凡十三而上執三年勞下者五歲及期則歸之父母毀屬下浮屠私
廬數千以地予農蜀先主祠旁有猱村其民剔髮若浮屠者畜妻子自
如德裕下令禁止蜀風大變於是二邊浸懼南詔請還所俘掠四千人吐蕃
維州將悉怛謀以城降維距成都四百里因山為固東北繇索叢嶺而下二
百里地無險走長川不三千里直吐蕃之牙異時戍之以制虜入者也德裕
既得之即發兵以守且陳出師之利僧孺居中沮其功命返悉怛謀於虜以
信所盟德裕終身以為恨會監軍使王踐言入朝盛言悉怛謀死拒遠人
向化意帝亦悔之即以兵部尚書召俄拜中書門下平章事封贊皇縣伯
故事丞郎詣宰相須少間乃敢通郎官非公事不敢謁李宗閔時往往通賓
客李聽為太子太傅招所善載酒集宗閔閣酣醉乃去至德裕則喻御史有
以事見宰相必先白臺乃聽凡罷朝繇龍尾道趨出遂無輒至閣者又罷京
兆築沙堤兩街上朝衛兵嘗建言朝廷惟邪正二途正必去邪邪必害正然
其辭皆若可聽願審所取舍不然二者並進雖聖賢經營無繇成功俄而宗
閔罷德裕代為中書侍郎集賢殿大學士始二省符江淮大賈使主堂廚食
利因是挾貲行天下所至州鎮為右客富人倚以自高德裕一切罷之後帝
暴感風害語言鄭注始因王守澄以藥進帝少間又薦李訓使待詔帝欲

授諫官德裕曰昔諸葛亮有言親賢臣遠小人漢所以興隆也親小人遠賢
士後漢所以傾頹也今訓小人頃咎惡暴天下不宜引致左右帝曰人誰無
過當容其改且逢吉嘗言之對曰聖賢則有改過若訓天資姦邪尚何能改
逢吉位宰相而顧愛凶回以累陛下亦罪人也帝語王涯別與官德裕搖手
止涯帝適見不懌訓注皆怨即復召宗閔輔政拜德裕為興元節度使入見
帝自陳願留闕下復拜兵部尚書宗閔奏命已行不可止更徙鎮海軍以代
王璠先是大和中漳王養母杜仲陽歸浙西有詔在所存問時德裕被召乃
檄留後使如詔書璠入為尚書左丞而漳王以罪廢死因與戶部侍郎李漢
共譖德裕嘗賂仲陽導漳王為不軌帝惑其言召王涯李固言路隋質之璠
漢三人者語益堅獨隋言德裕大臣不宜有此讒焰少衰遂貶德裕為太子
賓客分司東都復貶袁州長史隋亦免宰相未幾宗閔以罪斥而注訓等亂
敗帝追悟德裕以誣構逐乃徙滁州刺史又以太子賓客分司東都開成初
帝從容語宰相朝廷豈有遺事乎衆進以宋申錫對帝俛首涕數行下曰當
此時兄弟不相保況申錫邪有司為我褒顯之又曰德裕亦申錫比也起為
浙西觀察使後對學士禁中黎埴頓首言德裕與宗閔皆逐而獨三進官帝
曰彼嘗進鄭注而德裕欲殺之今當以官與何人埴懼而出又指坐扆前示

宰相曰此德裕爭鄭注處德裕三在浙西出入十年遷淮南節度使代牛僧
孺僧孺聞之以軍事付其副張鷺即馳去淮南府錢八十萬緡德裕奏言止
四十萬為鷺用其半僧孺訴于帝而諫官姚合魏謩等共劾奏德裕挾私怨
沮傷僧孺帝置章不下詔德裕覆實德裕上言諸鎮更代例殺半數以備水
旱助軍費因索王播段文昌崔從相授簿最具在惟從死官下僧孺代之其
所殺數最多即自劾始至鎮失於用例不敢妄遂待罪有詔釋之武宗立召
為門下侍郎同中書門下平章事既入謝即進戒帝辨邪正專委任而後朝廷
治臣嘗為先帝言之不見用夫正人既呼小人為邪小人亦謂正人為邪何
以辨之請借物為諭松柏之為木孤生勁特無所因倚蘿蔦則不然弱不能
立必附它木故正人一心事君無待於助邪人必更為黨以相蔽欺君人者
以是辨之則無惑矣又謂治亂繫信任引齊桓公問管仲所以害霸者仲對
琴瑟笙竽弋獵馳騁非害霸者惟知人不能舉舉不能任任而又雜以小人
害霸也太宗德宗憲宗皆盛朝其始臨御自視若堯舜寖久則不及初陛下
知其然乎始一委輔相故賢者得盡心久則小人並進造黨與亂視聽故上
疑而不專政去宰相則不治矣在德宗最甚晚節宰相惟奉行詔書所與圖
事者李齊運裴延齡韋渠牟等訖今謂之亂政夫輔相有欺罔不忠當亟免

患而材者屬任之政無它門天下安有不治先帝任人始皆回容積纖微以至誅貶誠使雖小過必知而改之君臣無猜則讒邪不干其間矣又言開元初輔相率三考輒去雖姚崇宋璟不能逾至李林甫秉權乃十九年遂及禍敗是知亟進罷宰相使政在中書誠治本也帝嘗疑楊嗣復李珏顧望不忠遣使殺之德裕知帝性剛而果於斷即率三宰相見延英嗚咽流涕曰昔太宗德宗誅大臣未嘗不悔臣欲陛下全活之無異時恨使二人罪惡暴著天下共疾之帝不許德裕伏不起帝曰為公等赦之德裕降拜升坐帝曰如令諫官論爭雖千疏我不赦德裕重拜因追還使者嗣復等乃免時帝數出畋游暮夜乃還德裕上言人君動法於日故出而視朝入而燕息傳曰君就房有常節惟深察古誼毋繼以夜側聞五星失度恐天以是勤勤儆戒詩曰敬天之渝不敢馳驅願節田游承天意又冊拜司空回鶻自開成時為黠戛斯所破會昌後烏介可汗挾公主牙塞下種族大飢以弱口重器易粟於邊退渾党項利虜掠因天德軍使田牟上言願以部落兵擊之議者請可其奏德裕曰回鶻於國嘗有功以窮來歸未輒擾邊遽伐之非漢宣帝待呼韓之義不如與之食以待其變陳夷行曰資盜糧非計也不如擊之便德裕曰沙陀退渾不可恃也夫見利則進遇敵則走雜虜之常態孰肯為國家用邪天德

兵素弱以一城與勁虜確無不敗請詔牟無聽諸戎計帝於是貸粟三萬斛會嗢沒斯殺赤心以降赤心兵潰去於是回鶻勢窮數求羊馬欲藉兵復故地又願假天德城以舍公主帝不許乃進逼振武保大柵杷頭峯以略朔川轉戰雲州刺史張獻節嬰城不出回鶻乃大掠党項退渾皆保險莫敢拒帝益知向不許田牟用二部兵之效乃復問以計德裕曰杷頭峯北皆大磧利用騎不可以步當之今烏介所恃公主爾得健將出奇奪還之王師急擊彼必走今欲將無易石雄者請以藩渾勁卒與漢兵銜枚夜擊之勢必得帝即以方略授劉沔令雄邀擊可汗於殺胡山敗之迎公主還回鶻遂敗進位司徒黠戛斯遣使來且言攻取安西北廷帝欲從黠戛斯求其地德裕曰不可安西距京師七千里北廷五千里異時繇河西隴右抵玉門關皆我郡縣往往有兵故能緩急調發自河隴入吐蕃則道出回鶻回鶻今破滅未知黠戛斯果有其地邪假令安西可得即復置都護以萬人往戍何所與發何道饋輓彼天德振武於京師近力猶苦不足況七千里安西哉臣以為縱得之無用也昔漢魏相請罷田車師賈捐之請棄珠崖近狄仁傑亦請棄四鎮及安東皆不願貪外以耗內此三臣者當全盛時尚欲棄割以肥中國況疲甚遠之地乎是持實費市虛事滅一回鶻而又生之帝乃止澤潞劉從諫死

其從子稹擅留事以邀節度德裕曰澤潞內地非河朔比昔皆儒術大臣守之李抱真始建昭義軍最有功德宗尚不許其子繼又劉悟死敬宗方怠於政遂以符節付從諫大和時擅兵長子陰遣訓注外託効忠請除君側又有狗馬疾譎醫拒使使以兵屬稹擅而不討無以示四方帝曰可勝乎對曰河朔稹所恃以脣齒也如令魏鎮不與則破矣夫三鎮世嗣列聖許之請使近臣明告澤潞命帥不得視三鎮今朕欲誅稹其各以兵會帝然之乃以李回持節諭王元逵何弘敬皆聽命始議用兵中外交章固爭皆曰悟功高不可絕其嗣又從諫畜兵十萬粟支十年未可以破也它宰相亦婟嫪趣和德裕獨曰諸葛亮言曹操善為兵猶五攻昌霸四越巢湖況其下哉然嬴縮勝負兵家之常惟陛下聖策先定不以小利鈍為浮議所搖則有功矣有如不利臣請以死塞責帝怂然曰為我語於朝有沮吾軍議者先誅之群論遂息元逵兵已出而弘敬逗留持兩端德裕建遣王宰以陳許精甲假道於魏以伐磁弘敬聞遽勒兵請自涉漳取磁洺會橫水戍兵叛入太原逐其帥李石奉裨將楊弁主留事方是時稹未下朝廷益為憂議者頗言兵皆可罷帝遣中人馬元貫如太原偵其變弁厚賂中人帳飲三日還謬曰弁兵多屬明光甲者十五里德裕詰曰李石以太原無兵故調橫水卒千五百使戍榆社弁因

以亂渠能効卒如此多邪則曰晉人勇皆兵也募而得之德裕曰募士當以財李石以人丈一縑故兵亂石無以索之弁何得邪太原一鎧一戟舉送行營安致十五里明光乎使者語塞德裕即奏弁賊伍不可赦如力不足請捨稹而誅弁遽趣王逢起榆社軍詔元逵趣土門會太原河東監軍呂義忠聞即日召榆社卒入斬弁獻首京師德裕每疾貞元大和間有所討伐諸道兵出境即仰給度支多遷延以困國力或與賊約令懈守備得一縣一屯以報天子故師無大功因請敕諸將令直取州勿攻縣故元逵等下邢洺磁而稹氣索矣俄而高文端歸命稱稹糧乏皆以女子桉碓哺兵未幾郭誼持稹首降帝問何以處誼德裕曰稹騃孺子安知反職誼為之今三州已降而稹窮蹙又賣其族以邀富貴不誅後無以懲惡帝曰朕意亦爾因詔石雄入潞盡取誼等及嘗為稹用者悉誅之策功拜太尉進封趙國公德裕固讓言唐興太尉惟七人尚父子儀乃不敢拜近王智興李載義皆超拜得傳蓋重惜此官裴度為司徒十年亦不遷臣願守舊秩足矣帝曰吾恨無官酬公毋固辭德裕又陳先臣封於趙冢孫寬中始生字曰三趙意將傳嫡不及支庶臣前益封已改中山臣先世皆嘗居汲願得封衛從之遂改衛國公帝嘗從容謂宰相曰有人稱孔子其徒三千亦為黨信乎德裕曰昔劉向云孔子與顏回子貢

更相稱舉不為朋黨禹稷與皋陶轉相汲引不為比周無邪心也臣嘗以共鯀驩兜與舜禹雜處堯朝共工驩兜則為黨舜禹不為黨小人相與比周迭為掩蔽也賢人君子不然忠於國則同心聞於義則同志退而各行其已不可交以私趙宣子隨會繼而納諫司馬侯叔向比以事君不為黨也公孫弘每與汲黯請間黯先發之弘推其後武帝所言皆聽黯弘雖並進然詐詰人少倩譏其布被為詐則先發後繼不為黨也太宗與房玄齡圖事則曰非杜如晦莫能籌之及如晦至焉亦推玄齡之策則同心圖國不為黨也漢朱博陳咸相為腹心背公死黨周福房植各以其黨相傾議論相軋故朋黨始於甘陵二部及其也謂之鉤黨繼受誅夷以王制言之非不幸也周之衰列國公子有信陵平原孟嘗春申游談者以四豪為稱首亦各有客三千務以譎詐勢利相高仲尼之徒唯行仁義今議者欲以比之固矣臣未知所謂黨者為國乎為身乎誠為國邪隨會叔向汲黯房杜之道可行不必黨也今所謂黨者誣善蔽忠附下罔上車馬馳驅以趨權勢晝夜合謀美官要選悉引其黨為之否則抑壓以退仲尼之徒有是乎陛下以是察之則姦偽見矣時韋弘質建言宰相不可兼治錢穀德裕奏言管仲明於治國其語曰國之重器莫重於令令重君尊君尊國安治人之本莫要於令故曰虧令者死

益令者死不行令者死留令者死不從令者死五者無赦又曰令在上而論可否在下是主威下繫於人也大和後風俗寖薄令出於上非之在下此敝不止無以治國匡衡曰大臣者國家股肱萬姓所瞻仰明主所慎擇也傅曰下輕其上爵賤人圖柄臣則國家搖動而人不靜今弘質為人所教而言是圖柄臣者也且蕭望之漢名儒為御史大夫奏云歲首日月少光咎在臣等宣帝以望之意輕丞相下有司詰問貞觀中監察御史陳師合上言人之思慮有限一人不可總數職太宗曰此欲離間我君臣斥之嶺外臣謂宰相有姦謀隱慝則人人皆得上論至於制置職業人主之柄非小人所得干古者朝廷之士各守官業思不出位弘質賤臣豈得以非所宜言妄觸天聽是輕宰相陛下照其邪計從黨人中來當遏絕之德裕大意欲朝廷尊臣下肅而政出宰相深疾朋黨故感憤切言之又嘗謂省事不如省官省官不如省吏能簡冗官誠治本也乃請罷郡縣吏凡二千餘員衣冠去者皆怨時天下已平數上疏乞骸骨而星家言熒惑犯上相又懇丐去位皆不許當國凡六年方用兵時決策制勝它相無與故威名獨重於時宣宗即位德裕奉冊太極殿帝退謂左右曰向行事近我者非太尉邪每顧我毛髮為森豎翌日罷為檢校司徒同中書門下平章事荊南節度使俄徙東都留守白敏中令狐

綯崔鉉皆素仇大中元年使黨人李咸斥德裕陰事故以太子少保分司東都再貶潮州司馬明年又導吳汝納訟李紳殺吳湘事而大理卿盧言刑部侍郎馬植御史中丞魏扶言紳殺無罪德裕徇成其冤至為黜御史罔上不道乃貶為崖州司戶參軍事明年卒年六十三德裕既沒見夢令狐綯曰公幸哀我使得歸葬綯語其子滈滈曰執政皆其憾可乎既夕又夢綯懼曰衛公精爽可畏不言禍將及白於帝得以喪還德裕性孤峭明辯有風采善為文章雖至大位猶不去書其謀議援古為質袞袞可喜常以經綸天下自為武宗知而能任之言從計行是時王室幾中興先是韓全義敗於蔡杜叔良敗於深皆監軍宦人制其權將不得專進退詔書一日三四下宰相不豫又諸道鋭兵票士皆監軍取以自隨每督戰乘高建旗自表師小不勝輒卷旗去大兵隨以北繇是王師所向多負至討回鶻澤潞德裕建請詔書付宰司乃下監軍不得干軍要率兵百人取一以為衛自是號令明壹將乃有功元和後數用兵宰相不休沐或繼火乃得罷德裕在位雖遽書警奏皆從容裁決率午漏下還第休沐輒如令沛然若無事時其處報機急帝一切令德裕作詔德裕數辭帝曰學士不能盡吾意伐劉稹也詔王元逵何弘敬曰勿為子孫之謀存輔車之勢元逵等情得皆震恐思效已而三州降賊遂

平帝每稱魏博功則顧德裕道詔語必其切於事而能伐謀也三鎮每奏事德裕引使者戒敕為忠義指意丁寧使歸各謂其帥道之故河朔畏威不敢慢後除浮屠法僧亡命多趣幽州德裕召邸吏戒曰為我謝張仲武劉從諫招納亡命今視之何益仲武懼以刀授居庸關吏曰僧敢入者斬帝既數討叛有功德裕慮忲于武不可戢即奏言曹操破袁紹於官度不追奔自謂所獲已多恐傷威重養由基古善射者柳葉雖百步必中觀者曰不如少息若弓撥矢鉤前功皆棄陛下征伐無不得所欲願以兵為戒乃可保成功帝嘉納其言方士趙歸真以術進德裕諫曰是嘗敬宗時以詭妄出入禁中人皆不願至陛下前帝曰歸真我自識顧無大過召與語養生術爾對曰小人於利若蛾赴燭向見歸真之門車轍滿矣帝不聽于是挾術詭時者進帝志衰焉所居安邑里第有院號起草亭曰精思每計大事則處其中雖左右侍御不得豫不喜飲酒後房無聲色娛生平所論著多行于世云子燁仕汴宋幕府貶象州立山尉懿宗時以赦令徙郴州餘子皆從死貶所燁子延古乾符中為集賢校理擢累司勳員外郎還居平泉昭宗東遷坐不朝謁貶衛尉主簿德裕之斥中書舍人崔嘏字乾錫誼士也坐書制不深切貶端州刺史嘏舉進士復以制策歷邢州刺史劉稹叛使其黨裴問戍邢州嘏說使

聽命改考功郎中時皆謂遊賞至是作詔不肯巧傳以罪吳汝納之獄朝廷公卿無爲辨者惟淮南府佐魏鉶就逮吏使誣引德裕雖痛楚掠終不從竟貶死嶺外又丁柔立者德裕當國時或薦其直清可任諫爭官不果用大中初爲左拾遺既德裕被放柔立內愍傷之爲上書直其冤坐阿附貶南陽尉懿宗時詔追復德裕太子少保衛國公贈尚書左僕射距其没十年

贊曰漢劉向論朋黨其言明切可爲流涕而主不悟卒陷亡辜德裕復援向言指質邪正再被逐終嬰大禍嗟乎朋黨之興也殆哉根夫主威奪者下陵聽弗明者賢不肖兩進進必務勝而後人人引所私以所私乘狐疑不斷之隙是引桀跖孔顏相鬬于前而以衆寡爲勝負矣欲國不亡得乎身爲名宰相不能損所憎顯擠以仇使比周勢成根株牽連賢智播奔而王室亦衰寧明有未哲歟不然功烈光明佐武中興與姚宋等矣

列傳第一百五

陳三李曹劉列傳第一百六　唐書一百八十一

端明殿學士兼翰林侍讀學士龍圖閣學士朝散大夫給事中知制誥充史館修撰臣宋祁奉
敕撰

陳夷行字周道其先江左諸陳也世客潁川由進士第擢累起居郎史館脩撰以勞遷司封員外郎凡再歲以吏部郎中爲翰林學士莊恪太子在東宮夷行兼侍讀五日一謁爲太子講說數遷至工部侍郎開成二年進同中書門下平章事而楊嗣復李珏相次輔政夷行介特雅不與合每議論天子前往往語相侵短夷行不能堪輒引疾求去文宗遣使者尉勞起之會以王彥威爲忠武節度使史孝章領邠寧議皆出嗣復及夷行對延英帝問除二鎮當否對曰苟自聖擇無不當者嗣復曰若用人盡出上意而當固善如小不稱下安得嘿然夷行曰比姦臣數干權願陛下無倒持太阿以鐏授人嗣復曰古者任則不疑齊桓公將管仲於讎虜豈有倒持乎邪帝以其面相觸頗不悅仙韶樂工尉遲璋授王府率右拾遺竇洵直當衙論奏鄭覃嗣復嫌以細故謂洵直近名夷行曰諫官當衙正須論宰相得失彼賤工安足言者然亦不可置不用帝即徙璋光州長史以百縑賜洵直進門下侍郎帝常怪天寶政事不善問姚元崇宋璟于時在否李珏曰姚亡而宋罷珏因推言玄宗自謂未嘗殺一不辜而任李林甫種夷數十族不亦惑乎夷行曰陛下今亦宜戒以權屬人嗣復曰夷行失言太宗易暴亂爲仁義用房玄齡十有六年任魏徵十有五年未嘗失道人主用忠良久益治用邪佞一日多矣時用郭遂爲坊州刺史右拾遺宋邧論不可遂果坐贓敗帝欲賞邧夷行曰諫官論事是其職若一事善輒進官恐後不免有私夷行甚專詆嗣復又素善覃陰助其力以排折朋黨是時雖天子亦惡其太過恩禮遂衰罷爲吏部尚書尋拜華州刺史武宗即位召爲御史大夫俄還門下侍郎平章事進位尚書左僕射夷行與崔珙俱拜乃奏僕射始視事受四品官拜無著令比日左右丞吏部侍郎御史中丞皆爲僕射拜階下謂

之隅品致敬準禮皇太子見上臺群官群官先拜而後荅以無二上也僕射與四品官並列朝廷不容獨優前日鄭餘慶者僕射上儀謂隅品官無亢禮時竇易直任御史中丞議不可及易直自爲僕射乃忘前議當時鄙厭之臣等不願以失禮速誚於時且開元元年以左右僕射爲左右丞相位次三公三公上日荅拜而僕射受之非是望敕所司約三公上儀著定令詔可始累朝紛議不決至夷行遂定以及疾乞身罷爲太子太保以檢校司空爲河中節度使卒

李紳字公垂中書令敬玄曾孫世宦南方客潤州紳六歲而孤哀等成人母盧躬受之學爲人短小精■於詩最有名時號短李蘇州刺史韋夏卿數稱之葬母有烏銜芝墜輤車元和初擢進士第補國子助教不樂輒去客金陵李錡愛其才辟掌書記錡寖不法賓客莫敢言紳數諫不入欲去不許會使者召錡稱疾留後王澹爲具行錡怒陰教士臠食之即脅使者爲衆奏天子幸得留錡召紳作疏坐錡前紳陽怖栗至不能爲字下筆輒塗去盡數紙錡怒罵曰何敢爾不憚死邪對曰生未嘗見金革今得死爲幸即注以刃令易紙復然或言許縱能軍中書紳不足用召縱至操書如所欲即囚紳獄中錡誅乃免或欲以聞謝曰本激于義非市名也乃止久之從辟山南觀察府穆宗召爲右拾遺翰林學士與李德裕元稹同時號三俊累擢中書舍人稹爲宰相而李逢吉教人告于方事稹遂罷欲引牛僧孺懼紳等在禁近沮解乃授德裕浙西觀察使僧孺輔政以紳爲御史中丞顧其氣剛卞易疵累而韓愈勁直乃以愈爲京兆尹兼御史大夫免臺參以激紳紳愈果不相下更持臺府故事論詰往反詆訐紛然繇是皆罷之以紳爲江西觀察使帝素厚遇紳遣使者就第勞賜以爲樂外遷紳泣言爲逢吉中傷入謝又自陳所以然帝悟改戶部侍郎逢吉終欲陷之紳族子虞有文學名隱居華陽自言不願仕時來省紳雅與柏耆程昔範善及耆爲拾遺虞以書求薦紳惡其無立操篇誚之虞失望後

至京師悉暴紳所言於逢吉逢吉滋怒乃用張又新李續等計擢虞昔範與劉栖楚皆爲拾遺以伺紳隙內結中人王守澄自助會敬宗立逢吉知紳失勢可乘使守澄從容奏言先帝始議立太子杜元穎李紳勸立深王獨宰相逢吉請立陛下而李續李虞助之逢吉乘間言紳嘗不利於陛下請逐之帝初即位不能辨乃貶紳爲端州司馬栖楚等怒得善地皆切齒詔下百官賀逢吉唯右拾遺吳思不往逢吉斥思令告大行喪於吐蕃此時人無敢言者惟韋處厚屢言紳枉折逢吉之姦後天子於禁中得先帝手緘書一笥發之見裴度元穎紳三疏請立帝爲嗣始大感悟悉焚逢吉黨所上謗書始紳南逐歷封康間湍瀨險澁惟乘漲流乃濟康州有媼龍祠舊傳能致雲雨紳以書禱俄而大漲寶曆赦令不言左降官與量移處厚執爭詔爲追定得徙江州長史遷滁壽二州刺史霍山多虎擷茶者病之治機穽發民跡射不能止紳至盡去之虎不爲暴以太子賓客分司東都大和中李德裕當國擢紳浙東觀察使李宗閔方得君復以太子賓客分司開成初鄭覃以紳爲河南尹河南多惡少或危幘散衣擊大毬戶官道車馬不敢前紳治剛嚴皆望風遁去遷宣武節度使大旱蝗不入境武宗即位徙淮南召拜中書侍郎同中書門下平章事進尚書右僕射門下侍郎封趙郡公居位四年以足緩不任朝謁辭位以檢校右僕射平章事復節度淮南卒贈太尉謚文肅始澧人吳汝納者韶州刺史武陵兄子也武陵坐贓貶潘州司戶參軍死汝納家被逐久不調時李吉甫任宰相汝納怨之後遂附宗閔黨中會昌時爲永寧尉弟湘爲江都尉部人訟湘受贓狼籍身娶民顏悅女紳使觀察判官魏鉶鞫湘罪明白論報殺之時議者謂吳氏世與宰相有嫌疑紳內顧望織成其罪諫官屢論列詔遣御史崔元藻覆按元藻言湘盜用程糧錢有狀娶部人女不實按悅嘗爲青州衙推而妻王故衣冠女不應坐德裕惡元藻持兩端奏貶崖州司戶參軍宣宗立德裕去位紳已卒崔鉉等久不得志導汝納使爲湘訟言湘素

直爲人誣皒大校重牢五木被體吏至以娶妻資㬥結贓且言頗悅故士族湘罪皆不當死紳枉殺之又言湘死紳令即瘞不得歸葬按紳以舊宰相鎭一方恣威權凡戮有罪猶待秋分湘無辜盛夏被殺崔元藻銜德裕斥已即翻其辭因言御史覆獄還皆對天子別白是非德裕權輒天下使不得對具獄不付有司但用紳奏而寘湘死是時德裕已失權而宗閔故黨令狐綯崔鉉白敏中皆當路因是逞憾以利誘動元藻等使三司結紳杖鉞作藩虐殺良平準神龍詔書酷吏殁者官爵皆奪子孫不得進宦紳雖亡請從春秋戮死者之比詔削紳三官子孫不得仕貶德裕等擢汝納左拾遺元藻武功令始紳以文藝節操見用而屢爲怨仇所根却卒能自伸其才以名位終所至務爲威烈或陷暴刻故雖没而坐湘寃云

李讓夷字達心系本隴西擢進士第辟鎭國李絳府判官又從西川杜元穎幕府與宋申錫善申錫爲翰林學士薦讓夷右拾遺俄拜學士素善薛廷老廷老不飭細檢數飲酒不治職罷去坐是亦

奪職累進諫議大夫開成初起居舍人李褒免文宗謂李石曰諸遂良以諫議大夫兼起居郎今諫議誰歟可言其人石以馮定孫簡蕭俶李讓夷對帝曰讓夷可也李固言請用崔球張次宗鄭亶曰球故與李宗閔善且記注操筆在赤墀下所書爲後世法不可用黨人若裴中孺李讓夷臣不敢有言乃決用讓夷進中書舍人既而李珏揚嗣復以覃之薦終帝世不得遷武宗初李德裕復入三遷至尚書右丞拜中書侍郎同中書門下平章事潞州平檢校尚書右僕射宣宗立進司空門下侍郎爲大行山陵使未復土拜淮南節度使以疾願還卒于道贈司徒讓夷廉介不妄交位雖顯劇以儉約自將爲世咨美

曹確字剛中河南河南人擢進士第歷踐中外官累拜兵部侍郎懿宗咸通中以本官同中書門下平章事俄進中書侍郎確邃儒術器識方重動循法度時帝薄於德昵寵優人李可及可及者能新聲自度曲辭調悽折京師媮薄少年爭慕之號爲拍彈同昌公主喪畢帝與郭淑妃悼念不已可及爲帝造曲曰歎百年教舞者數百皆珠翠襐飾刻畫魚龍地衣度用繒五千倚曲作辭哀思裴回闋者皆涕下舞闋珠寶覆地帝以爲天下之至悲愈寵之家嘗娶婦帝曰第去吾當賜酒俄而使者負二銀榼與之皆珠珍也可及憑恩横甚人無敢斥遂擢爲威衛將軍確曰太宗著令文武官六百四十三謂房玄齡曰朕設此待天下賢士工商雜流假使技出等夷正當厚給以財不可假以官與賢者比肩立同坐食也文宗欲以樂工尉遲璋爲王府率拾遺竇洵直固爭卒授光州長史今而位將軍不可帝不聽至僖宗立始貶死方幸時惟確屢言之而神策中尉西門季玄者亦剛鯁謂可及曰汝以巧佞惑天子當族滅嘗見其受賜謂曰今載以官車後籍没亦當爾確居位六年進尚書右僕射以同平章事出爲鎭海節度使徙河中卒始畢諴與確同宰相俱有雅望世謂曹畢云弟汾以忠武軍節度使入爲户部侍郎判度支卒

劉瞻字幾之其先出彭城後徙桂陽舉進士博學宏詞皆中徐商辟署鹽鐵府累遷太常博士劉瑑執政薦爲翰林學士拜中書舍人進承旨出爲河東節度使咸通十一年以中書侍郎同中書門下平章事同昌公主薨懿宗捕太醫韓宗紹等送詔獄建繫宗族數百人瞻喻諫官皆依違無敢言即自上疏固爭宗紹窮其術不能效情有可矜陛下徇愛女因平民忿不顧難取肆暴不明之謗帝大怒即日賜罷以檢校刑部尚書同平章事爲荊南節度使路巖韋保衡從爲惡言聞帝俄斥廉州刺史於是翰林學士鄭畋以責詔不深切御史中丞孫瑝諫議大夫高湘等坐與瞻善分貶嶺南巖等殊未慊按圖視驩州道萬里即貶驩州司户參軍事命李庾作詔極詆將遂殺之天下謂瞻鯁正特爲讒擠舉以爲寃幽州節度使張公素上疏申解巖等不敢害僖宗立徙康虢二州刺史以刑部尚書召復以中書侍郎平章事居位三月卒瞻爲人廉約所得俸以餘濟親舊之窶困者家不留儲無第舍四方獻饋不及

門行己終始完潔第助字元德性仁孝幼時與諸兄游至食飲取最下者及長能文辭喜黃老言年二十卒

李蔚字茂休系本隴西舉進士書判拔萃皆中拜監察御史擢累尚書右丞懿宗惑浮屠常飯萬僧禁中自爲贊唄蔚上疏切諫引狄仁傑姚元崇辛替否所言譏病時弊帝不聽但以虛禮褒荅俄拜京兆尹太常卿出爲宣武節度使徙淮南代還民詣闕請留詔許一歲僖宗乾符初以吏部尚書同中書門下平章事罷爲東都留守河東亂殺其帥崔季康用邠寧李侃代之士不附以蔚嘗在太原府有惠政爲人所懷拜河東節度使同平章事至鎮三日卒始懿宗成安國祠賜寶坐二度高二丈構以沈檀塗髹鏤龍鳳葩蘤金釦之上施複坐陳經几其前四隅立瑞鳥神人高數尺磴道以升前被繡囊錦襜珍麗精絶咸通十四年春詔迎佛骨鳳翔或言昔憲宗嘗爲此俄晏駕帝曰使朕生見之死無恨乃以金銀爲刹珠玉爲帳孔鷸周飾之小者尋丈高至倍刻檀爲檐注陛墄塗黃金每一刹數百人舉之香輿前後係道綴珠瑟瑟幡蓋殘綵以爲幢節費無貲限夏四月至長安綵觀夾路其徒導衞天子御安福樓迎拜至泣下詔賜兩街僧金幣京師耆老及見元和事者悉厚賜之不逞小人至斷臂指流血滿道所過鄉聚皆裒土爲刹相望于塗爭以金翠拔飾傳言刹悉震搖若有光景云京師高貲相與集大衢作繒臺縵闕注水銀爲池金玉爲樹木聚桑門羅像考鼓鳴螺繼日夜錦車繡輿載歌舞從之秋七月帝崩方人主甘心篤向如蔚言者甚多皆不能救僖宗立詔歸其骨都人耆耋辭餞或嗚咽流涕

贊曰人之惑怪神也甚哉若佛者特西域一槁人耳裸顛露足以乞食自資癯辱其身屏營山樊行一槩之苦本無求于人徒屬稍稍從之然其言荒茫漫靡夷幻變現善推不驗無實之事以鬼神死生貫爲一條據之不疑掊嗜欲棄親屬大抵與黃老相出入至漢十四葉書入中國蹟夫生人之情以耳目不際爲奇以不可知爲神以物理之外爲畏以變化無方爲聖以生而死死復生回復償報歆豔其間爲或然以賤近貴遠爲意鞮譯差殊不可研詰華人之譎誕者又攘莊周列禦寇之說佐其高層累架騰直出其表以無上不可加爲勝妄相夸脅而倡其風於是自天子逮庶人皆震動而祠奉之初宰相王縉以緣業事佐代宗於是始作內道場晝夜梵唄冥禳寇戎大作盂蘭肖祖宗像分供塔廟爲賊臣嘻笑至憲宗世遂迎佛骨於鳳翔內之宮中韓愈指言其弊帝怒竄愈瀕死憲亦弗獲天年幸福而禍無亦左乎懿宗不君精爽奪迷復蹈前車而覆之興哀無知之塲丐庇百解之骴以死自誓無有顧藉流涕拜伏雖事宗廟上帝無以進焉屈萬乘之貴自等太古胡數千載而遠以身爲徇嗚呼運痑祚殫天告之矣懿不三月而徂唐德之不競厥有來哉悲夫

列傳第一百六

二李崔蕭二鄭二盧韋周二裴劉趙王列傳第一百七

唐書一百八十二

端明殿學士兼翰林侍讀學士龍圖閣學士朝請大夫尚書吏部侍郎充集賢殿脩撰臣宋祁奉
敕撰

李固言字仲樞其先趙人擢進士甲科江西裴堪劒南王播皆表署幕府累官戶部郎中溫造爲御史中丞表知雜事進給事中將作監王堪坐治太廟不謹改太子賓客固言上還制書曰陛下當以名臣左右太子堪以慢官斥處調護地非所宜詔改它王傳固言再遷尚書右丞李德裕輔政出固言華州刺史俄而李宗閔復用召爲吏部侍郎州大豪何延慶橫猾譁衆遮道使不得去固言怒捕取杖殺之尸諸道旣領選按籍自擬先收寒素杙吏姦進御史大夫大和九年宗閔得罪李訓鄭注用事訓欲自取宰相乃先以固言爲門下侍郎同中書門下平章事旋坐黨人出爲山南西道節度使訓自代其處訓敗文宗頗思之復召爲平章事仍判戶

部羣臣請上徽號帝曰今治道猶鬱羣臣之請謂何比州縣多不治信乎固言因白鄧州刺史王堪隋州刺史鄭襄尤無狀帝曰貞元時御史獨王堪爾鄭覃本舉堪疑固言抵巳即曰臣知堪故用爲刺史舉天下不職何獨二人帝識其意不主前語因稱詩曰濟濟多士文王以寧聞德宗時多闕官寧乏才邪固言曰用人之道隨所保任覈稱與否而升黜之無乏才矣帝曰宰相用人毋計親疏竇易直爲宰相未嘗用姻戚使己才不足任天下重自宜引去苟公舉雖親何嫌用所長耳帝不欲大臣有黨故語兩與之俄以門下侍郎平章事爲西川節度使詔雲韶雅樂即臨皋館送之讓還門下侍郎乃檢校尚書左僕射始置贏軍千四又募銳士三千武備雄完武宗立召授右僕射會崔珙陳夷行以僕射爲宰相改檢校司空兼太子少師領河中節度使蒲津歲河水壞梁吏撤笮用舟邀丐行人固言至悉除之帝伐回鶻詔方鎮獻財助軍上疏固諫不從以疾復爲少師遷東都留守宣宗初還右僕射後以太子太傅分司東都卒年七十八贈太尉固言吃接賓客頗謇縮然每議論人主前乃更詳辯

李珏字待價其先出趙郡客居淮陰幼孤事母以孝聞甫冠舉明經李絳爲華州刺史見之曰日角珠廷非庸人明經碌碌非子所宜乃更舉進士高第河陽烏重胤表置幕府以拔萃補渭南尉擢右拾遺穆宗即位荒酒色景陵始復土即召李光顏于邠寧李愬于徐州期九月九日大宴羣臣珏與宇文鼎溫畬韋瓘馮約同進曰道路皆言陛下追光顏等將與百官高會且元朔未改陵土新復三年之制天下通喪今同軌之會適去遠夷之使未還遏密弛禁本爲齊人鐘鼓合饗不施禁內夫王者之舉爲天下法不可不慎且光顏愬忠勞之臣方盛秋屯邊如令訪謀猷付疆事召之可也豈以酒食之歡爲厚邪帝雖置其言然厚加勞遣鹽鐵使王播增茶稅十之五以佐用度珏上疏謂榷率本濟軍興而稅茶自貞元以來有之方天下無事忽厚斂以傷國體一不可茗爲人飲

與鹽粟同資若重稅之售必高其敝先及貧下二不可山澤之產無定數程斤論稅以售多爲利若價騰踊則市者稀其稅幾何三不可陛下初即位詔懲聚斂今反增茶賦必失人心帝不納方是時禁中造百尺樓土木費鉅萬故播亟斂陰中帝欲珏以數諫不得留出爲下邽令武昌牛僧孺辟署掌書記還爲殿中侍御史宰相韋處厚曰清廟之器豈擊搏才乎除禮部員外郎僧孺還相以司勳員外郎知制誥爲翰林學士加戶部侍郎始鄭注以醫進文宗一日語珏曰卿亦知有鄭注乎宜與之言珏曰臣知之姦回人也帝愕然曰朕疾愈注力也可不一見之注由是怨珏及李宗閔以罪去珏爲申辨貶江州刺史徙河南尹復爲戶部侍郎開成中楊嗣復得君引珏同中書門下平章事與李固言皆善三人者居中秉權乃與鄭覃陳夷行等更持議一好惡相影和朋黨益熾矣珏數辭位不許帝嘗自謂臨天下十四年雖未至治然視今日承平亦希矣珏曰爲國者如治身及身康寧調適以自助如恃安而

忽則疾生天下當無事思所關禍亂可至哉杜悰領度支有勞帝欲拜戶部尚書以問宰相陳夷行答曰恩權予奪願陛下自斷珏曰祖宗倚宰相天下事皆先平章故官曰平章事君臣相須所以致太平也苟用一吏勳一事皆決於上將焉用彼相哉隋文帝勞於小務以疑待下故二世而亡陛下嘗謂臣曰竇易直勸我凡宰相啓擬五取三二取一彼宜勸我擇宰相不容勸我疑宰相帝曰易直此言殊可鄙帝又語貞元初政事誠善珏曰德宗晚喜聚財方鎮以進奉市恩吏得賦外求索此其敝也帝曰人君輕所賦節所用可乎珏曰貞觀時房杜王魏爲文皇帝謀固此耳帝頗向納進封贊皇縣男始莊恪太子薨帝意屬陳王旣而帝崩中人引宰相議所當立珏曰帝旣命陳王矣已而武宗即位人皆爲危之珏曰臣下知奉所言安與禁中事帝新聽政珏數稱道無逸篇以勸時潞州劉從諫獻大馬滄州劉約獻白鷹珏請卻之以示四方遷門下侍郎爲文宗山陵使會秋大雨梓宮至安上門陷于濘不前罷爲太常卿終以議所立貶江西觀察使再貶昭州刺史宣宗立內徙郴舒二州以太子賓客分司東都遷河陽節度使罷橫賦宿逋百餘萬以吏部尚書召珏去鎮而府庫十倍於初俄檢校尚書右僕射淮南節度使珏顧已大臣誼不以內外自異表請立皇太子維天下心江淮旱發倉廩賑流民以軍羨儲殺半價與人卒年六十九贈司空謚曰貞穆始淮南三節度皆卒於鎮人勸易署寢珏曰上命我守揚州是實正寢若何去之及疾亟官屬見卧內惟以州有稅酒直而神策軍常爲豪商占利方論奏未見報爲恨一不及家事性寡欲早喪妻不置妾侍門無餽餉淮南之人德之珏已歿叩闕下願立碑刻其遺愛云

贊曰天子待宰相以不疑是矣雖然於賢不肖當別白分明乃可與言治文宗無知人之明但以不疑責宰相是時善惡混淆故黨人成於下主聽亂於上王室之衰由此爲之階劉向所云持不斷之慮者開羣枉之門殆文宗爲邪

崔珙其先博陵人父頲官同州刺史生八子皆有才世以擬漢荀氏八龍珙爲人有威重精吏治以拔萃異等累擢至泗州刺史由太府卿爲嶺南節度使入對延英文宗訪治撫後先珙對精亮有理趣帝咨嗟廷乂時徐州以王智興後軍驕數犯法節度使高瑀未能制天子思材望威烈者檢革其弊見珙意凜慨又知治泗得士心即謂宰相曰欲武寧節度使者無易珙才更詔王茂元帥嶺南而以珙代瑀居二歲徐人戢畏入爲右金吾大將軍遷京兆尹會大旱奏析滻入禁中者取十九溉民田仇士良使盜擊宰相李石於親仁里迹出禁軍珙坐不能捕以爲負望少衰開成末累進刑部尚書諸道鹽鐵轉運使俄同中書門下平章事仍領鹽鐵即拜中書侍郎會昌二年進位尚書左僕射明年以兄琯喪被疾求解以所守官罷與崔鉉故有怨及鉉宰相代爲使即奏珙妄費宋滑院鹽鐵錢九十萬緡又劾與劉從諫厚數護其姦貶澧州刺史再斥恩州司馬宣宗立徙商州刺史以太子賓客分司東都起爲鳳翔節度使鉉復執政珙懼

以疾自乞方是時西戎歸故地邊奏係驛議所以綏接珙坐不自力避事下除太子少師分司東都就拜留守復節度鳳翔卒于官子涓性開敏爲杭州刺史受署未盡識卒史乃以紙各署姓名傅襟上過前一閱後數百人呼指無誤終御史大夫琯字從律珙兄舉進士賢良方正皆高第累辟諸使府入朝稍歷吏部員外郎李德裕任御史中丞引知雜事進給事中大和初持節宣慰盧龍使有指及興元殺李絳復往尉撫軍皆按堵還遷工部侍郎京兆尹宋申錫爲讒所危宦豎切齒時罕敢辨者琯與大理卿王正雅固請出獄付外與衆治之天下重其賢以尚書右丞出爲荊南節度使進左丞時弟珙任京兆尹並據顯劇勳世以爲榮俄判兵部西銓吏部東銓徙東都留守以吏部尚書召辭疾不拜會昌中終山南西道節度使贈尚書左僕射琯行方介有器蘊人屬以爲相而卒不至當時共咨云弟璪璵尤顯璪位刑部尚書璵河中節度使璵子澹舉上秀峙時謂玉而冠者擢進士第累進禮部員外郎當時

士大夫以流品相尚推名德者爲之首咸通中世推李都爲大龍甲涓豪放不得預雖自祢下猶不許而詹與爲終吏部侍郎

子遠有文而風致整峻世慕其爲目曰釘座棃言座所珍也乾寧中以兵部侍郎同中書門下平章事遷中書侍郎從遷洛罷爲尚書右僕射柳璨忌衣冠有望者貶爲白州長史被殺於白馬驛家没掖庭諸崔自咸通後有名歷臺閣藩鎮者數十人天下推士族之冠始其曾王母長孫春秋高無齒祖母唐事姑孝每旦乳姑一日病召長幼言吾無以報婦願後子孫皆若爾孝世謂崔氏昌大有所本云

蕭鄴字啓之梁長沙宣王懿九世孫及進士第累進監察御史翰林學士出爲衡州刺史大中中召還翰林拜中書舍人遷戶部侍郎判本司以工部尚書同中書門下平章事懿宗初罷爲荆南節度使仍平章事進檢校尚書左僕射徙劒南西川南詔內寇不能制下遷檢校右僕射山南西道觀察使歷戶部吏部二尚書拜右

僕射還以平章事節度河東在官無足稱道卒

鄭肅字乂敬其先滎陽人以儒世家肅力于學有根柢第進士書判拔萃補興平尉累擢太常少卿博士有疑議往咨必據經條答文宗高擇魯王府屬肅以諫議大夫兼長史王爲皇太子遷給事中進尚書右丞出爲陝虢觀察使開成二年召拜吏部侍郎帝以肅嘗輔導東宮詔兼賓客爲太子授經旣而太子母愛弛爲讒所乘發斥有端肅因入見言天下大本不可輕動意致深切帝爲動容然內寵方煽太子終以憂死出爲檢校禮部尚書河中節度使武宗知太子無罪待困於讒而朝廷謂肅臨義不可奪侹侹有大臣節召爲太常卿遷山南東道節度使五年以檢校尚書右僕射同中書門下平章事與李德裕叶心輔政宣宗即位遷中書侍郎罷爲荆南節度使卒贈司空謚曰文簡子洎仕至州刺史洎子仁規仁表皆豪爽有文仁規位中書舍人

仁表累擢起居郎嘗以門閥文章自高曰天瑞有五色雲人瑞有鄭仁表敝縱多所陵藉人畏薄之劉鄴未仕往謁洎而仁表等鄙訛其文鄴爲相因罪貶仁表死嶺外始肅罷政事帝以盧商代之

商字爲臣蚤孤家窶困能以學自奮擧進士拔萃皆中由校書郎佐宣歙西川幕府入朝累十餘遷至大理卿爲蘇州刺史吏以鹽法求羸貧民愈困商令計口售鹽無常額人便之歲貲迺增宰相上其勞進浙西觀察使召爲刑部侍郎京兆尹方伐潞餉饟踰太行餉軍環六七鎭詔商以戶部侍郎判度支又詔杜悰兼鹽鐵度支并二使財以贍兵乃不乏出爲東川節度使以兵部侍郎還判度支擢中書侍郎同中書門下平章事范陽郡公大中元年春旱詔商與御史中丞封敖理囚繫於尚書省誤縱死罪罷爲武昌軍節度使以疾解拜戶部尚書卒

盧鈞字子和系出范陽徙京兆藍田擧進士中第以拔萃補秘書正字從李絳爲山南府推官調長安尉又從裴度爲太原觀察支使遷監察御史爭宋申錫獄知名進吏部郎中出爲常州刺史遷

給事中有大詔令必反覆省審駮奏无私拜華州刺史關輔驛馬疲耗鈞爲市健馬率三歲一易自是無乏事擢嶺南節度使海道商舶始至異時帥府爭先往賤售其珍鈞一不取時稱絜廉專以清靜治蕃獠與華人錯居相婚嫁多占田營第舍吏或撓之則相挻爲亂鈞下令蕃華不得通婚禁名田産闔部肅壹無敢犯貞元後流放衣冠其子姓窮弱不能自還者爲營棺槥還葬有疾若喪則經給醫藥殯斂孤女稚兒爲立夫家以奉稟資助凡數百家南方服其德不懲而化又除采金稅華蠻數千走闕下請爲鈞生立祠刻石頌德鈞固辭以戶部侍郎召判戶部會昌中漢水害襄陽拜鈞山南東道節度使築隄六千步以障漢暴王師伐劉稹武宗以鈞寬厚能得衆詔兼節度昭義軍會稹死敕乘驛往進檢校兵部尚書專領昭義鈞及潞石雄兵已入而稹將白惟信率餘卒三千保潞城未下雄召之使往十餘輩皆死鈞次高平惟信獻款且曰不即降者畏石尚書爾鈞與約而遣方雄欲盡夷潞兵鈞不聽

坐治堂上左右皆雄親卒擊鼓傳漏釣自居甚安雄引去乃召惟
信至送闕下餘衆悉原俄而興士五千戍代北釣坐城門勞遣惟
家人以觀戍卒驕顧家屬不欲去酒酣反攻城迫大將李文矩爲
帥釣倉卒奔潞城文矩投地僵卧稍諭叛者衆乃悔服即相與謝
釣迎還府斬首惡乃定詔趣戍者行密使盡殺之釣請徐乘其變
而使者不發須報時戍人已去潞一舍釣選牙卒五百壯騎百以
騎載兵夜趨遲明至太平驛盡斬之即拜檢校尚書左僕射宣宗
即位改吏部尚書會劉約自天平徙宣武未至暴死家僮五百無
所仰衣食思亂乃授釣宣武節度使人情妥然召入復爲吏部尚
書遷檢校司空太子少師封范陽郡公節度河東大中九年召爲
左僕射釣宿齒數外遷而後來多至宰相始被召自以當輔政既
失志故內怨望數移病不事事遨游林墅累日一還令狐綯惡之
罷僕射以檢校司空守太子太師帝元日大饗含元殿釣年八十
升降如儀音吐鴻暢舉朝咨歎以釣耆碩長者顧不任職訖綯爲

媢賢綯聞言于帝即以釣同中書門下平章事爲山南西道節度
使俄檢校司徒爲東都留守懿宗初復節度宣武辭不拜以太保
致仕卒年八十七贈太傅謚曰元釣與人交始若澹薄既久乃益
固所居官必有績大抵根仁恕至誠而施於事玩服不爲鮮明位
將相沒而無贏財

盧簡方失其系世不知所以進盧釣鎮太原表爲節度府判官會
党項羌叛釣使簡方督兵乘邊旁河相險集樹堡鄣自神山至鹿
泉縣三百里亀遏其衝賊不得騁候邏便之累遷江州刺史徙大
同軍防禦使大開屯田練兵修關沙陀畏附擢義昌節度使入拜
太僕卿領大同節度久之徙振武軍道病卒

韋琮字禮玉世顯仕琮進士及第稍進殿中侍御史坐訊獄不得
實改太常博士擢累戶部侍郎翰林學士承旨以中書侍郎同中
書門下平章事遷門下侍郎兼禮部尚書無功罷爲太子賓客分
司卒

周墀字德升本汝南人少孤事母孝及進士第辟湖南團練府巡
官入爲監察御史集賢殿學士長史學屬辭高古文宗雅重之李
宗閔鎮山南表行軍司馬開成召還大和末訓注亂政以黨語汙
搢紳付名士分逐之獨墀雖嘗爲宗閔所禮不能以罪誣也遷起
居舍人改考功員外郎兼舍人事帝御紫宸與宰相語事已或召
左右史咨質所宜墀最爲天子欽矚俄知制誥入翰林爲學士武
宗即位以疾改工部侍郎出爲華州刺史徙江西觀察使劾舉部
刺史蘄捕劇賊出兵戍彭蠡湖禁止剽劫進拜義成節度使汝
南縣男宿將暴驁不循令者墀命鞭其背一軍大治以兵部侍郎
召判度支進同中書門下平章事遷中書侍郎建言故宰相德裕
重定元和實録竄寄它事以廣父功凡人君尚不改史取必信也
遂削新書河東節度使王宰重賂權幸求同平章事領宣武墀言
天下大鎮如并汴者纔幾宰之求何可厭宣宗納之駙馬都尉韋
讓求爲京兆持不與繇是妄進者少衰會吐蕃微弱以三州七關

自歸帝召宰相議河湟事墀對不合旨罷爲劍南東川節度使駙
馬都尉鄭顥言于帝曰世謂墀以直言相亦以直言免帝悟加拜
檢校尚書右僕射卒年五十九贈司徒

裴休字公美孟州濟源人父肅貞元時爲浙東觀察使劇賊栗鍠
誘山越爲亂陷州縣肅引州兵破禽之自記平賊一篇上之德宗
嘉美生三子休仲子也操守嚴正方兒童時兄弟偕隱家墅晝
講經夜著書終年不出戶有饋鹿者諸生共薦之休不食曰蔬食
猶不足今一啖肉後何以繼擢進士第舉賢良方正異等歷諸府
辟署入爲監察御史更內外任至大中時以兵部侍郎領諸道鹽
鐵轉運使六年進同中書門下平章事即奏言宰相論政上前知
印者次爲時政記所論非一詳已辭略它議事有所缺史氏莫得
詳請宰相人自爲記合付史官詔可進中書侍郎大和後歲漕江
淮米四十萬斛至渭河倉者纔十三舟檝償敗吏乘爲姦冒沒百
端劉晏之法盡廢休分遣官詢按其弊乃命在所令長兼董漕褒

能者謫怠者由江抵渭舊歲率雇緡二十八萬休悉歸諸吏敕巡院
不得輒侵牟著新法十條又立稅茶十二法人以爲便居三年粟
至渭倉者百二十萬斛无留壅時方鎮設邸閣居茶取直因視商
人它貨橫賦之道路苛擾休建言許收邸直毋擅賦商人又收山
澤寶治悉歸鹽鐵兼政凡五歲罷爲宣武軍節度使封河東縣子
久之由太子少保分司東都復起歷昭義河東鳳翔荊南四節度
卒年七十四贈太尉休不爲皦察行所治吏下畏信能文章書楷
遒媚有體法爲人醞藉進止雍閑宣宗嘗曰休真儒者然嗜浮屠
法居常不御酒肉講求其說演繹附著數萬言習歌唄以爲樂與
紇干臮素善至爲桑門號以相字當世嘲薄之而所好不衰
劉瑑字子全高宗宰相仁軌五世孫第進士鎮國陳夷行表爲判
官入遷左拾遺諫罷武宗方士言多懇愊大中初擢翰林學士宣
宗始復關隴裁處叢繁書詔夜數十雖援筆遽成辭皆允切會伐
党項詔爲行營宣慰使遷刑部侍郎乃裒彙敕令可用者由武德

訖大中凡二千八百六十五事類而析之參訂重輕號大中刑律
統類以聞法家推其詳錄河南尹進宣武軍節度使先時大饗雜
進倡舞瑑曰豈軍中樂邪取壯士千人被鎧擁矛盾習擊刺與吏
士臨觀又下令不何止夜行使民自便境內以安徙河東節度使
未幾以戶部侍郎召判度支始瑑在翰林帝素器遇至是手詔追
還外无知者既發太原人方大驚後請間帝視案上曆謂瑑爲朕
擇一令日瑑跪曰某日良帝笑曰是日卿可遂相即詔同中書門
下平章事仍領度支嘗與崔慎由議帝前慎由請甄別流品瑑質
曰王夷甫相晉崇尚浮虛以迷流品卒致淪夷今日不循名責實
使百吏各稱職而先流品未知所以致治也慎由不得對繇是罷
宰相俄而瑑大病加工部尚書拜臥內猶手疏陳政事居位半歲
卒年六十三贈尚書左僕射瑑以名節自將凡議論處事不私趨
於當乃止未嘗以言色借貴近與瑑同知政者夏侯孜孜字好學
亳州譙人累遷婺絳等州刺史繇兵部侍郎諸道鹽鐵轉運使爲

同中書門下平章事仍領鹽鐵懿宗立進門下侍郎譙郡侯俄以
同平章事出爲西川節度使召拜尚書左僕射還執政進司空爲
真陵山陵使坐隧壞出爲河中節度使猶同平章事初堂史署制
仆孜懷中即死不數日孜罷咸通時蠻犯蜀深入士乏糧追責孜
治蜀無素備以太子少保分司東都卒
趙隱字大隱京兆奉天人祖植當德宗出狩變倉卒羽衛單寡朱
泚攻城急植率家人奴客以死拒守獻家財勞軍帝嘉之賊平渾
瑊引在幕府累擢鄭州刺史鄭滑節度使李融奏以自副融疾病
悉以軍政大將宋朝晏火其營夜爲亂植列卒不動須之遲明而
潰捕斬皆盡優詔嘉慰累擢嶺南節度使終于官父存約辟署興
元李絳府值軍亂方與絳燕聞吏報賊至絳麾存約使去對曰荷
公德厚誼不當獨免即部勒左右捍之而同被害隱以父死難與
兄騭廬墓幾十年閭門誦書不應辟召親友更敦勉令仕會昌中
擢進士第歷州刺史河南尹以兵部侍郎領鹽鐵轉運使咸通末

進同中書門下平章事遷中書侍郎封天水縣伯性仁悌不敢以
貴權自處始布衣時家無貲與騭同耕以養雖姻宗之富未嘗干
以財宦憂顯還家易衣侍左右由布衣也騭終宣歙觀察使既輔
政它宰相及百官皆詣第升堂慶母歲時公卿必參訊懿宗誕日宴
慈恩寺隱侍母以安輿臨觀宰相方率百官拜恩於廷即回班候
夫人起居搢紳以爲榮後崔彥昭張濬當國皆有母遂踵其禮僖
宗初罷爲鎮海軍節度使王郢之亂坐撫御失宜下除太常卿廣
明初爲吏部尚書居母喪卒子光逢光裔光胤皆第進士歷臺省
華劇光逢尤規矱自持以中書舍人爲翰林學士時光裔由膳部
郎中知制誥對掌內外命書士歆羡之
裴坦字知進隋勞州都督世節裔孫父乂福建觀察使坦及進士
第沈傳師表置宣州觀察府召拜左拾遺史館脩撰歷楚州刺史
令狐綯當國薦爲職方郎中知制誥而裴休持不可不能奪故事
舍人初詣省視事四丞相送之施一榻堂上壓角而坐坦見休重

愧謝休勃然曰此令狐丞相之舉休何力顧左右索肩輿亟出省吏貽駭以爲唐興無有此辱人爲坦羞之再進禮部侍郎拜江西觀察使華州刺史召爲中書侍郎同中書門下平章事不數月卒坦性簡儉子娶楊收女齎具多飾金玉坦命撤去曰亂我家法世清其槩從子贄

贄字敬臣及進士第擢累右補闕御史中丞刑部尚書昭宗引拜中書侍郎兼本官同中書門下平章事尋兼戶部尚書帝疑其外風檢而暱帷薄遠間翰林學士韓偓偓曰贄咸通大臣坦從子內雍友合疏屬以居故臧獲猥衆出入无度殆此致謗言者帝每聞咸通事必[illegible]然欽衽故偓稱之爲贄地帝幸鳳翔爲大明宮留守罷儀進尚書左僕射以司空致仕朱全忠將篡貶青州司戶參軍殺之

鄭延昌字光遠咸通末得進士第遷監察御史鄭畋鎮鳳翔表在其府黃巢亂京師畋倚延昌調兵食且諭慰諸軍畋再秉政擢司

勳員外郎翰林學士進累兵部侍郎兼京兆尹判度支拜戶部尚書以中書侍郎同中書門下平章事無刑部尚書無它功以病罷拜尚書左僕射卒

王溥字德潤失其何所人第進士擢累禮部員外郎史館脩撰崔胤鎮武安表署觀察府判官胤不赴鎮溥留充集賢殿直學士御史中丞趙光逢奏爲刑部郎中知雜事昭宗蒙難東內溥與胤說衛軍執劉季述等殺之帝反正驟拜翰林學士戶部侍郎以中書侍郎同中書門下平章事判戶部不能有所裨益罷爲太子賓客分司東都未幾召拜太常卿工部尚書會朱溫侵逼貶淄州司戶參軍賜自盡與裴樞等投尸于河

盧光啓字子忠不詳何所人第進士爲張濬所厚擢累兵部侍郎昭宗幸鳳翔宰相皆不從以光啓權揔中書事兼判三司進左諫議大夫參知機務復拜兵部侍郎同中書門下平章事俄罷爲太子少保改吏部侍郎初光啓執政韋貽範蘇檢相繼爲宰相貽範字垂憲以龍州刺史貶通州檢爲洋州刺史二人奔行在貽範遷給事中用李茂貞薦驟旬爲工部侍郎同中書門下平章事判度支倚權臣恣驁不恭會母喪免踰月奪服不數月卒檢初拜中書舍人貽範薦於茂貞即拜工部侍郎同中書門下平章事茂貞與朱全忠通好乃求尚主取檢女爲景王妃以固恩帝還京師檢長流環州光啓賜死

列傳第一百七

畢崔劉陸鄭朱韓列傳第一百八

唐書一百八十三

端明殿學士兼翰林侍讀學士龍圖閣學士朝請大夫守尚書吏部侍郎充集賢殿修撰臣宋祁奉敕撰

畢諴字存之黃門監構從孫構弟栩生凌凌生匀世失官爲鹽估匀生諴蚤孤夜然薪讀書母郵其疲奪火使寐不肯息遂通經史工辭章性端慤不妄與人交大和中舉進士書判拔萃連中辟忠武杜悰幕府悰領度支表爲巡官又從辟淮南入拜侍御史李德裕始與悰同輔政不協故出悰劒南東川節度使故吏惟諴餞訊如平日德裕忌之出爲慈州刺史累官駕部員外郎倉部郎中故事要家勢人以倉駕二曹爲辱諴沛然如處美官無異言宰相知之以職方郎中兼侍御史知雜事召入翰林爲學士党項擾河西宣宗嘗召訪邊事諴援質古今條破羌狀甚悉帝悅曰吾將擇能帥者孰謂頗牧在吾禁署卿爲朕行乎諴唯唯即拜刑部侍郎出爲邠寧節度河西供軍安撫使諴到軍遣吏懷諭羌人皆順向時戍兵常苦調饟乏諴募士置屯田歲收穀三十萬斛以省度支經費詔書嘉美俄徙昭義又遷河東河東尤近胡復脩杷頭七十烽謹候虜寇不敢入懿宗立遷宣武節度使召爲戶部尚書判度支未幾以禮部尚書同中書門下平章事再朞固稱疾改兵部尚書罷旋兼平章事節度河中卒年六十二諴於吏術尤所長既貴所得祿奉養護宗屬之乏無閒然始諴被知於宣宗嘗許以相令狐綯忌之自邠寧凡三徙不得還諴思有以結綯至太原求麗姝盛飾使獻綯曰太原於我無分今以是餌將破吾族矣不受使者留邸諴亦放之太醫李玄伯者帝所喜以錢七十萬聘之夫婦日自進食得其歡心乃進之帝嬖幸冠後宮玄伯又治丹劑以進帝餌之疽生於背懿宗立收玄伯及方士王岳虞紫芝等俱誅死

崔彥昭字思文其先清河人淹貫儒術擢進士第數應帥鎮辟奏於吏治精明所至課最累進戶部侍郎絲河陽節度使徙河東先是沙陀諸部多犯法彥昭撫循有威惠三年境內大治耆老叩闕願留詔可僖宗立授兵部侍郎諸道鹽鐵轉運使俄同中書門下平章事仍判度支初楊收路巖韋保衡皆坐朋比賄賂得罪死蕭倣秉政矯革之而彥昭協力故百職脩舉察不至苛不六月遷門下侍郎帝因下詔暴收等過惡申勵丁寧以成其美彥昭雖宰相退朝侍母膳與家人齒順色柔聲在左右無違士人多其孝與王凝外昆弟也凝大中初先顯而彥昭未仕嘗見凝凝倨不冠帶嫚言曰不若從明經舉彥昭爲憾至是凝爲兵部侍郎母聞彥昭相敕婢多製履襪曰王氏妹必與子皆逐吾將共行彥昭聞之泣且拜不敢爲怨而凝竟免伶人李可及爲懿宗所寵橫甚彥昭奏逐死嶺南累拜兼尚書右僕射以疾去位授太子太傅卒

劉鄴字漢藩潤州句容人父三復以善文章知名少孤母病廢三復丐粟以養李德裕爲浙西觀察使奇其文表爲掌書記德裕三領浙西及劒南淮南未嘗不從會昌時位宰相擢三復刑部侍郎弘文館學士鄴六七歲能屬辭德裕憐之使與其子共師學德裕既斥鄴無所依去客江湖間陝虢高元裕表署推官高少逸又辟鎮國幕府咸通初擢左拾遺召爲翰林學士賜進士第歷中書舍人還承旨鄴傷德裕以朋黨抱誣死海上令狐綯久當國更數赦不爲還官爵至懿宗立綯去位鄴乃申直其冤復官爵世高其義進戶部侍郎諸道鹽鐵轉運使以禮部尚書同中書門下平章事判度支僖宗嗣位再遷尚書左僕射初韋保衡路巖與鄴同秉政爲迹親俄而蕭倣崔彥昭得相罷鄴爲淮南節度使同平章事黃巢方熾詔高駢代之徙節度鳳翔固辭還左僕射帝西狩追乘輿不及與崔沆豆盧瑑匿將軍張直方家賊捕急三人不肯臣俱見殺豆盧瑑者字希真河南人仕歷翰林學士戶部侍郎與崔沆皆拜同中書門下平章事是日宣告于廷大風雷雨拔樹未幾及禍初咸通中有治歷者工言禍福或問比宰相多不至四五謂何答曰紫微方災然其人又將不免後楊收韋保衡路巖盧攜劉鄴于

琮瑑與沆皆不得終云
陸扆字祥文宰相贄族孫客於陜遂爲陜人光啓二年從僖宗幸山南擢進士第累進翰林學士中書舍人扆工屬辭敏速若注射然一時書命同僚自以爲不及昭宗優遇之帝嘗作賦詔學士皆和獨扆最先就帝覽之嘆曰貞元時陸贄吴通玄兄弟善内廷文書後無繼者今朕得之始其舉進士時方還幸而六月牓出至是每甚暑它學士輒戲曰造牓天也以譏扆進非其時累爲尚書左丞封嘉興縣男徙户部侍郎同中書門下平章事故事自三省得宰相有光署錢留爲宴資學士院未始有至扆送光院錢五十萬以榮近司進中書侍郎判户部嗣覃王以兵伐鳳翔扆諫曰國步方安不宜加兵近輔必爲它盜所乘無益也且親王而屬軍事必有後害帝顧軍興責扆沮撓貶峽州刺史師果敗久之授工部尚書從天子自華州還以兵部尚書復當國封吴郡公天復初帝密語韓偓曰陸扆裴贄孰忠於我偓曰扆等皆宰相安有它腸帝曰

外言扆不喜我復位元日易服奔啓夏門信不偓曰孰爲陛下言此曰崔胤令狐渙偓曰設扆如是亦不足責且陛下反正扆素不知謀忽聞兵起欲出奔耳陛下責其不死難則可以爲不喜乃讒言也帝遂悟罷兼户部尚書帝至自鳳翔大赦天下諸道皆賜詔獨不及李茂貞扆曰國西鳳翔爲最近迹其罪固不可赦然尚脩職貢朝廷未之絶無宜於詔書有以異也始崔胤罷相扆代之胤内怨望及是譏以爲陰有黨附貶沂王傅分司東都胤死復授吏部尚書從遷洛柳璨始附朱全忠謀去朝廷衣冠有望者貶扆濮州司户參軍殺之白馬驛年五十九扆初名允迪後改云
鄭綮字蘊武及進士第歷監察御史擢累左司郎中困寠甚丐補廬州刺史黄巢掠淮南綮移檄請無犯州境巢笑爲斂兵州獨完僖宗嘉之賜緋魚歲滿去贏錢千緡藏州庫後它盜至終不犯鄭使君錢及楊行密爲刺史送都還綮王徽爲御史大夫以兵部郎中表知雜事遷給事中杜弘徽任中書舍人綮以其兄讓能輔政不宜處禁要上還制書不報輒移病去召爲右散騎常侍往往條摘失政衆讙傳之宰相怒改國子祭酒議者不直復還常侍大順後王政微綮每以詩謠託諷中人有誦之天子前者昭宗意其有所藴未盡因有司上班簿遂署其側曰可禮部侍郎同中書門下平章事綮本善詩其語多俳諧故使落調世共號鄭五歇後體至是省史走其家上謁綮笑曰諸君誤矣人皆不識字宰相亦不及我史言不妄俄聞制詔下歎曰萬一然笑殺天下人既視事宗戚詣慶搔首曰歇後鄭五作宰相事可知矣固讓不聽立朝偘然無復故態自以不爲人所瞻望纔三月以疾乞骸拜太子少保致仕卒
朱朴襄州襄陽人以三史舉繇荆門令進京兆府司録參軍改著作郎乾寧初太府少卿李元實欲取中外九品以上官兩月俸助軍興朴上疏執不可而止擢國子毛詩博士上書言當世事議遷都曰古王者不常厥居皆觀天地興衰隨時制事關中隋家所都我實因之凡三百歳文物資貨奢侈僭僞皆極焉廣明巨盜陷覆

宫闕局署帑藏里閈井肆所存十二比幸石門華陰十二之中又亡八九高祖太宗之制蕩然矣夫襄鄧之西夷漫數百里其東漢輿鳳林爲之關南菊潭環屈而流屬於漢西有上洛重山之險北有白崖聯絡乃形勝之地沃衍之墟若廣浚漕渠運天下之財可使大集自古中興之君去已衰之衰就未王而王今南陽漢光武雖起而未王也臣視山河壯麗處多故都已盛而衰難可興已江南土薄水淺人心囂浮輕巧不可以都河北土厚水深人心彊愎狠戾不可以都惟襄鄧實惟中原人心質良去秦咫尺而有上洛爲之限永無夷狄侵軼之虞此建都之極選也不報朴爲人木彊無它能方是時天子失政思用特起士任之以中興而朴所善方士許巖士得幸出入禁中言朴有經濟才又水部郎中何迎亦表其賢帝召與語擢左諫議大夫同中書門下平章事以素無聞人人大驚俄判户部進中書侍郎帝益治兵所處可一委朴朴移檄四方令近者出甲士資餉遠者以羨餘上後數月巖士爲韓建

所殺朴罷爲秘書監三貶郴州司户參軍卒與朴皆相者
孫偓字龍光父景商爲天平軍節度使偓第進士歷顯官以户部
侍郎同中書門下平章事遷門下爲鳳翔四面行營都統俄兼禮
部尚書行營節度諸軍都統招討處置等使始家第堂柱生槐枝
朞而茂旣而偓秉政封樂安縣侯與朴皆貶衡州司馬卒偓性通
簡不矯飾嘗曰士苟有行不必以己長形彼短己清彰彼濁每對
客奴童相詬曳仆諸前不之責曰若持怒心卽自撓矣兄儲歷天
雄節度使終兵部尚書
韓偓字致光京兆萬年人擢進士第佐河中幕府召拜左拾遺以
疾解後遷累左諫議大夫宰相崔胤判度支表以自副王溥薦爲
翰林學士遷中書舍人偓嘗與胤定策誅劉季述昭宗反正爲功
臣帝疾宦人驕橫欲盡去之偓曰陛下誅季述時餘皆赦不問今
又誅之誰不懼死含垢隱忍須後可也天子威柄今散在方面若
上下同心攝領權綱猶冀天下可治宦人忠厚可任者假以恩倖

使自翦其黨蔑有不濟今食度支者乃八千人公私牽屬不減二
萬雖誅六七巨魁未見有益適固其逆心耳帝前膝曰此一事終
始屬卿中書舍人令狐渙任機巧帝嘗欲以當國俄又悔曰渙作
宰相或誤國朕當先用卿辭曰渙再世宰相練故事陛下業已許
之若許渙可改許臣獨不可移乎帝曰我未嘗面命亦何憚偓因
薦御史大夫趙崇勁正雅重可以準繩中外帝知偓崇門生也歎
其能讓初李繼昭等以功皆進同中書門下平章事時謂三使相
後稍稍更附韓全誨周敬容皆忌胤胤聞召鳳翔李茂貞入朝使
留族子繼筠宿衛偓聞以爲不可胤不納偓又語令狐渙渙曰吾
屬不惜宰相邪無衛軍則爲閹豎所圖矣偓曰不然無兵則家與
國安有兵則家與國不可保胤聞憂未知所出李彦弼見帝倨甚
帝不平偓請逐之赦其黨許自新則狂謀自破帝不用彦弼譖偓
及渙漏禁省語不可與圖政帝怒曰卿有官屬日夕議事柰何不
欲我見學士邪繼昭等飲殿中自如帝怒偓曰三使相有功不如

厚與金帛官爵毋使豫政事今宰相不得顓決事繼昭輩所奏必
聽它日遽改則人人生怨初以衛兵檢中人今敕使衛兵爲一臣
竊寒心願詔茂貞還其衛軍不然兩鎭兵鬭闕下朝廷危矣及胤
召朱全忠討全誨汴兵將至偓勸胤督茂貞還衛卒又勸表暴內
臣罪因誅全誨等若茂貞不如詔卽許全忠入朝未及用而全誨
等已劫帝西幸偓夜追及鄠見帝慟哭至鳳翔遷兵部侍郎進承
旨宰相韋貽範母喪詔還位偓當草制上言貽範處喪未數月遽
使視事傷孝子心今中書事一相可辦陛下誠惜貽範才俟變縗
而召可也何必使出峩冠廟堂入泣血柩側毀瘠則廢務勤恪則
忘哀此非人情可處也學士使馬從皓逼偓求草偓曰腕可斷麻
不可草從皓曰君求死邪偓曰吾職內署可默默乎明日百官至
而麻不出宦侍合譟茂貞入見帝曰命宰相而學士不草麻非反
邪艴然出姚洎聞曰使我當直亦繼以死旣而帝畏茂貞卒詔貽
範還相洎代草麻自是宦黨怒偓甚從皓讓偓曰南司輕北司甚

君乃崔胤王溥所薦今日北司雖殺之可也兩軍樞密以君周歲
無奉入吾等議救接君知之乎偓不敢對茂貞疑帝間出依全忠
以兵衛行在帝行武德殿前因至尚食局會學士獨在宮人招偓
偓至再拜哭曰崔胤甚健全忠軍必濟帝喜偓曰願陛下還宮無
爲人知帝賜以麪豆而去全誨誅宮人多坐死帝欲盡去餘黨偓
曰禮人臣無將將必誅宮婢負恩不可赦然不三十年不能成人
盡誅則傷仁願去尤者自內安外以靜羣心帝曰善崔胤請以輝
王爲元帥帝問偓它日累吾兒否偓曰陛下在東內時天陰雺王
聞鳥聲曰上與后幽困烏雀聲亦悲陛下聞之惻然有是否帝曰
然是兒天生忠孝與人異意遂決偓議附胤類如此帝反正勵精
政事偓處可機密率與帝意合欲相者三四讓不敢當蘇檢復引
同輔政遂固辭初偓侍宴與京兆鄭元規威遠使陳班並席辭曰
學士不與外班接主席者固請乃坐旣元規班至終絶席全忠胤
臨陛宣事坐者皆去席偓不動曰侍宴無輒立二公將以我爲知

禮全忠怒偓薄巳悻然出有譖偓喜侵侮有位胤亦與偓貳會逐王溥陸扆帝以王贊趙崇為相胤執贊崇非宰相器帝不得巳而罷贊崇皆偓所薦為宰相者全忠見帝斥偓罪帝數顧胤胤不為解全忠至中書欲召偓殺之鄭元規曰偓位侍郎學士承旨公無遽全忠乃止貶濮州司馬帝執其手流涕曰我左右無人矣再貶榮懿尉徙鄧州司馬天祐二年復召為學士還故官偓不敢入朝挈其族南依王審知而卒兄儀字羽光亦以翰林學士為御史中丞偓貶之明年帝宴文思毬塲全忠入百官坐廡下全忠怒貶儀棣州司馬侍御史歸藹登州司户參軍

贊曰懿僖以來王道日失厥序腐尹塞朝賢人遁逃四方豪英各附所合而奮天子塊然所與者惟佞愎庸奴乃欲鄭横流支巳顛宰不殆哉觀綮朴輩不次而用捭豚臑拒貙牙趣亡而已一韓偓不能容况贒者乎

列傳第一百八

馬楊路盧列傳第一百九　　唐書一百八十四

宋 祁 奉 敕 撰

馬植字存之鳳州刺史勛子也第進士又擢制策科補校書郎繇壽州團練副使三遷饒州刺史開成初為安南都護精吏事以文雅緰飾其政清淨不煩洞夷使安羈縻諸首領皆杲納款遣子弟詣府請賦租約束植奏以武陸縣為陸州即柬首領為刺史既而州部䲢池珠復生以政最檢校左散騎常侍徙黔中觀察使會昌中召拜光祿卿遷大理植自以譽望在當時諸公右久補外還朝不得要官為宰相李德裕所抑內怨望宣宗嗣位白敏中當國凡德裕所不善悉不次用之故植以刑部侍郎領諸道鹽鐵轉運使遷户部俄同中書門下平章事進中書侍郎初左軍中尉馬元贄最為帝寵信賜通天犀帶而植素與元贄善至通昭穆元贄以賜帶遺之它日對便殿帝識其帶以詰植植震恐具言狀於是罷為天平軍節度使既行詔捕親吏下御史獄盡得交私狀貶常州刺史以太子賓客分司東都起為忠武宣武節度使卒

初植兼集賢殿大學士校理楊收道與三院御史遇不肯避朝長馮緘録其騶僕辱之植怒奏言開元中麗正殿賜酒大學士張說以下十八人不知先舉者說以學士德行相先遂同舉酒今緘辱收與大學士等請斥之中丞令狐綯援故事論救宣宗釋不問因著令三館學士不避行臺自植始臺制三院還臺以一人為朝長云

楊收字藏之自言隋越國公素之裔世居馮翊父遺直德宗時以上書闕下仕為濠州録事參軍客死姑蘇收七歲而孤處喪若成人母長孫親授經十三通大義善屬文所賦輒就吳人號神童里人多造門觀賦詩至壓敗其藩收嘲之曰爾非鼠用者奚用齧吾藩切當率類此及壯長六尺二寸廣顙深頤疏眉目寡言笑博學彊記至它藝無不通解貧甚以母奉浮屠法自幼不食肉約曰爾得進士第乃可食涔陽耕得古鍾高尺餘收扣之曰此姑洗角也既劀拭有刻在兩欒果然嘗言琴通黃鍾姑洗無射三均側出諸調由羅蔦附灌木然時有安浚者世稱善琴且知音收問五弦外其二云何浚曰世謂周文武二王所加者收曰能為文王操乎浚即以黃鍾為宮而奏之以少商應大絃收曰止如子之言少商武絃也且文世安得武聲乎浚大驚因問樂意收曰樂亡久矣上古祀天地宗廟皆不用商周人歌大呂舞雲門以俟天神歌太蔟舞咸池以俟地祇大呂黃鍾之合陽聲之首而雲門黃帝樂也咸池堯樂也不敢用黃鍾而以太蔟次之然則祭天者圜鍾為宮黃鍾為角太蔟為徵姑洗為羽祭地者函鍾為宮太蔟為角姑洗為徵南呂為羽訖不

用商及二少盡商聲剛而二少聲下所以取其正義其繫也漢祭天則用商而宗廟不用謂鬼神畏商之剛西京諸儒惑圜鍾函鍾之說故其自受命郊祀宗廟樂唯用黃鍾一均章帝時太常丞鮑業始旋十二宮夫旋宮以七聲為均均言韻也古無韻字猶言一韻聲也始以某律為宮某律為商某律為角某律為徵某律為羽某律少宮某律少徵亦曰變曰比一均成則五聲為之節稼此旋宮也乃取律次之以示涗涗時七十餘以為未始聞而收未冠也以兄假未仕不肯舉進士既假擢第乃入京師明年擢進士杜悰表署淮南推官悰領度支又節度劍南東西川輒隨府三遷宰相馬植表為渭南尉集賢校理議補監察御史收又以假方外遷誼不可先固辭植嗟美為止復為悰節度府判官蜀有可縣直嶲州西南地寬平多水泉可灌秔稻或謂悰計與屯田省轉餉以飽邊士悰將從之收曰田可致兵不可得且地當蠻衝本非中國今駭西南屯士往耕則姚嶲兵少賊得乘間若調兵捍賊則民疲士怨假令大穫蠻得長驅是資賊糧竭國計耶乃止始周墀罷宰相節度東川表其弟嚴掌書記俄而墀卒悰辟為觀察使判官兄弟並在幕府未幾假自浙西判官擢監察御史而收亦自西川遷兄弟同臺世榮其友以詳禮學改太常博士而嚴亦自揚州召為監察御史收因建言漢制總羣官而聽曰

省分務而專治曰寺太常分務專治者也所以藏天子之旂常今旂常因車飾隸太僕非是未及行以母喪免服除從淮南崔鉉府為支使還拜侍御史夏侯孜以宰相領度支引判度支按遷長安令懿宗時擢累中書舍人翰林學士承旨以中書侍郎同中書門下平章事始南蠻自大中以來火邕州掠交阯調華人往屯涉氛瘴死者十七戰無功蠻勢益張收議豫章募士三萬置鎮南軍以拒蠻兵必教蹋張戰必注滿蠻不能支又峙食汎舟餉南海天子嘉其功進尚書右僕射封晉陽縣男既益貴稍自盛滿為奢侈門吏童客倚為姦中尉楊玄价得君而收與之厚收之相玄价實左右之乃招四方賕餉數千議收不能從玄价以負己大恚陰加毀短知政凡五年罷為宣歙觀察使不敢當兩使稟料但受刺史奉留公藏錢七百萬韋保衡又劾收前用嚴譔為江西節度使受謝百萬及它隱盜明年貶端州司馬吏具大舟以須收不從曰方謫去可乎以二小舸趨官又明年流驩州俄詔內養追賜死收得詔謝曰輔政無狀固且死今獨一弟嚴以奉先人之祀使者能假須臾使秉筆乎使者從之收自作書謝天子丐弟嚴死奉先自後以書授使者即仰鴆死帝見書惻然乃宥嚴坐收流死者十一人後三年詔追雪其辜復官爵子鉅鏻鉅乾寧初為翰林學士從入洛終散騎常侍鏻至戶部尚書收兄發字至之登進士又中拔萃累官左司郎中宣宗追加順憲二宗尊號有司議改造廟主署新謚詔百官議發與都官郎中盧搏以為改作主求古無文執不可知禮者韙之改太常少卿為蘇州刺史治以恭長慈幼為先徙福建觀察使又以能政聞朝廷意有治劇才拜嶺南節度使承前寬弛發操下剛嚴軍遂怨起為亂囚傳舍貶婺州刺史假字仁之仕終常州刺史收與昆弟護喪葬偃師會者千人嚴字凜之舉進士時王起選士三十人而楊知至竇緘源重鄭朴及嚴五人皆世胄起以聞詔獨收嚴累遷至工部侍郎翰林學士收知政請補外拜浙東觀察使收貶嚴亦斥為邵州刺史徙吉王傅乾符中以兵部侍郎判度支卒子涉注涉昭宗時仕至吏部侍郎哀帝時進同中書門下平章事為人端重有禮法方賊臣陵慢王室殘蕩賢人多罹患涉受命與家人泣語其子凝式曰世道方極吾嬰網羅不能去將重不幸禍且累汝然以謹靖終免于禍注為翰林學士涉已相辭內職為戶部侍郎

路巖字魯瞻魏州冠氏人父群字正夫通經術善屬文性志純絜親殁終身不肉食累官中書舍人翰林學士承旨文宗優遇之居循循謙畏若不在勢位者所與交雖褐衣之賤待以禮始終一節即巖幼惠敏過人及進士第父時故人在方鎮者交辟之久乃荅懿宗咸通初自屯田員外郎入翰林為學士

以兵部侍郎同中書門下平章事年三十六居位八歲進至尚書左僕射於是王政秕僻宰相得用事巖顧天子荒闇且以政委己乃通賂遺奢肆不法俄與韋保衡同當國二人勢動天下時目其黨為牛頭阿旁言如鬼陰惡可畏也既權侔則爭故與保衡還相惡俄罷巖為劍南西川節度使永蠻寇邊後巖力循置定邊軍於邛州扼大度治故關取壇丁子弟教擊刺使補屯籍由是西山八國來朝以勞遷兼中書令封魏國公始為相時委事親吏邊咸曾至德令陳蟠叟奏書願請間言財利帝召見則曰臣願破邊咸家可佐軍興帝問咸何人對曰宰相巖親吏也帝怒斥蟠叟自是人無敢言咸乃與郭籌者相依倚為姦巖不甚制軍中惟邊將重鎮司馬猶妄給與以結志嘗閱武都場咸籌莅之其議事以書相示則焚之軍中驚以有異圖恟恟遂聞京師巖坐是徙荊南節度使道貶新州刺史至江陵免官流儋州籍入其家巖體貌偉麗美須髯至江陵而昔皆白摘誅咸籌巖至新州詔賜死剔取喉上有司或言巖嘗密請三品以上得罪誅殛剔取喉驗其已死俄而自及

保衡者京兆人字蘊用父慤宣宗時終武昌軍節度使保衡咸通中以右拾遺尚同昌公主遷起居郎駙馬都尉主郭淑妃所生懿宗所愛而妃有寵故恩禮最異采宮中珍玩資主之俄歷翰林學士承旨以兵部侍郎同中書門

下平章事自尚主至是裁再朞又進門下侍郎尚書右僕射性浮淺既恃恩據權以嫌愛自肆所悅即擢不悅擠之保衡舉進士王鐸第手籍蕭遘同升以賞薄于已皆見斥逐揚收傾路巖大益畏之主薨死而寵遇不衰僖宗立進司徒俄為怨家白發陰罪貶賀州刺史再貶崖州澄邁令遂賜死弟保乂自兵部侍郎貶賓州司戶參軍而劉瞻等坐主薨見貶者皆復起

盧攜字子升其先本范陽世居鄭擢進士第被辟浙東府入朝為右拾遺歷臺省累進戶部侍郎翰林學士承旨乾符五年進同中書門下平章事俄拜中書侍郎刑部尚書弘文館大學士攜姿陋而語不正與鄭畋俱李翱甥同位宰相然所處議多駮初王仙芝起河南攜表宋威齊克讓曾元裕皆善將為招討使又威殺尚君長賊熾結益不制乃以王鐸鎮荊南為諸道都統攜不悅是時黃巢已破廣州勢張甚表求天平節度使詔宰相百官議攜素厚高駢勸令立功乃固不可巢請又欲以巢使戰而敗鐸因授率府率又徇駢與南詔和親與畋爭相恨詈悉罷為太子賓客分司東都俄為兵部尚書會駢將張璘破賊帝復召攜以門下侍郎同平章事又鐸失守以駢代之即按關東諸將為鐸畋所任者悉易置內倚田令孜而外寄戎政於駢與奪惟所愛然病風足蹇神智瞑塞事多決於親吏楊溫李脩賄賂顯行及巢破淮南璘戰死忠武兵亂天下危懼人皆咎攜始下詔以巢為天平節度使詔下賊已破潼關明日以太子賓客罷分司東都是夜仰藥死巢入京師斲棺磔尸於長安市子晏天祐初為河南尉柳璨殺之

贊曰盧攜之敗王鐸私高駢賊遂卷咸鎬而西易若舉毛可謂朝無人焉唐將亡攜為之鴟梟宜天之假手於賊而磔其枯胔也

馬楊路盧列傳第百九

鄭二王韋張列傳第一百一十　　唐書一百八十五

宋　祁　奉　敕　撰

鄭畋字台文系出滎陽父亞字子佐爽邁有文舉進士賢良方正書判拔萃三中其科李德裕為翰林學士高其才及守浙西辟署幕府擢監察御史李回任中丞薦為刑部郎中知雜事拜給事中德裕罷宰相出為桂管觀察使坐吳湘獄不能直冤貶循州刺史死于官畋舉進士時年甚少有司上第籍武宗疑索所試自省乃可奏為宣武推官以書判拔萃擢渭南尉父喪免宣宗時白敏中令狐綯繼當國皆怨德裕其賓客並廢斥故畋不調幾十年外吏帥鎮幕府綯去位始為虞部員外郎右丞鄭薰詆畋罪不可任即官出之久乃入為刑部員外郎劉瞻為宰相薦授戶部郎中入翰林為學士俄知制誥會討徐州賊龐勛書詔紛委畋思不淹晷成文粲然無不切機要當時推之勛平以戶部侍郎進學士承旨瞻以諫迕懿宗賜罷畋草制書多褒言韋保衡等怨之以為附下罔上貶梧州刺史僖宗立內徙郴絳二州以右散騎常侍召還故事兩省轉對延英獨常侍不與畋建言宜備顧問詔可遂著于令以兵部侍郎進同中書門下平章事故時宰相騶哄聯數坊呵止行人畋敕道者止百步禁百官僕吏不得擅至宰相府又廣邕南兵舊取嶺北五道米往餉之船多敗沒畋請以嶺南鹽鐵委廣州節度使韋荷歲煮海取鹽直四十萬緡市虔吉米以贍安南罷荊洪等漕役軍食遂饒後以王師南為嶺南供軍副使師南請兼總兵而歲加獻錢二十萬緡畋曰苟且有功而師南以利啖朝廷謀奪其兵不可罷之再遷門下侍郎封滎陽郡侯以星變求去位不許乾符六年黃巢勢浸盛據安南騰書求天平節度使帝令群臣議咸請假節以紓難畋欲因授嶺南節度使而盧攜方倚高駢使立功乃曰駢才略無雙淮南天下勁兵又諸道之師方至賊蕞爾何捨之令四方解體邪畋曰不然巢之亂本於饑其眾以利合故能與江淮根蔓天下國家久平士忘戰所在閉壘不敢出如以恩釋罪使及歲豐其下思歸眾一離即巢机上肉耳法謂不戰而屈人兵也今不伐以謀而恃以兵恐天下憂未艾也僕射于琮言南海以寶產富天下如與賊國藏竭矣天子內亦屬駢乃然攜議畋曰危亂且至而公倚淮南用兵吾不知所稅駕矣會駢奏南蠻方彊請如西戎以公主下嫁攜又議從之畋以為損國威靈不可即抗論至相詬攜怒拂衣去裾罥於硯因抵之帝以大臣爭口語無以示百官乃俱罷以畋為太子賓客分司東都俄召拜吏部尚書明年為鳳翔隴西節度使募銳兵五百號疾雷將境中盜不敢發巢陷東都遣兵戍京師以家財勞行妻

自綷戎衣給戰士帝出梁洋畋上謁糾合泣曰將相誤國臣請死以懲無狀
帝勞遣之且曰公謹扼賊衝無令得西向畋曰方艱虞時事有機急不可中
覆請便宜從事臣當以死報國帝曰利社稷無不可畋還蒐士卒繕器械濬
城隍使子凝者道相屬俄而賊使至諸將皆欲附賊畋開諭不可即悉出金
帛請得脫身去後不聽而使以偽赦令示軍中乃去明日詔使至畋召監軍
袁敬柔以逆順曉諸將乃聽命刺血以盟畋遣子凝績從帝有詔進同中書
門下平章事賊將又至畋斬千東餘黨數百人皆捕誅之遷檢校尚書右僕
射西面行營都統軍中承制除拜乃以前靈武節度使唐弘夫為行軍司馬
中和元年賊將王璠率衆三萬來攻畋使弘夫設伏以待璠內輕畋儒柔縱
步騎鼓而前畋以銳卒數千當賊跡陣而多旗幟乘高伐鼓賊不測衆寡陣
未整伏發衆皆噪曰暮軍四合鏖戰龍尾坡殺賊二萬級積尸數十里多獲
鎧仗璠遁去禽璠子斬之威動京師時諸鎮兵在寰內尚數萬無所歸畋招
來之厚加慰結乃與涇原程宗楚秦州仇公遇鄜延李孝恭夏州拓拔思恭
約盟傳檄天下時王命不出劍門四方謂王室微不能復興及畋檄至遠近
感聳各治兵思立功奔問行在巢大懼不敢西謀當此時微畋天子幾殆帝
聞捷曰朕知畋不盡儒者之勇乃爾弘夫取咸陽以將潛兵渭水賊伏甲偽

走弘夫與宗楚乘勝入都門為賊所覆畋數敕無輕進二人不聽果敗以鄭
夏兵屯東渭橋冊進司空兼門下侍郎京城四面行營都統賜御袍犀帶拜而
不賀行軍司馬李昌言者屯興平遣麾下求為南面都統輒引兵趨府畋不
意見襲登城好語曰吾方入朝公能戢兵愛人為國滅賊乎能則守此矣遂
委軍去昌言自為留後衛畋出境既半道內慚負即辭疾詔授太子少傅分
司東都使醫於興元明年召至行在以王鐸將兵復拜畋司空門下侍郎平
章事軍務一以咨決興州戍將孫鄴坐贓抵死畋奏言方關輔失守鄴護襃
斜有功請免死陳秋兒保嵯峨山拒賊農不廢耕請以檢校散騎常侍隸奉
天軍制皆可舊制使府校書郎以上滿三歲遷監察御史裏行至大夫常侍
滿三十月遷雖節度兼宰相亦不敢越自軍興有歲內數遷者畋以為不可
請行營節度錄裏行至大夫許滿二十月遷校書郎以上滿二歲乃奏非軍
興者如故事從之時田令孜持權有所干請畋不應陳敬瑄欲以官品居宰
相上畋曰外宰相安得論品乎卒不肯處其下令孜敬瑄內常銜之賊平帝
將還而李昌言自以襲畋而奪之鎮今畋當國內不喜故三人相結而遣客
上畋過咎帝得其情不許畋乃引疾去位入見帝曰乘輿東還縣大散關幸
鳳翔供張頓峙一委昌言乃可安臣若以宰相從彼且猜阻非所以靖反側

也請以散官養疾或群臣有疑願出臣章示之使知天子於臣無纖介者帝
以其誠乃授檢校司徒太子太保罷政事以凝績為壁州刺史留養從龍州
卒年六十三贈太尉後帝思畋忠力又贈太傅凝績斂葬亦卒始李茂貞以
博野裨將戍奉天畋召隸麾下委以游邏厚禮之茂貞感其飾擢及畋還葬
鄭綮為請謚曰文昭天復初與李思恭配饗僖宗廟廷又贈宗楚弘夫官畋
為人仁恕姿采如峙玉凡與布衣交至貴無少易鄭綮者畫子也方畋秉政
擢為給事中至侍郎其循紀類如此巢之難先諸軍破賊雖功不終而還相
天子坐籌帷幄終能復國云

王鐸字昭範宰相播昆弟子也會昌初擢進士第累遷右補闕集賢殿直學
士白敏中辟署西川幕府咸通後任台顯歷中書舍人禮部侍郎所取多才
實士為世稱挹拜御史中丞以戶部侍郎判度支十二年以禮部尚書進同
中書門下平章事加門下侍郎尚書左僕射超拜司徒韋保衡緣恩倖輔政
始由鐸得進士故謹事之雖竊政權將大斥不附者病鐸持其事不得肆搢
紳賴焉鐸亦上疏祈解乃以檢校左僕射出為宣武節度使僖宗初以左僕
射召始鐸當國練制度習慮周密時論推允會河南盜起天下蹴鐸入輔又
鄭畋數言其賢復拜門下侍郎平章事乾符六年賊破江陵宋威無功諸將

觀望不進天下大震朝廷議置統帥鐸因請自率諸將督盜帝即以鐸為
侍中荊南節度使諸道行營都統封晉國公綏納流冗益募軍完器鎧武備
張設李係者西平王晟諸孫敏辯善言兵然中無有鐸信之舉為將分精兵
使守湖南俄而賊掠廣州鼓而北係望風未戰輒潰鐸退營襄陽於是以高
駢代之貶太子賓客分司東都未幾召拜太子少師從天子入蜀拜司徒門
下侍郎平章事加侍中復以太子太保平章事是時誅討大計悉屬駢駢內
幸多難數偃蹇而外逗撓鐸感慨王室每入對必噫嗚流涕固請行時中和
二年也乃以檢校司徒中書令為義成節度使諸道行營都統判延資戶部
租庸等使於是表崔安潛自副鄭昌圖裴贄裴樞王摶等在幕府以周岌王
重榮諸葛爽康實安師儒時溥六節度為將佐而中尉西門思恭為監軍率
衛兵自洎梁蜀師三萬壁盩厔移檄天下先是諸將雖環賊莫肯先及鐸檄至
號令朗然士氣皆起爭欲破賊故巢戰數敗官人田令孜策賊必破欲使功
出於己乃構鐸於帝罷為檢校司徒以義成節度還屯鐸功垂就而讒見奪然
卒因其勢困賊後數月復京師策勳居關東諸鎮第一四年徙義昌節度使
鐸世貴出入裘馬鮮明妾侍且衆過魏魏樂彥禎子從訓心利之李山甫者數
舉進士被黜依魏幕府內樂禍且怨中朝大臣導從訓以詭謀使伏兵高雞

伯劫之鐸及家屬吏佐三百餘人皆遇害朝廷微弱不能治其冤天下痛之
弟鐐累官汝州刺史乾符中王仙芝來攻鐐拒之自督男士與別將董漢勳
守南北門城陷漢勳力戰死鐐貶韶州司馬終太子賓客
王徽字昭文京兆人第進士授校書郎沈詢判度支徐商領鹽鐵皆辟署使
府始宣宗詔宰相選可尚主者或以徽聞徽本澹聲利聞不喜往見宰相劉
瑑曰徽年過四十又多病不應在選瑑為言乃罷從令狐綯署宣武淮南掌
書記召授右拾遺書二十餘上言無回忌公議浩然歸重徐商罷政事守江
陵心欲表徽在幕府恐其不樂外忍不言徽自往曰公知徽安得不從商大
喜表為殿中侍御史署節度府判官御史中丞高湜薦知雜事進考功員外
郎故事考簿以朱注上下為殿最歲久易漫吏輒竄易為姦徽始用墨遂絕妄
欺擢翰林學士廣明元年盧攜罷宰相以徽為戶部侍郎同中書門下平章
事是日黃巢入關僖宗西狩冒夜出徽與崔沆豆盧瑑僕射于琮詣朝乃知
追帝不及捨產越間為賊所執迫還將汙以官徽陽瘖不答以刃環脅卒不
動賊令歸第使醫護視之守者懈乃奔河中裂縑書奏遣人間走蜀詔拜
兵部尚書京城四面宣慰催陣使昭義高潯與賊戰石橋敗績其將劉廣擅
還據潞州別將孟方立殺廣因取邢洺磁三州貳于己昭義所隸唯澤一州

帝以兵部侍郎鄭昌圖權守潞士心多附方立昌圖不能制朝議以大臣鎮
撫即授徽檢校尚書左僕射同中書門下平章事領昭義節度使是時李克
用亦爭澤潞徽商朝廷力未能以兵抗之奉表固辭詔可東為諸道租庸供
軍使因說行營都監楊復光請赦沙陀罪令赴難其真沙陀會諸軍遂平京
師徽助為多遷右僕射大亂之後宮觀焚殘園陵皆發掘鞠為丘莽乘輿未
有東意詔徽充大明宮留守京畿安撫制置脩奉使徽外調兵食內撫綏流
亡踰年稍稍完聚興復殿寢裁制有宜即奉表請帝東還又進檢校司空御
史大夫仍權京兆尹官要家爭遣人治第侵冒民訟訴徽不屈勢倖
一平以法繇是為帝左右所憎以其黨薛杞為少尹輕其權杞方居喪徽奏
止不使到府衆忿共譖罷徽令赴行在俄授太子少師徽遂移疾河中滿百
日免帝還京師復申前授稱疾不任奉謁宰相疾其怨望貶集州刺史會帝
避沙陀出次寶雞帝令徽無罪拜吏部尚書封琅邪郡侯未行而嗣襄王熅
作亂帝進次漢中熅逼召徽以疾發自言及熅僭號迫辟目作詔牒徽託手
弱卒不肯署熅平帝至鳳翔召徽為御史大夫固辭足痺復拜太子少師昭
宗立見便殿進對詳洽帝顧宰相曰徽神氣尚彊可用乃復拜吏部尚書是
時銓選失序吏肆為姦補調重複不可檢徽為手籍一驗實之遂無姦滯進

右僕射大順元年卒贈司空謚曰貞諳言其先本魏諸公子秦滅魏至漢從
關中霸陵以其故王家為王氏十世祖罷仕周為同州刺史死葬咸陽鳳政
原子孫因家杜陵曾祖擇從昆第四人曰易從朋從言從皆擢進士第至鳳
閣舍人者三人故號鳳閣王氏自是訖大中時登進士者十八人位臺省牧
守者三十餘人徽有雅望拜宰相一日而京師亂故其設施無可道者
韋昭度字正紀京兆人擢進士第踐歷華近累遷中書舍人僖宗西狩以兵
部侍郎翰林學士承旨從未幾同中書門下平章事還授司空再狩山南
還次鳳翔李昌符亂興昭度質家族於禁軍誓共討賊士感動乃平昌
符遷太保兼侍中昭宗即位守中書令封岐國公閬州刺史王建攻陳敬瑄
於成都以昭度為西川節度使敬瑄不內詔東川顧彥朗與建合兵以討拜
昭度兼行營招撫使乃建幢節行城下諭其衆曰毋久閉壘敬瑄遣人詈曰
鐵券先帝所命若何違之逾半歲始拔漢州建紿昭度曰公暴師遠出事蠻
夷地方山東兵連禍結朝廷不能治腹心疾也宜亟還定之敬瑄小醜當責
建等可辦昭度信之請還未半道建以重兵守劍門急攻成都因敬瑄自稱
留後罷昭度為東都留守讓能既被害以司徒門下侍郎復為平章事進
太傅王行瑜求為尚書令昭度建言太宗由是即位後人臣無復拜者郭子

儀有大功皆授之固辭況行瑜乎乃更號尚父行瑜怨會用李磎輔政而
崔昭緯密語行瑜曰前公已為尚書令昭度持不可今又引磎叶力此姦人
務立黨與惑上聽恐事復有如杜太尉時行瑜乃與李茂貞數上書譏詆朝
政昭度懼稱疾罷為太傅致仕行瑜茂貞韓建聯兵至闕下言昭度伐蜀失
謀請殛之未及報而行瑜收昭度於都亭驛殺之天子不得已下詔暴其罪
行瑜誅乃追復官爵許其家收葬贈太尉
張濬字禹川本河間人性通脫無檢汎知書史喜高論士友擯薄之不得志
乃羸服屏居金鳳山學從橫術以捭闔干時樞密使楊復恭遇之以處士薦
為太常博士進度支員外郎黃巢之亂稱疾挾其母走商山僖宗西出衛士
食不給漢陰令李康獻糗餌數百馱士皆歡給帝異之曰爾乃及是乎對曰
臣安知為此張濬教臣也乃召濬至行在再進諫議大夫宰相王鐸任行
營都統奏署都統判官時王敬武在平盧兵最盛觀望不肯應濬往說之而
敬武已臣賊不迎使者濬責之曰公為天子守藩今使者齎詔至不北面俯
伏而敢侮慢公乃未識君臣大分何以長吏民哉敬武愕眙愧謝濬宣詔已
士按兵默默濬召將佐至鞠場倡言忠義之士當審利害黃巢販鹽虜耳捨
天子而臣之何利邪今諸侯勤王者踵相接公等據一州以觀成敗後賊平

將安在誠能此時共誅大盜迎天子功名富貴可反手而取吾憐公等捨安而圖危也諸將雜然曰諫議語是翁武即引軍從濬西濬為會軍使賊平以戶部侍郎判度支後再狩山南拜同中書門下平章事仍判度支濬始繇復恭進復恭中失權更依田令孜故復恭銜之及為中尉數被離間昭宗即位復恭恃援立功專任事帝稍不平當時多言濬有方略善處大計乃復見委信嘗問致治之要對曰在彊兵兵彊天下服矣天子繇是甘心於武功後與論古今事濬輒曰漢晉之遠無可道陛下春秋鼎盛英資特達內偪宦臣外迫彊臣故不能安此臣所以痛心而泣血也是時朱全忠威振關東而安居受殺李克恭以潞州歸全忠全忠乃與幽州李匡威雲州赫連鐸上言先帝幸梁繇李克用與朱玫連和請舉兵誅之願帥兵為犄角帝詔文武四品以上議皆言王室未寧雖得太原猶非所有濬固爭先帝時身播乜亂蓋克用全忠不相下也請因其弱討之斷兩雄勢帝曰平巢克用功第一今乘危伐之天下其謂我何久不決孔緯曰濬言萬世之利陛下所顧一時事爾臣見師度河賊必破今軍中費尚足支數年幸聽勿疑既濬緯相倡和帝乃決出師詔濬為河東行營兵馬招討制置使京兆尹孫揆為昭義節度使副之韓建為供軍使以全忠匡威鐸並為招討使樞密使駱全諲為行營都監以

汴甲三千為帳下發五十二軍邠寧鄜夏雜虜合五萬帝置酒安喜樓餞濬飲酣泣下曰陛下偪於賊臣願以死除之復恭聞不懌率中尉等餞長樂坂以酒屬濬濬不肯舉是役也濬外幸成功而內制復恭故銜之先是汴華邠岐兵絕河會平陽汴將朱崇節已戍潞濬慮汴人遂據有之乃令揆分兵趨潞以中人韓歸範持節護送至軍會太原將李存孝方攻潞揆至長子為存孝所禽汴人亦棄城去濬次陰地關諸軍壁平陽存孝擊之皆大北委仗械去濬斂眾夜遁比明軍失太半存孝進掠晉絳慈隰其鋒甚盛濬間道出王屋奔河清桴而濟壁下略盡全諲飲藥死建遁去克用上書請罪其辭悖慢因韓歸範以聞朝廷震動即日下詔罷濬為武昌軍節度使三貶繡州司戶參軍全忠為申請詔聽使便濬乃至藍田依韓建及韋昭度死復用緯為宰相故濬亦拜兵部尚書領天下租庸使將復用克用上言若朝以濬為相暮請以兵見乃止乾寧中罷使拜尚書右僕射上疏乞骸骨遷左僕射致仕居洛長水墅雖自屏匏然朝廷得失時時言之劉季述亂濬徒步入洛泣諭張全義并致書諸藩請謀王室之難王師範起兵青州欲取濬為謀主不克全忠脅帝東遷濬聞曰乘輿下洛則大事去矣蓋知其將篡也全忠畏濬搆它鎮兵使全義遣牙將如盜者夜圍墅殺之屠其家百餘人實天復三年十

二月始濬素厚永寧吏葉彥知其謀以告濬子格濬度不免父子相持泣曰留則俱死不如去以存吾嗣格拜而辭彥率士三十人送之汴漢入蜀後事王建少子播間道走淮南依楊行密時行密得承制除拜播請每除吏必紫極宮玄宗像前致制詔于按乃出之示不忘朝廷且欲雪家冤而不克終廣陵

贊曰唐之季嗣君暗孱天奪其德久矣纖人柄朝辟謀不乖如畋鐸皆社稷之才當大過之世為天下唱扶王室幾致中興然而為孽豎亂臣所乘功業無所成就濬以亂上亂悖繆瘝心悲夫

鄭二王韋張列傳第一百一十

周王鄧陳劉趙二楊顧列傳第百十一　唐書一百八十六

宋祁奉敕撰

周寶字上珪平州盧龍人曾祖待選爲幽州將安祿山反率縣人拒戰死之祖光濟事平盧節度希逸爲牙將每戰得攻賊城者必手書之歷左贊善大夫從李洧以徐州歸天子父懷義通書記擢累檢校工部尚書天德西城防禦使以從城事不爲宰相李吉甫所助以憂死寶籍蔭爲千牛備身天平節度使殷侑賞爲懷義參軍寶從之爲部將會昌時選方鎮才校入宿衛與高駢皆隸右神策軍歷良原鎮使以善擊毬俱補軍將駢以兄事寶寶彊毅未嘗詘意於人官不進自請以毬見武宗稱其能擢金吾將軍以毬喪一目進檢校工部尚書涇原節度使務耕力聚糧二十萬斛號良將黃巢擾宣歙徙寶鎮海軍節度兼南面招討使巢聞出采石略揚州僖宗入蜀加檢校司空時群盜所在盤結柳超據常熟王敖據昆山王騰據華亭宋可復據無錫寶練卒自守發杭州兵戍縣鎮判八都石鏡都董昌主之清平都陳晟主之於潛都吳文舉主之鹽官都徐及主之新登都杜稜主之唐山都饒京主之富春都文禹主之龍泉都凌文舉主之中和二年進同中書門下平章事兼天下租庸副使封汝南郡王寶和裕喜接士以京師陷賊將赴難益募兵號後樓都明年董昌據杭州柳超自常熟入睦州刺史韋諸殺之四年餘杭鎮使陳晟攻諸諸以州授晟寶子璵統後樓都居將不能馭軍部伍橫肆寶亦稍惑色不卹事以婿楊茂實爲蘇州刺史重斂人不聊田令孜以趙載代之茂實不受命寶表留不聽乃殘郛署焚府壖備去詔以王蘊代載載留潤州初鎮海將張郁以擊毬事寶光啟初劇賊剽昆山寶遣郁領兵三百戍海上郁醉而叛王蘊調州兵還休不設備郁遂大掠蘊嬰城守寶遣將拓拔從討定之郁保常熟因攻常州刺史劉革迎降衆稍集寶遣將丁從實督兵攻之郁走海陵依鎮遏使高霸執從實遂據常州及董昌從義勝軍節度使寶永制權抗州都將錢鏐領州事宣州賊李君旺陷義興守之是時右散騎常侍沈詰使至江南負田令孜勢震暴州縣嗣襄王下令搜令孜黨寶收詰及趙載殺之高駢領鹽鐵辟寶子佶爲支使寶亦表駢從子在幕府駢爲都統慢不禮寶寶銜之帝在蜀淮南絕貢賦讒言道斷而爲寶剽阻帝知其誣不直駢自是顯隙駢出屯東塘約西赴京師寶具舟將赴之或曰高氏欲圖公地寶未信駢遣人請會金山謀執寶寶答曰平時且不聞境上會況上蒙塵宗廟焚辱寧高會時耶我非李康不能爲人作功勳欺朝廷也駢遣人切讓寶亦詬絕之會部將劉浩刁頵與度支催勘使太子左庶子薛朗叛寶夜亡寢外兵格鬬火照城中寶登樓出諭曰爲吾用則吾兵否則寇也六州皆我鎮何往不適乃自青陽門出奔士大掠官屬崔紹陸鍔田倍皆死浩奉朗領府事寶至奔牛埭駢饋以齏爲諷其且亡也寶抵于地曰公有呂用之難方作無詛我即奔常州依丁從實召後樓都無一士至者錢鏐遣杜稜成及攻薛朗稜子建徽攻從實壁言迎寶鏐擊破賊君旺取舩八百艘遂圍常州從實奔海陵鏐具槖鞬迎寶舍樟亭未幾殺之不淹月而駢爲畢師鐸所囚寶死年七十四贈太保鏐以杜稜守常州文德元年拔潤州劉浩亡不知所在執朗剖其心祭寶使阮結守潤州楊行密殺高霸而張郁丁從實皆死初黃巢平時溥遣小史李師悅上符璽拜湖州刺史昭宗時遷忠國軍節度使董昌反師悅連和與鏐有隙而結好於行密安仁義次潤州復助之乾寧三年卒子繼徽代以地附行密其將沈攸謂不可繼徽乃奔揚州陳晟據睦州十八年死弟詢代立畏鏐忌己因徐綰亂與田頵通鏐剖桐廬隸杭州詢遂絕鏐攻成溪鏐使方永珍擊詢天祐元年行密遣將闞晊陶雅救之執鏐弟鎰大將王求顧全武等未幾鏐將楊習攻婺州詢乃奔楊渥渥以金師會守之及鏐破衢州師會走鏐取其地

王處存京兆萬年人世籍神策軍家勝業里爲天下高貲父宗巧射利侈靡自奉僮千人以此賽官累除檢校司空金吾大將軍遙領興元節度使處存自右軍鎮使歷檢校刑部尚書定州制置使累遷義武節度使黃巢陷京師處存號哭不俟詔分麾下兵二千間道至山南衛乘輿外約王重榮連盟進屯渭橋而涇州行軍司馬唐弘夫亦屯渭北詔處存檢校尚書右僕射督戰俄拜東南面行營招討使中和二年授京城東面都統每痛國難未夷語輒流涕軍中多處存義愈爲之用素善李克用又故婚好遣使十輩曉諭趣勸卒共平京師王鐸差與復功以勤王舉義處存爲第一收城破賊克用爲第一遷檢校司空復出兵三千屬大張公慶會諸軍捕巢泰山滅之進檢校司徒同中書門下平章事田令孜討王重榮徙處存節度河中上書言重榮有大功不可改易搖諸侯之心不納趣上道軍次晉州刺史冀君武閉門不內而重榮拒詔處存臨事通便宜有大將風幽鎮兵悍馬彊其地孰也而易定介於其間侵軼歲至及李匡威得志謀并取之處存善脩鄰驩內撫民有恩痛折節下賢協裨太原以自助遠近同心歲時講兵與諸鎮抗無能侵軼者累加侍中檢校太尉卒年六十五贈太子太師謚曰忠肅三軍迹河朔舊事推子郜由副使爲留後昭宗從之累拜節度使加檢校司空同中書門下平章事又進太保光化三年朱全忠使張存敬攻幽州以瓦橋濘潦道祁溝關郜

方與劉守光厚乃畀叔處直兵援其尾令騎將戴璋晉孝義豐而存敬將步卒騎已至且戰且引十餘里執璋章而氏叔琮下深澤執大將馬少安圍祁州屠之斬刺史楊約休兵十日處直壁沙河存敬軍河北挑戰處直不出涉河乃戰處直大敗亡大將十五士死者數萬存敬收械甲以賦戰士而焚其餘遂圍定州郜斬親吏梁汶移書存敬且請盟俄而外郛陷郜以其族奔太原使處直主留後全忠亦至處直辭曰敝邑事上未嘗不忠事鄰未嘗不禮弗虞君之見攻也全忠責何故事克用答曰太原藉兄弟之舊修好往來常道也君苟為罪請改圖全忠許之處直以從孫為質上所持節即獻絹三十萬具牛酒犒師存敬取成而還全忠表處直為節度留後檢校尚書左僕射郜至太原克用表為檢校太尉卒處直字允明天復初為太原郡王

鄧處訥字沖韞邵州龍潭人少從江西人閔頊防秋安南中和元年還道潭州逐觀察使李裕召諸州戍校徇曰天下未定今與君等安護州邑以待天子命若何衆稱善乃推頊為留後詣諸朝僖宗方在蜀遣使者撫慰當是時撫州刺史鍾傳據洪州議者欲二盜相噬即復置鎮南軍擢頊節度使頊捂不受命更為檢校尚書右僕射欽化軍節度使以處訥為邵州刺史朗州武陵人雷滿者本漁師有勇力時武陵諸蠻數叛荆南節度使高駢擢滿為裨將將鎮蠻軍從駢淮南逃歸與里人區景思假大澤中嘯亡命少年千人署伍長自號朗團軍推滿為帥景思為司馬襲州殺刺史崔翥詔授朗州兵馬留後歲略江陵焚廬舍劫居人俄進武貞軍節度使先是陬溪人周岳與滿狎因獵宰肉不平而鬭欲殺滿不克見滿已據州悉衆趨衡州逐刺史徐顥詔授衡州刺史石門峒酋向瓌聞滿得志亦集夷獠數千屠牛勞衆操長刀柘弩寇州縣自稱朗北團陷澧州殺刺史呂自牧自稱刺史頊既彊大且治人有恩衆徐顥竊率兵納之向瓌召梅山十峒獠斷邵州道頊掩其營周岳羸軍誘戰頊憤夜伏中故大敗淮西將黃皓殺頊岳聞亂以輕兵入潭州自稱欽化軍節度使處訥聞之哭諸將入弔處訥曰與君等荷僕射恩若合一州之兵問周岳罪奈何衆曰善於是礪甲訓兵積八年結雷滿為援攻岳斬之自稱留後昭宗詔拜武安軍節度使不三日會劉建鋒馬殷引兵至攻澧陵處訥遣邵州豪姓蔣勛鄧繼崇率兵三千斷龍回關勛以牛酒犒師殷說勛曰劉公勇智絶人術家言當興翼軫間今精兵十萬攻必下戰必克收敗衆以餉軍公哀鄉兵扞關殆矣不如下之富貴可得也勛謂然又其下畏建鋒虐夜棄甲走建鋒至關曰此天意也盡用邵旗鎧趨潭州守者以為勛軍納之既入處訥方宴執而殺之建鋒許勛賞未及行遣請弗許勛怒率鄧繼崇攻湘鄉取邵州進壁定勝武安建鋒使殷督諸將擊之殷大敗走江西鄉人夏侯涉教殷以奇兵出迪田踰潤山據江為壁伏兵千卒誘勛度江勛見士未陣爭出鬭殷分兵襲其壁壘燒江軍夜擊勛大敗拔定勝一壁進圍邵州未下而建鋒死殷代為節度使勛請和不許卒禽勛斬之是時道州蠻酋蔡結何庾衡人楊師遠各據州叛宿人曾景仁從黃巢為盜至廣州病不能去以千騎留連州衆飢從蔡結求糧乃相倚杖與州戍將黃行存誘工商四五千人據連州郴人陳彥謙殺刺史董岳發官帑募士自稱都統勝兵四千零陵人唐行旻乘巢亂為衆自防盜永州殺刺史鄭蔚與景仁合從數遣諜殷虛實殷先壘自守殷遣將李瓊攻永州殺行旻李瓊攻道州蔡結約峒獠為援久不勝謀曰蠻所恃林藪耳乃屯大川伐山焚林獠驚走城陷執蔡結何庾殷斬之李瓊出耒陽常寧攻郴州陳彥謙出戰軍亂不能陣斬彥謙進圍連州曾景仁棄城守三日不下夜焚其門入之景仁自刺死頊字公謹滿字秉仁岳字峻昭行旻字呂圖滿不脩飭每宴使客抵寶器潭中曰此水府也蛟龍所憑吾能沒焉乃裸入水俄取器以出累遷檢校太尉同中書門下平章事天復元年卒子彥威自立間荆南節度使成汭兵出襲江陵入之焚樓船殘墟落數千里無人跡弟彥恭結忠義節度趙匡凝以逐彥威據江陵匡凝弟匡明擊之還走朗州

陳儒江陵人世為牙右職廣明元年以鄭紹業為荆南節度使時朗州刺史段彥謨方據荆南紹業憚之踰半歲乃至僖宗入蜀召紹業還行在以彥謨代節度彥謨與監軍朱敬玫不平謀殺之敬玫覺先率兵入其府彥謨方寢拔劍踰城奔親軍壘不得入彥謨曰而等負我俄見害親將僚佐皆死敬玫以少尹李燧為留後且誣彥謨以罪帝遣中人似先元錫王晉琪慰撫密戒曰若敬玫可誅誅之以爾代而晉琪為副敬玫盛兵出迎元錫等不敢發而還復詔鄭紹業為節度使逗留不進敬玫署儒領府事明年遷檢校工部尚書為節度使進檢校右僕射敬玫有傔卒三千號忠勇軍暴甚儒不能制初紹業將申屠琮率兵五千援京師既歸儒告以忠勇撓治琮請除之大將程君從聞之率衆奔澧州琮追斬百餘人軍乃潰已而琮復領軍雷滿三以兵薄城儒厚賂以利乃去淮南將張瓌韓師德據復岳二州自署刺史儒請瓌攝行軍司馬師德攝節度副使共擊滿師德兵上峽大略去瓌引兵逐儒儒將奔行在既又劫還囚之瓌滑州人暴勇而殘荆故將夷戮幾盡時以楊玄晦代敬玫監軍召敬玫還成都懼帝治前罪稱疾自解前此數殺大將富商故積賄每曝衣紈繡不可計瓌見心動遣卒賊之敬玫衣黃衣盜刺其腹死

秦宗言來寇馬步使趙匡欲奉儒出璟覺之殺匡而絶儒食七日死璟固壘
二歲樵蘇皆盡米斗錢四十千計杯而食號爲通腸疫死者爭啗其尸縣首
于戶以備餽軍中甲皷无遺夜擊鬭爲郄宗言不能下乃解去二年宗權遣
趙德諲攻璟璟求救於歸州刺史郭禹禹率峽州刺史番章解圍明年德諲
又至諸將困于戰城遂陷璟死人无識者併尸于井後州長史陳瑶從璟至
江陵密斷璟首置囊中走京師獻之授安州刺史
劉巨容徐州人爲州大將龐勛之反自拔歸授埇橋鎮遏使浙西突陣將王
郢反攻明州巨容以筒箭射郢死拜明州刺史徙楚州團練使黄巢亂江淮
授斷黄招討副使從襄州行軍司馬檢校右散騎常侍巢據荆南俄遷山南
東道節度使以扞巢屯團林江西招討使曹全晸與巨容守荆門閧與賊戰
巨容僞北巢追之伏興林機間賊大敗執賊將十二人轉鬭一舍虜獲不可
計巢浮江東奔巨容追之率十停八以功遷檢校禮部尚書諸將欲乘勝追
斬巢巨容止曰朝家多負人有危難不愛惜官賞事平即忘之不如留賊爲
富貴作地諸將謂然故巢復熾及陷兩京巨容合諸道兵討之授南面行營
招討使累兼天下兵馬先鋒開道供軍糧料使檢校司空封彭城縣侯巨容
明吏治時僖宗在蜀公卿多因巨容護赴行在山南西道節度使鹿晏弘爲
楚軍所逐引麾下東出襄鄧秦宗權遣趙德諲會晏弘兵攻襄州巨容不能
守奔成都始揚州人申屠生能化黄金高駢客之爲吕用之所譖亡奔襄漢
駢遣吏捕得生見巨容自言其術巨容留不遣田令孜之弟遺襄州巨容出
金示之及在蜀匿生使術不得傳令孜恨之龍紀元年殺巨容夷其宗生亦
死巨容部將馮行襲者均州武當人以謀勇稱里中中和初鄉豪孫喜聚衆
數千人謀攻城行襲伏士江嶼以單舟迎喜曰州人思得將軍久矣顧將軍
兵多必剽掠若留衆江北以輕騎進我爲鄉道城可下喜信之既度江吏出
迎伏甲興行襲擊喜斬之衆皆潰行襲乘勝逐刺史吕燁據均州巨容因表
爲刺史帝在蜀均之右有長山當襄漢貢道有賊據險劫獻物行襲平之
武定節度使楊守忠表爲行軍司馬使領兵鎮谷口以通秦蜀鳳翔李茂貞
養子繼臻據金州行襲攻拔之昭宗即授金州防禦使時山南西道節度使
楊守亮將襲京師道金商行襲逆戰破之就擢戎昭軍節度使朱全忠圍鳳
翔神策中尉韓全誨遣中人二十輩督江淮兵過其州行襲方附全忠盡殺
之收詔書送全忠天祐二年王建遣將王宗綰攻行襲敗其兵州大將金行
全出降行襲奔均州建以行全爲子更名宗朗授觀察使以渠巴開三州隷
之宗朗不能守焚郭邑去全忠以行襲不足禦建遣別將屯金州行襲議從

戎昭軍於均州以金房爲隷全忠以金人不樂行襲以馮恭領州罷防禦使
而廢戎昭軍
趙德諲蔡州人從秦宗權爲大將以討黄巢功授申州刺史光啓初與秦誥
鹿晏弘合兵攻襄州節度使劉巨容奔成都宗權假德諲山南東道節度留
後進攻荆南悉收寶貨留裨將王建肇守之遣人縋數百室明年歸州刺史
郭禹來討建肇納之奔黔州德諲失荆南又度宗權必敗舉地附朱全忠全
忠方爲蔡州四面行營都統即表以自副加忠義軍節度使宗權平加中書
令封淮安郡王子匡凝嗣字光儀由唐州刺史自爲山南東道節度留後
昭宗即授節度使不三年以威惠聞累遷檢校太尉兼中書令匡凝矜嚴盛
飾前後持鑑自照全忠之敗清口匡凝與奉國節度使崔洪河東李克用淮
南楊行密約合兵攻全忠會方城鎮遏使度彰奔全忠發其謀全忠移書切
責使氏叔琮攻唐州刺史趙匡璠降進圍隋州執刺史趙匡璘斬首五千級
拔鄧州執刺史國湘匡凝懼乞盟全忠使親將陳俊王紳入叔琮軍崔洪留
之紳亡歸洪與行密欲邀友恭軍不克會河東客伊超使淮南還過蔡洪亦
留之因是并俊送全忠以部將苛拘爲解遣兄賢入質全忠還之質洪子於
汴全忠使賢調蔡卒二千出戍將行大將崔景思不悦殺賢洪懼驅民趨申
州遂奔行密麾皷亘百餘里武昌杜洪邀之弗及蔡士多亡去從者纔二千
人天祐元年封匡凝爲楚王時諸道不上供惟匡凝歲貢賦天子全忠方圖
天下遣人諭止之匡凝流涕曰吾爲國蕃翰渠敢有他志副使王玫勸絶全
忠全忠怒出兵攻之弟匡明大破汴軍拔鄧州因勸匡凝與王建連和及荆
南成汭敗匡凝取江陵表匡明爲荆南節度留後有詔拜檢校司徒荆南節
度行軍司馬全忠以其兵分可圖也乃使楊師厚攻匡凝自將中軍繼之屯臨
漢匡凝遣客謝因不遣敗荆南救兵存其將全忠循江而南師厚繇陰谷伐
木爲梁匡凝以兵二萬瀕江戰大敗乃燔州單舸夜奔揚州行密見之曰君
在鎮輕車重馬輸於賊今敗乃歸我邪匡凝自殺全忠以師厚爲山南東道節
度留後遂趨江陵匡明亦謀奔淮南子承規諫曰昔諸葛兄弟分仕三國若
適揚州是自取疑也匡明謂然乃趨成都王建待以賓禮授武信軍節度使
分其衆爲崇義勇義順義廣義四都全忠遂有荆南
楊守亮曹州人本姓訾名亮與弟信俱從王仙芝爲盗亮身長七尺餘色如
鐵仙芝死又事徐唐莒劫剽洪饒二州楊復光平江西得其兄弟養爲假子
以信養於弟復恭家曰守亮守信復恭收京師守亮以戰多拜山南西道節
度使檢校太保守信興平軍節度使並同中書門下平章事復恭又以假子

守貞為龍劍節度使守忠為武定軍節度使守厚為綿州刺史初朱玫取興鳳州興州刺史滿存以兵赴行在復收二州昭宗擢為感義軍節度使累檢校司徒同中書門下平章事與復恭四假子及利閬觀察使席儈等共攻王建建軍巴圖楊晟會通守厚軍未成列而敗先是守貞守忠聞建兵出拔飛奔綿州并力共攻東川弗勝建將華洪以兵萬人壁綿州之郊敗守忠守厚二人分道行收兵趨閬州始復恭敗依守亮而鳳翔李茂貞邠寧王行瑜鎮國韓建等共劾守亮納叛人請以鎮兵討之茂貞自為興元節度使以書詣貴臣相帝為削守亮官爵因詔茂貞問罪滿存來救不克以飛入興元茂貞拔興鳳洋三州破守亮於西乘勝入興元復恭守亮諸假子及存奔閬州洪進圍之帝以徐彥若帥鳳翔以興元授茂貞茂貞不肯拜帝乃以其子繼密為興元節度使俄而洪拔閬州守亮等皆挺身走將北奔太原趨商山飢甚丐食于野為邏戍所縛見韓建守亮視建左右八百人皆常隸己語建曰此爾吾養士素厚無一為我死公無費食不如殺之建許諾復曰公幸貸我俾生見天子陳先人功萬有一不死建檻車送京師吏縛以帛內繩于口帝御延喜樓問反狀守亮不得語頷而已左右白服罪即執獻太廟斬獨柳下梟于市守厚死巴州麾下兵多歸王建存奔京師為左武衛大將軍

楊晟不詳系系隸鳳翔軍為節度使李昌符畏其勇欲殺之妾周擿使亡去隸神策軍為都校僖宗在陳倉邠寧朱玫遣萬騎合昌符追行在乃擢晟感義軍節度使檢校司空守大散關玫兵攻關晟數卻戰潘氏遂大敗內外无固志帝更徙興元晟西奔玫取興鳳二州晟襲文州逐刺史據成龍茂等州王建攻成都田令孜以晟故將與連和假威戎軍節度使守彭州晟擊建无功引還且畏建圖己乃約山南西道節度使楊守亮兄弟合謀拒建掠新繁漢州又攻東川顧彥暉為建兵所逐建使王宗裕率騎五萬圍晟食四郊麥掠民資産晟假子實以騎八千降於建建以奇兵襲揚守厚等皆亡去晟開門大戰大敗遂約降建饋十羊晟曰以我為机上肉乎不出建築壘用道爾陣以入斬晟首晟有仁心下懷其恩雖城中食盡無叛者初昌符死晟得其妾周毋事之周請為妻晟固辭旦夕問省乃視高妾將安師建者勇而有礼既就執建饋曰爾報楊司徒足矣能從我乎謝曰司徒故吾同死生不忍復戴日月三謂不回乃殺之

顧彥朗彥暉者豐州人並為天德軍小校其使蔡京以兄弟有封侯相每厚礼之使子贈資稍稍進秩黃巢亂長安率軍同復京師彥朗遷累右衛大將軍光啓中擢拜東川節度使檢校太保同中書門下平章事至劍門陳敬瑄使吏奪其節彥朗不得入保利州敬瑄誣劾彥朗擅興兵掠西道僖宗下詔申曉譬乃得到軍署彥暉漢州刺史初楊守亮忌璧州刺史王建凶暴欲遂之建間舍溪洞豪酋取閬州擊利州刺史走即據二州守亮不能制彥朗與建雅舊懼助賊乃饋建攻成都彥朗擁故緩與并力道路覬援敬瑄告難于朝帝詔和解又敕李茂貞鐫諭會彥朗卒彥暉自知留後明年為節度使中人送節為綿州刺史楊守厚所留守厚發兵攻梓州彥暉告急于建建使李簡救之戒曰賊破并取彥暉无須再往也簡破守厚軍彥暉辭賽不克取建素有吞噬心以彥朗與婚姻久未忍攻彥暉則交好飾跡而境上關賦頗增詆建怒景福元年遂攻彥暉彥暉請救於楊守亮遣楊子彥戍梓執建大將王宗弼彥暉責曰王公何以見討君為大將不諫云何宗弼謝罪即解縛使就館犒餉金服皆具更養為子改名琛明年建將華洪破綿州守厚走得彥暉節時詔已進彥暉檢校司空東川節度使矣乾寧二年昭宗在石門督彥暉建赴行在建率兵二十萬次綿州即劾彥暉翔輜重回襲之彥暉不敢出但遣人塞建舟路建遂擊取巴閬蓬渠通果龍利八州帝遣中人為兩川宣諭協和使建奉詔還而兵不解彥暉謀官因大略漢眉資簡等州奏茂貞亦欲爭其地使子興元節度使繼密引軍救彥暉以窺東川四年華洪率

兵五萬攻彥暉取渝昌普三州壁梓州南敗彥暉兵奪鎧馬八百凡五十戰圍遂固帝仍遣左諫議大夫李洵諭止建拒命帝以嗣覃王戒丕鎮鳳翔從茂貞代建皆不奉詔梓有錦堂世稱其麗彥暉會諸將堂上養子琛尤親信彥暉以所佩劍號於瘳賓佩之使侍左右嘗語諸將曰與公等生死同之違者先齒於瘳賓衆曰諾及圍急琛請聚族飲得同死彥暉顧王琛曰爾非我舊可自求生指頹垣令逸彥暉手殺妻子乃自刎宗族諸將皆死麾下兵猶七萬初韋昭度為招討使彥暉建皆為大校彥暉詳緩有儒者風建左右髡髮黥面若鬼見者皆笑至是錄笑者皆殺之私署洪為東川節度留後

贊曰詩云戎狄是膺荊舒是懲嫉其為中國之害也春秋之世楚滅陳鄭而卒復其祀聖人善之處存平黃巢定京師玫冠諸將昭宗嘗有意都襄陽依趙凝以自全大抵唐室屏翰皆為朱溫所剪覆過於夷狄荊舒之為害也甚矣

周王鄧陳劉趙二楊顧列傳第一百十一

二王諸葛李王孟列傳第一百一十二　　唐書二百八十七

宋　祁　奉　敕　撰

王重榮太原祁人父縱大和末為河中騎將從石雄破回鶻終鹽州刺史重榮以父任為列校與兄重盈皆以毅武冠軍擢河中牙將主伺察時兩軍士干夜禁捕而鞭之士還訴於中尉楊玄寔玄寔怒執重榮讓曰天子爪士而藩校辱之荅曰夜半執者姦盜孰知天子爪士具言其狀玄寔嗟曰非爾明辨孰由知之吏謗於府擢右署重榮多權詭衆所嚴憚雖主帥莫不下之稍遷行軍司馬黃巢陷長安分兵略蒲節度使李都不能支乃臣賊然內憚重榮表以自副地邇京師賊調取橫數使者至百輩坐傳舍益發兵吏不堪命重榮詭說都曰我所詭謀紓難以外援未至今賊求責日急又收吾兵以困我則亡無日矣請絕橋嬰城自守不然變生何以制之都曰吾兵寡謀不足絕之禍且至願以節假公遂奔行在重榮乃悉驅出賊使斬之因大掠居人以悅其下天子使前京兆尹竇潏間道慰其軍因詔代都重榮率官屬奉迎潏至大饗士潏言曰天子以大臣守土誰得逐之為我跪首惡者衆無敢對重榮佩刀歷階曰首謀者我也尚誰索自潏吏趣具騎潏即奔還重榮遂主留後賊使健將朱溫以舟師下馮翊黃鄴率衆自華陰合攻重榮重榮感勵士衆大戰敗之賊奔獲仗四十餘艘即拜檢校工部尚書為節度使會忠武監軍楊復光率陳蔡兵萬人屯武功重榮與連和擊賊將李詳於華州執以徇賊使尚讓來攻而朱溫將勁兵居前敗重榮兵於西關門於是出兵夏陽掠河中漕米數十艘重榮選兵三萬攻溫溫懼悉鑿舟沈于河遂舉同州降復光欲斬之重榮曰今招賊一切釋罪且溫武銳可用殺之不祥表為同華節度使有詔即副河中行營招討賜名全忠巢畏二州怒甚自將精兵數萬壁梁田重榮軍華陰復光軍渭北掎角攻之賊大敗執其將趙璋巢中流矢走重榮兵亦死耗相當懼巢復振憂之與復光計復光曰我世與李克用共憂患其人忠不顧難死義如己若乞師焉事蔑不濟乃遣使者約連和克用使陳景思總兵自嵐石赴河中親率師從之遂平巢復京師以功檢校太尉同中書門下平章事封琅邪郡王累加檢校太傅中人田令孜怒重榮據鹽池之饒于時巨盜甫定國用大耍諸軍無所仰而令孜為神策軍使建請二池領屬鹽鐵佐軍食重榮不許奏言故事歲輸鹽三千乘于有司則斥所餘以贍軍天子遣使者諭旨不聽令孜徙重榮兗海節度使以王處存代之詔克用將兵援河中重榮上書劾令孜離間方鎮令孜遣邠寧朱玫進討壁沙苑重榮詒克用書且言奉密詔須公到使我圖公此令孜朱全忠朱玫之惑上也因示偽詔克用方與全忠有隙信之請討全忠玫帝數詔和解克用合河中兵戰沙苑玫大敗奔邠州神策軍潰還京師遂大掠克用乘勝西天子走鳳翔俄而嗣襄王熅僭位重榮不受命與克用謀定王室楊復恭代令孜領神策故與克用善遣諫議大夫劉崇望齎詔諭天子意兩人聽命即獻縑十萬願討玫自贖崇望還群臣皆賀重榮遂斬熅長安復平然性悍酷多殺戮少縱舍嘗植大木河上內設機軸有忤意者輒置其上機發皆溺死部將常行儒行儒怨之光啓三年引兵夜攻府重榮亡出外詰旦殺之推立重盈重盈前此已歷汾州刺史會黃巢度淮擢陝虢觀察使重榮據河中遷檢校尚書右僕射即拜節度使未幾同中書門下平章事及代重榮留長子珙領節度事入殺行儒軍復安昭宗立進太傅兼中書令封琅邪郡王父子兄弟相繼帥守而從子瑄亦為忠武節度使乾寧二年重盈死軍中以其兄重簡子珂出繼重榮故推為留後珙與弟絳州刺史瑤爭河中上言珂本家蒼頭請選大臣鎮河中又與朱全忠書言之珂急乃遣使請婚於李克用克用薦之天子許嗣鎮然猶以崔胤為河中節度使珙復構珂於王行瑜李茂貞曰珂不受代且晉親也將不利於公行瑜等約韓建共薦珙詔曰吾重已授珂矣重榮有大功不可廢行瑜怒使其弟行約攻珂克用遣李嗣昭援之敗珙於猗氏獲其將李璠三鎮銜帝之却其請也連兵犯京師謀廢帝誅執政而立吉王固請授珙河中克用聞之怒以師討三鎮瑤珙兵引去克用拔絳州斬瑤而屯渭北敗行約於朝邑行約走京師弟行實在左軍共說樞密使駱全瓘謀挾帝幸邠右軍李繼鵬以告中尉劉景宣二人茂貞黨也欲以兵劫全瓘等請帝幸鳳翔兩軍合譟承天門街帝登樓諭和之繼鵬怒輒射帝縱火焚門帝率諸王及衛兵擊繼鵬矢及帝冑軍乃退帝出幸定州將李筠軍嗣延王戒丕嗣冊王允以鹽州六都兵從帝出啓夏門次于郊兩軍憚鹽州兵銳各走其軍帝次莎城百官繼至士民從者亦數萬帝欲入谷中自固以谷有沒唐石惡之從石門民匿保山谷間帝每出或獻飴餉帝駐馬為慰民皆流涕既而遣嗣薛王知柔及劉光裕還京師克用遣使者奔問行在帝因詔克用珂以兵趨新平又詔涇州張鐇會克用軍以扼岐陽克用在河中未出也帝懼茂貞之逼復使嗣延王戒丕以御服玉器賜之督其西乃壁渭北進營渭橋於是行瑜壁興平茂貞壁鄠行瑜兵數卻茂貞懼斬繼鵬傳首以謝繼鵬姓閻名珪左神策軍指揮使為茂貞養子云詔削行瑜官爵以克用為邠寧四面行營都招討使珂為糧料使克用遣子存貞請天子還宮詔以騎三千戍三橋帝既還加珂檢校司空為節度使克用以女妻之珂親迎太原以李嗣昭助守河中因攻珙珙戰數北

珙任威虐殺人斷首置前而顔色泰定下恐不敢叛然稍弱無鬭志光化二年爲部將李璠所殺自爲留後詔代珙節度又失衆九五月爲牙將朱簡所殺挈其地入朱全忠表授節度使同中書門下平章事吏名支謙珙殺給事中王柷等十餘人幕府遭戮辱甚衆人有罪輒刳斮以逞柷者故爲常州刺史避難江湖帝聞剛鯁以給事中召道出陝珙謂且柄任厚禮之柷鄙其武暴不降意既宴盛列珍器音樂珙請於柷曰僕今日得在子弟列大賜也三請柷不荅珙勃然曰天子召公公不可留此遂罷遣吏就道殺之族其家投諸河以溺死聞帝不能詰珙死贈太師詔陝州究死者有司弔祭存問其家始全忠擊楊行密不能克諷荆襄青徐等道請己爲都統以討行密帝猶違未報而珂與太原鎮定等道亦請加行密都統以討全忠繇是兩罷之全忠怨珂不忘也帝爲劉季述所廢珂憤見言色屢陳討賊謀既反正首獻方物帝甚倚之而全忠以克用方彊不敢加兵及王鎔詘服拔定州而克用兵折乃讚其將張存敬曰珂恃太原侮慢我爾持一繩縛之存敬以兵數萬度河由含山襲絳州刺史陶建釗晉州刺史張漢瑜皆降以何絪戍之進攻珂全忠率師繼進即劾珂交構克用爲方鎮生事不可赦珂乞師太原爲絪所迮不能進珂急使妻遺克用書曰賊攻我朝夕見俘乞食大梁矣克用荅曰道且斷往救必俱亡不如歸朝廷珂窮遣使告李茂貞曰上初反正詔藩鎮無相疑而朱公不顧約以攻敝邑敝邑亡則邠岐非君所保天子神器敵手付人矣宜與華州韓公出精銳固潼關以張兵勢僕不武公其東我西偏地以爲公守蒲請公自有之關西安危國祚長短繫公此舉也茂貞不荅珂益蹙會橋毀潛具舟將遁夜諭守兵無肯爲用者牙將劉訓叩寢門珂疑有變叱之訓自袒其衣曰苟有它請斷臂自明珂出問計所宜荅曰若夜出人將爭舟一夫鳴張禍繫其手如旦日以情諭軍中宜有樂從者可則濟否則召諸將行成以緩敵徐圖所向上策也珂然之明日登城語存敬曰吾於朱公有父子驩君姑退舍須公至吾且聽命乃執太原諸將并秦節印內存敬軍豎大幡城上遣兄璘與諸將樊洪等見存敬存敬解圍而戍以兵全忠自洛至全忠王出也始背賊事重榮約爲甥舅德其全己指日月曰我得志凡氏王者皆事之至是忘媿言過重榮墓偽哭而祭以虞鄉珂欲面縛牽羊以見全忠報曰舅之恩無日可忘君若以亡國禮見黄泉其謂我何珂出迎握手泣下騈轡以入居旬日以存敬守河中舉珂室徙于汴後令入覲遣人賊之於華州自重榮傳珂凡二十年

諸葛爽青州博昌人爲縣伍伯令笞苦之乃亡命沈浮里中龐勛反入盜中爲小校勛勢蹙率百餘人與泗州守將湯群自歸累遷汝州防禦使從李琢討沙陀於雲州表爲北面招討副使進夏綏銀節度使檢校尚書右僕射黄巢犯京師詔率代北行營兵入衛次同州降賊偽署河陽節度使代羅元杲元杲者本神策將狀短陋倚中官勢剽財輸京師凡鉅萬人怨之爽至嘉州人戰衆不從相率迎爽元杲奔行在爽間道奉表僖宗以自明詔拜節度使李克用援陳許道天井關爽壘不肯假道出屯萬善克用自河中趨汝洛爽罷授京師東南面招討諸行營副都統左先鋒使兼中書門下平章事朱温爲賊守同州爽率輕兵入之温偃旗設伏以待爽謂賊遁士解甲就舍伏發爽悉棄鎧馬奔還至脩武爲魏博韓簡擊敗之不敢入簡留將趙文玠戍河陽自攻鄆時中和二年也河陽人誘爽自金商馳復入之厚禮文玠及戍人還之魏於是爽攻新鄉簡自鄆來戰獲嘉西簡陰覬闗中其下不悅裨將樂彥禎間衆之隙引其軍先還故簡兵八萬自潰相藉溺淸水至不流明年詔爽爲東南面招討使伐秦宗權表李罕之自副爽雖興盜賊善吏治法令澄壹人無愁咨擢累檢校司空光啟二年卒其將劉經與澤州刺史張言共立爽子仲方爲留後爲蔡賊孫儒所攻奔于汴儒取孟州

李罕之陳州項城人少拳捷初爲浮屠行乞市窮日無得者抵鉢褫祇衣去聚衆攻剽五臺下先是蒲絳民壁摩雲山避亂群賊往攻不克罕之以百人徑拔之衆號李摩雲隨黄巢度江降于高駢駢表知光州事爲秦宗權所迫奔項城收餘衆依諸葛爽署懷州刺史爽伐宗權即表以自副屯睢陽無功又表爲河南尹東都留守捍蔡河東李克用脫上源之難喪氣還罕之迎謁謹甚勞餽加等厚相結罕之因府爲屯會孫儒來攻罕之不出數月走保澠池東都陷儒焚宫闕剽居民去爽遣將收東都罕之遂出之爽不能制俄而爽死其將劉經張言共立爽子仲方欲去罕之而罕之故與郭璆有隙擅殺璆軍中不悅經間衆怒襲其壁罕之退保乾壕經追擊反爲所敗乘勝入屯洛陽苑中經戰不勝還河陽罕之屯鞏將度汜經遣張言拒河上反與罕之合攻經不克屯懷州孫儒逐仲方取河陽自稱節度使俄而宗權敗棄河陽走罕之言進收其衆丐援河東克用遣安金俊率兵助之得河陽克用表罕之爲節度使同中書門下平章事有詔與屬籍又表言爲河南尹東都留守罕之與言甚篤然性猜暴是時大亂後野無遺秆部卒日剽人以食又攻絳州下之復擊晉州王重盈欲出汴兵救罕之解圍還而言善積聚勸民力耕儲廥稍集罕之食乏士仰以給求之無厓言不能猒罕之拘河南官吏笞督之又東方貢輸行在者多爲罕之邀頡重盈反間於言文德元年罕之悉兵

攻晉州言夜襲河陽俘罕之家罕之窮奔河東克用復表爲澤州刺史領河陽節度使遣李存孝薛阿檀安休休率師三萬攻言城中食盡言納孥於汴求救全忠遣丁會葛從周牛存節來援戰沇河聚休休不利降全忠存孝還全忠更以丁會爲河陽節度使言歸洛陽罕之保澤州數出鈔懷孟晉絳無休歲人匿保山谷出爲樵汲者罕之俘斬略盡數百里無舍煙克用遣罕之存孝攻孟方立拔磁州方立戍將馬溉兵數萬戰琉璃陂罕之禽溉敗其衆大順初汴將李讜鄧季筠攻罕之罕之告急於克用遣存孝以騎五千救之汴士呼罕之曰公倚沙陀絕大國今太原被圍葛司空入上黨不旬日沙陀無穴處矣存孝怒引兵五百薄讜營呼曰我沙陀求穴者須爾肉以飽吾軍請肥者出鬭季筠引兵決戰存孝奮矟馳直取季筠讜夜走追至馬牢川敗之克用討王行瑜表罕之副都統檢校侍中行瑜誅封隴西郡王檢校太尉兼侍中罕之恃功多嘗私克用愛將蓋寓求一鎮寓爲請克用不許曰鷹鸇飽則去矣我懼其翻覆也光化初昭義節度使薛志勤卒罕之夜襲潞入之自稱留後報克用曰志勤死懼它盜至不俟命輒屯于潞克用遣李嗣昭先擊澤州拘罕之家屬送太原罕之攻沁州執刺史守將遂款于汴全忠表罕之昭義節度使命丁會援之與嗣昭戰含口嗣昭不利葛從周取澤州嗣昭又攻罕之罕之暴得病不能事會代戍全忠更以罕之節度河陽三城卒于行年五十八未幾嗣昭復取澤州以李存璋爲刺史進收懷州攻河陽汴將閻寶引兵至嗣昭還始儒去東都也井閈不滿百室言治數年人安賴之占籍至五六萬繕池壘作第署城闕復完全忠憚言異己乃徙節天平以韋震爲河南尹爽諸將無傳地者言後賜名全義

王敬武青州人隸平盧軍爲偏校事節度使安師儒中和中盜發齊棣間遣敬武擊定已還即逐師儒自爲留後時王鐸方督諸道行營軍復京師因承制授敬武平盧節度使趣其兵使西及京師平進檢校太尉同中書門下平章事龍紀元年卒子師範年十六自稱留後嗣領軍昭宗自以太子少師崔安潛領節度師範拒命時棣州刺史張蟾迎安潛師範遣部將盧弘攻之弘與蟾連和師範以金啗之曰君若顧先人使不絕其祀君之惠也不然願死墳墓弘少之不爲備師範伏兵迎于路部將劉鄩斬弘遂攻棣州蟾請救於朱全忠全忠馳使諭解師範拔其城斬蟾而安潛不敢入師範喜儒學謹孝于法無所私舅醉殺人其家訴之師範厚賂謝訴者不置師範曰法非我敢亂乃抵舅罪母恚之師範立堂下日三四至不得見三年拜省戶外不敢懈以青州父母所籍每縣令至具威儀入謁令固辭師範遣吏挾坐拜廷中乃

出或諫不可答曰吾恭先世且示子孫不忘本也全忠已并鄆州遣兵攻師範師範下之會全忠圍鳳翔昭宗詔方鎮赴難以師範附全忠命楊行密部將朱瑾攻青州且欲代爲平盧節度師範聞之哭曰吾爲國守藩君危不持可乎乃與行密連盟遣將張居厚李彥威以甲槊二百輿紿爲獻者入華州先內十輿閽人覺衆擐甲譟殺全忠守將婁敬思是時崔胤方在華閉門拒戰執居厚還全忠劉鄩襲兗州入之師範亦潛兵入河南徐沂鄆等十餘州同日竝發全忠使從子友寧率軍東討是時帝還長安故全忠并魏博軍屯齊州王茂章方以兵二萬合師範弟師誨攻密州破之以張訓爲刺史進攻沂州敗其兵還青州半舍而屯友寧方攻博昌未下全忠督戰急友寧驅民十萬負木石築山臨城城中陷屠老少投尸清水遂圍登州茂章欲啗友寧不肯救未幾城破友寧乘勝攻別屯茂章度汴軍怠與師範合擊友寧於石樓斬其首傳於行密全忠怒悉軍二十萬倍道至茂章閉營伺軍懈毀壁出鬭還與諸將飲訖復戰全忠望見歎曰吾有將如是天下不足平於是退屯臨淄茂章畏全忠乃斂軍而南使李虔裕以五百人後拒茂章解衣寐虔裕譟曰追至將軍速去茂章曰吾共決死虔裕固請茂章乃去已而追至虔裕一軍覆茂章免全忠見虔裕欲釋之瞋目大罵而死張訓召諸將謀曰汴人至師少何以待之衆請焚城而亡訓曰不然即封府藏下縣門密引兵去汴軍見府庫完德之不追全忠留楊師厚圍青州敗師範兵於臨朐執諸將又獲其弟師克是時師範衆尚十餘萬諸將請決戰而師範以弟故乃請降全忠歸其弟假師範知節度留後事師範獻錢二十萬緡以謝軍汴將劉重霸執棣州刺史邵播得其書八百紙皆教師範戰守全忠憚而殺之葛從周圍兗州劉鄩不肯下從周以師範命招之乃盡出將士開門降從周爲辦裝使詣汴鄩但素服乘驢而往全忠賜冠帶辭曰囚請就縶不許既見慰之飲以酒固辭全忠笑曰取兗州量何大邪擢署都押衙在諸舊將上諸將趨入鄩一無讓全忠奇之歲餘徙師範于汴亦縞素請罪全忠見以禮表爲河陽節度使既受唐禪友寧妻訴讎人于朝乃族師範于洛陽先是有司坎第左告之故師範乃與家人宴少長列坐語使者曰死固不免予懼坑之則昭穆失序不可見先人地下酒行以次受戮者二百人

孟方立邢州人始爲澤州天井戍將稍遷游弈使中和元年昭義節度使高潯擊黃巢戰石橋不勝保華州爲裨將成鄰所殺還據潞州衆怒方立率兵攻鄰斬之自稱留後擅裂邢洺磁爲鎮治邢爲府號昭義軍潞人請監軍使吳全勗知兵馬留後時王鐸領諸道行營都統以潞未定墨制假方立檢校

左散騎常侍兼御史大夫知邢州事方立不受因全忠以書請鎔賴得儒臣守潞鎔使參謀中書舍人鄭昌圖知昭義留事欲遂爲帥僖宗自用舊宰相王徽領節度時天子在西河關雲擾方立擅地而李克用覦潞州徽度朝廷未能制乃固讓昌圖昌圖治不三月輒去方立更表李殷銳爲刺史謂潞險而人悍數賊大帥爲亂欲銷橋之乃徙治龍岡州豪桀重遷有懟言會克用爲河東節度使昭義監軍祁審誨乞師求復昭義軍克用遣賀公雅李筠安金俊三部將擊潞州爲方立所破又使李克脩攻取之殺殷銳遂并潞州表克脩爲節度留後初昭義有潞邢洺磁四州至是方立自以山東三州爲昭義而朝廷亦命克脩以潞州舊軍界之昭義有兩節自此始克脩字崇遠克用從父弟精馳射常從征伐自左營軍使擢留後進檢校司空方立倚朱全忠爲助故克用擊邢洺磁無虛歲地爲鬬場人不能稼光啓二年克脩擊邢州取故鎮進攻武安方立將呂臻馬爽戰焦岡爲克脩所破斬首萬級執臻等拔武安臨洺邯鄲沙河克用以安金俊爲邢州刺史招撫之方立丐兵於王鎔鎔以兵三萬赴之克脩還後二年方立督部將奚忠信兵三萬攻遼州以金啖赫連鐸與連和會契丹攻鐸師失期忠信三分其兵鼓而行克用伏兵于險忠信前軍沒既戰大敗執忠信餘衆走脫歸者纔十二龍紀元年克用使李罕之李存孝擊邢攻磁洺方立戰琉璃陂大敗禽其二將被斧鑕徇邢壘呼曰孟公速降有能斬其首者假三州節度使方立力屈又屬州殘墮人心恐性剛急持下少恩夜自行陴兵皆倨告勞自顧不可復振乃還引酖自殺從弟遷素得士心衆推爲節度留後請援於全忠全忠方攻時溥不即至命王虔裕以精甲數百赴之假道羅弘信不許乃趨間入邢州大順元年存孝復攻邢遷挈邢洺磁三州降執王虔裕三百人獻之遂遷太原表安金俊爲邢洺磁團練使以遷爲汾州刺史

贊曰以亂救亂跋扈者能之以亂不能救亂險賊者能之蓋救亂似霸然而似之耳故不足與共功觀王重榮寧不信哉破黃巢佐李克用平京師若有爲當世者俄而奮私隙逼天子出奔雖藏朱玫仆僞襄王謂曰定王室實畀之也身死部將手教亂而卒于亂重榮兩得之不殺朱全忠而爲全忠誅絕其嗣宜矣餘皆膚奴下材無所訾云

二王諸葛李孟列傳第一百一十二

楊時朱孫列傳第一百一十三　唐書一百八十八

宋　祁　奉　敕　撰

楊行密字化源廬州合淝人少孤與群兒戲常爲旌幟戰陣狀年二十亡入盜中刺史鄭棨捕得異其貌曰而且富貴何爲作賊縱之與里人田頵陶雅劉威等僖宗在蜀刺史遣通章行在日走三百里如約而還秦宗權寇廬壽間刺史募殺賊差首級爲賞行密以功補隊長都將忌之俾出戍將行都將問所乏對曰我須公頭即斬之自爲八營都知兵馬使刺史走淮南節度使高駢因表爲廬州刺史乃以田頵爲八營都將陶雅爲左衙山將討定鄉盜駢將呂用之恐行密不可制遣俞公楚以兵五千屯合淝名討黃巢而陰圖之行密擊殺公楚秦宗權遣弟宗衡取舒城行密破走之時張敖據壽州許勍據滁州與行密爭戰又舒人陳儒攻刺史高澞澞來告難行密未能定賊吳迥李本逐澞據其城行密屬勇之取舒州爲勍所奪光啓三年張敖遣將魏虔攻廬州大將李神福田頵破之褚城畢師鐸秦彥攻高駢呂用之以駢命署行密行軍司馬督其兵進援客袁襲說行密曰高公耄昏妖人用權彥乃以逐除暴爲職其亂公亟應必得其地行密乃檄部州裒兵而東次天長而揚州陷行密薄城而屯用之以兵屬之彥以騎兵背城戰行密卧帳中令曰賊近報我俄而陷一屯別將李宗禮入曰兵相百戰且不利請堅壁徐引歸可也李濤怒曰以順去逆何衆寡爲今尚何歸願以所部前死行密喜益甲出戰俘殺如藉彥軍不出會駢死襲勸行密舉軍縞素大臨三日進攻城未能下用之將張審威詭伏西壕殺閽者啓外兵彥軍疲守邏皆潰去行密入揚州未閱月孫儒奄至兵銳甚襲見行密曰公之入以少擊衆室家未完若外被重圍情見勢殆不如避之行密執海陵鎮遏使高霸殺之并其衆輦所收財歸于廬於是朱全忠自爲淮南節度使遣將張廷範致命而授行密副使以行軍司馬李璠知留後行密大怒廷範璠不敢入全忠更請以行密知觀察留後當此時孫儒彊赫然有吞吳越意行密欲遁保海陵襲勸還廬州治兵爲後計行密乃還既又謀趨洪州襲不可曰鍾傳新興兵附食多未易圖也孫端據和州趙暉屯上元結此二人以圖宣州我綽綽有餘力矣行密從之端暉次采石行密自糝潭遣端等戰不勝襲勸行密速趨曷山堅壁以須宣人求戰示以弱待其怠一舉可禽宣將蘇塘兵二萬對屯行密不戰分奇兵伐木開道四出塘驚北遂圍宣州刺史趙鍠糧盡親將多出降初行密有銳士五千衣以黑繒黑甲號黑雲都又幷盱眙曲溪二屯籍其士爲黃頭軍以李神福爲左右黃頭都尉兵銳甚曲溪將劉金策鍠必遁紿曰將軍若出

顧自吾壘而偕鍠喜多遺之金許妻以女明日譟城上曰劉郎不爲爾壻鍠
育遺懷之鍠全忠故人也發使求之襲曰斬首送之無後慮乃歸鍠首于汴
昭宗詔行密檢校司徒宣歙池觀察使時韓守威以功拜池州刺史行密表
徙湖州以兵護送而李師悅在湖州與杭州刺史錢鏐戰不解蘇湖常潤亂
甚行密雖得宣州而爲孫儒所破以廬州降儒進攻行密行密復入揚
州北結時溥扞儒全忠遣龐師古將兵十萬自穎度淮助行密敗於高郵行
密懼退還宣州遣安仁義襲成及取潤州自將三萬屯冊楊仁義又取常州
殺錢鏐將杜稜儒亦使劉建鋒奪潤常帝以杭州爲防禦使授鏐以宣州號
寧國軍授行密節度使大順二年儒屯溧水循山構壁行密遣李神福屯廣
德計曰兵倍不戰當避其銳驕之乃退舍儒衆以爲怯守者懈神福夜襲走
之儒將康旺取和州安景思取滁州神福擊降旺逐景思攻青山屯破之禽
儒將李弘章俄而田頵劉威爲儒所敗行密欲守銅官神福曰儒掃境以來
利速戰宜堅壁老其師則我無敵矣又出輕騎絕賊糧道使前不得戰退無
仰儲不亡何待於是行密以神福爲宣池都游弈使儒始乏食常孰名賊陳
可兒間儒行密之間竊入常州自稱制置使行密遣陶雅守潤州張訓入揚
州因執楚州刺史以輕兵襲常州斬可兒孫儒圍行密宣州凡五月不解臺
濛作魯陽五堰拖輕舸饋糧故行密軍不困卒破儒即表田頵守宣城長驅
入揚州戰凡七年定八州生人將盡行密勞隱休息其下遂安議出鹽茗畀
民輸帛幕府高勗曰瘡破之餘不可以加斂且帑貲何患不足若悉我所有
易四鄰所無不積日財有餘矣行密納之始選吏勸農所部蔡儔以廬州叛
附朱全忠納孫儒將張顥而倪章據舒州與儔連和行密遣李神福攻儔破
其將儔堅壁不出顥超堞降行密以隸袁稹稹請殺之行密愛其勇更置
于親軍未幾儔自殺行密先冢皆爲儔發掘吏請發儔世墓不許表劉威
爲刺史遣田頵攻歙州於是刺史裴樞有美政民愛之爲拒戰頵兵數却樞
朝廷所命者食盡欲降遣行密書請還京師行密以魯郃代樞州人不肯下
請陶雅代雅於諸將最寬厚以禮歸樞于朝是歲李神福拔舒州倪章亡以
神福爲舒州刺史乾寧二年行密襲濠州李簡重甲絕水縋而入執刺史張
璲以劉金守之進取壽州汴將劉知俊儲穀石碭將南襲張訓屯漣水遣兵
浮海掩得其會知俊戰不勝因攻漣水大敗身僅免詔拜行密淮南節度副
大使知節度事檢校太傅同中書門下平章事封弘農郡王董昌爲錢鏐所
攻來告窮行密遣臺濛攻蘇州安仁義田頵攻杭州身督戰別將張崇爲鏐
執行密欲嫁其妻妻曰崇不負公願少待俄而還自是行密終身倚愛明年
五月破蘇州執鏐將成及以朱黨守之朱延壽拔蘄光二州行密以霍丘當
南北走集以邑豪朱景爲鎮將景驍毅絕人諸盜莫敢犯汴將寇彥卿以騎
三千襲之致全忠厚意景不許苦戰彥卿敗而去田頵魏約張宣共圍嘉興
鏐大將顧全武救之執宣約逐頵於驛亭埭未幾泰寧節度使朱瑾率部將
侯瓚來歸太原將李承嗣史儼史建章亦來奔行密推赤心不疑皆以爲將
於是兵銳甚彊天下帝惡武昌節度使杜洪與全忠合手詔授行密江南諸
道行營都統討洪汴將朱友恭聶金率騎兵萬人與張崇戰泗州金敗瞿章
守黃州聞友恭至南走武昌柵行密遣將馬珣以樓船精兵助章守友恭次
樊港章據險不得前友恭鑿崖開道以彊弩叢射殺章別將遂圍武昌章率
寡濤戰不勝友恭斬章拔其壁全忠率葛從周萬騎攻光州柴再用遣小校
王稔以輕騎覘賊汴兵圍之候者請救再用曰稔必殺賊第無往稔解鞍自
如暮依樾步戰殺傷多汴兵乃解時士馬法峻稔追汴軍得馬乃還從周涉
淮圍壽州而龐師古聶金以衆七萬壁清口朱延壽擊從周軍敗之行密欲
汴圍解乃擊師古李承嗣曰公能潛師趨清口破其衆則從周不擊而潰行
密出車西門繇北門去以銳士萬三千踰雪馳迫清口不進雍淮上流灌師
古軍張訓自漣水來行密使將羸兵千人爲前鋒師古易之方圍棋軍中不
顧朱瑾侯瓚以百騎持汴旌幟直入師古壘舞槊而馳訓亦登岸超其柵汴
軍大囂即斬師古士死十八全忠聞之與從周皆遁走追及壽陽大破之叩
渒水方涉爲瑾所乘溺死萬餘瑾徙屯安豐汴將牛全節苦鬭後軍乃得度
會大雪士多凍死潁州刺史王敬蕘燎薪屬道汴軍免者數千人未幾復圍
壽州七日走馬珣收散卒三百自黃州間道趨分寧絕山谷襲撫州鏐將危
全諷列四壁皆万人珣謂諸將曰爲諸君擊中壁食其穀以歸乃夜擊之全
諷走明日珣高會廣旗幟伐鼓循山而下連營潰既還行密厲曰豎子不逐
據其城邪光化元年秦裴取鏐崑山鎮顧全武圍之行密諸將數敗全武遂
圍蘇州臺濛固守鏐自以舟師至濛食盡行密遣李簡將勁迎之敗全武兵
濛得還後軍潰裴援絕全武勸其降決水灌城城壞裴乃降鏐喜具千人食
以待既至士不及百鏐曰軍寡何拒之久裴曰糧盡歸死非僕素也初成及
之執行密閱其室唯圖書藥劑將辟爲行軍司馬固辭引刀欲自剌行密乃
止厚礼而歸之鏐亦遣魏約等還全忠攻蔡州奉國節度使崔洪來丐師明
年遣朱瑾率兵萬人攻徐州屯呂梁洪遂來奔會雨霖瑾引還行密攻徐州
汴將李禮壁宿州以援全忠自將次輝州行密戰不勝乃解青州將陳漢賓
擁兵送款行密王綰張訓周本率兵迎之漢賓中悔綰訓入見漢賓約麾下

覆我不過日中若不至可攻城璩賞釋甲聽命光州叛行密自攻之汴將朱
友裕來救撤圍還全忠諭馬殷成汭雷滿合兵攻行密汭滿循豫汭惡殷軍
全忠掠其境滿來結好行密壁黃鄂間杜洪寘鴆于酒于井棄城去行密知
不入全忠又遣使者督殷汭滿連兵解圍行密還詔加檢校太尉兼侍中天
復元年傳言盜殺錢鏐李神福急攻臨安顧全武列八壁相望神福伏軍青
山僞若引去諜奔告全武悉衆躡之神福返鬭與伏夾攻斬首五千級執全
武明日遂圍臨安鏐將秦昶以步兵三千降神福乃令軍中護鏐先墓禁樵
采鏐遣使者厚謝神福以鏐不死臨安未可下納犒而還明年大將劉存率
兵二萬戰艦七百伐湖南殷伏軍長積洲以樓艓據上流乘風颺沙彊弩射
之存軍熾行密歸顧全武於鏐鏐亦釋秦裴以報帝在鳳翔以左金吾大將
軍李儼爲江淮宣諭使授行密東面諸道行營都統檢校太師守中書令封
吳王承制封拜且告難時已削奪全忠封爵詔西川河東忠義幽州保大橫
海義武大同八道攻之詔朱瑾爲平盧節度使跡海州取青齊馮弘鐸爲感
化節度使出漣水攻徐宿使朱延壽圖蔡州田頵捍錢鏐行密討杜洪馬殷
以分全忠勢行密乃以李神福爲鄂岳招討使劉存副之遣泠業攻馬殷杜
洪戰屢敗嬰城請救於全忠全忠使韓勍率步兵萬人屯灄口荊南節度使

成汭亦悉衆救洪神福逆戰敗之汭溺死勍引衆走泠業屯平江爲三壁殷
將許德勳以銳卒號定南刀夜襲泠業擊三壁皆破禽業掠上高唐年而去是
時杜洪困甚且禽會田頵安仁義絶行密行密召神福存還討事洪復振頵
之敗更以臺濛爲宣州觀察使復遣神福存攻鄂州順義軍使汪武與頵連
和歙州刺史陶雅攻鍾傳兵過武所迎謁縛武於軍無錫當浙衝行密使票
將張可倧守之鏐勁兵三千夜襲城可倧以百騎擊走之吏皆賀答曰未也
方勞諸軍一戰乃蔽火斂旗以須與者以告鏐兵復至可倧大破之臺濛卒
行密以子渥爲宣州觀察使天祐二年王彥章李德誠拔潤州殺安仁義以
王茂章爲潤州團練使聶彥章等率舟師復伐殷攻岳州許德勳詒以舟
千二百柂入蛤子湖琳山之南爲木龍鎖舟夜掟三百舸斷楊林岸彥章入
荊江將趨江陵信躡之德勳以梅花海鶻迅舸進斷木龍舟蔽江車弩亂發
執彥章溺死萬人殷釋彥章還德勳謂曰爲我謝吳王僕等數人在湖湘不
可冀也行密寬易善遇下能得士死力每宴使人負劍侍陳人張洪因以劍
擊行密不中近將李友禽斬之佗日侍劍如故行密嘗出有盜斷馬鞅不之
問以故人人懷恩始秉孫儒亂府庫殫空能約己省費不三年而軍富雄嘗
遣楚州臺濛盛供帳待之行密一夕去遺衣敝內皆紉補濛還之行密曰

吾興細微不敢忘本君笑我邪家大慙登城見王茂章營第曰天下未定而
茂章居寢鬱然渠肯爲我忘身乎茂章遂毀損方帝困鳳翔再遣使督兵以
爲行密可亢全忠者然兵至宿州紿言糧盡乃還全忠脅帝東遷行密恥憤
被病全忠亦知天子倚行密爲重乃弒帝以絶人望行密聞之發喪不視事
三日因是病篤召將吏付家事問嗣於其佐周隱對曰宣州司徒易而信讒
唯酒色是好不可以嗣不如擇賢者時劉威以宿將有威名隱意屬威行密
不答因以王茂章代渥使亟還行密召所親嚴求曰我使周隱召吾兒而不
至柰何求往見隱召檄仍在几始渥守宣州押牙徐溫王令謀約渥曰王且
疾而君出外此殆姦人計它日有召非我二人勿應也及是二人以符召渥
渥至行密承制授檢校太尉同中書門下平章事淮南節度留後行密謂渥曰
左衙都將張灝王茂章李遇皆怙亂不得爲兒除之卒年五十四遺令穀薄
爲衣桐瓦爲棺夜葬山谷人不知所在諸將謚曰武忠張顥議歸都統印於
宣諭使李儼行節度事諸將畏顥無敢對渥流涕騎軍都尉李濤曰都統印
先帝所以賜王父子安得授人諸將唯唯顥投袂去乃共請於儼承制授渥
兼侍中淮南節度副大使東面諸道行營都統封弘農郡王渥好騎射初與
許玄膺爲刎頸交及嗣位事皆決之諸將莫敢忤渥求王茂章親兵不得及

去宣蒙帷帟以行茂章嫚罵不與踰年遣兵五千襲之茂章奔杭州秦裴執
鍾匡時渥授以江西制置使朱思勍范師從陳璠以兵戍洪州渥爲張顥所
制三人者渥腹心也顥脅以爲有異謀遣陳祐疾馳懷短兵微服入秦裴帳
中裴大驚爲命飲召三將入皆色動酒行祐數其罪皆斬之渥召周隱曰君嘗
以孤爲不可嗣何也隱不對遂殺之
贊曰行密興賤微及得志仁恕善御衆治身節儉無大過失可謂賢矣然所
據淮楚士氣剽而不剛行密無霸材不能提兵爲四方倡以興王室勢視朱
溫劫天子而東謀窮意沮憤死牖下可爲長太息矣
時溥徐州彭城人爲州牙將黃巢亂京師節度使支詳遣溥與陳璠率兵五
千西討次河陰軍亂剽居人溥招戢其衆引還屯境上疑不敢歸詳以牛酒
犒士約無質其罪軍乃入共推溥爲留後逐詳寄館溥厚具裝遣璠護還
京師夜駐七里亭璠擅殺詳屠其家溥怒署璠宿州刺史俄殺之別遣將引
銳兵三千入關僖宗因以武寧節度命之巢敗東走圍陳州營溵水秦宗權
方據淮西相睎結溥地介於賊乃悉師討之軍鋒甚盛連戰輒克授東面兵
馬都統遂合許兗鄆兵逐尚讓於大康斬首數萬級讓以所部萬人降溥遣
將李師悅等追尾巢至萊蕪大破之諸將爭得巢首而林言斬之持歸溥溥以

獻天子故破賊溥功第一加檢校司徒同中書門下平章事進檢校太尉兼中書令鉅鹿郡王宗權阻兵拜溥蔡州行營兵馬都統賊平與朱全忠爭功嫌甚會孫儒方與楊行密爭揚州詔全忠爲淮南節度使平其亂溥自以先起功名顯朝廷位都統顧不得而全忠得之頗帳恨全忠使司馬李璠郎言等東兵道宿州遺溥書請假道溥辭不可間其壇以兵襲之言戰甚力解而還全忠怨自是連歲略徐泗師不弛甲全忠自將及其郊未得志引去溥窮乞師於李克用克用爲攻碭山朱友裕救之各亡其大將友裕進攻宿州不能拔時大順元年也明年丁會築堤關汴水灌宿郛三月拔之使劉瓚守而溥將劉知俊引兵二千降全忠軍益不振民失田作又大水荐飢死喪十七以上乃請和於全忠全忠約徙地而罷兵昭宗以宰相劉崇望代之授溥太子太師溥慮去徐且見殺惶惑不受命諭軍中固留有詔聽可泗州刺史張諫聞溥已代即上書請隸全忠納質子焉溥既復留諫大懼全忠爲表徙鄭州刺史諫畏兩怨集已乃奔楊行密行密以諫爲楚州刺史并其民徙之以兵屯泗朱友裕率軍攻溥嬰城不出有語全忠曰軍行非吉日故師無功全忠遣參謀徐璠至軍責諭友裕吾曰溥困且破乃徇妖辭士心惰矣焚其晝擊饋餉急攻之溥將徐玫出降溥求救於朱瑾全忠自以兵屯曹將去留

精騎數千援霍存曰事急可倍道趨之瑾兵二萬與溥合攻友裕存引兵疾戰瑾溥還壁明日復戰霍存敢死之進逼友裕友裕堅營不出瑾食盡還兗州全忠使龐師古代友裕溥分兵固保石佛山師古攻拔之自是完壘不戰王重師牛存節等梯其堞以入溥徙全王與妻子登燕子樓自焚死實景福二年全忠遂有其地私置守焉

朱宣宋州下邑人父以豪猾聞里中坐鬻鹽抵死宣亡命去青州爲王敬武牙兵黃巢之亂敬武遣將曹存實率兵西入關而宣爲軍候道鄆州是時節度使薛崇拒王仙芝戰死其將崔君裕攝州事存實揣知兵寡襲殺之據其地遂稱留後以宣功多署濮州刺史留總帳下兵中和初魏博韓簡東窺曹鄆引兵濟河存實迎戰死于陣宣收殘卒嬰城簡圍之六月不能拔引兵去僖宗嘉其守拜宣天平節度使累加同中書門下平章事宣有衆三萬弟瑾勇冠三軍陰有爭天下心瑾嗜殘殺光路中求婚於兗州節度使齊克讓說親迎載兵輜發逐克讓據府自稱留後天子即授以節瑾兄弟雄張山東時秦宗權悉兵攻朱全忠使秦賢刻三十六壁自將督戰全忠大恐求救于宣宣與瑾身率師往擊宗權宗權敗走全忠厚德宣兄事之情好篤密而內忌其雄且所據皆勁兵地欲造怨乃圖之即聲言宣納汴亡命移書詆讓宣以

新有怨於全忠故答檄恚望全忠由是顯結其隙使朱珍先攻瑾取曹州壁乘氏宣救曹不克奔還范珍圍濮州宣使弟罕救濮全忠自將擊罕斬之拔濮州朱裕奔歸鄆使珍薄鄆挑戰宣不出裕爲書紿降導珍入信之夜以兵數千傅城裕開門軍入縣門發死者數千縱礨石擊未入者殺裨將百餘人復取曹以郭詞爲刺史大將郭銖斬詞奔全忠瑾謀悉兵襲汴全忠乃自攻瑾瑾以兵掠單父與全忠將丁會轉戰不勝去景福初復伐宣令從子友裕先驅自繼之次衛南宣以輕兵夜掩友裕軍走之據其營全忠未知運糧以入乃覺走鄆河與友裕相失距濮十五里舍明日友裕乃至宣留濮州全忠令友裕馳壯騎諜鄆虛實身將而北會宣引還縱兵戰全忠南走絕塹去幾不脫大將多死乃謀持久徼極取宣歲一再暴其鄙奪之食俾其工織勤有存者宣令賀瓌守濮州爲友裕所攻委城走友裕進擊徐州時溥求援於宣戰不勝而還溥遂亡全忠即遣龐師古攻齊州宣瑾皆戍以兵久不下乾寧元年全忠身往濬清河結壘宣瑾三分其兵出擊之全忠迎戰東阿南風急汴軍居下甚懼俄而風返全忠得縱火焚其旁牒薰漲天宣等大北是夏全忠壁曹州南宣薄戰禽其將二人全忠還明年使朱友恭擊兗州瑾堅壁乃塹而守宣饋瑾友恭奪其糧全忠自軍單父會宣求救于李克用友恭退壁

曹南數月全忠自伐宣刈其麥敗克用將李承嗣等乃還宣追之大鈔曹州其秋全忠復攻鄆壁梁山宣克用挑戰全忠設伏破之斬首數千級引而南克用躡全忠後至柏和大寒全忠軍多死不閱月復圍兗州因略地龔丘賀瓌以奇兵擊全忠輜重不及戰鉅野東瓌大敗見禽師無子餘重道大陂風暴起全忠曰豈殺人有遺邪乃搜軍中復斬數千人風亦止執瓌示城下瑾之凡瓊守齊州見勢屈以州歸全忠結同姓懽全忠許之輕騎至軍全忠勞苦加礼因使招瑾瑾領精騎髙地笑語如平生歡乃使將胡規偽送款欲得瓊躬上符節全忠不之虞瑾伏壯士橋下瓊單騎至方交語士突起拽瓊以入斬其首棄城下汴軍大震全忠恚數日乃去三年克用使其將李瑭以兵屯莘援宣爲羅弘信所破全忠大喜度宣可困遣龐師古伐宣宣逆戰敗于馬頰河師古迫其西門兵不出全忠之攻宣凡十與師四敗繢宣才將皆盡益內沮度不能與全忠确則固守增堞浚濠爲不可逼明年葛從周密造舟于塹師人踰而升宣出奔爲民所縛追至執以獻全忠斬之而納其妻使師古攻兗州二月食盡瑾自出督芻粟轉掠豐沛間而子用貞及大將康懷英等舉城降瑾引麾下走沂州刺史尹懷賓不納乃趨海州刺史朱用芝以其衆與瑾奔楊行密行密迎之高郵解玉帶以賜表領徐州節度使畀以兵師

古從周以兵七萬討行密瑾敗之清口擊殺師古而從周還師至渒水方涉
瑾追及殺傷溺死幾盡瑾事行密尤盡力
孫儒河南河南人以趫卞橫里中隸忠武軍爲裨校與劉建鋒善黃巢亂以兵
屬秦宗權爲都將光啓初宗權遣儒攻東都留守李罕之出奔儒焚宮闕屠
居人河陽節度使諸葛爽與儒戰洛水爽敗儒亦東圍鄭州朱全忠屯中牟救
之不敢前儒衆夜登城刺史李璠走儒進拔河橋遂取河陽留後諸葛仲方
出奔全忠壁河陰儒掠汴以鄗全忠兵卻屯胙城東南列偽旗鼓疑之儒乃還
會全忠與宗權戰宗權敗走儒聞殺孟人尸於河焚井邑乃去宗權又遣
儒鈔淮南乘高駢之亂儒留濠州會楊行密得揚州宗權使弟宗衡爭淮南
以儒爲副建鋒爲前鋒儒嘗曰丈夫不能苦戰萬里賞罰由己奈何居人下
生不能富貴死得廟食乎未幾宗權兵攻蔡宗權召之儒稱疾不往宗衡督之
即大會帳下酒酣斬宗衡并其衆與建鋒許德勳等閱騎七千因略定傍州
不淹旬兵數萬號土團白條軍文德元年破揚州自爲淮南節度使與時溥
連和初全忠嘗以書招儒儒斬使納款於汴且送宗衡首全忠藉以
聞昭宗拜儒檢校司空全忠署爲招討副使龍紀初悉兵攻宣州行密取淮
南儒還行密走始得潤常蘇三州兵益彊使建鋒守潤常全忠約行密圖之

唐列百十三　八

儒謀定江南乃北爭天下畏全忠持盛乃遣人卑辭厚賄全忠表行密朝詔授
淮南節度使大順元年行密取潤州以安仁義守之常州以李友守之儒怒
三分其軍度江建鋒復拔常潤仁義走全忠遣將龐師古等軍十萬擁至高郵
儒悉師禦之故仁義間取潤州劉威田頵等敗建鋒於武進取常州杭州錢
鏐將沈粲自蘇州奔儒行密諸將在潤常者皆爲建鋒所逐仁義頵棄潤州
走明年儒引兵自京口轉戰召建鋒皆行行密諸將屯險者聞儒至皆走頵
威等合兵三萬邀儒黃池儒遣馬殷擊走之儒營廣德乘勝至東溪淮人大
恐行密遣臺濛屯西溪自引軍逆戰儒軍圍之數重黑雲將李簡以騎馳之
行密乃免儒遂圍宣州行密乞師於錢鏐鏐具給濟泉泰湧廣德黃池諸壁皆没
儒分兵取和滁二州其秋儒拔揚州引而西傳檄遠近號五十萬旌旗相屬
數百里所過燒廬舍殺老弱以給軍行密懼將遁去戴規曰儒軍數敗今掃
地而至決死於我若吾遣降者間至揚州撫尉衣食使儒軍聞其家尚完人
人思歸不戰可禽也行密乃遣親將入揚州取儒營糧數十萬斛以稟飢民
儒屯廣德陶雅以騎軍破儒前鋒屯蔽公臺十二月頵威與儒決戰皆大敗
儒連屯稍西行密使陶雅屯潤州扼其歸路景福元年儒復圍宣州屯陵陽
行密戰不利謀出奔時劉威方繫獄且死行密亟召問計對曰儒焚倉廪
壘以來糧盡將爲我禽若勁兵背城坐制其困李神福亦請據險邀儒糧行
密乃分兵攻廣德壁而絕饟道軍適大疫儒病痁遣建鋒鈔諸縣行密知
城下兵寡乃晨出率仁義頵背城決戰破五十壁會具斬且其儒軍大敗儒
病甚股弁不能興頵執儒獻行密諸將皆降儒就刑于市見劉威曰中君之
謀儒嘗引鑑捋首曰此頭不久當入京師至是傳首闕下建鋒殷奔之相語
曰公嘗有志廟食吾等有土當廟以報德及殷據湖南表儒贈司徒樂安郡
王立廟以祀

楊時朱孫列傳第一百一十三

唐列百十三　九

高趙田朱列傳第一百一十四　　唐書一百八十九

端明殿學士兼翰林侍讀學士龍圖閣學士朝請大夫守尚書吏部侍郎充集賢殿修撰臣宋祁奉敕撰

高仁厚，其系出初，事劍南西川節度使陳敬瑄為營使。黃巢陷京師，天子出居成都，敬瑄遣黃頭軍部將李鋋、鞏咸以兵萬五千戍興平，數敗巢軍，賊號蜀兵為鵶兒，每戰輒戒曰：毋與鵶兒鬬。敬瑄喜其兵可用，益選卒二千，使仁厚將而東。先是，京師有不肖子皆著疊帶冒，持梃剽閭里，號閑子。京兆尹始視事，輒殺尤者以怖其餘。竇潏治京兆，至殺數十百人，稍稍憚戢。巢入京師，人多避難寶雞，閑子掠之，吏不能制。仁厚素知狀，下約入邑閭縱擊，軍入，閑子聚觀嗤侮，於是殺數千人，坊門反閉，欲亡不得，故皆死，自是閭里乃安。會邛州賊阡能眾數萬，略諸縣，列壁數十；涪州刺史韓秀昇等亂峽中；韓求反蜀州，諸將不能定。敬瑄召仁厚還，使督兵四討。屯永安，阡能遣諜者入軍中，吏執以獻，諜自言：父母妻子囚於賊，約不得軍虛實，且死。仁厚哀

之，曰：為我報賊，明日我且戰，有能釋甲迎我者，署背曰歸順，皆得復農矣。縱諜去。命諸將毀柵鼓而前，賊渠羅渾擎設伏詐降，仁厚遣將不持兵入諭其眾，皆真降，渾擎詐窮而逸，吏執之。仁厚曰：愚人不足語。降眾署皆得免，則告諸壁：大軍至。賊帥句胡僧大驚，斬之莫能禁，眾執胡僧以降。韓求知大賊已禽，徇諸壁曰：敢出者斬。眾罵之，求赴水死，眾鉤出斬以徇，餘柵皆下。仁厚按轡裴回視賊壘，吏請焚之，仁厚命取財糧，乃縱火，尸賊成都。仁厚還，天子御樓勞軍，授仁厚檢校尚書左僕射、眉州刺史。敬瑄與仁厚謀曰：秀昇未禽，貢輸梗奪，百官之奉、民不饜食，公能破賊，當以東川待公。仁厚許之，詔拜行軍司馬。仁厚聞賊儲械子女皆在屯，乃以銳兵瀕江伐木穨水礙舟道，負岸而陣，使游軍逼賊，久不戰，則夜以千卒持短刀彊弩直薄營，火而譟之，秀昇率舟兵救火，仁厚遣人鶩沒鑿舟皆沈，眾懼多潰，秀昇斬潰兵欲脅止之，眾怒，執秀昇以降。仁厚問狀，對曰：天子蒙塵，反者何獨我？仁厚檻車送行在，斬於市。東川節度使楊師立，初隸神策軍，累遷檢校司空、同中書門下平章事，聞敬瑄以仁厚代已，有望言。敬瑄諷帝召師立以本官兼尚書右僕射，師立益怒，移檄言敬瑄十罪，殺監軍田繪，屯涪城，遣兵攻綿州，不克，又檄劍州刺史姚卓文共攻成都，假卓文為指揮應接使，卓文不應。帝乃下詔削官爵，敬瑄即表仁厚為東川節度留後，楊茂言為行軍副使，楊棠為諸軍都虞候，率兵二萬討之。師立遣大將張士安、鄭君雄守鹿頭關，仁厚次漢州，前軍戰德陽，師立嬰城。閱四旬，夜出兵擣北柵，仁厚設兩翼而伏，披柵門列炬，賊不敢進，伏發，擊走之。楊茂言謂仁厚且敗，引兵走，久乃還。明日會諸將，仁厚曰：副使當以死報天子。斬而徇，於是士安不敢出。師立自督士十戰皆北。仁厚約城中斬首惡者賞，君雄譁于軍曰：天子所討反者耳，吾等何與？乃與士安譁而進，以仁厚書示師立，曰：請以死謝眾。自沈于池死。君雄悉誅其家，獻首天子。仁厚入府，縱繫囚，賑貧絕。詔拜劍南東川節度使。光啓二年，遂據梓州，絕敬瑄。君雄時為遂州刺史，亦陷漢州，攻成都，敬瑄使

部將李順之逆戰，君雄死。又發維、茂州羌軍擊仁厚，斬之。乾寧中，皆追贈司徒。

趙犨，陳州宛丘人。世為忠武軍牙將。犨資警健，兒時好為營陣行列，自號令指顧，羣兒無敢亂。父叔文見之曰：是當大吾門。稍長，喜書，學擊劍，善射。會昌中，從伐潞州，收天井關，又從征蠻，忠武軍功多，遷大校。黃巢入長安，所在盜興，陳人詣節度府請犨為刺史，表于朝，授之。既視事，會官屬計曰：巢若不死長安，必東出關，陳其衝也。乃培城疏塹，實倉庫，峙薪芻，為守計，民有貲者悉內之，繕甲兵，募悍勇，悉補子弟領兵。巢敗，果東奔，賊將孟楷以萬人寇項，犨擊禽之。僖宗嘉其功，遷累檢校司空。巢聞楷死，驚且怒，悉軍據溵水，與秦宗權合兵數十萬，繞長壕五周，百道攻之，州人大恐。犨令曰：士貴建功立名節，今雖眾寡不敵，男子當死地求生，徒懼無益也。且死國不愈生為賊乎？吾家食陳祿，誓破賊以保陳，異議者斬。眾聽命，引銳士出戰，屢破賊。巢益怒，將必屠之，乃起八仙營於州

左僭象宮闕列百官曹署儲糧爲持久計宗權輸鎧仗軍須賊益
張犨小大數百戰勝負相當故人心固乃間道乞師於朱全忠未
幾汴軍至壁西北陳人思奮犨引兵急擊賊破之圍凡三百日而
解中和五年擢彰義軍節度使巢雖敗宗權始熾略地數千里屠
二十餘州唯陳賴犨獨完以功檢校司徒加泰寧浙西兩節度
皆在陳并領之龍紀初進同中書門下平章事忠武軍節度仍
治陳州流亡踵還與弟昶至友愛後將老悉以軍事付之乃卒
贈太尉犨悉忠力以孤城抗賊巢卒敗亡然附全忠亦賴其力復
振故委輸調發助全忠常先它鎮云昶字大東神采軒異而內沈
厚有法度破孟楷功多巢之圍昶夜搬師疲而寢如有神相之者
掣寤決戰士爭奮死鬬禽賊酋數人斬級千餘犨領泰寧以昶爲
州刺史檢校尚書右僕射當時方鎮言忠壯吏治舉言犨昶犨之
老乃授留後還忠武節度使亦留陳進檢校司徒劭勸農桑於人
有恩惠加同中書門下平章事乾寧二年卒年五十三贈太尉犨

子珝字有節雄毅喜書善騎射巢之難激勵麾下約皆死以先家
遁賊畏見殘齮即夜縋死士取樞以入庫有巨弩機牙壞不能張
珝以意調治激矢至五百步人馬皆洞賊畏不敢逼以勞檢校尚
書右僕射遷領潁州刺史昶帥忠武珝遷行軍司馬昶之喪知忠
武留後政簡濟上下安之全忠表爲忠武軍節度使陳土惡善圮
珝疊甓表墉遂無患三加檢校太保光化二年同中書門下平章
事進兼侍中封天水郡公按鄧艾故蹟決翟王渠溉稻以利農一
家三節度相繼二十餘年陳人宜之天復初韓建帥忠武以珝知
同州節度留後昭宗還長安詔入朝賜號迎鑾功臣以檢校太傅
爲右金吾衛上將軍從東遷歲餘以疾免卒年五十五贈侍中陳
人爲罷市

田頵字德臣廬州合肥人略通書傳沈果有大志與楊行密同里
約爲兄弟應州募屯邊還主將行密據廬州頵謀爲多攻趙鍠於
宣州鍠出東溪乘暴流以逸阻水解甲謂追騎不能及頵乘輕舸

追之鍠驚遂見禽行密表頵爲馬步軍都虞候沙陀叛將安仁義
奔淮南行密大喜屬以騎兵使在頵右兩人名冠軍中共攻常州
殺刺史杜稜錢鏐方屯潤州一夕潰會孫儒南略頵等屯丹陽儒
火揚州壁廣德頵破其屯與戰頵走行密怒奪其兵或諫行密曰
彊敵傅壘不用頵非計也行密復將頵儒詒書仁義通好以疑行
密行密待益厚署行軍副使卒用此二人功禽儒乃表仁義爲潤
州刺史頵寧國軍節度使累遷檢校太保同中書門下平章事仁
義至檢校太保頵已平馮弘鐸至揚州謝行密左右求賞不已獄
吏亦有請頵怒曰吏覬吾入獄邪又求池歙爲屬州行密不許頵
始怨將還指府門曰吾不復入此是時錢鏐部將徐綰叛鏐入杭
州逐綰綰屯靈隱山迎頵頵遣客何曉見鏐曰王宜東保會稽無
爲虛屠士衆也鏐曰軍中小叛常然公爲人長何助逆耶頵攻北
門鏐登城與語射中麾下頵築壘絕往來道鏐患之出金幣十甕
募能奪地者陳璋以死士三百免冑馳擊奪其地鏐授璋衢州刺

史頵攻城未能克將濟江絕西陵爲鏐將所却圍益急先是行密
欲女鏐子鏐急乃遣元璙迎女且告行密曰頵得志爲患必大請
以子爲質願召還頵行密使人謂頵曰不還我遣人代守宣州頵
不從鏐輸錢二百萬犒軍頵又請鏐子元瓘出質乃與綰引兵
還然內怨行密與鏐因移書曰侯王守方以奉天子譬百川不朝
于海雖狂奔澶漫終爲涸土不若順流無窮也東南揚爲大刀布
金玉積如阜願公上天子常賦頵請悉儲峙單車以從行密答曰貢
賦繇汴而達適足資敵爾於是頵絕行密大募兵李神福白行密
頵必叛宜先圖之行密曰頵有大功而反狀未明殺之諸將不爲
用頵遣其佐杜荀鶴至汴通好全忠喜屯宿州須變行密以康儒
在頵所故授廬州刺史以間之頵怒族其家儒曰公不用吾謀死
無地矣頵與安仁義連和攻昇州劫刺史李神福妻息厚養之神
福方與劉存攻鄂州行密召之神福謂諸將曰頵反此心腹疾宜
速攻之頵遣李阜詒書神福曰公家在此苟從我當分地以王答

曰吾以一卒從吳王任上將終不以妻子易意乃斬皐破頵兵於
曷山始頵將王壇等以舟師躡神福後至吉陽磯不戰會日暮壇
掩神福軍半濟神福反舟順流急擊大破之因縱火士多死明
日壇復戰敗於皖口頵乃自將來戰神福曰賊棄城而來此天亡
也乃瀕水堅壁不出請行密以兵塞頵走道仁義焚東塘戰艦夜
攻常州不克轉戰至夾岡立三幟解甲而息追兵莫敢嚮頵陳舟
蕪湖行密遣將王茂章攻潤州仁義以善射冠軍中當時稱朱瑾
槊米志誠弩皆爲第一仁義常曰志誠弩十不當瑾槊之一瑾槊
十不當吾弓之一人以爲然又其治軍嚴善得士心戰卒數百濠梁
不毀開門闘先告所當中然後射之茂章等不敢與确行密遣使
謂曰吾不忘公功能自歸當復爲行軍副使但不可處兵仁義欲
降其子固諫乃止行密召其將臺濛泣語曰人嘗告頵必反我不
忍負人頵果負我吾思爲將者非公莫可濛頓首謝率騎度江爲
陣以行士笑其法濛曰頵宿將多謀備之何害與王壇等戰廣德

濛以行密書遺壇諸將皆再拜氣奪濛麾兵擊之壇走神福既以
不戰困頵頵紿言母病還至蕪湖聞壇敗留精兵二萬屬郭行琮
身走城濛之行爲狹營小舍覘者以爲才容二千人頵輕之不復
召兵與戰黃池矢石始交而濛遣兵爭逐北遇伏頵大敗召蕪湖
兵不得入行琮及壇皆歸行密頵恚自料死士數百號爪牙都身
薄戰濛退軍示弱士超隍濛殊死戰軍潰頵奔城橋陷爲亂兵所
殺年四十六其下猶闘示頵首乃潰頵始以元璀歸戰不勝輒欲殺
之頵母護免及錢鏐與行密合頵曰今日不勝必殺元璀已而頵死傳
首至淮南行密泣下葬以庶人禮亦葬康儒還元璀於杭頵善
爲治資寬厚通利商賈民愛之善遇士若楊夔康軿夏侯淑殷
文圭王希羽等皆爲上客文圭有美名全忠錢鏐交辟不應頵置田
宅迎其母以甥事之故文圭爲盡力夔知頵不足亢行密著溺賦
以戒頵不用行密使王茂章穴地取潤州安仁義以家屬保城樓
兵不敢登召李德誠曰汝可以委命乃抵弓矢就縛父子斬揚州
市濛字頂雲亦合肥人頵破行密表爲檢校太保宣州觀察使天
祐初卒

朱延壽者廬州舒城人事行密破秦彥畢師鐸趙鍠孫儒功居多
行密欲以寬恕結人心而延壽敢殺時揚州多盜捕得者行密輒
賜所盜遣之戒曰勿使延壽知已而陰許延壽殺之初壽州刺史
高彥溫擧州入朱全忠行密襲之諸將憚城堅不可拔延壽鼓之
拔其城即表爲淮南節度副使全忠猶屯壽春延壽以新軍出每
旗五伍爲列遣李厚以十旗擊西偏不勝將斬之厚請益五旗殊
死戰全忠引去於是取黃蘄光三州以功遷壽州團練使昭宗在
鳳翔詔延壽圍蔡以披全忠勢擢奉國軍節度使全忠兵每至延
壽闢門不設備而不敢逼也延壽用軍常以寡闘衆敗還者盡斬
之田頵之附全忠延壽陰約曰公有所爲我願執鞭頵喜二人謀
絕行密行密憂甚紿病目行觸柱僵妻延壽姊也掖之行密泣曰
吾喪明諸子幼得舅代我無憂矣遣辯士召之延壽疑不肯赴姊

遺婢報故延壽疾走揚州拜未訖士禽殺之而廢其妻

贊曰全忠唐之盜也行密志梟其元而後已田頵使出軍賦而助
之此其謀責難而絕之非忠於唐也棄所附而覬尊大亦已妄矣
孔子稱孟公綽爲趙魏老則優不可以爲滕薛大夫如仁厚田朱
材不足爲吳蜀之老可與事天子哉

高趙田朱列傳第一百十四

三劉成杜鍾張王列傳第一百一十五　唐書一百九十

端明殿學士兼翰林侍讀學士龍圖閣學士朝散大夫給事中知制誥充史館修撰臣宋祁奉敕撰

劉建鋒字銳端，蔡州朗山人，爲忠武軍部將，與孫儒、馬殷同事秦宗權。儒之敗，建鋒、殷收散卒，轉寇江西，有衆七千，推建鋒爲主，殷爲前鋒，張佶爲謀主，略洪、虔數州，衆遂十餘萬。乾寧元年，取潭州，殺武安節度使鄧處訥，自稱節度留後，奉表京師，詔即拜檢校尚書左僕射、武安軍節度使。建鋒已得志，即嗜酒不事事。新息小史陳贍爲建鋒御者，妻美且豔，乃私之。贍怒，袖鐵檛擊建鋒死，斷其喉。衆推張佶爲帥，佶固辭，馬踶傷佶左髀，下令曰：「吾非而主。」時馬殷攻邵州未克，於是遣人迎殷，磔贍于市。殷至，佶坐受其謁，既而率將吏推殷爲留後。詔即除檢校太傅、潭州刺史。殷以成汭、楊行密、劉隱皆養士以圖王霸，謂其屬高郁曰：「吾欲重幣以奉四鄰而固吾境，計安出？」郁曰：「荊南闇弱，焉能患我？淮南，我讎也，固不吾援。公若置邸京師，歸天子職貢，王人來錫命，四方畏服，然後按兵討不廷，霸業成矣。」殷悟，厚結宣武朱全忠，以請于朝，乃拜湖南節度、兵馬留後。郁又教殷鑄鉛鐵錢，十當銅錢一，民得自摘山收茗，筭募高戶置邸閣居茗，號八牀主人，歲入筭數十萬，用度遂饒。於是收邵、衡、永、道、郴、連六州，進攻桂州，執留後劉士政，諸城望風奔潰，盡得昭、賀、梧、象、柳、宜、蒙等州，又攻容管，執寧遠節度使龐巨曦，虜其衆。及昭宗在鳳翔，難方亟，遣中人間道賜朱書密詔，使殷與楊行密攻汴州，殷兵訖不出。殷弟賓沈勇知書史，從孫儒爲盜，晚事楊行密爲黑雲軍使，與錢鏐戰，數有功，夜卧常有光怪，行密知之，曰：「吾今歸汝于兄。」辭曰：「賓一敗卒，公待以不死，湖南在宇下，朝亡夕至，但誼不忍舍公。」行密具齎以遣，曰：「爾還與兄共食湘楚，然何以報我？」答曰：「願通二國好，使商賈相資。」行密喜。既至，殷表以自副，每勸殷與行密連和，殷畏全忠，卒不克。殷與建鋒同里人，凡宗權黨散爲盜者，皆以酷烈相矜，時通名蔡賊云。

成汭，青州人，少無行，使酒殺人，亡爲浮屠，後入蔡賊中，爲賊帥假子，更姓名爲郭禹。嘗戍江陵，亡爲盜，保火門山。後詣荊南節度使陳儒降，署裨校。久之，張瓌囚儒，以禹凶慓，欲殺之，禹結千人奔入峽，夜有蛇環其所，祝曰：「有所負者死，生唯命。」既而蛇亡，禹乃襲歸州，入之，自稱刺史，招還流亡，訓士伍，得勝兵三千。秦宗權故將許存奔禹，禹以青州剽卒三百畀之，使討荊南部將牟權于清江，禽權，取其衆。禹又破其將王建肇，建肇奔黔州。昭宗拜禹荊南節度留後，始改名汭，復故姓。宗權餘黨常厚攻夔州，是時西川節度使王建遣將屯忠州，與夔州刺史毛湘相脣齒，厚屯白帝，汭率存乘二軍之間攻之，二軍使人誶辱汭，韓楚言尤劇，汭恥之，曰：「有如禽賊，當支解以逞。」會存夜斬營襲厚，破之，厚奔萬州，爲刺史張造所拒，走綿州。存入夔州，楚言妻李語夫曰：「君常辱軍，且支解，不如前死。」楚言不決，李礪刀席下，方共食，復語之，夫曰：「未可知。」李取刀斷其首，并殺三子，乃自剄。汭畏其烈，禮葬之，刻石表曰「烈女」。即使司馬劉昌美守夔，率存泝江略雲安，建將皆奔。存按兵渝州，盡下瀕江州縣。時王建肇據黔州自守，帝以建肇爲武泰軍節度使，汭遣將趙武率存攻之，建肇走，汭乃以武爲留後，存爲萬州刺史。存不得志，汭遣客伺之，方蹴毬，汭曰：「存必叛，自試其力矣。」遣將襲之，存夜率左右超堞走，與王建肇皆降於王建。汭頗知吏治，嘗錄囚，盡其情。墊江賊陰殺令，其主簿疑小史道芝，訊不承，臨刑曰：「我且訟地下。」踰月，吏果死，汭聞，益詳於獄。始，治州民版無幾，未再朞，自占者萬餘，帝數詔刻石頌功，輒固辭。時鎮國節度使韓建亦以治顯，號「北韓南郭」。汭進累檢校太尉、中書令、上谷郡王。雲安權鹽本隸鹽鐵，汭擅取之，故能畜兵五萬。初，任賀隱，隱賢者也，故汭所舉少過。晚得妻父任之，譖害諸子，汭皆手殺之，至絕嗣。澧、朗本荊南隸州，爲雷滿所據，別爲節度，汭數請之，宰相徐彥若不許，及彥若罷，道江陵，汭出怨言，彥若曰：「公專一面，自視桓文，一賊不能取，而怨朝廷乎？」汭大慙。晚喜術士，餌藥瀕死而蘇。天復三年，帝詔淮南節度使楊行密圍鄂州朱全忠使韓勍救之諷汭與馬殷雷彥威掎角汭身自將而行下知汭不足亢行密無敢諫唯親吏楊師厚勸之汭爲巨艦堂皇悉備行至公安卜不吉欲還師厚曰公舉全軍中道還何以見百姓汭乃行彥威潛師略江陵汭諸將念私無鬭志淮南將李神福壁沙橋望汭軍曰戰艦雖盛首尾斷絶可取也擊汭君山敗之火其舩衆大潰汭投江死士民皆爲彥威所劫韓勍走還王建遂取夔施忠萬四州天祐中全忠表汭死國事請與杜洪皆立廟云

杜洪鄂州人爲里俳兒乾符末黃巢亂江南永興民皆亡爲盜刺史崔紹募民彊雄者爲土團軍賊不敢侵於是人人知兵杭州刺史路審中爲董昌所拒走安黃州中和末聞紹卒募士三千入鄂州以守洪爲州將有功亦逐岳州刺史居之光啓二年安陸賊周通率兵攻審中審中亡去洪乘虛入鄂自爲節度留後僖宗即拜本軍節度使是時永興民吳討據黃州駱殷據永興二人皆隸土

團者也故軍剽甚洪雖得節制而附朱全忠絶東南貢路乾寧初身自將擊討乞師淮南楊行密遣朱延壽助之洪引還延壽拔黃州俘討獻京師駱殷棄永興走行密取其地洪得駱殷倚爲腹心間取永興守之全忠方圍鳳翔昭宗遣使者東出道武昌洪皆殺之時行密略光州詔洪出兵與忠義趙匡凝武安馬殷襲安州行密使李神福劉存率舟師萬人討洪駱殷棄永興走縣民方詔導以侍命神福已得詔大喜以永興壯縣饋餉所仰旣得鄂半矣遂進圍鄂州洪嬰城請救於汴全忠率兵五萬營霍丘行密禦之汴兵不利引還使別將吳章以三千兵解圍神福迎破之時全忠方與河東軍薄戰故不能救洪洪乃求助於馬殷殷不荅洪計窮復走全忠全忠遣曹延祚合吳章兵萬三千救洪淮南將劉存濬坎傅城殷爲洪謀曰淮兵深入仰永興以濟若奇兵取之賊不戰而潰洪以精兵合汴人間道掩永興三十里而舍存以方詔苗璘當之汴亡卒走淮壁言軍虛實曰鄂軍懦可取開道軍不可當也璘曰

殺彊則弱者撓矣乃自擊開道軍敗之禽汴士三百人徇城下洪軍氣沮存使辯士臨說洪恃汴方彊無降意或勸存急擊援兵則城自下存曰擊之賊入則城固矣若縱其遁城可取也俄而汴軍走是日城陷執洪及曹延祚窮斬其餘行密見洪責曰爾同逆賊弑主與孤爲仇吾軍還而復爲賊後拒今定何如洪謝曰不忍負朱公與延祚皆斬揚州市以劉存守鄂州行密死馬殷遂取其地

鍾傳洪州高安人以負販自業或勸其爲盜必大顯時王仙芝猖狂江南大亂衆推傳爲長乃鳩夷獠依山爲壁至萬人自稱高安鎭撫使仙芝遣柳彥璋掠撫州不能守傳入據之言諸朝詔即拜刺史中和二年逐江西觀察使高茂卿遂有洪州撫民危全諷閻傳之去撫州以叛使弟仔昌據信州僖宗擢傳江西團練使俄拜鎭南節度使檢校太保中書令爵潁川郡王又徙南平傳率兵圍撫州天火其城士民讙譟諸將請急攻之傳曰乘人之險不可乃祝曰全諷罪無害民者火即止全諷聞謝罪聽命以女妻傳子

匡時傳以匡時爲袁州刺史擊馬殷又以彭玕爲吉州刺史玕健將也傳倚以爲重廣明後州縣不鄉貢惟傳歲薦士行鄉飲酒禮率官屬臨觀資以裝齎故士不遠千里走傳府傳少射獵醉遇虎與鬭虎搏其肩而傳亦持虎不置會人斬虎然後免旣貴悔之戒諸子曰士處世尚智與謀勿效吾暴虎也乃畫搏虎狀以示子孫凡出軍攻戰必禱佛祠積餌餅爲犀象高數尋晚節重斂商人至棄其貨去天祐三年卒匡時自立爲節度觀察留後次子匡範爲江州刺史怨兄立挈州附淮南因言兄結汴人圖揚州楊渥使秦裴攻匡時圍洪州匡時城守不出凡三月城陷淮軍大掠三日止執匡時及司馬陳象歸揚州渥切責匡時頓首請死渥哀赦之斬象于市彭玕旣失援厚結馬殷且觀虛實使者還曰殷將校輯睦未可圖也遂歸款玕通左氏春秋嘗募求西京石經厚賜以金揚州人至相語曰十金易筆百金償一篇況得士乎故士人多往依之始危全諷聞匡時立喜曰鍾郎爲節度三年我自取之及

渥兵盛不敢救潛謀攻渥會淮南亡將王茂章過州請曰聞公欲大舉願見諸將才否全諷萬衆十萬邀茂章觀之對曰揚州有士三等公衆正當其下盍更益之全諷不能荅後爲楊氏所幷

劉漢宏本兗州小史從大將擊王仙芝劫輜重叛去乾符末略江陵焚民室廬屠無完家於是都統王鐸遣將崔鍇降之表爲宿州刺史漢宏恨賞薄有望言會浙東觀察使柳瑫得罪乃授漢宏觀察使代之僖宗在蜀貢輸踵驛而西帝悅寵其軍爲義勝軍即授節度使漢宏旣有七州志侈大輒曰天下方亂卯金刀非吾尚誰哉鴟噪諸廷命斫樹或曰巨木不可伐怒曰吾能斬白蛇何畏一木中和二年遣弟漢宥率諸將攻杭州壁西陵爲董昌所敗復遣兵七萬瀕江而屯昌使錢鏐胥濤龍襲破之明年漢宏屯黃嶺發洞獠同攻昌鏐出富陽擊諸營多潰去漢宏大沮悉軍十萬列艦西陵謀胥濤龍襲昌檣於江有一矢墜前惡之俄與鏐遇鏐俘馘五千漢宏羸服走或執之紿而免明日復戰鏐斬其弟漢容將辛約

時鍾季文守明州盧約處州蔣瓌婺州杜雄台州朱褒溫州褒兵最彊故漢宏使褒治大艦習戰以史惠施聖實韓公汶將其軍帝聞杭越挐戰遣中人焦居璠持節詔通好皆不奉詔光啓二年鏐率諸將攻越自趨導山破公汶於曹娥埭與褒戰燒其艦進屯豐山聖實詣鏐降漢宏率麾下六百人走台州鏐斬其母妻于屯杜雄饗其軍皆醉執漢宏以見董昌漢宏曰自古豈有不亡國邪昌使斬于市叱刑者曰吾節度使非庸人可殺我嘗夢持金殺我者必錢鏐也昌命鏐斬之

張雄泗州漣水人與里人馮弘鐸皆爲武寧軍偏將弘鐸爲吏辱雄爲辯數幷見疑於節度使時溥二人懼禍乃合兵三百度江壁白下取蘇州據之稍稍嘯會戰艦千餘兵五萬乃自號天成軍鎮海節度使周寶之敗奔常州聞高駢將徐約兵銳甚誘之使擊雄與之蘇州雄率衆海中使別將趙暉據上元貲以舟械寶兵散多降暉衆數萬雄即以上元爲西州負其才欲治臺城爲府旌旗衣服僭王者楊行密圍揚州畢師鐸厚齎寶幣丐雄連和雄率軍浮海屯東塘是時揚州圍久度盡草帶食無餘軍中殺人代糧纔千錢聞雄至間道挾珍走軍以銀二斤易斗米遠穉粒以差爲直雄軍富過所欲即不戰去暉數剽江道雄擊殺之坑其衆自屯上元大順初以上元爲昇州詔授雄刺史未幾卒雄善馭衆人思之爲立廟弘鐸代爲刺史弘鐸善騎射侃侃若儒者行密已得淮南弘鐸納好然倚兵艦完利謀取潤州遣客尚公迺進說行密行密不從客曰公不見聽未知勝幾樓船時行密大將田頵在宣州陰圖弘鐸募工治艦工曰上元爲舟市木遠方堅緻可勝數十歲頵曰我爲舟於一用不計其久取木於境可也弘鐸介宣揚間不自安而州數有怪天復二年大風發屋巨木飛舞州人駭曰州且易主大將馮暉等勸弘鐸悉軍南嚮聲言討鍾傳實襲頵行密知之遣客說止不聽頵逆擊於葛山弘鐸大敗收殘士欲入海行密懼復振遣人迎犒東塘好謂曰兵有勝負今衆尚彊乃自棄于海柰何吾府雖隘尚可以居若欲揚州我且讓公弘鐸舉軍盡哭行密挐飛艫不持兵入其軍執弘鐸手尉勉遂以歸表爲淮南節度副使見尚公迺曰頗憶爲馮公求潤州否何多尚邪謝曰臣爲君恨其未遂行密笑曰吾得君尚何憂徐約者曹州人已得蘇州有詔授刺史錢鏐遣弟銶攻之約驅民墨黥其面曰願戰南都從事或曰都者國稱杭終有國乎約後窮窘與其下哭而別入海死鏐使沈粲守蘇州約衆降潤州阮結結不能定鏐以成及討之盡殲其衆

王潮字信臣光州固始人五代祖曄爲固始令民愛其仁留之因家焉世以貲顯僖宗入蜀盜興江淮壽春亡命王緒劉行全合羣盜據壽州未幾衆萬餘自稱將軍復取光州劫豪桀置軍中潮自縣史署軍正主廩庾士推其信緒提二州籍附秦宗權宗權責賦不如期宗權切責緒懼與行全拔衆南走略潯陽贛水取汀州自稱刺史入漳州皆不能有也初以糧少故兼道馳約軍中曰以老孺

從者斬潮與弟審邽審知奉母以行緒切責潮曰吾聞軍行有法無不法之軍對曰人皆有母不聞有無母之人緒怒欲斬其母三子同辭曰事母猶事將軍也殺其母焉用其子緒赦之會母死不敢哭夜殯道左時望氣者言軍中當有暴興者緒潛視魁梧雄才皆以事誅之衆懼次南安潮語行全曰子美須眉才絕衆吾不知子死所而行全怪瘡亦不自安與左右數十人伏叢翳狙縛緒以徇衆呼萬歲推行全爲將軍辭曰我不及潮請以爲主潮苦讓不克乃除地剚劍祝曰拜而劍三動者我以爲主至審知劍躍於地衆以爲神皆拜之審知讓潮自爲副緒歎曰我不能殺是子非天乎潮令于軍曰天子蒙難今當出交廣入巴蜀以幹王室於是悉師將行會泉州刺史廖彥若貪暴聞潮治軍有法故州人奉牛酒迎潮乃圍城歲餘克之殺彥若遂有其地初黃巢將竊有福州王師不能下建人陳巖率衆拔之又逐觀察使鄭鎰自領州詔即授刺史久之巖卒其壻范暉擁兵自稱留後巖舊將多歸潮

言暉可取潮乃遣從弟彥復將兵審知監之攻福州審知乘白馬督行陣望者披靡號白馬將軍暉守彌年不下潮令曰兵盡益兵將盡益將兵將盡則吾至矣於是彥復急攻暉亡入海追斬之建汀二州皆舉籍聽命潮乃盡有五州地昭宗假潮福建等州團練使俄遷觀察使乃作四門義學還流亡定賦斂遣吏勸農人皆安之乾寧中寵福州爲威武軍即拜潮節度使檢校尚書左僕射卒贈司空潮病以審知權節度讓審邽不許詔審知檢校刑部尚書節度觀察留後厚事朱全忠全忠薦爲節度使同中書門下平章事帝在鳳翔賜審知朱詔自三品皆得承制除授天祐初進琅邪郡王審邽字次都爲泉州刺史檢校司徒喜儒術通書春秋善吏治流民還者假牛犁興完廬舍中原亂公卿多來依之振賦以財如楊承休鄭璘韓偓歸傳懿楊贊圖鄭戩等賴以免禍審邽遣子延彬作招賢院以禮之

劉知謙壽州上蔡人避亂客封州爲清海牙將節度使韋宙以兄女妻之衆謂不可宙曰若人狀貌非常吾以子孫託之黃巢自嶺表北還湖湘間群盜蟠結知謙因據封州有詔即授刺史兼賀水鎮使以遏梧桂知謙撫納流亡愛嗇用度養士卒未幾得精兵萬人多具戰艦境內肅然久之疾病召諸子曰今五嶺盜賊方興吾有精甲犀械爾勉建功時哉不可失也知謙卒共推其子隱爲嗣清海軍節度使劉崇龜表爲封州刺史嗣薛王知柔代崇龜節度未至而牙將盧琚叛隱率兵奉迎知柔直趨廣州禽琚獻之於是知柔以聞昭宗拜隱本軍行軍司馬俄遷副使天復初節度徐彥若死隱自稱留後虔人盧光稠者有衆數萬據州自爲留後又取韶州隱與爭之戰不勝悉師攻虔州光稠伏軍掉戰隱縱驅伏發挺身免天祐初始詔隱權節度留後乃遣使者入朝重賂朱全忠以自固是歲光稠死子延昌自稱刺史爲其下所殺吏推李圖領州事圖死鍾傳盡劫其衆欲遣子匡時守之不克州人自立譚全播爲刺史附全忠云

三劉成杜鍾張王列傳第一百十五

忠義列傳上第一百一十六　　宋祁奉敕撰　　唐書一百九十一

夫有生所甚重者身也，得輕用者忠與義也。後身先義，仁也；身可殺，名不可死，志也。大凡捐生以趣義者，寧豫期垂名不朽而爲之？雖一世成敗，亦未必濟也。要爲重所與，終始一操，雖頹嵩岱不吾壓也。夫豈耻排周存商，商不害亡，而周以興，兩人至餓死不肯屈，卒之武王蒙慚德，而夷、齊爲得仁，仲尼變色言之，不敢少損焉。故忠義者，真天下之大閑歟！姦鈇逆鼎，搏人而肆其毒，然殺一義士，則四方解情，故亂臣賊子赧然疑沮而不得逞，何哉？欲所以爲彼者而爲我也。義在與在，義亡與亡，故王者常推而褒之，所以砥礪生民而窒不軌也。雖然，非烈丈夫，曷克爲之？彼委靡軟熟、偷生自私者，真畏人也哉！故次叙夏侯端以來凡三十三人于左方。

夏侯端，壽州壽春人，梁尚書左僕射詳孫也。仕隋爲大理司直。高祖微時與相友。大業中，討賊河東，表端爲副。端邃數術，密語高祖曰：「玉牀搖，帝坐不安，晉得歲，真人將興，安天下之亂者，其在公乎！但上性忌，內惡諸李，今金才已誅，次且取公，宜蚤爲計。」帝感其言。義師興，端在河東，吏捕送長安。帝入京師，釋囚，引入卧內，擢秘書監。李密之降，關東地未有所屬，端請假節招諭，乃

拜大將軍，爲河南道招慰使，即傳檄州縣，東漸海，南據淮，二十餘州遣使順附。次譙州，會亳、汴二州刺史已降王世充，道塞無所歸，討窮彷徨，麾下二千人糧盡，不忍委端去。端乃殺馬宴大澤中，謂衆曰：「我奉王命，義無屈，公等有妻子，徒死無益，吾斬若首持與賊，以取富貴。」衆號泣不忍視。端亦泣，欲自刎，衆爭持之，乃止。行五日，餓死十四三，遇賊衆潰，從者纔三十餘人，遂東走，擷萱豆以食。端持節卧起，歎曰：「平生不知死地乃在此！」縱其下令去，毋俱沒。會李公逸守杞州，勒兵迎端。時河南地悉入世充，公逸感端之節，亦固守。世充遣人以淮南郡公、尚書少吏部印綬召端，解所服衣以贈。端曰：「吾天子使，寧汙賊官邪？非持首去，不可見。」即焚書及衣，因解節毛懷之，間道走宜陽，歷崖峭榛莽，比到，其下僅有在者，皆體髮癯焦，人不堪視。端入謁，自謝無功，不及危困狀，帝閔之，復拜秘書監，出爲梓州刺史。歲祿輙周孤窮，不爲子孫計。貞觀元年卒。

劉感，岐州鳳泉人，後魏司徒豐生孫也。武德初，以驃騎將軍戍涇州，爲薛仁杲所圍，糧盡，殺所乘馬以啖士，而煮骨自飲，至和木屑以食。城垂陷，長平王叔良救之，賊乃解。與叔良出戰，爲賊執，還圍涇州，令感約城中降。感紿諾，至城下，大呼曰：「賊大飢，亡在朝暮，秦王數十萬衆且至，勉之無苦！」仁杲怒，執感埋其半土中，馳射之，至死罵賊不絕聲。賊平，高祖購得其尸，祭以少牢，贈瀛州刺史，爵平原郡公，封戶二千，謚忠壯，詔其子嗣封爵，賜田宅焉。

常達，陝州陝人。仕隋爲鷹揚郎將，嘗從高祖征伐，與宋老生戰霍邑，軍敗，自匿，帝意已死，及乃自歸，帝大悅，命爲統軍，拜隴州刺史。時薛舉方彊，達敗其子仁杲，斬首千級。舉遣將仵士政紿降，達不疑，厚加撫接。士政伺隙劫之，并其衆二千歸賊。舉指其妻謂達曰：「識皇后乎？」答曰：「彼癭老嫗，何所道！」舉奴張貴又曰：「亦識我乎？」達瞋目曰：「若乃奴耳！」貴怒，將擊其面，達不爲撓，亦拔刀逐之，趙弘安爲蔽捍，乃免。仁杲平，帝見達，勞曰：「君忠節，正可求之古人。」爲執士政殺之，賜達布帛三百段。以達并劉感事授史臣令狐德棻云。終隴西刺史。

敬君弘，絳州絳人，北齊尚書右僕射顯儁曾孫也。累功歷驃騎將軍，封黔昌侯，以屯營兵守玄武門。隱太子之死，左右解散，其車騎將軍馮立者，有材武，歎曰：「生賴其寵，死不共難，我無以見士大夫。」乃與麾下親將謝叔方率兵攻玄武門，殊死鬭。君弘挺身出，或曰：「事未可判，當按兵待變，成列而鬭可也。」不從，與中郎將呂世衡呼而進，皆戰殁。立顧其下曰：「足以報太子矣。」遂解兵走。君弘等敗，秦府兵不振，尉遲敬德擲巢王首示叔方，叔方下馬慟，亦出奔。明日自歸，太宗曰：「義士也。」貰之。俄而立又至，帝讓曰：「汝離我兄弟，罪一也；殺我

將士，罪二也。何所逃死？」答曰：「出身事主，當戰之日，不知其它。」因伏地悲不自勝，帝亦勞遣之。詔贈君弘左屯衛大將軍，世衡右驍衛將軍。立已蒙貸，歸語人曰：「上赦吾罪，吾當以死報。」未幾，突厥犯便橋，立引數百騎與虜薄，敗之咸陽。帝喜，授廣州都督。前日牧守苛肆，爲蠻夷患，故數叛。立至，不事家產，衣食弗求。嘗見貪泉，曰：「此吾隱之所酌邪？吾雖日汲，庸易吾性哉！」遂掬飲去。在職不三年，有惠愛，卒于官。叔方歷伊州刺史，善治軍，戎華愛之，累加銀青光祿大夫，徙洪、廣二州都督，卒，謚曰勤。世衡，本萬年人，從巢王征討有功，王表爲咥真府左車騎云。

呂子臧，蒲州河東人。剛直，健于吏。隋大業末，爲南陽郡丞，捕擊羣盜有功。高祖入京師，遣馬元規慰輯山南，獨子臧堅守。元規遣士諷曉，子臧殺之。及煬帝已弒，帝更使其婿薛君倩齎詔言隋所以亡，諭子臧，子臧爲故君發喪訖，即送款，就拜鄧州刺史，封南陽郡公。武德初，朱粲新敗，子臧率兵與元規并力，元規軍不進。子臧曰：「乘賊新敗，上下惶沮，一戰可禽；若遷延，其衆稍集，吾食盡，致死於我，不可當也。」不納。子臧請以所部兵獨進，又不許。俄而粲得衆復張，元規嬰城，子臧拊膺曰：「謀不見用，坐公死矣！」賊圍固，會霖雨，雉堞崩頹，或勸其降，子臧曰：「我天子方伯，且降賊乎？」乃率麾下數百人赴敵死，城亦陷。

元規死之元規安陸人初以隊正從帝征伐持節下南陽得兵萬餘然無謀
至于敗
王行敏并州樂平人隋末為盜長高祖興來降拜潞州刺史遷屯衛將軍劉
武周入并州寇上黨取長子壺關或言刺史郭子武懦不支且失潞帝遣行
敏馳往既至與子武不叶賊圍急儲偫空乏衆恟懼行敏患之會有告子武
謀反遂斬之州民陳正謙者以信義稱鄉里出粟千石濟軍由是人自奮賊
乃去行敏又敗竇建德兵於武陟武德四年督兵徇燕趙與劉黑闥戰歷亭
破之既而釋甲不設備為黑闥所掩縛致麾下終不屈賊遂斬之且死西向
跪曰臣之忠惟陛下知之帝聞而悼惜黑闥之亂死事者又有盧士叡李玄
通士叡客韓城隋亂結納英豪高祖與之舊及兵興率數百人上謁汾陰又
使兄子諭降劇賊孫華與劉弘基敗隋將桑顯和於飲馬泉擢右光祿大
夫為瀛州刺史黑闥遣輕騎破其郛拒戰半日士見親屬係虜乃潰士叡為
賊擒欲使說下城堡不從見殺玄通藍田人為隋鷹揚郎將高祖入關率所
部自歸拜定州總管為黑闥所破愛其才欲以為將玄通曰吾當守節以報
烏能降志賊邪不聽囚之故吏有餉飲饌者玄通曰諸君見哀吾能一醉遂
縱飲謂守者曰吾能劍舞可借刀守士與之曲終仰天大息曰大丈夫撫方
面不能保所守尚何視息邪乃潰腹死帝為流涕擢其子伏護大將軍
羅士信齊州歷城人隋大業時長白山賊王薄左才相孟讓攻齊郡通守張
須陁率兵擊賊士信以執衣年十四短而悍請自効須陁疑其不勝甲少之
士信怒被重甲左右鞬上馬顧眄須陁許之擊賊濰水上陣纔列執長矛馳
入賊營刺殺數人取一級擲之承以矛戴而行賊皆眙懼無敢亢須陁乘之
大破賊士信逐北每殺一賊輒劓鼻納諸懷既還驗以代級須陁歎伏遺以
所乘馬凡戰須陁先登士信副以為常煬帝遣使圖須陁士信陣法上內史
後須陁為李密所殺士信與裴仁基歸密署總管俾統所部討王世充身被
重創見獲於世充世充愛其才厚遇之與同寢食後得密將邴元真等故士
信稍稍疏斥士信恥與伍率所部千餘人來降高祖拜陝州道行軍總管因
謀世充士信行則先鋒反則殿有所獲悉散麾下有功者或脫衣解馬賜之
士以故用命然持法嚴至親舊無少貸其下亦不甚附師次洛陽攻千金堡
有惡言詬軍士信怒夜遣百人載嬰兒噭譟堡下若自東都出奔者既而陽
悟曰非也此千金堡耳因散去堡者開門追掠士信伏入屠之無類賊平授
絳州總管封郯國公從秦王擊劉黑闥洛水上得一城王君廓戍之賊急攻
潰而出王語諸將孰能守此士信曰願以守乃命之士信已入賊悉衆攻方

雨雪救軍不得進城陷黑闥欲用之不屈而死年二十八王閔悼購其尸以
葬謚曰勇初士信為仁基所禮及東都平出家財斂葬北邙以報德且曰我
死當葬其側至是如所志
張道源并州祁人名河以字顯年十四居父喪士人賢其孝縣令郭湛署所
居曰復禮鄉至孝里道源嘗與客夜宿客暴死道源恐主人怱怖卧尸側至
曙乃告又徒步護送還其家隋末政亂辭監察御史歸閭里高祖興署大將
軍府戶曹參軍至賈胡堡使守并州京師平遣撫慰山東下燕趙有詔褒
美封累范陽郡公淮安王神通略定山東令守趙州為竇建德所執會建德
寇河南間遣人詣朝請兼虛擣賊心膂即詔諸將率兵影接俄而賊平還拜
大理卿時何稠得罪籍其家屬賜群臣道源曰禍福何常安可利人之士取
其子女自奉仁者不為也更資以衣食遣之天子見其年耆拜綿州刺史卒
贈工部尚書謚曰節道源雖官九卿無產貲比亡餘粟二斛詔賜帛三百段
族孫楚金有至行與兄越石皆舉進士州欲獨薦楚金固辭請俱罷都督李
勣歎曰士求才行者也既能讓何嫌皆取乎乃並薦之累進刑部侍郎儀鳳
初彗見東井上疏陳得失高宗欽納賜物二百段武后時歷秋官尚書爵南
陽侯有清槩然尚文刻當時亦少之為酷吏所構流死嶺表
李育德趙州人祖諤仕隋通州刺史為名臣世富于財家僮百人天下亂乃
私完械甲與其屬保武陟城自保人多從之遂為長劇賊來掠不能克隋亡與柳燮
等歸李密署總管密為王世充所破以郡來降即拜陟州刺史兄厚德自
賊所逃歸度河復被執賊使招育德陽許之故兄不死賊師段大師令裨校
以兵守厚德陰得其鞾乃與州人賈慈行謀逐賊慈行夜登城呼曰唐兵登
矣厚德自獄擁群囚譟而出斬長史衆不敢動大師縋城走即拜殷州刺史
厚德省親留育德以守引兵拔賊河內堡三十一所世充怒悉銳士攻之城
陷猶力戰與三弟皆歿時死節者又有李公逸張善相凡三人公逸者與族
弟善行居雍丘以材雄為衆所歸始附王世充策其必敗乃獻款高祖因其
地置杞州即拜總管封陽夏郡公以善行為刺史世充遣其弟將徐亳兵攻
之公逸請援未報因使善行守身入朝言狀至襄城為賊邏送洛陽世充曰
君越鄭臣唐何哉荅曰我於天下唯聞有唐賊怒斬之善行亦死帝悼惜封
其子襄邑縣公善相襄城人大業末為里長督兵逐盜為衆附賴乃據許州
奉李密密敗挈州以來詔即授伊州總管王世充攻之屢困賊遣使三輩請
救朝廷未暇也會糧盡衆饑死善相謂僚屬曰吾為唐臣當効命君等無
齎死斬吾首以下賊可也衆泣不肯曰與公同死愈於獨生城陷被執罵賊

見殺高祖歎曰吾乃負善相善相不負我乃封其子襄城郡公
高叡京兆萬年人隋尚書左僕射熲孫也舉明經稍遷通義令有治勞入刻石載德歷趙州刺史平昌縣子聖曆初突厥默啜入寇叡嬰城拒虜攻益急長史唐波若度且陷即與虜通叡覺之力不能制即自經不得死為虜執使降諭諸縣不肯應見殺初虜至有為叡計者突厥連蹤所向無完公不能亢且當下之荅曰我刺史不戰而降罪大矣武后歎惜贈冬官尚書謚曰節詔誅波若籍其家下制褒歎忠節波若臣賊使天下知之子仲舒通故訓學擢明經為相王府文學王所欽器開元初宋璟蘇頲當國並咨訪焉時舍人崔琳練達政宜璟等禮異之嘗語人曰古事問高仲舒時事問崔琳何復疑終太子右庶子
安金藏京兆長安人在太常工籍睿宗為皇嗣少府監裴匪躬中官范雲仙坐私謁皇嗣皆殊死自是公卿不復見唯工優給使得進俄有誣皇嗣異謀者武后詔來俊臣問狀左右畏慘楚欲引服金藏大呼曰公不信我言請剖心以明皇嗣不反也引佩刀自剚腹中腸出被地眩而仆后聞大驚輿致禁中命高醫內腸褫桑皮縷紩之閱夕而蘇后臨視歎曰吾有子不能自明不如爾之忠也即詔停獄睿宗乃安當是時朝廷士大夫翕然稱其誼自以為弗及也神龍初母喪葬南闕口營石墳晝夜不息地本印燥泉忽湧流廬之側李冬有華犬鹿相擾本道使盧懷慎上其事詔表闕于閭景雲時遷右武衛中郎將玄宗屬其事於史官擢右驍衛將軍爵代國公詔鑱其名於泰華二山碑以為榮卒配饗睿宗廟廷大曆中贈兵部尚書謚曰忠以子承恩為廬州長史中和中又擢其遠孫前則為太子右諭德
王同皎相州安陽人陳駙馬都尉寬曾孫也陳亡徙河北長安中尚太子女安定郡主拜典膳郎太子中宗也桓彥範等誅二張遣同皎與李湛李多祚即東宮迎太子請至玄武門指授諸將太子拒不許同皎進曰逆豎反道顛肆不軌諸將與南衙執事刻期誅之須殿下到以係衆望太子曰上方不豫得無不可乎同皎曰將相毀家族以安社稷奈何欲內之鼎鑊乎太子能自出諭之衆乃止太子猶豫同皎即扶上馬從至玄武門斬關入兵趨長生殿太后所環侍嚴定因奏誅易之等狀帝復位擢右千牛將軍封琅邪公食實戶五百主進封公主拜同皎駙馬都尉遷光祿卿神龍後武三思烝濁王室同皎惡之與張仲之祖延慶周憬李悛冉祖雍謀須武后靈駕發伏弩射殺三思會播州司兵參軍宋之遜以外妹妻延慶延慶辭之遜固請乃成昏延慶忌厚之不復疑故之遜子曇得其實之遜兄之問嘗舍仲之家亦得其謀令曇密語三思三思遣悛上急變且言同皎欲擁兵闕下廢皇后帝殊不曉大怒斬同皎於都亭驛籍其家同皎且死神色自如仲之延慶皆死憬遁入比干廟自剄將死謂人曰比干古忠臣神而聰明其知我乎后三思亂朝虐害忠良滅亡不久可懸吾頭國門見其敗也憬壽春人後太子重俊誅三思天下共傷同皎之不及見也睿宗立詔復官爵謚曰忠壯誅祖雍悛等先是許州司戶參軍燕欽融再上書斥韋后擅政且逆節已萌后怒勸中宗召至廷撲殺之宗楚客復私令衛士極力故死又博陵人郎岌亦表后及楚客亂被誅至是俱贈諫議大夫備禮改葬賜欽融一子官同皎子繇尚永穆公主生子潛字弘志生三日賜緋衣銀魚幼莊重不喜兒弄以帝外孫補千牛復選尚公主固辭元和中擢累將作監吏或籍名北軍輒驕慢不事潛悉奏罷之故不戒而辦監無公食而息錢舊皆私有之潛取以具食遂為故事遷左散騎常侍拜涇原節度使憲宗與對大悅曰吾知而善職我自用之潛至鎮繕壁壘積粟據高壘恃兵利而氣敵遂引師自原州踰硤石取虜將一人斥烽候歸化潘原二壘奏請復城原州度支沮議故原州復陷穆宗即位封琅邪郡公更節度荊南蹤吏惡榜之里閭殺元縱者令射二蕃諜士習之不能者罷故無冗軍大和初檢校尚書左僕射卒于官贈司空
吳保安字永固魏州人氣挺特不俗睿宗時姚巂蠻叛拜李蒙為姚州都督宰相郭元振以弟之子仲翔託蒙蒙表為判官時保安罷義安尉未得調以仲翔里人也不介而見曰願因子得事李將軍可乎仲翔雖無雅故哀其窮力薦之蒙表掌書記保安後往蒙已深入與蠻戰沒仲翔被執蠻之俘華人必厚責財乃肯贖聞仲翔貴胄也求千縑會元振物故保安留巂州營贖仲翔苦無貲乃力居貨十年得縑七百妻子客遂州間關求保安所在困姚州不能進都督楊安居知狀異其故資以行求保安得之引與語曰子棄家急朋友之患至是乎吾請貸官貲助子之乏保安大喜即委縑于蠻得仲翔以歸始仲翔為蠻所奴三逃三獲乃轉鬻南洞洞酋嚴遇之晝役夜囚沒凡十五年乃還安居不忝相故吏嘉保安之誼厚禮仲翔遺衣服儲用擬鎮近縣尉久乃調蔚州錄事參軍以優遷代州戶曹母喪服除喟曰吾賴吳公生吾死今親歿可行其志乃求保安于時保安以彭山丞客死其妻亦沒喪不克歸仲翔為服縗絰囊其骨徒跣負之歸葬魏州廬墓三年乃去後為嵐州長史迎保安子為娶而讓以官
李憕并州文水人或言其先出興聖皇帝譜系疏晦不復傳父希倩神龍初右臺監察御史憕少秀敏舉明經高第授咸安尉張說罷宰相為相州刺史

坐有善相者說倫問官爵後執當貴亡指憕及臨河尉鄭嚴說以女妻嚴而
歸其甥陰於憕會母喪免自武功尉以政尤異遷去張說在幷州引憕置幕
府及執政為長安尉宇文融括天下田高選官屬多致賢以重其柄表假憕
監察御史分道檢覈以課真拜御史坐小累下除晉陽令三遷給事中力子
治有仕事稱明簿最下無敢紿失李林甫意出為河南少尹尹蕭炅內倚權
勢法殖私憕裁抑其謬吏下賴之道士孫甑生以左道幸託祠事往來嵩少
間干請亂吏治憕不為礙故挾見譖諸朝天寶初除清河太守舉美政遷廣
陵長史民為立祠賽祝歲時不絕以捕賊負從彭城太守封酒泉縣侯連
徙襄陽河東并兼採訪處置使入為京兆尹楊國忠惡之改光祿卿東京留
守安祿山反玄宗遣封常清募兵東京憕與留臺御史中丞盧弈河南尹達
奚珣繕城舉綏勵士卒將遏賊西鋒帝聞擢禮部尚書祿山度河號令嚴密
候調不能知已陷陳留滎陽殺張介然崔無詖不數日薄城下常清兵皆白
徒戰不勝輒北憕收殘士數百衆斷弦折矢堅守人不堪鬭憕約弈吾曹荷
國重寄雖力不敵當死官部校皆夜縋去憕坐留守府弈守臺城陷祿山鼓
而入殺數千人矢著闕門執憕弈及官屬蔣清害之有詔贈司徒謚曰忠懿
河洛平再贈太尉拜一子五品官憕通左氏春秋頗殖產伊川占膏腴自都

唐列傳百一十六　七

至闕口疇野彌望時謂地癖藏任終少府監產利埒憕去憕十餘子江涵渢
瀛等同遇害唯源彭脫
源八歲家屬俘為奴轉側民間及史朝義敗故吏識源於洛陽者贖出之歸
其宗屬代宗聞授河南府參軍遷司農主簿以父死賊手常悲憤不仕不娶
絕酒葷惠林佛祠者憕舊墅也源依祠居闔戶日一食祠毀其先寢也每過
必趨未始踐階自營墓為終制時時偃臥埏中長慶初年八十矣御史中丞
李德裕表薦源曰賈誼稱守圉扞敵之臣死城郭封疆天寶時士卒伏節逆
羯始興委符組棄城郭者不為恥而憕約義同列守位自如抵刃就終臣節
之光由憕始而源天與至孝絕心祿仕五十餘年常守沈默理契深要一辭
開析百慮洗然抱此直節弃於清世臣竊為陛下惜之穆宗下詔曰昔盜起
幽陵振蕩河洛贈太尉憕勵難居首正色就死兩河聞風再固危壁殊節卓
焉到今稱之源有曾參之行巢父之操泊然無營迄此高年夫旌忠所以勸
臣節也旌孝所以敦人倫也鎮澆浮莫如尚義厚風俗莫如尊老舉是四者
大勸于時其以源守諫議大夫賜緋魚袋河南尹遣官敦諭上道帝自遣使
者持詔書視劭即賜又賜絹二百匹源頓首授詔謂使者伏疾年耄不堪趨
拜即附表謝辭吐哀慤一無受尋卒敬宗時擢憕孫為河南士曹參軍

彭擢明經第天寶中選名臣子可用者自咸寧丞遷右補闕從天子入蜀後
憕數年卒有孫景讓景莊景溫別傳
武德功臣十六人貞觀功臣五十三人至德功臣二百六十五人德宗即位錄
武德以來宰相及實封功臣子孫賜一子正員官史館效勳名特高者九十
二人以三等條奏第一等以其歲授官第二等以次年第三等子孫數訟於朝
有詔差為三等增至百八十七人每等武德以來宰相為首功臣次之至德以
來將相又次之大中初又詔求李峴王珪戴胄馬周褚遂良韓瑗郝處俊婁
師德王及善朱敬則魏知古陸象先張九齡裴寂劉文靜張柬之袁恕己崔玄
暐桓彥範劉幽求郭元振房琯袁履謙李嗣業張巡許遠盧弈南霽雲蕭
華張鎬李勉張鎰蕭復柳渾賈耽馬燧李憕三十七人畫像續圖凌煙閣云

司空太子太傅知門下省事梁國公房玄齡
尚書右僕射檢校侍中萊國公杜如晦
太子太保同中書門下三品宋國公蕭瑀
開府儀同三司同中書門下三品知政事上柱國申國公高士廉
太子太師知政事特進鄭國公魏徵　　侍中永寧郡公王珪
吏部尚書參豫朝政道國公戴胄　　中書令江陵縣子岑文本

唐列傳百一十九　八

中書令兼太子左庶子檢校吏部尚書高唐縣公馬周
侍中兼太子左庶子檢校吏部禮部民部尚書事清苑縣男劉洎
尚書右僕射同中書門下三品河南郡公褚遂良
太子太師同中書門下三品燕國公于志寧
尚書右僕射同中書門下三品兼太子少傅北平縣公張行成
中書令行侍中兼太子少保蓨縣公高季輔
侍中兼太子賓客潁川縣公韓瑗　　中書令兼太子詹事南陽縣侯來濟
侍中兼太子賓客張文瓘　　侍中甑山縣公郝處俊
中書侍郎同中書門下三品兼太子右庶子酒泉縣公李義琰
內史河東縣侯裴炎　　文昌左相同鳳閣鸞臺三品溫國公蘇良嗣
內史梁國公狄仁傑
納言檢校并州大都督府長史天兵軍大總管隴右諸軍大使譙縣子婁師德
鳳閣侍郎同鳳閣鸞臺平章事石泉縣公王方慶
文昌左相同鳳閣鸞臺三品襲邢國公王及善
尚書右僕射兼中書令知兵部尚書事齊國公魏元忠
紫微令梁國公姚崇　　正諫大夫同鳳閣鸞臺平章事朱敬則

尚書左僕射同中書門下平章事許國公蘇瓌
吏部尚書兼侍中廣平郡公宋璟　黃門監梁國公魏知古
中書侍郎同中書門下平章事兗國公陸象先
紫微侍郎同紫微黃門平章事許國公蘇頲
中書令河東縣侯張嘉貞
中書侍郎同中書門下平章事清水縣公李元紘
黃門侍郎同中書門下平章事宜陽縣子韓休
中書令始興縣伯張九齡　司空河東郡公裴寂
納言上柱國魯國公劉文靜
太尉檢校中書令同中書門下三品揚州大都督趙國公長孫無忌
尚書右僕射檢校中書令行太子左衛率上柱國衛國公李靖
禮部尚書河間郡王孝恭
司空兼太子太師英國公李勣
開府儀同三司鄜州都督鄂國公尉遲敬德
左光祿大夫洛州都督郢國公屈突通
陝東道大行臺吏部尚書鄖國公殷開山

衛尉卿夔國公劉弘基　澤州刺史邳國公長孫順德
民部尚書上柱國莒國公唐儉　右驍衛大將軍駙馬都尉譙國公柴紹
右驍衛大將軍褒國公段志玄　洪州都督滄國公劉政會
左武候將軍相州都督郯國公張公謹　右武衛大將軍盧國公程知節
左武衛大將軍上柱國胡國公秦叔寶
弘文館學士秘書監永興縣公虞世南
右衛大將軍兼太子右衛率工部尚書武陽縣公李大亮
左武衛大將軍邢國公蘇定方
夏官尚書同中書門下三品清邊道行軍總管耿國公王孝傑
中書令漢陽郡公張柬之　中書令博陵郡公崔玄暐
侍中平陽郡公敬暉　侍中譙國公桓彥範
中書令南陽郡公袁恕己
右武衛大將軍同中書門下三品韓國公張仁愿
尚書左丞相兼黃門監徐國公劉幽求
黃門侍郎參知機務修文館學士齊國公崔日用
兵部尚書同中書門下三品代國公郭元振

尚書左丞相兼中書令集賢院學士燕國公張說
紫微侍郎上柱國趙國公王琚
兵部尚書同中書門下三品持節朔方軍節度大使中山郡公王晙
尚書左僕射同中書門下平章事兼河南淮副元帥東都留守冀國公裴冕
文部尚書同中書門下平章事清河縣公房琯
門下侍郎同中書門下平章事衛國公杜鴻漸
鎮西北庭行營節度使開府儀同三司衛尉卿兼懷州刺史虢國公李嗣業
平盧軍節度使柳城郡太守劉正臣
恒州刺史衛尉少卿兼御史中丞顏杲卿　常山郡太守袁履謙
河南節度副使左金吾衛將軍檢校主客郎中兼御史中丞張巡
睢陽郡太守兼御史中丞許遠　御史中丞留臺東都知武部選盧弈
睢陽郡太守特進左金吾衛將軍南霽雲
右第一　內史令延安郡公竇威
將作大匠判納言陳國公竇抗　侍中兼太子左庶子江國公陳叔達
納言觀國公楊恭仁　判吏部尚書參議朝政安吉郡公杜淹
中書令虞國公溫彥博　中書侍郎檢校刑部尚書參知機務崔仁師

中書令兼檢校太子詹事上柱國安國公崔敦禮
戶部尚書平恩縣公許圉師
兵部尚書同中書門下三品須江道行軍總管任雅相
度支尚書同中書門下三品范陽郡公盧承慶
西臺侍郎同東西臺三品兼弘文館學士楚國公上官儀
右相廣平郡公劉祥道　左侍極兼檢校左相嘉興縣子陸敦信
文昌左相同鳳閣鸞臺三品樂城縣公劉仁軌
荊州大都督府長史安平郡公李安期
尚書右僕射同中書門下三品兼太子賓客襲道國公戴至德
司列少常伯太子右中護兼正諫大夫同東西臺三品趙仁本
中書令趙國公李敬玄　中書令兼太子左庶子薛元超
中書令同中書門下三品崔知溫
侍中同中書門下三品襲廣平郡公劉齊賢　地官尚書檢校納言鉅鹿縣男魏玄同
納言樂城縣男王德真
文昌左相同鳳閣鸞臺三品特進輔國大將軍鄧國公岑長倩
鳳閣侍郎同鳳閣鸞臺三品臨淮縣男劉褘之

納言博昌縣男韋思謙　地官尚書同鳳閣鸞臺平章事格輔元
司禮卿判納言事渤海縣子歐陽通　內史李昭德
鸞臺侍郎同鳳閣鸞臺平章事陸元方
鳳閣侍郎同鳳閣鸞臺三品杜景佺
尚書右僕射兼太子賓客同中書門下三品鄖國公韋安石
左散騎常侍同中書門下三品知東都留守趙郡公李懷遠
中書令逍遙公韋嗣立
守侍中同中書門下三品兼太子右庶子常山縣男李日知
檢校黃門監漁陽縣伯盧懷慎
中書令左丞相兼侍中安陽郡公源乾曜
黃門侍郎同紫微黃門平章事魏縣侯杜暹
侍中趙城侯裴耀卿　左武衛大將軍開府儀同三司淮安王神通
特進太常卿江夏王道宗　荊州都督周國公武士彠
右屯衛大將軍檢校晉州都督揔管譙國公竇琮
少府監莒國公劉義節　右光祿大夫羅國公張平高
洛州都督右衛大將軍鄭國公竇軌　夔州都督息國公張長遜

金紫光祿大夫夷國公李子和
左監門衛大將軍檢校右武候將軍榮國公樊興
左監門衛大將軍巢國公錢九隴　右驍衛大將軍歸國公安興貴
右武衛大將軍申國公安脩仁　殿中監郢國公宇文士及
右武衛大將軍汭陽郡公公孫武達　荊州都督懷寧郡公杜君綽
右驍衛將軍濮國公龐卿惲　代州都督同安郡公鄭仁泰
右翊衛將軍遂安郡公李安遠　幽州都督歷陽郡公獨孤彥雲
始州刺史左屯衛大將軍襄武郡公劉師立
右威衛大將軍漢東郡公李孟嘗　右監門衛大將軍河南縣公元仲文
右監門衛將軍廬陵郡公秦師行　左領軍大將軍新興公馬三寶
右衛大將軍駙馬都尉畢國公阿史那社尒
鎮軍大將軍譙國公張士貴　左衛大將軍琅邪郡公牛進達
鎮軍大將軍嘉川郡公周護　陝州刺史天水郡公丘行恭
潭州都督吳興郡公沈叔安　散騎常侍豐城縣男姚思廉
太子少師同中書門下三品特進朔方道行軍大揔管宋國公唐休璟
左羽林軍大將軍遼陽郡王李多祚

左領軍大將軍趙國公李湛　刑部尚書太子賓客魏國公楊元琰
殿中監兼知揔監汝南郡公翟無言
冠軍大將軍左羽林軍大將軍光祿卿天水縣公趙承恩
將作大匠裴思諒　右羽林軍將軍弘農郡公楊執一
左衛將軍河東郡公薛思行　光祿卿駙馬都尉琅邪郡公王同皎
中書令越國公鍾紹京　太僕卿立節郡王薛崇簡
右金吾衛大將軍涼國公李延昌　太子中允同正莒國公馮道力
少府監趙國公崔諤之　左監門衛中候光祿卿申國公許輔乾
左金吾大將軍鄧國公張暐
朔方道行軍大揔管左羽林軍大將軍平陽郡公薛訥
河南副元帥太尉兼侍中臨淮郡王李光弼
河東節度副大使守司空兼兵部尚書霍國公王思禮
左相豳國公韋見素　太保韓國公苗晉卿
中書令趙國公崔圓
太原節度使檢校尚書左僕射同中書門下平章事金城郡王辛雲京
河西隴右副元帥兵部尚書同中書門下平章事涼國公李抱玉

太子太師檢校尚書右僕射知省事信都郡王田神功
四鎮北庭涇原節度使檢校尚書左僕射知省事扶風郡王馬璘
左羽林軍大將軍檢校戶部尚書兼御史大夫薛景仙
右散騎常侍檢校禮部尚書兼御史大夫尚衡
太原尹兼御史大夫北都留守河東節度副大使南陽郡公鄧景山
河東節度副使兼鴈門郡太守光祿卿賈循
禮部尚書東京留守酒泉縣侯李憕　東平郡太守姚誾

右第二

盧弈黃門監懷慎少子也踈眉目豐下謹重寡欲介介自脩與兄奐名相上下而剛毅過之天寶初爲鄠令所治輒最積功擢給事中拜御史中丞自懷慎與奐及弈三居其官清節似之時傳其美俄留臺東都兼知武部選安祿山陷東都吏亡散弈前遣妻子懷印間道走京師自朝服坐臺被執將殺之弈數祿山罪徐顧賊徒曰爲人臣者當識逆順我不蹈失節死何恨觀者恐懼弈臨刑西向再拜而辭罵賊不空口逆黨爲變色肅宗詔贈禮部尚書有司謚時以爲洛陽亡操兵者任其咎執法吏去之可也委身寇讎以死誰懟博士獨孤及曰荀息殺身於晉不食其言也玄冥勤其官水死守位忘躬也

伯姬待姆而火死先禮後身也彼死之日皆於事無補然則祿山亂大於里
丕幷廉察之任切於玄冥之官分命所繫榮不啻保姆逆黨兵威烈於水火于
斯時也能與執干戈者同其戮力挽之不來推之不去全操白刃之下孰與
夫懷安偷生者同其風請謚曰貞烈詔可子杞別有傳杞子元輔
元輔字子望少以清行聞擢進士補崇文校書郎杞死德宗念之不忘拜元
輔左拾遺歷杭常絳三州刺史課當最乃召授吏部郎中進累兵部侍郎爲華
州刺史卒元輔端靜介正能紹其祖故歷顯劇而人不以杞之惡爲累云
張介然者猗氏人本名六朗性道愿長計畫始爲河隴支郡太守王忠嗣皇
甫惟明哥舒翰踵領節度並署營田支度等使入奏稱旨賜與良渥介然啓
曰臣位三品當給棨戟若列於京師雖富貴不爲鄉人知願得列戟故里玄
宗許之別賜戟京師第門仍賜絹五百匹宴閭里長老本鄉得列戟自介然
始翰薦爲少府監歷衛尉卿祿山反授河南節度採訪使守陳留陳留據水
陸劇居民繁夥而太平久不知戰介然到屯不三日賊已度河車騎蹂騰煙
塵漫數十里日爲奪色士聞鉦鼓聲皆褫氣不能授甲凡旬六日城陷初有
詔購賊首而暴誅慶宗狀祿山入陳留見詔書拊膺大哭曰我何罪吾子亦
何罪乃殺之即大恚憤殺陳留降者萬人以逞血流成川斬介然於軍門以

僞將李庭望爲節度使守陳留祿山已拔陳留則鼓而前無敢亢中宿攻滎
陽太守崔無詖率衆乘城聞鼓譟自隊如雨無詖與官屬皆死賊手以僞將
武令珣戍焉無詖者本韋后外家博陵舊望也始無詖娶蕭至忠女至忠敗
被貶久乃爲益州司馬素善楊國忠既用事引爲少府監守滎陽有詔贈禮
部尚書謚曰毅勇

忠義列傳上一百一十六

忠義列傳中第一百一十七　唐書一百九十二

端明殿學士兼翰林侍讀學士龍圖閣學士朝散大夫[illegible]臣宋
祁　奉
敕撰

顔杲卿字昕與眞卿同五世祖以文儒世家父元孫有名垂拱間
爲濠州刺史杲卿以蔭調遂州司法參軍性剛正蒞事明濟嘗爲
刺史詰讓正色別白不爲屈開元中與兄春卿弟曜卿並以書判
超等吏部侍郎席豫咨嗟推伏再以最遷范陽戶曹參軍安祿山
聞其名表爲營田判官假常山太守祿山反杲卿及長史袁履謙
謁于道賜杲卿紫袍履謙緋袍令與假子李欽湊以兵七千屯土
門杲卿指所賜衣謂履謙曰與公何爲著此履謙悟乃與眞定令
賈深內丘令張通幽定謀圖賊杲卿稱疾不視事使子泉明往返
計議陰結太原尹王承業爲應使平盧節度副使賈循取幽州謀
泄祿山殺循以向潤客牛廷玠守杲卿陽不事事委政履謙潛召
處士權渙郭仲邕定策時眞卿在平原素聞賊逆謀陰養死士爲

拒守計李憕等死賊使段子光傳首徇諸郡眞卿斬子光遣甥盧
逖至常山約起兵斷賊北道杲卿大喜以爲兵犄角可挫賊西鋒
乃矯賊命召欽湊計事欽湊夜還杲卿辭城門不可夜開舍之外
郵使履謙及參軍馮虔郡豪翟萬德等數人飲勞既醉斬之并殺
其將潘惟慎賊黨殲投尸滹沱水履謙以首示杲卿則喜且泣先
是祿山遣將高邈召兵范陽未還杲卿使藁城尉崔安石圖之邈
至滿城虔萬德皆會傳舍安石紿以置酒邀捨馬虔叱吏縛之而
賊將何千年自趙來虔亦執之日未中送二賊杲卿乃遣萬德深
通幽傳欽湊首械兩賊送京師與泉明偕至太原王承業欲自以
爲功厚遣泉明還陰令壯士翟喬賊於路喬不平告之故乃免玄
宗擢承業大將軍送吏皆被賞已而事顯乃拜杲卿衛尉卿兼御
史中丞履謙常山太守深司馬即傳檄河北言王師二十萬入土
門遣郭仲邕領百騎爲先鋒馳而南曳柴揚塵望者謂大軍至日
中傳數百里賊張獻誠方圍饒陽棄甲走於是趙鉅鹿廣平河間

並斬僞刺史傅首常山而樂安博陵上谷文安信都魏鄴諸郡皆
自固杲卿兄弟兵大振祿山至陝聞兵興大懼使史思明等率平
盧兵度河攻常山蔡希德自懷會師不涉旬賊急攻城兵少未及
爲守計求救于河東承業前已攘殺賊功兵不出杲卿晝夜戰井
竭糧矢盡六日而陷與履謙同執賊脅使降不應取少子季明加
刃頸上曰降我當活而子杲卿不荅遂并盧逖殺之杲卿至洛陽
祿山怒曰吾擢爾太守何所負而反杲卿瞋目罵曰汝營州牧羊
羯奴耳竊荷恩寵天子負汝何事而乃反乎我世唐臣守忠義恨
不斬汝以謝上乃從爾反耶祿山不勝忿縛之天津橋柱節解以
肉啖之詈不絕賊鉤斷其舌曰復能罵否杲卿含胡而絕年六十
五履謙既斷手足何千年弟適在傍咀血噴其面賊臠之見者垂
位杲卿宗子近屬皆被害杲卿已虜諸郡復爲賊守張通幽以兄
相賊譖杲卿於楊國忠故不加贈肅宗在鳳翔眞卿表其枉會通
幽爲普安太守上皇杖殺之李光弼郭子儀收常山出杲卿履謙

二家親屬數百人於獄厚給遺令行喪乾元初贈杲卿太子太保
謚曰忠節封其妻崔淸河郡夫人初博士裴郁以杲卿不執政但
謚曰忠議者不平故以二惠謚焉逖季明及宗子等皆贈五品官
建中中又贈杲卿司徒初杲卿被殺徇首于衢莫敢收有張湊者
得其髮持謁上皇是昔見夢帝寤爲祭後湊歸髮于其妻妻疑之
髮若動云後泉明購尸將葬得刑者言死時一足先斷與履謙同
坎瘞指其域得之乃葬長安鳳栖原季明逖同塋泉明有孝節喜
振人之急既爲承業所遣未至而常山陷故客壽陽史思明圍李
光弼獲泉明裹以革送幽州開關得免思明歸國而眞卿方爲蒲
州刺史令泉明到河北求宗屬始一女及姑女並流離賊中及是
并得之悉錢三萬贖姑女還取貲復往則己女復失之履謙及父
故將妻子奴隸尚三百餘人轉徙不自存泉明悉力贍給分多勻
薄相扶挾度河託眞卿眞卿隨所歸資送之泉明之殯父與履謙
分柩護還長安履謙妻疑斂具儉狹發視之與杲卿等乃號踊待

泉明如父肅宗拜泉明郫令政化淸明誅宿盜人情翕然成都尹
舉其課第一遷彭州司馬家貧居官廉而孤藐相從百口飦鬻不
給無慍歎居母喪毀骨立其行義當世以爲難

春卿倜儻美姿儀通當世務十六舉明經拔萃高第調犀浦主簿
嘗送徒於州亡其籍至廷口記物色凡千人無所差長史陸象先
異之轉蜀尉蘇頲代爲長史被譖繫獄爲機檻賦自託頲遽出之
魏徵遠孫瞻罪抵死春卿爲請玉眞公主得不死時人高其節終
偃師丞臨終捉眞卿臂曰爾當大吾族顧我不得見以諸子諉汝
後眞卿主其昏嫁洗盈者亦杲卿甥有行義明黃老學解褐博野
尉與杲卿同死難贈大理正官其二子暹達

賈循者京兆華原人其先家常山父會有高節嘗稱疾不荅辟署
里中號一龍親亡負土成墓廬其左手蒔松栢時號關中曾子卒
縣人私謚曰廣孝徵君循有大略禮部尚書蘇頲嘗謂令頗牧及
爲益州表署列將敗吐蕃於西山三遷靜塞軍營田使張守珪北

伐次灤河屬凍泮欲濟無梁循揣廣狹爲橋以濟破虜而還以功
擢游擊將軍榆關守捉使地南負海北屬長城林埌深巖寇所藪
伏循調士斬木開道賊遁去范陽節度使李適之薦爲安東副大
都護安祿山兼平盧節度表爲副遷博陵太守祿山欲擊奚契丹
復奏循光祿卿自副使知留後九姓叛祿山兼節度河東而循亦
兼鴈門副之母亡將葬宅有枯桑一夕再生芝出北墉人以爲瑞
玄宗以循有功詔贈其父常山太守祿山反使循守幽州故杲卿
招之以傾賊巢穴循許可爲向潤客等發其謀賊縊之建中二年贈
太尉謚曰忠從子隱林爲永平兵馬使當入衛屬朱泚難率衆扈
行在德宗見隱林偉其貌問家世荅曰故范陽節度副使循臣從
父也帝異之引至卧內以手板畫地陳攻守計即奏曰臣嘗夢日
墜以首承之帝曰非朕邪因令糾察行在遷檢校右散騎常侍封
武威郡王賊圍急隱林與侯仲莊冒矢石死戰已而解從臣稱慶
隱林流涕前曰賊已奔羣臣大慶宗社無疆之休然陛下資性急

不能容㩀若不悛雖令賊亡憂未艾也帝不以爲忤拜神策統軍
卒帝思其質直贈尚書左僕射以實戶三百封其家
張巡字巡鄧州南陽人博通羣書曉戰陣法氣志高邁略細節所
交必大人長者不與庸俗合時人叵知也開元末擢進士第時兄
曉已位監察御史皆以名稱重一時巡繇太子通事舍人出爲清
河令治績最而負節義或以困阨歸者傾貲振護無吝秩滿還都於
是楊國忠方專國權勢可炙或勸一見且顯用荅曰是方爲國怪
祥朝官不可爲也更調眞源令土多豪猾大吏華南金樹威恣肆
邑中語曰南金口明府手巡下車以法誅之赦餘黨莫不改行遷
善政簡約民甚宜之安禄山反天寶十五載正月賊酋張通晤陷
宋曹等州譙郡太守楊萬石降賊逼巡爲長史使西迎賊軍巡率
吏哭玄元皇帝祠遂起兵討賊從者千餘初靈昌太守嗣吳王祇
受詔合河南兵拒禄山有單父尉賈賁者閬州刺史璿之子率吏
稍吳王兵擊宋州通晤走襄邑爲頓丘令盧諫所殺賁引軍進至

雍丘巡與之合有衆二千是時雍丘令令狐潮舉縣附賊遂自將
東敗淮陽兵虜其衆反接在廷將殺之暫出行部淮陽囚更解縛
起殺守者迎賁等入潮不得歸巡乃屠其妻子磔城上祇聞承制
拜賁監察御史潮怨賁還攻雍丘賁趨門爲衆躙死巡馳騎決戰
身被創不顧士乃奉巡主軍間道表諸朝騰牒祇府祇乃舉兖以
東委巡經略潮以賊衆四萬薄城人大恐巡諭諸將曰賊知城中
虛實有輕我心今出不意可驚而潰也乘之勢必折諸將曰善巡
乃分千人乘城以數隊出身前驅直薄潮軍軍却明日賊攻城設
百樓巡柵城上束芻灌膏以焚焉賊不敢向巡伺隙擊之積六旬
大小數百戰士帶甲食裹瘡鬬潮遂敗走追之幾獲潮怒復率衆
來然素善巡至城下情語巡曰本朝危蹙兵不能出關天下事去
矣足下以嬴兵守危堞忠無所立盍相從以苟富貴乎巡曰古者
父死於君義不報子乃銜妻孥怨假力于賊以相圖吾見君頭千
通衢爲百世笑柰何潮赧然去當此時王命不復通大將六人白

巡以勢不敵且上存亡莫知不如降六人者皆官開府特進巡陽
許諾明日堂上設天子畫像率軍士朝人人盡泣巡引六將至責
以大誼斬之士心益勸會糧乏潮餉賊鹽米數百艘且至巡夜壁
城南潮悉軍來拒巡遣勇士銜枚濒河取鹽米千斛焚其餘而還
城中矢盡巡縛藁爲人千餘被黑衣夜縋城下潮兵爭射之久乃
藁人還得箭數十萬其後復夜縋人賊笑不設備乃以死士五百
斫潮營軍大亂焚壘幕追奔十餘里賊慙益兵圍之薪水竭巡紿
潮欲引衆走請退軍二舍使我逸潮不知其謀許之遂空城四出
三十里撤屋發木而還爲備潮怒圍復合巡徐謂潮曰君須此城
歸馬三十匹我得馬且出奔請君取城以藉口潮歸馬巡悉以給
驍將約曰賊至人取一將明日潮責巡荅曰吾欲去將士不從柰
何潮怒欲戰陣未成三十騎突出禽將十四斬百餘級收器械牛
馬潮遁還陳留不復出七月潮率賊將瞿伯玉攻城遣僞使者四
人傳賊命招巡巡斬以徇餘執送祇所圍凡四月賊常數萬而巡

衆纔千餘每戰輒克於是河南節度使嗣虢王巨屯彭城假巡先
鋒俄而魯東平陷賊濟陰太守高承義舉郡叛巨引兵東走臨淮
賊將楊朝宗謀趣寧陵絕巡餉路巡外失巨依拔衆保寧陵馬裁
三百兵三千至睢陽與太守許遠城父令姚誾等合乃遣將雷萬
春南霽雲等領兵戰寧陵北斬賊將二十殺萬餘人投尸于汴水
爲不流朝宗夜去有詔拜巡主客郎中副河南節度使巡籍將士
有功者請于巨巨纔授折衝果毅巡諫曰宗社尚危圍陵孤外集
可吝賞與貲巨不聽至德二載禄山死慶緒遣其下尹子琦將同
羅突厥奚勁兵與朝宗合凡十餘萬攻睢陽巡勵士固守日中二
十戰氣不衰遠自以材不及巡請稟軍事而居其下巡受不辭遠
專治軍糧戰具前此遠將李滔救東平遂叛入賊大將田秀榮潛
與通或以告遠曰晨出戰以碧帽爲識視之如言盡覆其衆還輒
曰我誘之也請以精騎往易錦帽遺以告巡巡召登城讓之斬首
示賊因出薄戰子琦敗獲車馬牛羊悉分士秋豪無入其家有詔

拜巡御史中丞遠侍御史閭吏部郎中巡欲乘勝擊陳留子琦聞復圍城巡語其下曰吾蒙上恩賊若復來正有死耳諸君雖捐軀而賞不直勳以此痛恨聞者感槩乃椎牛大饗悉軍戰賊望兵少大笑巡遠親鼓之賊潰追北數十里其五月賊刈麥乃濟師巡夜鳴鼓嚴隊若將出賊申警俄息鼓賊覘城上兵休乃弛備巡使南霽雲等開門徑抵子琦所斬將拔旗有大酋被甲引拓羯千騎麾幟乘城招巡巡陰縋勇士數十人隍中持鉤陌刀彊弩約曰聞鼓聲而奮酋恃衆不爲備城上譟伏發禽之弩注矢外向救兵不能前俄而縋士復登陴賊皆愕眙乃按甲不出巡欲射子琦莫能辨因剡蒿爲矢中者喜謂巡矢盡走白子琦乃得其狀使霽雲射一發中左目賊還七月復圍城初睢陽穀六萬斛可支一歲而巨發其半餫濮陽濟陰遠固爭不聽濟陰得糧即叛至是食盡士日賦米一勺齕木皮煮紙而食才千餘人皆癯劣不能彀救兵不至賊知之以雲衝傅堞巡出鉤干拄之使不得進篝火焚梯賊以鉤車

木馬進巡輒破碎之賊服其機不復攻穿壕立柵以守巡士多餓死存者皆痍傷氣乏巡出愛妾曰諸君經年乏食而忠義不少衰吾恨不割肌以啖衆寧惜一妾而坐視士飢乃殺以大饗坐者皆泣巡彊令食之遠亦殺奴僮以哺卒至羅雀掘鼠煮鎧弩以食賊將李懷忠過城下巡問君事胡幾何曰二朞巡曰君祖父官乎曰然君世受官食天子粟奈何從賊關弓與我確懷忠曰不然我昔爲將數死戰竟沒賊此殆天也巡曰自古悖逆終夷滅一日事平君父母妻子並誅何忍爲此懷忠掩涕去俄率其黨數十人降巡前後說降賊將甚多皆得其死力御史大夫賀蘭進明代巨節度屯臨淮許叔冀尚衡次彭城皆觀望莫肯救巡使霽雲如叔冀請師不應遺布數千端霽雲嫚罵馬上請決死鬬叔冀不敢應巡復遣如臨淮告急引精騎三十冒圍出賊萬衆遮之霽雲左右射皆披靡既見進明進明曰睢陽存亡已決兵出何益霽雲曰城或未下如已亡請以死謝大夫叔冀者進明麾下也房琯本以牽制進

明亦兼御史大夫勢相埒而兵精進明懼師出且見襲又忌巡聲威恐成功初無出師意又愛霽雲壯士欲留之爲大饗樂作霽雲泣曰昨出睢陽時將士不粒食已彌月今大夫兵不出而廣設聲樂義不忍獨享雖食弗下咽今主將之命不達霽雲請置一指以示信歸報中丞也因拔佩刀斷指一座大驚爲出涕卒不食去抽矢回射佛寺浮圖矢著甎曰吾破賊還必滅賀蘭此矢所以志也至真源李賁遺馬百匹次寧陵得城使廉坦兵三千夜冒圍入賊覺拒之且戰且引兵多死所至才千人方大霧巡聞戰聲曰此霽雲等聲也乃啓門驅賊牛數百入將士相持泣賊知外援絕圍益急衆議東奔巡遠議以睢陽江淮保障也若棄之賊乘勝鼓而南江淮必亡且帥飢衆行必不達十月癸丑賊攻城士病不能戰巡西向拜曰孤城備竭弗能全臣生不報陛下死爲鬼以癘賊城遂陷與遠俱執巡衆見之起且哭巡曰安之勿怖死乃命也衆不能仰視子琦謂巡曰聞公督戰大呼輒眥裂血面嚼齒皆碎何至是

答曰吾欲氣吞逆賊顧力屈耳子琦怒以刀抉其口齒存者三四巡罵曰我爲君父死爾附賊乃犬彘也安得久子琦服其節將釋之或曰彼守義者烏肯爲我用且得衆心不可留乃以刃脅降巡不屈又降霽雲未應巡呼曰南八男兒死爾不可爲不義屈霽雲笑曰欲將有爲也公知我者敢不死亦不肯降乃與姚閭雷萬春等三十六人遇害巡年四十九初子琦議生致一人慶緒所或曰用兵拒守者巡也乃送遠洛陽至偃師亦以不屈死巨之走臨淮巡有姊嫁陸氏遮王勸勿行不納賜百縑弗受爲巡補縫行間軍中號陸家姑先巡被害巡長七尺須髯每怒盡張讀書不過三復終身不忘爲文章不立稾守睢陽士卒居人一見問姓名其後無不識更潮及子琦大小四百戰斬將三百卒十餘萬其用兵未嘗依古法勒大將教戰各出其意或問之答曰古者人情敦樸故軍有左右前後大將居中三軍望之以齊進退今胡人務馳突雲合鳥散變態百出故吾止使兵識將意將識士情上下相習人自爲

戰爾其械甲取之於敵未嘗自脩每戰不親臨行陣有退者巡已立其所謂曰我不去此爲我決戰士感其誠皆一當百待人無所疑賞罰信與衆共甘苦寒暑雖廝養必整衣見之下爭致死力故能以少擊衆未嘗敗被圍久初殺馬食既盡而及婦人老弱凡食三萬口人知將死而莫有畔者城破遺民止四百而已始肅宗詔中書侍郎張鎬代進明節度河南率浙東李希言浙西司空襲禮淮南高適青州鄧景山四節度掎角救睢陽巡亡三日而鎬至十日而廣平王收東京鎬命中書舍人蕭昕誄其行時議者或謂巡始守睢陽衆六萬既糧盡不持滿按隊出再生之路與夫食人寧若全人於是張澹李紓董南史張建封樊晃朱巨川李翰咸謂巡蔽遮江淮沮賊勢天下不亡其功也翰等皆有名士由是天下無異言天子下詔贈巡揚州大都督遠荊州大都督霽雲開府儀同三司再贈揚州大都督並寵其子孫睢陽雍丘賜徭稅三年巡子亞夫拜金吾大將軍遠子玫婺州司馬皆立廟睢陽歲時致祭德宗差次至德以來將相功效尤著者以顏杲卿袁履謙盧弈及巡遠霽雲爲上又贈姚誾潞州大都督官一子貞元中復官巡它子去疾遠子峴贈巡妻申國夫人賜帛百自是訖僖宗求忠臣後無不及三人者大中時圖巡遠霽雲像于凌煙閣睢陽至今祠享號雙廟云

許遠者右相敬宗曾孫寬厚長者明吏治初客河西章仇兼瓊辟署劍南府欲以子妻之固辭兼瓊怒以事劾貶高要尉更赦還會祿山反或薦遠於玄宗召拜睢陽太守遠與巡同年生而長故巡呼爲兄大曆中巡子去疾上書曰孽胡南侵父巡與睢陽太守遠各守一面城陷賊所入自遠分尹子琦分郡部曲各一方巡及將校三十餘皆割心剖肌慘毒備盡而遠與麾下無傷巡臨命歎曰嗟乎人有可恨者賊曰公恨我乎答曰恨遠心不可得誤國家事若死有知當不赦於地下故遠心向背梁宋人皆知之使國威喪衄巡功業墮敗則遠於臣不共戴天請追奪官爵以刷冤恥詔下尚書省使去疾與許峴及百官議皆以去疾證狀最明者城陷而遠獨生也且遠本守睢陽凡屠城以生致主將爲功則遠後巡死不足惑若曰後死者與賊其先巡死者謂巡當叛可乎當此時去疾尚幼事未詳知且艱難以來忠烈未有先二人者事載簡書若日星不可妄輕重議乃罷然議者紛紜不齊元和時韓愈讀李翰所爲巡傳以爲闕遠事非是其言曰二人者守死成名先後異耳二家子弟材下不能通知其父志使世疑遠畏死而服賊遠誠畏死何苦守尺寸地食其所愛之肉抗不降乎且見援不至人相食而猶守雖其愚亦知必死矣然遠之不畏死甚明又言城陷自所守此與兒童之見無異且人之將死其臟腑必有先受病者引繩而絕之其絕必有處今從而尤之亦不達於理矣愈於褒貶尤慎故著之

南霽雲者魏州頓丘人少微賤爲人操舟祿山反鉅野尉張沼起兵討賊拔以爲將尚衡擊汴州賊李廷望以爲先鋒遣至睢陽與

張巡計事退謂人曰張公開心待人眞吾所事也遂留巡所巡固勸歸不去衡齎金帛迎霽雲謝不受乃事巡巡厚加禮始被圍築臺募萬死一生者數日無敢應俄有嘈鳴而來者乃霽雲也巡對泣下霽雲善騎射見賊百步內乃發無不應弦斃子承嗣歷涪州刺史劉闢叛以無備謫永州

雷萬春者不詳所來事巡爲偏將令狐潮圍雍丘萬春立城上與潮語伏弩發六矢著面萬春不動潮疑刻木人諜得其實乃大驚遙謂巡曰向見雷將軍知君之令嚴矣潮壁雍丘北謀襲襄邑寧陵巡使萬春引騎四百壓潮先爲賊所包巡突其圍大破賊潮遁去萬春將兵方略不及霽雲而彊毅用命每戰巡任之與霽雲鈞

姚誾者開元宰相崇從孫父弇楚州刺史誾性豪蕩好飲譎善絲竹歷壽安尉素善巡及爲城父令遂同守睢陽累加東平太守巡之遺霽雲萬春敗賊於寧陵也別將二十有五石承平李辭陸元鍠朱珪宋若虛楊振威耿慶禮馬日昇張惟清廉坦張重孫景趨

趙連城王森喬紹俊張恭默祝忠李嘉隱翟良輔孫廷皎馮顏其後皆死巡難四人逸其姓名

贊曰張巡許遠可謂烈丈夫矣以疲卒數萬嬰孤墉抗方張不制之虜鯁其喉牙使不得搏食東南牽掣首尾豗潰梁宋間大小數百戰雖力盡乃死而唐全得江淮財用以濟中興引利償害以百易萬可矣巡先死不為遽遠後死不為屈巡死三日而救至十日而賊亡天以完節付二人畀名無窮不待留生而後顯也惟宋三葉章聖皇帝東巡過其廟留駕裴回咨巡等雄挺盡節異代著金石刻贊明厥忠與夷齊餓踣西山孔子稱仁何以異云

忠義列傳中第一百一十七

忠義列傳下第一百一十八　宋祁　奉　敕　撰　唐書一百九十三

程千里京兆萬年人長七尺魁岸有力應募磧西累官安西副都護安西兼北廷都護安西北廷節度使突厥首領阿布思內附奉隸朔方賜姓李名獻忠度屬幽州素與安祿山有怨內懼故叛還磧外數盜邊玄宗患之詔千里將兵討捕千里諭葛邏祿令犄角獻忠果以窮歸葛邏祿縛之并妻子帳下數千人送千里所乃獻俘勤政樓詔斬以徇擢千里右金吾衛大將軍留宿衛祿山反詔募兵河東即拜節度副使雲中太守遷上黨長史賊來攻麾戰多累加開府儀同三司禮部尚書至德二載賊將蔡希德圍上黨輕騎挑戰千里恃勇開縣門率百騎欲直禽希德幾得而救至乃退會橋壞馬顛為賊執仰首敕諸騎使還曰為我報諸將可失帥不可失城軍中皆為泣下增備固守賊不能下乃還囚千里至東都安慶緒偽署特進囚客省慶緒敗為嚴莊所害後赦令數下追褒死難者惟千里生見執不及云初祿山構難西北戍兵悉入援故河隴郡縣皆陷吐蕃惟河西戍將袁光廷為伊州刺史固守歷年雖游說百緒終不降諸下同心無攜畔者及糧竭手殺妻子自焚死建中初贈工部尚書

龐堅京兆涇陽人四世祖玉事隋為監門直閤李密據洛口玉以關中銳兵屬王世充擊之百戰不衄世充歸東都秦王東徇洛玉率萬騎降高祖以隋舊臣禮之玉魁梧有力明軍法久宿衛習知朝廷制度帝顧諸將多不閑儀檢故授玉領軍武衛二大將軍使衆觀以為模楷出為梁州總管巴山獠叛玉梟其首餘黨皆奔屬縣獠與反者州里親戚為賊游說言不可窮誅玉不聽下令軍中曰穀熟吾悉收以饋軍非盡賊吾不反聞者懼相謂曰軍不止吾穀盡且饑死乃共入賊營與所親相結斬渠長以降衆遂潰徙越州都督召為監門大將軍太宗以耆老令主東宮兵雖耋不怠小大之務無不親卒帝為發朝贈幽州都督工部尚書堅歷潁川太守安祿山反南陽節度使魯炅表堅為長史兼防禦副使以薛愿為潁川太守共守潁川時陳留滎陽已陷賊南陽被圍而潁川當往來衝賊將阿史那承慶悉銳攻之傅城百里樹木皆刊城中士單寡糧少而愿堅晝夜戰諸郡兵無援者自正月盡十一月賊設木鵝衝車飛梯薄城矢如雨士皆雷譟夜半踰城入二人不肯降賊縛致東京將磔解之有說祿山曰義士也彼為其主殺之不祥乃縛于樹比且死見者哭之愿汾陰人父縚太常卿兄崇一娶惠宣太子女其女弟為太子瑛妃瑛廢愿廢嶺外久乃得還

張興者束鹿人長七尺一飯至斗米肉十斤悍趫而辯為饒陽裨將祿山反攻饒陽興開張禍福壁曉敵人而嬰城彌年衆心遂固滄趙已陷史思明引衆傅城興擐甲持陌刀重十五斤乘城賊將入興一舉刀輒數人死賊皆氣懾城破思明縛之馬前好謂曰將軍壯士能屈節當以高爵對曰昔嚴顏一巴郡將猶不降張飛我大郡將安能委身逆虜今日幸得死然願以一言為誠思明曰云何興曰天子遇祿山如父子今乃反大丈夫不能為國掃除反為其下何哉思明曰將軍不觀天道邪吾上起兵二十萬直趣洛陽天下大定以偏師叩函谷守將面縛唐亡固矣興曰桀紂秦隋窮人力舉四海與為怨故商周漢唐因得代之而有神器皇帝無違德祿山非數帝賢且奇延歲月終即俞耳思明怒鋸解之且死罵曰吾能艮彊死兵敗賊衆軍中壯然為改容

○蔡廷玉幽州昌平人事安祿山未有聞與朱泚同里閈少相狎近泚為幽州節度使奏署幕府廷玉有沈略善與人交內外愛附泚多所叩咨數遣至京師當是時幽州兵最彊財雄士驕悍日思吞并不知有上下禮法廷玉間語泚曰古未有不臣而能推福及子孫者公南聯趙魏共奚虜兵多地險然非永安計一日趙魏反噬公乃沸鼎魚耳不如奉天子劾多難可勤動鼎彝著何泚善之廷玉陰欲糺其分則諷泚出金幣禮士又勸歸貢賦助天子經費獻牛馬係道儲僭為卑因勸泚入朝泚將聽諸校怒縛廷玉辱之廷玉無撓辭泚不忍殺因歲餘出之謂曰而亦悔乎廷玉曰導公為逆即悔勉公以義何悔為後發滿歲問曰能省過否不爾且死對曰不殺我公得名殺我吾得名泚不能屈待如初又有朱體微者亦泚腹心廷玉有建白體微輒左右之故泚愈信卒徼稍華廷玉遂藏朝事泚乃奏涿州為永泰軍薊州靜塞軍瀛州清夷軍莫州唐興軍置團練使以支郡隸屬盧龍軍稍削而泚內畏弟滔偪已滔亦勸泚入朝乃以軍屬滔廷玉體微共白泚公入朝為功臣首後務至重須誠信者乃可付滔雖大弟多變不情如假以兵是嫁之禍也泚不聽二人隨泚到朝德宗為太子時知廷玉名及見禮眷殊渥泚統幽州行營為涇原鳳翔節度使詔廷玉以大理少卿為司馬體微為要籍滔有請於泚或不順廷玉必折之俾循故法滔已破田悅寖傲肆自用左右有惡廷玉者妄云素毀滔欲四分燕廷玉倡之體微和之滔表言二人離間骨肉請殺於有司亦遺泚書云云泚恚滔奪其軍不從會滔以幽州叛帝示滔表而泚亦白發其書乃歸罪於二人貶廷玉柳州司戶參軍體微南浦尉以慰滔滔使諜伺諸朝曰上若不殺廷玉當謫去得東出洛我且縛致麾下支解之將行帝勞廷玉曰爾姑行為國受屈歲中當還廷玉至藍田驛人白左巡使鄭詹商於道險不可往詹商追使趙演闖廷玉告子少誠少良曰我為天子不血刃下幽十一城欲裂其壤使不得并而敗於將成天助逆邪今吏使我出東都此殆滔計吾不可以辱國共至靈寶自投于河宰相盧杞方疾御史大夫嚴郢欲逐之得廷玉死狀即劾詹商死而斥出郢帝閔廷玉忠歸其柩厚賻之李晟平朱泚少誠等適終喪晟表其追贈廷玉并官二子而帝方招來滔寢其奏遂已

符令奇沂州臨沂人初為盧龍軍裨將會幽州亂挈子璘奔昭義節度使薛嵩署為軍副高李田承嗣盜其地引令奇為右職田悅拒命馬燧敗之洹水令奇密語璘曰吾閱世事多矣自安史干紀無唯類吾觀田氏覆亡無時安用苟且久係纆京師宗族譽地汝能委質朝廷為唐忠臣吾亦名揚後世矣璘泣曰悅忍人也近禍可畏答曰今王師四合吾屬俎中醢耳今行吾死不朽不行吾亦死尸疊逆地云何璘俯泣不能對初悅與李納會濮陽因乞師納分麾下隨之至是納兵歸悅使璘以三百騎護送璘與父嚙臂別乃以衆降燧璘之出與三子同降悅怒引令奇切讓令奇罵曰爾忘義吾旦夕死吾教子以順殺身庸何悔釣死愈爾遂矣悅怒奮而起令奇臨刑色不變年七十九夷其家燧署璘為軍副詔拜特進封義陽郡王既聞父見害號絕泣

血燧表其冤加檢校左散騎常侍賜晉陽第一區祁田五十頃贈令奇戶部尚書璘字元亮李懷光反詔燧討之璘以五千兵先濟河與西師合從燧入朝為輔國大將軍賜靖恭里第一區藍田田四十頃璘之降母匿里中獨免及悅死詔迎於魏賜宴別殿璘居環衛十三年卒年六十五贈越州都督

劉迺字永夷河南伊闕人少警穎閱誦經日數千言善文詞為時推目天寶中擢進士第喪父以孝聞服終中書舍人宋昱知銓事迺方調因進書曰書稱知人則哲能官人則惠此唐虞以為難今文部始掄材終授位是知人官人兩任其責昔禹稷皋陶之聖猶曰載采有九德考績以九載今有司獨委一二小宰察言於一幅之判觀行於一揖之內何其易哉夫判者以狹詞短韻為體是以小冶鼓衆金雖欲為鼎為鏞不可得已故雖有周公之圖書易象之訓以判責之曾不及徐庾雖有至德以噤嘿取之曾不若嗇夫故千霄蔽日巨樹也求尺寸之材必後於椽杙龍吟虎嘯奇聲也尚頰舌之感必下於蛙黽豈不悲乎執事誠能先政事次文學退觀其治家進察其臨節則厖鴻深沈之事亦可窺其門閾矣昱嘉之補剡尉劉晏在江西奏使巡覆充留後大曆中召拜司門員外郎德宗初進郎中儀為尚父時冊禮廢視詔文者不適所宜宰相崔祐甫召迺至閣草之少選成文詞義典裁俄擢給事中

權知兵部侍郎楊炎盧杞當國五歲不遷建中四年真拜兵部侍郎帝狩奉天迺卧疾私第朱泚遣人召之固稱篤後遣偽相蔣鎮慰誘迺佯瘖不荅炎無完膚鎮再至知不可脅乃太息曰我嘗忝曹郎不能死寧以自辱羶腥復欲汙賢哲乎遂止迺聞車駕如梁州自投於牀搏膺呼天不食卒年六十帝聞其忠贈禮部尚書謚曰貞惠子伯芻別傳

孟華史失其何所人初事李寶臣為府官屬論議婞婞不回同舍疾之王武俊斬李惟岳遣華至京師陳事德宗問河朔利害華對稱旨擢檢校兵部郎中兼侍御史朱滔與武俊謀解田悅之圍帝詔華還諭意亂其謀華至讓武俊曰安史未覆滅時大夫觀其兵自謂天下可取今日何如且上於大夫恩甚厚將還康中丞他州而歸我深趙自古忠臣未有不先大功而後得高官者大夫何望於失地邪夫藥苦口者利病大夫後日思愚言悔無逮或曰華入朝私奏便宜欲傾我故得顯職武俊惑之然以華舊人未忍奪其職卒進援悅華從至臨清稱病還恒州武俊令子察所為乃闔門謝賓客武俊知不足忌無殺華意既僭稱王授禮部侍郎不肯起嘔血死

張伾者本為澤潞將守臨洺田悅攻之乘城固守累月士死擾且盡救不至伾悉召部將立軍門命女出徧拜因曰諸君戰良苦吾無貲為賞願以是女賣資為衆士一日費士皆哭曰請死戰會馬燧自河東將兵擊悅城下敗之伾乘勝出戰無不一當百以功遷洺州刺史居州十年擢右金吾衛大將軍未拜卒贈尚書右僕射軍中議立其子重政母徐及兄號訴不肯從奔告淮南節度使王鍔乃免詔嘉其忠起為金吾衛大將軍委鍔處以劇職封徐魯國夫人

周曾者本李希烈部將與王玢姚憺韋清志相善號四公子希烈反曾密得其計一二以告李勉玢為許州鎮遏使會哥舒曜拔汝州希烈遣曾往拒曾欲引軍攘蔡使玢為應憺清居中謀取希烈密求樂毒希烈不死曾之行希烈使假子十人從次襄城知其謀以告希烈使李克誠率騾軍千人劫曾殺之而收其兵并殺玢憺始約事覺毋相引清懼陽說希烈曰今兵寡恐不能就事請乞師朱滔希烈然之至襄邑奔劉洽德宗贈曾太尉玢司徒憺工部尚書擢清安定郡王實封戶二百又有呂賁康秀琳梁興朝賈樂卿侯仙欽皆死希烈之難贈賁秀琳尚書左右僕射與朝等皆秩尚書追謚所致祭墳上命李勉哥舒曜訪其家子孫詔雖三世有罪常降一等曾無後貞元中女及曾兄子一鄭爭襲封有司奏曾首謀歸順身死賊手陛下錫其食不幸絕嗣宜令鄭以五十戶奉祀女亦封五十戶

張名振本事李懷光為都將始懷光已立功德宗賜鐵券奉詔倨甚名振到軍門大言曰太尉見賊不擊使到不迎將反邪且安史僕固皆今族滅公欲何為是負忠義士立功耳懷光召見諭以賊彊須蓄銳俟時詭為不及引軍入咸陽又曰公不反來此何邪不急攻泚收京城欲以賊遺懷光怒曰病狂人也使左右拉殺之

石演芬者本西域胡人事懷光至都將光親信畜為假子懷光軍三橋將與朱泚連和演芬使客郜成義到行在言懷光無破賊意請罷其總統成義走告懷光子璀懷光召演芬罵曰爾為我子奈何欲破吾家今日負我宜即死對曰天子以公為股肱公以我為腹心公乃負天子我何不負公且我胡人無異心惟知事一人不呼我為賊死固吾分懷光使士臠食之皆曰烈士也可令快死以刀斷其頸德宗聞贈演芬兵部尚書賜其家錢三百萬斬成義於朔方

吳溆者章敬皇后之弟代宗立詔贈后祖神泉為司徒父令珪太尉擢叔父令瑤太子家令濮陽郡公令瑜太子諭德濮陽郡公溆太子詹事濮陽郡公並開府儀同三司令瑤兄弟故為縣令郎將矣而溆用盛王府參軍進俄遷鴻臚少卿金吾將軍建中初遷大將軍溆循循有禮讓無倨氣矜色見重朝廷時以為材當所位不自威屬者朱泚反盧杞白志貞皆謂泚有功不宜首難得大臣一人持節尉曉惡且悛德宗顧左右無敢行溆曰陛下不以臣亡能願至賊中諭天子意帝大悅溆退謂人曰吾知死無益而決見賊者人臣食祿死其難所也方危時安得自計且不使陛下恨下無犯難者即日齎詔見泚具道帝待以不疑者而泚業僭逆故留溆客省不遣卒被害帝悲悼甚贈太子太保謚曰忠賜其家實戶二百一子五品正員官京師平官庀其葬子士矩別傳

高沐者渤海人父憑事宣武李靈曜假守曹州靈曜反憑密遣人奏賊纖悉有詔即拜曹州刺史會李正己盜有曹濮憑不能自還朝廷死官下沐貞元中擢進士第以家託鄆故李師古辟署判官師道叛沐率其僚郭盱郭航李公度引古今成敗前後鐫說不能入師道所厚吏李文會林英等乘間訴曰比悉心憂公家事而為沐等所疾公奈何舉十二州地成沐輩千載名乎由是疏斥沐令守濮州沐上書獻今山東煮海之饒得其地可以富國師道謀皆露後奏事京師會御史言沐以誠款結天子師道怒誅沐而囚盱濮州守衞苛嚴九十年吳元濟拒命師道引兵攻彭城敗蕭沛數縣而還以縷王師盱為縷書藏衣帶間使郭航間道走武寧軍見李愬請奇兵三千浮海擣

萊淄賊倚海不為備且居皆罪人無與守始盱畏事泄署師道所信吏劉諒名以遣原白諸朝議者疑師道使為之不得報航不敢循故道間關回遠還盱所未幾師道召航盱疑事露欲引決航曰事覺吾獨死君無患航卒自殺遂絕及王師討師道諸節度兵四入而彭城兵下魚臺金鄉李聽軍取海州若拾遺頗用盱策初淮西平師道勢蹙內甚懼李公度與大將李英曇教獻三州使長子入侍師道然可俄中悔欲殺英曇賈直言諷師道嬖奴曰高沐冤氣在天禍且至英曇復死是益其祟也乃止逐于萊州俄殺之又有崔承寵楊偕陳佑崔清皆抗節忤賊李文會指為沐黨沐之死皆被囚劉悟既平師道握盱臂歔欷流涕辟署義成節度府亦請公度為僚屬元和十四年贈沐吏部尚書委馬摠備禮收葬恤其家航萊州人以氣聞師道署右職與盱世居齊初盱舉進士權德輿將取之聞其家賊中乃罷遂為賊聘二人卒能以忠顯

賈直言河朔舊族也史失其地父道沖以藝待詔代宗時坐事賜鴆將死直言紿其父曰當謝四方神祇使者少怠輒取鴆代飲迷而踣明日毒潰足而出父乃蘇帝憐之減父死俱流嶺南直言由是躄後署師道府屬及師道不軌提刀負棺入諫曰願前死不見城之破又畫爲縛載檻車狀而妻子係纍者以獻師道怒囚之劉悟既入釋其禁辟署義成府後從潞亦隨府遷監軍劉承偕與悟不平陰與慈州刺史張汶謀縛悟送闕下以汶代節度事洩悟以兵圍承偕殺小使直言遽入責曰司空縱兵脅天子使者是欲効李司空邪它日復為軍中所指笑悟聞感悔匿承偕於第以免悟每有過必爭故悟能以臣節光明於朝穆宗召為諫議大夫辭情灑然稱允而悟固留得聽始悟子從諫貴甚見直言輒衣紫擁笏以兵自衞直言諫悟曰郎少年毋使襲山東態朝服可擅著邪悟死從諫不發喪召大將劉武德等矯悟遺言與鄰道使共表求襲位直言入讓曰父死不哭何顏面見山東義士乎從諫曰欲反耳直言仰天哭曰爾父提十二州地歸朝廷為功自然以張汶故自謂不絜淋頭辛苦死郎今日乃欲反邪從諫起抱直言項哭曰計窮而然直言曰君何憂無土地今脅朝廷正速死耳若從武德謀吾見劉氏為元濟矣從諫拜曰唯大夫救之直言乃自攝留後使從諫居喪初從諫推鄆兵二千同謀直言既折之軍中遂安大和九年卒贈工部尚書

辛讜者太原尹雲京孫也學詩書能擊劍重然諾走人所急初事李峄主錢穀性廉勁遇事不懾文法皆與之合罷居揚州年五十不肯仕而慨然常有濟時意龐勛反攻杜慆於泗州讜聞之挈舟趨泗口貫賊柵以入慆素聞其名握手曰吾儕李延樞嘗為吾道夫子為人何意臨敎吾無憂矣讜亦請慆可用事乃請還與妻子訣同慆生死時賊張甚衆皆南去獨讜北行讜未至慆憂之延樞知必來曰讜至可表為判官慆許諾俄而至慆喜曰圍急飛鳥不敢過君乃冒白刃入危城古人所不能乃勸解白衣被甲賊將李圓攻淮口讜曰事棘矣獨出可以求援乃與楊文播李行實戌夜踰淮坎岸登驛三十里至洪澤見戍將郭厚本告急厚本許出兵大將袁公弁等曰賊衆我寡不可往讜拔劒瞋目呼曰泗州陷在旦夕公等被詔來乃逗留不進欲何為大丈夫孤國恩雖生可羞且失泗則淮南為寇場君尚能獨存吾今斷左臂殺君去推劒直前厚本持之公弁等僅免讜望泗慟哭帳下皆流涕厚本決許付兵五百讜曰足矣徧問士曰能行乎皆曰諾讜伏面于地泣以謝衆既叩淮有人語曰賊破城矣讜將斬之衆為請讜曰公等登舟吾赦其死士遽登已濟慆亦出兵表裏擊賊大敗讜入人心遂固浙西杜審權遣將翟行約赴援壁蓮塘慆欲遣人廷勞諸吏憚不敢出讜獨往犒而還圍三月救兵外敗城益危讜復請乞兵淮南與壯士徐珍十人持斧夜斬賊柵出見節度使令狐綯復詣浙西見審權時皆傳泗州已陷疑讜為賊計囚之讜引李峄自明峄時為大同防禦使稱其忠可信審權乃許救合淮南兵五千鹽粟具方淮路梗不得進讜引兵決戰斬賊六百級乃克入城上讙叫慆與下迎泣表其功于朝授監察御史圍凡十月乃解卒完一州初讜求救也過家千餘未嘗見妻子得糧累二十萬讜子及兄子客廣陵託慆曰使先人不乏祀公之惠也後以功第一拜亳州刺史徙曹泗二州乾符末終嶺南節度使方讜之少耕于野有牛鬭衆畏奔踐讜直前兩持其角牛不能動久而引觸音折其角里人駭異屠牛以飯讜然讜癯短才及中人後貴力亦少衰云

黃碣閩人也初為閩小將喜學問軒然有志向同列有假其筆者碣怒曰是筆它日斷大事不可假後戰安南有功高駢表其能為漳州刺史徙婺州治有績劉漢宏遣兵攻之兵寡不可守棄州去客蘇州董昌為威勝軍節度使表碣自副久乃應及昌反碣諫曰大王抜田畝席貢輸之勤位將相非有勳業可紀今不能盡忠王朝乃自尊大一日誅滅無種矣桓文不侮周室曹操弗敢危漢今王辟嬰一城乃為大逆何邪碣請舉族先死不能見王之滅昌怒曰碣不順我邪斥出之碣移書昌幕府李慆曰順天建元以愚策之計可為禍邪或竊其書以示昌昌令使者斬之使以首至昌詬曰賊負我三公不肯為而求死邪抵溷中夷其家百口坎鏡湖之南同瘞焉昌敗有詔贈司徒求其後不能得昌已殺碣慆亦遇害乃召會稽令吳鐐問策鐐曰王不為真諸侯遺

棄子孫而不爲乃作僞天子自取滅亡昌叱斬之族其家又召山陰令張遜知御史臺固辭曰王自棄爲天下笑且六州勢不助逆王據孤州以速死謂何遜不敢以身許王也昌惡之曰遜不知天意以邪說拒我囚之它日謂人曰我無碣鐐遜何走事即害之

孫揆字聖圭刑部侍郎逖五世從孫也第進士辟戶部巡官歷中書舍人刑部侍郎京兆尹昭宗討李克用以揆爲兵馬招討制置宣慰副使既而更授昭義軍節度使以本道兵會戰克用伏兵刀黃嶺執揆厚禮而將用之曰公輩當從容廟堂何爲自履行陣也揆大罵不詘克用怒使以鋸解之鋸齒不行揆謂曰死狗奴解人當束之以板汝輩安知行刑者如其所言罵聲不輟至死昭宗憐之贈左僕射

忠義列傳下第一百一十八

卓行列傳第一百一十九

端明殿學士兼翰林侍讀學士[illegible]臣宋祁奉

敕撰

元德秀字紫芝河南河南人質厚少緣飾少孤事母孝舉進士不忍去左右自負母入京師既擢第母亡廬墓側食不鹽酪藉無茵席服除以窶困調南和尉有惠政黜陟使以聞擢補龍武軍錄事參軍德秀不及親在而娶不肯婚人以爲不可絕嗣荅曰兄有子先人得祀吾何娶爲初兄子襁褓喪親無資得乳媼德秀自乳之數日湩流能食乃止既長將爲娶家苦貧乃求爲魯山令前此墮車足傷不能趨拜太守待以客禮有盜繫獄會虎爲暴盜請格虎自贖許之吏白彼詭計且亡去無乃爲累乎德秀曰許之矣不可負約即有累吾當坐不及餘人明日盜尸虎還舉縣嗟歎玄宗在東都酺五鳳樓下命三百里縣令刺史各以聲樂集是時頗言帝且第勝負加賞罰河內太守輦優伎數百被錦繡或作犀象瓌譎光麗德秀惟樂工數十人聯袂歌于蔿于于蔿于者德秀所爲歌也帝聞異之歎曰賢人之言哉謂宰相曰河內人其塗炭乎乃黜太守德秀益知名所得奉祿悉衣食人之孤遺者歲滿笥餘一縑駕柴車去愛陸渾佳山水乃定居不爲牆垣扃鑰家無僕妾歲飢日或不爨嗜酒陶然彈琴以自娛人以酒肴從之不問賢鄙爲酣飫是時程休邢宇宇弟宙張茂之李崿崿族子丹叔惟岳喬潭楊拯房垂柳識皆號門弟子德秀善文辭作蹇士賦以自況房琯每見德秀歎息曰見紫芝眉宇使人名利之心都盡蘇源明常語人曰吾不幸生衰俗所不恥者識元紫芝也天寶十三載卒家惟枕履簞瓢而已譚時爲陸渾尉庀其葬族弟結哭之慟或曰子哭過哀禮歟結曰若知禮之過而不知情之至大夫弱無固性無專老無在死無餘人情所耽溺喜愛可惡者大夫無之生六十年未嘗識女色視錦繡未嘗求足苟辭佚色未嘗有十畝之地十尺之舍十歲之僮未嘗完布帛而衣具五味而餐吾哀之以戒荒淫貪

倢綺紈粱肉之徒耳李華兄事德秀而友蕭穎士劉迅及卒華諡曰文行先生天下高其行不名謂之元魯山華於是作三賢論或問所長華曰德秀志當以道紀天下迅當以六經諧人心穎士當以中古易今世德秀欲齊愚智迅感一物不得其正穎士呼吸折節而獲重祿不易一刻之安易於孔子之門皆達者與使德秀據師保之位瞻形容乃見其仁迅被卿佐服居賓友謀治亂根原參乎元精乃見其妙穎士若百鍊之剛不可屈使當廢興去就一生一死間而後見其節德秀以爲王者作樂崇德天人之極致而辭章不稱是無樂也於是作破陣樂辭以訂商周迅世史官述禮易書春秋詩爲古五說條貫源流備古今之變穎士尤罪子長不編年而爲列傳後世因之非典訓也自春秋三家後非訓齊生人不錄然各有病元病酒劉病賞物蕭病貶惡太亟獎能太重若取其節皆可爲人師也世謂篤論休字士美廣平人字字紹宗宙字次宗河間人莪之字季豐南陽人㟽字伯高丹叔字南誠惟岳

字謨道趙人潭字源梁人垂字翼明清河人拯字齊物隋觀王雄後舉進士終右驍衛騎曹參軍㟽擢制科遷南華令大水它縣飢人至相屬㟽爲具餐粥及去糗糧送之吏爲立碑安祿山亂㟽客清河爲乞師平原太守顏眞卿一郡獲全歷虔州刺史拯與㟽名最著潭識以文傳後

權皐字士繇秦州略陽人徙潤州丹徒晉安丘公翼十二世孫父倕與席豫蘇源明以藝文相友終羽林軍參軍皐擢進士第爲臨清尉安祿山藉其名表爲薊尉署幕府皐度祿山且叛以其猜虐不可諫欲行慮禍及親天寶十四載使獻俘京師還過福昌尉仲謩謩妻皐妹也密約以疾召之謩來皐陽喑直視謩爲盡哀自唅斂之皐逸去人無知者吏以詔書還皐母母謂實死慟哭感行路故祿山不之虞歸其母皐潛候於淇門奉侍晝夜南奔客臨淮爲驛亭保以詗北方既度江而祿山反天下聞其名爭取以爲屬蜀高適表試大理評事淮南採訪判官永王舉兵脅士大夫皐詭姓名以免玄宗在蜀聞之拜監察御史會母喪得風痺疾客洪州南北梗否踰年詔命不至有中人過州頗求取無猒南昌令王遘欲按之謀於皐皐良久不荅徐曰今何由致天子使而遽欲治之揜面去遘悟厚謝浙西節度使顏眞卿表爲行軍司馬召拜起居舍人固辭嘗曰吾潔身亂世以全吾志欲持是受名邪李季卿爲江淮黜陟使列其高行以著作郎召不就自中原亂士人率度江李華柳識韓洄王定皆仰皐節與友善洄定常評皐可爲宰輔師保華亦以爲分天下善惡一人而已卒年四十六洄等制服行哭詔贈秘書少監元和中謚爲貞孝子德輿至宰相別傳

甄濟字孟成定州無極人叔父爲幽涼二州都督家衛州宗屬以伉俠相矜濟少孤獨好學以文雅稱居青巖山十餘年遠近伏其仁環山不敢畋漁採訪使苗晉卿表之諸府五辟詔十至堅卧不起天寶十載以左拾遺召未至而安祿山入朝求濟於玄宗授范陽掌書記祿山至衞使太守鄭遵意致謁山中濟不得已爲起祿

山下拜鈞禮居府中論議正直久之察祿山有反謀不可諫濟素善衛令齊玘因謁歸具告以誠密置羊血左右至夜若歐血狀陽不支舁歸舊廬祿山反使蔡希德封刀召之曰即不起斷其頭見我濟色不動左手書曰不可以行使者持刀趨前濟引頸待之希德歔欷嗟歎止刀以實病告後慶緒復使彊輿至東都安國觀會廣平王平東都濟詣軍門上謁泣涕王爲感動肅宗詔館之三司署使汙賊官羅拜以媿其心授秘書郎或言太薄更拜太子舍人來瑱辟爲陜西襄陽參謀拜禮部員外郎宜城楚昭王廟壖地廣九十畝濟立墅其左瑱死舁居七年大曆初江西節度使魏少游表爲著作郎兼侍御史卒濟生子因其官字曰禮闈曰憲臺而禮闈死憲臺更名逢幼而孤及長耕宜城野自力讀書不謁州縣歲飢節用以給親里大穰則振其餘於鄉黨貧狹者朋友有緩急輒出家貲周贍以義聞逢常以父名不得在國史欲詣京師自言元和中袁滋表濟節行與權皐同科宜載國史有詔贈濟秘書

少監而逢與元稹善稹移書於史館脩撰韓愈曰濟棄去祿山及
其反有名號又逼致之執不起卒不汙其名夫辨所從於居易之
時堅直操於利仁之世而猶選懦者之所不為蓋怫人之心難而
害已之避深也至天下大亂死忠者不必顯從亂者不必誅而眷
眷本朝甘心白刃難矣哉若甄生弁冕不加其身祿食不進其口
直布衣一男子耳及亂則延頸受刃分死不回不以不必顯而廢
忠不以不必誅而從亂在古與今蓋百一焉愈者旨逢能行身幸
於方州大臣以標目其先人事載之天下耳目徹之天子追爵其
父第四品赫然驚人逢與其父俱當得書矣由是父子俱顯名
陽城字亢宗定州北平人徙陝州夏縣世為官族好學貧不能
得書求為吏隸集賢院竊院書讀之晝夜不出戶六年無所不通
及進士第乃去隱中條山與弟堦域常易衣出年長不肯娶謂弟
曰吾與若孤惸相育既娶則間外姓雖共處而益疏我不忍弟義
之亦不娶遂終身城謙恭簡素遇人長幼如一遠近慕其行來學

唐書列傳百十九　四　胡

者跡接于道閭里有爭訟不詣官而詣城決之有盜其樹者城遇
之慮其恥退自匿嘗絕糧遣奴求米奴以米易酒醉臥于路城怪
其故與弟迎之奴未醒乃負以歸及覺痛咎謝城曰寒而飲何責
焉寡姝依城居其子四十餘癡不知人城常負以出入始妹之夫客
死遠方城與弟行千里負其柩歸葬歲飢屏跡不過鄰里屑榆
為粥講論不輟有奴都兒化其德亦方介自約或哀其餒與之食
不納後致糠覈數桮乃受山東節度府聞城義者發使遺五百縑
戒使者不令返城固辭使者委而去城置之未嘗發會里人鄭俶
欲葬親貸於人無得城知其然舉縑與之俶既葬還曰蒙君子之
施願為奴以償德城曰吾子非也能同我為學乎俶泣謝即教以
書俶不能業城更徙遠阜使顓其習學如初慙縊而死城驚且哭
厚自咎為服緦麻瘞之陝虢觀察使李泌數禮餉城受之泌欲辟
致之府不起乃薦諸朝詔以著作佐郎召并賜緋魚泌使參軍事
韓傑奉詔至其家城封還詔自稱多病老憊不堪奔奏惟哀憐泌

不敢彊及為宰相又言之德宗於是召拜右諫議大夫遣長安尉
楊寧齎東帛詣其家城褐衣到闕下辭讓帝遣中人持緋衣衣之
召見賜帛五十匹初城未起搢紳想見風采既興草茅處諫諍官
士以為且死職天下益憚之及受命它諫官論事苛細紛紛帝厭
苦而城寖聞得失且孰猶未肯言韓愈作爭臣論譏切之城不屑
方與二弟延賓客日夜劇飲客欲諫止者城揣知其情彊飲客客
辭即自引滿客不得已與酬酢或醉仆席上城或先醉臥客懷中
不能聽客語無得關言常以木枕布衾質錢人重其賢爭售之每
約二弟吾所俸入而可度月食米幾何薪菜鹽幾錢先具之餘送
酒家無留也服用無贏副客或稱其佳可愛輒喜舉授之有陳長
者候其得俸常往稱錢之美月有獲焉居位八年人不能窺其際
及裴延齡誣逐陸贄張滂李充等帝怒甚無敢言城聞曰吾諫官
不可令天子殺無罪大臣乃約拾遺王仲舒守延英閤上疏極論
延齡罪慷慨引誼申直贄等累日不止聞者寒懼城愈厲帝大怒

唐書列傳百十九　五　董易

召宰相抵城罪順宗方為皇太子為開救良久得免敕宰相諭遣
然帝意不已欲遂相延齡城顯語曰延齡為相吾當取白麻壞之
哭於廷帝不相延齡城力也坐是下遷國子司業引諸生告之曰
凡學者所以學為忠與孝也諸生有久不省親者乎明日謁城還
養者二十輩有三年不歸侍者斥之簡孝秀德行升堂上沈酗不
率教者皆罷躬講經籍生徒斤斤皆有法度薛約者狂而直言
事得罪謫連州吏捕迹得之城家城坐吏於門引約飲食訖步至
都外與別帝惡城黨有罪出為道州刺史太學諸生何蕃季償王
魯卿李讜等二百人頓首闕下請留城柳宗元聞之遺蕃等書曰
詔出陽公道州僕聞悒然幸生不諱之代不能論列大體聞下執
事還陽公之南也今諸生愛慕陽公德懇悃乞留輒用撫手喜甚
昔李膺嵇康時太學生徒仰闕執訴僕謂訖千百年不可復見乃
在今日誠諸生見賜甚厚將亦陽公漸漬導訓所致乎噫公有博
厚恢大之德并容善偽來者不拒有狂惑小生依託門下飛文陳

愚論者以爲陽公過於納汙無人師道仲尼吾黨狂狷南郭獻譏曾參徒七十二人致禍負芻孟軻館齊從者竊屨彼聖賢猶不免如之何其拒人也俞扁之門不拒病夫繩墨之側不拒枉材師儒之席不拒曲士且陽公在朝四方聞風貪冒苟進邪薄之夫沮其志雖微師尹之位而人實瞻望焉與其化一州其功遠近可量哉諸生之言非獨爲己也於國甚宜蕃等守闕下數日爲吏遮抑不得上既行皆泣涕立石紀德至道州治民如治家宜罰罰之宜賞賞之不以簿書介意月俸取足則已官收其餘日炊米二斛魚一大鬻置甌杓道上人共食之州產侏儒歲貢諸朝城哀其生離無所進帝使求之城奏曰州民盡短若以貢不知何者可供自是罷州人感之以陽名子前刺史坐罪下獄吏有幸於刺史者拾不法事告城欲自脫城輒榜殺之賦稅不時觀察使數誚責州當上考功第城自署曰撫字心勞追科政拙考下下觀察府遣判官督賦至州怪城不迎以問吏吏曰刺史以爲有罪自囚於獄判官驚馳入

謁城曰使君何罪我奉命來候安否耳留數日城不敢歸什門闔寢館外以待命判官遽辭去府復遣官來按舉義不欲行乃載妻子中道逃去順宗立召還城而城已卒年七十贈左散騎常侍賜其家錢二十萬官護喪歸葬蕃和州人事父母孝學太學歲一歸父母不許間二歲乃歸復不許凡五歲慨然以親且老不自安揖諸生去乃共閉蕃空舍中衆共狀蕃義行白城請留會城罷亦止初朱泚反諸生將從亂蕃正色叱不聽故六館士無受汙者蕃居太學二十年有死喪無歸者皆身爲治喪償魯人魯卿第進士有名

司空圖字表聖河中虞鄉人父輿有風幹當大中時盧弘止管鹽鐵表爲安邑兩池榷鹽使先是法疏闊吏輕觸禁輿爲立約數十條莫不以爲宜以勞再遷戶部郎中圖咸通末擢進士禮部侍郎王凝特所奬待俄而凝坐法貶商州圖感知己往從之凝起拜宣歙觀察使乃辟置幕府召爲殿中侍御史不忍去凝府臺劾左遷光祿寺主簿分司東都盧攜以故宰相居洛嘉圖節常與游攜還朝過陝虢屬於觀察使盧渥曰司空御史高士也渥即表爲僚佐會攜復執政召拜禮部員外郎尋遷郎中黃巢陷長安將奔不得前圖弟有奴段章者陷賊執圖手曰我所主張將軍喜下士可往見之無虛死溝中圖不肯往章泣下遂奔咸陽間關至河中僖宗次鳳翔即行在拜知制誥遷中書舍人後狩寶雞不獲從又還河中龍紀初復拜舊官以疾解景福中拜諫議大夫不赴後再以戶部侍郎召身謝闕下數日即引去昭宗在華召拜兵部侍郎以足疾固自乞會遷洛陽柳璨希賊臣意誅天下望士助喪王室詔圖入朝圖陽墮笏趣意野耄璨知無意於世乃聽還圖本居中條山王官谷有先人田遂隱不出作亭觀素室悉圖唐興節士文人名亭曰休休作文以見志曰休美也既休而美具故量才一宜休揣分二宜休耄而聵三宜休又少也惰長也率老也迂三者非濟時用則又宜休因自目爲耐辱居士其言詭激不常以免當時

禍災云豫爲冢棺遇勝日引客坐壙中賦詩酌酒裴回客或難之圖曰君何不廣邪生死一致吾寧暫游此中哉每歲時祠禱鼓舞圖與閭里耆老相樂王重榮父子雅重之數饋遺弗受嘗爲作碑贈絹數千圖置虞鄉市人得取之一日盡時寇盜所過殘暴獨不入王官谷士人依以避難朱全忠已篡召爲禮部尚書不起哀帝弑圖聞不食而卒年七十二圖無子以甥爲嗣嘗爲御史所劾昭宗不責也

贊曰節誼爲天下大閑士不可不勉觀皐濟不汙賊據忠自完而亂臣爲沮計天下士知大分所在故傾朝復支不有君子果能國乎德秀以德城以鯁峭圖知命其志凜凜與秋霜爭嚴眞丈夫哉

卓行列傳第一百一十九

孝友列傳第一百二十　　唐書一百九十五

端明殿學士兼翰林侍讀學士龍圖閣學士朝請大夫守尚書吏部侍郎充集賢殿修撰臣宋祁奉
敕撰

唐受命二百八十八年，以孝悌名通朝廷者，多閭巷刺草之民，皆得書于史官。萬年王世貴，長安嚴待封，涇陽田伯明，華原韓難陀，華州王瞿曇，鄭縣辛法汪，鄠士舉，張長，鄠士度，鄭迪，柳仁忠，能君德，劉崇甘，元奕，韓子尚，韓思約，下邽張萬徹，朝邑申屠思恭，呂昂，鶉觚張元亮，靈臺孫智和，新平馮猛將，宜川司馬芬，洛交周崇俊，洛川何善宜，博陵崔定仁，冀州燕遺倩，貝州馬衡，滄州鄭士孝，清池孫楚信，劉賢，渤海邊鳳舉，瀛州朱寶積，樂陵蘇伏念，邯鄲章徵，雞澤馮仁海，鄭守素，文安董相，武邑王達，多張丘感，張藝，翾暨孫師才，張義節，沙河趙君惠，南樂谷感德，魏縣毛仁，武城茹智達，歷亭王師威，李肆仁，臨河李文綱，湯陰后斥奴，鼓城彭思義，陳屺，田堤，岳太原盧遺仁，王知道，蒲州賈孝才，解縣衞玄表，南丘張利見，

安邑曹文行，孫懷應，相里志降，楊王操，邵玄同，張衡，曹存勳，李文褒，董文海，李文秀，張仙兒，張公憲，虞鄉董敬直，河東張金城，呂神通，呂雲，呂志挺，呂元光，趙舉，張祐，姚熾，張師德，馮巨源，杜山藏，河西郭文政，伊闕任仲濟，源榮，壁汴州張士巖，陳留家師諒，董允恭，尉氏楊思貞，中牟潘良瑗，暨子季通，陽武時惠珣，封丘楊嵩珪，許甲，李頤道，胙城蔡洪，石善雄，暨孫彥威，朗山胡君才，徐州皇甫恒，彭城尹務榮，荊州劉寶，長壽史搏，益州焦懷肅，郭景華，鄞縣曹少微，涪城趙恒，資陽趙光寓，黃昇，梓潼馬冬，王秦舉，王興嗣，依政樊儞，巴西韋士宗，文博榮，暨子詮，南鄭李貞古，巢縣張進昭，萬載廖洪，南陵蘇仲方，鄱陽張讚，樂平謝惟勤，沈普，姜嶠，上饒鮑嘉，福虞鎔，真句容張常洧，弋陽張球，李營，暨子凝，孫楚，貴溪黃舟，建昌熊士贍，臨江袁鳴，贛縣謝俊，餘杭何公弁，章成緬，方宗，建德何起，門桐廬祝希進，諸暨張萬和，蕭山李渭，許伯會，戴恭，俞僅，信安徐知新，徐惠，諲東陽應先，唐君祐，睦州許利川，建陽劉常，邵武黃亘，張巨箋，吳海泉，山黃嘉猷，永泰王頭，皆事親居喪著至行者。萬年宋興貴，奉先張郛，澧陽張仁興，櫟陽董思寵，湖城閻景高，平雍仙高，湖城閻酆，正平周思藝，張子英，曲沃張君密，秦德方，馬玄操，李君則，太平趙德儼，隴西陳嗣，北海呂元簡，緱城宋洸之，單父劉九江，無棣徐文亮，樂陵吳正表，河間劉宣，董永，安邑任君義，衞開，龍門梁神義，賀見，涉張奇異，鄭縣王元緒，寇元童，舒城徐行周，睦州方良琨，桐廬戴元益，高安宋練，涇縣萬景，安弋陽李植，繁昌王丕，皆數世同居者。天子皆旌表門閭，賜粟帛，州縣存問，復賦稅，有授以官者。

唐時陳藏器著本草拾遺，謂人肉治羸疾，自是民間以父母疾多刲股肉而進。又有京兆張阿九，趙言，奉天趙正言，滑清泌，羽林飛騎啖榮祿，鄭縣呂孝友，華陰尹義華，潞州張光玭，解縣南鈒，河東李忠孝，韓放，鄢陵任客奴，絳縣張子英，平原楊仙朝，樂工段日昇，河東將陳涉，襄陽馮子城，固雍孫八虞，虞鄉張抱玉，胥英秀，榆次馮秀誠，封丘楊嵩珪，劉皓，清池朱庭玉，弟庭金，繁昌朱俗，歙縣黃

芮，左千牛薛鋒，及河陽劉士約，或給帛，或旌表門閭，皆名在國史。善乎韓愈之論也，曰：「父母疾，烹藥餌，以是為孝，未聞毀支體者也。苟不傷義，則聖賢先衆而為之。是不幸因而且死，則毀傷滅絕之罪有歸矣，安可旌其門以表異之？」雖然，委巷之陋，非有學術禮義之資，能忘身以及其親，出於誠心，亦足稱者。故列十七八焉。廣明後，方鎮淩法，奪地千里，事不上聞，孝悌篤行之士旌命所不及，載小說者，名字不參見它書，不可錄。若李知本、張志寬之屬，承上順下，有禮讓君子之風，故輯而序之。

張士巖，父病，藥須鯉魚，冬月冰合，有獺銜魚至前，得以供父，父遂愈。母病癰，士巖吮血。父亡，廬墓，有虎狼依之。焦懷肅，母病，每嘗其唾，若味異輒悲號，幾絕。母終，水漿不入口五日，負土成墳，廬守，日一食，杖然後起。繼母沒，亦如之。張進昭，母患狐刺，左手墮而終。及殯，進昭截左腕廬于墓。張公藝九世同居，北齊東安王高永樂、隋大使梁子恭躬慰撫，表其門。高宗有事太山，臨幸其居，問本末，書忍字以對。天子為流涕，賜縑帛而去。

四人名頗著詩見于篇
李知本趙州元氏人元魏洛州刺史靈六世孫父孝端仕隋爲獲嘉
丞與族弟太沖俱有世閥而太沖官婚最高鄉人語曰太沖無兄
孝端無弟知本涉經術事親篤至與弟知隱雍順子孫百餘至貲
用僮僕無間也大業末盜賊過閭不入相戒曰無犯義門往依者五
百餘室皆以免貞觀初知隱爲伊闕丞知本夏津令開元中孫瑱
爲給事中揚州長史知隱孫顒有文辭至太常少卿從祖兄弟位
給事中凡四人
張志寬蒲州安邑人居父喪而毀州里稱之王君廓兵略地不暴
其閭倚全者百許姓後爲里正忽詣縣稱母疾求急令問狀對曰
母有疾志寬輒病是以知之令謂其妄繫於獄驗如言乃慰遣
之母終負土成墳手蒔松栢高祖遣使者就弔拜員外散騎常侍
賜物四十段表其閭
劉君良瀛州饒陽人四世同居族兄弟猶同産也門内斗粟尺帛

無所私隋大業末荒饉妻勸其異居因易置庭樹鳥鶵令鬭且
鳴家人怪之妻曰天下亂禽鳥不相容况人邪君良即與兄弟別
處月餘密知其計因斥去妻曰爾破吾家召兄弟流涕以告更復
同居天下亂鄉人共依之衆築爲堡因號義成堡武德中深州別
駕楊弘業至其居凡六院共一庖子弟皆有禮節歎挹而去貞觀
六年表異門閭
王少玄博州聊城人父隋末死亂兵遺腹生少玄甫十歲問父所
在母以告即哀泣求尸時野中白骨覆壓或曰以子血漬而滲者
父骸也少玄鑱膚閲旬而獲遂以葬創甚彌年乃興貞觀中州言
狀拜徐王府參軍
任敬臣字希古棣州人五歲喪母哀毀天至七歲問父英曰若何
可以報母英曰揚名顯親可也乃刻志從學汝南任處權見其文
驚曰孔子稱顔回之賢以爲弗如也吾非古人然見此兒信不可
及十六刺史崔樞欲舉秀才自以學未廣遯去又三年卒業舉
孝廉授著作局正字父亡數殞絶繼母曰而不勝喪謂孝可乎敬
臣更進饘粥服除遷祕書郎休沐闔門誦書監虞世南器其人歲終
書上考固辭召爲弘文館學士俄授越王府西閤祭酒當代王再
表留進朝請郎舉制科擢許王文學復爲弘文館學士終太子舍人
支叔才定州人隋末荒饉夜丐食野中還進母爲賊執欲殺之告
以情賊閔其孝爲解縛母病癰叔才吮瘡血藥及亡廬墓有白鵲
止廬傍高宗時表異其家至德間有常州人王遇弟暹俱爲賊執
將釋一人兄弟相讓死賊感其意盡縱之
程袁師宋州人母病十旬不褫帶藥不甞不進代弟戍洛州母
終聞訃日走二百里因負土築墳號癯人不復識改葬曾門以來
閲二十年乃畢常有白狼黄蛇馴墓左每哭羣鳥鳴翔永徽中刺
史狀諸朝詔吏敦駕既至不願仕授儒林郎還之
武弘度士彠兄之子補相州司兵參軍永徽中父卒自徐州被髮
徒跣趨喪所負土築塋晨夕號日一溢米素芝産廬前狸擾其旁

高宗下詔襃美旌其門
宋思禮字過庭事繼母徐爲聞孝補蕭縣主簿會大旱井池涸
母羸疾非泉水不適口思禮憂懼且禱忽有泉出諸庭味甘寒
日不乏汲縣人異之尉柳晃爲刻石頌其感
鄭潛曜者父萬鈞駙馬都尉滎陽郡公母代國長公主開元中主
寢疾潛曜侍左右造次不去累三月不靧面主疾侵刺血爲書請
諸神丐以身代火書而神許二字獨不化翌日主愈戒左右無敢
言後尚臨晉長公主歷太僕光祿卿
元讓雍州武功人擢明經以母病不肯調侍膳不出閭數十年母
終廬墓次躬櫛沐飯菜飲水咸亨中太子監國下令表闕于門永
淳初巡察使表讓孝悌卓越擢太子右内率府長史歲滿還鄉里
人有所訟皆詣讓判中宗在東宮召拜司議郎入謁武后望謂曰
卿孝於家必能忠於國宜以治道輔吾子尋卒
裴敬彝絳州聞喜人曾祖子通隋開皇中以太中大夫居母喪哭

喪明有白烏巢冢樾兄弟八人皆爲名孝詔表門閭世謂義門裴氏敬彝七歲能文章性謹敏宗族重之號甘露頂父智周補臨黃令爲下所訟敬彝年十四詣巡察使唐臨直枉臨奇之試命作賦賦工父罪已釋表敬彝于朝補陳王府典籤一日忽泣涕謂左右曰大人病痛吾輒然今心悸而痛事叵測乃請急倍道歸而父已卒羸毀踰禮乾封初遷累監察御史母病醫許仁則者躄不能乘敬彝自爲輿往迎旣居喪詔贈縑帛官爲作靈轝終服以著作郎兼脩國史歷中書舍人太子左庶子武后時爲酷吏所陷死嶺南

梁文貞虢州閿鄉人少從軍守邊逮還親已亡自傷不得養即穿壙爲門晨夕汛埽廬墓左喑默三十年家人有所問畫文以對會官改新道出文貞廬前行旅見之皆爲流涕有甘露降塋木白兔馴擾縣令刊石紀之開元中刺史許景先表文貞孝絕倫類詔付史官

沈季詮字子平洪州豫章人少孤事母孝未嘗與人爭皆以爲怯季詮曰吾怯乎爲人子者可遺憂於親乎哉貞觀中侍母度江遇

暴風母溺死季詮號呼投江中少選持母臂浮出水上都督謝叔方具禮祭而葬之

許伯會越州蕭山人或曰玄度十二世孫舉孝廉上元中爲衡陽博士母喪負土成墳不御絮帛嘗滋味野火將逮塋樹悲號于天俄而雨火滅歲旱泉湧廬前靈芝生

陳集原瀧州開陽人世爲酋長父龍樹爲欽州刺史有疾即集原輒不食及亡嘔血數升即塋作廬盡以田貲讓兄弟里人高之武后時歷右豹韜衛大將軍

陸南金蘇州吳人祖士季從同郡顧野王學左氏春秋司馬史班氏漢書仕隋爲越王侗記室兼侍讀侗稱制擢著作郎時王世充將篡逆侗謂士季曰隋有天下三十年朝果無忠臣乎士季對曰見危授命臣宿志也請因啓事爲陛下殺之謀洩俾侍讀乃不克貞觀初終太學博士兼弘文館學士南金仕爲太常奉禮郎開元初少卿盧崇道抵罪徙嶺南逃還東都南金居母喪崇道僞稱弔客入而道其情南金匿之俄爲讎人跡告詔侍御史王旭捕按南金當重法弟趙壁詣旭自言匿崇道者我也請死南金固言弟自誣不情旭怪之趙壁曰母未葬妹未歸兄能辦之我生無益不如死旭驚上狀玄宗皆宥之南金知書史履操謹完張說陸象先以賢謂之由庫部員外以痼疾改太子洗馬卒

張琇河中解人父審素爲巂州都督有陳纂仁者誣其冒戰級私庸兵玄宗疑之詔監察御史楊汪即按纂仁復告審素與總管董堂禮謀反於是汪收審素繫雅州獄馳至巂州按反狀堂禮不勝忿殺纂仁以兵七百圍汪脅使露章雪審素罪旣而吏共斬堂禮汪得出遂當審素實反斬之沒其家琇與兄瑝尚幼徙嶺南久之逃還汪更名萬頃瑝時年十三琇少二歲夜狙萬頃於魏王池瑝斫其馬万頃驚不及鬭爲琇所殺條所以殺万頃狀繫于斧奔江南將殺構父罪者然後詣有司道汜水吏捕以聞中書令張九

齡等皆稱其孝烈宜貸死侍中裴耀卿等陳不可帝亦謂然謂九齡曰孝子者義不顧命殺之可成其志赦之則虧律凡爲子孰不願孝轉相讎殺遂無已時卒用耀卿議議者以爲冤帝下詔申諭乃殺之臨刑賜食瑝不能進琇色自如曰下見先人復何恨人莫不閔之爲誄揭于道斂錢爲葬北邙尚恐仇人發之作疑冢使不知其處太宗時有即墨人王君操父隋末爲鄉人李君則所殺亡命去時君操尚幼至貞觀時朝世更易而君操窶孤仇家無所憚詣州自言君操密挾刃殺之刳其心肝啗立盡趨告刺史曰父死凶手歷二十年不克報乃今刷憤願歸死有司州上狀帝爲貸死高宗時絳州人趙師舉父爲人殺師舉幼母改嫁仇家不疑師舉長爲人庸夜讀書久之手殺讎人詣官自陳帝原之永徽初同官人同蹄智壽父爲族人所害智壽與弟智爽候諸塗擊殺之相率歸有司爭爲首有司不能決者三年或言弟始謀乃論死臨刑曰讎已報死不恨智壽自投地委頓身無完膚舐智爽血盡乃已見者傷之武后時下邽人徐元慶父爽爲縣尉趙師韞所殺

元慶變姓名爲驛家保父之師韞以御史舍亭下元慶手殺之自囚詣官后欲赦死左拾遺陳子昂議曰先王立禮以進人明罰以齊政枕干讎敵人子義也誅罪禁亂王政綱也然無義不可訓人亂綱不可明法聖人脩禮治內飭法防外使守法者不以禮廢刑居禮者不以法傷義然後暴亂銷廉恥興天下所以直道而行也元慶報父讎束身歸罪雖古烈士何以加然殺人者死畫一之制也法不可二元慶宜伏辜傳曰父讎不同天勸人之教也教之不苟元慶宜赦臣聞刑所以生遏亂也仁所以利崇德也今報父之仇非亂也行子之道仁也仁而無利與同亂誅是曰能刑未可以訓然則邪由正生治必亂作故禮防不勝先王以制刑也今義元慶之節則廢刑也跡元慶所以能義動天下以其忘生而及於德也若釋罪以利其生是奪其德虧其義非所謂殺身成仁全死忘生之節臣謂宜正國之典寘之以刑然後旌閭墓可也時韙其言後禮部員外郎柳宗元駁曰禮之大本以防亂也若

曰無爲賊虐凡爲子者殺無赦刑之大本亦以防亂也若曰無爲賊虐凡爲治者殺無赦其本則合其用則異旌與誅不得並也誅其可旌茲謂濫黷刑甚矣旌其可誅茲謂僭壞禮甚矣若師韞獨以私怨奮吏氣虐非辜州牧不知罪刑官不知問上下蒙冒籲號不聞而元慶能處心積慮以衝讎人之胷介然自克即死無憾是守禮而行義也執事者宜有慙色將謝之不暇而又何誅焉其或父不免於罪師韞之誅不愆於法是非死於吏也是死於法也法其可讎乎讎天子之法而戕奉法之吏是悖驁而凌上也執而誅之所以正邦典而又何旌焉禮之所謂讎者冤抑沈痛而號無告也非謂抵罪觸法陷于大戮而曰彼殺之我乃殺之不議曲直暴寡脅弱而已春秋傳曰父不受誅子復讎可也父受誅子復讎此推刃之道復讎不除害今若取此以斷兩下相殺則合於禮矣且夫不忘讎孝也不愛死義也元慶能不越於禮服孝死義是必達理而聞道者也夫達理聞道之人豈其以王法爲敵讎者哉議者反以爲戮黷刑壞禮其不可以爲典明矣請下臣議附于令有斷斯獄者不宜以前議從事憲宗時衢州人余常安父叔皆爲里人謝全所殺常安八歲已能謀復仇十有七年卒殺全刺史元錫奏輕比刑部尚書李鄘執不可卒抵死又富平人梁悅父爲秦果所殺悅殺仇詣縣請罪詔曰在禮父讎不同天而法殺人必死禮法王教大端也二說異焉下尚書省議職方員外郎韓愈曰子復父讎見于春秋于禮記周官若子史不勝數未有非而罪者最宜詳于律而律無條非闕文也蓋以爲不許復讎則傷孝子之心許復讎則人將倚法顓殺無以禁止夫律雖本於聖人然執而行之者有司也經之所明者制有司者也丁寧其義於經而深沒其文於律者將使法吏一斷於法而經術之士得引經以議也周官曰凡殺人而義者令勿讎讎之則死義者宜也明殺人而不得其宜者子得復讎也此百姓之相讎者也公羊子曰父不受誅子復讎可也不受誅者罪不當誅也誅者上施下之辭非百姓相殺也周

官曰凡報仇讎者書於士殺之無罪言將復讎必先言於官則無罪也復讎之名雖同而其事各異或百姓相讎如周官所稱可議於今者或爲官吏所誅如公羊所稱不可行於今者周官所稱將復讎先告於士若孤稚羸弱抱微志而伺敵人之便恐不能自言未可以爲斷於今也然則殺之與赦不可一定宜定其制曰有復父讎者事發具其事下尚書省集議以聞酌處之則經無失指矣有詔以悅申寃請罪詣公門流循州穆宗世京兆人康買得年十四父憲責錢於雲陽張莅莅醉拉憲危死買得以莅趫悍度救不足解則舉鍤擊其首三日莅死刑部侍郎孫革建言買得救父難不爲暴度不解而擊不爲凶先王制刑必先父子之親春秋原心定罪周書諸罰有權買得孝性天至宜賜矜宥有詔減死

侯知道程俱羅者靈州靈武人居親喪穿壙作冢皆身執其勞鄉人助者即哭而卻之廬壙次哭泣無節知道七年俱羅三年不止知道垢塵積首率夜半傳壙踴而哭鳥獸爲悲號李華作二孝

贊表其行曰厥初生人有君有親孝親爲子忠君爲臣兆自天命
降及人倫背死不義忘生不仁過及智就爲之禮文至哉侯氏創
巨病刲手足胼胝以成高墳夜黑飈動如臨鬼神哭無常聲迴徹
蒼昊苴斬三年爾獨終身嗟嗟程生其哀也均顧後絕配瞻前無
隣又有何澄粹者池州人親病日錮俗尚鬼病者不進藥澄粹刲
股肉進親疾爲瘳後親没伏于墓哭踊無數以毀卒當時號青陽
孝子士爲作誄甚衆壽州安豐李興亦有至行柳宗元爲作孝門
銘曰壽州刺史臣承思言九月丁亥安豐令上所部編戶甿興父
被惡疾歲月就亟興自刃股肉假託饋獻父老病已不能啖宿而
死興號呼撫臆口鼻垂血捧土就墳沾漬涕洟墳左作小廬蒙以
苫茨伏匿其中扶服頓踊晝夜哭訴孝誠幽達神爲見異廬上產
紫芝白芝廬中醴泉湧此皆陛下孝治神化陰中其心而克致斯
事謹按興匹庶賤陋循習淺下性非文字所導生與耨耒爲業而
能鍾彼醇孝超出古烈天意神道猶錫瑞物以表殊異伏惟陛下

有唐堯如神之德宜加旌褒合于上下請表其里閭刻石明白宣
延風美觀示後祀永永無極臣昧死請制曰可銘曰懿厥孝思茲
惟淑靈禀承粹和篤守天經泣侍羸疾默禱隱冥引刃自嚮殘
肌敗形羞膳奉進憂勞孝誠惟時高高曾不視聽創巨痛仍號
于穹昊捧土濡涕頓首成墳搯膺腐眦寒暑在廬草木悴死鳥
獸踟躕殊類異族亦相其哀肇有二位孝道爰興克脩厥猷載籍
是登在帝有虞以孝烝烝仲尼述經以教于曾惟昔魯侯見命夷
宮亦有考叔寤莊稱純顯顯李氏寔與之倫哀嗟道路涕慕里鄰
神錫秘祉三秀靈泉帝命旌加亦表其門統合上下交贊天人建
此碑號億齡揚芬

許法慎滄州清池人甫三歲已有知時母病不飲乳慘慘有憂色
或以珍餌詭悅之輒不食還以進母後親喪常廬于塋有甘露
嘉禾靈芝木連理白兔之祥天寶中表異其閭

林攢泉州莆田人貞元初仕爲福唐尉母羸老未及迎而病攢聞
棄官還及母亡水漿不入口五日自埏甓作冢廬其右有白烏來
甘露降觀察使李若初遣官屬驗實會露晞里人失色攢哭曰
天所降露禍我邪俄而露復集烏亦回翔詔作二闕于母墓前又
表其閭蠲傜役時號闕下林家

陳饒奴饒州人年十二親併亡窶弱居喪又歲飢或教其分弟妹
可全性命饒奴流涕身丐訴相全養刺史李復異之給資儲署其
門曰孝友童子

王博武許州人會昌中侍母至廣州及沙涌口暴風母溺死博武
自投于水嶺南節度使盧貞俾吏沉罟獲二屍焉乃葬之表其
墓曰孝子墓詔爲刻石

萬敬儒廬州人三世同居喪親廬墓刺血寫浮屠書斷手二指
輒復生州改所居曰成孝鄉廣孝聚大中時表其家

章全益梓州涪城人少孤爲兄全啓所鞠母病全啓刲股膳母而
愈及全啓亡全益服斬衰斷手一指以報不畜妻僮僕處一室賣

藥自業世傳能作黃金居成都四十年號章孝子卒年九十八

贊曰聖人治天下有道曰要在孝弟而已父父也子子也兄兄也
弟弟也推而之國國而之天下建一善而百行從其失則以法繩
之故曰孝者天下大本法其末也至匹夫單人行孝一槩而凶盜
不敢凌天子嘉而旌之者以其教孝而求忠也故哀而著于篇

孝友列傳第一百二十

端明殿學士兼翰林侍讀學士龍圖閣學士朝請大夫守尚書吏部侍郎充集賢殿修撰臣宋祁奉敕撰

古之隱者大抵有三槩上焉者身藏而德不晦故自放草野而名往從之雖萬乘之貴猶尋軌而委聘也其次挈治世具弗得伸或持峭行不可屈于俗雖有所應其於爵祿也汎然受悠然辭使人君常有所慕企怊然如不足其可貴也末焉者資槁薄樂山林內審其才終不可當世取捨故逃丘園而不返使人常高其風而不敢加訾焉且世未嘗無隱有之未嘗不旌賁而先焉者以孔子所謂舉逸民天下之人歸焉唐興賢人在位衆多其遁戢不出者纔班班可述然皆下槩者也雖然各保其素非託默于語足崖壑而志城闕也然放利之徒假隱自名以詭祿仕肩相摩於道至號終南嵩少爲仕塗捷徑高尚之節喪焉故裒可喜慕者類于篇

王績字無功絳州龍門人性簡放不喜拜揖兄通隋末大儒也聚徒河汾間倣古作六經又爲中說以擬論語不爲諸儒稱道故書不顯惟中說獨傳通知績誕縱不嬰以家事鄉族慶弔冠昏不與也與李播呂才善大業中舉孝悌廉絜授秘書省正字不樂在朝求爲六合丞以嗜酒不任事時天下亦亂因劾遂解去歎曰網羅在天吾且安之乃還鄉里有田十六頃在河渚間仲長子光者亦隱者也無妻子結廬北渚凡三十年非其力不食績愛其眞徙與相近子光瘖未嘗交語與對酌酒懽甚績有奴婢數人種黍春秋釀酒養鳧鴈蒔藥草自供以周易老子莊子置牀頭佗書罕讀也欲見兄弟輒度河還家游北山東皋著書自號東皋子乘牛經酒肆留或數日高祖武德初以前官待詔門下省故事官給酒日三升或問待詔何樂邪答曰良醖可戀耳侍中陳叔達聞之日給一斗時稱斗酒學士貞觀初以疾罷復調有司時太樂署史焦革家善釀績求爲丞吏部以非流不許績固請曰有深意竟除之革死妻送酒不絕歲餘又死績曰天不使我酣美酒邪棄官去自是太樂丞爲清職追述革酒法爲經又采杜康儀狄以來善酒者爲譜李淳風曰君酒家南董也所居東南有盤石立杜康祠祭之尊爲師以革配著醉鄉記以次劉伶酒德頌其飲至五斗不亂人有以酒邀者無貴賤輒往著五斗先生傳刺史崔喜悅之請相見答曰奈何坐召嚴君平邪卒不詣杜之松故人也爲刺史請績講禮答曰吾不能揖讓邦君門談糟粕棄醇醪也之松歲時贈以酒脯初兄凝爲隋著作郎撰隋書未成死績續餘功亦不能成豫知終日命薄葬自誌其墓績之仕以醉失職鄉人譏之託無心子以見趣曰無心子居越越王不知其大人也拘之仕無喜色越國法曰穢行者不齒俄而無心子以穢行聞王黜之無慍色退而適茫蕩之野過動之邑而見機士機士撫髀曰嘻子賢者而以罪廢邪無心子不應機士曰願見教曰子聞蜚廉氏馬乎一者朱鬣白毳龍骼鳳臆驟馳如舞終日不釋轡而以熱死一者重頭昂尾駝頸貉膝踶齧善蹶棄諸野終年而肥夫鳳不憎山棲龍不羞泥蟠君子不苟絜以羅患不避穢而養精也其自處如此

朱桃椎益州成都人澹泊絕俗被裘曳索人莫能測其爲長史竇軌見之遺以衣服鹿幘麂鞾逼署鄉正委之地不肯服更結廬山中夏則羸冬緝木皮葉自蔽贈遺無所受嘗織十芒屩置道上見者曰居士屩也爲鬻米茗易之置其處輒取去終不與人接其爲屩草柔細環結促密人爭躡之高士廉爲長史備禮以請降階與之語不答瞪視而出士廉拜曰祭酒其使我以無事治蜀邪乃簡條目薄賦斂州大治屢遣人存問見輒走林草自匿云

孫思邈京兆華原人通百家說善言老子莊周周洛州摠管獨孤信見其少異之曰聖童也顧器大難爲用爾及長居太白山隋文帝輔政以國子博士召不拜密語人曰後五十年有聖人出吾且助之太宗初召詣京師年已老而聽視聰瞭帝歎曰有道者欲官之不受顯慶中復召見拜諫議大夫固辭上元元年稱疾還山高宗賜良馬假鄱陽公主邑司以居之思邈於陰陽推步醫藥無

不善孟詵盧照鄰等師事之照鄰有惡疾不可爲感而問曰高醫愈疾柰何荅曰天有四時五行寒暑迭居和爲雨怒爲風凝爲雪霜張爲虹蜺天常數也人之四支五藏一覺一寐吐納往來流爲榮衞章爲氣色發爲音聲人常數也陽用其形陰用其精天人所同也失則烝生熱否生寒結爲瘤贅陷爲癰疽奔則喘乏竭則焦槁發乎面動乎形天地亦然五緯縮贏孛彗飛流其危診也寒暑不時其蒸否也石立土踊是其瘤贅山崩土陷是其癰疽奔風暴雨其喘乏川瀆竭涸其焦槁高醫導以藥石救以鍼劑聖人和以至德輔以人事故體有可愈之疾天有可振之災照鄰曰人事柰何曰心爲之君君尚恭故欲小詩曰如臨深淵如履薄冰小之謂也膽爲之將以果決爲務故欲大詩曰赳赳武夫公侯干城大之謂也仁者靜地之象故欲方傳曰不爲利回不爲義疚方之謂也智者動天之象故欲圓易曰見機而作不俟終日圓之謂也復問養性之要荅曰天有盈虛人有屯危不自慎不能濟也故養性必先知自慎也慎以畏爲本故士無畏則簡仁義農無畏則墮稼穡工無畏則慢規矩商無畏則貨不殖子無畏則忘孝父無畏則廢慈臣無畏則勳不立君無畏則亂不治是以太上畏道其次畏天其次畏物其次畏人其次畏身憂於身者不拘於人畏於己者不制於彼慎於小者不懼於大戒於近者不侮於遠知此則人事畢矣初魏徵等脩齊梁周隋等五家史屢咨所遺其傳最詳永淳初卒年百餘歲遺令薄葬不藏明器祭去牲牢孫處約嘗以諸子見思邈曰俊先顯侑晚貴佺禍在執兵後皆驗太子詹事盧齊卿之少也思邈曰後五十年位方伯吾孫爲屬吏願自愛時思邈之孫溥尚未生及溥爲蕭丞而齊卿徐州刺史

田游巖京兆三原人永徽時補太學生罷歸入太白山母及妻皆有方外志與共棲遲山水間自蜀歷荆楚愛夷陵青溪止廬其側長史李安期表其才召赴京師行及汝辭疾入箕山居許由祠旁自號由東鄰頻召不出高宗幸嵩山遣中書侍郎薛元超就問

其母賜藥物絮帛帝親至其門游巖野服出拜儀止謹樸帝令左右扶止謂曰先生比佳否荅曰臣所謂泉石膏肓煙霞痼疾者帝曰朕得君何異漢獲四皓乎薛元超贊帝曰漢欲廢嫡立庶故四人者爲出豈如陛下親降巖穴邪帝悅因敕游巖將家屬乘傳赴都拜崇文館學士帝營奉天宮游巖舊宅直宮左詔不聽毀天子自書榜其門曰隱士田游巖宅進太子洗馬裴炎死坐素厚善放還山麤衣耕食不交當世惟與韓法昭宋之問爲方外友云時又有史德義者崑山人居虎丘山騎牛帶瓢出入廛野高宗聞其名召至洛陽俄稱疾歸天授初江南宣勞使周興薦之復召赴都擢朝散大夫興死免官歸素與譽頓衰

孟詵汝州梁人擢進士第累遷鳳閣舍人它日至劉禕之家見賜金曰此藥金也燒之火有五色氣試之驗武后聞不悅出爲台州司馬頻遷春官侍郎相王召爲侍讀拜同州刺史神龍初致仕居伊陽山治方藥睿宗召將用之以老固辭賜物百段詔河南春秋給羊酒糜粥尹畢構以詵有古人風名所居爲子平里開元初卒年九十三詵居官頗刻斂然以治稱其閒居嘗語人曰養性者善言不可離口善藥不可離手當時傳其當

王友貞懷州河內人父知敬善書隸武后時仕爲麟臺少監友貞少爲司經局正字母病醫言得人肉啖良已友貞剔股以進母疾愈詔旌表其門素好學訓誨子弟如嚴君口不語人過重然諾時以爲君子歷長水令罷歸中宗在東宮召爲司議郎不就神龍初以太子中舍人徵固辭疾詔致珍饌給全祿終身四時遣其所州縣存問玄宗在東宮表以蒲車召不至卒年九十九贈銀青光祿大夫敕縣令弔祭

王希夷徐州滕人家貧父母喪爲人牧羊取傭以葬隱嵩山師黄頤學養生四十年頤卒更居兖州徂來與劉玄博友善喜讀周易老子餌松柏葉雜華年七十餘筋力柔彊刺史盧齊卿就謁問政荅曰己所不欲勿施於人此言足矣玄宗東巡狩詔州縣敬

勸見行在時九十餘帝令張說訪以政事宦官扶入宮中與語甚說拜國子博士聽還山敕州縣春秋致束帛酒肉仍賜絹百衣一稱

李元愷邢州人博學善天步律曆性恭愼未嘗敢語人宋璟嘗師之既當國厚遺以束帛將薦之朝拒不荅洺州刺史元行沖邀致之問經義畢贈衣服辭曰吾軀不可服新麗懼不稱以速咎也行沖埽饑復與之不獲已而受俄報身所御素絲曰義不受無妄財也先是定州崔元鑒善禮學用張易之力授朝散大夫家居給半祿元愷誚曰無功而祿災也卒年八十餘

衛大經蒲州解人卓然高行口無二言武后時召之固辭疾素善魏夏侯乾童聞其母卒盛暑步往弔或止之曰方夏涉遠不如致書荅曰書能盡意邪比至乾童以事行乃設席行弔禮不訊其家而還開元初畢構爲刺史使縣令孔愼言就謁辭不見大經邃于易人謂之易聖豫筮死日鑿墓自爲誌如言終

武攸緖則天皇后兄惟良子也恬淡寡欲好易莊周書少變姓名賣卜長安市得錢輒委去後更授太子通事舍人累遷揚州大都督府長史鴻臚少卿后革命封安平郡王從封中岳固辭官願隱居后疑其詐許之以觀所爲攸緖廬巖下如素遁者后遣其兄攸宜敦諭卒不起后乃異之盤桓龍門少室間冬蔽茅椒夏居石室所賜金銀鐺鬲野服王公所遺鹿裘素障癭杯塵皆流積不御也市田潁陽使家奴雜作自混於民晚年肌肉銷盡瞳有紫光晝能見星中宗初降封巢國公遣國子司業杜愼盈齎璽書以安車召拜太子賓客苦祈還山詔可安樂公主出降又遣通事舍人李邈以璽書迎之將至帝敕有司卽兩儀殿設位行問道禮詔見日山帔葛巾不名不拜攸緖至更冠帶仗入通事舍人贊就位攸緖趨就常班再拜帝愕然禮不及行朝廷歎息賜予無所受親貴來謁道寒溫外默無所言及還中書門下學士朝官五品以上並祖城東俄而諸韋誅武氏連禍唯攸緖不及睿宗恐其不自安下詔慰諭復召拜太子賓客不就譙王重福之亂攸緖以誣被繫張說表置廬山中書令姚元崇奏攸緖在武后時未嘗輒出今州縣逼遣士爲驚嗟願詔賜嵩山舊居令州縣存問詔可開元十一年卒

白履忠汴州浚儀人貫知文史居古大梁城時號梁丘子景雲中召爲校書郎棄官去開元十年刑部尚書王志愔薦履忠博學守操可代褚无量馬懷素入閤侍讀國子祭酒楊瑒又表其賢召赴京師辭病老不任職詔拜朝散大夫乞還手詔許游京師徐返里閭履忠留數月乃去吳兢其里人也謂曰子素貧不霑斗米匹帛雖得五品亦何益履忠曰往契丹入寇家取排門夫吾以讀書縣爲免今終身高卧寬傜役豈易得哉

盧鴻字顥然其先幽州范陽人徙洛陽博學善書籀廬嵩山玄宗開元初備禮徵再不至五年詔曰鴻有泰一之道中庸之德鉤深詣微確乎自高詔書屢下每輒辭託使朕虛心引領于今數年雖得素履幽人之介而失考父滋恭之誼豈朝廷之故與生殊趣

邪將縱欲山林往而不能反乎禮有大倫君臣之義不可廢也今城闕密邇不足爲勞有司其齎束帛之具重宣茲旨想有以翻然易節副朕意焉鴻至東都謁見不拜宰相遣通事舍人問狀荅曰禮者忠信所薄臣敢以忠信見帝召升內殿置酒拜諫議大夫固辭復下制許還山歲給米百斛絹五十府縣爲致其家朝廷得失其以狀聞將行賜隱居服官營草堂恩禮殊渥鴻到山中廣學廬聚徒至五百人及卒帝賜萬錢鴻所居室自號寧極云

吳筠字貞節華州華陰人通經誼美文辭舉進士不中性高鯁不耐沈浮於時去居南陽倚帝山天寶初召至京師請隸道士籍乃入嵩山依潘師正究其術南游天台觀滄海與有名士相娛樂文辭傳京師玄宗遣使召見大同殿與語甚悅敕待詔翰林獻玄綱三篇帝嘗問道對曰深於道者無如老子五千文其餘徒喪紙札耳復問神仙治鍊法對曰此野人事積歲月求之非人主宜留意筠每開陳皆名教世務以微言諷天子天子重之群沙門嫉其

見還而高力士素事浮屠共短筠於帝筠亦知天下將亂懇求還嵩山詔爲立道館安祿山欲稱兵乃還茅山而兩京陷江淮盜賊起因東入會稽剡中大歷十三年卒弟子私諡爲宗元先生始筠見惡於力士而斥故文章深詆釋氏筠所善孔巢父李白歌詩略相甲乙云

潘師正者貝州宗城人少喪母廬墓以孝聞事王遠知爲道士得其術居逍遙谷高宗幸東都召見問所須對曰茂松清泉臣所須也既不乏矣帝尊異之詔即其廬作崇唐觀及營奉天宮又敕直逍遙谷作門曰仙游北曰尋眞時太常獻新樂帝更名祈仙望仙翹仙曲卒年九十八贈太中大夫諡體玄先生又有劉道合者亦與師正同居嵩山帝即所隱立太一觀使居之時將封太山雨不止帝令道合禳祝俄而霽乃令馳傳先行太山祈杖得賞賜輒散貧乏無所蓄咸亨中爲帝作丹劑成而卒帝後營宮遷道合墓開其棺見骸坼若蟬蛻者帝聞恨曰爲我合丹而自服去然所餘丹無它異

司馬承禎字子微洛州溫人事潘師正傳辟穀道引術無不通師正異之曰我得陶隱居正一法逮而四世矣因辭去徧游名山廬天台不出武后嘗召之未幾去睿宗復命其兄承禕就起之既至引入中掖廷問其術對曰爲道日損損之又損以至於無爲夫心目所知見每損之尚不能已況攻異端而增智慮哉帝曰治身則爾治國若何對曰國猶身也故游心於淡合氣於漠與物自然而無私焉而天下治帝嗟味曰廣成之言也錫寶琴霞紋帔還之開元中再被召至都玄宗詔於王屋山置壇室以居善篆隸帝命以三體寫老子刊正文句又命玉眞公主及光祿卿韋縚至所居按金籙設祠厚賜焉卒年八十九贈銀青光祿大夫諡貞一先生親文其碑自師正道合與承禎等語言詼譎似方士夸之不錄直取其隱槩云

賀知章字季眞越州永興人性曠夷善譚說與族姑子陸象先善象先嘗謂人曰季眞清譚風流吾一日不見則鄙吝生矣證聖初擢進士超拔羣類科累遷太常博士張說爲麗正殿脩書使表知章及徐堅趙冬曦入院撰六典等書累年無功開元十三年遷禮部侍郎兼集賢院學士一日併謝宰相源乾曜語說曰賀公兩命之榮足爲光寵然學士侍郎孰爲美說曰侍郎衣冠之選然要爲具員吏學士懷先王之道經緯之文然後處之此其爲間也玄宗自爲贊賜之遷太子右庶子充侍讀申王薨詔選挽郎而知章取捨不平廕子喧訴不能止知章梯牆出首以決事人皆靳之坐徙工部肅宗爲太子知章遷賓客授祕書監而左補闕薛令之兼侍讀時東宮官積年不遷令之書壁望禮之薄帝見復題聽自安者令之即棄官徒步歸鄉里知章晚節尤誕放遨嬉里巷自號四明狂客及祕書外監每醉輒屬辭筆不停書咸有可觀未始刊飭善草隸好事者具筆研從之意有所愜不復拒然紙纔十數字世傳以爲寶天寶初病夢游帝居數日寤乃請爲道士還鄉里詔許之以宅爲千秋觀而居又求周宮湖數頃爲放生池有詔賜鏡湖剡川一曲既行帝賜詩皇太子百官餞送擢其子曾子爲會稽郡司馬賜緋魚使侍養幼子亦聽爲道士卒年八十六肅宗乾元初以雅舊贈禮部尚書令之長谿人肅宗亦以舊恩召而令之已前卒

秦系字公緒越州會稽人天寶末避亂剡溪北都留守薛兼訓奏爲右衛率府倉曹參軍不就客泉州南安有九日山大松百餘章俗傳東晉時所植系結廬其上穴石爲研注老子彌年不出刺史薛播數往見之歲時致羊酒而系未嘗至城門姜公輔之謫見系輒窮日不能去築室與相近忘流落之苦公輔卒妻子在遠系爲葬山下張建封聞系之不可致請就加校書郎與劉長卿善以詩相贈答權德輿曰長卿自以爲五言長城系用偏師攻之雖老益壯其後東度秣陵年八十餘卒南安人思之爲立子亭號其山爲高士峯云

張志和字子同婺州金華人始名龜齡父游朝通莊列二子書爲象罔白馬證諸篇佐其說母夢楓生腹上而產志和十六擢明經以策干肅宗特見賞重命待詔翰林授左金吾衛錄事參軍因賜名後坐事貶南浦尉會赦還以親既喪不復仕居江湖自稱煙波釣徒著玄眞子亦以自號有韋詣者爲撰內解志和又著太易十五篇其卦三百六十五兄鶴齡恐其遁世不還爲築室越州東郭茨以生草椽棟不施斤斧豹席椶屩每垂釣不設餌志不在魚也縣令使浚渠執畚無忤色嘗欲以大布製裘嫂爲躬績織及成衣之雖暑不解觀察使陳少游往見爲終日留表其居曰玄眞坊以門隘爲買地大其閎號回軒巷先是門阻流水無梁少游爲構之人號大夫橋帝嘗賜奴婢各一志和配爲夫婦號漁童樵青陸羽常問孰爲往來者對曰太虛爲室明月爲燭與四海諸公共處未嘗少別也何有往來顏眞卿爲湖州刺史志和來謁眞卿以舟敝漏請更之志和曰願爲浮家泛宅往來苕霅間辯捷類

如此善圖山水酒酣或擊鼓吹笛舐筆輒成常撰漁歌憲宗圖眞求其歌不能致李德裕稱志和隱而有名顯而無事不窮不達嚴光之比云

孔述睿越州山陰人梁侍中休源八世孫高祖德紹事竇建德爲中書侍郎嘗草檄毀薄太宗賊平執登汜水樓責曰爾以檄誘我云何對曰犬吠非其主帝怒曰賊乃主邪命壯士捽殞樓下曾祖昌寓字廣成貞觀中對策高第歷魏州司馬有治狀帝爲不置刺史爲政三年璽書襃美進膳部郎中祖舜字奉先爲監察御史以累下除成武令雉馴于廷述睿少與兄克符弟克讓篤孝已孤偕隱嵩山而述睿資嗜學大曆中劉晏薦於代宗以太常寺協律郎召擢累司勳員外郎史館脩撰述睿每一遷即至朝謝俄而辭疾歸以爲常德宗立拜諫議大夫命河南尹趙惠伯齎詔書束帛備禮敦遣既至對別殿賜第宅給廄馬兼皇太子侍讀固辭弗許久乃改秘書少監兼右庶子復爲史館脩撰述睿重次地里志本末最詳性退讓未始忤物雖親朋燕集至嚴默終日人皆畏之與令狐峘同職峘數抵侮然卒不校也時稱長者貞元四年帝念平涼之難尤惻怛以述睿精愨而誠故遣持祠具稱詔臨祭又以疾乞解久乃許以太子賓客還鄉賜帛五十匹衣一襲故事致仕不給公驛帝特命給焉卒年七十一贈工部尚書子敏行字至之元和初擢進士第岳鄂呂元膺表在節度府元膺徙東都河中輒隨府遷入拜右拾遺四遷司勳郎中集賢殿學士諫議大夫李絳遇害事本監軍楊叔元時無敢言敏行上書極論之叔元乃得罪以名臣子少脩絜及仕官能交當時豪俊有名一時而雅操不逮父矣卒年三十九贈工部侍郎

陸羽字鴻漸一名疾字季疵復州竟陵人不知所生或言有僧得諸水濱畜之既長以易自筮得蹇之漸曰鴻漸于陸其羽可用爲儀乃以陸爲氏名而字之幼時其師教以旁行書荅曰終鮮兄弟而絕後嗣得爲孝乎師怒使執糞除圬塓以苦之又使牧牛三十

羽潛以竹畫牛背爲字得張衡南都賦不能讀危坐効羣兒囁嚅若成誦狀師拘之令薙草莽當其記文字懵懵若有遺過日不作主者鞭苦因歎曰歲月往矣奈何不知書嗚咽不自勝因亡去匿爲優人作詼諧數千言天寶中州人酺吏署羽伶師太守李齊物見異之授以書遂廬火門山貌侻陋口吃而辯聞人善若在己見有過者規切至忤人朋友燕處意有所行輒去人疑其多嗔與人期雨雪虎狼不避也上元初更隱苕溪自稱桑苧翁闔門著書或獨行野中誦詩擊木裴回不得意或慟哭而歸故時謂今接輿也久之詔拜羽太子文學徙太常寺太祝不就職貞元末卒羽嗜茶著經三篇言茶之原之法之具尤備天下益知飲茶矣時鬻茶者至陶羽形置煬突間祀爲茶神有常伯熊者因羽論復廣著茶之功御史大夫李季卿宣慰江南次臨淮知伯熊善煮茶召之伯熊執器前季卿爲再舉杯至江南又有薦羽者召之羽衣野服挈具而入季卿不爲禮羽愧之更著毀茶論其後尚茶成風時回紇

入朝始驅馬市茶

崔觀梁州城固人以儒自業身耕耨取給老無子乃以田宅財貲分給奴婢各爲業而身與妻隱南山約奴婢過其舍則給酒食夫婦嘯詠相視爲娛山南西道節度使鄭餘慶辟爲參謀敦趣就職不曉吏事餘慶稱長者文宗時左補闕王直方其里中人也上書論事見便殿訪遺逸直方薦觀高行詔以起居郎召辭疾不至

陸龜蒙字魯望元方七世孫也父賓虞以文歷侍御史龜蒙少高放通六經大義尤明春秋舉進士一不中往從湖州刺史張摶游摶歷湖蘇二州辟以自佐嘗至饒州三日無所詣刺史蔡京率官屬就見之龜蒙不樂拂衣去居松江甫里多所論撰雖幽憂疾痛貲無十日計不少輟也文成竄稾篋中或歷年不省爲好事者盜去得書熟誦乃錄讎比勤勤朱黃不去手所藏雖少其精皆可傳借人書篇秩壞舛必爲輯褫刋正樂聞人學講論不倦有田數百畝屋三十楹田苦下雨潦則與江通故常苦飢身畚鍤茠刺無休

時或譏其勞荅曰堯舜黴瘠禹胼胝彼聖人也吾一褐衣敢不勤乎嗜茶置園顧渚山下歲取租茶自判品第張又新爲水說七種其二慧山泉三虎丘井六松江人助其好者雖百里爲致之初病酒再朞乃已其後客至絜壺置杯不復飲不喜與流俗交雖造門不肯見不乘馬升舟設篷席齎束書茶竈筆牀釣具往來時謂江湖散人或號天隨子甫里先生自比涪翁漁父江上丈人後以高士召不至李蔚盧攜素與善及當國召拜左拾遺詔方下龜蒙卒光化中韋莊表龜蒙及孟郊等十人皆贈右補闕陸氏在姑蘇其門有巨石遠祖績嘗事吳爲鬱林太守罷歸無裝舟輕不可越海取石爲重人稱其廉號鬱林石世保其居云

隱逸列傳第一百二十一

循吏列傳卷第一百二十二　宋　祁　奉　敕　撰　唐書一百九十七

治者君也求所以治者民也推君之治而濟之民吏也故吏良則法平政成不良則王道弛而敗矣在堯舜時曰九德咸事也百工惟時也在周文武時曰棫樸能官人也南山有臺樂得賢也是循吏之效也堯舜五帝之盛帝文武三王之顯王不能去是而治後世可乎哉唐興承隋亂離剗祓荒荼始擇用州刺史縣令太宗嘗曰朕思天下事丙夜不安枕永惟治人之本莫重刺史故錄姓名於屏風卧興對之得才否狀輒疏之下方以擬廢置又詔內外官五品以上舉任縣令者於是官得其人民去歎愁就安安都督刺史其職察州縣間遣使者循行天下劾舉不職始都督刺史皆天子臨軒冊授後不復冊然猶受命日對便殿賜衣物乃遣玄宗開元時已辭仍詣側門候進止所以光寵守臣以責其功初刺史準京官得佩魚品卑者假緋魚開元中又錮廢酷吏懲無良羣臣化之革苛嬈之風爭以惠利顯復詔三省侍郎缺擇嘗任刺史者郎官缺擇嘗任縣令者至宰相名臣莫不孜孜言長人不可輕授亟易是以授受之間雖不能皆善而所得十五故叶氣嘉生薰爲太平垂祀三百與漢相埒致之之術非循吏謂何故條次治宜以著厥庸若將相大臣兼以勛閥著者各見本篇不列於兹

韋仁壽京兆萬年人隋大業末爲蜀郡司法書佐斷獄平得罪者皆自以韋君所論死無恨高祖入關遣使者徇定蜀承制擢仁壽巂州都督府長史南寧州納款朝廷歲遣使撫接至率貪沓邊人苦之多畔去帝素聞仁壽治理詔檢校南寧州都督寄治越巂詔歲一按行尉勞仁壽將兵五百人循西洱河開地數千里稱詔置七州十五縣酋豪皆來賓見即授以牧宰威令簡嚴人人安悅將還酋長泣曰天子藉公鎮撫柰何欲去我仁壽以池壁未立爲解諸酋即相率築城起廨甫旬略具仁壽乃告以實曰吾奉詔第撫循爾敢擅留異夏父老乃悲啼祖行遣子弟隨貢方物天子大悅仁壽請徙治南寧州假兵遂撫定詔可敕益州給兵護送刺史竇軌疾其功謬言山獠方叛未可以遠略不時遣歲餘卒

陳君賓陳鄱陽王伯山子也仕隋爲襄國通守武德初挈郡聽命封東陽郡公遷邢州刺史貞觀初從鄧州州承喪亂後百姓流亡君賓加意勞徠不朞月皆還自業明年四方霜潦獨君賓所治有年儲倉充羨蒲虞二州民就食其境太宗下詔勞之曰去年關內六州穀不登糇糧少令析民房逐食聞刺史與百姓識朕此懷務相安養還有贏糧出布帛贈遺行者此知水旱常數更相拯贍禮讓興行海內之人皆爲兄弟變澆薄之風朕顧何憂已命有司錄刺史以下功最百姓養戶免今年調物是歲入爲太府少卿轉少府少監

坐事免起為虔州刺史卒

張允濟青州北海人仕隋為武陽令以愛利為行元武民以牸牛依婦家者久之孳十餘犢將歸而婦家不與牛民訴縣縣不能決乃詣允濟允濟曰若自有令吾何與為民泣訴其抑允濟因令左右縛民蒙其首過婦家云捕盜牛者命盡出民家牛質所來婦家不知遽曰此婿家牛我無豫即遣左右撤蒙曰可以此牛還婿婦家叩頭服罪元武吏大慚允濟過道旁有姥廬守所蒔葱因敎曰第還舍脫有盜當告令姥謝歸俄大亡葱允濟召十里內男女盡至物色驗之果得盜者有行人夜發遺袍道中行十餘里乃寤人曰吾境未嘗拾遺可還取之既而得袍舉政尤異遷高陽郡丞郡缺太守獨統郡事吏下畏悅賊帥王須拔攻郡於是糧盡吏食槐葉藁節無叛者貞觀初累遷刑部侍郎封武城縣男擢幽州刺史卒時又有李桐客者亦以治稱初仕隋為門下錄事煬帝在江都以四方日亂謀徙都丹楊召羣臣議左右希意以為江左具茲幸若巡狩勒石紀功復禹舊跡顧不甚然桐客獨曰吳會卑濕而陋不足奉萬乘給三軍吳人力屈無以堪命且踰越險阻非社稷福御史劾以誹毀幾得罪而免為宇文化及曾將至黎陽又陷竇建德賊平授秦王府法曹參軍貞觀初累為通巴二州刺史治尚清平民呼為慈父桐客冀州衡水人

李素立趙州高邑人曾祖義深仕北齊為梁州刺史父政藻為隋水部郎使淮南死于盜素立仕武德初擢監察御史民犯法不及死高祖欲殺之素立諫曰三尺法天下所共有一動搖則人無以措手足方大業經始柰何輦轂下先棄刑書乎帝嘉納由是恩顧特異以親喪解官起授七品清要有司擬雍州司戶參軍帝曰要而不清復擬秘書郎帝曰清而不要乃授侍御史貞觀中轉揚州大都督府司馬初突厥鐵勒部內附即其地為瀚海都護府詔素立領之於是闕泥孰別部數梗邊素立以不足用兵遣使諭降夷人感其惠率馬牛以獻素立止受酒一桮歸其餘乃開屯田立署次虜益畏威歷太僕鴻臚卿累封高邑縣侯出為綿州刺史永徽初徙蒲州將行還所餘儲粒并什器于州齎家書就道會卒高宗特廢朝一日謚曰平孫至遠始名鵬而素立方奉使謂家人曰古有侍事名子吾此役可命子孫矣遂以名之少秀晤能治尚書左氏春秋未見杜預釋例而作編記大趣略同復撰周書起后稷至赧為傳紀令狐德棻許其良史始調蒲州參軍累補乾封尉上元時制策高第授明堂主簿以喪解既除調鴻臚主簿奏戎狄簿領高宗悅擢監察御史裏行忤貴倖外遷久乃歷司勳吏部員外郎中遷天官侍郎知選事疾令史受賄謝多所絀易吏肅然斂手有王忠者被放吏謬書其姓為士欲擬訖增成之至遠曰調者三萬無士姓此必王忠吏叩頭服罪至遠之知選以內史李昭德進人或勸其往謝答曰公以公用我柰何欲謝以私卒不詣故昭德銜之出為壁州刺史卒年四十八至遠父休烈亦有文終鄭令年四十九世歎其父子材不盡云至遠見桓彥範力言其賢處悉從恩尚書高以評目許弟從遠且賞隸言其位以驗所至歎頌其出也少失毋至遠愛視甚謹以女妻之友兄弟事寡姊有禮世稱其德從遠清密有學神龍初歷中書令太府卿累封趙郡公謚曰懿兄弟皆德望相埒又從父游道武后時冬官尚書同鳳閣鸞臺三品至遠子畬字玉田少聰警初歷汜水主簿遇事迎鋒銳雖厮豎一閱輒記姓名居業黜陟使路敬潛薦其清白擢右臺監察御史裏行臺廢授監察御史累轉國子司業事毋謹累世同居長幼有禮畬妻物故時毋病恐悲傷約家人無以哭聞毋所朝夕自侍無憂色毋終毀而卒從遠子巖年十餘歲會中宗祀明堂以近臣子弟執籩豆巖進止中禮擢右宗衛兵曹參軍歷洛陽尉累遷兵部郎中舒扶風兵應姚崇稱旨遷諫議大夫封贊皇縣伯終兵部侍郎巖善草隸為來當時製一衆服終身

薛大鼎字重臣蒲州汾陰人父粹為隋介州長史與漢王諒同反誅大鼎貰為官奴流辰州用戰功得還高祖兵興謁見龍門因說帝絕龍門直取永豐倉就食傳檄遠近據天府示豪桀為拊背扼喉計帝奇之時諸將已決策先攻河東故

議置授大將軍府察非掾出為山南道副大使開屯田以實倉廩趙郡王孝恭討輔公祏以大鼎為饒州道軍師引兵度彭蠡湖以功遷浩州刺史累徙滄州無棣渠久歡塞大鼎浚治屬之海商賈流行里民歌曰新溝通舟檝利屬滄海魚鹽至昔徒行今騁駟美哉薛公德滂被又疏長蘆漳衡三渠泄汙潦水不為害是時鄭德本在瀛州賈敦頤為冀州皆有治名故河北稱鐺腳刺史永徽中遷銀青光祿大夫行并州大都督長史卒謚曰恭子克構有器識永隆初歷戶部郎中族人黃門侍郎顗以弟紹尚太平公主問於克構答曰室有傲婦善士所惡夫惟淑德以配君子無患可矣顗不敢沮而紹卒誅陳思忠居父喪詔奪服客往弔思忠辭以辰日不見克構曰事親者避嫌可也既孤矣則無不哭世服其言天授中遷麟臺監坐弟為酷吏所陷流死嶺南

賈敦頤曹州冤句人貞觀時數歷州刺史資廉絜入朝常盡室行車一乘弊甚羸馬繩羈道上不知其刺史也久之為洛州司馬以公累下獄太宗貰之有司執不貰帝曰人孰無過吾去太甚者若悉繩以法雖子不得於父況臣得事其君乎遂獲原徙瀛州刺史州瀕滹沱滱二水歲湓溢壞室廬浸淫數百里敦頤為立堰庸水不能暴百姓利之時弟敦實為饒陽令政清靜吏民嘉美舊制大功之嫌不連官朝廷以其兄弟治行相高故不從以示寵永徽

中遷洛州洛多豪右占田類踰制敦頤舉沒者三千餘頃以賦貧民發姦擿伏下無能欺卒于官咸亨初敦實爲洛州長史亦寬惠人心懷向洛陽令楊德幹矜酷烈杖殺人以立威敦實喻止曰政在養人傷生過多雖能不足貴也德幹爲衰減始洛人爲敦頤刻碑大市旁及敦實入爲太子右庶子人復爲立碑其側故號常棣碑歷懷州刺史有美迹永淳初致仕病篤子孫迎醫敦實不肯見曰未聞良醫能治老也卒年九十餘子膺福左散騎常侍昭文館學士以竇懷貞黨誅德幹歷澤齊汴相四州刺史有威嚴時語曰寧食三斗炭不逢楊德幹天授初子神讓與徐敬業起兵皆及誅

田仁會雍州長安人祖軌隋幽州刺史封信都郡公父弘襲封至陵州刺史仁會擢制舉累任左武候中郎將太宗征遼東而薛延陀以數萬騎擁河內詔仁會與執失思力率兵擊敗之尾逐數百里延陀幾生得璽書嘉尉永徽中爲平州刺史歲旱自暴以祈而雨大至穀遂登人歌曰父母育我兮田使君精誠兮上天聞中田致雨兮山出雲倉廩實兮禮義申願君常在兮不患貧遷勝州都督境有風賊依山剽行人仁會發騎捕格夷之城門夜開道無寇迹入爲太府少卿遷右金吾將軍所得祿俸有贏輒入之官以爲尚名然資彊摯疾惡晝夜循行有絲毫姦必發廷中讁罰日數百京師無貴賤舉憚之巫傳鬼道

惑衆自言能活死人市里尊神仁會劾徙于邊轉右衛將軍以年老乞骸骨卒年七十八謚曰威子歸道明經及第累擢通事舍人內供奉左衛郎將突厥默啜請和武后詔將軍閻知微冊可汗號持節往默啜又遣使謝知微遇諸道即與緋袍銀帶因表使者即到請備禮廷賜歸道諫曰虜背惠且積年今悔過入朝解辮削衽宜待天子而知微擅賜使朝廷何以加之宜敕初服須天子命小國使者不足備禮廷之后從焉默啜將至單于都護府詔歸道攝司賓卿往勞默啜請六胡州及都護府地不得大怨望執歸道將害之歸道色不撓詈且讓爲陳禍福默啜亦悔會有詔賜默啜粟三萬石綵五萬段農器三千且許結婚於是更以禮遣歸道既還具陳默啜不臣狀請備邊已而果反乃擢歸道夏官侍郎益親信遷左金吾將軍司膳卿押千騎宿衛玄武門桓彥範等誅二張而歸道不豫聞及索騎士拒不應事平彥範欲誅之以辭直免還私第然中宗壯其守召拜太僕少卿遷殿中少監右金吾將軍卒贈輔國大將軍追封原國公謚曰烈帝自爲文以祭子賓庭開元時至光祿卿

裴懷古壽州壽春人儀鳳中上書闕下補下邽主簿頻遷監察御史姚巂道蠻反命懷古馳驛往懷輯之申明誅賞歸者日千計俄縛首惡遂定南方蠻夏立石著功恒州浮屠爲其徒誣告祝詛不道武后怒命按誅之懷古得其枉爲后申析不聽因曰陛下法與天下畫一豈使臣殺無辜以希盛旨哉即其人有不臣狀臣何情寬之后意解得不誅閻知微之使突厥懷古監其軍默啜劫知微稱可汗又欲官懷古不肯拜將殺之辭曰守忠而死與毀節以生孰與請就斬不避也遂囚軍中因得亡而素尫弱不能騎宛轉山谷間僅達并州時長史武重規縱暴左右妄殺人取賞見懷古至爭執之有果毅嘗識懷古疾呼曰裴御史也遂免遷祠部員外郎姚巂首領叩闕下願得懷古鎮安遠夷拜姚州都督以疾辭始安賊歐陽倩衆數萬剽沒州縣以懷古爲桂州都督招尉討擊使未踰嶺遂以書諭禍福賊迎降自陳爲吏侵而反懷古知其誠以爲示不疑可破其謀乃輕騎赴之或曰獠夷難親備之且不信況易之哉答曰忠信可通神明況裔人邪身至壁撫諭倩等大喜衆歸所掠出降雖諸洞素翻覆者亦牽連根附嶺外平徙相州刺史并州大都督長史所至吏民懷愛神龍中召爲左羽林大將軍未至官還爲并州人知其還攜扶老稚出迎崔宣道始代爲長史亦野次懷古不欲厚愧宣道使人驅迎者還而來者愈衆得人心類如此俄轉幽州都督綏懷兩蕃將舉落內屬會以左威衛大將軍召而孫佺代之佺不知兵遂敗其師卒于官懷古清介審慎在幽州時韓琬以監察御史監軍稱其馭士信臨財廉國名將云

韋景駿司農少卿弘機孫中明經神龍中歷肥鄉令縣北瀕漳連年泛溢人苦之舊防迫漕渠雖峭岸隨即壞決景駿相地勢益南千步因高築鄣水至堤趾輒去其北燥爲腴田又維艚以梁其上而廢長橋功少費約後遂爲法方河北饑身巡閭里勸人通有無教導撫循縣民獨免流散及去人立石著其功後爲貴鄉令有母子相訟者景駿曰令少不天常自痛爾幸有親而忘孝邪教之不孚令之罪也因嗚咽流涕付授孝經使習大義於是母子感悟請自新遂爲孝子當時治有名者景駿與清漳令馮元淑臨洺令楊茂謙三人景駿後數年爲趙州長史道出肥鄉民喜爭奏酒食迎犒有小兒亦在中景駿曰方兒曹未生而吾去邑非有舊恩何故來對曰耆老爲我言學廬館舍橋鄣皆公所治意公爲古人今幸親見所以來景駿爲留終日後遷房州刺史州解險有蠻夷風無學校好祀淫鬼景駿爲諸生貢舉通隘道作傳舍罷祠房無名者景駿之治民求所以便之類如此轉奉天令未行卒茂謙擢制舉授左拾遺內供奉爲吏介而勤歷秘書郎始竇懷貞雅重其材及執政薦爲大理正左臺御史中丞開元初出爲魏州刺史河北道按察使與司馬張懷玉同鄉長相善自晚有隙韓訐短長左遷桂州都督徙廣州卒景駿子述自有傳

李惠登營州柳城人爲平盧軍裨將安祿山亂從董秦浮海略[illegible]

兵遠鬭賊不支戰輒北史思明反惠登陷賊以計挺身走山南依來瑱表試金吾衞將軍李希烈反詔以兵二千使屯隋州惠登挈州以歸即拜刺史州數被亂野如赭人無耕嫁惠登雖朴素無學術而視人所謂利者行之所謂害者去之率心所安暗與古合政清靜居二十年田畝闢户口日增人歌舞之於是節度使于頔狀其績詔加御史大夫升隋爲上州俄檢校國子祭酒卒贈洪州都督

○羅珦越州會稽人寶應初詣闕上書授太常寺太祝曹王臯領江西荆襄節度使常署幕府遷累副使臯卒軍亂劫府庫珦取首惡十餘人斬以徇環輳廷中俾投所劫庫物一日皆滿乃貰餘黨召爲奉天令中官出入係道吏緣以犯禁珦榜箠之雖死不置自是屏息擢廬州刺史民間病者捨醫藥禱淫祀珦下令止之脩學官政教簡易有芝草白雀淮南節度使杜佑上治狀賜金紫服再遷京兆尹請減平糶半以常賦充之人賴其利以老病求解徙太子賓客累封襄陽縣男卒謚曰恭子讓字景宣以文學登有譽舉進士宏辭賢良方正皆高第爲咸陽尉父喪幾毀滅服除布衣糲飯不應辟署十餘年淮南節度使李鄘即所居敦請置幕府除監察御史從給事中累遷福建觀察使兼御史中丞有仁惠名或以婢遺讓者問所從答曰女兄九人皆爲官所賣留者獨老母耳讓慘然爲焚券召母歸之入爲散騎常侍拜江西觀察使卒年七十一贈禮部尚書

○韋丹字文明京兆萬年人周大司空孝寬六世孫高祖琨以洗馬事太子承乾諫不聽太宗才之擢給事中高宗在東宮爲中舍人封武陽縣侯孝敬爲太子琨以右中護爲詹事卒贈秦州都督謚曰貞丹蚤孤從外祖顔真卿學擢明經調安遠令以讓庶兄入紫閣山事從父能復舉五經高第爲咸陽尉張獻甫表佐邠寧幕府順宗爲太子以殿中侍御史召爲舍人新羅國君死詔拜司封郎中往弔故事使外國賜州縣十官賣以取貲號私覿官丹曰使外國不足于貲宜上請安有貿官受錢即具疏所宜費帝命有司與之因著令未行而新羅立君死還爲容州刺史教民耕織止惰游興學校民貧自鬻者贖歸之禁吏不得掠爲隸始城州周十三里屯田二十四所教種茶麥仁化大行還爲河南少尹未至徙義成軍司馬以諫議大夫召有直名劉闢反議者欲釋不誅丹上疏以爲孝文世法廢人慢當濟以威今不誅闢則可使者唯兩京耳憲宗褒美會闢圍梓州乃授丹劍南東川節度使代李康至漢中上言康守方盡力不可易召還議蜀事闢去梓因以讓高崇文乃拜晉慈隰州觀察使封武陽郡公閱歲自陳所治三州非要害地不足張職爲國家費不如屬之河東帝從之徙爲江南西道觀察使丹計口受俸委餘於官罷八州冗食者收其財始民不知爲瓦屋草茨竹椽久燥則戛而焚丹召工教爲陶聚材於場度其費爲估不取贏利人能爲屋者受材瓦于官免半賦徐取其償逃未復者官爲爲之貧不能者畀以財身往勸督置南北市爲營以舍軍歲中旱募人就功厚與直給其食爲衢南北夾兩營東西七里以廢倉爲新廐馬息不死築堤扞江長十二里竇以疏漲凡爲陂塘五百九十八所灌田萬二千頃有吏主倉十年丹覆其糧亡三千斛丹曰吏豈自費邪籍其家盡得文記乃權吏所奪召諸吏曰若恃權取於倉罪也與若期一月還之皆頓首謝及期無敢違有卒違令當死釋不誅去上書告丹不法詔丹解官待辨會卒年五十八驗卒所告皆不實丹治狀愈明大和中裴誼觀察江西上言爲丹立祠堂刻石紀功不報宣宗讀元和實録見丹政事卓然它日與宰相語元和時治民孰第一周墀對臣嘗守江西韋丹有大功德被八州歿四十年老幼思之不忘乃詔觀察使紇干泉上丹功狀命刻功于碑子宙推蔭累調河南府司録參軍李珏表河陽幕府宣宗謂宰相擢曰丹有子否以宙對帝曰與好官乃拜侍御史三遷度支郎中盧鈞節度太原表宙爲副是時回鶻已破諸部入塞下剽殺吏民鈞欲得信重吏視邊宙請往自定襄鴈門五原絶武州塞略雲中踰句注徧見酋豪鐫諭之視其障守卒增其粮約吏不得擅以兵侵諸戎犯者死於是三部六蕃諸種皆信悦召拜吏部郎中出爲永州刺史州方災歉乃斥官下什用所以供刺史者得九十餘萬錢爲市糧餉俗不知法多觸罪宙爲書制律并種植爲生之宜戶給之州負溪轉餉艱險無儲人輒莩死宙始築常平倉收穀羨餘以待乏罷冗役九百四十四員縣舊置吏督賦宙俾民自輸家十相保常先期湘源生零陵香歲市供人苦之宙爲奏罷民貧無牛以力耕宙爲置社二十家月會錢若干探名得者先市牛以是爲準久之牛不乏立學官取仕家子弟十五人充之初俚民婚出財會賓客號破酒晝夜集多至數百人貧者猶數十力不足則不迎至淫奔者宙條約使略如禮俗遂改邑中少年常以七月擊鼓羣入民家號行盜皆迎爲辦具謂之起盆後爲解素喧呼病闔宙至一切禁之還爲大理少卿久之拜江西觀察使政簡易南方以爲世官遷嶺南節度使南詔陷交趾撫兵積備以幹聞加檢校尚書左僕射同中書門下平章事咸通中卒宙弟岫字伯起亦有名宙在嶺南以從女妻小校劉謙或諫止之岫曰吾子孫或當依之謙後以功爲封州刺史生二子即隱龔盧攜舉進士頤甚岫獨謂攜必大用攜執政岫自四州刺史擢福建觀察使云

○盧弘宣字子章元和中擢進士第鄭權帥襄陽辟署幕府李愬代權留愬弘宣始謁愬愬勑左右謹衞既與語見其沖遠不覺洗然裴度留守東都

表為判官遷累給事中駙馬都尉韋處仁拜虢州刺史弘宣謂非所宜還詔不下開成中山南江西大水詔弘宣與吏部郎中崔瑨分道賑卹使有指還遷京兆尹刑部侍郎拜劍南東川節度使時歲饑盜𧍚結酋豪自署置官吏發教　會招天命聯遣盧嘉延案諸州誅纖落掛亂根株盤識弘宣下檄齊諭賊黨稍降其黠彊者署軍中多無能還之農魁長逃入峽中吏捕誅之徙義武節度使弘宣性寬厚而簡易人便安之然犯者不甚貸河朔故法偶語軍中則死弘宣始除之初詔賜其軍粟三十萬斛貯飛狐弘宣計輓費不能滿直敕吏守之明年春大旱敕民隨力往取時幽魏饑其獨易定自如至秋悉收所貸軍食以饒歷工部尚書秘書監以太子少傅致仕卒年七十七贈尚書右僕射弘宣患士庶人家祭無定儀乃合十二家法損益其當次以為書十卷子有及進士第終給事中

薛元賞亡里系所來太和初自司農少卿出為漢州刺史時李德裕為劍南西川節度使會維州降德裕受之以聞牛僧孺沮其議執還之元賞上書極言可因撫之渠虜膺腹不可失不省段文昌代德裕狀元賞治當最遷累司農卿京兆尹出為武寧節度使罷泗口稅人以為便俄徙邠寧會昌中德裕當國復拜京兆尹都市多俠少年以黛墨鑱膚夸詭力剽奪坊閭元賞到府

三日收惡少杖死三十餘輩陳諸市餘黨懼爭以火滅其文元賞長吏事能推言時弊件白之禁屯怙勢撓府縣元賞數與爭不少縱由是軍興折戢百姓賴安就加檢校吏部尚書閱歲進工部尚書領諸道鹽鐵轉運使德裕用元賞弟元龜為京兆少尹知府事宣宗立罷德裕而元龜坐貶崖州司戶參軍元賞下除表王傅久之復拜昭義節度使卒

何易于不詳何所人及所以進為益昌令縣距州四十里刺史崔朴常乘春與賓屬泛舟出益昌旁索民挽繂易于身引舟朴驚問狀易于曰方春百姓耕且蠶惟令不事可任其勞朴愧與賓客疾驅去鹽鐵官權取茶利詔下所在毋敢隱易于視詔書曰益昌人不征茶且不可活矧厚賦毒之乎命吏閣詔吏曰天子詔何敢拒吏坐死公得免竄邪對曰吾敢愛一身移暴于民乎亦不使罪爾曹即自焚之觀察使素賢之不劾也民有死喪不能具葬者以俸敕吏為辦召高年坐以問政得失凡鬪民在廷易于丁寧指曉枉直杖楚遣之不以付吏獄三年無囚督賦役不忍迫下戶或以俸代輸饋給往來傳符外一無所進故無異稱以中上考遷羅江令刺史裴休嘗至其邑導侍不過三人廉約蓋資性云

列傳第一百二十二

儒學列傳上第一百二十三　唐書一百九十八

端明殿學士兼翰林侍讀學士龍圖閣學士朝請大夫守尚書吏部侍郎充史館脩撰臣宋祁奉敕撰

高祖始受命鉏類夷荒天下略定即詔有司立周公孔子廟于國學四時祠求其後議加爵土國學始置生七十二員取三品以上子弟若孫為之太學百四十員取五品以上四門學百三十員取七品以上郡縣三等上郡學置生六十員中下以十為差上縣學置生四十員中下亦以十為差又詔宗室功臣子孫就祕書外省別為小學太宗身櫜鞬風纚露沐然銳情經術即王府開文學館召名儒十八人為學士與議天下事既即位殿左置弘文館悉引內學士番宿更休聽朝之間則與討古今道前王所以成敗或日昃夜艾未嘗少怠貞觀六年詔罷周公祠更以孔子為先聖顏氏為先師盡召天下惇師老德以為學官數臨幸觀釋菜命祭酒博士講論經義賜以束帛生能通一經者得署吏廣學舍千二百

李敏

區三學益生員并置書算二學皆有博士大抵諸生員至三千二百自玄武屯營飛騎皆給博士受經能通一經者聽入貢限四方秀艾挾策負素坌集京師文治煟然勃興於是新羅高昌百濟吐蕃高麗等羣酋長並遣子弟入學鼓笥踵堂者凡八千餘人紆侈袂曳方履誾誾秩秩雖三代之盛所未聞也帝又雠正五經繆缺頒天下示學者與諸儒稡章句為義疏俾久其傳因詔前代通儒梁皇侃褚仲都周熊安生沈重陳沈文阿周弘正張譏隋何妥劉炫等子孫並加引擢二十一年詔左丘明卜子夏公羊高穀梁赤伏勝高堂生戴聖毛萇孔安國劉向鄭衆杜子春馬融盧植鄭玄服虔何休王肅王弼杜預范甯二十一人用其書行其道宜有以褒大之自今並配享孔子廟廷於是唐三百年之盛稱貞觀寧不其然高宗尚吏事武后矜權變至諸王駙馬皆得領祭酒初孔穎達等始署官發五經題與諸生酬問及是惟判祥瑞案三牒即罷玄宗詔羣臣及府郡舉通經士而褚无量馬懷素等勸講禁中天子

尊禮不敢盡臣之置集賢院部分典籍乾元殿博彙羣書至六萬卷經籍大備又稱開元焉祿山之禍兩京所藏一爲炎埃官幐私褚喪脫幾盡章甫之徒劫爲縵胡於是嗣帝區區救亂未之得安暇語貞觀開元事哉自楊綰鄭餘慶鄭覃等以大儒輔政議優學科先經誼黜進士後文辭亦弗能克也文宗定五經鑱之石張參等是正訛文寥寥一二可紀由是觀之始未嘗不成於艱難而後敗於易也嘗論之武爲救世砭劑文其膏粱歟亂已定必以文治之否者是病損而進砭劑其傷多矣然則武得之武治之不免霸且盜聖人反是而王故曰武創業文守成百世不易之道也若乃舉天下一之於仁義莫若儒儒待其人乃能光明厥功宰相大臣是已至專誦習傳授無它大事業者則次爲儒學篇

徐曠字文遠以字行南齊司空孝嗣五世孫父徹梁秘書郎尚元帝女安昌公主江陵陷俘以西客假師貧不能自給兄文林鬻書于肆文遠日閱之因博通五經明左氏春秋時耆儒沈重講太學

授業常千人文遠從之質問不數日辭去或問其故荅曰先生所說紙上語耳若奧境彼有所未見者尚何觀重知其語召與反復研辯嗟歎其能性方正舉動純重竇威楊玄感李密王世充皆從受學隋開皇中累遷太學博士詔與漢王諒授經會諒反除名爲民大業初禮部侍郎許善心薦文遠及包愷褚徽陸德明魯達爲學官擢國子博士愷等爲太學博士世稱左氏有文遠禮有褚徽詩有魯達易有陸德明皆一時冠云文遠說經徧舉先儒異論分明是非乃出新意以折衷聽者忘勞越王侗署國子祭酒時洛陽飢文遠自出城樵拾爲李密所得密使文遠南向坐備弟子禮拜之文遠謝曰前日以先王之道授將軍今將軍擁兵百萬威振四海猶能屈體老夫此盛德也安敢不盡將軍若欲爲伊霍繼絕扶傾吾雖老猶願盡力如爲莽卓乘危迫險則僕耄矣無能爲也密頓首曰幸得位上公思所以竭力先征化及刷國恥然後入見天子請罪于有司惟先生教之荅曰將軍名臣子累世盡節前陷玄感黨迷未遠而復今若終之以忠天下之人所望於將軍者密頓首曰恭聞命俄而世充專制密又問焉對曰彼殘忍而意褊促必速於亂將軍非破之不可以朝密曰嘗謂先生儒者不學軍旅至籌大計乃明略過人密敗復入東都世充給稍異等而文遠見輒先拜或問君踞見李密而下王公何邪荅曰密君子能受酈生之揖世充小人無容故人義相時而動可也世充僭號以爲國子博士子士會奔長安世充怒絕其稟文遠餓幾死數矣身出樵爲羅士信所獲送京師仍爲國子博士高祖幸國學觀釋奠文遠發春秋題論難鋒生隨方占對莫能屈帝異之封東莞縣男卒年七十四孫有功自有傳

陸元朗字德明以字行蘇州吳人善名理言受學於周弘正陳太建中後主爲太子集名儒入講承光殿德明始冠與下坐國子祭酒徐孝克敷經倚貴縱辯衆多下之獨德明申荅屢奪其說舉坐咨賞解褐始興國左常侍陳亡歸鄉閈隋煬帝擢祕書學士大業

間廣召經明士四方踵至於是德明與魯達孔褒共會門下省相酬難莫能詘遷國子助教越王侗署爲司業入殿中授經王世充僭號封子玄恕爲漢王以德明爲師即其廬行束脩禮德明恥之服巴豆劑偃僵東壁下玄恕入拜牀垂德明對之遺利不復開口遂移病成皋世充平秦王辟爲文學館學士以經授中山王承乾補太學博士高祖已釋奠召博士徐文遠浮屠慧乘道士劉進喜各講經德明隨方立義徧析其要帝大喜曰三人者誠辯然德明一舉輒蔽可謂賢矣賜帛五十匹遷國子博士封吳縣男卒論撰甚多傳于世後太宗閱其書嘉德明博辯以布帛二百段賜其家子敦信麟德中繇左侍極檢校右相累封嘉興縣子以老疾致仕終大司成

曹憲揚州江都人仕隋爲秘書學士聚徒教授凡數百人公卿多從之游於小學家尤邃自漢杜林衞宏以後古文亡絕至憲復興煬帝令與諸儒譔桂苑珠叢規正文字又註廣雅學者推其該藏

于祕書貞觀中揚州長史李襲譽薦之以弘文館學士召不至即家拜朝散大夫當世榮之太宗嘗讀書有奇難字輒遣使者問憲憲具為音注援驗詳複帝咨尚之卒年百餘歲憲始以梁昭明太子文選授諸生而同郡魏模公孫羅江夏李善相繼傳授於是其學大興句容許淹者自浮屠還為儒多識廣聞精故訓與羅等並名家羅官沛王府參軍事無錫丞模武后時為左拾遺子景倩亦世其學以拾遺召後歷度支員外郎善見子邕傳

顏師古字籀其先琅邪臨沂人祖之推自高齊入周終隋黃門郎遂居關中為京兆萬年人父思魯以儒學顯武德初為秦王府記室參軍事師古少博覽精故訓學善屬文仁壽中李綱薦之授安養尉尚書左僕射楊素見其年弱謂曰安養劇縣子何以治之師古曰割雞未用牛刀素驚其言大後果以幹治聞時薛道衡為襄州總管與之推舊佳其才每作文章令指摘疵短俄失職歸長安不得調窶甚以教授為生高祖入關謁見長春宮授朝散大夫拜

燉煌公府文學累遷中書舍人專典機密師古性敏給明練治體方軍國務多詔令一出其手冊奏之工當時未有及者太宗即位拜中書侍郎封琅邪縣男以毋喪解服除還官歲餘坐公事免帝嘗歎五經去聖遠傳習寖訛詔師古於祕書省考定多所釐正既成悉詔諸儒議於是各執所習共非詰師古師古輒引晉宋舊文隨方曉荅誼據該明出其悟表人人歎服尋加通直郎散騎常侍帝因頒所定書於天下學者賴之俄拜祕書少監專刊正事古篇奇字世所惑者討析申孰必暢本源然多引後生與讎校抑素流先貴勢雖商賈富室子亦竄選中由是素議薄之斥為郴州刺史未行帝惜其才讓曰卿之學信可稱者而事親居官朕無聞焉今日之行自誰取之念卿曩經任使朕不忍棄後宜自戒師古謝罪復留為故官師古性簡峭視輩行傲然罕所推接既負其才早見驅策意望甚高及是頻被譴仕益不進罔然喪沮乃闔門謝賓客巾褐裘帔放情蕭散為林墟之適多藏古圖畫器物書帖亦性所篤愛與撰五禮成進爵為子又為太子承乾注班固漢書上之賜物二百段良馬一時人謂杜征南顏祕書為左丘明班孟堅忠臣帝將有事泰山詔公卿博士雜定其儀而論者爭為異端師古奏臣撰定封禪儀注書在十一年于時諸儒謂為適中於是以付有司多從其說遷祕書監弘文館學士十九年從征遼道病卒年六十五謚曰戴其所注漢書及急就章大顯于時永徽三年子揚廷為符璽郎表上師古所撰匡謬正俗八篇初思魯與妻不相宜師古苦諫父不聽情有所偏故帝及之師古弟相時字睿亦以學聞為天策府參軍事貞觀中累遷諫議大夫有爭臣風轉禮部侍郎羸瘠多病師古死不勝哀而卒師古叔游秦武德初累遷廉州刺史封臨沂縣男時劉黑闥初平人多彊暴比游秦至禮讓大行邑里歌之高祖下璽書襃勞終鄆州刺史撰漢書決疑師古多資取其義

孔穎達字仲達冀州衡水人八歲就學誦記日千餘言闇記三禮

義宗及長明服氏春秋傳鄭氏尚書詩禮記王氏易善屬文通步曆嘗造同郡劉焯焯名重海內初不之禮及請質所疑遂大畏服隋大業初舉明經高第授河內郡博士煬帝召天下儒官集東都詔國子祕書學士與論議穎達為冠又年最少老師宿儒恥出其下陰遣客刺之匿楊玄感家得免補太學助教隋亂避地虎牢太宗平洛授文學館學士遷國子博士貞觀初封曲阜縣男轉給事中時帝新即位穎達數以忠言進帝問孔子稱以能問於不能以多問於寡有若無實若虛何謂也對曰此聖人教人謙耳已雖能仍就不能之人以咨所未能已雖多仍就寡少之人更資其多內有道外若無中雖實容若虛非特匹夫君德亦然故易稱蒙以養正明夷以莅衆若其據尊極之位衒聰耀明恃才以肆則上下不通君臣道乖自古滅亡莫不由此帝稱善除國子司業歲餘以太子右庶子兼司業與諸儒議曆及明堂事多從其說以論撰勞加散騎常侍爵為子皇太子令穎達撰孝經章句因文以盡箴諷帝

知數爭太子失賜黃金一斤絹百匹久之拜祭酒侍講東宮帝幸太學觀釋菜命穎達講經畢上釋奠頌有詔褒美後太子稍不法穎達爭不已乳夫人曰太子既長不宜數面折之對曰蒙國厚恩雖死不恨剴切愈至後致仕卒陪葬昭陵贈太常卿謚曰憲初穎達與顏師古司馬才章王恭王琰受詔撰五經義訓凡百餘篇號義贊詔改爲正義云雖包貫異家爲詳博然其中不能無謬冗博士馬嘉運駁正其失至相譏詆有詔更令裁定功未就永徽二年詔中書門下與國子三館博士弘文館學士考正之於是尚書左僕射于志寧右僕射張行成侍中高季輔就加增損書始布下穎達子志終司業志子惠元力學寡言又爲司業擢累太子諭德三世司業時人美之王恭者滑州白馬人少篤學敎授鄉閭弟子數百人貞觀初召拜太學博士講三禮別爲義證甚精博蓋文懿文達皆當時大儒每講徧舉先儒義而必暢恭所說馬嘉運魏州繁水人少爲沙門還治儒學長論議貞觀初累除越王東閤祭酒退

隱白鹿山諸方來授業至千人十一年召拜太學博士弘文館學士以孔穎達正義繁釀故擿摭其疵當世諸儒服其精高宗爲太子引爲崇賢館學士數與洗馬秦暐侍講宮中終國子博士

歐陽詢字信本潭州臨湘人父紇陳廣州刺史以謀反誅詢當從坐匿而免江總以故人子私養之貌寢侻敏悟絕人總敎以書記每讀輒數行同盡遂博貫經史仕隋爲太常博士高祖微時數與游既即位累擢給事中詢初倣王羲之書後險勁過之因自名其體尺牘所傳人以爲法高麗嘗遣使求之帝歎曰彼觀其書固謂形貌魁梧邪嘗行見索靖所書碑觀之去數步復返及疲乃布坐至宿其傍三日乃得去其所嗜類此貞觀初歷太子率更令弘文館學士封渤海男卒年八十五子通儀鳳中累遷中書舍人居母喪詔奪哀每入朝徒跣及門夜直藉藁以寢非公事不語還家輒號慟年饑未克葬居廬四年不釋服冬月家人以氈絮潛置席下通覺即徹去遷累殿中監封渤海子天授初轉司禮卿判納言事輔政月餘會鳳閣舍人張嘉福請以武承嗣爲太子通與岑長倩等固執忤諸武意及長倩下獄坐大逆死來俊臣并引通同謀通雖被慘毒無異詞俊臣代占誅之神龍初追復官爵通蚤孤母徐教以父書懼其惰嘗遺錢使市父遺跡通乃刻意臨倣以求售數年書亞於詢父子齊名號大小歐陽體褚遂良亦以書自名嘗問虞世南曰吾書何如智永答曰吾聞彼一字直五萬君豈得此曰孰與詢曰吾聞詢不擇紙筆皆得如志君豈得此遂良曰然則何如世南曰君若手和筆調固可貴尚遂良大喜通晚自矜重以狸毛爲筆覆以兔毫管皆象犀非是未嘗書

朱子奢蘇州吳人從鄉人顧彪授左氏春秋善文辭隋大業中爲直祕書學士天下亂辭疾還鄉里後從杜伏威入朝授國子助教太宗貞觀初高麗百濟同伐新羅連年兵不解新羅告急帝假子奢員外散騎侍郎持節諭旨平三國之憾子奢有儀觀夷人尊畏之二國上書謝罪贈遺甚厚初子奢行帝戒曰海夷重學卿爲講

大誼然勿入其幣還當以中書舍人處卿子奢唯唯至其國爲發春秋題納其美女帝責違旨而猶愛其才以散官直國子學累轉諫議大夫弘文館學士始武德時太廟享止四室高祖崩將祔主于廟帝詔有司詳議子奢建言漢丞相韋玄成奏立五廟劉歆議當七鄭玄本玄成王肅宗歆於是歷代廟議不能一且天子七廟諸侯五降殺以兩禮之正也若天子與子男同則間無容等非德厚游廣德薄游狹之義臣請依古爲七廟若親盡則以王業所基爲太祖虛太祖室以俟無疆迭遷乃處之於是尚書共奏自春秋以來言天子七廟諸侯五大夫三士二推親親顯尊尊爲不可易之法請建親廟六詔可乃祔弘農府君高祖神主爲六室及帝崩禮部尚書許敬宗議弘農府君廟應毀按玄成說毀廟主當瘞且四海嘗所宗享矣舉而瘞之非神理所愜晉范宣議別廟以奉毀廟之主或言當藏天府天府瑞異所舍也禮去祧有壇有墠臣皆所未安唐家宗廟共殿異室以右爲首若奉遷主納右夾室而得

尊敷祈之壽之未絕也有詔如敬宗議然言七廟者本之子奢帝嘗詔
起居紀錄臧否朕欲見之以知得失若何子奢曰陛下所舉無過
事雖見無嫌然以此開後世史官之禍可懼也史官全身畏死則
悠悠千載尚有聞乎池陽令崔文康坐事櫟陽尉魏禮臣劾治獄
成御史言其枉禮臣訴御史阿黨乞下有司雜訊不如所言請死
鞫報禮臣不實詔如請子奢曰在律上書不實有定罪今抵以死
死者不可復生雖欲自新弗可得且天下惟知上書獲罪欲自言
者皆懼而不敢申矣詔可子奢為人樂易能劇談以經誼緣飾毎
侍宴帝令論難羣臣恩禮甚篤卒于官
張士衡瀛州樂壽人父文慶北齊國子助教士衡九歲居母喪哀
慕過禮博士劉軌思見之為泣下奇其操謂文慶曰古不親教子
吾為君成就之乃授以詩禮又從熊安生劉焯等受經貫知大義
仕隋為餘杭令以老還家大業兵起諸儒廢學唐興士衡復講教
鄉里幽州都督燕王靈夔以禮邀聘北面事之太子承乾慕風迎

致謁太宗洛陽宮帝賜食擢朝散大夫崇賢館學士太子以士衡
齊人也問高氏何以亡士衡曰高阿那瓌之凶險駱提婆之佞韓
長鸞之虐皆奴隸才是信是使忠良外誅骨肉內離剝喪黎元故
周師臨郊人莫為之用此所以亡復問事佛營福其應奈何對曰
事佛在清靜仁恕爾如貪惏驕虐雖傾財事之無損於禍且善惡
必報若影赴形聖人言之備矣為君仁為臣忠為子孝則福祚永
反是而殃禍至矣時太子以過失聞士衡因是規之然不能用也
太子廢給傳罷歸鄉里卒士衡以禮教諸生當時顯者永平賈公
彥趙李玄植公彥終太學博士撰次章句甚多子大隱儀鳳中為
太常博士會太常仲春告瑞太廟高宗問禮官何世而然大隱對
曰古者祭以首時薦以仲月近世元日奏瑞則二月告廟告者必
有薦本于始不得其時焉遷累中書舍人垂拱中博士周悰請武
氏廟為七室唐廟為五下比諸侯大隱奏言秦漢母后稱制未有
戾古越禮者悰損國廟數勍大義不可以訓武后不獲已僞聽之

時皆服大隱沇正不詭從有大臣體終禮部侍郎公彥傳業玄植
玄植又受左氏春秋於王德韶受詩於齊威該覽百家記書貞觀
間為弘文館直學士高宗時數召見與方士浮屠講說玄植以帝
闇弱頗箴切其短帝禮之不寤坐事遷巴令卒
張後胤字嗣宗蘇州崑山人祖僧紹梁零陵太守父沖陳國子博
士入隋為漢王諒并州博士後胤甫冠以學行禪其家高祖鎮太
原引為客以經受秦王義寧初為齊王文學封新野縣公武德中
擢員外散騎侍郎賜宅一區太宗即位進燕王諮議從王入朝召
見初帝在太原嘗問隋運將終得天下者何姓荅曰公家德業天
下係心若順天而動自河以北指撝可定然後長驅關右帝業可
成至是自陳所言帝曰是事未始忘之乃賜燕月池帝從容曰今
日弟子何如後胤曰昔孔子門人三千達者無子男之位臣翼贊
一人乃王天下計臣之功過於先聖帝為之笑令羣臣以春秋酬
難帝曰朕昔受大誼于君今尚記之後胤頓首謝曰陛下乃生知

臣叨天功為己力罪也帝大悅遷燕王府司馬出為睦州刺史乞
骸骨帝見其彊力問欲何官因陳謝不敢帝曰朕從卿授經卿從
朕求官何所疑後胤頓首願得國子祭酒授之遷散騎常侍永徽
中致仕加金紫光祿大夫朝朔望祿賜防閤如舊卒年八十三贈
禮部尚書謚曰康陪葬昭陵孫齊丘歷監察御史朔方節度使終
東都留守謚曰貞獻子鎰別有傳
蓋文達冀州信都人博涉前載尤明春秋三家刺史竇抗集諸生
講論於是劉焯劉軌思孔穎達並以耆儒開門受業是日悉至而
文達依經辯舉皆諸儒意所未叩一坐駭歎抗奇之問安所從學
焯曰若人歧嶷出自天然以多問寡則焯為之師抗曰冰生於水
而寒於水其謂此邪武德中授國子助教為秦王文學館直學士
貞觀初擢諫議大夫兼弘文館學士為蜀王師王有罪文達免官
拜崇賢館學士卒宗人文懿亦以儒學稱當時號二蓋高祖於秘
書省置學以教王公子文懿為國子助教既升席公卿更相質問

文懿暨曉密微遠近宗仰終國子博士

谷那律魏州昌樂人貞觀中累遷國子博士淹識羣書褚遂良嘗稱爲九經庫遷諫議大夫兼弘文館學士從太宗出獵遇雨沾漬因問曰油衣若爲而無漏那律曰以瓦爲之當不漏帝悅其直賜帛二百段卒孫倚相仕爲祕書省正字讎覆圖書多所刊定子崇義天寶末爲幽州大將以雄敢聞歷左金吾衛大將軍遂客薊門生子從政略涉儒學有風操事李寶臣歷定州刺史封清江郡王寶臣及張孝忠妻其女兄弟也寶臣初倚任晚稍疏忌從政乃闔門謝交游不事及惟岳知節度與田悅謀拒天子命從政諫曰上神斷紹諸侯欲致太平爾考與燕有切骨恨天子致討命帥莫先於燕誅怨復仇必盡力後已前日而考誅大將百餘子弟存者常不平乘危相覆誰不能爾昔魏有洺相之圍王師四集身投零陵仰天垂泣不知所出賴爾考保佑頓兵不進而先帝寬厚塵獲赦貸不然田氏尚有種乎今悅兇猾孰與承嗣爾又幼富貴

不出戶廷便欲旅拒且人心難知天道難欺軍中諸將乘危投隙自古豈少哉今圖久安計莫若令而兄惟誠攝留後爾速入宿衛則福祿可保矣不納從政塞門移疾不出惟岳所信王佖奴等疑其怨望日伺之從政懼乃吐血即仰藥五日死曰吾不恨死而痛張覆宗矣後惟岳被殺于王武俊如其揣云

蕭德言字文行陳吏部郎引子也系出蘭陵明左氏春秋甫冠以國子生爲岳陽王賓客陳亡徙關中詭浮屠服亡歸江南州縣部送京師仁壽中授校書郎貞觀時歷著作郎弘文館學士太宗欲知前世得失詔魏徵虞世南褚亮及德言裒次經史百氏帝王所以興衰者上之帝愛其書博而要曰使我稽古臨事不惑者公等力也賚賜尤渥德言晚節學愈苦每開經輒祓濯束帶危坐妻子諫曰老人何終日自苦答曰對先聖之言何復憚勞詔以經授晉王時許叔牙爲侍讀同勸講王爲太子德言又兼侍讀而叔牙亦兼弘文館學士德言請致仕太宗不許下詔敦勉封武陽縣侯進祕書少監久乃得謝高宗立拜銀青光祿大夫全給其祿遣通事舍人即家致問乘輿至肅章門引見禮遇隆重由是晉府及東宮舊臣子孫並增秩賜金卒年九十七贈太常卿謚曰博

叔牙字延基句容人貞觀時遷晉王府參軍事弘文館直學士於詩禮尤邃獻詩纂義十篇太子寫付司經御史大夫高智周見之曰欲明詩者宜先讀此子子儒字文舉高宗時爲奉常博士初太尉長孫无忌等議祠令及禮用鄭玄六天說圓丘祀昊天上帝南郊太微感帝明堂太微五帝直據緯爲說不指蒼昊爲天而以昊天帝當北辰耀魄寶郊明堂當太微五帝唐家祀圓丘太史所上圖昊天上帝外自有北辰令李淳風曰昊天上帝位于壇北辰斗列第二陔與緯書駮異司馬遷天官書太微宮五精之神五星所奉有人主象故名曰帝猶房心有天王象安得盡爲天乎日月麗于天草木麗于地以日月爲天草木爲地昧者不信也周官兆五帝四郊又有祀五帝皆不言天知太微之神非天也經稱郊祀后稷王肅以

郊圓丘爲一玄析而二之曰圓丘曰郊非聖人意今祠令固守玄說與著式相違宜有刊正且經嚴父莫大於配天宗祀文王於明堂以配上帝明堂之祀天也星不足配之矣月令孟春祈穀上帝春秋啓蟄而郊郊而後耕故郊后稷以祈農詩春夏祈穀于上帝皆祭天也著之感帝尤爲不稽請四郊迎氣祀太微五帝郊明堂罷六天說止祀昊天方丘既祭地又祭神州北郊皆不載經請止一祠詔曰可乾封初帝已封禪復詔祀感帝神州以正月祭北郊司禮少常伯郝處俊等奏言顯慶定禮停感帝祀而祈穀昊天以高祖配舊祀感帝神州以元皇帝配今改祈穀爲祀感帝又祀神州還以高祖配何升降紛紛焉虞氏禘黃帝郊嚳夏禘黃帝郊鯀殷禘嚳郊冥周禘嚳郊稷玄謂禘者祭天圓丘郊者祭上帝南郊崔靈恩說夏正郊天王者各祭所出帝所謂王者禘祖之所自出以其祖配之則禘遠祖郊始祖也今禘郊同祖禮無所歸神州本祭十月以方陰用事也玄說三王之郊一用夏正靈恩謂祭神州

北郊以正月諸儒所言猥互不明臣願會官奉常司成博士普議於
是子儒與博士陸遵楷張統師權無二等共白北郊月不經見漢
光武正月建北郊咸和中議北郊以正日武德以來用十月請循
武德詔書明年詔圓方二丘明堂感帝神州宜奉高祖太宗配仍
祭昊天上帝及五天帝於明堂子儒長壽中歷天官侍郎弘文館
學士封潁川縣男以選事委令史句直日偃卧不下筆時人語曰
句直平配既而補授失序傳爲口實德言曾孫至忠自有傳
敬播蒲州河東人貞觀初擢進士第時顏師古孔穎達撰次隋史
詔播詣祕書內省參纂再遷著作佐郎兼脩國史從太宗伐高麗
而帝名所戰山爲駐蹕播謂人曰鑾輿不復東矣山所以名蓋天
意也其後果然遷太子司議郎時初置是官尤清近中書令馬周
歎曰恨資品妄高不得歷此職又與令狐德棻等撰晉書大抵凡
例皆播所發也有司建言謀反大逆惟父子坐死不及兄弟請更
議詔羣臣大議播曰兄弟雖孔懷之重然比於父子則輕故生有

異室死有別宗今高官重爵本蔭唯逮子孫而不及昆季烏得榮
陽其蔭而罪均其罰詔從播議永徽後仕益貴歷諫議大夫給事
中始播與許敬宗撰高祖實錄興創業盡貞觀十四年至是又撰
太宗實錄訖二十三年坐事出爲越州長史徙安州卒房玄齡嘗
稱播陳壽之流乎玄齡患顏師古注漢書文繁令掇其要爲四十
篇是時漢書學大興其章章者若劉伯莊秦景通兄弟劉訥言皆
名家伯莊者彭城人爲弘文館學士遷國子博士與許敬宗等論
譔甚多終崇賢館學士自所著書亦百餘篇子之宏世其學武后
時以著作郎兼脩國史終相王府司馬睿宗立贈祕書監景通者
晉陵人與弟暐俱有名皆精漢書號大秦君小秦君當時治漢書
非其授者以爲無法云景通仕至太子洗馬兼崇賢館學士暐後
復踐其官及職訥言乾封中歷都水監主簿以漢書授沛王王爲
太子擢訥言洗馬兼侍讀嘗集俳諧十五篇爲太子歡太子廢高
宗見怒除名爲民復坐事流死振州

羅道琮蒲州虞鄉人慷慨尚節義貞觀末上書忤旨徙嶺表有同
斥者死荊襄間臨終泣曰人生有死獨委骨異壤邪道琮曰吾若
還終不使君獨留此瘞路左去歲餘遇赦歸方霖潦積水失其殯
處道琮慟諸野波中忽若湓沸者道琮曰若屍在可再沸祝已水
復湧乃得屍負之還鄉尋擢明經仕至太學博士爲時名儒

儒學列傳上第一百二十三

儒學列傳中第一百二十四　唐書一百九十九

端明殿學士兼翰林侍讀學士龍圖閣學士朝散大夫行尚書吏部侍郎充集賢殿脩撰臣宋祁奉

敕撰

郎餘令定州新樂人祖穎字楚之與兄蔚之俱有名隋大業中爲尚書民曹郎蔚之位左丞煬帝語稱二郎武德時楚之以大理卿封常山郡公與李綱陳叔達定律令持節諭山東爲竇建德所獲脅以白刃終不屈賊平以老乞身諡曰平餘令博于學擢進士第授霍王元軌府參軍事從父知年亦爲王友元軌每曰郎家二賢皆入府不意培塿而松栢爲林也徙幽州録事參軍有爲浮屠者積薪自焚長史裴照率官屬將觀焉餘令曰人好生惡死情也彼違蔑教義反其所欲公當察之毋輕往照試廉按果得其姦孝敬在東宮餘令以梁元帝有孝德傳更撰後傳數十篇獻太子太子嗟重改著作佐郎卒兄餘慶爲吏清而刻於法高宗時爲萬年令道無掇遺累遷御史中丞務謙謹下人引御史坐與論議吏部侍郎

楊思玄倨貴視選者不以禮餘慶劾免其官久之出爲蘇州刺史坐累下遷交州都督驩州司馬裴敬彝與餘慶雅故以事訾餘慶婢父婢方娩譖敬彝死獄中又冥負無藝民詣闕訴之使者十輩臨按餘慶設譎不能得其情最後廣州都督陳善弘按之餘慶自恃在朝廷久明法令輕善弘不置對善弘怒曰舞文弄法吾不及君今日以天子命治君吾力有餘矣欲搒械之餘慶懼服罪高宗詔放瓊州會赦當還朝廷惡其暴徙春州始餘慶治萬年父知運嫌其酷將杖之餘慶避免父歎曰國家用之矣吾尚奈何及爲御史中丞復歎曰郎氏危矣以憂死餘慶卒以貪殘廢

徐齊聃字將道湖州長城人世客馮翊梁慈源侯整四世孫八歲能文太宗召試賜所佩金削刀舉弘文生調曹王府參軍高宗時爲潞王府文學崇文館學士侍皇太子講脩書于芳林門時姑爲帝婕妤嫌以恩進故求出爲桃林令召爲沛王侍讀再遷司議郎皆不就累進西臺舍人咸亨初詔突厥酋長子弟得事東宮齊聃上書諫以爲氈裘冒頓之裔解辮削衽使在左右非所謂恭慎威儀以近有德任官惟賢才左右惟其人之義又長孫无忌以讒死家廟毀頓齊聃言於帝曰齊獻公陛下外祖雖後嗣有罪不宜毀及先廟今周忠孝公廟反崇飾踰制恐非所以示海內帝寤有詔復獻公官以无忌孫延主其祀齊聃善文誥帝愛之令侍皇太子及諸王屬文以職樞劇許閒日一至坐漏禁中事貶蘄州司馬又流欽州卒年四十四睿宗時贈禮部尚書子堅

堅字元固幼有敏性沛王聞其名召見授紙爲賦異之十四而孤及壯寬厚長者舉秀才及第爲汾州參軍事遷萬年主簿天授三年上言書有五聽令有三覆慮失情也比犯大逆詔使者勘當得實輒決人命至重萬有一不實欲訴無由以就赤族豈不痛哉此不足檢下之姦亂適長使人威福耳臣請如令覆奏則死者無恨又古者罰不逮嗣故郤芮亂國而缺升諸朝嵇康蒙戮而紹死于難則於它親不復致疑今選部廣責逆人親屬至無服者尚數

十條且詔書與逆同堂親不任京畿繐麻親不得侍衛臣請如詔書外一切不禁以申曠蕩聖曆中東都留守楊再思王方慶共引爲判官方慶善禮學嘗就質疑晦堅爲申釋常得所未聞屬文典厚再思每自爲鳳閣舍人榜與徐彥伯劉知幾張說與脩三教珠英時張昌宗李嶠總領彌年不下筆堅與說專意撰綜條彙粗立諸儒因之乃成書累遷給事中封慈源縣子中宗怒韋月將欲即斬之堅奏盛夏生長請須秋乃決時申救者亦衆得以搒死俄以禮部侍郎爲脩文館學士睿宗即位授太子左庶子兼崇文館學士脩史進東海郡公遷黃門侍郎時監察御史李知古兵擊姚州渳河蠻降之又請築城使輸賦徭堅議蠻夷羈縻以屬不宜與中國同法恐勞師遠伐益不償損不聽詔知古發劍南兵築城堡列州縣知古因是欲誅其豪酋入子女爲奴婢蠻懼殺知古相率潰叛姚嶲路閉不通者數年初太平公主用事武攸暨屢邀請堅堅不許又以妻岑羲女弟固辭機密轉太子詹事曰吾非求高逃禍

耳義敗不陷於惡出爲絳州刺史數外從父乃遷秘書監左散騎常侍玄宗改麗正書院爲集賢院以堅充學士副張說知院事帝大酺集賢幔舍在百司上說令揭大牓以侈其寵堅見遠命撤之曰君子烏取多尚人從上泰山以參定儀典加光祿大夫堅於典故多所諳識凡七當譔次高選卒年七十餘帝悼惜遣使就弔贈太子少保謚曰文齊聃姑爲太宗充容仲爲高宗婕妤皆明圖史議者以堅父子如漢班氏子嶠字巨山開元中爲駕部員外郎集賢院直學士遷中書舍人內供奉河南尹封慈源縣公父子相次爲學士自祖及孫三世爲中書舍人

沈伯儀湖州吳興人武后時爲太子右諭德初太常少卿韋萬石議明堂大享事上言鄭玄說祀五天帝王肅謂祀五行帝貞觀禮從玄至顯慶禮祀昊天上帝乾封詔書祀五天帝兼祀昊天上元詔書從貞觀禮儀鳳初詔祀事一用周制今應何樂高宗乃詔尚書省集諸儒議未能定於是大享參用貞觀顯慶二禮垂拱元年

成均助教孔玄義奏嚴父莫大配天天於萬物爲最大推父偶天孝之大尊之極也易稱先王作樂崇德殷薦之上帝以配祖考上帝天也昊天之祭宜祖考並配請以太宗高宗配上帝於圓丘神堯皇帝配感帝南郊祭法祖文王宗武王祖始也宗尊也一名而有二義經稱宗祀文王文王當祖而云宗包武王以言也知明堂以祖考配與二經合伯儀曰有虞氏禘黃帝而郊嚳祖顓頊而宗堯夏后氏禘黃帝而郊鯀祖顓頊而宗禹殷人禘嚳而郊冥祖契而宗湯周人禘嚳而郊稷祖文王而宗武王鄭玄曰禘郊祖宗皆配食也祭昊天圓丘曰禘祭上帝南郊曰郊祭五帝五神明堂曰祖宗此爲最詳虞夏退顓頊郊嚳殷捨契郊冥去取違舛惟周得禮之序至明堂始兩配焉文王上配五帝武王下配五神別父子也經曰嚴父莫大於配天又曰宗祀文王於明堂以配上帝不言嚴武王以配天則武王雖在明堂未齊於配雖同祭而終爲一主也緯曰后稷爲天地主文王爲五帝宗若一神而兩祭之則薦獻數瀆此神無二主也貞觀永徽禮實專配由顯慶後始兼尊焉今請以高祖配圓丘方澤太宗配南北郊高宗配五天帝鳳閣舍人元萬頃范履冰等議今禮昊天上帝等五祀咸奉高祖太宗兼配以申孝也詩昊天章二后受之易薦上帝配祖考有兼配義高祖太宗既先配五祀當如舊請奉高宗歷配焉自是郊丘三帝並配云伯儀歷國子祭酒脩文館學士卒

路敬淳貝州臨清人父文逸遇隋季大亂閭門死於盜文逸遁免流離辛苦自傷家多難閉口不食行者哀其窮彊飲食之更負以行乃得脫貞觀末官申州司馬敬淳少志學足不履門居親喪倚廬不出者三年服除號慟入門形容癯毀妻不之識後擢進士第天授中再遷太子司議郎兼脩國史崇賢館學士數受詔蒐輯慶卹儀典武后稱之尤明姓系自魏晉以降推本其來皆有條序著姓略衣冠系錄等百餘篇後坐綦連耀交通下獄死神龍初贈秘書少監弟敬潛少與敬淳齊名歷懷州錄事參軍亦坐耀事繫獄

免死後爲遂安令先是令多死敬潛欲辭妻曰君不死獄而得全非生死有命邪從之到官有梟嘯其屏鼠數十走于前左右驅之擁杖而號敬潛不爲懼久之遷衞令位中書舍人唐初姓譜學惟敬淳名家其後柳沖韋述蕭穎士孔至各有撰次然皆本之路氏

王元感濮州鄄城人擢明經高第調博城丞紀王慎爲兗州都督厚加禮敬其子東平王續往受業天授中稍遷左衞率府錄事兼直弘文館武后時已郊遂享明堂封嵩山詔與韋叔夏等草儀具衆推其練洽轉四門博士仍直弘文館年雖老讀書不廢夜所撰書糾謬春秋振滯禮繩愆等凡數十百篇長安時上之丐官筆楮寫藏秘書有詔兩館學士成均博士議可否祝欽明郭山惲李憲等本章句家見元感詆先儒同異不懌數沮詰其言元感緣鏬申釋音不詘魏知古見其書歎曰五經指南也而徐堅劉知幾張思敬等惜其異聞每爲助理聯跡薦之遂下詔褒美以爲儒宗拜太子司議郎兼崇賢館學士中宗以東宮官屬加朝散大夫卒元感

初著論三年之喪以三十有六月譏詆諸儒鳳閣舍人張柬之破其說曰三年之喪二十五月由古則然春秋僖公三十三年十二月乙巳公薨文公二年冬公子遂如齊納幣左氏曰禮也杜預謂僖喪終是年十一月納幣在十二月故謂之禮公羊傳納幣不書此何以書譏何以譏三年之內不圖婚何休曰僖以十二月薨未終二十五月故譏云杜預推曆乙巳乃在十一月經書十二月爲誤文公元年四月葬僖公傳曰緩夫諸侯之葬五月若十二月薨五月不得云緩則十一月明甚然二家所競乃一月非一歲則二十五月其一驗也書稱成湯既沒太甲元年曰惟元祀十有二月伊尹祀于先王奉嗣王祇見厥祖孔安國曰湯以元年十一月崩此則明年祥又明年大祥故下言惟三祀十有二月朔尹以冕服奉嗣王歸于亳是十一月服除而冕顧命四月哉生魄王不懌翌日乙丑王崩丁卯命作冊度越七日癸酉伯相命士須材則成王崩至康王麻冕黼裳凡十日康王始見廟明湯崩在十一月比殯訖以十二月祇見其祖顧命見廟訖諸侯出廟門俟伊訓言祇見厥祖侯甸羣后咸在則崩及見廟周因於殷也非元年前復有一歲此二十五月之二驗禮三年之喪二十五月而畢哀痛未盡然而以是爲斷者送死有已服生有節又曰期而小祥食菜果又期而大祥有醯醬中月而禫食酒肉又曰再期之喪三年期之喪二年九月七月之喪三時五月之喪二時三月之喪一時此二十五月之三驗儀禮期而小祥又期而大祥中月而禫是月也吉祭此二十五月之四驗書春秋禮皆周公尼父所定敢問此可爲法否昔鄭玄以中月而禫者內容一月自喪至禫凡二十七月今既用之而二十五月初無疑論大抵子於親喪有終身之痛創巨者日久痛深者愈遲何歲月而止乎故練而慨然悲慕未盡而踊擗之情差未祥而廓然哀傷已除而孫貌之懷更劇此情之所致寧外飾哉故先王立其中制使情文兩稱是以祥則縞帶素紕禫則無不佩夫去衰麻襲錦縠行道之人皆不忍直爲節之以禮叵如之何

故仲由不能過制爲姊服孔鯉不能過期哭母彼豈不懷哀名教之嚴也當世謂柬之言不詭聖人而元感論遂廢

王紹宗字承烈梁左民尚書銓曾孫系本琅邪徙江都云少貧狹嗜學工草隸客居僧坊寫書取庸自給凡三十年庸足給一月即止不取贏人雖厚償輒拒不受徐敬業起兵聞其行以幣劫之稱疾篤復令唐之奇彊遣不肯赴敬業怒將殺之之奇曰彼人望也殺之沮士心不可由是免事平大總管李孝逸表其節武后召赴東都謁殿中褒慰良厚擢太子文學累進祕書少監使侍皇太子紹宗雅脩飭當時公卿莫不慕悅其風張易之兄弟亦頗結納易之誅坐廢卒于家嘗與人書曰鄙夫書無工者特由水墨之積習耳常精心率意虛神靜思以取之吳中陸大夫常以余比虞君以不臨寫故也聞虞被中畫腹與余正同虞即世南也紹宗兄玄宗隱嵩山號太和先生傳黃老術

彭景直瀛州河間人中宗景龍末爲太常博士時獻昭乾三陵皆日祭景直上言在禮陵不日祭宗廟有月祭故王者設廟祧壇墠爲親疏多少之殺立七廟一壇一墠曰考廟曰王考廟曰皇考廟曰顯考廟皆月祭遠廟爲祧享嘗乃止去祧爲壇去壇爲墠有禱祭之無禱乃止譙周曰天子始祖高祖曾祖祖考之廟皆朔加薦以象生時朔食號曰祭二祧廟不月祭則古無日祭者今諸陵朔望進食近古之殷事諸節進食近古之薦新鄭玄曰殷事月之朔半薦新貢也於儀禮朔半日猶常日朝夕也既大祥即四時焉此其祭皆在廟云近世始以朔望諸節祭陵寢唯四時及臘五享于廟尋經質禮無日祭於陵之文漢時京師自高祖下至宣帝與太上皇悼皇考陵旁立廟園各有寢便殿故日祭諸寢月祭諸便殿貢禹以禮節煩數白元帝願罷郡國廟丞相韋玄成等後因議七廟外寢園皆無復脩議者亦以祭不欲數宜復古四時祭於廟劉歆引春秋外傳曰祖禰日祭曾高月祀二祧時享壇墠歲貢魏晉以降不祭墓唐家擇古作法臣謂宜罷諸陵日祭如禮便帝不從

因下詔有司言諸陵不當日進食夫禮以人情爲之沿革何專古而泥所聞乾陵宜朝晡進奠昭獻陵日一進或所司乏于費可減朕常膳爲之帝崩葬定陵有司議以和思皇后祔葬后爲武后所殺不得其喪所將以招魂合諸梓宮景直曰招魂古無傳不可請如橋山藏衣冠故事納后褘衣復寢宮舉衣魂輅告以太牢內之方中奉帝梓椑右覆以衷衾衆當其言制曰可景直後歷禮部郎中卒

盧粲幽州范陽人後魏侍中陽烏五世孫祖彥卿亦善著書粲始冠擢進士第神龍中累遷給事中時節愍太子立韋后疾之諷中宗以衛府封物給東宮粲駁奏太子匕鬯主歲時服用宜取於百司周禮諸用財器歲終則會唯王及太子不會今乃與諸王等夷非所謂憲章古昔者詔可武崇訓死詔墓視陵制粲曰凡王公主墓無稱陵者唯永泰公主事出特制非後人所援比崇訓塋兆請視諸王詔曰安樂公主與永泰不異崇訓於主當同穴爲陵不疑

粲固執以陵之稱本施尊極雖崇訓之親不及雍王雍墓不稱陵崇訓緣主而得假是名哉詔可主大怒出粲陳州刺史粲曰昔所論得行雖遠何憚開元初爲秘書少監其從父行嘉仕爲雍王記室亦以學聞粲累封固安縣侯終邠王傅謚曰景

尹知章絳州翼城人少雖學未甚通解忽夢人持巨鑿破其心內若劑焉驚悟志思開徹遂徧明六經諸生嘗講授者更北面受大義長安中擢定王府文學遷太常博士中宗時或建言以涼武昭王爲七廟始祖知章議武昭遠世非王業所因乃止出爲陸渾令坐事輒棄官去時散騎常侍解琬亦罷歸與知章譚思經術舉訢訢然張說表諸朝擢禮部員外郎轉國子博士馬懷素繕定秘書奏知章是正文字每休沐講授未始輟於易老莊書尢縣解弟子貧者賙給之性和厚人不見有喜慍未嘗問產業其子欲廣市樵米爲歲中計知章曰如而計則貧人何以取資且吾尚應奪民利邪卒官所往傳頗多行於時門人孫季良等頌其德刻著東都國子監門外季良偃師人一名翌仕歷左拾遺集賢院直學士

張齊賢陝州陝人聖曆初爲太常奉禮郎武后詔百官議告朔于明堂讀時令布政事京官九品以上四方朝集使皆列於廷太常博士辟閭仁諝曰經無天子月告朔唯玉藻天子聽朔南門之外周太宰正月之吉布政於邦國都鄙干寶曰建子月告朔日也此玉藻聽朔同誼今元日讀時令合古聽朔事獨鄭玄以秦制月令有五帝五官因言聽朔必以特牲告時帝及神以文王武王配其言非是月令曰其帝太昊其神句芒謂宣令告人使奉時務業月皆有令故云非天子月朔以配帝祭也告朔者諸侯禮也春秋既視朔遂登臺左氏說人君月告朔於廟其祭爲朝享魯自文公始不視朔明非天子所行玄謂告帝即人帝神即重黎五官不言天子拜祭臣請罷告朔月祭以應古禮齊賢不韙其說質曰穀梁氏稱閏月天子不告朔它月故告朔矣左氏言魯不告閏朔爲棄時政則諸侯雖閏告朔矣周太史頒朔于邦國玉藻閏月王居門是

天子雖閏亦告朔二家去聖不遠載天子諸侯告朔事顯顯弗繆今議者乃以太宰正月之吉布治邦國而言天子元日一告朔殊失其旨一歲之元六官自布所職之典干寶謂吉爲朔故世人繆吉爲告據繆失經不得爲法議者又引左氏說專在諸侯不知玉藻與左說正同而獨於天子言歲首一告何去取之恣也又謂時帝五人帝也玄於時帝包天人故以文武作配是並告兩五帝爲不疑諸侯受朔天子藏於廟天子受朔于天宜在明堂故告時帝配祖考議者曰天子月告祭須朔則諸侯安得藏之故太宰歲首布一歲事太史頒之也是不然周太史頒朔邦國是摠頒十二朔於諸侯天子猶月告者須官府都鄙也內外異言之也禮不可罷鳳閣侍郎王方慶又推言明堂布政之宮所以明天氣統萬物也漢儒以明堂太廟爲一宗祀其祖而配上帝取宗祀曰清廟正室爲太室向陽爲明堂建學爲太學圜水爲辟雍異名同事古之制也天子以正月上辛摠受十二月政於南郊還藏于祖廟月取一

政班之明堂諸侯則受於天子藏之祖廟月取一政行之于國王者以其禮告廟謂之告朔視月之政謂之視朔王藻玄冕而朝日東門之外聽朔南門之外鄭玄說明堂在國陽就其時之堂而聽朔焉卒事宿路寢今元日通天宮受朝有司遂讀時令布政古之禮也舊說天子歲入明堂者十八大享一月告朔十二四時迎氣四巡狩之歲一今議者唯許歲首一入不以隘乎陛下幸建明堂遵用告朔事若月一聽則近于煩每孟月視朔惟制定其禮臣下不敢專成均博士吳揚吾等共言秦滅學告朔禮廢今用四孟月季夏至明堂告五時帝堂上請兼如齊賢方慶議不數歲禮亦廢久之齊賢遷博士時東都置太社禮部尚書祝欽明問禮官博士周家田主用所宜木今社主石柰何齊賢與太常少卿韋叔夏國子司業郭山惲尹知章等議春秋君以軍行祓社釁鼓祝奉以從故曰不用命戮于社社稷主用石以可奉而行也崔靈恩曰社主用石以地產最實與呂氏春秋言殷人社用石後魏天平中遷太

社石主其來尚矣周之田主用所宜木其民間之社歟非太社也於是舊主長尺有六寸方尺七寸問博士云何齊賢等議社主之制禮無傳天子親征載以行則非過重禮社祭土主陰氣韓詩外傳天子太社方五丈諸侯半之五土數社主宜長五尺以準數五方二尺以準陰偶刻其上以象物生方其下以象地體埋半土中本末均也請度以古尺云又問社稷壇隨四方用色而中不數尺冒黃土謂何齊賢等曰天子太社度廣五丈分四方上冒黃土象王者覆被四方然則當以黃土覆壇上舊壇上不數尺覆被之狹乘於古於是以方色飾壇四面及陛而黃土全覆上焉祭牲皆太牢其後改先農曰帝社又立帝稷皆齊賢等參定中宗即位因武后東都廟改為唐廟議滿七室以涼武昭王為始祖齊賢上議禮天子七廟尊始封君曰太祖百代不遷始祖無聞焉殷自玄王至湯周后稷至武王皆出太祖後合食有序景皇帝始封唐實為太祖以世數近故尚在昭穆今乃上引武昭王為始祖異乎殷周之本

卨稷也卨稷興能景皇帝是也昭王國不世傳後嗣失守景帝實始封唐子孫是承若近捨唐遠引涼不見其可且魏不祖曹參晉不祖司馬卬宋不祖楚元王齊梁不祖蕭何陳隋不祖胡公楊震今謂昭王為祖可乎漢以周郊后稷議欲郊堯杜林以為周興自后稷漢業特起功不緣堯卒不果郊武德初定去昭王尤近不託祖者不可故也今而立之非祖宗意景皇失位神弗臨享殆非詒厥孫謀者博士劉承慶尹知章又言受命之君王迹有淺深代系有遠邇祖以功昭穆以親有功者不遷親盡者毀今不宜以廟數未備引當遷之主於昭穆上苟充七室也景皇帝既號太祖以世淺猶在六室位則室未當有七非天子廟不當七也大帝神主既祔宣皇帝當遷宣非始祖又無宗號親盡而遷不可復立請仍為六室詔宰相詳裁於是祝欽明等上言博士等三百人為兩說齊賢等不祖武昭王劉承慶等請遷宣皇帝臣等欲皆可其奏詔可俄以孝敬皇帝為義宗列於廟為七室西京太廟亦如之齊賢遷

累諫議大夫卒

柳沖蒲州虞鄉人隋饒州刺史莊曾孫父楚賢大業中為河北縣長高祖兵興堯君素據郡固守楚賢說曰隋之亡天下共知唐公名在圖籙動以誠信豪英景赴天所贊也君子見幾而作俟終日邪君素不從楚賢潛行自歸授侍御史貞觀中持節冊拜突厥辭其遺不受歷交桂二州都督杭州刺史皆有名沖好學多所研總天授初為司府寺主簿詔遣安撫淮南使有指封河東縣男中宗景龍中遷左散騎常侍脩國史初太宗命諸儒撰氏族志甄差羣姓其後門胄興替不常沖請改脩其書帝詔魏元忠張錫蕭至忠岑羲崔湜徐堅劉憲吳兢及沖共取德功時望國籍之家等而次之夷蕃酋長襲冠帶者析著別品會元忠等繼物故至先天時復詔沖及堅兢與魏知古陸象先劉子玄等討綴書乃成號姓系錄歷太子賓客宋王師昭文館學士以老致仕開元初詔沖與薛南金復加刊竄乃定後柳芳著論甚詳今刪其要著之左方芳之

言曰氏族者古史官所記也昔周小史定繫世辯昭穆故古有世本録黄帝以來至春秋時諸侯卿大夫名號繼統左丘明傳春秋亦言天子建德因生以賜姓胙之土命之氏諸侯以字爲氏以謚爲族昔堯賜伯禹姓曰姒氏曰有夏伯夷姓曰姜氏曰有吕下及三代官有世功則有官族邑亦如之後世或氏於國則齊魯秦吴氏於謚則文武成宣氏於官則司馬司徒氏於爵則王孫公孫氏於字則孟孫叔孫氏於居則東門北郭氏於志則三烏五鹿氏於事則巫乙匠陶於是受姓命氏粲然衆矣秦既滅學公侯子孫失其本系漢興司馬遷父子乃約世本脩史記因周譜明世家乃知姓氏之所由出虞夏商周昆吾大彭豕韋齊桓晉文皆同祖也更王迭霸多者千祀少者數十代先王之封既絶後嗣蒙其福猶爲强家漢高帝興徒步有天下命官以賢詔爵以功誓曰非劉氏王無功侯者天下共誅之先王公卿之胄才則用不才弃之不辨士與庶族然則始尚官矣然猶徙山東豪傑以實京師齊諸田楚屈

景皆右姓也其後進拔豪英論而録之蓋七相五公之所由興也魏氏立九品置中正尊世胄卑寒士權歸右姓已其州大中正主簿郡中正功曹皆取著姓士族爲之以定門胄品藻人物晉宋因之始尚姓已然其別貴賤分士庶不可易也于時有司選舉必稽譜籍而考其眞僞故官有世胄譜有世官賈氏王氏譜學出焉由是有譜局令史職皆具過江則爲僑姓王謝袁蕭爲大東南則爲吴姓朱張顧陸爲大山東則爲郡姓王崔盧李鄭爲大關中亦號郡姓韋裴柳薛楊杜首之代北則爲虜姓元長孫宇文于陸源竇首之虜姓者魏孝文帝遷洛有八氏十姓三十六族九十二姓八氏十姓出於帝宗屬或諸國從魏者三十六族九十二姓世爲部落大人並號河南洛陽人郡姓者以中國士人差第閥閲爲之制凡三世有三公者曰膏粱有令僕者曰華腴尚書領護而上者爲甲姓九卿若方伯者爲乙姓散騎常侍太中大夫者爲丙姓吏部正員郎爲丁姓凡得入者謂之四姓又詔代人諸胄初無族姓其穆陸

奚于下吏部勿充猥官得視四姓北齊因仍舉秀才州主簿郡功曹非四姓不在選故江左定氏族凡郡上姓第一則爲右姓太和以郡四姓爲右姓齊浮屠曇剛類例凡甲門爲右姓周建德氏族以四海通望爲右姓隋開皇氏族以上品茂姓則爲右姓唐貞觀氏族志凡第一等則爲右姓路氏著姓略以盛門爲右姓柳冲姓族系録凡四海望族則爲右姓不通歷代之説不可與言譜也今流俗獨以崔盧李鄭爲四姓加太原王氏號五姓蓋不經也夫文之弊至于尚官官之弊至于尚姓姓之弊至于尚詐隋承其弊不知其所以弊乃反古道罷鄉舉離地著尊執事之吏於是乎士無鄉里里無衣冠人無廉恥士族亂而庶人僭矣故善言譜者繫之地望而不惑質之姓氏而無疑綴之婚姻而有別山東之人質故尚婚婭其信可與也江左之人文故尚人物其智可與也關中之人雄故尚冠冕其達可與也代北之人武故尚貴戚其泰可與也及其弊則尚婚婭者先外族後本宗尚人物者進庶孽退嫡長尚

冠冕者略伉儷慕榮華尚貴戚者徇勢利亡禮教四者俱弊則失其所尚矣人無所守則士族削士族削則國從而衰管仲曰爲國之道利出一孔者王二孔者彊三孔者弱四孔者亡故冠婚者人道大倫周漢之官人齊其政一其門使下知禁此出一孔也故王魏晉官人尊中正立九品鄉有異政家有競心此出二孔也故彊江左代北諸姓紛亂不一其要無歸此出三孔也故弱隋氏官人以吏道治天下人之行不本鄉黨政煩於上人亂於下此出四孔也故亡唐承隋亂宜救之以忠忠厚則鄉黨之行修鄉黨之行修則人物之道長人物之道長則冠冕之緒崇冠冕之緒崇則教化之風美乃可與古參矣晉太元中散騎常侍河東賈弼譔姓氏簿狀十八州百十六郡合七百一十二篇甄析士庶無所遺宋王弘劉湛好其書弘每日對千客可不犯一人諱湛爲選曹譔百家譜以助銓序文傷寡省王儉又廣之王僧孺演益爲十八篇東南諸族自爲一篇不入百家數弼傳子匪之匪之傳子希鏡希鏡譔姓氏

要狀十五篇尤所諳究希鏡傳子執執更作姓氏英賢一百篇又著百家譜廣兩王所記執傳其孫冠冠撰梁國親皇太子序親簿四篇王氏之學本於賈氏唐興言譜者以路敬淳爲宗柳沖韋述次之李守素亦明姓氏時謂肉譜者後有李公淹蕭穎士殷寅孔至爲世所稱初漢有鄧氏官譜應劭有氏族一篇王符潛夫論亦有姓氏一篇宋何承天有姓苑二篇譜學大抵具此魏太和時詔諸郡中正各列本土姓族次第爲擧選格名曰方司格人到于今稱之

馬懷素字惟白潤州丹徒人客江都師事李善貧無資晝樵夜輒然以讀書遂博通經史擢進士第又中文學優贍科補鄠尉積勞遷左臺監察御史長安中大夫魏元忠爲張易之構讁嶺表太僕崔貞愼東宮率獨孤褘之祖道易之怒使人上急變告貞愼等與元忠謀反武后詔懷素按之使者促迫懷素執不從曰貞愼餞流人當得罪以爲謀反則非昔彭越以逆誅欒布奏事尸下漢不坐罪今元忠罪非越比不宜坐餞闔之人且陛下操生殺柄欲加之罪自當處決聖心既付臣按狀惟知守陛下法爾后意解貞愼等乃免宰相李迥秀藉易之勢斂賕諉法懷素劾罷之轉禮部員外郎以十道使黜陟江西處決平愆遷考功覈取實才權貴謁請不能阿撓擢中書舍人內供奉爲脩文館直學士開元初爲戶部侍郎封常山縣公進兼昭文館學士篤學手未嘗廢卷謙恭愼畏推爲長者玄宗詔與褚无量同爲侍讀更日番入既叩閤肩輿以進或行在遠聽乘馬宮中每宴見帝自送迎以師臣禮有詔句校祕書是時文籍盈漫皆炱朽蟫斷籤縢紛舛懷素建白願下紫微黃門召宿學巨儒就校繆缺又言自齊以前舊籍王儉七志已詳請採近書篇目及前志遺者續儉志以藏祕府詔可即拜懷素祕書監乃召國子博士尹知章四門助敎王直直國子監趙玄默陸渾丞吳綽桑泉尉韋述扶風丞馬利徵湖州司功參軍劉彥直臨汝丞宋辭玉恭陵令陸紹伯新鄭尉李子釗杭州參軍殷踐猷

梓潼尉解崇質四門直講余欽進士王愜劉仲丘右威衛參軍侯行果邢州司戶參軍袁暉海州錄事參軍晁良右率府胄曹參軍毋煚滎陽主簿王灣太常寺太祝鄭良金等分部撰次踐猷從弟祕書丞承業武陟尉徐楚璧是正文字懷素奏祕書少監盧俌崔沔爲脩圖書副使祕書郎田可封康子元爲判官然懷素不善著述未能有所緒別會卒帝擧哀洛陽南城門贈潤州刺史謚曰文給鑾還鄉里喪事官辦懷素卒後詔祕書官並號脩書學士草定四部人人意自出無所統一踰年不成有司疲於供擬太僕卿王毛仲奏罷內料又詔右常侍褚无量大理卿元行沖考絀不應選者无量等奏脩撰有條宜得大儒綜治詔委行沖乃令煚述欽總緝部分踐猷愜治經述欽治史煚彥直治子灣仲丘治集八年四錄成上之學士無賞擢者行沖知麗正院又奏紹伯利徵彥直踐猷行果子釗直煚述灣玄默欽良金與朝邑丞馮朝隱冠氏尉權寅獻祕書省校書郎孟曉揚州兵曹參軍韓覃王嗣琳福昌令張悱進士崔藏之入校麗正書由是祕書省罷撰緝而學士皆在麗正矣愜仲丘老病還鄉里紹伯卒于官直終岐王府記室參軍事玄默集賢直學士利徵出爲山茌令儒緩無治術免官終于家子釗坐保任非人終德州長史欽至太學博士集賢院學士灣洛陽尉良金右補闕京兆府倉曹參軍事寅獻臨淮太守曉左補闕覃萊州別駕坐誣告刺史流遠方藏之膳部員外郎明年以將仕郎梁令瓚文學直書院後以右率府兵曹參軍而罷終恒王府司馬祕書省校書郎源幼良代利徵後以協律郎罷

殷踐猷字伯起陳給事中不害五世從孫博學尤通氏族曆數醫方與賀知章陸象先韋述最善知章嘗號爲五總龜謂龜千年五聚問無不知也初爲杭州參軍擧文儒異等科授祕書省學士用曹州司法參軍兼麗正殿學士以叔父喪哀慟歐血而卒年四十八少子寅擧宏辭爲太子校書出爲永寧尉吏侮謾甚寅怒殺之貶澄城丞病且死以母蕭老不忍決及歛其子亮斷指剪髮置棺

中自誓事祖母如寅在其後侍蕭疾不脫衣者數年有白鵲巢
其楣後終給事中杭州刺史踐猷弟季友歷秘書郎善畫從父仲
容終冬官郎中有重名子承業以謹樸稱歷太子左諭德右威衛
將軍族子成己晉州長史初母顏叔父吏部郎中敬仲為酷吏所
陷率二姝割耳訴冤敬仲得減死及成己生而左耳缺云
孔若思越州山陰人陳吏部尚書奐四世孫祖紹安與兄紹新蚤
知名陳亡客居鄠勵志于學外兄虞世南曰本朝淪覆吾分湮滅
有弟若此知不亡矣紹安與孫萬壽皆以文辭稱時謂孫孔隋大
業末為監察御史高祖討賊河東紹安與夏侯端同監軍禮遇尤
密帝受禪端先歸拜秘書監已而紹安間道走長安帝悅擢內史
舍人賜宅一區良馬二匹若思早孤其母躬訓教長以博學聞有
遺以褚遂良書者納一卷焉其人曰是書貴千金何取之廉荅曰
審爾此為多矣更還其半擢明經歷庫部郎中常曰仕官至郎中
足矣座右置止水一石明自足意中宗初敬暉桓彥範當國以若

思多識古今凡大政事必咨質後行三遷禮部侍郎出為衛州刺
史故事以宗室為州別駕見刺史鶩放不肯致恭若思劾奏別駕
李道欽請詳狀有詔別駕見刺史致恭自若思始以清白擢銀青
光祿大夫賜絹百匹累封梁郡公開元七年卒謚曰惠從父禎第
進士歷監察御史門無賓謁時譏其介高宗時再遷絳州刺史封
武昌縣子謚曰溫子季詡字季和永昌初擢制科授校書郎陳子
昂常稱其神清韻遠可比衛玠終左補闕若思子至字惟微歷著
作郎明氏族學與韋述蕭穎士柳沖齊名撰百家類例以張說等
為近世新族剟去之說子垍方有寵怒曰天下族姓何豫若事而
妄紛紛邪垍弟素善至以實告初書成示韋述述謂可傳及聞垍
語懼欲更增損述曰止丈夫奮筆成一家書奈何因人動搖有死
不可改遂罷時述及穎士沖皆撰類例而至書稱工

儒學列傳中第一百二十四

儒學列傳下第一百二十五　宋　祁　奉　敕　撰　唐書二百

褚无量字弘度杭州鹽官人幼授經於沈子正曹福刻意墳典家瀕臨平湖
有龍出人皆走觀无量尚幼讀書若不聞衆異之尤精禮司馬史記擢明經
第累除國子博士遷司業兼脩文館學士中宗將南郊詔定儀典時祝欽明
郭山惲建言皇后為亞獻无量與太常博士唐紹蔣欽緒固爭以為郊祀國
大事其折衷莫如周禮周禮冬至祭天圜丘不以地配唯始祖為主亦不以
妣配故后不得與又大宗伯凡大祭祀王后不與則攝而薦豆籩徹是后不
應助祭又內宰職大祭祀后祼獻則贊瑤爵祭天無祼知此乃宗廟祭耳巾
車內司服掌后六服與五路無后祭天之服與路是后不助祭天也惟漢有
天地合祭皇后參享事末代黷神事不經見不可為法時左僕射韋巨源佐
欽明故无量議格以母老解官玄宗為太子復拜國子司業兼侍讀撰翼善
記以進厚被禮荅太子釋奠國學令講經建端樹義博敏而辯進銀青光祿
大夫錫予蕃渥及即位遷左散騎常侍兼國子祭酒封舒國公母喪解詔州
刺史薛瑩弔祭賜物加等廬墓左鹿犯所植松柏无量號訴曰山林不乏忍
犯吾塋樹邪自是羣鹿馴擾不復觸无量為終身不御其肉喪除召復故

官以耆老隨仗聽徐行又為設腰輿許乘入殿中頻上書陳得失開元五年
帝將幸東都而太廟壞姚崇建言廟本苻堅故殿不宜罷行无量鄙其言以
為不足聽乃上疏曰王者陰盛陽微則先祖見變今後宮非御幸者宜悉出
之以應變異舉畯良擯奢靡輕賦慎刑納諫爭察諂諛繼絕世則天人和會
災異訖息帝是崇語東駕遂東无量又上言昔虞舜之狩秩山川徧羣神漢
章祠桓譚冢顧陛下所過名山大川丘陵墳衍古帝王賢臣在祀典者並詔
致祭自古受命之君必興滅繼絕崇德報功故存人之國大於救人之災立
人之後重於封人之墓願到東都收敘唐初逮今功臣世絕者雖在支庶咸
得承襲帝納其言即詔无量祠堯平陽宋璟祠舜蒲坂蘇頲祠禹安邑在所
刺史參獻又求武德以來勳臣苗裔紹續其封初內府舊書自高宗時藏宮
中甲乙叢倒无量建請繕錄補第以廣秘籍天子詔於東都乾元殿東廂部
彙整比无量為之使因表聞喜尉盧僎江陽尉陸去泰左監門率府胄曹參
軍王擇從武陟尉徐楚璧分部讎定衛尉設次光祿給食又詔秘書省司經
局昭文崇文二館更相檢讎采天下遺書以益闕文不數年四庫完治帝詔
羣臣觀書賜无量等帛有差无量又言貞觀御書皆宰相署尾臣位卑不足

以扇請與宰相聯名跋尾不從帝西還從書麗正殿更以脩書學士為麗正殿直學士比京官預朝會復詔无量就麗正纂續前功皇太子及四王未就學无量以孝經論語五通獻帝帝曰朕知之矣乃選郗常亨郭謙光潘元祚等為太子諸王侍讀七年太子齒胄于學詔无量升坐講勸百官觀禮厚賚賜卒年七十五病困語人以麗正書未畢為恨帝聞悼痛詔宰相曰无量朕師令其求逝宜用優典於是贈禮部尚書謚曰文給事官給所譔述百餘篇殁後有於書殿得講史記至言十二篇上之帝歎息以絹五百匹賜其家始無量與馬懷素為侍讀後祕書少監康子元國子博士侯行果亦踐其選雖賞賚豐加而禮遇衰矣陸去泰吳人右補闕內供奉王擇從京兆人終汜水令徐楚璧初應制舉三登甲科開元時為中書舍人集賢院學士帝屬參令視草終中書侍郎東海縣子在中書省久是時李林甫用事或言計議多所參助後更名安貞

元澹字行沖以字顯後魏常山王素連之後少孤養於外祖司農卿韋機及長博學尤通故訓及進士第累遷通事舍人狄仁傑器之嘗謂仁傑曰下之事上譬富家儲積以自資也脯腊膎胰以供滋膳參朮芝桂以防疾疢門下充旨味者多矣願以小人備一藥石可乎仁傑笑曰君正吾藥籠中物不可一日無也

景雲中授太常少卿行沖以系出拓拔恨史無編年乃撰魏典三十篇事詳文約學者尚之初魏明帝時河西柳谷出石有牛繼馬之象魏收以晉元帝乃牛氏子冒司馬姓以著石符行沖謂昭成皇帝名犍繼晉受命獨此可以當之有人破古冢得銅器似琵琶身正圓人莫能辨行沖曰此阮咸所作器也命易以木絃之其聲亮雅樂家遂謂之阮咸開元初罷太子詹事出為岐州刺史兼關內按察使自以書生非彈治才固辭乃為右散騎常侍東都副留守嗣彭王子志謙坐仇人告變考訊自誣株蔓數十人行沖察其枉列奏見原四遷大理卿不樂法家固謝所居官改左散騎常侍封常山縣公充使檢校集賢再遷太子賓客弘文館學士先是馬懷素撰書志褚无量校麗正四部書業未卒相次物故詔行沖并代之玄宗自注孝經詔行沖為疏立于學官以老罷麗正校書事初魏光乘請用魏徵類禮列于經帝命行沖與諸儒集義作疏將立學乃引國子博士范行恭四門助教施敬本采獲刊綴為五十篇上于官於是右丞相張說建言戴聖所録向已千載與經並立不可罷魏孫炎始因舊書擿類相比有如鈔撮諸儒共非之至徵更加整次乃為訓注恐不可用帝然之書留中不出行沖意諸儒間已因著論自辯名曰釋疑曰客問主人小戴之學康成之注魏氏乃有刊易二經孰優主人曰小戴禮行於漢末馬融為傳盧植合二十九篇而為之解世所不傳鉤黨獄起康成於竄伏之中理紛挐之典雖存探賾謀序所具鄭志者百有餘科章句之徒曾不是省王肅因之或多攻詆而鄭學有孫炎雖扶鄭義條例支分箴石間起增革百篇魏氏病羣言之冗膠眾說之精簡刊正芟蘢書畢以聞太宗嘉賞錄賜儲貳陛下纂業具所循襲制諸儒勤分舊義豈悟章句之士堅持昔言擯壓不申疑於知新果於仍故忝當局捕述傍觀必審何所為疑而不申列荅曰改易章句是有五難漢孔安國注古文尚書族兄臧與書曰相如常忿俗儒淫詞冒義欲撥亂反正而未能也孚學守株眾非非正自古而然恐此道未信而獨智為議一也昔孔季彥專古學有孔扶者與俗浮沈毋識產曰今朝廷尊章句內學君獨脩古義非章句內學危身之道也獨善不容於世君其殆哉二也劉歆好左氏欲建學官哀帝納之諸儒遷延不肯置對歆移書譙讓諸博士皆忿恨龔勝時為光祿大夫見歆議乃乞骸骨司空師丹因大發怒詆歆改亂前志非毀先帝所立龔懼出為五原太守以君賓之學公仲之博猶迫同門朋黨之議卒令子駿負謗二世王肅規鄭玄數千百條鄭學馬昭詆劾肅短詔遣博士張融按經問詰融推處是非而肅酬對疲於歲時四也王粲曰世稱伊雒以東淮漢以北康成一人而已咸言先儒多闕鄭氏道備粲竊嗟怪因求所學得尚書注退思其意意

皆盡矣所疑猶未諭焉凡有二篇王弼曰魏晉浮華古道湮替歷載三百士大夫恥為章句唯草野生專經自許不能博究擇從其善徒欲父康成兄子慎寧道孔聖誤諱言鄭服非然則鄭服之外皆讎矣五也夫物極則變比及百年當有明哲君子恨不與吾同世者道之行廢必有其時者歟何遽非近名之嫌邪俄丐致仕十七年卒年七十七贈禮部尚書諡曰獻

陳貞節潁川人開元初為右拾遺初隱章懷懿德節愍四太子並建陵廟分八署置官列吏卒四時祠官進饗貞節以為非是上言王者制祀以功德者猶親盡而毀四太子廟皆別祖無功於人而園祠時薦有司守衛與列帝侔金奏登歌所以頌功德詩曰鍾鼓既設一朝饗之使無功而頌不曰舞詠非度邪周制始祖乃稱小廟未知四廟欲何名乎請罷卒吏詔祠官無領屬以應禮典著別子為祖故有大小宗若謂祀未可絕宜其許所後子孫奉之詔有司博議禮部員外郎裴子餘曰四太子皆先帝冢嗣列聖衾縠屬而為之享春秋書晉世子曰將以晉畀秦秦將祀予此不祀也又言神不歆非類君祀無乃殄乎此有廟世魯定公元年立煬宮煬伯禽子季氏遠祖尚不為限況天子篤親親以及旁朞雖不曰然太常博士段同曰昭陵廟皆天子睦親繼絕世逝者錫類蘩猶生者之開茅土古封建子弟詎皆有功生無所議死乃援禮停祠人其謂何

隱於古伯祖也服緦章懷伯父也服朞懿德節愍堂昆弟也服大功親未盡廟不可廢禮部尚書鄭惟忠等二十七人亦附其言於是四陵廟惟咸吏卒半它如舊遷太常博士玄宗奉昭成皇后祔睿宗室文獻肅明皇后升焉貞節奏言廟必有配一帝一后禮之正也昭成皇后有大姒之德宜升配睿宗肅明皇后既非子貴宜在別廟周人奏夷則歌小呂以享先妣先妣姜嫄也以生后稷故特立廟曰閟宮晉簡文帝鄭宣皇后不配食築宮於外以歲時致享肅明請準周姜嫄晉宣后納主別廟時享如儀於是留主儀坤廟詔隸太廟毋置官屬貞節又與博士蘇獻上言是睿宗於孝和弟也按賀循說兄弟不相為後故殷盤庚不序陽甲而上繼先君漢光武不嗣孝成而上承元帝晉懷帝繼世祖不繼惠帝故陽甲孝成出為別廟又言兄弟共世昭穆位同則毀二廟有天下者從禰而上事七廟尊者所統廣故及遠祖若容兄弟則上毀祖考天子不得全事七世矣請以中宗為別廟大祫則合食太祖奉睿宗繼高宗則禮獻亦序詔可乃奉中宗別廟升睿宗為第七室五年太廟壞天子舍神主太極殿營新廟素服避正寢三日不朝猶幸東都伊闕男子孫平子上書曰乃正月太廟毀此躋二帝之驗也春秋君薨卒哭而祔祔而作主特祀於主烝嘗禘於廟今皆違之魯文公之二年躋僖於閔上後太室壞春秋書其災說曰僖雖閔兄嘗為之

臣居君上是謂失禮故太室壞且兄臣於弟猶不可躋弟嘗臣兄乃可躋乎莊公薨閔公二年而禘春秋非之況大行亙叅朋而太廟災禘不亦亟乎太室尊所若曰魯自是陵夷墮周公之祀太廟今壞意者其將陵夷墮先帝之祀乎陛下未祭孝和先祭太上皇先臣後君昔躋兄弟上今弟先兄祭昔太室壞今太廟毀與春秋正同不可不察武后篡國孝和中興有功今內主別祠不得列于世亦已薄矣夫功不可棄君不可下長不可輕且臣繼君猶子繼父故禹不先鯀周不先不窋宋鄭不以帝乙厲王不肖猶尊之也況中興邪晉太康時宣帝廟地陷梁折又三年太廟殿陷而及泉更營之梁又折天之所譴非必朽而壞也晉不承天故及于亂臣謂宜遷孝和還廟何以違禮下同魯晉哉帝異其言詔有司復議貞節獻與博士馮宗賀之曰天子七廟三昭三穆與太祖而七父昭子穆兄弟不與焉殷自成湯至帝乙十二君其父子世六易乾鑿度曰殷之帝乙六世王則兄弟不為世矣殷人六廟親廟四并湯而六殷兄弟四君若以為世方上毀四室乃無祖禰是必不然古者繇禰極祖雖迭毀迭遷而三昭穆未嘗闕也禮大宗無子則立支子又曰為人後者為之子無兄弟相為後者故捨至親取遠屬父子曰繼兄弟曰及兄弟不相入廟尚矣借有兄弟代立承統告享不得稱嗣子嗣孫乃言伯考伯祖何統序乎殷十二君惟三祖三宗

明兄弟自為別廟漢世祖列七廟而惠帝不與文武子孫昌衍不為漢太宗晉景帝亦文帝兄景絕世不列于廟及告諡世祖稱景為從祖今謂晉武帝越崇其父而廟毀及它何漢出惠帝而尊世長父乎七廟五廟明天子諸侯世父子相繼一統也昭穆列序重繼世也禮兄弟相繼不得稱嗣子明睿宗不父孝和必上繼高宗者偶室於廟則為二穆於禮可乎禮所不可而使天子旁紹伯考棄已親正統哉孝和中興別建園寢百世不毀尚何議哉平子很引僖公逆祀為比殊不知孝和升新寢聖真方祔廟則未嘗一日居上也帝語宰相召平子與博士詳論博士護前言各輒平子平子援經辯數分明獻等不能屈蘇頲右博士故平子坐貶都城尉然諸儒以平子孤挺見迮於禮官不平帝亦知其直久不決然卒不復中宗於廟明年帝將大享明堂貞節以武后所營非古所謂木不鏤土不文之制乃與馮宗上言明堂必直丙巳以憲房心布政太微上帝之所武后始以乾元正寢占陽午地先帝所以聽政故毀殿作堂擬之自有昔如雷無民諱訕以為神靈不悅堂成災火從之后不脩德俄復營構彌用極侈詭禳厭變又欲嚴配上帝神茲昏臨且密邇掖廷人神雜擾是謂不可放物者也二京上都四方是則天子聽政乃居便坐無以尊示群臣願以明堂復為乾元殿使人識其舊自不亦愈乎詔所司詳議刑部尚書王志愔等僉謂明堂瓌怪不

法天燬之餘不容大享請因舊宮循制還署乾元正寢至天子御以朝會若大享復寓圜丘制曰可貞節以壽考卒

施敬本潤州丹陽人開元中為四門助教玄宗將封禪詔有司講求典儀舊制盥手洗爵皆侍中主之詔祀天神太祝主之敬本上言曰周制太宗伯鬱人下士三掌祼事漢無鬱人用近臣漢世侍中微甚籍孺閎孺等幸臣為之後漢郎閨自侍中還步兵校尉秩千石其職省起居執虎子蓋褻臣也今侍中位宰相非鬱人比祝者薦主人意於神非賤職也古三君相見卿為上儐況天人際哉周太祝下大夫二上士四下大夫今郎中太常丞之比上士今員外郎博士之比漢太祝令秩六百石今太祝乃下士以下士接天以大臣奉天子輕重不倫非禮也舊制謁者引太尉升壇謁者位下升壇禮重漢尚書御史屬有謁者僕射一秩六百石銅印青綬謁者三十五以郎中滿歲稱給事中未滿歲稱謁者光祿勳屬有謁者掌賓贊員七十秩比六百石則古謁者名秩差異等今謁者班微循空名忘實事非所以事天也帝詔中書令張說引敬本執采其議故侍中祝謁者視禮輕重以它官攝領敬本以太常博士為集賢院脩撰踰年遷右補闕秘書郎卒

盧履冰幽州范陽人元魏都官尚書義僖五世孫開元五年仕歷右補闕建

言古者父在為母期御靈而心喪武后始請同父三年非是請如禮使玄宗疑之又以舅嫂叔服未安并下百官議刑部郎中田再思曰會禮之家比聚訟循古不必是而行今未必非父在為母三年高宗實行之著令已久何必乖先帝之旨闕人子之情變一期服於其親使與伯叔母姑姊妹同嫂叔舅甥服太宗實制之閱百年無異論不可改履冰因言上元中父在為母三年后雖請未用也逮垂拱始行之至有祖父母在而子孫婦沒行服再期不可謂宜禮女子無專道故曰家無二尊父在為母服期統一尊也今不正其失恐後世復有婦奪夫之政不可不察書留未下履冰即極陳父在為母立几筵者一期心喪者再期父必三年而後娶以達子之志夫聖人豈薄情於所生固有意敎天下昔武后陰儲篡謀豫自光崇并期齊衰抗斬衰儀而乘陵唐家以啓釁階孝和僅得及正韋氏復出酖殺天子幾亡宗社故嘗將以正夫婦之綱非特母子間也議者或言降母服非詩所謂罔極者而又與伯叔母姑姊妹等且齊斬已有升降則歲月不容異也此迂生鄙儒未習先王之旨安足議夫禮哉罔極者春秋祭祀以時思之君子有終身之憂之謂何限一期二期服哉聖人之於禮必建中制使賢不肖共成文理而後釋彼伯叔姑姊烏有楚杖之制三年心喪乎母齊父斬不易之道也左散騎常侍元行沖議曰古緣情制服女天父妻天夫斬衰三年情禮俱盡者因心立極也妻喪杖期情禮俱殺者遠嫌疑尊乾道也為嫡子三年斬衰而不去官尊祖重嫡崇其禮殺其情也孝莫大於嚴父故父在為母免官齋而期心喪三年情申而禮殺也自堯舜周公孔子所同而令捨尊厭之重虧嚴父之義謂之禮可乎姨舅從母之名以母之女黨加於舅服不為完理嫂叔不服則遠嫌也請據古為適帝弗報是時言喪服各以所見奮各紛騰七年乃下詔服紀一用古制自是人間父在為母服或期而禫禫而釋心喪三年或期而禫終三年或齊衰三年後履冰以官卒

王仲丘沂州琅邪人祖師順仕高宗議漕輸事有名當時終司門郎中仲丘開元中歷左補闕內供奉集賢脩撰起居舍人時典章差駁仲丘欲合貞觀顯慶二禮據有其舉之莫可廢之誼即上言貞觀禮正月上辛祀感帝於南郊顯慶禮祀昊天上帝於圓丘以祈穀臣謂詩春夏祈穀于上帝禮上辛祈穀于上帝則上帝當昊天矣鄭玄曰天之五帝遞王王者必感一以興故夏正月祭所生於郊以其祖配之因以祈穀感帝之祀貞觀用之矣請因祈穀之壇徧祭五方帝五帝者五行之精九穀之宗也請二禮皆用貞觀禮雩祀五方上帝五人帝五官于南郊顯慶禮祀昊天上帝于圓丘臣謂雩上帝為百穀祈甘雨故月令大雩帝用盛樂鄭玄謂帝上帝也乃天別號祀于圓丘尊天位也顯慶祀昊天而月令合而祀之貞觀禮祀五帝矣請二禮皆用貞觀禮季秋祀五方帝五官於明堂顯慶禮祀昊天上帝於明堂臣謂周祀后稷以配天宗祀文王於明堂以配上帝先儒以天為感帝引太微五帝著之上帝則屬之昊天鄭玄稱周官旅上帝祀五帝各文而異禮不容并而為一故於孝經天上帝中之曰上帝亦天也神無二主但異其處以避后稷今顯慶享上帝合於經然貞觀祀五方帝矣請二禮皆用詔可遷禮部員外郎卒贈秘書少監

康子元越州會稽人仕歷獻陵令開元初詔中書令張說舉能治易老莊者集賢直學士侯行果薦子元及平陽敬會真於說說藉以聞並賜衣幣得侍讀子元擢累秘書少監會真四門博士俄皆兼集賢侍講學士玄宗將東之太山說引子元行果徐堅韋縚商裁封禪儀初高宗之封中書令許敬宗議周人尚臭故前祭而燔柴說堅子元白奏周官以樂六變天神降是降神以樂非緣燔也宋齊以來皆先嚌福酒乃燎請先祭後燔如貞觀禮便行果與趙冬曦議以為先燎降神嘗祭先著祭已而燔神無由降子元議挺不從說曰康子獨出冢輪以當一隊邪議未判說請決于帝帝詔後燔乘輿自位還減從官先火東都唯子元毋煚韋述以學士從久乃徙宗正少卿以疾授秘書監致仕卒贈汴州刺史帝嘗制贊賜說子元命工圖其象詔冬曦述贊分為傳行果者上谷人歷國子司

業侍皇太子讀卒贈慶王傅始行果會真及長樂馮朝隱同進講朝隱能推索老莊秘義會真亦善老子每啓篇先薰盥乃讀帝曰我欲東求善易者然無賢行果云朝隱終太子右諭德會真太學博士

趙冬曦定州鼓城人進士擢第歷左拾遺神龍初上書曰古律條目千餘隋時姦臣侮法著律曰律無正條者出罪舉重以明輕入罪舉輕以明重一辭而廢條目數百自是輕重沿愛憎被罰者不知其然使賈誼見之慟哭必矣夫法易知則下不敢犯而遠機穽文義深則吏乘便而朋附盛律令格式謂宜刊定科條直書其事其以準加減比附量情及舉輕以明重不應為之類皆勿用使愚夫愚婦相率而遠罪犯者雖貴必坐律明則人信法一則主尊當時稱是開元初遷監察御史坐事流岳州召還復官與秘書少監賀知章校書郎孫季良大理評事咸廙業入集賢院脩撰是時將仕郎王嗣琳四門助教范仙厦為校勘翰林供奉呂向東方顥為校理未幾冬曦知史官事遷考功員外郎與季良廙業知章呂向皆為直學士冬曦俄遷中書舍人內供奉以國子祭酒卒冬曦性放達不育世事兄夏日弟和璧安貞居貞頤貞彙貞皆擢進士第安貞給事中居貞吏部侍郎頤貞安西都護居貞子昌別傳王嗣琳以太子校書郎罷東方顥上書忤旨左遷高安丞廙業亦坐事左遷餘杭令仙厦善講論後

為道士開元集賢學士又有尹愔陸堅鄭欽說盧僎名稍著

尹愔秦州天水人父思貞字季弱明春秋擢高第嘗受學於國子博士王道珪稱之曰吾門人多矣尹子叵測也以親喪哀毀除喪不仕左右史張說尹元凱薦為國子大成每釋奠講辨三教聽者皆得所未聞遷四門助教撰諸經義樞續史記皆未就夢天官麟臺交辟而會親疾敘訣一日卒年四十愔博學尤通老子書初為道士玄宗尚玄言有薦愔者召對喜甚厚禮之拜諫議大夫集賢院學士兼脩國史固辭不起有詔以道士服視事乃就職顓領集賢史館圖書開元末卒贈左散騎常侍

陸堅河南洛陽人初為汝州參軍以友壻李慈伏誅貶涪州參軍再遷通事舍人有詔起復遣中官敦諭不就以給事中兼學士善書初名友悌玄宗嘉其剛正更賜名從封泰山封建安男帝待之甚厚圖形禁中親製贊以秘書監卒年七十一贈吏部尚書謚曰懿

鄭欽說後魏濮陽太守敬叔八世孫開元初繇新津丞請試五經擢第授鞏縣尉集賢院校理歷右補闕內供奉通曆術博物初梁太常任昉大同四年七月於鍾山壙中得銘曰龜言土蓍言水甸服黃鍾啟靈址瘞在三上庚墮遇七中巳亡于三百泱辰交二九重三四百圯當時莫能辨者因藏之戒諸子曰世世以銘訪通人有知之者吾死無恨昉五世孫升之隱居商洛寫以授欽說欽說出使得之於長樂驛至敷水三十里而悟曰卜宅者廋葬之歲月而先識墓圯日辰甸服五百也黃鍾十一也繇大同四年卻求漢建武四年凡五百一十年葬以三月十日庚寅三上庚也圯以七月十二日巳巳七中巳也泱辰十二也建武四年三月至大同四年七月六千三百一十二月月一交故曰六千三百泱辰交二九十八也重三六也建武四年三月十日距大同四年七月十二日十八萬六千四百日故曰二九重三四百圯升之大驚服其智欽說雅為李林甫所惡韋堅死欽說時位殿中侍御史嘗為堅判官貶夜郎尉卒子克鈞為都官郎中吐蕃圍靈州軍餉置遏德宗以克鈞為靈夏二州運糧使轉米峙塞下守者遂安盧僎吏部尚書從愿從子自聞喜尉為學士終吏部員外郎兄備中宗時歷右補闕數言寇敗沙吒忠義詔百官陳破賊勝策獨備上疏以為治內可以及外賞罰明則士盡節鳴沙之役主將先遁中軍猶能死戰正法紀功則我行可勸若忠義驍將材不可當大任宜因古法募人徙邊免行役次盧伍明教令賞虜獲近戰則守家遠戰則利貨購辯勇結諸蕃以圖攻取擇邊州刺史兼積粟謹烽燧以備守中宗善其言然無施行者備終秘書少監

啖助字叔佐趙州人後徙關中淹該經術天寶末調臨海尉丹楊主簿秩滿屏居甘足疏糗善為春秋考三家短長縫綻漏闕號集傳凡十年乃成復攝其綱條為例統其言孔子脩春秋意以為夏政忠忠之敝野商人承之以敬敬之敝鬼周人承之以文文之敝僿救僿莫若忠夫文者忠之末也設教於本其敝且末設教於末敝將奈何武王周公承商之敝不得已用之周公沒莫知所以改故其敝甚於二代孔子傷之曰虞夏之道寡怨於民商周之道不勝其敝故曰後代雖有作者虞帝不可及已蓋言唐虞之化難行於季世而夏之忠當變而致焉故春秋以權輔用以誠斷禮而以忠道原情云不拘空名不尚狷介從宜救亂因時黜陟古語曰商變夏周變商春秋變周而公羊子亦言樂道堯舜之道以擬後聖是知春秋用二帝三王法以夏為本不壹守周典明矣又言幽厲雖衰雅未為風逮平王之東人習餘化苟有善惡當以周法正之故斷自平王之季以隱公為始所以拯薄勉善救周之弊革禮之失也助愛公穀二家以左氏解義多謬其書乃出於孔氏門人且論語孔子所引率前世人老彭伯夷等類非同時而言左丘明恥之丘亦恥之丘明者蓋如史佚遲任者又左氏傳國語屬綴不倫序事乖刺非一人所為蓋左氏集諸國史以釋春秋後人謂左氏便傳著丘明非也助之鑿意多此類助門人趙匡陸質其高第也助卒

年四十七質與其子異裒錄助所為春秋集注總例請匡損益質纂會之號纂例匡者字伯循河東人歷洋州刺史質所稱為趙夫子者大曆時助匡質以春秋施士匄以詩仲子陵袁彝韋彤韋茝以禮蔡廣成以易強蒙以論語皆自名其學而士匄子陵最卓異士匄吳人兼善左氏春秋以二經教授繇四門助教為博士秩滿當去諸生封疏乞留凡十九年卒于官弟子共葬之士匄撰春秋傳未甚傳後文宗喜經術宰相李石因言士匄春秋可讀帝曰朕見之矣穿鑿之學徒為異同但學者如浚井得美水而已何必勞苦旁求然後為得邪子陵蜀人好古學舍峨眉山舉賢良方正擢太常博士遷右補闕大小戴禮有司請正太祖東嚮位而遷獻懿二主子陵議藏主德明興聖廟其言與正後異論紛更復為通難示諸儒諸儒不能詘久之與黜中選補衆傳過家而以為榮終司門員外郎子陵以文義自怡又與其家所存惟圖書及酒數斛而已

贊曰春秋詩易書由孔子時師弟子相傳歷暴秦不斷如系至漢興剗挾書令則儒者肆然講授經典寖興左氏與孔子同時以魯史附春秋作傳而公羊高穀梁赤皆出子夏門人三家言經各有回舛然猶悉本之聖人其得與失蓋十五義或繆誤先儒畏聖人不敢輒改也啖助在唐名治春秋摭訕三家不本所承自用名學憑私臆決尊之曰孔子意也趙陸從而唱之遂顯於時嗚呼孔子

淚乃數千年助所推著果其意乎其未可必也以未可必而必之則固持一已之固而倡茲世則誣誣與固君子所不取助果謂可乎徒令後生穿鑿詭辯詬前人捨成說而自爲紛紛助所階已

韋彤京兆人四世從祖方質爲武后時宰相彤名治禮德宗時爲太常博士先是天寶中詔尚食朔望進食太廟天子使中人侍祠有司不與也貞元十二年帝始詔朔望食異宗太常合供於是彤與博士裴堪議曰禮宗廟朔望不祭園寢則有之貞觀開元間在禮者令不敢變至天寶中始有進食事殆王璵緣生事亡用禳其執褻饌參瀆禮薦不可示遠傳曰祭非外至生于心者也是故聖人筆性牢布籩豆昆蟲草木可薦者莫不咸在所以享宗廟交神明盡孝敬也萊膳羞八珍百品可嗜之饌美臑甘旨謂之褻味所以燕賓客接人情示慈惠也是則薦與宴異籩爲二物不可亂也今若熟褻食而享之非以褻爲敬之意且祭不欲數亦不欲疏感時致享以制中也今園寢月二祭不爲疏廟歲五享不爲數有司奉承得盡其恭若又加盛饌於朔望是失禮之中有司不得盡其恭也故聖者稽古弗敢以孝思之極而瀆禮弗敢以有品之多而膳味頗羅太寶所增奉園寢以珍奉宗廟以禮兩得所宜帝曰是禮先帝裁定遽更之其謂朕何徐議其可而朔望食卒不廢會昭陵寢宮爲原火延燔而客祭瑤臺佛寺文

故宮在山上乏水泉作者憚勞欲即行宮作寢詔宰相百官議吏部員外郎楊於陵議曰園寢非三代制自秦漢以來附陵置寢或遠若邇則無聞焉羣臣成等議園陵於興廢初無適語具寢宮所占在柏城中距陵不遠使諸陵之寢皆有區限故不可從若止柏城則故寢已燔行宮已久因以治飾亦復何嫌或曰太宗創業寢宮不輒易是不然夫陵域宅神神本靜今大興荒廢亟役密邇非幽宅所安改之便彤曰先王建都吉邑不利則爲之遷況有故邪今文寢必從而宮之非無故也神安于從因而建寢於禮至順又宅陵皆在柏城隨便營作不越封兆乃著易從帝重改先帝制還宮山巔彤卒後武宗會昌五年詔京城不許羣臣作私廟宰相李德裕等引彤所議古制廟必中門之外吉凶皆告以親而尊之不自專也今俾立廟京外不能得其意於禮宮之南在三坊曰圍外地荒左立廟無嫌餘六坊可禁詔不許聽準古即居所立廟

陳京字慶復陳宜都王叔明五世孫父兼爲右補闕翰林學士京善文辭常袤稱之妻以兄子擢進士第遷累太常博士德宗在奉天聞段秀實爲賊所害乞日不朝宰相以爲方多難時不宜雍萬機天下其謂何京曰丞相之言非也夫哀大節血賢臣天下所以安況卓卓特異者乎帝曰善還京師擢左補闕帝以盧杞爲饒州刺史京與趙需裴佶宇文炫盧景亮張薦共劾杞輔政要在太白踰時月不得對百官慄慄常若兵在頸陛下復用之姦賊喧嘩復興帝不聽京等爭尤確帝大怒左右辟易諫者稍引卻京正色曰需等毋遽退極道不可以死請杞遂廢帝之立迎訪太后久不得意且息京密白帝遣使物色以求帝大悟終代不敢置初玄宗肅宗既祔室遷獻祖懿祖二祖于西夾室引太祖位東嚮禮儀使于休烈議獻懿親盡於太祖諸食則太祖位不得正請藏二祖神主以太宗中宗睿宗肅宗從世祖南向高宗玄宗從高祖北向禘祫不及二祖凡十年建中初代宗喪畢當大祫京以太常博士上言春秋之義毀廟之主陳於太祖未毀廟之主合食于祖無毀廟遷主不享之言唐家祀制與周異周以后稷爲始封祖而毀主皆在后稷下故太祖東向常統其尊司馬晉以高皇大皇征西四府君爲別廟大禘祫則正太祖位無所屈別廟祭高大以降所以叙親也唐家宜別爲獻懿二祖立廟禘祫則祭太祖遂正東向位德明興聖三帝向已有廟則藏祔二祖爲宜詔百官普議禮儀使太子少師顏真卿曰今議者有三一謂獻懿親遠而遷不當祫宜藏主西室二謂二祖宜祫食與太祖並昭穆缺東向位三謂引二祖祫禘即太祖求不得全其始宜以二主祔德明廟雖然於人神未厭也景帝既受命始封矣百代不遷矣而又配天尊無與上至禘祫時暫屈昭穆以申孝尊先實明神之意所以教天下之孝也況晉蔡謨等有成議不

爲無據請大祫享奉獻主東向懿主居昭景主居穆重本尚順爲萬代法夫祫合也有如別享德明是乃分食非合食也時議者舉然於是還獻懿主祫於廟如真卿議貞元七年太常卿裴郁上言商周以卨稷爲祖上無餘尊故合食有序漢受命祖高皇帝故太上皇不以昭穆合食魏祖武帝晉祖宣帝故高皇處士征西等君亦不以昭穆合食景皇帝始封唐唐推祖焉而獻懿親盡廟遷猶居東向非禮之祀神所不享願下羣臣議於是太子左庶子李嵘等上言謹按晉孫欽議太祖以前雖有主禘祫所不及其所及者太祖後未毀已升藏於二祧者故雖百代及之獻懿在始封前親盡主遷上擬三代則禘祫所不及太祖而下若世祖則春秋所謂陳於太祖者漢議罷郡國廟丞相韋玄成議太上皇孝惠親盡宜毀太上主宜瘞于園惠主遷高廟太上皇在太祖前主瘞於園不及禘祫獻懿比也惠遷高廟在太祖後而及禘祫世祖比也魏明帝遷處士主置園邑歲時以令丞奉薦東晉以征西等祖遷入西除同謂之祧皆不及祀故唐初不祀開元禘祫猶虛東向位洎立九廟追祖獻懿然祝於三祖不稱臣至德時復作九廟遂不爲弘農府君主以祀不及也廣德中始以景皇帝當東向位以獻懿兩主親盡罷祫而藏顏真卿引蔡謨議復奉獻主東向懿昭景穆不記謨義晉未嘗用而唐一王法容可准乎臣等謂當禘郊社無二尊瘞毀遷

藏各以義斷夷。皇帝已東向，一日改易，不可謂禮。宜復藏獻、懿二主於西室，以本祭法遠廟為祧，去祧而壇，去壇而墠，壇墠有禱祭，無禱止之義，太祖得正無所屈。吏部郎中柳冕等十二人議曰：天子以受命之君為太祖，諸侯以始封之主為祖，故自太祖祖以下，親盡迭毀。洎秦滅學，漢不暇禮，晉失宋因，故有連主廟之制，有虛太祖之位，且不列昭穆，非所謂有序；不建迭毀，非所謂有殺；連主廟非所謂有別；虛太祖位，非所謂一尊。此禮所由廢也。傳曰：父為士，子為天子，祭以天子，葬以士。今獻、懿二祖在唐未受命時，猶士也，故高祖、太宗以天子之禮祭之，而不敢奉以東向位。今而易之，無乃亂先帝序乎？周有天下，追王大王、王季，以天子禮及其祭，則親盡而毀。漢有天下，尊太上皇，以天子之禮及祭也，親盡而毀。唐家追王獻、懿二祖，以天子禮及其祭也，親盡而毀，復何所疑？周官有先公之祧，先王之祧。先公遷主藏后稷之廟，其周未受命之祧乎？先王遷主藏文武之廟，其周已受命之祧乎？故有二祧，所以異廟也。今自獻而下，猶先公也；自景而下，猶先王也。請別廟以居二祖，則行周道，復古制，便。工部郎中張薦等請自獻而降，悉入昭穆，虛東向位。司勳員外郎裴樞曰：禮，親親故尊祖，尊祖故敬宗，敬宗故收族，收族故宗廟嚴，宗廟嚴故社稷重。太祖之上，復追尊焉，則尊祖之義乖；太廟之外，別祭廟焉，則社稷不重。漢韋玄成請瘞主於園，晉虞喜請瘞廟兩階間。喜據左氏，自證曰：先王日祭祖考，月祀曾高，時享及二祧，歲祫及壇墠，終禘及郊宗石室。是謂郊宗之祖。喜請夾室中為石室，以奧之。是不然，何者？夾室所以居太祖下，非太祖上藏主所居。未有卑處正尊居傍也。若建石室于園寢，安遷主，采漢、晉舊章，祫禘率一祭，庶乎春秋得變之正。是時，京以考功員外郎又言：興聖皇帝則獻之曾祖，懿之高祖，以曾孫祔曾、高之廟，人情大順也。京兆少尹韋武曰：祫則大合，禘則序祧，當祫之歲，常以獻東向，率懿而後，以昭穆極親親。及禘，則太祖筵于西，列眾主左右，是於太祖不為降，獻無所厭。時諸儒以左氏「子不先父食」，請迎獻主權東向，太祖暫還穆位。同官尉仲子陵曰：所謂「不先食」者，丘明正文公逆祀，儒者安知夏后世數未足時言禹不先鯀乎？魏晉始祖率近，始祖已上皆有遷主，引閟宮詩，則永閟可也；因虞主，則瘞園可也；緣遠祧，則築宮可也；以太祖尊卑，則虛位可也。然永閟與瘞園，臣子所不安；若虛正位，則太祖之尊無時而申。請奉獻、懿二祖遷于德明、興聖廟為順。或曰：二祖別廟，非合食，且德明、興聖二廟禘祫之年皆有薦饗，是已分食矣，獨疑二祖孚？國子四門博士韓愈質眾議，自申其說曰：謂獻、懿二主宜永藏夾室，臣不謂可。且禮，祫祭毀主皆合食，今藏夾室，至祫得不食太廟乎？若二祖不豫，不謂之合矣。二謂兩主宜毀而瘞之，臣不謂可。禮，天子七廟，一壇一墠，遷主皆藏於祧，雖百代不毀，祫則太廟享焉。魏晉以來，始有毀瘞之議，不見于經。唐家三廟，以周制推之，獻、懿猶在壇墠，可毀瘞而不禘祫乎？三謂二祖之主宜各遷諸陵，臣不謂可。二祖享太廟三百年，一日遷之，恐眷顧依違，不即享於下國。四謂宜奉主祔興聖廟而不禘祫，臣不謂可。禮，祭如在，景皇帝雖太祖，於獻、懿子孫也，今引子東向，廢父之祭，不可為典。五謂獻、懿宜別立廟京師，臣不謂可。凡禮有降有殺，故去廟為祧，去祧為壇，去壇為墠，去墠為鬼，漸而遠者祭益希，昔魯立煬宮，春秋非之，謂不當取已毀之廟，既藏之主，復築宮以祭。今議正同，故臣皆不謂可。古者殷祖玄王，周祖后稷，太祖之上皆自為帝，又世數已遠，不復祭之，故始祖得東向也。景皇帝雖太祖，於獻、懿子孫也，當禘祫，獻祖居東向，景皇帝從昭穆，是祖以孫尊，孫以祖屈，神道人情，其不相遠。又常祭眾，合祭寡，則太祖所屈少，而所伸多，與其伸孫尊，廢祖祭，不以順乎？是上禘祫義證十四篇，帝詔尚書省會百官、國子儒官明定可否。左司郎中陸淳奏：按禮及諸儒議，復太祖之位正也。太祖位正，則獻、懿二主宜有所安。今議者有四：曰藏夾室，曰置別廟，曰各遷於園，曰祔興聖廟。臣謂藏夾室，則享獻無期，非周人藏二祧之義；置別廟，論始曹魏，禮無傳焉，司馬晉議而不用；遷諸園，亂宗廟之制；唯祔興聖廟，禘若祫，祭庶乎得禮。帝依違未決。十九年，將禘祭，京復奏禘祭大合祖宗，必尊太祖位，正昭穆，請詔百官議。尚書左僕射姚南仲等請奉獻、懿主祔德明、興聖廟。鴻臚卿王權申衍之曰：周人祖文王，宗武王，故詩清廟章曰祀文王也，胡不言大王、王季？則大王、王季而上皆祔后稷，故清廟得祀文王也。大王、王季之尊，私禮也；祔后稷廟，不敢以私奪公也。古者先王遷廟主，以昭穆合藏于祖廟。獻、懿主宜祔興聖廟，則太祖東向，得其尊，獻、懿主歸得其所。是時言祔興聖廟什七矣，天子尚猶豫未剛定。至是群臣稍顯言二祖本追崇，非有受命開國之鴻構，又權根援詩禮明白，帝泮然，於是定遷二祖于興聖廟，凡禘祫享，詔增廣興聖二室。會祀日薄，廟未成，張緒為室內神主廟垣間，奉興聖、德明主居之，廟成而祔。自是景皇帝遂東向。京自博士獻議，彌二十年乃決，諸儒無後言。帝賜京緋衣、銀魚。昭陵寢占山上，宮侍憚執汲之，請更其所，宰相未能抗，京曰：此太宗之廟，其儉足以為後世法，不可改。議者多附，官人帝曰：京議善。卒不從。帝器京，謂有宰相才，欲用之，會見病狂易，自刺，弗殊。又言中書舍人崔邠、御史中丞李汶訕己，帝使詰辨，無狀，然猶自考功員外再遷給事中，皆兼集賢殿學士。帝疑京為已，忠者中傷，中人問賚相繼，後對延英，帝諭遣京，沮駭，走出，罷為秘書少監，卒。初，帝討李希烈，財用屈，京與戶部侍郎趙贊請稅民屋架、籍商人貲貸力以率貸之。憲宗嘗問宰相李吉甫：我在藩邸，聞德宗播遷，流涕久之，復誰實召亂為我言之對曰德宗始即位躬行儉約引崔祐甫輔政四方企望至治祐甫殁宰相非其人姦佞營蠱謂河北叛臣可以力服甘語先入主聽惑焉而陳京趙贊為帝稅屋架貸質緡內兒外怨身及大亂發與信胥今劉下佐上賴天之靈敢不抵亡帝恨惋曰京與贊真賊臣哉無子以從子褒嗣褒孫伯宜辭著作佐郎不拜

贊曰德宗敝政稅間架借商錢宮市為最甚順宗為太子欲極陳之徵至叔文之諫而止其畏如此區區之臣冒顏而鬬說難哉其卿貸國曰戊士不在民矣意宗聞其斂之令首於賊臣感憤太息愛人之至也及任程异皇甫鎛諫者不聽興利之臣敗君之德甚矣

暢當河東人父璀左散騎常侍代宗時與裴冕賈至王延昌待制集賢院終戶部尚書當進士擢第貞元初為太常博士昭德皇后崩中外服除皇太子諸王將服三年詔太常議太子服當與博士張薦柳冕李吉甫曰子為母齊衰三年蓋通喪也太子為皇后服古無文晉元皇后崩亦疑太子服杜預議古天子三年喪既葬除服魏亦以既葬為節皇太子與國為體理不遂除則東宮臣僕亦以不衰麻出入殿省太子遂以卒哭除服貞觀十年六月文德皇后崩十一月而葬太子喪服之節國史不書至明年正月以晉王為并州都督既命官當已除矣今皇太子宜如魏晉制既葬而虞虞而卒哭卒哭而除心喪三年宰相劉滋齊映以為當等子食於有喪者之側未嘗飽也今太子以衰服侍膳羞蒸嘗可乎今羣臣齊衰三十日公除宜約以為服限乃請如宋齊皇后為其父母服三十日除入謁則服黑衰以還宮衰麻右補闕穆質上疏曰三年之喪自天子達于庶人漢文帝以宗廟社稷之重自貶乃以日易月後世所不能革太子人臣也不得如人君之制母喪宜無厭降惟晉既葬公除議者詭辭以甘時主不足師法今有司之議虧化敗俗常情所鬱夫政以德為本德以孝為大後世記禮之失自今而始顧不重哉父在為母其春古禮也國朝服之三年臣謂三年則大重唯行古為得禮德宗遣內常侍馬欽緒謂質曰太子有撫軍監國問安侍膳之事有司以三十日除既葬釋服以黑衰終喪何疑邪質又奏疏曰太子於陛下子道也臣道也君臣以義則撫軍監國有權奪父子問安侍膳固無服衰之嫌古未有服衰而廢者舒王以下服三年將不得問安侍膳邪太子舒王皆臣子也不宜其異且皇后天下之母其父母士庶也以天下之母為士庶降服可也太子臣子也以臣子為母降可乎公除非古也公門變服今朞喪以下慘制具也太子晨昏侍非公除比黑衰奪情事緣金革今不監國撫軍何抑奪邪子之於父母禮異而情均太子奉君父旨遠報母之心忽使失令名哉乃詔宰臣與有司更議

當等曰禮有公門脫齊衰開元禮皇后父母服十三月從朝旨則十三日而除皇太子外祖父母服五月從朝旨則五日而除恐喪服入侍傷至尊之意非特以金革奪也太子公除以黑衰慘奉朝歸宮衰麻酌禮為制可也宰相乃令太常卿鄭叔則草奏既葬卒哭太子十一月小祥十三月大祥十五月禫內謁即墨服復詔問質質以為雖不能循古禮猶愈於魏晉之文遠甚宰相乃言太子君皇后喪至朝則視哀承慈以寬臣子至行唯心與服內外宜稱今質請降詔於外無害墨衰於內臣謂言行於外而服異於內事非至誠乖於德教請下明詔如叔則議天子從之又董晉代叔則為太常卿帝曰皇太子服朞誰諫官初非朕意暢當等請循魏晉故事至論也當以果州刺史卒

林蘊字復夢泉州莆田人父披字茂彥以臨汀多山鬼淫祠民厭苦之撰無鬼論刺史樊晃奏署臨汀令以治行遷別駕蘊世通經西川節度使韋皐辟推官劉闢反蘊曉以逆順不聽復貽書切諫闢怒械于獄且殺之將就刑大呼曰危邦不入亂邦不居得死為幸矣闢惜其直陰戒刑人抽劍磨其頸以脅服之蘊叱曰死即死我項豈頑奴砥石邪闢知不可服捨之斥為唐昌尉及闢敗蘊名重京師李吉甫李絳武元衡為相蘊貽書諷以國家有西藩猶右臂也今右臂不附隴右瀰迤郊西極汧隴不數百里為外域涇原鳳翔邠寧三鎮皆右臂大藩擁旄鉞數十百人唯李抱玉請復河湟命將不得其人宜拔行伍之長使守秦隴王者功成作樂治定制禮有權臣制樂曲自立喪紀舜命契百姓弗親五品不遜汝作司徒唐以皐佑鍔李安為司徒官不擇人盧從史于皐裴均罪大而刑輕農桑無百分之一農夫一人給百口蠶婦一人供百身竭力於下者飢不得食寒不得衣邊兵菜色而將帥縱侈自養中人十戶不足以給一無功之卒且卒不及秦一騎將六事皆當時極敝蘊亦韋皐所引重嫉其專制感憤闢說然嗜酒多怙物安相罥其不用也會滄景程權辟掌書記既而權上四州版籍請吏而軍中習熟擅地畏內屬故權拒命不得出蘊陳君臣大誼諭首將人人釋然於是權得去蘊還禮部員外郎刑部侍郎劉伯芻薦之於朝出為邵州刺史嘗杖殺客陶玄之投尸江中籍其妻為倡復坐贓杖流儋州而卒蘊辯給嘗有姓崔者矜氏族蘊折之曰崔杼弒齊君林放問禮之本優劣何如邪其人俛首不能對

韋公肅隋儀同觀城公約七世孫元和初為太常博士兼脩撰憲宗將耕籍詔公肅草具儀典客家善之太子少傳判太常卿事鄭餘慶廟有二祖妣疑於祔祭請諸有司公肅議古諸侯一娶九女故廟無二嫡自秦以來有再娶前娶後繼皆嫡也兩祔無嫌晉驃騎大將軍温嶠繼室三疑並為夫人以問太學博士陳舒舒曰妻雖先沒榮辱並從夫禮祔於祖姑祖姑有三則各祔舅之所生是皆夫

人也生以正禮沒不可貶於是遂用紓議自嫡繼於古有殊制於今無異等祔配之典安得不同卿士之寢祭二妻廟享可異乎古繼以媵妾今以嫡妻不宜援一娶為比使子孫榮享不逮也或曰春秋魯惠公元妃孟子卒繼室以聲子聲子孟姪娣也不入惠廟宋武公生仲子歸於魯生桓公而惠公薨立宮而奉之不合于惠公而別宮者何追全之也然其比奈何曰晉南昌府君廟有荀薛兩氏景帝廟有夏侯羊兩氏唐家睿宗室則昭成肅明二后故太師顏真卿祖室有殷柳兩氏二夫人並祔故事則然諸儒不能異初睿宗祥月太常奏朔望弛朝尚食進蔬具止樂餘日御便殿具供奉仗中書門下官得侍它非奏事毋謁前忌與晦三日後三日皆不聽事忌晦之明日百官叩側門通慰後遂為常爰是公肅上言禮忌日不樂而無忌月唯晉穆帝將納后疑康帝忌月下其議有司於是荀訥王洽等引忌時已歲議破其言今有司承前所禁在二十五月限有弛朝徹樂事喪除則禮革王者不以私懷蹶公禮卽故禮禮從月樂漸去其情也不容追遠而立禮反重今茲太常雖郊廟樂具停習是謂反重以慢神也有司釆禁中外作樂是謂無故而徹也願依經誼裁正其違有詔中書門下召禮官學官議咸曰宜如公肅所請制可以官壽卒

許康佐貞元中舉進士宏辭連中之家苦貧母老求為知院官人譏其不擇祿及母喪已除凡辟命皆不答人乃知其為親屈由是有名遷侍御史以中書舍人為翰林侍講學士與王起皆為文宗寵禮帝讀春秋至閽弒吳子餘祭問閽何人邪康佐以中官方彊不敢對帝嘻笑罷後觀書蓬萊殿召李訓問之對曰古閽寺今宦人也君不近刑臣以為輕死之道孔子書之以為戒帝曰朕迩刑臣多矣得不慮哉訓曰列聖知而不能遠惡而不能去陛下念之宗廟福也於是內謀翦除矣康佐知帝指因辭疾罷為兵部侍郎遷禮部尚書卒贈吏部諡曰懿諸弟皆擢進士第而堯佐最先進又舉宏辭為太子校書郎八年康佐繼之堯佐位諫議大夫

列傳第一百二十五

文藝列傳上第一百二十六　唐書二百一

宋　祁　奉　敕　撰

唐有天下三百年文章無慮三變高祖太宗大難始夷沿江左餘風絺句繪章揣合低卬故王楊為之伯玄宗好經術群臣稍厭雕琢索理致崇雅黜浮氣益雄渾則燕許擅其宗是時唐興已百年諸儒爭自名家大曆正元間美才輩出擩嚌道真涵泳聖涯於是韓愈倡之柳宗元李翱皇甫湜等和之排逐百家法度森嚴抵轢晉魏上軋漢周唐之文完然為一王法此其極也若侍從酬奉則李嶠宋之問沈佺期王維制冊則常袞楊炎陸贄權德輿王仲舒李德裕言詩則杜甫李白元稹白居易劉禹錫譎怪則李賀杜牧李商隱皆卓然以所長為一世冠其可尚已然嘗言之夫子之門以文學為下科何哉蓋天之付與於君子小人無常分惟能者得之故號一藝自中智以還恃以取敗者有之朋姦飾偽者有之怨望訕國者有之若君子則不然自能以功業行實光明于時亦不一于立言而垂不腐有如不得試固且闡繹優游異不及排怨不及誹而不忘納君於善故可貴也今但取以文自名者為文藝篇若韋應物沈亞之閻防祖詠薛能鄭谷等其類尚多皆班班有文在人間史家逸其行事故弗得而述云

袁朗其先雍州長安人父樞仕陳為尚書左僕射朗在陳為秘書郎江總攄九品之後主聞其才詔為月賦一篇洒然無留思後主曰謝莊不得獨美於前矣復詔為芝草嘉蓮二頌歎賞久之累遷太子洗馬德教殿學士陳亡入隋歷尚書儀曹郎武德初隱太子與秦王齊王相傾爭致名臣以自助太子有詹事李綱竇軌庶子裴矩鄭善果友賀德仁洗馬魏徵中舍人王珪舍人徐師謨率更令歐陽詢典膳監任璨直典書坊唐臨隴西公府祭酒韋挺記室參軍事庾抱左領大都督府長史唐憲秦王有友于志寧記室參軍事房玄齡虞世南顏思魯諮議參軍事竇綸蕭景兵曹杜如晦鎧曹褚遂良士曹戴冑閻立德參軍事薛元敬蔡允恭主簿薛收李道玄典籤蘇幹文學姚思廉褚亮敦煌公府文學顏師古右元帥府司馬蕭瑀行軍元帥府長史屈突通司馬竇誕天策府長史唐儉司馬封倫軍諮祭酒蘇世長兵曹參軍事杜淹倉曹李守素參軍事顏相時齊王有記室參軍事榮九思戶曹武士逸典籤裴宣儼朗為文學從父弟承序亦有名王召為文學館學士朗累封汝南縣男再轉給事中卒太宗為廢朝一日謂高士廉曰朗任職而性謹厚使人悼惜詔給喪費存問其家朗遠祖滂為漢司徒自滂至朗凡十二世其間位司徒司空者四世淑顗粲皆死宋難昂著節齊梁時朗自以中外人物為海內冠

琅邪王氏踵爲公卿特以累朝佐命有功勳不爲伍則孫誼神功中爲蘇
州刺史司馬張沛者侍中文瓘子嘗白誼曰州得一長史隴西李亶天下甲
門也誼曰夫門戶者歷世名節爲天下所高老夫是也山東人尚婚媾求祿
利耳至見危受命則無人焉何足尚邪沛大慚承序爲晉王元吉府學士府
廢補建昌令治尚慈簡吏民懷德高宗之爲晉王也太宗選僚屬問梁
陳名臣子弟誰可者岑文本曰昔陳亡百司奔散有袁憲者朝服立後主傍
白刃不避也王世充篡隋羣臣上表勸進而憲子給事中承家稱疾不肯署
今其少子承序風操清亮無愧先烈帝乃召拜晉王友兼侍讀加弘文館學
士卒則從祖弟利貞陳中書令敬孫高宗時爲太常博士周王侍讀及王立爲
太子百官上禮帝欲大會羣臣命婦合宴宣政殿設九部伎散樂利貞上疏
諫以爲前殿路門非命婦宴會倡優進御之所請從命婦別殿九部伎從左
右門入罷散樂不進帝納之既會帝傳詔利貞曰卿弈葉忠鯁能抗䟽規朕
之失不厚賜無以勸能者乃賜物百段擢祠部員外郎卒中宗立以舊恩追
贈秘書少監

賀德仁越州山陰人父朗終陳散騎常侍德仁與從兄德基師事周弘正
以文辭稱爲語曰學行可師賀德基文質彬彬賀德仁兄弟八人時比漢荀
氏太守鄱陽王伯山改所居甘滂里爲高陽云始德仁在陳爲吳興王友入
隋楊素薦其材授豫章王記室王遇之厚徙封齊復爲府屬王廢官吏抵罪
而德仁以忠謹獲貰補河東司法參軍素與隱太子善高祖起兵太子封隴
西公以德仁爲友庾抱爲記室俄並遷中舍人以年老不更吏職徙洗馬與
蕭德言陳子良皆爲東宮學士貞觀初遷趙王友卒從子紀敳亦博學高宗
時紀爲太子洗馬敳脩五禮敳卒更令紀兼太子侍讀皆爲崇賢館學士抱者
陳御史中丞衆孫開皇中爲延州參軍調吏部尚書牛弘給筆札令自序
援筆而成爲元德太子學士會嫡皇孫生大宴坐中獻頌太子嘆賞及在隴
西府文檄皆出其手

蔡允恭荊州江陵人後梁左民尚書大業子美姿容工爲詩仕隋歷起居舍
人煬帝有所賦必令諷誦遣教宮人允恭恥之數稱疾授內史舍人俾入宮固
辭繇是疎斥帝遇弑經事宇文化及竇建德歸國爲秦王府參軍文學館
學士貞觀初除太子洗馬卒著後梁春秋

謝偃衛州衛人本姓直勒氏祖孝政仕北齊自爲散騎常侍改姓謝偃在隋爲
散從正員郎貞觀初應詔對策高第歷高陵主簿太宗幸東都方穀洛壞
洛陽宮詔求直言偃上書陳得失帝稱善引爲弘文館直學士遷魏王府功曹

嘗爲塵影賦二篇帝美其文召見欲偃作賦先爲序稱頌言天下乂安功
德茂盛意授偃使賦偃緣帝指名篇曰述聖帝悅賜帛數十初帝即位直中
書省張蘊古上大寶箴諷帝以民畏而未懷其辭挺切擢大理丞偃又獻惟
皇誡德賦其序大略言治忘亂安忘危逸忘勞得忘失四者人主莫不然桀
以瑤臺爲麗而不悟南巢之禍紂以象箸爲華而不知牧野之敗是以聖
人處宮室則思前王所以亡朝萬國則思己所以尊巡府庫則思今所以得
視功臣則思其輔佐之始見名將則思用力之初如此則人無易心天下何
患乎不化哉旦行之堯舜暮失之桀紂豈異人哉其賦蓋規帝成功而自處
至難云又撰玉諜真紀以勸封禪時李百藥工詩而偃善賦時人稱李詩謝
賦府廢終湘潭令蘊古洹水人敏書傳曉世務文擅當時後坐事誅

崔信明青州益都人高祖光伯仕後魏爲七兵尚書信明之生五月五日日方
中有異雀鳴集庭樹太史令史良爲占曰五月爲火火主離離爲文日中文
之盛也雀五色而鳴此兒將以文顯然雀類微位殆不高邪及長彊記美文
章鄉人高孝基嘗語人曰崔生才富爲一時冠但恨位不到耳隋大業中爲
堯城令竇建德僭號而信明族弟敬素者爲賊鴻臚卿自謂得意語信
明曰夏王英武有擧天下心士女襁負而至不可數兄不以此時立功立事豈所謂
見機不俟終日乎答曰昔申胥海隅釣師能固其節爾欲吾屈身賊中求斗
筲邪遂踰城去隱太行山貞觀六年有詔即家拜興勢丞遷秦川令卒信明
蹇亢以門望自負嘗矜其文謂過李百藥議者不許揚州錄事參軍鄭世
翼者亦驁倨數悱輕忤物遇信明江中謂曰聞公有楓落吳江冷願見其
餘信明欣然多出衆篇世翼覽未終曰所見不逮所聞投諸水引舟去世翼
鄭州滎陽人周儀同大將軍敬德孫貞觀時坐怨謗流死嶲州譔交游傳行
於世信明子冬日武后時位黃門侍郎爲酷吏誣死

劉延祐徐州彭城人伯父胤之少志學與孫萬壽李百藥相友善武德中杜
淹薦爲信都令有惠政永徽初以著作郎弘文館學士與令狐德棻陽仁
卿等撰次國史并實錄以勞封陽城縣男終楚州刺史延祐擢進士補渭南尉
有吏能治第一李勣戒之曰子春秋少而有美名宜稍自抑無爲出人上延
祐欽納後檢校司賓少卿封薛縣男徐敬業敗詔延祐持節到軍時吏議敬
業所署五品官殊死六品流延祐謂詿誤可察以情乃論授五品官當流六
品以下除名全宥甚衆拜箕州刺史轉安南都護舊俚戶歲半租延祐責全
入衆始怨謀亂延祐誅其渠李嗣仙而餘黨丁建等遂叛合衆圍安南府城
中兵少不支嬰壘待援廣州大族馮子猷幸立功按兵不出延祐遇害桂州

司馬曹玄靜進兵討建斬之延祐從弟藏器高宗時爲侍御史衛尉卿尉
遲寶琳脅人爲妾藏器劾還之寶琳私請帝止其還凡再劾再止藏器曰
法爲天下縣衡萬民所共陛下用捨繇情法何所施今寶琳私請陛下從之臣
公劾陛下亦從之今日從明日改下何所遵彼匹夫匹婦猶憚失信況天子
乎帝乃詔可然內銜之不悅也稍遷比部員外郎監察御史魏元忠稱其賢
帝欲擢任爲吏部侍郎魏玄同沮曰彼守道不篤者安用之遂出爲宋州司
馬卒子知柔性儉靜美風儀居親喪廬墓側詔築闕表之歷國子司業累
遷工部尚書開元六年河南大水詔知柔馳驛察民疾苦及吏善惡所表陳
州刺史韋嗣立陝州刺史崔日用兗州刺史韋元珪符離令秦毋頊等止二
十七人有治狀久之遷太子賓客封彭城縣侯致仕給全祿終身遺令薄葬
祖載服用皆自勉其費贈太子少保謚曰文弟知幾別有傳
張昌齡冀州南宮人與兄昌宗皆以文自名州欲舉秀才昌齡以科廢久固
讓更舉進士與王公治齊名皆爲考功員外郎王師旦所絀太宗問其故答
曰昌齡等華而少實其文浮靡非令器也取之則後生勸慕亂陛下風雅帝
然之貞觀末翠微宮成獻頌闕下召見試息兵詔少選成文帝大悅戒之曰
昔禰衡潘岳矜己傲物不得死卿才不減二人宜鑒于前副朕所求乃敕於通
事舍人裏供奉俄爲崑山道記室平龜茲露布爲士所稱賀蘭敏之奏豫
北門脩撰卒昌宗官至太子舍人脩文館學士撰古文紀年新傳數十篇
崔行功恒州井陘人祖謙之仕北齊終鉅鹿太守徙占鹿泉少好學唐儉愛
其才妻以女因倩作文奏高宗時累轉吏部郎中以善占奏常兼通事舍人
內供奉坐事貶游安令又召爲司文郎中與蘭臺侍郎李懷儼並主朝廷大
典冊初太宗命秘書監魏徵寫四部羣書將藏內府置讎正二十員書工百
員徵從職又詔虞世南顏師古踵領功不就顯慶中罷讎正員聽書工寫于
家送官取直使散官隨番刊正至是詔東臺侍郎趙仁本舍人張文瓘及行
功懷儼相次充使檢校置詳正學士代散官以勞遷蘭臺侍郎卒孫銑尚定
安公主爲太府卿初主降王同皎後降銑主卒皎子繇請與父合葬給事中
夏侯銛駮奏主與王氏絕妻當還崔詔可銛猶出爲瀘州都督行功兄子玄
暐別有傳
杜審言字必簡襄州襄陽人晉征南將軍預遠裔擢進士爲隰城尉恃才高
以傲世見疾蘇味道爲天官侍郎審言集判出謂人曰味道必死人驚問故答
曰彼見吾判且羞死又嘗語人曰吾文章當得屈宋作衙官吾筆當得王
羲之北面其矜誕類此累遷洛陽丞坐事貶吉州司戶參軍司馬周季重司
戶郭若訥構其罪繫獄將殺之季重等酒酣審言子并年十三袖刃刺季重
於坐左右殺并季重將死曰審言有孝子吾不知若訥故誤我審言免官還
東都蘇頲傷并孝烈誌其墓劉允濟祭以文後武后召審言將用之問曰卿
喜否審言蹈舞謝后令賦歡喜詩歎重其文授著作佐郎遷膳部員外郎神
龍初坐交通張易之流峰州入爲國子監主簿脩文館直學士卒大學士李
嶠等奏請加贈詔贈著作郎初審言病甚宋之問武平一等省候何如答曰甚
爲造化小兒相苦尚何言然吾在久壓公等今且死固大慰但恨不見替人云
少與李嶠崔融蘇味道爲文章四友世號崔李蘇杜融之亡審言爲服緦云
從祖兄易簡九歲能屬文長博學爲岑文本所器擢進士補渭南尉咸亨初
歷殿中侍御史嘗道遇吏部尚書李敬玄不避敬玄恨召爲考功員外郎屈
之而侍郎裴行儉與敬玄不平故易簡上書言敬玄罪敬玄曰襄陽兒輕薄
乃爾因奏易簡險躁高宗怒貶開州司馬審言生子閑閑生甫
甫字子美少貧不自振客吳越齊趙間李邕奇其材先往見之舉進士不中
第困長安天寶十三載玄宗朝獻太清宮饗廟及郊甫奏賦三篇帝奇之使
待制集賢院命宰相試文章擢河西尉不拜改右衛率府胄曹參軍數上賦
頌因高自稱道且言先臣恕預以來承儒守官十一世迨審言以文章顯中
宗時臣賴緒業自七歲屬辭且四十年然衣不蓋體常寄食於人竊恐轉死
溝壑伏惟天子哀憐之若令執先臣故事拔泥塗之久辱則臣之述作雖不
足鼓吹六經至沈鬱頓挫隨時敏給揚雄枚皋可企及也有臣如此陛下其
忍棄之會祿山亂天子入蜀甫避走三川肅宗立自鄜州羸服欲奔行在爲
賊所得至德二年亡走鳳翔上謁拜右拾遺與房琯爲布衣交琯時敗陳濤
斜又以客董廷蘭罷宰相甫上疏言罪細不宜免大臣帝怒詔三司雜問宰
相張鎬曰甫若抵罪絕言者路帝乃解甫謝且稱琯宰相子少自樹立爲醇
儒有大臣體時論許琯才堪公輔陛下果委而相之觀其深念主憂義形於
色然性失於簡酷嗜鼓琴廷蘭託琯門下貧疾昏老依倚爲非琯愛惜人
情至玷汙臣歎其功名未就志氣挫衄覬陛下棄細錄大所以冒死稱述涉
近訐激違忤聖心陛下赦臣百死再賜骸骨天下之幸非臣獨蒙然帝自是
不甚省錄時所在寇奪甫家寓鄜彌年艱窶孺弱至餓死因許甫自往
省視從還京師出爲華州司功參軍關輔饑輒棄官去客秦州負薪採橡栗
自給流落劒南結廬成都西郭召補京兆功曹參軍不至會嚴武節度劒南東
西川往依焉武再帥劒南表爲參謀檢校工部員外郎武以世舊待甫甚善親
入其家甫見之或時不巾而性褊躁傲誕嘗醉登武牀瞪視曰嚴挺之乃

有此兒武亦暴猛外若不爲忤中銜之一日欲殺甫及梓州刺史章彝集吏
於門武將出冠鉤於簾三左右白其母奔救得止獨殺彝武卒崔旰等亂甫
往來梓夔間大曆中出瞿唐下江陵泝沅湘以登衡山因客耒陽游嶽祠
大水遽至涉旬不得食縣令具舟迎之乃得還令嘗饋牛炙白酒大醉一昔
卒年五十九甫曠放不自檢好論天下大事高而不切少與李白齊名時號
李杜嘗從白及高適過汴州酒酣登吹臺慷慨懷古人莫測也數嘗寇亂
挺節無所汙爲歌詩傷時橈弱情不忘君人憐其忠云
贊曰唐興詩人承陳隋風流浮靡相矜至宋之問沈佺期等研揣聲音
浮切不差而號律詩競相襲沿逮開元間稍裁以雅正然恃華者質反好
麗者壯違人得一槩皆自名所長至甫渾涵汪茫千彙萬狀兼古今而有之
它人不足甫乃厭餘殘膏賸馥沾丐後人多矣故元稹謂詩人以來未有如
子美者甫又善陳時事律切精深至千言不少衰世號詩史昌黎韓愈於文
章慎許可至歌詩獨推曰李杜文章在光燄萬丈長誠可信云
王勃字子安絳州龍門人六歲善文辭九歲得顏師古注漢書讀之作指瑕
以擿其失麟德初劉祥道巡行關內勃上書自陳祥道表于朝對策高第年
未及冠授朝散郎數獻頌闕下沛王聞其名召署府脩撰論次平臺秘略書

成王愛重之是時諸王鬬雞勃戲爲文檄英王雞高宗怒曰是且交構斥出
府勃既廢客劍南嘗登葛憒山曠望慨然思諸葛亮之功賦詩見情聞虢
州多藥草求補參軍倚才陵藉爲僚吏共嫉官奴曹達抵罪匿勃所懼事洩
輒殺之事覺當誅會赦除名父福畤繇雍州司功參軍坐勃故左遷交阯
令勃往省度海溺水痵而卒年二十九初道出鍾陵九月九日都督大宴滕王閣
宿命其壻作序以夸客因出紙筆徧請客莫敢當至勃沉然不辭都督怒起
更衣遣吏伺其文輒報一再報語益奇乃矍然曰天才也請遂成文極歡罷
勃屬文初不精思先磨墨數升則酣飲引被覆面臥及寤援筆成篇不
易一字時人謂勃爲腹稾尤喜著書初祖通隋末居白牛谿教授門人甚衆
嘗起漢魏盡晉作書百二十篇以續古尚書後亡其序有錄無書者十篇勃
補完缺逸定著二十五篇嘗謂人子不可不知醫時長安曹元有祕術勃從
之游盡得其要嘗讀易夜夢若有告者曰易有太極子勉思之寤而作易發
揮數篇至晉卦會病止又謂王者乘土王世五十數盡五千年乘金王世四十九數
九百年乘水王世二十數六百年乘木王世三十數八百年乘火王世二十數七百
年天地之常也自黃帝至漢五運適周而復歸唐唐應繼周漢不可承周
隋短祚乃斥魏晉以降非真主正統皆五行沴氣遂作唐家千歲曆武后時

李嗣真請以周漢爲二王後而廢周隋中宗復用周隋天寶中太平久上言
者多以詭異進有崔昌者采勃舊說上五行應運曆請承周漢廢周隋爲
閏右相李林甫亦贊佐之集公卿議可否集賢學士衛包起居舍人閻伯璵
上表曰都堂集議之夕四星聚於尾天意昭然矣於是玄宗下詔以唐承漢
黜隋以前帝王廢介酅公尊周漢爲二王後以商爲三恪京城起周武王漢
高祖廟授崔昌太子贊善大夫衛包司虞員外郎楊國忠爲右相自稱隋宗
建議復用魏爲三恪周隋爲二王後酅介二公復舊封貶崔昌烏雷尉衛包
夜郎尉閻伯璵涪川尉勃兄勔勮弟助皆第進士勮長壽中爲鳳閣舍人壽春
等五王出閤有司具儀忘載冊文羣臣已在乃悟其闕宰相失色勮召五
吏執筆分占其辭粲然皆畢人人嗟服尋加弘文館學士兼知天官侍郎始
裴行儉典選見勮與蘇味道曰二子者皆銓衡才至是語驗勮素善劉思禮
用爲箕州刺史與綦連耀謀反勮與兄涇州刺史勔及助皆坐誅神龍初詔
復官助字子功七歲喪母哀號鄰里爲泣居父憂毀骨立服除爲監察御史
裏行初勔勮勃皆著才名故杜易簡稱三珠樹其後助劼亦以文顯劼蚤卒
福畤少子勸亦有文福畤嘗詫韓思彥思彥戲曰武子有馬癖君有譽兒癖
王家癖何多邪使助出其文思彥曰生子若是可夸也勃與楊炯盧照鄰駱

賓王皆以文章齊名天下稱王楊盧駱號四傑炯嘗曰吾媿在盧前恥居王
後議者謂然炯華陰人舉神童授校書郎永隆二年皇太子已釋奠表其豪俊
充崇文館學士中書侍郎薛元超薦炯及鄭祖玄鄧玄挺崔融等詔可遷
詹事司直俄坐從父弟神讓與徐敬業亂出爲梓州司法參軍遷盈川令張
說以箴贈行戒其苛至官果以嚴酷稱吏稍忤意搒殺之不爲人所多卒官
下中宗時贈著作郎照鄰字昇之范陽人十歲從曹憲王義方授蒼雅調鄧
王府典籤王愛重謂人曰此吾之相如調新都尉病去官居太白山得方士
玄明膏餌之會父喪號嘔丹輒出由是疾益甚客東龍門山布衣藜羹
裴瑾之韋方質范履冰等時時供衣藥疾甚足攣一手又廢乃去具茨山下
買園數十畝疏潁水周舍復豫爲墓偃臥其中照鄰自以當高宗時尚吏
獨儒武后尚法已獨黃老后封嵩山屢聘賢士已廢著五悲文以自明病
既久與親屬訣自沈潁水賓王義烏人七歲能賦詩初爲道王府屬嘗使自
言所能賓王不答歷武功主簿裴行儉爲洮州總管表掌書奏不應調長安
主簿武后時數上疏言事下除臨海丞鞅鞅不得志棄官去徐敬業亂署賓
王爲府屬爲敬業傳檄天下斥武后罪后讀但嘻笑至一抔之土未乾六尺
之孤安在矍然曰誰爲之或以賓王對后曰宰相安得失此人敬業敗賓王

亡命不知所之中宗時詔求其文得數百篇它日崔融與張說評勃等曰勃文章宏放非常人所及炯照隣可以企之說曰不然盈川文如縣河酌之不竭優於盧而不減王恥居後信然愧在前謙也開元中說與徐堅論近世文章說曰李嶠崔融薛稷宋之問之文如良金美玉無施不可富嘉謩之文如孤峯絕岸壁立萬仞叢雲鬱興震雷俱發誠可畏也若施於廊廟駭矣閻朝隱如麗服靚粧燕歌趙舞觀者忘疲若類之風雅則罪人矣堅問今世奈何說曰韓休之文如大羹玄酒有典則薄滋味許景先如豐肌膩理雖穠華可愛而乏風骨張九齡如輕縑素練實濟時用而窘邊幅王翰如瓊林玉斝雖爛然可珍而多玷缺堅謂篤論云

元萬頃後魏京兆王子推裔祖白澤武德中仕至梁利十一州都督封新安公萬頃起家為通事舍人從李勣征高麗管書記勣命別將郭待封以舟師赴平壤馮師本載糧繼之不及期欲報勣而恐為諜所得萬頃為作離合詩遺勣勣怒曰軍機切遽何用詩為欲斬待封萬頃言狀乃免又使萬頃草檄讓高麗而譏其不知守鴨淥之險莫離支報曰謹聞命徙兵固守軍不得入高宗聞之投萬頃嶺外會赦還為著作郎武后諷帝召諸儒論譔禁中萬頃與周王府戶曹參軍范履冰苗神客太子舍人周思茂右史胡

楚賓與選凡撰列女傳臣軌百寮新戒樂書等九千餘篇至朝廷疑議表疏皆密使參處以分宰相權故時謂北門學士思茂履冰神客供奉左右或二十餘年萬頃敏文辭然放達不治細檢無儒者風武后時累遷鳳閣侍郎坐誅履冰者河內人垂拱中歷鸞臺天官二侍郎春官尚書同鳳閣鸞臺平章事兼脩國史載初初坐舉逆人被殺神客東光人終著作郎思茂漳南人與弟思鈞早知名累遷麟臺少監崇文館學士垂拱中下獄死楚賓秋浦人屬文敏甚必酒中然後下筆高宗命作文常以金銀桮酌酒飲之文成輒賜焉家居率沈飲無留賄費盡復入得賜而出類為常性重慎未嘗語禁中事人及其醉問之亦熟視不答尋兼崇賢直學士卒萬頃孫正脩名節擢明經高第授監門衛兵曹參軍舅孫逖與譚物理數已不逮肅宗初吏部尚書崔寓典選正以書判第一召詣京師以父詢倩老辭疾免河南節度使崔光遠表置其府史思明陷河洛挈父匿山中賊以名購正度事急謂弟曰賊祿不可養親彼刺吾名難免矣然不汙身而死吾猶生也賊既得誘以高位瞋目固拒兄弟皆遇害父聞仰藥死路人為哭事平詔錄伏節十一姓而正為冠贈秘書少監以其子義方為華州參軍義方歷京兆府司錄韋夏卿李實繼為尹事必咨之歷虢商二州刺史福建觀察使中官吐突承璀閩人也義方用其親屬為右職李吉甫再當國陰欲承璀助即召義方為京兆尹李絳惡其黨出為鄜坊觀察使一切辦治然苛刻人多怨之卒贈左散騎常侍弟季方舉明經調美原尉歷殿中侍御史兵部尚書王紹表為度支員外郎遷金膳二部郎中號能職王叔文用事憚季方不為用以兵部郎中使新羅新羅聞中國喪不時遣供饋乏季方正色責之閉戶絕食待死夷人悔謝結驩乃還卒年五十一贈同州刺史

列傳第一百二十六

端明殿學士兼翰林侍讀學士龍圖閣學士朝散大夫尚書吏部侍郎兼集賢殿脩撰臣宋祁奉
敕撰

李適字子至京兆萬年人舉進士再調猗氏尉武后脩三教珠英書以李嶠張昌宗爲使取文學士綴集於是適與王無競尹元凱富嘉謨宋之問沈佺期閻朝隱劉允濟在選書成遷戶部員外郎俄兼脩書學士景龍初又擢脩文館學士睿宗時待詔宣光閤再遷工部侍郎卒年四十九贈貝州刺史甞夢與人論大衍數寤而曰五十三吾壽盡此乎勑其子曰霸陵原西視京師吾樂之可營墓樹十松焉及未病時衣冠往寢石榻上置所譔九經要句及素琴于前士貴其達子季卿亦能文舉明經博學宏辭調鄠尉肅宗時爲中書舍人以累貶通州別駕代宗立還爲京兆少尹復授舍人進吏部侍郎河南江淮宣慰使振拔幽滯號振職大曆中終右散騎常侍遺命以布車一乘葬贈禮部尚書季卿在朝薦進才髦與人交有

終始恢博君子也初中宗景龍二年始於脩文館置大學士四員學士八員直學士十二員象四時八節十二月於是李嶠宗楚客趙彥昭韋嗣立爲大學士適劉憲崔湜鄭愔盧藏用李乂岑羲劉子玄爲學士薛稷馬懷素宋之問武平一杜審言沈佺期閻朝隱爲直學士又召徐堅韋元旦徐彥伯劉允濟等滿員其後被選者不一凡天子饗會游豫唯宰相及學士得從春幸梨園並渭水祓除則賜細柳圈辟癘夏宴蒲萄園賜朱櫻秋登慈恩浮圖獻菊花酒稱壽冬幸新豐歷白鹿觀上驪山賜浴湯池給香粉蘭澤從行給翔麟馬品官黃衣各一帝有所感即賦詩學士皆屬和當時人所歆慕然皆狎猥佻佞忘君臣禮法惟以文華取幸若韋元旦劉允濟沈佺期宋之問閻朝隱等無它稱附篇左方

韋元旦京兆萬年人祖澄越王府記室撰女誡傳于時元旦擢進士第補東阿尉遷左臺監察御史與張易之有姻屬易之敗貶感義尉俄召爲主客員外郎遷中書舍人舅陸頌妻韋后弟也故元旦憑以復進云

劉允濟字允濟河南鞏人其先出沛國齊彭城郡丞瓌六世孫少孤事母尤孝工文辭與王勃齊名舉進士補下邽尉遷累著作佐郎采魯哀公後十二世接戰國爲魯後春秋獻之遷左史兼直弘文館武后明堂成奏賦述功德手詔褒咨除著作郎爲來俊臣所構當死以母老丐餘年繫獄會赦免貶大庾尉復爲著作佐郎脩國史常曰史官善惡必書使驕主賊臣懼此權顧輕哉而班生受金陳壽求米僕乃視如浮雲耳遷鳳閣舍人坐二張眤狎除青州長史有清白稱巡察使路敬潛言狀以內憂去官服除召爲脩文館學士既久斥喜甚與家人樂飲數日卒

沈佺期字雲卿相州內黃人及進士第由協律郎累除給事中考功受賕劾未究會張易之敗遂長流驩州稍遷台州錄事參軍事入計得召見拜起居郎兼脩文館直學士既侍宴帝詔學士等舞回波佺期爲弄辭悅帝還賜牙緋尋歷中書舍人太子少詹事

開元初卒弟全交全宇皆有才章而不逮佺期

宋之問字延清一名少連汾州人父令文高宗時爲東臺詳正學士之問偉儀貌雄于辯甫冠武后召與楊炯分直習藝館累轉尚方監丞左奉宸內供奉武后游洛南龍門詔從臣賦詩左史東方虬詩先成后賜錦袍之問俄頃獻后覽之嗟賞更奪袍以賜之時張易之等烝昵寵甚之問與閻朝隱沈佺期劉允濟傾心媚附易之所賦諸篇盡之問朝隱所爲至爲易之奉溺器及敗貶瀧州朝隱崖州並參軍事之問逃歸洛陽匿張仲之家會武三思復用事仲之與王同晈謀殺三思安王室之問得其實令兄子曇與冉祖雍上急變因丐贖罪由是擢鴻臚主簿天下醜其行景龍中遷考功員外郎諂事太平公主故見用及安樂公主權盛復往諧結故太平深疾之中宗將用爲中書舍人太平發其知貢舉時賕餉狼藉下遷汴州長史未行改越州長史頗自力爲政窮歷剡溪山置酒賦詩流布京師人人傳諷睿宗立以獪險盈惡詔流欽州祖

雍歷中書舍人刑部侍郎倡飲省中為御史劾奏貶蘄州刺史至是
亦流嶺南並賜死桂州之問得詔震汗東西步不引決祖雍請使
者曰之問有妻子幸聽訣使者許之而之問荒悸不能處家事祖
雍怒曰與公俱負國家當死奈何遲回邪乃飲食洗沐就死祖雍
江夏王道宗甥及進士第有名于時魏建安後訖江左詩律屢變
至沈約庾信以音韻相婉附屬對精密及之問沈佺期又加靡麗
回忌聲病約句準篇如錦繡成文學者宗之號為沈宋語曰蘇李
居前沈宋比肩謂蘇武李陵也初之問父令文富文辭且工書有
力絕人世稱三絕都下有牛善觸人莫敢嬰令文直往拔取角折
其頸殺之既之問以文章起其弟之悌以驍勇聞之遜精草隸世
謂皆得父一絕之悌長八尺開元中歷劍南節度使太原尹嘗坐
事流朱鳶會蠻陷驩州授總管擊之募壯士八人被重甲大呼
薄賊曰獠動即死賊七百人皆伏不能興遂平賊之遜為連州參軍
刺史聞其善歌使教婢日執笏立簾外唱吟自如

閻朝隱字友倩趙州欒城人少與兄鏡幾弟仙舟皆著名連中進
士孝悌廉讓科補陽武尉中宗為太子朝隱以舍人幸性滑稽屬
辭奇詭為武后所賞累遷給事中仗內供奉后有疾令往禱少
室山乃沐浴伏身俎盤為犧請代后疾還奏會后亦愈大見褒賜
其資佞諂如此景龍初自崖州遇赦還累遷著作郎先天中為秘
書少監坐事貶通州別駕卒

尹元凱瀛州樂壽人由慈州司倉參軍坐事免棲遲不出者三十
年與張說盧藏用厚詔起為右補闕時又有富嘉謨吳少微皆知
名嘉謨武功人舉進士長安中累轉晉陽尉少微新安人亦尉晉
陽尤相友善有魏谷倚者為太原主簿並負文辭時稱北京三
傑天下文章尚徐庾浮俚不競獨嘉謨少微本經術雅厚雄邁人
爭慕之號吳富體豫脩三教珠英韋嗣立薦嘉謨少微並為左臺
監察御史已而嘉謨死少微方病聞之為慟亦卒

劉憲字元度宋州寧陵人父思立在高宗時為名御史于時河南
北大旱詔遣御史中丞崔謐等分道賑贍思立建言蠶務未畢而
遣使撫巡所至不能無勞餓又賑給須立簿最稽出入往返停滯
妨廢且廣若無驛處馬須豫集以一馬勞數家今農事待雨興
作輟日役破歲計本欲安存更煩擾之望且責州縣給貸須秋遣
使便詔聽罷謐等行遷考功員外郎始議加明經帖進士雜文卒
官下憲擢進士調河南尉累進左臺監察御史天授中奉詔按
來俊臣罪憲疾其酷欲痛繩之反為所構貶潾水令俊臣死召為
給事中轉中書舍人坐善張易之出為渝州刺史除太僕少卿脩國
史兼脩文館學士遷太子詹事時玄宗在東宮雅意墳史憲啓曰
殿下位副君有絕人之才非以尋摘章句要通大意而已侍讀褚无
量經明行脩耆年宿望宜數召問以察其言太子順納會卒贈兗
州都督武后時敕吏部糊名考判求高才惟憲與王適司馬鍠梁
載言入第二等適幽州人終雍州司功參軍鍠河南人神龍初以中
書侍郎卒事繼母孝奉祿不入私舍與弟銓伯父希象皆歷殿中

侍御史希象剛直不諂終主爵員外郎載言聊城人歷鳳閣舍人
專知制誥終懷州刺史

李邕字泰和揚州江都人父善有雅行淹貫古今不能屬辭故人
號書簏顯慶中累擢崇賢館直學士兼沛王侍讀為文選注敷
析淵洽表上之賜賚頗渥除潞王府記室參軍為涇城令坐與
賀蘭敏之善流姚州遇赦還居汴鄭間講授諸生四遠至傳其業
號文選學邕少知名始善注文選釋事而忘意書成以問邕邕不
敢對善詰之邕意欲有所更善曰試為我補益之邕附事見義善
以其不可奪故兩書並行既冠見特進李嶠自言讀書未徧願一
見秘書嶠曰秘閣萬卷豈時日能習邪邕固請乃假直秘書未幾
辭去嶠驚試問奧篇隱帙了辯如響嶠歎曰子且名家嶠為內史
與監察御史張廷珪薦邕文高氣方直才任諫諍乃召拜左拾遺
御史中丞宋璟劾張昌宗等反狀武后不應邕立階下大言曰璟所
陳社稷大計陛下當聽后色解即可璟奏邕出或讓曰子位卑一忤

旨禍不測邕曰不如是名亦不傳中宗立鄭普思以方伎幸擢秘書監邕諫曰陛下躬政日淺有九重之嚴未聞道路橫議今藉藉皆言普思憑詭惑說妖祥陛下不知猥見驅使孔子曰詩三百一言以蔽之曰思無邪陛下誠以普思術可致長生則爽鳩氏且因之永有天下非陛下乃今可得能致神人邪秦漢且因之永有天下非陛下乃今可得能致佛法邪梁武帝且因之永有天下非陛下乃今可得能鬼道邪墨翟干寶且各獻其主永有天下非陛下乃今可得自古堯舜稱聖者臣觀所以行皆在人事敦睦九族平章百姓不聞以鬼神道治天下惟陛下省察不納五王誅坐善張柬之出爲南和令貶富州司戶參軍事韋氏平召拜左臺殿中侍御史彈劾任職人頗憚之譙王重福謀反邕與洛州司馬崔日知捕支黨遷戶部員外郎岑羲崔湜惡日用而邕與之交玄宗在東宮邕及崔隱甫倪若水同被禮遇羲等忌之貶邕舍城丞玄宗即位召爲戶部郎中張廷珪爲黃門侍郎而姜晈方幸共援邕爲御史中丞姚崇疾邕險躁左遷括州司馬起爲陳州刺史帝封太山還邕見帝汴州詔獻辭賦帝悅然矜肆自謂且宰相邕素輕張說與相惡會仇人告邕贓貸枉法下獄當死許昌男子孔璋上書天子曰明主舉能而捨過取才而棄行烈士抗節勇者不避死故晉用林父不以過漢任陳平不以行禽息殞身不祈生北郭碎首不愛死向若林父誅陳平死百里不用晏嬰見逐是晉無赤狄之土漢無天子之尊秦不彊齊不霸矣伏見陳州刺史邕剛毅忠烈難不苟免往者折二張之角挫韋氏之鋒雖身受謫屈而姦謀沮解即邕有功於國且邕所能者拯孤恤窮救乏賙惠家無私聚今聞坐贓下吏死在旦夕臣聞生無益於國者不若殺身以明賢臣願以六尺之軀膏鈇鉞以代邕死臣與邕生平不款曲臣知有邕邕不知有臣臣不逮邕明矣夫知賢而舉仁也任人之患義也獲二善以死臣又何求伏惟陛下寬邕之死使率德改行興林父曲逆之功臣得瞑目附禽息北郭之迹大願畢矣若以陽和方始重

行大戮則臣請伏劍不敢煩有司皇天后土實聞臣言昔吳楚反漢得劇孟則不憂矣以一賢而敵七國之衆伏惟數含垢之道棄瑕之義遠思劇孟近取於邕況告成岱宗天地更新赦而復論人誰無罪惟明主圖之臣聞士爲知己者死臣不爲死者所知而甘之死者非特惜邕賢亦以成陛下矜能之慈跡奏邕得減死貶遵化尉流璋嶺南邕妻溫復爲邕請戍邊自贖曰邕少習文章疾惡如讎不容於衆邪佞切齒諸儒側目頻謫遠郡削跡朝端不啻十載歲時歎戀聞者傷懷屬國家有事泰山法駕旋路邕獻牛酒例蒙恩私妾聞正人用則佞人憂邕之禍端故自此始且邕比任外官卒無一毀天意暫顧罪過旋生諺曰士無賢不肖入朝見嫉惟陛下明察邕初蒙訊責便繫牢戶水不入口者踰五日氣息奄奄惟吏是聽事生吏口迫邕手書貸人蠶種以爲枉法市羅貢奉指爲姦贓于時勳使朝堂守捉嚴固號天訴地誰肯爲聞泣血去國投骨荒裔永無還期妾願使邕得充一卒效力王事膏塗朔邊骨糞沙壤成邕夙心表入不省邕後從中人楊思勗討嶺南賊有功徙澧州司馬開元二十三年起爲括州刺史喜興利除害復坐誣枉且得罪天子識其名詔勿劾後歷淄滑二州刺史上計京師始邕蚤有名重義愛士久斥外不與士大夫接既入朝人間傳其眉目瓌異至阡陌聚觀後生望風內謁門巷填隘中人臨問索所爲文章且進上以讒媢不得留出爲汲郡北海太守天寶中左驍衛兵曹參軍柳勣有罪下獄邕嘗遺勣馬故吉溫使引邕嘗以休咎相語陰賂遺宰相李林甫素忌邕因傅以罪詔刑部員外郎祁順之監察御史羅希奭就郡杖殺之時年七十代宗時贈秘書監邕之文於碑頌是所長人奉金帛請其文前後所受鉅萬計邕雖詘不進而文名天下時稱李北海盧藏用嘗謂邕如干將莫邪難與爭鋒但虞傷缺耳後卒如言杜甫知邕負謗死作八哀詩讀者傷之邕資豪放不能治細行所在賄謝畋遊自肆終以敗云

呂向字子回亡其世貫或曰涇州人少孤託外祖母隱陸渾山工草

隸能一筆環寫百字若縈髮然世號連錦書彊志于學每賣藥即市閱書遂通古今玄宗開元十年召入翰林兼集賢院校理侍太子及諸王爲文章時帝歲遣使采擇天下姝好內之後宮號花鳥使向因奏美人賦以諷帝善之擢左拾遺天子數校獵渭川向又獻詩規諷進左補闕帝自爲文勒石西嶽詔向爲鐫勒使以起居舍人從帝東巡帝引頡利發及蕃夷酋長入仗內賜弓矢射禽向上言鵩梟不鳴未爲瑞鳥豺虎雖伏弗曰仁獸況突厥安忍殘賊莫顧君父陛下震以武義來以文德勢不得不廷故稽顙稱臣奔命遣使陛下引內從官陪封禪盛禮使飛鏃於前同獲獸之樂是狎昵太過或荆卿詭動何羅竊發逼嚴蹕冒淸塵縱醢單于汙穹廬何以塞責帝順納詔蕃夷出仗久之遷主客郎中專侍皇太子眷賚良異始向之生父岌及客遠方不還少喪母失墓所在將葬巫者求得之不知父在亡招魂合諸墓後有傳父猶在者訪索累年不獲它日自朝還道見一老人物色問之果父也下馬抱父足號

慟行人爲流涕帝聞咨歎官岌朝散大夫賜錦綵給內教坊樂工娛懌其心卒贈東平太守向終喪再遷中書舍人改工部侍郎卒贈華陰太守嘗以李善釋文選爲繁釀與呂延濟劉良張銑李周翰等更爲詁解時號五臣注

王翰字子羽幷州晉陽人少豪健恃才及進士第然喜蒱酒張嘉貞爲本州長史偉其人厚遇之翰自歌以舞屬嘉貞神氣軒舉自如張說至禮益加復舉直言極諫調昌樂尉又舉超拔羣類方說輔政故召爲秘書正字擢通事舍人駕部員外郎家畜聲伎目使頤令自視王侯人莫不惡之說罷宰相翰出爲汝州長史徙仙州別駕日與才士豪俠飲樂游畋伐鼓窮歡坐貶道州司馬卒

孫逖博州武水人後魏光祿大夫惠蔚其先也祖希莊爲韓王府典籤四世傳一子故無近屬父嘉之少孤依外家客涉犨間垂拱初詣洛陽獻書不報第進士終襄邑令逖幼有文屬思警敏年十五見雍州長史崔日用令賦土火爐援筆成篇理趣不凡日用駭

歎遂與定交舉手筆俊拔哲人奇士隱淪屠釣及文藻宏麗等科開元十年又舉賢良方正玄宗御洛城門引見命戶部郎中蘇晉等第其文異等擢左拾遺張說命子均垍往拜之李邕負才自陳州入計哀其文示逖李暠鎮太原表置幕府以起居舍人入爲集賢院脩撰時海內少事帝賜羣臣十日一燕宰相蕭嵩會百官賦天成玄澤維南有山楊之華三月英英有蘭和風嘉木等詩八篇繼雅頌體使逖序所以然改考功員外郎取顏眞卿李華蕭穎士趙驊等皆海內有名士俄遷中書舍人是時嘉之且八十猶爲令逖求降外官增父秩帝嘉納拜嘉之宋州司馬聽致仕父喪歛復拜舍人開元間蘇頲齊澣蘇晉賈曾韓休許景先及逖典詔誥爲代言最而逖尤精密張九齡視其草欲易一字卒不能也居職八年判刑部侍郎以病風乞解徙太子左庶子遂縣廢累年徙少詹事上元中卒贈尚書右僕射謚曰文諸子成最知名

成字思退推蔭仕累洛陽長安令兄宿爲華州刺史因悸病瘖成

請告往視不待報輒行代宗嘉其悌不責也稍遷倉部郎中京兆少尹爲信州刺史歲大旱發倉以賤直售民故飢而不亡再朞增戶五千詔書褒美徙蘇州改桂管觀察使卒成通經術奏議據正嘗有朞喪弔者至成不易縗而見客疑之請故荅曰縗者古居喪常服去之則廢喪也今布巾幞失矣子公器亦至邕管經略使公器子簡字樞中元和初登進士第辟鎮國荆南幕府累遷左司吏部二郎中懸諫議大夫知制誥進中書舍人初逖掌誥至代宗時宿又居職逮簡凡三世會昌初遷尚書左丞建言班位以品秩爲等差今官兼臺省位置遷誤不可爲法元和元年御史臺白奏常參官兼大夫中丞者視檢校官居本品同類官上其後侍郎兼大夫者皆在左右丞上當時侍郎兼大夫少唯京兆尹兼之京兆尹從三品今位乃在本品同類官從三品卿監上太常宗正卿正三品下左丞乃正四品上戶部侍郎正四品下今戶部侍郎兼大夫當在本品同類正四品下諸曹侍郎上不宜居正四品丞郎上又

右丞正四品下吏部侍郎正四品上今吏部侍郎位右丞之下蓋以丞有繩轄之重雖吏部品高循居其下然則戶部侍郎雖兼大夫安得居其上哉今散官自將仕郎至開府特進每品正從有上有下名級各異則正從上下不得謂之同品京兆河南司錄及諸府州錄事參軍事皆操紀律正諸曹與尚書省左右丞紀綱六曹略等假使諸曹掾因功勞加臺省官安得位在司錄錄事參軍上且左丞糾射八坐主省內禁令宗廟祠祭事御史不當得彈奏之良以臺官所奏拘牽成例不揣事之輕重使理可循雖無往比自宜行之否者雖曰舊章正可改也武宗詔兩省官詳議皆從簡請歷河中興元宣武節度使檢校尚書右僕射東都留守而弟範亦爲淄青節度使世推顯家

李白字太白興聖皇帝九世孫其先隋末以罪徙西域神龍初遁還客巴西白之生母夢長庚星因以命之十歲通詩書既長隱岷山州舉有道不應蘇頲爲益州長史見白異之曰是子天才英特

少益以學可比相如然喜縱橫術擊劍爲任俠輕財重施更客任城與孔巢父韓準裴政張叔明陶沔居徂來山日沈飲號竹溪六逸天寶初南入會稽與吳筠善筠被召故白亦至長安往見賀知章知章見其文歎曰子謫仙人也言於玄宗召見金鑾殿論當世事奏頌一篇帝賜食親爲調羹有詔供奉翰林白猶與飲徒醉于市帝坐沈香子亭意有所感欲得白爲樂章召入而白已醉左右以水頮面稍解授筆成文婉麗精切無留思帝愛其才數宴見白嘗侍帝醉使高力士脫韡力士素貴恥之擿其詩以激楊貴妃帝欲官白妃輒沮止白自知不爲親近所容益驁放不自脩與知章李適之汝陽王璡崔宗之蘇晉張旭焦遂爲酒八仙人懇求還山帝賜金放還白浮游四方嘗乘月與崔宗之自采石至金陵著宮錦袍坐舟中旁若無人安祿山反轉側宿松匡廬間永王璘辟爲府僚佐璘起兵逃還彭澤璘敗當誅初白游并州見郭子儀奇之子儀嘗犯法白爲救免至是子儀請解官以贖有詔長流夜郎

會赦還尋陽坐事下獄時宋若思將吳兵三千赴河南道尋陽釋囚辟爲參謀未幾辭職李陽冰爲當塗令白依之代宗立以左拾遺召而白已卒年六十餘白晚好黃老度牛渚磯至姑孰悅謝家青山欲終焉及卒葬東麓元和末宣歙觀察使范傳正祭其冢禁樵採訪後裔惟二孫女嫁爲民妻進止仍有風範因泣曰先祖志在青山頃葬東麓非本意傳正爲改葬立二碑焉告二女將改妻士族辭以孤窮失身命也不願更嫁傳正嘉歎復其夫傜役文宗時詔以白歌詩裴旻劍舞張旭草書爲三絕旭蘇州吳人嗜酒每大醉呼叫狂走乃下筆或以頭濡墨而書既醒自視以爲神不可復得也世呼張顛初仕爲常熟尉有老人陳牒求判宿昔又來旭怒其煩責之老人曰觀公筆奇妙欲以藏家爾旭因問所藏盡出其父書旭視之天下奇筆也自是盡其法旭自言始見公主擔夫爭道又聞鼓吹而得筆法意觀倡公孫舞劍器得其神後人論書歐虞褚陸皆有異論至旭無非短者傳其法惟崔邈顏眞卿云旻

嘗與幽州都督孫佺北伐爲奚所圍旻舞刀立馬上矢四集皆迎刀而斷奚大驚引去後以龍華軍使守北平北平多虎旻善射一日得虎三十一休山下有老父曰此虎也稍北有彪虎使將軍遇之且敗旻不信怒馬趨之有虎出叢薄中小而猛據地大吼旻馬辟易弓矢皆墮自是不復射

王維字摩詰九歲知屬辭與弟縉齊名資孝友開元初擢進士調太樂丞坐累爲濟州司倉參軍張九齡執政擢右拾遺歷監察御史母喪毀幾不生服除累遷給事中安祿山反玄宗西狩維爲賊得以藥下利陽瘖祿山素知其才迎置洛陽迫爲給事中祿山大宴凝碧池悉召梨園諸工合樂諸工皆泣維聞悲甚賦詩悼痛賊平皆下獄或以詩聞行在時縉位已顯請削官贖維罪肅宗亦自憐之下遷太子中允久之遷中庶子三遷尚書右丞縉爲蜀州刺史未還維自表己有五短縉五長臣在省戶縉遠方願歸所任官放田里使縉得還京師議者不之罪久乃召縉爲左散騎常侍上

元初卒，年六十一。疾甚，縉在鳳翔，作書與別，又遺親故書數幅，停筆而化。贈秘書監。維工草隸，善畫，名盛於開元、天寶間，豪英貴人虛左以迎，寧、薛諸王待若師友。畫思入神，至山水平遠，雲勢石色，繪工以為天機所到，學者不及也。客有以按樂圖示者，無題識，維徐曰：「此霓裳第三疊最初拍也。」客未然，引工按曲，乃信。兄弟皆篤志奉佛，食不葷，衣不文綵。別墅在輞川，地奇勝，有華子岡、欹湖、竹里館、柳浪、茱萸沜、辛夷塢，與裴迪游其中，賦詩相酬為樂。喪妻不娶，孤居三十年。母亡，表輞川第為寺，終葬其西。寶應中，代宗語縉曰：「朕嘗於諸王坐聞維樂章，今傳幾何？」遣中人王承華往取，縉裒集數十百篇上之。

鄭虔，鄭州滎陽人。天寶初，為協律郎，集綴當世事，著書八十餘篇。有窺其稾者，上書告虔私撰國史，虔蒼黃焚之，坐謫十年。還京師，玄宗愛其才，欲置左右，以不事事，更為置廣文館，以虔為博士。虔聞命，不知廣文曹司何在，訴宰相，宰相曰：「上增國學，置廣文館以居賢者，令後世言廣文博士自君始，不亦美乎？」虔乃就職。久之，雨壞廡舍，有司不復修完，寓治國子館，自是遂廢。初，虔追紬故書可誌者得四十餘篇，國子司業蘇源明名其書為會粹。虔善圖山水，好書，常苦無紙。於是慈恩寺貯柿葉數屋，遂往日取葉肄書，歲久殆遍。嘗自寫其詩并畫以獻，帝大署其尾曰：「鄭虔三絕。」遷著作郎。安祿山反，遣張通儒劫百官置東都，偽授虔水部郎中。因稱風緩，求攝市令，潛以密章達靈武。賊平，與張通、王維並囚宣陽里。三人者皆善畫，崔圓使繪齋壁，虔等方悸死，即極思祈解於圓，卒免死，貶台州司戶參軍事。維止下遷。後數年卒。虔學長於地里，山川險易、方隅物產、兵戍眾寡無不詳。嘗為天寶軍防錄，言典事該，諸儒服其善著書。時號鄭廣文。在官貧約甚，澹如也。杜甫嘗贈以詩曰「才名四十年，坐客寒無氈」云。有鄭相如者，自滄州來，師事虔，虔未之禮。間問何所業，相如曰：「聞孔子稱繼周者百世可知，僕亦能知之。」虔駭然，即曰：「開元盡三十年當改元，盡十五年天下亂，賊臣

僭位，公當汙偽官，願守節，可以免。」虔又問：「自謂云何？」答曰：「相如有官三年，死衢州。」是年及進士第，調信安尉。既三年，虔詢吏部，則相如果死，故虔念其言，終不附賊。

蕭穎士，字茂挺，梁鄱陽王恢七世孫。祖晶，賢而有謀，任雅相伐高麗，表為記室。越王貞舉兵，杖策詣之，陳三策，王不用，晶度必敗，乃亡去，客死廣陵。穎士四歲屬文，十歲補太學生，觀書一覽即誦，通百家譜系、書籀學。開元二十三年，舉進士，對策第一。父旻以莒丞抵罪，穎士往訴於府佐張惟一，惟一曰：「旻有佳兒，吾以旻獲譴不憾。」乃平宥之。天寶初，穎士補秘書正字。于時裴耀卿、席豫、張均、宋遙、韋述皆先進，器其材，與鈞禮，由是名播天下。奉使括遺書趙、衞間，淹久不報，為有司劾免，留客濮陽。於是尹徵、王恒、盧異、盧士式、賈邕、趙匡、閻士和、柳并等皆執弟子禮，以次授業，號蕭夫子。召為集賢校理。宰相李林甫欲見之，穎士方父喪，不詣。林甫嘗至故人舍邀穎士，穎士前往，哭門內以待，林甫不得已前弔，乃去。怒其不下己，調廣陵參軍事。穎士急中不能堪，作伐櫻桃樹賦，曰「擢無庸之瑣質，蒙本枝以自庇，雖先寢而或薦，非和羹之正味」，以譏林甫云。君子恨其褊。會母喪免，流播吳越。嘗謂仲尼作春秋，為百王不易法，而司馬遷作本紀、書、表、世家、列傳，敘事依違，失褒貶體，不足以訓。乃起漢元年訖隋義寧編年，依春秋義類為傳百篇。在魏書高貴崩，曰「司馬昭弒帝於南闕」；在梁書陳受禪，曰「陳霸先反」。又自以梁枝孫，而宣帝逆取順守，故武帝得血食三紀。昔曲沃篡晉，而文公為五伯，仲尼弗貶也。乃黜陳閏隋，以唐土德承梁火德，皆自斷，諸儒不與論也。有太原王緒者，僧辯裔孫，撰永寧公輔梁書，黜陳不帝，穎士佐之，亦著梁蕭史譜及作梁不禪陳論，以發緒義例，使光明云。史官韋述薦穎士自代，召詣史館待制。穎士乘傳詣京師，而林甫方威福自擅，穎士遂不屈，愈見疾，俄免官，往來鄠、杜間。林甫死，更調河南府參軍事。倭國遣使入朝，自陳國人願得蕭夫子為師者，中書舍人張漸等諫不可而止。安祿山寵恣，穎士陰語

柳并曰胡人負寵而驕亂不久矣東京其先陷乎即託疾游太室山已而祿山反穎士往見河南採訪使郭納言禦守計納忽不用歎曰肉食者以兒戲禦劇賊難矣哉聞封常清陳兵東京往觀之不宿而還因藏家書於箕穎間身走山南節度使源洧辟掌書記賊別校攻南陽洧懼欲退保江陵穎士說曰官兵守潼關財用急必待江淮轉餉乃足餉道由漢沔則襄陽乃今天下喉襟一日不守則大事去矣且列郡數十人百萬訓兵攘寇社稷之功也賊方專崤陝公何遽輕土地欲取笑天下乎洧乃按甲不出亦會祿山死賊解去洧卒往客金陵永王璘召之不見時盛王為淮南節度大使留蜀不遣副大使李承式玩兵不振穎士與宰相崔圓書以為今兵食所資在東南但楚越重山複江自古中原擾則盜先起宜時遣王以扞鎮江淮俄而劉展果反賊圍雍丘脅泗上軍承式遣兵往救大宴賓客陳女樂穎士曰天子暴露豈臣下盡歡時邪夫投兵不測乃使觀聽華麗一旦思歸誰致其死哉弗納崔圓聞

之即授揚州功曹參軍至官信宿去後客死汝南逆旅年五十二門人共謚曰文元先生穎士樂聞人善以推引後進為己任如李陽李幼卿皇甫冉陸渭等數十人由獎目皆為名士天下推知人稱蕭功曹嘗兄事元德秀而友殷寅顏真卿柳芳陸據李華邵軫趙驊時人語曰殷顏柳陸李蕭邵趙以能全其交也所與遊者孔至賈至源行恭張有略族弟季遐劉穎韓拯陳晉孫益韋建韋收獨華與齊名世號蕭李嘗與華據游洛龍門讀路旁碑穎士即誦華再閱據三乃能盡記聞者謂三人才高下此其分也有奴事穎士十年笞楚嚴慘或勸其去答曰非不能愛其才耳穎士數稱班彪皇甫謐張華劉琨潘尼能尚古而混流俗不自振曹植陸機所不逮也又言裴子野善著書所許可當世者陳子昂富嘉謨盧藏用之文辭董南事孔述睿之博學而已子存字伯誠亮直有父風能文辭與韓會沈既濟梁肅徐岱等善浙西觀察使李栖筠表常熟主簿顏真卿在湖州與存及陸鴻漸等討摭古今韻字所原作書數百篇建中初由殿中侍御史四遷比部郎中張滂主財賦辟存留務京師裴延齡與滂不叶存疾其姦去官風痺卒韓愈少為存所知自袁州還過存廬山故居而諸子前死唯一女在為經贍其家殷寅者陳郡人邵軫者汝南人陸據河南人字德鄰後周上庸公騰六世孫神寓警邁善物理年三十始到京師公卿愛其文交譽之天寶十三載終司勳員外郎

柳并者字伯存大曆中辟河東府掌書記遷殿中侍御史喪明終於家初并與劉太真尹徵閻士和受業於穎士而并好黃老穎士常曰太真吾入室者也斯文不墜寄是子云徵博聞彊識士和鉤深致遠吾弗逮已并不受命而尚黃老予亦何誅并弟談字中庸穎士愛其才以女妻之士和字伯均著蘭陵先生誄蕭夫子集論因權歷世文章而盛推穎士所長以為聞蕭氏風者五尺童子羞稱曹陸

皇甫冉字茂政十歲便能屬文張九齡歎異之與弟曾皆善詩

天寶中踵登進士授無錫尉王縉為河南元帥表掌書記遷累右補闕卒曾字孝常歷監察御史其名與冉相上下當時比張氏景陽孟陽云

蘇源明京兆武功人初名預字弱夫少孤寓居徐兗工文辭有名天寶間及進士第更試集賢院累遷太子諭德出為東平太守是時濟陽郡太守李倰以郡瀕河請增領宿城中都二縣以紓民力二縣隸東平魯郡者也於是源明議廢濟陽析五縣分隸濟南東平濮陽詔河南採訪使會濮陽太守崔季重魯郡太守李蘭濟南太守田琦及源明倰五太守議于東平不能決既而卒廢濟陽以縣皆隸東平召源明為國子司業安祿山陷京師源明以病不受偽署肅宗復兩京擢考功郎中知制誥是時承大盜之餘國用乏屈宰相王璵以祈禬進禁中禱祀窮日夜中官用事給養繁靡羣臣莫敢切諍昭應令梁鎮上書勸帝罷淫祀其它不暇及也源明數陳政治得失及史思明陷洛陽有詔幸東京將親征源

明因上疏極諫曰淫雨積時道路方梗甚不可一也自春大旱秋
苗耗半斂穫未畢先之以清道之役申之以供頓之苦甚不可二
也每立殿廊見旌旗之下餓夫執殳仆于行間日見二三市井餓
殍求食死于路旁日見四五甚不可三也姦夫盜兒連牆接棟
磨礪以須陛下之出御史大夫必不能澄清禁止甚不可四也聖
皇巡蜀之初都內財貨吏民資產糜散于道路之手至有乘馬馱
驢入宣政紫宸者況陛下初有四海威制不及曩時遠矣今茲東
行殆賊臣誘掖陛下而已詩曰三星在霤謂危亡在於須臾臣不
勝嗚咽爲陛下痛之願速罷幸不然窮畋樂禍已扼腕於下甚不
可五也方今河洛驛騷江湖叛換詩曰中原有菽庶民采之彼思
明楚元皆采菽之人也陛下何遽輕萬乘而速成之邪甚不可六
也大河南北舉爲寇盜王公以下廪粟稍匱絕將士糧賜僅支日月
而中官冗食不減往年梨園雜伎愈盛今日陛下未得穆然高枕
殆繇此也自非中書指使太常正樂外願一切放歸給長牒勿事

須五六年後隨事籍省今聚而仰給甚不可七也李光弼拔河陽
王思禮下晉原衛伯玉挮焉耆過析支不日可至御史大夫王玄
志壓巫閭臨幽都汝州刺史田商金踰關口過二室鄧景山凌淮
泗懔然而西狂賊失勢蹙于絳山之下北不敢逾孟津東不敢過
睢子計日反接而至矣陛下不坐而受之乃欲親征徇一朝之怒
甚不可八也王者之於天地神祇享之以牲幣而已記曰不祈方
士被淫巫愚視妄有關說甚不可九也天子順動人皆幸之之
謂幸人皆病之之謂不幸臣等憂懼視聽聯伏赤墀之下頓顙流涕
而出雖陛下優容貸罪凡百之臣必昌言于朝萬口謗于外甚
不可十也臣聞子不諍於父不孝也臣不諍於君不忠也不孝不
忠爲苟榮冒祿圈牢之物不若也臣雖至賤不能委身圈牢之
中將使樵夫指而笑之帝嘉其切直遂罷東幸後以祕書少監
卒源明雅善杜甫鄭虔其最稱者元結梁肅肅字敬之一字寬
中隋刑部尚書毗五世孫世居陸渾建中初中文辭清麗科擢

太子校書郎蕭復薦其材授右拾遺脩史以母羸老不赴杜佑
辟淮南掌書記召爲監察御史轉右補闕翰林學士皇太子諸
王侍讀卒年四十一贈禮部郎中

文藝列傳中第一百二十七

端明殿學士兼翰林侍讀學士龍圖閣學士朝散大夫行尚書吏部侍郎充史館修撰臣宋祁奉敕撰

李華字遐叔趙州贊皇人曾祖太沖名冠宗族間鄉人語曰太沖無兄太宗時擢祠部郎中華少曠達外若坦蕩內謹重尚然許每慕汲黯爲人累中進士宏辭科天寶十一載遷監察御史宰相楊國忠支婭所在橫猾華出使劾按不橈州縣肅然爲權幸見疾徙右補闕安祿山反上誅守之策皆留不報玄宗入蜀百官解竄華母在鄴欲間行輦母以逃爲盜所得僞署鳳閣舍人賊平貶杭州司戶參軍華自傷踐危亂不能完節又不能安親欲終養而母亡遂屏居江南上元中以左補闕司封員外郎召之華喟然曰烏有隳節危親欲荷天子寵乎稱疾不拜李峴領選江南表置幕府擢檢校吏部員外郎苦風痺去官客隱山陽勒子弟力農安於窮槁晚事浮圖法不甚著書惟天下士大夫家傳墓版及州縣碑頌時

時齎金帛往請乃彊爲應大曆初卒初華作含元殿賦成以示蕭穎士穎士曰景福之上靈光之下華文辭緜麗少宏傑氣穎士健爽自肆時謂不及穎士而華自疑過之因著弔古戰場文極思研推已成汙爲故書雜置梵書之庋它日與穎士讀之稱工華問今誰可及穎士曰君加精思便能至矣華愕然而服華愛獎士類名隨以重若獨孤及韓雲卿韓會李紓柳識崔祐甫皇甫冉謝良弼朱巨川後至執政顯官華嬰禍銜悔及爲元德秀權皋銘四皓贊稱道深婉讀者憐其志宗子翰從子觀皆有名翰擢進士第調衞尉天寶末房琯韋陟俱薦爲史官宰相不肯擬翰所善張巡死節睢陽人媢其功以爲降賊肅宗未及知翰傳巡功狀表上之曰臣聞聖主襃死難之士養死事之孤或親推輤車或追建邑封厚死以慰生撫存以答亡君不遺於臣臣亦不背其君也自逆胡構亂據雒陽引幽朔以吞河南故御史中丞贈揚州大都督張巡忠誼奮發率烏合守雍丘潰賊心腹及魯炅棄甲宛葉哥舒翰敗績潼關賊遂盜神器鴟峙二京南臨漢江西逼岐雍羣帥列城望風出奔巡守孤城不爲却賊欲繞出巡後以擾江淮巡退軍睢陽扼東南咽領自春訖冬大戰數十小戰數百以弱制彊出奇無窮殺馘兇醜凡十餘萬賊不敢越睢陽取江淮江淮以完巡之力也城孤糧盡外救不至猶奮羸起病摧鋒陷堅三軍啖膚而食知死不叛城陷見執卒無橈詞慢叱兇徒精貫白日雖古忠烈無以加焉議者罪巡以食人愚巡以守死臣竊痛之夫忠者臣之教恕者法之情巡握節而死非虧教也析骸以爨非本情也春秋以功覆過書赦過宥刑在易遏惡揚善爲國者錄用棄瑕今者乃欲議巡之罪是廢教絀節不以功掩過不以刑恕情善可遏惡可揚瑕錄而用棄非所以獎人倫明勸戒也且祿山背德大臣將相比肩從賊巡官不朝宴不坐無一伍之士一節之權徒奮身死節以動義旅不謂忠乎以數千卒橫挫賊鋒若無巡則無睢陽無睢陽則無江淮有如賊因江淮之資兵廣而財積根結盤據西向以拒雖終殲滅

其曠日持久必矣今陝鄗一戰犬羊駭北王師震其西巡扼其東此天使巡舉江淮以待陛下師至而巡死不謂功乎古者列國侵伐猶分災救患諸將同受國恩奉辭伐罪巡固守亦待外援援不至而食盡食盡而及人則巡之情可求矣假巡守城之初已計食人損數百衆以全天下臣尚謂功過相掩況非素志乎夫子制春秋明褒貶齊桓公將封禪略不書晉文公召王河陽書而諱之巡蒼黃之罪輕於僭禪興復之功重於糾合今巡子亞夫雖得官不免飢寒江淮既巡所保戶口充完宜割百戶俾食其子且旌死爲厲有所歸則不爲災巡身首分裂將士骸骼不掩宜於睢陽相擇高原起大冢招魂而葬旌善之義也臣少與巡游哀巡死難不覩休明唯令名其榮祿也若不時紀錄日月浸悠或掩而不傳或傳而不實巡生死不遇誠可悲悼謹撰傳一篇昧死上獻得列于史官死骨不朽帝繇是感悟而巡大節白於世義士多之翰累遷左補闕翰林學士大曆中病免客陽翟卒翰爲文精密而思遲常從

今皇甫曾求音樂思涸則奏之神逸乃屬文族弟紓自有傳
觀字元賓貞元中舉進士宏辭連中授太子校書郎卒年二十九
觀屬文不旁沿前人時謂與韓愈相上下及觀少夭而愈後文益
工議者以觀文未極愈老不休故卒擅名陸希聲以爲觀尚辭故
辭勝理愈尚質故理勝辭雖愈窮老終不能加觀之辭觀後愈死
亦不能逮愈之質云
孟浩然字浩然襄州襄陽人少好節義喜振人患難隱鹿門山年
四十乃游京師嘗於太學賦詩一座嗟伏無敢抗張九齡王維雅
稱道之維私邀入內署俄而玄宗至浩然匿牀下維以實對帝喜
曰朕聞其人而未見也何懼而匿詔浩然出帝問其詩浩然再拜
自誦所爲至不才明主棄之句帝曰卿不求仕而朕未嘗棄卿奈
何誣我因放還採訪使韓朝宗約浩然偕至京師欲薦諸朝會故
人至劇飲歡甚或曰君與韓公有期浩然叱曰業已飲遑恤佗卒
不赴朝宗怒辭行浩然不悔也張九齡爲荊州辟置于府府罷開

元末病疽背卒後樊澤爲節度使時浩然墓庳壞符載以牋叩澤
曰故處士孟浩然文質傑美殞落歲久門裔陵遲丘隴頹沒永懷
若人行路慨然前公欲更築大墓闔州搢紳聞風竦動而今外迫
軍旅內勞賓客牽耗歲時或有未遑誠令好事者乘而有之負公
夙志矣澤乃更爲刻碑鳳林山南封寵其墓初王維過郢州畫浩
然像于刺史亭因曰浩然亭咸通中刺史鄭諴謂賢者名不可斥
更署曰孟亭開元天寶間同知名者王昌齡崔顥皆位不顯昌齡
字少伯江寧人第進士補秘書郎又中宏辭遷汜水尉不護細行貶
龍標尉以世亂還鄉里爲刺史閭丘曉所殺張鎬按軍河南兵大
集曉最後期將戮之辭曰有親乞貸餘命鎬曰王昌齡之親欲與
誰養曉默然昌齡工詩緒密而思清時謂王江寧云崔顥者亦擢
進士第有文無行好蒱博嗜酒娶妻惟擇美者俄又棄之凡四五
娶終司勳員外郎初李邕聞其名虛舍邀之顥至獻詩首章曰
十五嫁王昌邕叱曰小兒無禮不與接而去

劉太眞宣州人善屬文師蘭陵蕭穎士舉高第進士淮南陳少游
表爲掌書記嘗以少游擬桓文爲義士所訾興元初爲河東宣慰
賑給使累遷刑部侍郎德宗以天下平貞元四年九月詔羣臣宴
曲江自爲詩敕宰相擇文人賡和李泌等請羣臣皆和帝自第之
以太眞李紓等爲上鮑防于邵等次之張濛等爲下與擇者四十
一人惟泌李晟馬燧三宰相無所差次遷禮部掌貢士多取大臣
貴近子弟坐貶信州刺史卒
邵說相州安陽人已擢進士第未調陷史思明逮朝義敗歸郭子
儀子儀愛其才留幕府遷累長安令秘書少監大曆末上言天道
三十年一小變六十年一大變祿山思明之難出入二紀多難漸
平向之亂今將變而之治宜建徽號承天意而方謁郊廟大赦各
一誠恐雲雨之施未普鬱結之氣未除願因此時脩享獻款郊廟
褒有德錄賢人與天下更始振災益壽之術也不聽德宗立擢吏
部侍郎說因自陳家本儒先祖長白山人貞一以武后革命終身

不肯仕先臣殿中侍御史瓊之逮事玄宗臣十六即孤長育毋手
天寶中始仕會喪客河洛祿山亂喪紀當終臣不褫衰絰又再朞
懼終不免陰走洛魏慶緒遁保西城搜索儒者爲己用以兵迫臣
遂陷醜逆俄而史思明順附欲間道歸北闕下肅宗拜臣左金吾
衞騎曹參軍許留思明所會烏承恩事露絕不得歸朝義之敗
欲固守河陽臣知回紇利野戰陰勸其行以破賊計朝義已走臣
西歸獻狀先帝詔翰林索臣所上言與王伷偕召先帝謂誠節白
著故擢伷侍御史臣爲殿中侍御史使者宣旨制詔盡言其狀則
疇昔本末先帝知之今又擢以不次雖自天斷尚恐受誘輿人傷
陛下之明今吏員未乏而調者多益以功優准平格以判留人去
者十七彼且鼓讒說以投疑于上此臣所大懼也因薦戶部郎中
蕭定司農卿庾準自代不許說在職以才顯或言且執政金吾將
軍裴儆謂柳載曰說事賊爲劇官掌其兵大小百戰掠名家子爲
奴婢不可計得宥死而無厚顏乃崇第產附貴倖欲以相邦其能

乆乎建中三年逐嚴郢說與郢善微諷朱泚訟其寃爲草奏貶歸州刺史卒

于卲字相門其先自代來爲京兆萬年人天寶末第進士以書判超絕補崇文校書郎縣比部郎中爲道州刺史未行徙巴州會歲饑部獠亂薄城下卲勵兵拒戰且遣使諭曉獠丏降卲儒服出賊見皆拜即引去節度使李抱玉以聞遷梓州辭疾不拜授兵部郎中崔寧帥蜀表爲度支副使俄以諫議大夫知制誥進禮部侍郎朝有大典冊必出其手爲三司使治薛邕獄失德宗旨貶桂州長史復爲太子賓客與宰相陸贄不平出杭州刺史以疾求告貶衢州別駕徙江州卒年八十一卲孝悌有行晚塗益修絜獎擢始舉賢良卲望見且將相材也崔元翰舉進士年五十矣卲以其文擢異等曰後當司詔令已而皆然獨孤授舉博學宏辭吏部考當乙卲覆之置甲科人吝其公

崔元翰名鵬以字行父良佐與齊國公日用從昆弟也擢明經甲科補湖城主簿以母喪遂不仕治詩易書春秋譔演範忘象渾天等論數十篇隱共北白鹿山之陽卒門人共謚曰貞文孝父元翰舉進士博學宏辭賢良方正皆異等義成李勉表在幕府馬燧更表爲太原掌書記召拜禮部員外郎竇參秉政引知制誥其訓辭溫厚有典誥風然性剛褊不能取容於時孤特自持掌誥凡再朞不遷罷爲比部郎中時已七十餘卒其好學老不倦用思精緻馳騁班固蔡邕間以自名家怨陸贄李充乃附裴延齡延齡表鉤校京兆妄費持吏甚急而充等自無過訖不能傳致以罪云

于公異蘇州吳人進士擢第李晟表爲招討府掌書記朱泚平露布於德宗曰臣既肅清宮禁祗奉寢園鍾簴不移廟貌如故帝覽泣下曰誰爲之辭或以公異對帝咨歎再始公異與陸贄故有隙時贄在翰林聞不喜世多言公異不能事後母既仕不歸省及贄當政乃奏其狀詔賜孝經罷歸田里盧邁坐舉非其人奪俸兩月時中書舍人高郢嘗薦御史元敦義及公異被譴郢亦劾敦義無美行詔免敦義官公異繇是不自振而卒

李益故宰相揆族子於詩尤所長貞元末名與宗人賀相埒每一篇成樂工爭以賂求取之被聲歌供奉天子至征人早行等篇天下皆施之圖繪少癡而忌克防閑妻妾苛嚴世謂妬爲李益疾同輩行稍稍進顯益獨不調鬱鬱去游燕劉濟辟置幕府進爲營田副使嘗與濟詩語怨望憲宗雅知名召爲秘書少監集賢殿學士自負才凌藉士衆不能堪諫官暴幽州時怨望語詔降秩俄復舊官累遷右散騎常侍大和初以禮部尚書致仕卒時又有太子庶子李益同在朝故世言文章李益以辨云

盧綸字允言河中蒲人避天寶亂客鄱陽大曆初數舉進士不入第元載取綸文以進補閿鄉尉累遷監察御史輒稱疾去坐與王縉善久不調渾瑊鎭河中辟元帥判官累遷檢校戶部郎中嘗朝京師是時舅韋渠牟得幸德宗表其才召見禁中帝有所作輒使賡和異日問渠牟盧綸李益何在答曰綸從渾瑊在河中驛召之會卒綸與吉中孚韓翃錢起司空曙苗發崔峒耿湋夏侯審李端皆能詩齊名號大曆十才子憲宗詔中書舍人張仲素訪集遺文文宗尤愛其詩問宰相綸文章幾何亦有子否李德裕對綸四子簡能簡辭弘止簡求皆擢進士在臺閣帝遣中人悉索家笥得詩五百篇以聞中孚鄱陽人官戶部侍郎翃字君平南陽人侯希逸表佐淄青幕府府罷十年不出李勉在宣武復辟之俄以駕部郎中知制誥時有兩韓翃其一爲刺史宰相請孰與德宗曰與詩人韓翃終中書舍人起吳興人天寶中舉進士與郎士元齊名時語曰前有沈宋後有錢郎終考功郎中曙字文初廣平人從韋皋於劍南終虞部郎中發晉卿子終都官員外郎峒終右補闕湋右拾遺審侍御史端趙州人始郭曖尚昇平公主主賢明有才思尤招納士故端等多從曖游曖嘗進官大集客端賦詩最工錢起曰素爲之請賦起姓端立獻一章又工于前客乃服主賜帛百後移疾江南終杭州司馬

歐陽詹字行周泉州晉江人其先皆為本州州佐縣令閩越地肥衍有山泉禽魚雖能通文書吏事不肯北宦及常袞罷宰相為觀察使始擇縣鄉秀民能文辭者與為賓主鈞禮觀游饗集必與里人矜耀故其俗稍相勸仕初詹與羅山甫同隱潘湖往見袞袞奇之辭歸泛舟飲餞舉進士與韓愈李觀李絳崔羣王涯馮宿庚承宣聯第皆天下選時稱龍虎榜閩人第進士自詹始詹事父母孝與朋友信義其文章切深回復明辯與愈友善詹先為國子監四門助教率其徒伏闕下舉愈博士卒年四十餘崔羣哭之甚愈為詹哀辭自書以遺羣初徐晦舉進士不中詹數稱之明年高第仕為福建觀察使語及詹必流涕從子秬字降之亦工為文陸洿自右拾遺除司勳郎中棄官隱吳中詔召之既在道秬遺書讓出處之遽洿不至還秬名益聞開成中擢進士第而里人蕭本妄言與貞獻太后近屬恩寵赫然秬恥之會澤潞劉從諫表秬在幕府秬為辯質本之偽本終得罪其子稹拒命秬方休假還家稹表斥損

時政或言秬為之詔流崖州賜死臨刑色不橈為書徧謝故人自誌墓人皆憐之

李賀字長吉系出鄭王後七歲能辭章韓愈皇甫湜始聞未信過其家使賀賦詩援筆輒就如素構自目曰高軒過二人大驚自是有名為人纖瘦通眉長指爪能疾書每旦日出騎弱馬從小奚奴背古錦囊遇所得書投囊中未始先立題然後為詩如它人牽合程課者及暮歸足成之非大醉弔喪日率如此過亦不甚省母使婢探囊中見所書多即怒曰是兒要嘔出心乃已耳以父名晉肅不肯舉進士愈為作諱辨然卒亦不就舉辭尚奇詭所得皆驚邁絕去翰墨畦逕當時無能效者樂府數十篇雲韶諸工皆合之絃管為協律郎卒年二十七與游者權璩楊敬之王恭元每譔著時為所取去賀亦早世故其詩歌世傳者鮮焉

吳武陵信州人元和初擢進士第淮西吳少陽聞其才遣客鄭平邀之將待以賓友武陵不荅俄而少陽子元濟叛武陵遺以書自稱東吳王孫曰夫勢有不必得事有不必疑徒取暴逆之名而殄物敗俗不可謂智一日亡破平生親愛連頭就戮不可謂仁支屬繫衍因緣磨滅先魂傷餒不可謂孝數百里之內拘若檻穽常疑死於左右手低回姑息不可謂明且三皇以來數千萬載何有勃理亂常而能自畢者哉貞元時德宗以函容御天下河北諸鎮專地不臣朝廷資以爵號桀黠者自謂得計以反為利於是楊惠琳劉闢李錡盧從史等又亂皇帝即位赫然命偏師討之盡伏其辜所謂時也日者張太尉獻垣捍之勤謝易定為國老田尚書知慮絕俗又以魏博來歸幽檀滄景皆為信臣然而與足下者獨齊趙耳夫齊安可為恃哉徐壓其首梁薄其翼魏斮其脛滑鐵其腹淮南承其衝分兵不足相救全舉則曹魯東平非其有也彼何苦而自棄哉若趙則固豎子耳前日主上以澤潞為之導既斥從史姑赦罪復爵祿之天下之人欲討者十八無何殘丞相御史朝廷以足下故未加斧鉞也然則中山摶蓋城之險太原乘井陘之隘燕徇樂壽

邢扼臨城清河絕其南弓高斷其北孤雛腐鼠求責不暇又曷以救人哉二鎮不敢動亦明矣足下何待而窮處邪昔僕之師裴道明嘗言唐家二百載有中興主當其時倨傲者盡滅河湟之地復矣今天子英武任賢同符太宗寬仁厚物有玄宗之度罰無貸罪賞無遺功諸侯蓁齊趙以稔其釁羣帥築室礪兵進窺房蔡屯田繼漕前鋒扼喉後陣撫背左排右掖其幾何而不蹈邪足下勿謂部曲勿我欺人心與足下一也足下反天子人亦欲反足下易地而論則嬰兇橫之命不若奉大君官守矣枕戈持矛死不得地不若坐兼爵命而保胄嗣矣足下苟能挺知幾之烈莫若發一介籍士馬土疆歸之有司上以覆載之仁必保納足下滌垢洗瑕以倡四海將校官屬不失寵且貴何哉為國者不以纖罪蓋大善也且貳而伐服而捨寵榮可厚骨肉可保何獨不為哉三州至狹也萬國至廣也力不相侔判然可知假使官軍百敗而行陣未嘗乏足下一敗則成禽矣夫一壯士不能當十夫者以其左右前後咸

敵也矧以一卒欲當百人哉昏迷不返諸侯之師集城下環壘刳
塹灌以流潦主將怨驕士卒崩離田儋之變發於肘腋屍不得裹
宗不得祀臣僕以爲誡子孫所不祖生爲暗愎之人没爲幽憂之
鬼何其痛哉元濟得書不悟會裴度東討而韓愈爲司馬武陵勸
愈爲度謀取中官常所不快者爲監軍歸素所快者於内爲吾地
以傾諸侯出帛百萬以給士大夫則孰不爲丞相之人然後分三大
將環賊而屯明斥候牛酒高會潛以實期授顏蔡諸將而以三期
紿賊令辯士持尺書劫元濟及將士約降彼無所竄謀矣時度部
分已定故不見用元濟未破數月武陵自硤石望東南氣如旗鼓
矛楯皆顛倒橫斜少選黄白氣出西北盤蜿相交武陵告愈曰今西
北王師所在氣黄白喜象也敗氣爲賊日直木舉其盈數不閱六
十日賊必亡夫天見其祥宜脩事應之且洄曲守將急緩不可使
吳城賊將趙曄詐而輕若以兵誘之伏以待一舉可奪其城則右臂
斷矣武陵之奇譎類如此長慶初竇易直以戶部侍郎判度支表

武陵主鹽北邊易直以不職薄其遇會表置和糴貯備使擇郎中
爲之武陵諫曰今緣邊膏壤鞠爲榛杞父母妻子不相活而朔
方度支米價四十而無踰月積皆先取商人而後求牒還都受錢
脫有寇薄城不三旬便當餓死何所取財而云和糴哉天下不治
病權不歸有司也鹽鐵度支一戶部郎事今三分其務吏萬員財
賦日蹙西北邊院官皆御史員外郎爲之始命若責可信今又加
使權其務是御史員外久於事返不可信也今更旬月又將以郎
中之爲不可信即更時歲明公之爲亦又不可信上下相阻一國
交疑誰爲可信者況一使之建胥徒走卒殆百輩督責騰呼數
千里爲不安誠欲邊隅完實獨募浮民徙罪人發沃土何必加使
而增吏也易直不納久之入爲太學博士大和初禮部侍郎崔郾
試進士東都公卿咸祖道長樂武陵最後至謂郾曰君方爲天子
求奇材敢獻所益因出袖中書搢笏郾讀之乃杜牧所賦阿房
宫辭既警拔而武陵音吐鴻暢坐客大驚武陵請曰牧方試有司

請以第一人處之郾謝已得其人至第五郾未對武陵勃然曰不
爾宜以賦見還郾曰如教牧果異等後出爲韶州刺史以贓貶潘
州司戶參軍卒初柳宗元謫永州而武陵亦坐事流永州宗元賢
其人及爲柳州刺史武陵北還大爲裴度器遇每言宗元無子說
度曰西原蠻未平柳州與賊犬牙宜用武人以代宗元使得優游江
湖又遺工部侍郎孟簡書曰古稱一世三十年子厚之斥十二年殆
半世矣霆砰電射天怒也不能終朝聖人在上安有畢世而怒人
臣耶且程劉二韓皆已拔拭或處大州劇職獨子厚與猿鳥爲
伍誠恐霧露所嬰則柳氏無後矣度未及用而宗元死始李翺
節度唐鄧武陵薦李景儉王湘健智沈皞可表以自副時號知人
李商隱字義山懷州河内人或言英國公世勣之裔孫令狐楚
帥河陽奇其文使與諸子游楚徙天平宣武皆表署巡官歲具資
裝使隨計開成二年高鍇知貢舉令狐綯雅善鍇獎譽甚力故
擢進士第調弘農尉以活獄忤觀察使孫簡將罷去會姚合代簡

諭使還官又試拔萃中選王茂元鎮河陽愛其才表掌書記以子
妻之得侍御史茂元善李德裕而牛李黨人蚩謫商隱以爲詭薄
無行共排笮之茂元死來游京師久不調更依桂管觀察使鄭亞
府爲判官亞謫循州商隱從之凡三年乃歸亞亦德裕所善綯以爲
忘家恩放利偷合謝不通京兆尹盧弘止表爲府參軍典箋奏綯
當國商隱歸窮自解綯憾不置弘止鎮徐州表爲掌書記久之還
朝復干綯乃補太學博士柳仲郢節度劍南東川辟判官檢校工
部員外郎府罷客滎陽卒商隱初爲文瑰邁奇古及在令狐楚府
楚本工章奏因授其學商隱儷偶長短而繁縟過之時溫庭筠段
成式俱用是相夸號三十六體
薛逢字陶臣蒲州河東人會昌初擢進士第崔鉉鎮河中表在幕
府鉉復宰相引爲萬年尉直弘文館歷侍御史尚書郎持論鯁切
以謀略高自標顯初與彭城劉瑑交瑑文辭出逢數人下常易之
瑑稍親近逢不得意遂相怨恨會瑑當國有薦逢知制誥者瑑狠

言先朝以兩省官給事舍人先治州縣乃得除逢未試州執不可
乃出爲巴州刺史而楊收王鐸同牒署第收輔政逢有詩微辭
譏訕收銜之復斥蓬縣二州刺史收罷以太常少卿召還歷給事
中鐸爲宰相逢又以詩訾鐸鐸怒中外亦鄙逢褊傲故不見齒遷
秘書監卒子廷珪進士及第大順初以司勳員外郎知制誥遷中
書舍人從昭宗次華州引拜左散騎常侍稱疾免客成都光化中
復爲舍人累尚書左丞朱全忠兼四鎮廷珪以官告使至汴客將
先見諷其拜廷珪佯不曉曰吾何德敢受令公拜乎及見卒不肯
加禮

李頻字德新睦州壽昌人少秀悟逮長廬西山多所記覽其屬
辭於詩尤長與里人方干善給事中姚合名爲詩士多歸重頻走
千里丐其品合大加獎挹以女妻之大中八年擢進士第調秘書
郎爲南陵主簿判入等再遷武功令於是畿民多籍神策軍吏以
其橫類假借不敢繩以法頻至有神策士尚君慶逋賦六年不送
睅然出入閭里頻密擿比伍與競君慶叩縣廷質頻即械送獄盡條
宿惡請於尹殺之督所負無少貸豪猾大讋屏息奉法縣大治有
六門堰者廞廢百五十年方歲饑頻發官廩庸民浚渠按故道廝
水溉田穀以大稔懿宗嘉之賜緋衣銀魚俄擢侍御史守法不阿徇
遷累都官員外郎表丐建州刺史既至以禮法治下更布條教
時朝政亂盜興相椎敚而建賴頻以安卒官下喪歸父老相與扶
柩葬永樂州爲立廟棃山歲祠之天下亂盜發其冢壽昌人隨
加封掩云

吳融字子華越州山陰人祖翥有名大中時觀察府召以署吏不
應歸高其槩言諸朝賜號文簡先生融學自力富辭調龍紀初及
進士第韋昭度討蜀表掌書記遷累侍御史坐累去官流浪荆
南依成汭久之召爲左補闕以禮部郎中爲翰林學士拜中書舍人
昭宗反正御南闕羣臣稱賀融最先至于時左右歡駭帝有指授
疊十許稾融跪作詔少選成語當意詳帝咨賞良厚進戶部侍郎
鳳翔劫遷融不克從去客閿鄉俄召還翰林遷承旨卒官

文藝列傳下第一百二十八

方技列傳第一百二十九　　宋　祁　奉　敕　撰　　唐書二百四

凡推步卜相醫巧皆技也能以技自顯於一世亦悟之天非積習致然然士
君子能之則不迂不泥不矜不神小人能之則迂而入諸拘礙泥而弗通大
方矜以夸衆神以誣人故前聖不以爲教蓋吝之也若李淳風諫太宗不濫
誅許胤宗不著方劑書嚴譔諫不合乾陵乃卓然有益于時者茲可珍也
至遠知果撫等詭行幻怪又技之下者焉

李淳風岐州雍人父播仕隋高唐尉棄官爲道士號黃冠子以論譔自見
淳風幼爽秀通羣書明步天曆筭貞觀初與傅仁均爭曆法議者多附
淳風故以將仕郎直太史局制渾天儀詆摭前世得失著法象書七篇上之
擢承務郎遷太常博士改太史丞與諸儒脩書遷爲令太宗得祕讖言唐中
弱有女武代王以問淳風對曰其兆既成已在宮中又四十年而王王而夷
唐子孫且盡帝曰我求而殺之奈何對曰天之所命不可去也而王者果不
死徒使疑似之戮淫及無辜且陛下所親愛四十年而老老則仁雖受終易
姓而不能絕唐若殺之復生壯者多殺而逞則陛下子孫無遺種矣帝采其
言止淳風於占候吉凶若節契然當世術家意有鬼神相之非學習可致終

不能測也以勞封昌樂縣男奉詔與筭博士梁述助教王真儒等是正五曹
孫子等書刊定注解立於學官撰麟德曆代戊寅曆候者推最密自祕閣
郎中復爲太史令卒所撰典章文物志乙巳占等書傳於世子諺孫仙宗並
擢太史令唐初言曆者惟傅仁均仁均滑州人終太史令

甄權許州扶溝人以母病與弟立言究習方書遂爲高醫仕隋爲祕書省正
字稱疾免魯州刺史庫狄嶔風痺不得挽弓權使彀矢嚮堋立鍼其肩隅一
進曰可以射矣果如言貞觀中權已百歲太宗幸其舍視飲食訪逮其術擢
朝散大夫賜几杖衣服尋卒年百三歲所撰脉經鍼方明堂等圖傳于時
立言仕爲太常丞杜淹苦流腫帝遣視曰去此十日午漏上且死如之有道人
心腹懣煩彌二歲診曰腹有蠱誤食髮而然令餌雄黃一劑少選吐一蛇如
拇無目燒之有髮氣乃愈後以醫顯者清漳宋俠義興許胤宗洛陽張文
仲李虔縱京兆韋慈藏俠官朝散大夫藥藏監胤宗仕陳爲新蔡王外兵
參軍王太后病風不能言脉沈難對醫家告術窮胤宗曰餌液不可進即以
黃耆防風煑湯數十斛置牀下氣如霧熏薄之是夕語擢義興太守武德
初累進散騎侍郎關中多骨蒸疾轉相染得者皆死胤宗療視必愈或勸
其著書貽後世者荅曰醫特意耳思慮精則得之脉之候幽而難明吾意所解

口莫能宣也古之上醫要在視脉病乃可識病與藥值唯用一物攻之氣純
而愈速今之人不善爲脉以情度病多其物以幸有功譬獵不知兔廣絡原
野冀一人獲之術亦疏矣一藥偶得它味相制弗能專力此難愈之驗也脉
之妙處不可傳虛著方劑終無益於世此吾所以不著書也卒年七十餘文
仲武后時至尚藥奉御特進蘇良嗣方朝疾作仆廷中文仲診曰憂憤而
成若脅痛者殆未可救頃告脅痛又曰及心則殆俄心痛而死文仲論風與
氣尤精后集諸言方者與共著書詔王方慶監之文仲曰風狀百二十四氣
狀八十治不以時則死及之惟頭風與上氣足氣藥可常御病風之人春秋
末月可使洞利乃不困劇自餘須發則治以時消息乃著四時輕重術凡十
八種上之虔縱官侍御醫慈藏光祿卿

袁天綱益州成都人仕隋爲鹽官令在洛陽與杜淹王珪韋挺游天綱謂淹
曰公蘭臺學堂全且博將以文章顯謂珪法令成天地相臨不十年官五品
謂挺面如虎當以武處官然三君久皆得譴吾且見之淹以侍御史入天策
爲學士珪太子中允挺善隱太子薦爲左衛率武德中俱以事流巂州見天
綱曰公等終且貴杜位三品難與言壽王韋亦三品後於杜而壽過之但晚
節皆困見竇軌曰君伏犀貫玉枕輔角完起十年且顯立功其在梁益間邪

軌後爲益州行臺僕射天綱復曰赤脉干瞳方語而浮赤入大宅公爲將必
多殺願自戒軌果坐事見召天綱曰毋憂右輔澤而動不久必還果還爲
都督貞觀初太宗召見曰古有君平朕今得爾何如對曰彼不逢時臣固勝之
武后之幼天綱見其母曰夫人法生貴子乃見二子元慶元爽曰官三品保家
主也見韓國夫人曰此女貴而不利夫后最幼姆抱以見紿以男天綱視其步
與目驚曰龍瞳鳳頸極貴驗也若爲女當作天子帝在九成宮令視岑文
本曰學堂瑩夷眉過目故文章振天下首生骨未成自前而視法三品肉不稱
骨非壽兆也張行成馬周見曰馬君伏犀貫腦背若有負貴驗也近古君臣
相遇未有及公者然面澤赤而耳無根後骨不隆壽不長也張晚得官終位
宰相其術精類如此高士廉曰君終作何官謝曰僕及夏四月數既盡如期
以火山令卒子客師亦傳其術爲廩犧令高宗置一鼠于奩令術家射皆
曰鼠客師獨曰雖實鼠然入則一出則四發之鼠生三子嘗度江中舟而還左
右請故曰舟中人鼻下氣皆墨不可以濟俄有一男子跛而負直就舟客師曰
貴人在吾可以濟江中風忽起幾覆復而免跛男子乃婁師德也時有長社人
張憬藏技與天綱埒太子詹事蔣儼有所問荅曰公厄在三尺土下盡六年
而貴六十位蒲州刺史無祿矣儼使高麗爲莫離支所囚居土室六年

還及爲蒲州歲如期則召掾史妻子告當死俄詔聽致仕劉仁軌與鄉人
靖賢請占憬藏荅曰劉公當五品而譴終位冠人臣謂賢曰君法客死軌
爲尚書僕射賢貶謂曰我三子皆富田宅五區何客死俄喪三子盡鬻南田宅寄
死友家魏元忠尚少往見憬藏問之久不荅元忠怒曰窮通有命何預君邪
拂衣去憬藏遽起曰君之相在怒時位必卿相姚崇李迥秀杜景佺從之游
憬藏曰三人者皆宰相然姚最貴郎中裴珪妻趙見之憬藏曰夫人目脩緩
法曰豕視淫又曰目有四白五夫守宅夫人且得罪俄坐姦沒入掖庭裴光廷
當國憬藏以紙大署台字投之光廷曰吾既台司矣尚何事後三日貶台州
刺史隋末又有高唐人乙弗弘禮當煬帝居藩召見弘禮賀曰大王爲萬乘
主所戒在德而已及即位悉詔諸術家坊處之使弘禮揔攝海內寖亂帝曰
而昔言朕既驗然終當奈何弘禮逡巡帝知之乃曰不言且死弘禮曰臣觀
人臣相與陛下類者不長然聖人不相故臣不能知由是敕有司監視毋得
與外語薛大鼎坐事沒爲奴及貞觀時有請於弘禮荅曰君奴也欲何事請
解衣視之弘禮指黶而下曰位方岳玄宗時有金梁鳳者頗言人貴賤夭壽
裴冕爲河西留後梁鳳輙言不半歲兵起君當以御史中丞除宰相又言一
日向雒一日向蜀一日向朔方此時公當國冕怒其言絶之俄而祿山反冕

以御史中丞召因問三日荅曰雒日即滅蜀曰不能久朔方日愈明肅宗即
位而冕遂相薦于帝拜都水使者梁鳳謂呂諲曰君且輔政須大怖乃得諲
責驛史榜之吏突入射諲兩矢幾中走而免明年知政事李揆盧允毀服紿
謁梁鳳不許二人請以情梁鳳曰李自舍人閱歲而相盧不過郎官揆已相
擢允吏部郎中王遠知系本琅邪後爲揚州人父曇選爲陳揚州刺史母晝
寢夢鳳集其身因有娠浮屠寶誌謂曇選曰生子當爲世方士遠知少警
敏多通書傳事陶弘景傳其術爲道士從臧兢游陳後主聞其名召入重陽
殿辯論超詣甚見咨挹隋煬帝爲晉王鎮揚州使人介以邀見少選髮白俄
復鬒帝懼遣之後幸涿郡詔遠知見臨朔宮帝執弟子禮咨質仙事詔
京師作玉清玄壇以處之及幸揚州遠知謂帝不宜遠京國不省高祖尚微
遠知密語天命武德中平王世充秦王與房玄齡微服過之遠知未識迎語曰
中有聖人非王乎乃諗以實遠知曰方爲太平天子願自愛太宗立欲官之苦辭
貞觀九年詔潤州即茅山爲觀俾居之璽詔自所奏願還舊山已別詔不違
雅素并敕立祠觀以伸曩懷未知先生早晚至江外祠舍何當就功令太史
令薛頤等往宣朕意遠知多怪言詫其弟子潘師正曰吾少也有累不得上
天今署少室伯且行即沐浴加冠衣若寢者遂卒或言壽益百二十六歲

云道命子紹業曰爾年六十五見天子七十見女君調露中紹業表其言高
宗召見嗟賞追贈遠知太中大夫諡升真先生武后時復召見皆如其言又
贈金紫光祿大夫天授中改諡升玄

薛頤者滑州人當隋大業時爲道士善天步律曆武德初追直秦王府密
語曰德星舍秦分王當有天下王表爲太史丞稍遷令貞觀時太宗將封泰
山彗星見頤因言臣商天意陛下未可東亦會大臣上議帝遂罷固丐爲道
士帝爲築觀九嵕山號曰紫府拜頤太中大夫往居之即祠建清臺候辰次災
祥以聞所上與太史李淳風合數歲卒高宗時又有葉法善者括州括蒼人
世爲道士傳陰陽占繇符架之術能猒劾怪鬼帝聞之召詣京師欲寵以
官不拜留內禁場禮賜殊縟時帝悉召方士化黃金治丹法善上言丹不
可遽就徒費財與日請覈真僞帝許之凡百餘人皆罷嘗在東都凌空祠
爲壇以祭都人悉往觀有數十人自奔火中衆大驚救而免法善笑曰此爲
魅所憑吾以法攝之耳問而信病亦皆已其譎幻類若此歷高中宗朝五
十年往來山中時時召入禁內雅不喜浮屠法常力詆毀議者淩其好憎然
以術高卒亘之則睿宗立或言陰有助力先天中拜鴻臚卿員外置封越國
公舍景龍觀追贈其父歙州刺史寵映當世開元八年卒或言生隋大業丙子

死庚子蓋百七歲云玄宗下詔褒悼贈越州都督

明崇儼洛州偃師人梁國子祭酒山賓五世孫少隨父恪令安喜吏有能召
鬼神者盡傳其術乾封初應岳牧舉調黃安丞以奇技自名高宗召見甚悅
擢冀王府文學試爲窟室使宮人奏樂其中召崇儼問何祥邪爲我止之
崇儼書桃木爲二符刺室上樂即止曰向見怪龍怖而止盛夏帝思雪崇儼
坐頃取以進自云往陰山取之四月帝憶瓜崇儼索百錢須臾以瓜獻曰得
之緱氏老人圃中帝召老人問故曰埋一瓜失之土中得百錢累遷正諫大夫
帝令入閤供奉每謁見陳時政多託鬼神爲言云王爲武后所猒勝事又
言章懷太子不德儀鳳四年爲盜所刺於東都好事者爲言崇儼役鬼勞
苦爲鬼所殺而太后疑太子使客殺之故贈侍中諡曰莊擢子珪爲秘書郎命
御史中丞崔謐等雜治誣服者甚衆及太子廢死狀乃明

尚獻甫衛州汲人善占候武后召見由道士擢太史令辭曰臣梗野不
可以事官長后改太史局爲渾儀監以獻甫爲令不隸秘書省數問災
異又於上陽宮集術家撰方域等篇長安二年熒惑犯五諸侯獻甫自
陳五諸侯太史位臣命納音金也火金之仇臣且死后曰朕爲卿猒之
遷水衡都尉謂曰水生金卿無憂矣至秋卒后嗟異復以渾儀監爲太史局云

嚴善思名譔同州朝邑人以字行父延與河東裴玄證隴西李真皆通儒術該曉圖讖善思傳延業褚遂良上官儀等奇其能高宗封太山舉銷聲幽藪科及第調襄陽尉居親喪廬墓因隱居武后時擢監察御史兼右拾遺內供奉數言天下事方酷吏搆大獄以善思爲詳審使平活八百餘人原千餘姓長壽中按囚司刑寺罷疑不實者百人來俊臣等疾之誣以罪謫交趾五歲得還是時李淳風死候家皆不效乃詔善思以著作佐郎兼太史令聖曆二年熒惑入輿鬼后問其占對曰大臣當之是年王及善卒長安中熒惑入月鎮犯天關善思曰法當亂臣伏罪而有下謀上之象歲餘張柬之等起兵誅二張遷給事中后崩將合葬乾陵善思建言尊者先葬卑者不得入今啓乾陵是以卑動尊術家所忌且玄闕石門冶金錮隙非攻鑿不能開神道幽靜多所驚黷若別攻隧以入其中即往昔葬時神位前定更有害曩營乾陵國有大難易姓建國二十餘年今又營之難且復生合葬非古也況事有不安豈足循據漢世皇后別起陵墓魏晉始合葬漢積祀四百魏晉祚率不長亦其驗也今若更擇吉地附近乾陵取從葬之義使神有知無所不通若其無知合亦何益山川精氣上爲列星葬得其所則神安而後嗣昌失其宜則神危而後嗣損願割私愛使社稷長久中宗不納

神龍中武后喪公除太常請大習樂供郊廟詔未許善思奏曰樂者氣化所以感天地調五行漢魏喪禮以日易月蓋三年不爲禮禮必壞三年不爲樂樂必崩禮陰也樂陽也樂崩陽伏禮廢陰從故變以適時孝道之大安又神公也茹哀戚私也王者不以私害公請如太常奏帝從之遷禮部侍郎表皇后擅政爲社稷憂求汝州刺史嘗語姚崇曰韋氏禍且塗地相王所居有華蓋紫氣必位九五公善護之及睿宗立崇以語聞召拜右散騎常侍初譙王重福徙均州過汝善思爲刺史及謀反僞除禮部尚書重福敗坐關通論死吏部尚書宋璟戶部郎中李邕薄其罪給事中韓思復固請乃流靜州始善思爲御史中書舍人劉允濟爲酷吏所陷且死善思方訟其冤得免戶部尚書王本立見之曰祁奚之救叔向嚴公有之後見允濟語未嘗及之思復之解善思也亦不自德時稱長者之報後遇赦還開元十六年卒子向乾元中爲鳳翔尹三世皆年八十五云

杜生者許州人善易占有士亡奴者問所從追戒曰自此行逢使者懇丐其鞭若不可則以情告其人果值使者於道如生語使者異之曰去鞭吾無以進馬可折道傍蒌代之乃往折蒌見亡奴伏其下獲之它日又有士亡奴者生戒持錢五百伺於道見進鷂使者可市其一必得奴俄而使至其人以情告使者以一與之忽飛集灌莽上往取之而得亡奴衆以爲神時有浮屠泓者黃州人與天官侍郎張敬之善敬之以武后在位常指所服示子冠宗曰吾朝服耳俄冠宗以父應入三品詣有司言狀泓忽曰君無煩求三品也敬之大驚已而知出冠宗意敬之弟訥之疾殆泓曰弟當位三品不憂也已而愈睿宗爲燕國公張說市宅戒曰無穿東北隅也已見說曰宅氣索然云何與說共視隅有三坎丈餘泓驚曰公富貴一世而已諸子將不終說懼將平之泓曰客土無氣與地脉不連譬身瘡痏補它肉無益也說子均垍皆汙賊死云

張果者晦鄉里世系以自神隱中條山往來汾晉間世傳數百歲人武后時遣使召之即死後人復見居恒州山中開元二十一年刺史韋濟以聞玄宗令通事舍人裴晤往迎見晤輒氣絕仆久乃蘇晤不敢逼馳白狀帝更遣中書舍人徐嶠齎璽書邀禮乃至東都舍集賢院肩輿入宮帝親問治道神仙事語祕不傳果善息氣能累日不食數御美酒嘗云我生堯丙子歲位侍中其貌實年六七十時有邢和璞者善知人夭壽師夜光者善視鬼帝令和璞推果生死懵然莫知其端帝召果密坐使夜光視之不見果所在帝謂高力士曰吾聞飲堇無苦者奇士也時天寒因取以飲果三進頹然曰非佳酒也乃寢頃視齒燋縮顧左右取鐵如意擊墮之藏帶中更出藥傅其

齗良久齒已生粲然駢潔帝益神之欲以玉真公主降果未言也果忽謂祕書少監王迥質太常少卿蕭華曰諺謂娶婦得公主平地生公府可畏也二人怪語不倫俄有使至傳詔曰玉真公主欲降先生果笑固不奉詔有詔圖形集賢院懇辭還山詔可擢銀青光祿大夫號通玄先生賜帛三百匹給扶侍二人至恒山蒲吾縣未幾卒或言尸解帝爲立棲霞觀其所夜光者薊州人少爲浮屠至長安因九仙公主得召見溫泉帝奇其辯賜冠帶授四門博士賜緋衣銀魚金繒千數得侍左右如辛百和璞喜黃老作頻陽書世傳之天寶中有孫甑生者以役聞能使石自鬭草爲人騎馳走楊貴妃喜觀之數召入宮中又有羅思遠能自隱帝學不肯盡其術試自隱常餘衣帶及思遠去試則驗厚錫金帛然卒不得帝怒裹以幞壓殺之數日有中使者自蜀還逢思遠駕而西笑曰上爲戲何虐也

姜撫宋州人自言通僊人不死術隱居不出開元末太常卿韋縚祭名山因訪隱民還白撫已數百歲召至東都舍集賢院因言服常春藤使白髮還鬒則長生可致藤生太湖最良終南往往有之不及也帝遣使者至太湖多取以賜中朝老臣因詔天下使自求之宰相裴耀卿奉觴上千萬歲壽帝悅御花萼樓宴羣臣出藤百奩徧賜之擢撫銀青光祿大夫號沖和先生撫

又言終南山有旱藕，餌之延年，狀類葛粉，帝作湯餅賜大臣。右驍衛將軍甘守誠能銘藥石，曰：「常春者，千歲藟也；旱藕，杜蒙也。方家久不用，撫易名以神之。」民間以酒漬藤飲者多暴死，乃止。撫內慚悸，請求藥牢山，遂逃去。

桑道茂者，寒人，失其系望，善太一遁甲術。乾元初，官軍圍安慶緒於相州，勢危甚，道茂在圍中，密語人曰：「三月壬申西師潰。」至期，九節度兵皆敗。後召待詔翰林。建中初，上言：「國家不出三年有厄會，奉天有王者氣，宜高垣堞，為王者居，使可容萬乘者。」德宗素驗其數，詔京兆尹嚴郢發眾數千及神策兵城之。時盛夏趣功，人莫知其故。及朱泚反，帝蒙難奉天，賴以濟。李晟為右金吾大將軍，道茂齎一縑見晟，再拜曰：「貴盛無比，然我命在公手，能見赦否？」晟大驚，不領其言。道茂出懷中書，自具姓名，署其左曰：「為賊逼污。」固請晟判，晟笑曰：「欲我何語？」道茂曰：「第言準狀赦之。」晟勉從。已又以縑願易晟衫，請題衿膺曰：「它日為信。」再拜去。道茂果汙朱泚偽官。晟收長安，與逆徒縛旗下，將就刑，出晟衫及書以示，晟為奏原其死。是時藩鎮擅地無寧時，道茂曰：「年號元和，寇盜翦滅矣。」至憲宗乃驗。道茂居有二柏甚茂，曰：「人居而木蕃者去之，木盛則土衰，土衰則人病。」乃以鐵數十鈞埋其下，復曰：「後有發其地而死者。」大和中，溫造居之，發藏鐵而造死。杜佑與楊炎善，盧杞疾之，佑懼，以問道茂，茂曰：「君歲中補外，則福壽亘涯矣。」俄拜饒州刺史，後終司徒。李泌病，道茂署於紙曰：「厄三月一日，就饗食，國與家吉而身危。」會是中和日，泌雖篤，彊入，德宗見泌不能步，詔歸第，卒。是日，北軍謀亂，仗士禽斬之。李鵬為盛唐令，道茂曰：「君位止此，而冢息位宰相，次息亦大鎮，季孫百世。」鵬卒，後石至宰相，福歷大鎮，諸孫通顯云。

列傳第一百二十九

列女列傳第一百三十　唐書二百五

宋祁奉敕撰

女子之行，於親也孝，婦也節，母也義而慈，止矣。中古以前，書所載后妃、夫人事天下化之。後彤史職廢，婦訓、姆則不及於家，故賢女可紀者千載間寥寥相望。唐興，風化陶淬且數百年，而閨家令姓窈窕淑女，至臨大難，守禮節，白刃不能移，與哲人烈士爭不朽名，寒如霜雪，亦可貴矣。今采獲尤顯行者著之篇，以緒正父父子子夫夫婦婦之懿云。

李德武妻裴，字淑英，安邑公矩之女，以孝聞鄉黨。德武在隋，坐事徙嶺南，時嫁方踰歲，矩表離婚。德武謂裴曰：「我方貶，無還理，君必儷它族，于此長決矣。」答曰：「夫，天也，可背乎？願死無它。」欲割耳誓，保姆持不許。夫姻婣歲時朔望致禮惟謹。居不御薰澤。讀列女傳，見述不更嫁者，謂人曰：「不踐二廷，婦人之常，何異而載之書？」後十年，德武未還，矩決嫁之，斷髮不食，矩知不能奪，聽之。德武更娶尒朱氏，遇赦還，中道聞其完節，乃遣後妻，為夫婦如初。

楊慶妻王者，世充兄之女。慶以河間王子為郇王，守滎陽，陷於世充，故世充妻之，用為管州刺史。太宗攻洛陽，慶謀與主歸唐，謝曰：「鄭以我奉箕帚者，綴公之心。今負恩背義，自為身謀，可若何？至長安，則公家婢耳，願送我還東都。」慶不聽，王謂左右曰：「唐勝則鄭滅，鄭安則吾夫死，若是，生何益？」乃飲藥死。慶入朝，官宜州刺史。

房玄齡妻盧，失其世。玄齡微時，病且死，諉曰：「吾病革，君年少，不可寡居，善事後人。」盧泣入帷中，剔一目示玄齡，明無它。會玄齡良愈，禮之終身。

王蘭英者，獨孤師仁之姆。師仁父武都謀歸唐，王世充殺之。師仁始三歲，免死禁錮。蘭英請鬻鉗得保養，許之。時喪亂餓死者藉藉，蘭英丐道路，以食師仁，身啖土飲水。後詐為采薪，竊師仁歸京師。高祖嘉其義，詔封蘭英永壽鄉君。

楊三安妻李，京兆高陵人。舅姑亡，三安又死，子幼孤，李晝田夜紡，凡三年，葬舅姑及夫兄弟凡七喪，遠近嗟悌。太宗聞而異之，賜帛三百段，遣州縣存問，免其繇役。

樊會仁母敬，蒲州河東人，字象子。笄而生會仁，夫死，事舅姑祥順，家以其少，欲嫁之，潛約婚於里人，至期，陽為母病，使歸視，敬至，知見紿，乃外為不知者，私謂會仁曰：「吾孀處不死者，以母老兒幼。今舅將奪吾志，汝云何？」會仁泣，敬曰：「兒毋啼。」乃伺隙遁去，家追及半道，以死自守，乃罷。會仁未冠卒，時敬母又終，既葬，謂所親曰：「母死子亡，何生為？」不食數日死，聞者憐之。

衛孝女，絳州夏人，字無忌。父為鄉人衛長則所殺，無忌甫六歲，無兄弟，母改嫁。逮長，志報父仇。會從父大延客，長則在坐，無忌抵以甓，殺之。詣吏稱父冤已報，請就刑巡察使褚遂良以聞太宗免其罪給驛徙雍州賜田宅州縣以禮嫁之○鄭義宗妻盧者范陽士族也涉書史事舅姑恭順夜有盜持兵劫其家人皆匿竄惟姑不能去盧冒刃立姑側為賊捽捶幾死賊去人問何為不懼荅曰人所以異鳥獸者以其有仁義也今鄰里急難尚相赴況姑可委棄邪若百有危我不得獨生姑曰歲寒然後知松柏後彫吾乃今見婦之心

劉寂妻夏侯滑州胙城人字碎金父長雲為鹽城丞喪明時劉已生二女矣求與劉絕歸侍父疾又事後母以孝稱五年父亡毀不勝喪被髮徒跣身負土作冢廬其左寒不緜日一食者三年詔賜物二十段粟十石表異門閭後其女居母喪亦如母行官又賜粟帛表其門○于敏直妻張者皖城公儉女也生三歲每父母病已能晝夜省侍顏色如成人及長愈恭順仁孝儉病篤聞之號踴絕飲死一慟遂卒高宗歎其行賜物百段以狀屬史官○楚王靈龜妃上官者下邽士族也靈龜出繼哀王後而舅姑在妃朝夕侍奉謹甚凡珍美非經獻先嘗靈龜卒將葬前妃無近族議者欲不舉妃曰逝者有知魂可無託乎乃備禮合葬聞者嘉歎喪除兄弟共諭妃少又無子可不有行泣曰丈夫以義婦人以節我未能殉溝壑尚可御粧澤祭他胙乎將自劓耳衆遂不敢彊○楊紹宗妻王華州華陰人在褓而母亡繼母鞠愛父征遼歿繼母又卒王年十五乃舉二母柩而立父象招魂以葬廬墓左求徹中詔楊氏婦在隋時父歿遼而能招魂克葬至祖父母坐隧親服板築哀感行路因賜物段并粟以闕表門○賈孝女濮州鄄城人年十五父為族人玄基所殺孝女弟彊仁尚幼孝女不肯嫁躬撫育之彊仁能自樹乃教伺玄基殺之取其心告父墓彊仁詣縣言狀有司論死孝女詣闕請代弟死高宗閔歎詔并免之內徙洛陽

李氏妻王阿足深州鹿城人早孤無兄弟歸李氏數歲夫死無子以嫠姊高年無供養乃不忍嫁晝耕夜織能辦生事餘二十年姊乃亡葬送如禮鄉人服其義爭遣女妻往師其風訓壽終于家

樊彥琛妻魏者揚州人彥琛病魏曰公病且篤不忍公獨死彥琛曰死生常道也幸養諸孤使成立相從而死非吾取也彥琛卒值徐敬業難陷兵中聞其知音令鼓箏魏曰夫亡不死而逼我管絃禍由我發引刀斬其指軍伍欲彊妻之固拒不從乃刃擬頸曰從我者不死魏厲聲曰狗盜乃欲辱人速死吾志也乃見害聞者傷之

李畬母者失其氏有淵識畬為監察御史得廩米量之三斛而羸問于史曰御史米不槩也又問車庸有幾曰御史不償也母怒敕歸餘米償其庸因切責畬畬乃劾倉官自言狀諸御史聞之有慙色

汴女李者年八歲父亡殯于堂十年朝夕臨及笄母欲嫁之斷髮自誓養母母喪哀號過人自庀葬具州里送葬千餘人廬于墓蓬頭跣足負土以完園蒔松數百武后時按察使薛季昶表之詔樹闕門閭

崔繪妻盧者鸞臺侍郎獻之女獻有美名繪喪盧年少家欲嫁之盧稱疾不許女兄適工部侍郎李思沖早亡思沖方顯重表求繼室詔許家內外姻皆然可思沖歸幣三百輩盧不可曰吾豈再辱於人乎寧沒身為婢是夕出自竇糞穢蔽面還崔舍斷髮自誓思沖以聞武后不奪也詔為浮屠尼以終

堅貞節婦李者年十七嫁為鄭廉妻未踰年廉死常布衣蔬食夜忽夢男子求為妻初不許後數數夢之李自疑容貌未衰醜所召也即截髮麻衣不薰飾垢面塵膚自是不復夢刺史白大威欽其操號堅貞節婦表旌門闕名所居曰節婦里○符鳳妻某氏字玉英尤姝美鳳以罪徙儋州至南海為獠賊所殺脅玉英私之對曰婦人不足事衆男子請推一長者賊然之乃請更衣有頃盛服立於舟罵曰受賊辱不如死自沈於海○高叡妻秦叡為趙州刺史為默啜所攻州陷叡仰藥不死至默啜所示以寶帶異袍曰降我賜爾官不降且死叡視秦秦曰君受天子恩當以死報賊一品官安足榮自是皆瞑目不語默啜知不可屈乃殺之○王琳妻韋者士族也琳為眉州司功參軍俗僭侈盛飾韋不知有簪珥訓二子堅冰有法後皆名聞琳卒時韋年二十五家欲彊嫁之韋固拒至不聽音樂勵一室或終日不食卒年七十五著女訓行於世

盧惟清妻徐淄州人世客陳留惟清仕歷校書郎徐兄之夫李宜得以罪斥惟清坐原姻貶播川尉徐還鄉里糲食斥鉛膏采絺不御會大赦徐間關迎惟清至荊州聞惟清死二奴將劫徐歸下江徐知之數其罪奴不敢逼劫其貲去徐倍道行至播川足繭流血得惟清尸以喪還閱歲至洛陽既葬以無子終服還陳留汴州刺史齊澣高其節頌而詩之

饒娥字瓊真饒州樂平人生小家勤織紝頗自脩整父勤漁于江遇風濤舟覆屍不出娥年十四哭水上不食三日死俄大震電水蟲多死父尸浮出鄉人異之歸賵且禮葬父及娥鄱水之陰縣令魏仲光碣其墓建中初黜陟使鄭叔則表旌其閭河東柳宗元為立碑云

竇伯女仲女京兆奉天人永泰中遇賊行剽二女自匿山谷賊迹而得之將逼以私行臨大谷伯曰我豈受汙於賊乃自投下賊大駭俄而仲亦躍而墜京兆尹第五琦表其烈詔旌門閭免其家繇役官為庀葬

盧甫妻李秦州成紀人父瀾永泰初為鄭令梁宋兵興瀾諭降劇賊數千人刺史曹昇襲賊敗之賊疑瀾賣已執瀾及其弟渤兄弟爭相代死李見父被

執亦請代父遂皆遇害又有王泛妻裴者亦得賊中欲汙之罵曰吾衣冠子豈
爱生受汙邪賊臨以兵罵不止乃支解焉宣慰使李季卿聞狀詔贈李誇縣
君裴河東縣君瀾勅並贈官
鄒待徵妻薄者從待徵官江陰袁晁亂薄為賊所掠將汙之不從語家媼使報
待徵曰我義不辱即死於水賊去得其屍義聲動江南聞人李華作哀節婦賦
金節婦者安南賊帥陶齊亮之母也常以忠義誨齊亮頑不受遂絕之自
田而食紡而衣州里矜法焉大曆初詔賜兩丁侍養本道使四時存問終身
高愍女名妹妹父彥昭事李正己及納拒命質其妻子使守濮陽建中二年挈
城歸河南都統劉玄佐納屠其家時女七歲母李憐其幼請免死為婢許之
女不肯曰母兄皆不免何賴而生母兄將被刑徧拜四方女問故答曰神可祈
也女曰我家以忠義誅神尚何知而拜之問父在所西鄉哭再拜就死德宗駭
歎詔太常謚曰愍諸儒爭為之誄彥昭從玄佐救寧陵復汴州累功授潁州刺
史朝廷錄其忠居州二十年不徙卒贈陝州都督
楊烈婦者李侃妻也建中末李希烈陷汴謀襲陳州侃為項城令希烈分兵數千
略定諸縣侃以城小賊銳欲逃去婦曰寇至當守力不足則死焉君而逃尚誰守
侃曰兵少財乏若何婦曰縣不守則地賊地也倉廩府庫皆其積也百姓皆其戰

士也於國家何有請重賞募死士尚可濟侃乃召吏民入廷中曰令誠若主也然
滿歲則去非如吏民生此土也墳墓存焉宜相與死守忍失身北面奉賊乎衆泣
許諾乃徇曰以瓦石擊賊者賞千錢以刀矢殺賊者萬錢得數百人侃率以乘城
婦身自爨以享衆報賊曰項城父老義不下賊得吾城不足為威宜亟去徒失利
無益也賊大笑侃中流矢還家婦責曰君不在人誰肯固死于外猶愈於牀也侃
遽登城會賊將中矢死遂引去縣卒完詔遷侃太平令先是万歲通天初契丹寇
平州鄒保英為刺史城且陷妻奚率家僮女丁乘城不下賊詔封誠節夫人默啜
攻飛狐縣令古玄應妻高能固守虜引去詔封徇忠縣君史思明之叛衛州女子
侯滑州女子唐青州女子王相與歃血赴行營討賊滑濮節度使許叔冀表其忠
皆補果毅雖敢決不忘於國然不如楊烈婦忼慷知君臣大義云
賈直言妻董直言坐事貶嶺南以妻少乃訣曰生死不可期吾去可亟嫁無須
也董不答引繩束髮封以帛使直言署曰非君手不解直言貶二十年乃
還署帛宛然及湯沐髮墮無餘
李孝女者名妙法瀛州博野人安祿山亂被劫從它州聞父亡欲間道奔喪一
子不忍去割一乳留以行既至父已葬號踊請開父墓以視宗族不許復持
刀刺心乃為開見棺舌去塵髮治拭之結廬墓左手植松柏有異鳥至後母

病或不食飲女終日未嘗視匕箸及亡刺血書于母臂而葬廬墓終身
李湍妻某氏湍籍吳元濟軍元和中自拔歸烏重胤妻為賊縛而啗食之
將死猶號湍曰善事烏僕射觀者歎泣重胤請以其事屬史官詔可
董昌齡母楊世居蔡昌齡更事吳少陽至元濟時為吳房令母常密戒曰逆
順成敗兒可圖之昌齡未決徙郾城楊復曰逆賊欺天神所不福當速降無以
我累兒為忠臣吾死不慊會王師逼郾城昌齡乃降憲宗喜即拜郾城令兼
監察御史昌齡謝曰母之訓也臣何能帝嗟歎元濟囚楊欲殺者屢矣蔡平
而母在陳許節度使李遜表之封北平郡太君
王孝女徐州人字和子元和中父兄皆防秋屯涇州吐蕃寇邊並戰死和子
年十七單身被髮徒跣繞裳抵涇屯日丐貸護二喪還葬于鄉植松柏翦髮
壞容廬墓所節度使王智興白狀詔旌其門
段居貞妻謝字小娥洪州豫章人居貞本歷陽俠少年重氣決娶歲餘與謝
父同賈江湖上並為盜所殺小娥赴江流傷腦折足人救以免轉側丐食至
上元夢父及夫告所殺主名離析其文為十二言持問內外姻莫能曉隴西李公佐
隱占得其意曰殺若父者必申蘭若夫必申春試以是求之小娥泣謝諸申乃
名盜亡命者也小娥詭服為男子與傭保雜物色歲餘得蘭於江州春獨樹

浦蘭與春從兄弟也小娥託傭蘭家日以謹信自効蘭寖倚之雖包苴無不委
小娥見所盜段謝服用故在益知所夢不疑出入二稘伺其便它日蘭盡集群
偷醵酒蘭與春醉臥廬小娥閉戶拔佩刀斬蘭首因大呼捕賊鄉人牆救禽春得
贓千萬其黨數十小娥悉疏其人上之官皆抵死乃始自言狀刺史張錫嘉其
烈白觀察使使不為請還豫章人爭娉之不許祝髮事浮屠道垢衣糲飯終身
楊含妻蕭父歷為撫州長史以官卒母亦亡蕭年十六與婢皆韶奴戡護二
喪還鄉里貧不能給舟庸次宣州戰鳥山舟子委柩去蕭結廬水濱與婢穿壙
納棺成墳蒔松柏朝夕臨有馴烏鶴兔茵芝之祥長老等為立舍歲時進粟纊
喪滿不釋縗人高其行或請昏女曰我弱不能北還君誠為我致二柩葬故里請
事君子於是含以高安尉罷歸聘之且請如素蕭以親未葬許其載辭其柩
已葬乃釋服而歸揚云
韋雍妻蕭張弘靖鎮幽州也表雍在幕府朱克融亂雍被劫蕭聞難與雍偕
出左右格之不退雍臨刃蕭呼曰我苟生無益願今日死君前刑者斷其臂乃
殺雍蕭音息奄然觀者哀歎是夕死大和中楊志誠表其烈詔贈蘭陵縣君
衡方厚妻程大和中方厚為邕州錄事參軍招討使董昌齡治無狀方厚
雍字和叔擢進士第

數爭事，昌齡怒，將執付吏，辭以疾，不免，即以死告，則棺中，昌齡知之，使闔棺甚牢，方厚閉，父以爪攫棺，爪盡乃絕。程懼，并死，不敢哭，昌齡亦不疑，葦遣其喪，程徒行至闕下，叩右銀臺門自刵，陳冤。下御史鞫治，有實，昌齡乃得罪。文宗詔封程武昌縣君，賜一子九品正員官。

鄭孝女，兗州瑕丘人。父神佐為官兵戰死慶州。時母已亡，又無兄弟，女時年二十四，即翦髮壞服，身護喪還鄉里，與母合葬，廬墓下，手樹松柏成林。初，許適于兵李玄慶，至是謝不嫁。大中中，兗州節度使蕭倣狀于朝，有詔旌表其閭。

李廷節妻崔，乾符中，廷節為郟城尉，王仙芝攻汝州，廷節被執，賊見崔姝美，將妻之，詬曰：我士人妻，死自有命，奈何受賊汙！賊怒，刳其心食之。

朗保晦妻封，敖孫也，名絢，字景文，能文章草隸。保晦歷校書郎，黃巢入長安，共匿蘭陵里。明日，保晦逃，賊悅封色，欲取之，固拒，賊誘說萬詞，不答。賊怒，勃然曰：從則生，不然，正膏我劍！封罵曰：我，公卿子，守正而死，猶生也，終不辱逆賊手！遂遇害。保晦歸，左右曰：夫人死矣。保晦號而絕。

竇烈婦者，河南人，朝邑令畢某妻。初，同州軍亂，逐節度使李瑭，走河中，令匿望仙里，不知所舍乃仇家也，夜半盜入，捽令首欲殺之，竇泣蔽，得苦持賊袂，至中刀不解，令得脫走，不死。賊亦去，京兆聞之，歸酒帛醫藥，幾死而愈。

李拯妻盧者，美姿，能屬文。拯字昌時，咸通末擢進士第，遷累考功郎中。黃巢亂，避地平陽。僖宗召為翰林學士。帝出寶雞，拯陷于嗣襄王煴，煴敗，拯死，盧伏尸哭，王行瑜兵逼之，不從，遂以刃斷臂死。

山陽女趙者，父盜鹽，當論死，女詣官訴曰：迫饑而盜，救死爾，情有可原，能原之邪？否則請俱死。有司義之，許減父死。女曰：身今為官所賜，願毀服依浮屠法以報，即截耳自信，侍父疾，卒不嫁。

周迪妻某氏，迪善賈，往來廣陵。會畢師鐸亂，人相掠賣以食，迪饑將絕。妻曰：今欲歸，不兩全，君親在，不可并死，願見賣以濟君行。迪不忍，妻固與詣肆售，得數千錢以奉迪。至城門，守者誰何，疑其紿，與迪至肆問狀，見妻首已在枅矣。迪裹餘體歸葬之。

朱延壽妻王者，當楊行密時，延壽事行密，為壽州刺史。怨行密，不臣，與寧國節度使田頵謀絕之，以歸唐。事泄，行密以計召延壽，欲與揚州。延壽信之，將行，王曰：今若得揚州，成宿志，是興衰在時，非繫家也。然願日一介為驗。許之。及為行密所殺，介不至，王曰：事敗矣。即部家僕，授兵器，方闔扉而捕騎至，遂出私帑施民，發百燎焚牙居，呼天曰：我誓不為讎人辱。赴火死。

列傳第一百三十

外戚列傳第一百三十一　宋祁奉敕撰　唐書二百六

凡外戚成敗視主德何如，主賢則共其榮，主否則先受其禍。故太宗檢責偉栽，賞賜有節，時內里無敗家。高中二宗柄移艷私，產亂朝廷，武、韋諸族，誅夷略頸血一日同汙鈇刃。玄宗初年法行近親，裏表脩敕，天寶聾明委政妃宗，階召反痛，遂喪天下，楊氏之誅，噍類不遺，若數十年之寵不償一日之慘。甲第厚貲，无救同坎之悲，寧不哀哉！代德而降，閹尹參變，後宮雖多，无赫赫顯門，亦無刀鋸大戮，故用福甚者得禍酷，取名少者蒙責輕，理所固然。若乃長孫无忌之功，武平一之識，吳溆之忠，弗緣內寵者，自見別傳云。

獨孤懷恩，元貞皇后弟也。父整，仕隋為涿郡太守。懷恩之幼，隋文帝獻皇后以姪養宮中，逮長，稍學記書，而居財不訾，喜六博，任俠，徒為鄠令，以疾免。高祖平京師，拜長安令，頗嚴明，如職。而狎帝受禪，擢工部尚書。初，虞州刺史韋義節擊堯君素於蒲州，不克，帝遣懷恩代將，性貪寡策略，數戰无功，士喪沮。詔書切責，而懷恩稍怨望。帝嘗與戲曰：弟姑子皆有天下，次當爾邪？懷恩內喜，以為天命，既而居忽忽，咤曰：我家豈獨女子富貴也！因謀亂。是時，虞鄉南山多宿盜，而劉武周使宋金剛略澮州，帝發關中軍屬秦王屯柏壁，蘇是

懷恩與麾下元君寶、解令榮、靜謀引王行本軍與武周連和，劃河東以陷之，引群賊取永豐倉，絕秦王餉道，長驅三輔。會君素死，而行本得其兵，部畫已定，而夏人呂崇茂殺縣令應武周，帝敕懷恩與永安王孝基、陝州總管于筠、內史侍郎唐儉擊之，皆為金剛所俘，諸將皆沒于賊，君寶與府劉讓私悔，懷恩曰：不早舉大事，以及斯辱也。故謀洩。會秦王敗武周於美良川，懷恩逃歸，帝命率師攻蒲州。君寶謂儉曰：王者不死，果其然。唐儉知狀，會武周還劉讓，求罷兵，因白發懷恩等姦。于時行本舉蒲州降，懷恩勒兵入城，帝方濟河，而讓至，具得反狀，帝召之，懷恩不知也。單舟以來，即縛之，窮索黨與，縊死于獄，以首徇華陰市，籍入其家。

武士彠字信，世殖貨，喜交結。高祖嘗領屯汾、晉，休其家，因被顧接。後留守太原，引為行軍司鎧參軍。募兵既集，以劉弘基、長孫順德統之。王威、高君雅私謂士彠曰：弘基等皆背征三衛，罪當死，奈何授之兵？吾且劾繫之。士彠曰：此皆唐公客，若爾，必大有嫌。故威等疑不發。會司兵參軍田德平欲勸威劾募人狀，士彠紿謂曰：討捕兵悉隸唐公，威、君雅無與，徒寄坐耳，何能為？德平亦止。兵起，士彠不與謀也。以大將軍府鎧曹參軍從平京師，為光祿大夫、義原郡公。自言嘗夢帝騎而上天，帝笑曰：爾故王威黨也，以能罷繫劉弘基等，其

意苟錄其嘗礼我故酬汝以官今胡迕妾媚我邪累遷工部尚書進封應國
公歷利荊二州都督卒贈禮部尚書謚曰定高宗永徽中以士彠仲女為皇
后故崇贈并州都督司徒周國公咸亨中加贈太尉兼太子太師太原郡王
配享高祖廟廷列功臣上后臨朝尊為忠孝太皇建崇先府置官屬追王五
世后革命更於東都立武氏七廟追冊為帝諸妣皆隨帝號曰皇后先天中
有詔削士彠僞號仍為太原王廟遂廢始士彠娶相里氏生子元慶元爽又
娶楊氏生三女元女妻賀蘭氏早寡季女妻郭氏不顯士彠卒後諸子事楊
不盡礼銜之后立封楊代國夫人進為榮國后姊韓國夫人於時元慶已官
宗正少卿元爽少府少監兄子惟良衛尉少卿楊諷后上疏出元慶等于外
以示退讓由是元慶斥龍州元爽濠州惟良始州元慶死元爽流振州乾封
時惟良及弟淄州刺史懷運與岳牧集泰山下於是韓國有女在宮中帝尤
愛幸后欲并殺之即導帝幸其母所惟良等上食后寘堇焉賀蘭食之暴死
后歸罪惟良等誅之諷有司改姓蝮氏絕屬籍元爽緣坐死家屬投嶺外后
取賀蘭敏之為士彠後賜氏武襲封擢累左侍極蘭臺太史令與名儒李嗣
真等參與刊撰敏之韶秀自喜烝於榮國挾所愛佻橫多過失榮國卒后出
珍幣建佛廬徼福敏之乾匿自用司衛少卿楊思儉女選為太子妃告婚期

矣敏之聞其美彊私焉楊喪未畢褫衰纚奏音樂太平公主往來外家宮
人從者敏之悉逼亂之后疊數怒至此暴其惡流雷州表復故姓道中自經
死乃還元爽之子承嗣奉士彠後宗屬悉原士彠兄士稜士逸

士稜字彥威少柔愿力于田官司農少卿宜城縣公常主苑囿農稼事卒贈
澧州都督陪葬獻陵

士逸字逸有戰功為齊王府戶曹參軍六安縣公從王守太原為劉武周
所執嘗遣間人陳破賊計賊平擢授益州行臺左丞數言當世得失高祖嘉
納之終韶州刺史

承嗣既還擢尚衣奉御襲周國公遷祕書監禮部尚書俄以太常卿同中書
門下三品未幾辭位垂拱初以春官尚書同鳳閣鸞臺平章事改納言代
蘇良嗣為文昌左相性暴躁忍禍聞左司郎中喬知之婢窈娘美且善歌奪
取之知之作綠珠篇以諷婢得詩恨死承嗣怒告酷吏殺之殘其家初后擅
政中宗幽逐承嗣自謂傳國及己武氏當有天下即諷后革命去唐家子孫
誅大臣不附者倡議追王先世立宗廟又王元慶曰梁王謚憲元爽魏王謚
德后從父士讓楚王謚僖士逸蜀王謚節又贈兄子承業陳王而承嗣為魏
王元慶子三思為梁王士讓之孫攸寧為建昌王攸歸九江王攸望會稽王
士逸孫懿宗河內王嗣宗臨川王仁範河間王仁範子載德潁川王士稜孫
攸暨千乘王惟良子攸宜建安王攸緒安平王從子攸止恒安王重規高平
王承嗣子延基南陽王延秀淮陽王三思子崇訓高陽王崇烈新安王承業
子延暉嗣陳王延祚咸安王承嗣實封千戶監脩國史密諭后黨鳳閣舍人
張嘉福使洛州人上書請立己為皇太子以觀后意后問岑長倩格輔元皆
執不宜承嗣不得已奏請責諭嘉福等不罪也怨長倩等皆以罪誅以特進
罷未幾復同鳳閣鸞臺三品承嗣為左相而攸寧為納言故皆罷又與三思
同三品不及月俱免復拜特進后決意還太子矣久之還太子太保不得志
鞅鞅憤死贈太尉并州牧謚曰宣延基襲爵后嫌斥其名更曰繼魏王長安
初與妻永泰郡主及邵王私語張易之兄弟事後以弟語聞后怒令自殺以
延義代王中宗復位侍中敬暉等言諸武不當王與群臣白奏事不兩大武
家諸王宜皆免帝柔昏不斷又素畏太后且欲悅安之更言攸暨三思皆與
去二張功以折暉等繇降封一級三思王德靜郡攸暨壽春懿宗為耿國公
攸寧江國攸望葉國嗣宗管國攸宜息國重規鄶國延義魏國攸緒巢國崇
訓鄷國延祿為咸安郡公直臣宋務光蘇安恒上書言武諸王饗封不猒人
心帝不悟載德終湖州刺史謚武烈攸歸歷司屬少卿至齊州刺史事母孝

姉亡春不嘗五辛語輒流涕攸止絳州刺史三人死太后時不及削封攸宜
歷同州刺史萬歲通天初為清邊道行軍大總管討契丹后親餞白馬寺師
無功還拜左羽林大將軍景龍時遷右羽林卒揔禁兵前後十年嗣宗終司
衛卿重規為汴鄭二州刺史未至役人營繕后奴毆廬州刺史自是署令諸
王為州不得擅營治突厥之叛以重規為天兵中道大總管與沙吒忠義張
仁亶引衆三十萬討之左羽林大將軍閻敬容為西道後軍兵十五萬後援
還為左金吾衛大將軍終衛尉卿延秀毋本帶方人坐其家沒入後宮以姝
惠賜承嗣生延秀突厥默啜薦女和親后令延秀納之詔右豹韜大將軍閻
知微右武衛郎將楊鸞莊齎金幣送至突厥所知微等潛約默啜執延秀進
寇嬀檀故延秀不得歸神龍初默啜請和因延秀送款還封桓國公左衛中
郎將宗兄崇訓尚安樂公主數與宴昵頗通突厥語攸廣謳舞姿度閑治主
愛悅會崇訓死遂私侍主後因尚焉以太常卿兼右衛將軍封恒國公三思
死韋后復私延秀故延秀益自肆主府倉曹參軍何鳳說曰今天下係心武
家庶幾再興且讖曰黑衣神孫被天裳神孫非公尚誰哉因勸服皁衣惑衆
韋后敗尚與主居禁中同斬肅章門攸望以太府卿貶死春州諸武屬坐延
秀誅徙者略盡獨載德子平一以文章顯與攸緒常避盛滿故免自有傳攸

寧天授中擢累納言踰年以左羽林衞大將軍罷俄還納言久乃罷爲冬官
尚書聖曆初同鳳閣鸞臺平章事自承嗣三思罷政事間一年攸寧三思
復當國置司使苛取民貲産毀族者凡十七八呼天自冤築大庫百餘舍聚
所得財一昔火不遺一錢以冬官尚書罷神龍初終岐州刺史贈尚書右僕射
○三思當太后時累進夏官春官尚書監脩國史爵爲王契丹陷營州以榆
關道安撫大使屯邊還同鳳閣鸞臺三品踰月去位又檢校內史罷爲太子
少保遷賓客仍監國史三思性傾諛善迎諂主意鉤探隱微故后頗信任數
幸其第賞予尤渥薛二張方烝蠱三思痛屈節爲懷義御馬倡言昌宗爲王
子晉後身引公卿歌咏淫汙醜然如人而不恥也后春秋高厭居宮中三思
欲因此市權誘脅群不肖即建營三陽宮於嵩山興泰宮於万壽山請太后
歲臨幸已與二張扈侍馳騁竊威福自私云工役鉅萬萬百姓愁歎崇訓之
尚主也三思方輔政中宗居東宮欲寵耀其下乃令具親迎禮宰相李嶠蘇
味道等及沈佺期宋之問諸有名士造作文辭慢泄相矜无復禮法中宗復
位擢崇訓駙馬都尉太常卿兼左衞將軍三思進位司空同中書門下三品
加實戶五百固辭進開府儀同三司會降封裁減實戶俄以太后遺詔還所
減而封崇訓鎬國公初桓彥範等已誅二張薛季昶劉幽求勸并誅三思等
不從翌日三思因韋后潛入宮中反易國政數日而彥範等皆失柄所斥去
者悉還詔群臣復脩太后法三思建言大帝封泰山則天皇后建明堂封嵩
山二聖之美不可廢帝聽其言遂更名五縣曰乾封合宮永昌登封告成云
明年春大旱帝遣三思攸暨禱乾陵而雨帝悅三思因主請復崇恩廟昊順
二陵皆置令丞其黨鄭愔上聖感頌帝爲刻石補闕張景源建言母子承業
不可言中興所下制書皆除之於是天下名祠改唐興龍興云補闕權若訥
又言制詔如貞觀故事且太后遺訓母儀也太宗舊章祖德也遵襲當自近
者始帝襃答是時起毬場苑中詔文武三品分朋爲都帝與皇后臨觀崇訓
與駙馬都尉楊慎交注膏築場以利其澤用功不訾人苦之三思既私韋后
又與上官昭容亂內忌節愍太子即與主謀廢之太子懼故發羽林兵圍三
思第并崇訓斬之殺其黨十餘人時疾三思姦亂竊國比司馬懿其忌阻正
人特甚嘗曰我不知何等名善人唯與我者殆是哉與宗楚客兄弟紀處訥
崔湜甘元柬相驅煽王同皎周憬張仲之等不勝憤謀殺之爲冉祖雍宋之
遜李悛所白皆坐死因逮殺五王而崔湜遣周利貞就殺之故祖雍與御史
姚紹之等五人號三思五狗司農少卿趙履溫中書舍人鄭愔長安令馬構
司勳郎中崔日用監察御史李悛託其權熏炙中外其尤干政事者天下語

曰崔冉鄭亂時政以爵賞自相崇樹凡構大獄汙點善良破壞其宗天下爲
蕩然始韋月將高軫上疏極言三思過惡有司殺月將逐軫惡地黃門侍郎
宋憬執奏俄見斥其權大抵如此既死帝爲舉哀廢朝五日贈太尉復封梁
王謚曰宣追封崇訓魯王謚曰忠主以太子首祭三思柩睿宗立以父子皆
逆節斲棺暴尸夷其墓
懿宗以司農卿爵爲郡王歷懷洛二州刺史神功元年孫萬榮敗王孝傑兵
詔懿宗爲神兵道大總管討之而婁師德沙吒忠義並爲總管兵凡二十萬
次趙州懿宗聞賊且至懼不知所出欲棄軍走或勸曰賊雖衆无輜載以鈔
剽爲命若按兵老之勢其歸可成大功懿宗不暇計退保相州賊遂進屠趙
州後萬榮死懿宗復與婁師德撫循河北人有自賊中歸者一切抵死先刳
取膽乃殺之血沫前而舉動自如始萬榮入寇也別帥何阿小陷冀州殺人
無餘種以懿宗暴忍似之故號稱兩何相語曰唯此兩何殺人最多初懿宗
天授間受詔訊大獄誅大臣王公皆深排巧引內刑塹中无有脫者其險酷
雖周來等不能繼也神龍初還太子詹事終懷州刺史
攸暨自右衞中郎將尚太平公主拜駙馬都尉累遷右衞大將軍天授中自
千乘郡王進封定王實封户六百遷麟臺監司祀卿長安中降王壽春加特
進中宗時拜司徒復王定加户千固辭進開府儀同三司延秀之誅降楚國
公攸暨沈謹和厚於時无忤專自奉養而已景龍中卒贈太尉并州大都督
還定王謚曰忠爵坐公主大逆夷其墓
韋温者中宗廢后庶人從父兄也后父玄貞歷普州參軍事以女爲皇太子
妃故擢累豫州刺史帝幽廬陵玄貞流死欽州妻崔爲蠻首甯承所殺四子
洵浩洞泚同死容州后二女弟逃還京師帝復政是日詔贈玄貞上洛郡王
太師雍州牧益州大都督温父玄儼魯國公特進并州大都督遣使者迎玄
貞喪詔廣州都督周仁軌討甯承斬其首祭崔柩官仁軌左羽林大將軍汝
南郡公柩至帝與后登長樂宮望而哭贈酆王謚文獻號廟曰褒德陵曰榮
先置令丞給百户掃除贈洵吏部尚書汝南郡王浩太常卿武陵郡王洞衞尉
卿淮陽郡王泚太僕卿上蔡郡王並葬京師温初試吏坐贓免神龍初擢宗正卿
遷禮部尚書封魯國公弟湑自洛州户曹參軍事連拜左羽林大將軍曹國
公后大妹嫁陸頌進國子祭酒仲妹嫁嗣虢王邕湑子捷尚成安公主温從
弟濯尚定安公主並拜駙馬都尉捷爲右羽林將軍景龍三年温以太子少
保同中書門下三品遷領揚州大都督温既見天下事在手欲自殖以牢其
權引用支黨不相一公卿雖畏伏然温無能不如諸武凶而熾也湑初兼脩

文館大學士時崇感父留羽林后惡之方濬從至溫泉后毒殺之以塞變厚贈司徒并州大都督濬兄弟頗以文詞進帝方盛選文章侍從與賦詩相娛樂濬雖爲學士常在北軍無所造作有富商抵罪万年令李令質按之濯馳救令質不從毀於帝帝召令質至左右爲恐令質從容曰濯於賊非親但以貨爲請濯雖勢重不如守陛下法死無恨帝釋不責帝崩后專政畏有變敕溫盡總內外兵守省中又以從子播捷從弟璿高嵩分領左右羽林軍溫與宗楚客武延秀等說后託圖讖韋氏當受命謀殺少帝內禪相王太平公主屬尊欲先除之然後發其謀而玄宗兵夜起將軍葛福順攻玄武門入羽林斬播璿高嵩梟首以徇軍中相率而應无敢後后死還旦斬溫分捕諸韋子弟无少長皆斬周仁軌者京兆萬年人后母族也方爲并州長史殘酷嗜殺戮異日見堂下有斷臂惡之送于野數昔往視故在是月韋后敗使者誅仁軌刑人舉刀仁軌承以臂墮地乃悟睿宗夷玄貞洵墳墓民盜取寶玉略盡天寶九載復詔發掘長安尉薛榮先往視冢銘載葬日月與發冢日月正同而陵与尉名合云

王仁皎字鳴鶴玄宗廢后父也景龍中以將帥舉授甘泉府果毅遷左衞中郎將帝即位以后故擢將作大匠進累開府儀同三司封祁國公食户三百仁皎避職不事委遠名與言厚奉養積勝妾貲貨而已卒年六十九贈太尉益州大都督謚昭宣官爲治葬柩行帝御望春亭過喪詔張說文其碑帝爲題石子守一與后學生帝微時與雅舊後詔尚清陽公主從討太平主有功由尚乘奉御遷殿中少監晉國公累進太子少保襲父爵被遇良渥后廢貶柳州別駕至藍田賜死守一脊墨无顧藉財蓄巨萬皆籍入于官

楊國忠太真妃之從祖兄張易之之出也嗜飲博數丐貸于人无行檢不爲姻族齒年三十從蜀軍以屯優當遷節度使張宥惡其人笞屈之然卒以優爲新都尉罷去益困蜀大豪鮮于仲通頗資給之從父玄琰死蜀州國忠護視其家因與妹通所謂虢國夫人者衰其貲至成都樗蒲一日費輒盡乃亡去又之調扶風尉不得志復入蜀劍南節度使章仇兼瓊与宰相李林甫不平聞楊氏新有寵思有以結納之爲奧助使仲通之長安仲通辭以國忠見幹貌傾峻口辯給兼瓊喜表爲推官使部春貢長安將行告曰郫有一日糧君至可取之也國忠至乃得蜀貨百萬即大喜至京師見群女弟致贈遺於時虢國新寡國忠多分賂宣淫不止諸楊日爲兼瓊譽而言國忠善樗蒲玄宗引見擢金吾兵曹參軍閑廄判官兼瓊入爲戶部尚書兼御史大夫用其力也國忠稍入供奉常後出專主蒲簿計算鉤畫分銖不誤帝悅曰度支郎才也累遷監察御史李林甫興韋堅等獄欲危太子獄事畏卻以國忠怙寵摶鷙可用倚之使按劾國忠乃擾文峭詆逮繫連年誣蔑被誅者百餘族度可以危太子者先林甫意諷之皆中所欲林甫方深阻固位陰爲掎嚮故國忠乘以爲姦肆意无所憚虢國居中用事帝所好惡國忠必探知其微帝以爲能擢兼度支員外郎遷不淹年領十五餘使林甫始惡之天寶七載擢給事中兼御史中丞專判度支會三妹封國夫人兄銛擢鴻臚卿與國忠皆列棨戟而第舍華僭彌跨都邑時海內豐熾州縣粟帛舉巨萬國忠因言古者二十七年耕餘九年食今天下太平請在所出滯積變輕齎內富京師又悉天下義倉及丁租地課易布帛以充天子禁藏明年帝詔百官觀庫物積如丘山賜群臣各有差錫國忠紫衣金魚知太府卿事初楊慎矜引王鉷爲御史中丞已而有隙鉷挾國忠共劾慎矜抵不道誅由是權傾中外吉溫爲國忠謀奪林甫政國忠即誣奏京兆尹蕭炅御史中丞宋渾逐之皆林甫所厚善林甫不能救遂結怨鉷寵方渥位勢在國忠右國忠忌之因邢縡事構鉷誅死已代爲京兆尹悉領其使即窮劾支黨引林甫交私狀牽連左遷數以聞帝始駛林甫疏薄之先此南詔質子閤羅鳳亡去帝欲討之國忠薦鮮于仲通爲蜀郡長史率兵六萬討之戰瀘川舉軍沒獨仲通挺身免時國

忠兼兵部侍郎素德仲通爲匿其敗更敘戰功使白衣領職因自請兼領劍南詔拜劍南節度支度營田副大使知節度事俄加本道兼山南西道採訪處置使開幕府引竇華張漸宋昱鄭昂魏仲犀等自佐而留京師帝幸左藏庫班賚百官出納判官魏仲犀言鳳集通訓門直庫西有詔改爲鳳皇門進仲犀殿中侍御史屬吏率以鳳凰優得調俄拜國忠御史大夫因引仲通爲京兆尹已兼領吏部國忠恥雲南无功知爲林甫擠擯欲自解於帝乃使麾下請已到屯外示憂邊以合上旨實杜禁言路林甫果奏遣之及辭泣訴爲林甫中傷者妃又爲言故帝益親之豫計召日然國忠就道惴惴不自安帝在華清宮驛追國忠還林甫病已困入見牀下林甫曰死矣公且入相以後事累公國忠懼其詐不敢當流汗被顏林甫果死遂拜右相兼文部尚書集賢院大學士監修國史崇賢館大學士太清太微宮使而節度採訪等使判度支不解也國忠已得志則窮擿林甫姦事斲其冢帝以爲功封魏國公固讓魏徙封衞國忠既以宰相領選始建罷長名於銓日即定留放故事歲揭版南院爲選式選者自通一辭不如式輒不得調故有十年不官者國忠創押例无賢不肖用選深者先補官牒文謬缺得再通衆議翕然美之先天以前諸司官知政事者午漏盡還本司視事兵吏部尚書侍郎分案注擬

開元末宰相貴少任益尊不復視本司事吏部銓故常三注三唱自春止夏乃訖而國忠以使吏到第預定其員集百官尚書省注唱一日畢以夸神明駭天下耳目者自是資格紛謬無復綱序虢國居宣陽坊左國忠在其南自臺禁還趨虢國第郎官御史白事者皆隨以至居同第出駢騎相調笑施施若禽獸然不以為羞道路為恥駭明年大選因就第唱補帷女兄弟觀之士之醜野蹇傴者呼其名輒笑于堂聲徹諸外士大夫詬恥之先是有司已定注則過門下侍中給事中按閱有不可黜之國忠則召左相陳希烈隅坐給事中在旁既對注曰已過門下矣希烈不敢異侍郎韋見素張倚与本曹郎趨走堂下抱案牒國忠顧女弟曰紫袍二主事何如皆大噱鮮于仲通等諷選者鄭怤願立碑省門下以頌德詔仲通為頌帝為易數字因以黃金識其處帝常歲十月幸華清宮春乃還而諸楊湯沐館在宮東垣連蔓相照帝臨幸必徧五家賞賚不訾計出有賜曰餞路返有勞曰軟腳遠近餽遺閽維歌兒狗馬金貝踵疊其門國忠由御史至宰相凡領四十餘使而度支吏部事自叢脞第署一字不能尽故吏得輕重顯賕公行無所忌國忠性疏侻捷給硜硜處決樞務自任不疑盛氣驕愎百僚莫敢相可否官屬采奇督句剝相其心又便佞尊徇帝嗜欲不顧天下成敗帝雅意事邊故身調兵食取習文簿惡吏任之軍凡須索快成其手又不能省視也始李林甫給帝天下無事請已漏出休許之文書填湊坐家裁決既成敕吏持案詣左相陳希烈聯署左相不敢詰署惟謹至國忠時韋見素代希烈循以為常屯年大雨敗稼帝憂之國忠擇善禾以進曰雨不為災扶風太守房琯上郡災國忠怒遣御史按之後乃無敢以水旱聞皆前伺國忠意乃敢啓于暄舉明經不中禮部侍郎達奚珣遣子撫往見國忠方朝見撫喜已而聞暄當黜詬曰生子不富貴耶豈以一名為鼠輩所賣珣大驚即致暄高第俄与珣同列猶叱官不進國忠雖當國常領劍南召募使遣戍瀘南餉路險多舉無還者舊勳者免行所以寵戰功國忠令當行者先取勳家故士無鬭志凡募法願奮者則籍之國忠歲遣宋昱鄭昂韋儇以御史迫促郡縣吏窮無以應乃詭設餉召貧弱者密縛置室中衣絮衣械而送屯亡者以送吏代之人人思亂尋遣劍南留後李宓率兵十餘万擊閣羅鳳敗死西洱河國忠矯為捷書上聞自再興師傾中國驍卒二十萬踦屨無遺天下冤之安祿山方有寵挾重兵于邊偃蹇不奉法帝護之下莫敢言國忠知終不出己下又恃内援獨暴發反狀帝疑以位相媢不之信祿山雖逆久以帝遇之厚故隱忍伺帝一日晏駕則稱兵及見帝鑿國忠其勢不利己故謀日急俄而祿山授尚書右僕射帝恐國忠不悅故冊拜司空祿山還遂幽州覺國忠圖己反謀遂決國忠令客何盈蹇昂刺求反狀諷京兆尹李峴圍其第捕祿山所善李超安岱李方來王岻殺之貶其黨吉温於合浦祿山上書自陳而條上國忠大罪二十帝歸過於峴貶零陵太守以尉祿山意國忠畫謀斧鉞請祿山致意不及圖故數怒之使必反以取信於帝帝卒不悟乃建言請以祿山為平章事追入輔政以賈循為使節度范陽呂知誨節度平盧楊光翽節度河東已草詔帝使謁者輔璆琳覘祿山未還帝致詔坐側而璆琳納金固言不反帝謂國忠曰祿山無二心前詔焚之矣祿山反以誅國忠為名帝欲自將而東使皇太子監國謂左右曰我欲行一事國忠揣帝且禪太子歸謂女弟等曰太子監國吾屬誅矣因聚泣入訴于貴妃妃以死邀帝遂寢祿山既發范陽數咤曰國忠頭來何遲哥舒翰守潼關按兵守險國忠聞欲反己疑之乃從中督戰翰不得已出關遂大敗降賊書聞是日帝自南内移仗未央宮國忠見百官蟬咽不自勝監察御史高適請率百官子弟及募豪傑十萬拒守衆以為不可初國忠聞難作自以身帥劍南豫畜腹心冀益間為自完計至是帝召宰相計事國忠曰幸蜀便帝然之明日遲明帝出延秋門群臣不知猶上朝唯三衛彍騎立仗尚聞刻漏聲國忠與韋見素高力士及皇太子諸王數百人護帝右龍武大將軍陳玄禮謀殺國忠不克進次馬嵬將士疲乏食玄禮懼亂召諸將曰今天子震蕩社稷不守使生人肝腦塗地豈非國忠所致欲誅之以謝天下云何衆曰念之久矣事行身死固所願會吐蕃使有請於國忠衆大呼曰國忠與吐蕃謀反衛騎合國忠突出或射中其頞殺之爭啖其肉且盡梟首以徇帝驚曰國忠遂反耶時吐蕃使亦殲矣御史大夫魏方進責衆曰何故殺宰相衆怒又殺之四子暄朏曉晞暄位太常卿戶部侍郎聞亂下馬踉蹡衆射之身貫百矢乃踣朏尚萬春公主位鴻臚卿陷賊見殺曉奔漢中為漢中王瑀榜死晞及國忠妻裴柔同奔陳倉為追兵所斬柔故蜀倡也併夷而瘞其黨翰林學士張漸竇華中書舍人宋昱吏部郎中鄭昂俱走山谷民爭其貲富埒國忠昱坐戀貲見產賊入都為亂兵所殺餘坐誅國忠本名釗以圖讖有卯金刀當位御史中丞時帝為改今名

李翛字翛起寒賤繇莊憲太后姪婿得進歷坊絳二州刺史無它才為政粗獷性纖巧飾廚傳結納閹寺求善譽憲宗以為才拜司農卿進京兆尹專聚斂以固恩寵數譖毀近臣一時側目太后崩詔翛為橋道置頓使裔官費物物裁損為可喜者梓宮至灞橋從官多不得食始議東造渭城門計錢三十萬翛以為勞不聽使鑿垣道深之梓宮不支方過而門壞輼輬僅免徹

門乃得行脩奏車軸折山陵使李逢吉劾罔上請免官方帝用兵而脩屢有所獻得不坐纔詔奪稟逢吉持之乃削銀青一階翌日加賜黃金帝以浙西富饒欲括擿遺利以脩爲觀察使被疾還京師元和十四年卒士有相賀者

鄭光孝明皇太后弟也會昌末夢御大車載日月行中衢光耀洞照六合寤而占之工曰君且暴貴不閱月宣宗即位光與民伍拜諸衛將軍遷累平盧軍節度使徙河中鳳翔又賜鄠雲陽二縣良田大中四年詔除其租賦宰相言國常賦寠人下戶不免柰何以外戚發法帝悟追格前詔纔封其妾爲夫人光曉帝意還詔不敢拜帝嘉之七年来朝對延英占奏俚近帝失所望不悅留爲右羽林統軍兼太子太保太后言其家空短帝厚賜金繒終不復委方鎮卒贈司徒詔罷三日朝群臣奏慰御史大夫李景讓曰礼外祖父母舅服小功五月伯叔父若兄弟齊縗朞所以䟽外密內也王者不可使外戚踰按王公主喪不過三日光宜少降詔罷二日子漢卿終義昌軍節度使

外戚列傳第一百三十

宦者列傳上第一百三十二　唐書二百七

宋　祁　奉　敕　撰

唐制內侍省官有內侍四內常侍六內謁者監內給事各十謁者十二典引十八寺伯寺人各六又有五局一曰掖廷主宮嬪簿最二曰宮闈局門闌三曰奚官治宮中疾病死喪四曰內僕主供帳鐙燭五曰內府主中藏給納局有令有丞皆宦者爲之太宗詔內侍省不立三品官以內侍爲之長階第四不任以事惟門閤守禦廷內埽除稟食而已武后時稍增其人至中宗黃衣乃二千員七品以上員外置千員然衣朱紫者尚少玄宗承平財用富足志大事奢不恡惜賞賜爵位開元天寶中宮嬪大率至四萬宦官黃衣以上三千員衣朱紫千餘人其稱旨者輒拜三品將軍列戟于門其在殿頭供奉委任華重持節傳命光焰殷殷動四方所至郡縣奔走獻遺至萬計脩功德市禽鳥一爲之使猶且數千緡監軍持權節度返出其下於是甲舍名園上腴之田爲中人所名者半京畿矣肅代庸弱倚爲扞衛故輔國以尚父顯元振以援立奮朝恩以軍容重然猶未得常主兵也德宗懲艾泚賊故以左右神策天威等軍委宦者主之置護軍中尉中護軍分提禁兵是以威柄下遷政在宦人舉手伸縮便有輕重至慓士奇材則養以爲子巨鎮彊藩則爭出我門小人之情猥險無顧藉又日夕侍天子狎則無威習則不疑故昏君蔽於所昵英主禍生所忽玄宗以遷崩憲敬以弒殞文以憂僨至昭而天下亡矣禍始開元極於天祐凶愎參會黨類殲滅王室從而潰喪譬猶灼火攻蠹蠹盡木焚詎不哀哉跡其殘氣不剛柔情易遷妖則無上怖則生死借之權則專爲禍則迫而近緩相攻急相一此小人常勢也嘻梟獍不神天與之昏末如亂何故取中華以来宦人之大者粹之篇

楊思勗羅州石城人本蘇氏冒所養姓以給事內侍省從玄宗討內難擢左監門衛將軍帝倚爲爪牙開元初安南蠻渠梅叔鸞叛號黑帝舉三十二州之衆外結林邑真臘金鄰等國據海南衆號四十萬思勗請行詔募首領子第十萬與安南大都護光楚客繇馬援故道出不意賊駭貽不暇謀遂大敗封尸爲京觀而還十二年五溪首領覃行章亂詔思勗爲黔中招討使率兵六萬往執行章斬首三萬級以功進輔國大將軍給祿俸防閤從封大山進驃騎大將軍封虢國公邕州封陵獠梁大海反破賓橫等州思勗又平之禽大海等三千人討斬支黨皆盡瀧州蠻陳行範自稱天子其下何游魯號定國大將軍馮璘南越王破州縣四十詔思勗發永道連三州兵淮南弩士十萬襲斬游魯璘於陣行範走盤遼諸洞思勗窮追生縛之阬其黨六

萬獲馬金銀鉅萬計卒年八十餘思勗鷙忍敢殺戮所得俘必剝面剺腦褫
髮皮以示人將士憚服莫敢視以是能立功內給事牛仙童納張守珪賂詔
付思勗殺之思勗縛于格箠慘不可勝乃探心截手足剔肉以食肉盡乃得
死楚客者樂安人後歷桂州都督致仕封松滋縣侯
高力士馮盎曾孫也聖曆初嶺南討擊使李千里上二閹兒曰金剛曰力士
武后以其彊悟敕給事左右坐累逐出之中人高延福養為子故冒其姓善
武三思歲餘復得入禁中稟食司宮臺既壯長六尺五寸謹密善傳詔令為
宮闈丞玄宗在藩力士傾心附結已平韋氏乃啟屬內坊擢內給事先天中
以誅蕭岑等功為右監門衛將軍知內侍省事於是四方奏請皆先省後
進小事即專決雖洗沐未嘗出眠息殿帷中徼倖者願一見如天人然帝曰
力士當上我寢乃安當是時宇文融李林甫蓋嘉運韋堅楊慎矜王鉷楊國
忠安祿山安思順高仙芝等雖以才寵進然皆厚結力士故能踵至將相自
餘承風附會不可計皆得所欲中人若黎敬仁林昭隱尹鳳翔韓莊牛仙童
劉奉廷王承恩張道斌李大宜朱光輝郭全邊令誠等並內供奉或外監節
度軍脩功德市鳥獸皆為之使使還所裒獲動巨萬計京師甲第池園良田
美產占者什六寵與力士略等然悉藉力士左右輕重乃能然肅宗在東宮

兄事力士它王公主呼為翁戚里諸家尊曰爹帝或不名而呼將軍力士幼
與母麥相失後嶺南節度使得之瀧州迎還不復記識母曰胷有七黑子在
否力士袒示之如言母出金環曰兒所服者乃相持號慟帝為封越國夫人
而追贈其父廣州大都督延福與妻及力士貴時故在侍養與麥均金吾大
將軍程伯獻約力士為兄弟後麥亡伯獻縗絰受弔河間男子呂玄晤吏京
師女國姝力士娶之玄晤擢刀筆吏至少卿子弟仕皆王傅玄晤妻死中外
贈賻送葬自第至墓車徒背相望不絕始李林甫牛仙客知帝憚幸東都而
京師漕不給乃以賦粟助漕及用和糴法數年國用稍充帝齋大同殿力士
侍帝曰我不出長安且十年海內無事朕將吐納導引以天下事付林甫若
何力士對曰天子順動古制也稅入有常則人不告勞今賦粟充漕臣恐國
無旬月蓄和糴不止則私藏竭逐末者衆又天下柄不可假人威權既振孰
敢議者帝不悅力士頓首自陳心狂易語謬當死帝為置酒左右呼萬歲由
是還內宅不復事加累驃騎大將軍封渤海郡公於來廷坊建佛祠興寧坊
立道士祠珍樓寶屋國貲所不逮鍾成力士宴公卿一扣鍾納禮錢十萬有
佞悅者至二十扣其少亦不減十都北堰灃列五磑日僦三百斛直有表患
藥者帝亦巡幸然驕倨甚士大夫疏畏之而力士陰巧得人與奪帝初置內侍

省監二員秩三品以力士思勗為之帝幸蜀思勗已逝而力士從帝進齊
國公帝聞肅宗即位喜曰吾兒應天順人改元至德不忘孝乎尚何憂力士
曰兩京失守生人流亡河南漢北為戰區天下痛心而陛下以為何憂臣不
敢聞從上皇還進開府儀同三司實封戶五百上皇徙西內居十日為李輔
國所誣除籍長流巫州力士方逃暑功臣閣下輔國以詔召力士趨至閣外
遣內養授謫制因曰臣當死已久天子哀憐至今日願一見陛下顏色死不
恨輔國不許寶應元年赦還見二帝遺詔北向哭歐血曰大行升遐不得攀
梓宮死有餘恨慟而卒年七十九代宗以護衛先帝勞還其官贈揚州大都
督陪葬泰陵初太子瑛廢武惠妃方嬖李林甫等皆屬壽王帝以肅宗長意
未決居忽忽不食力士曰大家不食亦膳羞不具耶帝曰爾我家老揣我何
為而然力士曰嗣君未定耶推長而立孰敢爭帝曰爾言是也儲位遂定天
寶中邊將爭立功帝嘗曰朕春秋高朝廷細務付宰相蕃夷不龔付諸將寧
不暇耶對曰臣間至閣門見奏事者言雲南數喪師又北兵悍且彊陛下何
以制之臣恐禍成不可禁其指蓋謂祿山帝曰卿勿言朕將圖之十三年秋
大雨帝顧左右無人即曰天方災卿宜言之力士曰自陛下以權假宰相法
令不行陰陽失度天下事庸可復安臣之鉗口其時也帝不荅明年祿山反

力士善揣時事勢候相上下雖親昵至當覆敗不肯為救力故生平無顯顯
大過議者頗恨宇文融以來權利相賊階天下之禍雖有補益弗相除云
程元振京兆三原人少以宦人直內侍省遷內射生使飛龍廄副使張皇后
謀立越王元振見太子發其姦與李輔國助討難立太子是為代宗拜右監
衛將軍知內侍省事帝以藥子昂判元帥行軍司馬固辭乃以命元振封保
定縣侯再遷驃騎大將軍邠國公盡總禁兵不踰歲權震天下在輔國右凶
決又過之軍中呼十郎王仲昇者初為淮西節度使與襄州張維瑾部將戰
申州被執賊平元振薦為右羽林大將軍兼御史大夫將軍兼大夫由仲昇
始裴冕與元振忤乃擿韓穎劉烜罪貶施州來瑱守襄漢有功元振嘗請屬不
應因仲昇共誣殺瑱同華節度使李懷讓被構憂甚自殺素惡李光弼數
媒蝎以疑之瑱等上將冕光弼元勳既誅斥或不自省方帥繇是攜解廣德
初吐蕃党項內侵詔集天下兵無一士奔命者虜扣便橋帝倉黃出居陝京師
陷賊剽府庫焚閭衖蕭然為空於是太常博士翰林待詔柳伉上疏曰犬戎
以數萬衆犯關度隴歷秦渭掠邠涇不血刃而入京師謀臣不奮一言武士
不力一戰提卒叫呼劫宮闈焚陵寢此將帥叛陛下也自朝義之滅陛下以
為智力所能故疏元功委近習日引月長以成大禍群臣在廷無一犯顏回

寵者此公卿叛陛下也陛下始出都百姓塡然奪府庫相殺戮此三輔叛陛下也自十月朔召諸道兵盡四十日無隻輪入關者此四方叛陛下也内外離叛雖一魚朝恩以陝郡勠力陛下獨能以此守社稷乎陛下以今日勢爲安耶危耶若以爲危豈得高枕不爲天下討臣聞良醫療疾當病飲藥藥不當疾猶無益也陛下視今日病何繇至此乎天下之心乃恨陛下遠賢良任宦豎離間將相而幾于亡必欲存宗廟社稷獨斬元振首馳告天下悉出内使隸諸州獨留朝恩備左右陛下持神策兵付大臣然後削尊號下詔引咎率德勵行屏嬪妃任將相若曰天下其許朕自新改過乎宜即募士西與朝廷會若以朕惡未悛耶則帝王大器敢妨聖賢其聽天下所往如此而兵不至人不感天下不服請赤臣族以謝疏聞帝顧公議不與乃下詔盡削元振官爵放歸田里帝還元振自三原衣婦衣私入京師舍司農卿陳景詮家圖不軌御史劾按長流溱州景詮貶新興尉元振行至江陵死時又有駱奉先者亦三原人歷右驍衛大將軍數從帝討伐尤見倖廣德初監僕固懷恩軍者奉先恃恩貪甚懷恩不平既而懼其譖遂叛事平擢奉先軍容使掌畿内兵權熖熾然永泰初以吐蕃數盪京師始城鄠以奉先爲使悉毀縣外廬舍無尺椽累封江國公監鳳翔軍大曆末卒

魚朝恩瀘州瀘川人天寶末以品官給事黃門内陰黠善宣納詔令至德初監李光進軍京師平爲三宮檢責使以左監門衛將軍知内侍省事九節度圍賊相州以朝恩爲觀軍容宣慰處置使觀軍容使自朝恩始史思明攻洛陽朝恩以神策兵屯陝洛陽陷思明長驅至硤石使子朝義爲游軍肅宗詔鎭兵十萬循渭而東以濟師朝恩悉按兵陝東使神策將衛伯玉與賊將康文景等戰敗之洛陽平徙屯汴州加開府儀同三司封馮翊郡公寶應中還屯陝代宗避吐蕃東幸衛兵離散朝恩悉軍奉迎華陰乘輿六師乃振帝德之更號天下觀軍容宣慰處置使專領神策軍賞賜不涯朝恩資小人恃功岸忽無所憚僕固瑒攻絳州使姚良據溫誘回紇陷河陽朝恩遣李中誠討瑒以霍文場監之王景岑討良王希遷監之敗瑒於萬泉生擒良高暉等引吐蕃入寇遣劉德信討斬之故朝恩因麾下數克獲竊以自高是時郭子儀有定天下功居人臣第一心媢之乘相州敗醜爲詆譖肅宗不内其語然猶罷子儀兵留京師代宗立與程元振一口加毀帝未及寤子儀憂甚俄而吐蕃陷京師卒用其力王室再安故朝恩内慙乃勸帝徙洛陽欲遠戎狄百僚在廷朝恩從十餘人持兵出曰虜數犯都甸欲幸洛云何宰相未對有近臣折曰敕使反耶今屯兵足以捍寇何遽脅天子棄宗廟爲朝恩色沮而子儀亦謂

不可乃止朝恩好引輕浮後生處門下講五經大義作文章謂才兼文武徼伺誤寵永泰中詔判國子監兼鴻臚禮賓内飛龍閑廐使封鄭國公始詣學詔宰相常參官六軍將軍悉集京兆設食内教坊出音樂俳倡侑宴大臣子弟二百人朱紫雜然爲附學生列廡次又賜錢千萬取子錢供秩飯每視學從神策兵數百京兆尹黎幹率錢勞從者一費數十萬而朝恩色常不足凡詔會群臣計事朝恩怙貴誕辭折愧坐人出其上雖元載辯彊亦拱默唯禮部郎中相里造殿中侍御史李衎酬詰往返未始降屈朝恩不懌黜衎以動造文譏將易執政以震朝廷乃會百官都堂且言宰相者和元氣輯群生今水旱不時屯軍數十萬饋運困竭天子臥不安席宰相何以輔之不退避賢路默默尚何賴乎宰相俛首坐皆失色造從坐從之因曰陰陽不和五穀踴貴皆軍容事宰相何與哉且軍拏不散故天降之沴今京師無事六軍可相維鎭又屯十萬饋糧所以不足百司無稍食軍容爲之宰相行文書而已何所歸罪朝恩拂衣去曰南衙朋黨且害我會釋菜執易升坐百官咸在言鼎有覆餗象以侵宰相王縉怒元載怡然朝恩曰怒者常情笑者不可測也載銜之未發朝恩有賜墅觀沼勝爽表爲佛祠爲章敬太后薦福即后謚以名祠許之於是用度侈浩公壞曲江諸館華淸宮樓榭百司行署將相故第收

其材佐興作費無慮萬億既數毀郭子儀不見聽乃遣盜發其先冢子儀詭辭自解以安衆疑久之讓判國子監鴻臚禮賓等使加内侍監徙封韓增實封百户俄兼檢校國子監初神策都虞候劉希暹魁健能騎射最爲朝恩昵信以太僕卿封交河郡王兵馬使王駕鶴獨謹厚亦封徐國公希暹諷朝恩置獄北軍陰縱惡少年橫捕富人付吏考訊因中以法錄貲産入之軍皆誣服寃死故市人号入地牢又萬年吏賈明觀倚朝恩捕搏恣行積財鉅萬人無敢發其姦朝廷裁決朝恩或不預者輒怒曰天下事有不由我乎帝聞不喜養息令徽者尚幼爲内給使服綠與同列爭忿歸白朝恩明日見帝曰臣之子位下願得金紫在班列上帝未答有司已奉紫服于前令徽稱謝帝笑曰小兒章服大稱滋不悅元載乃用左散騎常侍崔昭尹京兆厚以財結其黨皇甫溫周皓溫方屯陝而皓射生將自是朝恩隱謀奥語悉爲帝知希暹覺帝指密白朝恩朝恩稍懼然見帝接遇未衰故自安而潛計不軌帝遂倚載決除之懼不克載曰陛下第專屬臣必濟朝恩入殿常從武士百人自衛皓統之而溫握兵在外載乃徙鳳翔尹李抱玉節度山南西道以溫代節度鳳翔陽重其權寔内溫以自助載又議析鳳翔之郿與京兆以鄠盩厔及鳳翔之虢寶雞與抱玉而以興平武功鳳翔之扶風天興與神策軍朝恩利其

土地自封殖不知為虞也郭子儀密白朝恩嘗結周智光為外應又領內兵不早圖變且大載留溫京師未即遣約與皓共誅朝恩謀定以聞帝曰善圖之勿反受禍方寒食宴禁中既罷將還營有詔留議事朝恩素肥每乘小車入宮省帝聞車聲危坐載守中書省朝恩至帝責其異圖朝恩自辯悖慢皓與左右禽縊之死年四十九外無知者帝隱之下詔罷觀軍容等使增實封戶六百內侍監如故外咸言既奉詔乃投繯云還尸於家賜錢六百萬以葬帝懼軍亂進劉希暹王駕鶴並兼御史中丞下詔尉曉將士獨希暹自知同惡言不遜駕鶴白發之遂賜死而賈明觀兼得幸於載故載奏隸江西使立功自贖路嗣恭捞殺之所厚禮部尚書裴士淹戶部侍郎判度支第五琦皆坐貶

竇文場霍仙鳴者始並隸東宮事德宗未有名自魚朝恩死宦人不復典兵帝以禁衛盡委白志貞志貞多納富人金補軍止收其傭而身不在軍及涇師亂帝召近衛無一人至者惟文場等率宦官及親王左右從至奉天帝遂志貞并左右軍付文場主之興元初詔監神策左廂兵馬以王希遷監右而馬有麟為左神策軍大將軍軍額由此始帝自山南還兩軍復完而帝忌宿將難制故詔文場仙鳴分總之廢天威軍入左右神策是時竇霍權振朝廷

諸方節度大將多出其軍臺省要官走門下丐援影者足相躡衛士朱華以按摩得幸文場參廣補置索財數萬緡而藩鎮贈遺累百鉅萬略妻女無所憚詔殺之于軍其隆赫如此久之置護軍中尉中護軍各二員詔文場為左神策護軍中尉仙鳴為右焦希望為左神策中護軍張尚進為右中尉護軍自文場等始後仙鳴病帝賜十馬令諸祠祈解後稍愈已而暴死帝疑左右進毒捕詰小使閈狀誅數十人贈開府儀同三司以內常侍第五守亮代之文場擢累驃騎大將軍時監察御史崔薳行囚于軍吏為具酒食薳欲悅媚之故不拒文場劾奏詔流遠方文場年老致仕卒其後楊志廉孫榮義為左右中尉招權驕肆與竇霍略等帝晚節聞民間訛語禁中事而此軍捕太學生何竦曹壽繫訊人情大懼司業武少儀上書有如罪不測願明示四方俄得釋是時宦官復盛矣希望者河陽人歷明威將軍贈洪州都督尚進河東人歷忠武將軍贈開府儀同三司志廉弘農人歷左監門衛大將軍榮義河陽人歷右武衛大將軍並贈揚州大都督

劉貞亮本俱氏名文珍冒所養宦父故改焉性忠強識義理平涼之盟在渾瑊軍中會虜變被執且西俄而得歸出監宣武軍自置親兵千人貞元末宦人領兵附順者益眾會順宗立病痼弗能朝惟李忠言牛美人侍美人以帝旨付忠言忠言授之王叔文叔文與柳宗元等裁定然後下中書然未得縱欲遂奪神策兵以自彊即用范希朝為京西北禁軍都將收宦者權而忠言素懦謹每見叔文與論事無敢異同唯貞亮乃與之爭又惡朋黨熾結因與中人劉光琦薛文珍尚衍解玉呂如全等同勸帝立廣陵王為太子監國帝納其奏貞亮召學士衛次公鄭絪李程王涯至金鑾殿草定制詔太子已立盡逐叔文黨政委大臣議者美其忠高崇文討劉闢復為監軍初東川節度使李康為闢所破因之崇文至闢歸康求雪貞亮劾以不拒賊斬之故以專悍見訾遷累右衛大將軍知內侍省事元和八年卒贈開府儀同三司憲宗之立貞亮為有功然終身無所寵假呂如全歷內侍省內常侍翰林使坐擅取樟材治第送東都獄至閿鄉自殺郭旻醉觸夜禁杖殺之五坊朱超晏王志忠縱鷹人入民家榜二百奪職繇是莫不惕畏

吐突承璀字仁貞閩人也以黃門直東宮為掖廷局博士察察有才憲宗立擢累左監門將軍左神策護軍中尉左街功德使封薊國公王承宗叛承璀揣帝銳征討因請行帝見其果敢自喜謂可任即詔承璀為行營招討處置使以左右神策及河中河南浙西宣歙兵從之內寺伯宋惟澄曹進玉為館驛使自河南陝河陽惟澄主之京華河中至大原進玉主之又詔內常侍劉

國珍馬朝江分領易定幽滄等州糧料使於是諫官李鄘許孟容李元素李夷簡呂元膺穆質孟簡獨孤郁段平仲白居易等眾對延英謂古無中人位大帥恐為四方笑帝乃更為招討宣慰使為御通化門慰其行承璀御眾無它遠略為盧從史侮狎踰年無功賴中詔擒使執從史而間遣人說承宗上書待罪乃詔班師還為中尉平仲劾承璀輕謀弊賦損國威不斬首無以謝天下帝不獲已罷為軍器莊宅使拜左衛上將軍知內侍省會劉希光納羽林大將軍孫璹錢二十萬緡求方鎮有詔賜死跡絓承璀故今出監淮南軍織人太子通事舍人李涉投匭言承璀等冤狀於是孔戣知匭事閱其副不受即表其姦遂為峽州司倉參軍然帝於承璀殊厚會李絳在翰林苦論其過故決遣之帝後欲還承璀為罷絳宰相召為內弓箭庫使復左神策中尉惠昭太子薨承璀請立澧王王不從常節一室藏所賜詔敕地生毛二尺惡之躬糞除瘞之踰年帝崩穆宗銜前議殺之禁中敬宗時左神策中尉馬存亮論其冤詔許子士曄收葬宣宗時擢士曄右神策中尉是時諸道歲進閹兒號私白閩嶺最多後皆任事當時謂閩為中官區藪咸通中杜宣猷為觀察使每歲時遣吏致祭其先時號敕使墓戶宣猷卒用群宦力從宣歙觀察使

〇馬存亮字季明河中人元和時累擢左神策軍副使左監門衛將軍知內

侍省事進左神策中尉軍所籍凡十餘萬存亮料更冗精伍無罷士部無冗員敬宗初染署工張韶與卜者蘇玄明善玄明曰我嘗爲子卜子當御殿食我與焉吾聞上晝夜獵出入無度可圖也韶毎輸染材入宮衛士不呵也乃陰結諸工百餘人匿兵車中若輸材者入右銀臺門約昏夜爲變有詰其載者韶謂謀覺殺其人出兵大呼成列浴堂門閉時帝擊毬清思殿驚將幸右神策或曰賊入宮不知衆寡道遠可虞不如入左軍近且速從之初帝常寵右軍中尉梁守謙每游幸兩軍角戲帝多欲右勝而左軍以爲望至是存亮出迎捧帝足泣負而入以五百騎往迎二太后比至而賊已斬關入清思殿升御坐盜乘輿餘膳揖玄明偶食且曰如占玄明驚曰止此乎韶惡之悉以寶器賜其徒攻弓箭庫仗士拒之不勝存亮遣左神策大將軍康藝全將軍何文哲宋叔夜孟文亮右神策大將軍康志睦將軍李泳尚國忠率騎兵討賊日暮射韶及玄明皆死始賊入中人倉卒繇望仙門出奔內外不知行在遲明盡捕亂黨左右軍清宮車駕還羣臣詣延英門見天子然至者不十一二坐賊所入闌不禁者數十人杖而不誅賜存亮實封戶二百梁守謙進開府儀同三司它論功賞有差存亮於一時功最高乃推委權勢求監淮南軍代還爲內飛龍使大和中以右領軍衛上將軍致仕封岐國公卒贈揚州大

都督存亮遠事德宗更六朝資端艮善訓士始去禁衛衆皆泣唐世中人以忠謹稱者唯存亮西門季玄嚴遵美三人而已遵美父季寔爲掖廷局博士大中時有宮人謀弒宣宗是夜季寔直咸寧門下聞變入射殺之明日帝勞曰非爾吾危不免擢北院副使終內樞密使遵美歷左軍容使常歎曰北司供奉官以胯衫給事今執笏過矣樞密使無聽事唯三楹舍藏書而已今堂狀帖黃決事此楊復恭奪宰相權之失也蓋嫉時中官肆橫云後從昭宗遷鳳翔求致仕隱青城山年八十餘卒

仇士良字匡美循州興寧人順宗時得侍東宮憲宗嗣位再遷內給事出監平盧鳳翔等軍嘗次敷水驛與御史元稹爭舍上廳擊傷稹中丞王播奏御史中使以先後至得正寢請如舊章帝不直稹斥其官元和大和間數任內外五坊使秋按鷹內畿所至邀吏供餉暴甚寇盜文宗與李訓欲殺王守澄以士良素與守澄隙故擢左神策軍中尉兼左街功德使使相糜肉已而訓謀衆逐中官士良悟其謀與右神策軍中尉魚弘志大盈庫使宋守義挾帝還宮王涯舒元輿已就縛士良肆忿屠奓自承反示牒于朝於時莫能辨其情皆謂誠反士良因縱兵捕無輕重悉死兩軍公卿半空事平加特進右驍衛大將軍志弘右衛上將軍兼中尉守義右領軍衛上將軍李石輔政稜稜有風采士良與論議數詘深忌之使賊刺石於親仁里馬逸而免石懼辭位士良益無憚澤潞劉從諫本與訓約誅鄭注及訓死憤士良得志乃上書言王涯等八人皆宿儒大臣願保富貴何苦而反今大戮所加已不可追而名之逆賊含憤九泉不然天下義夫節士畏禍伏身誰肯與陛下共治耶即以訓所移書遣部將陳季卿以聞季卿至會石遇盜京師擾疑不敢進從諫大怒殺季卿騰書暴朝又言臣與訓誅注以注本宦豎所提挈不使聞知今四方共傳宰相欲除內官而兩軍中尉聞自救死妄相殺戮謂爲反逆有如大臣挾無將之謀自宜執付有司安有縱兵劫橫尸闕下哉陛下視不及聽未聞也且宦人根黨蔓延在內臣欲面陳恐橫遭戮害謹脩封疆繕甲兵爲陛下腹心如姦臣難制誓以死清君側書聞人人傳觀士良沮恐即進從諫檢校司徒欲弭其言從諫知可動復言臣所陳繫國大體可聽則宜洗宥涯等罪不可聽則賞不宜妄出安有死寃不申而生者荷祿固辭累上書暴指士良等罪帝雖不能去然倚其言差自彊自是鬱鬱不樂兩軍毬獵宴會絶矣開成四年苦風痺少間召宰相見延英退坐思政殿顧左右曰所直學士謂誰曰周墀也召至帝曰自爾所況朕何如主墀再拜曰臣不足以知然天下言陛下堯舜主也帝曰所以問謂與周赧漢獻孰愈墀惶駭曰陛下之德

成康文景未足比何自方二主哉帝曰赧獻受制彊臣今朕受制家奴自以不及遠矣因泣下墀伏地流涕後不復朝至大漸云始樞密使劉弘逸薛季稜宰相李珏楊嗣復謀奉太子監國士良與弘志議更立珏不從乃矯詔立潁王爲皇太弟士良以兵奉迎而太子還爲陳王初莊恪太子競楊賢妃謀引安王不克武宗已立士良發其事勸帝除之以絶人望故王妃皆死士良遷驃騎大將軍封楚國公弘志韓國公實封戶三百俄而珏嗣復罷去弘逸季稜誅矣帝明斷雖士良有援立功內實嫌之陽示尊寵李德裕得君士良愈恐會昌二年上尊號士良宣言宰相作赦書減禁軍縑糧芻菽以搖怨語兩軍曰審有是樓前可爭德裕以白帝命使者諭神策軍曰赦令自朕意宰相何豫爾渠敢是士乃怗然士良惶惑不自安明年進觀軍容使兼統左右軍以疾辭罷爲內侍監知省事固請老詔可尋卒贈揚州大都督士良之老中人舉送還第謝曰諸君善事天子能聽老夫語乎衆唯唯士良曰天子不可令閑暇暇必觀書見儒臣則又納諫智深慮遠減玩好省游幸吾屬恩且薄而權輕矣爲諸君計莫若殖財貨盛鷹馬日以毬獵聲色蠱其心極侈靡使悅不知息則必斥經術闇外事萬機在我恩澤權力欲焉往哉衆再拜士良殺二王一妃四宰相貪酷二十餘年亦有術自將恩禮不衰云死之明年

有詔發其家藏兵數千物詔削官爵籍其家始士良弘志憤文宗與李訓謀屢
欲廢帝崔慎由為翰林學士直夜未半有中使召入至秘殿見士良等坐堂
上帷帳周密謂慎由曰上不豫已久自即位政令多荒闕皇太后有制更立
嗣君學士當作詔慎由驚曰上高明之德在天下安可輕議慎由親族中表
千人兄弟群從且三百何可與覆族事雖死不承命士良等默然久乃啓後
戶引至小殿帝在焉士良等歷階數帝過失帝俛首既而士良指帝曰不為
學士不得更坐此乃送慎由出戒曰毋泄禍及爾宗慎由記其事藏箱枕間
時人莫知將沒以授其子胤故胤惡中官終討除之蓋禍原於士良弘志云

〇楊復光閩人也本喬氏有武力少養於內常侍楊玄价家頗以節誼自奮
玄价奇之宣宗時玄价監鹽州軍誣殺刺史劉皐皐有威名者世訟其冤稍
遷左神策軍中尉諸去宰相楊收權寵衰時復光有謀略累監諸鎮軍乾符
初佐平盧節度使曾元裕擊賊王仙芝敗之招討使宋威擊仙芝於江西復
光在軍請判官吳彥宏約賊降仙芝遣將尚君長自縛約威疾其功密請
僖宗誅之故仙芝怨復引兵叛後天子竄威階禍罷之以兵與復光乃進禽
徐唐莒王鐸為招討復光仍監軍鐸之棄荊南也山南東道節度使劉巨容
定其地以忠武別將宋浩領荊南泰寧將段彥謩佐之復光以父嘗監忠武軍

而浩已為大將見復光少之不為禮彥謩亦恥居浩下遂有隙復光曰胡不
殺之彥謩引悍士擊殺浩復光以客常滋假留後而奏浩罪薦彥謩為朗州
刺史詔鄭紹業為荊南節度使以復光監忠武軍屯鄧州遏賊右衝帝西幸
召紹業見行在復光更引彥謩為荊南節度使彥謩紿行邊詔復光以黃金
數百兩為謝其後忠武周岌受賊命嘗夜宴召復光左右曰彼既附賊必不
利公不如毋行復光固往酒所語時事復光泣曰丈夫所感獨恩與義耳彼
不顧恩義規利害何丈夫哉公奮匹夫封侯乃捐十八葉天子北面臣賊何
恩義利害昧昧耶岌亦流涕曰吾力不足陽合而陰離之故召公計因持杯盟
曰有如酒即遣子守亮斬賊使于傳舍秦宗權據蔡州叛岌復光以忠武兵
三千入見之宗權即遣部將王淑將兵萬人從復光定荊襄師次鄧淑逗遛
復光斬之并其軍為八以鹿晏弘晉暉張造李師泰王建韓建等為之將進
攻南陽賊將朱溫何勤逆戰大敗遂收鄧州追北藍橋會母喪班師俄起為
天下兵馬都監總諸軍與東面招討使王重榮并力定關中朱溫守同州復
光遣使譎諭溫以所部降方賊之彊重榮憂不知所出謂復光曰臣賊邪且
負國拒戰邪則兵寡柰何復光曰李克用與我世共患難其為人奮不顧身
比數召未即至者由太原道不通耳非忍禍者若諭上意彼宜必來重榮曰

善曰王鐸以詔使至太原克用兵乃出京師平以功加開府儀同三司同華
制置使封弘農郡公賜號資忠輝武匡國平難功臣卒河中贈觀軍容使謚
曰忠肅復光御下有恩軍中聞其死皆慟哭而麾下多立功者諸子為將帥
數十人守宗亦為忠武節度使

贊曰楚鄭公卒不敢歸君而忘父寬昭愍之世西軍寵遇有厚薄而卒用存
亮夷難功莫及者自古忠臣出於疏遠卒不用蓋多矣存亮嘗通記書曉道理之
人邪何其識君臣大誼明甚不卩大勢艮權勲外又愈賢矣與夫書龍虵之
詩者何其小哉

宦者列傳上第一百三十二

宦者列傳下第一百三十三

端明殿學士兼翰林侍讀學士龍圖閣

敕撰

李輔國本名靜忠以閹奴爲閑廄小兒貌儜陋略通書計事高力士年四十餘使主廄中簿最王鉷爲使以典禾豆能檢擿耗欺馬以故肥蕃之皇太子得侍東宮陳玄禮等誅楊國忠輔國豫謀又勸太子分中軍趨朔方收河隴兵圖興復太子至靈武愈親近勸遂即位係天下心擢家令判元帥府行軍司馬肅宗稍稍任以肱膂事更名護國又改今名凡四方章奏軍符禁寶一委之輔國能隨事齪齪謹密取人主親信而內深賊未敢肆不啖葷時時爲浮屠詭行人以爲柔良不忌也帝還京師拜殿中監閑廄五坊宮苑營田栽接總監使兼隴右羣牧京畿鑄錢長春宮等使少府殿中二監封成國公實封戶五百宰相羣臣欲不時見天子皆因輔國以請乃得可常止銀臺門決事置察事聽兒數十人吏雖有秋豪

過無不得得輒推訊州縣獄訟三司制劾有所捕逮流降皆私判臆處因稱制敕然未始聞上也詔書下輔國署已乃施行羣臣無敢議出則介士三百人爲衞貴幸至不敢斥官呼五郎李揆當國以子姓事之號五父帝爲娶元擢女爲妻擢以故爲梁州長史弟兄皆位臺省李峴輔政叩頭言且亂國於是詔敕不繇中書出者峴必審覆輔國不悅時太上皇居興慶宮帝自複道來起居太上皇亦間至大明宮或相逢道中帝命陳玄禮高力士王承恩魏悅玉眞公主常在太上皇左右梨園弟子日奏聲伎爲娛樂輔國素微賤雖暴貴力士等猶不爲禮怨之欲立奇功自固初太上皇每置酒長慶樓南俯大道因裴回觀覽或父老過之皆拜舞乃去上元中劍南奏事吏過樓下因上謁太上皇賜之酒詔公主及如仙媛主之又召郭英乂王銑等飲賚予頗厚輔國因妄言於帝曰太上皇居近市交通外人玄禮力士等將不利陛下六軍功臣反側不自安願徙太上皇入禁中帝不寤先時興慶宮有馬三百輔國

矯詔取之裁留十馬太上皇謂力士曰吾兒用輔國謀不得終孝矣會帝屬疾輔國即詐言皇帝請太上皇按行宮中至睿武門射生官五百遮道太上皇驚幾墜馬問何爲者輔國以甲騎數十馳奏曰陛下以興慶宮湫陋奉迎乘輿還宮中力士厲聲曰五十年太平天子輔國欲何事叱使下馬輔國失轡罵力士曰翁不解事斬一從者力士呼曰太上皇問將士各好在否將士納刀嗁萬歲皆再拜力士復曰輔國可御太上皇馬輔國韡而走與力士對執轡還西內居甘露殿侍衞才數十皆尫老太上皇執力士手曰微將軍朕且爲兵死鬼左右皆流涕又曰興慶吾王地數以讓皇帝帝不受今之徙自吾志也俄而流承恩播州魏悅溱州如仙媛歸州公主居玉眞觀更料後宮聲樂百餘更侍太上皇備灑埽詔萬安咸宜二公主視服膳自是太上皇怏怏不豫至棄天下輔國以功遷兵部尚書南省視事使武士戎裝夾道陳跳丸舞劒百騎前驅御府設食太常備樂宰相羣臣畢會既得志乃厭然驕觖求宰

相帝重違曰卿勳力何任不可但羣望未一如何輔國遂諷宰相裴冕使聯表薦己帝密擿蕭華使諭止冕張皇后數疾其顓帝寢疾太子監國后召太子將誅輔國及程元振太子不從更召越王係王圖之元振告輔國即伏兵淩霄門迎太子伺變是夜捕二王及中人朱輝光馬英俊等囚之而殺后它殿代宗立輔國等以定策功愈跋扈至謂帝曰大家弟坐宮中外事聽老奴處決帝矍然欲翦除而憚其握兵因尊爲尚父事無大小率關白羣臣出入皆先詣輔國輔國頗自安又册進司空兼中書令實封戶八百未幾以左武衞大將軍彭體盈代爲閑廄羣牧苑內營田五坊等使以右武衞大將軍藥子昂代判元帥行軍司馬賜輔國大第於外中外聞其失勢舉相賀輔國始惘然憂不知所出表乞解官有詔進封博陸郡王仍爲司空尚父許朝朔望輔國欲入中書作謝表閽者不內曰尚父罷宰相不可入輔國氣塞久乃曰老奴死罪事郎君不了請地下事先帝矣帝優辭諭遣有韓穎劉烜善步星乾

元中待詔翰林穎位司天監烜起居舍人與輔國暱甚輔國領中
書穎進祕書監烜中書舍人裴冕引爲山陵使判官輔國罷俱流
嶺南賜死自輔國從太上皇天下疾之帝在東宮積不平既嗣位
不欲顯戮遣俠者夜刺殺之年五十九抵其首圂中殊右臂告泰
陵然猶祕其事刻木代首以葬贈太傅謚曰醜後梓州刺史杜濟
以武人爲牙門將自言刺輔國者
王守澄者史亡所來元和中監徐州軍召還方憲宗喜方士詔
天下求其人宰相皇甫鎛左金吾將軍李道古等白見揚仁晝浮
屠大通仁晝更姓名曰柳泌大通自言壽百五十歲有不死藥並
待詔翰林號人田元佐言有祕方能化瓦礫爲黃金詔除號令與
董景珍李元戢皆介泌大通薦于天子天子惑其說泌以金石進
帝餌之躁甚數暴怒恚責左右踵得罪禁中累息帝自是不豫十
五年寤罷元會羣臣危恐會義成劉悟來朝賜對麟德殿悟出曰上
體平矣內外乃安是夜守澄與內常侍陳弘志弑帝於中和殿緣

所餌以暴崩告天下乃與梁守謙韋元素等定冊立穆宗俄知樞
密事文宗嗣位守澄有助力進拜驃騎大將軍帝疾元和逆罪久
不討故以宋申錫爲宰相謀因事除之不克更因其黨鄭注李訓
乘其罅於是流楊承和於驩州韋元素象州遣中人劉忠諒追殺
元素于武昌承和次公安賜死訓乃脅守澄以軍容使就第使內
養齊儐酖賜死事祕時無知者贈揚州大都督其弟守涓自徐州監
軍召還死於中牟
劉克明亦亡所來得幸敬宗敬宗善擊毬於是陶元皓靳遂良趙
士則李公定石定寬以毬工得見便殿內籍宣徽院或教坊然皆
出神策隸卒或里閭惡少年帝與狎息殿中爲戲樂四方聞之爭
以趫勇進于帝嘗閱角觝三殿有碎首斷臂流血廷中帝歡甚厚
賜之夜分罷所親近既皆凶不逞又小過必責辱自是怨望帝夜
艾自捕狐狸爲樂謂之打夜狐中人許遂振李少端魚志弘侍從
不及皆削秩帝獵夜還與克明田務澄許文端石定寬蘇佐明王

嘉憲閻惟直等二十有八人羣飲既酣帝更衣燭忽滅克明與佐
明定寬弑帝更衣室矯詔召翰林學士路隋作詔書命絳王領軍
國事明日下遺詔絳王即位克明等恃功將易置左右自引支黨
顓兵柄于時樞密使王守澄楊承和中尉梁守謙魏從簡與宰相
裴度共迎江王發左右神策及六軍飛龍兵討之克明投井死出
其尸戮之務澄等皆斬首以徇籍入家貲又殺其黨數十人始克
明謀逆毋禁不許文宗立嘉毋忠賜錢千緡絹五百匹給婢二人
田令孜字仲則蜀人也本陳氏咸通時歷小馬坊使僖宗即位擢
令孜左神策軍中尉是時西門匡範位右中尉世號東軍西軍帝
沖騃喜鬬鵝走馬數幸六王宅興慶池與諸王鬬鵝一鵝至五十
萬錢與內園小兒尤昵狎倚寵暴橫始帝爲王時與令孜同臥起
至是以其知書能處事又帝資狂昏故政事一委之呼爲父而荒
酣無檢發左藏齊天諸庫金幣賜伎子歌兒者日巨萬國用耗盡
令孜語內園小兒尹希復王士成等勸帝籍京師兩市蕃旅華商

寶貨舉送內庫使者監閱櫃坊茶閣有來訴者皆杖死京兆府令
孜知帝不足憚則販鬻官爵除拜不待旨假賜緋紫不以聞百度
崩弛內外垢玩既所在盜起上下相掩匿帝不及知是時賢人無
在者惟佞鄙沓貪相與備員偷安噤默而已左拾遺侯昌蒙不勝
憤指言豎尹用權亂天下疏入賜死內侍省宰相盧攜素事令孜
每建白必阿邑倡和初黃巢求廣州願罷兵攜欲寵高駢使有功
不聽賊因又易置關東諸節度賊乘之陷東都令孜急歸罪攜奉
帝西幸步出金光門至咸陽沙野軍十餘騎呼曰巢爲陛下除姦
臣乘輿今西秦中父老何望願還宮令孜叱之以羽林騎馳斬即
以羽林白馬載帝晝夜馳舍駱谷時陳敬瑄方節度西川令孜兄
也故請帝幸蜀有詔以令孜爲十軍十二衛觀軍容制置左右神
策護駕使至成都進左金吾衛上將軍兼判四衛事封晉國公帝
見蜀陋隘梢鬱鬱日與嬪侍博飲時時攘袂北望怊然流涕令孜
伺閒開釋呼萬歲帝爲怡悅因盛稱鄭畋王鐸程宗楚李鋋敬瑄

方幷力賊不足虞帝曰善初成都募陳許兵三千服黃帽名黃頭
軍以捍蠻帝至大勞將士扈從者已賜而不及黃頭軍皆觖怨令
孜令孜置酒會諸將以黃金樽行酒即賜之黃頭將郭琪不肯飲
曰軍容能易偏惠均衆士誠大願也令孜目曰君有功邪荅曰戰
党項搏契丹數十戰此琪之功令孜嘻怒曰知之密以酖注酒中
琪飲已馳歸殺一婢吮血得解因夜燒營剽城邑敬瑄討敗之奔
廣都遂走高駢所帝聞變與令孜保東城自守羣臣不得見左拾
遺孟昭圖請對不召因上疏極陳君與臣一體相成安則同寧危
則共難昔日西幸不告南司故宰相御史中丞京兆尹悉碎于賊
唯兩軍中尉以扈乘輿得全今百官之在者率冒重險出百死者
也昨黃頭亂火照前殿陛下惟與令孜閉城自守不召宰相不
謀羣臣欲入不得求對不許且天下者高祖太宗之天下非北司
之天下陛下固九州天子非北司之天子北司豈悉忠於南司廷
臣豈無用於敕使文宗時官中災左右巡使不到皆被顯責安有
天子播越而宰相無所豫羣司百官棄若路人已事誠不足諫而
來者尚可追也疏入令孜匿不奏矯詔貶昭圖嘉州司戶參軍使
人沈于蟇頤津初昭圖知正言必見害謂家隸曰大盜未殄宦豎
離間君臣吾以諫爲官不可坐觀覆亡疏入必死而能收吾骸乎
隸許諾卒葬其尸朝廷痛之賊平令孜以王鐸爲儒臣且無功而
首謀召沙陀者楊復光也欲歸重北司故罷鐸都統以復光功第
一又已忌復光且逼已故薄其賞自謂帷幄決勝繫王室輕重出入
倨甚會復光死大喜即罷復恭樞密使中人曹知慤者富家子頗
沈鷙賊在長安知慤以濤濁二谷之人倚山爲屯不屈賊陰教士
卒變衣服言語與賊類者夜入長安攻賊營賊大懼帝聞賜金紫
擢內常侍聞帝將還因大言我且擁衆大散關下閱羣臣可歸者
納之令孜謂然密令王行瑜以邠州兵度嵯峨山襲殺其衆由是
益自肆禁制天子不得有所主斷帝以其專語左右輒流涕復光
部將鹿晏弘王建等以八都兵二萬取金洋等州進攻興元節度

使牛頊奔龍州晏弘自爲留後以建及張造韓建等爲部刺史帝
還擢見討引兵走許州王建率義勇四軍迎帝西縣復以建及韓
建等主之號隨駕五都令孜以復光故纔授諸衞將軍皆養爲子
別募神策新軍以千人爲都凡五十四都分左右爲十軍統之又
遣親信覘諸鎮不附己者以罪除徙養子匡祐宣慰河中王重榮
厚爲禮匡祐傲甚舉軍怒重榮因數令孜罪責其無禮監軍和解
乃去匡祐還訴令孜且勸圖之令孜白以兩鹽池歸鹽鐵使即自
兼兩池榷鹽使重榮不奉詔表暴令孜十罪令孜自將討重榮率
邠寧朱玫鳳翔李昌符合鄜延靈夏等兵凡三萬壁沙苑重榮說
太原李克用連和克用上書請誅令孜玫帝和之不從大戰沙苑
王師敗玫走還邠州與昌符皆恥爲令孜用還與重榮合神策兵
潰還略所過皆盡克用逼京師令孜計窮乃焚坊市劫帝夜啓開
遠門出奔自賊破長安火宮室舍廬十七後京兆王徽葺復粗完
至是令孜唱曰王重榮反命火宮城唯昭陽蓬萊三宮僅存王建
以義勇四軍扈帝夜亂牢水遂次陳倉克用還河中玫畏克用且
偪與重榮連章請誅令孜而駐鳳翔令孜請帝幸興元帝不從令
孜以兵入寢逼帝夜出羣臣無知者宰相蕭遘等皆不及從玫勸
興元節度使石君涉焚閣道絕帝西意遘惡令孜劫質天子生方
鎮之難使玫進迎乘輿玫引兵追行在敗興鳳楊晟軍帝次梁洋
稍引而南玫兵及中營左右被剽戮者不勝計令孜懼人圖己蒙
面以行使王建長劍五百清道負傳國璽授之次大散關道險隘
帝危及難數矣分軍守靈壁亢追兵玫長驅躡帝帝以閣道毀走
它道困甚枕王建膝且寐覺而飯僅能至興元玫重榮表誅令孜
安尉羣臣詔以令孜爲劍南監軍使留不去重榮請幸河中令孜
沮而止宰相蕭遘率羣臣在鳳翔者表令孜顓國煽禍惑小人計交
亂羣帥請誅之帝不及省且詔重榮餉糧十五萬斛給行在重榮
以令孜在不奉命玫乃奉嗣襄王煴即僞位玫敗帝乃得還京師
始帝入蜀諸王徒步以從壽王至斜谷不能進令孜驅使前王謝

足且拘得馬可濟令孜怒挾王殭之行王恥之及帝病中外屬壽王令孜入候帝曰陛下記臣否帝直視不能語令孜自署劍南監軍使閬拱宸奉鑾軍自衞晝夜馳入成都固表解官求醫藥詔可俄削官爵長流儋州然猶依敬瑄不行王即位是爲昭宗楊復恭代爲觀軍容使出王建爲壁州刺史建取利州自署防禦使因略定閬邛蜀黎雅等州詔即置永平軍拜建節度使令孜謀與建連衡入朝廷且曰吾子也書召之建喜將至復卻之建怒進圍成都令孜登城謝建曰老夫久相厚何見困若曰父子恩何敢忘顧父自絕朝廷苟改圖則父子如初令孜曰吾欲面計事建然許令孜夜負印節授建明日入成都因令孜碧雞坊始右神策統軍宋文通爲諸軍所疾令孜因事召見欲殺之既見乃欣然更養爲子名彥賓即李茂貞也故獨上書雪其罪詔爲湖南監軍凡二歲與敬瑄同日死臨刑裂帛爲組授行刑者曰吾嘗位十軍容殺我庸有禮因教縊人法既死而色不變乾寧中詔復官爵

楊復恭字子恪本林氏子楊復光從兄也宦父玄翼咸通中領樞密世爲權家復恭略涉學術監諸鎭兵龐勛亂戰有功自河陽監軍入拜宣徽使擢樞密使黃巢盜京師令孜顓威福蹴喪天下中外莫敢亢惟復恭屢與爭得失令孜怒下遷飛龍使復恭乃卧疾藍田僖宗出居興元復爲樞密使制置經略多更其手車駕還遂代令孜爲左神策中尉六軍十二衞觀軍容使封魏國公實戶八百賜號忠貞啓聖定國功臣帝崩定册立昭宗賜鐵券加金吾上將軍稍擅取朝政帝嘗曰朕不德爾援立我矣當緘省僕長示天下我見故事尚衣上御服日一襲太常新曲日一解今可禁止復恭頓首稱善帝遂問游幸費對曰聞懿宗以來每行幸無慮用錢十萬金帛五車十部樂工五百犢車紅網朱網畫香車百乘諸衞士三千凡曲江溫湯若畋獵曰大行從宮中苑中曰小行從帝乃詔類減半於是宰相韋昭度張濬杜讓能等爲帝言大中故事抑宦官不假借帝亦稍厭復恭橫恣王瓌者恵安太后弟求節度使帝問復恭對曰産祿傾漢三思危唐后族不可封拜陛下誠愛瓌任以它職可也不宜假節外藩恐負勢顓地不可制帝乃止瓌聞怒甚至禁中見復恭詬辱之遂居中任事復恭不欲分己權白爲黔南節度使道興元而兄子守亮方領節度陰勒利州刺史覆瓌舟于江宗屬賓客皆死以舟自敗聞帝知復恭謀繇是深銜之復恭以諸子爲州刺史號外宅郎君又養子六百人監諸道軍天下威勢舉歸其門守立爲天威軍使本胡弘立也勇武冠軍人畏之帝欲斥復恭懼爲亂乃好謂曰卿家胡子安在吾欲令衞殿內復恭以守立見帝賜姓李名順節使掌六軍管鑰光寵甚既勢鈞遂與復恭爭恨相中傷暴發其私復恭常肩輿抵太極殿宰相對延英論叛臣事孔緯曰陛下左右有將反者帝矍然緯指復恭復恭曰臣豈負陛下者緯曰復恭陛下家奴而肩輿至前殿廣樹不逞皆姓楊非反邪復恭曰欲收士心輔天子帝曰誠欲收士心胡不假李姓乎復恭無以對會緯出守江陵乃使人劫之長樂坂斬其

旌節貲貯皆盡緯僅免復恭子守貞爲龍劒節度使守忠洋州節度使皆自擅貢賦上書訕薄朝政大順二年罷復恭兵出爲鳳翔監軍不肯行因丐致仕詔可還上將軍賜几杖使者還遣腹心殺使者於道遁居商山俄入居昭化坊第近玉山營而子守信爲軍使數省候出入或告父子且謀亂時順節遥領鎭海軍節度使同中書門下平章事詔與神策軍使李守節率衞兵攻復恭治殺使者罪帝御延喜樓須之家人拒戰守信亦率兵至昌化里陣以待會日入復恭與守信舉族出奔遂走興元順節已斥復恭則橫暴出入以兵從兩軍中尉劉景宣西門重遂察其意非常以狀聞有詔召順節輒以甲士三百入至銀臺門何止之景宣引順節坐殿廡部將嗣光審出斬之從者大譟出延喜門剽永寧里晝夕止賈德晟與順節皆爲天威軍使順節誅頗嗟憤重遂亦奏誅之於是鳳翔李茂貞邠州王行瑜華州韓建同州王行約秦州李茂莊同勁守亮納叛臣請出兵討罪軍饟不仰度支茂貞請假山南招

討使官尹惜類執不可帝亦謂茂貞得山南必難制詔兩解之茂貞劾復恭自謂隋諸孫以恭帝禪唐故名復恭逆狀明白且請削守亮官爵遂擅與行瑜出討自號興元節度使詔宰相書慢悖不臣帝爲下詔令茂貞行瑜討之景福元年破其城復恭守亮守信奔閬州茂貞以子繼密守興元詔吏部尚書徐彦若爲鳳翔節度使而以茂貞帥興元不拜請繼密爲留後帝不得已授以節度使自是茂貞始彊大復恭與守亮等自閬州將北奔太原趨商山至乾元爲韓建邏士所禽即斬復恭守信檻車送守亮京師梟首長安市茂貞上復恭與守亮書曰承天門者隋家舊業也兒但積粟訓兵何進奉爲吾披荆榛立天子既得位乃廢定策國老奈負心門生何門生謂天子也其不臣類此假子彦博奔太原收葬其尸李克用爲申雪詔復官爵

劉季述者本微單稍顯於僖昭間擢累樞密使楊復恭之斥帝以西門重遂爲右神策軍中尉觀軍容使時李茂貞得興元愈跋扈

不軌宰相杜讓能與內樞密使李周潼及重遂謀誅之乃興師以嗣覃王戒丕爲京西招討使神策大將軍李鐬副之茂貞引兵迎壁盩厔薄興平王師潰遂逼臨皐以陣暴言讓能等罪京師震恐帝坐安福門斬重遂周潼以謝茂貞更以駱全瓘劉景宣代爲兩中尉乾寧二年茂貞與王行瑜韓建以兵入朝李克用率師討茂貞次渭北同州節度使王行實奔京師謂景宣等曰沙陀十萬至矣請奉天子出幸避其鋒景宣方與茂貞睦故全瓘與鳳翔衛將閻圭共脅帝狩岐王行實及景宣子繼晟縱火剽東市帝登承天門矢著樓闔帝懼暮出莎城士民從者數十萬至谷口人暍死十三夜爲盜掠哭聲動山徙駐石門茂貞恐乃殺全瓘景宣及圭自解天子還京師以景務脩宋道弼代之俄專國宰相崔胤惡之徐彦若王摶懼禍不解稍抑胤以和北軍胤怒劾摶黨宦豎不忠罷去俄賜死流道弼驩州務脩愛州並死灞橋遂彦若于南海乃以季述王仲先爲左右中尉疾胤尤甚時帝耆酒怒責左右不常季述等愈自危先是王子病季述引內醫工車讓謝筠久不出季述等共白帝宮中不可妄處人帝不納詔著籍不禁由是疑帝與有謀乃外約朱全忠爲兄弟遣從子希正與汴邸官程巖謀廢帝會全忠遣天平節度副使李振上計京師巖因曰主上嚴急內外惴恐左軍中尉欲廢昏立明若何振曰百歲奴事三歲郎主常也亂國不義廢君不祥非吾敢聞希正大沮帝夜獵苑中醉殺侍女三人明日午漏上門不啓季述見胤曰宮中殆不測與仲先率王彦範薛齊偓李師虔徐彦回總衛士千人毀關入謀所立未決是夜宮監竊取太子以入季述等因矯皇后令曰車讓謝筠勸上殺人禳塞災咎皆大不道兩軍軍容知之今立皇太子以主社稷遂明陳兵廷中謂宰相曰上所爲如此非社稷主今當以太子見羣臣即召百官署奏胤不得對季述矯皇太子至紫廷院左右軍及十道邸官俞潭程巖等詣思玄門請對士皆呼萬歲入思政殿遇者輒殺帝方坐乞巧樓見兵入驚墮於牀將走季述仲先持帝坐以所持

銀杖畫地責帝曰某日某事爾不從我罪一也至數十未止皇后出徧拜曰護宅家勿使怖若有罪惟軍容議季述出百官奏曰陛下眷倦于勤願奉太子監國陛下自頤東宮帝曰昨與而等歡甚樂何至是后曰陛下如軍容語宮監掖帝出思政殿后倡言曰軍容一心輔持請上養疾帝亦曰朕久疾令太子監國嚴等皆呼萬歲后以傳國寶授季述就帝輦左右十餘人入囚少陽院季述液金以完鐍師虔以兵守太子即位於武德殿帝號太上皇皇后爲太上皇后大赦天下東宮官屬三品賜爵一級四品以下一階天下爲父後者爵一級羣臣加爵秩厚賜欲媚附上下改東宮爲問安宮季述等皆先誅戮以立威夜鞭笞晝出尸十輦凡有寵于帝悉榜殺之殺帝弟睦王師虔尤苛察左右出入搜索天子動靜輒白季述帝衣晝服夜澣食自竇進下至筆紙銅鐵疑作詔書兵器皆不與方寒公主嬪御無衾纊哀聞外廷胤告難於朱全忠使以兵除君側全忠封胤書與季述曰彼翻覆宜圖之季述以責胤胤

曰姦人僞書從古有之必以爲罪請誅不及族季述易之乃與盟胤謝全忠曰左軍與胤盟不相害然僕歸心於公幷送二侍兒全忠得書恚曰季述使我爲兩面人自是始離季述子希度至汴言廢立本計又遣李奉本齎示太上皇誥全忠狐疑不決李振入見曰豎刁伊戾之亂以資霸者今閹奴幽劫天子公不討無以令諸侯乃囚希度奉本遣振至京師與胤謀是時季述欲盡誅百官乃弑帝挾太子令天下都將孫德昭董從實等沒錢五千緡仲先衆辱之督其償株逮甚衆胤聞其不逞曰能殺兩中尉迎太上皇而立大功何小罪足羞又遣客密告德昭割帶內蠟丸通意德昭邀別將周承誨期十二月晦伏士安福門待旦仲先乘肩輿造朝德昭等劫之斬東宮門外叩少陽院呼曰逆賊斬矣帝疑未信皇后曰可獻賊首德昭擲仲先頭以進宮人毀扉出御長樂門羣臣稱賀承誨馳入左軍執季述彥範至樓前胤先戒京兆尹鄭元規集萬人持大梃帝詰季述未已萬梃皆進二人同死梃下遂尸之兩

軍支黨死者數十人中官奉太子匿入左軍收傳國寶季偓死幷中出其尸斬之全忠檻送嚴京師斬于市季述等夷三族以德昭檢校太保靜海軍節度使從實檢校司徒容管節度使並同中書門下平章事賜氏李曰繼昭曰彥弼承誨亦檢校司徒邕管節度使視宰相秩皆號扶傾濟難忠烈功臣圖形淩煙閣留宿衞凡十日乃休竭內庫珍寶賜之當時號三使相人臣無比初延英宰相奏事帝平可否樞密使立侍得與聞及出或矯上旨謂未然數改易橈權至是詔如大中故事對延英兩中尉先降樞密使候旨殿西宰相奏事已畢案前受事帥度請於屏風後錄宰相所奏帝以侵官不許下詔與徐彥回同誅

韓全誨張彥弘者皆不知所來並監鳳翔軍全誨入爲內樞密使劉季述之誅崔胤陸扆見武德殿右廡胤曰自中人典兵王室愈亂臣請主神策左軍以扆主右則四方藩臣不敢謀昭宗意不決李茂貞語人曰崔胤奪軍權未及手志滅藩鎮矣帝聞召李繼昭等問以胤所請奈何對曰臣世世在軍不聞書生主衞兵且罪人已得持軍還北司便帝謂胤曰議者不同勿庸主軍乃以全誨爲左神策中尉彥弘爲右皆拜驃騎大將軍表易簡周敬容爲樞密使胤怒約京兆鄭元規遣人狙殺之不克全誨等知胤必除己乃因諷茂貞留選士四千宿衞以李繼筠繼徽總之胤亦諷朱全忠內兵三千居南司以婁敬思領之韓偓聞岐汴交戍數諫止胤胤曰兵不肯去耳偓曰初何爲召邪胤不對議者知京師不復安矣全誨彥弘及彥弼合勢恣暴中官倚以自驕帝不平有斥逐者皆不肯行胤固請盡誅之全誨彥弘見帝祈哀帝知左右漏言始詔囊封奏事官人更求麗姝知書者數十人侍帝爲內詗由是胤計多露始張濬判度支楊復恭以軍貲乏奏假鹽麴一歲入以濟用度遂不復還至胤乃白度支財盡無以稟百官請如舊制全誨擿李繼筠訴軍中匱甚請割三司隸神策帝不能卻詔罷胤領鹽鐵胤銜之全誨等懼帝誅己與繼誨彥弼繼筠交通謀亂帝問令

狐渙渙請召胤及全誨等宴內殿和解之韓偓謂不如顯斥一二柄臣討餘人自新妄謀必息不然皆自疑禍且速雖和解之凶焰益肆帝乃止是時全忠幷河中胤爲急詔令入朝又詒書曰上反正公之力而鳳翔入朝引功自歸今若後至必先見討全忠得詔還汴悉師討全誨帝以爲忠又欲其與茂貞同功即詔幷力令胤詒二鎮書示帝意全忠取同州汴兵凡七萬威震關中全誨等泣奏曰全忠且至欲脅陛下幸關東將謀傳禪臣不忍見高祖天下移他姓願至鳳翔合義兵討元惡帝未許方在乞巧樓全誨急即火其下帝降樓乃決西幸彥弼等以帝未即駕愈詬宮中禁索苛亟帝與后相視泣宮人私逃出都民崩沸或奔開化坊依胤第自固閈無留家鳳翔軍與左神策兵陣大衢長樂門外若丘墟然於是日南至百官不朝帝坐思政殿時彥弼先入鳳翔全誨逼帝出惟皇后諸王數百騎爲衞帝黼袍塗金帽以右神策軍從寶天復元年十一月壬子全誨等遂火宮城繼誨彥弼欲劫百官從天子

李德昭等按兵衛之乃得免茂貞以帝居盩厔全忠取華州下令自釋曰吾被詔及得宰相書令入朝既至皆僞也逆臣全誨震驚天子脅乘輿出遷暴露草莽吾當入對言狀時公卿皆在長安數日不聞朝廷敕書胤使王溥見全忠曰上猶在盩厔公宜亟進羣臣盡知猷等奏記全忠請西迎天子荅曰進則似脅君退則負國然敢不勉胤率百官迎全忠灞橋入舍長安一昔而西茂貞聞全忠至以帝入鳳翔從臣纔三四人全忠遣楊達裴鑄入鳳翔奉表天子汴部將康懷英襲破李繼昭于武功禽馘六千級全誨懼請救於李克用克用遺全忠書勸執崔胤洗海內謗全忠不荅進屯鳳翔東偏茂貞登城腧語曰天子獸災于此讒人誤公來公當入覲全忠曰宦官脅乘輿吾以兵問罪迎上東還王非同謀者尚何所言明日圍鳳翔茂貞不出帝遣中人詔全忠班師不奉詔使者再往全忠聽命引兵攻邠州李繼徽嬰城三日乃降質其妻復使繼徽守回壁三原胤與鄭元規至三原邀說全忠全忠亦自聞茂貞將戰徙營渭北據高原戰不勝全忠夜入盩厔拔藍田復屯三原時李克用攻慈隰救鳳翔全忠還河中克用部將李嗣昭戰數不利全忠取晉汾二州嗣昭遁還河東全忠曰此茂貞所倚今敗矣何能久乎胤復說全忠曰宦豎謀擁帝入蜀且泣全忠執其手乃定計迎天子會朱友寧敗岐兵于莫谷居人皆入保全忠以精甲五萬與茂貞決戰岐兵敗仆尸萬餘茂貞帳下八百人就縛乃嬰城自夏訖冬兵連不能解勝敗略相償援軍十餘壁數為全忠擾襲不得進城中日困全忠由是取鳳鄜坊成隴等州間劫鈔以佐軍餉故能不乏茂貞疑帝與全忠有密約增甲士守宮殿初帝至鳳翔有鴉數萬棲殿闕謂之神鴉俄而鴉不來人以為恐全誨等小人既勢窘更相怨疾不復遠慮時財用窶短帝輟所御膳賜全誨等三讓帝曰難得時欲同味耳茂貞食餅美帝曰此後泄魚茂貞曰臣養魚以候天子聞者皆駭於是全忠軍攻東城焚橋鏖戰部將李繼寵出降茂貞懼密圖誅中官以紓難先遺書曰禍

亂之生全誨首之變興倉卒故迎天子至此且公未至權宅盜馮陵公既志輔社稷請奉乘輿還宮僕願以敝賦從全忠然許然軍稍薄城大譟者三岐軍皆投兵動無鬬意帝召茂貞全誨彥弼及宰相蘇檢李繼炎繼忠議和已決中官復沮罷它日帝召茂貞等曰十六宅諸王日奏餓死者十三王公主夫人皆閒日食今又將竭柰何皆不敢對有衞士十餘人叩左銀臺門遮全誨罵曰破一州餓死者十萬徒以軍容數人耳全誨詣茂貞叩頭訴茂貞謝曰士伍亦何知復訴于帝帝不許李繼昭見全誨曰昔楊軍容破楊守亮一族今驃騎復破吾族乎罵之乃出降宦豎數傳援軍至皆相賀百姓咲曰紿我乎是時全忠合四鎮兵十餘萬營壘相屬晝夜攻外兵詬守者曰劫天子賊守者亦詬外曰奪天子賊諸鎮見崔胤檄皆狐疑不出師唯青州節度使王師範取兗州襲華州李克用攻晉州以為援全忠懼圍益急全誨等素譎險常為全忠所憚乃請先殺之以迎天子帝既惡宦人脅遷而茂貞又其黨全忠雖外示順終悖逆皆不可倚欲狩襄漢依趙匡疑然不得去乃定計歸全忠以紓近禍三年正月茂貞請遣使諭全忠軍詔崔構換中人郭遵誨往既行又命宮人寵顏馳見全忠諭密旨乃以蔣玄暉入衞二日茂貞獨見至日旰全誨彥弘恨甚遠食不能挾匕自見勢去計無所用垂頭喪氣帝召韓偓見東橫門執手涕泗帝曰今先去四大惡餘以次誅矣於是內養八輩候廷中授命每二輩以衞士十人取一首俄而全誨彥弘易簡敬容皆死即詔第五可範為左軍都尉王知古楊虔朗為樞密使知古領上院虔朗領下院繼筠繼誨彥弼皆伏誅茂貞取其輜重是夜誅內諸司使韋處廷等二十二人悉以首內布囊詔蔣玄暉學士薛貽矩送全忠曰是皆不肯使乘輿東者既斬之矣全忠大喜徧告軍中以姚洎為岐汴通和使全忠詒茂貞書曰宦者乘舋詈不已曰稟王旨是乎茂貞懼復誅小使李繼彝等十人於是開壘門全忠猶攻北壘帝遣寵顏賜御巾箱寶器使罷兵又捕殺中官七十人全忠亦使京

兆誅黨與百餘人天子入全忠軍全忠泥首素服待罪客省傳呼徹三仗有詔釋全忠罪使朝服見全忠伏地泣曰老臣位將相勤王無狀使陛下及此臣之罪也帝亦嗚咽命韓偓起之解玉帶以賜召之食帝顧衞兵或有憤發者因屨係解目全忠為吾繫之全忠跪結屨汗浹于背而左右莫敢動是夜帝三召皆辭朱友倫以兵衞帝李克用引軍去帝還京師脅全忠議盡誅第五可範等八百餘人於內侍省哀號之聲聞于路留單弱數十人備宮中灑掃滑以鎮人性謹厚即詔王鎔擇五十人為敕使內諸司宦官主領者皆罷於是追諸道監軍所在賜死其財產籍入之詔以中官脅遷狀及全忠迎乘輿本末告方鎮罷監軍院咸視國初故事以三十人為員衣黃衣不得養子內諸司皆歸省若寺兩軍內外八鎮兵悉屬六軍全忠還汴州帝以第五可範等無辜頗悼之為文以祭自是宣傳詔命皆以宮人始劉季述專廢立中人皆與聞帝反正誅季述及薛齊偓數族而已餘貸不問又悔之後稍稍誅夷羣

宦寵不安時帝懲幽辱能勵心庶政數召見羣臣問治道有志中興而全誨等爭權外召彊臣劫本朝以相吞齧卒用關東軍窮討暴誅君側雖清而全忠勢遂張帝卒弒死唐室以亡其禍本於全誨彥弘云

贊曰袁紹誅常侍以逞而曹操移漢崔丞相血軍容甘心焉而朱溫篡唐大抵假威柄于外以內攘姦人則大臣專王室卑矣漢唐相去五百歲產亂取亡猶蹈一轍非天所廢而人謀迴剌乃然邪

宦者列傳下第一百三十三

酷吏列傳第一百三十四　唐書二百九

端明殿學士兼翰林侍讀學士龍圖閣學士朝散大夫守尚書吏部侍郎充史館修撰臣宋祁奉

敕撰

太宗定天下留心聽斷著令州縣論死三覆奏京師五覆奏獄已決尚羊然為徹膳止樂至晚節天下刑幾措是時州縣有良吏無酷吏武后乘高中懦庸盜攘天權畏下異己欲脅制羣臣櫽剪宗支故縱使上飛變構大獄時四方上變事者皆給公乘所在護送至京師稟於客館高者蒙封爵下者被賚賜以勸天下於是索元禮來俊臣之徒揣后密旨紛紛並興澤吻磨牙噬紳纓若狗豚然至叛皆臭達道路冤血流離刀鋸忠鯁貴彊之臣朝不保昏而后因以自肆不出帷闥而天命已遷猶慮臣下弗懲而六道使始出矣至載初右臺御史周矩諫后曰凶人告訐遂以為常推劾之吏以噞責痛詆為功鑿空投隙相矜以殘泥耳籠首枷楔兼暴拉脅籤爪縣髮熏目號曰獄持書禁食夜禁寐敲撲撼搖使不得瞑號

曰宿囚人苟賒死何求不得陛下不諒試取告牒判無驗者使推其情有司必上下其手希合盛旨令舉朝脅息謂陛下朝與為密夕與為讎一羅攝逮便與妻子決且周用仁昌秦用刑亡惟陛下察之后寤獄乃稍息而酷吏寖寖以罪去天寶後至肅代閒政頗事叢姦臣作威渠憸宿狡頗用慘刻奮然不得如武后時敢搏擊殺戮矣嗚呼非吏敢酷時誘之為酷觀俊臣輩怵利敓命內懷滔天又張湯郅都之土苴云

索元禮胡人也天性殘忍初徐敬業兵興武后患之見大臣常切齒欲因大獄去異己者元禮揣旨即上書言急變召對擢游擊將軍為推使即洛州牧院為制獄作鐵籠䯻囚首加以楔至腦裂死又橫木關手足轉之號曬翅或紡囚梁上縋石於頭訊一囚窮根柢相牽聯至數百未能訖衣冠氣褫后數引見賞賜以張其威故論殺最多是時來俊臣周興踵而奮天下謂之來索薛懷義始貴而元禮養為假子故為后所信後以苛猛復受賕后厭衆望收下吏

不服吏曰取公鐵籠來元禮服罪死獄中
來俊臣京兆萬年人父操博徒也與里人蔡本善本負博數十萬
不能償操因納其妻先已娠而生俊臣冒其姓天資殘忍喜反覆
不事產客和州爲姦盜補送獄獄中上變刺史東平王續按訐無
狀杖之百天授中續以罪誅俊臣上書得召見自陳前上琅邪王
沖反狀爲續所抑武后以爲諒擢累侍御史按詔獄數稱旨后陰
縱其慘酷制羣臣前後夷千餘族生平有纖介皆入于死拜左臺
御史中丞中外累息至以目語俊臣乃引侯思止王弘義郭弘霸
李仁敬康暐衛遂忠等陰嘯不逞百輩使飛語誣衊公卿上急變
每擿一事千里同時輒發契驗不差時號爲羅織牒左署曰請付
來俊臣或侯思止推實必得后信之詔於麗景門別置獄敕俊臣
等顓按事百不一貸弘義戲謂麗景門爲例竟謂入者例皆盡也
俊臣與其屬朱南山萬國俊作羅織經一篇具爲支脉綱由咸有
首末按以從事俊臣鞫囚不問輕重皆注醯于鼻掘地爲牢或寢

唐書列傳一百三十四　二　崔仲

以匽溺或絕其糧囚至齧衣絮以食大抵非死終不得出每赦令
下必先殺重囚乃宣詔又作大枷各爲號一定百脉二喘不得三
突地吼四著即臣五失魂膽六實同反七反是實八死豬愁九求
即死十求破家後以鐵爲冒頭被枷者宛轉地上少選而絕凡囚
至先布械于前示囚莫不震懼皆自誣服如意初誣告大臣狄仁
傑任令暉李游道袁智弘崔神基盧獻等下獄俊臣顓以夷誅大
臣爲功乃奏囚降制一問而服者同首法得減死仁傑等已論死
待日而使稍揵之仁傑乃遣子持帛書稱枉后見愕然責謂俊臣
對曰是囚不褫巾服何肯服罪后遣通事舍人周綝往視遽假仁
傑襆帶立西廂綝懼俊臣東視唯唯去莫敢聞先是宰相樂思晦
爲俊臣夷其家有子九歲隸司農上變得召見言俊臣凶慘罔上
不道若陛下假條反狀付之無大小皆如詔臣父死族夷不求生
但惜陛下法爲俊臣所弄耳后意寤由是仁傑六族皆免又按大
將軍張虔勗內侍范雲仙虔勗不堪枉訟於大理徐有功俊臣使

衛士亂斫之雲仙自陳事先帝命截其舌皆即死人人脅息久之
俊臣納賈人金爲御史紀履忠所劾下獄當死后忠其上變得不
誅免爲民長壽中還授殿中丞坐贓貶同州參軍事暴縱自如奪
同僚妻又辱其母俄召爲合宮尉擢洛陽令進司僕少卿賜司農
奴婢十人以官戶無面首聞吐蕃酋阿史那斛瑟羅有婢善歌舞
令其黨告以謀反而求其婢諸蕃長數十人割耳剺面訟冤僅得
解綦連耀等有異謀吉頊以白俊臣敎數十族既欲擅發姦功即
中頊以法頊大懼求見后自直乃免俊臣誣司刑史樊戩以謀反
誅其子訴闕下有司無敢治因自刳腹秋官侍郎劉如璿爲流涕
俊臣奏與同惡如璿自訴年老而涕吏論以絞后爲宥死流瀼州
萬歲通天中上巳與其黨集龍門題搢紳名於石抵而仆者先告
抵李昭德不能中或以告昭德昭德謀繩其惡未發衛遂忠雖無
行頗有辭辯素與俊臣善始王慶詵女適段簡而美俊臣矯詔彊
娶之它日會妻族酒酣遂忠詣之閽者不肯通遂忠直入嫚罵俊

唐書列傳一百三十四　三　黃先

臣恥妻見辱已命毆而縛于廷既乃釋之自此有隙妻亦慙自殺
簡有妾美俊臣遣人示風旨簡懼以妾歸之俊臣知羣臣不敢斥
已乃有異圖常自比石勒欲告皇嗣及廬陵王與南北衙謀反因
得騁志遂忠發其謀初俊臣屢掎摭諸武太平公主張昌宗等過
咎后不發至是諸武怨共證其罪有詔斬於西市年四十七人皆
相慶曰今得背著牀瞑矣爭抉目擿肝醢其肉須臾盡以馬踐其
骨無孑餘家屬籍沒方俊臣用事託天官得選者二百餘員及敗
有司自首后責之對曰臣亂陛下法身受戮忤俊臣覆臣家后赦
其罪時有來子珣周興者皆萬年人永昌初子珣上書擢左臺監
察御史無學術語言鄙惡后倚以按獄多徇后旨故賜姓武字家
臣既誣雅州刺史劉行實弟兄謀反已誅掘夷先墓得遷游擊將
軍常衣錦半臂自異俄流死愛州興少習法律自尚書史積遷秋
官侍郎屢決制獄文深峭妄殺數千人武后奪政拜尚書左丞上
疏請去唐宗正屬籍是時左史江融有美名興指融與徐敬業同

謀斬于市臨刑請得召見興不許融叱曰吾死無狀不赦汝遂斬之尸奮而行刑者蹴之三仆三作天授中人告子珣興與丘神勣謀反詔來俊臣鞫狀初興未知被告方對俊臣食俊臣曰囚多不服柰何興曰易耳内之大甕熾炭周之何事不承俊臣曰善命取甕且熾火徐謂興曰有詔按君請嘗之興駭汗叩頭服罪詔誅神勣而宥興嶺表在道為讎人所殺神勣者行恭子為左金吾衛將軍高宗崩后使害章懷太子於巴州歸罪神勣下遷疊州刺史俄復故官佐俊臣等為慘獄遂見倚愛博州刺史琅邪王沖起兵拜神勣清平道大總管討之州人殺王素服出迎神勣盡殺之凡千餘族即拜大將軍

侯思止雍州醴泉人貧嬾不治業為渤海高元禮奴詭很無良恒州刺史裴貞笞吏吏積死怨教思止告舒王元名與貞謀反付周興鞫訊皆夷宗拜思止游擊將軍元禮懼引與同坐密教曰上不次用人如問君不識字宜對獬豸不學而能觸邪陛下用人安事識

字無何后果問思止以對后大悅天授中遷左臺侍御史元禮又教上以君無宅必賜所没逆人第宜辭曰臣疾逆臣不願居其地既而果假之以其敎對后益喜恩賞良渥思止本人奴言語俚下嘗按魏元忠讓曰亟承白司馬不爾受孟青洛陽有白司馬坂將軍有孟青棒即殺琅邪王沖者元忠不承思止曳之元忠徐起曰我如乘驢而墜足絓鐙為所曳者思止怒復曳之曰拒制使邪欲抵殊死元忠罵曰侯思止欲得我頭當鋸截之無抑我臣反汝位御史當曉禮義而曰白司馬孟青是何物語非我孰教爾邪思止驚汗起謝曰幸蒙公教乃引登牀元忠徐就坐色不變獄稍挺思止音吐鄙而訛人效以為笑侍御史霍獻可數嘲靳之思止怒以聞后責獻可我已用之何所誚獻可具奏鄙語后亦大笑來俊臣棄故妻逼娶太原王慶詵女思止亦請娶趙郡李自挹女事下宰相李昭德執不可曰俊臣往劫慶詵女已辱國此奴復爾邪搒殺之

王弘義冀州衡水人以飛變擢游擊將軍再遷左臺侍御史與來俊臣競慘刻暑月繫囚别為狹室積蒿施氈罽其上俄而死已自誣乃舍佗獄每移檄州縣所至震慴弘義輒詫曰我文檄如狼毒野葛矣始賤時求傍舍瓜不與乃騰文言圃有白兔縣為集衆捕逐畦蔬無遺内史李昭德曰昔聞蒼鷹獄吏今見白兔御史延載初俊臣貶弘義亦流瓊州自矯詔追還事覺會侍御史胡元禮使嶺南次襄州按之弘義歸窮曰與公氣類持我何急元禮怒曰吾尉洛陽而子御史我今御史子乃囚何氣類為杖殺之

郭弘霸舒州同安人仕為寧陵丞天授中由革命舉得召見自陳往討徐敬業臣誓言抽其筋食其肉飲其血絶其髓武后大悅授左臺監察御史時號四其御史再遷右臺侍御史大夫魏元忠病僚屬省候弘霸獨後入憂見顏閒請視便液即染指嘗驗疾輕重賀曰甘者病不瘳今味苦當愈喜甚元忠惡其媚暴語于朝嘗按芳州刺史李思徵不勝楚毒死後屢見思徵為厲命家人禳解俄見

思徵從數十騎至曰汝枉陷我今取汝弘霸懼援刀自剚腹死頃而蛆腐是時大旱弘霸死而雨又洛陽橋久壞至是成都人喜后問羣臣外有佳事邪司勳郎中張元一曰比有三慶旱而雨洛橋成弘霸死

姚紹之湖州武康人初以鸞臺典儀累遷監察御史中宗時武三思烝僭不軌王同皎張仲之祖延慶等謀殺之事覺捕送新開獄詔紹之與左臺大夫李承嘉按治初欲原盡其情會敕宰相李嶠等同訊執政畏禍噤滅無所問因嘑曰宰相有附三思者嶠等數附承嘉耳咕嚅紹之翻然不復顧即引力士十餘曳囚至築其口反接送獄中謂仲之曰事不諧矣仲之固言三思反狀紹之怒擊折其臂四呼天曰吾雖一死當訴爾於天因裂衫束之卒誣以謀反皆論族囚等已誅紹之意岸軒傲朝野注目擢左臺侍御史奉使江左過汴州廷辱録事參軍魏傳弓久之傳弓為監察御史而紹之坐贓詔傳弓即按紹之謂揚州長史盧萬石曰我頃辱傳弓今

來按我死矣獄具得贓五百萬法當死韋后女弟救請故減死貶瓊山尉俄逃還京萬年尉捕擊折其足更授南陵令貞外置開元中爲括州長史同正不得與州事死

周利貞者亡其系武后時調錢塘尉時禁捕魚州刺史飯蔬利貞忽饋佳魚刺史不受利貞曰此䲔魚公何疑問其故荅曰適見漁者禽不獲而有魚焉䲔得之刺史大笑神龍初權累侍御史諂附權彊五王等疾之出爲嘉州司馬武三思亂禁中五王謀誅之私語崔湜湜反以其計告三思五王貶湜勸速殺之以絕人望問誰可使以利貞對利貞湜內兄也表攝右臺侍御史馳嶺外矯殺敬暉桓彥範袁恕己還拜左臺御史中丞數爲仇人狙報幾不免先天初爲廣州都督湜陷劉幽求謫嶺表諷利貞殺之賴桂州都督王晙護而免利貞顓事剝割夷獠苦其殘虐皆起爲寇詔監察御史李全交按問得贓狀貶涪州刺史開元初詔利貞及滑州刺史裴談饒州刺史裴栖貞大理評事張思敬王承本華原令康暐侍

御史封詢行判官張勝之劉暉楊允衛遂忠公孫琰廉州司馬鍾思廉皆酷吏宜終身勿齒尋復授珍州司馬明年授夷州刺史黃門侍郎張廷珪執奏曰陛下英斷聖明四海心服所謂英斷殄凶逆正朝廷是也所謂聖明辨忠邪信賞罰是也利貞宗武舊黨鉏修植黨自陛下登宸極布新政奪其班級遷之遐荒以允天下之望義士猶以罰輕爲望今錫以朱紱委以藩維是縱姦不必行也跡入遂寢未幾復授黔州都督加朝散大夫廷珪又表還制書曰利貞險薄小人附會三思傾危朝廷殺害功臣人神憤惋痛毒至今東都捜捕其家得金銀錦繡冒違制令當加重貶且久據朝廷捷給便佞見忠於君者猶仇讎然使之入朝則亂國撫俗則傷人今擢典要藩躐六品遷三品何往日罰之而今日賞之玄宗乃止會廷珪罷起爲辰州長史朝集京師與魏州長史敬讓皆奏事讓暉之子也以父冤越次而奏曰周利貞希姦臣意枉殺先臣暉惟陛下正罰以謝天下左臺侍御史翟璋劾讓不待監引請行法玄宗曰訴父之枉不可不矜也朝廷之儀不可不肅也奪讓俸三月復貶利貞邕州長史未幾賜死梧州開元中又有洛陽尉王鈞河南丞嚴安之捶人畏不死視腫潰復笞之至血流乃喜

王旭者貞觀時侍中珪孫也神龍初爲兗州兵曹參軍時張易之誅而兄昌儀先貶乾封尉旭輒斬其首送東都遷并州錄事參軍長史周仁軌者韋后黨也玄宗平內難有詔誅之旭不待覆斬首獻還京師遷累左臺侍御史崔湜敗其婦翁盧崇道自嶺外逃歸東都爲讎家上變詔旭訊覆旭廣捕親黨窮極慘楚當以重辟崇道及三子皆死門生故人並海內名士皆絓逮流徙天下咨其冤旭與大夫李傑不平更相譖訐傑坐斥衢州刺史故旭益橫殘毒以逞官數遷常兼御史其爲人苛急少縱貸人莫敢與忤每治獄囚皆逆服製獄械率有名曰驢駒拔橛犢子縣等以怖下又縋髮以石脅臣之時監察御史李嵩李全交皆嚴酷取名與旭埒京師號三豹嵩爲赤豹交爲白豹旭爲黑豹里閭至相詛曰若遭毒值三豹

宋王憲官屬紀希虬兄爲劍南令坐贓旭奉使臨訊見其妻美逼亂之因殺其夫而納贓數百萬希虬使奴爲臺傭專伺旭旭不知顧愛任之奴盡跡旭請求積數千以示希虬希虬泣訴于王王爲上聞詔劾治獲姦贓不貲貶龍川尉恚而死

吉溫故宰相頊從子也性陰詭果于事諂附貴官若子姓奉父兄天寶初爲新豐丞時太子文學薛嶷得倖引溫入見玄宗目之曰是一不良我不用罷之蕭炅爲河南尹御史遣溫到府有所訊詰乃并治炅不爲末撓右相李林甫善炅炅故得免炅入守京兆尹而溫方調萬年尉不辭人爲寒恐於是高力士間出就第炅多私謁溫乃先往與力士語執手歡甚將出炅通謁溫陽惶恐趨避力士止之語炅曰吾故人也炅揖乃去它日到炅府辭曰國家法不敢隳今而後洗心事公云何炅待盡歡林甫與李適之張垍有隙適之領兵部而垍兄均爲侍郎林甫密遣吏擿其銓史僞選六十餘人帝命京兆與御史雜治累日情不得炅使溫佐訊溫分囚廷

左右中取二重囚訊後舍楚械搒掠皆呻呼不勝曰公幸留死請如牒乃挺出諸史迎備其酷及引前不訊皆服日中獄具林甫以爲能溫嘗曰若遇知己南山白額虎不足縛林甫久當國權焰天下陰構大獄除不附己者先引溫居門下與錢塘羅希奭爲奔走椎鍛詔獄希奭文深虐其舅鴻臚少卿張博濟林甫壻也以姻家故自御史臺主簿再遷殿中侍御史初溫因中官納其甥武敬一女爲盛王妃擢京兆士曹參軍林甫欲揺東宮左驍衛參軍柳勣影會發杜良娣家陰事溫按狀勣以誣誅因引勣所善王曾王脩己盧寧徐徵悉逮縛論死尸積大理垣下家屬離竄初中書舍人梁涉道遇溫低帽障面溫怒乃諷勣引涉及嗣虢王巨皆斥逐林甫惡楊愼矜王鉷飛書言圖讖事委溫以獄初愼矜客史敬忠與溫父善見溫嬉褓時溫馳至東都捕逮楊氏親屬賓客取敬忠於汝州鐵鏁頸布蒙面未嘗正視陰遣吏脅曰愼矜獄具須君一辯君即服罪可貸即不服死不解敬忠即索筆自款溫陽不見再三請乃與之對如溫所教溫謝曰丈人毋懼乃下拜愼矜以左證具欲自誣而讖不得御史盧鉉索其家挾讖以入於是愼矜兄弟皆賜死株連數十族是時溫與希奭相勗以虐號羅鉗吉網公卿見者莫敢耦語溫推事未窮而先計贓成奏乃引囚問震以列威隨問輒承無敢遲鞭楚未收于壁而獄具矣林甫才其爲擢戶部郎中兼侍御史楊國忠安祿山方尊寵高力士居中用事溫皆媚附之兄事祿山嘗密諗曰李右相雖厚待公然不肯引共政我見遇久亦不顯以官公若薦我爲宰相我奏公要任則右相可擠矣祿山大悅亟稱溫才天子亦忘前語於是祿山領河東節度表溫自副幷知節度營田管內採訪總留事拜鴈門太守知安邊鑄錢事以毋喪解祿山表爲魏郡太守楊國忠當國引拜御史中丞兼京畿關內採訪處置使祿山敕吏設白紬帳于傳以候命慶緒親御而餞之溫銜其德故朝廷動靜輒報不淹宿而知天寶十三載祿山入朝領閑廄使薦溫武部侍郎以爲副國忠與祿山爭寵而溫昵

祿山甚國忠不善也會河東太守韋陟怨失職因溫以交祿山徧饋權近國忠遣人發其狀斥溫澧陽長史其屬員錫及陟皆坐貶明年溫仍坐受賕奪民馬貶端溪尉始林甫死希奭出爲始安太守張博濟韋陟韋誠奢李從一員錫皆逗留始安溫既謫又依希奭以居國忠表遣蔣沇鞫按希奭擅稽罪人貶海康員外尉俄遣使者殺溫等五人溫之斥帝在華清宮語從臣曰溫李酷吏子朕過用之故屢構大獄專威福今既斥公屬安矣溫死五月而祿山反即僞位求溫子方十歲授河南參軍以報之

崔器深州安平人曾祖恭禮尚館陶公主爲駙馬都尉貌豐偉飲酒至斗不亂器有吏幹然性陷刻樂禍天寶中舉明經爲萬年尉踰月擢監察御史中丞宋渾爲東畿採訪使引爲判官渾坐贓敗器亦廢後爲奉先令安祿山陷京師器受賊署守奉先頃之同羅背賊賊將安守忠張通儒亡去渭上義兵且數萬器大懼悉毀賊所署符勑募衆以應之渭上軍敗遂走靈武素善呂諲得爲御史中丞戶部侍郎肅宗至鳳翔兼禮儀使二京平爲三司使器草定儀典令王官陷賊者悉入含元廷中露首跣足撫膺頓首請罪令刀仗環之以示扈從羣臣器既殘忍希帝旨欲深文繩下乃建議陳希烈達奚珣等數百人皆抵死李峴執奏乃以六等定罪多所厚貸後蕭華自賊中來因言王官重爲安慶緒驅脅至相州聞廣平王宣詔釋希烈等皆相顧愧悔及聞崔器議刑衆心復搖帝曰朕幾爲器所誤後爲吏部侍郎御史大夫上元元年病亟叩頭若謝辠狀家人問之曰達奚尹訴於我三日卒

毛若虛絳州太平人眉長覆目性殘鷙天寶末爲武功丞年六十餘肅宗還京師擢監察御史以國用大竭數請搉天下財巧傅於法日月有獻漸見識用大抵數因先收家貲以定贓有不滿意擁索保伍姻近人懼其威無敢不如約乾元中鳳翔七坊士數剽州縣間殺人尉謝夷甫不勝怒搒殺之士妻訴李輔國輔國請御史孫鎣鞫治獄久不具詔中丞崔伯陽與三司參訊未決乃使若虛

按之即歸罪夷甫伯陽爭甚力若虛慢拒伯陽怒若虛即馳入白于帝詔姑出若虛泥訴曰臣出即死因蔽若虛殿中而召伯陽伯陽至具劾若虛罔上帝主先語叱伯陽出并官屬悉貶嶺外李峴頗左右鑾等罷宰相於是若虛權焰震朝廷羣臣不舒息尋擢御史中丞上元元年以罪貶賓化尉死

敬羽河中寶鼎人貌寢服甚性便辟善候人意補匡城尉朔方安思順表爲節度府屬肅宗初擢監察御史以言利幸京師平任遇寖顯凶態不能忍乃作巨枷號鮑尾榆囚人多死又仆囚于地以門牡轢腹掘地實棘席蒙上瀕坎鞫囚不服則擠之坎人多濫死遷累御史中丞宗正卿鄭國公李遵坐賄下詔獄羽參按遵肥而羽瘠則引遵危坐小牀瘠且仆遵欲申足羽曰公乃囚我延公坐何可慢遵仆三四徐受所言得贓至數百萬嗣岐王珍謀反詔羽窮劾乃悉召支黨環以拷具囚惶怖一昔獄成珍賜死左衛將軍竇如玢等九人皆斬太子洗馬趙非熊等六七人斃杖下聞者毛豎先是胡

人康謙以賈富楊國忠輔政納其金授安南都護領山南東路驛事吏疾之誣其通史朝義羽鞫之謙須長三尺明日脫盡膝髁皆碎人視之以爲鬼乃殺之羽與毛若虛裴昇畢曜同時爲御史皆暴忍時稱毛敬裴畢未幾昇曜流黔中寶應初羽斥道州刺史詔殺之羽聞使者至線服而逃吏械之臨死袖中出牒數番乃吏相告訐咤曰不及推死矣治州者無宜寢

酷吏列傳第一百三十四

藩鎮魏博列傳第一百三十五　唐書二百一十

端明殿學士兼翰林侍讀學士龍圖閣學士朝請大夫守尚書吏部侍郎集賢殿脩撰臣宋　祁奉

敕撰

安史亂天下至肅宗大難略平君臣皆幸安故瓜分河北地付授叛將護養孽萌以成禍根亂人乘之遂擅署吏以賦稅自私不朝獻于廷效戰國肱髀相依以土地傳子孫脅百姓加鋸其頸利怵逆汙遂使其人自視由羌狄然一寇死一賊生訖唐亡百餘年卒不爲王土當其盛時蔡附齊連內裂河南地爲合從以抗天子杜牧至以山東王不得不王霸不得不霸賊得之故天下不安又曰厥今天下何如哉干戈朽鈇鉞鈍含引混貸照育逆孽殆爲故常而執事大人曾不歷算周思以爲宿謀方且嵬岸抑揚自以爲廣大繁昌莫已若也嗚呼其不知乎其俟蹇頓顛傾而後爲之支計乎且天下幾里列郡幾所自河以北蟠城數百角奔爲寇伺吾人顛頷天時不利則將與其朋伍駭亂吾民於掌股之上今者及

吾之壯不圖擒取乃偷處恬逸以爲後世子孫背脅疽根此復何也議者曰倔彊之徒吾以良將勁兵爲銜策高位美爵充飽其腸安而不撓外而不拘猶豢虎狼而不拂其心則忿氣不萌此大曆貞元所以守邦也何必疾戰焚煎吾民然後爲快也愚曰大曆貞元之間有城數十千百卒夫則朝廷貸以法故於是闊視大言自樹一家破制削法角爲尊奢天子不問有司不呵王侯通爵越錄受之覲聘不來几杖扶之逆息虜胥皇子嬪之地益廣兵益彊僭擬益甚侈心益昌土田名器分劃大盡而賊夫貪心未及畔岸淫名越號走兵四略以飽其志趙魏燕齊同日而起梁蔡吳蜀躡而和之其餘混澒軒轢欲相效者往往而是運遭孝武前英後傑夕思朝議故能大者誅鉏小者惠來大抵生人油然多欲欲而不得則怒怒則爭亂隨之是以教笞於家刑罰於國征伐於天下裁其欲而塞其爭也大曆貞元之間反此提區區之有而塞無涯之爭是以首尾指支幾不能相運掉也凡今者不知非此而反用以爲

經將見爲盜者非止於河北而已嗚呼大曆貞元守邦之術永戒
之哉魏博傳五世至田弘正入朝十年復亂更四姓傳十世有州
七成德更二姓傳五世至王承元入朝明年王庭湊反傳六世有
州四盧龍更三姓傳五世至劉總入朝六月朱克融反傳十二世
有州九淄青傳五世而滅有州十二滄景傳三世至程權入朝十
六年而李全略有之至其子同捷而滅有州四宣武傳四世而滅
有州四彰義傳三世而滅有州三澤潞傳三世而滅有州五雖然
迹其由來事有因藉地之輕重視人謀臧否歟令取擅興若世嗣
者爲藩鎮傳若田弘正張孝忠等暴忠納誠以屏王室自如別
傳云

田承嗣字承嗣平州盧龍人世事盧龍軍以豪俠聞隸安祿山麾
下破奚契丹累功至武衛將軍祿山反與張忠志爲賊前驅陷河
洛嘗大雪祿山按行諸屯至其營若無人已而擽甲列卒閱所籍
不缺一人祿山異其能使守潁川郭子儀平東都承嗣以郡降俄

而復叛安慶緒奔鄴承嗣自潁川來與蔡希德武令珣合兵六萬
慶緒復振抗王師歲餘史思明亂承嗣又爲賊導守及朝義敗與共
保莫州僕固瑒追北承嗣急乃詐朝義使自求救幽州承嗣守莫
因執賊妻息降于瑒厚以金帛反閒瑒將士瑒麾下生變即納降
承嗣詐疾不出瑒欲馳入取之承嗣列千刀爲備瑒不得志承嗣
重賂之以免乃與張忠志李懷仙薛嵩皆詣僕固懷恩謝願備行
閒朝廷以二賊繼亂州縣殘析數大赦凡爲賊詿誤一切不問當是
時懷恩功高亦恐賊平則任不重因建白承嗣等分帥河北賜鐵
券誓不死拜承嗣莫州刺史三遷至貝博滄瀛等州節度使檢校
太尉承嗣沈猜陰賊不習禮義既得志即計戶口重賦斂厲兵繕
甲使老弱耕壯者在軍不數年有衆十萬又擇趫秀彊力者萬人
號牙兵自署置官吏圖版稅入皆私有之又求兼宰相代宗以寇
亂甫平多所含宥因就加同中書門下平章事封鴈門郡王寵其
軍曰天雄以魏州爲大都督府即授長史詔子華尚永樂公主冀

結其心而性著凶詭愈不遜大曆八年相衛薛嵩死弟崿求假節
牙將裴志清逐崿崿以衆歸承嗣而帝自用李承昭爲相州刺史
未至承嗣使人訹吏士反陽言救實襲取之帝遣使者諭罷兵承
嗣不奉詔遣將盧子期取洺州楊光朝取衛州脅刺史薛雄亂不
從屠其家悉四州兵財以歸擅置守宰逼使者行磁相遺劉渾從之
陰使從子悅諷諸將詣使者務面請承嗣爲帥使人不敢詰於是
厚賞請已者帝乃下詔貶承嗣永州刺史許一子從悅及諸子皆逐
惡地詔河東節度使薛兼訓成德李寶臣幽州朱滔昭義李承昭
淄青李正己淮西李忠臣永平李勉汴宋田神玉等兵六萬掎角
進若承嗣不承命聽在所討執以軍法從事其下霍榮國以磁降
李正己攻拔德州李忠臣攻衛築偃月壁河上承嗣列將往往擒
阻殺數十人乃定帝又遣御史大夫李涵督諸節度并力承嗣遣
裴志清等攻冀州志清以兵附成德承嗣悉衆圍之爲寶臣所逐
火輜重歸于貝計益窮不知所出遣其下郝光朝奉表請委身北

闕下又使悅與盧子期將萬人攻磁州屯東山宣慰使韓朝彩等
固守兼訓以萬騎屯西山成德幽州各遣兵救磁時承昭以神策
射生繼進入河東壘諸軍進討數有功頗顧賞天子使中人多出
御服良馬黃白金萬計勞賚使人供帳高會諸軍少懈而正己寶
臣二軍會棗彊更相見會正己軍輒引去忠臣乃棄月壘濟河屯
陽武承昭使成德幽州兵循東山龍表子期軍自閉壁以驕賊子期
分步騎萬人環承昭壁以兵四千乘高望麾而進河東將劉文英
辛忠臣等決戰而成德幽州兵繞出子期後於是圍解更陣高原
諸將與承昭夾攻大戰臨水賊敗屍旁午數里斬九千級馬千匹
執子期及將士二千三百旗纛器甲鼓角二十萬諸軍乘勝進距
磁十里暮而舍承昭舉燧朝彩出銳兵鼓譟薄魏營斬首五百悅
驚率餘兵夜走盡棄旗幕鎧仗五千乘成德將王武俊以子期歸
寶臣寶臣方攻洺州因以示城下降之復徇瀛州瀛州亦降得兵
萬人粟二十萬石獻子期京師斬之天子遣中人勞寶臣不爲禮

寶臣乃貳，反攻朱滔，與承嗣和。承嗣與之滄州，正己又請天子許承嗣入朝。十一年，帝遣諫議大夫杜亞持節至魏，受其降，許闔門還京師，赦魏博所管，與更始。承嗣逗留不至。其秋，復略滑州，敗李勉兵。會李靈曜以汴州叛，詔忠臣、勉、河陽馬燧合討靈曜，求救於魏。承嗣使悅將兵三萬赴之，敗勉將杜如江、正己將尹伯良，死者殆半，乘勝屯汴北郛，與靈曜合。燧、忠臣逆擊破之，悅脫身遁，斬獲數萬。靈曜東走，欲歸承嗣，為如江所禽，并魏將常準獻京師。明年承嗣上書請罪，有詔復官爵，子弟皆仍故官，復賜鐵券。承嗣盜有貝、博、魏、衛、相、磁、洺七州，而未嘗北面天子，凡再興師，會國威中奪，窮而復縱，故承嗣得肆暴無怖忌。十四年死，年七十五，贈太保。

悅蚤孤，母更嫁平盧戍卒，悅隨母轉側淄青間，承嗣得魏，訪獲之，年十三，拜伏有禮，承嗣異之，委以號令，裁處皆與承嗣意合。及長，剽悍善鬬，冠軍中。賊忍狙詐，外飾行義，輕財重施，以鉤美譽，人皆附之。承嗣愛其才，將死，顧諸子弱，乃命悅知節度事，令諸子佐之。

帝因詔悅自中軍兵馬使、府左司馬擢留後，俄檢校工部尚書，為節度使。悅始招致賢才，開館宇，禮天下士，外示恭順，陰濟其姦。帝晚年尤寬弛，悅所奏請無不從。德宗立，不假借方鎮，諸將稍惕息。會黜陟使洪經綸至河北，聞悅養士七萬，輒下符罷其四萬歸田畝。悅即奉命，因大集將士，以好言激之曰：「而等籍軍中久，仰縣官養父母妻子，今罷去，何恃而生？」眾大哭。悅乃悉出家貲給之，各令還部。自此魏人德悅。及劉晏死，藩帥益懼，又傳言帝且東封泰山，李勉遂城汴州，而李正己懼，率兵萬人屯曹州，乃遣人說悅同叛。悅因與梁崇義等阻兵連和。以王侑、扈㟧、許士則為腹心，邢曹俊、孟希祐、李長春、符璘、康愔為爪牙。建中二年，鎮州李惟岳、淄青李納求襲節度，不許，悅為請，不答，遂合謀同叛。會于邵、令狐峘等表汴浮圖，悅乃詐其軍曰：「有詔閱軍之老疾疲弱者。」繇是舉軍咨怨。悅與納會濮陽，納分兵佐悅。會幽州朱滔等奉詔討惟岳，悅乃遣孟希祐以兵五千助惟岳，別遣康愔以兵八千攻邢州，楊朝光以兵五千壁盧疃，絕昭義餉道，悅自將兵數萬繼進。又使朝光攻臨洺，將張伾固守，食且盡，賞賜不足，乃飾愛女示眾曰：「庫廩竭矣，願以此女代賞。」士感泣，請死戰，大破悅軍。有詔河東馬燧、河陽李艽與昭義軍救伾。三節度次狗明二山間，未進，伾急，以紙為風鳶，高百餘丈，過悅營上，悅使善射者射之，不能及。燧營譟迎之，得書言「三日不解，臨洺士且為悅食」。燧乃自壺關鼓而東，破盧疃，戰雙岡，禽賊大將盧子昌，而殺朝光。悅遁保洹水。於是曹俊為貝州刺史，乃承嗣時舊將，果而謀，悅未得志，召問計安出，對曰：「兵法十則攻，今公以逆干順，勢不敵也，宜留兵萬人屯崞口以遏西師，則舉河北二十四州惟公所命。今攻臨洺，糧竭卒老，不見其可。」悅所昵扈㟧、孟希祐等皆訾短之，故悅不聽其言。燧等距悅軍三十里築壘相望。悅與納合兵三萬陣洹水，燧引神策將李晟夾攻，悅大敗，死傷二萬計，引壯騎數十夜奔魏，其將李長春拒關不內，以須官軍。而三帥頓不進，明日悅得入，殺長春，持佩刀立軍門，流涕

曰：「悅藉伯父餘業，與君等同休戚，今敗亡及此，不敢圖全，然悅久稽天誅者，特以淄青、恒冀子弟不得承襲，既弗能報，乃至用兵，使士民塗炭，悅正緣母老，不能自剄，願公等斬悅首以取富貴，無庸俱死。」乃自投于地，眾憐，皆抱持之曰：「今士馬之眾尚可一戰，事脫不濟，死生以之。」悅收淚曰：「諸公不以悅喪敗，誓同存亡，縱身先地下，敢忘厚意乎！」乃斷髮為誓，將士亦斷髮約為兄弟，乃率富民大家財及府庫所有大行賜與，而李再春及其子瑤以博州降，悅從兄昂以洺州降，燧等受之。悅皆族昂等家。悅自視兵械乏，眾單耗，懼，不知所出，復召曹俊與之謀，曹俊為整軍完壘，以振士氣，羣心復堅。後十餘日，燧等始進薄城下，未幾，王武俊殺惟岳，而深州降朱滔，滔分兵守之。天子授武俊恒州刺史，以康日知為深趙二州觀察使，武俊恨賞薄，滔怨不得深州，悅知二將可間，乃僞路使王侑、許士則說滔曰：「司徒奉詔討賊，不十日拔束鹿，下深州，惟岳勢蹙，故王大夫能得逆首，聞出幽州日，有詔破惟岳，得其地即隸麾

下令乃以深州與康日知是朝廷不信於公也且上英武獨斷有
秦皇漢武風將誅豪桀掃除河朔不使父子相襲又功臣劉晏等
皆旋踵破滅殺梁崇義誅其口三百餘血丹漢江今日破魏則取
燕趙如牽轅下馬耳夫魏博全則燕趙安鄆州尚書必以死報德
且合從連衡救災卹患不朽之業也尚書願上貝州以廣湯沐使
侑等奉簿最孔目司徒朝至魏則夕入貝惟孰計之滔心素欲得
貝即大喜使侑先還告師期先是詔武俊出恒冀粟三十萬賜滔
使還幽州以突騎五百助燧軍武俊懼悅破將起師北伐不肯歸
粟馬滔因使王郅說武俊曰天子以君善戰天下無前故分散粟
馬以弱君軍令若舉魏博則王師北向漳滏勢危誠能連營南旆
解田悅於倒縣大夫之利也豈特粟不出窖馬不離廄又有排危
之義聲滿天下大夫親斷逆首血濺衣袖日知不出趙城何功於
國而坐兼二州河北士以不得深州爲大夫恥武俊既得深亦喜
即日使使報滔於是滔率兵二萬屯寧晉武俊以兵萬五千會之

悅恃救至使康愔督兵與王師戰御河上大敗棄甲走城悅怒閉
門不內蹈藉死塹中者甚衆其夏滔武俊軍至悅具牛酒迎犒燧
等營魏河西武俊滔悅壁河東起樓櫓營中兩軍相持自秋汔冬
燧遣晟以兵三千自邢趙與張孝忠合攻涿莫二州以絕幽薊路
悅重德滔欲推爲盟主而臣之滔不敢當乃更議如七國故事悅
國號魏僭稱魏王以府爲大名府署子爲府留後以扈萼爲留守
許士則爲司武曾穆司文裴抗司禮封演司刑並爲侍郎劉士素
爲內史舍人張瑜孫光佐爲給事中邢曹俊孟希祐爲左右僕射
田晁高緬爲征西節度使蔡濟薛有倫爲虎牙將軍高崇節知軍
前兵馬夏侯頼爲兵馬使晁以兵數千助李納守鄆明年夏滔屯
河間留大將馬寔以兵萬人戍魏會朱泚亂帝出奉天燧還太原
武俊等皆罷悅餞之厚遺武俊寔官屬皆有贈興元元年滔自將
兵欲南度河助泚使王郅見悅計事曰頃大王在重圍孤與趙刻
日赴王難以全魏貝今秦帝已據關中孤以步騎十萬與回紇趨

東都相應接王能從孤濟河合勢以取大梁孤得西收鞏陝與秦
兵會天下可定也則王與趙王永無南虞爲脣齒之國幸速計之
是時悅聞天子已赦罪復官爵心不欲行重違絕滔陽遣薛有倫
報滔如約滔大喜復使舍人李琯申固所言悅猶豫許士則諫曰
冀王勇決權略一世之雄也殺懷仙屠希彩誅兄使如京師而奪
之權有恩者誅同謀者覆彼心腹渠可量哉今大王之親不加泚
勇力不加懷仙希彩也而念恩不已拘攣匹夫義出且見禽彼得魏
博北聯幽薊南入梁鄭而與泚合其理然也大王不如僞許出迎
遣州縣具牛酒至則以事自解不可顧恩取禍也悅然之先是武
俊陰約悅背滔使相望及聞滔要悅西使田秀馳說悅曰聞大王
欲從滔度河爲泚犄角非也方泚未盜京師時滔爲列國且自高
如得東都與泚連禍兵多勢張返制于豎子乎今日天子復官赦
罪乃王臣耳捨天子而北面滔泚耶願大王閉壘不出武俊須昭
義軍出爲王討之悅因秀還具道其謀而遣曾穆報滔滔喜自河

間悉師而南踰貝州次濟河使人報悅悅不至進屯永濟使王郅
等督之曰王約出館陶與大王會乃濟河悅良久曰始約從王今
舉軍持悅曰魏比困侵掠拱儗屈竭以悅日拊循猶恐人且攜間
一日去城邑朝出夕變且何歸不然悅不敢背約今遣孟希祐悉
兵五千助王因使其屬裴抗盧南史報命滔怒罵曰逆虜前日來
救許我貝州我不取尊我爲天子我與同爲王敦我遠來而不出
是賊不擊尚何誅乃囚抗等使馬寔取數縣已而釋抗還之悅兵
不敢出遂圍貝州滔取武城通德棣供軍饋盡囚諸縣官吏雅清
陽不下滔圍之寔拔清平殺五百人俘男女貲財去於是李抱眞
武俊約出兵救魏會有詔拜悅檢校尚書右僕射封濟陽郡王而
給事中孔巢父持節宣勞始悅阻兵凡四年狂愎少謀亟戰數北
死者什八士苦之且厭兵既巢父至莫不欣然悅與巢父張飲門
陛皆徹衞至夜分從弟緒與族人私語曰僕射妄起兵幾赤吾族
以金帛厚天下而不至兄弟或諫止之緒怒殺諫者乃與左右踰

埏入悅方醉寢酣緒挺刃升堂二弟諫止緒斬之因手刺悅并殺其母妻悅死年三十四比明以悅命召許士則蔡濟計事至則殺之劉忠信者悅常使防督緒直寢門緒呼曰忠信刺僕射與扈崿反衆執之語曰無之支已殊絕

緒字緒承嗣第六子悅待諸弟無所間使緒主牙軍而凶險多過嘗笞勗之悅於飲食衣服儉嗇有節緒常苦不足頗怨望故作難悅既死懼衆不附以其徒數百將出奔邢曹俊率衆追還緒乃下令軍中曰我先王子能立我者賞衆乃共推緒為留後歸罪扈崿斬其首以徇復殺悅親信薛有倫等數十人因衆父遣使者聽命天子滔聞悅死以兵五千合宦是軍進攻魏州寘是瀕王莽河壁南距河東抵博州殺略甚衆使人入魏招緒降緒新算而寘是圍且急乃遣使以好言見滔滔許與盟曾穆贊勸緒絕滔而緒部分亦定乃乘城戰武俊抱眞各脩好如悅時詔即拜緒節度使是圍魏凡三月滔敗走貞元元年以嘉誠公主降緒拜駙馬都尉李希烈平以功賜

一子八品官緒猜忌殺兄弟姑妹凡數人兄朝仕李納為齊州刺史或言納將入之魏以代緒緒厚賂納且召朝朝以死請不行乃送之京師過滑緒將篡取之賈耽以兵援接乃免累遷檢校尚書左僕射常山郡王又徙王鴈門實封五百戶加同中書門下平章事暴疾死年三十三贈司空少子季安嗣

季安字夔母微賤公主命為己子寵冠諸兄數歲為左衛胄曹參軍節度副使緒死時年十五匿喪觀變軍中推為留後因授節度使除喪加檢校尚書右僕射進位檢校司空俄同中書門下平章事季安畏主之嚴頗循禮法及主薨始自恣擊鞠從禽酣嗜欲軍中事率意輕重官屬進諫皆不納會詔中尉吐突承璀以神策兵討王承宗季安謀曰王師不跨河二十五年今越魏伐趙趙誠虜魏亦虜矣奈何或請以五千騎決除君憂季安曰善沮軍者斬時幽州劉濟將譚忠適使魏聞之入見季安曰往年王師取蜀取吳算不失一是宰相謀也今伐趙不使耆臣宿將而付中臣不起天下甲而出秦申君知誰為之謀此上自為謀以夸服臣下若師未叩趙而先碎於魏是上之謀不及下且能不恥既恥且怒必任智畫伏猛將再舉涉河鑒前之敗必不越魏誅趙校罪輕重必不先趙後魏是上不上下不下當魏而來也季安曰計安出忠曰王師入魏君厚犒之悉甲伐趙而陰遺趙書曰魏若伐趙為賣友魏若與趙為反君賣友反君魏不忍受執事能弛障鄗遺一城魏得持之獻捷天子以為符此使魏北得以奉趙西得以為臣不世之利也趙不拒君則魏安矣季安然之遣大將率兵會王師伐承宗糧餉自辦取堂陽以報加太子太保有丘絳者父時賓佐與同府侯臧爭權季安怒斥為下縣尉俄召還先坎道左既至生瘞之忍酷無忌憚大抵如此死年三十二贈太尉妻元誼女召諸將立其子懷諫最幼不能事政決於私奴蔣士則數易置諸將軍中怒取田興為留後所謂田弘正者以懷諫歸第殺士則等十餘人季安既葬送懷諫京師授右監門衛將軍寵錫蕃渥緒弟縉華顯于朝

縉字雲長貞元十年入朝授左驍衛將軍封扶風郡公元和中拜夏綏銀節度使始開元時置宥州扼寇路久而廢縉復城之王師伐蔡縉上橐它牛馬助軍吐蕃寇豐州縉設伏邀其歸俘斬過當入為左衛大將軍李聽代之聽劾縉盜沒軍糧四萬斛彊取羌人羊馬故吐蕃得乘隙貶衛王傅俄而吐蕃又攻鹽州貶房州司馬長慶初終左領軍衛將軍華太常少卿尚永樂新都二公主田氏自承嗣至懷諫四世凡四十九年

史憲誠其先奚也內徙靈武為建康人三世署魏博將祖及父爵皆為王憲誠始以趫敢從父軍田弘正討李師道將先鋒兵四千濟河拔城柵師踵進乘勝逐北傅鄆堞師道傳首以功兼御史中丞長慶二年田布之自殺也軍亂且躡騎憲誠為中軍兵馬使頗言河朔舊事以搖其衆衆乃遏還府擅總軍務穆宗以朱克融王廷湊方盜幽鎮未有以制即以節度使授之憲誠外詭王命而陰結幽鎮依以自固時李岕方亂私與交通數助請旄節城馬頭具

弁黎陽示將濟師者會天子遣司門郎中韋文恪宣慰憲誠見使
者禮倨言辭悖慢俄聞斬介更恭謹謂文恪曰我本奚如狗也唯
知識主雖曰加箠不忍離其論猶類此進檢校司空與李全略爲
婚家大和中其子同捷反潛以粮餉資之文宗申約使者相望因
進同中書門下平章事憲誠使大將至京師偵事作謾言自大宰
相韋處厚折其詐遣去憲誠懼出兵從王師討之復遣大將亓志
紹率師二萬攻德州時王廷湊援同捷陰誘志紹以利志紹反屯
永濟兵銳甚諸鎮共禦之憲誠告急天子詔義武李聽進討於
是志紹與廷湊合兵劫貝州爲聽所敗奔廷湊滄景平憲誠不自
安請納地進檢校司徒兼侍中徙河中封千乘郡公以李聽代初
憲誠將以族行懼魏軍之留問策於弟憲忠憲忠教分相衞請置
帥因以弱魏復請詔聽引軍聲圖志紹而假道清河帝從之憲誠
因欲倚聽公去魏及聽次清河魏人驚憲忠曰彼假道取賊吾軍
無負朝廷何懼爲乃稍安然魏素聚兵清河聽至悉出其甲將入

魏魏軍聞之懼明日盡甲而出聽按軍館陶不進衆謂憲誠賣己
曰紿我以沽恩耶夜攻殺之并監軍史良佐推何進滔爲帥以請
詔贈憲誠太尉實大和三年憲誠起凡七年死
何進滔靈武人世爲本軍校少客魏委質軍中事田弘正弘正攻
王承宗夜以兵壓鎮州承宗使健將以鐵冒面引精騎千餘馳魏
壁進滔率猛士逐之幾獲鎮人大懼從討李師道以功兼侍御史
憲誠死軍中傳譁曰得何公事之軍安矣進滔下令曰公等既迫
我當聽吾令衆唯唯孰殺前使及監軍者疏出之凡斬九十餘人
釋脅從者素服臨哭將吏皆入弔詔拜留後俄進授節度使居
魏十餘年民安之進累檢校司徒同中書門下平章事開成五年
死贈太傅謚曰定子重順襲武宗詔河陽李執方滄州劉約諭朝
京師或割地自效不聽命時帝新即位重起兵乃授福王綰節度
大使以重順自副賜名弘敬帝討劉稹加東面招討使弘敬倚稹
相脣齒無深入意詔因稱其事毋孝在軍久宜亟戰弘敬亦自如
及王宰踰乾河攻澤州天子慮稹起山東兵命弘敬犄角塞其
道不奉詔王元逵克邢州攻上黨弘敬不得已乃出師未幾宰綂
陳許兵假道收磁州弘敬懼乃進戰拔平恩詔檢校尚書左僕射
澤潞平加同中書門下平章事懿宗初兼中書令封楚國公咸通
七年死贈太師子全皡襲明年拜節度使平龐勛以功遷檢校司
空同中書門下平章事母喪納所賜節願行喪詔不許全皡年少
好殺戮下有小罪鮮縱貰人人危懼後軍中相傳腹減糧帛衆遂
叛全皡單騎遁衆推韓君雄以總軍事而殺全皡實咸通十一年
詔贈太保自進滔至全皡凡三世四十二年懿宗更以晉王爲大
使擢君雄留後君雄魏州人不五月進副大使三遷檢校司空僖
宗即位進同中書門下平章事賜名允中死年六十一贈太尉子
簡襲留後俄授節度使進累檢校太尉同中書門下平章事封魏
郡王帝在蜀天下亂簡恃彊完欲拓地覬望非常時諸葛爽爲黄
巢守河陽簡攻之爽走即以兵北略邢洺而歸東攻鄆鄆將曹

存實出戰敗死其將朱宣率衆以守久不下爽乘其隙復取河陽
簡還攻之爽迎擊新鄉簡大敗樂彥禎以一軍先還簡奔歸疽發
背死彥禎代之再世凡十二年彥禎者亦魏人簡時歷博州刺史
下河陽有功遷澶州魏人立之詔檢校工部尚書領留後進節度
使累加檢校尚書左僕射同中書門下平章事彥禎喜儒術引公
乘億李山甫皆在幕府嗣襄王熅之亂彥禎使山甫往見鎮州王
鎔欲合幽邢滄諸鎮同盟拒賊鎔厚謝卒不克彥禎見王室微頗
驕滿不軌大興其衆城魏周八十里一月畢人怨其役子從訓資
凶悖劫王鐸取其家魏人不直又聚亡命五百人號子將出入卧
內軍中藉藉惡之從訓懼易服奔近縣彥禎即以爲六州指揮使
相州刺史輦兵械泉布跡接於道軍中益貳彥禎常夢解佩帶
履而行既寤曰此神告我下將有背乎已而軍亂果囚彥禎迫爲
桑門尋殺之推大將趙文玣總留後從訓求救於朱全忠全忠爲
起師次内黄從訓自相州以軍三萬傅城文玣不敢出衆懼殺之

更推羅弘信帥軍弘信出戰從訓敗退餘衆壁洹水弘信遣將程
公佐擊斬之梟首軍門實文德元年彥禎起凡七年
羅弘信字德孚魏州貴鄉人善騎射狀貌雄偉爲裨將主馬牧魏
有巫告弘信曰白頭老人使謝君君當有是地弘信曰神欲危我
耶文珓死衆曰孰願主吾軍者弘信輒曰神命我矣衆環視以爲
宜遂立之詔擢知留後再遷節度使加檢校司空同中書門下平
章事豫章郡公朱全忠討蔡巢餉粟三萬斛馬二百匹秦宗權亂
復詔弘信以粟二萬斛助軍未輸檢校工部尚書雷鄴來責粟弘
信素脅于牙軍擅殺鄴全忠以幣謝讓弘信不敢報大順初全忠
討太原李克用遣將趙昌嗣見弘信假糧馬又議屯邢洺假道相
衞弘信不納全忠使丁會龐師古葛從周霍存等引萬騎度河弘
信壁內黃凡五戰皆敗禽大將馬武等乃厚幣求和方全忠圖河
北欲結納弘信乃還兵全忠攻兗鄆朱宣求援於克用遣李存信
率兵救之請道屯莘其下侵魏芻牧弘信不平克用欲合鎮定兵

營河曲搖魏滑路弘信馳告全忠請禁游飼絕往來久之魏人不
至全忠疑其紿自將至滑州弘信來告曰魏人未動者正欲緩圖
之全忠遂屯曹太原將李瑭救宣復辟莘弘信厭其暴而瑭溝壘
自固全忠遣使謂曰晉人志幷河朔師還爲公憂之弘信乃攻瑭
告全忠師期全忠將趨滑爲援次封丘而弘信已破瑭克用怒以
兵掠魏博全忠將侯言屯洹水克用兵數求戰言不敢出全忠以
葛從周代將從周爲間實每克用兵至輒出精卒薄戰必捷克用
踰洹西北挑戰從周大破之禽其子落落乃引去然侵魏不已大
戰白龍潭弘信敗克用追薄魏門而還弘信乃乞師全忠全忠遣
將辟洹水救魏克用斂兵剽相魏民死十九弘信不堪其偪光化
元年如全忠告亟全忠復遣葛從周將兵追躡拔洺州執其刺史
邢行恭復攻邢馬師素自拔走遂圍磁州袁奉韜自殺不五日取
三州斬首二萬級禽其將百餘人自是克用兵不出始全忠亟討
兗鄆憚弘信貳故歲時賂遺良厚弘信每有饋荅全忠引其使北

面拜受兄事之弘信以爲厚己故推心焉進累檢校太師守侍中
徙臨清郡王光化元年死年六十三贈太師追封北平王謚曰莊
肅子紹威襲
紹威字端己少有英氣性精悍吏事明辦既領留後昭宗即詔
嗣父節度加累檢校太尉號忠勤宣力致聖功臣幽州劉仁恭引
兵攻鎮冀遂掠魏紹威告急於全忠全忠自將與仁恭戰內黃日
中大破之斬首三萬級葛從周方守邢亦敗其衆於魏縣仁恭以
衆十萬陷貝州全忠使李思安屯內黃從周悉軍入魏仁恭攻魏
從周以五百騎出闘謂門者曰前有彊敵不可易命闔扉士死戰
執仁恭將二人仁恭使別將攻內黃爲思安所敗從周乘勝破八
壁追北至臨清仁恭乃還滄州與李克用圖魏紹威與全忠連兵
伐滄州從周攻拔德州進薄浮陽仁恭以兵至監軍蔣玄暉請須
其入壁食盡可取從周曰兵在機機在上將豈監軍所知逆戰老
鵶堤破之斬首五萬獲其將百餘人又戰唐昌范橋六遇輒勝仁

恭約和乃還紹威德全忠故奉事愈固全忠遷帝洛陽命諸鎮治
宮闕而紹威營太廟加侍中封鄴王魏牙軍起田承嗣募軍中子
弟爲之父子世襲姻黨盤互悍驕不顧法令憲誠等皆所立有不
慊輒害之無噍類厚給稟姑息不能制時語曰長安天子魏府牙
軍謂其勢彊也紹威懲曩禍雖外示優假而內不堪俄而小校李
公佺作亂不克奔滄州紹威乃決策屠翦遣楊利言與全忠謀全
忠乃遣苻道昭將兵合魏軍二萬攻滄州求公佺又遣李思安助
戰魏軍不之疑紹威子全忠婿也會女卒使馬嗣勳來助葬選長
直千人納盟器實甲以入全忠自滑濟河聲言督滄景行營紹威
欲出迎假鋭兵以入軍中勸毋出而止紹威遣人潛入庫斷絃解
甲注夜將奴客數百與嗣勳攻之軍趨庫得兵不可戰因夷滅凡
八千族闤市爲空平明全忠亦至聞事定馳入軍魏兵在行者聞
變於是史仁遇保高唐李重霸屯宗縣分據貝澶衞等六州仁遇
自稱魏博留後全忠解滄州兵以攻高唐仁遇引衆走爲游騎所

獲支解之進拔博澶二州李重霸棄郡走俄斬其首相衞皆降紹威雖除其偪然勢弱為全忠牽制比州刺史矣內悒悒悔恨全忠兵在滄州紹威主饋輓自鄴至長蘆五百里不絕于道全忠還紹威建元帥行府極土木壯麗全忠大悅紹威間說曰邠岐太原皆狂譎以復唐室為言王宜自取神器專天下之望全忠歸乃受禪紹威多聚書至萬卷江東羅隱工為詩紹威厚幣結之通譜系昭穆因目已所為詩為偷江東集云

贊曰田承嗣幾禽矣李寶臣怒承倩而釋魏建中之際三將軍持銳躪血功無成者四叛連勢兵結難作天子不能守宗廟傳及弘正去汙入朝數年復亂唐終不得魏與夫堅刁亂齊孰為輕重

唐書列傳一百三十五　十四

藩鎮魏博列傳第一百三十五

藩鎮鎮冀列傳第一百三十六　唐書二百一十一

端明殿學士兼翰林侍讀學士龍圖閣學士朝散大夫行尚書吏部侍郎[illegible]奉 敕撰

李寶臣字為輔本范陽內屬奚也善騎射范陽將張鎖高畜為假子故冒其姓名忠志為盧龍府果毅常覘虜陰山追騎及射六人盡殪乃還為安祿山射生從入朝留為射生子弟出入禁中祿山反遁歸更為祿山假子使將驍騎十八人劫太原尹楊光翽挾以出追兵萬餘不敢逼又督精甲軍土門以扼井陘事安慶緒為恒州刺史九節度師圍相州也忠志懼歸命于朝肅宗即授故官封密雲郡公史思明度河忠志復叛勒兵三萬固守賊將辛萬寶屯恒州相掎角思明死忠志不肯事朝義使裨將王武俊殺萬寶挈恒趙深定易五州以獻雍王東討開土門納王師助攻莫州朝義平擢禮部尚書封趙國公名其軍曰成德即拜節度使賜鐵券許不死它賚與不貲賜姓及名於是遂有恒定易趙深冀六州地馬五千步卒五萬財用豐衍益招來亡命雄冠山東與薛嵩田承嗣李正己梁崇義相姻嫁急熱為表裏先是天寶中玄宗冶金自為象州率置祠吏賊亂悉毀以為貲而恒獨存故見寵異加賜實封始寶臣與正己素為承嗣所易其弟寶正承嗣婿也往依魏與承嗣子維擊毬馬駭觸維死承嗣怒因之以告寶臣寶臣謝教不謹進杖欲使示責而承嗣遂鞭殺之由是交惡乃與正己共劾承嗣可討狀代宗欲其自相圖則勢離易制即詔寶臣與朱滔及太原兵攻其北正己與滑亳河陽江淮兵攻其南師會棗彊椎牛饗軍寶臣厚賜士而正己頗觳軍怨望正己懼有變即引去惟滔寶臣攻滄州歷年未下擊宗城殘之斬二千級承嗣弟廷琳方守貝州遣高嵩巖將兵三千戍宗城寶臣使張孝忠攻破之斬嵩巖逸所執將四十餘人會王武俊執賊大將盧子期遂降洺瀛當是時河南諸將敗田悅於陳留正己取德州欲頗窮討承嗣懼乃甘言紿正己正己止屯諸軍亦莫敢進於是天子遣中人馬希倩勞寶臣

寶臣歸使者百縑使者恚抵諸道寶臣顧左右愧甚諸將已休獨武俊佩刀立戺下語之故武俊計曰趙兵有功尚爾使賊平天子幅紙召置京師一匹夫耳曰柰何對曰養魏以爲資上策也寶臣曰趙魏有釁何從而可對曰勢同患均轉寇讎爲父子欬唾閒耳朱滔屯滄州請禽送魏可以取信寶臣然之先是承嗣知寶臣少長范陽心常欲得之乃勒石若讖者瘗之境教望氣者云有王氣寶臣掘得之文曰二帝同功勢萬全將田作伴入幽燕帝謂寶臣與正己爲二而陰使客說曰公與滔共攻滄即有功利歸天子公于何賴誠能赦承嗣罪請奉滄州入諸趙願取范陽以報公以騎前驅承嗣以步卒從此萬全勢也寶臣喜得滄州又見語與讖會遂陰交承嗣而圖幽州承嗣陳兵出次以自驗寶臣謬謂滔使曰吾聞朱公貌若神願繪而觀可乎滔即圖以示之寶臣置圖射堂大會諸將熟視曰信神人也密選精卒二千夜馳三百里欲劫滔戒曰取彼貌如射堂者時二軍不相虞忽聞變滔大駭戰瓦橋敗

衣佗服得脫禽類滔者以歸承嗣承嗣知釁成還軍入壁使人謝寶臣曰河內方有警未暇從公石讖吾戲爲耳寶臣慙而還俄進封隴西郡王又拜同中書門下平章事德宗立拜司空寶臣晚節尤猜忌自顧子惟岳且暗弱恐下不服即殺骨鯁將辛忠義盧俶許崇俊張南容張彭老等二十餘人籍入其貲衆乃攜貳寶臣既貯異志引妖人作讖兆爲丹書靈芝朱草齋別室築壇置銀盤金匜玉斝猥曰內產甘露神酒刻王印告其下曰天瑞自至衆莫敢辨者妖人復言當有玉印自天下海內不戰而定寶臣大悅厚賚金帛既而畏事露且誅詐曰公飲甘露液可與天神接密寘堇于液寶臣已飲即瘖三日死年六十四惟岳悉誅殺妖人時建中二年也遺表請以惟岳領軍詒書執政誘家事歸節於朝詔贈太傅

惟岳少爲行軍司馬恒州刺史寶臣死軍中推爲留後求襲父位帝不許趣護喪還京師以張孝忠代之田悅爲請不聽遂與悅李正己謀拒命府小史胡震私人王佖奴等專晝反計府屬邵眞泣曰先公位將相恩甚厚而大夫違命纔經中愚固惑焉魏近且與國不可遽絕絕之速禍請厚禮遣其使徐更圖之齊遠而交疏不如械使者送京師且請致討上嘉大夫忠所請宜許惟岳寤使眞作奏震與將吏議不可惟岳又從之其舅谷從政豪俊士也切諫不納於是張孝忠以易州歸天子天子詔朱滔與孝忠合兵討惟岳盡赦吏士購惟岳首有賞惟岳與滔戰束鹿大奔遂圍深州明年正月率兵萬餘使王武俊爭束鹿田悅亦遣孟祐來助武俊以精兵先陷陣師卻滔績帛爲狻猊使壯士百人蒙以譟趨惟岳軍馬駭軍亂因大敗火其營去於是深州日急悅亦嬰城矣惟岳懼召眞議遣使詣河東馬燧令其弟惟簡見帝斬大將謝罪以兵屬鄭詵身朝京師孟祐知其謀走告悅悅使扈岌來讓曰敝邑暴兵本爲君索命節豈爲叛逆耶雖見破於馬燧而感激士大夫乘城拒守以爲後圖今君信邵眞讒間欲歸悅之罪以自湔蕩何負而

然不則遣祐還軍無遺王師禽若能誅邵眞以徇請事公如初惟岳懦不能決畢華見曰大夫與魏盟未久魏雖被圍彼多蓄積未可下齊兵勁地廣裾帶山河所謂東秦險固之國與相持維足以抗天下夫背義不祥輕慮生禍且孟祐驍將王武俊善戰前日逐滔滔僅免今合兩將破滔必矣惟審圖之惟岳見深圍未解畏祐還乃斬眞以謝悅明日復戰又大敗而康日知舉趙州聽命惟岳益困乃付牙將衞常寧兵五千而俾王武俊騎八百攻日知武俊才雄素爲惟岳忌及師行謂常寧曰大夫信讒吾朝不圖晏是行勝與否吾不復入恒矣將以身託定州張公安能持頸就刀乎常寧與副李獻誠曰君不聞詔書乎斬大夫首以其官畀之觀大夫勢終爲滔滅若倒戈還府事實易圖有如不捷張公可歸也武俊然之惟岳使要藉官謝遵至武俊壁議事武俊與謀使內應至期啓城門武俊入殺人廷中無亢者乃傳令曰大夫叛命今且取之敢拒者族士不敢動武俊使裨校任越牽惟岳出縊之戟門下并殺鄭

誅他奴等數十人使子士眞傳首京師帝盡赦其府將士給部中
租役三年眞始事寶臣掌文記武俊表其忠贈戶部尚書其息呂
擢冀州長史常寧在武俊時用事爲內史監其後謀亂誅惟岳異
母兄惟誠尚儒術謙裕寶臣愛之使決軍事以惟岳正嫡固讓不
肯當其妹妻李納故寶臣請惟誠復故姓而仕諸鄆爲納營田副
使四爲州刺史初惟岳叛弟惟簡以家僮票士百餘奉母鄭奔京
師帝拘于客省及出奉天惟簡將赴難謀於鄭鄭曰爾父立功河
朔位宰相身未嘗至京師兄死於人手爾入朝未識天子不能效
忠吾不子汝矣督其行曰而能死王事吾不朽矣乃斬關出道更
七戰得及行在帝見厚撫之拜太子諭德討賊有功帝徙山南惟
簡以三十騎從夜失道馳至盩厔西聞中人語問天子所在密語
曰上在此帝見之流涕執其手曰爾有母乃能從朕耶對曰臣誓
以死比明北方有塵起帝憂惟簡登高曰渾瑊以騎來瑊至遂決
遁輿元惟簡前導及帝還封武安郡王號元從功臣圖形凌煙閣

唐書列傳一百三十六　四　久增

賜鐵券憲宗時爲左金吾衛大將軍長上萬國俊奪興平民田吏
畏不敢治至是訴於惟簡即日廢國俊以地與民出爲鳳翔節度
使市耕牛佃具給農歲增墾數十萬畝卒年五十五贈尚書右僕
射子元本輕薄無行長慶末與薛渾私侍襄陽公主事敗主幽禁
中元本以功臣子貸死流嶺南弟銖好學多識有儒者風
王武俊字元英本出契丹怒皆部父路俱開元中與饒樂府都督
李詩等五千帳求襲冠帶入居薊武俊甫十五善騎射與張孝忠
齊名隸李寶臣帳下爲裨將寶應初王師入井陘武俊謂寶臣曰
以寡敵衆曲遇直戰則離守則潰銳師遠鬬庸可禦乎寶臣遂以
恒定等五州自歸共平餘賊武俊謀也奏兼御史中丞封維川郡
王其子士眞亦沈悍有斷寶臣倚愛出入帳中以女妻之寶臣以
疑殺許崇俊等士眞密結左右故武俊免於難惟岳拒命或言武
俊有他志武俊知之出入導從纔一二未嘗接賓客惟岳雖內疑
然見其屈損又惜善鬬未忍殺康日知以趙州降惟岳謀伐之皆

曰武俊故心膂先君命之使佐大夫而士眞又大夫女弟壻今事
急宜去猜嫌以任之不然尚誰使乃遣與衛常寧將兵往因謀執
惟岳而日知亦遣人邀說以禍福武俊乃還兵使人謂惟岳曰大
夫與齊魏同惡今魏兵已敗齊爲趙州所限幽州兵近在定三軍
且救死聞有詔召大夫宜亟歸惟岳惶遽出遂縊即遣其屬孟華
奏天子華辯對稱旨德宗擢爲兵部郎中授武俊檢校祕書監兼
御史大夫恒冀觀察使是時惟岳將楊政義以定降楊榮國以深
降朱滔受而戍之帝以定賜張孝忠而日知爲深趙觀察使武俊
怨不得節度而失趙定滔亦怨失深州二人相結武俊即縛使者
送滔與之叛帝聞詔華諭解不聽時馬燧李抱眞李晟討田
悅悅方困武俊滔救之屯連篋山帝詔李懷光督神策兵助討賊
軍就舍氣銳甚謂燧曰奉詔毋養寇及壁壘未成擊之可滅也乃
縱兵入滔壁殺千餘人悅軍飢屢北不能陣懷光緩轡觀之武俊
乘其怠使趙萬敵等以二千騎橫突而滔軍踵驅王師亂相蹂藉

唐書列傳一百三十六　五　王祖

死尸梗河爲不流懷光還走壁武俊夜決河注王莽渠斷燧餉路
燧計窮而與滔素姻家乃遣使謾謝滔曰老夫不自量與諸君遇
王大夫善戰天下無前吾固宜敗幸公圖之使老夫得還河東諸
將亦罷兵吾爲言天子以河北地付公滔亦陰忌武俊勝且不制
即謂武俊曰王師既敗馬公卑約如此不宜迫人以險答曰燧等
皆國名臣連兵十萬一戰而北貽羞國家不知何面目見天子耶
彼行不五十里必反拒我滔固許之燧至魏縣堅壁自固師復振
滔慚謝嫌隙始構矣武俊使張鍾葵攻趙州日知斬其首以聞於
是武俊與田悅等擅相王武俊國號趙以恒爲眞定府命士眞留
守兼元帥以畢華鄭儒爲左右內史王士良司刑王佑司文士清
司武並爲尚書士則司文侍郎宋端給事中王佮內史舍人張士
淸執憲大夫衛常寧內史監皇甫祝尚書右僕射餘以次封拜建
中四年抱眞使客賈林詐降武俊既見曰吾來傳詔非降也武俊
色動林曰天子知大夫登壇建國撫膺顧左右曰我本忠義天子

不省故至是今諸軍數表大夫至誠上見表動色曰朕前誤無及矣朋友失意尚可謝朕四海主毫芒過失返不得自新耶今大夫親斷逆首而宰相閒於事宜國家與大夫烏有細故哉朱滔以利相動公何取焉誠能與昭義同心曠然改圖上不失君臣之義下以為子孫計武俊曰僕虜人也尚知撫百姓天子固不務殺人以安天下今山東連兵比戰骨盡暴野雖勝尚誰與居今不憚歸國業與諸軍盟虜性樸彊不欲曲在我天子若能以恩盪刷之我首倡歸命有不從者奉辭伐之河北不五十日可定會帝出奉天抱眞將還澤潞說武俊滔踵襲之林曰夫退軍前輜重後銳師人心固壹不可圖也使戰勝得地利歸於魏不幸喪師趙受其災今滄趙乃故地胡不取之武俊遂引而北林復激之曰公異邦豪英不應謀中夏燕魏幽險彼王室彊則須公之援削則己欲并吞且河北惟有趙魏燕耳滔乃稱冀心圖公冀州矣使滔能制山東大夫當臣事之否則見攻能臣滔乎武俊投袂曰二百年天子猶不

能事安能臣豎子耶乃定計通好抱眞而約馬燧盟興元元年赦天下武俊大集其軍黜僞號詔國子祭酒董晉與中人宣慰拜檢校工部尚書恒冀深趙節度使又加檢校司空同中書門下平章事兼幽州盧龍節度使琅邪郡王是時滔悉幽薊兵與回紇圍貝州將絕白馬律南趨洛李懷光據河中李希烈陷汴南略江淮李納方叛唯李晟軍渭上羽書調發天下十之三人心惴恐及田緒殺悅林復說武俊曰滔素欲得魏博會悅死魏人氣懾公不救魏且下滔益甲數萬張孝忠將北面事滔三道連衡濟以回紇長驅而南昭義軍必保山西則河朔舉入滔矣今魏尚完孝忠未附公與昭義合兵破之聲振關中京邑可坐復天子反正不朽之業誰與公參武俊大喜與抱眞相聞自將屯南宮抱眞屯經城兩軍相距十里而舍武俊潛會抱眞于軍陳說忼慨抱眞亦傾意結納約為兄弟遂俱東壁貝州距城三十里止滔欲迎戰武俊戒士飽食曰軍未合毋妄動遣趙琳趙萬敵兵五百藏林以待滔使票將馬寔盧南史陣而西李少成引回紇翼之日中兵接

武俊與子士清引精騎望少成軍抱眞次之滔馳騎二百出武俊東南乘高鼓譟武俊使步兵決戰而自以騎當回紇勒兵避其銳回紇馬怒突而過未及返武俊急擊琳等兵亦出回紇驚中斷遂先奔初滔兵盛武俊軍不能傷回紇既却即欲引還因躡不能止軍大奔滔走還壁武俊中流矢謂抱眞曰士少衰盍以騎濟師巢穴可覆也抱眞使來希皓率勁騎薄滔營盧玄眞乘其後滔懼引衆去希皓追之武俊邀于隘滔大敗免者八千人會夜各按屯武俊營滔東北抱眞營西北滔知不支夜半焚車糧遁歸幽州火如晝師大譟其聲殷地抱眞以山東蝗食少歸于潞武俊亦還會有詔復滔官爵武俊上還幽州盧龍節度又詔以恒州為大都督府即授武俊長史賜德棣二州以士眞為觀察使清河郡王天子至自梁遇武俊益厚子弟雖襁褓悉官之俄進檢校太尉兼中書令得建廟京師有司供擬武俊善射嘗與賓客獵一日射鷄兔九十五觀者駭伏貞元十七年死年六十七羣臣奉慰天子如渾瑊故

事贈太師有司謚威烈帝更為忠烈士眞龍襲位

士眞其長子也少佐父立功更患難既得節度息兵善守雖擅置吏私賦入而歲貢數十萬緡比燕魏為恭元和初即拜同中書門下平章事四年死贈司徒謚曰景襄軍中推其子承宗為留後始河北三鎮自置副大使常處嫡長故承宗以御史大夫為之及總留事憲宗久不報伺其變承宗數上疏自言帝聞劉濟田季安俱大病議更建節度翰林學士李絳曰鎮州世相繼人所狃習惟拒命則討之且諸道之賞饋百萬士又燕魏淄青勢同必合方江淮水潦財力刓困宜即詔承宗嗣領季安等雖病徐圖所宜定四方有天時不可速也帝然之欲析鎮分建節度使承宗歲輸賦如李師道絳曰假令承宗奉詔諸道以割地同怨是官爵虛出而無當也不如令使者諭之無出上意帝乃詔京兆尹裴武慰撫承宗奉詔恭甚請上德棣二州遂以檢校工部尚書嗣領節度而以德州刺史薛昌朝為保信軍節度使統德棣昌朝嵩子也與承宗故姻

家帝因欲離其親將故命之詔未至承宗驅騎劫而歸因之詔吏用棣州刺史田渙爲二州團練守捉使遣中人傳詔令歸昌朝承宗拒命帝怒詔削官爵遣中人吐突承璀將左右神策率河中河陽浙西宣歙兵討之趙萬敵者故武俊將以健鬬聞士眞時入朝上言討之必捷令與承璀偕有詔武俊忠節茂著其以實封賜子士則毋毀墳墓承璀至軍無威略師不振神策大將酈定進號驍將以禽劉闢功王陽山郡至是戰北馳而僨趙人曰酈王也害之師氣益折及吳少誠死李絳奏蔡無四鄰援攻討勢易不如赦承宗專事淮西帝不聽昭義節度使盧從史市承宗外自固內實與之太常卿權德輿諫曰神策兵市井屠販不更戰陣恐因勞憚遠潰爲盜賊恒冀騎壯兵多攻之必引時月西戎乘間則禁衛不可頓虛山東疥癬也京師心腹也不可不深念且師出半年費緡錢五百萬方夏甚暑水潦疾疫且降誠慮有潰撓之變又言山東諸侯皆以息自副人心不遠誰肯爲陛下盡力者又盧從史倚寇爲

援誅承璀邀寵利宜召行營善將令倍驛馳度至半道授以澤潞而從從史它鎮破其姦圖然後赦承宗衆情必服帝未許五年河東軍拔其一屯張茂昭破之木刀溝帝患從史詐卒以計縛送京師劉濟又拔安平承宗懼遣其屬崔遂上書謝罪且言往年納地迫三軍不得專而爲盧從史賣以求利願請吏入賦得自新是時宿師久無功餉不屬帝憂之而淄青盧龍數表請赦乃詔浣雪盡以故地畀之罷諸道兵昌朝歸京師授右武衛將軍承宗見兵薄境已而罷歸罪從史得不詰自謂計得謷然無顧憚七年軍庫火器鎧殆盡殺守吏百餘人不自安及吳元濟反承宗與李師道上書請宥數其將尹少卿爲蔡游說見宰相語不遜武元衡怒叱遣之承宗怨甚與師道謀遣惡少年數十曹伏河陰乘昏射吏吏奔潰因火漕院人趣火所鬬死者十餘輩縣大發民捕盜亡去不獲凡敗錢三十萬緡粟數萬斛未幾張晏等賊宰相元衡京師大索天子爲旰食承宗嘗疏元衡過咎留中至是帝出表示羣臣大議

咸請聲其罪伐之詔乃絕承宗朝貢竄其弟承系承迪承榮於遠方以博野樂壽故范陽地命歸劉總而所遣盜處處竊發斷建陵門戟燔獻陵寢宮伏甲欲反洛陽不克承宗數出兵掠鄰鄙田弘正上言承宗宜誅帝使率師壓境承宗揣詔旨兵不即進即肆剽滄景易定間人苦之十一年詔削爵以實封賜士平使奉武俊後令河東義武盧龍橫海魏博昭義六節度兵進討大抵數十萬環地數千里以分其勢然營屯離置主約不得一故士觀望獨昭義郗士美薄賊境賊不敢犯始承宗不能叶諸父皆奔京師士則爲神策大將軍聞其叛請占數京兆裴度請用爲邢州刺史使隸昭義以傾趙人有王怡者武俊從子爲承宗守南宮士則招之約歸命謀泄遇害子元伯奔還擢監察御史詔贈怡尚書左僕射明年元濟平承宗大恐使牙將石汎奉二子至魏博因田弘正求入侍且請歸德棣二州入租賦待天子署吏弘正遣知感知信詣闕下請命前此帝使尚書右丞崔從賜詔書許自新承宗素服待罪及

是乃詔復官爵以華州刺史鄭權爲橫海節度使統德棣滄景等州復承宗實封戶三百以所部飢賜帛萬匹李師道平奉法益謹表所領州録事參軍判司縣主簿令皆丐王官十五年死贈侍中軍中推其弟承元爲留後承元不敢世于鎮詔用爲義成軍節度使事見本傳

王廷湊本回紇阿布思之族隸安東都護府曾祖五哥之爲李寶臣帳下驍果善鬬王武俊養爲子故冒姓王世爲裨將廷湊生駢脅沈勢寡言善讀鬼谷兵家諸書王承宗時爲兵馬使田弘正至鎮州詔以度支緡錢百萬勞軍不時致廷湊暴其稽以觀衆心衆果怨由是害弘正自稱留後脅監軍表請節又取冀州殺刺史王進岌穆宗怒以弘正子布爲魏博節度使率軍進討仍敕橫海昭義河東義武軍并力於是大將王位等謀執廷湊不克死者三千餘人會朱克融囚張弘靖以幽州亂乃合從拒王師有詔議攻討先後劍南東川節度使王涯以爲范陽亂非宿謀可先事鎮州又

有魏博之兇濟以晉陽滄德掎角而進夫用兵若鬭然先扼喉領今瀛莫易定實賊咽喉宜屯重兵俾死生不得相聞間諜不入此莫勝之策帝乃詔義武節度使陳楚開壇督諸軍三道攻而滄德烏重胤最宿將當一面裴度以河東節度使兼幽鎮招撫使屯承天軍重胤知時不可案兵未肯前帝俘於聽受欲克伐更以深冀行營節度使杜叔良代之叔良素結中人入見帝大言曰賊不足破會度逐廷湊兵於會星又入元氏焚壁二十二叔良率諸道兵救深州戰博野大奔失所持節以身免貶歸州刺史叔良者將家子本以附會至靈武節度使坐不職罷復啗貴近帥滄景廷湊知其怯故先犯之師由是敗當是時帝賜賚無藝府帑空既集諸道兵調發火馳民不堪其勞仰度支者大抵兵十五萬有司懼不給置南北供軍院既薄賊鄙饟道梗棘樵蘇不繼兵番休取芻蒸廷湊乘間奪轉運車六百乘食愈困至所須衣帛未半道諸軍邀取之有司弗能制其縣師深入者不得衣食又監軍官人悉取精票

士自隨疲瑣者備行陣戰輒潰二賊衆不過萬餘王師統制不一訖無功宰相不知兵爲異議搖訹裁報垂戾深州圍益急明年魏牙將史憲誠叛田布衆潰于南宮帝不得已乃赦廷湊檢校右散騎常侍成德軍節度使會牛元翼出奔廷湊遂取深州詔兵部侍郎韓愈慰其軍廷湊既原則稍挺與克融憲誠深相結爲輔車援滄州李全略死子同捷求襲文宗不許更授兗海節度使同捷逆命乃以珍幣子女厚結廷湊帝虞其變故授檢校司徒及幽魏徐兗兵討同捷廷湊撓魏北鄙以牽制之而饋滄景鹺糧因隣道使者不遣帝怒詔絕其輸貢於是易定柳公濟戰新樂斬首三千級昭義劉從諫戰臨城敗之引漳注深冀有詔同捷亂廷湊同惡宜削官爵諸道以兵進討有能斬廷湊者賜錢二萬緡畀之官以州鎮降者等差爲比公濟再戰行唐皆克焚柵十五廷湊射蠟書求救於幽州行營李載義獲之又納魏叛將丌志沼會同捷平廷湊稍畏表上景州而弓高樂陵長河三縣固守復上書謝帝方駃兵赦之悉復官爵還所上州久之進兼太子太傅太原郡公鎮冀自惟岳以來拒天子命然重隣好畏法稍屈則祈自新至廷湊貪凶悖肆毒甘亂不臣不仁雖夷狄不若也大和八年死贈太尉軍中以元逵請命帝聽襲節度

元逵其次子也識禮法歲時貢獻如職帝悅詔尚絳王悟女壽安公主元逵遣人納聘闕下進千盤食良馬主幍澤奩具奴婢議者嘉其恭其後劉稹叛武宗詔元逵爲北面招討使詔下即日師引道拔宣務壁破援軍堯山攻邢州降之累遷檢校司徒同中書門下平章事稹平加兼太子太師封太原郡公食實封戶二百進至兼太傅大中八年死年四十三贈太師謚曰忠子紹鼎襲字嗣先累擢檢校尚書左僕射其爲人淫湎自放性暴厚裒斂外樓彈射路人以爲樂衆忿其虐欲逐之會病死贈司空子幼未能事宣宗以元逵次子紹懿爲留後以嗣俄爲節度使累封太原縣伯加檢校司空政簡易咸通七年死贈司徒以紹鼎子景崇嗣初紹懿病

篤召景崇曰先君以政屬我須爾長將授之今疾甚爾雖少勉摠軍務禮藩隣奉朝廷則家業不墜矣監軍上狀懿宗悅擢景崇爲留後尋進節度使景崇字孟安以公主嫡孫尤被寵龎勛反景崇遣兵會王師平賊進檢校尚書右僕射主薨謚曰章惠景崇居喪如禮母張卒號慕羸毀當時稱之以政委賓佐檢戒親屬不得與嘗欲引母昆弟爲牙將其佐張位曰軍中用人有勞有能若私其人厚畀田宅祿食可也何必以官景崇謝進同中書門下平章事檢校太尉兼中書令封趙國公乾符五年進王常山黃巢反帝西狩僞使齎詔至景崇斬以徇因發兵馳檄諸道合定州處存連師西入關問行在貢輸相踵每語及宗廟園陵輒流涕蔚州刺史蘇祐爲沙陀所攻乞師於幽州屯美女谷兵不利祐將出奔會詔徙濮州刺史擁兵之官道于鎮景崇館于靈壽肆其下剽奪景崇殺之嗣節度凡十四年十三遷至檢校太傅中和三年死年三十七贈太傅謚曰忠穆子鎔

鎔年十歲軍中推爲留後授檢校工部尚書李克用楊復光攻黃巢鎔凡再餽粟以濟師僖宗還自蜀獻馬牛戎械萬計於是克用方擊孟方立於邢州鎔歸芻糧邢州平克用遂謀山東屯常山西引輕騎涉滹沱諜軍會大雨平地水出鎔兵奮至克用匿林中以免是時幽州李匡威亦謀取易定分其地王處存方厚事克用克用寵將李存孝已拔邢則略鎔南鄙別將李存信等出井陘會之鎔侵堯山存孝擊敗之遂至深趙鎔求救於匡威存孝方攻臨城等數縣聞匡威屯鄗引師去存信素忌存孝妄曰無擊賊意克用信之存孝飛狐人所謂安敬思者善騎射攻葛從周敗張濬韓建數有奇功至是懼讒挈邢州歸朱全忠幷結鎔爲助天子詔出鎭幽魏兵援之景福元年克用假道于鎔以討存孝鎔不荅乃與處存連兵侵鎔拔堅固鎭攻新市鎔禽克用將薛萬金匡威以兵三萬救鎔克用自攻常山度滹沱鎔引騎十萬夜濟磁木龍敗之斬二萬級奪鎧器三百乘克用退壁欒城天子有詔和解三鎭克用

還然未得志故復伐鎔匡威以五千騎敗克用於元氏鎔具牛酒會匡威稾城餉金二十萬以謝俄而匡威爲弟匡籌所逐鎔德其助己迎而館之匡威親忌日鎔往弔伏起殺其府屬揚洽及親吏淡從有甲者牽鎔裹匡威曰與我四州可不死鎔許之將鎔入牙城鎭軍譟而闔左門坎垣出戰會大雨風木拔瓦飛兵相挨有屠者墨君和袒而薄賊衆披靡乃挾鎔踰城入既免賞千金與第一區約有十死匡威走東園兵圍之與從事李抱貞俱死明日鎔以禮斂匡威素服哭諸廷遣使告匡籌匡籌怒移書詰兄所以死狀表天子請討鎔詔止之又詔朱全忠平幽鎭怨克用聞匡威死自率兵傅城下鎔大驚納繒二十萬乃退匡籌攻樂壽武強克用出縛馬關敗鎭兵於平山因進攻鎔外壘鎔內失幽州助因乞盟進幣五十萬歸糧二十萬請出兵助討存孝乃得解克用屯欒城存信屯琉璃陂爲邢人夜襲其營存信軍亂不克追克用進薄邢環城爲溝壘欲示久圍者城中兵數出溝壘不可成裨將袁奉韜紿

存孝曰君所畏唯王耳王欲溝堞成則西歸公何不聽之存孝兵不出壘成攻益急城中食盡存孝登城哭曰我誤計使我生見王死不恨克用遣家嫗招之存孝出泥首言爲存信誣構克用曰爾與鎔書罵我多矣轘而尸於市光化中全忠討幽州劉仁恭鎔遣兵屯稾城俄而仁恭敗擊其歸得十八全忠既取邢洺磁又得潞因圖河東使羅紹威諷鎔絕太原共尊全忠鎔猶違全忠不悅會克用將李嗣昭攻洺州全忠自將擊走之得鎔與嗣昭書全忠怒引軍攻鎔次元氏鎔謂其屬曰國危矣柰何周式請見全忠可以口舌罷也許之全忠迎折曰爾公朋附太原今無赦矣即出書示式曰嗣昭在者宜速遣式曰王公所與和者息人鋒鏑間耳況繼奉天子詔和解能無一番紙墜北路乎太原與趙本無恩嗣昭庸肯入耶公爲唐桓文方以仁義成霸業寧困人於險耶全忠喜挹式袂曰吾特戲耳延入帳中議脩好鎔以幣二十萬賂師遣子昭祚質仕全忠府全忠因妻之鎔判官張澤謀曰失火之家不可恃

遠救今定密邇與太原親宜使全忠圖之鎔遣式使全忠全忠乃取定州王郜遂奔太原鎔母何有婦德訓鎔嚴至母亡鎔始驕負財姬侍千人儀服僭上又以房山有西王母祠數游覽妄求長年事踰月不還始廷湊賤微時鄰有道士爲卜得乾之坤曰君將有士及得鎭迎事甚謹復問壽幾何子孫幾何荅曰公三十年後當有二王已而廷湊立十三年死蓋庚文也景崇鎔皆王廷湊嘗使至河陽醉寢於路有過其所者視之曰非常人也從者以告廷湊馳及之問其故曰吾見君鼻之息左若龍右若虎子孫當王百年家有大樹覆其堂公興矣及害弘正而樹適庇寢自廷湊訖鎔凡百年

贊曰朱滔王武俊南面稱王地醜交昵及泚僭天子滔將應之當時危矣賈林以一語寤武俊軏兵相仇折幽薊之銳泚失其朋不出孤城終底覆夷林之功賞不及身德宗爲不明哉

藩鎭鎭冀列傳第一百三十六

端明殿學士兼翰林侍讀學士龍圖閣學士朝請大夫守尚書吏部侍郎充集賢殿修撰臣宋祁奉
敕撰

李懷仙柳城胡也世事契丹守營州善騎射智數敏給祿山之反以爲裨將史思明盜河南留次子朝清守幽州以阿史那王高如震輔之朝義殺立移檄誅朝清二將亂朝義以懷仙爲幽州節度使督兵馳入如震欲拒不及計乃出迎懷仙外示寬以安士居三日大會斬如震州部悉平朝義敗將趨范陽中人駱奉先間遣鐫說懷仙遂降使其將李抱忠以兵三千戍范陽朝義至抱忠閉關不內乃縊死斬其首因奉先以獻僕固懷恩即表懷仙爲幽州盧龍節度使遷檢校兵部尚書王武威郡屬懷恩反邊羌挐戰不解朝廷方勤西師故懷仙與田承嗣薛嵩張忠志等得招還散亡治城邑甲兵自署文武將吏私貢賦天子不能制大曆三年麾下朱希彩朱泚泚弟滔謀殺懷仙斬關者以入希彩不至邀明泚懼欲亡

滔曰謀不成有死逃將焉往俄希彩至共斬懷仙族其家希彩自稱留後張忠志以兵討其亂不克代宗因赦罪詔宰相王縉爲節度使以希彩副之希彩聞縉至蒐卒伍大陳戎備以逆縉建旌棨徐驅希彩迎謁恭甚縉度不可制勞軍閱旬乃還希彩即領節度五年封高密郡王驁恣不軌人不堪七年其下李瑗間衆之怨殺之共推朱泚爲留後泚自有傳

朱滔性變詐多端倪希彩以同宗倚愛之使主帳下親兵泚領節度遣滔將兵三千爲天子西乘塞爲諸軍倡始安史後山東雖外臣順實傲肆不廷至泚首效款帝嘉之召見滔殿中帝問曰卿材孰與泚多滔曰統御士衆方略明辨臣不及泚臣年二十八獲謁天子泚長臣五年未識朝廷此不及臣帝愈喜特詔勒兵貫王城而出屯涇州置酒開遠門餞之戍還乃謀奪泚兵詭說曰天下諸侯未有朝者先至可以得天子意子孫安矣泚信之因入朝稍不相平泚遂乞留西討吐蕃以滔權知留後兼御史大夫滔殺有功者李瑗等二十餘人威振軍中李惟岳拒命滔與成德張孝忠再破之東鹿取深州進檢校司徒遂領節度賜德棣二州德宗以康日知爲深趙二州團練使詔滔還鎮滔失深州不平又請恒定七州所賦供軍復不許愈怨時馬燧圍田悅悅窮間滔與王武俊同叛滔姑子劉怦爲涿州刺史以書諫曰司徒身節制太尉位宰相恩遇極矣今昌平有太尉鄉司徒里不朽業也能以忠順自將則無不濟比忘上樂戰不顧成敗如安史者今復何有司徒圖之無貽悔滔不從連兵救悅又懼張孝忠之龔使怦壁險而軍滔激其衆曰士踐血闘既下堅城朝廷乃見奪奏賞不報君等疾趨破馬燧軍以取貲糧可乎軍中不應三號之乃曰幽人死於南者骸撑不掩痛藏心髓柰何復欲暴骨中野乎司徒兄弟受國寵士各蒙官賞願安之不衈其它滔罷潛殺不可共亂者數十人日知發其謀於燧天子聞以悅未下重起兩寇即封滔通義郡王實戶三百滔愈悖分兵與武俊屯趙州脅日知矯詔發其糧貯即引兵救悅

次東鹿軍大譟曰天子令司徒北還而南救魏寧有詔邪滔懼走匿傳舍裨將蔡雄好諭士曰始天子約取成德所得州縣賜有功者拔深州者燕也本鎮常苦無絲纊冀得深州以佐調率今顧不得又天子以帛賜有功士爲馬燧掠去今引而南非自爲也軍中悔謝復曰雖然司徒南行違詔書莫如還滔回次深州誅首變者二百人衆懼乃率兵南壁寧晉與武俊合帝命馬燧李懷光擊之滔屬鄭雲逵田景仙皆奔燧已而滔破懷光軍則與王師屯魏橋久不戰悅德滔援欲尊而臣之滔讓武俊曰愜山之勝王大夫力也於是滔武俊官屬共議古有列國連衡共抗秦今公等在此李大夫在鄆請如七國並建號用天子正朔且師在外其動無名豈長爲叛臣士何所歸宜擇日定約順人心不如盟者共伐之滔等從之滔以祿山思明皆起燕然覆滅惡其名以冀堯所都因號冀武俊號趙悅號魏納號齊建中三年冬十月庚申爲壇魏西祀天各僭爲王與武俊等三讓乃就位滔爲盟主稱孤武俊悅及納稱寡

人是日三叛軍上有雲氣頗異燧望笑曰是雲無知乃爲賊瑞邪先是其地土息高三丈魏人韋稔佞悅以爲益土之兆後二年滔等冊壇正值其所滔改幽州爲范陽府以子爲府留後稱元帥用親信爲留守滔等居室皆曰殿妻曰妃子爲國公下皆稱臣謂殿下上書曰牋所下曰令置左右內史視丞相內史令監視侍中中書令東西侍郎視門下中書東曹給事西曹舍人視給事中中書舍人司議大夫視諫議大夫六官省視尚書東西曹僕射視左右僕射御史臺曰執憲置大夫至監察御史驅使要藉官曰承令左右將軍曰虎牙豹略軍使曰鷹揚龍驤以劉怦爲范陽府留守柳良器李子千爲左右內史滔兄瓚瑰陸慶爲東西曹僕射楊霽馬寔蔡瞻楊榮國爲司文司武司禮司刑侍郎李士眞樊播爲執憲大夫中丞其餘以次補署聘處士張遂王道爲司諫燧遣李晟將兵至易定寧張茂昭攻涿莫以絕滔援明年圍清苑滔將鄭景濟固守滔使馬寔將

兵萬人與武俊拒燧自以兵萬餘救清苑絕晟糧道兵至定州晟不知夜引兵還滔疑有伏不敢逼遽保瀛州而孝忠晟合兵千人城萊水滔驍將烏薩戒以兵七百襲殺城卒數百晟不出景濟望滔軍立幟爲應滔進軍蒲城營晟戰不利城中兵亦出晟大敗奔易州茂昭走滿城滔已破晟則回屯河間不進武俊使宋端趣讓滔怒曰孤亟戰且病就醫藥而王已復云云孤南救魏棄兄背君如脫屣王必相疑亦聽所爲端還武俊謂寔曰寡人望王速來指蹤決勝負復何惡王異日并天下寡人得六七城爲節度足矣寔遣具道所以然武俊亦遣使謝滔滔悅亦報謝然武俊內銜之滋不懌與田悅潛謀絕滔及泚反燧等皆班師武俊寔亦還悅武俊遣使至河間賀泚即位武俊詭請寔共攻康日知於趙州謀覆其軍不克寔歸武俊餞之厚贈遺泚遣人密召滔使趨洛陽滔發書西向再拜移檄諸道曰今發突騎四十萬走洛陽與皇帝會上陽宮使王郅說悅連和俱西滔素彊調斂武俊等不能堪又令各以

兵五千從攻洛欲僭稱帝乘輿法從及赦令皆具初回紇以女妻奚王大曆末奚亂殺王女逃歸道平盧滔以錦繡張道待其至請爲婚女悅許焉既而遣使修婿禮於回紇回紇喜報以名馬重寶及僭相王與武俊悅納四金鑰於回紇曰四國願聽命於可汗謹上金鑰啓閉出納唯所命至是乞師焉回紇以二千騎從而武俊亦先乞師以斷懷光餉路未至而王師還回紇過幽州滔使說其酋達干曰若能同度河而南玉帛子女不貲計可得也達干許諾滔啗以金帛約日五十里舍以須悅軍滔兵五萬車千乘騎二萬士私屬萬餘虜兵三千馬橐它倍之過武俊境武俊勞之牛酒芻米皆具然悅已用武俊謀不肯出餚峙于野以待滔至貝州悅刺史邢曹俊上謁滔即歸閉城守滔疑之次永濟武俊陰遣客反間滔曰悅有憾須公南以兵斷公歸路宜少備滔聞怒入永濟執悅吏掠訊不得其情殺之使回紇大掠南及澶衛係執老幼無遺者悅大恐閉城自保滔遣將楊布略定館陶毛平恩置其官吏滔整軍

北還使馬寔屯冠氏聞悅死遂攻魏州圍貝州於是武俊李抱眞合軍擊滔滔急召寔至貝州步馬乏頓明日輒約戰寔請休士三日蔡雄達干等畏武俊堅壁難圖請戰楊布曰大王將取東都遷小敵即怯何以長驅天下邪術士丑少伯亦言必勝既戰爲二軍所乘大敗大將朱良祐李進皆被執委仗如丘滔奔入德州恨少伯雄布之謬殺之俄而京師平滔已敗不能軍走還幽州上書待罪有詔武俊抱眞開示大信若誠心審固者當洗覺錄勳與更始初滔以劉怦忠力使留守及敗疑圖己彷徨不敢入怦聞其至蒐兵繕鎧夾道陳二十里迎謁望滔哭滔遂入府氣沮索日邑邑被病政事一委怦貞元元年死年四十二贈司徒

劉怦幽州昌平人少爲范陽裨將以親老疾宜侍輒去職李懷仙爲節度使檄召不應朱滔時積功至雄武軍使廣墾田節用度以辦治稱稍遷涿州刺史滔之討田承嗣表知府事和裕得衆心李寶臣以兵劫滔于瓦橋滔走寶臣乘勝欲襲幽州怦設方略勒兵

完守。寶臣不敢謀擢御史中丞滔敗歸終不貳益治兵人嘉怦忠於所奉及滔死軍中盡推怦乃總軍事俄詔爲節度副大使彭城郡公居鎮纔三月死年五十九贈兵部尚書謚曰恭子濟

濟字濟游學京師第進士歷莫州刺史怦病詔濟假州事及怦卒嗣節度累遷檢校尚書右僕射同中書門下平章事奚數侵邊濟擊走之窮追千餘里至青都山斬首二萬級其後又掠檀薊北鄙濟率軍會室韋破之王承宗叛濟合諸將曰天子知我怨趙必命我伐之趙且大備我柰何裨將譚忠欲激濟伐承宗疾言曰天子不使我伐趙趙亦不備燕濟怒繫之使視趙果不設備數日詔書許濟無出師濟釋忠謝而問之忠曰昭義盧從史外親燕内實忌之外絕趙内實與之此爲趙畫曰燕倚趙自固雖甚怨必不殘趙故不足虞也趙既不備燕從史則告天子曰燕趙宿怨也今趙見伐而不備燕是燕反與趙此所以知天子不使君伐趙趙亦不備燕濟曰計安出曰今天子誅承宗而燕無一卒濟易水者正使潞

人賣恩於趙販忠於上是君貯忠誼心而傺私趙之名卒不見德於趙惡聲徒嘈嘈於天下濟然之以兵七萬先諸軍斬首數千級又拔饒陽屯瀛州進攻安平久不拔濟命次子總以兵八千先登日中拔其城會赦承宗進中書令濟之出以長子緄攝留務總爲行營都知兵馬使濟病甚總與左右張玘成國寶及帳内親近謀殺濟乃使人詐從京師來曰朝廷以公前屯瀛州逗留詔副大使代節度明日復使人曰詔節至太原矣又使人走呼曰過代矣舉軍驚濟憤且怒不知所爲誅主兵大將數十人及素與緄厚善者亟追緄以玘兄臯代留事濟自朝至中昃不食渴索酏漿總使吏唐弘實寘毒濟飲而死年五十四緄至涿州總矯濟命殺之乃發喪贈太師謚曰莊武

總性陰賊尤險譎已毒父即領軍政朝廷不知其姦故詔嗣節度封楚國公進累檢校司空承宗再拒命總遣兵取武強按軍兩端以私饋賚憲宗知之外示崇寵進同中書門下平章事及吳元濟李師道平承宗憂死田弘正入鎮州總失支助大恐謀自安又數見父兄爲祟乃衣食浮屠數百人晝夜祈禳而總憩祠場則暫安或居卧内輒驚不能寐晚年益慘悸請剔髮衣浮屠服欲祓除之譚忠復說總曰天地之數合必離離必合河北與天下離六十年數窮必合往朱泚希烈自立趙冀齊魏稱王郡國弄兵低目相視可謂危矣然卒於無事元和以來劉闢李錡田季安盧從史齊蔡之彊或首于都市或身爲逐客皆君自見今兵驍騎北來趙人已獻德棣十二城助魏破齊唯燕無一日勞後世得無事乎爲君憂之總泣且謝因上䟽願奉朝請且欲割所治爲三以幽涿營爲一府請張弘靖治之瀛莫爲一府盧士玫治之平薊嬀檀爲一府薛平治之盡籍宿將薦諸朝會穆宗沖逸宰相崔植杜元穎無遠謀欲寵弘靖重其權故全付總地唯分瀛莫置觀察使拜總檢校司徒兼侍中天平節度使又賜浮屠服號大覺榜其第爲佛祠遣使者以節印偕來時總已自髡祝讓節印遂衣浮屠服行及定州卒

始總請代獻馬萬五千匹羣臣或疑其詐帝獨納之使給事中薛存慶宣慰給所部復一歲緡錢百萬勞軍高年惸獨不能自存者官吏就問賜粟帛總遂與忠俱行軍中世懷其惠擁留不得進總殺首謀者十人以節付張臯夜閒道去遲明軍中乃知詔贈太尉子礎及弟約至長安者十一人皆擢州刺史忠護總喪至亦卒忠絳人喜兵善謀事蓋健男子云

朱克融滔孫也以偏校事劉總總將入朝慮後有變籍其軍材勇與黠暴不制者悉薦之朝冀厚與爵位使北方歆豔無甘亂心克融在遣中是時執政非其人既見總納地謂天下蹻然無復事克融等留京師久之不得調數詣宰相求自試皆不聽羸色敗服飢寒無所貸丐内怨忿會張弘靖赴鎮因悉遣還俄幽州亂囚弘靖時克融父洄號有智謀以疾廢卧家衆往請爲帥洄辭老且病因推克融領軍務詔以劉悟爲節度使馳往俄而瀛莫皆附克融悟不得入克融縱兵掠易州敗兩縣寇蔚州易州刺史柳公濟戰白

石嶺斬三千級轉寇定州節度使陳楚破其兵二萬會鎮州反殺田弘正議者謂二賊均逆而克融全弘靖不敢害可悉兵先誅趙赦燕朝廷度幽薊未可復取乃拜克融檢校左散騎常侍爲幽州盧龍節度使長慶元年也明年陷弓高攻下博與王廷湊共圍深州裴度以檄譙諭克融乃還因進檢校工部尚書表獻馬萬匹羊十萬請直賞軍敬宗初遷檢校司空賜邊屯時服克融以帛疏惡囚詔使楊文端以聞又上言聞陛下東幸雒願率匠丁五千助營宮室迎乘輿且請帛三十萬備一歲費帝怒用裴度謀忍不問以好言荅之屈其謀進爵吳興郡王是年軍亂殺克融及其子延齡詔贈司徒次子延嗣立領留後爲大將李載義殺而代之幷族其家

李載義自稱恒山愍王之後性矜蕩好與豪傑游力挽彊搏鬬劉濟在幽州高其能引補帳下從征伐積多爲牙中兵馬使朱克融死子延嗣叛命殘用其人載義因衆不忍殺之㬥其罪于朝敬宗

即授檢校戶部尚書盧龍軍節度使封武威郡王初張弘靖之囚幕府多見害妻子留不遣及是載義悉護送京師雖僮廝畢行餞而李同捷據滄景邀襲封載義請討賊自效文宗嘉之進檢校尚書右僕射斬級數有功賊平詔同中書門下平章事賜白玉帶示殊禮大和四年爲兵馬使楊志誠所逐奔易州即上言自破滄州賊屢請朝不許今願將妻子身入見帝令使者抵太原尉迎賜袍笏裝器又以其嘗有功且意恭順乃冊拜太保仍平章事俄爲山南西道節度使徙河東始回鶻使者歲入朝所過暴慢吏不敢何禁但嚴兵自守虜怚習益驁悍至鞭候人剽突市區時大酋李暢者曉華人語尤凶黠既就館橫須索挾疾鄣人載義召暢語曰可汗以舅甥故使將軍朝貢誼不容將軍暴也天子厚饔餼以禮客有不謹吏皆論死若將軍所部不戢而狡攘自如我必殺所犯者將軍其少戒因悉罷所防兵以兩卒護闔暢嚴憚之訖無犯者進兼侍中會吏下請立碑紀功詔李程爲之辭未有字帝詔曰周書凡厥正人既富方穀卿宜當之以方穀爲字其寵待如此開成二年卒年五十贈太尉初載義母葬范陽爲楊志誠掘發後志誠被逐道太原載義奏請剔其心償母怨不許又欲殺之官屬苦救乃免然盡戕其妻息士卒其天資驕暴云帝屈法弗劾也志誠者事載義爲牙將載義寘天子使者鞠場志誠與其黨譟而起載義走因自爲都知兵馬使文宗更以嘉王領節度用志誠爲留後俄檢校工部尚書擢節度副大使踰年進檢校吏部詔下郎吏白宰相曰軍中不識朝廷儀惟知尚書改僕射爲進秩今一府盛服以待天子命如復爲尚書則舉軍慙使者勢不得出既志誠果怨望軍有嫚言因中人魏寶義及它使焦奉鸞尹士恭而遣部將王文穎入謝讓還所命帝復賜之文穎不肯受輒去帝忍不責乃遣使進檢校尚書右僕射八年爲下所逐推部將史元忠總留後志誠在鎮密製衮天子衮冕其被服皆擬乘輿元忠表而㬥于朝詔御史按治斥嶺南至商州誅之而以通王領節度授元忠留後明年檢校工

部尚書爲副大使會昌初爲偏將陳行泰所殺行泰邀節制未報次將張絳殺行泰起求帥軍武宗自用張仲武代之

張仲武范陽人通左氏春秋會昌初爲雄武軍使行泰殺元忠宰相李德裕計河朔請帥皆報下太速故軍得以安若少須下且有變帝許之未報果爲絳所殺復誘其軍以請亦置未報是時回鶻爲黠戛斯所破烏介可汗託天德塞上而仲武遣其屬吳仲舒入朝請以本軍擊回鶻德裕因問北方事仲舒曰行泰絳皆遊客人心不附仲武舊將張光朝子年五十餘通書習戎事性忠義願歸款朝廷舊矣德裕曰即以爲帥軍得無復亂乎荅曰仲武得士心受命必有逐絳者德裕入白帝曰行泰等邀節不可許仲武求自效用之有名軍且無辭乃擢兵馬留後而詔撫王領節度詔下絳果爲軍中所逐即拜仲武副大使檢校工部尚書蘭陵郡公會回鶻特勤那頡啜擁赤心部七千帳逼漁陽仲武使其弟仲至與別將游奉寀等率銳兵三萬破之獲馬牛橐它旗纛不勝計遣吏獻狀

進檢校兵部尚書始回鶻常有酋長監奚契丹以督歲貢因詗刺中國仲武使裨將石公緒等厚結二部執諜者八百餘人殺之回鶻欲入五原掠保塞雜虜乃先以宣門將軍四十七人詭好結歡仲武賂其下盡得所謀因逗留不遣使失師期回鶻人馬多病死者由是不敢犯五原塞烏介失勢往依康居盡徙餘種寄黑車子部回鶻遂衰名王貴種相繼降捕幾千人仲武表請立石以紀聖功帝詔德裕爲銘揭碑盧龍以告後世大中初又破奚北部及山奚俘獲雜畜不貲擢累檢校司徒同中書門下平章事卒謚曰莊

子直方以右金吾將軍襲節度留後俄進副大使舉動多不法畏下變起乃託出畋奔京師軍中以張允伸總後務直方至宣宗遣使者郊勞授金吾大將軍以其族大給檢校工部尚書俸久之進檢校尚書右僕射性暴率坐以小罪笞殺金吾史改右羽林統軍好馳獵往往設罝罘於道當宿衛不時入下遷驍衛將軍奴婢細過輒殺積其罪貶思州司戶參軍母讓曰尚有尊於我子邪久乃

復授羽林統軍縱部下爲盜復貶康州司馬後居東都弋獵愈甚洛陽飛鳥皆識之見必羣噪乾符中累進左驍衛大將軍時鄭畋輔政頗言仲武會昌時功第一今直方百口不自存每內燕以衣敝惡辭不赴陛下錄功念舊宜少優假詔還檢校右僕射進左金吾衛大將軍黃巢犯京師直方迎灞上既而納亡命謀劫巢報天子公卿多依之賊覺屠其族

張允伸字逢昌范陽人世爲軍校直方出奔以都知兵馬使爲衆立爲留後天子報可未幾檢校散騎常侍爲節度使累進檢校司徒兼太傅同中書門下平章事封燕國公龐勛以徐州反上書欲遣弟允皋領兵討賊不許上米五十萬斛鹽二萬斛佐用度詔嘉美賜玉帶寶器紈錦進兼侍中咸通十二年以疾甚上節印便醫藥詔聽許以子簡會爲副大使卒年八十八贈太尉謚曰忠烈允伸性勤儉下所安賴未嘗有邊鄙虞子十四人簡會入朝昆弟多至大將軍刺史鄰佐者而軍中推張公素爲留後公素范陽人以列將事允伸擢累平州刺史允伸卒以兵來會喪軍士素附其威望簡會知不可制即出奔詔公素爲節度使進同中書門下平章事性暴厲眸子多白燕人號白眼相公爲李茂勳所襲奔京師貶復州司戶參軍

李茂勳本回鶻阿布思之裔張仲武時與其侯王皆降資沈勇善馳射仲武器之任以將兵常乘邊積功賜姓及名陳貢言者燕健將爲納降軍使軍中素信服茂勳襲殺之因舉兵紿稱貢言反公素迎擊不利走茂勳入府衆始悟因推主州務以聞詔即拜節度使俄以病自上詔進尚書右僕射致仕表子可舉代遂領留後進爲節度使擢累檢校太尉中和末太原李克用始彊大與定州王處存厚相結可舉惡其窺山東爲己患乃遣使約吐渾都督赫連鐸鎮州王鎔聯和揚言易定本燕趙屬得其地且參有之即遣軍司馬韓玄紹擊沙陀藥兒嶺斬首七千級殺其將朱耶盡忠等收牛馬器鎧數萬又戰雄武軍殺獲萬人鐸又破沙陀於蔚州詔以鐸

爲雲州刺史進可舉檢校侍中乃遣票將李全忠率衆六萬圍易州鎔以兵攻無極處存求援太原克用自將赴之鎮人懼退保新城克用急攻之鎔引去追破之九門易久未下盧龍將劉仁恭穴地以入得其城士卒有驕色處存以輕兵三千蒙羊皮夜布之野以精騎伏它道全忠軍望爲羣羊爭趨之處存伏騎發大敗之復取易州全忠遁還盡失芻糧仗鎧懼得罪乃裒餘衆反攻幽州可舉度不支引其族登樓自燔死

李全忠范陽人仕爲棣州司馬有蘆生其室一尺三節怪之以問別駕張建建曰蘆茅類生於澤公茅土兆也傳節者其三世乎罷歸事可舉爲牙將可舉死衆推爲留後光啓元年拜節度使未幾卒子匡威嗣領留後進爲使性豪爽恃燕薊勁兵處軒然有雄天下意與赫連鐸共攻太原爭雲代李克用使安金俊攻鐸匡威救鐸戰蔚州射金俊殺之乃共表請討沙陀而朱全忠亦上言願協力故張濬因請用兵矣濬敗克用攻雲州以騎將薛阿檀爲前

鋒設伏河上鐸以精騎追阿檀抵河而伏起乃大敗禽其將賈塞
兒遂圍雲州塹而守分兵出井陘屯常山大掠深趙匡威以步騎
萬餘援王鎔克用還因急攻鐸會食盡鐸棄州奔匡威克用取雲
州表石善友爲刺史鐸本吐谷渾部酋也開成中其父率種人三
千帳自歸守雲州十五年至是失其地景福初鎔誘太原將李存
孝降之克用怒伐鎔鎔來求救匡威遣將赴之克用去明年兵復
出井陘匡威自將援鎔將行置酒大會其弟兵馬留後檢校司徒
匡籌妻張國豔匡威酒酣報之弟怒匡威軍次博野乃據城自爲
留後天子即授檢校太保爲節度使匡威麾下多去屏營無所歸
留深州遣其屬李抱貞上書願入朝時京師數寇難人人危懼傳
言金頭王且來皆亡竄山谷抱貞還而鎔已迎館于鎮匡威引抱
貞登城西大悲浮屠顧望流涕美其山川乃共圖鎔陽爲鎔繕甲
治城塹施授方略陰施子以傾士心鎮軍忠於王氏皆惡之匡威親
忌日鎔過慰匡威士裹甲劫鎔入牙城戰不勝鎮人斬匡威以徇

匡籌表訴諸朝擻暴鎔罪攻樂壽武彊以報始匡籌之奪也燕人
不以爲義劉仁恭出奔太原克用倚其謀下武嬀二州敗匡籌於
居庸關李存審與戰匡籌又敗挈其族奔京師次景城滄州節度
使盧彥威殺之掠入車馬僮妓妻方乳不能進仁恭獲之納于克
用爲嬖夫人始匡威見逐嘆曰兄失弟得皆吾之宗無所悔然其
材恐不足以守果亡而幽州地歸克用以仁恭爲帥

劉仁恭深州人父晟客范陽爲李可舉新興鎮將故仁恭事軍中
從李全忠攻易州號窟頭稍遷裨校爲人豪縱多智數有大志嘗
自言夢大幡出指端年四十九當秉旌節李匡威惡之補景城令
會瀛州亂殺守吏仁恭募士千人定其亂匡威復使將兵戍蔚州
踰期未代士皆怨會匡籌奪地故戍卒擁仁恭趨幽州匡籌逆戰
敗之遂以族奔太原李克用待之甚厚賜田宅拜壽陽鎮將數以
策干克用請步騎一萬東取幽州且爲導克用攻匡籌匡籌遁去
仁恭與符存審入城封府庫以待克用悅留仁恭守之以親信分

典其兵乾寧二年克用擊王行瑜表仁恭爲檢校司空盧龍軍節
度使明年克用攻魏州召盧龍兵仁恭以契丹解又明年克用復興
其兵救朱瑄仁恭不荅使者數十往卒不出克用以書讓之仁恭
乃慢罵執其使盡囚太原士之在燕者復以厚利誘克用麾下士
多亡歸之克用怒自將往擊不勝師喪過半仁恭獻馘於朱全忠
全忠表同中書門下平章事既與克用絕則益募兵光化初使其
子守文襲滄州節度使盧彥威棄城走遂有滄景德三州地用守
文爲節度留後請命于朝昭宗怒不與會中人至仁恭嫚謂曰旄
節吾自可爲要假長安本色耳何見拒邪由是兵益張顧圖河北
悉幽滄步騎十萬聲言三十萬南徇魏鎮入貝州屠之清水爲不流
羅紹威求救於朱全忠全忠使李思安葛從周赴之屯內黃仁恭
負彊下令曰思安懦當先破之乃取魏守文與單可及精甲五萬
循清水上思安設伏自引兵逆戰僞不勝守文躡北至內黃思安
整兵還擊守文伏發斬可及獨守文挺逸衆無還者從周興邢洺

兵與魏將賀德倫等出館陶門夜擊仁恭破八屯仁恭走自魏抵長
河數百里尸蔽道鎮人邀敗之東境仁恭遂衰三年葛從周攻滄
州仁恭壁乾寧從周潛軍戰老鵶隄仁恭敗退壁瓦橋卑辭歸窮
於克用求救克用爲侵邢洺俄而全忠取瀛莫克用使周德威出
飛狐天祐三年全忠自將攻滄州壁長蘆仁恭悉發男子十五以
上爲兵涅其面曰定霸都士人則涅于臂曰一心事主盧龍閭里
爲空得衆二十萬屯瓦橋全忠環滄築壘而溝之內外援絕人相食
仁恭求戰不許復從克用乞師使百輩往乃許仁恭以兵三萬合
攻潞州降全忠將丁會滄州圍乃解是時中原方多故仁恭得倚
燕彊且遠無所憚意自滿從方士王若訥學長年築館大安山掠
子女充之又招浮屠與講法以堇土爲錢斂眞錢穴山藏之殺匠
滅口禁南方茶自擷山爲茶號山曰大恩以邀利子守光烝嬖妾
事覺仁恭謫之李思安來攻屯石子河仁恭居大安山城中無備
守光引兵出戰思安去因回攻大安虜仁恭囚別室殺左右婢媵

遂有盧龍

贊曰朱滔脅其兄泚入朝及引兵東嚮稱帝以自尊名雖助泚志可知矣至克融再得幽州朱氏無遺種其禍與泚鈞而族夷有先後爲閒也

藩鎮盧龍列傳第一百三十七

藩鎮淄青橫海列傳第一百三十八　唐書二百一十三

翰林學士兼翰林侍讀學士龍圖閣學士朝請大夫尚書工部侍郎充集賢殿脩撰臣宋祁奉

敕撰

李正己高麗人爲營州副將從侯希逸入青州希逸母即其姑故薦爲折衝都尉寶應中以軍候從討史朝義時回紇恃功橫諸軍莫敢抗正己欲以氣折之與大酋角逐衆士皆牆立觀約曰後者批之既逐而先正己批其頰回紇矢液流離衆軍哄然笑酋大慙自是沮憚不敢暴希逸以爲兵馬使沈毅得衆心然陰忌之因事解其職軍中皆言不當廢尋逐希逸出之有詔代爲節度使本名懷玉至是賜今名遂有淄青齊海登萊沂密德棣十州與田承嗣薛嵩李寶臣梁崇義輔牙相倚嵩死李靈耀反諸道攻之共拔其地正己復取曹濮徐兖鄆凡十有五州市渤海名馬歲不絶賦繇均約號最彊大政令嚴酷在所不敢偶語威震鄰境歷檢校司空加同中書門下平章事以司徒兼太子太保封饒陽郡王請附屬籍許之因徙治鄆以子納及腹心將守諸州建中初聞城汴州乃約田悅梁崇義李惟岳偕叛自屯濟陰陳兵按習益師徐州以扼江淮天子於是改運道撤天下兵爲守備河南騷然會發疽死年四十九興元初納順命詔贈太尉

納少時爲奉禮郎將兵防秋代宗召見擢殿中丞賜金紫入朝擢兼侍御史正己署爲淄青二州刺史又爲行軍司馬濮徐兖沂海留後進御史大夫正己死祕喪不發以兵會田悅于濮陽馬燧方擊悅納使大將衛俊救之爲燧所破略盡收迺水德宗詔諸軍合討其從父洧以徐州歸大將李士真以德州李長卿以棣州送款納恚洧背己且徐險集悉兵攻洧帝命宣武劉玄佐督諸軍進援大破其兵納還濮陽玄佐進圍之殘其郛納登陴見玄佐泣且悔遣判官房說與子弟質京師因玄佐謝罪時中人宋鳳朝以納窮欲立功建不可赦帝乃械說等禁中納於是還鄆與悅李希烈朱滔王武俊連和自稱齊王置百官興元初帝下詔罪己納復歸命

授檢校工部尚書復平盧帥節賜鐵券又同中書門下平章事封隴西郡王希烈圍陳州納會諸軍破之城下加檢校司空實封五百戶進檢校司徒死年三十四贈太傅子師古師道

師古以蔭累署青州刺史納死軍中請嗣帥詔起爲右金吾衛大將軍夲軍節度使初棣州有蛤蜊鹽池歲產鹽數十萬斛李長卿以州入朱滔獨蛤蜊爲納所據以專利後德棣入王武俊納乃築壘德州南跨河以守蛤蜊謂之三汊通魏博以交田緒盜掠德州武俊患之師古始襲武俊易其弱且納時將無在乃率兵取蛤蜊三汊師古使趙鎬拒戰武俊子士淸兵先濟適河會營中火起士大譟不敢前德宗遣使者諭武俊罷兵師古亦隳三汊聽命嘗怒其僚獨孤造使奏事京師遣大將王濟盜殺之貞元末與杜佑李欒皆得封妾媵以國爲夫人進同中書門下平章事德宗崩哀使未至義成節度使李元素騰遺詔示之師古幸國喪欲攻掠州縣即集將士告元素僞作遺詔豈欲反邪不可不討執使者名討元

唐書列傳一百三十八　二　衛祥

素勒兵出大閱順宗立乃罷累加檢校司徒兼侍中元和初卒贈太傅

師道異母弟也師古嘗曰是不更民間疾苦要令知衣食所從乃署知密州師古病召親近高沐李公度等曰即我不諱欲以誰嗣二人未對師古曰豈以人情屬師道邪彼不服戎以技自尚慮覆吾宗公等審計之及死沐公度與家奴卒立之而請于朝於是制書久不下師道謀哀兵守境沐爭止更上書奉兩稅守鹽法請吏朝廷宰相杜黃裳欲撓削其權而憲宗方誅劉闢未皇東討故命建王審領節度大使而以師道知留後歲中加檢校工部尚書爲副大使自正己以來雖外奉王命而嘯引亡叛有得罪于朝者厚納之以嚴法持下凡所付遣必質其妻子有謀順者類夷其家以故能脅汙士衆傳三世云帝討蔡詔興諸道兵而不及鄆師道選卒二千抵壽春陽言爲王師助實欲援蔡也亡命少年爲師道計曰河陰者江淮委輸河南帝都請燒河陰敖庫募洛壯士劫宮闕即朝廷救腹心疾此解蔡一奇也師道乃遣客燒河陰漕院錢三十萬緡米數萬斛倉百餘區又有說師道曰上雖志討蔡謀皆出宰相而武元衡得君願爲未發事後宰相必懼請罷兵是不用師蔡圍解矣乃使人殺元衡傷裴度初師道置邸東都多買田伊闕陸渾間以舍山棚遣將訾嘉珍門察部分之嵩山浮屠圓靜爲之謀元和十年大饗士邸中椎牛釃酒既東甲矣其徒白官發之留守呂元膺以兵掩邸賊突出轉略畿部入山中數月搜山棚所市山棚怒道官軍襲擊盡殺之圓靜者年八十餘嘗爲史思明將驍悍絕倫既執力士椎其脛不能折罵曰鼠子折人脚且不能乃曰健兒因自置其足折之且死歎曰敗吾事不得見洛城流血於時留守防禦將都亭驛吏數十人皆陰受師道署職使爲訶察故無知者及窮治嘉珍察乃害武元衡者鹽鐵使王播又得嘉珍所藏弓材五千并斷建陵戟四十七始師道欲知元濟虛實使劉晏平間道走淮西元濟日與宴厚結歡晏平歸以爲元濟暴師數萬而

唐書列傳一百三十八　三　沈章

晏然居內與妻妾戲博必敗之道也師道本倚蔡爲重聞之怒乃以它事殺晏平及聞李光顏拔淩雲柵始大懼遣使歸順帝重分兵支兩寇故命給事中柳公綽慰撫之加檢校司空蔡平又遣比部員外郎張宿諷令割地質子宿謂曰公今歸國爲宗姓以尊卑論之上叔父矣不屈一也以十二州事三百餘州天子北面稱藩不屈二也以五十年傳爵臣二百年天子不屈三也今反狀已暴上猶許內省宜遣子入宿衞割地以贖罪師道乃納三州遣子弘方入侍宿既還師道中悔召諸將議皆曰蔡數州戰三四年乃克公今十二州何所虞大將崔承度獨進曰公初不示諸將腹心而今委以兵此皆嗜利者朝廷以一漿十餅誘之去矣師道恚遣承度詣京師戒候吏時其還斬之承度待命客省不敢還帝以其負約用左散騎常侍李遜諭旨既至師道嚴兵以見遜讓曰前已約而今背之何也願得要言奏天子師道許之然懦暗不自決私奴婢媼爭言先司徒土地柰何一旦割之今不獻三州不過戰耳即

不勝割地未晚師道乃上書以軍不協爲解帝怒下詔削其官詔諸軍進討武寧節度使李愿使將王智興破其衆斬二千級獲馬牛四千略地至平陰橫海節度使鄭權戰福城斬五百級武寧將李祐戰魚臺敗之宣武節度使韓弘拔考城淮南節度使李夷簡命李聽趨海州下沭陽朐山進戍東海魏博節度使田弘正身將兵自陽劉濟河距鄆四十里而營再接戰破三萬衆禽三千人陳許節度使李光顏攻濮陽收斗門杜莊二屯弘正又戰東阿殘其衆五萬師道每聞敗輒悸成疾及李祐取金鄉左右莫敢白初遣大將劉悟屯陽穀當魏博軍疑其逗留悟懼不免引兵反攻城師道晨起聞之白其嫂裴曰悟兵反將求爲民守墳墓即與弘方匿溷間兵就禽之師道請見悟不許復請送京師悟使謂曰司空今爲囚何面目見天子猶俯仰祈哀弘方曰不若速死乃并斬之傳首京師棄其尸無敢收視者有士英秀爲殯城左馬揔至以士禮更葬初師古見劉悟曰後必貴然敗吾家者此人也田弘正之度

河也禽其將夏侯澄等四十七人有詔悉赦之給繒絮還隸魏博義成軍父母在欲還者優遣賊皆感慰相告由是悟得行其謀師道首傳弘正營召澄驗之澄舐目中塵號絕良久悟素與師道妻魏亂妄言鄭公徽之裔不死沒入掖廷它宗屬悉遠徙悟獨表師古子明安爲朗州司戶參軍親將王承慶承宗弟也師道以兄女妻之潛約左右欲因肆兵執師道會悟入出奔徐州歸朝

程日華定州安喜人始名華德宗以其有功益曰日華父元皓爲安祿山帳下僞署定州刺史故日華籍本軍爲張孝忠牙將滄故成德部州也孝忠絕李惟岳德宗以滄界義武前刺史李固烈與惟岳姻屬即宰守孝忠今日華往諭之固烈請還恒州既治裝悉帑以行軍中怒曰馬瘠士飢死刺史不棄豪髮卹吾急今剗地以去吾等何望遂共殺固烈屠其家日華驚匿牀下將士迎出之曰暴吾軍者已死何畏而亡共逼領州孝忠亦以日華寬厚遂假以刺史朱滔叛兵屯河間以故滄定道阻不相聞滔及王武俊皆招日華不納即攻之日華乘城自固參軍事李宇謀曰城久圍府兵不爲援今州十縣瀕海有魚鹽利自給此軍本號橫海將軍能絕易定歸天子自爲一州繕甲訓兵利則出無利則守可亢盜喉襟君能用僕計請至京師爲天子言之日華謂然乃遣宇西帝果大喜拜御史中丞滄州刺史復置橫海軍即以爲使時建中三年也拜檢校工部尚書詔滄歲饋義武錢十二萬緡糧數萬斛以宇爲判官武俊欲得滄遣人說日華歸己日華紿曰敝邑爲賊攻力屈則下之願假騎二百以抗賊賊退請以地授公武俊喜歸之馬日華留馬謝其使武俊大怒與滔方睽懼有怨乃止久之武俊歸命日華乃還馬以珍幣厚謝復結好武俊亦釋然貞元二年卒贈兵部尚書子懷直擅知留事帝以日華故即拜權知滄州刺史宇入朝願析東光景城二縣置景州且請刺史河朔刺史不廷授幾三十年帝嘉其忠以徐申爲景州刺史昇橫海軍爲節度擢懷直爲留後明年爲節度使九年來朝寵遇加等進檢校尚書右僕射賜

大第宮女懷直荒田獵出輒數日不返帳下程懷信乘衆怒閉門不納懷信其從昆也於是懷直入朝帝不之罪更以虔王爲節度使擢懷信留後以懷直兼右龍武軍統軍明年懷信爲節度使十六年懷直卒贈揚州大都督後五年懷信死子權襲領軍務詔授留後元和元年拜節度使累進檢校兵部尚書封邢國公六年入朝憲宗寵禮遣還鎮加檢校尚書右僕射權始名執恭嘗夢滄諸門悉署權字乃改名以應之及淮西平惕不安丐入朝至京師固辭軍政乃詔華州刺史鄭權代之後以檢校司空爲邠寧節度使卒贈司徒宗族奉朝請宿衛者三十餘人

李全略本王氏名日簡事王武俊爲偏裨承宗時虐用其軍故入朝授代州刺史田弘正遇害穆宗以全略故鎮州將召問所欲言全略多陳利害甚合帝意且請盡死力以報遂授德州刺史是時杜叔良兵敗博野故以全略爲橫海軍節度滄德棣州觀察使賜今姓名未幾貢錢千萬使子同捷入朝既還即奏同捷爲滄州長

史押中軍兵馬帝不得已可其請全略陰規傳久計選材武以所私結士心棣州刺史王稷善撫衆而家富于財全略内忌以計殺之族其家未幾死同捷領留後事重賂鄰藩求領父節敬宗持久詔不下俄而文宗立同捷以帝新嗣位必大開貸示四方乃遣弟同志同巽入朝而使其屬崔長奉表請命有詔拜兗海節度使以烏重胤代之同捷計窮矯言軍中留己於是王智興請以全軍出討魏博史憲誠令大將傳手詔入于軍同捷不受德棣民多奔入鄆乃下詔削官爵命重胤率鄆齊兵進討憲誠智興及汴滑李聽平盧康志睦易定張璠幽州李載義以兵傅境同捷自以與成德有舊乃傾玉帛子女市河北三鎮驩載義不許絕其交執使者并所遺奴婢四十七獻諸朝王廷湊本關横海欲乘其隙取之引軍來援智興攻棣州火譙門引水灌城凡七月其將張叔連降始刺史欒濛以同捷叛密上變事泄爲所害贈工部尚書智興進圍滄州是時帝絕王廷湊朝貢且討之兵須夥繁調發不時始置供軍糧料使以濟兩河諸將又多張俘首以冒賞自重胤卒後李寰傅良弼不終事更以左金吾衛大將軍李祐代而智興將李君謀以輕兵絕河夜殘無棣降饒安壁五千兵明年祐拔無棣平原有詔行營取壁務農非被襲勿決戰而祐兵已薄德州帝遣諫議大夫柏耆宣慰祐攻拔德州餘卒奔廷湊同捷益急乞降祐疑其詐耆引兵直入城取同捷及家屬馳西祐入滄州耆至將陵斬同捷傳其首京師詔貸四州一年租賦赦同捷母并妻息徙湖南沭崔長商州同巽等以母貧死得隨母沭所云

藩鎮淄青横海列傳第一百三十八

藩鎮宣武彰義澤潞列傳第一百三十九　唐書二百一十四

宋　祁　奉　敕　撰

劉玄佐滑州匡城人少倜儻不自業爲縣捕盜犯法吏笞辱幾死乃亡命從永平軍稍爲牙將大曆中李靈耀據汴州反玄佐乘其無備襲取宋州有詔以州隸其軍節度使李勉即表署刺史德宗建中初進兼御史中丞充宋亳潁節度使時李納叛李洧以徐州歸納急攻之詔玄佐援洧大破納兵斬首萬餘級東南饟漕乃通進圍濮州徇濮陽皆下冊降其守將遂通濮陽津遷檢校兵部尚書兼曹濮觀察淄青兗鄆招討使汴滑都統副使李希烈之反玄佐與李勉陳少遊哥舒曜聯兵屯淮汝數困賊帝在奉天垂意關東乃詔檢校尚書左僕射同中書門下平章事希烈攻陳州玄佐救之希烈走遂進取汴州詔加汴宋節度使陳州諸軍行營都統玄佐本名洽至是賜名以尊寵之入朝復兼涇原四鎮北庭兵馬副元帥檢校司徒性豪縱輕財好厚賞故下益困汴自李忠臣以來士卒驕不能自還至玄佐彌甚其後殺帥長大剽劫狃于利而然也玄佐貴母尚在賢婦人也常月織絁一端示不忘本數教敕玄佐盡臣節見縣令走廷中白事退戒曰長吏恐懼卑甚吾思而父吏於縣亦當爾而據案當之可安乎玄佐感悟故待下益加禮汴有相國寺或傳佛軀汗流玄佐自往大施金帛於是將吏商賈奔走輸金錢惟恐後十日玄佐敕止籍所入得巨萬因以賂軍其權譎類若此初李納遣使至汴玄佐盛飾女子進之厚饋遺皆得其陰謀故納最憚之所寵吏張士南及假子樂士朝貲皆鉅萬而士朝私玄佐嬖妾懼事覺酖玄佐死年五十八贈太傅謚曰壯武軍中匿喪俟代帝亦爲隱踰三日乃發喪使至帝問所欲立曰陝虢觀察使吳湊可乎監軍孟介行軍盧瑗以爲便乃拜湊爲節度使至汜水玄佐柩將還士請具禮瑗不許衆皆怒陵晨甲而譟起玄佐子士寧於喪使坐重榻墨其衣尊爲留後殺大將曹金岸浚儀令李邁醢之唯瑗介獲免士寧乃出貯財分勞吏士介以聞帝召宰相計議竇參曰汴人挾李納以邀命若不許勢且合不可解遂以士寧爲左金吾衛將軍嗣節度始玄佐養子士幹與士朝皆來京師士幹知玄佐死無狀遣奴持刀紿爲弔入殺士朝於次帝惡其專亦賜士幹死士寧未授詔時私遣人結王武俊劉濟田緒等諸鎮不直之皆執其使而士寧烝暴嘗手殺人桎案間又彊烝父諸妾逼吏民妻女亂之或驅而觀每畋獵數日乃還其下厭苦不服大將李萬榮者故與玄佐同里相善寬厚得士心士寧忌之奪其兵使攝州事嘗引衆二萬畋城南未還萬榮晨入府召所留親兵告曰天子有詔召大夫俾我代節度人賜錢三

萬壽皆拜於是分兵閉諸門使告士寧曰詔書召大夫宜速去不然事急且傳首以獻士寧知衆不與將五百騎出奔比中牟亡者已半至東都惟僮妾數十人從之既至京師詔就第禁出入萬榮斬其支附數十人以二十萬緡勞軍詔籍士寧家貲給之拜萬榮兵馬留後於是籍驕兵數百人悉遣西防秋當成者怨之大校韓惟清張彥琳等請往不許使其子廼將未行彥琳等因其怨誘使攻萬榮不勝劫運財民貲殺掠數千人而潰惟清奔鄭州彥琳走東都自歸有詔宥死竄惡地殘士奔宋州劉逸准撫之萬榮悉誅其妻子以故衆不安或呼於市曰大軍至城且破萬榮捕按之或言爲士寧所教萬榮斬之以狀聞故士寧斥置郴州俄進萬榮節度使會病甚以兵屬鄧惟恭惟恭者與萬榮同里閈而署子廼爲司馬出大將李湛張伾伊婁涗等于外欲殺之不果萬榮死是夜惟恭與監軍俱文珍執廼送京師杖死京兆府以董晉代之

吳少誠幽州潞人以世蔭爲諸王府戶曹參軍事客荊南節度使庾準器之留爲牙門將從入朝道襄陽度梁崇義必叛密畫計將獻天子而李希烈以其事聞有詔嘉美擢封通義郡王崇義反希烈以少誠爲前鋒事平賜實封戶五十希烈拔少誠爲盡力及死推陳仙奇主後務既又殺之衆乃共推少誠德宗因授申蔡光等州節度觀察留後少誠爲治能儉嗇完軍實自希烈以來申蔡人劫於苛法而忘所歸及耆長既物故則壯者習見暴掠恬於搏鬭地少馬乘騾以戰號騾子軍尤悍銳甲皆畫雷公星文以厭勝詛詈王師其屬鄭常楊冀欲劫少誠逐之以聽命不克常冀被害少誠盡宥諸將以結衆心貞元五年進拜節度使久之曲環卒少誠間陳許無帥以兵攻臨潁戍將韋清與賊通留後上官涗遣兵三千救之悉爲賊俘遂圍許州德宗怒削少誠官爵合十六道兵進討于頔以襄陽兵戰吳房朗山斬其三將王宗以壽州兵破賊於秋柵於時師雖衆無統帥而宦人監軍類進退互爲異見既戰小溵河諸道師未交而潰棄輜仗不訾帝乃詔夏州節度使韓全義爲淮蔡招討處置使上官涗副之諸將皆受節度與賊吳少陽等戰廣利城師復敗退營五樓爲賊所乘遂大潰全義及監軍賈英秀等夜遯保溵水汴宋徐泗淄青兵走陳州少誠薄溵水而營全義懼退保陳而潞滑河陽河中兵逃歸唯陳許將孟元陽神策將蘇光榮壁溵水全義乃斬潞將夏侯仲宣滑將時昂河陽將權文度河中將郭湘欲以振師不能也少誠引兵去全義之敗少誠得帳中諸公書數百番持以紿衆曰朝廷公卿託全義破蔡日掠將士妻女爲婢媵以激怒其衆絕向順意少誠歸王師移書於英秀求昭雪帝召

大臣議宰相賈耽曰五樓軍退而少誠卷甲不追有自新路帝意稍挺少誠復固巢穴矣然猶以宦者監諸道軍劍南韋皋上言以爲不如擇重臣爲統帥因薦渾瑊賈耽陛下若重煩元老更求其次則臣請以銳士萬人順流趨荊楚可以擒翦元惡不然因其請罪特加原洗罷兩河諸軍亦其次也使少誠禍盈惡周變生帳下必其賊黨又當以官爵與之則一少誠死一少誠生亦何足賴帝遂赦少誠盡還其官爵順宗即位進同中書門下平章事檢校司空徙封濮陽郡王元和四年死贈司徒而吳少陽代之

少陽者滄海清池人與少誠同在魏博軍相友善少誠得淮西多出金帛邀之養以爲弟署右職親近無間少陽度少誠猜忍且畏禍請爲外捍少誠乃表爲申州刺史爲治尚寬易衆附賴少誠病亟家奴單于熊兒矯召少陽至攝副使總軍事於是殺少誠子元慶自稱留後憲宗以王承宗方叛故詔遂王爲節度使以少陽領留後居三年進拜節度使少陽不立簿役籍隨日賦斂於人地多原澤益畜馬時時掠壽州茶山劫商賈招四方亡命以實其軍不肯朝然屢獻牧馬以自解帝亦因善之九年死子元濟匿不發喪以病聞僞表請元濟主兵帝遣太醫往視即陽言少愈不得見元濟者其長子也山首燕頷垂頤鼻長六寸始仕試協律郎攝蔡州刺史有董重質者少誠壻也勇悍知將善爲兵元濟倚之因說元濟請以精兵三千由壽之間道取揚州東約李師道以舟師襲潤州據之遣奇兵掩商鄧取嚴綬進守襄陽以搖東南則荊衡黔巫傳一矢可定五嶺非朝廷所有又請輕兵五百自嶢嶺三日襲東都則天下騷動可以橫行元濟猶豫不能用先是其屬蘇兆楊元卿侯惟清嘗勸少陽入朝或言其有異志元濟縊兆囚惟清帝以二人者皆死故贈惟清兵部尚書兆尚書右僕射時元卿奏事在長安見宰相李吉甫具言淮西事且請蔡使在道者隨在所繫之少陽死四十日帝不爲輟朝易將增戍以須變會元卿言重質殺元濟族其家吉甫因請爲少陽輟朝遣使弔贈贈尚書右僕射而元濟不得命乃悉兵四出焚舞陽及葉掠襄城陽翟時許汝居人皆竄伏榛莽間剽係千餘里關東大恐帝使至弗克入而還乃詔烏重胤兼汝州刺史引軍壓其境寧州刺史曹華爲之副以戍襄城李光顏爲忠武節度使擁兵臨北析山南東道詔節度使嚴綬爲申光蔡等州招撫使以中人崔潭峻監其軍下詔奪元濟官爵趣諸道進討時大旱詔既下雨雪凡三日田弘正韓弘各遣子率兵隸綬光顏軍綬屯蔡西鄙師小勝不設備爲賊襲敗于磁丘退保唐州壽州刺史令狐通戰數北賊乃拔霍丘屠馬塘通嬰城不敢出詔左金吾衛大將軍李文通代通

會裴度輔政賊始懼而元濟不能有所指授諸將趙昌凌朝江董重質李祐李憲王覽趙曄王仁清等以便宜人自為戰抗王師有少誠少陽舊風而李師道王承宗出入寧陵雍丘間韓弘知而不肯禁文通引兵與賊將王覽董重質戰史旗岡擒覽光顏又大破賊於時曲復與重胤合擊賊小溵河敗之夷其屯壘天子責綬失律更以韓弘兼都統擢高霞寓唐鄧隋節度使十一年諸軍大合光顏壁郾文通敗賊於固始拔鐵山霞寓戰朗山斬首千餘級拔其壁次鐵城賊偽奔霞寓窮追伏發死傷略盡退保新興賊圍之監軍李議誠馳入唐州以救兵至圍解罷還守唐州元濟以霞寓敗不足虞併兵以備陳其秋文通以兵衛枝夜出九女原屠保壁三十所分兵西北並安陽山破屯壘數百人降者萬餘執兩將光顏敗郾城兵三萬俘六將復與重胤合攻凌雲柵拔之帝怒諸軍無大功詔內常侍梁守謙宣慰因督戰付詔書五百以待有功斥金帛募死士進拜光顏檢校尚書左僕射重胤右僕射而御史中丞公武御史大夫詔旨約東厲賞罰諸將恐攫賊霞寓以袁滋代之滋懦不能軍更以李愬為唐鄧隋節度使元濟食盡士卒食菱芡魚鱉鳥獸皆竭至斲草根以給著民苦飢相與四潰元濟亦患其食不復禁諸將爭納之帝始僑置郾城吳房於行營以綏新附愬引兵攻其西破屯柵十餘所執丁士良

吳秀琳皆賊驍健者賊帥張伯良以兵三萬與光顏戰郾城大敗獲馬千匹甲三萬首伯良奔還蔡曹華取青陵城斷郾歸路賊將鄧懷金懼即送款光顏受之愬又襲破朗山執戍將梁希果李汶港等三壁元濟知眾數潰而外失秀琳等因奉表請束身歸闕下帝遣使者許以不死元濟取行營馬三百董重質不與故不果降愬略興橋得守將李祐不殺引至帳下計議始謀襲蔡賊勢益沮自少誠盜有蔡四十年王師未嘗傅城下又嘗敗韓全義于頔以是兵驕無所憚內恃陂浸重阻故合天下兵攻之三年纔克一二縣帝既責罷霞寓滋等諸將乃用命詔起沙陀兵騎濟師命裴度為彰義節度兼申光蔡四面行營招撫使梁守謙與諸將計先度未至立功諸將亟戰不勝度至大勞將士皆感激請戰間遣士入蔡約元濟降為左右所劫不得降光顏每戰冠軍故元濟悉眾亢時曲祐為愬謀曰蔡之守者市人疲卒耳勁兵皆在外若直擣縣瓠賊成禽矣愬然之以精騎夜襲蔡坎垣入之戍者不知也賊恃董重質兵在洄曲不虞師之至及愬攻內城防卒尚千餘接戰元濟始懼被甲乘城以待重質會重質兵降愬而李進誠取賊庫兵即攻之明日燒其門民相率抱薪增火王師縱射城上鏃可拾也居二日門壞執元濟舉族傳之長安申光戍兵尚三萬皆降帝御興安門受俘群臣稱賀以元濟獻廟社

徇于市斬之年二十五夜失其首妻沈沒入掖庭弟二男子三流江陵皆殺之斬其屬官劉協庚趙曄王仁清等十餘人度還以馬摠為留後俄拜節度使析溵州隸陳許始度之出太子右庶子韓愈為行軍司馬帝美度功即命愈為平淮西碑其文曰天以唐克肖其德聖子神孫繼繼承承於千萬年敬戒不怠全付所覆四海九州罔有內外悉主悉臣高祖太宗既除既治高宗中睿休養生息至于玄宗受報收功極熾而豐物眾地大孽牙其間肅宗代宗德祖順考以勤以容大慝適去稂莠不薅相臣將臣文恬武嬉習熟見聞以為當然睿聖文武皇帝既受群臣朝乃考圖數貢曰嗚呼天既全付予有家今傳次在予予不能事事其何以見于郊廟群臣震懾奔走職明年平蜀又明年平江東又明年平澤潞遂定易定致魏博貝衛澶相無不從志皇帝曰不可究武予其少息九年蔡將死蔡人立其子元濟以請不許遂燒舞陽犯葉襄城以動東都放兵四劫皇帝歷問于朝一二臣外皆曰蔡帥之不廷授于今五十年傳三姓四將其樹本堅兵利卒頑不與它等因撫而有順且無事大官臆決唱聲萬口和附并為一談牢不可破皇帝曰惟天惟祖宗所以付任予者庶其在此予何敢不力況一二臣同不為無助曰光顏汝為陳許帥維是河東魏博郃陽三軍之在行者汝皆將之曰重胤汝故有河陽懷今

益以汝維是朔方義成陝益鳳翔鄜延寧慶七軍之在行者汝皆將之曰弘汝以卒萬二千屬而子公武往討之曰文通汝守壽維是宣武淮南宣歙浙西徐泗五軍之行于壽者汝皆將之曰道古汝其觀察鄂岳曰愬汝帥唐鄧隋各以其兵進戰曰度汝長御史其往視師曰度惟汝予同汝遂相予以賞罰用命不用命曰弘汝其以節都統諸軍曰守謙汝出入左右汝惟近臣其往撫師曰度汝其往衣服飲食予士無寒無飢以既厥事遂生蔡人賜汝節斧通天御帶衛卒三百凡茲廷臣汝擇自從惟其賢能無憚大吏庚申予其臨門送汝曰御史予閔士大夫戰甚苦自今以往非郊廟祀無用樂顏胤武合攻其北大戰十六得柵城縣二十三降人卒四萬道古攻其東南八戰降萬三千再入申破其外城文通戰其東十餘遇降萬二千愬入其西得賊將輒釋不殺用其策戰比有功十二年八月丞相度至師都統弘責戰益急顏胤武戰益用命元濟盡并其眾洄曲以備十月壬申愬用所得賊將自文城因天大雪疾馳百二十里用夜半到蔡破其門取元濟以獻盡得其屬人卒辛巳丞相度入蔡以皇帝命赦其人淮西平大饗賚功師還之日因以其食賜蔡人凡蔡卒三萬五千其不樂為兵願歸為農者十九悉縱之斬元濟京師冊功弘加侍中愬為左僕射帥山南東道顏胤皆加司空公武以散騎常

侍御鄭坊册延道古進大夫文通加散騎常侍丞相度朝京師進封晉國公進階金紫光禄大夫以舊官相而以其副總爲工部尚書領蔡任既還奏群臣請紀聖功被之金石皇帝以命臣愈臣愈再拜稽首而獻文曰唐承天命遂臣萬方孰居近土襲盜以狂往在玄宗崇極而圮河北悍驕河南附起四聖不宥屢興師征有不能克益戍以兵夫耕不食婦織不裳輸之以車爲卒賜糧外多失朝曠不岳狩百隸怠官事士其舊臣常時繼位顧瞻咨嗟惟汝文武孰恤予家既斬吴蜀旋取山東魏將首義六州降從淮蔡不順自以爲彊提兵叫讙欲事故常始命討之遂連姦鄰陰遣刺客来賊相臣方戰未利内驚京師群公上言莫若惠来帝爲不聞與神爲謀及相同德以訖天誅乃敕顔胤愬武古通咸統於弘各奏汝功三方分攻五萬其師大兵北乘厥數倍之嘗兵時曲軍士蠢蠢既翦陵雲蔡卒大窘勝之邵陵郾城来降自夏及秋復屯相望兵頓不勵告功不時帝哀征夫命相往釐士飽而歌馬騰於槽試之新城賊遇敗逃盡抽其有聚以防我西師躍入道無留者頟頟蔡城其疆千里既入而有莫不順俟帝有恩言相度来宣誅止其魁釋于下人蔡之卒夫投甲呼舞蔡之婦女迎門笑語蔡人告飢船粟往哺蔡人告寒賜以繒布始時蔡人禁不往来今相從戲里門夜開始時蔡人進戰退戮今眠而起左飡右粥爲之擇人以收餘備選吏賜牛教而不税蔡人有言始迷不知今乃大覺羞前之爲蔡人有言天子明聖不順族誅順保性命汝不吾信視此蔡方孰爲不順往斧其吭凡叛有數聲勢相倚吾彊不支汝弱奚恃其告而長而父而兄奔走来階同我太平淮蔡爲亂天子伐之既伐而飢天子活之始議伐蔡卿士莫隨既伐四年小大竝疑不赦不疑由天子明凡此蔡功惟斷乃成既定淮蔡四夷畢来遂開明堂坐以治之愈以元濟之平繇度能固天子意得不赦故諸將不敢首鼠卒禽之多歸度功而愬特以入蔡功居第一愬妻唐安公主女也出入禁中訴愈文不實帝亦重牾武臣心詔斲其文更命翰林學士段文昌爲之李祐以功遷神武將軍賜田宅米粟帝迹其重質教元濟亂欲誅之而李愬先許不死故貶春州司戸參軍凌朝江潘州司戸參軍是歲申蔡州始輸貢物戸部以其父不至請元日陳於廷祐字慶之後擢夏綏銀宥節度使從涇原討李同捷也改滄德景節度累檢校尚書左僕射重質之黜未幾轉太子少詹事隸武寧軍遷左神武將軍賚金幣與功臣等擢累左右神策劍南西川行營節度使歷師夏綏銀宥訓兵有法羌戎畏服終右龍武統軍贈尚書右僕射

劉悟其祖正臣平盧軍節度使襲范陽不克死叔父全諒節度宣武器其敢毅署牙將以罪奔潞州王虔休復署爲將被病去還東都全諒積緡錢數百萬在焉悟破滕鑰用之從惡少年殺人屠狗豪橫犯法繫河南獄留守韋夏卿貸免李師古厚幣迎之始未甚知後從獵軒然馳突撞師古馬仆師古恚將斬之悟盛氣以語觸師古不慴師古奇其才令將後軍妻以從媦歷牙門右職師道以軍用屈率賈人錢爲助命悟督之悟獨寬假人皆歸賴師道被討使將兵屯曹法一而信士卒樂爲用軍中刀斗不鳴田弘正兵屯陽穀悟徙營潭趙魏師踰河取盧縣壁阿井城中飛語以謂馮利涉與悟當爲帥師道内疑數召悟計事悟曰今與魏如角力者勢已交先退者負悟還魏踵薄城下矣左右諫曰兵成敗未可知殺大將孰肯爲用師道然之或言悟且亂不如速去師道遣使兩輩来責戰密語其副張暹使斬悟使者與暹屏語稍晦悟疑之暹以情告悟乃斬使者召諸將議曰魏博兵彊出則敗不出則死且天子所誅司空而已吾屬爲驅迫就死地孰若還兵取鄆立大功轉危亡爲富貴乎衆皆唯唯而别將趙垂棘沮其行悟因殺之并殺所惡三十人尸帳前衆畏伏下令曰入鄆人賞錢十萬聽復私怨財畜恣取之唯完富帑違者斬因遣報弘正使進兵潭趙悟夜半薄西門遲明啓而入殺師道并大將魏銑等數十人即拜悟義成節度使封彭城郡王實封户五百元和十五年来朝進檢校兵部尚書穆宗立徙昭義軍朱克融亂議者假威名以厭其亂移守盧龍至邢州會王庭湊之變不得入還遂屯進兼幽鎮招討使治邢州圍臨城觀望又不拔與監軍劉承偕不叶衆辱悟縱其下亂法悟不堪其忿承偕與都將張問謀縛悟送京師以問代節度事悟知之以兵圍監軍殺以使其屬賈直言質責悟曰李司空死有知使公所爲至此軍中將復有如公者矣悟遽謝曰吾不欲聞李司空字少選當定即據兵退匿承偕因之帝重違其心貶承偕然悟自是頗專肆上書言多不恭天下負罪亡命者多歸之彊刻其冤累進檢校司徒同中書門下平章事寶曆初忌者妄言師道以兵屯瑠璃陂悟惶恐命禱祭具千人膳自往求哀將易衣嘔血數斗卒贈太尉表其子從諫嗣從諫母微賤少狡獪師道時使悟出屯署從諫門下別奏從諫與師道諸奴日戲博交通具知其陰密事悉疏予悟故悟得立功悟卒從諫知留後持金幣賂當權者朝議謂上黨内鎮與河朔異不可許左僕射李絳奏言悟匿死衆不必同亂從諫威惠未著若詔比鎮大將領節度馳入軍第其未備使軍情有屬謀自屈矣有如拒命三州勢難獨存數月可覆時李逢吉王守澄納其賂數爲請敬宗乃以晉王普爲節度大使詔從諫主留事起將作監主簿檢校左散騎常侍晉王帝所愛從諫饋獻相望未幾拜節度使

大和初李聽敗館陶走淺口從諫引鐵騎黃頭郎救之聽免進檢校尚書左僕射拜司空封沛國公昭義自悟時治邢州而人思上黨從諫還治潞悟苛擾從諫寬厚故下益附六年請入朝文宗待遇加等明年還藩進同中書門下平章事公卿多託以私又見事柄不一遂心輕朝廷有驕色李訓約從諫誅鄭注及甘露事宰相皆夷族從諫言死非其罪從諫不平三上書請王涯等罪譏切中人時宦豎得志天子弱鄭覃李石新執政藉其論執以立權綱中人憚而怨之又劾奏蕭本非太后弟仇士良積怒倡言從諫志窺伺從諫亦妄言清君側因與朝廷猜貳武宗立兼太子太師性奢侈飾居室輿馬無遠略善貿易之筭從長子道入潞歲榷馬征商人又熬鹽貨銅鐵收緡十萬賈人子獻口馬金幣即署牙將使行賈州縣所在暴橫沓貪責子貸錢吏不應命即愬于從諫欲論奏或遣客游刺故天下怨怒從諫畜馬高九尺獻之帝帝不納疑士良所沮怒殺馬益不平又聞士良寵方渥愈憂惑欲自入朝恐不脫禍因被病卒年四十一贈太傅初大將李萬江者本退渾部李抱玉送回紇道太原牽帳從至潞州牧津梁寺地美水草馬如鴨而健世所謂津梁種者歲入馬價數百萬子弟姻婭隸軍者四十八人從諫從山東懼其重遷且生變而子弟亦豪縱少從諫不甚禮因誣其叛夷三族凡三百餘家姻妾有微過輒殺之人皆知其將亡從子稹父從素仕右驍衛將軍從諫以爲嗣病甚與妻裴謀令主軍事置大將王協郭誼劉武德劉守義等佐稹祕不發喪協謀遣將姜崟請醫於朝中人與醫至時從諫死已再旬稹曰公困革不任受詔稹請代拜中人曰則而視可也辭以母夫人侍不可屏中人欲直入武德等戶之中人恐有變趨出賂饋百萬後使者繼往爲知從諫已死者未至數舍衆懼武德與將董可武出兵萬人迎勞至牙門不得前諸將乃詣監軍崔士康邀說請如河朔故事士康懦不敢拒乃至喪次扶出稹爲裹絰巾曰毋東欲殺敕使諸將哄然咲遂出見三軍帝怒前使者不入諭隸恭陵稹所遣姜崟梁叔文梁叔明三輩皆杖死京兆府詔從素書敕稹護喪還東都稹不奉詔詔群臣議李德裕建言稹所恃者河朔耳若遣大臣諭上旨出山東兵破之必矣有詔奪從諫稹官敕諸軍進討於是河陽王茂元以兵屯萬善河東劉沔守昂車關壁榆社魏博何弘敬柵肥鄉侵平恩成德王元逵次臨洺略任堯山向城河中陳夷行營冀城侵翼氏茂元別遣將營天井關爲賊將薛茂卿所破執四將火十七柵張巨進攻萬善不能下茂元欲走會日暮賊自潰去詔忠武王宰以本軍入懷澤行營陳許士票武賊衆素憚畏而茂卿負戰勝冀厚賞或言其兵犯王略深朝廷且怒節益不可至稹然之故茂卿大望乃與宰通即僞挑戰而北委天井關去左右七營皆潰茂卿奔澤州使諜言於宰曰澤可取吾應於內宰疑不進失期茂卿扼腕悵恨稹聞其貳召殺之宰進破劉公直於陵川劉沔又取石會關李石代沔領河東稹因石兄洺州刺史恬移書乞降石以聞右拾遺崔碣表請納之帝怒斥碣鄧城令詔敢言罷兵者戮賊帥上書令石答書許稹面縛石馳往受之稹不出俄而太原將楊弁逐李石與稹連和稹諸將建議我求援彼叛卒若與之是與反者械其使送京師使康良佺屯鼓腰嶺敗太原兵生禽卒七百帝猶不赦始從諫將死命稹無恃驕群奴故李士貴等與王協尤用事士戰有功不賞下無鬭志府中財貨尚山積而協請稅商人使劉溪等分出檢實而溪并齊民閱其貲十取二百姓始怨從諫妻弟裴問守邢州有募兵五百號夜飛將多豪家子其家以輸貲不時爲溪所囚問以爲言溪大怒問因報溪與刺史崔嘏斬大將自歸成德軍王釗守洺州給士帛布一端稹幾代歲稟釗謂衆曰庫物尚多欲發以爲賞可乎士皆喜悉所有給之送款魏博軍磁州將高玉堯山將魏元談等以次降成德元逵以久爲賊守殺之稹聞三州降大懼大將郭誼與王協始議圖稹使董可武誘稹至北第置酒飲酣即斬首悉取從諫子在襁褓者二十餘并從子積匡周等殺之誅張谷張沿陳揚庭李仲京王渥王羽韓茂章茂實賈庠郭台甄戈十一族夷之軍中素未附者皆殺函稹首送王宰獻京師告廟社御興安門受之劉公直亦降於宰石雄以兵守壇軍大掠誼殺李士貴之雄衛稹之死誼斥從諫妻狀狹室收其貲私於己建大嚴旦望旌節宰相德裕建言稹庸亂誼始及軍窮蹙乃圖稹邀節不誅無以懲姦臣及兵在境宜悉取逆黨送京師論如法先是有狂人呼於潞市曰石雄七千人至矣從諫捕誅之乃請詔雄率兵如數以入雄至潞縛誼及王協劉公直安全慶李道德李佐堯劉武德董可武等送京師並殊死杖崔士康殺之白惟信者潞梟將數與雄戰懼不敢降自武鄉殺都將康良佺欲降盧鈞雄遣人召降惟信殺之卒降鈞有詔從諫且死乃罯猶軍事宜剖棺暴尸于市三日雄發視面如生一目尚開雄三斬之仇人剔其骨幾盡誼者兗州人兄岌及事悟爲牙將常樂潞山秀峻曰我死必葬此望氣者言其地當三世爲都頭異姓河北謂都頭異姓至貴稱也然穸過二丈不利誼以岌假刺史穿三丈得石蛇并三卵工破之皆流血至是誼及岌三子同誅張谷張沿陳揚庭皆有文時時言古今成敗以佐從諫故善遇此三人谷納耶鄆人李巖女爲侍人號新聲當從諫潛圖覬覦新聲諫谷曰始天子以從諫爲節度非有戰野攻城之功直以其父挈齊十二州還

天子去就間未能奪其嗣耳自有澤潞未聞以一縷一蹄爲天子壽左右皆無賴輩武朝數鎮傎覆皆雄才傑器尚不能固天子恩況從諫擢自兒女手中苟不以法得亦宜以不法終君當脫族西去大丈夫勿顧一飯恩以骨肉腥健兒食言訖悲涕谷不決者三月畏言泄縊之李仲京訓之兄爲蕭洪府判官擢監察御史王渥璠之子王羽涯族孫韓茂章茂實約之子賈庠餗子郭台行餘子甘露難作皆羸服奔從諫從諫衣食之甄戈者頗任俠從諫厚給衈坐上座自稱荆卿從諫與定州戍將有嫌命戈取之因爲逆旅上謁留飲三日乘間斬其首它日又使取仇人乃引不逞者十餘輩劫之從諫不悅號僞荆卿從諫妻裴以弟立功詔欲貸其死刑部侍郎劉三復執不可於是賜死以尸還問裴父敞晃之裔辟悟府悟奇之故爲從諫納其女裴年十五火光起衽下家人以爲怪因許婚封燕國夫人寬厚有謀每勸從諫入朝爲子孫計從諫有妾韋嬖頗封夫人許之詔至裴怒毀詔不與從諫它日會裴黨復出詔裴抵去曰淄青李師古四世阻命不聞側室封者君承朝廷姑息宜自黜削求洗濯顧以婢爲夫人族不日滅耳從諫赧然止及韋至京師乃言李丕降裴會大將妻號哭曰爲我語若夫勿忘先公恩願以子母託諸婦亦泣下故潞諸將叛益堅由是及禍初術者李琢能言禍福從諫以重幣邀辟署大將會昌初謂從諫曰往歲長星經斗公生直之今鎮復至當有災從諫即從軍山東閑毬場鑿鞠泉大興役以厭及病有言琢所興造皆逆歲疑有異謀使稹數其罪殺之府中恟恟譏而李丕降有李佐之者兼孫也累調河南尉號彊直嘗客潞爲從諫所禮留不得去遂署觀察府支使因娶其從祖妹從諫薄踈屬佐之賸實闕佐之亦薄之不甚荅從諫病佐之力諷使還東都從諫雖不能從然感服其言病且革王協等恐佐之妻母有所開說即董母歸東都會佐之奴告佐之交通賓客漏軍中虛實稹因之妻訴不見禮稹遂殺之武鄉令唐漢賓倫孫以稹拒命固諫歸朝不聽舉族見害李師晦者李宗室子始悟辟致幕府見從諫稍恣橫假言求長生術不與事從諫使歸東都師晦懼爲谷揚庭等所譖請居涉從諫不之疑稹敗有爲帝言者擢伊闕令而贈薛茂卿博州刺史大中初又贈漢賓本縣令先時河北諸將死皆先遣使弔祭次冊贈次近臣宣慰度軍便宜乃與節軍中不許出乃用兵大抵不半歲不能定故驁將逆子皆得爲之備稹初不意帝怒即見討及茂元錄詔示稹舉族號慟欲自歸而愚懦不決云自悟至稹三世凡二十六年李丕著善長短術與從諫厚善署大將及稹阻命軍中疾其才丕懼乞爲游弈深入以圖昔壘勳遂自歸議者疑爲賊遣德裕奏言討賊半年始有降者當賞以勸餘帝召見擢忻州刺史丕請取榆社東徑武安入討賊雖邢洺未下而兵不得救潞不聽楊弁亂遣人誘丕丕斬之以兵扼走集德裕言于帝曰度支戶部物積代州令丕塞其路賊破矣乃趣丕討弁兵未至而弁已禽遷汾晉二州刺史大中初拜振武節度使檢校刑部尚書党項叛徙鄜坊卒

贊曰傳稱作易者其知盜乎然則盜之情非聖人不能知唐中衰姦雄圜睨而奮李魏趙燕之地莽爲盜區摯叛百年夷狄其人而不能復殆上庸佐惟不知盜故也引妖就暝以奪厭明寧蕭俛崔植等謂耶

藩鎮宣武彰義澤潞列傳第一百三十九

突厥列傳第一百四十上　　唐書二百一十五上

宋　祁　奉　敕　撰

夷狄為中國患尚矣在前世者史家類能言之唐興蠻夷更盛衰嘗與中國亢衡者有四突厥吐蕃回鶻雲南是也方其時群臣獻議盈廷或聽或置班然可睹也劉貺以為嚴尤辯而未詳班固詳而未盡推其至當周得上策秦得其中漢無策何以言之荒服之外聲教所不逮其叛不為之勞師其降不為之釋備嚴守禦險走集使其為寇不能也為臣不得也惠此中夏以綏四方周之道也故曰周得上策易稱王侯設險以固其國築長城脩障塞所以設險也趙簡子起長城備胡燕秦亦築長城限中外益理城塹全國滅人歸咎焉後魏築長城議者以為人治一步方千里役三十萬人不旬朔而獲久逸故曰秦得中策漢以宗女嫁匈奴而高祖亦審冒頓不能止趙王之逆謀謂能息匈奴之叛非也且冒頓手弒其親而冀其不與外祖爭彊豈不惑哉然則知和親非久安計而為之者以天下初定紓歲月之禍耳武帝時中國大安胡寇益希疏而絕之此其時也方更糜耗華夏連兵積年故嚴尤以為下策然而漢至昭宣武士練習斥候精明匈奴收迹遠徙猶龍蟄春之過舉傾府藏給西北歲二億七十萬皇室淑女嬪於穹廬掖庭良人降於沙漠夫貢子女方物臣僕之職也詩曰莫敢不來享莫敢不來王荒服稱其來不言往也公及吳盟諱而不書柰何以天子之尊與匈奴約為兄弟帝女之號與胡媼並御蒸母報子從其汙俗中國異於蠻夷者有父子男女之別也婉冶之姿毀節異類垢辱甚矣漢之君臣莫之恥也魏晉羌狄居塞垣資奉踰昔百人之酋千口之長賜金印紫綬食王侯之俸牧馬之童乘羊之隸齎髭邀利者相錯於路耒耨之利絲枲所生散於數萬里之外胡夷歲驕華夏日蹙方其彊也竭人力以征之其服也養之如初病則受養彊則內攻中國為羌胡服役且千載可不悲哉誠能移其財以賞戍卒則民富移其爵以餌守臣則將良富利歸於我危亡移於彼無納女之辱無傳送之勞棄此而不為故曰漢無策嚴尤謂古無上策謂不能臣妾之也誠能之而不用耳秦無策謂撲狄而亡國也秦亡非撲狄也漢得下策謂伐胡而人病人既病矣又役人而奉之無策也故曰嚴尤辯而未詳也班固謂其來慕義則接以礼讓何者礼讓以交君子非所以接禽獸夷狄也纖麗外散則戎羯之心生戎羯之心生則侵盜之本也聖人飲食聲樂不與之共來朝坐於門外舌人體委以食之不使知馨香嘉味也漢氏習玩驕虜使其悅燕趙之色甘太官之珍服以文綺羅紈供之則增求絕之則招怨是飽豺狼以良肉而縱其獵噬也華人步卒利險阻虜人騎兵利平地堅守無與追奔競逐來則扼險使不得進去則閉險使不得還衝以長戟臨以彊弩非求勝也譬諸蟲豸恐蝎何礼讓之接哉故曰班固詳而未盡者此也杜佑謂秦以區區關中滅六彊國今竭萬方之財上奉京師外有犬戎凭陵陷城數百內有兵革未寧三紀矣豈制置異術古今殊時乎周制步百為畝畝百給一夫商鞅佐秦以為地利不盡更以二百四十步為畝百畝給一夫又以秦地曠而人寡晉地狹而人夥誘三晉之人耕而優其田宅復及子孫使秦人應敵於外非農與戰不得入官大率百人以五十人為農五十人習戰故兵彊國富其後仕宦途多末業日滋今大率百人纔十人為農餘皆習佗技又秦漢鄭渠溉田四万頃白渠溉田四千五百頃永徽中兩渠灌浸不過万頃大曆初減至六千畝畝腴一斛歲少四五百万斛地利耗人力散欲求彊富不可得也漢時長安北七百里即匈奴之地侵掠未嘗暫息計其舉國之衆不過漢一大郡鼂錯請備障塞故北邊妥安今潼關之西隴山之東鄜坊之南終南之北十餘州之地已數十萬家吐蕃綿力薄材食鮮藝拙不及中國遠甚誠能復兩渠之饒誘農夫趣耕擇險要繕城壘屯田蓄力河隴可復豈唯自守而已至佑孫牧亦曰天下無事時大臣偷處奉養逸戰士離落兵甲鈍弊車馬刓弱天下雜然盜發則疾驅以戰是謂宿敗之師此不蒐練之過其敗一也百人荷戈仰食縣官則挾千夫之名大將小裨操其餘贏以虜壯為幸執兵者常少廩食者常多築壘未乾公囊已虛此不責實之過其敗二也戰小勝則張皇其功奔走獻狀以邀賞或一日再賜一月累封凱還未歆書品已崇爵命極矣田宮廣矣金繒溢矣子孫官矣肯外死勤於我哉此賞厚之過其敗三也多喪兵士顛翻大都則跳身而來刺邦而去廻視刀鋸菜色甚安一歲未更已立於壇墀之上此輕罰之過其敗四也大將將兵柄不得專一曰為偃月一曰為魚麗三軍万夫環旋翔佯愰駭之間虜騎乘之此不專任之過其敗五也元和時團兵數十萬以誅蔡天下乾耗四歲然後能取之蓋五敗不去也長慶初盜子若孫悉來走命未幾而燕趙亂引師起將五敗益甚不能加威於反虜二杜之論如此廣德建中間吐蕃再飲馬岷江常以南詔為前鋒操倍尋之戟且戰且進蜀兵折刃吞鏃不能斃一戎戎兵日深疫死日衆自度不能留輒引去蜀人語曰西戎尚可南蠻殘我至韋皐乃開青谿道以和群蠻使道蜀入貢擇子弟習書美於成都業成而去習知山川要害文宗時大入成都自越巂以北八百里民畜為空又敗卒貧民因緣掠殺官不能禁自是群蠻常有屠蜀之心蜀民苦於重征者亦欲啓之以幸非常歲發戍卒不習山川之

險緩步一舍已呵然流汗為將者刻薄自入給帛則以疏易良賦粟以沙參
粒故邊卒怨望而巴蜀危憂孫樵謂宜詔嚴道沈黎越嶲三州度要害募卒
以守且兵籍於州則易役卒出於邊則習險相地分屯春耕夏蠶以資衣食
秋冬嚴壁以俟寇歲遣廉吏視卒之有無則官無餽運吏無牟盜此其備禦
之策可施行者著之于篇凡突厥吐蕃迴鶻以盛衰先後為次東夷西域又
次之迹用兵之輕重也終之以南蠻記唐所繇亡云

突厥阿史那氏蓋古匈奴北部也居金山之陽臣于蠕蠕種裔繁衍至吐門
遂彊大更號可汗猶單于也妻曰可敦其地三垂薄海南抵大漠其別部典
兵者曰設子弟曰特勒大臣曰葉護曰屈律啜曰阿波曰俟利發曰吐屯曰
俟斤曰閻洪達曰頡利發曰達干凡二十八等皆世其官而無員限衛士曰
附離可汗建廷都斤山牙門樹金狼頭纛坐常東鄉隋大業之亂始畢可汗
咄吉嗣立華人多往依之契丹室韋吐谷渾高昌皆役屬竇建德薛舉劉
武周梁師都李軌王世充等倔起虎視悉臣尊之控弦且百萬戎狄熾彊古
未有也高祖起太原遣府司馬劉文靜往聘與連和始畢使特勒康稍利獻
馬二千兵五百來會帝平京師遂恃功使者每來多橫驕武德元年骨咄祿
特勒來朝帝宴太極殿為奏九部樂引升御坐是歲始畢牙帳自破帝問內

史令蕭瑀瑀曰魏文帝幸許城門无故壞是年文帝崩豈其類耶二年始畢
自將度河至夏州與賊梁師都合又佐劉武周以五百騎入句注將侵太原
會病死帝為發哀長樂門詔群臣即館弔其使遣使者持段物三萬賻之子
什鉢苾幼不克立以為泥步設使居東偏立其弟俟利弗設是為處羅可汗
○處羅復妻隋義成公主遣使來告則又潛通王世充潞州總管李襲譽擊
斬其使取牛羊萬餘處羅迎隋蕭皇后及齊王暕之子正道於竇建德所因
立正道為隋王奉隋後隋人沒者隸之行其正朔置百官居定襄眾万人秦
王討武周也處羅以弟步利設騎二千會幷州三日多掠城中婦人女子去
總管李仲文不能制以俱餤特勒助屯明年謀取幷州置楊正道卜之不吉
左右諫止處羅曰我先人失國賴隋以存今忘之不祥卜不吉神詎無知乎
我自決之會天雨血三日國中犬夜群號求之不見遂有疾公主餌以五石
俄疽發死主以子奧射設陋弱弃不立更取其弟咄苾嗣是為頡利可汗○
頡利始為莫賀咄設牙直五原北薛舉陷平凉與連和帝患之遣光祿卿宇
文歆賂頡利使與舉絕隋五原太守張長遜以所部五城附虜歆幷說還五
原地皆見聽且發兵舉長遜所部會秦王軍太子建成議廢豐州幷割榆中
地於是處羅子郁射設以所部萬帳入處河南以靈州為塞頡利又妻義成

以始畢子什鉢苾為突利可汗使居東義成楊諧女也其弟善經亦依突厥
與王世充使者王文素共說頡利曰往啓民兄弟爭國賴隋得復位子孫有
國今天子非文帝後宜立正道以報隋厚德頡利然之故歲入寇然倚父兄
餘資兵銳馬多甚倨驕氣直出百蠻上視中國為不足與書辭悖嫚多須求
帝方經略天下故屈礼多所舍貸贈賚不貲然而不厭無厓之求也四年頡
利率萬騎與苑君璋合寇鴈門定襄王李大恩擊却之頡利執我使者漢陽
公瓌太常卿鄭元璹左驍衛大將軍長孫順德帝亦囚其使與相當由是寇
代州敗行軍總管永安王孝基略河東犯原州寇延州塞諸將與戰不能有
所俘明年還順德等且請和贄魚膠治二國之好也帝雖未情釋其使
特勒熱寒等厚與金還之大恩上言突厥飢馬邑可圖也詔殿中少監獨孤
晟共擊之晟後約大恩不敢進屯新城頡利自將數萬騎與劉黑闥合圍之
大恩沒士死者數千人進擊忻州為李高遷所破黑闥以突厥萬人擾山東
又殘定州頡利未得志乃率十五萬騎入鴈門圍幷州深鈔汾潞取男女五
千分數千騎轉掠原靈間於是太子建成將兵出豳州道秦王將兵出蒲州
道擊之李子和以兵趨雲中掩可汗後段德操出夏州徂其歸幷州總管襄
邑王神符戰汾東斬虜五百首取馬二千汾州刺史蕭顗獻俘五千虜陷大

震關縱兵掠弘州總管宇文歆靈州楊師道拒之獲馬牽屯數擊頡利聞秦
王且至引出塞王師還又明年與黑闥君璋等小入寇定匡原朔等州與
屯將相勝負帝遣太子建成復屯北邊秦王屯幷州備虜久乃罷俄又破代
地一屯進擊渭豳二州取馬邑不有也復請和歸我馬邑七年攻原朔二州
入代地不勝更與君璋合攻隴州及陰槃城分擊幷地秦王與齊王元吉屯
豳州道以備胡君璋與虜出入原朔忻幷地剽係騷然數為諸將驅逐其八
月頡利與突利兵悉起自原州連營而南所在震恐秦王齊王拒之初關中
霖潦餽道絕軍次豳州可汗萬騎奄至陣五龍坂以數百騎挑戰眾軍失色
秦王馳百騎掠陣大言曰國家於突厥無負何為深入我秦王也故來自與
可汗決若固戰我纔百騎耳徒廣殺傷無益也頡利笑不荅又馳騎語突利
曰爾往與我盟急難相助今無香火情邪能一決乎突利亦不對王將絕水
前頡利見兵少又聞與突利語陰相忌即遣使者來曰王毋苦我固不戰將
與王議事耳於是引去秦王縱反間突利乃歸心不欲戰頡利亦無以彊之
乃遣突利及夾畢特勒思摩請和帝許之突利遂自託於王為昆弟帝見思
摩引升御榻思摩頓首辭帝曰我見若猶頡利也乃聽命突厥既歲盜邊或
說帝曰虜數內寇者以府庫子女所在我能去長安則戎心止矣帝使中書

侍郎宇文士及踰南山按行樊鄧將徙都焉群臣贊遷秦王獨曰夷狄自古
爲中國患未聞周漢爲遷也願假數年請取可汗以報帝乃止頡利已和亦
會甚雨弓矢皆弛兵遂解而還帝會群臣問所以備邊者將作大匠于筠請
五原靈武置舟師於河扼其入中書侍郎溫彥博曰魏爲長塹遏匈奴今可
用帝使桑顯和塹邊大道召江南船工大發卒治戰艦頡利遣使來願款北
樓關請互市帝不能拒帝始兼天下罷十二軍尚文治至是以虜患方張乃
復置之以練卒蒐騎八年頡利攻靈朔與代州都督藺謩戰新城謩敗績
於是張瑾兵屯石嶺李高遷屯大谷秦王屯蒲州道初帝待突厥用敵國礼
及是怒曰往吾以天下未定厚於虜以紓吾邊今卒敗約朕將擊滅之毋須
姑息命有司更所與書爲詔若敕瑾未至屯虜已踰石嶺圍并州攻靈州轉
擾潞沁李靖以兵出潞州道行軍總管任瓌屯太行瑾戰大谷敗績中書侍
郎溫彥博陷于賊鄆州都督張德政死之遂攻廣武爲任城王道宗破其欲
谷設掠綏州請和去敗并州數縣入蘭鄯彭州諸屯或小勝不能制俄寇原
州折威將軍楊屯擊之且發士屯大谷九年攻原靈又圍涼州進犯涇原李
靖與戰靈州虜引去寇西會州圍烏城翔徉隴渭間平道將軍柴紹破之於
秦州斬一特勤三大將虜千級大抵虜得志則深入貪則請和不恥也其七

月頡利自將十萬騎襲武功京師戒嚴攻高陵尉遲敬德與戰涇陽獲俟斤
烏沒啜斬首千餘級頡利遣謀臣執失思力入朝以覘我因夸說曰二可汗
兵百萬今至矣太宗曰我與可汗嘗面約和爾則背之且義師之初爾父子
身從我遺賜玉帛多至不可計何妄以兵入我都畿自夸盛彊耶今我當先
戮爾矣思力懼請命蕭瑀封德彝諫帝不如礼遣之帝不許縶於門下省乃
與侍中高士廉中書令房玄齡將軍周範等馳六騎出玄武門幸渭上與可
汗隔水語且責其負約群酋見帝皆驚下馬拜俄而衆軍至旗鎧光明部隊
静嚴虜大駭帝與頡利按轡即麾軍却而陣焉蕭瑀以帝輕敵叩馬諫帝曰
我思孰矣非爾所知也夫突厥掃地入寇以我新有內難謂不能師我若闔
城彼且大掠吾境故我獨出示无所畏又盛兵使知必戰不意我能沮其始
謀彼入吾地既深懼不能返故與戰則克和則固制賊之命在此舉矣是日
頡利果請和許之翌日刑白馬與頡利盟便橋上突厥引還蕭瑀曰頡利之
來諸將多請與戰陛下不聽既而虜自退其策安出帝曰突厥衆而不整君
臣惟利是視可汗在水西而酋帥皆來謁我我醉而縛之其勢易甚又我敕
長孫无忌李靖潛師幽州以須若大軍躡其後伏邀諸前取之反覆掌耳然
我新即位爲國者要在安静一與虜校殺傷必多彼敗未及亡懼而脩德與

我爲怨其可當耶今仆械卷鎧啗以玉帛虜志必驕驕則亡之端也故曰將
欲取之必固與之瑀再拜曰非臣愚所逮也乃詔毀中監臣盧寬將軍趙綽
護送突厥頡利獻馬三千匹羊萬頭帝不納詔歸所俘於我貞觀元年薛延
陀回紇拔野古諸部皆叛使突利討之不勝輕騎走頡利怒囚之突利由是
怨望是歲大雪羊馬多凍死人飢懼王師乘其敝即引兵入朔州地聲言會
獵議者請責其敗約因伐之帝曰匹夫不可爲不信況國乎我既與之盟豈
利其災邀險以取之耶須其无礼於我乃伐之明年突利自陳爲頡利所攻
求救帝曰朕與頡利盟又與突利有昆弟約不可不救奈何兵部尚書杜如
晦曰夷狄無信我雖如約彼常負之今亂而擊之侮亡之道也乃詔將軍周
範壁太原經略之頡利亦擁兵窺邊或請築古長城發民乘塞帝曰突厥盛
夏而霜五日並出三月連明赤氣滿野彼見災而不務德不畏天也遷徙無
常六畜多死不用地也俗死則焚今葬皆起墓背父祖命嫚鬼神也與突利
不睦內相攻殘不和於親也有是四者將亡矣當爲公等取之安在築障塞
乎突厥俗素質略頡利得華士趙德言才其人委信之稍專國又委政諸胡
斥遠宗族不用興師歲入邊下不堪苦胡性冒數翻覆不信號令無常歲
大飢斂苛重諸部攜貳明年屬部薛延陀自稱可汗以使來詔兵部尚

書李靖擊虜馬邑頡利走九俟斤以衆降拔野古僕骨同羅諸部奚酋長
皆來朝於是詔并州都督李世勣出通漢道李靖出定襄道左武衛大將軍
柴紹出金河道靈州大都督任城王道宗出大同道幽州都督衛孝節出恒
安道營州都督薛萬淑出暢武道凡六總管師十餘萬皆授靖節度以討之
道宗戰靈州俘人畜萬計突利及郁射設蔭奈特勤帥所部來奔捷書日夜
至帝謂群臣曰往国家初定太上皇以百姓故奉突厥詭而臣之朕常痛心
病首思一刷恥於天下今天誘諸將所向輒克朕其遂有成功乎四年正月
靖進屯惡陽嶺夜襲頡利頡利驚退牙磧口大酋康蘇密等以隋蕭皇后楊
正道降或言中国人嘗通書於后中書舍人陽文瓘請劾治帝曰天下未
一人或當思隋今反側既安何足治耶置勿劾頡利窘走保鐵山兵猶數萬
令執失思力來陽爲哀言謝罪請內屬帝詔鴻臚卿唐儉將軍安脩仁等持
節慰撫靖知儉在虜所虜必安乃襲擊之盡獲其衆頡利得千里馬獨奔沙
鉢羅行軍副總管張寶相禽之沙鉢羅設蘇尼失以衆降其國遂亡復定襄
恒安地斥境至大漠矣頡利至京師告俘太廟帝御順天樓陳仗衛士民縱
觀吏執可汗至帝曰而罪有五而父國破賴隋以安不以一鏃力助之使其
廟社不血食一也與我鄰而棄信擾邊二也恃兵不戢部落攜怨三也賊華

民暴禾稼四也許和親而遷延自遁五也朕殺爾非無名顧渭上盟未之忘故不窮責也乃悉還其家屬館于太僕稟食之思結俟斤以四萬衆降可汗弟欲谷設奔高昌既而亦來降伊吾城之長素臣突厥舉七城以獻因其地爲西伊州制詔突厥往逢齊殞長城之南暴骨如丘有司其以酒脯祭爲瘞藏之又詔隋亂華民多沒于虜遣使者以金帛贖男女八萬口還爲平民頡利不室處常設穹廬廷中久鬱鬱不自憀與家人悲歌相泣下狀貌羸省帝見憐之以虢州負山多麋鹿有射獵之娛乃拜爲刺史辭不往遂授右衛大將軍賜美田宅帝曰昔啓民失國隋文帝不恡粟帛興士衆營護而存立之至始畢稍彊則以兵圍煬帝鴈門今其滅者殆背德忘義致然耶頡利子疊羅支有至性既舍京師諸婦得品供羅支預焉其母最後至不得給羅支不敢嘗品肉帝聞歎曰天稟仁孝詎限華夷哉厚賜之遂給母肉八年頡利死贈歸義王謚曰荒詔國人葬之從其禮火尸起冢灞東其臣胡祿達官吐谷渾邪者頡利母婆施之媵臣也頡利始生以授渾邪至是哀慟乃自殺帝異之贈中郎將命葬頡利冢旁詔中書侍郎岑文本刻其事于頡利渾邪之墓碑俄蘇尼失亦以死殉尼失者啓民可汗弟也始畢以爲沙鉢羅設帳部五萬牙直靈州西北姿雄趫以仁惠御下人多歸之頡利政亂其部獨不貳突

利降頡利以爲小可汗頡利已敗乃舉衆來復南地遂空授北寧州都督右衛大將軍封懷德王云頡利之亡其下或走薛延陀或入西域而來降者尚十餘萬詔議所宜咸言突厥擾中國久今天喪之非慕義自歸請籍降俘內兗豫閑處使習耕織百萬之虜可化爲齊人是中國有加戶而漠北遂空也中書令溫彥博請如漢建武時置降匈奴留五原塞全其部落以爲扞蔽不革其俗因而撫之實空虛之地且示無所猜若內兗豫則乖本性非函育之道秘書監魏徵建言突厥世爲中國仇今其來降不即誅滅當遣還河北彼鳥獸野心非我族類弱則伏彊則叛其天性也且秦漢以銳師猛將擊取河南地爲郡縣者以不欲使近中國也陛下奈何以河南居之且降者十萬若令數年孳息略倍而近在畿甸心腹疾也彥博曰不然天子於四夷若天地養萬物覆載全安之今突厥破滅餘種歸命不加哀憐而棄之非天地蒙覆之義而有阻四夷之嫌臣謂處以河南蓋死而生之亡而存之彼世將懷德何叛之爲徵曰魏時有胡落分處近郡晉已平吳郭欽江統勸武帝逐出之不能用劉石之亂卒傾中夏陛下必欲引突厥居河南所謂養虎自遺患者也彥博曰聖人之道無不通故曰有教無類彼創殘之餘以窮歸我我援護之收處內地將教以禮法職以耕農又選酋良入宿衛何患之卹且光武

置南單于卒無叛亡於是中書侍郎顏師古給事中杜楚客禮部侍郎李百藥等皆勸帝不如使處河北樹酋長俾統部落視地多少令不相臣國小權分終不得亢衡中國長轡遠馭之道也帝主彥博語卒度朔方地自幽州屬靈州建順祐化長四州爲都督府剖頡利故地左置定襄都督右置雲中都督二府統之擢酋豪爲將軍郎將者五百人奉朝請者且百員入長安自籍者數千戶乃以突利可汗爲順州都督令率其下就部

突利初爲泥步設得隋淮南公主以爲妻頡利之立用次弟爲延陀設主延陀部步利設主霫部統特勒主胡部斛特勒主斛薛部以突利可汗主契丹靺鞨部樹牙南直幽州東方之衆皆屬焉突利斂取無法下不附故薛延陀奚霫等皆內屬頡利遣擊之又大敗衆騷離頡利囚捶之久乃赦突利嘗自結於太宗及頡利衰驟追兵於突利不肯從因起相攻突利請入朝帝謂左右曰古爲國者勞己以憂人則系祚長役人以奉己則亡今突厥喪亂由可汗不君突利雖至親不自保而來夷狄弱則邊境安然觀彼亡我不可以無懼有不逮者禍可紓乎突利至禮見良厚輟膳以賜之拜右衛大將軍封北平郡王食戶七百以爲都督太宗敕曰而祖啓民破亡隋則復之棄德不報而父始畢反爲隋敵爾今窮來歸我所以不立爾爲可汗鑒前敗也我欲中

國安爾宗族不亡故授爾都督毋相侵掠長爲我北藩突利頓首聽命後入朝死幷州道中年二十九帝爲舉哀詔文本文其墓子賀邏鶻嗣帝幸九成宮突利弟結社率以郎將宿衛陰結種人謀反劫賀邏鶻北還謂其黨曰我閒晉王丁夜得辟仗出我乘閒突進可犯行在是夕大風冥王不出結社率恐謀漏即射中營譟而殺人衛士等共擊之乃走殺廄人盜馬欲度渭微邏禽斬之赦賀邏鶻投嶺外於是群臣更言處突厥中國非是帝亦患之乃立阿史那思摩爲乙彌泥孰俟利苾可汗賜氏李樹牙河北悉徙突厥還故地

○思摩頡利族人也父曰咄六設始啓民奔隋磧北諸部奉思摩爲可汗啓民歸國乃去可汗號性開敏善占對始畢處羅皆愛之然以貌似胡疑非阿史那種故但爲夾畢特勒而不得爲設武德初數以使者來高祖嘉其誠封和順郡王及諸部納款思摩獨留與頡利俱禽太宗以爲忠授右武候大將軍化州都督統頡利故部居河南徙懷化郡王及是將徙內畏薛延陀不敢出塞帝詔司農卿郭嗣本持節賜延陀書言中國禮義未始滅人國以頡利暴殘伐而取之非貪其地與人也故處降部於河南薦草美泉利其畜牧衆日孳蕃今復以思摩爲可汗還其故疆延陀受命在前長於突厥舉磧以北延陀主之其南突厥保之各守而境無相鈔犯有負約我自以兵誅之思摩

乃行帝爲置酒引思摩前曰昔一草一木見其滋廡以爲喜况我養爾部人
息爾馬羊不減昔乎爾父母墳墓在河北今復舊廷故宴以尉行思摩泣下
奉觴上萬歲壽且言破亡之餘陛下使存骨舊鄉願子孫世世事唐以報厚
德於是趙郡王孝恭鴻臚卿劉善就思摩部築壇場河上拜受冊賜鼓纛又
詔左屯衛將軍阿史那忠爲左賢王左武衛將軍阿史那泥孰爲右賢王相
之薛延陀聞突厥之北恐其衆奔亡度磧勒兵以待及使者至乃謝曰天子
詔毋相侵謹頓首奉詔然突厥翻覆難信其未亡時殺中國人如麻陛下滅
其國謂且收種落皆爲奴婢以償唐人乃養之如子而結社率竟反此不可
信明甚其後有亂請終爲陛下誅之十五年思摩帥衆十餘萬勝兵四萬馬九
萬匹始度河牙於故定襄城其地南大河北白道畜牧廣衍龍荒之最壤故
突厥爭利之思摩遣使謝曰蒙恩立爲落長實望世世爲國一大守吠天子
北門有如延陀侵逼願入保長城詔許之居三年不能得其衆下多攜背思
摩慙因入朝願留宿衛更拜右武衛將軍從伐遼中流矢帝爲吮血其顧厚
類此還卒京師贈兵部尚書夏州都督陪葬昭陵築墳象白道山爲刊其勞
碑於化州
右賢王阿史那泥孰蘇尼失子也始歸國妻以宗女賜名忠及從思摩出塞

思慕中國見使者必流涕求入侍許之思摩既不能國殘衆稍稍南度河分
處勝夏二州帝伐遼或言突厥處河南逼京師請帝無東帝曰夫爲君者豈
有猜貳哉湯武化桀紂之民無不還善有隋無道舉天下皆叛非止夷狄也
朕閔突厥之亡內河南以振贍之彼不近走延陀而遂歸我懷我深矣朕策
五十年中國無突厥患思摩衆既南車鼻可汗乃盡有其地
車鼻亦阿史那族而突利部人也名斛勃世爲小可汗頡利敗諸部欲共君
長之會薛延陀稱可汗乃往歸焉其爲人沈果有智數衆頗附延陀畏逼
將殺之乃率所部遯去騎數千尾追不勝負金山之北三垂斗絕惟一面可
容車騎擐去夷博即據之勝兵三萬自稱乙注車鼻可汗距長安萬里西葛
邏祿北結骨皆并統之時時出掠延陀人畜延陀後衰車鼻勢益張二十一
年遣子沙鉢羅特勒獻方物且請身入朝帝遣雲麾將軍安調遮右屯衛郎
將韓華往迎之至則車鼻偃然無入朝意華謀與葛邏祿共劫之車鼻覺華
與車鼻子陟苾特勒鬭死調遮被殺帝怒遣右驍衛郎將高侃發回紇僕骨
兵擊之其大酋長歌邏祿泥孰闕俟利發處木昆莫賀咄俟斤等以次降侃
師攻阿息山部落不肯戰車鼻攜妻妾從數百騎走追至金山獲之獻京師
高宗責曰頡利敗爾不輔無親也延陀破爾遯亡不忠也而罪當死然朕見

先帝所獲酋長必宥之今原爾死乃釋縛獻俘社廟又見昭陵拜左武衛將
軍賜居第處其衆鬱督軍山詔建狼山都督府統之初其子羯漫陀泣諫車
鼻請歸國不聽乃遣子菴鑠入朝後來降拜左屯衛將軍建新黎州使領其
衆於是突厥盡爲封疆臣矣始置單于都護府領狼山雲中桑乾三都督蘇
農等二十四州瀚海都護府領金微新黎等七都督仙萼賀蘭等八州即擢
領酋爲都督刺史麟德初改燕然爲瀚海都護府領回紇徙故瀚海都護府
於古雲中城號雲中都護府磧以北蕃州悉隸瀚海南隸雲中雲中者義成
公主所居也頡利滅李靖徙突厥羸破數百帳居之以阿史德爲之長衆稍盛
即建言願以諸王爲可汗遙統之帝曰今可汗古單于也乃改雲中府爲單
于大都護府以殷王旭輪爲單于都護帝封禪都督葛邏祿叱利等三十餘
人皆從至泰山下已封詔勒名於封禪碑云凡三十年北方無戎馬警調露
初單于府大酋溫傅奉職二部反立阿史那泥孰匐爲可汗二十四州酋長
皆叛應之乃以鴻臚卿單于大都護府長史蕭嗣業左領軍衛將軍苑大智
右千牛衛將軍李景嘉討之恃勝不設備會雨雪士皸瘃反爲虜襲大敗殺
略萬餘人大智景嘉收餘卒行且戰乃免於是嗣業流桂州餘坐免官更拜禮
部尚書裴行儉爲定襄道行軍大總管率大僕少卿李思文營州都督周道

務西軍程務挺東軍李文暕士無慮三十萬捕擊反者詔右金吾將軍曹懷
舜屯井陘右武衛將軍崔獻屯絳龍門明年行儉戰黑山大破之其下斬泥
孰匐以首降禽溫傅奉職以還餘衆保狼山始虜未叛鳴鵽羣飛入塞吏曰
所謂突厥雀者南飛胡必至比春還悉隕無一返聞寧無首泥孰果亡狼山衆
掠雲州都督竇懷悊右領軍中郎將程務挺逐出之永隆中溫傅部又迎頡
利族子伏念於夏州走度河立爲可汗諸部響應明年寇原慶二州復詔
行儉爲大總管以右武衛將軍曹懷舜幽州都督李文暕副之諜者紿言伏
念溫傅保黑沙飢甚可輕騎取也懷舜獨信之輕兵倍道至黑沙乃不見虜得
薛延陀餘部降之引還至長城遇溫傅與戰所殺相當行儉兵壁代之陘口
縱反間故伏念溫傅相貳因遣兵擊伏念敗之伏念走與懷舜遇行且戰一
日爲伏念所破棄軍奔雲中士爲虜所乘死不可筭且南首仆懷舜殺牲與
伏念盟乃免伏念益北留輜重妻子保金牙山以輕騎將襲懷舜會行儉遣
部將掩得其輜重北還無所歸乃北走保細沙行儉縱單于鎮兵躡之伏念
意王師不能遠不設備及兵至惶駭不得戰遂遣使間道詣行儉執溫傅降
行儉虜之送京師斬東市永淳元年骨咄祿又反
骨咄祿頡利族人也雲中都督舍利元英之部酋世襲吐屯伏念敗乃嘯亡

散保據梓山又治黑沙城有衆五千盜九姓畜馬稍彊大乃自立爲可汗以弟默啜爲殺咄悉匐爲葉護時單于府檢校降戶部落阿史德元珍者爲長史王本立所囚會骨咄祿來寇元珍請諭還諸部贖罪許之至即降骨咄祿與黨謀遂以爲阿波達干悉屬以兵乃寇單于府北鄙遂攻并州殺嵐州刺史王德茂分掠定州北平刺史霍王元軌擊卻之又攻嬀州圍單于都護府殺司馬張行師攻蔚州殺刺史李思儉執豐州都督崔知辯詔右武衞將軍程務挺爲單于道安撫大使備邊嗣聖垂拱閒連寇朔代掠吏士左右玉鈐衞中郎將淳于處平爲陽曲道總管將擊賊救忻州與賊遇戰不利死者五千人更以天官尚書韋待價爲燕然道大總管討之明年入昌平右鷹揚衞大將軍黑齒常之擊卻之復入朔州常之與戰黃花堆虜敗追奔四十里遁過磧右監門衞中郎將爨寶璧表當追竟虜即破欲幸取功乃棄謀出塞二千里閒虜無備趨襲之將至漏言于軍虜得整衆出皆死戰大敗寶璧逃還舉軍沒武后怒誅寶璧改骨咄祿曰不卒祿俄而元珍攻突騎施戰死天授初骨咄祿死其子幼不得立

默啜自立爲可汗甚位數年始攻靈州多殺略士民武后以薛懷義爲朔方道行軍大總管內史李昭德爲行軍長史鳳閣鸞臺平章事蘇味道爲司

馬率朔方道總管契苾明鴈門道總管王孝傑威化道總管李多祚豐安道總管陳令英瀚海道總管田揚名等凡十八將軍兵出塞雜華蕃步騎擊之不見虜還俄詔孝傑爲朔方道行軍總管備邊契丹李盡忠等反默啜請擊賊自效詔可授左衞大將軍歸國公以左豹韜衞將軍閻知微即部冊拜遷善可汗默啜乃引兵擊契丹會盡忠死襲松漠部落盡得李萬榮妻子輜重酋長崩潰后美其功復詔知微持節冊默啜爲特進頡跌利施大單于立功報國可汗未及命俄攻靈勝二州縱殺略爲屯將所敗又遣使者謝請爲后子復言有女願女諸王且求六州降戶初突厥內屬者分處豐勝靈夏朔代閒謂之河曲六州降人默啜又請粟田種十萬斛農器三千具鐵數萬斤后不許宰相李嶠亦言不可默啜怨爲嫚言執使者司賓卿田歸道於是納言姚璹等建請與之乃歸粟與降人數千帳繇是突厥遂彊詔淮陽王武延秀聘其女爲妃詔知微攝春官尚書與司賓卿楊鸞莊持節護送默啜猥曰我以女嫁唐天子子今乃后家子乎且我世附唐今聞其子孫獨二人在我當立之即囚延秀等妄號知微爲可汗自將十萬騎南向擊靜難平狄清夷等軍靜難軍使慕容玄崱以兵五千降虜入圍嬀檀后詔司屬卿武重規爲天兵中道大總管右武威衞將軍沙吒忠義爲天兵西道總管幽州都督張仁亶

爲天兵東道總管兵凡三十萬擊之右羽林大將軍閻敬容李多祚爲天兵西道後軍總管兵亦十五萬默啜破蔚州飛狐進殘定州殺刺史孫彥高焚廬舍鄉聚爲空后怒下詔購斬默啜者王之更號曰斬啜虜圍趙州長史唐波若應之入殺刺史高叡進攻相州詔沙吒忠義爲河北道前軍總管李多祚爲後軍總管將軍嶋夷公福富順爲奇兵總管擊虜時中宗還自房陵爲皇太子拜行軍大元帥以納言狄仁傑爲副文昌右丞宋玄爽爲長史左肅政臺御史中丞霍獻可爲司馬右肅政臺御史中丞吉頊爲監軍使將軍扶餘文宣等六人爲子總管未行默啜聞之取趙定所掠男女八九萬悉阬之出五回道去所過人畜金幣子女盡剽有之諸將皆顧望不敢戰獨狄仁傑以兵追之不及默啜負勝輕中國有驕志大抵兵與頡利時略等地縱廣萬里諸蕃悉往聽命復立咄悉匐爲左察骨咄祿子默矩爲右察皆統兵二萬子匐俱爲小可汗位兩察上典處木昆等十姓兵四萬號拓西可汗歲入邊戍兵不得休乃高選魏元忠檢校并州長史爲天兵軍大總管婁師德副之按屯以待又徙元忠靈武道行軍大總管備虜默啜剽隴右牧馬萬匹去俄復盜邊詔安北大都護相王爲天兵道大元帥率并州長史武攸宜夏州都督薛訥與元忠擊虜兵未出默啜去明年寇鹽夏掠羊馬十萬攻石嶺遂圍

并州以雍州長史薛季昶爲持節山東防禦大使節度滄瀛幽易恆定嬀檀平等九州之軍以瀛州都督張仁亶統諸州及清夷障塞軍之兵與季昶掎角又以相王爲安北道行軍元帥監諸將王留不行虜入代忻殺略長安三年遣使者莫賀達干請進女女皇太子子后使平恩郡王重俊義興郡王重明盛服立諸朝默啜更遣大酋移力貪汗獻馬千匹謝許婚后渥禮其使中宗始即位入攻鳴沙於是靈武軍大總管沙吒忠義與戰不勝死者幾萬人虜遂入原會多取牧馬帝詔絕昏購斬默啜者王以國官諸衞大將軍默啜殺我行人鴻臚卿臧思言詔左屯衞大將軍張仁亶爲朔方道大總管屯邊明年始築三受降城於河外障絕寇路久之以唐休璟代屯睿宗初立又請和親詔取宋王成器女爲金山公主下嫁會左羽林大將軍孫佺等與奚戰冷陘爲奚所執獻諸默啜默啜殺之更以刑部尚書郭元振代休璟玄宗立絕和親默啜乃遣子楊我支特勒入宿衞固求昏以蜀王女南和縣主妻之下書諭尉可汗明年使子移涅可汗引同俄特勒火拔頡利發石失畢精騎攻北廷都護郭虔瓘擊之斬同俄城下虜奔解火拔不敢歸攜妻子來奔拜左武衞大將軍燕山郡王號其妻爲金山公主賜齎優縟楊我支死詔宗親三等以上弔其家是時突厥再上書求昏帝未報初默啜西滅娑葛

逐，徙督契丹、奚，因虛用其下。既年老，愈昏暴，部落怨畔。十姓左五咄陸、右五弩失畢俟斤皆請降。葛邏祿、胡屋、鼠尼施三姓，大漠都督特進朱斯、陰山都督謀落匐雞、玄池都督蹋實力胡鼻率衆内附，詔處其衆於金山，以右羽林軍大將軍薛訥為涼州鎮軍大總管，節度赤水、建康、河源等軍，屯涼州，以都督楊執一副之；右衛大將軍郭虔瓘為朔州鎮軍大總管，節度和戎、大武、并州之北等軍，屯并州，以長史王晙副之。撫新附，檢默啜。葛邏祿等詔在所都護、總管掎角應援。虜數覆削，其婿高麗莫離支高文簡與𨁂跌都督思太、吐谷渾大酋慕容道奴、郁射施大酋鶻屈頡斤苾悉頡力、高麗大酋高拱毅，合萬餘帳相踵款邊，詔内之河南，引拜文簡左衛大將軍、遼西郡王，思太特進、右衛大將軍兼𨁂跌都督、樓煩郡公，道奴左武衛將軍兼刺史、雲中郡公，鶻屈頡斤左驍衛將軍兼刺史、陰山郡公，苾悉頡力左武衛將軍兼刺史、鴈門郡公，拱毅左領軍衛將軍兼刺史、平城郡公，將軍皆員外置，賜各有差。默啜討九姓，戰磧北，九姓潰，人畜皆死，思結等部來降，帝悉官之，拜薛訥朔方道行軍大總管，太僕卿吕延祚、靈州刺史杜賓客佐之，備邊。詔金山、大漠、陰山、玄池都督等共圖取默啜，班賞格賜物諭之。默啜又討九姓拔野古，戰獨樂河，拔野古大敗。默啜輕歸，不為備，道大林中，拔曳固殘衆突出，擊默啜，斬之，乃與入蕃使郝靈荃傳首京師。骨咄祿子闕特勤合故部，攻殺小可汗及宗族略盡，立其兄默棘連，是為毗伽可汗。

突厥列傳第一百四十上

突厥列傳第一百四十下　　唐書二百十五下

宋　祁　奉　敕　撰

毗伽可汗默棘連，本謂小殺者，性仁友，自以立非己功，讓於闕特勤，特勤不敢受，遂嗣位，實開元四年。以特勤為左賢王，專制其兵。初，默啜死，闕特勤盡殺其用事臣，惟暾欲谷者，以女婆匐為默棘連可敦，獨免，廢歸其部。後突騎施蘇祿自為可汗，突厥部種多貳，默棘連乃召暾欲谷與謀國。年七十餘，衆尊畏之。俄而𨁂跌思太等自河曲歸之。始，降户之南也，單于副都護張知運盡斂其兵，戎人怨怒，及姜晦為巡邊使，遮訴禁弓矢無以射獵為生，晦悉還之。乃共擊張知運，禽之，將送突厥。朔方行軍總管薛訥將軍郭知運追之，衆潰，釋知運去。思太等分為二隊北走，王晙又破其左隊。默棘連既得降胡，欲南盜塞，暾欲谷曰：「不可。天子英武，人和歲豐，未有間，且我兵新集，不可動也。」默棘連又欲城所都，起佛老廟，暾欲谷曰：「突厥衆不敵唐百分一，所能與抗者，隨水草射獵，居處無常，習於武事，彊則進取，弱則遁伏，唐兵雖多，無所用也。若城而居，戰一敗，必為彼禽。且佛老教人仁弱，非武彊術。」默棘連當其策，即遣使者請和，帝以不情，答而不許。俄下詔伐之，乃以拔悉蜜右驍衛大將軍金山道總管處木昆執米啜、堅昆都督右武衛大將軍骨篤祿毗伽可汗、契丹都督李失活、奚都督李大酺、突厥默啜子左賢王墨特勤、左威衛將軍右賢王阿史那毗伽特勤、燕山郡王火拔石失畢等，蕃、漢士悉發，凡三十萬，以御史大夫朔方道大總管王晙統之，期八年秋，並集稽落水上。使拔悉蜜、奚、契丹分道掩其牙，捕默棘連。默棘連大恐，暾欲谷曰：「拔悉蜜在北庭，與二蕃相距遠，必不合；晙與張嘉貞有隙，必相執異，亦必不能來；即皆能來，我當前三日悉衆北徙，彼糧竭自去。拔悉蜜輕而好利，當先至，擊之可取也。」俄而拔悉蜜果引衆逼突厥牙，知晙等不至，乃引卻。突厥欲擊之，暾欲谷曰：「兵千里遠出，士殊死鬭，鋒不可當也，不如躡之。」邀近而取之，距北庭二百里，乃分兵由它道襲拔其城，即急擊拔悉蜜，衆走趨北庭，無所歸，悉禽之。還出赤亭，掠涼州，都督楊敬述使官屬盧公利、元澄等勒兵討捕。暾欲谷曰：「敬述若城守，當與和；如兵出，吾且決戰，必有功。」澄令于軍曰：「羸臂持滿，外注會大寒，烈風，士手不能張弓矢。」由是大敗，元澄走，敬述坐以白衣檢校涼州事。突厥遂大振，盡有默啜餘衆。明年，固乞和，請父事天子，許之。又連歲遣使獻方物求婚。是時天子東巡泰山，中書令張說謀益屯以備突厥，兵部郎中裴光廷曰：「封禪以告成功，若復調發，不可謂成功。」說曰：「突厥雖請和，難以信結也。且其可汗仁而愛人，下為之用，闕特勤善戰，暾欲谷沈雄，愈老而智，李靖芒勤流也三虜方協知我舉國東巡有如乘間何以禦之光廷即請以使召其大臣入衛乃遣鴻臚卿袁振往諭帝意默棘連置酒與可敦闕特勒暾欲谷坐帳中謂振曰吐蕃犬出也唐與爲昏奚契丹我奴而役也亦尚主獨突厥前後請不許云何振曰可汗天子子也子而昏可乎默棘連曰不然二蕃皆賜姓而得尚主何不可云且公主亦非帝女我不敢有所擇但屢請不得爲諸國笑振許爲請默棘連遣大臣阿史德頡利發入獻遂從封禪有詔四夷諸酋皆入仗佩弓矢會兔起帝馬前帝一發斃之頡利發奉兔頓首賀曰陛下神武超絶若天上則臣不知人間無有也詔問飢欲食乎對曰仰觀弧矢之威使十日不食猶爲飽因令仗內馳射毫封畢厚宴賜遣之然卒不許和親自是比年遣大臣入朝吐蕃以書約與連和鈔邊默棘連不敢從封上其書天子嘉之引使者梅録啜宴紫宸殿詔朔方西受降城許互市歲賜帛數十萬十九年闕特勒死使金吾將軍張去逸都官郎中呂向奉璽詔弔祭帝爲刻辭于碑仍立廟像四垣圖戰陣狀詔高手工六人往繪寫精肖其國以爲未嘗有默棘連視之必悲梗默棘連請昏既勤帝許可於是遣哥解栗必來謝請昏期俄爲梅録啜所毒忍死殺梅録啜夷其種乃卒帝爲發哀詔宗正卿李佺弔祭因立廟詔史官李融文其碑國人共立其子爲伊然可汗伊然可汗立八年卒凡遣使三入朝其弟嗣立是爲苾伽骨咄禄可汗使右金吾衛將軍李質持册爲登利可汗明年遣使伊難如朝正月獻方物曰禮天可汗如禮天今新歲獻月願以萬壽獻天子可汗幼其母婆匐與小臣飫斯達干亂遂預政諸部不協登利從父分掌東西兵號左右殺士之精勁皆屬可汗與母誘斬西殺奪其兵左殺懼即攻登利可汗殺之左殺者判闕特勒也遂立毗伽可汗子俄爲骨咄葉護所殺立其弟旋又殺之葉護乃自爲可汗天寶初其大部回紇葛邏禄拔悉蜜並起攻葉護殺之尊拔悉蜜之長爲頡跌伊施可汗於是回紇葛邏禄自爲左右葉護亦遣使者來告國人奉判闕特勒子爲烏蘇米施可汗以其子葛臘哆爲西殺帝使使者諭令內附烏蘇不聽其下不與拔悉蜜等三部共攻烏蘇米施米施遁亡其西葉護阿布思及葛臘哆率五千帳降以葛臘哆爲懷恩王三載拔悉蜜等殺烏蘇米施傳首京師獻太廟其弟白眉特勒鶻隴匐立是爲白眉可汗於是突厥大亂國人推拔悉蜜酋爲可汗詔朔方節度使王忠嗣以兵乘其亂抵薩河內山擊其左阿波達干十一部破之獨其右未下而回紇葛邏禄殺拔悉蜜可汗奉回紇骨力裴羅定其國是爲骨咄禄毗伽闕可汗明年殺白眉可汗傳首獻毗伽可汗妻骨咄禄婆匐可敦率衆自歸天子御花蕚樓宴群臣賦詩美其事封可敦爲賓國夫人歲給粉直二十萬始突厥國於後魏大統時至是滅後或朝貢皆其別部九姓云其地盡入回紇始其族分國於西者曰西突厥

西突厥其先訥都陸之孫吐務號大葉護長子曰土門伊利可汗次子曰室點蜜亦曰瑟帝米瑟帝米之子曰達頭可汗亦曰步迦可汗始與東突厥分烏孫故地有之東即突厥西雷翥海南疏勒北瀚海直京師北七千里由焉耆西北七日行得南庭北八日行得北庭與都陸弩失畢歌邏禄處月處蜜伊吾諸種雜其風俗大抵突厥也言語少異初東突厥木杆可汗死舍其子大邏便而立弟佗鉢可汗佗鉢死先令戒其子菴羅必立大邏便國人以其母賤不肯立而卒立菴羅菴羅後以讓木杆兄子攝圖是爲沙鉢略可汗而大邏便別爲阿波可汗自臣所部沙鉢略襲擊之殺其母阿波西走達頭當是時達頭爲西面可汗即授阿波兵十萬使與東突厥戰而阿波會爲沙鉢略所禽及啓民可汗時達頭可汗歲以兵相加而隋常助啓民故達頭敗奔吐谷渾始阿波既禽國人立鞅素特勒子是爲泥利可汗達頭之奔泥利亦敗及死其子達漫立是爲泥撅處羅可汗政苛衆多怨大業中從煬帝征高麗賜號曷薩那可汗妻以宗女留其弟闕達度設畜牧於會寧郡即自稱闕可汗江都亂曷薩那從宇文化及至黎陽遁歸長安高祖降榻與共坐封歸義王以大珠獻帝不受曰朕所重者王之赤心是無用也闕可汗有馬三千武德元年內屬賜號吐烏過拔闕可汗與李軌連和隋西戎使者曹瓊據甘州誘之俄與瓊合共擊軌兵不勝走達斗拔谷與吐谷渾相輔車爲軌所滅初曷薩那朝隋國人皆不欲既被留不遣乃共立達頭孫號射匱可汗建廷龜茲北之三彌山玉門以西諸國多役屬與東突厥亢射匱死其弟統葉護嗣是爲統葉護可汗○統葉護可汗勇而有謀戰輒勝因并鐵勒下波斯罽賓控弦數十萬徙廷石國北之千泉遂霸西域諸國悉授以頡利發而命一吐屯監統以督賦入明年射匱使使來以曷薩那有世憾請殺之帝不許群臣曰存一人失一國後且爲患秦王曰不然人來歸我殺之不祥帝又不聽宴禁中酒酣至中書省縱使者戕之不宣也射匱亦連年條貢條支巨卵師子革等帝厚申撫結約與并力討東突厥統葉護可汗請昏頡利大懼乃與和約毋相伐也統葉護可汗來請昏帝與群臣謀西突厥去我遠緩急不可杖可與昏乎封德彝曰計今之便莫若遠交而近攻請聽昏以怖北狄待我既定而後圖之帝乃許昏詔高平王道立至其國統葉護可汗喜道立還獻萬釘寶鈿金帶馬五千匹以

稽約會東突厥歲犯邊西道梗澀又頡利遣謂曰若迎唐公主必假我道我且留之統葉護可汗病之未克昏方負其彊不以恩結下衆怨多叛去其諸父莫賀咄殺之帝欲齎玉帛焚祭其國會亂不果至莫賀咄立是爲屈利俟毗可汗遣使者來獻俟毗可汗初分統突厥爲小可汗既稱大可汗國人不附弩失畢部自推泥孰莫賀設爲可汗泥孰辭不受會肆葉護可汗子咥力特勤避莫賀咄亂亡在康居泥孰迎立之爲乙毗鉢羅肆葉護可汗與俟毗可汗分王其國爭鬭不解各遣使朝貢太宗追憐曷薩那死非罪爲贈上柱國具禮以葬貞觀四年俟毗可汗請昏不許詔曰突厥方亂君臣未定何遽昏爲各敕其部毋相侵由是西域諸國悉叛之國大虛耗衆悉附肆葉護可汗離俟毗之部亦稍稍去共以兵擊俟毗俟毗走保金山爲泥孰所殺奉肆葉護爲大可汗肆葉護已立卽北討鐵勒薛延陀爲延陀所敗性猜狠於統下小可汗乙利者於國最有功肆葉護聽讒種夷之衆皆沮駭又忌泥孰陰圖殺之泥孰亡入焉耆未幾設卑達干與弩失畢部諸酋家謀執殺肆葉護肆葉護輕騎走康居憂死國人迎泥孰於焉耆立之是爲咄陸可汗可汗父莫賀設本隸統葉護者武德時來朝太宗與之盟約爲昆弟死而泥孰代之或曰伽那設既立遣使詣闕不敢當可汗號帝詔鴻臚少卿劉善因持節冊

號吞阿婁拔利苾咄陸可汗賜鼓纛段綵巨萬泥孰遣使謝它日太上皇宴使者兩儀殿謂長孫無忌曰今蠻夷率服古亦有乎無忌上千萬歲壽太上皇喜以酒觴帝帝頓首謝亦奉觴上太上皇壽咄陸可汗死弟同俄設立是爲沙鉢羅咥利失可汗歲三遣使奉方物遂請昏帝慰而不許可汗分其國爲十部部以一人統之人授一箭號十設亦曰十箭爲左右左五咄陸部置五大啜居碎葉東右五弩失畢部置五大俟斤居碎葉西其下稱一箭曰一部落號十姓部落云然不爲衆所賴其部統吐屯以兵襲之咥利失率左右戰統吐屯不勝去咥利失與其弟步利設保焉耆阿悉吉闕俟斤與統吐屯召國人謀立欲谷設爲大可汗以咥利失爲小可汗會統吐屯被殺欲谷設又爲其俟斤所破咥利失乃復得故地後西部卒自立欲谷設爲乙毗咄陸可汗而與咥利失交戰殺傷不可計乃因伊列河約諸部河以西受令於咄陸其東屬咥利失王之自是西突厥又分二國矣咄陸可汗建廷鏃曷山西謂之北廷駮馬結骨諸國悉附臣之陰與咥利失部吐屯俟列發以兵攻咥利失咥利失援窮奔拔汗那而死國人立其子是爲乙屈利失乙毗可汗踰年死弩失畢大酋迎伽那設之子畢賀咄葉護立之是爲乙毗沙鉢羅葉護可汗太宗詔左領軍將軍張大師持節冊命賜鼓纛建廷雖合水北謂之南

廷東薄伊列河龜茲鄯善且末吐火羅焉耆石史何穆康等國皆隸屬是時咄陸兵彊盛與沙鉢羅葉護數交戰會皆二可汗使者皆來帝敕以敦睦令各罷兵咄陸不肯聽遣石國吐屯攻葉護可汗殺之并其國弩失畢不服叛去咄陸又擊吐火羅取之乃入寇伊州安西都護郭孝恪以輕騎二千自烏骨狙擊敗之咄陸以處月處密兵圍天山而不克孝恪追北拔處月俟斤之城抵遏索山斬千餘級降處密部而歸咄陸可汗性狠傲留使者元孝友等不遣安自我聞唐天子才武我今討康居爾視我與天子等不遂與共攻康居道米國即襲破之係虜其人取貲口不以與下其將泥孰啜怒奪取之咄陸斬以徇泥孰啜之將胡祿屋卒兵襲咄陸可汗多殺士國大亂將歸保吐火羅大臣勸其返國不從率衆去度葉水攻石國左右亡去略盡乃保可賀敦城自輕出招叛亡阿悉吉闕俟斤逆擊之咄陸敗龜茲取白水胡城以居弩失畢不欲咄陸爲可汗遣使者至闕下請所立帝遣通事舍人溫無隱持璽詔與國大臣擇突厥可汗子孫賢者授之乃立乙屈利失乙毗可汗之子是爲乙毗射匱可汗乙毗射匱既立改館使者悉還之長安使弩失畢將兵攻白水胡城咄陸勒兵自城出鳴鼓角薄鬭弩失畢不能軍殺獲甚多咄陸因其勝招徠舊部皆曰戰千人存一人我猶不從也咄陸自知衆怨乃走吐火

羅乙毗射匱遣使貢方物且請昏帝令割龜茲于闐疏勒朱俱波葱嶺五國爲聘禮不克昏於是阿史那賀魯自立盡得可汗部落

賀魯者室點密可汗五世孫曳步利設射匱特勒劫越子也始阿史那步真來歸國咄陸可汗以賀魯爲葉護代步真居多邏斯川直西州北千五百里統處月處密姑蘇歌邏祿弩失畢五姓之衆咄陸之走吐火羅也乙毗射匱以兵迫逐賀魯無常居部多散亡有執舍地處木昆婆鼻三種者以賀魯無罪往請可汗可汗怒欲誅執舍地等三種乃舉所部數千帳與賀魯皆內屬帝優撫之會討龜茲請先驅爲向導詔授崑丘道行軍總管宴嘉壽殿厚賜子解衣衣之擢累左驍衛將軍瑤池都督處其部於廷州莫賀城密招攜散獲益衆方帝崩卽謀取西廷二州刺史駱弘義以聞高宗遣通事舍人喬寶明馳撫因令賀魯遣子咥運入宿衛咥運屯擁劫於勢不得去拜右驍衛中郎將帝遣還咥運卽勸賀魯引而西取咄陸可汗故地建牙於千泉自號沙鉢羅可汗遂統咄陸弩失畢十姓咄陸有五啜曰處木昆律啜胡祿屋闕啜攝舍提暾啜突騎施賀邏施啜鼠尼施處半啜弩失畢有五俟斤曰阿悉結闕俟斤哥舒闕俟斤拔塞幹暾沙鉢俟斤阿悉結泥孰俟斤哥舒處半俟斤而胡祿屋闕啜賀魯壻也阿悉結闕俟斤最盛彊勝兵至數十萬以咥運爲莫

賀魯與葉護遂寇庭州敗數縣殺掠數千人去詔左武衛大將軍梁建方右驍衛大將軍契苾何力為弓月道行軍總管右驍衛將軍高德逸右武衛將軍薛孤吳仁副之發府兵三萬合回紇騎五萬擊之駱弘義獻計曰安中國以信馭夷狄以權理有變通也賀魯負保一城方寒積雪謂唐兵必不來宜乘此一舉滅之遷延及春且生變雖不能連諸國必遠遁去且兵本誅賀魯而處月處蜜木昆等亦各欲自免若留不進彼與賀魯復合矣今雖嚴冬風勁兵苦戰墮又不可久留賈邊糧使賊得堅壘附險死期也請寬處月處蜜等罪專誅賀魯以除禍務夫不可先治枝葉也願發射脾處月處蜜契苾等兵齎一月食急趨之大軍住憑洛水上為之影助此驅戎狄攻豺狼也且戎人藉唐兵為羽翼今胡騎出前唐兵躡後賀魯窮矣天子然其奏詔弘義佐建方等經略之處月朱邪孤注者引兵附賊據牢山建方等攻之衆潰追行五百里斬孤注上首九千級虜其帥六十不如弘義所計永徽四年罷瑤池都督府即處月置金滿州又遣左屯衛大將軍程知節為葱山道行軍大總管率諸將進討是歲咄陸可汗死其子真珠葉護請討賀魯自效為賀魯所拒不得前明年知節擊歌邏祿處月斬千級收馬萬計副將周智度擊處木昆城拔之斬馘三萬前軍蘇定方擊賀魯別帳鼠尼施于鷹娑川斬首虜獲馬甚衆賊棄鎧仗彌野會副總管王文度不肯戰降怛篤城取其財屠之知節不能制顯慶初擢定方伊麗道行軍大總管率燕然都護任雅相副都護蕭嗣業左驍衛大將軍瀚海都督回紇婆閏等窮討詔右屯衛大將軍阿史那彌射左屯衛大將軍阿史那步真為流沙道安撫大使分出金山道俟斤懶獨祿等萬餘帳迎降定方以精騎至曳咥河西擊處木昆破之賀魯舉十姓兵十萬騎來拒定方以萬人當之虜見兵少以騎繞唐軍定方令步卒據原攢矟外注自以騎陣於北賀魯先擊原上軍三犯軍不動定方縱騎乘之虜大潰追奔數十里俘斬三萬人殺其大酋都搭達干等二百人明日躡北五弩失畢皆降五咄陸聞賀魯敗趣南道降步真定方命嗣業婆閏趣邪羅斯川追虜任雅相提降兵踵後會大雪軍中請須霽定方曰今霧晦風冽虜謂我不能師掩其不虞可也緩則遠矣省日兼功上策也於是晝夜進收所過人畜至雙河與彌射步真會軍飽氣張距賀魯牙二百里陣而行抵金牙山賀魯衆適獵定方兵縱破其牙俘數萬人獲鼓纛器械賀魯跳度伊麗水嗣業次千泉彌射至伊麗處月處蜜諸部皆下次雙河賀魯先以步失達干據柵戰彌射攻之潰定方追賀魯至碎葉水盡奪其衆賀魯與咥運將奔鼠耨設至石國蘇咄城馬不進衆飢齎寶入城且市馬城主伊涅達干迎之既入拘送石國會彌射子元爽與嗣業兵至取之乃悉散諸部開道置驛收露骼問人疾苦賀魯所掠悉還之民西域平賀魯謂嗣業曰我亡虜也先帝厚我我則背之今天降怒罪尚何道且聞漢法殺人必都市我願就死昭陵謝罪於先帝也帝曰先帝賜賀魯三千帳主之今罪人既得獻昭陵其可乎許敬宗曰古者軍凱還則飲至于廟若諸侯獻馘天子未聞獻于陵然陛下奉園寢與宗廟等可行不疑於是執而獻昭陵赦不誅賀魯已滅裂其地為州縣以處諸部木昆部為匐延都督府突騎施索葛莫賀部為嗢鹿都督府突騎施阿利施部為絜山都督府胡祿屋闕部為鹽泊都督府攝舍提暾部為雙河都督府鼠尼施處半部為鷹娑都督府又置昆陵濛池二都護府以統之其所役屬諸國皆置州西盡波斯並隸安西都護府以阿史那彌射為興昔亡可汗兼驃騎大將軍崑陵都護領五咄陸部阿史那步真為繼往絕可汗兼驃騎大將軍濛池都護領五弩失畢部各賜帛十萬以光祿卿盧承慶持冊命之賀魯死詔葬頡利冢旁紀其俘於石

阿史那彌射亦室點蜜可汗五世孫世為莫賀咄葉護貞觀中遣使者持節立彌射為奚利邲咄陸可汗賜鼓纛族兄步真謀殺彌射欲自立彌射不能國即舉所部處月處蜜等入朝拜右監門衛大將軍而步真遂自為咄陸葉護衆不附去之亦與族人來朝拜左屯衛大將軍彌射從帝征高麗有功封平壤縣伯遷右武衛大將軍及平賀魯與步真皆為可汗得補所部刺史以下是歲彌射擊真珠葉護於雙河斬之殺闕啜二人彌射步真無綏御材下多怨於是思結都曼率疏勒朱俱波喝槃陀三國叛擊破于闐詔左驍衛大將軍蘇定方討之都曼兵保馬頭川五年定方傅其城都曼降之龍朔二年彌射步真以兵從驍海道總管蘇海政討龜茲步真怨彌射且欲并其部乃誣以謀反海政不能察即集軍吏計議先發誅之因稱詔發所齎賜可汗首領彌射以麾下至悉收斬之其部鼠尼施拔塞幹叛走海政追平之步真死乾封時咸亨二年以西突厥部酋阿史那都支為左驍衛大將軍兼匐延都督以安輯其衆儀鳳中都支自號十姓可汗與吐蕃連和寇安西詔吏部侍郎裴行儉討之行儉請毋發兵可以計取即詔行儉冊送波斯王子并安撫大食若道兩蕃者都支果不疑率子弟上謁遂禽之召執諸部渠長降別帥李遮匐以歸調露元年也西姓自是益衰其後二部人日離散擢彌射子元慶為左玉鈐衛將軍步真子步利設斛瑟羅為右玉鈐衛將軍盡襲父所領及可汗號元慶累拜鎮國大將軍行左威衛大將軍武后擅命率諸酋長請賜睿宗氏曰武更號斛瑟羅曰竭忠事主可汗長壽中元慶坐謁

皇嗣爲來俊臣所誣要斬流其子獻于振州其明年西突厥部立阿史那俀子爲可汗與吐蕃寇武威道大總管王孝傑與戰冷泉大嶺谷破之碎葉鎮守使韓思忠又破泥熟俟斤及突厥施質汗胡祿等因拔吐蕃泥熟沒斯城聖曆二年以斛瑟羅爲左衛大將軍兼平西軍大總管令撫鎮國人是時烏質勒兵張其斛瑟羅不敢歸與其部人六七萬內遷死長安擢子懷道爲右武衛將軍長安中以阿史那獻爲右驍衛大將軍襲興昔亡可汗安撫招慰十姓大使北庭大都護四年以懷道爲十姓可汗兼濛池都護未幾擢獻磧西節度使十姓部落都擔叛獻擊斬之傳首闕下收碎葉以西帳落三萬內屬璽書嘉慰葛邏祿胡屋鼠尼施三姓已內屬爲默啜侵掠以獻爲定遠道大總管與北庭都護湯嘉惠等犄角於是突騎施鄰邊陲故獻乞益師身入朝玄宗不許詔左武衛中郎將王惠持節安尉冊拜突騎施都督車鼻施啜蘇祿爲順國公而突騎施已圍撥換大石城將取四鎮會嘉惠拜安西副大都護即發三姓葛邏祿兵與獻共擊之帝將詔王惠與相經略宰相臣璟臣頲曰突騎施叛葛邏祿攻之此夷狄自相殘非朝廷出也大者傷小者滅皆我之利方王惠往撫尉不可參以兵事乃止獻終以娑葛彊很不能制亦歸死長安突騎施吐火仙之敗始以懷道子昕爲十姓可汗開府儀同三司濛池都護冊其妻涼國夫

人李爲交河公主遣兵護送昕至碎葉西俱蘭城爲突騎施莫賀達干所殺交河公主與其子忠孝亡歸授左領軍衛員外將軍西突厥遂亡

突騎施烏質勒西突厥別部也自賀魯破滅二部可汗皆先入侍虜無的君烏質勒隸斛瑟羅爲莫賀達干斛瑟羅政殘衆不悅而烏質勒能撫下有威信諸胡順附帳落寖盛乃置二十都督督兵各七千屯碎葉西北稍攻得碎葉即徙其牙居之謂碎葉川爲大牙弓月城伊麗水爲小牙其地東鄰北突厥西諸胡東直西廷州盡并斛瑟羅地聖曆二年遣子遮弩來朝武后厚加尉撫神龍中封懷德郡王是歲烏質勒死其子嗢鹿州都督娑葛爲左驍衛大將軍襲封爵是時勝兵三十萬詔十姓可汗阿史那懷道持節冊命賜宮人四景龍中遣使者入謝中宗爲御前殿列萬騎羽林仗引見勞賜微與其將闕啜忠節交怨兵相加娑葛訟忠節罪請內之京師忠節以千金賂宰相宗楚客等願無入朝請道吐蕃擊娑葛以報楚客方專國即以御史中丞馮嘉賓持節經制嘉賓與忠節書疏反復娑葛邏得之遂殺嘉賓使弟遮弩率兵盜塞安西都護牛師獎與戰火燒城師獎敗死之表索楚客頭以徇大都護郭元振表娑葛狀直當見赦詔許西土遂定既而與遮弩分治其部遮弩怨衆少叛歸默啜請爲鄉道反攻其兄默啜留遮弩自以兵二萬

擊娑葛禽之默啜歸語遮弩曰汝兄弟不相協能盡心事我乎并殺之

突騎施別種車鼻施啜蘇祿者裒拾餘衆自爲可汗蘇祿善撫循其下部種稍合衆至二十萬於是復雄西域開元五年始來朝授右武衛大將軍突騎施都督却所獻不受以武衛中郎將王惠持節拜蘇祿左羽林大將軍順國公賜錦袍鈿帶魚袋七事爲金方道經略大使然誘猾不純臣于唐天子羈係之進號忠順可汗其後閱一二歲使者納贄帝以阿史那懷道女爲交河公主妻之是歲突騎施遣牧馬於安西使者致公主教於都護杜暹暹怒曰阿史那女敢宣教邪笞其使不報蘇祿怒陰結吐蕃舉兵掠四鎮圍安西城暹方入當國而趙頤貞代爲都護嬰城久之出戰又敗蘇祿略人畜發囷貯徐聞暹已宰相乃引去即遣首領葉支阿布思來朝玄宗乃見饗之會東突厥使者亦來與爭長曰突騎施國小且突厥臣不宜居上蘇祿使者曰宴乃爲我不可下遂設東西幄而蘇祿使者西幄乃克宴始蘇祿愛治其人性勤約每戰有所得盡以予下故諸族附悅之爲盡力又交通吐蕃突厥二國皆以女妻之遂立三國女並爲可敦以數子爲葉護費日廣而無素儲晚年愁窶不聊故鹵獲稍留不分下始貳矣又病風一支攣不事事於是大首領莫賀達干都摩支二部方盛而種人自謂娑葛後者爲黃姓蘇祿部爲

黑姓更相猜讎俄而莫賀達干都摩支夜攻蘇祿殺之都摩支又背莫賀達干立蘇祿子吐火仙骨啜爲可汗居碎葉城引黑姓可汗爾微特勒保怛邏斯城共擊達干帝使磧西節度使蓋嘉運和撫突騎施拔汗那西方諸國莫賀達干與嘉運率石王莫賀咄吐屯史王斯謹提共擊蘇祿子破之碎葉城吐火仙棄旗走禽之并其弟葉護頓阿波疏勒鎮守使夫蒙靈詧挾銳兵與拔汗那王掩怛邏斯城斬黑姓可汗與其弟撥斯入曳建城收交河公主及蘇祿可敦爾微可敦而還又料西國散亡數萬人悉與拔汗那王諸國皆降勳木昆闕延闕律啜等諸部皆上書謝曰生於荒裔國亂主亡更相攻屠賴天子遣嘉運將兵誅暴救危願得秘書首聖顏以部落附安西永爲外臣許之明年擢闕律啜爲右驍衛大將軍冊石王爲順義王加拜史王爲特進顯醻其功嘉運俘吐火仙骨啜獻太廟天子赦以爲左金吾衛員外大將軍脩義王順阿波爲右武衛員外將軍以阿史那懷道子昕爲十姓可汗領突騎施所部莫賀達干怒曰平蘇祿我功也今立昕謂何即誘諸落叛詔嘉運招諭乃率妻子及纛官首領降遂命統其衆後數年復以昕爲可汗遣兵護送昕至俱蘭城爲莫賀咄所殺莫賀咄自爲可汗安西節度使夫蒙靈詧誅斬之以大纛官都摩支闕頡斤爲三姓葉護天寶元年突騎施部更以黑姓伊里底

密施骨咄禄毗伽為可汗數遣使貢十二載黑姓部立登里伊羅蜜施為可汗亦賜詔冊至德後突騎施衰黃黑姓皆立可汗相攻中國方多故不暇治也乾元中黑姓可汗阿多裴羅猶能遣使者入朝大曆後葛邏祿盛徙居碎葉川二姓微至臣役於葛祿斛瑟羅餘部附回鶻及其破滅有特厖勤居焉耆城稱葉護餘部保金莎嶺衆至二十萬

贊曰隋季世虛內以攻外生者罷道路死者暴原野天下盜賊共攻而亡之當此時四夷侵中國微而突厥最彊控弦者號百萬華人之失職不逞皆往從之甚之謀道之入邊故頡利自以為彊大古無有也高祖初即位與和因數出軍助討賊故詭臣之贈予不可計虜見利而動又與賊連和殺掠吏民於是掃國入寇薄渭橋騎壒蒙京師太宗身勤兵驕責而陰間之戎始內阻不三年縛頡利獻北闕下霆掃風除其國遂墟自詩書以來伐暴取亂蔑如帝神且速也秦漢比之陋矣然帝數暴師不告勞料敵無遺情善任將必其功蓋黃帝之兵也而突厥乃以失德抗有道浸衰當始興雖運之盛衰屬于天而其亡信有由矣

列傳第一百四十下

吐蕃列傳第一百四十一上　唐書二百一十六上

端明殿學士兼翰林侍讀學士龍圖閣學士朝散大夫尚書吏部侍郎充集賢殿修撰臣宋祁奉敕撰

吐蕃本西羌屬蓋百有五十種散處河湟江岷閒有發羌唐旄等然未始與中國通居析支水西祖曰鶻提勃悉野健武多智稍并諸羌據其地蕃發聲近故其子孫曰吐蕃而姓勃窣野或曰南涼禿髮利鹿孤之後二子曰樊尼曰傉檀傉檀嗣為乞佛熾盤所滅樊尼挈殘部臣沮渠蒙遜以為臨松太守蒙遜滅樊尼率兵西濟河逾積石遂撫有羣羌云其俗謂彊雄曰贊丈夫曰普故號君長曰贊普贊普妻曰末蒙其官有大相曰論茝副相曰論茝扈莽各一人亦號大論小論都護一人曰悉編掣逋又有內大相曰曩論掣逋亦曰論莽熱副相曰曩論覓零逋小相曰曩論充各一人又有整事大相曰喻寒波掣逋副整事曰喻寒覓零逋小整事曰喻寒波充皆任國事揔號曰尚論掣逋突瞿地直京師西八千

里距鄯善五百里勝兵數十萬國多霆電風雹積雪盛夏如中國春時山谷常冰地有寒癘中人輒痞促而不害其贊普居跋布川或邏娑川有城郭廬舍不肯處聯毳帳以居號大拂廬容數百人其衛候嚴而牙甚隘部人處小拂廬多老壽至百餘歲者衣率氈韋以赭塗面為好婦人辮髮而縈之其器屈木而韋底或氈為槃凝麨為盌實羹酪并食之手捧酒漿以飲其官之章飾最上瑟瑟金次之金塗銀又次之銀次之最下至銅止差大小綴臂前以辨貴賤屋皆平上高至數丈其稼有小麥青麲麥蕎麥䝁豆其獸犛牛名馬犬羊彘天鼠之皮可為裘獨峯駝日馳千里其寶金銀錫銅其死葬為冢塈塗之其吏治無文字結繩齒木為約其刑雖小罪必抉目或刖劓以皮為鞭抶之從喜怒無常算其獄窟地深數丈內囚于中二三歲乃出其宴大賓客必驅犛牛使客自射乃敢饋其俗重鬼右巫事羱羝為大神喜浮屠法習呪詛國之政事必以桑門參決多佩弓刀飲酒不得及亂婦人無及政貴壯賤弱

毋拜子子倨父出入前少而後老重兵死以累世戰沒爲甲門敗懦者垂狐尾於首示辱不得列于人拜必手据地爲犬號再揖身止居父母喪斷髮黛面墨衣既葬而吉其舉兵以七寸金箭爲契百里一驛有急兵驛人臆前加銀鶻甚急鶻益多告寇舉烽其畜牧逐水草無常所其鎧冑精良衣之周身竅兩目勁弓利刃不能甚傷其兵法嚴而師無饋糧以鹵獲爲資每戰前隊盡死後隊乃進其四時以麥熟爲歲首其戲碁六博其樂吹螺擊鼓其君臣自爲友五六人曰共命君死皆自殺以殉所服玩乘馬皆瘞起大屋冢顛樹衆木爲祠所贊普與其臣歲一小盟用羊犬猴爲牲三歲一大盟夜肴諸壇用人馬牛閭爲牲凡牲必折足裂腸陳于前使巫告神曰渝盟者有如牲其後有君長曰瘕悉董摩董摩生佗土度佗土生揭利失若揭利生勃弄若勃弄生詎素若詎素生論贊索論贊生棄宗弄贊亦名棄蘇農亦號弗夜氏其爲人慷慨才雄常驅野馬犛牛馳刺之以爲樂西域諸國共臣之太宗貞觀八年

始遣使者來朝帝遣行人馮德遐下書臨撫弄贊聞突厥吐谷渾並得尚公主乃遣使齎幣求昏帝不許使者還妄語曰天子遇我厚幾得公主會吐谷渾王入朝遂不許殆有以間我乎弄贊怒率羊同共擊吐谷渾吐谷渾不能亢走青海之陰盡取其貲畜又攻党項白蘭羌破之勒兵二十萬入寇松州命使者貢金甲且言迎公主謂左右曰公主不至我且深入都督韓威輕出覘賊反爲所敗屬羌大擾皆叛以應賊乃詔吏部尚書侯君集爲行軍大總管出當彌道右領軍大將軍執失思力出白蘭道右武衛大將軍牛進達出闊水道右領軍將軍劉蘭出洮河道並爲行軍總管率步騎五萬進討進達自松州夜鏖其營斬首千級初東寇也連歲不解其大臣請返國不聽自殺者八人至是弄贊始懼引而去以使者來謝罪固請昏許之遣大論薛祿東贊獻黃金五千兩它寶稱是以爲聘十五年妻以宗女文成公主詔江夏王道宗持節護送築館河源王之國弄贊率兵次柏海親迎見道宗執婿禮恭甚

見中國服飾之美縮縮媿沮歸國自以其先未有昏帝女者乃爲公主築一城以夸後世遂立宮室以居公主惡國人赭面弄贊下令國中禁之自褫氈罽襲紈綃爲華風遣諸豪子弟入國學習詩書又請儒者典書疏帝伐遼還使祿東贊上書曰陛下平定四方日月所照並臣治之高麗恃遠弗率於禮天子自將度遼隳城陷陣指日凱旋雖鴈飛于天無是之速夫鵝猶鴈也臣謹治黃金爲鵝以獻其高七尺中實酒三斛二十二年右衛率府長史王玄策使西域爲中天竺所鈔弄贊發精兵從玄策討破之來獻俘高宗即位擢駙馬都尉西海郡王弄贊以書詒長孫无忌曰天子初即位下有不忠者願勒兵赴國共討之并獻金琲十五種以薦昭陵進封賓王賜餉蕃渥又請蠶種酒人與碾磑等諸工詔許永徽初死遣使者弔祠無子立其孫幼不事故祿東贊相其國顯慶三年獻金盎金頗羅等復請昏未幾吐谷渾內附祿東贊怨怒率銳兵擊之而吐谷渾大臣素和貴奔吐蕃悉以虛實故吐蕃能破其

國慕容諾曷鉢與弘化公主引殘落走涼州詔涼州都督鄭仁泰爲青海道行軍大總管率將軍獨孤卿雲等屯涼鄯左武候大將軍蘇定方爲安集大使爲諸將節度以定其亂吐蕃使論仲琮入朝表吐谷渾罪帝遣使者譙讓乃使來請與吐谷渾平憾求赤水地牧馬不許會祿東贊死東贊不知書而性明毅用兵有節制吐蕃倚之遂爲彊國始入朝占對合旨太宗擢拜右衛大將軍以瑯邪公主外孫妻之祿東贊自言先臣爲聘婦不敢奉詔且贊普未謁公主陪臣敢辭帝異其言然欲懷以恩不聽也有子曰欽陵曰贊婆曰悉多于曰勃論祿東贊死而兄弟並當國自是歲入邊盡破有諸羌羈縻十二州總章中議徙吐谷渾部于涼州旁南山帝刈吐蕃之入召宰相姜恪閻立本將軍契苾何力等議先擊吐蕃立本曰民飢未可以師何力曰吐蕃介在西極臣恐師到獸竄山伏捕討無所得至春復侵吐谷渾臣請勿救使疑吾力困而驕之一舉可滅也恪曰不然吐谷渾方衰吐蕃負勝以衰氣拒勝兵戰必

不亢不救則滅臣謂王師亟助之使國幸存後且徐圖可也議不
決亦不克徙咸亨元年入殘羈縻十八州率于闐取龜茲撥換城
於是安西四鎭並廢詔右威衛大將軍薛仁貴爲邏娑道行軍大
摠管左衛員外大將軍阿史那道眞左衛將軍郭待封自副出討
吐蕃并護吐谷渾還國師凡十餘萬至大非川爲欽陵所拒王師
敗績遂滅吐谷渾而盡有其地詔司戎太常伯同東西臺三品姜
恪爲涼州道行軍大摠管出討會恪卒班師吐蕃遣大臣仲琮入
朝仲琮少游太學頗知書帝召見問曰贊普孰與其祖賢對曰勇
果善斷不逮也然勤以治國下無敢欺令主也且吐蕃居寒露之
野物產寡薄烏海之陰盛夏積雪暑毼冬裘隨水草以牧寒則
城處施廬帳器用不當中國萬分一但上下一力議事自下因人所
利而行是能久而彊也帝曰吐谷渾與吐蕃本甥舅國素和貴叛
其主吐蕃任之奪其土地薛仁貴等往定慕容氏又伏擊之而寇
我涼州何邪仲琮頓首曰臣奉命來獻它非所聞帝韙其荅然以

仲琮非用事臣故殺其禮上元二年遣大臣論吐渾彌來請和且
求與吐谷渾脩好帝不聽明年攻鄯廓河芳四州殺略吏及馬牛
萬計乃詔周王顯爲洮州道行軍元帥率工部尚書劉審禮等十
二摠管以相王輪爲涼州道行軍元帥率左衛大將軍契苾何力
鴻臚卿蕭嗣業等軍討之二王不克行吐蕃進攻疊州破密恭
丹嶺二縣又攻扶州敗守將乃高選尚書左僕射劉仁軌爲洮河
鎭守使久之無功吐蕃與西突厥連兵攻安西復命中書令李敬
玄爲洮河道行軍大摠管西河鎭撫大使鄯州都督代仁軌下詔
募猛士毋限籍役痕負帝自臨遣又勑益州長史李孝逸巂州都
督拓王奉益發劍南山南士先戰龍支吐蕃敗敬玄率劉審禮擊
吐蕃青海上審禮戰沒敬玄頓承風嶺礙險不得縱吐蕃壓王師
屯左領軍將軍黑齒常之率死士五百夜斧其營虜驚自相轥
藉而死者甚衆乃引去敬玄僅脫帝既儒仁無遠略見諸將數敗
乃博咨近臣求所以禦之之術帝曰朕未始擐甲履軍往者滅高

麗百濟比歲用師中國騷然朕至今悔之今吐蕃內侵盍爲我謀
中書舍人劉褘之等具對須家給人足可擊也或言賊險黠不可
與和或言營田嚴守便惟中書侍郎薛元超謂縱敵生患不如
料兵擊之帝顧黃門侍郎來恒曰自李勣亡遂無善將恒即言向
洮河兵足以制敵但諸將不用命故無功帝殊不悟因罷議儀鳳
四年贊普死子器弩悉弄立欽陵復擅政使大臣來告喪帝遣使
者往會葬明年贊婆素和貴率兵三萬攻河源屯良非川敬玄與
戰湟川敗績左武衛將軍黑齒常之以精騎三千夜擣其營贊婆
懼引去遂擢常之爲河源軍經略大使乃嚴烽邏開屯田虜謀稍
折初劍南度茂州之西築安戎城以迮其鄙俄爲生羌導虜取之
以守因幷西洱河諸蠻盡臣羊同党項諸羌其地東與松茂巂接
南極婆羅門西取四鎭北抵突厥幅圓餘萬里漢魏諸戎所無也
永隆元年文成公主薨遣使者弔祠又歸我陳行焉之喪初行焉
使虜論欽陵欲拜已臨以兵不爲屈留之十年及是喪還贈睦州刺

史贊婆復入良非川常之擊走之武后時與蠻夷同朝賀永昌元
年詔文昌右相韋待價爲安息道大摠管安西大都護閻溫古副
之以討吐蕃兵逗留坐死徙明年復詔文昌右相岑長倩爲武威
道行軍大摠管討之兵半道罷又明年大首領曷蘇率貴川部與
党項種三十萬降后以右玉鈐衛將軍張玄遇爲安撫使率兵二
萬迎之次大度水吐蕃禽曷蘇去而它酋昝插又率羌蠻八千自
來玄遇即其部置葉州用昝插爲刺史刻石大度山以紀功是歲
又詔右鷹揚衛將軍王孝傑爲武威道行軍摠管率西州都督唐
休璟左武衛大將軍阿史那忠節擊吐蕃大破其衆復取四鎭更
置安西都護府於龜茲以兵鎭守議者請廢四鎭勿有也右史崔
融獻議曰戎狄爲中國患尚矣五帝三王所不臣漢以百萬衆困
平城其後武帝赫然發憤甘心四夷張騫始通西域列四郡據兩
關斷匈奴右臂稍稍度河湟築令居以絕南羌於是郭候亭燧出
長城數千里傾府庫殫士馬行人使者歲月不絕至作皮幣筭緡

法稅舟車榷酒酤夫豈不懷爲長久計然也匈奴於是孤特遠竄
遂開西域置使者領護光武中興皆復内屬至於延光三絕三通
太宗文皇帝踐漢舊跡並南山抵葱嶺剖裂府鎮煙火相望吐
蕃不敢内侮高宗時有司無狀棄四鎮不能有而吐蕃遂張入焉
耆之西長鼓右驅踰高昌歷車師鈔常樂絕莫賀延磧以臨燉
煌今孝傑一舉而取四鎮還先帝舊封若又棄之是自毀成功而
破完策也夫四鎮無守胡兵必臨西域西域震則威憺南羌南羌連
衡河西必危且莫賀延磧袤二千里無水草若北接虜唐兵不可
度而北則伊西北庭安西諸蕃悉亡議乃格於是首領勃論贊與
突厥僞可汗阿史那俀子南侵與孝傑戰冷泉敗走碎葉鎮守使
韓思忠破泥孰沒斯城證聖元年欽陵贊婆攻臨洮孝傑以肅邊
道大總管戰素羅汗山虜敗還又攻涼州殺都督遣使者請和約
罷四鎮兵求分十姓地武后詔通泉尉郭元振往使道與欽陵遇
元振曰東贊事朝廷誓好無窮今猥自絕歲擾邊父通之子絕之孝

乎父事之子叛之忠乎欽陵曰然然天子許和得罷二國戍使十
姓突厥四鎮各建君長俾其國自守若何元振曰唐以十姓四鎮
撫西土爲列國主道非有它且諸部與吐蕃異久爲唐編人矣欽
陵曰使者意我規削諸部爲唐邊患邪我若貪土地財賦彼青
海湟川近矣今捨不爭何哉突厥諸部磧漠廣莽去中國遠甚
安有爭地萬里外邪且四夷唐皆臣并之雖海外地際靡不磨滅
吐蕃適獨在者徒以兄弟小心得相保耳十姓五咄陸近安西於吐
蕃遠俟斤距我裁一磧騎士騰突不易旬至是以爲憂也烏海黄
河關源阻奥多癘毒唐必不能入則弱甲孱將易以爲蕃患故我
欲得之非闚諸部也甘涼距積石道二千里其廣不數百狹纔百
里我若出張掖玉門使大國春不耕秋不穫不五六年可斷其右
今棄不爲亦無虞于我矣青海之役黄仁素約和邊守不戒崔知
辯徑俟斤掠我牛羊萬計是以求之使使者固請元振固言不可
許后從之欽陵專國久常居中制事諸弟皆領方面兵而贊婆專

東境幾三十年爲邊患兄弟皆才略沈雄衆憚之器弩悉弄既長
欲自得國漸不平乃與大臣論巖等圖去之欽陵方提兵居外贊
普託言獵即勒兵執其親黨二千餘人殺之發使者召欽陵贊婆
欽陵不受命贊普自討之未戰欽陵兵潰乃自殺左右殉而死者
百餘人贊婆以所部及兄子莽布支等款塞遣羽林飛騎迎勞擢
贊婆特進輔國大將軍歸德郡王莽布支左羽林大將軍安國公
皆賜鐵券禮尉良厚贊婆即領部兵戍河源死贈安西大都護又
遣左肅政臺御史大夫魏元忠爲隴右諸軍大總管率隴右諸軍
大使唐休璟出討方虜攻涼州休璟擊之斬首二千級於是論彌
薩來朝請和贊普自將萬騎攻悉州都督陳大慈四戰皆克明年
乃獻馬黄金求昏而虜南屬帳皆叛贊普自討死于軍諸子爭立
國人立棄隸蹜贊爲贊普始七歲使者來告喪且求盟又使大臣
悉董熱固求昏未報會監察御史李知古建討姚州蠻削吐蕃向
導詔發劍南募士擊之蠻酋以情輸虜殺知古尸以祭天進攻蜀漢

詔靈武監軍右臺御史唐九徵爲姚巂道討擊使率兵擊之虜
以鐵絙梁漾濞二水通西洱蠻築城戍之九徵毀絙夷城建鐵柱
於滇池以勒功中宗景龍二年還其昏使或言彼來逆公主且習
聞華言宜勿遣帝以中國當以信結夷狄不許明年吐蕃更遣使
者納貢祖母可敦又遣宗俄請昏帝以雍王守禮女爲金城公主
妻之吐蕃遣尚贊咄名悉臘等逆公主帝念主幼賜錦繒別數萬
雜伎諸工悉從給龜茲樂詔左衛大將軍楊矩持節送帝爲幸始
平帳飲引羣臣及虜使者宴酒所帝悲涕歔欷爲赦始平縣罪死
皆免賜民繇賦一年改縣爲金城鄉曰鳳池里曰愴別公主至吐蕃
自築城以居拜矩鄯州都督吐蕃外雖和而陰銜怒即厚餉矩請
河西九曲爲公主湯沐矩表與其地九曲者水甘草良宜畜牧近
與唐接自是虜益張雄易入寇玄宗開元二年其相坌達延上書
宰相請載盟文定境於河源丏左散騎常侍解琬涖盟帝令姚崇
等報書命琬持神龍誓往吐蕃亦遣尚欽藏御史名悉臘獻載

辭未及定悉達延將兵十萬寇臨洮入攻蘭渭掠監馬楊矩懼自
殺有詔薛訥爲隴右防禦使與王晙等并力擊帝怒下詔自將討
之會晙等戰武階斬首萬七千獲馬羊無慮二十萬又戰長子豐
安軍使王海賓戰死乘之虜大敗衆奔突不能去相枕藉死洮水
爲不流帝乃罷行詔紫微舍人倪若水臨按軍實戰功且弔祭戰
亡士敕州縣并瘞吐蕃露胔宰相建言吐蕃本以河爲境以公主
故乃橋河築城置獨山九曲二軍距積石二百里今既負約請毀
橋復守河如約詔可遣左驍衛郎將尉遲瓌使吐蕃慰安公主然
小小入犯邊無閑歲於是郭知運王君㚟相繼節度隴右河西一
以好之吐蕃遣宗俄因子到洮水祭戰死士且請和然恃盛彊求
與天子敵國語悖傲使者至臨洮詔不內金城公主上書求聽脩
好且言贊普君臣欲與天子共署誓刻吐蕃又遣使者上書言
孝和皇帝嘗賜盟是時唐宰相豆盧欽望魏元忠李嶠紀處訥等
凡二十二人及吐蕃君臣同誓孝和皇帝崩太上皇嗣位脩睦如舊

然唐宰相在誓刻者皆殁今宰相不及前約故須再盟比使論乞
力等前後七輩往未蒙開許且張玄表李知古將兵侵暴甥國
故違誓而戰今舅許備貸前惡歸於大和甥既堅定然不重盟爲
未信要待新誓也甥自總國事不牽于下欲使百姓久安舅雖及
和而意不專於言何益又言舅責乞力徐集兵且兵以新故相代
非集也往者疆場自白水皆爲閑壤昨郭將軍屯兵而城之故甥
亦城假令二國和以迎送有如不通因以守境又疑與突厥骨啜祿
善者舊與通聘即日舅甥如初不與交矣因奉寶瓶栝以獻帝謂
昔已和親有成言尋前盟可矣不許復誓禮其使而遣且厚賜贊
普自是歲朝貢不犯邊十年攻小勃律國其王沒謹忙詒書北庭
節度使張孝嵩曰勃律唐西門失之則西方諸國皆墮吐蕃都護
圖之孝嵩聽許遣疏勒副使張思禮以步騎四千晝夜馳與謹忙
兵夾擊吐蕃死者數萬多取鎧仗馬羊復九城故地始勃律王來
朝父事帝還國置綏遠軍以扞吐蕃故歲常戰吐蕃每曰我非利

若國我假道攻四鎮爾及是累歲不出兵於是隴右節度使王君
㚟請深入取償十二年破吐蕃獻俘後二年悉諾邏兵入大斗拔
谷遂攻甘州火鄉聚王君㚟勒兵避其銳不戰會大雪吐蕃皸凍
如積乃踰積石軍趨西道以歸君㚟豫遣諜出塞燒野草皆盡
悉諾邏頓大非川無所牧馬死過半君㚟率秦州都督張景順約
齎貨窮躡出青海西方冰合師乘而度于時虜已踰大非山留輜重
疲弱瀕海君㚟縱兵俘以旋時中書令張說以吐蕃出入數十年
勝負略相當甘涼河鄯之人奉調發困甚願聽其和帝方寵君㚟
不聽未幾悉諾邏恭祿燭龍莽布支入陷瓜州毀其城執刺史田
元獻及君㚟父遂攻玉門軍圍常樂不能拔回寇安西副都護趙
頤貞擊却之會君㚟爲回紇所殺功不遂帝乃用蕭嵩爲河西節
度使左金吾將軍張守珪瓜州刺史復城之嵩縱反間殺悉諾邏
恭祿明年大將悉末朗攻瓜州守珪擊走之鄯州都督張志亮又
戰青海西破大莫門城焚橐它橋隴右節度使杜賓客以彊弩四

千射虜破之祁連城下斬副將一上級五千首虜敗慟而走山又
明年守珪率伊沙等州兵破虜大同軍又信安王禕出隴西拔石
堡城即之置振武軍獻俘於廟帝以書賜將軍裴旻曰敢有掩
戰功不及賞者士自陳將吏皆斬戰有逗留輿隊如軍法能禽
其王者授大將軍於是士益奮吐蕃令曩骨委書塞下言論莽
熱論泣熱皆萬人將以贊普命謝都督刺史二國有舅甥好昨彌
不弄羌党項交構二國故失懽此不聽唐亦不應聽都督遣腹心
吏與曩骨還議盟事曩骨猶千牛官也於是忠王友皇甫惟明並
言約和便帝曰贊普向上書悖慢朕必滅之毋議和惟明曰昔贊
普幼是必邊將好功之人爲之以激怒陛下且二國交惡必興師師
興則隱盜財利詐功級希陛下過賞以甘心焉今河西隴右貲秏
力窮陛下幸詔金城公主許贊普約以紓邊患息民之上策也帝
采其言敕惟明及中人張元方往聘以書賜公主惟明見贊普言
天子意贊普大喜因悉出貞觀以來書詔示惟明厚饋獻使名

悉臘隨使者入朝奉表言甥先帝舅顯親也曩爲張玄表李知古交鬭遂成大釁甥以文成金城公主故失禮乎特以沖幼枉爲邊將讒亂如蒙澄亮死且萬足千萬歲不敢先負盟且獻怪寶使者至帝御前殿列羽林仗內之悉臘略通華文旣宴與語禮甚厚賜紫服金魚悉臘受服辭魚曰國無是不敢當帝遣御史大夫崔琳報聘吐蕃又請交馬於赤嶺互市於甘松嶺宰相裴光庭曰甘松中國阻不如許赤嶺乃聽以赤嶺爲界表以大碑刻約其上又請五經敕祕書寫賜弃遣工部尙書李暠往聘賜物萬計吐蕃遣使謝且言唐吐蕃皆大國今約和爲久長計恐邊吏有妄意者請以使人對相曉敕令昭然具知帝又令金吾將軍李佺監赤嶺樹碑詔張守珪與將軍李行禕吐蕃使者莽布支分諭劒南河西州縣曰自今二國和好無相侵暴乃使悉諾勃海納貢幷以幣器徧遺執政明年上寶器數百具制冶詭殊詔置提象門示羣臣其後吐蕃西擊勃律勃律告急帝諭令罷兵不聽卒殘其國於是崔希

逸爲河西節度使鎭涼州故時疆畔皆樹壁守捉希逸謂虜戍將乞力徐曰兩國約好而守備不廢云何請皆罷以便人乞力徐曰公忠誠無不可恐朝廷未皆信脫掩吾不備其可悔希逸固邀乃許即共刑白犬盟而後悉徹障壁虜畜牧被野明年傔史孫誨奏事妄言虜無備可取也帝采之詔內豎趙惠琮共往按狀小人欲徼幸至涼州因共矯詔詔希逸發兵襲破吐蕃青海上斬獲不貲乞力徐遁走吐蕃恚不朝二十六年大入河西希逸拒破之鄯州都督杜希望又拔新城更號威戎軍希逸顧失信悒悒悵恨召拜河南尹旣而與惠琮俱見犬祟疑而死誨亦及它誅蕭炅代爲河西節度留後杜希望隴右節度留後王昱劒南節度使分道經略碎赤嶺碑希望發鄯州兵奪虜河橋並河築鹽泉城號鎭西軍破吐蕃兵三萬昱以劒南兵入攻安戎城築二少壘左右之兵次蓬婆嶺輸劒南粟餉軍吐蕃悉銳來救昱大敗少壘皆沒士死几數萬昱貪妄非將選故敗貶死高要明年吐蕃攻白草安人軍

詔臨洮朔方分援虜絕臨洮道白水軍使高東于拒守虜引去炅遣將追尾有雲出軍上白兔舞大破吐蕃昱之敗以張宥代節度劒南以章仇兼瓊爲益州司馬宥文吏不知兵委事兼瓊兼瓊因得入奏天子果其議拔兼瓊代宥節度兼瓊謀誘吐蕃安戎城主爲鄉導官軍入盡殺虜戍以監察御史許遠守之吐蕃圍安戎絕水泉會石裂泉涌虜驚引去復攻維州不得志詔乃改安戎曰平戎云是歲金城公主薨明年爲發哀吐蕃使者朝因請和不許虜乃悉衆四十萬攻承風堡抵河源軍西入長寧橋安仁軍渾崖烽騎將臧希液以銳兵五千破之吐蕃又襲廓州敗一縣屠吏人攻振武軍石堡城蓋嘉運不能守天寶元年隴右節度使皇甫惟明破虜大嶺軍戰青海破莽布支斬首三萬級明年破洪濟城戰石堡不克副將諸葛詡死之又明年惟明破虜獻俘京師帝以哥舒翰節度隴右翰攻拔石堡更號神武軍又禽其相兀論樣郭十載安西節度使高仙芝俘大酋以獻是時吐蕃與蠻閤羅

鳳聯兵攻瀘南劒南節度使楊國忠方以姦罔上自言破蠻衆六萬於雲南拔故洪州等三城獻俘口哥舒翰破洪濟大莫門諸城收九曲故地列郡縣實天寶十二載於是置神策軍於臨洮西澆河郡於積石西及宛秀軍以實河曲後二年蘇毗子悉諾邏來降封懷義王賜李氏蘇毗彊部也是歲贊普乞黎蘇籠臘贊死子挲悉籠臘贊嗣遣使者脩好詔京兆少尹崔光遠持節齎冊弔祠還而安祿山亂哥舒翰悉河隴兵東守潼關而諸將各以所鎭兵討難始號行營邊候空虛故吐蕃得乘隙暴掠至德初取巂州及威武等諸城入屯石堡其明年使使來請討賊且脩好肅宗遣給事中南巨川報聘然歲內侵取廓霸岷等州及河源莫門軍使數來請和帝雖審其譎姑務紓患乃詔宰相郭子儀蕭華裴遵慶等與盟寶應元年陷臨洮取秦成渭等州明年使散騎常侍李之芳太子左庶子崔倫往聘吐蕃留不遣破西山合水城明年入大震關取蘭河鄯洮等州於是隴右地盡亡進圖涇州入之降刺史高

暉又破邠州入奉天副元帥郭子儀禦之吐蕃以吐谷渾党項兵二十萬東略武功渭北行營將呂日將戰盩厔西破之又戰終南日將走代宗幸陝子儀退趨商州高暉導虜入長安立廣武王承宏爲帝改元擅作赦令署官吏衣冠皆南奔荊襄或逋棲山谷亂兵因相攘鈔道路梗閉光祿卿殷仲卿率千人壁藍田選二百騎度滻或紿虜曰郭令公軍且來吐蕃大震會少將王甫與惡少年伐鼓譟苑中虜驚夜引去子儀入長安高暉東奔至潼關守將李日越殺之吐蕃留京師十五日乃走天子還京吐蕃退圍鳳翔節度使孫志直拒守鎭西節度使馬璘以千騎戰卻之吐蕃屯原會成渭間自如也是歲南入松維保等州及雲山新籠城明年還使人李之芳等劍南嚴武破吐蕃南鄙兵七萬拔當狗城會僕固懷恩反自靈武遣其將范志誠任敷合吐蕃吐谷渾兵攻邠州白孝德郭晞嬰壘守乃入居奉天西子儀入奉天按軍不戰郭晞以銳士夜擣其營斬首數千級奪馬五百取四將吐蕃引去是時嚴武拔鹽州又戰西山取其衆八萬虜圍涼州河西節度使楊志烈不能守跳保甘州而涼州亡永泰元年吐蕃請和詔宰相元載杜鴻漸與虜使者同盟懷恩不得志導虜與回紇党項羌渾奴刺犯邊吐蕃大酋尚結息贊磨尚悉東贊等衆二十萬至醴泉奉天邠將白孝德不能亢任敷以兵略鳳翔盩厔於是京師戒嚴朔方兵馬使渾日進孫守亮屯奉天詔子儀以河中兵屯涇陽李忠臣屯東渭橋李光進屯雲陽馬璘郝廷玉屯便橋駱奉先李日越屯盩厔李抱玉屯鳳翔周智光屯同州杜冕屯坊州天子自率六軍屯于苑吐蕃逼奉天日進以單騎馳之士二百踵進左右擊刺射皆應弦仆虜大驚辟易日進挾虜一將躍出舉軍望而譟士還無一矢著身者明日虜薄城日進發機石勁弩故兵多死凡三日虜斂軍入壁日進知虜曲折即夜斫其營斬千餘級生禽五百又戰馬嵬凡七日破賊萬人斬首五千獲馬橐它幟械甚衆帝欲自討賊下詔大搜馬京師始置團練都人震擾鑿垣亡去者十八

詔中人戸都門不能止吐蕃游騎四百略武功鎭西節度使馬璘使健士五十擊之殲士氣益奮虜徙營九嵕之陰掠醴泉居人數萬焚室廬田皆赤地周智光與虜戰澄城破之吐蕃至邠北復與回紇合還攻奉天抵馬嵬任敷以兵五千掠白水殘同州於是城中渭橋鄠以屯兵會懷恩死虜謀無主遂與回紇爭長回紇怒詣子儀請擊吐蕃自效子儀許之使白元光合兵攻吐蕃於靈臺西大破之降僕固名臣帝乃班師

吐蕃列傳第一百四十一上

吐蕃列傳第一百四十一下　　　唐書二百十六下

宋　祁　奉　敕　撰

永泰大曆間再遣使者來聘於是戶部尚書薛景仙往報詔宰相與吐蕃使者盟俄寇靈州掠宜祿郭子儀精甲三萬戍涇陽入屯奉天靈州兵破虜二萬上級五百首景仙與論泣陵偕來請增鳳林關而路悉等十五人又來三年虜引衆十萬復攻靈州略邠州先是尚悉結自寶應後數入邊以功高請老而贊摩代之爲東面節度使專河隴邠寧馬璘朔方將白元光再破其衆獲馬羊數千劒南亦破虜萬人尚悉摩復來朝天子以虜數入塞詔治守障徙當悉柘靜恭五州皆據險以守八年虜六萬騎侵靈州敗民稼進寇涇邠渾瑊與戰不利副將死略數千戶瑊整卒夜襲其營涇原馬璘以兵掩之潘原射豹皮將死軍中哭乃遁去璘收所俘士及男女而還郭子儀又破其衆十萬九年帝遣諫議大夫吳損脩好虜亦使使者入朝於是子儀屯邠州李抱玉屯高壁馬璘屯原州李忠臣屯涇州李忠誠屯鳳翔臧希讓屯渭北備虜之入明年西川節度使崔寧破虜於西山虜攻臨涇隴州及普閏焚掠人畜與抱玉戰義寧破之遁涇州璘尾追敗之於百里又明年崔寧破虜故洪節度氐蠻党項等兵斬首萬級禽酋領千人牛羊廩鎧甚衆獻之朝吐蕃不得志入掠黎雅於是劒南兵合南詔與戰破之禽大籠官論器然又侵坊州取党項牧馬崔寧攻望漢城破之山南西道節度使張獻恭戰岷州吐蕃走寧破西山三路又邛南兵斬首八千級十三年虜大酋馬重英以四萬騎寇靈州塞漢御史尚書三渠以擾屯田爲朔方留後常謙光所逐重英殘鹽慶而去乃南合南詔衆二十萬攻茂州略扶文遂侵黎雅時天子已發幽州兵馳拒虜大奔破杓虜使數至留不遣所俘虜口悉部送江南德宗即位先内靖方鎮顧歲與虜確其士獲相償欲以德綏懷之遣太常少卿韋倫持節歸其俘五百厚給衣褚切敕邊吏謹亭障無輒侵虜地吐蕃始聞未信使者入境乃皆感畏是時乞立贊爲贊普姓戶盧提氏曰我乃有三恨不知天子喪不及弔一也山陵不及賻二也不知舅即位而發兵攻靈州入扶文侵灌口三也即發使者隨倫入朝帝又遣倫還蜀俘虜以倫再至歡甚授館作聲樂九日留以論欽明思等五十人從獻方物明年殿中少監崔漢衡往使贊普猥曰我與唐舅甥國詔書乃用臣禮卑我又請雲州西盡賀蘭山爲吐蕃境邀漢衡奏天子乃遣入蕃使判官常魯與論悉諾羅入朝道贊普語且引景龍詔書曰唐使至甥先與盟蕃使至舅亦將親盟贊普曰其禮本均帝許之以獻爲進賜爲寄領取爲領之以前宰相楊炎不通故事爲解并約地於賀蘭其大相尚悉結嗜殺人以劒南之敗未報不助和議次相尚結贊有謀固請休息邊人贊普卒用結贊爲大相乃講好漢衡與其使區頰贊偕來約盟境上拜漢衡鴻臚卿以都官員外郎樊澤爲計會使與結贊約且告隴右節度使張鎰同盟澤與結贊約盟清水以牛馬爲牲鎰欲末其禮乃紿結贊曰唐非牛不田蕃非馬不戰請用犬豕羊結贊聽諾將盟乃除地爲壇約二國各以二千士列壝外亢從立壇下鎰與幕府齊映齊抗鴻臚漢衡計會使于頔及澤皆朝服結贊與論悉頰藏論藏熱論利陀論力徐等對升壇刑牲壇北雜其血以進約唐地涇州右盡彈箏峽隴州右極清水鳳州西盡同谷劒南盡西山大度水吐蕃守鎮蘭渭原會西臨洮東成州抵劒南西磨些諸蠻大度水之西南盡大河北自新泉軍抵大磧南極賀蘭橐它嶺其間爲閑田二國所棄戍地毋增兵毋創城堡毋耕邊田既盟請謚詰壇西南隅浮屠幄爲誓於是升壇大享獻酬乃還帝命宰相尚書與虜使者盟長安而清水之約疆場不定復令漢衡決於贊普乃克盟於是宰相李忠臣盧杞關播崔寧工部尚書喬琳御史大夫于頎太府卿張獻恭司農卿段秀實少府監李昌夔京兆尹王翃金吾衛大將軍渾瑊與區頰贊等同盟京城之右郊禮如清水前二月告廟齊三日關播跪讀載書已盟乃大享詔左僕射李揆爲入蕃會盟使還區頰贊等朱泚之亂吐蕃請助討賊詔右散騎常侍于頎持節慰撫太常少卿沈房爲安西北廷宣慰使以報之渾瑊用論莽羅兵破泚將韓旻於武亭川初與虜約得長安以涇靈四州畀之會大疫虜輒引去及泚平責先約求地天子薄其勞第賜詔書償結贊莽羅等帛萬匹於是虜以爲怨貞元二年詔倉部郎中趙建往使而虜已犯涇隴邠寧掠人畜敗田稼内州皆閉壁游騎至好時左金吾將軍張獻甫神策將李昇暠等屯咸陽河中渾瑊華州駱元光援之以左監門將軍康成使焉尚結贊屯上邽原亦令使論乞陀來請盟鳳翔李晟遣部將王佖以銳兵三千夜入汧陽明日薄其中軍虜驚潰走結贊僅自脫虜衆二萬侵鳳翔李晟擊卻之因襲破摧沙堡焚儲偫斬守者吐蕃攻鹽夏剌史杜彥光拓拔乾暉不能守悉其衆南奔虜遂有其地天子以邊人殘没下詔避正殿痛自咎詔駱元光經略監夏三年命左庶子崔澣李銛踵使結贊得鹽夏皆戍以兵乃自屯鳴沙然饋餉數困於是駱元光韓游瓌濱塞而屯馬燧次石州跨河相犄角結贊大懼屢請盟天子不許即以貴將論頰熱厚賂乞和於燧燧以爲情身入見天子諸將以燧入皆守壁不戰結贊遂還走馬多死士不能步有飢色辭始至鳴沙傳詔讓結贊破約陷鹽夏對曰本以武亭功未償乃來又候碑仆疆場不明故行

境上涇州秉城自保鳳翔李令不納吾使雖康成等來皆不能致委曲我曰塋大臣而卒無至者我故引還鹽夏守將懼吾衆以城丐我非我敢攻也若天子復許盟虜之願也唯所命當以鹽夏還唐又言清水盟大臣少故約易壞請悉遣宰相元帥二十一人會盟并言靈鹽節度使杜希全涇原節度使李觀外蕃所信請主盟帝復使崔澣報結贊曰希全守靈州有分地不可以越境觀既徙官以渾瑊爲盟會使約五月盟清水使先效二州以驗虜信結贊辭清水非吉地請會原州之土梨樹乃歸二州天子從之瑊來受命拜漢衡兵部尚書以副瑊瑊率師二萬待期詔駱元光助之宰相議所盟地左神策將馬有麟建言土梨樹林奮巖阻兵易詭伏不如平涼夷漫坦直且近涇緩急可保也乃定盟平涼瑊約結贊與主客均以兵三千至壇外誕從四百叩壇以游軍交邏相入將盟結贊伏精騎三萬于西縱邏騎出入瑊軍瑊將梁奉貞亦騎馬入虜軍營除執之而瑊不知也客請瑊等具冠劍皆就幄更衣從容胖肆虜忽三伐鼓衆譟而興瑊不知所出走幄後得馬不銜而馳十里始得銜虜追矢若雨不傷也至元光營乃脫裨將辛榮兵數百據北阜與虜戰矢盡乃降判官韓弇監軍宋鳳朝死之漢衡與判官鄭叔矩路泌掌書記袁同直列將扶餘準馬寧孟日華李至言樂演明范澄馬弇中人劉延邕俱文

珍李朝清等六十人皆被執士死者五百生獲者千餘人漢衡語虜曰我崔尚書也結贊與我善若殺我結贊亦殺若乃不死人負一木以繩三約之係其髮騎之夜則杙地繫而仆蒙以罽守者寢其上始結贊將劫希全觀急以銳兵直趣京師既不克又欲禽瑊等擣虛入寇其謀本然既引去至故原州坐帳中見漢衡等慢言渾瑊戰武功我力也許裂地償我而自食其言吾既作金枷將必得瑊以見贊普乃今失之徒致公等無益也當使人歸報初漢衡遇亂從史呂溫身蔽兵溫傷而漢衡脫虜人嘉其義厚給養之結贊屯石門以俱文珍馬寧馬弇歸唐而因漢衡叔矩河州辛榮廓州扶餘準鄯州帝猶使中人齎詔書賜結贊拒不受虜戍鹽夏涉春疫大興皆思歸結贊以騎三千迎之火二州廬舍頹郛堞而去杜希全分兵保之帝哀漢衡等陷辱下詔賜其子七品官叔矩必弇日華榮志信澄良貢演明一子八品官袁同直而下一子九品官以决勝軍使唐良臣屯潘原神策將蘇太平屯隴州結贊召漢衡日華延邕至石門以五騎送境上遣使者奉表求李觀曰有詔不內吐蕃使者受漢衡等放其使結贊以羌渾衆屯潘口傍青石嶺三分其兵趨隴汧陽間連營數十里中軍距鳳翔一舍詭漢服號邢君牙兵入吳山寶雞焚聚落略畜牧丁壯殺老孺斷手剔目乃去李晟嘗發足大木塞安化隘處

虜過悉懟之詔神策將石季章壁武功良臣移師百里城虜又剽汧陽華亭男女萬人以畀羌渾將出塞令東向辭國衆慟哭投崖谷死者千數吐蕃又入豐義圍華亭絕汲道守將王仙鶴請救於隴州刺史蘇清沔合太平兵赴之虜逆戰太平不勝引還虜以千騎四掠隴兵不敢出虜積薪將焚華亭仙鶴以衆降清沔潛兵大象龕夜半約城中舉火燭天虜衆驚因襲其營乃去更攻連雲堡飛石投中井皆滿爲虛梁絕塹而升守將張明遠降于虜虜分捕山間亡人及牛羊率萬計涇隴邠之民蕩然盡矣諸將曾不能得一俘但賀賊出塞而已連雲堡涇要地也三垂峭絕北據高虜所進退候火易通既失之城下即虜境每樵牧必陳兵于野故多失時是歲三州不宿麥虜數千騎犯長武城使韓全義拒之韓游瓌兵不出於是虜安行邠涇間諸屯西門皆閉虜治故原州保之帝取所獲吐蕃生口不二百徇諸市以安京師四年五月虜三萬騎略涇邠寧慶鄜五州之鄙焚吏舍民閭係執數萬韓全義以陳許兵戰長武無功初吐蕃盜塞畏春夏疾疫常以盛秋及是得唐俘多厚給產質其孥故盛夏入邊尚悉董星論莽羅等又寇寧州張獻甫拒斬裁百級轉剽鄜坊乃去五年韋皋以劍南兵戰臺登殺虜將乞藏遮遮悉多楊朱西南少安不三年盡得嶲州地久之北廷沙陀別部叛吐蕃因是陷

北廷都護府安西道絕獨西州人尚爲唐守八年寇靈州陷水口塞營田渠發河東振武兵合神策軍擊之虜引還又寇涇州掠田軍千人守捉使唐朝臣戰不利山南西道節度使嚴震破虜于芳州取黑水壁焚積聚自虜得鹽州塞防無以障遏而靈武單露鄜坊侵迫寇日以驕數入爲邊患帝復詔城之使涇原劍南山南深入窮討分其兵毋令專向東方詔朔方河中晉絳邠寧兵爲副元帥渾瑊朔方靈鹽豐夏綏銀節度都統杜希全邠寧節度使張獻甫右神策軍行營節度使邢君牙夏綏銀節度使韓潭鄜坊丹延節度使王棲曜振武麟勝節度使范希朝合兵三萬以左神策將軍胡堅右神策將軍張昌爲鹽州行營節度使板築之役者六千人餘皆陣城下九年始栽閱二旬訖功而虜兵不出遂以兼御史大夫紇干遂與兼中丞杜彥光戍之當是時韋皋功最多破堡壁五十餘所敗其南道元帥論莽熱沒籠乞悉蓖又與南詔破之于神川于鐵橋皋俘馘三萬降首領論乞髯湯沒藏悉諾硉十二年寇慶州及華池殺略吏人是歲尚結贊死明年贊普死其子足之煎立邢君牙築永信城于隴州以備虜虜使者農桑昔來請脩好朝廷以其無信不受韋皋取新城虜治劍山馬嶺進寇臺登嶲州刺史曹高仕擊卻之禽籠官斬級三百獲馬糧械數千十四年韓全義破虜于鹽州十六年靈州破虜

于烏蘭橋韋皐拔末恭麟二城十七年寇鹽州陷麟州殺刺史郭鋒夷隍墮陴係居人掠党項諸部屯橫槽烽虜將徐舍人者語俘道人延素曰我乃司空英公裔孫也武后時家祖以兵尊王室不克子孫奔播絕域今三世矣我雖握兵心未嘗忘歸也顧不能自拔耳陰使延素夜逸又言吾按邊求資糧至麟而守者無備遂入之知郭使君勳臣家欲全安之不幸死亂兵語方已會飛鳥使至召其軍還遂引去飛鳥猶傳騎也韋皐出西山與虜戰破之雅州籠官馬定德本虜之知兵有策慮者周知山川險易每用兵常馳驛計議授諸將以行比年寇黎巂皐常折其兵定德畏得罪遂來降因定昆明諸蠻吐蕃以下屢叛大侵靈州時皐圍維州贊普使論莽熱沒籠乞悉蓖兼松州五道節度兵馬都統群牧大使引兵十萬援維州皐率南詔兵薄險設伏以待纔使千人嘗敵乞悉蓖見兵寡悉衆追隮伏中兵四合急擊遂禽之獻京師明年吐蕃使者論頰熱復來右龍武大將軍薛伾往報二十年贊普死遣工部侍郎張薦弔祠其弟嗣立再使使者入朝順宗立以左金吾衛將軍田景度庫部員外郎熊執易持節往使永貞元年論乞縷勃藏歸金幣馬牛助崇陵有詔陳太極廷中憲宗初遣使者脩好且還其俘又以使告順宗喪吐蕃亦以論勃藏來後比年來朝然以五萬騎入振武拂鵜泉萬騎至豐州大

石谷鈔回鶻還國者五年以祠部郎中徐復往使并賜鉢闡布書鉢闡布者虜浮屠豫國事者也亦曰鉢掣逋復至鄯州擅還其副李逢致命贊普復坐恥虜以論思邪熱入謝且歸鄭叔矩路泌之柩因言願歸秦原安樂州詔宰相杜佑等與議中書論思邪熱拜于廷佑答拜堂上復以鴻臚少卿李銛冊王府長史吳暈報之自是朝貢歲入又款隴州塞丐互市詔可十二年贊普死使者論乞髯來以右衛將軍烏重玘殿中侍御史段鈞弔祭之可黎可足立為贊普重玘以扶餘準李驂俱歸準東明人本朔方騎將驂隴西人貞元初戰沒于虜者使者知不死求之乃得還詔以準為澧王府司馬驂嘉王友吐蕃使論矩立藏來朝未出境吐蕃寇宥州與靈州兵戰定遠城虜不勝斬首二千級平涼鎮遏使郝玭又破虜兵二萬夏州節度使田縉破其衆三千詔留矩立藏等不遣劍南兵拔峨和栖雞城十四年乃歸矩立藏等吐蕃節度論三摩宰相尚塔藏中書令尚綺心兒揔兵十五萬圍鹽州為飛梯鵝車攻城刺史李文悅拒之城壞輒補夜襲其營晝出戰破虜萬人積三旬不能拔朔方將史敬奉以奇兵繞出虜背大破之解圍去始沙州刺史周鼎為唐固守贊普徙帳南山使尚綺心兒攻之鼎請救回鶻踰年不至議焚城郭引衆東奔皆以為不可鼎遣都知兵馬使閻朝領壯士行視水草晨入謁辭

行與鼎親吏周沙奴共射鷙弓揖讓射沙奴即死執鼎而縊殺之自領州事城守者八年出綾一端募麥一斗應者甚衆朝喜曰民且有食可以死守也又二歲糧械皆竭登城而譁曰苟毋徙佗境請以城降綺心兒許諾於是出降自攻城至是凡十一年贊普以綺心兒代守後疑朝謀變置毒靴中而死州人皆胡服臣虜每歲時祀父祖衣中國之服號慟而藏之穆宗即位遣秘書少監田洎往告使者亦來虜引兵屯靈武靈州兵擊却之又犯青塞烽進寇涇州瀕水而營縣五十里始洎至牙虜欲會盟長武洎含糊應之至是顧言洎許我盟我是以來逼涇一舍止詔右軍中尉梁守謙為左右神策軍京西北行營都監發卒合八鎮兵援涇州貶洎郴州司戶參軍以太府少卿邵同持節為和好使初夏州田縉暴貪党項怨之導虜入钞郝玭與戰多殺其衆李光顏又以邠兵至乃引去復遣使者來南略雅州詔方鎮與虜接者謹備邊長慶元年聞回鶻和親犯清塞堡為李文悅所逐乃遣使者尚綺力陀思來朝且乞盟詔許之崔植杜元穎王播輔政議欲告廟禮官謂肅宗代宗皆嘗與吐蕃盟不告廟德宗建中之盟將重其約始詔告廟至會平涼不復告殺之也乃止以大理卿劉元鼎為盟會使右司郎中劉師老副之詔宰相與尚書右僕射韓皐御史中丞牛僧孺吏部尚書李絳兵部尚書蕭俛

戶部尚書楊於陵禮部尚書韋綬太常卿趙宗儒司農卿裴武京兆尹柳公綽右金吾將軍郭鏦及吐蕃使者論訥羅盟京師西郊贊普以盟言約二國無相寇讎有禽生問事給服糧歸之詔可大臣擬盟者悉載名於策方盟時吐蕃以壯騎屯會州靈州節度使李進誠與戰大石山破之虜遣使者趙國章來且致宰相信幣明年請定疆候元鼎與論訥羅就盟其國敕虜大臣亦列名于策元鼎踰成紀武川抵河廣武梁故時城郭未隳蘭州地皆秔稻桃李榆柳岑蔚戶皆唐人見使者麾蓋夾道觀至龍支城耋老千人拜且泣問天子安否言頃從軍沒于此今子孫未忍忘唐服朝廷尚念之乎兵何日來言已皆嗚咽密問之豐州人也過石堡城崖壁峭豎道回屈虜曰鐵刀城右行數十里土石皆赤虜曰赤嶺而信安王禕張守珪所定封石皆仆獨虜所立石猶存赤嶺距長安三千里而贏蓋隴右故地也曰悶怛盧川直邏娑川之南百里臧河所流也河之西南地如砥原野秀沃夾河多檉柳山多柏坡皆丘墓旁作屋赬塗之繪白虎皆虜貴人有戰功者生衣其皮死以旌勇徇死者瘞其旁度悉結羅嶺鑿石通車逆金城公主道也至麋谷就館臧河之北川贊普之夏牙也周以槍纍率十步植百長槊中剚大幟為三門相距皆百步甲士持門巫祝鳥冠虎帶擊鼓凡入者搜索乃進中有高臺環以寶楯

贊普坐帳中以黃金飾蛟螭虎豹身被素褐結朝霞冒首佩金鏤劍鉢掣逋立于右宰相列臺下唐使者始至給事中論悉荅熱來議盟大享於牙右飯舉酒行與華制略等樂奏秦王破陣曲又奏涼州胡渭錄要雜曲百伎皆中國人盟壇廣十步高二尺使者與虜大臣十餘對位酋長百餘坐壇下上設巨榻鉢掣逋升告盟一人自旁譯授于下已歃血鉢掣逋不歃盟畢以浮屠重爲誓引鬱金水以飲與使者交慶乃降元鼎還虜元帥尚塔藏館客大夏川集東方節度諸將百餘置盟策臺上徧曉之且戒各保境毋相暴犯策署彝泰七年尚塔藏語元鼎曰回鶻小國我嘗討之距城三日危破會國有喪乃還非我敵也唐何所畏乃厚之元鼎曰回鶻有功且如約未始妄以兵取尺寸地是以厚之塔藏默然元鼎踰湟水至龍泉谷西北望殺胡川哥舒翰故壁多在湟水出蒙谷抵龍泉與河合河之上流繇洪濟梁西南行二千里水益狹春可涉秋夏乃勝舟其南三百里三山中高而四下曰紫山直大羊同國古所謂昆崙者也虜曰悶摩黎山東距長安五千里河源其間流澄緩下稍合眾流色赤行益遠它水并注則濁故世舉謂西戎地曰河湟河源東北直莫賀延磧尾殆五百里磧廣五十里北自沙州西南入吐谷渾寖狹故號磧尾隱測其地蓋劍南之西元鼎所經見大略如此虜遣論悉諾息等

入謝天子命左衛大將軍令狐通太僕少卿杜載荅之是歲尚綺心兒以兵擊回鶻党項小相尚設塔率眾三萬牧馬大藺樂此歲使者獻金盎銀冶犀麈貢犛牛寶膺至大和再遣使者朝五年維州守將悉怛謀挈城以降劍南西川節度使李德裕受之收符章仗鎧更遣將虞藏儉據之州南抵江陽岷山西北望隴山一面崖三涯江虜號無憂城爲西南要扞會牛僧孺當國議還悉怛謀歸其城吐蕃夷誅無遺種以怖諸戎自是比五年虜使來必報所貢有玉帶金皿獺褐犛牛尾霞氈馬羊橐它贊普立幾三十年病不事委任大臣故不能抗中國邊候晏然死以弟達磨嗣達磨嗜酒好畋獵喜內且凶愎少恩政益亂開成四年遣太子詹事李景儒往使吐蕃以論集熱來朝獻玉器羊馬自是國中地震裂水泉涌岷山崩洮水逆流三日鼠食稼人飢疫死者相枕藉鄯廓間夜聞鼙鼓聲人相驚會昌二年贊普死論贊熱等來告天子命將作監李璟弔祠無子以妃綝兄尚延力子乞離胡爲贊普始三歲妃共治其國大相結都那見乞離胡不肯拜曰贊普支屬尚多何至立綝氏子邪哭而出用事者共殺之別將尚恐熱爲落門川討擊使姓末名農力熱猶中國號郎也譎詭善幻約三部得萬騎擊鄯州節度使尚婢婢略地至渭州與宰相尚與思羅戰薄寒山思羅敗走松州合蘇毗吐渾羊同兵八萬保洮

河自守恐熱謂蘇毗等曰宰相兄弟殺贊普天神使我舉義兵誅不道爾屬乃助逆背國耶蘇毗等疑而不戰恐熱麾輕騎涉河諸部先降并其眾至十餘萬禽思羅縊殺之婢婢姓沒盧名贊心牙羊同國人世爲吐蕃貴相寬厚略通書記不喜仕贊普彊官之三年國人以贊普立非是皆叛去恐熱自號宰相以兵二十萬擊婢婢鼓鼙牛馬橐它聯千餘里至鎮西軍大風雷電部將震死者十餘人羊馬橐它亦數百恐熱惡之按軍不進婢婢聞之厚幣詒書約驩恐熱大喜曰婢婢書生焉知軍事我爲贊普當以家居宰相處之於是退營大夏川婢婢遣將厖結心莽羅薛呂擊恐熱於河州之南伏兵四萬結心據山射書極罵恐熱怒甚盛兵出關結心僞北恐熱追至數十里莽羅薛呂以伏兵衷擊大風雨河溢溺死甚眾恐熱單騎而逃既不得志尤猜忍殺戮部將岌藏豐贊皆降婢婢婢婢厚遇之明年恐熱復攻鄯州婢婢分兵五道拒守恐熱保東谷山堅壁不出岌藏築以重柵斷汲道旬日恐熱走薄寒山募散卒稍至得數千人復戰鶻鷄山再戰南谷皆大敗兵死仍歲不解大中三年婢婢屯兵河源聞恐熱謀度河急擊之爲恐熱所敗婢婢統銳兵扼橋亦不勝焚橋而還恐熱間出鷄項嶺闢馮柀爲梁攻婢婢至白土嶺敗其將尚鐸羅榻藏進戰犛牛峽婢婢將燭盧鞏力欲負峽自固以困恐熱大將磨

離羆子不從乃辭疾先歸羆子急擊恐熱一戰而死婢婢糧盡引眾趨甘州西境以拓拔懷光居守恐熱麾下多歸之恐熱大略鄯廓瓜肅伊西等州所過捕戮積尸狼籍麾下內怨皆欲圖之乃揚聲將請唐兵五十萬共定其亂保渭州求冊爲贊普奉表歸唐宣宗詔太僕卿陸耽持節慰勞命涇原靈武鳳翔邠寧振武等兵迎援恐熱既至詔尚書左丞李景讓就問所欲恐熱倨夸自大且求河渭節度使帝不許還過咸陽橋咄歎曰我舉大事覬得濟此河與唐分境於是復趨落門川收散卒將寇邊會久雨糧絕恐熱還奔廓州於是鳳翔節度使李玭復清水涇原節度使康季榮復原州取石門等六關得人畜幾萬靈武節度使李欽取安樂州詔爲威州邠寧節度使張欽緒復蕭關鳳翔收秦州山南西道節度使鄭涯得扶州鳳翔兵與吐蕃戰隴州斬首五百級是歲河隴高年千餘見闕下天子爲御延喜樓賜冠帶皆爭解辮易服因詔差賜四道兵錄有勞者三州七關地腴衍者聽民墾藝貸五歲賦溫池委度支榷其鹽以贍邊四道兵能營田者爲給牛種戍者倍其資餽再歲一代商賈往來於邊者關鎮毋何留兵欲墾田與民同初太宗平薛仁杲得隴上地虜李軌得涼州破吐谷渾高昌開四鎮玄宗繼收黃河磧石宛秀等軍中國無斥候警者幾四十年輪臺伊吾屯田禾菽彌望開遠門揭候署

曰西極道九千九百里，示戍人無萬里行也。乾元後，隴右、劍南西山三州七關軍鎮監牧三百所皆失之。憲宗常覽天下圖，見河湟舊封，赫然思經略之，未暇也。至是群臣奏言：「王者建功立業，必有以光表於世者。今不勤一卒，血一刃，而河湟自歸，請上天子尊號。」帝曰：「憲宗嘗念河湟，業未就而殂落，今當述祖宗之烈，其議上順、憲二廟謚號，誇顯後世。」又詔：「朕姑息民，其山外諸州須後經營之。」明年，沙州首領張義潮奉瓜、沙、伊、肅、甘等十一州地圖以獻。始，義潮陰結豪英歸唐，一日眾擐甲譟州門，唐人皆助之，虜守者驚走，遂攝州事。繕甲兵，耕且戰，悉復餘州。以部校十輩皆操挺，內表其中，東北走天德城，防禦使李丕以聞。帝嘉其忠，命使者齎詔收慰，擢義潮沙州防禦使，俄號歸義軍，遂為節度使。其後河、渭州虜將尚延心以國破亡，亦獻款。秦州刺史高駢誘降延心及渾末部萬帳，遂收二州。拜延心武衛將軍。駢收鳳林關，以延心為河渭等州都遊弈使。咸通二年，義潮奉涼州來歸。七年，北庭回鶻僕固俊擊取西州，收諸部。鄯州城使張季顒與尚恐熱戰，破之，收器鎧以獻。吐蕃餘眾犯邠寧，節度使薛弘宗卻之。會僕固俊與吐蕃大戰，斬恐熱，首傳京師。八年，義潮入朝，為右神武統軍，賜第及田，命族子淮深守歸義。十三年，卒。沙州以長史曹義金領州務，遂授歸義節度使。後中原多故，王命不及，甘州為回鶻所并，歸義諸城多沒。渾末，亦曰嗢末，吐蕃奴部也。虜法出師必發豪室，皆以奴從，平居散處耕牧。及恐熱亂，無所歸，共相嘯合數千人，以嗢末自號，居甘、肅、瓜、沙、河、渭、岷、廓、疊、宕間，其近蕃牙者最勇，而馬尤良云。

贊曰：唐興，四夷有弗率者，皆利兵移之，蹷其牙，犁其廷而後已。惟吐蕃、回鶻號彊雄，為中國患最久。贊普遂盡盜河湟，薄王畿為東境，犯京師，掠近輔，殘馘華人。謀夫虓帥，圜視共計，卒不得要領。晚節二姓自亡，而唐亦衰焉。夫外撫內寧，惟聖人不讓。玄宗有逸德，而拓地太大，務遠功，忽近虞，逆賊一奮，中原封裂，訖二百年不得復完，而至陵夷。然則內先自治，釋四夷為外懼，守成之良資也。

列傳一百四十一下

回鶻列傳第一百四十二上　唐書二百一十七上

端明殿學士兼翰林侍讀學士龍圖閣學士朝散大夫尚書吏部侍郎充史館修撰臣宋祁奉敕撰

回紇，其先匈奴也，俗多乘高輪車，元魏時亦號高車部，或曰敕勒，訛為鐵勒。其部落曰袁紇、薛延陀、契苾羽、都播、骨利幹、多覽葛、僕骨、拔野古、同羅、渾、思結、斛薛、奚結、阿跌、白霫，凡十有五種，皆散處磧北。袁紇者，亦曰烏護，曰烏紇，至隋曰韋紇。其人驍彊，初無酋長，逐水草轉徙，善騎射，喜盜鈔，臣于突厥，突厥資其財力雄北荒。大業中，處羅可汗攻脅鐵勒部，裒責其財，既又恐其怨，則集渠豪數百悉阬之，韋紇乃并僕骨、同羅、拔野古叛去，自為俟斤，稱回紇。回紇姓藥羅葛氏，居薛延陀北娑陵水上，距京師七千里，眾十萬，勝兵半之。地磧鹵，畜多大足羊。有時健俟斤者，眾始推為君長。子曰菩薩，材勇有謀，嗜獵射，戰必身先，所向輒摧破，故下皆畏附，為時健所逐。時健死，部人賢菩薩，立之。母曰烏羅渾，性嚴明，能決平部事。回紇繇是寖盛。與薛延陀共攻突厥北邊，頡利遣欲谷設領騎十萬討之，菩薩身將五千騎破之馬鬣山，追北至天山，大俘其部人，聲震北方。繇是附薛延陀，相脣齒，號活頡利發，樹牙獨樂水上。貞觀三年，始來朝，獻方物。突厥已亡，惟回紇與薛延陀為最雄彊。菩薩死，其酋胡祿俟利發吐迷度與諸部攻薛延陀，殘之，并有其地，遂南踰賀蘭山，境諸河，遣使者獻款。太宗為幸靈州，次涇陽，受其功。於是鐵勒十一部皆來言：「延陀不事大國，以自取亡，其下麏駭鳥散，不知所之。今各有分地，願歸命天子，請置唐官。」有詔張飲高會，引見渠長等，以唐官官之，凡數千人。明年復入朝。乃以回紇部為瀚海，多覽葛部為燕然，僕骨部為金微，拔野古部為幽陵，同羅部為龜林，思結部為盧山，皆號都督府；以渾為皋蘭州，斛薛為高闕州，阿跌為雞田州，契苾羽為榆溪州，奚結為雞鹿州，思結為蹛林州，白霫為窴顏州；其西北結骨部為堅昆府，北骨利幹為玄闕州，東北俱羅勃為燭龍州；皆以酋領為都督、刺史、長史、司

馬即故單于臺置燕然都護府統之六都督七州皆隸屬以李素
立爲燕然都護其都督刺史給玄金魚符黃金爲文天子方招寵
遠夷作絳黃瑞錦文袍寶刀珍器賜之帝坐秘殿陳十部樂殿前
設高坫置朱提瓶其上潛泉浮酒自左閤通坫趾注之瓶轉受百
斛鐐盎回紇數千人飲畢尚不能半又詔文武五品官以上祖飲
尚書省中渠領共言生荒陋地歸身聖化天至尊賜官爵與爲百
姓依唐若父母然請於回紇突厥部治大涂號參天至尊道世爲
唐臣乃詔磧南鷿鵜泉之陽置過郵六十八所具羣馬湩肉待使
客歲內貂皮爲賦乃拜吐迷度爲懷化大將軍瀚海都督然私自
號可汗署官吏壹似突厥有外宰相六內宰相三又有都督將軍
司馬之號帝更詔時健俟斤它部爲祁連州隸靈州都督白霫
它部爲居延州吐迷度兄子烏紇烝吐迷度之妻遂與俱陸莫賀
達干俱羅勃謀亂而歸車鼻可汗二人者皆車鼻壻故烏紇領
騎夜劫吐迷度殺之燕然副都護元禮臣遣使給烏紇許白爲都

督烏紇不疑即往謝因斬以徇帝恐諸部攜解命兵部尚書崔敦
禮持節臨撫贈吐迷度左衛大將軍賻祭備厚擢其子婆閏左驍
衛大將軍襲父所領俱羅勃既入朝帝不遣阿史那賀魯之盜北
廷婆閏以騎五萬助契苾何力等破賀魯收北廷又從伊麗道
行軍總管任雅相等再破賀魯金牙山還右衛大將軍從討高麗
有功婆閏死子比粟嗣龍朔中以燕然都督府領回紇更號瀚海
都護府以磧爲限大抵北諸蕃悉隸之比粟死子獨解支嗣武后
時突厥默啜方彊取鐵勒故地故回紇與契苾思結渾三部度
磧徙甘涼閒然唐常取其壯騎佐赤水軍云獨解支死子伏帝匐
立明年助唐攻殺默啜於是別部移健頡利發與同羅霫等皆
來詔置其部於大武軍北伏帝匐死子承宗立涼州都督王君㚟
誣暴其罪流死瀼州當此時回紇稍不循族子瀚海府司馬護輸
乘衆怨共殺君㚟梗絕安西諸國朝貢道久之奔突厥死子骨
力裴羅立會突厥亂天寶初裴羅與葛邏祿自稱左右葉護助

拔悉蜜擊走烏蘇可汗後三年襲破拔悉蜜斬頡跌伊施可汗
遣使上狀自稱骨咄祿毗伽闕可汗天子以爲奉義王南居突厥
故地徙牙烏德鞬山昆河之閒南距西城千七百里西城漢高闕
塞也北盡磧口三百里悉有九姓地九姓者曰藥羅葛曰胡咄葛
曰啒羅勿曰貊歌息訖曰阿勿嘀曰葛薩曰斛嗢素曰藥勿葛曰
奚邪勿藥羅葛回紇姓也與僕骨渾拔野古同羅思結契苾六種
相等夷不列於數後破有拔悉蜜葛邏祿總十一姓並置都督號
十一部落自是戰常以二客部爲先鋒有詔拜爲骨咄祿毗伽闕
懷仁可汗前殿列仗中書令內案授冊使者使者出門升輅至皇
城門降乘馬幡節導以行凡冊可汗率用此禮明年裴羅又攻殺
突厥白眉可汗遣頓啜羅達干來上功拜裴羅左驍衛員外大將
軍斥地愈廣東極室韋西金山南控大漠盡得古匈奴地裴羅死
子磨延啜立號葛勒可汗剽悍善用兵歲遣使者入朝肅宗即位
使者來請助討祿山帝詔燉煌郡王承寀與約而令僕固懷恩送

王因召其兵可汗喜以可敦妹爲女妻承寀遣渠領來請和親帝
欲固其心即封虜女爲毗伽公主於是可汗自將與朔方節度使
郭子儀合討同羅諸蕃破之河上與子儀會呼延谷可汗恃其彊
陳兵引子儀拜狼纛而後見帝駐彭原使者葛羅支見恥班下帝
不欲使鞅鞅引升殿慰而遣俄以大將軍多攬等造朝及太子葉
護身將四千騎來惟所命帝因冊毗伽公主爲王妃擢承寀宗正
卿可汗亦封承寀爲葉護給四節令與其葉護共將帝命廣平王
見葉護約爲昆弟葉護大喜使首領達干等先到扶風見子儀子
儀犒飲三日葉護辭曰國多難我助討逆何敢食固命乃留既
行日賜牛四十角羊八百蹄米四十斛香積之戰陣灃上賊詭伏
騎於王師左將襲我僕固懷恩麾回紇馳之盡翦其伏乃出賊背
與鎮西北廷節度使李嗣業夾攻之賊大敗進收長安懷恩率回
紇南蠻大食衆繚都而南壁滻東進戰陝西戰新店初回紇至曲
沃葉護使將軍鼻施吐撥裴羅旁南山東出搜賊伏谷中殲之

營山陰子儀等與賊戰傾軍逐之北亂而卻回紇望見即踰西嶺曳旗趨賊出其後賊反顧遂大潰追奔數十里人馬相騰蹂死者不可計收仗械如丘巖莊挾安慶緒棄東京北度河回紇大掠東都三日姦人導之府庫窮殫廣平王欲止不可而耆老以繒錦萬匹賂回紇止不剽葉護還京師帝遣羣臣勞之長樂帝坐前殿召葉護升階席酋領於下宴且勞之人人賜錦繡繒器葉護頓首言留兵沙苑臣歸料馬以收范陽訖除殘盜帝曰爲朕竭義勇成大事卿等力也詔進司空爵忠義王歲給絹二萬匹使至朔方軍受賜乾元元年回紇使者多彥阿波與黑衣大食酋閤之等俱朝爭長有司使異門並進又使請昏許之帝以幼女寧國公主下嫁即冊磨延啜爲英武威遠毗伽可汗詔漢中郡王瑀攝御史大夫爲冊命使以宗子右司郎中巽兼御史中丞爲禮會使并以副瑀尚書右僕射裴冕送諸境帝餞公主因幸咸陽數尉勉主泣曰國方多事死不恨瑀至虜帳可汗胡帽赭袍坐帳中儀衞光嚴引瑀立

帳外問曰王天可汗何屬瑀曰從昆弟也時中人雷盧俊立瑀上又問立王上者爲誰瑀曰中人也可汗曰中人奴爾顧立郎上乎盧俊趨下於是引瑀入瑀不拜可汗曰見國君禮無不拜瑀曰天子顧可汗有功以愛女結好比中國與夷狄婚皆宗室子今寧國乃帝玉女有德容萬里來降可汗天子婿當以禮見安踞受詔邪可汗慙乃起奉詔拜受冊翌日尊主爲可敦瑀所齎賜物可汗盡與其牙下酋領瑀還獻馬五百匹貂裘白氎等乃使王子骨啜特勒宰相帝德等率騎三千助討賊帝因命僕固懷恩總之又遣大首領蓋將軍與三女子謝婚并告破堅昆功明年骨啜與九節度戰相州王師潰帝德等奔京師帝厚賜尉其意乃還餞而可汗死國人欲以公主殉主曰中國人婿死朝夕臨喪期三年此終禮也回紇萬里結昏本慕中國吾不可以殉乃止然剺面哭亦從其俗云後以無子得還始葉護太子前得罪死故次子移地健立號牟羽可汗其妻僕固懷恩女也始可汗爲少子請昏帝以妻之至是

爲可敦明年使大臣俱録莫賀達干等入朝并問公主起居使人通謁於延英殿代宗即位以史朝義未滅復遣中人劉清潭往結好且發其兵比使者至回紇已爲朝義所訹曰唐荐有喪國無主且亂請回紇入收府庫其富不貲可汗即引兵南寶應元年八月也清潭齎詔至其帳可汗曰人言唐已亡安得有使邪清潭爲言先帝雖棄天下廣平王已即天子位其仁聖英武類先帝故與葉護收二京破安慶緒者是與可汗素厚且唐歲給回紇繒絹豈忘之邪是時回紇已踰三城見州縣榛莽烽障無守有輕唐色乃遣使北收單于府兵倉庫數以語凌靳清潭清潭密白帝回紇兵十萬向塞朝廷震驚遣殿中監藥子昂迎勞且視軍遇于太原密識其兵裁四千孺弱萬餘馬四萬與可敦偕來帝令懷恩與回紇會因遣使上書請助天子討賊回紇欲入蒲關徑沙苑而東子昂說曰自寇亂來州縣殘虛供億無所資且賊在東京若入井陘以取邢洺衞懷收賊財帑乃鼓而南上策也不聽子昂曰然則趨

懷太行道南據河陽扼賊喉衿又不聽曰食太原倉粟右大陝與澤潞河南懷鄭兵合回紇從之詔以雍王爲天下兵馬元帥進子昂兼御史中丞與右羽林衞將軍魏琚爲左右廂兵馬使中書舍人韋少華爲元帥判官御史中丞李進爲行軍司馬東會回紇敕元帥爲諸軍先鋒與諸節度會陝州時可汗壁陝州北王往見之可汗責王不蹈舞子昂辭曰王嫡皇孫二宮在殯禮不可以蹈舞回紇廷詰曰可汗爲唐天子弟於王叔父行也容有不蹈舞乎子昂固拒即言元師唐太子也將君中國而可舞蹈見可汗哉回紇君臣度不能屈即引子昂進少華琚搒之百少華琚一夕死王還營官軍以王見辱將合誅回紇王以賊未滅止之於是懷恩與虜左殺爲先驅朝義使反間左殺執以獻與諸將同擊賊戰橫水走之進收東都可汗使拔賀那賀天子獻朝義旗物雍王還靈寶可汗屯河陽留三月屯旁人困於剽辱僕固瑒率回紇兵與朝義挐戰蹀血二千里梟其首河北悉平懷恩道相州西山崞口還屯可汗出

陘谿與懷恩會道太原去初回紇至東京放兵攘剽人皆遁保聖善白馬二祠浮屠避之回紇怒火浮屠殺萬餘人及是益横詬折官吏至以兵夜斫含光門入鴻臚寺方其時陝州節度使郭英乂留守東都與魚朝恩及朔方軍驕肆因回紇爲暴亦掠汝鄭閒鄉不完廬皆蔽紙爲裳虐于賊矣帝念少華等死故贈少華左散騎常侍琚揚州大都督賜一子六品官於是冊可汗曰頡咄登里骨啜蜜施合俱録英義建功毗伽可汗可敦曰娑墨光親麗華毗伽可敦以左散騎常侍王翊使即其牙命之自可汗至宰相共賜實封二萬戶又以左殺爲雄朔王右殺寧朔王胡祿都督金河王拔覽將軍靜漠王十都督皆國公永泰初懷恩反誘回紇吐蕃入寇俄而懷恩死二虜爭長回紇首領潛詣涇陽見郭子儀請改事子儀率麾下叩回紇營回紇曰願見令公子儀出旗門回紇曰請釋甲子儀易服酋長相顧曰眞是公矣時李光進路嗣恭介馬在側子儀示酋長曰此渭北節度使某朔方軍糧使某酋長下馬拜子

儀亦下見之虜數百環視子儀麾下亦至子儀麾左右使却且命酒與飲遺以纏頭綵三千召可汗弟合胡祿等持手因讓曰上念回紇功報爾固厚何負而來今即與汝戰何遽降也我將獨入爾營雖殺我吾將士能擊汝酋長讋服曰懷恩詭我曰唐天子南走公見廢是以來今天可汗在公無恙吾等願還擊吐蕃以報厚恩然懷恩子可敦弟也願赦死於是子儀持酒胡祿請盟而飲子儀曰唐天子萬歲回紇可汗亦萬歲二國將相如之有如負約身死行陣家屠戮方時虜宰相磨咄莫賀達干頓等聞言皆奪氣酒至其所輒曰無易公盟言始虜有二巫言此行必不戰當見大人而還及是相顧笑曰巫不吾紿也朔方先鋒兵馬使白元光合回紇兵於靈臺西原會雲霧嚴晦吐蕃閉營撤備乃縱擊之斬首五萬級生禽萬人獲馬橐它牛羊收所俘唐戶五千僕固名臣降合胡祿都督等二百人皆來朝賜與不可計子儀以名臣見名臣懷恩兄子銳將也大曆三年光親可敦卒帝遣右散騎常侍蕭昕持節弔

祠明年以懷恩幼女爲崇徽公主繼室兵部侍郎李涵持節冊拜可敦賜繒綵二萬是時財用屈稅公卿贏橐它給行宰相餞中渭橋回紇之留京師者曹輩掠女子於市引騎犯含光門皇城皆闔詔劉清潭慰止復出暴市物奪長安令邵說馬有司不敢何詰自乾元後益負功每納一馬取直四十縑歲以數萬求售使者相躡留舍鴻臚駘弱不可用帝厚賜欲以愧之不知也復以萬馬來帝不忍重煩民爲償六千十年回紇殺人橫道京兆尹黎幹捕之詔貸勿劾又刺人東市縛送萬年獄首領劫取囚殘獄吏去都人厭苦十三年回紇襲振武攻東陘入寇太原河東節度使鮑防與戰陽曲防敗績殘殺萬人代州都督張光晟又戰羊虎谷破之虜乃去德宗立使中人告喪且脩好時九姓胡勸可汗入寇可汗欲悉師向塞見使者不爲禮宰相頓莫賀達干曰唐大國無負於我前日入太原取羊馬數萬比及國亡耗略盡今舉國遠鬭有如不捷將安歸可汗不聽頓莫賀怒因擊殺之并屠其支黨及九姓胡幾二

千人即自立爲合骨咄祿毗伽可汗使長建達干從使者入朝建中元年詔京兆少尹源休持節冊頓莫賀爲武義成功可汗始回紇至中國常參以九姓胡往往留京師至千人居貲殖產甚厚會酋長突董翳蜜施大小梅録等還國裝橐係道留振武三月供擬珍豐費不貲軍使張光晟陰伺之皆盛女子以橐光晟使驛吏刺以長錐然後知之已而聞頓莫賀新立多殺九姓胡人懼不敢歸往往亡去突董察視嚴亟羣胡獻計於光晟請悉斬回紇光晟許之即上言回紇非素彊助之者九胡爾今其國亂兵方相加而虜利則往財則合無財與利一亂不振不以此時乘之復歸人與幣是謂借賊兵資盜糧也乃使裨校陽不禮突董果怒鞭之光晟因勒兵盡殺回紇羣胡收橐它馬數千繒錦十萬且告曰回紇扶大將謀取振武謹先誅之部送女子還長安帝召光晟還以彭令方代之遣中人與回紇使聿達干往言其端因欲與虜絕敕源休俟命太原明年乃行因歸突董等四喪突董可汗諸父也源休至

可汗令大臣具車馬出迎其大相頡于迦跌坐責休等殺突董事
休言彼自與張光晟鬭死非天子命又曰使者皆負死罪唐不自
戮何假手于我邪良久罷去休等幾死留五旬卒不見可汗可汗
傳謂休曰國人皆欲爾死我獨不然突董等已亡今又殺爾猶以
血濯血徒益汙吾以水濯血不亦善乎爲我言有司所負馬直一
百八十萬可速償我遣散支將軍康赤心等隨休來朝帝隱忍賜
以金繒後三年使使者獻方物請和親帝舊蓄前恚未平謂宰相
李泌曰和親待子孫圖之朕不能已泌曰陛下豈以陝州故憾乎
帝曰然朕方天下多難未能報且毋議和泌曰辱少華等乃牟
羽可汗也知陛下即位必償怨乃謀先苦邊然兵未出爲今可汗
所殺矣今可汗初立遣使來告垂髮不翦待天子命而張光晟殺
突董等雖幽止使人然卒完歸則爲無罪矣帝曰卿言則然顧
朕不可負少華等柰何泌曰臣謂陛下不負少華少華負陛下且
北虜君長身赴難陛下在藩春秋未壯而輕度河入其營所謂冒

豺虎之場也爲少華等計當先定會見禮臣猶危之柰何子然赴
哉臣昔爲先帝行軍司馬方葉護來先帝祇使宴於府及議征討
則不見也葉護邀臣至營帝不許使好謂曰主當勞客客返勞主
邪東收京師約曰土地人衆歸我玉帛子女予回紇戰勝葉護欲大
掠代宗下馬拜之回紇乃東向洛臣猶恨以元帥拜葉護於馬前
爲左右過然先帝曰王仁孝足辦朕事下詔慰勉葉護乃牟羽諸
父也牟羽之來陛下以元子不拜於帳下而可汗不敢少有失於陛
下則陛下未嘗屈矣先帝拜葉護全京城陛下乃不拜可汗固伸
威於虜何恨焉然計香積陝州事以屈己爲是乎伸威爲是乎藉
令少華等以陛下見可汗閉壁五日與陛下張飲天下豈不寒心
哉而天助威神使豺狼馴服牟羽母捧陛下以貂裘叱左右促
命騎躬送出營此少華等負陛下也假令牟羽爲有罪則今可汗
已殺之立者乃牟羽從父兄是爲有功渠可忘之邪且回紇可汗銘
石立國門曰唐使來當使知我前後功云今請和必舉部南望陛

下不之荅其怨必深願聽昏而約用開元故事如突厥可汗稱臣
使來者不過二百市馬不過千不以唐人出塞亦無不可者帝曰
善乃許降公主回紇亦請如約詔咸安公主下嫁又詔使者合闕
達干見公主於麟德殿使中謁者齎公主畫圖賜可汗明年可汗
遣宰相跌跌都督等衆千餘幷遣其妹骨咄祿毗伽公主率大酋
之妻五十人逆主且納聘跌跌至振武爲室韋所鈔戰死有詔其下
七百皆聽入朝舍鴻臚帝御延喜門見使者是時可汗上書恭
甚言昔爲兄弟今壻半子也陛下若患西戎子請以兵除之又請
易回紇曰回鶻言捷鷙猶鶻然帝欲饗回鶻公主問禮於李泌
對曰肅宗於燉煌王爲從祖兄回鶻妻以女見帝於彭原獨拜廷
下帝呼曰婦而不名嫂也當艱虞時方藉其用猶以臣之況今日
乎於是引回鶻公主入銀臺門長公主三人候諸內譯史傳導拜
必荅揖與進帝御秘殿長公主先入侍回鶻公主入拜謁已內司
賓導至長公主所又譯史傳問乃與俱入至宴所賢妃降階俟回

鶻公主拜賢妃荅拜又拜召已由西階升乃坐有賜則降拜非帝
賜則避席拜妃公主皆荅拜訖歸凡再饗帝又盡建咸安公主官
屬視王府以嗣滕王湛然爲昏禮使右僕射關播護送且將冊書
拜可汗爲汨咄祿長壽天親毗伽可汗公主爲智惠端正長壽孝
順可敦貞元五年可汗死子多邏斯立國人號泮官特勒以鴻臚
卿郭鋒持節冊拜愛登里邏汨沒密施俱錄毗伽忠貞可汗初安
西北廷自天寶末失關隴朝貢道隔伊西北廷節度使李元忠四
鎮節度留後郭昕數遣使奉表皆不至貞元二年元忠等所遣假
道回鶻乃得至長安帝進元忠爲北廷大都護昕爲安西大都護
自是道雖通而虜求取無涘沙陀別部六千帳與北廷相依亦厭
虜裒索至三葛祿白眼突厥素臣回鶻者尤怨苦皆密附吐蕃
故吐蕃因沙陀共寇北廷頡干迦斯與戰不勝北廷陷於是都護
楊襲古引兵奔西州回鶻以壯卒數萬召襲古將還取北廷爲
吐蕃所擊大敗士死太半迦斯奔還襲古挈餘衆將入西州迦

斯給曰弟與我俱歸當使公還唐襲古至帳殺之葛祿又取深圖
川回鶻大恐稍南其部落以避之是歲可汗爲少可敦葉公主所
毒死可敦亦僕固懷恩之孫懷恩子爲回鶻葉護故女號葉公主
云可汗之弟乃自立迦斯方攻吐蕃其大臣率國人共殺篡者以
可汗幼子阿啜嗣迦斯還可汗等出勞皆俯伏言廢立狀惟大相
生死之悉發郭鋒所賜器幣餉迦斯可汗拜且泣曰今幸得繼絕
仰食於父也迦斯以其柔屈乃相持哭遂臣事之以器幣悉給將
士無所私其國遂安遣達北特勒梅錄將軍來告且聽命詔鴻臚
少卿庾鋋冊阿啜爲奉誠可汗俄以律支達干來告少寧國公主
之喪主榮王女也始寧國下嫁又以媵之寧國後歸因留回鶻中
爲可敦號少寧國歷配英武英義二可汗至天親可汗時始居外
其配英義生二子皆爲天親所殺是歲回鶻擊吐蕃葛祿於北廷
勝之且獻俘明年使藥羅葛炅來朝炅本唐人呂氏爲可汗養子
遂從可汗姓帝以其用事賜賚殊優拜檢校尚書右僕射十一年可

汗死無子國人立其相骨咄祿爲可汗以使者來詔祕書監張薦
持節冊拜愛滕里邏羽錄沒蜜施合胡祿毗伽懷信可汗骨咄祿
本䟫跌氏少孤爲大首領所養辯敏材武當天親時數主兵諸酋
尊畏至是以藥羅葛氏世有功不敢自名其族而盡取可汗子孫
內之朝廷永貞元年可汗死詔鴻臚少卿孫杲臨弔冊所嗣爲滕
里野合俱錄毗伽可汗元和初再朝獻始以摩尼至其法日晏食
飲水茹葷屏湩酪可汗常與共國者也摩尼至京師歲往來西市
商賈頗與囊橐爲姦三年來告咸安公主喪主歷四可汗居回鶻
凡二十一歲無幾可汗亦死憲宗使宗正少卿李孝誠冊拜愛
登里羅汨蜜施合毗伽保義可汗閱三歲使者再朝遣伊難珠再
請昏未報可汗以三千騎至鸊鵜泉於是振武以兵屯黑山治天
德城備虜禮部尚書李絳奏言回鶻盛彊北邊空虛一爲風塵則
彊卒非抗敵之夫孤城爲不守之地陛下懷此增甲兵飭城壘
中夏長策生人大幸也臣觀今日處置未得其要夫邊憂有五請

歷言之北狄貪沒唯利是視比進馬規直再歲不至豈厭繒帛利
哉殆欲風高馬肥而肆侵軼故外攘內備必煩朝廷一可憂兵力
未完斥候未明戈甲未備城池未固飾天德則虜必疑虛西城則
磧道無倚二可憂夫城保要害攻守險易當謀之邊將今乃規何
塞之外裁廟堂之上虜猝犯塞應接失便三可憂自脩好以來山
川形勝兵戎滿虛虜皆悉之賊掠諸州調發在旬朔外其係纍人
畜在旦夕內比王師至則虜巳歸寇能久留役亦轉廣四可憂北
狄西戎素相攻討故邊無虞今回鶻不市馬若與吐蕃結約解仇
則將臣閉壁憚戰邊人拱手受禍五可憂又淮西吳少陽垂死可
乘其變諸道興發役且十倍臣謂宜聽其婚使守蕃禮所謂三利
也和親則烽燧不驚城堞可治盛兵以畜力積粟以固軍一也既
無北顧憂可南事淮右申令於垂盡之寇二也北虜恃我戚則西
戎怨愈深內不得寧國家坐受其安寇掠長息三也今捨三利取
五憂甚非計或曰降主費多臣謂不然我三分天下賦以一事邊

今東南大縣賦歲二十萬緡以一縣賦爲婚貲非損寡得大乎今
惜婚貲不與假如王師北征兵非三萬騎五千不能扞且馳也又
如保十全之勝一歲輒罷其饋餉供擬豈止一縣賦哉帝不聽

回鶻列傳第一百四十二上

端明殿學士兼翰林侍讀學士朝散大夫行尚書吏部侍郎……宋祁奉　敕撰

回鶻之請昏有司度費當五百萬帝方內討彊節度故遣宗正少卿李誠太常博士殷侑往諭不可移宗立回鶻又使合達干等來固求昏許之俄而可汗死使者臨冊所嗣爲登囉羽錄沒蜜施句主毗伽崇德可汗可汗已立遣伊難珠句錄都督思結等以葉護公主來逆女部渠二千人納馬二萬橐它千四夷之使中國其衆未嘗多此詔許五百人至長安餘留太原詔以太和公主下降主憲宗女也帝爲主建府以左金吾衛大將軍胡証光祿卿李憲持節護送太府卿李說爲昏禮使冊拜主爲仁孝端麗明智上壽可敦告于廟天子御通化門餞主羣臣班辭于道公主出塞距回鶻牙百里可汗欲先與主由間道私見胡証不可虜人曰昔咸安公主行之証曰天子詔我送公主授可汗今未見不可先也乃止於

是可汗升樓坐東向下設氊幔以居公主請襲胡衣以一姆侍出西向拜已退即次被可敦服絳通裾大襦冠金冠前後銳復出拜已乃升曲輿九相分負右旋于廷者九降輿升樓與可汗聯坐東向羣臣以次謁可敦亦自建牙以二相出入帳中証等歸可敦大宴悲啼眷慕可汗厚贈使者是時裴度方伐幽鎮回鶻使渠將李義節以兵三千佐天子平河北議者懲艾前患不聽兵已及豐州使者厚賜乃去敬宗即位之年可汗死其弟曷薩特勒立遣使者冊爲愛登里囉汨沒蜜施合毗伽昭禮可汗賜幣十二車文宗初又賜馬直縑五十萬大和六年可汗爲其下所殺從子胡特勒立使者來告明年遣左驍衛將軍唐弘實與嗣澤王溶持節冊爲愛登里囉汨沒蜜施合句錄毗伽彰信可汗開成四年其相掘羅勿作難引沙陀共攻可汗可汗自殺國人立𪥺馺特勒爲可汗方歲飢遂疫又大雪羊馬多死未及命武宗即位以嗣澤王溶臨告乃知其國亂俄而渠長句錄莫賀與黠戛斯合騎十萬攻回鶻城殺

可汗誅掘羅勿焚其牙諸部潰其相馺職與厖特勒十五部奔葛邏祿殘衆入吐蕃安西於是可汗牙部十三姓奉烏介特勒爲可汗南保錯子山黠戛斯已破回鶻得太和公主又自以李陵後與唐同宗故遣使者達干奉主來歸烏介怒追擊達干殺之劫主南度磧邊人大恐進攻天德城振武節度使劉沔屯雲伽關拒禦之宰相李德裕建言回鶻曩有功今飢且亂可汗無歸不可擊宜遣使者贍安之帝用兵部郎中李拭行邊刺狀奏是其相赤心與王子嗢沒斯特勒那頡啜將其部欲自歸而公主亦遣使者來言烏介已立因請命又大臣頡干伽思等表假振武居公主可汗帝乃詔右金吾衛大將軍王會持節慰撫其衆輸糧二萬斛不許借振武令中人好語開諭又詔使者持冊往謄稽其行須變明年回鶻奉主至漠南入雲朔剽橫水殺掠甚衆轉側天德振武間盜畜牧自如乃召諸道兵合討嗢沒斯以赤心奸桀難得要領即密約天德戍將田牟誘赤心斬帳下那頡啜收赤心衆七千帳東走振武

大同因室韋黑沙南闚幽州節度使張仲武破之悉得其衆那頡啜走烏介執而殺之然烏介兵尚彊號十萬駐牙大同北閭門山而特勒厖俱遮阿敦寧等凡四部及將軍曹磨你衆三萬因仲武降嗢沒斯亦附使者送款帝欲使助可汗復國而可汗已攻雲州劉沔與戰敗績嗢沒斯率三部及特勒大酋二千騎詣振武降詔拜嗢沒斯爲右金吾衛大將軍爵懷化郡王以天德爲歸義軍即拜歸義軍使阿歷支寧邊郡公習勿啜昌化郡公烏羅思寧朔郡公並爲冠軍大將軍左威衛大將軍愛邪勿寧塞郡公爲右領軍大將軍加賜嗢沒斯牙旗豹尾刀器諸物給其屬冠帶詔宰相德裕采秦漢以來興殊俗忠效卓異者凡三十人爲異域歸忠傳寵賜之嗢沒斯請留族太原率昆弟爲天子扞邊帝命劉沔爲列舍雲朔閒處其家可汗遣使者藉兵欲還故廷且假天德城帝不許可汗恚進略大同川轉戰攻雲州刺史嬰壁不敢出詔益發諸鎮兵屯太原以北嗢沒斯等既朝皆賜李氏名嗢沒斯曰思忠阿歷支

曰思貞習勿啜曰思義烏羅思曰思禮愛邪勿曰弘順即拜歸義
軍副使於是詔劉沔爲回鶻南面招撫使張仲武東面招撫使思
忠爲西党項都將西南面招討使沔營鴈門又詔銀州刺史何淸
朝蔚州刺史契苾通以蕃渾兵出振武與沔仲武合稍逼回鶻思
忠數深入諭降其下沔分沙陀兵益思忠河中軍以騎五百益弘
順沔進次雲州思忠屯保大栅率河中陳許兵與回鶻戰敗之明
年又爲弘順所破沔與天德行營副使石雄料勁騎及沙陀契苾
等雜虜夜出雲州走馬邑抵安衆塞逢虜與戰破之烏介方薄
振武雄馳入夜穴壘出鏖兵烏介驚引去雄追北至殺胡山烏介
被創走雄遇公主奉主還降特勒以下衆數萬盡收輜帑及所
賜詔書可汗收所餘往依黑車子詔弘順淸朝窮躡弘順厚啗黑
車子以利募殺烏介初從可汗亡者既不能軍往往詣幽州降留
者皆飢寒疾衰耗數千黑車子幸其殘即殺烏介其下又奉其弟
遏捻特勒爲可汗帝詔德裕紀功銘石于幽州以夸後世思忠等以

國亡皆願入朝見聽遂罷歸義軍擢思忠左監門衛上將軍兼
撫王傅兩稟其奉賜第永樂坊分其兵賜諸節度虜人憚隸食諸
道據滹沱河叛劉沔阬殺三千人詔回鶻營功德使在二京者悉
冠帶之有司收摩尼書若象燒于道產貲入之官遏捻可汗寖殘
部五千仰食於奚大酋碩舍朗大中初仲武討奚破之回鶻寖耗
滅所存名王貴臣五百餘轉依室韋仲武諭令關致可汗等遏
捻懼挾妻葛祿子特勒毒斯騎九騎夜委衆西走部人皆慟哭室
韋七姓析回鶻隸之黠戛斯怒與其相阿播將兵七萬擊室韋悉
收回鶻還磧北遺帳伏山林間狙盜諸蕃自給稍歸厖特勒是時
特勒已自稱可汗居甘州有磧西諸城宣宗務綏柔荒遠遣使者
抵靈州省其酋長回鶻因遣人隨使者來京師帝即冊拜嗢祿登
里邏汨沒蜜施合俱錄毗伽懷建可汗後十餘年一再獻方物懿
宗時大酋僕固俊自北廷擊吐蕃斬論尙熱盡取西州輪臺等城
使達干米懷玉朝且獻俘因請命詔可其後王室亂貢會不常史

亡其傳昭宗幸鳳翔靈州節度使韓遜表回鶻請率兵赴難翰林
學士韓偓曰虜爲國仇舊矣自會昌時伺邊羽翼未成不得逞今
乘我危以冀幸不可開也遂格不報然其國卒不振時時以玉馬
與邊州相市云

薛延陀者先與薛種雜居後滅延陀部有之號薛延陀姓一利咥
氏在鐵勒諸部最雄張風俗大抵與突厥同西突厥處羅可汗之
殺鐵勒諸酋也其下往往相率叛去推契苾哥楞爲易勿眞莫賀
可汗據貪汗山奉薛延陀乙失鉢爲野咥可汗保燕末山而突厥
射匱可汗復彊二部黜可汗號往臣之回紇拔野古阿跌同羅僕
骨白霫在鬱督軍山者東附始畢可汗乙失鉢在金山者西役
葉護可汗貞觀二年葉護死其國亂乙失鉢孫曰夷男率部帳七
萬附頡利可汗後突厥衰夷男反攻頡利弱之於是諸姓多叛頡
利歸之者共推爲主夷男不敢當明年太宗方圖頡利遣游擊將
軍喬師望閒路齎詔書鼓纛冊拜夷男爲眞珠毗伽可汗夷男已

受命遣使謝歸方物乃樹牙鬱督軍山直京師西北六千里東靺
鞨西葉護突厥南沙磧北俱倫水地大衆附於是回紇等諸部莫
不伏屬其弟統特勒入朝帝以精刀寶鞭賜之曰下有大過者以
吾鞭鞭之夷男以爲寵頡利可汗之滅塞隧空荒夷男率其部稍
東保都尉揵山獨邏水之陰遠京師纔三千里而贏東室韋西金
山南突厥北瀚海蓋古匈奴地也勝兵二十萬以二子大度設突利
失分將之號南北部七年閒使者入朝帝恐後彊大爲患欲產其
禍乃下詔拜其二子皆爲小可汗十五年帝以李思摩爲可汗始
度河牙於漠南夷男惡之未發方帝幸洛陽將遂封泰山夷男與
其下謀曰天子封泰山萬國皆助兵悉會行在邊部空單思摩
可取也乃使大度設勒兵二十萬南絕漠壁白道川率一兵得四
馬擊思摩思摩走朔州言狀且請師於是詔營州都督張儉統所
部與奚霫契丹乘其東朔州道行軍總管李勣衆六萬騎三千營
朔州靈州道行軍總管李大亮衆四萬騎五千屯靈武慶州道行

軍摠管張士貴衆萬七千出雲中涼州道行軍摠管李襲譽經略
之帝敕諸將曰延陀度漠馬已疲夫用兵者見利疾進不利亟去
今虜不急擊思摩又不速還勢必敗卿等勿與戰須其歸可擊也
既而延陀使者來求與突厥平帝曰我約漠以北延陀制之漠以
南突厥專之有輒相掠誅不赦延陀父事我而首違詔得非亂邪
而曰與突厥和乃故約也尚何請不報大度設次長城思摩已南
走大度設度不可得乃遣人乘長城罵之適會勣兵至行塵屬天
遽率衆走赤柯度青山然道回遠勣選敢死士與突騎徑䠶河趣
白道及大度設尾之不置大度設顧不脫度諸眞水陣以待先是
延陀擊沙鉢羅及阿史那社尒皆以徒戰勝至是却騎不用率五
人爲伍一執馬四前鬬令曰勝則騎而逐負者死沒其家以償戰
士及戰突厥兵迮延陀騰逐勣救之延陀縱射馬輒死勣乃以
步士百人爲隊擣其鏬虜潰部將薛萬徹率勁騎先收執馬者
故延陀不能去斬首數千級獲馬萬五千大度設亡去萬徹追弗

及殘卒奔漠北會雪甚衆皸踣死者十八始延陀能以術禬神致
雪冀困勣師及是反自敝云勣還入定襄天子遣使者齎璽書勞
問賞功卹死延陀之使留待命者帝悉還之曰歸語爾可汗爾自
負其彊以突厥爲弱厚誅斂之又取首領以爲質且我爲天下主
渠嘗賦發於爾邪後有利害當謹思毋遽也延陀乃遣使謝罪
又遣其仲父沙鉢羅獻馬三千因請昏帝曰延陀本一俟斤我則
立之度其力孰與頡利比而敢撓邊乎不許昏明年以使來益獻
馬牛羊橐它固求昏帝與大臣計曰延陀屈彊朕策顧有二選士
十萬擊之使無遺種百年計也絕昏羈縻使無邊憂三十年計
也然則孰利房玄齡曰今大亂餘瘡痍破未完戰雖勝猶危道也
不如和親帝曰善許以新興公主下嫁召突利失大享羣臣侍陳
寶器奏慶善破陣盛樂及十部伎突利失頓首上千萬歲壽詔夷
男親迎帝將幸靈州以成昏事夷男大喜謂曰我鐵勒部人耳上
以我爲可汗公主以女我乘輿爲我幸邊誰與我榮乃搜賦諸下

羊馬爲貲或說夷男曰可汗與唐皆一國主柰何往朝有如見欵
尚可悔夷男曰不然吾聞唐天子有德四方共臣之藉獨留我磧
北亦須有主然捨我而求它非計也下乃不敢言時帝詔有司受
所獻延陀無府庫調斂於下不亟集又度磧水草乏馬羊多死納
貢後期帝亦止行畜口秏死僅半議者謂夷狄嘗爲中國私今禮
不具而與昏恐後有輕中國心乃下詔絕昏謝其使或曰既許之
信不可失帝曰公等計非也昔漢匈奴彊中國不抗故飾子女嫁
單于今北狄弱我能制之而延陀方謹事我者顧新立倚我以服
衆彼同羅僕骨力足制延陀而不發懼我也我又妻之固中國婿
名重而援堅諸部將歸之戎狄野心能自立則叛矣今絕昏使諸
姓聞之將爭擊延陀亡可待也李思摩果侵掠之延陀遣突利失
寇定襄詔李勣逐出塞俄遣使請率師助伐高麗以刺帝意帝
引使者謂曰歸語爾可汗我父子東征能寇邊者可即來夷男沮
縮不敢謀以使謝固請助軍帝嘉荅高麗莫離支令靺鞨以厚

利啗夷男欲與連和夷男氣素索不發亦會病死帝爲發哀行始
延陀請以庶子曳莽爲突利失可汗統東方嫡子拔灼爲肆葉護可
汗統西方白道之役曳莽實爲之謀國人多怨及會葬曳莽亟還
部拔灼分兵襲殺之自立爲頡利俱利失薛沙多彌可汗方是時
王師猶在遼因即寇邊帝遣江夏王道宗屯朔州代州都督薛萬
徹與左驍衛大將軍阿史那社尒屯勝州左武候大將軍薛孤吳
仁屯靈州執失思力與突厥掎角塞下虜知有備乃去拔灼性卞
克多殺父時貴臣而任所親暱國人不安而阿波設與唐使者遇
於靺鞨東鄙小戰不利還怖國人曰唐兵至矣衆大擾諸部遂潰
多彌可汗以十餘騎遁去依阿史那時健俄爲回紇所殺盡屠其宗
衆五六萬奔西城立眞珠毗伽可汗昆弟子咄摩支號伊特勿失
可汗遣使者上言願保鬱督軍山帝詔兵部尚書崔敦禮與李勣
尉安之俾定其國鐵勒諸部素伏延陀而咄摩支雖衰子尚臣畏
之帝恐卒爲患詔勣等曰降則撫之叛則擊之勣至咄摩支大駭

陰欲拒戰外好言乞降勣知之縱兵擊斬五千餘級係老孺三萬
遂滅其國咄摩支聞天子使者蕭嗣業在回紇身詣嗣業丐降入
朝拜右武衛將軍賜田宅初延陀將滅有丐食於其部者延客帳
中妻視客人而狼首主不覺客已食妻語部人共追之至鬱督軍
山見二人焉曰我神也薛延陀且滅追者懼卻走遂失之至是果敗
此山下帝以延陀滅欲并契苾等降之復遣道宗率阿史那社尒
等分部窮討帝幸靈州節度諸將於是鐵勒十一部皆歸命天子
請吏內屬道宗等徑磧擊延陀餘衆阿波達干斬首千餘級逐北
二百里萬徹抵北道諭降回紇諸酋虜所遣使踵及帝行在凡數
千人上言天至尊為可汗世世以奴事死不恨帝剖其地為州縣
北荒遂平諸姓有來朝者帝勞曰爾來若鼠得穴魚得泉我為爾
深廣之又曰我在天下四夷有不安安之不樂樂之如驥尾受蒼
蠅可使日千里也於是告功太廟賜民三日酺後三年餘部叛以右
領軍大將軍執失思力討平之至永徽時延陀部亡散者悉還高

宗為置嵠彈州處安之

拔野古一曰拔野固或為拔曳固漫散磧北地千里直僕骨東鄰
于靺鞨帳戶六萬兵萬人地有薦草產良馬精鐵有川曰康干
河斷松投之三年輒化為石色蒼緻然節理猶在世謂康干石者
俗嗜獵射少耕穫乘木逐鹿冰上風俗大抵鐵勒也言語少異貞
觀三年與僕骨同羅奚霫同入朝二十一年大俟利發屈利失舉部
內屬置幽陵都督府拜屈利失右武衛大將軍即為都督顯慶時
與思結僕固同羅叛以左武衛大將軍鄭仁泰擊之斬其渠首至
天寶間能自來朝

僕骨亦曰僕固在多覽葛之東帳戶三萬兵萬人地最北俗梗驁
難召率始臣突厥後附薛延陀延陀滅其酋娑匐俟利發歌濫拔
延始內屬以其地為金微州拜歌濫拔延為右武衛大將軍州都
督開元初為首領僕固所殺詣朔方降有司誅之子曰懷恩至德
時以功至朔方節度使自有傳

同羅在薛延陀北多覽葛之東距京師七千里而贏勝兵三萬貞
觀二年遣使者入朝久之請內屬置龜林都督府拜酋俟利發時
健啜為左領軍大將軍即授都督安祿山反劫其兵用之號曳落
河者也曳落河猶言健兒云

渾在諸部最南者突厥頡利敗時有俟利發阿貪支款塞薛延陀
之滅大俟利發渾汪舉部內向以其地為皋蘭都督府後分東西
州太宗以阿貪支於汪屬尊遣譯者諷汪汪欣然避位帝嘉其讓
以阿貪支為右領軍衛大將軍皋蘭州刺史汪雲麾將軍兼俟利
發為之副阿貪支死子回貴嗣回貴死子大壽嗣大壽死子釋之嗣
釋之鷙勇不凡從哥舒翰拔石堡城遷右武衛大將軍封汝南郡
公李光弼保河陽釋之以朔方都知兵馬使為裨將進寧朔郡王
知朔方節度留後僕固懷恩之走聲為歸鎮釋之曰是必衆潰將
拒之其甥張韶曰彼如悔禍還鎮渠可不納釋之信之乃納懷恩
懷恩已入使韶殺釋之收其軍已而惡韶罵曰若負舅背忠於我

折其脛囚死彌峨城釋之子瑊建中功臣也自有傳

契苾亦曰契苾羽在焉耆西北鷹娑川多覽葛之南其酋哥楞
自號易勿真莫賀可汗弟莫賀咄特勒皆有勇莫賀咄死子何
力尚幼率其部來歸時貞觀六年也詔處之甘涼間以其地為榆
溪州永徽四年以其部為賀蘭都督府隸燕然都護何力有戰
功忠節臣也大和中其種帳附於振武云

多覽葛亦曰多濫在薛延陀東濱同羅水勝兵萬人延陀已滅其
酋俟斤多濫葛末與回紇皆朝以其地為燕然都督府授右衛大
將軍即為府都督死以多濫葛塞匐為大俟利發繼為都督

阿跌亦曰訶咥或為跌跌始與拔野古等皆朝以其地為雞田州
開元中跌跌思泰自突厥默啜所來降其後光進光顏皆以戰功
至大官賜李氏附屬籍自有傳

葛邏祿本突厥諸族在北廷西北金山之西跨僕固振水包多怛
嶺與車鼻部接有三族一謀落或為謀剌二熾俟或為婆匐三踏

實力永徽初高侃之伐車鼻可汗三族皆內屬顯慶二年以謀落部爲陰山都督府熾俟部爲大漠都督府踏實力部爲玄池都督府即用其酋長爲都督後分熾俟部置金附州三族當東西突厥間常視其興衰附叛不常也後稍南徙自號三姓葉護兵彊甘於闕廷州以西諸突厥皆畏之開元初再來朝天寶時與回紇拔悉蜜共攻殺烏蘇米施可汗又與回紇擊拔悉蜜走其可汗阿史那施於北庭奔京師葛祿與九姓復立回紇葉護所謂懷仁可汗者也於是葛祿之處烏德犍山者臣回紇在金山北庭者自立葉護歲來朝又之葉護頓毗伽縛突厥叛酋阿布思進封金山郡王天寶間凡五朝至德後葛邏祿寖盛與回紇爭彊徙十姓可汗故地盡有碎葉怛邏斯諸城然限回紇故朝會不能自達于朝

拔悉蜜貞觀二十三年始來朝天寶初與回紇葉護擊殺突厥可汗立拔悉蜜大酋阿史那施爲賀臘毗伽可汗遣使者入謝玄宗賜紫文袍金鈿帶魚袋不三歲爲葛邏祿回紇所破奔北庭後朝

京師拜左武衛將軍地與衆歸回紇

都播亦曰都波其地北瀕小海西堅昆南回紇分三部皆自統制其俗無歲時結草爲廬無畜牧不知稼穡土多百合草掇其根以飯捕魚鳥獸食之衣貂鹿皮貧者緝鳥羽爲服其昏姻富者納馬貧者效鹿皮草根死以木匱斂置山中或系于樹送葬哭泣與突厥同無刑罰盜者倍輸其贓貞觀二十一年因骨利幹入朝亦以使通中國

骨利幹處瀚海北勝兵五千草多百合產良馬首似橐它筋骼壯大日中馳數百里其地北距海去京師最遠又北度海則晝長夜短日入亨羊胛熟東方已明蓋近日出處也既入朝詔遣雲麾將軍康蘇密勞之以其地爲玄闕州其大酋俟斤因使者獻馬帝取其異者號十驥皆爲美名曰騰霜白曰皎雪驄曰凝露驄曰縣光驄曰決波騟曰飛霞驃曰發電赤曰流金騧曰翔麟紫曰奔虹赤厚禮其使龍朔中以玄闕州更爲余吾州隸瀚海都督府延載初亦來朝

白霫居鮮卑故地直京師東北五千里與同羅僕骨接避薛延陀保奧支水冷陘山南契丹北烏羅渾東靺鞨西拔野古地圓袤二千里山繚其外勝兵萬人業射獵以赤皮緣衣婦貫銅釧以子鈴綴襟其部有三曰居延曰無若没曰潢水其君長臣突厥頡利可汗爲俟斤貞觀中再來朝後列其地爲寘顏州以別部爲居延州即用俟斤爲刺史顯慶五年授酋長李含珠爲居延都督含珠死弟厥都繼之後無聞焉

斛薛處多濫葛北勝兵萬人奚結處同羅北思結在延陀故牙二部合兵凡二萬既來朝列其地州縣之太宗時北狄能自通者又有烏羅渾或曰烏洛侯曰烏羅護直京師東北六千里而贏東靺鞨西突厥南契丹北烏丸大抵風俗皆靺鞨也烏丸或曰古丸又有鞠或曰祴居拔野古東北有木無草地多苔無羊馬人豢鹿若牛馬惟食苔俗以駕車又以鹿皮爲衣聚木作屋尊卑共居又有

俞折者地差大俗與拔野古相埒少羊馬多貂鼠又有駮馬者或曰弊剌曰遏羅支直突厥之北距京師萬四千里隨水草然喜居山勝兵三萬地常積雪木不彫以馬耕田馬色皆駮因以名國云北極於海雖畜馬而不乘資湩酪以食好與結骨戰人貌多似結骨而語不相通皆剺髮樺皮帽構木類井榦覆樺爲室各有小君長不能相臣也大漢者處鞠之北饒羊馬人物頎大故以自名與鞠俱隣於黠戛斯劍海之瀕此皆古所未賓者當貞觀逮永徽奉貂馬入朝或一再至

黠戛斯古堅昆國也地當伊吾之西焉耆北白山之旁或曰居勿曰結骨其種雜丁零乃匈奴西鄙也匈奴封漢降將李陵爲右賢王衛律爲丁零王後郅支單于破堅昆于時東距單于廷七千里南車師五千里郅支留都之故後世得其地者訛爲結骨稍號紇骨亦曰紇扢斯云衆數十萬勝兵八萬直回紇西北三千里南依貪漫山地夏沮洳冬積雪人皆長大赤髮皙面綠瞳以黑髮爲不

祥黑瞳者必曰陵苗裔也男少女多以環貫耳俗趫伉男子有勇黥其手女已嫁黥項雜居多淫佚謂歲首爲茂師哀以三哀爲一時以十二物紀年如歲在寅則曰虎年氣多寒雖大河亦半冰稼有禾粟大小麥青稞步磑以爲麪麋穄以三月種九月穫以飯以釀酒而無果蔬畜馬至壯大以善鬬者爲頭馬有橐它牛羊牛爲多富農至數千其獸有野馬骨咄黃羊羱羝鹿黑尾黑尾者似麞尾大而黑魚有蔑者長七八尺莫痕者無骨口出頤下鳥鴈鶩烏鵲鷹隼木松樺榆柳蒲松高者仰射不能及顛而樺尤多有金鐵錫每雨俗必得鐵號迦沙爲兵絕犀利常以輸突厥其戰有弓矢旗幟其騎士析木爲盾蔽股足又以圓盾傅肩可捍矢刃其君曰阿熱遂姓阿熱氏建一纛下皆尚赤餘以部落爲之號服貴貂豽阿熱冬帽貂夏帽金釦銳頂而卷末諸下皆帽白氈喜佩刀礪賤者衣皮不帽女衣毳氎錦罽綾蓋安西北廷大食所貿售也阿熱駐牙青山周柵代垣聯氈爲帳號密的支它首領居小帳凡調兵

諸部役屬者悉行內貂鼠青鼠爲賦其官宰相都督職使長史將軍達干六等宰相七都督三職使十皆典兵長史十五將軍達干無員諸部食肉及馬酪惟阿熱設餅餌樂有笛鼓笙觱篥盤鈴戲有弄駝師子馬伎繩伎祠神惟主水草祭無時呼巫爲甘昏嫁納羊馬以聘富者或百千計喪不剺面三環尸哭乃火之收其骨歲而乃墓然後哭泣有節冬處室木皮爲覆其文字言語與回鶻正同法最嚴臨陣橈奉使不稱妄議國若盜者皆斷首子爲盜以首著父頸非死不脫阿熱牙至回鶻牙所橐它四十日行使者道出天德右二百里許抵西受降城北三百里許至鸊鵜泉泉西北至回鶻牙千五百里許而有東西二道泉之北東道也回鶻牙北六百里得仙娥河河東北曰雪山地多水泉青山之東有水曰劍河偶艇以度水悉東北流經其國合而北入于海東至木馬突厥三部落曰都播彌列哥餓支其酋長皆爲頡斤樺皮覆室多善馬俗乘木馬馳冰上以板藉足屈木支腋蹴輒百步勢迅激夜鈔

盜晝伏匿堅昆之人得以役屬之堅昆本彊國也地與突厥等突厥以女妻其酋豪東至骨利幹南吐蕃西南葛邏祿始隸薛延陀延陀以頡利發一人監國其酋長三人曰訖悉輩曰居沙波輩曰阿米輩共治其國未始與中國通貞觀二十二年聞鐵勒等已入臣即遣使者獻方物其酋長俟利發失鉢屈阿棧身入朝太宗勞享之謂羣臣曰往渭橋斬三突厥自謂功多今俟利發在席更覺過之俟利發酒酣奏願得持笏帝以其地爲堅昆府拜俟利發左屯衛大將軍即爲都督隸燕然都護高宗世再來朝景龍中獻方物中宗引使者勞之曰而國與我同宗非它蕃比屬以酒使者頓首玄宗世四朝獻乾元中爲回紇所破自是不能通中國後狄語訛爲黠戛斯蓋回鶻謂之若曰黃赤面云又訛爲戛戛斯然常與大食吐蕃葛祿相依杖吐蕃之往來者畏回鶻剽鈔必住葛祿以待黠戛護送大食有重錦其載二十橐它乃勝既不可兼負故裁爲二十匹每三歲一餉黠戛斯而回鶻授其君長阿熱官爲毗伽

頓頡斤回鶻稍衰阿熱即自稱可汗其母突騎施女也爲母可敦妻葛祿葉護女爲可敦回鶻遣宰相伐之不勝挐鬬二十年不解阿熱恃勝乃肆詈曰爾運盡矣我將收爾金帳於爾帳前馳我馬植我旗爾能抗亟來即不能當疾去回鶻不能討其將句錄莫賀導阿熱破殺回鶻可汗諸特勒皆潰阿熱身自將焚其牙及公主所處金帳者回鶻可汗常坐也乃悉收其寶貲幷得太和公主遂徙牙牢山之南牢山亦曰賭滿距回鶻舊牙度馬行十五日阿熱以公主唐貴女遣使者衞送公主還朝爲回鶻烏介可汗邀取之幷殺使者會昌中阿熱以使者見殺無以通于朝復遣注吾合素上書言狀注吾虜姓也合言猛素者左也謂武猛善左射者行三歲至京師武宗大悅班渤海使者上以其處窮遠能修職貢命太僕卿趙蕃持節臨慰其國詔宰相即鴻臚寺見使者使譯官考山川國風宰相德裕上言貞觀時遠國皆來中書侍郎顏師古請如周史臣集四夷朝事爲王會篇今黠戛斯大通中國宜爲王會

圖以示後世有詔以鴻臚所得繢著之又詔阿熱著宗正屬籍是時烏介可汗餘衆託黑車子阿熱願乘秋馬肥擊取之表天子請師帝令給事中劉濛爲巡邊使朝廷亦以河隴四鎮十八州久淪戎狄幸回鶻破弱吐蕃亂相殘幽可乘其衰乃以右散騎常侍李拭使黠戛斯冊君長爲宗英雄武誠明可汗未行而武宗崩宣宗嗣位欲如先帝意或謂黠戛斯小種不足與唐抗詔宰相與臺省四品以上官議皆曰回鶻盛時有冊號今幸衰亡又加黠戛斯後且生患乃止至大中元年卒詔鴻臚卿李業持節冊黠戛斯爲英武誠明可汗逮咸通間三來朝然卒不能取回鶻後之朝聘冊命史臣失傳

贊曰夷狄資悍貪人外而獸內惟剽奪是視故湯武之興未嘗與共功蓋疏而不戚也太宗初興嘗用突厥矣不勝其暴卒縛而臣之肅宗用回紇矣至略華人辱太子笞殺近臣求索無倪德宗又用吐蕃矣劫平涼敗上將空破西陲所謂引外禍平內亂者也夫

用之以權制之以謀惟太宗能之若二主懦昏狃而狎之烏勝其弊哉彼親之則責償也多慊而不滿則滋怨化以仁義則頑示以法則忿熟我險易則爲患也博而慘療餘以治葛何時可哉故春秋許夷狄者不一而足信矣

回鶻列傳第一百四十二下

沙陀列傳第一百四十三　唐書二百一十八

端明殿學士兼翰林侍讀學士龍圖閣學士朝請大夫守尚書吏部侍郎充集賢殿脩撰臣宋祁奉
敕撰

沙陀西突厥別部處月種也始突厥東西部分治烏孫故地與處月處蜜雜居貞觀七年太宗以鼓纛立利邲咄陸可汗而族人步眞觖望謀并其弟彌射乃自立彌射懼率處月等入朝而步眞勢窮亦歸國其留者咄陸以射匱特勒劫越之子賀魯統之西突厥寖彊內相攻其大酋乙毗咄陸可汗建廷鏃曷山之西號北廷而處月等又隸屬之處月居金娑山之陽蒲類之東有大磧名沙陀故號沙陀突厥云咄陸寇伊州引二部兵圍天山安西都護郭孝恪擊走之拔處月俟斤之城後乙毗可汗敗奔吐火羅賀魯來降詔拜瑤池都督徙其部廷州之莫賀城處月朱邪闕俟斤阿厥亦請內屬永徽初賀魯反而朱邪孤注亦殺招慰使連和引兵據牢山於是射脾俟斤沙陀那速不肯從高宗以賀魯所領授之明年弓

月道總管梁建方契苾何力引兵斬孤注俘九千人又明年廢瑤池都督府即處月地置金滿沙陀二州皆領都督賀魯亡安撫大使阿史那彌射次伊麗水而處月來歸乃置昆陵都護府統咄陸部以彌射爲都護龍朔初以處月酋沙陀金山從武衛將軍薛仁貴討鐵勒授墨離軍討擊使長安二年進爲金滿州都督累封張掖郡公金山死子輔國嗣先天初避吐蕃徙部北廷率其下入朝開元二年復領金滿州都督封其母鼠尼施爲鄯國夫人輔國累爵永壽郡王死子骨咄支嗣天寶初回紇內附以骨咄支兼回紇副都護從肅宗平安祿山拜特進驍衛上將軍死子盡忠嗣累遷金吾衛大將軍酒泉縣公至德寶應間中國多故北廷西州閉不通朝奏使皆道出回紇而虜多漁擷尤苦之雖沙陀之倚北廷者亦困其暴斂貞元中沙陀部七千帳附吐蕃與共寇北廷陷之吐蕃徙其部甘州以盡忠爲軍大論吐蕃寇邊常以沙陀爲前鋒久之回鶻取涼州吐蕃疑盡忠持兩端議徙沙陀于河外舉部愁

恐盡忠與朱邪執宜謀曰我世爲唐臣不幸陷汙今若走蕭關自歸不愈於絕種乎盡忠曰善元和三年悉衆三萬落循烏德鞬山而東吐蕃追之行且戰旁洮水奏石門轉鬬不解部衆略盡盡忠死之執宜裒瘢傷士裁二千騎七百雜畜橐它千計款靈州塞節度使范希朝以聞詔處其部鹽州置陰山府以執宜爲府兵馬使沙陀素健鬬希朝欲藉以捍虜爲市牛羊廣畜牧休養之其童耄自鳳翔興元太原道歸者皆還其部盡忠弟葛勒阿波率殘部七百叩振武降授左武衛大將軍兼陰山府都督執宜朝長安賜金幣袍馬萬計授特進金吾衛將軍然議者以靈武迫吐蕃恐後反覆生變又濱邊益口則食翔價頃之希朝鎮太原因詔沙陀舉軍從之希朝乃料其勁騎千二百號沙陀軍置軍使而處餘衆于定襄川執宜乃保神武川之黃花堆更號陰山北沙陀是時天子伐鎮州執宜以軍七百爲前鋒王承宗衆數萬伏木刀溝與執宜遇飛矢雨集執宜提軍橫貫賊陣鏖鬬李光顏等乘之斬首萬

級鎮兵解進蔚州刺史王鍔節度太原建言朱邪族孳熾散居北川恐啓野心願析其族隸諸州勢分易弱也遂建十府以處沙陀八年回鶻過磧南取西城柳谷詔執宜屯天德明年伐吳元濟又詔執宜隸李光顏破蔡人時曲拔淩雲柵元濟平授檢校刑部尚書猶隸光顏軍長慶初伐鎮州悉發沙陀與易定軍掎角破賊深州執宜入朝留宿衛拜金吾衛將軍大和中柳公綽領河東奏陘北沙陀素爲九姓六州所畏請委執宜治雲朔塞下廢府十一料部人三千禦北邊號代北行營授執宜陰山府都督代北行營招撫使隸河東節度執宜死子赤心嗣開成四年回鶻徑磧口抵榆林塞宰相掘羅勿以良馬三百遺赤心約共攻彰信可汗可汗死節度使劉沔以沙陀擊回鶻于殺胡山久之伐潞誅劉稹詔赤心率代北騎軍三千隸石雄爲前軍破石會關助王宰下天井合太原軍次榆社與監軍使呂義忠禽楊弁潞州平遷朔州刺史仍爲代北軍使大中初吐蕃合党項及回鶻殘衆寇河西太原王宰統

代北諸軍進討沙陀常深入冠諸軍赤心所向虜輒披靡曰吾見赤馬將軍火生頭上始沙陀臣吐蕃其左老右壯涸男女略與同而馳射趫悍過之虜倚其兵常苦邊及歸國吐蕃繇此亦衰宣宗已復三州七關征西戍皆罷乃遷赤心蔚州刺史雲州守捉使龐勛亂詔義成康承訓爲行營招討使赤心以突騎三千從承訓兵絕渙水遇伏隤圍中幾沒赤心以騎五百拔出之勛欲速戰衆八萬短兵接赤心勒勁騎突賊與官軍夾擊敗之其弟赤衷以千騎追之亳東勛平進大同軍節度使賜氏李名國昌預鄭王屬籍賜親仁里甲第回鶻叩榆林擾靈鹽詔國昌爲鄜延節度使又寇天德乃徙節振武進檢校司徒王仙芝陷荊襄朝廷發諸州兵討捕國昌遣劉遷統雲中突騎逐賊數有功乾符三年段文楚爲代北水陸發運雲州防禦使是時無年文楚朘損用度下皆怨邊校程懷信王行審蓋寓李存璋薛鐵山康君立等曹議曰世多難丈夫當投隙立功段公乃儒者難共計沙陀雄勁李振武父子勇

冠軍我若推之無不應則代北唾手可定拾取富貴君何疑曰善乃夜謁國昌子雲中守捉使克用曰歲饑稟食削吾等不忍餓死公家威德著聞請誅虐帥安部內克用許之募得士萬人趨雲州次鬬雞臺城中執文楚至殺之據州以聞共丐克用爲大同防禦留後不許發諸道兵進捕諸道不甚力而黃巢方引度江朝廷度未能制乃赦之以國昌爲大同軍防禦使國昌不受命詔河東節度使崔彥昭幽州張公素共擊之無功國昌與党項戰未決大同川吐渾赫連鐸襲振武盡取其貲械國昌窮挈騎五百還雲州州不納鐸遂取之克用轉側蔚朔間裒兵纔三千屯新城鐸引萬人圍之隧而攻三日不拔鐸兵殺傷甚國昌自蔚州來鐸引去僖宗以鐸領大同節度并討國昌六年詔昭義李鈞爲北面招討使督潞太原兵屯代州幽州李可舉會鐸攻蔚州國昌以一隊當之克用分兵抵遮虜城拒鈞天大雪士瘇仆鈞衆潰還代州軍遂亂鈞死于兵廣明元年以李琢爲蔚朔招討都統率兵

數萬屯代州克用使傅文達調蔚朔兵朔州刺史高文集縛以送
琢琢進攻蔚州國昌敗與克用舉宗奔達靼鐸密畀酋長圖之克
用得其計因豪桀大會馳射百步外針芒木葉無不中部人大驚
即倡言今黃巢北寇爲中原患一日天子赦我願與公等南向定
天下庸能終老沙磧哉達靼知不留乃止巢攻潼關入京師詔河
東監軍陳景思發代北軍時沙陀都督李友金屯興唐軍薩葛首
領米海萬安慶都督史敬存屯感義軍克用客塞下衆數千無所
屬景思聞天子西乃與友金料騎五千入居絳兵擅劫帑自私還代
州益募士三萬屯崞西士驕縱友金不能制謀曰今合大衆不得
威名宿將且無功吾兄司徒父子材而雄衆所推畏比得罪于朝
僑戍北部不敢還今若召之使將兵代北豪英一呼可集整行伍
鼓而南賊不足平也景思曰善乃丐赦國昌使討賊贖罪有詔拜
克用代州刺史忻代兵馬留後促本軍討賊克用募達靼萬人趨
代州將南道太原節度使鄭從讜塞石嶺關不得前克用僥道至太
原營城下五日邀糧貲從讜不荅乃大略還屯代州中和二年蔚州
刺史蘇祐會赫連鐸兵將攻代州克用率騎五百先襲蔚州下之
祐屯美女谷鐸與幽州李可舉衆七萬攻蔚州譙熊柵相屬克用直
擣營入蔚州燔府庫棄而去屯鴈門國昌自達靼率兵歸代州擾
汾并樓煩不釋鎧帝詔克用還軍朔州於是義武節度使王處存
河中節度使王重榮傳詔招克用同討巢克用喜即大閱鴈門得
忻代蔚朔達靼衆三萬騎五千而南於是國昌守代州鄭從讜不
肯假道克用重傳太原而營奉幣馬遺從讜身從數騎呼曰我
且西願與公一言從讜外陴慰勉歸貨幣饔餼克用乃自陰地
趨晉會河中帝聞擢克用鴈門節度神策天寧軍鎮遏忻代觀
察使明年宰相王鐸承制授克用東北面行營都統河東監軍陳
景思爲監軍使克用使弟克脩領毅騎五百度河克用自夏陽濟
留薛阿檀扼津口次同州壁乾阬與賊戰梁田坡敗之進壁渭橋遂
收京師功第一進同中書門下平章事隴西郡公國昌爲代北軍

節度使未幾以克用領河東節度黃巢與秦宗權合寇河南四年
克用率河東代北兵將自澤潞下天井關河陽諸葛爽壅井以拒
克用乃繇河中濟趨許州合徐汴兵破尚讓于太康戰西華又破
之賊走河南平追北曹州還過汴朱全忠邀之克用留兵于郊入
舍上源館夜帳飲全忠自佐饗進貨寶握手謌勞是時全忠怠
克用桀驁難制則連車外環陳兵道左右克用醉乃攻館下拒戰
親將郭景銖滅燭扶克用徐告之尚被酒乃引弓射會煙晦四合
大震電克用與薛志勤等閒關升南譙門縋走營部下死者數百
人所獲賊乘輿物盡亡之克用整衆歸太原益訓兵將報仇使弟
克勤以萬騎屯河中乃請擊全忠使者八返內外震恐帝使內謁
慰解尋進位檢校太傅隴西郡王光啓元年幽州李可舉鎮州王
景崇言易定故燕趙境請取分之於是可舉攻易州下之景崇攻
無極易定節度使王處存求救於克用克用自將救無極敗鎮人
攻馬頭固新城鎮兵走處存復取易州鳳翔李昌符邠寧朱玫與
全忠連和觀軍容使田令孜惡克用與王重榮合建言不可處近
輔請授王處存河中而徙重榮於易定則克用孤矣帝從之重榮
以告克用怒曰我當從公提鼓出汜水關誅全忠迴殲亢鼠耳重
榮計曰公兵朝出關則邠岐兵夕傳吾堞願先治邠岐克用乃表
言玫昌符連全忠爲亂請以兵十五萬度河梟二豎然後平汴雪
大恥願陛下戒嚴無爲賊所搖帝遣使慰止背相望也克用不奉
詔玫亦引邠鳳兵營沙苑克用薄戰玫敗夜亡去克用還河中天
子出趣鳳翔道傳兵且至即趣寶雞克用與重榮聯章請還宮願
留兵衞京師即還鎮帝懼走大散關駐興元克用引歸嗣襄王煴
僞詔至太原克用燔之執其使閒道奉表興元始朝廷意玫結克
用迫乘輿及表至示君臣因騰曉山南諸鎮行在少安王行瑜
斬玫克用以千騎經略京畿三年國昌卒俄而昭宗即位進克
用檢校太師兼侍中大順初克用自攻赫連鐸於雲州拔東郛
幽州李匡威以兵三萬救之殺其將安金俊克用走鐸與匡威

共建言山南亂克用實首之今乘其敗可伐而取也全忠亦請與
河北三鎮共討之宰相張濬是其計乃下制削克用官爵屬籍以
濬為兵馬招討制置宣慰使京兆尹孫揆副之樞密使駱全諲為
行營都監華州節度使韓建為行營馬步都虞候兼供軍糧料
使王鎔領河東東面全忠南面李匡威北面並為行營招討使鐸副
匡威先薄戰克用追潞兵不肯行共殺守將李克恭送款于汴獻
首闕下更詔揆為昭義節度使克用將李存孝邀揆長子殺之匡
威鐸并吐蕃黠戛斯衆十萬攻遮虜軍殺其將劉胡子克用乃屯渾
河川存孝與鐸戰樂安鐸敗走濬入陰地關壁汾隰薛鐵山李承
嗣營洪洞迎戰存孝次趙城韓建夜出壯士三百乘其營存孝伏
以待建兵大奔存孝攻絳州未下晉州刺史張行恭棄城走建
與濬遁還明年克用奉表自陳乃復拜檢校太師守中書令隴西
郡王克用悉兵攻鐸雲州以驍將薛阿檀為前軍設伏河上鐸縱
騎追阿檀遇伏而奔鐸亡入吐渾克用取雲州以部將石善友為

刺史大同軍防禦使景福初鎮州王鎔攻堯山克用使李嗣勳擊
之斬級三萬克用遂拔天長略常山度滹沱燔其郛徇地至趙取
鼓藁二城赫連鐸衆八萬攻天成軍克用飛檄發軍太原匡威已
壁雲州北郊克用自神堆引軍夜入雲州死戰走之乾寧元年克
用次新城鐸膝行詣軍門降克用鞭而縱之進下武州攻新州李
匡籌引步騎七萬救之克用迎戰斬首萬級俘少將三百徇城下
新州降取嬀州匡籌棄幽州走明年幽州降克用以劉仁恭為留後
乃旋王行瑜韓建李茂貞連兵南闕下殺李谿克用盡調北部兵
度河拔絳州斬刺史王瑶次河中王珂謁于道同州王行約奔京師
圍韓建于華州京師震動帝為幸石門莎城遣內謁郗廷昱慰勞
且言茂貞屯盩厔行瑜屯興平克用乃進營渭橋帝以嗣延王戒丕
嗣丹王允詔克用擊邠鳳克用奉詔屯渭北遣史儼以票騎三千
護石門且令王珂輸河中粟備行在帝以赤詔嘉答進克用諸道
兵馬都招討使命二嗣王兄事之令促討行瑜克用請帝還京師

以二千騎衛乘輿時宮室煨殘駐尚書省百官喪馬克用進乘輿
金具裝二駟又上百乘給從官進太師兼中書令邠寧西面行營都
統行瑜堅壁梨園茂貞自率師三萬逼咸陽而屯克用請帝責茂貞
罷兵因削官爵願與河中共討之帝詔弟事行瑜貸茂貞俾結好
朱詔賜魏國夫人陳氏陳襄陽人也善書帝所愛欲急平賊故
予之茂貞以兵援龍泉克用使李罕之李存審夜引兵劫其餉
援兵亡行瑜潰而走追殺萬計行瑜入邠州丐歸款克用使史儼
入其城行瑜死慶州傳首京師帝悉論幕府官屬及諸子功封爵
之克用賜號忠貞平難功臣進封晉王克用屯雲陽遣李習吉入
朝且請與王珂悉力討茂貞帝不許克用私於使者曰叛根不除憂
未艾也天子發度支錢三十萬緡勞其軍時鄆州朱宣兄弟為全
忠所困使來告克用請道于魏救之兵解復闕克用自將而往使
李存信率兵三萬與史儼等次于莘為魏兵所破克用怒大略相
魏去始茂貞畏克用見討脩貢獻如藩臣及克用還絕貢獻與

韓建謀以兵入朝帝懼詔克用進衛京師帝謀度河幸太原遣延
王入克用軍促迎天子既次渭北建固請幸華州克用謂王曰患本
於不斷願上自為之李存信攻魏葛從周引衆三萬來援戰洹水
上汴人夜坎諸野闕合克用子落落馬陷而顛克用救之亦顛追
兵迫射之乃免存信已傳魏城克用并力羅弘信以捉生逆戰為
克用所敗追及鄴叩闔而還於是陝州王珙攻河中李嗣昭援珂
再戰再勝珙圍解帝使延王持節至太原謂克用曰不用卿計故
逮此無可言者今我寄於華百司羣官無所託非卿尚誰與憂不
則不復見宗廟矣王至太原克用留累月每大張飲王必以舞屬
克用因陳國事涕數行下冀感動之時劉仁恭據幽州貳于克用
數召兵不應克用以書讓之仁恭得書抵于地遂顯絕故克用內
憂幽州以好辭謝王不復有西意俄自將屯蔚州會晨大霧寅仁
恭來薄戰克用大敗走太原大將多死全忠奪邢磁洺三州茂貞
度克用沮橈無能出師乃與韓建謾好致書言帝暴露累年請

共治宮室迎天子初長安自石門之奔宮殿焚圮及岐人再逆火
閭里皆盡宮城昏夜狐狸鳴嘷無人跡帝幸華西谿望舊京必泣
然流涕左右悽塞不得語王建方盜兩川茂貞欲披其鄙私之數
南師不暇東而全忠繕治洛陽茂貞因約克用共其勞克用辭窮
乃出貲爲助光化初帝還京師詔克用與全忠解仇宰相徐彥若
崔胤皆勸之克用勢已折然尚以功高位全忠上恥先下之時王
鎔方睦於汴乃遺書鎔使爲己倡全忠即遣使奉書幣恭甚克
用亦報之然汴日益張窮鬭不置王珙請汴兵攻河中克用使李
嗣昭張漢瑜援之汴兵走葛從周取承天軍氏叔琮取遼州樂平
進壁榆次克用使周德威逐出之李嗣昭以步騎三萬下太行略
河內拔懷州進攻河陽汴人閻寶救之嗣昭退保懷天復元年全
忠取晉絳逼河中王珂告急使相望汴人扼空道晉兵不得前遂
虜珂珂妻克用女不能救全忠遂有河中克用朝貢道亦梗全忠
知克用迮不振乃大舉攻太原分遣銳將氏叔琮等率魏博兗鄆

邢洺義武晉絳兵環入之晉城邑多下會大雨汴兵糧乏士痁癘
遂解克用雖內憤悒憚全忠彊難與爭乃厚致幣馬謝復請脩好
全忠遂取同華屯渭上帝如鳳翔李茂貞韓全誨請召克用入衛
克用間道遣使者奔問并詒書全忠勸還汴全忠不荅克用率
兵趨平陽攻吉上堡破汴軍於晉州李嗣昭周德威下慈隰進屯
河中汴將朱友寧以兵十萬壁其南全忠自屯晉州晉人聞全忠
至皆失色時有虹貫德威營氏叔琮薄壘疾鬭晉兵大敗仗械輜
儲皆盡友寧長驅略汾慈隰州皆下遂圍太原攻西門德威嗣昭
循山挈餘衆得歸克用大恐身荷版築率士拒守陰與嗣昭德
威謀奔雲州李存信曰不如依北蕃國昌妻劉語克用曰聞王欲
委城入蕃審乎計誰出曰存信等爲此劉曰彼牧羊奴安辦遠計
王常笑王行瑜失城走而死若何効之且王頃居達靼危不免必一
朝去此禍不旋踵渠能及北虜哉克用悟乃止居數日散士復集
嗣昭夜擾友寧營汴人驚引去德威追之抵白壁關復收慈隰汾

三州三年克用攻晉州聞帝自鳳翔還京師乃去雲州都將王敬
暉殺刺史劉再立以地予劉仁恭李嗣昭討之仁恭援敬暉嗣昭
壁樂安欲戰仁恭取敬暉棄城去帝東遷詔至太原克用泣謂其
下曰乘輿不復西矣遣使者奔問行在僞加號協盟同力功臣李
茂貞王建與邠州楊崇本遣使者來約義舉克用顧藩鎮皆附
汴不可與共功惟契丹阿保機尚可用乃卑辭召之保機身到雲
中與克用會約爲兄弟留十日去遺馬千匹牛羊萬計期冬大舉
度河會昭宗弒而止四年王建李茂貞約克用大舉建將康晏步
騎二萬與克用監軍張承業會鳳翔是時汴將王重師守長安劉
知俊守同州與戰長安西建兵敗遂不振唐亡建與淮南楊渥請
克用自王一方須賊平訪唐宗室立之建請悉蜀工制乘輿御物
克用荅曰自王非吾志也建又勸茂貞王岐茂貞孱緜亦不敢當
但侈府第僭宮禁而已建渥乃自王是歲克用有疾城門自壞明
年卒

贊曰沙陀始歸命天子仰哺于邊世喋血助征討常爲邊兵雄至
克用逢王室亂遂有太原虜性悍鷙少它腸自負材果欲經營天
下而不克也兵雖勝然數敗地雖得輒復失故熟視帝劫遷縮頸
羞汗偷景待僵不亦鄙乎賴其子慓銳抑而復振是時提兵託勤
王者五族然卒亡朱氏爲唐滌恥者沙陀也使克用稍知古今能
如齊桓晉文唐遽亡乎哉

沙陀列傳第一百四十三

端明殿學士兼翰林侍讀學士龍[illegible]郎充集[illegible]撰

契丹本東胡種其先爲匈奴所破保鮮卑山魏青龍中部酋比能稍桀驁爲幽州刺史王雄所殺衆遂微逃潢水之南黃龍之北至元魏自號曰契丹地直京師東北五千里而贏東距高麗西奚南營州北靺鞨室韋阻冷陘山以自固射獵居處無常其君大賀氏有勝兵四萬析八部臣于突厥以爲俟斤凡調發攻戰則諸部畢會獵則部得自行與奚不平每鬭不利輒遁保鮮卑山風俗與突厥大抵略侔死不墓以馬車載尸入山置於樹顛子孫死父母旦夕哭父母死則否亦無喪期武德中其大酋孫敖曹與靺鞨長突地稽俱遣人來朝而君長或小入寇邊後二年君長乃遣使者上名馬豐貂貞觀二年摩會來降突厥頡利可汗不欲外夷與唐合乃請以梁師都易契丹太宗曰契丹突厥不同類今已降我

尚可索邪師都唐編戶盜我州部突厥輒爲助我將禽之誼不可易降者明年摩會復入朝賜鼓纛由是有常貢帝伐高麗悉發酋長與奚首領從軍帝還過營州盡召其長窟哥及老人差賜繒采以窟哥爲左武衛將軍大酋辱紇主曲據又率衆歸即其部爲玄州拜曲據刺史隸營州都督府未幾窟哥舉部內屬乃置松漠都督府以窟哥爲使持節十州諸軍事松漠都督封無極男賜氏李以達稽部爲峭落州紇便部爲彈汗州獨活部爲無逢州芬問部爲羽陵州突便部爲日連州芮奚部爲徒河州墜斤部爲萬丹州伏部爲匹黎赤山二州俱隸松漠府即以辱紇主爲之刺史窟哥死與奚連叛行軍總管阿史德樞賓等執松漠都督阿卜固獻東都窟哥有二孫曰枯莫離爲左衛將軍彈汗州刺史封歸順郡王曰盡忠爲武衛大將軍松漠都督而敖曹有孫曰萬榮爲歸誠州刺史於是營州都督趙文翽驕沓數侵侮其下盡忠等皆怨望萬榮本以侍子入朝知中國險易挾亂不疑即共舉兵

殺文翽盜營州反盡忠自號無上可汗以萬榮爲將縱兵四略所向輒下不重浹衆數萬妄言十萬攻崇州執討擊副使許欽寂武后怒詔鷹揚將軍曹仁師金吾大將軍張玄遇右武威大將軍李多祚司農少卿麻仁節等二十八將擊之以梁王武三思爲榆關道安撫大使納言姚璹爲之副更號萬榮曰萬斬盡忠曰盡滅諸將戰西硤石黃麞谷王師敗績玄遇仁節皆爲虜禽進攻平州不克敗書聞后乃以右武衛大將軍建安王武攸宜爲清邊道大總管擊契丹募天下人奴有勇者官畀主直悉發以擊虜萬榮銜枚夜襲檀州清邊道副總管張九節募死士數百薄戰萬榮敗而走山俄而盡忠死突厥默啜襲破其部萬榮收散兵復振使別將駱務整何阿小入冀州殺刺史陸寶積掠數千人武后聞盡忠死更詔夏官尚書王孝傑羽林衛將軍蘇宏暉率兵十七萬討契丹戰東硤石師敗孝傑死之萬榮席已勝遂屠幽州攸宜遣將討捕不能克乃命右金吾衛大將軍河內郡王武懿宗爲神兵道大總

管右肅政臺御史大夫婁師德爲清邊道大總管右武威衛大將軍沙吒忠義爲清邊中道前軍總管兵凡二十萬擊賊萬榮銳甚鼓而南殘瀛州屬縣恣肆無所憚於是神兵道總管楊玄基率奚軍掩其尾契丹大敗獲何阿小降別將李楷固駱務整收仗械如積萬榮委軍走殘隊復合與奚搏奚四面攻乃大潰萬榮左馳張九節爲三伏伺之萬榮窮與家奴輕騎走潞河東憊甚臥林下奴斬其首九節傳之東都餘衆潰攸宜凱而還后喜爲赦天下改元爲神功契丹不能立遂附突厥久視元年詔左玉鈐衛大將軍李楷固右武威衛將軍駱務整討契丹破之此兩人皆虜善將嘗犯邊數窘官軍者也及是有功開元二年盡忠從父弟都督失活以默啜政衰率部落與頡利發伊健啜來歸玄宗賜丹書鐵券後二年與奚長李大酺皆來詔復置松漠府以失活爲都督封松漠郡王授左金吾衛大將軍仍其府置靜析軍以失活爲經略大使所統八部皆擢其酋爲刺史詔將軍薛泰爲押蕃落使督軍鎮撫

帝以東平王外孫楊元嗣女爲永樂公主妻失活明年失活死贈特進帝遣使弔祠以其弟中郎將娑固襲封及所領明年娑固與公主來朝宴賚有加有可突于者爲靜析軍副使悍勇得衆娑固欲去之未決可突于反攻娑固娑固奔營州都督許欽澹以州甲五百合奚君長李大酺兵共攻可突于不勝娑固大酺皆死欽澹懼徙軍入榆關可突于奉娑固從父弟鬱于爲君遣使者謝罪有詔即拜鬱于松漠郡王而赦可突于鬱于來朝授率更令以宗室所出女慕容爲燕郡公主妻之可突于亦來朝擢左羽林衛將軍鬱于死弟吐于嗣與可突于有隙不能定其下攜公主來奔封遼陽郡王留宿衛可突于奉盡忠弟邵固統衆詔許襲王天子封禪邵固與諸蕃長皆從行在明年拜左羽林衛大將軍從王廣化郡以宗室出女陳爲東華公主妻邵固詔官其部酋長百餘人邵固以子入侍可突于復來不爲宰相李元紘所禮鞅鞅去張説曰彼獸心者唯利是向且方持國下所附也不假以禮不來矣後

三年可突于殺邵固立屈烈爲王脅奚衆共降突厥公主走平盧軍詔幽州長史知范陽節度事趙含章擊之遣中書舍人裴寬給事中薛侃大募壯士拜忠王浚河北道行軍元帥以御史大夫李朝隱京兆尹裴伷先副之帥程伯獻張文儼宋之悌李東蒙趙萬功郭英傑等八總管兵擊契丹既又以忠王兼河東道諸軍元帥王不行以禮部尚書信安郡王禕持節河北道行軍副元帥與含章出塞捕虜大破之可突于走奚衆降王以二蕃俘級告諸廟明年可突于盜邊幽州長史薛楚玉副總管郭英傑吳克勤烏知義羅守忠率萬騎及奚擊之戰都山下可突于以突厥兵來奚懼持兩端衆走險知義守忠敗英傑克勤死之殺唐兵萬人帝擢張守珪爲幽州長史經略之守珪既善將可突于恐陽請臣而稍趨西北倚突厥其衙官李過折與可突于內不平守珪使客王悔陰邀之以兵圍可突于過折即夜斬可突于屈烈及支黨數十人自歸守珪使過折統其部函可突于等首傳東都拜過折北平郡王爲

松漠都督可突于殘黨殺過折屠其家一子剌乾走安東拜左驍衛將軍二十五年守珪討契丹再破之有詔自今戰有功必告廟天寶四載契丹大酋李懷秀降拜松漠都督封崇順王以宗室出女獨孤爲靜樂公主妻之是歲殺公主叛去范陽節度使安祿山討破之更封其酋楷落爲恭仁王代松漠都督祿山方幸表討契丹以向帝意發幽州雲中平盧河東兵十餘萬以奚爲鄉導大戰潢水南祿山敗死者數千自是祿山與相侵掠未嘗解至其反乃已契丹在開元天寶間使朝獻者無慮二十故事以范陽節度爲押奚契丹使自至德後藩鎮擅地務自安鄣戍斥候益謹不生事于邊奚契丹亦鮮入寇歲選酋豪數十入長安朝會每引見賜與有秩其下率數百皆駐館幽州至德寶應時再朝獻大曆中十三貞元間三元和中七大和開成間凡四然天子惡其外附回鶻不復官爵渠長會昌二年回鶻破契丹酋屈戍始復內附拜雲麾將軍守右武衛將軍於是幽州節度使張仲武爲易回鶻所與舊

印賜唐新印曰奉國契丹之印咸通中其王習爾之再遣使者入朝部落寖彊習爾之死族人欽德嗣光啓時方天下盜興北疆多故乃鈔奚室韋小部種皆役服之因入寇幽薊劉仁恭窮師踰摘星山討之歲燎塞下草使不得留牧馬多死契丹乃乞盟獻良馬求牧地仁恭許之復敗約入寇劉守光戍平州契丹以萬騎入守光僞與和帳飲具于野伏發禽其大將羣胡慟顧納馬五千以贖不許欽德輸重賂求之乃與盟十年不敢近邊欽德晚節政不競其八部大人法常三歲代時耶律阿保機建鼓旗爲一部不肯代自號爲王而有國大賀氏遂亡

奚亦東胡種爲匈奴所破保烏丸山漢曹操斬其帥蹋頓蓋其後也元魏時自號庫真奚居鮮卑故地直京師東北四千里其地東北接契丹西突厥南白狼河北霫與突厥同俗逐水草畜牧居氈廬環車爲營其君長常以五百人持兵衛牙中餘部散山谷間無賦入以射獵爲貲稼多穄已穫窖山下斷木爲臼瓦鼎爲飦雜寒

水而食喜戰鬬兵有五部部一俟斤主之其國西抵大洛泊距回紇牙三千里多依土護真水其馬善登其羊黑盛夏必徙保冷陘山山直嬀州西北至隋始去庫真但曰奚武德中高開道借其兵再寇幽州長史王詵擊破之太宗貞觀三年始來朝閱十七歲凡四朝貢帝伐高麗大酋蘇支從戰有功不數年其長可度者內附帝爲置饒樂都督府拜可度者使持節六州諸軍事饒樂都督封樓煩縣公賜李氏以阿會部爲弱水州處和部爲祁黎州奧失部爲洛瓌州度稽部爲太魯州元俟折部爲渴野州各以酋領辱紇主爲刺史隸饒樂府復置東夷都護府於營州兼統松漠饒樂地置東夷校尉顯慶間可度者死奚遂叛五年以定襄都督阿史德樞賓左武候將軍延陀梯真居延州都督李含珠爲冷陘道行軍揔管明年詔尚書右丞崔餘慶持節揔護定襄等三都督討之奚懼乞降斬其王匹帝萬歲通天中契丹反奚亦叛與突厥相表裏號兩蕃延和元年以左羽林衛大將軍幽州都督孫佺左驍衛將

軍李楷洛左威衛將軍周以悌帥兵十二萬爲三軍襲擊其部次冷陘前軍楷洛與奚酋李大酺戰不利佺懼斂軍詐大酺曰我奉詔來慰撫若等而楷洛違節度輒戰非天子意方戮以徇大酺曰誠慰撫我有所賜乎佺出軍中繒帛袍帶與之大酺謝請佺還師舉軍得脫爭先無部伍大酺兵躡之遂大敗殺傷數萬佺以悌皆爲虜禽送默啜害之朝廷方多故不暇討玄宗開元二年使奧蘇悔落丐降封饒樂郡王左金吾衛大將軍饒樂都督詔宗室出女辛爲固安公主妻大酺明年身入朝成昏始復營州都督府遣右領軍將軍李濟持節護送大酺後與契丹可突于鬬死弟魯蘇領其部襲王詔兼保塞軍經略大使牙官塞默羯謀叛公主置酒誘殺之帝嘉其功賜主累萬與其母相告訐得罪更以盛安公主女韋爲東光公主妻之後三年封魯蘇奉誠郡王右羽林衛將軍擢其首領無慮二百人皆位郎將久之契丹可突于反脅奚衆并附突厥魯蘇不能制奔榆關公主奔平盧幽州長史趙含章發清

夷軍討破之衆稍自歸明年信安王禕降其酋李詩鎖高等部落五千帳以其地爲歸義州因以王詩拜左羽林軍大將軍本州都督賜帛十萬置其部幽州之偏李詩死子延寵嗣與契丹又叛爲幽州張守珪所困延寵降復拜饒樂都督懷信王以宗室出女楊爲宜芳公主妻之延寵殺公主復叛詔立它酋婆固爲昭信王饒樂都督以定其部安祿山節度范陽詭邊功數與奚鬬盛飭俘以獻誅其君李日越料所俘驍壯戍雲南終帝世凡八朝獻至德大曆間十二貞元四年與室韋攻振武後七年幽州殘其衆六萬德宗時兩朝獻元和元年君梅落身入朝拜檢校司空歸誠郡王以部酋索氏爲左威衛將軍檀薊州游弈兵馬使沒辱孤平州游弈兵馬使皆賜李氏然陰結回鶻室韋兵犯西城振武大抵憲宗世四朝獻大和四年復盜邊盧龍李載義破之執大將二百餘人縛其帥茹羯來獻文宗賜冠帶授右驍衛將軍後五年大首領匿舍朗來朝大中元年北部諸山奚悉叛盧龍張仲武禽酋渠燒帳落

二十萬取其刺史以下面耳三百羊牛七萬輜貯五百乘獻京師咸通九年其王突董蘇使大都督薩葛入朝是後契丹方彊奚不敢亢而舉部役屬虜政苛奚怨之其酋去諸引別部內附保嬀州北山遂爲東西奚

室韋契丹別種東胡之北邊蓋丁零苗裔也地據黃龍北傍峱越河直京師東北七千里東黑水靺鞨西突厥南契丹北瀕海其國無君長惟大酋皆號莫賀咄攝筦其部而附于突厥小或千戶大數千戶濱散川谷逐水草而處不稅斂每弋獵即相嘯聚事畢去不相臣制故雖猛悍喜戰而卒不能爲彊國剡木爲犂人挽以耕田穫甚褊其氣候多寒夏霧雨冬霜霰其俗富人以五色珠垂領婚嫁則男先傭女家三歲而後分以產與婦共載鼓舞而還夫死不再嫁每部共構大棚死者寘尸其上喪期三年土少金鐵率資於高麗器有角弓楛矢人尤善射每溽夏西保貸勃次對二山山多草木鳥獸然苦飛蚉則巢居以避之酋帥死以子弟繼無則推豪

桀立之率乘牛車遷蘧蒢為室度水則束薪為桴或以皮為舟馬皆草韉繩羈革勒所居或皮蒙室或屈木以蘧蒢覆徙則載而行其畜無羊少馬有牛不用有巨豕食之韋其皮為服若席其語言靺鞨也分部凡二十餘曰嶺西部山北部黃頭部彊部也大如者部小如者部婆萵部訥北部駱丹部悉處柳城東北近者三千遠六千里而贏最西有烏素固部與回紇接當俱倫泊之西南自泊而東有移塞沒部稍東有塞曷支部最彊部也居啜河之陰亦曰燕支河益東有和解部烏羅護部那禮部嶺西部直北曰訥北支部北有大山山外曰大室韋瀕於室建河河出俱倫迤而東河南有蒙兀部其北落坦部水東合那河忽汗河又東貫黑水靺鞨故靺鞨跨水有南北部而東注於海猺越河東南亦與那河合其北有東室韋蓋烏丸東南鄙餘人也貞觀五年始來貢豐貂後再入朝長壽二年叛將軍李多祚擊定之景龍初復朝獻請助討突厥開元天寶間凡十朝獻大曆中十一貞元四年與奚共寇振武節度使

唐朝臣方郊勞天子使者鷲而走軍室韋執詔使大殺掠而去明年使者來謝大和中三朝獻大中中一來咸通時大酋怛烈與奚皆遣使至京師然非顯夷後史官失傳

黑水靺鞨居肅慎地亦曰挹婁元魏時曰勿吉直京師東北六千里東瀕海西屬突厥南高麗北室韋離為數十部酋各自治其著者曰粟末部居最南抵太白山亦曰徒太山與高麗接依粟末水以居水源於山西北注它漏河稍東北曰汨咄部又次曰安居骨部益東曰拂涅部居骨之西北曰黑水部粟末之東曰白山部部間遠者三四百里近二百里白山本臣高麗王師取平壤其眾多入唐汨咄安居骨等皆奔散寖微無聞焉遺人迸入渤海唯黑水完彊分十六落以南北稱蓋其居最北方者也人勁健善步戰常能患它部俗編髮綴野豕牙插雉尾為冠飾自別於諸部性忍悍善射獵無憂戚貴壯賤老居無室廬負山水坎地梁木其上覆以土如丘冢然夏出隨水草冬入處以溺盥面於夷狄最濁穢死者埋之無棺槨殺所乘馬以祭其酋曰大莫拂瞞咄世相承為長無書契其矢石鏃長二寸蓋楛砮遺法畜多豕無牛羊有車馬田耦以耕車則步推有粟麥土多貂鼠白兔白鷹有鹽泉氣蒸薄鹽凝樹顛武德五年渠長阿固郎始來太宗貞觀二年乃臣附所獻有常以其地為燕州帝伐高麗其北部反與高麗合高惠眞等率眾援安市每戰靺鞨常居前帝破安市執惠眞收靺鞨兵三千餘悉坑之開元十年其酋倪屬利稽來朝玄宗即拜勃利州刺史於是安東都護薛泰請置黑水府以部長為都督刺史朝廷為置長史監之賜府都督姓李氏名曰獻誠以雲麾將軍領黑水經略使隸幽州都督訖帝世朝獻者十五大曆世凡七貞元一來元和中再

初黑水西北又有思慕部益北行十日得郡利部東北行十日得窟說部亦號屈設稍東南行十日得莫曳皆部又有拂涅虞婁越喜鐵利等部其地南距渤海北東際於海西抵室韋南北袤二千里東西千里拂涅鐵利虞婁越喜時時通中國而郡利屈設莫曳皆

不能自通今存其朝京師者附左方拂涅亦稱大拂涅開元天寶間八來獻鯨睛貂鼠白兔皮鐵利開元中六來越喜七來貞元中一來虞婁貞觀間再來貞元一來後渤海盛靺鞨皆役屬之不復與王會矣

渤海本粟末靺鞨附高麗者姓大氏高麗滅率眾保挹婁之東牟山地直營州東二千里南比新羅以泥河為境東窮海西契丹築城郭以居高麗逋殘稍歸之萬歲通天中契丹盡忠殺營州都督趙翽反有舍利乞乞仲象者與靺鞨酋乞四比羽及高麗餘種東走度遼水保太白山之東北阻奧婁河樹壁自固武后封乞四比羽為許國公乞乞仲象為震國公赦其罪比羽不受命后詔玉鈐衛大將軍李楷固中郎將索仇擊斬之是時仲象已死其子祚榮引殘痍遁去楷固窮躡度天門嶺祚榮因高麗靺鞨兵拒楷固楷固敗還於是契丹附突厥王師道絕不克討祚榮即并比羽之眾恃荒遠乃建國自號震國王遣使交突厥地方五千里戶十餘

萬勝兵數萬頗知書契盡得扶餘沃沮弁韓朝鮮海北諸國中宗
時使侍御史張行岌招慰祚榮遣子入侍睿宗先天中遣使拜祚
榮為左驍衛大將軍渤海郡王以所統為忽汗州領忽汗州都督
自是始去靺鞨號專稱渤海玄宗開元七年祚榮死其國私謚為
高王子武藝立斥大土宇東北諸夷畏臣之私改年曰仁安帝賜
典冊襲王并所領未幾黑水靺鞨使者入朝帝以其地建黑水州
置長史臨總武藝召其下謀曰黑水始假道於我與唐通異時請
吐屯於突厥皆先告我今請唐官不吾告是必與唐腹背攻我也
乃遣弟門藝及舅任雅相發兵擊黑水門藝嘗質京師知利害謂
武藝曰黑水請吏而我擊之是背唐也唐大國兵萬倍我與之產
怨我且亡昔高麗盛時士三十萬抗唐為敵可謂雄彊唐兵一臨
掃地盡矣今我眾比高麗三之一王將違之不可武藝不從兵至
境又以書固諫武藝怒遣從兄壹夏代將召門藝將殺之門藝懼
儳路自歸詔拜左驍衛將軍武藝使使暴門藝罪惡請誅之有詔

處之安西好報曰門藝窮來歸我誼不可殺已投之惡地并留使
者不遣別詔鴻臚少卿李道邃源復諭旨武藝知之上書斥言陛
下不當以妄示天下意必殺門藝帝怒道邃復漏言國事皆左
除而陽斥門藝以報後十年武藝遣大將張文休率海賊攻登州
帝馳遣門藝發幽州兵擊之使太僕卿金思蘭使新羅督兵攻其
南會大寒雪袤丈士凍死過半無功而還武藝望其弟不已募客
入東都狙刺於道門藝格之得不死河南捕刺客悉殺之武藝死
其國私謚武王子欽茂立改年大興有詔嗣王及所領欽茂因是
赦境內天寶末欽茂徙上京直舊國三百里忽汗河之東訖帝世
朝獻者二十九寶應元年詔以渤海為國欽茂王之進檢校太尉
大曆中二十五來以日本舞女十一獻諸朝貞元時東南徙東京
欽茂死私謚文王子宏臨早死族弟元義立一歲猜虐國人殺之
推宏臨子華璵為王復還上京改年中興死謚曰成王欽茂少子
嵩鄰立改年正曆有詔授右驍衛大將軍嗣王建中貞元間凡四

來死謚康王子元瑜立改年永德死謚定王弟言義立改年朱雀
並襲王如故事死謚僖王弟明忠立改年太始立一歲死謚簡王
從父仁秀立改年建興其四世祖野勃祚榮弟也仁秀頗能討伐
海北諸部開大境宇有功詔檢校司空襲王元和中凡十六朝獻
長慶四寶曆凡再大和四年仁秀死謚宣王子新德蚤死孫彝震
立改年咸和明年詔襲爵終文宗世來朝十二會昌凡四彝震死
弟虔晃立死玄錫立咸通時三朝獻初其王數遣諸生詣京師太
學習識古今制度至是遂為海東盛國地有五京十五府六十二
州以肅慎故地為上京曰龍泉府領龍湖渤三州其南為中京曰
顯德府領盧顯鐵湯榮興六州濊貊故地為東京曰龍原府亦曰
柵城府領慶鹽穆賀四州沃沮故地為南京曰南海府領沃睛椒
三州高麗故地為西京曰鴨淥府領神桓豐正四州曰長嶺府領
瑕河二州扶餘故地為扶餘府常屯勁兵扞契丹領扶仙二州鄚
頡府領鄚高二州挹婁故地為定理府領定潘二州安邊府領安

瓊二州率賓故地為率賓府領華益建三州拂涅故地為東平府
領伊蒙沱黑比五州鐵利故地為鐵利府領廣汾蒲海義歸六州
越喜故地為懷遠府領達越懷紀富美福邪芝九州安遠府領寧
郿慕常四州又郢銅涑三州為獨奏州涑州以其近涑沫江蓋所
謂粟末水也龍原東南瀕海日本道也南海新羅道也鴨淥朝貢
道也長嶺營州道也扶餘契丹道也俗謂王曰可毒夫曰聖王曰
基下其命為教王之父曰老王母太妃妻貴妃長子曰副王諸子
曰王子官有宣詔省左相左平章事侍中左常侍諫議居之中臺
省右相右平章事內史詔誥舍人居之政堂省大內相一人居左
右相上左右司政各一居左右平章事之下以比僕射左右允比
二丞左六司忠仁義部各一卿居司政下支司爵倉膳部部有郎
中員外右六司智禮信部支司戎計水部卿郎準左以比六官中
正臺大中正一比御史大夫居司政下少正一又有殿中寺宗屬
寺有大令文籍院有監令監皆有少太常司賓大農寺寺有卿司

藏、司膳寺，寺有令、丞；胄子監有監長；巷伯局有常侍等官。其武員有左右猛賁、熊衛、羆衛，南左右衛，北左右衛，各大將軍一、將軍一。大抵憲象中國制度如此。以品為秩，三秩以上服紫，牙笏、金魚。五秩以上服緋，牙笏、銀魚。六秩、七秩淺緋衣，八秩綠衣，皆木笏。俗所貴者，曰太白山之菟，南海之昆布，柵城之豉，扶餘之鹿，鄚頡之豕，率賓之馬，顯州之布，沃州之緜，龍州之紬，位城之鐵，盧城之稻，湄沱湖之鯽。果有九都之李，樂游之梨。餘俗與高麗、契丹略等。幽州節度府與相聘問，自營平距京師蓋八千里而遠，後朝貢至否，史家失傳，故叛附無考焉。

贊曰：唐之德大矣！際天所覆，悉臣而屬之，薄海內外，無不州縣，遂尊天子曰「天可汗」。三王以來，未有以過之。至荒區君長，待唐璽纛乃能國，一為不賓，隨輒夷縛，故蠻琛夷寶，踵相逮于廷。極熾而衰，厥禍內移，天寶之後，區夏痍破，王官之戍，北不踰河，西止秦邠，凌夷百年，逮於亡，顧不痛哉！故曰：治己治人，惟聖人能之。

北狄列傳第一百四十四

東夷列傳第一百四十五

唐書[illegible]　宋祁奉[illegible]撰

高麗，本扶餘別種也。地東跨海距新羅，南亦跨海距百濟，西北度遼水與營州接，北靺鞨。其君居平壤城，亦謂長安城，漢樂浪郡也，去京師五千里而贏，隨山屈繚為郛，南涯浿水，王築宮其左。又有國內城、漢城，號別都。水有大遼、少遼：大遼出靺鞨西南山，南歷安市城；少遼出遼山西，亦南流，有梁水出塞外，西行與之合。有馬訾水出靺鞨之白山，色若鴨頭，號鴨淥水，歷國內城西，與鹽難水合，又西南至安市，入于海。而平壤在鴨淥東南，以巨艫濟人，因恃以為塹。官凡十二級：曰大對盧，或曰吐捽；曰鬱折，主圖簿者；曰太大使者；曰帛衣頭大兄，所謂帛衣者，先人也，秉國政，三歲一易，善職則否，凡代日，有不服則相攻，王為閉宮守，勝者聽為之；曰大使者；曰大兄；曰上位使者；曰諸兄；曰小使者；曰過節；曰先人；曰古鄒大加。其州縣六十。大城置傉薩一，比都督；餘城置處閭近支，亦號道使，比刺史。有參佐，分幹。有大模達，比衛將軍；末客，比中郎將。分五部：曰內部，即漢桂婁部也，亦號黃部；曰北部，即絶奴部也，或號後部；曰東部，即順奴部也，或號左部；曰南部，即灌奴部也，亦號前部；曰西部，即消奴部也。王服五采，以白羅製冠，革帶皆金釦。大臣青羅冠，次絳羅，珥兩鳥羽，金銀雜釦，衫筩褎，袴大口，白韋帶，黃革履。庶人衣褐，戴弁。女子首巾幗。俗喜弈、投壺、蹴鞠。食用籩豆、簠簋、罍洗。居依山谷，以草茨屋，惟王宮、官府、佛廬以瓦。窶民盛冬作長坑，熅火以取煖。其治，峭法以繩下，故少犯。叛者叢炬灼體，乃斬之，籍入其家。降、敗、殺人及剽劫者斬，盜者十倍取償，殺牛馬者沒為奴婢，故道不掇遺。婚娶不用幣，有受者恥之。服父母喪三年，兄弟踰月除。俗多淫祠，祀靈星及日、箕子、可汗等神。國左有大穴曰神隧，每十月，王皆自祭。人喜學，至窮里廝家，亦相矜勉，衢側悉構嚴屋，號局堂，子弟未婚者曹處，誦經習射。

隋末，其王高元死，異母弟建武嗣。武德初，再遣使入朝。高祖下書脩好，約高麗人在中國者護送，中國人在高麗者敕遣還。於是建武悉搜亡命歸有司，且萬人。後三年，遣使者拜建武為上柱國、遼東郡王、高麗王。命道士以像法往，為講老子，建武大悅，率國人共聽之，日數千人。帝謂左右曰：「名實須相副。高麗雖臣於隋，而終拒煬帝，何臣之為？朕務安人，何必受其臣？」裴矩、溫彥博諫曰：「遼東本箕子國，魏、晉時故封內，不可不臣。中國與夷狄，猶太陽於列星，不可以降。」乃止。明年，新羅、百濟上書，言建武閉道，使不得朝，且數侵入。有詔散騎侍郎朱子奢持節諭和，建武謝罪，乃請與二國平。太宗已禽突厥頡利，建武遣使者賀，并上封域圖。帝詔廣州司馬長孫師臨瘞隋士戰嘗毀高麗所立京觀建武懼乃築長城千里東北首扶餘西南屬之海久之遣太子桓權入朝獻方物帝厚賜賚詔使者陳大德持節荅勞且觀釁大德入其國厚餉官守悉得其纖曲見華人流客者爲道親戚存亡人人垂涕故所至士女夾道觀建武盛陳兵見使者大德還奏帝悅大德又言聞高昌滅其大對盧三至館有加禮焉帝曰高麗地止四郡我發卒數萬攻遼東諸城必救我以舟師自東萊颿海趨平壤固易然天下甫平不欲勞人耳有蓋蘇文者或號蓋金姓泉氏自云生水中以惑衆性忍暴父爲東部大人大對盧死蓋蘇文當嗣國人惡之不得立頓首謝衆請攝職有不可雖廢無悔衆哀之遂嗣位殘凶不道諸大臣與建武議誅之蓋蘇文覺悉召諸部紿云大閱兵列饌具請大臣臨視賓至盡殺之凡百餘人馳入宮殺建武殘其尸投諸溝更立建武弟之子藏爲王自爲莫離支專國猶唐兵部尚書中書令職云貌魁秀美須髯冠服皆飾以金佩五刀左右莫敢仰視使貴人伏諸地踐以升馬出入陳兵長呼禁切行人畏竄至投坑谷帝聞建武爲下所殺惻然遣使者持節弔祭或勸帝可遂討之帝不欲因喪伐罪乃拜藏爲遼東郡王高麗王帝曰蓋蘇文殺君攘國朕取之易耳不願勞人若何司空房玄齡曰陛下士勇而力有餘戢不用所謂止戈爲武者司徒長孫無忌曰高麗無一介

告難宜賜書安慰之陽其患撫其存彼當聽命帝曰善會新羅遣使者上書言高麗百濟聯和將見討謹歸命天子帝問若何而免使者曰計窮矣惟陛下哀憐帝曰我以偏兵率契丹靺鞨入遼東而國可紓一歲一策也我以絳袍丹幟數千賜而國至建以陣二國見謂我師至必走二策也百濟恃海不脩戎械我以舟師數萬襲之而國汝君故爲鄰侮我以宗室主而國待安則自守之三策也使者計孰取使者不能對於是遣司農丞相里玄奬以璽書讓高麗且使止勿攻使未至而蓋蘇文已取新羅二城玄奬諭帝旨荅曰往隋見侵新羅乘釁奪我地五百里今非盡反地兵不止玄奬曰往事烏足論邪遼東故中國郡縣天子且不取高麗焉得違詔不從玄奬還奏帝曰莫離支殺君虐用其下如擭穽怨痛溢道我出師無名哉諫議大夫褚遂良曰陛下之兵度遼而克固善萬分一不得逞且再用師再用師安危不可億兵部尚書李勣曰不然曩薛延陀盜邊陛下欲追擊魏徵苦諫而止向若擊之一馬不生返後復畔擾至今爲恨帝曰誠然但一慮之失而尤之後誰爲我計者新羅數請援乃下吳船四百柂輸糧詔營州都督張儉等發幽營兵及契丹奚靺鞨等出討會遼溢師還莫離支懼遣使者內金帝不納使者又言莫離支遣官五十入宿衛帝怒責使者曰而等委質高武而不伏節死義又

爲逆子謀不可赦悉下之獄於是帝欲自將討之召長安耆老勞曰遼東故中國地而莫離支賊殺其主朕將自行經略之故與父老約子若孫從我行者我能拊循之毋庸䘏也即厚賜布粟羣臣皆勸帝毋行帝曰吾知之矣去本而就末捨高以取下釋近而之遠三者爲不祥伐高麗是也然蓋蘇文弒君又戮大臣以逞一國之人延頸待救議者顧未亮耳於是北輸粟營州東儲粟古大人城帝幸洛陽乃以張亮爲平壤道行軍大摠管常何左難當副之冉仁德劉英行張文幹龐孝泰程名振爲總管帥江吳京洛募兵凡四萬吳艘五百泛海趨平壤以李勣爲遼東道行軍大摠管江夏王道宗副之張士貴張儉執失思力契苾何力阿史那彌射姜德本麴智盛吳黑闥爲行軍摠管隸之帥騎士六萬趨遼東詔曰朕所過營頓毋飾食毋豐怪水可涉者勿作橋梁行在非近州縣不得令學生耆老迎謁朕昔提戈撥亂無盈月儲猶所嚮風靡今幸家給人足秖恐勞於轉餉故驅牛羊以飼軍且朕必勝有五以我大擊彼小以我順討彼逆以我安乘彼亂以我逸敵彼勞以我悅當彼怨渠憂不克邪又發契丹奚新羅百濟諸君長兵悉會十九年二月帝自洛陽次定州謂左右曰今天下大定唯遼東未賓後嗣因士馬盛彊謀臣道以征討喪亂方始朕故自取之不遺後世憂也帝坐城門過兵人人撫尉疾病者

親視之敕州縣治療士大悅長孫無忌白奏天下符魚悉從而宮官止十人天下以爲輕神器帝曰士度遼十萬皆去家室朕以十人從尚而其多公止勿言帝身屬橐鞬結雨衣於鞍四月勣濟遼水高麗皆嬰城守帝大饗士帳幽州之南詔長孫無忌誓師乃引而東勣攻蓋牟城拔之得户二萬糧十萬石以其地爲蓋州程名振攻沙卑城夜入其西城潰虜其口八千游兵鴨淥上勣遂圍遼東城帝次遼澤詔瘞隋戰士露骼高麗發新城國內城騎四萬救遼東道宗率張君乂逆戰君乂却道宗以騎馳之虜兵辟易奪其梁收散卒乘高以望見高麗陣囂急擊破之斬首千餘級誅君乂以徇帝度遼水徹杠彴堅士心營馬首山身到城下見士填壍分負之重者馬上持之群臣震懼爭挾塊以進城有朱蒙祠祠有鎖甲銛矛妄言前燕世天所降方圍急飾美女以婦神誣言朱蒙悅城必完勣列拋車飛大石過三百步所當輒潰虜積木爲樓結絙罔不能拒以衝車撞陴屋碎之時百濟上金髹鎧又以玄金爲山五文鎧士被以從帝與勣會甲光炫日會南風急士縱火焚西南樓延城中屋幾盡人死于燎者萬餘衆登陴虜蒙盾以拒士舉長矛舂之擺石如雨城遂潰獲勝兵萬户四萬糧五十萬石以其地爲遼州初帝自太子所屬行在舍置一烽約下遼東舉烽是日傳燎入塞進攻白崖城城負崖水險甚帝壁西北虜勇

酋孫伐音陰丐降，然城中不能一，帝賜幟曰：「若降，建于堞。」以信。俄而舉幟城上，人皆以唐兵登矣，乃降。初，伐音中悔，帝怒，約以虜口畀諸將，及是，李勣曰：「士奮而先，貪虜獲也。今城危拔，不可許降以孤士心。」帝曰：「將軍言是也。然縱兵殺戮，略人妻孥，朕不忍。將軍麾下有功者，朕能以庫物賞之，庶因將軍贖一城乎？」獲男女凡萬四千，以其地為巖州，拜伐音為刺史。莫離支以加尸人七百戍蓋牟，勣俘之，請自效，帝曰：「而家加尸，乃為我戰，將尽戮矣。夷一姓求一人力，不可。」稟而縱之。次安市，於是高麗北部傉薩高延壽、南部傉薩高惠真引兵及靺鞨眾十五萬來援。帝曰：「彼若勒兵連安市而壁，據高山，取城中粟食之，縱靺鞨略吾牛馬，攻之不可下，此上策也；拔城夜去，中策也；與吾爭鋒，則禽矣。」有大對盧為延壽計曰：「吾聞中國亂，豪雄並奮。秦王神武，敵無堅，戰無前，遂定天下，南面而帝，北狄西戎罔不臣。今掃地而來，謀臣重將皆在，其鋒不可校。今莫若頓兵曠日，陰遣奇兵絕其饟道，不旬月糧盡，欲戰不得，歸則無路，乃可取也。」延壽不從，引軍距安市四十里而屯。帝曰：「虜墮吾策中矣。」命左衛大將軍阿史那社尒以突厥千騎嘗之，虜常以靺鞨銳兵居前，社尒兵接而北。延壽曰：「唐易與耳。」進一舍，倚麓而陣。帝詔延壽曰：「我以爾有彊臣賊殺其主，來問罪，即交戰，非我意。」延壽謂然，按甲俟。帝夜召諸將，使李勣率步騎萬五千陣西嶺，當賊；長孫無忌、牛進達精兵萬人出虜背狹谷，帝以騎四千偃幟趨虜北山上，令諸軍曰：「聞鼓聲而縱。」張幄朝堂，曰：「明日日中納降虜於此。」是夜，流星墮延壽營。旦日，虜視勣軍少，即戰，帝望無忌軍塵上，命鼓角作，兵幟四合，虜惶惑，將分兵禦之，眾已亂，勣以步槊擊敗之，無忌乘其後，帝自山馳下，虜大亂，斬首二萬級。延壽收餘眾負山自固，無忌、勣合圍之，徹川梁，斷歸路。帝按轡觀虜營壘，曰：「高麗傾國來，一麾而破，天贊我也。」下馬再拜謝況于天。延壽等度勢窮，即舉眾降，入轅門，膝而前，拜手請命。帝曰：「後敢與天子戰乎？」惶汗不得對。帝料酋長三千五百人，悉官之，許內從，餘眾三萬縱還之，誅靺鞨三千餘人，獲馬牛十萬、明光鎧萬領。高麗震駭，后黃、銀二城自拔去，數百里無舍煙。乃驛報太子，并賜諸臣書曰：「朕自將若此，云何？」因號所幸山為駐蹕山，圖破陣狀，勒石紀功。拜延壽鴻臚卿，惠真司農卿。候騎獲諜人，帝解其縛，自言不食且三日，命飼之，賜以屩，遣曰：「歸語莫離支，若須軍中進退，可遣人至吾所。」帝每營不作塹壘，謹斥候而已，而士運糧雖單騎，虜不敢鈔。帝與勣議所攻，帝曰：「吾聞安市地險而眾悍，莫離支擊不能下，因與之。建安恃險絕，粟多而士少，若出其不意攻之，不相救矣。建安得，則安市在吾腹中。」勣曰：「不然。積糧遼東，而西擊建安，賊將梗我歸路，不如先攻安市。」帝曰：「善。」遂攻之，未能下。延壽、惠真謀曰：「烏骨城傉薩已耄，朝攻而夕可下。烏骨拔，則平

壤舉矣。」群臣亦以張亮軍在沙城，召之一昔至，若取烏骨，度鴨淥，迫其腹心，計之善者。無忌曰：「天子行師不徼幸。安市眾十萬在吾後，不如先破之，乃驅而南，萬全勢也。」乃止。城中見帝旌麾，輒乘陴譟，帝怒，勣請破日男子盡誅。虜聞，故死戰。江夏王道宗築距闉攻東南，虜增陴以守。勣攻其西，撞車所壞，隨輒串柵為樓。帝聞城中雞彘聲，曰：「圍久，突無黔煙，今雞彘鳴，必殺以饗士，虜且夜出。」詔嚴兵。丙夜，虜數百人縋而下，悉禽之。道宗以樹枝裹土積之，距闉成，迫城不數丈。果毅都尉傅伏愛守之，自高而排其城，城且頹，伏愛私去所部，虜兵得自頹城出，據而塹斷之，積火縈盾固守。帝怒，斬伏愛，敕諸將擊之，三日不克。有詔班師，拔遼、蓋二州之人以歸。兵過城下，城中屏息偃旗，酋長登城再拜，帝嘉其守，賜絹百匹。遼州粟尚十萬斛，士取不能盡。帝至渤錯水，阻淖，八十里車騎不通。長孫無忌、楊師道等率萬人斬樵築道，聯車為梁，帝負薪馬上助役。十月，兵畢度，雪甚，詔屬燎以待濟。始行，士十萬、馬萬匹，逮還，物故裁千餘，馬死十八。船師七萬，物故亦數百。詔集戰骸葬柳城，祭以太牢，帝臨哭，從臣皆流涕。帝總飛騎入臨渝關，皇太子迎道左。初，帝與太子別，御褐袍，曰：「俟見爾乃更。」袍歷二時弗易，至穿穴。群臣請更服，帝曰：「士皆敝衣，吾可新服邪？」及是，太子進絜衣，乃御。遼降口萬四千，當沒為奴婢，前集幽州，將分賞士，帝以父子夫婦離析，詔有司以布帛贖之，原為民，列拜讙舞，三日不息。延壽既降，以憂死，獨惠真至長安。明年春，藏遣使者上方物，且謝罪，獻二姝口，帝敕還之，謂使者曰：「色者人所重，然愍其去親戚以傷乃心，我不取也。」初，師還，帝以弓服賜蓋蘇文，受之，不遣使者謝。於是下詔削棄朝貢。又明年三月，詔左武衛大將軍牛進達為青丘道行軍大總管，右武衛將軍李海岸副之，自萊州度海；李勣為遼東道行軍大總管，右武衛將軍孫貳朗、右屯衛大將軍鄭仁泰副之，率營州都督兵繇新城道以進。次南蘇、木底，虜兵戰不勝，焚其郛。七月，進達等取石城，進攻積利城，斬級數千，乃皆還。藏遣子莫離支高任武來朝，因謝罪。二十二年，詔右武衛大將軍薛萬徹為青丘道行軍大總管，右衛將軍裴行方副之，自海道入。部將古神感與虜戰曷山，虜潰。虜乘暝襲我舟，伏兵破之。萬徹度鴨淥，次泊灼城，拒四十里而舍，虜懼，皆棄邑居去。大酋所夫孫拒戰，萬徹擊斬之，遂圍城，破其援兵三萬，乃還。帝與長孫無忌計曰：「高麗困吾師之入，戶亡耗，田歲不收，蓋蘇文築城增陴，下飢臥死溝壑，不勝敝矣。明年以三十萬眾公為大總管，一舉可滅也。」乃詔劍南大治船。蜀人願輸財江南，計直作舟，舟取縑千二百，巴、蜀大騷，邛、眉、雅三州獠皆反，發隴西、峽內兵二萬擊定之。始，帝決取高麗，故詔陝州刺史孫伏伽、萊州刺史李道裕儲糧械於三山浦、烏胡島，越州都督治大艎偶舫以待。會帝崩，乃皆罷。藏遣

使者奉慰永徽五年藏以靺鞨兵攻契丹戰新城大風矢皆還激爲契丹所乘大敗契丹火野復戰人死相藉積尸而冢之遣使者告捷高宗爲露布于朝六年新羅訴高麗靺鞨奪三十六城惟天子哀救有詔營州都督程名振左衛中郎將蘇定方率師討之至新城敗高麗兵火外郭及墟落引還顯慶三年復遣名振率薛仁貴攻之未能克後二年天子已平百濟乃以左驍衛大將軍契苾何力右武衛大將軍蘇定方左驍衛將軍劉伯英率諸將出浿江遼東平壤道討之龍朔元年大募兵拜置諸將天子欲自行蔚州刺史李君球建言高麗小醜何至傾中國事之有如高麗既滅必發兵以守少發則威不振多發人不安是天下疲於轉戍臣謂征之未如勿征滅之未如勿滅亦會武后苦邀帝乃止八月定方破虜兵於浿江奪馬邑山遂圍平壤明年龐孝泰以嶺南兵壁蛇水蓋蘇文攻之舉軍沒定方解而歸乾封元年藏遣子男福從天子封泰山還而蓋蘇文死子男生代爲莫離支與弟男建男產相怨男生據國內城遣子獻誠入朝求救蓋蘇文弟淨土亦請割地降乃詔契苾何力爲遼東道安撫大使左金吾衛將軍龐同善營州都督高侃爲行軍摠管左武衛將軍薛仁貴左監門將軍李謹行殿而行九月同善破高麗兵男生率師來會詔拜同善特進遼東大都督兼平壤道安撫大使封玄菟郡公又以李勣爲遼東道行軍大摠管兼安撫大使與契苾何力龐同善并力詔獨孤卿雲由鴨淥道郭待封積利道劉仁願畢列道金待問海谷道並爲行軍摠管受勣節度轉燕趙食廥遼東明年正月勣引道次新城合諸將謀曰新城賊西鄙不先圖餘城未易下遂壁西南山臨城城人縛戍酋出降勣進拔城十有六郭待封以舟師濟海趨平壤三年二月勣率仁貴拔扶餘城它城三十皆納款同善侃守新城男建遣兵襲之仁貴救侃戰金山不勝高麗鼓而進銳甚仁貴横擊大破之斬首五萬級拔南蘇木底蒼岩三城引兵略地與勣會侍御史賈言忠計事還帝問軍中云何對曰必克昔先帝問罪所以不得志者虜未有釁也諺曰軍無媒中道回今男生兄弟鬩很爲我鄉導虜之情偽我盡知之將忠士力臣故曰必克且高麗秘記曰不及九百年當有八十大將滅之高氏自漢有國今九百年勣年八十矣虜仍荐饑人相掠賣地震裂狼狐入城蚡穴於門人心危駭是行不再舉矣男建以兵五萬襲扶餘勣破之薩賀水上斬首五千級俘口三萬器械牛馬稱之進拔大行城劉仁願與勣會後期召還當誅赦流姚州契苾何力會勣軍于鴨淥拔辱夷城悉師圍平壤九月藏遣男產率首領百人樹素幡降且請入朝勣以禮見而男建猶固守出戰數北大將浮屠信誠遣諜約內應五日闔啓兵譟而入火其門鬱焰四興男建窘急自刺不殊執藏男建等收凡五部百七十六城戶

六十九萬詔勣便道獻俘昭陵凱而還十二月帝坐含元殿引見勣等數俘于廷以藏素脅制赦爲司平太常伯男產司宰少卿投男建黔州百濟王扶餘隆嶺外以獻誠爲司衛卿信誠爲銀青光祿大夫男生右衛大將軍何力行左衛大將軍勣兼太子太師仁貴威衛大將軍剖其地爲都督府者九州四十二縣百復置安東都護府擢酋豪有功者授都督刺史令與華官參治仁貴爲都護摠兵鎮之是歲郊祭以高麗平謝成于天總章二年徙高麗民三萬於江淮山南大長鉗牟岑率衆反立藏外孫安舜爲王詔高偘東州道李謹行燕山道並爲行軍摠管討之遣司平太常伯楊昉綏納亡餘舜殺鉗牟岑走新羅偘徙都護府治遼東州破叛兵於安市又敗之泉山俘新羅援兵二千李謹行破之于發盧河再戰俘馘萬計於是平壤痍殘不能軍相率奔新羅凡四年乃平始謹行留妻劉守伐奴城虜攻之劉擐甲勒兵守賊引去帝嘉之封燕郡夫人儀鳳二年授藏遼東都督封朝鮮郡王還遼東以安餘民先編僑內州者皆原遣徙安東都護府於新城藏與靺鞨謀反未及發召還放邛州廝其人于河南隴右弱窶者留安東藏以永淳初死贈衛尉卿葬頡利墓左樹碑其阡舊城往往入新羅遺人散奔突厥靺鞨由是高氏君長皆絕垂拱中以藏孫寶元爲朝鮮郡王聖曆初進左鷹揚衛大將軍更封忠誠國王使統安東舊部不行明年以藏子德武爲安東都督後稍自國至元和末遣使者獻樂工云

百濟扶餘別種也直京師東六千里而贏濱海之陽西界越州南倭北高麗皆踰海乃至其東新羅也王居東西二城官有內臣佐平者宣納號令內頭佐平主帑聚內法佐平主禮衛士佐平典衛兵朝廷佐平主獄兵官佐平掌外兵有六方方統十郡大姓有八沙氏燕氏刕氏解氏貞氏國氏木氏苩氏其法反逆者誅籍其家殺人者輸奴婢三贖罪吏受賕及盜三倍償錮終身俗與高麗同有三島生黃漆六月刺取瀋色若金王服大袖紫袍青錦袴素皮帶烏革履烏羅冠飾以金蘤群臣絳衣飾冠以銀蘤禁民衣絳紫有文籍紀時月如華人武德四年王扶餘璋始遣使獻果下馬自是數朝貢高祖册爲帶方郡王百濟王後五年獻明光鎧且訟高麗梗貢道太宗貞觀初詔使者平其怨又與新羅世仇數相侵帝賜璽書曰新羅朕蕃臣王之鄰國聞數相侵暴朕已詔高麗新羅申和王宜忘前怨識朕本懷璋奉表謝然兵亦不止再遣使朝上鐵甲雕斧帝優勞之賜帛段三千十五年璋死使者素服奉表曰君外臣百濟王扶餘璋卒帝爲舉哀玄武門贈光祿大夫賻賜甚厚命祠部郎中鄭文表册其子義慈爲柱國紹王義慈事親孝與兄弟友時號海東曾子明年與高麗連和伐新羅取四十餘城發兵守之又謀取棠項城絕貢道新羅告急帝遣司農丞相里玄獎

齋璽書諭解闡帝新討高麗乃間取新羅七城久之又奪十餘城因不朝貢高宗立乃遣使者來帝詔義慈曰海東三國開基舊矣地固犬牙比者隙爭侵校無寧歲新羅高城重鎮皆為王并歸窮于朕丐王歸地昔齊桓一諸侯尚存亡國況朕萬方主可不卹其危邪王所兼城宜還之新羅所俘亦畀還王不如詔者任王決戰朕將發契丹諸國度遼深入王可思之無後悔永徽六年新羅訴百濟高麗靺鞨取北境三十城顯慶五年乃詔左衛大將軍蘇定方為神丘道行軍大摠管率左衛將軍劉伯英右武衛將軍馮士翽左驍衛將軍龐孝泰發新羅兵討之自城山濟海百濟守熊津口定方縱擊虜大敗王師乘潮帆以進趨眞都城一舍止虜悉眾拒復破之斬首萬餘級拔其城義慈挾太子隆走北鄙定方圍之次子泰自立為王率眾固守義慈孫文思曰王太子固在叔乃自王若唐兵解去如我父子何與左右縋而出民皆從之泰不能止定方令士超堞立幟泰開門降定方執義慈隆及小王孝演酋長五十八人送京師平其國五部三十七郡二百城戶七十六萬乃析置熊津馬韓東明金漣德安五都督府擢酋渠長治之命郎將劉仁願守百濟城左衛郎將王文度為熊津都督九月定方以所俘見詔釋不誅義慈病死贈衛尉卿許舊臣赴臨詔葬孫晧陳叔寶墓左授隆司稼卿文度濟海卒以劉仁軌代之璋從子福信嘗將兵乃與浮屠

道琛據周留城反迎故王子扶餘豐於倭立為王西部皆應引兵圍仁願龍朔元年仁軌發新羅兵往救道琛立二壁熊津江仁軌與新羅兵夾擊之奔入壁爭梁墮溺者萬人新羅兵還道琛保任孝城自稱領軍將軍福信稱霜岑將軍告仁軌曰聞唐與新羅約破百濟無老孺皆殺之畀以國我與受死不若戰仁軌遣使齎書答說道琛倨甚館使者于外嫚報曰使人官小我國大將禮不當見徒遣之仁軌以眾少乃休軍養威請合新羅圖之福信俄殺道琛并其兵豐不能制二年七月仁願等破之熊津拔支羅城夜薄眞峴比明入之斬首八百級新羅餉道乃開仁願請濟師詔右威衛將軍孫仁師為熊津道行軍摠管發齊兵七千往福信顓國謀殺豐豐率親信斬福信與高麗倭連和仁願已得齊兵士氣振乃與新羅王金法敏率步騎而遣劉仁軌率舟師自熊津江偕進趨周留城豐眾屯白江口四遇皆克火四百艘豐走不知所在偽王子扶餘忠勝忠志率殘眾及倭人請命諸城皆復仁願勒軍還留仁軌代守帝以扶餘隆為熊津都督俾歸國平新羅故憾招還遺人麟德二年與新羅王會熊津城刑白馬以盟仁軌為盟辭曰往百濟先王罔顧逆順不敦鄰不睦親與高麗倭共侵削新羅破邑屠城天子憐百姓無辜命行人脩好先王負險恃遐侮慢弗恭皇赫斯怒是伐是夷但興亡繼絕王者通制故立前太子隆為熊津都督守其祭

祀附杖新羅長為與國結好除怨恭天子命永為藩服右威衛將軍魯城縣公仁願親臨厥盟有貳其德興兵動眾明神監之百殃是降子孫不育社稷無守世世毋敢犯乃作金書鐵契藏新羅廟中仁願等還隆畏眾攜散亦歸京師儀鳳時進帶方郡王遣歸藩是時新羅彊隆不敢入舊國寄治高麗死武后又以其孫敬襲王而其地已為新羅渤海靺鞨所分百濟遂絕

新羅弁韓苗裔也居漢樂浪地橫千里縱三千里東拒長人東南日本西百濟南瀕海北高麗而王居金城環八里所衛兵三千人謂城為侵牟羅邑在內曰喙評外曰邑勒有喙評六邑勒五十二朝服尚白好祠山神八月望日大宴賚官吏射其建官以親屬為上其族名第一骨第二骨以自別兄弟女姑姨從姊妹皆聘為妻王族為第一骨妻亦其族生子皆為第一骨不娶第二骨女雖娶常為妾媵官有宰相侍中司農卿太府令凡十有七等第二骨得為之事必與眾議號和白一人異則罷宰相家不絕祿奴僮三千人甲兵牛馬豬稱之畜牧海中山須食乃射息穀米於人償不滿庸為奴婢王姓金貴人姓朴民無氏有名食用柳杯若銅瓦元日相慶是日拜日月神男子褐袴婦長襦見人必跪則以手据地為恭不粉黛率美髮以繚首以珠綵飾之男子翦髮鬻冒以黑巾市皆婦女貿販冬則作竈堂中夏以食置冰上畜無羊少驢驘多馬馬雖高大不

善行長人者人類長三丈鋸牙鉤爪黑毛覆身不火食噬禽獸或搏人以食得婦人以治衣服其國連山數十里有峽固以鐵闔號關門新羅常屯弩士數千守之初百濟伐高麗來請救悉兵往破之自是相攻不置後獲百濟王殺之滋結怨武德四年王眞平遣使者入朝高祖詔通直散騎侍郎庾文素持節答賚後三年拜柱國封樂浪郡王新羅王貞觀五年獻女樂二太宗曰比林邑獻鸚鵡言思鄉丐還況於人乎付使者歸之是歲眞平死無子立女善德為王大臣乙祭柄國詔贈眞平左光祿大夫賻物段二百九年遣使者冊善德襲父封國人號聖祖皇姑十七年為高麗百濟所攻使者來乞師亦會帝親伐高麗詔率兵以披虜勢善德使兵五萬入高麗南鄙拔水口城以聞二十一年善德死贈光祿大夫而妹眞德襲王明年遣子文王及弟伊贊子春秋來朝拜文王左武衛將軍春秋特進因請改章服從中國制內出珍服賜之又詣國學觀釋奠講論帝賜所製晉書辭歸敕三品以上郊餞高宗永徽元年攻百濟破之遣春秋子法敏入朝眞德織錦為頌以獻曰巨唐開洪業巍巍皇猷昌止戈成大定興文繼百王統天崇雨施治物體含章深仁諧日月撫運邁時康幡旗既赫赫鉦鼓何鍠鍠外夷違命者翦覆被天殃淳風凝幽顯遐邇競呈祥四時和玉燭七耀巡萬方維岳降宰輔維帝任忠良三五成一德昭我唐家唐帝美其意擢

法敏太府卿五年真德死帝為舉哀贈開府儀同三司賜綵段三百命太常丞
張文收持節弔祭以春秋龍襲王明年百濟高麗靺鞨共伐取其三十城使者來
請救帝命蘇定方討之以春秋為嵎夷道行軍摠管遂平百濟龍朔元年死法
敏襲王以其國為雞林州大都督府授法敏都督咸亨五年納高麗叛衆略百
濟地守之帝怒詔削官爵以其弟右驍衛員外大將軍臨海郡公仁問為新羅
王自京師歸國詔劉仁軌為雞林道大摠管衛尉卿李弼右領軍大將軍謹行
副之發兵窮討上元二年二月仁軌破其衆於七重城以靺鞨兵浮海略南境斬
獲甚衆詔李謹行為安東鎮撫大使屯買肖城三戰虜皆北法敏遣使入朝謝
罪貢篚相望仁問乃還辭王詔復法敏官爵然多取百濟地遂抵高麗南境矣
置尚良康熊全武漢朔溟九州州有都督統郡十或二十郡有大守縣有小守
開耀元年死子政明襲王遣使者朝丐唐禮及它文辭武后賜吉凶禮并文詞
五十篇死子理洪襲王死弟興光襲王玄宗開元中數入朝獻果下馬朝霞紬
魚牙紬海豹皮又獻二女帝曰女皆王姑姊妹違本俗別所親朕不忍留厚賜
還之又遣子弟入太學學經術帝間賜興光瑞文錦五色羅紫繡紋袍金銀精器
興光亦上異狗馬黃金美髢諸物初渤海靺鞨掠登州興光擊走之帝進興光
寧海軍大使使攻靺鞨二十五年死帝尤悼之贈太子太保命邢璹以鴻臚少

卿弔祭子承慶襲王詔璹曰新羅號君子國知詩書以卿惇儒故持節往宜演
經誼使知大國之盛又以國人善棊詔率府兵曹參軍楊季膺為副國高弈皆
出其下於是厚遺使者金寶俄冊其妻朴為妃承慶死詔使者臨弔以其弟憲
英嗣王帝在蜀遣使泝江至成都朝正月大曆初憲英死子乾運立甫丱遣金
隱居入朝待命詔倉部郎中歸崇敬往弔監察御史陸珽顧愔為副冊授之并
母金為太妃會其宰相爭權相攻國大亂三歲乃定於是歲朝獻建中四年死
無子國人共立宰相金良相嗣貞元元年遣戶部郎中蓋塤持節命之是年死
立良相從父弟敬信襲王十四年死無子立嫡孫俊邕明年遣司封郎中韋丹
持冊未至俊邕死丹還子重興立永貞元年詔兵部郎中元季方冊命後三年
使者金力奇來謝且言往歲冊故主俊邕為王母申太妃妻叔妃而俊邕不幸
冊今留省中臣請授以歸又為其宰相金彥昇金仲恭王之弟蘇金添明丐門
戟詔皆可凡再朝貢七年死彥昇立來告喪命職方員外郎崔廷弔且命新王
以妻貞為妃長慶寶曆間再遣使者來朝留宿衛彥昇死子景徽立大和五年
以太子左諭德源寂冊弔如儀開成初遣子義琮謝願留衛見聽明年遣之五
年鴻臚寺籍質子及學生歲滿者一百五人皆還之有張保皐鄭年者皆善鬬
戰工用槍年復能沒海履其地五十里不噎角其勇健保皐不及也年以兄呼

保皐保皐以齒年以藝常不相下自其國皆來為武寧軍小將後保皐歸新羅
謁其王曰徧中國以新羅人為奴婢願得鎮清海使賊不得掠人西去清海海
路之要也王與保皐萬人守之自大和後海上無鬻新羅人者保皐既貴於其
國年飢寒客漣水一日謂戍主馮元規曰我欲東歸乞食於張保皐元規曰若
與保皐所負何如奈何取死其手年曰飢寒死不如兵死快況死故鄉邪年遂
去至謁保皐飲之極歡飲未卒聞大臣殺其王國亂無主保皐分兵五千人與
年持年泣曰非子不能平禍難年至其國誅反者立王以報王遂召保皐為相
以年代守清海會昌後朝貢不復至
贊曰杜牧稱安思順為朔方節度時郭汾陽李臨淮俱為牙門都將二人不相
能雖同盤飲食常睇相視不交一言及汾陽代思順臨淮欲亡去計未決旬日
詔臨淮分汾陽半兵東出趙魏臨淮入請曰一死固甘乞免妻子汾陽趨下持
手上堂曰今國亂主遷非公不能東伐豈懷私忿時邪及別執手泣涕相勉以
忠義訖平劇盜實二公之力知其心不叛知其心難也忿必見短知其材益難
也此保皐與汾陽之賢等耳年投保皐必曰彼貴我賤我降下之不宜以舊怨
殺我保皐果不殺人之常情也臨淮請死於汾陽亦人之常情也保皐任年事
出於己年且寒飢易為感動汾陽臨淮平生亢立臨淮之命出於天子權於保

皐汾陽為優此乃聖賢遲疑成敗之際也世稱周邵為百代之師周公擁孺子
而邵公疑之以周公之聖邵公之賢少事文王老佐武王能平天下周公之心
邵公且不知之苟有仁義之心不資以明雖邵公尚爾況其下哉嗟乎不以忿
毒相甚而先國家之憂晉有祁奚唐有汾陽保皐孰謂夷無人哉
日本古倭奴也去京師萬四千里直新羅東南在海中島而居東西五月行南北
三月行國無城郛聯木為柵落以草茨屋左右小島五十餘皆自名國而臣附
之置本率一人檢察諸部其俗多女少男有文字尚浮屠法其官十有二等其
王姓阿每氏自言初主號天御中主至彥瀲凡三十二世皆以尊為號居筑紫
城彥瀲子神武立更以天皇為號徙治大和州次曰綏靖次安寧次懿德次孝
昭次天安次孝靈次孝元次開化次崇神次垂仁次景行次成務次仲哀仲哀
死以開化曾孫女神功為王次應神次仁德次履中次反正次允恭次安康次
雄略次清寧次顯宗次仁賢次武烈次繼體次安閑次宣化次欽明欽明之十一
年直梁承聖元年次海達次用明亦曰目多利思比孤直隋開皇末始與中國
通次崇峻崇峻死欽明之孫女雄古立次舒明次皇極其俗椎髻無冠帶跣以
行幅巾蔽後貴者冒錦婦人衣純色裙長腰襦結髮于後至煬帝賜其民錦
綫冠飾以金玉文布為衣左右佩銀蘤長八寸以多少明貴賤太宗貞觀五年

遣使者入朝帝矜其遠詔有司毋拘歲貢遣新州刺史高仁表往諭與王爭禮不平不肯宣天子命而還久之更附新羅使者上書永徽初其王孝德即位改元曰白雉獻虎魄大如斗碼碯若五升器時新羅為高麗百濟所暴高宗賜璽書令出兵援新羅未幾孝德死其子天豐財立死子天智立明年使者與蝦蛦人偕朝蝦蛦亦居海島中其使者鬚長四尺許珥箭於首令人戴瓠立數十步射無不中天智死子天武立死子總持立咸亨元年遣使賀平高麗後稍習夏音惡倭名更號日本使者自言國近日所出以為名或云日本乃小國為倭所并故冒其號使者不以情故疑焉又妄夸其國都方數千里南西盡海東北限大山其外即毛人云長安元年其王文武立改元曰太寶遣朝臣真人粟田貢方物朝臣真人者猶唐尚書也冠進德冠頂有華蘤四披紫袍帛帶真人好學能屬文進止有容武后宴之麟德殿授司膳卿還之文武死子阿用立死子聖武立改元曰白龜開元初粟田復朝請從諸儒授經詔四門助教趙玄默即鴻臚寺為師獻大幅布為贄悉賞物貿書以歸其副朝臣仲滿慕華不肯去易姓名曰朝衡歷左補闕儀王友多所該識久乃還聖武死女孝明立改元曰天平勝寶天寶十二載朝衡復入朝上元中擢左散騎常侍安南都護新羅梗海道更繇明越州朝貢孝明死大炊立死以聖武女高野姬為王死白壁立建中元年使者真人興能獻方物真人蓋因官而氏者也興能善書其紙似繭而澤人莫識貞元末其王曰桓武遣使者朝其學子橘免勢浮屠空海願留肄業歷二十餘年使者高階真人來請免勢等俱還詔可次諾樂立次嵯峨次浮和次仁明仁明直開成四年復入貢次文德次清和次陽成次光孝直光啓元年其東海嶼中又有邪古波邪多尼三小王北距新羅西北百濟西南直越州有絲絮怪珍云

流鬼去京師萬五千里直黑水靺鞨東北少海之北三面皆阻海其北莫知所窮人依嶼散居多沮澤有魚鹽之利地蚤寒多霜雪以木廣六寸長七尺系其上以踐冰逐走獸土多狗以皮為裘俗被髮粟似莠而小無蔬蓏它穀勝兵萬人南與莫曳靺鞨鄰東南航海十五日行乃至貞觀十四年其王遣子可也余莫貂皮更三譯來朝授騎都尉遣之龍朔初有儋羅者其王儒李都羅遣使入朝國居新羅武州南島上俗朴陋衣大豕皮夏居革屋冬窟室地生五穀耕不知用牛以鐵齒杷土初附百濟麟德中酋長來朝從帝至太山後附新羅開元十一年又有達末婁達姤二部首領朝貢達末婁自言北扶餘之裔高麗滅其國遺人度那河因居之或曰他漏河東北流入黑水達姤室韋種也在那河陰涷末河之東西接黃頭室韋東北距達末婁云

列傳第一百四十五

西域列傳第一百四十六上

宋　祁　奉　敕　撰　唐書二百二十一上

泥婆羅直吐蕃之西樂陵川土多赤銅犛牛俗翦髮與眉齊穿耳楦以筩若角緩至肩者為姣好無匕筯攫而食其器皆用銅其居版屋畫壁俗不知牛耕故少田作習商賈一幅布蔽身日數盥浴重博戲通推步曆術祀天神鐫石為象日浴之烹羊以祭鑄銅為錢面文人形背牛馬形其君服珠頗黎車渠珊瑚虎魄瓔珞耳金鉤玉璫佩寶伏突御師子大牀燎香布花於堂而大臣坐地不藉左右持兵數百列侍宮中有七重樓覆銅瓦楹棁皆大琲雜寶四隅置銅槽下有金龍口激水仰注槽中初王那陵提婆之父為其叔所殺提婆出奔吐蕃納之遂臣吐蕃貞觀中遣使者李義表到天竺道其國提婆大喜延使者同觀阿耆婆沵池廣數十丈水常沸共傳旱潦未始耗溢或抵以物則生煙釜其上少選可熟二十一年遣使入獻波稜酢菜渾提葱永徽時其王尸利那連陀羅又遣使入貢

党項漢西羌別種魏晉後微甚周滅宕昌鄧至而党項始彊其地古析支也東距松州西葉護南春桑迷桑等羌北吐谷渾處山谷崎嶇大抵三千里以姓別為部一姓又分為小部落大者萬騎小數千不能相統故有細封氏費聽氏往利氏頗超氏野辭氏旁當氏米禽氏拓拔氏而拓拔最彊土著有棟宇織犛尾羊毛覆屋歲一易俗尚武無法令賦役人壽多過百歲然好為盜更相剽敓尤重復讎未得所欲者蓬首垢顏跣足草食殺已乃復男女衣裘褐被氈畜犛牛馬驢羊以食不耕稼地寒五月草生八月霜降無文字候草木記歲三年一相聚殺牛羊祭天取麥他國以釀酒妻其庶母伯叔母兄嫂子弟婦惟不娶同姓老而死子孫不哭少死則曰天枉乃悲貞觀三年南會州都督鄭元璹遣使諭其酋細封步賴舉部降太宗璽詔慰撫步賴因入朝宴錫特異以其地為軌州即授刺史步賴請率兵討吐谷渾其後諸酋長悉內屬以其地為崌奉巖遠四州即首領拜刺史有拓拔赤辭者初臣吐谷渾慕容伏允待之厚與結婚諸羌已歸獨不至李靖擊吐谷渾赤辭屯狼道峽抗王師廓州刺史久且洛生欲諭降之辭曰渾主以腹心待我不知其佗若速去且汙吾刀洛生怒引輕騎破之肅遠山斬首數百級虜雜畜六千帝因其勝又令約降赤辭從子思頭潛納款其下拓拔細豆亦降赤辭知宗族攜沮稍欲自歸岷州都督劉師立復誘之即與思頭俱內屬以其地為懿嵯麟可三十二州以松州為都督府擢赤辭西戎州都督賜氏李貢職遂不絕於是自河首積石山而東皆為中國地後吐蕃寖盛拓拔畏

偪請内徙始詔慶州置靜邊等州處之地乃入吐蕃其處者皆爲吐蕃役屬更號弭藥又有黑党項者居赤水西其長號敦善王吐谷渾王慕容伏允之走也依之及吐谷渾款附敦善王亦納貢居雪山者曰破丑氏又有白蘭羌吐蕃謂之丁零左屬党項右與多彌接勝兵萬人勇戰鬭善作兵俗與党項同武德六年使者入朝明年以其地爲維恭二州貞觀六年與契苾數十萬内屬永徽時特浪生羌卜樓大首領凍就率衆來屬以其地爲劒州龍朔後白蘭舂桑及白狗羌爲吐蕃所臣藉其兵爲前驅白狗與東會州接勝兵纔千人在西北者天授中内附户凡二十萬以其地爲朝吳浮歸十州散居靈夏間至德末爲吐蕃所誘使爲鄉導劫邊飢悔悟更來朝願助靈州讎戰乾元間中國數亂因寇邠寧二州肅宗詔郭子儀都統朔方邠寧鄜坊節度事以鄜州刺史杜冕邠州刺史桑如珪分二隊出討子儀奏党項潰去上元元年在涇隴部落十萬衆詣鳳翔節度使崔光遠降二年與渾奴剌連和寇寶雞殺吏民掠財珍焚大散關入鳳州殺刺史蕭㥄節度使李鼎追擊走之明年又攻梁州刺史李勉走進寇奉天大掠華原同官去詔臧希讓代勉爲刺史於是歸順乾封歸義順化和寧和義保善寧定羅雲朝鳳凡十州部落詣希讓獻款丐節印詔可僕固懷恩之叛誘党項渾奴剌入寇衆數萬掠鳳翔

盩厔大酋鄭廷郝德入同州刺史韋勝走節度使周智光破之澄城閲月又入同州焚官私室廬壁馮翊南山郭子儀遣兵擊之退保三堡子儀遣慕容休明諭降廷德子儀以党項吐谷渾部落散處鹽慶等州其地與吐蕃濱近易相脅即表徙靜邊州都督夏州樂容等六府党項于銀州之北夏州之東寧朔州吐谷渾住夏西以離沮之召靜邊州大首領左羽林大將軍拓拔朝光等五刺史入朝厚賜賚使還綏其部先是慶州有破丑氏族三野利氏族五把利氏族一與吐蕃姻援贊普悉王之因是擾邊凡十年子儀表工部尚書路嗣恭爲朔方留後將作少監梁進用爲押党項部落使置行慶州且言党項陰結吐蕃爲變可遣使者招慰芟其反謀因令進用爲慶州刺史嚴邏以絶吐蕃往來道代宗然之又表置靜邊芳池相興王州都督長史永平旭定清寧寧保忠順静塞萬吉等七州都督府於是破丑野利把利三部及思樂州刺史拓拔乞梅等皆入朝宜定州刺史折磨布落芳池州野利部並徙綏延州大曆末野利秃羅都與吐蕃叛招餘族不應子儀擊之斬秃羅都而野利景庭野利剛以其部數千人入附雞子川六州部落曰野利越詩野利龍兒野利厥律兒黄野海野窣等居慶州者號東山部夏州者號平夏部永泰後稍徙石州後爲永安將阿史那思暕賦索無極遂亡走河西元和時復置宥

州護党項至大和中寖彊數寇掠然器械鈍苦畏唐兵精則以善馬購鎧善羊貿弓矢鄜坊道軍糧使李石表禁商人不得以旗幟甲冑五兵入部落告者舉罪人財畀之至開成末種落愈繁富賈人齎繒寶鬻羊馬藩鎮乘其利彊市之或不得直部人怨相率爲亂至靈鹽道不通武宗以侍御史爲使招定分三印以邠寧延屬崔君會鹽夏長澤屬李鄠靈武麟勝屬鄭賀皆絳衣銀魚而功不克宣宗大中四年内掠邠寧詔鳳翔李業河東李拭合節度兵討之宰相白敏中爲都統帝出近苑或以竹一箇植舍外見纔尺許遠且百步帝屬二矢曰党羌窮寇仍歲暴吾鄙今我約射竹中則彼當自亡不中我且索天下兵翦之終不以此賊遺子孫左右注目帝一發竹分矢徹諸外左右呼万歲不閲月羌果破殄餘種竄南山始天寶末平夏部有戰功擢容州刺史天柱軍使其裔孫拓拔思恭咸通末竊據宥州稱刺史黄巢入長安與鄜州李孝昌壇而坎牲誓討賊僖宗賢之以爲左武衛將軍權知夏綏銀節度事次王橋爲巢所敗更與鄭畋四節度盟屯渭橋中和二年詔爲京城西面都統檢校司空同中書門下平章事俄進四面都統權知京兆尹賊平兼太子太傅封夏國公賜姓李嗣襄王熅之亂詔思恭討賊兵不出卒以弟思諫代爲定難節度使思孝爲保大節度鄜坊丹翟等州觀察使

並檢校司徒同中書門下平章事王行瑜反以思孝爲北面招討使思諫東北面招討使思孝亦因亂取鄜州遂爲節度使俄兼侍中以老薦弟思敬爲保大軍兵馬留後俄爲節度使

東女亦曰蘇伐剌拏瞿咀羅羌別種也西海亦有女自王故稱東別之東與吐蕃党項茂州接西屬三波訶北距于闐東南屬雅州羅女蠻白狼夷東西行盡九日南北行盡二十日有八十城以女爲君居康延川巖險四繚有弱水南流縫革爲船户四萬勝兵万人王號賓就官曰高霸黎猶言宰相也官在外者率男子爲之凡號令女官自内傳男官受而行王侍女數百五日一聽政王死國人以金錢數萬納王族求淑女二立之次爲小王王死因以爲嗣或姑死婦繼無篡奪所居皆重屋王九層國人六層王服青毛綾裙被青袍袖委於地冬羔裘飾以文錦爲小鬟髻耳垂璫足曳䩳鞾鞾履也俗輕男子女貴者咸有侍男被髮以青塗面惟務戰與耕而已子從母姓地寒宜麥畜羊馬出黄金風俗大抵與天竺同以十一月爲正巫者以十月詣山中布糟麥呪呼群鳥俄有鳥來如雞狀剖視之有穀者歳豐否即有災名曰鳥卜居喪三年不易服不櫛沐貴人死剥藏其皮内骨甕中糅金屑瘞之王之葬殉死至數十人武德時王湯滂氏始遣使入貢高祖厚報爲突厥所

掠不得通貞觀中使復至太宗璽制慰撫顯慶初遣使高霸黎文與王子
三盧來朝授右監門中郎將其王斂臂使大臣來請官號武后冊拜斂臂左
玉鈐衛員外將軍賜瑞錦服天授開元間王及子再來朝詔與宰相宴曲江
封王曳夫為歸昌王左金吾衛大將軍後乃以男子為王貞元九年其王湯
立悉與白狗君及哥鄰君董臥庭逋租君鄧吉知南水君薛尚悉曩弱水
君董避和悉董君湯息贊清遠君蘇唐磨咄霸君董藐蓬皆詣劍南韋皋
求內附其種散居西山弱水雖自謂王蓋小小部落耳自失河隴悉為吐蕃
羈屬部數千戶輒置令歲督絲絮至是猶上天寶所賜詔書皋處其衆於維
霸等州賜牛糧治生業立悉等入朝差賜官祿於是松州羌二萬口相踵入
附立悉等官刺史皆得世襲然陰附吐蕃故謂兩面羌
高昌直京師西四千里而贏其橫八百里縱三百里凡二十一城王都交河
城漢車師前王廷也田地城戊己校尉所治也勝兵万人土沃麥禾皆再熟
有草名白疊擷花可織為布俗辮髮垂後其王麴伯雅隋時嘗妻以戚屬宇
文氏女號華容公主武德初伯雅死子文泰立遣使來告高祖命使者臨弔
後五年獻狗高六寸長尺能曳馬銜燭云出拂菻中國始有拂菻狗太宗即
位獻玄狐裘帝賜妻宇文華鈿一具宇文亦上玉盤凡諸國施為輒以聞貞

觀四年文泰遂來朝禮賜厚甚宇文求預宗籍有詔賜氏李更封常樂公主
久之文泰與西突厥通凡西域朝貢道其國咸見壅掠伊吾嘗臣西突厥至
是內屬文泰與葉護共擊之帝下詔讓其反覆召大臣冠軍阿史那矩計事
文泰不遣使長史麴雍來謝罪初大業末華民多奔突厥及頡利敗有逃入
高昌者有詔讓送文泰苛留之又與西突厥乙毗設破焉耆三城虜其人焉
耆王訴諸朝帝遣虞部郎中李道裕問狀復遣使謝帝引責曰而主數年朝
貢不入無藩臣禮擅置官擬效百僚今歲首万君長悉來而主不至日我使
人往文泰猥曰鷹飛于天雉竄于蒿貓游于堂鼠安于穴各得其所豈不快
邪西域使者入貢而主悉拘梗之又諗薛延陀曰既自為可汗與唐天子等
何事拜謁其使明年我當發兵虜而國歸謂而君善自圖時薛延陀可汗
請為軍向導故民部尚書唐儉至延陀堅約帝復下璽書示文泰禍福促使
入朝文泰遂稱疾不至乃拜侯君集為交河道大總管左屯衛大將軍薛萬
均薩孤吳仁副之契苾何力為葱山道副大總管武衛將軍牛進達為行軍
總管率突厥契苾騎數萬討之群臣諫以行萬里兵難得志且天界絕域雖
得之不可守帝不聽文泰謂左右曰昔吾入朝見秦隴北城邑蕭條非有隋
比今伐我兵多則糧輸不逮若下三萬我能制之度磧疲鈍以逸待勞卧收

其弊耳十四年聞王師至磧口悸駭無它計發病死子智盛立君集奄攻田
地城契苾何力以前軍鏖戰是夜星墜城中明日拔其城虜七千餘人中郎
將辛獠兒以勁騎夜逼其都智盛以書遺君集曰得罪於天子者先王也
咎深譴積震隊薨命智盛嗣位未幾公其見赦君集曰能悔禍者當面縛軍
門智盛不荅軍進填隍引衝車飛石如雨城中大恐智盛令大將麴士義居
守身與綰曹麴德俊謁軍門請改事天子君集諭使降辭未屈薛萬均勃然
起曰當先取城小兒何與語麾而進智盛流汗伏地曰唯公命乃降君集分兵
略定凡三州五縣二十二城戶八千口三萬馬四千先是其國人謠曰高昌
兵如霜雪唐家兵如日月日月照霜雪幾何自殄滅文泰捕謠所發不能得
也捷書聞天子大悅宴群臣班賜策功赦高昌部披其地皆州縣之號西
昌州特進魏徵諫曰陛下即位高昌最先朝謁俄以掠商胡遏貢獻故王
誅加焉文泰死罪止矣撫其人立其子伐罪弔民道也今利其土屯守常千
人屯士數年一易辦裝資離親戚不十年隴右且空陛下終不得高昌圭
粒尺帛助中國費所謂散有用事無用不納改西昌州曰西州更置安西都
護府歲調千兵謫罪人以戍黃門侍郎褚遂良諫曰古者先函夏後夷狄務
廣德化不爭荒逖今高昌誅滅威動四夷然自王師始征河西供役飛米轉

芻十室九匱五年未可復今又歲遣屯戍行李萬里去者資裝使自營辦賣
菽粟傾機杼道路死亡尚不計罪人始於犯法終於惰業無益於行所遣復
有亡命官司捕逮株蔓相牽有如張掖酒泉塵飛烽舉豈得高昌一乘一
卒及事乎必發隴右河西耳然則河西為我腹心高昌佗人手足也何必耗
中華事無用昔陛下平頡利吐谷渾皆為立君蓋罪而誅之伏而立之百蠻
所以畏威慕德也今宜擇高昌可立者立之召首領悉還本土長為藩翰中
國不擾書聞不省初文泰以金厚餉西突厥欲谷設約有急為表裏使葉護
屯可汗浮圖城及君集至懼不敢發遂來降以其地為庭州焉耆請歸高昌
所奪五城留兵以守君集勒石紀功凱而旋俘智盛君臣獻觀德殿行飲
至禮醽三日徙高昌豪桀於中国智盛拜左武衛將軍金城郡公弟智湛
右武衛中郎將天山郡公麴氏傳国九世百三十四年而亡智湛麟德中以左
驍衛大將軍為西州刺史卒贈涼州都督有子昭好學有鬻南異書者毋顧
笥中金歎曰何愛此不使子有異聞乎盡持易之昭歷司膳卿頗能辭章弟
崇裕有武藝永徽中為右武衛翊府中郎將封交河郡王邑至三千戶終鎮
軍大將軍武后為舉哀遂以美錦賻賜甚厚封爵絕
吐谷渾居甘松山之陽洮水之西南抵白蘭地數千里有城郭不居也隨水

草帳室肉糧其官有長史司馬將軍王公僕射尚書郎中蓋慕諸華爲之俗識文字其王椎髻黑冒妻錦袍織裙金爵飾首男子服長裙繒冒或冠羃䍦婦人辮髮縈後綴珠貝婚礼富家厚納聘貧者竊妻去父死妻庶母兄死妻嫂喪有服葬已即除民無常税用不足乃斂富室商人足而止凡殺人若盜馬者死它罪贖以物地多寒宜麥菽粟蕪菁出小馬犛牛銅鐵丹砂有青海者周八九百里中有山須冰合游牝馬其上明年生駒號龍種嘗得波斯馬牧于海生驄駒日步千里故世稱青海驄西北有流沙數百里夏有熱風傷行人風將發老駝引項鳴埋鼻沙中人候之以氊蔽鼻口乃無恙隋時其王慕容伏允號步薩鉢可汗寇邊煬帝遣鐵勒敗之壁西平復命觀王雄破其衆伏允以數十騎入泥嶺亡去仙頭王率男女十餘萬降置郡縣鎮戍以長子順爲質因王之統餘衆俄追還伏允客党項隋亂因得復故地高祖受命順自江都還長安于時李軌據涼州帝乃約伏允和令擊軌自効當護送順伏允喜引兵與軌戰庫門交綏止即遣使請順帝遣之順至號爲大寧王太宗時伏允遣使者入朝未還即寇鄯州帝遣使者讓且召伏允以疾爲解而爲子求婚驗帝意帝召子親迎亦稱疾有詔止婚遣中郎將康處直臨諭又掠岷州都督李道彥擊走之執名王二斬級七百連歲遣名王朝俄寇涼州

鄯州刺史李玄運表吐谷渾牧馬青海輕兵掩之可盡致乃命左驍衛大將軍段志玄左驍衛將軍梁洛仁率契苾党項兵擊之未至三十里志玄等不欲戰壁而留虜知之驅牧馬走副將李君羨率精騎尾襲懸水上得牛羊二萬還是時伏允耄不能事其相天柱王用事拘天子行人鴻臚丞趙德楷帝遣使曉敕十返無悛言貞觀九年詔李靖爲西海道行軍大總管侯君集積石道任城王道宗鄯善道李道彥赤水道李大亮且末道高甑生鹽澤道並爲行軍總管率突厥契苾兵擊之党項內屬羌及洮州羌皆殺刺史歸伏允夏四月道宗破伏允于庫山俘斬四百伏允謀入磧疲唐兵燒野草故靖馬多飢道宗曰柏海近河源古未有至者伏允西走未知其在方馬癯糧乏難遠入不如按軍鄯州須馬壯更圖之君集曰不然向者段志玄至鄯州吐谷渾兵輒傅城彼國方完逆衆用命也今虜大敗斥候無在君臣相失我乘其困可以得志柏海雖遠可鼓而至也靖曰善分二軍靖與大亮薛萬均以一軍趣北出其右君集道宗以一軍趣南出其左靖將薛孤吳仁以輕騎戰曼都山斬名王獲五百級諸將戰牛心堆赤水源獲虜將南昌王慕容孝雋收雜畜數萬君集道宗登漢哭山戰烏海獲名王梁屈葱靖破天柱部落於赤海收雜畜二十萬大亮俘名王二十雜畜五萬次且末之西伏允走圖倫磧將託于闐萬均督銳騎追亡數百里又破之士乏水刺馬飲血君集道宗行空荒二千里盛夏降霜乏水草士糜冰馬秣雪閱月次星宿川達柏海上望積石山覽觀河源執失思力馳破虜輜重兩軍會于大非川破邏真谷順之質隋爲金紫光祿大夫伏允立其弟爲太子順歸常鞅鞅自以失位欲以功自結天子乃斬天柱王舉國降伏允懼引千餘騎遁磧中衆稍亡從者纔百騎窮無聊即自經死國人立順爲君稱臣內附詔封西平郡王號趉胡呂烏甘豆可汗帝恐未能定其國遣李大亮率精兵鎮援順久質華國人不附卒爲下所殺立其子燕王諾曷鉢諾曷鉢幼大臣爭權帝詔侯君集就經紀之始請頒曆及子弟入侍詔封諾曷鉢河源郡王號烏地也拔勤豆可汗遣淮陽郡王道明持節冊命賜鼓纛諾曷鉢身入謝遂請婚獻馬牛羊萬比年入朝乃以宗室女爲弘化公主妻之詔道明及右武衛將軍慕容寶持節送公主其相宣王跋扈謀作亂欲襲公主劫諾曷鉢奔吐蕃諾曷鉢知之引輕騎走鄯城威信王以兵迎之果毅都尉席君買率兵與威信王共討斬其兄弟三人國大擾帝又詔民部尚書唐儉中書舍人馬周持節撫慰高宗立以主故拜駙馬都尉又獻名馬帝問馬種性使者曰國之最良者帝曰良馬人所愛詔還其馬公主表請入朝遣左驍衛將軍鮮于匡濟迎之十一月及諾曷

鉢至京師帝又以宗室女金城縣主妻其長子蘇度摸末拜左領軍衛大將軍久之摸末死主與次子右武衛大將軍梁漢王闥盧摸末來請婚帝以宗室女金明縣主妻之既而與吐蕃相攻上書相曲直并來請師天子兩不許吐谷渾大臣素和貴奔吐蕃言其情吐蕃出兵擣虛破其衆黃河上諾曷鉢不支與公主引數千帳走涼州帝遣左武衛大將軍蘇定方爲安集大使平兩國怨吐蕃遂有其地諾曷鉢請內徙乾封初更封青海國王帝欲徙其部於涼州之南山群臣議不同帝難之咸亨元年乃以右威衛大將軍薛仁貴爲邏娑道行軍大總管左衛員外大將軍阿史那道真左衛將軍郭待封副之總兵五萬討吐蕃且納諾曷鉢於故廷王師敗於大非川舉吐谷渾地皆陷諾曷鉢與親近數千帳纔免三年乃徙浩亹水南諾曷鉢以吐蕃盛勢不抗而鄯州地狹又徙靈州帝爲置安樂州即拜刺史欲其安且樂云諾曷鉢死子忠立忠死子宣超立聖曆三年拜左豹韜員外大將軍襲故可汗號餘部詣涼甘肅瓜沙等州降宰相張錫與右武衛大將軍唐休璟議徙其人於秦隴豐靈間令不得畔去涼州都督郭元振以爲吐谷渾近秦隴則與監牧雜處置豐靈又邇默啜假在諸華亦不遽移其性也前日王孝傑自河源軍徙耽爾乙句貴置靈州既其叛乃入牧坊掠群馬瘢夷州縣是則遷中土無

益之成驗往素和貴叛去於我無損但失吐谷渾數十部豈與句貴比邪今降虜非彊服皆突矢刃棄吐蕃而來宜當循其情為之制也當甘肅瓜沙降者即其所置之因所投而居情易安磔數州則勢自分順其情分其勢不擾於人可謂善奪戎心者也歲遣鎮遏使者與宜超兄弟撫護之無令相侵奪生業固矣有如叛去無損中國詔可宜超死子曦晧立曦晧死子兆立吐蕃復取安樂州而殘部徙朔方河東語謬為退渾貞元十四年以朔方節度副使左金吾衛大將軍慕容復為長樂都督青海國王襲可汗號復死停襲吐谷渾自晉永嘉時有國至龍朔三年吐蕃取其地凡三百五十年及此封嗣絕矣

焉耆國直京師西七千里而贏橫六百里縱四百里東高昌西龜茲南尉犂北烏孫逗渠溉田土宜黍蒲陶有魚鹽利俗祝髮氈衣戶四千勝兵二千常役屬西突厥俗尚娛遨二月朏出野祀四月望日游林七月七日祀生祖十月望日王始出游至歲盡止太宗貞觀六年其王龍突騎支始遣使來朝自隋亂磧路閉故西域朝貢皆道高昌突騎支請開大磧道以便行人帝許之高昌怒大掠其邊西突厥莫賀設與咄陸弩失畢亦難來奔咄陸弩失畢復攻之遣使言狀并貢名馬咥利失可汗立素善焉耆故倚為援十二年處月處密與高昌攻陷其五城掠千五百人焚廬舍侯君集討高昌遣使與相聞突騎支喜引兵佐唐高昌破歸向所俘及城遣使者入謝西突厥臣屈利啜為弟娶突騎支女遂相約為輔車勢不朝貢安西都護郭孝恪請討之會王弟頡鼻栗婆準葉護等三人來降帝即命孝恪為西州道摠管率兵出銀山道以栗婆準等為鄉導初焉耆所都周三千里四面大山海水繚其外故恃不為虞孝恪倍道絕水夜傅堞遲曙譟而登鼓角轟哄唐兵縱國人擾敗斬千餘級執突騎支更以栗婆準攝國事始帝語近臣曰孝恪以八月十一日詣焉耆閱二旬可至當以二十二日破之使者今至矣俄而遽人以捷布聞因突騎支及妻子送洛陽有詔赦罪屈利啜以兵救焉耆而孝恪還三日矣屈利啜囚栗婆準更使吐屯攝王遣使以告帝曰焉耆我所下爾乃王之邪吐屯懼不敢王焉耆立栗婆準而從兄薛婆阿那支自為王號瞎干執栗婆準獻龜茲殺之阿史那杜尒討龜茲阿那支奔之壁東境抗王師為杜爾所禽數其罪斬以徇立突騎支弟婆伽利為王以其地為焉耆都督府婆伽利死國人請還前王突騎支高宗許之拜左衛大將軍歸國死龍嬾突立武后長安時以其國小人寡過使客不堪其勞詔四鎮經略使禁止傔使私馬無品者肉食開元七年龍嬾突死焉吐拂延立於是十姓可汗請居碎葉安西節度使湯嘉惠表以焉耆備四鎮詔焉耆龜茲疏勒于闐征西域賈各食其征由北道者輪臺征之訖天寶常朝賀

龜茲一曰丘茲一曰屈茲東距京師七千里而贏自焉耆西南步二百里度小山經大河二又步七百里乃至橫千里縱六百里土宜麻麥秔稻蒲陶出黃金俗善歌樂旁行書貴浮圖法產子以木壓首俗斷髮齊項惟君不翦髮姓白氏居伊邏盧城北倚阿羯田山亦曰白山常有火王以錦冒頂錦袍寶帶歲朔鬬羊馬橐它七日觀勝負以占歲盈耗云葱嶺以東俗喜淫龜茲于闐置女肆征其錢高祖受禪王蘇伐勃駃遣使入朝會死子蘇伐疊立號時健莫賀俟利發貞觀四年獻馬太宗賜璽書撫慰加等後臣西突厥郭孝恪伐焉耆乃遣兵與焉耆影援自是不朝貢蘇伐疊死弟訶黎布失畢立二十一年兩遣使朝貢然帝怒其佐焉耆叛議討之是夜月食昴詔曰月陰精用刑兆也星胡分數且終乃以阿史那社尒為崑丘道行軍大摠管契苾何力副之率安西都護郭孝恪司農卿楊弘禮左武衛將軍李海岸等發鐵勒十三部兵十萬討之社尒分五軍掠其北執焉耆王阿那支龜茲大恐酋長皆棄城走社尒次磧石去王城三百里先遣伊州刺史韓威以千騎居前右驍衛將軍曹繼叔次之至多褐與王遇其將羯獵顛兵五萬合戰威偽北王見威兵少麾而進威退與繼叔合還戰大破之追奔八十里王嬰城社尒將圍之王引突騎西走城遂拔孝恪居守沙州刺史蘇海政行軍長史薛萬備以精騎窮躡六百里王計窮保撥換城社尒圍之閱月執王及羯獵顛其相那利夜逸以西突厥并國人萬餘來戰孝恪及子死之王師擾倉部郎中崔義起募兵戰城中繼叔威助擊之斬首三千級那利敗哀亡散復振還襲王師繼叔乘之斬八千級那利走或執以詣軍社尒凡破五大城男女數萬遣使者諭降小城七百餘西域震懼西突厥安國歸軍饟社尒立王弟葉護王其國勒石紀功書聞帝喜見群臣從容曰夫樂有幾朕嘗言之土城竹馬童兒樂也飾金翠羅紈婦人樂也貿遷有無商賈樂也高官厚秩士大夫樂也戰無前敵將帥樂也四海寧一帝王樂也朕今樂矣遂徧觴之初孝恪之擊焉耆也龜茲有浮屠善數數曰唐家終有西域不數年吾國亦亡社尒執訶黎布失畢那利羯獵顛獻太廟帝受俘紫微殿帝責謂君臣皆頓首伏詔赦罪改館鴻臚寺拜布失畢左武衛中郎將始徙安西都護於其都統于闐碎葉疏勒号四鎮高宗復封訶黎布失畢為龜茲王與那利羯獵顛還國久之王來朝那利烝其妻阿史那王不能禁左右請殺之由是更猜貳使者言狀帝并召至京師囚那利護遣王還羯獵顛拒不內遣使降賀魯王不敢進悒悒死詔

左屯衛大將軍楊胄發兵禽羯獵顛窮誅部黨以其地爲龜茲都督府更立子素稽爲王授右驍衛大將軍爲都督是歲徙安西都護府於其國以故安西爲西州都督府即拜左驍衛大將軍兼安西都護麴智湛爲都督西域平帝遣使者分行諸國風俗物產詔許敬宗與史官譔西域圖志上元中素稽獻銀頗羅名馬天授三年王延田跌來朝始儀鳳時吐蕃攻焉耆以西四鎮皆沒長壽元年武威道總管王孝傑破吐蕃復四鎮地置安西都護府於龜茲以兵三萬鎮守於是狄磧荒絶民供貲糧苦甚議者請棄之武后不聽都護以政績稱華狄者田楊名郭元振張孝嵩杜暹云開元七年王白莫苾死子多幣立改名孝節十八年遣弟孝義來朝自龜茲贏六百里踰小沙磧有跋祿迦小國也一曰亟墨即漢姑墨國橫六百里縱三百里風俗文字與龜茲同言語少異出細氈褐西三百里度石磧至淩山葱嶺北原也水東流春夏山谷積雪西北五百里至素葉水城比國商胡雜居素葉以西數十城皆立君長役屬突厥自素葉水城至羯霜那國衣氈褐皮氎以繒綵額素葉城西四百里至千泉地贏二百里南雪山三垂平陸多泉池因名之突厥可汗歲避暑其中群鹿飾鈴鐶可狎也西贏百里至呾邏私城亦比國商胡雜居有小城三百本華人爲突厥所掠群保此尚華語西南贏二百里至白水城原隰膏腴南五十里有笯赤建國廣千里地沃宜稼多蒲陶又二百里即石國

疏勒一曰佉沙環五千里距京師九千里而贏多沙磧少壤土俗尚詭詐生子亦夾頭取褊其人文身碧瞳王姓裴氏自號阿摩支居迦師城突厥以女妻之勝兵二千人俗祠祆神貞觀九年遣使者獻名馬又四年與朱俱波甘棠貢方物太宗謂房玄齡等曰曩之一天下克勝四夷惟秦皇漢武耳朕提三尺劍定四海遠夷率服不減二君者然彼末路不自保公等宜相輔弼毋進諛言置朕於危亡也儀鳳時吐蕃破其國開元十六年始遣大理正喬夢松攝鴻臚少卿冊其君安定爲疏勒王天寶十二載首領裴國良來朝授折衝都尉賜紫袍金魚朱俱波亦名朱俱槃漢子合國也并有西夜蒲犁依耐得若四種地直于闐西千里葱嶺北三百里西距喝盤陀北九百里屬疏勒南三千里女國也勝兵二千人尚浮屠法文字同婆羅門甘棠在海南崑崙人也喝盤陀或曰漢陀曰渴館檀亦謂渴羅陀由疏勒西南入劒末谷不忍嶺六百里其國也距瓜州四千五百里直朱俱波西南距懸度山北抵疏勒西護密西北判汗國也治葱嶺中都城負徙多河勝兵千人其王本疏勒人世相承爲之西南即頭痛山也葱嶺俗號極嶷山環其國人勁悍貌言如于闐其法殺人剽劫者死餘得贖賦以輸服飾王坐人牀後魏太延中始通中國貞觀九年遣使者來朝開元中破平其國置葱嶺守捉安西極邊戍也

于闐或曰瞿薩旦那亦曰渙那曰屈丹北狄曰于遁諸胡曰豁旦距京師九千七百里瓜州贏四千里并有漢戎盧杅彌渠勒皮山五國故地其居曰西山城勝兵四千人有玉河國人夜視月光盛處必得美玉王居繪室俗機巧言迂大喜事祆神浮屠法然貌恭謹相見皆跪以木爲筆玉爲印凡得問遺書戴于首乃發之自漢武帝以來中國詔書符節其王傳以相授人喜歌舞工紡績西有沙磧鼠大如蝟色類金出入群鼠爲從初無桑蠶丐鄰國不肯出其王即求婚許之將迎乃告曰國無帛可持蠶自爲衣女聞置蠶帽絮中關守不敢驗自是始有蠶女刻石約無殺蠶蛾飛盡得治繭王姓尉遲氏名屋密本臣突厥貞觀六年遣使者入獻後三年遣子入侍阿史那社尒之平龜茲也其王伏闍信大懼使子獻橐它三百長史薛萬備謂社爾曰公破龜茲西域皆震恐願假輕騎羈于闐王獻京師社爾許之至于闐陳唐威靈勸入見天子伏闍信乃隨使者來會高宗立授右衛大將軍子葉護玷爲右驍衛將軍賜袍帶布帛六千段第一區留數月遣之請以子弟宿衛上元初身率子弟酋領七十人來朝擊吐蕃有功帝以其地爲毗沙都督府析十州授伏闍雄都督死武后立其子璥開元時獻馬駝豹璥死復立尉遲伏師戰爲王死伏闍達嗣并冊其妻執失爲妃死尉遲珪嗣妻馬爲妃珪死子勝立至德初以兵赴難因請留宿衛乾元三年以其弟左監門衛率葉護曜爲大僕員外卿同四鎮節度副使權知本國事勝自有傳于闐東三百里有建德力河七百里有精絶國河之東有汗彌居達德力城亦曰拘彌城即寧彌故城皆小國也初德宗即位遣内給事朱如玉之安西求玉於于闐得圭一珂佩五枕一帶胯三百簪四十奩三十釧十杵三瑟瑟百斤并它寶等及還詐言假道回紇爲所奪久之事泄得所市流死恩州

天竺國漢身毒國也或曰摩伽陀曰婆羅門去京師九千六百里都護治所二千八百里居葱嶺南幅圓三萬里分東西南北中五天竺皆城邑數百南天竺瀕海出師子豹貚橐它犀象火齊琅玕石蜜黑鹽北天竺距雪山圜抱如壁南有谷通爲國門東天竺際海與扶南林邑接西天竺與罽賓波斯接中天竺在四天竺之會都城曰茶鎛和羅城濱迦毗黎河有別城數百皆置長別國數十置王曰舍衛曰迦没路開户皆東鄉曰迦尸或曰波羅奈亦曰波羅那斯其畜有稍割牛黑色角細長四尺許十日一割不然困且死人飲其血或曰壽五百歲牛壽如之中天竺王姓乞利咥氏亦曰刹利世有其國不篡殺土溽熱稻歲四熟禾之長者没橐它以貝齒爲貨有金剛旃檀鬱金

金與大秦扶南交趾相貿易人富樂無簿籍耕王地者乃輸稅以舐足摩踵為致禮家有奇樂倡伎王大臣皆服錦罽為螺髻於頂餘髮翦使卷男子穿耳垂璫或懸金耳環者為上類徒跣衣重白婦人項飾金銀珠纓絡死者燔骸取灰建窣堵或委野中及河餌鳥獸魚鱉無喪紀謀反者幽殺之小罪贖錢不孝者斷手足劓耳鼻徙于邊有文字善步曆學悉曇章妄曰梵天法書貝多葉以記事尚浮圖法不殺生飲酒國中處處指曰佛故跡也信盟誓傳禁呪能致龍起雲雨隋煬帝時遣裴矩通西域諸國獨天竺拂菻不至為恨武德中國大亂王尸羅逸多勒兵戰無前象不弛鞍士不釋甲因討四天竺皆北面臣之會唐浮屠玄奘至其國尸羅逸多召見曰而國有聖人出作秦王破陣樂試為我言其為人玄奘粗言太宗神武平禍亂四夷賓服狀王喜曰我當東面朝之貞觀十五年自稱摩伽陀王遣使者上書帝命雲騎尉梁懷璥持節尉撫尸羅逸多驚問國人自古亦有摩訶震旦使者至吾國乎皆曰無有戎言中國為摩訶震旦乃出迎膜拜受詔書戴之頂復遣使者隨入朝詔衛尉丞李義表報之大臣郊迎傾都邑縱觀道上焚香尸羅逸多率群臣東面受詔書復獻火珠鬱金菩提樹二十二年遣右衛率府長史王玄策使其國以蔣師仁為副未至尸羅逸多死國人亂其臣那伏帝阿羅那順自立發兵拒玄策時從騎纔數十戰不勝皆沒遂剽諸國貢物玄策挺身奔吐蕃西鄙檄召鄰國兵吐蕃以兵千人來泥婆羅以七千騎來玄策部分進戰茶鎛和羅城三日破之斬首三千級溺水死萬人阿羅那順委國走合散兵復陣師仁禽之俘斬千計餘眾奉王妻息阻乾陀衛江師仁擊之大潰獲其妃王子虜男女萬二千人雜畜三萬降城邑五百八十所東天竺王尸鳩摩送牛馬三萬餽軍及弓刀寶纓絡迦沒路國獻異物并上地圖請老子象玄策執阿羅那順獻闕下有司告宗廟帝曰夫人耳目玩聲色口鼻耽臭味此敗德之原也婆羅門不劫吾使者寧至俘虜邪擢玄策朝散大夫得方士那邏邇娑婆寐自言壽二百歲有不死術帝改館使治丹命兵部尚書崔敦禮護視使者馳天下采怪藥異石又使者走婆羅門諸國所謂畔茶法水者出石臼中有石象人守之水有七種色或熱或冷能銷草木金鐵人手入輒爛以橐它髑髏轉注瓠中有樹名咀賴羅葉如梨生窮山崖腹前有巨虺守穴不可到欲取葉者以方鏃矢射枝則落為群鳥銜去則又射乃得之其詭譎類如此後術不驗有詔聽還不能去死長安高宗時盧伽逸多者東天竺烏茶人亦以術進拜懷化大將軍乾封三年五天竺皆來朝開元時中天竺遣使者三至南天竺一獻五色能言鳥乞師討大食吐蕃丐名其軍玄宗詔賜懷德軍使者曰蕃夷惟以袍帶為寵帝以錦袍金革帶魚袋并七事賜之北天竺一來朝

摩揭它一曰摩伽陀本中天竺屬國環五千里土沃宜稼穡有異稻巨粒號供大人米王居拘闍揭羅布羅城或曰俱蘇摩補羅曰波吒釐子城北瀕殑伽河貞觀二十一年始遣使者自通于天子獻波羅樹樹類白楊太宗遣使取熬糖法即詔揚州上諸蔗拃瀋如其劑色味愈西域遠甚高宗又遣王玄策至其國摩訶菩提祠立碑焉後德宗自製鐘銘賜那爛陀祠又有那揭者亦屬國也貞觀二十年遣使者貢方物烏茶者一曰烏伏那亦曰烏萇直天竺南地廣五千里東距勃律六百里西罽賓四百里山谷相屬產金鐵蒲陶鬱金稻歲熟人柔詐善禁架術國無殺刑抵死者放之窮山罪有疑飲以藥視溲清濁而決輕重有五城王居術瞢揭釐城一曰瞢揭釐城東北有達麗羅川即烏萇舊地貞觀十六年其王達摩因陀訶斯遣使者獻龍腦香璽書優答大食與烏萇東鄙接開元中數誘之其王與骨咄俱位三王不肯臣玄宗命使者冊為王章求拔國或曰章揭拔本西羌種居悉立西南四山中後徙山西與東天竺接衣服略相類因附之地袤八九百里勝兵二千人無城郭好鈔暴商旅患之貞觀二十年其王羅利多菩伽因悉立國遣使者入朝玄策之討中天竺發兵來赴有功由是職貢不絕悉立當吐蕃西南戶五萬城邑多傍澗谿男子繒束頭衣氈褐婦人辮髮短裙昏姻不以財聘其穀宜秔稻麥豆死者葬于野不封樹喪制為黑衣滿年而除刑有刖劓常羈屬吐蕃

罽賓隋漕國也居蔥嶺南距京師萬二千里而贏南距舍衛三千里王居脩鮮城常役屬大月氏地暑濕人乘象俗治浮屠法武德二年遣使貢寶帶金鎖水精醆頗黎狀若酸棗貞觀中獻名馬太宗詔大臣曰朕始即位或言天子欲耀兵振伏四夷惟魏徵勸我脩文德安中夏中夏安遠人伏矣今天下大安四夷君長皆來獻此徵力也遣果毅何處羅拔等厚齎賜其國并撫尉天竺處羅拔至罽賓王東向稽首再拜仍遣人導護使者至天竺十六年獻褥特鼠喙尖尾赤能食蛇螫者嗅且尿瘡即愈國人共傳王始祖曰馨孽至曷擷支傳十二世顯慶三年以其地為脩鮮都督府神龍初拜其王脩鮮等十一州諸軍事脩鮮都督開元七年遣使獻天文及祕方奇藥天子冊其王為葛邏達支特勤後烏散特勤灑年老請以子拂菻罽婆嗣聽之天寶四載冊其子勃匐準為襲罽賓及烏萇國王乾元初使者朝貢

列傳第一百四十六上

端明殿學士兼翰林侍讀學士龍圖閣學士朝散大夫行尚書吏部侍郎兼修國史臣宋祁奉敕撰

康者，一曰薩末鞬，亦曰颯秣建，元魏所謂悉萬斤者。其南距史百五十里，西北距西曹百餘里，東南屬米百里，北中曹五十里。在那密水南，大城三十，小堡三百。君姓溫，本月氏人。始居祁連北昭武城，爲突厥所破，稍南依葱嶺，即有其地。枝庶分王，曰安，曰曹，曰石，曰米，曰何，曰火尋，曰戊地，曰史，世謂九姓，皆氏昭武。土沃宜禾，出善馬，兵彊諸國。人嗜酒，好歌舞于道。王帽氊，飾金雜寶。女子盤髻，幪黑巾，綴金花。生兒以石蜜啖之，置膠於掌，欲長而甘言持瑤若黏云。習旁行書。善商賈，好利，丈夫年二十，去傍國，利所在無不至。以十二月爲歲首，尚浮圖法，祠祆神，出機巧技。十一月鼓舞乞寒，以水交潑爲樂。隋時，其王屈木支娶西突厥女，遂臣突厥。武德十年，始遣使來獻。貞觀五年，遂請臣。太宗曰：「朕惡取虛名，害百姓，且康臣我，緩急當同其憂。師行萬里，寧朕志邪？」卻不受。俄又遣使獻師子獸，帝珍其遠，命祕書監虞世南作賦。自是歲入貢，致金桃、銀桃，詔令植苑中。高宗永徽時，以其地爲康居都督府，即授其王拂呼縵爲都督。萬歲通天中，以大首領篤娑鉢提爲王。死，子泥涅師師立。死，國人立突昏爲王。開元初，貢鎖子鎧、水精杯、碼碯瓶、駝鳥卵及越諾、侏儒、胡旋女子。其王烏勒伽與大食亟戰不勝，來乞師，天子不許。久之，請封其子咄曷爲曹王，默啜爲米王，詔許。烏勒伽死，遣使立咄曷，封欽化王，以其母可敦爲郡夫人。

安者，一曰布豁，又曰捕喝，元魏謂忸密者。東北至東安，西南至畢，皆百里所。西瀕烏滸河，治阿濫謐城，即康居小君長罽王故地。大城四十，小堡千餘。募勇健者爲柘羯。柘羯，猶中國言戰士也。武德時，遣使入朝。貞觀初，獻方物，太宗厚尉其使曰：「西突厥已降，商旅可行矣。」諸胡大悅。其王訶陵迦又獻名馬，自言一姓相承二十二世云。是歲，東安國亦入獻，言子姓相承十世云。

東安或曰小國，曰喝汗，在那密水之陽，東距何二百里許，西南至大安四百里。治喝汗城，亦曰籛斤。大城二十，小堡百。顯慶時，以阿濫爲安息州，即以其王昭武殺爲刺史；籛斤爲木鹿州，以其王昭武閉息爲刺史。開元十四年，其王篤薩波提遣弟阿悉爛達拂耽發黎來朝，納馬豹。後八年，獻波斯驢二，拂菻繡氍毬一，鬱金香、石蜜等，其妻可敦獻柘辟大氍毬二、繡氍毬一，丐賜袍帶、鎧仗及可敦袿襹裝澤。

東曹，或曰率都沙那、蘇對沙那、劫布呾那、蘇都識匿，凡四名。居波悉山之陰，漢貳師城地也。東北距俱戰提二百里，北至石，西至康，東北寧遠，皆四百里許，南至吐火羅五百里。有野叉城，城有巨窟，嚴以關鑰，歲再祭。人向窟立，中即烟出，先觸者死。武德中，與康同遣使入朝。其使曰：「本國以臣爲健兒，聞秦王神武，欲隸麾下。」高祖大悅。

西曹者，隋時曹也。南接史及波覽，治瑟底痕城。東北越于底城，有得悉神祠，國人事之。有金具器，款其左曰：「漢時天子所賜。」武德中入朝。天寶元年，王哥邏僕羅遣使者獻方物，詔封懷德王。即上言：「祖考以來，奉天可汗，願同唐人受調發，佐天子征討。」十一載，東曹王設阿忽與安王請擊黑衣大食，玄宗尉之，不聽。

中曹者，居西曹東，康之北。王治迦底真城，其人長大，工戰鬬。

石，或曰柘支，曰柘折，曰赭時，漢大宛北鄙也。去京師九千里。東北距西突厥，西北波臘，南二百里所抵俱戰提，西南五百里康也。圓千餘里，右涯素葉河。王姓石，治柘折城，故康居小王窳匿城地。西南有藥殺水，入中國謂之真珠河，亦曰質河。東南有大山，生瑟瑟。俗善戰，多良馬。隋大業初，西突厥殺其王，以特勒匐職統其國。武德、貞觀間，數獻方物。顯慶三年，以瞰羯城爲大宛都督府，授其王瞰土屯攝舍提於屈昭穆都督。開元初，封其君莫賀咄吐屯，有功，爲石國王。二十八年，又冊順義王。明年，王伊捺吐屯屈勒上言：「今突厥已屬天可汗，惟大食爲諸國患，請討之。」天子不許。天寶初，封王子那俱車鼻施爲懷化王，賜鐵券。久之，安西節度使高仙芝劾其無蕃臣禮，請討之。王約降，仙芝遣使者護送至開遠門，俘以獻，斬闕下，於是西域皆怨。王子走大食乞兵，攻怛邏斯城敗仙芝軍自是臣大食寶應時遣使朝貢有碎葉者出安西西北千里所得勃達嶺南抵中國北突騎施南鄙也西南直葱嶺贏二千里水南流者經中國入于海北流者經胡入于海北三日行度雪海春夏常雨雪繇勃達嶺北行贏千里得細葉川東曰熱海地寒不凍西有碎葉城天寶七載北庭節度使王正見伐安西毀之川長千里有異姓突厥兵數萬耕者皆擐甲相掠爲奴婢西屬怛邏斯城石常分兵鎮之自此抵西海矣三月訖九月未嘗雨人以雪水溉田石東南千餘里有怖捍者山四環之地膏腴多馬羊西千里距堵利瑟那東臨葉葉水水出葱嶺北原色濁西北流入大磧無水草望大山尋遺骨知所指五百餘里即康也米或曰彌末曰弭秣賀北百里距康其君治鉢息德城永徽時爲大食所破顯慶三年以其地爲南謐州授其君昭武開拙爲刺史自是朝貢不絕開元時獻璧舞筵師子胡旋女十八年大首領末野門來朝天寶初封其君爲恭順王母可敦郡夫人何或曰屈霜你迦曰貴霜

匿即康居小王附墨城故地城左有重樓北繪中華古帝東突厥婆羅門西波斯拂菻等諸王其君旦詣拜則退貞觀十五年遣使者入朝永徽時上言聞唐出師西討願輸糧于軍俄以其地爲貴霜州授其君昭武婆達地刺史遣使者鉢底失入謝火尋或曰貨利習彌曰過利居烏滸水之陽東南六百里距戊地西南與波斯接西北抵突厥曷薩乃康居小王奧鞬城故地其君治急多颶遮城諸胡惟其國有車牛商賈乘以行諸國天寶十載君稍施芬遣使者朝獻黑鹽寶應時復入朝史或曰佉沙曰羯霜那居獨莫水南康居小王蘇薤城故地西百五十里距那色波北二百里屬米南四百里吐火羅也有鐵門山左右嶬峭石色如鐵爲關以限二國以金錮闔城有神祠每祭必千羊用兵類先禱乃行國有城五百隋大業中其君狄遮始通中國號最彊盛築乞史城地方數千里貞觀十六年君沙瑟畢獻方物顯慶時以其地爲佉沙州授君昭武失阿喝刺史開元十五年君忽必多獻舞女文豹後君長數死立

然首領時時入朝天寶中詔改史爲來威國那色波亦曰小史蓋爲史所役屬居吐火羅故地東阨葱嶺西接波剌斯南雪山循縛芻水北有咀蜜種亦自國東西六百里所又東踰四種有鑊沙者廣三百里長五百里東界胃咄接葱嶺有十八種南有揭職稍大幅員準千里陵阜連屬多菽麥氣寒列東南抵雪山六百里道吐火羅又踰五種至婆羅覩邏北踰山行六百里得烏萇種東北行二百里至河波羅水水西南流春夏涸凍北歷十二種有婆羅吸摩補羅最大種繇地四千里山周其外土沃產鍮水精北大雪山即東女也歷十九種得摩揭陀又東過四種踰大河有迦摩縷波皆阪險地接西南夷其人類蠻獠行二月叩蜀南邊其東南野象羣暴故戰用象軍又南歷三十二種有狼揭羅者地大數千里其君治窣莵黎濕伐羅城西北即波剌斯傳言廣萬里王治蘇剌薩儻那城土溫濕引水爲田人富饒出金銀水精多工巧織錦褐氍毹產善馬橐它人服錦疊賦稅口出四銀錢又以交易西北距

拂菻西南際海島有西女種皆女子多珍貨附拂菻拂菻君長歲遣男子配焉俗產男不舉又有臂多勢羅四種西北踰大山廣川歷小城聚行二千里即謝颶也北五百里有弗栗恃薩儻那地橫二千里縱千里其君突厥種治護苾那城東北大雪山盛夏常凍鑿冰乃可度下有安咀羅縛者地三千里西北踰嶺四百里有闊悉多西北三百里有活種大二千里此三種皆居吐火羅故地臣于突厥君亦突厥種土鐵門南諸戎遷徙不常東又有七種東南峽道險甚無慮三百里得俱蘭東北山行五百里即護密北識匿也南有商彌地大二千里而贏多蒲陶生雌黃鑿石乃得東北踰山七百里至波謎羅川東西千里南北百里春夏雨雪南有鉢露種多紫金行五百里有朅盤陀東行八百里出葱嶺又八百里至烏鎩環千里出白氎青三種王君長世臣朅盤陀北徑磧曠野五百里得跡勤東南五百里齊徙多水踰大沙嶺有斫句迦種或曰沮渠地千里東踰領八百里即于闐也東有媲摩川度磧行二百

里得尼壤城在大澤中地埶沮洳蘆葦荒茂行者鑿道趣城通于闐而于闐以爲東關又東行入大流沙人行無跡故往返輒迷聚遺骸以識道無水草多熱風觸人及六畜皆迷仆行四百里至故都邏又六百里至故折摩馱那古且末也又千里至故納縛波古樓蘭也自咀蜜以下諸種相與羣聚華人皆以國名之故未嘗與唐通傳記雜詭不可得而考然其地與諸國連屬粗序其名云

寧遠者本拔汗那或曰鏺汗元魏時謂破洛那去京師八千里居西鞬城在眞珠河之北有大城六小城百人多壽其王自魏晉相承不絶每元日王及首領判二朋朋出一人被甲鬭衆以瓦石相之有死者止以卜歲善惡貞觀中王契苾爲西突厥瞰莫賀咄所殺阿瑟那鼠匿奪其城鼠匿死子遏波之立契苾兄子阿了參爲王治呼悶城遏波之治渴塞城顯慶初遏波之遣使朝貢高宗厚慰諭三年以渴塞城爲休循州都督授阿了參刺史自是歲朝貢玄宗開元二十七年王阿悉爛達干助平吐火仙冊拜奉化王天

寶三載改其國號寧遠帝以外家姓賜其王曰竇又封宗室女爲和義公主降之十三載王忠節遣子薛裕朝請留宿衛習華禮聽之授左武衛將軍其事唐最謹

大勃律或曰布露直吐蕃西與小勃律接西鄰北天竺烏萇地宜鬱金役屬吐蕃萬歲通天逮開元時三遣使者朝故冊其君蘇弗舍利支離泥爲王死又冊蘇麟陀逸之嗣王凡再遣大首領貢方物小勃律去京師九千里而贏東少南三千里距吐蕃贊普牙東八百里屬烏萇東南三百里大勃律南五百里箇失蜜北五百里當護密之娑勒城王居孽多城臨娑夷水其西山顛有大城曰迦布羅開元初王沒謹忙來朝玄宗以兒子畜之以其地爲綏遠軍國迫吐蕃數爲所困吐蕃曰我非謀爾國假道攻四鎭爾久之吐蕃奪其九城沒謹忙求救北庭節度使張孝嵩遣疏勒副使張思禮率銳兵四千倍道往沒謹忙因出兵大破吐蕃殺其衆數萬復九城詔冊爲小勃律王遣大首領察卓那斯摩沒勝入謝沒謹忙死子難泥立死兄麻來兮立死蘇失利之立爲吐蕃陰誘妻以女故西北二十餘國皆臣吐蕃貢獻不入安西都護三討之無功天寶六載詔副都護高仙芝伐之前遣將軍席元慶馳千騎見蘇失利之曰請假道趨大勃律城中大酋五六皆吐蕃腹心仙芝約元慶吾兵到必走山出詔書召慰賜繒綵縛酋領待我元慶如約蘇失利之挾妻走不得其處仙芝至斬爲吐蕃者斷娑夷橋是暮吐蕃至不能救仙芝約王降遂平其國於是拂菻大食諸胡七十二國皆震恐咸歸附執小勃律王及妻歸京師詔改其國號歸仁置歸仁軍募千人鎭之帝赦蘇失利之不誅授右威衛將軍賜紫袍黃金帶使宿衛

吐火羅或曰土豁羅曰覩貨邏元魏謂吐呼羅者居葱嶺西烏滸河之南古大夏地與挹怛雜處勝兵十萬國土著少女多男北有頗黎山其陽穴中有神馬國人游牧牝于側生駒輒汗血其王號葉護武德貞觀時再入獻永徽元年獻大鳥高七尺色黑足類槖駝

翅而行日三百里能噉鐵俗謂駝鳥顯慶中以其阿緩城爲月氏都督府析小城爲二十四州授王阿史那都督後二年遣子來朝俄又獻瑪瑙鐙樹高三尺神龍元年王那都泥利遣弟僕羅入朝留宿衛開元天寶閒數獻馬驢異藥乾陀婆羅二百品紅碧玻瓈乃冊其君骨咄祿頓達度爲吐火羅葉護挹怛王其後鄰胡羯師謀引吐蕃攻吐火羅於是葉護失里忙伽羅丐安西兵助討帝爲出師破之乾元初與西域九國發兵爲天子討賊肅宗詔隷朔方行營挹怛國漢大月氏之種大月氏爲烏孫所奪西過大宛擊大夏臣之治藍氏城大夏卽吐火羅也嚈噠王姓也後裔以姓爲國訛爲挹怛亦曰挹闐俗類突厥天寶中遣使朝貢俱蘭或曰俱羅弩曰屈浪拏與吐火羅接環地三千里南大雪山北俱魯河出金精琢石取之貞觀二十年其王忽提婆遣使者來獻書辭類浮屠語劫者居葱嶺中西及南距賒彌西北挹怛也去京師萬二千里氣常熱有稻麥粟豆畜羊馬俗死棄於山武德二年遣使者獻

寶帶玻瓈水精桮越底延者南三千里距天竺西北千里至賒彌
東北五千里至瓜州居辛頭水之北其法不殺人重罪流輕罪放
無租稅俗翦髮被錦袍貧者白㲲自澡潔氣溫多稻米石蜜
謝颶居吐火羅西南本曰漕矩吒或曰漕矩顯慶時謂訶達羅支
武后改今號東距罽賓東北帆延皆四百里南婆羅門西波斯北
護時健其王居鶴悉那城地七千里亦治阿娑你城多鬱金瞿草
瀵泉灌田國中有突厥罽賓吐火羅種人雜居罽賓取其子弟持
兵以禦大食景雲初遣使朝貢後遂臣罽賓開元八年天子冊葛
達羅支頡利發誓屈爾為王至天寶中數朝獻帆延者或曰望衍
曰梵衍那居斯卑莫運山之旁西北與護時健接東南距罽賓西
南訶達羅支與吐火羅連壤地寒人穴處王治羅爛城有大城四
五水北流入烏滸河貞觀初遣使者入朝顯慶三年以羅爛城為
寫鳳都督府縛時城為悉萬州授王葛寫鳳州都督管內五州諸
軍事自是朝貢不絕石汗那或曰斫汗那自縛底野南入雪山行

四百里得帆延東臨烏滸河多赤豹開元天寶中一再朝獻
識匿或曰尸棄尼曰瑟匿東南直京師九千里東五百里距蔥嶺
守捉所南三百里屬護蜜西北五百里抵俱蜜初治苦汗城後散
居山谷有大谷五酋長自為治謂之五識匿地二千里無五穀人喜
攻剽劫商賈播蜜川四谷稍不用王號令俗窟室貞觀二十年與
似沒役槃二國使者偕來朝開元十二年授王布遮波資金吾衛
大將軍天寶六載王跌失伽延從討勃律戰死擢其子都督左武
衛將軍給祿居藩似沒者北接石土俗與康同役槃亦與康鄰出
良馬俱蜜者治山中在吐火羅東北南臨黑河其王突厥延陀種
貞觀十六年遣使者入朝開元中獻胡旋舞女其王那羅延頗言
為大食暴賦天子但尉遣而已天寶時王伊悉爛俟斤又獻馬護
蜜者或曰達摩悉鐵帝曰鑊偘元魏所謂鉢和者亦吐火羅故地
東南直京師九千里而贏橫千六百里縱狹纔四五里王居塞迦
審城北臨烏滸河地寒沍堆阜曲折沙石流漫有豆麥宜木果出

善馬人碧瞳顯慶時以地為鳥飛州王沙鉢羅頡利發為刺史地
當四鎮入吐火羅道故役屬吐蕃開元八年冊其王羅旅伊陀骨
咄祿多毗勒莫賀達摩薩爾為王十六年與米首領米忽汗同獻
方物明年大酋烏鶻達干復朝王死冊其從弟護真檀嗣王二十
九年身入朝宴內殿拜左金吾衛將軍賜紫袍金帶天寶初王子
頡吉匐請絕吐蕃賜鐵券八載真檀來朝請宿衛詔可授右武衛
將軍久乃遣又遣首領朝貢乾元元年王紇設伊俱鼻施來朝賜
氏李
箇失蜜或曰迦濕彌邏北距勃律五百里環地四千里山回繚之
它國無能攻伐王治撥邏勿邏布邏城西瀕彌那悉多大河地宜
稼多雪不風出火珠鬱金龍種馬俗毛褐世傳地本龍池龍徙水
竭故往居之開元初遣使者朝八年詔冊其王真陀羅祕利為王
間獻胡藥天木死弟木多筆立遣使者物理多來朝且言有國以
來並臣天可汗受調發國有象馬步三種兵臣身與中天竺王阨

吐蕃五大道禁出入戰輒勝有如天可汗兵至勃律者雖眾二十
萬能輸糧以助又國有摩訶波多磨龍池願為天可汗營祠因丐
王冊鴻臚譯以聞詔內物理多宴中殿賜賚優備冊木多筆為王
自是職貢有常其役屬五種亦名國所謂咀叉始羅者地二千里
有都城東南餘七百里得僧訶補羅地三千餘里亦治都城東南
山行五百里得烏剌尸地二千里有都城宜稼穡東南限山千里
即箇失蜜西南行險七百里得半笯蹉地二千里又得曷邏闍補
羅者其大四千里有都城多山阜人驍勇五種皆無君長云
骨咄或曰珂咄羅廣長皆千里王治思助建城多良馬赤豹有四
大鹽山山出烏鹽開元十七年王俟斤遣子骨都施來朝二十一
年王頡利發獻女樂又遣大首領多博勒達干朝貢天寶十一載
冊其王羅全節為葉護
蘇毗本西羌族為吐蕃所并號孫波在諸部最大東與多彌接西
距鶻莽硤戶三萬天寶中王沒陵贊欲舉國內附為吐蕃所殺子

悉諾率首領奔隴右節度使哥舒翰護送闕下玄宗厚禮之多彌亦西羌族役屬吐蕃號難磨濱犂牛河土多黃金貞觀六年遣使者朝貢賜遣之伊吾城者漢宜禾都尉所治商胡雜居勝兵千附鐵勒人驍悍土良沃隋末內屬置伊吾郡天下亂復臣突厥貞觀四年城酋來朝頡利滅舉七城降列其地為西伊州

師子居西南海中延袤二千餘里有稜伽山多奇寶以寶置洲上商舶償直輒取去後鄰國人稍往居之能馴養師子因以名國總章三年遣使者來朝天寶初王尸羅迷迦再遣使獻大珠鈿金寶瓔象齒白氎

波斯居達遏水西距京師萬五千里而贏東與吐火羅康接北鄰突厥可薩部西南皆瀕海西北贏四千里拂菻也人數十萬其先波斯匿王大月氏別裔王因以姓又為國號治二城有大城十餘俗尊右下左祠天地日月水火祠夕以麝揉蘇澤耏顏鼻耳西域諸胡受其法以祠祆拜必交股俗徒跣丈夫祝髮衣不剖襟青白

為巾帔緣以錦婦辮髮著後戰乘象一象士百人負則盡殺斷罪不為文書決於廷叛者鐵灼其舌瘡白為直黑為曲刑有髡鉗刖劓小罪耏或系木于頸以時月而置劫盜囚終老偷者輸銀錢凡死棄于山服闋月除氣常歊熱地夷漫知耕種畜牧有鷲鳥能噉羊多善犬騾大驢產珊瑚高不三尺隋末西突厥葉護可汗討殘其國殺王庫薩和其子施利立葉護使部帥監統施利死遂不肯臣立庫薩和女為王突厥又殺之施利之子單羯方奔拂菻國人迎立之是為伊怛支死兄子伊嗣俟立貞觀十二年遣使者沒似半朝貢又獻活褥蛇狀類鼠色正青長九寸能捕穴鼠伊嗣俟不君為大酋所逐奔吐火羅半道大食擊殺之子卑路斯入吐火羅以免遣使者告難高宗以遠不可師謝遣會大食解而去吐火羅以兵納之龍朔初又訴為大食所侵是時天子方遣使者到西域分置州縣以疾陵城為波斯都督府即拜卑路斯為都督俄為大食所滅雖不能國咸亨中猶入朝授右武衞將軍死始其子泥涅師為質調露元年詔裴行儉將兵護還將復王其國以道遠至安西碎葉行儉還泥涅師因客吐火羅二十年部落益離散景龍初復來朝授左威衞將軍病死西部獨存開元天寶間遣使者十輩獻碼碯牀火毛繡舞筵乾元初從大食襲廣州焚倉庫廬舍浮海走大曆時復來獻又有陀拔斯單者或曰陀拔薩憚其國三面阻山北瀕小海居婆里城世為波斯東大將波斯滅不肯臣大食天寶五載王忽魯汗遣使入朝封為歸信王後八年遣子自會羅來朝拜右武衞員外中郎將賜紫袍金魚留宿衞為黑衣大食所滅

貞觀後遠小國君遣使者來朝獻有司未嘗參考本末者今附之左方曰火辭彌與波斯接貞觀十八年與摩羅游使者偕朝二十一年有健達王獻佛土菜莖五葉赤華紫須龍朔元年多福王難婆修彊宜說遣使者來朝總章元年有末陀提王開元五年有習阿薩般王安殺並遣使者朝貢七年訶毗施王捺塞因吐火羅大酋羅摩獻師子五色鸚鵡天寶時來朝者曰俱爛那曰舍摩曰威

遠曰蘇吉利發屋蘭曰蘇利悉單曰建城曰新城曰俱位凡國俱位或曰商彌治阿賒颶師多城在大雪山勃律河北地寒有五穀蒲陶若榴冬窟室國人常助小勃律為中國候新城之國在石東北贏百里有弩室羯城亦曰新城曰小石國城後為葛邏祿所并

拂菻古大秦也居西海上一曰海西國去京師四萬里在苫西北直突厥可薩部西瀕海有遲散城東南接波斯地方萬里城四百勝兵百萬十里一亭三亭一置臣役小國數十以名通者曰澤散曰驢分澤散直東北不得其道里東度海二千里至驢分國重石為都城廣八十里東門高二十丈釦以黃金王宮有三襲門皆飾異寶中門中有金巨稱一作金人立其端屬十二丸率時改一丸落以瑟瑟為殿柱水精琉璃為棁香木梁黃金為地象牙闔有貴臣十二共治國王出一人挈囊以從有訟書投囊中還省枉直國有大災異輒廢王更立賢者王冠如鳥翼綴珠衣錦繡前無襟坐金藤榻側有鳥如鵝綠毛上食有毒輒鳴無陶瓦屑白石壁屋堅潤

如王盛暑引水上流氣爲風男子前翦髮衣繡右袒而帔乘輜軿白蓋小車出入建旌旗擊鼓婦人錦巾家訾億萬者爵上官俗喜酒嗜乾餅多幻人能發火于顔手爲江湖口幡毦舉足墮珠玉有善醫能開腦出蟲以愈目眚土多金銀夜光璧明月珠大貝車渠碼碯木難孔翠虎魄織水羊毛爲布曰海西布海中有珊瑚洲海人乘大舶墮鐵網水底珊瑚初生磐石上白如菌一歲而黄三歲赤枝格交錯高三四尺鐵發其根繫網舶上絞而出之失時不取即腐西海有市貿易不相見置直物旁名鬼市有獸名𧴗大如狗獷惡而力北邑有羊生土中臍屬地割必死俗介馬而走擊鼓以驚之羔臍絶即逐水草不能羣貞觀十七年王波多力遣使獻赤玻瓈緑金精下詔荅賚大食稍彊遣大將軍摩拽伐之拂菻約和遂臣屬乾封至大足再朝獻開元七年因吐火羅大酋獻師子羚羊自拂菻西南度磧二千里有國曰磨鄰曰老勃薩其人黑而性悍地瘴癘無草木五穀飼馬以槁魚人食鶻莽鶻莽波斯棗也不恥烝報於夷狄最甚號曰尋其君臣七日一休不出納交易飲以窮夜

大食本波斯地男子鼻高黑而髯女子白晳出輒鄣面日五拜天神銀帶佩銀刀不飲酒舉樂有禮堂容數百人率七日王高坐爲下說曰死敵者生天上殺敵受福故俗勇于鬭土磽礫不可耕獵而食肉刻石蜜爲廬如輿狀歲獻貴人蒲陶大者如雞卵有千里馬傳爲龍種隋大業中有波斯國人牧于俱紛摩地那山有獸言曰山西三穴有利兵黑石而白文得之者王走視如言石文言當反乃詭衆裒亡命於恒曷水劫商旅保西鄙自王移黑石寶之國人往討之皆大敗還於是遂彊滅波斯破拂菻始有粟麥倉庾南侵婆羅門幷諸國勝兵至四十萬康石皆往臣之其地廣萬里東距突騎施西南屬海海中有撥拔力種無所附屬不生五穀食肉刺牛血和乳飲之俗無衣服以羊皮自蔽婦人明晳而麗多象牙及阿末香波斯賈人欲往市必數千人納氎剽血誓乃交易兵多牙角而有弓矢鎧矟士至二十萬數爲大食所破略永徽二年大

食王豃密莫末膩始遣使者朝貢自言王大食氏有國三十四年傳二世開元初復遣使獻馬鈿帶謁見不拜有司將劾之中書令張說謂殊俗慕義不可寘于罪玄宗赦之使者又來辭曰國人止拜天見王無拜也有司切責乃拜十四年遣使蘇黎滿獻方物拜果毅賜緋袍帶或曰大食族中有孤列種世酋長號白衣大食種有二姓一曰盆尼末換二曰奚深有摩訶末者勇而智衆立爲王闢地三千里克夏臘城傳十四世至末換殺兄伊疾自王下怨其忍有呼羅珊木鹿人並波悉林將討之徇衆曰助我者皆黑衣俄而衆數萬即殺末換求奚深種孫阿蒲羅拔爲王更號黑衣大食蒲羅死弟阿蒲恭拂立至德初遣使者朝貢代宗取其兵平兩京阿蒲恭拂死子迷地立死弟訶論立貞元時與吐蕃相攻吐蕃歲西師故鮮盜邊十四年遣使者含嵯烏鷄沙北三人朝皆拜中郎將賚遣之傳言其國西南二千里山谷間有木生花如人首與語輒笑則落東有末祿小國也治城郭多木姓以五月爲歲首以畫

缸相獻有尋支瓜大者十人食乃盡蔬有顆葱葛藍軍達茇薤大食之西有苫者亦自國北距突厥可薩部地數千里有五節度勝兵萬人土多禾有大川東流入亞俱羅商賈往來相望云自大食西十五日行得都盤西距羅利支十五日行南即大食二十五日行北勃達一月行勃達之東距大食二月行西抵岐蘭二十日行南都盤北大食皆一月行岐蘭之東南二十日行得阿没或曰阿昧東南距陀拔斯十五日行南沙蘭一月行北距海二日行居你訶温多城宜馬羊俗柔寛故大食常游牧於此沙蘭東距羅利支北恒滿皆二十日行西即大食二十五日行羅利支東距都盤北陀拔斯皆十五日行西沙蘭二十日行南大食二十五日行恒滿或曰恒没東陀拔斯南大食皆一月行北岐蘭二十日行西即大食一月行居烏滸河北平川中獸多師子西北與史接以鐵關爲限天寶六載都盤等六國皆遣使者入朝乃封都盤王謀思健摩訶延曰順化王勃達王摩俱澁斯曰守義王阿没王俱那胡設曰恭

信王沙蘭王畢路斯威曰順禮王羅利支王伊思俱習曰義寧王恒滿王謝没曰奉順王

贊曰西方之戎古未嘗通中國至漢始載烏孫諸國後以名字見者寖多唐興以次脩貢蓋百餘皆冒萬里而至亦已勤矣然中國有報贈冊弔程糧傳驛之費東至高麗南至真臘西至波斯吐蕃堅昆北至突厥契丹靺鞨謂之入蕃其外謂之絶域視地遠近而給費開元盛時稅西域商胡以供四鎮出北道者納賦輪臺地廣則費倍此盛王之鑒也

西域列傳第一百四十六下

南蠻列傳第一百四十七上　唐書二百二十二上

端明殿學士兼翰林侍讀學士龍圖閣學士朝散大夫守尚書吏部侍郎充集賢殿脩撰臣宋祁奉
敕撰

南詔或曰鶴拓曰龍尾曰苴咩曰陽劍本哀牢夷後烏蠻別種也夷語王為詔其先渠帥有六自號六詔曰蒙巂詔越析詔浪穹詔邆賧詔施浪詔蒙舍詔兵埒不能相君蜀諸葛亮討定之蒙舍詔在諸部南故稱南詔居永昌姚州之間鐵橋之南東距爨東南屬交趾西摩伽陀西北與吐蕃接南女王西南驃北抵益州東北際黔巫王都羊苴咩城別都曰善闡府王坐東鄉其臣有所陳以狀言而不稱臣王自稱曰元猶朕也謂其下曰昶猶卿爾也官曰坦綽曰布燮曰久贊謂之清平官所以決國事輕重猶唐宰相也曰酋望曰正酋望曰員外酋望曰大軍將曰員外猶試官也幕爽主兵琮爽主戶籍慈爽主禮罰爽主刑勸爽主官人厥爽主工作萬爽主財用引爽主客禾爽主商賈皆清平官酋望大軍將兼之

爽猶言省也督爽總三省也乞託主馬祿託主牛巨託主倉廩亦清平官酋望大軍將兼之曰爽酋曰彌勤曰勤齊掌賦稅曰兵獳司掌機密大府主將曰演習副曰演覽中府主將曰繕齊副曰繕覽下府主將曰澹酋副曰澹覽小府主將曰幕撝副曰幕覽府有陀酋若管記有陀西若判官大抵如此凡調發下文書聚邑必占其期百家有總佐一千家有治人官一萬家有都督一凡田五畝曰雙上官授田四十雙上戶三十雙以是而差壯者皆為戰卒有馬為騎軍人歲給韋衫袴以邑落遠近分四軍以旗幟別四方面一將統千人四軍置一將凡敵入境以所入面將禦之王親兵曰朱弩佉苴佉苴韋帶也擇鄉兵為四軍羅苴子戴朱鞮鍪負犀革銅盾而跣走險如飛百人置羅苴子統一人望苴蠻者在蘭蒼江西男女勇捷不鞍而騎善用矛劍短甲蔽胷腹鞮鍪皆插貓牛尾馳突若神凡兵出以望苴子前驅以清平子弟為羽儀王左右有羽儀長八人清平官見王不得佩劍唯羽儀長佩之為親信有六

曹長曹長有功補大軍將大軍將十二與清平官等列日議事王所出治軍壁稱節度次補清平官有內算官代王裁處外算官記王所處分以付六曹外則有六節度曰弄棟永昌銀生劍川拓東麗水有二都督會川通海有十瞼夷語瞼若州曰雲南瞼白厓瞼亦曰勃弄瞼品澹瞼邆川瞼蒙舍瞼大釐瞼亦曰史瞼苴咩瞼亦曰陽瞼蒙秦瞼矣和瞼趙川瞼祁鮮山之西多瘴歊地平草冬不枯自曲靖州至滇池人水耕食蠶以柘蠶生閱二旬而繭織錦縑精緻大和祁鮮而西人不蠶剖波羅樹實狀若絮紐縷而幅之覽瞼井產鹽最鮮白惟王得食取足輒滅竈昆明城諸井皆產鹽不征羣蠻食之永昌之西野桑生石上其林上屈兩向而下植取以爲弓不筋漆而利名曰瞑弓長川諸山往往有金或披沙得之麗水多金麩越賧之西多薦草產善馬世稱越賧駿始生若羔歲中紐莎縻之飲以米潘七年可御日馳數百里王出建八旗紫若青白斿雉尾二有旄鉞紫囊之翠蓋王母曰信麼亦曰九麼妃曰進

武信麼出亦建八旗綠斿自曹長以降繫金佉苴尚絳紫有功加錦又有功加金波羅金波羅虎皮也功小者衿背不袖次止于衿婦人不粉黛以蘇澤髮貴者綾錦裙襦上施錦一幅以兩股辮爲鬟髻耳綴珠貝瑟瑟虎魄女嫠婦與人亂不禁婚夕私相送已嫁有姦者皆抵死俗以寅爲正四時大抵與中國小差膾魚寸以胡瓜椒榝和之號鵝闕吹瓢笙笙四管酒至客前以笙推盞勸釂以繒帛及貝市易貝者大若指十六枚爲一覓師行人齎糧斗五升以二千五百人爲一營其法前傷者養治後傷者斬犁田以一牛三夫前挽中壓後驅然專于農無貴賤皆耕不繇役人歲輸米二斗一藝者給田二收乃稅王蒙氏父子以名相屬自舍龍以來有譜次可考舍龍生獨邏亦曰細奴邏高宗時遣使者入朝賜錦袍細奴邏生邏盛炎邏盛炎生炎閣武后時盛炎身入朝妻方娠生盛邏皮喜曰我又有子雖死唐地足矣炎閣立死開元時弟盛邏皮立生皮邏閣授特進封臺登郡王炎閣未有子時以閣羅鳳爲嗣及生子還其宗而名承閣遂不改開元末皮邏閣逐河蠻取大和城又襲大釐城守之因城龍口夷語山陂陀爲和故謂大和以處閣羅鳳天子詔賜皮邏閣名歸義當是時五詔微歸義獨彊乃厚以利啖劍南節度使王昱求合六詔爲一制可歸義已并羣蠻遂破吐蕃寖驕大入朝天子亦爲加禮又以破洱蠻功馳遣中人冊爲雲南王賜錦袍金鈿帶七事於是徙治大和城天寶初遣閣羅鳳子鳳迦異入宿衛拜鴻臚卿恩賜良厚七載歸義死閣羅鳳立襲王以其子鳳迦異爲陽瓜州刺史初安寧城有五鹽井人得煮鬻自給玄宗詔特進何履光以兵定南詔境取安寧城及井復立馬援銅柱乃還鮮于仲通領劍南節度使卞忿少方略故事南詔嘗與妻子謁都督過雲南太守張虔陀私之多所求丐閣羅鳳不應虔陀數詬靳之陰表其罪由是忿怨反發兵攻虔陀殺之取姚州及小夷州凡三十二明年仲通自將出戎嶲州分二道進次曲州靖州閣羅鳳遣使者謝罪願還所虜得自新且城姚州如不

聽則歸命吐蕃恐雲南非唐有仲通怒囚使者進薄白厓城大敗引還閣羅鳳斂戰胔築京觀遂北臣吐蕃吐蕃以爲弟夷謂弟鍾故稱贊普鍾給金印號東帝揭碑國門明不得已而叛嘗曰我上世世奉中國累封賞後嗣容歸之若唐使者至可指碑澡祓吾罪也會楊國忠以劍南節度當國乃調天下兵凡十萬使侍御史李宓討之轝餉者尚不在涉海而疫死相踵於道宓敗于大和城死者十八亦會安祿山反閣羅鳳因之取嶲州會同軍據清溪關以破越析梟于贈西而降尋傳驃諸國尋傳蠻者俗無絲纊跣履榛棘不苦也射豪猪生食其肉戟以竹籠頭如兜鍪其西有裸蠻亦曰野蠻漫散山中無君長作檻舍以居男少女多無田農以木皮蔽形婦或十或五共養一男子廣德初鳳迦異築柘東城諸葛亮石刻故在文曰碑即仆蠻爲漢奴夷畏誓常以石搘捂大曆十四年閣羅鳳以鳳迦異前死立其孫異牟尋以嗣異牟尋有智數善撫衆略知書母李獨錦蠻女也獨錦蠻亦烏蠻種在秦臧川南

天寶中命其長爲蹄州刺史世與南詔婚聘異牟尋立悉衆二十
萬入寇與吐蕃并力一趨茂州踰文川擾灌口一趨扶文掠方維
白垻一侵黎雅叩邛郲關令其下曰爲我取蜀爲東府工伎悉送
邏娑城歲賦一縑於是進陷城聚人率走山德宗發禁衛及幽州軍
以援東川與山南兵合大敗異牟尋衆斬首六千級禽生捕傷甚
衆顛踣厓峭且十萬異牟尋懼更徙苴咩城築袤十五里吐蕃封
爲日東王然吐蕃責賦重數悉奪其險立營候歲索兵助防異牟
尋稍苦之故西瀘令鄭回者唐官也往嶲州破爲所虜閤羅鳳重
其惇儒號蠻利俾敎子弟得箠搒故國中無不憚後以爲淸平官
說異牟尋曰中國有禮義少求責非若吐蕃惏刻無極也今棄之
復歸唐無遠戍勞利莫大此異牟尋善之稍謀內附然未敢發亦
會節度使韋皋撫諸蠻有威惠諸蠻頗得異牟尋語白于皋時貞
元四年也皋乃遣諜者遺書吐蕃疑之因責大臣子爲質異牟尋
愈怨後五年乃決策遣使者三人異道同趣成都遺皋帛書曰異

牟尋世爲唐臣曩緣張虔陀志在吞侮中使者至不爲澄雪舉部
惶窘得生異計鮮于仲通比年舉兵故自新無繇代祖棄背吐蕃
欺孤背約神川都督論訥舌使浪人利羅式眩惑部姓發兵無時
今十二年此一忍也天禍蕃廷降釁蕭牆太子弟兄流竄近臣橫
汙皆尙結贊陰計以行屠害平日功臣無一二在訥舌等皆冊封
王小國奏請不令上達此二忍也又遣訥舌逼城于鄙弊邑不堪
利羅式私取重賞部落皆驚此三忍也又利羅式罵使者曰滅子
之將非我其誰子所富當爲我有此四忍也今吐蕃委利羅式甲
士六十侍衛因知懷惡不謬此一難忍也吐蕃陰毒野心輒懷搏
噬有如媮生實汙辱先人辜負部落此二難忍也往退渾王爲吐
蕃所害孤遺受欺西山女王見奪其位拓拔首領並蒙誅刈僕固
志忠身亦喪亡每慮一朝亦被此禍此三難忍也往朝廷降使招
撫情心無二詔函信節皆送蕃廷雖知中夏至仁業爲蕃臣吞聲
無訴此四難忍也曾祖有寵先帝後嗣率蒙襲王人知禮樂本

唐風化吐蕃詐紿百情懷惡相戚異牟尋願竭誠日新歸款天子
請加戍劍南西山涇原等州安西鎭守揚兵四臨委回鶻諸國所
在侵掠使吐蕃勢分力散不能爲彊此西南隅不煩天兵可以立
功云且贈皋黃金丹砂皋護送使者京師使者奏異牟尋請歸天
子爲唐藩輔獻金示順革丹赤心也德宗嘉之賜以詔書命皋遣
諜往覘皋令其屬崔佐時至羊苴咩城時吐蕃使者多在陰戒佐
時衣牂柯使者服以入佐時曰我乃唐使者安得從小夷服異牟
尋夜迎之設位陳燎佐時即宣天子意異牟尋內畏吐蕃顧左右
失色流涕再拜受命使其子閤勸及淸平官與佐時盟點蒼山載
書四一藏神祠石室一沈西洱水一置祖廟一以進天子乃發兵
攻吐蕃使者殺之刻金契以獻遣曹長段南羅趙迦寬隨佐時入
朝初吐蕃與回鶻戰殺傷甚乃調南詔萬人異牟尋欲襲吐蕃陽
示寡弱以五千人行許之卽自將數萬踵後晝夜行大破吐蕃於
神川遂斷鐵橋溺死以萬計俘其五王乃遣弟湊羅棟淸平官尹

仇寬等二十七人入獻地圖方物請復號南詔帝賜賚有加拜仇
寬左散騎常侍封高溪郡王明年夏六月冊異牟尋爲南詔王以祠
部郎中袁滋持節領使成都少尹龐頎副之崔佐時爲判官俱文
珍爲宣慰使劉幽巖爲判官賜黃金印文曰貞元冊南詔印滋至
大和城異牟尋遣兄蒙細羅勿等以良馬六十迎之金鐸玉珂兵
振鐸夾路陳異牟尋金甲蒙虎皮執雙鐸鞘執矛千人衛大象十
二引于前騎軍徒軍以次列詰旦授冊異牟尋率官屬北面立宣
慰使東向冊使南向乃讀詔冊相者引異牟尋去位跽授冊印稽
首再拜又授賜服備物退曰開元天寶中曾祖及祖皆蒙冊襲王
自此五十年貞元皇帝洗痕錄功復賜爵命子子孫孫永爲唐臣
因大會其下享使者出銀平脫馬頭盤二謂滋曰此天寶時先君
以鴻臚少卿宿衛皇帝所賜也有笛工歌女皆垂白示滋曰此先
君歸國時皇帝賜胡部龜茲音聲二列今喪亡略盡唯二人故在
酒行異牟尋坐奉觴滋前滋授觴曰南詔當深思祖考成業抱忠

竭誠永爲西南藩屛使後嗣有以不絕也異牟尋拜曰敢不承使
者所命遂還復遣清平官尹輔酋等七人謝天子獻鐸鞘浪劒鬱
刃生金瑟瑟牛黃虎珀氎紡絲象犀越賧統倫馬鐸鞘者狀如殘
刃有孔傍達出麗水飾以金所擊無不洞夷人尤寶月以血祭之
鬱刃鑄時以毒藥并冶取迎躍如星者凡十年乃成淬以馬血以
金犀飾鐔首傷人即死浪人所鑄故亦名浪劒王所佩者傳七世
矣異牟尋攻吐蕃復取昆明城以食鹽池又破施蠻順蠻並虜其
王置白厓城因定磨些蠻隸昆山西爨故地破茫蠻掠弄棟蠻漢
裳蠻以實雲南東北施蠻者在鐵橋西北居大施賧斂尋賧男子
衣繒布女分髮直額爲一髻垂後跣而衣皮順蠻本與施蠻雜居
劒共諸川咩羅皮鐸羅望既失邆川浪穹奪劒共地由是徙鐵橋
在劒賧西北四百里號劒羌磨蠻些蠻與施順二蠻皆烏蠻種居
鐵橋大婆小婆三探覽昆池等川土多牛羊俗不顓澤男女衣皮
俗好飲酒歌舞茫蠻本關南種茫其君號也或呼茫詔永昌之南

有茫天連茫吐薅大賧茫昌茫鮓茫施大抵皆其種樓居無城郭
或漆齒或金齒衣青布短袴露骭以繒布纏髻出其餘垂後爲飾
婦人披五色娑羅籠象纔如牛養以耕弄棟蠻白蠻種也其部本
居弄棟縣鄙地昔爲褒州有首領爲刺史誤殺其參軍挈族北走
後散居磨些江側故劒共諸川亦有之漢裳蠻本漢人部種在鐵
橋惟以朝霞纏頭餘尚同漢服十五年異牟尋謀擊吐蕃以邆川
寧北等城當寇路乃峭山深塹脩戰備帝許出兵助力又請以大
臣子弟質於皐皐辭固請乃盡舍成都咸遣就學且言昆明嶲州
與吐蕃接不先加兵爲虜所脅反爲我患請皐圖之時唐兵比歲
屯京西朔方大峙糧欲南北並攻取故地然南方轉饟稽期兵不
悉集是夏虜麥不熟疫癘仍興贊普死新君立皐揣虜未敢動乃
勸異牟尋幾舉萬全慮於速而無功今墻上兵十倍往歲且行營
皆在嶲州扼西瀘吐蕃路昆明弄棟可以無虞異牟尋請期它年
吐蕃大目以歲在辰兵宜出謀襲南詔閲衆治道將以十月圍嶲

州軍屯昆明凡八萬皆命一歲糧贊普以舅攘都羅爲都統遣尚
乞力歎徐濫鑠屯西貢川異牟尋與皐相聞皐命部將武免率弩
士三千赴之元榮朝以萬人屯黎州韋良金以二萬五千人屯嶲
州約南詔有急皆進軍過俄準添城者南詔供饋吐蕃引衆五萬
自曩貢川分二軍攻雲南一軍自諾濟城攻嶲州異牟尋畏東蠻
磨些蠻難測懼爲吐蕃鄉導欲先擊之皐報嶲州實往來道扞蔽數
州虜百計窺之故嚴兵以守屯壁相望糧械處處有之東蠻庸敢
懷貳乎異牟尋乃檄東蠻磨些諸蠻內糧城中不者悉燒之吐蕃顒
城將楊萬波約降事洩吐蕃以兵五千守皐將擊破之萬波與籠
官拔顒城以來徙其人二千于宿川皐將扶忠義又取末恭城俘
係牛羊千計贊普大將旣煎讓律以兵距十貢川一舍而屯國師
馬定德率種落出降西貢節度監軍野多輸煎者贊普乞立贊養
子當從先贊普殉亦詣忠義降於是虜氣衰軍不振歎徐濫鑠至
鐵橋南詔毒其水人多死乃徙納川壁而待是年虜霜雪早兵無

功還期以明年吐蕃苦唐詔掎角亦不敢圖南詔皐令免按兵嶲
州節級鎭守雖南詔境亦所在屯戍吐蕃懲野戰數北乃屯三瀘
水遣論妄熱誘瀕瀘諸蠻復城悉攝悉攝吐蕃險要也蠻酋潛導
南詔與皐部將杜毗羅狙擊十七年春夜絕瀘破虜屯斬五百級
虜保鹿危山毗羅伏以待又戰虜大奔於時康黑衣大食等兵及
吐蕃大酋皆降獲甲二萬首又合鬼主破虜于瀘西吐蕃君長共
計不得嶲州患未艾常爲兩頭蠻挾唐爲輕重謂南詔也會虜莽
飢方葬贊普調斂煩至是大料兵率三戶出一卒虜法爲大調集
又聞唐兵三萬入南詔乃大懼兵戍納川故洪諾濟臘聿賈五城
欲悉師出西山劒山收嶲州以絕南詔皐即上言京右諸屯宜明
斥候蓄斂田邠隴棼萊可困虜入皐遣將邢毗以兵萬人屯南北
路趙昱萬人戍黎雅州異牟尋謂皐曰虜聲取嶲州實窺雲南
請武免督軍進羊苴咩若虜不出者請以來年二月深入時虜兵
三萬攻鹽州帝以虜多詐疑繼以大軍詔皐深鈔賊鄙分虜勢皐

表賊精鎧多置南屯今向鹽夏非全軍欲掠河曲党項畜產耳俄聞虜破麟州皋督諸將分道出或自西山或由平夷或下隴陀和石門或徑神川納川與南詔會是時回鶻太原邠寧涇原軍獵其北劍南東川山南兵震其東鳳翔軍當其西蜀南詔深入克城七焚堡百五十所斬首萬級獲鎧械十五萬圍昆明維州不能克乃班師振武靈武兵破虜二萬涇原鳳翔軍敗虜原州惟南詔攻其腹心俘獲最多帝遣中人尹偕尉異牟尋而吐蕃盛屯昆明神川納川自守異牟尋比年獻方物天子禮之

南蠻列傳第一百四十七上

南蠻列傳第一百四十七中　　　　唐書二百二十二中

宋祁奉敕撰

元和三年異牟尋死詔太常卿武少儀持節弔祭子尋閤勸立或謂夢湊自稱驃信夷語君也改賜元和印章明年死子勸龍晟立淫肆不道上下怨疾十一年為弄棟節度王嵯巔所殺立其弟勸利詔少府少監李銑為冊立弔祭使勸利德嵯巔賜氏蒙封大容蠻謂兄為容長慶三年始賜印是歲死弟豐祐立豐祐趫敢善用其下慕中國不肯連父名穆宗使京兆少尹韋審規持節臨冊豐祐遣洪成酋趙龍些楊定奇入謝天子於是西川節度使杜元穎治無狀障候弛沓相蒙時大和三年也嵯巔乃悉衆掩邛戎巂三州陷之入成都止西郛十日慰賚居人市不擾肆將還乃掠子女工技數萬引而南人懼自殺者不勝計救兵逐嵯巔身自殿至大度河謂華人曰此吾南境爾去國當哭衆號慟赴水死者十三南詔自是工文織與中國埒明年上表請罪比年使者來朝開成會昌間再至大中時李琢為安南經略使苛墨自私以斗鹽易一牛夷人不堪結南詔將段酋遷陷安南都護府號白衣沒命軍南詔發朱弩佉苴三千助守然朝貢猶歲至從者多杜悰自西川入朝表無多內蠻傔豐祐怒即慢言索質子會宣宗崩使者告哀是時豐祐亦死坦

綽酋龍立恚朝廷不弔卹又詔書乃賜故王以草具進使者而遣遂僭稱皇帝建元建極自號大禮國懿宗以其名近玄宗嫌諱絕朝貢乃陷播州安南都護李鄠屯武州咸通元年為蠻所攻棄州走天子斥鄠以王寬代之明年攻邕管經略使李弘源兵少不能拒奔蠻州南詔亦引去詔殿中監段文楚為經略使數改條約衆不悅以胡懷玉代之南詔知邊人困甚剽掠無有不入寇杜悰當國為帝謀遣使者弔祭示恩信并詔驃信以名嫌冊命未可舉必易名乃得封帝乃命左司郎中孟穆持節往會南詔陷巂州穆不行安南桃林人者居林西原七綰洞首領李由獨主之歲戍邊李琢之在安南也奏罷防冬兵六千人謂由獨可當一隊遏蠻之入蠻酋以女妻由獨子七綰洞舉附蠻王寬不能制三年以湖南觀察使蔡襲代之發諸道兵三萬屯守南詔懼畏不敢出會詔左庶子蔡京經制嶺南忌襲功有所欲沮壞之乃言南方自無虞武夫倖功多聚兵耗餽運請還戍兵惜財用襲執不可願留五千兵不報即極陳南詔伺隙久有十必死狀朝廷昏肆不省也京還奏得意甚復詔為宣慰安撫使即建析廣州為嶺南東道邕州為西道以龔象藤巖為隸州乃拜京西道節度使京褊忮貪克峻條令為炮熏刳斮法下愁毒為軍中所逐走藤州矯制作攻討使印召鄉兵比道軍攻邕州不克衆潰

貶死雍州以桂管觀察使鄭愚代節度南詔攻交州進略安南龔請救發湖
荊桂兵五千屯邕州嶺南韋宙奏南詔必襲邕管且不先防近而圖遠恐欲搗虛
絶糧道且深入乃詔龔援軍海門詔鄭愚分兵禦之龔請濟師以山南東道
兵千人赴之南詔酋將楊思縉麻光高以兵六千薄城而屯四年正月攻益
急龔擇吏奉書盟言戰矣上射酋目不答遂陷城龔闔宗死者七十人
幕府樊綽取龔印走度江荊南兵入東郛苦戰斬南詔二千級是夜蠻遂屠
城有詔諸軍保嶺南更以秦州經略使高駢為安南都護帝見輸發頻罷遊
幸不奏樂宰相杜悰以為非是止之南詔稍逼邕州鄭愚自陳非將帥才願更
擇人會康承訓自義成來朝乃授嶺南西道節度使發荊襄洪鄂兵萬人從
之承訓辭兵寡乃大興諸道兵五萬往六月置行交州於海門進為都護府
調山東兵萬人益戍以容管經略使張茵鎮之因命經略安南茵逗留不敢
進安南之陷將吏遺人多客伏溪洞詔所在招還撫卹之免安南賦入二年
韋宙請分兵屯容藤披蠻勢五年南詔回掠巂州以搖西南西川節度使蕭
鄴率屬蠻鬼主邀南詔大度河敗之明年復來攻會刺史喻士珍貪獪陰掠
兩林東蠻口縛賣之以易蠻金故開門降南詔盡殺戍卒而士珍遂臣于蠻
安南久屯兩河銳士死瘴毒者十七宰相楊收議罷北軍以江西為鎮南軍

募彊弩二萬建節度且地便近易調發詔可夏侯孜亦以張茵懦不足事悉
以兵授高駢駢以選士五千度江敗林邑兵於邕州擊南詔龍州屯蠻酋燒
貲畜走酋龍遣楊緝思助酋遷共守安南以范昵些為安南都統趙諾眉為
扶邪都統七年六月駢次交州戰數勝士酣鬭斬其將張詮李溠龍舉眾萬
人降拔波風三壁緝思出戰敗還走城士乘之超堞入斬酋遷昵些諾眉上
首三萬級安南平初酋龍遣清平官董成等十九人詣成都節度使李福將
廷見之成辭曰皇帝奉天命改正朔請以敵國禮見福不許導譯五返日旰
士倦議不決福怒命武士捽辱之械繫于館俄而劉潼代福節度即脫其繫
表縱還有詔召成等至京師見別殿賜物良厚慰遣還國明年酋龍使楊酋
慶等來謝釋囚初李師望建言成都經總蠻事曠日不能決請析邛蜀嘉眉
黎雅巂七州為定邊軍建節度制機事近且速天子謂然即詔師望為節度
使治邛州邛距成都才五舍巂州最南去邛乃千里緩急首尾不相副而師
望利專制諱不言裒積無猒私賄以百萬計又欲激蠻怒幸有功乃殺酋慶
等既而戍士怒將醢師望以緹會召還以竇滂代之滂沓冒尤不法誅責
苛纖甚師望時蠻役未興而定邊已困酋龍怨殺其使十年乃入寇以軍綴
青溪關密引眾伐木開道徑雪坡盛夏卒凍死者二千人出沐源闚嘉州破

屬蠻遂次沐源滂遣兗海兵五百往戰一軍覆酋龍乃身自將督眾五萬侵巂
州攻青溪關屯將杜再榮絕大度河走諸屯皆退保北涯蠻攻黎州詭服漢
衣濟江襲犍為破之裴回陵榮間焚廬舍掠糧畜更薄嘉州刺史楊忞與南詔
夾江而軍士擐射蠻不得進陰自上游濟背擊王師殺忠武將顏慶師忞走
嘉州陷明年正月攻杜再榮滂自勒兵戰酋龍遣使者十輩請和滂信之語
未半蠻將爭岸譯而進滂不知所為將自殺武寧將苗全緒止之殊死戰蠻
稍卻滂乃遁全緒殿而行黎州陷人走匿山谷蠻掠金帛不勝負入自邛崍
關圍雅州遂擊邛州是冬滂棄州壁導江儲貲峙械皆亡矣酋龍進攻成都
次眉州坦綽杜元忠日夜教酋龍取全蜀於是西川節度使盧耽遣其副王
偃中人張思廣約和蠻彊之使南面拜然卒不見酋龍而還蠻次新津耽復
遣副譚奉祀好言申約蠻留之耽以援軍未集即飛請天子降大使通好以
紓其深入懿宗馳遣太僕卿支詳為和蠻使蠻大喜謀不能乘機會鼓行
亟驅但蚍結蠅營忸鹵剽小利數數留屯故蜀孺老得扶攜悉入成都閭里
皆蒲戶所占地不得過一牀雨則冒箕盎自庇城中井為竭則共飲摩訶池
至爭捽溺死者或笮沙取滴飲之死不能具棺即共坎瘞故瀘州刺史楊慶
復為耽治攻具蘭石置牢城兵八將主之樹笓格夜列炬照城守具雄新又

選捍士三千號突將為長刀巨橿斧分左右番休日肄于軍士心徬欲鬭而
酋龍自雙流徐行内欲報董成之辱因紿耽請大介至軍議事耽遣節度
副使柳槃往見杜元忠議和元忠妄言帝見耽請具車蓋葆翣槃未能決
還蠻以三百騎負幄幕來大言供帳蜀王廳事為驃信行在耽不許乃
馳去蠻稍前傅外郛於是將率使王晝督援兵三千屯毗橋責滂亦以其軍
自導江來將與大軍掎角然戰不甚力小不勝即保廣漢自以失定邊覬成
都陷得灣其罪會有詔斥從軍遂無功耽部將李自孝者與刺史喻士珍善
士珍臣蠻自孝陰與賊通乃說耽城下蒔草稻潴水穨城舉附不支覺蠻攻
城自孝守陴樹麾以自表麾所植蠻輒攻之為下所覺耽殺自孝以徇城左有
民樓肆蠻俯射城中耽募勇士燒之器械俱盡二月蠻以雲梁鵝車四面攻
士叫譟鵝車未至陴若以巨索鉤係投膏炬車焚楯閒蠻卒盡死耽遣李
璹張察率突將戰城下俘斬二千級蠻撤民郭落為蓬籠如車奮設枕木
推而前不及城丈匿蠻其内以穴墉楊忞以甖貯糞溲潘沃之蓬籠蠻不能熱注以
鐵液蓬籠皆火然南詔氣沮益治器械分兵晝夜有聲將軍錦樓眾失色耽
遣將出三面苦戰蠻引卻蠻利夜晦輒薄城聞呼嘯眾齊奮城上施鐵籠千
炬賊來不得隱屯夫終夜嗤蠻不能侵支詳遣諜與約好且謂耽毋多殺以

速蠻和是時傳言救師至城中合譟開門士爭出迎軍南詔揮戰不解日入判官程克裕以北門兵二千乘之蠻乃走耽猶遣之書謝不得已交兵且請和士耽鎧迎支詳詳陳所齎植二旗署曰賜雲南幣帛物謂蠻使者曰天子詔雲南和解而兵薄成都奈何請退舍撤警以脩好或勸詳蠻多詐毋入死地詳不行蠻復圍成都夜穿西北隅犁旦乃覺即穎莢火于壖蠻皆死穴中以鐵絙曳雲棚仆之燎作少選盡益固守是時帝遣東川節度使顏慶復為大度河制置劍南應接使兵次新都博野將曹元裕敗蠻兵斬二千級南詔騎數萬晨壓官軍以驍大將宋威以忠武兵戰斬首五千獲馬四百尾南詔退屯星宿山威進次沱江酋龍遣酋望至支詳所請和詳曰今列城固守北軍望功歸語而主審自度耽遣銳將趣蠻壁燒攻具殺二千人為南詔所躪卻而潰蠻營聞鳳翔山南軍且來乃迎戰毗橋不勝趨沱江為伏士所擊又敗城中出突將夜火蠻營酋龍坦綽身督戰後三日王師奪白升遷梁蠻大敗夜燒亭傳乘火所向雨矢射王師威疏軍行鄉蜀矢所發叢最射之兩軍不能決各解去酋龍知不敵夜徹營南奔至雙流江無梁討躬將赴水死或止之曰今北軍與成都兵合若來追我無類矣不如偽和以紓急不然死未晚乃來請三日梁成而濟即斷梁按隊緩驅黎州刺史嚴師本收散卒保邛州酋龍攬圍二日去蠻俘華民必劓耳鼻已縱之既而居人刻木為耳鼻者什八慶復之來衆以其弟慶師死于蠻咨甘心及成都不破以已功輕乃按軍廣溪縱殘寇人人切齒初成都無隍塹乃教耽濬隍廣三丈作戰棚于埤列左右屯營營別五區區卒五十蒔阜莢夾塹後三年合拱又為大繒連弩自是南詔憚之酋龍年少嗜殺戮親戚異己者皆斬兵出無寧歲諸國更讎忿屢覆衆國耗虛蜀之役男子十五以下悉發婦耕以餉軍十四年坦綽復寇蜀絙舟大度河以濟為刺史黃景復斲纜卻之衆循河而南夜拎上流兵夾攻瀕水諸屯景復敗走還黎州蠻躡追為景復所敗會蠻踵來遂攻大度河仆旗息鼓請曰坦綽欲上書天子白冤事戍兵信之不戰橋成而濟黎州陷遂攻雅州擊定邊軍卒潰入邛州成都大震人亡入玉壘關士乘城坦綽遣使者王保城等四十人齎驃信書遺節度使牛叢欲假道入朝請勑蜀王故殿叢欲許之楊慶諫曰蠻無信彼禮屈辭甘詐我也請斬其使留二人還遂書叢因責之曰詔王之祖六詔最小夷也天子錄其勤合六詔為一俾附庸成都名之以國許子弟入太學使習華風今乃自絕王命且蠢蚍犬馬猶能報德王乃不如蟲鳥乎比成都以武備未脩故令爾突我疆埸然毗橋沱江之敗積胔附城不四年復來今吾有十萬衆捨其半未用以千人為軍十軍為部驍將主之凡部

有彊弩二百鍭斧輔之勁弓二百越銀刀輔之長戈二百擐刀輔之短矛二百連鎚輔之又軍四面面有鐵騎五百悉收芻薪米粟牛馬犬豕清野待爾吾又能以奇騎略爾樵采我日出以一部與爾戰部別二番日中而代日昃一部至以夜也月明則戰黑則休夜半而代凡我兵五日一殺敵爾乃晝夜戰不十日潰且死矣川縣繕甲厲兵犄角相從皆蠻之深讎雖女子能齧齕薄賊況彊夫烈士哉爾祖嘗奴事西蕃為爾仇家今顧臣之何哉讎之戾邪蜀王故殿先世之寶宮非邊夷所宜舍神怒人憤驃信且死叢猶火刻民室廬觀閣嚴兵為固守計坦綽至新津而還與寇黔中經略使秦匡謀攖奔荊南會僖宗立遣金吾將軍韓重持節使徠撫黎州景復擊走之乾符元年劫略嶲雅間破黎州入邛崍關掠成都成都閉三日蠻乃去詔徙天平軍高駢領西川節度使乃奏蠻小醜勢易制而蜀道險館饟窮要今左神策所發長武河東兵多用度繁廣且彼皆扼制羌戎不可以強備詔乃罷長武等兵駢至不淹月悶精騎五千逐蠻至大度河奪鎧馬執酋長五十斬之收邛崍關復取黎州南詔遣還駢召景復責大度河之敗斬以徇戍望星清溪等關南詔懼遣使者詣駢結好而蹤出兵寇邊駢斬其使初安南經略判官杜驤為蠻所俘其妻宗室女也故酋龍使奉書丐和駢答曰我且將百萬衆至龍尾城問爾罪酋龍大震自南詔叛天子數遣使至其境酋龍不肯拜使者遂絕駢以其俗尚浮屠法故遣浮屠景仙攝使往酋龍與其下迎謁且拜乃定盟而還遣清平官酋望趙宗政質子三十入朝乞盟請為兄弟若舅甥詔拜景仙鴻臚卿檢校左散騎常侍駢結吐蕃尚延心嗢末酋魯耨月等為間築戎州馬湖沐源川大度河三城列屯拒險料壯卒為平夷軍南詔氣奪酋龍恚發疽死偽謚景莊皇帝子法嗣改元貞明承知大同自號大封人法年少好畋獵酣逸衣絳紫錦罽鏤金帶國事顓決大臣乾符四年遣陀西段璚寶詣邕州節度使辛讜請脩好詔使者答報未幾寇西川駢奏請與和親右諫議大夫柳韜吏部侍郎崔澹醜其事上言遠蠻畔逆乃因浮屠誘致又議和親垂笑後世駢職上將謀乖謬不可從遂寢蠻使者再入朝議和親而駢徙荊南持前請不置宰相鄭畋盧攜爭不決皆賜罷辛讜遣幕府徐雲虔攝使者往覘到善闡府見騎數十曳長刀擁絳服少年朱繒約髮典客伽陁酋孫慶曰此驃信也問天子起居下馬揖客取使者佩刀視之自解左右鈕以示乃除地劃三丈版命左右馳射每一人射法駿馬遂以為樂數十發止引客就幄侲子捧瓶盂四女子侍樂飲夜乃罷又遣問客春秋大義送使者還是時駢徙鎮海劾澹等沮議帝恭弱不能曉下詔尉解西川節

度使崔安潛上言蠻畜鳥獸心不識禮義安可以賤隸尚貴主失國家大體
潛等議可用臣請募義征子弟十戶一保願發山東銳兵六千戍諸州比五
年蠻可為奴父之帝手詔問安潛和親事荅曰雲南姚州贅一縣中國何資
於彼而遣重使加厚禮彼且妄謂朝廷畏怯無能為賊有它請陛下何以待
之且天宗近屬不可下小蠻夷臣比移書不言舅甥黜所僭也有如蠻使者
不復至當遣諜人伺其隙可以得志南詔知蜀彊故襲安南陷之都護曾
衮奔邕府戍兵潰會西川節度使陳敬瑄申和親議時盧攜復輔政與豆
盧瑑皆厚駢乃譎說帝曰陛下初即位遣韓重使南詔將官屬留蜀暮年
費不貲蠻不肯迎及駢節度西川招嗢末繕甲訓兵蠻夷震動遣趙宗政
入獻見天子附驃信再拜雲虔之使驃信荅拜其於禮不為少宣宗皇帝收
三州七關平五嶺以南至大中十四年內庫貲積如山戶部延資充滿故宰
相敢中領西川庫錢至三百萬繒諸道亦然咸通以來蠻始叛命再入安南
邕管一破黔州四盜西川遂圍盧耽召兵東方戍海門天下騷動十有五年
賦輸不內京師者過半中藏空虛士死瘴癘燎骨傳灰人不念家亡命為
盜可為痛心前年留宗政等南方無虞及遣還彼猶望望吾家法三年比兵
不出要防其蓄力以間我虞今朝廷府庫匱甲兵少牛叢最有北兵六七萬首尾
奔衝不能救況安南客戍單寡涉冬寇禍可慮誠命使者臨報縱未稱臣且
伐其謀外以縻服蠻夷內得蜀休息也帝謂然乃以宗室女為安化長公主
許婚拜嗣曹王龜年宗正少卿為雲南使大理司直徐雲虔副之內常侍劉
光裕為雲南內使霍承錫副之及還具言驃信誠款以為敬瑄功故進檢校
司空賜一子官法遣宰相趙隆眉楊奇混段義宗朝行在迎公主高駢自揚
州上言三人者南詔心腹也宜止而鴆之蠻可圖也帝從之隆眉等皆死自
是謀臣盡矣蠻益衰中和元年復遣使者來迎主獻珍怪氈罽百牀帝以方
議公主車服為解後二年又遣布燮楊奇肱來迎詔檢校國子祭酒張譙為
禮會五禮使徐雲虔副之宗正少卿嗣虢王約為婚使未行而黃巢平帝東
還乃歸其使法死偽謚聖明文武皇帝子舜化立建元中興遣使款黎州脩
好昭宗不荅後中國亂不復通先是有時傍矣川羅識二族通號八詔時傍
母歸義女也其女復妻閣羅鳳初咩羅皮之敗時傍入居邆川州誘上浪千
餘戶勢稍張為閣羅所猜徙置白厓誠後與矣川羅識詣神川都督求自立
為詔謀洩被殺矣川羅識奔神川都督送之羅些城
蒙嶲詔最大其王嶲輔首死無子弟佉陽照立佉陽照死子照原立喪明
子原羅質南詔歸義欲并國故歸其子原之衆果立之居數月使人殺照

原逐原羅遂有其地
越析詔或謂磨些詔居故越析州西距嶲囊葱山一日行貞元中有豪酋張
尋求烝其王波衝妻因殺波衝劍南節度使召尋求至姚州殺之部落無長
以地歸南詔波衝兄子于贈持王所寶鐸鞘東北度瀘邑于龍佉河繞百
里號雙舍使部酋楊墮居河東北歸義樹壁侵于贈不克閣羅鳳自請
往擊楊墮破之于贈投瀘死得鐸鞘故王出軍必雙執之
浪穹詔其王豐時死子羅鐸立羅鐸死子鐸羅望立為浪穹州刺史與
南詔戰不勝挈其部保劍川更稱劍浪死子望偏立望偏死子偏羅矣
立偏羅矣死子羅君立貞元中南詔擊破劍川虜羅君徙永昌凡浪穹
邆賧施浪總謂之浪人亦稱三浪
邆賧詔其王豐咩初據邆賧為御史李知古所殺子咩羅皮自為邆川
州刺史治大釐城歸義襲破之復入邆賧與浪穹施浪合拒歸義既戰
大敗歸義奪邆賧咩羅皮走保野共川死子皮羅鄧立皮羅鄧死子鄧羅
顛立鄧羅顛死子顛文託立南詔破劍川虜之徙永昌
施浪詔其王施望欠居矣苴和城有施各皮者亦八詔之裔據石和城閤
羅鳳攻虜之而施望欠孤立故與咩羅皮合攻歸義不勝歸義以兵脅
降其部施望欠以族走永昌獻其女遺南詔丐和歸義許之度蘭滄江死
弟望千走吐蕃吐蕃立為詔納之劍川衆數萬望千死子千旁羅顛立南
詔破劍川千旁羅顛走瀘北三浪悉滅唯千旁羅顛及矣川羅識子孫
在吐蕃
贊曰唐之治不能過兩漢而地廣於三代勞民費財禍所繇生晉獻公
殺嫡賊二公子號為闇君明皇一日殺三庶人昏蔽甚矣嗚呼父子不相信
而遠治閤羅鳳之罪士死十萬當時寃之懿宗任相不明藩鎮屢畔南詔
內侮屯戍思亂龐勛乘之倡戈橫行雖凶渠殲夷兵連不解唐遂以亡易
曰喪牛于易有國者知戒西北之虞而不知患生於無備漢亡於董卓而
兵兆於冀州唐亡於黃巢而禍基於桂林易之意深矣

列傳一百四十七中

南蠻列傳第一百四十七下　唐書二百二十二下

端明殿學士兼翰林侍讀學士龍圖閣學士朝請大夫尚書吏部侍郎充集賢殿修撰臣宋祁奉敕撰

環王本林邑也一曰占不勞亦曰占婆直交州南海行三千里地東西三百里而贏南北千里西距眞臘霧溫山南抵奔浪陀州其南大浦有五銅柱山形若倚蓋西重巖東涯海漢馬援所植也又有西屠夷蓋援還留不去者才十戶隋末孳衍至三百皆姓馬俗以其寓故號馬留人與林邑分唐南境其地冬溫多霧雨產虎魄猩猩獸結遼鳥以二月爲歲首稻歲再熟取檳榔瀋爲酒椰葉爲席俗凶悍果戰鬭以麝塗身日再塗再澡拜謁則合爪頓顙有文字喜浮屠道冶金銀像大或十圍呼王爲陽蒲逋王妻爲陀陽阿熊太子爲阿長逋宰相爲婆漫地王所居曰占城別居曰齊國曰蓬皮勢王衣白疊古貝斜絡臂飾金琲爲纓鬈髮戴金華冠如章南妻服朝霞古貝短裙冠纓如王王衛兵五千戰乘象藤爲鎧竹爲弓矢率象千馬四百分前後不設刑有罪者使象踐之或送不勞山畀自死隋仁壽中遣將軍劉方伐之其王范梵志挺走以其地爲三郡置守令道阻不得通梵志裒遺衆別建國邑武德中再遣使獻方物高祖爲設九部樂饗之貞觀時王頭黎獻馴象鏐鎖五色帶朝霞布火珠與婆利羅刹二國使者偕來林邑其言不恭羣臣請問罪太宗曰昔苻堅欲吞晉衆百萬一戰而亡隋取高麗歲調發人與爲怨乃死匹夫手朕敢妄議發兵邪赦不問又獻五色鸚鵡白鸚鵡數訴寒有詔還之頭黎死子鎮龍立獻通天犀雜寶十九年摩訶慢多伽獨弒鎮龍滅其宗范姓絕國人立頭黎壻婆羅門爲王大臣共廢之更立頭黎女爲王諸葛地者頭黎之姑子父得罪奔眞臘女之王不能定國大臣共迎諸葛地爲王妻以女永徽至天寶凡三入獻至德後更號環王元和初不朝獻安南都護張舟執其僞驩愛州都統斬三萬級虜王子五十九獲戰象舠鎧婆利者直環王東南自交州汎海歷赤土丹丹諸國乃至地大洲多馬亦號馬禮袤長數千里多火珠大者如雞卵圓白照數尺日中以艾藉珠輒火出產瑇瑁文螺石坩初取柔可治既鏤刻即堅有舍利鳥通人言俗黑身朱髮而拳鷹爪獸牙穿耳傅璫以古貝橫一幅繚于要古貝草也緝其花爲布粗曰貝精曰㲲俗以夜爲市自掩其面王姓刹利邪伽名護路那婆世居位繚班絲貝綴珠爲飾坐金榻左右持白拂孔雀翣出以象駕車羽蓋珠箔鳴金擊鼓吹蠡爲樂其東即羅刹也與婆利同俗隋煬帝遣常駿使赤土遂通中國赤土西南入海得婆羅總章二年其王旃達鉢遣使者與環王使者偕朝環王南有殊柰者汎交趾海三月乃至與婆羅同俗貞觀二年使者上方物九年甘棠使者入朝國居海南十二年僧高武令迦乍鳩密四國使者朝貢僧高直水眞臘西北與環王同俗其後鳩密王尸利鳩摩又與富那王尸利提婆跋摩等遣使來貢僧高等國永徽後爲眞臘所并

盤盤在南海曲北距環王限少海與狼牙脩接自交州海行四十日乃至王曰楊粟翨其民瀕水居比木爲柵石爲矢鏃王坐金龍大榻諸大人見王交手抱肩以跽其臣曰敎郎索濫曰崑崙帝也曰崑崙勃和曰崑崙敎諦索甘亦曰古龍古龍者崑崙聲近耳在外曰那延猶中國刺史也有佛道士祠僧食肉不飲酒道士謂爲貪不食酒肉貞觀中再遣使朝其東南有哥羅一曰箇羅亦曰哥羅富沙羅王姓矢利波羅名米失鉢羅累石爲城樓闕宮室茨以草州二十四其兵有弓矢矟殳以孔雀羽飾纛每戰以百象爲一隊一象百人鞍若檻四人執弓矟在中賦率輸銀二銖無絲紵惟古貝畜多牛少馬非有官不束髮凡嫁娶納檳榔爲禮多至二百盤婦已嫁從夫姓樂有琵琶橫笛銅鈸鐵鼓蠡死者焚之取燼貯金罌沈之海東南有拘蔞蜜海行一月至南距婆利行十日至東距不述行五日至西北距文單行六日至與赤土墮和羅同俗永徽中獻五色鸚鵡

扶南在日南之南七千里地卑洼與環王同俗有城郭宮室王姓

古龍居重觀柵城楉葉以覆屋王出乘象其人黑身鬈髮倮行俗不為寇盜田一歲種三歲穫國出剛金狀類紫石英生水底石上人沒水取之可以刻玉扣以羖角乃泮人喜鬬雞及豬以金珠香為稅治特牧城俄為眞臘所并益南徙那弗那城武德貞觀時再入朝又獻白頭人二白頭者直扶南西人皆素首膚理如脂居山穴四面峭絕人莫得至與參半國接

眞臘一曰吉蔑本扶南屬國去京師二萬七百里東距車渠西屬驃南瀕海北與道明接東北抵驩州其王刹利伊金那貞觀初并扶南有其地戶皆東嚮坐上東客至屑檳榔龍腦香蛤以進不飲酒比之淫與妻飲房中避尊屬有戰象五千良者飼以肉世與參半驃通好與環王乾陀洹數相攻自武德至聖曆凡四來朝神龍後分為二半北多山阜號陸眞臘半南際海饒陂澤號水眞臘半水眞臘地八百里王居婆羅提拔城陸眞臘或曰文單曰婆鏤地七百里王號笡屈開元天寶時王子率其屬二十六來朝拜果

毅都尉大曆中副王婆彌及妻來朝獻馴象十一擢婆彌試殿中監賜名賓漢是時德宗初即位珍禽奇獸悉縱之蠻夷所獻馴象畜苑中元會充廷者凡三十二悉放荊山之陽及元和中水眞臘亦遣使入貢文單西北屬國曰參半武德八年使者來道明者亦屬國無衣服見衣服者共笑之無鹽鐵以竹弩射鳥獸自給

訶陵亦曰社婆曰闍婆在南海中東距婆利西墮婆登南瀕海北眞臘木為城雖大屋亦覆以栟櫚象牙為牀若席出瑇瑁黃白金犀象國最富有穴自湧鹽以柳花椰子為酒飲之輒醉宿昔壞有文字知星曆食無匕筯有毒女與接輒苦瘡人死尸不腐王居闍婆城其祖吉延東遷於婆露伽斯城旁小國二十八莫不臣服其官有三十二大夫而大坐敢兄為最貴山上有郎卑野州王常登以望海夏至立八尺表景在表南二尺四寸貞觀中與墮和羅墮婆登皆遣使者入貢太宗以璽詔優答墮和羅丐良馬帝與之至上元間國人推女子為王號悉莫威令整肅道不舉遺大食君聞之齎金一囊置其郊行者輒避如是三年太子過以足躪金悉莫怒將斬之羣臣固請悉莫曰而罪實本於足可斷趾羣臣復為請乃斬指以徇大食聞而畏之不敢加兵大曆中訶陵使者三至元和八年獻僧祇奴四五色鸚鵡頻伽鳥等憲宗拜內四門府左果毅使者讓其弟帝嘉美並官之訖大和再朝貢咸通中遣使獻女樂

墮和羅亦曰獨和羅南距盤盤北迦邏舍弗西屬海東眞臘自廣州行五月乃至國多美犀世謂墮和羅犀有二屬國曰曇陵陀洹曇陵在海洲中陀洹一曰耨陀洹在環王西南海中與墮和羅接自交州行九十日乃至王姓察失利名婆那字婆末無蠶桑有稻麥麻豆畜有白象牛羊豬俗喜樓居謂為干欄以白氎朝霞布為衣親喪在室不食燔屍已則剔髮浴于池然後食貞觀時並遣使者再入朝又獻婆律膏白鸚鵡首有十紅毛齊于翅因丐馬銅鍾帝與之墮婆登在環王南行二月乃至東訶陵西迷黎車北屬海俗與訶陵同種稻月一熟有文字以貝多葉寫之死者實金于

口以釧貫其體加婆律膏龍腦衆香積薪燔之

投和在眞臘南自廣州西南海行百日乃至王姓投和羅名脯邪迄遜官有朝請將軍功曹主簿贊理贊府分領國事分州郡縣三等州有參軍郡有金威將軍縣有城有局長官得選僚屬自助民居率樓閣畫壁王宿衛百人衣朝霞耳金鐶金綖被頸寶飾革履頻盜者死次穿耳及頰而劗其髮盜鑄者截手無賦稅民以地多少自輸王以農商自業銀作錢類榆莢民乘象及馬無鞍靮繩穿頰御之親喪斷髮為孝焚尸斂灰于甖沈之水貞觀中遣使以黃金函內表并獻方物

瞻博或曰瞻婆北距兢伽河多野象羣行顯慶中與婆岸千支弗舍跋若磨臘四國並遣使者入朝千支在西南海中本南天竺屬國亦曰半支跋若唐言五山也北距多摩萇又有哥羅舍分脩羅分甘畢三國貢方物甘畢在南海上東距環王王名旃陀越摩有勝兵五千哥羅舍分者在南海南東墮和羅脩羅分者在海北東

距眞臘其風俗大略相類有君長皆柵郛二國勝兵二萬甘畢才五千又有多摩萇東距婆鳳西多隆南千支弗北訶陵地東西一月行南北二十五日行其王名骨利詭去得大卵剖之獲女子美色以爲妻俗無姓婚姻不別同姓王坐常東向勝兵二萬有弓刀甲矟無馬果有波那婆宅護遮菴摩石榴其國經薩盧都訶盧君那盧林邑諸國乃得交州顯慶中貢方物

室利佛逝一曰尸利佛誓過軍徒弄山二千里地東西千里南北四千里而遠有城十四以二國分揔西曰郎婆露斯多金汞砂龍腦夏至立八尺表影在表南二尺五寸國多男子有槖它豹文而犀角以乘且耕名曰它牛豹又有獸類野豕角如山羊名曰雩肉味美以饋膳其王號曷蜜多咸亨至開元間數遣使者朝表爲邊吏侵掠有詔廣州慰撫又獻侏儒僧祇女各二及歌舞官使者爲折衝以其王爲左威衛大將軍賜紫袍金鈿帶後遣子入獻詔宴于曲江宰相會冊封賓義王授右金吾衛大將軍還之

名蔑東接眞陀桓西但游南屬海北波刺其地一月行有州三十以十二月爲歲首王衣朝霞毳賦二十取一交易皆用金準直其人短小兄弟共娶一妻婦總髮爲角辨夫之多少王號斯多題龍朔初使者來貢

單單在振州東南多羅磨之西亦有州縣木多白檀王姓刹利名尸陵伽日視事有八大臣號八坐王以香塗身冠雜寶瓔近行乘車遠乘象戰必吹蠡擊鼓盜無輕重皆死乾封總章時獻方物羅越者北距海五千里西南哥谷羅商賈往來所湊集俗與墮羅鉢底同歲乘舶至廣州州必以聞

驃古朱波也自號突羅朱闍婆國人曰徒里拙在永昌南二千里去京師萬四千里東陸眞臘西接東天竺西南墮和羅南屬海北南詔地長三千里廣五千里東北袤長屬羊苴咩城凡屬國十八曰迦羅婆提曰摩禮烏特曰迦梨迦曰半地曰彌臣曰坤朗曰偈數曰羅聿曰佛代曰渠論曰婆梨曰偈陀曰多歸曰摩曳餘即舍衛瞻婆闍婆也凡鎭城九曰道林王曰悉利移曰三陀曰彌諾道立曰突旻曰帝偈曰達梨謀曰乾唐曰末浦凡部落二百九十八以名見者三十二曰萬公曰充惹曰羅君潛曰彌綽曰道雙曰道甕曰道勿曰夜半曰不惡奪曰莫音曰伽龍睒曰阿梨吉曰阿梨闍曰阿梨忙曰達磨曰求潘曰僧塔曰提梨郎曰望騰曰擔泊曰祿烏曰乏毛曰僧迦曰提追曰阿末邏曰逝越曰騰陵曰歐咩曰磚羅婆提曰祿羽曰陋蠻曰磨地勃縣彌臣至坤朗又有小崑崙部王名茫悉越俗與彌臣同縣坤朗至祿羽有大崑崙王國王名思利泊婆難多珊那川原大於彌臣縣崑崙小王所居半日行至磨地勃柵海行五月至佛代國有江支流三百六十其王名思利些彌他有川名思利毗離芮土多異香北有市諸國估舶所湊越海即闍婆也十五日行踰二大山一曰正迷一曰射䩫有國其王名思利摩訶羅闍俗與佛代同經多茸補邏川至闍婆八日行至婆賄伽盧國土熱衢路植椰子檳榔仰不見日王居以金爲甓廚覆銀

瓦甓香木堂飾明珠有二池以金爲隄舟檝皆飾金寶驃王姓困沒長名摩羅惹其相名曰摩訶思那王出輿以金繩牀遠則乘象嬪史數百人青甓爲圓城周百六十里有十二門四隅作浮圖民皆居中鉛錫爲瓦荔支爲材俗惡殺拜以手抱臂稽顙爲恭明天文喜佛法有百寺琉璃爲甓錯以金銀丹彩紫鑛塗地覆以錦罽王居亦如之民七歲祝髮止寺至二十有不達其法復爲民衣用白氎朝霞以蠶帛傷生不敢衣戴金花冠翠冒絡以雜珠王宮設金銀二鍾寇至焚香擊之以占吉凶有巨白象高百尺訟者焚香跽象前自思是非而退有災疫王亦焚香對象跽自咎無桎梏有罪者束五竹捶背重者五輕者三殺人則死土宜菽粟稻梁蔗大若脛無麻麥以金銀爲錢形如半月號登伽佗亦曰足彈陀無膏油以蠟雜香代炷與諸蠻市以江猪白氎琉璃罌缶相易婦人當頂作高髻飾銀珠琲衣青娑裙披羅段行持扇貴家者傍至五六近城有沙山不毛地亦與波斯婆羅門接距西舍利城二十日行

西舍利者中天竺也南詔以兵彊地接常羈制之貞元中王雍羌
聞南詔歸唐有内附心異牟尋遣使楊加明詣劍南西川節度使
韋皐請獻夷中歌曲且令驃國進樂人於是皐作南詔奉聖樂用
正律黃鐘之均宫徵一變象西南順也角羽終變象戎夷革心也
舞六成工六十四人贊引二人序曲二十八疊舞南詔奉聖樂字
舞人十六執羽翟以四爲列舞南字歌聖主無爲化舞詔字歌南
詔朝天樂舞奉字歌海宇脩文化舞聖字歌雨露覃無外舞樂字
歌闢土丁零塞皆一章三疊而成舞者初定執羽簫鼓等奏散序
一疊次奏第二疊四行贊引以序入將終雷鼓作於四隅舞者皆
拜金聲作而起執羽稽首以象朝覲每拜跪節以鉦鼓次奏拍序
一疊舞者分左右蹈舞每四拍揖羽稽首拍終舞者拜復奏一疊
蹈舞抃揖以合南字字成徧終舞者北面跪歌導以絲竹歌已俯
伏鉦作復揖舞餘字皆如之唯聖字詞末皆恭揖以明奉聖每一
字曲三疊名爲五成次急奏一疊四十八人分行蟠折象將臣禦

邊也字舞畢舞者十六人爲四列又舞闢四門之舞遽舞入徧兩
疊與鼓吹合節進舞三退舞三以象三才三統舞終皆稽首逡巡
又一人舞億萬壽之舞歌天南滇越俗四章歌舞七疊六成而終
七者火之成數象天子南面生成之恩六者坤數象西南向化凡
樂三十工百九十六人分四部一龜茲部二大鼓部三胡部四軍樂
部龜茲部有羯鼓揩鼓要鼓鷄婁鼓短笛大小觱篥拍板皆八長
短簫橫笛方響大銅鈸貝皆四凡工八十八人分四列屬舞筵四隅
以合節鼓大鼓部以四爲列凡二十四居龜茲部前胡部有筝大小
箜篌五絃琵琶笙橫笛短笛拍板皆八大小觱篥皆四工七十二
人分四列屬舞筵之隅以導歌詠軍樂部金鐃金鐸皆二掆鼓
金鉦皆四鉦鼓金飾蓋垂流蘇工十二人服南詔服立闢四門舞
筵四隅節拜合樂又十六人畫半臂執掆鼓四人爲列舞人服南
詔衣絳裠襦黑頭囊金佉苴畫皮鞾首飾袜額冠金寶花鬘襦
上復加畫半臂執羽翟舞俯伏以象朝拜裙襦畫鳥獸草木文以

八綵雜華以象庶物咸遂羽葆四垂以象天無不覆正方布位
以象地無不載分四列以象四氣舞爲五字以象五行秉羽翟以
象文德節鼓以象號令遠布振以鐸明采詩之義用龜茲等樂以
象遠夷悅服鉦鼓則古者振旅獻捷之樂也黃鐘君聲配運爲土
明土德常盛黃鐘得乾初九自爲其宫則林鐘四律以正聲應之
象大君南面提天統於上乾道明也林鐘得坤初六其位西南西
南感至化於下坤體順也太蔟得乾九二是爲人統天地正而三才
通故次應以太蔟三才既通南呂復以羽聲應之南呂酉西方金
也羽北方水也金水悅而應乎時以象西戎北狄悅服然後沽洗
以角音終之沽故也洗濯也以象南詔背吐蕃歸化洗過日新皐
以五宫異用獨唱殊音復述五均譜分金石之節奏一曰黃鐘宫
之宫軍士歌奉聖樂者用之舞人服南詔衣秉翟俯伏拜抃合南
詔奉聖樂五字倡詞五舞人乃易南方朝天之服絳色七節襦袖
飾有青褾排衿以象鳥翼樂用龜茲胡部金鉦掆鼓鐃貝大鼓二

曰太蔟商之宫女子歌奉聖樂者用之合以管絃若奏庭下則獨
舞一曲樂用龜茲鼓笛各四部與胡部等合作琵琶笙箜篌皆八
大小觱篥筝五絃琵琶長笛短笛方響各四居龜茲部前大貝一
人大鼓十二分左右餘皆坐奏三曰姑洗角之宫應古律林鐘爲
徵宫女子歌奉聖樂者用之舞者六十四人飾羅綵襦袖間以八
采曳雲花履首飾雙鳳八卦綵雲花鬘執羽爲拜抃之節以林鐘
當地統象歲功備萬物成也雙鳳明律呂之和也八卦明還相爲
用也綵雲象氣也花鬘象冠也合奉聖樂三字唱詞三表天下懷
聖也小女子字舞則碧色襦袖象角音主木首飾巽卦應沽洗之
氣以六人略後象六合一心也樂用龜茲胡部其鉦掆鐃鐸皆覆以
綵蓋飾以花趺上陳錦綺垂流蘇按瑞圖曰王者有道則儀鳳在
鼓故羽葆鼓栖以鳳凰鉦棲孔雀鐃鐸集以翔鷺鉦掆頂足又飾
南方鳥獸明澤及飛走翔伏鉦掆鐃鐸皆二人執擊之貝及大鼓
工伎之數與軍士奉聖樂同而加鼓笛四部四曰林鐘徵之宫歛

拍單聲奏奉聖樂丈夫一人獨舞樂用龜茲鼓笛每色四人方響二置龜茲部前二隅有金鉦中植金鐸二貝二鈴鈸二大鼓十二分左右五曰南呂羽之宮應古律黃鍾爲君之宮樂用古黃鍾方響一大琵琶五絃琵琶大箜篌倍黃鍾觱篥小觱篥笙塤篪搊箏軋箏黃鍾簫簫笛倍笛節鼓拍板等工皆一人坐奏之絲竹緩作一人獨唱歌工復通唱軍士奉聖樂詞雍羌亦遣弟悉利移城主舒難陀獻其國樂至成都韋皐復譜次其聲以其舞容樂器異常乃圖畫以獻工器二十有二其音八金貝絲竹匏革牙角金二貝一絲七竹二匏二革二牙一角二鈴鈸四制如龜茲部周圓三寸貫以韋擊磋應節鐵板二長三寸五分博二寸五分面平背有柄係以韋與鈴鈸皆飾條紛以花𣰽縷爲蘂螺貝四大者可受一升飾條紛有鳳首箜篌二其一長二尺腹廣七寸鳳首及項長二尺五寸面飾虺皮絃一十有四項有軫鳳首外向其一項有條軫有鼉首箏二其一形如鼉龜長四尺有四足虛腹以鼉皮飾背面及仰肩如琴廣

七寸腹闊八寸尾長尺餘卷上虛中施關以張九絃左右一十八柱其一面飾彩花傅以虺皮爲別有龍首琵琶一如龜茲製而項長二尺六寸餘腹廣六寸二龍相向爲首有軫柱各三絃隨其數兩軫在項一在頸其覆形如師子有雲頭琵琶一形如前面飾虺皮四面有牙釘以雲爲首軫上有花象品字三絃覆手皆飾虺皮刻捍撥爲舞崑崙狀而彩飾之有大匏琴二覆以半匏皆彩畫之上加銅甌以竹爲琴作虺文橫其上長三尺餘頭曲如拱長二寸以條繫腹穿甌及匏本可受二升大絃應太蔟次絃應姑洗有獨絃匏琴以班竹爲之不加飾刻木爲虺首張絃無軫以絃繫頂有四柱如龜茲琵琶絃應太蔟有小匏琴二形如大匏琴長二尺大絃應南呂次應應鍾有橫笛二一長尺餘取其合律去節無爪以蠟實首上加師子頭以牙爲之穴六以應黃鍾商備五音七聲又一管唯加象首律度與荀勗笛譜同又與清商部鍾聲合有兩頭笛二長二尺八寸中隔一節節左右開衝氣穴兩端皆分洞體爲

笛量左端應太蔟管末三穴一姑洗二蕤賓三夷則右端應林鍾管末三穴一南呂二應鍾三大呂下托指一穴應清太蔟兩洞體七穴共備黃鍾林鍾兩均有大匏笙二皆十六管左右各八形如鳳翼大管長四尺八寸五分餘管參差相次製如笙管形亦類鳳翼竹爲簧穿匏達本上古八音皆以木漆代之用金爲簧無匏音唯驃國得古製又有小匏笙二製如大笙律應林鍾商有三面鼓二形如酒缸高二尺首廣下銳上博七寸底博四寸腹廣不過首冒以虺皮束三爲一碧條約之下當地則不冒四面畫驃國工伎執笙鼓以爲飾有小鼓四製如腰鼓長五寸首廣三寸五分冒以虺皮牙釘彩飾無柄搖之爲樂節引贊者皆執之有牙笙穿匏達本漆之上植二象牙代管雙簧皆應姑洗有三角笙亦穿匏達本漆之上植三牛角一簧應姑洗餘應南呂角銳在下穿匏達本柄觜皆直有兩角笙亦穿匏達本上植二牛角簧應姑洗匏以彩飾凡曲名十有二一曰佛印驃云沒馱彌國人及天竺歌以事王也

二曰讚娑羅花驃云嚨莽第國人以花爲衣服能淨其身也三曰白鴿驃云荅都美其飛止遂情也四曰白鶴游驃云蘇謾底哩謂翔則摩空行則徐步也五曰鬪羊勝驃云來乃昔有人見二羊鬪海岸彊者則見弱者入山時人謂之來乃來乃者勝勢也六曰龍首獨琴驃云彌思彌此一絃而五音備象王一德以畜萬邦也七曰禪定驃云掣覽詩謂離俗寂靜也七曲唱舞皆律應黃鍾商八曰甘蔗王驃云遏思略謂佛教民如蔗之甘皆悅其味也九曰孔雀王驃云桃臺謂毛采光華也十曰野鵝謂飛止必雙徒侶畢會也十一曰宴樂驃云嚨聰網摩謂時康宴會嘉也十二曰滌煩亦曰笙舞驃云扈那謂時滌煩暋以此適情也五曲律應黃鍾兩均一黃鍾商伊越調一林鍾商小植調樂工皆昆侖衣絳𣰽朝霞爲蔽膝謂之裓襔兩肩加朝霞絡腋足臂有金寶鐶釧冠金冠左右珥璫條貫花鬘珥雙簪散以毳初奏樂有贊者一人先導樂意其舞容隨曲用人或二或六或四或八至十皆珠冒拜首稽

首以終節其樂五譯而至德宗授舒難陀太僕卿遣還開州刺史
唐次述驃國獻樂頌以獻大和六年南詔掠其民三千徙之柘東
兩爨蠻自曲州靖州西南昆川曲軛晉寧喻獻安寧距龍和城通
謂之西爨白蠻自彌鹿升麻二川南至步頭謂之東爨烏蠻西爨
自云本安邑人七世祖晉南寧太守中國亂遂王蠻中梁元帝時
南寧州刺史徐文盛召詣荆州有爨瓚者據其地延袤二千餘里
土多駿馬犀象明珠既死子震翫分統其衆隋開皇初遣使朝貢
命韋世沖以兵戍之置恭州協州昆州未幾叛史萬歲擊之至西
洱河滇池而還震翫懼而入朝文帝誅之諸子没爲奴高祖即位
以其子弘達爲昆州刺史奉父喪歸而益州刺史段綸遣俞大施
至南寧治共範川誘諸部皆納款貢方物太宗遣將擊西爨開青
蛉弄棟爲縣爨蠻之西有徒莫祇蠻儉望蠻貞觀二十三年内屬以
其地爲傍望覽丘求五州隸郎州都督府白水蠻地與青蛉弄棟接
郎州亦隸弄棟西有大勃弄小勃弄二川蠻其西與黃瓜葉榆西洱

河接其衆完富與蜀埒無酋長喜相讎怨永徽初大敘弄楊承顛私
署將帥寇麻州都督任懷玉招之不聽高宗以左領軍將軍趙孝祖
爲郎州道行軍揔管與懷玉討之至羅仵侯山其酋禿磨蒲與大鬼
主都干以衆塞菁口孝祖大破之夷人尚鬼謂主祭者爲鬼主每歲
戶出一牛或一羊就其家祭之送鬼迎鬼必有兵因以復仇云孝祖
按軍多棄城逐北至周近水大酋儉弥于鬼主董朴瀕水爲柵以輕
騎逆戰孝祖擊斬弥于禿磨蒲鬼主十餘級會大雪皸凍死者略盡
孝祖上言小勃弄大勃弄常誘弄棟叛今因破白水請遂西討詔可
孝祖軍入夷人皆走險小勃弄酋長殁盛屯白旗城率萬騎戰敗斬
之進至大勃弄楊承顛嬰城守孝祖招之不從麾軍進執承顛餘屯
大者數萬小數千皆破降之西南夷遂定罷郎州都督更置戎州都
督爨弘達既死以爨歸王爲南寧州都督居石城襲殺東爨首領
蓋聘及子蓋啓徙共範川有兩爨大鬼主崇道者與弟日進日用居
安寧城左聞章仇兼瓊開步頭路築安寧城群蠻震騷共殺築城

使者玄宗詔蒙歸義討之師次波州歸王及崇道兄弟千餘人泥
首謝罪赦之俄而崇道殺日進及歸王歸王妻阿姹烏蠻女也走
父部乞兵相仇於是諸爨亂阿姹遣使詣歸義求殺夫者書聞詔
以其子守隅爲南寧州都督歸義以女妻之又以一女妻崇道子
輔朝然崇道守隅相攻討不置阿姹訴歸義爲興師營昆川崇道
走黎州遂虜其族殺輔朝收其女崇道俄亦被殺諸爨稍離弱閣
羅鳳立召守隅并妻歸河睒不通中國阿姹自主其部落歲入朝
恩賞蕃厚閤羅鳳遣昆川城使楊牟利以兵脅西爨徙戶二十
餘萬於永昌城東爨以言語不通多散依林谷得不徙自曲靖州
石城升麻昆川南北至龍和皆殘于兵日進等子孫居永昌城烏
蠻種復振徙居西爨故地與峯州爲鄰貞元中置都督府領羈縻
州十八烏蠻與南詔世昏姻其種分七部落一曰阿芋路居曲州
靖州故地二曰阿猛三曰蔓山四曰暴蠻五曰盧鹿蠻二部落分保
竹子嶺六曰磨弥斂七曰勿鄧土多牛馬無布帛男子髽髻女人

被髮皆衣牛羊皮俗尚巫鬼無拜跪之節其語四譯乃與中國通
大部落有大鬼主百家則置小鬼主勿鄧地方千里有邛部六姓
一姓白蠻也五姓烏蠻也又有初裹五姓皆烏蠻也居邛部臺登
之間婦人衣黑繒其長曳地又有東欽蠻二姓皆白蠻也居北谷
婦人衣白繒長不過膝又有粟蠻二姓雷蠻三姓夢蠻三姓散處
黎巂戎數州之鄙皆隸勿鄧勿鄧南七十里有兩林部落有十低
三姓阿屯三姓虧望三姓隸焉其南有豐琶部落阿諾二姓隸焉
兩林地雖陿而諸部推爲長號都大鬼主勿鄧豐琶兩林皆謂之
東蠻天寶中皆受封爵及南詔陷巂州遂羈屬吐蕃貞元中復
通款以勿鄧大鬼主苴嵩兼邛部團練使封長川郡公及死子苴
驃離幼以苴夢衝爲大鬼主數爲吐蕃侵獵兩林都大鬼主苴那
時遺韋皐書乞兵攻吐蕃皐遣將劉朝彩出銅山道吳鳴鶴出清
溪關道鄧英俊出定蕃柵道進逼臺登城吐蕃退壁西貢川據高
爲營苴那時戰甚力分兵大破吐蕃青海臘城二節度軍於北谷

青海大兵馬使乞藏遮遮臘城兵馬使悉多楊朱節度論東柴大將論結突梨等皆戰死執籠官四十五人鎧仗一萬牛馬稱是進拔于葱柵乞藏遮遮尚結贊子也以尸還其下曩貢節度蘇論百餘人行哭使一人立尸左一人問之曰瘡痛乎曰然即傅藥曰食乎曰然即進膳曰衣乎曰然即命裘又問歸乎曰然以馬載尸而去詔封苴那時爲順政郡王苴夢衝爲懷化郡王豐琵部落大鬼主驃傍爲和義郡王給印章袍帶三王皆入朝宴麟德殿賞賚加等歲給其部祿鹽衣綵黎巂二州吏就賜之以山阻多爲盜侵亡失所賜皐令二州爲築館有賜約酋長自至授賜而遣之然苴夢衝內附吐蕃斷南詔使路皐遣巂州捴管蘇嵬以兵三百召夢衝至琵琶川聲其罪斬之披其族爲六部以樣棄主之及苴驃離長乃命爲大鬼主驃傍年少驍敢數出兵攻吐蕃吐蕃閒道焚其居室部落亡所賜印章皐爲請復得印爨蠻西有昆明蠻一曰昆彌以西洱河爲境即葉榆河也距京師九千里土歊濕宜秔稻人辮首

左衽與突厥同隨水草畜牧夏處高山冬入深谷尚戰死惡病亡勝兵數萬武德中巂州治中吉偉使南寧因至其國諭使朝貢求內屬發兵戍守自是歲與牂柯使偕來龍朔三年矩州刺史謝法成招慰比樓等七千戶內附總章三年置祿州湯望州咸亨三年昆明十四姓率戶二萬內附析其地爲殷州捴州敦州以安輯之殷州居戎州西北捴州居西南敦州居南遠不過五百餘里近三百里其後又置盤麻等四十一州皆以首領爲刺史昆明東九百里即牂柯國也兵數出侵地數千里元和八年上表請盡歸牂柯故地開成元年鬼主阿珮內屬會昌中封其別帥爲羅殿王世襲爵其後又封別帥爲滇王皆牂柯蠻也東距辰州二千四百里其南千五百里即交州也無城郭土熱多霖雨稻粟再熟無徭役戰乃屯聚刻木爲契盜者倍三而償殺人者出牛馬三十俗與東謝同首領亦姓謝氏至龍羽有兵三萬武德三年遣使者朝以其地爲牂州拜龍羽刺史封夜郎郡公其北百五十里有別部曰兖

州蠻勝兵二萬亦來朝貢以地爲兖州開元中牂柯酋長元齊死孫嘉藝襲官封其後乃以趙氏爲酋長二十五年趙君道來朝其裔有趙國珍天寶中戰有功閣羅鳳叛宰相楊國忠兼劒南節度使以國珍有方略授黔中都督屢敗南詔護五溪十餘年天下方亂其部獨寧終工部尚書貞元中官其酋長趙主俗亦以襃朝貢不絕至十八年五遣使朝元和二年詔黔南觀察使常以李道將爲押領牂柯昆明等使自是數遣使或朝正月訖開成不絕故事戎吏朝貢將至都中官驛勞於郊既又館恩禮之尤渥西爨之南有東謝蠻居黔州西三百里南距守宮獠西連夷子地方千里宜五穀爲畬田歲一易之衆處山巢居汲流以飲無賦稅刻木爲契見貴人執鞭而拜賞有功者以牛馬銅鼓犯小罪則杖大事殺之盜物者倍償昏姻以牛酒爲聘女歸夫家夫慙澁避之旬日乃出會聚擊銅鼓吹角俗椎髻韜以絳垂于後坐必蹲踞常帶刀劒男子服衫襖大口袴以帶斜馮右肩以螺殻虎豹猨狖犬羊皮爲飾

有謝氏世爲酋長部落尊畏之其族不育女自以姓高不可以嫁人貞觀三年其酋元深入朝冠烏熊皮若注旄以金銀絡額被毛帔韋行縢著履中書侍郎顏師古因是上言昔周武王時遠國入朝太史次爲王會篇今蠻夷入朝如元深冠服不同可寫爲王會圖詔可帝以地爲應州即拜元深刺史隸黔州都督府又有南謝首領謝彊亦來朝以其地爲莊州授彊刺史建中三年大酋長檢校蠻州長史資陽郡公宋鼎與諸謝朝賀德宗以其國小不許訴於黔中觀察使王礎以州接牂柯願隨牂柯朝賀礎奏牂蠻二州戶繁力彊爲隣蕃所憚請許三年一朝詔從之元和中辰漵蠻酋張伯靖嫉本道督斂苛刻聚衆叛侵播費二州黔中經略使崔能荆南節度使嚴綬湖南觀察使柳公綽討之三歲不能定伯靖上表請隸荆南乃降崔能內恨之更請調荆南湖南桂管軍爲援約西原十洞兵皆出可以成功公卿議者皆以爲便宰相李吉甫曰伯靖挾怨而叛壓以大兵而招之可不戰自定乃命能兵毋出獨

詔嚴綬招伯靖率家屬詣江陵降授右威衛翊府中郎將東謝南有西趙蠻東距夷子西屬昆明南西洱河也山穴阻深莫知道里南北十八日行東西二十三日行戶萬餘俗與東謝同趙氏世爲酋長夷子渠帥姓季氏與西趙皆南蠻別種勝兵各萬人自古未嘗通中國黔州豪帥田康諷之故貞觀中皆遣使入朝西趙首領趙酋摩率所部萬餘戶內附以其地爲明州授酋摩刺史松外蠻尚數十百部大者五六百戶小者二三百凡數十姓趙楊李董爲貴族皆擅山川不能相君長有城郭文字頗知陰陽歷數自夜郎滇池以西皆莊蹻之裔有稻麥粟豆絲麻薤蒜桃李以十二月爲歲首布幅廣七寸正月蠶生二月熟男子氊革爲帔女衣絁布裙衫髻盤如髺飯用竹箸摶而歠之烏杯貯羹如雞彝徒跣有舟無車死則坎地殯舍左屋之三年乃葬以蠡蚌封棺父母喪斬衰布衣不澡者四五年近者二三年爲人所殺者子以麻括髮墨面衣不緝居喪昏嫁不廢亦弗避同姓婿不親迎富室娶妻納金銀牛

羊酒女所齎亦如之有罪者樹一長木擊鼓集衆其下彊盜殺之富者貰死燒屋奪其田盜者倍九而償贓姦淫則彊族輸金銀請和而棄其妻處女嫠婦不坐凡相殺必報力不能則其部助攻之祭祀殺牛馬親聯畢會助以牛酒多至數百人貞觀中巂州都督劉伯英上疏松外諸蠻率暫附亟叛請擊之西洱河天竺道可通也居數歲太宗以右武候將軍梁建方發蜀十二州兵進討酋帥雙舍拒戰敗走殺獲十餘萬羣蠻震駭走保山谷建方諭降者七十餘部戶十萬九千署首領蒙和爲縣令餘衆感悅西洱河蠻亦曰河蠻道繇郎州走三千里建方遣奇兵自巂州道千五百里掩之其帥楊盛大駭欲遁去使者好語約降乃遣首領十人納款軍門建方振旅還二十二年西洱河大首領楊同外東洱河大首領楊斂松外首領蒙羽皆入朝授官秩顯慶元年西洱河大首領楊棟附顯和蠻大首領王羅祁郎昆梨盤四州大首領王伽衝率部落四千人歸附入朝貢方物其後茂州西南築安戎城絕吐蕃通

蠻之道生羌爲吐蕃鄉導攻拔之增兵以守西洱河諸蠻皆臣吐蕃開元中首領始入朝授刺史會南詔蒙歸義拔大和城乃北徙更羈制於浪穹詔浪穹詔已破又徙雲南柘城黎州領羈縻奉上等州二十六開元十七年又領羈縻夏梁卜貴等州三十一南路有廓清道部落主三人婆鹽鬼主十人又有阿逼蠻分十四部落一曰大龍池二曰小龍池三曰控四曰苴質五曰烏披六曰苴賃七曰觱篥水八曰戎列九曰婆狄十曰石地十一曰羅公十二曰訛十三曰離昊十四曰里漢黎邛二州之東又有凌蠻西有三王蠻蓋莋都夷白馬氏之遺種楊劉郝三姓世爲長襲封王謂之三王部落疊甓而居號雕舍歲禀節度府帛三千匹以詗南詔而南詔亦密賂之覘成都虛實每節度使至酋長來謁節度使多奏威惠所懷以罔天子也前謁必請於都押衙且聽命都押衙不令者輒諷其叛常倚三王部落求姑息至唐末益甚雅州西有通吐蕃道三曰夏陽曰夐𡠟曰始陽皆諸蠻錯居凡部落四十六距州三百餘

里之外有百坡當品羅巖城中川鉗矣昌逼鉗井七部落四百餘里之外有羅巖當馬三井束鋒名耶鉗恭畫重羅林籠羊林波林燒龍逢索古敢川驩川禍眉不燭十七部落五百餘里之外有諸祚三恭布嵐欠馬論川讓川遠南卑盧夐龍曜川金川東嘉梁西嘉梁十三部落六百餘里之外有推梅作重禍林金林邏逢五部落皆羈縻州也以首領襲刺史嶲州新安城傍有六姓蠻一曰蒙蠻二曰夷蠻三曰訛蠻四曰狼蠻餘勿鄧及白蠻也戎州管內有驃騁浪三州大鬼主董嘉慶累世內附以忠謹稱封歸義郡王貞元中狼蠻亦請內附補首領浪沙爲刺史然卒不出劍南西川節度使韋皐徼嘉慶兼押狼蠻又有魯望等部落徙居戎州馬鞍山皐以其遠邊徼戶給米二斛鹽五斤北又有浪稽蠻羅哥谷蠻東有婆秋蠻烏皮蠻南有離東蠻鍋銼蠻西有磨些蠻與南詔越析相姻婭自浪稽以下古滇王哀牢雜種其地與吐蕃接亦有姐羌古白馬氏之裔劍山當吐蕃大路屬石門柳彊二鎮置戍守

捉以招討使領五部落一曰弥羌二曰鐮羌三曰胡叢其餘東欽磨些也又有夷望鼓路西望安樂湯谷佛蠻虧野阿鹽阿鶻卭蠻林井阿異十二鬼主皆隸巂州又有奉國苴伽十一部落春秋受賞於巂州然挾吐蕃爲輕重每節度使至諸部獻馬酋長衣虎皮餘皆紅歸束髮錦纈襖半臂既見請匹錦斗酒折草招父祖魂以歸鄉里及還裹錦植馬上而去又有顯養東魯諸蠻永徽三年與胡叢皆叛高宗以右驍衛將軍曹繼叔爲巂州道行軍揔管戰斜山拔十餘城斬首七百獲馬犛牛萬五千姚州境有永昌蠻居古永昌郡地咸亨五年叛高宗以太子右衛副率梁積壽爲姚州道行軍揔管討平之武后天授中遣御史裴懷古招懷至長壽時大首領董期率部落二萬内屬其西有撲子蠻趫悍以青娑羅爲通身袴善用竹弓入林射飛鼠無不中無食器以蕉葉藉之人多長大負排持矟而鬬又有望蠻者用木弓短箭鏃傅毒藥中者立死婦人食乳酪肥白跣足青布爲衫裳聯貫珂貝珠絡之髻垂于後有夫者分兩髻羣蠻種類多不可記有黑齒金齒銀齒三種見人以漆及鏤金銀飾齒寢食則去之直項爲髻青布爲通袴有繡脚種刻踝至腓爲文有繡面種生踰月涅黛於面有雕題種身面涅黛有穿鼻種以金環徑尺貫其鼻下垂過頤君長以絲係鐶人牽乃行其次以二花頭金釘貫鼻下出又有長鬃種棟鋒種皆額前爲長髻下過臍行以物舉之君長則二女在前共舉其髻乃行安南有生蠻林覩符部落大曆中置德化州戸一萬又以潘歸國部落置龍武州戸千五百詔安南節度使綏定之貞元七年始以驩峯二州爲都督府驩在安南限重海與文單占婆接峯統羈縻州十八與蜀爨蠻接

南平獠東距智州南屬渝州西接南州北涪州戸四千餘多瘴癘山有毒草沙虱蝮蛇人樓居梯而上名爲干欄婦人横布二幅穿中貫其首號曰通裙美鬟髻垂於後竹筒三寸斜穿其耳貴者飾以珠璫俗女多男少婦人任役昏法女先以貨求男貧者無以嫁則賣爲婢男子左袵露髮徒跣其王姓朱氏號劒荔王貞觀三年遣使内款以其地隸渝州有飛頭獠者頭欲飛周項有痕如縷妻子共守之及夜如病頭忽亡比旦還又有烏武獠地多瘴毒中者不能飲藥故自鑿齒有甯氏世爲南平渠帥陳末以其帥猛力爲寧越太守陳亡自以爲與陳叔寶同日而生當代爲天子乃不入朝隋兵阻瘴不能進猛力死子長眞襲刺史及討林邑長眞出兵攻其後又率部落數千從征遼東煬帝召爲鴻臚卿授安撫大使遣還又以其族人甯宣爲合浦太守隋亂皆以地附蕭銑長眞部越兵攻丘和於交阯者也武德初以寧越鬱林之地降自是交愛數州始通高祖授長眞欽州都督甯宣亦遣使請降未報而卒以其子純爲廉州刺史族人道明爲南越州刺史六年長眞獻大珠昆州刺史沈遜融州刺史歐陽世普象州刺史秦元覽亦獻筒布高祖以道遠勞人皆不受道明與高州首領馮暄談殿據南越州反攻姜州甯純以兵援之八年長眞陷封山縣昌州刺史龐孝恭掎

擊暄等走之明年道明爲州人所殺未幾長眞死子據襲刺史馮暄談殿阻兵相掠羣臣請擊之太宗不許遣員外散騎常侍韋叔諧員外散騎侍郎李公淹持節宣諭暄等與溪洞首領皆降南方遂定大抵劒南諸獠武德貞觀間數寇暴州縣者不一巴州山獠王多馨叛梁州都督龐玉梟其首又破餘黨符陽白石二縣獠其後眉州獠反益州行臺郭行方大破之未幾又破洪雅二州獠俘男女五千口是歲益州獠亦反都督竇軌請擊之太宗報曰獠依山險當拊以恩信脅之以兵威豈爲人父母意耶貞觀七年東西玉洞獠反以右屯衛大將軍張士貴爲龔州道行軍揔管平之十二年巫州獠叛夔州都督齊善行擊破之俘男女三千餘口鈞州獠叛桂州都督張寶德討平之明州山獠又叛交州都督李道彦擊走之是歲巴洋集壁四州山獠叛攻巴州遣右武候將軍上官懷仁破之于壁州虜男女萬餘明年遂平十四年羅竇諸獠叛以廣州都督党仁弘爲竇州道行軍揔管擊之虜男女七千餘人太

宗再伐高麗爲舡劒南諸獠皆半役雅邛眉三州獠不堪其擾相率叛詔發隴右峽兵二萬以茂州都督張士貴爲雅州道行軍摠管與右衛將軍梁建方平之高宗初琰州獠叛梓州都督謝萬歲兗州刺史謝法興黔州都督李孟嘗討之萬歲法興入洞招慰遇害顯慶三年羅竇生獠酋領多胡桑率衆内附上元末納州獠叛寇故茂都掌二縣殺吏民焚廨舍詔黔州都督發兵擊之大曆二年桂州山獠叛陷州刺史李良遁去貞元中嘉州綏山縣婆籠川生獠首領甫枳兄弟誘生蠻爲亂剽居人西川節度使韋皋斬之招其首領勇于等出降或請增柵東凌界以守皋不從曰無戎而城害所生也獠亦自是不擾境戎瀘間有葛獠居依山谷林菁踰數百里俗喜叛州縣撫視不至必合黨數千人持排而戰奉酋帥爲王號曰婆能出入前後植旗大中末昌瀘二州刺史貪沓以弱繒及羊彊獠市米麥一斛得直不及半羣獠詬曰當爲賊取死耳刺史召二小吏榜之曰皆爾屬爲之非吾過獠相視大笑遂叛立酋長始艾爲王踰梓潼所過焚剽刺史劉成師誘降其黨斬首領七十餘人餘衆遁至東川節度使柳仲郢諭降之始艾稽首請罪仲郢貰遣之成都西北二千餘里有附國蓋漢西南夷也其東部有嘉良夷無姓氏地縱八百里横西四千五百里無城柵居川谷疊石爲巢高十餘丈以高下爲差作狹戸自内以通上王酋帥以金飾首冒垂金花徑三寸地高涼多風少雨宜小麥多白雉嘉良夷有水廣三十步附國水廣五十步皆南流以韋爲舡附國南有薄緣夷西接女國三濮者在雲南徼外千五百里有文面濮俗鏤面以青涅之赤口濮裸身而折齒劖其脣使赤黑僰濮山居如人以幅布爲裙貫頭而繫之丈夫衣縠皮多白蹄牛虎魄龍朔中遣使與千支弗磨臘同朝貢

西原蠻居廣容之南邕桂之西有甯氏者相承爲豪又有黄氏居黄橙洞其隸也其地西接南詔天寶初黄氏彊與韋氏周氏儂氏相脣齒爲寇害據十餘州韋氏周氏恥不肯附黄氏攻之逐于海濵至德初首領黄乾曜眞崇鬱與陸州武陽朱蘭洞蠻皆叛推武承斐韋敬簡爲帥僭號中越王廖殿爲桂南王莫淳爲拓南王相支爲南越王梁奉爲鎮南王羅誠爲戎成王莫潯爲南海王合衆二十萬緜地數千里署置官吏攻桂管十八州所至焚廬舍掠士女更四歲不能平乾元初遣中使慰曉諸首領賜詔書赦其罪約降於是西原環古等州首領方子彈甘令暉羅承韋張九解宋原五百餘人請出兵討承斐等歲中戰二百斬黄乾曜眞崇鬱廖殿莫淳梁奉羅誠莫潯七人承斐等以餘衆面縛詣桂州降盡釋其縛差賜布帛縱之其種落張侯夏永與夷獠梁崇牽覃問及西原酋長吳功曹復合兵内寇陷道州據城五十餘日桂管經略使邢濟擊平之執吳功曹等餘衆復圍道州刺史元結固守不能下進攻永州陷邵州留數日而去湖南團練使辛京杲遣將王國良戍武岡嫉京杲貪暴亦叛有衆千人侵掠州縣發使招之且服且叛建中元年城敘州以斷西原國良乃降貞元十年黄洞首領黄少卿者攻邕管圍經略使孫公器請發嶺南兵窮討之德宗不許命中人招諭不從俄陷欽横潯貴四州少卿子昌沔趫勇前後陷十三州氣益振乃以唐州刺史陽旻爲容管招討經略使引師掩賊一日六七戰皆破之侵地悉復元和初邕州擒其别帥黄承慶明年少卿等歸款拜歸順州刺史弟少高爲有州刺史未幾復叛又有黄少度黄昌瓘二部陷賓巒二州據之十一年攻欽横二州邕管經略使韋悅破走之取賓巒二州是歲復屠巖州桂管觀察使裴行立輕其軍弱首請發兵盡誅叛者徼幸有功憲宗許之行立兵出擊彌更二歲妄奏斬獲二萬罔天子爲解自是邕容兩道殺傷疾疫死者十八以上調費闕亡繇行立陽旻二人當時莫不咎之及安南兵亂殺都護李象古擢唐州刺史桂仲武爲都護逗留不敢進貶安州刺史以行立代之尋召還卒長慶初以容管經略使留後嚴公素爲經略使復上表請討黄氏兵部侍郎韓愈建言黄賊皆洞獠無城郭依山險各治生業急則屯聚畏死前日邕管經略

使德不能綏懷，威不能臨制，侵詐係縛以致憾恨夷性易動而難安劫州縣復私讎貪小利不爲大患自行立陽旻建征討生事詭賞邕容兩管日以凋弊殺傷疾患十室九空百姓怨嗟如出一口人神共嫉二將繼死今嚴公素非撫御之才復尋往謬誠恐嶺南未有寧時昨合邕容爲一道邕與賊限一江若經略使居之兵鎮所處物力雄完則敵人不敢輕犯容州則隔阻已甚以經略使居之則邕州兵少情見易啓蠻心請以經略使還邕州容置刺史便甚又比發南兵遠鄉羈旅疾疫殺傷續添續死每發倍難若募邕容千人以給行營糧不增而兵便習守則有威攻則有利自南討損傷嶺南人希賊之所處洞壘荒僻假如盡殺其人得其地在國計不爲有益容貸羈縻比之禽獸來則捍禦去則不追未有虧損朝廷願因改元大慶普赦其罪遣郎官御史以天子意丁寧宣諭必能讙叫聽命爲選材用威信者委以經略處理得方宜無侵叛事不納初邕管既廢人不謂宜監察御史杜周士使安南過邕州

刺史李元宗白狀周士從事五管積三十年矣亦知其不便嚴公素遣人盜其稾周士憤死公素劾元宗擅以羅陽縣還黃少度元宗懼引兵一百持印章依少度穆宗遣監察御史敬僚按之僚嘗爲容州從事與公素暱傳致元宗罪以母老流驩州衆以爲不直黃賊更攻邕州陷左江鎮攻欽州陷千金鎮刺史楊嶼奔石南栅邕州刺史崔結擊破之明年又寇欽州殺將吏是歲黃昌瓘遣其黨陳少奇二十人歸款請降敬宗納之黃氏儂氏據州十八經略使至遣一人詣治所稍不得意輒侵掠諸州橫州當邕江官道嶺南節度使常以兵五百戍守不能制大和中經略使董昌齡遣子蘭討平峒穴夷其種黨諸蠻畏服有違命者必嚴罰之十八州歲輸貢賦道路清平其後儂洞最彊結南詔爲助懿宗與南詔約和二洞數構敗之邕管節度使辛讜以從事徐雲虔使南詔結和齎美貨唆二洞首領太州刺史黃伯蘊屯洞首領儂金意員州首領儂金勒等與之通驩員州又有首領儂金澄儂仲武與金勒襲黃洞首領黃伯善伯善伏兵瀼水雞鳴候其半濟擊殺金澄仲武唯金勒遁免後欲興兵報仇辛讜遣人持牛酒音樂解和并遺其母衣服母賢者也讓其子曰節度使持物與獠母非結好也以汝爲吾子前日兵敗瀼水士卒略盡不自悔復欲動衆兵忿者必敗吾將因爲官老婢矣金勒感寤爲罷兵

贊曰唐北禽頡利西滅高昌焉耆東破高麗百濟威制夷狄方策所未有也交州漢之故封其外瀕海諸蠻無廣土堅城可以居守故中國兵未嘗至及唐稍弱西原黃洞繼爲邊害垂百餘年及其亡也以南詔詩曰惠此中國以綏四方不以夷狄先諸夏也

南蠻列傳第一百四十七下

端明殿學士兼翰林侍讀學士[illegible]奉
敕撰

許敬宗字延族杭州新城人父善心仕隋爲給事中敬宗幼善屬文大業中舉秀才中第調淮陽書佐俄直謁者臺奏通事舍人事善心爲宇文化及所殺敬宗哀請得不死去依李密爲記室武德初補漣州別駕太宗聞其名召署文學館學士貞觀中除著作郎兼脩國史喜謂所親曰仕宦不爲著作無以成門戶俄改中書舍人文德皇后喪羣臣衰服率更令歐陽詢貌醜異敬宗侮笑自如貶洪州司馬累轉給事中復脩史以勞封高陽縣男檢校黃門侍郎高宗在東宮遷太子右庶子高麗之役太子監國定州敬宗與高士廉典機劇岑文本卒帝驛召敬宗以本官檢校中書侍郎駐蹕山破賊命草詔馬前帝愛其藻警由是專掌誥令初太子承乾廢官屬張玄素令狐德棻趙弘智裴宣機蕭鈞皆除名爲民

不復用敬宗爲言玄素等以直言被嫌忌今一槩被罪疑洗宥有所未至帝悟多所甄復高宗即位遷禮部尚書敬宗饕貲遂以女嫁蠻酋馮盎子多私所聘有司劾舉下除鄭州刺史俄復官爲弘文館學士帝將立武昭儀大臣切諫而敬宗陰揣帝私即妄言曰田舍子賸穫十斛麥尚欲更故婦天子富有四海立一后謂之不可何哉帝意遂定王后廢敬宗請削后家官爵廢太子忠而立代王遂兼太子賓客帝得所欲故詔敬宗待詔武德殿西闥頃拜侍中監脩國史爵郡公帝嘗幸故長安城按蹕裴回視古區處問侍臣秦漢以來幾君都此敬宗曰秦居咸陽漢惠帝始城之其後苻堅姚萇宇文周居之帝復問漢武開昆明池實何年對曰元狩三年將伐昆明實爲此池以肄戰帝乃詔與弘文學士討古宮室故區具條以聞進中書令仍守侍中敬宗於立后有助力知后鉗戾能固主以久己權乃陰連后謀逐韓瑗來濟褚遂良殺梁王長孫无忌上官儀朝廷重足事之威寵熾灼當時莫與比改右相辭疾拜

太子少師同東西臺三品年老不任趨步特詔與司空李勣朝朔日聽乘小馬至內省帝東封泰山以敬宗領使次濮陽帝問竇德玄此謂帝丘何也德玄不對敬宗儳曰臣能知之昔帝顓頊始居此地以王天下其後夏后相因之爲寒浞所滅后緡方娠逃出自竇在此地也後昆吾氏因之而爲夏伯昆吾既衰湯滅之其頌曰韋顧既伐昆吾夏桀是也至春秋時衛成公自楚丘徙居之左氏稱相奪予享以舊地也由顓頊所居故曰帝丘臣聞有德者啓其國土失道者則喪其疆宇自古大都美國居者不一姓故有國家者不可不慎也帝曰書稱浮于濟漯今濟與漯斷不相屬何故而然對曰夏禹道沇水東流爲濟入于河今自漯至溫而入河水自此洑地過河而南出爲滎又洑而至曹濮散出於地合而東汶水自南入之所謂泆爲滎東出于陶丘北又東會于汶是也古者五行皆有官水官不失職則能辨味與色潛而出合而更分皆能識之帝曰天下洪流巨谷不載祀典濟甚細而在四瀆何哉對曰瀆

之言獨也不因餘水獨能赴海者也且天有五星運而爲四時地有五嶽流而爲四瀆人有五事用而爲四支五陽數也四陰數也有奇偶陰陽焉陽者光曜陰者晦昧故辰隱而難見濟潛流屢絕狀雖微細獨而尊也帝曰善敬宗退矜曰大臣不可無學向德玄不能對吾恥之德玄聞之不屑曰人各有能不彊所不知吾所能也李勣曰敬宗多聞美矣竇之不彊不亦善乎初高祖太宗實錄敬播所譔信而詳及敬宗身爲國史竄改不平專出己私始虞世基與善心同遇賊害封德彝常曰昔吾見世基死世南匍匐請代善心死敬宗蹈舞求生世爲口實敬宗銜憤至立德彝傳盛誣以惡敬宗子娶尉遲敬德女孫而女嫁錢九隴子九隴本高祖隸奴也爲虛立門閥功狀至與劉文靜等同傳太宗賜長孫无忌威鳳賦敬宗猥稱賜敬德蠻酋龐孝泰率兵從討高麗賊笑其懦襲破之敬宗受其金乃稱屢破賊唐將言驍勇者唯蘇定方與孝泰曹繼叔劉伯英出其下遠甚然自貞觀後論次諸書自晉盡隋及東殿新

書西域圖志姓氏録新禮等數十種皆敬宗揔知之賞賚不勝紀敬宗營第舍華僭至造連樓使諸妓走馬其上縱酒奏樂自娛嬖其婢因以繼室假姓虞子昂烝之敬宗怒黜虞奏斥昂嶺外久乃表還咸亨初以特進致仕仍朝朔望續其俸祿卒年八十一帝爲舉哀詔百官哭其第冊贈開府儀同三司揚州大都督陪葬昭陵太常博士袁思古議敬宗棄子荒徼女嫁蠻落謚曰繆其孫彥伯訴思古有嫌詔更議博士王福畤曰何曾忠而孝以食日萬錢論繆醜況敬宗忠孝兩棄飲食男女之累過之執不改有詔尚書省雜議更謚曰恭彥伯昂子也頗有文敬宗晚年不復下筆凡大典冊悉彥伯爲之嘗戲昂曰吾兒不及若兒荅曰渠父不如昂父後又納婢譖奏流彥伯嶺表遇赦還累官太子舍人既與思古有憾欲邀擊諸路思古曰吾爲先子報仇耳彥伯慙而止垂拱中詔敬宗配饗高宗廟廷

李義府瀛州饒陽人其祖嘗爲射洪丞因客永泰貞觀中李大亮巡察劍南表義府才對策中第補門下省典儀劉洎馬周更薦之太宗召見轉監察御史詔侍晉王王爲太子除舍人崇賢館直學士與司議郎來濟俱以文翰顯時稱來李獻承華箴末云佞諛有類邪巧多方其萌不絕其害必彰義府方諂事太子而文致若讜直者太子表之優詔賜帛高宗立遷中書舍人兼脩國史進弘文館學士爲長孫无忌所惡奏斥壁州司馬詔未下義府問計於舍人王德儉德儉者許敬宗甥癭而智善揣事因曰武昭儀方有寵上欲立爲后畏宰相議未有以發之君能建白轉禍於福也義府即代德儉直夜叩閤上表請廢后立昭儀帝悅召見與語賜珠一斗停司馬詔書留復侍武后已立義府與敬宗德儉及御史大夫崔義玄中丞袁公瑜大理正侯善業相推轂濟其姦誅棄骨鯁大臣故后得肆志攘取威柄天子斂袵矣義府貌柔恭與人言嬉怡微笑而陰賊褊忌著于心凡忤意者皆中傷之時號義府笑中刀又以柔而害物號曰人貓永徽六年拜中書侍郎同中書門下三品封廣平縣男又兼太子右庶子爵爲侯洛州女子淳于以姦繫大理義府聞其美屬丞畢正義出之納以爲妾卿段寶玄以狀聞詔給事中劉仁軌侍御史張倫鞫治義府且窮逼正義縊獄中以絕始謀侍御史王義方廷劾義府不引咎三叱之然後趨出義方極陳其惡帝陰德義府故貸不問爲抑義方逐之未幾進中書令檢校御史大夫加太子賓客更封河間郡公詔造私第諸子雖褓負皆補清官初杜正倫爲黃門侍郎義府纔典儀及同輔政正倫恃先進不相下密與中書侍郎李友益圖去義府反爲所誣交訟帝前帝兩黜之正倫爲橫州刺史義府普州刺史流友益峯州明年召爲吏部尚書同中書門下三品母喪免奪喪爲司列太常伯同東西臺三品更葬其先永康陵側役縣人牛車輸土築墳助役者凡七縣高陵令不勝勞而死公卿爭賵遺葬日詔御史節哭送車從騎相銜帷帟眞帳自灞橋屬三原七十里不絕轜輴芻偶僭侈不法人臣送葬之盛無與比者潞王出閤又兼府長史稍遷右

相義府已貴乃言系出趙郡與諸李敘昭穆嗜進者往往尊爲父兄行給事中李崇德引與同譜既謫普州亟削去義府銜之及復當國傅致其罪使自殺于獄貞觀中高士廉韋挺岑文本令狐德棻脩氏族志凡升降天下允其議於是州藏副本以爲長式時許敬宗以不載武后本望義府亦恥先世不見敘更奏刪正委孔志約楊仁卿史玄道呂才等定其書以仕唐官至五品皆昇士流於是兵卒以軍功進者悉入書限更號姓氏録搢紳共嗤靳之號曰勳格義府奏悉收前志燒絕之自魏太和中定望族七姓子孫迭爲婚姻後雖益衰猶相夸尚義府爲子求婚不得遂奏一切禁止既主選無品鑒才而谿壑之欲惟賄是利不復銓判人人咨訕又母妻諸子賣官市獄門如沸湯自永徽後御史多制授吏部雖有調注至門下覆不留義府乃自注御史員外通事舍人有司不敢卻帝嘗從容戒義府曰聞卿兒子女壻撓法多過失朕爲卿掩覆可少勗之義府內倚后揣羣臣無敢白其罪者不虞帝之知乃勃

然變色徐曰誰爲陛下道此帝曰何用問我所從得邪義府謷然不謝徐引去帝由是不悅會術者杜元紀望義府第有獄氣曰發積錢二千萬可以猒勝義府信之裒索殊急居母喪朔望給告即羸服與元紀出野馮高窺覘災眚衆疑其有異謀又遣子津召長孫延謂曰吾爲子得一官居五日延拜司津監索謝錢七十萬右金吾倉曹參軍楊行穎白其贓詔司刑太常伯劉祥道與三司雜訊李勣監按有狀詔除名流巂州子率府長史洽千牛備身洋及壻少府主簿柳元貞並流廷州司議郎津流振州朝野至相賀三子及壻尤凶肆既敗人以爲誅四凶或作河間道元帥劉祥道破銅山大賊李義府露布榜于衢乾封元年大赦獨流人不許還義府憤恚死年五十三自其斥天下亶憂且復用比死內外乃安上元初赦妻子還洛陽如意中贈義府揚州大都督崔義玄益州大都督王德儉秦公喻魏相二州刺史各賜實封睿宗立詔停少子湛見李多祚傳

傅游藝衛州汲人載初初由合宮主簿再遷左補闕武后奪政即上書詭說符瑞勸后當革姓以明受命后悅擢給事中閱三月進同鳳閣鸞臺平章事即拜鸞臺侍郎后乃黜唐稱周廢唐宗廟自稱皇帝賜游藝姓武氏以兄神童爲冬官尚書游藝嘗夢登湛露殿既寤以語所親有告其謀反者下獄自殺以五品禮葬之初游藝探后旨誣殺宗室復請發六道使後卒用其言萬國俊等既出天下被其酷游藝起一歲賜袍自青及紫人號四時仕官然歲中即敗前古少其比云

李林甫長平肅王叔良曾孫初爲千牛直長舅姜皎愛之開元初遷太子中允源乾曜執政與皎爲姻家而乾曜子絜爲林甫求司門郎中乾曜素薄之曰郎官應得才望哥奴豈郎中材邪哥奴林甫小字也即授以諭德累擢國子司業宇文融爲御史中丞引與同列稍歷刑吏部侍郎初吏部置長名榜定留放寧王私謁十人林甫曰願絀一人以示公遂逆榜其一曰坐王所囑放冬集時武惠妃寵傾後宮子壽王盛王尤愛林甫因中人白妃願護壽王爲萬歲計妃德之侍中裴光廷夫人武三思女嘗私林甫而高力士本出三思家及光廷卒武請力士以林甫代爲相力士未敢發而帝因蕭嵩言自用韓休方具詔武擿語林甫使爲休請休既相重德林甫而與嵩有隙乃薦林甫有宰相才妃陰助之即拜黃門侍郎尋爲禮部尚書同中書門下三品再進兵部尚書皇太子鄂王光王被譖帝欲廢之張九齡切諫帝不悅林甫惘然私語中人曰天子家事外人何與邪二十四年帝在東都欲還長安裴耀卿等建言農人場圃未畢須冬可還林甫陽蹇獨在後帝問故對曰臣非疾也願奏事二都本帝王東西宮車駕往幸何所待時假令妨農獨赦所過租賦可也帝大悅即駕而西始九齡繇文學進守正持重而林甫特以便佞故得大任每嫉九齡陰害之帝欲進朔方節度使牛仙客實封九齡謂林甫封賞待名臣大功邊將一上最可遽議邪與公固爭林甫然許及進見九齡極論而林甫抑嘿退又

漏其言仙客明日見帝泣且辭帝滋欲賞仙客九齡持不可林甫爲人言天子用人何不可者帝聞善林甫不專也由是益疏薄九齡俄與耀卿俱罷政事專任林甫相仙客矣初三宰相就位二人磬折趨而林甫在中軒驁無少讓喜津津出眉宇間觀者竊言鵰挾兩兔少選詔書出耀卿九齡以左右丞相罷林甫嘻笑曰尚左右丞相邪目恚而送乃止公卿爲戰栗於是林甫進兼中書令帝卒用其言殺三子天下冤之大理卿徐嶠妄言大理獄殺氣盛鳥雀不敢棲今刑部斷死歲纔五十八而烏鵲巢獄戶幾至刑措羣臣賀帝而帝推功大臣封林甫晉國公仙客豳國公及帝將立太子林甫探帝意數稱道壽王語秘不傳而帝意自屬忠王壽王不得立太子既定林甫恨謀不行且畏禍乃陽善韋堅堅太子妃兄也使任要職將覆其家以搖東宮乃構堅獄而太子絕妃自明林甫計黜杜良娣之父有鄰與婿柳勣不相中勣浮險欲助林甫乃上有鄰變事捕送詔獄賜死逮引裴敦復李邕等皆林甫素忌

惡者株連殺之太子亦出良娣爲庶人未幾擿濟陽別駕魏林使
誣河西節度使王忠嗣欲擁兵佐太子帝不信然忠嗣猶斥去林
甫數曰太子宜知謀帝曰吾兒在內安得與外人相聞此妄耳林
甫數危太子未得志一日從容曰古者立儲君必先賢德非有大
勳力於宗稷則莫若元子帝久之曰慶王往年獵爲豽傷面甚答
曰破面不愈於破國乎帝頗惑曰朕徐思之然太子自以謹孝聞
內外無甚言故飛語不得入帝無所發其猜林甫善刺上意時帝
春秋高聽斷稍怠厭繩檢重接對大臣及得林甫任之不疑林甫
善養君欲自是帝深居燕適沈蠱衽席主德衰矣林甫每奏請必
先餉遺左右審伺微旨以固恩信至饔夫御婢皆所款厚故天子
動靜必具得之性陰密忍誅殺不見喜怒面柔令初若可親既崖
穽深阻卒不可得也公卿不由其門而進必被罪徙附離者雖小
人且爲引重同時相若九齡李適之皆遭逐至楊慎矜張瑄盧幼
臨柳升等緣坐數百人並相繼誅以王鉷吉溫羅希奭爲爪牙數

興大獄衣冠爲累息適之子霅嘗盛具召賓客畏林甫乃終日無
一人往者林甫有堂如偃月號月堂每欲排構大臣即居之思所
以中傷者若喜而出即其家碎矣子岫爲將作監見權勢熏灼惕
然懼常從游後園見輦重者跪涕曰大人居位久枳棘滿前一旦
禍至欲比若人可得乎林甫不樂曰勢已然可奈何時帝詔天下
士有一藝者得詣闕就選林甫恐士對詔或斥己即建言士皆草
茅未知禁忌徒以狂言亂聖聽請悉委尚書省長官試問使御史
中丞監總而無一中程者林甫因賀上以爲野無留才俄兼隴右河
西節度使改右相罷節度加累開府儀同三司實封戶三百咸寧
太守趙奉璋得林甫隱惡二十條將言之林甫諷御史捕繫奉璋
劾妖言抵死著作郎韋子春坐厚善貶帝嘗大陳樂勤政樓既罷
兵部侍郎盧絢按轡絕道去帝愛其醖藉稱美之明日林甫召絢
子曰尊府素望上欲任以交廣若憚行且當請老絢懼從之因出爲
華州刺史俄授太子員外詹事絢繇是廢於時有以材譽聞者林

甫護前皆能得於天子抑遠之故在位恩寵莫比凡御府所貢遠
方珍鮮使者傳賜相望帝食有所甘美必賜之嘗詔百僚閱歲貢
於尚書省既而舉貢物悉賜林甫輦致其家從幸華清宮給御馬
武士百人女樂二部薛王別墅勝麗甲京師以賜林甫宅邸第田
園水磑皆便好上腴車馬衣服侈靡尤好聲伎侍姬盈房男女五
十人故事宰相皆元功盛德不務權威出入騎從簡寡士庶不甚
引避林甫自見結怨者衆憂刺客竊發其出入廣騶騎先驅百步
傳呼何衛金吾爲清道公卿辟易趨走所居重關複壁絡版甃石
一夕再徙家人亦莫知也或帝不朝羣司要官悉走其門臺省爲
空左相陳希烈雖坐府卒無人入謁林甫無學術發言陋鄙聞者
竊笑善苑咸郭慎微使主書記然練文法其用人非諂附者一以
格令持之故小小綱目不甚亂而人憚其威權久之又兼安西大
都護朔方節度使俄兼單于副大都護以朔方副使李獻忠反讓
還節度始厚王鉷爲盡力及鉷敗詔宰相治狀林甫大懼不敢面

鉷獄具署名亦無所申救因以楊國忠代爲御史大夫林甫薄國
忠材孱無所畏又以貴妃故善之及是權益盛貴震天下始交惡
若仇敵然國忠方兼劍南節度使而南蠻入寇林甫因建遣之鎮
欲離間之國忠入辭帝曰處置且訖亟還指日待卿林甫聞之憂
懣是時已屬疾稍侵會帝幸溫湯詔以馬轝從御醫珍膳繼至詔
旨存問中官護起居病劇巫者視疾云見天子當少間帝欲視之
左右諫止乃詔林甫出廷中帝登降聖閣舉絳巾招之林甫不能
興左右代拜俄而國忠至自蜀謁林甫牀下垂涕託後事因不食
卒諸子護還京發喪贈太尉揚州大都督林甫居相位凡十九年
固寵市權蔽欺天子耳目諫官皆持祿養資無敢正言者補闕杜
璡再上書言政事斥爲下邽令因以語動其餘曰明主在上羣臣
將順不暇亦何所論君等獨不見立仗馬乎終日無聲而飫三品
芻豆一鳴則黜之矣後雖欲不鳴得乎由是諫爭路絕自觀以來
任蕃將者如阿史那社尒契苾何力皆以忠力奮然猶不爲上將

皆大臣摠制之故上有餘權以制於下先天開元中大臣若薛訥郭元振張嘉貞王晙張說蕭嵩杜暹李適之等自節度使入相天子林甫疾儒臣以方略積邊勞且大任欲杜其本以久己權即說帝曰以陛下雄材國家富彊而夷狄未滅者繇文吏為將憚矢石不身先不如用蕃將彼生而雄養馬上長行陣天性然也若陛下感而用之使必死夷狄不足圖也帝然之因以安思順代林甫領節度而擢安祿山高仙芝哥舒翰等專為大將林甫利其虜也無入相之資故祿山得專三道勁兵處十四年不徙天子安林甫策不疑也卒稱兵蕩覆天下王室遂微初林甫夢人皙而鬤將逼己寤而物色得裴寬類所夢曰寬欲代我因李適之黨逐之其後楊國忠代林甫貌類寬云國忠素銜林甫及未葬陰諷祿山暴其短祿山使阿布思降將入朝告林甫與思約為父子有異謀事下有司其壻楊齊宣懼妄言林甫厭祝上國忠劾其姦帝怒詔林甫淫祀厭勝結叛虜圖危宗社悉奪官爵斲棺剔取含珠金紫更以小

槥用庶人禮葬之諸子司儲郎中崿太常少卿嶼及岫等悉徙嶺南黔中各給奴婢三人籍其家諸壻若張博濟鄭平杜位元擢屬子復道光皆貶官博濟亦憸薄自肆為戶部郎中部有考堂天下歲會計處博濟廢為員外郎中廳事壯偉華敞供擬豐侈至千品別取都水監地為考堂擅費諸州籍帳錢不貲有司不敢言帝之幸蜀也給事中裴士淹以辯學得幸時肅宗在鳳翔每命宰相輒啓聞及房琯為將帝曰此非破賊才也若姚元崇在賊不足滅至宋璟曰彼賣直以取名耳因歷評十餘人皆當至林甫曰是子妬賢疾能舉無比者士淹因曰陛下誠知之何任之久邪帝默不應至德中兩京平大赦唯祿山支黨及林甫楊國忠王鉷子孫不原天寶時嘗鑳玉為玄元皇帝及玄宗肅宗像於太清宮復琢林甫陳希烈像列左右代宗時或言林甫陰險宜不利先帝宗廟幾危柰何留像至今有詔瘞宮中廣明初盧攜為太清宮使發地得其像輦送京兆毀之云

陳希烈者宋州人博學尤深黃老工文章開元中帝儲思經義自褚无量元行沖卒而希烈與康子元馮朝隱進講禁中其應答詔問敷盡微隱皆希烈為之章句累遷中書舍人十九年為集賢院學士進工部侍郎知院事帝有所譔述希烈必助成之遷門下侍郎天寶元年有神降丹鳳門以為老子告錫靈符希烈因是上言臣侍演南華真經至七篇陛下顧曰此言養生朕既悟其術而德元符詎無非常應哉臣稽首對陛下德充於內符應於外必有絕瑞表之今靈符降錫與帝意合宜示史官著顯祥摘照無窮其媮佞類如此俄兼崇玄館大學士封臨潁侯林甫顓朝苟用可專制者引與共政以希烈柔易且帝眷之厚乃薦之五載進同中書門下平章事遷左丞相兼兵部尚書許國公又兼秘書省圖書使寵與林甫侔林甫居位久其陰詭雖足自固亦希烈左右焉楊國忠執政素忌之希烈引避國忠即薦韋見素代相罷為太子太師希

烈失職內忽忽無所賴及祿山盜京師遂與達奚珣等偕相賊後論罪當斬肅宗以上皇素所遇賜死于家

姦臣列傳第一百四十八上

端明殿學士兼翰林侍讀學士龍圖閣學士朝請大夫尚書吏部侍郎充集賢殿修撰臣宋祁奉　敕撰

盧杞字子良父弈見忠義傳杞有口才體陋甚鬼貌藍色不恥惡衣菲食人未悟其不情咸謂有祖風節藉蔭爲清道率府兵曹參軍僕固懷恩辟朔方府掌書記病免補鴻臚丞出爲忠州刺史上謁節度府衞伯玉伯玉不喜乃謝歸稍遷吏部郎中爲虢州刺史奏言虢有官豕三千爲民患德宗曰徙之沙苑杞曰同州亦陛下百姓臣謂食之便帝曰守虢而憂它州宰相材也詔以豕賜貧民遂有意柄任矣俄召爲御史中丞論奏無不合踰年遷大夫不閱旬擢門下侍郎同中書門下平章事既得志險賊寖露賢者媢能者忌小忤己不傅死地不止將大樹威脅衆市權爲自固者楊炎與杞俱輔政炎鄙杞丰下不悅未半歲譖罷炎時大理卿嚴郢與炎有隙即擢郢御史大夫以自助炎卒逐死張鎰材裕忠懿帝所倚愛未有以間會隴右用兵杞乃見帝僞請行帝不可即薦鎰守鳳翔既又惡郢時幽州朱滔與泚有違言誣其軍司馬蔡廷玉間閱請殺之俄而滔反帝欲斥之以悅滔下御史鄭詹按狀貶柳州司戶參軍敕吏護送廷玉疑送滔所因自沈于河杞奏恐泚疑爲詔所殺願下詹三司雜治并劾大夫郢初詹善張鎰每伺杞間獨詣鎰杞知之它日伺詹來即徑至鎰便坐詹趨避杞遽及機事鎰不得已曰鄭侍御在杞陽驚曰向所言非外所得聞至是并按有詔詹杖死流郢費州杜佑判度支帝尤寵禮杞短毀百緒訖貶蘇州刺史李希烈反杞素惡顏眞卿挺正敢言即令宣慰其軍卒爲賊害故宰相李揆有雅望畏復用遣爲吐蕃會盟使卒于行李侑以徐州降有所經略使人課先白鎰杞怒沮解之不使有功其狙害隱毒天下無不痛憤以杞得君故不敢言是時兵屯河南北挐不解財用日急於是度支條軍所仰給月費緡百餘萬而藏錢纔支三月杞乃以戶部侍郎趙贊判度支其黨韋都賓等建言商

賈儲錢千萬聽自業過千萬者貸其贏以濟軍軍罷約取償于官帝許之京兆暴責其期校吏頸大搜廛里疑占列不盡則笞掠之人不勝冤自殞溝瀆者相望京師囂然不閱日然悉田宅奴婢之直緡止八十萬又僦櫃質舍居貿粟者四貸其一僅至二百萬而長安爲閉肆民皆邀宰相祈訴杞無以諭驅而去帝知民愁怨而所得不足給師罷之贊術窮於是間架除陌之暴縱矣其法屋二架爲間差稅之上者二千中千下五百吏執筭入第室計之隱不盡率二架抵罪告者以錢五萬畀之凡公私貿易舊法率千錢筭二十請加五十主儈注所售入其筭有司其自相市爲私籍自言隱不盡率千錢沒二萬告者以萬錢畀之由是主儈得操其私以爲姦公上所入常不得半而恨誹之聲滿天下及涇師亂呼於市曰不奪而商人僦質矣不稅而間架除陌矣其倡和造作以召怨挺亂皆杞爲之帝出奉天杞與關播從後數日崔寧自賊中來以播遷事指杞杞即誣寧反帝殺之靈武杜希全率鹽夏二州士六千來赴帝議所從道杞請道漠谷渾瑊曰不然彼多險且爲賊乘不如道乾陵北踰雞子堆而屯與爲犄角賊可破矣帝從杞議賊果拒險兵不得入奔還邠州李懷光自河北還數破賊泚解去或謂王翃趙贊曰聞懷光嘗斥宰相不能謀度支賦斂重而京兆刻損軍賜宜誅之以謝天下方懷光有功上必聽用其言公等殆矣二人以白杞杞懼即譎帝曰懷光勳在宗社賊憚之破膽今因其威可一舉而定若許來朝則犒賜留連賊得裒整殘餘爲完守計圖之實難不如席勝使平京師破竹之勢也帝然之詔懷光無朝進屯便橋懷光自以千里勤難有大功爲姦臣沮間不一見天子內怏怏無所發遂謀反因暴言杞等罪惡士議諠沸皆指目杞帝始寤貶爲新州司馬始帝即位以崔祐甫爲相專以道德導主意故建中初綱紀張設赫然有貞觀風及杞相乃諷帝以刑名繩天下亂敗踵及其陰害矯誣雖國屯主辱猶謷然肆爲之後雖斥然帝念之不衰及興元赦令俄從吉州長史杞乃曰上必復用我貞元

元年詔拜饒州刺史給事中袁高當行詔書不肯草白宰相曰杞反易天常使萬乘播遷幸赦不誅又委大州失天下望宰相不悅乃召它舍人作制高固執不得下於是諫臣趙需裴佶宇文炫盧景亮張薦等衆對極言杞罪四海共棄今復用之忠臣寒心良士痛骨必且階禍其言懇到帝語宰相曰授杞小州可乎李勉曰陛下與大州亦無難如四方之誇何乃詔爲澧州別駕後散騎常侍李泌見帝曰高等論杞事朕可之矣泌頓首賀曰比日外謂陛下漢之桓靈今乃知堯舜主也帝喜杞遂死澧州初尚父郭子儀病甚百官造省不屛姬侍及杞至則屛之隱几而待家人怪問其故子儀曰彼外陋內險左右見必笑使後得權吾族無類矣

崔胤字垂休宰相愼由子也擢進士第累遷中書舍人御史中丞喜陰計附離權彊其外自處若簡重而中險譎可畏崔昭緯最薦之由戶部侍郎同中書門下平章事方王珙兄弟爭河中以胤爲節度使不得赴半歲復以中書侍郎留輔政及昭緯以罪誅罷胤爲

唐書列傳一百四十八下 三

周志

武安節度使陸扆當國時王室不競南北司各樹黨結藩鎮內相凌脅胤素厚朱全忠委心結之全忠爲言胤有功不宜處外故還相而逐扆光化初昭宗自華還務安反側而胤陰爲全忠地俾擅兵四討帝醜其行罷爲吏部尚書復倚扆以相會清海無帥因拜胤清海節度使始昭緯死皆王摶等白發其姦胤坐是賜罷內銜憾既與摶同宰相胤議悉去中官摶不助請徐圖之及是不欲外除即漏其語於全忠令露劾摶交敕使共危國罪當誅胤次湖南召還守司空門下侍郎平章事兼領度支鹽鐵戶部使而賜摶死并誅中尉宋道弼景務脩繇是權震天下雖宦官亦累息至是四拜宰相世謂崔四入劉季述幽帝東內奉德王監國畏全忠彊雖深怨胤不敢殺止罷政事胤趣全忠以師西問所以幽帝狀全忠乃使張存敬攻河中掠晉絳神策軍大將孫德昭常忿閹君廢辱天子胤令判官石戩與游乘閒伺察德昭飲酣必泣胤揣得其情乃使戩說曰自季述廢天子天下之人未嘗忘武夫義臣搏手憤惋今謀反者特季述仲先耳它人劫於威無與也君能乘此誅二豎復天子取功名乎即不早計將有先之者德昭感寤乃告以胤謀德昭許諾胤斷帶爲誓俄而季述仲先誅以功進司徒不就復輔政并還使領帝德之延見或不名以字呼之寵遇無比天復元年全忠已取河中進逼同華中尉韓全誨以胤與全忠善恐導之翦除君側乃白罷政事未及免倉卒挾帝幸鳳翔胤怨帝見廢不肯從召全忠以兵迎天子令太子太師盧渥率羣臣迎全忠始全忠至華遣幕府裴鑄奏事帝不得已聽來朝至是胤爲之謀乃以兵迫行在帝下詔趣還鎮因詔遣渥等俱西全忠上表具言向書詔皆出宰相乃今知非陛下意爲所詿誤師業入關請得與李茂貞約釋憾以迎乘輿茂貞劾奏胤畜死士用度支使權利令親信陳班與京兆府募兵保所居坊天子出次遣使者五輩往召安卧不動一奉表陳謝時帝見全忠表亦大恚因下詔顯責之以工部尚書罷知政事胤出居華州初天復後宦官尤屈事胤事無不咨

唐書列傳一百四十八下 四

貴

每議政禁中至繼以燭請盡誅中官以宮人掌內司事韓全誨等密知之共於帝前求哀乃詔胤後當密封無口陳中官益恐滋欲得其謀乃求知書美人宗柔等內左右以刺陰事胤計稍露宦者或相泣無憀不自安劫幸之謀固矣居華時爲全忠數畫醜計全忠引兵還屯河中胤迎謁渭橋奉觴爲全忠壽自歌以酧酒會茂貞殺全誨等與全忠約和帝急召之墨詔者四朱札三皆辭疾及帝出鳳翔幸全忠軍乃迎謁於道復拜平章事進位司徒兼判六軍諸衞事詔從家舍右軍賜帷帳器用十車胤遂奏高祖太宗無內侍典軍天寶後宦人寖盛德宗分羽林衞爲左右神策軍令宦者主之以二千人爲率其後參掌機密至內務百司悉歸中人共相彌縫爲不法朝廷微弱禍始于此請罷左右神策內諸司使諸道監軍於是中外宦官悉誅天子傳導詔命祇用宮人寵顏等帝之在鳳翔以盧光啓蘇檢爲相胤皆逐殺之分斥從幸近臣陸扆等三十餘人惟裴贄孤立可制留與偕秉政帝動靜一決於胤無

敢言者胤議以皇子爲元帥全忠副之示褒崇其功全忠內利輝王沖幼故胤藉以請帝曰濮王長若何還禁中召翰林學士韓偓以謀偓陰佐胤卒不能卻全忠還東到長樂羣臣班辭胤獨至霸橋置酒乙夜乃還帝即召問全忠安否與飲命宮人爲舞劒曲戊夜乃出賜二宮人固讓乃許是時天子孤危威令盡去胤之劫持類如此進侍中魏國公自鳳翔還揣全忠將篡奪顧已宰相恐一日及禍欲握兵自固謬謂全忠曰京師迫茂貞不可無備須募軍以守今左右龍武羽林神策播幸之餘無見兵請軍置四步將將二百五十人一騎將將百人使番休遞侍以京兆尹鄭元規爲六軍諸衛副使陳班爲威遠軍使募卒於市全忠知其意陽相然許胤乃毀浮圖取銅鐵爲兵仗全忠陰令汴人數百應募以其子友倫入宿衛會爲毬戲墜馬死全忠疑胤陰計大怒時傳胤將挾帝幸荊襄而全忠方謀脅乘輿都洛懼其異議密表胤專權亂國請誅之即罷爲太子少傅全忠令其子友諒以兵圍開化坊第殺胤

汴士皆突出市人爭投瓦礫擊其尸年五十一元規陳班等皆死實天復四年正月胤罷凡三日死死十日全忠脅帝遷洛發長安居人悉東徹屋木自渭循河下老幼係路啼號不絕皆大罵曰國賊崔胤導全忠賣社稷使我及此先是全忠雖據河南顧彊諸侯相持未敢決移國及胤間內隙與相結得挾其禍取朝權以成彊大終亡天下胤身屠宗滅世言慎由晚無子遇異浮屠以術求乃生胤字緇郎及爲相其季父安潛嘗曰吾父兄刻苦以持門戶終爲緇郎壞之

崔昭緯字藴曜其先清河人及進士第至昭宗時仕浸顯以戶部侍郎同中書門下平章事居位凡八年累進尚書右僕射性險刻密結中人外連彊諸侯內制天子以固其權令族人鋋事王行瑜邠寧幕府每它宰相建議或詔令有不便於己必使鋋密告行瑜使上書訾訐已則陰阿助之方是時帝室微人主若贅斿然始帝委杜讓能調兵食以討鳳翔昭緯方倚李茂貞行瑜爲重陰得其計則走告之激使稱兵向闕遂殺讓能後又導三鎮兵殺韋昭度等帝性剛明不堪忍會誅行瑜乃罷昭緯爲右僕射復請朱全忠薦已又厚賂諸王爲所奏貶梧州司馬下詔條其五罪賜死行次江陵使者至斬之鋋亦誅

柳璨字炤之公綽族孫也爲人鄙野其家不以諸柳齒少孤貧好學晝採薪給費夜然葉照書彊記多所通涉譏訶劉子玄史通著析微時或稱之顏蕘判史館引爲直學士由是益知名遷左拾遺昭宗好文待李磎最厚磎死內常求似磎者或薦璨才高試文帝稱善擢翰林學士崔胤死昭宗密許璨宰相外無知者自暮自禁中出騶士傳呼宰相人皆大驚明日帝謂學士承旨張文蔚曰璨材可用今擢爲相應授何官對曰用賢不計資帝曰諫議大夫可乎曰唯唯遂以諫議大夫同中書門下平章事起布衣至是不四歲其暴貴近世所未有裴樞獨孤損崔遠皆宿望舊臣與同位頗輕之璨內以爲怨朱全忠圖篡殺宿衛士皆汴人璨厚結之

與蔣玄暉張廷範尤相得既挾全忠故朝權皆歸之進中書侍郎判戶部封河東縣男天祐二年長星出太微文昌間占者曰君臣皆不利宜多殺以塞天變玄暉廷範乃與璨謀殺大臣宿有望者璨手疏所仇媢若獨孤損等三十餘人皆誅死天下以爲冤全忠聞之不善也其後急於九錫宣徽北院使王殷者構璨等言其有貳故禮不至玄暉懼自往辨解全忠怒罵曰爾與柳璨輩沮我不由九錫作天子不得邪璨懼即脅哀帝曰人望歸元帥矣陛下宜揖讓以授終璨請自行進拜司空爲冊禮使即日進道及玄暉死而全忠恚璨皆已貶登州刺史俄除名爲民流崖州尋斬之臨刑悔吒曰負國賊柳璨死宜矣弟瑀瑊皆榜死

玄暉者少賤不得其系著事朱全忠爲腹心昭宗東遷玄暉爲樞密使帝駐陝州術家言星緯不常且有大變宜須冬幸洛帝度全忠必篡命衛官高環持帛詔賜王建告以脅遷且言全忠以兵二萬治洛陽將盡去我左右君宜與茂貞克用行密同盟傳檄襄魏

幽鎮使各以軍迎我還京師又詔全忠后方娠須十月乃東全忠知帝有謀遣寇彥卿趣迫天子不得已遂行抵穀水全忠盡殺左右黃門內園小兒五百人悉以汴兵爲衛初全忠至鳳翔侵邠州節度使楊崇本降質其家崇本妻美全忠與亂故崇本怨至是遣使者會克用茂貞南告趙匡凝又建同舉兵問劫遷狀全忠大懼帝自出關畏不測常默坐流涕玄暉與張廷範內詗必以告全忠全忠恨帝無傳禪意乃謀弒以絕人望因令其屬李振諭玄暉玄暉與龍武統軍朱友恭氏叔琮夜選勇士百人叩行在言有急奏請見帝宮門開門留十士以守至椒蘭院中夫人裴貞一啓關殺之乃趨殿下玄暉曰上安在昭儀李漸榮曰院使毋傷宅家寧殺我士持劒入帝聞遽單衣走環柱遂弒之漸榮以身蔽帝亦死復執后后求哀玄暉以全忠所弒者帝也乃釋后明日宰相請對日晏不出玄暉矯遺詔言帝夜與昭儀博爲貞一漸榮所弒出二人首全忠自河中來朝振曰晉文帝殺高貴鄉公歸罪成濟今宜

誅友恭等解天下謗全忠趨西內臨對嗣天子自言弒逆非本謀皆友恭等罪因泣下請討罪人是時洛城旱米斗直錢六百軍有掠糴者都人怨故因以悅衆執友恭叔琮斬之全忠邀九錫玄暉自持詔趨汴言之還洛不淹日全忠矯詔收付有司車裂之貶爲兇逆百姓焚尸都門外廷範者以優人爲全忠所愛昵東遷爲御營使進金吾衛將軍河南尹全忠欲以爲太常卿宰相裴樞持不可繇是樞罷去柳璨希旨下詔責中外不得妄言涉品清濁卒用廷範太常卿會天子將郊以爲脩樂縣使又與蘇楷等駁昭宗謚全忠恚九錫緩也王殷譖其與璨等祀天郊延唐祚及玄暉死璨誅即貶廷範萊州司戶參軍轘于河南市叔琮亦汴州人中和末隸感化軍以騎士奮性沈壯有膽力從全忠擊黃巢陳許間名右諸將得爲親校與時溥朱宣戰以多累表檢校尚書右僕射爲宿州刺史攻趙匡凝於襄陽不克又與李克用戰洹水遷曹州刺史天復初拔澤潞擊太原授晉慈觀察使全忠屯鳳翔克用襲絳州攻臨汾叔琮以二壯士類沙陀者牧馬于原與克用軍偕行伺隙各禽一虜還克用大驚疑有伏遂退屯蒲會朱友寧以兵三萬來援叔琮曰賊遁矣無以立功乃潛師夜獵游騎殺數百進破其壘俘斬萬級收馬三千遂長驅取汾州轉戰薄太原而還遷檢校司空再進爲保大軍節度使全忠欲遷帝於洛表爲右龍武統軍與弒帝故全忠請貶白州司戶參軍斬之叔琮將死呼曰朱溫賣我以取容天下神理謂何友恭者李彥威也壽州人客汴州殖財任俠全忠愛而子畜之擢長劍都積功表爲檢校尚書左僕射乾寧中授汝州刺史檢校司空揚行密侵鄂州友恭將兵萬餘援杜洪至江州還攻黃州入之擒行密將俘斬萬計又襲安州執守將還穎州刺史感化軍節度留後帝東遷爲左龍武統軍貶崖州司戶參軍臨刑曰溫殺我當亦滅族又語張廷範曰公行及此云

贊曰木將壞蟲實生之國將亡妖實產之故三宰嗣凶牝奪晨林甫將蕃黃屋奔鬼質敗謀興元蹙崔柳倒持李宗覆嗚呼有國家者可不戒哉

姦臣列傳第一百四十八下

叛臣列傳第一百四十九上　唐書二百二十四上

端明殿學士兼翰林侍讀學士龍圖閣學士朝散大夫尚書吏部侍郎充集賢殿脩撰臣宋　祁奉

敕撰

僕固懷恩，鐵勒部人。貞觀二十年，鐵勒九姓大首領率衆降，分置瀚海、燕然、金微、幽陵等九都督府，別為蕃州，以僕骨歌濫拔延為右武衞大將軍、金微都督，訛為僕固氏。生乙李啜，乙李啜生懷恩，世襲都督。懷恩善戰鬭，曉識戎情，部分謹嚴。安祿山反，從朔方節度使郭子儀討賊雲中，破之，敗薛忠義于背度山，殺七千騎，禽忠義子，下馬邑，進會李光弼，戰常山、趙郡、沙河、嘉山，走史思明。肅宗即位，與子儀赴靈武。時同羅部落叛祿山，北掠朔方，子儀率懷恩迎擊，懷恩子玢戰敗降虜，已而自拔歸，懷恩怒，叱斬之，將士股栗，皆殊死戰，遂破其衆，收馬、橐它、器械甚衆。帝又詔與燉煌王承寀使回紇請師，回紇聽命。至德二載，從子儀下馮翊、河東，走賊將崔乾祐，襲潼關，破之。賊將安守忠、李歸仁苦戰二日，王師敗績，懷恩

至渭水，無舟，抱馬鬣以逸，收散卒還河東。子儀赴鳳翔，歸仁以勁兵邀戰三原，子儀使懷恩與王升、陳回光、渾釋之、李國貞五將軍伏白渠下，賊至，遇伏敗，而走，又戰淸渠，不利，引還。時回紇使葉護帝得以四千騎濟師，南蠻、大食等兵亦踵至。帝乃詔廣平王為元帥，使懷恩統回紇兵，從王戰香積寺北。賊以一軍伏營左，懷恩馳擒之，殲斬無遺者，賊氣沮。既合戰，以回紇夾攻，賊戰酣，脫甲援矛直擣陣，殺十餘人，衆靡，亦會李嗣業麾衆鬭，尤力，賊大崩敗。會日暮，懷恩見王曰：「賊必棄城走，願假壯騎二百，縛安守忠、李歸仁等致麾下。」王曰：「將軍戰疲，且休矣，迨明與將軍圖之。」對曰：「守忠等皆天下驍賊，驟勝而敗，此天與我也，柰何縱之，使復得衆，必為我患，雖悔無逮。」王不從，固請，通夕四五反。遲明，諜者至，守忠等果遁去。又從王破賊於新店，以復兩京。有殊功，詔加開府儀同三司、鴻臚卿，封豐國公，賜封二百戶。從郭子儀破安太淸，下懷、衞二州，攻相州，戰愁思岡，常為先鋒，勇冠軍中。乾元二年，拜朔方行營節度使，

進封大寧郡王。懷恩為人雄重，寡言，應對舒緩，然剛決犯上。始居偏裨，意有不合，雖主將必折詬。其麾下皆蕃漢勁卒，恃功多不法，子儀政寬，能優容之。及李光弼代子儀，懷恩仍為副。光弼守河陽，攻懷州，降安太淸。又子瑒亦善鬭，以儀同三司將兵，每深入，多殺賊，憚其勇，號猛將。太淸妻有色，瑒劫致于幕，光弼命歸之，不聽，以卒環守，復馳騎趣之，射殺七人，奪妻還太淸。懷恩怒曰：「公乃為賊殺官卒邪！」光弼持法嚴，少假貸。初，會軍汜水，朔方將張用濟後至，斬轅門下，懷恩心憚。光弼自用濟誅，常邑邑不樂。及光弼與史思明戰邙山，不用令，以覆王師。帝思其功，召入為工部尚書，寵以殊禮。代宗立，拜隴右節度使，未行，改朔方行營節度，以副子儀。初，肅宗以寧國公主下嫁毗伽闕可汗，又為少子請婚，故以懷恩女妻之，少子立，號登里可汗，而懷恩女為可敦。寶應元年，帝召兵於回紇，而登里可汗已為史朝義所誘，引衆十萬盜塞，關中大震。帝遣殿中監藥子昂勞之，可汗因請見懷恩及其母，有詔報可。懷恩避嫌

不往，帝賜鐵券手詔，固遣，乃行。與可汗會太原，可汗大悅，遂請和，助討朝義，即引兵屯陝州，待師期。於是雍王以元帥為中軍，拜懷恩同中書門下平章事，為之副，乃與左殺為先鋒，時諸節度皆以兵會。次黃水，賊堅壁自固，懷恩陣西原，多張旗幟，使突騎與回紇稍南出，繚賊左，舉旗為應，破賊壁，死者數萬。朝義擁精騎十萬來援，埋根決戰，短兵接，殺獲相當。魚朝恩令射生五百攢矢注射，賊多死，而陣堅不可犯。馬璘怒，單騎援旗直進，奪兩盾，賊辟易，大軍乘以入，衆囂不止，朝義敗，斬首萬六千級，禽四千餘人，降者三萬。轉戰石榴園、老子祠，賊再敗，自相犇蹂，死填尚書谷，幾滿。朝義輕騎走，懷恩進收東都、河陽，封府庫，無所私。釋賊所署許叔冀、王伷等，衆皆按堵。留回紇屯河陽，使瑒及北廷兵馬將高輔成以萬騎逐北，懷恩常壁賊而次。至鄭州，再戰再捷，賊帥張獻誠以汴州降。下滑州，朝義至衞州，與其黨田承嗣、李進超、李達盧合，有衆四萬，據河以戰。瑒濟師登岸薄之，賊黨奔潰。進次昌樂，朝義逸，偽帥達

虜降薛嵩李寶臣舉相衛深定等九州獻款朝義至貝州得其黨
薛忠義引衆三萬拒瑒於臨清賊氣盛瑒勒兵挫其鋒令高彥崇
渾日進李光逸設三伏以待賊半度伏發擊之朝義走會回紇以
輕騎至瑒卷甲馳之大戰下博賊背水陣師奔擊賊大崩積尸蔽
流而下朝義退守莫州於是都知兵馬使薛兼訓郝廷玉兗鄆節
度使辛雲京會師城下朝義與田承嗣數挑戰不勝臨陣斬僞黨
勸榮朝義懼率殘衆奔幽州王師追躡朝義走平州自經死河北
平懷恩與諸將皆罷兵以功遷尚書左僕射兼中書令河北副元
帥朔方節度使加封戶四百初帝有詔但取朝義其它一切赦之
故薛嵩張忠志李懷仙田承嗣見懷恩皆叩頭願效力行伍懷恩
自見功高且賊平則勢輕不能固寵乃悉請裂河北分大鎮以授
之潛結其心以為助嵩等卒據以為患云未幾加太子少師增戶
五百第一區與一子五品官詔護回紇歸國道太原辛雲京內忌
懷恩又以其與回紇親疑可汗見襲閉關不敢犒軍懷恩既父子

新立功舉河朔若拾遺名出諸將遠甚乃為雲京所拒大怒表上
其狀頓軍汾州使裨將李光逸以兵守祁李懷光據晉州張如岳
據沁州高暉等十餘人自從會監軍駱奉先自雲京所歸雲京已
厚結其懽因言懷恩與可汗約反狀明白奉先過懷恩升堂拜母
母讓曰若與我兒約兄弟今何自親雲京然前事勿論自今宜如
初酒酣懷恩舞奉先厚納以幣懷恩未及酬奉先亟辭去懷恩即
遣左右匿其馬奉先疑圖已乘夜逾歸懷恩驚追與其馬奉先還
具奏懷恩反狀懷恩亦請誅雲京奉先詔兩解之懷恩之過潞李
抱玉贈以幣馬懷恩荅之儀抱玉表懷恩私有所結廣德初進拜
太保與一子三品一子四品官增封戶五百瑒與一子五品官封
戶百仍賜鐵券以名藏太廟畫象凌煙閣又以瑒檢校兵部尚書
朔方行營節度使然懷恩怏怏又性彊固不肯為讒毀屈無以自
解乃上書陳情曰臣世本夷人少蒙上皇驅策祿山之亂臣以偏
裨討死難杖天威神克滅彊胡思明繼逆先帝委臣以兵誓雪

國讎攻城野戰身先士卒兄弟死於陣子姓沒於軍九族之內十
不一在而存者創痍滿身陛下龍潛時親揔師旅臣事麾下悉臣
之愚是時數以微功已為李輔國讒間幾至毀家陛下即位知臣
負謗遂開獨見之明杜衆多之口拔臣於汧隴任臣以朔方遊魂
反幹朽骨再肉前日回紇入塞士人未曉京輔震驚陛下詔臣至
太原勞問許臣一切處置因得與可汗計議分道用兵收復東都
掃蕩燕薊時可汗在路為魚朝恩猜阻已失歡心及臣護送回紇
雲京閉城不出潛使攘竊善夷怨怒彌縫百端乃得返國臣還汾
州休息士馬雲京亦不使一介相聞畏臣劾奏故構為飛謗以起
異端陛下不垂明察欲使忠直之臣陷讒邪之黨臣所為拊心泣
血者也然臣之罪有六無所逃死往者同羅背逆以驟河曲兵連
不解臣不顧老母從先帝於行在募兵討賊同羅奔殄是臣不忠
於國罪一也斬子玢以令士衆捨天性之愛是臣不忠於國罪二
也二女遠嫁為國和親合從殄滅是臣不忠於國罪三也又與子

瑒躬履行陣志寧邦家是臣不忠於國罪四也河北新附諸鎮皆
握彊兵臣之撫綏反側時定是臣不忠於國罪五也協和回紇戡
定中原二陵復土使陛下勤孝兩全是臣不忠於國罪六也又言
來瑱之誅不暴其罪天下為疑四方奏請陛下皆云與驃騎議之
可否不出宰相詞言慢很帝一不為慊且欲其悔過故推心待之
詔宰相裴遵慶臨諭詔旨因察其去就遵慶至懷恩抱其足泣且
訴遵慶道帝所以不疑即勸入朝懷恩許諾副將范志誠諫以為
嫌隙成矣柰何入不測之朝獨不見來瑱李光弼乎二臣功高不
賞瑱已及誅懷恩乃止欲使一子入宿衛志誠固止御史大夫王
翊使回紇還懷恩慮洩其交通狀因留不遣即使瑒攻雲京雲京
敗進攻榆次初帝幸陝顏真卿請奉詔召懷恩至是帝使往辭曰
臣往請行時也今無及矣帝問故對曰頃陛下避狄于陝臣見懷
恩責以春秋義不奔問官守故懷恩來朝以助討賊則其辭順今
陛下即宮京邑懷恩進不勤王退不釋衆其辭曲必不來矣然則

柰何曰今亡言懷恩反者獨辛雲京李抱玉駱奉先魚朝恩四人耳
自餘咸言其枉然懷恩將士皆郭子儀舊部曲陛下若以子儀代
之喻以逆順必相率而歸從之子儀至河中瑒攻榆次未拔追兵
于祁責其緩鞭之衆怒是夕偏將焦暉白玉等斬其首獻闕下懷
恩聞以告母母曰我戒汝勿反國家詶汝不淺今衆變禍且及我
柰何懷恩再拜出母提刀逐之曰吾爲國殺此賊取其心以謝軍
中懷恩走乃與部曲三百北度河走靈武稍稍引亡命軍復振帝
念舊勳不加罪詔輦其母歸京師厚卹之以壽終又下詔拜懷恩
太保兼中書令大寧郡王罷餘官懷恩固惡不能改遂誘吐蕃十
萬入塞豐州守將戰死進掠涇邠祭來瑱墓度涇水邠寧節度使
白孝德禦之覆其陣懷恩泣曰曩皆爲我子反爲人致死於我入
侵奉天子儀拒退之永泰元年帝集天下兵防秋懷恩誘合諸
蕃號二十萬入寇吐蕃自北道逼醴泉摇奉天任敷鄭廷郝德自東
道寇奉先以窺同州羌渾奴剌自西道略盩厔趣鳳翔京師震駭

詔子儀屯涇陽渾日進白元光屯奉天李光進屯雲陽馬璘郝廷
玉屯便橋董秦屯東渭橋駱奉先李日越屯盩厔李抱玉屯鳳翔
周智光屯同州杜冕屯坊州帝御六軍屯苑中下詔親征懷恩至
鳴沙病甚還死靈武部曲焚其尸以葬部將張韶徐璜玉不能定
其軍皆前死范志誠統衆寇涇陽時諸屯堅壁大雨溪澗流潰賊
不得進吐蕃既持久又與回紇爭長更相疑莫適先進因焚廬舍
驅男女數萬去周智光邀戰澄城破之收馬牛軍資萬計回紇乃
詣子儀降請擊吐蕃自效子儀分兵隨之破其衆於涇州任敷走
羌渾詣李抱玉降始懷恩立功門內死王事者四十六人及拒命士
不弛甲凡三年帝隱忍數下詔未嘗聲其反及死爲之惻然曰懷
恩不反爲左右所誤耳俄而從子名臣以千騎降大曆四年冊懷
恩幼女爲崇徽公主嫁回紇云
周智光少賤失其先系以騎射從軍起行間爲裨將魚朝恩鎮陝
州與相昵數薦之累遷同華二州節度使永泰元年吐蕃回
紇党項羌渾奴剌衆十餘萬寇奉天智光邀戰澄城破之獲駝馬
軍貲萬計逐北至鄜州素與杜冕仇嫌時冕屯坊州家在鄜智光
入殺刺史張麟害冕宗屬八十人火民三千舍而去朝廷召懼不
赴更詔冕使梁州避讎冀其來俛然不聽命聚不逞數萬恣剽掠
以甘其欲結固之殺陝州監軍張志斌及前虢州刺史龐充初志
斌自陝入奏智光慢不爲禮志斌責之怒曰僕固懷恩豈反者邪
皆鼠輩弄威福趣之禍也我本不反今爲爾反遂叱斬志斌饗帳
下時崔圓自淮南納方物百萬盜頡其半天下貢奉輸漕劫留之
士沿調當西者懼向詰間道走同者遣部將邀捕斬之代宗未暴
其罪命中使余元仙持詔拜尚書左僕射既授詔恚語曰吾有大
功上不與平章事且同華地狹不足申脚若加陝虢商鄜坊五州
差可因言諸子皆彎弓二百斤有萬人敵挾天子令諸侯非智光
尚誰可即歷詆大臣元仙震汗徐遺百縑遣之自立生祠俾其下
禬賽大曆二年帝詔郭子儀密圖之同華路閉詔書不能通乃召

子儀壻趙縱受口詔書帛內蠟丸遣家童走間道傳詔子儀得詔
聲言討之未行其衆大攜部將李漢惠自同州降子儀乃貶智光
澧州刺史聽百人隨身貸將吏一切不問尋爲帳下斬其首幷斬
子元耀元幹來獻詔梟首皇城南街判官邵賁別將蔣羅漢並伏
誅赦有司具儀告太清宮太廟七陵先是淮西李忠臣入朝次潼
關聞智光反率兵討之會敗忠臣因入華大掠自赤水至潼關畜
產財物皆盡官吏至衣紙自蔽累日不食者
梁崇義京兆長安人以槩量業於市力能舒鉤後爲羽林射生事
來瑱沈默寡言瑱自襄陽朝京師分諸將戍福昌南陽瑱誅戍者
潰崇義自南陽勒衆還襄州與李昭薛南陽相讓爲長衆曰非梁
卿莫可遂揔其軍殺昭及南陽脅制衆心代宗因即拜節度使舉
七州兵二萬與田承嗣李正己薛嵩李寶臣相輔車根牙槃結然
獨以地褊兵少法令最治折節遇士以自振襄漢間人識教義親
厚數諷入朝荅曰來公有大功畏閹豎讒逡巡辟召至代宗立不

待罪而朝即見族吾屬盡矣若何欲見上乎建中元年李希烈請討之崇義懼整飭軍旅男子郭昔上變事德宗欲示以信流昔遠方詔金部員外郎李舟諭旨初劉文喜之難舟奉詔入涇州俄而帳下斬文喜以聞四方傳舟能覆軍殺將反側者皆惡之舟至以入朝勸崇義崇義不悅明年遣使慰撫諸道舟復如崇義所遂不肯內請易它使更命給事中盧翰往崇義益不安跋扈甚諫者多死朝廷以不疑示天下乃加同中書門下平章事妻及子悉封賞賜鐵券擢其將藺杲為鄧州刺史遣御史張著以手詔召崇義崇義使卒持滿乃受命杲奉詔不敢發詣崇義自言崇義對著號哭遂拒詔帝命李希烈率諸道兵進討崇義先攻江陵欲通黔嶺敗於四望而還殺希烈臨漢屯兵千餘希烈怒引兵循漢而上崇義使翟崇暉杜少誠戰蠻水折北至涑口大敗二將降希烈寵之使部降兵徇襄陽約百姓按堵崇義閉壁守者斬關出不可止乃與妻赴井死傳首京師希烈誅其親族及軍從臨漢役者三千人崇

義孫叔明養於李納後從劉悟為昭義將從諫死遣進旌節有詔誅之

李懷光渤海靺鞨人本姓茹父常徙幽州為朔方部將以戰多賜姓更名嘉慶懷光在軍積勞至開府儀同三司為都虞候勇鷙敢誅殺雖親屬犯法無所回貸節度使郭子儀仁厚不親事以紀綱委懷光軍中畏之會母喪起兼邠寧慶都將德宗罷子儀副元帥以所部兵分諸將故懷光檢校刑部尚書為寧慶晉絳慈隰等州節度使引衆城長武據原首臨涇水以扼吐蕃空道自是不敢南侵建中初楊炎欲城原州使懷光兼帥涇原遂其功原州宿將史抗溫儒雅等故子儀麾下嘗在懷光右及處其下意鬱鬱懷光因罪誅之由是涇軍迎畏劉文喜者因衆懼遂叛詔與朱泚討平之加檢校太子少師明年徙朔方節度使實封戶四百仍領邠寧時馬燧李抱真討田悅未克詔懷光以朔方兵萬五千幷力懷光至魏未及營與朱滔等戰連篋山為賊所敗悅因決水灌軍燧等退

屯魏縣尋進同中書門下平章事益戶二百與滔等相持久不戰帝狩奉天懷光率所部奔命方雨淖奮厲軍士倍道進自蒲津絕河敗泚軍於醴泉將抵奉天前遣裨將張韶以蠟書表隨賊攻城叩壘呼曰我朔方使也縋而上比登身被數十矢時帝被圍急聞之喜即持詔大號城上人心乃安又敗賊於魯店泚解圍去進加副元帥中書令懷光為人疏而愎誦言宰相謀議乖剌度支賦斂重京兆尹刻薄軍食天下之亂皆由此吾見上且請誅之或以告王翃翃等計懷光有大功上且訪以得失使其言入豈不殆哉遂告盧杞杞即說帝曰懷光兵威已振逆賊破膽若席勝可一舉滅賊今入朝則必宴勞留連賊得從容完備卒難圖也帝不得其情因然之乃敕懷光屯便橋督諸將進討懷光自以徑千里赴難為姦臣根隔不得朝頗恚悵去屯咸陽明日李晟會陳濤斜壁壘未具賊大至晟說懷光曰賊保宮苑攻之良難今敢離窟穴與公薄戰此天以賊賜公也懷光曰吾馬未秣士未飯可遽戰哉姑養吾

勇以待之晟不得已閉壁不出懷光數暴杞等罪帝為貶杞與趙贊白志貞又劾奏中人翟文秀亦殺之以尉懷光然益自疑堅壁八旬不出戰屢詔使進軍以伺賞為解陰連朱泚初崔漢衡使吐蕃求助兵尚結贊曰吾法進軍以本兵大臣為信今制書不署懷光未敢前帝乃命翰林學士陸贄詣懷光議事懷光陳三不可且言吐蕃舍人馬重英陷長安贊普責其不焚爇今其來必肆宿志一不可彼云引兵五萬既用其人則同漢士儻邀我厚賞何以致之二不可虜人雖來義不先用勤兵自固以觀成敗王師勝則分功敗則圖變狡詐多端不可信三不可卒不肯署又嫚罵贄曰爾何能興元元年詔加太尉賜鐵券懷光赫然怒曰凡疑人臣反則賜券今授懷光是使反也抵于地時部將韓游瓌將兵衛奉天懷光約令為變游瓌以聞數日又密書趣之門者捕送又遣將趙升鸞為諜於奉天升鸞告渾瑊曰懷光遣達奚承俊火乾陵使我為內應以脅乘輿瑊白發其姦請帝決幸梁州帝令瑊戒嚴未畢帝自

西門出詔戴休顔守奉天懷光遣將孟廷寶惠靜壽孫福率輕騎
趨南山糧料使張增遇之三人計曰吾屬以叛聞不如緩軍彼怒
不過不吾將耳使增紿衆曰由此東吾有見糧可食也廷寶等引
而東縱卒大掠而百官遂入駱谷追帝不及還白懷光懷光怒悉
罷其兵懷光乃奪李建徽陽惠元等軍屯好畤然其下稍稍攜貳
逃始憚之至是欲遂臣懷光懷光怒告絕益不安乃引兵掠涇陽
三原富平遂如河中留張昕守咸陽而孟涉段威勇擁兵降李晟
韓游瓌殺昕以邠州歸戴休顔自奉天令於軍曰懷光反乃城守
有詔以懷光爲太子太保許其麾下擇功高者一人統其兵不奉
詔懷光至河中取同絳二州按兵觀望京師平命給事中孔巢父
中人啖守盈召之皆爲懷光帳下所害於是繕兵嚴守帝乃遣渾
瑊討之度支欲罷其軍歲中稟賜帝曰朔方軍累有功豈以懷光
拒命而衆不被恩邪詔所司別貯縑錢須事定乃給瑊破同州屯
軍不得進數爲懷光所衄帝以河東節度使馬燧威名白著乃拜

副元帥與瑊及鎮國駱元光邠寧韓游瓌鄜坊唐朝臣會兵進討
燧拔絳州諸軍遂圍河中貞元元年八月朔方部將牛名俊斬懷
光傳首以獻年五十七帝念其功詔許一子嗣賜莊第各一區聽
以禮葬妻王徙澧州初懷光死其子璀盡殺其弟乃死故懷光無
後五年詔曰懷舊念功仁之大也興滅繼絕義之至也昔蔡叔圮
族周封其子韓信干紀漢爵其孥侯君集不率太宗存其祀考先
王之道烈祖之訓皆以刑佐德俾人嚮方曩者盜臣竊發朕狩近
郊懷光夙駕千里奔命行在假雷霆之威破虎狼之衆守節靡終
潛構禍胎大戮所加自貽伊戚孤魂無歸懷之愢然宜以外孫燕
賜姓李名曰承緒以左衛率府胄曹參軍繼懷光後仍賜錢百萬
置田墓側以備祭享還妻王使就養云

陳少游博州博平人幼習老子莊周書爲崇玄生諸儒推爲都講
有媢者欲對廣坐切問以屈少游及升坐音吐清辯據引淹該問
窮而對有餘大學士陳希烈高其能既擢第補南平令治有聲累
遷侍御史回紇糧料使加檢校職方員外郎充使檢校郎官自少
游始僕固懷恩表署河北副元帥判官遷晉鄭二州刺史少游長
權變所至一切幹濟賄謝權幸以是數遷李抱玉表澤潞副使爲
陳鄭留後永泰中復奏爲隴右行軍司馬權桂管觀察使少游不
樂遠去規徙近鎮時宦官董秀有寵掌樞近少游乃宿其里候歸
沐入謁因鄙語諂謂秀曰七郎親屬幾何月費幾何秀謝曰族甚大
歲用常過百萬少游曰審如是奉入不足爲數日費當數外營乃
辦耳吾雖不才請獨取濟歲輸錢五千萬今具其半請先入之秀
大喜與厚相結少游因泣曰嶺南瘴癘恐不得生還見顔色秀遽
曰公美才不當遠出請少待時少游已納賂元載子仲武於是內
外更薦之改宣歙池觀察使大曆五年徙浙東封潁川縣子遷淮
南節度使喜譎數行小惠羣吏任職三總藩皆天下富饒處以是
斂求貲易無虛日積財寶巨億萬初結元載賂金帛歲無慮十萬
緡又事宦官駱奉先劉清潭吳承倩及秀故能久其任後載以過

見疑少游亦疏之載子伯和謫揚州少游陽善之陰奏其罪代宗
以爲忠建中初朝廷經費不充始請本道稅錢千增二百鹽斗加
百錢度支因請諸道並增焉李納拒命少游出師收徐海等州俄
棄之退屯盱眙累進檢校尚書左僕射賜封戶三百加同中書門
下平章事時宰相關播盧杞與少游有雅故驟兼台司德宗幸
奉天度支汴東兩稅使包佶寓揚州所儲財賦八百萬緡將輸京
師少游意朱泚勢盛不遽平欲脅取其財使判官崔頎就佶索文
簿貸二百萬緡佶以非敕命拒之頎怒曰君善得爲劉長卿不爾
爲崔衆矣長卿嘗任租庸使爲吳仲孺所囚崔衆以倨李光弼
被殺故頎以爲言佶謁少游欲諫止不得語即遣去於是財用悉
爲少游所掠佶奔白沙少游遣幕中房孺復召之佶懼走度江伏
妻子案牘中以免佶有衛兵三千令高越元甫將焉少游奪之
能隨佶者至上元復爲韓滉所留佶但諸史如江鄂州以表內蠟
丸以聞會胄少游使至帝詰其事辭以不知時禍難煽結帝未能制

乃曰少游國守臣取佶之財防它盜耳庸何傷遠近聞之咸稱帝得其機云少游聞之果自安不疑李希烈陷汴聲言襲江淮少游懼遣參謀溫述送款曰豪壽舒廬既韜刃卷鎧惟君命又使巡官趙詵如鄆州厚結李納希烈僭號遣將楊豐齎僞赦令送少游壽州刺史張建封邏得之斬豐以僞赦送行在會佶入朝具言少游脅財賦狀少游慙上表言所取以贍軍興請償之而州府殘破不能償乃與腹心吏設法重稅民皆苦之劉洽取汴州得希烈僞起居注書某月日陳少游上表歸順少游聞惎悸發病死年六十一贈太尉

贊曰懷恩與賊百戰闔宗死事至四十六人遂欲埽燕趙無餘埃功高威重不能防患凶德根于心弗得其所輒發果於犯上惜哉其母拔刀逐賊烈婦人也懷光提萬衆振天子於難一爲讒人所沮忿戾不自還身首殊分然讒人亦可疾矣所謂交亂四國者也

李錡淄川王孝同五世孫以父國貞蔭調鳳翔府參軍貞元初遷

至宗正少卿嘗與卿李幹爭議錡以直不坐德宗兩置之自雅王傅出爲杭湖二州刺史方李齊運用事錡以賂結其歡居三歲遷潤州刺史浙西觀察諸道鹽鐵轉運使多積奇寶歲時奉獻德宗昵之錡因恃恩驁橫天下榷酒漕運錡得專之故朝廷用事臣錡以利交餘皆乾沒于私國計日耗浙西布衣崔善貞上書闕下暴其罪帝械以賜錡錡豫浚大坎至則并械瘞坎中聞者切齒錡得志無所憚圖久安計乃益募兵選善射者爲一屯號挽硬隨身以胡奚雜類虯須者爲一將號蕃落健兒皆錡腹心稟給十倍使號錡爲假父故樂爲其用帝於是復鎮海軍以錡爲節度使罷領鹽鐵轉運錡喜得節而忘其權去暴踞日甚屬吏死不以過甚衆又逼污良家寮佐力諫不能得遽遁去憲宗即位不假借方鎮故倔彊者稍稍入朝錡不自安亦三請覲有詔拜尚書左僕射以御史大夫李元素代之中使馳驛勞問兼撫慰其軍錡署判官王澹爲留後錡無入朝意稱疾遷延不即行澹及中使數趣之錡不悅乘澹視事有所變更者諷親兵圖澹因給冬服錡坐幄中以挽硬蕃落自衛澹與中使入謁既出衆持刃嫚罵殺澹食之監軍使遣牙將趙琦慰諭又食之以兵注中使頸錡陽驚解乃囚別館蕃落兵薛頡主之挽硬兵李鈞主之又以公孫玠韓運分總餘軍室五劍授管內鎮將令殺五州刺史屬別將庾伯良兵三千築石頭城謀據江左常州刺史顏防用其客李雲謀矯詔稱招討副使殺鎮將李深傳檄蘇杭湖睦四州同討錡湖州辛祕亦殺鎮將趙惟忠而蘇州李素爲鎮將姚志安所執釘舷上獻於錡錡敗而免憲宗以淮南節度使王鍔爲諸道行營兵馬招討處置使中官薛尚衍爲都監招討宣慰使發宣武武寧武昌淮南宣歙江西浙東兵自宣杭信三州進討初錡以宣州富饒遣四院隨身兵馬使張子良李奉仙田少卿領兵三千分下宣歙池錡甥裴行立雖預謀而欲効順故相與約還兵執錡行立應於內子良等既行其夕諭軍中曰僕射反矣精兵四面皆至常湖鎮將千首通衢勢蹙且敗吾輩

徒死不如轉禍希福部衆大悅遂迴趣城行立舉火內外合譟行立攻牙門錡大驚左右曰城外兵馬至錡曰何人邪曰張中丞也錡怒甚曰門外兵何人也曰裴侍御也錡拊膺曰行立亦叛吾邪跣足逃于女樓下李鈞引兵三百趨出庭院格鬬行立兵貫出其中斬鈞傳首城下錡聞之舉族慟哭子良以監軍命曉諭城中逆順且呼錡束身還朝左右以幕縋而出之錡以僕射召數日而反狀至下詔削官爵明日而敗送京師神策兵自長樂驛護至闕下帝御興安門問罪對曰張子良教臣反非臣意也帝曰爾以宗臣爲節度使不能斬子良然後入朝邪錡不能對以其日與子師回腰斬于城西南年六十七尸數日帝出黃衣二襲葬以庶人禮擢子良檢校工部尚書左金吾將軍封南陽郡王賜名奉國田少卿檢校左散騎常侍左羽林將軍代國公李奉仙檢校右常侍右羽林將軍邠國公裴行立泌州刺史贈王澹給事中趙琦和州刺史崔善貞睦州司馬削錡屬籍從弟宋州刺史銛通事舍人銑從子

師偃旅嶺南

贊曰語曰出入之吝謂之有司賤之也德宗平朱泚京師府藏秏竭諸道始有進奉助經費而詔書亦往往宣索於天下以人主規規財利下行有司之事天下無事賦取猶不息劍南江西有日月之進杜亞劉贊王緯及錡歲時進奉以固其寵號稱賦外羨餘又亦託中旨以盜庫物然獻纔十二三餘皆私之江淮以南物力大屈人人憔然忘生貞元以後中官市物都下謂之宮市不持符牒口含詔命取濫縑惡布紅紫之倍其估裂以償直市之良賈精貨皆逃去不出列廛閈者惟粗雜苦窳而已又有彊驅入禁中罄所車輦賣者不平因共毆笞之蒼頭女奴名馬工車惴惴常畏摘取而德宗藏於左右前後莫知也故善貞因錡并論其事卒不知錡顯鹽鐵之利以養兵圖叛曾不及庸有司之吝遠甚

叛臣列傳第一百四十九上

叛臣列傳第一百四十九下　唐書二百二十四下

端明殿學士兼翰林侍讀學士龍圖閣學士朝散大夫守尚書吏部侍郎充集賢殿脩撰臣宋　祁奉
教撰

李忠臣本董秦也幽州薊人少籍軍以材力奮事節度使薛楚玉張守珪安祿山等甄勞至折衝郎將平盧軍先鋒使劉正臣殺偽節度呂知晦擢秦兵馬使攻長楊戰獨山襲榆關北平殺賊將申子貢榮先欽執周銑送京師從正臣赴難復敗李歸仁李咸白秀芝等潼關失守秦整軍北還奚王阿篤孤初引衆與正臣合已而紿約皆攻范陽至后城夜乘間襲秦秦接戰敗之追奔至溫泉山禽首領阿布離斬以釁鼓至德二載節度使王玄志使秦率兵三千自雍奴桴葦絕海擊賊將石帝廷烏承洽轉戰累日拔魯城河閒景城收糧貲以實軍又與田神功下平原樂安禽偽刺史以獻於是防河招討使李銑承制假秦德州刺史史思明自歸河南節度使張鎬督秦軍合諸將平河南州縣與裨將陽惠元破安慶緒將王福德於舒舍肅宗下詔褒諭令屯濮州又從韋城從郭子儀圍相州軍潰秦至滎陽破賊將敬釭取糧艘二百柂以餉汴軍未幾授濮州刺史屯杏園渡許叔冀以汴下史思明秦力屈亦降思明撫背曰始吾有左手得公今完矣與俱寇河陽秦夜挈五百人冒圍歸李光弼詔加殿中監封戶二百召至京師賜今氏名給良馬甲第時陝西神策兩節度使郭英乂衛伯玉屯陝故以忠臣爲兩軍兵馬使戰永寧莎柵與賊將李感義等數十遇皆破之淮西節度使王仲昇爲賊執以忠臣爲汝仙蔡六州節度使兼安州合諸軍平東都進御史大夫回紇可汗既歸留其下安恪石帝廷居河陽守貲儲因是招亡命爲盜道路畏澁詔忠臣討定之吐蕃犯京師天子追兵秦方宴鞠場使者至即整師引道諸將白須良日忠臣怒曰君父在難方擇日救患乎時召兵無先忠臣至者代宗嘉之加本道觀察使賚與倍等周智光爲帳下所殺忠臣提兵入華州所過大掠自赤水距潼關二百里無居人大曆五年加蔡州

剌史陝虢李國清爲下所逐掠府庫國清徧拜諸將乃免會忠臣入朝次陝詔許于衆衆懼忠臣不敢擾即圖𨽻約士投所掠物圖中一日盡獲討李靈耀也戰西梁固敗之復與馬燧軍合敗賊于汴州田悅以援兵三萬屯汴郛忠臣勒裨將李重倩夜率百騎襲之貫其營而還殺數十百人悅閒道走靈耀開城亡去軍遂潰以忠臣爲汴州剌史加檢校司空同中書門下平章事封西平郡王忠臣貪婪沓嗜色將士婦女逼與亂所至人苦之以女弟妻張惠光用爲牙將恃勢殘克或白忠臣不之信又以惠光子居牙下愈橫肆十四年大將李希烈因衆怒與少將丁暠賈子華等共斬惠光父子以兵脅逐忠臣跳奔京師帝素寵之不責也復授檢校司空同中書門下平章事奉朝請德宗立散騎常侍張涉以贓得罪帝怒不赦涉故侍讀東宮者忠臣曰陛下貴爲天子先生以乏財觸法非過也帝意解免涉歸田里湖南觀察使辛京杲私怒部曲殺之有司劾當死忠臣曰京杲應死久矣帝問故對曰京杲諸父戰某所死兄弟戰某所死渠從行獨得存以故知之帝悽然悟釋之下除王傅忠臣戇愚直不通書帝嘗謂卿耳大眞貴兆對曰臣聞驢耳大龍耳小帝喜其野而誠然既失兵怫鬱不顧藉朱泚反僞署司空兼侍中泚攻奉天以忠臣居守泚敗繫有司與其子俱斬

喬琳并州太原人少孤苦志學擢進士第性誕蕩無禮檢郭子儀表爲朔方府掌書記與聯舍畢曜相掉訐貶巴州司戶參軍歷果綿遂懷四州剌史治寬簡不親事嘗謂録事參軍任紹業曰子綱紀一州能劾剌史乎紹業出條所失示之琳驚曰能知吾失御史材也琳素善蒲人張涉涉以國子博士侍太子讀太子即位召訪政事不淹日詔入翰林遷散騎常侍薦琳任宰相乃拜御史大夫同中書門下平章事天下矍然駭之琳年高且瞶每進對失次所言不厭帝旨在位閱八旬以工部尚書罷帝由是亦疏涉琳從幸奉天再遷太子少師進幸梁州次盩厔詭言馬殆不進帝素以舊臣老禮之給乘輿馬辭病力帝賜所執策曰勉爲良圖與卿別矣不數日祝髮舍仙游佛廬泚聞遣數十騎取之署吏部尚書令姻家源休衣以朝服食以肉琳亦不辭十有許官非便者琳曰子謂此選便乎及收京師李晟憫其老表貰死帝曰琳故宰相失節背義不可赦臨刑歎曰我以七月七日生以此日死非命耶時又有蔣鎮者冽子也與兄鍊俱以文辭顯擢賢良方正科累轉諫議大夫大曆中淫雨壞河中鹽池味苦惡韓滉判度支慮減常賦妄言池生瑞鹽王德之美祥代宗疑不然命鎮馳驛按視鎮內欲結滉故實其事表置祠房號池曰寶應靈慶云再進工部侍郎妹婿源溥者休弟也故鎮與休交泚叛竄于鄠傷足不能進泚先得鍊而鎮左右逃歸語所在源休聞白泚以二百騎求得之知不免懷刃將自剌鍊止之復謀出奔懦不決中朝臣逋伏者休多所誅殺賴鎮救原十五初冽與弟渙在安史時皆汙僞官鍊兄弟復屈節于賊云

高駢字千里南平郡王崇文孫也家世禁衛幼頗修飭折節爲文學與諸儒交硜硜譚治道兩軍中人更稱譽之事朱叔明爲司馬有二鵰並飛駢曰我且貴當中之一發貫二鵰焉衆大驚號落鵰侍御後歷右神策軍都虞候党項叛率禁兵萬人戍長武是時諸將無功唯駢數用奇殺獲甚多懿宗嘉之徙屯秦州即拜刺史兼防禦使取河渭二州略定鳳林關降虜萬餘人咸通中帝將復安南拜駢爲都護召還京師見靈臺殿於是容管經略使張茵不討賊更以茵兵授駢駢過江約監軍李維周繼進維周擁衆壁海門駢次峯州大破南詔蠻收所獲賙軍維周忌之匿捷書不奏朝廷不知駢問百餘日詔問狀維周劾駢玩敵不進更命右武衞將軍王晏權往代駢俄而駢拔安南斬蠻帥段酋遷降附諸洞二萬計晏權方挾維周發海門檄駢北歸而駢遣王惠贊傅酋遷首京師見艟艫甚盛乃晏權等惠贊懼奪其書匿島中間關至京師天子覽書御宣政殿羣臣皆賀大赦天下進駢檢校刑部尚書仍鎮安南以都護府爲靜海軍授駢節度兼諸道行營招討使始築安南城由安南至廣州江漕梗險多巨石駢募工劖治由是舟濟安行

儲餉畢給又使者歲至乃鑿道五所置兵護送其徑青石者或傳
馬援所不能治既攻之有震碎其石乃得通因名道曰天威云加
檢校尚書右僕射駢之戰其從孫潯常先鋒冒矢石以勸士駢徙
節天平薦潯自代詔拜交州節度使僖宗立即其軍加同中書門
下平章事南詔寇巂州掠成都徙駢劍南西川節度乘傳詣軍及
劍門下令開城縱民出入左右諫寇在近脫大掠不可悔駢曰屬
吾在安南破賊三十萬驃信聞我至尚敢邪當是時蠻攻雅州壁
盧山閒駢至亟解去駢即移檄驃信勒兵從之驃信大懼送質子
入朝約不敢寇蜀有突將分左右二廂廂有虞候詰火督盜賊有
兵馬虞候主調發駢罷其一各置一虞候又以蜀兵孱弱詔蠻新定
人未安業罷突將月稟弃餐錢約曰府庫完當如舊又團練兵戰
者厚其衣稟不團練者但掌文書倉庫衣稟減焉駢曰皆王卒命
均之戰士大望于時天平昭義義成戍軍合蜀兵凡六萬駢之自
將出屯也突將亂乘門以入駢匿於圊求不得天平軍聞變其校

張桀以士五百格戰不勝監軍慰撫之皆曰州雖更蠻亂戶口尚
完府庫方實公削軍稟以自養不堪其虐故亂監軍懼講解之取
役夫數百名叛卒藉斬其首乃定駢徐出以金帛厚賞士開府庫
悉還其衣稟然密籍所給姓名夜遣牙將擊殺之夷其族雖孕者
不貰投尸于江有一婦方踞而乳子將就刑媼傷之疑其畏死謂
曰以子丐我一詣曹司也婦躑起曰我知之且飽吾子不可使以
飢就戮也見刑者拜曰渠有節度使奪戰士食一日忿怒淫刑以
逞國家法令何有也我死當訴于天使此賊闔門如今日冤也遠
死神色晏然蜀人聞者為垂泣駢復録突將戍還者丸名貯器中
意不懌則探之或十或五授將李敬全斬徒親吏王殷說駢曰突
將在行者初不知謀公當赦之駢悅投丸池中乃安蜀之土惡
成都城歲壞駢易以塼甓陴堞完新負城丘陵悉鑿平之以便農
桑訖功筮之得大畜駢曰畜者養也濟以剛健篤實煇光日新吉
孰大焉文宜去下存上因名大玄城進檢校司徒封燕國公徙荊

南節度梁纘者本以昭義兵西戍駢表隸麾下王仙芝之敗殘黨
過江帝以駢治鄆威化大行且仙芝黨皆鄆人故授駢鎮海節度
使駢遣將張璘與纘分兵窮討降其驍帥畢師鐸數十人賊走嶺
表帝美其功加諸道行營都統鹽鐵轉運等使又詔駢料官軍義
營鄉團歸其老弱傷夷裁制軍食刺史以下小罪輒罰大罪以聞
賊更推黃巢南陷廣州駢建遣璘以兵五千屯郴扼賊西路留後
王重任以兵八千並海進援循潮自將萬人繇大庾擊賊廣州且
請起荊南王鐸兵三萬壁桂永以邕管兵五千壁端州則賊無遺
類帝納其策而駢卒不行俄徙淮南節度副大使駢繕完城壘募
軍及土客得銳士七萬乃傳檄召天下兵共討賊威震一時天子
倚以為重廣明初璘破賊大雲倉詐降巢巢不意其襲遂大奔引
殘黨壁上饒然衆亡幾會疫癘起人死亡璘進擊之巢大懼以金
啗璘騰書於駢丐歸命駢信之許為求節度當此時昭義武寧義
武兵數萬赴淮南駢欲專己功即奏賊已破不須大兵有詔班師

巢知兵罷即絕駢請戰擊殺璘乘勝度江攻天長始巢在廣州求
天平節度宰相盧攜善駢以有討賊功不肯赦巢與鄭畋爭于朝
故巢怨不得節度而駢聞議不一亦不平至是欲縱賊以脅朝廷
然後立功畢師鐸諫曰朝廷所恃誰易於公制賊要害莫先淮南
今不據要津以滅賊使得北度必亂中原駢矍然下令將出師嬖
將呂用之畏師鐸有功諫曰公勳業極矣賊未殄朝廷且有口語
況賊平挾震主之威安所稅駕不如觀釁求福為不朽資也駢入
其計託疾未可以出屯嚴兵保境巢據滁和去廣陵纔數百里乃
求援陳許巢逼揚州衆十五萬駢將曹全晸以兵五千戰不利壁
泗州以待援駢兵終不出賊北趨河洛天子遣使者促駢討賊冠
蓋相望也俄而兩京陷天子猶冀駢立功眷寄未衰詔刺史若諸
將有功自監察御史至常侍許墨制除授尋進檢校太尉東面都
統京西京北神策軍諸道兵馬等使會二雉雊署寢占者曰軍府
將空駢惡之悉兵出營東塘舟二千艘戈鎧完銳日討金鼓以修

士志與浙西節度使周寶檄欲連和而西寶大喜有謂寶彼欲并江東爲孫策三分計寶未之信俄而駢請寶至軍議事寶怒辭疾不出釁隙遂構駢屯東塘百日託以寶及浙東劉漢宏將爲不利乃還以懸其變帝知駢無出兵意天下益殆乃以王鐸代爲都統以崔安潛副之詔韋昭度領諸道鹽鐵轉運使加駢侍中增實戶一百封渤海郡王駢失兵柄利權攘袂大詬即上書謾言不恭詆鐸乃敗軍將而安潛狠貪有如橈敗詒千古之悔又引更始刮席子嬰軹道事以激帝帝怒下詔切責當此時王室微不絕如帶駢都統三年無尺寸功幸國顛沛大料兵陰圖割據一旦失勢威望頓盡故肆爲醜悖脅邀天子冀復故權而吴人顧雲以文辭緣澤其姦偃然無所忌畏又請帝南幸江淮會平賊駢聞縮氣悵恨部下多叛去鬱鬱無聊乃篤意求神僊以軍事屬用之用之者鄱陽人世爲商儈往來廣陵得諸賈之驩旣孤依舅家盜私其室亡命九華山事方士牛弘徽得役鬼術賣藥廣陵市始詣駢親將俞公

楚驗其術因得見駢署幕府稍補右職用之旣少賤具知閭里利病吏得失頗班班言政事以將左道駢愈器之乃廣樹朋黨刺知駢動息持金帛還結左右日爲誕妄以動駢又薦狂人諸葛殷張守一爲長年方並署牙將初殷將見用之紿曰上帝以公爲人臣處機事廣慮廢使神人來備羽翼且當以職縻之明日殷以褐衣見辯詐無窮駢大驚號葛將軍其陰狡過用之遠甚有大賈居第華壯殷求之不得謂駢曰城中且有妖當興築壇禳卻之因指賈居駢敕吏即日驅徙殷入居之駢造迎仙等樓皆度高八十尺飾以金珠瑧玉侍女衣羽衣新聲度曲以擬鈞天薰爇其上祈與仙接用之自謂與僊真通對駢叱咤風雨或望空顧揖再拜語言俚近左右或竊議輒殺之後無敢出口者蕭勝納賄用之求鹽城監駢不肯用之曰仙人言鹽城有寶劍須眞人取之唯勝可往駢許諾數月勝獻銅匕首用之曰此北帝所佩也得之者兵不敢犯駢寶秘之常持以坐起用之憚其術窮且見詰乃刻青石手板爲龍蛇隱

起文曰帝賜駢使人潛植机上駢得之大喜爲寓鵠廷中設機關觸人則飛動駢衣羽服乘之作仙去狀用之懼有擿其姦者乃曰仙人當下但患學者眞氣鬱沮耳駢始棄人間事絶妾媵雖將吏不得見客至先遣薰濯詣方士祓除謂之解穢少選即引去自是內外無敢言者惟梁纘屢爲駢言駢不聽纘懼解所領兵駢還其軍於昭義纘不復事矣用之旣自任淫刑重賦人人思亂乃擢發吏百餘號察子厚稟食令居衢閧閒凡民私閱隱語莫不知道路箝口誅所惡者數百族又募卒二萬爲左右鏌邪軍與守一分總置官屬如駢府用之每出入騶御至千人建大將軍牙營署皆備建百尺樓託云占星實窺伺城中之有變者左右姬侍百餘皆媚秀光麗善歌舞巾櫛束帶以侍月二十宴其費仰於民不足至苛留度支運物誘人上變則許入貲產贖罪俞公楚數規戒其失不聽姚歸禮謀殺之弗克用之因譖二人於駢使以驍雄兵三千督盜於外密使兵襲之舉師殲焉駢從子澞密疏用之罪諫駢曰不

除之高氏且無種駢怒命左右扶出以狀授用之用之誣澞貪賁不能滿故妄言因出澞筆驗之駢敕吏禁澞出入俄署舒州刺史未幾爲下所逐用之構之也駢使人殺澞嗣襄王熅之亂駢上書勸進僞假駢中書令諸道兵馬都統江淮鹽鐵轉運使以用之爲嶺南節度使駢久觖望至是大喜貢賦不絶用之始開府置官屬禮與駢均矣以鄭杞董僅吴邁爲腹心駢之親信皆偪使附已政事未嘗關決駢駢內悔欲收其權不能也用之問計於杞僅謀請駢齋於其第密縊之紿爲昇天事不克光啓三年蔡賊孫儒兵略定遠聲言涉淮壽州刺史張翺奔告駢命畢師鐸率騎三百戍高郵師鐸者故仙芝黨以善騎射稱駢敗巢于浙西用其力故寵待絶等用之厚啖以利欲其諂附然不肯情師鐸有妾美用之請見不可狙其出觀焉怒而棄之內忿懼爲子結婚於高郵將張神劒陰倚爲援朱全忠方攻秦宗權駢慮其奔突使師鐸率兵踰都梁山不見賊還師鐸見駢府宿將多以讒死憂甚用之益加禮師鐸

愈恐謀於神劍神劍不然其言而猜嫌日結用之亦慮其變內欲除之亟請罷屯其毋密擿師鐸使去曰毋顧家室師鐸憂未知所出而駢子慫用之專恣覘師鐸與諸將欲發其姦遣使謂師鐸曰用之欲因此行圖君既授書神劍矣君其備之師鐸驚軍中稍稍傳言諸將介而見請殺神劍并其軍軀市人以濟亂師鐸曰不可我若重擾百姓復一用之也鄭漢璋素與我善兵精士彊以用之用事常不平今若告之謀彼必喜則事濟矣衆然之神劍未知方椎牛釃酒且將犒師師鐸潛師夜出士皆絳繒抹首且行且掠漢璋聞以麾下出迎師鐸諗以計大喜留其妻守淮口帥兵及亡命數千至高郵見神劍詰其變神劍辭不知師鐸語稍侵神劍瞋目曰大夫何晚計彼一妖人前假嶺南節不肯行志圖淮海今君既奪魄彼一日得志吾能握刀頭北面事之邪吾豈前未量君意故不出口尚何疑漢璋喜取酒割臂血而盟推師鐸為大丞相作誓告神乃移檄州縣以誅呂用之張守一諸葛殷為名神劍以高郵兵諸

校倪詳逐並以天長子弟會唐宏為先鋒駱玄真主騎趙簡主徒王朗為殿得勝兵三千將發神劍中悔繆曰公兵雖精然城堅旬日不下則糧乏衆心搖矣神劍請按軍高郵為公聲援而督糧道師鐸曰民稟尚多何患資儲城中攜離無鬭志何事聲援君意不行孰敢違漢璋內忌神劍恐不為己下勸許其計約城破玉帛子女共之其四月兵傅城營其下城中駭亂用之分兵守且自督戰令曰斬一級賞金一餅士多山東人堅悍頗用命師鐸懼退舍自固用之稍堙塞諸門駢登延和閣聞囂甚左右告之故大驚召用之問狀徐曰師鐸衆思歸為門衛所軋隨已處置不爾煩玄女一符耳駢曰吾覺爾之誕多矣善自為之勿使吾為周寶也時寶已為下所逐出奔云用之慙不復有言師鐸見城未下頗懼求救於宣州秦彥約事平迎以代駢駢數責用之曰始吾以心腹任君君御下無方卒誤我今百姓饑饉不可虐用當遣大將齎吾書諭之使罷兵用之疑諸將不為用以其黨許戡奉書往始師鐸意駢令

宿將勞軍因得口陳用之罪及戡至大怒曰梁纘韓問安在若何庸來即斬之乃繫書射城內用之不發即火之它日以甲士百人入謁駢駢驚匿內寢少選乃出叱曰得非反邪命左右驅出用之至南門舉策曰吾不復入是矣始與駢貳師鐸壁揚子發民廬舍治攻具用之大索居人馬及丁壯驍將以長刀擁脅乘城晝夜不得息又疑為間數易區處家有鹽餉皆相失至飢死者相枕藉駢召大將古鍔齎師鐸母書及其子出諭師鐸遣子還曰不敢負恩朝斬凶人夕還屯願以妻子為質駢恐用之屠其家乃收置署中會秦彥遣秦稠率兵與師鐸合攻益急守陴者夜焚南柵以應于外師鐸入守將張全逆戰死用之距三橋殺傷相當駢從子傑率牙兵將執用之以畀師鐸左鎮邪兵復斷其後用之懼乃出奔駢召梁纘謝曰初不用子計以及此庸何追授以兵使保子城遲明師鐸縱火大掠駢乃命徹備改服須其入師鐸見延和閣駢待之如賓即署師鐸節度副使漢璋神劍以次授署秦稠封府庫以待師

鐸去丞相號于時何衛未謹駢愛將申及說駢曰逆人兵少弛願奉公夜出發諸鎮兵還刷大恥賊不足平也若不決則及將不得侍公因泣下駢恇怯不能用其策及乃匿去師鐸誅用之支黨數十使孫約迎秦彥彥者徐州人本名立隸伍籍乾符中以盜繫獄且死夢謂曰秦彥而從我去寤而視械破因得亡命即名彥聚徒百人殺下邳令取其貲入黃巢黨中既敗與許勍降駢累表和州刺史中和初宣歙觀察使竇潏病彥襲而代之師鐸之召彥也或計曰足下向誅妖人故下樂從今軍府已安宜還政高公足下身典兵權在掌握四鄰聞之不失大義諸將未敢謀也若令彥為帥兵非足下有也且秦稠封府庫勢已相疑足下如厚德彥宜以金玉子女報之勿聽度江假足下能下彥楊行密夕聞而朝必至師鐸不決以告漢璋漢璋曰善師鐸出駢因南第稠麾下求無厭燒責奏樓數十楹取珍寶始駢自乾符以來貢獻不入天子貲貨山積私置郊祀元會供帳什器殫極功巧至是為亂兵所剽略盡師

鐸從駢東第禽諸葛殷要下得金數斤百姓交唾拔須髮無遺再
縊乃絶仇家矐其目云市人投瓦礫擊尸俄而成冢駢出金遺守
者師鐸知之加兵苛督復入囚署中子弟十餘人同幽之顧雲入
見駢猶自若曰吾復居此天時人事必有在意師鐸復推立之用
之旣出以兵攻淮口未下鄭漢璋擊之遂奔天長初用之詐爲駢
書召兵於廬壽城陷而楊行密兵萬人次天長用之自歸張神劒
求賂於師鐸辭以彥未至神劒怒與別將高霸將攻師鐸彥之來
召池州刺史趙鍠守宣自將入揚州稱節度使以師鐸爲行軍司馬
居用之第不得在牙中師鐸怏怏失志行密與神劒等連和自江
北至槐家橋柵壘相聯彥登城望之色沮乃授鄭漢璋唐宏等兵
屯門樵蘇道絶食且乏稠及師鐸以勁卒八千出戰大敗稠死之
士奔溺死者十八彥大出金求救於張雄雄引兵至東塘得金不
戰去彥使師鐸率兵二萬陣城下漢璋爲前鋒宏次之駱玄眞樊約
又次之師鐸王朗以騎爲左右翼旣成列久之行密乃出委輜重

于壁以羸兵守之伏精卒數千其旁行密先犯玄眞短兵接僞北
師鐸諸軍奔其壁爭取金玉貲糧伏譟而出行密引輕兵蹦其尾
俘殺旁午橫尸十里師鐸等奔還玄眞戰死師鐸雅倚玄眞驍敢
能拒敵旣失之惋沮彌日不復議出戰矣駢久囚拘供億窘狹羣
奴徹延和閣闌楯爲薪煮革帶以食駢召幕府盧涗曰予粗立功
比求清淨非與此世爭利害今而及此神道何望邪涕下不能已
師鐸旣敗慮駢內應有女巫王奉仙謂師鐸曰揚州災有大人死
可以厭彥曰非高公邪命左右陳賞等往殺之侍者白有賊駢曰
此必秦彥來正色須之衆入駢罵曰軍事有監軍及諸將在何遽
爾衆辟易有奮而擊駢者曳廷下數之曰公負天子恩陷人塗炭
罪多矣尚何云駢未暇荅仰首如有所伺即斬之左右奴客遁歸
行密行密舉軍縞素大臨而祭獨用之縗服哭三日彥屢敗軍氣
摧喪與師鐸抱膝相視無它略更問奉仙賞罰輕重皆自出彥遣
漢璋擊神劒破之神劒奔高郵漢璋欲窮追會大雨還行密以城

尚堅師且老議解去用之裨將晨伏兵西壕伺守者休代引而登
殺數十人于門以招外兵守軍亦厭苦皆委兵潰師鐸與其家及
彥奔東塘人爭出相騰藉死壕塹幾滿王朗踣而殞行密旣入殺
梁纘于牙門以不死高氏難韓問聞之赴井死居人癯憊奄奄兵
不忍加暴反斥餘糧救之彥師鐸與唐宏倪詳樊白砂將度江會
秦宗權使孫儒引兵三萬襲揚州次天長彥等與之合還攻行密
行密授之館而高郵戍兵七百潰而來行密疑有謀悉擊殺之因
取行密輜重牛羊數千計儒以食乏乃屠高郵據之張神劒奔還
殺神劒用之始詐行密曰廡下有瘞金五千斤事平願備一日乏
行密掘地無埋金但得銅人三尺身桎梏釘刺其口刻駢名於背
蓋用蠱厭駢也行密責其罪并張守一斬于三橋妻子皆死著其
罪于路儒攻城未得志慮彥師鐸有異謀稍并其兵唐宏度不免
即告儒曰師鐸密遣人至汴儒大恐明日召彥師鐸漢璋會軍中
彥師鐸先至壯士捽之至儒所儒質彥反駢罪斬之至師鐸呼曰

丈夫成則王敗則虜君何多責爲吾嘗將數萬兵不死常人手得
公之劒瞑目矣儒罵曰庸賊欲汚我手邪趣斬之漢璋至奮臂擊
殺數人乃死身首糜散儒使宏主騎兵厚賜之文德元年儒謀知
行密糧乏自高郵襲之行密拔其衆還廬州儒遂據揚州駢之死
裹以故氊與子弟七人一坎而瘞行密擢駢孫愈爲副使令主喪
事未克葬愈暴死至是故吏鄺師虔收葬之揚州雄富冠天下自
師鐸行密儒迭攻迭守焚市落剽民人兵飢相仍其地遂空
朱玫邠州人少以材武爲州戍將黃巢盜長安有王玫者爲僞節
度使方調兵玫陽事之乘間斬王玫以留後讓李重古約合兵討
巢廣明二年玫襲賊戰開遠門槍洞咽不死以多擢晉州刺史進
邠寧節度使合涇原岐隴兵八萬屯興平號定國砦戰潏上敗走
邠詔益靈鹽軍拜河南都統引兵屯中橋列五壁進西北面都統
賊平授同中書門下平章事封吳興侯田令孜議討王重榮以兵
屬玫合鄜延靈夏軍三萬保沙苑重榮上疏乞誅玫令孜旣戰玫

輒北因縱軍還掠僖宗蒼黃幸鳳翔避其鋒玫反與重榮李克用
連和請誅令孜宰相蕭遘密召玫迎帝玫趨鳳翔令孜劫乘輿走
陳倉遂至興元玫追不及劫嗣襄王熅奉為帝玫自號大丞相專
決萬機始與李昌符共謀挾熅至是反為隙昌符乃自歸天子人
心震離及王行瑜敗於大唐峯懼歸且見殺又聞購能得玫者以
邠寧節度畀之行瑜謂其下曰今敗歸必以無功死若斬玫與北
軍迎天子取富貴可乎衆曰諾即勒兵倍道趨長安玫居孔緯第
方據几署事聞兵入趣召行瑜叱曰公擅歸反邪行瑜厲聲曰我
非反者將得君首為邠寧節度耳玫遽起左右斬之殺其徒數百
諸軍遂大亂燒京師時盛寒吏民被剽殺僵死尸相藉即傳首興
元帝為受俘馘官者僞樞密使王能著等皆坐誅
王行瑜邠州人少隸軍從朱玫為列校討黃巢數有功熅即位授
行瑜天平節度使令率兵守大散關為李鋌所破即奉款行在還
取玫首以獻擢邠寧節度使景福元年與李茂貞韓建及弟同州

節度使行實請討楊守亮於山南且言不敢仰度支費止請假茂
貞招討一節宦官難之昭宗亦顧茂貞等得山南則益橫不許行
瑜等因擅興軍擊取之後茂貞拒覃王殺宰相行瑜參有力得賜
鐵券稍憑兵跋扈求為尚書令宰相韋昭度執不可但加號尚父
行瑜望甚會河中王重榮喪李克用請以其子珂嗣節度而行瑜
建茂貞請授王珙因各以兵陳闕下欲廢天子不克即殺昭度李
磎留弟行約宿衞克用悉兵度河問行瑜等罪行實棄同州趨長
安與行約謀劫乘輿又不克皆奔邠州行瑜屯梨園克用與戰破
行實等軍執其母及行瑜子俘大校帝下詔削行瑜官爵行瑜以
銳卒五千營龍泉茂貞發其西克用夜發精騎擣鑲道岐軍走行
瑜歸邠州嬰城守厚賂克用求自歸克用軍環其城行瑜窮登城
哭語克用曰我無罪昨殺大臣脅天子岐人也行實止宿衞而有
司妄以劫遷罪歸之今公討亂者當問茂貞願得束身歸聽命天
子克用曰尚父何自卑吾被命討三賊公其一也如歸國者當從

中使老夫敢專之邪行瑜度不免悉族奔慶州為麾下斬于路傳
首京師帝御延喜門納之於是乾寧二年也其屬二百人克用獻
于朝始行瑜亂宗正卿李涪盛陳其忠必悔過至是帝怒放死嶺南
陳敬瑄田令孜兄也少賤為餅師得隸左神策軍令孜為護軍中
尉敬瑄緣藉擢左金吾衞將軍檢校尚書右僕射西川節度使性
畏慎善撫士黃巢亂僖宗幸奉天敬瑄夜召監軍梁處厚號慟奉
表迎帝繕治行宮令孜亦倡西幸敬瑄以兵三千護乘輿冗從内
苑小兒先至敬瑄知素暴橫遣邏士伺之諸兒連臂譁咋行宮中
士捕繫之譟曰我事天子者敬瑄殺五十人尸諸衢由是道路不
譁帝次綿州敬瑄謁于道進酒帝三舉觴進檢校左僕射同中書
門下平章事時雲南叛請遣使與和親乃聽命敬瑄奉行在百官
諸吏無敢乏帝欲命判度支固讓再加檢校司徒兼侍中封梁國
公以弟敬珣為閬州刺史討定邛州首望阡能涪州叛校韓秀昇
再進兼中書令封潁川郡王實封四百戶賜一歲上輸錢及上都

田宅邸碓各十區鐵券恕十死巢平進潁川王增實戶二百車駕
東敬瑄供億豐餘又進檢校太師俄而令孜得罪敬瑄被流端州
會昭宗立敬瑄拒詔帝召為左龍武統軍以宰相韋昭度代領節
度使者至敬瑄使百姓遮道剺耳訴己功且言鐵券恕死使者馳
還令孜勸敬瑄募黃頭軍為自守計時王建盜據閬利故令孜召
建建至綿州發兵拒之激建攻諸州以限朝廷或言建鴟視狼顧
惟利是賴公何用之不聽建詒顧彥朗書曰十軍阿父召我欲依
太師丐一大州即寄孥梓州身引兵入鹿頭關敬瑄不納漢州刺
史張頊逆戰敗建入漢州成都嚴守建走城下遙謝令孜曰父召
我及門而拒我尚誰容與諸將斷髮再拜辭曰今作賊矣因請兵
於彥朗攻成都殘掠州縣彥朗亦畏建表請大臣代敬瑄建自請
討敬瑄贖罪詔立永平軍授建節度使以昭度為行營招討使山
南西道節度使楊守亮副之彥朗為行軍司馬有詔暴敬瑄殺孟
昭圖罪削官爵昭度使建屯學射山敬瑄迎戰不克又戰蠶崖大

敗龍紀元年昭度至軍中持節諭人約開門守陴者詬曰鐵券在安得違先帝意令孜籍城中戶一人乘城夜循行晝潛豪伐薪敬瑄屯彌牟德陽樹二壁拒建使富人自占貲多少布巨梃搒不實者不三日輸錢如市建昭度傅城而壘簡州刺史張造攻笮橋大敗死之大順元年建稍擊降諸州邛州刺史毛湘本令孜孔目官謂其下曰吾不忍負軍容以頭見建可也乃沐浴以須吏斬其首降敬瑄戰浣花不勝明日復戰將士皆為建俘城中謀降者令孜支解之以怖衆會大疫死人相藉明年三月詔還敬瑄官爵召昭度還諭建罷兵建不奉詔帝更以建為西川行營招討制置使建知敬瑄可禽欲遂有蜀地即脅說昭度曰公以數萬衆討賊糧數不屬關東諸節度相吞噬朝廷危若贅斿與其勞師遠方不如先中國公宜還為天子謀之昭度未決會吏盜減諸軍稾食建怒其衆曰招討吏之謀也縱士執之臠食於軍昭度大駭是日授建符節跳馳出劍門建絕棧梯東道不通因急擊敬瑄分親騎為十團所當輒披靡烽塹相望幾百里縱諜入城以搖衆心建好謂軍中曰成都號花錦城玉帛子女諸兒可自取謂票將韓武等城破吾與公遞為節度使一日下闕之戰愈力圍凡三歲城中糧盡以筒容米率寸鬻錢二百敬瑄出家貲給民募士出剽麥收其半民亦夜至建壘市鹽不可禁吏請殺之敬瑄曰民飢無以卹使求生可也人至相暴以相啖敬瑄不能止乃行斬劈二法亦不為戢敬瑄自將出犀浦列二營邀建建軍偽遁遇伏敬瑄敗建破斜橋營街二屯明日戰又破一壁降其將建屯七里亭敬瑄攻之建將張武馳入城戰子城下守陴皆譟不能克張勍破浣花營敬瑄諸將或死或降且盡凡五十戰敬瑄皆北乃上表以病丐還京師令孜素服至建軍建入自西門以張勍為斬斫使建徇于軍曰與而等累年鬭死今日如志若橫恣有犯者吾能全之即為勍所斬吾不得救也軍中肅然囚敬瑄令孜建自稱留後表于朝詔以建為西川節度副大使知節度事建以敬瑄居新津食其租賦累表請誅不報景福二年陰令左右告敬瑄令孜養死士約楊晟等反於是斬敬瑄於家初敬瑄知不免嘗寘藥于帶至就刑視帶藥已亡矣自是建盡有兩川黔中地

李巨川字下已逢吉從曾孫乾符中舉進士方天下崩騷乃去京師河中王重榮辟為掌書記重榮討黃巢書檄奏請日紛沓須報趣發皆屬巨川神安思敏言輒中理隣藩皆讙會賊走出關收京師人言巨川有助力重榮死于亂貶為興元參軍節度使楊守亮喜曰天以生遺我邪復管記室守亮為韓建所禽巨川械以從題木葉遺建祈哀建動容因釋縛署幕府昭宗幸華建患一州供億不能濟使巨川傳檄天下督轉餉初帝在石門數遣嗣延王通王將親軍大選安聖奉宸保寧安化四軍又置殿後軍合士二萬建惡衛兵彊不利已與巨川謀即上飛變告八王欲脅帝幸河中因請因十六宅選嚴師傅督教盡散麾下兵書再上帝不得已詔可又廢殿後軍且言無示天下不廣詔留三十人為控鶴排馬官隸飛龍坊自是天子爪牙盡矣建初懼帝不聽以兵環宮請誅定州行營將李筠帝懼斬筠兵乃解又言七國災漢八王亂晉永王帥江左謀不軌吐蕃朱玫亂首立宗支搖人望今王室多故渠可使諸王將命四方惑征鎮於是詔諸王奉使者悉赴行在巨川日夜導建不臣乃請立德王為皇太子文掩其惡帝還京拜諫議大夫光化初朱全忠陷河中將攻潼關建懼使巨川往詣軍納款因言當世利害全忠屬官敬翔以文翰事左右疑巨川用則全忠待已或衰乃詭說曰巨川誠奇才顧不利主人若何是日全忠殺之

叛臣列傳第一百四十九下

宋　祁　奉　敕　撰

安祿山營州柳城胡也本姓康母阿史德為覡居突厥中禱子於軋犖山虜所謂鬭戰神者既而妊及生有光照穹廬野獸盡鳴望氣者言其祥范陽節度使張仁愿遣搜廬帳欲盡殺之匿而免母以神所命遂字軋犖山少孤隨母嫁虜將安延偃開元初偃攜以歸國與將軍安道買亡子偕來得依其家故道買子安節厚德偃約兩家子為兄弟乃冒姓安更名祿山及長忮忍多智善億測人情通六蕃語為互市郎張守珪節度幽州祿山盜羊而獲守珪將殺之呼曰公不欲滅兩蕃邪何殺我守珪壯其語又見偉而皙釋之與史思明俱為捉生知山川水泉處嘗以五騎禽契丹數十人守珪異之稍益其兵有討輒剋拔為偏將守珪醜其肥由是不敢飽因養為子後以平盧兵馬使擢特進幽州節度副使於是御史中丞張利貞採訪河北祿山百計諛媚多出金諧結左右為私恩利貞入朝盛言祿山能乃授營州都督平盧軍使順化州刺史使者往來陰以賂中其嗜一口更譽之玄宗始才之天寶元年以平盧為節度祿山為之使兼柳城太守押兩蕃渤海黑水四府經略使明年入朝奏對稱旨進驃騎大將軍又明年代裴寬為范陽節度河北採訪使仍領

平盧軍祿山北還詔中書門下三省正員長官御史中丞餞鴻臚亭四載奚契丹殺公主以叛祿山幸邀功肆其侵於是兩蕃貳祿山起軍擊契丹還奏夢李靖李勣求食於臣乃祠北郡之生子梁其詭誕敢言不疑如此席豫為河北黜陟使言祿山賢時宰相李林甫嫉儒臣以戰功進尊寵間已乃請顓用蕃將故帝寵祿山益牢群議不能軋卒亂天下林甫啓之也祿山陽為愚不敏蓋其姦承間奏曰臣生蕃戎寵榮過甚無異材可用願以身為陛下死天子以為誠憐之令見皇太子不拜左右擿語之祿山曰臣不識朝廷儀皇太子何官也帝曰吾百歲後付以位謝曰臣愚知陛下不知太子罪萬死乃再拜時楊貴妃有寵祿山請為妃養兒帝許之其拜必先妃後帝帝怪之荅曰蕃人先母後父帝大悅命與楊銛及三夫人約為兄弟繇是祿山有亂天下意令麾下劉駱谷居京師伺朝廷隙六載進御史大夫封妻段為夫人有國林甫以宰相貴甚群臣無敢鈞禮惟祿山倚恩入謁倨林甫欲諷寤之使與王鉷偕鉷亦位大夫林甫見鉷鉷趨拜卑約祿山惕然不覺自罄折林甫與語揣其意迎剖其端祿山大駭以為神每見雖盛寒必流汗林甫稍厚之引至中書覆以己袍祿山德林甫呼十郎駱谷每奏事還先問十郎何如有好言輒喜若謂大夫好檢校則反手據牀曰我且死優人李龜年為帝

學之帝以為樂晚益肥腹緩及膝奮兩肩若挽牽者乃能行作胡旋舞帝前乃疾如風帝視其腹曰胡腹中何有而大荅曰唯赤心耳每乘驛入朝半道必易馬號大夫換馬臺不爾馬輒仆故馬必能負五石馳者乃勝載帝為祿山起第京師以中人督役戒曰善為部署祿山眼孔大毋令笑我為瑣戶交疏臺觀沼池華僭帟幕率緹繡金銀為筹筐爪籬大抵服御雖乘輿不能過帝登勤政樓幄坐之左張金雞大障前置特榻詔祿山坐褰其幄以示尊寵太子諫曰自古幄坐非人臣當得陛下寵祿山過甚必驕帝曰胡有異相我欲厭之時太平久人忘戰帝春秋高嬖豔鉗固李林甫楊國忠更持權綱紀大亂祿山計天下可取逆謀日熾每過朝堂龍尾道南北睥睨久乃去更築壘范陽北號雄武城峙兵積穀養同羅降奚契丹曳落河八千人為假子教家奴善弓矢者數百畜單于護真大馬三万牛羊五万引張通儒李廷堅平洌李史魚獨孤問俗署幕府以高尚典書記嚴莊掌簿最阿史那承慶安太清安守忠李歸仁孫孝哲蔡希德牛廷玠向潤客高邈李欽湊李立節崔乾祐尹子奇何千年武令珣能元晧田承嗣田乾真皆拔行伍署大將潛遣賈胡行諸道歲輸財百萬至大會祿山踞重牀燎香陳怪珍胡人數百侍左右引見諸賈陳犧牲女巫鼓舞于前以自神陰令群賈市錦綵朱紫服數萬為

叛資月進牛橐駝鷹狗奇禽異物以蠱帝心而人不聊自以無功而貴見天子盛開邊乃紿契丹諸酋大置酒毒焉既酣悉斬其首先後殺數千人獻馘闕下帝不知賜鐵券封柳城郡公又贈延偃范陽大都督進祿山東平郡王九載兼河北道採訪處置使賜永寧園為邸入朝楊國忠兄弟姊妹迎之新豐給玉食至湯將校皆賜浴帝幸望春宮以待獻俘八千詔賜永穆公主池觀為游燕地徙新第請墨敕召宰相宴是日帝將擊毬乃置會命宰相皆赴帝獵苑中獲鮮禽必馳賜詔上谷郡置五鑪許鑄錢又求兼河東遂拜雲中太守河東節度使既兼制三道意益侈男子凡十一帝以慶宗為太僕卿慶緒鴻臚卿慶長祕書監十一載率河東兵討契丹告奚曰彼背盟我將討之爾助我乎奚為出徒兵二千鄉導至土護真河祿山計曰道雖遠我疾趨賊乘其不備破之固矣乃敕人持一繩欲盡縛契丹晝夜行三百里次天門嶺會雨甚弓弛矢脫不可用祿山督戰急大將何思德曰士方疲宜少息使使者盛陳利以脅賊賊必降祿山怒欲斬以令軍乃請戰思德貌類祿山及戰虜叢矛注矢邀取之傳言祿山獲矣奚聞亦叛夾攻祿山營士略盡祿山中流矢引奚兒數十棄衆走山而墜慶緒孫孝哲掖出之夜走平盧部將史定方以兵鏖戰虜解圍去祿山不得志乃悉兵號二十萬討契丹以報帝聞詔朔方節

度使阿布思者九姓首領也偉貌多權略開元初為默啜所困內屬帝寵之祿山雅忌其才不相下欲襲取之故表請自助布思懼而叛轉入漠北祿山不進輒班師會布思為回紇所掠奔葛邏祿祿山厚募其部落降之葛邏祿懼執布思送北廷獻之京師祿山已得布思衆則兵雄天下愈偃肆皇太子及宰相屢言祿山反帝不信是時國忠疑隙已深建言追還朝以驗厥狀祿山揣得其詐乃馳入謁帝意遂安凡國忠所陳無入者十三載來謁華清宮對帝泣曰臣蕃人不識文字陛下擢以不次國忠必欲殺臣以甘心帝慰解之拜尚書左僕射賜實封千戶奴婢第產稱是詔還鎮又請為閑廄隴右群牧等使表吉溫自副其軍中有功位將軍者五百人中郎將二千人祿山之還帝御望春亭以餞斥御服賜之祿山大驚不自安疾驅去至淇門輕艫循流下萬夫挽繂而助日三百里既抵閑牧因擇良馬內范陽又奪張文儼馬牧反狀明白人告言者帝必縛與之明年國忠謀授祿山同中書門下平章事召還朝制未下帝使中官輔璆琳賜大柑因察非常祿山厚賂之還言無它帝遂不召未幾事洩帝託它罪殺之自是始疑然祿山亦懼朝廷圖己每使者至稱疾不出嚴衛然後見黜陟使裴士淹行部至范陽再旬不見既而使武士挾引無復臣禮士淹宣詔還不敢言帝賜慶宗娶宗室

女手詔祿山觀禮辭疾其獻馬三千匹騶衛自倍車三百乘乘三士因欲襲京師河南尹達奚珣極言毋內騎兵詔可帝賜書曰為卿別治一湯可會十月朕待卿華清宮使至祿山踞牀曰天子安穩否乃送使者別館使還言曰臣幾死冬十一月反范陽詭言奉密詔討楊國忠騰榜郡縣以高尚嚴莊為謀主孫孝哲高邈張通儒通晤為腹心兵凡十五萬號二十萬師行日六十里先三日合大將置酒觀繪圖起燕至洛山川險易攻守悉具人人賜金帛并授圖約曰違者斬至是如所素祿山從牙門部曲百餘騎次城北祭先冢而行使賈循主留務呂知誨守平盧高秀巖守大同燕老人叩馬諫祿山使嚴莊好謂曰吾憂國之危非私也禮遣之因下令有沮軍者夷三族凡七日反書聞帝方在華清宮中外失色車駕還京師斬慶宗賜其妻康死榮義郡主亦死下詔切責祿山許自歸祿山答書慢甚其臣可忍賊遣高邈臧均以射生騎二十馳入太原劫取尹楊光翽殺之以張獻誠守定州祿山謀逆十餘年凡降蕃夷皆接以恩有不服者假兵脅制之所得士釋縛給湯沐衣服或重譯以達故蕃夷情偽悉得之祿山通夷語躬自尉撫皆釋俘囚為戰士故其下樂輸死所戰無前邈最有謀勸祿山取李光弼為左司馬不納既而悔之憂見顏色久而曰史思明可當之賊之未反邈為謀聲進生口直取洛陽

無殺光翽天下當未有知者賊不從何千年亦勸賊令高秀巖以兵三萬出振武下朔方誘諸蕃取鹽夏鄜坊使李歸仁張通儒以兵二萬道雲中取太原團弩士萬五千入蒲關以動關中勸祿山自將兵五萬梁河陽取洛陽使蔡希德賈循以兵二萬絕海收淄青以搖江淮則天下無復事矣祿山弗用時兵暴起州縣發官鎧仗皆穿朽鈍折不可用持梃鬬弗能亢吏皆棄城匿或自殺不則就禽日不絕幹衛皆市井徒既授甲不能脫弓襡劍鞘乃發左藏庫繒帛大募兵以封常清為范陽平盧節度使郭子儀為朔方節度關內支度副大使右羽林大將軍王承業為太原尹衛尉卿張介然為汴州刺史金吾將軍程千里為潞州長史以榮王為元帥高仙芝副之馳驛討賊祿山至鉅鹿欲止鸛鳴曰鹿吾名去之沙河或言如漢高祖不宿柏人以使賊賊投草穎樹於河以長繩維舟葉猋以結冰一昔合遂濟河陷靈昌郡又三日下陳留滎陽次罌子谷將軍荔非守瑜邀之殺數百人流矢及祿山輿乃不敢前更出谷南守瑜矢盡死於河敗封常清取東都常清奔陝殺留守李憕御史中丞盧奕河南尹達奚珣臣于賊時高仙芝屯陝聞常清敗棄甲保潼關太守竇廷芝奔河東常山太守顏杲卿殺賊將李欽湊禽高邈何千年於是趙郡鉅鹿廣平清河河間景城六郡皆為國守祿山所有纔盧龍密雲漁陽

汲鄴陳留滎陽陝郡臨汝而已賊之據東京見宮闕尊雄銳情僭號故兵久不西而諸道兵得稍集尹子奇屯陳留欲東略會濟南太守李隨單父尉賈賁濮陽人尚衡東平太守嗣吳王祗真源令張巡相繼起兵旬日衆數萬子奇至襄邑而還明年正月僭稱雄武皇帝國號燕建元聖武子慶緒王晉慶和王鄭達奚珣為左相張通儒為右相嚴莊為御史大夫署拜百官復取常山殺顏杲卿安思義屯真定會李光弼出土門救常山思義降博陵亦拔唯藁城九門二縣為賊守史思明李立節蔡希德圍饒陽不克引軍攻石邑張奉璋固守朔方節度使郭子儀自雲中引兵与光弼合敗思明於九門李立節死希德奔鉅鹿思明奔趙郡自鼓城襲博陵復據之光弼拔趙郡還圍博陵軍恒陽希德請濟師於賊賊以二萬騎涉滹沱入博陵牛廷玠發媯檀等兵萬人來助思明益彊与光弼戰敗于嘉山光弼收郡十三河南諸郡皆嚴兵守潼關不開祿山懼欲還范陽召嚴莊高尚責曰我起而曹謂萬全今四方兵日盛自關以西不跬步進爾謀何在尚見我為遣尚等出凡數日田乾真自潼關來勸祿山曰自古興王戰皆有勝負乃成大業無一舉而得者今四方兵雖多非我敵也有如事不成吾擁數萬衆尚可橫行天下為十年計且高尚嚴莊佐命元勳也陛下何遽絕之使自為患邪祿山喜道其小字曰

阿浩非汝孰悟我然則李何乾眞曰召而尉安之入内尚等與飲宴祿山自歌君臣如初即遣孫孝哲安神威西攻長安會高仙芝等死哥舒翰守潼關爲乾祐所敗因之賊不謂天子能遽去駐兵潼關十日乃西時行在已至扶風於是汧隴以東皆没於賊祿山以張通儒守東京乾眞爲京兆尹使安守忠屯苑中祿山未至長安士人皆逃入山谷東西駱驛二百里宫嬪散匿行哭將相第家委寶貨不貲羣不逞爭取之累日不能盡又剽左藏大盈庫百司帑藏竭乃以兵脅祿山至怒乃大索三日民間財貲盡掠之府縣因株根牽連句剥苛急百姓愈騷祿山怨慶宗死乃取帝近屬自霍國長公主諸王妃妾子孫姻婿等百餘人害之以祭慶宗羣臣從天子者誅滅其宗屬性得所欲則肆爲殘虐人益不附諸大將欲有咨決皆因嚴莊以見御下少恩雖腹心雅故皆爲仇敵郡縣相與殺守將迎王師前後反覆十數城邑墟棄肅宗治兵靈武天下日跂首待長安相傳太子西來矣人聞輒東走閭里至空都畿豪桀殺賊吏自歸者無虛日賊斬以懲之不能止又賊將類標勇無遠謀日縱酒嗜聲色財利車駕危得以留然無進躡之患帳下李豬兒者本降竪幼事祿山謹甚使爲閹人愈親信祿山腹大垂膝每易衣左右共举之豬兒爲結帶雖華清賜浴亦許自隨及老愈肥曲隱常瘡既叛不能無恙攖至

是目復盲戲又得疽疾尤卞躁左右給侍無罪輒死或箠掠何辱豬兒尤數雖嚴莊親倚時時遭笞斬故二人深怨祿山初慶緒善騎射未冠爲鴻臚卿賊僭號嬖段夫人愛其子慶恩欲立之慶緒懼不立莊亦疑難作不利己私語慶緒曰君聞大義滅親乎自古固有不得已而爲者慶緒陰曉曰唯唯又語豬兒曰汝事上罪可數乎不行大事死無日遂與定謀至德二載正月朔祿山朝羣臣創甚罷是夜莊慶緒持兵扈門豬兒入帳下以大刀斫其腹祿山盲捫佩刀不得振幄柱呼曰是家賊俄而腸潰于牀即死年五十餘包以氈罽埋牀下因傳疾甚僞詔立慶緒爲皇太子又矯稱祿山傳位慶緒乃僞尊太上皇既發喪僞位改載初元年即縱樂飲酒委政於莊而兄事之以張通儒安守忠等屯長安史思明領范陽鎮恒陽軍牛廷玠屯安陽張志忠戍井陘各募兵於是廣平王率師東討李嗣業將前軍郭子儀將中軍王思禮將後軍回紇葉護以兵從通儒等裒兵十萬陣長安中賊皆奚素畏回紇既合驚且譁王分精兵與嗣業合擊之守忠等大敗引而東通儒棄妻子奔陝郡王師入長安思禮清宫僕固懷恩以回紇南蠻大食兵前驅王悉師追賊莊自將兵十万與通儒合鉦鼓震百餘里尹子奇已殺張巡悉衆十万來并力營陝西坎曲沃先是回紇傍南山設伏按軍北崦以待莊大戰新店以騎挑戰六

遇輒北王師逐之入賊壘賊張兩翼攻之追兵没王師亂幾不能軍嗣業馳殊死鬭回紇自南山縣擊其背賊驚遂亂王師復振合攻之殺掠不勝筭賊大敗追奔五十餘里尸髀籍籍滿阬塹鎧仗狼扈自陝屬于洛莊跳還與慶緒守忠通儒等勒殘軍走鄴郡王入洛陽大陳兵天津橋僞侍中陳希烈等三百人素服叩頭待罪王勞曰爾等脅從非反也天子有詔赦罪皆復官衆大會於是陳留殺賊將尹子奇以降莊兄妻薛金羅獲壽紿京兆尹安詣營及見王辭曰莊欲降願得一信王與子儀謀許莊若至者餘黨可諭而下乃約莊賜鐵券莊乃降乘馹至京師肅宗引見釋其死授司農卿阿史那承慶以其衆三萬奔恒趙或趙范陽其從慶緒者殘卒纔千餘會蔡希德自上黨田承嗣自潁川武令珣自南陽各以衆來邢衛洺魏募兵稍集衆六萬賊復振以相州爲成安府太守爲尹改元天和以高尚平洌爲宰相崔乾祐孫孝哲牛廷玠爲將以阿史那承慶爲獻誠郡王安守忠左威衛大將軍阿史那從禮左羽林大將軍然部黨益攜解由是能元晧以淄青節度使高秀巖以河東節度使並納順德州刺史王暕貝州刺史宇文寬皆背賊自歸河北諸軍各嬰城守賊使蔡希德安雄俊安太清等以兵攻陷之戮于市膾其肉慶緒懼人之貳已設壇加載書牲血與羣臣盟然承慶等十餘人送密款有詔

以承慶爲太保定襄郡王守忠左羽林軍大將軍歸德郡王從禮太傅順義郡王蔡希德德州刺史李廷訓邢州刺史苻敬超洛州刺史楊宗太子左諭德任瑗明州刺史獨孤允陳州刺史楊日休洋州刺史薛榮先殷陽令自裨校等數數爲國閒賊而慶緒治宫室觀榭堙沼汎樓舡爲水嬉長夜飲通儒等爭權不能一凡有建白衆共謗沮之希德最有謀剛狷謗殺慶緒爲内應通儒以它事斬之麾下數千皆亡去希德素得士衆軍恨數慶緒以乾祐爲天下兵馬使權震中外復悍少恩士不附乾元元年秋九月帝詔郭子儀率九節度兵凡二十万討慶緒攻衛州遂度河師背水壁而待慶緒遣安太清拒戰敗衛州已圍則鼓而南作三軍乾祐將上軍雄俊王福德佐之田承嗣將下軍桑萟佐之慶緒自將中軍孫孝哲薛嵩佐之既戰王師僞却慶緒逐之遇伏而潰慶緒走獲其弟慶和斬于京師子儀引軍躡賊戰愁思岡賊復敗自是鋭兵盡矣因嬰鄴自固使薛嵩以厚幣求救於史思明思明遣李歸仁將兵萬三千壁滏陽未進而王師圍已固築壘城潛隍三周決安陽水灌城城中棧而處糧盡易口以食米斗錢七萬餘一鼠錢數千屑松飼馬隤牆取麥秸濯糞取芻城中欲降不得賊更以太清代乾祐將於是思明有衆十三萬三分其軍趨鄴明年三月營安陽慶緒急乃遣太清奉皇帝璽綬讓思明

思明以書示軍中咸呼万歲乃約慶緒爲兄弟還其書慶緒大悅王師不利九節度奔還子儀斷河陽橋戍穀水思明進屯鄴南慶緒收官軍餘糧尚十餘萬石召孝哲等謀拒思明諸將皆曰今日安得復背史王乎通儒尚烈皆請自往謝思明慶緒許諾思明見爲流涕厚禮遣還三日慶緒未出思明請慶緒歃血盟不得已以五百騎詣思明軍先此思明令軍中擐甲待慶緒至再拜伏地謝曰臣不克負荷棄兩都陷重圍不意大王以太上皇故暴師遠來臣之罪唯王圖之思明恚曰兵利不利亦何事而爲人子殺父求位非大逆邪吾乃爲太上皇討賊顧左右牽出斬之慶緒數目周万志万志進曰慶緒爲君矣宜賜死乃并四弟縊之又誅尚孝哲乾祐殊而膊之思明改葬祿山以王禮僞謚燕剌王祿山父子僭位凡三年而滅初祿山陷東京以張万頃爲河南尹士人宗室賴以免者衆肅宗嘉其能擢濮陽太守帝以賊國讎惡聞其姓京師坊里有安字者悉易之

高尚者雍奴人母老丐食自給尚客河朔不肯歸與令狐潮相善淫其婢生一女遂留居然篤學善文辭嘗喟然謂汝南周銑曰吾當作賊死不能齕草根求活也李齊物爲新平太守薦諸朝并貲錢三萬介之見高力士力士以爲才置門下家事一咨之諷近臣表其能擢左領軍倉曹參軍力士語祿山表爲平盧掌書記因出入卧内祿山善睡尚嘗執筆侍通昔不寢繇是親愛遂與嚴莊語圖讖導祿山反陷東都僞拜中書侍郎大抵賊所下赦令皆尚爲之嚴莊降後尚獨典戎事至僞侍中

孫孝哲者契丹部人母有色祿山通之故孝哲得狎近長七尺伉健有謀祿山對側門候召衣帶絕不知所爲孝哲截綫素具徐爲紉綻祿山大悅尤能先事取情祿山寵大非孝哲縫衣不能勝天寶末官大將軍賊僭位僞拜殿中監閑廏使爵爲王與嚴莊爭寵不平素驕侈食輒珍滋賊令監張通儒等守長安人皆目之殺妃王宗室子百餘人窮誅楊国忠高力士黨與及與賊忤者不勝計剔首抉肢流離道衢祿山死莊奪其使以與鄧季陽慶緒之奔莊懼爲所圖因降有商胡康謙者天寶中爲安南都護附楊国忠官將軍上元中出家貲佐山南驛稟肅宗喜其濟許之累試鴻臚卿婿在賊中有告其畔坐誅事連莊繫獄貶難江尉京兆尹劉晏發吏防其家莊恨之俄詔釋罪莊入見代宗誣晏常矜功怨上漏禁中事晏遂貶云

史思明寧夷州突厥種初名窣干玄宗賜其名姿癯露鳶肩傴背欽目側鼻寡鬚髮躁健譎佼與安祿山共鄉里生先祿山一日故長相善少事特進烏知義以輕騎覘賊多所禽馘通六蕃譯亦爲互市郎頃之負官錢無以償將走奚未至爲邏騎所困欲殺之紿曰我使人也若聞殺天子使者其國不祥不如以我見王王活我功自倍得邏以爲然送至王所不拜曰天子使見小國君不拜禮也王怒然疑真使者卒授館待以禮將還令百人從入朝奚有部將瑣高者名聞國中思明欲禽以贖罪紿言從我者雖多無足與見天子者惟高材可與至中國王悅命高將帳下三百俱既至平盧遣謂戍主曰奚兵數百外稱入朝内實盜請備之主潛師迎犒殺其衆囚高以獻幽州節度使張守珪奇其功表折衝與祿山俱爲捉生天寶初累功至將軍知平盧軍事入奏帝賜坐與語奇之問年曰四十矣撫其背曰尔貴在晚勉之遷大將軍北平太守從祿山討契丹祿山敗單騎走師州殺其下左賢哥解魚承仙自解思明逃山中再閱旬裒散卒得七百追見祿山平盧祿山喜握手曰計而死矣今故在吾何憂思明語親密曰吾聞進退在時向蚤出隨哥解地下矣契丹取師州守捉使劉客奴主去祿山使思明擊走之表平盧兵馬使思明少賤鄉里易之大豪辛氏有女方求婿窺思明告其親曰必嫁我思明宗黨不可女固以歸思明亦自負曰我得婦官不休生男子多殆且貴乎祿山反使思明略定河北會賈循死留思明守范陽而常山顏杲卿等傳檄拒賊祿山使向潤客等代遣思明攻常山九日執杲卿進薄饒陽盧全誠拒守河閒景城平原樂安清河博平六郡稍募兵自固河閒李奐以兵七千救饒陽景城李暐持兵八千助河閒平原顏真卿以兵六千助清河悉爲思明所敗暐子杞死之饒陽愈堅吳會李光弼收常山思明遽解圍迎戰晝夜行三百里相持久不決郭子儀取趙郡合兵攻賊凡再戰皆大敗走入博陵光弼追傅城幾拔屬潼關潰肅宗召朔方河東兵光弼引還使王俌守常山賊尾追光弼於井陘敗歸攻平盧劉正臣輕之不設備敗保北平兵貲二千乘皆沒思明得其鋭卒張甚謀攻常山俌欲降諸將殺之遣使至信都迎刺史烏承恩鎮守不聽思明攻南門城中伏甲詭降賊登城伏起賊殲思明中戟扶以免復攻陷之焚廬舍種誅其人取稾城守將白嘉祐走趙郡思明圍之五日入之嘉祐奔太原思明再陷常山賊別帥尹子奇圍河閒顏真卿遣和琳將兵萬餘往救之於是北風號勁鼓之士不進賊縱擊大敗執琳引衆攻城禽李奐送安拔景城李暐赴河死招樂安降之遂攻平原未至真卿棄郡去進破清河執太守王懷忠入博平遂圍信都初賊先獲承恩母妻及子故承恩降而兵尚五萬騎三千擊饒陽李係自燔死思明兵所嚮縱其下椎剽淫奪人妻女以是士最奮是時舉河北悉入賊生人皆産掃地壯者負老羸則殺之殺人以爲戲祿山僞署范陽節度使始麾下騎纔三千同羅曳落河止三千既數勝

兵最強信然有嗤江漢心以精卒五萬畀尹子奇度河劫北海以震淮徐會回紇襲范陽范陽閉不出子奇乃還救遂不克至德二載與蔡希德高秀巖合兵十萬攻太原是時李光弼使部將張奉璋以兵守故關思明攻陷之奉璋走樂平思明取攻具山東奉璋匿士廣陽毀服紿為賊使者責其後期斬數人引衆得還太原時光弼固守且十月不能拔而安慶緒襲位賜姓安名榮國爵嬀川郡王賊之陷兩京常以橐它載禁府珍寶貯范陽如丘阜然思明見富彊憪然驕欲自取之已而慶緒敗走相州殘士三萬北歸無所屬思明擊殺數千人降之慶緒知其貳使阿史那承慶安守忠李立節詣思明議事且兵圖之判官耿仁智欲以大誼動賊請間曰大夫貴且賢無待下為之謀然請一言而死思明曰為我言之對曰方祿山彊誰敢不服大夫事之固無罪今天子聰明勇智有少康宣王風公誠發使輸誠無不納此轉禍入福之秋也思明曰善承慶等未知以五千騎來思明介而勞前謂曰公等至士不勝喜然邊兵素憚使者威不自安請弛弓以入從之思明從承慶等飲即拘之收其兵給貲以遣斬守忠立節以徇李光弼聞其絕慶緒使人招之前此烏承恩已歸國帝遣鐫諭之思明使牙門金如意奉十三郡兵八萬籍歸于朝於是高秀巖以河東自歸有詔思明為歸義郡王范陽長史河北節度使諸子並列卿以秀巖為雲中太守亦官其諸子遣承恩與中人李思敬尉撫趣討殘賊思明乃遣張忠志守幽州假薛萼以恒州刺史招趙州刺史陸濟使降授朝義兵五千守冀州假令狐彰博州刺史戍滑州然思明外順命內實通賊益募兵帝知之以其常事承恩父知義畀其無嫌即擢承恩為河北節度副大使使圖思明承恩至范陽衣婦服夜過諸將陰諗以謀諸將返以告思明疑未有以驗會承恩與思敬奉事還思明留館之幃所寢牀伏二人焉承恩子入見因留卧夜半語其子曰吾受命除此逆胡二人白思明乃執承恩探衣囊得賜阿史那承慶鐵券及光弼牒又得薄紙書數番皆當誅將士姓名賊大詬曰我何負於爾至是邪承恩謝曰此太尉光弼謀上不知也思明召官吏于廷西鄉哭曰臣赤心不負國何至殺臣因榜殺承恩父子及支黨二百餘人囚思敬以聞帝遣使諭曰事出承恩非朕與光弼意又聞三司議陳希烈等死思明懼曰希烈等皆大臣上皇棄而西既復位此等宜見勞返殺之況我本從祿山反乎諸將皆勸賊表天子誅光弼思明使耿仁智張不矜上疏請斬光弼不然且攻太原疏今函仁智輒易去左右密白思明執二人曰若負我邪命斬之既又欲貸死復召責曰仁智事我三十年今日我亡爾邪仁智怒曰人固有死大夫納邪說弄國反我雖生不如死思明

怒捶殺之九節度圍相州慶緒間道求救思明懼王師未敢進俄而蕭華舉魏州歸天子崔光遠代守思明乃引兵擊魏拔之殺數萬人乾元二年正月朔築壇僭稱大聖周王建元應天以周贄為司馬救相州却王師殺慶緒幷其衆欲遂西略慮根本未固即留朝義守相州自引還夏四月更国號大燕建元順天自稱應天皇帝妻辛為皇后以朝義為懷王周贄為相李歸仁為將號范陽為燕京洛陽周京長安秦京更以州為郡鑄順天得一錢欲郊及籍田聘儒生講制度或上書言昔有兩蕃西有二都勝負未可知而為太平事難矣思明不悅遂祠祀上帝是日大風不能郊留子朝清守幽州使阿史那玉向貢張通儒高如震高久仁王東武等輔之兵四出寇河南身出濮陽使令狐彰絕黎陽朝義出白皋周摯出胡良度河圍汴州於是節度使許叔冀濮州刺史董秦梁浦田神功皆附賊即命叔冀與李祥守汴州從秦等家屬平盧使浦神功下江淮約曰得地人取貲二艫思明乘勝鼓行西陷洛陽破汝鄭滑三州圍李光弼河陽不能拔使安太清取懷州以守光弼攻之太清降思明又遣田承嗣擊申光等州王同芝擊陳許敬釭擊兗鄆薛萼擊曹上元二年二月思明以計敗光弼兵於北邙王師棄河陽懷州京師震恐益兵屯陝州思明遂西使朝義為先鋒身自宜陽繼進朝義攻陝敗于姜子坂退壁永寧思明大怒召朝義幷駱悅蔡文景許季常將誅而釋之詬曰朝義怯不能成我事欲追朝清自副又敕朝義築三角城貯糧約日畢未塓而思明至怒不如約辭曰士疲少息耳思明曰汝惜士而違我令邪據鞍塓乃去顧曰朝下陝夕斬是賊朝義懼思明居傳舍令所親曹將軍擊刁斗呵衞駱悅等被譴即共說朝義曰向王與悅等至死無日不如召曹將軍同計大事朝義面不應悅曰王誠不忍吾等且歸唐不得事王矣朝義許之令季常以言動曹將軍曹將軍畏諸將不敢拒思明愛優諢寢食常在側優者以其忍很之是夜思明夢據牀吡叱優問故答曰我夢群鹿度水鹿死而水乾云何俄如匽優相謂曰胡命盡乎少選悅以兵入問思明所在未對輒殺數人共指匽思明知有亂踰垣出至廄下將乘馬走悅麾下周子俊射其臂隊問難所起曰懷王也思明曰旦日失言宜有此然殺我太早使我不得至長安大呼懷王三曰囚我可也無取殺父名復罵曹將軍曰胡誤我左右反接縛之送柳泉傳舍悅還報朝義曰驚聖人否損聖人否悅曰無有時周贄許叔冀以後軍屯福昌季常叔冀子也朝義令告之贄聞驚仆地賊領兵還贄等出迎悅惡其貳乃殺贄次柳泉悅畏衆不厭縊殺思明以氊裹尸橐它負還東京朝義乃即位建元顯聖初思明諸子無嫡庶分以少者為尊朝義尤

長子寬厚下多附者及難起陰令向貢阿史那玉圖朝清朝清喜田獵怙虐似思明淫酗過之養帳下三千人皆剽賊輕死貢紿計曰聞上欲以王為太子且車駕在遠王宜入侍朝清謂然趣帳下出治裝貢使高久仁高如震率壯士入牙城朝清問其故或曰軍叛矣乃擐甲登樓貢與等士陣樓下朝清自射殺數人阿史那玉僞北朝清下被執與母辛俱死張通儒不知引兵戰城中數日不克亦死貢攝軍事未幾玉襲殺之自為長史治殺朝清罪乃梟久仁徇于軍如震懼擁兵拒守五日玉敗走武清朝義使人招之至東都凡胡面者無長少悉誅以李懷仙為幽州節度使斬如震幽州乃定朝義虛懷禮下事皆決大臣然無經略才當此時洛陽諸郡人相食城邑榛墟又諸將皆祿山舊臣與思明故輩行恥為朝義屈召兵輒不至欲還幽州會雍王以河東朔方回紇兵十餘萬討賊僕固懷恩與回紇左殺為先鋒魚朝恩郭英乂殿令自澠池李抱玉薄河陽李光弼徑陳留合兵始代宗召南北軍諸將問所以討賊計開府儀同三司菅崇嗣曰我得回紇無不勝帝曰未也右金吾大將軍薛景仙曰我若不勝請以勇士三萬椎鋒死賊帝曰壯矣右金吾大將軍長孫全緒曰賊若背城戰破之必矣若閉城留死未可取也且回紇短於攻城特父執且俱我若休士張勢以綴賊使光弼取陳留抱玉擣河北先斷

其手足然後縱間賊中彼脅從者相疑則滅可待帝曰善命潼關陝戒嚴師次洛陽馳兵下懷州王師部伍靜嚴賊有懼色朝義以師十萬距橫水戰大敗俘馘凡六萬委牟馬器甲不可計朝義燒明堂東奔汴州僞節度使張獻誠不納自濮北趣幽州東都再更亂英乂朝恩等不能戢軍與回紇縱掠延及鄭汝間井至無煙方冽寒人皆連紙襪書為裳褕賊走至下博僕固瑒追及之朝義復敗河東戍將李竭誠成德李令崇皆背賊犄角戰至滹水無舟諸將勸降朝義不從田承嗣請環車為營內女子車中以輜重次之伏兵以待既戰而卻王師逐之爭貲寶賊引奇兵繞出又伏發王師卻數十里止朝義遂走莫州瑒追圍之閱四旬賊八戰八奔明年正月閱精兵欲決死承嗣謂朝義不如身將驍銳還幽州因懷仙悉兵五萬還戰聲勢外張勝可萬全臣請堅守雖瑒之彊不遽下朝義然納以驍五千夜出北行握承嗣手以存亡為託承嗣頓首流涕將行復曰闔門百口母老子稚今付公矣承嗣聽命少選集諸將曰吾與公等事燕下河北百五十餘城發人冢墓焚人室廬掠人玉帛壯者死鋒刃弱者填溝壑公門華胄為我廝隸亦有妻子為我掃除今天降監金吾等安所歸命自古禍福亦不常能改往脩今是轉危即安矣且日且出降公等謂何眾咸曰善遲明使人號城上曰朝義夜半走矣胡不追賊瑒未信

承嗣將朝義母及妻孺詣瑒壘於是諸軍率輕兵追之朝義至范陽懷仙部將李抱忠閉壁不受曰頃既受命天子一年之中且降且叛二三孰甚焉朝義告飢抱忠饋于野朝義飯軍亦飯飯已軍子弟稍稍辭去朝義流涕罵承嗣曰老奴誤我去至梁鄉拜思明墓東走廣陽不受謀奔兩蕃懷仙招之自漁陽回止幽州縊死醫巫閭祠下懷仙斬其首傳長安召故將收其屍懷仙改服出哭之士皆號慟及葬莫知其所僞恒州刺史張忠志趙州刺史盧俶定州刺史程元勝徐州刺史劉如伶相州節度使薛嵩及懷仙承嗣等皆奉其地以歸思明父子僭號凡四年滅朝義死部送將士妻三百餘人官有司請隸司農帝曰是皆良家子爲賊脅掠至此命賜衣食還其親無所歸者官為資遣

○贊曰祿山思明興夷奴饑俘假天子恩幸遂亂天下彼能以臣反君而其子亦能賊殺其父事之好還天道固然然生民厄會必假手于人者故二賊暴興而亟滅張讖劉裕近希曹馬遠棄桓文禍徙於兩朝福未盈於三載八葉傳其世嗣六君不以壽終天之報施其明驗乎杜牧謂相工稱隋文帝當為帝者後篡竊果得之周末楊氏為八柱國公侯相襲久矣豈以男子偷竊位號不三十年壯老嬰兒皆不得其死彼知相法者當曰此必為楊氏之禍乃可為善相人張杜確論至今多稱誦之如祿山思明希劉裕楊堅而不至者是以著其論

逆臣列傳一百五十上

端明殿學士兼翰林侍讀學士龍圖閣學士朝散大夫給事中知制誥充史館修撰臣宋　祁　奉
敕撰

李希烈燕州遼西人少籍平盧軍從李忠臣浮海戰河北有勞及忠臣在淮西因署偏裨試光祿卿軍中籍籍高其才會忠臣荒縱不事得間衆怒逐忠臣聽命代宗詔忻王爲節度副大使使希烈專留後事又詔滑亳節度使李勉兼領汴州德宗立加御史大夫即拜節度使名其軍曰淮寧以寵之梁崇義之反赦諸道進討詔進希烈南平郡王漢南北招討處置使又拜諸軍都統平崇義功多擁兵欲有其地會山南節度使李承至不克僭大掠而去以功檢校尚書右僕射同中書門下平章事李納叛以檢校司空兼淄青節度使討之希烈擁衆三萬次許州不進遣李苣約納爲脣齒陰計取汴州即檄李勉假道勉度所宜出儲陳留治梁除道以須希烈計得因嫚罵勉勉嚴備以守納遣游兵導希烈絶汴餉路勉

治蔡渠引東南饋希烈遣使者約河北朱滔田悅等連和凶焰熾然俄而滔等自相王遣使者來奉牋希烈亦自號建興王天下都元帥五賊株連半天下建中四年正月詔諸節度以兵掎角攻討唐漢臣高秉哲以兵萬人屯汝州未至賊將秉霧進王師還賊取汝州執李元平兵西首東都大震士皆走河陽崤澠留守鄭叔則壁西苑賊按兵不進帝聽盧杞計詔太子太師顔眞卿諭賊已行又遣左龍武大將軍哥舒曜討之希烈見眞卿傲桀不臣赦左右詈侮朝政即北侵汴州南略鄂州有詔江西節度使嗣曹王皐擊之拔蘄黄兩州擊賊將李良韓霜露於白巖二將走初希烈自襄陽還留姚憺戍鄧州賊又得汝則武關梗絶帝使陜虢觀察使姚明敭治上津道置館通南方貢貨希烈遣董待名韓霜露劉敬宗陳質翟崇暉分掠州縣官軍數奔曜復取汝州希烈遣周曾呂從賁康琳拒曜次襄城與王玢姚憺韋淸合謀襲希烈不克皆死淸奔劉洽希烈懼還蔡州上疏歸罪曾等帝不赦詔斬希烈者四品以上得其官五品以下戶四百民賜復三年遣神策將劉德信將節度觀察團練子弟兵屯陽翟并力以李勉爲淮西招討使曜副之荆南節度使張伯儀爲淮西應援招討使山南節度使賈耽與皐副之德信去陽翟入汝壁賊取陽翟覆伯儀軍曜戰不利屯襄城希烈怙其壯舉衆三萬圍曜時帝西狩師氣熸不能抗城遂陷曜奔東都希烈資慘害臨戰陣殺人血流於前而飲食自若也以故人畏服爲盡死乘襄城之捷進攻汴州入之運土木治道怒不如程驅人塡塹號溼梢勉奔宋州希烈巳據汴僭即皇帝位國號楚建元武成以張鸞子李綬李元平爲宰相鄭賁爲侍中孫廣爲中書令披其地建四節度以汴州爲大梁府治安州爲南關淥石作璽又於上蔡襄城獲折車釭奉以爲瑞惑其下因窺江淮盛兵攻襄邑守將高翼死之於是汴滑副都統劉洽率曲環李克信軍十餘萬戰白塔不利洽引還卒栢少淸攬轡曰公小不利遽北柰何洽不聽夜入宋州賊驟勝徑薄寧陵舟乘衝蹚進亘七十里時洽

將高彥昭劉昌共嬰壘以守賊使妖人祈風火戰棚盡坎堞欲登彥昭按劒乘陴士感奮風亦反昌計於衆曰軍法倍不戰賊衆吾寡不如退以驕賊自宋出精銳擣不意功可成彥昭讓曰君少待請盡力乃登城誓衆曰中丞欲示弱覆而取之誠善然我爲守得失在主人今士創重者須供養有如棄城去則傷者死內逃者死外吾衆盡矣士皆泣且拜曰公在是誰敢去昌大慙彥昭擊家牛犒軍士死戰斬首三千級請援於洽其屬作書言城且危彥昭視曰君輕我耶取筆自爲書洽得書喜曰健將在西吾何憂選兵八百夜艾而入賊不知詰旦傳城士奮出希烈大敗取其旗斬首萬計追北至襄邑收賊貲糧而還洽表其功拜彥昭御史大夫實封百五十戶希烈旣沮卻而壽州刺史張建封亦屯固始廖其旁希烈懼還汴州遣崇暉以精兵襲陳復爲洽敗俘衆三萬執崇暉進拔汴州禽鄭賁劉敬宗張伯元呂子嶷李達干希烈遁歸蔡賊戍將孫液挈鄭州降帝即拜液爲刺史貞元二年遣杜文朝寇襄州

爲樊澤所破獲文朝曾皐建封環及李澄四略其地勢日蹙希烈縮氣不敢搖啖牛肉而病親將陳仙奇陰令醫毒之以死始希烈入汴聞戶曹參軍竇良女美彊取之女顧曰愼無戚我能滅賊後有寵與賊祕謀能轉移之嘗稱仙奇忠勇可用而妻亦竇姓願如姒娣者以固其夫希烈許諾乘閒往謂仙奇妻曰賊雖彊終必敗云何竇久而密及希烈死子不發喪欲悉誅諸將乃自立未決有獻含桃者竇請分遺仙奇妻聽之因蠟帛丸雜果中出所謀仙奇大驚與薛育率兵譟而入子出徧拜曰請去帝號如淄靑故事語已斬之函希烈并妻子七首獻天子尸希烈於市帝以仙奇忠即拜淮西節度使百姓給復二年俄爲吳少誠所殺有詔贈太子太保竇亦死

朱泚幽州昌平人父懷珪事安史二賊僞署柳城使泚資壯偉胷腹十圍外寬和中實很刻少推父蔭籍軍中與弟滔並爲李懷仙部將輕財好施凡戰所得必分麾下士以動其心陰儲凶德朱希

彩爲節度使頗委信之大曆七年希彩爲下所殺衆未有屬泚方外屯而滔主牙兵尤狡譎乃潛諭數十人大呼軍門曰帥非朱公莫可衆愕眙因共詣泚推知留後遣使至京師聽命有詔檢校左散騎常侍即拜盧龍節度留後俄遷節度使封懷寧郡王實封戶二百泚上書請遣滔將兵西防秋代宗悅手詔褒美居三年求入朝自幽州首爲逆懷仙以來雖外臣順然不朝謁而泚倡諸鎭以騎三千身入衞有詔起第以待既行屬疾或勸還泚曰死吾尸猶至京師將吏乃不敢言時四方無事天子觕目視朝泚以偶曰至見內殿賜乘輿馬二戰馬十金綵甚厚士校皆有賜宴豢隆渥泚之來滔攝後務稍稍翦落泚牙角泚自知失權爲滔所賣不得志乃請留京師帝因授滔節度留後乃分防秋兵使各有統河陽永平兵郭子儀主之陝勝楊猷兵李抱玉主之淮西鳳翔兵馬璘主之汴宋淄靑兵泚主之進同中書門下平章事出屯奉天賜禁中兵以爲寵遷檢校司空代李抱玉爲隴右節度副大使仍知河西

澤潞行營兵馬事明年徙王遂寧德宗立改鎭鳳翔進封戶三百建中初以李懷光代段秀實兼節度涇原徙屯原州懷光前督作泚與崔寧領兵繼進涇士素聞懷光暴相恟懼劉文喜因劫衆以亂請留秀實又求屬泚詔泚代懷光文喜合兵二萬乘城使裨將劉海賓入陳事海賓請假文喜節臣當斬其首帝曰爾誠忠然我節不可得遣還詔泚懷光攻之帝爲減太官膳醯給軍文喜猶閉壁求救於吐蕃吐蕃師與泚懷光欲避之別將韓游瓌白戎若來涇人必變誰肯爲反賊殺身于虜者少須之俄吐蕃游騎外高招涇人衆曰始吾屬爲文喜求節度天子致討則歸罪安能以赭鑊面爲異俗乎海賓果與其徒殺文喜入泚軍泚一無所戮由是涇人德之詔加中書令還屯進拜太尉滔合田悅叛陰遣人與泚相聞河東馬燧獲其書帝召泚示之泚惶懼請死帝勉曰千里不同謀卿何謝更以張鎰節度鳳翔還泚京師加實封千戶不朝請中人監第李希烈圍哥舒曜於襄城詔涇原節度使姚令言督鎭兵

五千東救曜過闕下師次滻水京兆尹王翃使吏供軍糲飯菜肴衆怒不肯食羣譟曰吾等棄父母妻子前死敵而乃食此庸能持身蹈白刃耶今瓊林大盈庫寶貨如山尚何往乃盡甲反旗而鼓帝聞命中人持賜往人二縑士愈悖射中人中人返走時令言尚論兵禁中既上變乃馳至長樂坂遇兵還引滿向令言令言大呼曰引而東富貴可取何失計爲滅族事衆劫令言以西行帝復遣使者開諭賊已陣通化門殺使者帝遣普王與學士姜公輔載金綵慰撫賊薄丹鳳門詔集六軍無至者先是關東河北戰不利禁兵悉東衞士內空而神策軍使白志貞籍市人隸兵聽其居肆私取庸自入故遽追皆不至帝出苑北門羽衞纔數十普王前導皇太子王韋二妃唐安公主及中人百餘騎以從右龍武軍使令狐建以數百人殿夜至咸陽飯數匕而去賊已嚴伺諸門士人羸衣冒出盧杞關播李竦皆踰垣走與劉從一趙贊王翃陸贄吳通微等追及帝咸陽郭曙與童奴數十獵苑中聞蹕謁道左帝勞之懇

乞從許之遲曉至奉天吏惶懼謁于門渾瑊以數十騎自夾城入
北内衷兵欲擊賊聞乘輿出遂奔奉天於是人未知帝所在踰三
日諸王羣臣稍稍自間道至初令言陣五門衛兵不出遂突入含
元殿周呼曰天子出矣今日共可取富貴譟而進掠宜春苑入諸
宮姦人因亂竊入内府盜貨寶終夜不絶道路更剽掠居人嚴兵
自保賊無屬畏不能久以泚昔在涇有恩且失權久覊思亂乃相
謀曰太尉方囚錮若迎之事可濟令言率百餘騎見泚泚僞讓不
答留使者飲以觀衆心夜數百騎復往泚知不僞乃挾徒向闕下
炬火竟街觀者以萬計舍前殿總六軍明日下令曰國家有事東
方涇人赴難不習朝章驚乘輿百官三日並赴行在留者守本司
違令誅逆徒居白華殿或説泚迎天子泚顧望嘿然光禄卿源休
至請間教以不臣詭稱符命泚悅張光晟李忠臣皆新失職怨望
亦勸成之鳳翔大將張廷芝涇將段誠諫引潰兵三千自襄城來
泚自謂得人助逆志堅斂因署休京兆尹判度支忠臣皇城使又

唐書列傳一百五十中　五　王昌

以段秀實失軍疑有怨起之委以謀秀實與劉海賓憤發擊賊
忠臣護泚纔破面得不死明日大陳旗章金石于廷傳言立宗室
王監國士庶競往觀泚僭即皇帝位於宣政殿號大秦建元應天
侍衛皆卒伍諸臣在位者纔十餘逼太常卿樊系爲册册成仰藥
死泚下詔稱幽囚之中神器自至以示受命即拜令言侍中關内
副元帥忠臣司空兼侍中休中書侍郎蔣鎮門下侍郎並同中書
門下平章事以蔣鍊爲御史中丞敬釭御史大夫許季常京兆尹
洪經綸太常少卿彭偃中書舍人裴揆崔幼眞給事中廷芝光晟
誠諫崔宣張寶何望之杜如江等並僞署節度使以兄子遂爲太
子以滔爲冀王太尉尚書令號皇太弟帝使高重傑屯梁山禦賊
賊將李日月殺之帝拊尸哭盡哀結蒲爲首以葬泚得首亦集羣
賊哭曰忠臣也亦用三品葬焉泚既勝則令都人曰奉天殘黨不
終日當平日月銳甚自謂無前乃燒乾陵廟鹵御物帝患之渾瑊伏
兵漠谷引數十騎跳攻長安泚大驚召日月將前瑊引卻日月尾追遇

伏闕射日月殺之泚悵恨其母不哭大罵曰奚奴天子負而何事死
且晚泚自將偪奉天竊乘輿物自侈以令言爲上將光晟副之忠
臣留守以蔣鍊李子平爲宰相於是瑊率韓游瓌禦泚泚大敗死
者萬計退三里而舍脩攻具毀盧寺爲樓車百尺下瞰城中會杜
希全以兵敗漠谷賊益張又劉德信高秉哲自汝州取沙苑馬五
百壁昭應戰思子陵西三敗賊次東渭橋出游弈軍以逼都城忠
臣兵數衂請救泚乃急攻城驅民塡塹造雲梁令壯士居上將傅
堞守者震駭渾瑊乃使侯仲莊韓澄穴地道梁陷縱火焚之城上
揮膏流數百步衆亂而卻城中兵出皇太子督戰賊大敗然賊負
其衆遂長圍以百弩射城中不及幄坐者三步城益急帝召羣
臣曰朕負宗廟宜固守公等家在賊可先降以完親族衆泣下曰
臣等死無貳帝亦太息噓欷城圍凡三旬有六日而李懷光以兵
五萬至敗賊于魯店遂戰城下自辰止昏賊潰帝下觀戰傳詔曰
賊衆亦朕赤子勿多殺聞者感激是夜泚引去初帝至奉天或言

唐書列傳一百五十中　六　王昌

賊已立泚必來攻請治守具宰相盧杞曰泚大臣奈何疑其反及
泚圍城帝卒不詰其言泚之歸令言方治攻具忠臣坊坊團結人
皆厭苦泚悉止之曰攻守我自辦賊嘗令士馳入曰奉天陷矣百
姓相顧泣市無留人臺省吏落落郎官一二而已李懷光壁九子
澤李晟自白馬津來營東渭橋尚可孤以襄鄧兵五千次藍田駱
元光守昭應馬燧使子彙以兵三千屯中渭橋始奉天圍久食且
盡以蘆秣帝馬太官糲米止二斛圍解父老爭上壺飧餅餌劍南
節度使張延賞獻帛數十馱諸方貢物踵來因大賜軍中詔殿中
侍御史万俟著治金商道權通轉輸羣臣家在城者賊猶給俸中
人朱重曜爲賊謀曰執其家以招士大夫不來者夷之孫知古諫
曰陛下以柔服人若夷其妻子是絶嚮化意且義士殺身何顧於
家乃止興元元年泚以本封遂寧漢地也更號漢改元天皇或曰
王師欲潛壞京城四隅垣以入泚懼詔金吾布士於衢吏儲五炬
以防夜城隅率百步建一樓候望非常凡祠房廟廬皆帷申戒曰

軍來則四面擊太倉糧竭賊督吏索觀寺餘米萬斛輭扑練雜士
僅饑而神策六軍從行在及哥舒曜李晟兵皆家稟不絶或請停
給泚曰士在外而弱稚絶食則死豈吾心哉即厚斂居人許季常
曰一旦有急請籍中人公侯三千族之貲足矣或謂泚陛下既受
命而存唐九廟諸陵不宜泚曰朕嘗北面事唐胡忍此又曰官多
缺請擇才授之脅以兵使不得辭泚曰彊授則人懼但欲仕者與
之安能叩戶拜官邪奉天所下赦令凡受賊僞官者破賊日悉貸
不問官軍密榜諸道泚方宿未央涇原士相與謀殺泚泚知之輒
徙它處衆謀亦止光晟與懷光對壘李希倩請以精騎五百犯之
光晟不許曰西軍方彊不可輕以取敗日暮兩軍退希倩譖泚曰
光晟有他志視西軍不戰臣請擊之不許請斬光晟又不許曰彼
善將所以不戰蓋知未可乎希倩怒曰臣盡心以事君不見信願
乞要領歸雍西泚許諾以馬十匹繒錦百日以此東歸希倩輒復
入曰臣愚褊罪當死願死軍前泚又許之光晟見泚曰臣不敢反

因弃拜泚慰勉之官軍壞龍首香積二堨以決其流城中水絶泚
役數百人詒之東出灞水與王師戰大奔還闔都門士皆甲以待
久乃罷李子平請脩攻具襲懷光取苑中六街大木爲衝車程役
苦甚人不堪又禁居人夜行三人以上不得聚飲食上下惴恐賊
所用唯虞龍神策團練兵而涇原軍驕不可制但完守所獲不出
戰故泚數北憂甚欲出走術家爭曰陛下當不出宮雖西軍入且
自有變泚據以自安會李懷光貳于帝不欲泚平按軍觀望帝欲
幸咸陽趣諸將捕賊懷光出醜言乃詔戴休顏守奉天尚可孤守
灞上駱元光守渭橋進狩梁州次渭陽太息曰朕是行將有永嘉
事乎渾瑊曰臨大難無畏者聖人勇也陛下何言之過懷光遂與
泚連和京師知帝益西二叛膠固謂亂且成出受賊官者十八始
泚多出金兄事懷光約平關中割地爲隣國故懷光使反因并陽
惠元李建徽軍泚知懷光反明白即賜詔待以臣禮督其兵入衞
懷光慙見欺引其軍東保河中泚數遣人誘涇原馮河清河清不

從又結其將田希鑒遂害河清以應賊泚即以代河清使結吐蕃
李晟等兵淩彊士益附而渾瑊又擊破賊將韓旻宋歸朝於武亭
川斬計萬級歸朝奔懷光晟率渾瑊駱元光尚可孤悉師攻賊晟
薄光泰門敗賊將張廷芝李希倩賊棄門哭保白華晟引軍還居
三日復戰大敗之乃分道入泚將段誠伏莽中爲王伉所禽姚令
言張廷芝與晟遇十關皆北遂至白華始張光晟以精兵壁九曲
距東渭橋十里密約降於晟晟之入光晟勸泚等出奔故泚挾令
言廷芝休子平朱遂引殘軍西走光晟衞出之因詣晟降泚失道
問野人荅曰朱太尉邪休曰漢皇帝曰天網恢恢走將安所泚怒
欲殺之乃亡去泚至涇州長武城田希鑒拒之泚曰子之節吾所
授柰何拒我火其門希鑒擲節焰中曰歸汝節泚舉軍哭城中人
望見其子弟亦哭宋膺曰某妻哭斬矣衆止哭泚更舍逆旅遣梁
廷芬入見希鑒曰公殺一節度磨天子必不容何不納朱公成大
事希鑒陰可廷芬出報泚悅廷芬請宰相不得乃不復入泚猶

餘范陽卒三千北走驛馬關寧州刺史夏侯英開門陣而待泚不
敢入因保彭原西城廷芬與泚腹心朱惟孝夜射泚隊善中韓旻薛
綸高幽岳武震朱進卿董希芝共斬泚使宋膺傳首以獻泚死年
四十三令言走涇州休子平走鳳翔皆斬首泚壻金吾將軍馬悅
走党項得入幽州朱重曜者事泚最親近泚呼爲兄會窮冬大雨
泚欲禳變鴆殺重曜以王禮葬賊平出其尸膊之李希倩等諸將
皆以次夷滅初源休爲京兆尹使回紇將還盧杞畏其辯能結主
恩次太原奏爲光祿卿休怨望故導泚僭號爲調兵食署拜百官
事一咨之時計其逆甚於泚脅辱大臣多殺宗室子孫幾于盡每
王師不利喜見眉宇與姚令言勸泚圍奉天晝夜爲賊謀二人爭
自比蕭何休顧令言曰成秦之業無輩我者我視蕭何子當曹參
可矣即收圖籍貯府庫効何者人皆笑謂爲火迫酇侯李相州人
令言者何中人始應募隸涇原節度使馬璘府孟暤之爲留後表
其謹肅任將帥遂爲節度使既挾泚亂頗盡力彭偃鋭于進自謂

爲宰相所抑鬱鬱不慊泚亂匿田家既得用辭令一出其手故辭
尤詭慢李晟愛張光晟才表丐原死置軍中駱元光怒曰吾不能
與反虜同坐拂衣去晟乃殺之李懷光以宋歸朝獻諸朝斬之唯
李白月毋得貸泚未敢號其第爲潛龍宮徙珍寶實之人謂潛龍
勿用亡兆也晟惡田希鑒之逆欲因事誅之會吐蕃寇涇州晟方
帥涇原故希鑒請救晟遣史萬歲以騎兵三千往請晟行邊希鑒
來謁其妻李父事晟晟屢入宴將還師紿謂希鑒曰吾久留此諸
將皆故人吾欲置酒以別可過營歡也希鑒等詣營酒未行晟曰
諸君相過宜自通姓名爵里諸將以次言無罪者坐自如有罪者
晟質責一卒引出斬而瘞之希鑒坐晟下未知當死晟顧曰田郎
不得無罪左右執以下晟曰天子蒙塵乃殺節度使受賊節今日
何面目見我乎希鑒不能對晟曰田郎老矣坐於牀置對乃縊幕
中以李觀代爲節度使

逆臣列傳第一百五十中

逆臣列傳第一百五十下　唐書二百二十五下

端明殿學士兼翰林侍讀學士龍圖閣學士朝散大夫行尚書吏部侍郎充集賢殿修撰臣宋祁奉

敕撰

黃巢曹州冤句人世鬻鹽富于貲善擊劍騎射稍通書記辯給喜
養亡命咸通末仍歲饑盜興河南乾符二年濮名賊王仙芝亂長
垣有衆三千殘曹濮二州俘萬人勢遂張仙芝妄號大將軍檄諸
道言吏貪沓賦重賞罰不平宰相恥之僖宗不知也其票帥尚君
長柴存畢師鐸曹師雄柳彥璋劉漢宏李重霸等十餘輩所在肆
掠而巢喜亂即與羣從八人募衆得數千人以應仙芝轉寇河南
十五州衆遂數萬帝使平盧節度使宋威與其副曹全晸數擊賊
敗之拜諸道行營招討使給衛兵三千騎五百詔河南諸鎮皆受
節度以左散騎常侍曾元裕副焉仙芝略沂州威敗賊城下仙芝
亡去威因奏大渠死擅縱麾下兵還青州羣臣皆入賀居三日州
縣奏賊故在時兵始休有詔復遣士皆忿恩亂賊間之趣鄆城不

十日破八縣帝憂迫近東都督諸道兵檢遏於是鳳翔邠寧涇原
兵守陝潼關元裕守東都義成昭義以兵衛宮仙芝去攻汝州殺
其將刺史走東都大震百官脫身出奔賊破陽武圍鄭州不克蹚
聚鄧汝間關以東州縣大抵皆畏賊嬰城守故賊放兵四略殘郢
復二州所過焚剽生人幾盡官軍急追則遺貲布路士爭取之率
逗橈不前賊轉入申光殘隋州執刺史據安州自如分奇兵圍舒
擊廬壽光等州時威老且闇不任軍陰與元裕謀曰昔龐勛滅康
承訓即得罪吾屬雖成功其免禍乎不如留賊不幸爲天子我不
失作功臣故躡賊一舍完軍顧望帝亦知之更以陳許節度使崔
安潛爲行營都統以前鴻臚卿李瑑代威右威衛上將軍張自勉
代元裕賊出入蘄黃蘄州刺史裴渥爲賊求官約罷兵仙芝與巢
等詣渥飲未幾詔拜仙芝左神策軍押衙遣中人慰撫仙芝喜巢
恨賞不及己詬曰君降獨得官五千衆且奈何丐我兵無留因擊
仙芝傷首仙芝憚衆怒即不受命劫州兵渥中人亡去賊分其衆

尚君長入陳蔡巢北掠齊魯衆萬人入鄆州殺節度使薛崇進陷沂州遂至數萬繇潁蔡保嵖岈山是時柳彥璋又取江州執刺史陶祥巢引兵復與仙芝合圍宋州會自勉救兵至斬賊二千級仙芝解而南度漢攻荆南於是節度使楊知溫嬰城守賊縱火焚樓堞知溫不出有詔以高駢代之駢以蜀兵萬五千賫糒糧期三十日至而城已陷知溫走賊不能守於是詔左武衛將軍劉秉仁為江州刺史勒兵乘單舟入賊柵賊大駭相率迎降遂斬彥璋巢攻和州未克仙芝自圍洪州取之使徐唐莒守進破朗岳遂圍潭州觀察使崔瑾拒却之乃向浙西擾宣潤不能得所欲身留江西趣別部還入河南帝詔崔安潛歸忠武復起宋威曾元裕以招討使還之而楊復光監軍復光遣其屬吳彥宏以詔諭賊仙芝乃遣蔡溫球楚彥威尚君長來降欲詣闕請罪又遺威書求節度威陽許之上言與君長戰禽之復光固言其降命侍御史與中人馳驛即訊不能明卒斬君長等于狗脊嶺仙芝怒還攻洪州入其郛威自

將往救敗仙芝於黃梅斬賊五萬級獲仙芝傳首京師當此時巢方圍亳州未下君長弟讓率仙芝潰黨歸巢推巢為王號衝天大將軍署拜官屬驅河南山南之民十餘萬掠淮南建元王霸曾元裕敗賊於申州死者萬人帝以威殺尚君長非是且討賊無功詔還青州以元裕為招討使張自勉為副巢破考城取濮州元裕軍荆襄援兵阻更拜自勉東北面行營招討使督諸軍急捕巢方掠襄邑雍丘詔滑州節度使李嶧壁原武巢寇葉陽翟欲窺東都會左神武大將軍劉景仁以兵五千援東都河陽節度使鄭延休兵三千壁河陰巢兵在江西者為鎮海節度使高駢所破寇新鄭郟襄城陽翟者為崔安潛逐走在浙西者為節度使裴璩斬二長死者甚衆巢大沮畏乃詣天平軍乞降詔授巢右衛將軍巢度藩鎮不一未足制已即叛去轉寇浙東執觀察使崔璆於是高駢遣將張潾梁纘攻賊破之賊收衆踰江西破虔吉饒信等州因刋山開道七百里直趨建州初軍中謠曰逢儒則肉師必覆巢入閩俘民

紿稱儒者皆釋時六年三月也儇路圍福州觀察使韋岫戰不勝棄城遁賊入之焚室廬殺人如蓺過崇文館校書郎黃璞家令曰此儒者滅炬弗焚又求處士周朴得之謂曰能從我乎荅曰我尚不仕天子安能從賊巢怒斬朴是時閩地諸州皆沒有詔高駢為諸道行營都統以拒賊巢陷桂管進寇廣州詒節度使李迢書求表為天平節度又脅崔璆言于朝宰相鄭畋欲許之盧攜田令孜執不可巢又丐安南都護廣州節度使書聞右僕射于琮議南海市舶利不貲賊得益富而國用屈乃拜巢率府率巢見詔大詬急攻廣州執李迢自號義軍都統露表告將入關因詆宦豎柄朝垢蠹紀綱指諸臣與中人賂遺交構狀銓貢失才禁刺史殖財產縣令犯贓者族皆當時極敝天子既懲宋威失計罷之而宰相王鐸請自行乃拜鐸荆南節度使南面行營招討都統率諸道兵進討鐸屯江陵表泰寧節度使李係為招討副使湖南觀察使以先鋒屯潭州兩屯烽驛相望會賊中大疫衆死什四遂引北還自桂編

大桴浮湘下衡永破潭州李係走朗州兵十餘萬殲焉投胔蔽江進逼江陵號五十萬鐸兵寡即棄城先此劉漢宏已略地焚廬宿人皆竄山谷俄而係敗問至鐸棄城走襄陽官軍乘亂縱掠會雨雪人多死溝壑其十月巢據荆南脅李迢草表報天子迢曰吾腕可斷表不可為巢怒殺之欲進躝鐸會江西招討使曹全晸與山南東道節度使劉巨容壁荆門使沙陀以五百騎釣轡縻鞚望賊陣縱而遁賊以為怯明日諸將乘以戰而馬識沙陀語呼之輒奔還莫能禁官兵伏于林闉而北賊急追伏發大敗之執賊渠十二輩巢懼度江東走師從之俘什八鐸招漢宏降之或勸巨容窮追荅曰國家多負人危難不吝賞事平則得罪不如留賊冀後福止不追故巢得復整攻鄂州入之全晸將度江會有詔以段彥謨代其使乃止巢畏襲轉掠江西再入饒信杭州衆至二十萬攻臨安戍將董昌兵寡不敢戰伏數十騎莽中賊至伏弩射殺賊將下皆走昌進屯八百里見舍嫗曰有追至告以臨安兵屯八百里矣賊

驍曰向數騎能困我況軍八百里乎乃還殘宣歙等十五州廣明元年淮南高駢遣將張璘度江敗王重霸降之巢數卻乃保饒州衆多疫別部常宏以衆數萬降所在戮死諸軍屢奏破賊皆不實朝廷信之稍自安巢得計破殺張璘陷睦婺二州又取宣州而漢宏殘衆復奮略宋州掠申光來與巢合濟采石侵揚州高駢按兵不出詔兗海節度使齊克讓屯汝州拜全晸天平節度使兼東面副都統賊方守滁和全晸以天平兵敗于淮上宰相豆盧瑑計救師未至請假巢天平節度使使無得西以精兵戍宣武塞汝鄭路賊首可致矣盧攜執不可請召諸道兵壁泗上以宣武節度統之則巢且還寇東南徘徊山淛救死而已詔可前此已詔天下兵屯溵水禁賊北走於是徐兵三千道許其帥薛能館徐衆城中許人驚謂見襲部將周岌自溵水還殺能自稱留後徐軍聞亂列將時溥亦引歸因其帥支詳兗海齊克讓懼下叛引軍還兗州溵水屯皆散巢聞悉衆度淮妄稱率土大將軍整衆不剽掠所過惟取丁

壯益兵李罕之犯申光潁宋徐兗等州吏皆亡巢自將攻汝州欲薄東都當是時天子沖弱怖而流涕宰相更共建言悉神策并關內諸節度兵十五萬守潼關田令孜請自將而東然內震擾前說帝以幸蜀事帝自幸神策軍擢左軍騎將張承範為先鋒右軍步將王師會督糧道以飛龍使楊復恭副令孜於是募兵京師得數千人當是時巢已陷東都留守劉允章以百官迎賊巢入勞問而已里閭晏然帝餞令孜章信門賚遺豐優然衛兵皆長安高貲世籍兩軍得稟賜侈服怒馬以詫權豪初不知戰聞料選皆哭于家陰出貲雇販區病坊以備行陣不能持兵觀者寒毛以慄承範以彊弩三千防關辭曰祿山率兵五萬陷東都今賊衆六十萬過祿山遠甚恐不足守帝不許賊進取陝虢檄關戍曰吾道淮南逐高駢如鼠走穴爾無拒我神策兵過華裹三日糧不能飽無鬭志十二月巢攻關齊克讓以其軍戰關外賊少卻俄而巢至師大譟川谷皆震時士飢甚潰燒克讓營克讓走入關承範出金諭軍中曰

諸君勉報國救且至士感泣拒戰賊見師不繼急攻關王師矢盡飛石以射巢驅民內塹火關樓皆盡始關左有大谷禁行人號禁谷賊至令孜屯關而忘谷之可入尚讓引衆趨谷承範惶遽使師會以勁弩八百邀之比至而賊已入明日夾攻關王師潰師會欲自殺承範曰吾二人死孰當辨者不如見天子以實聞死未晚乃羸服逃始博野鳳翔軍過渭橋見募軍服鮮燠怒曰是等何功遽然至是更為賊鄉導前賊歸焚西市帝類郊祈哀會承範至具言不守狀帝黜宰相盧攜方朝而傳言賊至百官奔令孜以神策兵五百奉帝趨咸陽惟福穆潭壽四王與妃御一二從中人西門匡範統右軍以殿巢以尚讓為平唐大將軍蓋洪費全古副之賊衆皆被髮錦衣大抵輜重自東都抵京師千里相屬金吾大將軍張直方與群臣迎賊灞上巢乘黃金輿衛者皆繡袍華幘其黨乘銅輿以從騎士凡數十萬先後之陷京師入自春明門升太極殿宮女數千迎拜稱黃王巢喜曰殆天意歟巢舍田令孜第賊見窮民

抵金帛與之尚讓即妄曉人曰黃王非如唐家不惜而輩各安毋恐甫數日因大掠縛箠居人索財號淘物富家皆跣而驅賊酋閱甲第以處爭取人妻女亂之捕得官吏悉斬之火廬舍不可貲宗室侯王屠之無類矣巢齋太清宮卜日舍含元殿僭即位號大齊求袞冕不得繪弋綈為之無金石樂擊大鼓數百列長劍大刀為衛大赦建元為金統王官三品以上停四品以下還之因自陳符命取廣明字判其文曰唐去丑口而著黃明黃當代唐又黃為土金所生蓋天啓云其徒上巢號承天應運啓聖睿文宣武皇帝以妻曹為皇后以尚讓趙璋崔璆楊希古為宰相鄭漢璋御史中丞李儔黃諤尚儒為尚書方特諫議大夫皮日休沈雲翔裴渥翰林學士孟楷蓋洪尚書左右僕射兼軍容使費傳古樞密使張直方檢校左僕射馬祥右散騎常侍王璠京兆尹許建米實劉瑭朱溫張全彭攢李逵等為諸將軍游弈使其餘以次封拜取趫偉五百人號功臣以林言為之使比控鶴府下令軍中禁妄殺人悉輸兵

于官然其下本盜賊皆不從召王官無有至者乃大索里閭豆盧瑑崔沆等匿永寧里張直方家直方者素豪桀故士多依之或告賊納亡命者巢攻之夷其家瑑沆及大臣劉鄴裴諗趙濛李溥李湯死者百餘人將作監鄭綦郎官鄭係舉族縊是時乘輿次興元詔促諸道兵收京師遂至成都巢使朱温攻鄧州陷之以扼荆襄遣林言尚讓寇鳳翔爲鄭畋將宋文通所破不得前畋乃傳檄召天下兵於是詔涇原節度使程宗楚爲諸軍行營副都統前朔方節度使唐弘夫爲行營司馬數攻賊斬萬級邠將朱玫陽爲賊將王玫裒兵饑而殺玫引軍入于王師弘夫進屯渭北河中王重榮營沙苑易定王處存次渭橋鄜延李孝昌夏州拓拔思恭壁武功弘夫拔咸陽柀渭水破尚讓軍乘勝入京師巢竊出至石井宗楚入自延秋門弘夫傅城舍都人共譟曰王師至處存選鋭卒五千以白繻自誌夜入殺賊都人傳言巢已走邠涇軍爭入京師諸軍

亦解甲休競掠貨財子女市少年亦冒作繻肆爲剽巢伏野使覘城中弛備則遣孟楷率賊數百掩邠涇軍都人猶謂王師讙迎之時軍士得珍賄不勝載聞賊至重負不能走是以甚敗賊執弘夫害之處存走營始王璠破奉天引衆數千隨弘夫及諸將敗獨一軍戰尤力巢復入京師怒民迎王師縱擊殺八萬人血流於路可涉也謂之洗城諸軍退保武功於是中和二年二月也其五月昭義高潯攻華州王重榮與并力克之朱玫以涇岐麟夏兵八萬營興平巢亦遣王璠營黑水玫戰未能勝鄭畋將竇玫夜率士燔都門殺邏卒賊震懼於時畿民柵山谷自保不得耕米斗錢三十千屑樹皮以食有執柵民鬻賊以爲糧人獲數十萬錢士人或賣餅自業舉奔河中李孝昌拓拔思恭徙壁東渭橋收水北壘數月賊帥朱温尚讓涉渭敗孝昌等軍高潯擊賊李詳不勝賊復取華州巢即授華州刺史以温爲同州刺史賊又襲孝昌二軍引去賊破陳敬瑄兵走南山齊克儉營興平爲賊所圍決河灌之不克有題尚書省戶譏賊且亡尚讓怒殺吏輒剔目懸之誅郎官門闌卒凡

數千人百司逃無在者天子更以王鐸爲諸道行營都統崔安潛副之周岌王重榮爲左右司馬諸葛爽康實爲左右先鋒平師儒爲後軍時溥督漕賦王處存李孝章拓拔思恭爲京畿都統處存直左孝章在北思恭直右西門思恭爲鐸都監楊復光監行營中書舍人盧胤徵爲克復制置副使於是鐸以山南劍南軍營靈感祠朱玫以岐夏軍營興平重榮處存營渭北復光以壽滄荆南軍合岌營武功孝章合拓拔思恭營渭橋程宗楚營京右朱温以兵三千掠丹延南鄜趨同州刺史米逢出奔温據州以守六月尚讓寇河中使朱温攻西關敗諸葛爽破重榮數千騎於河上爽閉關不出讓遂拔郃陽攻宜君壘大雨雪盈尺兵死什三七月賊攻鳳翔敗節度李昌言於澇水又遣彊武攻武功槐里涇邠兵却獨鳳翔兵固壁拓拔思恭以鋭士萬八千赴難逗留不進河中糧艘三十道夏陽朱温使兵奪艘重榮以甲士三萬救之温懼鑿沈其舟兵遂圍温温數困又度巢勢蹙且敗而孟楷方專國温丐師楷沮

不報即斬賊大將馬恭降重榮帝進拓拔思恭爲京四面都統敕朱玫軍馬嵬温既降重榮遇之厚故李詳亦獻款賊覺斬之於赤水更以黃思鄴爲刺史十月鐸濬壕於興平左抵馬嵬使將薛韜董之由馬嵬武功入斜谷以通盩厔列屯十四使將梁璩主之置關於沮水七盤三溪木皮領以遮秦隴京左行營都統東方逵禽賊銳將李公迪破堡三十華卒逐黃思鄴巢以王遇爲刺史遇降河中明年正月王鐸使鴈門節度使李克用破賊于渭南承制拜東北行營都統會鐸與安潛皆罷克用獨引軍自嵐石出夏陽屯沙苑破黃揆軍遂營乾阬二月合河中易定忠武等兵擊巢巢命王璠林言軍居左趙璋尚讓軍居右衆凡十萬與王師大戰梁田陂賊敗執俘數萬僵胔三十里欲爲京觀璠與黃揆襲華州據之遇亡去克用掘塹環州分騎屯渭北命薛志勤康君立夜襲京師火廥聚俘賊而還巢戰數不利軍食竭下不用命陰有遁謀即發兵三萬搤藍田道使尚讓援華州克用率重榮迎戰零口破之遂

拔其城巢引衆出走涇原節度使張鈞說蕃渾與盟共討賊是時諸鎮兵四面至四月克用遣部將楊守宗率河中將白志遷忠武將龐從等最先進擊賊渭橋三戰賊三北於是諸節度兵皆奮無敢後入自光泰門克用身決戰呼聲動天賊崩潰逐北至望春入昇陽殿闥巢夜奔衆猶十五萬聲趨徐州出藍田入商山委輜重珍貲於道諸軍爭取之不復追故賊得整軍去自祿山陷長安宮闕完雄吐蕃所燔唯衢衖廬舍朱泚亂定百餘年治繕神麗如開元時至巢敗方鎮兵互入虜掠火大內惟含元殿獨存火所不及者止西內南內及光啓宮而已楊復光獻捷行在帝詔陳許延州鳳翔博野軍合東西神策二萬人屯京師命大明宮留守王徽衞諸門撫定居人詔尚書右僕射裴璩脩復宮省肆輦輅仗衞舊章祕籍豫敗巢者神策將橫衝軍使楊守亮蹋雲都將高周彝忠順都將胡眞天德將顧彥朗七十人巢已東使孟楷攻蔡州節度使秦宗權迎戰大敗即臣賊與連和楷擊陳州敗死巢自圍之略鄧

許孟洛東入徐兗數十州人大饑倚死牆塹賊俘以食日數千人乃辦列百巨碓糜骨皮於臼并啖之時朱全忠爲宣武節度使與周岌時溥帥師救陳趙犨亦乞兵太原巢遣宗權攻許州未克於是糧竭木皮草根皆盡四年二月李克用率山西兵由陝濟河而東會關東諸鎮壁汝州全忠擊賊瓦子堝斬萬餘級諸軍破尚讓於太康亦萬級獲械鎧馬羊萬計又敗黃鄴於西華鄴夜遁巢大恐居三日軍中相驚棄壁走巢退營故陽里其五月大雨震電川谿皆溢賊壘盡壞衆潰巢解而去全忠進戍尉氏克用追巢全忠還汴州巢取尉氏攻中牟兵度水半克用擊之賊多溺死巢引殘衆走封丘克用追敗之還營鄭州巢涉汴北引夜復大雨賊驚潰克用聞之急擊巢河瀕巢度河攻汴州全忠拒守克用救之斬賊驍將李周楊景彪等巢夜走胙城入寃句克用悉軍窮蹋賊將李讜楊能霍存葛從周張歸霸張歸厚往降全忠而尚讓以萬人歸時溥巢愈猜忿屢殺大將引衆奔兗州克用追至曹巢兄弟拒

戰不勝走兗鄆間獲男女牛馬萬餘乘輿器服等禽巢愛子克用軍晝夜馳糧盡不能得巢乃還巢衆僅千人走保太山六月時溥遣將陳景瑜與尚讓追戰狼虎谷巢計蹙謂林言曰我欲討國姦臣洗濯朝廷事成不退亦誤矣若取吾首獻天子可得富貴毋爲佗人利言巢出也不忍巢乃自刎不殊言因斬之及兄存弟鄴揆欽秉萬通思厚并殺其妻子悉函首將詣溥而太原博野軍殺言與巢首俱上溥獻于行在詔以首獻于廟徐州小史李師悅得巢僞符璽上之拜湖州刺史巢從子浩衆七千爲盜江湖間自號浪蕩軍天復初欲據湖南陷瀏陽殺略甚衆湘陰彊家鄧進思率壯士伏山中擊殺浩

贊曰廣明元年巢始盜京師自陳唐去丑口而著黃明黃且代唐也嗚呼其言妖歟後巢死秦宗權始張株亂徧天下朱溫卒攘神器有之大氐皆巢黨也寧天託諸人告亡於下乎

秦宗權蔡州上蔡人爲許牙將巢涉淮節度使薛能遣宗權蒐兵

淮西而許軍亂殺能宗權外示赴難因逐刺史據蔡以叛周岌代能領節度即授以州有兵萬人乃遣將從諸軍敗賊於汝州楊復光言之朝擢防禦使寵其軍曰奉國即爲本軍節度使進檢校司空巢走出關宗權與連和遂圍陳州樹壁相望擾殘梁宋間巢死宗權張甚嘯會逋殘有吞噬四海意乃遣弟宗言寇荆南秦誥出山南攻襄州陷之進破東都圍陝州使秦彥寇淮肥秦賢略江南宗衡亂岳鄂賊渠率票慘所至屠老孺焚屋廬城府窮爲荆萊自關中薄青齊南繚荆鄂北亘衞滑皆麕駭雉伏至千里無舍煙惟趙犨保陳朱全忠保汴僅自完而已然無霸王計惟亂是恃兵出未始轉糧指鄉聚曰啖其人可飽吾衆官軍追躡獲鹽尸數十車僖宗假朱全忠都統節以討賊秦賢略宋及曹全忠好書約和賢遣張調請分地自汴以南歸之蔡全忠陰許而賢引兵濟汴肆燔劫無孑餘全忠大怒斬調而還曰我出十將必破此賊進與賊戰殺獲甚衆宗權急攻許節度使鹿晏弘乞師於全忠師未及出巳

破晏弘進攻鄭州取之擊河橋遂守河陽放兵侵汴西鄙北鄙全忠壁酸棗戰不克宗權屯邊村使秦賢營雙丘侵板橋盧瑭引兵進屯萬勝夾汴而柵將梁以濟師全忠詭擊殺瑭宗權悉軍十五萬列三十六屯逼汴全忠懼求救於兗鄆而朱瑾朱宣皆身自將同拒賊五月全忠閉城大會鼓聞于郊無置聲陰啓北門擊賊壘士譟趨中營兗鄆整兵合擊大敗之宗權忿過鄭焚郛舍驅民入淮西全忠遂有鄭許河陽東都於是合諸鎮兵會上蔡分爲五軍入其地宗權召孫儒儒不應宗權素壁上蔡以扼險要全忠拔其壁遂圍蔡州傅城而壘以羸兵誘賊賊出戰全忠盡斬之宗權退守中州未能下全忠使大將胡元琮圍之身還汴宗權間奇無備襲取其州執守將元琮引兵復收許宗權還爲愛將申叢所囚折一足以待命全忠署叢節度留後叢中悔夷其族宗權至汴全忠以禮迎勞且曰公昔陷許能戢兵賜盟戮力勤王烏有今日乎宗權曰英雄不兩立天亡僕以資公也謷然無懼色全忠以檻車上

送京師兩神策兵擁護昭宗御延喜樓受俘京兆尹畏以組練徇兩市引頸視車外呼曰宗權豈反者邪願輸忠不効耳觀者大笑與妻趙俱斬獨柳下宗權以中和三年叛居六年而誅

董昌杭州臨安人始籍土團軍以功擢累石鏡鎮將中和三年刺史路審中臨州昌率兵拒不得入即自領州事鎮海節度使周寶不能制因表爲刺史昌已破劉漢宏兵益彊進義勝軍節度使檢校尚書右僕射僖宗始還京師昌取越民裴氏藏書獻之補祕書之亡授兼諸道採訪圖籍使始爲治廉平人頗安之當是時天下貢輸不入獨昌賦外獻常參倍旬一遣以五百人爲率人給一刀後期即誅朝廷賴其入故累拜檢校太尉同中書門下平章事爵隴西郡王視詔書訖字償一縑歸當制官而小人意足寖自侈大託神以詭衆始立生祠刻香木爲軀內金玉紈素爲肺府冕而坐妻媵侍別帳百倡鼓吹於前屬兵列護門屬州爲土馬獻祠下列牲牢祈請或紿言土馬若嘶且汗皆受賞昌自言有饗者我必醉蝗集祠旁使人捕沈鏡湖告曰不爲災客有言嘗游吳隱之祠止一偶人昌聞怒曰我非吳隱之比支解客祠前始罷榷鹽以悅人豐衣食後稍峭法笞至千百或小過輒夷族血流刑場地爲之赤有五千餘姓當族昌曰能孝於我貸而死皆曰諾昌厚養之號感恩都刻其臂爲誓親族至號泣相別者凡民訟不視獄但與擲博齒不勝者死用人亦取勝者昌得郡王咤曰朝廷負我吾奉金帛不貲何惜越王不吾與吾當自取之下猒其虐乃勸爲帝近縣舉狂譟請昌令曰時至我當應天順人其屬吳繇秦昌裕盧勤朱瓚董庠李暢薛璞與妖人應智王溫巫韓媪皆贊之昌益兵城四縣自防山陰老人僞獻謠曰欲知天子名日從日上生昌喜賜百縑免稅征命方士朱思遠築壇祠天詭言天符夜降碧楮朱文不可識昌曰讖言兔上金牀我生於卯明年歲旅其次二月朔之明日皆卯也我以其時當即位客倪德儒曰咸通末越中祕記言有羅平鳥主越禍福中和時鳥見吳越四目而三足其鳴曰羅平

天冊民祀以攘難今大王署名文與鳥類即圖以示昌昌大喜乾寧二年即僞位國號大越羅平建元曰天冊自稱聖人鑄銀印方四寸文曰順天治國之印又出細民所上銅鉛石印十牀及它鳥獸龜蛇陳于廷指曰天瑞其下制詔皆自署名或曰帝王無押詔昌曰不親署何由知我爲天子即榜南門曰天冊樓先是州寢有赤光長十餘丈虺長尺餘金色見思道亭昌署寢曰明光殿亭曰黃龍殿以自神以次拜置百官監軍與官屬皆西北嚮慟哭乃北面臣昌或請署近侍昌曰吾假處此位安得如宮禁不許下書屬州曰以某日權即位然昌荷天子恩死不敢負國初官屬不徇昌旨者節度副使黃碣山陰令張遜皆誅死鎮海節度使錢鏐書讓昌曰開府領節度終身富貴不能守閉城作天子滅親族亦何賴願王改圖昌不聽鏐悉兵三萬攻之望城再拜曰大王位將相乃不臣能改過請論還諸軍昌懼獻鏐錢二百萬緡犒軍執應智王溫韓媪吳繇秦昌裕送於鏐且待罪鏐乃還表於朝以爲昌不可

救復討之傳城下壘昌又執朱思遠王守真盧勤送鏐軍求解昭宗遣中人李重密勞師除昌官爵授鏐浙東道招討使昌乃求援於淮南楊行密行密遣將臺濛圍蘇州安仁義田頵攻杭州以救昌鏐將顧全武等數敗昌軍昌將多降遂進圍越州偃人言外師還輒斬以徇紿告鏐兵老皆賞昌身閱兵五雲門出金帛傾鏐衆全武等益奮昌軍大潰遽還去偽號曰越人勸我作天子固無益今復為節度使全武四面攻未克會臺濛取蘇州鏐召全武還全武曰賊根本在甌越今失一州而緩賊不可攻益急城中以口率錢雖簪珥皆輸軍昌從子眞得士心昌信讒殺之衆始不用命又減戰糧欲犒外軍下愈怨反攻昌昌保子城鏐將駱團入見紿言奉詔迎公居臨安昌信之全武執昌還及西江斬之投尸于江傳首京師夷其族於是斬偽大臣李邈蔣環等百餘人發昌先墓火之昌敗猶積糧三百萬斛金幣大抵五百餘帑而兵不及萬人鏐遂為鎮海鎮東兩軍節度云

贊曰唐亡諸盜皆生於大中之朝太宗之遺德餘澤去民也久矣而賢臣斥死庸懦在位厚賦深刑天下愁苦方是時也天將去唐諸盜並出歷五姓兵未嘗少解至宋然後天下復安漢之亡也天下大亂至晉然後稍定晉之亡也天下大亂至唐然後復安治少而亂多者古今之勢盛王業業以求治可少忽哉

逆臣列傳第一百五十下

唐書凡二百二十六篇揔二百五十卷

二十一帝本紀一十篇一十卷

十三志五十篇五十六卷

三表十五篇二十二卷

列傳一百五十篇一百六十卷

錄二卷

跋

繆藝風前輩得南宋建安魏仲立所刊新唐書其後歸於余友劉翰怡版印極精余既假得攝影凡闕四十餘卷求之數年卒無所遇歲戊辰東渡觀書於靜嘉堂文庫覩皕宋樓陸氏舊藏小字本半葉十四行行二十五字堪與舊唐書相耦亟思印行顧有殘闕然以天祿琳琅藏本亦云行密字整且諸家藏印如李安詩如錢唐梁氏如梅谷款識皆同私意必可胖合乃乞影攜歸而故宮之書又已無存復匄北京圖書館殘帙補之猶不足適書肆以別一殘宋本至為商邱宋氏故物視陸本每半葉僅贏二行行增四五字喜其相近亟留之凡陸本所無及漫漶過甚者均可攙配然猶缺表之第八九卷又原目亦僅存五葉不得已更縮劉本以足之於是此書全為宋刻矣陸氏本避諱及英宗止儀顧堂題跋定為嘉祐進書時所刻并北京配本存本紀十卷志五十卷表十三卷列傳一百十四卷又子卷六其足以糾正殿本者地理志第二十八陝州陝郡夏縣注下多芮城二字又注朢武德二年以芮城河北永樂置芮州貞觀元年州廢以永樂隸鼎州芮城河北來屬三十三字藝文志第五十盧受采集二十卷句下多王適集二十卷喬知之集二十卷十三字又崔液集十卷張說集下多二十卷蘇頲集六字宰相表上第一貞觀四年二月甲寅珪為侍中節下多

七月癸酉璹罷爲太子少傅一行又表下第三
乾符元年十一月彥昭爲門下侍郎節畋爲中
書侍下多郎兼禮部尚書攜爲中書侍郎十二
字列傳第一則天順聖皇后武氏傳凡言變吏
不得何詰句又上官昭容傳是時左右內職皆
聽出外不何止句何均不作呵按史記秦本紀
太史公引賈生之言陳利兵而誰何如淳注何
猶問也是何字不誤也又第二十六蕭復傳自
楊炎盧杞放命句又第二十八韋雲起傳御史
大夫裴蘊怙寵放命句放均不作妨按尚書堯
典方命圮族孔疏鄭王以方爲放謂放棄教命
是放字不誤也又第一百一十七張巡傳士日
賦米一勺齕木皮鬻紙而食句鬻不作鬻按鬻

卽責字見周禮此正與上文齕木皮相應是鬻
字不誤也又第一百四十六下康傳在那密水
之陽東距何二百里句何不作河與上文曰安
曰曹曰石曰米曰何曰火尋曰戊地曰史合是
何字不誤也至配入之宋氏本凡三十有二卷
又子卷四宋諱避至高宗止其列傳第二十三
馬周傳往貞觀初率土霜儉句霜不作荒按本
紀貞觀元年八月河南隴右邊州霜又舊書同
年月亦云關東及河南隴右沿邊諸州霜害秋
稼是霜字實不誤又第二十五封倫傳初竇建
德援洛王將趣虎牢句王不作陽王謂秦王與
竇建德傳合是王字亦不誤又第七十六關播
傳觀察使皇甫政表其至以發帝怒句表其至

不作殺其姪按舊書亦言皇甫政表其到以發
上怒全無殺姪之事是表至二字亦不誤又第
一百四十五新羅傳且言往歲册故主俊邕爲
王母申太妃妻叔妃句叔不作淑按叔爲王妃
之氏與舊書合是叔字亦不誤又第一百二十
五盧履冰傳罔極者春秋祭祀以時思之君子
有終身之憂之謂句不脫之謂二字庶合詮解
上文語意又第一百四十六上吐谷渾傳帝欲
徙其部於涼州之南山羣臣議不同帝難之句
不脫不同帝三字按徙諾曷鉢之議本發自帝
羣臣集議各有所見故帝難決若無不同帝三
字則是建議在帝決議在羣臣非當時之政體
也卽此數則已遠出殿本之上又所補劉本方

鎭表書僅二卷而殿本亦有甚大之疵繆見於
其間按福建漳潮二州於天寶十載改隸嶺南
經略使殿本於乾元二年後忽增一葉由三年
至十四年與本卷第四葉全同但改載字爲年
字按本紀肅宗乾元二年後卽爲上元元年又
上元元年閏月己卯大赦改元舊書亦云乾元
三年閏四月己卯改乾元爲上元是乾元祇有
二年殿本不知何以衍此一葉年歲既差事實
亦複卽是以觀而殿本之不可盡信可斷言矣

海鹽張元濟